中国残疾人联合会

China Yearbook on the Work for Persons with Disabilities

中国残疾人事业年鉴

2014

華夏出版社
HUAXIA PUBLISHING HOUSE

党和国家领导人出席中国残疾人联合会第六次全国代表大会。

中共中央政治局常委、国务院副总理张高丽出席中国残疾人联合会第六次全国代表大会并致祝词。

中共中央政治局委员、国务院副总理、国务院残疾人工作委员会主任回良玉在中国盲文图书馆调研。

国务委员王勇出席中国残疾人联合会第六次全国代表大会并讲话。

中国残疾人联合会名誉主席邓朴方出席中国残疾人联合会第六次全国代表大会并讲话。

中国残疾人联合会主席张海迪出席中国残疾人联合会第六次全国代表大会并讲话。

中国残疾人联合会党组书记、理事长鲁勇出席中国残疾人联合会第六次全国代表大会并讲话。

中国残疾人联合会常务副理事长孙先德在全国省级残联理事长培训班上讲话。

第八届全国残疾人文艺汇演现场。

中国盲人文学联谊会成立大会。

青海省第四届残疾人运动会。

《中国残疾人事业年鉴（2014）》
编委会

中国残疾人事业年鉴
编辑部及工作人员

责任编辑

贾洪宝　王　敏　霍本科

技术支持

傅　军

装帧设计

郭　艳　殷丽云

特约编辑

倪二虎　胡仲明　李　耘　张东旺　赵振川　纳　新　冯彦霞
韩咏梅　周　凯　张　瑶　李　哲　冷卫新　宋体金　龚　蔚
李东梅　庄　静　党亚戈　王莉莉　孔　丽　孙一平　晏　慧
赵琳娜　张　昉　马云鸿　郭德华　朱春林　刘书娜　王铁成
刘义君　刘永琪　吕竞伟　许海东　梁颖佳　王忠研　唐加东
吴永寿　王　强　吴士军　胡效民　杨瑞芳　孙鹏飞　胡晓琳
严少军　吴　尘　刘再衡　董森章　陈　辉　谢小良　宋满宏
文海青　张天文　张昆鸿　单　罗　赵晓莉　王宇翔　邸　森
韩卫东　秦柱花　王国斌　孙　静　李沁燚　刘　惠　王　敏
徐少青　王　瑛　王　玥　何　帆　李　斌　程　寒　张　涛
王　宏　史晓葳　傅　军

前　言

邓朴方

就通常而言，一个重视自己足迹的人，大抵是善于在总结中提高的人。对一个人是这样，对一项事业也是这样。

这是因为，“足迹”不仅仅是既往时光的记录，“昨日”的累积，它还蕴涵着孕育未来、引发未来的规律，由此可以产生指导未来的蓝图。

岁月倥偬，新中国的残疾人事业，已历经近半个世纪。它由小到大，由点到面，足迹斑斑，犹如散落在迂回道路上的簇簇星火，昭然可见。把这“足迹”收集并且有序地编排起来，给关心和从事这项事业的人们在追忆往事时提供些方便，并尽力从中发掘些什么、探求些什么，以便今后的路走得更准、更稳，这就是编纂这部《中国残疾人事业年鉴》的主旨和用心所在。

人类文明演进的历史可证，怎样对待残疾人和残疾人的事情，是社会文明的一个标志。可以直截了当地说，什么时候社会文明全面、深刻地展现，什么时候这项事业发展得就比较好，什么时候社会文明出现偏颇以至倒退，什么时候这件事情就遇挫、受损。因为，说到底，这是测试和完善人性的事业，是使人性中美好的东西不断得到升华的事业。

这项事业与社会主体的关系是“象忧亦忧、象喜亦喜”的关系，从几十年残疾人事业发展的脉络中可以清楚地看到这一点。但是，这不是说，经济、社会发展了，这项事业自然而然就会发展。前者只是提供了发展的可能性，把可能性变为现实性，需要一个条件，这就是把“一切为了人，包括残疾人”的观念放在心上，把社会上的弱者特别是残疾人的平等充分参与，放在心上——放在公众的心上，更放在决策人和对社会有重要影响的人的心上。有了这个条件，更多地理解了这项事业，才能将它融于国家整体，融于社会的方方面面，使它得到更好的发展。

应该说，自新中国成立以来，党和政府就致力于帮助残疾人进入社会，使残疾人在事实上得到各种合法权益。只是限于不同时期经济社会发展的客观条件，使这项事业在自己的发展历程中，区分出“收养救济”与“平等参与”这些阶段罢了。当然，改革开放以来总结并引入大量于我国社会发展有益的新观念，对这项事业的发展也是重要的。正是这些新观念使我们得以对几十年经济社会的发展予以重新审视。我国正在按照既容纳健全人，也容纳残疾人这种新观念来重新设计、改造现实社会和现实社会生活。这是一种具有划时代意义的变革。它带来的是这样一个崭新的社会，在那里，所有社会群体包括残疾人群体，都能够平等劳作生息，共创共享，而不是只容纳健全人而把残疾人阻隔在社会的一隅。我们知道，这就是人们常说的“人人共享”的社会。我们有条件随着经济社会的发展做到这一点，并且，比别的国家做得更好，因为，这个目标不但与我国的优良传统相一致，而且为我党“人类解放”的根本宗旨所包容，更不要说是我国精神文明建设的内在要求了。

我们不应、不能，也不会辜负这一历史的重托。

从《年鉴》中可以发掘的感想还有很多，这里不过是作抛砖之谈罢了。在即将结束这篇短文的时候，我只想强调一点，面对近50年残疾人事业发展的业绩，我们将更加坚定一个信念：为创建“人人共享”的社会不遗余力地贡献我们的一生。

《年鉴》是历史的记录、信息的总汇。我更希望它是一种启迪、一种呼唤，启迪人们从中认识历史的规律，沿着这个规律推动残疾人事业前进；呼唤人们美好的心灵和良知，在推进残疾人事业和维护残疾人合法权益中，使人性放出更加灿烂的光芒。

1995年9月25日

编辑说明

一、《中国残疾人事业年鉴》是全面反映中国残疾人事业发展和残疾人工作进展情况及成就的专业年刊。为适应中国残疾人事业发展的需要，2012年底，中国残联党组理事会研究决定，从2013年开始，按年度编辑出版《中国残疾人事业年鉴》，在华夏出版社成立《中国残疾人事业年鉴》编辑部，专门承担《中国残疾人事业年鉴》编辑出版的各项工作。

二、邓朴方主席为《中国残疾人事业年鉴（1949～1993）》所作序言，对21世纪的残疾人事业和残疾人工作依然具有重要指导意义，编辑部决定将其继续作为《中国残疾人事业年鉴》（以下简称“本年鉴”）序言使用。

三、本年鉴收录内容的时限，以2013年度为主，个别资料的收录时限根据需要有所跨越。

四、本年鉴采用分类编排法，在体例上有所调整，除篇目、分目外，引入条目，构成框架结构的主体部分。

五、本年鉴分为9个部分：重要文献、重大专题、全国残疾人事业与残疾人工作、残疾人专门协会和社会工作、中国残疾人福利基金会工作、地方残疾人事业与残疾人工作、中国残联直属单位工作、统计与监测、大事记。

六、本年鉴的文字、图片及统计数据均由各供稿单位特约编辑提供。

七、本年鉴编辑工作得到了中国残联党组理事会、中国残联各部门、各专门协会、各直属单位，中国残疾人福利基金会，各省、自治区、直辖市及计划单列市残联，新疆生产建设兵团残联，黑龙江垦区残联的大力支持与协助，在此表示最诚挚的谢意。

《中国残疾人事业年鉴》

编委会

2014年10月

总 目

COMPREHENSIVE TABLE OF CONTENTS

Part Ⅵ Regional Undertaking and Work for Disabled Persons

Part Ⅶ Work by Directly Affiliated Units of CDPF

Part Ⅷ Statistics and Monitoring

Part Ⅸ Chronicle of Undertaking and Work for Disabled Persons in China in 2013

目 录

第一编 重要文献

第二编 中国残疾人联合会第六次全国代表大会专题

第三编　全国残疾人事业和残疾人工作

第七编　中国残疾人联合会直属单位工作

第八编　统计与监测

第九编　2013年中国残疾人事业和残疾人工作大事记　943

I 第一编　重要文献
IMPORTANT LITERATURE

一、党和国家领导人讲话

中共中央政治局常委李长春对全国盲人工作的指示

2013年10月30日

首先向中国盲人协会和中国盲文出版社成立六十周年表示热烈祝贺，向全国1731万盲人朋友们致以亲切问候。从来信中获知，中国盲文图书馆新馆建成两年多时间以来，充分发挥“五个中心一个窗口”作用，努力建设全国盲人精神文化家园和世界一流盲人文化机构，在全力满足盲人群众精神文化需求方面做了大量工作，取得了明显成效，我感到由衷欣慰。希望你们在利用好盲文图书馆这一平台的基础上，紧紧围绕满足盲人精神文化需求、保障盲人基本文化权益这个根本任务，发挥和挖掘更多的服务平台，为盲人群众学习文化知识、掌握生活技能、丰富精神世界、相互交流沟通创造良好条件，为大力发展残疾人文化事业，建设全国公共文化服务体系做出新的更大的贡献！

中共中央政治局委员、国务院副总理、国务院残疾人工作委员会主任回良玉在中国盲文图书馆调研时的讲话

2013年1月28日

今天来到中国盲文图书馆，我很振奋，也很受鼓舞。看到我们残联的很多领导，看到很多残疾人工作者，还有很多残疾人志愿者，很多残疾人朋友，我感到很亲近、很亲切。我刚才坐着就想，现在是五九天，接近年底，外边确实很冷，但是盲文图书馆处处春意盎然；外面确实有雾霾，空气不好，但是屋里确实是一个温暖的家园、温馨的家园。盲文图书馆的建设是一个重大的标志，它标志着我们党和政府对残疾人，对这个最大的弱势群体、最需要帮助和理解的群体的关怀和重视。党和国家办了好事、办了实事，这是我们政府的一大德政。盲文图书馆建设得很好，我们一定要更进一步，让盲文图书馆充分地发挥作用，既要为全国盲人服务，也要对其他残疾人发挥作用；既要对残疾人发挥作用，也要让健全人受点教育。

回顾起来，我认为，现在是我们中国残疾人事业发展最好的时期。我们党和政府对残疾人事业的认识在不断地提高，国家制定了很多政策、法规、条例和规划，国家对残疾人事业发展的投入在不断地增加，同时残疾人的基础设施建设也在不断地改善充实，社会各方对残疾人更加理解，全社会更加凝成合力，抓好残疾人的工作。所以说，残疾人事业真的有很好的发展基础和发展态势。

中国残疾人事业，无论是文艺事业、体育事业，还是经济社会发展事业，都有很多标志。我在国务院工作十年，有幸接触到很多残疾人，还有从事残疾人工作的同事。我和朴方同志、海迪同志、新宪同志、小泉同志、乃坤同志，以及其他许许多多的同志一起相处学习。我也有很多机会接触很多残疾人。残疾人的精神面貌，对我的工作和心理来说，始终都是一种震撼、一种鼓舞、一种激励。残疾人为中华民族增光添彩，残疾人用自己的聪明才智为我们祖国的建设做出了重大贡献。所以，对残疾人事业一定要理解，对残疾人家庭一定要关切，对残疾人一定要关心和关爱。

我认为我国残疾人工作是好的，但说句实在话，在我们国家的发展当中，在残疾人事业的发展当中，还有很多问题。残疾人在我们国家是最弱势的群体，人口比较庞大，困难比较多。我们党的奋斗目标是要全面建成小康社会，我认为其中最艰巨的任务就是使残疾人脱贫致富，把残疾人事业提高到一个新的水平。要完成这个任务，我们面临着很大的困难。另外，残疾人的扶贫事业也是一个问题。中国的贫困人口很多，这里面占很大比例的是我们残疾人。我们的成绩绝不能低估，但对我们残疾人目前的困难、对残疾人工作任务的艰巨性也不要低估。要发扬成绩，进一步推进残疾人事业的发展；同时要正视问题，继续给予更多的关心、更多的支持，来推动残疾人事业的发展。今后残疾人事业怎么发展，中央和国务院都明确要求，残工委也做了布置。我认为很重要的一点，是要抓好主题、主线。主题就是加快发展残疾人事业；主线就是两个保障，一个是残疾人社会

保障体系的建设，一个是残疾人服务体系的建设，这必须要跟上去。国际人权领域对中国的情况有很多曲解，但是中国的残疾人事业在国际上是叫得响的，我认为总体上是做得比较好的，我们要继续努力把这个做好。各级党委政府在走基层的时候，多看一看残疾人的生产生活；调查研究的时候，多听一听残疾人的呼声和要求；制定政策的时候，多想一想残疾人的冷暖饥渴；部署工作的时候，多讲一讲残疾人的需求。

我今天很高兴看到这么多的朋友、这么多同志。今天是腊月十七，再有两周就是蛇年春节了。我借此机会，代表国务院和国务院残工委向我们中国残联的负责同志，通过你们向全国残疾人、向残疾人工作者、向残疾人家属致以新春问候，祝愿大家在新的一年里身心安康、事业顺成、家庭美满、生活祥瑞。

中共中央政治局委员、国务院副总理刘延东在考察北京市盲人学校时的讲话摘要

2013 年 9 月 2 日

特殊教育是促进残疾人全面发展、帮助残疾人更好融入社会的基本途径，是推进教育公平、改善民生的重要领域和体现社会文明的重要标准。要进一步加大支持力度，特教特办，努力完善特殊教育体系，健全保障机制，改善办学条件，不断满足残疾学生的学习需求。要深化课程教材改革，创新教育手段和方式，有针对性地进行缺陷补偿和潜能开发，提高残疾学生综合素质。要结合社会需求，加强面向残疾人的职业教育培训，帮助他们掌握一技之长，提高就业创业能力。要动员全社会力量关心特殊教育，支持和推动特殊教育事业加快发展。

特殊教育教师常年坚守在特教岗位一线，播撒爱心，无私奉献，倾心育人，值得全社会学习和尊敬。要加大对优秀特教教师的宣传力度，强化培养培训，落实好工资待遇倾斜政策，鼓励和吸引更多优秀人才投身特殊教育事业。

国务委员、国务院残工委主任王勇在视察北京农村扶贫助残基地时的讲话摘要

2013 年 5 月 18 日

全面建成小康社会，绝不能让 8500 万残疾人掉队。我国农村仍有 1500 万残疾人尚未脱贫，与其他贫困人群相比，残疾人的扶贫难度更大。要帮助残疾人及其亲属实现就业或参加生产劳动，使残疾人家庭收入有保障，生活得到真正改善。

党中央、国务院高度重视残疾人工作，十分关心残疾人的民生改善。残疾人群体生活状况如何，是衡量各级政府民生工作的重要指标，解决残疾人的贫困问题，是各级政府的重要责任。要采取有效措施，切实解决残疾人生产生活中的困难和问题，实实在在帮助贫困残疾人脱贫脱困。

（中国残联各部室供稿）

二、中国残联领导讲话

张海迪在联大残疾与发展问题高级别会议圆桌论坛上的发言：开展国际和区域合作，将残疾问题纳入发展

2013 年 9 月 23 日

感谢大会主席、秘书处的辛勤工作。我由衷赞赏联合国方面和各国政府代表在此次会议上展现出的促进残疾人融合发展的意愿和决心。

在千年发展目标即将到期之际，我们呼吁国际社会在共识与合作的基础上将残疾人问题纳入主流发展议程。

2006 年，联合国大会通过《残疾人权利公约》，为各缔约国政府提供了残疾人工作的法律准则和行动纲领。《公约》是残疾人事务领域国际合作的最新成果，其第三十二条特别强调“国际与区域合作”。

中国一直积极参与残疾人事务国际与区域合作并做出了重要贡献。自上世纪八十年代以来，中国就支持并践行《关于残疾人的世界行动纲领》和《残疾人机会均等标准规则》，中国是《残疾人权利公约》的发起国之一，并积极促成了 1993—2022 年三个“亚太残疾人十年”活动，同时致力于推动区域残疾人事务交流合作机制的建设。

在国际和区域合作中，中国注意吸收和借鉴国际先进理念和经验，加快本国残疾人事业的发展。《公约》的精神被充分融入 2008 年修订的《中华人民共和国残疾人保障法》。中国与很多国家开展双边交流与合作，国际合作项目在中国基层社区和偏远农村的实施，为残疾人工作带来了新的理念和方法，改善了残疾人的生活状况。

中国也义不容辞地承担起相应的国际责任和义务，正在逐步加强对亚洲、非洲不发达国家在残疾人事务方面的经济和技术援助。我们愿与更多的发展中国家分享残疾人工作的经验。

在全球化时代，残疾人问题超越文化和国界的划分，是全人类必须共同面对的挑战。只有通过国际和区域合作，才能实现共同发展。在此，我呼吁：

第一，在加强传统的南北合作的同时，加深南南合作，充分发挥国际多边合作机制的作用，将残疾人问题纳入全球经济社会发展的主要议题。

第二，在国际交流与合作中，应优先考虑发展中国家残疾人的生存与发展问题；同时，交流与合作也必须建立在平等和相互尊重的基础上，友好互助，共同进步。

第三，国际社会应重视区域、次区域合作。作为亚太地区的大国，中国愿与亚太各国政府和相关组织一起，在履行《残疾人权利公约》的基础上，落实好 2012 年底通过的“仁川战略”，积极开展新的“亚太残疾人十年”活动。

第四，国际发展机构和发达国家要为发展中国家提供更多有利于残疾人发展的援助，更加重视残疾人领域的理念交流和技术转移。

第五，各国政府应积极鼓励并大力支持民间残疾人组织广泛参与国际和区域交流与合作。

最后，我衷心预祝本次大会形成各方满意的成果性文件，以此支持《残疾人权利公约》的全面履行，以及千年发展目标和其他国际商定的残疾人发展目标的实现。

张海迪在联合国邮局“消除障碍，敞开大门”纪念邮票首发式上的致辞：方寸之间传递尊严与价值

2013 年 9 月 24 日

感谢联合国邮局为纪念此次联大残疾与发展问题高级别会议而发行彰显残疾人尊严和价值的纪念邮票。

邮票自诞生以来便肩负着邮资和文化传播的双重作用。联合国邮票描绘了联合国大家庭的宗旨和成就，既是微型艺术品，也是传递和平、友爱的使者。

这套主题为“消除障碍，敞开大门”纪念邮票，将中国残疾人艺术团的舞蹈作品《千手观音》纳入其中，充分体现了联合国邮局对于中国残疾人事业和特殊艺术的赞赏！

《千手观音》由中国残疾人艺术团 21 位聋人演员表

演，它传递了“因为善，让生命美丽；因为爱，让生命延续；因为慈悲，让生命宽阔；因为感恩，让生命欢喜”的精神内含，是中国文化“真·善·美”的集中体现。

诞生于1987年的中国残疾人艺术团，承载着残疾人的梦想，以特殊方式塑造艺术，创作了大型表演艺术作品《我的梦》及其中的舞蹈《千手观音》。

她将美奉献给世界，每年在10多个国家演出150多场，至今已巡演81个国家，带给观众艺术的享受、心灵的启迪和情感的交融。

她将爱传递给人间，开展大量公益义演和文化交流活动，并用商演收入设立“我的梦”和谐基金，5年来捐助国内外慈善事业930万元人民币、83万美元。

中国残疾人艺术团，用爱和尊严打动观众，被誉为“联合国教科文组织和平艺术家”。

中国残疾人艺术团以自身的发展历程展现了中国残疾人事业的成就，向世人传递了“一切生命都有尊严，一切生命都有价值”的理念。

今天，联合国邮局发行彰显残疾人艺术成就的纪念邮票，体现了“平等·参与·共享”的价值观，以及促进残疾人融合发展的崇高理念，对保障残疾人权利、促进全球残疾人事业的发展具有深远的影响。

在此，我谨代表中国残疾人联合会和中国8500万残疾人，向联合国和联合国邮局致以崇高的敬意。

中国残联将一如既往地支持联合国工作，并愿与国际社会一道为促进残疾人融合发展而不懈努力。

张海迪在第二十八次全国残联工作会议上的讲话：谈谈“代表、服务、管理”

2014年2月26日

六代会后新一届主席团、执行理事会经过几个月的努力，工作呈现出一片新气象。这段时间不断有好消息传来，一些省份实施重度残疾人护理补贴和贫困残疾人生活补贴政策，每个月有50元的，100元的，最多的350元，对我们来说这是好消息，对于残疾人更是好消息。我们向着更普惠的社会福利，向着更健全的社会保障制度又迈进了一步。

这次工作会上，鲁勇书记对2014年的具体工作做了部署。在六届主席团一次会议上，我就今后的重点工作，讲了我们的目标和任务，我希望与同志们共同努力，完成既定目标和任务。今天我再谈点想法。最近我一直在思考一个问题，就是有了目标和任务，怎样才能把具体工作做得更好？中国残疾人事业已经走过了25年的历程，在邓朴方主席和几代残疾人工作者的努力下，我们探索出一条中国特色残疾人事业发展道路，并且坚定不移地沿着这条道路前进。当前我国已进入全面建成小康社会的决定性阶段，帮助8500万残疾人和全国人民同步小康，是时代赋予我们的使命。这就要求我们更深地思考残疾人事业的意义，思考残疾人联合会“代表、服务、管理”的职能。这些年残联的职能发挥得怎样？是否真正发挥了代表、服务、管理的作用？今后应该怎样推动残疾人事业科学发展？想清楚这些问题，才能更加明确今后努力的方向。怎样更好地发挥“代表、服务、管理”职能，我想讲三点认识，与大家一起探讨。

一、增强代表性，真正做到与残疾人心贴心

“代表、服务、管理”三者是有机联系的整体，代表是立场，服务是宗旨，管理是手段。残疾人组织要代表残疾人的根本利益，代表残疾人和残疾人亲友发出声音，提出并解决问题，维护残疾人的合法权益，让他们获得实在的帮助。要代表和帮助残疾人，首先还是要深刻认识生命的意义，无论健康还是残缺，都要有意义和幸福感，我们的工作就是要让残缺的生命也能感受到生活的温暖。我们更要帮助残疾人实现理想。人不仅仅要活着，有意义地活着才有精神的快乐，而无意义地活着则是痛苦的。我们要消除残疾人的痛苦，让他们感到生活的美好。做好残疾人康复托养工作也是为国家分忧。

我们要研究每一类残疾人不同的特点，真正了解残疾人的痛苦，了解他们的困难和需求。要向基层学习，向群众学习，总结基层的经验和做法。要不止一次去调研，科学的方法是要回访，不一定跑的地方多，一些地方去了要再去，今年去了明年再去，要看变化，看存在的问题。这就是我们常说的要实践、实践、再实践。要不断在实践中向前走，改进工作方法。当然每个残疾人个体的需求不一样，有康复需求、教育需求、就业需求、扶贫需求和托养需求等等，我们要了解残疾人的需求，并提出来，推动解决，这就是“代表”的具体体现。我们要重视和支持各专门协会的工作，专门协会代表本类别残疾人的共同利益，充分反映他们的特殊需求。专门协会贴近基层残疾人，具有很好的代表性，专门协会的工作做好了，我们的工作就有了坚实的根基。

做残疾人工作不能闭门造车，一定要注重基层调研，一定要多到残疾人工作的一线做调研，要有务实的精神，把调查研究当作工作中的常态，而不是只在逢年过节的时候看望一下，走走形式。要切实改进工作作风，密切与残疾人的血肉联系。第一批党的群众路线教育实践活动已结束，第二批已部署开始。在第一批活动中媒体曝光的老百姓到一些基层政府部门办事“门难进、脸难看、事难办”的现象，在残联系统存不存在？残疾人给我们打电话、来残联，我们有没有敷衍甚至推诿？这样的问题一定存在。我们一定要以教育实践活动为契机，紧抓作风建设，各级残联要真正成为“残疾人之家”，密切与

残疾人的血肉联系，把每一件事做细做好，让残疾人得到真切具体的帮助，这样才称得上是代表残疾人的组织。

二、加强服务，扎实推进残疾人同步小康进程

对残疾人工作者来说，为残疾人服务就是为人民服务，为残疾人服务就要全心全意，要服务到位，服务到家，因为他们是最需要帮助的人，是承受痛苦的人。我们要坚持人道主义情怀，把全心全意为残疾人服务当作应尽的义务和责任。为残疾人服务是残疾人工作者存在的意义，当初为什么成立中国残联呢？她的功能就是要帮助残疾人，为残疾人服务就是我们的工作，康复、教育、就业、扶贫、维权等都是重要的内容，我们要做的就是联系政府、动员社会关心帮助残疾人和他们的家庭。当前最重要的服务就是加快推进残疾人同步小康进程。

同志们，大家想过什么是小康？小康是什么标准？全社会的小康是什么？残疾人小康又是什么？党的十八大提出到2020年全面建成小康社会，而残疾人与健康人的生活水平差距还很大，还有1230万农村残疾人没有脱贫，260多万城镇残疾人生活还很困难。相信到农村，特别是贫困地区走访和调研的同志们一定很清楚这种差距。

我记得小时候看过一部电影叫《小康人家》，新媳妇出嫁时父亲送给她两把锄头当陪嫁，她的婆家只有公社分的八棵苹果树，这就是小康水平了。八十年代，家里有自行车、缝纫机和电视机就是小康了。小康之家的人找对象都好找。但是，今天我们还有很多残疾人达不到小康人家的水平，距离全国人民的小康水平也差得很远。所以推进残疾人与全国人民同步迈入小康是非常艰巨的任务。我们都知道，没有残疾人的小康就不是真正意义的小康，就是不全面的小康。我们必须加快残疾人同步小康的进程，这才是对国家负责任的态度。

我们要充分认识到面临的机遇，确立目标，坚定信心。社会主义从本质上说，就是共同富裕，没有共同富裕，就不叫社会主义。十八届三中全会《关于全面深化改革若干重大问题的决定》提出“促进社会公平正义，增进人民福祉”、“让发展成果更多更公平惠及全体人民”，特别是十八届三中全会要求“健全残疾人权益保障制度”，这将会有力促进残疾人保障体系的健全和完善；快速发展的经济和不断加快的城镇化建设，为我们提供了越来越好的物质基础，这些都为促进残疾人同步小康提供重要助力和保障。中办、国办最近印发的《关于创新机制扎实推进农村扶贫开发工作的意见》，要求建立精准扶贫工作机制、创新扶贫机制，将有助于我们解决残疾人的贫困问题。我们要认真学习领会中央相关政策文件精神，主动作为，落实好中央政策，促进残疾人事业发展。我们还要深刻学习理解中央经济工作会议、中央城镇化工作会议和中央农村工作会议精神，比如，中央提出推进城镇化建设，我们就要加强进入城镇的残疾人的工作，协助各级政府安排好他们的居住、康复、教育、就业等，让他们更好地融入城镇生活，这对改善残疾人的生存环境，促进同步小康具有积极作用。

20多年来，中国残疾人事业不断发展，相关政策法规不断完善。这次会议上征求同志们意见的《关于加快推进残疾人同步小康进程的意见》，是又一个重要文件，是今后几年加快残疾人同步小康进程的重要基础。近年来，各级党委、政府高度重视和支持残疾人事业，全社会也给予残疾人更多的关心帮助，各级残联逐步建立健全的工作体制机制，为残疾人服务的内容越来越多，残疾人的状况有了明显的改善和改变。比如，现在无论到哪个城市，无论在机场、车站还是码头，还有数不清的街道、商场、银行、电信、影剧院、宾馆，甚至有的农村残疾人家庭，都有无障碍设施。还有成千上万的残疾人得到了不同程度的康复，很多聋哑孩子能够说话了，并且能与健康孩子一起读书，有的残疾人安装假肢后，不仅能行走，有的还能骑自行车。这几年，肢体残疾人和聋人驾驶汽车已经不再是新闻话题。残疾人的生活比起20多年前已经发生了巨大的变化。这是残联的服务职能发挥的作用，几代残疾人工作者为了让残疾人曾经的梦想变成现实，付出了艰苦的努力，做出了无私的奉献，全心全意为残疾人服务已经成为我们的自觉行动。

当然，任何一项事业的进步都要经过长期奋斗，残疾人事业也是如此。残疾人小康是以省、市、县为单位，使残疾人的生活水平接近当地平均发展水平，而不是简单地与全国平均水平相比较，更不是与发达地区平均水平比较，能让本地残疾人实现小康就是对国家全面建成小康社会的贡献。中国特色残疾人事业发展的道路，不是一年两年就能走向成功的，为残疾人服务的工作要扎扎实实，一步一步地做好。现在到2020年全面建成小康的时间只有六年了，要实现既定的目标，时间已经很紧张了。我们要有实事求是的精神，科学的工作态度，饱满的工作热情，扎实的工作作风去为之奋斗。我们要提出明确目标，但不能提过高的、实现不了的目标，要抓住主要工作，把前进的道路铺平铺远。大家要沉下心来，任务越重越要坚定不移地向前走，要把队伍带好，少走弯路，把事业做强。

我们铺就的是中国特色残疾人事业的道路，一定要有前瞻性的目光，想得更远一点。作为残联的领导同志不能只为自己这一届出成绩，不能把残疾人工作当作自己的政绩，而是当作终生为之奋斗的伟大事业。社会主义从空想的萌芽，到马克思恩格斯提出科学社会主义的设想，到今天中国特色社会主义的探索和实践，历经几百年的摸索和追求，是一代又一代人艰苦奋斗的结果。再过5年或10年，我们这一代残疾人工作者终究要离开，残疾人事业需要一代一代的人奋斗。今天我们要为20年、30年、甚至50年后的残疾人事业打下坚实的基础，到那时候残疾人能够拥有法制健全、保障完善的生活，残疾

人和家庭才能真正生活无忧。我们还要为残疾人全面融入社会而努力，我们的工作是社会福利的一部分，是民生事业和社会建设的一部分，是公共服务的重要内容。我们的理想是残疾人像健全人一样过上美好的生活，有完善的社会保障和医疗保障，肢残人有轮椅，聋人有助听器，盲人有盲道。到那时残疾孩子都能到学校读书，社会将不再有对残疾人的歧视。

为残疾人服务，还要掌握服务方法。要善于处理整体和具体的关系。要抓好8500万人的整体工作，也要把每个残疾人个体的工作做好，认真解决每一个残疾人的困难和问题。当前我们要研究怎样将国家有关残疾人的政策措施逐一落实到每位残疾人身上。比如，随着我国人口老龄化的发展，老年残疾人会不断增加，我们要做好残疾人托养工作，科学研究托养机构、康复机构建设问题。一方面要努力加强基础建设，同时建设康复机构、托养机构要注意与医疗机构、养老机构资源整合共享。机构建设要注重实效，避免重复建设。要勤俭办一切，把每一分钱都用在残疾人身上，要力戒形式主义，不能把康复托养机构建得像宾馆，要让残疾人住得起。康复与托养设施要讲求实效和质量，要与社区和周围环境相结合，设施的服务和运转要规范标准，这样才能让残疾人享有好的服务。

残疾人就业是服务残疾人的重要内容，要呼吁各地党委、政府对残疾人事业重视再重视，要以多种形式安排残疾人就业，在安排重度残疾人居家就业的同时，又要重视人的社会属性和人的归属感，要帮助残疾人融入社会，回归社会，而不是孤立地生活。发展残疾人事业要有更广阔的视野，一些好经验和做法往往来自基层，要支持地方积极探索和实践，好经验要及时发现总结和推广，比如：北京、上海等地制定了国家机关、事业单位、国有及国有控股企业对残疾人岗位预留和定向招录残疾人的规定；山东青岛实施重度残疾人提前5年享受养老保险金的政策；河南、湖北、安徽、河北等开展全省残疾人状况调查，建立全省残疾人口数据库，为打好数据基础进行探索；天津按高于当地人均收入增长比例，提高增发残疾人生活救助金增长比例；浙江2012年起将国家规定纳入医保报销范围的9项康复项目扩大到25项；河北石家庄为重度残疾人发放护理补贴，并明确规定补贴可与已享有的低保、城乡医疗和养老保险个人缴费政府补贴、贫困重度残疾人生活补贴叠加享受；河南正在积极探索用耕地补贴方式增加农村残疾人收入，这些做法都很好。我在这里仅举了几个省市的例子。我们国家幅员辽阔，东西南北、内地沿海都有区别，残疾人工作要因地制宜，各地要有自己的方法和措施，大胆实践，稳中求进。总之，我们要把为各类残疾人的服务纳入国家公共服务体系中去，努力提高残疾人生活品质和幸福指数。

三、完善管理，推进残疾人事业科学发展

中国残联成立20多年来，残疾人事业在不断发展，从一个小家发展成一个大家，从几十个人的组织发展到几十万人，现在全国每一个地方都有残疾人工作者。但是家大了，我们怎么管好家？怎样管理好残疾人事务呢？这个问题越来越迫切地摆在我们面前。管理是基础，是一门科学。十八届三中全会提出“推进国家治理体系和治理能力现代化”；2月17日，习近平总书记在省部级主要领导干部研讨班开班式上发表了重要讲话，他指出，“尽快把党和国家机关、企事业单位、人民团体、社会组织等的工作能力都提高起来，国家治理体系才能更加有效运转。”残疾人事业管理也是国家治理体系的一部分，我们把管理工作做好了，也是对国家治理能力现代化做的贡献。春节前，我和鲁勇同志向王勇国务委员汇报工作，王勇国务委员明确要求，要把加强管理作为各级残联组织的一项重要基础性工作常抓不懈，建立健全管理制度机制，通过管理推动工作上台阶。

怎么做好管理工作呢？这就要求同志们努力学习，不断更新知识，提高工作能力。我们要学习的知识很多，涉及医学、心理、经济、社会保障、科技信息等方方面面，特别是公共管理。王勇国务委员要求，“各级残联干部都要学习管理、研究管理、熟悉管理，懂管理善经营。”管理水平决定效率的高低。没有管理的能力和力量，这么大的家业，怎么才能管好呢？今年中国残联决定开展残联系统“基础管理建设年”活动。各地残联都要把加强管理作为重要工作，要用现代化的信息技术手段对事业进行管理。要建章立制，该健全的健全，该改进的改进，没有的要建立，过时的要修订，切实完善人、财、物的监督与管理。

在各项管理工作中，信息化建设是最重要的内容。数据是管理的基础，是科学开展残疾人工作的依据。习近平总书记在今年中央经济工作会议上指出：“一些领域底数不清、数据不实情况仍然存在。”我们现在使用的一些数字是否准确，是否经得起时间的检验呢？我到有的地方调研发现，残疾人口有三个数据，一个是根据“二抽”推算的数，这个最大；二是当地工作需要调查的人数，这个位列第二；三是持证残疾人的数据，这个最小；这三个数据根据需要选择使用，但哪个是最准确的？谁也说不清。我们工作要报数字，要使用数字，我们一定要用极其负责和严肃的态度对待数字，一就是一，二就是二。反映的数字一定要准确，必须反映真实的情况，问题多了没关系，我们的工作就是为了解决问题，越有困难我们越要千方百计地解决困难。要善于发现问题、解决问题。我们一定要把摸清底数作为要务来做，一定要抽调最强力量把数据库做好，给国家提供更多、更精确的数据来源，让国家了解真实情况。现在已经进入大数据时代，我们要用准确可靠的残疾人数据管理残疾人事务，为政府宏观决策和向社会购买服务提供依据。各

级残联对此都担负着重要责任。我们一定要本着实事求是的态度，把残疾人工作的各项底数摸清楚。

必须把信息化建设纳入非常重要的日程，摸清基本数据和基本情况，掌握基本材料，做好数据库。数据准确了，不但能争取财政投入，而且使每一分投入都能发挥应有的作用。只有这样才能做到精准管理、精准服务。管理和质量是紧密相关的。管理出了问题，质量就会出现偏差，残疾人事业管理也要讲质量，讲投入产出和效益。虽然我们的事业取得了很大的成绩，但是也存在一些不足。比如，在过去的五年中央财政为残疾人投入100多个亿，加上地方财政投入是一个很大的数字，大家有没有认真核算过，这些款项在本地区都为残疾人做了什么？产生了什么效益？我们干工作头脑一定要清楚，要把残疾人事业当作大家庭的事情来管理。每个人对自己家庭的账目都会很清楚，可是我们有多少人能把国家对残疾人事业的投入说清楚呢？这些年我们的一些工作不够透明，或是透明度不够，甚至还有遮掩的地方。有些事本来应该光明正大地说，但却要小声说，甚至不敢说。比如中央财政拨款，加上各地财政的投入，这些资金的投向、得到的效益怎么样？还有的地方用就业保障金盖楼建房或是做其他的事情并不鲜见。残疾人事业本身是充满阳光、慈善的事业，充满了爱和温暖，可有的地方有些事却不能明朗地对大家讲，甚至遮遮掩掩，不透明，这样就得不到很好的监督，而残疾人得到的帮助就打了折扣。我们一定要认真研究各级财政对残疾人事业的投入和效益，要完善残疾人就业保障金的使用监督和管理。管理是服务的基础，通过加强管理，不断提高服务质量，要把残疾人事业做成阳光下的事业，让它照亮每一个残疾人生活的角落，给他们带来温暖和光明。

除了内部建章立制，残联发挥管理职能主要体现在履行法律和章程赋予的职责。《残疾人保障法》规定："中国残疾人联合会及其地方组织依照法律、法规、章程或者接受政府委托，开展残疾人工作，动员社会力量，发展残疾人事业"。《中国残疾人联合会章程》规定："履行法律赋予的职责，承担政府委托的任务，管理和发展残疾人事业"。各级残联一定要积极向各级党委、政府充分反映残疾人的诉求、困难和问题，使政府把推进残疾人同步小康作为全面建成小康社会的一项紧迫任务纳入日程，纳入目标管理和领导班子、领导干部政绩考核评价指标。各地政府残工委是各地残疾人事业管理、决策、协调的核心机构，残工委办公室是具体办事机构，应充分利用这个平台，加强与各成员单位及各方面的联系，强化工作手段，加强统筹安排和督导检查，使各成员单位切实将残疾人工作纳入工作职责，形成各司其职、齐抓共管的合力。

我们也要用好社会化工作方式，争取社会组织、社会力量支持残疾人事业。未来几年，政府要加快职能转变，大力发展社会组织。2013年9月30日，国务院办公厅下发《关于政府向社会力量购买服务的指导意见》，这是增加公共服务供给、提高公共服务水平和效率的重要步骤。我们要认真研究政府向社会力量购买服务给残疾人事业创造的新的条件，推动形成"政府主导、社会参与、公办民办并举"的残疾人公共服务供给模式，积极推进政府购买社会组织的助残服务，大力发展残疾人慈善事业，发展壮大助残志愿者队伍。我们要积极培育和支持残疾人社会组织，加强对残疾人服务的行业管理。动员社会力量支持残疾人事业，是残联这个人民团体特有的工作方式，也是残疾人公共服务的一个发展方向。我国处在并将长期处在社会主义初级阶段，为残疾人服务的资源在长时期内还会相对短缺。为此，社会化的工作方式就十分必要。社会组织服务的丰富性和针对性比较强，各级残联应加强与社会组织的联系，提供培育和指导，动员各种社会力量为残疾人服务，为残疾人实现同步小康注入新的活力和动力。还有一点也很重要。我们要代表残疾人参与国际残疾人事务，健全联合国《残疾人权利公约》履约机制，加强国际合作。通过学习借鉴发达国家和地区管理残疾人事务的有益经验和做法，来完善我们的管理制度。

同志们，"代表、服务、管理"是残联的根本所在，也是残联推进残疾人事业科学发展的内在动力。让我们进一步弘扬人道主义思想，团结一心，充分发挥好"代表、服务、管理"职责，提高工作本领，改进工作作风，全心全意为残疾人服务，为加快推进残疾人同步小康进程，为残疾人兄弟姐妹创造幸福生活而奋斗！

鲁勇在全国省级残联理事长工作会议上的讲话：继承创新，奋发有为，全力落实好中国残联六代会精神

2013年9月19日

中国残联六代会胜利闭幕了。在筹备和召开大会过程中，我们深切感受到了党中央、国务院的亲切关怀、广大残疾人的热切期盼、社会各界的热忱支持和残疾人工作者的奉献情怀，大会隆重简朴、团结奋进，明确了未来五年发展目标和工作任务，选举产生了以海迪主席为班长的第六届主席团，取得了圆满成功。

改革开放以来，以朴方主席为代表的中残联人，在党中央、国务院领导下以高度的责任感、使命感，把发展残疾人事业融入国家发展大局，完成了一系列具有里程碑意义的大事，推动了残疾人事业的蓬勃发展，促进了人道主义思想的广泛传播，促成了联合国《残疾人权利公约》的缔结和履约，推出了一批催人奋进的时代楷模。至今，我们还清晰记得当年小平同志的亲笔题词："学习张海迪，做有理想、有道德、有文化、守纪律的共产主义新人！"最近的五年，在党中央、国务院领导和朴方主席、海迪主席带领下，在新宪同志为理事长的执行理事会和全体残疾人工作者共同努力下，残疾人事业沿着中国特色社会主义道路阔步前行，形成了具有中国特色的残疾人工作机制，建立健全了比较完备的残疾人事业政策法规体系，全面提升了广大残疾人的福祉，树立了我国残疾人事业在国际上的良好形象。

作为新一届执行理事会成员，我们要在党中央、国务院领导下，在王勇国务委员、朴方主席、海迪主席直接领导下，与各级残联组织一道，牢记重托，不辱使命，努力在新的起点上做出新的贡献。按照王勇国务委员提出的要求，讲政治、讲大局，讲感情、讲奉献，讲正气、讲团结，当好残疾人事业发展的带头人。我们要努力向朴方主席、海迪主席和历任理事会领导班子成员学习，向大家学习，向实践学习，继承好作风、好传统，从大家身上汲取知识、智慧和营养。按照正在开展的党的群众路线教育实践活动要求，努力做让党和人民放心、让广大残疾人信赖、让残疾人工作者信任的领导干部，成为广大残疾人的好朋友、贴心人。大会胜利闭幕了，贯彻落实大会精神成为首要任务。下面，我代表新一届执行理事会就贯彻落实大会精神讲几点意见。

一、深刻领会、全面贯彻六代会精神，不辜负党和人民的重托、广大残疾人的期盼

这次大会是在全国人民深入贯彻落实党的十八大精神，为全面建成小康社会、实现中华民族伟大复兴中国梦而发奋图强的重要时刻召开的。我们要深刻领会、全面贯彻党的十八大战略部署，"健全残疾人社会保障和服务体系，切实保障残疾人权益"。我们要深刻领会、全面贯彻习近平总书记的重要指示，抓住人民最关心、最直接、最现实的利益问题，抓住最需要关心的人群。我们要深刻领会、全面贯彻李克强总理的明确要求，下决心把残疾人等困难群体的问题解决好，把底兜住。我们要深刻领会、全面贯彻张高丽副总理在大会上的祝词精神，努力实现残疾人与全国人民同步小康，让残疾人生活得更有尊严、更加殷实、更加幸福。我们要深刻领会、全面贯彻王勇国务委员的讲话要求，加快推进残疾人全面小康进程，努力实现残疾人和全国人民同步小康；健全残疾人社会保障体系和服务体系，不断提高保障能力和服务水平；发挥中国特色残疾人工作体制机制优势，为残疾人事业提供坚强保障；充分发挥残疾人主体作用，支持帮助残疾人实现人生价值；为全面建成小康社会，实现中华民族伟大复兴的中国梦而努力奋斗。我们要深刻领会、全面贯彻朴方主席的殷殷嘱托，坚定不移地走中国特色社会主义道路，坚持改革开放，发扬优良传统，不断加强队伍建设，把残疾人高兴不高兴、满意不满意、赞成不赞成、答应不答应作为想问题办事情的出发点和归宿。我们要深刻领会、全面贯彻海迪主席在工作报告和讲话中的全面部署，自强不息，团结奋斗，为残疾人兄弟姐妹创造美好生活，为实现中华民族伟大复兴的中国梦而发愤图强。

总之，就是要坚持以残疾人为本，以实现残疾人与全国人民同步小康为主题，努力改善广大残疾人的生活，努力提高全社会和残联组织对残疾人的服务能力，让残疾人生活得更有尊严、更加殷实、更加幸福。我们要把学习贯彻中国残联六代会精神作为首要任务抓紧抓好、抓细抓实。

一要积极向党委、政府汇报大会精神，推动做出贯彻落实的工作部署。大家回去后，要尽快向党委、政府特别是向主要领导和分管领导报告大会情况，重点汇报中央指示精神和大会工作部署，进一步充实完善本地残联组织换届时提出的工作任务和发展目标，与中央提出的明确要求和工作目标衔接好。要紧密围绕"同步小康"战略任务，细化分析本地区存在的问题，找准重点、抓住难点，促成党委、政府专题研究一次相关工作，提出和落实更加明确地把残疾人事业发展纳入本地经济社会发展和全面建成小康社会大局的政策措施。关于省级党委、政府贯彻落实中国残联六代会精神的情况，请及时向中国残联通报。

同时，要紧紧抓住深入开展党的群众路线教育实践活动的有利契机，更加主动地向党委、政府汇报本地区残疾人和残疾人事业的实际状况、工作难点，通过我们积极主动的工作，努力把解决残疾人和残疾人事业发展

的实际问题列为县处级以上领导班子和党员领导干部改进“四风”和落实为民、务实、清廉总要求的重点内容。

二要认真组织残联系统学习大会精神，提出贯彻落实的具体措施。要采取多种形式，组织各级残联组织、残疾人工作者学好中国残联六代会精神，特别是要组织学习好高丽同志、王勇同志、朴方同志、海迪同志讲话和大会工作报告，把思想统一到中央要求上来，统一到大会明确的目标任务上来，了解掌握未来五年残疾人事业发展的目标、任务。要结合自身实际，提出残联组织贯彻落实大会精神的具体安排，特别要结合残疾人同步小康要求，摸清找准工作重点、难点，制定有针对性措施。各级残联组织贯彻落实中国残联六代会精神情况，请及时向中国残联报告。

各专门协会要结合实际学习宣传、贯彻落实好大会精神，明确落实具体的措施和计划。中国残联机关各部门和直属单位要结合各自承担的职责，深入研究制定落实大会精神的具体措施。要适时组织开展专题学习交流活动，全面提高贯彻落实中国残联六代会精神的工作水平和执行能力。

二、继承创新，奋发有为，努力在残疾人事业发展的新起点上做出新贡献

未来五年，是团结带领残疾人与全国人民一道同步实现小康的关键时期，是凝聚8500万残疾人为实现中华民族伟大复兴中国梦而发愤图强的重要阶段，是推动中国残疾人事业在继承的基础上创新发展的重大机遇期。全面实现海迪主席在工作报告中提出的“残疾人事业与经济社会总体协调发展、残疾人生存和发展状况明显改善、残疾人组织履职能力全面提升、为残疾人创造友爱和谐的人文环境”四项目标及六大任务，关键取决于我们的工作。

面对新的起点，难得的机遇，思想不解放，思路打不开；观念不更新，工作难推进。各级残联组织要深入学习贯彻落实党中央、国务院的一系列重大部署和海迪主席指示精神，发挥敢于担当、敢于碰硬、敢于创新的精神，把贯彻落实大会精神和认真落实《中共中央、国务院关于促进残疾人事业发展的意见》《中国残疾人事业“十二五”发展纲要》有机结合起来，脚踏实地，真抓实干，努力在继承的基础上实现创新发展。特别要充分认识实现残疾人与全国人民同步小康的艰巨性、复杂性、紧迫性；紧紧围绕实现同步小康统筹规划，做好顶层设计，中国残联要抓紧研究制定加快推进残疾人全面小康进程的意见。各省（区、市）残联组织要结合本地实际，摸实情、出实招、办实事，落实本地普惠加特惠的扶持政策措施，显著缩小残疾人生活状况与社会平均水平差距。

关于贯彻落实大会精神和做好当前工作，海迪主席在六届主席团第一次全体会议上部署了七项重点任务，即做好残疾人康复工作，为残疾人融入社会创造条件；重视残疾人教育工作，提高残疾人参与社会的能力；抓好残疾人就业工作，解放更多的生产力；完善残疾人社会保障制度，让更多的残疾人享受社会福利；动员社会力量，为残疾人提供更多的公共服务；完善残疾人数据信息统计，推动残疾人事业科学发展；带好残联队伍，全心全意为残疾人服务。我们要逐项研究具体的贯彻落实措施，着力推动残疾人基本社会保障、基本公共服务、依法维权、残疾预防与残疾人康复、科技助残与信息化建设、社会环境优化、文化体育事业、国际交流与合作、残联组织与队伍建设的创新发展，确保各项任务逐一落实到位，确保报告中提出的残疾人基本生活、住房、义务教育、基本医疗和康复护理五大民生保障得到有效落实。

蓝图绘就，任务明确，接下来关键的环节在于我们的勤奋工作，在于我们的不懈努力。

我们要更加充分地发挥党委领导、政府负责的残疾人工作领导体制优势，积极主动地把落实中国残联六代会精神融入党委、政府工作特别是民生建设的大局，积极争取把残疾人同步小康列为全面建成小康社会的重点工作、难点任务，摆上重要议事日程。

我们要更加充分地发挥残联组织作为各级政府残工委办公室的职能优势，统筹协调各方，分解落实任务，借威开路，协调联动，重点推动法律法规的贯彻落实、普惠特惠政策措施的制定落实、重点难点任务的分解落实。

我们要更加充分地焕发政府主导、社会参与、国家扶持、市场推动的工作促进机制优势，完善残疾人工作齐抓共管的工作格局，调动一切可以调动的力量，整合一切可以整合的资源，为残疾人服务，为残疾人同步小康服务。

我们要更加充分地依靠现代科学技术和信息技术在推动残疾人事业科学发展的重要作用，推动残疾人事业的个性化服务、定量化监测、精细化管理、系统化发展。

我们要更加充分地发挥残疾人的主体作用，大力弘扬人道主义思想，促进残疾人的社会融合，支持帮助残疾人实现人生价值，展现残疾人的正能量和巨大潜能，努力实现残疾人的全面发展。

我们要更加充分地发挥残联组织、残疾人专职工作者、专业技术人才、残疾人亲友、志愿服务队伍、助残社会组织的作用，真正把各级残联组织建成残疾人之家，壮大残疾人贴心人队伍。

通过我们不懈的努力，努力实现残疾人事业与经济社会总体协调发展、残疾人生存和发展状况明显改善、残疾人组织履职能力全面提升、为残疾人创造友爱和谐的人文环境四大目标，为残疾人与全国人民同步小康奠定扎实的基础。

三、全面加强各级残联组织的思想作风建设，在完成好四季度任务的同时加紧谋划2014年工作

当前，我们正在按照中央精神开展党的群众路线教育实践活动。各级残联党组织要把学习贯彻中国残联六代会精神作为深入开展党的群众路线教育实践活动的重要内容，切切实实把为民、务实、清廉的总要求和改进“四风”的实际成效，展现在全面贯彻落实中国残联六代会精神的过程中。比如，如何按照中央指示精神，办好在四川举办的第九届全国残运会，就需要精心筹划，周密组织。

各级残联组织要更加主动地加强与政府有关部门的交流联系，多沟通、多汇报，多创造条件让他们了解残疾人、了解残疾人事业，我们就是要靠制度、靠政策、靠感情、靠智慧，靠锲而不舍的精神，争取领导、争取支持。如果做到了这一点，就没有办不成、办不了的事。

各级残联党组织要进一步加强残疾人工作者队伍建设，努力建设政治上靠得住、工作上有本事、残疾人信得过，热爱残疾人事业的残疾人工作者队伍，努力使大家都成为带着感情服务残疾人的贴心人。一位老领导曾经动情地对我说，是残疾人教育了他、启示了他。现实中，一般人办不成的事，残疾人自强不息做到了。最弱势的群体，往往是最有力量的。往往是视力看不清的，心里最明亮，往往是得到的较少的，却是最知道感恩的。残疾人得到的少，最知道感恩。这就是中国残疾人。为残疾人服务，真正净化了心灵。

各级残联组织的领导干部要牢记老领导的指示，按照党的群众路线教育实践活动要求改进作风，少在机关里面当忙人，要多拿出些时间和精力深入基层、深入一线，和残疾人交朋友，了解掌握实情。少在面上当游人，要俯下身子抓工作，带着感情解难题，警惕官僚化、行政化倾向。少在遇到问题时当原则指导人，要掌握第一手情况，出实招、办实事，抓住重点、盯着难点，不突破不放弃，不解决不松手。

我们要完成好党中央、国务院要求的在新的起点上推动残疾人事业新发展，必须加强学习，提高继承创新发展的能力。早在战争年代，毛泽东同志就告诫全党，“我们队伍里边有一种恐慌，不是经济恐慌，也不是政治恐慌，而是本领恐慌。过去学的本领只有一点点，今天用一些，明天用一些，渐渐告罄了。好像一个铺子，本来东西不多，一卖就完，空空如也，再开下去就不成了，再开就一定要进货。我们干部的‘进货’，就是学习本领，这是我们许多干部所迫切需要的。”改革开放之初，邓小平同志明确强调，“实现四个现代化是一场深刻的伟大的革命。在这场伟大的革命中，我们是在不断地解决新的矛盾中前进的。因此，全党同志一定要善于学习，善于重新学习”。在确立社会主义市场经济体制目标之时，江泽民同志再一次强调，“要使社会主义中国在世界上永远立于不败之地，全党同志任重道远。而我们不懂得、不熟悉、不精通的东西还很多，或者过去懂得的、熟悉的东西，随着科学技术的迅猛发展和知识的迅速更新，又变成不懂得、不熟悉了。所以唯一的办法，就是加强学习。只有加强学习，方能做到日新日日新，跟上时代前进的步伐”。进入21世纪，胡锦涛同志进一步号召，“干部必须根据完善知识结构、提高综合素质的要求，加强科学知识、科学精神、科学方法的培训，开展文学、艺术、历史等人文知识的学习，着力提高广大干部的科学素养和文化素养。”习近平总书记要求我们要“爱读书、读好书、善读书”，真正把读书学习当成一种生活态度、一种工作责任、一种精神追求，自觉养成读书学习的习惯，真正使读书学习成为工作、生活的重要组成部分，使一切有益的知识和文化入脑入心，沉淀在我们的血液里，融汇在从政从业行为中。

各级残联领导干部都要努力做到“廉政、勤政、善政”。从业不“廉”，何以谈奉献；“廉”而不“勤”，何以谓忠诚；“勤”而不“善”，何以谈领导。我们从事的是崇高的人道主义事业，要严格做到廉政，清白，确保每一笔资金真正用于发展残疾人事业，我们不希望看到残联系统领导干部在廉政问题上出问题，更不希望看到因廉政问题给残疾人工作者队伍形象带来损害的事件发生，在这一点上中国残联党组、执行理事会的态度是十分鲜明的。要努力做到勤政，真干事，当老实人，干实在事。要努力做到善政，会干事，有智慧，敢担当。

各级残联组织要按照年初确定的工作计划，抓好四季度工作的落实。要把学习、宣传、贯彻、落实中国残联六大精神摆在突出位置紧抓不放，要结合实际统筹谋划好2014年的工作。我们将在2014年初召开的全国残联系统工作会，研究部署全年工作。

中国残联六代会的胜利召开，为我们做好新形势下残联工作指明了方向，明确了任务。让我们紧密团结在以习近平同志为总书记的党中央周围，不辜负党和政府重托，不辜负残疾人期待，在党中央、国务院坚强领导下，在王勇国务委员、朴方主席、海迪主席直接领导下，继承创新，奋发有为，在新的起点上努力开创中国残疾人事业发展的新局面。

今天正值传统的中秋佳节。在此，代表海迪主席、代表中国残联党组和执行理事会全体同志，向大家并通过你们向你们的家人和全体残疾人工作者致以节日的问候！祝愿大家工作顺利、阖家幸福。

鲁勇在第二十八次全国残联工作会议上的报告

2014 年 2 月 25 日

这次会议是中国残联六代会后召开的第一次全国工作会，也是第二十八次全国残联工作会议。张海迪主席出席会议并将做重要讲话，我们要认真学习、全面落实。经请示张海迪主席，本次工作会邀请了各位副主席出席。同时，我们还邀请了各专门协会主席、副主席列席。

王勇国务委员对开好这次工作会议非常重视，专门做出指示。我们要认真学习，坚决贯彻落实。

中国残联第六次全国代表大会以来，各级残联组织认真贯彻六代会精神，结合开展党的群众路线教育实践活动，精心谋划新起点上的残疾人工作。特别是把学习领会党的十八届三中全会、习近平总书记系列重要讲话和中央一系列会议精神摆在突出位置，努力在提高认识的基础上细化落实措施。年初印发的2014 年工作要点和提交本次会议讨论的加快推进残疾人同步小康进程的意见、做好政府购买残疾人服务试点工作的意见、深入开展“基础管理建设年”活动的意见、开展残疾人基本服务状况与需求专项调查的工作安排等四个征求意见稿，就是五个方面的具体成果。稍后，吕世明、程凯、梅梅同志将分别就上述征求意见稿做说明。

残疾人事业是在继承的基础上不断发展的。过去的一年，在党中央、国务院正确领导和王勇国务委员、邓朴方主席、张海迪主席带领下，党政部门高度重视，残联组织辛勤工作，社会各界积极参与，广大残疾人自强不息，残疾人事业取得了新的进步。

中国残联第六次全国代表大会的胜利召开，为在新的起点上推动创新发展提供了重要的思想和组织保障。习近平总书记等党和国家领导人亲临开幕式，张高丽同志代表党中央、国务院致祝词，王勇、邓朴方同志提出要求，张海迪同志全面部署了未来五年工作。大会的胜利召开，为加快推进残疾人同步小康进程、凝聚广大残疾人为实现中华民族伟大复兴中国梦而奋斗奠定了重要基础。

残疾人事业“十二五”纲要年度任务的顺利完成，为在新的起点上推动创新发展奠定了重要的工作基础。1034.7 万名城乡残疾人纳入最低生活保障范围。参加城乡居民养老保险的残疾人分别达到377 万和1800 万。591 万名残疾人得到不同程度的康复，92.8 万名残疾人接受托养服务。残疾少年儿童义务教育入学率达到71.9%。城镇新安排就业残疾人28 万人。126.2 万名农村贫困残疾人实现脱贫，11.2 万户农村贫困残疾人家庭危房得到改造，12.8 万户贫困残疾人家庭实施了无障碍改造，5.3 万人次残疾人得到了法律救助服务。《国民经济和社会发展“十二五”规划纲要》中期检查，对“加快发展残疾人事业”部分的执行情况给予了充分肯定。

教育实践活动取得的重要阶段性成效，为在新的起点上推动创新发展奠定了重要的作风基础。中国残联制定了落实“三重一大”决策制度的试行办法、进一步关心干部学习生活的措施、财政资金项目支出绩效评价管理的暂行办法、加强内部审计的暂行办法、抵制“四风”问责的办法等14 项制度措施。进一步端正了学风、文风、会风、作风，2013 年因公出国经费比预算下降40%，公务接待支出比预算下降63%。已落实整改项目240 项，正在落实137 项。2014 年会议、培训班计划较2013 年压缩了50%。

地方各级残联组织换届工作的顺利完成，为在新的起点上推动创新发展奠定了重要的组织基础。全国省级残联实现了同等规格配置。换届以后，省级残联领导班子成员平均年龄51.5 岁，研究生及以上学历的干部比例较换届前提高20.1%，残疾人领导干部比例达到23.6%。75.1%的地市级残联、63.1%的县级残联配备了残疾人干部，分别比换届前提高了11.5%和9%。全国各级残联工作人员达到10.8 万人，乡镇（街道）、村（社区）残疾人专职委员达到60.9 万人。

一年来，各地因地制宜、创造性地开展工作，残疾人工作呈现出生气勃勃的好局面。在此，我代表王勇国务委员、邓朴方主席、张海迪主席，代表中国残联党组、理事会，向各级残联组织并向广大残疾人工作者表示衷心的感谢！

以中国残联六代会胜利召开为标志，我国的残疾人事业已经站到了新的起点上。鉴于2014 年工作要点已于年初印发，在此就不进行系统报告了。借此机会，重点报告三方面情况：一是2014 年工作的基本考虑，二是切实抓好几项重点工作，三是关于推动工作需要注意的问题。

一、2014 年工作的基本考虑

研究安排2014 年残疾人工作，是在全党深入开展以“为民、务实、清廉”为主题的党的群众路线教育实践活动、各级残联组织圆满完成换届工作并明确了未来五年任务，特别是在党的十八届三中全会做出全面深化改革决定，我国经济社会发展迎接复杂挑战的大背景下进行的。在文件起草过程中，我们着眼于全面贯彻党中央、国务院祝词精神，努力在未来五年内落实好张海迪主席工作报告中提出的六方面任务，抓住“新的起点”、“把底兜住”、“同步小康”、“中国特色残疾人事业”四个关键词展开了专题调研。同时，认真总结了多年来残联组织开展工作的基本经验，分析了党政部门推动残疾人工作的主要做法，研究了各地焕发助残社会组织和市场主体助残活力的探索实践。重点把握了以下几个方面：

（一）立足残联组织定位，注重工作的整体性和连续性

1. 坚持融入国家发展大局，按照中国特色残疾人事业发展要求提出工作的基本框架。沿着中国特色社会主义道路大力发展中国特色残疾人事业，是党中央、国务院的明确要求，也是邓朴方同志、张海迪同志多次强调的。特别是邓朴方同志在《人道主义的呼唤》著作中、在中国残联六代会上的讲话中都对此有深刻的阐述。在整体安排今年工作时，我们着眼于全面推动中国特色残疾人事业发展、整体落实六代会工作报告部署的任务，提出了 11 个方面也就是“1”加“10”的基本框架。“1”是突出了有综合性带动作用的几项重要任务，“10”是阐述了十个领域的具体工作。

2. 按照残联人民团体性质，确定履行“代表、服务、管理”职责的具体任务。张高丽同志代表党中央、国务院在中国残联六代会的所致祝词中明确指出，残联是党和政府联系残疾人的桥梁和纽带，要真正成为残疾人之家。同时，今年是贯彻落实六代会精神的开局之年，考虑工作时既要整体布局落实六代会精神的基本思路，也要明确年度工作的具体任务。因此，在部署工作的思路框架和具体表述上，重点从残联组织的定位出发，突出了工作的整体性、内容的连续性和任务的可操作性。每一方面的表述，既有整体推进的思路考虑，也有当年重点要抓的具体实事。

3. 注重加强残联的基础管理，提出了在新的起点上巩固提升残联履职能力的重点措施。工作上水平，管理必须上台阶。特别是伴随着残联组织服务残疾人的直属机构、工作项目、专项资金不断扩大，加强基础管理显得越来越重要。回顾第一批开展党的群众路线教育实践活动单位的情况可以看出，干部群众对健全规章制度、加强基础管理和风险控制寄予了期望。为此，工作要点中明确提出了将 2014 年作为全国残联系统的“基础管理建设年”。这既是落实中央领导同志指示加强残联自身基础建设的需要，也是深入落实教育实践活动整改工作的要求，更是在新的起点上推动残疾人事业创新发展的前提。

（二）把握残疾人工作方针，发挥各方主动性、积极性

1. 坚持中国特色残疾人工作领导体制和工作机制，注重履行好残工委办公室职责。残联组织是人民团体，同时也肩负着履行政府残工委办公室职责的重任，这是我们推动工作的巨大优势。工作要点在明确推动工作的思路时，突出了发挥党委领导、政府负责、社会参与、残疾人组织充分发挥作用的残疾人工作领导体制和工作机制优势，强化了坚持政府主导、社会参与、国家扶持、市场推动的原则。比如，强调要推进政府购买残疾人服务试点工作，推动形成政府主导、社会参与、公办民办并举的残疾人事业发展格局；重视发挥市场机制的推动作用，强调对助残社会组织、市场主体的培育引导，动员全社会为残疾人提供服务等等。

2. 坚决贯彻党中央、国务院的一系列决策部署，突出了推动残疾人事业发展的工作重点。按照党的十八大提出的“健全残疾人社会保障和服务体系”和党的十八届三中全会提出的“健全残疾人权益保障制度”要求，根据党中央、国务院在中国残联六代会祝词中做出的“四个着力”的工作部署明确了工作重点，努力实现残疾人与全国人民同步小康，让残疾人生活得更有尊严、更加殷实、更加幸福。加快推进残疾人同步小康进程文件的起草，就是在这种考虑下完成的。

3. 突出发挥政府部门和残联组织作用的同时，注重激发市场主体和社会组织的活力。随着社会生产力的发展，全社会对民生问题和弱势群体的关注与投入都在不断增加，政府部门、社会组织、市场主体服务残疾人的项目也逐步增多。在这种情况下，原有服务残疾人的格局正在悄然发生着变化。这既是多年来残联组织不懈努力争取的结果，也是需要积极面对的新情况。

对于抓好残疾人服务工作，我们必须坚持两句话。一句是推动政府部门必须履行好职责，该由政府部门履行的职责绝不能推给社会、推给市场。另一句话是通过激活市场和社会组织能够获得更多的资源、提供更多的服务，我们要积极挖掘、不能放弃。我们知道，在市场机制起决定性作用条件下，推动发展既要关注供给更要重视需求，需求拉动供给，供给支撑需求。由于生产力发展水平的制约，政府提供残疾人服务有一个不断健全完善的过程。在政府提供的服务与残疾人需求之间的缺口比较大的情况下，残联组织下力量解决残疾人服务资源短缺条件下的供给开发。多年来，在党和政府全力支持下，残联组织发奋图强不懈努力，积极争取各种服务资源，积极开发各类服务项目，积极呼吁社会各界扶贫助残，取得了显著成绩，大大填补了一批残疾人服务项目的缺失。目前，残疾人服务缺失的情况虽然没有根本改变，残疾人的服务项目依旧短缺，但是与残疾人服务相关的政府民生保障项目在逐渐增多、与残疾人服务相关的社会组织在快速发育、与残疾人需求相关的市场主体在快步成长，相关部门服务残疾人的项目、设施投入也在稳步增多。在这种条件下，要解决残疾人服务资源和项目的供给不足问题，既要靠自身的力量，更要靠调动社会各界的力量，发挥残疾人服务需求的引领作用。为此，要把残疾人的服务需求更充分地反映出来，通过政策撬动、示范带动、政府推动、市场拉动，让更多的政府部门、专门协会、社会组织、市场主体都来和残联组织一道推动残疾人工作、共同提供服务。为此，推出了政府购买残疾人服务试点工作意见，提出了开展残疾人基本服务需求状况的专项调查的安排。

二、切实抓好几项重点工作

2014 年工作要点，已就全年工作做了整体部署和任务安排。落实这个要点，既要把握好整体推进的思路，又要抓好重点突破的实事，特别是要抓好打基础的工作、需要争取阶段性成果的工作。

（一）关于加快推进残疾人同步小康进程

未来六年，是全面建成小康社会、加快推进残疾人同步小康进程的关键时期。实现残疾人同步小康，落实党的十八大报告提出的健全残疾人社会保障和服务体系和党的十八届三中全会提出的健全残疾人权益保障制度，目标催人奋进，工作难度不小，必须抓住重点、聚焦难点，着力解决制约残疾人同步小康的基本问题、关键问题。大家在讨论加快推进残疾人同步小康进程意见稿时，要重点关注以下问题：

第一，托住底、补短板。基本社会保障要托住底、补短板、保基本、广覆盖，这是实现残疾人同步小康的重要基础。邓朴方同志多年前就曾指出，残疾人扶贫容易小康难。今天，当我们进入推动同步小康进程关键阶段之时，更实实在在地感受到了这句话的分量。经过多年努力，残疾人基本生活保障、基本康复服务有了巨大进步。但也应该看到，托底服务的覆盖面还不够大，还存在着明显的短板。比如，贫困残疾人的生活补贴、重度残疾人的护理补贴、0—6岁残疾儿童抢救性康复、辅助器具适配服务等，在省市之间、城乡之间、不同类别残疾人之间落实的差距还是明显存在的，连片特困地区中的残疾人以及连片地区外的特困残疾人的扶贫托底服务特别需要加强。一段时间以来，我们推动落实残疾人的托底服务项目，是在探索中明确一项、推动落实一项的，这是必然的。未来六年中，要实现托住底、补短板的要求，还必须把托底服务的基本内容逐一明确起来。因为，要把残疾人基本托底服务做到位，首先要搞清残疾人基本托底服务保障的项目清单、最需要托底的人群数量和分布、最需要托底的项目底线，据此分析算账，判断政府财力能否承受、能否可持续支撑，进而决定这项特惠政策能否出台。

第二，抓就业、促增收。按照专家测算，以目前的力度推动工作，到2020年残疾人是难以达到同步小康目标的。既然如此，那就必须采取换挡提速措施了。所谓换挡提速就是强调要以改革创新的精神加快残疾人同步小康进程，包括推动制度创新、政策创新、服务创新、能力创新，把残疾人的就业、增收摆在突出位置。抓就业、促增收，单靠政府部门、残联组织是不够的，必须焕发各方面的积极性，包括激发与残疾人相关的各种社会组织、市场主体的活力。大家的活力都焕发了，残疾人就业的领域就拓宽了，增收的渠道就增多了，实现同步小康目标的合力就形成了。

第三，尽力而为、量力而行。推动工作贯穿了中央提出的“守住底线、突出重点、完善制度、引导舆论”的思路要求，没有就残疾人同步小康所涉及的各方面任务进行全面系统地阐述，而是集中抓住最基本问题提出推进措施。比如，强调了建立完善残疾人基本生活兜底保障机制，强调了促进城乡残疾人及其家庭增收措施，强调了补上残疾人基本公共服务的短板，强调了保障残疾人合法权益的最基本方面，等等。目的是做那些现实条件下可以做到的事情，使广大残疾人看得见、摸得着、得实惠，不开空头支票，不能把胃口吊得过高，不提一些现实条件下实现不了的措施。

第四，与各地的小康进程相适应。全面建成小康社会要以各地发展为基础，实现残疾人同步小康目标也要以当地实际为依据。整体推进残疾人同步小康进程，要与当地的小康进程相适应，不能简单做跨区域的横向比对。我国幅员辽阔，各地发展差距较大，生产力发展水平多层次，不可能是“同一水平小康”。把全面建成小康社会目标解读为本地人均生产总值达到全国平均水平，然后倒推出一个增长速度作为目标，是难以做到的。推动残疾人同步小康工作，也不能把本地情况与全国其他地区情况做简单对比。

（二）关于搞好自强模范与助残先进的表彰和宣传

邓朴方主席在中国残联六代会上谆谆告诫我们，中国残疾人联合会，在改革开放中生、改革开放中长、改革开放中发展、改革开放中壮大。中国残疾人，在改革开放中觉悟，在改革开放中奋起，在改革开放中拼搏，在改革开放中受益。中国残疾人工作者，始终支持改革开放，参与改革开放，为改革开放呐喊，当改革开放的排头兵。这是我们的传统、立场、责任，是我们的骄傲。现在，改革面临前所未有错综复杂的局面，我们要一如既往地支持改革开放，服从和服务于改革开放的大局。这是人民的根本利益之所在，是残疾人的根本利益之所在。在工作要点中，我们注重以改革创新精神提出了举措，同时明确2014年要认真组织好的两项大活动：一是中国残疾人福利基金会成立30周年纪念活动，二是第五次全国自强模范和助残先进的评比、表彰、宣传工作。

改革开放初期，以中国残疾人福利基金会创立为标志，中国残疾人事业发展开启了新的征程，进而催生了中国残疾人联合会的发展壮大。在30年后，党的十八届三中全会做出全面深化改革决定的新形势下，精心抓好中国残疾人福利基金会成立30周年纪念活动、开展好第五次全国自强模范与助残先进评比表彰活动，必将进一步激发广大残疾人和残疾人工作者的积极性、创造性，汇聚起全社会加快残疾人同步小康进程、为实现中华民族伟大复兴中国梦而奋斗的正能量，展现出中国残疾人事业昂扬奋发的新风貌。这里，重点强调一下抓好评比表彰工作的几个环节。

第一，要精心遴选先进典型。中国残联会同国家人力资源社会保障部已经下发了评选通知，希望各地精心组织落实。评选先进典型过程中，要注重把握典型的先进性、代表性、时代性，要注重遴选生产生活一线、平凡普通岗位的典型，重视数年如一日开展助残工作的先进。已经广泛宣传的典型能否入选，主要看他成为典型后是否有新事迹。

第二，要细心挖掘生动事迹。总结好典型事迹，既是做好评比表彰工作的需要，更是做好宣传推广工作的基础。总结典型事迹，要注重社会主义核心价值观的弘扬、人道主义思想的传播，生动地挖掘那些工作生活中的朴实朴素的鲜活事例，不能空洞无物。

第三，要用心做好事迹宣传。要在筹备第五次自强模范和助残先进表彰活动中，精心做好宣传计划特别是典型的宣传推广工作，抓住重要事件、重要活动、重大典型、重要节点、重要媒体、重点时段等统筹谋划宣传工作，努力为残疾人自强不息增添信心勇气，为全社会增添关爱帮助残疾人的正能量，为推动残疾人工作创造更有利的社会环境。

（三）关于抓好民生保障与扶贫开发的实事

多年来，残联组织在推动残疾人民生保障和扶贫开发工作中形成了许多行之有效的做法，确定了一批需要持之以恒推动的工作。我们要毫不动摇地坚持年复一年地抓，不达目的绝不松劲，不出成果决不罢休。正像习近平总书记指出的那样，只要是科学的、符合实际的、符合人民愿望的，大家就要一茬一茬接着干，要一张蓝图干到底，不“翻烧饼”、不断线。这里，重点强调三点：

第一，努力扩大保障政策的覆盖面。要着眼于完善残疾人基本民生保障的安全网，细化残疾人基本保障安全网的总体框架、具体内容、推进措施。重点推动扩大贫困残疾人生活补贴、重度残疾人护理补贴两项制度的覆盖面。已建立两项制度的地方，要适时扩大覆盖范围、提高补助标准，争取新的政策。

第二，努力扩大康复服务的覆盖面。要围绕实现残疾人“人人享有基本康复服务”目标，细化总体框架，明晰具体内容和推进措施。重点落实已有康复服务项目的地区和人群覆盖面，特别是持续抓好残疾儿童筛查和康复救助。推动制定加快发展康复服务业、促进和规范康复机构发展等的新措施，促进康复机构与医疗机构特别是基层卫生机构的合作。目前，不少地方的康复大楼建起来了，这是了不起的成绩。机构有了、楼建起来了，关键是要发挥作用，把康复服务实实在在地开展起来，要组建专家组进行会诊把脉。

第三，努力创新残疾人扶贫工作机制。要紧紧抓住第二批开展党的群众路线教育实践活动契机创新残疾人扶贫机制，紧紧依靠各级党组织持续扎实开展扶贫工作。最近，中共中央政治局委员、中央书记处书记、中央组织部部长赵乐际同志在中国残联党组报送的“关于基层党组织助残扶贫工作专题调研情况的报告”报告上做出重要批示。我们要积极行动，按照领导批示精神认真推动落实。要抓住农村残疾人扶贫这个重点，突出落实连片贫困地区残疾人的扶贫具体措施，研究推动片区以外特困残疾人的帮扶措施，持续落实《农村残疾人扶贫开发纲要（2011—2020年）》。2013年底，中办、国办印发了关于创新扶贫机制的意见，这为创新和强化农村残疾人扶贫工作提供了重要机遇。各地要重点做好三方面工作：一是要把残疾人纳入精准扶贫机制，主动配合有关部门在到村到户的贫困状况调查和建档立卡工作中，将贫困残疾人口精准地识别出来，逐户制定针对性帮扶措施。二是要积极争取地方各级财政扶贫资金安排一定比例用于残疾人扶贫开发。三是继续开展农村残疾人实用技术培训，扶持残疾人扶贫基地发展，帮助贫困残疾人家庭至少有一名劳动力能掌握1至2项实用技术，至少参与1项养殖、种植、林下经济、设施农业等增收项目。

（四）关于多办推进残疾人事业发展的具体实事

工作要点就做好2014年康复服务、教育就业、维护权益、宣传文化、体育健身、国际交流、政策研究、公共服务等方面工作明确了一系列措施和任务，每一方面都需要下力量抓才能出成果。这里，重点强调以下几件实事：

第一，持续推动提高残疾人就业率。以有效落实2013年中组部、中国残联等部门制定的《关于促进残疾人按比例就业的意见》为重点，扎实开展残疾人就业服务、技能培训、岗位开发工作。积极推动集中安排残疾人就业的政策调整，努力振兴残疾人集中就业。重视和扶持辅助性就业，努力让更多的残疾人有机会走出家门、参与劳动、融入社会。

第二，推动出台预防与康复新措施。要围绕残疾预防和残疾人康复这个重点抓好已有项目的落实，会同卫生计生等部门抓好残疾筛查、孕检宣传等工作。中国残联将重点推动出台《残疾预防和残疾人康复条例》，研究制定《国家残疾预防行动计划》，促进相关措施的早日落地见效。

第三，实施好《特殊教育提升计划》。国务院办公厅已于2014年初转发了《计划》，并于春节前召开了全国特殊教育电视电话部署会，我们要会同教育部门认真推动落实。一个重要目标就是要解决目前近8万名未入学适龄残疾儿童少年就学问题，抓好新进到入学年龄而未能入学的残疾儿童就学问题。希望各地继续做好未入学残疾儿童登记工作，创造一切机会帮助更多的残疾孩子得到适宜的教育。同时，《计划》中推出了全纳教育的意见措施，希望各地积极试点、摸索经验、循序渐进、逐步推开。

第四，持续抓好残疾人基本公共服务的实事。推动将无障碍环境建设纳入国家新型城镇化建设规划，加大《无障碍环境建设条例》落实力度，配合民航、铁路、金融等部门制定实施无障碍相关规章、标准，发挥行业示范作用，促进更多的政府部门、公共服务机构出台新措施。要借助各级残工委工作平台，深入落实全国人大《残疾人保障法》执法检查建议和国务院落实意见。继续推动《国民经济和社会发展“十二五”规划纲要》中“加快发展残疾人事业”任务落实，启动“十三五”规划前期准备工作。加大推进残疾人康复和托养设施建设，建立有效运行机制，力争建一个、用一个，真正发挥为残疾人服务能力。

第五，围绕创新机制做好权益维护工作。加强残疾人法律救助工作站规范化建设，开展有针对性的普法宣传教育活动，为残疾人提供专业、便捷的法律服务。推动残疾人信访工作信息化，形成信访办理可查询、可跟踪、可督办机制，妥善解决残疾人信访反映问题。促进解决残疾人随着国家经济社会发展产生的出租车运营、上肢残疾人驾车等新诉求。积极与人大、政协、司法机关建立残疾人维权协商工作机制，也请各地结合实际创造性地开展工作。

第六，启动中国特色残疾人事业专题研究。这是邓朴方主席、张海迪主席提出的明确任务，也是在全面深化改革背景下加快推进同步小康进程中必须回答好的课题。我们要按照党的十八届三中全会提出的完善和发展中国特色社会主义制度、推进国家治理体系和治理能力现代化的总目标要求，认真研究推动中国特色残疾人事业创新发展所涉及的理论和实践问题。这项工作要整体规划，分步实施，力争在中国残联成立30周年之际推出一批理论与实践成果。

第七，抓好文化体育和国际交流中有带动作用的实事。宣传文化、体育健身、国际合作交流已经形成了常态化的工作格局，我们要按照工作要点提出的任务抓好落实。这里重点强调一下，抓好文化体育和国际交流工作，不仅要点上热闹，还要面上红火，更要注重虚功实做，多办有带动作用的、有长久效应的实事。比如，推动各级政府新闻发布会、央视《新闻联播》加配手语服务，地方电视台新闻加配手语或字幕，推动各级党校、行政学院开办残疾人工作专题讲座，编辑出版党政领导干部有关残疾人工作的读本。深入持久地开展残疾人阅读推广活动。通过实施自强健身工程、筹备第九届全国残运会暨第六届特奥会等赛事推动基层残疾人体育健身活动的普及，等等。国际合作交流中，争取在2014年APEC北京峰会上落实与残疾人事务相关的活动并形成机制，借助亚欧首脑会议平台促成涉及残疾人发展方面议题纳入会议日程，推动联合国《残疾人权利公约》履约机制常态化，落实第三个亚太残疾人十年“仁川战略”的各项目标，配合建设“丝绸之路”和“海上丝绸之路”两个经济带筹建与残疾人工作相关的合作交流机制，也是重要的实事。运用残联推动、市场运作的方式，筹建残疾人文化产品、手工制品网购交易平台，培育壮大残疾人文化创意、书法绘画、编织雕刻、网络动漫等文化产业，推动政府优先采购残疾人创作的文化艺术产品，更是实事。当然，做好申办2022年冬季残奥会工作也是一项重大的实事。

（五）关于开展“基础管理建设年”和专项调查

加强残疾人工作的基础管理，是必须常抓不懈的。早在2007年，邓朴方主席就提出要准确掌握残疾人的基本数据，“建立以实证为基础的科学决策模式”。在中国残联六代会报告中，张海迪主席将“完善残疾人工作基础数据，提升工作信息化水平”作为六大任务之一予以强调，足以说明抓好这项工作的重要性和紧迫性。

2014年年初，王勇国务委员在听取中国残联工作汇报时，特别强调了加强基础管理问题。他指出，要把加强管理作为各级残联组织的一项重要基础性工作常抓不懈。管理水平决定效率的高低，领导就要抓管理，要把管理工作做得扎扎实实、有声有色。要开展“基础管理建设年”活动，制定和完善规范，使财务、预算、组织、人事的基础管理工作都进一步加强起来，信息化管理更要完善强化。他强调，管理上水平，工作上台阶。管理上不了水平，工作就上不了台阶。要抓管理，抓规范。要搞专项审计，保证专款专用，直接用于残疾人，坚决不能挪用。要吸取一些单位的教训，管好用好各种资金，包括国家拨款、慈善捐款，创收收入等。只有这样，才能在新的起点上，工作上台阶。同步奔小康，首先要把残疾人的底数搞清楚。要设计好方案，做好摸底调查的基础工作，在国务院第二次残工委全体会议上部署下去。

为了落实好领导指示，我们提出了开展“基础管理建设年”活动和搞好残疾人基本服务状况和需求专项调查这两项任务。

第一，关于开展“基础管理建设年”活动。文件中提出了六大任务、五大目标。六大任务是抓好建章立制，进一步完善基础管理制度；开展专项调查，进一步加强基础数据管理；加强资金管理，进一步健全决策审批程序；加强项目管理，进一步落实跟踪问效措施；规范经营行为，进一步强化资产与服务管理；落实报告制度，各级残联执行理事会每年向主席团报告工作时，要专项报告预算执行、资金使用和重大项目建设情况。五大目标是，力争通过2至3年努力实现五个“进一步”，即进一步完善残联组织的基本管理制度，进一步加强残疾人事业的基础数据管理，进一步规范残联组织工作队伍的基础管理工作，进一步提升残联组织资金使用、项目执行、资产监管的基础管理水平，进一步增强残联组织信息化服务与管理能力。

第二，关于残疾人基本服务状况和需求的专项调查。这项工作是“基础管理建设年”中的一项具体任务，之所以单独提出来部署，目的是重点摸清搞实残疾人的基本服务现状与基本服务需求，特别是贫困残疾人、重度残疾人、残疾儿童、就业年龄段残疾人等的生活救助、社会保障、康复服务、接受教育、就业扶持、托养服务、扶贫开发、住房保障、无障碍改造等的服务对象数量、现有服务情况、托底服务需求等内容。同时，借助信息化手段，健全充实基础信息数据库，努力实现基础数据的动态监管和资源共享。需要说明的是，这项工作不同于第二次全国抽样调查，也不能替代六代会提出来要开展的第三次全国抽样调查。两者的基本区别是，抽样调查的内容比较多，有统一的时间节点，动员的人力比较多，所需经费投入比较大，筹备工作一般需要两年左右。这次开展的是专项调查，主要是为推动同步小康工作、为做好国家和各地的“十三五”规划提供有力的数据，涉及的内容相对较为专一，动员的人力相对较少，从筹备到完成大体一年左右的时间，也就是说在2015年初就要出结果。

（六）关于扎实推进政府购买残疾人服务试点工作

推行政府向社会力量购买服务，是转变政府职能，推动政企、政事、政社分开，创新公共服务提供方式，加快服务业发展的重要途径。李克强总理对做好政府购买残疾人服务工作做出了重要批示，《国务院办公厅关于政府向社会力量购买服务的指导意见》中明确将残疾人服务作为政府购买服务的重点内容。

推进政府购买残疾人服务，重点在于创新机制，发挥政府资金的放大效应，提高服务品质和资金使用效率，公开透明服务的标准和项目，促进残疾人公共服务资源优化配置，努力为残疾人提供优质高效的基本公共服务。做好这项工作，不能简单地认为只要每一个服务项目都采取公开招投标等形式就是推动政府购买服务了。推动政府购买残疾人服务，涉及政府职能转变、政事分开和政社分开，涉及残疾人基本公共服务资源的整合利用和优化配置，涉及具体项目的服务内容、购买方式、购买主体、服务主体、标准规范、监管机制、绩效评价和保障措施等多方面。而目前，与残疾人服务相关的购买主体、承接主体、不同项目的服务标准和购买方式、购买服务的监管机制和绩效评价、服务效果的社会评价等等还不够健全和规范。在这种情况下，选取一些较为成熟的项目、选择一些社会力量较为发达的地区开展试点工作，就显得尤为必要了。

还有一点需要说明。推动政府购买残疾人服务工作，对广大残疾人来讲是大好的福音，我们要全力以赴推动。但对于各级残联组织的一些直属单位来讲既是机遇也是挑战。各级残联是推动政府购买残疾人服务的积极推动者和实施购买的主体之一、购买效果的评价主体之一，而残联组织的一些直属单位则是政府购买残疾人服务的承接主体之一、竞争主体之一。如果我们的直属单位的工作基础比较扎实、承接服务的竞争力强，就能够争取到更多的服务资源，甚至能够抓住机遇，整合政社分开过程中从其他政府部门剥离出来的服务资源以壮大自己。反之，有可能失去已经获得的服务资源甚至被其他社会力量或社会组织所整合。在做大蛋糕的同时分好蛋糕，也需要抓好试点。在这方面，我们的态度是明确的，只要有利于广大残疾人获得更多更好的服务，不求所有但求所用，不重谁干但求惠民。不过，我们相信，能够作为承接服务主体的残联组织的直属单位，一定会抓住机遇有所作为、甚至大有作为的。

三、关于推动工作需要注意的问题

在座的很多同志包括我在内，都是经过换届从政府部门或者其他群团组织来到残联组织工作的。大家把不同部门、不同领域好的经验和做法带到了残疾人工作中来，为残疾人事业增添了新的活力。同时，大家也要加紧熟悉和掌握中国特色残疾人事业的工作机制、工作原则、工作规律和工作方法，并且要在全面深化改革中推动这个机制更加完善、更加成熟，推进残疾人事业治理体系和治理能力的现代化，这是我们肩负的重要责任。这里，提几点想法与大家共同研讨：

（一）要高度重视工作机制的建设

党委领导、政府负责、社会参与、残联组织充分发挥作用，这是在实践中总结出来的重要经验，也是推动新时期残疾人事业又好又快发展的领导体制和工作机制。当前，各级党委、政府更加重视保障和改善民生，这对残疾人工作来讲是一个非常有利的条件。我们要更加积极主动地工作，当好党委、政府的参谋助手和桥梁纽带，争取党委、政府将残疾人工作摆上更加重要的位置，纳入目标管理和考核评价体系。要用好各级政府残工委及其办公室这个机制，强化残工委办公室统筹安排和督导检查职能，推动党委、政府部门在残疾人工作中的职责落实和切实履行到位。

（二）要切实履行好残联组织的职责

邓朴方主席多年前就曾经讲过，残联是残疾人事业中最活跃的因素。他在中国残联六代会上再次强调，“全国各类残疾人共同组成的中国残疾人联合会以其多方面的优势，成为中国残疾人事业发展的中坚力量和发动机，其各级地方组织成为联系群众、推动工作的组织基础”。在全面深化改革的新形势下，各级残联和残疾人工作者更要以改革创新精神忠实履行好“代表、服务、管理”职能，在推动中国特色残疾人事业发展中发挥更大的作用。关于这个问题，张海迪主席还要着重讲，我就不展开了。

（三）要注重焕发社会和市场活力

目前，全国助残社会组织已经近万家，助残志愿者达到700多万人，残疾人慈善事业日益活跃，社会力量在残疾人事业中发挥着越来越重要的作用。同时，助残社会资源的开发运用还有很大的空间、很多的潜力。要抓住国家加强社会建设、创新社会管理和激发社会活力的有利机遇，坚持政府主导、社会参与、国家扶持、市场推动原则，进一步普及人道主义思想，推进政府购买残疾人服务，加快培育助残社会组织，壮大志愿者队伍，做强做大残疾人慈善事业，为推进残疾人全面小康进程创造更加坚实的社会基础、提供更加丰富的社会资源，推动形成政府主导、社会参与、公办民办并举的残疾人事业发展格局。

（四）要敢于担当，尊重基层首创精神

邓朴方主席指出，残联是在改革开放中应运而生，广大残疾人工作者是改革开放的排头兵。在加快推进残疾人同步小康进程中，我们会遇到很多新课题、新挑战，解决这些问题就要有敢于担当、勇于碰硬、善于创新的精神、勇气和智慧，努力当好新形势下推动残疾人事业创新发展的排头兵。要做到这一点，必须加强学习、加强调查研究。要尊重基层的首创精神，把党的群众路线教育实践活动的成效，实实在在体现在推动残疾人工作创新发展上。少在机关里面当忙人，多拿出些时间和精力深入基层一线；少在面上当游人，俯下身子抓工作，带着感情解难题；少在遇到问题时当原则指导人，掌握第一手情况，出实招、办实事，不突破不放弃，不解决不松手。

做好全年的残疾人工作，一分在部署，九分靠落实。让我们更加紧密地团结在以习近平同志为总书记的党中央周围，在党中央国务院坚强领导和王勇国务委员、邓朴方主席、张海迪主席带领下，团结残疾人兄弟姐妹，自强不息，奋发努力，敢于担当，勤勉实干，努力在推进残疾人同步小康进程、实现中华民族伟大复兴中国梦的实践中做出新的贡献！

鲁勇在第二十八次全国残联工作会议上的总结讲话

2014年2月26日

第二十八次全国残联工作会议就要结束了。大家反映，这次会议开得很好，立意比较新，重点抓得准，会议内容充实、研讨过程务实、会风文风朴实，体现了改革创新精神，贴近了基层工作实际。会议期间，传达了王勇国务委员的重要指示，聆听了张海迪主席的重要讲话，听取了中国残联执行理事会的工作报告，讨论了四个重要文件的征求意见稿，交流了新的起点上残疾人工作经验。通过讨论交流，大家既解放了思想、开阔了思路，又统一了认识、明确了重点，既研究了贯彻措施，又提出了意见建议，普遍感到收获很大。感谢大家的支持、配合和鼓励，相信在大家的共同努力下，残疾人工作一定能不断取得新的更大的成绩。

会后，将正式印发会议的讲话材料，并根据大家的意见建议加紧修改相关文件。《关于深入开展“基础管理建设年”活动的意见》，将以中国残联名义正式印发。《关于开展残疾人基本服务与需求状况专项调查的工作安排》，将以适当的名义在国务院第二次残工委全体会议上具体部署；《关于做好政府购买残疾人服务试点工作的意见》，将在进一步征求相关部委意见修改后，与相关部门联合印发。《关于加快推进残疾人同步小康进程的意见》，我们将进一步加强与相关部委的沟通磨合，报请中央批准后出台。希望大家及早启动相关工作，根据各地实际落实措施，抓好试点。

一分部署，九分落实。请大家回去以后，认真抓好本次会议精神的贯彻落实，特别是抓好王勇国务委员重要指示、张海迪主席重要讲话的学习传达。针对讨论中大家关心的问题，今天上午小组讨论后，中国残联党组召开会议进行了专门研究。下面，我谈几点看法：

一、关于加快推进同步小康工作

大家对同步小康文件征求意见稿给予了积极肯定并寄予厚望，同时要正式出台这个文件、落实好这个文件还需做大量细致的工作。一是文件中提出的一些措施，部分部委还未反馈意见。我们要与国家有关部委进行充分沟通磨合，力争最大限度地达成一致。二是文件是对加快推进残疾人同步小康进程进行的顶层设计和系统安排，所提任务不是着眼于一年也不是一年能完成的，因此大家要结合各地实际确定好今年的工作重点。讨论中大家提出，推进同步小康工作既要重视残疾人托底救助制度的设计，如加快落实贫困残疾人生活补贴、重度残疾人护理补贴等制度；也要注重残疾人社会福利制度的设计，希望重点研究推出一、二项针对残疾人的全国性福利政策，如能否借鉴国际惯例研究设立残疾人津贴制度等。这是一件事关全局、事关重大的课题，我们一直在积极审慎地进行研究。我们支持和鼓励有条件的地方先行试点，积累经验。同时，能否写入同步小康文件作为一个新的政策还需要认真研究论证。因为任何一项涉及全国范围的重大制度安排的提出，既要考虑必要性也要考虑可行性，既要考虑残疾人期望也要考虑现实国情国力条件。我们将加快内部研究，以实事求是的态度做好研究工作。

二、对于加强残联组织的基础管理工作

讨论中，大家对抓好残联系统基础管理工作有很高的共识，这是我们做好这项工作的基础。今年，各级残联组织都要认真抓好“基础管理建设年”各项任务的落实，精心组织好残疾人基本服务与需求状况的专项调查，一步一个脚印，扎扎实实向前走。在推动工作落实中，一要处理好加强基础管理工作与开展“基础管理建设年”活动的关系。基础管理是残联组织必须持之以恒、常抓不懈的，开展“基础管理建设年”活动是在常态加强基础管理基础上根据形势需要突出要抓的年度重点。两者是长期与当期、全面与重点的关系，加强基础管理，今年有今年的重点，明年有明年的安排。二是要处理好残疾人基本服务状况和需求专项调查与常年开展的残疾人状况监测工作的关系。大家在讨论中充分肯定了开展基本服务状况和需求专项调查的必要性和紧迫性，同时认为要做好这项工作必须精心设计、认真筹备，不能操之过急、走了过场，这是非常务实的态度，我们会根据大家的意见认真研究，切实统筹做好专项调查的基础准备和工作安排，使这次专项调查的调查内容聚焦重点、操作过程简捷务实、数据真实可靠。需要说明的是，这次专项调查不同于过去搞的抽样调查。过去搞抽样调查时，我们花了很大的精力、财力和人力，从事残疾人的身份识别，也就

是认定谁是残疾人、残疾程度如何，专业性很强。这次我们以持残疾人证的人员和未入学残疾儿童为主开展调查，减轻了这方面的压力。同时，不能简单地以已经开展多年的残疾人状况监测工作替代这次专项调查，也不能简单地以专项调查来替代长年开展的状况监测工作。两者需要有机衔接、逐步融合，具体接轨的步骤和方式，要精心地研究和策划。这次专项调查要加强实证管理，要和信息化管理结合起来，和数据的动态更新结合起来，和残疾人证的智能化使用结合起来，和推进同步小康工作进程结合起来。关于这一点，我们在专项部署这项工作时会明确的。这里，我特别推荐一下四川省残联的工作经验。他们经过十几年的努力，建立完善了一套实时动态反映残疾人服务状况、实时能够了解管理残疾人工作的信息化管理系统。由于底数清、数据实，他们在向政府提出政策建议时底气足、有权威，效果也非常好。四川省委省、政府主要领导高度肯定了他们的这项基础工作，并在全省各个部门进行推广，希望各地都来学习借鉴。我们将适时总结推广，共同做好专项调查和残疾人基础数据信息化动态管理工作。

三、关于政府购买残疾人服务试点工作

大家对这项工作讨论得比较热烈，更感觉到了推动这项工作的挑战性。我想，这正是我们提高工作能力的契机，更是提高管理水平的机遇。需要说明的是，推动这项工作必须试点先行。推动购买残疾人服务是方向，必须毫不动摇。在全国推进政府服务工作的新形势下，我们抓好试点，就是要争取主动，以主动的工作参与制定好政府购买残疾人服务的服务内容、购买方式、购买主体、服务主体、标准规范、监管机制、绩效评价等关键政策，否则等规则制定好了我们再去适应，就非常被动了。但是，基础没有打好的情况下，不能盲目推开走了样、搞乱了秩序、削弱了直属单位的服务能力。经过多年的不懈努力，残联组织建立起一大批直属单位，这些单位为残疾人服务做出了历史性的贡献。但客观地讲，这些单位还处在成长发育阶段，市场竞争力还不强，我们必须保护好。但是，保护好不等于养在温室、不见世面。同时也要明确，推动政府购买残疾人服务，履行服务的职责在政府、在残联，不能推给社会，也不会绕开残联。残联的直属单位承接了大量的残疾人服务项目，但提供服务的方式、直接承接某项具体服务的主体可以广泛选择。否则，我们接一项服务任务，就向政府要人员编制、办事机构，让财政供养一大批从事服务的工作人员，这肯定是不能持久、也是不能这么办的。关于这项工作，我们会选好试点，积极稳妥地推进。各地在推动工作时，也要认真谋划好。

四、落实本次会议精神特别是落实王勇国务委员、张海迪主席指示精神的几点要求

第一，聚焦重点，凝神聚力。

讨论中，大家充分认识到，残疾人工作涉及全面建成小康社会、全面深化改革的诸多领域，跨度大，任务多。不少同志谈到，报告催人奋进，但落实报告有动力也有压力。这里再做一下强调。报告中提出的很多工作不是要求在一年内完成的，因为今年是全面落实党的十八届三中全会和中国残联六代会整体部署的开局之年，开局之年部署工作，要有推进工作的整体考虑也要有年度要抓的重点安排，因此工作报告中部署的工作不是着眼于一年，而是着眼于整体落实中央全面深化改革精神进行阐述的，同时强调了年度工作重点和具体实事。抓好今年的工作，要突出重点。常言说得好，伤其十指，不如断其一指。我们推动工作，也不能事事蜻蜓点水，只见忙忙碌碌的身影不见实实在在的成效。各地在推动今年工作落实中，要抓好统筹，要突出重点。既要统筹全面、整体推进，也要抓住重点、谋求突破；既要紧抓当前，也要立足长远，精心做好工作统筹、措施统筹、力量统筹、进度统筹。要把贯彻落实本次会议精神与各地已经确定的任务结合起来，列出时间表、建立任务台账、细化具体方案、明确阶段性目标，一项一项抓落实，多种形式抓督促检查，指导和帮助基层分解任务、落实责任。特别要结合各地实际和工作基础，围绕本地最需要解决的“保基本、托住底、补短板、广覆盖”的重点工作凝神聚力，研究落实推进措施。这是我们加快推进全面小康进程、落实健全残疾人社会保障和服务体系、健全残疾人权益保障制度的最基本的着力点和重要的切入点。

第二，把握节奏，敬终如始。

各地的经济社会发展水平不同，残疾人工作基础也不同，推动工作有整体安排，但落实任务不能一刀切，齐步走。要根据各地的实际，摆布好工作，把握好节奏。在工作摆布和节奏安排上要特别明确，哪些工作是需要面上推动的，哪些工作是需要重点突破的，哪些工作是立足长远打基础的，不能平均用力。我们支持各地结合实际，选择必须紧抓又能产生综合带动作用的重点工作凝神聚力抓创新，通过抓有带动作用的实事产生四两拨千斤的效应。推动工作落实，要有敬终如始的精神，抓住雪中送炭的重点工作，以钉钉子精神一以贯之抓到底，坚持不懈抓落实，不出成果不松劲，不达目的不罢休。现实条件下做弱势群体的工作、办好残疾人的实事，特别需要有这么一股子韧劲和气势。

第三，敢于担当，主动作为。

常言说的好，小事看能力，大事看担当。特别是在全面深化改革实践中，在推进国家治理体系和治理能力现代化进程中，在加快推进残疾人同步小康进程探索中，在政府加快转变职能、下放权力，在国家推进政企分开、政社分开、政事分开背景下，一系列与残疾人工作紧密相连的改革创新举措正在酝酿逐步出台，一系列与残疾人工作息息相关的大事实事正在筹划、即将落地，我们必须以时不我待的责任意识、敢于担当的主人精神主动

作为，推动残疾人工作的改革创新。要按照王勇国务委员提出的着力推进中国特色残疾人事业改革创新要求，紧紧跟踪、密切关注、全面参与本地全面深化改革的创新进程。利用各种机会主动作为，锲而不舍地争取维护残疾人合法、合理、合情权益的政策措施。不错过每一次争取的机会，不落下每一件该办、能办的实事。同时，在推进国家治理体系和治理能力现代化进程中，积极研究解决残疾人工作中可能存在的职责错位、管理缺位、工作越位、服务不到位等问题，切实提高残联组织的履职能力。正像张海迪主席指出的那样，残疾人事业管理是国家治理体系的一部分，我们把管理工作做好了，也是对国家治理能力现代化做的贡献。

第四，强化联动，注重调研。

要充分发挥残疾人工作领导体制和工作机制的优势，这种优势就是各方充分履责，实现工作上的上下联动，部门联动，点面联动。要抓上下联动，中国残联和地方残联、地方残联和基层残联都要围绕重点任务、具体实事加强沟通互动。要抓部门联动，以务实的精神加强残联组织与政府相关部门、专门协会、社会助残组织、市场相关主体的互联互动，推动共赢发展。要抓点面联动，以点示范，通过抓点带动全面。要深入一线抓典型、办实事，蹲点基层摸经验、找规律。张海迪主席特别强调，做残疾人工作不能闭门造车，一定要注重基层调研，一定要多到残疾人工作的一线做调研，要有务实的精神，把调查研究当作工作中的常态。大家在推动工作中，要认真抓好落实。

第五，抓实作风，带好队伍。

工作能否有成效、有突破，干部队伍是关键。通过换届，一大批干部充实到各级残联组织中来，这是我们的新鲜血液。队伍健全了，必须加强培训和管理。各级残联组织都要按照党的十八届三中全会和习近平总书记关于做好新时期干部工作指示精神，按照中央的一系列部署，按照党的群众路线教育实践活动要求，把加强残疾人工作者队伍的思想作风建设、干部管理监督工作摆在更加突出的位置抓好抓实。

要按照新时期好干部标准抓好用人导向。这个标准就是习近平总书记提出的“信念坚定，为民服务，勤政务实，敢于担当，清正廉洁”。各级残联组织要认真抓好干部的选拔管理监督工作，政治上靠不住的干部，绝不提拔重用；不把心思放在工作上的干部要慎用。如果德才平平、投机取巧的人屡屡得到提拔重用，而踏实干事、不跑不要的干部却没有进步机会，谁还有心思踏实工作呢？各级残联组织都要高度关注和抓好这件大事，在推动工作的同时努力带出一支政治上靠得住、工作上有本事、作风上接地气、残疾人信得过的干部队伍。

要重视培养优秀年轻干部和残疾人干部。敢于大胆破格使用优秀年轻干部和优秀残疾人干部，做到破格不“出格”。残疾人事业是靠一代又一代人不懈努力持续推动的，我们大家都要有这种历史责任感。要着眼于残疾人事业5到10年乃至更长远的发展需要，完善政策制度，拓宽来源、优化结构，改进人选产生方式。要形成一种风气，年轻干部都争先恐后到艰苦岗位、到基层去，并以此为荣。要采取基层锻炼、挂职锻炼等方式多岗位锻炼年轻干部，任用不做承诺，更不能为提前设计好选拔提升的具体路线图。今年，中国残联将有计划地推进这项工作。

要从严监管干部、在推动工作中不忘警钟长鸣。信任不代替监督，放手不能放纵。不能认为，残联组织不像很多政府部门那样有钱有权，没必要那么强化廉洁自律工作。必须强调，要想警笛不响，必须警钟长鸣。在这方面，希望各级残联组织都要认真地抓，我们不希望残疾人工作者队伍出现问题，更不愿意看到有损残疾人事业形象的人和事出现！今年，中国残联党组将重点抓好这项工作，也希望各地残联党组织结合实际认真抓好这项工作。

这次工作会议为完成好今年任务做了思想动员和工作部署。会后，请大家及时向党委、政府报告会议情况，进一步争取领导和支持。要及时向政府残工委成员单位通报会议精神，统筹协调推动工作。要认真组织残联干部职工学习会议精神，把大家的思想、认识和行动进一步统一到党中央、国务院关于推动残疾人事业创新发展的方针政策上来，统一到中国残联的工作要求和部署上来，凝神聚力抓好重点工作的落实。

附 录

专访十二届政协委员、中国残联主席张海迪

贺丹 中国日报网站—环球在线 2013年3月4日

国务院法制办公室日前公布《残疾人教育条例（修订草案）（送审稿）》全文，目前正在征求社会各界意见。送审稿指出，残疾人教育的范围，由传统的视力、听力、言语残疾和智力残疾，扩展到脑瘫、孤独症、自闭症、多重残疾等残疾类型，实现了对残疾人教育的全覆盖。“两会”第二天，十二届政协委员、中国残联主席张海迪就残疾儿童教育等问题接受了中国日报的专访。

中国日报：您2008年当选残联主席以来为残疾人做了什么？在之前接受媒体采访的时候您提到很重视赋予残疾孩子受教育的权利，您在这方面推动了哪些工作？您在采访中曾说道“把教育送到残疾儿童的家里”具体含义是什么？

张海迪：几年来，我和同事们一起工作，残疾人事业在康复、教育、就业、文体等方面取得了新的进步。我童年因为残疾没有进过学校，可我懂得残疾孩子的渴望。所以我们要尽最大努力让他们接受教育。这几年，我们继续推动适龄残疾儿童普遍接受义务教育，提高融合教育质量，加快发展残疾人高中阶段教育和高等教育；残疾儿童受教育水平有较大幅度提高；我们积极支持幼儿教育、特殊教育机构以及社区、家庭开展3岁以下残疾儿童早期康复、教育活动；我们还广泛开展扶残助学，帮助贫困残疾人接受教育，千方百计让残疾孩子拥有学习的机会。有条件的地方，已经有志愿者送教上门了。相信随着网络科技的发展，残疾孩子会学习更多的知识。

中国日报：您认为我国残疾儿童受教育的水平如何？全纳教育（残疾儿童到普通学校随班就读）和特殊教育分别取得了那些成绩？还有哪些可以完善的方面？

张海迪：目前，残疾孩子是以随班就读和特教班为主，我们探索多种办学形式，为他们提供更多的学习机会。仅去年就有8091名残疾考生被普通高等院校录取。教育部、中国残联共同建立未入学适龄残疾儿童少年通报制度，首次通报2011年度未入学残疾儿童少年82834名。我们要积极采取措施提高残疾儿童义务教育普及水平。当然，残疾孩子接受教育会遇到各种特殊困难，我们的工作就是要克服困难，为孩子们创造好的学习条件。

中国日报：“两会”期间将会反映残疾人的哪些诉求？

张海迪：随着社会文明的进步，残疾人的政治权利得到尊重和保障，现在全国有4000多名残疾人及其亲属和残疾人工作者担任各级人大代表和政协委员，他们积极参政议政，反映残疾人的利益和诉求，参与国家和社会公共事务管理，在推进残疾人事业发展方面发挥了重要的作用。我相信代表委员们一定为履行好自己职责、开好“两会”做好了准备。

中国日报：您曾经在一次会议上说“要让残疾人过上更好的生活”，任期内还希望做哪些事情？自己担任残联主席以来做过的最满意的事情是什么？如果让您给自己残联主席期间的工作打分，您会给出什么样的分数？

张海迪：为残疾人创造更好的生活是我们的理想和工作目标，我们要加快改善残疾人的生活状况，提高残疾人的生活质量。我们要完善康复服务网络，普遍开展社区康复，培养更多的康复人才，提高康复质量和水平，让残疾人得到有效的康复；稳定和扩大残疾人就业；加快推进城乡无障碍环境建设；我们希望更多的残疾人，特别是残疾孩子能够获得受教育的机会，最终实现自己的生命价值。今后一段时间，我们要认真完成《中国残疾人事业“十二五”发展纲要》年度任务目标。我来中国残联五年了，一直尽最大努力工作。如果说残疾人事业有了新的进步，这是大家共同努力的结果。

中国日报：很多残疾人在就业方面还面临歧视，残联如何改善这一情况？

张海迪：中国有8500万残疾人，这个数字越大，我们需要解决的问题就越多。国家已经先后通过《残疾人保障法》，制定实施《残疾人就业条例》等法律法规，为维护残疾人权益奠定了良好法制基础。但是，有些地方还存在未能严格执行《残疾人保障法》的现象。其实，一个人身体部分残疾了，并不意味着失去所有的能力，残疾人与健康人一样，有着被社会需要的愿望。对于有工作能力的残疾人，就业是改变生活的重要途径，有了经济来源，就能减轻家庭负担。我们一定要切实维护好残疾人的权益，树立法律的权威性，让残疾人也能实现美好的理想。

中国日报：媒体报道您1983年谢绝了组织安排的职位，成为职业作家。2008年为什么会出任残联主席？从励志作家到中国残联的主席，如何完成这个身份的转变？作家对做好残联主席有什么帮助？

张海迪：1983年，我从北京参加表彰会回家后，很快就投入了长篇小说的写作中。我想，一个人应该做到任何时候都要荣辱不惊。我知道那时候奋发努力的不是我一个，而是千千万万个青年。一个人不能把荣誉当资本，荣誉只是对努力的一种肯定形式，它是激励，而不是索取什么的条件。我更愿意用坚持的力量实现自己的理想。我在文联和作协工作了二十多年，出版了两百万字的作品。2008年，因为工作需要，我来到中国残联工作，从作家到残联主席的确需要转换角色，因为残联的工作性质和内容与作家协会完全不同，因此就要更加努力地学习，适应工作，做好工作。但是，曾经的写作经历对我的社会工作也有帮助，作家更理解人的痛苦，更懂得心灵的渴求。残疾人特别需要人文关怀。

中国日报：您年轻的时候，与病痛做斗争的同时还自学了多门外语。学习多国语言的原因是什么？为什么

要学世界语？

张海迪：学习是我们这一代人的好习惯，那时候无论条件多么艰苦，无论在城市还是在下放的农村，很多人都坚持学习。我朋友中就有自学哲学的，数学的，还有学外语的。我选择了英语，后来又学习德语和日语，学习世界语只是因为对这种人造语言感兴趣。从八十年代至今，我已经出版过一些文学作品，有译自英文的《丽贝卡在新学校》《走吧，莫》《一只旧箱子》等等，还有译自德语的《安妮日记》。去年，我在韩国举行的第二十二届康复国际大会上发表了英文演讲。今天，回想青年时代的学习生活，我总是很感慨，一个人能用自己所学习的知识为社会服务就是最大的快乐。

（中国残联各部室供稿）

三、涉残法律法规

中华人民共和国旅游法

2013年4月25日

第十二届全国人民代表大会常务委员会第二次会议通过

第十一条　残疾人、老年人、未成年人等旅游者在旅游活动中依照法律、法规和有关规定享受便利和优惠。

第七十九条　旅游经营者应当严格执行安全生产管理和消防安全管理的法律、法规和国家标准、行业标准，具备相应的安全生产条件，制定旅游者安全保护制度和应急预案。

旅游经营者应当对直接为旅游者提供服务的从业人员开展经常性应急救助技能培训，对提供的产品和服务进行安全检验、监测和评估，采取必要措施防止危害发生。

旅游经营者组织、接待老年人、未成年人、残疾人等旅游者，应当采取相应的安全保障措施。

中华人民共和国消费者权益保护法

1993年10月31日第八届全国人民代表大会常务委员会第四次会议通过

根据2009年8月27日第十一届全国人民代表大会常务委员会第十次会议《关于修改部分法律的决定》第一次修正

根据2013年10月25日第十二届全国人民代表大会常务委员会第五次会议《关于修改<中华人民共和国消费者权益保护法>的决定》第二次修正

第四十九条　经营者提供商品或者服务，造成消费者或者其他受害人人身伤害的，应当赔偿医疗费、护理费、交通费等为治疗和康复支出的合理费用，以及因误工减少的收入。造成残疾的，还应当赔偿残疾生活辅助具费和残疾赔偿金。造成死亡的，还应当赔偿丧葬费和死亡赔偿金。

（张东旺供稿）

四、重要文件

国务院办公厅关于印发国民旅游休闲纲要（2013—2020年）的通知

国办发〔2013〕10号

各省、自治区、直辖市人民政府，国务院各部委、各直属机构：

《国民旅游休闲纲要（2013—2020年）》已经国务院同意，现印发给你们，请认真贯彻执行。

国务院办公厅
2013年2月2日

国民旅游休闲纲要（2013—2020年）

二、主要任务和措施

（四）改善国民旅游休闲环境。……落实对未成年人、高校学生、教师、老年人、现役军人、残疾人等群体实行减免门票等优惠政策……

（六）……开发适合老年人、妇女、儿童、残疾人等不同人群需要的旅游休闲产品……

国务院批转发展改革委等部门《关于深化收入分配制度改革若干意见》的通知（节选）

国发〔2013〕6号

各省、自治区、直辖市人民政府，国务院各部委、各直属机构：

国务院同意发展改革委、财政部、人力资源社会保障部《关于深化收入分配制度改革的若干意见》，现转发给你们，请认真贯彻执行。

收入分配制度是经济社会发展中一项带有根本性、基础性的制度安排，是社会主义市场经济体制的重要基石。改革开放以来，我国收入分配制度改革不断推进，与基本国情、发展阶段相适应的收入分配制度基本建立。同时，收入分配领域仍存在一些亟待解决的突出问题，城乡区域发展差距和居民收入分配差距依然较大，收入分配秩序不规范，隐性收入、非法收入问题比较突出，部分群众生活比较困难。当前，我国已经进入全面建成小康社会的决定性阶段，按照党的十八大提出的千方百计增加居民收入的战略部署，要继续深化收入分配制度改革，优化收入分配结构，调动各方面积极性，促进经济发展方式转变，维护社会公平正义与和谐稳定，实现发展成果由人民共享，为全面建成小康社会奠定扎实基础。

我国仍处于并将长期处于社会主义初级阶段，当前收入分配领域出现的问题是发展中的矛盾、前进中的问题，必须通过促进发展、深化改革来逐步加以解决。解决这些问题，也是城乡居民在收入普遍增加、生活不断改善过程中的新要求新期待。同时也应该看到，深化收入分配制度改革，是一项十分艰巨复杂的系统工程，不可能一蹴而就，必须从我国基本国情和发展阶段出发，立足当前、着眼长远，克难攻坚、有序推进。

深化收入分配制度改革，要坚持共同发展、共享成果。倡导勤劳致富、支持创业创新、保护合法经营，在不断创造社会财富、增强综合国力的同时，普遍提高人民富裕程度。坚持注重效率、维护公平。初次分配和再分配都要兼顾效率和公平，初次分配要注重效率，创造机会公平的竞争环境，维护劳动收入的主体地位；再分配要更加注重公平，提高公共资源配置效率，缩小收入差距。坚持市场调节、政府调控。充分发挥市场机制在要素配置和价格形成中的基础性作用，更好地发挥政府对收入分配的调控作用，规范收入分配秩序，增加低收入者收入，调节过高收入。坚持积极而为、量力而行。妥善处理好改革发展稳定的关系，着力解决人民群众反映突出的矛盾和问题，突出增量改革，带动存量调整。

各地区、各部门要深入学习和全面贯彻落实党的十八大精神，充分认识深化收入分配制度改革的重大意义，将其列入重要议事日程，建立统筹协调机制，把落实收入分配政策、增加城乡居民收入、缩小收入分配差距、规范收入分配秩序作为重要任务。各有关部门要围绕重点任务，明确工作责任，抓紧研究出台配套方案和实施细则，及时跟踪评估政策实施效果。各地区要结合本地实际，制定具体措施，确保改革各项任务落到实处。要坚持正确的舆论导向，引导社会预期，回应群众关切，凝聚各方共识，形成改革合力，为深化收入分配制度改革营造良好的社会环境。

国　务　院
2013年2月3日

关于深化收入分配制度改革的若干意见（节选）

四、加快健全再分配调节机制

13. 加大促进教育公平力度。合理配置教育资源，重点向农村、边远、贫困、民族地区倾斜。全面落实九年义务教育免费政策，严格规范教育收费行为。进一步完善普通高中、普通本科高校、中等职业学校和高等职业院校家庭经济困难学生国家资助政策，逐步提高补助标准。为家庭经济困难儿童、孤儿和残疾儿童接受学前教育提供补助。切实解决农民工随迁子女平等接受义务教育和参加当地中考、高考问题。

19. 加强对困难群体救助和帮扶。健全城乡低收入群体基本生活保障标准与物价上涨挂钩的联动机制，逐步提高城乡居民最低生活保障水平。提高优抚对象抚恤补助标准。建立健全经济困难的高龄、独居、失能等老年人补贴制度。完善孤儿基本生活保障制度，推进孤儿集中供养，建立其他困境儿童生活救助制度。建立困难残疾人生活补贴和重度残疾人护理补贴制度。

国务院办公厅关于深化收入分配制度改革重点工作分工的通知

国办函〔2013〕36号

11. 加大促进教育公平力度。……为家庭经济困难儿童、孤儿和残疾儿童接受学前教育提供补助。切实解决农民工随迁子女平等接受义务教育和参加当地中考、高考问题。

17. 加强对困难群体救助和帮扶。健全城乡低收入群体基本生活保障标准与物价上涨挂钩的联动机制，逐步提高城乡居民最低生活保障水平。提高优抚对象抚恤补助标准。建立健全经济困难的高龄、独居、失能等老年人补贴制度。完善孤儿基本生活保障制度，推进孤儿集中供养，建立其他困境儿童生活救助制度。建立困难残疾人生活补贴和重度残疾人护理补贴制度。

国务院办公厅
2013年2月8日

国务院办公厅关于印发中国反对拐卖人口行动计划（2013—2020年）的通知

国办发〔2013〕19号

各省、自治区、直辖市人民政府，国务院各部委、各直属机构：

《中国反对拐卖人口行动计划（2013—2020年）》已经国务院同意，现印发给你们，请认真贯彻执行。

国务院办公厅
2013年3月2日

中国反对拐卖人口行动计划（2013—2020年）

——加强人力资源市场管理……加强劳动保障监察执法，加大对非法职业中介及使用童工、智力残疾人等违法行为查处力度，完善部门联动协作机制。研究在劳务市场发生的拐卖人口犯罪问题，有针对性地开展预防工作。

——鼓励农村有外出务工意愿的妇女、残疾人、城市失业下岗妇女、女大学生和解救的被拐卖妇女创业就业，落实好促进就业各项政策，组织开展实用技术、务工技能和创业就业培训。

——对组织强迫儿童、残疾人乞讨，强迫未成年人、残疾人从事违法犯罪活动的依法予以惩处，及时查找受害人亲属并护送受害人前往救助保护机构。

——对受欺骗或被胁迫从事违法犯罪行为的被拐卖受害人，依法减轻或免除处罚。

完善政府多部门合作、社会各界支持的被拐卖受害人救助、安置和康复工作机制，提升救助管理站、妇女之家、福利院等机构服务水平。

——充分利用现有社会救助和社会福利设施提供救助和中转康复服务，并保障人员和经费需求，使被拐卖受害人得到符合其身心、年龄和性别特点的救助安置。

——在被拐卖受害人临时救助和康复工作中引入专业社会工作服务，鼓励有关社会组织、企事业单位和个人为救助被拐卖受害人提供资金、技术支持和专业服务。

——开发符合残疾人特点的宣传品，提高残疾人的反拐意识和自我保护能力。

关于开展第二十三次全国助残日活动的通知

残工委〔2013〕3号

各省、自治区、直辖市人民政府残疾人工作委员会、党委宣传部，文明办、扶贫办，教育、民政、人力资源社会保障、住房城乡建设、卫生、广电厅（局），各军区、各军兵种、各总部、军事科学院、国防大学、国防科学技术大学、武警部队政治部，工会、团委、妇联、残联：

2013年5月19日是第二十三次全国助残日。在全党全军全国各族人民深入学习贯彻党的十八大精神，全面落实科学发展观，积极构建社会主义和谐社会和加快建成小康社会，推动经济和社会快速发展的新形势下，组织开展好此次全国助残日活动，对于在全社会弘扬人道主义思想，倡导扶残助残的社会风尚，推动残疾人事业发展具有重要意义。

近年来，在党和政府的高度重视和亲切关怀下，我国残疾人事业快速发展，残疾人状况明显改善，生活水平显著提高。但同时也应看到，由于受残疾影响、教育程度偏低等原因，大多数残疾人的生活水平仍低于社会平均水平，农村近30%的残疾人仍生活在国家贫困线以下。残疾人仍是全国贫困人口中贫困程度最重、扶持难度最大、返贫率最高的特困群体。因此，确定本次助残日主题为帮扶贫困残疾人，目的是要进一步唤起全社会对残疾人贫困问题的关注。

党的十八大提出全面建成小康社会的战略目标。没有残疾人的小康，就不是完整意义上的全面小康。各级政府和全社会要进一步加大对贫困残疾人的帮扶力度，缓解并逐步消除残疾人绝对贫困现象，缩小残疾人生活水平与社会平均水平的差距。各地区、各有关部门对本次助残日活动要高度重视，采取有效措施，精心组织好助残日的各项活动。

一、活动主题

帮扶贫困残疾人

二、活动措施

（一）各地区要及时召开残疾人工作委员会会议，围绕本次全国助残日主题，结合本地实际，专题研究帮扶贫困残疾人工作，部署全国助残日活动。

（二）各地区扶贫部门要将贫困残疾人作为重点扶持群体纳入总体扶贫开发计划，统筹安排，同步实施，优先配置资源。民政部门要认真落实贫困残疾人最低生活保障、五保供养、医疗救助、临时救助等社会救助政策，努力做到应保尽保。

（三）各地区人力资源社会保障部门要注意发挥基层就业服务平台的作用，切实做好有劳动需求和劳动能力残疾人的就业服务和就业援助工作，促进更多的残疾人实现就业；要抓好贫困残疾人参加养老、医疗等社会保险相关扶助政策的落实工作；住房城乡建设部门在推进农村危房改造、城市廉租房等项目过程中，要优先安排住房困难的残疾人家庭。

（四）各地区教育部门和各级各类学校要切实解决贫困残疾人家庭子女就学问题。卫生部门要充分发挥技术优势和服务网络力量，在病患治疗、辅助器具、身心康复等方面为贫困残疾人提供服务。

（五）各地区党政机关、企事业单位、高校和中等职业学校、人民团体、基层党组织、解放军和武警部队要广泛开展针对贫困残疾人家庭的“帮、包、带、扶”结对活动，围绕贫困残疾人家庭的实际，采取个性化帮扶措施，为其解决实际困难。

（六）各地区要邀请党、政、军负责同志在全国助残日期间深入贫困残疾人家庭、福利院、特殊教育学校、康复托养机构、扶贫基地、福利企业等机构开展调查研究和走访慰问活动，切实解决实际困难，号召全社会爱心助残。

（七）各地区工会、共青团、妇联以及驻军和武警部队要发挥各自优势，通过开展送温暖、志愿者助残、巾帼建功、手拉手红领巾助残以及军民共建、警民共建等多种形式，开展志愿助残活动。

（八）各级残联要做好助残日活动的统筹和协调工作，积极引导社会各界广泛参与助残活动。要充分发挥基层残疾人专职委员和各专门协会的作用，组织开展各种互助活动，在扶贫信息、扶贫项目等方面对贫困残疾人给予更大的帮助。

（九）各级残疾人就业服务机构要组织开展面向贫困残疾人的各类职业培训和实用技术培训，进一步提高贫困残疾人劳动能力和就业技能，为就业和参加生产劳动创造条件。

三、活动宣传

（一）各地区党委宣传部要将第二十三次全国助残日的宣传报道工作纳入年度宣传工作总体计划之中，统一安排，统一部署。

（二）中央及各地区新闻单位要紧紧围绕助残日主题，大力宣传各级政府为帮扶贫困残疾人和保障残疾人基本生活而采取的优惠政策和有力措施，深入报道社会各界扶残助残的感人事迹，积极报道助残日期间组织的各种活动，形成宣传声势和规模，在全社会掀起与残疾人共建小康社会的热潮。

（三）各地区要充分利用网站、公益广告、公共橱窗、标语口号等多种形式宣传全国助残日主题，宣传残疾人事业，进一步在全社会营造关心、支持残疾人事业、有利于残疾人事业快速发展的良好社会环境。

国务院残工委 中央宣传部
中央文明办 国务院扶贫办
教育部 民政部 人力资源社会保障部
住房和城乡建设部 国家卫生和计划生育委员会
国家新闻出版广电总局
解放军总政治部 全国总工会
共青团中央 全国妇联 中国残疾人联合会
2013年4月12日

附件 **第二十三次全国助残日宣传口号**

1. 弘扬人道主义思想，发展残疾人事业
2. 帮扶贫困残疾人，携手建成小康社会
3. 关注贫困残疾人，携手共建小康社会
4. 携手共进，共奔小康
5. 扶残助残是中华民族的传统美德
6. 理解、尊重、关心、帮助残疾人
7. 扶残助残，有你有我
8. 加强残疾人服务，保障残疾人权益
9. 帮扶贫困残疾人，共享社会关爱阳光
10. 自尊、自信、自强、自立
11. 特殊的群体，特别的关爱
12. 关心贫困残疾人，支持残疾人事业

关于进一步做好弃婴相关工作的通知

民发〔2013〕83号

三、不断加强弃婴源头治理工作

（三）依据《国务院关于批转中国残疾人事业“十二五”发展纲要的通知》（国发〔2011〕13号）要求，有条件的地方在开展一户多残、老残一体等困难残疾人生活补助试点和重度残疾人护理补贴试点工作中，统筹考虑残疾儿童保障问题，切实减轻生育和养育残疾婴儿家庭的经济负担。

民政部　国家发展和改革委员会
公安部　司法部　财政部
国家卫生和计划生育委员会
国家宗教事务局
2013年5月14日

“十二五”时期残疾人“两个体系”建设指导性评估指标

残工委办〔2013〕4号

一、客观指标

1. 城乡残疾人领取最低生活保障金的比例

【低限标准】城乡残疾人领取最低生活保障金的比例100%

【指标说明】（1）依据：《国家基本公共服务体系“十二五”规划》：目标人群覆盖率100%；《中国残疾人事业“十二五”发展纲要》：将符合条件的残疾人全部纳入最低生活保障制度，实现应保尽保。

（2）现状：近几年来，各地采用最低生活保障标准上浮10%—30%的幅度扩大最低生活保障覆盖面或在低保标准基础上按月另发定额补助提高标准。2011年近三分之一的省（区、市）对低保残疾人家庭按当地最低生活保障标准上浮20%至30%计发最低生活保障金。

（3）理由：城乡最低生活保障制度是保障城乡居民包括残疾人在内的特困群体基本生活的兜底工程，考虑到目前城乡最低生活保障制度已基本全覆盖，该指标不再分城镇和农村设定，低限标准也不分东、中、西部地区。该指标是基本社会救助的主要和核心指标。

【计算方法】城乡残疾人领取最低生活保障金的比例=领取最低生活保障金的城乡残疾人数/家庭人均收入低于当地最低生活保障标准的城乡残疾人总数×100%

【数据来源】省级政府出台的文件、制度、政策及民政、残联等部门提供的数据。

2. 建立贫困残疾人生活补助制度

【低限标准】（1）建立贫困残疾人生活补助制度

（2）贫困残疾人领取生活补助的比例：东部地区≥80%；中部地区≥65%；西部地区≥50%

【指标说明】（1）依据：《国家基本公共服务体系“十二五”规划》：有条件的地方实施贫困残疾人生活补助制度；《中国残疾人事业“十二五”发展纲要》：有条件的地方探索建立贫困残疾人生活补助制度，覆盖水平≥50%；《国务院批转发展改革委等部门关于深化收入分配制度改革若干意见的通知》：建立困难残疾人生活补贴制度。

（2）现状：2012年底，全国有三分之一以上的省已出台贫困残疾人生活补助制度，近一半的设区市出台了贫困残疾人生活补助政策。

（3）理由：该指标是针对贫困残疾人群体设定的一项专项福利制度（区别于最低生活保障制度），是提高贫困残疾人和一户多残、老残一体等困难残疾人家庭生活保障水平的重要措施。

【计算方法】（1）有无建立贫困残疾人生活补助制度

（2）贫困残疾人领取生活补助的比例=领取生活补助的贫困残疾人数/符合当地残疾人生活补助条件的残疾人总数×100%

【数据来源】省级政府出台的文件、制度、政策及民政、残联等部门提供的数据。

【注】目前部分地方已出台的贫困残疾人生活补助制度名称未统一，考虑到与《国家基本公共服务体系“十二五”规划》《中国残疾人事业“十二五”发展纲要》表述的一致性，该指标名称暂定为“贫困残疾人生活补助制度”。

3. 残疾人参加城镇居民社会养老保险制度的比例

【低限标准】稳定参保率≥80%

【指标说明】（1）依据：《中国残疾人事业“十二五”发展纲要》要求按规定落实残疾人相关补贴政策，目标人群覆盖率≥80%。

（2）现状：2012年国家城镇居民社会养老保险已实现制度全覆盖。2011年，城镇居民社会养老保险试点地区残疾人参保率59.2%。

（3）理由：落实贫困和重度残疾人参加城镇居民社会养老保险制度的优惠政策，是城镇残疾人享受普惠性基本社会养老制度的重要措施。该指标低限标准不分东、中、西部地区设定。

【计算方法】城镇残疾人参加城镇居民社会养老保险的比例=参加城镇居民社会养老保险的城镇残疾人数/符合参保条件的城镇残疾人总数×100%

【数据来源】省级政府出台的文件、制度、政策及人力资源和社会保障、残联等部门提供的数据。

【注】（1）城镇居民社会养老保险制度的参保范围，是指年满16周岁（不含在校学生）、不符合职工基本养老保险参保条件的城镇非从业居民，可以在户籍地自愿参加城镇居民养老保险。

（2）《国家基本公共服务体系“十二五”规划》社会保险服务基本标准：重度和贫困残疾人参加城镇居民基本医疗保险、新型农村合作医疗、新型农村社会养老保险和城镇居民社会养老保险按规定享受政府社会保险费补贴，城镇居民社会养老保险和新型农村社会养老保险基础养老金不低于每人每月55元，并逐步提高。

4. 残疾人参加新型农村社会养老保险制度的比例

【低限标准】稳定参保率≥85%

【指标说明】（1）依据：《国家基本公共服务体系“十二五”规划》：重度和贫困残疾人按规定享受政府社会保险费补贴；《中国残疾人事业“十二五”发展纲要》：目标人群覆盖率≥85%。

（2）现状：2012年，国家新型农村社会养老保险已实现制度全覆盖。2011年，新型农村社会养老保险试点地区残疾人参保率68.4%。

（3）理由：落实贫困和重度残疾人参加新型农村社会养老保险制度的优惠政策，是农村残疾人享受普惠性基本社会养老制度的重要措施。该指标低限标准不分东、中、西部地区设定。

【计算方法】农村残疾人参加新型农村社会养老保险的比例＝参加新型农村社会养老保险的农村残疾人数/符合参保条件的农村残疾人总数×100%

【数据来源】省级政府出台的文件、制度、政策及人力资源和社会保障、残联等部门提供的数据。

【注】新型农村社会养老保险制度的参保范围，是指年满16周岁（不含在校学生）、未参加城镇职工基本养老保险的农村居民，可以在户籍地自愿参加新农保。

5. 城镇残疾人参加城镇居民基本医疗保险制度的比例

【低限标准】稳定参保率≥90%

【指标说明】（1）依据：《国家基本公共服务体系“十二五”规划》：参保率稳定在90%以上，重度和贫困残疾人按规定享受政府补贴；《中国残疾人事业“十二五”发展纲要》：目标人群覆盖率≥90%。

（2）现状：国家城镇居民基本医疗保险已实现制度全覆盖。2011年，城镇残疾人参加城镇居民基本医疗保险制度的参保率76.2%。

（3）理由：落实贫困和重度残疾人参加城镇居民基本医疗保险制度的优惠政策，是城镇残疾人享受普惠性基本医疗保险制度的重要措施。该指标低限标准不分东、中、西部地区设定。

【计算方法】城镇残疾人参加城镇居民基本医疗保险的比例＝参加城镇居民基本医疗保险的城镇残疾人数/符合参保条件的城镇残疾人数×100%

【数据来源】省级政府出台的文件、制度、政策及人力资源和社会保障、残联等部门提供的数据。

【注】（1）城镇居民基本医疗保险制度的参保范围，是指不属于城镇职工基本医疗保险制度覆盖范围的中小学阶段的学生（包括职业高中、中专、技校学生）、少年儿童和其他非从业城镇居民都可自愿参加城镇居民基本医疗保险。

（2）《国家基本公共服务体系“十二五”规划》：各级财政的补助标准提高到年人均不低于360元，政策范围内住院费用支付比例达到75%左右，最高支付限额达到当地城镇居民人均可支配收入的8倍左右。

6. 农村残疾人参加新型农村合作医疗制度的比例

【低限标准】稳定参合率≥98%

【指标说明】（1）依据：《国家基本公共服务体系“十二五”规划》：参合率稳定在90%以上，重度和贫困残疾人按规定享受政府补贴；《中国残疾人事业“十二五”发展纲要》：残疾人参加新农合比例≥98%。

（2）现状：国家新型农村合作医疗已实现制度全覆盖。2012年，残疾人参加新型农村合作医疗制度的比例97.0%。据国家统计局发布国民经济和社会发展统计公报显示，2012年全国新型农村合作医疗参合率达到98.1%。

（3）理由：落实农村残疾人参加新型农村合作医疗制度的优惠政策，是农村残疾人享受普惠性基本医疗保险制度的重要措施。该指标低限标准不分东、中、西部地区设定。

【计算方法】农村残疾人参加新型农村合作医疗的比例＝参加新型农村合作医疗的农村残疾人数/农村残疾人总数×100%

【数据来源】省级政府出台的文件、制度、政策及人力资源和社会保障、卫生和计划生育、残联等部门提供的数据。

【注】《国家基本公共服务体系“十二五”规划》：政策范围内住院费用支付比例达到75%左右，最高支付限额达到当地农村居民年人均纯收入的8倍左右。

7. 残疾职工参加职工养老、医疗保险的比例

【低限标准】稳定参保率≥90%

【指标说明】（1）依据：《中国残疾人事业“十二五”发展纲要》：督促用人单位依法为残疾职工缴纳各种社会保险费，鼓励和帮助非全日制就业和个体就业残疾人按规定参加各种社会保险，研究制定用人单位安排残疾人就业社会保险补贴制度和具体办法。对企业吸纳符合条件的残疾就业困难人员就业的，按规定给予社会保险补贴。

（2）现状：目前，有关职工养老、医疗保险制度已实现全覆盖；2011年97.2%的城镇残疾职工至少加入了一项社会保险；“试点地区评估报告”残疾职工参加养老保险率：江苏95.01%、湖北90%、陕西90.9%，残疾职工参加医疗保险率：江苏97.4%、湖北94.2%、陕西95%。

（3）理由：进一步落实残疾职工参加职工养老、医疗保险的相关政策，是残疾职工享受相关普惠性社会保障制度的重要措施，低限标准设定不分东、中、西部地区。

【计算方法】残疾职工参加职工养老、医疗保险的比例＝参加职工养老、医疗保险的残疾职工人数/残疾职工总人数×100%

【数据来源】省级政府出台的文件、制度、政策及人力资源和社会保障、残联等部门提供的数据。

8. 城乡残疾人得到医疗救助的比例

【低限标准】城乡残疾人得到医疗救助的比例≥98%

【指标说明】（1）依据：《国家基本公共服务体系“十二五”规划》：目标人群覆盖率100%；《中国残疾人事业“十二五”发展纲要》：将符合条件的困难城乡残疾人纳入医疗救助范围，逐步提高救助标准。

（2）现状：近几年来，各地加快社会救助尤其是医疗救助体系建设，进一步将符合条件的残疾人优先纳入城乡医疗救助范围，“试点地区评估报告”得到医疗救助的残疾人比例：江苏城镇95.58%、农村91.03%；湖北城镇90%、农村89.2%；陕西城镇82%、农村81.3%。

（3）理由：逐步完善残疾人医疗救助机制，是困难残疾人家庭减少医疗保健支出、改善生活状况的重要措施。该指标不分城镇和农村设定，低限标准不分东、中、西部地区。

【计算方法】城乡残疾人得到医疗救助的比例=得到医疗救助的城乡残疾人数/符合医疗救助条件的城乡残疾人总数×100%

【数据来源】民政、卫生和计划生育、残联等部门提供的文件、制度和数据。

【注】《国家基本公共服务体系"十二五"规划》：加强医疗救助与基本医疗保险制度的衔接，逐步实行诊疗费用即时救助，降低医疗救助起付线，有条件的地方可以取消医疗救助起付线。

9. 城乡低收入残疾人家庭住房保障的制度安排

【低限标准】（1）城镇低收入残疾人家庭优先纳入国家基本住房保障制度的政策措施

（2）农村低收入残疾人家庭危房改造的救助机制

【指标说明】（1）依据：《国家基本公共服务体系"十二五"规划》：将住房困难的城乡低收入残疾人家庭优先纳入基本住房保障制度；《中国残疾人事业"十二五"发展纲要》：建立城镇低收入残疾人家庭住房保障机制，完善农村困难残疾人家庭危房改造救助机制。

（2）现状：近几年来，各地将符合条件的残疾人家庭纳入"城镇低收入家庭住房保障制度"和农村贫困残疾人危房改造的救助范围，加大低收入残疾人家庭保障性住房政策的落实力度，逐步建立健全农村贫困残疾人危房改造"有一改一"的救助机制。

（3）理由：按照"统筹安排"和"优先解决"的原则，进一步落实相关政策和措施，是城乡低收入残疾人家庭实现"住有所居"的制度性安排，该指标是低收入残疾人家庭住房救助的基础和核心指标。

【计算方法】（1）有无将城镇低收入残疾人家庭优先纳入国家基本住房保障制度的政策措施

（2）有无建立和完善农村低收入残疾人家庭危房改造的救助机制

【数据来源】当地住房和城乡建设、残联、扶贫办等部门提供的文件、制度。

10. 建立重度残疾人护理补贴制度

【低限标准】（1）建立重度残疾人护理补贴制度

（2）重度残疾人领取护理补贴的比例：东部地区≥50%；中部地区≥40%；西部地区≥30%

【指标说明】（1）依据：《国家基本公共服务体系"十二五"规划》：有条件的地方实施重度残疾人护理补贴制度；《中国残疾人事业"十二五"发展纲要》：重度残疾人护理补贴覆盖率≥30%；《国务院批转发展改革委等部门关于深化收入分配制度改革若干意见的通知》：建立重度残疾人护理补贴制度。

（2）现状：近几年来，通过组织实施"阳光家园"项目，推动各地积极探索建立重度残疾人护理补贴制度。目前，部分省市已出台相关制度和政策，2011年全国有14.0万符合条件的城乡残疾人享受了稳定的护理补贴。

（3）理由：建立重度残疾人护理补贴制度，完善重度残疾人的基本生活保障措施，是改善重度残疾人生活状况的重要措施，该指标反映了重度残疾人享受社会福利的水平。

【计算方法】（1）省（区、市）有无建立重度残疾人护理补贴制度

（2）重度残疾人领取护理补贴的比例=领取护理补贴的重度残疾人数/符合条件的重度残疾人总数×100%

【数据来源】当地财政、民政、残联等部门提供的文件、制度。

【注】目前各地已出台重度残疾人护理补贴制度的受益人群、补贴标准和制度名称未统一，考虑到与《中国残疾人事业"十二五"发展纲要》表述的一致性，该指标名称暂定为"重度残疾人护理补贴制度"，受益人群范围和补贴标准暂按各地实际情况确定。

11. 贫困残疾人享受基本养老服务补贴的比例

【低限标准】贫困残疾人享受基本养老服务补贴的比例≥50%

【指标说明】（1）依据：《国家基本公共服务体系"十二五"规划》：对家庭经济困难且生活难以自理的失能半失能65岁及以上城乡居民，给予基本养老服务补贴，覆盖水平≥50%，将符合条件的农村残疾老人全部纳入农村"五保"供养范围。

（2）现状：近几年来，老龄委对80周岁及以上老年人（包括失能老人）实施老龄津贴政策，有条件的地方残联将"阳光家园"项目护理补贴范围延伸到60周岁及以上持证贫困残疾人，有的地方明确对城乡最低生活保障家庭的60周岁以上重度残疾人实施养老服务补贴政策，并将补贴范围逐步扩大到中低收入家庭的重度残疾老人。

（3）理由：第二次全国残疾人抽样调查显示，65岁及以上的残疾人口为3755万人，占45.26%，随着社会人口老龄化进程的加剧，老年残疾人数将不断扩大，其养老服务基本需求日益迫切，故设此指标。该指标反映了贫困残疾人享受基本养老服务的福利水平。

【计算方法】65岁及以上贫困残疾人享受基本养老服务补贴的比例=享受基本养老服务补贴的65岁及以上贫困残疾人数/65岁及以上贫困残疾人总数×100%

【数据来源】当地民政、老龄委、残联等相关部门提供的文件、制度、数据。

12. 残疾儿童康复救助制度

【低限标准】建立残疾儿童康复救助制度

【指标说明】（1）依据：《国家基本公共服务体系"十二五"规划》：对0—6岁残疾儿童接受手术、辅具配置和康复训练等服务提供资助，覆盖水平≥93万人

（次）；《中国残疾人事业“十二五”发展纲要》提出建立残疾儿童抢救性康复救助制度，有条件的地区逐步扩大康复救助范围。

（2）现状：2009年以来，通过组织实施“0—6岁残疾儿童抢救性康复项目”，尤其是“十二五”期间列为国家重点康复项目，进一步摸清了各类残疾儿童康复需求，提高了服务能力和水平，中央财政和地方财政也普遍加大了对残疾儿童康复的救助力度。

（3）理由：通过实施“0—6岁残疾儿童免费抢救性康复项目”，推动各地积极探索建立残疾儿童康复救助制度，考虑到体现残疾儿童优先的原则，故设此指标。该指标是反映残疾儿童享受社会福利水平的主要指标。

【计算方法】省（区、市）有无建立残疾儿童康复救助制度

【数据来源】当地卫生和计划生育、人力资源和社会保障、残联等相关部门提供的文件、制度。

13. 残疾人康复服务的覆盖率

【低限标准】残疾人康复服务的覆盖率≥80%

【指标说明】（1）依据：《中国残疾人事业“十二五”发展纲要》明确提出2015年初步实现残疾人“人人享有康复服务”目标，康复服务比例≥80%。

（2）现状：《2012年度全国残疾人状况及小康进程监测报告》显示，2012年度，残疾人接受过康复服务的比例为55.2%，其中城镇为63.0%，农村为52.6%。

（3）理由：该指标是残疾人康复服务领域使用多年且较成熟的评估指标，综合反映了残疾人康复服务的总体状况，是康复服务体系建设成效的基础和核心指标。

【计算方法】残疾人康复服务的覆盖率＝当年得到康复服务的残疾人数/当年有康复需求的残疾人总数×100%

【数据来源】当地卫生和计划生育、残联等部门提供的相关统计数据。

14. 贫困残疾人免费适配基本辅助器具的比例

【低限标准】贫困残疾人免费适配基本辅助器具的比例：东部地区≥70%；中部地区≥65%；西部地区≥50%

【指标说明】（1）依据：《中国残疾人事业“十二五”发展纲要》：构建辅助器具适配体系，有需求的残疾人普遍适配基本型辅助器具。

（2）现状：近几年来，通过组织实施“彩票公益金辅助器具服务项目”，加快推进了辅助器具适配体系建设，部分省（市）已出台了辅助器具补贴相关政策和措施。

（3）理由：辅助器具适配是提高和改善残疾人生活状况的重要手段，为进一步加强辅助器具适配服务工作，故设此指标。该指标反映基本辅助器具适配的服务能力和水平。

【计算方法】贫困残疾人免费适配基本辅助器具的比例＝免费适配基本辅助器具的贫困残疾人数/符合条件的需免费适配基本辅助器具的贫困残疾人总数×100%

【数据来源】当地残联、民政等部门提供的相关文件、制度和数据。

15. 学龄残疾儿童少年义务教育在学率

【低限标准】学龄残疾儿童少年义务教育在学率≥90%

【指标说明】（1）依据：《国家基本公共服务体系“十二五”规划》：义务教育目标人群覆盖率100%，九年义务教育巩固率93%；《中国残疾人事业“十二五”发展纲要》：学龄残疾儿童少年接受义务教育比例≥90%。

（2）现状：《2012年度全国残疾人状况及小康进程监测报告》显示，2012年度全国平均水平为71.9%，城镇该比例为74.2%，农村为71.4%。

（3）理由：考虑到残疾儿童少年义务教育的重要性和必要性，低限标准不分东、中、西部设定。该指标反映了学龄残疾儿童少年义务教育的在学状况和教育服务的能力。

【计算方法】学龄残疾儿童少年义务教育在学率＝学龄残疾儿童少年义务教育在学人数/学龄残疾儿童少年总数×100%

【数据来源】当地教育、残联等部门提供的相关文件、制度和数据。

16. 城镇残疾人登记失业率

【低限标准】城镇残疾人登记失业率：东部地区≤5.5%；中部地区≤6.5%；西部地区≤8.0%

【指标说明】（1）依据：《国家基本公共服务体系“十二五”规划》：就业服务和管理的目标人群覆盖率达到100%，实现城镇残疾人新增就业100万；《中国残疾人事业“十二五”发展纲要》：扶持城镇新就业残疾人100万名。

（2）现状：残疾人就业包括按比例就业、集中就业、个体就业和自主创业等形式。《2012年度全国残疾人状况及小康进程监测报告》显示，2012年度城镇残疾人登记失业率为9.2%，比2011年度的9.9%下降了0.7个百分点。

（3）理由：按人力资源和社会保障等部门口径设定登记失业率指标，根据各地经济社会发展条件和残疾人就业工作基础的差异性，低限标准分东、中、西部地区，该指标是反映城镇残疾人就业状况的主要指标。

【计算方法】城镇残疾人登记失业率＝期末城镇实有登记失业残疾人数/（期末城镇就业残疾人总数＋期末城镇实有登记失业残疾人数）×100%

【数据来源】当地残联、人力资源和社会保障等部门提供的相关文件、制度和数据。

17. 残疾人职业技能培训后就业率

【低限标准】残疾人职业技能培训后就业率：东部地区≥70%；中部地区≥60%；西部地区≥50%

【指标说明】（1）依据：《国家基本公共服务体系“十二五”规划》：为7500万人次提供技能鉴定，为1亿人次提供各类职业技能培训，培训后就业率不低于60%；《中国残疾人事业“十二五”发展纲要》：建立残疾人职

业培训补贴与培训质量、一次性就业率相衔接的机制。

（2）现状：多年来，各地坚持以就业为导向，加强残疾人职业技能培训工作。2011年，全国残疾人职业培训基地达到5254个，为29.9万人次城镇残疾人提供了职业培训，接受的农村残疾人达到92.3万人次。近年来，各地注重职业培训后的就业服务，有的地方开展了实名制职业培训，职业培训后就业（自立）率要求≥60%—70%。

（3）理由：残疾人职业技能培训是手段，促进残疾人就业是目的，该指标反映残疾人职业技能培训的质量和就业服务的能力，是就业服务体系的基础指标之一。根据各地条件的差异性，低限标准按东、中、西部地区分别设定。

【计算方法】 残疾人职业技能培训后就业率＝残疾人职业技能培训后就业人数/参加职业技能培训的残疾人总数×100%。

【数据来源】 当地残联、教育、人力资源和社会保障等部门提供的相关文件、制度和数据。

【注】 残疾人职业技能培训后就业人数包括新增加的城镇残疾人就业、农村残疾人生产自立人数和在业残疾人再培训的人数。

18. 农村贫困残疾人口减少率

【低限标准】 农村贫困残疾人口减少率：

东部地区≥80%；中部地区≥50%；西部地区≥40%

【指标说明】（1）依据：《农村残疾人扶贫开发纲要（2011—2020年）》执行评估指标体系：农村贫困残疾人生活救助和扶贫开发人数2015年目标值为1000万人，2020年目标值为2000万人，到2020年，稳定实现农村残疾人不愁吃、不愁穿，全面保障平等享受基本医疗、基本养老、教育、住房和康复服务。

（2）现状：残疾人扶贫开发是国家整体扶贫开发战略的重要组成部分。按2300元/人·年的贫困标准进行全国实名制摸底调查显示，全国现有贫困残疾人1500万以上。2011年，1014.6万农村残疾人得到生活救助，211.8万贫困残疾人得到扶持，其中122.2万人通过扶贫开发实际脱贫。

（3）理由：根据《国务院批转发展改革委等部门关于深化收入分配制度改革若干意见的通知》提出到2015年扶贫对象减少8000万人左右要求，按照国家扶贫工作进度安排，2015年贫困残疾人口应减少约800万左右，故设此指标并按东、中、西部地区分别设定低限标准。该指标反映农村残疾人生活和生产状况的改善，是残疾人扶贫开发和社会保障成效的基础和核心指标。

【计算方法】 农村贫困残疾人口减少率＝（农村残疾人脱贫人数－返贫人数）/农村年人均纯收入低于国家扶贫标准的残疾人总数×100%

【数据来源】 当地政府出台的相关文件、制度和残联等部门提供的数据（以农村贫困残疾人信息管理系统数据为准）。

19. 残疾人托养服务覆盖率

【低限标准】 残疾人托养服务覆盖率：东部地区≥50%；中部地区≥30%；西部地区≥20%

【指标说明】（1）依据：《国家基本公共服务体系“十二五”规划》：建立健全以专业康复和托养服务机构为骨干、社区为基础、家庭为依托的社会化残疾人康复、托养服务体系；《中国残疾人事业“十二五”发展纲要》：实施“阳光家园计划”，为残疾人托养服务提供200万人次补助。

（2）现状：2007年以来，各地加强残疾人托养服务工作，为进一步建立健全托养服务体系打下了基础。到2011年底，全国残疾人寄宿制托养服务机构达到3921个，为11.9万残疾人提供托养服务；残疾人日间照料机构达到2368个，为4.6万残疾人提供托养服务；接受居家托养服务的残疾人达到44.2万。

（3）理由：残疾人托养服务是指就业年龄段智力残疾人、精神残疾人和重度困难残疾人的机构托养和居家护理托养，为加快各地推进残疾人托养服务体系建设，故设此指标并按东、中、西部地区分别设立低限标准。该指标是反映就业年龄段智力残疾人、精神残疾人和重度残疾人生活状况的改善和托养服务建设成效的基础指标。

【计算方法】 残疾人托养服务覆盖率＝已接受托养的残疾人数/符合托养条件的残疾人总数×100%

【数据来源】 当地政府及残联、民政等部门提供相关文件、制度和数据。

20. 残疾人社区文化体育活动参与率

【低限标准】 社区文化体育活动参与率≥65%

【指标说明】（1）依据：《国家基本公共服务体系“十二五”规划》：加强公共文化服务，满足残疾人等特殊人群的公共文化服务需求，经常参加体育健身的残疾人比率≥15%；《中国残疾人事业“十二五”发展纲要》：建立健全公共文化服务体系，社区活动参与率≥65%。

（2）现状：当前，各地加强残疾人文化体育服务体系建设，2012年，全国城乡残疾人社区活动参与率达44.3%，其中城镇残疾人社区活动参与率达47.9%，农村残疾人社区活动参与率达43.0%。

（3）理由：残疾人参与社区文化体育活动是丰富、活跃残疾人群众文化体育生活的重要途径和形式，故设定此指标。该指标是反映残疾人参与社区文化体育活动程度和残疾人文化体育体系建设成效的基础指标。

【计算方法】 残疾人社区文化体育活动参与率＝参加社区文体活动的残疾人数/辖区残疾人总数×100%

【数据来源】 当地文化、体育、残联等部门提供相关文件、制度和数据。

21. 残疾人法律救助制度性安排

【低限标准】（1）县级以上（包括县级）全部建立残疾人法律救助工作协调机制

（2）市级以上（包括市级）全部成立残疾人法律救助工作站

【指标说明】（1）依据：《中国残疾人事业“十二五”发展纲要》：县级以上地方将全部成立残疾人法律救助工作协调机构，市级以上地方将全部成立残疾人法律救助工作站；最高人民法院、最高人民检察院、公安部、司法部、民政部、人力资源和社会保障部、教育部、卫生部、中国残联印发的《关于加强残疾人法律救助工作的意见》。

（2）现状：2008年最高人民法院、最高人民检察院、公安部、司法部、民政部、人力资源和社会保障部、教育部、卫生部、中国残联共同成立残疾人法律救助工作协调领导小组，2009年全国已成立了56个残疾人法律救助工作站，目前，各地正在积极推动残疾人法律救助工作深入开展。

（3）理由：残疾人法律救助是依法维护残疾人权益的重要手段，也是残疾人获得司法公正的基本保障，该指标是衡量残疾人法律救助成效的基础性指标。

【计算方法】（1）县级以上（包括县级）有无全部建立残疾人法律救助工作协调机制

（2）市级以上（包括市级）有无全部建立残疾人法律救助工作站

【数据来源】当地司法、残联等部门提供的文件、制度。

【注】（1）残疾人法律救助工作协调机制是指在分工负责的前提下，协调人民法院、人民检察院、公安、司法行政、民政、人力资源和社会保障、教育、卫生和计划生育、残联等部门共同推进残疾人法律救助工作的机制。

（2）以最高人民法院、最高人民检察院、公安部、司法部、民政部、人力资源和社会保障部、教育部、卫生部、中国残联共同印发《关于加强残疾人法律救助工作的意见的通知》（残联发〔2009〕10号）为依据进行评估。

22. **无障碍环境建设状况**

【低限标准】（1）开展创建无障碍环境市、县率：东部地区≥70%；中部地区≥50%；西部地区≥30%

（2）对有需求的贫困残疾人家庭无障碍改造率：东部地区≥50%；中部地区≥40%；西部地区≥30%

（3）残疾人综合服务设施无障碍改造率100%

【指标说明】（1）依据：国务院《无障碍环境建设条例》明确了加强无障碍环境建设的任务目标、相关标准和法律责任；《中国残疾人事业“十二五”发展纲要》：加快推进无障碍建设与改造，加强信息无障碍建设，开展残疾人家庭无障碍改造，全面完成残疾人综合服务设施无障碍改造。

（2）现状：当前，无障碍环境建设政策、法律法规、标准体系初步建立，城市无障碍化格局基本形成。《2012年度全国残疾人状况及小康进程监测报告》显示，2012年度，城镇残疾人对无障碍设施和服务的满意度达到81.5%。

（3）理由：衡量无障碍环境建设状况指标一般采用“无障碍环境满意度”，考虑到评估指标的客观性和可操作性，故改用客观指标进行评估，该指标反映了无障碍环境建设的成效。

【计算方法】（1）开展创建无障碍环境市、县率＝开展创建无障碍环境市、县数/市、县总数×100%

（2）对有需求的贫困残疾人家庭无障碍改造率＝已完成无障碍改造的残疾人家庭数/有需求的贫困残疾人家庭总数×100%

（3）残疾人综合服务设施无障碍改造率＝已完成无障碍改造的综合服务设施数/残疾人综合服务设施总数×100%

【注】以住房城乡建设部、工业和信息化部、民政部、中国残疾人联合会、全国老龄工作委员会办公室共同印发《住房城乡建设部等部门关于开展创建无障碍环境市县工作的通知》（建标〔2013〕37号）为依据进行评估。

二、监测指标

23. **残疾人家庭人均可支配收入与当地社会平均水平的差距**

【指标说明】（1）依据：党的十八大提出2020年全面建成小康社会战略目标，实现国内生产总值和城乡居民人均收入比2010年翻一番。

（2）现状：《2012年度全国残疾人状况及小康进程监测报告》显示，2012年度残疾人家庭人均可支配收入为9364.3元，是全国居民家庭人均可支配收入的56.2%。其中，城镇残疾人家庭人均可支配收入为14050.9元，是全国城镇居民家庭人均可支配收入的57.2%；农村残疾人家庭人均可支配收入为6971.4元，是全国农村居民家庭人均可支配收入的88.1%。

（3）理由：残疾人家庭收入主要来源于工薪收入、经营收入和转移性收入，切实增加残疾人家庭收入、努力缩小残疾人家庭人均可支配收入与社会平均水平的差距是“两个体系”建设的重要任务，该指标是“两个体系”建设的核心指标之一。

【评估方法】残疾人家庭人均可支配收入占当地社会平均水平的比例，其中：城镇残疾人家庭人均可支配收入占当地社会平均水平的比例；农村残疾人家庭人均可支配收入占当地社会平均水平的比例

【数据来源】统计部门提供的小康进程监测数据和残疾人状况监测数据。

24. **残疾人小康实现程度**

【指标说明】（1）依据：残疾人“两个体系”建设的出发点和落脚点是努力缩小残疾人生存发展状况与当地社会平均水平的差距，帮助残疾人与全国人民一起共奔全面小康社会。

（2）现状：《2012年度全国残疾人状况及小康进程

监测报告》显示，2012年度残疾人小康进程实现程度达68.4%，比上年度提高5.3个百分点。

（3）理由：考虑到该指标的重要性和指导性评估指标体系的完整性，故设此指标。

【评估方法】残疾人小康实现程度

【数据来源】以各地“残疾人状况及小康进程监测报告”为依据。

三、主观指标

25. **专家学者评估组意见**（评估方案另定）
26. **残疾人及亲属满意度**（问卷调查另定）

关于加强小额担保贷款财政贴息资金管理的通知（节选）

财金〔2013〕84号

各省、自治区、直辖市、计划单列市财政厅（局）、人力资源社会保障厅（局），中国人民银行上海总部、各分行、营业管理部、省会（首府）城市中心支行、大连、青岛、宁波、厦门、深圳市中心支行，各有关金融机构：

为贯彻落实中央经济工作会议对创业带动就业工作提出的新要求，进一步做好下岗失业人员小额担保贷款（以下简称小额担保贷款）工作，加强财政贴息资金管理，提高财政资金使用效益，现就有关事项通知如下：

一、严格执行贴息贷款政策标准

（二）财政贴息资金支持对象按照现行政策执行，具体包括符合规定条件的城镇登记失业人员、就业困难人员（一般指大龄、身有残疾、享受最低生活保障、连续失业一年以上，以及因失去土地等原因难以实现就业的人员）、复员转业退役军人、高校毕业生、刑释解教人员，以及符合规定条件的劳动密集型小企业。上述人员中，对符合规定条件的残疾人、高校毕业生、农村妇女申请小额担保贷款财政贴息资金，可以适度给予重点支持。

（三）财政贴息资金支持的小额担保贷款额度为，高校毕业生最高贷款额度10万元，妇女最高贷款额度8万元，其他符合条件的人员最高贷款额度5万元，劳动密集型小企业最高贷款额度200万元。对合伙经营和组织起来就业的，妇女最高人均贷款额度为10万元。

财　政　部
人力资源社会保障部
中国人民银行
2013年9月18日

关于政府向社会力量购买服务的指导意见

国办发〔2013〕96号

各省、自治区、直辖市人民政府，国务院各部委、各直属机构：

党的十八大强调，要加强和创新社会管理，改进政府提供公共服务方式。新一届国务院对进一步转变政府职能、改善公共服务做出重大部署，明确要求在公共服务领域更多利用社会力量，加大政府购买服务力度。经国务院同意，现就政府向社会力量购买服务提出以下指导意见。

一、充分认识政府向社会力量购买服务的重要性

改革开放以来，我国公共服务体系和制度建设不断推进，公共服务提供主体和提供方式逐步多样化，初步形成了政府主导、社会参与、公办民办并举的公共服务供给模式。同时，与人民群众日益增长的公共服务需求相比，不少领域的公共服务存在质量效率不高、规模不足和发展不平衡等突出问题，迫切需要政府进一步强化公共服务职能，创新公共服务供给模式，有效动员社会力量，构建多层次、多方式的公共服务供给体系，提供更加方便、快捷、优质、高效的公共服务。政府向社会力量购买服务，就是通过发挥市场机制作用，把政府直接向社会公众提供的一部分公共服务事项，按照一定的方式和程序，交由具备条件的社会力量承担，并由政府根据服务数量和质量向其支付费用。近年来，一些地方立足实际，积极开展向社会力量购买服务的探索，取得了良好效果，在政策指导、经费保障、工作机制等方面积累了不少好的做法和经验。

实践证明，推行政府向社会力量购买服务是创新公共服务提供方式、加快服务业发展、引导有效需求的重要途径，对于深化社会领域改革，推动政府职能转变，整合利用社会资源，增强公众参与意识，激发经济社会活力，增加公共服务供给，提高公共服务水平和效率，都具有重要意义。地方各级人民政府要结合当地经济社会发展状况和人民群众的实际需求，因地制宜、积极稳妥地推进政府向社会力量购买服务工作，不断创新和完善公共服务供给模式，加快建设服务型政府。

二、正确把握政府向社会力量购买服务的总体方向

（一）指导思想

以邓小平理论、“三个代表”重要思想、科学发展观为指导，深入贯彻落实党的十八大精神，牢牢把握加快转变政府职能、推进政事分开和政社分开、在改善民生和创新管理中加强社会建设的要求，进一步放开公共服务市场准入，改革创新公共服务提供机制和方式，推动中国特色公共服务体系建设和发展，努力为广大人民群众提供优质高效的公共服务。

（二）基本原则

——积极稳妥，有序实施。立足社会主义初级阶段基本国情，从各地实际出发，准确把握社会公共服务需求，充分发挥政府主导作用，有序引导社会力量参与服务供给，形成改善公共服务的合力。

——科学安排，注重实效。坚持精打细算，明确权利义务，切实提高财政资金使用效率，把有限的资金用在刀刃上，用到人民群众最需要的地方，确保取得实实在在的成效。

——公开择优，以事定费。按照公开、公平、公正原则，坚持费随事转，通过竞争择优的方式选择承接政府购买服务的社会力量，确保具备条件的社会力量平等参与竞争。加强监督检查和科学评估，建立优胜劣汰的动态调整机制。

——改革创新，完善机制。坚持与事业单位改革相衔接，推进政事分开、政社分开，放开市场准入，释放改革红利，凡社会能办好的，尽可能交给社会力量承担，有效解决一些领域公共服务产品短缺、质量和效率不高等问题。及时总结改革实践经验，借鉴国外有益成果，积极推动政府向社会力量购买服务的健康发展，加快形成公共服务提供新机制。

（三）目标任务

“十二五”时期，政府向社会力量购买服务工作在各地逐步推开，统一有效的购买服务平台和机制初步形成，相关制度法规建设取得明显进展。到2020年，在全国基本建立比较完善的政府向社会力量购买服务制度，形成与经济社会发展相适应、高效合理的公共服务资源配置体系和供给体系，公共服务水平和质量显著提高。

三、规范有序开展政府向社会力量购买服务工作

（一）购买主体

政府向社会力量购买服务的主体是各级行政机关和参照公务员法管理、具有行政管理职能的事业单位。纳入行政编制管理且经费由财政负担的群团组织，也可根据实际需要，通过购买服务方式提供公共服务。

（二）承接主体

承接政府购买服务的主体包括依法在民政部门登记成立或经国务院批准免予登记的社会组织，以及依法在工商管理或行业主管部门登记成立的企业、机构等社会力量。承接政府购买服务的主体应具有独立承担民事责任的能力，具备提供服务所必需的设施、人员和专业技术的能力，具有健全的内部治理结构、财务会计和资产管理制度，具有良好的社会和商业信誉，具有依法缴纳税收和社会保险的良好记录，并符合登记管理部门依法认定的其他条件。承接主体的具体条件由购买主体会同财政部门根据购买服务项目的性质和质量要求确定。

（三）购买内容

政府向社会力量购买服务的内容为适合采取市场化方式提供、社会力量能够承担的公共服务，突出公共性和公益性。教育、就业、社保、医疗卫生、住房保障、文化体育及残疾人服务等基本公共服务领域，要逐步加大政府向社会力量购买服务的力度。非基本公共服务领域，要更多更好地发挥社会力量的作用，凡适合社会力量承担的，都可以通过委托、承包、采购等方式交给社会力量承担。对应当由政府直接提供、不适合社会力量承担的公共服务，以及不属于政府职责范围的服务项目，政府不得向社会力量购买。各地区、各有关部门要按照有利于转变政府职能，有利于降低服务成本，有利于提升服务质量水平和资金效益的原则，在充分听取社会各界意见基础上，研究制定政府向社会力量购买服务的指导性目录，明确政府购买的服务种类、性质和内容，并在总结试点经验基础上，及时进行动态调整。

（四）购买机制

各地要按照公开、公平、公正原则，建立健全政府向社会力量购买服务机制，及时、充分向社会公布购买的服务项目、内容以及对承接主体的要求和绩效评价标准等信息，建立健全项目申报、预算编报、组织采购、项目监管、绩效评价的规范化流程。购买工作应按照政府采购法的有关规定，采用公开招标、邀请招标、竞争性谈判、单一来源、询价等方式确定承接主体，严禁转包行为。购买主体要按照合同管理要求，与承接主体签订合同，明确所购买服务的范围、标的、数量、质量要求，以及服务期限、资金支付方式、权利义务和违约责任等，按照合同要求支付资金，并加强对服务提供全过程的跟踪监管和对服务成果的检查验收。承接主体要严格履行合同义务，按时完成服务项目任务，保证服务数量、质量和效果。

（五）资金管理

政府向社会力量购买服务所需资金在既有财政预算安排中统筹考虑。随着政府提供公共服务的发展所需增加的资金，应按照预算管理要求列入财政预算。要严格资金管理，确保公开、透明、规范、有效。

（六）绩效管理

加强政府向社会力量购买服务的绩效管理，严格绩效评价机制。建立健全由购买主体、服务对象及第三方组成的综合性评审机制，对购买服务项目数量、质量和资金使用绩效等进行考核评价。评价结果向社会公布，并作为以后年度编制政府向社会力量购买服务预算和选择政府购买服务承接主体的重要参考依据。

四、扎实推进政府向社会力量购买服务工作

（一）加强组织领导

推进政府向社会力量购买服务，事关人民群众切身利益，是保障和改善民生的一项重要工作。地方各级人

民政府要把这项工作列入重要议事日程，加强统筹协调，立足当地实际认真制定并逐步完善政府向社会力量购买服务的政策措施和实施办法，并抄送上一级政府财政部门。财政部要会同有关部门加强对各地开展政府向社会力量购买服务工作的指导和监督，总结推广成功经验，积极推动相关制度法规建设。

（二）健全工作机制

政府向社会力量购买服务，要按照政府主导、部门负责、社会参与、共同监督的要求，确保工作规范有序开展。地方各级人民政府可根据本地区实际情况，建立"政府统一领导，财政部门牵头，民政、工商管理以及行业主管部门协同，职能部门履职，监督部门保障"的工作机制，拟定购买服务目录，确定购买服务计划，指导监督购买服务工作。相关职能部门要加强协调沟通，做到各负其责、齐抓共管。

（三）严格监督管理

各地区、各部门要严格遵守相关财政财务管理规定，确保政府向社会力量购买服务资金规范管理和使用，不得截留、挪用和滞留资金。购买主体应建立健全内部监督管理制度，按规定公开购买服务相关信息，自觉接受社会监督。承接主体应当健全财务报告制度，并由具有合法资质的注册会计师对财务报告进行审计。财政部门要加强对政府向社会力量购买服务实施工作的组织指导，严格资金监管，监察、审计等部门要加强监督，民政、工商管理以及行业主管部门要按照职能分工将承接政府购买服务行为纳入年检、评估、执法等监管体系。

（四）做好宣传引导

地方各级人民政府和国务院有关部门要广泛宣传政府向社会力量购买服务工作的目的、意义、目标任务和相关要求，做好政策解读，加强舆论引导，主动回应群众关切，充分调动社会参与的积极性。

国务院办公厅
2013年9月26日

关于进一步加强地方财政结余结转资金管理的通知（节选）

财预〔2013〕372号

（六）加强地方政府性基金结余结转资金管理。完善政府性基金支出管理方式，加快预算执行，力争实现"当年收入、当年支出"。对连续两年及以上预算执行率达不到80%的基金支出项目，可在其资金管理办法规定的用途和使用范围内，将其累计结余资金调整到其他同类项目；确实无法执行的，研究将其累计结余资金调剂用于急需资金的建设项目和公共事业发展支出。

财　政　部
2013年10月21日

【解读】财政部于2013年10月印发的《关于进一步加强地方财政结余结转资金管理的通知》（财预〔2013〕372号），是根据国务院盘活地方财政存量资金、提高财政资金使用效率的要求而出台的。保障金属于政府性基金，应当按照文件要求加强管理。根据文件要求，保障金结余资金连续2年及以上预算执行率不足80%，且无法按照资金管理办法规定范围使用的，地方财政部门可将结余部分统筹用于非残疾人工作领域。受到现行残疾人就业保障金管理办法使用范围的限制，且近年来部分地区预算安排相对保守，残疾人就业保障金在东部地区有结余现象，保障金资金安排受到该文件的影响。

中共中央关于全面深化改革若干重大问题的决定（节选）

2013年11月12日

中国共产党第十八届中央委员会第三次全体会议通过

十二、推进社会事业改革创新

（43）健全促进就业创业体制机制。建立经济发展和扩大就业的联动机制，健全政府促进就业责任制度。规范招人用人制度，消除城乡、行业、身份、性别等一切影响平等就业的制度障碍和就业歧视。完善扶持创业的优惠政策，形成政府激励创业、社会支持创业、劳动者勇于创业新机制。完善城乡均等的公共就业创业服务体系，构建劳动者终身职业培训体系。增强失业保险制度预防失业、促进就业功能，完善就业失业监测统计制度。创新劳动关系协调机制，畅通职工表达合理诉求渠道。

促进以高校毕业生为重点的青年就业和农村转移劳动力、城镇困难人员、退役军人就业。结合产业升级开发更多适合高校毕业生的就业岗位。政府购买基层公共管理和社会服务岗位更多用于吸纳高校毕业生就业。健全鼓励高校毕业生到基层工作的服务保障机制，提高公务员定向招录和事业单位优先招聘比例。实行激励高校毕业生自主创业政策，整合发展国家和省级高校毕业生就业创业基金。实施离校未就业高校毕业生就业促进计划，把未就业的纳入就业见习、技能培训等就业准备活动之中，对有特殊困难的实行全程就业服务。

（中国残联各部室供稿）

第二编　中国残疾人联合会第六次全国代表大会专题

FEATURE ON THE 6TH NATIONAL CONGRESS OF CHINA DISABLED PERSONS' FEDERATION

一、中国残疾人联合会第六次全国代表大会文件

中共中央政治局常委、国务院副总理张高丽在中国残疾人联合会第六次全国代表大会上的祝词：在实现中国梦的伟大实践中，创造残疾人更加幸福美好的新生活

2013年9月17日

中国残疾人联合会第六次全国代表大会今天隆重开幕了。这是广大残疾人及其亲属和残疾人工作者政治生活中的一件大事。开好这次大会，对于全面贯彻落实党的十八大精神，促进残疾人事业与经济社会协调发展，团结带领广大残疾人同全国各族人民一道，为全面建成小康社会、实现中华民族伟大复兴的中国梦而共同奋斗，具有十分重要的意义。我受党中央、国务院委托，向大会的召开表示热烈祝贺！向全国广大残疾人及其亲属和残疾人工作者致以亲切问候！向关心、支持残疾人事业的社会各界人士表示衷心感谢！

党中央、国务院历来十分关心残疾人，高度重视残疾人事业。改革开放以来，我国残疾人事业迈出了历史性步伐，取得了巨大成就。特别是中国残联五大以来，全国上下共同努力，我们基本构建起比较完备的残疾人事业法律法规政策体系，形成了党委领导、政府负责、社会参与、残疾人组织充分发挥作用的残疾人事业领导体制和工作机制，初步建立了残疾人社会保障体系和服务体系，全社会扶残助残的氛围更加浓厚，残疾人生存发展状况显著改善，平等参与条件更加充分，生活水平明显提高。我们认真履行联合国《残疾人权利公约》，残疾人事业的国际影响力日益提升，成为展示我国改革开放、经济社会发展和人权保障成就的一道靓丽风景，赢得了国际社会的广泛认可和普遍赞誉。

广大残疾人紧跟时代步伐，积极进取，奋力拼搏，为推动经济社会发展做出了重要贡献。各行各业涌现出一大批残疾人自强不息、开拓进取的模范，他们不屈的意志和非凡的业绩，深刻诠释了生命的真谛和价值，成为民族精神和时代精神的生动写照。各级残联全心全意为残疾人服务，做了大量艰苦细致的工作，为推进残疾人事业发展发挥了重要作用。

经过多年的努力，我们已经探索出一条中国特色残疾人事业发展道路，初步构建起保障残疾人生命健康权、生存权和发展权的制度框架，为残疾人事业长期持续健康发展奠定了坚实基础。

残疾人事业是中国特色社会主义事业的重要组成部分。充分保障残疾人权利、全面增进残疾人福祉、提高残疾人发展能力、促进残疾人平等参与，是社会主义制度的本质要求，是社会公平正义和文明进步的重要标志。党的十八大确定了“两个一百年”奋斗目标，习近平总书记明确提出了实现中华民族伟大复兴的中国梦。中国梦，昭示着国家富强、民族振兴、人民幸福的美好前景，是包括8500万残疾人在内的每一个中国人的梦。我国已进入全面建成小康社会决定性阶段，残疾人事业已站在新起点上。我们要充分认识做好残疾人工作的长期性和艰巨性，按照平等、参与、共享的目标要求，突出保障和改善残疾人民生，增强残疾人基本公共服务供给能力，促进残疾人全面发展，在实现中国梦的伟大实践中，团结带领、支持帮助广大残疾人创造更加幸福美好的新生活。

在新的起点上进一步发展残疾人事业，必须认真贯彻落实党中央、国务院的一系列决策部署。按照党的十八大提出的“健全残疾人社会保障和服务体系，切实保障残疾人权益”的要求，着力构建稳定可靠的残疾人基本保障安全网，实现应保尽保，不断提高残疾人社会保障和社会福利水平；着力健全残疾人公共服务体系，加强无障碍环境建设，大力实施残疾预防，积极推动残疾人人人享有康复服务；着力增强残疾人自我发展能力，千方百计促进残疾人就业创业，加强农村残疾人扶贫开发，显著缩小残疾人生活状况与社会平均水平的差距；着力保障残疾人平等参与权利和平等发展机会，消除残疾歧视，依法维护残疾人各项权益，努力实现残疾人与全国人民同步小康，让残疾人生活得更有尊严、更加殷实、更加幸福。

在新的起点上进一步发展残疾人事业，必须坚持和完善中国特色残疾人工作机制。要健全党委领导、政府负责的残疾人工作领导体制，坚持政府主导、社会参与、国家扶持、市场推动的原则，将残疾人事业纳入工作大局，做好总体规划，建立稳定增长的投入保障机制。各级政府残工委要发挥残疾人工作牵头作用，搞好统筹协调。工会、共青团、妇联等人民团体要发挥各自优势，大力支持残疾人工作。基层组织要做好各项残疾人工作的落实，认真为残疾人排忧解难。要创新体制机制，推行政府购买社会组织助残服务，推动形成政府主导、社会参与、公办民办并举的残疾人事业发展格局。

在新的起点上进一步发展残疾人事业，必须充分发挥广大残疾人的主体作用。残疾人中蕴藏着巨大潜能和创造力，是建设中国特色社会主义的重要力量。实现中国梦的伟大实践，为残疾人提供了更加广阔的发展空间和追求进步的不竭动力。残疾人只有把自己的人生梦想与国家发展、社会进步结合起来，才能更好地融入社会，真正成为时代和生活的强者。衷心希望广大残疾人自尊、自信、自强、自立，乐观进取，奋发向上，勇于迎接挑战，不断超越自我，谱写更加精彩的人生华章。

在新的起点上进一步发展残疾人事业，必须广泛动员全社会力量积极参与。要大力弘扬人道主义思想，倡导友爱、互助、融合、共享的理念，形成扶残助残的良

好社会风尚。要重视发挥市场机制作用，加强对助残社会组织的培育和引导，动员社会力量为残疾人生活工作学习提供服务。大力发展残疾人慈善事业，倡导助残志愿服务，开展爱心捐助活动。积极参与国际残疾人事务，充分借鉴有益经验和做法，促进我国残疾人事业发展。

在新的起点上进一步发展残疾人事业，必须不断提高各级残联的服务能力和水平。残联是党和政府联系残疾人的桥梁和纽带，要完善组织体系，加强能力建设，认真履行“代表、服务、管理”职能。要把做好残疾人工作和正在开展的党的群众路线教育实践活动结合起来，牢牢扎根于残疾人之中，千方百计为他们解难题、办实事、谋福祉，真正成为残疾人之家。广大残疾人工作者是发展残疾人事业的骨干力量，要恪守“人道、廉洁、服务、奉献”的职业道德，不断提高服务本领，锤炼过硬作风，全心全意为残疾人服务，真正成为广大残疾人的好朋友、贴心人。

各位代表、同志们，做好新形势下的残疾人工作使命光荣、责任重大。让我们紧密团结在以习近平同志为总书记的党中央周围，高举中国特色社会主义伟大旗帜，以邓小平理论、“三个代表”重要思想、科学发展观为指导，攻坚克难，扎实工作，不断把中国特色残疾人事业推向前进，为全面建成小康社会、实现中华民族伟大复兴的中国梦做出新的更大贡献！

最后，预祝中国残联第六次全国代表大会圆满成功！

国务委员王勇在中国残疾人联合会第六次全国代表大会闭幕式上的讲话

2013年9月19日

中国残疾人联合会第六次全国代表大会圆满完成各项议程，即将胜利闭幕。这次大会是在全党全国深入贯彻落实党的十八大精神，为全面建成小康社会、实现中华民族伟大复兴而努力奋斗的重要时刻召开的一次重要会议。党中央、国务院对这次会议高度重视，习近平、李克强、俞正声、刘云山、王岐山、张高丽等党和国家领导人出席大会开幕式，张高丽同志代表党中央、国务院致重要祝词，充分肯定了残疾人事业取得的显著成就，深刻阐述了做好新形势下残疾人工作的重要意义，对全面贯彻落实党的十八大精神、在新的起点上进一步发展残疾人事业做出了重要指示，提出了明确要求。这充分体现了以习近平同志为总书记的党中央同广大残疾人心连心，对发展残疾人事业亲切关怀、大力支持，必将极大鼓舞和激励我们努力做好残疾人工作，奋力开创残疾人事业新局面。

刚才，邓朴方同志做了充满激情、内涵深刻的重要讲话，对各级残联坚持中国特色社会主义道路、坚持改革开放、全心全意为残疾人服务提出了明确要求。大家要认真学习领会，在工作中很好地贯彻落实。大会期间，张海迪同志代表中国残联第五届主席团做了一个很好的工作报告，全面总结了过去五年残疾人工作的成绩和经验，提出了今后工作的目标和任务。大会选举产生了中国残联新一届领导班子，通过了新修订的中国残联章程和张海迪同志的工作报告，为做好新时期残疾人工作提供了坚强保障，描绘了发展蓝图。总之，这是一次继往开来、求真务实、团结奋进的大会，必将有力地推动我国残疾人事业再上新台阶！在此，我代表国务院和国务院残疾人工作委员会，对大会取得圆满成功表示热烈祝贺！向出席大会的全体代表、向全国8500万残疾人及其亲属、向广大残疾人工作者和关心支持残疾人事业的同志们、朋友们致以亲切问候和良好祝愿！

残疾人事业是崇高的人道主义事业，是中国特色社会主义事业重要组成部分。在党中央、国务院的正确领导下，在各级党委、政府的关心支持下，我国残疾人事业蓬勃发展，探索走出了一条具有中国特色的发展道路，取得了历史性的辉煌成就。在过去的五年里，我国残疾人事业在新的起点上加快发展，全面贯彻落实中央关于促进残疾人事业发展的意见和中国残疾人事业“十二五”发展纲要，不断完善残疾人事业政策法规体系和工作机制，推动建立残疾人社会保障体系和服务体系，实现了残疾人事业与经济社会的协调发展。残疾人生存和发展状况明显改善，收入水平较快增长，受教育程度稳步提高，康复服务不断拓展，权益得到有效维护。我国残疾人事业的国际影响力不断提升，《残疾人权利公约》履约工作成效显著，残疾人运动员和艺术家向世界展现了中国残疾人的高超水平和良好风貌。我国残疾人事业取得的伟大成就，充分体现了中国特色社会主义制度的优越性，体现了我们党和政府以人为本、执政为民的理念，得到了全社会和广大残疾人的广泛认同，赢得了国际社会的普遍赞誉。

当前，我国已进入全面建成小康社会的决定性阶段，残疾人事业在新的起点上面临新的更高要求。党的十八大明确提出，健全残疾人社会保障和服务体系，切实保障残疾人权益。习近平总书记指出，抓民主要抓住人民最关心最直接最现实的利益问题，抓住最需要关心的人群。李克强总理强调，要下决心把残疾人等困难群体的问题解决好，把底兜住。张高丽副总理在祝词中要求努力实现残疾人和全国人民同步小康，让残疾人生活得更有尊严、更加殷实、更加幸福。我们要深入学习和认真贯彻中央领导同志关于发展残疾人事业的一系列重要指示精神和党中央、国务院的决策部署，按照本次大会提出的各项目标任务和要求，进一步统一思想，认清形势，明确任务，扎扎实实做好残疾人工作，不断把中国特色残疾人事业推向前进，更好地为残疾人谋福祉。

一、加快推进残疾人全面小康进程，努力实现残疾人和全国人民同步小康

全面建成小康社会，是党的十八大提出的奋斗目标，

也是包括8500万残疾人在内的每一个中国人的共同理想。经过不断努力，残疾人奔小康步伐不断加快、程度不断提高，但与全国平均水平相比，仍有一定差距。在实现中国梦的伟大进程中，我们绝不能让全国8500万残疾人掉队。一是要加强统筹规划，做好顶层设计，把加快推进残疾人全面小康进程作为当前和今后一个时期残疾人工作的奋斗目标，抓紧研究制定加快推进残疾人全面小康进程的意见。二是要细化配套政策，围绕保障和改善残疾人民生、促进残疾人全面发展制定具体措施，努力完善推进残疾人全面小康政策体系。三是要加大资金投入，强化政策扶持，建立健全稳定增长的残疾人事业投入机制，加强基础设施、人才队伍建设，着力提高基层为残疾人服务的能力，努力实现残疾人和全国人民同步小康。

二、健全残疾人社会保障体系和服务体系，不断提高保障能力和服务水平

建立健全残疾人社会保障体系和服务体系是不断改善残疾人民生、推进残疾人全面小康进程的重大制度安排和基本路径。残疾人工作要牢牢把握“两个体系”建设主线，注重保障与服务相结合、普惠与特惠相结合、政府主导与社会参与相结合，加快建立残疾人稳定可靠的基本保障安全网。一是要完善残疾人社会保障体系。尽快实现残疾人社会保险全覆盖和最低生活保障应保尽保，推动更多残疾人康复医疗项目纳入医疗保障范围，建立完善贫困残疾人生活补贴和重度残疾人护理补贴制度，推动建立辅助器具补贴等福利制度，为残疾人基本生活提供兜底保障。二是要健全残疾人服务体系。认真落实国家基本公共服务体系“十二五”规划，加快实现残疾人人人享有康复服务，全面普及残疾儿童义务教育，丰富残疾人精神文化生活，帮助残疾人逐步享受到社会化、科学化、标准化的公共服务。三是要千方百计促进和扩大残疾人就业。保障有就业需求的残疾人普遍得到职业技能培训和就业服务，依法推进残疾人按比例就业，鼓励残疾人自主创业，发展残疾人辅助性就业，加强农村残疾人扶贫开发，促进残疾人增加收入、提高生活水平。四是要切实保障残疾人权益。认真贯彻实施《中华人民共和国残疾人保障法》等法律法规，加快制定《残疾预防和残疾人康复条例》，做好《残疾人教育条例》等法规政策的修订工作，为残疾人提供及时有效的法律救助和法律援助，切实保障残疾人的平等参与权利和平等发展机会。

三、发挥中国特色残疾人工作体制机制优势，为残疾人事业提供坚强保障

经过长期的探索和实践，我国残疾人工作形成了党委领导、政府负责、社会参与、残疾人组织充分发挥作用的体制和机制，这是我们特有的政治优势、组织优势，是残疾人事业发展的重要保障，必须不断巩固和完善。一是要进一步发挥政府主导作用。各级政府要把残疾人工作作为民生建设的重点工作，摆上重要议事日程，纳入经济社会发展规划，着力推进实施。要坚持以人为本、执政为民的理念，怀着深厚的感情做残疾人工作，想残疾人所想，急残疾人所急，多为残疾人办实事、解难题。二是要进一步完善齐抓共管的工作格局。各部门要各司其职，主动工作，把残疾人基本公共服务作为政府购买服务的重点项目，主动出台政策措施，丰富服务内容，改进服务方式，提高服务质量。各级政府残工委要强化职责，充分发挥统筹协调作用，形成齐抓共管、密切配合、高效运作的工作格局。三是要进一步激发社会参与热情。要充分调动社会各界参与残疾人事业的积极性，大力发展残疾人慈善事业，壮大助残志愿者队伍，广泛开展扶残助残活动，鼓励和支持社会组织在残疾人服务领域发挥更加积极、更加重要的作用。

四、充分发挥残疾人主体作用，支持帮助残疾人实现人生价值

残疾人是残疾人事业的主体。残疾人乐观向上、自强不息的进取精神和创造活力，是全社会的宝贵财富，给人以极大激励和鼓舞。要充分尊重残疾人主体地位，切实发挥残疾人的积极性、创造性，提高残疾人综合素质，促进残疾人社会融合，实现残疾人全面发展。要大力开展残疾人自强模范表彰和宣传活动，增进全社会对残疾人的关注、理解和支持，形成共同帮助残疾人实现人生价值的良好社会风尚。希望广大残疾人继续发扬自尊、自信、自强、自立精神，增强参与意识，顽强拼搏，克服困难，在全面建成小康社会宏伟事业中施展才华、建功立业，共同创造幸福生活，共同实现美好理想。

中国残联和地方各级残联是广大残疾人的代表组织，是党和政府联系残疾人的桥梁纽带。这次大会选举产生的新一届主席团、执行理事会，政治立场坚定，责任心强，结构合理，充满朝气，为残疾人事业补充了新鲜血液、注入了生机活力。希望各级残联领导班子特别是新一届中国残联领导班子，在张海迪同志和鲁勇同志的带领下，继承发扬中国残联的优良传统，按照刚才邓朴方同志提出的要求，进一步加强自身建设，继往开来，奋发有为，团结带领广大残疾人创造更加幸福美好的生活。这里，我提三点希望：一是讲政治、讲大局。要模范践行党的宗旨，坚定不移地走中国特色社会主义道路，自觉将残疾人事业纳入国家经济社会发展大局，将党和国家关于发展残疾人事业的政策方针落到实处，大力发展符合中国国情、具有中国特色，残疾人欢迎、残疾人满意的残疾人事业。二是讲感情、讲奉献。要结合党的群众路线教育实践活动，秉承“人道、廉洁、服务、奉献”的职业道德，不断密切与残疾人的血肉联系，时刻把残疾人的安危冷暖放在心上，全心全意为残疾人服务，把各级残联真正建成“残疾人之家”，用我们的无私奉献让

广大残疾人感受到党和政府的温暖和关爱。三是讲正气、讲团结。要继续发扬中国残联求真务实、团结实干的优良风气，互相学习、互相支持、密切配合，心往一处想、劲往一处使，增强创造力、凝聚力和战斗力。要认真落实中央八项规定，带头廉洁自律、艰苦奋斗，自觉抵制各种形式的消极腐败现象，作服务残疾人的表率，当好残疾人事业发展带头人。

经过大家的辛勤工作和共同努力，中国残联第六次全国代表大会圆满完成各项议程，就要胜利闭幕了。这次大会深刻体现了党中央、国务院对残疾人事业的高度重视，明确了在新的历史条件下对残疾人工作的新部署新要求。各地区、各部门、各单位要把思想认识统一到大会精神上来，认真学习、深刻领会中央部署和要求，以更加务实的作风、更加努力的工作、更加有效的措施，切实推进残疾人全面小康进程，努力开创残疾人事业新局面。

做好新形势下的残疾人工作责任重大、任务艰巨、使命光荣。让我们紧密团结在以习近平同志为总书记的党中央周围，高举中国特色社会主义伟大旗帜，以邓小平理论、“三个代表”重要思想、科学发展观为指导，全心全意为残疾人谋福祉，推动残疾人事业与经济社会更好地协调发展，为全面建成小康社会、实现中华民族伟大复兴的中国梦而努力奋斗！

邓朴方在中国残疾人联合会第六次全国代表大会闭幕式上的讲话

2013年9月19日

中国残联第六次全国代表大会在这个美好的中秋时节就要圆满结束了。我们开了一个务实、团结、鼓劲的大会。党中央、国务院高度重视，习近平同志等党和国家领导人出席了开幕式，张高丽同志代表党中央、国务院致祝词。大会批准了张海迪同志代表五届主席团做的报告，充分肯定了五届主席团和执行理事会的工作。大会修改了中国残联章程，适应了我国残疾人事业发展变化的新情况新特点。大会选举产生了中国残联新一届领导机构，一批德才兼备、年富力强的同志充实进主席团和执行理事会，这样就为中国残联注入了新鲜的活力，并为今后的残疾人工作展示了新的前景。同时，中国残联和地方残联的一些老同志从领导岗位上退了下来，他们为残疾人事业尽到了自己的职责，立下汗马功劳，也做出了自己的奉献和牺牲，这一切都会铭记在人们的心里。新老交替是事业发展规律的客观要求，也是事业发展的希望。我向老同志们表示衷心的感谢，希望新同志继往开来，开创残疾人事业的新局面。我相信，这次大会必将成为残疾人事业发展历程中又一个重要的里程碑。

能够得到大家的信任，让我担任中国残联的名誉主席，我非常感动，谢谢大家！我愿意和大家一起进一步为残疾人工作，为残疾人过上更好的、更有尊严、更幸福的生活而努力！我永远是大家的战友，永远是大家的朋友，永远是大家的亲人，也永远是大家的后盾！

今年是中国残联成立25周年。回首波澜壮阔的改革开放历程和残疾人事业的发展，犹如展开一幅珍贵的历史长卷，那么亲切，那么生动，和大家一起走过的激情燃烧的岁月，历历在目。残疾人事业能够取得这样的成就，离不开党和政府的重视、社会的支持，离不开各级残联出色的工作，更离不开广大残疾人群众自强不息、艰苦奋斗。作为一个老的残疾人工作者，我由衷地感谢各方的支持，感谢共同奋斗的战友，感谢最可爱的群众，更感谢我们所处的伟大时代。

当前，我国已经进入全面建成小康社会的决定性阶段。推动残疾人事业全面发展，帮助8500万残疾人和全国人民同步小康、共同富裕、过上更加幸福美好的新生活，这是我们必须担当的责任和义务，大家的肩上担子重、责任大。为此，我们要继承和发扬中国残联的优良传统，进一步坚定理想信念，加强队伍建设，努力工作、艰苦奋斗，承担起历史赋予的重任。

我们要坚定不移地走中国特色社会主义道路。只有社会主义才能救中国，这是我国一百多年来救亡图存实践的历史结论。只有讲中国特色，我们才能扎根中国土壤，使中华民族振兴的历史进程扎实地走下去。

中国特色社会主义就是要共同富裕，要让所有人过上富裕的日子。残疾人是我们社会中付出最多、得到最少的群体，大量的残疾人生活在社会的最底层，他们是最困难、最需要帮助的人。我们的工作就是让最困难的人跟上社会前进的步伐，把这个底兜住，这是实现全国人民共同富裕最基础的工作。

依照建设中国特色社会主义的要求，我们必须不断探索、创造、总结和坚持中国特色的残疾人事业。在中国：党和国家走向共同富裕的根本目标是我们的政治保障；高举人道主义旗帜，发扬中国优秀文化传统，全心全意为残疾人服务，是我们的思想文化基础；长期的快速的可持续发展已成为我们的经济支撑和社会支撑；全国各类残疾人共同组成的中国残疾人联合会以其多方面的优势，成为中国残疾人事业发展的中坚力量和发动机，其各级地方组织成为联系群众、推动工作的组织基础。

所有这些都是中国生长、中国发展，是中国方式、中国特色、中国优势。它造就了中国残疾人事业的辉煌，也展现了中国残疾人事业的未来。

我们必须坚持改革开放。小平同志讲，不坚持社会主义，不改革开放，不发展经济，不改善人民生活，只能是死路一条。三十多年的改革开放把中国人民的创造力激发出来了，把社会主义制度的优越性发挥出来了，开启了国家富强、民族振兴、人民幸福的新征程。

中国残疾人联合会，在改革开放中生、改革开放中长、改革开放中发展、改革开放中壮大。中国残疾人，在改革开放中觉悟，在改革开放中奋起，在改革开放中拼搏，在改革开放中受益。中国残疾人工作者，始终支持改革开放，参与改革开放，为改革开放呐喊，当改革开放的排头兵。这是我们的传统、立场、责任，是我们的骄傲。

现在，改革面临前所未有错综复杂的局面，要冲破利益固化的阻碍，要解决"发展的问题"又要解决"发展起来的问题"，而且在一些方面改革还必须从自身做起、拿自己开刀，这就更需要有创新性的智慧，需要有极大的政治勇气和对国家民族未来的担当。我们要一如既往地支持改革开放，服从和服务于改革开放的大局。这是人民的根本利益之所在，是残疾人的根本利益之所在。

同时，我们对残疾人事业各个方面也要不断审视，一些是好的，继续坚持；一些是有问题的，则必须改进。我们要勇于自我革新、自我改造、自我完善，这样才能流水不腐、户枢不蠹，保持我们的生机活力。各级残联要扎扎实实做好苦功夫、笨功夫，切实为残疾人服务，为事业打基础；同时，还必须解放思想、开拓思维。要勤于思考，研究问题，贴近实际，创新工作。有了新经验新思维还要善于总结、提高、运用，使我们的工作充满生命力、创造力。

要发扬优良传统，不断加强队伍建设。中国残联成立之始就努力打造一支政治坚定、律己严格、工作上能打硬仗、全心全意为残疾人服务的队伍。25年来，残联系统干部来自五湖四海，大家满腔热情地为残疾人服务，在任务重、条件差、困难多、付出大的处境下，锤炼出一支坚强的队伍。这是一支可爱的队伍、值得骄傲的队伍。

不可否认，由于长期执政、市场经济环境等多种原因，我们的党风受到前所未有的挑战。这是关系生死存亡的问题。残联也不例外，外部的冲击、内部的松懈，一直在破坏着腐蚀着我们的队伍。抓好队伍建设刻不容缓。对此，我们的态度是非常坚决的。

我们要坚持理想信念，不要丧失意志；要有更高的道德追求，不要随波逐流。要兢兢业业，不要怠惰因循；要艰苦奋斗，不要贪图享乐；要求真务实，不要弄虚作假；要谦虚谨慎，不要骄傲自满。要生气勃勃，不要暮气沉沉；要弘扬一心为民、夙夜在公的正气，杜绝以权谋私甚至腐化堕落的邪气。现在，最需要强调的一条就是干部队伍要继续密切和残疾人群众的血肉联系。我们要深入到残疾人中去，和残疾人绞在一起、滚在一起；在心目中要把自己拿下来、把群众放上去，把自己扔到下边、把群众供到上边。要踏踏实实地把工作做到残疾人身边，切实为残疾人解难题、办实事、谋福祉，把残疾人高兴不高兴、满意不满意、赞成不赞成、答应不答应作为想问题办事情的出发点和归宿。

现在，大家都在讲中国梦，什么是我们的梦？就是让中国的残疾人都过上好日子。我们要把梦想变成理想，把理想变成动力。有了追求，有了动力，我们就会振奋精神、意气风发，不怕苦、不怕累、不怕难、不怕邪，昂首阔步，追求卓越，走向未来。

最后，再次祝贺中国残联六代会的圆满成功，向各位代表为大会做出的努力表示感谢。让我们在以习近平同志为总书记的党中央领导下，团结一心、奋发进取，把中国残疾人事业不断推向前进，创造残疾人更加幸福美好的新生活。

张海迪在中国残疾人联合会第六次全国代表大会上的报告：自强不息，团结奋斗，为残疾人兄弟姐妹创造美好生活

2013年9月17日

我代表中国残疾人联合会第五届主席团向大会做报告，请予审议。这次大会的主题是：高举中国特色社会主义伟大旗帜，以邓小平理论、"三个代表"重要思想、科学发展观为指导，深入贯彻落实党的十八大精神，加快残疾人事业发展，努力实现残疾人与全国人民同步小康，促进残疾人平等参与社会生活、共享社会发展成果，团结带领残疾人兄弟姐妹为实现美好理想而努力奋斗。

一、过去五年的工作

自从1988年中国残疾人联合会成立以来，中国残疾人事业已经走过了25年的历程。在党中央、国务院的亲切关怀和高度重视下，在邓朴方同志和几代残疾人工作者的努力下，残疾人事业从创业之初走到了蓬勃发展的今天，残疾人的生存状况发生了巨大的变化。过去的五年，是我国残疾人事业快速发展，残疾人生活状况进一步改善的五年。我们全面贯彻《中共中央、国务院关于促进残疾人事业发展的意见》，实施新修订的《中华人民共和国残疾人保障法》，落实中国残疾人事业"十一五"、"十二五"发展纲要，圆满地完成了第五次全国代表大会确定的任务目标，残疾人事业取得了新成就，越来越多的残疾人实现人生和事业的梦想，过上了幸福而有尊严的生活。

（一）残疾人生存状况显著改善。480多万（人次）农村贫困残疾人实现脱贫，1070多万城乡困难残疾人享受最低生活保障。城镇新增160多万残疾人就业，农村在业残疾人稳定在1700万，城乡残疾人家庭人均可支配收入分别增长了65.5%和83.3%。近一半的省份建立了贫困残疾人生活补助和重度残疾人护理补贴制度，为近55万户农村贫困残疾人家庭实施危房改造，为30万户贫困残疾人家庭实施无障碍改造，为250万（人次）残疾人发放机动轮椅车燃油补贴。落实社会保险个人缴费政府补贴制度，城镇残疾人至少参加一项社会保险的比例提高了30多个百分点。实施"阳光家园计划"，共为110多万（人次）残疾人提供了托养服务。残疾人康复特别是残疾儿童抢救性康复普遍开展，通过实施一批重点康复工程，1200多万残疾人得到不同程度的康复，为残疾人适配辅助器具520多万件，在近2800个县（市、区）开展了社区康复服务，康复服务覆盖率由23.3%上升到

55.2%。农村残疾人参加新型农村合作医疗的比例达到97.4%，残疾人急需的康复医疗项目逐步纳入城乡医疗保障范围。残疾儿童少年义务教育入学率逐年提高，在校残疾学生近38万人；高中以上特殊教育加快发展，特殊高中阶段在校学生近2万人，3万余名残疾大学生在普通高校和高等特教学院学习；140多万（人次）城镇残疾人得到职业培训。五年来，实施了特殊教育学校、康复和托养服务设施建设规划，残疾人服务设施建设初见成效；中央财政残疾人事业资金投入总量近110亿元，地方财政投入大幅增加，有力推进了残疾人事业的发展。

（二）残疾人社会参与明显增强。越来越多的残疾人融入社会生活，他们以顽强的意志、积极的人生态度不断开拓前进的道路，各行各业涌现出一大批残疾人自强不息的典型，他们不怕困难，顽强奋斗，不屈的精神和为社会做出的贡献感动和鼓舞着千千万万的人。他们当中有在平凡岗位上无私奉献、勤奋敬业的工人、农民、教师、医生，有执着追求、为科技进步做出贡献的专家学者，还有积极参政议政的人大代表和政协委员。近年来，残疾人文化体育生活更加丰富活跃，残疾人文学艺术工作者创作出一批高扬自强不息精神、反映残疾人生活和精神世界的优秀艺术作品，引起强烈的社会反响。中国残疾人艺术团带着“我的梦”，出访58个国家和地区，展现了中国残疾人的精神风貌和特殊艺术的魅力，传播了爱心和友谊。中国残疾人体育代表团在伦敦残奥会再创佳绩，实现了金牌榜和奖牌榜的“三连冠”，为祖国和人民赢得了荣誉。残疾人像健全人一样参与社会生活已不再是梦想。他们也为经济社会发展做出了重要贡献，成为推动社会文明进步的重要力量。

（三）残疾人事业体制机制逐步完善。确立了党委领导、政府负责、社会参与、残疾人组织充分发挥作用的残疾人事业领导体制和工作机制。全国人大常委会开展《残疾人保障法》执法检查和立法后评估，《社会保险法》《精神卫生法》等法律加强对残疾人权益的保障，国务院颁布实施《无障碍环境建设条例》，残疾人事业法制建设取得显著进展，为发展残疾人事业和维护残疾人权益奠定了良好基础。残疾人事业纳入国民经济和社会发展规划，国家基本公共服务规划做出重点安排部署，继续实施发展残疾人事业的国家五年规划。制定实施《关于进一步加快特殊教育事业发展的意见》等一系列扶持政策，发布实施《残疾人残疾分类和分级》《无障碍设计规范》等国家标准和行业标准，成立中国残疾人体育运动管理中心、中国视障文化资讯服务中心、中国残联残疾预防与控制中心，残疾人事业发展格局进一步拓展。残疾人状况统计和监测工作更加规范化、常态化，残疾人事业科技应用、信息化工作和理论实践研究逐步深入。建成了覆盖近4000万残疾人的综合数据管理系统，为政策制定和执行评估提供了可靠依据。地方残疾人工作不断创新，充满活力。基层残疾人组织建设进一步加强和规范，社区（村）残疾人协会普遍建立，近60万残疾人专职委员活跃在残疾人工作一线。五个残疾人专门协会完成社团登记，工作更加活跃规范。

（四）残疾人平等参与的社会环境更加优化。自2008年北京残奥会之后，进一步加强人道主义思想的宣传普及；成功举办了广州亚残运会、第八届全国残疾人运动会等文化体育活动，世博会159年历史上首次在上海设立残疾人主题馆，扶残助残的社会风气日益浓厚，残疾人参与社会的环境进一步改善。志愿助残阳光行动广泛开展，助残志愿者达到700多万；残疾人慈善事业进一步发展，中国残疾人福利基金会“集善工程”汇集各方爱心，直接为100多万残疾人提供了实实在在的帮助。残疾人社会组织蓬勃发展，在为残疾人提供多层次、个性化服务中发挥着越来越重要的作用。建成了中国盲文图书馆等示范性服务设施。开展文化进社区和文化助残活动。城乡无障碍环境建设全面推行，交通运输、金融服务、公共文化、互联网等行业无障碍服务逐步拓展，为各类残疾人提供了更多的便利。铁路列车实施无障碍改造，设置残疾人专座和无障碍卫生间、预留车票；机场旅客航站区和航空公司配备无障碍设施和轮椅；地市级以上广播电台普遍设有残疾人专题栏目，中央电视台每天都有手语新闻，实现春晚同步字幕网上直播；大部分省市级电视台开办了手语节目，影视作品逐步加配字幕；479个地市级以上图书馆开设了盲人阅览室；一些网站和电讯公司实现了信息无障碍；开通了聋人手机短信报警服务，一部分药品已经标注盲文，导盲犬出入公共场所有了法律保障，很多残疾人实现了驾驶汽车的梦想。残疾人出行更加方便，信息交流更加顺畅，参与社会生活的天地越来越广阔。

（五）残疾人事业的国际影响力日益提升。作为《残疾人权利公约》的积极倡导者和第一批签署、加入公约的国家，我们认真履行公约规定的义务，如期提交了首次国家履约报告并顺利通过审议，我国在残疾人扶贫、无障碍环境建设等方面取得的成绩受到国际社会充分肯定。2012年在北京举办了“消除障碍·促进融合”国际论坛，联合国秘书长潘基文发来贺词，论坛通过的《北京宣言》呼吁国际社会加强合作，促进残疾人融合发展；我们推动实施了第三个“亚太残疾人十年”，并荣获联合国“亚太残疾人权利领袖奖”。过去的五年，残疾人事业成为展示我国改革开放、经济社会发展和人权保障成就的一个突出亮点。

在过去五年的工作中，我们坚持以中国特色社会主义理论体系为指导，不断深化对中国特色残疾人事业发展规律的认识，从实践中探索出一些重要经验和做法。

（一）坚持党委领导、政府负责的领导体制。加强党和政府对残疾人工作的领导，健全残疾人工作领导体制，发挥政府残疾人工作委员会综合协调作用，坚持广泛动员社会力量参与，形成残疾人工作合力。这是发展残疾人事业的体制机制保障。

（二）坚持努力营造残疾人事业发展的法制环境。完善残疾人事业政策法规建设，加强《残疾人保障法》等法律法规的监督执行力度，增强政府和社会依法维护残疾人平等权利的观念，反对一切基于残疾的歧视。这是发展残疾人事业的根本保障。

（三）坚持将保障和改善残疾人民生作为工作重点。推进普惠与特惠相结合的制度安排，着力解决好残疾人基本生活保障、康复、教育、就业等问题，努力缩小残疾人状况与社会平均水平的差距，不断促进残疾人全面发展。这是朝着共同富裕方向稳步前进的基本要求。

（四）坚持充分发挥残疾人组织的作用。残疾人组织始终是推动社会建设的重要力量。我们始终保持与残疾人的血肉联系，把握新形势下残疾人工作的特点和规律，忠实履行"代表、服务、管理"职能，全心全意为残疾人服务，不断推进残疾人事业制度创新、实践创新。这是发展残疾人事业的重要组织保证。

五年来，残疾人事业取得了新的进步，有了新的发展，这些成就是党和政府亲切关怀、高度重视的结果，是社会各界广泛参与、大力支持的结果，是残疾人和残疾人工作者百折不挠、辛勤努力的结果，在此，我谨向所有关心、支持残疾人事业的各级党委政府、残工委各成员单位、社会各界人士，向残疾人兄弟姐妹及其亲属和残疾人工作者表示衷心的感谢！

二、残疾人事业面临的形势和发展目标

残疾人事业是中国特色社会主义事业的重要组成部分，是崇高的人道主义事业。它尊重生命的价值，维护人的尊严，保障人的权利，彰显社会公平正义，是社会文明进步的标志。改革开放30多年来残疾人事业蓬勃发展。党和政府对残疾人事业高度重视，残疾人自强不息，残疾人工作者艰苦奋斗，开创了残疾人"平等、参与、共享"的新生活，探索出一条中国特色残疾人事业发展道路。只有沿着这条道路前进，残疾人兄弟姐妹才能实现未来更美好的愿景。

残疾人事业是不断发展的社会事业，我们已经做的工作，与党和政府的要求、残疾人的期待相比还远远不够，我们始终要有忧患意识。当前，残疾人仍然是最困难、最需要帮助的社会群体之一。1500万农村残疾人还生活在贫困之中，260多万城镇残疾人生活还十分困难，还有280多万农村残疾人家庭没有房屋或是住在危房里。残疾人家庭人均可支配收入仅为社会平均水平的一半，残疾人小康实现程度比全国小康实现程度低17个百分点。残疾人社会保障水平还比较低，康复、教育、就业、无障碍等基本公共服务还难以满足残疾人基本需求。残疾人事业城乡区域发展还不平衡，农村和基层为残疾人服务的能力还比较薄弱。在一些地方，残疾人受歧视、权益受侵害的现象依然存在，残疾人和残疾人工作还面临着很多困难和挑战。推动残疾人事业加快发展，带领广大残疾人和全国人民共同进入全面小康社会，任重道远，需要我们付出长期艰苦的努力。

党的十八大提出了全面建成小康社会的宏伟目标，明确要求"健全残疾人社会保障和服务体系，切实保障残疾人权益"。国家富强、民族振兴、人民幸福的中国梦承载着残疾人兄弟姐妹的美好向往。只有残疾人生活改善了，能够平等、参与、共享社会文明进步的成果，我们的中国梦才更加美丽。习近平总书记指示，抓民生要抓住人民最关心最直接最现实的利益问题，抓住最需要关心的人群。李克强总理强调，要下决心把残疾人等特困群体的问题解决好。这些都为进一步做好残疾人工作指明了方向。我们要尽可能地为残疾人兄弟姐妹创造一切机会，让他们能够得到康复，能够平等接受各个阶段的教育，要让残疾孩子能够走进学校的大门，要让更多的残疾人实现劳动的权利，更要让重度残疾人、贫困残疾人和残疾老人得到更多的关怀和照料，让他们能有生命的尊严，感受社会的温暖。因此，我们要促进残疾人事业全面发展，加快残疾人全面小康进程，努力实现以下目标：

——残疾人事业与经济社会总体协调发展。残疾人社会保障水平显著提高，社会福利逐步拓展；公共服务供给更加充足，逐步走上社会化、科学化、标准化轨道；残疾人政治、经济、社会、文化等平等权利得到更好的保障。

——残疾人生存和发展状况明显改善。残疾人普遍享有基本生活保障，拥有安全适用的住房，贫困和重度残疾人普遍享有福利津贴。保障残疾人劳动就业权益，劳动收入较快增长，与社会平均水平的差距显著缩小。残疾人普遍享有康复服务，系统开展残疾预防；残疾儿童少年全面普及义务教育，残疾人受教育水平明显提高，文化体育生活更加丰富，无障碍环境全面改善。

——残疾人组织履职能力全面提升。增强调查研究能力，坚持从残疾人中来，到残疾人中去，真实反映残疾人的利益诉求。增强公共服务能力，熟悉掌握政策法规，协助政府做好残疾人公共服务的规划布局、标准制定和行业管理。增强社会管理能力，掌握社会化工作方式，更好地运用社会组织、民间资本、市场主体等资源发展残疾人事业。

——为残疾人创造友爱和谐的人文环境。残疾人既是我们服务的对象，也是建设社会主义物质文明和精神文明的重要力量。全社会都要弘扬人道主义，关心、帮助残疾人，残疾人更要有不怕困难、顽强生活的斗志，以坚韧不拔的品格、奋发向上的精神，自尊、自信、自强、自立，努力学习，增长本领，广泛参与社会生活，即使残缺的生命也要绽放出绚丽的光彩！

三、今后五年的主要工作任务

今后五年，依然要坚持以残疾人为本，以实现残疾人全面小康为主题，进一步贯彻落实《中共中央、国务院关于促进残疾人事业发展的意见》，实施好《国家基本

公共服务体系"十二五"规划》和《中国残疾人事业"十二五"发展纲要》，制定实施残疾人事业"十三五"发展纲要，推进残疾人社会保障体系和服务体系建设，扎实推动残疾人事业与经济社会协调发展，不断增进残疾人福祉，显著缩小残疾人状况与社会平均水平的差距。要重点做好以下六个方面的工作：

（一）保障残疾人基本民生，提高残疾人生活水平。优先解决近1800万城乡生活困难残疾人的民生问题，确保基本生活有保障、住房有保障、义务教育有保障、基本医疗和康复护理有保障。尽快实现残疾人社会保险全覆盖和最低生活保障应保尽保。研究制定残疾人提前领取养老金政策，推动更多残疾人康复医疗项目纳入城乡医疗保障范围。积极拓展残疾人社会福利，完善贫困残疾人生活补贴和重度残疾人护理补贴制度，推动建立重度残疾人单独施保、辅助器具补贴和交通补贴制度，加快发展托养服务和残疾人养老服务。要大力促进城乡残疾人就业和创业，消除对残疾人的就业歧视，帮助有劳动能力的残疾人实现就业权利。推动党政机关、人民团体、事业单位、国有企业带头按比例安排残疾人就业，扶持发展适合残疾人就业的行业和产业，促进残疾人公益性岗位就业，积极发展辅助性就业，扶持残疾人扶贫基地和专业合作社建设，努力实现残疾人收入较快增长，让更多的残疾人家庭生活得更加富裕、更加幸福。

（二）加强残疾人基本公共服务，促进社会融合发展。要进一步加强残疾人事业顶层设计和总体规划，完善残疾人社会保障和公共服务基本制度建设。建立稳定增长的经费保障机制，推动形成政府主导、社会参与、公办民办并举的残疾人公共服务供给模式，积极推进政府购买社会组织助残服务，大力发展残疾人慈善事业。研究制定残疾人服务领域的国家和行业标准，加强基础设施和人才队伍建设。建立残疾儿童康复救助制度，让更多的残疾儿童在最佳康复期得到有效的救治。普及社区和家庭康复，增加国家重点康复工程项目，让更多的残疾人得到质优价廉、方便可及的服务。加强康复机构和康复人才队伍建设，大力提高康复服务水平。编制实施《残疾预防国家行动计划》。建设设施更加完备的特教学校，提高师资水平和教育质量，加强教育督导。资助残疾儿童接受普惠性学前教育，全面普及残疾儿童少年义务教育，帮助更多的残疾孩子在普通学校就读。加快发展残疾人职业教育和高中阶段以上教育，不断提高残疾人的受教育水平，让知识照亮残疾人的未来。

（三）依法发展残疾人事业，保障残疾人平等权利。进一步完善残疾人事业法律法规体系，推动《残疾预防和残疾人康复条例》的制定和《残疾人教育条例》的修改。加大《残疾人保障法》等法律法规的实施力度，保障残疾人政治、经济、社会、文化等平等权益，给予残疾人更多的爱护和保护。加强普法宣传，消除基于残疾的歧视，在全社会树立起依法维护残疾人权益的意识；深入开展残疾人法律救助和法律援助，帮助残疾人依法维护自身合法权益。要认真做好残疾人信访工作，及时稳妥解决信访反映的问题。积极发挥残疾人组织和残疾人代表的民主参与、民主管理和民主监督作用。切实保障残疾人对相关立法和残疾人事务的知情权、参与权、表达权、监督权。要全面推进城乡无障碍环境建设，让更多的城市实现无障碍化，为更多的社区和残疾人家庭进行无障碍改造，做好信息交流无障碍建设和服务，为残疾人参与社会创造更好的条件。要进一步丰富残疾人文化体育生活，积极实施残疾人自强健身工程，开展残疾人体质测评。办好第九届全国残疾人运动会。组团参加第十五届里约残奥会。鼓励残疾人的文化艺术创作，发展残疾人文化产业。加强人道主义思想宣传和政策理论研究。广泛开展自强活动，做好全国自强模范与助残先进集体和个人的评选工作，激励残疾人积极参与社会生活，实现美好的理想。要认真履行联合国《残疾人权利公约》，建立健全国家履约机制，将公约倡导的先进理念充分融入残疾人服务和权益保障工作中。执行亚太经社会"仁川战略"，实施第三个"亚太残疾人十年"行动。

（四）加强农村和社区工作，推进残疾人事业均衡发展。要把工作的重心放到基层，放到广大的农村地区，特别是偏远困难地区，让那里的残疾人得到更多的帮助。要进一步支持老少边穷地区和农村残疾人工作，加强对新疆、西藏、原中央苏区残疾人工作的对口支援，政策、资金、项目要向这些地方倾斜，努力推动城乡区域残疾人事业均衡发展，让全国各地的残疾人逐步享受到均等化的公共服务。要下大力气加强基层残疾人工作，搭建社区残疾人服务平台，改善服务条件，增强服务能力，让城乡社区真正成为残疾人的温馨家园。

（五）完善残疾人工作基础数据，提升工作信息化水平。要加大残疾人相关统计数据基础建设力度，完善残疾人评定、统计标准，定期开展残疾人调查统计监测工作，及时掌握动态基础信息，适时启动第三次全国残疾人抽样调查，建立健全残疾人工作数据平台，加强评估与监督，为加快残疾人事业发展提供科学扎实的数据支撑。要运用信息科技成果创新工作方式方法，提升组织和管理能力，建立适应信息化社会的残疾人工作机制；推进信息系统在部门间、区域间的互联互通，运用移动互联网、物联网等信息科技成果优化工作流程，提高管理水平，改进服务方法，提升工作质量和效率。

（六）保持艰苦奋斗的作风，全心全意为残疾人服务。做好残疾人工作，必须建设一支好队伍，建设好全心全意为残疾人服务的残联组织，这是发展残疾人事业的重要组织保障。要按照党的十八大提出的"强化企事业单位、人民团体在社会管理和服务中的职责"的要求，进一步加强残疾人组织建设，恪守"人道、廉洁、服务、奉献"的职业道德，更好地履行"代表、服务、管理"职能。今后五年，要把组织建设的重点放在基层。按照基层残疾人组织规范化建设要求，加强县（市）、乡镇（街道）残联建设，巩固和发展社区（村）残疾人协会，实现基层残疾人组织全覆盖。积极培育专门协会，完善协会运行机制，增强协会工作活力，支持协会充分发挥自身优势，忠实履行好“代表、服务、维权”职能。推动残疾人社会组织规范建设、健康发展，深入开展志愿助残服务。要加强教育培训，全面提升残疾人工作者的综合素质和服务能力，培育一支知识化、专业化的残疾人工作者队伍。关心、爱护残疾人工作者，特别是基层残疾人工作者，努力改善他们的工作条件和生活待遇。认真做好残疾人干部的选拔、配备和培养工作。

我们的队伍要不断改进工作作风。密切联系残疾人群众是我们的最大优势，脱离残疾人群众是我们的最大危险。各级残联要成为残疾人最可亲近的地方，成为他们可以倾诉内心、可以得到鼓励和帮助的地方。每一位残疾人工作者都要与残疾人心连心，成为他们的朋友，成为他们的亲人。一定要察实情、说实话、办实事、见实效。要深入基层，多到最困难的地方去，多到残疾人最需要的地方去，把工作做到乡镇、社区（村）和残疾人身边。要始终保持艰苦奋斗的优良作风，勤俭办一切事情。要坚决反对形式主义、官僚主义、享乐主义和奢靡之风，坚决反对一切消极腐败现象。残疾人工作者的队伍要永远保持蓬勃朝气和浩然正气，残疾人工作者要做让人民放心的人。

各位代表、同志们，残疾人事业的发展给残疾人带来希望和未来，也给社会带来温暖和大爱。展望未来，我们肩上的担子重、责任大，中国残疾人事业的画卷正等待我们去描绘更新更美的图景。让我们紧密团结在以习近平同志为总书记的党中央周围，高举中国特色社会主义伟大旗帜，以邓小平理论、“三个代表”重要思想、科学发展观为指导，团结带领残疾人兄弟姐妹，在全面建成小康社会、实现中华民族伟大复兴中国梦的实践中创造更加美好的生活！

中华全国总工会党组书记、副主席、书记处第一书记陈豪在中国残疾人联合会第六次全国代表大会上的贺词

2013 年 9 月 17 日

在全党全国各族人民认真学习贯彻党的十八大精神和习近平总书记一系列重要讲话精神，为全面建成小康社会、实现中华民族伟大复兴的中国梦而不懈奋斗的新形势下，今天，中国残联第六次全国代表大会隆重召开。这是推进我国残疾人事业发展的一次盛会，也是全国8500 万残疾人政治生活中的一件大事。开好这次大会，必将激励广大残疾人与全国人民一道，为建设中国特色社会主义伟大事业做出新的贡献。借此机会，我谨代表中华全国总工会、中国共产主义青年团、中华全国妇女联合会、中国文学艺术界联合会、中国作家协会、中国科学技术协会、中华全国归国华侨联合会、中华全国台湾同胞联谊会，对大会的召开表示热烈的祝贺！向出席大会的各位代表，并通过你们向广大残疾人、残疾人亲属及残疾人工作者致以诚挚的问候和崇高的敬意！

中国残联第五次全国代表大会以来的五年，是新时期以来我国残疾人事业发展最快、残疾人获得实惠最多的五年。五年来，在党和政府的亲切关怀与大力支持下，残疾人社会保障体系和服务体系建设全面推进，残疾人康复、教育、就业、扶贫、维权、社会保障、文化体育、无障碍建设等各项工作取得显著成就，残疾人生活质量明显提高；成功举办上海世博会残疾人主题生命阳光馆和广州亚残运会等重大活动，人道主义思想得到进一步弘扬，残疾人事业国际影响力日益提升，残疾人平等参与的社会环境更加和谐。五年来，广大残疾人自强不息、勇于拼搏，涌现出一大批优秀人才和时代楷模，展现出中国残疾人积极进取、乐观向上的良好精神风貌，越来越多的残疾人实现了人生和事业的梦想，过上了幸福而有尊严的生活。五年来，各级残联组织和广大残疾人工作者充分发挥党和政府联系残疾人的桥梁纽带作用，全心全意为残疾人服务，赢得了社会的普遍赞誉。实践表明，残疾人事业发展所取得的成就，是党和国家关怀支持的结果，是广大残疾人和各级残联组织无私奉献、努力奋斗的结果，也是我国经济社会和谐发展、人权保障事业稳步推进的生动体现。

党的十八大勾画了在新的历史条件下全面建成小康社会、加快推进社会主义现代化、夺取中国特色社会主义新胜利的宏伟蓝图，开启了中华民族伟大复兴的新征程。党的十八大以来，习近平总书记提出了实现中华民族伟大复兴中国梦的重大战略思想，极大地激发了包括广大残疾人在内的全国各族人民为国家富强、民族振兴、人民幸福而团结奋斗的坚强决心。党和国家确定的发展目标，为我国残疾人事业的繁荣发展展示了美好前景、提供了良好机遇、指明了前进方向。

广大残疾同胞是建设中国特色社会主义事业的一支重要力量，残疾人事业是一项崇高而伟大的事业，承载着广大残疾人的向往和期盼，凝聚着残疾人及其亲属的厚望与重托。中国残疾人联合会是我国的重要人民团体，是推进中国特色残疾人事业发展的重要组织保障。我们坚信，各级残联组织和广大残疾人工作者一定能够在党中央的坚强领导下，全心全意为残疾人服务，切实保障残疾人权益，推动健全残疾人社会保障和服务体系，在团结动员广大残疾人为党和国家事业发展做贡献的同时，不断把中国特色残疾人事业推向前进。

中国梦是国家的梦、民族的梦、人民的梦，也是广大残疾人的梦。站在新的历史起点上，帮助广大残疾人实现美好的梦想，是社会文明进步的重要标志，也是全社会的共同责任。长期以来，各人民团体团结协作、相

互支持，共同做好党的群众工作，在党和国家工作大局中发挥着越来越重要的作用。在新的形势和任务面前，我们要继续履行人民团体的社会职能，继承和发扬光荣传统，加强与各级残联组织的联系和协作，加强对残联工作的帮助和支持，为推动中国特色残疾人事业不断进步做出新的贡献。

宏伟的蓝图已经绘就，光荣的梦想就在眼前。让我们紧密团结在以习近平同志为总书记的党中央周围，全面贯彻落实党的十八大精神，高举中国特色社会主义伟大旗帜，以邓小平理论、“三个代表”重要思想、科学发展观为指导，以更加昂扬的精神状态和更加扎实的工作作风，为全面建成小康社会、实现中华民族伟大复兴的中国梦而努力奋斗！

预祝中国残联第六次全国代表大会圆满成功！

中国残疾人联合会第六次全国代表大会关于第五届主席团报告的决议

2013 年 9 月 19 日

中国残疾人联合会第六次全国代表大会通过

中国残疾人联合会第六次全国代表大会批准张海迪同志代表第五届主席团所做的报告。报告全面总结了五年来残疾人事业发展取得的新成就，科学提炼了对中国特色残疾人事业发展规律认识的新成果，深刻分析了残疾人事业面临的新形势，明确提出了残疾人事业发展的目标，对今后五年工作任务的部署重点突出、措施有力、切实可行。

大会认为，报告确定的主题符合时代要求，融入国家大局，充分反映了残疾人事业发展的趋势，代表了最广大残疾人的利益和关切。我们一定要高举中国特色社会主义伟大旗帜，以邓小平理论、“三个代表”重要思想、科学发展观为指导，深入贯彻落实党的十八大精神，加快残疾人事业发展，促进残疾人平等参与社会生活、共享社会发展成果，团结带领残疾人兄弟姐妹为实现美好理想而努力奋斗。

大会认为，过去的五年，是我国残疾人事业快速发展的五年，是残疾人生存状况显著改善、社会参与明显增强的五年，是残疾人事业体制机制逐步完善的五年，是残疾人平等参与的社会环境更加优化、残疾人事业的国际影响力日益提升的五年。五年来我们圆满完成了第五次全国代表大会确定的任务目标，残疾人事业取得了新成就。

大会指出，报告科学提炼了对中国特色残疾人事业发展规律认识的新成果；同意报告对残疾人工作重要经验探索的总结；强调我们要坚持党委领导、政府负责的领导体制，要坚持努力营造残疾人事业发展的法制环境，要坚持将保障和改善残疾人民生作为工作的重点，要坚持充分发挥残疾人组织的作用。

大会同意报告对残疾人事业面临形势和发展目标的分析，认为残疾人和残疾人工作还面临着很多新的困难和挑战，推动残疾人事业加快发展、带领广大残疾人和全国人民共同进入全面小康社会任重道远，需要我们付出长期艰苦的努力。我们要落实党中央、国务院对残疾人事业发展的重要部署，满足残疾人群众期待，沿着中国特色残疾人事业发展道路前进，实现残疾人事业与经济社会总体协调发展、残疾人小康进程明显加快、残疾人组织履职能力全面提升的目标，创造让残疾人实现生命价值的人文环境。

大会同意对今后五年主要工作的安排和部署，强调要坚持以残疾人为本，实现残疾人全面小康，实施好《国家基本公共服务体系“十二五”规划》和《中国残疾人事业“十二五”发展纲要》，扎实推进残疾人社会保障体系和服务体系建设，保障残疾人基本民生，提高残疾人生活水平；加强残疾人基本公共服务，促进残疾人全面发展；依法发展残疾人事业，保障残疾人平等权利；加强农村和社区工作，推进残疾人事业均衡发展；完善残疾人工作基础数据。

大会指出，要做好残疾人工作就必须建设一支好队伍，就要建设好全心全意为残疾人服务的残联组织，这是发展残疾人事业的重要组织保障。要进一步加强残疾人组织建设，恪守“人道、廉洁、服务、奉献”的职业道德，更好地履行“代表、服务、管理”职能。

大会强调，密切联系残疾人群众是我们的最大优势，脱离残疾人群众是我们的最大危险。要不断改进工作作风，与残疾人心连心，成为他们的朋友，成为他们的亲人，坚决反对形式主义、官僚主义、享乐主义和奢靡之风，坚决反对一切消极腐败的现象，让我们的各级组织和残疾人工作者队伍永远保持蓬勃朝气和浩然正气。

大会号召，各级残联和广大残疾人工作者要紧密团结在以习近平同志为总书记的党中央周围，全面贯彻落实党的十八大精神，振奋精神、凝聚力量，团结带领残疾人兄弟姐妹，在全面建成小康社会、实现中国梦的伟大实践中创造更加幸福美好的新生活。

中国残疾人联合会章程

中国残疾人联合会第六次全国代表大会部分修改，
2013年9月18日通过

第一章　总　则

第一条　中国残疾人联合会（简称中国残联）是国家法律确认、国务院批准的由残疾人及其亲友和残疾人工作者组成的人民团体，是全国各类残疾人的统一组织。

第二条　中国残联的宗旨是：弘扬人道主义思想，发展残疾人事业，促进残疾人平等、充分参与社会生活，共享社会物质文化成果。

第三条　中国残联具有代表、服务、管理三种职能：代表残疾人共同利益，维护残疾人合法权益；团结帮助残疾人，为残疾人服务；履行法律赋予的职责，承担政府委托的任务，管理和发展残疾人事业。

第二章　任　务

第四条　宣传贯彻《中华人民共和国残疾人保障法》，维护残疾人在政治、经济、文化、社会等方面平等的公民权利，密切联系残疾人，听取残疾人意见，反映残疾人需求，全心全意为残疾人服务。

第五条　团结、激励残疾人自尊、自信、自强、自立，履行法定义务，为构建和谐社会贡献力量。

第六条　沟通政府、社会与残疾人之间的联系，宣传残疾人事业，动员社会理解、尊重、关心、帮助残疾人，消除歧视、偏见和障碍。

第七条　协助政府制定实施残疾人事业发展纲要，促进残疾人康复、教育、劳动就业、扶贫、维权、文化体育、社会保障、科技信息化应用和残疾预防等工作，改善残疾人参与社会生活的环境和条件。

第八条　参与研究、制定和实施残疾人事业的法律法规、政策规划，发挥综合协调、咨询服务作用，对有关领域的工作进行管理和指导。

第九条　承担政府残疾人工作委员会的日常工作。

第十条　管理和发放中华人民共和国残疾人证。

第十一条　管理和指导各类残疾人社会组织。培养残疾人工作者。使残疾人和残疾人组织更加活跃。

第十二条　开展国际交流与合作，发挥联合国经社理事会特别咨商地位的作用。参与联合国《残疾人权利公约》履约工作。

第三章　全国组织

第十三条　全国代表大会

中国残联的最高权力机构是全国代表大会。

全国代表大会每五年举行一次，由中国残联主席团召集。代表中残疾人及残疾人亲友应超过半数。

全国代表大会职权是：

一、审议中国残联主席团报告，确定工作方针和任务；

二、修改中国残联章程；

三、选举中国残联主席团。

第十四条　名誉职务

中国残联可设名誉主席、名誉副主席，由中国残联主席团聘请。

第十五条　主席团

主席团每届任期五年。在全国代表大会闭会期间，负责贯彻全国代表大会决议，领导全国残联工作。

主席团由主席一人、副主席若干人、委员若干人组成。主席团委员中残疾人及残疾人亲友应超过半数。

主席团会议由主席团主席召集，每年至少举行一次。主席团实行民主集中制。

主席团职权是：

一、选举主席、副主席；

二、推举执行理事会理事长，通过执行理事会组成人员；

三、检查代表大会决议执行情况；

四、审议执行理事会工作报告；

五、调换、增补主席团委员；

六、监督执行理事会贯彻有关残疾人事业的法律法规、政策规划的情况；

七、监督“人道、廉洁、服务、奉献”职业道德建设情况；

八、决定其他重大事项。

第十六条　执行理事会

执行理事会是中国残联全国代表大会及其主席团的常设执行机构，由理事长一人、副理事长若干人、理事若干人组成。

理事会成员中应有各类残疾人或残疾人亲属代表。

理事长由中国残联主席团推举，政府任命，任期不超过两届。副理事长由理事长提名，主席团通过，政府任命。理事由理事长提名，主席团通过。执行理事会实行理事长负责制。

执行理事会下设办事机构，承办中国残联的日常工作。

第十七条　专门协会

中国残联领导盲人协会、聋人协会、肢残人协会、智力残疾人及亲友协会、精神残疾人及亲友协会等专门协会。

专门协会委员会由中国残联全国代表大会代表中同类别的残疾人、残疾人亲友选举产生。

专门协会的主要任务是：代表、联系、团结、服务本类别残疾人，反映特殊愿望及需求，维护合法权益，争取社会帮助，开展适宜活动，参与国际交往。

专门协会设主席、副主席，由专门协会委员会选举产生。

第十八条　团体会员

与残疾人事业有关的全国性社会团体，承认本章程，可申请作为本会的团体会员。

第四章　地方组织

第十九条　按国家行政区划设立中国残联各级地方组织。

第二十条　县（市、区、旗）及县以上残疾人联合会，每五年召开一次代表大会。代表大会审议同级主席团报告，确定工作方针和任务，选举本级大会主席团。可设名誉主席、名誉副主席。主席团每届任期五年，每年举行一次会议，必要时可提前或延期召开。

代表大会及其主席团的常设执行机构为执行理事会，设理事长、副理事长、理事。

县（市、区、旗）及县以上残疾人联合会设专门协会。

第二十一条　乡、镇、街道残疾人联合会，每五年召开一次代表会议，设主席、理事长。理事长负责日常工作。

第五章　基层组织

第二十二条　社区居民委员会、村民委员会、残疾人集中的企业事业单位，建立残疾人协会或残疾人小组。

大中型企业事业单位、开发区，经省（自治区、直辖市）残疾人联合会同意、本单位批准，可建立残疾人协会或残疾人联合会。

第二十三条　基层组织的任务是：代表残疾人利益，反映残疾人需求，维护残疾人权益，开展有益活动，为残疾人办实事。

第六章　经　费

第二十四条　经费来源

一、政府财政拨款；

二、社会捐助；

三、其他。

第七章　会　徽

第二十五条　中国残疾人联合会会徽外形为梅花图案，中心由“残疾人”三字汉语拼音缩写 CJR 组成。底色为翠绿色，中心图形和边线为金黄色。

第二十六条　中国残疾人联合会会徽可在办公地点、活动场所、会场悬挂，也可作徽章佩戴。

第八章　附　则

第二十七条　中国残疾人联合会英文译名是“China Disabled Persons’ Federation”，缩写为“CDPF”。

第二十八条　本章程解释权属于中国残疾人联合会。

关于《中国残疾人联合会章程（修正案）》的说明

现就《中国残疾人联合会章程（修正案）》做如下说明。

一、章程修改的必要性

1988 年 3 月中国残疾人联合会第一次全国代表大会通过的现行章程，在第二次、第三次、第四次和第五次全国代表大会上对部分条文进行了修改。二十多年来的实践证明，《中国残疾人联合会章程》是一个好章程，对于加强各级残联组织建设，弘扬人道主义思想，改善残疾人生活状况和平等充分参与社会生活的条件，积极推进我国残疾人事业发展发挥了重要作用。

党中央、国务院从全面建成小康社会的高度，对发展残疾人事业做出了重大部署，采取了一系列措施，残疾人康复、教育、就业、扶贫、维权、文化体育、社会保障、科技信息化应用和残疾预防等业务工作都取得了新成就，残疾人的生存状况显著改善、社会参与明显增强，广大残疾人正在同全国人民一道为实现全面建成小康社会和中华民族伟大复兴的中国梦而努力奋斗。

新形势、新任务都对残疾人工作和残联组织提出了新的更高的要求，五年来残疾人事业发展取得的宝贵经验也为章程修改提供了必要的基础和条件。为做好章程修改工作，2013 年 2 月，中国残联召开章程修改第一次专题会议，确定了章程修改的指导思想和基本原则，通过了工作方案，成立了章程修改工作组，制定了章程修改工作时间表，章程修改工作全面启动。3 月，工作组通过基层调研、座谈会、协会专题会等多种形式，分别征求了中国残联五个专门协会和基层残疾人对中国残联章程、协会章程的修改建议，听取了上海、浙江、江西、福建、安徽、江苏、山东等 7 省及河南、河北等部分专门协会对章程的修改建议。工作组在认真学习《中共中央、国务院关于促进残疾人事业发展的意见》和邓朴方名誉主席《人道主义的呼唤》的基础上，及时将意见建议进行了汇总整理，形成了章程修改一稿，分别征求中国残联主席团领导、部分老同志、机关各部门意见。按照主席团各位领导、机关各部门的反馈意见，形成了章程修改二稿。6 月，工作组邀请有关部委相关同志对章程修改提出了建议。6 月 19 日，张海迪主席主持召开中国残联章程修改第二次专题会议，对进一步做好章程修改工作提出明确要求。工作组认真落实，研究吸纳各部门的修改意见和部分省（自治区、直辖市）残联六代会对中国残联章程的修改意见，形成了章程修改三稿和四稿。

章程修改期间，张海迪主席、王新宪理事长多次听取汇报并做出重要指示。2013 年 8 月 6 日，中国残联党组召开扩大会议，认真听取了章程修改前期工作汇报，综合分析了各方面意见，深入研究了意见相对集中的重要问题，通过了章程修改草案，形成了《中国残疾人联合会章程（修正案）》（征求意见稿），并征求了各省级残联和中国残联部分老同志的意见，最终形成了《中国残疾人联合会章程（修正案）》（草案）。草案已经中国残联第五届主席团第六次全体会议通过，现将修正案提交中国残联第六次全国代表大会，请各位代表审议。

二、章程修改的指导思想和基本原则

章程修改的指导思想是：贯彻落实党的十八大精神，高举中国特色社会主义伟大旗帜，以邓小平理论、“三个代表”重要思想、科学发展观为指导，坚持走中国特色残疾人事业发展道路，弘扬人道主义精神，依法履行中国残联作为人民团体的“代表、服务、管理”职能，保障残疾人的合法权益，体现残疾人民主参与和监督。

章程修改的基本原则是：保持中国残联章程的法规制度性、科学时代性、稳定延续性，规范严谨、操作实效、维持体例、慎重修改。体现五代会以来残疾人事业发展的新特点、新经验，精简效能统一，与时俱进创新。符合残联人民团体的政治定位和特殊属性；符合《残疾人保障法》和各项法律法规；符合国情、社情和残疾人现状；体现联合国《残疾人权利公约》的理念和履约职能。

三、章程修改的重点内容

（一）突出代表性，更加彰显人道主义情怀

残联组织具有“代表、服务、管理”职能，其中代表性是第一位的，也是残联组织的根基和生命线。为增强代表性，修正案将章程第三条、第五条和第十七条中的“教育”分别修改为“帮助”、“激励”和“服务”，更加突出地强调残联组织和专门协会要更好地履行职责，时刻把残疾人放在心上，满怀真情地激励和鼓舞残疾人自尊、自信、自强、自立；强调要实实在在为残疾人办实事、解难事，给残疾人提供帮助和服务。修正案还增加了“协助政府制定实施残疾人事业发展纲要”、“科技信息化应用”等内容，并将章程中的第十一条修改为“管理和指导各类残疾人社会组织”，以进一步强调残联组织在协助政府发展残疾人事业中的作用，有利于更好地履行残联组织的管理职能。

（二）体现了联合国《残疾人权利公约》的理念

联合国《残疾人权利公约》是首部为全面保护残疾人权利而专门制定的具有法律约束力的国际公约，是国际社会为保护和促进残疾人人权而做出的最新努力，我国是积极倡导和第一批签署、加入公约的国家。《残疾人权利公约》不仅明确规定了残疾人参与政治、经济、社会和文化以及公民生活等各个方面的权利，而且还提出了国际残疾人运动的新理念、新经验。因此，结合我国国情和残疾人事业发展现状，将《残疾人权利公约》中的理念吸纳进章程，增加“消除歧视、偏见与障碍”、“参与联合国《残疾人权利公约》履约工作”等内容，将为我国残疾人事业发展提供有力指导和有益借鉴，更好地维护残疾人合法权益。

（三）明确了专门协会社团法人登记后的管理关系

认真落实党的十八大精神和对加强社会管理服务、改革社团管理工作的新要求，立足残疾人工作实际，明确专门协会在社团法人登记后的管理关系为接受中国残联领导，符合国家关于社团管理的要求，将有利于协会工作的进一步活跃与健康发展。

在上述这些重要修改之外，对其他部分条文也做了文字或技术上的调整和处理，此处不再一一列举。

关于通过《中国残疾人联合会章程（修正案）》的决议

2013年9月18日

中国残疾人联合会第六次全国代表大会通过

中国残疾人联合会第六次全国代表大会审议并一致通过第五届主席团提交的《中国残疾人联合会章程（修正案）》，决定这一修正案自通过之日起生效。

大会认为，章程修正案深入贯彻落实了党中央、国务院有关加快残疾人事业发展的部署和精神，进一步突出了残疾人联合会的代表性，体现了联合国《残疾人权利公约》倡导的“消除歧视与偏见”理念，明确了专门协会法人登记后的管理关系和主要任务。修改后的《中国残疾人联合会章程》，必将促进残疾人联合会在加强和创新社会管理与服务、建设社会主义和谐社会中发挥更大作用，必将更加有力地推动残疾人事业发展。

大会要求，各级残疾人联合会和全体残疾人工作者要认真学习章程、自觉遵守章程、严格依章办事，履行“代表、服务、管理”职能，恪守“人道、廉洁、服务、奉献”的职业道德，密切与残疾人的血肉联系，全面加强残疾人组织和残疾人工作干部队伍建设，切实提高为残疾人服务的能力和水平。

大会号召，各级残疾人联合会及广大残疾人和残疾人工作者要更加紧密地团结在以习近平同志为总书记的党中央周围，高举中国特色社会主义伟大旗帜，以邓小平理论、“三个代表”重要思想、科学发展观为指导，深入贯彻落实党的十八大精神，解放思想、振奋精神、凝聚力量，全面完成中国残疾人联合会第六次全国代表大会确定的任务，团结带领残疾人兄弟姐妹为实现美好理想而努力奋斗。

中国残疾人联合会第六次全国代表大会代表资格审查小组关于代表资格的审查报告

2013年9月16日中国残疾人联合会
第六次全国代表大会执行委员会第一次会议通过

中国残联第六次全国代表大会代表资格审查小组听取了大会筹备工作领导小组关于中国残联第六次全国代表大会代表产生情况的汇报，现将中国残联第六次全国代表大会代表资格审查情况报告如下：

为做好中国残联第六次全国代表大会代表的选举工作，2012年5月10日中国残联印发了《关于地方残疾人联合会召开第六次代表大会的指导意见》，明确了地方残联代表大会代表、主席团委员候选人、领导机构人选的条件、名额、比例和产生办法，对会议的召开提出了具体要求。2012年12月，中国残联第五届主席团第五次全体会议和第二十七次全国残联工作会议上对全国残联的换届工作进行了部署。2013年4月17日，中国残联印发了《关于中国残疾人联合会第六次全国代表大会代表和第六届主席团委员候选人推荐人选地方名额分配及相关事宜的通知》，对各省（自治区、直辖市）选举产生出席中国残联第六次全国代表大会代表、推荐第六届主席团委员候选人人选工作做出周密部署。按照《中国残疾人联合会章程》的有关规定和中国残联的相关要求，各省、自治区、直辖市和新疆生产建设兵团、黑龙江省垦区残联从2013年6月起相继召开代表大会，选举产生了出席中国残联第六次全国代表大会正式代表566名。中央有关部门和解放军、武警部队、公安系统，通过基层推荐和组织部门的集体研究，提出代表75名。这次选举、推荐产生的中国残联第六次全国代表大会的代表共641名。

中央组织部对地方残联换届工作大力支持，2012年10月22日专门印发了《关于在地方残疾人联合会换届中进一步加强残疾人工作干部队伍建设的通知》（组通字〔2012〕45号）。这是残联成立以来中组部第一次专门针对残联换届工作发文。文件提出的措施力度大、操作性强，对进一步加强领导班子建设和残疾人干部配备、做好各级残联换届工作起到了十分重要的作用。中国残联高度重视第六次全国代表大会代表的选举和推荐协商工作，进行专题研究，广泛征求意见，及时做出部署，提出了明确要求；地方残联全面落实中国残联要求，切实贯彻民主集中制原则，认真组织，措施到位，确保换届工作顺利完成。这次换届工作是按照省、市、县、乡四级残联自下而上的原则统一进行的。出席县及县以上各级残联代表大会的代表，都是由下一级残联在广泛听取残疾人、残疾人亲友和残疾人工作者意见的基础上，通过代表大会无记名投票选举产生的。出席全国代表大会的代表是在县（市、区、旗）、市（地、州、盟）残联召开代表大会的基础上，经过充分酝酿、充分协商、广泛征求意见之后，由各省（自治区、直辖市）残联第六次代表大会选举产生的。中国残联第六次全国代表大会筹备工作领导小组按照代表条件、代表构成等要求，对所有代表的材料逐一进行了认真审核。

当选的中国残联第六次全国代表大会代表既体现了先进性，又体现了广泛性，其中有工人、农民、知识分子；有党政机关工作人员；有科技、教育、文化、卫生、体育、法律、企业等各行各业的工作者；有优秀的伤残军人、伤残武警、伤残民警。代表们都是全国城乡各条战线成绩突出的优秀人物，不少是全国或地方党代会代表、人大代表、政协委员、劳动模范、自强模范、先进工作者，在残疾人群体中享有较高威信，具有较强的参政议事能力。代表中的健全人，有关心残疾人、支持残疾人事业发展的中央和地方相关职能部门的负责同志；有解放军、武警部队相关负责同志；有各省、自治区、直辖市人民政府和新疆生产建设兵团联系残联工作的副秘书长；有长期从事残疾人工作、经验丰富的老同志；有艰苦奋斗、团结实干的各级残联负责同志和基层残疾人工作者、残疾人专职委员；有扶残助残的志愿者；有各类别残疾人协会和社会组织代表；还有关心残疾人、支持残疾人事业发展的残疾人亲友和社会各界爱心人士。

代表结构合理。641名正式代表中，男性481名，占75%；女性160名，占25%；汉族563名，占87.8%；各少数民族78名，占12.2%。平均年龄47.9岁。大专及以上学历560人，占87.4%。残疾人及亲友代表452名，占代表总数的70.5%。其中，肢体残疾人代表164名，视力残疾人代表74名，听力残疾人代表72名，智力残疾人及亲友代表73名，精神残疾人及亲友代表69名，分别占残疾人及亲友代表总数的36.3%、16.4%、15.9%、16.1%、15.3%。

中国残联第六次全国代表大会代表资格审查小组认为，所有代表的产生符合《中国残疾人联合会章程》和有关规定程序，所有代表的代表资格有效。

参照中国残联第五次代表大会的做法，本次大会特别邀请了各省、自治区、直辖市人民政府和新疆生产建设兵团、黑龙江省农垦总局残疾人工作委员会、中央有关部门的78名领导同志作为特邀代表出席大会开幕式，以体现党和政府对残疾人事业的关心和重视。本次大会还推荐了77名列席代表列席会议。

中国残疾人联合会
第六次全国代表大会代表

正式代表总计641人

北京 戴卫 吴文彦（女）马大军（回）吕争鸣（肢）
彭瑞侠（女，满）李庆忠（盲）杨佳（女，盲）
刘再军（聋）李楠（女，肢）李超（聋）
汤晓霞（女，智）虞宏（精）马建国（智）
张爱民（肢）侯也之（女，精）

天津 殷向杰 赵洪莉（女）王健 于建政（盲）

许跃（盲）陈华铭（聋）刘军（聋）卢纯刚（肢）
刘学钢（肢）沈冬梅（女，智）秦福忠（智）
秦砖（精）田红军（精）徐庆和

河北 常丽虹（女）卢连才（肢）常东亮（盲）
郑杰（聋）李青海（智）苏小云（女，精）郭彦
甄洪涛（肢）刘来喜（肢）李明山（肢）刘振山 石洪实
张兴政（智）郑兰忠（肢）刘继台（精）杨芒果（女）
高建华 李建平（聋）刘军英（盲）刘卫昌（肢）

山西 马彦平 李亚明 郭新志（女）温万一 刘晔（肢）
尹惠民 郝兴平（女，盲）刘超（盲）郝丽娟（女，聋）
叶雨涝（聋）王贵明（肢）陈柱宝（肢）郑富梅（女，智）
霍娟（女，智）杨珠义（精）董清秀（精）

内蒙古 姜华 杨志民 崔健（盲）冯发（盲）
武巧英（女，聋）韩伟（聋）王树春（肢）李臻（肢）
白晔（女，蒙古，智）于海涛（智）于东升（精）
屈风晨（精）刘玉兰（女，蒙古）陈士庆（回，肢）
武春英（女，肢）

辽宁 上官炜星 任志伟（肢）吴玉新 尹平（聋）
赵学良（肢）陶庆才 杜娟（女，智）李扬（肢）
邱丽君（女，聋）曲诗钟（精）杨金旭（女，智）
胡亚菊（女，满，智）高力军（盲）吴铸（盲）
秦伟（智）王树春（肢）高莹（满，精）王国华（聋）
朱建民（肢）仇学文（肢）樊铁民（满）

吉林 张大松（满）盛大成（肢）王琦（盲）孙正伟（盲）
于兵（聋）汪宝国（聋）王树明（肢）陈海英（女，肢）
刘莉（女，肢）徐剑（智）于忠民（智）左玉明（回，精）
谷明（精）李宝权 吴基哲（朝鲜）

黑龙江 王大为 何玉华（女）柏大林（盲）崔连和（聋）
崔晓光（智）杜仲（肢）关英（女，满，肢）李金其（肢）
柳广利（盲）孙丽（女，智）谭丽平（女）王碧玉
邢继芳（肢）张聪沛（精）张丽莉（女，肢）张忠明（精）

上海 吴建融 金放 王爱芬（女）徐凤建（肢）
金晶（女，肢）赵继红（女，盲）朱双六（盲）陈捷（聋）
陈申华（女，聋）任运灿（肢）张维佳（肢）
王绍荣（智）季敏（智）王建民（精）张为民（精）

江苏 徐国柱 高晓平 史志广（肢）印明 朱承纲（肢）
刘学梅（女，聋）刘翔（女）杜宇（精）
严三媛（女，盲）吴汉华（聋）张莉（女，智）
张斌 苗开昌 周雨（肢）封红年（盲）阎建国（肢）
谢蓉蓉（女，肢）谢德俊 蔡建军 谭同进（智）

浙江 傅晓风 陈燕萍（女）黄树良（肢）胡晓民（聋）
李新良（盲）郭晓明（女，智）胡友兰（女，精）
胡望荣 夏克潘 钟宝坤 齐育华 李祥 方学能（肢）
俞向农（聋）胡家华（智）郑建胜（聋）朱亮（盲）
周金田（精）方海仙（女，精）王文君（女）毛海东（智）

安徽 孙正东 张纯和（肢）刘从光（聋）陈向阳
任影（女，肢）钱昌兴 赵靖（肢）陈迅 李从赋（精）
李雁雁（盲）李硕（聋）李玉道（智）时艳侠（女，肢）
戴培昆（精）秦超（盲）何宗文（肢）何飞翔（肢）
傅强（智）

福建 陈照瑜 柯少愚 杨小波（肢）曾毓琪（女）
王永澄（盲）林群（女，聋）徐世元（肢）陈寰中（智）
郑婉玲（女，精）章新华 蔡尚才 阮金俤（智）
王文强（精）陈莎茵（女，智）吴燕聪（肢）
陈金灿（盲）吴秀凤（女，聋）刘嘉伟（肢）
叶建浩（肢）

江西 林彬杨 陈卫华 孟国鸣（盲）唐英（聋）李洪应（肢）
程宏波（智）张卓（精）谭红鸣 盛秋贵 欧阳玮
王乐秋（女，肢）刘正文（肢）胡汉昌（盲）丁友生（肢）
胡晓云（女，聋）彭芝萍（女，智）查亮飞（精）

山东 张斌 仉兴玉（女）孙爱萍（聋）方静（女，精）
管艾宏（女）郭庆林 孔瑞华（女）刘书笙 孟现壮（肢）
辛兴芬（女，精）孙建博（肢）韩延光 谭运举
汤建泉（盲）宋红（女，盲）孙克森 许建仁
许淑娟（女，智）由仲（精）张丙路（肢）
张莉（女，聋）张跃进（肢）郑明锋（智）朱清毅（盲）

河南 王梦飞 李国成（肢）黄建新 常为民（肢）
张银良（肢）杨惠春 马四海 纪民晓 刘峥伟（肢）
杨晓飞（精）霍军（女，精）曹艳峰（女，智）
孙明放（智）赵福运（肢）杨洪涛（肢）王国胜（肢）
张洪超（聋）李景明（聋）张军（盲）田超（盲）
韩冬梅（女）刘金钰 赵广荣

湖北 李元江 陶慧芬（女）曹红伍（智）陈红辉（精）
程五福（精）戴皓（肢）李超洪（肢）吝健（盲）
刘汉云（盲）施李国（肢）苏柳英（女）汪为民（肢）
王芳（女）王霞（女，智）吴竹（聋）熊菲（肢）
徐谦（女，聋）张在印 周力勤（女）

湖南 虢正贵 肖红林（肢）何伟文 祝刚（盲）
刘建雄（盲）陈晓阳（聋）黄燚湘（聋）罗杰（苗，聋）
谢志强（肢）卓名跃（土家，肢）黄程（盲）蒋年发（肢）
徐辉（瑶，肢）于正银（肢）刘顺成（智）
陈丽湘（女，智）李先波（精）刘松山（精）
张玉平（肢）张建明

广东 颜学亮 张永安（肢）陈学军（肢）陈广兴（盲）
杜金沛（肢）范宜涛（聋）富明慧（满，盲）江三元（精）
梁健玲（女）林小敏（女，肢）林怡明（肢）林勇强（精）
刘智聪（肢）罗东 罗慈辉（肢）罗伟清（肢）邱长奕
曾思妮（女，肢）张敏（女，智）赵才田（瑶，智）
钟志晓（肢）朱弦弦（女，聋）庄志平 祖玉琴（女）

广西 黄武海（壮）边疆（女，苗）王芳（女，智）
韦柳军（壮，肢）包学雄（瑶，肢）刘坚（聋）

李德全（精）吴培（壮，精）吴开荣（壮，肢）
吴左平（聋）陈贤（女，聋）容小安（智）陶进（盲）
陶朝苏（肢）谭士熙（盲）李何 肖志钢 廖萍（女，壮）

海南　符琼光 符永 陈阳（精）符史勤（盲）高日晓（聋）
何珊（女，聋）黄进弟（精）赖亦萍（女，智）
李国超（智）林福钦 苏琼英（女，黎）魏朝贵（肢）
吴海龙（盲）闫力卫（肢）

重庆　艾扬 周鸣（肢）刘琼（女）袁焕芬（女）
王军（聋）傅强（满，肢）魏旭川（盲）韩冀忠（智）
刘继梅（女，精）唐毅（肢）易红（女，肢）
周娟（女，聋）杨健（精）刘玉霞（女，盲）邓唯（智）

四川　赵学谦 毛大付（肢）徐勇（盲）邓宁西（盲）
吴军（盲）高晓笛（女，聋）戴梅（女，聋）景锐（聋）
丁二中（肢）邓型惠（女，肢）石光武（肢）胡斌（智）
李唯东（智）赖丽思（女，精）陈德平（精）龙蓉蓉（女）
李中书 张敏（女）余贵冰 曲礼（藏）戴旭沙
马友古（彝，肢）彭长诗（羌）

贵州　张学军（侗）杨云（侗）韦光兴（苗）
李志勤（女，土家）杨泽书 王幼勤（女）王洪波（盲）
张小民（女，聋）童泽（肢）黄玉红（女，智）
潘健（回，精）黄凤鸣（女，智）张群（女，精）
陈志坤（黎，肢）李静（女，彝，聋）张秀昊（侗，盲）

云南　杨斌（彝）王兴宁 胥廷义 杜克琳（白）
黑贵祥（白，肢）汪靖人（回，盲）朱蓉（女，聋）
王跃升（精）周波（女，智）花艳芳（女，肢）
和志刚（纳西，肢）彭斌（盲）周淑芬（女，聋）
王坤（精）郭玉春（彝，智）唐群（纳西）吴双华（女）

西藏　达瓦次仁（藏）黄建国 扎西次仁（藏，肢）
洛桑巴典（藏，肢）斯勇（藏，盲）吾根卓嘎（女，藏，聋）
克珠（藏，肢）次罗（藏，盲）边巴曲珍（女，藏，聋）
其美才旺（藏，精）五金多吉（藏，智）巴桑（藏，女，精）
边巴罗布（藏）洛松仁青（藏，智）

陕西　王拴虎 高合元 王延（肢）杨帆（肢）康小峰（盲）
贾双登（聋）杨琪（女，智）文萍（女，精）姬涛（肢）
严育斌（肢）赵小常（肢）刘爱玲（女，肢）
张温静（女，智）雷红玲（女，聋）王润生（盲）
郭永华（女，智）高泽康（精）

甘肃　俞建宁 华文哲 姚振华 李忠（肢）刘中秋
黄颖（女，满）王明华（女）杨国周（精）常伟（盲）
傅连鸿（肢）宁会铭（智）何彦生（盲）贾红（聋）
刘炎（智）王培福（精）赵健全（聋）

青海　马骥（回）肖建军 叶成儿（藏）魏筇（女，盲）
顾锡桥（盲）李岩玉（女，满，聋）卢静（女，聋）
王忠辉（肢）才郎东主（藏，肢）熊英（女，智）
景冬平（女，智）杜欣柏（回，精）

韩秀兰（女，撒拉，精）乔桂林（土，精）

宁夏　李建功 娄晓萍（女）郭广华 江晓民（聋）
李宁为（回，肢）马庆怀（回，智）彭云珠（女）
田斌（智）王结（回，盲）王宇峰（肢）杨国林（回，盲）
詹文庚（精）张寨（精）郑贤伦（聋）

新疆　帕尔哈提·贾拉勒（维吾尔）周俊林
陈莉红（女，盲）肉孜阿吉·买买提（维吾尔，盲）
杨波（满，聋）巴特尔（蒙古，聋）董献平（肢）
刘明（女，肢）李雪洁（女，智）丁旭升（回，智）
刘绍应（精）阿不力克木·阿不都热西提（维吾尔，精）
李虹（女）热依汗·阿不拉（女，维吾尔，肢）
古丽米拉·哈德尔别克（女，哈萨克）

台湾　詹志芳（女，肢）孙扬（聋）曾姗姗（女，聋）

新疆兵团　帕尔哈德·赛义德（维吾尔）杨璞斌（女）
邓小东（肢）陈文（肢）高瑞（盲）何蒂（女，智）
李莉（女，肢）刘红霞（女，盲）王喜英（女，精）
杨华（肢）叶爱国（聋）殷永清（智）张冰（女，聋）

黑龙江农垦　赵雅辰 张义丹（女，智）赵洪洲（盲）
黄春光（精）康洪贵（肢）

解放军、武警　胡耀明 李力生 郭青山 刘宗海 张疆
高风华 侯素强（盲）高建栋（肢）狄刚（肢）
刘志艳（肢）钟旺 熊光辉（肢）赵良科（肢）
李志军（盲）张洪峰（肢）邹红昌（肢）杨仕春（肢）
岳景洲（肢）梁强（肢）卢涛（肢）韩宇（肢）
邓勇（肢）许周斌（肢）丁晓兵（肢）

公安　盖金东（肢）顾金忠（肢）占立明（肢）

中央单位　邓朴方（肢）张海迪（女，肢）王新宪（肢）
鲁勇 王乃坤（女）孙先德 马廷慧（女，智）
张明园（精）汤小泉（女）吕世明（肢）
沈晓明（智）黄悦勤（女，精）刘德培 程凯（肢）
贾勇 王梅梅（女）相自成 李伟洪（盲）杨洋（女，聋）
詹成付 李天顺 刘丹华（女）周军 乔尚奎 闫青春
宋鲁平（女）韩睿（女）何川（盲）郇丽华（女，聋）
齐鸿（盲）张雁华（女）刘小成 林泰 王成金 王智钧
刘雪冬 张宝林（智）滕伟民（盲）王建军（肢）
温洪（女，精）翟冀 陈功 宋卓平（肢）刘岩（女，肢）
吴德祖（肢）吴振东 毕明哲 周月华（女，肢）

注：名单括号中，“盲”表示视力残疾人，“聋”表示听力残疾人，“肢”表示肢体残疾人，“智”表示智力残疾人或亲友，“精”表示精神残疾人或亲友。下同。

中国残疾人联合会第六届主席团委员

133 人，以姓氏笔画为序

丁晓兵（肢）于兵（聋）于建政（盲）马大军（回）
马廷慧（女，智）王延（肢）王军（聋）
王结（回，盲）王乃坤（女）王永澄（盲）王兴宁
王国胜（肢）王建民（精）王建军（肢）王树春（肢）
王爱芬（女）王梅梅（女）王新宪（肢）
扎西次仁（藏，肢）毛大付（肢）仉兴玉（女）
尹平（聋）邓小东（肢）卢涛（肢）田超（盲）
包学雄（瑶，肢）边疆（女，苗）吕世明（肢）乔尚奎
任运灿（肢）任志伟（肢）华文哲 刘岩（女，肢）
刘丹华（女）刘汉云（盲）刘再军（聋）刘绍应（精）
刘德培 闫力卫（肢）闫青春 汤小泉（女）汤建泉（盲）
孙先德 孙建博（肢）苏小云（女，精）杜欣柏（回，精）
李硕（聋）李力生 李天顺 李宁为（回，肢）李亚明
李先波（精）李伟洪（盲）李庆忠（盲）李志军（盲）
李青海（智）李国成（肢）李忠（肢）
李岩玉（女，满，聋）李雁雁（盲）杨云（侗）
杨洋（女，聋）杨志民 杨珠义（精）杨璞斌（女）
肖红林（肢）肖建军 吴文彦（女）吴玉新
吴汉华（聋）何玉华（女）何彦生（盲）汪靖人（回，盲）
汪为民（肢）沈冬梅（女，智）沈晓明（智）
宋卓平（肢）张永安（肢）张丽莉（女，肢）
张纯和（肢）张宝林（智）张海迪（女，肢）陈卫华
陈莉红（女，盲）陈晓阳（聋）陈燕萍（女）
武巧英（女，聋）范宜涛（聋）林勇强（精）金放
周军 周鸣（肢）周波（女，智）周俊林 孟国鸣（盲）
封红年（盲）赵学良（肢）赵洪莉（女）赵雅辰
郝丽娟（女，聋）胡斌（智）胡晓民（聋）柯少愚
相自成 柏大林（盲）娄晓萍（女）贾勇 徐剑（智）
徐凤建（肢）徐世元（肢）高合元 高晓平
高晓笛（女，聋）唐英（聋）容小安（智）
陶慧芬（女）黄建国 黄树良（肢）黄悦勤（女，精）
盛大成（肢）常丽虹（女）崔健（盲）符永
康小峰（盲）盖金东（肢）韩冀忠（智）程凯（肢）
鲁勇 童泽（肢）温洪（女，精）虞宏（精）詹成付
潘健（回，精）

二、中国残疾人联合会第六届主席团第一次全体会议文件

关于聘请邓朴方同志担任中国残疾人联合会名誉主席的决议

2013 年 9 月 18 日中国残疾人联合会
第六届主席团第一次全体会议通过

根据《中国残疾人联合会章程》关于聘请名誉主席职务的规定，中国残疾人联合会第六届主席团第一次全体会议一致通过，聘请邓朴方同志继续担任中国残疾人联合会名誉主席。

邓朴方同志是改革开放和新的历史时期我国残疾人事业的开拓者和领导者，是中国残疾人联合会第一届、二届、三届、四届主席团主席和第五届名誉主席，为中国残疾人事业的发展做出了卓越贡献，在广大残疾人中享有崇高威望，受到广大残疾人工作者的衷心拥戴，赢得了社会各界和国际社会的普遍赞誉。我们坚信，在党中央、国务院的正确领导下，在邓朴方同志的关怀支持下，广大残疾人和残疾人工作者一定会高举中国特色社会主义伟大旗帜，弘扬人道主义精神，解放思想、团结奋斗、扎实工作、开拓创新，圆满完成中国残疾人联合会第六次全国代表大会确定的任务目标，为全面建成小康社会、实现中华民族伟大复兴的中国梦而努力奋斗。

中国残疾人联合会第六届主席团主席、副主席

2013 年 9 月 19 日
中国残疾人联合会第六次全国代表大会通过

主　席　张海迪（女）
副主席　鲁勇 孙先德 李志军 刘再军 沈晓明
黄悦勤（女）刘德培 王新宪
王乃坤（女）吕世明

中国残疾人联合会第六届执行理事会理事长、副理事长、理事

2013 年 9 月 19 日
中国残疾人联合会第六次全国代表大会通过

理事长　鲁勇
副理事长　孙先德 程凯 贾勇 王梅梅（女）
理　事　尤红（女）张伟 李庆忠 杨洋（女）

张海迪在中国残疾人联合会第六届主席团第一次全体会议上的讲话：我们的目标和任务

2013 年 9 月 18 日

在党中央、国务院的高度重视和正确领导下，我们开了一个团结的大会、鼓舞人心的大会。中共中央政治局常委、国务院副总理张高丽同志代表党中央、国务院向大会致祝词，充分肯定了过去五年残疾人事业取得的成就，阐述了做好残疾人工作的重要意义，对于推动残疾人事业进一步发展，团结带领残疾人共同迈入全面小康社会提出了明确要求。我们要认真贯彻落实。王勇国务委员、邓朴方名誉主席还将在六代会闭幕式上做重要讲话。大会通过了五届主席团工作报告和中国残联章程修正案。通过了关于聘请邓朴方同志为中国残联名誉主席的决议，朴方同志作为残疾人事业的开创者和卓越的领导者，将继续带领我们沿着中国特色残疾人事业发展道路迈进。大会还选举产生了新一届主席团，推举产生了中国残联第六届执行理事会领导，感谢大家的信任，我们将牢记历史使命，更好地履行职责。

过去的五年，在主席团的领导下，执行理事会全面贯彻落实五代会精神，积极推进各项工作，残疾人事业取得了长足进步，残疾人状况显著改善。主席团、执行理事会的工作是积极而富有成效的，我们圆满完成了五代会确定的各项任务，为做好今后的工作进一步奠定了坚实基础。这些成绩凝聚着主席团、执行理事会每一位同志和所有残疾人工作者的心血和汗水。根据工作需要，新一届主席团做了调整，有的同志不再担任主席团委员，但同志们为残疾人事业所做的贡献我们不会忘记。在此，让我们以热烈的掌声向这些同志表示衷心的感谢！我还要特别感谢新宪同志和乃坤同志，他们是五届主席团副主席，党组、理事会主要领导，五年来他们尽心尽力，发奋工作，为残疾人事业发展做出了重要贡献。让我们向新宪、乃坤同志表示衷心的感谢！同时，中央决定鲁勇同志到中国残联工作，任党组书记，这次会议又当选为副主席，推举为执行理事会理事长。鲁勇同志有学识，有能力，有多岗位工作经验，相信在鲁勇同志的带领下，新一届党组、理事会一定能取得新的成绩。

六代会根据党的十八大精神和“十二五”发展纲要，提出了今后五年残疾人事业的发展目标和工作任务，为我们指出了努力方向。这次换届，我们的队伍又加入了很多新同志，希望大家全面掌握工作要点，奋发有为，更好地推进残疾人事业的发展。

我想，要做好残疾人工作，首先还是要认识残疾人问题。残疾是人类状况的一部分，几乎每个人在生命的某一阶段都会有暂时或永久性的损伤甚至残疾，而老年人则潜藏着更多残疾的可能。很多家庭都有残疾成员。所以我们要十分重视残疾问题。残疾是复杂的、动态的、多层面的问题，它不仅仅是生命的问题，还是社会发展中不能回避的问题。今天，我们已经进入现代化的生活，却依然避免不了自然灾害、各种事故、疾病、环境污染对人的生命的影响和造成的残疾。而我们的工作就是要应对这些问题，减轻残疾人的痛苦，解放残疾人的心灵和生产力，让他们过上更好的生活。

残疾人事业发展包含着很多内容，并且专业性很强，比如康复、教育、就业、维权、扶贫、文化体育、国际交流，我们的每项工作都很重要，但是我们必须抓主要工作，带动其他工作。在这里，我想就今后一段时期的目标和任务谈几点想法，与大家一起探讨。

一、做好残疾人康复工作，为残疾人融入社会创造条件

康复工作是重中之重，因为残疾程度是决定着参与社会可能与不可能的一个重要因素。我们对残疾人工作要有新的认识，这个工作不仅仅是扶贫济困，还包括残疾人的参与和发展，关乎提高残疾人的生活质量和家庭幸福指数。残疾人事业是社会事业，它要为残疾人享有社会保障而努力，残疾人事业也是科学的事业，涉及自然科学和社会科学，它要为残疾人的康复重建和回归社会做努力。

这些年，我和同志们下基层调研，每到贫困残疾人家庭，每当看到残疾人还在承受痛苦，每当看到一户多残的家庭，我们的心情都很沉重。家里有残疾人也许就会拖垮一个家庭，使生活陷入贫困，农村残疾人家庭就更困难了。而一个残疾人康复了，能劳动了，生活才会有希望，这不但能解放自己，也能解放家庭。

对于很多残疾人，身体的康复与重建是参与教育、就业和其他社会生活的基础。所以，我们要创造条件，帮助残疾人恢复身体的功能，为他们提供辅助技术，帮助残疾人获得最好的服务。身体康复或者补偿了功能，残疾人才能走向广阔的生活，才能解放更多的生产力。我们要特别重视残疾妇女和残疾儿童问题，越是弱小越要帮助，我们的工作就是要让残疾人得到帮助，给予残疾人生命的尊重和关怀，让残疾人有希望，有更好的未来。

近些年来我国残疾人康复工作取得了一定的成绩，一些残疾人急需的康复医疗项目纳入了城乡医疗保障范围，通过实施重点康复工程和开展社区康复，残疾人康复服务覆盖率得到提高。但这与残疾人的康复需求相比还有较大差距，农村相当多的残疾人还未得到康复服务，我们的康复机构、人才队伍建设有待加强，服务能力和服务质量有待提升，康复保障制度还不健全，覆盖面还比较窄，现有的保障制度和公共服务内容还无法满足残疾人的康复需求，需要更多的特惠政策和措施。

我们要加强残疾人康复保障制度建设。加快《残疾预防和残疾人康复条例》制定进程，要将残疾人急需的医疗康复项目纳入城乡基本医疗保障范围和基本公共卫生服务内容，出台针对残疾人康复训练的专项补助政策，提高残疾人的医疗康复保障水平。一定要把残疾儿童康

复救助工作做好，使孩子们在最佳康复期得到较好的康复治疗和训练。要推进康复服务实名制，发挥科技、信息在康复工作中的作用。要抓住中央深化医药卫生体制改革、建立健全覆盖城乡居民基本医疗卫生制度的机遇，完善康复医疗服务体系。要加强康复机构和设施的建设与管理，培养康复人才，提高服务能力和服务质量。"十二五"中央用于康复的各项资金近65亿元，占到中央残疾人事业支出总资金一半以上，我们一定要用好这些资金，让更多的残疾人享受优质的康复服务。社区是离残疾个体最近的地方，要建设好社区康复网络，尤其是农村社区的康复网络，实现更多的城乡家居康复。

二、重视残疾人教育工作，提高残疾人参与社会的能力

我们要十分重视残疾人的教育问题。有了知识，残疾人才能更好地参与社会生活，提高社会、文化和政治地位，才能有更好的未来。由于历史、环境和自身生理心理障碍的原因，残疾人受教育水平相对较低，文化素质和劳动技能相对较低，致使就业竞争力低，就业机会少。9月2日，我陪中共中央政治局委员、国务院副总理刘延东同志到北京市盲校考察，延东副总理强调，特殊教育是一项神圣的事业，要大力促进教育公平，使残疾孩子享受公平优质的教育，为他们的健康成长和全面发展提供保障。

据教育部、中国残联统计，目前全国还有近8万适龄残疾儿童少年未入学，这其中60%左右是因为生活在贫困地区，家庭非常贫困，还有很多人残疾程度较重。我们要用多种形式加强对困难残疾孩子上学的帮助并给予补助，还要对残疾程度较重的采取送教上门等方式，要让每个孩子都能上学，实现美好的梦想。要配合教育部门努力建设好特教学校，改善办学条件，争取运行经费保障，提高师资待遇，保证教学质量。要倡导融合教育，让更多的残疾孩子到普通学校就读。要促进残疾人高等教育，对残疾学生给予补助，使他们能够走进学校的大门。要结合社会需求，加强面向残疾人的职业教育培训，培养更多的人才。我们还要重视残疾人参加普通高考及自考问题。目前仅在高等特教学院招生时使用盲文、大字试卷或电子试卷，盲、聋、重度肢体残疾等特殊考生参加普通高考、自考仍面临很多实际问题。这是残疾人文化素质提高带来的新问题，我们要认真研究，加强与教育等各相关部门的沟通协商，保障残疾人受教育的权利。

在这里，我还要特别提一下无障碍环境建设问题，这是一项需要长期坚持做好的工作，要不断完善公共设施的无障碍建设，加强无障碍标准和通用设施的建立。要认识环境与残疾人教育和就业的关系，只有建设好无障碍环境，残疾人才能更好地融入社会。

三、抓好残疾人就业工作，解放更多的生产力

残疾人就业问题是最困难的问题。有劳动能力的残疾人只有更多、更稳定地实现就业，才能根本改善生存状况。二十多年来我们通过推进集中就业、分散按比例就业、个体就业和自主创业多种途径，残疾人就业工作取得了一定的成绩。但目前残疾人就业依然是要下大力气解决的问题。比如分散按比例就业，《残疾人就业条例》规定要按不低于职工总数的1.5%的比例安排残疾人，但落实得并不理想。去年全国人大残疾人保障法执法检查报告指出："很多单位本来有适合残疾人工作的岗位，却不依法按比例安排残疾人就业，有的省接收残疾人就业达到规定比例的单位不到5%"。虽然有《残疾人保障法》的保障，可是由于残疾程度不同，文化程度不同，掌握技能不同，更重要的还在于就业歧视和为残疾人提供就业条件严重不足，残疾人就业还是困难重重。许多年以来，一些单位靠缴纳残疾人就业保障金来推卸安排残疾人就业的责任，而收取保障金并没有使残疾人就业的严峻形势得到缓解。但是最近这项工作取得了积极进展。中国残联与中组部、国家公务员局、国资委等部委联合下发了促进按比例就业的意见，明确规定党政机关、事业单位要带头安排残疾人就业，公务员招考在同等条件下要优先录用残疾人，国有和国有控股企业要确定适合残疾人就业的岗位，并将用人单位是否履行按比例安排残疾人就业义务纳入各类先进单位、个人评选标准。意见明确提出，到2020年，所有省级党政机关、地市级残工委主要成员单位至少安排1名残疾人，省级残联机关干部队伍中残疾人干部的比例应达到15%以上。我们一定要把这个文件落实好。

要与公务员管理机关加强协调，推动公务员录用体检办法的修改。十几年来福利企业数量和残疾职工数量下滑较快，要推动修订残疾人集中就业单位税收优惠扶持政策。要通过资金扶持、税收优惠等措施，扶持残疾人自主创业和灵活就业。要开发适合残疾人就业的公益性岗位，促进残疾人社区就业。要大力开展残疾人职业培训，使残疾人能适应市场化的需求，多渠道、多形式就业。

我们还要推进辅助性就业，这是保障智力、精神和重度残疾人就业的一种形式，对于残疾人恢复功能、增强生活信心、参与社会生活具有重要意义。我们要宣传这个理念，维护有劳动能力的残疾人的就业权利。

农村残疾人除了务农，还要以扶贫基地等方式，让更多的人实现就业。我曾经到一些地方的贫困残疾人家庭走访，一些残疾人还生活在贫困线以下，特别在一些偏远地方，一部分残疾人离小康生活还有很大差距。所以我们要千方百计做好残疾人扶贫工作，扶持农村残疾人通过参加生产劳动摆脱贫困。要加强困难残疾人的生活保障，让更多的人生活得到改善，提高生活质量，为他们过上小康生活奠定基础。

四、完善残疾人社会保障制度，让更多的残疾人享受社会福利

目前，国家正在推进以保障和改善民生为重点的社会建设，建立健全国家基本公共服务体系。我们要在国家公共服务体系的框架内把残疾人这部分工作做好。现在全国近一半的省建立了贫困残疾人生活补贴和重度残疾人护理补贴制度，我们也开展了辅助器具适配、残疾人家庭无障碍改造、残疾儿童抢救性康复、残疾人机动轮椅车燃油补贴、残疾人参保补贴等工作，但是有的还没有形成统一的制度，有的还没有做到全覆盖，有的水平还较低。未来几年，要更加重视社会保障方面的工作，推动建立与国家经济社会发展水平相适应的专项残疾人保障、社会福利制度，依法制定实施内容具体、标准可行的贫困残疾人生活补贴和重度残疾人护理补贴制度，逐步提高补贴标准。这是我们的责任。

要做好残疾人托养工作，加强这方面的机构建设，让重度残疾人也能得到关怀和照料，能有生命的尊严，感受社会的温暖。

五、动员社会力量，为残疾人提供更多的公共服务

7月31日，国务院常务会议研究推进政府向社会力量购买公共服务工作，提出把一些领域的公共服务交给社会力量承担，加快形成改善公共服务的合力，使群众得到更多便利和实惠。这对于残疾人事业来说是个新的机遇。我们要运用社会化的工作方式，充分调动和利用一切有用的社会资源，支持民间组织为残疾人提供服务，拓宽服务的渠道。

残联要重视残疾人社会组织的发展，倾听他们的声音，鼓励和支持他们发挥作用。要通过政策优惠、购买服务等多种方式支持残疾人社会组织，同时加强管理。

在政府职能转变的过程中，残疾人社会组织发挥着越来越重要的作用。北京市的经验值得注意。北京目前有223个残疾人社会服务组织，市残联制定实施了购买残疾人社会组织服务的暂行办法，过去三年支持资金累计达到2500万元，这些资金主要用于社会组织的开办费和扶持资金。这是残疾人公共服务的一个发展方向，做好社会组织工作就是对残疾人最温暖最实在的帮助，把服务与关怀送到残疾人身边正是我们工作的意义。

六、完善残疾人数据信息统计，推动残疾人事业科学发展

在新的五年，我们一定要把数据信息统计工作做好，这样才能准确掌握残疾人的状况和需求。我们当前工作中引用的残疾人口总数8500万是根据第二次全国残疾人抽样调查、国家人口普查推算而来的。我向信息中心和其他业务部门负责同志了解过基础数据及信息的相关情况，实名录入数据库的残疾人目前虽然已经达到3800多万，在促进残疾人康复、教育、就业、维权等方面发挥了重要作用，但是，这离我们服务的范围还有较大差距。只有掌握全面真实可靠的基础数据信息，才能准确分析残疾人工作的薄弱点和难度，我们的科学决策和服务水平才能得到保证。2009年、2010年联合国第六十四、六十五届大会都指出，残疾问题数据匮乏，许多发达国家关于残疾问题的统计数字仍然不足，只有为数不多的国家通过人口普查或调查收集关于残疾问题的信息。2011年联合国经社理事会第四十九次会议呼吁并强调，收集和汇编有关残疾人状况的国家数据和资料，以便使国家决策，尤其在千年发展目标方面使用残疾人数据和资料；同时再次请联合国系统在现有资源范围内提供技术援助。

由此反映出，一方面残疾人基础数据的重要性，另一方面它又是欠缺和不完善的。做好这项工作，我们有以下优势：（一）残疾人保障法规定："国家建立健全残疾人统计调查制度，开展残疾人状况的统计调查和分析"；（二）《残疾人残疾分类和分级》国家标准已于2011年5月1日起实施；（三）新一代技术为残疾人数据信息统计提供了支撑，并且能够实现动态管理、信息化办公等；（四）残联及相关部门有组织和人员保证，能够完善日常统计工作。

要做好残疾人数据信息的日常统计工作，定期开展专项调查监测和相关数据采集，完善残疾人基础数据库建设，使工作实现精细化管理，也为个性化服务提供依据；逐步实现与相关部委的信息资源共享和开发利用，为促进残疾人社会保险补贴和各项待遇落实，提高残疾人社会保障与福利水平，提供可靠的依据，推动残疾人事业科学发展。中国残疾人状况的改善，一定意义上也改善了世界残疾人的状况；中国残疾人事业的进步，也是对世界残疾人事务的贡献。

要应用和管理好残疾人数据信息，做成最可靠的数据资源，协助政府做好残疾人公共服务的规划布局、标准制定和监测评估等工作，为国家基本公共服务体系建设提供准确可靠的信息，使国家对残疾人事业的投入更加有效。

七、带好残联队伍，全心全意为残疾人服务

我们的事业需要一支优秀的残疾人工作者队伍。残联要进一步健全组织体系，特别是稳定发展基层残疾人专职委员队伍。要关心基层残疾人工作者的生活，提高他们的业务素质，增强他们的服务能力；要抓好专业人才和志愿者队伍建设，重视专门协会建设，为事业发展提供全面的组织保证。

残疾人事业是一项宏伟的事业，促进残疾人事业进步是长期的艰苦奋斗的过程。

怎样做一名优秀的残疾人工作者呢？我想首先要对残疾人充满感情。我们的工作就是帮助残疾人，为残疾人创造幸福生活。做好残疾人工作，就要不断勤奋学习，这样才会有远大的目光，有分析判断的能力。我们需要

学习的知识太多了，既要学习党和国家的法律法规、方针政策，也要学习与残疾人有关的知识。新同志要加强学习，尽快进入工作角色。老同志也要学习，与时俱进。我们要大力建设学习型组织，互相学习，互相促进，形成良好的学风，还要加强队伍培训，有针对性地制定培训规划，完善培训内容，提高为残疾人服务的能力。

一支好队伍就要有好作风，要全心全意为残疾人服务就要加强作风建设。今年6月，中央对开展党的群众路线教育实践活动进行了部署。开展教育实践活动对于残联系统具有重要的意义。长期以来，残联干部队伍中有很多同志无私奉献，为残疾人事业的发展铺就了道路。但是在我们的队伍中，也有“四风”问题。比如官僚主义、形式主义、浮夸之风，都是存在的。我们要以此次实践活动为契机，改进和加强作风建设。要力戒浮躁之心，沉下心来，深入基层的时候，要认真倾听残疾人的声音，解决他们的实际困难和问题。在机关日常工作中，要以对残疾人极端负责的精神，认真研究问题，把每一件事做细做好。我们的职责就是为残疾人服务，残联不能让残疾人觉得隔阂与陌生，而要让残疾人觉得可亲近可依靠。要坚决反对享乐主义和奢靡之风，保持艰苦奋斗、勤俭节约的作风。想一想残疾人的痛苦和困难，我们更要恪守“人道、廉洁、服务、奉献”的职业道德，真正把残疾人放在心上，把为残疾人谋幸福作为崇高的理想，为残疾人服务鞠躬尽瘁，无怨无悔。

未来五年，是残疾人事业发展的又一个新阶段。我们要认真贯彻党的十八大精神，把中国残联六代会描绘的宏伟蓝图变成现实。实施好“十二五”发展纲要，制定实施“十三五”发展纲要，落实规划年度任务。我们干事业要有胆识，要有谋略，还要有气魄，要以只争朝夕的精神，为8500万残疾人改善生活状况，让他们早一天与全国人民一道迈入小康生活。为此，我们一定要不怕困难，勇挑重担。在为残疾人创造幸福生活的时候，我们的人生也一定是有意义的。

同志们，希望新一届主席团加强自身建设，健全工作和监督机制。每一位主席团成员都要围绕全会中心工作和主席团工作要点，密切联系残疾人，积极参加各项活动，向理事会提出意见和建议，并监督落实，支持配合理事会做好相关工作。让我们群策群力，共同把工作做好。

各位委员，残疾人事业是中国特色社会主义事业的重要组成部分，承载着残疾人的梦想和期盼。让我们团结奋进、满怀信心，为残疾人创造更加幸福美好的生活！

三、各专门协会文件

中国残联给各专门协会第五届委员会主席、副主席的致敬信

尊敬的中国残联各专门协会第五届委员会主席、副主席：

首先向你们致以崇高的敬意！

五年来，在邓朴方名誉主席的亲切关怀下，在张海迪主席和中国残联的正确领导下，各位主席、副主席带领各专门协会强化思想自觉、事业自信、责任担当，坚持围绕中心、服务大局、活跃基层，在履行“代表、服务、维权”职能中，实现“五个增强”；坚持“发扬民主、增长才干、教育自律”的要求，开展创先争优活动，着力素质建设、能力建设、制度建设和作风建设，打造“学习型、服务型、创新型”协会组织，把协会重心向基层倾斜、向农村延伸，焕发出生机和活力；坚持在推进残疾人社会保障体系和服务体系建设中，把握定位、突出重点、突破难点，促进协会之间、协会与残联、协会与地方、协会与社会组织工作相互融合，为推进残疾人事业发展更好地发挥了独特优势和重要作用。

协会工作的成绩，得益于党和国家的亲切关怀，得益于改革开放创造的良好环境，得益于社会各界的共同关心，得益于广大残疾人的拥护和支持，更得益于中国残联专门协会委员会第五届主席们的勤奋工作和无私奉献！你们的优秀品格、务实作风、创新精神，鼓舞着我们更加努力去开拓专门协会工作新局面。

中国残联第六次全国代表大会高举建设中国特色残疾人事业伟大旗帜，凝聚人心汇才智、振奋精神创未来。敬爱的各位主席中，有一些同志将要退出协会领导岗位，薪火要相传，新老需交替，这是事业不断传承与进步的必然。你们对协会建设与发展的赤诚之心清晰可见，你们辛勤奋斗的可喜成果历历在目。广大残疾人永远铭记你们做出的突出贡献，同时殷切期待你们一如既往地关心、支持协会的发展。各协会新一届委员会一定不会辜负你们的希望和广大残疾人的重托，发扬协会优良传统，为实现中国残联第六次全国代表大会提出的宏伟目标而奋斗！

祝愿各位主席身体健康，工作顺利！

中国残疾人联合会

2013年9月15日

中国残联专门协会五年工作综述

2008年以来，中国残联在《中共中央国务院关于促进残疾人事业发展的意见》指引下，积极培育协会进一步强化服务创新、融入工作大局、增强组织活力、促进全面发展；各级残联认真贯彻实施《中国残疾人事业"十二五"发展纲要》，全面推进残疾人社会保障体系和服务体系建设，为专门协会组织建设、制度建设、思想建设和整体发展奠定了扎实的基础；专门协会高举人道主义旗帜，肩负光荣使命，强化思想自觉、事业自信、责任担当，重在自身能力建设，实行融合式发展战略，创造了健康活跃和快速发展的新局面。

一、加强组织建设，活跃协会工作

目前，全国市区（县）两级残联已建立专门协会1.5万个，占应建的94%，1760多个协会进行了社团登记，占28%。各级残联驻会的盲人、聋人理事增加了11.5%。协会领导班子年轻化、知识化、专业化程度有了很大提高。2006年，中国盲协率先开展社团法人登记试点，成果显著、经验可循。2011年，中国聋协、中国肢协、中国智协、中国精协相继完成社团登记，积极探索工作新思路、新举措和新模式；加强制度建设，创新工作方式，改进服务手段，主体地位得到加强，代表性更为突出，法人意识、服务意识、维权意识、责任意识不断增强，主观能动性充分发挥；募集资金有法可依，募捐渠道有所拓宽；社会影响力日渐显现，国际形象明显提升。协会配合残联中心工作，开展了更有特色、更具实效、更贴近基层残疾人需求的各项活动；盲协、聋协、肢协工作积极活跃，智协、精协获得较快发展。

二、坚持发展方向，培育良好环境

中国残联遵循朴方名誉主席对专门协会工作的重要讲话和贺信精神，突出"协会主体地位"，重视协会发展。各协会不负重托，"勇敢担当起本类残疾人利益代言人、服务组织者和权利维护者的角色"。残联组织的"共性"更好地在协会的"个性"中得以体现；贯彻海迪主席"珍惜专门协会法人登记来之不易的机会，促进各项工作全面健康发展，展示中国残疾人事业的形象"的指示；按照新宪理事长"增强责任感和使命感、增强组织活力和发展动力、增强亲和力和感召力、增强国际合作交流影响力、增强自我教育和管理能力"的要求，坚持正确的发展方向，充分发挥协会在建设中国特色残疾人事业中的积极作用。

中国残联着力培育专门协会，明确工作定位、制定指导原则、形成有效机制；残联各业务部门积极支持协会工作，提供服务保障，与协会形成良性互动，为协会建设创造了更为有利的环境；协会坚持"残联领导、部门配合、协会参与"的工作机制，突出重点、突破难点、推动创新，使协会更加务实、更好发挥独特优势，得到残疾人和社会的好评。

三、强化自身建设，提升整体能力

协会配合残疾人事业发展大局，深入开展"创先争优"活动；围绕残疾人组织"强基育人"工程，着力素质建设、能力建设和制度建设；打造"学习型、服务型、创新型"协会组织；把工作重心向基层倾斜、向农村延伸，展现出生机和活力。调研能力显著提升。各协会把提高调研能力摆在能力建设的重要位置，各类调研报告数量质量大幅上升，部分调研成果被吸纳到全国人大、政协"两会"提案和建议之中，为残疾人工作科学决策提供了重要依据。学习能力普遍提高。各协会深入开展读书学习文化活动，内容丰富、特色突出、形式多样，使学习能力成为协会基础能力建设的标志。维权能力得到增强。各协会把维权能力建设作为强化职能、发挥主体作用的核心内容，推动国家有关部委出台相关规章和服务自律标准，使协会在维权实践中长才干，在自我发展中强素质。对外交流能力得到锻炼。协会积极参与联合国《残疾人权利公约》履约工作，出色完成各自"影子"报告，即《关于联合国〈残疾人权利公约〉中国履约报告的非政府组织报告》，为我国的履约报告顺利通过审议做出了贡献，也树立了良好国际形象；加强与国际组织交流合作，参加"消除障碍·促进融合"国际论坛等活动，产生了越来越大的国际影响力。

四、倡导创新融合，推动事业发展

创新融合发展是协会建设的基本经验，也是五年来协会快速发展的成功路径。各协会之间实现融合。五个协会坚持融合理念、突出特色、科学发展，形成了协会协同办事的优势。共同设立项目评估和监审委员会，积极探索协会法人治理模式。五个协会分别成立志愿服务队，协同开展社会助残公益活动。协会与残联部门及地方工作实现融合。业务部门坚持服务理念，形成良性互动；各协会坚持面向基层、面向农村、面向西部，积极开展拾遗补阙项目，创造事业整体发展新局面；加强与地方残联合作，融合地方资源，联合开展影响广泛的特色活动，推动地方协会发展。协会与社会组织实现融合。各协会"认真研究社会组织运作规律，充分发挥自身优势"，加强同社会组织的联合与合作，推动社会服务管理，创新发展模式，做好引领示范，提高工作水平。

五、贯彻大会精神，实现四项目标

在坚持以残疾人为本、以实现残疾人全面小康为主题的新时期，协会保持头脑清醒，坚持自强自律，直面存在问题：协会社团法人登记后工作的新机制、新模式尚不够完善；协会发挥社会组织示范作用的能力仍不够完备；协会组织建设、人才培育还不能适应形势发展的需要；协会“三项职能”的履职水平还不够到位。为了充分体现协会组织主体作用，协会要全面贯彻中国残疾人联合会第六次全国代表大会精神，实现四项目标。

（一）围绕“强基育人”工程，实现学习型协会目标。按照朴方同志“发扬民主、增长才干、教育自律”的要求，协会要加强思想建设，着力素质建设，增强组织建设，加大作风建设，提高科学化管理水平。

（二）围绕品牌化活动项目，实现服务型协会目标。协会要以多样性品牌活动项目凝聚人心、服务残疾人，强化能力建设，帮助指导基层，活跃地方协会。

（三）围绕社会化科技助残，实现创新型协会目标。协会要推动创新发展，动员社会力量，加大科技助残。加强评估监审，完善制度建设，提升工作效能，形成长效机制。

（四）围绕社会服务理念，实现社会组织建设示范目标。协会要坚持与社会组织联系与合作，发挥桥梁纽带作用，突出协会特殊优势，“站在更高的起点，以更开放、更积极的心态走向社会”。

中国盲人协会名誉主席李志军在中国残联第六次全国代表大会盲人代表会议上的报告：融入大局，创新发展，不断开创盲协工作的新局面

2013 年 9 月 18 日

我代表中国盲人协会第五届委员会，向中国残联第六次全国代表大会盲人代表会议报告工作，请予审议。

五代会以来的五年是中国残疾人事业取得辉煌成就的五年。作为残疾人事业重要组成部分的盲人事业也得到了长足发展，广大盲人的生活状况和参与社会生活的环境明显改善，在中国残联的正确领导下，各级盲人协会在推动组织建设、深化业务服务、履行维权职能等方面做了新的探索，取得了新的成绩。

一、五年来的工作

中国盲协认真落实中国残联对专门协会工作的部署，围绕中心，服务大局，充分发挥“代表、服务、维权”的职能，以组织制度创新为动力，以发挥桥梁纽带作用为核心，以保障盲人利益为目标，以服务盲人为重点，积极探索协会工作的新特点、新规律，努力开创协会工作的新局面。

（一）加强自身建设，促进组织发展

按照中国残联党组“五个增强”的要求，中国盲协不断强化自身建设，提升服务能力，推进协会工作更加规范，努力创建“学习型、服务型、创新型”协会组织。

——增强责任意识，发扬创新精神。中国盲协领导班子团结协作，锐意进取，认真学习贯彻党的重要文件和残疾人工作政策法规，自觉“发扬民主，增长才干，教育自律”，创新工作方式和手段，不断探索协会工作的新思路、新举措。

——强化制度建设，推进持续发展。中国盲协相继建立健全了各项规章制度，制定了《中国盲协委员会工作规则》《社团财务管理办法》《公益项目管理办法》《公益项目资金管理办法》《聘用人员规定》等，特别是以民政部社会组织规范建设标准为依据，从内部治理、工作绩效、财务核算等方面完善了工作制度，使协会工作更加科学、规范、有序。2012 年协会主动参加了公益性社团评估工作，被民政部评为全国公益性社团最高等级的“4A 级社会组织”。2012 年经过严格审查，协会还获得由财政部、民政部和国家税务总局联合审核批准的“公益性捐赠税前扣除资格”，提高了协会的公信力和影响力。

——发挥组织作用，提升服务能力。中国盲协相继成立了“全国盲人阅读推广委员会”、“盲人钢琴调律师委员会”、“盲人家长委员会”、“视网膜病变者委员会”等专门委员会，开展了一系列符合盲人特点的工作。如：积极推动各地成立盲人阅读推广组织，开展各种形式的阅读“扫盲”活动，目前会员已发展到数万人；成功举行了“首届全国盲人钢琴调律职业技能大赛”，开展盲人钢琴调律职业展示和推介活动，制定了盲人钢琴调律行业服务规范和技术操作标准；多次组织开展盲人家长培训、亲子活动和参观体验活动，编写了《视障儿童家长指导手册》，增强了家长的教育能力和维权意识；多次举办有关视网膜病变的专家讲座和病友沙龙，开展视网膜色素变性基因检测咨询服务活动；建立了各委员会的网站。各委员会的工作增强了协会活力，扩展了协会的服务范围。与其他协会工作融合，分别成立志愿服务队，积极开展志愿助残等社会公益活动，回报社会，造福残疾人。

——探索社会化方式，整合社会资源。从 2009 年至 2013 年 7 月 31 日，共接收社会捐赠 1985.39 万元，其中资金收入 1192.16 万元（不包括残联每年拨给盲协的经费），物资捐赠折合 793.23 万元；资金总支出 1140.06 万元，其中项目支出达 89.61%。协会网站建立了爱心捐赠和信息公开栏目，做到捐赠情况、年检资料、审计报告、年度工作报告、项目实施情况等信息向社会公开。

——推动组织建设，加强能力培育。全国各省、自治区、直辖市以及近 100% 的市和市辖区、90% 的县（含县级市）建立了协会组织。共同开展活动，带动地方工作；通过举办主席培训班、专职理事培训班和骨干培训班，增强地方协会组织的能力建设；通过开展基层协会“创先争优——创新奖”评选活动，促进基层协会更加活跃。

（二）代表盲人利益，促进权益保障

作为盲人利益的代表者和权益的维护者，中国盲协真诚倾听盲人呼声，真实反映盲人诉求，维护盲人合法权益。

——积极参与涉及盲人权益政策法规的制定和修订工作。参与《无障碍环境建设条例》《残疾人教育条例》及残疾人事业发展纲要等法规与政策的起草，力争从源

头保障盲人的利益；通过政协会议等多种方式建言献策，为盲人争取更多参与、共享的机会。

——参与中国政府联合国《残疾人权利公约》《儿童权利公约》履约报告的审核工作，向联合国提交了中国盲协《关于〈残疾人权利公约中国履约报告〉的非政府组织报告》以及《关于〈儿童权利公约〉执行情况的非政府组织报告》，并组织了公约的宣传培训工作。

——积极协调中国银监会解决盲人办理银行业务方面的障碍，力促银监会办公厅下发了《关于银行业金融机构加强残疾人客户金融服务工作的通知》，中国银行业协会连续两年发布《关于进一步完善残障人士银行服务的自律要求》和《关于进一步改进无障碍银行服务的自律约定》。协调国家药监局重视盲人安全用药，增加盲文标识。

——普及法律知识，在盲人中开展各种形式的公民意识教育和维权讲座，提高盲人的法律意识和维权能力，及时解决侵害盲人利益的突出问题。

——积极推进宣传导盲犬工作，组织制定导盲犬业规范化建设标准，筹备成立中国导盲犬工作指导委员会。

——举办“视障高等融合教育研讨会”，推动我国视障高等融合教育发展和视障人教育权利的落实；举办“盲人辅助器具创新发展研讨会”和盲人辅助器具展览，推动盲人无障碍技术的研发，为盲人特殊需求提供科技支撑。

（三）围绕盲人需求，做好特殊服务

针对盲人多层次、多样化的需求，中国盲协采取社会化工作方式，提高服务能力，扩大服务领域，增强工作的针对性和实效性。

——康复方面。吸收社会资源，配合开展爱心助盲白内障复明手术，使460多名白内障患者重见光明；开展中央财政支持社会组织示范项目——中途失明人士社区康复重建，500余名中途失明人士接受培训，重返社区生活和主流社会；与康复部合作，举办三期省级盲协主席定向行走培训班，推动地方开展工作；为有特殊困难的盲人或多重残疾的盲人提供辅助器具和指导帮助。

——教育方面。积极推进不同阶段的盲教育发展，帮助家长正确指导盲童；直接参与特教方面的考察、调研和评估工作，就盲童学前教育、多重残疾盲童教育、高等融合教育等问题提出建议；建立网上盲人远程教育平台，与北京联大特教学院合作，开展了盲人针灸推拿专业及专升本远程学历教育，2009年至今有500余人参加了学习；与国际劳工组织宁夏专家组合作，开展4期“SIYB创办和管理你的企业”远程培训，220余人参加培训并获得了国际劳工组织颁发的等级证书；举办“大家说英语”初级班、“时尚美式英语”中级班、“彭蒙惠英语”高级班及按摩英语网络培训，300余人在线学习。

——就业方面。努力推进盲人按摩特别是医疗按摩事业发展；积极探索盲人就业新途径，开展了盲人心理咨询师培训，300余人接受培训，100余人获得2级或3级心理咨询师职业资格；举办盲人“国家职业心理咨询师”培训及认证鉴定考试；举办了盲人钢琴调律与维修职业技能在职培训、电话客户服务培训和盲人速录师培训，并积极协助做好安置工作；为鼓励创业带动就业，开展“盲人创业之星”评选活动，10名盲人被评为“全国盲人自强创业之星”，50名盲人获得“自强创业奖”。

——农村扶贫开发方面。在中央财政、中国红十字基金会光明天使基金、凤凰基金的支持下，在中西部20多个省开展了“农村盲人按摩和种养殖业培训”，目前已培训1600余人，参加培训的绝大多数农村盲人走上工作岗位，摆脱了贫困，实现了自身价值。

——信息无障碍方面。为促进盲人融入现代信息社会，提高盲人生活质量，协会积极参与《无障碍网站设计标准》制定工作；连续8年参与举办中国信息无障碍论坛；与中国残联就业服务指导中心联合推进盲人电脑培训，举办13期全国盲人电脑师资培训班，近400人接受培训，有效推动了地方培训工作；举办“微软杯”、“腾讯杯”以及中学生盲人电脑技能大赛；建立了网上盲人有声数字图书馆；成立盲人信息无障碍技术研发与检测基地，开发了“邦邦听图”验证码识别系统；与兰州大学合作建立信息无障碍联合实验室，研究推动盲文信息处理技术；推进各地公共图书馆建立盲人阅览室。努力消除数字鸿沟，营造无障碍的信息网络环境，促进盲人平等参与社会生活。

（四）促进文化建设，丰富文体生活

为落实中央部委关于残疾人文化建设的精神，不断满足盲人的精神文化需求，为盲人朋友走出家门，平等参与社会生活创造条件，协会开展了丰富多彩的盲人群众性文化体育健身活动。

——多次举办自强模范演讲和公民意识教育活动，用典型事迹鼓舞和激励盲人，提高盲人的精神文化素养。

——每年举办不同主题的征文比赛，如“与祖国共同成长”、“我读书、我快乐、我受益”、“让阳光照亮盲人的心灵”、“记一次难忘的文化活动”、“我的盲协我的家”等征文活动；多次举办文学爱好者笔会和盲人优秀文学作品评选活动，活跃盲人文化生活，提升盲人文化品位。

——每年举办盲人网上迎新春联欢活动，被誉为“盲人的春晚”；举办第三届和“追梦杯”第四届全国盲人歌手大赛；第一、第二届盲人诗歌散文朗诵大赛；与中央人民广播电台合作，举办第三届夏青杯《宏村·阿菊》全国朗诵大赛盲人赛区比赛；举办“心灵的声音”全国盲校学生讲故事大赛；定期举办文学、语言艺术、音乐沙龙，邀请著名艺术家葛兰、方明、濮存昕、曹灿等为盲人讲课，受到盲人欢迎。

——组织盲人参观世博会；在中科院植物园举行了“绿色阳光”科普游园活动；与北京自然博物馆联合举办“触摸自然、感知生命”盲人触摸展等。

——积极推进盲人群众性体育健身活动，开展盲人乒乓球、保龄球、中国象棋、五子棋等群众体育活动，举办了中国象棋培训班及第三届全国盲人中国象棋大赛；

与香港快活谷狮子会合作，举办“快活谷狮子会杯”中国象棋残健共融团体赛；举办了盲人五子棋个人赛等；组织盲人代表队参加明眼人举办的智力运动会和象（翻）棋比赛；连续7年举办盲人马拉松比赛；每年举办盲人登香山、赏红叶活动；两次组织“触摸母亲河·穿越腾格里”——盲人徒步沙漠行活动；组建盲人龙舟队参加长江国际龙舟赛；与侠友心社合作，举办盲人太极拳师资培训班。

（五）加强国际交流，树立协会形象

——多次参加世界盲联和亚太区盲联会议，在国际盲人组织中发挥积极作用。

——多次接待国外及港澳台盲人组织来访，开展友好交往与合作。

——开展文化交流，组织境外文艺团体美国克莱维诺钢琴三重奏乐队、瑞迪克乐队、台湾盲人艺术团等进行公益演出，受到公众欢迎。

各位代表，回顾五年来的工作，我们为取得的成绩而感到欣慰。这些成绩的取得是协会集体团结协作、奋发有为的结果，是广大盲人、各界爱心人士鼎力支持共同努力的结果，是残联正确有力的领导和各职能部门大力支持的结果，也充分证明了协会社团法人登记战略的正确性，显示了协会社会化工作方式的巨大潜力。在此，谨向关心、支持盲人事业的各部门、各单位、各界人士和广大残疾人工作者表示衷心的感谢！同时，我们也认识到工作中还存在需要改进的地方：各地协会工作发展不平衡，有些地区还需要更加重视协会工作；有些协会组织开展工作的积极性和主动性有待进一步增强；盲人日趋多样化的需求与协会组织供给能力不足的矛盾仍很突出，协会人才培育、智力储备严重不足，这些都有待今后加以改进。

二、今后五年的工作

今后五年，中国盲协将在新的起点上紧密围绕事业大局，继续开拓进取，推进盲人事业不断发展，促进广大盲人平等参与社会生活，共享社会物质文化发展成果。重点做好以下工作：

（一）进一步增强大局观和使命感

中国残联第六次全国代表大会已确定了今后五年残疾人事业发展目标，盲人协会作为联系盲人群体的桥梁和纽带，肩负着团结带领广大盲人的历史重任，必须增强做好协会工作的大局观和使命感，围绕中心、服务大局，使协会工作更加符合残疾人事业发展目标的需要，更加符合盲人兄弟姐妹的意愿。

（二）继续深化盲人服务工作

把保障盲人的根本利益作为协会工作的出发点和落脚点，准确把握盲人多层次、多样化的特殊需求，不断扩大服务领域，提高服务能力和水平，增强工作的针对性和有效性，实实在在地解决盲人最现实、最关心、最直接的利益问题。

（三）切实维护盲人合法权益

针对维权工作中出现的新情况、新问题，结合盲人合法权益的特殊性，有效发挥协会维权职能，把维权工作真正做细做实。

（四）广泛开展群众性文体活动

帮助更多的盲人走出家门，广泛参与形式多样的群众文化体育活动，在活动中享受快乐、品味人生、陶冶情操、增长才干，丰富盲人的精神文化生活。

（五）强化自身建设，促进协会发展

充分发挥协会密切联系群众的重要作用和独特优势，把能力建设贯穿于各项工作的始终，不断扩大组织覆盖面和工作覆盖面，增强工作活力，努力创建“学习型、服务型、创新型”协会组织，团结带领广大盲人为残疾人事业做出贡献。

各位代表，我们正处在一个残疾人事业大发展的历史机遇期，国家经济社会的发展为盲人事业奠定了坚实的基础、创造了良好的条件，1700多万盲人的梦是“中国梦”不可缺少的一部分。今年，恰逢中国盲协成立六十周年，邓朴方名誉主席特别题词：“服务盲人俯首耕耘一甲子，引领群众挺胸迈向新纪元”；张海迪主席也题词：“只有心中有光明，就能穿出黑夜，走向美好的生活！”这些都对协会工作给予极大的鼓舞和激励。中国盲人事业任重道远，我们当牢记嘱托、不辱使命、抓住机遇、齐心协力，以更加开阔的眼界、更加务实的精神、更加昂扬的姿态，奋发有为，扎实工作，为开创协会工作新局面、实现协会工作新跨越而努力奋斗！

中国聋人协会名誉主席刘再军在中国残联第六次全国代表大会聋人代表会议上的报告：开拓创新，面向未来，为聋人打造贴心服务的平台

2013年9月18日

我代表中国聋人协会第五届委员会，向中国残联第六次全国代表大会聋人代表会议报告工作，请予审议。

一、踏实勤谨，聋人工作成效显著

五年来，中国聋协认真落实中国残联对专门协会工作的要求，服务大局，履行“代表、服务、维权”职能，发挥桥梁纽带作用，充满朝气与活力，各项工作取得新进展。

（一）围绕中心任务，参与法规制定

协会参与《残疾预防和残疾人康复条例》《残疾人教育条例》《中国残疾人事业“十二五”发展纲要》《网站设计无障碍技术要求》等法规文件的研讨和制定，搜集整理其他国家和地区有关聋人权益及无障碍环境方面的法规、标准并提交有关部门。配合联合国《残疾人权利公约》履约工作，提交中国聋协相关报告，参与国际助残组织的未来战略研讨会议，参加“消除障碍·促进融合”国际论坛，与国内外各类残疾人组织共同见证了关

于融合发展的《北京宣言》的诞生，充分展现了协会的良好形象。

（二）创新工作方法，紧贴地气服务

中国聋协社团法人登记工作于2011年启动，2013年2月完成全部注册程序，同年3月注册成立民办非企业机构“北京语聆听障儿童家长服务中心”，以此平台携手聋儿家长，共同为听力言语残疾人提供服务和保障。

为进一步承接地气，协会在已有聋儿家长QQ群、中国聋协QQ群的基础上，又开通中国聋协官方网站、微博、微信和听障父母育儿QQ群。每周最少有三至四次的专业知识、残联政策等各种信息的宣传，每天提供回复互动，并及时更新。在北京同仁医院和北京301医院建立绿色通道，由志愿者提供听力检查导医服务。发放“听障儿童家庭康复知识手册（二册）”。免费寄出近3千份“用药禁忌和耳聋遗传”小卡片。每年组织百人以上的聋儿家长学习交流会，中国听障儿童网站日均独立访问IP地址约1500个，接受帮助的聋儿家庭近2万个。除开通网上义务咨询、指导外，还建立了值班制度，轮换接待来访者。用各种方式解答问题，传授各种解决方案，不仅传授家长们康复教育的方法，还把自助助人的理念带给了大家。

（三）拓展信息交流，构筑无障碍环境

聋人因听力障碍，最迫切的需求是交流与信息，推动聋人无障碍环境建设一直是协会工作的重中之重。协会与中国残联信息中心、中国图书馆学会联合提出倡议，要求图书馆声像信息资源加配字幕，在国家图书馆首次为听障群体开设加配字幕的讲座并进行网上同步直播，当日网上在线人数超过100万人次。连续三年举办央视春晚网上无障碍直播（文字+视频），2013年收看的残疾人朋友已达28.4万人。

协会针对聋人家庭无障碍、银行系统聋人服务无障碍、医院系统聋人求医无障碍等提出可操作性建议，面向社会呼吁为聋人提供信息无障碍服务，以满足聋人的迫切需求。在有聋人参加的残联系统会议上，为聋人设置同步速录字幕，还将范围扩展到手语研究系统会议上，以投影同步速录字幕保证会场所有聋人，包括主席台就座的聋人领导也能分享会议内容。

（四）填补业务空白，解难题办实事

协会发挥自身优势，填补业务空白，促使五年来出台的相关优惠政策得到有效落实，真正惠及广大聋人朋友。2010年，公安部交管局正式实施允许佩戴助听器达到要求的听力障碍者申领机动车驾驶证的政策，是对聋人首次放开学习驾车。针对各方面规定和服务都是空白的现实状况，协会与北京市、区交管局及德福缘驾校相互配合，不断推出相关措施，填补各项政策空白及服务空白，将聋人学员的特殊需求与驾校现实操作状况紧密联系，历时半年，循序渐进，实现交通法规培训和考试（科目一）设定专场，为聋人学员固定时间和教练员教（学）车，设定路考科目二、科目三考试专场，提供同步速录字幕显示及手语翻译等无障碍服务。截止到2013年6月，仅北京市就有1200多位聋人驾车上路，市交管局特意为聋人驾驶员开通了12122交通短信报警平台。据交管部门统计，聋人驾驶员三年来没有出现大的交通事故。

2012年，按照中国残联《关于广泛开展残疾人家长学校工作的指导意见》的要求，依托北京语聆听障儿童家长服务中心，将康复成功的听障儿童家长的家庭康复经验进行提炼，在线刊登“听障儿童新家长必读手册”，探索家庭康复成功模式，进行“机构引导+家庭康复+个别指导+网络监控跟踪+定期评估+家长培训班”的社区康复模式实践。举办了8期全国听障儿童家长初级、中级免费培训班。为来自美国、日本等国的华人家长开通网上QQ群，通过视频和文字进行指导。为听障儿童家长从发现孩子耳聋时起，就提供相关贴心服务。家庭康复服务不限年龄，覆盖听障儿童及其家庭一生，填补了聋儿康复机构服务的空白。

（五）实施融合战略，开展业务工作

针对聋人群体及其亲属康复、教育、就业、维权等各种需求，协会与各业务部门融合协作，共同推动残疾人保障体系和服务体系建设。与教就部、就业服务指导中心合作，首次专门就聋人单项的就业援助进行部署，开拓动漫、义齿等新型聋人集中就业方向。举办聋人就业创业研讨会，考察调研北京亚美化妆品有限公司、郑州纸袋厂等安置聋人集中就业的单位，努力探讨新时期聋人就业创业的新途径和新措施。

中国聋协手语研究委员会配合教就部，组织了十几个省市聋人参与《中国手语》第三册手语词汇的筛选工作；征询各地聋人对《手语翻译员国家职业标准（试行）》提出修订意见和建议；参与了国家级手语研究项目的手语收集和分析等工作。对涉及聋人群体及其家长的维权问题，协会及时转介维权部，并通过维权部帮助沟通各地维权部门，维护聋人的合法权益。对于七彩梦人工耳蜗及助听器补助等项目，及时转介康复部和聋康中心，并帮助聋人及时申报补助。

与其他协会工作融合，分别成立志愿服务队，积极开展志愿助残等社会公益活动，回报社会，造福残疾人。

（六）展示独特风采，增进社会理解

协会开展各类丰富多彩的特色活动，不断增强群体凝聚力，增进社会各界对聋人群体的理解与支持。在“花开，让你听”活动中，帮助25岁聋人学员阿播在“听障儿童音乐艺术培养项目”中，第一次接触音乐、第一次唱歌、第一次登台表演，令众人为之动容。2012年配合央视“星光大道”全国助残日专题晚会，推出经过有效康复的听障儿童小瑞瑞现场说唱表演，一夜之间改变了众人的传统认识，小瑞瑞成为聋儿家长的新一代康复偶像。

协会与普通小学联合举办音乐会，与普通学前教育机构联合举办听障儿童与健全儿童融合交流活动。每年举办10余场专业讲座活动，普及助听器、人工耳蜗、养生保健、人际交往、教育阅读等知识，为聋健共融、平等享有公共信息搭建更广阔的服务平台。

（七）开展公益活动，有效服务基层

协会作为社会团体，将面向社会劝募、做好捐赠项目作为重点工作之一。协会在提升自身专业水平的同时，努力开拓筹资项目和渠道。前往湖南湘西土家族苗族自治州，为聋儿家长做术前指导；捐助御寒衣物和12台助听器给西藏随班就读聋生，为他们的家长送去康复书籍。2012年成功劝募助听器20台、人工耳蜗6台并负责督导落实；完成10台骨导助听器捐赠并提交调研报告；实施聋儿艺术培育项目和成人语后致聋康复需求调研项目；协调万达商业地产研究部捐赠1.8万元，专款用于困难多残家庭聋儿“一对一捐赠”。五年来协会获捐赠助听器50台、人工耳蜗40台，总价值近200万元。

（八）科学自然复声，造福无喉患者

中国聋协无喉者复声委员会坚持每月一次言语复声康复交流学习例会，五年间有8700多人次参与学习；举办26期言语复声康复培训班和病理心理康复学讲座，1046位无喉者摆脱了“失语”的心理阴影；每年召开4次病理言语康复研讨会，不断调整教学方法，使言语复声康复的质量获得提高。据统计已有370多人重返原工作岗位，5位律师重归法庭为当事人辩护。

协会每年走访各大医院耳鼻喉科，为患者做术前和术后心理辅导，传授言语康复的基本要领，为以后复声康复打下基础。多次举办自费郊游，为年老体弱、行动不便的无喉患者恢复健康、放松心情提供服务，并对家庭困难的无喉患者提供捐助。

五年来，在各级残联、聋协的大力支持和共同努力下，在各有关部门、单位和各界人士的热心帮助下，中国聋协工作取得了新的进展，有力促进了聋人状况的改善。在此，谨向关心聋人朋友，支持聋协工作的各部门、各单位、社会各界人士和广大残疾人工作者表示衷心的感谢！同时，也要看到，聋人的状况与社会平均水平相比还存在着很大差距，聋人教育质量仍滞后于普通教育，就业率有待提高；社会对聋人的歧视、偏见和障碍仍然不同程度地存在；聋人信息交流无障碍、全面融入社会生活仍面临种种困难和问题，基层聋协工作有待进一步活跃。

二、任重道远，实现融合开拓创新

今后五年，中国聋协将认真贯彻落实中国残联第六次全国代表大会精神，以“三个活跃”为努力方向，促进聋人朋友们平等参与社会生活，共享社会物质文化发展成果，与全国人民共同实现全面小康。

（一）提升协会综合能力，推行社会化工作方式

协会要进一步加强能力建设，切实提高服务大局、科学发展的能力，坚持在残联领导下，围绕中心任务开展工作，与业务部门和其他专门协会有机融合、密切配合，履行好“代表、服务、维权”职能。利用微博、微信、网站论坛和QQ群等工作平台，开展研讨交流、讲座等各种特色活动，为广大聋人在更高层次、更宽领域参与社会生活架桥铺路。借助社会力量并采取社会化工作方式开展工作，提高社会活动能力，努力创建聋协工作社会化的格局。

（二）探索法人长效机制，推动设立服务中心

总结法人体制下的工作经验，探索协会工作新特点、新规律，创新工作方式和手段，不断提升工作水平。充分发挥主观能动性，健全运作机制，完善工作制度，建立活跃聋协工作的长效机制。推动聋人服务中心的设立，为聋人急需的养老、家政、翻译、速录、求医、旅游等提供贴心服务。

（三）促进聋人就业创业，开展特色宣传活动

配合有关部门研究解决当前聋人就业创业工作中的问题；努力探索适合聋人的就业岗位；鼓励和支持聋人开拓新的就业和创业领域。在各级残联支持下，开展针对性较强的职业技能培训，增强聋人创造力。宣传推广聋人就业创业的先进典型，发挥引领示范效应。

鼓励并指导基层聋协工作更加活跃。开展聋人视觉艺术（美术、书法、摄影等）展览或比赛等活动。每年至少举办10场专业知识讲座，丰富聋人的文化生活并宣传呼吁社会对聋人群体的关注和支持。

（四）联系实际深入调研，有效反映特殊需求

深入聋人群体之中，特别是对处境较差、生活困难的聋人有针对性地开展调研，了解需求和愿望，倾听意见与呼声，摸清真实情况，反映实际问题，提出解决方案。配合维权部，推动聋人驾驶机动车等工作进程，向“两会”递交高质量提案；开展事关聋人切身利益的工作，维护聋人的合法权益。配合教就部、国家手语盲文研究中心，协助中国手语培训（浙江）基地，做好“国家通用手语标准”项目工作。

（五）创造信息交流无障碍，努力优化无障碍环境

协调解决聋人求医无障碍、家庭无障碍等问题，引领聋人共享信息无障碍。配合有关部门研究制定信息无障碍标准，配合研发、推广实用的聋人辅助用品。做好春晚及影视作品、网上视频等加配字幕工作。做到有聋人参加的会议必有速录同步字幕全覆盖，力争聋人朋友们能够平等享有更多的无障碍成果。

（六）普及家庭康复理念，打造聋儿家长服务平台

依托北京语聆听障儿童家长服务中心，普及听力康复全面教育的正确理念，继续采取网络、电话、当面指导等有效方式，个别指导培训百名听障儿童家长；每年举办8期免费聋童家长培训班，举办聋童家长工作研讨活动，为聋童家长提供专业到位的全程服务。

（七）做好无喉复声工作，援助言语心理自然康复

依托上海无喉者复声专业委员会，每月举行一次言语康复交流会议，每年举行两次“病理言语康复研究会”学术研讨会、两次复声康复培训班。每年两次邀请专家为无喉者讲解心理、生理保健营养康复知识。定期走访上海市及其他城市的三级甲等医院。指导各省市无喉者组织，走访交流经验，提升专业水平。

各位代表，中国残联第六次全国代表大会已制定未来五年残疾人事业发展战略，科学谋划发展蓝图，努力推动残疾人实现全面小康。中国聋协要在中国残联领导下，深入贯彻落实科学发展观，解放思想，真抓实干，为聋人打造贴心服务的平台，开拓聋协工作新局面，为促进聋人平等充分参与社会生活而努力奋斗！

中国肢残人协会主席徐凤建在中国残联第六次全国代表大会肢残人代表会议上的报告：弘扬人道，勇于担当，努力实现融合发展新目标

2013 年 9 月 18 日

我代表中国肢残人协会第五届委员会，向中国残联第六次全国代表大会肢残人代表会议报告工作。请予审议。

一、五年来的工作

过去的五年，是我国经济与社会事业持续健康发展的五年，也是残疾人事业快速发展的五年。在中国残联领导支持下，协会秉承历届委员会光荣传统，不断加强自身建设，围绕残联中心任务和广大肢残人迫切需求，加强能力建设，积极探索活跃基层和服务基层的工作机制与方法，拓展服务领域，基本完成第五次代表大会提出的各项任务，初步实现了创新型建设和跨越式发展。

（一）加强协会自身建设，逐步完善工作机制

协会认真履行“代表、服务、维权”职能，着力在工作机制上创新、突破、大有作为。按照“三个活跃”要求和“接地气”需要，协会探索建立专业委员会的形式，先后建立了由上海市肢协承担日常工作的无障碍委员会、陕西省肢协承担的轮椅·汽车俱乐部、浙江省肢协承担的脊髓损伤者委员会，北京市龙业文化中心承担的失肢者委员会、重庆市肢协承担的口足书画联谊会、大连市肢协承担的青年工作委员会等六个以致残病因和业务门类划分的内设机构，邀请部分协会委员和社会知名肢残人士担任专委会委员，聘请专家和爱心人士担任顾问。专委会广泛团结各地各界各类肢残人朋友，联系各行各业，发动社会力量，服务肢残人群体，发挥了十分重要的作用。

为适应社会建设和残疾人事业的发展形势，2011 年 11 月，中国肢协在民政部注册登记为国家级社会团体，以独立法人的形式开展工作。经过实践，协会已初步具备社会团体开展常规工作的基本条件。

（二）倾听基层呼声愿望，维护群体合法权益

协会号召广大肢残人树立乐观进取、奉献社会的精神，动员社会进一步关心帮助肢残人。经中国残联批准，将每年 8 月 11 日定为全国肢残人活动日。2010 年第一次全国肢残人活动日的主题为“消除障碍、快乐出行”，积极配合宣传国家放宽残疾人驾驶汽车体检标准。2011 年的活动日主题是“热爱学习，改善生活”，协会通过网络举办“全国基层工作交流会议”，中国残联主席张海迪、理事长王新宪等参加网络交流，向全国肢残人及其家属致以亲切慰问，对协会工作提出殷切期望。全国绝大部分县以上肢协都开展了丰富多彩的群众性活动。

针对肢残人迫切希望合法驾驶机动车的呼声，协会多次通过中国残联领导和人大代表、政协委员向国家有关部门反映情况，提交数千名肢残人签名信，提供政策依据、操作设备和培训方案。在邓朴方名誉主席等各位领导的推动下，部分下肢残疾人和听力残疾人驾驶机动车政策终于在 2010 年 4 月 1 日得以突破，使残疾人实现了多年梦想。协会积极推动各地就近就便开展培训工作，倡导遵守交通规则和文明安全行车。2011 年，会同中国聋协和陕西省残联举办全国首次残疾人汽车场地邀请赛，110 位来自全国各地和港澳地区的车手驾车进入赛道体验激情，填补了国内汽车运动史上的空白。协会以“建议、提案”等形式向有关部门反映上肢残疾人驾驶汽车的要求，目前正在积极争取之中。

针对各地不时发生的机动轮椅车群访事件，协会坚持维权和维稳兼顾原则，总结推广杭州市、长春市肢协经验，通过各种方式指导基层协会既维护肢残人驾驶员合法权益，又维护地方社会稳定局面，协调相关部门，采取措施改善肢残人生活状况，化解社会矛盾。

（三）探索协会工作方式，密切联系基层群众

协会履行三项职能，植根于基层群众。协会与中国残人杂志社合作开展“我与协会工作”征文活动，每期登载两篇基层干部工作体会和经验，收到很好的效果；同时协会发动各省级协会收集各类活动典范，汇编成册下发全国基层组织，指导基层开展工作；上海市“读书会”开展智力助残，坚持十多年团结帮助肢残人；浙江省支持六名脊髓伤友创建“站起来”网站帮助全国伤友；山西省长年开展柔力球、太极操等健身活动；福建省举办“同仁论坛”，推动社会组织创新发展；贵州省创办网站吸纳肢残人就业；广东省、辽宁省丰富的文化活动等经验在各地协会中引起热烈反响。

协会依托陕西省肢协创办中国肢残人协会网站，为各地协会提供实用信息，宣传残疾人事业和肢协开展服务内容，成为展示我国肢残人人文风采和服务工作的一个重要窗口。中国肢协和各地肢协普遍建立协会骨干 QQ 群，及时了解需求，交流经验，发布信息。通过网络召开全国工作会议、新年联欢会和“学习党的十八大文件经验交流会”，提高服务基层能力。

（四）建立战略合作机制，有效整合社会资源

协会以残联相关机构为主要阵地，以社会单位为广阔天地，不断挖掘社会资源，拓展服务领域，与爱心单位结成公益战略合作伙伴。与中国残疾人福利基金会、残疾人杂志社等建立了以项目为载体的合作框架，开展

研究和服务活动，丰富、发展并延伸双方业务领域。根据工作任务需要，整合社会资源，建立一批高质量的合作基地。与同济大学及中国盲协、中国聋协、现代设计集团和上海市政设计总院联合创办全国无障碍工程联合研究中心，为硕士研究生开设无障碍专修课程，设计了高校校园无障碍改造方案，建立无障碍建设研究题库，为全国残疾人工作示范城市干部举办专题培训班，推出无障碍技术标准试用教材，首次召开全国促进城市轨道交通无障碍环境建设座谈会；与清华大学联合创办提高肢残人企业家管理能力培训基地，开办两期培训班，近200位肢残人成功创业者第一次走进国家最高学府接受现代管理知识，获得最新经济信息；与国家海关总署建立为贫困地区残疾人捐赠生活和学习用品的工作机制，2013年起，协会分配和协调、贫困地区残联和肢协具体落实海关物资的捐赠机制已经试运行，首批捐赠物资达20余万件，覆盖4省10个地区，惠及10万残疾人；与国家住建部联合在山东济宁市残疾人集中就业基地开展工业厂房无障碍建设试点工作，住建部专家称其为全国乃至世界无障碍厂房建设的首例；与国家机关青联共同开展“为你建个家”助残帮困活动，向广西西林地区贫困残疾人送去农用机械和家用电器；与美年大健康管理公司合作，为全国500多位肢残人建立“免费、定额、优质”的健康体检机制；与北京丰台广济医院订立“重塑未来”肢残少年儿童康复矫治医疗救助长期合作协议，为首批10名贫困肢残青少年实施免路费、住院费、手术费和生活费的矫治手术；与内蒙古通辽市蒙犇生物肥业有限责任公司联合开展推进基层群众体育文化活动项目；与仁爱集团合作，设立“畅行基金”，用于各协会推进无障碍、筹募电动轮椅及导盲犬推行等专项活动；与上海阳光康复中心、南京瑞鑫医院、缘杏源中医门诊部、卫美恒公司、可靠护理用品、博菲医疗用品公司及爱生雅集团公司等围绕脊髓损伤康复建立合作关系；与长安汽车集团建立适合肢残人驾驶的经济型轿车的研发载体，组织“长安助你世博行”驾车宣传活动；与上海国际展览中心建立以无障碍建设和辅具研发为主题的活动平台；与广东东方医疗设备有限公司联合举办“辅具创新设计大奖赛”，填补了我国此项空白；在山东省淄博市林业集团设立创业示范基地；在重庆市奇人奇才馆设立口足书画培训示范基地；在浙江省亚龙雕塑艺术培训中心设立文化创业培训基地；会同工信部在重庆大学设立信息无障碍工程研发中心。

与其他协会工作融合，分别成立志愿服务队，积极开展志愿助残等社会公益活动，回报社会，造福残疾人。

（五）推广中途之家模式，提供伤友特殊服务

为帮助脊髓损伤者减轻由于并发症带来的长期困扰，满足其特殊需求，在中国残联和中国残疾人福利基金会支持下，借鉴台湾地区经验，从2009年开始在上海、浙江、河南和广西开展了创建“脊髓损伤者中途之家”试点工作。从研讨服务模式、筛查伤友（脊髓损伤患者）、编写康复指导手册、配备简易康复设备、培训社区康复指导员，到定期开展社区中途之家康复交流活动、走出家庭走向社会、辅助器具适配和护理用品配发、建立热线与网站、农艺培训和网上就业，推广有中国特色的脊髓损伤者社区服务模式并还在逐渐完善。参加中途之家的许多伤友长期沉闷的心情开朗了，压疮和尿路感染等常见并发症有了预防和治疗手段，离不开家人照料的伤友现在能够独自使用轮椅车出门远行，年轻的伤友通过网上创业等渠道找到了就业机会。

中途之家服务模式试点经验得到中国残联、中国残疾人福利基金会充分肯定。张海迪主席两次参加中途之家交流会，深入中途之家与伤友亲切交谈，并为指导手册作序。王新宪理事长等领导同志先后做出重要批示，康复部、组联部指导中途之家活动，帮助筹集试点经费、总结推广试点经验。中国残联办公厅下发《关于转发〈上海市脊髓损伤者中途之家工作方案〉的通知》，康复部将脊髓损伤者中途之家建设纳入《全国社区康复“十二五”实施方案》。目前上海、浙江、河南、广西、安徽、江西、福建、广东、湖北、河北、黑龙江、重庆、云南、宁夏等14个省（市）的35个地市建立了中途之家，注册伤友超过1000名。中途之家服务模式已在国内外医学界、境内外残疾人群体中引起了高度关注。

（六）融合地方残联资源，活跃基层文化生活

传承协会创立“你行我行大家同行”的服务品牌，以基层喜闻乐见、健康有益和简易实用为原则，会同地方协会联合举办活动。与青岛市残联联合举办“第二届全国肢残人业余歌手邀请赛”，15个城市的代表用美妙的歌声表达对祖国、大自然和生活的热爱；与甘肃省残联联合举办“弦月之美、走进西部”全国西部首次肢残人诗歌朗诵邀请赛，13个省区市代表的诗作文采飞扬、朗诵声情并茂；与安徽省残联合作举办“轮椅登黄山”活动，来自全国的40余位脊髓损伤者，在50余位志愿者帮助下登上雄伟的玉屏峰，使重残朋友梦想成真；满足上肢障碍者展现口足书画的特殊需要，与广东省残联合作，首次举办“全国双上肢障碍者书画和技能展演”，场面震撼感人。协会先后组织口足书画联谊会成员参加四川省残疾人艺术节和第八届全国残疾人运动会，与中国盲文出版社共同举办“第二届全国口足书画展演”，为口足书画家搭建了一个展示独特风采的重要平台，弥补我国在该领域组织活动的空白；与北京汇天羽社会组织合作，在上海、太原等地推广柔力球、太极操等健身活动项目，满足肢残人康复健身需求。与湖北省宜昌市合作举办“全国肢残人柔力球邀请赛”，15支代表队参加了团体和个人项目的比赛。组织柔力球表演，为我国残疾人体育代表团出征伦敦残奥会壮行。

（七）发挥榜样引导作用，做好青年培育工作

积极配合中国残联组织的两年一度创业之星表彰活

动和创业论坛，注意把新涌现出来的先进典型吸收到协会各项工作和活动中来发挥作用；积极培育肢残青年骨干力量，搜索各类媒体有关残疾人自强不息典型资料，及时转载上网，让各地先进人物的事迹鼓励广大肢残人克服困难，奋力前行；支持“多帮帮”网上就业培训工作，帮助各地肢残人网上开店，使一批重度肢残人足不出户实现就业梦想。协会和盲文出版社共同启动反映全国优秀肢残人事迹《我的兄弟姐妹》丛书的编写工作。

与大连市残联合作举办了两期青年骨干培训班，中国残联领导亲自动员并授课，还邀请地方残联领导和专家为全国60余位青年委员介绍中国残疾人事业的发展历史、残疾人工作的基本理论、社会工作的方法技巧。培训班充分发挥青年骨干的特色，激发活力和创造力，为推动地方协会工作做好优秀人才储备。

回顾过去五年的探索与实践，我们深切感受到：点点滴滴的进步和显著成绩都离不开中国残联和地方残联及有关部门的大力支持，离不开委员会和地方协会的智慧、创新与奉献，离不开广大肢残人和社会各界人士的热心帮助，在此，谨向所有帮助中国肢协工作和关心肢残人朋友的人士表示衷心感谢和崇高敬意！

我们清醒地看到，由于认识水平和工作条件所限，协会的许多工作距事业发展要求，距基层协会和广大肢残人朋友的期望还相差很远。在推动基层协会“三落实”，在维护肢残人群体合法权益，在配合中心、服务大局、活跃基层，在联系社会组织等方面，协会工作仍有许多不尽人意之处，需要在今后的工作中加以解决。

二、今后五年的工作

今后五年是我国全面建成小康社会的重要时期，是残疾人事业两个体系建设的攻关时期，是专门协会加快成长的特殊时期。为此，向新一届委员会提出以下工作建议：

（一）进一步加强自身建设，增强协会服务能力

采取多种方式加强委员会全体委员的学习和教育，把认识统一到中国残联第六次代表大会确定的指导思想与工作方针上来。要按照章程规定和中国残联主席团的要求，夯实协会基础工作，加强服务能力建设，抓好干部配备、经费筹募、项目策划、组织实施、宣传推介等各个工作环节，积极审慎地发展团体会员，完善并透明财务和档案管理，努力推动协会工作更加规范化、专业化。

（二）进一步优化组织架构，提高协会服务效率

在认真总结协会内设机构经验的基础上，依据形势发展、任务需求和基层协会的实际状况，做好内部专委会设置、任务安排、人员配备的科学合理调整，使各专委会工作更加符合必要性、针对性、可操作性这一特点，为基层协会起到服务和示范作用。

（三）进一步联系基层群众，切实维护合法权益

进一步转变作风，加强与地方协会及其他社会组织的联系，支持地方协会开展工作。深入基层、深入家庭、广交朋友，推广基层协会工作经验，推动基层协会创建“学习型、服务型和创新型”社会组织。了解并反映困难群体的迫切需求，发动社会力量配合各级残联开展帮困救助、志愿助残活动。回应改善肢残人生活、工作和社会环境的呼声，积极干预侵害肢残人合法权益的事件。

（四）进一步做好项目落地，推动成果转化深化

继续完成“清华大学培训班”、“八城市中途之家建设”、“无障碍畅行工程”、《我的兄弟姐妹》丛书、“上肢残疾人驾驶汽车”、“无障碍环境建设大奖赛”、“双上肢残疾人康复训练”、“自强健身计划”等工作项目。结合肢残人特殊需求和残联业务工作实际，不断拓展服务领域和研发服务项目，转化为残联主渠道业务，覆盖到更多地区，辐射普惠到更多的残疾人。

（五）进一步做好人才培养，广泛动员社会参与

按照事业发展和任务需求，积极凝聚青年干部、创业模范、文体骨干、专业人士在内的一大批肢残人团队精英参与到各项工作的组织实施中来。探索联系社会各界支持支援协会工作的有效途径并制定长期合作与管理制度，整合社会资源，形成长效机制，发挥协会在残疾人事业中十分重要的桥梁、纽带作用。

各位代表，残疾人事业的美好愿景已展现在面前，让我们高举人道主义伟大旗帜，认真贯彻落实中国残联第六次全国代表大会提出的各项任务，沿着中国特色残疾人事业发展道路，勇于担当，开拓创新，为推进肢协工作实现科学融合、全面发展的新目标而努力奋斗！

中国智力残疾人及亲友协会主席张宝林在中国残联第六次全国代表大会智力残疾人及亲友代表会议上的报告：解放思想，开拓进取，谱写智协工作新篇章

2013 年 9 月 18 日

我代表中国智力残疾人及亲友协会第五届委员会，向中国残联第六次全国代表大会智力残疾人及亲友代表会议报告工作，请予审议。

一、五年来的工作

五年来，在中国残联领导下，在邓朴方同志致各协会贺信精神的鼓舞下，中国智协领导班子发挥主观能动性，创造性地开展工作，充分履行“代表、服务、维权”职能，取得了明显成绩。

（一）服务大局，为国家和残联重要文件的议定和修改发挥作用

中国智协参加历次主席团会议，讨论工作报告并提出修改意见；参加《中国残疾人事业“十二五”发展纲要》有关内容的研讨；参加国家中长期教育改革和发展纲要征求意见座谈会；参加关于联合国《残疾人权利公约》履约报告的讨论，提出修改意见并提供“影子报

告”；参加第二届“残疾人创业论坛”；参加加强和改进基本公共服务问题座谈会和国务院批转的《关于深化收入分配制度改革的若干意见》座谈，提出建立特殊服务机构、设立特殊津贴、扶持民办机构和残疾人增收等建议；参加在北京召开的“消除障碍·促进融合”国际论坛；参加关于社团法人登记及章程修改专题座谈会等，发挥参政议政作用。

（二）牢记宗旨，把维护智障人士权益贯穿协会工作始终

作为智障人的代表和维权组织，协会自始至终把维护智障人权益放在重要位置，并做出了不懈努力。几年来，新疆、四川、安徽、河南、陕西、云南、湖南、福建、山西、河北等省区市陆续曝光“智障奴工”事件，性质和情节都十分严重。在媒体披露的第一时间，协会就发表严正声明，除积极协调地方政府、残联外，还主动联系媒体，强烈谴责这种严重侵害智障人权益的行为。张宝林主席连续四年接受央视、新京报、凤凰周刊、东方早报等多家媒体采访，强烈呼吁政府和社会关注智障人的权益保障问题。协会多次为全国人大代表、政协委员在“两会”期间就此类恶性事件起草建议、提案。为了引起社会更大关注，2012 年 11 月，协会召开首都法学界智障人士权益保护座谈会，邀请知名专家就残疾人权益保障的现状、残疾人劳动就业法律法规的落实、当前强制劳动现象的社会成因、《残疾人权利公约》履约面临的挑战等焦点问题展开研讨，并提出了法律和政策建议。

为了从根本上推动智障人维权工作，协会通过多种途径提高智障人士及家庭和全社会的维权意识。五年来，利用各种会议、讲座、发表文章、赴基层调研等方式，宣传《残疾人保障法》和《残疾人权利公约》，阐述现代文明社会的残疾人观，强调人道主义是残疾人事业的旗帜，普及现代人权观念，唤醒残疾人及家庭维权意识，正面引导维护智障人权益。

（三）突出重点，关注聚焦成年智障人士的支持性就业问题

协会视就业为人权保障和改善残疾人生存质量的重要问题。鉴于我国城镇就业年龄段智障人的就业比例远低于其他残疾人的状况，五年来，协会不断寻求打通制约智障人就业瓶颈的途径，探索各种形式的就业模式，帮助智障人士扩大就业比例。

目前，安排智障人到庇护性就业场所工作，仍是智障人就业的重要渠道，协会在呼吁各级地方政府和残联继续办好现有的福利工厂的同时，也大力倡导和推广支持性就业理念。协会在 7 个省市进行专题调研，发现了一些支持性就业的好典型。2013 年，协会和国际劳工组织、大连市残联联合召开“中国智障人支持性就业：实践经验总结推广和政策理论提升研讨会”，北京、广州、贵州、深圳、广西、山东等省市的 30 多家单位参会，会议部分论文在光明网和《改革与战略》杂志刊出。

（四）有所作为，探索智障人社会保障和社会福利的新途径

协会在残疾人的社会保障和服务体系建设中彰显作用，有所作为。商业保险是社会保障事业的一部分，协会指导设计的为智障人士和家庭服务的保险产品，使国家倡导的“针对残疾人特殊需求的商业保险险种”得以落实，也为残疾人解决了实际困难。根据部分年迈家长的要求设计了“心智障碍人士家庭财产信托保险项目”，被中国残联确定为中国智协 2010 年的重点课题，于 2011 年在广东省进行首个试点。

智障人士家庭“安心工程——意外、疾病综合保险”项目，由中国人民人寿、中国人寿等七大保险公司组成共保体共同承保。首批试点将在北京、上海、吉林等 10 省市进行。这款产品以其覆盖面广、保障齐全、操作简易、保费低廉、投保索赔省心的特点，受到中国残联和智障人士家长的充分肯定。

（五）动员社会，积极开发并整合家长及民间资源

协会注重加强与智障人士家庭的联系，帮助家长提高心理素质、理论水平和专业能力。在北京、上海、广东、河北、安徽等地多次举办智障人士家长论坛、培训班、联谊会等活动，互通信息，交流感受，推介先进理念，明确实施方向，增强大众信心，支持子女健康成长。协会还关注、指导各类家长组织建章立制，帮助他们建设成为规范化的残疾人社会组织。

协会多次举办《残疾人权利公约》《残疾人保障法》学习班，提高家长们的理论水平和维权意识。与北京市智协联合举办四期家长培训班，主题为“权利与法律”、“生活品质”、“支持与支持系统”、“社会融合”，吸引 178 位家长及部分民办机构负责人参加。

协会运用社会化工作方式，充分动员社会力量并有效整合资源，推动工作开展。协会内设“特奥活动委员会”和“顾问委员会”。委员均由家长和专业人士组成，前者以开展特奥活动为主，后者以提供咨询、协助决策为主，为协会建设提供了良好的助力。

（六）建章立制，严格按照要求规范社团法人行为

自民政部批准中国智协成为社团法人以来，协会在制度建设方面下了很大功夫：加强了秘书处工作团队，修订工作计划，建章立制，开设网站。协会进行财务独立试点，聘请专业财务人员，制定详尽的财务管理规范，聘请专业人士组成第三方监督委员会，更好地监督协会各项工作。

在开展具体项目时，协会采取责任人制度，先确定项目责任人，由责任人成立实施小组，提出实施方案，制定预算和进度表，按部就班，推进落实。在责任人领导下，目前几个项目都在顺利进行中。协会工作人员大部分是领取少量补贴的志愿者。为杜绝损害公益机构形象，协会承诺：必须高度重视维护协会形象，保持公益机构廉洁公正公平的本色，管理严格，制度规范，资金运作公开透明，绝不允许出现违规现象。

（七）团结协作，支持社会组织做好智障人士服务项目

协会极为关注民间为智障人士服务机构的运作和发展，与多省市的机构保持着经常性的联系和信息沟通，尽力帮助他们解决实际问题。

协会从联合国儿童基金会争取项目资金 18.9 万元，支持江苏徐州贫困地区残疾儿童家长康复培训项目；从国际劳工组织得到项目资金 5 万元，支持包括民间机构在内的支持性就业问题的研讨；多年从中国残疾人福利基金会获得助残资金，支持北京的利智、智光、天睿、融爱融乐、金羽翼等机构开展就业、康复、文体活动等项目。

2012 年，协会在一家民办艺术表演团体的基础上，正式成立了“中国智协启明星艺术团”。目前，这个以北京演员为主组成的机构，吸收了多名具有专长的外省演员，已发展到相当的规模，分别在北京、天津、宝鸡、厦门、哈尔滨等地演出多场，颇受欢迎。

与其他协会工作融合，分别成立志愿服务队，积极开展志愿助残等社会公益活动，回报社会，造福残疾人。

（八）拓宽眼界，积极参与国际和港澳台的交流活动

协会赴瑞典、丹麦、澳大利亚、新西兰、台湾等国家和地区考察社会保障和残疾人事务，汲取了许多好经验和好思路。协会分别接待了德国、日本、韩国、台湾、香港等地的专家和同行，交流经验、沟通信息，彼此建立了友好合作关系。协会参加在柏林召开的融合国际第十五次代表大会，张宝林主席代表中国在小组交流会上发言。参加在北京召开的“消除障碍·促进融合”国际论坛。还分别会见融合国际主席克劳斯先生、国际劳工组织中国蒙古局主席霍百安女士、世界心理卫生联盟会长温丽友女士、香港扶康会总干事陆慧妍女士等国际和境外友人。

五年来，在各级残联和智协的共同努力下，在各有关部门、单位和各界人士的支持下，协会工作取得了可喜的进步，有力地促进了智障人状况的改善。在此，谨向关心智障人士、支持智协工作的各部门、各单位、社会各界人士和广大残疾人工作者表示衷心的感谢！

二、今后五年的工作

协会在过去的五年取得了一些成绩，但距离智障人的要求与形势的发展仍有距离。主要表现在：将国家大政方针和残联中心任务，与协会特点和智障人士实际需求切实结合开展工作还需继续探索并有效实施；作为社团法人，协会尚在起步阶段，工作水平、适应能力和运作经验都明显不足；社团法人工作人员应具备社会活动家素质和能力，对此必须尽快适应；协会须下一番大力气筹集善款，以保证不断增强服务能力，有效推动项目实施。

十八大报告提出“健全残疾人社会保障和服务体系，切实保障残疾人权益”。今后五年是专门协会极为难得的历史发展机遇。协会一定要认真贯彻中国残联关于加强协会建设的新思路，下定决心，创出一片新天地。初步建议是：

（一）贯彻方针政策，围绕大局和中心任务，强化协会工作

国家关于“两个体系建设”与加强基本公共服务和深化分配制度改革的决策，将为残疾人带来更多的利益和福祉。协会要认真学习和领会中央文件精神，结合智障人士工作，确保智障人士同样享有国家基本公共服务规定的政策优惠。要根据中国残联六代会确立的指导思想和方针原则，厘清思路，寻找切入点和突破点，发挥主观能动性和创造力，扎扎实实把工作做好。

（二）加强团队建设，努力向一流社团的目标奋进

协会的愿景是：汇集国内外的最新理念，团结一切关爱智障人士的社会力量，推动智障人士、特别是贫困智障人士的权益维护和保障工作。要把协会建设成智障人士及亲友的温馨家园，使其成为各界爱心汇聚的平台，社会保障、社会福利、慈善事业的工作平台，中外智障人士及亲友交流与合作的平台，智障人保障标准、福利政策的理论研究和实践探索的平台。

目标很远大，步子要稳妥。只有慎始，才有善终。协会将从组织建设、人才培养、机制监督、能力操作等方面着手，进一步抓好自身建设。在完善规章制度、团队纪律、工作效能和运行机制的基础上，培养工作人员的服务意识、责任意识和奉献精神。学习优秀社团，移植好经验、好措施，以石攻玉，把协会打造成一流社会团体。

（三）保持优良传统，担当智障群体的代言人、保护伞和勤务兵

协会要争取政府给予智障人士更多的人文关爱和政策倾斜，动员社会给予更多的理解和帮助，同时也要在维权和服务方面下功夫。协会要秉承一贯作风，关注智障人士的生存状况，反映他们的呼声和要求，维护他们的权益不受侵害，改善他们的生活条件，让他们无差别地享受应有的各项权利并增加福祉。协会要勇于揭露、抨击歧视和侵权现象，真正担当智障人士的代言人、保护伞和勤务兵。

协会要通过人大建议、政协提案，通过传统媒体和新媒体，通过各级政府工作部门和残联组织，通过社区协会等渠道，广泛宣传残疾人事业，宣传人道主义精神，宣传现代文明社会的残疾人观，使尊重、关爱、扶助、服务智障人士的观念在全社会更加深入人心。

（四）携手残联各部门、地方协会和社会组织共同发展

智障人士的工作，是协会、残联组织和为智障人士服务的社会组织共同的阳光事业。协会将密切联系中国残联各部门、地方残联和各地协会，共同合作，携手共进。要依靠地方残联的政策和专业队伍，依靠地方和基层协会的实践经验和集体智慧，依靠众多残疾人社会组织，把服务沉到基层，落到社区，延到乡村，在更大的范围内和更广泛的群体中，为智障人士办更多的实事和好事。协会也要在不同的领域，在智障人士生命历程的各个不同阶段，在医疗、康复、特殊教育、庇护或支持性就业、文化体育活动以及老年托养等方面有所作为，使协会履行“代表、维权、服务”职能更有成效。

（五）培育特色品牌，推动协会工作迈上新台阶

特奥活动是协会的重要特色品牌之一。协会要继续发挥特奥活动委员会的作用，借助特奥日，推进特奥运动联谊活动，争取开展更多区域性活动，把组织比赛和推动协会工作有机结合起来，把发展特奥运动和激励智障人及亲友回归、回报社会、参与社会服务妥善结合起来，借助特奥平台，调动家长和社会力量，整合志愿服务资源，使特奥超越体育，成为推动智障人士工作的有力抓手。

中国智协启明星艺术团，是协会培育的文化品牌。要通过智障演员的特艺表演和精神风貌，更好地宣传残疾人事业美好前景。协会还将聘请专业艺术指导，制定高标准的培训计划，提升艺术团的专业素质，使之成为协会工作的新亮点。

（六）推动项目落实，打造好心智障碍人士家庭财产保险及“放心工程”

协会要继续推进“心智障碍人士家庭财产信托保险”广州试点工作。同时，做好“安心工程”前期宣传推介。在各试点地区深入基层召开座谈会、推介会，把《致家长的一封信》《信息采集表》等材料发到家长手中。在取得经验后，适时推广和争取更多地区参与，让更多的智障家庭受益受惠。

各位代表，在全新的形势和全新的任务面前，协会的工作充满机遇和挑战。中国智协有信心，有决心，继续解放思想，开拓进取，抓住机遇，迎接挑战，在今后的五年，努力谱写中国智协工作新篇章。

中国精神残疾人及亲友协会名誉主席潘健在中国残联第六次全国代表大会精神残疾人及亲友代表会议上的报告：勇于探索，求实进取，切实维护精神残疾人合法权益

2013年9月18日

我代表中国精神残疾人及亲友协会第五届委员会，向中国残联第六次全国代表大会精神残疾人及亲友代表会议做工作报告，请予审议。

一、五年来的工作

五年来，中国残疾人事业取得显著成就，精神残疾人的生存状况得到进一步改善。《中华人民共和国精神卫生法》正式施行，维护精神障碍患者的合法权益步入了法制化轨道；国家实施一批重点康复工程，精神障碍患者救治工作取得良好进展；孤独症儿童的教育训练工作有了明显进步；精神障碍患者治疗康复、稳定生活有了新的希望；全社会关注、重视精神障碍患者生存和康复的氛围更加浓厚。

根据形势与任务，在中国残联的正确领导下，中国精协和各级精协认真履行“代表、服务、维权”职能，不畏困难，开拓进取，各项工作有了可喜的进步。

（一）深入调研，反映诉求，成为协会履职的重要抓手

精神障碍患者大多具有反复发作、治愈率低、病残率高和终身患病的特殊性。几年来，协会宣传社会并呼吁各级政府加深了解精神残疾人，努力探索精神障碍患者治疗、康复及回归社会的有效途径和方法，开展调查研究并反映精神残疾人的诉求与愿望。

首先，利用协会全委会议时机，与各位委员共商协会面临的现实问题。先后在北京、广州、贵阳、武汉等地召开了一年一度的全委会议，提出许多很好的意见和建议，推动各省协会在实际工作中认真加以落实。

其次，多渠道加强社会调研。参与中国残联的调研组，到安徽、江苏、广东进行智力和精神残疾人服务现状的调研，实地了解三省开展精神障碍患者的普查、换证、服药、解锁以及工、农疗等情况；按照中国残联两个体系建设领导小组办公室的布置，向中国残联提供了孤独症群体和精神分裂症人群的特殊需求和特殊服务情况的调查与建议；走访北京、上海、江苏、浙江和深圳等地，参与“心智障碍者家庭财产信托基金”可行性调研；以每年世界精神卫生日为契机，到基层现场开展宣传调研活动；中国精协家属工作委员会利用新春茶话会之机，对精神残疾人及家庭的需求进行问卷调查。五年来，协会对于精神分裂症与孤独症服务现状的调查研究与政策建议达36万字。

各地协会也将调查研究作为基本工作抓好，天津市精协与天津市卫生局和市精神卫生中心合作，对11700多名居民进行精神障碍定式访谈；四川省精协先后向政府提交了多篇调查报告；陕西省精协通过大量调研和多次座谈，形成“重视对残疾人的人文关怀”、“西安市精神残疾人现状分析与对策”等论文；上海市精协重点开展精神病人日间康复照料站和“以房养残”的需求调研，对长宁区十年来贯彻执行《上海市精神卫生条例》的经验和做法进行调查总结，提出了有效的意见和建议等。

（二）抓点带面，推广典型，成为协会工作的重要模式

几年来，协会重点推广广东省精协建立广州市利康家属资源中心，开办春晖工场、智灵学校和康纳学校，以及建立康辉农场等服务机构的经验和做法；北京市海淀区精神卫生院对13个街道社区的精神障碍患者实行康复治疗的经验以及革命老区贵州省遵义市汇川区建立的集医治、康复、托养为一体的“春晖家园”模式，受到中国残联理事长王新宪等领导的充分肯定。

各省协会在积极推动精神残疾人托养康复方面进行了不同程度的探索，新典型不断涌现。黑龙江垦区精协认真落实“阳光康复”基地项目，建立了占地10公顷、配置现代化设施的精神残疾人康复基地，为150余名病人

提供康复治疗；四川省资阳市精神病院独创工（娱）疗法模式，不等不靠创造条件办托养，医院种养殖基地年创产值300万元，使600余名精神残疾人得以长期就业。浙江、甘肃、宁夏、内蒙古、新疆以及武汉、大连、青岛、成都、常州等地都在探索精神残疾人社区康复的有效途径和工作模式。

（三）实现突破，创新成果，成为协会工作的崭新亮点

针对孤独症大多发病于儿童早期，近年来发病率直线上升，且“病因不明、无药可医”的特点，协会在2008年就把成立孤独症委员会列入章程和工作报告中。2009年4月2日，中国精协孤独症委员会正式成立。五年来，孤独症委员会锐意进取，取得了多项创新成果。2011年建立孤独症服务机构负责人联席会议制度；2012年在山东省济南市召开联席会议，中国残联主席张海迪亲临指导，会议形成了加强孤独症服务行业规范化管理的意见；开展孤独症服务机构自强自律创建活动，成为中国残联加强社会组织管理创新的试点项目，受到中国残联领导的肯定，并为成立行业组织奠定了基础。借助2013年国际孤独症日之机，由中国残联办公厅下发通知，对第一批34家达标机构正式授牌；创办孤独症家庭支援中心，建立以孤独症生命全程支持为特色的“康纳洲”基地，受到了中国残联理事长王新宪的关注并亲临视察。

（四）设立“三委会”，推动地方工作，成为协会工作的架构支撑

成立孤独症委员会的同时，2012年协会又成立了家属工作委员会和社区服务促进工作委员会。随着“三委会”的建立并有效开展工作，协会初步形成较为完整和科学运行的内部组织构架，为未来工作开展提供了重要的支撑平台和组织保障。2012年9月在武汉召开中国精协五届五次全委会暨社区促工委和家工委成立大会，中国残联领导亲临会议给予支持和指导。2013年1月，家工委举办首届精神残疾人及家属新春茶话会，听取本类残疾人的诉求和开展家工委工作的建议；2013年5月，家工委又在京召开了《精神卫生法》学习报告会；社区促工委积极筹办首届UFE培训班，培训精神残疾人及家属、专家。在协会推动下，部分地方也成立了相应的委员会。山西、上海、山东、江西、宁夏及成都、大连等地相继成立孤独症委员会，山西、宁夏等地成立了家属工作委员会。

（五）完成注册，提供保障条件，成为协会工作的新起点

2011年，协会完成了社团法人登记，强化了协会主体地位，获得了更为广阔的发展空间；中国残联落实了协会办公地点，逐年增加了工作经费；中国残疾人福利基金会为协会提供了项目资金；中国残联组联部修订了《中国残联专门协会委员会工作规则》，制定了《关于专门协会办事机构设置及聘请人员的暂行规定》和《专门协会财务管理办法》等制度。协会按照“发扬民主、增长才干、教育自律”的总体要求，努力拓展各项工作。

上海市精协三级工作网络基本形成，市残联为协会提供办公场所、活动经费、专职干部，为协会工作的正常运转提供了保障条件。2013年，广东省精协成为省级协会组织率先取得独立法人运作资格的组织。

与其他协会工作融合，分别成立志愿服务队，积极开展志愿助残等社会公益活动，回报社会，造福残疾人。

五年来，在全国各级残联和精协的努力下，在各有关部门、单位和各界人士的支持下，协会工作取得了令人欣喜的进步，有效地促进了各级精协和基层工作的活跃，促进了精神残疾人状况的改善。在此，谨向关心精神残疾人朋友、支持精协工作的各部门、各单位和社会各界人士表示衷心的感谢！同时，也应看到，精神残疾人事业发展不平衡；城乡有差距、东中西部有差距；精神残疾人治疗、康复乃至回归社会仍存在不少困难和问题。突出表现在：如何在全社会广泛宣传《精神卫生法》并在实际生存环境中得到落实；医院、家庭、社区三个环节如何实现有效衔接，对现存的重性精神病患者特别是农村重性精神病患者如何有效救治；如何充分调动社会力量特别是民间资本投入等，都亟待研究；孤独症服务仍然是一个薄弱环节，儿童期的抢救性康复和生命全程的康复支持与保障问题也迫切需要关注和政策支持；中国精协与地方精协之间的沟通交流、配合亟须加强，今后应更加富有成效地开展工作。

二、今后五年的工作

未来五年，协会要在党的十八大精神指引下，按照中国残联第六次全国代表大会部署，抓规划，抓调研，抓落实，不管前进中遇到多少困难和障碍，坚信办法总比困难多，信心比金子还重要！思路决定出路。工作尤其要讲求实效，注重实践。根据独立社团法人的运行要求，今后五年的工作重点设想为：

（一）积极有效地发挥三个委员会作用

要以“三委会”为重要依托，充分发挥家属、专家和社会人士作用，提高社区服务和家属的工作能力及水平，使其成为协会工作重要的支撑平台。孤独症委员会目前已经探索出一套行之有效的工作方法和工作路径。要在继续抓好孤独症服务机构自强自律创建活动的基础上，探索行业管理和专业化服务的新模式，尽早把服务协会建立起来；要把康纳洲孤独症家庭支援中心建设成行业引领、国内示范、国际接轨的专业化服务平台，继续开展国际合作的专业化培训项目，建立孤独症职业技能培训和就业支持的新模式，探索孤独症生命全程支持体系的构建。社区促工委和家工委要尽快理清思路，建立载体，开展有影响力的活动。UFE队伍的建立和培训符合精神残疾人利益的发展趋势，应进一步积极探索，取得经验。为便于工作协调，建立协会主席办公会议制度，重点研究年度工作和重要课题；同时建立省级精协联络员工作制度，每省精协指定1名联络员，由中国精协办公室统筹联系。要切实有效地发挥三个委员会的特殊作用，落实办公会议和联络员制度，使协会各项工作逐步规范、专业并承载更大作为。

（二）以点带面，示范推动，促进地方工作上台阶

协会要加大调研工作力度，既要总结推广东部发达地区开展精神残疾人治疗、康复的有效措施和实际效果，又要深入了解中西部地区精神残疾人及亲友家属的迫切愿望和要求，还要重点总结推广广东春晖工场、北京海淀社区康复之家、贵州春晖家园、四川资阳精神病院种养殖基地、黑龙江垦区“阳光康复”基地等探索的成功典型，从实际出发，积极探索精神残疾人康复和养护模式，探索为精神残疾人提供量体贴心服务的途径和方式，切实维护精神残疾人合法权益，推动精神残疾人事业发展。

（三）推动精神残疾人康复托养中心建设，使其成为重要的工作载体

在中国残联的协调和指导下，推动县（市、区）政府履行《精神卫生法》规定的建设社区康复机构的职责。要呼吁政府和倡导社会，充分看到建立社区康复和托养机构在“两个体系”建设中的紧迫性和重要性。各级精协要采取有力措施，有计划、有步骤地加以宣传和推动，创新做法，有所作为。

（四）促进《精神卫生法》依法贯彻，深化落实，切实关注精神障碍患者“送、诊、治、出”的法定程序贯彻落实情况

推动县级以上人民政府采取措施，鼓励和支持组织、个人提供精神卫生志愿服务，捐助精神卫生事业，兴建精神卫生公益设施。积极推动重性精神疾病患者免费服药和报销住院治疗规定的贯彻落实。充分利用每年的世界精神卫生日，组织开展现场宣传活动。通过对《精神卫生法》的学习、宣传和贯彻，有效形成依法办事的意识和准则，确保《精神卫生法》在维护精神残疾人合法权益上有效发挥作用。中国精协家属工作委员会将于2014年会同各省精协开展“精神卫生法”实施情况调研，以纪念《精神卫生法》颁布一周年。

（五）切实贴近精神残疾人，提供更好服务

既要善于发挥国家各项制度和优惠政策的效用，又要发掘各种社会组织潜质，整合社会资源，积极创造条件，为精神残疾人顺利进入康复、托养机构等提供扶持帮助。要逐步建立各种不同的帮扶渠道并应用相关维权手段。借助社会力量和社会资源，引导热爱残疾人事业的企业人士帮助贫困精神残疾人，推广发达地区残疾人服务模式。各级精协应以更加开放的心态，广泛开展对外交流合作，走出去、引进来，借助外力发展精神残疾人事业。开创事业既要有不畏困难、开拓向前的勇气，又要有一切从实际出发的科学精神，始终坚持实事求是的指导思想，坚持把工作计划和工作安排落到实处，推动协会工作取得实效。

同志们，中国精协的工作任重而道远，精神残疾人事业光荣而崇高！我们要满怀对广大精神残疾人的关爱之心、仁爱之情，带着应有的责任，带着深厚的感情做好精神残疾人工作。要深入到精神残疾人特别是贫困精神残疾人之中，把他们的安危冷暖挂在心上，想精神残疾人及其家庭之所想，急精神残疾人及其家庭之所急，帮精神残疾人及其家庭之所需，切实向广大精神残疾人送去党和政府的温暖。协会要以科学发展观统领精神残疾人事业发展全局，开拓进取，勇于探索，扎实工作，为维护精神残疾人的合法权益而努力奋斗！

关于中国残联各专门协会章程（修正案）的说明

2008年中国残联第五次全国代表大会各类残疾人代表会议通过的中国残联各专门协会章程，以及2011年聋协、肢协、智协、精协第一次全国会员代表大会通过的社团法人章程，为保证和规范专门协会工作奠定了重要基础。

五年来，各专门协会工作在中国残联的关心重视和各地残联的大力支持下取得了突破性进展。协会配合残疾人事业发展大局和残联中心工作任务，推进残疾人社会保障体系和服务体系建设，密切残疾人与残联的血肉联系，丰富残疾人的群众性文化体育生活，代表残疾人利益，增强为残疾人服务能力，提升残疾人综合素质，维护残疾人合法权益，在促进残疾人平等参与共享社会生活等方面发挥了越来越重要的作用。

按照党的十八大精神、《中共中央、国务院关于促进残疾人事业发展的意见》和国务院批转的《中国残疾人事业“十二五”发展纲要》部署，根据新时期残疾人事业发展和实际工作需要，有必要在《中国残疾人联合会章程（修正案）》基础上，结合民政部社团登记章程范本，对各专门协会章程做出相应修改，使之突出特点，与时俱进，更好地指导今后五年乃至更长一段时期的协会工作。

一、各专门协会章程修改的原则

协会章程的修改要符合国家对加强社会建设、创新社会管理与服务的要求，符合中国特色残疾人事业发展和协会发展实际，符合中国残联章程修改原则并与之相衔接。既与民政部社团管理相关要求一致，又保持残疾人社会组织的自身特色，体现其“代表、服务、维权”的职能和社会化的工作方式。讲求规范严谨，操作实效，结合各自特点，维持体例，慎重修改，确保协会规范有序、持续健康发展。按照精简、统一、效能的原则，与中国残联换届时间和换届程序相协调一致。

二、各专门协会章程修改的依据

提交中国残联“六代会”审议的《中国残疾人联合会章程（修正案）》；民政部社团登记章程范本；各地专门协会、残疾人代表及残疾人工作者提出的意见和建议。

三、专门协会章程修改的内容

（一）关于专门协会的性质

将第一章“总则”第二条文字进行修改，突出了“社会团体”，进一步明确是本类残疾人的代表组织。

鉴于中国盲协已经国家民政部、财政部、税务总局批准享受“公益性捐赠税前扣除资格”，并被民政部评为全国公益性“4A级社会组织”，故其章程明确为“公益性社会团体”；其他四个协会依然维持非营利性社会团体的提法。

（二）关于专门协会的业务范围

将第二章“教育”改为“引领”，“履行应尽义务”修改为“履行法定义务”。

各协会按各自的工作内容、工作特点，将业务范围进行了必要的删减和增加，使之更加明确、前瞻和具体，以适应协会工作实际和今后发展需要。

（三）关于专门协会的会员

在第三章第十二条中，会员退会前增加“按规定交纳会费的”内容，明确了申请加入本会并交纳会费的会员在退会时应履行的相关手续。

说明：根据协会宗旨的要求和残疾人的具体情况，对会员进行重申。即：全国的残疾人均为本类别协会的个人会员，不需申请加入，也不需缴纳会费。社会团体、企事业单位按会员制的要求和规定提交申请、缴纳会费。

（四）关于专门协会的组织机构

在第四章第十八条增加“决定本协会的活动标识”作为第（十四）项，以规范专门协会使用中国残疾人联合会会徽和各协会根据自身特点设计的特定活动标识，并与中国残疾人联合会章程相衔接。

说明：地方各级专门协会名称均为盲人协会、聋人协会、肢残人协会、智力残疾人及亲友协会、精神残疾人及亲友协会，其章程可参照中国残疾人联合会各专门协会章程相应制定，并报上级残联备案。地方专门协会社团法人登记工作，要在当地残联领导下，积极稳妥推进，本着成熟一个登记一个的原则，不搞一刀切。

（五）关于社团财务制度

为进一步规范社会组织财务管理，根据民政部民间组织管理局相关规定，在第五章第三十二条增加“执行民间非营利组织会计制度”。

中国盲人协会第六届委员会
名誉主席、主席、副主席、秘书长、委员

名誉主席 李志军
主　　席 李伟洪
副 主 席 李庆忠 杨佳（女） 王结（回） 崔健 田超
秘 书 长 李庆忠（兼）
委　　员 李庆忠 杨佳（女） 于建政 常东亮
郝兴平（女） 崔健 高力军 王琦 柏大林
赵继红（女） 刘明（女） 封红年 李新良
李雁雁 王永澄 孟国鸣 汤建泉 田超
刘汉云 祝刚 富明慧（满） 陶进 吴海龙
魏旭川 徐勇 王洪波 汪靖人（回）
斯勇（藏） 康小峰 常伟 何彦生 魏笻（女）
王结（回） 陈莉红（女） 刘红霞（女）
赵洪洲 李伟洪 滕伟民 齐鸿 何川 李志军

中国聋人协会第六届委员会
名誉主席、主席、副主席、秘书长、委员

名誉主席 刘再军
主　　席 杨洋（女）
副 主 席 陈捷 邱丽君（女） 高晓峰 郃丽华（女）
范宜涛
秘 书 长 杨洋（兼）
委　　员 刘再军 洪浩猛（满） 陈华铭 郑杰
郝丽娟（女） 韩伟 武巧英（女） 尹平
邱丽君（女） 于兵 崔连和 陈捷 吴汉华
胡晓民 李硕 林群（女） 唐英 张莉（女）
李景明 吴竹 陈晓阳 范宜涛 吴左平 高日晓
王军 高晓笛（女） 张小民（女） 朱蓉（女）
吾根卓嘎（女，藏） 贾双登 赵健全
李岩玉（女，满） 江晓民 杨波（满） 叶爱国
高晓峰 杨洋（女） 郃丽华（女） 徐聪

中国肢残人协会第六届委员会
名誉主席、主席、副主席、秘书长、委员

名誉主席 丁晓兵
主　　席 徐凤建
副 主 席 王建军 孙俊明 王延 孙建博 侯晶晶（女）
秘 书 长 王建军（兼）
委　　员 李楠（女） 卢纯刚 卢连才 王贵明 王树春
赵学良 李扬 王树明 李金其 杜仲 赵祥山
任运灿 朱承纲 侯晶晶（女） 黄树良 阮文龙
何宗文 徐世元 李洪应 孙建博 王国胜
汪为民 谢志强 卓名跃（土家） 杜金沛
包学雄（瑶） 魏朝贵 闫力卫 傅强（满）
丁二中 童泽 黑贵祥（白） 洛桑巴典（藏）
扎西次仁（藏） 王延 李忠 王忠辉
李宁为（回） 董献平 李莉（女） 邓小东
康洪贵 丁晓兵 卢涛 盖金东 徐凤建 王建军
孙俊明 宋卓平 刘岩（女） 王树春（辽宁）

中国智力残疾人及亲友协会第六届委员会名誉主席、主席、副主席、秘书长、委员

名誉主席　马廷慧

主　　席　张宝林

副 主 席　马思祥 许家成 汤晓霞（女）沈冬梅（女）李秀云（女）

秘 书 长　张宝林（兼）

委　　员　汤晓霞（女）阎上 杨世茹（女）沈冬梅（女）李青海 郑富梅（女）白晔（女，蒙古）杜娟（女）徐剑 崔晓光 王绍荣 谭同进 郭晓明（女）傅强 陈寰中 程宏波 许淑娟（女）孙明放 王霞（女）刘顺成 张敏（女）容小安 赖亦萍（女）韩冀忠 胡斌 黄玉红（女）周波（女）杨琪（女）马思祥 宁会铭 熊英（女）马庆怀（回）李雪洁（女）殷永清 张义丹（女）马廷慧（女）张宝林 李秀云（女）许家成

中国精神残疾人及亲友协会第六届委员会名誉主席、主席、副主席、秘书长、委员

名誉主席　张明园 潘健

主　　席　温洪（女）

副 主 席　陈红辉 肖扬（女）林勇强 苏小云（女）郑毅

秘 书 长　温洪（兼）

委　　员　虞宏 侯也之（女）秦砖 田红军 苏小云（女）刘继台 杨珠义 董清秀 于东升 屈风晨 曲诗钟 高莹（满）左玉明（回）谷明 张聪沛 张忠明 王建民 张为民 杜宇 胡友兰（女）周金田 方海仙（女）戴培昆 李从赋 郑婉玲（女）王文强 张卓 查亮飞 由仲 方静（女）辛兴芬（女）霍军（女）杨晓飞 陈红辉 程五福 李先波 刘松山 林勇强 江三元 李德全 吴培（壮）黄进弟 陈阳 刘继梅（女）杨健 赖丽思（女）陈德平 潘健（回）张群（女）王跃升 王坤 其美才旺（藏）巴桑（女，藏）文萍（女）高泽康 杨国周 王培福 杜欣柏（回）韩秀兰（女，撒拉）乔桂林（土）张寨 詹文庚 刘绍应 阿不力克木·阿不都热西提（维吾尔）王喜英（女）黄春光 温洪（女）张明园 黄悦勤（女）郑毅 肖扬（女）张吉星 齐舰 李志强

四、中国残联上报党中央国务院《关于中国残疾人联合会第六次全国代表大会有关情况的报告》

残联报〔2013〕21 号

签发人：鲁勇

党中央、国务院：

在党中央、国务院高度重视和中组部等部门精心指导帮助下，中国残疾人联合会第六次全国代表大会于 2013 年 9 月 17—19 日在北京圆满举行。现将有关情况报告如下：

一、党中央、国务院对残疾人和残疾人事业的高度重视与亲切关怀，极大振奋了广大残疾人和残疾人工作者

党中央、国务院对中国残疾人联合会第六次全国代表大会高度重视。习近平、李克强、俞正声、刘云山、王岐山、张高丽等党和国家领导人出席开幕式，张高丽同志代表党中央、国务院致祝词，国务委员、国务院残疾人工作委员会主任王勇同志、中国残联名誉主席邓朴方同志出席闭幕式并讲话，充分体现了党和国家对残疾人和残疾人事业的高度重视和亲切关怀，广大残疾人和残疾人工作者深受鼓舞。

代表们认为本次大会有三个突出特点：一是“高”，体现在党中央、国务院重视程度高，领导讲话和工作报告质量高，会议筹备水平高等；二是“新”，体现在提出了走中国特色残疾人事业发展道路、努力实现残疾人与全国人民同步小康的新要求，明确了在新的起点上开创新局面的新任务等；三是“实”，体现在会风隆重朴实，讲话亲切平实，任务具体务实等。

代表们表示，要认真学习、深刻领会党中央、国务院祝词、王勇同志讲话和大会精神，积极投身全面建成小康社会的伟大实践中。各级残联组织表示，要紧密团结在以习近平同志为总书记的党中央周围，带领广大残疾人为全面建成小康社会、实现中华民族伟大复兴的中国梦而共同奋斗。

二、大会明确提出未来五年的残疾人事业发展目标和任务，为做好新起点上的残疾人工作指明了方向

代表们表示，一定要全面落实党的十八大战略部署，努力健全残疾人社会保障和服务体系，切实保障残疾人权益。认真落实习近平总书记重要指示，抓住人民最关心、最直接、最现实的利益问题，抓住最需要关心的人群。认真落实李克强总理明确要求，下决心把残疾人等困难群体的问题解决好，把底兜住。认真落实张高丽副总理在开幕式上的祝词精神，在新的起点上进一步发展残疾人事业，认真贯彻落实党中央、国务院的一系列决策部署，坚持和完善中国特色残疾人工作机制，充分发挥广大残疾人的主体作用，广泛动员全社会力量积极参与，不断提高各级残联的服务能力和水平，努力实现残

疾人与全国人民同步小康，让残疾人生活得更有尊严、更加殷实、更加幸福。认真落实王勇国务委员讲话要求，加快推进残疾人全面小康进程，努力实现残疾人和全国人民同步小康；健全残疾人社会保障体系和服务体系，不断提高保障能力和服务水平；发挥中国特色残疾人工作体制机制优势，为残疾人事业提供坚强保障；充分发挥残疾人主体作用，支持帮助残疾人实现人生价值；为全面建成小康社会，实现中华民族伟大复兴的中国梦而努力奋斗。认真落实邓朴方名誉主席殷殷嘱托，坚定不移地走中国特色社会主义道路，坚持改革开放，发扬优良传统，不断加强队伍建设。

按照党中央、国务院指示精神，张海迪同志在工作报告中明确提出，未来五年要努力实现“残疾人事业与经济社会总体协调发展、残疾人生存和发展状况明显改善、残疾人组织履职能力全面提升、为残疾人创造友爱和谐的人文环境”的奋斗目标，团结带领残疾人兄弟姐妹，在全面建成小康社会、实现中华民族伟大复兴中国梦的伟大实践中创造更加美好的生活。代表们坚信，在党中央、国务院坚强领导下，有党委领导、政府负责、社会参与、残疾人组织充分发挥作用的残疾人工作领导体制和工作机制的有力保障，一定会沿着中国特色残疾人事业发展道路阔步前行，努力为实现残疾人与全国人民同步小康、实现中华民族伟大复兴的中国梦做出新贡献。

三、大会修订了中国残联《章程》，顺利实现了中国残联领导班子的新老交替

大会通过的《中国残疾人联合会章程》（修正案），贯彻落实了党中央、国务院有关残疾人事业发展的指示精神。选举产生了由133人组成的中国残联第六届主席团，选举产生了第六届主席团主席、副主席，推举产生了第六届执行理事会理事长，通过了副理事长、理事名单，选举产生了新一届中国盲人协会、中国聋人协会、中国肢残人协会、中国智力残疾人及亲友协会、中国精神残疾人及亲友协会的负责人，顺利实现了领导班子的新老交替，圆满落实了中央关于中国残联换届工作的组织安排。

四、认真学习贯彻中国残联第六次全国代表大会精神，努力在新的起点上推进残疾人事业发展

为认真贯彻落实党中央、国务院指示和中国残联六代会精神，张海迪同志在六届一次主席团会议上，鲁勇同志在大会闭幕后召开的全国省级残联理事长工作会议上，就学习贯彻大会精神分别做出了部署。

一是发挥敢于担当、敢于碰硬、敢于创新精神，加快推进残疾人小康进程。充分认识实现残疾人与全社会同步小康的艰巨性、复杂性和紧迫性，在党中央、国务院领导下努力做好统筹规划和顶层设计，积极研究制定推进残疾人同步小康的促进措施。各地残联及时向党委政府汇报中国残联六代会精神，把残疾人同步小康作为本地区全面建成小康社会的重点任务摆上重要议事日程，摸实情、出实招、办实事，落实好普惠加特惠的扶持政策措施，显著缩小残疾人生活状况与社会平均水平的差距。

二是突出残疾人同步小康进程中的工作重点，努力在新的起点上取得新的发展。做好残疾人康复工作，为残疾人融入社会创造条件；重视残疾人教育工作，提高残疾人参与社会的能力；抓好残疾人就业工作，解放更多的生产力；完善残疾人社会保障制度，让更多的残疾人享受社会福利；动员社会力量，为残疾人提供更多的公共服务；完善残疾人数据信息统计，推动残疾人事业科学发展；带好残联队伍，全心全意为残疾人服务，着力推动残疾人基本社会保障、基本公共服务、依法维权、残疾预防与残疾人康复、科技助残与信息化建设、社会环境优化、文化体育事业、国际交流与合作、残联组织与队伍建设等不断的创新发展，确保残疾人基本生活、住房、义务教育、基本医疗和康复护理民生保障得到有效落实。

三是充分发挥中国特色残疾人工作领导体制和机制作用，推动残疾人事业全面发展。更加充分发挥党委领导、政府负责的残疾人工作领导体制优势，更加充分地焕发政府主导、社会参与、国家扶持、市场推动的工作促进机制优势，完善残疾人工作齐抓共管的工作格局。更加充分发挥残联组织作为各级政府残工委办公室的职能优势，统筹协调各方，分解落实任务。更加充分地发挥残疾人的主体作用，大力弘扬人道主义思想，促进残疾人的社会融合，努力实现残疾人的全面发展。更加充分地依靠现代科学技术和信息技术在推动残疾人事业科学发展中的重要作用，推动残疾人事业的个性化服务、定量化监测、精细化管理、系统化发展。更加充分地发挥残联组织、残疾人工作者、专业技术人才、残疾人亲友、志愿服务队伍、助残社会组织作用，壮大残疾人贴心人队伍。

四是深入开展党的群众路线教育，全面加强各级残联组织思想作风建设。按照中央精神深入开展党的群众路线教育实践活动，切切实实把为民、务实、清廉的总要求和改进“四风”的实际成效，展现在全面贯彻落实党中央、国务院指示和六代会精神的全过程之中。

专此报告。

中国残疾人联合会
2013年9月30日

附录一

关于中国残联第六次全国代表大会代表和第六届主席团委员候选人推荐人选地方名额分配及相关事宜的通知

残联发〔2013〕6号

各省、自治区、直辖市及计划单列市残疾人联合会，新疆生产建设兵团残疾人联合会，黑龙江垦区残疾人联合会：

根据《中国残疾人联合会章程》规定，中国残联第六次全国代表大会于2013年在北京召开。为做好中国残联第六次全国代表大会代表选举和第六届主席团委员候选人人选推荐工作，现将有关事宜通知如下：

一、代表大会代表条件及地方名额分配

（一）分配原则

1. 以省级行政区划（含新疆生产建设兵团、黑龙江省农垦总局）为单位；

2. 参照各省（自治区、直辖市）残疾人口数量；

3. 体现代表性，各类别残疾人都有代表；

4. 工作需要。

（二）代表条件

1. 认真学习邓小平理论、“三个代表”重要思想、科学发展观，深入贯彻落实党的十八大精神，积极拥护党的路线、方针、政策，模范遵守国家法律法规；

2. 敬业实干，在工作中做出显著成绩；

3. 弘扬人道主义思想，密切联系残疾人，倾听残疾人呼声，热忱服务残疾人，在残疾人中有较高威信；

4. 具有一定的参政议政能力，能认真履行职责；

5. 一般应具有高中以上（含高中）文化程度，年龄在18周岁以上、原则上在65周岁以下（含65周岁）。

（三）名额分配

1. 正式代表：各省（自治区、直辖市）代表565名，解放军、武警代表23名，公安民警代表2名；

2. 特邀代表：33名。各省（自治区、直辖市）人民政府分管残疾人工作的副省长（副主席、副市长），新疆生产建设兵团、黑龙江省农垦总局分管残疾人工作的领导；

3. 列席代表：未当选为第六次全国代表大会代表的第五届主席团委员。

（四）代表构成

1. 各省（自治区、直辖市）代表中残疾人（含残疾人亲友）应占60%以上；五类残疾人至少各有2名代表，其中含1名省级该类别专门协会主席；

2. 各省（自治区、直辖市）残联1名副主席（政府分管残疾人工作的副秘书长）；

3. 各省（自治区、直辖市）残联党组书记、理事长；

4. 代表要体现广泛性，要有各界残疾人，有热心残疾人事业的社会人士（含残疾人社会组织代表）、助残志愿者、基层残疾人工作者（含社区、村残疾人专职委员）；

5. 少数民族代表，来自边远地区、农村和基层的代表要有一定比例。

二、主席团委员候选人条件及地方推荐人选名额分配

（一）分配原则

1. 以省级行政区划为单位，原则上各省（自治区、直辖市）有两位残疾人委员候选人推荐人选，一般应为省级该类别专门协会主席或省级残联专职驻会理事；

2. 各省（自治区、直辖市）残联党组书记、理事长应为委员候选人推荐人选；

3. 解放军、武警、公安民警委员候选人原则上为伤残军人、伤残民警，侧重于基层代表和英模人物；

4. 工作需要。

（二）委员候选人条件

1. 坚持走中国特色社会主义道路，认真学习邓小平理论、“三个代表”重要思想、科学发展观，深入贯彻落实党的十八大精神，坚决执行党的路线、方针、政策，政治立场坚定，工作成绩优异，积极推动残疾人事业发展；

2. 践行和宣传人道主义思想，关心和支持残疾人事业，密切联系残疾人，切实维护残疾人权益，全心全意为残疾人服务，受到广大残疾人的拥护；

3. 具有较强的社会活动能力和参政议政能力，正确行使民主权利，认真履行委员职责；

4. 一般应具有大专以上文化程度，年龄在18周岁以上、65周岁以下（含65周岁）。

（三）名额分配

1. 地方委员候选人推荐人选96名；

2. 解放军、武警委员候选人推荐人选3名；

3. 公安民警委员候选人推荐人选1名。

中国残疾人联合会
2013年5月23日

附录二

关于召开中国残疾人联合会第六次全国代表大会的决议

2013年9月16日

中国残联第五届主席团第六次全体会议通过

中国残联第五届主席团第六次全体会议于2013年9月16日在北京举行。出席会议的主席团委员114名。主席团主席张海迪同志主持会议。有关同志列席了会议。

会议听取了关于中国残疾人联合会第六次全国代表大会筹备情况的汇报，审议通过了第五届主席团将向代表大会提交的报告、《中国残疾人联合会章程（修正案）》及其他有关事项。

会议认为，五年来，在党中央、国务院的正确领导和各有关部门、社会各界的大力支持下，我国残疾人事业取得了新成就。残疾人生活状况显著改善、社会参与明显增强，残疾人事业体制机制逐步完善，残疾人平等共享的社会环境更加和谐，残疾人事业的国际影响力日益提升，圆满地完成了第五次全国代表大会确定的目标任务，越来越多的残疾人实现了人生和事业的梦想，过上了幸福而有尊严的生活。

会议认为，经过充分准备，召开中国残疾人联合会第六次全国代表大会的条件已经成熟。会议决定，2013年9月17—19日在北京召开中国残疾人联合会第六次全国代表大会，提请代表大会审议第五届主席团报告和《中国残疾人联合会章程（修正案）》；提请代表大会预备

会议审议第六次全国代表大会执行委员会建议名单、代表资格审查小组建议名单。

附录三

中国残疾人联合会
第六次全国代表大会主要议程

2013年9月16日

中国残疾人联合会第六次全国代表大会预备会议通过

一、审议中国残疾人联合会第五届主席团报告

二、审议通过《中国残疾人联合会章程（修正案）》

三、选举中国残疾人联合会第六届主席团

附录四

中国残疾人联合会第六次
全国代表大会执行委员会

2013年9月16日

中国残联第六次全国代表大会预备会议通过

（23人，按姓氏笔画为序）

马廷慧（女）王乃坤（女）王梅梅（女）王新宪
刘再军 刘德培 吕世明 孙先德 汤小泉（女）
张宝林 张明园 张海迪（女）李伟洪 李志军
杨洋（女）沈晓明 相自成 徐凤建 贾勇
黄悦勤（女）温洪（女）程凯 鲁勇

秘 书 长 鲁勇（兼）

副秘书长 孙先德（兼）吕世明（兼）

附录五

中国残疾人联合会第六次
全国代表大会代表资格审查小组

2013年9月16日

中国残联第六次全国代表大会预备会议通过

组 长 吕世明（肢）

副组长 曹跃进

成 员 李伟洪（盲）杨洋（聋，女）
张超英（女）王建军（肢）
张宝林（智）温洪（精，女）
常征 周国栋 赵振川 刘建兴（女）

附录六

中国残疾人联合会
第六次全国代表大会选举办法

2013年9月18日中国残疾人联合会

第六次全国代表大会第二次全体会议通过

依据《中国残疾人联合会章程》规定，制定本办法。

一、中国残疾人联合会第六届主席团由第六次全国代表大会选举产生。大会选举工作由大会执行委员会领导。

二、中国残疾人联合会第六届主席团委员候选人通过协商产生：地方委员候选人由各省（区、市）残联从本省出席中国残联第六次全国代表大会的代表中提出建议名单，与中国残联协商后，经省（区、市）残联第六届主席团通过；中央有关部门委员的候选人，由中国残联与人选所在单位协商推荐。候选人中残疾人及亲友的比例应超过半数。经本次全国代表大会代表酝酿、讨论，大会执行委员会汇总各方面意见后确定，提交代表大会选举。

三、中国残疾人联合会第六届主席团的选举采取等额无记名投票方式进行。正式代表有选举权和被选举权。特邀代表和列席代表均不参加选举。参选代表必须超过应到代表的半数方可进行选举。候选人须获得参选代表半数以上的赞成票才能当选为主席团委员。

四、中国残疾人联合会第六届主席团由133名委员组成，每张选票所选人数等于或少于133名为有效票，超过为废票。

五、大会选举采用汉文和盲文两种选票。盲人代表可根据本人意愿，选用盲文选票或汉文选票，但一人只可选用一种选票。

六、参选代表对选票上的候选人可以表示赞成，也可以表示不赞成或弃权。汉文的写票方法为：赞成的不在选票上写任何符号；不赞成的在选票姓名左方的空格内划“×”，如另选他人，在选票的“另选人”格内填上所选人的姓名，姓名左方的空格内不写任何符号；弃权的在选票姓名左方的空格内划“△”，不得另选他人。选票写票一律使用会议发的专用笔书写。

盲文选票的写票方法为：赞成的不写任何盲字；不赞成、另选他人或弃权，均在选票后面的空白纸上直接用盲文书写：不同意XXX；另选XXX或对XXX弃权。不懂现行盲文或不能自己书写的其他代表，可委托自己信赖的人代写选票。

七、选举工作设总监票人1名，监票人14名，总计票人1名，计票人14名（其中懂盲文的计票人2名），负责选举的具体事宜。总监票人、监票人由大会执行委员会提名，代表大会通过；总计票人、计票人由大会秘书处指定，在总监票人的领导、监票人的监督下进行工作。

八、选举会场共设6个票箱，分别放在6个设定的选区前，其中6号票箱为流动票箱。参选代表分别按选区和规定路线到本选区票箱投票；用盲文选票的盲人代表集中坐在同一选区内，由计票人和监票人送流动票箱投票。

九、投票结束后，当场打开票箱，清查票数。收回的选票等于或少于发出的选票，选举有效；收回的选票多于发出的选票，选举无效，重新进行选举。

十、由总监票人宣布选举结果。

十一、本选举办法，由全体代表分组酝酿讨论，经代表大会通过后生效。

（中国残联组联部供稿）

第三编　全国残疾人事业和残疾人工作
NATIONAL UNDERTAKING AND WORK FOR DISABLED PERSONS

残疾人“两个体系”建设工作

2013年，全国残疾人社会保障体系和服务体系建设工作，在各级党委和政府的关心支持下，在各有关部门的积极协作下，各级残疾人组织努力作为，将残疾人“两个体系”建设纳入当地经济社会发展大局，整体推进、重点突破、亮点突出，残疾人保障体系不断完善，残疾人服务体系得到进一步加强，残疾人生存发展状况不断改善，生活水平逐步提高。在充分肯定成绩的同时，也要看到残疾人“两个体系”建设还处在低水平初步阶段，残疾人得到的社会保障水平很低甚至处在生存线状态，为残疾人提供服务的范围和能力还处在由城市向农村辐射的推动状态，残疾人“两个体系”建设速度和水平与广大残疾人的需求和期盼之间还有很大差距，残疾人优惠政策和福利待遇还处在“镶嵌式、碎片化”状态，需要梳理、整合、规范。中国残联“两建办”在党组、理事会的正确领导下，扎实推进全国残疾人“两个体系”建设；国务院残工委印发《“十二五”时期残疾人“两个体系”建设指导性评估指标》；根据党组、理事会部署开展政府向社会力量购买助残服务相关工作。

（一）完成编制《“十二五”时期残疾人“两个体系”建设指导性评估指标》工作

根据党的十八报告“健全残疾人保障和服务体系，切实保障残疾人权益”的要求，结合残疾人“两个体系”建设试点地区经验和做法，按照把残疾人“两个体系”切实纳入国家基本公共服务体系建设的基本思路，围绕2015年实现建立起“两个体系”基本框架目标，对残疾人社会保障和公共服务的目标任务、范围标准、政策措施等问题，充分开展专题调研，认真学习、咨询论证、反复斟酌，并多次举办试点地区、重点联系省“两建办”相关人员座谈会，书面征求部分残联主要领导意见，召开相关专家学者参加的评估指标论证会，力求理论上有支撑，政策上有依据，实践中可操作，在充分吸纳各方意见基础上，反复修改、数易其稿，并书面征求各省（区、市）及计划单列市、新疆生产建设兵团、黑龙江农垦总局残联意见，将反馈意见逐条研究修订后，制定科学合理的指导性评估指标，7月份形成国务院残工委办公室《“十二五”时期残疾人“两个体系”建设指导性评估指标》（残工委办〔2013〕4号）并印发全国，有力促进和规范了全面、客观、正确地对残疾人“两个体系”建设的进展和成效的评估工作，对进一步加强分类指导、促进责任主体绩效最大化、实现2015年建立起残疾人“两个体系”基本框架的目标将起到导向和推动作用。

（二）认真做好向社会力量购买助残服务相关工作

根据党组、理事会工作部署，2013年6月成立了以党组成员、副理事长程凯同志任组长，“两建办”全体工作人员为基础，组联、计财、教就以及北京市残联等相关人员组成的中国残联政府向社会组织购买助残服务工作组。工作组在党组、理事会的直接领导下，组织开展了一系列工作，取得了较大的成效。

一是开展专题调研，加强联系沟通。工作组分别赴北京、上海、广东、江苏、河北，以及青岛、广州、深圳、无锡等地，深入了解基层相关创新实践，掌握了第一手资料。

二是赢得领导支持。在广泛调研的基础上，及时起草《关于建议在建立政府向社会组织购买服务制度中将助残服务优先纳入并先行先试的请示》，并于6月和7月两次报送国务院。8月6日，李克强总理批示：“残联的建议值得重视，通过政府购买助残服务会有放大甚至是乘数效应。当然，机制要设计好，请酌。”国务委员王勇批示：“请民政部商有关部门调研。”同时，工作组还配合会主要领导向王勇同志做了汇报，王勇对此项工作十分重视和支持。国务院领导的重要指示为工作组创新服务方式、健全服务体系指明了方向，也为工作组明确了工作思路。

三是加强沟通协调。工作组先后三次分别召开了政府相关部门、助残社会组织、高校专家学者、地方残联有关人员参加的研讨会。同时，加强与国务院办公厅、国务院研究室、财政部、发改委、民政部等相关部门沟通协商，经过努力，最终将“残疾人服务”明确纳入了政府向社会力量购买服务范围（原征求意见稿和送审稿中无“残疾人服务”的表述）。9月27日，国务院办公厅正式下发了《关于政府向社会力量购买服务的指导意见》（国办发〔2013〕96号），明确要将“残疾人服务”作为政府购买基本公共服务的七大领域之一，从而实现了工作组阶段性工作目标，争取到了有利的开局。

四是起草文件和编制目录。工作组围绕购买助残服务的重要性和必要性、指导思想、基本原则、总体目标、体制机制等方面进行了学习和思考，重点就规范购买助残服务的购买主体、承接主体、购买内容、购买机制、资金管理、绩效评价等核心问题反复研究，着手起草“关于向社会力量购买残疾人服务的意见”和编制《向社会力量购买残疾人服务指导性目录（第一批）》。

（三）加快推进残疾人“两个体系”建设深入开展

全国各地党委和政府高度重视残疾人“两个体系”建设，普遍将残疾人“两个体系”建设纳入当地经济社会发展规划、为民办实事计划、年度目标管理和重点工作督查检查范围，充分发挥残疾人“两个体系”建设领导小组的职能作用，加强对残疾人“两个体系”建设的统筹协调和组织领导；围绕到2015年建立起“两个体系”基本框架的近期目标，各地依照《“十二五”时期残疾人“两个体系”建设指导性评估指标》（残工委办〔2013〕4号），结合本地实际，制定出台本地残疾人“两个体系”建设实施意见和指标体系，加快推进残疾人“两个体系”建设向制度化、规范化迈进。甘肃省政府残工委制定了《“十二五”全省残疾人“两个体系”建设评估指标》（甘政残工委〔2013〕14号），充分发挥评估工作的导向推进作用，确保全面、准确掌握全省“两个体系”建设基础状况、工作进程和新的动态，为决策部署提供依据。同时，以省政府残工委名义在庆阳市环县召开了有各市州残工委、13个全省示范创建和庆阳市所属县市区政府及残联领导参加的全省残疾人“两个体系”建设观摩推进会议，重点推广环县创新出台“重度残疾人护理补贴和特困残疾人生活补助”等特惠福利政策制度的做法。黑龙江省政府残工委印发《黑龙江省残疾人“两个体系”建设评估指标》，提出“建立贫困残疾人生活补助制度、残疾儿童康复救助制度”等22项指标，省残联结合《黑龙江省残疾人“两个体系”建设评估指标》的指标内容制定了《黑龙江省“十二五”时期残疾人“两个体系”建设指导性数据报表》，包括近百项填报数据，将直观地反映各地“两个体系”建设推进情况。湖北省政府办公厅组织34个省政府残工委成员单位和17个市州对“两个体系”建设开展情况进行了自查；之后，又对黄石、宜昌、鄂州、荆门、荆州、黄冈、咸宁、随州等8个市开展了实地督查工作。各市州以保障和改善残疾人民生为核心，全面落实省里各项普惠性社会保障制度，坚持全省性保障制度与各地优惠政策相结合，注重创新残疾人特殊保障的优惠政策，逐步提高了残疾人社会保障总体水平。

2013年，在党中央、国务院及各级党委、政府的关心指引下，在各级残工委成员单位的大力协同下，各级残疾人组织积极发挥协调能动作用，不断创新，积极作为，残疾人社会保障和服务体系建设进入新阶段，取得新成效。按照习近平总书记提出的“守住底线、突出重点、完善制度、引导舆论”思路和李克强总理要求的“下决心把残疾人等特困群体的问题解决好，把底兜住”的指示精神，中国残联六代会为残疾人“两个体系”建设提出了新任务，指明了新方向，“兜住底、补短板、同步小康”成为残疾人“两个体系”建设最紧迫的任务。

在社会保障体系建设方面，加快为残疾人编织“兜住底”的基本生活保障网，2013年全国城镇残疾人家庭人均可支配收入15851.4元，比上年度增加1800.5元；农村残疾人家庭人均纯收入7829.9元，比上年度增加858.5元；参加城乡养老保险的残疾人分别达到401万人和1638万人，城镇残疾人参加基本养老保险的比例为74.4%，比上年度增加了2.1个百分点，农村残疾人参加新型农村养老保险的比例为84.7%，比上年度提高了2.4个百分点；参加基本医疗保险比例增加了0.4个百分点，5.4%的城镇残疾人没有参加任何一种社会保险，由于政府补贴政策的落实和残联的积极推动，绝大多数农村残疾人参加了“新农合”，参加“新农合”的残疾人中，有93.2%在1年内看过病。2013年度，全国已有628万城乡残疾人纳入最低生活保障，城镇残疾人领取最低生活保障金的比例比上年度略有下降，农村残疾人领取比例有所上升。在获得救济（包括现金或实物）方面，城镇和农村残疾人都有不同程度的下降，其中城镇下降0.2个百分点，农村下降3.9个百分点，城乡残疾人家庭的生活和医疗救助需求比例依然很高，2013年度城镇为41.8%、农村为65.6%的残疾人家庭有生活救助需求，城镇为52.5%、农村为59.7%的残疾人家庭有医疗救助需求。17个省份建立贫困残疾人生活补贴制度，11个省份建立重度残疾人护理补贴制度，458.2万残疾人享受生活补贴或护理补贴。城乡低保、农村“五保”、生活救助、医疗救助、城乡养老保险、城乡医疗保险等条条政策网绳逐渐汇成一张保障体系网，真正实现把残疾人基本生活的底兜住。目前，应着力保障贫困和重度残疾人基本生活，对重度残疾、一户多残、老残一体等特殊困难低保家庭给予重点保障，加大对丧失劳动能力、无固定生活来源的成年重度残疾人救助力度。重点保障残疾人医疗、养老等基本需求，落实重度和贫困残疾人参加城乡居民基本养老保险、城镇居民医疗保险、新型农村合作医疗制度给予残疾人的个人缴费政府补贴特惠政策，有条件的地方扩大补贴范围、提高补贴标准，将符合条件的城乡贫困残疾人纳入医疗救助范围，逐步提高救助标准和封顶线，通过医疗救助为重度残疾人解决医疗保险报销起付线以下的费用，努力实现残疾人增收减支。

在服务体系建设方面，努力提高服务能力和水平，不断扩大服务范围和覆盖面，持续发力完善服务这块短板，在康复服务、特殊教育、就业服务、扶贫服务、托养服务、文化体育、法律服务、无障碍环境建设等方面取得了成效。2013年度，城镇残疾人至少接受过一项康复服务的比例为64.8%，比上年度上升了1.8个百分点；农村残疾人接受过康复服务的比例为56.1%，比上年度上升了3.5个百分点，这表明政府与社会提供康复服务的能力有所提高，残疾人受益面扩大。全国6—14岁残疾儿童接受义务教育的比例为72.7%，比上年度提高0.8个百分点；劳动年龄段生活能够自理的城镇残疾人就业比例为37.3%，农村为47.3%，与上年度相比，城镇基本持平，农村略有下降。残疾人接受社区服务的比例由上年度的43.6%上升至44.3%，其中城镇残疾人接受社区服务的比例从52.3%提高到52.6%，农村由40.7%提高到41.5%。全国残疾人经常参加社区文化、体育活动的比例为8.2%，比上年度增加了0.4个百分点，其中城镇残疾人经常参加社区文体活动的比例为10.4%，与上年度持平；农村残疾人经常参加社区文体活动的比例为7.5%，比上年度上升了0.6个百分点；城镇残疾人对无障碍设施和服务表示非常满意或满意的比例持续上升，满意度达到84.6%，与上年度相比，上升了3.1个百分点；有法律服务需求的残疾人家庭比例持续下降，为残疾人提供法律服务的比例则连续上升。接受过法律服务的残疾人家庭中，感到非常满意或满意的家庭比例为87.2%。2013年，为94.4万残疾人提供托养服务，为750万残疾人提供康复服务，为12.2万户农村贫困残疾人家庭实施危房改造，扶持120.6万农村贫困残疾人脱贫，为13.6万户贫困残疾人家庭实施无障碍改造。2013年9月26日，国务院办公厅印发《关于政府向社会力量购买服务的指导意见》（国办发〔2013〕96号）。该《指导意见》分四个部分：充分认识政府向社会力量购买服务的重要性、正确把握政府向社会力量购买服务的总体方向、规范有序开展政府向社会力量购买服务工作、扎实推进政府向社会力量购买服务工作等。其中，购买内容涵盖了残疾人服务。《指导意见》为加快残疾人服务体系建设，更好更有效地为残疾人提供服务，提供了政策保障和发展空间。在这方面，北京、上海、广东、江苏、深圳等地已走在全国前列，积累了一些经验，值得借鉴和学习。

（倪二虎供稿）

残疾人事业理论与实践研究工作

一、领导讲话

相自成在全国残疾人状况监测工作2012年度工作总结暨2013年度培训会议上的讲话摘要

2013年9月27日

这次会议是在中国残联第六次全国代表大会刚刚闭幕，中国残联领导班子顺利完成新老交替的重要时点，也是在稳步推进新一轮全国残疾人状况监测，适时启动第三次全国残疾人抽样调查，努力加快残疾人全面小康进程进入关键时期召开的一次重要会议。这次会议的召开抓住了战机、紧跟了形势，对于扎实推进全国残疾人状况监测工作具有重要意义。

会议的主要任务是认真贯彻中国残联六代会精神，全面总结2012年度新一轮全国残疾人状况监测工作经验和做法，围绕加强对残疾人全面奔小康进程的监测评估，部署2013年度各项监测工作任务，对省级残疾人监测工作人员进行业务培训。

安徽省监测工作组织有序、培训认真、数据质量较高，为全国监测工作提供了非常好的经验。中国残联研究室陈新民主任就2012年度监测工作进行的总结和对2013年度工作的一些具体要求，我十分赞同。下面就做好2013年度残疾人状况监测工作讲几点意见：

一、监测工作是推动残疾人事业科学发展的一项重要基础性工作

中国残联第五次全国代表大会以来的五年，是残疾人事业快速发展、残疾人状况进一步改善的五年，也是全国残疾人状况监测工作持续开展，为推动残疾人事业科学、规范发展不断增添动力的五年。按照《中共中央、国务院关于促进残疾人事业发展的意见》提出“加强残疾人状况的调查、统计、监测”的要求和中国残联及相关部委的工作部署，全国残疾人状况监测每年度的工作计划周密、组织有序、不断深化，为及时、准确掌握残疾人状况的变化情况，制定相关政策、规划，科学评估政策措施执行效果提供了翔实可靠的依据。中国残联党组和执行理事会的一系列重大正确决策的做出，都是与监测数据的应用分不开的，监测工作的一些重要指标先后被列入《中国残疾人事业“十二五”发展纲要》《国家基本公共服务体系“十二五”规划》等国家重点规划的执行评估指标体系，监测工作对推动残疾人事业健康

可持续发展的作用日趋显著。六代会海迪主席的报告将完善残疾人工作基础数据，提升工作信息化水平，作为今后五年工作的一个重要方面加以部署，明确提出要定期开展残疾人调查统计监测工作，及时掌握动态基础信息，适时启动第三次全国残疾人抽样调查，要求通过科学评估与监测，为加快残疾人事业发展提供科学扎实的数据支撑。这些要求，我们要很好领会精神，加以贯彻。

党的十八大提出了经济、政治、文化、社会和生态文明“五位一体”的建设大格局，意义深远。特别指出到2020年国内生产总值、城乡居民收入翻一番，全面建成小康社会。十八大报告还特别提出“健全残疾人社会保障和服务体系，切实保障残疾人权益”。习近平总书记指示，消除贫困、改善民生、实现共同富裕，是社会主义的本质要求。抓民生要抓住人民最关心最直接最现实的利益问题，抓住最需要关心的人群。李克强总理强调，要下决心把残疾人等特困群体的问题解决好，把底兜住。六代会上张高丽副总理提出要实现残疾人与全国人民实现“同步小康”。王勇国务委员、邓朴方名誉主席、张海迪主席对今后的残疾人工作都提出了明确要求，这些都为我们的工作指明了方向。残疾人事业是社会主义建设事业的重要组成部分。全面建成小康社会残疾人怎么办？这是摆在我们每个人面前的严峻的课题。我们必须始终保持清醒头脑，增强责任意识、忧患意识，加强研究、科学谋划，抓住机遇、有所作为，特别是在破解发展难题、解决实际问题上下功夫，拿出可行的解决问题的办法，切实在缩小残疾人总体状况与社会平均水平的差距上见到成效，使残疾人有尊严地生活。

现实的情况和研究资料表明，残疾人事业的发展还面临许多问题。由于多种因素的制约，残疾人总体生活水平与社会平均水平还存在较大的差距，残疾人同全社会一道实现小康的任务非常艰巨。2012 年度监测数据显示：2012 年度残疾人小康实现程度为 68.4%，比 2011 年度提高 5.3 个百分点，残疾人家庭人均可支配收入相当于全国居民家庭人均可支配收入的 56.2%。总体上看，残疾人仍然是最困难的社会群体，他们的生活状况仍然是直接影响全面小康的明显“短板”。全国还有 1500 多万残疾人尚未脱贫、260 多万城镇残疾人生活还十分困难，280 多万农村残疾人无房或住在漏风漏雨的危房当中。残疾人登记失业率是社会平均水平的两倍多。此外，从社会保障政策方面看，已出台的政策与残疾人的需求之间还存在很大的差距，现有保障政策还有待不断发展和完善。

针对上述问题，当务之急就是要进一步加强残疾人问题的研究和探讨，特别是对如何提高城乡残疾人收入，跟上全面小康步伐的目标和措施问题加强研究、科学谋划，破解难题，切实在缩小残疾人总体状况与社会平均水平的差距上见到成效。我们目前要抓住 2020 年以前的这七年战略机遇期，聚精会神搞建设，一心一意谋发展，多谋民生之利，多解民生之忧，切实解决好残疾人最关心最直接最现实的利益问题，使改革发展成果更多更公平地惠及全体残疾人。

随着我国收入分配体制改革的不断深化，残疾人群体要实现收入倍增甚至增长的更快一点，就必须不断提高社会保障水平，千方百计促进就业，努力缩小收入差距，还要搭上国家完善基本公共服务体系建设的快车，加大残疾人公共服务供给、改善服务质量等。在努力实现残疾人和全国人民同步小康的进程中，这些工作有没有落实到位、残疾人各方面状况有没有得到改善，与我们承担的监测工作成效密切相关，这关系到对大局的整体判断和决策，关系到对重要政策措施执行效果的检验评估，责任重大，决不能马虎大意、自满懈怠。各地必须要深刻认识新形势下做好残疾人状况监测工作的重大意义，兢兢业业、踏踏实实地做好监测中的每一件小事，一丝不苟的核准小数据、消灭小差错，积小胜为大胜，做好 2013 年度的监测工作。

二、高质量完成 2013 年度监测工作

监测数据质量是监测的生命线，确保监测数据质量是贯穿整个监测工作的核心。总体上看，2013 年度监测的工作量依然比较大，填写问卷的难度也有所增加。各地残联和监测办要加强组织领导，把握监测工作的各个环节，充分保证人员、经费、时间的要求。省残联理事长要重视、过问，分管理事长要出席监测人员省级培训会并做动员部署，主管部门（处）负责人要主持培训并总结，明确提出具体要求。需要特别强调的一点是，鉴于监测工作的技术性、延续性、复杂性，各地残联要尽量保证监测工作人员的稳定，以确保工作质量。

多年来，我们都体会到监测工作是一项科学性、技术性和程序性很强的工作，来不得半点马虎。有两点经验特别重要：一是狠抓培训。中国残联每年组织专门培训会，保障投入和师资，加强各地经验交流，在培训中反复重申重点问题和关键环节，只有一个目的，就是尽可能地降低数据的差错率，防止因人员更替、疏忽大意而产生的各类数据问题，小问题汇集成大问题，如果发生这种情况我们工作的科学性、严谨性将丧失殆尽！培训质量中国残联要抓，各省级残联也要紧抓不放。二是保证入户监测准确、高效地开展。“欲知残情冷暖事，监测到户进万家”，数据的质量取决于入户采集数据的监测员的工作，监测员的素质特别是调查询问技能，直接影响监测对象的配合程度和监测内容的准确性。说到底，一线监测员掌握的知识、技能和方法到位不到位的关键因素与各位培训专家和回去承担培训任务的在座诸位密切相关，一定要从思想上高度重视，提高使命感和责任感，以严肃认真的态度和饱满的热情参加业务培训，认真踏实地完成本次和今后每一次的培训学习任务，有时重复学习就是为了加强记忆、熟练业务。先当好学生，才能确保回去后能当好下级监测员的培训老师。参加过

往年监测工作的老同志，要在总结经验的基础上，主动传、帮、带；刚参加监测工作的新同志要把疑难问题解决在培训班上，学懂弄通，不能马虎、松懈，要融会贯通，科学求实。希望大家认真学习，建议加强对培训效果的检验和考核，新加入进来的同志尤其要认真学习，尽快熟悉工作，提高水平。

三、做好2013年度残疾人监测工作的三点要求

对本年度监测工作，我提三点要求：

第一，要按时认真组织好本省的培训。各省残联要借落实中国残联六代会的契机，有力推动监测工作，省级残联领导要靠前指挥，切实保障本省培训工作所需人、财、物和监测点各项准备工作的落实。中国残联研究室、监测办要积极指导推动，委派专家赴部分地方监测现场进行指导和督促。各省残联承担监测工作的无论是办公室、组联部、维权部或信息中心，都要对口中国残联研究室业务指导下的监测办，上下联动，密切联系，各司其职，全国“一盘棋”，在统一协调和有序组织下，确保高质量完成省级培训和监测任务。

第二，要在监测入户的过程中，贯彻落实中央全面深化群众性路线教育实践活动的有关精神。切实发挥残联密切联系残疾人的组织优势，真正把入户监测当作贯彻落实党的十八大和中国残联六代会精神的过程，当成走群众路线，宣传残疾人事业和人道主义思想的过程，当作走乡村路、入残疾户、访残疾情的过程，当成培养锻炼干部、特别是年轻干部践行“人道、廉洁、服务、奉献”职业道德的重要机会，通过监测工作把党和政府对残疾人关怀及残联组织的服务送到残疾人身边，始终保持同残疾人的血肉联系，全心全意为他们解难题、办实事、谋福祉。

第三，要高度重视以残疾人收支状况为重点的各种残疾人工作数据的收集、管理和研究工作。随着国家民生保障政策的推进和残疾人事业的发展，各地残联通过开展全省普查、重点业务领域调查和监测等方式搜集了丰富的残疾人状况数据资源，通过统计分析、预测分析和监测预警，从不同角度支持了国家和地方惠残政策措施的制定出台，有利于残疾人工作逐步实现科学化、精细化和人性化管理与服务。从实践效果看，各级各领域的残疾人状况宏观和微观数据库不断建立完善，跨部门、跨地区的信息资源共享正逐步实现，各地残联要充分认识和准确把握以监测工作为先导的残疾人事业信息化发展趋势，统筹安排好数据的收集、管理和研究开发工作，今天在座的很多同志都是本省事业统计、残疾人人口数据库的业务骨干，希望你们在残疾人有关的数据收集、管理和开发利用方面做出更多成绩，为推动各省乃至全国残疾人事业科学发展贡献力量。

中国残疾人事业发展研究会会长程凯在残疾人权益保障与公共服务研讨会暨第七届中国残疾人事业发展论坛上的致辞 2013年11月2日

中国政府历来重视残疾人权益保障。2006年12月，联合国通过《残疾人权利公约》之后，中国是率先签署这一《公约》的国家之一，2010年10月，中国按期向联合国残疾人权利公约委员会提交了履约报告。我国政府还将残疾人权益保障纳入国家人权行动计划。在最近两期国家人权行动计划中，残疾人权益保障作为重要内容得到重视和强调，对于切实履行《公约》、全面保障残疾人政治、经济、社会和文化权益起到了重要推动作用。

我们一贯主张人权保障与社会发展不可分割。保障残疾人权益，需要经济社会的发展，但是，经济社会的发展，并不能自然而然地带来残疾人权益的实现和状况的改善。我们必须更加深刻地认识残疾人的特殊困难和特殊需求，更加强调以权利为本的残疾人工作新理念，更加务实地为残疾人提供合理便利和特殊保护，使残疾问题真正成为公正、包容、惠及每一个人的可持续发展战略的重要组成部分，使残疾人的权利能够在事实上得以实现。这正是《残疾人权利公约》所强调的基本原则。

为与《公约》的基本原则和精神保持一致，我国政府于2008年对《中华人民共和国残疾人保障法》进行了修订，进一步强调了《公约》所主张的不歧视、机会均等、无障碍等基本原则。我国还制定了《残疾人保障法》的配套行政法规，先后颁布了《残疾人教育条例》《残疾人就业条例》和《无障碍环境建设条例》，正加快制定《残疾预防与康复条例》，修订《残疾人教育条例》，这都为残疾人的教育、就业、康复、参与社会生活等权利实现提供了法律保障。在《社会保险法》《就业促进法》《精神卫生法》等法律制定过程中，也强化了残疾人权益保障和特别扶助的规定。

在加强残疾人立法和政策保障的同时，我们积极加快残疾人康复、教育、就业、社会保障、无障碍环境建设、法律援助、消除贫困等工作。推动了残疾人服务纳入国家基本公共服务规划，努力为残疾人提供更好的服务；新建、改建和扩建了一批残疾人基础服务设施，为残疾人服务的条件得到改善；积极探索向社会力量购买助残服务的新机制，引导培育专业化、类别化的社会助残组织和机构的成长和发展；加快服务残疾人各类专业人才的培养培训，推动残疾人服务业和各种业态的发展与规范。五年来，中央财政残疾人事业资金投入总量近110亿元，地方财政投入852亿元，有力推进了残疾人事业的发展。未来五年，中央财政还将继续加大支持残疾人服务设施建设，不断扩大服务覆盖面，提升服务能力和水平，为残疾人融入社会生活提供保障。

党的十八大提出了到2020年全面建成小康社会的宏伟目标，这也是包括8500万残疾人在内的每一个中国人的共

同理想。经过不断努力，残疾人奔小康步伐不断加快、程度不断提高，但与全国平均水平相比，仍有较大差距。在实现中国梦的伟大进程中，我们绝不能让全国8500万残疾人掉队。按照党的十八大提出的“健全残疾人社会保障和服务体系，切实保障残疾人权益”的要求，贯彻落实张高丽副总理代表党中央、国务院在中国残联六大开幕式祝词要求，今后一个时期，我们要着力构建稳定可靠的残疾人基本保障安全网；着力健全残疾人公共服务体系；着力增强残疾人自我发展能力；着力保障残疾人平等参与权利和平等发展机会，消除残疾歧视，依法维护残疾人各项权益，努力实现残疾人与全国人民同步小康，让残疾人生活得更有尊严、更加殷实、更加幸福。

我们注意到，近年来，我国残疾人事业理论与实践研究越来越受到党委、政府、高等学校和全社会的重视。中国残联和北京大学、中国人民大学、山东大学、吉林大学、山东大学和武汉理工大学等合作成立了残疾人事业发展研究中心（研究院或基地）；北京、上海、新疆、山西、安徽、四川等省区市残联组建了自己的研究室；广东、广西、江苏、江西、湖北、广州和武汉等省区市成立了残疾人事业发展研究会；中国残疾人事业发展研究会主办的《残疾人研究》杂志，2011年1月创刊以来已逐步发展成为专家学者交流研究成果的有效平台，极大地促进了残疾人事业理论与实践研究。当前，残疾人权益维护、残疾预防、康复、教育、就业、社会保障等领域已经成为一些高校的专业并且越来越受到重视，有的专业还设置了硕士点、博士点，从事残疾人事业理论与实践研究的队伍不断壮大。这次论坛还将进行第三届残疾人事业理论与实践研究优秀成果评奖，这项活动已成功举办三届，得到了河南省残疾人企业家协会和会长王国胜先生的大力支持。这也是残疾人事业理论与实践研究受到社会重视的生动体现。

理论研究是基础，转化应用是目的。我们真诚地希望各位专家、学者，继续深入调研、倾心研究，不断丰富残疾人事业发展的理论与实践，向党和政府、有关部门提出负有责任、切实可行的政策建议，推动残疾人同全国人民一道同步迈向小康生活。

百余年来，山东大学始终与党和国家、民族的命运紧密相连，与时代和社会的变革息息相关。山东大学学者云集，英才辈出，为民族解放、国家建设和社会进步做出了重大贡献。不仅在自然科学研究中硕果累累，人文科学的研究也在国内外占有重要地位，享誉世界的《文史哲》就诞生在山东大学。山东大学残疾人事业发展研究中心成立六年来，在展涛校长、徐显明校长、李守信书记和刚刚履新的张荣校长等校领导的倾情帮助和大力支持下，在葛忠明教授和他的团队共同努力下，产生了一批在社会上有相当影响的残疾人理论与实践研究成果。

山东省在努力实施“整体赶平均、共同奔小康”计划的同时，高度重视残疾人事业与经济社会协调发展，加快政策体系建设和制度建设，加快残疾人服务载体的建设，广大残疾人状况显著改善，基层服务能力明显增强。这是本次论坛在山东省、在山东大学举办的一个重要原因。我们要学习借鉴山东省和山东大学在残疾人事业理论与实践研究和保障残疾人权益方面的成功经验，把残疾人事业理论与实践研究进一步引向深入。

这次论坛的主题是残疾人权益保障与公共服务。之所以确定这个主题，是因为目前我国残疾人的权益保障还存在一些不尽人意的地方。1500万农村残疾人还生活在贫困之中，260多万城镇残疾人生活还十分困难，还有280多万农村残疾人家庭没有房屋或是住在危房里。残疾人家庭人均可支配收入仅为社会平均水平的一半。残疾人社会保障水平还比较低，康复、教育、就业、无障碍等基本公共服务还难以满足残疾人基本需求。残疾人事业城乡区域发展还不平衡，农村和基层为残疾人服务的能力还比较薄弱。在一些地方，残疾人受歧视、权益受侵害的现象依然存在，残疾人和残疾人工作还面临着很多困难和挑战，需要专家、学者和残疾人工作者更深入的调查研究，更真切地贴近与体察，并提出针对性的政策建议。

我们坚信，在倡导《残疾人权利公约》基本原则和推动基本公共服务均等化的今天，进一步保障残疾人合法权益，推动残疾人公共服务，特别是与残疾人生活息息相关的基本公共服务发展的目标，一定会早日实现。

我们确信，在党的十八大精神指引下，中国特色社会主义事业的科学发展，必将为中国特色残疾人事业的加快发展提供坚强的保障，带来更大的机遇，广大残疾人的明天会更美好。

我们也相信，以这次论坛为契机，残疾人事业理论与实践研究一定会取得更加丰硕的成果。

山东省副省长孙绍骋在2013残疾人人权保障与公共服务研讨会暨第七届中国残疾人事业发展论坛开幕式上的致辞

2013年11月2日

山东总人口近9700万，其中残疾人总数约为570万。做好残疾人工作，积极改善广大残疾人的生产生活条件，是保障和改善民生的重要内容，也是提前全面建成小康社会的必然要求。多年来，山东省委、省政府始终高度重视残疾人工作，制定出台了一系列政策措施，积极推进残疾人与全省人民同步奔小康。

——围绕残疾人人人享有基本生活保障，将残疾人纳入社会保障体系并予以特殊扶助。符合城乡低保条件的残疾人应保尽保，落实困难重度残疾人生活补贴政策，66.6万残疾人（次）享受到每人每月不低于50元的生活补贴。（参加城乡居民社会养老保险的重度残疾人可以提前5年领取养老金。）建立残疾人护理补贴制度，对就业年龄段生活不能自理的残疾人给予每人每月不低于60元的护理补贴。实施“温馨安居工程”，2.4万户贫困残疾人家庭新建或改建了住房。

——围绕残疾人人人享有基本医疗保障和康复服务，

实施一系列康复救助工程。几年来，106.6万残疾人得到不同程度的康复，成功创建“全国白内障无障碍省”。对0—6岁残疾儿童实施免费抢救性康复。对贫困残疾人参加城镇居民医疗保险、新型农村合作医疗保险个人缴费部分，实行政府补贴。按规定将白内障复明手术等12项医疗康复项目纳入城乡基本医疗保险保障范围。

——围绕残疾人文化教育水平明显提高，完善残疾人教育服务体系。全面落实教育扶持政策，7000多名贫困残疾儿童少年和大中专残疾学生得到资助，1400多名残疾学生考入普通高等院校。

——围绕残疾人就业更加充分，建立规范化的残疾人就业服务体系。实施“百千万残疾人就业创业扶贫工程”，为残疾人提供技能培训和创业培训，吸纳更多残疾人就业。全省24.6万城镇残疾人稳定就业，72万农村残疾人实现脱贫。

在中国残联第六次全国代表大会上，张高丽副总理明确提出，要实现残疾人与全国人民同步小康。面对新形势、新任务，我们将认真学习贯彻中国残联六代会精神，加快推进残疾人社会保障和服务体系建设，努力消除他们参与社会生活的观念障碍和环境障碍，增强他们自我发展能力，千方百计帮助他们增加收入，努力让残疾人体面劳动，快乐生活，实现价值，共圆中国梦。

本次论坛给我们提供了一次难得的学习机会，真诚期待各位专家学者对山东残疾人工作多提宝贵意见。山东大学是我的母校，这次盛会在山大举行，我感到自豪和欣慰。希望山东大学残疾人事业发展研究中心和全省广大残疾人工作者，向各位专家、同行们虚心请教、认真学习，不断提高理论研究的质量和水平，为推动我省残疾人事业加快发展做出新的贡献！

二、工作综述

（一）起草中国残联六代会主报告等文件

5月即安排专人分门别类搜集整理有关文件材料，向各有关业务部厅和地方残联搜集五年工作相关数据、资料和主要工作特点、经验，梳理归纳，编印相关参考资料。6月初，召开中编办、国务院研究室和残工委主要成员单位、专门协会和残疾人社会组织专题研讨会，征求关于残联组织定位、残疾人小康、政府购买服务等方面的意见和建议，整理报送党组领导及有关部厅。7月，分工分步起草文件，通过集体讨论、安排专人统稿等方式，理顺文字逻辑、风格和内容。其间，多次听取海迪主席和党组意见，不断修改完善。

（二）编制《国家基本公共服务体系“十二五”规划》，制定综合评估方案（征求意见稿）

按照发改委对《国家基本公共服务体系“十二五”规划》推动实施的部门分工和进度要求，6月，汇总机关各部门自评报告，对公共服务专章所有任务、标准、工程及补充内容进行评价，进一步细化“十二五”时期残疾人社会保障和服务项目。按照发改委关于国家基本公共服务体系“十二五”规划综合评估方案意见函的要求，对方案中“基本公共服务评价指标体系——残疾人基本公共服务”的指标内容进行调整和修改，并就相应指标的解释、计算公式、计量单位、数据来源予以说明。7—8月间，与发改委多次沟通意见，并报送关于《国家基本公共服务体系“十二五”规划》综合评估方案修改意见函，与康复部、计财部等部门对有关指标进行了测算，并兼顾了东中西部地区不同情况，修订了部分指标及解释，调整合并了一些指标，将个别适度性指标调整为正指标。待发改委汇总审核确定印发后，将指导地方贯彻落实、对照评估规划确定的残疾人基本公共服务相关工作。

（三）发布年度监测报告，组织开展2013年残疾人状况监测工作

4月完成2012年度全国残疾人状况监测数据录入和相关数据核查工作；6月向社会发布《2012年度全国残疾人状况及小康进程监测报告》；9月，召开全国残疾人状况监测工作2012年度工作总结暨2013年度培训会议，为完成2013年度全国残疾人状况监测工作打下基础。中国残疾人福利基金会继续对监测工作给予资金支持，用于资助中西部入户调查。监测数据保持较高质量，在决策依据、政策规划执行情况评估和社会宣传等方面发挥了重要作用。

（四）启动国家残疾预防行动计划编制试点工作

3月，完成中国残联与宝鸡市政府残疾预防体系综合试点协议的签署，联系督促无锡市加快推进残疾预防试点；5月，研究室组织相关专家参加宝鸡市残疾预防试点工作暨西部地区残疾预防试点研讨会，协调宝鸡市政府出台全市残疾预防体系指导意见；中国残联同咸宁市政府签订残疾预防试点协议书；11月，研究室组织专家赴无锡，确立无锡市为东部地区残疾预防试点城市，并召开残疾预防行动计划编制专家研讨会。

（五）起草加快推进残疾人全面小康进程意见

2月，以2007年以来全国残疾人状况监测反映的残疾人生活水平和小康实现程度为依据，提出实现残疾人增收、缩小绝对差距的预期目标；会领导、各有关部厅和专门协会部分负责同志围绕残疾人增收开展专题研讨；3月初，召集中西部七个省（区）残联主要负责同志围绕残疾人小康目标展开研讨；六代会后，先后在济南、石家庄召开东中西部地区加快推进残疾人全面小康进程研

讨会，听取地方残联、有关专家、残疾人专门组织和残疾人社会组织等各方面的意见和建议，与各部厅一起抓紧起草残疾人小康文件。根据全会研讨意见，对初稿进一步修改。这个文件重在贯彻落实三中全会精神，覆盖残疾人全面小康目标，提出一系列政策措施。

（六）国家社科基金重大项目研究工作圆满完成

4月，研究会程凯会长、郑晓瑛副会长主持的国家社科基金重大项目《中国残疾预防对策研究》历时三年，顺利结项。国务院原副总理回良玉做出重要批示，要求中国残联充分利用该项目的研究成果，会同有关部门抓紧制定《国家残疾预防行动计划》。

5月，研究会郑功成副会长主持的国家社科基金重大项目《促进我国残疾人事业发展的理论与政策研究》顺利完成。项目研究成果得到王勇国务委员批示，并要求有关部门认真研究落实。

（七）残疾人事业理论与实践研究

增加5项对加快残疾人增收问题研究的相关课题；完成2012—2013年度中国残疾人事业理论与实践20项课题中期和终期评估；发布2014—2015年招标课题，相关研究课题成果已转化为现实政策。

同北大、人大、山大、吉大、南大、武汉理工等高校联合成立的残疾人事业发展研究中心举办有关活动，并撰写相关教材、研究著作，主要有：《残疾人社会工作》（浙江大学），《残疾人社会福利》《残疾人社会工作》（南京大学），以及《2013中国劳动力市场报告——全面建成小康社会进程中的残疾人就业》（北京师范大学）等。

11月初在山东大学组织召开“残疾人人权保障与公共服务研讨会暨第七届中国残疾人事业发展论坛”，围绕“残疾人人权保障”、“残疾人公共服务”、“残疾人服务的职业化、专业化”等展开研讨。首次设立大学生助残分论坛，来自北大、人大、吉大、南大、山大等高校的大学生代表们交流助残服务心得并发表助残宣言。

《残疾人研究》杂志平稳发展。召开专家座谈会，倾听对办好杂志的意见。截至2013年底共出版12期，刊登国内知名高校、科研机构专家学者的文章244篇，社会影响不断扩大，《残疾人研究》作为专业化期刊在残疾人研究领域的带动效应得到明显体现。

（八）开展支部活动，密切联系残疾人群众

参加中国残疾人艺术团走进北大专场演出活动、到西城区“生命阳光心理健康指导中心”开展“生命阳光，关注残疾人心理健康”主题党日活动。研究室党支部长期联系帮扶因灾致残学生及其家庭。参与中国狮子联会等公益慈善组织开展的相关助残活动，使青年党团员受到了教益。

三、重要条目

【残疾人人权保障与公共服务研讨会暨第七届中国残疾人事业发展论坛】 2013年11月1日在山东大学举行，来自国内48所高等院校、26个科研机构的专家学者，39个省、地、县级残联和44个残疾人社会组织的代表，以及来自北京大学、武汉理工大学、华航大学、山东大学的学生代表近430人与会。本届论坛的主题为“残疾人人权保障与公共服务”，围绕主题设有主论坛和“残疾人权利保障”、“残疾人公共服务”、“残疾人服务的职业化、专业化”和“大学生助残分论坛及高校社团助残展示活动”四个分论坛。主论坛报告会围绕如何积极应对人口残疾挑战、山东省推进残疾人基本公共服务的实践和思考、中国残疾人就业趋势、有关残疾人新社会组织与新社会服务的创建以及残疾人服务业跨越式发展研究等相关话题展开。专家学者分别就残疾人隐私权、肢体残障大学生就业、福利企业发展困境及其对残疾人就业的影响、社会排斥理论视角下的残疾儿童研究以及涉及残障儿童教育的赋权增能与支持服务研究、我国残疾人就业率与教育程度、残疾人职业康复立法的国际比较、残疾人文化自觉以及残疾人权利保护中国家的义务等问题阐述了自己的观点。论坛首次设立“大学生助残及高校社团助残展示活动”分论坛，来自相关高校的学生代表就助残服务的心得进行了深入交流，并发表助残宣言，体现出青年学子的社会责任感和对残疾人事业的热情。论坛上对“中国残疾预防对策研究”和“我国残疾人事业发展的理论与政策研究”两项国家社科基金重大项目予以特别奖励，河南省残疾人企业家协会给予大力支持。

【残障与发展论坛（2013）：制度创新与战略规划】 2013年6月29—30日在中国人民大学逸夫会堂举行。本次论坛由中国人民大学残疾人事业发展研究院、北京市残疾人联合会、中国康复研究中心联合主办。论坛的主题为“中国残疾人事业的制度创新与战略规划”，围绕主题设有主论坛和“残疾人事业制度创新”、“残疾人康复与服务”、“残疾人事业发展战略”三个分论坛，41位来自学术机构与各级残联的专家学者和工作者发表了自己的研究成果，对有关问题进行了深入交流。中国残联研究室主任陈新民、中国康复研究中心主任李建军、北京市残联理事长吴文彦等及来自全国、北京市残联系统和中国社科院、中国人民大学、北京师范大学、南京大学、华中科技大学、吉林大学、山东大学、南京特教学院等20多所高校的120多名正式代表出席了本届论坛。

【残疾人个性化服务创新研讨会】 2013年4月6—7日在成都举行，中国人民大学残疾人事业发展研究院主办。来自20多家学术单位或组织的专家学者及代表60多人出席。研讨会围绕新时期残疾人事业发展道路而展开。

相关高校的专家学者以及部分来自市县残联与基层残联组织的负责人做了专题发言。与会专家认为，在全面建设小康社会和社会保障体系建设加速进行的大背景下，针对特定社会群体提供个性化服务将是决定保障与改善民生质量的关键性指标，尤其是对于残疾人而言更是至关重要。与会学者高度评价了四川省在全国率先面向残疾人提供个性化服务，认为代表着新时期我国残疾人事业发展的正确方向，这种服务机制体现了多元协同、基层落实的大服务格局，是残联人组织调动政府相关部门与社会各界力量共同参与残疾人事业发展积极性的有效尝试。

【残疾人事业发展现代化道路研讨会】2013年12月12日在南京大学召开。中国残联研究室、中国残疾人事业发展研究会、江苏省残联、江苏省残疾人事业发展研究会负责人、部分地市县残联负责人以及高校、社科院、研究机构学者等40余人参加了此次会议。本次研讨会就中国残疾人事业发展道路、残疾人事业发展道路模式、残疾人事业发展道路比较、残疾人事业发展的社会参与、残疾人事业发展的保障措施等方面进行了广泛而深入的探讨。中国特色残疾人事业发展道路研究需要比较借鉴国际经验，与会专家分享了美国残疾人发展的成功经验；残疾人事业发展道路离不开其他要素的广泛参与，专家们从残疾人福利机构的发展、民间公益组织与残疾人福利服务的关系等方面进行了深入的探讨。江苏省残疾人事业发展研究会秘书长牟民生做了总结性发言。他指出，本次研讨会研讨议题集中，具有重要的理论意义与现实意义。实际工作部门的同志和专家学者畅所欲言、各抒己见，提出了很好的观点与建议。

（胡仲明供稿）

残疾人事业发展研究会工作

2013年，残疾人事业发展研究会主要开展了以下几方面的工作：

（一）国家社科基金等重大项目研究工作圆满完成，积极开展多领域项目研究

程凯会长、郑晓瑛副会长主持的国家社科基金重大项目“中国残疾预防对策研究”于2013年4月顺利结项。这是中宣部全国哲学社会科学规划办公室首次将残疾人研究课题列入国家社科基金重大项目，也是中国残联承担的第一个国家级社会科学重大项目。国务院原副总理回良玉对项目研究报告做出重要批示，高度评价了课题成果的重大价值，希望拿出实实在在的举措。中国残联目前正充分利用该项目的研究成果，会同有关部门抓紧制定《国家残疾预防行动计划》，并分别在陕西、湖北和江苏无锡进行试点工作。

郑功成副会长主持的国家社科基金重大项目《促进我国残疾人事业发展的理论与政策研究》，经过各方面的共同努力，于2013年5月顺利完成。

陈新民副会长承担的国家旅游局重点项目“残疾人旅游需求与实现机制”研究项目，2013年6月顺利结项。

研究会多位理事、常务理事承担的中国残联2012—2013年度课题，也于2013年9月完成研究任务。

在抓好有关科研项目的同时，研究会积极组织、协调会员单位及会员，开展研究，充分发挥自身学术和资源优势，在各自的学术和专业领域积极开展课题研究，取得了丰硕成果。研究会常务理事宋新明教授、周沛教授承担的中国残联嘉道理慈善基金会社区康复合作项目已进行多次实地调研。常务理事赖德胜教授团队撰写了2013年度中国劳动力市场报告残疾人就业分报告。理事杨立雄教授承担的香港乐施会支持的连片特困地区残疾人扶贫研究项目已在全国中西部地区五个省的五个县的五十个乡镇一百多个农村社区进行了调研。

在过去的一年中，中国人民大学残疾人事业发展研究院、北京大学残疾人事业发展研究中心、山东大学残疾人事业发展研究中心、吉林大学残疾人事业发展研究中心、南京大学残疾人事业发展研究中心和武汉理工大学积极开展残疾人事业领域重点、难点和热点问题研究，承担中国残联、省级残联相关研究课题，开展残联系统干部培训，举办有关残疾人事业论坛，有关专家学者踊跃参加国内外学术交流，发表残疾人研究相关学术文章，积极推动残疾人事业发展。

（二）积极参加中国残疾人事业“十二五”发展纲要和国家基本公共服务体系“十二五”规划评估工作，精心组织2013年残疾人状况监测工作，为事业发展提供智力支持

研究会副会长兼秘书长陈新民、副秘书长郭春宁及研究会部分专家积极参与中国残疾人事业“十二五”发

展纲要和《国家基本公共服务体系"十二五"规划》中期评估工作。

在副会长陈新民等直接领导和组织下，2013 年残疾人状况监测工作如期开展并在安徽合肥对监测医师和监测员进行培训，残疾人状况监测工作为有关政策的制定和《残疾人事业"十二五"发展纲要》《国家基本公共服务体系"十二五"规划》执行情况评估提供依据，同时为2014 年启动第三次全国残疾人抽样调查做准备。

（三）积极推动国内学术交流

1. 残障与发展论坛（2013）

6 月 29—30 日，由中国人民大学残疾人事业发展研究院、北京市残疾人联合会、中国康复研究中心联合主办的"残障与发展论坛（2013）：中国残疾人事业制度创新与战略规划"在中国人民大学隆重举行。残疾人事业发展研究会副会长出席论坛，残疾人事业发展研究会副会长、中国人民大学残疾人事业发展研究院院长郑功成教授主持开幕式并做主旨报告。

2. 第五届中国残障大学生融合教育及就业论坛

8 月 25—31 日，由残疾人事业发展研究会、湖北省残疾人事业发展研究会、武汉理工大学和武汉大学联合举办的"第五届中国残障大学生融合教育及就业论坛"在湖北武汉举行。

3. 残疾人人权保障与公共服务研讨会暨第七届中国残疾人事业发展论坛

"残疾人人权保障与公共服务研讨会暨第七届中国残疾人事业发展论坛"的筹备工作得到了中国残联领导的高度重视和高等院校的大力支持，研究会的专家教授也积极参与并做了大量工作，此次论坛取得圆满成功。

（四）研究会自身建设

2013 年，研究会按照《社会团体登记管理条例》和《残疾人事业发展研究会章程》规定，借鉴相关社会团体的成功经验，努力加强自身建设，主要有以下几个方面：

1. 2013 年会刊《残疾人研究》圆满完成出版发行任务

《残疾人研究》作为研究会的会刊，也是全国第一本残疾人研究领域的学术期刊，在各界的大力支持下，圆满完成 2013 年出版发行任务。

2. 调整充实理事会和常务理事会

2013 年，秘书处通过网络、函件等方式同理事、常务理事等沟通、交流，就研究会自身建设和开展学术活动等交换意见、进行决策咨询。按照章程，召开第二届全国会员代表大会，成立研究会新一届领导班子、常务理事会和理事会。

3. 研究会网站运转良好

研究会网站不断改进，实时更新，是广大会员开展学术交流和获取信息的平台，也是研究会向社会展示形象和宣传残疾人事业研究成果的一个重要窗口。

（李耘供稿）

残疾人事业研究机构工作

当前，我国已进入全面建成小康社会的决定性阶段，残疾人事业在新的起点上面临新的更高要求。回顾残疾人事业发展 30 年的历程，有许多成功的经验可以借鉴，也有很多失败的教训需要吸取。同时，也不难发现，残疾人事业的发展也到了理论总结的关键时期。

在残疾人事业理论研究方面，北京大学、南京大学、中国人民大学、山东大学、吉林大学、武汉理工大学六所重点大学残疾人事业研究机构为残疾人事业的发展提供了极大的智力支持。

2013 年，六所大学残疾人事业研究机构继续积极参与和推动残疾人事业理论研究和制度建设的发展，为残疾人事业发展提供理论支持，为残疾人事业发展提供政策建议；组织实施残疾人事业发展及相关领域的课题研究，努力推动残疾人事业的学术发展；造就和培养高层次的残疾人事业理论和实践人才；建立国内、国际学术交流平台，努力拓展对外学术合作与交流空间；利用现有学术期刊及网络、报纸等资源，积极向社会传达残疾人事业发展研究的成果和信息，推动残疾人事业的实践。

北京大学中国残疾人事业发展研究中心继续服务于国家重大需求，完成重大项目的研究工作，完成了各项教学、科研和管理任务，出版译著 4 部、发表英文文章 13 篇，中文文章 12 篇。新立项项目 4 项，各项研究进展顺利。组织召开国际会议，加强国际残疾人研究合作和交流。继续与地市级残疾人联合会合作，共同开设残联系统领导干部高级培训班，2013 年先后 7 次承担了分别来自河南省、安徽省、天津市、佛山市残联系统理事长的培训工作，均为非学历继续教育合作办学，集中培训了全国市地残联理事长400 余人，得到各省地市级残联学员们的高度评价和一致称赞。招收残疾人口学方向的在职研究生，努力完成培训和培养任务。不断加大理论与实践研究力度，科研成果显著，郑晓瑛教授获得 2013 北京大学国华杰出学者奖。郑晓瑛、程凯主持的“中国残疾预防对策研究”，在 2013 年荣获第三届中国残疾人研究优秀成果（项目）特别奖。

中国人民大学残疾人事业发展研究院组织多场学术会议，为业内人士搭建交流的平台。其中，与北京市残疾人联合会、中国康复研究中心联合主办“残障与发展论坛(2013)：制度创新与战略规划”，针对中国残疾人事业的制度创新与战略规划，以及残疾人事业制度创新、残疾人康复与服务、残疾人事业发展战略展开研讨。学术成果斐然，政研报告获得中央领导的批示，为政策制定提供支持；凝聚学者们智慧、心力的专著、科研项目、专著、科研项目、学术论文，为残疾人事业出谋划策。指导研究生完成了五篇残疾人研究学位论文，涉及残疾人的支持性就业、弱势群体社会权利配置、现行医保制度下我国罕见病患者就医问题、我国工伤认定问题以及反残疾人就业歧视法律制度等方面的研究。郑功成教授出席第十二届全国人大第一次会议，向大会提出建议案，呼吁加强对罕见病患者的关注与政策支持，卫生和计划生育委员会于 2013 年 8 月 20 日以卫计生建函〔2013〕133 号文回复。开展残疾人专题调研，继续实施曾宪梓助残研究基金学生奖励计划(第六届)，推动人才培养，对 11 项（名）学生优秀残疾事业研究成果、志愿助残活动以及品学兼优的在读残障学生进行奖励，对推动中国人民大学在校学生的残疾人研究与助残活动起到了良好的作用。

山东大学残疾人事业发展研究中心继续坚持科研和服务社会两个核心工作，主办和承办了“残疾人人权保障与公共服务研讨会暨第七届中国残疾人事业发展论坛”。与以往会议不同的是，本次会议上首次出现了由山东大学本科学生发起的大学生分论坛，来自山东大学、北京大学、武汉理工大学、长春理工大学、北华航天工业学院、济南大学六所大学的学生出席该分论坛，通过分享各自学校学生社团在助残支残方面的经验，讨论《残疾人权利公约》，形成了《山大宣言》，号召全国大学生积极地投身到残疾人权利保护、发展残疾人事业的活动中来，早日形成全国性的大学生助残联盟。中心与加拿大不列颠哥伦比亚大学残疾人社会融合与权利研究中心、济南市残联合作，共同在济南发起“残疾人社会融合模范社区”(Model District of Social Inclusion) 科研—实践项目，目前，该项目已经进入实际操作阶段。与瑞典于默尔大学（Umea）合作，开展中瑞残疾人服务质量、生活质量的比较研究（Studying quality of service and quality of life in disability care in China and Sweden）。中心努力做好理论服务社会的工作，为山西省残联提供残疾人公共服务专题培训服务 1 次；为山东省济宁市残联提供残疾人“两个体系”建设专题培训服务 1 次；与济南基爱智障人士服务中心等专业服务机构合作，举办残疾人音乐治疗培训服务 1 次。致力于培养社会工作专业硕士研究生（残疾人研究方向）6 人，目前在学残疾人研究方向的研究生 10 人。

吉林大学残疾人事业发展研究中心重视人才培养，培养出高层次的残疾人社会保障与服务体系研究人才 20 人，硕士研究生 17 人，博士研究生 3 人；培养专业护理人才 125 人，培养专业康复、医疗人才 178 人。2013 年，有 2 名残疾人研究方向的博士研究生和 4 名硕士研究生取得学位。在科研方面，获得省部级课题 1 项，准备申报 2014 年中国残联年度重点课题 1 项；开展吉林省社科规划办项目 1 项。由中国社会科学文献出版社出版残疾人研究论文集 1 部。在《残疾人研究》《兰州学刊》上发表学术论文 4 篇。“人机接口”——生物电技术获得重要突破。残疾人康复方面取得重要进展，春光残疾人康复中心规模进一步扩大，帮助残疾儿童家庭实现康复愿望。在东北三省的三个县市，建立了东北三省残疾人社会保障与服务体系调查实习基地，为实现学术研究向政策制定的转化，以及残疾人需求的有效表达和政策反馈创造平台。宋宝安教授和贾玉娇副教授加入 GAS 国际老年学会，实现网络学术资源的共享，形成老年残疾人问题研究人员的学术共同体，定期轮流举办学术会议，并通过网络发布最新研究成果的合作与交流机制。

南京大学残疾人事业发展研究中心通过课题项目的开展，在实证研究的基础上，对残疾人事业发展做了多维的学术与理论研究，取得了一定成绩。学术研究方面，出版《残疾人社会福利》专著 1 部，该书为国内目前唯一的一本研究残疾人社会福利的专著，得到了相关高校社会学、社会保障等专业师生及残联系统工作人员的好评；发表残疾人事业发展类文章 4 篇，编辑发行《残疾人发展研究》内部刊物 4 期，研究性文章约 30 万字；为南京大学 MPA(公共管理硕士）开设残疾人事业发展系列讲座。项目研究方面，承接中国残联/香港嘉道理基金会项目《农村社区残疾人康复人力资源开发与利用研究》实施工作。先后到浙江省庆元县、江苏省灌南县以及江苏省扬州市、泰州市等地进行残疾人社区康复及残疾人就业等问题的实地调研。学术交流方面，周沛教授参加了残疾人个性化服务研讨会并发言。对四川省残疾人个性化的“量服”经验做理论思考与总结；承办江苏省残联委托的残疾人事业发展现代化道路研讨会，取得了很好的效果。

武汉理工大学中国残疾人事业发展研究基地依托基地建设和科学研究，培养由高水平的学术带头人和中青年学术骨干组成的科研团队。创建基地的残疾人事业发展合作共建示范区，为残疾人理论研究与实践提供平台，为人才培养提供学习、实习实践基地；考察湖北省康复中心，签订合作平台意向书；与襄阳市襄城区政府、荆门市掇刀区政府签订武汉理工大学残疾人事业发展实验区合作协议书。通过多视角和多学科的协同研究，建设具有交叉学科和前沿研究水平的学科点，使本学科领域的教学水平和科研水平保持较高水平；为湖北省及全国残疾人联合会提供以知识更新为主要内容的专业培训，争创全国相同研究领域的专门人才库和人才培养培训基地。2013 年 3 月创办《残疾人事业与发展》杂志，面向政府、事业单位、企业、高校和关心残疾人的社会团体，以“弘扬人道主义、促进残疾人与残疾人事业全面发展”为宗旨，进一步扩大基地学术影响，努力把基地建设成创新型、开放性、高水平学术团体，办成残疾人研究的智囊团和思想库，为推进残疾人事业提供理论支持；创办《湖北残疾人通讯》2 期，介绍湖北残疾人事业发展的工作情况，交流湖北省残疾人工作信息。加强人才培养，培养残疾人研究方向高层次人才，2013 年，公开招收残疾人事业发展方向博士研究生 1 人，硕士研究生 4 人。在研究生培养的课程设置方面，开设课程《中国残疾人事业发展研究》；面向本科生开放《残疾人事业发展理论与实践》选修课，吸引本科生了解，关注残疾人事业。为全国各地残联提供以知识更新为主要内容的专业培训，2013 年对湖北省残工委和江汉区残联工作人员进行培训。结合残疾人辅助器具方向，为残联等相关部门直接提供高级人才培养；承办由中国残疾人辅助器具中心、湖北省残联、湖北省科技厅、湖北省教育厅、共青团湖北省委等单位联合举办的湖北首届“仁爱家和杯”残疾人辅助器具创新设计大赛。

附　录

残疾人事业研究机构
主要成果、项目及课题

【残疾人事业健康发展需要顶层设计】中国人民大学残疾人事业发展研究院郑功成教授撰写，载全国哲学社科规划办 2013 年《成果要报》第 51 期，国务委员王勇同志批示。

【加快构建覆盖城乡的养老服务体系】郑功成教授撰写，载全国哲学社科规划办 2013 年《成果要报》第 60 期，中共中央政治局常委、全国人大常委会委员长张德江批示。

【关于解决农村残疾人社会保障问题的建议】吉林大学残疾人事业发展研究中心宋宝安教授撰写，得到吉林省委书记孙政才批示：“‘十二五’期间吉林省应推进政府与社会合作的多层次养老服务发展模式。”得到前任吉林省省长王儒林、车秀兰人大常委会副主任肯定性批示等。

【社会科学视角下的残疾研究丛书】北京大学中国残疾人事业发展研究中心郑晓瑛、张国有、张蕾等译。丛书包括：《拓展残疾社会科学研究的领域》《理论与方法研究：当前研究进展及学科发展方向》《利用调查数据研究残疾问题：美国残疾人访谈调查研究结果》《国际视野下的残疾测量方法：建立具有可比性的测量方法》四卷，2013 年 6 月由北京大学出版社出版。

【四川省残疾人服务模式创新研究】中国人民大学残疾人事业发展研究院杨立雄著，2013 年 3 月由人民出版社出版，运用数据、实例和图表对四川省“量体裁衣”个性化服务模式进行了比较详细和具体的分析。

【老年福利制度研究】杨立雄著，2013 年 6 月由人民出版社出版。本书基于中国养老文化和传统孝道理论，系统地梳理了老年福利理论发展的基本脉络，分析了东亚地区老年福利制度安排，并提出基于中国国情的老年福利制度发展战略，对老年福利发展过程中政府、非政府组织、市场及家庭的责任进行了研究，并提出了我国老年福利发展过程中，多方责任主体的职责，提升了老年福利理论研究。同时，该书重点对我国老年福利服务进行了深入研究，并提出了“大力发展居家养老服务，谨慎发展机构养老”的观点。

【国际视角下的残疾人事业】谢琼主编，2013 年 4 月由人民出版社出版。本书较详细地介绍了世界各国残疾人保障、服务事业的发展状况，是国内多位专家学者集体完成的第一部较全面地反映世界各国残疾人事业发展的重要图书，为发展我国残疾人事业提供了借鉴。

【员工安全健康管理】孙树菡、毛艾琳主编，2013 年 3 月由中国人民大学出版社出版。本书概述了员工安全健康管理的定义、特征和意义，介绍了国内外员工安全健康管理法律，比较了发达国家与我国的员工安全健康管理，集中探讨了员工安全管理问题，并论述了员工健康保护、员工健康促进等问题，从工伤保险和医疗保险的角度论述了员工权益的保护。

【中国残疾预防对策研究】国家社科基金重大项目，北京大学中国残疾人事业发展研究中心郑晓瑛教授主持。在总结国内已有残疾预防成果的基础上，形成适宜于我国公共卫生、人口和残疾人事业发展现状的残疾预防策略和行动计划。为制订和实施国家残疾预防行动计划提供理论和实证支持，从而进一步指导我国的残疾预防事业，有效的、科学的开展残疾预防工作。国务院副总理回良玉对项目最后完成的成果做出批示，指出“预防和控制残疾的发生与发展是我国经济社会可持续发展和民生幸福的大事”，“这项研究成果颇有价值”。

【罕见病群体生存状况调研】2013 年，受瓷娃娃罕见病关爱中心委托，中国人民大学残疾人事业发展研究院与罕见病组织联合开展此项调研。李莹、鲁全老师带领多名硕士研究生组织实施此次调研与数据分析，并已按时完成调研报告。为政府、学界以及公众了解罕见病群体的生活状况与政策需求提供了良好的数据基础，研究

组还根据调研结果，提出了有针对性的政策建议。

【发起残疾人社会融合模范社区科研—实践项目】山东大学残疾人事业发展研究中心与加拿大不列颠哥伦比亚大学残疾人社会融合与权利研究中心、山东济南市残联合作，共同在济南发起的一个科研—实践项目。该项目为期5年，目的是在济南建成一个对残疾人开放、友好、接纳的社区，为全国及世界其他国家和地区积累和提供有效经验。目前，本项目已经完成合作意向的协商，正开展选址和初步的人口分析。

【残疾人信息无障碍化专用集成电路设计】吉林大学残疾人事业发展研究中心“残疾人信息无障碍化专用集成电路设计”科研平台在应用于人工视网膜图像传感、人机接口生物信号获取、手语/唇语识别专用集成电路等领域开展了科研工作。本项目建设目的是建立起“残疾人信息无障碍化专用集成电路设计”科研平台，以满足日益增长的残疾人在机体康复、疾病诊治、重症监护、无障碍信息交流等方面的需要，进行残疾人信息无障碍化专用集成电路的设计以及相对应的系统级应用技术的开发和成果转化。同时，加强与企事业科研合作，成立了“吉林大学—辰芯光电专用集成电路设计联合实验室”。

【残疾人托养保障机制研究】2013—2015年度国家社会科学基金项目，武汉理工大学中国残疾人事业发展研究基地马卉主持。本项目旨在把握残疾人托养服务需求，建立符合实际工作情况的残疾人托养机制。

【我国残疾人社会支持问题研究】2012—2014年度国家社会科学基金项目，武汉理工大学中国残疾人事业发展研究基地梅运彬教授主持，主要研究我国残疾人口的基本状况、残疾风险、压力力效应与服务需求、社会保障视角下的正式支持、家庭养老视角下的非正式支持等。

【湖北省残疾人社会组织发展研究报告】2013年湖北省社科基金项目，武汉理工大学中国残疾人事业发展研究基地秦琴主持。本项目梳理了湖北省残疾人社会组织的发展历程，总结发展经验，提出发展对策。

【改革开放以来湖北省残疾人事业发展重大理论与实践问题研究】2013年湖北省残联课题，武汉理工大学中国残疾人事业发展研究基地邱观建主持。本项目对改革开放以来湖北省残疾人事业发展历史进行全面、系统的梳理，科学合理地划分阶段，探寻其发展特点和规律，对存在的问题提出对策性建议。

【湖北省残疾人辅助器具适配技术与产业发展研究】2013年湖北省残联课题，武汉理工大学中国残疾人事业发展研究基地余谦主持。本项目分析湖北省残疾人辅助器具适配技术及其产业发展的现状，评估湖北省残疾人辅助器具适配的需求，设计了湖北省残疾人辅助器具适配产业的发展模式，最后提出促进湖北省残疾人辅助器具适配技术及其产业发展的政策建议

【湖北省残疾人组织社会管理与创新研究】2013年湖北省残联课题，武汉理工大学中国残疾人事业发展研究基地秦琴主持。本项目在行动结构视角下定位湖北省残疾人社会组织的时代内涵及历史演变，并由此分析湖北省残疾人组织社会管理与创新发展存在的问题。在此基础上，运用社会资本理论进行湖北省残疾人组织社会管理与创新发展的长效机制研究和评估体系研究。

【重度残疾人护理费用对家庭生活影响问题分析研究】2013年湖北省残联课题，武汉理工大学中国残疾人事业发展研究基地梅运彬主持。本项目通过调查研究，着重描述重度残疾人护理成本问题及对其家庭生活的影响状况，包括对重度残疾人和照料者的影响；通过实证研究，深入分析重度残疾人护理补贴的发放对重度残疾人及其家庭产生的经济效益和社会效益。

【湖北省残疾人组织社会管理与创新研究——弱势群体的话语权力保障与维护】2013年湖北省残联课题，武汉理工大学中国残疾人事业发展研究基地林莺主持。本项目的主题是以残疾人为代表的弱势群体话语权维护机制的建立，即弱势群体话语权建构和保障原则的确立，研究重点主要涵盖国家的法律法规机制对于弱势群体的覆盖和保护、以残疾人为代表的弱势群体的自身素质的提高和社会地位的保障等方面。

【肢体障碍者步行辅助器具设计之相关性与相适性研究】2013年湖北省残联课题，武汉理工大学中国残疾人事业发展研究基地黄群主持。本项目调研与本项目相关的国内外研究现状，给出研究过程中相关概念定义及相关数据。研究和建立适合肢体残障者步行辅助器具的标准，针对不同类别、不同程度、不同生活环境下的肢体障碍者对步行辅助器具的需求，建立概念模块体系。

【老龄残疾现状与保障对策】2013年湖北省残联课题，武汉理工大学中国残疾人事业发展研究基地胡仕勇主持。本项目依据对第六次人口普查数据以及“二抽”数据，进一步精确估计老龄人口残障情况，通过截面数据分析老龄人失能状况及其问题，以及由此所带来的经济与社会重大影响。

【湖北省残疾人辅助器具适配技术体系研究】2013年湖北省残联课题，武汉理工大学中国残疾人事业发展研究基地邓万春主持。本项目将残疾人辅助器具适配视作一个系统工程，结合湖北省的具体省情，以实证的社会调查研究方法系统研究湖北省残疾人辅助器具适配的技术体系，既重视残疾人辅助器具适配技术的基础性层面，也重视辅助器具适配技术的操作性层面，设计出令残疾人满意的辅助器具适配技术体系。

【湖北老龄残疾公共服务供给体系研究】2013年湖北省残联课题，武汉理工大学中国残疾人事业发展研究基地刘骏主持。本项目界定老龄残疾公共服务的具体内容，构建老龄残疾公共服务供给体系的分析框架，最终落脚点在于发现湖北省老龄残疾公共服务供给存在的问题，依据特定的标准，对现行模式进行优化。

（李耘供稿）

残疾人维权工作

一、领导讲话

张海迪在残联系统人大代表和政协委员参政议政工作研讨会上的讲话　2013年12月15日

中国残联主席团和党组、理事会对人大和政协的工作非常重视。刚刚召开的党的十八届三中全会明确了全面深化改革的总体部署，《中共中央关于全面深化改革若干重大问题的决定》明确提出健全残疾人权益保障制度，这是对残疾人事业发展提出的新要求，使残疾人事业向着制度化建设迈出新的一步，这一步意义重大，因为一个国家，一项事业只有建立健全法律和制度，人民的生活才有根本的保障。

今年9月中国残联六代会提出了要为残疾人创造更加美好生活的目标和任务，今天研讨会的目的就是希望各位代表和委员进一步增强责任意识，交流参政议政工作经验，为实现残疾人能过上美好生活的理想增砖添瓦。希望大家利用这一次研讨会，围绕党的十八届三中全会精神，认真研究残疾人事业的发展问题，积极建言献策，为明年“两会”提出议案和提案做准备。在这里我想谈一点对参政议政的看法，也希望与大家一起分享一些思想收获。

一、树立高度的政治责任意识，做合格的人大代表政协委员

这些年，国家越来越重视残疾人在民主政治生活中的作用，尊重残疾人的知情权、参与权、表达权、监督权。在本次人大、政协换届过程中，党中央对残疾人人大代表选举工作和政协委员推荐工作进行了专门部署和安排，鼓励和支持更多残疾人、残疾人亲友和残疾人工作者进入各级人大和政协。目前全国共有4969名残疾人、残疾人亲友和残疾人工作者进入县级以上人大和政协，代表我国8500万残疾人参政议政，共商国是；部分残疾人及亲友和残疾人工作者还当选为人大、政协的领导职务和常委会委员、专门委员会的主任或副主任。前不久，新宪同志就担任了全国政协社会和法制委员会副主任。残疾人群体已经成为我国民主政治生活中的一支重要力量，残疾人能够参政议政也是改革开放35年来社会巨大进步的体现。

能够成为人大代表和政协委员，是国家和社会对大家努力工作的一种肯定。但我要强调的是，人大代表、政协委员不仅仅是一种政治荣誉，更是一种政治责任和担当。每一位人大代表和政协委员身上都肩负着本区选民和所代表群体的殷切期望和重托，而残联系统的人大代表和政协委员所肩负的责任就更重了，因为我们所代表的是最困难的残疾人兄弟姐妹。残疾人在生活保障、教育、就业、康复、无障碍环境等方面遇到的种种困难和问题，希望通过你们予以反映和推动解决。因此，残联系统的人大代表和政协委员一定要以高度的政治责任感，树立责任意识，把参政议政作为进一步做好工作的平台，既要为国家经济社会发展建言献策，更要努力促进残疾人事业发展中各种问题的解决。做一名合格的人大代表，一名让群众满意的政协委员，

在座的同志有的是老代表、老委员，对于怎样参政议政已经有了一些好经验。但是新代表、新委员对于怎样履职也许还缺少经验。在这方面，大家可以了解残联系统历任人大代表和政协委员情况，作为学习和借鉴。上一届残联系统20多名全国人大代表和全国政协委员5年提交涉及残疾人事业发展的建议、提案接近200件，有力地推动了《残疾人保障法》修改、《无障碍环境建设条例》制定、残疾人驾驶汽车政策出台等工作。有的同志多次参加全国政协组织的新农保、新农合、社会养老等方面的调研，提出的建议被有关部委采纳，促成国家出台了残疾人参合、参保优惠政策，使残疾人获得了实在的利益。在地方残疾人立法和民主监督工作中，代表们尽职履责，努力维护残疾人权益，促使一些问题得到了解决。

二、全面了解残疾人事业发展状况，积极融入残疾人事业发展

党的十八届三中全会通过了《中共中央关于全面深化改革若干重大问题的决定》，明确了全面深化改革的重大意义和指导思想，对经济、政治、法制、文化、社会等领域的改革创新做了部署，对加强参政议政工作和发展残疾人事业提出了明确要求。《决定》中明确要求加强同人大代表和政协委员的联系，建立健全联络机构，完善联络制度，充分发挥人大代表和政协委员的作用。各

级残联作为广大残疾人的代表组织，应当建立人大代表和政协委员联络制度，为残疾人、残疾人亲友和残疾人工作者人大代表、政协委员提供服务。中国残联应当支持人大代表、政协委员积极参与年度残疾人事业理论与实践研究课题，以此通过人大、政协平台反映残疾人的诉求、切实推进残疾人事业发展。"决定"中强调要健全残疾人权益保障制度，《决定》中的提法与以往不同：一是以前都是提残疾人事业，这次提的是残疾人权益保障，体现了残疾人的主体地位；二是此次特别强调对残疾人权益保障的制度化。这两点都充分体现了党中央对民生问题的关注。《决定》是指导今后一段时间国家经济社会发展的纲领性文件，也是残疾人事业发展的重要依据和保障，希望大家能够在今后的参政议政工作和日常工作认真学习领会。

群众路线是党的根本工作路线，也是各级人大代表和政协委员的根本工作路线。无论是被选民选举出来的人大代表，还是被推荐出来的政协委员，都来自人民群众的信任，我们从群众中来，更应当到群众中去，特别是要到残疾人群众中去，踏踏实实走群众路线，了解残疾人在康复、教育、就业、生活中面临的困难和问题，要设身处地多体谅他们的难处，把他们当亲人一样关怀，倾听他们的声音，反映他们的诉求，这样才能提出更有针对性的建议和提案。

在中国残联第六次全国代表大会上，党中央要求我们在新的起点上进一步发展残疾人事业，努力实现残疾人与全国人民同步小康，让残疾人生活得更有尊严、更加殷实、更加幸福。如何在新的起点上进一步发展残疾人事业，中央对贯彻决策部署、完善工作机制、发挥残疾人主体作用、动员社会力量、提高残联服务能力和水平都提出了明确具体要求，中国残联也有许多具体的部署，作为残联系统的人大代表和政协委员应当全面了解残疾人事业发展的基本状况，积极融入残疾人事业发展，通过参政议政途径努力解决残疾人事业重大疑难问题，促进残疾人事业在新的起点上加快发展，使残疾人获得更大福祉。

三、积极反映反映残疾人的呼声，不断提高参政议政的能力

去年，全国人大常委会对《残疾人保障法》的贯彻实施情况进行了检查，这也是该法实施二十多年来的第一次执法检查，体现了最高权力机关对残疾人事业的重视。检查报告指出了《残疾人保障法》在贯彻实施中存在的一系列问题，比如国家对残疾人社会保障优惠政策在一些地方没有落实，不少国家机关、事业单位和国有企业未能依法按比例安排残疾人就业，残疾人看病难、看病贵问题依然突出，残疾人整体受教育水平较低，歧视残疾人和侵害残疾人权益的现象还时有发生，等等。

《2012年度中国残疾人状况及小康进程监测报告》显示，2012年度残疾人家庭人均可支配收入是全国居民家庭人均可支配收入的56.2%；28.1%的学龄残疾儿童没有接受义务教育；城镇残疾人登记失业率是全国城镇登记失业率的2倍。这些数字背后意味着什么？这表明残疾人群体的贫困状况是一个普遍问题，表明很多残疾人还没有过上温饱的生活，没有身体康复的条件，没有上学的机会，也没有就业的地方。还意味着法律规定的残疾人社会保障等权利在一些地方没有得到真正实现。

残联系统人大代表和政协委员要高度关注残疾人事业发展，要与残疾人事业发展中的重大决策部署保持一致。当前残疾人事业最大的攻坚任务就是要让残疾人与全国人民同步进入小康社会。2012年度残疾人小康进程实现程度虽然达到68.4%，但是残疾人在进入小康社会的征程中有面临许多困难和问题，而且有些问题的解决还有很大的难度。所以，我们必须认真调研，最终找到解决问题的路径。比如对于没有就业的残疾人如何实现稳定就业？已经就业的残疾人如何实现收入翻番？对于没有就业能力的残疾人如何通过社会保障制度的完善实现其生活水平的提升？这些问题我们不仅要正视，更要采取行之有效的举措，才能帮助残疾人向小康社会踏踏实实地迈进一步。

党的十八大明确提出了到2020年全面建成小康社会的宏伟目标，残疾人事业发展和残疾人权益保障也面临着前所未有的压力与挑战。希望残联系统的人大代表和政协委员要多学习、多调研、多分析、勤思考，在参政议政工作中多建有据之言、多献可用之策，进一步展现和证实残疾人群体在我国经济社会发展的重要作用，为实现伟大美好的中国梦贡献我们的智慧和力量。

鲁勇在残联系统人大代表和政协委员参政议政工作研讨会上的讲话

2013年12月15日

在深入学习贯彻党的十八届三中全会精神，按照中国残联六代会部署谋划2014年残疾人工作之际，邀请大家开这次研讨会。这是中国残联新一届党组、理事会组成后，第一次与系统内的人大代表和政协委员做直接的沟通和交流。首先，代表朴方主席、海迪主席和中国残联党组、理事会，对大家能在百忙中抽时间参加研讨会表示感谢。

在全面推进中国特色社会主义事业、努力实现全面小康进而为实现中华民族伟大复兴中国梦而发愤图强的征程中，残疾人工作越来越受到全社会的广泛重视。目前，全国有4969名残疾人、残疾人亲友、残疾人工作者当选为县级以上人大代表或被推荐为政协委员，这充分体现了党和国家对残疾人、残疾人事业的重视，也说明大家肩负的责任是非常重的。

通过人大、政协组织保障残疾人权益，是我国民主政治和人权保障事业不断发展的生动体现。2014年第一季度，陆续将召开各地"两会"和全国"两会"。为了给

各位代表委员履行职能、撰写议案、建议或提案提供参考，我向大家介绍一些情况。

一、关于残疾人事业发展情况

2012年我国残疾人状况公报显示，全国残疾人8500多万占总人口的6.34%，其中重度残疾人约占30%，全部残疾人的75%生活在农村。全国有残疾人的家庭户占到全国家庭总户数的18%，涉及的人口占到全国总人口的20%，与他们直接相关的亲属人数超过2.8亿。

改革开放以来，我国残疾人事业迈出了历史性步伐，取得了巨大成就。基本构建起了比较完备的残疾人事业法律法规政策体系，形成了残疾人工作“党委领导、政府负责、社会参与、残联组织充分发挥作用”的领导体制和工作机制，初步建立起了残疾人社会保障和服务体系，全社会扶残助残的氛围更加浓厚，残疾人生存发展状况显著改善，平等参与条件更加充分，生活水平明显提高，赢得了国际社会的广泛认可和普遍赞誉。过去五年中，480多万（人次）农村贫困残疾人实现脱贫，1070多万城乡困难残疾人享受最低生活保障。城镇新增160多万残疾人就业，农村在业残疾人稳定在1700万，城乡残疾人家庭人均可支配收入分别增长了65.5%和83.3%。近一半的省份建立了贫困残疾人生活补助和重度残疾人护理补贴制度，为近55万户农村贫困残疾人家庭实施危房改造，为30万户贫困残疾人家庭实施无障碍改造，为250万（人次）残疾人发放机动轮椅车燃油补贴。为110多万（人次）残疾人提供了托养服务，1200多万残疾人得到不同程度的康复。在近2800个县（市、区）开展了社区康复服务，康复服务覆盖率由23.3%上升到55.2%。农村残疾人参加新型农村合作医疗的比例达到97.4%。残疾儿童少年义务教育入学率逐年提高，在校残疾学生近38万人；高中以上特殊教育加快发展，特殊高中阶段在校学生近2万人，3万余名残疾大学生在普通高校和高等特教学院学习；140多万（人次）城镇残疾人得到职业培训。在2586个市县开展精神病防治康复工作，对593.6万重性精神病患者进行综合防治康复，监护率达到75.6%。

在充分肯定成绩的同时，我们也清醒地看到，残疾人事业虽取得了长足发展，但面临的任务依然繁重，要实现与全国人民同步小康目标还必须付出艰苦的努力。根据测算，2010年残疾人小康实现程度低于全国平均水平17个百分点，残疾人家庭收入约相当于全国平均水平的一半多一点，过去五年的年平均增幅也低于全国平均水平。而家庭医疗保健支出以及占家庭消费的比例大大高于社会平均水平，家庭恩格尔系数高出社会平均水平10个百分点。据统计，我国还有1500万农村残疾人尚未脱贫，280万农村残疾人住在危房或无住房。260多万城镇残疾人生活还十分困难。截止到2012年底，全国有未入学适龄残疾儿童少年7.8万人。解决好这些问题，是我们必须加倍努力的。

二、关于当前残联推动的重点工作

2013年9月召开的中国残联六代会，高丽同志代表党中央、国务院发表祝词，王勇、朴方、海迪同志分别做了重要讲话。这为今后一个时期残疾人事业发展明确了任务和目标。

中国残联六代会闭幕后，我们正在深入贯彻党的十八大和十八届三中全会关于“健全残疾人社会保障和服务体系，切实保障残疾人权益”、“健全残疾人权益保障制度”部署。按照习近平总书记提出的“守住底线、突出重点、完善制度、引导舆论”思路和李克强总理要求的“下决心把残疾人等特困群体的问题解决好，把底兜住”指示抓落实，努力推动残疾人与全国人民同步小康进程，让残疾人生活得更有尊严、更加殷实、更加幸福。为落实好中央指示、六代会精神，我们围绕残疾人工作“新的起点”、“把底兜住”、“同步小康”、“中国特色残疾人事业”四个关键词展开调研，有以下初步认识：

“新的起点”，就是目前残疾人工作发展的坐标点。如果说，过去我们取得的成绩可以打100分的话，现在我们就要从101分再启程了。关于这个问题，有三点基本认识：一是经过多年的努力，我国已经初步搭建起了中国特色残疾人事业的基本框架，成绩巨大，惠及百姓，社会认可，国际公认。二是工作基础还不坚实，残疾人保障水平还不均衡，基本保障中还有短板，已有措施落实中还有弱项，服务手段还不健全，政府、社会、市场、残联组织在残疾人工作中还存在着职责错位、服务缺位、工作越位、落实不到位等问题。三是实现残疾人同步小康机遇难得，任务繁重，挑战不小，时不我待，如果不以改革创新精神推动残疾人事业发展，是很难实现广大残疾人同步小康目标的。

“把底兜住”，就是按照同步小康目标，根据守住底线、保基本的要求补短板、抓托底。关于这个问题，有三点基本看法：一是已在部分地区推进的残疾人托底服务项目落实的还不均衡。贫困残疾人生活补贴、重度残疾人护理补贴、0—6岁残疾儿童抢救性康复补贴、残疾人辅助器具补贴等，在地区、城乡、不同类别残疾人之间落实的差距还比较大，连片特困地区中的残疾人以及连片地区外的残疾人的扶贫托底特别需要突破。二是对需要托底服务的具体项目清单内容还需要进一步明确，目前还不够清晰和具体。三是最需要托底的人群底数、最需要托底的项目底线需要进一步清晰。现在有三个数：领证人员数、“二抽”人口数、介于两者之间的服务对象数。要托住底，就要进一步摸清实底，以便落实最基本的托底保障。

“同步小康”，党的十八届三中全会《决定》提出到2020年完成决定中的改革任务，2020年也是党的十八大提出全面建成小康社会的重要时点。实现残疾人的同步小康，必须解决好三个问题：一是不拖后腿。小康不小康，关键看老乡，重点是贫困地区的老乡。8500万残疾人中75%以上是农村残疾人，解决他们的问题是不拖后腿的关键，立足点是想方设法不让残疾人拖当地人民实现小康的后腿，为此要下功夫促进各级政府做好保托底、补短板工作。二是换挡提速。按照专家的测算，以目前的工作力度和推进速度，到2020年是很难达到同步小康目标的。既然如此，就必须采取换挡提速的措施了。换挡提速就是推动改革创新，包括强化制度创新、政策创新、服务创新、能力创新，优先做好保托底、补短板的工作。只做到了这一点还不够，可能只解决了温饱问题，还必须进一步落实改革创新措施推动实现小康。三是激发活力，实现残疾人同步小康单靠政府、残联是不够的，需要焕发各方面积极性，特别要激发与残疾人相关的各种社会组织的活力。大家的活力都焕发了，残疾人的活力也激发出来了，实现目标就有保障了。

“中国特色残疾人事业”，这是朴方主席首先提出的重大课题，也是我们正在全面推进的伟大事业。有三点思考：一是中国特色残疾人事业，是党领导的中国特色社会主义事业的重要组成部分。推动中国特色残疾人事业发展，必须自觉地把残疾人工作融入国家发展大局，坚持“党委领导，政府负责，社会参与，残联组织充分发挥作用”的领导体制。二是走中国特色残疾人事业发展道路，必须坚持在中国特色社会主义道路上推进改革创新，不能墨守成规小富即安、只想守成不愿改革、没能做到继承与创新统一。三是推进中国特色残疾人事业，包括完善和发展残疾人社会保障、医疗康复、权益保障、教育就业、文化体育、国际合作、服务支撑、组织保障、社会支持、理论指导等多个方面，必须统筹协调、联动推进。

根据这种分析，我们在推动残疾人工作中，正在按照习近平总书记要求的“加快推进民生领域体制机制创新，促进公共资源向基层延伸、向农村覆盖，向弱势群体倾斜。关键是要抓好以下四点：一是要抓重点，抓住人民最关心最直接最现实的利益问题，抓住最需要关心的人群，多做雪中送炭的事。二是要抓实在，既尽力而为，又量力而行，做那些现实条件下可以做到的事情，让群众看得见、摸得着的实惠。绝不能开空头支票，也要防止把胃口吊得过高，否则就会失信于民。三是要抓持久，把保障和改善民生作为长期任务来抓，一件事一件事办，一年接着一年干，锲而不舍向前走。四是要抓组织，各级干部要带领群众一起干，通过辛勤劳动创造幸福生活，而不能领导热群众不热，也不能群众热而领导不热”指示精神，落实具体措施。具体体现到正在起草和修订的三个文件之中，一是2014年残疾人工作要点，二是推进残疾人同步小康进程意见，三是推动政府购买残疾人服务意见，力争尽快出台。

三、关于提请代表和委员支持的几项具体工作

人大代表、政协委员为残疾人事业发展做出了重要贡献。过去的几年中，政协委员积极促成国家出台了多项残疾人优惠政策。比如，在参加全国政协社法委进行的农村残疾人医疗状况专项调研时，残联系统全国政协委员就解决农村残疾人普遍面临的医疗难问题提出了具体建议，海迪主席就此向时任副总理的克强同志做了汇报，得到了国务院领导的重视与支持，促成农村重度残疾人个人参合费用由政府承担，使1800万农村重度残疾人受益。再如，在参加全国政协社法委进行的新型农村社会养老保险和城镇居民社会养老保险调研时，残联系统全国政协委员提出制定残疾人参保优惠政策的建议，国务院在相关政策中予以采纳，由地方政府为重度残疾人代缴养老保险费，为城乡重度残疾人享受社会养老保险提供了保障。

2012年全国“两会”期间，中央主要领导在与委员联组座谈时，海迪主席做了题为“促进法律法规实施，切实保障残疾人权益”的发言，反映了残疾人在就业等方面的困难和相关建议，引起了中央主要领导的高度关注，在讲话中强调要采取更加积极的就业政策促进残疾人就业，加强残疾人“两个体系”建设，不断提高残疾人福利保障水平。2013年，残联系统政协委员在全国政协十二届一次会议上做了题为“让残疾人和全国人民一起实现小康”发言，建议促进残疾人就业、建立残疾人津贴、完善社会保障制度等方式，改善残疾人生活，促进残疾人与全国人民一起实现小康，引起社会各界对残疾人实现小康问题的高度关注。

据统计，过去五年来，全国人大代表、政协委员就残疾人事业提出的建议提案近200件，涉及残疾人生活保障、医疗康复、教育、就业、无障碍环境等方面，促进了残疾人事业一批重大疑难问题的解决。地方人大代表和政协委员每年提交建议、提案近2000件，为各地残疾人事业发展和残疾人问题解决做出了积极贡献。

当前，我们正在推进残疾人与全国人民同步小康工作，需要做的工作涉及方方面面。这里仅就几个具体问题和大家进行一下沟通，期待着各位代表、委员能针对这些问题在“两会”上形成有关议案、建议和提案，推动残疾人工作。

第一，残疾人基本民生托底服务保障问题。重点是提高贫困残疾人生活补贴、重度残疾人护理补贴等已有政策的地区和人群覆盖率。同时能否争取新的政策，比如将残疾人辅助器具补贴、残疾人住房补贴等纳入政府补贴范围等。

第二，残疾人人人享有基本康复服务问题。比如，能否将残疾人社区康复纳入城乡基层医疗卫生机构考核目标，将残疾筛查、残疾人健康管理等纳入国家基本公共卫生服务范围。推动健全专项康复服务，扩大0—6岁残疾儿童抢救性康复补贴范围，落实残疾儿童康复救助和生活补贴制度、辅助器具适配补贴制度、贫困残疾人康复训练补贴制度等。在国家加大棚户区改造中，能否加快改善280

万农村贫困残疾人危房或无房户住房问题，等等。

第三，农村残疾人特别是特困残疾人扶贫开发问题。比如，能否确保每个贫困残疾人家庭至少一名劳动力掌握1至2项实用技术，至少参与1项增收项目。提高重度残疾、一户多残、老残一体等特殊困难低保家庭的补助标准；将无业或无固定收入来源的成年重度残疾人全部纳入低保范围并给予补助。落实重度和贫困残疾人参加城乡居民养老保险、城乡基本医疗保险个人缴费政府补贴，尽快实现残疾人基本医疗保险和基本养老保险全覆盖。

第四，残疾儿童特别是农村残疾儿童义务教育问题。落实《特殊教育提升计划（2014—2016年）》，深化课程教学改革，提高特教教师队伍专业化水平。如对残疾儿童少年实施免费学前教育、义务教育、职业教育和高中阶段教育。

第五，重度和精神残疾人托养服务和日间照料问题。比如，能否为重度残疾人接受寄宿制托养、日间照料、居家托养等服务提供补助。如何扶持社会资本、社会组织、企业举办残疾人托养服务机构或提供托养服务。

第六、以推动“孕检”促进全社会加强残疾预防问题。推动“孕检”服务的相关措施，调动各界力量开展孕检宣传和服务，带动全社会预防残疾的意识和能力。

第七，残疾人就业渠道不宽、推动就业难度大问题。比如，向农村残疾人扶贫基地、农民合作社、农业企业等各类农村市场主体和农业技术部门购买辐射、带动贫困残疾人生产增收的技术指导、市场信息、经营管理等扶贫开发服务。依法推进残疾人按比例就业。贯彻落实《残疾人就业条例》和《关于促进残疾人按比例就业的意见》，积极开发适宜的就业岗位，推进各类用人单位按比例安排残疾人就业。政府开发的公益性岗位按照不低于10%的比例安排残疾人就业。

第八，城市无障碍设施建设管理使用不到位等问题。将无障碍环境建设纳入新型城镇化、信息化和新农村建设规划，探索农村无障碍环境建设的模式。加快城市公共交通设施、铁路旅客车站、民用机场旅客航站区及民用航空器、客运列车、客运船舶、公共汽车、城市轨道交通车辆、出租车等公共交通工具无障碍建设和改造。

第九，解决政府及主流媒体网站的信息无障碍问题。推进政府信息公开无障碍，加快政府门户网站、公共服务网站信息无障碍建设等。普及药品、食品盲文说明。政府组织的新闻发布会等加配手语服务。各级电视台开办手语栏目，主要新闻栏目加配手语。

第十，残联承接更多政府购买的残疾人服务问题。残联组织作为人民团体，既是政府购买残疾人服务的承接主体，也是购买主体。讲承接主体，就是残联组织作为肩负残疾人服务职能的人民团体，承接政府购买残疾人服务的任务有职能有能力，通过落实好政府购买残疾人服务项目，更能发挥好党和政府联系残疾人的“桥梁和纽带”作用，也更有利于履行残联组织“代表、服务、管理”职能。推动政府购买残疾人服务可以先试点，从补贴的发放服务、残疾人辅具适配服务、残疾人托养照料服务等条件较成熟的项目做起。

总之，我们希望，大家围绕着一些具体可操作的、又能形成合理的残疾人服务项目做起，形成一些重点的议案、建议和提案，推动这些工作的有效落实。

通过多年努力，中国残联已经建立了参政议政服务工作机制。中国残联每年组织召开专题研讨会，结合残疾人事业发展中的重点工作，确定一批重点议题，协助全国人大代表和政协委员形成成熟的建议、提案。目前正在要求地方残联也建立同样机制，更好地为人大代表和政协委员服务。

希望残联系统的人大代表和政协委员能够一如既往地关注、参与残疾人事业发展，特别是围绕现实需要，提出一批建议和提案，通过人大、政协平台推动残疾人事业发展中重大疑难问题的解决。中国残联及地方残联将进一步完善参政议政服务工作机制，为大家参政议政提供更多便利和帮助。我们劲儿往一处使，拧成一股绳，相信残疾人美好生活的中国梦在不久的将来就可以实现。

二、政策法规文件

关于开展创建无障碍环境市县工作的通知

建标〔2013〕37号

各省、自治区住房城乡建设厅、直辖市建委（规划委、市政管委）、经济信息化委员会（工业信息化委员会、工业信息化厅、经委、经贸委）、通信管理局、民政厅（局）、残联、老龄办，新疆生产建设兵团建设局、工业和信息化委、民政局、残联，黑龙江农垦总局残联：

“十一五”以来，我国无障碍环境建设成效显著。无障碍环境建设法律法规、标准、组织管理体系基本建立，城市无障碍环境建设水平显著提高，残疾人、老年人等群体参与社会生活的环境更加便利。城市无障碍环境建设对促进社会文明进步发挥了积极作用。

2012年国务院颁布了《无障碍环境建设条例》，为我国依法全面、系统开展无障碍环境建设，提高城乡现代化建设水平，维护残疾人权益，促进社会文明进步提供了法制保障。深入开展城乡无障碍环境建设，是落实科学发展观、构建社会主义和谐社会的必然要求，是城乡经济社会发展、保障改善民生和社会主义新农村建设的重要内容，对促进社会文明进步具有重要意义。

根据国务院批转的《中国残疾人事业“十二五”发展纲要》和住房城乡建设部等部门《关于印发〈无障碍建设“十二五”实施方案〉的通知》要求，住房城乡建设部、工业和信息化部、民政部、中国残联、全国老龄办决定组织开展无障碍环境市、县创建工作。

各省级住房城乡建设、工业和信息化、民政、残联、老龄等部门，要共同组织指导本行政区域内的市、县全面开展无障碍环境建设，加强人员培训和监督检查。指导市、县认真贯彻落实《无障碍环境建设条例》和《无障碍建设“十二五”实施方案》，将无障碍环境建设纳入城乡规划和新农村建设规划，逐步开展乡（镇）、村庄的无障碍环境建设，建立健全无障碍环境建设长效工作机制。指导市、县住房城乡建设、工业和信息化、民政、残联、老龄等部门密切合作，认真组织实施《创建无障碍环境市工作标准》（见附录一）和《创建无障碍环境县工作标准》（见附录二）。

住房城乡建设部、工业和信息化部、民政部、中国残联、全国老龄办将按照有关规定和创建工作标准，于2015年对各地无障碍环境建设工作情况进行检查评估，并对无障碍环境建设成绩突出的市、县予以表彰。

住房城乡建设部　工业和信息化部　民政部
中国残疾人联合会　全国老龄工作委员会办公室
2013年2月28日

司法部关于进一步推进法律援助工作的意见

司发通〔2013〕88号

二、加大对困难群众法律援助服务力度

积极做好为困难群众提供法律援助的工作。认真落实中央关于保障和改善民生的决策部署，及时为符合条件的困难群众提供诉讼和非诉讼代理服务，帮助他们依法解决涉及基本生存、生产生活方面的问题。围绕促进解决涉及困难群众切身利益的社会热点问题，积极组织办理劳动争议、环境保护、食品药品安全、医疗等领域涉及法律援助的案件，重点做好农民工、下岗失业人员、妇女、未成年人、残疾人等困难群众法律援助工作，依法维护其合法权益。

司法部
2013年4月25日

关于加快制定《无障碍环境建设条例》地方性法规、规章的指导意见

残联〔2013〕148号

各省、自治区、直辖市及计划单列市残疾人联合会，新疆生产建设兵团残疾人联合会，黑龙江垦区残疾人联合会：

2012年，国务院颁布施行《无障碍环境建设条例》（以下简称《条例》），标志着我国无障碍环境建设进入依法开展的阶段。《条例》的实施，对于我国依法全面、系统开展无障碍环境建设，提高城乡现代化建设水平，维护残疾人、老年人及全社会成员参与社会生活权益，促进社会文明进步具有重要意义。

制定出台贯彻《条例》的地方性法规、规章，是结合地方实际切实落实《条例》规定的内容、促进我国无障碍环境建设的一项重要措施。《条例》颁布后，中国残联下发了《关于切实贯彻落实〈无障碍环境建设条例〉加快推进无障碍环境建设的通知》（残联〔2012〕97号），要求各地要加快推动制定地方无障碍环境建设法规、规章。目前一些省（区、市）已将制定地方无障碍环境建设法规、规章列入立法计划。

为进一步加快各地无障碍环境建设法规、规章的制定工作，提出以下要求：

一、要充分认识制定无障碍环境建设地方法规、规章的重要意义

近些年来，在各级党委、政府的高度重视和各相关部门的大力推动下，我国无障碍环境建设发展较快，无障碍环境建设法规标准体系不断完善，城市无障碍化格局基本形成。但也要看到，当前我国无障碍环境建设仍存在全社会无障碍意识有待进一步提高，新建无障碍设施不规范、不系统，已建设施未进行无障碍改造，无障碍设施管理亟待加强，信息交流无障碍建设、残疾人家庭无障碍改造、农村无障碍建设较为滞后等突出问题。切实贯彻《条例》、制定地方无障碍环境建设法规、规章，是当前刻不容缓的一项重要工作任务，也是依法推进我国无障碍环境建设深入开展的重要保障。各省级残联要做好制定法规、规章的各项基础性工作，积极与住房城乡建设、工业和信息化等主要负责部门沟通，共同向省（区、市）人大常委会、政府法制办汇报，抓紧启动相关工作，争取尽快列入立法计划。

二、地方法规、规章要在《条例》的基础上有所突破和创新

地方法规、规章是贯彻实施《条例》的具体规定，条款内容应当更丰富具体和具有实用性、可操作性。在内容上，要坚持《中华人民共和国残疾人保障法》和《残疾人权利公约》的基本原则精神，要贯彻《中共中央国务院关于促进残疾人事业发展的意见》、国办转发的《关于加快推进残疾人社会保障体系和服务体系建设的指导意见》及地方残疾人保障法实施办法中相关无障碍环境建设的内容，要注意与国家、地方和无障碍环境建设相关的法律法规规章衔接配套，要借鉴国内外推进无障碍环境建设的行之有效的立法经验。特别要切实落实《条例》规定的各项内容，《条例》中已有的规定和内容不应减少，《条例》中原则性的规定要具体化，增强操作性，要结合本地区经济社会发展、城乡建设和无障碍环境建设发展的实际情况以及残疾人面临的突出困难和问题，力求有所突破、有所创新，切实使地方法规、规章成为进一步推动地方无障碍环境建设发展、维护残疾人、老年人及全社会成员参与社会生活权益的重要保障。

三、营造全社会无障碍环境建设良好氛围

要将制定无障碍环境建设地方法规、规章作为一次重要的宣传无障碍环境建设的机遇和过程，组织运用多种宣传手段，开展丰富多彩、全方位、多角度的宣传活

动，大力向政府部门、社会各界和广大残疾人宣传无障碍环境建设的内容、知识、作用，切实推动政府部门依法履行职责，将无障碍环境建设纳入重要工作日程；增强残疾人的无障碍权利意识，为残疾人反映诉求、进行监督、参与无障碍建设创造条件、提供服务；使社会大众充分了解无障碍，认识无障碍，明确自身责任和义务，自觉维护无障碍设施，更好地参与支持无障碍环境建设，营造全社会无障碍环境建设良好氛围。

针对各地在制定法规、规章工作中可能遇到的实际问题，中国残联起草了《地方无障碍环境建设条例（规定）》（主要条款参考文本）（见附录三），供各地在制定法规、规章工作中参考。

中国残联

2013年8月8日

三、工作综述

2013年，维权部通过党的群众路线教育实践活动，加强改进工作作风，全面推进各项业务工作，坚持完善残疾人事业法律法规体系与促进法律法规贯彻实施并重，着力加强政策维权力度，推进无障碍环境建设，畅通残疾人诉求反映渠道，切实解决残疾人信访反映问题，努力维护残疾人的合法权益。

（一）积极提出加强残疾人生活保障的立法建议，推动地方立法工作

在《社会救助法》《消费者权益保护法》《城镇住房保障条例》等12部法律法规的制定修改过程中，及时提出加强残疾人生活保障、消除歧视等方面的建议并得到采纳。指导地方进行《残疾人保障法》实施办法修改，目前29个省份完成修改工作，许多地方在彩票公益金比例、岗位预留、重度残疾人单独施保等方面都做出了明确具体规定。从立法源头进一步加强对残疾人权益的保障。

（二）落实全国人大常委会执法检查相关建议，为国务院办公厅代拟改进工作的意见

根据全国人大常委会《残疾人保障法》执法检查和立法后评估提出的意见和建议，参与起草国务院《关于落实全国人大常委会残疾人保障法执法检查报告及审议意见的报告》，明确了国家在经费投入、社会保障、就业、医疗康复、教育、托养等六个方面应当采取的措施和亟须制定的政策。地方执法检查和专题调研逐步制度化，促进了保障残疾人权益法律政策的贯彻实施。及时转化立法后评估成果，出版《残疾人保障法立法后评估报告》，为政府部门制定和落实保障残疾人权益政策提供了参考依据。

（三）研究解决残疾人法律救助工作瓶颈问题，围绕重点工作开展普法宣传

协调最高人民法院、司法部等单位，研讨残疾人法律救助工作中存在的工作开展不规范、缺少技术指导、经费短缺等问题，提出改进工作的具体措施；对地方残疾人法律救助工作开展情况进行实地调研，积极总结推广北京等地的社会化工作方式，更好地为残疾人提供法律服务。结合《残疾人保障法》执法检查和立法后评估、《无障碍环境建设条例》贯彻实施等工作开展普法活动，提高残疾人的维权意识，提升残疾人工作者的维权能力，营造尊重残疾人权利的社会环境

（四）充分发挥参政议政服务工作机制作用，努力为人大代表和政协委员做好服务

协调相关部厅，根据中国残联重点工作，协助全国人大代表和政协委员提交19个建议、提案；积极协调相关部委，妥善办理议案、建议、提案60件，中国残联已连续10年为第一批办结单位；协助残联系统全国政协委员提交大会发言，引起社会各界对残疾人实现小康问题的广泛关注。建立残联系统代表委员数据库，近5000名代表、委员入库，加强与代表委员的沟通联络，通过召开年度参政议政工作研讨会、全国“两会”期间代表委员座谈会等，交流了经验，统一了思想，形成了合力。

（五）建立快速反应工作机制，妥善处理残疾人权益突发、群体事件

针对一些地区发生强迫智力残疾人劳动和一弃婴收养场所因火灾造成多名儿童死亡的惨痛事件，及时指导各地会同有关部门开展专项排查，推动建立打击侵害智力残疾人权益和做好被遗弃残疾儿童安置的常态化工作机制。十八届三中全会召开前夕，公安部通报中国残联，部分上肢残疾人网上串联拟到北京采取过激方式上访反映驾车诉求。维权部及时下发紧急通知，指导地方残联配合公安机关做好残疾人的情绪疏导工作，避免了矛盾激化。同时积极协商公安部加快推进上肢残疾人驾车工作，并达成了共识，制定了具体工作方案，为2014年争取上肢残疾人驾车政策奠定了基础。

（六）狠抓福利政策的落实，让残疾人受益

残疾人专用机动轮椅车燃油补贴是国家对残疾人实施的一项重要福利制度，通过燃油补贴数据库，采取抽查到人方式，共抽查1500名残疾人，直接了解燃油补贴发放情况，听取残疾人的意见，加强资金发放的监督管理。2013年共协调财政部安排燃油补贴资金1.8亿元，60多万残疾人受益。残疾人家庭无障碍改造是提高残疾人生活质量和残疾人实现小康的重要物质条件。着手建立全国残疾人家庭无障碍改造数据库，督导各地按实施方案要求改造，及时纠正改造内容简单化、形式化等问题。2013年全国共对

近13万户残疾人家庭进行无障碍改造。

（七）依法推进无障碍环境建设，营造良好社会环境

与有关部委共同推进《无障碍环境建设条例》实施，下发了《加快制定〈无障碍环境建设条例〉地方性法规、规章的指导意见》。目前已有8个省份将制定条例地方实施办法列入立法计划，河北的实施办法已经出台。与相关部委联合下发《关于开展创建无障碍环境市县工作的通知》，要求各地将无障碍环境建设纳入国家城镇化、新农村建设推进内容，提高城市无障碍化水平，探索总结推广农村无障碍环境建设的经验。中央主要媒体报道无障碍环境建设问题后，海迪主席和鲁勇书记分别做出批示，要求认真研究，积极应对。及时召开了残疾人代表及人民日报、中央电视台等十余家主流媒体参加的促进残疾人参与社会生活无障碍座谈会。全面系统介绍了我国无障碍环境建设进展情况，反映了残疾人在出行、参与社会生活中存在的障碍和困难及无障碍需求，介绍了下一步推进工作的措施。中央主要媒体进行了客观深入报道，为开展无障碍环境建设创造了良好舆论环境。

（八）促进民航、铁路等交通运输行业提升无障碍服务，带动全社会无障碍环境建设

随着残疾人参与社会生活日益广泛，交通运输无障碍服务的一些问题凸显出来，就此与民航局共同赴地方进行调研，就修订《残疾人航空运输办法（试行）》达成了共识，向民航局系统地提出了修订办法的原则意见和具体建议。配合铁路主管部门落实为残疾人预留专票规定、加快列车无障碍改造。协调铁路部门安排残疾人专票4.8万张，列车设置残疾人专座，改造生产1268节无障碍车厢。积极配合国家铁路局、国家标准委制定《铁道客车及动车组无障碍设施通用技术条件》国家标准，对推进我国公共交通无障碍环境建设发挥带动示范作用。

（九）加强协调督办，积极解决残疾人信访反映问题

2013年，全国残联系统共办理残疾人来信来访约13万件次，接待残疾人集体来访约500批近8000人次。中国残联信访处共办理残疾人来信来访12668件次，接待残疾人集体来访38批567人次。针对残疾人重点个体信访案件，适时召开协调督办会，交办了重大严重侵害残疾人权益的信访案件。针对部分地区残疾人集体上访反映问题得不到解决等情况，及时召开部分省市协调督办会，提出了限期协调、妥善解决的工作方案。深入到边远山区实地督导，切实解决残疾人信访反映的问题。江苏省徐州市113名残疾人因机动轮椅车运营问题多次集体进京上访，维权部坚决按照七部委文件精神维护残疾人权益，经反复沟通协调，徐州市政府召开会议研究，改正了不当决定，允许残疾人继续在城区内运营，保障了残疾人权益，对其他地区妥善处理机动轮椅车运营问题起到了导向作用。

（十）改进信访工作方式，加强信访数据分析

结合党的群众路线教育实践活动，加强对各地残联信访工作的指导，推动转变工作作风，变被动接访为主动带案下访，深入基层力促残疾人信访反映问题得到解决。健全了信访信息汇总分析机制，及时归纳信访突出问题，筛选上报典型案件，为领导决策和相关部门业务工作完善提供参考。根据国家加强网上信访工作的要求和会领导安排，对进行残疾人信访信息化建设做了研究和初步准备。

四、重要条目

【加快制定《无障碍环境建设条例》地方性法规、规章的指导意见】2012年，国务院颁布施行《无障碍环境建设条例》（以下简称《条例》），标志着我国无障碍环境建设进入依法开展的阶段。《条例》的实施，对于我国依法全面、系统开展无障碍环境建设，提高城乡现代化建设水平，维护残疾人、老年人及全社会成员参与社会生活权益，促进社会文明进步等都具有重要意义。制定出台贯彻《条例》的地方性法规、规章，是各地结合实际切实落实《条例》规定的内容、促进我国无障碍环境建设的一项重要措施。《条例》颁布后，中国残联下发了《关于切实贯彻落实〈无障碍环境建设条例〉加快推进无障碍环境建设的通知》（残联〔2012〕97号），要求各地要加快推动制定地方无障碍环境建设法规、规章。针对各地在制定法规、规章工作中可能遇到的实际问题，中国残联起草了《地方无障碍环境建设条例（规定）》（主要条款参考文本），供各地在制定法规、规章工作中参考。

【创建无障碍环境市县工作】“十一五”以来，我国无障碍环境建设成效显著。无障碍环境建设法律法规、标准、组织管理体系基本建立，城市无障碍环境建设水平显著提高，初步形成了全国城市无障碍化的基本格局，残疾人、老年人等群体参与社会生活的环境更加便利。城市无障碍环境建设对促进社会文明进步发挥了积极作用。根据《中国残疾人事业“十二五”发展纲要》和住房城乡建设部等部门《关于印发〈无障碍建设“十二五”实施方案〉的通知》要求，2013年2月28日，住房城乡建设部、工业和信息化部、民政部、中国残联、全国老龄办联合下发了《关于开展创建无障碍环境市县工作的通知》（建标〔2013〕37号），在全国组织开展无障碍环境市、县创建工作。要求各地将无障碍环境建设纳入国家城镇化、新农村建设推进内容，提高城市无障碍化水平，探索总结推广农村无障碍环境建设的经验。

【《残疾人航空运输办法（试行）》修订】2009年，中国民航局发布实施了《残疾人航空运输办法（试行）》，就加强残疾人航空运输服务做出了系统规定。办法实施以来，对于完善航空运输无障碍服务、保护残疾人在航空运输过程中的权益发挥了重要作用。为进一步做好残疾人航空运输服务，保障残疾人权益，中国残联与民航局共同赴地方进行了调研，就修订《残疾人航空运输办法（试行）》达成了共识。中国残联还系统地向民航局提出了修订办法的原则意见和具体建议。

【打击强迫智力残疾人劳动违法犯罪行为】针对一些地区接连发生强迫智力残疾人劳动的案件，中国残联及时指导各地会同有关部门开展专项排查，严厉打击强迫智力残疾人劳动等违法犯罪行为，及时解救被强迫劳动的智力残疾人。推动建立打击侵害智力残疾人权益违法犯罪行为的常态化工作机制。同时，积极推动健全智力残疾人服务体系，协调有关部门解决智力残疾人在基本生活、医疗、教育、就业等方面的困难，减轻残疾人家庭的负担。加强法制宣传教育工作，使全社会增强维护智力残疾人权益的意识，从源头上防止和减少遗弃智力残疾人和侵害智力残疾人权益的现象。

附录一

创建无障碍环境市工作标准

一、目　的

为进一步贯彻落实《无障碍环境建设条例》和《无障碍建设“十二五”实施方案》，明确创建无障碍环境市的基本要求和项目指标，为各省级有关部门组织无障碍环境市的创建提供指导，制定本工作标准。通过全面推进无障碍环境建设，为残疾人、老年人等全社会成员创造良好的无障碍环境。

二、适用范围

本标准所称市指设区的市，不含县级市。规定指标为创建无障碍环境市的基本工作要求，各地应根据本地经济社会发展状况，努力提高改造比例和建设内涵，丰富改造内容，并逐步开展乡（镇）、村庄的无障碍环境建设。

三、组织管理

（一）成立由市政府有关领导牵头，住房城乡建设、工业和信息化、民政、交通运输、铁道、财政、发展改革、民航、公安、教育、宣传、广电、旅游、商务、银行、卫生、残联、老龄等部门参加的无障碍环境建设领导小组，建立各司其职、协调配合的工作机制，在无障碍环境建设中切实发挥组织、协调作用。

（二）制定无障碍环境建设的地方性法规或规章。

（三）组织编制无障碍环境建设发展规划，并将该规划纳入当地国民经济和社会发展规划以及城乡规划。将无障碍环境建设经费和工作经费纳入财政预算，多渠道筹措资金。

（四）住房城乡建设主管部门要切实采取措施，确保新建的道路和建筑物在规划、设计、施工、验收及监理等各个环节严格执行《无障碍设计规范》（GB50763）、《老年人居住建筑设计标准》（GB/T50340）。凡进行扩建、改建的道路和建筑物，应同步进行无障碍改造，且应保证使用功能的系统性和连贯性。

工业和信息化、广电等部门，应采取措施推进无障碍信息交流建设。

铁道、交通运输、民航、公安、教育、旅游、卫生、邮政、电信、金融部门应按照《铁路旅客车站无障碍设计规范》（TB10083）、《民用机场旅客航站区无障碍设施设备配置标准》（MH5062）、《特殊教育学校建筑设计规范》（JGJ76）等标准规范和相关规定，切实推进相关无障碍设施建设。

宣传部门应组织有关媒体，做好无障碍环境建设宣传报道，创造良好的无障碍社会舆论氛围。

民政部门、残疾人联合会和老龄工作委员会办公室应积极向政府、有关部门、有关方面反映残疾人、老年人等群体的无障碍需求，对城市无障碍设施建设、管理、使用提出意见，配合住房城乡建设行政主管部门等做好《无障碍设计规范》，《老年人居住建筑设计标准》的宣传、培训、贯彻、监督检查等工作。同时应切实抓好本部门老年人福利设施，残疾人综合服务设施的无障碍设施建设和改造工作，发挥示范作用。

（五）制定既有道路和建筑物无障碍设施改造计划，并组织实施。

（六）已经建成的无障碍设施应加强管理和维护，并确保使用情况良好。有关行政主管部门应加强对无障碍设施的监督管理，对侵占、破坏无障碍设施的行为依法处罚。

（七）建立有效社会监督机制，发挥新闻媒体、人大代表、政协委员、残疾人、老年人等社会群体的监督作用，对无障碍环境建设和管理进行监督。

（八）组织开展对相关技术和管理人员的培训，提高相关技术和管理人员执行无障碍相关标准规范的自觉性和能力。

（九）有关建设设计单位的专家组成无障碍环境建设技术指导组，承担无障碍环境建设的规划、施工、改造和特别环境的技术指导和服务。

（十）组织开展无障碍宣传工作，制作播出无障碍公益广告、宣传片、专题片、印发宣传资料，提高公众的无障碍意识，教育公众维护、爱护无障碍设施，形成无障碍环境建设的良好社会氛围。

四、道路无障碍环境建设和改造

1. 缘石坡道

（1）城市各区进行新建、扩建和改建道路的人行道，在各种路口、各种出入口及人行横道等处缘石坡道设置率应达100%，缘石坡道应尽量采用全宽式单面坡缘石坡道，并符合《无障碍设计规范》的要求。

（2）城市人行道及人行横道各种路口坡化改造率（含新建率）应不低于80%，且布局合理。

2. 盲道

城市各区的中心位置新建、扩建和改建的主干道及主要商业街、步行街等处的人行道应设置盲道，道路周边场所、城市绿地和重点公共建筑的主要出入口应设置提示盲道，并与道路上人行道的盲道相衔接，严格控制行进盲道实施范围，并符合《无障碍设计规范》的要求。

3. 其他设施

（1）新建、扩建和改建城市道路主要位置的人行横道应设过街音响提示装置，人行横道的安全岛应能使轮椅通行。城市主要道路人行天桥和人行地道应设安全梯道、轮椅坡道或无障碍电梯，并设置无障碍标志牌。

（2）已建城市中心区道路主要位置的人行横道应根据实际使用需要，增设过街音响提示装置。人行横道的安全岛应修建轮椅通道。城市主要道路人行天桥和人行地道，宜增设安全梯道、轮椅坡道或无障碍电梯，并设置无障碍标志牌。

五、公共建筑设施无障碍环境建设与改造

1. 新建、扩建和改建的办公科研司法建筑、教育建筑、医疗康复建筑、体育建筑、文化观演纪念建筑、商业服务建筑、城市广场、城市绿地、汽车加油加气站、高速公路服务区、室外公共厕所等各类公共建筑无障碍设施建设率应达100%，并符合《无障碍设计规范》的要求。

2. 对已经建成的各类公共建筑的服务设施应进行相应的无障碍改造，其中：

（1）政府办公建筑、综合（专科）医院、城市广场、城市绿地、大中型商场、汽车加油加气站、高速公路服务区无障碍改造率应不低于70%，且布局合理。

改造主要内容为：建筑物出入口坡化处理，设置无障碍通道、无障碍楼梯、无障碍电梯、无障碍厕所及无障碍厕位，停车场设置无障碍停车位，在显著醒目位置设无障碍标志，大型场所设置无障碍行进路线图，医院、公园等公共服务建筑同时要设低位服务设施。

（2）饭店、宾馆、邮政、电信、银行、室外公共厕所无障碍改造率应不低于60%，且布局合理。

改造主要内容为：建筑物出入口坡化处理，设置无障碍通道、无障碍楼梯、无障碍电梯、无障碍厕所及无障碍厕位，停车场设置无障碍停车位，在显著醒目位置设无障碍标志，大型场所设置无障碍行进路线图，邮政、电信、银行等公共服务建筑同时要设低位服务设施，宾馆、饭店同时要有一定数量的无障碍客房。

（3）文化馆、图书馆、科技馆、展览馆、博物馆、纪念馆、影剧院、音乐厅、体育场馆无障碍改造率应不低于60%，且布局合理。

改造主要内容为：建筑物出入口坡化处理，设置无障碍通道、无障碍楼梯、无障碍电梯、无障碍厕所及无障碍厕位，停车场设置无障碍停车位，在显著醒目位置设无障碍标志，大型场所设置无障碍行进路线图，文化观演建筑、体育建筑同时要设低位服务设施和轮椅席位。

（4）中小学，托幼建筑无障碍改造率应不低于40%，且布局合理。

改造主要内容为：建筑物出入口坡化处理，设置无障碍通道、无障碍楼梯、无障碍电梯、无障碍厕所及无障碍厕位，停车场设置无障碍停车位，在显著醒目位置设无障碍标志。

高等院校改造内容参照其他公共建筑和居住建筑改造内容进行。

六、公共交通设施无障碍环境建设与改造

1. 城市新建、扩建和改建轨道交通、民用机场、铁路旅客车站、汽车站、客运码头应实现无障碍化，并应符合《无障碍设计规范》《铁路旅客车站无障碍设计规范》《民用机场旅客航站区无障碍设施设备配置标准》等技术要求。

2. 已建轨道交通、民用机场、铁路旅客车站、汽车站，客运码头应进行无障碍改造。

主要改造内容为：出入口坡化处理，设置无障碍通道、无障碍楼梯、无障碍电梯、无障碍厕所及无障碍厕位，同时要设低位服务设施，铁路旅客站台、轨道交通站台及公交车站等候区设行进盲道和提示盲道，主要公交车站设置盲道和盲文站牌，大型场所设置无障碍行进路线图、无障碍标志，机场有方便残疾人登机的升降装置，铁路旅客车站、长途汽车站、地铁、轻轨站台高度与车厢地板基本平齐，客运码头有方便残疾人登船的装置。

3. 飞机、地铁、轻轨车辆、铁路客车、公共汽车、电车、客轮等公共交通工具应适应残疾人的需要。

主要改造内容为：乘客入口水平通道及轮椅席位。

七、福利及特殊服务建筑无障碍环境建设与改造

1. 新建、扩建和改建与残疾人日常生产、生活密切相关的特教学校、福利企业、康复中心、残疾人综合服务设施、残疾人福利机构、儿童福利机构、养老机构、老年人服务设施应实现无障碍化，并符合《无障碍设计规范》《特殊教育学校建筑设计规范》《老年人居住建筑设计标准》《残疾人综合服务设施建设标准》等技术要求。

2. 已建特教学校、福利企业、康复中心、残疾人综合服务设施、残疾人福利机构、儿童福利机构、养老机构、老年人服务设施应进行无障碍改造，改造率应达100%。

主要改造内容为：出入口坡化处理，设置无障碍通道、无障碍楼梯、无障碍电梯、无障碍厕所及无障碍厕位、低位服务设施，室内外主要位置地面铺设行进盲道

和提示盲道。

3. 逐步对残疾人，老年人家庭进行无障碍环境建设和改造。

主要改造内容为：

地面平整及坡化、设置低位灶台（盲人家庭灶台有煤气泄漏报警装置）、房门改造、坐便器改造，安装卫生间热水器、扶手（洗手池扶手、坐便器扶手、淋浴扶手）、浴凳及改善残疾人、老年人家居卫生条件的其他设施。

八、公共停车场（库）无障碍环境建设与改造

1. 新建、扩建和改建公共停车场（库）无障碍设施建设率应达100%，并符合《无障碍设计规范》的要求。

2. 已建公共停车场（库）改造率应不低于60%，且布局合理。

九、居住小区、居住建筑无障碍设施建设与改造

1. 新建、扩建和改建居住小区、居住建筑无障碍设施建设率应达100%，并符合《无障碍设计规范》的要求。

2. 已建居住小区改造率应不低于50%，且布局合理。

主要改造内容为：小区内人行道、公共绿地、公共服务设施、无障碍停车位。

3. 已建高层和中高层住宅、公寓和宿舍建筑无障碍改造率应不低于60%，且布局合理。

主要改造内容为：居住建筑出入口坡化处理，无电梯的不作要求，有电梯的待更换电梯时再选用无障碍电梯，公寓、宿舍设无障碍公共卫生间。

十、信息交流无障碍环境建设

1. 政府应将无障碍信息交流建设纳入信息化建设规划。

2. 政府及其有关部门发布重要政府信息和与残疾人相关的信息，应创造条件为残疾人提供语音和文字提示等信息交流服务。

3. 政府设立的电视台在播出电视节目时应配备字幕，每周应播放至少一次配播手语的新闻节目。公开出版发行的影视类录像制品应配备字幕。

4. 政府设立的公共图书馆应开设视力残疾人阅览室，提供盲文读物、有声读物。

5. 残疾人组织网站、政府网站、政府公益活动网站应达到无障碍网站设计标准。

6. 公共服务机构和公共场所应为残疾人提供语音和文字提示、手语、盲文等信息交流服务。

附录二

创建无障碍环境县工作标准

一、目　的

为进一步贯彻落实《无障碍环境建设条例》和《无障碍建设“十二五”实施方案》，明确创建无障碍环境县的基本要求和项目指标，为各省级有关部门组织无障碍环境县的创建提供指导，制定本工作标准。通过全面推进无障碍环境建设，为残疾人、老年人等全社会成员创造良好的无障碍环境。

二、适用范围

本标准所称县指县城，含县级市。规定指标为创建无障碍环境县的基本工作要求，各地应切实将无障碍环境建设纳入城镇、新农村建设规划，同步规划实施，根据本地经济社会发展状况，努力提高改造比例和建设内涵，丰富改造内容。

三、组织管理

（一）成立由县政府有关领导牵头，住房城乡建设、工业和信息化、民政、交通运输、铁道、财政、发展改革、文化、广电、残联、老龄等部门参加的无障碍环境建设领导小组，建立各司其职、协调配合的工作机制，在无障碍环境建设中切实发挥组织、协调作用。

（二）制定无障碍环境建设的规范性文件。

（三）组织编制无障碍环境建设发展规划，并将该规划纳入当地国民经济和社会发展规划以及城乡规划。将无障碍环境建设经费和工作经费纳入财政预算，多渠道筹措资金。

（四）住房城乡建设主管部门要切实采取措施，确保新建的道路和建筑物在规划、设计、施工、验收及监理等各个环节严格执行《无障碍设计规范》（GB50763）、《老年人居住建筑设计标准》（GB/T50340）。凡进行扩建、改建的道路和建筑物，应同步进行无障碍改造，且应保证使用功能的系统性和连贯性。

工业和信息化、广电等部门，采取措施推进无障碍信息交流建设。

铁道、交通运输等各有关部门应按照《铁路旅客车站无障碍设计规范》（TB10083）、《民用机场旅客航站区无障碍设施设备配置标准》（MH5062）、《特殊教育学校建筑设计规范》（JGJ76）等标准规范和相关规定，切实推进相关无障碍设施建设。

宣传部门应组织有关媒体，做好无障碍环境建设宣传报道，创造良好的无障碍社会舆论氛围。

民政部门、残疾人联合会和老龄工作委员会办公室应积极向政府、有关部门、有关方面反映残疾人、老年人等群体的无障碍需求，对城市无障碍设施建设、管理、

使用提出意见，配合住房城乡建设行政主管部门等做好《无障碍设计规范》《老年人居住建筑设计标准》的宣传、培训、贯彻、监督检查等工作。同时应切实抓好本部门老年人福利设施、残疾人综合服务设施的无障碍设施建设和改造工作，发挥示范作用。

（五）制定既有道路和建筑物无障碍设施改造计划，并组织实施。

（六）已经建成的无障碍设施应加强管理和维护，并确保使用情况良好。有关行政主管部门应加强对无障碍设施的监督管理，对侵占、破坏无障碍设施的行为依法处罚。

（七）建立有效社会监督机制，发挥新闻媒体、人大代表、政协委员、残疾人、老年人等社会群体的监督作用，对无障碍环境建设和管理进行监督。

（八）组织开展对相关技术和管理人员的培训，提高相关技术和管理人员执行无障碍相关标准规范的自觉性和能力。

（九）组织开展无障碍宣传工作，制作播出无障碍公益广告、宣传片、专题片、印发宣传资料，提高公众的无障碍意识，教育公众维护、爱护无障碍设施，形成无障碍环境建设的良好社会氛围。

四、道路无障碍环境建设和改造

1. 缘石坡道

（1）县城新建、扩建和改建道路的人行道，在各种路口、各种出入口及人行横道等处缘石坡道设置率应达100%，缘石坡道应尽量采用全宽式单面坡缘石坡道，并符合《无障碍设计规范》的要求。

（2）县城人行道及人行横道各种路口坡化改造率（含新建率）应不低于60%，且布局合理。

2. 盲道

县城中心位置新建、扩建和改建的主干道及主要商业街、步行街等处的人行道应设置盲道，道路周边场所、城市绿地和重点公共建筑的主要出入口应设置提示盲道，并与道路上人行道的盲道相衔接，严格控制行进盲道实施范围和宽度，并符合《无障碍设计规范》的要求。

3. 其他设施

（1）新建、扩建和改建城市道路人行横道的安全岛应能使轮椅通行。

（2）已建城市中心区道路人行横道的安全岛应修建轮椅通道。

五、公共建筑设施无障碍环境建设与改造

1. 进行新建、扩建和改建的办公科研司法建筑、教育建筑、医疗康复建筑、体育建筑、文化观演纪念建筑、商业服务建筑、城市广场、城市绿地、汽车加油加气站、高速公路服务区、室外公共厕所等各类公共建筑无障碍设施建设率应达100%，并符合《无障碍设计规范》的要求。

2. 对已经建成的各类公共建筑的服务设施应进行相应的无障碍改造，其中：

（1）政府办公建筑、综合（专科）医院、城市广场、城市绿地、大中型商场、汽车加油加气站、高速公路服务区无障碍改造率应不低于60%，且布局合理。

改造主要内容为：建筑物出入口坡化处理，设置无障碍通道、无障碍楼梯、无障碍电梯、无障碍厕所及无障碍厕位，停车场设置无障碍停车位，在显著醒目位置设无障碍标志，大型场所设置无障碍行进路线图，医院、公园等公共服务建筑同时要设低位服务设施。

（2）饭店、宾馆、邮政、电信、银行、室外公共厕所无障碍改造率应不低于50%，且布局合理。

改造主要内容为：建筑物出入口坡化处理，设置无障碍通道、无障碍楼梯、无障碍电梯、无障碍厕所及无障碍厕位，停车场设置无障碍停车位，在显著醒目位置设无障碍标志，大型场所设置无障碍行进路线图，邮政、电信、银行等公共服务建筑同时要设低位服务设施，宾馆和饭店同时要有一定数量的无障碍客房。

（3）文化馆、图书馆、科技馆、展览馆、博物馆、纪念馆、影剧院、音乐厅、体育场馆无障碍改造率应不低于50%，且布局合理。

改造主要内容为：建筑物出入口坡化处理，设置无障碍通道、无障碍楼梯、无障碍电梯、无障碍厕所及无障碍厕位，停车场设置无障碍停车位，在显著醒目位置设无障碍标志，大型场所设置无障碍行进路线图，文化观演建、体育建筑同时要设低位服务设置和轮椅席位。

六、公共交通设施无障碍环境建设与改造

1. 城市新建、扩建和改建汽车站、客运码头应实现无障碍化，符合《无障碍设计规范》的要求。

2. 已建汽车站和客运码头应进行无障碍改造。

主要改造内容为：出入口坡化处理，设置无障碍通道、无障碍厕所及无障碍厕位，同时要设低位服务设施，公交车站等候区设提示盲道，设置无障碍标志，客运码头有方便残疾人登船的装置。

3. 公共汽车、电车、客轮等公共交通工具应逐步适应残疾人的需要。

主要改造内容为：乘客入口水平通道及轮椅席位。

七、福利及特殊服务建筑无障碍环境建设与改造

1. 新建、扩建和改建与残疾人日常生产、生活密切相关的特教学校、福利企业、康复中心、残疾人综合服务设施、残疾人福利机构、儿童福利机构、养老机构、老年人服务设施应实现无障碍化，并符合《无障碍设计规范》《特殊教育学校建筑设计规范》《老年人居住建筑设计标准》《残疾人综合服务设施无障碍标准》等技术要求。

2. 已建特教学校、福利企业、康复中心、残疾人综合服务设施、残疾人福利机构、儿童福利机构、养老机

构、老年人服务设施进行无障碍改造，改造率应达50%。

主要改造内容为：出入口坡化处理，设置无障碍通道、无障碍楼梯、无障碍电梯、无障碍厕所及无障碍厕位、低位服务设施，室内外主要位置地面铺设行进盲道和提示盲道。

3. 逐步对残疾人，老年人家庭进行无障碍环境建设和改造。

主要改造内容为：

地面平整及坡化、设置低位灶台（盲人家庭灶台有煤气泄漏报警装置）、房门改造、坐便器改造，安装卫生间热水器、扶手（洗手池扶手、坐便器扶手、淋浴扶手）、浴凳及改善残疾人、老年人家居卫生条件的其他设施。

八、居住小区、居住建筑无障碍设施建设与改造

1. 新建、扩建和改建居住小区、居住建筑无障碍设施建设率应达100%，并符合《无障碍设计规范》的要求。

2. 已建居住小区逐步进行改造。

主要改造内容为：小区内人行道、公共绿地、公共服务设施、无障碍停车位。

九、信息交流无障碍环境建设

1. 政府应将无障碍信息交流建设纳入信息化建设规划

2. 政府及其有关部门发布重要政府信息和与残疾人相关的信息，应创造条件为残疾人提供语音和文字提示等信息交流服务。

3. 政府设立的电视台逐步在播出电视节目时应配备字幕。公开出版发行的影视类录像制品应配备字幕。

4. 政府设立的公共图书馆应逐步开设视力残疾人阅览室或阅览区域，提供盲文读物、有声读物。

5. 残疾人组织网站应达到无障碍网站设计标准。政府网站、政府公益活动网站应逐步达到无障碍网站设计标准。

6. 公共服务机构和公共场所应为残疾人提供语音和文字提示、手语、盲文等信息交流服务。

十、乡镇、村庄无障碍环境建设

各县市应逐步推进乡镇、村庄无障碍环境建设，有条件的地方要开展试点，建立样板，探索乡镇、村庄无障碍环境建设的新模式、好经验。

附录三

地方无障碍环境建设条例（规定）

（主要条款参考文本）

总则部分

1. 为了创造无障碍环境，保障残疾人等社会成员平等参与社会生活，促进社会文明进步，根据《无障碍环境建设条例》，结合本省实际，制定本条例。

2. 本条例所称无障碍环境建设，是指为便于残疾人等社会成员自主安全地通行道路、出入相关建筑物、搭乘公共交通工具、交流信息、获得社区服务等进行的建设活动。

3. 无障碍环境建设应当与经济和社会发展水平相适应，遵循实用、易行、广泛受益的原则。

4. 县级以上人民政府应当将无障碍环境建设纳入国民经济和社会发展规划以及城乡规划，负责组织编制实施专项规划，加强监督管理。

县级以上人民政府应当将无障碍环境建设纳入文明城市（区）、文明村镇、文明单位建设内容，建立考核奖惩机制。

5. 县级以上人民政府住房城乡建设行政主管部门负责本行政区域内建筑物、城乡道路的无障碍设施的规划、建设和监管工作。

县级以上人民政府工业和信息化、文化、新闻出版广电等行政主管部门负责本行政区域内无障碍信息交流工作。

县级以上人民政府各有关部门、单位应当在各自职责范围内推进无障碍环境建设和做好本行业本系统的无障碍环境建设工作。

乡镇人民政府、街道办事处应当对本辖区内的无障碍环境建设情况实施监督。

6. 县级以上人民政府及其有关部门在制定无障碍环境建设规划和政策时，应当征求残疾人组织等社会组织的意见。

充分发挥残疾人联合会、老龄工作机构及有关社会团体在无障碍环境建设中的参与和监督作用。

7. 县级以上人民政府和有关部门应当制定政策措施，鼓励和支持采用无障碍通用设计的技术、产品及其标准，通过提供扶持资金、政府购买等措施推进残疾人专用的无障碍技术和产品的研发、应用和推广。

8. 县级以上人民政府及其有关部门应当采取多种形式，开展无障碍环境建设知识的普及和宣传，提高公众无障碍意识，鼓励公民、法人和其他组织为无障碍环境建设提供捐助和志愿服务。

社会成员应当自觉维护无障碍设施设备，遵守相关使用规定。

9. 县级以上人民政府对在无障碍环境建设工作中做出突出贡献的单位和个人，给予表彰和奖励。

无障碍设施建设部分

1. 城镇新建、改建、扩建道路、公共建筑、公共交通设施、居住建筑、居住区，应当符合无障碍设施工程建设标准。

2. 县级以上人民政府应当将乡、村庄无障碍设施建设纳入新农村建设规划，统筹推进，同步实施。乡、村

庄道路、住宅、公共服务机构和场所等应当逐步符合无障碍设施工程建设标准。

3. 无障碍设施工程应当与主体工程同步设计、同步施工、同步验收投入使用。新建的无障碍设施应当与周边的无障碍设施相衔接。

4. 有关部门进行建设项目设计文件审查时，对未按照国家无障碍设施工程建设标准进行无障碍设计的，不予审查通过，不予办理建设工程规划许可证。

5. 有关行政主管部门进行规划条件核实时，对未按照建设工程规划许可证要求进行无障碍设施建设的项目，不予通过规划验收。

6. 新建、改建和扩建的建设项目，建设单位在组织建设工程竣工验收时，应当同时对无障碍设施进行验收；无障碍设施未按照批准的设计文件和施工技术标准施工的，不得通过竣工验收。

7. 无障碍设施改造由所有权人或者管理人负责。

县级以上人民政府及其有关部门应当制定无障碍设施设备改造实施方案，通过财政补贴、行政事业性收费减免、慈善募捐等鼓励措施，推进已建成设施设备的无障碍改造。

8. 县级以上人民政府优先推进下列机构、场所的无障碍设施改造：

（一）特殊教育、康复、托养、社会福利等机构

（二）国家机关的对外服务场所；

（三）文化、体育、医疗卫生等单位的公共服务场所；

（四）交通运输、金融、邮政、通信、商业、旅游等公共服务场所。

9. 城市主要道路、主要商业区和大型居住区的人行天桥和人行地下通道，应当按照无障碍工程建设标准配备无障碍设施；人行道交通信号设施应当逐步完善过街音响信号装置，适应残疾人等社会成员通行的需要。

10. 城市公共停车场应当按照无障碍设施工程建设标准设置并标明无障碍停车位。无障碍停车位为肢体残疾人驾驶或者乘坐的机动车专用。

11. 新研制、生产、投入使用的民用航空器、客运列车、客运船舶、公共汽车、城市轨道交通等公共交通工具应当符合无障碍设施技术标准的要求；已有公共交通工具应当逐步进行无障碍升级改造，完善无障碍设备。市、县级人民政府及相关部门应当根据实际情况，投入使用一定数量的无障碍出租车。

12. 视力残疾人可以携带导盲犬出入公共场所和乘坐公共交通工具；公共场所、机构及其工作人员应当提供方便。

13. 无障碍设施所有权人或者管理人，应当对无障碍设施进行保护，对故障及时进行维修，确保无障碍设施正常使用。

14. 任何单位和个人不得损坏、侵占无障碍设施或者改变无障碍设施的用途。

因特殊情况需临时占用无障碍设施的，应当按照规定经有关部门批准，设置护栏、警示标志或者信号设施，并采取必要的替代措施。临时占用期满，应当及时恢复无障碍设施的原状。

任何单位和个人对损坏、非法占用无障碍设施的行为有权劝阻和举报。

15. 设有无障碍设施或者提供无障碍服务的公共场所，应当设置符合国家标准的无障碍标识。无障碍标识应当规范、清晰、明显。

无障碍信息交流部分

1. 县级以上人民政府应当将无障碍信息交流纳入信息化建设规划，并采取措施推进信息交流无障碍。

2. 县级以上人民政府及其有关部门发布重要政务信息和与残疾人、老年人相关的信息，应当创造条件提供语音和文字提示等信息交流服务。

3. 县级以上人民政府有关部门、考试组织单位应当为残疾人参加升学考试、职业资格考试和任职考试提供便利。有视力残疾人参加的，应当根据需要为其提供盲文试卷、大字试卷、电子试卷，或者由工作人员予以协助。

4. 县级以上人民政府鼓励和支持以无障碍模式制作出版文化产品。公开出版发行的影视类录像制品应当配备字幕。

5. 省、设区的市级人民政府设立的电视台在播出电视节目时应当加配字幕，每周播放至少一次配备手语的节目。县级电视台在播出电视节目时应逐步加配字幕，逐步播放配备手语的节目。

6. 省、设区的市级以上人民政府设立的公共图书馆应当开设视力残疾人阅览室，提供盲文读物、有声读物；县级图书馆应当逐步开设视力残疾人阅览室；乡镇、村、社区应逐步配备方便视力残疾人阅览的读物、资料。

公共图书馆进行图书数字化建设，应当利用无障碍技术手段，方便残疾人等获取信息。

7. 残疾人组织网站应当达到无障碍网站设计标准；省、设区的市级人民政府网站、政府公益活动网站，应当逐步达到无障碍网站设计标准。县级人民政府网站应当逐步采取无障碍措施，方便残疾人等获取信息。

8. 公共服务机构和公共场所应当创造条件为残疾人提供语音和文字提示、手语、盲文等信息交流服务，对从业人员进行无障碍服务技能培训。

9. 在听力残疾人集中参加的公共活动中，举办单位应当提供字幕或者手语服务。

10. 电信业务经营者提供电信服务时，应当逐步向有需求的听力、言语残疾人提供文字信息服务，向有需求的视力残疾人提供语音信息服务，并给予收费优惠。

电信终端设备制造商应当提供能够与无障碍信息交

流服务相衔接的技术、产品。

11. 县级以上人民政府鼓励和支持与视力、智力残疾人生命、财产安全等密切相关的日常用品信息等提示技术的研制、开发和应用，以方便视力、智力残疾人能够清晰识别产品安全提示。

无障碍社区服务部分

1. 社区道路、公共服务设施应当逐步完善无障碍服务功能，对不符合无障碍设施技术标准的应进行必要改造，为残疾人等社会成员参与社区生活提供便利。

2. 县级以上人民政府应当完善方便残疾人、老年人等社会成员的报警、医疗急救等紧急呼叫系统。

3. 县级以上人民政府应当对有需求的贫困残疾人家庭无障碍改造给予补助。

实施家庭无障碍改造应当为残疾人出入、生活起居提供便利，改善残疾人居住条件。

4. 国家机关、社会团体等单位以及居民委员会、住宅区业主委员选举时，应当为残疾人参加选举提供便利，并根据需要为视力残疾人提供盲文选票。

5. 城市应急避难场所应完善无障碍服务功能，制定实施残疾人应急避难预案，对工作人员进行无障碍培训。

法律责任部分

1. 设计单位违反本条例规定，未按照国家有关无障碍设施设计的规范、标准设计无障碍设施的，由相关主管部门责令限期改正，并处10万元以下的罚款。拒不改正的，责令停业整顿，降低资质等级；情节严重的，吊销资质证书。

2. 施工单位违反本条例规定，未按照审查合格的施工图设计文件和国家有关施工规范、标准进行无障碍设施施工的，由相关主管部门责令限期改正，并处工程合同价款2%以下的罚款。

3. 建设单位违反本条例规定，未按照规定对建设的无障碍设施进行验收的，或者建设的无障碍设施验收不合格即交付使用的，由相关主管部门责令限期改正，并处工程合同价款2%以下的罚款。造成损失的，承担赔偿责任。

4. 监理单位违反本条例规定，未按照无障碍建设设计和监理规范、标准，将不合格的无障碍设施建设工程以及建筑材料、建筑构配件和设备按照合格签字的，由相关主管部门责令改正，处工程合同价款1‰以下的罚款，降低资质等级或者吊销资质证书；有违法所得的，予以没收；造成损失的，承担连带赔偿责任。

5. 违反本条例相关规定，未按计划进行无障碍改造的，由相关行政主管部门责令限期改正。

6. 违反本条例相关规定，相关公共交通工具不能为残疾人使用人乘坐和使用，且公共交通工具所有权人、管理人、工作人员拒不采取无障碍设施措施的，由相关行政主管部门责令限期改正或采取补救措施。

7. 违反本条例相关规定，电视节目未加配字幕或者手语翻译的，由广播电视行政主管部门责令改正，并追究直接负责的主管人员和其他直接责任人员的责任。

8. 违反本条例相关规定，公共图书馆未设立视力残疾人阅览室的，由文化行政主管部门责令改正，并追究直接负责的主管人员和其他直接责任人员的责任。

9. 无障碍设施的所有权人或者管理人未对无障碍设施进行保护和及时维修，导致无法正常使用的，由有关主管部门责令限期维修；造成使用人人身、财产损害的，无障碍设施的所有权人或者管理人应当承担赔偿责任。

10. 损坏、非法占用无障碍设施、标志，并影响无障碍设施使用的，相关行政主管部门应当责令修复，恢复原状。拒不改正的，处500元以上1000元以下罚款。情节严重的，按《治安管理处罚法》《道路交通安全法》有关条款从重处罚，构成犯罪的，依法追究刑事责任。造成使用人人身、财产损害的，应同时承担赔偿责任。

11. 肢体残疾人驾驶或者乘坐的机动车以外的机动车占用无障碍停车位，影响肢体残疾人使用的，由公安机关交通管理部门责令改正；拒不改正的，处以200元以下罚款。

违反本条例相关规定，未按规定设置无障碍停车位或设置不规范的，相关行政主管部门应当责令限期改正；拒不改正的，对停车场所有权人或管理人处以500元以上1000元以下罚款。

12. 公共场所、公共交通工具工作人员禁止导盲犬进入的，相关主管部门应责令改正；拒不改正的，处500元以上1000元以下罚款，并追究公共场所、公共交通工具所有权人、管理人的责任。未按规定使用导盲犬的，相关主管部门应责令改正。

13. 无障碍环境建设主管部门工作人员滥用职权、玩忽职守、徇私舞弊的，依法给予处分；构成犯罪的，依法追究刑事责任。

附则部分

本条例自　年　月　日起施行。

注：1. 各省、自治区、直辖市可以参考本通知和文本指导较大的市制定地方性法规、规章。新疆生产建设兵团、黑龙江农垦总局可以参考本通知和文本制定规范性文件。

2. 参考文本中罚则部分出现的罚款数额，是分别根据或参考《道路交通安全法》《建设工程质量管理条例》《国务院关于贯彻实施〈中华人民共和国行政处罚法〉的意见》等中的相关规定，结合我国无障碍环境建设发展的总体情况制定的，供各省参考，各省可根据本省的实际情况，进行调整。

（张东旺供稿）

残疾人组织建设工作

一、领导批示

鲁勇在《关于“强基育人”工程实施情况的报告》上的重要批示

2013年12月6日

城乡社区残疾人基层组织是残联组织有效履行“代表、服务、管理”职能的工作之基、活力之源，必须持之以恒，常抓不懈。基础不牢，地动山摇。要采取更加有效措施推动“强基育人”工作的创新发展，努力带出一支政治上靠得住、工作上有本事、作风上接地气，对残疾人和残疾人事业充满感情的基层工作队伍，以有效焕发基层残疾人组织工作活力。

二、政策法规文件

关于开展城乡社区残协会员实名制试点工作的通知

残联会函〔2013〕17号

天津、内蒙古、辽宁、黑龙江、江苏、福建、河南、广东、重庆、陕西、甘肃省（区、市）残疾人联合会：

为密切联系广大残疾人群众，切实增强基层残疾人组织的凝聚力和向心力，经中国残联领导同志同意，决定在部分省份开展城乡社区残协会员实名制试点工作。

一、试点意义

城乡社区残协会员实名制是指在城乡社区残协的基础上，由辖区内的残疾人、残疾人家属以及社会爱心人士等以实名会员的身份组成，开展会员之间的自助和他助活动，并自觉履行相关权利和义务的残疾人协会会员的自治制度。

开展城乡社区残协会员实名制是顺应国家加强社会管理、创新残疾人工作思路和模式的具体体现，是调动残疾人参与残疾人事务积极性、增强社区残协活力、实现社区残协工作以输血为主转向以造血为主的重要举措，对于密切与残疾人的血肉联系、不断满足残疾人日益增长的需要、推动残疾人工作服务理念的转变、促进和谐社区和稳定社区建设等等，具有十分重要而深远的意义。

目前，我国城乡社区残协基本建立健全，残疾人专职委员队伍基本稳定，作用发挥较好，得到残疾人群众和社会各界的积极认同，现具备开展试点工作的基本条件。

二、试点地区

天津市、内蒙古自治区、辽宁省沈阳市、黑龙江省哈尔滨市、江苏省南京市、福建省厦门市、河南省驻马店市、广东省深圳市、重庆市、陕西省西安市、甘肃省兰州市。以上省市根据当地实际至少确定一个区（或一区一县）、每个区（县）选择5—10个城乡社区开展试点。

三、试点要求

（一）各级残联务必高度重视，切实加强领导，在政策、资金、项目等方面提供支持，确保试点工作取得实质性进展。

（二）各试点社区应坚持社区居民委员会的领导和上级残联的指导，明确会员实名制的定位和职能，通过实名注册等基本形式吸收残疾人亲属、居委会成员、爱心人士等自愿注册为会员（持二代残疾人证的残疾人为当然会员），协助上级残联组织实施残疾人康复、教育、就业、扶贫、托养、社会保障、权益维护、文体等相关活动和项目，组织残疾人积极参与社区活动，并借助志愿助残工作平台，为残疾人会员提供个性化服务，切实增强残疾人协会的凝聚力和残疾人的满意度，真正实现残疾人在残疾人组织中更加活跃、残疾人组织在基层更加活跃、残疾人和残疾人组织在社会上更加活跃的目标。

（三）各地应本着先易后难、先城后乡、逐步推广的原则，适当选择经济社会条件和残疾人工作基础较好的城乡社区开展试点；同时注意调动辖区内的残疾人及其家属和爱心人士等的积极性，积极争取社区居委会的理解和支持，不断探索有益模式，逐步推广试点经验。

（四）各省请于5月15日之前将试点社区名单及残疾人组织基本情况报送中国残联组联部；并于10月底之前上报试点工作总结。

中国残疾人联合会
2013年4月24日

关于组织基层残疾人专职委员开展业务学习和教育培训工作的通知　残联厅发〔2013〕6号

各省、自治区、直辖市及计划单列市残联，新疆生产建设兵团残联，黑龙江农垦总局残联：

为贯彻落实《中国残疾人事业"十二五"发展纲要》和民政部、财政部、人力资源社会保障部、中国残联《关于进一步加强和规范基层残疾人组织建设的意见》（残联发〔2009〕13号）有关加强基层残疾人工作者和残疾人专职委员教育培训工作的相关要求，切实提高基层残疾人组织的业务水平和服务能力，为残疾人事业的长远发展和推进"两个体系"建设提供组织保障和人才支撑，经中国残联研究，决定对全国基层残疾人专职委员开展网上系统学习和教育培训工作，现将有关要求通知如下。

一、充分认识开展残疾人专职委员学习和教育培训工作的重要意义

目前，全国残疾人专职委员实名制登记56.7万，"十二五"末将达到70万。这是一支扎根基层、紧密联系残疾人且规模庞大的基层残疾人工作者队伍。由于各种因素的制约，部分残疾人专职委员尤其是新上岗的专职委员对残疾人事业了解不多，对自身职责不很清楚，履职能力较弱，作用发挥受限，与基层残疾人组织所要承担的繁重工作形成突出的矛盾，迫切需要进一步加强对他们规范、科学、实用的教育培训，不断增强他们的综合素质和业务水平，提高为残疾人服务的能力。这既是一项实实在在的"强基育人"工程，也是推动城乡社区残疾人组织和残疾人专职委员队伍由"有"向"好"转变、实现又"有"又"好"的具体举措。

二、培训方式

运用现代网络科技手段，为广大专职委员建立全国统一的网络在线学习培训平台，提供优质的阅读学习资源，进行统一规范的教育培训。

（一）在线阅读：登录"残疾人阅读与培训在线"（网址：www.cydpx.com）中的"资讯传递"、"在线阅读"、"新人新作"、"志愿助残"等内容，学习和掌握与残疾人专职委员工作有关的知识、信息等。

（二）业务培训：登录"残疾人阅读与培训在线"系统中的"培训中心"，学员即可接受在线业务培训。

（三）组织自学：将在培训在线的基础上组织编写《残疾人专职委员基础教程》教材，结合网上系统学习和教育培训配发，学员可通过日常自学，掌握相关知识。

三、具体实施和计划安排

残疾人专职委员网络学习和培训工作，由中国残联组联部具体组织实施。在线学习培训工作将按照先试点后推广、先示范城市后其他地区的原则，分期分批进行。残疾人专职委员通过学习培训，并达到规定学时，且考试合格的，将颁发合格证书，并逐步实现持证上岗；合格证书由中国残联组联部监制。

四、相关事宜和要求

（一）提高认识，加强领导。开展基层残疾人专职委员网络阅读学习和培训，是进一步提升基层残疾人专职委员的业务能力和综合素质、建立高素质基层残疾人工作者队伍的重要举措，是"两个体系"建设的重要内容。各地要切实提高认识，加强领导，统一安排，统筹实施。

（二）精心组织，加大宣传。各地要精心组织残疾人专职委员参加网络教育培训，要充分利用各种形式，加大宣传力度，尽可能使每个专职委员都了解此项工作，并充分调动他们的学习积极性。

（三）提供保障，确保成效。各地要为残疾人专职委员参加网络学习培训提供必要的条件保障和时间保障，确保每个残疾人专职委员都有学习培训的机会和条件；要将残疾人专职委员的培训列入各级残联就业培训内容，保障培训经费。

中国残联办公厅
2013年6月27日

三、工作综述

2013年是全国残联系统换届之年，省市县乡四级残联按照"统一进行、自下而上"的原则从2012年5月到2013年9月陆续圆满完成换届，中国残联第六次全国代表大会成功召开。2013年全国残联组织建设紧紧围绕中国残联第六次全国代表大会的举行，采取多种形式夯实基层组织，积极探索残疾人社会组织的管理与服务，规范和加强志愿助残工作，各级残联组织建设取得明显成效，干部队伍精神面貌焕然一新，努力为实现残疾人同步小康做好充分的组织准备。

（一）圆满完成各省级残联换届工作

换届是省级残联最重要的工作之一，是充分争取领导支持、广泛动员群众、集中宣传事业、统一调整干部的重要契机，各省（区、市）残联通过换届组织建设和业务工作都得到加强。

1. 着力加强省级残联领导班子和干部队伍建设

选好配强各级残联领导班子，是换届工作的关键环节。中国残联组联部对各省级残联领导班子进行逐个分析，提出调整建议，经党组同意后，严格按照干部双重管理要求，与各省委组织部进行反复沟通协商，积极配合做好相关协管工作。此次换届中，中国残联与各省委组织部沟通300余次，派员分赴各省与组织部组成联合考察组对残联班子进行换届考察27次，撰写考察报告27篇，发出关于地方残联换届人选征求意见复函33件，确

保各省残联领导班子配备工作圆满完成。经过此次换届，各级残联领导班子结构更加优化，一批年富力强、德才兼备、热爱残疾人事业的干部被选拔到各级残联领导岗位，实现了配强主要领导、优化班子结构、激发队伍活力、推动事业发展的目标。

换届后，有16个省级残联主要负责同志进行了调整。全国省级残联班子成员共146人，研究生学历57人；平均年龄52岁；残疾人党组书记、理事长8人，残疾人副理事长26人。在中国残联的积极争取和着力协调下，38名同志提拔或交流提拔为副厅级以上干部，市县级残联交流提拔干部408人，均是历次换届中最多的。换届后，全国30个省级残联领导班子中全部配备了残疾人领导干部，驻会盲人、聋人理事配备达到了37.5%，较换届前提高了6.2%；智力和精神残疾人亲属专兼职理事配备达到40.6%，较换届前提高了34.3%；地市级残联残疾人领导干部配备比例达到75.1%，较换届前提高了11.5%，县级残联残疾人干部配备比例达到54.1%。

2. 周密部署、认真指导省级残联换届工作

地方残联换届期间，中国残联领导出席地方残联六代会27次。中国残联赴基层进行换届工作调研12次，两次发文对全国残联换届工作进行摸底调查，对个别进度较慢的省（市区）进行重点敦促，及时解决地方残联换届工作中的问题，协助地方克服各种困难，确保换届如期进行。中国残联组联部起草领导同志讲话、贺信40余件；严格审核省级残联换届大会方案、人选建议名单、会议程序等，先后与省级残联沟通600余次，批复各类换届方案100件个。

在中国残联和各省（市区）残联的共同努力下，中央政治局委员孙春兰、孙政才、张春贤、郭金龙、韩正同志出席了所在省市残联六代会并讲话，胡春华同志接见了出席广东省残联六代会的代表。15个省四大班子主要领导和在家的省委常委出席残联代表大会，另有11个省四大班子主要领导出席会议；14名省委书记、2名省长（司令员）讲话。这次换届，各省领导出席会议的规格是历次换届中最高的，各级党委政府对残疾人事业的重视程度也是前所未有的。

各省残联通过换届，一系列重难点工作得到突破。在中国残联领导同志的亲自协调下，成功解决了海南省残联升格问题。黑龙江省委同意给黑龙江省残联增加两名副理事长职数，增强了残联的工作力量。青海省残联以换届为契机，争取到专职盲聋理事两个编制，推进了残疾人干部配备工作，充实了干部队伍、优化了干部结构。江苏省残联借换届之机，配齐了残疾人副理事长，解决了班子中多年没有配备残疾人领导干部的问题。

（二）规范做好六代会相关组织工作

六代会筹备和召开期间，中国残联组联部和国际部、人事部、信息中心组成大会（筹备）组织组，负责章程修改、与会人员产生、会议组织、大会和一次全会选举等工作，在大会执委会的正确领导和各组的通力协作下，大会取得圆满成功。

1. 做好中国残疾人联合会章程修改工作

章程是中国残疾人联合会最基础和最根本的文件，修改章程是大会的主要工作之一。2013年2月起，章程修改工作组共召开三次专题会议，通过基层调研、座谈会、协会专题会议等多种形式，分别征求了各专门协会、地方残联、基层残疾人等对章程修改的意见和建议。章程修改期间，张海迪主席多次听取汇报并做出重要指示。按照张海迪主席和党组的指示，修改历经一至四稿，又通过规定的、多种多样的形式，有步骤、有范围地先后广泛征求了意见。

2013年8月6日，中国残联党组召开扩大会议，认真听取了章程修改前期工作汇报，综合分析了各方面意见，深入研究了意见相对集中的重要问题，通过了章程修改草案，最终形成了《中国残疾人联合会章程（修正案）》（草案），经五届六次主席团全会一致通过。在大会讨论期间，各位代表高度评价了章程修改工作，没有集中的其他意见，大会顺利地通过了章程修正案。

2. 做好大会代表选举工作

大会代表是大会的组织主体，代表选举工作是大会召开最重要的基础工作。中国残联在召开部分省级残联主要负责同志座谈会，对重大和关键问题进行了深入探讨，并在组织专题研讨会对主要任务目标和重要数据进行认真测算的基础上，印发《关于中国残联第六次全国代表大会代表和第六届主席团委员候选人推荐人选地方名额分配及相关事宜的通知》（残联发〔2013〕6号），对各省（区、市）选举产生出席中国残联第六次全国代表大会代表、推荐第六届主席团委员候选人人选工作周密部署。各省级残联相继召开代表大会，选举产生出席中国残联六代会的正式代表566名。

中国残联与中央有关部门、总政组织部、公安部政治部、各有关单位积极协商，发出并收回商请函30封，请各部门和单位提出正式代表75名、列席代表77名。受筹备工作领导小组委托，组织组按照代表条件、代表构成等要求，对所有代表的材料逐一进行了认真预审和整理，制作、发放、补发了代表证件。最终当选的代表既体现了先进性，又体现了广泛性，结构合理。641名正式代表中，残疾人及亲友代表452名，占代表总数的70.5%。经代表资格审查小组审查，所有代表的产生符合《中国残疾人联合会章程》和有关规定程序，所有代表的代表资格有效，为大会的成功召开做好了准备。

3. 严格遵守组织程序，确保会议和选举成功

中国残联第六次代表大会期间，共召开各类会议29个。组联部等部门起草了关于六代会的决议和说明、关于报告的决议和说明、关于章程修正案的决议和说明、关于代表的说明、关于委员的说明和各种程序性文件、方案、议程、主持词180多个，共10余万字。圆满完成会议材料的分发送摆、不驻会副主席接待工作及各类会议，确保大会和主席团全会程序严格、组织严密、集中有序、合法有效。

选举第六届主席团，进而形成中国残联新一届领导集体，是大会最重要的组织任务。组联部同各省级残联密切协商，要求各省级残联严格按照相关要求，从出席中国残联六代会的代表中推荐委员候选人，商中国残联后由各省级残联主席团通过；同时与各兄弟部委充分协商产生中央部门委员候选人人选。最终协商产生第六届主席团委员候选人共133名，其中残疾人及残疾人亲友90名，占候选人总数的67.7%，符合六代会二次全会通过的《中国残疾人联合会章程（修正案）》规定。

组联部等部门认真组织六代会二次全会和选举工作，充分做好预案，逐一排查可能出现的突发情况，精心设计印制选票和路线图、领票单等工作资料，与监票人、计票人和各位工作人员反复演练，确保万无一失。最终所有候选人均顺利当选，大会选举圆满成功。第六届主席团代表性更加广泛，文化程度明显提高，人员结构更加合理，在残疾人群体中享有较高威望，具有较强的参事议事能力。

（三）各专门协会顺利换届并取得工作新进展

组联部积极推动各专门协会实践法人治理新模式，促进各专门协会融合发展。通过换届，各专门协会定位更加明晰，力量更加凝聚，整体工作水平有所提高，为最广泛地团结和动员残疾人奠定了扎实的组织基础。各专门协会围绕起草好报告、修改好章程、配备好班子等三大任务，完成各类文件材料143份10余万字；在筹备和开会期间组织召开各类会议36个，增加了智力和精神残疾人康复者、盲人和聋人家属代表8人，助残社会组织代表11人，确保各专门协会换届圆满成功。

各专门协会加强自身建设，提高工作能力，举办协会人员素质能力培训班。中国残联设立专门协会项目评估和监审委员会，加强第三方评估监审力度，提高协会社会公信力和法人治理能力。各专门协会逐步完善法人治理模式，开展了多种多样的活动，为残疾人提供更多的切实服务。

（四）稳步推进社区残疾人组织建设由“有”向“好”转变

城乡社区残疾人组织建设工作紧紧围绕贯彻金昌会议精神，以实现残疾人专职委员“五个到位”为重点，在加强指导、稳步推进的基础上，积极创新工作形式，由有向好的目标取得阶段性成果。

1. 搭建专职委员在线培训教育平台

在通过座谈会等形式广泛征求意见的基础上，中国残联与辽宁人民出版社合作建立了“残疾人阅读与培训在线”网络阅读培训平台，并开发了专门的网站（www. cydpx. com），开展专职委员网络在线学习培训工作。“在线平台”是集阅读、学习、培训、考试等为一体的数字化网络培训模式，专职委员不仅能较全面地了解掌握残疾人事业政策与法规、工作实务、技能与技巧，而且有助于提高自身综合素质和服务能力，实现服务到位的目标。“在线平台”工作得到了各部门积极配合，认真撰写或修改了“培训中心”所需的总计30门培训课程，并录制了教学视频。

“在线平台”于2013年7月正式启动，并于10月试运行，在平台运行平稳、服务受众满意的基础上，中国残联先后印发《关于组织基层残疾人专职委员开展业务学习和教育培训工作的通知》（残联厅〔2013〕6号）和《关于做好2013年残疾人专职委员业务学习和教育培训工作的通知》（残联厅函〔2013〕107号）。目前，我们在24个全国残疾人工作示范城市和部分先行试点地区有7000多名专职委员在线接受培训。同时，中国残联各部门共同编写的《全国残疾人专职委员培训教程》即将出版。“在线平台”和《培训教程》相互配合，双管齐下，为改进和提高专职委员的教育培训工作打下扎实的基础。

2. 进一步加强和规范社区残协和专职委员工作

为进一步推进城乡社区残疾人组织建设规范化，中国残联起草了《全国残疾人专职委员工作规范》和《全国城乡社区残疾人协会工作规范》。两个《工作规范》明确规定了城乡社区残疾人协会和残疾人专职委员的选聘办法、基本职责、工作内容、业务范畴、日常管理、培训考核、津贴报酬等内容，进一步规范工作程序、明确工作标准，提升服务能力。

继续开展中挪合作培训项目，湖南、内蒙古培训班重点培训新任理事长的基层残疾人工作理念和方法，福建班结合全国残联系统组织建设工作总结、全国城乡社区会员制试点工作总结等内容，就金昌会议召开一年来全国城乡社区残疾人组织建设所取得成绩、存在的问题进行总结，部署2014年相关工作，切实推动全国城乡社区残疾人组织的进一步健全和完善，切实提高专职委员的综合素质和服务能力，力争将合作项目效果最大化。

3. 开展城乡社区残协会员实名制试点

按照中国残联领导关于顺应国家加强社会管理、创新残疾人工作思路和模式、调动残疾人参与残疾人事务积极性的指示精神，中国残联选取了11个省（区、市）开展城乡社区残协会员实名制试点工作。在召开座谈会广泛征求意见的基础上，中国残联下发开展试点工作的通知进行统一部署。各试点地区结合各自实际，认真理清思路，积极探索模式，充分调动当地残疾人、残疾人工作者和社会爱心人士的积极性，开展了形式多样、内容丰富、各具特色的试点工作。试点工作的开展，为积极探索进一步增强社区残协活力、实现以输血向造血为主的转变，密切与残疾人的血肉联系、推动残疾人工作服务理念的转变做出了有益探索。

（五）学雷锋志愿助残工作深入开展

志愿助残工作以融入学雷锋志愿服务工作大局为根本，以落实七部委《关于组织开展“关爱他人——爱幼助残志愿服务行动”的通知》（文明办〔2012〕15号）为重点，形成志愿助残长效合力。加强志愿助残工作制度化建设，动员社会力量开展系列志愿助残活动，声势大、效果实、残疾人受益。五个专门协会成立了志愿服务队，回报社会、树立形象、展示风采，推动志愿助残规范化开展。开展长江新里程“集思公益·关心你的残疾人邻居”项目，进一步探索志愿助残新思路，提升社会组织的服务能力和专业水平。

（六）困难和问题

全国残疾人工作干部队伍对落实同步小康的认识亟须提高、能力有待加强，需要进一步提高认识、凝聚力量；

残疾人干部培养链和人才库亟须建立；

基层残疾人组织城乡、地域差异巨大，发展极不平衡，基层残疾人专职委员的工作待遇和工作能力亟待提升；

各专门协会社团法人治理需要进一步规范；

各级残联对助残社会组织的政策扶持、组织培育、方向引导和机构管理必须加强。

四、重要条目

【残疾人阅读与培训在线】为进一步加强城乡社区基层残疾人组织建设，提升残疾人专职委员为残疾人服务的能力和水平，中国残联与辽宁人民出版社合作，整合优势资源，于2013年建立了集阅读、学习、培训、管理功能为一体的网络在线学习培训平台“残疾人阅读与培训在线”（www. cydpx. com）。中国残联组织专家进行专题授课，提供优质的阅读学习资源，开展统一规范的在线学习教育培训。残疾人专职委员通过系统的在线阅读和业务培训，能较全面地了解掌握残疾人事业政策与法规、工作实务与技能，有效提升业务素质和工作能力。

【“2013重塑未来·阳光畅行·爱心圆梦”公益行动】2013年8月14日，由中国残疾人联合会特别支持，中国肢残人协会、中华志愿助残阳光使团、畅行基金管理委员会主办，联合国工业发展组织中国投资促进代表处、中国银行业协会荣誉参与，北京丰台广济医院技术支持的“2013重塑未来·阳光畅行·爱心圆梦”公益行动在中国残疾人体育运动管理中心举行。中国残联党组成员、副主席吕世明，以及多家阳光畅行公益战略爱心合作伙伴和毕福剑、陈思思、刘岩等社会爱心人士出席了本次活动。联合国工业发展组织中国投资促进代表处发来贺电。此次公益活动中，举办了“重塑未来”战略合作框架协议和“阳光畅行”公益战略合作爱心公约交换仪式，颁发了中华志愿助残阳光团队和个人奖项。仪式上分别向中央电视台《星光大道》栏目组、《东北之窗》杂志社、中央国家机关青年志愿者联谊会颁授“中华志愿助残阳光团队”荣誉牌匾；向北京丰台广济医院颁授“中华志愿助残阳光基地”荣誉牌匾；向中央电视台著名主持人毕福剑、著名歌唱家陈思思颁授“中华志愿助残阳光大使奖章”；向爱心志愿者张嘉树颁授“中华志愿助残阳光奖章”；向自强模范刘岩颁授“中华志愿助残阳光使者”荣誉牌匾。本次公益行动，中国肢残人协会主席徐凤建与中国银行业协会、奥克集团股份公司、有爱文化发展（中国）有限公司、合众人寿保险股份有限公司、北京仁爱创新控股有限公司、太阳雨太阳能集团有限公司、洛阳鸿安矿业集团有限公司、北京康联医药有限责任公司、华晨集团专用车科技创新产业园、UBM博文（中国）交换了合作公约，结成了公益战略爱心合作伙伴，并向他们颁授了荣誉牌匾。8家公益战略爱心合作伙伴向中国肢协捐赠了价值230万元的电动轮椅396台，毕福剑及陈思思也分别向本次活动赠送了书法题词和《中国梦》歌曲光盘。60多家知名媒体和残疾人代表、残疾人工作者200余人参加了本次活动。

【助残志愿者星级认定活动】为贯彻落实十八届三中全会精神，弘扬志愿助残良好社会风尚，2013年12月21日，中华志愿助残阳光使团及中国盲文图书馆举办助残志愿者星级认定活动。中国残联党组成员、副主席吕世明出席活动并讲话。在此次活动中，共有73位志愿者荣获一至五星级文化助盲志愿者证书，22个志愿者团队荣获优秀志愿服务团队证书。他们中有八十高龄的老革命艺术家、出类拔萃的专家学者、青春无悔的大学生和社会人士，有热情洋溢的志愿者团队，还有许多勤奋努力的中小学生，充分体现出社会各界参与志愿助残的高涨热情和无私奉献的志愿精神。

【全国组联基层工作研讨会】2013年12月10—11日，全国组联基层工作研讨会在福建省厦门市召开，中国残联副主席吕世明，中国残联组联部及各省（区、市）残联组联部负责人、城乡社区残协工作试点省市代表参加会议。与会人员学习贯彻《中国残联领导关于基层残疾人组织建设的讲话和批示摘录》，研讨落实中国残联“六代会”部署的任务，针对加强城乡社区残疾人基层组织建设，推动各级残联组织“强基育人”工作创新发展，开展了基础性调研及对策研究；实地考察了厦门市基层社区和残协工作，在吕岭社区残协现场听取了全国五个地区社区残协试点工作介绍。

附 录

内蒙古基层残疾人专职委员工作调研报告

2013年11月14日，吕世明副主席率中国残联调研组到内蒙古自治区调研基层残疾人组织建设工作，通过深入社区考察、听取工作汇报、召开座谈会等多种形式，详细了解了基层残疾人组织建设工作的成效和问题。现就此次调研中在基层残疾人专职委员工作方面反映的问题和引发的思考简述如下。

一、内蒙古残疾人基层组织建设基本情况

内蒙古面积118.3万平方公里，全区总人口2400多万人，现有残疾人158.58万人，占人口总数6.39%。自治区下辖12个盟市和2个计划单列市，共有102个旗县，767个乡镇（苏木）和244个街道，2356个社区和11362个村（嘎查）。除个别边远牧区嘎查不具备条件外，全部乡镇（苏木）、街道、社区、村（嘎查）均建有残疾人组织并配备残疾人专职委员，基本实现了基层残疾人组织的全覆盖，形成了横向到边、纵向到底的残疾人组织网络。目前，全区共有残疾人专职委员1.3万名。

二、内蒙古残疾人专职委员工作的主要做法

在调研过程中深切感受到，内蒙古残疾人专职委员在基层承担着大量做出了的日常工作，从入户调查、收集资料到处理信访、联系沟通，已成为基层残疾人工作的重要骨干力量，在基层残疾人工作中发挥着积极的作用。

1. 重视业务培训，努力提升专职委员的业务素质。内蒙古残联探索建立“一年一训一考一聘”的工作机制，将残疾人专职委员纳入残疾人工作者培训工作总体规划，对残疾人专职委员进行多渠道、多形式的业务培训。各盟市、旗县残联也结合各地实际和工作需求，每年举办多期专职委员培训班，培训内容除涉及具体业务工作外，还包括公文写作、电脑操作等基本工作技能，有效提高残疾人专职委员的整体素质。

2. 加强资金保障，全面落实专职委员的基本待遇。自2011年起，内蒙古残联将全区村（嘎查）残疾人专职委员工作补贴列入自治区财政预算，每人每年下拨1000元，各盟市、旗县（市区）也相继安排配套专项资金对村（嘎查）残疾人专职委员工作经费进行补贴。呼和浩特市、鄂尔多斯市、乌海市等地将社区残协专职委员全部纳入公益岗位，同时享受医疗、失业、养老保险待遇。以本次调研的呼和浩特市回民区为例，该区纳入公益岗位的社区专职委员工资达1200元/月，村（嘎查）专职委员的收入也达到400元/月，2014年还将提高到600元/月，残疾人专职委员的基本待遇得到全面落实。

3. 强化工作考核，切实提高专职委员的工作水平。内蒙古各旗县（市区）残联注重建立健全残疾人专职委员的动态管理机制，根据残疾人专职委员管理的相关规定，每年对照专职委员的职责要求，结合年度工作任务完成情况，对专职委员的工作按照德、才、勤、绩进行综合考评，并依据考评结果对事业心责任心强、能够胜任工作的专职委员进行续聘，对不称职的予以解聘。以严格的考核措施保证残疾人专职委员队伍的凝聚力和战斗力。

4. 加强工作联系，不断完善专职委员的工作网络。我们在本次实地考察中了解到，呼和浩特市回民区残联在配齐基层残疾人专职委员的基础上，制定了一套行之有效的工作制度，加强日常管理，提高工作效能。回民区将各乡镇（苏木）和街道的专职委员设为本辖区的专职委员组长，辖区内各村（嘎查）和社区的专职委员则为组员，每周五由区残联召开各乡镇（苏木）和街道专职委员的工作例会，总结本周的工作情况，布置下周的工作安排，次周一再由乡镇（苏木）和街道的专职委员召集村（嘎查）和社区的专职委员传达主要精神，这样有利于上级的工作要求及时传达到最基层，便于具体工作的开展。该区西机务段社区残协还将网格化管理模式应用到社区残疾人工作中，将社区划分为六个网格，明确相应的服务联系人，切实增强为基层残疾人服务的能力。

三、内蒙古残疾人专职委员工作存在的问题

内蒙古的残疾人专职委员队伍已初步建立，且在基层实际工作中已开始发挥着积极作用，但在调研中我们也发现，内蒙古专职委员工作也存在一些亟待解决的问题，主要表现为：

1. 专职委员的结构不尽合理。内蒙古目前在岗的基层残疾人专职委员总数达13000人，队伍庞大，人数众多，但人员结构还存在一些不够合理的方面。一是年龄结构不合理，据估算，内蒙古现有专职委员的平均年龄在45岁以上，年龄结构明显偏大，缺乏活力；二是知识结构不合理，现有专职委员中拥有大专以上学历的比重偏低，文化知识的不足也影响专职委员队伍作用的发挥；三是残健比例不合理，调研发现内蒙古一些盟市的残疾人专职委员中，以残疾人近亲属名义入职的健全人比重高达20%，虽然安排一部分智力、精神残疾人的直系亲属担任残疾人专职委员是政策允许的，但如果把条件放宽到所有类别残疾人的近亲属，且占比高达20%，显然有悖于选聘残疾人专职委员的初衷。

2. 专职委员的待遇普遍偏低。调研中发现，内蒙古基层专职委员中待遇相对较高的是纳入公益岗位的社区残疾人专职委员，每月1200元，扣除养老、医疗、失业保险后，实际收入也不足1000元。其余农村残疾人专职委员的月收入仅400元，且无社会保险。基层残疾人专职委员的待遇偏低和保障无力在很大程度上影响了专职委员的工作积极性，也造成了很多优秀残疾人专职委员的流失，影响了专职委员队伍的稳定性。

3. 专职委员的合同不够严谨。选聘残疾人专职委员

实际是残联的一种合同用工行为，1995年起施行的《中华人民共和国劳动法》对单位的合同用工做出了一系列明确的规定，内容涉及劳动合同、工资标准、社会保险与福利等诸多方面。目前内蒙古基层残疾人专职委员，特别是农村专职委员，在工资标准、社会保险等方面存在明显不足，不符合《劳动法》的相关规定。因此，残联与专职委员签订的劳动合同还需更加严谨规范，要在法律层面经得起推敲，规避可能出现的违法风险。

4. 专职委员的保障有待完善。本次调研中，基层残疾人专职委员反映最集中的还是保障问题，除少部分纳入公益岗位管理的社区专职委员享受养老、医疗、失业保险外，大多数农村残疾人专职委员只能享受400元/月的微薄工资，且不参加任何社会保险，而纳入公益岗位的专职委员也面临着连任三年后不能续聘的问题，退出后社会保险的续缴问题也得不到根本解决，缺少最基本的生活保障。据了解，内蒙古最早一批基层残疾人专职委员是2005年选聘上岗的，在基层残疾人专职委员工作岗位上已工作了近十年，保障好这部分人的基本生活是残联义不容辞的责任。因此，不断完善基层残疾人专职委员的基本保障措施也是一个亟待解决的问题。

四、完善残疾人专职委员制度的思考和建议

针对调研中反映的一些问题，从完善残疾人专职委员制度顶层设计的角度出发，现就健全基层残疾人专职委员队伍建设提出如下建议：

1. 实现劳动合同规范化。由于目前残疾人专职委员的用工模式和待遇标准大多与《劳动法》的相关要求存在差距，建议由中国残联聘请法律专家，结合全国几类残疾人专职委员的聘用模式，区别不同情况，在《劳动法》等法律法规的框架内草拟几种残疾人专职委员的聘用合同范本，规避合同违法的风险，并向全国推广，使全国残疾人专职委员的劳动合同规范化，消除残疾人专职委员选聘工作潜在的隐患。

2. 推广业务培训标准化。业务培训是提升基层残疾人专职委员工作能力的主要途径和抓手。目前，全国各级残联虽然也定期举办针对基层残疾人专职委员的培训班，但培训内容不系统、覆盖面不广、考核不到位的问题依然突出。推进业务培训的网络化、模块化和标准化是增强培训效果的有效方法。中国残联今年已开始试点残疾人专职委员的在线培训工作，建议在推行在线培训时，要注意培训与考核并重，防止在线培训流于形式，并在试点的基础上，逐步向全国推广，条件成熟时可将残疾人专职委员的培训考核成绩纳入年度工作目标考核的内容，以提高业务培训的实际成效。

3. 坚持资金投入多元化。目前，全国残疾人专职委员总数接近61万人，保障好这样一支庞大的基层残疾人工作者队伍的各项待遇，每年需要投入大量的资金。在解决资金投入的问题上，要多管齐下，多措并举，从多层面、多渠道筹措所需经费。一要从政策上拓宽残疾人就业保障金的使用范围，残疾人专职委员制度作为安置残疾人就业的一条重要途径，允许在残疾人就业保障金中列支专职委员经费可以作为努力方向进行政策探讨。二要按照分级负担、分类保障的原则，加大中央财政对中、西部地区的专项资金扶持力度。三要结合国务院办公厅《关于政府向社会力量购买服务的指导意见》等文件精神，借鉴内蒙古的有益经验，将专职委员纳入政府公益岗位等政府项目范畴，争取各级政府资金的支持。

4. 完善待遇保障人性化。目前，中国残联对乡镇（街道）残疾人专职委员的待遇要求是不低于当地最低工资标准并缴纳社会保险，对村（社区）残疾人专职委员（兼职）的待遇要求是每月发放不低于80元的工作补贴。从当前工作实际和财力情况看，专职委员的基本待遇在短期内实现较大幅度的提升尚不具备条件，但中国残联可从政策和项目上给予基层残疾人专职委员更多的倾斜，如在各级残联及其直属单位招录人员时给予优秀残疾人专职委员一定的优先权，在制定出台一些惠残政策，以及实施一些助残项目时向残疾人专职委员倾斜等等，使专职委员在基本待遇之外享受更多的福利，让基层残疾人专职委员感受残联的人性关怀。

5. 推进考核奖惩科学化。考核奖惩是增强专职委员队伍战斗力和凝聚力的必要手段。要建立完善残联与所在地方政府（办事处）双重管理的有效机制，通过召开专职委员工作例会等有效形式加强对专职委员的日常管理与考核，考核坚持奖惩并举，以奖为主的方针，充分调动基层残疾人专职委员的工作积极性。要鼓励有条件的地区在保证专职委员基本待遇的前提下，制定合理的考核细则和奖励措施，对工作成绩突出的专职委员进行物质奖励，为综合素质较高、工作表现优异的专职委员进行长期职业规划，在条件成熟时可提拔为地方残联（残协）的副理事长或基层托养、康复机构的负责人，为他们的自身发展搭建平台。与此同时，也要落实考核不合格予以清退的强制退出机制，用科学的考核奖惩机制让工作积极、成绩突出的优秀者有成就感，让滥竽充数、得过且过的落后者有危机感，切实增强专职委员做好本职工作的使命感和责任感。

6. 探索提供服务有偿化。针对目前农村残疾人专职委员（兼职）的工作补贴标准低、工作热情不高的现状，建议参照司法系统对基层人民调解员实施的按照调解案件数领取报酬的办法，在有条件的地方探索试点农村残疾人专职委员（兼职）按劳取酬的薪资发放模式，将分配给专职委员的工作进行量化，制定量化薪资标准，按照专职委员完成的工作量确定薪酬，所需经费可直接纳入残联各项具体业务工作的经费预算。这样既能适当提高农村残疾人专职委员的工资待遇，调动其工作积极性，也能解决部分经费来源，实现一举两得。

（赵振川供稿）

残疾人康复工作

一、领导讲话

国家发展和改革委员会社会发展司副司长郝福庆在全国残疾人康复和托养设施建设规划培训会议上的讲话

2013 年 5 月 22 日

今天，我们召开残疾人康复和托养设施建设规划培训会，主要任务是深入学习贯彻党的十八大精神，进一步落实《中共中央国务院关于促进残疾人事业发展的意见》《国家基本公共服务体系“十二五”规划》及《“十二五”残疾人康复和托养设施建设规划》的部署要求，培训提高残疾人服务设施建设和运行工作能力，进一步统一思想、明确任务，形成合力，全力推进残疾人事业加快发展。下面，我向大家汇报一下我们对残疾人康复和托养设施建设的一些初步思考。

一、立足全局，深刻认识规划实施的重要意义

（一）发展残疾人康复和托养服务是保障和改善民生的紧迫任务

党的十八大提出“加强社会建设，必须以保障和改善民生为重点”，而发展残疾人康复和托养服务，是保障和改善民生的重要内容。长期以来，党和政府高度重视残疾人事业发展，为改善残疾人生存和发展条件做出了巨大努力。然而，受经济社会发展水平的制约，残疾人事业发展仍然相对滞后，是当前保障和改善民生的薄弱环节。

不久前，习近平总书记在天津考察时强调“保障和改善民生是一项长期工作，没有终点站，只有连续不断的新起点，要实现经济发展和民生改善良性循环”。今天，我们就是站在残疾人事业发展的又一个起点上，在继续关心和保障残疾人基本生活的同时，通过加快发展康复、托养服务，提升残疾人及其家庭的发展能力和生活质量，确保残疾人能够更好地分享经济社会发展成果，增强残疾人平等参与社会生活的能力，努力使残疾人同全国人民一道向着全面建成小康社会迈进。

（二）发展残疾人康复和托养服务是构建基本公共服务体系的重要内容

去年，国务院印发了《国家基本公共服务体系“十二五”规划》，标志着促进基本公共服务均等化已经上升为国家战略。《规划》大部分章节都是依据教育、就业、卫生、文化、社会保障等行业领域进行阐述的，只有对残疾人基本公共服务，以专章的形式作了专门安排，这本身就充分体现了在基本公共服务体系建设领域对残疾人事业发展的高度重视。《规划》将残疾人康复和托养设施建设工程作为 26 项基本公共服务保障工程之一，提出了具体、明确的建设任务。

这里要强调的是，《国家基本公共服务体系“十二五”规划》确定实施残疾人康复和托养设施建设工程，一方面说明康复、托养服务是广大残疾人最基本的服务需求，各地应该高度重视，予以优先保障；另一方面，更说明保障残疾人享有基本康复、托养服务，是政府公共服务职能的“底线”，实施康复和托养设施建设工程是政府对人民群众的庄严承诺，需要中央和地方、发展改革和残联等部门密切配合，全力推动。

（三）发展残疾人康复和托养服务是统筹推进残疾人事业发展的基础性工作

“十五”、“十一五”期间，国家发展改革委与中国残联共同实施了地市级和县级残疾人综合服务设施建设，同时支持了中国残疾人体育综合训练基地、中国康复研究中心综合康复楼、中国盲文图书馆等一批残疾人领域重点项目建设，显著改善了残疾人事业发展的基础设施条件，有力推动了残疾人事业发展。

“十二五”是残疾人事业加快发展的关键时期，为此，我们共同编制了《“十二五”残疾人康复和托养设施建设规划》，目的就是要充分发挥规划引导作用，科学作好顶层设计，统筹推进残疾人康复和托养设施建设，同时带动相关制度、机制和标准化建设，实现设施条件、运行机制、人才队伍乃至发展理念的全面提升，扎扎实实地为残疾人事业更好更快发展打下坚实基础。也就是说，不仅要建设施，也要建制度、建机制、建标准、建队伍，最后“见”效益。

二、认真把握规划实施的几方面关系

（一）把握好统筹兼顾与突出重点的关系

党的十八大报告指出“在任何情况下都要牢牢把握社会主义初级阶段这个最大国情，推进任何方面的改革发展都要牢牢立足社会主义初级阶段这个最大实际”。残疾人发展涉及基本生活、社会保障、医疗卫生、教育、就业、住房、文化、无障碍建设等诸多方面。有些领域，如基本生活、特殊教育、就业培训等等，国家已经建立了相应的制度安排；有些领域，如残疾人文化、住房保障、无障碍建设等，相关工作还刚刚起步。可以说，我们的工作千头万绪，发展任务十分艰巨。这就要求我们在发展残疾人服务方面，必须立足国情，在财力有限的前提下，突出重点，抓住关键。正如“十五”、“十一五”我们集中力量抓好基层残疾人综合服务设施建设一样，“十二五”我们选择康复和托养服务作为残疾人服务体系建设的突破口，一方面是充分考虑了残疾人康复和托养服务需求的紧迫性和普遍性，坚持从重点人群和薄弱环节入手，着力满足残疾人最迫切、最现实的服务需求；另一方面，也是考虑到康复和托养服务专业性强、涉及领域广、能够与残疾人教育、就业促进、技能培训以及社会参与等多项服务相互促进、互动发展的特点，希望使之成为残疾人服务体系建设的重要节点和支撑，以点带面，为其长期健康发展奠定基础。总之，“十二五”的任务十分明确，我们必须集中力量、集中投入，切实把康复和托养设施建设这件好事办好。

（二）把握好需求与可能的关系

去年，我国GDP达到51.93万亿元，总量已跃居世界第二，财政收入也达到11.72万亿。从总量来看相当可观，但是同时我国人口总规模也达到13.54亿，人均GDP相当于6100美元。总体而言，我国经济发展水平仍然不高，建设资金需求缺口较大，短期内难以解决所有问题。各地在编制规划、组织项目、申报投资时，一定要充分考虑本地的财政承受能力，既做到量力而行，又做到尽力而为，力戒搞贪大求洋、奢华浪费、华而不实的所谓政绩工程、形象工程，努力降低建设和运行成本。从近两年项目申报的情况看，有的地市级规模已经达到甚至超过《残疾人康复和托养设施建设指导意见》中省级项目的标准，中央实际补助所占比重尚不到总投资的10%，地方建设资金压力很大，甚至因为资金落实困难迟迟不能完工；有的地方没有正确理解《规划》关于县级托养设施试点建设的规划安排，同时开工了多个县级托养项目，出现了一些后续问题。在此，我要特别提醒大家，县级托养设施建设具有试点性质，目前尚不具备全面铺开的条件。原因很简单，我们资金十分有限，目前仅能规划建设少量项目，而全国有2800多个县级单位，“十二五”期间不能每个地方都进行建设。所以，希望大家能够认真研读、理解《规划》，避免造成工作被动。

（三）把握好中央补助和地方尽责的关系

根据事权划分，残疾人康复和托养设施建设的责任主体是地方政府，中央可以给予适当补助。现在，国家颁布实施规划，并安排投资支持建设，已经履行了中央政府的责任，地方政府也必须承担起建设、运营和管理方面的主体责任，高质量地做好前期工作，认真履行审批和监管责任，切实落实配套资金，保证项目建成后能够有效发挥作用。

对此，《规划》具体提出“省级发展改革部门和残联要及时向省级人民政府报告规划实施情况，提出落实配套资金、完善运行保障等相关建议，经省级人民政府批准后负责具体协调落实和监督检查，并在申请年度中央补助投资时就做出相应承诺”。在今后的工作中，我们都要将地方政府做出相应承诺作为安排中央补助投资的重要前提，并重点督查地方配套资金和运行保障机制的落实情况，相关情况也将作为安排中央补助投资的重要依据。

（四）把握好增量与存量的关系

我们所说的增量，主要指新建的服务设施和机构；存量，主要指医疗、社会救助、社会福利、社会养老等领域可用于残疾人服务的现有公共服务资源。虽然《规划》是由国家发展改革委和中国残联联合印发的，但我们没有将建设和运行主体限定在残联系统。我们和中国残联都认为要从发展残疾人事业的大局出发，打破行业界限，吸引更多的专业力量参与服务提供，优先考虑如何把行业做大、把事业做强。残联的同志们已经展现了这样的胸怀，发改部门也要解放思想，开拓思路。对此，《规划》已经明确提出“积极发挥各类医疗机构、福利机构作用，通过合作运营、技术支持和输出管理团队等方式参与康复、托养设施建设和运行。积极依托社区综合服务设施、乡镇卫生院、敬老院等机构，大力支持发展残疾人社区康复和居家安养。”此次培训活动中计划参观的扬州市的残疾人康复和托养机构，已经在引入专业机构合作开展服务方面进行了很好的尝试，大家可以学习借鉴。

（五）把握好政府主导和社会参与的关系

残疾人康复和托养服务，也是国家吸引民间投资、扩大内需的重要领域。2010年《国务院关于鼓励和引导民间投资健康发展的若干意见》明确提出“鼓励民间资本投资建设专业化的服务设施，兴办养（托）老服务和残疾人康复、托养服务等各类社会福利机构。”按照国务院要求，《规划》也提出“积极开放残疾人康复和托养服务市场，采取公建民营、民办公助、贴息补助等多种方式，引导和支持社会力量参与服务设施建设和运行”。

但实事求是地讲，目前中央投资直接投入民办机构在制度层面还有些不衔接，依据也不充分。因此，中央补助投资新建或改造的康复和托养设施产权暂时仍必须是国有性质。因此，在《规划》实施过程中，我们更多地希望能够以“公建民营”、“委托管理”方式，通过公开招标、择优选择将服务设施交由符合条件的社会力量运行管理。这种方式，不仅有利于创新残疾人服务提供方式，吸引民间的专业机构和力量参与服务供给，也有利于妥善解决服务设施运行难的问题，避免政府大包大揽。同时，我们强调社会力量参与必须以坚持非营利为前提，不得改变康复和托养设施的公益性质。关于营利性机构如何参与康复托养服务，还是比较新的课题，需要我们深入研究和探索。我们希望各地勇敢尝试、大胆实践，总结经验，探索可行之路，满足广大残疾人多样化、多层次的康复托养需求。

三、工作要求

（一）加强组织领导

加强残疾人康复和托养设施建设，责任重大，使命光荣。会议结束后，各地发展改革部门的同志要将会议精神认真向分管领导进行汇报，推动将相关工作纳入重要议事日程，科学谋划、精心组织，在人、财、物等方面提供必要保障。同时，加快建立发展改革部门和残联牵头，其他部门参加的工作机制，强化沟通协调，做到责任到人，管理到位。

（二）明确责任分工

规划实施由各级发展改革和残联共同负责，分级管理，并以地方为主。在各级政府领导下，发展改革部门作为政府投资项目主管部门，要会同残联，在项目建设方案编制、项目审核、资金安排和计划下达等前期工作方面负起主要责任。同时，要进一步转变职能和作风，强化服务意识，对规划建设过程中出现的问题，要主动帮助协调解决。残联作为各类残疾人的统一组织，承担着政府委托的任务，建议进一步发挥好代表、服务、管理等职能，把好规划建设设施的功能、质量和效益关。特别要加强对残疾人服务领域的业务指导，合理提出建设需求，研究建立服务设施运行管理制度，把设施管理好、运行好。“十五”以来，发展改革部门与残联已经有了非常成功的合作，相信在双方共同努力下，“十二五”一定能够做得更好。

（三）严格工作程序

各地发展改革部门要支持和配合残联，按程序、按规范实施好康复和托养设施建设项目。一是要严格执行项目审批程序，依法做好项目的前期准备工作，确保所有编报项目都必须完成用地、环评、节能、可研审批等法定建设管理程序。二是要督促落实配套投资和建立运行保障机制，有关工作要及时向省级人民政府报告并出具承诺意见，经批准后具体负责协调落实，三是要落实建设项目管理制度，严格执行项目法人责任制、工程监理制、招投标制和合同管理制。四是要积极推动机制创新。

（四）强化监督管理

各地发展改革部门要和残联等部门一道，综合运用行政、法律手段，对项目实施全程监管，做到项目建设条件落实到位，计划和资金监管到位，进度和质量监管到位，及时发现和解决出现的问题，确保国家投资安全和效益。要严格执行中央预算内投资项目进展情况季度报告制度，按时报告有关工作情况。国家发展改革委和中国残联也将加强督察，不定期地调研了解项目进展情况。同时，落实投资安排奖惩机制，对投资计划执行进度缓慢、暴露问题的地区，适当减少年度投资安排；对执行进度快、工作好的地区，适当予以奖励。

王乃坤在全国残疾人康复和托养设施建设规划培训会议上的讲话摘要

2013 年 5 月 22 日

这次会议是中国残联和国家发展改革委共同组织召开的，主要任务是贯彻落实党的十八大精神，部署推进“十二五”残疾人康复和托养设施建设规划实施工作，开展相关业务知识培训。下面我就做好规划落实工作讲几点意见。

一、充分认识残疾人康复和托养设施建设的重要意义

（一）康复和托养设施是残疾人服务体系建设的重要支撑

我国有 8500 万残疾人，涉及 2.6 亿家庭人口。党和政府历来关心残疾人，重视发展残疾人事业，特别是改革开放以来，采取了一系列重大举措，推动残疾人事业不断发展，残疾人参与社会生活的环境和条件明显改善，生活水平和质量不断提高。但是，由于我国残疾人事业起步比较晚，基础比较弱，所以尽管我们做了很大努力，但残疾人在基本生活、医疗卫生、康复、教育、就业、托养、社会参与等方面还存在许多困难，总体生活状况与社会平均水平存在较大差距。促进残疾人事业加快发展，改善残疾人状况，已成为全面建成小康社会和构建和谐社会一项重要而紧迫的任务。

2008 年，为贯彻落实《中共中央国务院关于促进残疾人事业发展的意见》，缩小残疾人事业与经济社会发展水平的差距，国务院办公厅转发了中国残联等部门和单位《关于加快推进残疾人社会保障体系和服务体系建设指导意见》，把“两个体系”作为残疾人事业发展的战略目标全力推进。

残疾人服务体系是指国家和社会针对残疾人特殊性、多样化、类别化的服务需求，以社区为基础、机构为骨干、家庭为依托，建立覆盖城乡残疾人的，涵盖生活照料、医疗卫生、康复养护、社会保障、教育培训、劳动就业、文化生活、法律维权等内容的社会服务系统。残疾人服务体系建设的原则是“政府主导、社会参与、国家扶持、市场推动”，特点是“公益性、社会化、专业化、人性化”，目的和要求是根据残疾人的特点和需要，有计划地发展专项基本公共服务项目，通过建设适宜的服务设施，健全专业的服务队伍，创新服务技术和手段，营造无障碍的服务环境，形成组织管理有序、技术支持到位、服务网络完善、规范标准健全、保障措施得力、

监督检查有效的残疾人服务工作格局，全面提升为残疾人服务的能力和水平。

建设残疾人服务体系，必须抓住骨干机构建设这个“纲”，而骨干机构的主体就是发展改革委支持的各级残联的专业机构，因此，在各级残联系统开展残疾人服务设施建设是残疾人服务体系建设的关键和重要支撑。经过20多年的努力，特别是在发展改革部门的大力支持下，我国各类残疾人服务设施建设均有一定的发展，残疾人综合服务设施网络已经初步形成，基层残联为残疾人提供基础性服务的能力明显增强。但是，随着我国经济社会的快速发展，简单的基础性服务已满足不了残疾人日益增长的需求，加强专业性服务设施建设就成为残疾人服务设施建设的必然趋势。根据残疾人需求的迫切程度和国家财力可能，中国残联将残疾人康复和托养设施建设作为残疾人服务体系建设的两大支点，提出大力推进残疾人康复和托养设施建设的意见，得到了国家发展改革委的认可和支持。2011年，国家发展改革委与中国残联开始着手编制“十二五”残疾人康复和托养设施建设规划，并在规划尚未批准的情况下，提前两年实施。这个规划的制定和提前实施对于建设残疾人服务体系，加快残疾人事业发展起到了巨大的推动和促进作用。

（二）加强残疾人康复和托养设施建设是保障和改善残疾人基本公共服务的紧迫任务

建立基本公共服务体系，促进基本公共服务均等化，是深入贯彻落实科学发展观的重大举措，是构建社会主义和谐社会、维护社会公平正义的迫切需要，是全面建设服务型政府的内在要求。

2012年，国务院印发《国家基本公共服务体系“十二五”规划》，将公共教育、劳动就业服务、社会保障、基本社会服务、医疗卫生、人口计生、住房保障、公共文化等领域纳入“十二五”基本公共服务范畴。规划将残疾人基本公共服务单独列出一章，并将残疾人康复和托养设施建设作为一项工程列入国家基本公共服务的重要内容，这充分体现了国家对残疾人事业的高度重视和支持，也说明残疾人康复和托养设施建设对发展残疾人事业、解决残疾人问题的重要性。

在当地发展改革部门的大力支持下，各级残联积极开展残疾人康复和托养设施建设。截至2012年底，各地已建成并投入使用的残疾人康复设施231个、托养设施155个，通过开展康复和托养服务，使一部分残疾人有效改善或恢复了功能，增强了生活自理和社会适应能力，更好地融入了社会。然而，由于残疾人数量多、需求面广，现有残疾人康复和托养设施提供的基本公共服务与广大残疾人日益增长的需求相比仍有很大的差距。根据残疾人实名制需求调查和第二次全国残疾人抽样调查数据推算，我国有康复和托养需求的残疾人分别高达2138万人和1325万人，要初步实现2015年“人人享有康复服务”的目标，尽快解决残疾人康复和机构托养难题，减轻残疾人家庭及其亲属的负担，必须抓住“十二五”我国经济社会发展的关键时期，加快残疾人康复和托养设施建设，提高为残疾人服务的能力，使更多残疾人沐浴到国家基本公共服务的阳光。

（三）加强残疾人康复和托养设施建设是推进现代服务业发展的重要举措

改革开放以来，随着我国社会主义市场经济的逐步建立，国家产业结构经济的逐步调整，服务业占国内生产总值的比重在稳步提升，但三大产业结构不合理的状况仍没有得到根本改变。2012年三大产业占国内生产总值的比重分别为10.1%、45.3%和44.6%。目前，全球服务业占经济总量的比重为70%，主要发达经济体的服务业比重甚至达到80%左右。由此可见，我国服务业还是比较落后，经济结构调整的任务十分艰巨。

服务业是国民经济的重要组成部分，其发展水平是衡量现代社会经济发达程度的重要标志。我国正处于全面建设小康社会和工业化、城镇化、市场化、国际化加速发展时期，加快发展服务业，提高服务业在三大产业结构中的比重，尽快使服务业成为国民经济的主导产业，是推进经济结构调整、加快转变经济发展方式的必由之路，也是解决民生问题、促进社会和谐、全面建成小康社会的内在要求。

残疾人康复和托养机构是现代服务业的重要组成部分。开展残疾人康复和托养设施建设，不仅可以迅速增加为残疾人提供专业服务的场所，同时作为示范性机构，还会引领社会同类机构的发展，壮大康复和托养服务机构，并有可能形成新的产业链，带动其他相关服务业的发展，成为推动我国现代服务业快速发展的一支力量。按照规划，“十二五”期间全国将建设280个省、市级专业康复设施和200个县级残疾人托养设施，新增5万个康复床位和1.5万个托养床位。据此推算，480个机构建成后将提供超过1.7万人的就业岗位，至少每年为残疾人提供数十万人次直接服务，加上地方自主投资和示范带动民间投资建设的设施，以及产业链的连带作用，残疾人康复和托养设施对我国服务业的贡献将是巨大的。

二、实施“十二五”残疾人康复和托养设施建设规划要重点把握的几个问题

围绕“十二五”残疾人康复和托养设施建设规划的出台与实施，国家发展改革委和中国残联做了大量富有成效的工作。我们一起进行调研，一起召开专家会议进行论证，一起编制规划，并制定项目建设指导意见。中国残联还组织编制了《残疾人康复机构建设标准》和《残疾人托养服务机构建设标准》，出台了《残联系统康复机构建设规范》，研究编制托养服务机构服务规范，为规划顺利出台和实施奠定了坚实的基础。

2012年底，“十二五”残疾人康复和托养设施建设规划由国家发展改革委和中国残联共同印发，该规划是残

疾人基础设施建设的助推器。要充分发挥规划的助推器作用，就必须认真学习规划，正确理解规划，把握好实施规划的重点和难点。

（一）要准确定位机构的功能与目标人群

残疾人康复服务和托养服务是两个庞大的体系。康复服务体系主要由各级残联专业康复机构、医院康复科室、社会康复机构、社区康复站组成。托养服务体系主要由各级残联专业托养机构、社会托养机构、社区日间照料机构、残疾人家庭组成，采取机构托养和居家托养两种方式，而各级残联的专业托养机构则应在托养服务工作中发挥骨干示范作用。要充分发挥残疾人康复和托养机构的作用，必须准确定位其功能与服务的目标人群。

残疾人康复机构功能应主要定位在三个方面：

一是承接综合医院转入患者的康复。一般情况下，病人急性发作期是在综合医院接受治疗。病情稳定后，如肢体伤残病人、偏瘫、截瘫、脑瘫、截肢病人等的后期康复，则需要转入专业康复机构，通过作业治疗、运动治疗、言语治疗、水疗、辅助器具适配、心理康复、职业康复等综合技术进行康复，功能障碍恢复到一定程度后，出院回家并就近在社区康复站进行经常的简单康复训练，巩固和提升康复效果。应该说，由综合医院、残疾人康复机构和社区康复站组成了一个完整的康复链条，在这个链条中，三者分别承担不同但互补的职能，残疾人康复机构则具有承上启下的作用。

二是自主开展特色康复服务。残疾人康复机构开展的业务中，有许多是独具特色自主开展的业务。比如：对于听力残疾人，在适配助听器或人工耳蜗等设备基础上，开展听力和语言康复训练。实践证明，通过国家项目进行康复训练的0—6岁聋儿经过两年的训练，有72.4%的人可以进入普通幼儿园或小学随班就读。又如孤独症儿童目前在全球呈上升趋势，其发病的病因病理目前仍是世界性难题，而残疾人康复机构通过探索开展人际交往和适应能力等训练，普遍产生不同程度的效果。再比如，针对盲人进行定向行走训练和生活技能训练，使他们初步具备融入社会的能力。这些服务功能是卫生部门没有的或者是无法替代的。

三是负责转介与人才培训。目前，地方残疾人康复机构分为省、市、县三级，根据残疾人康复机构建设标准和残联系统康复机构建设规范，三级机构虽然都开展残疾人康复服务，但服务的内容、水平和规模不完全相同，当出现下级康复机构无法满足残疾人康复服务的时候，该机构应当向上一级康复机构转介服务对象。同时，三级康复机构都要作为本区域的技术资源中心和人才培养培训基地，承担为下一级康复机构提供业务指导、技术支援、人才培养培训和输送的职能。

残疾人托养机构功能应定位在生活照料、护理服务与能力训练的结合上：

一是要与生活自理能力训练结合。要为服务对象提供衣食住行等日常生活的基本能力训练服务。比如，为入住的残疾人配备专门的生活指导老师，进行个性化居家生活训练。

二是要与社会适应能力训练结合。要为服务对象提供有针对性的社会适应能力训练服务、基本的文化体育娱乐等休闲活动服务和一般性心理咨询引导服务，帮助残疾人了解、熟悉社会场景，克服或缓解心理和行为上的障碍，逐渐掌握社会交往的基本技能。

三是要与职业康复和劳动技能训练结合。要根据服务对象的情况有针对性地提供适合其身体和心理条件的技能培训课程和训练服务，为服务对象提供参与简单生产劳动的机会，对有一定劳动能力并有就业意愿的服务对象进行就业指导和职业介绍服务。比如，设置工疗室和农疗基地，组织残疾人从事比较简单的生产加工和农业生产劳动等。

四是要与运动功能训练结合。为服务对象提供以运动功能和日常生活活动为主的康复训练，以改善残疾人生理和心理功能，增强其生活自理能力和参与社会生活的能力。

强调托养机构上述功能，目的就是提示各地不要将托养机构办成残疾人的终点站，而是要办成残疾人的中转站，使大部分在寄宿制托养机构的残疾人，能够通过有针对性地服务，重返家园、走向社会。目前，我国机构托养的资源还是相当有限的，容纳的残疾人很少，如果这些人全部无法通过托养走出去，托养机构就走进了死胡同。因此，有寄宿制职能的托养机构，一定要建立确保托养残疾人流动的机制，避免托养机构出现“进不来、出不去”的状况。江苏省泰兴市残疾人托养中心提出“进来就是为了出去”的工作理念，以接收智力和精神残疾人为主，开设重残疗养、庇护就业等服务项目，已累计为1000多名残疾人提供了形式多样的托养服务，使托养机构成为一池流动的活水。目前已有54名残疾人从托养中心走出来，在社会上找到了工作。

在这里，我还要强调一下关于合理确定服务的人群问题。合理界定服务人群是建设残疾人康复和托养机构的重要前提，是残疾人康复和托养机构区别于其他机构的重要标志，也是能否充分发挥所建机构作用的重要保障。残疾人康复机构的服务人群是有康复服务需求的残疾人，包括肢体、听力、智力、视力、言语等各类残疾人。残疾人托养机构的服务人群主要是就业年龄段的精神、智力和其他各类重度残疾人。之所以将托养人群界定在就业年龄段的三类残疾人，主要因为就业年龄段之前的残疾人需求更多地集中在康复和特殊教育等方面，即使是孤残儿童，也有各级人民政府举办的儿童福利院给予供养。同时，我国已经逐步建立起比较完善的养老服务体系，60岁以上残疾人的养老服务需求可以通过养老服务机构给予解决。而就业年龄段自理能力和社会参与能力较差的精神、智力及其他各类重度残疾人的托养服务多年以来一直处于空白，我们建立托养服务机构和开展残疾人托养服务正是要填补这一空白，逐步满足这部分残疾人托养服务的需求。

（二）要坚持项目建设与机构良性运行并举

实施残疾人康复和托养设施建设项目，建设很重要，建成后的运行更重要。项目建设是过程、是手段，项目建成后机构的可持续运行和健康发展才是实施规划的最终目标。

长期以来，重视项目建设、轻视机构运行的问题在很多地方普遍存在。一些地方争项目、争投资很积极，对项目建设过程也很重视，但楼一旦盖好，就“刀枪入库、马放南山”，高枕无忧了，致使一些项目建成后，运行的经费不落实、人员不落实、设备不落实，造成已建设施发挥不了应有的作用，甚至出现不得已通过出租房屋来维持运转的状况，这是令人十分痛心的。

虽然经过改革开放 30 多年的发展，我国创造了长期保持经济高速发展的奇迹，经济总量已经跃居全球第二。但是，我国人口基数大，社会欠账很多，需求与供给的矛盾仍然十分突出。在这种情况下，我们更要珍惜国家资金投入，确保投资效益，避免出现浪费。

自 2011 年国家发展改革委和中国残联实施残疾人康复和托养设施建设项目以来，国家发展改革委和中国残联每年都要求各地报送机构运行方案，目的就是避免出现机构不能按计划运行的现象。如果一个地区出现项目建成后不能顺利运行的现象，将会直接影响中央对该地区的投入。因此，希望各地加大对机构建成后管理运行的重视程度，兼顾项目建设与运行，做到建设一个运行好一个，真正发挥建设项目在残疾人康复和托养方面的作用。

（三）要落实项目配套资金

“巧妇难为无米之炊”，开展残疾人康复和托养设施项目建设，必须有足够的资金保障。从这几年实施情况看，各地在建设残疾人综合服务设施、康复设施、托养设施过程中，

还是能够多方筹集资金保证建设项目顺利建成并投入使用。但是，也有少数地方由于配套资金不落实，至今没有开展项目建设，还有个别项目是用信贷资金建设的，结果楼是建起来了，但是留下一堆债务包袱。据了解，即使是近两年安排的残疾人康复和托养设施建设项目，也有个别项目存在配套资金不能及时落实到位的情况。

如果建设资金到位迟缓，项目的建设周期必然会延长，这样就会增加建设成本，延缓残疾人奔小康的步伐；如果建设资金不能到位，项目迟迟不能建成，其结果不仅会造成中央的补助投资闲置浪费，而且会影响到本地区残疾人服务能力的提高。

因此，各地在落实规划时，一定要把项目建设资金的落实作为备选项目的主要因素，切实做到申报项目的地方配套资金有着落、按时到位，确保项目建设顺利进行，按时完工，如期发挥作用。

三、切实将“十二五”残疾人康复和托养设施建设规划落到实处

“十二五”残疾人康复和托养设施建设规划是国家发展改革委和中国残联在兼顾残疾人需求和国家财力可能的情况下制定的，是对全国开展残疾人康复和托养设施建设的总体和宏观的顶层设计，是推动残疾人康复和托养体系建设的动员令，各地务必高度重视规划的实施。

（一）要加强领导，积极配合

各地残联要将实施规划作为推进残疾人“两个体系”建设，促进残疾人事业发展的重要抓手。领导班子要专题研究，指派专人负责，成立项目建设团队，并借助外部专家力量开展工作。要进一步加强与同级发展改革部门的配合，主动沟通协调，共同做好当地建设规划落实工作。

（二）要着眼长远，制定建设规划与实施方案

各地区要按照国家规划的要求，尽快制定本地区“十二五”相关设施建设规划或实施方案。严格讲，服务设施建设的事权在地方，应由地方自行建设。考虑到地方财力比较紧张和广大残疾人的急迫需求，由中央制定规划安排补助项目投资支持地方建设相关设施。从这两年实施情况看，各地争取设施建设的积极性很高。但受财力所限，中央不可能在“十二五”期间就做到补助投资的全覆盖，所以两年来地方上报的项目比较多，中央安排的项目比较少，需求与供给的矛盾还是很大的。这就要求各地在编制建设规划或实施方案时，要着眼长远，按照统筹规划、分步实施的原则，结合国家规划要求和当地实际，认真执行机构建设标准、指导意见和服务规范，综合考虑需求量大小、前期工作快慢、土地和资金是否落实、运行方案是否可行等条件，认真梳理本地区各级残疾人康复和托养设施需求，合理制定科学可行的建设规划或实施方案，形成上下互动、公开透明的项目建设机制。有条件的地方，可以自主开展项目建设，不要坐等中央的补助。目前，有些地方已经自行开展项目建设，这种不等不靠的做法也是很好的。

（三）要立足当前，抓好项目前期工作

基本建设是一个复杂的系统工程，有其自身的规律。以往的教训和近两年残疾人康复和托养设施项目实施情况证明，做好项目的前期工作，是规划能够顺利实施的重要保障。我们发现，在残疾人基础设施建设过程中，一些地方残联组织申报的积极性非常高，但对基本建设程序不太清楚，没有按照规定程序循序渐进地开展前期工作，有的甚至边设计、边施工，这样进行项目建设会有很多潜在的风险。希望各地提高对项目前期工作重要性的认识，严格按照国家规定的基本建设程序和规范，根据需求与可能合理确定规模，按照建设标准和服务规范安排功能布局，积极筹措资金，提前拟定机构运行方案，为项目开工奠定良好基础，确保建设项目顺利实施。

（四）要创新机制，探索社会化管理模式

长期以来，政府投资建设的机构基本上是采取公建

公营的方式运行。在这种模式下，人、财、物的保障程度比较高，机构承担的压力也比较小，但运行的效率相对低下。随着我国市场经济体系的逐步建立，政府主导经济的弊端逐步显现出来，发挥市场资源配置的基础性作用越来越成为共识。近年来，一些地方残联适应市场经济的要求，从更加有效发挥机构作用出发，积极探索多元化运行模式，采取公建民营、民办公助等方式，走出一条残疾人服务设施运行的新路子。

在2013年十二届全国人大一次会议期间，李克强总理提出了本届政府内财政供养的人员只减不增的施政目标。这对我们转变观念，进一步探索多样化的残疾人服务设施运行模式提出了要求。希望各地从有利于机构作用发挥、有利于机构可持续发展、有利于促进市场经济的角度出发，创新机制，大胆实践，在建立社会化管理模式方面做进一步的尝试。

贾勇在全国省级康复中心主任会议上的讲话摘要

2013年12月8日

省级康复机构是全国残疾人康复工作的资源中心和示范窗口，要尽快适应形势和发展的要求，在加快推进残疾人同步小康进程中发挥重要作用；要进一步强化省级康复机构的功能定位，科学制定省级康复机构的服务内容与运行模式，突出残疾人康复特色，强化市场竞争意识，不断提升康复供给能力和水平；要坚持人才先行战略，注重培养专业领军人才和管理骨干，为省级康复机构发展提供人才支撑；同时，积极争取国家政策支持，用好医保、新农合等相关政策。

贾勇在长江新里程计划项目（第二期）、嘉道理慈善基金会社区康复合作项目暨CBM社区康复项目总结会上的讲话摘要

2013年12月25日

结合党的十八大精神及中国梦要求，康复工作要紧紧把握“新起点”、“把底兜住”、“同步小康”、“中国特色残疾人事业”四个关键词，积极转换角色，顺势发展，提高能力；要及时梳理工作，摸清底数；要看清形势，强化社会组织作用；要认清目标，即2015年初步实现残疾人“人人享有基本康复服务”及2020年实现残疾人同步小康；要选好途径，发挥自身优势，力争在残疾人康复政策上有更多突破，提升康复机构、康复人才及社区康复的服务能力；要齐心协力，共创康复工作新局面；要加强项目监管，做好自身保护。李嘉诚基金会、嘉道理基金会、CBM中东亚区域办公室、中国残联康复部相关业务处室、相关康复直属单位、广东省残联领导、31个省（区、市）康复部主任及项目县有关领导参加了会议，三个项目总结工作顺利完成。

二、政策法规文件

关于印发《2013年全国残疾人康复工作要点》的通知

全康办〔2013〕1号

为贯彻落实《中国残疾人事业“十二五”发展纲要康复配套实施方案及实施办法》提出的任务要求，全国残疾人康复工作办公室制定了《2013年全国残疾人康复工作要点》，现印发给你们，请结合本地实际，认真组织实施。

全国残疾人康复工作办公室
2013年1月5日

2013年全国残疾人康复工作要点

一、推动康复条例等有关康复法规政策的制定和落实

做好《残疾预防和残疾人康复条例》制定工作，协助国务院法制办开展条例送审后的有关咨询和征求意见，推动“条例”早日出台；督促各地贯彻落实《关于将部分医疗康复项目纳入基本医疗保障范围的通知》《关于做好2011年新型农村合作医疗有关工作的通知》《关于普遍开展城镇居民基本医疗保险门诊统筹有关问题的意见》和《精神卫生法》，推广地方先进经验，推动各项涉及残疾人医疗保障的普惠政策落实，让残疾人切实受益。协调相关部门，继续为精神残疾人争取更多的特殊医疗保障政策，推动降低或取消精神病门诊和住院起付线、提高报销比例，争取在有条件的地区将二代药纳入医保报销目录。继续推动残疾人基本辅助器具配置纳入城乡医保报销范围。

二、做好康复人才建设工作

贯彻落实《残疾人康复人才建设“十二五”实施方案》任务目标，继续按照多途径、多形式、抓两头带中间、面向基层、面向中西部的基本原则，充分利用康复人才培养基地资源，努力在体制和机制上寻求突破，重点做好康复高端人才培养、学科带头人培养、社区康复协调员培养、教学规范化和康复人才管理信息系统建设工作；继续组织做好康复新职业申报和继续医学教育工作。

三、全面推进残疾人康复机构规范化建设

落实《残联系统康复机构建设规范（试行）》，进一步完善省、市、县三级残疾人康复服务网络体系；与卫生部联合开展“建立完善康复医疗服务体系”试点工作，探索整合资源、加强协作，双向转诊、双向指导、双向知识培训的工作模式；组织制定“残疾人康复机构管理指导意见”，加强康复机构服务能力建设，促进康复机构全面、规范、可持续发展。

四、扎实推进残疾人“人人享有康复服务”目标实现

完善残疾人“人人享有康复服务”审评指标体系。推广国际社区康复工作理念，指导地方贯彻落实《社区康复站工作规范》和《社区康复协调员工作规范》，促进社区康复工作常态化、长效化发展。全面开展社区康复，积极争取将残疾人社区康复工作纳入社区公共卫生服务范畴。依托各类省级、地市级康复中心、儿童康复机构普遍开展家长学校工作，选择有条件的县（市、区）逐步开展试点工作。

五、大力推动残疾预防和残疾儿童康复工作

贯彻落实中国残联、卫生部共同制定的《0—6岁儿童残疾筛查工作规范》，培育残疾儿童随报及早期康复工作试点，探索建立早预防、早筛查、早转介、早治疗、早康复的工作机制；推动各地研究制定残疾儿童康复救助制度，加大对0—6岁残疾儿童康复的扶持和救助力度，推动残疾儿童康复工作常态化、制度化发展；实施残疾儿童康复救助“七彩梦行动计划”项目，加强项目管理和督导检查。

六、督导完成“十二五”任务并加强康复项目管理

按照“十二五”发展纲要和各项康复配套实施方案要求，明确任务目标，细化政策措施，督导完成好“十二五”残疾人康复工作，精心组织，狠抓落实，保质保量完成各项年度康复任务。

做好长江新里程计划、“视中”项目三期、“三星爱之光行动”项目、CBM项目、复明扶贫流动眼科手术车等项目工作，适时对项目进展情况进行督导检查，总结推广经验，发现存在问题，采取措施予以改正。加强项目管理人员和技术人员培训，提高项目管理水平。

关于共同推动残疾人康复机构与医疗机构加强合作的通知

残联厅发〔2013〕1号

各省、自治区、直辖市残联、卫生厅（局），新疆生产建设兵团残联、卫生局，黑龙江农垦总局残联、卫生局：

我国有8500万残疾人，其中90%有康复需求，而得到康复服务的残疾人仅1000多万。目前，由于残疾人康复机构数量少，资源分散，功能不完善，服务不连续，缺乏与医疗机构的合作，其作用和效能未得到充分发挥，难以满足残疾人日益增长的康复需求。为进一步贯彻落实《中共中央国务院关于促进残疾人事业发展的意见》（中发〔2008〕7号）和《中共中央国务院关于深化医药卫生体制改革的意见》（中发〔2009〕6号）的文件精神，经卫生部和中国残联研究，决定共同推动残疾人康复机构与医疗机构加强合作，进一步整合康复资源，提高整体康复服务能力，满足广大患者和残疾人的康复服务需求。现就有关工作通知如下：

一、充分认识残疾人康复机构与医疗机构加强合作的意义

各级残联和卫生行政部门要充分认识整合区域康复资源对提高区域康复医疗资源整体利用效率和残疾人康复机构服务能力的重要意义，以医药卫生体制改革宏观调整医疗资源布局、全面提高医疗保障水平和加强残疾人“两个体系”建设为契机，充分发挥部门优势，加强残疾人康复机构与医疗机构的合作，通过分工协作和资源共享，优化现有康复资源，实现分层级医疗、分阶段康复，为广大患者和残疾人提供安全、有效的康复服务，实现残疾人康复机构和医疗机构的共同发展。同时，各级残联和卫生行政部门要充分认识康复工作的医疗属性和社会属性，积极与相关部门协调，争取有利于康复机构建设、人才培养、经费投入的制度和政策措施，营造有利于康复工作发展的社会环境，建立残疾人康复机构和康复医疗机构健康发展的长效机制。

二、推动残疾人康复服务体系和康复医疗服务体系的融合

残疾人康复是以医疗康复为基础的全面康复，包括职业康复、教育康复等诸多方面。残疾人康复服务体系与康复医疗服务体系既有区别，又紧密联系。“两个体系”在各自发展过程中，应进一步发挥自身优势，分工协作，形成合力。根据卫生部《“十二五”时期康复医疗工作指导意见》要求，目前各地正在积极建设分层级、分阶段的康复医疗服务体系。2011年卫生部启动的“建立完善康复医疗服务体系”试点工作，也将加强部门合作、整合利用现有康复资源作为试点工作的重要内容。各级残联和卫生行政部门要根据辖区内残疾人康复服务资源和康复医疗资源情况，明确残疾人康复服务体系和康复医疗服务体系的功能定位，完善政策措施，促进融合，增加区域康复资源总量，逐步构建分层级、分阶段、分工协作、功能互补的区域康复医疗服务体系，进一步提高区域内残疾人康复服务的整体能力。在此过程中，“建立完善康复医疗服务体系”试点地区的残联和卫生行政部门要发挥试点带动作用，加快工作进程，率先形成优化、整合各级各类康复资源的有效工作模式，落实《卫生部建立完善康复医疗服务体系试点工作方案》的工作要求。

三、积极推进残疾人康复机构和医疗机构的合作

各级残联和卫生行政部门要进一步解放思想，依据有关规定，研究制定鼓励残疾人康复机构和医疗机构合作的政策，通过合作共建、购买服务、技术指导等多种形式，实现残疾人康复机构和医疗机构在技术、人员、场地、设备设施等方面的资源共享、优势互补，并充分利用各类培训资源对辖区内康复专业人员开展培训，提高康复专业人员的规范化服务能力。

医疗机构要加大对残疾人康复机构的技术指导，通过医师多点执业、定期会诊、人员进修等方式，加强机构间技术交流，实现共同提高。鼓励医疗机构在充分评估残疾人康复机构服务能力的前提下，及时将有康复需求的稳定期、恢复期患者转诊至具有医疗机构执业许可证的残疾人康复机构，实现患者双向转诊。

各级残联和卫生行政部门要加强监管，保障各项工作顺利开展。有关工作情况和问题，请及时反馈中国残联和卫生部。

中国残联办公厅
卫生部办公厅
2013 年 1 月 28 日

关于印发《0—6 岁儿童残疾筛查工作规范（试行）》的通知

残联厅发〔2013〕8 号

各省、自治区、直辖市残联、卫生厅局（卫生计生委），新疆生产建设兵团残联、卫生局：

早期发现、早期干预对预防儿童残疾、减轻残疾程度至关重要。根据《残疾人保障法》关于“建立健全出生缺陷预防和早期发现、早期治疗机制”的相关规定，为进一步加强部门间合作，规范 0—6 岁儿童残疾早期筛查、治疗和康复工作，建立 0—6 岁儿童残疾筛查工作机制，使残疾儿童能够及时发现并得到康复服务，国家卫生和计划生育委员会、中国残疾人联合会委托中国疾病预防控制中心妇幼保健中心组织相关专家制定了《0—6 岁儿童残疾筛查工作规范（试行）》。现印发给你们，请遵照执行。

中国残联办公厅
国家卫生计生委办公厅
2013 年 10 月 12 日

0—6 岁儿童残疾筛查工作规范（试行）

前 言

我国有 0—6 岁残疾儿童 167.8 万人。残疾给儿童及其家庭和社会带来沉重的经济和精神负担，儿童残疾已成为各级政府、有关部门和全社会面临的问题和挑战。

长期以来，党和政府高度重视预防出生缺陷和减少儿童残疾工作，通过加强三级预防策略及相关的医疗、康复干预，预防和减少了残疾的发生，减轻了残疾的严重程度。

儿童期是人身心发展的关键期。通过进行早期康复，多数儿童可以重建生活自理、学习以及社会交往的正常能力，康复效果显著。但是，我国残疾儿童早期筛查、早期诊断、早期干预的工作机制尚未有效建立，大多数残疾儿童不能在发现残疾后的第一时间接受康复训练，贻误了早期康复训练的最佳时机。

根据 2008 年修订的《残疾人保障法》关于“建立健全出生缺陷预防和早期发现、早期治疗机制”的规定，为加强三级预防工作，建立早期筛查、治疗和康复的工作机制，中国残联和国家卫生计生委委托中国疾病预防控制中心妇幼保健中心组织相关专家制定了《0—6 岁儿童残疾筛查工作规范（试行）》，作为 0—6 岁儿童残疾筛查工作管理人员、专业技术人员的工作手册。《规范》内容包括：适用范围，相关部门和机构职责，0—6 岁儿童残疾筛查范畴（视力、听力、肢体、智力和孤独症五类），评估和早期干预路径，工作要求，转介和信息管理等，并附以五类残疾儿童筛查技术规范。

一、范 围

（一）本规范对 0—6 岁儿童残疾的筛查、转介、评估以及早期干预等相关服务内容提出工作要求。

（二）本规范适用范围包括卫生计生行政部门、残联及医疗卫生、康复等相关机构。

二、内 容

（一）在儿童健康检查的同时开展儿童残疾筛查服务，重点对视力、听力、肢体、智力以及孤独症五类残疾儿童进行筛查和预防。

（二）按照本规范配套的各类残疾筛查技术要求（见附件二至附件六），根据儿童的年龄特点，选择适宜的筛查方法进行儿童残疾的逐级筛查，做到正确评估和指导。

（三）根据转介流程要求，及时转介辖区内疑似残疾儿童，以确保疑似残疾儿童的残疾评估以及康复安置。

（四）做好辖区儿童残疾筛查的信息登记、上报和管理工作，卫生计生委、残联共享确诊残疾儿童信息。

三、职 责

（一）行政管理机构

1. 卫生计生行政部门

（1）根据 0—6 岁儿童残疾筛查工作规范，制订相应的工作规划和实施方案。

（2）依托基本公共卫生服务网络，组织实施 0—6 岁儿童残疾筛查管理工作。

（3）制定 0—6 岁儿童残疾筛查人员培训规划，组织开展专业培训。

（4）做好 0—6 岁儿童残疾筛查信息管理，建立信息共享工作机制。

（5）建立完善质量控制和评估制度，对辖区内 0—6 岁儿童残疾筛查工作进行监督管理。

2. 残联

（1）牵头组织制定残疾儿童康复救助办法，开展儿童残疾预防、康复政策宣传。对符合条件的残疾儿童按规定给予救助，保障残疾儿童的合法康复权益。

（2）做好残疾儿童转介和康复管理工作，组织开展残疾儿童随访、家庭康复培训和指导工作。

（3）建立残疾儿童信息通报系统，实现儿童残疾筛查、评估和康复信息共享。

（4）联合卫生计生行政部门开展儿童残疾评估机构的认定和人员培训工作。

（5）牵头组织残疾儿童康复机构的认定工作，开展康复机构的督导检查和质量评估工作。

（二）专业机构

1. 承担基本公共卫生服务的医疗卫生机构（社区卫生服务中心、乡镇卫生院等）

（1）在儿童健康检查的同时，开展 0—6 岁儿童残疾筛查、转介等工作。

（2）掌握辖区内0—6岁儿童残疾基本情况，完成辖区内儿童残疾筛查信息管理、上报和反馈。

（3）开展针对性的健康教育活动，宣传儿童残疾预防和早期干预知识。

2. 妇幼保健机构

（1）承担辖区内0—6岁儿童残疾筛查工作的业务管理及质量评估。

（2）推广适宜筛查技术，对辖区相关医疗卫生机构及托幼机构进行业务指导和培训。

（3）承担辖区内0—6岁儿童残疾筛查信息管理工作，对上报疑似残疾儿童实施分类登记及转介管理，与残联共享确诊残疾儿童信息。

（4）为疑似残疾儿童提供适宜的干预、随访服务。

3. 残疾评估机构

（1）承担儿童残疾的评估工作。

（2）将评估结果及转介康复建议反馈至辖区妇幼保健机构。

（3）为残疾儿童提供康复需求和医疗需求的信息服务。

4. 康复机构

（1）按照相关要求开展康复和早期干预服务，定期接受业务主管部门的质量控制和工作督导。

（2）按规定做好服务对象基本信息、康复和干预信息的管理工作，定期向残联上报。

（3）宣传残疾预防和康复知识，向服务对象家属、助残志愿者普及康复知识，传授康复和干预方法。

（4）做好康复咨询和转介服务工作。

四、工作要求

（一）工作人员要求

1. 从事儿童残疾筛查的工作人员应接受卫生计生行政部门组织的儿童残疾筛查技术培训。

2. 从事儿童残疾评估的工作人员应具有医师执业资格，接受省（区、市）卫生计生行政部门和残联组织的儿童残疾评估技术培训，考核合格。

3. 从事儿童残疾康复工作的人员应具有国家执业资格证书或相应的专业技术证书。

（二）机构要求

1. 筛查机构

开展儿童残疾筛查的机构须经卫生计生行政部门认可，并依据开展儿童残疾筛查的要求配备相应的人员、设备和设施。

2. 评估机构

开展儿童残疾评估的机构需具有卫生行政部门颁发的医疗机构执业许可证，并经省（区、市）卫生计生行政部门和残联联合认定。

3. 康复机构

开展残疾儿童康复干预的机构须按照相关规定登记注册，具有行业资质，依据残疾儿童康复的要求配备相应的人员、设备和设施。

（三）转介要求

在开展0—6岁儿童残疾初筛、复筛、评估及康复工作过程中，需尊重家长的知情权和同意权，在家长自愿的原则上，进行转介、评估和康复服务。

1. 社区卫生服务中心、乡镇卫生院负责辖区内0—6岁儿童残疾的初筛工作，将疑似残疾的儿童信息登记在册，填写转诊单，定期上报和转介至区（县）级妇幼保健机构（附表略）。

2. 区（县）级妇幼保健机构负责辖区转介儿童的复筛工作，备案、上报疑似残疾儿童的信息，并转介至市（地）级妇幼保健机构（附表略）。

3. 市（地）级妇幼保健机构将疑似残疾儿童登记并转介至相应评估机构进行残疾评估（附表略）。评估机构将评估结果及转介信息反馈至市（地）级妇幼保健机构（附表略）。由市（地）级妇幼保健机构反馈至所辖区（县）级妇幼保健机构。

4. 市（地）级妇幼保健机构与辖区内残联进行信息交换。有康复需求的残疾儿童由残联负责联系康复机构，进行康复安置，开展机构康复、社区与家庭康复。

（四）转介流程图（见下页）

（五）质量控制

1. 卫生计生行政部门和残联建立区域儿童残疾筛查工作监督管理和考核评估制度，开展筛查工作的质量控制，保障儿童残疾筛查工作有效性、稳定性及连续性。

2. 残疾筛查工作需定期开展逐级质量控制。各级质控均应将质控结果进行登记，质控人员对不能达到筛查工作要求的机构、人员应提出意见，并限期整改。

3. 质控指标

（1）筛查率：以区（县）为单位，某类儿童残疾实际筛查人数占同期应筛查儿童人数的百分比。

（2）转介率：以区（县）为单位，残疾初筛结果阳性的儿童已转介到上级妇幼保健机构进行复筛的人数占同期需要转介人数的百分比。

（六）信息管理

1. 各筛查机构筛查人员按照规定的筛查表、登记表填写儿童、家长的信息及筛查结果，定期将筛查信息汇总上报到辖区妇幼保健机构。

2. 妇幼保健机构定期收集、审核辖区内上报的残疾筛查工作报表及评估机构反馈的评估结果。

3. 残疾评估机构将转介儿童的残疾评估结果定期反馈至市（地）级妇幼保健机构。

4. 市（地）级妇幼保健机构与同级残联定期交换信息。

（四）转介流程图

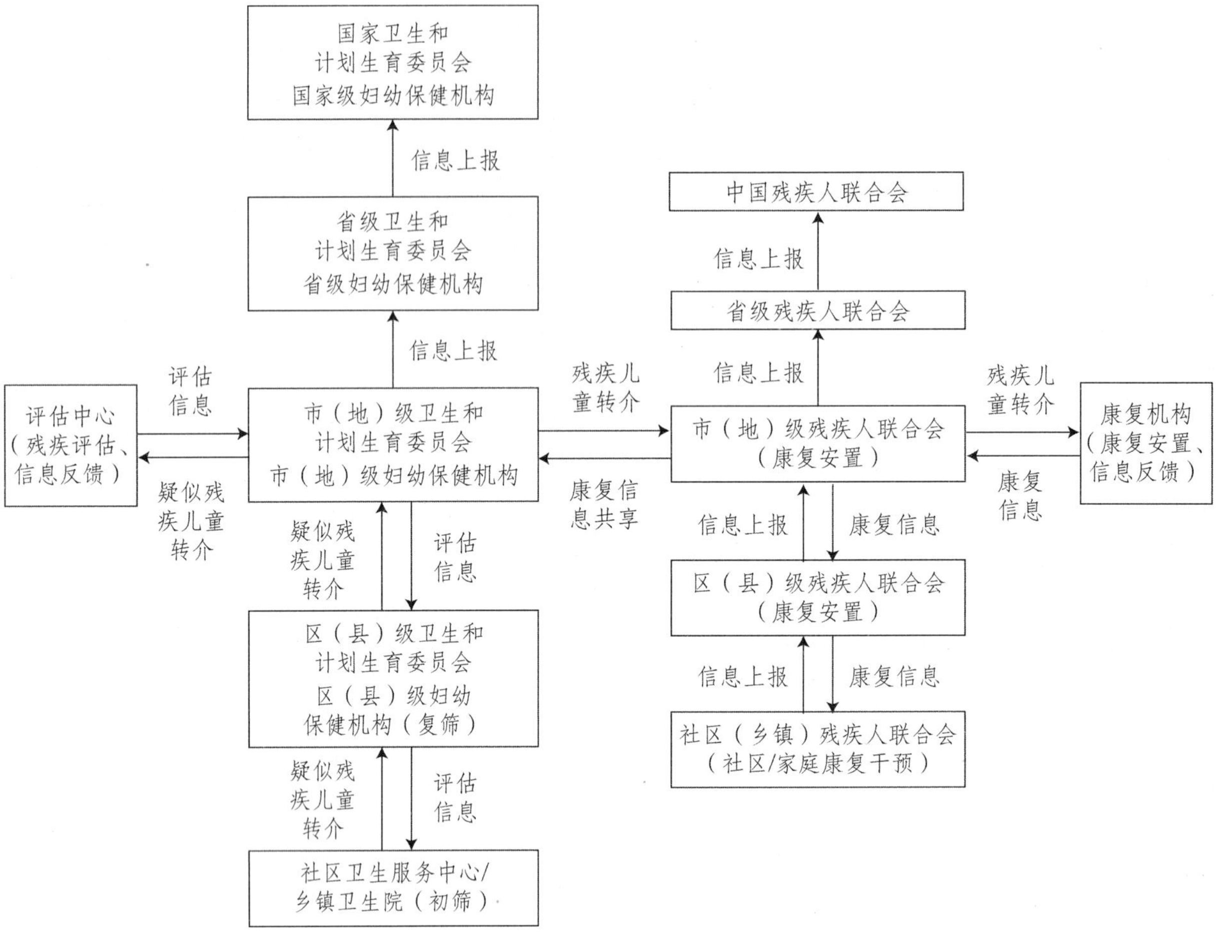

关于开展第十五次全国爱耳日宣传教育活动的通知

残联〔2013〕254 号

各省、自治区、直辖市及计划单列市、新疆生产建设兵团残联、教育厅（教委、教育局）、工业和信息化主管部门、民政厅（局）、人力资源社会保障厅（局）、环境保护厅（局）、文化厅（局）、卫生厅局（卫生计生委）、工商行政管理局、质量技术监督局、新闻出版广电局、食品药品监管局、团委、妇联、老龄委办公室：

2014 年 3 月 3 日是第十五次全国爱耳日。爱耳日宣传教育活动历经 14 年，极大地提高了人民群众的爱耳、护耳意识，有效地减少了听力残疾的发生，促进了我国听力残疾预防与康复工作。2013 年 3 月，世界卫生组织将每年 3 月 3 日确定为国际爱耳日，充分体现了国际社会对我国爱耳日宣传教育活动的肯定，是我国对全球听力障碍预防与康复事业做出的重要贡献。

世界卫生组织 2013 年报告称，全球有 3.6 亿人有听力残疾，占全球总人口的 5.3%。听力残疾人中 50% 可通过采取适当措施加以预防，做好初级耳科保健是预防听力残疾的基本途径和有效手段。

我国党和政府历来重视初级耳科保健工作。通过完善基层医疗卫生服务网络，加强基层医疗卫生队伍建设，制定实施《常用耳毒性药物的临床使用规范》《全国听力障碍预防与康复规划（2007—2015 年）》《新生儿疾病筛查管理办法》等，推动我国听力残疾预防与康复事业实现了快速发展。由于我国人口众多、发展不平衡，城市社区和农村基层医疗卫生服务能力尚待提高，我国初级耳科保健工作还存在不少困难和问题。

为进一步加强我国初级耳科保健工作，提高全民爱耳护耳意识，特将 2014 年第十五次全国爱耳日宣传教育活动主题确定为："爱耳护耳，健康听力——预防从初级耳科保健做起"。现就有关事项通知如下：

一、活动主题

爱耳护耳，健康听力——预防从初级耳科保健做起

二、时间安排

2014 年 3 月 3 日，有条件的地区可酌情延长活动时间。

三、宣传重点

大力宣传初级耳科保健在听力残疾预防中的重要性和必要性；大力宣传初级耳科保健知识，推动基层医疗卫生机构广泛开展初级耳科保健，做好健康教育、妇幼保健、常见耳病防治及听力筛查等工作；大力宣传耳科保健从我做起的理念，增强全民爱耳护耳意识。

四、工作要求

（一）切实加强组织领导。各地要高度重视，认真贯彻落实本通知要求，残联、民政、卫生计生、文化、新闻出版广电等相关部门要积极配合，制定宣传工作方案，明确分工，协调行动，确保爱耳日宣传教育活动广泛、深入、扎实开展。

（二）积极创新宣传形式。各地要结合本地实际，积极创新宣传形式，采用多种方式增强爱耳日宣传教育活动的针对性、有效性和吸引力，形成全社会关注听力健康，重视初级耳科保健的氛围；要充分发挥报刊、广播、电视、网络、短信等大众传媒的作用，多渠道发布爱耳日活动消息；要广泛组织发动专业机构、学术团体等社会力量参与活动，充分利用讲座、咨询、海报、板报、科普读物等形式普及初级耳科保健知识；积极将宣传教育活动与便民服务有机结合，有条件的地区要积极组派专业技术人员深入社区、学校、养老院等机构为群众提供耳科保健、听力筛查、助听器验配等服务；继续在首都北京和有条件的城市举办全国爱耳日公益音乐会，打造爱耳日宣传活动品牌。

（三）整合推进实际工作。各地要以爱耳日宣传教育活动为契机，采取综合措施，加大初级耳科保健工作力度。要进一步完善基层医疗卫生服务网络，面向基层医疗卫生专业人员做好初级耳科保健业务培训；要统筹规划，做好初级耳科保健与耳科临床治疗、听力康复等工作的有效衔接，形成结构合理、功能完善的听力残疾预防与康复工作体系；要进一步加强初级耳科保健、耳科临床治疗及听力康复服务相关保障政策建设。

（四）及时做好活动总结。各地残联要认真做好爱耳日宣传教育活动的总结。及时收集整理本地宣传教育活动情况，将活动总结及活动的相关图片、视频等资料于2014年3月10日前报送第十五次全国爱耳日宣传教育活动办公室。第十五次全国爱耳日宣传教育活动办公室地址：北京市朝阳区安外惠新里甲8号，中国聋儿康复研究中心办公室（全国工作处）。

五、宣传口号

——爱耳护耳，健康听力

——预防从初级耳科保健做起

——重视耳科保健，减少耳聋发生

——重视耳科保健，享受聆听快乐

——拥有健康听力，享受美好生活

——做好耳科保健，享受健康听力

中国残联　教育部　工业和信息化部
民政部　人力资源社会保障部　环境保护部
文化部　国家卫生计生委　国家工商总局
国家质检总局　国家新闻出版广电总局
国家食品药品监管总局　共青团中央
全国妇联　全国老龄委办公室
2013年12月27日

三、工作综述

2013年残疾人康复工作紧紧围绕初步实现残疾人“人人享有康复服务”目标，贯彻落实中共中央国务院《关于促进残疾人事业发展的意见》和《关于加快推进残疾人社会保障体系和服务体系建设的指导意见》文件精神，按照《中国残疾人事业“十二五”发展纲要》康复配套方案的要求，加强康复法规政策体系和康复服务“两个体系”建设，重点抓好康复机构建设、康复人才培养和社区康复工作，认真组织实施残疾儿童等各项康复项目，圆满完成年度任务，取得显著成效：通过实施一批重点康复工程，746.8万残疾人得到不同程度的康复；开展社区康复服务的市辖区累计达到901个，县（市）累计达到2014个，广大残疾人普遍得到社区康复服务。

强化资源互补，建立长效机制，一是与卫生部共同出台《关于共同推动残疾人康复机构与医疗机构加强合作的通知》，实现分层级医疗、分阶段康复，推动构建分工协作、功能互补的三级康复医疗体系；二是与卫生部共同印发《0—6岁儿童残疾筛查工作规范（试行）》，将残疾儿童康复端口前移，建立0—6岁儿童残疾早期筛查、早期诊断、早期治疗、早期康复的工作机制。

强化大局意识及自身能力的建设，注重四个“抓手”：抓大局，密切关注国家政策，学习健康及养老服务业相关政策，明确残疾人康复工作的大局定位及发展方向；抓督导，加强督导康复政策和文件的落实、康复项目和实施质量及直属单位工作；抓统筹，抓好对各项康复业务的统筹，抓好人力等资源的统筹，抓好会议、培训班安排的统筹；抓作风，内强素质，外树形象，结合群众路线教育活动，利用康复例会、专题讲座等时机强调工作作风，梳理康复部内部规范。

（一）加强政策建设重长效

推动《残疾预防和残疾人康复条例》立法进程。《条例》送审稿报送国务院法制办公室后，61家单位提出了修改意见，收集意见212条，康复部积极做好反馈意见的整理和研讨工作，向国务院法制办上报了关于将《条例》列为2014年二档立法项目的建议。

推动落实已有医保政策。落实残疾人医疗保障政策，主动跟进地方政策落实情况，东部地区最高将城乡医保范围扩大到25项，中西部地区最高将城乡医保范围扩大到18项。

推进精神残疾人康复保障政策完善。参与《关于加强肇事肇祸等严重精神障碍患者救治救助工作意见的通知》《重性精神疾病管理治疗工作规范》等文件制定。

了解需求，推动构建康复福利制度框架。研究构建覆盖不同类别、不同年龄段残疾人的康复福利制度框架，在

“两会”提案和给财政部的建议中，提出了建立残疾儿童康保障和专项救助制度、辅助器具适配补贴制度等政策建议。

（二）推动机构建设重发展

推动康复机构规范化、多元化发展。贯彻落实《关于转发残联系统康复机构建设规范（试行）的通知》，指导各地康复机构规范发展，完善残联系统康复机构功能定位，突出服务特色。在地方举办的培训班和研讨会上以及在甘肃召开的全国省级康复中心主任会上，对省级康复中心发展模式、主要业务格局、服务特色及经营状况进行交流和研讨，倡导公办民助、民办公助、公办公助的机构运行方式，推动省级康复机构多元化发展。全国已有辽宁、上海、陕西和甘肃4省（市）共5所残联康复中心通过了三级残疾人康复中心的检查验收。2013年，验收了上海阳光康复中心。这些省级康复机构充分发挥自身技术资源中心和示范窗口作用，起到了全国引领和区域辐射作用。

密切合作，共同推动三级康复医疗服务体系建设。做好康复医疗服务体系试点工作。2011年8月起，中国残联与卫生部共同开展康复医疗服务体系试点工作，在46个试点市初步建立康复机构与医疗机构双向转诊工作机制，建立完善三级康复医疗服务体系，做好疾病急性期、稳定期、恢复期医疗和康复服务，探索建立“防、治、康相结合”的工作机制和服务模式，在2014年全面铺开试点工作。

加强康复机构和医疗机构的合作。2013年2月，中国残联与卫生部共同印发《关于共同推动残疾人康复机构与医疗机构加强合作的通知》，推动残疾人康复服务体系和康复医疗服务体系的融合，通过分工协作和资源共享，优化现有康复资源，开展残联系统和卫生系统专业技术人员双向进修和双向指导，实现患者双向转诊。

鼓励和引导民间投资兴办残疾人康复机构。贯彻落实国务院办公厅《关于政府向社会力量购买服务的指导意见》、中国残联《关于鼓励和引导民间投资兴办残疾人康复机构的实施意见》等文件，鼓励民间资本进入残疾人康复领域，扩大残疾人康复服务供给，为民间投资兴办残疾人康复机构创造良好的政策环境，引导和支持民办残疾人康复机构建设，促进民办康复机构规范开展康复服务。截至2013年12月，全国残联系统为残疾人提供康复服务的各级各类机构6619家，其中有独立法人资格的残联康复机构2596家，民办机构856家，民办机构数量占13%。

（三）康复人才培养重机制

根据中国残联台账显示，截至2013年12月，全国康复机构在岗人员21.7万人，其中专业人员14.3万，管理人员2.9万，其他人员4.5万。

坚持“抓两头带中间”的原则，培训各级各类康复人员。培训中央级各级各类管理和专业技术人员25.7万人，其中，管理人员2.5万人，康复专业技术人员5.5万人；培训省级社区康复协调员师资122名，培养社区康复协调员17.7万人。

发挥康复人才培养基地作用。落实《中国残疾人事业康复人才培养基地管理办法》，在辽宁省锦州市召开残疾人康复人才基地规范化建设研讨会，交流了康复人才培养基地开展康复人才培养经验，对康复人才培养基地规范化建设工作的思路和内容、创新拓宽与康复人才培养基地合作的形式进行了研讨。

组织16个康复人才培养基地，举办康复学科带头人和康复专业技术员培训班近30个，培训康复专业技术人员5000人，培训学科带头人500人。与吉林大学基地联合办学培养公共卫生硕士研究生，2013年17名学生毕业，2014年9名残联系统考生被录取。全面启动与南方医科大学合作开展研究生培养工作，已录取1名在职博士研究生，90名研究生课程班学员。

强化康复人才培养基础建设。随着对康复人才培养工作的重视，一些问题逐渐突显，如在职康复管理和康复专业技术人员没有设置专业培训课程、教学大纲及教材体系，选用自行编写的教材课件，存在不规范、不统一的问题等，极大影响了培训的质量。为建立健全残疾人康复人才不同专业不同层次的培养标准、课程设置和教材体系，根据《“十二五”残疾人康复人才建设实施方案》任务要求，多次组织相关专家研究论证，拟编写残疾人康复事业管理教材、康复系列专业课程设置和教学大纲，成立了康复系列教材领导小组，统筹编写工作。继续教育有序推进，2013年全国残联系统共申报13个继续教育项目。

积极推动康复新职业申报。康复部着眼于人才建设的顶层设计，与相关部委协调，申报“听觉口语师”、“残疾人康复咨询师”和“辅助器具适配师”三个新职业，并积极组织答辩。重点解决残疾人康复机构专业人员的新职业认定问题。

（四）深化社区康复重融合

落实两个规范。督促各地按照《社区康复协调员工作规范》和《社区康复站工作规范》要求，开展精神病“中途之家”等康复服务，推动康复进社区、服务到家庭。重点支持2862个社区康复示范站建设。

注重家长学校。本着立足实际、创新形式、广泛参与、全面覆盖的理念，优先开展残疾儿童家长学校以及三级康复机构残疾人家长学校建设，全国已有1039个家长学校开展工作并取得成效。

实施项目和传播新理念同步推进。继续实施CBM项目，接手嘉道理项目，将融合发展国际社区康复理念与中国基层社区康复实践相结合，嘉道理项目三期项目在18个贫困县开展农村地区社区康复工作，CBM二期项目培训4834人次。

（五）加强残疾预防重机制

将儿童残疾筛查纳入卫生儿童保健服务。国家卫计委和中国残联共同出台《0—6岁儿童残疾筛查工作规范（试行）》，明确了0—6岁儿童残疾早期筛查、转介、评估以及早期治疗和康复的工作内容和要求，推动在全国范围内建立残疾儿童筛查工作机制，实现儿童残疾早期发现、早期干预、早期康复的无缝衔接。

开展0—6岁儿童残疾筛查技术培训。2013年12月，举办0—6岁儿童残疾筛查工作规范培训班，根据《0—6岁儿童残疾筛查工作规范（试行）》，对各省残联、卫生计生委和相关专家开展五类残疾儿童筛查技术培训。

启动0—6岁儿童残疾筛查工作试点。在北京市、陕西宝鸡市、广西柳州市、黑龙江牡丹江市、四川成都市五个城市启动试点工作，对开展儿童残疾筛查的运行成本进行评估和预测，进一步摸清残疾儿童底数，为制定儿童残疾筛查康复制度奠定基础。

实施贫困地区新生儿疾病筛查项目。实施《2013年贫困地区新生儿疾病筛查项目方案》，在21个省（区、市）14个国家集中连片特殊困难地区200个县，对农村户籍的49万例新生儿开展苯丙酮尿症、先天性甲状腺功能减低症和听力障碍患儿筛查工作，并实施康复救助。项目突出特点是打破了部门间的界限，充分发挥卫生计生和残联两个部门的资源优势，为听力障碍的孩子提供从筛查、诊断到后期康复的全方位服务。

（六）实施康复项目重管理

共同实施好国家残疾儿童康复项目和彩金康复项目；做好长江新里程计划、“视中”项目、三星爱之光行动、复明扶贫流动眼科手术车、嘉道理、CBM、孤独症康复教育试点等合作项目。加强项目统一管理，做到公开透明，及时跟踪和处理个案问题。

制定贫困智力残疾儿童康复项目定点康复训练机构准入和评估标准，编写肢体残疾儿童矫治手术项目术后康复与辅助器具应用手册，加强项目机构准入管理。

（七）动员社会各界重宣传

继续开展爱眼日、爱耳日、精神卫生日、防治麻风病日等主题日宣传活动，宣传残疾人康复事业和康复项目。成功举办第七届中国国际福祉博览会暨中国国际康复博览会，来自16个国家和地区的270家企业参展，展品多达8800余种，98195名观众参观。

（八）注重团队建设重素质

注重政策和业务学习，利用康复例会、研讨会等，举办专题讲座，请相关部委、本系统、有关专家授课，提高康复部人员政策理论水平；结合群众性路线教育活动，明文规定出差及外地开会不安排参观、不超标接待、不收受纪念品等纪律；注重分工和协作，康复部人少，编制12人，8人在岗，2人在外挂职和基层锻炼，注重团队精神的培养，营造积极向上、共担共赢共发展的和谐氛围。

（九）主要问题与今后建议

1. 主要问题

目前残疾人的康复状况与初步实现残疾人“人人享有康复服务”目标还存在较大差距：残疾人康复保障制度还不健全，覆盖面还比较窄，缺乏总体制度安排和统筹协调机制，现有的保障制度和公共服务体系缺乏针对残疾人康复需求的更多的特惠政策和手段；康复机构建设存在缺乏统筹和相关资质，功能定位不清，机构和学科带头人才匮乏，康复机构运行发展缺乏活力，业务有待规范等问题；康复人才总量依然不足，人才结构不合理，康复机构和学科带头人匮乏，体制机制没有建立。

存在的矛盾：康复系统如何应对新形势、新起点与现有理念、体制、机制和工作方式不适应的矛盾；残疾人日益增长的康复需求与康复服务供给不足的矛盾；康复资源短缺与现有康复资源利用不足的矛盾；康复投入普遍加大与康复管理跟不上的矛盾；康复服务机构迅速增加和康复人才队伍极度匮乏的矛盾。

2. 建　议

紧紧围绕2015年初步实现残疾人“人人享有康复服务”和2020年残疾人“同步小康”的目标，根据新形势、新起点调整康复工作职能，推进相应工作，加强残疾人康复政策法规建设，加强对全国康复工作推动与业务指导，加强康复项目执行与管理力度，不断扩大康复服务覆盖面。

四、重要条目

【孤独症患病率筛查及病因学研究项目】由中国残联康复部与英国剑桥大学、香港中文大学合作进行。首次引进正版的儿童孤独症谱系测试筛查工具、国际通用的孤独症金标准诊断工具（孤独症诊断观察量表、孤独症诊断访谈量表），推广先进的筛查、诊断和康复方法，进一步摸清孤独症儿童底数及病因，为探索孤独症儿童早筛查、早诊断、早干预模式，进一步提高孤独症儿童的康复质量奠定了基础。

【全国残疾人康复人才体制机制保障试点工作启动会】2013年4月26—28日在湖北省宜昌市召开。会议研究了残疾人康复人才保障体制机制试点工作思路，讨论了试点实施方案；研究确定了试点重点内容、目标，进一步明确了试点任务分工和工作步骤，研究了试点工作落实措施。中国残联康复部主任尤红要求，各试点单位要充分认清康复人才体制机制试点的重要意义，加强统一领导，形成工作合力，确保试点任务的圆满完成；要科学制定试点方案，细化配套措施，精心选择试点单位，在具体实施过程中，坚持从实际出发，注重体制机制试点的实用性、可操作性和推广价值。她指出，试点的根本目的是要激发康复人才的活力，推进康复机构的发展，更好地为残疾人康复服务，在试点过程中既要鼓励大胆探索，先行先试，又要从实际出发，做到稳妥操作，全面把握和处理试点中出现的问题，确保试点工作积极有序推进。吉林、湖北、甘肃三省残联及湖北省宜昌市残联分管康复工作的副理事长和康复部主任、康复中心主任、康复部负责康复人才工作人员共20余人参加会议。

【全国残疾人康复和托养设施建设规划培训会议】2013年5月22—23日在江苏省扬州市召开。会议由中国残联和国家发展改革委联合召开。会议的主要任务是贯彻落实党的十八大精神，部署推进"十二五"残疾人康复和托养设施建设规划实施工作，开展相关业务知识培训。中国残联党组副书记、常务副理事长王乃坤，国家发展改革委社会司副巡视员郝福庆出席会议并发表讲话。各省、自治区、直辖市、新疆生产建设兵团和黑龙江农垦总局残联主管理事长和处长，发展改革委社会处主管处长共100多名代表参加了会议。王乃坤阐述了残疾人康复和托养设施建设的重要意义，强调了实施"十二五"残疾人康复和托养设施建设规划要重点把握重点问题，并就切实将规划落到实处提出了明确的要求。会议安排有关专家开展了康复和托养服务专业知识培训，残疾人康复、托养服务设施建设标准培训，残疾人康复和托养建设项目管理培训，同时全体代表还参观考察了扬州市残疾人康复中心和仪征市残疾人托养中心。

【全国残疾人康复人才培养基地规范化建设研讨会】2013年7月29—31日在辽宁省锦州市召开。会议总结了2012年康复人才培养基地康复人才培训任务完成情况，进一步明确培训有关要求；交流了康复人才培养基地开展康复人才培养的经验；对康复人才培养基地规范化建设工作思路和内容、创新拓宽，康复人才培养基地的合作形式、模式，及进一步完善基地规范化管理和做好康复人才培训工作进行了研讨。参会人员一致认为，要进一步对残疾人康复人才培养需求和康复人才基地教学资源进行梳理，充分发挥基地专业特色，发挥优势、统筹资源，实施绩效评估，有针对性地对康复人才做好分级分类培训，发挥人才基地最大化效益；要进一步研究拓宽与人才基地合作模式方式，挖掘资源，为康复人才培养发挥更大作用。为解决康复人才极度匮乏的问题，广泛利用社会资源加快康复人才培养进度，中国残联已批准在吉林大学等地成立16个"中国残疾人康复人才培养基地"，在康复人员进修、培训，公共卫生硕士培养等方面取得了良好的成效，在残疾人康复人才建设中发挥着重要作用。中国残联康复部和全国16个残疾人康复人才培养基地负责人及工作人员40余人参加了研讨会。

【全国省级康复中心主任会议】2013年12月8—11日在甘肃省兰州市召开。中国残联理事、康复部主任尤红做了题为《新形势下残疾人康复机构的机遇与挑战》的报告，分析了康复机构的发展现状、存在问题及机遇与思考，提出创新与变革是残疾人康复机构发展的持续动力，强调要顺应形势，纳入大局；拾遗补阙，建立标准；项目带动，市场驱动；资源整合，双向驱动；抢占高点，人才第一。会议还介绍了国家级康复机构暨中国康复研究中心的发展与思考、地级与县级康复机构的调查与分析、甘肃省康复中心医疗康复模式、上海阳光康复中心工伤康复模式、福建省康复中心教育康复模式。与会人员围绕省级残疾人康复机构的功能定位、运行模式及发展方向进行了研讨，结合参观甘肃省康复中心的体会，一致认为，残疾人康复机构应当转变观念、融入社会发展大局，积极应对，分类指导，形成残疾人康复服务特色优势，为残疾人提供更好、针对性更强的服务。中国残联康复部、相关直属单位、甘肃省残联有关领导和全国各省级康复中心主任参加了会议。

【贫困地区新生儿疾病筛查项目】为贯彻落实《中国儿童发展纲要（2011—2020年）》和《中国农村扶贫开发纲要（2011—2020年）》，尽早发现贫困地区新生儿遗传代谢疾病和新生儿听力障碍，降低儿童智力和听力残疾发生率，国家卫计委办公厅和中国残联办公厅共同下发了《2013年贫困地区新生儿疾病筛查项目方案》。该项目将在21个省（区、市）14个国家集中连片特殊困难地区200个县，对农村户籍的49万例新生儿开展苯丙酮尿症（PKU）、先天性甲状腺功能减低症（CH）和听力障碍患儿筛查工作，并对确诊为苯丙酮尿症和听力障碍的儿童实施康复救助。这个项目最突出的特点就是打破了部门间的界限，充分发挥卫生计生和残联两个部门的资源优势，为听力障碍的孩子提供从筛查、诊断到后期康复的全方位服务。

【0—6岁儿童残疾筛查工作规范培训班】2013年12月11日，卫生计生委和中国残联在北京共同举办0—6岁儿童残疾筛查工作规范培训班，各省（区、市）、新疆生产建设兵团、黑龙江农垦总局等地残联康复部、卫生厅（卫生计生委）妇幼处、省级妇幼保健机构负责同志以及0—6岁儿童视力、听力、肢体、智力、孤独症五类残疾筛查评估技术领域的专家参加，介绍了我国0—6岁残疾儿童的现状和康复工作情况，并对0—6岁儿童残疾筛查工作和技术规范进行了解读和培训。中国残联理事、康复部主任尤红就贯彻落实规范提了四点要求：一是加强沟通，密切配合。各省残联和卫生计生部门要高度重视儿童残疾筛查工作，细化本省工作方案，制定实施细则，共同建立完善儿童残疾筛查组织管理网络、技术指导网络、信息共享机制。二是全面铺开，试点先行。各省残联和卫生计生部门要统一部署和全面铺开本省儿童残疾筛查工作，全国40个残疾儿童随报及早期康复试点城市及筛查工作基础比较好

的地市发挥示范作用。三是逐级培训，深入基层。着力做好儿童残疾筛查技术培训工作，做好地市级、区县级、街道乡镇逐级培训，加强对基层社区卫生服务中心和乡镇卫生院医务人员的培训。四是做好康复，满足需求。及时进行康复安置，提高康复服务能力，完善本省残疾儿童康复保障制度和政策，确保筛查出的所有有康复需求的残疾儿童享有康复服务。

【0—6岁儿童残疾筛查工作规范（试行）】2013年10月由国家卫生计生委办公厅和中国残联办公厅共同下发。《规范》推进儿童残疾早期筛查工作机制的建立，将0—6岁儿童残疾早期筛查、转介、早期干预纳入基层卫生服务内容，在儿童健康检查中规范开展儿童残疾筛查，推动卫生妇幼保健网络和残疾儿童康复服务网络的对接，标志着在全国范围内建立了残疾儿童早筛查、早干预、早治疗、早康复工作机制，是儿童残疾预防和康复领域的重大突破。

【2013中国国际福祉博览会暨中国国际康复博览会】2013年10月10—12日，由中国残联和全国老龄工作委员会办公室联合主办的第七届中国国际福祉博览会暨中国国际康复博览会——第七届中国国际残疾人、老年人用品用具、康复医疗和护理设备博览会在中国国际展览中心本馆举办，来自中国、美国、丹麦、瑞典、意大利等17个国家和地区的270余家企业参展，其中包括众多世界知名的轮椅、听障、视障、福祉汽车、康复设备和义肢生产商和运营商，以及相关服务机构。此外，多位国外专业康复师也亲临展场，为观众免费咨询。除展览展示外，本届博览会还同期举办了八场主题论坛、两个技术报告会和多场新产品发布会。本届博览会是关于残疾人、老年人医疗、康复、护理和辅助器具的全方位专业博览会，也是我国该类展会中规模最大、影响范围最广、展品种类最为丰富的公益性博览会。在连续举办六届之后，本博览会已发展成为涵盖辅助技术和设备、辅助器具、相关用品用具、服务体系、政策走向的多功能、全方位的交流平台，并已跻身世界三大行业博览会之一。

【健康听力，幸福人生——关注老年人听力健康】2013年全国爱耳日的活动主题。听力残疾严重影响老年人身心健康，不仅直接导致沟通交流障碍，还会引发多种心理问题，极大地损害老年人的生活质量及家庭、社会功能。我国第二次全国残疾人抽样调查显示，60岁以上老年人患听力残疾的比例高达11%。据此推算，我国60岁以上老年听力残疾人总数超过2000万，做好老年人听力残疾预防与康复工作意义十分重大。2013年全国爱耳日宣传教育活动主题的确定，旨在唤起全社会关注老年人听力健康，推进我国老年人听力残疾预防与康复工作，造福广大老年人及其家庭。

【汇聚中国梦，2016年前消灭致盲性沙眼】这是2013年全国爱眼日活动主题。沙眼是世界卫生组织“视觉2020”目标重点防治的眼病之一。随着我国经济社会发展和卫生条件的改善，沙眼的流行得到显著控制，但在个别地区、个别人群中仍呈流行状态，沙眼致盲问题在我国还未完全根除。为解决这一问题，中国残联康复部组织开展了“视觉第一中国行动”项目三期，在全国范围开展致盲性沙眼的流行病学调查和治疗工作，力争在2016年前在我国消除致盲性沙眼。

附录一

儿童发育问题预警征象

年龄	预警征象	
3月龄	1. 对很大声音没有反应	□
	2. 不注视人脸，不追视移动人或物品	□
	3. 逗引时不发音或不会笑	□
	4. 俯卧时不会抬头	□
6月龄	1. 发音少，不会笑出声	□
	2. 紧握拳不松开	□
	3. 不会伸手及抓物	□
	4. 不能扶坐	□
8月龄	1. 听到声音无应答	□
	2. 不会区分生人和熟人	□
	3. 不会双手传递玩具	□
	4. 不会独坐	□
12月龄	1. 不会挥手表示“再见”或拍手表示“欢迎”	□
	2. 呼唤名字无反应	□
	3. 不会用拇食指对捏小物品	□
	4. 不会扶物站立	□
18月龄	1. 不会有意识叫“爸爸”或“妈妈”	□
	2. 不会按要求指人或物	□
	3. 不会独走	□
	4. 与人无目光对视	□
2岁	1. 无有意义的语言	□
	2. 不会扶栏上楼梯/台阶	□
	3. 不会跑	□
	4. 不会用匙吃饭	□
2岁半	1. 兴趣单一、刻板	□
	2. 不会说2—3个字的短语	□
	3. 不会示意大小便	□
	4. 走路经常跌倒	□
3岁	1. 不会双脚跳	□
	2. 不会模仿画圆	□
	3. 不能与其他儿童交流、游戏	□

注：儿童发育问题预警征象适用于0—3岁儿童。检查有无相应月龄的预警症状，发现相应情况在“□”内打“√”。该年龄段任何一条预警征象阳性，提示有发育偏异的可能。

附录二

0—6 岁儿童视力残疾筛查技术

一、视力残疾定义

视力残疾是指由于各种原因导致双眼视力低下并且不能矫正，或者视野缩小，以致影响其日常生活和社会参与。视力残疾按最佳矫正远视力和视野状态分低视力和盲。

视力残疾均指双眼而言，若双眼视力不同，则以视力较好的一眼为准。如仅有单眼视力低下，而另一眼的最佳矫正远视力达到或优于 0.3，则不属于视力残疾范畴。视野以注视点为中心，视野半径小于 10 度者，不论其视力如何均属于盲。

二、视力残疾筛查

（一）初筛

社区卫生服务中心、乡镇卫生院通过眼外观检查以及儿童发育问题预警征象、视力表进行视力残疾初筛，筛查阳性者转介至区（县）级妇幼保健机构。

1. 初筛工具：儿童发育问题预警征象；国际标准视力表或对数视力表。

2. 初筛方法

（1）眼外观检查：检查有无眼部结构的畸形和缺损，瞳孔区发白或眼球震颤等。

（2）视力检查：0—3 岁儿童应用“儿童发育问题预警征象”、4—6 岁儿童采用视力表进行视力检查。

3. 转介指标

（1）眼外观检查眼部结构明显畸形或有病变者。

（2）儿童发育问题预警征象筛查阳性者。

（3）视力检查双眼最佳视力低于 0.3。

（4）新生儿访视时，告知出生体重 <2000g、孕周 <32 周的早产儿和/或低出生体重儿或疑似早产儿视网膜病变者，应在生后 4—6 周或矫正胎龄 32 周时及时进行眼部检查。

（二）复筛

区（县）级妇幼保健机构对辖区内转介儿童进行复筛。复筛阳性者转诊至上级妇幼保健机构或医疗机构进行诊治，疑似视力残疾者转至视力残疾评估机构进行评估。

1. 复筛工具

（1）聚光手电灯：用于瞳孔反射和眼球追随运动检查。

（2）红球：直径 5cm 左右的红球，用于红球试验。

（3）视力表：国际标准视力表或对数视力表，不配合的儿童可选用儿童图形视力表。

2. 复筛方法

（1）眼外观检查：检查有无眼部结构的畸形和缺损，瞳孔区发白或眼球震颤等。

（2）视力检查：根据儿童年龄选择相应的视力评估方法，如光照反射、瞬目反射、红球试验、眼球追随运动、视力表检查等（表 3－7－1）。

表 3－7－1 0—6 岁儿童双眼视力筛查的阳性指标

年龄	双眼视力筛查方法	筛查阳性结果
0—3 岁	光照反射 瞬目反射 红球试验 眼球追随运动	无瞳孔对光反射 无瞬目反射 不寻找红球 不追随灯光或目标
3—6 岁	儿童图形视力表 国际标准视力表或对数视力表	双眼最佳视力低于 0.3

3. 转介指标

（1）眼外观检查眼部结构的明显畸形或有病变者。

（2）表中视力筛查任一项结果阳性。

三、视力残疾评估

（一）评估机构

1. 技术：能独立完成视觉行为观察和视力检测并矫治，能对其结果进行综合评估，做出诊断及鉴别诊断，确定视力残疾级别。

2. 设备：白色小球（直径 0.32cm）、硬币（直径 24mm）、乒乓球（直径 40mm）和黑布；国际标准视力表或对数视力表、图形视力表；眼底镜、裂隙灯、视野计等。

（二）评估方法

依据双眼矫正视力、视野、眼电生理等检查结果，结合致盲性眼病的诊断标准进行视力残疾评估。常用视力和视野检查方法如下：

1. 滚球试验法：适用于 2 岁及以下儿童。采用直径 0.32cm 的白色小球来替代视力表进行视力检查。

2. 视力检查：4—6 岁儿童采用国际标准视力表或对数视力表检查双眼远视力。

3. 手指检查或实物测定法：适用于不能配合视力检查的儿童，通过检查者手指或乒乓球（40mm）、硬币（直径 24mm），进行视力检查。

4. 视野：一般采用对比法结合弧形视野计检查视野。

四、视力残疾早期干预

确诊为低视力和盲的儿童，除了药物、手术治疗之外，应及早转介到康复干预机构或在康复干预机构的指导下开展社区家庭早期干预。干预内容包括光学助视器的验配和应用、人工电子视觉仪及科学系统的视觉康复训练。

附录三

0—6 岁儿童听力残疾筛查技术

一、听力残疾定义

听力残疾是指人由于各种原因导致双耳不同程度的永久性听力障碍，在无助听设备帮助下，听不到或听不清周围环境声及言语声，在理解和交流等活动上受限，以致影响其日常生活和社会参与。

听力残疾均指双耳而言，若双耳听力不同，以听力较好一耳听力损失情况作为评估依据。较好耳平均听力损失大于 40dB HL 者为听力残疾。

二、听力残疾筛查

（一）初筛

社区卫生服务中心、乡镇卫生院根据新生儿听力筛查结果，通过耳外观检查、儿童发育问题预警征象进行听力残疾初筛，疑似残疾者转介至区（县）级妇幼保健机构。

1. 初筛工具：儿童发育问题预警征象，适用于 0—3 岁儿童的听觉行为观察。

2. 初筛方法

（1）耳外观检查：检查有无外耳畸形、外耳道异常分泌物、外耳湿疹等。

（2）听力筛查：运用儿童发育问题预警征象进行筛查，任何年龄段的声音或语言相关条目阳性，提示有听力异常的可能。

3. 转介指标

（1）新生儿听力筛查未通过。

（2）儿童发育问题预警征象筛查阳性。

（二）复筛

区（县）级妇幼保健机构对辖区内转介的儿童进行复筛，在耳外观检查基础上，增加电耳镜、便携式听觉评估仪和筛查型耳声发射仪检查。复筛阳性者转诊至听力残疾评估机构进行评估。

1. 复筛工具

（1）电耳镜：用于外耳道、鼓膜检查。

（2）便携式听觉评估仪：适用于 6 个月以上儿童的行为测听。

（3）筛查型耳声发射仪：可用于 0—6 岁儿童听力筛查。

（4）声级计：用于测量并监控测听房间内的本底噪声。

2. 复筛方法

（1）电耳镜检查：检查有无外耳道、鼓膜异常。

（2）听力检查：采用便携听觉评估仪和筛查型耳声发射仪进行听力检查。便携式听觉评估仪筛查阳性指标分别见表 3－7－2。

表 3－7－2　0—6 岁儿童便携听觉评估仪听力筛查阳性指标　（室内本底噪声≤40dBA）

年龄	测试音强度	测试音频率	筛查阳性结果
12 月龄	60（dB HL，耳机/声场）	2kHz（纯音/啭音）	无听觉反应
24 月龄	55（dB HL，耳机/声场）	2、4kHz（纯音/啭音）	任一频率无听觉反应
3—6 岁	40（dB HL，耳机/声场）	1、2、4kHz（纯音/啭音）	任一频率无听觉反应

（三）筛查设备及环境要求

1. 听力筛查设备应定期经国家认可的计量部门校准。便携听觉评估仪技术指标：

（1）声音种类：纯音、啭音；

（2）频率范围：0.5、1.0、2.0、4.0kHz；

（3）声音强度：插入耳机为 25—100dB HL；声场测听扬声器的强度为 20—90dB SPL/HL，每 5dB 一档。

2. 筛查房屋应安静，远离电梯、超声等辐射干扰，室内本底噪声≤45dB（A）。

三、听力残疾评估

（一）评估机构

1. 技术：能使用电耳镜进行耳科一般检查；独立完成纯音听力测试；能结合行为测听、耳声发射、脑干诱发电位及声导抗测试结果进行综合听力学评估，做出诊断及鉴别诊断，确定听力残疾级别。

2. 设备：电耳镜、纯音听力计、声场、视觉强化装置、诊断型耳声发射仪、听性脑干诱发反应仪、声导抗仪。

3. 测听室：测听室要求室内光线柔和、温度适宜、物品陈设简洁，房间面积 $10m^2$ 左右，听力残疾评估要求测听室本底噪声≤25dB（A），符合 GB/T16403、GB/T16296 国家标准。

（二）评估方法

1. 主观测听：在标准测听室内采用纯音听力计及辅助装置进行行为测听。0—6 个月儿童采用听觉行为观察法；6 个月—3 岁儿童采用视觉强化测听法；4—5 岁儿童采用游戏测听法；5—6 岁儿童采用纯音测听法。

2. 客观测听：采用脑干诱发电位、耳声发射、声导抗等客观测听方法进行综合听力学评估。

四、听力残疾早期干预

确诊为永久性听障儿童，应及早转介到康复干预机构或在康复干预机构的指导下开展社区家庭早期干预。干预内容包括助听器验配、人工耳蜗植入及系统的听觉言语康复训练，并定期进行康复效果评估。

附录四

0—6 岁儿童肢体残疾筛查技术

一、肢体残疾定义

肢体残疾是指人体运动系统的结构、功能损伤造成四肢残缺或四肢、躯干麻痹（瘫痪）、畸形等而至人体运动功能不同程度丧失以及活动受限或参与的局限。

肢体残疾包括：

1. 中枢、周围神经因发育异常或伤、病造成躯干或四肢的功能障碍。

2. 上下肢因发育异常或伤、病所致的缺失、畸形或功能障碍。

3. 脊柱因发育异常或伤、病所致的畸形或功能障碍。

二、肢体残疾筛查

（一）初筛

社区卫生服务中心、乡镇卫生院通过对儿童肢体外观检查、儿童发育问题预警征象进行脑性瘫痪或其他肢体残疾初筛，疑似残疾者转介至区（县）级妇幼保健机构。

1. 初筛工具：儿童发育问题预警征象。

2. 初筛方法

（1）一般检查：观察儿童背部体表有无囊性膨出物、内翻足或肢体残缺，以及发育性髋关节脱位的常见体征表现，如大腿皮纹不对称，双侧下肢不等长，两侧臀部不等宽，一侧下肢持续处于外旋位置等。

（2）儿童发育问题预警征象：适用于0—3 岁儿童。相应筛查年龄段任何一条预警征象阳性，提示有发育偏异的可能。

3. 转介指标

（1）儿童有显著脊柱膨出物、内翻足、肢体残缺或发育性髋关节脱位等任何异常体征之一。

（2）儿童发育问题预警征象筛查阳性。

（二）复筛

区（县）级妇幼保健机构对辖区内转介儿童，通过肢体外观检查、标准化发育筛查量表以及特殊检查，有条件可结合相关辅助检查进行复筛。复筛阳性者转介至肢体残疾评估机构进行评估。

1. 复筛工具：标准化发育筛查量表，包括小儿智能发育筛查量表（DDST）或 0—6 岁儿童发育筛查量表（DST）。

2. 复筛方法

（1）一般检查：观察儿童背部体表有无囊性膨出物、内翻足或肢体残缺等异常体征表现。

（2）标准化发育筛查量表：操作人员需严格按照操作指导语施测。筛查结果为可疑时，需在 1 个月内复查，以排除因养育方式不当造成的儿童暂时性发育落后。

（3）特殊检查：对初筛可疑发育性髋关节脱位的儿童，采用外展试验（Ortolani 试验）、Galeazzi 征（Allis 征）进行复筛。

（4）辅助检查：有条件的机构可进行 B 超或 X 光检查。

3. 转介指标

（1）标准化发育量表筛查结果异常的儿童；筛查结果可疑儿童在一个月内复查仍为可疑者。

（2）发育性髋关节脱位任一特殊检查阳性。

（3）一般检查有显著脊柱膨出物、内翻足、肢体残缺。

（4）辅助检查异常。

三、肢体残疾评估

（一）评估机构

1. 技术：熟悉脑瘫、发育性髋关节脱位等肢体残疾的高危因素，熟练阅读影像学片/报告，掌握专业诊断标准。具备脑瘫粗大运动功能评估能力。

2. 设备：脑瘫粗大运动评估（GMFM）、脑瘫粗大运动功能分级系统（GMFCS），以及超声检查，X 线检查等辅助设备。

（二）评估方法

1. 脑瘫的评估：询问病史，了解脑瘫的高危因素；结合神经系统检查、头部影像学（CT、MRI）检查进行脑瘫诊断；采用脑瘫粗大运动评估以及脑瘫粗大运动功能分级系统进行运动障碍的评估和分级。

2. 发育性髋关节脱位的评估：询问病史，了解发育性髋关节脱位的高危因素；结合专科体检以及辅助检查进行评估。6 个月以下儿童采用超声检查（Graf 方法或/和 Harcke 方法），6 个月以上儿童拍双髋关节 X 光正位片。

3. 其他肢体残疾的评估：通过病史询问、临床体征检查以及辅助检查进行评估。

四、肢体残疾早期干预

（一）脑瘫：根据儿童发育特点及需求，与日常生活相结合，采用运动疗法（PT）、作业疗法（OT）、理疗、感觉统合训练、必要的矫形器与辅助器具的使用等综合性康复措施开展早期干预。

（二）发育性髋关节脱位：新生儿至 6 个月以内婴儿首选 Pavlik 挽具进行矫治，6 个月至 1 岁半儿童采用闭合复位及石膏固定，1 岁半以上儿童采用髋关节切开复位方法。

（三）其他肢体残疾：根据脊柱裂及脊膜膨出、先天性马蹄内翻足等肢体残疾类型，选择适宜的医疗、康复服务，并根据残疾程度不同，选择适宜的辅助器具，以改善儿童的日常生活能力。

附录五

0—6 岁儿童智力残疾筛查技术

一、智力残疾定义

智力残疾是指在智力发育期间，由于各种有害因素导致的神经系统结构、功能障碍，智力显著低于一般水平（发育商小于70），并伴有适应行为障碍。

由于儿童早期大脑发育的可塑性、代偿性特点，部分评估为智力残疾的儿童在发育期间可能转归正常，因此在智力残疾评估时须注意发育期儿童的特殊性。

二、智力残疾筛查

（一）初筛

社区卫生服务中心、乡镇卫生院通过儿童发育问题预警征象进行智力残疾初筛，疑似残疾者转介至区（县）级妇幼保健机构。

1. 初筛工具：儿童发育问题预警征象。

2. 初筛方法：相应筛查年龄段任何一条预警征象阳性，提示有发育偏异的可能。

3. 转介指标：儿童发育问题预警征象筛查阳性。

（二）复筛

区（县）级妇幼保健机构对辖区内转介儿童采用标准化发育筛查量表进行复筛。复筛阳性者转介至智力残疾评估机构进行评估。

1. 复筛工具：标准化发育筛查量表，包括小儿智能发育筛查量表（DDST）或 0—6 岁儿童发育筛查量表（DST）。

2. 复筛方法：采用标准化发育筛查量表，操作人员需严格按照操作指导语施测。筛查结果为可疑时，需在1个月内复查，以排除因养育方式不当造成的儿童暂时性发育落后。

3. 转介指标：标准化发育筛查量表筛查结果异常的儿童；筛查结果可疑儿童在一个月内复查，复查仍为阳性者转诊。

（三）筛查环境要求

环境要相对安静，仅放置测查桌子、椅子、测查床、小楼梯等，四壁勿做任何装饰，以免分散儿童注意力。

三、智力残疾评估

（一）评估机构

1. 技术：掌握儿童发育进程，能够使用“盖塞尔（Gesell）发展诊断量表”和“婴儿—初中学生社会生活能力量表（用于 6 月—6 岁人群）”进行儿童智力残疾评估。

2. 设备：“盖塞尔（Gesell）发展诊断量表”评估量表及测试工具，辅助设备包括适合测试用的桌椅、围栏或有栏的床、小楼梯、进行大运动的场地。“婴儿—初中学生社会生活能力量表（用于 6 月—6 岁人群）”评估量表、手册及记录表。

（二）评估方法

采用“盖塞尔（Gesell）发展诊断量表”对儿童智力状况进行评估，处于边界值或检查不配合的儿童应结合“婴儿—初中学生社会生活能力量表”评估结果确定智力残疾及其分级。1 岁以内儿童除了已经确诊患有影响智能发展的疾病或综合症时，原则上不做智力残疾诊断。

四、智力残疾早期干预

对于智力残疾筛查阳性的儿童及家庭，针对筛查中发现的养育及发育问题进行残疾预防咨询指导。确诊为智力残疾的儿童及家庭，指导家庭进行病因学检查与诊断，选择适宜的医疗、康复服务，并根据残疾程度不同，指导家庭采用家庭康复与机构康复结合的形式，以改善儿童的认知水平。

附录六

0—6 岁儿童孤独症筛查技术

一、孤独症定义

孤独症是一种发育障碍的精神疾病，以社会交往障碍、沟通障碍、重复刻板行为及兴趣狭窄为主要的临床表现，通常起病于3 岁之前，是广泛性发育障碍中最具代表性的疾病。目前国际上将儿童孤独症，Asperger 综合征和非典型孤独症统称为孤独症谱系障碍（ASD）。

二、孤独症筛查

（一）初筛

社区卫生服务中心、乡镇卫生院通过儿童发育问题预警征象进行孤独症初筛，筛查阳性者，或任何年龄阶段出现语言功能倒退、社交技能倒退的儿童，转介至区（县）级妇幼保健机构。

1. 初筛工具：儿童发育问题预警征象。

2. 初筛方法：相应筛查年龄段任何一条预警征象筛查阳性，提示有发育偏异的可能。

3. 转介指标

（1）儿童发育问题预警征象筛查阳性。

（2）任何年龄阶段出现语言功能倒退、社交技能倒退。

（二）复筛

区（县）级妇幼保健机构采用孤独症筛查量表进行复筛。复筛阳性者转介至孤独症残疾评估机构进行评估。

1. 复筛工具：孤独症筛查量表，包括修订版孤独症筛查量表（Modified - Checklist for Autism in Toddlers，M - CHAT）、孤独症行为量表（Autism Behavior Checklist，ABC）；其中 18—24 月龄儿童首选修订版孤独症筛查量表（M - CHAT）进行筛查。

2. 复筛方法

（1）修订版孤独症筛查量表（M－CHAT）：适用于18—24月龄儿童。量表中项目11、18、20、22回答“是”，其余项目回答“否”视为筛查不通过。若项目2、7、9、13、14、15中有两项或以上不通过，或者在全部项目中有三个项目或以上不通过者，视为存在孤独症或其他发育障碍的风险。

（2）孤独症行为量表（ABC）：适用于8个月—28岁的人群。总分大于等于53分提示存在可疑孤独样症状，大于等于67分明确存在孤独样症状。

3. 转介指标

（1）修订版孤独症筛查量表筛查提示可疑或存在风险。

（2）孤独症行为量表提示可疑或明确存在孤独样症状。

三、孤独症评估

（一）评估机构

1. 技术：掌握孤独症谱系障碍相关领域的知识、儿童心理行为发育的特点以及心理测量工具的使用。

2. 设备：儿童孤独症评定量表（Childhood Autism Rating Scale，CARS）、孤独症诊断观察量表（Autism Diagnostic Observation Scale，ADOS）或孤独症诊断访谈量表－修订版（ADI－R）。

（二）评估方法

孤独症诊断主要通过病史询问、体格检查、标准化儿童孤独症评估或诊断量表以及必要的辅助检查来完成。依据《中国精神障碍分类与诊断标准第三版》（CCMD－3）儿童孤独症的诊断标准进行诊断。

四、孤独症早期干预

孤独症儿童应尽早诊断并在发育可塑性最强的时期（一般为6岁以前）对其进行长期系统的干预。根据儿童的具体情况，采用教育干预、行为矫正、药物治疗等相结合的综合干预措施。教育干预遵循早期长程、科学系统、个体训练、家庭参与的原则，以改善症状，同时促进智力发展，培养生活自理和独立生活能力，教会孤独症患儿掌握最基本的生存技能，劳动技能以及与人交往的能力。

（纳新、孙光供稿）

中国残疾人康复协会工作

2013年，在中国残联领导下，康复协会团结各专业委员会、各级残联康复机构并充分发挥协会专业技术资源优势，积极开展康复学术活动和康复技术研究，进行各类康复专业人才的培训为残疾人康复事业的发展提供技术咨询服务，协助有关部门制定相关工作标准，组织编写有关康复论著、专业培训教材和科普读物，推广残疾人康复新理论和新技术并积极开展国内外学术交流，配合有关部门推动残疾人康复任务的完成。截至2013年年底，已发展团体会员50个，个人会员23682名。

一、参与康复相关标准和康复专业技术人员资格准入制定工作

协会专家积极参与“残疾预防和残疾人康复条例”制定工作；组织孤独症康复专家制定了《孤独症康复机构建设评审标准》和《孤独症机构评估检查办法》；参与了孤独症儿童康复教育试点项目的教材编写等工作；参加了国家职业分类大典修订“专家委员会行业专业委员会第十七组（卫生和社会工作）第一次会议”；完成了拟新增职业“康复咨询师”的职业申报答辩和申报材料修改、完善再上报工作；修订人工耳蜗植入指南；制定《听障儿童康复档案标准》等。

二、积极组织各专业委员会开展人员培训

协会继续作为“国家级继续医学教育项目行政管理用户单位”，不断加强指导，提高数量和质量，积极组织各专业委员会和各省残联申报国家级继续医学教育项目。

举办了国家级继续医学教育项目：中国社区康复管理论坛、小儿脑瘫专业辅助器具及应用培训班、脑卒中二级预防实用性新进展、第二十五届全国脊柱脊髓学术会议、全国物理疗法与作业疗法（PT/OT）技术培训班、全国认知障碍评定与康复技术培训班、康复评定技术高级培训研讨班、偏瘫康复治疗技术提高班、全国物理疗法与作业疗法（PT/OT）技术培训班、第19届小儿脑瘫康复技术培训班、社会心理作业治疗专题研讨会、全国精神科康复治疗研讨会和全国音乐治疗在康复医学领域的应用专题研讨会等。与此同时各省残疾人康复协会也

相应举办了国家级继续医学教育项目培训班。

举办各类型培训班：ICF应用及其康复咨询培训班、眩晕的临床诊断/治疗培训班、脑脊液学在中枢神经系统疾病诊断中的应用、第二届缺血性脑血管疾病、神经介入技术培训班、精神卫生工作者知识技能培训班、社会工作者（社区助残四级）考证培训班、辅助器具专业人才培养班、假肢矫形器装配实用技术专业服务人员培训班、低视力辅助器具验配专业服务人员培训班、听力辅助器具适配专业服务人员培训班、康复护理培训班、脊柱脊髓外科新技术及脊柱肿瘤椎体全切除培训班、第13届全国眼科临床学习班、人工耳蜗调机师实习技术、人工耳蜗基层管理人员、基层专业人员听能管理、小儿听力学认证、第五期中文听觉口语法、无喉者发声培训班、《智力障碍者支持量表和个别化支持计划的拟定》讲座、中医康复思维培训班等。

三、活跃学术活动

组织并出席WHO－FIC会议的国际功能和残疾专家委员会专家举办ICF专题讲座和研讨、举办骨科未来与创新论坛、第12届肢残康复护理研讨会、国际（中国）儿童四肢脊柱畸形新技术新进展学术研讨会、第三届国际辅助器具适配论坛暨中国康复工程专业委员会年会、第九届中国信息无障碍论坛、《世界残疾报告》和《国际功能、残疾和健康分类》（儿童和青少年版）国际中文版发布会暨学术研讨会、第七届国际康复论坛ICF应用与康复咨询分论坛、北京国际ICF理论与方法及其在康复中的应用论坛、康复护理学术研讨会、国际显微外科学术研讨暨纪念陈中伟院士断肢再植成功50周年大会、第19届全国眼外伤学术研讨会暨整合眼外科技术交流会、首届中澳听力服务研讨会、联合中华医学会耳鼻喉咽喉委员会等学术组织创办中国听力论坛、推动设立国际爱耳日、与美国国立精神卫生研究所和日本施无畏学园举行“心理治疗模式研讨会”等。

此外，协会专家应邀出席并在第七届国际物理医学与康复医学学会世界大会和在印度召开的国际脑瘫及发育性疾病大会做主题发言。

四、开展课题研究

承担完成中国保险行业协会《ICF在保险行业的应用：架构、方法与应用实践》项目；澳门社工局《残疾分类分级标准与评定方法优化与技术支援项目方案书》项目；偏瘫综合康复评定的规范化研究。（北京市科委课题）、国家自然基金资助项目—多模态磁共振技术对脑损伤后工作记忆损害康复的脑机制研究、缺血性卒中责任动脉与认知障碍的相关性研究、国家自然科学基金项目一神经寄养修复周围神经损伤对TWEAK－Fn14信号通路的调控及其疗效研究、骨修复生物活性材料与宿主微环境的相互作用研究、人巨细胞病毒基因多态性与小儿脑损伤相关性的研究、电针刺激头部运动区调控PI3K/AKT信号通路对新生脑瘫鼠神经行为影响的机制研究、基于非线性混合效应模型的脑瘫儿童运动功能发育进程及影响因素研究、基于血清蛋白组学和血液转录组学的孤独症普系障碍的生物学标志筛选与验证；“十二五”国家科技支撑计划项目“听觉康复测评训练系统研制及应用示范”；卫生部“先天性耳聋的听觉言语康复技术体系研究”、先天性耳聋的听觉言语康复技术体系研究；教育部—留学回国人员科研启动基金、中国残联—听障儿童全面康复教育模式推广与培训项目、残疾人居家康复服务研究、中国学龄儿童交流交往能力及孤独症调查和流行病学研究、孤独症的流行病学调查和监测网的建立、心智障碍者的支持性就业工作模式研究、内脏残疾（缺损及功能障碍）研究等课题。

五、三个国家级杂志发展跃上新台阶

《中国矫形外科杂志》已创刊20年。自20世纪80年代为小儿麻痹后遗症患者实施抢救性矫治手术开始，该刊物一直紧紧围绕肢体残疾的矫治手术专业技术，面向全国不断提高杂志质量，学术影响力快速稳定提升。截至2013年12月底，收到各类来稿（含会议来稿）1701篇，刊用稿件576篇，出版发行纸质版及网络版杂志24期；读者分布国内各省（区、市）和港澳台以及北美、西欧、澳洲、韩国、日本、东南亚等16个发达国家和地区，比上年度增加4个；机构用户3304个，比上年度增加172个；web下载量18.50万次。在第三届中国期刊质量与发展大会上，位居骨科专业核心期刊（A）排名之冠，所报论文获得骨科专业期刊中唯一获得奖项的论文并已正式启用国内最先进、全球唯一一款集成搜索引擎的分布式网络期刊集群大平台远程稿件处理系统标准版软件。继续入选CSCD数据库。国际学术影响力不断提高，从2013年始在原单纯受理中文来稿基础上增加了英文体例来稿，已采用中英文论文双轨并行。

《中国康复》是一本全面康复的杂志，坚持结合国家残疾人工作纲要，刊登了较多的内容丰富、技术新颖、实用性强的新知识、新技术、新信息和新理论等文章，包括残疾人的职业康复、小型简易的支助工具设计和制作、指导社区康复员开展社区康复、家庭康复及精神病康复的文章，网上投稿率已达100%，专家网上审稿率达98%，该刊核心影响因子在国家同类期刊中排名均在前3位。年度投稿量由611篇上升到841篇。为提高残疾人康复工作者的学术水平做了大量工作。

《中国康复理论与实践》已被《中国学术期刊文摘》收录，该刊物的相关数据已经在康复期刊中排名领先；在13种保健医学类期刊中，综合评价总分排名第三，在1930种中文科技核心期刊中排名第554位。截至2013年年底，收稿1736篇，发行12期共335篇论文。实现收稿、审稿、加工等流程的网络化办公，在康复医学领域的学术地位不断提升。

六、普及知识，编辑出版读物

主持翻译并出版了世界卫生组织《世界残疾报告》和《国际功能、残疾和健康分类》（儿童和青少年版）国际中文版；主持翻译并出版了《ICF核心分类组合临床实践手册》；编著《康复医学前沿》，由人民军医出版社出版；《康复疗法评定学》再版；《认知康复指南》正在编写中；修订出版了《骨科临床检查诊断学》（第2版）；出版发行《视力残疾评定手册》；编写《听障儿童全面康复》等教材；制定《听障儿童康复档案标准》《听力残疾评定手册》《成年人听力健康手册》《听障儿童家长手册》；主编《人体发育学》《作业治疗学》《康复心理学》《心理健康100问》手册、《社会心理作业治疗理论与实践讲义》《残疾人工作者岗位培训教材》—康复分册、《残疾人及家庭成员康复丛书》；参与编写《中国残疾人康复事业管理学》。

七、深入基层为残疾人服务

各专业委员会与所在地残联密切合作，在专业人员和社区康复协调员培训及家长培训中发挥师资作用；配合当地残联实施国家和各地“七彩梦行动计划”，开展“爱耳快车”下基层活动，执行重点康复项目。

指导各省残疾人康复协会工作，目前30个省已成立了康复协会，成为各省残疾人康复工作的有力助手。

随着残疾人康复事业的深入发展和业务领域的不断拓宽，协会有责任、有义务积极配合国家残疾人康复工作计划，发挥技术资源优势，做好相关工作，热忱为残疾人服务。

（冯彦霞供稿）

长江新里程项目

2013年是长江新里程计划第二期项目总结和收尾、第三期项目酝酿筹备的一年。长江新里程计划在项目管委会领导下，在残工委成员单位的参与下，在李嘉诚基金会和各项目单位以及各级残联的共同努力下，圆满完成了2013年各项工作。

一、积极谋划，确定长江（第三期）项目方向

在长江项目第二期结束、第三期立项和即将启动的关键时期，主管副理事长2次对长江新里程计划工作做出重要指示，确定假装服务、脑瘫儿童引导式教育、“关心你的残疾人邻居”项目为长江三期的3个子项目。长江项目（第三期）更注重其可示范、可复制及可辐射的种子效应。

（一）一站式服务，多元支持互助

传统康复手段侧重弥补缺陷，长江（第三期）项目计划则特别注重“以人为本”的服务模式，贯彻“残疾人自主”的理念，将加强康复服务后一站式的支持，受益人无须四处奔走，在康复机构可得到互助小组、就业信息、需求转介等服务。

（二）新技术应用，拓展潜能效能

通过科技应用，受助人、家人及公众以手机应用程序作为信息交流及教育平台，以提升计划的覆盖面和社会了解，努力促进社会改变对残疾人士能力及社会地位的观念，以平等尊重的精神，帮助残疾人参与社会发展。

（三）发挥更大种子效应

随着社会的发展和新政策的出台，着力强化“残疾人自主”理念，第三期计划推展社会互助，创新社会管理，示范省将引导更多的小区组织参与，将开展200个互助服务项目，务求残疾人服务得到更广泛的扩展。该项目的实施，对于充分利用长江新里程计划一、二期项目成果及其所奠定的基础，解决残疾人特别是贫困残疾人在康复、脑瘫儿童引导式教育、残疾人自助互助组织建设等方面的迫切需求，改善残疾人状况，促进残疾人平等参与社会生活、共享社会物质文化成果，具有重要意义。预计可直接惠及逾10万残疾人，模式及经验可辐射全国各级残联机构。长江办积极组织、协调督导各项目组撰写了长江新里程计划（第三期）项目书的草稿。

二、科研创新，积极宣传长江项目

召开了长江假肢服务二期项目科研课题结题会，在有关专家和相关省残疾人辅助器具中心参与下，对膝关节盘腿器的研发模型、二维人体重力线激光显示仪的研究与应用模块及假肢液压膝关节研发模型进行了项目结题。

长江办组织中国残疾人辅助器具中心和广东省残疾人辅助器具中心积极参与了民政部在深圳市举办的“第二届中国公益慈善项目交流展示会”，展示了中国残联与李嘉诚基金会合作开展的长江项目（第二期）假肢服务项目、

脑瘫儿童康复和残疾预防项目、高科技助残就业项目的成果，宣传了李嘉诚基金会“助无助者”的慈善理念、长江新里程计划项目和中国残疾人康复事业。会同中国残疾人辅助器具中心在北京共同承办了中国残联与中国老龄委2013中国国际福祉博览会暨中国国际康复博览会。

三、接受评估审计，总结表彰先进

长江（第二期）项目接受了中国人民大学和永华普道会计事务所的第三方评估和审计等项工作，长江办向中国残联理事会和李嘉诚基金会递交了圆满的工作答卷。为了总结长江（第二期）项目工作经验，更好地开展长江项目（第三期）工作，召开了长江新里程计划（第二期）项目工作总结和假肢服务项目、高科技就业服务项目、脑瘫儿童引导式教育及残疾预防3个子项目的经验交流会，中国残联表彰了“长江新里程计划项目（第二期）先进单位和先进个人”（残联发〔2013〕10号）。在全面完成长江新里程计划（第二期）项目任务基础上，3个项目组及全国各项目省、项目执行地区，认真总结经验，分别提交了长江二期总结报告和三期项目计划书，为长江办编印二期报告汇编提供了良好素材，为做好2014年“长江新里程计划”项目工作打下了良好基础。

（纳新、孙光供稿）

残疾人教育工作

一、政策法规文件

关于开展2013年“交通银行残疾大学生励志奖”评选活动的通知

教就函〔2013〕5号

各省、自治区、直辖市残联、团委：

为贯彻落实《国家中长期教育改革和发展规划纲要(2010—2020年)》和《中国残疾人事业“十二五”发展纲要》精神，积极培育、大力宣传残疾大学生先进典型，集中展现他们的精神风貌，决定2013年继续在“通向明天——交通银行残疾青少年助学计划”中安排专项资金，开展“交通银行残疾大学生励志奖”（以下简称“励志奖”）评选活动。现将有关事宜通知如下：

一、评选推荐范围与名额

在全日制普通高等学校注册的中国籍残疾大学生(包括研究生、本科生、专科生)。

全国共推荐“励志奖”候选人36名，从中产生“励志奖”获得者10名，其余26名候选人获得提名奖（各地候选人名额分配表略）。

二、评选推荐条件

“励志奖”候选人应为：

1. 热爱社会主义祖国，拥护中国共产党领导，模范遵守国家法律、社会公德和大学生行为准则；

2. 持有中华人民共和国残疾人证；

3. 学习努力刻苦，成绩优秀，获得学校二等以上优秀奖学金；

4. 在学业、科技创新、志愿者服务和社会实践等方面事迹突出，有一定社会影响，获得省级以上相关奖项者优先；

5. 曾获得过“励志奖”及提名奖的不再参加评选。

三、奖励办法

授予“励志奖”获得者荣誉证书，每人颁发奖金1万元；获得“励志奖”提名者，每人颁发奖金3000元；“励志奖”获得者不兼得提名奖励。

四、评选推荐程序

1. 普通高校推荐候选人，填写候选人登记表（略），一式三份，报送省级残联。

2. 省级残联和团委按照所分配候选名额，共同审核、确定候选人名单，并于2013年4月30日前将其登记表及电子版报至“励志奖”评选工作办公室。

3. 评选委员会评审，分别确定“励志奖”和提名奖人员名单，并公布评选结果。

五、评选推荐工作要求

1. 各省（区、市）残联和团委要高度重视，加强领导，精心组织，认真实施。

2. 评选推荐工作要公开、公正、公平，候选人要在学校和本地区进行公示。公示内容包括候选人简历、照片和先进事迹等，公示时间为5个工作日。

3. 重视评选推荐工作宣传，展示残疾大学生风采。本次评选活动媒体支持单位：中国残联信息中心、中国教育报、中国青年报，相关信息将发布在活动官方网站

http：//www. cdpf. org. cn。请各地残联和团委以及高等学校在本单位网站首页设置评选活动链接，链接指向活动官方网址。

4. 严肃评选纪律。对未按照评选条件和规定程序推荐的人选，经查实后撤销其评选资格，并视情做出处理。

中国残联教育就业部
共青团中央学校部
2013 年 1 月 21 日

关于开展 2013 年度“交通银行特教园丁奖”评选推荐工作的通知

残联厅发〔2013〕3 号

各省、自治区、直辖市残联、教育厅（教委），有关高校：

为贯彻落实《中国残疾人事业“十二五”发展纲要》和《国家中长期教育改革和发展规划纲要（2010—2020年）》精神，大力宣传、表彰优秀特教教师的先进事迹，进一步激励广大教育工作者献身特教事业，推进特教师资队伍建设，经与交通银行协商，决定 2013 年继续在“通向明天——交通银行残疾青少年助学计划”中设立“交通银行特教园丁奖”。为做好 2013 年评选工作，现将有关事宜通知如下：

一、评选推荐范围与名额

在特教学校、残疾人中等职业学校、高等特教学院（专业）、国家开放大学残疾人教育学院和普通学校附设特教班从事特教工作的教师，在普通学校承担随班就读工作的教师。

全国共表彰 201 名优秀特教教师，各地具体名额分配（略）。

二、评选推荐条件与要求

（一）认真执行党和国家的教育方针，模范遵守国家法律法规和教师职业道德。

（二）热爱特教事业和残疾学生，促进学生全面发展，在本职岗位做出优异成绩。

（三）从事特教工作 5 年以上，同等条件下优先评选从事特教工龄较长的教师；优先评选农村艰苦地区和少数民族地区特教教师。

（四）以推荐一线特教教师为主，特教学校校长、特教学院院长等教育管理人员要严格控制在候选人数的 10% 以内，原则上副司级以上教育管理人员不参加评选。

（五）曾获得过“交通银行特教园丁奖”的不再参加评选。

三、表彰奖励方式

授予获奖人员证书，每人颁发奖金 5000 元人民币。

四、评选推荐办法

各地残联会同教育厅（教委）共同组织评选，推荐候选人名单，填写《2013 年度“交通银行特教园丁奖”候选人登记表》（略），表中“先进事迹”要求 800 字以内，内容真实、具体、感人。“候选人登记表”请用 A4 纸打印，一式两份，于 2013 年 4 月 30 日前寄送北京联合大学特殊教育学院，逾期视为放弃。为加大宣传力度，请各地从候选对象中推荐 1—2 名事迹特别突出的作为重点宣传对象，并提供 1500 字左右的事迹简介。上述材料，同期报送电子文档。

五、评选推荐工作要求

（一）各地要充分认识开展“交通银行特教园丁奖”评选表彰活动的重要意义，将其作为贯彻落实《中国残疾人事业“十二五”发展纲要》和《国家中长期教育改革和发展规划纲要》精神、推进残疾人教育事业发展的重要举措，高度重视，加强领导，认真组织，并指定专人负责。残联和教育部门要加强沟通、协商，相互支持、合作，共同做好这项工作。

（二）要坚持公开、公平、公正的原则，充分依靠广大教职工，实事求是，民主评选，坚持标准，严格把关。候选人要在相关范围内进行公示。

（三）各地可从实际出发，积极开展本地区评选表彰特教教师活动，充分调动广大特殊教育工作者的积极性。

（四）各地要与地方交通银行密切合作，结合全国助残日、教师节等活动，利用各种形式做好优秀特教教师评选宣传工作。请将地方媒体相关宣传报道汇总，同期报送电子文档。

中国残联办公厅
教育部办公厅
2013 年 2 月 4 日

2012 年全国未入学适龄残疾儿童少年情况通报

残联厅〔2013〕37 号

各省、自治区、直辖市残联、教育厅（教委），新疆生产建设兵团残联、教育局，黑龙江农垦总局残联：

按照中国残联、教育部《关于做好未入学适龄残疾儿童少年调查统计工作的通知》（残联〔2011〕65 号）要求，各地对截止到 2012 年 9 月 10 日前未入学适龄残疾儿童少年情况进行了调查、登记和统计录入，经各省级残联对辖区内的数据审核汇总、中国残联审核，在各级残联、教育部门的共同努力下，已经完成相关统计工作，现将有关情况通报如下：

全国调查并已实名统一录入“中国残疾人事业统计管理系统”的 2012 年未入学适龄残疾儿童少年有 78462 名。以“姓名 + 身份证号”为关键字比对上年台账，经各级残联、教育行政部门和学校密切配合、有效工作，2012 年未入学适龄残疾儿童少年比上年减少 24450 名。同时，2012 年新增未入学适龄残疾儿童少年 20078 名，实际减少 4372 名。

2012 年未入学残疾儿童少年中，男 48868 名，女 29594 名；农业户口 63258 名，非农业户口 15204 名；肢体残疾 25801 名，智力残疾 25245 名，多重残疾 12029 名，言语残疾 4551 名，听力残疾 4180 名，视力残疾 3870 名，精神残疾 2786 名。

78462名未入学适龄残疾儿童少年的未入学原因，选择“残疾程度较重”的有48298名，占61.6%；选择“家庭经济困难”的有14597名，占18.6%；选择“其他”的有10015名，占12.8%；选择“无特教学校(班)”的有3787名，占4.8%；选择“交通不便”的有1765名，占2.2%。与上一年度相比，选择“残疾程度较重”的上升了5.6个百分点。

未入学原因选择“其他”的，多数在具体情况说明中填写了“贫困、家庭经济困难和残疾程度严重、生活不能自理”。还有一部分填写了“有特教学校，但没有送教上门”、“跟不上学习进度”、“入学困难”或者“在康复机构或福利机构”。

各省（区、市）未入学适龄残疾儿童少年详细情况见附录三。

请各地按照中国残联、教育部《关于做好未入学适龄残疾儿童少年调查统计工作的通知》要求，做好以下工作：

一、各级残联和教育部门密切配合，根据本地2012年未入学适龄残疾儿童少年的调查统计数据，结合当地特殊教育发展状况等，认真分析残疾儿童少年未入学原因，为研究制定残疾儿童少年入学对策提供准确依据。

二、今年，教育部、中国残联等部门将启动实施《残疾儿童少年义务教育攻坚计划（2013—2015年)》。各级残联、教育部门要结合攻坚计划的实施，针对本地适龄残疾儿童少年未入学原因和特殊教育需求，按“一人一案”原则，采取切实措施，通过在普通学校随班或附设特教班就读、在特殊教育学校就读、送教上门等多种形式，不断提高残疾儿童少年义务教育普及水平。同时，在国家“两免一补”政策和对残疾学生优惠政策不断推出的情况下，进一步摸清家庭经济困难残疾儿童的状况和其他特殊需求，有针对性地给予资助，保障他们接受义务教育。

三、各级残联和教育部门相互沟通，密切合作，继续做好调查统计工作，注重未入学适龄残疾儿童少年动态监测，加大监督检查和指导力度，提高统计的全面性、客观性与准确性，建立健全未入学适龄残疾儿童少年动态调查统计制度。

中国残联办公厅
教育部办公厅
2013年5月28日

关于授予刘建平等201名同志“交通银行特教园丁奖”的决定

残联厅发〔2013〕7号

各省、自治区、直辖市残联、教育厅（教委），有关高校：

为贯彻落实《国家中长期教育改革和发展规划纲要(2010—2020年)》和《中国残疾人事业“十二五”发展纲要》精神，推进“十二五”期间特殊教育事业加快发展，鼓励特教教师爱岗敬业、无私奉献，大力宣传和表彰优秀特教教师先进事迹，根据中国残联办公厅、教育部办公厅《关于开展2013年度“交通银行特教园丁奖”评选推荐工作的通知》（残联厅发〔2013〕3号）要求，经各地教育行政部门和残联共同评选、推荐，教育部和中国残联审核，并商交通银行同意，决定授予刘建平等201名同志2013年度“交通银行特教园丁奖”(名单见附录一)。

希望获奖同志再接再厉，继续发扬高尚的师德和人道情怀，创新教育观念，增强自身专业素养，不断提高教育教学水平和能力，力争在特殊教育工作中做出新的成绩。全国特殊教育工作者要以获奖同志为榜样，高举中国特色社会主义伟大旗帜，深入贯彻落实科学发展观，加快推进特殊教育改革与发展，为构建社会主义和谐社会做出努力和贡献。

中国残联办公厅
教育部办公厅
2013年7月4日

关于授予刘曼等10人“交通银行残疾大学生励志奖”、方璇等26人“交通银行残疾大学生励志奖提名奖”的决定

教就函〔2013〕19号

各省、自治区、直辖市残联、团委：

近年来，在党和政府高度重视和社会各界共同努力下，我国残疾人教育发展格局和体系逐步完善，接受高等教育的残疾人越来越多。残疾大学生以超越常人的毅力，克服生理障碍，自强不息，谱写了不平凡的人生。他们的先进事迹影响和带动了一大批青少年学生，为社会主义精神文明建设做出了积极贡献。

为贯彻落实《国家中长期教育改革和发展规划纲要(2010—2020年)》和《中国残疾人事业“十二五”发展纲要》精神，积极培育、大力宣传残疾大学生的先进典型事迹，展现他们自强不息、身残志坚的精神风貌，根据《关于开展2013年“交通银行残疾大学生励志奖”评选活动的通知》（教就函〔2013〕5号）要求，经各省(区、市）残联、团委共同评选推荐，“交通银行残疾大学生励志奖”评选委员会评审，决定授予刘曼等10人“交通银行残疾大学生励志奖”(名单见附录二)，方璇等26人“交通银行残疾大学生励志奖提名奖”。

获奖大学生要戒骄戒躁，继续发扬自尊、自信、自立、自强的精神；广大青少年学生要向他们学习，奋发图强，积极践行社会主义核心价值体系，努力成为中国特色社会主义事业的建设者和接班人。

中国残联教育就业部
共青团中央学校部
2013年8月14日

二、工作综述

2013年，残疾人教育工作以贯彻落实第四次全国特教会和《教育规划纲要》精神为中心，积极推进在全国基本普及残疾儿童少年九年义务教育，完善特殊教育体系，落实和出台特殊教育发展的政策措施，保障残疾人受教育权利。

残疾儿童少年义务教育入学率达到71.9%。实施彩票公益金学前教育项目和“交通银行残疾青少年助学计划”，资助学龄前残疾儿童及高中、大学阶段残疾青少年，受助人数近两万人。实施彩票公益金中高等特殊教育项目，资助全国22所中高等特教院校提高办学水平，加强实训基地建设。依托两个残疾人职业教育培训基地开展特教师资培训，“交通银行残疾青少年助学计划”对全国和部分省级特教师资培训给予补贴，共培训特教师资近700人。2013年，全国已开办特殊教育普通高中班（部）194个，在校生7313人，残疾人中等职业学校（班）198个，在校生11350人。全国有7538名残疾人被普通高等院校录取，1388名残疾人进入高等特殊教育学院学习。

（一）参与制定《特殊教育提升计划（2014—2016年）》（以下简称《提升计划》）

配合教育部等部门，起草《残疾儿童少年义务教育攻坚计划》，提供数据素材，提出政策建议，后修订为《提升计划》。经国家教育体制改革领导小组审议并原则同意，并报请国办名义转发。该计划将当前和今后一个时期的特殊教育工作聚焦在全面提升特殊教育水平上，全面推进全纳教育，增加残疾人受教育机会。与教育部共同通报2012年度78462名未入学残疾儿童少年，并增加统计指标，跟踪儿童去向，为实施《提升计划》，逐一安排实名登记的儿童就学打好基础。

（二）配合教育部、国务院法制办修订《残疾人教育条例》

配合国务院法制办、教育部做好《残疾人教育条例》修订工作，吸收各地成功做法经验，听取意见和建议，对《残疾人教育条例（修订草案）（送审稿）》提出修改意见和建议，依法推进事业发展，保障残疾人受教育权利。

（三）实施“特殊教育学校建设二期规划”

与国家发改委、教育部共同组织实施“特殊教育学校建设二期建设规划”，改善特殊高等师范院校、残疾人高等院校和中等职业学校办学条件，扩大培养培训规模。截至2013年年底，已有8所残联系统残疾人中职学校建设项目开工，其中3所已完工。总投入33531万元，其中中央投入21800万元。

（四）手语盲文研究推广工作扎实推进

与国家语委及教育部语言文字应用管理司、语言文字信息管理司密切合作，稳步推进国家通用手语盲文标准研制工作，开展国家语委《国家手语词汇语料库建设》重大科研项目和《少数民族手语和盲文使用状况调查》委托科研项目工作。

通用手语和通用盲文标准研制工作稳步推进，手语标准化研究词汇和句法两个分课题组召开百余次会议，讨论近1000个词汇，采集了79位聋人手语视频，完成了大量基础工作。国家手语词汇语料库建设列为2012年国家语委、中国残联重大科研项目并启动调查采集工作。赴西藏、新疆等省（自治区）进行藏、维、蒙、哈、朝、彝、壮七个少数民族手语和盲文使用状况抽样调查。与教育部合作完成手语盲文文献资料库一期建设。先后举办2013年手语和盲文理论与教学实践培训班，培训特教学校、残联系统中职学校、高等特教学院专业教师近100名。

（五）扶残助学工作有效开展

1. 实施“残疾人事业专项彩票公益金助学项目”，1万余名学龄前残疾儿童得到资助。项目的实施带动各省扩大资助范围，举办各类学前教育机构，建立扶残助学制度。

2. 实施彩票公益金中高等特殊教育项目，加快发展以职业教育为主的残疾人高中阶段教育和高等教育，资助全国22所中高等特教院校提高办学水平，加强实训基地建设，深化校企合作，拓宽残疾学生就业渠道。

3. “通向明天——交通银行残疾青少年助学计划”项目资助高中、大学阶段残疾青少年4000余名；表彰优秀特教教师200名；表彰优秀大学生36名；对全国和部分省级特教师资培训给予补贴，培训特教师资近600名。

附录一

交通银行特教园丁奖获得者

北京（6人）刘建平（女）芦燕云（女）张亚萍（女）祁超 李元（女）薛凤云（女）

天津（5人）郝远（女）尹立新（女）张蓓青（女）乔璐静（女）白银峰（女）

河北（10人）郭志利 武慧敏（女）张树成 王志华（女）李德敬（女）韩景芝（女）史维密 刘艳红（女）王金岩 徐春荣（女）

山西（5人）靳素琴（女）马凤云（女）刘建红（女）李耀平（女）郭长安

内蒙古（5人）米玉英（女）徐艳玲（女）杨国斌 张鑫 刘唯鹤

辽宁（9人）苏秋颖（女）徐晓梅（女）马丽新（女）付艳（女）陈桂艳（女）王嘉（女）杨慧（女）邹冬梅（女）张勇

吉林（6人）武娇艳（女）姜晓秋（女）许英玉（女）姚晓弘（女）艾民（女）张颖（女）

黑龙江（7人）李殿军 苗春风 毕波（女）李崇利 李海燕（女）王淑芝（女）董杰（女）

上海（7人）郭奕敏（女）沈蓉（女）沙燕（女）施凤（女）范俊华（女）刘畅（女）李根宝

江苏（14人）何侃（女）张慧（女）周莹洁（女）常燕（女）王芳（女）钮立坚 李峰群 吴浩 孔维祥 夏益娟（女）钟章成 钱秋娣（女）常建文 赵凤陆

浙江（8人）骆中慧（女）章娇容（女）沈毅英（女）张文姣（女）徐斌 冯正军 钱水清 朱海清（女）

安徽（7人）肖龙梅（女）彭瑛（女）陈晨 薛仰宇 邓志青 刘文兰（女）张彩宁（女）

福建（8人）王燕（女）庄琳（女）郭梅芳（女）张海娟（女）林国章 吴家标 邱永兰（女）陈文斌（女）

江西（5人）饶文斌 夏小平 肖菊莲（女）赖颜（女）赵焕春

山东（15人）蒋楠（女）曹维（女）牛先平 刘宪庆 王淑荣（女）张守海 鹿崇涛 刘淑敏（女）宋大军 张焕栋 褚杨（女）史晓慧（女）高洪芝（女）樊籴 金晖（女）

河南（12人）张彩霞（女）邢燕（女）郭长知（女）周凤英（女）靳忠明 任娜（女）史秀娥（女）魏冬梅（女）杜占军 王艳（女）赵立昌 李杰

湖北（7人）聂品华（女）文海英（女）王铁鸿 邹莉（女）陈登尧 李军堂 余金林（女）

湖南（7人）吴萍（女）廖春兰（女）严凤英（女）王鑫（女）傅朝晖（女）夏盛斌 袁仁忠

广东（8人）刘益英（女）缪丽平（女）陈秀珍（女）邝俭玲（女）王道进 谭晓燕（女）张芬（女）区洁怡（女）

广西（6人）彭红丽（女）廖雪梅（女）苏朝玲（女）李睿娴（女）黄忠田 黄春波

海南（2人）郭仁群（女）陈帅

重庆（4人）陈群（女）周建勋 陈兴武 冉启明

四川（9人）周涛（女）彭涛 张莉（女）林丽（女）赵烈 常继勇 章永 王琳（女）龙升颜（女）

贵州（6人）王志刚 李景秀（女）潘群（女）王娅玲（女）彭红星（女）王娅（女）

云南（6人）赫志晓（女）张昆湘（女）任鹏达 王东 寸黎黎（女）刘丽（女）

西藏（1人）扎西央宗（女）

陕西（4人）贾丽娟（女）王静（女）张旭（女）段瑛芳（女）

甘肃（3人）梅有祥 左明 张玉强

青海（2人）丁生英（女）余腾文

宁夏（2人）丁梅红（女）王国玺

新疆（3人）买秀瑛（女）王玉新 热比亚木·买买提（女）

国家开放大学（1人）瞿炜

中国教育科学研究院（1人）彭霞光（女）

附录二

交通银行残疾大学生励志奖获得者

北京联合大学	刘　曼（女）
南开大学	潘立宁（女）
内蒙古农业大学	石慧强
上海政法学院	寿文清（女）
安徽财经大学	代响玲（女）
福建农林大学	范　凌
重庆城市管理职业学院	廖克力
电子科技大学	陈兆丰
云南大学	沈文武
宁夏医科大学	李亚兄（女）

附录三

各省、自治区、直辖市未入学适龄残疾儿童少年详细情况

（见下页）

（韩咏梅供稿）

各省、自治区、直辖市未入学适龄残疾儿童少年台账登记统计表

单位:%

地区	小计	性别		户口类别		残疾类别							未入学原因					与上年度比对	
		男	女	农业	非农业	视力	听力	言语	肢体	智力	精神	多重	残疾程度较重	家庭经济困难	无特教学校	交通不便	其他	比上年度减少	本年度新增
合计	78462	48868	29594	63258	15204	3870	4180	4551	25801	25245	2786	12029	48298	14597	3787	1765	10015	24450	20078
北京	419	255	164	164	255		3	2	100	196	22	96	344	7	22	8	38	280	146
天津	477	295	182	309	168	9	16	15	175	233	2	27	440			11	26	126	116
河北	1561	943	618	1327	234	67	119	93	610	453	30	189	1077	238		24	222	628	359
山西	2435	1440	995	1978	457	126	173	163	759	863	58	293	1502	534	149	71	179	565	481
内蒙古	1471	880	591	964	507	57	59	86	459	510	43	257	1177	81	98	29	86	859	243
辽宁	2717	1705	1012	1707	1010	93	125	85	1019	1049	115	231	1730	426	101	37	423	698	398
吉林	2710	1678	1032	1566	1144	76	125	145	864	1041	191	268	1919	451	92	38	210	493	1344
黑龙江	927	564	363	314	613	42	52	24	246	373	71	119	610	215	26	14	62	334	268
上海	43	29	14	2	41	3	2		24	12		2	31			2	10	83	19
江苏	1498	939	559	872	626	59	130	27	494	660	45	83	1237	86	11	11	153	411	525
浙江	778	499	279	655	123	15	55	10	249	329	24	96	505	32	15	24	202	220	535
安徽	3434	2130	1304	2895	539	107	120	148	1015	1256	173	615	2339	641	146	50	258	806	195
福建	1227	804	423	951	276	34	33	27	350	557	66	160	964	82	25	8	148	537	345
江西	2477	1645	832	2070	407	120	162	96	661	868	76	494	1346	535	140	40	416	881	670
山东	2701	1721	980	2450	251	71	69	61	951	1082	93	374	2134	415	55	17	80	953	665
河南	8343	5201	3142	7308	1035	425	657	619	3207	2600	121	714	3961	2385	190	52	1755	2009	999
湖北	2478	1575	903	1975	503	136	113	132	840	786	81	390	1479	529	58	88	324	763	512
湖南	6383	4067	2316	5520	863	316	240	393	2308	1738	156	1232	3812	1410	269	194	698	2447	2504
广东	4447	2953	1494	3067	1380	178	198	193	1210	1529	345	794	2506	780	498	101	562	1141	958
广西	5279	3512	1767	4720	559	253	242	438	1602	1360	129	1255	3671	658	331	99	520	1776	1249
海南	589	387	202	443	146	20	25	33	203	185	24	99	249	173	22	4	141	132	73
重庆	1119	677	442	892	227	90	57	58	315	466	44	89	910	31	6	2	170	900	133
四川	5016	3050	1966	4333	683	393	335	352	1675	1473	225	563	2561	1248	255	218	734	1240	1401
贵州	2468	1479	989	2208	260	195	118	216	767	599	61	512	1533	347	215	90	283	1104	1131
云南	5086	3031	2055	4632	454	342	335	371	1643	1331	88	976	2824	1142	199	120	801	1552	1201
西藏	440	216	224	417	23	41	27	51	191	26	30	74	256	37	24	19	104	68	252
陕西	3259	2007	1252	2717	542	163	189	171	1094	909	122	611	1633	731	292	85	518	1325	1700
甘肃	3329	2048	1281	2918	411	179	186	171	1212	895	121	565	1648	781	234	126	540	485	417
青海	794	454	340	644	150	38	48	37	286	245	13	127	456	229	32	40	37	240	152
宁夏	942	553	389	716	226	42	36	57	255	373	30	149	741	72	43	8	78	146	286
新疆	3457	2029	1428	2523	934	177	126	265	966	1177	182	564	2563	301	230	134	229	1042	797
新疆兵团																		178	
黑龙江农垦	158	102	56	1	157	3	5	12	51	71	5	11	140		9	1	8	28	4

残疾人就业工作

一、领导讲话

贾勇在全国残联就业中心主任工作会上的讲话摘要

2013 年 1 月 6 日

新时期的残疾人就业工作，要高标准、严要求。当前不仅要扩大残疾人就业规模，还要注重残疾人就业质量的不断提升，增强残疾人就业的稳定性。要把促进残疾人就业作为优先目标，注重事业发展与促进残疾人就业良性互动，把推动基础工作成效转化为对就业的拉动能力。要把扩大就业与稳定就业并重，采取积极措施鼓励扶持社会用人单位，稳定残疾人就业。要把统筹城乡多种形式就业作为工作着力点，努力推进基地就业、城乡接合部就业、社区基层就业。要把残疾人实名制培训转化为就业成效，以实名制管理来规范就业工作。要大力推进残疾人就业服务机构规范化建设，提高服务能力。2013 年就业工作任务重、目标实。他希望各地要切实深入学习贯彻党的十八大会议精神，按照全国残联第二十七次工作会议工作部署，全面把握 2013 年残疾人就业服务和盲人按摩工作要求，增强责任感和使命感，推动残疾人就业工作不断创新发展。

贾勇在全国残疾人就业工作经验交流会上的讲话摘要

2013 年 5 月 8 日

促进残疾人收入倍增将是今后一个时期残疾人事业发展的重要目标，残疾人就业是实现这一目标的关键。要从提高认识入手，切实落实就业优先战略。要始终把就业作为保障和改善残疾人民生的头等大事来抓，始终把就业放在残疾人事业各项工作的优先位置予以安排，否则，工作就跑偏了。在满足残疾人个体生活需求的方方面面时，只有把促进残疾人实现就业放在突出重要的位置，才能真正改善残疾人的生活，真正让残疾人平等参与社会，真正过上有尊严的生活。要从法规政策入手，切实促进残疾人就业。要熟悉和掌握国家和地方政府相关法规和政策，把法规和政策与残疾人的实际结合起来，协调有关部门，加快出台和不断完善促进和保护残疾人就业的法规政策。要从能力建设入手，切实加强就业服务，在就业政策协调、制定和具体的就业培训、就业管理工作中，残联干部都面临着提高自身素质和能力的问题。就业服务机构要把主要精力放在就业服务上，做好与公共就业服务机构的衔接，做好与残疾人、与用人单位之间的衔接，扎扎实实开展好各项就业服务，发挥好残疾人与用人单位之间的桥梁和纽带作用，努力成为残疾人实现就业的好帮手。

贾勇在城乡残疾人多种形式就业工作研讨会上的讲话摘要

2013 年 5 月 22 日

各地要认真贯彻落实全国电视电话会议精神，从落实各项就业扶持政策、多渠道促进残疾人大学生就业、加强就业服务和就业援助等方面认真做好高校残疾人毕业生就业工作，努力帮助每一位应届高校残疾人毕业生实现就业。现在距离 2020 年全面建成小康社会只有七年多的时间，为了如期实现残疾人收入倍增和残疾人小康生活的目标，促进残疾人就业必然是残疾人工作的重中之重。各级残联要充分认识做好残疾人就业工作的重要性，把残疾人就业工作放在残疾人各项业务领域的优先位置予以安排和部署，抓住国家大力推进新型城镇化和第二、三产业的发展机遇，坚持扩大残疾人就业与稳定残疾人就业并重，重点推进基地残疾人就业、城乡接合部残疾人就业、社区基层残疾人就业。各级残疾人就业服务机构要将残疾人职业培训、就业服务和就业指导等各项工作抓实抓好，尽快完成残疾人就业与职业培训实名制数据录入工作。

程凯在中国残联就业服务指导中心调研指导残疾人就业服务工作时的讲话摘要

2013 年 10 月 28 日

就业服务指导中心在残疾人就业服务规范化、精细化、创新性方面推进较好，工作人员素质显著提升，就业工作成效显著，中心在全国的影响力和作用发挥越来越明显。残疾人同步实现小康关键在就业。就业服务指导中心要认真落实中国残联“六代会”和鲁勇书记指示精神，切实推进残疾人就业，确保残疾人同步实现小康；共同努力，争取解决中心办公用房问题，改善办公条件，建设与国家级残疾人就业中心相匹配的服务残疾人就业和培训的示范场所；加强残疾人就业研究和信息服务，条件具备时内设研究机构，科学分析实名制就业数据和研判国内外舆情；从基础建设到内涵建设，完善国家级残疾人就业服务中心，建立一支规模适度、担当残疾人就业服务的队伍；开展实名制就业、实名制培训、实名制职业指导，推进实名制统计管理，针对每一位有就业需求的残疾人开展服务。在开展群众路线教育实践活动方面，要认真学习习近平总书记在河北省委常委班子专题民主生活会重要讲话精神，把群众路线教育实践活动的阶段性成果固化下来，定制度、定规则，把群众路线教育实践活动开展好。

程凯在2013中国劳动力市场发展报告发布会上的致辞

2013年11月30日

党的十八大提出要全面建成小康社会，实现中华民族伟大复兴的中国梦，这是包括广大残疾人在内的每一个中国人的梦想。我国有8500多万残疾人，涉及2亿多亲属，正如朴方主席所言："全面建设小康社会，不能也不应该把残疾人落下；没有残疾人的小康，就不是全面的小康、真正的小康。"中国残疾人联合会第六次全国代表大会提出了努力实现残疾人与全国人民同步奔小康的宏伟目标，为今后一个时期的残疾人工作指明了方向。要实现这一目标，就必须抓住残疾人就业这一关键，切实扩大残疾人就业规模，改善残疾人就业质量，提高残疾人家庭收入，缩小残疾人在保障与服务方面与社会平均水平的差距。

"十二五"以来，国家实施就业优先战略，在挖掘潜力促进就业，减少失业等方面做了大量工作，为实现"稳增长、调结构、保民生、促稳定"做出了重要贡献。由于我国剩余劳动力和新增劳动力规模大，就业容量有限，在全球经济调整、农村转移就业、技术培训不足等诸多因素的影响下，总体就业压力大、结构性矛盾突出的现实将长期存在。面临这一严峻的形势，如何让更多的残疾人实现稳定就业是摆在我们面前的一个重要课题。

刚刚闭幕的十八届三中全会做出了全面深化改革的重大决定，并就健全就业创业体制机制做出了重要部署。中国残联将深入贯彻落实十八届三中全会精神，围绕残疾人同步小康目标，加大残疾人就业工作的力度，千方百计促进残疾人就业。结合学习三中全会精神，提出以下建议：

一是要建立完善经济发展和扩大残疾人就业的联动机制。十八届三中全会以经济体制改革作为引领，并就财税体制改革、金融市场改革、土地制度改革等重大问题提出了一系列制度安排。我们既要充分发挥市场对劳动力等要素资源配置的决定作用，也要充分考虑对残疾人等困难群体的就业保护。要综合运用财政、税收、金融、产业等方面的政策，保护和扩大残疾人就业。这要求我们在深化财税体制改革、加强预算管理、清理税收优惠政策的同时，要加大对残疾人就业的公共财政投入，加强对残疾人就业的税费减免力度，扩大税种减免范围；在完善市场决定价格形成机制的同时，要注意保护残疾人集中就业机构的发展，落实社保补贴、专产专营、政府优先采购等政策措施；在加快新型城镇化建设进程中，要针对残疾人特点，就近就便安排农村残疾人转移就业或依靠土地参加生产经营，防止农村残疾人被边缘化，成为新的城市贫民。

二是要强化各级政府在残疾人就业工作中的责任。三中全会要求政府要加强发展战略、规划、政策、标准的制定和实施，加强和优化各类公共服务，以促进共同富裕，弥补市场失灵。为此，我们建议各地要加快地方残疾人就业条例立法进程，加大政策扶持力度，依法促进残疾人就业。各级公共就业服务机构和基层劳动就业服务平台要为残疾人提供免费、便利的就业服务和援助,；在规范招人用人制度方面，要切实落实中组部等七部委促进残疾人按比例就业的意见，公务员考录、事业单位招聘过程中，要为残疾人预留岗位、同等条件下优先录取，并提供合理便利，减少各类限制；国有企业提供的公共服务要充分考虑残疾人就业需求。政府开发的公益性岗位要优先并确定比例安排残疾人就业。

三是要进一步完善并落实扶持残疾人就业创业的优惠政策。要建立各类用人单位按比例安排残疾人就业情况公示制度，定期开展按比例安排残疾人就业执法检查。制定扶持残疾人个体就业的政策措施，建立残疾人创业基金，并给予全额贴息；要制定促进残疾人辅助性就业发展的政策，鼓励兴办庇护性工场以及职业康复劳动车间、托养服务工场、工（农）疗机构等辅助性就业机构，帮助难以通过劳动力市场实现就业的残疾人参加生产劳动；残疾人就业保障金要提高资金使用效率，加大对用人单位的扶持补贴力度，加大对就业创业残疾人在社会保险、场地租金、设施设备等方面的补贴力度。

四是要进一步完善城乡均等的残疾人就业服务体系，为有就业需求的残疾人免费提供全程就业服务。中国残联将按照残疾人事业"十二五"纲要的要求，进一步加强就业服务机构规范化建设，着力提高基层就业服务能力，以实名制统计工作为抓手，完善就业、失业动态监测，为残疾人个体就业、社区就业、居家就业、网络就业等搭建平台，收集并开发就业项目，提供培训及信息服务，建立对失业和就业困难残疾人的兜底保障制度，确保有就业需求的残疾人普遍得到就业服务；要大力推广政府购买就业服务，推动形成政府主导、社会参与、公办民办并举的残疾人就业公共服务供给方式；要依托各类职业院校和社会培训机构，大力开展订单、定岗、定向培训，通过委托、合同等方式购买培训成果，加强培训评估，提高培训质量和培训效果，不断提升残疾人就业能力和就业水平。

五是要消除一切影响残疾人平等就业的制度障碍和

就业歧视。加强残疾人劳动权益维护，严厉打击对残疾人的就业歧视、限制和欺诈行为，创新劳动关系协调机制，畅通在岗残疾人表达合理诉求渠道，及时纠正不公平现象。要强化残疾人就业法律维权意识，加强对残疾人就业的法律援助。广泛宣传残疾人就业能力和用人单位社会责任，鼓励社会各界支持、帮扶残疾人就业，为残疾人就业创造良好环境。

王乃坤在2014年就业援助月活动启动仪式暨就业困难人员座谈会上的讲话

2013年12月18日　成都

就业是民生之本。保障民生，不断提高人民生活水平主要要靠稳定和扩大就业。中国残联六代会上，张高丽副总理提出了努力实现残疾人与全国人民同步小康，让残疾人生活得更有尊严、更加殷实、更加幸福的目标。这个目标怎么实现？我想让具备劳动条件和劳动能力的残疾人充分实现就业、稳定就业应该是个基础。开展就业援助月活动，为解决包括残疾人在内的就业困难人员的就业问题搭建了一个很好的平台。连续几年的就业援助月活动在促进就业困难群体实现就业和扩大社会影响方面都取得了非常好的效果，也证明了我们举办这个活动的意义所在。

近年来，我国残疾人就业状况在各级政府特别是人力资源社会保障部门的高度重视和关心下显著改善，就业规模总体保持稳定，就业稳定性和就业层次有了一定提高，服务体系逐步健全完善，分散、集中、个体等多元化的就业格局初步形成。但由于种种原因，残疾人就业仍然面临许多困难和问题，形势依然严峻。中国残联近几年残疾人状况监测报告显示，劳动年龄段生活能够自理的城镇残疾人就业比例不足40%，远低于社会平均水平。三中全会关于全面深化改革的决定明确提出了“健全政府促进就业责任制度，消除一切影响平等就业的制度障碍和就业歧视”的要求，落实这一要求，对于残疾人就业而言，意义更为重大。可以说，帮助残疾人就业，特别是对贫困家庭、一户多残家庭中有就业愿望的残疾人，高校残疾毕业生实施就业援助，是各级政府义不容辞、不可推卸的责任。

在组织开展就业援助月活动中，我希望各级残联及残疾人就业服务机构要加强与人力资源社会保障部门及公共就业服务机构的沟通配合，发挥自身优势，做好相应工作。总之，是要把活动抓实，要确保就业援助月活动取得实效，并通过活动，积累经验，完善制度，拓展服务，逐步形成残疾人就业援助的长效机制。

二、政策法规文件

人力资源社会保障部、中国残疾人联合会关于开展2013年就业援助月专项活动的通知

人社部函〔2012〕380号

各省、自治区、直辖市及新疆生产建设兵团人力资源社会保障厅（局）、残疾人联合会：

为全面贯彻落实党的十八大精神，帮助各类就业困难人员和残疾登记失业人员实现就业，根据《人力资源社会保障部关于开展2013年公共就业和人才服务专项活动的通知》（人社部发〔2012〕82号）安排，于2013年元旦、春节期间，在全国组织开展就业援助月专项活动。此次专项活动由人力资源社会保障部与中国残疾人联合会共同组织，各地人力资源社会保障部门与残联共同推进。现就有关事项通知如下：

一、活动主题

就业帮扶，真情相助

二、活动时间

2012年12月下旬至2013年2月上旬。人力资源社会保障部和中国残疾人联合会将于2012年12月27日在山东省济南市举行全国的启动仪式，各省、自治区、直辖市同时启动本地的就业援助月专项活动。

三、援助对象

（一）符合认定条件的就业困难人员；

（二）残疾登记失业人员；

（三）“零就业”家庭中的登记失业人员；

（四）家庭困难的未就业高校毕业生等其他需要援助的人员。

四、工作目标

（一）宣传到位。使辖区内有这方面服务需求的居民知晓各类就业扶持政策及其申报流程和具体经办机构，使辖区内的残疾人知晓相关政策并向他们承诺上门服务；使招用就业困难人员的用人单位了解税收、金融、社保补贴等优惠政策及具体的申报程序，使招用残疾人的用人单位了解集中安置残疾人和按比例吸纳残疾人的有关政策和具体要求。

（二）登记到位。对辖区内符合条件的就业困难人员、残疾登记失业人员等援助对象按规定实名登记，摸清人员底数，掌握就业需求，全部纳入就业信息监测体系。

（三）帮扶到位。根据就业援助对象的不同需求，分类提供岗位信息、技能培训、创业扶持等有针对性的公共就业服务。

五、活动内容

（一）深入走访调查，实名登记认定。各地要认真做好就业援助月专项活动的准备工作。在日常援助的基础上，开展走访普查工作，摸清本辖区内需要就业援助的

对象底数，对辖区内新增的符合条件的就业困难人员进行登记认定，掌握援助对象面临的实际困难，紧紧围绕他们的就业需求，制定针对性强、切实可行的帮扶方案。

（二）开展政策宣讲，落实就业政策。各地要结合本地实际，印制就业政策宣传手册或宣传单页，在县级以上公共就业服务机构和残疾人就业服务机构服务场所、基层公共就业服务平台及各类招聘现场广泛发放。要深入街道（乡镇）、社区（村），结合入户走访等方式，积极宣讲国家和地方的就业扶持政策以及本次专项活动的服务内容，帮助每一位援助对象和吸纳援助对象的用人单位熟知政策、落实政策。

（三）依托专项活动，全力实施帮扶。在就业援助月专项活动期间，及时为援助对象上门开展送政策、送岗位、送服务，实行"一对一""面对面"的就业帮扶。重点是依托人力资源市场组织开展专场招聘活动，集中为有就业需求的援助对象提供合适的岗位信息；依托就业培训机构组织开展特色培训活动，集中为有技能需求的援助对象进行培训，落实培训补贴；依托创业服务机构开展创业助推活动，集中为有创业意愿的援助对象进行创业培训，提供创业帮扶。同时，搜集一批公益性岗位，对特别困难的援助对象实行托底安置。

（四）强化督导检查，进行回访问效。通过实地检查、抽查就业援助方案、随机电话访问援助对象等方式，对所辖地区活动开展情况进行督导。及时对专项活动中已援助的对象进行回访，听取援助对象的反馈意见，对援助效果不理想的进一步调整完善援助方案，搞好援助后续服务。就业援助月专项活动结束后的1—2个月，各地要对就业扶持政策落实情况进行检查，对就业援助工作形成再推动、再促进。

六、工作要求

（一）高度重视，加强领导。各地人力资源社会保障部门和残联组织要从贯彻落实十八大精神、从构建社会主义和谐社会的政治高度，充分认识开展此次专项活动的重要意义，切实加强组织领导，认真研究制定活动方案，加强沟通协调，确保开展专项活动的人员、经费、工作条件落实到位。要加强对工作人员的宣传教育，提高对开展此次专项活动重要性的认识，充满感情地开展工作。

（二）明确分工，强化责任。各地人力资源社会保障部门和残联组织要指导、组织各级公共就业和人才服务机构、残疾人就业服务机构按照各自职责分工，建立目标责任制，认真做好政策宣传、摸查家访和具体援助工作，努力做到真情帮扶、个性服务、精细援助和动态管理，确保就业援助月专项活动的全面、顺利开展。

（三）抓好统计，认真总结。各地人力资源社会保障部门和残联组织要设专人负责就业援助月活动的相关工作，并结合自身职能，做好本部门的相关总结和统计工作，汇总上报本部门、本系统的有关工作情况。请各省（区、市）人力资源社会保障厅（局）、残疾人联合会，新疆生产建设兵团人力资源社会保障局、残疾人联合会于2013年3月10日前，将就业援助月活动情况总结和统计表（略）分别报人力资源社会保障部和中国残疾人联合会。活动结束后，将召开专门会议对活动开展情况进行总结。

人力资源社会保障部　中国残疾人联合会
2012年12月13日

关于做好2013年高校残疾人毕业生就业工作的通知

残联厅〔2013〕36号

各省、自治区、直辖市残联，新疆生产建设兵团残联，黑龙江农垦总局残联：

2013年全国高校毕业生就业形势严峻，高校残疾人毕业生就业问题更加突出。为贯彻落实《国务院办公厅关于做好2013年全国普通高等学校毕业生就业工作的通知》（国办发〔2013〕35号）和全国普通高校毕业生就业工作电视电话会议精神，现就做好2013年高校残疾人毕业生就业工作的有关问题通知如下：

一、高度重视高校残疾人毕业生就业工作

近年来，党中央、国务院把高校毕业生就业摆在就业工作的首要位置，制定了一系列促进高校毕业生就业的政策措施，目前已经初步形成了以学费和助学贷款代偿、小额担保贷款及贴息、税费减免、社保补贴、岗位补贴、培训鉴定补贴、见习补贴、求职补贴等为主要内容的政策扶持体系。国办发〔2013〕35号文件又提出了新的政策措施和工作要求，针对性更强，扶持力度更大。各地要认真贯彻落实高校毕业生就业创业政策措施，加强残疾人就业服务和就业援助工作，努力帮助每一位应届高校残疾人毕业生实现就业。

二、多渠道促进高校残疾人毕业生就业

各地要将高校残疾人毕业生作为残疾人按比例就业的重点对象，协调当地政府有关部门，推动达不到按比例安排残疾人就业的党政机关、事业单位和国有企业确定一些岗位，优先招录高校残疾人毕业生，并在招聘考录残疾人过程中要提供便利。

鼓励各类残疾人集中就业单位积极吸纳高校残疾人毕业生。各地要加强与政府有关部门协调，开发各类公益性岗位安排高校残疾人毕业生。乡镇、街道残联和社区残疾人专职委员岗位要优先录用高校残疾人毕业生。组织动员高校残疾人毕业生参与国家各项基层服务项目，在中西部地区、城乡基层、民营企业、非公有制经济组织中实现就业。引导鼓励高校残疾人毕业生社区就业和居家就业。

支持高校残疾人毕业生自主创业。各地要协调有关部门，进一步放宽准入条件，降低注册门槛，简化创业流程。帮助落实注册资金优惠、小额担保贷款、财政贴息、税费减免、落户等扶持政策。加强残疾人大学生创业孵化基地建设，为自主创业的高校残疾人毕业生提供项目开发、政

策咨询、开业指导、风险评估、融资服务、跟踪扶持等“一条龙”服务。顺应我国网络经济和电子商务的快速发展需求，大力扶持高校残疾人毕业生网络创业。

三、强化高校残疾人毕业生就业服务和就业援助

各地要加强与教育部门合作，建立残疾人毕业生实名制统计台账，做好就业信息衔接和服务接续，准确掌握每一位高校残疾人毕业生状况。已与用人单位达成就业意向的，要做好登记工作和跟踪服务；尚未达成就业意向的，要分阶段配合高校和人力资源社会保障部门共同做好就业服务工作。

各地残疾人就业服务机构要配合高校有关部门，对残疾人毕业生开展专项指导，帮助他们了解就业形势，转变就业观念，合理调整求职期望；为他们收集并及时提供就业岗位信息，供他们参考和选择；根据每个人的实际情况，积极向用人单位推荐；帮助他们联系用人单位，协调安排见习实践活动等。各地可协同有关部门和用人单位积极组织高校残疾人毕业生招聘会和网络招聘活动。

各地要将未就业高校残疾人毕业生纳入“离校未就业高校毕业生就业促进计划”，协调基层人力资源社会保障部门将其列为重点援助服务对象，建立帮扶责任制，根据其具体情况，实施分类指导，“一对一”帮扶。各地要将享受城乡居民最低生活保障的高校残疾人毕业生作为帮扶重点，帮助其落实一次性求职补贴。切实维护高校残疾人毕业生公平就业权益，对于侵害其就业权益的现象要坚决予以纠正。各地（直辖市除外）要将异地求职的高校残疾人毕业生纳入当地就业服务和就业援助范围。

各地要加强与财政部门沟通协调，加大残疾人就业保障金对残疾人高校毕业生及用人单位的补贴力度，大力扶持高校残疾人毕业生就业、创业，调动用人单位安排高校残疾人毕业生的积极性。

请各地于2013年12月31日前，将2013年本省（区、市）应届高校残疾人毕业生就业情况报至中国残联教育就业部。

中国残联办公厅
2013年5月23日

关于实施离校未就业高校毕业生就业促进计划的通知（节选）

人社部发〔2013〕41号

（五）开展重点就业帮扶

各地要将零就业家庭、经济困难家庭、残疾等就业困难的未就业高校毕业生列为重点工作对象，提供“一对一”个性化就业帮扶，确保实现就业。对残疾高校毕业生，要配合残联向用人单位重点推荐，落实企业按比例吸纳残疾人就业的政策。对接受各项就业创业服务后仍难以实现就业的，可开发临时性就业岗位，保障其基本生活有着落。按规定落实好城乡低保家庭毕业年度内高校毕业生求职补贴政策。

人力资源社会保障部
2013年5月29日

关于促进残疾人按比例就业的意见

残联发〔2013〕11号

各省、自治区、直辖市及计划单列市党委组织部、编制办公室、财政厅（局）、人力资源社会保障厅（局）、国资委、公务员局、残联，新疆生产建设兵团党委组织部、编制办公室、财务局、人力资源社会保障局、国资委、公务员局、残联：

残疾人是就业困难群体。为保障残疾人劳动就业权益，上世纪90年代，我国参照国际通行做法，建立了用人单位按比例安排残疾人就业制度。这一制度的实施对于建立完善残疾人就业保护和就业促进制度体系，改善残疾人就业状况发挥了重要作用。按比例就业已成为我国残疾人就业的一种重要形式。但从实践看，目前残疾人按比例就业仍然存在着相关规定落实难、用人单位缺乏主动性和积极性等问题。为进一步促进残疾人按比例就业，现提出以下意见。

一、依法推进残疾人按比例就业

（一）《中华人民共和国残疾人保障法》规定“国家实行按比例安排残疾人就业制度”。《残疾人就业条例》进一步明确“用人单位应当按照一定比例安排残疾人就业，并为其提供适当的工种、岗位”。这些规定确立了我国按比例安排残疾人就业的法律制度，明确了按比例安排残疾人就业是用人单位的责任和义务，体现了对残疾人就业权利的尊重和保护。各地要根据国家法律规定，制定地方配套法规政策，进一步细化按比例就业的有关规定，增强可操作性和规范性，提高执行力和约束力。要依法行政，推动用人单位履行法律责任和义务。要加大执法检查力度，把残疾人按比例就业列为重点检查内容，发现问题，及时通报，妥善纠正和解决。

二、推动党政机关、事业单位及国有企业带头安排残疾人就业

（二）《中共中央国务院关于促进残疾人事业发展的意见》（中发〔2008〕7号）明确提出“党政机关、事业单位及国有企业要带头安置残疾人”。党政机关、事业单位及国有企业应当为全社会做出表率，率先垂范招录和安置残疾人。根据残疾人按比例就业制度相关规定，各级机关、事业单位应包含一定数量的岗位用于残疾人就业。

（三）各级党政机关在坚持具有正常履行职责的身体条件的前提下，对残疾人能够胜任的岗位，在同等条件下要鼓励优先录用残疾人。各地要切实维护残疾人平等报考公务员的权利，除特殊岗位外，不得额外设置限制残疾人报考的条件。招录机关专设残疾人招录岗位时，省级以上公务员主管部门要给予放宽开考比例等倾斜政策。各地在招录公务员时，要结合实际，采取适当措施，

努力为残疾人考生创造良好的考试环境。

（四）各级残疾人工作委员会成员单位要率先招录残疾人，继而带动其他党政机关。各级党政机关中的非公务员岗位（科研、技术、后勤等），要积极安排残疾人就业，并依法与残疾职工订立劳动合同，保障其合法权益。到2020年，所有省级党政机关、地市级残工委主要成员单位至少安排有1名残疾人。各级残联机关干部队伍中都要有一定数量的残疾人干部，其中省级残联机关干部队伍中残疾人干部的比例应达到15%以上。

（五）各级党政机关要督导所属各类事业单位做好按比例安排残疾人就业工作。各类事业单位要结合本单位岗位构成情况，确定适合残疾人就业的岗位，多渠道招聘残疾人。

（六）国有和国有控股企业应根据行业特点，确定适合残疾人就业的岗位，招录符合岗位要求的残疾人就业。企业对招录的残疾人应依据《中华人民共和国劳动合同法》订立劳动合同，实行同工同酬。

三、加大对用人单位的补贴、奖励和惩处力度

（七）认真贯彻《中华人民共和国就业促进法》及相关法律法规，落实就业专项资金管理的有关规定，对参加职业培训、职业技能鉴定并符合条件的残疾人给予职业培训、职业技能鉴定补贴，对吸纳残疾人就业并符合条件的用人单位，按规定给予社会保险补贴。

（八）加大残疾人就业保障金（以下简称残保金）对按比例和超比例安置残疾人就业单位的奖励力度，提高用人单位安排残疾人就业的积极性。

（九）用人单位安排残疾人就业达不到规定比例的，应严格按规定标准交纳残保金。对拒不安排残疾人就业又不缴纳残保金的用人单位，可采取通报、申请法院强制执行等措施。各地应将用人单位是否履行按比例安排残疾人就业义务纳入各类先进单位评选标准，对于不履行义务的用人单位，不能参评先进单位，其主要负责同志不能参评先进个人。

四、加强对用人单位按比例安排残疾人的就业服务

（十）加强培训提高残疾人就业能力，是促进残疾人按比例就业的基础。各地要贯彻落实《关于加强残疾人职业培训促进就业工作的通知》（残联发〔2012〕15号）精神，下大力气抓好残疾人职业培训。准确了解用人单位用工情况，结合岗位需求，有针对性地组织残疾人开展订单培训、定向培训、定岗培训，不断提高残疾人职业技能，以适应用人单位需求。

（十一）各级公共就业服务机构和残疾人就业服务机构要发挥好用人单位与残疾人之间的桥梁和纽带作用，准确掌握辖区内就业年龄段残疾人的基本情况，加快完善残疾人就业需求登记制度；全面了解辖区用人单位的岗位需求，定期做好信息发布。主动走进残疾人家庭和用人单位，掌握第一手信息，重点做好向用人单位的推荐工作。协助用人单位定期或不定期开展残疾人招聘活动，促进用人单位按比例安排残疾人。

五、齐抓共管协力促进残疾人按比例就业

（十二）残疾人按比例就业是国家为保护和促进残疾人就业而采取的重要举措，是法律赋予用人单位的责任和义务。各有关部门要高度重视这一工作，建立促进残疾人按比例就业的协调工作机制，共同做好制度完善、政策落实、监督管理等各项工作。加强对按比例就业法规政策、履行法律义务的用人单位的宣传，进一步扩大社会影响，营造良好的社会环境。

（十三）各级人力资源社会保障部门要依法加强残疾人劳动权益维护工作。各类职业院校和培训机构要积极参与和承担残疾人职业培训职责。公共就业服务机构和基层劳动就业社会保障服务平台要加强对残疾人的就业服务和就业援助。

（十四）各级公务员主管部门负责落实并指导各部门做好残疾人公务员招录工作。要建立党政机关残疾人公务员实名制统计制度，准确掌握残疾人公务员底数。

（十五）各级事业单位登记管理部门在事业单位登记管理、绩效评估和年度审核工作中，要积极引导事业单位按比例安排残疾人就业。

（十六）各级国资委要重视并督促国有及国有控股企业按比例安排残疾人就业工作，积极推进残疾人就业工作。

（十七）财政部将会同国务院有关部门重新修订《残疾人就业保障金管理暂行办法》（财综字〔1995〕5号），各省（区、市）要认真落实并相应修订完善本地区残保金具体实施办法，更好地发挥残保金对促进残疾人就业的作用。各地要大力加强残保金征收使用管理。落实征收机关的责任，完善征收措施、规范征收程序、加大征收力度，做到依法征收、应收尽收。建立责任追究制度，对擅自多征、减征、缓征残保金的，要严肃追究责任人的责任。进一步规范残保金使用管理，残保金要专项用于残疾人职业培训、奖励超比例安置残疾人单位、扶持残疾人就业相关支出，不得挪作他用。要将残保金收支纳入各级政府性基金预算管理，提高资金使用效益。

（十八）各级残联及所属残疾人就业服务机构要积极主动做好残疾人按比例就业工作。沟通协调有关部门，进一步健全规范按比例就业制度。着力抓好残疾人职业培训，提高残疾人就业能力，向用人单位主动介绍、推荐残疾人；落实对按比例和超比例安排残疾人就业单位的补贴和奖励；加强对用人单位按比例安排残疾人就业情况的年审和检查、监督，完善各项服务。

（十九）各省、自治区、直辖市、计划单列市和新疆生产建设兵团有关部门要根据本意见精神，协商制定具体实施意见，并于2013年12月31日前报送上级主管部门。

中共中央组织部　中央机构编制委员会办公室
财政部　人力资源和社会保障部
国务院国有资产监督管理委员会
国家公务员局　中国残疾人联合会
2013年8月19日

国家税务总局关于促进残疾人就业增值税优惠政策有关问题的公告

国家税务总局公告2013年第73号

现就促进残疾人就业增值税优惠政策有关问题公告如下：

《财政部、国家税务总局关于促进残疾人就业税收优惠政策的通知》（财税〔2007〕92号，以下简称“通知”）第五条第一项“依法与安置的每位残疾人签订了一年以上（含一年）的劳动合同或服务协议”中的“劳动合同或服务协议”，包括全日制工资发放形式和非全日制工资发放形式劳动合同或服务协议。

安置残疾人单位聘用非全日制用工的残疾人，与其签订符合法律法规规定的劳动合同或服务协议，并且安置该残疾人在单位实际上岗工作的，可按照“通知”的规定，享受增值税优惠政策。

本公告自2013年10月1日起执行。此前处理与本公告规定不一致的，按本公告规定执行。

特此公告。

国家税务总局

2013年12月13日

国家税务总局关于促进残疾人就业税收优惠政策有关问题的公告

国家税务总局公告2013年第78号

为进一步增强促进残疾人就业税收优惠政策的实施效果，保障和维护残疾人职工的合法权益，现将促进残疾人就业税收优惠政策有关问题公告如下：

《财政部、国家税务总局关于促进残疾人就业税收优惠政策的通知》（财税〔2007〕92号）第五条第（三）款规定的“基本养老保险”和“基本医疗保险”是指“职工基本养老保险”和“职工基本医疗保险”，不含“城镇居民社会养老保险”、“新型农村社会养老保险”、“城镇居民基本医疗保险”和“新型农村合作医疗”。

本公告自2014年1月1日起施行。

特此公告。

国家税务总局

2013年12月30日

三、工作综述

2013年，残疾人就业工作认真贯彻落实国家就业优先战略，按照《中国残疾人事业“十二五”发展纲要》要求，进一步加大就业促进力度，加强残疾人就业服务和就业援助，全年城镇新安排残疾人就业33.6万人。实名培训48万人，培训后就业率达70%，在全国挂牌成立了312家国家级职业培训基地。主要工作包括：

（一）加大残疾人就业政策支持力度

联合中组部、中编办、财政部、人社部、国资委、国家公务员局共同印发《关于促进残疾人按比例就业的意见》，就推动各类用人单位安排残疾人就业提出了一系列具体实施意见。

中国残联、财政部联合印发《关于开展残疾人就业保障金征收使用管理情况调查的通知》，对残保金有关情况开展专项调查，调查内容包括残保金征收方式标准、收支结余情况、残疾人就业服务机构情况及开展服务、主要问题和建议等，全面掌握了各地近3年残保金的征收、管理、使用基本情况和数据，为下一步修订相关政策奠定了基础。

印发《关于做好2013年高校残疾人毕业生就业工作的通知》，要求各地将高校残疾人毕业生作为残疾人按比例就业的重点，向各类用人单位推介，提出了开发各类公益性岗位安排高校残疾人毕业生、残疾人专职委员岗位优先录用高校残疾人毕业生等具体措施。

各地充分利用制定残疾人就业条例和七部委地方实施办法的契机，细化相关政策，加强政策可执行性。全国已有9个省（区、市）出台地方残疾人就业办法。山东规定机关、事业单位在产品和服务采购工作中，应当将参与竞标单位安置残疾人就业情况纳入评标体系，予以量化加分。广西规定县级以上人民政府应当创办工（农）疗机构、庇护性工场，集中安排智力残疾人、精神残疾人和重度残疾人就业。贵州规定盲人医疗按摩机构经有关行政管理部门核准，可以作为社会医疗保险服务单位。福建规定政府采购采用招标方式进行的，对集中使用残疾人的用人单位的产品或者服务，应当给予加分或者价格扣除等优惠待遇。七部门按比例就业文件印发以后，全国已有20个省（区、市）出台了地方意见。山西规定未达到规定比例安排的事业单位，如确有条件提供岗位而不按规定定向招聘残疾人的，不准其进行招聘工作。辽宁要求各级工商管理部门将企业按比例安置残疾人就业工作情况纳入企业诚信考核体系中，定期向社会公布。湖南规定各级政府残疾人工作委员会负责发布用人单位按比例安排残疾人就业社会责任报告。河北、云南、广西、贵州、海南、青海等地对加强按比例安排残疾人用人单位的奖励措施、标准进行了细化。天津对残疾人报考公务员的无障碍扶持做出了具体规定。安徽、湖南、重庆、广东、西藏、云南、贵州等地明确建立残疾人按比例就业执法检查或劳动监察制度。江苏、安徽、湖北、陕西等地进一步明确党政机关安置残疾人的时间进度，陕西还提出各级事业单位可单独组织残疾人招聘考试。

（二）加大政策扶持力度和资金投入，多种形式促进残疾人就业

各地将多种形式就业工作作为年度重点工作加以落

实，并积极根据本地实际出台各种措施办法：针对基地就业，采取资金补贴、集中资金扶持等措施，集中安置残疾人就业；针对城乡接合部就业，采取农业机械补助、创业项目资金奖励等措施，扶持残疾人创业、居家灵活就业；针对社区基层就业，采取保洁保绿、快递投送、家政服务等公益性岗位开发，提高残疾人专职委员工资补贴等措施，帮扶残疾人就近就便就业。截至 2013 年 11 月初，全国 70% 的地区按照进度要求完成了工作任务，近 8 万名残疾人通过多种形式实现就业。四川省发改委、经信委、财政厅、残联等 8 部门联合出台《关于促进残疾人居家灵活就业的意见》，要求各级残联、财政年度征收残疾人就业保障金按不低于 30% 的比例安排资金用于扶持残疾人居家灵活就业。陕西省印发《省级残疾人就业保障金支持集中安置残疾人就业企业（基地）申报指南》，对残疾人集中就业予以扶持。湖南省发布修订《关于转发促进残疾人就业税收优惠政策征管办法的通知》，加强残疾人集中就业税收减免力度。浙江省印发《关于开展残疾人庇护产品政府优先采购及制定庇护产品目录试点工作的通知》，并召开现场会，总结推广试点单位经验，推动全省每市都有一家庇护试点单位。吉林省印发《吉林省残疾人就业岗位预留工作试点方案》《吉林省残疾人集中就业单位产品专产专营和政府优先采购试点工作方案》和《2013 年新增公益性岗位配备方案》，对不同形式残疾人就业予以规范和推进。上海市会同人社、财政印发系列文件，加大对按比例就业、个体就业、辅助性就业、职业培训、大学生就业的补贴和奖励力度。

（三）残疾人就业服务工作取得长足进步

残疾人就业服务基础性工作进一步加强，就业服务机构规范化建设取得明显成效，就业服务内容和方式更加科学规范，基本完成了年初制定的各项工作任务。

1. 就业服务的基础管理水平进一步提高，实名制统计数据进一步完善，实名制统计管理工作已基本覆盖

通过优化统计报表、完善技术管理系统和增强动态统计功能等措施，进一步对实名制统计管理系统进行技术升级改造，使实名制系统更人性、科学和实用。通过福建莆田实名制统计管理工作会议部署、与各省签订目标责任书、建立季度通报制度，实名制工作取得了阶段性成果。全国 3344 个县级以上系统登录单位，有 3266 个填报数据，覆盖率达到 97%，所有省份全部完成承诺书确定的覆盖目标，基本实现全覆盖。录入就业年龄段残疾人就业状况数据由 2012 年的 448 万攀升至 2013 年年底的 824 万。其中，已录入城镇就业年龄段残疾人 262 万，占人口库 422 万城镇就业年龄段残疾人的 62%。海南、天津、青海、广西、北京、上海、黑龙江农垦、广东等地录入率超过 90%，基本实现应录尽录。北京、天津、上海等地将残疾人就业信息从人社部门数据库中直接调取或核对交换，并与残疾人办证系统、残保金审核管理系统等进行信息比对。湖南省安排专人负责实名制管理的业务指导和跟踪检查，对工作滞后的市州随时电话督促。陕西省与各市（区）签订目标责任书，并定期对各市（区）的录入情况进行通报。同时，一些地方还充分利用实名制统计系统，加强了就业服务的针对性。天津依据残疾人大学生助学金管理系统整理出 69 名毕业生实名制信息，组织各区县逐一开展调查，核实就业状况，对未就业的提供“一对一”服务。湖南省将登记未就业的残疾人毕业生 148 名录入全省就业服务系统，实行动态管理，全面履行一次职业能力测评、一次心理咨询、三次岗位推荐、两次岗位见习为主要内容的就业兜底服务，实现就业 129 人，推荐就业率 87%。

2. 职业能力评估工作初见成效

各地根据中国残联安排，积极建设职业能力评估工作室，搭建能力评估工作平台。截至 2013 年年底，全国 22 个省（区、市）已建立了职业能力评估示范工作室，配备了专职人员，5 个计划单列市、18 个省会城市和 10 个以上地级市也建立了评估工作室，共测评 6500 名残疾人。如吉林地州市以上地区全部建立了评估工作室，并通过知识竞赛等活动，有力推动了全省残疾人职业能力评估工作的开展。为全面部署工作，2013 年中国残联召开全国会议，培训工作人员应用中国残联与江苏省合作升级改造后的新系统，深入推进评估业务工作开展，规范评估工作人员队伍。各地积极响应，依托工作室，启动评估工作，确定残疾人的职业能力、人格特征和职业兴趣，筛选适合残疾人的培训项目和职业，使得培训更有针对性，就业更有实效性，残疾人就业服务“评估—培训—鉴定—就业”的整个链条全线贯通。如北京市对前来求职的残疾人，运用职业能力评估软件系统及物理测评器具进行职业能力适应性测评，挖掘残疾人的职业能力和潜能，有针对性地开展职业培训，送入适合的岗位进行职业适应性训练，有效提高人岗匹配程度，一些中度残疾人也实现了体面稳定就业。

3. 信息服务工作发挥显著作用

通过编写《中国残疾人就业及就业服务工作简报》、创建残疾人就业服务机构工作人员交流群和实名制工作交流群、设立官方微博客、推动地方残疾人就业服务机构官方网站无障碍化改造等方式，加强了地方之间业务工作交流；丰富了就业舆情信息工作简报，建立了舆情监测和分析机制；在往年与中国就业网、《中国残疾人杂志》、中国残联官网分别合作设立就业专版的基础上，与国资委合作，在国资委所属的《中国企业报》设立了“中国残疾人就业报道”专版，宣传残疾人就业工作和残疾人创业就业先进事迹。2013 年共编写 12 期就业工作简报、17 期残疾人就业舆情信息。信息服务工作的加强，实现了上情下传、下情上达的上下有序互动，有力推动了残疾人就业服务工作。

4. 就业服务机构规范化建设取得明显成效

各地按照中国残联机构规范化建设的总体部署和要求，积极开展规范化建设和考核评估验收。机构不健全的地区已陆续建立残疾人就业服务机构，落实办公场地、工作人员和工作经费；机构健全的地区认真落实就业服务机构主要职责，从只注重就业保障金征收逐渐向为残疾人提供优质高效的就业服务转变，加强干部队伍建设，完善各项制度，强化服务职能。2013 年，接受评估验收的上海、辽宁、浙江、吉林、北京和贵州 6 省市，在中国残联规范化建设评估小组的考核中全部达标。各地在努力做好特色化服务的同时，积极协调人力资源和社会保障部门，将残疾人就业服务纳入公共就业服务体系，逐步提升残疾人的就业层次与质量，推动残疾人就业服务走上制度化、专业化和社会化的轨道。

5. 人才队伍建设专业规范

一是残疾人就业指导员培训持续推进。第二期全国残疾人就业指导员远程培训圆满完成，共有 8247 名学员完成全部课程的学习，7432 名学员参加考核，7117 名学员顺利通过，考核通过率达到 96.16%，优秀率达到 12.18%。第三期远程培训已顺利启动。全国共有 9544 名学员报名，目前有近 6000 名学员登陆上线学习。通过举办省级管理员培训班，交流总结先进经验，规范考试考务工作，预分解 2014 年万名培训任务指标，为做好下一步就业指导员远程培训工作奠定良好基础。

二是职业指导人才示范培训拓展创新。中国残联与人社部举办的高级职业指导师培训班，为地方培养高级职业指导人才，示范带动了地方职业指导人才培养，促进残疾人就业服务的“三化”建设。为配合开展“就业服务机构规范化建设”和“职业能力评估室建设”等业务工作的落实，今年的高级职业指导师培训班增设了“职业能力评估实践”、“就业服务机构规范化建设”等课程，并邀请地方就业服务机构负责人介绍工作典型案例，在培训中突出示范以培训促进业务工作的能力，增强了培训的实效性。2013 年示范培训了职业指导师 107 人。2013 年残联系统共推选出 13 名国家星级职业指导师、5 项优秀成果、5 篇优秀论文、11 名国家首席职业指导师。

6. 残疾人职业培训与竞赛工作水平稳步提升

一是残疾人职业培训成为就业服务的制度化、常态化工作。各地依托实名制系统准确掌握残疾人就业意愿，结合市场用工需求大力开展各种形式的残疾人职业培训，培训规模逐步扩大，培训质量明显提升。全年实名培训 481204 人，实名就业 336202 人，培训就业率达 70%。

二是基地建设层次提升。残疾人职业培训基地已经成为残疾人职业培训的主要载体，在职业培训工作中发挥着越来越重要的作用。地方各级残联利用大中专院校、特教院校、社会培训机构等，大力发展残疾人职业培训基地。据不完全统计，全国已建有残疾人职业培训基地 4000 余家，为了规范残疾人职业培训基地建设，提高残疾人职业培训质量，中国残联提出在“十二五”期间挂牌 1000 家国家级残疾人职业培训基地。2013 年，中国残联下发了《关于申报首批残疾人职业培训基地的通知》，各地按照要求积极组织筛选申报。为防止出现申报情况不实、审核把关不严等情况，中国残联对申报的基地进行抽查，针对发现的问题专门下发《关于做好首批国家级残疾人职业培训基地自查工作的通知》。各地认真开展自查，仔细甄选，确保基地质量。最终确定 312 家国家级残疾人职业培训基地。

三是多项竞赛活动成功举办。中国残联于 2013 年度成功举办了多类别专项竞赛活动，如 2013 年全国残疾人岗位精英职业技能竞赛、全国残疾人就业服务机构工作人员职业指导竞赛等，有效引导了残疾人高技能职业培训内容改革，提升就业服务能力，更新职业教育理念。此外，中国残联就业服务指导中心与中国视障资讯文化中心联合举办了盲文基础能力竞赛，有效激励了视力残疾人学习掌握并规范使用盲文，促进其全面实现工作、生活的无障碍化。

四是雇主培训持续开展。为促进和稳定残疾人就业，中国残联会同国际劳工组织、中国企联、德国国际合作机构、瑞典大使馆分别在上海和北京召开“企业的社会责任与招聘残疾人”国际研讨会，动员企业履行社会责任，接纳残疾人就业，200 家企业参加研讨并接受培训。各地也按照中国残联要求，根据本地雇主情况，筛选部分需求明确、问题突出的自主创业者、企业，分别给予延伸服务或一对一创业指导服务。如湖南省印发《2013 年雇主培训工作实施方案》，在全省举办了 2 期 IYB 培训、2 期爱心企业雇主培训，共培训了 100 家企业雇主，提高了用人单位招聘残疾人的意识，扩大了残疾人就业工作的影响力。

（四）盲人按摩工作更加规范

1. 盲人按摩行业管理逐步完善

（1）全国除西藏外所有地区都出台了《盲人医疗按摩管理办法》《盲人医疗按摩人员从事医疗按摩资格证书管理办法》实施细则并成立了资格审核领导小组，全面启动了盲人医疗按摩人员从事医疗按摩资格审核工作。2 年来，已为 5 千余名盲人医疗按摩人员发放了从医资格证书。

（2）为建立规范的盲人医疗按摩人员继续教育制度，加强盲人医疗按摩师队伍建设，起草制定了《盲人医疗按摩继续教育暂行规定（初稿）》，并与有关部门会签。同时，在全国举办了 17 期盲人医疗按摩继续教育培训班，共培训 1400 余人。

（3）按照《盲人按摩工作“十二五”实施方案》提出的任务目标，完成年度培训任务，共培训盲人医疗按摩和保健按摩人员各 50 名。

（4）为了给盲人按摩人员提供良好的培训、继续教育平台，“十二五”计划扶持 54 家具备相应资质、规模及办学条件的盲人按摩实训基地，各地根据《盲人医疗按摩规范化实训基地建设标准》和《盲人保健按摩规范化实训基地建设标准》，积极组织筛选和初审，经审核同意，确定14家实训基地予以资金扶持，有效地推动了地方盲人保健和医疗按摩培训工作。

2. **盲人医疗按摩人员考试成功举办**

中国残联9月组织了第四次全国盲人医疗按摩人员考试。全国共设有27个考区，96个综合笔试考场，1160名盲人考生参加考试。考试期间未发生重大突发和违规事件及试卷泄密事故，安全保密工作良好，整体进展顺利。

3. **盲人医疗按摩人员考试手段更加科学规范**

为了规范盲人医疗按摩人员考试工作，针对盲人考生的实际需求，今年研究探索了盲人医疗按摩人员计算机化考试，给盲人提供更多的无障碍考试方式；研发了盲人按摩穴位智能化测试系统和按摩手法三维力学测试仪系统，并在北京和江西两考试辖区成功试点应用，初步解决了实践技能穴位定位和单项手法操作的考核标准及考核方法，进一步规范了实践技能考试方式，实现客观化考试。

（五）2013年度就业援助月

为全面贯彻落实党的十八大精神，帮助各类就业困难人员和残疾登记失业人员实现就业，2012年12月下旬至2013年2月上旬，人力资源社会保障部与中国残联共同组织了以“就业帮扶，真情相助”为主题的2013年就业援助月专项活动。各地残联与人力资源社会保障部门积极配合，以残疾登记失业人员为主要援助对象，深入走访调查，开展政策宣讲，依托专项活动，全力实施帮扶，并进行回访问效，强化督导检查，力争做到宣传、登记、帮扶三个到位。据统计，就业援助月期间，全国各地共走访残疾登记失业人员家庭228278户，登记失业残疾人员292779人，组织残疾人专场招聘会4675场，实名制纳入年度培训计划残疾人237508人，帮助残疾登记失业人员实现就业54125人，其中社会用人单位按比例吸纳就业32554人，帮助156491名残疾人享受专项扶持政策。

1. **加强合作，统筹部署**

各地人力资源社会保障部门和残联联合印发通知，制订就业援助月专项活动实施方案，从领导机制、工作步骤和保障措施等方面周密安排和部署。两个部门协调配合，明确分工，逐级确保开展专项活动的人员、经费、工作条件落实到位。北京市残联与市人力资源社会保障局密切配合，组成了以主管领导为组长，有关部门单位负责人为成员的就业援助工作领导小组，召开专门会议研究援助月工作，两部门还共同召开全市就业援助月活动视频动员会。陕西省要求各级相关领导按照中央“八项规定”的要求，结合本部门的重点服务工作内容，深入基层，听取援助对象的需求和意见。西藏区残联与区劳动就业服务管理局、区高校毕业生服务中心合作，分片援助、分步促进，共同开展残疾人就业援助月活动，并将一户多残家庭和残疾人大中专毕业生列为重点援助对象。

2. **深入走访，登记到位**

北京、天津、黑龙江、吉林、上海、湖北、河南、广东、贵州、宁波等地集中组织街道、社区残联专干、残疾人专职委员，实行分片包干，对辖区内残疾登记失业人员进行入户家访。四川省结合“量体裁衣”式个性化服务平台建立个人信息台账，制定援助计划，为失业登记残疾人提供有针对性的政策咨询、职业指导和就业服务。北京、上海通过“管理信息系统”和“残疾人就业和职业培训信息管理系统”及时掌握残疾人就业动态，通过个性化调查摸底和全局性监控相结合，提升了摸查工作的准确性。辽宁抚顺市残联借助劳动保障信息平台，以街道为单位，发动社区残疾人专职委员进行入户调查，并建立了残疾人就业信息台账。

3. **多种形式，宣传到位**

湖南省残疾人劳服中心联合湖南人民广播电台多个频道滚动报道活动公告、就业政策、帮扶需求、就业典型、活动进展情况，邀请感动中国人物文花枝，文艺界爱心人士大兵、刘赵黔等宣传并录制VCR宣传活动，并通过红网、湖南省残疾人就业信息网、芒果广播网等网站开设“2013年残疾人就业援助活动”专题，全面宣传报道。福建省残疾人就业中心通过就业微博、微信、飞信、QQ群等，为残疾人提供“微服务”，将相关政策、就业信息、招聘会信息等及时宣传到残疾人中去。天津市河北区把政策宣传寓于祝福贺岁之中，在贺岁明信片上面印制了“高校毕业生就业政策、失业人员再就业政策、零就业家庭援助政策、残疾人就业扶持政策、自主创业扶持政策、求职登记指南”等，并注明公共就业服务机构联系方式、劳动监察举报电话等相关事项，在春节期间寄发到就业困难的残疾人手中。上海市嘉定区南翔镇组建残疾人政策宣讲团，在全镇开展“残疾人就业政策宣讲进社区”活动。甘肃省酒泉市肃州区残联在区电视台以字幕形式连续一个月滚动播放《残疾人就业条例》的有关内容。安徽省安庆市残联通过《天天直播》《黄金剧场》《安庆晚报》等热点栏目对残疾人就业援助月活动全程跟踪报道，还利用市就业网、市残联网等网站发布信息。宁波市残疾人劳服中心将聋哑人的产品打入三江超市的货柜，并在中心就业服务大厅提供展示平台，宣传残疾人就业能力。

4. **创新形式，帮扶到位**

一是举办残疾人专场招聘会。山西省太原市残疾人就业服务指导中心联合市职业介绍服务中心共同举办了太原市残疾人就业援助月专场交流会，提供163个就业岗位，并在活动现场设置了宣传咨询台，为参加招聘会的残疾人开设了残疾人求职登记和免费培训窗口。浙江省组织残疾人大中专毕业生专场招聘会，提供300余个岗位，95%的进场应聘残疾学生与用人单位达成了就业意向。浙江省特殊教育职业学院与8家企业和单位签订校外实习实训基地协议。湖北省襄阳市残联与市人力资源和社会保障局共同举办残疾人就业专场招聘会，提供3177个就业岗位，有1253名残疾人与用人单位签订了用工合同。福建省残疾人劳动就业服务中心联合东南快报社举办"东快找工专列"残疾人专场招聘会，提供250多个岗位，约有70名残疾人与用工单位达成就业意向。

二是开发岗位到位。吉林省对公益岗位在岗残疾人和灵活就业残疾人享受各项补贴情况进行详细摸底，省人社厅和残联联合发文，要求各地公益性就业岗位应有一定比例用于安排残疾人和残疾人子女；对已灵活就业的困难残疾人，鼓励其参加和接续社会保险，帮助申报就业，落实社会保险补贴；对公益岗位就业的残疾人，帮助落实岗位补贴和社会保险补贴政策。吉林市为了进一步推动残疾人大学毕业生就业，市人社局和市残联共同开发了40个社区残疾人就业指导员公益岗位，经过笔试面试，选拔出优秀的残疾人大学生和残疾人家庭子女培训后上岗。江苏省常州市开展"亿家乐放心早餐"推广活动，市区两级残联共同出资租用早餐屋（2万元/人）免费提供给残疾人使用，并在试点地区完成了残疾人经营者的选配、经营模式和经营地点的实地勘察工作。四川省开发包括街道保洁与绿化、机关后勤服务、城区治安协管、社会福利事业等领域的公益性岗位272个，并预拨了岗位补贴和社保补贴。陕西省安康市平利县残联与人社部门共同组织15名残疾人到广东东莞务工，紫阳县联系江苏、广州、四川、重庆等地劳务输出基地，掌握外地大型企业岗位需求情况，并将新成立的耀禹、云日劳务公司作为本次就业援助的协作单位。内蒙古乌海市增加残疾人公益性岗位300个，残疾人岗位补贴标准由2012年每人每月的1050元提高到1200元。新疆和田地区各县（市）乡镇、街道公共就业服务机构依托辖区单位建立空岗报告制，对所辖区域内的公益性岗位及时登记，出现空岗及时上报，大力开发保安、保洁、保绿等公益性岗位，并筛选出适合残疾人就业的岗位。广东省中山市与公共信息服务公司合作，帮扶27名重度残疾人成为接线话务员，其中15名重度残疾人优待在家中上岗，在援助就业中共资助15万元建立残疾人就业呼叫平台，为每名居家就业残疾人资助上岗需用设备。

三是资金、政策落实到位。青海省加大对援助对象享受社保补贴的情况检查，对没有兑现落实社会保险补贴的人员进行认真清查核对后加以落实。同时通过社保经办机构在公共职业介绍和人才交流中心及社保大厅设立"社会保险业务代办处"，为服务对象代办社会保险关系接续和灵活就业人员社保补贴等事务。黑龙江大兴安岭地区开展"一户多残"救助政策，对"一户多残"贫困残疾人在实施低保的基础上每户每月补助100元的扶持政策，并组成慰问组，走访100余户贫困残疾人家庭，为每户送去500元的慰问金。上海市闵行区人社局和残疾人劳服所将残疾人纳入街道新增劳动力就业岗位考核和就业困难人员扶持政策。宁波北仑区劳服所对未就业残疾人初次从事个体经营或创办企业，领取经营执照后实质性经营6个月以上的，给予户均6000元的一次性补助，残疾大学生自主创业的给予不超过1万元的一次性补助。辽宁省锦州市为有一技之长的残疾人提供小额贷款，后续跟踪服务，对本市盲人按摩院发放设备仪器，阜新市为残疾人个体创业带头人发放了扶持设备。

四是职业培训援助、就业服务到位。北京市对出门有困难，或因事因故不能参加招聘活动的，由基层残疾人就业服务机构工作人员和社区残疾人专职委员送岗位上门，提供居家就业服务，并通过人力资源市场网上传适合就业困难人员的岗位信息。内蒙古包头市在对就业困难人员进行摸底调查的基础上，还专门在就业服务大厅设立了残疾人就业登记窗口、残疾人创业培训窗口、残疾人就业困难认定窗口、残疾人失业保险办理窗口。广东省通过与中国联通合作的"阳光求职易"广泛发布就业岗位信息，并通过村（社区）公告栏、发放宣传单、走访等多种形式，向有就业愿望的残疾困难援助对象有针对性地发布就业岗位信息。广西柳州市邀请手语老师在招聘会现场协助企业与残疾人沟通交流，200多名残疾人与企业达成就业意向。北海市与市人社局联系协调，把残疾人的劳动技能培训纳入全市再就业培训的总盘子，由市人社部门确认的职业培训机构负责为残疾人提供电脑技术、盲人按摩等职业技术培训。河南省商丘市大力开展残疾人职业培训和政策帮扶工作，对于符合培训条件、有培训要求的城乡残疾人进行实名制培训，每个学员培训费1000元。新疆吐鲁番地区托克逊县残联与县人事劳动社会保障局积极协商，将援助月期间摸底调查有职业培训需求的80名残疾人纳入县2013年培训计划。

四、重要条目

【全国残疾人就业指导员远程培训三期班】 自2011年起残疾人就业指导员远程培训班已举办两期，共有21718名残疾人就业指导员参加学习。目前，第三期培训已有10161人报名。2013年6月25日，三期班开学典礼暨在清华大学举行。中国残联副理事长贾勇、清华大学副校长邱勇出席并讲话。贾勇指出，要做好残疾人就业服务工作，关键在基层。各地要切实重视残疾人就业指导员培训工作，按照相关要求，制定工作计划，纳入目标管理，统筹安排，周密部署，理顺关系，提供保障，确保"十二五"期间5万名培训任务的完成。邱勇指出，清华大学将秉承清华精神，勇于承担社会责任，优化并合理配置优质教学资源，科学进行教学评估，为残疾人高素质人才队伍贡献力量。本次会议还根据首期班学员学习和工作情况，由中国残联和清华大学择优评定187名优秀学员并进行表彰。

【2013年全国盲人医疗按摩人员考试考务工作会议】 2013年8月10日在黑龙江伊春召开。会议总结和通报了2013年考试前期考务工作准备情况，部署了下一阶段考试考务工作，并进行了考试安全保密教育和培训。强调，盲人医疗按摩人员考试是一项非常严肃的工作，事关公平公正，要严格准入，严密实施。会议指出，各地要进一步高度重视，提前计划，统筹安排，周密组织，规范操作，重视安全，守住“底线”，确保高质量完成2013年考试工作任务。

【被忽略的价值：企业社会责任与障碍者就业国际研讨会】 2013年10月16日在北京召开。由国际劳工组织、中国残联、中国企业联合会、德国国际合作机构、瑞典大使馆企业社会责任中心等联合主办，旨在提高雇主及公众对于“企业社会责任和雇佣残疾人员工”之间关系的认识和意识，为相关各方提供一个信息交换和网络沟通的平台，发现并认可残疾人员工对企业的贡献，促进、分享“企业社会责任和障碍者就业”的最佳实践，激励更多企业雇佣残疾人。

【心智障碍者支持性就业国际论坛暨首届支持性就业辅导员国际通行课程培训班】 2013年11月19—23日在广州举办。此次论坛是由国际劳工组织、日本国际协力机构、马来西亚社会福利部、心智障碍服务创新联会、北京融爱融乐智障家长组织多方联合举办，广州扬爱特殊孩子家长俱乐部承办的大陆地区第一届身心障碍者支持性就业国际论坛。来自国际劳工、中国残联、日本、马来西亚、国际助残、地方残联等单位、机构的专家就东南亚及大陆地区的支持性就业进行研讨，并举办为期四天的支持性就业国际通行课程培训。这是大陆地区首次引入该标准课程，将有助于支持性就业的进一步推广，促进身心障碍者就业。

【反残疾人就业歧视法律制度研究】 作者王治江。本书从理论和实践角度，对残疾人就业歧视现象进行了分析，对不同国家反残疾人就业歧视立法进行了对比研究，进而提出了完善我国反残疾人就业歧视立法的相关建议。作者认为，主观原因是导致残疾人就业歧视发生的根本原因，立法是抑制残疾人就业歧视最基本、最有效的手段。我国反残疾人就业歧视立法总体上属于积极型反残疾人就业歧视法律制度，但是也有消极型反残疾人就业歧视法律制度的一些内容。要完善我国反残疾人就业歧视立法，应当坚持平衡原则和实效原则，从以下两个方面入手：一是完善积极型反残疾人就业歧视法律制度。二是加强消极型反残疾人就业歧视法律制度的整体设计，完善对残疾人就业歧视进行法律救济的相关规定。同时，将残疾人就业歧视立法置于我国就业歧视整体制度设计中考量，既要体现残疾人就业歧视案件的特殊性，也要充分发挥司法资源效能，使残疾人遭受就业歧视后，可以方便、快捷地获得法律救济。我国反残疾人就业歧视立法要尽快完成从积极型反残疾人就业歧视法律制度向混合型反残疾人就业歧视法律制度的全面转变。

【企业残疾人用工状况调研报告】 为深入了解当前企业中的残疾人就业状况，发现残疾人在就业过程中面临的机遇与挑战，对进一步推进企业残疾人用工提出对策和建议，促进残疾人就业，2013年1—8月，中国企业联合会与国际劳工组织北京局联合开展了企业残疾人员工就业状况问卷调查研究，形成《企业残疾人用工状况调研报告》。报告建议，政府部门应该加强政策的落实，加大残疾人法规的宣传力度，采取各种措施，促进残疾人就业工作；社会要关爱、尊重残疾人，为残疾人工作创造良好的就业环境；企业要转变观念，积极履行社会责任，为残疾人提供更多的就业机会。

【2013年全国残疾人岗位精英职业技能竞赛】 本次竞赛作为步入常态化的国家级二类竞赛，以“拓展岗位、培育精英”为主导思想，设有中式烹调师（烹饪）、自行车和助动车装配工（机械组装）两个竞赛项目，参赛选手119人，各项目获得前3名的选手，共6人，被人力资源和社会保障部授予“全国技术能手”荣誉称号。本次竞赛有效地激励了残疾劳动者积极开展岗位练兵活动，使其全面提升技能，拓展就业渠道，增强参与社会竞争能力。

【全国残疾人就业服务机构工作人员职业指导竞赛】 本次竞赛是继2012年社区残疾人就业指导员服务竞赛成功举办后，又一次全面检阅残疾人就业服务工作者能力和水平的业务交流平台。参赛选手67人，赛后31人被中国残联授予“职业指导能手”称号。竞赛切实带动了各级就业机构人员刻苦研究工作方法、增强政策理论水平、强化服务意识、提升服务能力。

【全国盲文基础能力竞赛】 2013年1月25—28日在中国盲文图书馆举行。竞赛由中国残联就业服务指导中心与中国视障文化资讯服务中心（中国盲文图书馆）共同主办，中国盲人协会、北京联合大学特殊教育学院、北京盲校提供技术支持。来自全国28个省（区、市）代表队的55名盲人选手参赛。竞赛分为摸读盲文与写盲文两个环节。其中，摸读盲文重点考察选手对有或无参照符的盲符、常用数理化符号、常用音乐符号以及汉语字词、短句等的认知程度；写盲文重点考察选手的速写、抄写、听写、表格设计及分词等方面技能。

附录一

按比例就业

（一）按比例就业工作相关背景

残疾人由于某方面能力受损、机会缺少和权利受限，在就业市场中仍然面临许多问题和困难。按比例安排残疾人就业是国际社会普遍倡导和采用的保护残疾人就业的有效做法。多数国家和地区通过立法形式把实行按比例安排残疾人就业制度确定下来，比例在1.5%至7%，部分国家和地区虽然没有立法，但也在实行类似的制度。如：英国规定达到或超过20名雇员的雇主必须至少雇用3%残疾人。法国规定员工超过20人的企业，便有“义务”雇用占员工总数6%的残疾职工。日本规定用人单位雇员总数超过56人的，应当承担按比例雇用残疾人的义务，一般民间企业为1.8%，特殊法人为2.1%，国家和地方公共团体为2.1%，都、道、府、县等教育委员会为2.0%。美国要求各企业必须按3%的比例安排残疾人就业。德国规定无论是私人雇主还是公立雇主只要雇员总数超过20人就应当按照5%的比例安排重度残疾人就业。奥地利规定所有政府部门、企业事业单位，每用20个职工须安排1个残疾人。荷兰按重工业、轻工业、商业、服务业等行业，分别规定按3%至7%的比例安排残疾人。意大利规定雇员人数为15—35人的用人单位必须雇用不低于1个残疾人；雇员人数为36—50人的用人单位必须雇用不低于2个残疾人；雇员人数超过51人的用人单位必须按照雇员总数7%的比例雇用残疾人。土耳其规定100人以下和100人以上企业分别按1%和2%比例安排残疾人。西班牙规定雇员人数超过50人的公共和私人机构都应当按照2%的比例安排残疾人就业。韩国规定国家和地方政府雇用残疾人的比例不得低于2%。印度政府规定包括政府部门在内的所有工作单位必须保留3%的工作机会给残疾人。

我国参照国际社会普遍做法，通过先试点、后推行的方式，进而通过立法形式将残疾人按比例就业确定为法定制度，各地普遍制定了按比例安排残疾人就业的相关法规和政策，比例不低于1.5%。1988年，江苏省无锡市率先提出了按比例安置残疾人就业的要求。1991年颁布的《中华人民共和国残疾人保障法》规定：机关、团体、企业事业组织、城乡集体经济组织，应当按一定比例安排残疾人就业，并为其选择适当的工种和岗位。1992年我国分别在上海、广州、青岛、洛阳、沈阳、大连、武汉、九江、无锡等九城市开展按比例安排残疾人就业试点。1995年，中国残联关于印发《残疾人按比例就业工作的若干意见》的通知提出，各地分散安排残疾人就业的比例宜在1.5%—2%之间。

1995年财政部《残疾人就业保障金管理暂行办法》：“保障金”是指在实施分散按比例安排残疾人就业的地区，凡安排残疾人达不到省（区、市）人民政府规定比例的机关、团体、企业事业单位和城乡集体经济组织，根据地方有关法规的规定，按照年度差额人数和上年度本地区职工年平均工资计算交纳用于残疾人就业的专项资金。“保障金”专项用于下列开支：①补贴残疾人职业培训费用；②奖励超比例安置残疾人就业的单位及为安排残疾人就业做出显著成绩的单位；③有偿扶持残疾人集体从业、个体经营；④经同级财政部门批准，适当补助残疾人劳动服务机构经费开支；⑤经同级财政部门批准，直接用于残疾人就业工作的其他开支。2007年国务院颁布《残疾人就业条例》规定：机关、团体、企业、事业单位和民办非企业单位（以下统称用人单位）应当依照有关法律、本条例和其他有关行政法规的规定，履行扶持残疾人就业的责任和义务；用人单位安排残疾人就业的比例不得低于本单位在职职工总数的1.5%；用人单位安排残疾人就业达不到其所在地省（区、市）人民政府规定比例的，应当缴纳残疾人就业保障金。依法征收的残疾人就业保障金应当纳入财政预算，专项用于残疾人职业培训以及为残疾人提供就业服务和就业援助，任何组织或者个人不得贪污、挪用、截留或者私分。残疾人就业保障金征收、使用、管理的具体办法，由国务院财政部门会同国务院有关部门规定。

禁止在就业中歧视残疾人。2008年新修订《中华人民共和国残疾人保障法》规定：国家实行按比例安排残疾人就业制度。国家机关、社会团体、企业事业单位、民办非企业单位应当按照规定的比例安排残疾人就业，并为其选择适当的工种和岗位。达不到规定比例的，按照国家有关规定履行保障残疾人就业义务。国家鼓励用人单位超过规定比例安排残疾人就业。2008年《中共中央国务院关于促进残疾人事业发展的意见》提出：依法推进按比例安排残疾人就业。党政机关、事业单位及国有企业要带头安置残疾人。《中国残疾人事业“十二五”发展纲要》提出：切实落实按比例就业政策，党政机关、人民团体、事业单位及国有企业带头安排残疾人，促进更多残疾人在各类用人单位按比例就业，逐步建立残疾人按比例就业岗位预留制度。残疾人就业工作“十二五”实施方案提出：切实落实按比例就业政策。党政机关、人民团体、事业单位及国有企业，制定具体目标，带头安排残疾人，促进更多残疾人在各类用人单位实现按比例就业。采取社会保险补贴、岗位补贴、试用见习补贴、提供岗位支持服务、落实税收优惠等方式鼓励用人单位按比例或超比例安排残疾人就业。

人力资源社会保障部、财政部、中国残联《关于加强残疾人职业培训促进就业工作的通知》（残联发〔2012〕15号）强调：各级财政部门要认真落实残疾人就业保障金征收使用管理规定，切实加强残疾人就业保障金征收工作，充分发挥残疾人就业保障金的调节作用，促进国家机关、团体、企事业单位接纳安排残疾人就业。严格残疾人就业保障金使用管理，确保专项用于残疾人就业培训和服务工作。进一步创新支持方式，提高资金使用效率。要加强残疾人就业保障金征收使用情况的监督检查，严禁擅自减免以及截留、挤占、挪用残疾人就业保障金。2013年8月中共中央组织部等7部门发布《关于促进残疾人按比例就业的意见》，意见中指出，根据残疾人按比例就业制度相关规定，各级机关、事业单位应包含一定数量的岗位用于残疾人就业，推动党政机关、事业单位及国有企业带头安排残疾人就业。用人单位安排残疾人就业达不到规定比例的，应严格按规定标准交纳残保金。对拒不安排残疾人就业又不缴纳残保金的用人单位，可采取通报、申请法院强制执行等措施。

（二）各地按比例就业相关政策、举措

1. 按规定比例招录残疾人

我国法律文件规定，用人单位按不低于1.5%的比例安置残疾人就业，一些地区明确规定，用人单位在新招录工作人员时要按法定比例招录残疾人。如：北京市规定：本市国家机关、事业单位、国有及国有控股企业安排残疾人就业未达到规定比例的，招录工作人员时应当单列一定数量的岗位，定向招录残疾人。《北京市关于进一步推进市属事业单位安排残疾人就业工作的指导意见》规定：未安置残疾人就业的市属事业单位应在“十二五”末突破“零安置”，即至少安置一名残疾人就业。已安置残疾人就业但尚未达到规定1.7%比例的市属事业单位应逐年提高安置比例，力争2020年前达到或超过1.7%比例。《中共湖北省委、湖北省人民政府关于促进残疾人事业发展的意见》要求，全省每年统一招收工作人员时，原则上要将招收总人数的1.5%以上专门用于招录残疾人。河南省规定：国家机关、事业单位、国有及国有控股企业安排残疾人就业未达到规定比例的，招录、招聘工作人员时应当单列一定数量的岗位，依照公开、平等、竞争、择优的原则和程序定向招录符合岗位要求的残疾人。海南省规定：各级党政机关、事业单位及国有企业招录公务员和工作人员时，在同等条件下按一定比例优先招录残疾人。2013年12月初，上海在全市范围向市级机关征集职位，市委办公厅、市政府办公厅带头，凡未安置残疾人就业的市残工委成员单位均拿出一个公务员职位，没有空余职位的单位先由直属事业单位提供一个事业岗位；12月下旬，2014年机关事业单位试点专项招录残疾人考试进行网上报名，400多名残疾人报考了有关职位，200多名残疾人通过了招录单位资格审核。这次招录工作在招录方式上，专项招录、专设职位。本次试点专项招录征集的市级机关及其直属事业单位的16个公务员职位和27个事业单位岗位，专门招录残疾人。为避免残疾人与一般考生同场竞技，本次专项招考保证了竞争在残疾人之间进行，形成了相对公平的竞争环境。征集的公务员职位以通用性为主，主要集中在文秘、研究性岗位，减少了残疾人因专业局限而无法报考的情况。2013年安徽省公务员考试中，公务员主管部门为残疾人考生设“单独考场”——安徽省特殊教育中专学校。此外，为视障残疾人考生提供“电子试卷”；为聋哑考生还配有手语翻译，在人工协助下，他们可以得到考场提示信息。

2. 按比例补贴政策

（1）岗位补贴等。如：北京市对招用残疾人就业的用人单位按照劳动合同的签订情况分别给予每人每年3000元或5000元的安排残疾人就业岗位补贴。江苏省通过岗位补贴或社会保险补贴方式，鼓励用人单位为残疾大学生提供毕业实习、就业岗位和超比例安排残疾人就业。将残疾人纳入就业援助重点对象，鼓励用人单位安排就业困难残疾人就业，并根据签订劳动合同情况给予岗位补助。山东省对各类企业招用符合条件的残疾人就业困难人员，按规定给予社会保险补贴，有条件的地方可给予岗位补贴。海南省整合完善残疾人就业岗位补贴和超比例安置奖励等政策措施，适当提高补贴和奖励标准。支持用人单位开展无障碍环境改造和残疾人就业岗位开发。青海省对凡省内各类企业吸纳残疾人就业签订一年以上劳动合同并参加社会保险的，按照合同期限给予企业不超过3年的岗位补贴、社会保险补贴，并给予一次性奖励。岗位补贴标准为每人每月200元，社保补贴标准按单位应缴的各项社会保险费计算，一次性奖励标准按每招录1人1000元给予企业奖励。

（2）社会保险补贴。如：安徽省对招用就业困难残疾人，签订劳动合同并缴纳社会保险费的企业，在相应期限内给予基本养老、医疗和失业保险补贴。江西省对用人单位招用符合条件的残疾就业困难人员，人力资源和社会保障、财政部门以及残疾人联合会应当按规定给予社会保险补贴。广东省以用人单位为残疾人实际投保险种为据，最高按缴纳的养老、失业、工伤、生育、医疗社会保险五项之和计算，全额资助单位应缴部分，资助标准按现行社会保险缴费比例用人单位应缴部分的下限执行。广西壮族自治区对用人单位安排残疾人就业，与就业残疾人签订劳动合同并为其缴纳社会保险费的，在相应期限内给予基本养老保险、基本医疗保险和失业保险补贴。

（3）一次性补贴。如：广西壮族自治区对用人单位安排大中专残疾人毕业生就业的，在享受国家相关优惠政策的基础上，给予一次性岗位补贴，补贴经费从当地残疾人就业保障金中支出。甘肃省对吸纳残疾大学生就业的用人单位给予适当补助，对帮助残疾人实现稳定就业的职业介绍机构给予奖励，所需资金从市州、县市区残疾人就业保障金中列支。

（4）无障碍改造补贴。如：深圳市对符合条件的用人单位给予残疾人就业环境改造、就业设施设备费用补贴扶持，补贴经费在市残疾人就业保障金中列支。湖北省宜昌市对安置残疾人一次性达5人以上，确需添置无障碍设施的将给予一定补贴。

3. 超比例奖励政策

用人单位超比例安置残疾人就业，不但履行了法定的社会义务，更体现出一种社会责任，多数地方积极出台政策，授予荣誉称号或给予一次性资金奖励。如：北京市对安排残疾人就业超过职工总数1.7%比例的用人单位，在现有奖励政策基础上，再按照每超出1人给予每人每年6000元的超比例安排残疾人就业奖励。超比例安排

残疾人就业单位奖励资金，从区县残疾人就业保障金列支。天津市对符合申请补贴奖励条件的超比例安排残疾人就业单位，按核定的补贴奖励人数、市劳动和社会保障局公布的当年单位和职工社会保险缴费基数最低标准及单位应负担比率计算的缴费金额给予补贴。以后根据公布的年度社会保险缴费基数最低标准相应提高补贴金额。河北省《关于促进残疾人按比例就业的实施意见》规定：机关、团体、企事业单位和民办非企业单位（不含福利企业）超比例安排残疾人就业的，按残疾类别超比例安置一人，可一次性给予3000—5000元奖励。奖励资金用于无障碍设施改造、购置方便残疾人就业的专用设备和工具及社会保障等，所需资金从本级残疾人就业保障金中列支。《江苏省用人单位按比例安排残疾人就业补贴和超比例奖励办法》规定：按比例补贴标准：安排残疾人就业达到规定比例的，按照每人每年不低于上年度当地月最低工资标准的2倍给予按比例补贴，累计补贴不超过3年。超比例奖励标准：每超比例安置1名残疾人，按照每年不低于上年度当地月最低工资标准的4倍给予超比例奖励（不重复享受按比例补贴），累计奖励不超过3年。吉林市对超比例安排残疾人就业的单位（不含福利企业），可通过残疾人就业保障金给予鼓励，每超比例安置1名残疾人就业，可一次性给予1000元鼓励，其资金主要用于无障碍设施改造、购置专用设备和工具以及社会保障费等。湖南省对用人单位新开发岗位供残疾人就业，新吸纳就业的残疾人在5人以上，且残疾职工人数占在职职工总数的比例超过8%，或一次性新开发岗位吸纳就业的残疾人在50人以上，可以授予“爱心单位”称号；用人单位残疾职工达到10名以上、残疾职工占在职职工总数的比例超过10%，且50%以上的残疾职工连续在本单位工作两年以上，可以授予“最具爱心单位”称号。用人单位的奖励金额按下列公式确定：奖励金额=奖励人数×奖励标准。奖励人数=用人单位残疾人就业人数-用人单位应安排残疾人就业人数（单位在职职工总数×1.5%）；奖励标准为用人单位所在县市区当年度最低工资标准（月最低工资标准×12）的50%。安徽对超比例安排残疾人就业的企业，在上一年度残疾人职工人数的基础上，当年每新增安置一名残疾人就业，给予用人单位每人一次性补贴1500元，对其中新增安置就业困难残疾人，按每人2000元标准予以一次性补助。青海规定：机关、团体、企事业单位和民办非企业单位（不含福利企业）超比例安排残疾人就业的，除按现行就业政策给予奖励外，每超比例安置一人，可一次性给予用人单位5000元奖励，所需资金从本级残疾人就业保障金中列支。安排一名盲人就业的，按安排两名残疾人计算。西藏自治区对于超过规定比例安排残疾人就业的单位，每多安排一名残疾人就业，残疾人联合会每年按该单位所招用残疾人的年平均工资给予奖励。

4. 安置重度残疾人等奖励政策

1995年中国残联《关于印发〈残疾人按比例就业工作的若干意见〉的通知》：“安排一名盲人或重度肢体残疾人可按两名计算。”2009年人社部等4部门《关于进一步做好高等学校残疾人毕业生就业工作的通知》：“2009年至2011年，执行按比例就业的用人单位每安排一名高校残疾人毕业生就业，按安排两名残疾人计入所安排的残疾人职工人数之内。”目前各地都出台了一人按两人计算奖励政策。其中：天津、山西、山东、内蒙古、吉林、江苏、安徽、河南、四川、农垦等地，安排一名盲人按两名残疾人计算；北京、辽宁、浙江、广东、湖南、陕西、重庆、甘肃、江西等地，安排一名盲人或一级肢体残疾人的按两名残疾人计算；河北、黑龙江、青海、广西、海南、云南、贵州、湖北、新疆、西藏、宁夏、兵团等地，安排一名盲人或者重度残疾人的按两名残疾人计算。无锡市规定：安排一名三、四级智力或精神残疾人就业按安排1.5名残疾人就业计算。天津还规定：安排1名智力残疾人、精神残疾人，按安排2名残疾人就业计算。福建规定：安排1名一、二级视力残疾人、一、二级肢体残疾人、三、四级智力残疾或精神残疾人，按安排2名残疾人就业计算。

5. 探索监督约束机制

《北京市实施〈中华人民共和国残疾人保障法〉办法》规定，对未按比例安排残疾人就业且未缴纳残疾人就业保障金的用人单位，由相关机构建立信用系统，并向社会公示。福建省将按比例安排残疾人就业纳入各级文明单位考评指标。《河南省高级人民法院关于在审判工作中依法维护残疾人合法权益的意见》规定：大力支持残疾人就业保障金征收工作，对当地残疾人联合会申请强制执行残疾人就业保障金的，应依法受理并积极采取执行措施，保障残疾人权益的实现。

（三）贯彻七部委文件做法

七部委按比例就业文件印发以后，各地反响强烈，上海在残疾人报考公务员方面做出示范。其他各省出台的政策中，河北、贵州、海南、青海对加强按比例安排残疾人用人单位的奖励措施进行了细化，有的对地税、财政代征代扣残保金进行了明确，天津对残疾人报考公务员的无障碍扶持做出了细化，安徽、重庆、广东、贵州明确建立残疾人按比例就业执法检查或劳动监察制度。其他的政策还有，吉林省印发《吉林省残疾人就业岗位预留工作试点方案》《吉林省残疾人集中就业单位产品专产专营和政府优先采购试点工作方案》和《2013年新增公益性岗位配备方案》，对不同形式残疾人就业予以规范和推进。江苏省出台办法，规定按比例安置残疾人用人单位，按照每人每年按月最低工资标准2倍给予补贴，超比例安置的，按月最低工资标准4倍给予超比例奖励。湖南省发布修订《关于转发促进残疾人就业税收优惠政策征管办法的通知》，加强残疾人集中就业税收减免力度。浙江省印发《关于开展残疾人庇护产品政府优先采购及制定庇护产品目录试点工作的通知》，并召开现场会，总结推广试点单位经验，推动全省每市都有一家庇护试点单位。北京出台文件，对毕业未就业的残疾人毕业生给予实习见习补贴、培训费补贴；用人单位计算安排残疾人就业比例时，按安排 2 名残疾人就业计算和最长不超过 5 年的社会保险补贴；对社会职业中介机构介绍成功 1 名残疾人毕业生就业给予资金奖励。

附录二

中组部等七单位出台意见促进残疾人按比例就业

潘跃 《人民日报》 2013 年 9 月 1 日 4 版

日前，中组部、中编办、财政部、人力资源社会保障部、国资委、国家公务员局、中国残联七家单位联合出台《关于促进残疾人按比例就业的意见》。《意见》要求，到 2020 年，所有省级党政机关、地市级残工委主要成员单位至少安排有 1 名残疾人。

我国参照国际通行做法，上世纪 90 年代建立了用人单位按比例安排残疾人就业制度。目前按比例就业已成我国残疾人就业的重要形式。但是，残疾人按比例就业仍然存在着相关规定落实难、用人单位缺乏主动性和积极性等问题。

《意见》要求各级残疾人工作委员会成员单位要率先招录残疾人，继而带动其他党政机关。各级残联机关干部队伍中都要有一定数量的残疾人干部，其中省级残联机关干部队伍中残疾人干部的比例应达到 15% 以上。各级党政机关在坚持具有正常履行职责的身体条件的前提下，对残疾人能够胜任的岗位，在同等条件下要鼓励优先录用残疾人；要督导所属各类事业单位做好按比例安排残疾人就业工作。国有和国有控股企业应根据行业特点，确定适合残疾人就业的岗位，招录符合岗位要求的残疾人就业。

附录三

2013 年“两会”期间媒体关于残疾人就业报道

一、驻桂全国政协委员关注残疾人发展为残疾人支招

3 月 12 日《广西日报》讯，“两会”上驻桂全国政协委员把目光投向了残疾人群体，就关心和支持残疾人事业、帮助残疾人提高家庭收入和生活质量纷纷建言献策。

全国政协委员、自治区副主席陈章良认为，帮助有就业能力的残疾人平等享受就业机会、实现就业，达到经济收入的倍增，是改善他们生活状况的根本途径。而对丧失劳动能力的残疾人则应该实现社会保障水平的倍增，只有如此，残疾人才能分享经济社会发展带来的成果。

全国政协委员、崇左市副市长吴爱红指出，残疾人是弱势群体中的弱势群体。只有让他们在普惠的基础上享受到特惠，才能让他们共享小康。崇左市 2012 年试点抓好残疾人扶贫基地建设：对能带动农民增收的龙头企业，要求优先安排两名残疾人就业并辐射带动 100 户残疾人家庭增收。落实的企业不仅能得到 20 万元奖励，在用地、贷款等方面还能获得优先照顾。“一年下来，不少残疾人通过加入基地发展雁鹅生产脱了贫。”2013 年，崇左市将这一模式在全市推广，要求每个县必须建设好两个残疾人扶贫基地，并纳入当地政府的绩效考核。

全国政协委员、残疾人女子乒乓球运动员张小玲说，残疾人在出行、教育和就业等方面依然被人为设置了这样那样的门槛。在就业上，一方面残疾人劳动技能低，本身不容易找到合适的工作；另一方面党政机关、事业单位执行按比例安置残疾人政策表率作用仍不够，许多采用交残疾人就业保障金的办法来代替安置。她呼吁，加快完善残疾人就业保障机制，对安置残疾人就业做得好的单位给予奖励，对执行不到位的单位加以处罚并曝光；同时，因地制宜、因人而异的开办适合各类别残疾人需求的职业技能和实用技术培训，让残疾人掌握更多的实用技术和生存技能，切实提高残疾人就业率，确保他们有生计、有盼头。

二、全国人大代表阎建国关注残疾人技能培训与就业保障

3 月 13 日，全国人大代表、如皋市残联副理事长阎建国，知名网友张奋做客强国论坛，以残疾人职业技能培训与就业权利保障为题与网友进行在线交流。在本次“两会”上，阎建国就残疾人职业技能培训和就业提交了议案。阎建国认为，我国 8300 万残疾人中，处于就业年龄段的约有 3200 万人。受身体残疾和接受教育程度有限的影响，他们的职业技能水平普遍偏低，从而造成就业困难，并直接影响到他们平等参与社会生活。为改变这一状况，他建议把为残疾人提供免费职业技能培训作为各级政府的义务作为一项制度确立下来，从而更有力地促进残疾人就业。在就业保障方面，他指出，残疾人在就业、社会保障要享受和正常人一样的待遇。各级机关、学校、企业和一些部门要同工同酬，要同样吸收我们残疾人，按照残疾人保障法，吸纳残疾人就业，解决残疾人就业难的问题。

三、全国政协委员薄绍晔指出残疾人收入提高根本途径是就业

3 月 9 日大众网—齐鲁晚报讯，全国政协委员、中国残联维权部主任薄绍晔说，残疾人人均收入仅为全国平均收入的 60% 左右，普遍面临收入低、支出高的生活困

境，未能实现充分就业是导致残疾人生活贫困的主因。薄绍晔说，实现就业是提高残疾人经济收入的根本途径。用人单位不能以缴纳残疾人就业保障金替代安排残疾人就业；国家机关、事业单位和国有企业应当通过岗位预留、定向招录等方式安排残疾人就业，带动社会用人单位积极安排残疾人。建立残疾人津贴制度是缩小收入差距的有效保障。

四、全国人大代表袁敬华提出要切实保障残疾人升学、就业平等权利

全国人大代表、夏津县特教学校校长袁敬华在接受德州晚报记者采访时说，由于缺乏盲文试卷等配套支持服务，我国尚无盲人参加全国研究生统一入学考试；我国目前尚无关于如何解决听障者无法完成各级各类考试中听力考试的相关规定。如果有效加强给予残疾人的支持服务，从准入制度入手开放研究生教育，残疾人的平等受教育权将得到更加全面的保障。此项举措将从“制度改革”及“实际产出”两个方面促进残疾人教育事业的发展。在残疾人就业方面，她指出，政府部门及事业单位应在接纳残疾人方面起到表率作用。目前我国各级公务员录用考试和事业单位招聘考试，都缺乏为残疾考生提供支持服务的细则，因此即使符合选拔标准的残疾人也被拒之门外。另外，各级政府及各级事业单位体检标准中也常规性地将“身体健康”作为最基本、最重要的选拔标准之一，并未考虑残疾人群体的利益。她建议，允许残疾人（如盲人）参加全国研究生入学统一考试、各级公务员录用考试、各级事业单位招聘考试及各类执业资格考试等各类升学、认证考试，并切实为重度残疾考生提供相配套的支持服务，确保考试顺利进行。

五、全国人大代表郭新志指出解决残疾人就业要从特殊教育开始

全国人大代表、山西省脑康复医院院长郭新志在接受采访时指出，残疾人就业问题起码要从特殊教育开始，让他们从小就能够受到教育，从而保障就业。她提出，比如说每30万人口大概比例有多少个残疾人，就有一个特殊学校，让他们从小能够受教育，那么他们就业就有保障。再加上在就业前给他们进行一些特殊的培训，根据他的残疾程度，什么地方的障碍培训他能做什么事情，这样他就能够就业。她同时指出，现在政府也在做康复、教育、就业相关工作，但是我国有8500多万残疾人，投入远远不够。“应从方方面面都去投入，建立体制机制，建立机构，让这方面专门的人才也要多一些，这一方面的人才要使用好，培养好，要督促他们，让他们能够有爱心，有神圣感，觉得做残疾人工作者有一种神圣，愿意留下来在这一方面做工作，这样才能留住他们。而不是说现在待遇不高，他在这个部门工作，同样都是大学毕业，研究生毕业，那么他在医院里头工作，他待遇各方面都很好。那他在这个机构工作，他的职称升不了，待遇不高，没房没车他就留不住人才。他是神圣的事业，也是金色的事业，让他生命的终点也能少一点遗憾。”

六、全国政协委员戴皓呼吁发挥政府主导和社会帮扶作用促进残疾人就业

网易财经3月4日讯，全国政协委员、合众人寿董事长戴皓在其2013年全国“两会”提案中建议发挥政府主导和社会帮扶作用促进残疾人就业。戴皓认为，由于社会就业环境不公正，残疾人往往被歧视、促进残疾人就业的政策法规不够完善，执行乏力等原因，残疾人就业形势不容乐观。他建议，充分发挥政府的主导作用，强化部门责任；完善残疾人就业政策法规，加大政策法规的执行力度；建立残疾人就业创业援助长效机制，对残疾人就业困难人群实行分类指导，重点扶持；制定残疾人大学生就业创业扶持政策。教育、人社、残联等部门要根据残疾大学生的特殊困难，联合制定有针对性的扶持政策；建立残疾人庇护性劳动专产专营制度。

七、全国政协委员计时华呼吁圆残疾人就业梦

《浙江日报》3月4日讯，全国政协委员、浙江省民革省委会副主委计时华在“两会”上提出关于残疾人就业的提案。计时华通过调研了解到，如今残疾人就业现状并不乐观，这和当前福利企业处于困境有密切关系。她指出，杭州不少福利企业基本处于“三降一升”的状况。企业完成工业产值同比下降，实现销售收入同比下降，完成应交增值税同比下降，经营亏损数又是同比上升的。以杭州市某经济较发达区为例，福利企业从2006年前153家减少到目前101家，减少三分之一；其中聚酯纤维、棉纺织企业困难比较突出，亏损企业有38家，亏损额达5.06亿元。计时华建议，应提高现行对社会福利企业所得税的政策优惠幅度，改变福利企业安置残疾职工中的不合理标准，尽快推进社会福利企业管理的立法进程，推动地方政府采取多种形式的优惠配套政策。她指出，改革发展的成果应该惠及所有人，尤其是困难群体，更应给予更多关注和帮扶，希望有一天，能完全实现残疾人的就业梦。

（周凯供稿）

残疾人社会保障工作

一、政策法规文件

关于香港、澳门服务提供者在内地举办营利性养老机构和残疾人服务机构有关事项的通知

商资函〔2013〕67号

各省、自治区、直辖市、计划单列市及新疆生产建设兵团商务主管部门、民政主管部门：

根据国务院批准的《〈内地与香港关于建立更紧密经贸关系的安排〉补充协议九》及《〈内地与澳门关于建立更紧密经贸关系的安排〉补充协议九》，现就香港、澳门服务提供者在内地举办营利性养老机构和残疾人服务机构有关事项通知如下：

一、允许香港、澳门服务提供者（以下简称港澳服务提供者）以中外合资经营企业、中外合作经营企业或外资企业形式，通过新设或并购的方式在内地设立营利性养老机构和残疾人服务机构。

二、港澳服务提供者申请设立营利性养老机构和残疾人服务机构，应具有良好的信誉及经营实力，至少有一个服务提供者具有在香港、澳门从事3年以上养老服务、残疾人服务的经验。

港澳服务提供者还应分别符合《内地与香港关于建立更紧密经贸关系的安排》及《内地与澳门关于建立更紧密经贸关系的安排》及其有关补充协议中关于“服务提供者”定义及相关规定的要求。

三、营利性养老机构和残疾人服务机构的设立和变更，由所在地省级商务主管部门征求同级民政部门意见后，依据外商投资法律法规进行审批。自2013年7月1日起，营利性养老机构的设立和变更应根据《老年人权益保障法》有关规定，先向民政部门申请行政许可后，由所在地省级商务主管部门审批。

港澳服务提供者申请设立营利性养老机构和残疾人服务机构，除报送设立外商投资企业所要求的文件外，还须提交香港社会福利署或澳门社会工作局向该服务提供者发出的相关有效牌照副本/豁免证明书，或向其提供年度社会福利资助的通知信等从业证明文件。

四、营利性养老机构和残疾人服务机构应以提供社会服务为宗旨，依法纳税，合规经营，营利性养老机构不得经营住宅贴现养老等业务。

五、营利性养老机构和残疾人服务机构业务范围中包括医疗卫生服务的，应按有关政策规定履行报批手续。

六、各地商务主管部门应加强港澳在内地设立的营利性养老机构和残疾人服务机构的统计工作，发放批准证书时，行业分类选择“老年人、残疾人养护服务”（国民经济行业分类第8414款）。各地民政、商务主管部门对本行政区域内相关机构加强监管，促进相关领域吸收外资工作的健康发展。

各地商务、民政部门在执行中如遇问题，请及时与商务部（外国投资管理司）、民政部（社会福利和慈善事业促进司）联系。

商务部　民政部
2013年2月17日

关于残疾军人享受社会残疾人待遇有关问题的通知

民发〔2013〕51号

各省、自治区、直辖市民政厅（局）、残联，各计划单列市民政局、残联，新疆生产建设兵团民政局、残联：

残疾军人是为国家作出特殊贡献的优抚对象，是社会残疾人的重要组成部分。现就残疾军人享受社会残疾人待遇有关问题通知如下：

一、本通知中“残疾军人”是指在服役期间因战因公因病致残，并按规定评定了残疾等级、持有合法有效的中华人民共和国残疾军人证的退役军人。

二、残疾军人除享受国家给予的特殊待遇外，同时也应享受当地社会残疾人的相应待遇。

三、惠及所有残疾人政策待遇，残疾军人凭中华人民共和国残疾军人证应予享受；惠及特定残疾人的政策待遇（如安装假肢、配发轮椅车等），按照有关身体残疾的特殊要求，符合条件的残疾军人应予享受。具体办法由地方民政部门和残联制定。

四、各地民政、残联部门要密切协作，加强有关政策宣传，加大工作力度，建立信息共享机制，确保残疾军人享受社会残疾人的相应待遇。

民政部　中国残联
2013年3月21日

关于授予第二批全国“阳光家园”示范区和全国“阳光家园”示范机构称号的决定

残联〔2013〕249 号

各省、自治区、直辖市及计划单列市残联，新疆生产建设兵团残联，黑龙江垦区残联：

按照《关于开展“阳光家园”示范创建活动的通知》（残联〔2010〕68 号）的总体安排，为进一步发挥先进单位的典型示范作用，在首批“阳光家园”示范创建工作的基础上，2012 年 2 月，中国残联下发了《关于开展第二批“阳光家园”示范创建活动的通知》（残联〔2012〕23 号），正式启动了第二批“阳光家园”示范创建工作。

工作开展一年多来，各地按照《全国“阳光家园”示范区考核评估标准》和《全国“阳光家园”示范机构考核评估标准》的要求抓紧开展创建工作，积极学习首批经验，因地制宜、扎实推进，充分争取政府支持，不断实现托养服务补贴政策的突破；充分顺应残疾人的真实需求，不断扩大托养服务工作受众面；充分整合政府和社会资源，不断创新托养服务提供模式。与首批创建工作相比，呈现出成果更为丰硕、宣传更为广泛、服务模式更为创新、服务网络更为健全的特点。

根据中国残联办公厅《关于开展第二批全国“阳光家园”示范创建区和示范创建机构考核评估验收工作的通知》（残联厅〔2013〕62 号）安排，中国残联、各省级残联及相关专家于 2013 年 6 月至 12 月之间分别对 20 个示范创建地区和 18 个示范创建机构进行了考核评估验收。根据考核评估验收的情况，决定授予达到考核评估验收标准的天津市河东区等 19 个地区“全国‘阳光家园’示范区”称号。决定授予河北省张家口市桥东区红旗楼阳光家园爱心托养服务中心等 18 个机构“全国‘阳光家园’示范机构”称号（名单见附录）。

希望以上地区和机构以本次示范创建工作为新的起点，有效利用创建工作的成果，认真总结经验，全面提升残疾人托养服务的整体水平，充分发挥示范作用。

下一步，中国残联将深入巩固示范创建的成果，推广有益经验、探索市场化运作机制、创新人才培养方式、建立示范地区和示范机构称号的动态考核机制，确保示范创建工作有机延续。

中国残疾人联合会

2013 年 12 月 24 日

关于印发《残疾人托养服务基本规范（试行)》的通知

残联发〔2013〕20 号

各省、自治区、直辖市及计划单列市残联，新疆生产建设兵团残联，黑龙江垦区残联：

为加强残疾人托养机构服务规范化管理，提升残疾人托养服务水平，促进残疾人托养服务健康发展，贯彻落实《关于加快发展残疾人托养服务的意见》（残联发〔2012〕16 号)，中国残联制定了《残疾人托养服务基本规范（试行)》，并征得有关部门同意，现印发你们，请遵照执行。

中国残疾人联合会

2013 年 12 月 31 日

残疾人托养服务基本规范（试行）

前　言

为加强残疾人托养机构服务规范化管理，提升残疾人托养服务水平，促进残疾人托养服务健康发展，根据《中华人民共和国残疾人保障法》《中共中央国务院关于促进残疾人事业发展的意见》《中国残疾人事业“十二五”发展纲要》《国家基本公共服务体系“十二五”规划》《关于加快发展残疾人托养服务的意见》以及《残疾人社会福利机构基本规范》的有关要求，制定本规范。

本规范的主要技术内容包括：一、总则，二、术语，三、机构托养服务规范，四、居家托养服务规范，五、服务管理，六、服务质量考核及评价。

本规范主要起草单位：中国残联教育就业部。

一、总　则

（一）本规范所指的残疾人托养服务，是指为符合条件的智力、精神和重度肢体残疾人，提供基本生活照料和护理、生活自理能力训练、社会适应能力辅导、职业康复和劳动技能训练、运动功能训练等方面的社会服务。

（二）本规范第（一）款中所指的符合条件的智力、精神和重度肢体残疾人，是指：

1. 处于就业年龄段、有托养服务需求的智力残疾人；

2. 处于就业年龄段、有托养服务需求且通过专业医疗机构精神科医师风险评估适宜托养的精神残疾人；

3. 处于就业年龄段、有托养服务需求的重度肢体残疾人（包括同时存在智力残疾或精神残疾的多重残疾人)。

（三）本规范的宗旨是通过专业化托养服务，帮助残疾人提高生活自理能力、社会适应能力和价值创造能力，改善残疾人生存发展条件，促进残疾人共享经济社会发展成果。

（四）本规范适用于中华人民共和国行政区划内为残疾人提供寄宿托养、日间照料及居家托养等服务的各类机构或组织。

（五）残疾人托养服务工作除应符合本规范外，还应符合国家现行相关管理服务标准及要求。

（六）本规范所列各种条款为基本要求。地方残疾人托养服务有关规范中有更高标准规定的，当地应按照本地规范标准执行。

二、术　语

（一）机构托养　本规范所指的机构托养，是指在各级、各类寄宿制集中托养机构和日间照料机构中，为符合条件的智力、精神和重度肢体残疾人提供本规范总则第（一）款规定的托养服务内容。

（二）居家托养　本规范所指的居家托养，是指通过一定的组织或机构，以合适的方式为分散居住在家庭和社区中符合条件的智力、精神和长期需要专人照料或护理的重度肢体残疾人，提供本规范总则第（一）款规定的托养服务内容。

（三）生活照料和护理　为服务对象提供日常生活照顾和护理以及健康生活所需的基本服务。

（四）生活自理能力训练　在服务对象的能力范围内为其提供衣食住行等日常生活的基本能力训练服务。

（五）社会适应能力训练　为服务对象提供有针对性的社会适应能力训练服务、基本的文化体育娱乐等休闲活动服务和一般性心理咨询引导服务，通过特定场景模拟重现等方式帮助服务对象了解、熟悉社会场景，克服或缓解心理和行为上的障碍，改善不良意识、行为和消极倾向，逐渐掌握社会交往的基本技能。为适宜的服务对象提供参与真实社会活动的机会。

（六）职业康复和劳动技能训练　根据服务对象的情况有针对性地提供合适其身体和心理条件状况的技能培训课程和训练服务，为服务对象提供自愿参与简单生产劳动的机会，对有一定劳动能力并有就业意愿的服务对象进行就业指导和职业介绍服务。

（七）辅助性就业　是指针对精神、智力和重度残疾人因劳动就业能力不足，无法进入竞争性就业市场的实际状况，通过集中组织残疾人参加适当生产劳动，帮助他们提高劳动技能、改善身体生活状况。辅助性就业机构包括工疗机构、农疗机构、托养机构中的劳动车间、庇护工场等。

（八）支持性就业　是指由专业就业辅导员专职辅助服务对象，使服务对象能够在普通企事业单位（非庇护工场等专门雇佣特殊群体的工作场所）获得稳定、有收入的工作机会。直至服务对象顺利过渡、融入工作环境，工作能力得到提升，就业辅导员再逐步减少介入。

（九）运动功能训练　为已接受过医疗康复服务之后的服务对象开展以运动功能和日常生活活动为主的运动康复训练，增强其生活自理能力和参与社会生活的能力，同时为服务对象提供必要的医疗卫生保健服务。

（十）托养服务机构　本规范中提到的“托养服务机构”，指寄宿制托养服务机构和日间照料机构。

三、机构托养服务规范

（一）机构要求

1. 托养服务机构一般要求相对独立，设置在交通便利的区域。

2. 服务场所应为自有用房或协议承租 5 年以上。

3. 依法设立，申请审批、注册登记手续齐全，合法运营。

4. 在显著位置公开服务项目、服务指南和工作流程。

5. 应有稳定的运营资金保障，确保能够持续运营发展。

6. 配置与其服务范围相适应的服务场地，包括住养居室、食堂、护理保健室、文体活动室、康复室、心理咨询室、劳动（生产）工作间等。

7. 具备基本的无障碍设施设备。寄宿制集中托养机构的建筑设计应符合国家标准《无障碍设计规范》的规定。

8. 房屋建筑质量安全和消防设施符合国家相关标准的要求。

9. 政府兴办的寄宿制托养服务机构应具备《残疾人托养机构建设标准》中规定的基本设施设备、功能场所。

10. 接受中央财政“阳光家园计划”项目资助的机构，应在显著位置使用“阳光家园计划”专用标识。

（二）人员要求

托养服务机构应配备与其服务范围相适应的管理人员、专业人员和护理人员。

1. 管理人员

（1）应从事过管理工作，具有社会工作类、社会福利类或康复类等相关学习或培训经历。

（2）熟悉残疾人相关法律法规与政策，熟练掌握残疾人托养的基本知识、主要政策和专业知识。

（3）托养服务机构中的财务等专业岗位上的管理人员应当持有有效的从业资格和职业资格证书。

（4）主要管理人员平均年龄不宜超过 55 岁。

（5）每年至少参加 1 次以上管理培训活动。

2. 专业人员

（1）内设医疗部门的机构应配备专业医务人员。

（2）应配备康复专业技术人员，其数量能以满足需要并能提供本规范所规定的运动功能训练服务为原则。

（3）有精神残疾服务对象的，应配备精神卫生医师、专业心理治疗师或经过相应专业卫生医疗机构上岗培训并考核合格的专业人员。

（4）应配备至少 1 名残疾人就业服务指导员和 1 名能够从事心理咨询和疏导的专业人员。

（5）寄宿制托养服务机构原则上应配备全职的专业人员，日间照料机构可根据实际需求整合利用资源。

（6）可根据实际需要招募一定数量的社会工作者和志愿者。

（7）应具有本人身份证明、健康证明。对需持证上岗的职业，应按有关法律法规规定持有效的从业资格和职业资格证书。

3. 服务人员

（1）根据服务对象需求配备适宜的护理员。护理人员与服务对象的比例最低不低于 1 ∶ 5。护理员中男女比例应根据实际情况配备。

（2）至少配备 1 名经公安部门认可的安保人员。

（3）应熟练掌握相应的业务知识和岗位技能，并接受过残疾人特殊生理与心理知识培训。

（4）应具有本人身份证明、健康证明，并接受过托养服务与专业培训。

（5）提供服务时应统一着装，挂胸牌。

（6）每年至少参加12学时以上的业务培训活动。

（7）遵纪守法，遵守职业道德，尊重和善待残疾人，对待服务对象应文明友善、耐心细致。

（三）服务内容和要求

1. 生活照料和护理

（1）根据服务对象的特点，营养、合理配餐，制定每周食谱，能够提供点餐、加餐、助餐服务，尊重服务对象饮食习惯，使其得到合理、规律的膳食服务。

（2）寄宿制托养服务机构应根据季节和天气情况为服务对象提供合理频率的身体清洁服务和衣物换洗服务，保持服务对象身体清洁、无异味，衣物卫生、整洁、得体。

（3）对有需要的服务对象提供起床、穿衣、就寝、脱衣、整理床铺、如厕等基本起居服务。

（4）制定合理的作息制度并在显著位置标示。

（5）寄宿制托养服务机构应根据服务对象特点进行分级护理，并用记录卡片标注在显著位置。

（6）为有需要的服务对象按医嘱提供服药服务。

（7）护理智力残疾对象时，应注意观察和指导。避免因为理解障碍造成意外伤害。

（8）护理精神残疾对象时，应注意安全保护和监护。遇特殊情况时，应及时通知其家属或监护人，由专业医技人员或在其指导下适时采取安全保护和监护措施，或转入专业医疗机构就诊。

（9）在护理过程中，应尊重服务对象的人格和尊严，特别注意保护女性服务对象的人身权益不受侵害。

（10）协助有需要的服务对象进行户外活动。在天气情况允许的条件下，每天保证服务对象到户外活动1小时。

2. 生活自理能力训练

（1）根据服务对象的需求和特点，制定适宜的培养与训练计划，并张贴在显著位置。

（2）指导服务对象进行基本生活自理活动训练，使其能够自行洗漱、如厕、穿衣、吃饭等。

（3）在模拟家庭环境和劳动环境中指导服务对象学习简单家务和劳动，使其能够在协助和指导下完成煮饭、拣择蔬菜、整理床铺、洗衣服、打扫卫生等活动。

（4）应与服务对象的家属或监护人及时其沟通训练的内容和情况，以便服务对象回家时可以在真实家庭生活场景中对其生活自理能力进行重复巩固训练。

（5）可根据服务对象个体情况，设计适宜的训练课程，例如制作面食、烘焙饼干、缝制衣物等，发掘其生活自理能力方面可能存在的其他潜力。

（6）训练考评结果应记录存档，并依此调整或完善训练计划。

3. 社会适应能力辅导

（1）参考《残疾人残疾分类和分级》国家标准中对智力和精神残疾人社会适应能力的描述和分级，为服务对象制定社会适应能力辅导计划。

（2）以适当方式为服务对象普及简单的礼仪知识、两性知识等基本社会行为准则和常识。

（3）每天与服务对象的交流时间应不少于15分钟，为服务对象提供日常心理疏导和心理健康关爱服务。

（4）对心理和行为出现异常的服务对象进行关注，有必要时召集专业人员进行座谈分析，为其制定行为矫正方案。对于心理和行为出现极端异常、严重影响其他服务对象正常生活甚至人身安全的服务对象，应立即转介至专业医疗机构就诊。

（5）为有需要的服务对象提供教育培训、图书阅览、上网和收看收听电视广播等服务，使其对社会和舆情具备一定的知晓度。

（6）在机构内开展适宜的文化、体育、娱乐活动，可以根据实际情况组织比赛、展示或表演，使其具备基本的人际交往兴趣和能力。

（7）指导服务对象在模拟超市、银行、医院、邮局、公共交通等简单社会场景中进行社会适应性训练，提高其参与社会生活的能力。

（8）定期安排服务对象家属或监护人、志愿者到机构内进行活动，鼓励服务对象接待访客或外出参加社区或社会公益活动，逐步拓展其在直接参与社会生活方面的能力。

（9）根据服务对象的社会适应能力的恢复和提升情况，适时调整社会适应辅导计划。

4. 职业康复与劳动技能训练

（1）组织有需要的服务对象开展与其行为能力相适应的简单基本生产劳动，例如制作绢花、组配零件等。通过劳动帮助其活动肢体、锻炼大脑、集中注意力、协调手眼。

（2）服务对象参与生产劳动之前，应根据个体实际情况对其进行必要的培训。

（3）为有需要的服务对象提供职业指导、职业心理咨询、职业适应评定、职业康复训练、职业介绍等服务。

（4）根据实际情况开设专业的劳动技能培训课程，开发服务对象的职业能力。

（5）有条件的托养服务机构应开设庇护工场或与爱心企业等社会力量合作建立职业康复车间，使部分服务对象实现辅助性就业，获得一定的劳动收入。为条件适宜的服务对象提供支持性就业，进而实现社会性就业。

（6）合理处理劳动生产成果和可能获得的收入。处理方式和处理结果应记录并存档。

（7）有条件的托养服务机构宜定期组织技能展示、竞赛等相关活动。

（8）定期开展身体功能评估和劳动能力评估，适时对服务对象的职业适应性进行测评和评价，及时调整职业康复与劳动技能训练计划。

5. 运动功能训练

（1）为有需求的服务对象提供适当的以运动功能为主的训练，指导其规范使用矫形器和训练器具，帮助其巩固医疗康复效果，使其身体运动功能得到恢复或代偿。

（2）有条件的托养服务机构应定期对服务对象的监护人进行必要的简单技术培训，使其在机构之外也能够得到持续的运动功能训练。

（3）根据服务对象的身体情况，开展运动功能评估，适时调整训练计划。

（4）服务对象身体状况发生较大变化时，应及时转介到专业医疗康复机构进行诊断和治疗。

四、居家托养服务规范

（一）服务平台要求

1. 具有合法经营资质、具备相关资质证书的托养服务机构及各类社会服务机构、家政服务机构等提供公益性社会服务的机构，均可为服务对象提供居家托养服务。

2. 具有与其业务范围相适应的管理人员、服务人员和固定的经济来源。

3. 具有与其业务范围相适应的经营场所，具备提供残疾人居家托养服务的功能。

（二）人员要求

1. 人员配置

（1）配备能够从事残疾人护理和普通家务劳动的专业服务人员，其数量以满足需要并能提供本规范所规定的生活照料和护理、生活自理能力训练服务为原则。

（2）配备至少 1 名能够从事心理咨询和疏导的专业服务人员或是社会工作者。

（3）配备康复专业技术人员，其数量以满足需要并能提供本规范所规定的运动功能训练服务为原则。

（4）可根据实际需要招募一定数量的志愿者。

2. 管理人员

（1）从事过管理工作，具有社会工作类、社会福利类或康复类等相关学习或培训经历。

（2）熟悉残疾人相关法律法规与政策，熟练掌握残疾人托养的基本知识、主要政策和专业知识。

（3）财务等专业岗位上的管理人员应当持有有效的从业资格和职业资格证书。

（4）每年至少参加 1 次以上管理培训活动。

3. 服务人员

（1）应具有本人身份证明、健康证明。对需持证上岗的职业，应按有关法律法规规定持有效的从业资格和职业资格证书。

（2）对残疾人托养相关法律法规与政策有一定了解，熟练掌握相应的业务知识和岗位技能。

（3）接受过残疾人特殊生理与心理知识培训。

（4）遵纪守法，遵守职业道德，尊重和善待残疾人，对待服务对象应文明友善、耐心细致。

（5）提供服务时应统一着装。

（6）每年至少参加 12 个学时以上的业务培训活动。

（三）服务内容及要求

1. 生活照料和护理

按照服务对象或监护人的要求，提供以下服务：

（1）协助服务对象整理家庭环境卫生。

（2）协助服务对象整理个人卫生。

（3）上门送餐或在服务对象家中协助准备膳食，有需要的可根据情况提供帮助进食服务。

（4）经过合法的委托手续，可协助办理家庭日常事务。

（5）根据医嘱同意，可陪同在服务对象居住附近安全合理的地区进行户外活动。

（6）其他合法、安全并经所在服务机构批准同意提供的服务。

2. 社会适应能力辅导和运动功能训练

按照服务对象或监护人的要求，提供以下服务：

（1）指导并协助有需要的服务对象或其监护人正确使用配发的康复、保健仪器和辅助器械；

（2）协助有需要的服务对象通过网络、电视、广播、报刊等多种方式了解新闻和知识；

（3）经常与服务对象进行交流，了解其心理特点，有需要进行心理干预的及时向其本人或监护人提出建议；

（4）对有需求的服务对象提供简单的家务劳动训练和辅导；

（5）对服务对象提供手工编织、绘画或其他适宜在家庭环境中进行的职业康复功能训练和辅导；

（6）协助陪同服务对象参与与其身体状况相适应的文体活动及有益身心的公益活动；

（7）其他合法、安全、力所能及并经所在服务机构批准同意提供的服务。

五、服务管理

（一）规章制度

1. 制定健全的行政、人事、档案管理等规章和制度。

2. 建立合同责任机制，与服务对象或其家属、监护人签订具有法律效力的托养服务协议。

3. 财务制度健全，凭证、账簿符合财务规定。社会捐助、政府补助资金专款专用，有详尽的使用记录，定期公开财务报表。

4. 制定清晰、准确的服务说明书，包括机构介绍、服务设施、服务内容和项目、收费项目和收费标准、服务承诺、相关费用减免政策等。服务说明书应以适当方式公开。

5. 服务人员岗位职责明确，公开上墙。

6. 应有服务回访制度和防范服务风险的制度和措施。

（二）服务协议

1. 应与每一位服务对象或其家属、监护人签订具有法律效力、权责清晰的托养服务协议。

2. 签订协议之前，应有有效途径供拟入托人员或其监护人进行信息咨询和反馈。

3. 托养服务机构应对拟入托人员的托养适宜性及护

理等级进行评估，评估结果应得到家属或监护人认可。

4. 协议中必须明确，拟入托人员若是曾有精神疾病史，在入托适宜性评估时应提供专业医疗机构或康复机构出具的正式风险评估表，以确定其病情已经稳定并具备了从专业医疗机构转介至托养服务机构的条件。

5. 协议中应确定服务对象、服务内容、服务方式、服务流程、服务时间、收费标准及其他必要事项。服务对象在托养服务机构中入托满一年，就应对其进行一次托养适宜性评估，根据评估结果确定是否有必要继续入托。协议一般一年一签。

6. 应为进入机构进行托养的服务对象购买意外伤害保险，有条件的机构或个人还可购买大病险等其他险种。

7. 托养服务机构应按照协议提供相应的服务。妥善保存和管理服务对象的个人信息，尊重和保护服务对象个人隐私。

（三）事务管理

1. 组织机构、工作人员及服务对象等信息的登记应真实、完整并及时更新。

2. 建立服务对象个人档案，服务对象 1 人 1 档，包括个人基本情况、托养服务协议书、健康情况、医疗记录、护理等级评估报告、康复训练情况等。及时更新，动态管理。

3. 及时掌握服务情况，通过电话、家访、网络等途径收集服务反馈意见。

4. 保持机构内干净、整洁、无异味。居室和公共区域每日清扫不少于 1 次，每周消毒不少于 1 次。

5. 保持各种护理用具和生活用品清洁、有序。定期清洗床上用品。有明显污渍时，应及时更换。

6. 服务对象用餐、休息期间，应有值班工作人员定时查房，并做好值班记录，值班表上墙。

7. 有条件的地方可根据入托服务对象残疾类别和服务需求的不同，分别建立独立针对某个类别的寄宿制托养服务机构，或者在寄宿制托养服务机构内为入托的智力和精神残疾人设置相对独立的生活场所和活动空间，依据智力残疾人和精神残疾人的身心特点，提供有针对性的服务。

8. 寄宿制托养服务机构应建立内设医疗部门或签约专业医疗机构（医师）提供必要的医疗保健服务。内设医疗部门或签约专业医疗机构（医师）应具有诊治残疾人常见病、多发病和处理残疾人突发性疾病的能力。

9. 寄宿制托养服务机构应每年为签约服务对象提供 1 次常规身体检查服务，建立个人健康档案，并在服务对象入托期间保存其身体检查结果单及既有病史病历。

（四）安全与应急

1. 在托养服务机构的公共区域应安装实时监控装置。寄宿制托养服务机构应有 24 小时开启的监控装置，有专人值班，并能够随时查房。

2. 寄宿制托养服务机构应配备安保人员，并设置门卫，实施人员出入登记制度。并宜为智力和精神残疾服务对象准备便于随身携带、注明姓名与机构联系方式的标识或卡片。

3. 托养服务机构服务对象在托养期间外出实践或参与活动，应与其家属或监护人沟通并征得同意。

4. 托养服务机构应在危险区域设置警示标识，具有防止服务对象接触到危险物品（电源、热源、水池、刀具、绳索、化学品、药品等）的措施。

5. 为服务对象进行家务劳动和简单生产劳动训练时要注意防止服务对象直接接触电源、明火或沸水等有危险性的物品。

6. 托养服务机构的过道、洗手间应有防滑、防摔设施，浴室应有通风透气的相关设施。

7. 托养服务机构中两层及以上、供服务对象使用的建筑物应在楼道加装防护设施，防止坠楼等意外事故发生。应设置紧急疏散通道，保持畅通。

8. 托养服务机构内有精神残疾服务对象的，宜设置独立的管理区域，并在入住房间和集中区域增设安全防护门窗。居家服务中有精神残疾服务对象的，应对服务人员进行专门培训之后方可上门服务。

9. 对易摔、易坠床、站立或行走不稳的托养服务机构服务对象，应采取防护措施。

10. 对餐具、炊具和操作环境按时进行清洁和消毒。严防食物中毒，寄宿制托养服务机构提供的餐饮食品应每天留样，至少保留 24 小时。

11. 应采取措施，杀灭机构中的老鼠、蟑螂、蚊蝇等，防止对服务对象的健康造成损害或引发传染病。一旦发现服务对象有患传染病的迹象，要及时启动应急预案，通知其家属或监护人，并采取有效的隔离、消毒和转介治疗措施。

12. 服务对象进行床位更换时，应对床铺进行常规消毒处理。服务对象患传染病或死亡的，应对床位和居室进行全面相关特殊消毒处理。

13. 医疗药品使用严格按照医嘱执行。代发代管医疗药品，应有有效的委托书。接受医疗药品时，应查阅核对就诊病历卡、处置单等，做好药品交接记录。药品应由专人、专柜保管，避免丢失、损坏和过期失效。

14. 寄宿制托养机构应建立以防走失、防火、防盗、预防突发疾病和意外受伤为核心的应急预案，定期组织管理人员和服务人员进行应急预案的演习。

15. 提供居家服务的机构应建立以预防突发疾病和意外受伤为主的应急预案，组织管理和服务人员进行培训和演习。

16. 发生突发事件，应及时向主管机构及相关部门汇报。

（五）公共关系

1. 托养服务机构每年应举办公益性活动至少 1 次，应与所在社区举办 1—2 次联谊活动，动员服务对象参与机构举办的公益性活动。

2. 托养服务机构可与企业建立合作关系，制定周密的合作计划，拓展发展空间。可通过共同举办活动、展览、赞助、义卖、设立庇护工场承接订单等方式与企业开展合作。

3. 积极吸纳社区居民、社区志愿者参与残疾人托养工作。

4. 应接受全社会的监督，对外公布监督、投诉电话，对社会投诉、反馈意见，应在3个工作日内给出明确答复。

5. 托养服务机构应有固定的社会开放日，在预先约定的情况下，可在社会开放日接受公众参观。

6. 托养服务机构应以适当方式公开公布有关服务对象的重要决定与重大安排。

7. 制定采访接待制度，规范采访接待程序，由专人或部门负责接待采访。

六、服务质量考核及评价

（一）托养服务机构和开展居家托养服务的机构可通过内部的工作检查考核、主管单位组织的考核评定和社会监督评议等方式进行服务质量考核与改进。考评依据主要包括：

行业规范与服务标准、内部规章制度与管理要求、岗位职责与要求、管理与服务记录、社会反馈与投诉。

（二）应依据本规范，结合本机构的实际情况编制管理人员、服务人员考核评定表进行自查。自查评定的周期宜为1月/次。

（三）可通过统一填写主管部门的考核表、主管部门抽查或普查等方式进行服务质量政府部门考核。

（四）应通过设立意见箱、召开座谈会、家长会、社会投诉等方式进行服务质量社会监督考核。每季度至少召开1次家属或监护人会议，或者由专人上门家访，收集服务反馈意见和建议。

（五）应定期或不定期查阅服务反馈意见、服务过程记录等相关信息，定期走访调研，进行满意度调查，持续改进服务质量，提升服务能力与水平。

（六）服务质量考核结果应以适当方式公开。

（七）服务质量考核应与激励制度相结合，依此制定服务奖惩制度。

二、工作综述

2013年，各级残联教就部门继续以最低生活保障、基本医疗和基本养老为基础，以加快建设残疾人两项补贴制度为重点，着力保障和改善残疾人生活状况，各项工作取得较快发展。

一是符合最低生活保障条件的残疾人基本实现应保尽保并按照适当提高补助标准的原则广泛得到特惠保障。北京、河南、湖北等地对靠父母或其他亲属供养的成年重度残疾人单独施保。2013年，264.8万城镇残疾人和828.2万农村残疾人纳入最低生活保障范围；城镇集中供养残疾人和农村“五保”供养残疾人分别达到11.7万和65.2万。

二是残疾人参加社会保险特别是重度残疾人参加城乡居民养老、医疗保险政府代缴保险费的政策进一步得到落实，重度残疾人参加城乡居民养老保险政府全额代缴的地区进一步扩大，残疾人提前领取养老金和提高养老金待遇水平的探索在部分地区取得突破性进展；截至2013年年底，全国有近三分之二的省（区、市）明确规定对重度残疾人参保给予全额代缴，北京、天津、陕西等地还要求对其他非重度残疾人给予部分代缴。广西2013年将全额代缴政策覆盖全区所有的贫困残疾人。辽宁、山东、云南和厦门等地实现提前领取养老金待遇。

2013年，城镇残疾职工参加社会保险人数达到296.7万，城镇残疾居民参加基本医疗保险达到547.3万人，新型农村和城镇居民社会养老保险进一步扩大覆盖面，已有401.4万城镇残疾人参加了城镇居民社会养老保险，参保率65.1%。在60岁以下的参保残疾人中有77.9万重度残疾人，其中73.1万得到了政府的参保扶助，代缴补贴比例达到93.8%。有56.8万非重度残疾人也享受了全额或部分代缴的优惠政策。领取养老金待遇的人数达到162.0万人。新型农村社会养老保险方面，共有1638.3万残疾人参加了新型农村社会养老保险，参保率71.2%。在60周岁以下的参保残疾人中有重度残疾人314.0万，其中302.9万得到了政府的参保扶助，代缴补贴比例达到96.5%。有175.2万非重度残疾人也享受了全额或部分代缴的优惠政策。享受养老金待遇的人数达到628.1万人。

三是困难残疾人生活补贴和重度残疾人护理补贴制度的建立进程加快，四川、山西、甘肃等地新出台了文件，山东、河北、湖南等地也完成了相关政策的调研和论证，陕西省在提高残疾人儿童生活补贴的基础上，残疾人护理补贴制度也有望在2014年出台。

截至2013年年底，366.2万和92.0万符合条件的城乡残疾人分别享受了稳定的生活补贴和护理补贴，266.0万城乡残疾人得到了其他救助救济。

四是残疾人托养服务能力建设和规范化建设取得阶段性成果。绝大多数地区都开展了残疾人托养管理人员和服务人员的培训，中国残联印发《残疾人托养服务基本规范（试行）》，编纂了《残疾人托养服务基本知识读本》。上海、江苏、湖北、辽宁以及宁波等地在托养服务工作规范化和标准化建设方面已经走在前列。截至2013年年底，残疾人托养服务机构达到5677个，共为16.0万残疾人提供了托养服务。其中寄宿制托养服务机构1750个；日间照料机构2000个；综合性托养服务机构1927个。接受居家托养服务的残疾人达到78.4万人。

五是继续实施“十二五”残疾人托养服务能力建设项目。按照总体安排和要求，2013年对河北、天津、江苏、湖南、陕西、广东、江西等主动提出申请、有一定工作基础的省（市）进行了分省培训；同时为了更加专业和深入地培训从业人员，结合3—5天的短期课堂式培训，2013年12月15—28日在无锡市重度残疾人托养中心和泰兴市残疾人托养中心举办了为期15天的见习培训，从首批全国“阳光家园”示范机构和示范地区的机构中选出部分骨干工作人员，到托养服务工作开展较为规范、服务内容较为丰富、管理制度相对完备并具备接待实训人员能力的无锡市残疾人托养中心和泰兴市残疾人托养服务中心进行实地见习培训，学员们在实训机构相应部门内同机构员工一样正常上班，体验机构运作的整个流程，学习机构管理理念和制度，熟悉机构服务模式，实践服务技能，与机构内一线服务人员直接沟通交流，搜集有关信息和资料，建立长期合作及联系。

六是继续有序推进“阳光家园计划”，完成第二批全国“阳光家园”示范创建考核评估验收。2013年6月18日，第二批全国“阳光家园”示范创建考核评估验收工作部署会议在武汉召开。2010年，中国残联为进一步加快残疾人托养服务工作的深入开展，决定结合“阳光家园计划”项目的实施，开展“阳光家园”示范创建活动，希望通过培育和树立一批“阳光家园”示范区和示范机构，深化和扩大阳光家园计划的实施成果和社会影响力，并积极发挥典型带动和区域示范的作用，促进残疾人托养服务工作规范化、制度化和专业化发展。2011年和2012年，中国残联先后与30个市（区、县）政府签订协议，开展残疾人托养服务“阳光家园”示范区创建活动，并批准42个残疾人托养服务机构创建全国示范机构，其中，首批示范创建的10个地区和18个机构已经通过验收并给予通报和授牌。第二批全国“阳光家园”示范创建考核评估验收工作于2013年下半年正式启动，2013年年底评估验收工作全面完成，正式印发《关于授予第二批全国“阳光家园”示范区和全国“阳光家园”示范机构称号的决定》（残联〔2013〕249号），授予19个地区“全国阳光家园示范区”称号，授予18个机构“全国阳光家园示范机构”称号。

三、重要条目

【阳光家园计划——智力、精神和重度残疾人托养服务项目】中央财政支持的民生项目，从2009年至2011年，中央财政每年安排2亿元，共6亿元专项资金，用于补助各地开展就业年龄段智力、精神和重度残疾人托养服务工作。“十二五”期间，中央财政投资10个亿，继续支持“阳光家园计划”第二期的实施，任务目标是资助200万人次残疾人接受托养服务。

【困难残疾人生活补贴制度和重度残疾人护理补贴制度】残疾事业“十二五”发展纲要中规定，有条件的地方开展一户多残、老残一体等困难残疾人生活补助试点和重度残疾人护理补贴试点。《国务院批转发展改革委等部门关于深化收入分配制度改革若干意见的通知》（国发〔2013〕6号）中明确提出，要加强对困难群体救助和帮扶，建立困难残疾人生活补贴和重度残疾人护理补贴制度。困难残疾人生活补贴制度指针对生活困难的残疾人发放最低生活保障之外的经常性生活补贴的专项政策，解决残疾人的生活需求。重度残疾人护理补贴制度指针对智力残疾人、精神残疾人、盲人及重度残疾人等生活不能自理、需要专人护理的残疾人发放经常性护理补贴的专项政策，解决残疾人的护理需求。

附　录

第二批全国“阳光家园”示范区和示范机构

一、全国“阳光家园”示范区

天津市河东区　天津市滨海新区大港管理委员会
山西省闻喜县　辽宁省大连市
黑龙江省哈尔滨市　上海市嘉定区
上海市宝山区　浙江省杭州市西湖区
安徽省马鞍山市花山区　福建省厦门市思明区
山东省潍坊市安丘市　湖北省武汉市
湖南省长沙市　广东省江门市
四川省眉山市　云南省开远市
陕西省咸阳市　甘肃省兰州市城关区
宁夏回族自治区石嘴山市大武口区

二、全国“阳光家园”示范机构

河北省张家口市桥东区红旗楼阳光家园爱心托养服务中心
辽宁省抚顺市清源县红透山村“爱心养殖基地”
黑龙江省肇东市世纪田园残疾人托养中心
江苏省南京市宁馨阳光家园服务中心
江苏省兴化市残疾人集中托养服务中心
浙江省温岭市残疾人托养中心
浙江省慈溪市掌起镇阳光日间照料中心
江西省景德镇市珠山区沐浴阳光院
山东省济宁市微山县残疾人托养服务中心
山东省东营市东营区残疾人托养康复培训中心
河南省信阳市残疾人托养中心
湖北省宜昌市诺亚智障托养庇护中心
湖南省常德市武陵区东城阳光家园
广东省汕头市澄海区精防广华工疗站
广东省梅县残疾人托养中心
广西壮族自治区桂林市七星区阳光家园
陕西省渭南市残疾人托养服务中心
甘肃省金川区残疾人托养服务中心

（张瑶供稿）

残疾人扶贫工作

一、领导讲话

贾勇在全国残疾人扶贫基地现场会上的讲话

2013年7月11日 内蒙古通辽

这次扶贫工作现场会，主题突出，内容务实。2012年3月份，我们在贵州召开了全国残疾人扶贫工作会议，是对残疾人扶贫十年规划和“十二五”扶贫工作的部署和全面要求，这次会议是抓好落实的具体促进，目的就是让大家在残疾人扶贫工作上不能有松懈。我结合这次会议的主题，再强调三个问题，供大家参考。

一、准确把握扶贫工作的大形势，切实增强做好扶贫工作的责任感

2011年，中央召开了扶贫开发工作会议，调整了贫困标准线，颁布了新十年扶贫规划，党的十八大和新一届政府都把扶贫工作摆到更加突出的位置，提出新的更高的要求，扶贫开发工作进入新的阶段。准确把握扶贫开发的大形势，以下几点必须有清楚认识：一是坚持开发式扶贫，提高贫困人口自我发展能力；二是连片特困地区是国家扶贫开发的主战场，国家已经制定了各片区发展与扶贫攻坚规划，而连片特困地区有贫困残疾人400多万人；三是扶贫工作的机制不断创新完善，中央和地方财政扶贫资金将大幅度增加，《农村扶贫开发法》已列入国务院立法计划。在6月28日召开的国务院扶贫开发领导小组第一次全体会议上，汪洋副总理要求开拓思路创新举措健全机制推进扶贫开发工作，国务院扶贫办提出进一步完善扶贫开发各项工作机制、考核机制、投入机制，开展“十大行动计划”。国家扶贫开发大的形势发展，必将有利于残疾人扶贫工作进一步推进，同时，也给我们以新的压力和紧迫感。

为贯彻落实好残疾人扶贫十年规划纲要，去年我们根据国家新的扶贫标准开展农村贫困残疾人实名制调查，结果显示，我国农村目前仍有1500万贫困残疾人，约占2012年底国务院扶贫办公布的全国农村贫困人口9899万的15%，而且可以预见，这个比例随着我国扶贫开发的不断深入还将不断上升，因为脱贫难度最大的群体就是贫困残疾人。1500万贫困残疾人中的大部分分布在集中连片特困地区之外的广大农村地区，这与全国贫困人口的分布有很大不同。完全依靠大扶贫的政策、项目，不可能解决全国贫困残疾人的问题。作为国家扶贫开发工作重要的组成部分，残疾人扶贫要努力做到不拖后腿，必须付出更大、更艰辛的努力。

在感到压力的同时，我们也应该看到，新时期残疾人扶贫开发也有很多有利条件，一是国家更加重视解决民生问题，更加关心残疾人群体的进步与发展，新十年的国家扶贫开发纲要将残疾人列为重点帮扶群体；国家十四个连片特困地区发展规划都对残疾人扶贫开发做了强调；国家单独实施了新十年农村残疾人扶贫开发纲要，这些都是做好残疾人扶贫工作的重要保证。二是残疾人扶贫开发已经探索出一些行之有效的途径和措施，积累了丰富的实践经验。三是随着国家和地方财力的增强，投入到残疾人扶贫开发的资金肯定会逐步增加。当然这个增加人家不会主动给你，需要中国残联和各级残联努力去争取。有利的条件当然还有，比如社会环境。总之，当前大家要正确认识国家扶贫开发工作的大形势，及时了解、掌握并利用扶贫开发的各项政策和有利环境，切实增强责任感和紧迫感，鼓足干劲，以更大的决心、更有力的措施，努力把残疾人扶贫工作提高到一个新水平。

二、突出重点，扶持残疾人扶贫基地建设

我们各级残联开展残疾人扶贫工作已有二十年了，从小额信贷开始，逐步摸索出公司加农户、实用技术培训、大户带动、帮包带扶、一人一策滚动扶持、整村赶平均等多种扶持方式，起到了很好的效果，其中，通过扶持残疾人扶贫基地，安置、带动农村残疾人发展生产脱贫致富，具有其突出的优势。我认为，发挥一个地区的产业优势，通过扶贫基地或专业合作社带动贫困残疾人户发展生产，一定是当前残疾人户增收脱贫的最有效的方式。扶贫基地可以说是扬长避短。扬长，就是扶贫基地扶持与一家一户扶持相比，具有资金、技术和服务的优势；避短，就是各种风险更小，信贷资金的风险，产销的风险；还有，农村劳动力转移就业，残疾人不具优势，就近发展生产是最适宜的方式。特别是在农村专业化合作组织日益发展的形势下，依托地区产业优势和专业合作社建立残疾人扶贫基地，有利条件很多，发展前景看好。

各地在扶持基地建设和发展中积累了很多有益的经验和好的做法，实践证明方向是对的，一定要继续坚持。

三、提升品质，打造残疾人扶贫的特色品牌

从中国残联统计数据反映，全国已有5226个残疾人扶贫基地，扶持带动了20多万残疾人。但与1500万农村贫困残疾人口而言，基地的数量、扶持的规模都远远不够，在基地的规范化管理、健康发展的机制和稳步提升的效益等方面，更值得我们给予更多的关注。我们希望，通过几年的努力，使残疾人扶贫基地的建设有一个质的飞跃，真正树起一批管理规范、效益好、有发展潜力、扶持带动能力强的示范型、品牌性的基地，也真正建立起从资金到技术到服务的支持机制，同时，也把一些空有扶持基地之名，起不到扶持作用的剥离开来。

这次会议是一个现场会，就是围绕残疾人扶贫基地建设，提高大家的认识，通过学习通辽的经验，还有各地经验介绍，坚定我们发展残疾人扶贫基地的信心，提升残疾人扶贫基地的管理水平和内在品质，打造残疾人扶贫的特色品牌。

二、政策法规文件

关于加强农业行业助残扶贫工作促进农村残疾人增收的通知

农政发〔2013〕2号

各省、自治区、直辖市及计划单列市农业（农牧、农村经济）、农机、畜牧、兽医、农垦、乡镇企业、渔业厅（局、委、办）、残疾人联合会，新疆生产建设兵团农业局、残疾人联合会：

目前，我国有8500万残疾人，其中70%的残疾人生活在农村地区，由于残疾影响、受教育程度偏低、缺乏技能和机会不均等等原因，绝大多数农村残疾人家庭的生活水平远低于一般农民家庭，有20%以上的残疾人生活在国家贫困线以下。农村残疾人是维护农村社会稳定、建设社会主义新农村的重要力量，他们的生产发展、收入增长关系到全国农民收入持续较快增长、全面建成小康社会宏伟目标的实现。为了贯彻落实好十八大会议精神和《农村残疾人扶贫开发纲要（2011—2020年）》，发挥农业行业优势，进一步加强对农村残疾人的帮扶工作，促进农村残疾人收入持续较快增长，现就加强农业行业助残扶贫工作有关意见通知如下。

一、各地农业部门、残联组织要进一步加强协调，落实责任，健全机制。各级农业部门与残联组织要紧密联系，加强沟通协调，共同研究推进扶持农村残疾人增收的有效帮扶政策和措施，按照工作职能，强化责任，抓好落实。全国农业系统要把做好助残扶贫工作列入行业扶贫工作的重要议事日程，纳入工作考核范畴，发挥行业优势，以解决残疾人在生产增收方面最迫切的需求为重点，加大帮扶力度，务求实效。加强与残联组织的衔接配合，根据残疾人在生产方面存在的困难和问题，采取有效的措施和服务帮助解决。各级残联组织要经常性的深入残疾人家庭，准确掌握残疾人家庭生产方面的情况和存在的困难，及时反映给农业部门，协调落实有关政策措施，提供有效服务。

二、加强对残疾人农业生产技术服务。建立农业生产技术服务结对帮扶机制，在农业生产的关键环节和重要时段，组织基层种养殖技术人员，与残疾人家庭结对子，采取一对一的方式进行生产指导和技术服务，及时解决生产上的困难和问题。县以下农业技术推广站等农业技术服务部门与乡镇残疾人专干、村残疾人专职委员配合，摸清当地残疾人从事种养殖业情况，在选种、配肥、施药、防疫等生产环节，帮助残疾人筛选和使用。每年春季和秋季，各地残联和农业部门组织相应的专家和技术人员集中下乡为残疾人提供农业生产技术服务。鼓励和引导从事农业生产的残疾人及其家庭参加农业保险，支持保险机构优先对残疾人提供快捷便利的参保理赔服务。

三、加大对残疾人创办农民专业合作社的扶持。将残疾人创办农民专业合作社纳入国家扶持农民专业合作社发展政策的整体范畴，优先扶持。残疾人创办的农民专业合作社优先享受金融、财政、涉农项目、人才培养和税收优惠等政策的扶持。对集中安置和辐射带动残疾人发展种养殖业的农村残疾人扶贫基地要加大技术指导服务和政策支持。

四、加强农村残疾人农业生产与经营管理技能的培训工作。充分发挥种养大户、科技示范户以及从事农业产前、产中和产后服务的技术人才优势，组织本地残疾人在田间地头接受实用性强、易学易懂的技术培训，提高残疾人农业生产、经营管理的能力。对在农业领域有创业意愿和劳动能力的农村残疾人开展创业指导和服务。各地要逐年增加用于残疾人的农民培训和农村实用人才培养经费。

五、支持农村残疾人家庭购置和使用农机。鼓励扶持残疾人家庭购置适合其从事生产的中小型农业机械，优先满足残疾人家庭需求，提高农机购置补贴资金用于残疾人家庭的比例。引导促进农村贫困残疾人使用农业机械。引导企业研发生产适合残疾人使用的小型农机具，鼓励相关企业申报国家支持推广的农机产品目录，扩大残疾人选择购买补贴农机具的范围。鼓励农机合作社、农机大户等对农村贫困残疾人进行帮扶作业，满足农村贫困残疾人对农机化的迫切需求。

六、加快改善农村残疾人家庭生活燃气环境。各地在落实农村沼气建设过程中，要优先选择有条件的残疾人家庭实施，扩大残疾人家庭使用沼气的覆盖面，并帮助协调做好沼气建设的基础性工作，确保安全。要将残疾人家庭纳入新增沼气用户年度计划中，逐年提高新增残疾人家庭沼气用户数量。

七、各地农业部门在制定实施扶持本地农牧业产业发展规划和优惠政策的过程中，特别是各种特色农业生产补贴政策方面，要充分考虑残疾人与一般农民在劳动和发展能力上的差异，结合残疾人的实际情况，适当降低享受政策的准入条件，提高优惠补贴的幅度。

八、各地农业部门、残联组织要加强对农业行业助残扶贫工作有关情况的调查和总结，如服务帮扶残疾人的典型做法、扶持效果、成功经验、存在的困难问题等内容，并于每年年底前以书面形式报送农业部和中国残联。

农业部　中国残疾人联合会

2013 年 3 月 15 日

关于优先支持农村贫困残疾人家庭危房改造的通知

建村〔2013〕103 号

各省、自治区住房城乡建设厅、残疾人联合会，直辖市建委（建交委、农委）、残疾人联合会，新疆生产建设兵团建设局、残疾人联合会：

根据住房城乡建设部、国家发改委、财政部关于农村危房改造的有关要求，为加快改善农村贫困残疾人家庭住房条件，现就优先支持贫困残疾人家庭危房改造通知如下：

一、高度重视农村贫困残疾人家庭危房改造

住房是民生之要，党中央、国务院高度重视农村贫困残疾人家庭的住房问题。各地要深刻领会中央精神，按照全面建成小康社会的目标要求，认真落实农村危房改造有关政策，切实把农村贫困残疾人家庭危房改造作为保障残疾人基本民生的重要工作，在农村危房改造中给予重点关注、优先支持并抓好落实。

二、统筹规划，确保优先支持农村贫困残疾人家庭危房改造

各地要将贫困残疾人家庭危房改造纳入农村危房改造年度计划，统筹推进和实施。各省（区、市）要根据国家下达任务，结合当地实际，确保年度完成贫困残疾人家庭危房改造数量占年度总任务的比例高于当地农村贫困残疾人家庭存量危房占存量危房总数的比例。各地要在补助对象和补助标准上对贫困残疾人家庭倾斜照顾，优先安排住房最危险、经济最贫困的残疾人家庭，减免农村贫困残疾人家庭建房的相关规费。要采取积极措施，整合相关项目和资金，结合贫困残疾人危房改造、扶贫开发、保障性安居工程、抗震安居、游牧民定居、扶贫易地搬迁、自然灾害倒损农房恢复重建、小城镇建设等项目，加大对农村贫困残疾人家庭危房改造的支持力度。

三、加强协调，规范管理

农村贫困残疾人家庭危房改造要按照国家农村危房改造有关政策实施统一管理。县级住房城乡建设部门要会同残联部门完善和规范贫困残疾人家庭申请与审核审批程序，加强纸质档案管理与保存，做好档案信息化录入。各地住房城乡建设部门要及时统计汇总当地贫困残疾人家庭危房改造年度任务完成情况，并向同级残联部门提供相关数据。各地住房城乡建设部门要加强对贫困残疾人家庭危房改造的指导和管理，组织技术力量开展质量安全巡查和检查。各级残联部门要充分发动社会力量，通过互帮互助、投工投劳等方式帮助贫困残疾人家庭改造危房，指导有条件的贫困残疾人家庭建设无障碍设施。各省（区、市）残联要在每年 1 月底前将当地上一年度完成贫困残疾人家庭危房改造相关情况上报中国残联。

住房和城乡建设部　中国残疾人联合会

2013 年 6 月 28 日

关于在集中连片特困地区加强残疾人扶贫开发工作的通知

残联发〔2013〕12 号

各片区的省、自治区、直辖市残联、扶贫办：

集中连片特困地区（以下简称片区）是国家新一轮扶贫开发攻坚战的主战场。片区内集中生活着大量贫困人口，其中包括 423.7 万贫困残疾人，他们的生活水平远低于一般贫困人口，是扶贫开发工作中的难中之难、重中之重。片区内贫困残疾人的生产发展、脱贫致富直接关系到国家扶贫开发总体目标的实现，直接关系到全面建成小康社会目标的本质要求。为了贯彻落实好十八大会议精神、《中国农村扶贫开发纲要（2011—2020 年）》和《农村残疾人扶贫开发纲要（2011—2020 年）》，做好各片区区域发展和扶贫攻坚规划的实施，加快推进残疾人扶贫开发工作，加强对贫困残疾人的帮扶力度，让广大残疾人尽快实现脱贫致富。现就加强片区残疾人扶贫开发工作通知如下：

一、加强部门配合、强化监督指导。各级扶贫办和残联要通力配合，加强对片区内残疾人扶贫开发工作的指导、协调和监督。地方扶贫办和残联要在当地人民政府的领导下，高度重视残疾人扶贫对象的社会保障与扶贫开发工作，切实贯彻落实本片区区域发展和扶贫攻坚规划中有关扶持残疾人扶贫对象的规定和《农村残疾人扶贫开发纲要（2011—2020 年）》，深入开展片区内残疾人状况摸底调查，根据残疾人民生保障和发展增收中存在的突出困难和问题，研究制定有效解决残疾人稳定脱贫的扶持办法；明确将残疾人扶贫开发工作纳入地方各级政府领导干部、部门负责人目标考核管理体系，强化责任、抓好落实。

二、加大财政扶贫资金对残疾人扶贫开发工作的支持力度。将残疾人扶贫工作纳入片区区域发展和扶贫开发的大局，统一组织，同步实施，同等条件下优先安排，加大支持力度。地方扶贫部门在安排年度财政扶贫资金计划时，要加大对残疾人扶贫对象的扶持力度，对扶贫效果显著的残疾人扶贫项目给予支持。

三、着力改善农村残疾人基本生活环境。在推进片区内整村推进、新农村建设和易地搬迁工作中，在实施重大基础设施建设项目时，充分考虑残疾人的特点和特殊需求，加大对残疾人扶贫对象在无障碍建设、饮水、供电、通讯、燃料、住房等方面的优惠和扶持，减轻残疾人扶贫对象的支出负担。对自愿搬迁的残疾人扶贫对象家庭要给予重点帮扶，妥善解决其基本生活，做好安置和就业服务工作。

四、依托片区产业发展政策，大力扶持农村残疾人扶贫对象发展生产。将残疾人扶贫对象纳入片区产业发展规划，加大产业扶持力度。在推动农牧业、林果业等农业产业发展的过程中，依托当地特色农业种养殖基地建设，将有生产劳动能力和劳动意愿的残疾人扶贫对象及其家庭成员纳入当地农业产业发展大局，统筹考虑。各级扶贫部门和残联组织要根据当地农业产业发展规划，结合残疾人特点，制定有针对性可操作性强的优惠政策和扶持措施，降低残疾人扶贫对象享受产业扶持的准入条件，对残疾人扶贫对象产业扶持可采取差别化补助措施，并在农业科技、生产服务、管理信息方面加大帮扶力度。着力扶持安置辐射残疾人生产增收效果好的农村残疾人专业合作组织和残疾人扶贫基地发展，优先享受扶贫部门针对扶贫龙头企业发展的优惠政策、扶贫信贷资金。扶持农村残疾人扶贫对象发展设施农业，符合条件的残疾人家庭优先获得扶贫部门的产业扶持资金、扶贫到户贷款和互助资金的帮扶。加大农村残疾人扶贫对象转移就业，促进有劳动能力的残疾人扶贫对象及其家庭成员在扶贫龙头企业、农产品加工企业、微型企业、服务企业稳定就业。

五、加大农村残疾人扶贫对象及其家庭成员的培训。各级扶贫部门在开展针对扶贫对象的实用技术培训中，将残疾人扶贫对象纳入其中优先培训，注重培训实效。将残疾人扶贫对象家庭的子女作为重点扶持对象纳入雨露计划、提高其就学方面补助，确保其完成学业。加大农村残疾人扶贫对象及其家庭成员的转移培训力度，开展适合残疾人身体条件和就业需求的职业技能培训，提高农村残疾人扶贫对象转移就业能力。

六、扎实做好农村残疾人扶贫对象最低生活保障制度与扶贫开发的有效衔接工作。将片区内残疾人扶贫对象按照劳动能力的强弱进行区分，根据实际情况和不同需求，进行有效的扶持。将重度残疾人和残疾人扶贫对象全部纳入最低生活保障，提高低保标准。对有一定劳动能力的残疾人扶贫对象及其家庭要通过低保政策和扶贫开发的有力结合，保障其基本生活的同时，采取结对帮扶、技能培训、金融扶持、项目扶持等多种措施提高其生活水平和发展能力。

七、加大定点扶贫单位对片区内农村残疾人扶贫对象的扶持力度。定点扶贫单位要关心重视定点地区农村残疾人扶贫对象的扶贫工作，充分发挥各自行业资源优势，加大对残疾人扶贫对象的扶持力度，对农村残疾人扶贫对象生产发展中存在的突出困难和问题给予重点研究和帮扶解决。社会捐助扶贫资金向农村残疾人扶贫开发工作给予倾斜。

八、加强对残疾人扶贫开发工作的统计和监测。各级残联组织要及时掌握当地农村残疾人贫困状况，准确向各级扶贫部门反映残疾人扶贫对象生产生活的困难和需求。按照片区残疾人扶贫开发工作统计表（略）的填写要求，及时与扶贫等部门沟通，掌握扶贫项目惠及残疾人的有关数据和信息，认真填写，并于每年12月15日前报送中国残联。各级扶贫部门在研究制定扶贫规划及实施扶贫项目时，对持有中华人民共和国残疾人证的对象及家庭进行标记。在开展贫困监测工作中，将残疾人贫困状况及扶贫开发工作评估纳入贫困监测的整体工作。

中国残联　国务院扶贫办

2013年8月22日

三、工作综述

2013年，残疾人扶贫开发成效显著，贫困残疾人生产生活状况得到进一步改善。238.7万贫困残疾人得到扶持，其中120.6万人通过扶贫开发实际脱贫；接受实用技术培训的残疾人达到85.6万人次。

康复扶贫贴息贷款扶持7.9万农村残疾人，6.4万个单位和40万个人对贫困残疾人开展结对帮扶。残疾人扶贫基地达到6201个，安置16.4万残疾人就业，扶持带动24.6万残疾人。

完成12.2万户农村贫困残疾人危房改造，各地投入危房资金11.5亿元，14.4万残疾人受益。

基层党组织助残扶贫项目帮扶76845名农村贫困残疾人。万村千乡市场工程助残扶贫项目安置6925名贫困残疾人就业，帮扶贫困残疾人创办2372个村级农村店。

（一）定点扶贫

2013年，中国残联向定点扶贫县河北省南皮县捐赠了1辆康复服务车以及盲人文化用品、辅助器具、棉衣等价值100余万元的物资，中国残疾人辅助器具中心捐赠了价值10万元的残疾人辅助器具，并对贫困残疾人进行了一次摸底调查，为贫困残疾人配备和安装了辅助设备和假肢。中国残联领导、有关部门和直属单位走访慰问南皮残疾人康复中心、残疾人家庭，进行实地调研，指导农村残疾人扶贫工作。

（二）集中连片特困地区残疾人扶贫开发工作

中国残联与国务院扶贫办共同制定《关于在集中连片特困地区加强残疾人扶贫开发工作的通知》（残联发〔2013〕12号），要求加大财政扶贫资金对残疾人扶贫开发的支持力度，在实施整村推进、新农村建设、易地搬迁和片区产业发展政策时，加大对残疾人的优惠和扶持，减轻支出负担，降低产业扶持准入条件等措施，并要求把贫困残疾人纳入贫困监测整体工作，建立集中连片特困地区残疾人扶贫开发工作统计汇总制度。

（三）农业行业助残扶贫

中国残联协调农业部印发《关于加强农业行业助残扶

贫工作促进农村残疾人增收的通知》（农政发〔2013〕2号）提出加强对残疾人农业生产技术服务、创办农民专业合作社的扶持、加强农村残疾人农业生产与经营管理技能的培训、支持农村残疾人家庭购置和使用农机、加快改善农村残疾人家庭生活燃气环境等降低享受政策的准入条件，提高优惠补贴等政策。

（四）农村贫困残疾人家庭危房改造

中国残联与住房城乡建设部共同印发《关于优先支持农村贫困残疾人家庭危房改造的通知》（建村〔2013〕103号），提出各地确保年度完成贫困残疾人家庭危房改造数量占年度总任务的比例高于当地农村贫困残疾人家庭存量危房占存量危房总数的比例。各地要在补助对象和补助标准上对贫困残疾人家庭倾斜照顾，优先安排住房最危险、经济最贫困的残疾人家庭，减免农村贫困残疾人家庭建房的相关规费。

四、重要条目

【全国残疾人扶贫基地建设现场会】2013年7月11—12日在通辽召开。中国残联副理事长贾勇、中国残联扶贫办主任王建军，自治区残联理事长杨志民、副理事长乔晓勇，通辽市委、政府分管领导出席会议，各省（区、市）残联教育就业部相关人员近百人参加。北京、内蒙古、通辽等地残联代表围绕各地区的残疾人扶贫基地建设具体做法进行了经验交流。代表们还深入内蒙古丰润牧业有限公司、奈曼旗合飞天然色素有限公司两处残疾人扶贫基地观摩学习，深入残疾人养牛户、养羊户和万寿菊种植户家庭实地了解生产情况。现场会对促进残疾人扶贫工作和扶贫基地建设工作再上新台阶起到了极大的推动作用。

附　录

新闻分析：如何让1500多万农村贫困残疾人稳定脱贫

黄小希　新华网　2013年4月10日

时值春耕，农业部、中国残联已联合下发通知，就帮扶农村贫困残疾人更好地开展农业生产提出要求，为这一亟待帮扶的人群送去技术、补贴等“及时雨”。

按照2011年国家颁布的扶贫标准农民年人均纯收入2300元统计，目前我国有农村贫困残疾人1500万以上，占全国贫困人口的12%以上。

家庭无任何收入，或者年收入仅几百元，多数家庭靠政府救济和亲友接济……有关专家表示，农村贫困残疾人由于身体条件所限，劳动能力弱，一般的扶助手段难以从根本上帮助他们解决贫困问题。

《农村残疾人扶贫开发纲要（2011—2020年）》提出，“到2020年，稳定实现农村残疾人不愁吃、不愁穿，全面保障平等享受基本医疗、基本养老、教育、住房和康复服务。”“稳定实现”意味着稳定脱贫。这个目标，能实现吗？

数据显示，经过20余年的努力，目前我国已有2130万农村贫困残疾人解决了温饱问题，70多万户残疾人家庭的危房得到了改造，全国建立残疾人扶贫基地5226个，集中安置和辐射带动贫困残疾人36万人。农村残疾人参加新型农村合作医疗的比例由2007年的84.4%上升到2011年97.4%，国家累计投入近130亿元康复扶贫贴息贷款，扶持230余万贫困残疾人开展种植、养殖、加工和家庭副业项目。

在生存需求得到满足后，农村贫困残疾人对发展的需求变得更加迫切，农村残疾人扶贫开发由此进入能力建设阶段。

专家建议，努力提高以“四保一救”（低保、新农保、新农合、保障性住房和救助救济）为主体的对农村残疾人的保障水平，实行普惠基础上的特惠政策。强化农村残疾人实用技术培训，提高就业能力；扶持农村残疾人扶贫基地建设。中央有关部门应安排专项资金扶持残疾人扶贫基地发展，进一步发挥辐射带动贫困残疾人发展生产、增加收入的作用。多渠道增加农村残疾人扶贫开发投入，增加扶贫信贷规模和品种，积极探索试行残疾人信贷风险担保制度，引导更多社会资金投入。尝试开展农村残疾人个人信贷担保金试点，切实解决贫困残疾人贷款难问题。

记者在采访中获悉，由于自身发展能力不足，农村残疾人对外部因素的依赖性较大。这导致他们不仅脱贫困难，脱贫以后仍然十分脆弱，一旦遭遇变故，如果不能及时得到外部支持，很容易再次坠入贫困的泥淖。

“没有稳定的制度性保障和持续的资金支持，要让农村贫困残疾人稳定脱贫是很困难的，对于处在弱势地位的残疾人群体，实现生产生活方面的全面参与和发展，更加需要制度性保障。”中国残联相关负责人对记者表示，制度保障才是最长效的扶贫手段，要在巩固扶贫成果的基础上，努力建立健全可持续发展机制。

2012年1月，中共中央组织部、中国残联联合出台《“农村基层党组织助残扶贫工程”实施方案》，计划在2011年至2015年，全国农村基层党组织帮扶10万户农村贫困残疾人家庭稳定脱贫。

让1500多万受各种劣势羁绊的农村贫困残疾人彻底走出贫困，无疑是一个亟须破解的课题，无疑是一项艰巨而长期的任务。但随着经济社会不断发展，各项社会保障和扶贫开发政策措施进一步完善和落实，相信这一目标的实现指日可待。

（李哲供稿）

残疾人宣传文化工作

一、领导讲话

王乃坤在全国残疾人文化建设工作会议上的讲话摘要

2013 年 4 月 10 日

本次会议是中国残联成立以来第一次召开的全国残疾人文化建设工作会议，目的是提高各级残联对于残疾人文化建设重要意义的认识，总结推广残疾人文化建设的经验和做法，明确今后一个时期残疾人文化建设工作的方向与任务。

下面我讲三点意见：

一、充分认识加强残疾人文化建设的重要意义

（一）加强残疾人文化建设是实现文化强国战略的重要内容。文化是一个民族和国家最深层的精神积淀，更是其赖以生存和发展的前提条件。人类社会发展的历史充分表明，没有先进文化的积极引领，没有人民精神世界的极大丰富，没有全民族创造精神的充分发挥，任何国家和民族都不可能自立于世界民族之林。特别是当今时代，文化在综合国力竞争中的地位日益重要，谁占领了文化的制高点，谁就能在激烈的国际竞争中掌握主动权。加强文化建设、提高国民素质、提升道德修养是全面建成小康社会、实现中华民族伟大复兴“中国梦”的应有之义。党的十七届六中全会做出深化文化体制改革，推动社会主义文化大发展大繁荣的决定。党的十八大再次强调文化建设的重要意义，把“扎实推进社会主义文化强国建设”作为新时期党和国家的五大核心任务之一。这是党中央基于中华民族长远发展做出的重大战略决策。残疾人文化是社会主义先进文化的重要组成部分。在现实生活中，由于环境条件的制约和自身受教育程度偏低等因素影响，残疾人作为社会中最困难的群体，在享有文化教育和文化生活方面与健全人相比还有很大差距，客观上成为繁荣社会主义文化的一块短板。如果不采取措施尽快补齐这块短板，就会拖实现文化强国战略目标的后腿，影响全面建成小康社会的进程。

（二）加强残疾人文化建设是全面推进残疾人事业发展的迫切需要。中国残疾人事业涵盖康复、教育、就业、文化体育、无障碍建设等多个方面。在党和政府的重视关怀和全社会的大力支持下，经过二十多年的努力奋斗，我们在残疾人的康复、教育、就业、扶贫、体育等方面取得了明显成效。但是，无论国家的社会保障制度如何健全、社会救助体系如何完善，残疾人有尊严、平等地参与社会生活，还是离不开残疾人自身的文化自觉、离不开残疾人自强自立的精神塑造。从这个意义上讲，文化是残疾人由社会的被救助者向社会财富的创造者、自己命运的主宰者转变的内在因素，它承载了引导广大残疾人提升素质、增强能力的重要使命，是中国残疾人事业发展不可或缺的一个重要领域。同时，残疾人文化所蕴含的人道主义思想和自强不息的精神，能够使人民群众产生心灵上的震撼、思想上的启迪和精神上的激励，能够使社会各界更加关注、理解、支持残疾人事业发展。实践证明，残疾人文化既得益于残疾人事业发展，又能极大地促进残疾人事业发展，两者相辅相成、相互促进。只有重视和加强残疾人文化建设，才能推动残疾人事业的全面发展。

（三）加强残疾人文化建设是保障残疾人权益、提高残疾人生活质量的重要途径。一个人，当他的基本生存问题得到解决之后，必然在精神文化方面产生一定的需求。残疾人也一样，虽然他们身体上的某些功能有所缺失或障碍，但他们的精神和思想没有缺失，而且随着物质生活水平的不断提高，他们对精神文化生活的期待也会越来越迫切。残疾人同健全人一样需要文化的滋养，需要文化的支撑，需要文化带来的快乐，需要通过各种文化载体参与社会生活、改善生活状况，获得精神上的满足与依归。不发展残疾人文化，残疾人的民生就是不全面的。在残疾人同全国人民一道迈向全面建成小康社会目标的进程中，残疾人文化生活状况就必然成为衡量残疾人生活质量和幸福指数的一个重要标准，也必然是保障残疾人权益的一个重要标志。

我们必须站在新的历史起点上来认识加强残疾人文化建设的重要意义，必须以新的视角来审视残疾人文化的功能和作用。抓住建设社会主义文化强国的重大历史机遇，加快残疾人文化建设步伐，是各级残联组织的重要工作任务，也是全社会义不容辞的责任。

二、残疾人文化建设工作的总结与回顾

经过多年的努力和实践，残疾人文化事业取得很大进展，并体现出如下特点：

（一）由零散的自发活动向有规划、有组织方向发展。在顶层设计上，《中共中央国务院关于促进残疾人事业发展的意见》对残疾人享有文化权益做出了明确规定；《残疾人事业发展规划纲要》对残疾人文化建设提出具体任务和目标；中宣部等11部委出台的《关于加强残疾人文化建设的意见》对加强残疾人文化建设提出了明确要求。这些文件的出台，为残疾人文化事业的发展提供了有力的政策支持。在活动组织上，我们连续举办七届残疾人艺术汇演、六届特教学校学生艺术汇演，建立了残疾人特殊艺术人才信息资料库和200个全国残疾人特殊艺术人才培养基地。在中国残疾人艺术团的示范带动下，地方残疾人艺术团也开始跨出区域走出国门，浙江省残疾人艺术团在联合国总部演出获得成功，甘肃省残疾人艺术团在澳门的演出也获得广泛赞誉。新建起的两万多平方米的中国盲文图书馆已经接待残疾人6万多人次，省地两级公共图书馆盲人阅览室、有声读物阅览室已有443个。各级电视台、广播电台设置残疾人专题节目933个。全国设立残疾人文化服务设施的场所已有4万多处，各专门协会结合本类别残疾人的实际，有计划、有重点地组织开展了一系列特色突出、影响广泛的文化活动。

（二）由单一向多样化方向发展。以往的残疾人文化活动基本上以吹拉弹唱、书法绘画为主。随着残疾人文化工作的逐步推进，残疾人参与的艺术门类不断扩大，形式也不断丰富。不仅在文学创作、声乐、器乐、舞蹈、书法绘画领域涌现出国家级的领军人物，在雕刻、摄影、刺绣、剪纸、陶艺制作、玻璃内画等民间艺术方面的残疾人人才也层出不穷。据统计，现在我国各艺术门类均有残疾人参与，各类残疾人文化艺术从业人员近30万名。北京、安徽的名胜风景区内有了残疾人工艺品的展卖专柜，江苏、云南的文化街上出现了残疾人艺术创作的店堂，青海西藏残疾人创作的唐卡已行销全国各地。特别是近两年，各地残联解放思想、主动作为、开拓创新，发挥各地优势，组织了一系列富有地方特色的残疾人文化活动。四川、辽宁、河北、天津等省举办了残疾人文化艺术节、残疾儿童艺术节，广东组织了两岸四地残疾人文化交流，福建组织了闽台两岸残疾人文化节系列活动，吉林省在东北亚博览会上开设了残疾人工艺美术展馆，内蒙古组织残疾人艺术家赴韩国访问，江苏、陕西、山西组织了残疾人工艺美术品展览，海南、厦门、深圳、珠海、汕头开展了五经济特区残疾人文化巡回交流等等，这些活动开阔了残疾人的视野，丰富了他们生活的内涵，进一步增强了残疾人创造美好生活的信心。

（三）由专业性表演向群众性参与方向发展。由于缺少平台，多年来，残疾人文化基本上集中在特殊艺术表演的舞台上，有条件参与的残疾人数量极为有限。2010年全国残疾人文化周活动的开展，为基层残疾人群众参与文化活动搭建了平台，使广大残疾人能够走出家门，参与社区组织的合唱团、舞蹈队，参加健身操、盲人听电影、趣味运动会等自娱自乐的活动，接受各种形式的艺术培训。据不完全统计，三年来参与文化周活动的残疾人达两千万人次。文化周活动的开展激发了广大残疾人文化学习和艺术创作的热情，并由此催生出一大批残疾人艺术团体、协会、联谊会。仅山东济南、青岛两市社区残疾人成立的各类文艺小团体就有140多个。文化，已经成为广大残疾人生活中不可缺少的重要内容。

（四）由残联主导向社会各界广泛参与的方向发展。过去，残疾人文化活动主要靠各级残联组织，现在，残疾人文化的社会关注度越来越高，由社会文化机构创作残疾人题材的文艺作品日益增多。近3年来，有12部残疾人题材的优秀影视剧被搬上屏幕，其中电影《完美人生》被列入“迎接党的十八大国产重点影片”，《吴运铎》荣获第十二届精神文明建设“五个一工程”优秀作品奖。残疾人文化活动志愿者队伍也在不断扩大，全国为盲人讲电影的志愿者就有2万多人；上海市的专业艺术团体主动承担对有艺术才华的残疾人进行一对一的专门培训任务；北京市宋庄画家村无偿捐助2000m^{2}房屋作为全国残疾人文化创作基地；各地图书馆与残联组织共同成立了残疾人阅读指导委员会，组织开展残疾人阅读活动；“百家出版社文化助残”公益行动仅2011年就捐赠价值1400万的书籍送往社区；去年开展的“百家文艺院团文化助残”公益行动为残疾人举行200多场公益演出。

伴随着中国残疾人事业的发展，残疾人文化活动从无到有，从少到多，在很多地方已经初具规模，形成不断发展的态势。这些成绩的取得，是党中央、国务院高度重视，全社会热心支持的结果，也是广大残疾人文化工作者努力工作的结果。在充分肯定成绩的同时，我们也必须看到残疾人文化建设面临的困难和问题。

一是残疾人参与文化活动的迫切需求亟待得到高度重视。残疾人文化服务是公共文化服务体系建设的重要内容。由于各种因素的制约，有些地方对残疾人文化需求的调查不够深入、理解缺乏全面，在规划公共文化服务体系建设时，忽视了残疾人文化方面的内容；国家和地方实施的重点惠民文化建设工程涉及残疾人的项目还不多；残疾人均等享有公共文化服务的权益有待进一步得到保障。

二是针对残疾人的个性化文化服务需要加强。虽然基层群众文化越来越活跃，但受无障碍环境影响和活动内容制约，面向残疾人的有针对性的文化服务仍然薄弱，在有的地方甚至被边缘化。特别是农村地区残疾人文化建设严重滞后，他们只能通过广播、电视了解外面的世界，电脑网络等现代信息设备和手段匮乏。尤其是在山

区、牧区和偏远山村，残疾人文化活动开展难度更大，基本处于空白状态。

三是残疾人文化创业产业缺少特别扶持。很多地方对残疾人文化创业意义的认识不足，没有把残疾人文化创业作为拓展就业的重要渠道和方式来设计。残疾人文化产业规模小、基础脆弱、发展迟缓是一种比较普遍的现象，政府的扶持政策和资金投入都需要大大加强，生存发展环境需要进一步改善。

我们必须采取切实有力、行之有效的措施，努力促进这些问题的解决。

三、今后一个时期残疾人文化建设工作的任务与要求

当前，我国正处在实现中华民族伟大复兴、全面建成小康社会的伟大进程中。党的十八大提出按照公益性、基本性、均等性、便利性的原则加强公共文化服务体系建设，规划实施重点惠民文化工程建设项目。各级政府正在按照中央部署，加大公共财政投入，加强文化基础设施建设，全面推进覆盖城乡的公共文化服务体系建设。加强残疾人文化建设是社会主义文化大繁荣大发展的重要内容。各级残联组织要认清形势，主动作为，努力加快残疾人文化建设的步伐。

（一）要抢抓机遇，推动将残疾人文化建设纳入国家发展总体规划。把残疾人文化建设全面纳入城乡公共文化服务体系建设总体规划，是残疾人文化事业的顶层设计。各级残联要积极争取地方党委、政府和有关部门的支持，切实将残疾人文化建设纳入本地公共文化服务体系，统筹规划、同步实施。在国家和地方的村村通、农家书屋、公共文化共享等重点文化惠民工程建设项目的设计、组织实施过程中，要强调均等化服务，针对残疾人的特点提供必要的服务内容和参与条件；同时应争取将残疾人文化建设作为各地公共文化服务体系建设示范市、文明城市、文明乡镇创建的标准和内容。

要充分发挥中宣部等11部委《关于加强残疾人文化建设的意见》的作用。截至目前，全国已有21个省出台了本省的文件，并在国家文件的基础上进一步深化、细化。还没有出台实施意见的省，有的是希望把文件的目标定得再高一些，政策力度再大一些，正在攻关争取过程中。但是也有个别省重视不够，动作滞后。这次会议后，没动的省要抓紧时间运作，抓住机会把本省的政策制定好。

（二）要采取措施，推动残疾人文化活动常态化发展。2010年，中国残联和文化部共同发起残疾人文化周活动，群众性文化活动被提到日程上来。但一个文化周、文化节活动满足不了残疾人一年365天的文化需求，如何拓展文化周的外延，扩大残疾人参与文化活动的覆盖面，确保残疾人文化在基层可持续常态化发展，让残疾人月月有文化、周周有文化，是各级残联下一步工作的重点。

一是要坚持就近就便的原则。就近就便是保证大多数残疾人参与文化活动最重要的前提条件。要在残疾人日常活动的范围内，打造残疾人文化活动的平台，使残疾人能够在半小时或更短的时间内参加文化活动。要充分发挥城乡社区残疾人专职委员在基层社区开展文化活动的组织协调作用，积极为残疾人提供个性化文化服务。苏州市推出的残疾人精神文化圈建设是就近就便的成功范例。经过一年多的努力，全市已有1600多个社区实现了出家门15分钟行程内就有残疾人文化活动的场所，近80%的社区实现了残疾人文化活动的常态化，参加活动的残疾人超过45万人次，参加文体活动已经成为苏州很多残疾人生活的习惯。各地可以学习借鉴苏州市的做法，选择一批有基础、条件相对好的社区，按照有组织领导、有活动计划、有固定阵地、有无障碍环境、有特色品牌的标准进行试点。

二是要善于整合、借用残疾人文化活动的资源。场地、设施是残疾人开展文化活动的必备条件，很多省市已经在建或希望建立残疾人文化活动中心，这很好，各地要充分发挥残疾人文化活动中心的作用。但再大的文化活动中心也覆盖不了一个省的残疾人，群众性的残疾人文化活动还是要坚持重心下移。要按照共建共享的原则，把残联有限的资源和项目放到乡镇、街道文化站、社区文化活动中心，配备活动设备，改善无障碍设施，切实依托基层文化活动阵地把残疾人文化活动开展起来、丰富起来、活跃起来，真正让残疾人进得来、融进去、能受益。同时，要在现有3000多处的各类残疾人综合服务设施中，增添残疾人文化活动的功能和区域，配备相应设施设备。加强残疾人文化建设，各级残联的综合服务机构要起表率带头作用。

三是要重视发挥各类残疾人协会和文化艺术组织的作用。当前，各级各类残疾人协会日益健全，已经成为团结带领各类别残疾人开展文化活动的重要力量。同时，全国省、市两级已有注册登记的各类残疾人文化艺术协会300多个，全国乡镇（街道）、社区（村）层面有近万个残疾人文化艺术小组，这是残疾人文化建设的骨干，是残联组织开展残疾人文化活动的手臂。各级残联要大力支持他们开展残疾人文化活动，为他们提供实实在在的服务，充分发挥他们在活动的组织、策划、指导方面的优势，依托这些残疾人协会和文化组织带动活跃基层残疾人文化活动。

（三）要从实际出发，分类推进城乡残疾人文化建设。中国社会的二元结构造成东西部发展的不平衡和城乡之间的差异，开展残疾人文化工作必须结合本地实际先易后难、稳步推进。经济较发达的省份，应在城市所有街道、社区全面开展残疾人文化服务，在农村的乡镇和重点村部分开展文化服务；经济欠发达省份，80%的城市街道、社区要开展残疾人文化服务，并在农村试点性开展文化服务。从目前看，我国农村大部分地区确实

还不具备广泛开展残疾人文化活动的能力和条件，但不能因为不具备条件就可以放弃农村残疾人享有文化服务的权益。经济发展水平虽然是开展残疾人文化工作不可或缺的重要条件，但起关键作用的还是我们思想认识上是否到位，有没有克服困难、因陋就简、创造条件的精神和魄力。在经济欠发达地区的农村，可以先尝试地搞一些农村残疾人文化活动试点，有点就会形成面，最终目标还是让广大农村残疾人也能尽快地享有基本的文化服务。

（四）要创造条件，扶持残疾人文化产业发展。残疾人的身心特点决定他们更适合从事某一特长性专业。实践证明，通过自身的文化艺术特长和技能从事文化创业是残疾人就业的一个重要渠道，也是残疾人改善自身生活的重要手段。要积极搭建残疾人文化创业的平台，将残疾人文化创业与残疾人自主创业和集中就业有机结合起来，使之成为残疾人就业体系的重要组成部分。江苏省在扶持残疾人文化产业上已经做出了有益的尝试，他们扶持培育的八个省级“残疾人文化创业示范基地”已经初见规模，苏州市拿出该市著名景区拙政园边的一大片黄金宝地作为残疾人文化产业孵化基地，在培养文化产业人才、培育文化产业项目上取得很好的效果，说明江苏省在在残疾人文化建设方面是有战略眼光的。希望各级残联能从江苏省的做法上得到启示，把扶持残疾人文化产业作为残疾人文化工作的一个重要内容，与残疾人就业工作衔接起来，积极协调有关部门，研究制定和落实残疾人文化创业的扶持政策，探索残疾人文化艺术产业投融资渠道，按照市场规律引导多种资本投入，采取政府扶持、残联引导、加大投入、减少税收、定向收购等办法扶持残疾人文化产业发展。有条件的地方，可以尝试在当地一些产业园区、景区、商区，开设残疾人艺术品店铺，开办残疾人文化街，扩大残疾人文化的影响。

（五）要运用社会化方式，引导动员社会力量参与残疾人文化建设。加强残疾人文化建设，推动残疾人文化发展，单靠残联组织的力量是远远不够的，必须采用社会化的工作方法，动员全社会的力量共同推进。要进一步加大对残疾人文化的宣传力度，鼓励、引导有爱心、有社会责任感的单位、机构、企业、社会组织关注残疾人文化，支持、参与残疾人文化服务。要重视培育发展文化助残志愿者队伍，邀请一定数量富有爱心、热衷于群众文化活动的社会文艺团体的退休人员作为残疾人文化活动指导员，参与组织残疾人文化活动并进行艺术指导。社会力量的广泛参与能够更加有力地促进残健共融。

（六）要典型引路，充分发挥残疾人文化示范市的辐射带动作用。中国残联去年下半年提出创建残疾人文化建设示范市，目的是推动11部委文件精神的落实，在全国范围内培育一批在省内突出、区域领先、全国有位的典型市，总结出好的经验、做法在本省推广、全国借鉴，由点带面地扩大辐射范围，从而推动残疾人文化建设加快发展。创建工作得到各地的积极响应，先后有80多个市（区）提出申请，中国残联综合权衡首批确定全国32个市（区）为创建示范市。需要强调的是，开展示范市建设不能为了创建而创建，而是要把开展创建工作作为推进本市残疾人文化建设的抓手，争取市委、市政府更大的支持、更实的政策、更多的投入。比如，苏州市政府常务会已多次专题研究部署，形成了政府负责、各部门分工、残联协调的工作机制，真正做到了残疾人文化建设与公共文化体系建设和资源配置上的同步规划、同等投入、同样服务。安徽省合肥市成立了由市长挂帅、政府各部门和各区县政府负责人参加的创建工作领导小组，将创建工作分解成6大类27项任务指标，各负其责，定期检查。总之，创建示范市是政府行为，一定要坚持政府主导、部门分工、残联协调的创建原则，确保有一定的财政经费投入，确保各项创建任务指标落到实处，让广大残疾人切切实实感受到创建活动带来的变化。各省可以把全国示范市创建的做法在省内推广，开展省级残疾人文化示范市、示范区建设，扩大示范的辐射带动范围。

最后我还要强调一点，就是领导重视的问题。在我们国家，任何一项工作，领导重视起来，推动的力度才会大。实事求是讲，在各级残联一把手心目中，残疾人文化工作不如康复、教育、就业扶贫工作重要，某种程度上会认为文化生活对于残疾人来说是锦上添花，是多少年以后的事，现在还顾不上。这种观念应该改变。如果20年前我们强调残疾人文化工作或许是有些超前，但残疾人事业发展到今天，在国家实施文化强国战略的新形势下，我们还不去重视残疾人文化建设，那就是思想的落后。各级残联，尤其是主要领导同志务必要从全面建成小康社会、实现中华民族伟大复兴的“中国梦”、依法保障残疾人权益的全局高度认识加强残疾人文化建设的重要意义，把残疾人文化建设作为一项重点工作来抓，切实做到有计划、有目标、有检查、有落实。要加大经费保障力度，选配得力干部充实到文化工作岗位。要结合本地实际争取若干残疾人文化建设项目，扎扎实实做好残疾人文化建设工作。

同志们，文化是一个民族的精神血脉，也是广大残疾人的精神支柱。实现全面建成小康社会、建成富强民主文明和谐的社会主义现代化国家的中国梦，必须弘扬包括人道主义思想和自强精神在内的伟大的中国精神，必须凝聚包括8500万残疾人在内的全体中国人民伟大的中国力量。残疾人文化建设比以往任何时候都更加重要、更加迫切。让我们以高度的责任感和使命感承担起残疾人文化建设的时代重任，激情投入，开拓创新，扑下身子，真抓实干，全力开创残疾人文化事业的新局面。

二、政策法规文件

第八届全国残疾人艺术汇演评选结果通报

残联发〔2013〕19号

各省、自治区、直辖市，新疆生产建设兵团教育厅（教委），民政厅（局），文化厅（局），残疾人联合会：

由教育部、民政部、文化部和中国残联共同举办的第八届全国残疾人艺术汇演日前落下帷幕。评选结果已于2013年10月在北京揭晓。由著名艺术家、有关部门负责人及专家组成的评委会对全国31个省（区、市）及新疆生产建设兵团选送的348个参赛节目进行了认真、公正的评选，共评出表演奖特等奖4个，金奖60个，银奖100个，铜奖47个；创作奖119个；辅导奖若干（名单见附录二）。

根据相关规定，经组委会审议通过，本届汇演评选出团体金奖、银奖、铜奖共计32名。甘肃省、北京市、江苏省、浙江省、福建省、湖南省、四川省、河南省获得团体金奖；辽宁省、上海市、天津市、广东省、贵州省、云南省、黑龙江省、湖北省、吉林省、广西壮族自治区、陕西省、新疆维吾尔自治区获得团体银奖；河北省、宁夏回族自治区、重庆市、山东省、江西省、山西省、安徽省、内蒙古自治区、海南省、青海省、西藏自治区、新疆生产建设兵团获得团体铜奖。

第八届全国残疾人艺术汇演历时近一年，得到了各级党委、政府和有关部门的高度重视和大力支持。各地的教育部门和民政部门组织特教学校的学生和分散在社区、福利企业中的残疾人积极参加汇演活动；各地的文化馆、艺术馆及专业艺术团队在文化部门的统筹下积极参与，共派出近500名各类艺术专家、教师投入汇演的创作、辅导和排练工作，为汇演的成功举办做出了重要贡献。承办赛区汇演的福建、北京、湖南、甘肃四个赛区，投入了大量的人力、物力和财力，统筹协调，周密安排，克服困难，使汇演工作得以有计划、有步骤地顺利实施。全国大多数省（区、市）成立了专门的组织机构，配置专项经费举办本地区的汇演活动，极大地丰富并活跃了基层残疾人的文化生活。据统计，各地参与各级汇演的残疾人演员人数逾10万，其规模之大、参与面之广，为历届汇演之最。

本届汇演以“丰富残疾人文化生活，发展残疾人文化艺术”为宗旨，坚持贯彻“以高尚的精神塑造人，以优秀的作品鼓舞人”的指导思想，弘扬主旋律，突出正能量，激励自强精神，力推新人新作，涌现出一大批融思想性、艺术性、观赏性为一体的优秀节目，其艺术水平较前七届汇演有了较大提高，是近年来全国残疾人特殊艺术的一次精品荟萃。

在各地、各有关部门的积极参与、密切配合和共同努力下，本届汇演取得了圆满成功。希望各地教育、民政、文化、残联等有关部门以本次汇演为契机，进一步关心、重视、支持残疾人文化艺术工作，为全面活跃基层残疾人文化生活，发现和培养残疾人特殊艺术人才，促进残疾人全面参与社会生活，推动残疾人事业的发展做出更大的贡献。

教育部　民政部　文化部　中国残联
2013年11月28日

关于批准内地与澳门残疾人文化建设示范市（区、县）创建的通知

残联〔2013〕137号

山西、辽宁、吉林、江苏、江西、山东、湖北、四川、贵州、陕西省残疾人联合会：

为贯彻落实党的十八大精神和中宣部等11个部委《关于加强残疾人文化建设的意见》要求，进一步加强残疾人文化建设，不断扩大示范市的辐射带动范围，根据中国残联党组、理事会关于残疾人文化建设的部署和安排以及中国残联与澳门特区政府社会文化司关于促进残疾人文化艺术发展合作项目的有关规定，按照中国残联《关于申报内地与澳门残疾人文化建设示范市（区、县）创建的通知》（残联〔2013〕74号）要求，经省级残联推荐申报，内地与澳门残疾人文化建设示范市（区、县）工作领导小组审核，决定批准山西省汾阳市等10个市（区）开展“内地与澳门残疾人文化建设示范市（区、县）”创建（名单见下）。请各地在示范市（区、县）创建过程中做好以下工作。

一、高度重视，提供保障

创建内地与澳门残疾人文化建设示范市（区、县）工作，是丰富残疾人精神文化生活的有效措施，是全面加强残疾人精神文明建设的有力抓手，是国家公共文化服务体系建设的有力支撑。

各地要进一步提高认识，统一思想，在政策制定上，要将残疾人文化建设纳入本地公共文化建设大局，统筹安排，同步实施；在财政经费上要设立专项残疾人文化建设经费，有相应经费保障，中国残联将给予创建启动资金，省级残联要给予同等资金匹配；在组织人员上要建立自上而下、分级负责的创建工作队伍；在服务项目上要做到立足基层、扎实有效；在活动开展上要明确主题、扩大覆盖面，真正把内地与澳门残疾人文化建设示范市（区、县）创建工作落到实处，取得实实在在的效果。

二、培育示范，推广经验

被批准开展创建工作的市（区、县）要结合本地实际，进一步制定完善本地创建工作方案，在政策支持、经费保障、工作网络、项目落实、活动开展等方面形成实施方案，并在实施过程中借鉴先进地区的成功经验和做法，不断探索、总结适合本地的残疾人文化建设工作经验，形成适合本地特点的工作理念、方法和标准。各省（市）要以本地区残疾人文化体育建设示范市（区）

和内地与澳门残疾人文化建设示范市（区、县）为典型，以点带面，全面推动本地区其他市（区）的残疾人文化事业进一步发展。

三、严格标准，检查验收

各地要根据中国残联《关于申报创建内地与澳门残疾人文化建设示范市（区、县）的通知》的要求，按照本地创建方案积极开展工作。2013年年底，各地创建市（区、县）对照创建标准，经自查评估后，可向内地与澳门残疾人文化建设示范市（区、县）创建工作领导小组办公室提出验收申请，经检查验收合格后，中国残联授予“内地与澳门残疾人文化建设示范市（区、县）”称号。

内地与澳门残疾人文化建设示范市（区、县）创建工作领导小组办公室设在中国残联宣文部。

中国残疾人联合会
2013年7月29日

附　件

内地与澳门残疾人文化建设示范市（区、县）

省份	创建市（区、县）
山西省	汾阳市
辽宁省	大连市
吉林省	吉林市
江苏省	苏州市
江西省	南昌市
山东省	济宁市
湖北省	黄石市铁山区
四川省	成都市
贵州省	仁怀市
陕西省	宝鸡市

三、工作综述

2013年，残疾人宣传文化工作紧紧围绕残疾人事业大局，宣传上按照“突出导向、打造重点、创新思维”的工作思路，在全社会大力弘扬人道主义思想，积极营造有利于残疾人事业发展的舆论环境；文化上坚持“纳入大局、夯实基层、打造精品”，不断加强残疾人文化服务，积极开展文化活动，统筹推进文化建设，残疾人精神文化生活更加丰富多彩。

（一）围绕全会中心工作，实现宣传工作新突破

1. 确保纳入国家宣传大局。围绕六代会提前筹划，制定了三个层面的宣传方案（即中宣部，新华社和人民日报等4家中央主要新闻媒体，会内直属新闻单位），被中宣部等部门全盘采纳，确保了纳入国家宣传大局。

2. 确保宣传目标的实现。六代会期间组织5批次记者组赴基层采访、3批次记者在会议期间集中采访代表、80余记者对大会进行全方位采访报道，《人民日报》刊发社论、残疾人事业综述及开闭幕式新闻稿、侧记，中央电视台《新闻联播》等播发大会消息。

3. 确保全方位宣传效果。指导直属新闻单位及地方残联形成合力，遥相呼应，在各地主流媒体加大残疾人事业报道同时，为大会制作了五年成就展板和宣传片，出版三个会议专刊，撰写残疾人事业综述等11篇稿件，对28个省（区市）的56名优秀残疾人基层工作者事迹进行宣传，确保了社会影响的最大化。

（二）紧扣事业热点节点，实现宣传效果的新目标

1. 宣传重点紧紧围绕事业难点。针对残疾人扶贫工作，结合2013年助残日主题，推出扶贫工作深度报道《农村残疾人扶贫应该怎么办》，策划“授人以鱼不如授人以渔”的宣传主线，以国家农业扶持及社会助力圆梦为切入点，分四批次有节奏地集中播发残疾人扶贫工作报道。组织中央记者集体采访，以动态消息配深度报道的形式集中刊发基层扶贫工作，报道逐渐升温，助残日当天采用集中报道方式推向高潮，宣传效果显著。

2. 宣传热点紧密突出人物特点。将云南怒江特教学校教师吉思妞的事迹纳入中央电视台“走基层·最美的中国人”栏目，《新闻联播》连续三天播出；与此同时，推荐11名基层残联优秀党员干部事迹，被新华社、《人民日报》《光明日报》等媒体采用。

3. 宣传亮点紧紧抓住事件突发点。芦山地震发生后，宣文部抢占舆论先机，动员新闻媒体第一时间发布中国残联抗震救灾消息，及时建立了微信、邮箱和电话的沟通渠道，建立了主要媒体前方记者与四川残联和八一康复中心的联络网，确保第一时间获取最新消息和及时发布消息。中央电视台、《人民日报》和中国政府网、新浪、搜狐等中央主要媒体及网站均报道了中国残联的救灾工作。中国残联宣传应急发布工作的高效率，被媒体记者称为“宣传速度与救灾速度一样迅速”。

（三）加强地方工作指导，形成宣传工作合力

1. 充分发挥残联系统新闻通讯员网络的作用。下发12期《宣传工作要点》，统筹谋划各阶段宣传工作亮点，有效把控宣传节奏，促使各地将残疾人事业纳入地方政府的宣传大局，各地主流媒体发稿量有了显著提升。

2. 引导媒体面向基层、面向事业的各个领域。组织中央媒体多批次深入基层，积极报道地方工作。上海、江苏等20余省市报送的题材被中央电视台、《人民日报》等中央各大媒体广泛选用，形成全国统筹、上下呼应的

宣传合力。

据不完全统计，全年围绕爱耳日、自闭症日、国际残疾人日、助残志愿者温暖行动等活动，以及会内各部厅业务工作重点，组织实施了大量宣传报道工作，妥善处理了4次舆情危机，及时消除了不良影响。中央电视台《新闻联播》播出40条，《朝闻天下》《新闻直播间》等栏目播出88条；《人民日报》刊登社论、侧记和事业综述80余篇；新华社、《光明日报》等其他中央媒体刊发综述、通讯100多篇。截至2013年年底，全国共有省级残疾人专题广播节目120个，电视手语栏目36个；地市级残疾人专题广播节目539个，电视手语栏目227个。

（四）积极纳入国家公共文化服务大局，保障残疾人基本文化权益

1. 落实11部委文件精神，发挥政策撬动作用。2013年，以落实《关于加强残疾人文化建设的意见》为重点，着力推进地方残疾人文化工作制度性框架建立。全国26个省出台了本省加强残疾人文化建设的意见，136个地市制定了本地实施意见。通过推动，全国残疾人文化工作经费有了较大幅度提高，各级各类公共文化设施基本上做到了免费向残疾人开放，文化馆、文化站等公共服务设施不同程度上增加或添设了残疾人活动的内容和设施，残疾人享受公共文化服务的状况得到较大程度改善。

2. 开展示范市创建工作，发挥典型引领作用。围绕全国32个残疾人文化体育示范市（区）和10个内地与澳门残疾人文化示范市（区）创建工作，专门召开工作会，部署目标任务，用示范加强引领，用典型推动整体。

（五）召开全国残疾人文化建设工作会议，明确今后一个时期的工作重点和方向

1. 这次会议是中国残联成立以来关于残疾人文化建设的第一个全国性工作会议，在总结过去的基础上，确定了今后一个时期残疾人文化建设的工作方向、任务、目标和要求。

2. 第一次提出了发展残疾人文化产业，将残疾人文化创业纳入残疾人就业渠道，使之成为残疾人就业体系的重要组成部分；按分类指导原则有序提升城乡残疾人文化建设，并运用社会化工作方式引导社会力量参与残疾人文化产业发展。

3. 第一次提炼、总结、推广了“苏州经验”一整套残疾人文化建设的工作方法，并将这一经验作为今后一个时期全国残疾人文化建设的示范引领。

（六）夯实基础，推动基层残疾人文化活动常态化

1. 通过残疾人文化周活动，夯实基层残疾人活动载体。与文化部共同举办的残疾人文化周活动已是第四年，以基层社区、街道为基础，以广泛参与为标志，以形式多样为特点，文化周已经成为基层残疾人走出家门、融入社会的一个重要载体。4年来，不少省（区、市）把文化周拓展为文化节、文化月、文化年，全国共有500多万残疾人参与其中，逐渐完成了从被动参与到主动参与的过程，同时还催生出一大批残疾人各类文化团体、协会、联谊会。仅山东济南、青岛两市基层残疾人成立的各类文艺小团体就有140多个。

2. 通过“半小时文化活动圈”打造，搭建基层残疾人活动平台。按照就近就便的原则，让广大残疾人在家门口就能参加各项活动。目前，北京、上海、天津、苏州、武汉等30多个城市相当比例的社区实现了出家门30分钟行程内就有残疾人文化活动场所，实现了残疾人文化活动的常态化。

3. 通过文化进社区项目惠及更多基层残疾人。2013年对6个中西部省份的180个社区进行扶持，目前累计达1680个。社区文化品质的提升对以点带面、全面推进文化活动起到了积极的示范作用。

4. 借助文化共享工程服务基层残疾人文化生活。积极协调文化部公共文化发展中心，共同推出了“携手共享，文化同行”共享工程，确定了在残疾人服务机构设立公共电子阅览室、设立文化共享工程残疾人服务分中心等6个工作项目。目前，在中国盲文图书馆成立了分中心，推广“心声—音频馆”指纹登陆器500个。

（七）打造残疾人特殊艺术精品，加强残疾人文化对外交流

1. 扶持特殊艺术人才培养基地建设。对17个省的39个人才培养基地进行了重点扶植，逐步形成了一地一品的特色，为不同的艺术团体输送了80多名特殊艺术人才。

2. 精心组织第八届全国残疾人艺术汇演。全国31个省（区、市）和新疆兵团的5000余名演职员参加了声乐、器乐、舞蹈和戏剧小品四大类的比赛，少数民族超过20个，节目总数达到了348个，达历史之最。除演职员外，直接参与各级汇演的残疾人超过了10万余人。

3. 用心打造“我梦最美”汇报演出。12月2日晚，300多名残疾人登上了梦想的舞台，用心声讴歌生命的尊严、意志的坚强，用艺术演绎“中国梦”的美丽。各部委领导、驻华使节和社会各界人士观看了演出，中央电视台破例为这场演出进行录制，并向全国播出，各新闻媒体争相报道，反响热烈。

4. 加强残疾人文化对外交流。搭建平台，相继举办了两岸四地残疾人特殊文化艺术交流、闽台残疾人文化艺术交流；拍摄的电影《一生有爱》获蒙特利尔电影节优秀节目奖，联合摄制的电影《吴运铎》在获中宣部“五个一”工程奖后又在俄罗斯举行的第十届尤·尼·奥泽罗夫国际军事电影节上荣获最佳视觉效果奖和最佳导演奖。

四、重要条目

【全国残疾人文化建设工作会议】2013 年 4 月 9—12 日，中国残联成立以来第一个关于残疾人文化建设的全国性工作会议在江苏苏州召开。这次会议第一次将残疾人文化工作放在同等重要的位置予以重视；第一次提出了发展残疾人文化产业，将残疾人文化创业纳入残疾人就业渠道，使之成为残疾人就业体系的重要组成部分，并运用社会化工作方式引导社会力量参与残疾人文化产业发展；第一次提炼、总结、推广了“苏州经验”一整套残疾人文化建设的工作方法，并将这一经验作为全国残疾人文化建设的示范引领。这次会议具有里程碑的意义，总结了中国残联成立以来残疾人文化建设取得的成绩和经验，部署了残疾人文化建设示范市创建工作的标准和原则，梳理了当前残疾人文化工作面临的困难和问题，确定了今后一个时期残疾人文化建设的工作方向、重点任务、措施手段和目标要求。

【第八届全国残疾人艺术汇演】

全国残疾人艺术汇演由教育部、民政部、文化部和中国残疾人联合会共同举办，每四年一届，旨在进一步贯彻落实党的十八大精神和中宣部等 11 个部委《关于加强残疾人文化建设的意见》要求，进一步促进基层残疾人文化活动的广泛开展，展示残疾人特殊艺术才华，培养人才、推出精品，在社会主义文化大发展大繁荣的历史机遇中推进残疾人特殊艺术的发展。

第八届全国残疾人艺术汇演于 2013 年 8 月启动，10 月在北京进行终评，共有 348 个参赛节目分获各类别等级奖。12 月 2 日晚，第八届全国残疾人艺术汇演“我梦最美”汇报演出在北京世纪剧院举行，300 多名残疾人登上梦想的舞台，用心声讴歌生命的尊严、意志的坚强，用艺术演绎“中国梦”的美丽。国家各部委领导、驻华使节和社会各界人士观看了演出，中央电视台破例进行录播，各新闻媒体争相报道，反响强烈。

【中国残联第六次全国代表大会宣传工作】按照“高端设计，精心策划，重点媒体，重点报道”工作要求，宣文部牵头宣传组，把握舆论导向，加强各方面协调指导，按计划落实各项宣传目标，圆满完成六代会的宣传任务。从 7 月起，派出 5 批次记者组赴基层采访，3 批次记者组在会议期间集中采访残疾人代表，组织中央媒体记者 80 余人次对大会进行采访报道；收集整理 28 个省（区市）56 名优秀残疾人基层工作者事迹，完成《人民日报》社论、大会开幕式侧记、残疾人事业综述、残疾人事业报道《新闻联播》稿等 11 篇有关新闻和报道稿件，被各新闻媒体广泛采纳，在保证各媒体有料可用、有文可刊的同时，主动调控了媒体的报道节奏。新华社播发残疾人事业发展综述、代表大会开闭幕消息、开幕式侧记和中央领导祝词全文，播发主席团会议消息及第六届主席团和领导机构成员名单；从 9 月 10 日起连续播发残疾人事业系列报道和优秀残疾人工作者事迹。《人民日报》在大会开幕当天刊登残疾人事业发展综述和社论、大会开闭幕消息、开幕式侧记、中央领导祝词全文、第六届主席团和领导机构成员名单；会议期间刊登 2 篇优秀残疾人工作者事迹。中央电视台《新闻联播》栏目从 7 月 25 日至大会闭幕，播出残疾人事业综述及有关消息 9 条；《朝闻天下》播出报道 16 条；9 月 19 日，《晚间新闻》播出大会闭幕消息及残疾人工作展望报道。

【第二十三次全国助残日活动宣传工作】2013 年 5 月 19 日第二十三次全国助残日。此次活动的主题是“帮扶贫困残疾人”。5 月 19 日，中央电视台《新闻联播》《晚间新闻》《朝闻天下》等栏目播出新闻和专题 19 条；新华社和《人民日报》分别刊发综述等稿件 3 篇；《光明日报》《经济日报》、中央人民广播电台、《农民日报》《劳动保障报》等中央新闻单位全部刊播助残日报道和综述。同时，各省当天在本地卫视《新闻联播》《早间新闻》等栏目中共播出助残日活动报道 39 条，网上检索“第二十三次全国助残日”共计 47200 条。福建、云南等省刊播助残日公益广告、北京发布地铁公益宣传海报、全国 200 万名手机用户接收到了助残日活动宣传信息。

【第四届残疾人文化周活动】残疾人文化周是中国残联与文化部共同开展的繁荣基层广大残疾人精神文化生活、提升残疾人享有公共文化服务水平、推动残疾人群众性文化活动和加快特殊艺术发展的重要项目之一。2013 年，全国开展第四届残疾人文化周活动，主要从推动基层残疾人文化活动常态化入手，为广大残疾人搭建重在参与、重在特色、重在持久、就近就便、融入社会的重要平台。各地在固定场所、固定时间、固定活动内容的基础上，不断拓展活动形式和内容，把残疾人文化周拓展为文化节、文化月，为残疾人提供了一个施展才华的舞台。据不完全统计，截至 2013 年，全国共有 500 多万残疾人参与活动，逐渐完成了从被动参与到主动参与的过程，同时还催生出一大批残疾人各类文化团体、协会、联谊会。仅山东济南、青岛两市基层残疾人成立的各类文艺小团体就有 140 多个。

【残疾人文化进社区项目】文化进社区项目是加强残疾人文化建设的重要项目之一。旨在为社区残疾人活动场所配置必要的文化艺术用品和图书音像资料，组织各种文化活动，培训社区残疾人文化艺术活动辅导员，满足社区残疾人文化活动特殊需要。2013 年对 6 个中西部省份的 180 个社区进行重点扶持，社区文化品质的提升对以点带面、全面推进文化起到了积极的示范作用，确保项目发挥辐射作用，受到广大残疾人的热烈欢迎。截至 2013 年，累计实施文化进社区项目达 1680 个。

【扶持残疾人特殊艺术人才培养基地建设项目】扶持残疾人特殊艺术人才培养基地建设是加强残疾人文化建

设的重要项目之一。旨在培养残疾人特殊艺术人才，促进特教学校学生全面发展，活跃残疾人校园文化生活。重点是对特殊艺术人才培养、教师培训、开展校内文艺活动及购置残疾学生参与艺术活动所必需的设备等给予资金扶持。2013 年对 17 个省的 39 个人才培养基地进行了重点扶植，逐步形成了一地一品的特色，为各类艺术团体输送了 80 多名特殊艺术人才。

【“携手共享，文化同行”共享工程】“携手共享，文化同行”共享工程是文化部全国公共文化发展中心和中国残联宣文部联合开展的加强残疾人公共数字文化服务项目。旨在推动古文化服务体系建设，保障数字化、网络化环境下残疾人公共文化服务的公益性、基本性、均等性、便利性，更好地满足残疾人日益增长的文化需求。主要依托文化共享工程各分支中心、中国残联各类服务机构等公共文化服务设施，以数字化的形式为残疾人提供更加便利、适用、丰富的公共数字文化服务。2013 年在中国盲文图书馆成立了文化共享工程残疾人服务分中心，向全国文化共享工程公共电子阅览室和各类残疾人服务机构推广“心声—音频馆”指纹登陆器 500 个，为广大基层残疾人打造了平等、共享的公共文化数字化学习通道。

附录一

第八届全国残疾人艺术汇演获奖名册

组织奖（4 个）

福建赛区组委会　北京赛区组委会
湖南赛区组委会　甘肃赛区组委会

团体奖（32 个）

金　奖

甘肃省　北京市　江苏省　浙江省　福建省
湖南省　四川省　河南省

银　奖

辽宁省　上海市　天津市　广东省　贵州省
云南省　黑龙江省　湖北省　吉林省
广西壮族自治区　陕西省　新疆维吾尔自治区

铜　奖

河北省　宁夏回族自治区　重庆市　山东省
江西省　山西省　安徽省　内蒙古自治区
海南省　青海省　西藏自治区　新疆生产建设兵团

表演奖（211 个）

特等奖（4 个）

舞蹈类：我们的世界　天津
声乐类：姑苏好风光　浙江
器乐类：无名英雄　江苏
戏剧小品类：杨门女将·夜探　江苏

金　奖（60 个）

舞蹈类（15 个）

花开的声音　北京
海上民谣　福建
浪尖上的人们　甘肃
日出日落　广东
舞语心声　广西
金鸡炫舞　贵州
妙手生花　河南
无声的舞者　黑龙江
排排坐　湖南
不垮的废墟　江苏
傲雪红梅　辽宁
妞妞吃面　山西
轮椅上的舞步　四川
心恋　云南
钱江弄潮　浙江

声乐类（15 个）

草原恋　北京
爱拼才会赢　福建
我的家乡大平原　甘肃
那就是我　广东
棒棒捶在岩头上　海南
江山如此多情　湖北
小龙舟　湖南
西部放歌　江苏
哈萨克的月亮　辽宁
春天的芭蕾　辽宁
鸿雁　内蒙古
撒花调　陕西
Flying Free　上海
春天来了　天津
相思调　云南

器乐类（15 个）

热情的快板　安徽
太湖美　北京
醉京风　北京
弄臣　福建
盛世鼓乐　甘肃
洪湖主题随想曲　河南
正月十五闹雪灯　黑龙江
妆台秋思　湖北
蒙风　山东
红军哥哥回来了　陕西
快乐的啰唆　四川
秦川情　天津
木卡姆随想　新疆
我把世界来周游　上海

夜深沉 浙江

戏剧小品类（15）

假如给我三天光明 北京
走出自己的命运 福建
过街启示录 甘肃
我是明星 广东
俺想上学 河南
祝你生日快乐 湖南
小星星 湖南
一公里阳光 吉林
生活不相信眼泪 江苏
王大茶油 江西
等车 宁夏
深深的爱 上海
乘着歌声的翅膀 天津
幸福的鞋子 四川
喜车 浙江

银 奖（100个）

舞蹈类（25个）

我的未来不是梦 北京
天边的祝福 北京
燎 福建
莎莎莎 甘肃
鼓舞龙塬 甘肃
我的爱 广西
龙·国·梦 河南
蓝天下的飞翔 河南
奔跑吧，双手 湖北
雄魂丽韵 湖南
傲雪 吉林
梅花吟 江苏
想爸爸想妈妈 江苏
黑土情 辽宁
美丽草原 内蒙古
撒曼尔罕 青海
霾 山东
陕北汉子 陕西
鼓扇玄风 上海
剪纸姑娘 上海
幸福莎朗 四川
踏雨听润 天津
晨曦中的玫瑰 新疆
竹儿青青 浙江
大山之子 重庆

声乐类（25个）

父亲 北京
同样精彩 北京
你是我的眼 兵团
叫声妹妹泪莫流 福建
鸿雁 福建
祖国不会忘记 甘肃
炫境 广西
飞吧，鸽子 广西
娘在那片云彩里 广西
贵州人 贵州
斑竹泪 河北
活出个样来给自己看 河北
大西北的鼓声 河南
望乡词 黑龙江
北大荒人的歌 黑龙江
祖国之恋 湖南
黄河颂 吉林
八只小鹅 江苏
我们是患难的兄弟 江西
上了高山望平川 宁夏
天高地厚 山东
她会绕山而来 上海
光明 四川
桃花姑娘 四川
圆梦 新疆

器乐类（25个）

战马奔腾 北京
梅花操 福建
鸣鸟 福建
一枝花 甘肃
战台风 甘肃
旱天雷 广东
云龙风虎 广东
洪湖主题随想曲 广东
鼓楼情韵 贵州
喜送公粮 河北
正月十五闹雪灯 河北
弄臣 河南
喜相逢 黑龙江
黄河 湖北
鄱湖渔歌 江西
辽南欢歌 辽宁
牛斗虎 辽宁
万马奔腾 青海
美丽家园 山西
秦川抒怀 陕西
嬉游曲 上海
将军令 新疆
古歌 云南
肖邦奏鸣曲 OP. 35 第一乐章 浙江
剑 浙江

戏剧小品类（25个）

共有这片蓝天 安徽
二泉吟 北京

接受 福建
凡人小事 甘肃
金婚 甘肃
夫妻 广西
假如给我三天光明 贵州
我长大了 河北
爱心风波 河南
龙飞蝶舞 黑龙江
一封未发出的信 黑龙江
父子情深 湖北
桃花红，李花白 湖南
冠醇飘香 吉林
心心相印 江苏
生命的力量 辽宁
黑月亮 山东
挂画 陕西
暖冬 上海
命运 四川
指路 天津
数花谣 云南
一个志愿者的三篇日记 浙江
我也有个梦 重庆
给我一双温暖的手 重庆

铜　奖（47 个）

舞蹈类（13 个）

敲响心灵的春鼓 安徽
让生命去飞翔 贵州
黎家阿妹 海南
无声世界的激扬 河北
喜水 湖北
浓嘎良 湖南
飞来的丹顶鹤 吉林
那一片天空 江西
舞动的花儿 宁夏
桃花红了 山西
贡布之歌 西藏
打歌 云南
绿水仙 重庆

声乐类（11 个）

斑竹泪 安徽
跟我到新疆 兵团
红军走过的地方 甘肃
故乡有话告诉你 贵州
绕家大歌 贵州
美丽家园 吉林
花儿，我可爱的家乡 宁夏
姑娘走过的地方 西藏
绿草原 新疆
云南的月亮 云南
南腔北调都是歌 浙江

器乐类（11 个）

春到湘江 安徽
葡萄熟了 贵州
洪湖 湖南
红土印象 湖南
军队波兰舞曲 吉林
山丹丹花开红艳艳 内蒙古
夜深沉 宁夏
春到湘江 青海
枣园春色 四川
彝族舞曲 云南
牧民新歌 重庆

戏剧小品类（12 个）

我想帮帮你 广东
实现梦想 贵州
让生命怒放 海南
香魂女 河南
布娃娃 湖北
好人好梦 辽宁
抠门 内蒙古
圆梦 宁夏
状元媒 山东
退钱 山西
琴声 陕西
站起来 四川

创作奖（119 个）

安徽（2 个）

敲响心灵的春鼓 金　明
共有这片蓝天 朱海燕　杨　刚

北京（6 个）

花开的声音 付智涛
我的未来不是梦 刘梦宸　陈茂源
天边的祝福 张　乐
同样精彩 曲　波　何少英　刘国超
醉京风 代　博
假如给我三天光明 陈　卓

福建（5 个）

海上民谣 赵小刚　黄　新
燎 王　虹
爱拼才会赢 朱凌琦
叫声妹妹泪莫流 赵　越　景建树
走出自己的命运 王　英

甘肃（8 个）

浪尖上的人们 芦家驹　李大方　王时飞　钱　文　巴特尔
莎莎莎 芦家驹　瞿彤彤　魏　征　卢雯茜　李少惠
鼓舞龙塬 芦家驹　梁路顺　李少惠　杜泽辉　瞿彤彤
红军走过的地方 程　炎　舒　拉
盛世鼓乐 郭华兵　李大方　张　蓉　芦婷婷　高　洁
过街启示录 芦家驹　李大方　冯一帆　李少惠　王艺潼

凡人小事 周 芳 李少惠 吴尚泽
金婚 冯一帆 李玉峰
广东（4个）
日出日落 陈思源 丁 旭 扎西才让
云龙风虎 曹 岩 侯丽芳
我是明星 莫小云 郭海龙 花 园 陈 才
我想帮帮你 高 原 莫小云
广西（3个）
舞语心声 黄纯军
我的爱 李 涛 马 丽
夫妻 韦浙雍
贵州（4个）
金鸡炫舞 吴 刚 滕立立
让生命去飞翔 黄珍贵 卢 慧 于 青
假如给我三天光明 张 翼 叶红艳 刘淞莉 张 军
实现梦想 王 娅 杨 鸣
海南（2个）
黎家阿妹 杨 晶
让生命怒放 张运妹
河北（2个）
无声世界的激扬 李伟杰 曹 磊 肖玉玲
我长大了 刘建平
河南（5个）
妙手生花 赵力民
龙·国·梦 赵力民 王志敏
蓝天下的飞翔 赵力民
俺想上学 王志敏 王延绵
爱心风波 王志敏 王延绵
黑龙江（3个）
无声的舞者 谷亮亮
一封未发出的信 李冰牧 应治国
龙飞蝶舞 李景宽 应治国
湖北（4个）
奔跑吧，双手 李鸣曦 李 桢
喜水 杨晓玲
父子情深 黄 磊
布娃娃 刘鸿川
湖南（5个）
排排坐 陈 璐 李观发 李金妮
浓嘎良 马 亮 方 敏 王嘉颖
祝你生日快乐 王密根 李大剑
小星星 刘 禾 陈 璐 李金妮 邵文丽
桃花红，李花白 王密根 李大剑
吉林（3个）
傲雪 刘海涵 王熠娜
一公里阳光 于 彬 徐景信 王玉成
冠醇飘香 李景刚 刘恩岐
江苏（7个）
不垮的废墟 王爱国 朱冬妮
梅花吟 厉以俐 王 醒
想爸爸想妈妈 艾 艺 王晓燕
无名英雄 陈 黔 华桂明
生活不相信眼泪 於国鑫
心心相印 顾学军
杨门女将·夜探 孙 婷 刘云峰 姜荣荣 朱君玲
江西（4个）
那一片天空 姜 盛
我们是患难的兄弟 李 欣 曾小梅
鄱湖渔歌 葛平波
王大茶油 熊光平
辽宁（6个）
傲雪红梅 王枫溱 冯嫦荣 李通敏
黑土情 冯嫦荣 李延忠 于清涌 刘亚杰 冯 博
哈萨克的月亮 张学强
辽南欢歌 董文强
生命的力量 孟繁琳 黑继文
好人好梦 李明辉 陈庆宇
内蒙古（2个）
美丽草原 那日苏 薛 巍 纳牧毕力格 好斯巴特尔
抠门 李艳丽
宁夏（2个）
等车 陈 忠
圆梦 付国刚
青海（1个）
撒曼尔罕 周 文 达尔吉
山东（2个）
霾 滕永山
黑月亮 孙启忠 赵连福
山西（4个）
妞妞吃面 赵 霖 卫艳蕾
桃花红了 赵 霞 王 宇
美丽家园 李立山 李日泉
退钱 刘宇宁 李 克 李日泉 韩亚丽 李世平
陕西（2个）
陕北汉子 付智涛
琴声 曹豫龙
上海（2个）
深深的爱 方 军 李志良
暖冬 寇曦文
四川（6个）
轮椅上的舞步 周晓健 彭雪雅
幸福莎朗 周晓健 丁 勉
桃花姑娘 陈 勇 陈 军
幸福的鞋子 孙建宏
命运 张 英
站起来 毛大付
天津（4个）
踏雨听润 史 军 王睿思
我们的世界 毛 磊 黄 鸣
乘着歌声的翅膀 张如昕 曹毓贺

指路　袁汝桀

西藏（1个）

贡布之歌　拉巴顿珠

新疆（4个）

晨曦中的玫瑰　古扎里·肉孜

圆梦　奥优图

绿草原　努尔黑沙·特兰得叶夫　木哈卡力·马哈太叶夫

木卡姆随想　塔来提·吐尔地

云南（5个）

心恋　杨泽云　陶　春

打歌　谢莉鸣　黄浩娟　刁宏霞　杨晓华

相思调　安会文

云南的月亮　肖正伟　白国强

数花谣　钱跃波　云晓立

浙江（7个）

钱江弄潮　郭江峰

竹儿青青　郭江峰

南腔北调都是歌　刁玉泉　钱建隆　杨允金

剑　曹建国　蒋国基

喜车　施莉萌　孙天强

一个志愿者的三篇日记　唐爱超　熊　佳

姑苏好风光　徐鸿鸣

重庆（4个）

大山之子　高　兴

绿水仙　廖　丹

我也有个梦　佚　名

给我一双温暖的手　孟少伟

辅导奖（191个）

特等奖（4个）

无名英雄（江苏）　华桂明　靳淑海　徐志廉

杨门女将·夜探（江苏）　薛燕媛　糜　颖　张晓慧　吕　颖　刘　艳

我们的世界（天津）　黄　鸣　肖　玲　杨泽宇　孙红敏

姑苏好风光（浙江）　谭丽娟　杨允金

金　奖（56个）

热情的快板（安徽）　苗　森

花开的声音（北京）　刘可妍　廖　茜　喻艳琳　王艺美

草原恋（北京）　孟　玲

太湖美（北京）　李任炜

醉京风（北京）　叶小刚

假如给我三天光明（北京）　李欣凌

海上民谣（福建）　卓　然　吴　丹　吴　竞　陈　希　陈永申　聂程婕　黄　婧　周正伟　王　蕊

爱拼才会赢（福建）　朱凌琦

弄臣（福建）　杨弋夫

走出自己的命运（福建）　魏方南　李铁玲　陈鸿鸿

浪尖上的人们（甘肃）　王珺玲　刘　鑫　陈小珍　芦婷婷　斯琴高娃

我的家乡大平原（甘肃）　王　玲

盛世鼓乐（甘肃）　芦婷婷　高　洁　刘　丽　董海霞　王珺玲

过街启示录（甘肃）　冯一帆　李大方　王珺玲　陈小珍　刘　鑫

日出日落（广东）　丁　旭　陈思源　丘常青　扎西才让

那就是我（广东）　李　敏

我是明星（广东）　陈　才　莫小云　郭海龙　花　园　冷　妍

舞语心声（广西）　曾　湄　黄　祺

金鸡炫舞（贵州）　吴　怡　滕立立　周绍光　姜筑虹

棒棒捶在岩头上（海南）　楼新利　韩　芬　郑　虹

妙手生花（河南）　董晶晶　马　上　秦晓君　时光亚

洪湖主题随想曲（河南）　宋　飞

俺想上学（河南）　王志敏　王延绵

无声的舞者（黑龙江）　谷亮亮

正月十五闹雪灯（黑龙江）　隋利军

江山如此多情（湖北）　余信兰

妆台秋思（湖北）　章　程　张红阳

排排坐（湖南）　陈　璐　李金妮　黎婷婷　廖园园　陈　文　张述凯

小龙舟（湖南）　王　谦　黄薇佳　陶　冶

祝你生日快乐（湖南）　王密根

小星星（湖南）　李金妮　陈　璐　黎婷婷　陈　文　刘　禾　廖园园

一公里阳光（吉林）　吴秀龙　谭　艳

不垮的废墟（江苏）　沈　娟　管婵媛　朱树彦　王　芳　王　琦

西部放歌（江苏）　刘德亮　李　璇

生活不相信眼泪（江苏）　於国鑫　丁必忠

王大茶油（江西）　熊光平

傲雪红梅（辽宁）　孙东海　宋　涛　曹　菁　翟俊楠

哈萨克的月亮（辽宁）　张友书　丁丽华

春天的芭蕾（辽宁）　孔德成

等车（宁夏）　梁向珍

蒙风（山东）　郑发奋　宋铭举

妞妞吃面（山西）　赵　静　杨　璞　雷媛丽

撒花调（陕西）　王帮斌

红军哥哥回来了（陕西）　陈　东

Flying Free（上海）　胡　进　罗　英　于　欢　陈　新　杨雯君

深深的爱（上海）　李志良

轮椅上的舞步（四川）　丁　勉　谢　静　林　丽　赵　阳　伍生萍　张　亮　明　军

春天来了（天津）　孟超美　付红英　接　靓　王　静　张　莹

木卡姆随想（新疆）　吾买尔·买买提

心恋（云南）　杨泽云　朱　蓉　张　荣　李云霞　雷　淑

相思调（云南）　安会文

我把世界来周游（上海）　彭正元　于　欢

乘着歌声的翅膀（天津） 张如昕 孙 亮 王艺陶 王 静
钱江弄潮（浙江） 王雪松 陶 涛 郭俏茜
夜深沉（浙江） 刘维加
喜车（浙江） 於 嘉 施莉萌 王雪松

银 奖（94个）

共有这片蓝天（安徽） 朱海燕
我的未来不是梦（北京） 张明月 薛 云 王玲子 刘艳艳
天边的祝福（北京） 刘可妍 廖 茜 喻艳琳 王艺美
父亲（北京） 孟 玲
同样精彩（北京） 王瑞璞 许 愿
战马奔腾（北京） 陈 军 蒋才如
二泉吟（北京） 陈小涛
燎（福建） 聂程婕 周政伟 黄 婧 吴 竞 陈永申
叫声妹妹泪莫流（福建） 巩 健
鸿雁（福建） 方 娴 朱凌琦
梅花操（福建） 王彩娥
鸣鸟（福建） 陈忠辉
接受（福建） 魏方南
莎莎莎（甘肃） 刘 丽 陈小珍 王珺玲 高 洁 斯琴高娃
鼓舞龙塬（甘肃） 王珺玲 刘 鑫 陈小珍 刘 丽 斯琴高娃
祖国不会忘记（甘肃） 王 玲
一枝花（甘肃） 富 林
战台风（甘肃） 郑 宇 梁秋梅 武应荣
凡人小事（甘肃） 董海霞 卢雯茜
金婚（甘肃） 卢雯茜 包 薇 董海霞
旱天雷（广东） 汤凯旋 杨炜良 冷 妍
云龙风虎（广东） 曹 岩 侯丽芳
洪湖主题随想曲（广东） 张 雷
我的爱（广西） 翟孝伟
炫境（广西） 张 翠
飞吧，鸽子（广西） 阳 艳 唐克立 班爱芳
娘在那片云彩里（广西） 谢 晶
夫妻（广西） 韦浙雍
贵州人（贵州） 李 燕 但永芳
鼓楼情韵（贵州） 石奇章
假如给我三天光明（贵州） 叶红艳 刘淞莉 黄 流 张方泽
斑竹泪（河北） 米 兰
活出个样来给自己看（河北） 李伟杰 陈华莹 韩立民 肖玉玲
喜送公粮（河北） 张海生 张 娟 王 娟
正月十五闹雪灯（河北） 孙玲玲 杨延领 王 华
我长大了（河北） 刘建平 黄福禄
龙·国·梦（河南） 李小社 马 上 董晶晶 何克珍
蓝天下的飞翔（河南） 岳 露 孙鑫鑫 何克珍 李 琦
大西北的鼓声（河南） 王志辉 张伟芳
弄臣（河南） 冯 义
爱心风波（河南） 王志敏 王延绵
望乡词（黑龙江） 刘殿滨
北大荒人的歌（黑龙江） 刘殿滨
喜相逢（黑龙江） 王 锐
龙飞蝶舞（黑龙江） 王艳君 李 英 应治国
一封未发出的信（黑龙江） 王艳君 李 英 应治国
奔跑吧，双手（湖北） 李 桢 刘 俊
黄河（湖北） 蒋振瑞
父子情深（湖北） 黄 磊
雄魂丽韵（湖南） 张 敏 陶 冶 廖彬焱 李金妮 张述凯
祖国之恋（湖南） 付辽源
桃花红，李花白（湖南） 王密根
傲雪（吉林） 王熠娜 刘海涵 孙立恒 汪 洋
黄河颂（吉林） 刘春梅
冠醇飘香（吉林） 刘恩岐
梅花吟（江苏） 周 嫣 张 瑾 张燕玉 顾 盼 陆敏洁
想爸爸想妈妈（江苏） 陈 惠 汪 莉 孔维亚 周 燕
八只小鹅（江苏） 李梦吾 吴秋卉 陈 婷 宋继勇
心心相印（江苏） 杨 洁
我们是患难的兄弟（江西） 徐向东 葛平波
鄱湖渔歌（江西） 蔡 拯 林姝雅
黑土情（辽宁） 刘亚杰
牛斗虎（辽宁） 陈 瑶
生命的力量（辽宁） 丁丽华
美丽草原（内蒙古） 姜海英 宋佩虎 刘晓华 马莉莎 李凤梅
上了高山望平川（宁夏） 高 敏
撒曼尔罕（青海） 周 文 魏 蔷
万马奔腾（青海） 兰娜娜
霾（山东） 滕永山 王松娜 唐欣荣 王亭舒 刘 彦
天高地厚（山东） 王保全
黑月亮（山东） 赵连福
美丽家园（山西） 蒙德祥 侯安凤 靳文莲 宋学敏
陕北汉子（陕西） 余海涛 现 磊
秦川抒怀（陕西） 王相见
挂画（陕西） 武 顺 张 明 刘 军
鼓扇玄风（上海） 朱 旭 李名扬 刘绿明 於沁心
嬉游曲（上海） 孙铷优
暖冬（上海） 腾学坤
她会绕山而来（上海） 刘 薇 黄 斐
剪纸姑娘（上海） 朱 旭 李名扬 刘绿明 於沁心
幸福莎朗（四川） 谢 静 林 丽 赵 阳 伍生萍 彭雪雅 张 亮 明 军

命运（四川） 朱鹏程 罗正和
踏雨听润（天津） 史 军 王睿思 王世娟 肖 玲 王 媛
指路（天津） 于双印 赵芝彤
晨曦中的玫瑰（新疆） 古丽米娜·买买提
圆梦（新疆） 李 彦
数花谣（云南） 李 榆 钱跃波 云晓立
竹儿青青（浙江） 姜瑜芳 王雪松 袁桂珍
肖邦奏鸣曲 OP. 35 第一乐章（浙江） 徐 洁
剑（浙江） 蒋国基
一个志愿者的三篇日记（浙江） 戴菊芳 施莉萌 吴培青
大山之子（重庆） 赵华萍 逯德强 成 晗 贺继伶
我也有个梦（重庆） 周明进 周 春 肖其建 陈永舒
给我一双温暖的手（重庆） 孟少伟

铜 奖（37 个）

敲响心灵的春鼓（安徽） 宋玲玲 丁海燕
斑竹泪（安徽） 杨 璟
春到湘江（安徽） 王莉丽 王次恒
红军走过的地方（甘肃） 王 玲
我想帮帮你（广东） 莫小云
让生命去飞翔（贵州） 于 青 戴 怡 阳 舜 杨 瑜
故乡有话告诉你（贵州） 杨 军
葡萄熟了（贵州） 姜筑虹
实现梦想（贵州） 曾繁彩 王 娅
绕家大歌（贵州） 许厚任 许化明 许明礼 许安君 许仁民
黎家阿妹（海南） 杨 晶 杜兰英 邓海妹 云露露 吴娇玉
让生命怒放（海南） 陈 明
无声世界的激扬（河北） 肖玉玲 李伟杰 张辅志 宋泽亿
喜水（湖北） 杨 杉 胡 欣
布娃娃（湖北） 黄 磊
浓嘎良（湖南） 马 亮 王嘉颖 张 敏 杨 梅 廖彬焱 代 雨
洪湖（湖南） 王罗生
红土印象（湖南） 蔡 霞
飞来的丹顶鹤（吉林） 王月红 刘海涵 王熠娜 孙立恒
美丽家园（吉林） 姜淑珍
那一片天空（江西） 曾文萍 黄 味 霍小蕾 胡彩玲
好人好梦（辽宁） 王连吉 刘 东 付 帅 张文婧
抠门（内蒙古） 李艳丽
舞动的花儿（宁夏） 张学萍
花儿，我可爱的家乡（宁夏） 赵 岚
圆梦（宁夏） 陈公东
春到湘江（青海） 冯小刚
桃花红了（山西） 钱晓梅 王 莉 乔晓峰
退钱（山西） 李 克 韩亚丽 李世平 李日泉
琴声（陕西） 刘 远
贡布之歌（西藏） 拉巴顿珠
姑娘走过的地方（西藏） 益西卓玛
打歌（云南） 高 娟 李荣娟
彝族舞曲（云南） 潘 瑾
南腔北调都是歌（浙江） 张亚利 杨允金
绿水仙（重庆） 廖 丹
牧民新歌（重庆） 张治平

附录二

与残疾人共圆中国梦

——写在第二十三次全国助残日

潘跃 《人民日报》 2013 年 5 月 20 日

“梦想起航”四个大字，挂在江苏东台市许河小街肢残人胡启云刚刚开业的熟食小店里。一直靠漂泊打工为生的他，接过东台行政服务中心工作人员送上门的营业执照和餐饮服务许可证时，心潮起伏。“我这小店距市行政服务中心有 50 公里，从咨询到申请，从购买消毒池到照相办证，所有手续都不用我出门。”

今年全国助残日的主题是“帮扶贫困残疾人”。据对农村贫困残疾人摸底调查资料显示，目前我国仍有 1500 多万残疾人生活在国定贫困线以下，占全国贫困人口总数的 12% 以上。如何帮助他们摆脱贫困实现富裕梦，需要全社会更多地关注与参与。

特惠加帮扶 生存有保障

给予贫困残疾人，特别是重度贫困残疾人更多的保障、更多的发展机会，让他们敢于有梦，尤为重要。普惠加特惠，是残疾人社会保障体系建设的重要内容，是让贫困重度残疾人生活得到保障的重要举措，也是让残疾人构建梦想的基本要素。

今年助残日期间，全国各地广泛开展扶残助残活动，通过多种方式惠及残疾人。

山东省泰安市将低保重度残疾人生活补贴标准由每人每月 50 元提高到了 70 元。广西等地的党员干部开展了与贫困残疾人“一助一结对子”的帮扶活动，从生产、生活等多方面为残疾人提供资金、技术扶持等帮助。广东佛山禅城区的重度残疾人，今年进入集中托养机构，会享受到政府为每人每月提供的 1500 元托养补贴，极大地减轻了重度残疾人的家庭负担。

我国第一款针对智障人士家庭意外、疾病的综合商业保险项目，在全国助残日前夕正式启动，智障人士及其亲属面临突发事故时将获得必要的经济保障。

一步一步，越来越多的贫困残疾人生活得到了基本保障。许许多多的残疾人在社会各界的帮助下怀揣梦想，放飞新生。

培训加创业　生命有尊严

每一个生命都有尊严，帮助有劳动能力的贫困残疾人提高自我发展能力，自主创造幸福，是扶贫的根本之道，更是残疾人获得认可、塑造尊严的重要途径。

江苏泰州黄桥镇祁巷村的农业科技观光园在残疾人丁雪其的带领下，以创业扶贫的方式吸引了35名残疾人通过土地流转入股，除了每年的股东分红，残疾人还能通过在园内承担力所能及的工作，每月拿到工资。

全国助残日期间，北京市人力资源社会保障局和市残联共同主办残疾人就业招聘会，北京市和16个区县2500多个工作岗位提供给残疾人朋友。

吉林省实施“一带十传百培训计划”，通过重点培训扶持残疾人创业脱贫大户，有目标、有考核地将扶贫成果扩大到乡镇和农村，带动基层残疾人提高和掌握农业生产技能，形成了覆盖全省农村的残疾人生产技能培训网络。

据统计，2008年—2012年，全国接受实用技术培训的残疾人达到434.9万人次。

有尊严，才会有梦想，正是这些因地制宜、因人而异的扶贫措施，让贫困残疾人对未来充满期待和梦想，有尊严地生活。

耕耘美日子　生活有奔头

在同一片蓝天下，残疾人与普通人一样，活得幸福，活出精彩。

助残日之际，湖北宜昌市的盲人按摩师走进社区，为社区居民和残疾人提供免费按摩服务。“我已经有了自己的事业，有能力回报社会，我很自豪。”按摩工黎师傅欣慰地说。

像黎师傅这样的残疾人并不在少数。从被帮扶到帮助他人，许多残疾人凭借自强、自立实现了华丽转身。

如今，残疾人实现脱贫梦已经有了坚实的基础。近5年来，已有1017.8万人次贫困残疾人得到扶持，其中487.5万人次通过扶贫开发实际脱贫。

2012年，国务院办公厅印发《农村残疾人扶贫开发纲要（2011—2020年）》，明确提出：2015年，农村残疾人生活总体达到小康；到2020年，稳定实现农村残疾人不愁吃、不愁穿，全面保障平等享受基本医疗、基本养老、教育、住房和康复服务。做好残疾人扶贫工作是各级政府当仁不让的责任，通过加快推进残疾人社会保障和服务体系建设，保证残疾人群体有尊严地幸福生活，是从长期的扶贫实践中得出的清晰认知，也是对今后发展的自觉选择。

附录三

让文化走进每个残疾人的生活

——我国残疾人文化事业发展综述

刘奕湛　新华网　2013年12月2日

“三分天注定，七分靠打拼，爱拼才会赢……”2日，为演出做最后彩排的黄延平正动情地唱着这首歌曲。“这首歌唱出了我的心声，虽然我看不到这首歌的词，但它永不气馁拼搏向上的精神一直激励着我。”他说。

通过文化开启残疾人的心智，正是残疾人文化的灵魂所在。特殊艺术文化是残疾人事业最迷人的一部分，充满了无限魅力。

今年4月份，中国残联成立以来召开的首次全国残疾人文化建设工作会议，梳理总结了残疾人文化建设取得的成绩和经验，也确定了今后一个时期残疾人文化建设的工作方向、重点任务、措施手段和目标要求。

由单一自发活动向多样化有组织方向发展

“不敢想象我能够登上全国性的舞台表演，这让我对未来的生活充满了信心。”第八届全国残疾人文艺汇演演员吴军说，在轮椅上生活了十几年，今天能够参加这样大型的艺术汇演，让我实现了曾经的梦想，还认识了这么多的朋友，真的有一种“家”的感觉。

目前，中国残联已举办了8届全国残疾人艺术汇演和6届全国特殊教育学校学生艺术汇演，200所学校成为特殊艺术人才培养基地。

当无声世界里的残疾人在舞台上秀出曼妙舞姿，当无法直视光明的残疾人用歌声打动听众的时候……残疾人文化服务的意义，显得如此深刻而长远。

十八届三中全会在《中共中央关于全面深化改革若干重大问题的决定》中提到，构建现代公共文化服务体系，促进基本公共文化服务标准化、均等化，推动文化惠民项目与群众文化需求有效对接。这一改革政策的出台，为残疾人文化事业的发展提供了有力的政策支持。

随着残疾人文化工作的逐步推进，残疾人参与的艺术门类不断扩大，形式也不断丰富。不仅在文学创作、声乐、器乐、舞蹈、书法绘画领域涌现出国家级的领军人物，在雕刻、摄影、刺绣、剪纸、陶艺制作、玻璃内画等民间艺术方面的残疾人人才也层出不穷。

据统计，现在我国各艺术门类均有残疾人参与，各类残疾人文化艺术从业人员近30万名。北京、安徽的名胜风景区内有了残疾人工艺品的展卖专柜，江苏、云南的文化街上出现了残疾人艺术创作的店堂，青海、西藏残疾人创作的唐卡已行销全国各地。

由专业性表演向群众性参与方向发展

“我们这个团队没有一个是专业演员，几乎都没有学过音乐，能够参加这样的表演，是音乐老师一个字一个字抠出来的。”伤残民警谭剑勇说，艺术不一定是专业的，希望有更多的残疾人能够加入进来，只要喜欢就行。

2010年全国残疾人文化周活动的开展，为基层残疾人群众参与文化活动搭建了平台，使广大残疾人能够走出家门，参与社区组织的合唱团、舞蹈队、健身操、盲人听电影、趣味运动会等自娱自乐的活动，接受各种形式的艺术培训。

2013年残疾人文化周活动，以基层社区、乡镇为阵地，以方便残疾人参与、扩大覆盖面为基础，以推动残疾人群众文化、繁荣基层残疾人精神文化生活为目标，各地依托公共文化设施、场地，就近就便组织开展了形式多样的文化活动。不少省（区、市）还把文化周拓展为文化节、文化月、文化年，积极主题活动。全国共有200多万残疾人走出家门，参与其中，文化周已成为提升残疾人素质的一个重要平台和品牌。

据不完全统计，三年来参与文化周活动的残疾人达2000万人次。文化周活动的开展激发了广大残疾人文化学习和艺术创作的热情，并由此催生出一大批残疾人艺术团体、协会、联谊会。仅山东济南、青岛两市社区残疾人成立的各类文艺小团体就有140多个。文化，已经成为广大残疾人生活中不可缺少的重要内容。

由残联主导向社会各界广泛参与的方向发展

过去，残疾人文化活动主要靠各级残联组织，现在，残疾人文化的社会关注度越来越高，由社会文化机构创作残疾人题材的文艺作品日益增多。

近3年来，有12部残疾人题材的优秀影视剧被搬上屏幕。其中电影《完美人生》被列入“迎接党的十八大国产重点影片”，《吴运铎》荣获第十二届精神文明建设“五个一工程”优秀作品奖。

残疾人文化活动志愿者队伍也在不断扩大，全国为盲人讲电影的志愿者就有2万多人；上海市的专业艺术团体主动承担对有艺术才华的残疾人进行一对一的专门培训任务；北京市宋庄画家村无偿捐助2000平方米房屋作为全国残疾人文化创作基地；各地图书馆与残联组织共同成立了残疾人阅读指导委员会，组织开展残疾人阅读活动；“百家出版社文化助残”公益行动仅2011年就捐赠价值1400万的书籍送往社区；去年开展的“百家文艺院团文化助残”公益行动为残疾人举行200多场公益演出。

当前，各级各类残疾人协会日益健全，已经成为团结带领各类别残疾人开展文化活动的重要力量。同时，全国省、市两级已有注册登记的各类残疾人文化艺术协会300多个，全国乡镇（街道）、社区（村）层面有近万个残疾人文化艺术小组。

（冷卫新供稿）

中国残疾人事业新闻宣传促进会工作

一、社团简介

中国残疾人事业新闻宣传促进会（以下简称“新促会”）是全国非营利性社会团体，由中央有关新闻单位，各省（区、市）残疾人事业新闻宣传促进会组成，实行单位会员制，接受中国残疾人联合会、中华全国新闻工作者协会、民政部的业务指导和监督管理。

新促会以“弘扬爱国主义和人道主义，促进社会主义精神文明建设；增进社会对残疾人事业的理解，倡导扶残助残的社会风尚；宣传现代文明社会的残疾人观，为残疾人事业的发展、为构建社会主义和谐社会创造良好的舆论环境”为宗旨。团结从事残疾人事业新闻宣传工作的新闻工作者，认真贯彻执行党和政府的宣传方针、政策，研究残疾人事业新闻宣传理论，交流宣传、采访、报道的经验，促进残疾人事业新闻宣传工作；通过组织和举办各种宣传、文化公益活动，密切残疾人、残疾人工作者与新闻宣传工作者之间的联系，向全社会宣传残疾人事业。截至2013年年底，全国除西藏外，30个省（区、市）先后成立了省级新促会，部分地市也相继成立了市级新促会。全国、省、市三级新促会组织逐渐发展成为一支“弘扬人道主义思想，宣传残疾人事业”新生力量，并在产生积极的影响。

二、工作综述

2013年，新促会在中国残联党组、理事会的领导下，在中华全国新闻工作者协会（简称“中国记协”）关心支持下，在宣文部的指导下，用创新思维、用社会化工作方式、以残联组织为依托，高举弘扬人道主义思想这面旗帜，社会影响逐步扩大，实现社会效益和公益收益同步发展。

（一）形成人道主义思想宣传网络。协调、组织全国、省、市三级宣传网络的联动、互动，不少地市级残联相继建立了新促会的组织，实现宣传资源共享，实现人道主义思想宣传的声音共响；

（二）打造“我梦最美”残疾人文化品牌，发挥品牌文化的力量，为残疾人引梦、筑梦、圆梦，努力为残疾人与全国人民一道同步实现小康的“中国梦”营造氛围。紧密围绕中国残联党组、理事会工作重心，围绕残疾人事业发展进程中的大事、热点，系统总结残疾人事业发展过程中的经验、理论、案例，为残疾人事业持续发展提供理论，提供范例，丰富完善人道主义思想体系，编辑出版了《思想道德建设百题系列》等人道主义思想读物，开办了“我梦最美”、“生命艺术馆”网络社区空间，借助网络新媒体成功举办了全国残疾人美术V大赛，承办了残疾人书法家羊晓君中国美术馆个展等等；把人道主义思想的文学、艺术、理论、实践成果转化为公益传播力，形成“我梦最美”品牌影响力。

（三）创新新促会工作模式，借助社会化工作方式助力人道主义文化思想的传播。新促会继拍摄《隐形翅膀》《绽放》《聆听寂静》等三部弘扬人道主义思想的电影后，又拍摄了一部反映残疾人工作者的电影《一生有爱》。并入选了加拿大蒙特利尔国际电影节，作为中国元素的代表影片在“聚焦世界电影”单元中进行专场展映。动员和团结董文华、陈思思、雷佳等一大批社会爱心人士担任文化助残爱心大使；这些活动的举办及措施实施激活了新促会公益的能量和活力，促进了社会对残疾人事业的了解、关注。新促会还在社会爱心企业家的资助下，在宋庄建立起一个2000平方米文化助残基地——中国残疾人文创人才孵化基地。

三、重要条目

【我梦最美】第八届全国残疾人艺术汇演汇报演出的主题。确立该主题的思路为：中国梦，是民族梦、国家梦，是每一个中国人的梦，也是每一个残疾人朋友的梦。梦就是残疾人心的方向，梦更是残疾人生命的信仰。梦就是残疾人全部的希望，是每个残疾人骄傲倔强力量。梦想就是残疾人飞翔的翅膀，梦想能让残缺的生命艳丽绽放！“我梦最美”诠释了残疾人兄弟姐妹心中各种各样的梦想，做文学家、当设计师、做医生、当老师……“我梦最美”表达出残疾人心灵深处的情感，“我梦最美”寓意着残疾人对未来的期望。“我们最美”让8500万残疾人共同向着梦想出发，向着梦想飞翔，携手向着和全国人民同步实现小康的“中国梦”起航！

【“我梦最美”主题晚会】2013年12月2日在世纪剧院举行。晚会由文化部、民政部、中国残联共同主办，新促会承办。晚会将第八届全国残疾人艺术汇演中的优秀节目进行了整合与再创作，为广大残疾人艺术家提供了充分展示自我的平台。直接参与到预赛的残疾人演员超过10万人。晚会实况在中央电视台先后播出两次，引起巨大反响。新华社、人民日报、中央人民广播电台、中央电视台、光明日报、中新社等数百家媒体对晚会进行了报道。国务院残工委各成员单位的领导、几十个国家驻华使节及台、港、澳地区的嘉宾与首都近千名群众观看了现场演出。

【文创人才孵化基地】基地坐落在北京通州宋庄，是目前全国规模最大的文创人才培训基地。该基地的创建旨在深入贯彻11部委《关于加强残疾人文化建设意见》精神，推动全国残疾人文创事业及产业的发展，为培养残疾人优秀文创、艺术人才提供帮助。该基地将每年举办两期残疾人文创人才高研班，分批吸纳残疾人文创人才来基地进行提高培训。基地聘请了国内一流的文化艺术学者为学员进行辅导授课，所有学习费用均由基地承担。中国残疾人事业新闻宣传促进会文创产业委员会负责管理运营。

【首届“东城中医医院”杯全国残疾人美术V大赛】

大赛由中国残联、中国残疾人事业新闻宣传促进会主办，北京东城中医医院爱心支持，借助新浪微博这一平台举办。旨在弘扬人道思想、讴歌生命价值、繁荣残疾人艺术，推进中国残疾人文化事业的发展。

大赛共收到来自全国24省的残疾人优秀作品200多件，种类包含国画、油画、工笔、水墨等。参赛的残疾人美术家和美术爱好者年龄最大的85岁，最小的13岁。他们中有的是生活在无声世界的聋人，有的是用口作画、用脚泼墨的肢体残疾人。他们用积极向上的人生态度抒发对生命的热爱，用艺术表达对美好生活的追求。此次大赛得到著名艺术家的大力支持，中央文史馆员、中国美术家协会理事、著名书画家程大利和著名艺术家崔自默博士等担任大赛评委，认真评审每一件参赛作品，并充分肯定他们在艺术上获得的成就。兰珍妮的国画作品《天籁》获得一等奖；安绍才等3人分别获二等奖；周子强等6人分别获三等奖；曾庆贤等50人分别获优秀奖；罗家宽获得特别奖。

【一生有爱】

由中国残疾人事业新闻宣传促进会出品，由中国残联、宁波海曙区宣传部、华夏海通投资有限公司等单位联合拍摄的一部讴歌人道主义价值情怀、反映残疾人工作者事迹的电影。导演安战军，主演孙敏、娜仁花。

影片以宁波海曙区残联理事长王延勤为故事原型改编。2005 年正月十二，年仅 52 岁的王延勤累死在工作岗位上。他去世后，成百上千位残疾人自发为他守灵三天三夜。在他的遗体前，一些残疾人长跪不起。他的事迹传遍整个宁波市，他对残疾人兄弟姐妹的爱感动和震撼了一座城市，以至于让整个社会为之动容。中共宁波市委、浙江省残联、全国残联先后发出向王延勤学习的号召，新华社、人民日报、中央电视台、浙江日报、宁波日报等全国 100 多家媒体进行了报道。

故事平凡而不平淡，人物刻画细腻，真实感强，情节、情感张弛有度，虽催人泪下，却不失人性温暖，是一部影响和开启人的心智模式的人性力作。影片突破了以往英雄电影模式化的局限，将主人公的凡人善举用最平实的镜头语言展现出来，体现出人性的美好，体现出社会主义核心价值，体现出助人为乐的雷锋精神，体现出共产党人全心全意为人民服务的高尚情操。影片首映后即引起强烈反响。2013 年 10 月该影片从近千部国产电影中脱颖而出，被选送蒙特利尔国际电影节，并作为中国元素的代表影片在“聚焦世界电影”单元中进行专场展映，得到蒙特利尔电影节组委会给予的高度评价。

【生命艺术馆】是在新浪微博开设的残疾人艺术网络展示平台。它将长期、及时以集中式、分类式的方式持续性地宣传残疾人文化艺术动态、成就。为残疾人艺术家、艺术群体提供宣传支持和帮助，搭建一条全社会与残疾人进行文化沟通的通道，为有梦想、有艺术才华的残疾人开设一个开放性、群众性的艺术大舞台。生命艺术馆展示内容：残疾人美术、残疾人书法、残疾人摄影、残疾人民间艺术、残疾人特殊艺术。影响指数：每天将会有 10 万网友通过网络浏览“生命艺术馆”。

【羊晓君】中国书法家协会会员，浙江省书法家协会理事，杭州市书法家协会副主席，中国残疾人书法家联谊会副会长。他不仅是残疾人书画家群体中的杰出代表，在健全人书画家中也是佼佼者。他是唯一获得中国书法最高奖——首届“兰亭奖”的残疾人书法家。其作品先后荣获“第三届全国楹联书法大展”金奖、“全国第四届电视书法大赛”一等奖、“第二届西泠印社国际书法篆刻大展”西泠印社奖。作品先后入展“第八届全国书展”、“第三、第八届中青年书法篆刻家作品展”、“首届中国书法家协会会员优秀作品展”、“国际书法大展”等，并荣获浙江省人民政府文学艺术最高奖“鲁迅文艺奖”及“郁达夫文艺奖”等。出版书法作品集多部。2013 年 5 月在台北中山纪念堂举办个人书法展。

附　录

中国残疾人事业新闻宣传促进会
第四届全国理事会

名誉会长	蔡名照	中宣部副部长
会　　长	王乃坤	中国残联副主席、常务副理事长
副 会 长	郭卫民	中央对外宣传办公室一局局长
	金德龙	国家广电总局宣传司司长
	王国庆	新闻出版总署新闻报刊司司长
	谢国明	《人民日报》社副总编辑
	夏　林	新华社副总编辑
	史　敏	中央人民广播电台副总编辑
	孙玉胜	中央电视台副台长
	高善罡（常务）	中国记协书记处书记
	王　涛（常务）	中国残联宣文部主任
秘 书 长	宋体金（专职）	
副秘书长	邹柏林	中国残联宣文部副主任
	赵　谦	中国残联宣文部宣传处处长

（宋体金供稿）

残疾人体育工作

一、工作综述

2013 年，残疾人体育工作全面贯彻实施《全民健身计划（2011—2015）》和《残疾人体育“十二五”规划》，以提高残疾人体育健身服务能力和残疾人体育运动水平为着力点，逐步实现协调可持续发展。

（一）实施“自强健身工程”

1. 面向基层，广泛开展第三届残疾人健身周活动

2013 年，全国有 27 个省（区、市）结合本地特色，举办了残疾人体育健身培训、比赛及体育进家庭等形式多样的活动，达到 6000 多场次。在中国残联网站设立专栏宣传活动开展情况。残疾人健身周已逐步形成品牌，受到残疾人欢迎。

2. 分层实施，逐步培养残疾人体育健身指导员

培养国家级残疾人体育健身指导员师资力量，学员构成呈现分布广、基层化及年轻化特点，西藏自治区首次派员参加；注重课程设置，增加体育健身实践课比例。各地积极推进健身指导员培训工作，建立台账信息。截至 2013 年年底，共培养审批了 524 名国家级残疾人体育健身指导员，分布于全国 32 个省（区、市）；各地结合“十二五”任务指标，培养了 1.7 万名省级和地市级健身指导员。

3. 整合资源，全面推进残疾人自强健身示范点建设

在全国 27 个省（区、市）命名资助 90 个自强健身示范点，涵盖社区、特教学校、残疾人机构及体育基地等。通过国家体育总局和澳门项目，为中西部地区配发了 35 套健身器材，并纳入示范点统一管理。2013 年年底，共资助建设 203 个示范点，为残疾人参加体育健身创造条件。

4. 兼顾类别，进一步活跃残疾人体育健身活动

组织了第七次全国特奥日活动、举办了全国盲人乒乓球、特奥足球比赛及家庭论坛等系列活动，激发了特教学校开展体育活动的热情。

5. 开展科研，积极做好国家残疾人体质测定标准研制工作

联合国家体育总局、有关高等学校及科研院所专家，组织了专家论证会，对研究方法、步骤及测试指标提出建设性意见，积极推进研制工作。

（二）推动竞技体育工作

1. 提早布局，启动里约残奥会新周期备战工作

一是科学部署备战工作。召开 2016 里约备战工作研讨会，对各参赛项目发展规划提出建议。

二是重视选拔年轻选手。举办了 18 项全国单项赛事，2200 名运动员参赛，对参赛年龄做出限制，涌现了一批较有潜质的年轻运动员。认真贯彻中央八项规定，制定了《关于落实中央八项规定精神节俭办赛的通知》，真正做到节俭办赛、务实办赛。

三是精心组织集训工作。组织了 27 批次 575 人次的运动员集训，按照《国家残疾人体育集训队工作规范》，抓好集训队伍管理工作，提高集训队的整体文化素质、思想水平和社会参与能力。

四是积极获取参赛积分。组团参加了 27 项国际赛事，涉及田径、游泳、射箭等 13 个项目、540 人次，积极锻炼队伍并获取里约残奥会参赛积分。

2. 全面统筹，推动第九届全国残运会暨第六届全国特奥运动会筹办工作

推动第九届全国残运会和第六届全国特奥会合并举办，获得全国清理整顿论坛领导小组批准。认真研究并对两个运动会筹办工作模式、人员配置、经费投入以及赛事组织等情况进行调研，积极指导四川方面推进筹办工作。研究起草了第九届全国残运会暨第六届全国特奥会竞赛总规程和整体工作方案。

3. 完善制度，加强残疾人体育人才队伍建设

通过培训班、参加会议，加大对残疾人裁判员、分级员和管理人员培养力度。制定《残疾人体育出访团组工作流程》《国家残疾人运动员等级制度》，使工作更加规范化、制度化。目前，注册登记的残疾人运动员达到 6800 人；审批的裁判员 1188 人、分级员 45 人。

（三）加强对外交流合作

1. 参加国际赛事，获得佳绩

参加第二十二届世界夏季听障奥运会，获得 12 金、5 银、8 铜，位居金牌榜第四位。参加第十届冬季特奥运动会及国际特奥东亚区融合足球选拔赛，获得2014年世界特奥融合足球赛参赛资格。获取索契冬季残奥会越野滑雪、轮椅冰壶两个项目参赛资格。

2. 加强交流合作，扩大影响

继续实施澳门项目，组织澳方170人次来内地交流；制作轮椅广播操健身光盘；为云南、江西等中西部地区配备室内健身器材，受到基层残疾人的欢迎。

先后与巴西残奥委员会、2014年仁川亚残运会组委会及亚洲残奥委员会官员进行了交流。积极参加国际残奥委员会会员代表大会、国际特奥董事会等会议，掌握国际残疾人体育运动发展动态，增进国际交流合作。

（四）规划残疾人体育工作

结合群众路线教育实践活动，开展残疾人体育工作调研，听取普通残疾人和基层残疾人工作者意见，切实了解残疾人体育需求和工作建议。

结合残疾人事业和体育事业发展形势，积极探索残疾人体育工作开展模式，使工作更有针对性、更富有实效。

（五）问题与不足

1. 残疾人体育服务与残疾人健身需求存在差距

一是残疾人参加体育活动和体质状况尚未纳入国家监测体系。

二是国家公共体育无障碍设施不能满足广大残疾人健身需求。

三是残疾人体育与文化、康复、教育以及托养机构内部整合力度不够。

2. 保持残奥会优异成绩面临挑战

一是在发达国家，奥运与残奥参赛工作都是由国家奥委会筹办，力量雄厚。

二是已申办到夏季或冬季残奥会的国家，例如韩国、俄罗斯、巴西、日本等国家，在政策保障、经费投入和人员配备等方面加大投入。

三是面对新的形势，我国残疾人体育工作需在竞赛训练、器材装备、综合保障、人才队伍等方面进一步加大工作力度，提高工作水平。

四是残疾人运动员就学、职业培训和就业保障工作需进一步探索和推进。

3. 残疾人体育宣传力度有待加强

一是残疾人体育健身知识和健身发法的宣传力度不够。

二是残疾人体育健身传播平台需进一步拓宽。

三是借助公共平台宣传体育的先进典型和激发残疾人参加体育健身的主体意识有待加强。

二、重要条目

【2013年中国残疾人田径公开赛暨IPC田径大奖赛】4月19—24日在中国残疾人体育运动管理中心举行。此次中国残疾人田径公开赛是2013年国际残奥委员会田径系列大奖赛6站分站赛中的第二站，这是我国首次举办IPC批准的国际残疾人田径单项赛事。4月19日晚，大赛欢迎仪式在中国残疾人体育运动管理中心举行，中国残联副理事长、中国残奥委员会常务副主席贾勇出席仪式，并与IPC田径委员会代表等赛事技术官员和各参赛队领队进行了交流。4月19—21日，进行了分级和赛前训练。4月22日开赛，共有来自中国、新加坡、蒙古、文莱、伊拉克、斯里兰卡、中国香港、中华台北等8支代表队的120名运动员参赛。4月24日，大赛落下帷幕。本次赛事中国派出57名运动员参赛，共获得71枚金牌，29枚银牌，10枚铜牌，位列金牌榜首位，伊拉克队和中华台北队分列第二、三位。

【中国残奥委员会、中国特奥委员会、中国聋人体育协会第五次全国代表大会】

12月27日，中国残奥委员会、中国特奥委员会、中国聋人体育协会第五次全国代表大会在北京召开。中国残联主席张海迪，党组书记、理事长鲁勇，党组副书记、常务副理事长孙先德，副主席王乃坤，党组成员、副理事长王梅梅，国家体育总局党组成员、副局长冯建中等领导出席大会。

张海迪主席指出，残疾人体育工作是残疾人事业的重要组成部分。残疾人体育对残疾人的康复有着积极的作用，对残疾人参与社会有着重要的影响。残疾人体育事业发展要以十八届三中全会精神为统领，充分发挥政府主导作用，建立残疾人共享公共体育服务的制度性保障，动员和引导社会资源参与和支持残疾人体育事业更好的发展。她强调，要认识发展残疾人体育运动的重要性，残疾人体育要以人为本，健康至上、重在参与，不把成绩建筑在残疾人身体的痛苦之上，让体育成为多数残疾人锻炼身体、激发生命活力的方式；要继续巩固发展优势项目，努力提升弱势项目，学习借鉴国外先进经验，加强做好残疾人体育教育和科研等基础性工作，重视群众体育和竞技体育的均衡发展，努力扩大残疾人体育的国际影响力。她希望新的一届协会领导成员继续发扬传统，争取有关部门的支持，广泛联系社会各界，密切团结残疾人，不断开创残疾人体育工作的新局面。

冯建中代表国家体育总局、中国奥委会、中华全国体育总会向大会召开表示祝贺。他表示，国家体育总局和各级体育部门将一如既往地关心和重视残疾人体育工作，继续加强与各地残联组织的联系和协作。加强对残联工作的帮助和支持，在教练、场地、器材等方面为残疾人进行体育活动提供方便。在选拔培养残疾人运动员以及做好残疾人体育工作等方面做好服务工作，推动残疾人体育事业又好又快发展。

王梅梅代表中国残奥委员会、中国特奥委员会和中国聋人体育协会做第四届全国委员会工作报告。报告指出，在党和政府的关心重视和社会各界的支持下，中国残奥委员会、中国特奥委员会、中国聋人体育协会发挥社会组织优势，积极推动做好残疾人体育发展。四年来，全国共培养2万余名各级残疾人体育健身指导员，推广残疾人健身知识和健身项目，建设200多个自强健身示范点，举办残疾人健身周、全国特奥日活动，实施残疾人"自强健身工程"，成功筹办2010年第五届全国特奥运动会、首届亚洲残疾人运动会和2011年第八届全国残运会，丰富残疾人体育生活。四年来，我国积极参与残疾人体育国际交流和国际合作，派出了87批次的团组参加各级国际残疾人体育赛事，共夺得849枚金牌，充分展现了自强不息、奋勇争先的残疾人体育精神。未来四年，残疾人体育社会组织将以推动残疾人参加体育活动为落脚点，促进广大残疾人积极参加体育活动，提高残疾人体育运动水平，在国际残疾人体育赛事和交流活动中，扩大我国残疾人体育的影响力。

鲁勇书记主持大会，大会选举产生了新一届领导机构。张海迪当选中国残奥委员会主席，鲁勇当选中国特奥委员会主席，孙先德当选中国聋人体育协会主席。中央有关部委代表，各省（区、市）及新疆生产建设兵团推荐委员，特邀委员、特邀代表共计100余人参加了大会。

（龚蔚供稿）

残疾人事业国际交流与合作

一、工作综述

2013年，中国残疾人事业国际交流与合作认真贯彻党的十八大、十八届三中全会精神和中国残联六代会部署，以重要外事活动为载体，以国际合作项目为依托，以规范外事管理为保障，在促进国际残疾人事务与中国残疾人事业有机结合中发挥桥梁作用，有力推动了中国残疾人事业发展，服务了国家外交大局。

（一）高度重视，精心准备，努力推动残疾问题纳入发展议程

《残疾人权利公约》通过以来，国际社会对残疾人事务更加关注，残疾人对自身权益保护的要求日益提高，焦点反映在如何在包括千年发展目标在内的主流发展进程之中，将残疾人工作纳入其中，使残疾人得以享受经济社会发展成果。

2013年9月23日，联合国"残疾与发展"高级别会议在美国纽约联合国总部举行，包括一些国家元首和政府首脑在内的联合国会员国代表以及来自残疾人组织的800多名代表出席。这是联合国历史上首次就残疾人问题召开高级别会议，表明了世界各国将残疾问题纳入经济社会发展主流的共同政治意愿。会议最后通过了题为《前进的道路：朝向2015年和之后的包容残疾人的发展议程》的成果文件，重申维护残疾人权利。

张海迪主席率团代表中国政府参会，并作为第一个国家代表发言。她指出，中国一直积极参与残疾人事务并做出了重要贡献。当今时代，残疾人问题已经超越了文化和国家的界限，需加强国际和区域合作。她还就此提出了四点建议。会议的召开与成果性文件的形成，为中国进一步参与国际残疾人事务，推动世界残疾人运动发展，营造中国残疾人事业发展的良好外部环境和条件，提供了十分有利的机遇。

能取得预期效果，是与精心准备分不开的。中国残联以高度负责的态度，积极协调，会同有关部门配合中国常驻联合国代表团做了大量富有成效的准备工作。从2月参加联合国社发会议，3月参与联合国驻华机构召集的2015年后全球发展目标和残疾人融合发展目标的咨商和网上征求意见，到5月参加联合国亚太经社会组织的联大残疾与发展问题高级别会议亚太区域磋商会、形成《曼谷共识》，都为会议成果文件的出台做出了贡献。中国残联还就发言顺序与联合国方面协调，保证了发言效果。

（二）突出重点，广泛介入，积极参与对外人权工作，服务国内外两个大局

《残疾人权利公约》是实现残疾人融合发展的强有力手段。切实落实《公约》，保持世界残疾人运动良好的发展势头，形成国际性履约机制十分必要。2012年，中国

成功地通过了联合国对中国履约情况的审议。针对审议的结论性意见，中国残联起草完成了评论性回复，接受委员会的合理建设性意见，对有误解的信息进行了补充说明，对不符合实际情况的结论进行了驳斥，为中国履约工作进一步开展做好铺垫工作。

残疾人人权保障是人权领域工作的重要组成部分。为维护国家主权、安全和发展利益，中国残联先后参加了联合国对中国国别人权审查和《儿童权利公约》履约报告的审议，并为之做了大量准备工作：递交非政府组织影子报告、提供宣传材料、备用口径库，协调有关部门撰写《中国人权事业的进展》白皮书有关材料，向外交部提供经济、社会及文化权利委员会所提问题单答复材料和《特定常规武器公约》及相关议定书履约报告素材等。各项工作都得到外交部好评。

（三）搜集材料，打牢基础，切实开展第三个亚太残疾人十年活动

2013 年是第三个亚太残疾人十年（2013—2022）活动启动的第一年，也是为各国政府制定活动路线图的准备之年。为落实“仁川战略”，中国残联参加了亚太经社会组织召开的“仁川战略”指标收集可靠性专家组会议。会议期间，与会代表围绕“仁川战略”的实施，就亚太区各国针对“仁川战略”中 62 项指标开展有效数据收集情况、能力建设需求等议题进行了讨论。中国残联还主动协调有关部委填写调查问卷，既借此机会使政府各部门了解“仁川战略”，也促使他们将战略目标纳入其工作中。在中国常驻亚太经社会代表团的大力支持下，中国残联与联合国亚太经社会组织联合发起实施“仁川战略”—环境无障碍建设研讨会和实地考察项目，促进《公约》和“仁川战略”在亚太地区的实施。

（四）转变思路，提高质量，逐步搭建多层面国际合作平台

随着中国综合国力的不断提高，国际对华援助日益减少。面临严峻的形势，唯有转变思路，寻找突破口，才能走出困境。为此，中国残联在做好既有的总资金达 3300 万人民币的 7 个合作项目的同时，从以下两个方面寻求突破。

第一，开展与发达国家在人权框架和政策框架下的合作。2013 年，受澳大利亚人权委员会邀请，派团赴澳考察，全面深入了解澳大利亚残疾人工作开展情况，初步确定合作方向。又通过澳大利亚人权委员会的数次来访和多轮磋商，最终确定中澳履约研讨会和社区残疾人支持性服务试点两个合作项目。将于 2014 年开始实施。

在中德政策对话框架下，接待了德国残疾人事务专家团来访，并共同举办了中德残疾人政策和融合研讨会。通过多次深入细致的会谈与讨论，目前达成了初步合作意向。2014 年将就支持性就业的有关政策进行合作。

第二，加强与金砖国家的合作。金砖国家是新兴经济体，国际影响力不断提高。金砖国家间在残疾人事务方面携手合作，将会提升发展中国家的影响，对抗西方的意识形态方面的影响，同时形成新兴发展中国家的良好合作局面，共同发展。2013 年，孙先德副理事长率团访问俄罗斯，就中国残疾人工作和履约情况，和俄罗斯国家杜马、劳动与社会保障部及部分残疾人机构进行了交流，得到俄罗斯同行的赞赏，双方均表示了深入合作的强烈意愿，从而开启了中国残联与金砖国家交流合作的序幕。

通过上述突破，中国残疾人事业的国际合作由过去传统的资金设备援助和某个领域专项的技术培训，提升至国家政策层面和人权保障高度，合作方既有像联合国儿童基金会、国际劳工组织这样的联合国机构，也有澳大利亚、德国这样的发达国家，还有国际助残、CBM、香港嘉道理慈善基金会这样有声望的非政府组织。一个多层次、宽领域、立体的合作平台正在逐步搭建。

（五）健全机构，建章立制，进一步规范外事管理工作

作为落实中央八项规定的具体举措，2013 年中央出台了一系列规范国家工作人员因公出国的新规定新要求。中国残联在认真学习、深刻领会新精神的基础上，结合群众路线教育实践活动，针对残联实际情况，本着对事业负责、对同志负责的原则，调整了中国残联外事工作领导小组及办公室成员，进一步明确和细化了工作职责，制定了《中国残联因公临时出国（境）管理办法》。领导小组的完善和管理办法的出台，进一步规范了中国残联外事管理工作，为残疾人事业的健康发展起到保驾护航的作用。

2013 年的工作固然取得了一些成绩，但是离残疾人事业发展的需要还有一定差距。特别是中国残联第六次全国代表大会胜利召开后，又给中国残疾人事业在新起点上提出了新要求。残疾人事业国际交流与合作要适应新形势的要求，以服务于残疾人事业发展和国家外交大局为目标，加强研究，找准切入点，变被动为主动，采取新形式与新方法，逐步搭建对外交流平台，提高中国的国际话语权，继续在国内外为推动残疾人权利保障发挥引领作用。

二、重要条目

【第六十八届联大残疾与发展高级别会议】2013 年 9 月 23 日在纽约联合国总部举行。会议由第六十八届联大

主席阿什主持，蒙古国总统查希亚·额勒贝格道尔吉、美国国务卿克里等首脑、高官出席，联合国秘书长潘基文出席开幕式并致辞，近130个国家及联合国机构代表发言。会议通过成果文件《前进之路：面向2015年及之后的残疾人融合发展议程》，重申《世界人权宣言》及《残疾人权利公约》所提出的残疾人的各项基本权利，强调要确保残疾人享有无障碍环境，全面参与经济社会发展各个领域，呼吁国际社会高度重视残疾人问题，将残疾人的融合发展纳入2015年后发展议程。会议举办了两场圆桌会议，主题分别为“开展国际和区域合作，将残疾问题纳入发展”、“如何将残疾问题纳入2015年后发展议程”。国务院残工委副主任、中国残联主席张海迪率代表团出席会议，并在第一个圆桌会议上第一个发言。

【残疾与发展高级别会议纪念邮票首发式暨新闻发布会】为配合第六十八届联大残疾与发展高级别会议的召开，联合国邮局特发行了一套6枚以“突破残疾障碍，积极面对人生”（Break barriers, Open doors）为主题的纪念邮票，将中国残疾人艺术团的舞蹈节目“千手观音”形象纳入并重点推介。高级别会议期间，中国常驻联合国代表团与联合国邮局共同举办了“残疾与发展高级别会议纪念邮票首发式暨新闻发布会”。中国残联主席张海迪、中国常驻联合国代表刘结一大使、联合国助理秘书长卡茨、联合国经济和社会事务部社会政策与发展司司长芭丝、联合国邮局局长菲勒等出席了首发式暨新闻发布会并致辞。

【中澳人权合作项目】1997年，中国与澳大利亚开启人权对话。次年，在此对话框架下，中澳双方开始技术层面的合作，主要是由澳方提供资金和技术支持，推动中国扶贫、法制建设等人权相关领域的发展。2010年，经外交部推荐，澳方主动与中国残联接触，意在把促进残疾人权利纳入中澳人权对话技术合作框架，经反复协商，中国残联作为合作方列入《2012—2013年度中澳人权技术合作谅解备忘录》。2013年，应澳大利亚人权委员会邀请，中国残联代表团一行7人对澳大利亚残疾人人权保障状况进行了考察，初步达成了合作意向。

【中德残疾人政策对话项目】基于保障残疾人权利，促进其融入社会发展的共同意愿，2011年，中国残联与德国联邦劳工及社会事务部签署了关于在残疾人融合政策领域合作的联合意向书。2013年，该合作意向纳入中德公共政策对话项目框架，由德国联邦经济合作和发展部公共政策对话基金提供资金支持，德国国际合作机构（GIZ）驻华办公室负责在华协调，中国商务部为中方牵头协调单位。2013年9月，由德国联邦劳动与社会事务部、中国残联和德国联邦经济合作与发展部共同主办的中德残疾人政策和融合研讨会在北京召开。

【中国残联—英国隆纳济世助残第二期农村残疾人经济融合发展项目（2014—2017）】2013年，为进一步巩固和完善民生资源中心模式在农村残疾人扶贫开发工作中的有效性，缓解并逐步消除残疾人绝对贫困现象，中国残联与隆纳济世助残联合向香港嘉道理慈善基金会申请了第二期农村残疾人经济融合发展项目，并获得批准和资金支持。该项目计划于2014年4月至2017年3月在黑龙江拜泉县、吉林汪清县、辽宁清源县、内蒙古科尔沁左翼后旗和山西吉县实施，项目资金总投入约为1000万元人民币，其中外方投入近650万元人民币。项目预计使7000名农村贫困残疾人具备就业劳动等相关能力，通过开展生计活动获得经济收入；中国残联和省、市、县级残联就业扶贫部门能力得到提升，有效监管民生资源中心模式在已有就业扶贫服务体系中的运行；农村智障人士的生计干预策略和小额贷款担保基金的有效性在新一期项目中得以验证；贫困地区的相关经济扶持政策覆盖范围扩大至贫困残疾人，进一步将残疾人群纳入经济融合发展计划。

（李东梅供稿）

中国狮子联会工作

一、领导讲话

中国狮子联会会长王乃坤在中国狮子联会第四届理事会第八次会议上的讲话摘要

2013 年 3 月 24 日，根据录音整理

时间过得非常快，一转眼，我们又召开理事会了。昨天，各会员管理机构进行了工作汇报，说实话要求大家将一年三百六十多天的工作浓缩在 15 分钟汇报是强人所难。但大家讲得非常好，做得也非常好，作为会长，我深深地感受到大家一年来所付出的辛苦和努力。

一是，发展势头比较好。深圳、广东汇报会员净增长率是百分之二十，这是个让人振奋的数据，说明入会的人数比退会的人数多，是一个良好的发展状态。即便会员流失率控制在百分之十五，我认为也是可以接受的。希望流失率高的管理机构向流失率低的管理机构学习，降低流失率，实现正增长。

二是，服务项目有亮点。如深圳的“红色行动”、广东的“1 + N”服务培训计划、大连的“甘霖母亲”项目、浙江的“爱心柑橘”服务项目、沈阳的“爱心图书馆”项目及哈尔滨的“狮爱顺风车”项目等，这些都体现因地制宜的特点，符合社区需求。

三是，管理工作稳步提升。各会员管理机构在实践中探索、总结出许多好经验。特别是在创建标准区后如何巩固标准区方面，青岛等地做了很大努力，通过创建优秀服务队巩固标准区，取得很好的效果。

各专门工作委员会的汇报也非常好。

一是，逐步投入实际工作，发现问题，解决问题。记得两年前，各专门工作委员会的汇报基本是在明确职责、计划未来工作的层面上，这次已经转为汇报本年度开展的工作，发现的问题，继而针对这些问题提出了切实可行的解决方案。这是一个非常大的进步，是各专委会工作质的提升。战略发展与研究委员会，进行十七次调研，制定了明确的发展目标，为促进各会员管理机构发展提出了许多建议。法律与制度委员会组织了八次执法检查，每次执法检查都列出表格，指出各会员管理机构存在的问题，促使他们加以改正。财务委员会从不同的方面阐述了财务工作的重要性，呼吁要重视财务工作。肖兴萍财务长说“财务工作是我们狮子会工作的支柱和承重墙”，这是一个非常贴切的比喻。陈诗君副主席也在汇报中指出我们目前的财务工作普遍薄弱，而现在社会对公益慈善组织最关心的恰恰就是财务方面的问题。希望大家能重视这个问题，否则会成为我们最大的潜在危险。今年，服务项目委员会、基金与筹款委员会、会员联谊与年会委员会等都做了大量的工作，有许多创新。我们对各专门工作委员会的未来充满期待。

二是，思考越来越深入。比如组织建设与会员发展委员会麦思明主席讲的几个问题，分析深入，提出的建议符合实际，有针对性，对各服务队、各会员管理机构，包括对中国狮子联会都有启发作用。这些问题并不是第一次出现，但是从来没有人站在全会全局的角度分析，现在能系统、认真地全部梳理出来，这是一个进步。

通过汇报大家能感到各会员管理机构、各专门工作委员会之间的差距。我们不惧怕大家提出问题，能提出问题说明大家有水平；能正视并承认这些问题，说明我们有勇气和胆量。像我们的政府一样，温家宝总理在政府工作报告中列出了十一个方面的问题，这些问题里有些是长期积累的问题，有些是发展过程中产生的问题，有些是我们政府工作存在不足而造成的，承认存在的问题就是有勇气，然后再针对问题去逐一改正。

我赞成刚才郑瑶副理事长所说的，我们的服务项目要多关注残疾人就业问题。党的十八大提出收入倍增计划，实现收入倍增最难的就是残疾人，这是实现这个计划的一个难点。除了完全失去劳动能力只能依靠国家社会保障的残疾人外，其他具有劳动能力的残疾人，如果有一份能保证收入且稳定的工作，他们的生活就会好很多。现在的最大问题是多数企业和公司都不愿意招收残疾人，把残疾人当成负担。过去，我们有很多的福利企业，但随着市场经济的进一步发展，许多福利企业在市场竞争中处于弱势地位，不得不关闭。我希望大家在选择服务项目方面能够契合国家的发展方向，关注民生，关注残疾人就业问题，带头在自己的企业中安排残疾人就业。

还有刚才大家提的加大宣传问题、发展格局问题、郭德勤主席讲的选举文化问题，都是非常有意义的。既然大家提出问题，我们就要积极解决，但是有一些问题

不是我们单方面努力能解决的。比如发展格局的问题，我们还在努力，但是有一个过程和时间，不能过于着急。总之联会非常重视大家提出的问题，会后，常务理事会要好好研究如何落实解决。

接下来我也还是要讲讲问题。昨天李玲讲了和平海报的问题，叶科在发言中也提到了深圳狮子会菩提服务队的问题。“两会”期间深圳狮子会菩提服务队做了一次活动，菩提服务队队长的公司名称就是菩提公司，把菩提公司和这次活动混在一起了，而且资金也不是在这次活动中募集的。这件事情被《南方都市报》的一名记者报道为狮子会吸金、传销。这个报道和事实是有出入的，但这件事情确实不应该发生，这是违背狮子会原则的。我们大家很多都是做企业的，如果把服务队或者活动的名字和自己的企业混在一起，就说不清楚了。

刚才大家也提了很多问题，包括在网络上看到负面消息，我也想借此机会谈谈出现问题后我们该如何看待。我想起习近平主席“两会”期间在上海团讲的一段话，他讲到环境污染的问题时说“一个阶段有一个阶段的问题，不同时候有不同时候的问题”。现在大家觉得雾霾、阴霾痛苦不堪，可是想一想，倒回几十年，老百姓日常生活中烧煤，那时的污染更严重。李克强总理答记者问说，我们要碧水蓝天，那也不能经济掉下来。这是什么意思呢？就是说不同时候有不同时候的问题，不发展有不发展的问题，发展有发展的问题，发展以后问题更多。现在我们生活好了，这些问题都浮出水面，有些问题很难处理。我们狮子会现在的发展也一样，大家提出很多问题，解决了这些问题，再往前发展还有前面的问题。所以我们要用淡定的心态来看待出现的问题。刚才提到的和平海报、深圳狮子会菩提服务队的事情，我们也应该用淡定的心态来看待。

回想狮子会当初成立不足一千人，活动也没这么丰富，当然不会有那么多问题。现在，我们狮子会走了十年历程，问题必然会陆陆续续显现出来，何况我们的会员人数超过一万。年头多，积累的问题就多，会员人数多，管理的成本就高。狮子会是我国目前，也是今后绝无仅有的一个从境外引进来的由这么多人组成的社会组织。在中国，在民政部登记的社会组织有47万个，预测未登记注册的有300多万个。在这么多的民间组织中，能找到一个像我们这么大的规模、这么多人的吗？没有。这么多人的组织如何管理？这确实是个新鲜事物。大家都说要加强宣传，加强宣传就是引导媒体关注，这确实是件好事，但我们只看到了正向的一面。俗话说“好事不出门，坏事传千里”，一旦有事，媒体就会放大效应，这就是媒体最大的功能。为什么现在曝光的事情越来越多？因为现在是自媒体时代，人人都是广播电台、电视台，都可以随便说，说的人多了，小事也会变成大事。我们发展到现在出问题是正常的，不出问题是不可能的。我们今天解决菩提服务队的问题，明天可能还会出另外一个服务队的问题。我曾在哈尔滨成立大会上讲到，要有面对问题的思想准备，不能一出现问题，外界还没有发表意见，我们自己就泄气了。其实深圳狮子会这些年的工作是非常好的，被评为“深圳市5A级社会组织”，还获得“鹏城慈善奖”，这次筹备第八次全国会员代表大会劲头很足，付出很大的努力，做得非常好。不能因为一点事就否定深圳狮子会一年的努力工作，也绝不能因为一个问题自己就泄气，包括领导团队。刚才我说狮子会的成绩是大家共同创造，出现问题也不应该由一个人承担，而是应该由领导层集体担当。我讲这些，并不是说我们就可以等着出现问题，还是应该加大提防。因为现在我们狮子会比较有名气了，负面影响多了，公信力必然会遭到质疑。到现在为止，有关中国红十字会的负面报道一直没有停，一旦被媒体和公众盯住就很难，这是非常致命的。所以，我们有了问题不能怕，要积极面对、解决，同时，也要想办法规避出现问题。那如何避免出现问题？

第一，要注重发展质量。这是老生常谈的问题。我们一定要了解入会动机，是为了担负一份社会责任，还是利用这个平台为个人的企业做宣传？如果当时没有了解清楚，入会后一定要有所了解，把住这个关口才没有后患。我们的发展不能停，发展以后才能看出我们的活力。但是我们要有质量的发展，国外的狮子会门槛就挺高的，物以稀为贵，越不好入就越想加入。发展是第一个关口，这个关口把不住，今后的问题就会多。

第二，要加强服务项目管理。我们常说要加强各方面管理，联会成立专门工作委员会也是为了加强管理，今天我特别强调要加强对服务项目的管理。有的时候大家做项目，出发点是好的，主观愿望是好的，但社会影响不好，就不能做。所以我们要了解各服务队的服务内容，尤其要做好服务项目的审批。要经常组织服务项目的交流活动，比如今年年初我参加北京会员管理委员会的项目评估孵化大赛，觉得很好。每个人都上台介绍自己所做的服务项目，如果我觉得你的服务项目好，正好我这个项目做得没意思，我就改做你这个项目，这样容易形成大的品牌项目，而且还能及时发现项目问题。

第三，增加监事会职能。刚刚我们讨论了联会监事会和各会员管理机构成立监事会的有关事宜。成立监事会是个好主意。同时，我建议监事会除了监督理事会、财务，能否增加监督服务项目的职能。因为狮子会是由一个个服务队组成的，也容易出现问题。如果各会员管理机构的监事会像人大、政协那样把监督服务队的工作承担起来，会有利于全面推进优秀服务队的建设。

第四，培训内容要与时俱进。昨天，联会讲师团做了一个很好的总结。我建议讲师团的授课内容要与时俱进，刚才郑瑶副理事长也提到了这个问题。我们不能光讲狮子会的理念、宗旨及如何做服务，这些都是一些基本的东西。同时，还应该讲狮子会会员哪些是不能做，什么是高压线，是不能碰、不能摸的，必要时通过案例来说明。要根据现在出现的问题，从实际出发，有针对性地进行培训。另外，我赞成哈尔滨许武顺主席的建议，增加规章制度培训。

第五，残联要加大对狮子会工作的领导力度。首席代表、代表，还有秘书长要切实负起责任来，尤其要把握好“度”，不能全都卡死。但是在关键时刻、关键问题上一定要服务，要给力。要经常过问狮子会工作，要有一个很好的配合。现在，我们有的地方配合得好，有的地方就差一些，没有把狮子会工作放到残联工作的日程上，总觉得这项工作可管可不管。当然，要求一把手，包括要求我，扑下身来全心全力去做狮子会那也不可能，所以派出一位分管副理事长，其实分管副理事长也不可能全身心做狮子会工作，因为他还有分管的一块工作。这就要求秘书长一定要认真负起责任来，千万不能懈怠。我们还要找机会召开残联的理事长会议，强调要支持副理事长、秘书长的工作。副理事长、秘书长负责狮子会工作，但他成长的序列是在残联系统，要竞聘上岗。而在残联系统内狮子会工作是比较“边缘”的工作。大家不了解狮子会的全部工作，一旦考核、竞聘上岗，就会受影响。所以我再次强调，各省市残联要将对副理事长、秘书长狮子会工作纳入残联系统的工作考核中，保证秘书长全心全意、心无旁骛地来做这项工作。

最后，我就如何规避问题再强调一下。

首先，要建立应急机制。出现问题后能够快速反应，最迅速地把负面效应压到最低。这次深圳的事情处理得很不错，原本民政局批示的处罚是“停业整顿”，深圳市残联立即出面与民政局交涉，费尽周折，把“停业整顿”改为“免于行政处罚，责令改正”，最大程度降低了损失。同时，各地还要提示会员，在网上只能交流经验、互相谈感受，不要讲问题或就问题发表微词，有问题有意见可通过会议或其他渠道提出。我们要制定这方面的纪律或规定，要求会员一入会就要像爱护自己眼睛一样爱护狮子会。

第二，出现问题要勇于承认。包括当今政府，凡是有错的地方不能找块“遮羞布”盖上，这样会越描越黑。一定要立即承认并改进。专门工作委员会要增加应急方面的职能。

第三，各会员管理机构要从历次的事件中吸取教训。一个地区已经发生的事情，其他地区要作为教训，不能再出现。

还有关于联会副会长选举的事情。一般来讲，政府部门的选举都是等额选举。而我们是民间组织，要有民主的氛围，所以我们从过去的提名副会长，逐渐发展为现在的选举副会长。至于通过这种形式是选一位还是选两位副会长，还有待于我们进一步论证，但是我想强调的是我们毕竟在民主的道路上往前迈出了一步。这是我们的共识，也是狮子会的一个进步，我想大家在这方面是没有异议的。

关于八代会方案，有创意，亮点多，我赞成，也支持，但我提示会员联谊和年会委员会、深圳狮子会，包括联会负责这方面工作的副会长，要注意节约办会，不要浪费，不要太铺排。要让大家觉得有意思，但又不花费太多。如果在公共场合做展览，我建议大家把重点放在展示各会员管理机构做的实实在在的服务项目，不要因为某些不适当的言行而给深圳带来一些不良影响。总之，要在保证现有方案的基础上做得更好。

凡事没有总是一帆风顺的。中国共产党成立到现在，经过那么多的洗礼、历练，已经发展得很成熟。中国从过去被称为“东亚病夫”，到成为现在的世界第二大经济体，就是因为中国共产党的宗旨是为人民服务，为人民谋利益。联系到我们狮子会，其实也一样。我相信我们在经历这些挫折、困扰、意外事件后，联会和各会员管理机构一定会越来越坚强，越来越睿智，越来越明白如何自我管理、自我教育和自我完善。我相信，过去没有、今后也没有任何一个民间组织能够超过我们中国狮子联会，因为我们的宗旨是服务社会，我们凝聚的是一批一批优秀的人才，我们向社会展示的是正能量。所以我相信，我们的主流是好的，我们的方向是正确的，我们行的是大道。所以，我们一定能够把狮子会事业不断推向前进。在座的都是理事，是狮子会发展的核心。让我们大家一起共同为这个目标而努力！

中国狮子联会顾问委员会主席汤小泉在中国狮子联会第八次全国会员代表大会上的讲话

2013 年 5 月 27 日，根据录音整理

十多年前，中国狮子联会是从这里——深圳起步的。那时候，我每年都要来深圳，参加深圳狮子会的新年之夜、圣诞颁奖礼，近几年我没再参加。但是，我深深地知道，中国狮子联会是从这里起步的。这里，是中国狮子联会诞生的地方；这里，也是中国狮子联会走向全国九个地区，并且还将走向全国更多地区的地方；这里，也是中国狮子联会走上国际狮子会的舞台的地方。所以我们永远不要忘记，深圳在中国狮子联会历史上举足轻重的地位。

今天我们在此召开这么大型的会议，有 600 多名代表。我记得我以前参加的狮子会代表大会规模没有这么大，也没有这么有气势的大会堂。这几年狮子会发展很令人振奋，我们现在已经有一万四千多名会员了。

我曾经问一位上市公司董事长，一个拥有一万两千名会员的 NGO 组织怎么样？他说真够大的！他就问我，这个组织是干什么的，怎么回事？我向他宣传了狮子会。最后他表示一定要加入这个组织。他又问了我费用问题，我告诉他会费是 1500，加入后还要不断投入，而且狮子会强调出心、出力、出席、出钱。他非常愿意参加。今后，我们还要让更多的人参加狮子会。我们这个组织的

规模在中国民间组织中是少有的。我们有横向和纵向的管理体制，有9个代表处，有10个专门工作委员会。我们这个组织体系是中国式的，是我们中国狮子联会创新的。一个值得在世界上骄傲的中国狮子联会。

我们中国狮子联会有了自己的核心价值体系，也就是大家不断提到的“正己助人，服务社会”。这个核心价值体系是中国特色的，是值得千秋万代发扬下去的。我们在建章立制方面也有了长足发展。所以我非常高兴。我们今天在这开会，回顾过去十几年，从深圳狮子会、广东狮子会开始起步到今天的风风雨雨、艰难历程，我们中的很多人感慨万千。想起这些历程，自己的成长，结交了这么多狮兄狮姐，这么多朋友，使自己觉得更加体现了自己的价值，每个人都收获了丰满的、成功的喜悦。这一切的一切，我想，都是一生中宝贵的财富。当我们回首往事的时候，我们会说，我们的一生是辉煌的，我们的一生是无愧于社会、无愧于中国人的。我们为自己一生这一精彩的一段，鼓掌！为自己鼓掌，为自己喝彩！就冲着有我们这么优秀的人才，你说狮子会能不棒吗？

我想说，过去的一切都是历史。今天，一页新的历史要展开了。我们召开全国会员代表大会，正值党的十八大之后，正值习近平主席提出要实现“中国梦”之后，也正值我们要在近期内实现全面小康社会。所以，我们每一个人都有历史责任。我们每一位狮子会的会员都要想，中国梦对我来讲是什么？习近平主席说的中国梦是什么呢？实现中国梦，必须走中国道路；实现中国梦，必须弘扬中国精神；实现中国梦，必须凝聚中国力量。我们作为中国狮子联会的会员，在实现中国梦的旅途中你如何做？你如何在实现国家梦的同时实现自己的梦。也就是说，站在中国狮子联会的角度，你应该成为一名真正合格的、优秀的中国狮子联会会员。这是为实现中国梦凝聚和发挥自己的正能量。我想，我们每一位狮子会会员都会为实现中国梦走出自己人生光彩的一步。我们中国狮子联会作为目前我国唯一一个有着国际背景的民间组织，我们肩上的责任很大。我们每一个人更应该知道如何让这个组织保持正能量，保持它永不衰竭的生命活力，为国家振兴、为民族发展做出自己的贡献。这是每一位狮子会会员不可推卸的、勇于担当的责任。现在，我作为中国狮子联会顾问委员会主席，说三点意见。

一、重视发挥老会员作用，做好传承工作

今天在会场上，大概有30多位顾问委员会成员。我们中国狮子联会创办时间不长，从2005年开始到现在，这是第八个年头。我们是一个非常具有影响力的组织，之所以有影响力，之所以长盛不衰，这与许多会员无私奉献、付出的心血密切相关。在历届领导团队的带领下，我们从无到有，从创会、创区到逐步壮大，一步一步走到今天，非常不容易。老会员见证了狮子会的艰辛历程，积累了丰富的经验，更是对狮子会怀有深厚的感情，一次次参加狮子会的活动，见证狮子会的发展历程。他们是联会发展的宝贵财富。像深圳狮子会前会长戴同鑫、广东狮子会创会会长郭德勤、大连会员管理委员会前主席夏喜成、沈阳会员管理委员会前主席潘玉哲等。几年前，他们虽然从不同的领导岗位下来，但始终对狮子会的发展事业非常关心，经常为狮子会的发展与服务建言献策，关键时刻发挥老会员的引领作用，积极地帮扶新上任的领导团队开展工作，身体力行参加狮子会的各种活动。特别我想强调的是刘小钢，现在是顾问委员会的常务副主席，她在中国狮子联会发展中的作用确实是非常非常大。我本来希望她永远留在中国狮子联会理事会的领导岗位上，后来我明白了，乃坤会长是为了让狮子会能够长江后浪推前浪、一代更比一代强，让年轻的人不断走上领导岗位，老一辈逐步退下来，看着新成员如何发展，为他们鼓掌、为他们喝彩。这也是狮子会前赴后继的必然选择。小钢、郭德勤，咱们站起来鼓掌，后生可畏。我们今天所取得的进步和成长，始终都离不开老会员的传帮带。我在狮子会有十几年的历史，我非常热爱这个组织，我也非常愿意再次成为中国狮子联会顾问委员会主席，因为我不想离开狮子会。我觉得狮子会给我的是一种真正的亲情，是一种友谊，是一种激励奋发图强的精神，是让自己的青春永远焕发的一种力量，所以我不愿意离开狮子会。其实我不该担任顾问委员会主席，可不当就没机会和条件表达我对狮子会的感情，所以我还接下这个任务。等我说不动了或者我觉得有更合适的，比如小钢愿意当顾问委员会主席，我马上让给你。我还记得，我卸任首任中国狮子联会会长的时候，当时我们狮子会在广东召开大会，全体会员站起来，给我热烈鼓掌，小钢代表所有会员送给我一个大的相册。这个相册记录着当时我们狮子会刚刚成立，一年多来所取得的各种活动的进展，也记载着当时的狮子会代表很多感人肺腑、令人潸然泪下的寄语。这个相册我珍藏着。所以，我永远能够感受到狮子会给我的爱、给我的激励，我也永远见证着狮子会在中国的成长。让“我们服务”的种子在中国改革开放的土壤上更好地生根发芽。

狮子会事业是一个持久的事业，是一个可持续发展的事业。所谓持久，所谓可持续，就是指这个组织和事业中有一种传承。我们的服务宗旨需要传承下去，我们的文化需要传承下去，我们的经验要不断积累传承下去，会员们兄弟姐妹般的情谊更要传承下去。这就像接力跑，要想跑得快，每一次交接棒都是关键。在做好各项工作的同时，我们还要做好传承工作，要永远将凝聚狮子会精神作为一种重要传承，这种精神和力量的传承必将促使狮子会的素质不断提升。

所以，一方面，各会员管理机构要为老会员提供发挥作用的机会，尊重他们的意见和建议；另一方面，担任领导职务的会员卸任后，要正确看待自己职位的变化，要继续弘扬狮子会的服务理念。始终要热爱组织，要对

会员负责，要做到帮忙不添乱、出谋不做主、补台不拆台。对现任和新上任的领导会员给予真诚的、热忱的关怀和积极支持，多鼓励，不要挑毛病。从长远着眼，多提建设性意见，在制度建设、组织建设和服务管理等方面积极发挥指导、引领作用。

各会员管理机构现任会长/主席，各专门工作委员会主席，对于联会和本地区的狮子会工作，不要计较是否找你，要让人家放手去做，要相信一代会比一代更强。我们顾问委员会在狮子会工作上，绝对全心全意、百分之百支持理事会工作，绝对百分之百地补台不拆台，绝对只说鼓励的话不说泄气的话，绝对只说鼓劲儿的话绝不挑毛病。我们相信任何一个组织发展中不可能百分之百都正确，不可能没有风风雨雨，当出现风雨的时候，我们要争取全力辅佐她，迎来雨后天晴；当出现纷扰的时候，我们要辅佐她，扶正祛邪，抵制各种风浪。希望狮子会健康地发展，希望狮子会扬帆远航。我们每一个在狮子会成长过程中的见证人，都要真心地、实意地、发自内心地去爱这个组织，去辅佐这个组织，去参与这个组织，同时也希望她越来越好。这是一个人一生很重要的，这是狮子会会员应该具备的最起码的品德。

在此我想倡导一下，老会员们，特别是狮子会成立初期的会员、顾问委员会的委员们，力争做到“三要”：一要积极支持新生代领导班子，力所能及参加各地服务队的活动和联会的活动；二要为地区狮务工作和组织发展积极的献计献策；三要尽自己所能为现任领导团队和会员们排忧解难。我们要长期坚持“三要”，我们的凝聚力就会越来越强。顾问委员会的作用就发挥好了，整个狮子会的服务水平就会越来越高，我们整体队伍就会越来越壮大。这是我们狮子会应当遵循的原则。

二、业务主管单位和首席代表要积极承担监管责任

中国狮子联会要遵守国家法律法规和政策，贯彻联会的办会方针，依照联会章程和工作规则开展工作。残联是狮子会的业务主管单位，各代表处的首席代表是由残联委派，担负着指导、监督、管理的职能。一个地方狮子会工作开展得好与坏，残联的作用至关重要，首席代表的作用也至关重要。十一年来，深圳、广东狮子会在首席代表的积极支持下，通过会员自身的努力与服务，已经成为十分具有影响力的慈善公益组织。还有大连、青岛、沈阳、浙江等地的首席代表，经常为狮子会的发展与服务出主意、想办法。当狮子会遇到困难需要帮助时，首席代表都会不惜余力为狮子会排忧解难，关键时候成为狮子会的主心骨。这个方面我的体会挺深的。比如说深圳狮子会首任会长谢建文，后来的首席代表高建伟，以及现在的首席代表祖玉琴，都在深圳狮子会的发展中发挥了重要的作用；比如说大连的李扬、青岛的管艾宏、浙江的陈燕萍等，还有几位我没有点到的，这些现任的残联理事长同志在稳定狮子会发展中，发挥了至关重要的作用，深得当地会员的喜爱和赞赏。

作为首席代表，他们都能够及时地给予指导和支持，能够及时地把残联和联会的精神贯彻到位，狮子会的工作就能够做到事半功倍；如果首席代表的作用没有充分发挥，狮子会的工作就会举步维艰。同时，狮子会的首席代表还担负着重要的监督责任。现在成立监事会了，我想这个工作会有一个逐步的过渡。通过必要的监督检查，能够保证我们狮子会事业在国家法律法规的框架内健康发展。

狮子会是我们最重要的社会资源。实践证明，中国狮子联会的组织架构和管理机制是符合中国国情的，是适应时代要求的，是行之有效的。我们应当从管理需要和重要资源两个方面全面地理解这种架构和机制，充分发挥首席代表的积极作用，既要把握工作原则，做到张弛有度、到位而不越位，又要做好引导，强化狮子会组织自我管理能力，推动狮子会事业向前发展。我特别高兴的是，我们培养了相当一批狮子会的领袖型人物。今天坐在主席台上的，除了乃坤、我和陈亚安之外，这些人都是现在狮子会的副会长和监事会的监事长。台下还有非常优秀的九个会员管理机构的会长/主席。所以，我特别高兴我们的组织架构内出现了一批非常优秀的社会工作者，这些社会工作者是我们狮子会的领导人，也是在狮子会的发展成长中做出了积极奉献的狮子会的引领者，也是这个社会出现的一批卓越的社会工作者、社会奉献者。刚才我说的刘小钢、刘国璞、张国筠、黄昌伟、戴建明等等，就是这样一批人，我不多说了。所以我说首席代表的作用不可替代。首席代表积极发挥作用，培养社会的中坚力量，使这些社会的优秀分子成为狮子会的领导人才，我们的关系就越来越顺，在社会的作用越来越强。不能让残联代替狮子会。狮子会要成为真正的NGO，就必须培养一批自己的领袖型人物。现在这批领袖型人物已经使我们看到狮子会未来发展的光辉前景。没有社会人士、社会优秀人才加入中国狮子联会，狮子会不会有今天的发展。这一点，我们越看越清楚。乃坤会长在这方面也做得也非常好，我在这儿表扬你，乃坤。还有我们的秘书长陈亚安也是很受欢迎的，我们为你们鼓鼓掌吧。有时候我想，我这个首任会长只是走了第一步，今后的路就得一代一代的走，从知非到现在的乃坤，乃坤比我们做得好，我相信后来者、后继人一定比乃坤做得还好，这样我们狮子会才有希望。

三、要树立长远发展目标，适应改革发展新形势

我们的发展目标是什么？今天上午的会议提出了要制定发展规划，我也非常希望制定我们狮子会未来发展规划。第一个发展规划已经提出一个目标，就是到2014年会员要发展到两万人。我觉得，实现两万人的目标是

我们狮子会发展规划的一部分，希望在其他方面能够有更好的目标，见到更辉煌的成绩。比如说，我们如何争取政府给我们更多的支持，用政府购买服务的方式支持我们各地的狮子会完成政府的项目，帮助困难群体。比如说八残会的时候，政府向浙江会员管理委员会购买了这种服务，由浙江会员管理委员会帮助接待新闻媒体。就是政府把钱给了浙江管委会，由浙江管委会来做社会服务。我希望我们各代表处、各服务队都要争取政府项目。因为现在社会已经发展到“三驾马车”不可缺失，也就是政府、企业和社会 NGO 组织。而且要逐步做到社会组织大发展，社会组织的高效化、高公信力，只有这样才能真正做到小政府大社会，才能真正是创新社会管理模式，才能真正使我们的社会更加和谐，使我们所有的人都愿意在爱中互相体谅、互相理解、互相支持、互相帮扶，使我们的社会更加完善。所以我想，什么时候能做到，每次开会时能看到有多少服务队拿到政府的服务项目，这是一种本事，这是一种模式创新。

再有一个，我们要致力于创建品牌项目。现在我们有白内障这个项目品牌，那我们能不能再创建新的品牌，形成我们狮子会有影响力的品牌，支持这个品牌？这也需要认真研究。我们的服务项目光做白内障是不行的，能不能关注一些群体中的一点一滴、根植于社会的、最需要解决的问题？我们要不断地研究解决。现在，我们在抗震救灾中反应很迅速，我们做得很好。比如这次四川雅安芦山地震，我到四川成都，然后去了雅安和芦山，当时看到我们狮子会的几十名会员在那儿做抗震救灾的服务工作，很感人。国筠也在那儿、赵东也在那儿，在座的很多人都在那儿。这些狮子会的会员们，把中国狮子联会对地震灾区的温暖送到了，实实在在送到了。他们不顾自己的条件多么艰苦，在一个残垣断壁中搭起了若干个帐篷，在那个小帐篷里一住就是一两个星期。洗澡洗不了，吃饭没正经饭，老乡们给临时搭了个灶在那里做饭。每天运送物质，把全国会员捐赠的物资送到灾民手里，同时在那儿支持了三个幼儿园，还有小学，非常感人。他们做得非常好。跟我一起去的四川省残联党组书记、理事长毛大富深受感动，说你们狮子会的这些会员怎么这么有激情啊？见到你以后就像见到亲人一样。狮子会的会员在这么艰苦的条件下，丝毫没有倦意，丝毫没有冷漠，只有热情，只有付出。他很感动，回来就跟我说，急于要在四川成立代表处，也向你们申请，非常希望成立。所以咱们狮子会的一个行动，会感染社会上很多人。抗震救灾已是我们的一个品牌，在国际狮子会年会上我们都会放出光彩，今年肯定在德国也会放出光彩。你们再琢磨琢磨如何更新我们的服务模式，更好地根植于广大困难群体，更好地根植于残疾人中间，解决他们的需求，帮助他们真正能够站起来。所以我觉得要研究方式方法，要研究我们对真正基层的了解程度。希望大家能够创新组织管理模式和服务多元化，争取这个时代尽快到来。

再有，今天成立了监事会。我想，必须加强对社会组织的监管。我在中国残疾人福利基金会工作，我们的监事会也是在不断研究如何加强监事工作。国璞当监事长，确实是很多工作需要研究。我相信我们狮子会能够经得起社会媒体的跟踪、监督，我们千万要保护好自己的名声，一定要保持狮子会的良好声誉。所以，各专门工作委员会都要负起责任来，认真负责，把狮子会各项工作做好，不光是组织发展好，还要把活动做好，把管理做好，把服务做好。把组织的发展目标与改革发展的新形势紧密结合，更好地为社会服务。这点非常重要。

各位会员，2013 年是十八大召开后的开局之年，也是“十二五”发展非常关键的一年。今年的“两会”，给予了我们狮子会很多的思考和动力。在社会组织不断涌现，时代不断更新，政府减政放权，倡导社会组织发展的新形势下，中国狮子联会要紧紧抓住机遇，跟上时代步伐，在会员规模稳定增长、服务能力逐步提升的基础上，扎扎实实地做好各项工作，积累经验，大有作为，稳步推动联会健康、可持续发展。

中国狮子联会会长王乃坤在中国狮子联会第八次全国会员代表大会上的讲话

2013 年 5 月 27 日，根据录音整理

下面，我就如何能够做好下一步工作提三点意见，和大家共同研讨。

一、充分肯定中国狮子联会十多年发展的成就和经验

经过十年的探索和实践，狮子会已经深深地扎根在中国大地上，逐步走出一条适合中国国情的发展道路；我们基本确立了联会发展格局，培育了一支初具规模、德行并重的会员队伍，1.4 万多名会员成为中国志愿服务的生力军；我们确立了包括宗旨、愿景、使命和价值观在内的核心价值体系，建立了比较完备的管理制度和顺畅地运行模式，全会的管理运行逐步走上制度化、规范化的轨道；我们参与了汶川、芦山地震等自然灾害的人道主义救援、北京残奥会等公众活动的志愿服务。特别是在今年芦山地震抗震救灾中，短短几天内我们筹集 1450 万元善款，应急救援先锋队在震后第二天赶到现场开展救援工作。当国家有难时，我们狮子会都冲锋在前。

各会员管理机构还开展了卓有成效的社区服务，为保障和改善民生、弘扬人道主义思想、推动社会文明进步做出了贡献。昨天我得知北京希望服务队荣获国际狮子会“青少年方案奖”提名，深圳狮子会也有三个项目获奖，黄昌伟获得首届南粤志愿服务“广州奖”称号，署名就是中国狮子联会的副会长。由此可见，中国狮子联会正在成为国际狮子会大家庭中最引人注目的新生力量，会员们以自己的实际行动把中国改革开放的成就和

中国人民的精神风貌展示在国际舞台上。

在十年的发展历程中，我们也不断加深对中国特色狮子会发展规律的认识，积累了一些行之有效的经验和做法：一是坚持从中国国情出发，把国际狮子会的有益经验和中国国情相结合，坚定不移地走中国特色发展道路。这已成为我们的共识。二是坚持以会员为本，注重引领会员成长，充分发挥会员的积极性、主动性和创造性，把会员的参与、创造和奉献作为狮子会发展的源泉。三是坚持以服务社会为宗旨，不断创新服务模式，提高服务水平，把扎实有效的社会服务作为狮子会的生命线和核心竞争力。四是坚持以组织建设和制度建设为基础，不断完善联会、区会和服务队三级组织体系，着力推动各项管理运行制度更加完善，为会员民主管理和社会服务构建稳固平台。这些经验和做法我们要在今后的工作中继续坚持和不断完善。

二、科学研判中国狮子联会发展面临的新形势和新任务

历经十年多的历程，中国特色狮子会已经迈出了历史性的第一步。我们已经站在了一个新的起点上，我们完全有理由为过去取得的成就感到自豪，同时，也不能忽视我们现在面临的挑战和存在的问题。我们要自豪而不自满，要认真总结经验，科学研判形势，实事求是地面对问题，以更大的智慧、勇气和信心，兴利除弊，超越自我，推动中国特色狮子会事业与时俱进、不断发展。

首先，要把握建立现代社会组织体制的要求，科学地分析机遇和挑战。党的十八大明确提出要引导社会组织健康有序发展，加快形成政社分开、权责分明、依法自治的现代社会组织体制。《国务院机构改革和职能转变方案》中，也提出健全社会组织管理制度，推动社会组织完善内部治理结构，强调重点培育、优先发展行业协会商会类、科技类、公益慈善类、城乡社区服务类社会组织。如果说，我国的改革开放第一次大规模地催生了社会组织，那么现代社会组织体制的建立，将是中国当代社会组织的二次创业。这必将为联会的发展提供更加广阔的舞台，同时，也将对我们进一步加强自身建设提出新的更高的要求。百舸争流，奋楫者先。所以，我们一定要认清形势、把握时机、扩大影响、争取更多的发展机会。

第二，要了解联会发展的阶段性特征，正确认识我们已经取得的成绩和存在的问题。什么是联会发展的阶段性特征？就是经历了十年的快速发展，联会已经从一个蹒跚学步的孩子长成意气风发的少年，正处在拓展和深化中国特色狮子会事业的关键时期。一方面，我们对中国特色狮子会的发展规律有了更加准确的把握；另一方面，联会发展格局确实不甚完备，会员队伍还不够稳定，会员民主参与、民主管理的体制机制还不够成熟；在会员培训、会务管理、社会服务等方面还有很多需要改进、完善、提高的地方；部分会员管理机构前后任领导人的管理思路不一致、关系不协调的现象还时有发生。这就决定了我们的发展肯定不是一帆风顺的，必然呈现波浪式前进的特点，“长江后浪推前浪”，我们总是在这个过程中不断向前走。我们要对这个阶段性特征有充分的认识和思想准备，当组织发展一时进入低潮时，大家不要气馁、不要后退，而是以更加积极、冷静的态度来自我调整，更加理智、坚定地前行。

第三，要充分认识中国狮子联会发展的有利条件，坚定信心把中国特色狮子会不断推向前进。我们的有利条件是什么？一是党和政府更加重视社会建设，更加重视发挥社会组织的作用，有关部门目前也正在研究制定加快建立现代社会组织体制的政策措施，这就必然为联会的进一步发展提供了更有力的政治保证。二是我国经济持续稳定发展，综合国力不断增强，社会资源更加丰富，为联会的进一步发展创造了更有利的经济条件。三是社会主义核心价值体系日益深入人心，社会中间阶层在不断扩大，越来越多的社会公众有愿望、有能力参与慈善事业和志愿服务，为联会的发展奠定了更坚实的社会基础。四是联会基本形成比较完备的组织体系、制度体系和服务体系。我们已经建立十个专门工作委员会，专委会的建立让联会在组织发展、财务管理、服务活动安排、规章制度建设等各方面都有了责任部门。今天又成立了监事会，还有顾问委员会。在芦山抗震工作中，我们已经收到一些社会组织和企业的捐款，说明我们在社会上具有一定的影响力。

明年，我们即将完成联会的第一个中长期发展规划，今年下半年还要启动新一轮发展规划的编制。我们一定要抓住机遇、应对挑战，充分运用好有利条件，认真解决存在的问题，在建立现代社会组织体制的进程中，推动联会在新的起点上实现跨越式发展。

三、创建学习型组织，推动中国特色狮子会事业迈上新台阶

现代社会组织，必须是学习型组织。学习型组织，不是指读书看报、学习培训，而是要不断地获取新知识和新能力，不断发现问题和解决问题，不断修正自我和完善自我，从而实现组织的可持续发展。我们要通过建设学习型组织，引领狮子会在学习、实践中迈向成长，推动会员队伍建设、会务管理和社会服务全面登上一个新台阶，打造中国狮子联会升级版。

第一，要强化学习意识，建立学习机制。好学才能上进。中国狮子联会能够发展到今天，是依靠学习的，也必然要依靠学习走向未来。要在全会强化学习意识，大兴学习之风。我们的会员大多是各行各业的成功人士，在管理自己企业方面、在各自所从事的领域中是行家里手。但是如何参与和管理一个社会组织，而且管理像我们这么多优秀会员参与的社会组织，还是一个全新的课

题。君子之心，常怀敬畏。希望大家要有谦虚谨慎的态度，不仅要向书本学习，更要向实践学习，特别是要倡导会员之间互相学习。希望大家把不同领域的理论与实践经验带到狮子会来，更好地掌握现代组织管理和志愿服务的知识本领，切实提高管理水平和服务能力，为实现联会的跨越发展提供强有力的智力支持。领导才能委员会和讲师团，要承担起全会学习培训的规划和组织职能，建立学习的长效机制，并且随着形势的发展不断更新、补充培训内容，为会员和各会员管理机构的发展服务提供保障。

国璞代表理事会在工作报告中提出，今年要研究、完善会员培训课程体系，完成基础课件的审核。这将是联会管理和服务经验的集成，我建议联会理事会率先垂范，在下次理事会期间安排集体学习和研究，以带动全会养成学习风气。

第二，要认真学习联会核心价值体系，培育富有感染力和凝聚力的组织文化。六代会中，我们提出了建立联会的核心价值体系，并且对联会的核心价值体系做了阐述。这个核心价值体系不仅阐明了“正己助人，服务社会”的宗旨，表达了“做社区服务和人道主义服务的生力军”的愿景，也确定了“凝聚、包容、传承、创新、奉献、成长”的价值观和行为规范，是联会的灵魂和旗帜。无论是在顺境、逆境，都能够为我们指引方向、凝聚力量、鼓舞斗志，保证我们的各项工作始终朝着正确的方向前进。要在全会大力学习宣传核心价值体系，培育以“正己助人”为核心的组织文化，让我们的每一级会员组织都能够做到风清气正、团结和谐，充满向上向善的正能量；让我们的每一位会员都能在这个组织中受到感染和激励，灵魂得到净化，意志变得坚强，能力得到提升，绽放内心的真、善、美，生活得更幸福、更有意义。这是中国特色狮子会的独特魅力所在，是我们长远发展的思想基础。

第三，要学习掌握现代社会组织管理知识，建立更加顺畅的管理运行机制。狮子会管理运作的关键，在于如何处理好民主与集中的关系。事成于和谐，力生于团结，这个关系处理得好，狮子会“人多力量大”的优势就能充分发挥出来；如果处理得不好，就容易埋下潜在的弊端，引发一些矛盾。人越多，队伍越大，这个矛盾也就会越多。我们经过多年探索实践形成的管理制度和运行模式，从总体上说，应该是有利于实现民主与集中的辩证统一的。这次大会我们没有安排分组讨论，目的是想改变一下大会形式，多安排一些活动，让我们的会议能够更多地与国际狮子会年会接轨。同时，把往年安排的一个多小时的分组讨论时间放在大会现场，让大家充分表达意见。在我们今天的讨论和发言中，正式代表有发言资格，列席代表也可以发言。大家知道，我们国家的党代会、人代会、政协会中，如果不是委员和代表，连参会资格也没有。从这个方面来说，我们的民主化进程是比较快的。我们现行的运行模式是有利于实现民主集中辩证统一的，不仅是在联会层面，也体现在我们各专门工作委员会层面，这是一件不容易的事情。我们这么多人汇聚在一起，每一个人对如何发展中国特色的社会组织和民主的理解，都不一样。所以，如何管理好我们这样大的社会组织，是一门科学，更是一门艺术。作为一个仅有十年历史的组织，我们要走的路还很长、要学的东西还很多。所以希望大家以更大的耐心和细心、更加开放包容的态度，进一步学习社会组织的管理之道，熟悉并正确理解，把握民主和传承的规则，落实好联会的各项管理制度，让各级会员组织的管理运行更加规范、更加顺畅、更有效率，并且能够在这一过程中出现更多、更优秀的社会管理人才。

第四，要学习提高志愿服务的本领，推动社会服务登上一个新的台阶。服务是我们狮子会的立会之本，是我们的核心竞争力。现代社会的发展对公益服务的要求越来越高，必须精益求精，必须经得起考验，不能走过场、形式化，否则必将遭到社会各方面的质疑。这几年，在每次理事会上，各会员管理机构汇报工作时都通过多媒体展示工作内容，每次我看完后，很激动、很振奋、很受鼓舞。但同时也有一点缺憾，我们做了很多为社会、为民众服务的事情，但这些服务的场景我们的画册中却体现的比较少，反而有很多拉着横幅的、开会的、培训的照片。当然这些内容也要有。这次大会的展览非常好，之前我一再强调，一定要充分展现各会员管理机构服务活动中最有特色的场面以及服务的效果。画册做好了后，绝不是放在我们自己的书包里，而是要通过画册向社会宣传狮子会。我们做了很多工作，从这次的展览中我们看到，我们的会员献血、做白内障手术、为幼儿园小朋友建设板房学校、帮助孤独症孩子等等一系列。这些现场服务的照片才有说服力。今后各会员管理机构再做画册时，再向联会理事会汇报工作时，要更多地展示我们服务的效果，这样更符合我们的宣传要求，影响更好。我们要进一步学习国内外社会组织的服务经验，着力培育服务品牌，建立服务长效机制，努力推动社会服务能力和水平有一个新的提高。要进一步加强对社会服务的统筹规划，设立“中狮基金”，在昨天上午的启动仪式中，第一次筹款就达到九百六十万，这近千万的资金全来自在座的会员们的爱心，我从心底感到高兴。要进一步完善“狮爱阳光”服务品牌，实施好“和平海报”项目。昨天下午我参加了“和平海报”颁奖典礼，非常隆重。还有“视觉第一”、“红色行动”，最初都是从某一个会员管理机构的一个服务队发起，到全国九个会员管理机构同时开展的时候，就会形成品牌，只要提到“白内障手术”、“献血”，人们就会想到狮子会，想到狮子会的会员。要继续拓展扶贫、助残、环保和社区服务等全会性服务项目；要探索建立便于会员参与的服务模式，加强对服务项目的绩效考核，提高专业化水平和可持续发展能力；要加强对会员志愿服务专业能力的培训，完善会员志愿服务统计管理，为会员志愿服务搭建更好的平台。

管理团队要勤奋学习、善于学习，在推动学习型组织建设中起到表率作用。作为狮子会的领导人，我想无论是联会层面的，包括我自己，还是区会、服务队层面的，都是一份崇高的荣誉，更是一份沉甸甸的责任。履行好这份领导责任，勤奋学习和踏实做事至关重要。所以我希望，也相信大家会继续保持谦虚谨慎的作风，更加注重学习和传承，更加自觉地推进学习型组织建设。

借此机会，我想向全体会员提一点希望，就是一定要爱护我们狮子会的荣誉。我想加入狮子会是我们个人的意愿，没有人强拉任何人走进这个组织。你一定是认可我们的宗旨，认可我们的理念，认可我们的精神，也认可我们的目标。我们走到今天这个发展程度来之不易，刚才小泉主席历数了我们的发展历程，也历数了一代又一代的资深会员为联会的发展、为我们组织壮大所付出的努力。作为中国狮子联会的会员，一定要像爱护自己的眼睛一样爱护联会。一是注意我们的一言一行。要让大家看到你代表着中国狮子联会的正向。同时，也希望大家不要自己有一点不满情绪，就通过网络、报纸或其他渠道发泄，这会给我们的组织带来严重的不良影响。现在是媒体信息化的时代，每个人都可能是一个广播电台、一个信息传播的网站。我们十年辛辛苦苦创造的成绩、打造的基础，往往会因为一件事而毁于一旦。我们是一个非常团结的、民主的组织，大家对联会，包括对会长、联会理事会、各会员管理机构会长/主席、各会员管理机构理事会、对服务队队长有意见，都可以在适当的场合通过适当的方式来反映，绝不可以像我刚才讲的那样做。谁要这样做，就不配做我们中国狮子联会的会员。我们大家要团结一心，拧成一股劲儿，我们狮子会才会扬帆远航。

这次全国会员代表大会在形式、风格、内容、水平上都比历次代表大会明显有提高，可谓别开生面，令人耳目一新。无论是种植狮子林、组织狮务论坛、展览、会员企业产品展卖，还是举行“和平海报”颁奖典礼、讲师之夜，每场活动都非常精彩，井然有序。这次大会毫无疑问为中国狮子联会增添了凝聚力、向心力，是一次高水平、高档次的大会。

习近平担任总书记后第一站来到广东视察，首站就到了深圳，他希望深圳率先全面建成小康社会，率先实现社会主义现代化；成为发展中国特色社会主义的排头兵，成为深化改革开放的先行地，成为探索科学发展的实验区。我想，深圳狮子会这个充满向上精神、充满正能量的团队，也一定能够成为中国狮子联会健康发展的排头兵和先行地。

各位会员、各位代表，11 年前，在朴方名誉主席的关怀下，在小泉顾委会主席、知非前会长和广大会员的共同努力下，中国自主创办的第一个狮子会在深圳诞生，成为中国特色狮子会发展的起点。今天，中国狮子联会第八次全国会员代表大会在深圳召开，发出了贯彻落实党的十八大精神、创建学习型组织、推动中国特色狮子会全面登上新台阶的号召。我相信，这次大会必将成为狮子会发展的又一个里程碑。让我们携手同心，继往开来，不断开创中国特色狮子会的新局面，扎根中国社会，服务中国社会，为全面建成小康社会、实现伟大的中国梦做出新的更大的贡献！

中国狮子联会常务副会长刘国璞在中国狮子联会第八次全国会员代表大会上的报告：全面贯彻落实党的十八大精神，把中国特色狮子会事业推向前进

2013 年 5 月 27 日

现在，我受中国狮子联会第四届理事会的委托，向大会做工作报告，请各位代表审议，并请顾问委员会提出意见。

一、2012—2013 年度工作回顾

2012 年是我国发展历史上具有重要意义的一年，党的十八大开启了全面建成小康社会新的伟大征程，揭开了共创中国人民和中华民族更加幸福美好未来的新篇章。2012 年，中国狮子联会坚持稳中求进的总基调，着力加强基础工作，合力推进社会服务，努力实现高水平、高质量的发展，会员发展、会务管理和社会服务等各项工作取得新进展、新成就。我们主要做了以下三个方面的工作：

（一）拓展联会发展格局，会员队伍建设进一步增强

2012 年度，新设立哈尔滨代表处，联会发展格局进一步拓展。目前，哈尔滨代表处会员总数超过 1000 名，组织制度建设基本成型，社会服务逐步展开，新区的建设和发展步入正轨。

各地规范和创新会员发展与会员保留工作，会员规模稳中有增。截至 2013 年 4 月 30 日，全会会员总数达 14421 人，比上年增长 7.93%；服务队达到 526 个，比上年增长 7.12%。深圳把新会创建、会员发展与保留作为年度工作的重中之重，制定了阶段奖励办法，保持了会员规模的稳定增长。广东提出“381”会员发展计划，明确会员保留、会员净增长和服务队数量的目标。大连完善服务队创建和会员入会程序，规范会费收缴方法，会员发展与保留工作有力有序开展。陕西充分发挥骨干狮友和骨干服务队的作用，依托服务活动推进会员发展。青岛、沈阳等地通过创建杰出服务队促进会员发展，在会员规模稳定增长的同时，增强了服务队的活力和凝聚力。浙江、北京等地坚持以联会核心价值体系指导会员发展和保留工作。各地采取设立狮友关爱基金、举办联谊俱乐部、开展专题活动等多种方式，加强和改进了对会员的服务，让会员切实感受到狮子会大家庭的温暖。

联会及各会员管理机构讲师团积极开展主题培训，为会员发展和组织建设提供智力支持。联会讲师团全年

共举办5次针对骨干会员、领导团队及各会员管理机构讲师的全国性重点培训。

（二）组织实施芦山地震抗震救灾等服务活动，社会服务能力进一步增强

一年来，联会加强对服务项目的统筹规划和资源配置，着力推动服务活动的制度化、规范化和专业化。社会服务活动围绕三条主线展开：

一是以芦山地震抗震救灾为核心的人道主义服务成效显著。2013年4月20日芦山7.0级地震发生后，中国狮子联会第一时间成立救灾工作领导小组，并派出中国狮子联会应急救援先锋队前往灾区协助当地政府开展救援工作。全会共筹集赈灾善款近1450万元，救灾物资折合人民币240余万元。在汶川和玉树地震抗震救灾工作经验的基础上，此次芦山地震抗震救灾工作应对及时、科学有效、针对性强，得到了当地政府、受灾群众和新闻媒体的高度评价。深圳、广东、大连、青岛、北京、沈阳等会员管理机构还积极参与了云南彝良地震抗震救灾和辽宁水灾、北京雨灾救助行动。

二是全会性服务项目实现规模效益，惠及更多有需要的人。深圳“光明行”、广东“视觉第一1+1”、北京、浙江“青海光明行”、哈尔滨“白内障复明工程”等服务项目为数千名白内障患者带来光明；深圳“红色行动”，广东“血液银行”、北京“京狮红色行动”、沈阳“爱心献血红色活动”、哈尔滨“红色行动”有力促进了义务献血工作的开展。首次举办全国范围内的少年儿童“和平海报”比赛，参加人数超过30万，广东、深圳、浙江选送的3幅作品被国际狮子会评为优秀奖。响应国际狮子会年度服务主题倡议，大连开展“阅读行动”，深圳继续推广“春风图书馆”，北京实施“爱之声”盲人有声读物出版项目，为社区、学校和残疾儿童提供阅读服务。

三是各地丰富多彩的社区服务更加深入扎实。北京提出“根植社区沃土、服务成就未来”，举办社区服务孵化大赛，倡导、支持各服务队深入开展社区服务。深圳“红狮服·助残站”、“红狮服·守护夕阳”等项目为2万多人次提供社区服务。广东、青岛的“社区愿望树”、“社区春风雨”活动致力于服务社区困难群体，营造温馨和谐的社区氛围。陕西深入持续开展了一批叫得响、拿得出、有声势、受欢迎的社区志愿服务项目，不仅解决了受助者的生产生活困难，更唤起了他们自强不息的志气和信心。

一年来，各地扎实有效的社会服务得到政府和社会各界的充分肯定。广东狮子会在“2012责任中国公益盛典”中荣获“公益行动奖”。联会副会长、广东狮子会前会长黄昌伟荣获2012年度第二届志愿服务广交会“广州奖”。北京会员管理委员会荣获中国扶贫基金会“2012年度扶贫爱心单位”。青岛会员管理委员会被青岛市精神文明建设委员会办公室、共青团青岛市委、青岛市志愿者协会授予“青岛市优秀志愿团队”。

（三）加强基本制度建设，会务管理的科学化水平进一步提高

适应联会发展的需要，在深入调查研究和广泛征求意见的基础上，由法律制度委员会牵头，提出了修改联会章程、工作规则和会费征收使用办法的议案，将提交大会审议。建立了联会财务结算管理中心，统一财务软件，规范会计科目和财务流程，财务管理进一步加强。深入开发会籍管理数据库功能，对会员和会员机构基本数据进行动态管理。建立了档案管理制度，指导各会员管理机构启动档案整理工作。加强对外交流管理，成功组团参加了第九十五届国际狮子会国际年会、第五十一届东南亚狮子年会，开展了与台湾、新加坡等地狮子会的交流互访。

各会员管理机构积极推进规范化建设，会务管理水平整体提升。各会员管理机构理事会建设进一步加强，团结、包容、和谐、传承的民主氛围更加浓厚。联会各专门工作委员会工作更加活跃，就制度建设、会员发展、财务管理、服务项目统筹规划等专题进行调查研究或检查督导，有力有效地推动了各项工作的开展。

一年工作的成绩来之不易，是各级党委政府、有关部门和社会各界关心重视、扶持培育的结果，是全体会员和各会员管理机构、各专门工作委员会、顾问委员会辛勤工作、无私奉献的结果。我代表理事会向一年来关心、支持狮子会工作的领导和各界人士，向联会顾问委员会、各专门工作委员会、各会员管理机构和全体会员表示衷心的感谢和崇高的敬意！

在充分肯定成绩的同时，我们也应该清醒地认识到，联会治理结构和基本制度安排还不够完善，管理运作体系还不够成熟，社会服务能力和水平还有待于进一步提高，会员队伍建设、基层组织建设、组织文化建设、政策理论研究等基础性工作还比较薄弱。这些问题必须认真加以解决。

党的十八大明确提出加强社会建设、建立现代社会组织体制的要求。这为社会组织的发展提供了重要的机遇，也提出了严峻的挑战。在百舸争流、千帆竞发的新一轮社会组织发展高潮中，我们必须解放思想、创新思路，主动适应现代社会组织体制的要求，努力建设学习型组织，把中国特色狮子会不断推向前进。

二、2013—2014年度主要工作安排

2013—2014年度是贯彻落实党的十八大精神、推进现代社会组织建设的重要一年，也是实施联会新章程、完成联会第一个中长期发展规划、推动中国特色狮子会健康持续发展的关键一年。我们要以建设学习型组织为目标，落实好新修订的联会章程，完成好《中国狮子联会发展规划纲要（2011—2014年）》规定的任务，推动会员发展、会务管理和社会服务全面、均衡发展，实现发展速度与发展质量的有机统一。要重点做好以下五个方面的工作：

（一）抓好会员发展，努力实现会员总规模达到2万人的目标

《中国狮子联会发展规划纲要（2011—2014年）》提出了到2014年底会员总数达到2万人的总目标。目前，我们距离这个目标确实还有较大差距，但是这个差距是经过努力可以跨越的。2013—2014年度要毫不放松地抓好会员发展和会员保留工作，全会齐心协力努力实现会员总规模2万人的目标。各地要根据这一要求，做好发展规划，层层分解任务，层层抓好落实。要严格执行会员发展程序，更加注重入会会员质量，做好会员培训工作，确保会员发展建立在真正认同狮子会理念、遵守狮子会会务和服务管理规范的基础上。要按照建设学习型组织的新要求，进一步加强联会领导能力委员会和讲师团工作，完善课程体系建设，完成基础课件的审核及上线，使培训工作切实服从和服务于会员发展和组织建设的需要。

（二）加强组织建设，完善治理结构

目前，我们已经初步建立了符合中国社会组织管理制度、适合中国国情的联会、区会和服务队三级组织框架。2013—2014年度要继续加强组织建设、完善治理结构、增强发展活力。一要提高联会综合领导力。按照章程修正案的要求，联会将设立监事会，治理结构更加完整。要进一步加强联会领导团队建设，理顺理事会、监事会、顾问委员会及各专业委员会的工作关系，提高民主决策、科学决策水平，加强对全国工作的组织领导和统筹规划。二要充分发挥各会员管理机构的主动性和创造性。目前，各会员管理机构组织和制度建设比较完备，管理运行机制基本稳定，要进一步增强大局意识、团结意识和传承意识，充分发挥积极性、主动性和创造性，不断提高自我管理、自我约束、自我发展的能力，争取在会员发展、会务管理和社会服务等各方面有新思路、新举措、新突破，走出具有特色的发展之路。三要着力加强服务队建设。服务队是狮子会最基本的组成单位，完善服务队组织结构、规范服务队会务管理、增强服务队活力是狮子会发展的基础性工作。要进一步明确服务队成立、审批和备案要求，制定服务队组织结构、会务活动和服务活动基本规范。要加强对服务队的指导、培训和评估，确保服务队在会员人数、会务活动、制度文化建设及服务有效性等各方面达到基本要求。要继续做好杰出服务队创建工作，联会和各会员管理机构要培育一批示范服务队，加强服务队建设的经验交流和推广。

（三）坚持服务宗旨，培育联会服务品牌和服务体系

王乃坤会长在联会第七次全国会员代表大会上强调："服务是狮子会的生命线，偏离了这条生命线，中国狮子联会就会成为无源之水、无本之木，就会走不下去，就会有不复存在的危险。因此我们必须牢牢地守住这条生命线，不仅要守住、要始终坚持，而且要不断地提高服务质量"。我们要坚定不移地坚持服务宗旨，把全会的思想和行动统一到社会服务上来。要切实加强对服务活动的统筹规划和指导，明确联会社会服务优先发展领域，推出一批示范服务项目，推广一批成熟的服务模式。要做实做强联会"中狮基金"，整合服务品牌，构建服务体系，切实提高服务能力和水平，逐步走上制度化、规范化和专业化的发展轨道。

（四）实施联会新章程，推动基本制度更加定型更加完善

这次代表大会将审议通过章程和工作规则的修正案，进一步规范会费征收和使用管理办法，这是联会制度建设的又一个进步。2013—2014年度，各地、各专门工作委员会要根据新的章程和工作规则的要求，进一步修订和完善会员发展、组织建设、会务管理、服务活动管理以及财务管理等方面的规章制度，推进基本制度更加定型、更加完善。在会员发展和组织建设方面，要尽快出台会员守则，规范会员管理机构的组建程序，制定区会及服务队换届交接制度，规范交接内容、统一交接标准。在财务管理方面，要尽快统一使用联会配备的财务核算软件，统一设置核算科目，统一财务公告的内容和格式。要下大决心、下大力气抓好已有规章制度的落实。各会员管理机构新一届的理事会要集体学习研究基本规章制度，增强按制度办事的自觉性。联会将对各地基本规章制度的落实情况进行专项督查和情况通报。

（五）启动第二个中长期规划编制工作，全面推动学习型组织建设

编制和实施中长期发展规划，是我们对中国特色狮子会发展规律认识不断加深、中国狮子联会逐步走向成熟的一个重要标志。实践证明，第一个联会中长期发展规划的实施，对于增强联会工作的针对性、系统性和前瞻性，推动中国特色狮子会事业又好又快发展起到了重要的作用。要在认真总结第一个中长期规划执行情况的基础上，做好新一轮中长期发展规划的研究和编制工作，对推进学习型组织建设、打造中国狮子联会升级版做出全面部署。要坚持开门办规划，深入调查研究，广泛动员会员参与，主动征求有关政府部门和专家学者的意见，使规划的编制过程成为研究工作、推动工作的过程，成为增进共识、凝聚力量的过程。建议联会战略发展委员会牵头，组成专门工作班子，适时启动规划的编制工作。

回顾中国狮子联会的发展历程，我们因为服务社会而凝聚在一起，我们在服务社会的过程中成长壮大。今天，我们已经站在了一个新的更高的起点。让我们更加紧密地团结在以习近平同志为总书记的党中央周围，高举中国特色社会主义伟大旗帜，以邓小平理论、"三个代表"重要思想、科学发展观为指导，全面贯彻落实党的十八大精神，以更大的智慧中国狮子联会和勇气、用更多的奉献和担当，推动学习型组织建设，推动联会各项工作全面发展，不断把中国特色狮子会事业推向前进，为全面建成小康社会、为实现伟大的中国梦做出新的更大的贡献！

中国狮子联会2012—2013年度财务报告

中国狮子联会财务长 肖兴萍

2013年5月27日

各位代表：

受中国狮子联会（以下简称“联会”）理事会委托，现向联会第八次全国会员代表大会报告2012—2013年度财务工作。请予审议。

一、财务状况概述

财务状况概述中“资产构成概要”、“服务经费概要”和“行政经费概要”为汇总数据，根据联会本部、深圳狮子会、广东狮子会、大连代表处、青岛代表处、北京会员管理委员会、浙江会员管理委员会、辽宁代表处、陕西会员管理委员会、哈尔滨会员管理委员会等10个单位的财务报表汇总而成。

本报告统计截止时间为2013年3月31日。

（一）资产构成概要

资产情况能侧面反映一个组织的实力与能力。截止统计日，联会本部及各会员管理机构资产总额9688.48万元，负债总额699.97万元，净资产总额8988.51万元。与2012年7月1日相比：

1. 资产总额增加2362.4万元，增长幅度为24.4%。其中：货币资金增加1896.15万元。

2. 负债总额增加40.03万元，增长幅度为5.8%。

3. 净资产总额增加2322.37万元，增长幅度为25.8%。其中：限定性净资产增加461.47万元，非限定性净资产增加1864.9万元。

（二）服务经费概要

服务经费支出是反映各会员管理机构社会贡献率的重要财务指标。截至统计日，服务经费收入6497.79万元、支出3730.06万元，总支出占总收入的57.4%。因统计起始时间不一致，本年度服务经费收支数据与上年度不可比。

（三）行政经费概要

截至统计日，行政经费收入（管理费用）3920.71万元、支出2071.89万元，总支出占总收入的52.8%。因统计起始时间不一致，本年度行政经费收支数据与上年度不可比。

上述财务数据表明，截至统计日，联会本部及各会员管理机构资产总额已近1亿元，净资产总额近9000万元，会员总数达13402人，会员人均服务经费支出2783.22元。充分显示了联会一年来经济实力、社会服务能力的大幅度提高。

（四）联会本部财务收支情况

1. 总体收支

期初结余5577067.23元，其中：服务经费2519435.28元、行政经费3057631.95元；收入7435713.16元，其中：服务经费253709.99元、行政经费7182003.17元；共支出4605894.12元，其中：服务经费590636元、行政经费4015258.12元；累计结余8406886.27元，其中：服务经费2182509.27元、非限定性行政经费6063713.9元、限定性行政经费160663.1元。

2. 服务经费收支

（1）期初结余2519435.28元。

——远东助学项目430513元；

——会员发展基金100500元；

——贫困助学7876.93元；

——爱心助学（玉树）265211.7元；

——非洲光明行653128.65元；

——草原光明行369180元；

——阿拉善植树项目197840元；

——华狮奖（现更名为“中狮奖”）14985元；

——非指定用途捐款480200元。

（2）收入253709.99元。

——阿拉善植树项目21000元；

——狮爱阳光一家亲200000元；

——非指定用途捐款32709.99元。

（3）支出590636元。

——远东助学52500元；

——草原光明行369180元；

——阿拉善植树项目135036元；

——狮爱阳光一家亲33920元。

（4）累计结余2182509.27元。

——远东助学项目378013元；

——会员发展基金100500元；

——贫困助学7876.93元；

——爱心助学（玉树）265211.7元；

——非洲光明行653128.65元；

——阿拉善植树项目83804元；

——狮爱阳光一家亲166080元；

——华狮奖（现更名为“中狮奖”）14985元；

——非指定用途捐款512909.99元。

3. 非限定性行政经费收支

（1）期初结余2896968.85元。

（2）收入7182003.17元，已完成全年收入预算的86.4%。

——会费收入6796599.34元。均为各会员管理机构缴纳的会员会费，其中：深圳狮子会111.86万元、广东狮子会164.46万元、大连代表处86.57万元、青岛代表处54.35万元、北京会员管理委员会50万元、浙江会员管理委员会93.04万元、辽宁代表处53.82万元、陕西会员管理委员会29.56万元、哈尔滨会员管理委员会36万元；

——行政经费捐款47788.24元；

——存款利息27646.68元；

——国际狮子会拨行政经费（折合人民币）

309968.91 元。

（3）支出 4015258.12 元，占全年支出预算的50.9%。

——人员经费支出 269522.56 元；

——办公场地租金 125538.35 元；

——水电、管理费 5925.15 元；

——办公费 32742.42 元；

——车辆、交通费 13895 元；

——邮电通讯费 74866.9 元；

——差旅费 50576.5 元；

——文印费 22139.5 元；

——审计费 3000 元；

——折旧和其他 43844.91 元；

——办公设备购置 6499.9 元；

——狮子用品及国际交流礼品 9731 元；

——国际会议（工作人员费用）32560.69 元；

——对外招待费 10155 元；

——会议费 131681.6 元；

——培训费 288918.56 元；

——专门工作委员会固定经费 63004.5 元；

——常务理事工作经费 29705 元；

——会费支出 2800950.58 元，均为缴纳的国际会费，其中：深圳狮子会 18.71 万元、广东狮子会 54.25 万元、大连代表处 49.39 万元、青岛代表处 33.53 万元、北京会员管理委员会 12.23 万元、浙江会员管理委员会 47.22 万元、辽宁代表处 32.65 万元、陕西会员管理委员会 32.11 万元。

（4）累计结余 6063713.9 元。

4. 限定性行政经费结余

94 届国际年会捐款结余 160663.1 元，列入限定性行政经费结余。

二、财务工作概述

一年来，各会员管理机构的财务部门紧紧围绕联会“稳中求进”的中心任务，联会及各地区财务管理日趋完善、亮点突出，全体财务人员团结奋斗、开拓进取，财务管理工作得到长足的发展并再创新局面。

（一）财务工作回顾

1. 经济指标稳步上升，彰显实力

通过分析，联会本部与各会员管理机构的资金保障程度稳步上升，财务状况趋于良好。

（1）联会本部总资产增加 216.62 万元，净资产增加 282.98 万元，同比增长 24.5% 和 33.7%。

（2）深圳狮子会总资产增加 1010.56 万元，净资产增加 1026.15 万元，同比增长 41.2% 和 45.1%。

（3）广东狮子会总资产增加 393.72 万元，净资产增加 393.99 万元，同比增长 11.2% 和 12.1%；服务经费支出 2231.03 万元，同比增长 83.8%；人均服务经费支出 6770.97 元，同比增长 33.4%。广东狮子会会员人均服务经费支出连续两年位列各会员管理机构第一名。

（4）大连代表处总资产增加 211.95 万元，净资产增加 174.38 万元，同比增长 41.9% 和 44.5%。

（5）青岛代表处总资产减少 13.41 万元，净资产减少 13.57 万元，同比下降 7% 和 7.7%（青岛代表处会费收缴集中在每年 4—5 月，本次统计未能涵盖，导致资产和净资产减少）；青岛代表处实现捐赠收入 59.49 万元，同比增加 39.25 万元，增长 60%。

（6）北京会员管理委员会总资产增加 219.46 万元，净资产增加 218.18 万元，同比增长 34.7% 和 34.6%。

（7）浙江会员管理委员会总资产增加 129.04 万元，净资产增加 109.48 万元，同比增长 17.6% 和 15.4%。

（8）辽宁代表处积极清理往来款项，正确界定限定性及非限定性服务经费收支，应收应付款数额大幅度下降，服务经费更加清晰明了。本年度，辽宁代表处与哈尔滨会员管理委员会实现了分账核算。

（9）陕西会员管理委员会总资产减少 23.7 万元，净资产减少 20.75 万元，同比下降 40% 和 37.6%；服务经费支出 46.14 万元，同比增加 35.8%。

（10）截止统计日，哈尔滨会员管理委员会总资产已达到 264.32 万元，净资产已达到 187.42 万元。

2. 财务管理日趋完善，亮点突出

财务工作虽然平凡，但平凡的工作岗位上也一样能发光、发热。联会及各地区每一位管理人员与财务人员坚持信念与原则，兢兢业业从平凡小事做起，圆满完成了大量的日常财务核算和管理工作，在平凡中展现了风采。

（1）联会完善管理机构、规范财务管理、注重沟通协调。

成立了联会财务结算管理中心（以下简称“中心”），实现了与各会员管理机构财务结算中心的对接、沟通与协调。不仅提高了财务业务管理水平，也履行了对各会员管理机构财务工作的指导及管理职能。

一年来，中心做了大量工作：

——在联会《财务管理制度》基础上，制定联会《财务票据使用管理暂行办法》《预算与费用管理暂行规定》《会计科目核算内容》等指导性文件，修订了联会《会费征收、使用管理办法》，明确联会本部及各会员管理机构财务管理工作的原则与要求；

——会同财务委员会召开两次全国财务工作会议，制定了较为完善的财务报表体系，统一了财务核算软件，开展了财务工作巡查，帮助其解决财务制度落实不到位、管理不严谨等问题；基本解决了联会本部与各会员管理机构财务数据统计口径不一致、可比性较弱等问题。对各会员管理机构的财务管理提出整改建议；

——建立会费核算辅助台账，实现会籍管理与会费收入、支出等精细化核算，基本解决会费核对不清、国际会费的重复缴纳等问题；

特别是，联会注重与政府有关部门的沟通与协调，顺利完成了民政部社团年检、非营利组织免税资格复审，并配合新区开设银行账户，对后续的财务和账户管理工作进行指导。

（2）各会员管理机构顺应事业发展需要，多项措施促财务管理再上新台阶。

——制定规章制度，加强内控机制建设。深圳狮子会、广东狮子会、大连代表处、陕西会员管理委员会、哈尔滨会员管理委员会等会员管理机构先后制定并修订《财务管理制度》《财务管理制度实施细则》《报销流程》《审批流程》《经费使用管理办法》等制度，确定财务岗位职责、各项经费开支范围及财务审批手续等。

——健全财务机构，提高管理工作水平。深圳狮子会、广东狮子会、哈尔滨会员管理委员会、陕西会员管理委员会先后成立了财务结算中心，选派专业的人员从事财务管理工作，提高了财务管理的层次和水平。

——定期公开财务信息。深圳狮子会实行重大事项及重要项目定期向会员及捐赠人公告的制度；辽宁代表处坚持按月向理事会报告财务工作，向会员“晒账单”，对不明事宜耐心解答，不推诿，不回避敏感问题。

——细化会费辅助核算。浙江会员管理委员会建立了会员会费收缴台账；大连代表处实施了会费辅助明细核算；北京会员管理委员会与联会分账核算后，对会员会费收缴情况进行了清理核对。

——顺利完成财务交接。北京会员管理委员会完成了与联会的财务分账；青岛代表处完成了与青岛市残联的财务交接工作，实现了从行政事业会计制度向非营利组织会计制度的转变。

——强化服务队财务监管。广东狮子会率先实现对服务队的财务统管，制定了服务队财务报表并开展服务队司库培训，成立了财务监督委员会，定期进行服务队财务巡查；浙江会员管理委员会加强与服务队的资金核对，实施服务队经费辅助核算；陕西会员管理委员会将“多收少支、宽进严出、适度管理费、足额服务费”作为日常财务管理的基本准则，保证了管理任务和服务活动的正常开展；哈尔滨会员管理委员会培训了服务队司库和财务人员，先后两次赴深圳、广东学习，使财务工作逐步向规范化发展。

——注重学习先进经验。辽宁代表处注重向兄弟单位学习，互相交流经验，提高自身业务能力。

——激励和关爱，营造和谐工作氛围。深圳狮子会等会员管理机构配合会员发展，鼓励新服务队成立，设立“会员关爱基金”。

（二）财务管理的薄弱环节

1. 专业财务人员不足

据不完全统计，联会本部及各会员管理机构财务人员不足20人，其中中级职称以上的只有2人。财务人员不足和专业水平不高已影响、制约着联会财务管理水平的提高。

2. 财务基础建设、财务管控模式与财务管理手段等滞后于组织发展速度

主要表现在相关制度流程建设与执行、账户设置管理与账务核算模式、资金收付及票据管理规范、实物资产管理、对服务队财务的管控等方面。

3. 财务工作总结与财务报告分析有待加强

在财务工作总结以及财务报告分析运用上，部分会员管理机构仍然停留在简单的业务事实陈述与数据罗列阶段，既没有把年度主要工作提炼出来，全面反映、重点介绍、发现问题、提出改进建议与措施，又没有充分利用会计数据信息进行相关业务比较与分析，为组织发展与建设、提升优化组织服务能力等提出必要的建议和措施。

三、下年度财务管理工作重点及工作要求

（一）工作重点

在2013—2014年度，我们要将重点放在地区财务管理规范化，以及强化服务队财务管理等方面；一是加强财务基础建设执行情况的巡回检查与重点调研，细化对各地区财务管理的指导；二是推动服务队财务统管。

（二）工作要求

1. 建立健全内部控制和财务管理制度

做好财务管理工作，必须坚持从制度建设入手，要严格执行《民间非营利组织会计制度》，以联会相关制度为依据和指导，建立健全会计核算、资金资产管理和内部控制等各项制度，增强财务管理工作的规范化和制度化。

2. 加强培训、提高素质、稳定队伍

加大财务人员的培训力度，拓宽培训形式，加强财务管理基础知识宣传，切实让财务人员全面掌握各项规定和管理办法。要全面加强财务部门的思想、业务、作风建设及财务从业人员的激励机制建设；要创造财务人员参与调研、交流和锻炼的机会，努力提高财务人员的综合素质和专业水平。

3. 切实加强对财务管理情况的监督、检查和指导

随着会员人数和服务项目逐年增加，财务管理和财务核算工作日益繁重，对财务工作的要求也逐步提高。目前，各会员管理机构财务人员普遍不足、整体素质有待提高，应充分发挥联会财务委员会的监管职能，切实加强对各会员管理机构财务管理情况的监督、检查和指导。

4. 注重财务工作总结和财务报告分析

近几年，我们不断强调要加强财务报告分析工作，从目前各会员管理机构报送的财务报告情况看，财务分析的质量仍有待提高。各会员管理机构应注重财务分析工作，一要掌握财务分析内容和分析方法，分析内容应

包括预算编制和执行情况，资产负债的构成及增长情况，收入支出情况，财务管理情况等；分析方法应包括比较分析、比率分析、因素分析和差额分析等。二要准确理解财务分析常用指标，包括反映单位预算管理水平的“预算收入和支出完成率”，衡量行政经费支出结构的“人员支出、公用支出占比”，反映会员人均贡献率的“人均实现收入和人均服务经费支出”等。三要规范撰写财务总结分析报告，报告要抓住主要事项，分析影响财务状况的因素，要总结经验，发现问题，既要肯定工作中好的做法和经验，更要关注存在的问题和不足，对财务管理工作做出中肯的评价结论。最后根据分析结论，针对发现的问题提出改进建议和措施。

5. 推动服务队财务统管

联会充分肯定广东狮子会对服务队的财务统管模式，各会员管理机构要重视服务队层面的财务管理，要结合自身特点，采取有力的措施和有效的方法，加强服务队财务管理。

随着狮子会在中国的成长，我们的财务工作必须不断进步，顺应组织发展的要求。针对目前财务工作存在的问题，在新的一年，我们要采取有力措施，完善财务机构、加强财务人员培训，完善和改进财务管理模式，提高财务管理水平；要探索财务信息公开的方式、范围和表述方法，以及财务信息公开的文字和套表格式等；要探索如何运用财务和经济指标，激励全体会员为社会贡献和服务的热情，促进狮子会事业更好、更快发展。

在未来的一年中，联会财务委员会和财务结算管理中心也将把重点工作放在支持与指导各会员管理机构的财务工作上，同时希望各位会员管理机构认真总结经验教训，与其他地区分享，促进联会财务体系的健康发展。

各位代表，非常感谢大家对联会财务工作的大力支持！一年来，在联会领导的正确领导下，在广大会员的大力支持下，我们的财务工作取得了长足的进步，但与广大会员和社会公众对我们的要求及期盼还有一定距离，我们要以更加细致的工作、更加周到的服务，努力践行“正己助人，服务社会”的宗旨，用我们智慧和力量支撑起狮子会大厦的“承重墙”。

以上报告请各位代表审议。

中国狮子联会顾问委员会主席汤小泉在中国狮子联会2013—2014年度理事会第三次会议上的讲话

2013年8月25日，根据录音整理

今天非常高兴能来参加这次理事会议。我一坐在这里，心里就感慨万千。我发现，现在我只能叫出四个人的名字，其他的我都叫不上来了。这说明什么？第一说明我对狮子会还不够上心；第二说明咱们的狮子会发展相当迅速，一批批人才不断涌现出来，不断注入新鲜的血液，狮子会是人才辈出的组织。有这样年轻的、有活力的、得到大家认可的同志就任理事，我发在内心地表示衷心祝贺，发自内心的高兴，觉得这个组织非常有希望。

这次会议通过了很多工作规则，还讨论了工作规划。看到这么多议程，我觉得咱们狮子会工作有板有眼，每次会议组织都非常严密，一环扣一环，这表明我们正在与国际接轨，更加成熟。

我想说，制定未来三年规划，是非常重要的。咱们现在已经有一万五千名会员，到了14年我们能发展到2万名会员，实现第一个规划的任务没有问题了。我们又要开始制定2014年—2017年新的规划。规划就是行动指南，就是工作目标，未来三年我们要干什么，我们选择走什么路，这对中国狮子联会的发展非常重要。所以这时候大家必须多下点功夫，多做点调查，多学习学习。你不走出去，不学习，不研究不琢磨，就无法制定出一个好的规划来。一定要做有国际水平的规划，可以了解其他国家的狮子会有没有规划，问问港澳地区有没有规划，问问其他的5A级NGO组织有没有规划，学习学习，在学习的基础上根据咱们狮子会的情况制定出切实可行的规划。各地狮子会的负责人要把制定联会的规划当成自己的任务，群策群力，把我们狮子会未来三年总体规划制定好。

说到未来，到2017年到底发展到多少人，这不仅仅是个简单的数字，我们还要综合各个方面的发展。比如，我们组织的社会知名度，我们的服务能力、服务品牌；我们的狮子会的组织架构既要符合狮子会，也要适合我们的国情，被社会、政府认同；我们的组织形式、组织活动更具有社会影响力；我们的宣传更要有力；反正你们得让人家看到，狮子会未来的规划是看得见、摸得着，按照这个规划实施，咱们狮子会就迈上一个大台阶。这个目标要是确实可行的，是能够达到的，达不到这个目标纸上谈兵的东西趁早别做，看着无滋无味的东西千万别做，做了没有意义，要做就做有滋有味的规划。所以这个东西出来成不成，得大家品头论足，不能简单地就举手通过，糊里糊涂就过去了。这是我想说的第一点。

第二点，我希望各地努力地拓展服务能力，打造服务品牌。这个“拓展服务能力，打造服务品牌”是我们狮子会这个阶段应该着重考虑的问题。

我们上一个阶段，是狮子会的起步阶段，我们把会员发展、建章立制、队伍建设放在第一位置。现在我们应该把什么放在第一位置呢？我觉得应该把服务能力提升，拓展服务能力、打造服务品牌放在相当重要的位置。只有这样我们的队伍才能巩固，才不会散，才能越来越坚强，越来越发展。我们用服务能力的提升来促进我们的发展，我们每一个理事会成员都应该高度重视这个问题。

那么如何拓展服务能力？大家就要考虑，我们拓展服务能力靠什么？我觉得靠人员的素质，我们的素质决定了我们的服务能力能不能上一个台阶。我们得好好学，好好了解、学习怎么去选择服务项目，怎么去选择合作伙伴，怎么去执行服务项目，这些都需要学习和考虑。

大家在策划和实施服务项目，遇到的最大问题就是如何找到服务资金。那么服务资金来自什么渠道呢？首先可以考虑政府的采购服务。克强总理在最近召开国务院常务会议，研究推进政府向社会力量购买公共服务的时候，特别指出要放开市场准入，释放改革红利，凡社会能办好的尽可能交给社会力量承办，加快形成改善公共服务的合力。现在政府在缩减职能，原来政府干的交给社会去干，那么政府用什么形式交社会干呢，用购买服务的形式。所以政府要加大对社会组织开展服务的投入，将来用政府采购、政府招标的形式让社会组织来竞标，开展公共服务工作。所以争取政府采购的公共服务项目，是我们打造服务品牌、提高服务能力的一个很重要途径，也是我们筹措资金的一个重要渠道。要想让政府向我们采购服务，我们就得提出好项目，让政府觉得这个项目好、对社会民生很有必要，是政府很想做的事情，应该支持。狮子会与政府之间应有良好的互动与合作，就能实现"双向共赢"的良好结果。一个好的立意、一个好的理念、一个好的LOGO、一个好的行动、一个好的宣传，对能否从政府手里拿到钱都非常重要。所以大家一定要好好学习、认真琢磨我们的项目，把它策划的更好。第二个资金来源对象是企业。我们要提升服务能力，拓展服务渠道，要增强影响力，就必须要争取社会资源，那么我们就必须向企业争取资金。向企业要钱，就得瞄着大企业。要想让大企业掏腰包，也需要很好的策划。怎么样选择一个好的项目，就要开阔眼界，做好调查研究。如果闭门造车是根本造不出好车，根本不可能搞出一个好的项目，也不可能打动人心，人家愿意给你钱和物资；另外我们在和企业家打交道时，一定要有诚心，要尊重他们。我们不真心实意，我们打动不了周围的人，人家就没法跟我们合作。所以合作就必须得特别的诚心、真心、真诚，实事求是，不能跟人说假话，不能下虚火，一定要实事求是。我的弱项是什么，我的不足是什么，我的强项是什么，我能做什么，我为你创造什么，我能为你做什么服务，必须得跟人家说清楚，而且人家求到我们的时候，一定要真诚地帮人家解决问题，这样才能得到人家给我们的支持，第三个途径向公众争取，也就是说除了自己拿捐献外，我们也可以向周围的一般普通人，向普通的社会群体或我们的朋友、亲戚，宣传公益事业，争取募集资金，这些都是募款的渠道。在我们募钱之前必须把项目策划好，你的项目搞不好，人家是不会给你捐款的。还一个渠道，在国际上做项目，与国际狮子会合作，提升我们的知名度，并可以得到国际狮子会的资金援助。

以上四个方面，从政府争取采购，争取企业家尽社会责任，从公众来募款资金和国际狮子会的支持，是我们服务资金的主要来源。但是要想真正拿到钱和物资，关键是什么呢？关键是我们这支队伍的素质，我们这支队伍是不是特别能战斗的队伍。我们要想真正拿到钱应该做好以下五个方面的工作：

1. 要了解现在社会服务的国际水平和国内的现状；

2. 了解要赞助的人的现状和他们的需求；

3. 有很好的设计项目；

4. 学会谈话艺术，学会交往的艺术，学会真诚；

5. 要学习提高国际水平的执行力，执行项目要经得起社会监督。

我特别感谢狮子会，对我非常信任。国际残奥委会主席给我写了封信，希望我们能够募集点钱支持国际残奥委会的工作。为此我找了刘国璞和戴建明。中国狮子联会同意捐100万元，支持非洲残疾人的体育事业。这一百万通过我们基金会转到了IPC国际残奥委会。这次我和赵东、苏泽然到非洲检查这个项目执行情况。肯尼亚一共才4200万人口，就有400万残疾人，残疾人比例比中国的高，有将近10%的残疾人。狮子会的捐款帮助肯尼亚建设了20多个坐式排球场。排球场就在一个大铁棚子里头，很简陋。虽然条件很差，但是人家觉得体育改变了残疾人的生活，改变了他们的人生，觉得很快乐。我们都有感触，看到他们非常快乐。我们的捐款也帮助了乌干达的残疾人。乌干达也是4000万人口400万残疾人，比例都很高。我到一个很偏远的地方，看的是盲人足球。那里根本就没有运动场，就在草地上踢，全身就在草地里滚。就是那种条件，人家依然很快乐地比赛。我参观的康复中心，条件比我们差十万八千里。那都有什么呀，就在大铁棚子里头搞最简单的假肢矫形器装备，残疾人能有一辆轮椅都非常了不得的，相当的困难。狮子会的捐款给乌干达的残疾人买了200台轮椅。乌干达的残疾人说以前出不了门，你们狮子会给我们捐赠了一台轮椅，我能出门了，特别高兴。

我去过非洲以后，第一个感触，作为一个中国人真好；第二个感触，中国改革开放真好，这是我发自内心的两句话。看到不少非洲人过得如此贫困，可以说一无所有，说句实话，我挺难受的，我真挺难受的。中国改革开放让我们有这么好的生活，丰衣足食，这么幸福，而他们连基本的温饱都不能保证，根本不知道什么叫幸福，他们觉得在那儿待着活着就是幸福，我觉得还应该多帮帮他们。后来我就跟那个赵东和苏泽然说，我说再继续合作，在非洲继续再干五年，每年狮子会拿100万，残疾人福利基金会拿40万，一共是140万，那么5年700万，帮助非洲的国家，帮助四五个国家来开展残疾人体育教育和康复事业，由国际残奥委会牵头和监督，每年我们狮子会派人到非洲咱们四五个赞助国家走一圈，第一检查项目执行情况，第二受受教育。

与残疾人福利基金会合作的美国如新集团在非洲的马拉维有一个项目也很好。他们在马拉维搞个农业自立学校，每年培训30个家庭，学习种老玉米、种蔬菜、养鸡养猪，一年毕业以后，每个家庭回去再培训4个家庭，这4个家庭，每个家庭再培训10个家庭。就说这一个学校2年内形成45个家庭的辐射面，这样就逐步地把马拉维的种地问题先解决了，让他们富足起来。经过学校学习的家庭确实生活有巨大改变，比其他没经过学习的家庭富足了。这次我参加了学校的毕业典礼，30个家庭陆续上台领这个毕业证书，带着孩子跳着舞上去。他们很光荣，很高兴，我很受教育。我想和中国狮子联会一起来做，我们福利基金会资助两个家庭，狮子联会资助两个家庭，也就7000多美金，把这个项目做好。我们每年派人去参加，到马拉维看看，然后再到肯尼亚、坦桑尼亚、乌干达，你去两三个国家转一下，感受感受非洲，你就知道，社会上还有人生活得这么困难，然后我们就更热爱、珍惜我们的生活，就更想多做点善事了，多献点善心了。下一步如何拓展这个服务品牌，提升服务能力，这是个大题目。我们只有把这项工作做好了，我们才能有生命力，我们才能更好地发展，我们才会有更多的人加入我们这个队伍。

第三点我想说说，要做好转型期的各项工作。我们现在已经有一万五千名会员了，如何尽量把他们留住，热爱这个组织，愿意在这个组织长期干下去，是我们要认真思考的问题。而且我们这种横向、纵向的管理结构，包括各个代表处的首席代表，各地狮子会的领导，以及十个专门工作委员会的主席，这三块怎么能够拧成一股绳，这是个大问题。这三股力量形成不了合力，狮子会就不可能有生命力。如何形成合力，互相支持、互相理解，这必须得磨合好，这个磨合就需要真功夫、真水平和政治成熟度。如果没有政治成熟，没有真心实意为组织着想，没有大局观念，也就建立不起磨合的基础。

现在狮子会已经由被管理逐步转向参与管理，甚至自我管理。怎样才能做好呢？我希望大家三股力量一定要相互支持和理解。残联是国家指派的主管单位，来代行管理职能的。八代会上，乃坤对业务主管单位提出要积极承担监管责任的要求，把握工作原则，张弛有度，推动狮子会事业向前发展。也就是各地残联要起到承担监管责任的作用，也就是说要做好监管和服务。监管是一方面，但主要是服务。你不是光监管，各地残联一定要认认真真地、热忱地、负责任地为各地狮子会做好服务，要帮助协调，帮助解决，帮助补台。残联要鼓励各地狮子会的负责人，要把他看成真诚的朋友，认真帮助解决思想中的问题，工作中的难题，多谈心多交流多支持多帮助，一定要补台不要拆台，不要随便指责。狮子会的会员凭着自己对人生价值的深刻理解，对自己的严格要求，愿意为社会做贡献、为残疾人做贡献的意愿才来的。你要真诚地感谢人家，真诚地敬重人家。你的真诚了，会打动会员的心，他们才会豁着命地干。反正我这意思呢，就是一定要残联的同志一定要高看我们狮子会的会员们，敬重我们狮子会的会员们，尊重我们狮子会的会员们，真诚地帮助他们解难排忧，真正地支持他们的工作，一定要补台不能拆台，这非常重要，这是一个问题。第二个就是说，作为在座的各位理事，因为我们都是社会的贤达人士，都是社会中的成功人士，我们更要注意自我约束。在跟一些狮子会的人聊天时，谈的都是献身、奉献，全身心地投入了狮子会的事业，我挺佩服的。但是我们中间也有个别同志还不注意自我约束，有些小毛病得注意，有时候就把个人的利益，个人的东西放在第一位，大局意识不够，政治上不够成熟。一个好的团队，就必须得大家多看到别人的优点，多看到人家成绩，少挑别人毛病。如果说只看到自己都是优点，看别人都是缺点，你不能当一个好的领导。所以我就说我们大家都要做好自我约束，就是说不该说的话不能说，不该干的事不能干，破坏团结的事不能做，破坏同志之间的友谊的话不要说，约束自己的行为，给狮子会丢脸的事不能做，给狮子会增光的事要抢着做，而且要带领大家一起做。要推功揽过，当一个领导者一定要注意推功揽过，有错误的时候，有毛病的时候，要敢于承担，所以我们每一个人不要认为就是自己聪明，就自己是对的，我们要时时反省自己。你当主席，你当会长以后，要认真听取大家意见，吸收正确的营养，随时纠正不妥的地方。

最后就希望大家这三股力量，大家通力协作共谋发展，我们现在担子很重，任务很重，大家有很多宝贵经验，大家一定要以大局为重，以身作则，大家一起来带领引导我们一万五千名的会员朝着联会共同的目标努力前行。

我再说说顾问委员会2013年的工作计划。本年度顾问委员会有三个任务，第一个任务是配合战略发展与研究委员会，就中国狮子联会发展战略三年发展规划进行调研。第二个是，各地选一个服务队作为样本，进行关于服务队的调研。第三个，完成理事会临时交派的任务。

中国狮子联会会长王乃坤在中国狮子联会2013—2014年度理事会第三次会议上的讲话

2013年8月24日，根据录音整理

八代会召开以来，我有两个明显的感受：

一是各项工作启动早。八代会后明确了联会副会长分工，并公布了十个专门工作委员会主席名单。这样联会副会长和专委会主席就能马上着手考虑这一年的工作安排，为我们的工作赢得时间。联会举办了两次培训班，指导各会员管理机构分解了年度发展指标。各会员管理机构和各专委会提前明确年度工作任务，拟订工作计划和方案，为圆满完成联会第一个发展纲要、做好本年度工作，奠定了非常好的基础。

二是工作热情高。从联会到各专门工作委员会，到各会员管理机构，大家都憋着一股劲要大干一场。在八代会后的领导力培训班上，各会员管理机构认定的会员发展指标，超出了联会的预计目标。令人欣慰的是，这些指标不是凭空而来的，而是理事会根据本地区的实际情况集体研究、讨论、分析确定的，有一定的科学依据。另外，各会员管理机构、各专委会对本年度的工作思路，确实动了脑筋，有新意，有亮点，这对我们做好年度工作是很有指导意义的。总而言之，现在大家的热情高，不是一时的狂热，而是有理性思考的热情。这说明我们在发展过程中越来越成熟。

今年，我们的工作任务相当重，在联会发展的历程中是具有特殊和重要意义的。

首先，要圆满完成上一个发展规划纲要。我们要检验这三年的工作成绩，最富有挑战性的目标就是会员达2万人，这是我们必须面对的。2010年，我接替知非担任联会会长，当时的会员人数是6666人，那时联会成立五年。现在距离上一个发展纲要结束还有十个月的时间，我们要发展五千人，任务还很艰巨。当然，现在与当时的情况不可同日而语，基数大、服务队多、骨干多，发展速度自然会快些，但即使是这样，10个月完成5000人的目标难度还是很大的。而且这个目标是有前提的，就是要在保证质量的前提下发展。所以，新任的领导团队肩上的担子很重。要完成指标，又不能给下一届带来困难。有的会员管理机构前任后任主席之间有点矛盾，大都跟会员人数有关。前任不满意后任没有保住会员的人数或没有向前发展，后任埋怨前任会员发展的基础不牢固，如果他也匆匆发展一批会员，留给下一任，就会形成恶性循环。所以我们既要完成指标，又要千方百计保证发展质量。这样到换届交接时就不会造成矛盾。

第二，要展望未来。我们寄希望于把上一个发展规划纲要画一个圆满的句号，同时在收官的时候要制定下一个三年规划。规划是狮子会发展的行动纲领。国家有五年规划，残疾人发展也有“十二五”发展规划。能够做规划的组织，除了我们狮子会，其他的可能也不多。这说明我们的组织是很规范的，已经达到一定规模。制定规划不是一件简单的事情，要把中国狮子联会的组织特点、当前的形势、所具备的优势和劣势条件分析透了，还有国际狮子会、全体会员对我们的希望，都综合起来，考虑未来的发展目标、发展布局、服务目标及未来愿景等。确保三年以后，都能实现我们提出的服务目标、能力建设目标、会员发展和组织建设目标。这是需要下功夫的，更需要大家的智慧。国筠、亚安、文玲已经先期进行考虑了。现在领导小组已经成立，工作小组正在充实，规划制定工作开始起步。这需要我们各会员管理机构领导团队、各专委会主席、监事会、顾委会来共同关注。大家有好的想法和建议，尽可提出，为他们制定规划提供更多的思路、信息、要求，力争把这个规划做得更科学、更切实可行。形成初稿后要发给大家反复征求意见。

第三，要规范四川省会员管理工作。这是一件非常好的事情，也是让我们在座的领导团队非常振奋和高兴的事情。意味着中国狮子联会在全国三分之一的省都有会员了。既然是好事，我们就得办好。高兴之余，大家还要保持清醒的头脑。在此，我提个几点要求：

一是要适度宣传。今天在座的都是领导团队，是核心团队，是我们的骨干力量。大家应该知道，我们建立哈尔滨会员管委会，规范四川省会员管理工作，都是在打擦边球。没正式报民政部。所以，我提醒大家，我们的发展是要有策略地发展。我们做每一项服务工作都堂堂正正，但异地发展就要有一定的策略和方式方法，战略和战术是很重要的。所以大家在宣传上一定要注意把握好度。当然，服务方面的宣传是必要的。

二是要低调创区。当前，我们要踏踏实实地健全会员管理机构。四川和哈尔滨不一样，哈尔滨是经过在沈阳会员管委会的“孵化”过程，已有300多人的队伍，他们参加了很多狮务工作，熟悉狮子会的程序，时机成熟时，很快就建立起组织。但四川的情况不一样。在汶川和雅安地震抗震救灾中，当地的爱心人士、企业看到了我们的热情和工作实效，强烈要求加入狮子会。四川省残联感受到了我们这个组织的爱心，也希望能将四川的会员纳入规范管理，设立会员管委会。但是他们没有哈尔滨的基础。我认为，四川要先把核心组织建立起来，当务之急是要物色一批领导人，播种育苗非常重要。要把这批人整合起来，要坚持服务灾区、规范当地的会员管理工作。我们一定要继续打好“服务”这张牌，人家是看到我们的服务、我们的表现、我们的所作所为才想成立这样的组织的。所以我们要继续在四川高调服务，用服务来吸引大家。前两天，联会办公室招聘工作人员，有一名应聘的甘肃籍硕士研究生，曾在广州工作。他说他知道广东狮子会是广东目前最大的具有影响力的民间组织，而且他还知道狮子会在甘肃也做了很多服务工作。所以，做好服务是我们狮子会的金字招牌，也是在四川吸引更多的人自发、自觉、自愿地加入到我们的会员队伍中的关键点。我们在四川要做到工作，简单说就是一句话“努力服务灾区群众，认真规范当地会员”。

三是要统一部署开展指导工作。我建议联会成立领导小组，统一管理，统一调动。我记得哈尔滨建会时，各会员管理机构都积极赴哈指导。大家的热情和出发点非常好，但都去的结果会让四川觉得莫衷一是，“营养过剩”、重复劳动。要把我们的劲用在需要的地方，比如现在有些地区发展势头不是很好，我们可以多主动提供帮助。联会已明确广东狮子会担任指导区，要认真考虑如何进行有效的指导。你们在这方面有经验，要充分发挥你们的智慧，把你们的经验、教训传授给他们，而且要注意做好与四川省残联的沟通工作。大家要科学、有效地开展工作，要发挥领导小组和指导区的作用。

中国狮子联会常务副会长张国筠在中国狮子联会2013—2014年度理事会第三次会议上的讲话

2013年8月25日，根据录音整理

中国狮子联会2013—2014年度理事会第三次会议圆满完成了各项预定议程即将落下帷幕。会议期间，联会监事会全体成员和顾问委员会常委会成员全程出席会议。乃坤会长坚持带伤到会，并做重要讲话，对今年的重点工作做了明确的指示。她的讲话语重心长，不仅是对我们的勉励，更是对我们的鞭策。小泉主席精彩的讲话和历次一样，很受鼓舞。她介绍了经验，谈了感受，提出了要求，也给了我们更多的信心。我想大家也都是感同身受，这种激情，这种热情，这种对组织的忠诚是我们学习的榜样。国璞监事长介绍了监事会最近工作的情况，也给联会理事会提出了很好的建议。我代表乃坤会长对参加会议的监事会的全体成员和顾委会常委成员表示衷心的感谢。同时感谢理事会的所有成员，大家利用假期时间，自己承担费用，履行繁重而崇高的理事的职责。从各位的发言当中我感受良多。

一是紧紧围绕着“八代会精神”、实现“狮子梦”成为年度工作的主旋律。习近平主席在十八大报告中提出了“中国梦”和“两个一百年”的目标。八代会后的联会地区领导人培训中，我以“共筑梦工厂，实现中狮梦”为题做了联会八代会解读。今年，国际狮子会会长也跟着中国的节拍走，提出“追随你的梦想”这个年度口号。在昨天的汇报中，各地区的主题都没有离开“狮子梦”和“一生一世”这个关键词。这意味着大家充分意识到本年度的不同。根据《中国狮子联会发展规划纲要(2010—2014)》，今年是实现《纲要》的最后一年，也是本届理事会任期的最后一年。我们要为《纲要》画上圆满的句号，要向全国会员代表大会交出满意的答卷。大家充分认识到了这点，紧紧围绕着八代会的精神、乃坤会长、小泉主席的讲话精神，响应国际狮子会的倡导，结合本地实际，做了充分的调查研究和精心细致的安排，工作有条不紊，井然有序。

二是工作计划丰富多彩、精彩纷呈、突出了本地区特点。昨天的汇报呈现了各会员管理机构不同发展阶段的不同特点。各地区的工作计划是经过各自理事会研究通过的，是各会员管理机构领导团队集体智慧的结晶，内容丰富多彩、精彩纷呈，体现了各自的特点。大家知道深圳狮子会的情况比较特殊，会员代表大会召开较晚，我非常满意吴晓明会长昨天15分钟的呈现。当然，今年深圳会员发展目标5%的净增长，这是他还没有选举之前做出来的，我参加了深圳狮子会的相关会议之后，了解到他们今年的净增长至少会是15%或者20%。深圳狮子会已连续几年将会员流失率控制在20%以下，净增长在20%以上，这是非常好的指标。上年度，深圳狮子会苏泽然会长登上了国际狮子会最高的领奖台，成为全球136万会员中唯一名荣获“全球最佳会员”称号的会长；广东狮子会蔡力会长呈现地非常好，有视频介绍，有工作计划说明，有对前两个月工作做总结。提现了一个老区大区工作的深度、厚度和精度。作为全国最大的区他们在会员发展、社会服务、推动改革、制度建设等方面都起着引领全国的作用；哈尔滨会员管理委员会主席许武顺的汇报也非常好，作为一个新成立的会员管理机构，能虚心学习、交流，给我们呈现一个符合实际的工作计划。还有包括大连、青岛、浙江、北京、沈阳、陕西，各项工作计划目标明确、措施得力、高效、务实，为我们完成本年度的工作奠定了扎实的基础。各委员会的工作计划均围绕着“八代会”精神，依据专委会的职能，结合各地区的实际做出了周密安排。

三是理事会、监事会、顾问委员会三驾马车共同驱动、相互学习，治理结构日臻完善。本年度联会常务理事会、理事会均有监事会、顾问委员会参加。有监事会为联会发展保驾护航，有顾问委员会这个高级智囊为联会发展出谋划策，这三驾马车共同驱动，体现联会发展到今天，治理机构越来越完善，体现了中国特色狮子会的特点。各会员管理机构、各专门工作委员会、监事会、顾委会共同交流、相互学习、取长补短，提高了联会整体运作的能力。大家看到各会员管理机构、专门工作委员会工作发展是不平衡的。通过交流、相互学习，提高了大家承担责任的积极性和推动工作的开拓性。

昨天乃坤会长讲了下一步工作，刚才国璞、小泉主席都做了重要的讲话，我们要认真地思考，贯彻落实。我就更好地落实本次会议精神提几点意见：

第一，要支持各专门工作委员会工作。大家看到今年各专门工作委员会工作启动较早。昨天乃坤会长讲了，大家工作特别给力，各专门工作委员会工作计划非常丰富，是切实可行的。专委会的职能更多地体现为协调指导不是具体执行部门。具体工作还是要落实到会员管理机构，执行还是靠服务队。所以希望各会员管理机构多给予专委会配合和支持。把联会的工作传导到服务队。

第二，各专门工作委员会要简约、高效地开展工作。去年我们就提出“低碳节约”的原则，收到了很好的效果。各会员管理机构会长/主席、秘书长都特别忙，各专委会作为联会的职能部门，多为各会员管理机构提供服务，多为他们出谋划策。要做到代中伟主席讲的“到位不越位，帮忙不添乱”。到目前我们基本完成了联合的顶层设计和制度安排，是本届理事会完成《纲要》的收官之战，承上启下。大家积极性高、干劲十足。调研多、会议多、制度多、出书多。上面千条线下面一个点。各项工作都有落地基层。首先，要求大家采取简约低碳的工作方式开展工作。要考虑召开会议的必要性，如非必要的可考虑不召开；其次，如果一定要召开，可否与相关会议及培训联合开展，或采取灵活多样的形式；再次，专委会一定要和各会员管理机构的会长/主席团队沟通协调，取得他们的认可和支持。

第三，要处理好理事会、监事会、顾问委员会的关系。今年有一个现象：当我们呈现的时候，左边一排是监事会成员；右边一排是顾委会的常务委员，他们一直认真地听、认真的记。这是今年联会特有的现象。是联会治理结构完善的体现。首先，作为联会和地区两级理事会，一定要大力支持监事会的工作，主动接受监事会的监督，在人、财、物方面主动地给予支持。第二，开会一定要通知监事会成员，主动邀请他们来参加会议。顾问委员会成立时间较长，人员较多，他们是联会的宝贵财富。今年只邀请常委会参加理事会议。刚才我们听了小泉主席的讲话，并主动提出参与下一个发展规划纲要的研究、制定等三项工作。要增加这方面的预算。在组建发展规划纲要领导班子时，要把监事会、顾委会的主要成员列进来，共同商讨如何做好这个工作。我们也希望监事会要多给理事会提出建设性的意见，不仅仅局限于监事会的职责。

第四，要处理好与主管部门、登记机关的关系。一是要主动沟通汇报。我们要主动接受主管部门和登记机关的监督。深圳狮子会今年出现了些状况，我到民政局跟他们主动去交流。我觉得民政局是开放的；领导是开明的，他们支持民主建设、规范运作，要求理事会按规定选举产生理事不能委任，同时也支持会长候选人在代表大会进行差额选举。所以只要我们积极主动地沟通汇报，很多问题都可以解决。这次我们拜访民政部，民政部领导讲得非常好，给予我们充分的肯定，也给我们提出了建议和要求。国务委员会王勇会见国际狮子会代表团时，对国际狮子会与中国政府的合作、中国狮子会的发展给予了充分肯定。并表示狮子会的发展已经列入“十二五”规划，中国政府将继续支持狮子会的发展。在会见期间与在场的同志交流时要求国务院办公厅的同志，既然你们分管社会组织，就应该了解狮子会。狮子会是这么好的组织，我们要管好，要支持。相信大家听到这个以后会有很深的感受，我觉得我们在做慈善、献爱心的同时，也要与主管部门、登记机关处理好关系，工作就会事半功倍。

第五，加强办事处的工作。昨天我听了办公室主任傅熔的汇报，结合“党的群众路线”教育实践活动，她谈了感受，做了自我批评，深受启发。联会及各会员管理机构办事部门要主动地改进工作作风，要强化服务意识。首先要增加工作人员。现在工作人员不足，面对一万五千多名会员，而且马上要到两万名会员的庞大大队伍，至少需要十名专职工作人员。在《中国狮子联会发展规划纲要（2010—2014）》中就提出了工作人员要达到十名，这个任务我们没有完成，而现有的工作人员经常加班加点，压力太大，都在超负荷工作，所以改变工作作风首先从增加人员开始，这才能做好服务。二要提高“两化”——专业化和职业化水平。我在深圳狮子会担任会长时，就支持工作人员参加民政部门举办的培训，让他们参加学习，考取助理社工师、社工师甚至是高级社工师职称，把工作人员纳入社工师技术职务系列，让大家觉得这份工作是有前途、让人羡慕的职业。今后三十年是社会组织大发展阶段。国家现在大力发展社会组织，从事慈善工作就是最有前途的职业。要让我们办公室工作人员热爱这个职业。提高“两化”的水平，提高工作人员相应的报酬，这才能养住人、用好人。三要把办公室打造成为精英服务的精英团队。在座各位的汇报大家都听了，非常好。应该说不仅是企业还是在社会，都是精英中的精英。很多会员一年拿出几十万做公益，付出大量的时间，顾不上家庭顾不上企业，从事狮子会这份崇高的事业，是可敬可爱的人。作为受薪的工作人员，一定要努力学习、认真工作，打造成为为精英服务的精英团队，只有这样，才能给这批优秀的志愿者做好服务。我去国际狮子会培训的时候，国际狮子会十一个司给我们介绍工作，都非常精干，400 多名工作人员能为全球 135 万会员有序服务。所以要增加人员，增加培训，增加薪酬待遇，成为狮子会这个“铁打的衙门流水的官”的铁打的策划团队、导演团队、参谋助手团队。四要和谐、高效、快乐。与国际狮子会工作人员交流时了解到，他们的收入属中等偏下，但队伍很稳定。他们认为在狮子会工作可以帮助他人很快乐。办事处工作人员为联会会和各会员管理机构服务是不同于机关，是民间慈善组织，这里没有名利场，要提倡简单快捷实效。我也希望各会员管理机构会长/主席团队按照乃坤会长和小泉主席讲话的要求，一定要和谐、要团结。大家任会长/主席就一年，一生可能就做一次，这份事业没有利益之争，就是献爱心做奉献。所以大家一定要团结、要和谐、要快乐，开开心心的完成全年的工作。

另外，还有两项项具体的工作，也是今年工作的重点：

第一个，制定下一个《中国狮子联会发展规划纲要》。这是本年度工作的重头戏。刚才亚安秘书长和文玲主席也都讲了，顾问委员会也主动参与。专委会要制定完成工作的时间表，理事会后立即启动；各会员管理机构会长/主席一定要亲自抓，包括安排专门机构和人员来组织实施。中长期战略规划是一个组织成熟的标志，我们回头看看，正是按这个规划走过来的，而且今年的句号可能会画得非常圆满。所以各会员管理机构要把这件事当成一件大事。

第二个，关于规范四川会员管理和灾后重建等工作。联会已经与四川省残联达成共识，两个领导小组和广东狮子会，还有参与亚安地震灾后重建的各会员管理机构马上对接、组织实施。另外，还有我们和中国盲协合作开展的“阳光书包”活动非常有意义，而且分量不重，200 块钱就能送盲童一个书包。我相信大家只要动员下去，邮局有账号又具有反馈，完全可以做好这个项目，把它做成全国性的品牌项目。当然还有很多全国性的品牌，比如刚才小泉主席提到的援非项目，检视完成以后，我们要有序地推进，每年资助一百万，把这个作为重点项目，由联会服务项目委员会组织推动。

会议结束后，各专委会要根据各会员管理机构的情况完善工作计划，并立即启动各项工作。要根据工作计划制定时间表，合理安排、高效务实、扎实到位。各会员管理机构会和专委会每季度向联会报告工作进展情况。联会宣传委员会要加强宣传、出版刊物，改进网站，把联会宣传工作做强做大。要把联会领导的讲话和本次会议精神向区理事会传达、贯彻。我相信下次理事会我们呈现的就是丰富的成果，幸福的果实。我们将会向九代会呈现一个实现了的完美的“中狮梦”。我们将继续前进，打造我们“中狮梦”的升级版。

中国狮子联会监事长刘国璞在中国狮子联会2013—2014年度理事会第三次会议上的讲话

2013年8月25日，根据录音整理

作为监事长讲话，我这是第一次，叫“处女讲”。昨天，也听了各个地区，各专业委员会的介绍，我们监事会也碰了一下头，蛮感动的，真的是蛮感动的。感受到各个地区那种务实的精神，脚踏实地去开展全年度的工作。从这一点上，我们各位监事也蛮有劲儿、有力量，大家也在积极思考更好地和各个地区的理事会一起把这个全年度的工作做好。同时，也感受到各专业委员会工作的深度，也很不同。大家真的是走向了成熟，从监事会的角度，我说蛮有信心的。

作为首届监事会，有几项有关的工作，也向各位通报一下：一个是从八代会到现在这段时间，监事会主要所开展的工作有两个方面，第一个就是如何更好地在各个地区建监事会。目前，九个地区中有八个地区已经建立起监事会，浙江已经成立了监事工作领导小组，还需要跟残联进一步沟通、落实。我上个月也到深圳进行了一次调研，看到了地方在监事会的建立和自身建设方面下了很大的功夫，也看到了我们地区监事会那种负责任的态度，真的蛮感动。深圳就是创区会长谢建文作为第一届的监事长，我和监事会的各位成员也都见面了，做了一次研讨，又跟我们深圳的会长团队也见了个面，从两个方面都听了对中国狮子联会监事会工作的一些好的建议。今天我也想讲一下监事会和理事会之间，包括跟顾问委员会之间如何更好地去互动。有一个最大的前提就是做好沟通。谢建文监事特意让我转达他的一个心意，就是感谢深圳狮子会会长团队对监事会工作的支持。这两次座谈会我也感受到了深圳狮子会会长团队和监事会之间的那种沟通非常顺畅。监事会刚刚成立，可能有很多地方需要去建立去打造，作为理事会给予了那么多便利，从深圳的这个经验来看，建立在沟通的前提下工作一定会做得更加顺畅。

还有一个方面的工作就是在集中研讨我们中国狮子联会包括地区监事会的职责定位，制定议事规则和年度工作计划，基本上雏形已经建立。在这里我也非常感谢中国狮子联会监事会的秘书长，有一个好秘书长，我们的监事会工作会更加到位。有一个监事会具体的分工也想跟各位理事和各位顾问委员会的成员做一个通报。中国狮子联会监事会总共分了5个小组，因为第一届还是以小组的形式出现，可能下一届监事会也要有几个委员会，对应理事会的工作来开展相应的监督。财务小组组长是副监事长立江狮兄，他主要负责有关财务方面的一些监督工作，会务小组组长是麦思明狮兄，选举小组组长是夏喜成狮兄；外事小组组长是谢建文狮兄，还有一块是申诉，由王平狮兄来担任。希望各地区监事会也能有相应的分工。八代会以来，监事会主要从这两个方面开展了一些工作，

前天，我们开了第二次监事会会议。应该说真的非常严谨，同时也能感受到每一位监事对狮子会的那份热爱，看到了每一位监事那份负责任的态度。从这个态度来讲真的是召开了一个非常圆满的会议，本来原定是两个小时，后来我们硬是开了三个半小时。我们集中研讨了监事会的职责定位，就是中国狮子联会监事会它到底要干什么。大家一提这个监事就好像专门来管我们的，这个也想跟各位理事和顾问委员会通个气儿。我们监事会到底是在做什么，其实就四个字，叫“保驾护航”，让我们中国狮子联会更好地、健康、持续地发展。这就是监事会的职责，也是我们中国狮子联会成立监事会的主要的目的，就是更好的“保驾护航”。

在这次会议上，也明确了下一步的工作，主要两个方面，第一个方面就是自身建设，这各地区的监事会工作也是一样。因为是第一年，就像打地基一样，要下功夫，要建章立制，要做好基础工作。第二个方面就是如何履行职责，全面开展监督工作。还是因为是第一年，在监督管理方面可能还是一个雏形，还有很多不完善的地方，希望监事会、理事会和顾问委员会一定要齐心协力共同探索，因为我们为了同一个目标，如何更好地持续健康地去推进狮子会的发展。

在前天的监事会上，大家有一句话，让我很感动也真的让我很震撼，就是不是因为监事会的存在而如何去管理我们狮子会，而是因为监事会的存在令到我们整个中国狮子联会包括各地区狮子会能够更好地做好的工作。这是一个蛮棒的态度。监事会首先要做到位，而不是去天天去管理，没事去监督你，而是如何因为监事会的存在，因为我们的制度的健全，而令到我们整个工作能够开展得更好，这是整个监事会的一个态度。也请理事会和顾问委员会对监事会的工作有一个督导，共同推动中国狮子联会的发展趋向成熟，更加完善。在这里，我代表监事会对理事会和顾问委员会的工作表示感谢，并祝贺这次理事会圆满成功。

二、工作综述

2013 年，中国狮子联会（以下简称“联会”）在全体会员的共同努力下，以贯彻落实《中国狮子联会发展规划纲要（2011—2014 年）》为主线，各项工作扎实推进，会员发展实现新跨越、会务管理迈上新台阶、社会服务开创新局面，全会呈现出蓬勃发展的新气象。主要表现在以下四个方面：

（一）核心价值体系深入人心，组织文化基础更加坚实

一年来，联会坚持以创建学习型组织为导向，广泛宣传弘扬“正己助人，服务社会”的宗旨，更加注重以核心价值体系引导和感召会员，指导和规范会务、服务活动，培育团结、包容、和谐、传承的组织文化。领导骨干率先垂范，新会员见贤思齐，各地互相学习、互相借鉴。应该说，在核心价值体系的指导下，全会人心齐、风气正，充满了向上向善的正能量，形成了团结共进的好风尚，凝聚起传承发展的强大合力，克服了联会面临的种种困难和挑战！

（二）发展布局基本形成，会员规模较快增长

成功创建哈尔滨会员管理委员会，联会所属会员管理机构达到 9 个，会员机构区域布局基本形成。截至 12 月 31 日，全会会员总数超过 1.7 万人，比上年增长 36.13%；服务队总数达到 607 支，比上年增加 19.72%，是联会成立以来增长速度最快的年度之一。更加难能可贵的是，在快速发展的情况下，全会会员流失率比上年下降近 53.39%，仅为 23.05%。特别是北京、大连等地开展“请老狮友回家”等活动，促进会员保留，带动会员发展。全会会员队伍更加成熟稳定。

（三）治理体系日臻完善，会务管理更加规范

联会完善了理事会、监事会和顾委会治理结构，建立了互相衔接、互相联系的制度体系，形成“三驾马车”齐推进、同心协力谋发展的良好格局。各专委会工作更加务实高效，在推动会员发展、会务管理、社会服务和对外交流等专项业务方面发挥着越来越重要的作用。联会的领导力、统筹力和协调力显著提升，为各地狮子会的发展提供了强有力的指导和支持。

各会员管理机构运行更加顺畅，自我管理、自我约束、自我修正和自我发展能力逐步提高。服务队建设水平稳步提升，各地涌现出一批组织健全、管理规范、服务活跃的杰出服务队，发挥了重要的示范引领作用。

加强对联会基本管理运行制度的宣传贯彻，指导各地进一步完善了章程、财务管理办法、服务队管理办法等规章制度。各地依法依规办事办会的意识和能力显著增强，会务管理水平不断提高，逐步走上了制度化、科学化、专业化的现代社会组织管理之路。

（四）社会服务成效卓著，社会影响力稳步提升

联会组织实施了四川雅安地震援建项目，帮助 604 户贫困残疾人家庭重建住房和添置家具，支持卫生室、图书馆、幼儿园等基础设施建设，得到当地政府和群众的热烈欢迎。联会与中国盲人协会共同开展的“手拉手阳光书包”文化助盲项目，为全国各地的贫困盲童送去阅读设备及有声读物，知识的阳光照亮了孩子们的心灵。

深圳、广东、大连、北京、浙江、哈尔滨等地的“光明行”、“和平海报”、“红色行动”等传统品牌服务项目深化服务内容，创新服务形式，增强了可持续发展能力。“光明行”累计完成白内障复明手术 1.27 万例，并开展了对医护人员的培训；40 万少年儿童参与“和平海报”比赛，深圳、广东、浙江选送的 3 幅作品获国际狮子会优秀奖；“红色行动”有力支持了义务献血工作，弘扬了高尚的人道主义思想。

青岛、沈阳、陕西创新推出健康和环境保护项目，引领市民从自身做起，参与健康生活及改善环境活动；成功实施广东“818 水灾救援”、浙江“余姚应急救援”项目，彰显狮子会人道主义救援的担当和能力。各服务队注重立足社区，让居民感到狮子会员就在他们身边，提高了服务的针对性、便捷性和持续性。

一年工作中，联会不断加深对中国特色狮子会发展规律的认识，并深深地感到，办好中国特色狮子会，一要坚持从中国国情出发，把国际狮子会的有益经验和中国国情相结合，坚定不移地走中国特色发展道路。二要坚持以会员为本，注重引领会员成长，把会员的参与、创造和奉献作为狮子会发展的源泉。三要坚持以核心价值体系为指引，做好事、育好人、弘扬好风尚。四要坚持以服务社会为宗旨，把扎实有效的社会服务作为狮子会的生命线和核心竞争力。五要坚持以组织建设和制度建设为基础，不断巩固三级组织体系，着力完善管理运行制度，积极推进治理体系和治理能力现代化，为会员民主管理和社会服务构建稳固平台。

与此同时，联会还面临不少困难和挑战：治理结构和治理能力还不够完善，社会服务能力和会务管理水平还有待于提高，会员队伍建设、基层组织建设、组织文化建设、政策理论研究等基础性工作还比较薄弱。这些问题，要在今后的工作中认真研究解决。

当前，是贯彻落实党的十八大和十八届二中、三中全会精神，推动建立现代社会组织制度，打造中国狮子联会升级版的关键时期。党的十八大明确提出加强社会

建设、建立现代社会组织体制的要求。十八届三中全会通过的《关于全面深化改革的若干重大问题的决议》要求“推进社会组织明确权责、依法自治、发挥作用”。这些都为社会组织的发展提供了重要的机遇，也提出了更高的要求。联会必须解放思想、创新思路、提高工作水平，主动适应现代社会组织体制的要求，加强治理体系和治理能力建设，把中国特色狮子会不断推向前进。

2014 年联会要扎实做好各项工作，以联会十周年系列纪念活动筹备工作为契机，重点做好五个方面的工作：

一是以核心价值体系为引领，加强会员队伍建设。大力开展践行核心价值体系的宣传教育活动，让每一级组织充满真善美，让每一位会员从中汲取正能量，造就一支过硬的会员队伍。希望每一位会员都能真心认同、努力践行核心价值体系，在服务社会的过程中得到心灵的充实和人生的成长。

二是以服务队建设为重点，巩固三级组织体系。要统一制发服务队工作手册，提出服务队组织结构、会务活动和服务活动的基本规范。各地要加强对服务队的指导、培训和评估，确保服务队在会员人数、会务活动、制度建设、文化建设及服务有效性等各方面达到标准服务队的基本要求。要加强对杰出服务队的宣传，充分发挥其模范带头和示范引领作用。

三是以中狮基金为抓手，提高社会服务能力。倡导会员广泛参与、积极认捐“中狮奖”，做大做强中狮基金，为联会社会服务提供稳定可靠的资金来源渠道。同时，要充分发挥中狮基金的导向作用，加强对社会服务的统筹规划和执行监管，提高社会服务的效率和效益。要精心培育好“光明行”、“和平海报”、“红色行动”、“阳光书包”等传统服务品牌，积极拓展残疾人就业促进、公共文化服务、环境保护等新的服务领域。倡导支持各地和服务队立足社区、服务社群，开展丰富多彩的社区服务。

四是加强和改进培训工作，提高会务管理水平。要进一步加强对培训工作的管理，要以国家社团管理政策法规、联会核心价值体系和规章制度以及各地组织建设、会务管理和社会服务的成功经验为主要内容，编制发布针对会员、领导团队、工作团队及会员管理机构、服务队等不同类型的培训课程大纲。要加强讲师团、导狮团建设，严格资质考核，规范培训行为，各类培训课程要本土化、接地气、有实效。

五是强化联会自身建设，加强对全会工作的组织领导。进一步完善理事会、监事会、顾问委员会治理结构，加强对中国特色狮子会重大理论和实践问题的研究，加强对全国工作的规划部署、统筹安排和组织指导。各专门工作委员会要进一步明确工作任务、完善工作制度、切实加强对专项业务的研究推动，发挥好理事会参谋助手作用。要进一步加强联会办公室建设，努力造就一支具有较高文化水平、较强办事能力、熟悉业务、吃苦耐劳的专业化、职业化工作团队。着力推广联会办公自动化系统，为实现联会精细化管理奠定基础。加大财务管理和信息披露力度，不断提高联会的公信力。

三、大事记

1 月 19 日，中国狮子联会 2012—2013 年度常务理事会第二次会议在北京召开。会长王乃坤主持会议，副会长张国筠、黄昌伟、戴建明，前副会长刘小钢，秘书长陈亚安，财务长肖兴萍，副秘书长李玲出席会议。办公室主任傅熔、财务结算管理中心主任王彩霞列席会议。会议研讨修改了《中国狮子联会“华狮基金”管理暂行办法（草案）》《中国狮子联会外事管理办法（试行）》等文件。

3 月 22 日，中国狮子联会 2012—2013 年度常务理事会第三次会议在北京召开。会长王乃坤，副会长张国筠、戴建明，秘书长陈亚安，财务长肖兴萍，副秘书长李玲出席会议；陈亚安主持会议。会议审议了联会《章程》《工作规则（修订稿）》《会费征收、使用管理办法》等文件的修订意见；审议联会《监事会制度（草案）》《对外交流实施细则（试行）》等制度；审议关于《将联会部分限定性经费转为非限定性服务经费的提案》《规范联会慈善服务基金财务管理的提案》。

3 月 23—24 日，中国狮子联会第四届理事会第八次会议在北京召开。会长王乃坤出席会议并做重要讲话。副会长张国筠、戴建明，前副会长刘小钢，秘书长陈亚安出席会议并分别主持会议。理事会成员、顾问委员会成员、专门工作委员会主席及列席人员等共 50 人参加会议。会议审议了联会《章程》《工作规则（修订稿）》《会费征收、使用管理办法》等文件的修订意见；审议联会《慈善服务基金管理暂行办法》《对外交流实施细则（试行）》《监事会制度（草案）》等文件；审议《将联会部分限定性经费转为非限定性服务经费的提案》《规范联会慈善服务基金财务管理的提案》《调整联会 2012—2013 年度行政经费预算的议案》《联会“华狮基金”、“华狮奖”更名为“中狮基金”、“中狮奖”的议案》《联会“基金与筹款委员会”更名为“慈善服务基金管理委员会”的议案》等问题。

4 月 20 日，庐山 7.0 级地震发生后，中国狮子联会第一时间成立救灾工作小组，并派出中国狮子联会应急救援先锋队，前往灾区协助当地政府开展救援工作。全会共筹集救灾善款近 1450 万元，救灾物资折合人民币 240 余万元。

5 月 25 日，中狮基金启动仪式在中狮联八代会举行。筹集资金 960 万元，标志中狮联服务资金捐助开辟了新的历史。赵东任中狮基金第一任主席。副主席夏喜成、刘连腾。

5月26—27日，中国狮子联会第八次全国会员代表大会在深圳召开。中国狮子联会会长王乃坤、顾问委员会主席汤小泉分别发表讲话，深圳市委副书记戴北方、深圳市政府副秘书长黄国强，中国狮子联会常务副会长刘国璞，副会长张国筠、黄昌伟、戴建明，前副会长刘小钢，及中国狮子联会500余名会员代表参加会议。

6月17日下午，民政部领导会见国际狮子会2011—2012年度会长谭荣根等一行来访，代表团包括：国际狮子会、国际狮子会基金会主席、贝里·柏尔玛先生（Barry J. Palmer）、国际狮子会2012—2013年度第一副会长约瑟夫·普雷斯顿先生（Joseph Perston）、全国政协委员、贝里·柏尔玛先生的竞选主理邱维廉（William Chiu）、邓秀娟（随员），中国狮子联会陪同人员有：中国狮子联会常务副会长张国筠、中国狮子联会前副会长刘小钢、中国狮子联会秘书长陈亚安。

6月18日，国务委员王勇在中南海会见了以韦恩·A. 麦登为团长的国际狮子会代表团。王勇对该会多年来在华开展慈善服务活动表示赞赏，并希望国际狮子会加强与中国残疾人联合会的合作，与中国狮子联会进一步加强交流，为中国慈善事业的发展继续做出贡献。王乃坤会长、张国筠常务副会长、赵东副会长、刘小钢前副会长、陈亚安秘书长参加会见。

7月5—9日，国际狮子会第九十六届国际年会德国汉堡举行，来自208个国家和地区的2万余名会员参加了本次国际年会。中国狮子联会会长王乃坤率千余名会员出席。国际年会第二次全体大会上，深圳狮子会会长苏泽然和北京希望服务队“童心市集”项目获得了本年度“全球最佳会员奖”和“青少年服务方案特别荣誉奖”；国际狮子会基金会正式宣布承诺将向国际特奥委会捐赠780万美元，用以强化对智障人士权益的支持与保障，推动世界范围内的接纳与包容。国际特奥委会主席兼首席执行官蒂姆·施莱佛博士、国际特奥委会全球董事会成员姚明、澳大利亚特奥运动员本·哈克代表国际特奥委会出席了此次捐赠仪式。

7月27—28日，中国狮子联会领导才能委员会在京召开了2013—2014年度GMT/GLT联席工作会议。中国狮子联会常务副会长张国筠、顾问委员会常务副主席刘小钢、秘书长陈亚安出席会议。来自广东、大连、青岛、北京、沈阳、陕西、哈尔滨等地的35位会长/主席团队成员，地区GMT/GLT主席、讲师团团长、导狮团团长等参加了此次会议。本次会议主要内容有：介绍国际狮子会本年度主题及联会本年度会员发展战略；以“会员管理机构五人团队的协作配合”为主题进行分组讨论，初步制订并分享了所属会员管理机构GMT/GLT、讲师团及导狮团的工作计划。

7月28日，中国狮子联会2013—2014年度常务理事会第一次会议在北京召开。常务副会长张国筠主持会议。会长王乃坤，副会长黄昌伟、戴建明、赵东，秘书长陈亚安，财务长肖兴萍出席会议。监事长刘国璞、顾问委员会常务副主席刘小钢，办公室主任傅熔、财务结算管理中心主任王彩霞列席会议。

8月，顾委主席汤小泉、副会长赵东、服务项目委员会主席苏泽然前往非洲肯尼迪亚代表中狮联进行援助残奥会运动和残疾人康复服务。

8月6日，中国狮子联会会长王乃坤在京会见国际狮子会前会长谭荣根先生，常务副会长张国筠、秘书长陈亚安陪同会见。王乃坤会长就中国狮子联会发展状况及未来发展布局、本年度工作计划、开展国际合作等事宜与谭荣根先生进行了讨论与交流，并对谭荣根先生多年来为中国狮子会事业发展做出的贡献表示感谢。谭荣根先生积极评价了中国狮子联会十年来的发展成果，表示愿意继续支持中国狮子会事业的发展，并对联会的未来发展格局提出建议。

8月24日，中国狮子联会2013—2014年度理事会第三次会议在北京召开。会长王乃坤，顾问委员会主席汤小泉，常务副会长张国筠，监事长刘国璞，副会长黄昌伟、戴建明、赵东及联会理事会成员出席了此次会议。监事会监事、顾问委员会常务委员，各专门工作委员会主席及非理事会成员的第一副主席、各会员管理机构秘书长等列席会议。会议研讨了联会《第二个中长期战略规划前期调研提纲》《各专门工作委员会工作边界及工作职责》《2013—2014年度行政经费预算》、有关财务管理制度等问题。

10月12日，中国狮子联会办公室工作及财务、外事管理研讨班在西安开班。常务副会长张国筠、秘书长陈亚安、财务长肖兴萍、副秘书长李玲，财务委员会主席刘开诚、副主席陈诗君及来自各会员管理机构的秘书长、财务长、干事等60余人参加此次研讨班。

10月16日，国际狮子会中国事务委员会主席谭荣根先生到访。中国狮子联会会长王乃坤携常务副会长张国筠，副会长黄昌伟、戴建明、赵东，顾问委员会常务副主席刘小钢，秘书长陈亚安等与谭先生进行会谈。主要研究会员发展及联会区域布局、专业化执行团队的建设、四川灾后重建、会员规范管理及两岸三地会员交流与合作、国际年会安排及国际狮子会对中国狮子联会的支持等问题。

11月7—10日，国际狮子会第五十二届东南亚年会在新加坡举行。来自中国、韩国、日本、泰国、马来西亚、新加坡、文莱、菲律宾等国家和地区共6600多名会员齐聚新加坡，参加了由主办方安排的会议及活动。

11月30日，中国狮子联会四川雅安“4·20”地震援建项目启动仪式在雅安举行。中国狮子联会会长王乃坤，国际狮子会前会长谭荣根，联会常务副会长张国筠，各会员管理机构会长/主席和来自全国各地的会员以及四川省残联、雅安市委市政府、雅安市残联、芦山县委、县政府等领导出席了仪式。

附　录

中国狮子联会第八次全国会员代表大会表彰名单

一、杰出会员（111 人）

（一）深圳狮子会（22 人）

张志河　马　敏　张　诚　陈建都　刘　明
陈淑欢　黄　承　高　征　佟　昕　李赞梅
黄小玲　黄益群　刘全世　雷高清　梅建军
郑玉宽　孙晓炜　田　华　李　翔　刘志立
庄和金　张云源

（二）广东狮子会（24 人）

梁晓颖　湛锦钊　杜　干　李卫东　梁惠芳
黄乃钊　吴洪泰　连广宇　杨贤云　周国兴
詹晓阳　瞿汇泉　徐厚发　刘泽峰　陈映年
邱丽珍　王　露　杨学云　庾伟成　于永忠
傅穗文　田海儿　姚　远　李志斌

（三）大连会员管理委员会（14 人）

方　冰　高岭昕　侯风臣　姜景远　刘红军
刘相伟　卢俊良　朴素平　曲　轶　孙志宇
王靖宇　尹洪涛　张恒梅　张　艳

（四）青岛会员管理委员会（10 人）

葛志强　姬　彪　金延顺　匡　新　马秀夫
彭向东　邱逢生　邱延明　张代辉　张聿明

（五）北京会员管理委员会（7 人）

赵　博　刘格莲　潘　伟　张芳菲　常维臣
杨　光　张羽泽

（六）浙江会员管理委员会（16 人）

陈　洁　何贤鸥　金明玉　马辉龙　齐俐丽
裘　萍　苏　强　孙娟英　王国茂　徐建峰
叶信杰　应宝斌　俞越陈　张宏标　赵　军
赵品红

（七）沈阳会员管理委员会（7 人）

丁　梅　梁　伟　李黎明　黄贵文　窦　智
夏俪萌　高亚彬

（八）陕西会员管理委员会（6 人）

常　青　郭虎林　吴建斌　温晓光　章　琳
郭　丽

（九）哈尔滨会员管理委员会（5 人）

吴景珊　杨德春　张　冰　王瑜琦　侯　冰

二、杰出顾问（8 人）

郭德勤　戴同鑫　夏喜成　孙立江　李晓波
郑　瑶　潘玉哲　刘连腾

三、杰出服务队（21 支）

（一）深圳狮子会（4 支）

主会服务队　益田服务队
里程服务队　泰安服务队

（二）广东狮子会（5 支）

博爱服务队　光大服务队　蓝天服务队
乐善服务队　香山服务队

（三）大连会员管理委员会（3 支）

厚德服务队　中心服务队　狮虎服务队

（四）青岛会员管理委员会（2 支）

和兴服务队　希望服务队

（五）北京会员管理委员会（1 支）

朝阳服务队

（六）浙江会员管理委员会（3 支）

创梦服务队　吴越同舟服务队　浙东服务队

（七）沈阳会员管理委员会（1 支）

同德服务队

（八）陕西会员管理委员会（1 支）

卓越服务队

（九）哈尔滨会员管理委员会（1 支）

冰城服务队

四、优秀服务项目（14 个）

（一）深圳狮子会（2 个）

“红狮服·助残站”项目
“红狮服·守护夕阳”关爱空巢老人特困家庭项目；

（二）广东狮子会（2 个）

“血液银行”服务项目
应急救灾——彝良行动、芦山行动

（三）大连会员管理委员会（2 个）

“农村儿童爱眼助学”服务项目
“狮爱阳光捐书助学”服务项目

（四）青岛会员管理委员会（2 个）

狮爱阳光紧急救护培训
“爱心助行，狮情沂蒙”项目

（五）北京会员管理委员会（1 个）

希望童心市集—社区服务项目

（六）浙江会员管理委员会（2 个）

“和平海报”项目　青海光明行

（七）沈阳会员管理委员会（1 个）

“法律服务进社区”项目

（八）陕西会员管理委员会（1 个）

“大爱清尘”项目

（九）哈尔滨会员管理委员会（1 个）

“校园光明行”狮爱助学服务项目

四、特殊贡献奖（2 人）

高建伟　谢建文

（庄静供稿）

中国残联机关建设工作

一、领导讲话

王新宪在中国残联党的群众路线教育实践活动动员部署大会上的讲话

2013 年 7 月 16 日

今天会议的主要任务是，贯彻落实中央关于在全党深入开展党的群众路线教育实践活动要求，部署我会开展党的群众路线教育实践活动工作。中央第十八督导组的领导和同志对我会的教育实践活动高度重视，中央督导组组长胡振民同志就搞好教育实践活动要做重要讲话，中央督导组副组长鲍绍坤同志就教育实践活动的有关工作要做说明，我们一定要认真遵照执行，努力完成好教育实践活动各环节的任务，如期实现教育实践活动目的。下面，我代表会教育实践活动领导小组讲三点意见。

一、以中央领导同志重要讲话统一思想，深刻认识党的群众路线教育实践活动重大意义和现实紧迫性

“一切为了群众，一切依靠群众，从群众中来，到群众中去”的群众路线是我们党的生命线和根本工作路线，与实事求是、理论联系实际、批评和自我批评以及艰苦奋斗、求真务实等，成为我们党始终要求全党同志不懈坚持的优良传统，为党和人民事业不断从胜利走向胜利提供了重要保障。在当前新形势下，开展党的群众路线教育实践活动，是中央为实现党的十八大确定的奋斗目标和着眼加强党的建设而实施的重大决策和战略部署。贯彻落实中央要求，搞好我会党的群众路线教育实践活动，是我会每位党员、干部的政治责任，对推动全会以更好的作风扎实推进残疾人全面小康进程具有重要意义。全会党员、干部一定要进一步提高思想认识，以强烈的使命感责任感积极投身到党的群众路线教育实践活动之中。

第一，搞好党的群众路线教育实践活动，对党和国家具有全局性、战略性的重大意义。中央对搞好党的群众路线教育实践活动高度重视，5 月 9 日，下发《中共中央关于在全党深入开展党的群众路线教育实践活动的意见》（中发〔2013〕4 号）；6 月 18 日，又召开党的群众路线教育实践活动工作会议，对全党教育实践活动进行动员部署。习近平总书记发表重要讲话，深刻阐述了改进作风、密切联系群众的重要性紧迫性，明确提出了教育实践活动的指导思想、目标任务、重点举措，讲话高屋建瓴、思想深刻、内涵丰富，是全党开展教育实践活动的总动员令。习近平总书记强调，开展党的群众路线教育实践活动，是实现党的十八大确定的奋斗目标的必然要求，是保持党的先进性和纯洁性、巩固党的执政基础和执政地位的必然要求，是解决群众反映强烈的突出问题的必然要求，全党同志要积极参与到活动中来，以实际行动密切党群干群关系。刘云山同志在讲话中从思想认识、推进方法、组织领导等方面，对教育实践活动提出了明确要求。赵乐际同志对贯彻落实中央精神，搞好教育实践活动进行了具体部署。我们一定要深入学习领会和全面贯彻落实好习近平总书记的重要讲话精神，学习贯彻好刘云山同志、赵乐际同志的讲话精神，把思想和行动统一到中央要求上来，把开展党的群众路线教育活动作为当前首要的政治任务，摆在突出的位置，抓紧、抓好、抓出成效。

第二，搞好党的群众路线教育实践活动，将有力推动各项残疾人工作。改革开放以来，我国残疾人事业取得了历史性成就，残疾人的生活状况显著改善。但是由于起点低、底子薄，残疾人仍然是最困难的社会群体。2011 年度，残疾人小康实现程度为 63..1%，与全国平均水平相差 17 个百分点。我国还有 1500 万农村残疾人尚未脱贫，260 多万城镇残疾人生活十分困难，260 多万农村残疾人无房或住漏风漏雨的危房。残疾人登记失业率是社会平均水平的两倍多，城乡残疾人家庭人均收入仅是社会平均水平的一半。残疾人社会保障政策措施还不完善，残疾人事业城乡区域发展还不平衡，基层为残疾人服务的能力还比较薄弱，服务设施、队伍建设等基础性工作亟待加强。中国残联在党中央、国务院领导下，对落实十八大提出的战略任务，推进残疾人实现全面小康负有重大责任。党的群众路线教育实践活动，必将进一步坚定我们走中国特色社会主义道路的信心，进一步坚定从国情出发走中国残疾人事业发展的道路。我们要抓住教育实践活动的有利时机，带着对残疾人兄弟姐妹的深厚感情，以优良的工作作风，切身感受残疾人群众的疾苦，深入了解他们的需求和愿望，破解发展难题，推

动科学发展，不辜负党和政府的重托，不辜负广大残疾人的期盼。

第三，搞好党的群众路线教育实践活动，是加强我会各级领导班子和干部队伍思想作风建设的迫切要求。多年来，随着事业的发展和队伍的壮大，我们努力弘扬人道主义精神，倡导“人道、廉洁、服务、奉献”残疾人工作者的职业道德规范，推动残联干部队伍建设不断加强。同时，应该清醒看到，习近平总书记列举的“四风”问题，在我们的工作中和党员干部身上也有不同程度的存在，脱离甚至背离残疾人群众的危险，已经严峻地摆到了面前，给我们的思想作风建设敲响了警醒之钟。最近，党组先后3次开会专题学习有关文件精神和研究活动部署，召开机关和直属单位、基金会等14个部门和盲协、聋协等5个专门协会座谈会，听取了40多位残联老同志的意见，发函征求31个省级残联对我会开展教育实践活动方案的意见和建议，工作领导小组办公室的同志到直属单位走访听取意见。

从初步收集的反馈意见看，形式主义的具体表现有：在如何树立良好学风、注重理论与实践的结合，运用邓小平理论、“三个代表”重要思想和科学发展观指导工作实践上还有很大的差距。表现出学习往往是任务式的，上面管布置、下面管安排、没人管效果；会议往往是通报传达式的，针对什么情况、解决什么问题、采取什么措施准备不足，会议成了“认真贯彻”的形式；基层工作调研次数不少，但成果不多，往往调而不研或研而不深，调研报告缺乏前瞻性和指导性；对地方工作部署满足一般性布置，对基层的承受力和群众的受益面研究分析不足，没在政策落实上狠下功夫，重大举措的硬招、实招在贯彻中成了软招、虚招。

官僚主义的具体表现有：领导班子在坚持民主集中制和集体领导问题上，民主不够集中也不够。有习惯个人说了算的现象，听不进不同意见，决策以“拍脑袋”替代程序；唯上唯书不唯群众，有的同志以领导自居自视“高明一等”，听取基层意见既不热心也没耐心，甚至不合“口味”就加以指责。对残疾人工作缺乏感情，对残疾人痛苦没有感受，对上唯唯诺诺，对下生硬冷漠。

享乐主义、奢靡之风的具体表现有：干部队伍中存在追求物质享受，移情吃喝玩乐，奋斗意志消沉的现象。有的同志到地方工作不体恤下情，摆官架子，索求高标准接待。下乡镇怕累怕脏，走基层怕碰麻烦事，听汇报怕难题怕棘手事，有的同志在接手信访案件时表现得畏难消极，等等。随着认识的提高和查摆问题的深入，我们还会查摆和梳理出其他方面的存在问题。从上述情况可以看到，我们面对“四风”问题如果抱着“鸵鸟心态”，把警钟长鸣当作“狼来”之声，当问题积重难返，必将严重损害残联组织的形象，失去社会的信任，最终会失去广大残疾群众的支持和拥护。因此，每位党员干部一定要有面对问题的危机感，改正问题的紧迫感，真正把这次教育实践活动作为自我净化、自我完善、自我革新、自我提高的过程，把我会党员干部队伍的思想作风建设向前推进一大步。

二、紧密联系我会自身实际，以整风的精神贯穿教育实践活动

中央对这次教育实践活动的指导思想、目标任务、基本原则、方法步骤都做出了明确规定。开展教育实践活动的基本遵循是中发〔2013〕4号文件和习近平总书记、刘云山同志、赵乐际同志的重要讲话。我们一定要深入学习准确把握，确保教育实践活动健康有序推进。

按照中央的部署要求，这次教育实践活动在全体党员中开展，重点抓好县处级以上领导机关、领导班子和领导干部。主要目标任务是：教育引导党员、干部树立群众观念，弘扬优良作风，解决突出问题，保持清廉本色，使党员、干部思想进一步提高、作风进一步转变，党群干群关系进一步密切，为民务实清廉的要求进一步落实。解决的根本问题是：党和人民群众的关系问题。结合残联实际，就是教育引导党员干部，热爱残疾人事业、关心残疾人疾苦、增进与残疾人的感情、密切与残疾人的血肉联系。采取的重要方法是：领导带头、自上而下。会党组要带头开展活动，各级领导干部都要带好头、做示范。聚焦的突出问题是：形式主义、官僚主义、享乐主义和奢靡之风。要坚决反对“四风”，切实改进党风政风。基本的规定动作是：学习教育、听取意见，查摆问题、开展批评，整改落实、建章立制。我们在确保完成规定动作的基础上，还要注意结合实际，组织开展一些有本单位、本部门特色的自选动作，推动我会教育实践活动不断深入、取得实效。

搞好教育实践活动，要认真贯彻习近平总书记和刘云山同志的讲话要求，把好的作风体现到活动的各个环节，力戒形式主义，决不走过场，做到“不虚”；着力解决实际问题，做到“不空”；紧紧围绕为民务实清廉，做到“不偏”，坚持“五个贯彻始终”。

一是要把活动总要求贯穿始终。中发〔2013〕4号文件提出了“照镜子、正衣冠、洗洗澡、治治病”的总要求。习近平总书记在讲话中对总要求的深刻内涵进行了全面阐述。“照镜子”，主要是以党章为镜，对照党的纪律、群众期盼、先进典型，对照改进作风要求，在宗旨意识、工作作风、廉洁自律上摆问题、找差距、明方向。“正衣冠”，主要是在照镜子的基础上，按照为民务实清廉的要求，勇于正视缺点和不足，严明党的纪律特别是政治纪律，要敢于触及思想、正视矛盾和问题，从自己做起，从现在做起，端正行为，自觉把党性修养正一正、把党员义务理一理、把党纪国法紧一紧，保持共产党人良好形象。“洗洗澡”，主要是以整风的精神开展批评和自我批评，深入分析发生问题的原因，清洗思想和行为上的灰尘，既要解决实际问题，更要解决思想问

题，保持共产党人的政治本色。“治治病”，主要是坚持惩前毖后、治病救人方针，区别情况、对症下药，对作风方面存在问题的党员干部进行教育提醒，对问题严重的进行查处，对不正之风和突出问题进行专项治理。“四句话”是一个有机整体，各有侧重、相互关联，一定要完整、系统、准确地理解把握，自觉贯穿到教育实践活动的全过程。

二是要把反对“四风”贯穿始终。习近平总书记强调指出，党内脱离群众的现象大量存在，一些问题还相当严重，集中表现在形式主义、官僚主义、享乐主义和奢靡之风这“四风”上。“四风”是严重影响党群干群关系的大问题，必须把反对“四风”贯彻教育活动的始终。需要强调的是，反对“四风”要克服“与己无关”的思想，不能认为残联不是权力部门，就没有产生“四风”的环境，或者认为自己只是普通党员干部，就没有产生“四风”的条件。要充分认清“四风”对工作的危害性和表现方式的多样性，在自我查找的基础上，认真听取地方残联、兄弟单位、身边同事和基层残疾人群众的意见，自觉“照镜子、正衣冠”，找出差距和问题，明确整改方向和落实措施。

三是要把领导带头贯穿始终。习总书记多次强调，作风建设一定要先从领导干部抓起。“其身正，不令而行”。领导干部的头带好了就是无声的命令。各级领导干部要自觉走在教育实践活动的前列，在理论学习方面，要做到“学而不厌、诲人不倦”，力争认识高一层、学习深一步、实践先一着、剖析解决突出问题好一筹；在听取意见方面，要走出办公室，带着感情、带着问题、带着责任到最基层残疾人群众中去，和他们坐在同一条板凳上，说残疾人接受的话、讲残疾人认同的理，听听残疾人的呼声，看看自己的差距，弄清努力的方向；在开展批评和自我批评方面，说自己敢于揭短亮丑，讲别人不要瞻前顾后，紧紧围绕有利于改进作风做工作；在抓整改落实方面，要把教育别人的道理先用来教育自己，把管理别人的要求先用来约束自己，以自身的过硬作风和良好形象带动本单位、本部门教育实践活动的深入开展。

四是要把制度建设贯穿始终。制度是管长远、管根本的。教育实践活动的成果只有固化为单位建设的制度措施，才能长期坚持和持久有效。把制度建设贯穿活动始终，第一要对现有的制度进行梳理，对经过实践检验，行之有效的，长期坚持下去；对不适应新形势新任务要求的，及时修订完善或废除。第二要研究制定新的制度，不断总结教育实践活动的经验，把一些好的做法加以提炼充实，制定出新的制度，为反对“四风”提供政策依据。第三要强化制度的执行力，自觉维护制度的严肃性，坚持做到落实制度不变通、不走样，培育和形成有利于作风建设的单位氛围和长效机制。

五是要把扎实推动残疾人重点工作贯穿始终。开展活动期间，正是六代会筹备工作的关键阶段。今年执行“十二五”规划纲要的任务十分繁重，其中包括扎实推进残疾人社会保障体系和服务体系建设，兜底保障残疾人基本民生；扎实推进农村贫困残疾人扶贫攻坚计划，改善贫困残疾人生活状况；扎实推进残疾人基本公共服务，制定政府购买为残疾人服务的项目标准，满足残疾人一般性和特殊性公共服务需求；扎实推进残疾人实现全面小康进程，让残疾人分享经济社会发展成果。各单位、各部门要加强工作的统筹安排，以教育实践活动为动力，以“四个扎实推进”来检验我们的工作成果，以新的精神面貌投入到我们的事业中去。

三、加强组织领导，确保教育实践活动各项要求真正落到实处

按照中央总体部署，结合我会实际，我会集中开展的教育实践活动安排在7月至10月，时间紧、要求高，要注意加强组织，周密安排，确保各项任务要求落到实处。

第一，明确责任职责。我会的教育实践活动在中央督导组的指导下，由会党组负总责。按照中央要求，我会成立了党的群众路线教育实践活动领导小组，领导小组下设办公室。最近，领导小组办公室的同志多次开会研究活动计划、起草活动方案、征求群众意见、准备学习材料，做了大量活动准备工作。各直属单位也要抓紧成立活动领导小组、尽快开展工作。这次教育实践活动，各级党组织主要领导同志是本单位、本部门的第一责任人，同时要明确专人负责，确保活动各项工作有人具体落实。为便于教育实践活动的组织指挥和沟通协调，各直属单位要明确一位对活动情况了解的同志或具体组织实施的班子成员为联络员，机关部门的联络员要选一位处长以上干部担任。同时，负责宣传、网络和后勤等工作的部门、单位，要密切配合协作，主动开展工作，积极为活动提供良好的条件和保障，确保活动顺利开展。

第二，加强活动督导。中央督导组对我们的督促检查和指导帮助，是教育实践活动健康开展的重要保证。我们要继续加强向中央督导组的请示汇报工作，在中央督导组的大力支持下，高质量完成活动任务。同时，为保证活动在基层的落实，我会设立了6个由会领导牵头的督导组，分别对直属单位和机关部门的活动进行督促检查和指导。学习借鉴中央督导组的经验和做法，我会督导组深入到各单位、各部门主要有5项任务：一是了解活动情况，提出改进工作的建议；二是全程参与指导民主生活会；三是发现并督导解决突出问题；四是发现和总结典型；五是及时反映情况，搞好沟通联系。督导组的同志都是兼职，在搞好自身学习教育和本职工作的同时，要不怕辛苦，认真负责，圆满完成任务。

第三，明确活动各环节的主要内容。中央对这次活动的规定动作主要是，学习教育、听取意见，查摆问题、开展批评，整改落实、建章立制三个环节。各单位、各

部门都要对规定动作的具体流程和内容进行计划、细化，做到心中有数。首先，各单位要在广泛听取群众意见的基础上，制定一个好的活动方案，重点要找准“四风”方面的突出问题、明确具体清晰的目标任务、提出切实可行的改进措施。在学习教育、听取意见环节的主要内容：一是要采取多种方式，在基层党组织和广大党员、干部中搞好活动动员工作，直属单位要专门召开动员会。二是要深入开展学习教育，采取个人自学、集中教育、领导干部讲党课、讨论交流等多种形式，学习规定的书目，学习党的十八大精神，学习中国特色社会主义理论体系，学习党的光辉历史和优良传统，学习朴方同志和海迪同志关于密切联系残疾人群众、加强残联队伍思想作风建设的有关论述。三是要坚持边学边整边改，为对照检查、开展批评和解决问题打好基础。在查摆问题、开展批评环节的主要内容：一是要搞好对照检查。组织党员干部查思想认识、查工作方式、查精神状态、查廉洁自律。各级党组织和每名党员、干部特别是处级以上领导干部，都要认真写出对照检查材料。对照检查材料主要包括作风的基本情况、存在的主要问题、原因分析、努力方向和改进措施。一些不便在对照检查材料中反映的东西，可以写出专题材料。二是要召开一次高质量的专题民主生活会。会前，党组织主要负责同志要与班子成员逐一谈心，班子成员之间要互相谈心。会中，班子成员既要进行深刻的自我批评，又要进行诚恳的相互批评，党组织主要负责同志要带头查摆问题，带头开展批评和自我批评。会后，要向我会教育实践活动领导小组报告生活会情况，直属单位党组织班子民主生活会情况要在中层干部范围内进行通报。每个党员都要参加所在党支部或党小组的专题组织生活会。欢迎非党员干部参加教育实践活动。非党员领导干部可列席本单位、部门的民主生活会，但不进行对照检查。三是制定整改方案。各级领导班子对群众提出的意见和建议，要认真进行梳理分类，研究提出整改落实方案。整改方案要明确责任主体和整改时限，并向全体党员、干部公示。在整改落实、建章立制环节的主要内容：重点是针对作风方面存在的问题，提出解决对策，制定落实整改方案；对一些突出问题，进行集中治理。各单位、各部门要抓住重点问题，制定整改任务书、时间表，实行一把手负责制，并向党员、干部公示。要突出抓好建章立制工作，建立健全治理整顿“四风”问题的专项制度，修改完善已有的改进作风建设的相关规定，形成有效联系群众、服务残疾人的长效机制，巩固扩大教育实践活动成果。要认真做好活动总结工作。活动结束后，单位和部门要及时写出总结报告，报会活动领导小组。对作风改进不积极、整改措施不落实、群众不满意、效果不明显的，要责令其整改，重新开展有关活动。

同志们，搞好党的群众路线教育实践活动，责任重大，意义深远。让我们在以习近平同志为总书记的党中央领导下，积极行动起来，以“燕子垒窝”的韧劲、“水滴石穿”的恒劲、“抓铁留痕”的硬劲，把教育实践活动组织好、开展好，为加快残疾人事业的发展、实现广大残疾兄弟姐妹的中国梦提供新动力。

二、政策法规文件

关于印发直属机关党委、纪委 2013 年工作要点的通知

直机党〔2013〕6 号

机关各部门党支部，各直属单位、基金会党委、总支、支部：

现将《中国残联直属机关党委 2013 年工作要点》和《中国残联直属机关纪委 2013 年工作要点》印发给你们，请结合自身实际，认真贯彻执行。

中国残联直属机关党委
2013 年 2 月 21 日

中国残联直属机关党委 2013 年工作要点

直属机关党委 2013 年工作的总体要求是：按照党的十八大的总体部署和要求，紧紧围绕加强党的执政能力建设、先进性和纯洁性建设这条主线，紧紧抓住服务中心、建设队伍两大核心任务，以改革创新精神和求真务实作风全面加强机关党的思想建设、组织建设、作风建设、反腐倡廉建设和制度建设，努力建设学习型、服务型、创新型党组织，全面提高机关党建科学化水平，全面增强广大党员干部自我净化、自我完善、自我革新、自我提高的能力，为推动残疾人社会保障和服务体系建设，促进残疾人事业全面发展提供坚强保证。

一、深入学习贯彻落实党的十八大精神

（一）进一步统一党员干部思想。以坚定理想信念、坚持十八大报告提出的“道路自信、理论自信、制度自信”和坚守“人道、廉洁、服务、奉献”的残疾人工作者职业道德为重点加强思想建设，以夯实党执政的组织基础为目标加强基层组织建设，以保持同残疾人血肉联系为核心加强作风建设，倡导求真务实、亲民为民、负责敬业、艰苦奋斗之风，建设为民、务实、清廉机关。

（二）深入抓好十八大学习宣传活动。把学习贯彻党的十八大精神作为中国残联党建工作的首要任务，全面落实《中国残联关于学习宣传贯彻党的十八大精神的通知》，采取中心组学习、走进兄弟部委、专题培训、专家辅导、研讨交流等方式，深化学习贯彻十八大精神，发挥各级领导班子示范带动作用，带头用党的十八大精神武装头脑、指导实践、推动工作。

（三）做好十八大学习转化促进工作。要用党的十八大精神来统领残疾人事业发展全局，自觉贯彻落实科学发展观，坚持中国特色残疾人事业发展道路，大力弘扬

人道主义精神，加快残疾人各项工作进程，努力实现广大残疾人与全国人民一道同步迈入小康社会。要坚持学以致用，用以促学，根据党的十八大提出的新思想新观点新要求新思路，对残疾人相关工作进行深入研讨，认真分析、梳理工作中存在的差距，努力破解制约残疾人事业发展难题，进一步明确目标任务，使学习宣传贯彻的过程成为拓展思路、创新举措、破解难题、推动发展的过程，把党的十八大精神真正转化为促进残疾人事业发展的具体措施。

二、坚定党员干部理想信念，坚守共产党人精神追求

（四）加强党员干部思想理论教育、党性教育和道德建设。引导党员干部坚定对马克思主义的信仰、对社会主义和共产主义的信念，树立正确的世界观、权力观、事业观。引导党员干部特别是领导干部自觉学习、遵守、贯彻和维护党章，树立正确的从政道德，讲党性、重品行、做表率。引导基层党组织和广大党员坚决维护中央权威，在思想上政治上行动上与党中央保持高度一致，坚决贯彻党的理论和路线方针政策，坚决贯彻中央重大决策部署，切实做到讲政治、顾大局、守纪律。

（五）加强领导班子思想政治建设。把加强思想政治建设作为领导班子建设的重点，强化理论学习、能力培训和实践锻炼，严格教育、管理和监督，推动党员领导干部坚持原则、敢抓敢管、弘扬正气，不断提高思想政治素质。严格党的组织生活，认真开展批评和自我批评，提高领导班子民主生活会质量。

三、改进工作作风、密切联系广大残疾人，建设为民务实清廉机关

（六）抓好中央政治局“八项规定”的贯彻落实。贯彻落实《十八届中央政治局关于改进工作作风、密切联系群众的八项规定》，落实好中国残联贯彻落实八项规定的实施办法，精简会议活动和文件，改进文风会风；弘扬勤俭节约的优良传统，严格落实各项节约措施，坚持从党员干部做起，坚持从群众反映强烈的问题改起，坚持从最能体现良好作风的具体事情抓起，务求取得实效。

（七）深入开展党的群众路线教育实践活动。按照中央统一部署和要求，围绕保持党的先进行和纯洁性，认真开展以为民务实清廉为主要内容的党的群众路线教育实践活动，宣传推广一批党的群众路线的先进基层党组织；教育引导党员干部自觉做坚定理想信念的表率，做认真学习实践的表率，做坚持民主集中制的表率，做弘扬优良作风的表率，做践行社会主义核心价值的表率，在推动残疾人事业发展中充分发挥党的领导核心作用。

（八）完善党员干部直接联系群众制度。建立完善推动党员领导干部信访接待下基层、现场办公下基层、调查研究下基层、政策宣传下基层的工作制度，落实民主生活会制度，广泛听取群众意见，对群众“最盼、最急、最忧、最怨”的问题抓住不放，主动解决；继续做好机关党员干部特别是青年党员干部深入基层、贴近群众、密切联系残疾人工作，增进与残疾人群众的感情，提高服务基层、服务残疾人的本领，改进和完善机关干部志愿服务工作，形成机关干部关注社会、关心群众、关爱残疾人的良好氛围。

（九）充分发挥群团组织联系和服务群众的作用。加强工、青、妇等群团组织建设，充分发挥群团组织自身优势，强化学习意识，筑牢根基，开展深入学习贯彻党的十八大主题教育活动；强化创新意识，激发活力资源；要高度重视群团组织建设，定期听取工作汇报，指导群团组织工作；强化服务意识，将群众满意的活动做得更好；继续发挥党的群众工作服务职工、推动发展、促进和谐的作用；强化人文关怀和心理疏导，搞好职工心理健康服务，做好困难群众帮扶工作，开展丰富多彩的群众性文体活动，满足干部职工多层次、多样性的精神文化需求，促进和谐机关建设。

四、加强基层党组织建设，夯实机关党的工作基础

（十）推进基层党建工作创新。健全基层党建工作组织体系，进一步推广和运用支部工作法，加强服务型党组织建设，发挥基层党组织推动发展、服务群众、凝聚人心、促进和谐的作用，用党的优势解决业务工作、队伍建设中存在的突出问题，落实基层党组织创先争优长效机制，推进基层党建工作机制创新、方式方法创新。

（十一）完善学习型党组织建设机制。全面落实《中国残联直属机关党委关于推进学习型党组织建设的实施意见》，认真完成中央部署的党内教育活动，搭建好各级党组织中心组学习平台，利用好机关学习报告会平台，搞好干部职工集中教育培训平台，组织好主题党日等主题教育平台，坚持理论学习与推动中心工作相结合，不断完善学习机制，强化学习管理，创新学习形式，努力建设学习型党组织。

（十二）扎实做好党员教育、管理、服务和发展工作。以增强党性、提高素质为重点，加强和改进党员队伍教育和管理工作，完善党内激励、关怀、帮扶机制，提高发展新党员的质量，优化党员队伍结构，健全党员能进能出机制。

五、加强反腐倡廉制度建设，科学落实反腐倡廉的措施

（十三）加大完善落实反腐倡廉监督机制。全面落实《廉政风险防控工作实施方案》，要继续完善风险防控的新机制，在解决落实反腐倡廉的措施上下功夫，坚持思想反腐为先，制度反腐为本，做到教育和制度并重，建立领导干部和基层组织的“联述、联评、联考”制度。推行政务和党务公开，坚持反腐倡廉常抓不懈，拒腐防变警钟长鸣，努力实现十八大提出的“干部清正、政府廉洁和政治清明”的目标。

（十四）加强反腐倡廉宣传教育和领导干部廉洁自律工作。深入开展党性党风党纪教育、法制教育和从政道德教育，引导党员干部增强心为残疾人所系，权为事业所用，廉洁从政的自觉性。督促各级领导干部严格遵守廉政准则和领导干部报告个人有关事项制度。

六、全面提高党建科学化水平

（十五）落实党建工作责任制。完善党组（党委、总支、支部）书记负总责、分管领导具体抓、党委办综合协调、行政负责人“一岗双责”的党建工作责任体系，保证机关党建工作落实；健全党建工作考核评价办法，落实《中国残联直属机关基层党支部工作规则》和《基层党支部分类定级考核办法》，加强基层党组织的分类考核管理，完善党建工作与其他业务工作统一考核、综合评价的具体措施。

（十六）加强机关党建研究。深入开展机关党建调研工作，破解党建工作的重点难点问题，认真总结好的做法和实践经验，不断深化对党建工作的理性思考，年内，基层党支部书记至少撰写提交一篇党建文章。

（十七）加强党务工作队伍建设。加强基层党组织带头人队伍建设，进一步优化和选配好“两委”书记队伍结构，做好“两委”书记、党支部书记和党务干部培训规划和示范培训工作；拓宽基层党务干部来源，推动党务干部与业务干部的双向交流，保证专职党务干部编制，关心党务干部成长，保持党务干部队伍生机和活力；以提高推动事业发展和服务残疾人的能力为重点，把党员干部能力建设贯穿于党建工作全过程，建设素质过硬、作风优良的党员干部队伍，坚持党管干部、党管人才，形成和优化有利于党员干部能力持续提高的工作机制。

中国残联直属机关纪委2013年工作要点

直属机关纪委2013年工作总的要求是：深入学习宣传贯彻党的十八大精神，以科学发展观为指导，紧紧围绕党的先进性和纯洁性建设，不断加强党的纪律建设、作风建设、反腐倡廉建设和直属机关纪检组织建设，不断提高纪检工作科学化水平。

一、认真学习贯彻党的十八大和十八届中央纪委二次全会精神

（一）深刻领会党的十八大对党风廉政建设和反腐败斗争提出的新要求。直属机关各级纪检组织要广泛开展学习活动，对党的十八大报告、新党章、十七届中央纪委工作报告和习近平同志在党的十八届一中全会的重要讲话进行认真研读，教育引导全体党员和纪检干部深刻认识反腐败斗争的极端重要性和紧迫性，深刻认识纪检组织的重要职责，进一步增强做好纪检工作的信心和决心。

（二）认真贯彻落实十八届中央纪委二次全会精神。要组织党员干部和纪检干部认真学习习近平同志的重要讲话和王岐山同志的工作报告，领会精神实质，统一思想认识，并紧密结合本部门、本单位工作实际，提出贯彻落实会议精神的具体措施，认真解决反腐倡廉建设中存在的突出问题。

（三）结合实际谋划好反腐倡廉各项工作。要按照党的十八大、十八届中央纪委二次全会及中国残联党组的部署和要求，认真思考和科学谋划本部门、本单位2013年反腐倡廉各项工作，下大力气抓好工作的督查和落实。

二、坚决维护党章，严明党的纪律

（四）抓好新修订党章的学习贯彻。党的十八大通过了新修订的党章，中国残联各级党组织和党员干部要带头学习党章、遵守党章，自觉增强党章意识；各级纪检组织要认真履行党章赋予的职责，加强对党员遵守党章、执行党章情况的监督检查。

（五）始终坚持严明党的政治纪律。各级纪检组织要深入开展政治纪律教育，促使党员干部坚决贯彻党的路线方针政策，坚定中国特色社会主义道路自信、理论自信、制度自信，坚决维护中央权威，坚决遵守习近平同志在十八届中央纪委二次全会上提出的三个“决不允许”和五个“不允许”的要求，对于违反政治纪律的行为要严肃处理。

三、加强作风建设，进一步密切与残疾人血肉联系

（六）认真贯彻落实“八项规定”精神。要下大力气抓好中央“八项规定”和中国残联《实施办法》的落实，各部门、各单位党员干部特别是主要负责同志要带头执行，并切实负起领导和管理责任；各级纪检组织要配合行政、人事等相关部门抓好落实情况的监督检查，及时发现问题，认真督促整改。

（七）配合搞好党的群众路线教育实践活动。各部门、各单位纪检组织要配合上级党组织开展好教育实践活动，认真落实“照镜子、正衣冠、洗洗澡、治治病”的要求，引导党员干部树立正确的世界观、权力观和事业观，特别是要抓好各级纪检干部自身的学习教育。

（八）加强对领导干部廉政情况的监督检查。继续抓好《中国共产党党员领导干部廉洁从政若干准则》及其《实施办法》的贯彻落实，不断加大检查力度，对于领导干部执行个人事项报告和双重民主生活会制度、遵守住房车辆配备使用等规定情况进行重点监督，坚决纠正违规违纪行为。

四、深入推进反腐倡廉重点工作

（九）继续推进直属机关廉政文化建设。要在基层党组织和广大党员干部中，持续深入地开展理想信念和宗旨教育、党性党风党纪教育，推进廉政文化创建活动，引导党员干部筑牢拒腐防变的思想防线，保持共产党人的高尚品格和廉洁操守。

（十）努力深化廉政风险防控成果。廉政风险防控作为预防和惩治腐败体系建设的重点工作，各部门、各单位要继续摆到日程上来，主要负责同志要担负起“一岗双责”的责任，亲自过问。要继续对可能出现的风险点进行深入梳理，对已经查出的风险点要进一步细化、完善预防和处置措施，特别是在财务管理、基建工程、政府采购、项目管理和干部任用等方面建立起比较完善的内控制度，减少消极腐败现象滋生的漏洞。

（十一）高度重视来信来访和舆情动态。直属机关各级纪检组织要认真履行职责，凡是有群众举报的，要及时受理；凡是有具体线索的，要认真核查；凡是违反党纪国法的，要严肃处理。要高度关注互联网、单位内部网站等方面的舆情动态，对于已经出现的不良苗头要及时报告并主动协调相关部门正确处理，避免造成重大影响。

（十二）着力加强基层纪检组织建设。各部门、各单位要高度重视基层纪检组织建设，特别是纪委委员和总支（支部）纪检委员队伍建设，及时调配补充人员，切实让政治强、业务精、作风好、威信高的党员干部承担纪检工作。要着力加大对专、兼职纪检干部的培训力度，不断提高履职尽责的能力和水平，直属机关纪委将适时举办纪检干部培训班。

关于印发《中国残联深入开展党的群众路线教育实践活动实施方案》的通知

残联群组〔2013〕1号

机关各党支部，各直属单位、基金会党委、总支、支部：

《中国残联深入开展党的群众路线教育实践活动实施方案》已经中国残联党的群众路线教育实践活动领导小组审议通过，并报中央督导组同意。现印发给你们，请结合本部门本单位实际，认真落实教育实践活动各项工作。

中国残联党的群众路线教育实践活动领导小组

2013年7月11日

中国残联深入开展党的群众路线教育实践活动实施方案

为贯彻落实《中共中央关于在全党深入开展党的群众路线教育实践活动的意见》（中发〔2013〕4号），结合中国残联实际，现就深入开展党的群众路线教育实践活动提出如下实施方案。

一、指导思想

高举中国特色社会主义伟大旗帜，坚持以马克思列宁主义、毛泽东思想、邓小平理论和“三个代表”重要思想、科学发展观为指导，紧紧围绕保持党的先进性和纯洁性，以为民务实清廉为主要内容，以处级以上领导机关、领导班子和领导干部为重点，切实加强全体党员马克思主义群众观点和党的群众路线教育，把贯彻落实中央八项规定精神作为切入点，进一步突出作风建设，坚决反对形式主义、官僚主义、享乐主义和奢靡之风，着力解决人民群众和广大残疾人反映强烈的突出问题，提高做好新形势下群众工作的能力，保持党同人民群众的血肉联系，发挥党密切联系群众的优势，发挥残联组织服务大局、服务残疾人的重要作用，为加强残疾人社会保障体系和服务体系建设，不断改善残疾人生活状况，加快残疾人事业发展提供组织保障。

党的群众路线教育实践活动总的要求是：照镜子、正衣冠、洗洗澡、治治病。“照镜子”，主要是学习和对照党章，对照廉政准则，对照改进作风要求，对照群众期盼，对照先进典型，查找宗旨意识、工作作风、廉洁自律方面的差距。“正衣冠”，主要是按照为民务实清廉的要求，严明党的纪律特别是政治纪律，敢于触及思想、正视矛盾和问题，从自己做起，从现在改起，端正行为，维护良好形象。“洗洗澡”，主要是以整风精神开展批评和自我批评，深入分析出现形式主义、官僚主义、享乐主义和奢靡之风的原因，坚持自我净化、自我完善、自我革新、自我提高，既要解决实际问题，更要解决思想问题。“治治病”，主要是坚持惩前毖后、治病救人方针，区别情况、对症下药，对作风方面存在问题的党员、干部进行教育提醒，对问题严重的进行查处，对与民争利、损害群众利益的不正之风和突出问题进行专项治理。

二、目标要求

党的群众路线教育实践活动在中国残联系统全体党员中进行，重点抓好处级以上领导机关、领导班子和领导干部。主要任务聚焦到作风建设上，集中解决形式主义、官僚主义、享乐主义和奢靡之风，对作风之弊、行为之垢来一次大排查大检修大扫除，教育引导党员、干部树立群众观点，弘扬优良作风，解决突出问题，保持清廉本色，使党员、干部思想进一步提高，作风进一步转变，党群、干群、与残疾人的关系进一步密切，代表和服务广大残疾人群众的能力和水平进一步提高。

（一）落实为民务实清廉要求。引导党员干部牢固树立以残疾人为本、为残疾人服务和立党为公、执政为民的理念，密切联系残疾人，真正使广大党员干部对残疾人的所需、所想感同身受；坚持残疾人利益无小事，始终把残疾人群众满意作为检验工作的第一标准，切实增强贯彻党的群众路线的自觉性和坚定性；发扬理论联系实际、密切联系群众和艰苦奋斗之风，求真务实，真抓实干，问需、问计于残疾人，增强广大党员干部深入了解和努力改变残疾人生产生活状况的责任感和使命感；严格遵守党章，坚守廉政准则，规范权力行使，主动接受监督，自觉加强“人道、廉洁、服务、奉献”的残疾人工作者职业道德建设，不断增强党员干部反腐倡廉和拒腐防变的自觉性。

（二）着力解决突出问题。坚决反对形式主义，教育引导党员、干部端正学风，改进文风会风，在大是大非面前敢于担当、敢于坚持原则，真正把心思用在做好各项残疾人工作、推进残疾人事业科学发展上，把功夫下到察实情、出实招、办实事、求实效上；坚决反对官僚主义，教育引导党员、干部深入实际、深入基层、深入残疾人，接地气、通下情，坚持民主集中制，改进调查研究，虚心听取残疾人意见，真心对残疾人负责，热心为残疾人服务，诚心接受残疾人监督，有效解决残疾人反映的突出问题；坚决反对享乐主义，教育引导党员、干部克己奉公，勤政廉政，保持昂扬向上、奋发有为的精神状态；坚决反对奢靡之风，教育引导党员、干部坚守节约光荣、浪费可耻的思想观念，做到艰苦朴素、精打细算，勤俭办一切事情，努力推动节约型组织建设。

（三）牢牢把握基本原则。坚持正面教育为主，加强马克思主义群众观点和党的群众路线教育，加强党性党风党纪教育、道德品行教育和职业道德教育，引导党员干部坚定理想信念，增强公仆意识，坚守共产党人精神追求。坚持批评和自我批评，敢于揭短亮丑、修正错误，真正使党员干部思想受到教育、作风得到改进、行为更加规范。坚持讲究实效，开门搞活动，请群众参与，让群众评判，受群众监督，努力在解决作风不实、不正和行为不廉上取得实效，在提高群众工作能力、密切党群干群关系、全心全意为残疾人服务上取得实效。坚持分类指导，针对机关和直属单位的不同情况，找准需要解决的突出问题，提出目标要求和办法措施。坚持领导带头，上级带下级、主要领导带班子成员、领导干部带一般干部，一级抓一级，层层抓落实。

三、方法步骤

按照中央要求，中国残联机关及直属单位作为第一批开展党的群众路线教育实践活动的单位，从 2013 年 7 月开始，安排 4 个月左右的时间。以学习教育、听取意见，查摆问题、开展批评，整改落实、建章立制为主要环节，坚持把深入群众、服务群众，解决问题、改进作风，落实中央要求贯穿活动全过程。

（一）学习教育、听取意见（2013 年 7 月—8 月）。

1. 扎实做好准备工作。认真传达学习中央党的群众路线教育实践活动工作会议精神，及时成立领导组织和工作机构。深入开展教育实践活动调研，在地方残联、残疾人专门协会、中国残联机关和直属单位中充分酝酿活动方案，广泛征求各方面对于开展活动的意见和建议。

2. 召开会议动员部署。召开中国残联教育实践活动动员部署大会，明确活动要求。中央督导组组织对中国残联领导班子和领导干部进行民主评议，并与中国残联领导班子成员谈话。各级党组织也要采取多种方式，在广大党员干部中深入开展动员。

3. 深入开展学习教育。要把树立宗旨意识、增强群众观点作为学习教育、思想理论武装的重点，围绕马克思主义群众观点和党的群众路线深入开展教育，组织党员、干部深入学习贯彻习近平总书记等中央领导同志的重要讲话精神，认真研读《论群众路线—重要论述摘编》《党的群众路线教育实践活动学习文件选编》《厉行节约、反对浪费—重要论述摘编》等学习材料。要周密制定学习计划，采取个人自学、集中教育、领导干部讲党课、辅导报告、讨论交流等多种形式，组织党员、干部深入学习党的十八大精神，学习中国特色社会主义理论体系，学习党的光辉历史和优良传统。要结合残疾人事业发展实际，开展理想信念教育、党性党风党纪教育和职业道德教育，开展马克思主义群众观点和党的群众路线专题讨论。

4. 听取意见边学边改。要坚持边学边整边改，组织党员干部走进基层，随时听取有关作风建设的意见，对于必须立即改正的要坚决改正，对于需要长时期改进的要虚心接受。中国残联在前期征求活动及实施方案意见的基础上，面向地方残联、残疾人专门协会及残疾人代表、机关及直属单位的党员干部和群众代表，听取改进作风建设的意见和建议，进一步对照检查边学边改的效果。各部门、各单位也要结合中心任务和工作实际，适时征求对领导班子和领导干部的意见和建议，为对照检查、开展批评和解决问题打好基础。

（二）查摆问题、开展批评（2013 年 9 月）。重点围绕为民务实清廉要求，通过群众提、自己找、上级点、互相帮，认真查摆形式主义、官僚主义、享乐主义和奢靡之风方面存在的突出问题，进行党性分析和自我剖析，以整风的精神开展批评和自我批评。

1. 抓住查摆、开展批评的关键，明确整改方向和问题。组织党员干部查思想认识，查工作方式，查精神状态，查廉洁自律。每名党员干部特别是处级以上党员领导干部，要通过对照检查，认真写出分析材料，并针对存在问题，深入分析原因，制定整改措施，明确努力方向。

2. 召开高质量的专题民主生活会。会前，党组（党委、总支、支部）主要负责同志要与班子成员逐一谈心，班子成员之间要互相谈心；每个班子及其成员撰写对照检查材料，重点放在查摆问题、原因分析、努力方向和改进措施上。会中，班子成员既要进行深刻的自我批评，又要进行诚恳的相互批评，党组（党委、总支、支部）主要负责同志要带头开展批评和自我批评。会后，要在规定范围内通报民主生活会情况和班子成员的对照检查材料。各部门、各单位不担任党委（总支、支部）委员职务的行政领导班子成员，要列席专题民主生活会并提出意见和建议，是党员的要和党委（总支、支部）委员一起做对照检查。每个党员都要参加所在党支部或党小组的专题组织生活会，针对存在问题，提出整改措施。

3. 制定整改方案。各级党组织对群众提出的意见和建议，要认真进行梳理分类，结合民主生活会情况，研究提出整改落实方案。整改方案要明确责任主体和整改时限，并在规定范围内进行公示。

4. 做好督导工作。上级党组织要派出督导组，全程参与下级党组织专题民主生活会。在民主生活会准备阶段，督导组要向党委（总支、支部）主要负责同志及领导班子通报掌握的班子建设情况和存在的突出问题，对反映存在问题较多的班子成员，由督导组会同基层党委（总支、支部）主要负责同志进行谈话提醒，对班子其他成员也要进行个别谈话提醒。督导组要会同基层党委（总支、支部）主要负责同志对班子成员的对照检查材料、开展批评和自我批评情况进行评价，并采取适当形式反馈。

（三）整改落实、建章立制（2013 年 10 月）。重点是针对作风方面存在的问题，提出解决对策，制定和落实整改方案；对一些突出问题，进行集中治理。每个部门和单位都要抓住重点问题，制定整改任务书、时间表，并在一定范围内公示。要建立健全联系群众、服务残疾人的长效机制，巩固扩大教育实践活动成果。

1. 要强化正风肃纪。在反对形式主义方面，认真清理各类会议、文件、简报、节庆、评比表彰和达标活动，根据工作需要精简合并，对没有实际内容和作用的会议、活动、文件、简报坚决取消。认真落实建设学习型党组织有关规定，解决好学习中应付场面、浅尝辄止、理论与实践脱节的问题。进一步改进调查研究，转变走马观花、重数量轻质量的现象，着力做好调研成果转化工作。在反对官僚主义方面，要重点检查中国残联机关及直属单位处级以上领导干部的勤政情况，坚决杜绝讲大话、讲虚话的“空谈”现象，坚决整治主观臆断、草率决策，推诿扯皮、效率低下等问题，专项治理消极应付、不作为、乱作为，门难进、脸难看、事难办以及漠视甚至侵害残疾人利益的问题。在反对享乐主义方面，着力对怕负责任、不敢担当，精神懈怠、思想消极，贪图享受、讲究排场等问题进行治理，监督领导干部落实工作和生活待遇有关规定，进一步规范和落实公务接待规定，认真清退违规住房、办公用房和配备车辆。在反对奢靡之风方面，继续清理检查“小金库”和会员卡，全面检查“三公”经费使用情况，坚决制止铺张浪费行为，严禁用公款大吃大喝和安排高档消费娱乐活动。同时，要加强各级领导班子建设，严格教育管理干部，对软、懒、散的领导班子进行整顿；对存在一般性作风问题的干部，立足教育提高，促其改进；对群众意见大、不能认真查摆问题、没有明显改进的干部，要进行组织调整。在活动中发现的重大违纪违法问题，要严肃查处。

2. 要提升工作能力。要注重深入基层，摸清情况、摸清底数，提高调查研究、掌握实情的能力；要注意倾听民意、集中民智，提高科学决策、民主决策的能力；要注重直面困难，提高解决问题、化解矛盾的能力；要提高宣传群众、组织群众的能力；要提高为残疾人服务的能力，想其之所想，急其之所急，解残疾人之所需。

3. 要加强制度建设。对贯彻党的群众路线已有的制度进行梳理，经实践检验行之有效、群众认可的制度长期坚持，抓好落实；对不适应新形势新任务要求的制度，逐步修订完善。坚决纠正有令不行、有禁不止、无视制度的问题。进一步完善党员干部直接联系残疾人制度，畅通残疾人诉求反映渠道制度，建立健全科学民主决策、干部作风状况考核评价、“三公”管理、内部审计等等一系列制度，推动改进工作作风、密切联系群众常态化实效化。

4. 要搞好活动总结。要认真做好总结工作，对作风改进不积极、整改措施不落实、群众不满意、效果不明显的，要责令其整改，重新开展有关活动。召开中国残联教育实践活动总结大会，由中央督导组组织对中国残联领导班子和领导干部进行评议。各部门、各单位也要通过活动效果测评、群众民主评议等方式，认真查找活动中存在的不足，切实加以改进。

四、具体要求

中国残联各级党组织要高度重视，把教育实践活动作为一项重要的政治任务抓紧抓好。要把组织开展教育实践活动与扎实做好中国残联换届工作、与年度工作任务、与党员干部履职尽责结合起来，做到两手抓、两不误、两促进。

（一）加强组织领导。中国残联成立党的群众路线教育实践活动领导小组，下设领导小组办公室。根据中央要求，会党组派出督导组，由相关会领导任组长，对各部门、各单位教育实践活动进行检查指导。各部门、各单位党组织主要负责同志要承担起第一责任人的职责，局、处级以上党员领导干部要率先垂范，密切配合，形成合力。机关各部门要明确处级以上党员干部负责具体工作，各直属单位、基金会要成立领导机构和工作机构，确保活动各项工作落实。各级党组织要结合自身实际，科学制定活动方案，并在活动结束后及时向上级党组织写出报告。

（二）认真谋划实施。各级党组织既要加强统筹协调，按照上级要求，坚持基本环节不能少、不变通，把“规定动作”做到位；又要以创新意识策划活动，结合实际灵活安排各个环节的工作，做到内容更加新颖、形式更加多样、载体更加丰富，增强活动的针对性、实效性和吸引力，使“自选动作”有特色。要注重发挥典型的示范和警示作用，力戒形式主义，着力解决突出问题，紧紧围绕为民务实清廉，确保教育实践活动不走过场，不虚、不空、不偏，沿着正确轨道健康深入推进。要加强检查指导，上级党组织要全程督导所属基层党组织的教育实践活动，实施分类指导。

（三）注重宣传引导。各级党组织要着力加强对教育实践活动的正面宣传和引导，不断创新宣传形式和载体，充分利用各种媒体和宣传阵地，及时反映活动进展和学习教育成果。要不断丰富党的群众路线理论研究，及时总结推广好经验、好做法，发挥好典型示范作用。

关于成立中国残联党的群众路线教育实践活动领导小组的通知

残联党组〔2013〕5 号

机关各部门、各直属单位，基金会：

为认真贯彻落实中央关于开展党的群众路线教育实践活动的总体部署和要求，开展好我会教育实践活动，决定成立中国残联党的群众路线教育实践活动领导小组。领导小组下设督导组和办公室。

中共中国残疾人联合会党组
2013 年 7 月 11 日

中国残联党的群众路线教育实践活动领导机构及工作机构组成人员

一、领导小组人员

组　长　王新宪　党组书记、理事长
副组长　王乃坤　党组副书记、常务副理事长、直属机关党委书记
成　员　吕世明　党组成员、副主席
孙先德　党组成员、副理事长
程　凯　党组成员、副理事长
贾　勇　党组成员、副理事长
相自成　党组成员、理事、人事部主任、直属机关党委常务副书记

二、督导组人员

1. 第一督导组
组　　长　王乃坤（兼）
副 组 长　王　涛　宣文部主任
工作人员　张学超　宣文部文化处处长
督导单位　宣文部、国际部、计财部、华夏出版社、华夏时报社、盲文出版社、杂志社、华夏集团

2. 第二督导组
组　　长　吕世明（兼）
副 组 长　曹跃进　组联部主任
工作人员　彭冰泉　组联部社区和志愿者工作处副调研员
督导单位　维权部、组联部、专门协会、艺术团

3. 第三督导组
组　　长　孙先德（兼）
副 组 长　尤　红　康复部主任
工作人员　张宏坤　办公厅综合处副处长
督导单位　办公厅、康复部、康复中心、聋康中心、辅具中心、信息中心、上海国际康复中心

4. 第四督导组
组　　长　贾　勇（兼）
副 组 长　张新龙　教就部主任
工作人员　张振飞　教就部就业扶贫处处长
督导单位　教就部、体育部、两建办、体管中心、按摩医院、就业中心、机关服务中心

5. 第五督导组
组　　长　相自成（兼）
副 组 长　陈新民　研究室主任
工作人员　周国栋　人事部干部处处长
督导单位　研究室、人事部、直属机关党委、直属机关纪委

6. 第六督导组
组长　汤小泉　中国残联副主席、基金会理事长
副 组 长　邢建绪　基金会副理事长
工作人员　刘书娜　基金会综合办公室干部
督导单位　基金会

三、会领导小组办公室人员

主　任　相自成　（兼）
副主任　马志强　办公厅主任
王　涛　宣文部主任
甄晓宁　直属机关纪委书记
于新燕　人事部副主任

办公室下设2个工作组

1. 综合组
组　长　马志强（兼）
副组长　甄晓宁（兼）
周国栋　人事部干部处处长

2. 宣传组
组　长　王　涛（兼）
副组长　于新燕（兼）
倪　林　残疾人杂志社社长
张冬梅　直属机关党委办公室主任

关于调整中国残联党的群众路线教育实践活动领导小组成员的通知

残联党组〔2013〕7号

机关各部门、各直属单位，基金会：

经党组研究，决定对中国残联党的群众路线教育实践活动领导小组成员做如下调整：

组　长　鲁　勇
副组长　孙先德
成　员　吕世明　程　凯　贾　勇　王梅梅　相自成

中共中国残疾人联合会党组
2013年8月30日

关于中国残联党组、执行理事会成员分工的通知

残联发〔2013〕15号

各省、自治区、直辖市及计划单列市残联，新疆生产建设兵团残联，黑龙江垦区残联，中国残联机关各部门、各直属单位，基金会：

经研究，现就中国残联党组、执行理事会成员分工明确如下：

鲁勇党组书记、理事长主持中国残联党组、执行理事会全面工作，分管人事部、国务院残工委办公室。

孙先德党组副书记、常务副理事长协助安排党组、执行理事会、国务院残工委办公室日常工作，分管办公厅、宣传文化部、机关党委（纪委）工作，联系中国残疾人福利基金会、中国盲文出版社、华夏出版社、华夏时报社、中国残疾人杂志社、华夏文化集团。

吕世明党组成员、驻会副主席负责中国残联主席团日常工作，分管维权部、组织联络部，联系专门协会、中国残疾人特殊艺术指导中心。

程凯党组成员、副理事长分管研究室、教育就业部，联系中国残联就业服务指导中心（中国盲人按摩指导中

心）、北京按摩医院。

贾勇党组成员、副理事长分管康复部、国际联络部，联系中国康复研究中心、中国聋儿康复研究中心、中国残疾人辅助器具中心、中国狮子联会。

王梅梅党组成员、副理事长分管体育部、计划财务部，联系中国残疾人体育运动管理中心、中国残联机关服务中心。

相自成党组成员兼任人事部主任，协助分管人事、机关党委（纪委）工作，联系中国残联信息中心、上海国际康复活动中心。

尤红理事兼任康复部主任，协助分管副理事长负责康复工作、推动残疾预防与残疾人康复工作。

张伟理事兼任中国盲文出版社社长，协助分管副理事长负责文化工作、推动残疾人文化事业与产业发展。

李庆忠理事负责中国盲人协会日常工作。

杨洋理事负责中国聋人协会日常工作。

中国残疾人联合会
2013 年 9 月 30 日

关于印发《关于加强干部工作的规定》的通知

残联发〔2013〕18 号

机关各部门、各直属单位，基金会：

《关于加强干部工作的规定》已经党组会议通过，现予以印发，请结合实际认真贯彻落实。

中国残疾人联合会
2013 年 11 月 15 日

关于加强干部工作的规定

为进一步加强中国残联干部队伍建设，为残疾人事业健康、可持续发展提供坚强的组织和人才保障，根据党和国家有关干部工作政策和我会干部管理规定，对干部工作若干重要问题进行重申和明确。

干部工作要认真贯彻落实党的十八届三中全会精神，深化干部人事制度改革，构建有效管用、简便易行的选人用人机制。强化党组、分管领导和干部人事部门在选拔任用干部中的权重和干部考察识别的责任，改革和完善干部考核评价制度，改进竞争性选拔干部办法，改进优秀年轻干部培养选拔机制，防止和克服唯票取人、唯分取人等现象，用好各年龄段干部，真正把信念坚定、为民服务、勤政务实、敢于担当、清正廉洁的好干部选出来。

一、机关干部录用

1. 机关录用干部坚持公开、公平、公正、竞争、择优的原则，按照德才兼备的标准，一般采取考试与考察相结合的方式进行，必须在规定的编制员额内，并有相应的职位空缺。

2. 机关录用干部，除符合公务员法和公务员录用规定外，原则上应具有大学本科及以上学历、两年以上基层工作经历，具备拟任职位所要求的资格条件和工作能力。

3. 重视残疾人干部选拔，在同等条件下，优先录用残疾人。机关各部门原则上至少有 1 名残疾人干部。

4. 对政策性安置人员，坚持德才素质和职位要求相适应的原则，择优录用。

5. 不得录用与机关干部之间有夫妻关系、直系血亲关系、三代以内旁系血亲关系以及近姻亲关系的人员。

6. 所有新录用机关工作人员，应当在录用后一年内到信访处锻炼三个月。

7. 录用机关干部，由各部门提出用人意向，经人事部审核并报党组批准后，按规定程序组织实施。

二、机关干部调任

1. 调任机关干部必须坚持德才素质和职位要求相适应的原则，根据工作需要和资格条件，坚持组织安排和个人意愿相结合，从严掌握，择优任用；一般采取考试、测评和考察等方式进行；必须在规定的编制限额和职数内进行，并有相应的职位空缺。

2. 调任人选除应当具备公务员法第十一条规定的条件外，还应当具备下列资格条件：

（1）具有良好的政治、业务素质，工作能力强、勤奋敬业、实绩突出，热爱残疾人事业。

（2）具有与拟调任职位要求相当的工作经历和任职资历。

（3）具有公务员法及其配套法规规定的晋升至拟任职务累计所需的最低工作年限。专业技术人员调入机关任职的，应当担任副高级专业技术职务 2 年以上，或者已担任正高级专业技术职务。

（4）原则上应当具有大学本科以上学历。

（5）调任部门副主任、主任职务的，原则上不超过 55 周岁；调任处长职务的，原则上不超过 50 周岁；调任副处长职务的，原则上不超过 45 周岁。

（6）原则上不调任非领导职务。

（7）符合法律、法规、章程规定的其他条件。

3. 工作人员调出机关后再调入机关担任高于调出机关时所任职务的，应当具备从调出机关时所任职务晋升至拟任职务所需的任职资格年限。

4. 调任人员的级别和有关待遇，根据其调任职务，结合本人原任职务、工作经历、文化程度等条件，比照调入机关同等条件人员确定。

5. 调任人员除由中共中央、国务院依法任命职务的以外，一般实行试用期制，试用期为一年。试用期满考核合格的，正式任职；考核不合格的，安排其他工作。

6. 机关干部调任由党组研究决定，人事部按规定程序组织实施。

三、机关干部职务晋升

1. 干部晋升职务应当具备拟任职务所要求的思想政治素质、工作能力、文化程度、任职经历和廉洁自律等方面的条件和资格，在规定任职资格年限内的年度考核结果均为称职或合格以上等次。

2. 晋升为副处长及以上职务的，必须具备《党政领导干部选拔任用工作条例》和有关法律、法规、章程规定的资格和要求。其中，提拔担任机关处级及以上领导职务的，应当具有的基本资格：（1）提任处级领导职务的，应当具有五年以上工龄和两年以上基层工作经历。（2）提任处级以上领导职务的，一般应当具有在下一级两个以上职位任职的经历。（3）提任处级以上领导职务，由副职提任正职的，应当在副职岗位工作两年以上，由下级正职提任上级副职的，应当在下级正职工作三年以上。（4）一般应当具有大学本科以上文化程度。

3. 提任副处级及以上干部，可采取民主推荐、组织推荐和竞争性选拔等方式。其中，本单位符合资格条件人数较多且人选意见不易集中的，可以采取竞争性选拔方式；一个职位人选少于3名的，应采取其他方式选拔。有符合资格条件人选且人选意见比较集中的，可以由组织推荐提名。

4. 干部晋升职务要按规定程序和权限办理。晋升主任科员及以下职务，需经中国残联人事部批准。提任副处级及以上职务，由党组研究决定，中国残联人事部按有关程序组织实施。

5. 干部晋升职务要逐级晋升，特别优秀或者工作特殊需要的干部，符合《党政领导干部选拔任用工作条例》规定的破格提拔条件，可以突破任职资格规定或者越级提拔担任领导职务。未满任职试用期或者提拔任职不满一年的，不得破格提拔。不得在任职年限上连续破格，不得越两级提拔。列为破格对象的，需事先向中央组织部报告，经批复同意后方可进行。

四、干部交流

1. 实行干部交流制度，加强机关和直属单位、机关各部门之间干部交流。交流对象主要是：因工作需要交流的；需要通过交流锻炼提高工作能力的；在同一部门或单位工作时间较长的；按照规定需要回避的；因其他原因需要交流的。

2. 除特殊岗位外，机关干部在同一岗位任职满5年的应当交流，在同一部门任职满10年的应当交流；直属单位班子成员根据任职年限和工作需要进行交流。

3. 机关部门内部人员跨处轮岗，由部门提出，人事部审核，党组批准后方可实施。

4. 积极选派干部到新疆、西藏以及西部地区、老工业基地和革命老区挂职锻炼，有计划地重点安排缺少两年以上基层工作经历的机关干部到基层挂职锻炼。

5. 严肃干部工作纪律，交流干部必须服从组织安排；关心爱护交流干部，充分发挥他们的作用。

6. 干部交流由党组研究决定，人事部组织实施。

五、干部考核

1. 根据干部管理权限对干部进行考核。干部考核工作以干部的职位职责和所承担的工作任务为基本依据，全面考核德能勤绩廉。干部考核分为平时考核和年度考核。

2. 平时考核重点考核干部完成日常工作任务、阶段工作目标情况以及出勤情况，可以采取被考核人填写工作总结、专项工作检查、考勤等方式进行，由干部所在部门或单位组织实施。

3. 年度考核在每年年末或者翌年年初进行，中国残联人事部提出干部年度考核方案并报党组同意后下发各部门和单位执行。各部门和单位要认真组织干部年度考核工作，并在考核工作完成1个月内将机关干部和各单位班子成员的年度考核登记表报送中国残联人事部。

4. 干部考核结果作为调整干部职务、级别、工资以及奖励、培训、辞退的重要依据。

六、干部教育培训

1. 加强干部教育培训工作统筹，以干部全面发展为目标，以培训需求为导向，规范有序地安排干部教育培训，实现干部教育培训经常化。

2. 认真落实干部教育培训制度，处级及以上领导干部，每5年参加党校、行政学院、干部学院或者人事部门认可的其他培训机构累计3个月以上的培训。提拔担任领导职务的，确因特殊情况在提任前未达到教育培训要求的，应当在提任后1年内完成培训。其他干部参加脱产教育培训的时间，根据有关规定和工作需要确定，一般每年累计不少于12天。

3. 积极开展干部教育培训工作创新，不断拓展干部教育培训途径，创新干部教育培训内容和方法，把组织调训、自主选学和干部自学结合起来，培育良好的干部教育培训运行机制，提高干部教育培训的针对性、有效性。

七、干部监督

1. 加强干部选拔任用工作的监督检查。坚持党管干部的原则，对干部选拔任用全过程进行监督，保证党的干部路线、方针、政策全面正确地贯彻执行。中国残联人事部对干部选拔任用工作的情况进行监督检查，受理有关干部选拔任用工作的举报、申诉，制止、纠正违反干部选拔任用工作有关规定的行为，并对有关责任人做出处理或者提出处理意见。直属机关纪委按照有关规定对干部选拔任用工作进行监督检查。

2. 严格执行领导干部个人有关事项报告制度。领导干部应当按照规定的时间和内容，每年集中报告上一年度个人有关事项，遇有婚姻、家庭情况发生变化，根据干部管理权限，及时报人事部门备案。

3. 进一步规范干部兼职。现职和不担任现职但未办理退休手续的干部不得在企业兼职（任职）。退休干部到企业兼职（任职）必须从严掌握、从严把关，确因工作需要到企业兼职（任职）的，应当按照干部管理权限严格审批。按规定经批准在企业兼职（任职）的领导干部，不得在企业领取薪酬、奖金、津贴等报酬，不得获取股权和其他额外利益。现职干部到社会团体兼职要按照干部管理权限审批。

4. 进一步加强干部出国管理。干部因公出国要严格执行上级有关规定和《中国残联因公出国人员审批管理实施办法》；因私出国要按照干部管理权限和有关规定办理审批手续，处级以上干部因私出国要落实审批备案制度。

5. 加强干部日常监督。全体干部必须自觉遵守国家法律、法规，严格执行党的政治纪律、组织纪律和干部管理工作规章制度。如有违反，要按照有关规定严肃处理。

八、直属（事业/企业）单位干部人事管理

（一）直属单位班子管理

1. 直属单位领导班子成员的选拔任用由党组研究决定，中国残联人事部按规定程序组织实施。按照任人唯贤、德才兼备的原则，选齐配强直属单位领导班子。

2. 加强直属单位领导班子管理与监督。会领导和机关有关部门，要经常了解和全面掌握直属单位领导班子建设情况，积极帮助其开展工作和解决困难。按照干部管理权限和有关规定，认真做好直属单位班子及成员的考核工作。

3. 严格落实领导干部离任审计制度。直属单位领导班子正职领导干部或者主持工作一年以上的副职领导干部，离任前要进行任期经济责任审计。领导干部任期经济责任审计，由中国残联人事部根据有关规定确定审计对象并报党组同意后，由中国残联计财部负责或由其委托有资格的社会审计组织进行并形成审计报告。审计内容按有关规定执行。中国残联直属机关纪委对领导干部离任审计工作进行监督检查。人事部会同计财部、机关纪委共同审定审计报告，并报告党组。

（二）直属单位工作人员聘用

1. 直属单位出现空缺岗位需要新进人员，除国家政策性安置、按干部人事管理权限由上级任命及涉密岗位确需使用其他方法选拔任用人员外，应当实行公开招聘。

2. 公开招聘要坚持德才兼备的用人标准，贯彻公开、平等、竞争、择优的原则，根据招聘岗位的任职条件及要求，公开职位及招聘人数，采取考试、考核的方法进行。

3. 公开招聘人员实行回避制度。受聘人员凡与聘用单位负责人员有夫妻关系、直系血亲关系、三代以内旁系血亲或者近姻亲关系的，不得被聘用从事该单位负责人员的秘书或者人事、财务、纪律检查岗位的工作，也不得在有直接上下级领导关系的岗位工作。聘用工作组织成员在办理人员聘用事项时，遇有与自己有上述亲属关系的，应当回避。

4. 直属单位干部聘用工作由本单位负责并组织实施，中国残联人事部进行指导、监督和管理。聘用中层干部需报中国残联人事部备案。破格提拔干部需事先报告中国残联人事部，经批复同意后方可进行。

（三）直属单位工资总额管理

1. 中国残联人事部负责各直属单位年度工资总额计划编制、审核、汇总、上报、分解下达和监督工作。

2. 各直属单位要严格执行国家有关工资政策，按下达的工资总额计划执行。如有特殊情况需对年度计划进行调整，须书面提出申请及说明材料，经中国残联人事部审核并报国家人力资源社会保障部批准后，方可执行调整计划。

（四）事业单位机构编制管理

1. 严格执行机构编制审批程序和制度，凡涉及单位职能调整，机构、编制和领导职数增减的，必须报党组并按规定权限和程序办理。

2. 进一步规范机构编制管理，经中央编办批准设立的机构，要严格落实人员编制，承担相应职能，发挥相应作用。严禁超编进人。不得长期大量空编。不得随意挪用事业编制或改变事业编制用途。对违反机构编制纪律的单位，要责令其限期改正；逾期不改的，予以纠正并通报批评，追究相关人员责任。

3. 事业单位内设机构调整须报中国残联人事部审核，经党组批准后方可实施。

（五）事业单位岗位设置管理

1. 事业单位要按照科学合理、精简效能的原则进行岗位设置，坚持按需设岗、竞聘上岗、按岗聘用、合同管理。

2. 中国残联人事部负责事业单位岗位设置的工作指导、组织实施和监督管理。

3. 事业单位按照核准的岗位总量、结构比例和最高等级，自主设置本单位的具体工作岗位，在规定时限内完成岗位设置管理工作。

九、离退休干部工作

1. 干部退休按国家有关退休规定办理，一般由人事部门提出意见，按干部管理权限审批，在其到达退休时间的次月办理有关手续。

2. 在干部办理退休手续前，有关领导同志要与其进行谈话，听取意见和建议。局级干部一般由会领导谈话，其他干部一般由相关部门谈话。

3. 机关和直属单位都要结合实际，全面落实离退休干部各项待遇，积极开展适合离退休干部特点的活动，为离退休干部“老有所养、老有所教、老有所学、老有所为”创造良好条件。

中国残联办公厅

2013 年 11 月 15 日

关于印发《中国残联进一步关心干部职工学习工作生活的若干措施》的通知

残联〔2013〕235 号

机关各部门、有关直属单位：

《中国残联进一步关心干部职工学习工作生活的若干措施》已经理事会审议通过，现印发你们，请有关部门和单位认真落实。

中国残疾人联合会

2013 年 11 月 22 日

中国残联关于进一步关心干部职工学习生活的若干措施

为深入贯彻落实党的群众路线，切实把以人为本、关心群众、服务群众、解决群众实际困难的理念贯穿到机关各项工作中，充分调动干部职工的积极性和主动性，努力为构建和谐机关和促进残疾人事业的发展提供牢固的群众基础和精神动力，结合我会实际，就进一步关心干部职工学习生活制定以下措施：

一、努力提高机关食堂的服务水平。根据季节变化调整饭菜的品种，提升饭菜质量，保证食材新鲜，无污染；定期公布食品采购价格和合格证书；每年定期为食堂工作人员体检并公布体检结果；定期检查食堂工作人员个人卫生和内外环境卫生，公布卫生监督部门检查结果，确保机关干部职工吃上放心、卫生的饭菜；对不便自助取餐的残疾职工提供服务。发挥机关工会伙食监督委员会职责，了解职工意见和需求，加强对机关伙食情况的监督检查。（职责部门：服务中心）

二、做好职工住房分配工作。努力解决干部职工中无住房、住房不达标等住房困难；按照国管局住房分配的有关规定，结合我会实际确定分房方案和分房领导小组成员，分房方案要先征求机关干部职工意见，一经确定要进行公示并严格贯彻执行；工会组织要进入分房领导小组，纪委要全程参与监督。（职责部门：服务中心）

三、加强职工集体宿舍的分配使用管理。新招录、调入的公务员，个人不具备住房条件的，机关服务中心负责安排职工单身集体宿舍居住；对已分配职工住房的干部职工要限期（三个月内）腾退搬离集体宿舍；房管部门应在每年底前对借（租）住公房的干部职工进行公示说明，不符合条件的要及时清退。（职责部门：服务中心）

四、落实解决干部职工夫妻两地分居生活困难问题。人事部门根据“向残疾干部职工倾斜，向基层单位倾斜，向业务骨干倾斜，向婚龄长、分居时间长职工倾斜”的原则，综合考量各部门、各单位申报人情况，综合排队，解决干部职工夫妻两地分居。（职责部门：人事部）

五、做好机关干部职工子女入托、入学的服务管理工作。机关服务中心负责每年对机关干部职工子女入托、入学情况进行调查摸底。在家长自愿的条件下，与中国儿童活动中心实验幼儿园协商，妥善安排机关干部职工子女入托；与北京景山学校联系共建，帮助办理机关干部职工子女入学手续。（职责部门：服务中心）

六、落实机关干部年休假制度。机关干部按国家规定享受带薪年休假，适当放宽职工年休假时间跨度，在不影响工作情况下，妥善安排部门干部轮流休假；年休假在理事会确定的时间跨度内，一个年度内的休假天数可集中或分段，不得跨年度安排。（职责部门：人事部、机关各部门）

七、关心干部需求。积极为青年干部工作锻炼、学习培训、进步发展创造条件；对即将退休的机关干部，主管会领导和干部所在部门要妥善做好工作，体现组织温暖。（职责部门：会领导、人事部、机关各部门）

八、开展领导干部经常性的交心谈心活动。会领导、部门领导定期与一般干部职工开展谈心谈话活动，在干部职工工作调整时、交办重大任务时、发现有思想情绪时、工作和家庭遇到困难时，交流思想，倾听心声，了解需求，掌握困难，帮助解决实际问题，做好解疑释惑，疏导思想情绪，进行人文关怀。（职责部门：会领导、机关各部门）

九、建立职工帮困档案。工会组织要及时了解困难职工、残疾职工的家庭情况，健全职工帮困档案，每年对生活困难的干部职工开展一次摸底调查工作。（职责部门：机关党委）

十、组织开展帮困活动。各级党组织、工会组织要针对干部职工工作生活中的突出矛盾和困难，帮困工作中的重点和难点问题，研究解决措施；困难干部职工所在部门领导要关心关注他们，各级领导班子要与困难党员、困难职工结成定点帮扶对子，每年不少于 2 次走访，帮助解决实际困难。（职责部门：机关党委、机关各部门）

十一、坚持“七必访”制度的落实。工会组织做好暖心温馨工作，继续实施“七必访”制度，即职工生病住院必访，购买慰问品；职工患大病困难必访，发放救助金；职工结婚必访，送纪念品；职工生子必访，送营养品；直系亲属（职工本人父母）病故必访，发放慰问金；职工地方挂职和长时间外出工作必访；机关职工生日必访，送生日贺卡和蛋糕；积极营造团结友爱、温暖和谐的机关氛围。（职责部门：机关党委、机关各部门）

十二、继续开展走访慰问活动。每年元旦春节期间领导干部走访慰问困难党员、困难职工活动；每年“七一”慰问困难党员，发放慰问金；切实做好劳模走访慰问特别是困难劳模的送温暖工作，及时了解和帮助他们解决实际困难；继续坚持每年定期安排劳模休养管理与服务的工作机制。（职责部门：会领导、机关党委、机关各部门）

十三、关心干部职工身心健康。每年组织一次机关

干部职工年度体检，一次机关女干部职工专科体检；每年举办职工健康大讲堂和有关知识讲座。（职责部门：机关党委）

十四、开展职工交友联谊活动。团委青联要动员系统青年干部走进患大病困难职工和残疾职工家中，开展交友交流活动；与中科院心理咨询中心合作，组织专家帮助干部职工进行心理疏导和心理干预，缓解干部职工心理压力；要关心大龄青年的婚姻问题，搭建交友平台，牵线搭桥"央务鹊桥"，每年组织1—2次交友联谊活动。（职责部门：机关党委）

十五、定期向职工免费开放体育设施。充分利用体管中心资源优势，每周六（9点至17点）机关干部自行到体管中心进行乒乓球、羽毛球、篮球、足球、健身器材等项目锻炼，达到职工交流互动、增进和谐的目的。（职责部门：机关党委、体管中心）

十六、坚持举办群众性体育健身活动。会领导支持并带头参加职工群众文体活动；直属机关工会每四年举办一次系统职工运动会，组织系统职工开展单项集体项目、个人项目的体育比赛；坚持推广普及上下午工间操活动；为机关干部职工办理公园年票，丰富干部职工的业余生活。（职责部门：机关党委）

十七、发挥职工文体协会的作用。依托直属机关工会"书画、摄影、游泳、乒乓球、羽毛球"五个文体协会，以"强身健体、交流学习、提高技能、人人参与、人人受益"为宗旨，组织开展群众性文体活动，坚持面向干部职工举办文化艺术大讲堂活动；每年"三八"妇女节，组织女职工联谊活动。（职责部门：机关党委）

十八、做好干部职工集中办公和居住安全管理工作。加强重要设备设施的日常巡检、维修维护保养和定期报特检部门进行年检年审管理，及时清除故障隐患；茶炉用水、生活水箱每年定期请专业公司清洗，公布卫生防疫部门发放的卫生合格使用证；建立配电室、地下车库、锅炉房设备设施专人巡检、定期抽检工作机制；加强办公楼、住宅小区门卫值班、外来人员和治安管理。加强住宅楼物业管理，住宅楼安装红外线监控摄像头，清理宿舍楼道内杂物，杜绝群租、滥租宿舍用房，消除安全隐患，做好防火、防盗防意外发生。（职责部门：服务中心）

十九、启动使用机关干部职工住房维修基金。对多年未维护的宿舍楼设备进行维护，为机关干部职工提供安全、干净整洁、便利的工作和居住环境。（职责部门：服务中心）

二十、加强职工车辆的管理和使用。机关办公楼地下车库只安排机关公务车和机关干部职工车辆停放；宿舍楼取消停放自行车年费，鼓励住户将停放在住宅楼楼道内的自行车移至自行车棚停放；地下车库优先安排机关干部职工车辆停放。（职责部门：服务中心）

二十一、倡导干部职工自主学习。鼓励干部职工不脱产在职学习，取得相应学历或学位证书后，所需学费单位按比例给予报销；每年，党委为机关干部职工办理读书学习卡；活跃"青年读书会"活动，引导青年多读书，读好书，并互相分享。（职责部门：人事部、机关党委）

二十二、关心机关离退休干部学习、生活。离退休干部按国家政策享受相应政治待遇，按规定范围阅读、学习文件，听报告，参加有关会议和重要政治活动，定期向离退休干部通报机关工作情况。建立离退休干部"四必访"制度，元旦、春节必访，住院、病重、病危、病故必访；离退休干部每逢65、70、75周岁生日以及80周岁以上生日必访，家庭出现突发重大事件必访。建立特殊困难补助制度，对因患有严重疾病、生活不能自理或遇到灾害等情况导致家庭生活发生特殊困难的给予特困补助。关心离退休干部健康和文化生活，每年组织一次健康体检和一次妇科体检，.组织离退休干部春秋游。切实保障老干部活动经费。（职责部门：人事部、机关党委、计财部）

三、党建工作

2013年，中国残联直属机关党建工作以邓小平理论、"三个代表"重要思想和科学发展观为指导，深入学习贯彻党的十八大、十八届三中全会精神，广泛开展党的群众路线教育实践活动，紧紧围绕中国残联"六代会"确定的目标任务，全面加强直属机关党的思想、组织、作风、制度和反腐倡廉建设。

（一）党的群众路线教育实践活动取得重要阶段性成果

按照中央统一部署，中国残联从2013年7月起开展以"为民、务实、清廉"为主要内容的党的群众路线教育实践活动。在中央教育实践活动领导小组、王勇国务委员高度重视和中央第十八督导组精心指导下，中国残联突出抓好了"学习教育、听取意见，查摆问题、开展批评，整改落实、建章立制"三个环节，切实围绕"照镜子、正衣冠、洗洗澡、治治病"总要求，聚焦"四风"问题，先后印发16个指导文件，并组成6个督导组加强机关部门、直属单位和基金会的活动督导工作。召开了动员会、推进会，2次组织"回头看"，认真抓好专项整治，努力做到聚焦"四风"不散光、规定动作不走样、自选动作有特色。通过活动，中国残联党组以贯彻落实中央"八项规定"作为切入点，着力解决了一批残疾人和职工群众反映强烈的突出问题，进一步统一了各级领导班子和广大党员干部的思想，逐步健全了有关作风建设、内部管理等方面的制度规定，推动了中国残联系统的学风、文风、会风和作风不断改进，实现了教育实践活动与推动残疾人工作两不误、两促进。

（二）深入推进学习型党组织建设

按照中国残联《关于推进学习型党组织建设的实施意见》要求，严格落实学习制度，努力创新学习方法，着力拓展学习途径。中国残联党组中心组学习紧紧围绕残疾人事业改革发展的重大课题，突出了对党中央、国务院关于促进残疾人事业发展决策部署的学习贯彻，加强了对残疾人工作重点、难点问题的思考研讨，先后就贯彻落实党的十八大和十八届三中全会精神、习近平总书记系列重要讲话精神、党的群众路线、加快推进残疾人全面小康进程等内容开展集中学习研讨8次、专家辅导讲座5次。直属机关各级党组织紧紧围绕“坚定理想信念、立足岗位建功”主题开展学习，突出了加强党性修养和职业道德建设这个核心，教育引导广大党员干部自觉践行社会主义核心价值观，深刻理解未来五年残疾人事业发展的目标任务，把理论学习过程变成拓展思路、创新举措、破解难题、推动发展的过程。

（三）全面加强党的基层组织建设

坚持服务中心、建设队伍，深化“组织建设年”活动成果，持续推进基层党组织规范化、制度化建设。不断完善党建工作体系，加大对基层党组织换届选举工作的指导力度，切实选好配强基层“两委”书记队伍，全年完成7个直属党组织的换届选举和班子调整工作。做好党内教育、培训和发展党员工作，举办党务干部集中讲座2次、培训60人（次），选派13名局、处级干部到中央党校及分校学习，新发展和转正预备党员38名，培训入党积极分子35名。有效规范基层党组织管理，根据《直属机关基层党支部工作规则》和《直属机关基层党支部分类定级考核办法》，在直属党委、总支中开展了基层党支部分类定级考核试点工作。党建信息宣传工作得到加强，建立了直属机关党建信息员队伍和信息报送制度，全年收集整理党建信息120篇，中央国家机关工委采用60余篇。

（四）不断强化党风廉政建设

认真贯彻落实中央纪委全会和国务院廉政工作会议精神，组织党员干部深入学习贯彻习近平总书记在中央纪委全会上重要讲话精神，学习贯彻邓朴方主席、张海迪主席提出的“八要、八不要”和“残疾人工作者队伍要永远保持蓬勃朝气和浩然正气，残疾人工作者要做让人民放心的人”的重要指示精神，扎实开展了“百题千人廉政知识测试”活动。结合元旦、春节、中秋等重要时间节点，开展廉政专项检查，狠刹公款送礼、公款吃喝、公款旅游等不正之风，引导党员干部增强纪律意识，树立法纪观念。推动党员领导干部参加双重民主生活会、及时报告个人重大事项等制度落实，着力解决党员干部在思想、工作、生活作风和学风等方面存在的突出问题。会同人事、财务部门对领导干部报告个人重大事项、招标投标工作进行监督，开展单位主要负责人离任经济审计，加大对党员领导干部的监督力度。

（五）努力搞活群团组织活动

坚持把搞好服务作为群团组织活动的落脚点，着力打造群团活动品牌。直属机关工会严格落实“七必访”制度，慰问劳模和特困职工21人，发放慰问金7.4万元；组织开展职工体检、心理健康讲堂、摄影培训采风和职工书画作品展览等活动，成功举办第一届职工健步走和羽毛球比赛；完成了中国残联系统3000多名工会会员的资格审核、登记和发证工作。直属机关团委、青联主要抓好了“三走进”系列活动，并与中央国家机关青联、中国盲文图书馆联合组织了“青联委员公益大讲堂”系列讲座，为广大基层残疾人提供公益服务。直属机关妇工委组织开展书香“三八”读书征文、妇女岗位建功知识竞赛答题和“走进故宫、接受传统文化”主题教育等活动。中国康复研究中心北京博爱医院护理部被全国妇联授予“巾帼文明岗”荣誉称号。

四、名词解释

【“三走进”系列活动】中国残联直属机关团委、中国残联青联以“服务基层贫困群体、服务残疾人、服务青少年”为宗旨，围绕“走进社区、走进农村、走进高校”服务项目，动员团员、青年开展的一系列志愿服务活动。

【青联委员公益大讲堂】由中国残联直属机关团委、中国残联青联联合中央国家机关青联发起，依托中国盲文图书馆，以优秀中央国家机关青联委员为主讲人，定期为广大残疾人及家属和残疾人工作者进行健康、法律、社会、人文等方面知识教育的公益性系列讲座。

五、人事工作

2013年，中国残联人事部自觉把加强和改进干部工作作为深入开展党的群众路线教育实践活动的重要内容，努力推进干部队伍建设，较好地完成了工作任务，为残疾人事业各项业务工作顺利开展提供了有力的组织保证和人才支撑。

（一）抓好创新，探索实践，深化干部人事制度改革

1. 制定下发了《关于加强干部工作的规定》。按照会领导要求，中国残联人事部在对以往干部管理规定进行认真梳理的基础上，经过充分调研论证，多轮征求意见，

对残联干部工作若干重要问题进行了重申和明确，对有关内容进行了修改。《规定》的制定出台，进一步规范了残联干部管理工作，促进了干部队伍建设。同时，制定文件的过程，也是深入学习和广泛宣传干部政策的过程，进一步加深了广大干部对干部政策的理解和把握。

2. 对机关各部门、各直属单位的职能定位进行专题研究。为适应中国残联六代会提出的“同步小康”任务要求，中国残联人事部对机关、直属单位的机构设置、人员编制、职能定位等开展调研，在深入研究、广泛听取意见和建议的基础上，提出优化部门和单位职能的建议，以期为残疾人事业发展强筋骨、添活力。

3. 对干部选拔任用工作进行了有益探索。2013 年 4 月，按照党组要求，采取竞争性选拔干部的方式，选拔任用正、副局级领导干部 7 名。这次选拔任用工作，打破了机关和直属单位人员的身份界限，将符合条件的干部全部纳入了选拔范围，进一步拓宽了选人用人视野，更好地体现了干部选拔任用工作的公开、公平、公正原则。结合换届、干部选拔和个别调整，2013 年有 7 个直属单位班子进行了调整，9 个机关部门干部进行了充实、交流。

（二）抓好基础，着眼长远，加强干部人才队伍建设

1. 开展多渠道的干部教育培训工作。一是采取参加司局级自主选学、中组部调训和组织党政领导干部境内外培训等方式，开展以坚定理想信念、提高履职能力、加强个人修养、提升综合素质为目标的学习培训。二是加强对青年干部的培养，继续做好干部挂职锻炼工作，开展以丰富基层工作经验为目标的实践培训。2013 年选派 2 名专业技术干部参加中央国家机关干部第七批援藏工作；推荐 1 名局级干部参加中组部组织的西部地区、老工业基地和革命老区挂职锻炼；继续安排 5 名缺少 2 年以上基层经历的机关干部到基层挂职锻炼。2011 年 7 月挂职的第一批青年干部，2013 年期满考察后也陆续回到机关岗位。经过挂职锻炼的同志反映，在基层挂职锻炼很有必要，很有收获，确实接了地气，长了本领。

2. 创造条件做好人才引进工作。争取中组部支持，在严格控制进京指标的情况下，全部满足了中国残联各直属单位接收大学毕业生指标要求，2013 年各单位共接收应届大学生 66 名。中国残联成为接收大学毕业生最多的中央国家机关部门之一。2013 年机关考录接收公务员 1 名，机关直属单位共接收军转干部 5 名。国务院军转办和中央编办奖励中国残联接收军转干部行政编制 2 名。同时，加强与国家有关部门协调，积极为各直属单位引进有海外留学经历的硕博士人才创造条件。如组织各直属单位申报各类人才扶持项目，其中 2013 年康复研究中心 2 名归国人员获得“留学人员科技活动项目择优资助经费”6 万元。

（三）抓好大事，服务大局，高质量、高标准完成任务

1. 做好党的群众路线教育实践活动有关工作。按照党组、理事会部署要求，中国残联人事部认真开展本部门实践活动的同时，作为成员单位参与了全会教育实践活动办公室综合组、宣传组的工作，主要承担了与中央督导组的联络协调、教育实践活动有关材料的撰写和中国残联第六督导组的日常工作。在会领导的直接领导下，与有关部门密切配合，较好地完成了任务。

2. 做好中国残联六代会有关工作。积极协助中组部做好中国残联新一届主席团主席、副主席和领导班子成员人选的推荐考察工作，及时完成并上报有关材料。承担大会有关人事安排文件材料起草工作，承担会领导及会系统代表的材料上报工作。在会议召开期间，配合有关部门完成了多个会议和代表大会投票选举工作。

3. 做好事业单位分类工作。事业单位分类工作政策性强、要求高，对各单位当前和长远发展都有重大影响。我们高度重视，在深入学习领会国家政策的基础上，多次深入各单位调研具体情况，加强对各单位的工作指导，多次与中央编办有关部门沟通协调，介绍情况，反映诉求，通过努力，中央编办的初步意见完全同意中国残联提出的分类建议，为各直属单位更好地发展争取到了较好的条件。

4. 协助党组做好全国人大、全国政协换届人选推荐工作。全国“两会”召开前，按照全国人大、全国政协换届工作领导小组统一部署，及时做好中国残联人选推荐工作，通过全国人大、全国政协人选上报系统整理上报人选资料，做到了准确无误，一次通过。

（四）严谨细致，认真负责，精心做好劳动工资管理工作

在做好机关在职、离退休干部的工资待遇和直属单位劳动工资指导工作的基础上，2013 年中国残联人事部的工作重点放在探索直属事业单位转为企业后的收入分配工作，为中国残联事业单位分类改革结束后，如何进行国有企业工资总额管理打下基础。多次到华夏出版社调查研究企业收入分配工作，积极协调人社部劳动关系司，主动接受业务指导，建立和完善企业绩效工资管理，帮助解决企业收入分配改革中遇到的困难。并顺利完成机关第 14 届残奥奖金发放工作。

（五）优化工作，贴近需求，全面做好离退休干部服务管理

认真落实离退休干部各项待遇，努力为离退休干部提供人性化、个性化的满意服务。

1. 围绕“同心共筑中国梦”主题，开展系列活动。通过举办主题党日活动、专题辅导报告会、编辑党的十八大学习专辑、开展座谈交流、进行问卷调查、组织参

观、举办夕阳健步行趣味运动会等系列活动，积极营造氛围，让老同志不仅成为“中国梦”的向往者，更成为“中国梦”的追随者和参与者。

2. 圆满完成了老干部党支部换届工作。

3. 贴近老干部需求，提供满意服务。一是组织春秋游、举办春节联欢会、重大节假日开展走访慰问、组织健康体检等。二是针对老同志的特点，举办网络应用培训班，帮助大家学网、用网，并在中国残联网站上创建网上工作交流专栏，建立老干部网络 QQ 群，为老干部提供网上交流服务。

4. 积极搭建平台，为老干部发挥作用创造条件。根据老干部的特点和优势，组织老干部撰写了 18 万字的《回忆录》；邀请林泰、赵济华两位老领导为残联系统的青年同志讲述残联的优良传统和作风。协助基金会召开老同志座谈会，为纪念基金会成立 30 周年出谋划策；组织老干部代表参加六代会，为残疾人事业发展建言献策等。

（六）以人为本，格物致公，始终注重自身建设

一年来，中国残联人事部以开展党的群众路线教育实践活动为抓手，自觉践行“以人为本，格物致公”的部门核心价值理念，强化为基层服务、为干部群众服务的自觉性，认真查摆自身不足，制定整改措施，努力完善各项工作。以全国组织工作会议精神特别是习近平总书记的重要讲话为指导，理清思路，明确方向。中国残联人事部领导多次带领部里的同志到有关单位和部门进行调研、听取意见，帮助解决干部工作中的困难。特别是针对群众路线教育实践活动中群众对干部人事工作提出的意见和建议，多次开会研究并提出了整改措施和方案，让群众感受到教育活动成果。

（七）工作中的主要不足和困难

忙于事务性工作多，对进一步加强干部队伍建设工作的研究不足；对直属单位班子建设、队伍建设情况了解研究不深；对事业单位改革政策研究不够全面，对不同类别事业单位指导性帮助不够深入；对有关政策的执行力度不够，缺乏有效的措施。

（党亚戈、王莉莉供稿）

第四编　残疾人专门协会和社会工作

WORK BY SPECIAL ASSOCIATIONS AND SOCIAL WORK FOR DISABLED PERSONS

残疾人专门协会和社会工作

一、领导讲话

鲁勇在专门协会负责人座谈会上的即席讲话

2013 年 11 月 28 日　根据现场速录整理

非常高兴和大家一起探讨各专门协会 2014 年的工作思路。听了大家的发言，我很振奋，也受到很大启发。大家提出的意见、想法，对各专门协会包括中国残联做好 2014 年的工作将起到重要的作用。海迪主席非常关心专门协会的工作，特别委托我向各位专门协会的主席和工作人员表示问候，感谢大家对专门协会工作的倾心奉献。

刚才大家谈了很多很好的意见、建议，在确定中国残联 2014 年的工作思路时我们会认真汲取，同时也希望各专门协会结合各自的情况再把工作重点聚聚焦。目前，大家都在学习贯彻中国残联六代会精神。特别是在党的十八届三中全会胜利召开后，全党上下、全国上下都在认真学习领会会议精神，布置各自领域下一步的工作。习近平总书记在党的十八届三中全会上专门强调了“三个进一步解放”，其中之一就是“解放和增强社会活力”。进一步增强社会活力，激发社会组织活力，包括残疾人社会组织在内的社会组织都将迎来加快发展的重大机遇。在未来残疾人事业发展过程中，各专门协会都要积极努力工作，勇于发挥更大的作用。我想提点个人的想法跟大家共同探讨，供大家研究确定工作重点时参考。

大家学习党的十八届三中全会文件后都会强烈地感觉到，要充分发挥市场在资源配置中的决定性作用，发展和完善中国特色社会主义制度，推动国家治理体系和治理能力现代化。在这种形势下，社会组织怎样更好地发挥作用？社会组织不能也不允许走行政化的路，必须运用社会化的工作方法、社会化的运作模式来推动工作。什么是社会化的运作模式？什么是社会化的运作方法？都需要大家在实践中探索。中国残联是人民团体，从大方面讲我们也是社会组织的重要组成部分，各专门协会更是社会组织。要发挥作用，首先得明确自己的职能定位。朴方同志对专门协会开展法人登记曾做过指示，主要讲各专门协会要成为特定残疾人群体利益的代言人、服务的组织者、权利的维护者。这三层意思需要各专门协会认真领会。

比如说，发挥特定群体利益的代言人作用，那就不是一个小群体受益人的代表，而是这一类残疾人整体利益的代言人。再比如，专门协会要成为特定残疾人群体服务的组织者，这句话也需要认真领会，服务组织者不等于服务的直接提供者，它们是两个概念。同时，专门协会要成为特定残疾人群体权利的维护者，需要发挥组织的力量去维护群体的权利。各专门协会研究工作的时候，要根据这三个重要的目标定位去思考问题，要用改革创新的精神去研究工作。

其实，社会组织的社会化运作模式和社会化工作方法，说起来也很简单，突出特点就是不求所有，但求所用；不求谁做，但求惠民。只要大家都为这个特殊群体做服务了、做工作了、做贡献了，就应该积极地支持。他们的需求，不一定非得残联做才行，不一定非得是残联做的才是代表他们、维护他们。我们五个专门协会都是“国”字头的协会，每一个协会所代言的、服务的、维护的群体，少则几百万，多则上千万。这么大的一个群体，各专门协会到底抓些什么才能更好地为残疾人服务，我希望组联部和各专门协会都要深入分析。

刚才大家提到很多很重要的事，我觉得应该抓。我从大家谈论工作时的敬业精神、十足的劲头中看到了力量，我们会全力支持大家推动和落实这些工作，党组、理事会就是这个态度。但是，具体怎么抓工作、抓哪些，需要再认真分析研究。大家都认为，与特定残疾人群体的需求相比，我们的工作百事待抓、百题待解。可是，协会的人员有限、精力有限、经费有限，这个时候，到底抓什么？还需要认真地思考。有四个问题建议各专门协会思考一下：一是搭建桥梁，二是规范运作，三是贴近需求，四是重在服务。

第一是搭建桥梁。专门协会要发挥好利益代言人、服务组织者、权利维护者的作用，就要协调沟通社会各界，让大家都来关心、关注、支持、服务、帮助这个群体。这个桥梁包括与政府相关部门、与各级残联组织、与社会、与市场等，都要逐一搞清楚。如果把这个桥梁的路径、机制、内容都搞清楚了，我们就能不求所有，但求所用。只要他能服务这个群体，我们就都支持和鼓励，这样，专门协会的作用就发挥出来了。在座的各位，不可能仅通过个人的力量就服务照顾到庞大群体中的每一个人的需求，关键是动员大家都来做。所以，搭建桥梁要研究问题：渠道怎么建设起来？制度怎么完善起来？方式方法怎样顺畅起来？跟踪问效，任务怎么进一步突出明确起来？还需要结合自己的实践认真思考。比如，“社会协商”已经在党的十八届三中全会文件中明确提出来了，社会组织就要发挥协商的作用。那么，我们需要建立什么渠道，能不能通过人大、政协做一些工作；专门协会与残联业务部门的桥梁怎么搭建，能不能把大家的诉求及时反映上去，体现、落实到政策上、制度上、项目上，这些都需要认真研究。残疾人工作的领导体制和工作机制非常明确，就是党委领导、政府负责、社会参与、各级残联充分发挥作用，专门协会工作要融入这个大局。如果融入不进去，光靠你自己做，一个好汉再强壮能打几个钉呢？还是需要发挥体制的整体作用。所以，怎么自觉地把专门协会工作融入社会发展的大局，融入整个政府、各级残联组织、社会、市场各方面的工作中，我觉得都需要研究，当然首先是组联部要研究。刚才，志军同志建议协会负责人要定期参加一些例会；有人还提出，业务部门出台一些专门政策前，应该让专门协会参与意见和评估，把大家的意见都吸收进来，这些想法都很好。

第二是规范运作。各级专门协会要发挥更大的作用，就要思考怎么进一步规范运作。今后，服务各类别残疾人的社会组织会越来越多，这是国家和政府鼓励发展的。如果专门协会做不到规范运作，发展到一定程度，在同一个群体服务过程中就会出现不同的声音、不同的标准、不同的诉求，就很难统一。人家会说，你们自己都没有统一思想，没有想明白，怎么代表我、维护我?! 今天，有人建议说，残联组织对专门协会应该怎么支持，这是对的；同时也要思考，明天其他社会组织可能也向你这个专门协会提出来应该怎样支持他们。现在，服务于一类残疾人的组织不仅是各级残联，也不仅是专门协会，还有很多正在崛起的各类社会组织。到底怎么规范运作，组织体系怎么完善，管理制度怎么规范，机构怎么设置，怎么按社会化要求去做，这是一个大问题。处理不好这个大问题，就会出现其他问题。组联部要认真抓一下。

第三是贴近需求。专门协会要成为残疾人专门群体的利益代言人、服务组织者、权利维护者，首先要了解专门群体的需求。比如说，各类残疾人群体的个性化需求到底是什么。这里说的个性化不是单指个体，是指这类群体的个性特征。了解清楚了他们的特有需求，才能推动政府、社会对这类群体采取普惠加特惠的政策进行服务和保障。这里面有两个层面的东西需要研究：一是对这类残疾人基本生活保障的托底服务应该抓什么，这个问题清楚了，各级政府在研究制定政策的时候就能够更清晰地落实最托底的生活保障，否则，这类群体连基本的生活保障都没有，不用说融入社会了，其他也就更谈不上了。二是提供最基本服务的规范和基本要求是什么，要弄清楚。对最基本服务，社会各界认识比较统一。但是，必须提供哪些服务内容，基本标准是什么，就不那么统一了。现在，残疾人基本生活保障最基本的层面就是托底，大家比较一致的意见有残疾人的生活补贴问题、重度残疾人的护理补贴问题、残疾人基本辅具补贴问题等等。这些内容经过论证又有明确的基本标准，就可以向政府反映，制定政策落实。当然，这些问题现在正在落实，但还有没有类似的基本需求？有人提出来，0—6 岁儿童的抢救性康复必须补贴，这个也很重要，这些年我们也在做。总之，要先梳理清楚，再向有关部门争取。托底政策落实了，这部分人的底就托住了，基本保障就真正落实了。当然，政府只能保基本，保个性化做不到。要提升个性化服务，还必须更好地发动社会、激发市场。基本服务是着眼于政策上的突破，着眼于政策上惠及所有人，这件事情我们要和政府一起去做。

第四是重在服务。要研究两个方面的问题：一是专门协会的服务能力，对自己目前的服务能力要有一个清醒的判断。讲“新的起点”，某种程度上也包括这个问题。同时，进一步提升服务能力需要重点解决的问题也要搞清楚。二是干部队伍建设的情况也要搞清楚。重在服务要依靠干部队伍去代表、去争取、去维护、去代言，素质达不到就难以有效地代言。

这四方面希望大家在研究工作的过程中认真思考一下。同时，我认为，专门协会开展工作还要处理好以下几个关系：

一是工作的整体推进与重点突破的关系。面对广大残疾人的热切期盼，众多需求，专门协会百事要抓、百题待解，整体怎么推进，重点要抓哪几件事要清楚，刚才大家也都强调了要抓重点、攻难点。每个专门协会的专职工作者就那么几位，即使给你再增加 20 个人，恐怕也不能很快完成惠及这个群体所有人的工作。所以，明年的工作要点，既要整体推进，也要重点突破。只有这样才能做好，面面俱到反而做不好。

二是处理好搭建桥梁与直接服务的关系。哪些需要通过搭建桥梁提供服务，哪些需要直接服务，这个要明确。一个社会组织最有效率的工作方法是，通过组努力调动社会各方面的积极性来为这个群体服务。如果只有这个组织的几个人在忙活，其他的组织和人都不参与，我想这个社会组织的动员能力就差了一些，工作效果也会大打折扣。搭建桥梁就是要通过畅通渠道、完善机制，把政府、社会包括人大、政协、各级残联、各类社会组织的作用都发挥出来。另外，直接服务要抓什么也要分清主次。我们是把精力重点放在抓直接服务这件事上，还是放在搭建桥梁上，哪个效应大，什么时候抓，都需要研究确定。抓好了事半功倍，抓不好事倍功半。有时投入了很大精力去忙一件具体事，可能也对，但从整体上看这件事只是个芝麻，不是西瓜，没有撬动整个群体发展的带动力。

三是处理好抓服务与办实体的关系。专门协会是社会组织，在为特殊群体服务的过程中，抓服务是必须的，而且要抓好。在抓服务的过程中要处理好与办实体的关系。服务离不开实体，是不是一定要自己办实体，需要认真研究。因为处理不好会出很多问题，我们有历史上的经验可以借鉴。我觉得，办实体不那么简单，要充分论证。

在推动专门协会的具体工作上，我提几点参考建议。

第一，抓典型。希望每个专门协会都能抓一些典型来带动工作。典型不一定多，可能就一两件事，就能产生很大效应。大家回想一下，小平同志“学习张海迪，做有理想、有道德、有文化、守纪律的共产主义新人”的题词，激励了多少人？一代甚至几代人！毛主席提出“向雷锋同志学习”，产生的效应更是巨大的。当然，我们的典型可能没有那么大的影响力，但可以通过一个典型带动一项工作。典型包括人物、群体，也包括一些做法。大家都讲加强国际合作沟通，很多是国际惯例的东西，很成熟的东西，我们能不能借鉴呢？我看可以。要了解这些内容不一定非得出国考察一圈，现在的交流方式有很多，网上资源也很多，能借用的我们就可以拿过来。

第二，抓人才。大家都提到了加强培训，我非常赞成，特别希望抓好培训，也给世明、跃进同志提了要求。希望各专门协会抓好人才队伍的同时，能向中国残联推荐一批优秀的各类残疾人的先进代表，特别是年轻人才。当年，志军同志就是一个先进人物。过去老一辈的残疾人工作者把志军等同志这样一批优秀人才推荐了出来，现在我们在这个工作岗位上，也要发掘一批年轻的优秀人才，这样才能促进事业不断地向前发展。人才怎么来？不一定局限在我们身边，也不能局限在北京市，应该放眼全国和整个群体，优秀人才都要纳入视野。推荐人才是常抓不懈的工作，如果做不好，我们就没有完成历史交给我们的责任。所以，大家应该抓人才培养。

第三，抓维权。我建议各专门协会要认真研究这个问题，与维权部研究探讨一种新的机制，应该架起广大残疾人和政府的桥梁，渠道要畅通。有的同志说，自己可以帮助有需要的人打官司，即使你天天都帮人打官司，总共能帮几个人呢？作为一个社会组织，重要的是要畅通维权的机制。社会上出现了一些极端事情，我们都不愿意看到，其原因也存在渠道不健全、不畅通的问题。渠道畅通了，就能少出点儿像首都机场发生的那种极端事件。当然，任何公民包括残疾人，不管有什么特殊情况也不能采取极端行为，法律面前人人平等，社会的正常秩序都必须遵守和维护。

第四，抓指导。专门协会指导各地专门协会开展工作，一个重要任务就是要抓基本的服务规范、基本的工作要求。专门协会也要提前研究与本协会工作对象相关的社会组织，与他们不一定是上下级管理关系，但都要符合统一的规范。我们要充分肯定社会各界的积极性和爱心，但也要防止社会上某些人以为特殊残疾人群体服务为幌子，捞取个人私利、谋取个人权利。这种典型案例出现过，是绝对不允许的。随着这类社会组织越来越蓬勃发展，我们一定要加强指导，不能任其随随便便做一些没有规矩的事儿。现实生活中确实发生过这样的事，比如，几个人弄一台晚会，打着我们的名义拉赞助、弄钱，表面上轰轰烈烈，背后却是为小团体捞钱，群众对此是有意见的。这种事就要有规矩，不能任其乱来，损害残疾人的利益，也损害我们组织的形象。

第五，抓预防。抓预防就是要减少残疾的发生，多一些这方面的知识普及，多一些人道主义的关爱宣传。比如，过去各界都在抓婚检，这是对的。那么，专门协会怎么抓？我觉得，专门协会和各级残联抓婚检不如抓孕检。一般认为婚检的难度大于孕检。优生优育大家都关注，目标同向，愿望一致。除了超生的，绝大多数人都很重视孕检，谁都希望自己的下一代要健康。希望专门协会思考一下这个问题，能不能推动出台点制度措施和服务，这样就会减少一些新生残疾儿。

总之，专门协会有广阔的舞台，有大量的工作可做。大家谈了很多工作，我觉得检验各专门协会作用发挥效果的最主要标志是社会动员力，而不是协会工作人员提供的直接服务项目。专门协会是否发挥了重大作用，主要看它能否动员更多的力量为这个群体服务，并不是看协会工作人员自己直接提供了多少项目、多少服务。这个环节希望各专门协会自己把握一下，办实事的时候一定要注意怎么把握好、怎样激活社会力量。2008 年北京残奥会大家都记忆犹新，总结残奥会成功的经验，我说有一条最重要，那就是残奥会举办地的全体民众都积极参与了残奥会的筹办和服务。如果只有残奥会运行团队自己忙活，其他人仅仅在边儿上看着，我想哪怕办得再好，也能挑出毛病来。在举办过程中，大家都是东道主，都积极参与服务，即使出点儿问题，大家都会去“补台”，弥补不足。这个例子说明，动员全社会的力量一起来做是最好的工作方式。当然，这种动员不是漫无目的的动员，而是要在规范的轨道上任务明确的动员。比如，我听说国家一年的各种慈善基金达到了 2000 亿，如果能动员这些基金的一部分服务于我们这个群体，那就是一件了不起的事儿。

以上有感而发谈了一些看法，供大家在研究工作中参考。残联党组、理事会态度非常明确，下一步工作中，要更加充分发挥各专门协会的作用。这种作用的充分发挥是建立在各专门协会增强自身能力，提升服务水平的基础上的。组联部要加强指导和支持，建议 2014 年研究制定一个关于加强和规范残疾人社会组织建设的指导性文件。有了这个文件，就给各专门协会发挥作用提供了重要的条件。如果能跟有关部门联合制定下发这个文件，那就更具效力了。另外，专门协会谈了很多具体工作，下来以后大家一起研究。

听完大家的发言，我真实感受到大家都非常珍惜目前为特殊群体服务的机会。希望通过大家共同的努力，让各级残联和各专门协会都能够更有效地发挥作用，都能够在几个重点工作上取得大的进展。

二、政策法规文件

关于开展加强和创新残联组织社会服务管理试点工作的通知

残联〔2013〕71号

各省、自治区、直辖市残联，新疆生产建设兵团残联，黑龙江农垦总局残联：

根据党的十八大提出“在改善民生和创新管理中加强社会建设”的要求，按照《中国残疾人事业“十二五”发展纲要》的部署，为探索加强和创新残联组织社会服务管理新模式，中国残联决定在北京、江苏、安徽、湖北、广东、四川等6省（市）开展加强和创新残联组织社会服务管理试点工作。现将有关事宜通知如下：

一、背　景

党中央高度重视加强和创新社会管理工作。十六届四中全会首次提出社会建设概念。十六届六中全会将原“民间组织”改称“社会组织”，形成重视和支持社会组织更好发挥作用的社会氛围。十七大提出加快以改进民生为重点的社会建设。十八大突出要在改善民生和创新管理中加强社会建设，其中社会创新管理的内容更加丰富和系统，涵盖了基本公共服务体系、现代社会组织体制和社会管理体制创新在内的体系建设，为残联加强创新社会服务管理指明了方向。最近，国务院领导明确指出：地方各级政府要按照转变政府职能的要求，更加重视发挥社会力量的作用，积极培育和扶持为残疾人服务的社会组织。中国残联认真贯彻落实中央精神，采取一系列新举措：在组织架构上增设相关机构；召开理论研讨会、经验交流会，领导多次为残联加强和创新社会组织服务管理工作指明方向、确定任务、提出要求；开展残疾人社会组织全国调查，与高校开展课题研究，为制定相关政策，开展全国试点工作提供数据支持和决策依据；2013年在部分省（市）开展加强和创新社会服务管理试点，进一步强调加强社会建设。

二、意　义

广大残疾人同步迈入全面小康社会是一个严峻的课题，构建和谐有机的残疾人社会组织体系，以此改善残疾人社会环境是重要的战略举措之一。十八大提出在改善民生和创新管理中加强社会建设，核心是弘扬以人为本的执政理念，寓管理与服务之中，坚持以服务的形式达到管理之目的。开展创新残联社会服务管理试点工作，对于引领残疾人社会组织，实现加强社会服务管理创新，发动社会力量逐步培育融合式的残疾人社会组织发展机制，形成专业化、精细化、个性化工作方式；对于贯彻《国家基本公共服务体系“十二五”规划》，全面推进残疾人社会保障及服务体系建设；提升残疾人幸福指数；对于贯彻落实十八大提出2020年全面建成小康社会都具有十分重要的意义。

三、指导思想

以党的十八大精神为指针，贯彻落实中国残联第五届主席团第五次全体会议和第二十七次全国残联工作会议精神，坚持科学发展，构建和谐社会的要求；坚持“五位一体”的中国特色社会主义事业发展的总体布局；坚持在强化社会管理创新历史时期的机遇，大胆实践、勇于创新、积极总结、全面提升，努力打造残联组织在实现“代表、服务、管理”职能中创新社会服务管理的新格局。

四、基本原则

（一）体制建设与体系建设相结合（即整体结构上的条块结合）原则。体制建设是：省（市）本层级残联社会服务管理的制度化、规范化、精细化设计，是本层级发展的总要求，是指导基层的社会服务管理创新架构；体系建设是：省（市）残联在引领残疾人社会组织中发挥政治上桥梁纽带、业务上龙头地位、服务管理上业务指导的社会组织作用，形成本省（市）内残疾人社会服务管理与创新整体结构上的条块结合的总体框架，为中国残联开展顶层设计提供依据。

（二）实施层级发展与打造系统品牌相结合（即推行模式上的条块结合）原则。层级发展：省、市、县三个层面按照不同目标、不同范围、不同要求、不相同模式，相同目的、相同标准组织设计残联社会服务管理“块”型发展结构；打造系统品牌：在为残疾人服务的各个系统中创建出标杆式的优秀残疾人社会组织，在社会组织能力建设、教育培训、培育孵化方面创造经验，达到模式上的条块结合式发展。

（三）基础提升与创新发展相结合原则。基础提升：试点省（市）认真总结开展残疾人社会服务管理创新的典型经验，巩固提高老典型的工作水平，发挥示范带头作用；创新发展：培育新典型、探索新模式、创造新经验。

（四）传统操控与科技增效相结合原则。传统操控：实践过并行之有效的做法，特别注意总结残联成立以来发挥社会组织作用和社会化工作经验，收集整理本省（市）各级政府及相关部门对残疾人社会组织的扶持政策、规定、有效做法和经验，对残疾人社会组织购买服务的举措；科技增效：增加创新社会服务管理新格局的科技含量，运用现代化手段，数据库等管理方式，实现服务效能最大化。

（五）开展项目试点与深入调研相结合原则。开展项目试点：目前开展的加强和创新社会服务管理的试点工作；深入调研：在2012年残疾人社会组织调查基础上进一步全面调查，填缺补漏，达到数据详全、问题鲜明、分析清晰、处理快捷、举措实效。对加强和创新社会服务管理工作深入研究，加大力度和投入，坚持科学方法，准确翔实、不错不漏，完成适合本地特点、具有实用价值、符合发展要求的调研成果。

五、基本内容

（一）探索加强和创新残疾人社会服务管理的机制建

设。包括残疾人社会组织准入标准、审查认定程序、批准登记手续、专技人才认证、日常管理办法、行业自律规定、专业服务规范、全面评估体系、资金扶持方法、项目（机构）创优条例、奖励实施条件、残疾人（被服务对象）评价系统、清退注销手段以及社会组织党建要求。中国残联加强试点项目政策研究、宏观指导，信息交流，总结推广经验，促进成果转化；省（市）负责试点工作的策划部署、组织协调、检查落实、总结经验；县（区）负责落实试点项目，创造性地抓好组织实施。

（二）探索加强和创新残疾人社会服务管理的体系建设。构建残联主导、残疾人专门协会协同、其他残疾人社会组织参与的体系建设；坚持服务为先、层级覆盖、系统引领、统筹发展、残疾人受益的横到边，纵到底的网化管理模式体系。

（三）探索加强运用信息化等现代手段创新残联社会服务管理。加强数据库建设，掌握残疾人需求和残疾人社会组织服务残疾人等信息，将两者快速、准确、长期、有效链接；掌控残疾人社会组织动态运行，创新服务管理的科学化水平。

（四）探索加强残疾人社会组织品牌群建设。坚持分期分批、精心打造、逐步完善、整体推进、全面提升的原则。每个省（市）要培育两个典型市（区）残联和五个优秀残疾人社会组织。在残疾人康复、教育、培训、就业、科技、文化、体育、法律、无障碍、心理辅导、家政、托养、残疾人辅具产品研发等领域中培育和创造行业品牌，为在“十二五”期间创建和实现残疾人社会组织品牌群战略打造模式、形成氛围，夯实基础。

（五）探索残疾人社会组织健康持续发展有效途径。广泛动员社会力量鼓励、支持、吸收民间资本和各类市场主体兴办残疾人教育、康复、托养、职业劳动等项服务类民办非企业单位，通过公办民营、民办公助等形式，有效整合社会资源，重点服务基层，对培育成熟、发展良好的社会组织给予奖励，在发挥孵化、培育和辐射作用中，加快推动政府购买服务进程。

六、有关要求

（一）各地残联要认真学习张海迪主席、王新宪理事长关于加强创新残联社会服务管理的讲话精神，把试点工作列入一把手工程。高度重视、缜密安排、精心操作、创新成果；要在探索创新体制机制、规范模式、方式方法等方面下功夫；要边试点、边总结、边提升、边深入，突破原有观念，创造符合社会发展、各具特色的经验，为2013年11月左右召开全国残联社会组织服务管理工作研讨会做好准备。

（二）为了便于上下沟通、协调联动，把握基层情况，北京、江苏、安徽、湖北、广东、四川6个单位除以本级作为试点单位外，各省上报的试点单位还有：

北京市朝阳区、怀柔区；

江苏省苏州市、苏州市姑苏区；

安徽省合肥市、铜陵市；

湖北省宜昌市、武汉市武昌区、鄂州市华容区；

四川省成都市、成都市金牛区、锦江区；

广东省广州市、深圳市、汕头市、东莞市、佛山市顺德区。

除已确定的各级残联作为试点单位外，有条件的省份和中心城市残联也可参照本通知精神，自愿申请开展试点工作，并报中国残联。

（三）试点工作是一项系统性工程，试点单位要从实际出发，结合各自特色，分阶段逐步深入。根据省（市）情需求和本地社会发展，自行分层级制定试点工作目标。把各项目目标列入省本级试点工作方案，于2013年7月31日前报中国残联组联部备案。我会择时召开试点工作会议，具体研究部署试点工作。

（四）试点工作由各级残联理事会负责，组联部门（或社会办）承办。各单位要将心智障碍人士家庭财产信托保险项目、心连心——心智障碍人士救援服务项目、孤独症自强自律创建活动纳入试点工作。各试点单位要争取地方财政支持，保障试点工作顺利进行。

（五）各省（市）残联对试点工作如有问题和建议，请及时与中国残联组联部联系。

中国残疾人联合会
2013年5月10日

关于筹备成立专门协会项目评估和财务监审委员会的决定

残联〔2013〕204号

中国残联各专门协会：

根据民政部民间组织管理的有关规定和要求，为加强专门协会在法人社团体制下的项目评估、财务管理制度和财务基础建设，实施法人治理的长效监管机制，加大民主监督实效性，经中国残联研究决定，同意组联部与专门协会共同提出的《关于设立专门协会项目评估和财务监审委员会的工作方案》，并成立中国残联专门协会项目评估和财务监审委员会。

一、由组联部具体负责筹建。作为专门协会项目评估和财务审核的第三方监审机构，提出工作相关制度和人员守则，财务工作监督、效能管控、项目评估、标准制定、执行监审规则以及项目评估及财务监审委员会建议人选等相关事项。

二、希望各专门协会结合目前的工作状况和现实条件，积极探索建立有效运行机制，按照《工作方案》加大财务基础建设，实行规范化、制度化、科学化管理，提高社会公信力，树立良好社会形象，确保协会有序、健康、科学、快速发展。

中国残疾人联合会
2013年9月10日

中国残联专门协会项目评估和财务监审委员会工作规则（试行）

第一章　总　则

一、中国残联专门协会项目评估和财务监审委员会是经中国残联批准（残联〔2013〕204号）设立，旨在促进中国残联五大专门协会规范建设与发展的第三方评监机构。根据《中国残联专门协会项目评估和财务监审委员会工作方案》，制定本规则。

二、中国残联专门协会项目评估和财务监审委员会（简称评监委）工作的指导思想：加强中国残联各专门协会在社团法人体制下的项目评估、财务管理制度和财务基础建设，提高协会管理规范化、制度化、科学化水平，加强民主监督的实效性，依法履行协会项目评估和财务监审职责，建设学习型、服务型、创新型和公正廉洁的评监机构。

三、评监委工作准则：坚持依法评估监审，民主决策，增强工作的系统性、主动性、预见性，增强执行力，不断提高评估监审有效性。

四、评监委工作要求：顾全大局，统一思想，精诚团结，勤俭务实，职责明晰，分工合作，密切配合，保证信息披露公开透明和工作质量公平、公正。

第二章　组织架构

五、评监委人数为21名。监事长1名，负责评监委全面工作；副监事长2名，协助监事长工作；监事4名；总干事1名，由一名副监事长兼任，分管评监委秘书处；副总干事2名，协助总干事工作；评监委委员若干人，按分工以岗定责。

六、评监委下设秘书处，承办评监委的日常工作。秘书处实行总干事负责制。秘书处具体职责包括：负责各类报告、决议、总结等相关文件的起草工作；负责各类会议的筹备及会议记录工作；负责评监委与中国残联组联部与各专门协会专项业务沟通、联系、协调；负责评监委相关文件、档案的整理与保管；负责评监委交办的其他事项。

第三章　评监委成员的产生和相关要求

七、评监委成员的构成和产生

评监委成员由社会各界、残疾人代表、残疾人亲友代表、社会组织代表、法律顾问、财务专家、媒体代表、志愿者代表组成，其中残疾人及亲友应占75%。成员由中国残联从相关业界推选的代表、热心公益志愿服务的人士和残疾人及其亲友中聘请。所有成员义务参与评监委的工作、服务和各项活动，不领取薪酬。

八、评监委成员条件

评监委成员应当具备如下条件：公道正派、坚持原则、社会公信、专业特长、知识广泛、业务精通、素质优良、热爱事业、志愿奉献。评监委成员应加强学习，熟悉残疾人事务，了解五大专门协会的运作模式和项目进展状况，了解项目管理、项目监测、财务监审相关知识与应用，提高评监工作规范化、科学化水平。

九、评监委成员任期

评监委委员与中国残联签署相关协议，履行志愿公益义务。监事长、副监事长每届聘期3年。根据工作实际情况，在履行法定程序后可以连任2届。总干事实行任期内轮值制（细则另订）。

十、评监委成员利益回避制度

为保证评监委的客观公正，采取利益回避制度，评监委成员任职期间不得申报承接各协会相关项目，不得在协会中谋取任何利益。

十一、评监委委员资格终止与撤销

评监委委员无故3次缺席年度会议或因主观原因无法履行职责的，可终止其职务并按规定及时增补。委员如有违法违纪和严重违规行为，经法定程序撤销其委员资格。

第四章　评监委成员职责

十二、对各协会拟开展的工作项目进行评估和建议；对各协会工作项目的运行情况和最终效果进行监督巡视、跟踪评估和抽查回访。

十三、对各协会的财务会计制度、财务审批制度、受赠及募捐财产使用制度、信息公开制度等各项制度的执行情况进行监督。

十四、对各协会项目资金（及物品）的收益和使用情况、接受社会捐赠及开展慈善募捐活动的受益和使用情况进行监督。

十五、征集并转达社会公众和残疾人对各专门协会工作的意见和建议。对各专门协会的工作进行调研并提出意见建议。

十六、对因项目运作不公开或不公平而引发媒体及社会公众质疑的事项，可针对某个项目独立或委托专门机构开展调查和监督，必要时向社会发布调查监督结果。涉及需要公开的事项，按报批程序，通过中国残联和各协会网站、简报、新闻发布会以及报刊、广播、电视等方式，依法、及时、准确向社会公开。

十七、评监委成员要坚决贯彻执行党和国家的路线方针政策以及工作部署，严格遵守纪律，做到令行禁止，严格遵守保密纪律，严禁泄露工作秘密或因履行职责掌握的相关秘密等。

十八、承办中国残联组联部授权的其他评估和监审职责。

第五章　评监方式

十九、评监委每年定期召开两次会议，对协会年度实施的服务项目进行满意度绩效测评。会后签发会议纪要和测评报告。会议日期原则定于每年1月份和7月份。

评监委每年第一季度召开一次全体委员工作会议，内容包括评监委上年度工作总结和本年度工作计划，会议工作报告先行与组联部沟通，会后上报中国残联。

二十、各协会年度工作会议需有评监委成员出席，成员依据自身残疾类别列席本类别专门协会会议。特殊情况下，根据需要也可列席其他类别专门协会会议。评监委成员列席协会年度会议期间，听取各协会工作总结和工作计划，并提出相关意见建议。

二十一、各协会重大项目的立项过程、决策会议，需有3名以上评监委成员参与和列席。调研和参会期间，提出相关意见建议。重大项目立项期间可通过网报抽签等方式，邀请部分残健代表列席旁听。年度组织开展的重大项目专项评监工作，以书面形式报中国残联，并对协会进行反馈。

二十二、评监委中具有财务审计和法律专业特长的成员，对协会日常财务工作和重大项目进行专项评估与监审时，要与民政部法人社团年检验收相结合，避免重复。具体周期为每半年集中评估检查一次，不定期抽查一次，完成半年评估检查和抽查报告；提前一个月对次年度拟实施项目计划进行评估，向评监委提交财务审查报告和项目评估报告；年度评估、监审工作于年底前完成，向中国残联提交评监报告；组织开展重大项目专项评监工作，以书面形式报中国残联，并对协会进行反馈。

二十三、评监委组织走访、了解残疾人及社会各界反映的各类问题，向相关协会反馈意见和建议。评监委成员要深入基层，调查研究，指导工作，解决实际问题。各位委员加强与各专门协会的联系，就近就便、积极参与各协会所在地组织的相关活动，在参与活动中做调研，按照评监委的工作目标提供评估与监审建议，切实履职。

二十四、评监委开展专项评审活动、参与项目调研等各项工作，须有3名以上成员同时参与。评监委依据实际工作情况可分设若干评监小组，按照就近就便原则开展工作。根据实际需要可不定期（或专项）外聘专业人员参加评监工作。

二十五、根据工作需要，评监委可邀请各协会主席或秘书长出席评监委专题会议，各协会对会议质询事项，应在7个工作日内进行回复。

二十六、各协会因项目或财务引发社会争议时，评监委按报批审核程序，具有独立发布调查评监报告的责任和权力。

中国残联专门协会项目
评估和财务监审委员会
2014年1月21日

三、工作综述

2013年，协会和社会工作贯彻执行中国残联主席团五届五次全会和中国残联二十七次工作会议精神，组织、引导、服务专门协会和社会工作在新起点上突出重点、推动创新、抓好常态、促进基层；动员社会力量开展覆盖面、服务面、受益面大的实效活动，推进融合发展，全力以赴开好中国残联第六次全国代表大会，带动整体工作上水平。

（一）精心筹备六代会，圆满完成换届的历史重任

按照中国残联党组、理事会要求，协会和社会工作以牢牢抓住筹备六代会的“牛鼻子”，推动整体业务工作发展的基本思路，积极组织动员、全面协调、精心实施。集中7个月时间，紧紧围绕换届中“要有一个好的报告、修改一个好的章程、配备一个好的班子”的三大任务，竭尽全力高质量完成残联六代会专门协会工作综述和五个专门协会工作报告起草、财务审查报告、章程修改、代表和委员（候选人）审查汇总、班子考察报审等工作；完成各类文件材料143份10余万字；在筹备和会议期间组织召开各种类别和不同范围的会议36个（次），确保残联六代会圆满成功。在党的群众路线教育实践活动中，始终贯彻转作风与重创新相结合，调整以往历届代表大会专门协会工作报告的体例和篇幅，限定各专门协会工作报告为5000字，对五年来无法涵盖的丰富多彩又具有影响力的活动以协会大事记形式补充；对五个协会五年的重要经验、基本做法和未来五年发展总体目标以2500字的“协会工作综述”进行集中统领式表述，改文风、增实效，使代表满意、领导满意、自己满意。在体现各类别残疾人的代表性和加强社会组织建设方面也做了有益探索，即扩大代表组成范围，增加智残人和精残人康复者以及盲人家属和聋人家属代表8人；五类助残社会组织代表11人，会议反响好。这一创新做法也向地方残联组织发出了要充分发挥主体协会的作用和增强协会社会动员力的重要信号。

（二）围绕“强基育人”工程，培育协会能力建设，打造“三型”协会组织

中国残联五个专门协会按照2013年工作要点融入工作大局，发挥残联联系残疾人的桥梁纽带作用和“代表、服务、维权”职能，围绕残疾人组织建设“强基育人”工程、着力素质建设、能力建设、制度建设，努力打造学习型、服务型、创新型协会组织。

为承接换届年繁重任务，协会和社会工作根据人员新、经验缺、力量弱的特点，有针对地举办工作人员素质

能力培训班，进行残联规章制度和职业道德教育；机关公文写作和办事程序教育；协会发展史和新残疾人观教育；中国残联六代会操作程序和规范培训，提高协会人员思想水平和工作能力，为换届工作提供人才保障和能力准备。

贯彻朴方主席关于专门协会要“勇敢担当起本类残疾人利益代言人、服务组织者和权利维护者的角色”的要求，着力于对协会的培育工作，要求协会下苦功、出真招、见实效，突出主体协会作用，扩大主体协会内涵，增强协会的生机和活力。一是要求协会按照“三型”协会组织标准抓班子带队伍、抓规律建规范、抓调研强服务、抓典型促带动、抓自律重指导；建立完善中国残联年度主席团会议听取协会工作报告制度，建立残联业务部门与专门协会定期联系协商制度，以及必要参加的会议、培训、发文阅文等制度。二是全心全意为协会建设服务，强化规范运作设计，明确工作定位、制定指导原则、提供服务保障，在坚持“残联领导、部门配合、协会参与”的工作机制下，帮助协会完善人员聘任制度、人员考核制度、档案管理制度、财务管理制度、公文处理规范标准、工资待遇规定等几十项规章制度并编辑成册，帮助协会增强法人意识、服务意识、维权意识、责任意识，显现社会影响力，提升国际形象。三是积极支持协会自律建设，设立专门协会项目评估和监审委员会，加强第三方评估监审力度，提高协会法人治理能力。各协会社团法人管理与发展新模式已初见成效，以盲协为样板，创建4A级社团组织活动扎实有效开展。四是抓紧人才培养，实施梯队式发展战略。中国肢协举办青年工作委员会第二批培训班，积极培养地方协会后备人才；举办第二期清华大学残疾人企业家培训班，对优秀残疾人进行高端培训；盲协利用网络远程教育平台，开展盲人英语培训和本科学历教育，为建立中华残疾人英才库和不断向残联输送优秀的年轻残疾人代表做好人才储备。五是贴近需求，提升调研能力。智协抓住本类残疾人基本生活保障托底服务的需求，和最基本服务的个性化需求，开展智障人教育、康复、就业培训、托养、文体特奥活动调研，取得成效；盲协开展了老年盲人状况调查，为进一步动员社会力量为老年盲人保基本、兜住底做好准备。

（三）倡导融合发展战略，增强协会整体发展实力

融合发展理念是中国残联六代会总结概括五年五个专门协会工作的基本经验，是积极探索协会法人治理模式的内容之一，协会和社会工作积极推动协会出成果、创经验、上水平。一是实现协会之间的融合。五个协会分别成立志愿服务队，加盟“中华志愿者联盟”协同开展社会助残公益活动；中国肢协、中国盲协、中国聋协召开研讨会、举办第二期全国无障碍专业培训班，实施公益性无障碍出行，推动方便残疾人乘公交车、出租车、飞机、自驾车、厂房无障碍环境和信息无障碍建设，开展“扶手行动”和“畅行轮椅捐送”项目；中国盲协、中国肢协、中国智协共同举办“绽放奖全国残疾人器乐大赛”等活动，取得良好效果。二是实现专门协会与残联业务部门融合。认真落实邓朴方主席提出的“形成良性互动”的要求，各专门协会与康复部、教就部、宣文部、体育部、组联部等主要业务部门联系越来越密切，业务工作融合越来越紧凑，在中国盲协60周年庆典活动中，中国残联办公厅及5个业务部门主动参与帮助，效果甚佳。目前，残联业务部门对专门协会支持、帮助、指导、参与越来越广泛，涵盖了专门协会主要业务工作，专门协会与残联业务部门融合度达到最高。三是实现专门协会与地方残联工作融合。各专门协会坚持面向基层、面向农村、面向西部，积极开展拾遗补阙项目。中国聋协在上海举办5期复生康复训练讲座；中国智协在沿海城市开展全国智障人士及家长联谊亲子夏令营、《残疾人权利公约》知识讲座、西北地区特奥活动联谊会等影响广泛的特色活动，调动了地方资源，推动地方专门协会创新发展。

建好三个桥梁，增强社会动员力。一是搭建残联与各类残疾人联系的桥梁，专门协会突出独特优势，以多样性品牌活动、上百个特色项目凝聚人心、服务残疾人，与广大残疾人滚到一起、打到一片，建立起残联与残疾人长期、牢固、畅通的渠道，更好地发挥代表作用。二是搭建社会力量与发展残疾人事业的桥梁，组织专门协会创新工作，与社会组织实现融合，办好残疾人事业，中国肢协动员社会力量开展为贫困重残人免费进行医疗手术的“重塑未来”项目、中国盲协开展西部扶贫项目、中国智协开展心智障碍者家庭财产信托保险项目、中国聋协依托社会组织开展聋儿家长个性化专业培训、中国精协开展大龄孤独症ABA康复训练，把康纳洲康复中心打造成中国孤独症服务的国家级平台和对外展示窗口，增强了社会动员力。三是搭建国际组织与中国残疾人事业发展的桥梁，中国肢协与国际肢残人组织开展业务交流活动，中国精协与美国展望教育中心合作，进行副应用行为分析师国际资格培训等项目，向世界宣传中国残疾人事业，树立专门协会的国家形象。

加强典型带动，推动专项工作发展。中国肢协创办社区脊髓损伤者“中途之家”的成功典型，推动了全国8个城市开展建家建组项目，推动中国医学专业领域深度发展；中国精协培育总结贵州省“春晖家园”项目，推动精神残疾人托养和就业工作。

（四）维护残疾人合法权益，增强专门协会履职能力

把维权能力建设作为专门协会强化职能、发挥主体作用的核心内容。有关专门协会与维权部共同推动无障碍环境建设，把残疾人的意见和建议吸纳到全国人大、政协“两会”提案和建议之中，协助、督促国家有关部委出台相关规章和服务自律标准；中国盲协成立导盲犬

工作指导委员会，制定导盲犬驯养标准，促进导盲犬项目健康有序发展，维护盲人合法权益。

（五）党的群众路线教育实践活动显成效

专门协会在配合残联中心工作，开展有特色、具实效、贴近基层残疾人需求的各项活动同时，积极参加党的群众路线教育实践活动。中国盲协在举办60周年庆典活动中，反对形式主义、反对铺张浪费，厉行节俭办事业，树立中国盲协形象，将庆典活动由中国大剧院移至中国残联多功能厅，又调整歌手大赛的食宿费用，不请名人大腕、不讲排场气派、不送鲜花礼品，一切从简求实，使项目经费节约10余万元，被中国残联党组列为党的群众路线教育实践活动重要成果之一。

四、重要条目

【五个增强】即增强责任感和使命感、增强组织的活力和发展动力、增强亲和力和感召力、增强国际合作交流的影响力、增强自我教育和管理能力。2011年，由时任中国残联党组书记、理事长的王新宪在中国聋协、中国肢协、中国智协、中国精协第一次会员代表大会上提出，他强调，对于社团登记以后的协会，一定要在“五个增强”上下功夫。

【五大专门协会全部完成社团法人登记】2001年4月，在国务院批转的《中国残疾人事业“十五”计划纲要》中首次提出要加快建立完善专门协会组织，大中城市区级以上残联都要建立专门协会。中国残联六代会召开后工作推动很快，全国市、区（县）级残联已建立专门协会15321个，占应建比例的94%强；截止到2014年一季度，有1760个协会进行了社团法人登记，占11.5%，其中全国14个省（自治区、直辖市）有25个省级专门协会完成社团法人登记注册，分别占42.4%和15.3%。全国专门协会主席、副主席达到6万余人，近80%是各级残联六代会新当选的主席和副主席。2013年，中国盲协、中国聋协、中国肢协、中国智协、中国精协全部完成了社团法人登记。

【中国残联专门协会工作人员业务培训班】2013年5月29日开班。中国残联副主席吕世明出席并做动员讲话，中国残联组联部、各专门协会等单位负责人和工作人员共20多人参加。此次培训班是为提高专门协会工作人员的理论水平和综合业务能力，增强对残疾人事业和专门协会工作的进一步了解，培育高素质、高效率、高执行力的团队，以适应社团法人机制下的协会工作。培训安排系列业务及管理等专业授课，并组织学员前往北京市有关社会组织现场观摩学习。

【中国残联专门协会工作座谈会】11月28日，中国残联召开专门协会工作座谈会。中国残联党组书记、理事长鲁勇参加座谈会并发表讲话；中国残联副主席李志军、刘再军一同参加会议，对协会发展与建设发表意见；中国残联副主席、党组成员吕世明主持座谈会。组联部首先汇报了协会工作整体情况和2014年及今后五年协会工作打算；盲协、聋协、肢协、智协、精协分别提出了本协会2014年工作思路与工作重点、难点和创新点。专门协会项目评估及财务监审委员会成员代表出席会议。

【地方专门协会主席贯彻六代会精神和协会业务培训】中国残联换届后加强地方专门协会主席培训是传统做法，是贯彻本届代表大会精神、实现未来五年奋斗目标、提升基层专门协会主席整体素质和综合能力的主要手段和渠道。在中国残联六代会前后积极编写近5学时2万字教材，对换届后的北京市、北京市海淀区、辽宁省、辽宁省大连市、天津市专门协会主席、副主席进行业务和素质培训，深刻阐释六代会的意义和总任务；讲清楚站在中国特色残疾人事业新起点，要保基本、兜住底，让残疾人与健全人实现同步小康；培训专门协会（主席）业务工作。应地方需求，将教材发给辽宁、新疆、江西、黑龙江齐齐哈尔市、北京市朝阳区以及其他地方残联，支持和帮助地方扩大培训面，全国直接或间接完成1500余名协会主席、副主席的培训任务，效果良好，地方满意，专门协会主席受益，为地方残联加强换届后培训工作做出了表率。

【广东省残疾人社会工作经验】

明确残联定位：残联应当承担政府主导残疾人事业社会管理的角色。一是推动制定法律法规，完善残疾人社会政策；二是推动并直接实施基于残疾特性的残疾人特别保障政策；三是推动残疾人服务体系建设，承担残疾人服务业的行业管理职能；四是建立和完善残疾人事业社会管理的考核机制；五是残联所属的公益服务事业单位是残疾人基本公共服务的主要提供者，残联要发挥主导作用，引导这些残疾人服务机构增强活力，逐步形成提供方式多样化的残疾人服务新格局。

服务首位原则：残联组织应当将“服务”放在第一位，应坚持“以任务带动建设”，不断扩展针对残疾人的“服务”，由小到大，逐步发展成为包括康复、教育、就业、扶贫、社会保障、维权、文化、体育、无障碍环境建设、社区服务、安养救济、残疾预防、残疾评定和国际交流与合作等领域广阔的综合性社会事业。

社会协同机制：通过发挥各类社会组织的作用，整合社会管理资源，积极推进残疾人服务业社会化。

机构支持机制（东莞）：成立残疾人服务业管理中心，草拟《各类残疾人服务机构设置基本规范方案》《各类残疾人服务机构评定标准》《各类残疾人服务机构绩效评估方案》等文件，加强对残疾人服务业的支持引导和监督管理；成立残疾人评估中心，聘用各类专科医生开展残疾评定、康复需求评估、学习能力评估、职业能力评测、辅具适配评估、残疾人体育医学分类与功能分级评定、服务转介等；成立残疾人福利基金会，对民办残疾人服务机构的优质服务项目提供资助，拓宽民办残疾人服务机构的资金来源。

【武汉市创新残疾人社会工作模式】

创新组织管理模式：社会要求相适应的残联组织社会管理模式，即通过“二建立一提升”即建立组织体系、考核体系，提升素质和能力。

创新社会服务模式：建立残疾人需求相适应的残联组织社会服务模式，即建立“四个机制实现四化”即准入机制、纳入机制、扶持机制和评估机制，实现残联组织服务社会化，专业化、规范化。

创新机构扶持机制：以项目、政策、资金扶持为动力，以联动、双赢、公信为原则，以残疾人得实惠为目的，优化残疾人社会服务机构发展环境和成长空间。

创新机构考评机制：对已准入的759家做到“考评有标准、管理有抓手，制约有手段”。如《阳光家园星级评定实施方案》《阳光助残创业行动资金扶持试行办法》《残疾人家庭康复服务实施办法》《阳光按摩联盟管理办法》《残疾人体育训练基地验收标准》等20余个，要求服务机构服务满意率达到95%以上。

创新志愿助残模式：建立“四化”即理念时代化、工作常态化、格局社会化、服务无缝化以达到牵手同行、共享共融。

【全国自强模范李辉民】男，生于1968年8月，肢残三级，西安光辉实业董事长，陕西省肢残人协会副主席、西安市肢残人协会副主席、中国肢残人协会无障碍工作委员会委员、全国“十一五”专门协会优秀个人，西安市第十五届人大代表、“全国自强模范”、“全国残疾人创业之星”、陕西省第三届“道德模范”。他创办汽修业内一流企业，积累了数千万资产，为残疾人公益事业捐款捐物近200万元。当选为省、市肢残人协会副主席后，开始带领肢残人创业。2009年以来，他先后出资6万余元免费培训62位残疾人从事汽车修理，在自己的企业为30位残疾人提供就业岗位，并为近百名残疾人推荐安置就业岗位。在李辉民的企业里，残疾人员工工资高于同工种的健全人；同等资历的残疾人优先解决食宿；健全人和残疾人竞聘同一岗位时，残疾人能干的工种一定聘用残疾人。李辉民的事迹在社会各界产生了积极影响，中央电视台《焦点访谈》、香港《大公报》等众多媒体都做过专题报道。

附录一

专门协会项目评估和财务监审委员会

为加强中国残联各专门协会在法人社团体制下的项目评估、财务管理制度和财务基础建设，提高协会管理规范化、制度化、科学化水平，加强民主监督的实效性，体现社会公信力。2013年9月10日，中国残联做出《关于筹备成立专门协会项目评估和财务监审委员会的决定》（残联〔2013〕204号），成立专门协会项目评估和财务监审委员会（以下简称评监委），对中国盲协、中国聋协、中国肢协、中国智协、中国精协五个专门协会进行第三方项目评估和财务监审。

2014年1月21日，中国残联召开评监委第一次工作会议暨专门协会第一季度工作会议。中国残联副主席吕世明及中国残联组联部、首聘评监委委员、中国残联各专门协会主席（秘书长）参加会议，鲁勇书记委派专人出席会议。组联部主任曹跃进宣布评监委成立、宣读评监委成员名单并主持了会议。

吕世明副主席首先转达了中国残联主席张海迪、中国残联党组书记、理事长鲁勇对评监委的期望和嘱托：评监委对专门协会的制度建设、能力建设、探索法人治理结构十分必要；要积极密切会同专门协会，共同为推进协会工作和助残社会组织的服务与管理、发展与建设起到一个很好的作用；希望评监委在工作的实施当中充分履职，发挥作用，共同为坚持走中国特色的发展道路，实现残疾人同步小康的目标做出努力和贡献。

一、关于评监委成立的主要背景

党的十八大确立建设“五位一体”中国特色社会主义的总体布局，指出“加快形成政社分开、权责明确、依法自治的现代社会组织体制”和“引导社会组织健康有序发展，充分发挥群众参与社会管理的基础作用”，为专门协会实施法人治理的长效监管机制，进一步加大民主监督实效性，开展专门协会的项目评估，完善财务制度化管理和深化基础建设提供了理论依据；中国残联根据民政部民间组织管理局的有关规定和对五个专门协会社团登记后的管理明确提出协会内部必须成立监事会的要求，借鉴中国红十字会等单位评议会比较成型的经验，结合专门协会的特点，按照新理念、树立新形象、提出新要求，更好地实现协会自觉自律、科学发展，确定2013年5月启动评监委筹备工作。

二、关于筹备工作的基本过程

2013年上半年，中国残联五个专门协会有了这样一个动议，组联部有了一个创意，中国残联也给予了一个很好的支持，就产生了一个良好的开端。建立一个五个专门协会的第三方评估机构，这个创意载体，有效节省资源、克服机构人员重叠，效率低下的弊端，符合邓朴方同志倡导的高效、务实、精简、统一的原则。

6月中旬，组联部草拟了《关于设立专门协会项目评估和财务监审委员会的工作方案》；7月中旬，落实会领导的批示，征求了五个专门协会主席和计财部领导意见，各协会普遍表示赞同和拥护；7月底，与民政部民间组织管理局领导进行沟通和会晤，协商有关事宜，达成共识。

8月，充分发挥各专门协会和组联部两个积极性，共同推荐评监委人选26人，其中残疾人及亲友占84.6%。8月23日，中国残联召开专门协会秘书长办公会议，决定报批成立专门协会项目评估和财务监审委员会。

9月10日，中国残联《关于筹备成立专门协会项目评估和财务监审委员会的决定》（残联〔2013〕204号）指出：经中国残联研究决定，同意组联部与专门协会共同提出的《关于设立专门协会项目评估和财务监审委员会的工作方案》，并成立中国残联专门协会项目评估和财务监审委员会。《决定》对评监委相关制度、人员守则、财务监督、效能管控、项目评估、标准制定、监审规则以及评监委建议人选等相关事项提出了具体要求。

9月16日，在北京京西宾馆召开评监委第一次筹备会议，会领导、各协会主席（秘书长）、部分六代会代表25人参加会议，会议成立评监委筹委会。中国残联组联部副巡视员郝尔康对设立评监委由来、背景、方案、筹备情况、机构建议名单等事项进行了说明；与会人员就工作方案等相关内容进行了热烈讨论。会领导吕世明做了重要讲话。会议认为：成立评监委势在必行，符合精简、高效、统一、效能原则；成立评监委的创意，是协会和残联之间的桥梁和纽带，是制度创新，对专门协会实行第三方项目评估和财务监审很重要，对协会坚持正确健康的发展方向，有效自立自律、提高协会履职能力都具有重要意义。

10月30日、11月8日、11月15日，连续召开三次筹备工作会议，部分在京的筹委会人员参加会议，讨论、分工、修改文件。期间，将《工作方案》第四稿，《评监委工作规则》第二稿传发京内外筹委会成员，广泛征求意见。12月上、中旬再次修改两个文件，同时完成《评监委2014年工作计划》和《关于专门协会项目评估和财务监审委员会筹备工作的报告》两个文件的初稿。

12月25—26日，在哈尔滨召开筹委会第五次工作会议。组联部领导、评监委拟聘的监事长、副监事长、监事、总干事、副总干事、起草文件的部分委员参加会议，会议肯定了前期的筹备工作，广泛认真讨论L以上4个文件，提出修改意见；会议确定了评监委成立大会及第一次工作会的议程、内容、会务、要求和倒排工期。

2014年1月，根据第五次筹备工作会议精神，对4个文件做终版修改和完善；随之起草评监委组成人员建议名单、成立大会实施方案和筹委会关于成立评监委的请示；1月6日，将6个文件打包呈中国残联报批。1月中旬各项工作达标就绪。

三、关于筹备工作的特点

1. 领导重视，依规创新。张海迪主席对专门协会成立评监委给予充分肯定，为此提出了非常好的意见、思路和想法；中国残联原党组书记、理事长王新宪对此做了重要批示；中国残联副主席吕世明亲力亲为、正确引领、有效推进。中国残联发文做出成立评监会的决定，使开局平稳顺利。成立评监委是工作创新、模式创新，民政部主管部门积极评价：对协会社团法人采取监管加指导的方式非常好，体现了精简、统一、效能的精神，对于项目经费使用管理、透明起到很好的导向作用。

2. 人选合理，注重能力。评监委人选本着精干、专业、爱心、奉献的原则，经组联部与专门协会共同推荐，发挥各方面积极性，公正合理荐人才，科学务实推贤能。最后通过的21名委员中有人大代表、政协委员，有从事过多年专门协会工作的资深主席，基层残联理事长，我国最早残疾人草根组织创始人，国际助残组织志愿者，残疾人家长亲友，康复、法务、财会和社会工作专家，媒体代表，等等，其中残疾人和残疾人亲友占81%。

3. 充分民主，精益求精。筹委会倡导民主作风，坚持协商原则，打造和谐氛围，把筹备工作当作民主协商的过程。筹备期间召开了5次工作会议，广泛听取各方面意见，对会议6个主要文件进行逐条逐项逐款修改完善，用半年时间，修改完善40余条、款187（次）处，形成基本完善、内容全面、原则明确、条理清晰、规定严格、便于操作的较好文本，对于探索评监工作模式，把握评监工作规律，发挥评监作用具有重要意义。

4. 科学安排，实效有序。积极整合社会力量设立评监委，对专门协会进行制度化的项目评估和财务监审是创新领域。筹备期间坚持科学设计、合理安排、注重实效、有序推进，把筹备工作作为严谨作风、讲究效率、把握方法、树立形象的实操演练，为实际评监工作探索科学有序发展的新路子。近4个月里，很多同志忘我工作，利用深夜或双休日起草、修改文件，贡献才智、感动他人；其他同志们也都特别尊重这一崇高岗位，积极热情、求实增效，为筹备工作尽了力。

四、关于评监委的相关事宜

专门协会评监工作是新事物，需要摸着石头过河，不断积累经验，探索规律。

（一）工作原则

一是试运转原则：2014年以3—5个项目试点评估为主；以督查促使五个专门协会财务制度建立完善为主。在第一年，评监委要加强委员专业技术培训，做到边学习、边试点、边总结、边完善、边规范，做到积极稳妥，稳中向好。

二是强化内部基础性建设原则：根据评监委《工作规则》和2014年工作安排，一要搞好评监委工作规范设计、制定好实施细则，做到有章可循、规范运行；二要抓好规范操作，达到遵标准、树形象、重严谨、创实绩。

三是评监工作促协会发展原则：评监工作既要查违防腐，全力以赴推动专门协会工作；又要强规范、助自律、帮治理、促发展，真心实意为专门协会服务，做到帮忙不添乱、到位不越位。

（二）监事长与总干事的关系与职责

年初补充修改《工作规则》时，根据第五次筹备工作会议精神，明确监事长负责全面工作；副监事长、监事协助监事长工作；总干事由一名副监事长兼任，负责评监委秘书处日常性工作，副总干事按照分工协助总干事工作，总干事实行轮值制。

（三）倡导“阳光·向上”的工作理念

即积极奉献、公正高效、真心服务、廉洁自律的理念。帮助专门协会打造国家4A级社团组织，使其能在残疾人社会组织和地方协会中发挥引领和示范作用，为实现“同步小康”的残疾人梦想做出应有的贡献。

附录二

中国残联专门协会
项目评估及财务监审委员会
第一届委员

2014年1月21日评监委成立大会通过

监 事 长

于　兵（聋）吉林艺术学院美术教授、全国政协委员，原中国聋协副主席

副监事长

滕伟民（盲）中国残奥委副主席、中国盲文图书馆副馆长，原中国盲协副主席

杜　仲（肢）黑龙江省哈尔滨市残联副理事长、省人大代表，原中国肢协副主席

监　　事

闫振华（精亲）原中国儿童发展中心副主任，原中国精协名誉主席

虞　宏（精亲）北京市东城区景山街道吉祥社区党委书记、主任，原中国精协副主席

刘铮伟（肢）河南省残联理事

黄一萍（智亲）原中国中医科学院中药研究所副所长

总 干 事　滕伟民（兼）

副总干事

孙一平　中国残联组联部社会工作项目总监，原北京市朝阳区残联副理事长

林　达（肢）2008年北京残奥会志愿者培训顾问，2010年广州亚残运会志愿者培训专家

委　　员

王永澄（盲）福建省残联理事、省残疾人劳动就业服务中心副主任

汤健泉（盲）山东科技大学中天电子有限公司总经理

成　海（聋）北京市残联理事会理事，原北京市聋协副主席

吴德祖（肢）共青团中央宣传部处长

薄　岚（肢）国际助残·志愿者

唐占鑫（肢）国际事务对外联络

韩万川（智亲）国家铁路总公司人事司干部

李　敬　社会工作专家，社科院社会学研究所助理研究员

王彩霞　财务审计专家，中国残联退休干部，原中国残联计财部综合处长

杨匡汲　深圳大华天诚会计师事务所北京分所高级会计师

王向前　律师，北京市京悦律师事务所劳动法事务部主任，法务专家

艾　诚　高级编辑，《中国残疾人》杂志社

附录三

各专门协会根据当前存在的
主要问题提出的工作建议

2013年3月14日

2012年12月10日，中国残联执行理事会与专门协会联席会议在北京召开。各专门协会在会上对残联工作提出了一些建设性的意见和建议，供各级残联研究落实。

一、关于康复方面的问题

关注孤独症康复。希望加大扶持孤独症民办服务机构、自强自律创建试点工作的力度，健全第三方评估机制并得到各级残联领导的重视、指导和支持。

二、关于教育方面的问题

关注盲童早期干预和教育。希望盲童也能上幼儿园，目前国内还没有接收盲童的幼儿园，他们急需早期的干预和教育。

关注盲文使用。建议为盲人提供使用盲文、大字体的基本条件，参加包括高考在内的所有职业资格考试。

关注听障学生随班就读。建议协调教育部门尽快修订随班就读条例，提高随班就读质量。争取制定对听障学生免试大学英语四六级英语听力的优惠政策。

三、关于培训方面的问题

关注听障儿童家长培训。开展听障儿童家长培训，建议由中国聋协家长委员会参与听障儿童家长培训工作，经费请康复部在家长培训学校经费中统筹考虑，并面对全国进行指导。

关注聋人管理人才培训。建议与民政部门合作，在聋人比较集中的福利工厂和民企系统，开展中、高层聋人管理人员的高端培训。

四、关于社会组织建设的问题

关注聋人服务中心设立。建议成立聋人服务中心，可先在北京等市试点，不断总结试点经验，逐步向全国推广。

关注加强专门协会工作职能。希望残联把残疾人的医疗、培训、就业等拾漏补遗的工作项目委托协会承办，发挥协会的特殊优势，支持协会建立服务性实体，提供政府购买公益服务的专项资金，强化专门协会为本类残疾人服务的功能和效能。

五、关于加大经费投入的问题

大力发展专门协会，应加大协会经费投入，增加协会专职工作人员，使协会的工作常态化、制度化，赋予协会工作独立性。增加地方协会经费，建议省级残联、

地市残联安排各协会年度工作经费逐年增长并将协会工作经费纳入财政预算之中。

六、关于转变工作作风的问题

专门协会的主席、副主席应当列席残联年度工作会议，有益于协会主席了解残联工作进展情况，将协会工作与残联工作有机结合，沟通信息，共享资源。

希望多召集协会同志研究一些比较突出的问题，听取各方意见，达成共识后加以推进。比如关注对奴役智力残疾人的黑包工问题、肢残人乘坐民航等公共交通工具无障碍服务问题、上肢残疾人驾驶机动车问题、机动轮椅车营运及社会稳定问题、重度肢残人康复及社会保障问题等。

希望转变工作作风，进一步重视密切联系残疾人的工作。各级残联工作的条件大为改善，政治地位、工作绩效也不断提升，希望更加密切与残疾人之间的血肉联系。

七、关于协会工作纳入考核的问题

建议把地方残联解决协会三落实内容（经费、场地、人员）纳入残联业务重要考核之中。

八、关于加强监督残联工作的问题

希望通过主席团、各专门协会加大对残疾人工作的监督作用。

九、关于人才队伍建设的问题

希望能够利用各地基层专职委员的公益岗位名额为协会配备专职工作人员。

关注协会干部培养。建议对智协和精协干部加大培养力度。建议在做好各项工作方面，加大关注重视残疾女性。

（孙一平供稿）

中国盲人协会工作

一、领导讲话

张海迪在中国盲人文学爱好者联谊会成立大会上的讲话：让文学点亮心灵之灯

2013年11月23日

图4-2-1　张海迪在中国盲人文学爱好者联谊会成立大会上讲话。

亲爱的朋友们，大家好！今天，参加中国盲人文学联谊会成立大会，我非常高兴，也非常感慨。因为我对文学有着特别的感情和怀恋，我曾经在山东省作家协会当过专业作家，直到现在我也常常怀念那些写作的日子，特别是那些让自己思想放飞的夜晚。那是艰苦的日子，也是快乐的时光。今天在座的有我的好几位文学界的老朋友，你们的到来让我特别感动。在过去的很多年你们曾经给予残疾作家以同情、关怀和支持。作家史铁生和我都是中国作协全国委员会好几届的委员，也是坐轮椅的委员。如今史铁生走了，而他的作品还在我们的心里。我想，文学是不分残疾与不残疾的，文学属于所有热爱它的人。人总会老的，而文学却永远年轻；人总会离开这个世界，而文学却会永远活着。

今天，中国盲人文学联谊会成立，作为残疾人工作者，我衷心地感谢各位作家和评论家给予盲人作家、诗人，还有文学爱好者的鼓励！我也衷心感谢所有关心残疾人事业发展的朋友们！

文学曾经伴着我们很多人成长，特别是在没有互联网的时候，在我们的青少年时代。那时无论生活多么困苦，处境多么艰难，只要有书，有文学的陪伴，我们心灵就不再孤独。文学给了我们精神的力量，深邃的思想，还有丰富的情感。在阅读和写作中，我们的心灵就获得了自由和解放，文学创作对残疾人的心灵则是更大的自由和解放，因为在写作中痛苦就会被消解，禁锢自己的狭小空间就会变得无限辽阔。文学对于爱好文学的人是重要的，文学是对生命的品味，写作是对精神的补偿。当身体受到残疾限制的时候，想象却可以带你飞越千山万水，峰峦叠嶂。

对于盲人朋友，文学也许就像心灵的北斗，总在黑夜里闪着光。我读过一些中外盲人的散文小说，还有诗歌。比如海伦·凯勒对美的想象和描述已经感染了世界上无数的人。一些盲人作家是有才华的，比如滕伟民同志的小说别有一番人生的滋味，比如史光柱同志的诗歌有一种独特的力量。还有很多盲人文学爱好者写下了很多美丽的文字，默默地述说着对生活的爱与渴望。我相信，中国盲人文学联谊会的成立一定会让他们受到鼓舞。

中国残联非常重视残疾人文化建设，2012年，与中宣部等11个部委一起下发了《关于加强残疾人文化建设的意见》，我们将努力创造条件，让更多的残疾人参与文化生活，让精神更加充实快乐。今天盲人文学联谊会成立了，盲人文学爱好者有了自己的家，有了一个可以交流的平台。我希望盲人朋友热爱文学，奉献文学，多读好书，多写好作品。我也希望中国盲人文学联谊会的朋友能深入生活、与残疾人心贴心，为社会奉献美好的精神食粮。

中国盲协常务副主席李伟洪在“中央财政支持社会组织示范项目——中国盲协中途失明人士社区康复重建项目”启动仪式上的讲话

2013年4月18日

各位主席，为实施好“中央财政支持社会组织示范项目——中途失明人士社区康复重建项目”，我谈四点意见。

一、项目背景

2012年，中国盲协首次向民政部申请了“中央财政支持社会组织从事社会服务示范项目——农村盲人免费按摩及种养殖业培训项目”，在13个省（区、市）举办14期按摩培训和2期农村种养殖业培训，共培训了500名盲人，经过培训的盲人全部走上了工作岗位，改变了命运，实现了自身价值。这一项目通过了民政部的审核，得到了好评。

2013年，中央财政项目做了调整，取消了扶贫助残的内容，重点放到民生方面。主要包括：社区服务、养老服务、医疗救助以及受灾群众救助等。对此，中国盲协进行了认真研究，提交了社区服务项目，即在城乡社区开展“中途失明人士社区康复重建项目”。民政部批准了这一项目，项目资金为80万元，配套资金80万元，在2013年内为城乡社区500名中途失明人士实施康复重建工作。

二、项目意义

我国有1731万盲人，其中因意外事故、疾病、遗传等因素导致中途失明的人很多，随着年龄段增长，中途失明人士在全部视力残疾人中的比例不断增加。湖北荆门市去年的一项调查显示，中途失明人士在盲人中占的比例超过60%。他们中很多是青年人，这些人无法适应因失明带来的生活状况的变化，迷茫、无助、绝望，甚至自暴自弃，由此导致的失业和离婚的比例相当高。这不仅给他们本人带来了极大的伤害，也给他们的家庭增加了负担。中途失明造成的问题已经成为一个不容忽视的社会问题，急需对这些人进行专业干预和康复重建方面的指导。中途失明人士的康复重建在国外和港台地区已经有很多经验，而在国内还没有正式开展这项工作，因此，我们希望能够通过实施这个项目为今后开展这项工作提供经验。所谓社区康复重建，就是以城乡社区生活和家庭生活为基础，以培养中途失明人士生活能力和就业技能为重点，以融入社区生活为目的，对失明人士提供系统的专业帮助和支持，使他们走出困境，重新燃起生命之光，树立生活勇气，在最短的时间内融入社区生活，重返主流社会，像普通人一样正常地生活和工作，实现平等、参与、共享。

三、项目主要内容

康复重建的内容，我觉得至少可以包括以下几方面：

第一，心理康复。通过心理疏导、心理康复治疗等方式来强化中途失明人士重返社会的自信心，使他们更加了解自我，增强适应环境、参与社会的能力。

第二，定向行走与盲文学习。通过科学的行走训练和盲文学习提高他们的认知能力、行走能力、与他人的互动能力，以及在家庭和社区独立生活的能力。

第三，生活技能指导。内容包括：打扫室内卫生、做饭、洗涤整理衣物等。通过提高生活适应能力，来改善和提升生活质量。

第四，电脑知识与读屏软件学习。通过电脑知识与读屏软件的学习，来提高他们使用电脑的能力，真正实现信息获取无障碍，为重返工作岗位创造条件。

第五，保健按摩和种养殖业知识培训。通过学习保健按摩知识，让中途失明人士掌握按摩技能，实现就业和再就业，成为自食其力的劳动者；通过种养殖业培训，使他们能够独立地或在家人的帮助下开展家庭种养殖业。

四、基本要求

为了承接好中央财政项目，确保项目顺利实施，中国盲人协会与中国残联就业服务指导中心联合下发了做好这一工作的通知。经协商，有10个省（区、市）接受了任务。在此，提几点要求：

第一，各项目实施单位要根据项目要求，认真筛选中途失明社区康复重建人员，并对其特点和需求进行专业评估，确定重建方案。

第二，以社区服务机构为依托，依靠社区专职委员（康复员）和心理咨询专家，采取入户个别指导和集中培训相结合的方式开展康复重建工作；对社区康复人员或者志愿者要进行康复重建内容的集中培训，以便更好地指导盲人；需要进行职业培训的应提交按摩和种养殖业培训方案、教学计划等，并上报中国盲人协会。中国盲人协会与中国残疾人就业服务指导中心将对方案进行审核，核准后下拨经费，付诸实施。

第三，中国盲协为社区康复重建提供每人350元的经费补助，按照中央财政项目要求，各地按照不低于1∶1的比例配套资金。主要用途包括社区康复员培训费及工作补贴、心理咨询专家指导费，辅助器具（如手杖）由各地配套资金配发，为盲人按摩及种养殖业培训提供每人2000元经费补助，按照中央财政项目要求，各地按照不低于1∶1的比例配套资金，用途包括学员食宿费、培训费、教职人员工资、考证费，辅助器具（如手杖）由配套资金配发。

第四，项目结束一个月内，各地应向中国盲协提交项目实施情况总结报告、受益对象确认书、学员实习及就业安置情况、配比证明等。

第五，中国盲协与中央财政项目办公室对各地项目实施情况进行监督与检查。

二、政策法规文件

关于进一步改进无障碍银行服务的自律约定

银协发〔2013〕43号

为深入落实《无障碍环境建设条例》（以下简称《条例》）精神，进一步完善银行业无障碍设施建设和无障碍信息服务，不断提高服务残障人士的意识，全面提升服务残障人士的能力，经会员单位共同协商，中国银行业协会就全行业无障碍环境建设方面提出以下自律约定：

一、加强学习，积极落实相关规范性文件

会员单位应根据《条例》精神，结合《关于银行业金融机构加强残疾人客户金融服务工作的通知》（银监办发〔2012〕144号）、《关于进一步完善残障人士银行服务的自律要求》（银协发〔2012〕35号）、《中国银行业协会自律工作委员会关于为严重老弱病残等特殊客户做好人性化服务的紧急通知》（银协发〔2009〕5号）和《中国银行业公平对待消费者自律公约》（银协发〔2010〕23号）等规范性文件，进一步关注残障人士需求，保障特殊群体客户合法权益，积极推动银行无障碍设施建设，培养从业人员服务残障人士的意识和能力，建立健全相应服务应急预案，切实履行社会责任。

二、合理规划，积极推进无障碍环境建设

（一）会员单位应统一思想，提高认识，切实把无障碍环境建设纳入公司经营管理中，结合本单位实际，研究并制定无障碍设施建设的整体规划。

（二）配合城市建设等部门做好当地无障碍工程建设，有计划、有步骤、有目标地做好无障碍设施的新建、改建、扩建工作。

（三）加强营业网点无障碍服务设施的日常维护，确保无障碍服务设施的正常使用。

（四）加强营业网点无障碍服务设施使用的宣传工作，让残障人士能够享受银行便捷、高效的无障碍服务。

（五）在有条件的营业网点为肢体残疾人驾驶或者乘坐的机动车设置无障碍停车位。

三、加快创新，积极提升残障人士服务能力

（一）逐步完善网上银行、电话银行、自助设备等渠道的无障碍改造，提供人性化的电子化金融服务。

（二）允许视力障碍客户携带经过登记、认证、有可识别标识且处于工作状态的导盲犬出入银行营业网点办理业务。网点工作人员应妥善做好接待，保障网点的正常营业秩序。

（三）在有条件或有实际需要的营业网点设置盲人版业务介绍和指南。

三、工作综述

2013年，中国盲人协会在中国残联的领导下，积极围绕残疾人事业大局，秉承代表、服务、维权的宗旨，不断探索、创新工作方式，取得了新的成绩。

（一）加强自身建设，提高代表能力

中国盲协不断强化自身建设，完善工作机制，充分发挥了各委员会的作用。

1. 召开五届五次、五届六次委员会会议和第六届全国盲人代表大会

4月18日，中国盲协在贵州省贵阳市召开了五届五次委员会会议，总结了2012年工作，交流、研讨了工作经验，部署了下一步工作。9月15日，在北京召开了五届六次委员会会议，通过了向中国残联第六次全国代表大会盲人代表大会提交的工作报告、财务报告和章程（修正案）等相关文件。

9月18日，在中国残联第六次全国代表大会期间召开了第六届全国盲人代表大会，选举产生了新一届中国盲协委员会和主席、副主席，顺利实现了协会领导班子换届，一批年轻的盲人骨干加入了盲协队伍，使协会更加富有朝气和活力。

2. 被民政部评为“4A级社会组织”

2012年底，民政部对中国盲协从基础条件、内部治理、工作绩效和社会评价等四个方面进行了综合考察。2013年6月，经终评委严格审查和全面考评，中国盲协被评为全国公益性社团最高等级的“4A级社会组织”。这是对中国盲协工作的充分肯定。

图4－2－2　中国盲协获中国社会组织评估等级证书。

3. 成立中国盲人文学联谊会

为了更好地落实《关于加强残疾人文化建设的意见》，促进盲人文化事业的繁荣和发展，11 月 23 日，中国盲协召开了中国盲人文学联谊会成立大会。中国残联主席张海迪，中国残联党组成员、副主席吕世明等领导，文学界专家，各地盲人代表共 80 余人出席大会。大会通过了联谊会章程，选举产生了第一届理事会成员和顾问委员会成员，聘请张海迪主席，中国作协党组成员、书记处书记白庚胜为名誉会长。著名盲人诗人、作家史光柱当选为联谊会会长。

张海迪主席在会上发表讲话，希望盲人文学爱好者“深入生活、深入基层、深入残疾人群体，创作出更多反映社会现实，反映残疾人生活的精品”。

4. 各专业委员会开展富有特色的活动

全国盲人阅读推广委员会积极推动各地成立盲人阅读推广组织，开展各种形式的阅读“扫盲”活动，目前会员已发展到数万人。盲人钢琴调律师委员会首次举办了钢琴调律师在职培训班，制定了盲人钢琴调律行业服务规范和技术操作标准，多次组织盲人钢琴调律职业展示及推介宣传活动，首次派员出席第十八届国际钢琴制造技师调律师年会，并编辑了 9 期钢琴调律师工作简报。视网膜病变委员会在国内 5 个城市组织了百例视网膜色素变性患者免费实施基因检测和进行遗传咨询公益活动；实施基因检测对残疾预防和优生优育是一次非常有益的尝试，并举办了“我的 RP 人生”征文及专题讲座；家长委员会组织编写完成了《视障儿童家长指导手册》，开展了盲童家长新残疾人观和维权知识方面的培训，提高了他们的残疾理念和法律意识。

各委员会的工作增强了协会工作的代表性，扩展了协会的服务范围。

5. 建立网站，增强信息化服务

中国盲协新建和完善了各委员会的网站，增强了宣传服务的功能；中国盲协网站建立了信息公开栏目，做到年检资料、审计报告、年度工作报告、项目实施情况等信息向社会公开。

（二）庆祝六十周年，开展系列活动

7 月 27 日是中国盲人协会成立 60 周年，中国残联名誉主席邓朴方同志题词“服务盲人俯首耕耘一甲子，引领群众挺胸迈向新纪元”，高度评价中国盲协 60 年来为维护盲人权益和增进盲人福祉所做出的重要贡献。

图4－2－3　邓朴方为中国盲人协会成立六十周年题词。

张海迪主席勉励广大盲人朋友：“只要心中有光明，就能穿出黑暗，走向美好的新生活。”

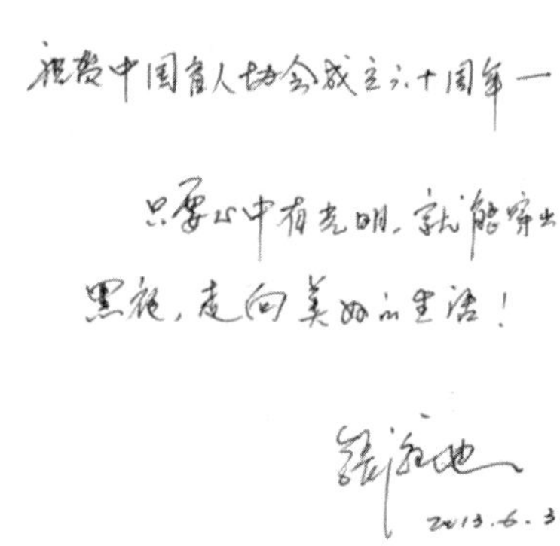

图4－2－4　张海迪为中国盲人协会成立六十周年题词。

举办“光明之路”六十周年庆祝大会。张海迪主席，王新宪书记、吕世明副主席等领导，社会各界爱心人士、盲人代表近 400 人参加了活动。中国残疾人艺术团、第四届全国盲人歌手大赛获奖选手及盲人歌手杨光、刘赛等表演了精彩的文艺节目。会上还启动了“关爱盲童·邮送阳光”——手拉手阳光书包公益活动等。授予方明、濮存昕、朱丽群等“助盲爱心大使”荣誉称号，授予杨光、刘赛“光明使者”荣誉称号，编辑出版《光明之路》纪念画册和邮册，召开了老同志座谈会。

系列庆祝活动隆重、简朴、热烈，全面回顾了历史、总结了经验、扩大了影响，收到了很好的效果。

（三）利用社会资源，增强服务能力

2013 年，中国盲协共接收社会捐赠 692.62 万元，其中资金 295 万元，物资捐赠折合 397.62 万元。主要开展了以下项目：

1. 中央财政支持社会组织示范项目——中途失明人士社区康复重建项目，为 10 个省（区、市）城乡社区的 500 名中途失明人士免费实施包括心理干预、定向行走、生活技能、盲文学习、盲人电脑应用，以及保健按摩、种养殖业等在内的康复重建训练和职业技能培训，提高了他们适应环境和重返社会的能力，增强了面对人生的信心和勇气，在最短的时间内回归了社区生活和主流社会。

2. 与中国红十字基金会凤凰基金共同举办 2013 年“千手相助·盲人培训与安置工程”，在吉林、宁夏、四川、山东四个省（区）为 120 名农村盲人实施免费按摩培训，使他们走上了工作岗位，摆脱了贫困，实现了自身价值。

3. 在北京派特罗尔油田服务股份公司的支持下，为新疆巴州 500 名白内障患者实施复明手术，目前这一项目已全部实施完毕，取得了良好的效果，他们重见了光明，解除了视障痛苦。

4. 与中国狮子联会共同发起“关爱盲童·邮送阳光——手拉手阳光书包”公益活动，依托北京邮政网络，动员社会爱心力量，为盲童捐赠装有阅读设备、有声读物等的“阳光书包”，为盲童们的学习和生活提供切实的帮助。目前已为北京、河北、辽宁、宁夏、云南等地的盲童发放阳光书包 400 多个。

5. 与华夏心理培训学校合作，举办了 2013 年盲人“国家职业心理咨询师”培训及认证鉴定考试，有 25 位盲人参加了考试；与北京市残联体训职培中心合作举办了首期盲人钢琴调律与维修专业技术在职培训班，来自全国 6 个省市的 10 名盲人钢琴调律师参加了为期一个月的集中培训，取得显著效果；与北京速记协会合作，对 5 名盲人进行了 10 个月的速录师培训并安置了工作；与中国残联就业服务指导中心、中国盲文出版社合作，继续推进盲人计算机师资培训工作，2013 年培训师资 60 多人。

6. 香港快活谷狮子会捐赠盲人中国象棋 2000 多副，有力推动了各地盲人象棋活动的开展；惠普公司、AMD 公司共同启动“天使眼睛，让爱点亮心灵”行动，推出一套为盲人设计的一站式电脑应用解决方案，并向中国盲协赠送 60 多台盲人笔记本电脑，用于改善各地盲协办公条件；中兴通讯公司捐赠 1000 部“中兴信息无障碍智能终端”，发放各地盲协，用于改善工作通讯条件。

7. 继续与北京联合大学特教学院合作，举办盲人针灸推拿大专及专升本远程学历教育，今年招生 120 余人；继续在网上举办“空中英语”初、中、高级培训。

（四）代表盲人利益，促进权益保障

作为盲人利益的代表者和权益的维护者，中国盲协真诚倾听盲人呼声，真实反映盲人诉求，维护盲人合法权益。

1. 积极参与涉及盲人权益的政策法规及标准的制定和修订工作。先后参加了《残疾人教育条例》《无障碍环境建设设计规范》《残疾人航空运输办法》《国家铁道客车及动车组无障碍设施通用技术条件》《办公设备无障碍设计标准》《盲人互联网信息服务辅助系统技术要求》等法规及标准的起草工作，确保盲人的合法利益。

2. 向人大、政协“两会”提交《关于尽快解决盲人安全用药问题的提案建议》和《关于视障人士参加普通高考和其他职业资格考试的提案建议》；参与中国政府《联合国儿童权利公约》履约报告的审核工作，向联合国提交了中国盲协《关于〈儿童权利公约〉执行情况的非政府组织报告》。

3. 积极宣传导盲犬工作，组织专家起草制定了一整套导盲犬业规范化建设相关标准和导盲犬管理数据库等。

4. 为进一步了解老年盲人的生活现状、养老需求及社会服务情况，委托北京大学相关专家，启动了老年盲人养老生活状况抽样调查及研究工作。

5. 积极宣传法律知识，在盲人中开展了新残疾人观和维权讲座，提高盲人的法律意识和维权能力，及时解决侵害盲人利益的突出问题。

（五）促进文化建设，丰富文体生活

为落实中央部委关于残疾人文化建设的精神，不断满足盲人的精神文化需求，中国盲协开展了丰富多彩的盲人群众性文体活动。

1. 在香港快活谷狮子会的支持下，6 月 15—16 日，在北京举办了首届“快活谷狮子会杯”中国象棋残健共融团体赛。来自两岸三地、25 支代表队共 100 余人参赛。每支代表队都是由两名盲人，一名肢残人或聋人，一名健全人联手组成。经过两天七轮近 350 场的激烈角逐，湖北队、象棋协会队、上海队分获冠、亚、季军。此次比赛推动了两岸三地残疾人群众体育事业的发展，提高了残疾人的棋艺水平，充分体现残疾人与健全人“共建、共融、共享”的精神。

2. 在中国普仁集团的支持下，举办了“追梦杯”第四届全国盲人歌手大赛。大赛分为美声、民族和通俗三个组别，按照初赛、复赛、决赛三个阶段组织实施。来自全国 28 个省、市、自治区的 34 名选手参加了 7 月 26 日在北京举行的现场决赛，最终评出各组一、二、三等奖。他们饱含激情的精彩演唱，受到观众们的热烈欢迎和专家的高度评价。

3. 经中央人民广播电台授权，举办了“中央人民广播电台《宏村·阿菊》第三届‘夏青杯’朗诵大赛”盲人赛区比赛，全国27个省（区、市）残联、盲协选拔推选了70个作品。分为朗诵和影视剧角色配音两个比赛项目，成人组和少儿组两个组别。最终评出特等奖一名，一等奖三名。比赛对普及、发展、提升朗诵艺术水平，发掘语言艺术人才，促进盲人与社会的沟通、融合具有重要意义。

4. 利用节日契机，开展群众文化活动。1月4日是世界盲文之父路易·布莱尔诞辰204周年。中国盲协举行了路易·布莱尔诞辰纪念日座谈会。

2月2日，在网上举行了2013全国盲人迎春联欢会，近300位盲人参加了晚会。网络联欢已成为广大盲人最便捷的联欢形式，获得了普遍的欢迎和好评。

3月4日，在毛泽东等老一代党和国家领导人为雷锋同志题词50周年之际，与中央人民广播电台一起在中国盲文图书馆举办了“学习雷锋，爱心助盲”公益活动。中央人民广播电台的主持人与盲人文艺爱好者共同献上了一台精彩演出。

5月11—17日，在第二十三个全国助残日到来之际，与北京自然博物馆共同举办了“触摸自然、感知生命——盲人触摸展览”，帮助盲人深入了解自然，认识自然，增长自然科学知识。

10月15日国际盲人节期间，参与了信息无障碍——银行业无障碍服务论坛；与中国盲文出版社共同举办了“向天而歌又十年”——太行盲艺人演唱会；与北京金帆艺术团共同举办了“共筑中国梦，同享金帆情”第三十个国际盲人节庆祝活动。

12月1日，在国际残疾人日前夕，和北京理工大学外语学院大学生志愿者共同举办了“共建光明”联谊会。盲人朋友和大学生共同表演了精彩的文艺节目。两年多来，大学生志愿者们一直坚持为参加远程英语培训的盲人提供辅导，中国盲协向志愿者赠送了“助盲人携手光明行，献爱心共筑中国梦”的锦旗。

5. 与《中国残疾人》杂志社《盲人月刊》编辑部共同举办了“我的盲协我的家”征文活动，全国共收到近200篇征文稿件，经过评选，有40篇作品获奖。

6. 与侠友新社合作，举办了太极拳培训班，有20多名盲校教师接受了培训；举办了北京—山东盲人中国象棋区域性对抗赛。

7. 参与通用盲文标准的研究工作，广泛征求盲人意见。

（六）加强国际交往，促进文化交流

2013年中国盲协先后接待了欧盟青年盲人代表团、瑞典盲人代表团、澳大利亚视网膜病变协会、阿尔巴尼亚盲协、泰国盲协，以及台湾、香港视网膜病变组织、澳门盲协等盲人组织的来访，增进了友谊，加强了交流与合作；邀请美国克莱维诺钢琴三重奏乐队、美国瑞迪克乐队、台湾盲人艺术团等艺术团体来京演出，受到盲人的热烈欢迎，促进了文化交流。

四、中国残联第六次全国代表大会盲人代表会议

关于中国盲协第五届委员会工作报告的决议

2013年9月18日

中国残联第六次全国代表大会盲人代表会议

（中国盲协第三次全国会员代表大会）通过

经中国残疾人联合会第六次全国代表大会盲人代表会议（中国盲协第三次全国会员代表大会）审议，批准李志军同志代表第五届委员会所做的报告。报告回顾了五年来盲人事业取得的令人瞩目的成就，全面总结了中国盲协工作的基本经验，提出未来五年的发展目标，符合我国盲人工作实际，是团结带领广大盲人为实现中国特色残疾人事业又好又快发展的重要文件，是一个凝聚人心、催人奋进的报告。

会议认为，中国盲协第五届委员会贯彻《中共中央国务院关于促进残疾人事业发展的意见》，按照中国残联“五个增强”的要求，在加强“两个体系”建设中，围绕中心，服务大局，科学发展，履行“代表、服务、维权”职能，发挥社团法人优势和残疾人社会组织引领示范作用，使协会工作更加活跃。

会议同意报告对今后五年工作的设想。各级盲协要全力打造“学习型、服务型、创新型”协会组织，加强协会能力建设，实施融合发展战略，“勇敢担当起本类残疾人利益代言人、服务组织者和权利维护者的角色”，完成本届协会的各项任务。

会议号召全国各族盲人，以中国特色社会主义理论为指导，高举人道主义伟大旗帜，肩负光荣使命，认真履行职责，强化思想自觉、坚持事业自信、推动创新发展，实现“三个活跃”，平等参与共享社会生活，与全国人民一道为全面建成小康社会而努力奋斗。

中国盲人协会第五届委员会财务报告

中国盲协主席李伟洪　2013年9月18日

各位代表，我受中国盲人协会第五届委员会委托，向中国残联第六次全国代表大会盲人代表会议做财务报告，请予审议。

财务工作是协会工作中重要的基础性工作，它既是协会开展工作的重要保障，也是一项政策性很强的工作。

五年来，中国盲协在中国残联的领导下，积极探索社会化的工作方式，广泛开展募捐活动，利用社会资源

推进协会工作。同时，中国盲协在中国残联计财部的监督指导下严格财务管理，认真贯彻有关财务方面的规定，并建立健全了相关制度，如：《社团财务管理办法》《公益项目管理办法》《公益项目资金管理办法》《聘用人员规定》等。我们本着“依法理财、专款专用、量入为出、勤俭办事”的原则，严格管理和使用捐赠款物，把捐赠款物切实用在服务盲人、保障协会工作上，有效地促进了盲协工作的开展。

2009年至2013年7月31日中国盲协共取得收入总额为1192.16万元，其中包括捐赠收入、政府补贴收入及其他收入，现分述如下：

一、资金收支情况

1. 资金收入情况

2009年至2013年7月31日中国盲协资金收入总额为1192.16万元（不包括残联每年拨给盲协的经费），其中捐赠收入986.23万元，占资金收入总额的82.72%；政府补贴196.6万元，占资金收入的16.49%；提供服务2.5万元，占资金收入的0.22%；其他收入6.83万元，占资金收入的0.57%。

捐赠收入包括：中国红十字基金会光明天使基金捐款181.73万元；中国红十字基金会凤凰基金捐款146.76万元；中国残疾人福利基金会捐款60万元；派特罗尔石油技术有限公司捐款80万元；中国广播音像出版社捐款36万元；中国北京移动公司捐款30万元；香港快活谷狮子会捐款23万元；中国盲文出版社捐款18.5万元；金钥匙视障教育中心捐款15万元；河南企业家协会捐款13万元；福建贸兴建材发展有限公司捐款10万元；光大银行捐款10万元；北京庆长风商贸有限公司捐款9万元；英国儿童救助会捐款8万元；北京燕山家具城捐款8万元；上海新文实业公司捐款3万元；万升康达经贸有限公司捐款2.5万元；北京飞婵绮彤服装设计院捐款1.6万元；盛智源文化艺术发展公司捐款1.5万元；北京奥美达科技有限公司捐款1万元；中央教育科学研究所捐款0.6万元；台湾爱盲基金会捐款0.4万元；绽放、畅行等基金捐款44.8万元；周云南和谐文语通捐款260万元；个人捐款21.84万元。

2. 资金支出情况

2009年至2011年7月31日支出总额为1140.06万元。其中项目支出1021.66万元，占总支出的89.61%；管理费用支出118.40万元，占总支出的10.39%。

项目支出包括：农村盲人免费按摩及种养殖业培训与安置工程405万；中途失明人士社区康复重建项目56万元；爱心助盲——白内障复明手术64万元；成立盲人阅读推广委员会、盲人家长委员会、视网膜病变者委员会、盲人钢琴调律师委员会，开展钢琴调律技能大赛、钢琴调律职业技能推介会、在职钢琴调律师调律与维修技能培训，组织盲童家长培训班，编写视障儿童家长指导手册，组织盲童亲子活动，举办盲人徒步沙漠行、盲人歌手大赛、盲人歌手朗诵大赛、盲人计算机技能大赛、创先争优评选、盲人象棋大赛、盲人文学爱好者笔会等496.66万元。

3. 结余情况

2009年至2013年7月31日收支结余为52.10万元。

二、物资捐赠情况

2009年至2013年7月31日，物资捐赠折价总额为793.33万元。其中北京联通公司捐赠语音电话机5000台，价值42万元；奥美达公司捐赠电子助视器4台，价值1.1万元；中智瑞德科技有限公司捐赠瑞德读书机41台，价值1.2万元；光明天使基金捐赠手杖1287支，价值5万元；中国残疾人福利基金会捐赠电话收音机600台，价值4.5万元；美国帕金斯盲校捐赠盲用打字机74台，价值37万元；香港理工大学捐赠中国象棋1000副，价值35万元；何氏眼科医院捐赠白内障人工晶体159枚，价值14.31万元；高斯贝尔有限公司捐赠盲用手机40台，价值3.92万元；光大银行捐赠图书馆终端设备2套，价值10万元；中国盲文出版社捐赠阳光读书郎120台，价值4.8万元；光明天使基金捐赠语音电话机142台，价值1万元；北京东方视角影视文化传媒有限公司捐赠酷听有声礼袋100套，价值5.88万元，酷听卡10000张，价值90万元；国家新闻出版署捐赠无障碍电影光盘100套，价值300万元；香港快活谷狮子会捐赠中国象棋2512副，价值25.121万元；友利通公司捐赠盲人手机40台，价值2.5万元；米赫眼科医院捐赠人工角膜60枚，价值210万元。除人工角膜外，其他物资已全部定向发出并向捐赠单位汇报发放情况。

各位代表，几年来的财务工作保证了盲协工作的顺利进行。随着盲协工作的不断发展，财务在协会工作中的经济保障作用将更加显现。今后中国盲协要在各位主席的领导下，在委员会和有关部门的监督指导下继续探索行之有效的社会化工作方式，“广泛募集资金，科学管理资金，有效使用资金”，不断提高财务管理水平，力争让有限的资金发挥出最大的效能，为开创盲协工作的新局面做出新的贡献。

关于通过中国盲协财务工作报告的决议

2013年9月18日

中国残联第六次全国代表大会盲人代表会议

（中国盲协第三次全国会员代表大会）通过

中国残联第六次全国代表大会盲人代表会议暨中国盲协第六次全国盲人会员代表大会听取了中国盲协2013年1月至2013年8月31日的财务工作报告。会议认为协会财务工作报告分析翔实，资金管理规范，大会审议一致通过中国盲协财务工作报告。

中国盲人协会章程

第一章　总　则

第一条　本会全称：中国盲人协会，简称：中国盲协。英文全称：China Association of Persons with Visual Disabilities，英文简称：CAPVD。

第二条　本会是由全国盲人（含低视力者，下同）和与盲人工作有关的社会组织、企事业单位及个人自愿结成的公益性社会团体，是盲人的代表组织。

第三条　本会宗旨：弘扬人道主义思想，发展残疾人事业。代表盲人共同利益，反映盲人特殊需求，为盲人服务，维护盲人合法权益，促进盲人平等、充分参与社会生活，共享社会物质文化成果。

本会遵守宪法、法律、法规、政策及社会道德规范。

第四条　本会接受业务主管单位中国残疾人联合会和社团登记管理机关民政部的业务领导和监督管理。

第五条　本会住所设在北京市。

第二章　业务范围

第六条　业务范围

（一）团结、引领盲人自尊、自信、自强、自立，履行法定义务，为构建和谐社会贡献力量；

（二）促进盲人的康复、教育、劳动就业、扶贫、维权、社会保障及防盲治盲等工作，参与、举办有关盲人的各类培训及文化扫盲工作，开展有益于盲人身心健康的群众性文化体育活动；

（三）推进无障碍环境的建设、盲文的规范化研究与普及，推动盲人辅助器具的开发与应用。对信息无障碍、盲文出版、盲人按摩、中途失明人士康复重建、导盲犬服务等工作提供咨询、建议、服务和监督；

（四）在盲人中培养、推荐残疾人工作者；

（五）承办中国残疾人联合会委托的工作；

（六）代表中国盲人参加国际活动，促进国际交流与合作。

第三章　会　员

第七条　本会的会员种类分为个人会员、单位会员。

第八条　加入本会的会员必须具备下列条件：

（一）拥护本会章程；

（二）有加入本会意愿；

（三）在本会业务领域内有一定影响；

（四）热心为盲人提供服务，支持并积极参加本会活动的个人、社会组织、企事业单位。

第九条　会员入会的程序是：

（一）提交入会申请书；

（二）经委员会讨论通过；

（三）由委员会授权秘书处颁发会员证。

第十条　会员享有下列权利：

（一）本会的选举权、被选举权和表决权；

（二）参加本会组织的活动；

（三）获得本会服务的优先权；

（四）对本会工作有批评权、建议权和监督权；

（五）入会自愿、退会自由。

第十一条　会员履行下列义务：

（一）遵守本会章程，执行本会决议；

（二）维护本会合法权益；

（三）完成本会交办的工作；

（四）盲人个人会员免交会费，其他会员按规定交纳会费；

（五）向本会反映情况，提供有关资料。

第十二条　按规定交纳会费的会员退会应书面通知本会，并交回会员证。如果一年不按规定交纳会费或不参加本会活动的，视为自动退会。

第十三条　会员如有严重违反本会章程的行为，经委员会表决通过，予以除名。

第四章　组织机构和负责人产生、罢免

第十四条　全国会员代表大会

本会的最高权力机构是全国会员代表大会，会员代表大会的职权是：

（一）制定和修改章程；

（二）选举和罢免委员会委员；在闭会期间，授权委员会行使此职权，但调整的委员数不得超过总数的1/3；

（三）审议委员会的工作报告和财务报告，确定工作方针和任务；

（四）制定和修改会费标准；

（五）决定终止事宜；

（六）决定其他重大事项。

第十五条　全国会员代表大会须有2/3以上的会员代表出席方能召开，其决议须经到会会员代表半数以上表决通过方能生效。

第十六条　全国会员代表大会每届五年，与中国残疾人联合会全国代表大会同期举行。因特殊情况需提前或延期换届的，须由委员会表决通过，报中国残疾人联合会审查并经民政部批准，但延期换届最长不超过一年。

第十七条　委员会

委员会是全国会员代表大会的执行机构，在闭会期间领导本会开展日常工作，对全国会员代表大会负责。

第十八条　委员会的职权是：

（一）执行全国会员代表大会的决议；

（二）决定名誉职务的设立和聘请；

（三）选举和罢免主席、副主席、秘书长；

（四）向中国残疾人联合会主席团提交年度工作报告；

（五）筹备召开全国会员代表大会；

（六）向全国会员代表大会提出本会章程修正案；

（七）向全国会员代表大会报告工作和财务状况；

（八）提出工作方针和任务，制定年度工作计划；

（九）决定会员的吸收或除名；

（十）决定设立办事机构、分支机构和实体机构；

（十一）决定各机构主要负责人的聘任；

（十二）领导本会各机构开展工作；

（十三）制定内部管理制度；

（十四）决定本会的活动标识；

（十五）决定其他重大事项。

第十九条　委员会会议须有 2/3 以上委员出席方能召开，其决议须经到会委员 2/3 以上表决通过方能生效。

第二十条　委员会会议每年召开一次。情况特殊的，也可采用书面或通讯形式召开。

第二十一条　本会主席、副主席、秘书长必须具备下列条件：

（一）坚持党的路线、方针、政策，政治素质好，有较强的全局观念和工作能力；

（二）热爱残疾人事业，在盲人中与本会业务领域内有较大的影响和威信；

（三）主席最高任职年龄不超过 70 岁，副主席、秘书长最高任职年龄不超过 65 岁，秘书长为专职；

（四）能坚持本会正常工作；

（五）未受过剥夺政治权利的刑事处罚的；

（六）具有完全民事行为能力。

第二十二条　本会主席、副主席、秘书长如超过最高任职年龄的，须经委员会表决通过，报中国残疾人联合会审查并经民政部批准后，方可任职。

第二十三条　本会主席、副主席、秘书长任期五年，连任不得超过两届。因特殊情况需延长任期的，须经会员代表大会 2/3 以上的会员代表表决通过，报中国残疾人联合会审查并经民政部批准后，方可任职。

第二十四条　本会主席为法定代表人，法定代表人代表本会签署有关重要文件。

因特殊情况，经主席委托、委员会同意，报中国残疾人联合会审查并经民政部批准后，可由秘书长担任法定代表人。

本会法定代表人不兼任其他团体的法定代表人。

第二十五条　本会主席行使下列职权：

（一）负责本会的全面工作，召集和主持委员会会议；

（二）检查会员代表大会、委员会决议的落实情况。

第二十六条　本会副主席、秘书长协助主席工作，秘书长行使下列职权：

（一）主持本会秘书处日常工作，组织实施年度工作计划；

（二）协调各分支机构、实体机构开展工作；

（三）受主席委托，代表本会签署有关文件；

（四）提名办事机构、实体机构主要负责人，交委员会决定；

（五）决定办事机构、分支机构和实体机构专职工作人员的聘用；

（六）处理其他日常事务。

第二十七条　办事机构

中国盲协委员会设秘书处作为办事机构，承担本会日常工作。

第五章　资产管理、使用原则

第二十八条　本会经费来源：

（一）政府资助及中国残疾人联合会专项资金；

（二）国内外组织、个人捐赠；

（三）会费；

（四）在核准业务范围内开展活动或服务的收入；

（五）利息及其他合法收入。

第二十九条　本会按国家有关规定收取会员会费。

第三十条　本会经费必须用于本章程规定的业务范围和事业的发展，不得在会员中分配。

第三十一条　本会建立严格的财务管理制度，保证会计资料合法、真实、准确、完整。

第三十二条　本会配备具有专业资格的会计人员，执行民间非营利组织会计制度。会计不得兼任出纳。会计人员必须进行会计核算，实行会计监督。会计人员调动工作或离职时，必须与接管人员办清交接手续。

第三十三条　本会的资产管理必须执行国家的财务管理规定，接受会员代表大会和财政部门的监督。资产来源属于国家拨款或者社会捐赠、资助的，必须接受审计机关的监督，并将有关情况以适当方式向社会公布。

第三十四条　本会换届或更换法定代表人之前，必须接受民政部和中国残疾人联合会的财务审计。

第三十五条　本会的资产，任何单位、个人不得侵占、私分和挪用。

第三十六条　本会的专职人员的工资和保险、福利待遇，参照国家对事业单位的有关规定执行。

第六章　章程的修改程序

第三十七条　本会章程的修改，须经委员会表决通过后报全国会员代表大会审议。

第三十八条　本会修改的章程，须在全国会员代表大会表决通过后 15 日内，经中国残疾人联合会审查同意，并报民政部核准后生效。

第七章　终止程序及终止后的财产处理

第三十九条　本会完成宗旨或自行解散或由于分立、合并等原因需要注销的，由委员会提出终止动议。

第四十条　本会终止动议须经全国会员代表大会表决通过，并报中国残疾人联合会审查同意。

第四十一条　本会终止前，须在中国残疾人联合会及有关机关指导下，成立清算组织，清理债权债务，处理善后事宜。清算期间，不开展清算以外的活动。

第四十二条　本会经民政部办理注销登记手续后即

为终止。

第四十三条 本会终止后的剩余财产，在中国残疾人联合会和民政部的监督下，按照国家的有关规定，用于发展与本协会宗旨相关的事业。

第八章 附 则

第四十四条 本会会徽采用中国残疾人联合会会徽。

第四十五条 本章程经2013年9月18日全国会员代表大会表决通过。

第四十六条 本章程的解释权属中国盲人协会委员会。

第四十七条 本章程自民政部核准之日起生效。

关于通过《中国盲人协会章程（修正案）》的决议

2013年9月18日

中国残联第六次全国代表大会盲人代表会议

（中国盲协第三次全国会员代表大会）通过

经中国残疾人联合会第六次全国代表大会盲人代表会议（中国盲协第三次全国会员代表大会）审议，一致通过中国盲人协会第五届委员会第六次全体会议提交的《中国盲人协会章程（修正案）》。

会议认为，章程（修正案）是在总结专门协会工作经验，经过认真研究、广泛征求意见的基础上形成的。符合国家对加强社会建设和社会组织管理的要求，符合残疾人事业和专门协会发展趋势，符合中国残联章程和专门协会工作实际。修改后的《中国盲人协会章程》，必将促进协会工作持续健康发展。

会议要求，各级盲协要认真学习和参照本会章程，在残联领导下，制定出符合本地实际的盲协章程。着力开展组织建设、制度建设、思想建设，打造“学习型、服务型、创新型”协会，全面提高为残疾人服务的能力与水平，以更开放、更积极的心态融入社会，实现融合式发展战略，积极推进残疾人社会保障体系和服务体系建设，创造活跃和科学发展的新局面。

五、重要条目

【中国盲人协会五届委员会第六次全体会议】2013年9月15日在北京京西宾馆召开。本次会议是中国盲协第五届委员会最后一次全体会议。中国残联副主席、中国盲人协会主席李志军做了中国盲协五年来的工作报告，中国残联理事、中国盲协常务副主席李伟洪做了五届委员会的财务报告和协会章程（修正案）的说明。经过审议，会议一致通过了向中国残联第六次全国代表大会盲人代表会议提交的工作报告、财务报告和章程（修正案）。李志军主席在讲话中说，五代会以来，中国盲协在自身建设、维护权益、服务盲人、丰富生活、国际交流等方面取得了显著成绩，这些成绩的取得是协会集体团结协作、奋发有为的结果，是广大盲人、各界爱心人士鼎力支持共同努力的结果，是残联正确有力的领导和各职能部门大力支持的结果。今后五年，中国盲协将在新的起点上紧密围绕事业大局，继续开拓进取，推进盲人事业不断发展，促进广大盲人平等参与社会生活，共享社会物质文化发展成果。

【中国残联第六次全国代表大会盲人代表会议】9月18日召开，来自全国的70余名盲人代表出席了会议。会议听取了中国残联副主席、中国盲人协会主席李志军所做的题为《融入大局，创新发展，不断开创盲协工作的新局面》的报告，听取了中国残联理事、中国盲协常务副主席李伟洪所做的《中国盲协第五届委员会财务报告》及《关于中国盲协章程（修正案）的说明》。经过审议，会议表决通过了工作报告、财务报告和章程（修正案）。会议听取了中国盲人协会第六届委员会委员候选人的产生情况和委员候选人的基本情况，产生了中国盲协第六届委员会，委员会共有委员41人。

【中国盲协六届一次委员会会议】9月18日召开，会议表决产生了第六届中国盲协主席、副主席，通过了聘请李志军同志为中国盲协名誉主席的决议，讨论了今后五年的工作思路。新任主席李伟洪表示，盲人朋友对中国盲协新一届委员会充满期待，希望大家团结一致，自强不息，满怀热情，以高度的责任感和使命感努力做好协会工作，全面贯彻好第六次代表大会精神，抓住机遇，继往开来，在新的起点上迈出新的步伐，取得新的成绩，为中国盲人事业的发展做出新的更大贡献。

【爱心助盲——白内障复明手术项目】

这是一项爱心工程，旨在为更多的贫困白内障患者和盲人服务，让他们重见光明，解除视障痛苦，摆脱贫困，融入社会，并希望能以此项目引领出更多的爱心企业和个人来关注我国的盲人事业，热心公益，促进和谐共融的良好社会氛围。

北京派特罗尔油田服务股份公司向中国盲协捐赠80万元人民币，定向用于新疆维吾尔自治区巴音郭楞蒙古族自治州460名白内障患者的复明手术公益项目。为了承接好该项目，中国盲人协会成立了专项小组，并与项目实施方新疆维吾尔自治区巴音郭楞蒙古族自治州残联签署了合作协议，全部款项共分两次拨付到位。要求实施方本着全心全意为盲人服务的原则，指定具有资质和高水平的医疗机构（含医疗团队）及符合国家卫生和医疗标准的设备，负责手术的具体实施并进行监督。

项目实施方新疆维吾尔自治区巴音郭楞蒙古族自治州残联对白内障患者筛查工作高度重视，自2013年3月6日开始，巴州残疾人康复办组织专家赴各县市对贫困白内障患者进行免费筛查。截至2013年4月23日，共筛查眼疾患者2000余名，各定点医院对筛查出的部分白内障患者陆续进行了复明手术。

该项目于2012年11月正式启动实施，截至2013年

11月，已为符合手术条件的500名白内障患者进行了手术，手术达到预期效果，并超出既定目标。

图4－2－5　中国盲协主席李志军向手术成功的白内障患者赠送花束。

【“关爱盲童·邮送阳光——手拉手阳光书包”公益活动】 我国约有盲人（含低视力者）1730余万人，其中在校学习的盲童约6万。目前，盲童专用的学习、生活必需品，特别是适合他们阅读使用的有声读物和读书设备十分短缺，迫切需要全社会的关怀与帮助。为此，7月27日，中国盲人协会与中国狮子联会共同启动了“关爱盲童·邮送阳光——手拉手阳光书包”公益活动，依托北京邮政网络，动员社会爱心力量，为盲童捐赠装有阅读设备、有声读物等的“阳光书包”，为孩子们的学习和生活提供切实的帮助。短短半年，中国狮子联会各地会员已为北京、河北、辽宁、宁夏、云南等地的盲童捐赠爱心阳光书包4000多个，价值人民币70多万元。“书包虽小，爱心无限”，中国盲人协会、中国狮子联会呼吁更多的爱心人士关注和支持“阳光书包”项目，把爱奉献给渴望光明的孩子，让书香洒满所有的童年。

【2013年度中央财政支持社会组织参与社会服务项目】 该项目以社区为依托，为中途失明人士提供心理康复、定向行走、生活能力训练、盲文、电脑应用、技能培训等服务，为有工作需求的提供盲人保健按摩及种养殖业培训，提升自身的生活和工作能力，使其更好地融入社区生活，回归主流社会。该项目在2013年内培训的500名社区中途失明人士，其中又有272人进行按摩培训种及种养殖业培训。该项目做到了“康复到社区，服务进家庭”。接受按摩职业培训的学员经过3个月的培训，参加了保健按摩师职业资格考试，获得了由劳动部门颁发的保健按摩师初、中级职业资格证，实现了就业，摆脱了贫困；接受2个月种养殖业培训的学员，能够做到独立（或在家人帮助下）开展种养殖业工作，实现了自食其力。该项目的实施使农村的500名贫困盲人受益，真正使他们实现了经济自立，改善了家庭生活状况，更好地融入社会、服务社会，实现了既定目标。

【光明之路——纪念中国盲人协会成立六十周年画册】 2013年7月27日是中国盲人协会成立六十周年，为了充分展示中国盲人事业的发展成就，展现盲协工作的历程，中国盲人协会编辑了《光明之路——纪念中国盲人协会成立六十周年》画册。画册分为三部分，第一部分春风化雨篇，展现了历代领导人对盲人事业的重视和关怀；第二部分事业宏图篇，展示了改革开放以来，中国残疾人事业包括盲人事业得到了长足的发展；第三部分协会华章篇，介绍了中国盲协的历史沿革，特别是近年来，盲协不断开拓进取，开创了协会工作的新局面。

【“千手相助·盲人培训与安置工程”2013年项目】 2013年中国盲协与中国红十字基金会凤凰基金共同对山东、四川、宁夏、吉林四省（区）120名农村盲人进行了按摩培训。学员们通过为期3个月的按摩培训后参加保健按摩师职业资格考试，获得由劳动部门颁发的保健按摩师初、中级职业资格证，安置工作、实现就业。中国盲协始终把促进盲人的教育、扶贫、劳动就业等方面作为重点工作来抓，在总结之前开展的农村盲人按摩培训的经验基础上，精心准备、认真组织、完善制度、弥补不足，始终本着以人为本的原则，全心全意为盲人服务的精神，规范合理资金使用，以高度的责任感和使命感切实做好项目工作，促进盲人就业的可持续发展道路。同时，与地方残联、盲协联动，广泛调动了基层盲协的积极性，提高了他们策划、组织、实施活动的能力，推动了基层协会工作的开展，加强了协会自身的能力建设，使组织运作效率大大提高。培训后的学员们反馈良好，再次让盲人朋友感受到政府和社会各界的关爱与支持，重树生活信心。本项目的实施在社会上也产生了良好的声誉，极大提高了盲协的知名度、公信力和影响力。

【王结荣获“全国道德模范”称号】 王结，男，宁夏西吉县人。中共党员，研究生学历，主任医师，SIYB创业培训教师，中国青年创业国际计划—青年创业导师。现为中央国家机关青联委员、中国盲人协会副主席、中国盲人按摩学会副会长、宁夏盲人协会主席、宁夏固原市残疾人联合会副理事长、宁夏爱德残疾人职业技能培训学校校长。他13岁双目失明，以超常的毅力，借助盲文和录音勤奋苦学，开创事业，帮助其他残疾人和下岗职工实现就业与创业的梦想。他是世界上第一位考取SIYB教师资格证书的盲人，我国第一位攻读双硕士研究生、第一位参加全国职称统一考试晋升为主任医师的盲人。他编著的《创办和管理你的按摩店》一书是我国第一部指导盲人创业的书籍。参与编写《残疾人创业培训教师手册》，为国际残疾人事业献出了中国人的爱心和智慧。2012年，建立了“国家级王结技能大师工作室”，这是目前我国推拿按摩行业唯一一个以个人名字命名的国家级工作室。2001年，创办宁夏第一所残疾人职业技能培训学校——宁夏爱德残疾人职业技能培训学校，至今培训残疾人和下岗失业等各类人员7000余名，推荐用工岗位4000余个，并指导300多人成功创业，为促进残疾人就业与创业工作发挥了积极作用。作为盲协主席，王结对宁夏盲童入学率等问题进行了深入调研，积极努力，与宁夏残联、教育厅和宁夏医科大学共同申请，得到教育部特批，在宁夏医科大学建立了盲人中医推拿按摩自考大专，为宁夏及周边盲人就近接受高等教育开辟了绿色通道，并以此为基础，建立了宁夏残疾人医学高等教育基地。积极牵头邀请国际培训专家承接由中国盲协举办的全国盲人远程创业培训班，培训222名盲人，参培学员涉及全国23个省（区、市），为盲人创业培训工作进行了有益的尝试和积极探索。王结先后被授予“全国道德模范”、“中国十大杰出青年”、“全国先进工作者”、“全国自强模范”、“全国五一劳动奖章”、“中国青年五四奖章”、“全国技术能手”、“中国教育年度新闻人物”、“感动宁夏2007年度人物”、“全区民族团结先进个人”、“全区培养技能人才工作先进个人”、“固原市十大突出贡献人物”等荣誉称号，多次受到党和国家领导人的亲切接见，他的事迹被写入宁夏党史及地方中学课本。

六、大事记

4月18日，中国盲协五届五次委员会在贵州省贵阳市召开。

9月15日，中国盲协五届六次委员会在北京召开。

6月，中国盲协通过民政部综合考察，被评为全国公益性社团最高等级的“4A级社会组织”。

6月15—16日，首届“快活谷狮子会杯”中国象棋残健共融团体赛在北京举办。

7月26日，“追梦杯”第四届全国盲人歌手大赛决赛在北京举行。

7月27日，中国盲人协会成立60周年。

7月27日，与中国狮子联会共同启动了“关爱盲童·邮送阳光——手拉手阳光书包”公益活动。

9月15日，中国盲人协会五届委员会第六次全体会议在北京京西宾馆召开。中国盲协主席、副主席以及来自全国的30余名委员出席了会议，中国残联党组成员、副主席吕世明列席会议。

9月18日，在中国残联六代会期间召开了第六届盲人代表大会。

11月23日，中国盲协举行中国盲人文学联谊会成立大会。

（晏慧供稿）

中国聋人协会工作

一、工作综述

2013年是不平凡的一年，中国聋协继续推进残疾人事业“十二五”发展纲要进程，认真贯彻落实中国残联对专门协会工作的要求，以中国残联第六次全国代表大会为契机，圆满完成了领导班子换届工作。深刻认识中国残联六代会的召开对未来五年残疾人事业发展具有重要的指导意义，切实把思想和行动统一到中国残联六代会精神上来，统一到大会明确的目标任务上来。

紧紧围绕中心任务开展协会工作，服务于广大聋人，维护聋人合法权益，促进聋人平等参与社会生活，共享社会物质文化成果。积极配合各业务部门开展本协会工作，切实履行“代表、服务、维权”职能，积极发挥残联与聋协、聋协与社会组织的桥梁纽带作用，充满朝气与活力，圆满完成各项工作和任务，并在以往的工作基础上取得了新的进展。

加深对新时期聋人工作发展环境和发展任务的清晰认识，明确做好聋人工作的新思路、新方向，加强聋人“两个体系”建设（即残疾人服务体系建设和保障体系建设），促进聋人工作思维方式的新发展，推动聋人与全国人民同步全面建成小康社会的伟大实践，谱写聋人美好生活的壮丽篇章。

（一）规范法人运作模式，促进社团良性发展

中国聋协于2013年2月完成全部社团法人登记注册程序工作，按照主管机关民政部关于社会组织规范化管理建设要求，制定了一套比较完善的内部管理制度体系，根据自身发展情况，先后制定了员工聘用制度、财务管理制度等相关制度，其中包括法人登记证书使用、印章使用、档案管理制度，财务管理办法，项目管理制度，

聘用人员薪资待遇管理制度等，通过制度规范法人日常工作，自立自强，自我生存、自我发展，加强自身建设，以适应中国特色残疾人事业发展道路的需要。

进行社团法人登记，是发展和规范社会组织、推进社会建设的需要。之前，聋协一直作为残联的内设机构，基本是在系统内部活动，缺乏作为一个法律意义上的社团法人身份。而在主管机关民政部进行登记以后，聋协就具有了社团法人的资格，独立承担民事责任，可以在社会和国际交往中以更加积极负责的形式开展活动。活跃聋协日常工作，立足于本类别残疾人，了解聋人生活中的疾苦，反映聋人的呼声，充分代表聋人的切身利益，让社会更加理解、关心和爱护聋人群体。同时，也要履行维权和服务的职能，呼吁各级政府和残联帮助残疾人解决实际困难。

进行社团法人登记，是专门协会工作发展的需要。法人登记后的中国聋协，仍然是全国聋人的代表组织，是中国残联的主体协会，是中国残联的重要组成部分。继续发挥桥梁纽带作用，团结、带领聋人凝聚在残联组织周围，发挥协会组织自我教育的作用，引导聋人树立自尊、自信、自强、自立的精神，不断提升自身素质，做稳定社会的保障；配合残联各业务部门，继续开展聋人就业、教育、培训、信息无障碍等工作。利用社团法人的优势，充分运用社会化工作方式，积极宣传，动员社会力量，推动聋人事业和整个残疾人事业的不断发展。

社团法人登记是我国改革开放进一步深入，社会建设被提上重要日程，社会组织不断发展和规范的大趋势下的组织安排。作为新成立的社团法人，还需继续拓宽渠道，充分利用社会资源，团结社会上更多的爱心人士，共同为聋人谋利益。

（二）开展特色文化活动，面向社会积极宣传

为进一步落实中宣部等11个部委《关于加强残疾人文化建设的意见》（残联发〔2012〕7号）的文件精神，让广大残疾人能够运用信息产品显著改善生活和工作，让聋人群体分享数字化发展的成果，促进海内外聋人摄影事业的繁荣与发展，加强国际摄影艺术交流与合作。经中国残联领导批准，中国聋协在2012年9月成功举办第一届国际聋人摄影大赛的基础上，又于2013年国际聋人节举办第二届“沣标杯”国际聋人摄影大赛。

2013年元旦之际，北京语聆听障儿童家长服务中心与北京望京南湖中园小学联合举办了一场音乐会，中心小学员的精彩演出，激励了在场的每位健听学生和家长，让他们对听障儿童群体有了新的认识，同时也为听障学员家长的努力而折服，更感慨于服务中心全体教师员工的辛勤汗水与无私付出。

为了庆祝第二十二个国际残疾人日，山东省举办首届聋人工艺美术优秀作品展，帮助和推动听障人参与到社会生活的各个方面中，展现他们的才华，促进全社会对他们的理解，动员人们支持维护他们的尊严、权利和幸福。

中国聋协还面向全国听障朋友举办了中医养生、快速阅读、养育子女、英语提高、写作能力、绘画知识等各种知识讲座。通过不同的特色活动，向社会宣传聋人朋友们克服听力障碍导致的信息缺失，不断追求不断超越的自强不息精神。

（三）创新协会工作理念，提供全方位服务

为进一步承接地气，中国聋协在已有聋儿家长QQ群、中国聋协QQ群的基础上，又开通了中国聋协官方网站、微博、微信和听障父母育儿QQ群等沟通渠道，每周至少推出3—4次的专业知识、残联政策等各种信息宣传，每日添加新的知识内容，并提供回复互动。

中国聋协携手北京同仁医院和北京301医院，为听障朋友建立绿色通道，由志愿者提供听力检查导医服务，通过手语翻译这个媒介使得医生和听障人士能够很好地沟通交流，轻松帮助聋人朋友解决检查、就医等问题，深得聋人朋友好评。

中国聋协组织了百人以上的聋儿家长学习交流会，一直坚持以免费的原则为聋儿家庭提供义务咨询和学习交流的服务工作。中国听障儿童网站日均独立访问IP地址约1500个，接受帮助的聋儿家庭近2万个。除开通网上义务咨询、指导外，还建立了值班制度，轮换接待来访者。成立了中国聋协志愿者服务队，用各种方式解答问题，传授各种解决方案，并把自助助人的理念带给大家。

（四）加强无障碍环境建设，共享社会文化成果

2013年除夕夜，中国网络电视台携手中国残疾人服务网，推出央视春晚无障碍（文字+视频）网上直播服务，让广大聋人朋友和全国人民一起感受中华民族最隆重的传统佳节——春节。为方便残疾人朋友使用无障碍直播平台，更好地为他们提供服务，本次直播取消了往年必须用残疾人证登录注册的模式，首次向所有网民开放。直播过程中，广大残疾人朋友以及公益组织、爱心企业和人士通过特别开设的爱心互动板块不断进行互动交流，传递爱心，送上对残疾人朋友的新年祝福。值得关注的是，本次直播服务还设立了爱心平台，为残疾人朋友免费提供人工耳蜗和助听器。最终将有32位听障人士获得人工耳蜗、助听器等爱心礼物，其中5名听障儿童在提交申请并通过审核后可获得“爱的分贝”公益项目提供的每人5万元爱心资助。据统计，2013年收看春晚无障碍直播的残疾人朋友达28.4万名，同比增长100%。无障碍直播“晒心愿，送祝福”微博活动总计收到100多万条微博，阅读量约2500万。

为了使广大聋人代表更好地、更加全面地接收到信

息，中国聋协发出文件，要求各省残联在代表大会上，为聋人代表加配同步速录字幕，为其提供良好的信息无障碍设施环境，确保不再发生聋人代表因为信息缺失而无法参与会议讨论等类似问题。

12122交通短信报警平台是中国聋协与北京市交管局为北京聋人驾驶员开通的报警平台。若聋人在高速公路行驶过程中遇到突发状况，均可发送短信至12122求助，使聋人驾车安全得到了保障，进一步推动了聋人驾车安全环境建设。

中国聋协参加行业无障碍标准修订会，立足于聋人需求，提出可行性意见和建议，努力开拓聋人信息无障碍环境。

（五）不断创新康复模式，家长工作再接再厉

中国聋儿康复发展近30年，取得了非常辉煌的成就，但随着国家在改善聋儿听力方面的投入力量增加，聋儿听力解决程度的提高，很多旧时的康复理念、方法已经不适用于当下，不适用于今天聋儿家长心中的康复目标。

北京语聆听障儿童家长服务中心于2012年初开始，以聋儿家长培训学校的形式推出：机构引导＋家庭康复＋个别指导＋网络监控跟踪＋定期评估＋定期集中学习的社区康复模式。工作内容包括：个别指导、聋儿教育—康复讲座、家长培训班（5天）。在这个模式中，为了适应孩子全面教育、全面发展的需要，将健听儿童教育发展中所必需的元素通过引导家长的方法归还听障儿童。继续开展聋儿音乐艺术培育班、聋儿舞蹈艺术培育班、聋儿绘画、手工制作能力培育班。通过这一系列的培育内容让孩子在康复听觉、发展语言能力的同时，与健听孩子一样在多元的世界中成长，为我国聋儿康复事业向更高的目标发展做好铺垫工作。

（六）敢于建言积极谋策，维护聋人合法权益

中国聋协倾听并收集广大聋人及其亲属的意见建议，对《残疾人教育条例》《残疾预防和残疾人康复条例》等行政法规提出中肯的修改意见，并反馈国务院法制办。

为了更好地维护聋人权益，中国聋协加强与聋人政协委员的联系与沟通，建言谋策，提交关乎聋人切身权益的“两会”提案。

参与残联残疾人同步小康、政府购买助残服务、盲文手语研究中心专家咨询等研讨会。在同步小康研讨会上，会议围绕贯彻党的十八大精神，落实国家收入分配制度改革及基本公共服务均等化等涉及残疾人民生的关键问题，就2020年我国全面建成小康社会的战略目标下，实现广大残疾人同步迈向小康进行了交流和研讨，提出有针对性的建议并被大会采纳。

中国聋协主席看望慰问贫困聋人家庭，了解他们的生活环境和生活质量。想聋人所想，急聋人所急，积极为聋人及其家庭解决难题办实事，为他们送去了温暖。

（七）积极谋求社会援助，落实捐赠回馈社会

万达商业地产研究部捐赠1.8万元，专款用于困难家庭听障儿童许楠熙的人工耳蜗术后康复训练。许楠熙经过7个月140课时的康复训练，听觉、言语、语言、社会各项能力都取得了很大程度的提高，不仅令家长感觉满意惊讶，也令他们身边的朋友感到惊讶。目前孩子已顺利进入普通幼儿园。

结合王新宪同志关于“进一步加强协会文化建设。贯彻十七届六中全会推动社会主义文化大发展大繁荣的重要精神，既要分享公共文化服务成果，又要积极推动参与，以具体举措和实际行动在残疾人文化建设中发挥特殊作用”讲话精神的要求，中国聋协听障及家长工作委员会所属聋儿家长支援中心在相关的聋儿教育方面做了很多尝试，并且取得了家长及康复教师们的认可，家长培训工作获得了中国残联福利基金会专款20万元的经费支持，用于聋儿文化培育项目，以此整合以往的工作资源，组织免费家长培训班以及网络课堂，面对面的实践性授课培训等，使得一大批聋儿在实验性的教学中获得了较常规康复方法好很多的效果，最后将各种实验案例集中起来，编辑成《听障儿童家庭康复知识手册（二册）》，边实践边继续修订完善，免费传授给全国范围内的更多聋儿家长，使其学习到新的康复教育方法及理念。在完成项目的基础上，组建了全球首支听障儿童“心聆乐队”，引起社会的广泛关注。

（八）继续推进康复培训，无喉复声造福患者

中国聋协无喉者复声委员会坚持每月一次言语复声康复交流学习例会，全年举办12次言语复声康复交流活动以及8期言语复声康复训练班和病理心理康复学讲座，帮助无喉者摆脱“失语”的心理阴影，同时召开4次病理言语康复研讨会，不断调整教学方法，使言语复声康复的质量获得提高。据统计，共有1866人次参加。培训了56位无喉残疾者，47人重返原来的工作岗位，1位律师重归法庭为当事人辩护。中国聋协无喉者复声委员会自费发行《复声之友》每年4期，提高无喉残疾者的生命质量和生活质量，让更多的无喉残疾者尽早实现言语复声康复、重返工作岗位，回归社会大家庭。

中国聋协每年走访各大医院耳鼻喉科，为患者做术前和术后心理辅导，传授言语康复的基本要领，为以后复声康复打下基础。并多次举办自费郊游，为年老体弱、行动不便的无喉患者恢复健康、放松心情提供服务，同时对家庭困难的无喉患者提供捐助。

聋人工作不仅仅要给予聋人物质上的支持，更要让

聋人走出无声世界，更加自信地参与社会，让他们创造的价值得到尊重，让他们专注、拼搏的精神为世人所知；让大爱的旗帜下聚集更多的有识之士和爱心企业，特别是社会力量的广泛参与和支持。同时，也要开拓信息无障碍环境，给予聋人更多的机会。

二、中国残联第六次全国代表大会聋人代表会议

关于中国聋协第五届委员会工作报告的决议

2013年9月18日

中国残联第六次全国代表大会聋人代表会议

（中国聋协第二次全国会员代表大会）通过

经中国残疾人联合会第六次全国代表大会聋人代表会议（中国聋协第二次全国会员代表大会）审议，批准刘再军同志代表第五届委员会所做的报告。报告回顾了五年来聋人事业取得的令人瞩目的成就，全面总结了中国聋协工作的基本经验，提出未来五年的发展目标，符合我国聋人工作实际，是团结带领广大聋人为实现中国特色残疾人事业又好又快发展的重要文件，是一个凝聚人心、催人奋进的报告。

会议认为，中国聋协第五届委员会贯彻《中共中央国务院关于促进残疾人事业发展的意见》，按照中国残联“五个增强”的要求，在加强“两个体系”建设中，围绕中心，服务大局，科学发展，履行“代表、服务、维权”职能，发挥社团法人优势和残疾人社会组织引领示范作用，使协会工作更加活跃。

会议同意报告对今后五年工作的设想。各级聋协要全力打造“学习型、服务型、创新型”协会组织，加强协会能力建设，实施融合发展战略，“勇敢担当起本类残疾人利益代言人、服务组织者和权利维护者的角色”，完成本届协会的各项任务。

会议号召全国各族聋人，以中国特色社会主义理论为指导，高举人道主义伟大旗帜，肩负光荣使命，认真履行职责，强化思想自觉、坚持事业自信、推动创新发展，实现“三个活跃”，平等参与共享社会生活，与全国人民一道为全面建成小康社会而努力奋斗。

中国聋人协会财务报告

（2013年1月—2013年8月）

中国聋协主席杨洋　2013年9月18日

各位代表：

我代表中国聋协第一届委员会，向中国聋协第二次全国会员代表大会做财务报告，请予以审议。

自2012年6月20日经民政部批准，中国聋协注册社团法人，并于2013年1月23日建立账户以来，中国聋协在中国残联党组、理事会的领导下，在中国残联计财部的直接指导和监管下，在中国聋协各位主席的共同努力下，紧紧围绕聋人协会工作，积极开展各种募捐活动，并设专人管理账目，严格财务管理，确保每一笔款项落到实处，做到财务管理求规范，经费使用求实效，为中国聋协开展好各项活动奠定了基础。现将主要情况汇报如下：

一、协会资金收支情况

自2013年1月至2013年8月，中国聋协共收入资金418309.52元。其中：中国残疾人福利基金会“聋儿文化培育项目”专项捐款20万元，接受中国残联委托服务收入20万元，万达商业地产研究部“一对一捐赠”聋儿康复费用1.8万元，其他收入（利息收入）309.52元。

截至2013年8月31日，实际支出319445.11元。其中：“聋儿文化培育项目”支出20万元，举办第二届聋人摄影比赛支出1万元，举办全国听障儿童家长培训班4期（初级3期，中级1期）51853元，举办古医指针聋人讲座，快速阅读讲座，听障父母养育健全子女讲座与交流活动，助残日活动等49057.8元。业务管理费用支出8534.31元（含财政和税务费用、工作人员和志愿者补助等）。收支结余98864.41元。

二、需要说明的几个问题

1. 以上经费收支情况已由财务代管单位，即中国残联计财部审核确认。

2. 本年度募集到的100多万元助听器采购资金，由志愿者团队直接拨付给助听器生产商，未列入中国聋协年度收入。

3. 在结余款中，还有部分资金待拨付，如“一对一捐赠”聋儿康复费用、第二届聋人摄影比赛余款、聋人服务中心试点经费等。

中国聋协注册社团法人以来，在资金管理上坚持“严格管理，量入为出，收支平衡，略有结余”的原则，严格控制费用支出，降低管理工作成本，把资金重点用在活跃协会工作，为聋人办实事上。目前存在的主要问题是：1. 募集资金还不够广泛，需要进一步提高社会化工作能力，更好地动员和利用社会资源；2. 募集到的限制性资金比较多，非限制性资金不足，制约了协会工作的开展；3. 社会各界对直接向受助者捐赠助听器、人工耳蜗和康复费用更感兴趣，且不同意从中提取管理费，造成聋协的工作经费特别是人员工资的支付来源相对缺乏等难题。今后我们将进一步增强社会化工作能力，做好募捐工作，不断提高财务管理水平，做到有计划、有步骤地合理使用经费，并在每年的主席办公会和委员会上公布协会经费的使用情况。

各位代表，随着协会工作的不断深入和发展，协会财务工作任务将更加艰巨，协会财务在协会工作中的经济保障作用将更加显现。我们将在中国残联党组、理事会的领导下，坚持科学发展观，努力解决财务工作中遇

到的问题，广泛募集资金、科学管理资金、有效使用资金，为开创协会工作新局面做出新的贡献！

关于通过中国聋协2013年1月至2013年8月31日财务工作报告的决议

2013年9月18日

中国残联第六次全国代表大会聋人代表会议

（中国聋协第二次全国会员代表大会）通过

中国残联第六次全国代表大会聋人代表会议暨中国聋协第二次全国聋人会员代表大会听取了中国聋协2013年1月至2013年8月31日的财务工作报告。会议认为协会财务工作报告分析翔实，资金管理规范，大会审议一致通过中国聋协财务工作报告。

中国聋人协会章程

第一章 总 则

第一条 本会全称：中国聋人协会，简称：中国聋协。英文全称：China Association of Persons with Hearing Disabilities，英文简称：CAPHD。

第二条 本会是由全国聋人（含听力和言语残疾，下同）和与聋人工作有关的社会组织、企事业单位及个人自愿结成的非营利性社会团体，是聋人的代表组织。

第三条 本会宗旨：弘扬人道主义思想，发展残疾人事业。代表聋人共同利益，反映聋人特殊需求，为聋人服务，维护聋人合法权益，促进聋人平等、充分参与社会生活，共享社会物质文化成果。

本会遵守宪法、法律、法规、政策及社会道德规范。

第四条 本会接受业务主管单位中国残疾人联合会和社团登记管理机关民政部的业务领导和监督管理。

第五条 本会住所设在北京市。

第二章 业务范围

第六条 业务范围

（一）团结、引领聋人自尊、自信、自强、自立，履行法定义务，为构建和谐社会贡献力量；

（二）促进聋人的康复、教育、劳动就业、扶贫、维权、社会保障和残疾预防工作，参与、举办有关聋人的各类培训，开展有益于聋人身心健康的群众性文化体育活动；

（三）推进信息无障碍环境的建设，推动聋人辅助器具的开发与应用。对中国手语、影视字幕、聋儿康复等工作提供咨询、建议、服务和监督；

（四）在聋人中培养、推荐残疾人工作者；

（五）承办中国残疾人联合会委托的工作；

（六）代表中国聋人参加国际活动，促进国际交流与合作。

第三章 会 员

第七条 本会的会员种类分为个人会员、单位会员。

第八条 加入本会的会员必须具备下列条件：

（一）拥护本会章程；

（二）有加入本会意愿；

（三）在本会业务领域内有一定影响；

（四）热心为聋人提供服务，支持并积极参加本会活动的个人、社会组织、企事业单位。

第九条 会员入会的程序是：

（一）提交入会申请书；

（二）经委员会讨论通过；

（三）由委员会授权秘书处颁发会员证。

第十条 会员享有下列权利：

（一）本会的选举权、被选举权和表决权；

（二）参加本会组织的活动；

（三）获得本会服务的优先权；

（四）对本会工作有批评权、建议权和监督权；

（五）入会自愿、退会自由。

第十一条 会员履行下列义务：

（一）遵守本会章程，执行本会决议；

（二）维护本会合法权益；

（三）完成本会交办的工作；

（四）聋人个人会员免交会费，其他会员按规定交纳会费；

（五）向本会反映情况，提供有关资料。

第十二条 按规定交纳会费的会员退会应书面通知本会，并交回会员证。如果一年不按规定交纳会费或不参加本会活动的，视为自动退会。

第十三条 会员如有严重违反本会章程的行为，经委员会表决通过，予以除名。

第四章 组织机构和负责人产生、罢免

第十四条 全国会员代表大会

本会的最高权力机构是全国会员代表大会，会员代表大会的职权是：

（一）制定和修改章程；

（二）选举和罢免委员会委员；在闭会期间，授权委员会行使此职权，但调整的委员数不得超过总数的1/3；

（三）审议委员会的工作报告和财务报告，确定工作方针和任务；

（四）制定和修改会费标准；

（五）决定终止事宜；

（六）决定其他重大事项。

第十五条 全国会员代表大会须有2/3以上的会员代表出席方能召开，其决议须经到会会员代表半数以上表决通过方能生效。

第十六条 全国会员代表大会每届五年，与中国残疾人联合会全国代表大会同期举行。因特殊情况需提前或延期换届的，须由委员会表决通过，报中国残疾人联合会审查并经民政部批准，但延期换届最长不超过一年。

第十七条 委员会

委员会是全国会员代表大会的执行机构，在闭会期间领导本会开展日常工作，对全国会员代表大会负责。

第十八条 委员会的职权是：

（一）执行全国会员代表大会的决议；

（二）决定名誉职务的设定和聘请；

（三）选举和罢免主席、副主席、秘书长；

（四）向中国残疾人联合会主席团提交年度工作报告；

（五）筹备召开全国会员代表大会；

（六）向全国会员代表大会提出本会章程修正案；

（七）向全国会员代表大会报告工作和财务状况；

（八）提出工作方针和任务，制定年度工作计划；

（九）决定会员的吸收或除名；

（十）决定设立办事机构、分支机构和实体机构；

（十一）决定各机构主要负责人的聘任；

（十二）领导本会各机构开展工作；

（十三）制定内部管理制度；

（十四）决定本会的活动标识；

（十五）决定其他重大事项。

第十九条 委员会会议须有2/3以上委员出席方能召开，其决议须经到会委员2/3以上表决通过方能生效。

第二十条 委员会会议每年召开一次。情况特殊的，也可采用书面或通讯形式召开。

第二十一条 本会主席、副主席、秘书长必须具备下列条件：

（一）坚持党的路线、方针、政策、政治素质好，有较强的全局观念和工作能力；

（二）热爱残疾人事业，在聋人中与本会业务领域内有较大的影响和威信；

（三）主席最高任职年龄不超过70岁，副主席、秘书长最高任职年龄不超过65岁，秘书长为专职；

（四）能坚持本会正常工作；

（五）未受过剥夺政治权利的刑事处罚的；

（六）具有完全民事行为能力。

第二十二条 本会主席、副主席、秘书长如超过最高任职年龄的，须经委员会表决通过，报中国残疾人联合会审查并经民政部批准后，方可任职。

第二十三条 本会主席、副主席、秘书长任期五年，连任不得超过两届。因特殊情况需延长任期的，须经会员代表大会2/3以上的会员代表表决通过，报中国残疾人联合会审查并经民政部批准后，方可任职。

第二十四条 本会主席为法定代表人，法定代表人代表本会签署有关重要文件。

因特殊情况，经主席委托、委员会同意，报中国残疾人联合会审查并经民政部批准后，可以由秘书长担任法定代表人。

本会法定代表人不兼任其他团体的法定代表人。

第二十五条 本会主席行使下列职权：

（一）负责本会的全面工作，召集和主持委员会会议；

（二）检查会员代表大会、委员会决议的落实情况。

第二十六条 本会副主席、秘书长协助主席工作，秘书长行使下列职权：

（一）主持本会秘书处日常工作，组织实施年度工作计划；

（二）协调各分支机构、实体机构开展工作；

（三）受主席委托代表本会签署有关文件；

（四）提名办事机构、实体机构主要负责人，交委员会决定；

（五）决定办事机构、分支机构和实体机构专职工作人员的聘用；

（六）处理其他日常事务。

第二十七条 办事机构

中国聋协委员会设秘书处作为办事机构，承担本会日常工作。

第五章　资产管理、使用原则

第二十八条 本会经费来源：

（一）政府资助及中国残疾人联合会专项资金；

（二）国内外组织、个人捐赠；

（三）会费；

（四）在核准业务范围内开展活动或服务的收入；

（五）利息及其他合法收入。

第二十九条 本会按国家有关规定收取会员会费。

第三十条 本会经费必须用于本章程规定的业务范围和事业的发展，不得在会员中分配。

第三十一条 本会建立严格的财务管理制度，保证会计资料合法、真实、准确、完整。

第三十二条 本会配备具有专业资格的会计人员，执行民间非营利组织会计制度。会计不得兼任出纳。会计人员必须进行会计核算，实行会计监督。会计人员调动工作或离职时，必须与接管人员办清交接手续。

第三十三条 本会的资产管理必须执行国家的财务管理规定，接受会员代表大会和财政部门的监督。资产来源属于国家拨款或者社会捐赠、资助的，必须接受审计机关的监督，并将有关情况以适当方式向社会公布。

第三十四条 本会换届或更换法定代表人之前，必须接受民政部和中国残疾人联合会的财务审计。

第三十五条 本会的资产，任何单位、个人不得侵占、私分和挪用。

第三十六条 本会的专职人员的工资和保险、福利待遇，参照国家对事业单位的有关规定执行。

第六章　章程的修改程序

第三十七条 本会章程的修改，须经委员会表决通过后报全国会员代表大会审议。

第三十八条 本会修改的章程，须在全国会员代表大会表决通过后15日内，经中国残疾人联合会审查同意，并报民政部核准后生效。

第七章 终止程序及终止后的财产处理

第三十九条 本会完成宗旨或自行解散或由于分立、合并等原因需要注销的，由委员会提出终止动议。

第四十条 本会终止动议须经全国会员代表大会表决通过，并报中国残疾人联合会审查同意。

第四十一条 本会终止前，须在中国残疾人联合会及有关机关指导下，成立清算组织，清理债权债务，处理善后事宜。清算期间，不开展清算以外的活动。

第四十二条 本会经民政部办理注销登记手续后即为终止。

第四十三条 本会终止后的剩余财产，在中国残疾人联合会和民政部的监督下，按照国家的有关规定，用于发展与本协会宗旨相关的事业。

第八章 附 则

第四十四条 本会会徽采用中国残疾人联合会会徽。

第四十五条 本章程经2013年9月18日全国会员代表大会表决通过。

第四十六条 本章程的解释权属中国聋人协会委员会。

第四十七条 本章程自民政部核准之日起生效。

关于通过《中国聋人协会章程（修正案）》的决议

2013年9月18日

中国残联第六次全国代表大会聋人代表会议

（中国聋协第二次全国会员代表大会）通过

经中国残疾人联合会第六次全国代表大会聋人代表会议（中国聋协第二次全国会员代表大会）审议，一致通过中国聋人协会第五届委员会第六次全体会议提交的《中国聋人协会章程（修正案）》。

会议认为，章程（修正案）是在总结专门协会工作经验，经过认真研究、广泛征求意见的基础上形成的。符合国家对加强社会建设和社会组织管理的要求，符合残疾人事业和专门协会发展趋势，符合中国残联章程和专门协会工作实际。修改后的《中国聋人协会章程》，必将促进协会工作持续健康发展。

会议要求，各级聋协要认真学习和参照本会章程，在残联领导下，制定出符合本地实际的聋协章程。着力开展组织建设、制度建设、思想建设，打造“学习型、服务型、创新型”协会，全面提高为残疾人服务的能力与水平，以更开放、更积极的心态融入社会，实现融合式发展战略，积极推进残疾人社会保障体系和服务体系建设，创造活跃和科学发展的新局面。

中国聋人协会第六届委员会委员情况分析

中国聋协委员候选人共39人，其中女性12人。中国残联主席团委员及省聋协主席双重身份13人，中国残联主席团委员2人，省聋协主席20人，中直机关2人，中国残联六代会列席代表3人。

通过选举产生的六届中国聋协委员共39位；委员平均年龄44.1岁；女性12人，占委员比例30.8%；少数民族2人，占委员比例5.1%；中国共产党党员19人，占委员比例48.7%。初中学历2人，占所有委员的2.56%；高中学历6人，占所有委员的15.38%；大专学历12人，占所有委员的30.8%；大学学历17人，占所有委员的43.6%；另有2位研究生学历，占委员人数的5.1%。

三、重要条目

【中国聋人协会官方网站】2013年6月正式开通，旨在搭建协会与社会的桥梁，传递最新中国残联及各地方残联法规政策、中国聋协及各地方聋协工作动态等，搭建志愿者服务平台，是不可替代的网络沟通平台。中国聋协网站设立协会简介、协会章程、组织机构、信息公开、协会活动、政策资源、人才推优等栏目。截至2013年年底，网站共发布67篇稿件，包括4篇协会活动，13篇中央政策资源，47篇地方政策资源，3篇人才推优。中国聋协官方网站平台使得广大聋人朋友乃至其他关心聋人现状的人士能够及时了解当地残联政策以及当地协会做过的活动，稿件挂网后，深受广大聋人朋友欢迎。

【第二届“沣标杯”国际聋人摄影大赛】2013年9月16—22日，为庆祝第五十六届国际聋人节，由中国聋人协会、广东省摄影家协会共同主办的第二届“沣标杯”国际聋人摄影大赛获奖作品展在永艺术中心举办。中国残联副主席吕世明、中国聋协主席刘再军、中国残联理事杨洋、中国残疾人艺术团团长邰丽华、中国摄影家协会副主席邓维、中国艺术摄影学会副主席刘雷等嘉宾参观展览。本届摄影大赛得到中国残联、中国聋人协会、广东省残联、广东省摄影家协会等各界大力支持。大赛共收到9000多幅作品，从中挑出131幅精品展出。本次公益活动的举办体现了聋人协会公益慈善活动的全民性、参与性，表明慈善渐成民间乃至全国的一种普遍性行为。“大爱无疆”不仅仅是给予残障人士物质上的支持，更是让残障人士精湛的艺术瞬间走出无声世界，让他们专注、拼搏的精神为世人所知，以光影会友，在释放和传播爱的旗帜下聚集更多的有识之士和爱心企业。深圳沣标公司为国际聋人摄影大赛活动捐助的资金和产品及时发放到了获奖聋人手中。

【听力言语残疾康复“十二五”任务目标】对10万名听力残疾儿童进行听力语言康复训练，并培训其家长；开展中国残联贫困听力残疾儿童抢救性康复项目。为符合条件的听力残疾儿童免费配戴助听器并补贴康复训练经费；为符合手术指征的贫困听力残疾儿童免费实施人工耳蜗植入手术，并补贴手术费、康复训练经费；普遍开展成年听力语言康复工作，为5万名贫困成年听力残疾人免费配戴助听器；完善听力语言康复保障制度，广泛开展多种形式的救助、帮扶活动，着力推动听力残疾儿童免费康复制度的建立；统一规划、推广建立听力筛查——耳聋诊断——助听器验配（人工耳蜗植入）、听力语言康复训练各环节有效衔接的服务网络；大力开展社区听力语言康复服务，做好知识普及、筛查、转介、指导等工作。办好家长学校，积极发挥家长在听障儿童康复中的作用；严格执行听力残疾儿童随班就读政策，做好康复后听力残疾儿童入托、幼儿园（所）和普通学校的衔接工作。以上各项工作，按照规划，将在2013年进行听力语言康复工作中期检查；2015年进行全面检查验收。

【北京聋协交通安全文明知识讲座暨纪念公安部111号令三周年活动】此次讲座邀请了北京市交管局于友群警官为聋人朋友讲授，共有80多位聋人驾驶员参加了讲座。于警官结合聋人的特点，以各种交通事故案例说法，图文并茂地讲解了《中国交通安全道路法》和新交通安全文明驾驶常识；还着重介绍北京交通短信报警平台（12122）的基本情况和操作方法，并现场模拟交通事故短信报警，让广大聋人了解、掌握短信报警的方法，解决了聋人朋友报警的问题。讲座结束后，聋人朋友纷纷表示这次活动增强了自身交通安全意识，提高了自我防护能力，使自己更加深刻地认识和感悟到交通安全的意义。

【失聪青年女作家沙爽】沙爽，1972年6月生于辽宁盖州。现为营口市《辽河文学》杂志社编辑，营口市站前区第五次残疾人代表大会主席团委员、聋协主席。1989年，她开始发表诗歌作品，先后在《诗刊》《星星诗刊》《诗歌报月刊》《诗选刊》等国内外各大汉语诗刊发表诗歌200余首，曾获《诗刊》社短诗大赛奖和“诗神”杯全国新诗大赛奖等各种奖项。2002年，作为新锐作家进入辽宁文学院首届新锐作家班学习进修，并正式转向散文创作。自2003年至今，沙爽在《散文》《中华散文》《钟山》《中国作家》《青年文学》《山花》《美文》《北京文学》《海·都市美文》《百花洲》《红豆》《文学界》等发表大量作品，同时作品被收入人民文学出版社、百花文艺出版社、花城出版社、春风文艺出版社、长江文艺出版社等编辑出版的多种年度选本。2005年，沙爽被聘为辽宁省作协签约作家。

【聋人画家史晓慧】2009年全国残疾人书画大赛国画类金奖获得者，北京美术家协会会员、中国残疾人美术家联谊会会员、十艺善缘爱心组织成员、特奥爱心专员。2001年创建北京书慧苑文化艺术交流中心；为“第二十一届世界大学生运动会”设计的纪念品《新世纪大运之光》被指定唯一制作并被中国体育博物馆永久性珍藏的作品。作品多次在全国获奖，出版美术合集数种。其主要作品有《燕山秋韵》《秋实》《午后的故事》《花解语》《花样年华》《太阳花的微笑》《笔墨心灵》《墨香》《中国残疾人美术家优秀作品集》《第四届北京2008——奥林匹克文化节之一优秀书画作品集》。她积极参与爱心事业，通过捐赠善款、书画等方式服务公益事业，并通过自己的努力，以自己的方式，和社会上同样满怀爱心的人一起参与残疾人事业，实现自己的人生价值。

四、大事记

2013年元旦，中国聋协与北京望京南湖中园小学联合举办音乐会，同时，针对幼龄家长进行了文化艺术教育的交流培训，通过亲子游戏的形式，让家长和孩子一起体验音乐舞蹈艺术所带来的快乐，促使家长们走出“只关注孩子听、说的局限”，体验音乐舞蹈在康复中产生的良好效果，并尝试将之推广、应用在教学中。

2013年除夕夜，28.4万名残疾人朋友收看了央视春晚无障碍（文字＋视频）网上直播，央视春晚无障碍网上直播自2011年三年来从无到有、从点到面，从单一视频直播到文字＋视频同步直播，从行业网站到与CNTV国家主流新媒体的联袂传播，逐步丰富了央视春晚无障碍网上直播的内容，不断提升残疾人朋友的观看体验。

2013年春节后，为方便听障儿童家长带孩子进行听力检查，北京同仁医院和北京301医院开通了绿色通道，由固定的志愿者定期提供服务，为外地来京检查的家长们节省了大量的时间、精力和财力。

3月，在新浪网开通中国聋协微博，在手机上开通中国聋协微信，固定每周发放3—4次科普知识、残联政策等信息。至2013年12月，微博已有953人关注，微信已有1663人关注。在专家团队的指导下，印制的《用药禁忌和耳聋遗传》小卡片已面向全国免费邮寄出2977份。《听障儿童家庭康复知识手册》小册子已印制两册。中国聋协尽力使用社会化工作方式，普及各种听力方面的知识，将听力学、康复教育知识、残联政策等信息传播开来，使聋人朋友们及其家属少走弯路。

3月5日，北京语聆听障儿童家长服务中心注册成立，性质为民办非企业单位，上级主管单位是北京市民政局。在市民政局内部，它与2007年注册成立的瓷娃娃罕见病关爱中心并列为两个特殊案例。

5月17日，在第二十三个全国助残日来临之日，红黄蓝教育机构与北京语聆听障儿童家长服务中心联合举办听障儿童与健全儿童交流活动。共同倡导社会的包容和理解，呼吁更多的普通幼儿教育机构能够为听障儿童敞开大门，为他们提供更优质的教育机会。

5月25日，北京市聋协举办纪念公安部111号令三周年暨交通安全文明讲座。北京市已有1200位聋人开车上路，北京市交管局特意为北京聋人驾驶员开通了12122

交通短信报警平台。据统计，三年来，聋人驾驶员没有出现大的交通事故。

5 月 26 日，万达商业地产研究部赴北京语聆听障儿童家长服务中心，研究部全体员工共向中国聋协捐赠 1.8 万元，专款用于困难家庭听障儿童“一对一捐赠”，专款用于人工耳蜗术后康复训练。研究部全体员工共 19 人参加了现场捐赠，因故未能到场的同事也提前捐款献出爱心。希望通过此次一对一捐助，为减少听障儿童日后的沟通障碍、提升生活质量助一臂之力。

6 月，中国聋协网站开通试运行。

8—12 月，中国聋协每月举办一次讲座，内容包括听障父母如何养育子女，提高聋人的写作能力，聋人如何学习英语，中国画的学习与创作，聋人成才的心态问题等，讲座内容的文字记录稿在中国聋协微信和微博免费共享，广受聋人朋友的好评，参加讲座人数已突破 600 人次。

9 月 18 日，中国残联第六次全国代表大会聋人代表会议在北京召开。中国聋协顺利完成新一届领导班子换届工作，修订了《中国聋人协会章程》，通过了中国聋协工作报告及财务报告，完善了中国聋协工作制度、财务制度、捐赠制度等规章制度，积极探索法人治理协会工作的新方法、新途径，制定了未来五年残疾人事业发展战略。

9 月 16—22 日，第二届“沣标杯”国际聋人摄影大赛获奖作品展在永艺术中心举办。

10 月 10—12 日，中国国际福祉博览会暨中国国际康复博览会期间，举行了神经补偿技术与听力产品介绍会，专门介绍了与听力残疾人相关的最新产品——智能复音器。

12 月，中国聋人体育协会第五次全国代表大会在京召开，大会选举产生了新一届领导机构，孙先德当选中国聋人体育协会主席。

12 月 3 日，山东济南举办了全省首届聋人工艺美术优秀作品展，这是聋人工艺美术作品在全国范围内的首次展出。

12 月 21 日，举办北京语聆听障儿童家长服务中心第十一期听障儿童家长培训班暨年会活动。

附　录

北京语聆听障儿童家长服务中心听障儿童全面教育工作经验

北京语聆听障儿童家长服务中心是 2013 年 3 月注册成立的民办非企业单位，上级主管单位为北京市民政局，依托中国聋人协会承办 2013 年“听障儿童文化艺术培育项目”工作。接到项目任务后，中心成立专项工作组，确定各工作负责人，短期内完成了听障儿童妈妈阅读室、音乐舞蹈活动室、家长培训教室的软硬件建设工作。

通过网站调查、QQ 群讨论、家长座谈等形式，对听障儿童家长群体在全面康复的理解，文化、艺术培育与孩子康复的认识方面进行摸底调查。根据调查结果组织内部讨论，理清群体需求内容、认识程度，制定工作计划。

中心全年以教育性康复为主线，阅读、音乐、舞蹈等为主要内容，共举办全免费形式的听障儿童家长培训讲座 5 场（222 人）、培训班三期（5 天 47 人），累计培训家长 269 人。进行舞蹈音乐教学试验 60 人，300 余课时，康复指导 28 组。现场接待咨询指导 82 人/次，网上康复指导 127 人，网络接待咨询指导 3000 余人/次。

此次项目的实施，收获了较好的经验，可为下一步听障儿童全面教育推进提供借鉴，主要包括：

1. 核心价值明确统一，踏踏实实践目标

纵观全年项目执行情况，培训教学以及演出活动均组织有序，各项工作展开虽遇到不少阻力，如家长的担心怀疑、行业内对新生事物的质疑、个别教师员工流失等，但中心团队成员的核心价值明确统一，踏实实实践目标，一路坚持了下来，强化了“去除特殊性，回归普通回归自然”的听障儿童教育信念，顶住各种压力，最终获得了家长群体的信任，完整展示教学效果，启发了新一代听障儿童家长的教育思路，影响了全国康复行业和家长对康复、教育关系的新认识，树立了新的康复计划和教育目标。

2. 印证了听障儿童全面教育的可行性、可操作性

一年来的项目实践工作证明全面教育不再是盲目的，不再是一句空话，而是有内容、有方法、有方向的，是有案例可寻、有理论支持的。

舞蹈、音乐、阅读等艺术感知是每个孩子生命中不可或缺的元素，过去，听障儿童由于听的障碍，被教师和家长剥夺了从艺术中获得知识、情感体验、人生快乐的权利。即使有对“音乐和听障儿童的关联”的认识，也是基于为听和说服务，功利性强，无法实现全面教育的目标。

中心不仅从教学中探索出舞蹈、音乐、阅读与听障儿童康复训练的关联性及操作方法，提高了康复效果，并将应用在教学中推广；更重要的是将培养孩子相关兴趣作为主要工作目标，使之自发地喜欢音乐、喜欢舞蹈、喜欢阅读，让舞蹈、音乐、阅读成为孩子生活中的一部分，成为孩子人生中的一种能力。解决了过去听障儿童入学后，因能力低无法高质量参与学校活动、同学游戏而被孤立的难题。

使家长意识到比康复更重要的是教育，康复只是教育的一个内容、一个手段，而非全部，让家长建立起从教育角度看康复的思维，全面给予孩子成长所需要的元素，综合培养孩子的兴趣以及对问题的分析解决能力。事实证明，参与试验的孩子均取得了超越常规康复训练的良好效果。

3. 网络工作平台的应用，极大地提高了工作效率

中心以中国听障儿童网为宣传、辅导的工作平台，一方面致力于普及听力、言语康复知识工作，一方面将自己的研究实践成果无偿提供给家长、教师分享学习，更重要的是通过这个平台，将中心的教育理念、方法以实例的形式，面向全国推广。

中心提供了大量的听力学、康复学资料、各种活动的网络同步直播，效果展示分析。170篇在线教育日记，记录了170多个孩子从发现听障到解决障碍，再到康复训练、到全面教育的全过程，将一个个真实的案例展示给尚未尝试的家长，帮助他们建立信心。

通过在线教育日记，掌握每个孩子的发展动态和家长的康复训练方法，及时指导调整，让家长少走和不走弯路，准确把握孩子的每个发展阶段，抓住他们的每个知识输入点，随情、随景、随机地为他们提供学习元素，更为许多未做记录的家长提供了学习的素材。这不仅是中心团队的宝贵财富，更是聋儿家长学习的宝贵材料，是我国听障儿童康复教育行业的宝贵资源。

如今已有一大批新家长抛弃了旧有康复观念以及方法，坚定地加入中心，还有一大批家长自愿成为中心的志愿者，将中心理念与方法义务传播开来。

（赵琳娜供稿）

中国肢残人协会工作

一、工作综述

2013年，中国肢残人协会以党的十八大精神和中国残联第六次代表大会精神为指引，按照张海迪主席和鲁勇书记重要讲话的精神，认真履行“代表、服务、维权”职能，紧紧围绕中国残联的中心工作，紧扣全国肢残人群体的基本利益和实际需求，本着民生优先、服务优先、基层优先的原则，更新观念，重心下移，拓展思路，创新实践。从工作部署、组织建设、活动设计和事业发展等方面下功夫，充分发挥国家级社会组织引领示范作用和联系残疾人的桥梁纽带作用，为协会稳中求进，不断提高为广大肢残人服务的能力和水平打下良好的基础。

（一）加强队伍建设，履行代表职能，围绕肢残人切实利益开展工作

中国肢协作为全国肢残人群体的代表组织，自始至终把代表本类别残疾人的诉求放在首位。一年来，协会以社会化工作方式，整合资源，搭建平台，加强组织建设，努力为培养肢残人群体素质和打造过硬的骨干队伍提供有效服务。

1. 创新协会工作，搭建与基层残疾人交流的网络平台

中国肢协与时俱进，创新工作方法，积极搭建网络交流平台，开展高效、低耗、广覆盖、多受益的网络教育活动。3月，为了让各地肢协与中国肢协同步学习贯彻党的十八大精神，在浙江省杭州龙井茶业集团和浙江省肢协的支持下，中国肢协成功举办了全国华东地区六省一市肢残人协会认真学习党的十八大精神，创新推动协会工作网络交流会，全国各省市、自治区肢协组织500余名肢残人朋友在线参加了学习和交流。在网络交流会上，参会代表们纷纷结合自身思想和工作实际，畅谈学习和创新协会工作的体会。主会场与全国各地分会场遥相呼应、积极互动，发言和讨论非常热烈。当地爱心企业借网络会议良机，为华东六省一市的脊髓损伤伤友赠送了纸尿裤、导尿管、褥疮药膏和免费治疗卡。这次网络会议是一次标志性的创新，科技不仅简化了协会的工作程序，也拉近了协会与基层工作者和残疾人的距离，听到了基层的声音，开启了协会俯身基层，贴近民生，改进服务一个良好的开端。

2. 推广无障碍理念，促进《无障碍环境建设条例》落实

为宣传贯彻国务院颁布的《无障碍环境建设条例》，提高轨道交通无障碍建设水平，中国肢协、同济大学全国无障碍建设工程研究中心联合举办了全国促进轨道交通无障碍建设座谈会系列活动。事前，中国肢协部署与会代表就当地轨道交通无障碍建设情况进行了考察，并广泛征求了当地肢残人意见，填写调查问卷，充分了解肢残人兄弟姐妹的诉求，对轨道交通无障碍建设提出有价值的建议和意见。座谈会上，与会者的发言让无障碍专家听到了来自基层肢残人群众的诉求和意愿，为制定轨道交通无障碍建设提供了第一手资料，得到了专家们的肯定和认可。会议期间，数十位乘坐轮椅的代表和大家一同考察了上海地铁4号线、7号线的无障碍建设，并进行了乘车、换乘的实际体验。

11月，为提高各级肢残人协会参与和监督无障碍环境建设的能力，中国肢协在上海举办首期全国无障碍督

导员培训班暨中国肢协青工委委员培训班。各省市肢协主席、无障碍促进会及督导队负责人和中国肢协青工委委员共计100人参加培训。本次培训邀请了多位教授和无障碍建设专家授课，课程涉及无障碍境建设的法规、规范、建设要求等七个领域；还聘请了台湾无障碍协会理事长林俊福先生，专门介绍台湾无障碍建设发展情况。中国肢协为通过考试的督导员颁发了督导员证书，并制定了《无障碍环境建设督导员工作守则》和《无障碍环境建设督导员管理办法》等，同济大学建筑与城市规划学院向通过考试的学员颁发了结业证书。

无障碍环境建设关系广大肢残人的切身利益，是他们融入社会的先决条件。关注群体利益，促进无障碍环境建设，是中国肢协承载的历史责任。为深入贯彻国务院《无障碍环境建设条例》，推进无障碍环境建设健康、有序、科学、规范地发展，中国肢协将以点带面，继续开展辐射全国的培训工作。

3. 注重骨干培养，鼓励残疾青年创新发展、建功立业

11月17日，中国残联副主席吕世明、中国肢协主席徐凤建参加在上海培训的中国肢协青工委部分委员座谈会。吕世明副主席听取了青年委员的工作交流，并向委员们提出了不断学习、自我成材，引领大家共同进步，担当更多社会责任的殷切希望。徐凤建主席也希望各位委员在“同步小康”的进程中，明确目标、担负义务和使命，脚踏实地扎根基层，在各自的领域和岗位上发挥作用多做贡献。青工委委员纷纷表示，要借助国家和残疾人事业发展的大好形势，进一步发挥好青年骨干的作用，为“同步小康”做出自己的贡献。

4. 提高群体素质，打造高层次的肢残人创业队伍

为了提高肢残人企业创业者的整体素质，推动以创业带动就业工作，培养企业创业者的经营管理能力和社会责任，中国肢协有计划地培育引导残疾人企业创业群体，提升残疾人企业家素质。中国肢协与清华大学继续教育学院联合举办残疾人企业创业者培训班，2013年度圆满完成了第二期培训任务，来自全国26个省、市、自治区的100名残疾人企业创业者参加学习。清华大学继续教育学院安排了106个学时，从面授到网络远程教学，整合了作为一个残疾人企业创业者所应具备的相关知识体系，学用结合，学以致用，深受残疾人企业创业者的称赞。通过培训，残疾人企业创业者们提升了综合素质、开阔了经营视野，促进了交流与学习，为企业进一步发展壮大，为更多的残疾人朋友创造稳定的就业机会奠定了扎实的基础。

（二）关注群体利益，服务群体需求，解决更多热点难点问题

一年来，中国肢协以加强服务为宗旨，努力创新服务模式，以社会化工作为途径，以改善肢残人生活为目标，利用各种活动契机，努力为肢残人群体谋福祉，力争让基层肢残人生活得更幸福，协会工作更见实效。

1. 关注肢残人民生，让全国助残日活动更贴近民心

2013年5月第二十三个全国助残日，协会与海关总署合作，用实实在在的行动践行为肢残人群体服务的宗旨。本次活动共募集衣服、运动鞋、文具、书包等生活用品21万余件，在江西、河南、湖北、湖南四省的12个市开展助残捐赠活动。受益残疾人约10万人，受益残疾人服务机构15个。本次捐赠活动是中国肢残人协会自法人登记以来，作为中国残联的得力助手，以社会化工作方式，延伸残疾人服务渠道，为残疾人兄弟姐妹提供实效帮助，真正惠及基层贫困残疾人的一次有益尝试和工作创新。

2. 关注农村残疾人，让全国肢残人日活动丰富多彩

为贯彻《中国残疾人事业“十二五”发展纲要》和《国务院办公厅关于印发农村残疾人扶贫开发纲要（2011—2020年）的通知》，践行党的群众路线教育实践活动，营造全社会志愿服务的良好氛围，为农村贫困肢残人送温暖、送关怀、送技能，切实改善他们的生产、生活状况，2013年8月11日，第四个全国肢残人活动日，此次活动的主题是“关注农村肢残人兄弟姐妹”。在中国肢协号召下，全国各地肢残人协会积极响应，结合本地实际开展为农村肢残人“下一次乡、建一个图书（光盘）角、录一本书、做一件事、帮一个人、出一次门”的“六个一”主题活动，向广大农村肢残人宣传党和政府关心残疾人的重大举措，宣传有关残疾人工作的法律、法规、政策，让更多的农村肢残人同享社会文明进步成果。从各地反馈信息来看，此次活动主题切合实际，内容活泼新颖，收到了很好的效果。

3. 关注肢残人康复，启动“重塑未来”慈善公益活动

“重塑未来”慈善公益活动是在中国残联的支持下，由中国肢残人协会与北京丰台广济医院共同发起，应用再生控制技术治疗肢体残疾的医疗救助项目。活动的宗旨是对肢残患者进行治疗，帮助其恢复健康，获得工作能力和机会；帮助他们融入社会，减轻家庭压力，实现人生价值和梦想。2013年免费救治了10位贫困残疾人，取得了较好的效果。慈善公益活动确定每年至少为100名肢体残疾患者进行免费治疗。通过对肢体残疾人的实际治疗与效果展示，让更多的肢体残疾人看到疾病治疗的希望，从而对自己的未来充满信心。

4. 推广“中途之家”经验，推动“中途之家”建设

3月，中国肢残人协会“中途之家”工作交流推广会在广西南宁举行。来自全国15个省市、自治区的残联康复部、各地肢协主席、“中途之家”负责人、医疗机构专家、伤友代表80余人参加了会议。上海等8个城市的代表和专家分别就加快“中途之家”建设，有效为广大脊髓损伤伤友提供康复服务做了主题发言。会议期间，与会人员围绕贯彻中国残联办公厅下发的《关于转发〈上海市脊髓损伤者中途之家工作方案〉的通知》（残联厅发

〔2012〕5号）精神，针对开展“中途之家”建设工作，全面落实全国八城市建设脊髓损伤者中途之家工作会议确定的计划任务，“中途之家”建设工作目前存在的问题和解决办法及组建全国脊髓损伤者“中途之家”合作系统方案进行了商讨和交流。目前全国已有39个地市成立了中途之家，注册伤友1000余名。

5. 关注贫困肢残人健康，落实千人免费体检计划

健康体检是贫困肢残人群体过去一直渴望而难以实现的，现在终于能如愿以偿了。从2012年开始，中国肢协和美年大健康产业（集团）有限公司合作，启动了在全国范围内“关爱肢残人朋友、千人免费体检”大型公益活动，计划在全国20余个城市为贫困肢残人提供体检服务，周期为5年。经过两年来的运作，全国已有近千名贫困肢残人享受了体检服务，为家境困难的肢残人解决了实际需求，让他们感受到社会的关爱和温暖。

（三）加强事业宣传，维护群体权益，为肢残人融入社会服务

协会的维权工作是代表、服务职能的进一步延伸和体现，在很大程度上涉及残疾人的切身利益和残疾人事业的长期发展。一年来，协会从肢残人出行、就业及文化生活等诸多方面开展维权行动和宣传教育，保障了肢残人群体的基本利益，在社会上引起很大的反响。

1. 创建全国首家无障碍多层厂房，扶持残疾人集中就业

2013年，山东省嘉祥县在设计建设手套产业园区时，当地残疾人民营企业家提出了专项申请，希望在设计建设手套工业园区时，完善相关无障碍设施，便于安排残疾人集中就业。中国肢协得知此事后，积极协调国家建设部专家给予了有力支持，并开展了试点工作。这家园区实施的工业厂房无障碍建设，此前在我国乃至全世界均为空白，作为首创案例，对全国此类建筑的设计实践具有重要的示范与指导意义。同时，也将成为向国际社会展示我国工业园区无障碍环境建设和优化残疾人劳动环境及人权状况的一个窗口。

2. 积极与民航局商谈，反映残疾人乘机的有关问题

近年来，肢残人乘飞机出行遭遇障碍的情况屡见报端，在社会上产生了一些不良影响，中国肢协也多次接到肢残人乘坐飞机遭遇困难的来信来访。为了解决肢残人出行问题，1月，中国肢协积极配合中国残联业务部门和兄弟协会，与国家民航局召开商谈会，特别介绍了各类残疾人由于生理机能障碍所带来的痛楚和出行等方面的不便，并针对乘坐轮椅的残疾人优先上下飞机，盲人乘客导盲犬登机问题，拐杖、义肢和矫形器过安检时人性化服务及轮椅自身携带等问题，与国家民航局进行反复商谈，反映了广大出行肢残人的诉求，并提出了解决相关矛盾的措施和建议。

3. 召开京、津、沪无障碍出租车建言谋策研讨会

11月，中国肢协在北京召开了京、津、沪肢残人协会无障碍出租车建言谋策研讨会，探讨以科学合理的方式解决与残疾人参与社会生活密切相关的无障碍出租车问题。研讨会上，大家各抒己见，针对无障碍出租车的现状和发展提出了许多建设性意见，对无障碍出租车的选型、运营、社会多样化管理、社会组织参与服务、政府购买服务等问题进行了广泛研讨，为残联组织呼吁、争取政府有效决策和行业部门规范运营管理等，提出了许多有价值的参考建议。

4. 举办高铁列车无障碍设施征求意见座谈会

11月，在上海召开高铁列车无障碍设施征求意见座谈会。会上，就高铁列车现行的无障碍设施标准逐一进行了讨论，大家本着通用设计的原则，又结合肢残人的切身实际，对车门、通道、无障碍卫生间及轮椅固定位等设施的设计规范广泛交换意见，为我国高铁列车的无障碍化、人性化、国际化发展提出了很多建设性意见。

（四）协会工作经验和体会

随着形势的发展，社会结构不断调整，各类社会组织参与整个社会管理的重要性日益显现，党和政府加强和创新社会管理的任务也列入了议事日程。朴方名誉主席曾多次强调，专门协会是残联的主体协会，是本类残疾人的代表组织，中国肢残人协会社团登记，是中国残疾人事业发展史上的重要事件。协会社团登记后就可以从更高的层次、更广的范围、更深的内涵来体现它的价值和力量。只有个体主动了、活跃了，整体才有生机。

进行社团登记，对协会来说，是新的起点。登记只是形式，如何体现内容、形成力量则需要更多的努力，以更开放、更积极的心态走向社会，勇敢地担当起本类残疾人利益代言人、服务组织者和权利维护者的角色，自觉地和全体肢残人一起为社会建设出一份力，不负广大肢残人兄弟姐妹的重托，为残疾人事业的发展做出更大的成绩。

二、中国残联第六次全国代表大会肢残人代表会议

关于中国肢协第五届委员会工作报告的决议

2013年9月18日

中国残联第六次全国代表大会肢残人代表会议
（中国肢协第二次全国会员代表大会）通过

经中国残疾人联合会第六次全国代表大会肢残人代表会议（中国肢协第二次全国会员代表大会）审议，批准徐凤建同志代表第五届委员会所做的报告。报告回顾了五年来肢残人事业取得的令人瞩目的成就，全面总结了中国肢协工作的基本经验，提出未来五年的发展目标，符合我国肢残人工作实际，是带领广大肢残人为实现中国特色残疾人事业又好又快发展的重要文件，是一个凝

聚人心、催人奋进的报告。

会议认为，中国肢协第五届委员会贯彻《中共中央国务院关于促进残疾人事业发展的意见》，按照中国残联“五个增强”的要求，在加强“两个体系”建设中，围绕中心，服务大局，科学发展，履行“代表、服务、维权”职能，发挥社团法人优势和残疾人社会组织引领示范作用，使协会工作更加活跃。

会议同意报告对今后五年工作的设想。各级肢协要全力打造“学习型、服务型、创新型”协会组织，加强协会能力建设，实施融合发展战略，“勇敢担当起本类残疾人利益代言人、服务组织者和权利维护者的角色”，完成本届协会的各项任务。

会议号召全国各族肢残人，以中国特色社会主义理论为指导，高举人道主义伟大旗帜，肩负光荣使命，认真履行职责，强化思想自觉、坚持事业自信、推动创新发展，实现“三个活跃”，平等参与共享社会生活，与全国人民一道为全面建成小康社会而努力奋斗。

中国肢残人协会财务报告

中国肢残人协会副主席王建军　2013 年 9 月 18 日

图 4－4－1　王建军在中国残联第六次全国代表大会肢残人代表会议上做财务报告。

各位代表：

我受中国肢残人协会第五届委员会委托，向中国残联第六次全国代表大会肢残人代表会议（中国肢残人协会第二次全国会员代表大会）做财务报告，请予审议。

一、财务管理情况

财务管理是协会管理工作的一个重要环节。五年来，特别是协会法人登记并于 2012 年 8 月建立账户以后，中国肢协的全部账目及收支情况均在中国残联计财部的严格监督、指导和管理下统一登记、统一核算。协会认真执行和贯彻中国残联及计财部有关财务方面的规定，建立了《协会财务管理办法》《项目管理办法》《定向捐赠协议书》《借款管理规定》《聘用人员管理规定》等相关规定，充分切实地将协会有限的财力用于服务肢残人群体、保障协会工作顺利开展上。

二、财务收支情况

（一）财务收入和支出概述

2012 年 8 月至 2013 年 7 月 31 日，中国肢协的收入总额为 113.14 万元，支出总额为 76.62 万元。

（二）资金情况分述

1. 收入包括：捐赠收入 75 万元，占资金总收入的 66.29%；提供服务收入 18 万元，占资金总收入的 15.91%；接受中国残联委托服务收入 20 万元，占资金总收入的 17.68%；其他收入（利息收入）0.14 万元，占资金总收入的 0.12%。

2. 捐赠收入具体包括：中国残疾人福利基金会捐款 60 万元；内蒙古蒙犇公司捐赠 10 万元；杭州福利基金会捐赠 5 万元。

3. 支出包括：项目支出 68.26 万元，其中：中途之家建设项目 59.26 万元，北京市东城区群众体育活动 9 万元，占资金总支出的 89.09%；管理费用支出 6.6 万元，占资金总支出的 8.62%；所得税 1.76 万元，占资金总支出的 2.29%。

三、收支结余情况

2012 年 8 月至 2013 年 7 月 31 日，中国肢协的收支结余总额为 36.52 万元。其中：中国残疾人福利基金会捐款 8 万元；内蒙古蒙犇公司捐赠 1 万元；杭州福利基金会捐赠 5 万元；中国残联委托服务收入 20 万元；提供服务收入 2.52 万元。

各位代表，中国肢协在中国残联的领导下，积极探索社会化的工作方式，广泛开展募捐活动，利用社会资源推进协会工作，保证了中国肢协工作的顺利进行。财务工作是一项重要的综合性、职能性管理工作。目前，我们的财务工作采取中国残联和协会内部监控的双重监督体制。完善而有效的双重监督体制，对加强协会管理，保护协会财务和财产安全，有着积极推动和促进作用。

随着中国肢协工作的不断扩大和发展，财务在协会工作中的经济保障作用将更加显现。在中国肢协新一届领导和中国残联的监督指导下，我们将继续探索行之有效的社会化工作方式，“广泛募集资金，科学管理资金，有效使用资金”，进一步优化、延伸创新项目，使有限的财力和物力发挥出最大的效能，惠及更多基层肢残人兄弟姐妹，努力开创中国肢协工作的新局面。

关于通过中国肢协财务工作报告的决议

2013 年 9 月 18 日

中国残联第六次全国代表大会肢残人代表会议（中国肢协第二次全国会员代表大会）通过

中国残联第六次全国代表大会肢残人代表会议暨中国肢协第二次全国会员代表大会听取并审议了中国肢协 2012 年 8 月至 2013 年 7 月 31 日的财务工作报告。会议认为中国肢协财务工作报告数据翔实，资金管理规范，大会一致通过中国肢协财务工作报告。

中国肢残人协会章程

第一章　总　则

第一条　本会全称：中国肢残人协会，简称：中国肢协。英文全称：China Association of Persons with Physical Disabilities，英文简称：CAPPD。

第二条　本会是由全国肢残人和与肢残人工作有关的社会组织、企事业单位及个人自愿结成的非营利性社会团体，是肢残人的代表组织。

第三条　本会宗旨：弘扬人道主义思想，发展残疾人事业。代表肢残人共同利益，反映肢残人特殊需求，为肢残人服务，维护肢残人合法权益，促进肢残人平等、充分参与社会生活，共享社会物质文化成果。

本会遵守宪法、法律、法规、政策及社会道德规范。

第四条　本会接受业务主管单位中国残疾人联合会和社团登记管理机关民政部的业务领导和监督管理。

第五条　本会住所设在北京市。

第二章　业务范围

第六条　业务范围

（一）团结、引领肢残人自尊、自信、自强、自立，履行法定义务，为构建和谐社会贡献力量；

（二）促进肢残人的康复、教育、劳动就业、扶贫、维权、社会保障和残疾预防工作，参与、举办有关肢残人的各类培训，开展有益于肢残人身心健康的群众性文化体育活动；

（三）推进无障碍环境的建设，推动肢残人辅助器具的开发与应用。对肢残人驾车等具有肢残人特色的工作提供咨询、建议、服务和监督；

（四）在肢残人中培养、推荐残疾人工作者；

（五）承办中国残疾人联合会委托的工作；

（六）代表中国肢残人参加国际活动，促进国际交流与合作。

第三章　会　员

第七条　本会的会员种类分为个人会员、单位会员。

第八条　加入本会的会员必须具备下列条件：

（一）拥护本会章程；

（二）有加入本会意愿；

（三）在本会业务领域内有一定影响；

（四）热心为肢残人提供服务，支持并积极参加本会活动的个人、社会组织、企事业单位。

第九条　会员入会的程序是：

（一）提交入会申请书；

（二）经委员会讨论通过；

（三）由委员会授权秘书处颁发会员证。

第十条　会员享有下列权利：

（一）本会的选举权、被选举权和表决权；

（二）参加本会组织的活动；

（三）获得本会服务的优先权；

（四）对本会工作有批评权、建议权和监督权；

（五）入会自愿、退会自由。

第十一条　会员履行下列义务：

（一）遵守本会章程，执行本会决议；

（二）维护本会合法权益；

（三）完成本会交办的工作；

（四）肢残人个人会员免交会费，其他会员按规定交纳会费；

（五）向本会反映情况，提供有关资料。

第十二条　会员退会应书面通知本会，并交回会员证。如果一年不按规定交纳会费或不参加本会活动的，视为自动退会。

第十三条　会员如有严重违反本会章程的行为，经委员会表决通过，予以除名。

第四章　组织机构和负责人产生、罢免

第十四条　全国会员代表大会

本会的最高权力机构是全国会员代表大会，会员代表大会的职权是：

（一）制定和修改章程；

（二）选举和罢免委员会委员；在闭会期间，授权委员会行使此职权，但调整的委员数不得超过总数的1/3；

（三）审议委员会的工作报告和财务报告，确定工作方针和任务；

（四）制定和修改会费标准；

（五）决定终止事宜；

（六）决定其他重大事项。

第十五条　全国会员代表大会须有2/3以上的会员代表出席方能召开，其决议须经到会会员代表半数以上表决通过方能生效。

第十六条　全国会员代表大会每届五年，与中国残疾人联合会全国代表大会同期举行。因特殊情况需提前或延期换届的，须由委员会表决通过，报中国残疾人联合会审查并经民政部批准，但延期换届最长不超过一年。

第十七条　委员会

委员会是全国会员代表大会的执行机构，在闭会期间领导本会开展日常工作，对全国会员代表大会负责。

第十八条　委员会的职权是：

（一）执行全国会员代表大会的决议；

（二）决定名誉职务的设立和聘请；

（三）选举和罢免主席、副主席、秘书长；

（四）向中国残疾人联合会主席团提交年度工作报告；

（五）筹备召开全国会员代表大会；

（六）向全国会员代表大会提出本会章程修正案；

（七）向全国会员代表大会报告工作和财务状况；

（八）提出工作方针和任务，制定年度工作计划；

（九）决定会员的吸收或除名；

（十）决定设立办事机构、分支机构和实体机构；

（十一）决定各机构主要负责人的聘任；

（十二）领导本会各机构开展工作；

（十三）制定内部管理制度；

（十四）决定本协会的活动标识；

（十五）决定其他重大事项。

第十九条 委员会会议须有 2/3 以上委员出席方能召开，其决议须经到会委员 2/3 以上表决通过方能生效。

第二十条 委员会会议每年召开一次。情况特殊的，也可采用书面或通讯形式召开。

第二十一条 本会主席、副主席、秘书长必须具备下列条件：

（一）坚持党的路线、方针、政策、政治素质好，有较强的全局观念和工作能力；

（二）热爱残疾人事业，在肢残人中与本会业务领域内有较大的影响和威信；

（三）主席最高任职年龄不超过 70 岁，副主席、秘书长最高任职年龄不超过 65 岁，秘书长为专职；

（四）能坚持本会正常工作；

（五）未受过剥夺政治权利的刑事处罚的；

（六）具有完全民事行为能力。

第二十二条 本会主席、副主席、秘书长如超过最高任职年龄的，须经委员会表决通过，报中国残疾人联合会审查并经民政部批准后，方可任职。

第二十三条 本会主席、副主席、秘书长任期五年，连任不得超过两届。因特殊情况需延长任期的，须经会员代表大会 2/3 以上的会员代表表决通过，报中国残疾人联合会审查并经民政部批准后，方可任职。

第二十四条 本会主席为法定代表人，法定代表人代表本会签署有关重要文件。

因特殊情况，经主席委托、委员会同意，报中国残疾人联合会审查并经民政部批准后，可以由秘书长担任法定代表人。

第二十五条 本会主席行使下列职权：

（一）负责本会的全面工作，召集和主持委员会会议；

（二）检查会员代表大会、委员会决议的落实情况。

第二十六条 本会副主席、秘书长协助主席工作，秘书长行使下列职权：

（一）主持本会秘书处日常工作，组织实施年度工作计划；

（二）协调各分支机构、实体机构开展工作；

（三）受主席委托，代表本会签署有关文件；

（四）提名办事机构、实体机构主要负责人，交委员会决定；

（五）决定办事机构、分支机构和实体机构专职工作人员的聘用；

（六）处理其他日常事务。

第二十七条 办事机构

中国肢协委员会设秘书处作为办事机构，承担本会日常工作。

第五章 资产管理、使用原则

第二十八条 本会经费来源：

（一）政府资助及中国残疾人联合会专项资金；

（二）国内外组织、个人捐赠；

（三）会费；

（四）在核准业务范围内开展活动或服务的收入；

（五）利息及其他合法收入。

第二十九条 本会按国家有关规定收取会员会费。

第三十条 本会经费必须用于本章程规定的业务范围和事业的发展，不得在会员中分配。

第三十一条 本会建立严格的财务管理制度，保证会计资料合法、真实、准确、完整。

第三十二条 本会配备具有专业资格的会计人员，执行民间非营利组织会计制度。会计不得兼任出纳。会计人员必须进行会计核算，实行会计监督。会计人员调动工作或离职时，必须与接管人员办清交接手续。

第三十三条 本会的资产管理必须执行国家的财务管理规定，接受会员代表大会和财政部门的监督。资产来源属于国家拨款或者社会捐赠、资助的，必须接受审计机关的监督，并将有关情况以适当方式向社会公布。

第三十四条 本会换届或更换法定代表人之前，必须接受民政部和中国残疾人联合会的财务审计。

第三十五条 本会的资产，任何单位、个人不得侵占、私分和挪用。

第三十六条 本会的专职人员的工资和保险、福利待遇，参照国家对事业单位的有关规定执行。

第六章 章程的修改程序

第三十七条 本会章程的修改，须经委员会表决通过后报全国会员代表大会审议。

第三十八条 本会修改的章程，须在全国会员代表大会表决通过后 15 日内，经中国残疾人联合会审查同意，并报民政部核准后生效。

第七章 终止程序及终止后的财产处理

第三十九条 本会完成宗旨或自行解散或由于分立、合并等原因需要注销的，由委员会提出终止动议。

第四十条 本会终止动议须经全国会员代表大会表决通过，并报中国残疾人联合会审查同意。

第四十一条 本会终止前，须在中国残疾人联合会及有关机关指导下，成立清算组织，清理债权债务，处理善后事宜。清算期间，不开展清算以外的活动。

第四十二条 本会经民政部办理注销登记手续后即为终止。

第四十三条 本会终止后的剩余财产，在中国残疾人联合会和民政部的监督下，按照国家的有关规定，用于发展与本协会宗旨相关的事业。

第八章 附 则

第四十四条 本会会徽采用中国残疾人联合会会徽。

第四十五条 本章程经 2013 年 9 月 18 日全国会员代表大会表决通过。

第四十六条 本章程的解释权属中国肢残人协会委员会。

第四十七条 本章程自民政部核准之日起生效。

关于通过《中国肢残人协会章程（修正案）》的决议

2013 年 9 月 18 日

中国残联第六次全国代表大会肢残人代表会议

（中国肢协第二次全国会员代表大会）通过

经中国残疾人联合会第六次全国代表大会肢残人代表会议（中国肢协第二次全国会员代表大会）审议，一致通过中国肢残人协会第五届委员会第六次全体会议提交的《中国肢残人协会章程（修正案）》。

会议认为，章程（修正案）是在总结专门协会工作经验，经过认真研究、广泛征求意见的基础上形成的。符合国家对加强社会建设和社会组织管理的要求，符合残疾人事业和专门协会发展趋势，符合中国残联章程和专门协会工作实际。修改后的《中国肢残人协会章程》，必将促进协会工作持续健康发展。

会议要求，各级肢协要认真学习和参照本会章程，在残联领导下，制定出符合本地实际的肢协章程。着力开展组织建设、制度建设、思想建设，打造“学习型、服务型、创新型”协会，全面提高为残疾人服务的能力与水平，以更开放、更积极的心态融入社会，实现融合式发展战略，积极推进残疾人社会保障体系和服务体系建设，创造活跃和科学发展的新局面。

中国肢协第六届委员会委员情况分析

中国肢协委员候选人共 50 人，其中女性 4 人，往届提名的 30 人，新提名 20 人。中国残联主席团委员及省肢协主席双重身份 11 人，中国残联主席团委员 22 人，省肢协主席 32 人，中国残联六代会列席代表 4 人。

通过选举产生的六届中国肢协委员共 50 位；委员平均年龄 47. 74 岁；女性 4 人，占委员比例 8%；少数民族 7 人，占委员比例 14%；中国共产党党员人数 36，占委员比例 72%。大专以上学历 48 人，占所有委员的 96%；其中有 13 位研究生以上学历，占委员人数的 26%。

三、重要条目

【脊髓损伤者“中途之家”】2009 年在中国残联和福利基金会的支持下启动，借鉴我国台湾地区的经验，在上海市、浙江省、河南省和广西壮族自治区设立试点，立足社区康复平台，利用现有社会政策和康复资源，搭建起医院、家庭与社会之间的有效桥梁，实现了机构训练和社区训练相结合、专业指导与伤友互助相结合、集中训练与自主训练相结合的新型康复模式，使脊髓损伤者重新回归主流社会。2010 年 10 月 30 日，张海迪主席在全国脊髓损伤者“中途之家”试点工作总结暨脊髓损伤者委员会成立大会上的讲话，精辟地概括了“中途之家”的服务特点：“‘中途之家’把专家、专业机构、社区和患者联系起来，将现有的政策和资源做基础，给残疾人实在和有效的服务，让他们有机会康复，这是一种很好的实践。”

【残疾人企业家培训班】

为贯彻落实《中共中央国务院关于促进残疾人事业发展的意见》（中发〔2008〕7 号）有关精神，确保完成《中国残疾人事业“十二五”发展纲要》规定的残疾人组织建设工作目标任务，落实国家“创业带动就业”战略，为了给残疾人企业家提供一个提升素养和交流创办管理企业经验的学习平台，实现残疾人企业家深造梦想，在中国残联组联部、教就部指导下，2013 年 6—11 月，中国肢残人协会与清华大学继续教育学院在北京联合举办残疾人企业家培训班，培训对象为优秀残疾人企业家，每期培训限定名额 100 名，这是我国首次举办上百名规模的残疾人企业家集中培训。

图 4 -4 -2 王乃坤出席残疾人企业家培训班开班式。

培训班采用集中面授学习和网络远程学习相结合的方式。其中，集中面授学习时间共计 9 天，72 学时，分两次进行；网络选修课程共 7 门，34 学时，学员可在 6 个月时间内自行安排时间学习。面授地点为清华大学新水利馆。完成培训课程并考核合格者可获得由清华大学继续教育学院颁发的结业证书。

通过培训，不仅可以提高疾人企业家经营管理能力，增强其企业以及自身的市场竞争力，保证企业健康良性发展，还能增强企业吸纳残疾人就业的能力条件，进一步促进我国残疾人就业和创业。此外，培训班帮助残疾人企业家实现了到知名高校深造的梦想，增强其自信心、自我价值认同感及个人荣誉感。

【中国肢残人协会网站】2012 年试运行，从目前网站的整体情况来看，运转顺利。目前网站有首页、新闻页、列表页、第六次代表大会和各活动的专题页，各种创业宣传，辅助器具宣传展示。2013 年共刊登活动报道、各地来稿、文件通知转发共 300 多篇，其中活动报道 110 多篇，各地肢协来稿 120 多篇，转发文件通知 70 多篇。该网站极大地活跃了网络信息渠道，各地肢协几乎都有来稿反映当地肢协工作，践行了植根基层为基层肢残人服务的工作理念。

【“六个一”主题活动】该活动是中国肢残人协会在《关于开展第四次全国肢残人活动日的通知》（残联厅〔2013〕75 号）中首次提出的。具体为——下一次乡：各级残联和肢协组织城区有条件的肢残人和爱心人士把肢残人活动日办到乡村，因地制宜帮助解决一些生产和生活中的实际问题；建一个图书（光盘）角：各地要结合中国残联开展的“肢残人读书活动”和“肢残人文化周活动”，动员出版机构和社会各界为肢残人捐赠图书，在农村集体活动场所建立图书（光盘）角，组织志愿者为行动不便的肢残人送书上门；录一本书：发动有文化基础的肢残人志愿助人，录制励志书籍、著名小说、科普读物等文化作品，将其刻录成光盘或 U 盘赠送给农村盲人朋友；做一件事：结合《农村残疾人扶贫开发纲要（2011—2020 年）》提出的任务目标，争取各方面资源，通过危房改造、家庭无障碍改造，实用技能培训和创业支持，改善农村肢残人家庭居住条件和生产经营，增加就业收入；帮一个人：要组织肢残人企业家或社会爱心人士与农村贫困肢残人建立“一助一”帮扶活动，切实解决他们的困难；出一次门：肢残人可自驾车帮助常年不能出门的农村肢残人走出家门，走出乡村，走进城市，增进城乡肢残人的沟通交流。

【中国肢残人协会无障碍委员会】成立于 2009 年 12 月 6 日。旨在加强无障碍环境的信息交流、推广典型经验，反映肢残人的特殊需求。在中国肢协领导下内部开展活动，具体工作由上海市肢协承担。

【中国肢残人协会失肢者服务工作委员会】成立于 2009 年 5 月 16 日。根据各地协会领导“关心无臂者”的积极呼吁，中国肢协在第五届二次会议上提议专门成立失肢者生活服务专委会，后更名为中国肢残人协会失肢者委员会。

【中国肢残人协会青年工作委员会】2011 年 8 月 13 日在大连正式成立，中国肢残人协会下设的专业委员会。以联系、服务全国肢残青年为目的，使广大肢残青年了解中国残疾人事业的发展历史，传承和发扬自强奋进的精神，为新时期残疾青年的成长做出表率，用正确的人生观、价值观教育和引导广大残疾青年，激发广大残疾青年走出狭小空间，融入社会，胸怀远大抱负，实现最亮丽的人生价值。

【中国肢残人协会轮椅·汽车俱乐部】成立于 2010 年 10 月 20 日。旨在改善和提高肢残人的生活质量，提高肢残人充分参与社会能力，帮助肢残人科学使用轮椅，引导肢残人文明驾驶汽车，促进肢残人代步工具的研发和生产，活跃肢残人的业余生活。

四、大事记

1 月 5 日，中国肢协主席徐凤建向中国残联组联部提交两条残疾人需求：无障碍环境建设；肢残人必须使用辅助器具纳入医保范围。

1 月 7 日，无障碍智能科技专题会议在北京理工大学召开。中国残联副主席吕世明、中国盲协主席李伟洪、中国肢协副主席王建军、组联部副调研员郝尔康，北京理工大学杨宾副校长、科技合作部部长王伟、机电学院相关专家参加会议。

1 月 8 日，中央电视台新闻频道就残疾人乘坐民航班机签订协议的问题采访了王建军主席。王建军强调：乘坐民航班机的残疾人不是病人，民航应对残疾人群提供有针对性、人性化的、符合残疾人特点的服务。

1 月 11 日，中国肢协副主席王建军、全国无障碍专家吕晓泉到山东省济宁市嘉祥县视察天久贸易公司新址无障碍建设情况。

1 月 21 日，向内蒙古乌兰察布肢残人发放 500 件冬季保暖物品。

1 月 21 日，与海关总署政策法规司知识产权处商谈海关罚没商品救助残疾人的事宜。

1 月 30 日，与民航局商谈残疾人乘坐飞机相关问题的解决议案。

2 月 4 日，中国肢协、中国残疾人福利基金会和丰田一汽在方正公证处签订残障车捐赠和资助公证书。

3 月 1—3 日，杭州召开华东六省一市中国肢协认真学习十八大报告，创新推动协会工作交流会。华东六省一市肢协主席、副主席和肢残人代表参会。中国肢协主席徐凤建、副主席王建军、中国残联组联部主任张超英、处长郝尔康等 80 余人参会。

3 月 18—21 日，2013 年中国肢残人协会“中途之家”工作交流会在广西南宁市召开。4 月 7 日，将会议总结及建议上报会领导，得到肯定，并将“中途之家”项目纳入社区康复。

4 月 11—12 日，中国残联康复部尤红主任、韩纪斌主任赴石家庄考察“中途之家”建设工作。

5月16—19日，上海召开促进轨道交通无障碍座谈会。

5月31日，“重塑未来”慈善公益活动启动仪式在中国残疾人联合会机关启动，10位受助对象与社会见面。中国残联副主席吕世明参加启动仪式并讲话。

6月4日，清华残疾人企业家培训班二期开班，吕世明、王建军、清华继续教育学员副院长吴庚生及70名学员参加开班仪式。

6月4—14日，2013年度救治的十位肢残人患者接受了第一期手术治疗。

7月3日，中国残疾人联合会主席张海迪对“重塑未来”慈善公益活动工作报告做出批示：肢协做了实实在在的工作，这才是残疾人需要的。希望继续努力，不断探索有效的工作方法。

7月17日，中国肢残人协会常务副主席、重塑未来慈善公益活动组委会执行主席王建军赴北京丰台广济医院看望10位受救助患者。

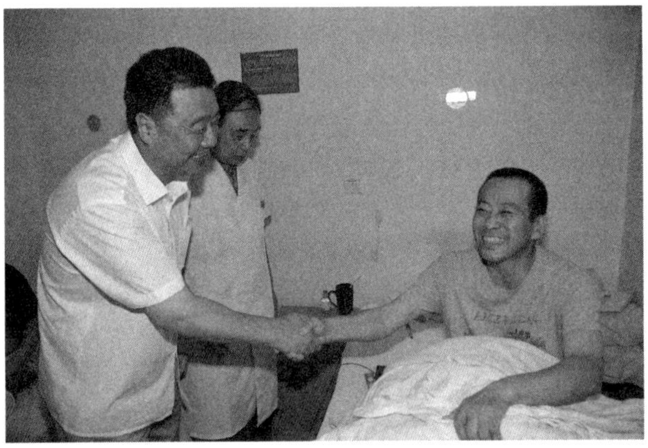

图4-4-3 中国肢协常务副主席王建军看望受救助患者。

7月26日，王建军主席、田露去海关总署政策法规司汇报捐赠工作，刘司长等出席，送海关锦旗一面。

8月7日，在体育中心召开迎接全国建身日活动暨向肢残人捐赠轮椅活动。中国残联副主席吕世明、中国肢残人协会常务副主席王建军等参加活动。

8月9日，中国残疾人联合会党组成员、副主席、重塑未来慈善公益活动组委会名誉主席吕世明赴丰台广济医院看望10位受助患者。

8月14日，中国肢协创新项目研讨会在残奥中心举行。

8月14日，“2013重塑未来·阳光畅行·爱心圆梦”行动在京启动。中国肢残人协会、北京丰台广济医院签署战略合作协议。

9月18日，中国肢协五届六次会议、中国肢协六次代表大会、中国肢协六届一次代表大会在京西宾馆召开。

9月24日，中国肢协向北京西站捐赠10台轮椅。

9月26日，东城区体协轮椅大步走活动在鸟巢开展，吕世明副主席参加。

9月28日，“重塑未来”慈善公益活动成果汇报会在全国政协礼堂召开，著名电影演员周里京被聘为“重塑未来”首位爱心大使，“人体组织应力再生与优化控制技术”（简称“再生控制技术”）被定为“重塑未来”慈善公益活动应用技术标准用名。

10月12日，中国肢协主席王建军到北大医院商讨孙恂医药费事宜，并到广济医院商讨孙恂转院事宜。

10月27—31日，清华大学残疾人企业家二期班开办。

11月12日，准备开展“中国行”系列活动，首站定于湖北省十堰市，第二站定于重庆。

11月16—21日，上海举办无障碍督导员培训班，全国各省肢残人协会主席、副主席青工委委员共80与人参会。吕世明副主席参加。

11月30日，“关爱鄂西北”、“关爱重庆”活动启动。

12月1日，医疗队赴湖北十堰开始筛查工作。经过市区、郧县、郧西县、竹山县、房县4县，共筛查出24名救治对象。

12月4日，“重塑未来”中国行·关爱鄂西北捐赠仪式在湖北十堰举行。

12月6日，医疗队赴重庆开始“关爱重庆”筛查工作。经巫山、奉节、云阳、开县、万州、丰都6县，共筛查出26名救治对象。

12月12日，重庆市举办“重塑未来”中国行·关爱重庆捐赠仪式。

12月23日，十堰、重庆确定救助38名对象到京。治沙英雄“树痴”李志远被纳入免费救助范围，赴京就医。

12月26日，“重塑未来”中国行启动仪式暨凯德中国希望基金捐赠仪式在京召开。中国残联主席张海迪出席会议，濮存昕担任爱心大使。凯德中国希望基金、中国扶贫基金会向“重塑未来”捐赠20万新加坡元。

12月27日，中国行十堰、重庆救助对象开始接受手术治疗。

附录一

“重塑未来”慈善公益活动救助对象

2013年“重塑未来”
第一期救助对象（10人）

冯一冰　侯润玲　叶振国　李　娇　潘文英
王　豪　郜明玉　王瑞军　罗运才　朱克华

2013年“重塑未来”
慈善公益活动·中国行

湖北十堰（24人）

李　刚　万　铃　邓天柱　常　兴　郑文冬
王东成　王　飞　柯常林　詹嫦慧　陈　潇
张　成　贾金林　黄治滔　鲍小雪　鲍小语
袁晓捷　汪婷婷　蔡龙灵　王梦丽　黄玉玲
沈小虎　徐青峰　徐世强　柯文涛

重庆（12人）

杨长艳 邓菊香 付 磊 谢鸿俊 祝如芬

张 清 刘 磬 肖文龙 李 菊 沈德银

黄 建 刘久强

2013年“重塑未来”
慈善公益活动特殊救助（3人）

余春艳 李志远 李 云

附录二

关于重塑未来慈善公益活动的报告

张海迪主席：

中国肢残人协会“重塑未来”慈善公益活动自2013年5月31日启动以来，在中国残疾人联合会的支持下，在中国肢残人协会、北京丰台广济医院、重塑未来慈善公益活动组委会的共同努力下，免费救治的10位患者已经逐步恢复了肢体功能，实现了预期康复疗效。中国肢残人协会及重塑未来慈善公益活动组委会于9月28日举办了成果汇报会，向社会展示了救助患者的治疗和康复成果，得到了爱心捐助人士和社会各界的广泛赞誉。现就半年来“重塑未来”慈善公益活动的有关情况汇报如下。

一、“2013重塑未来”慈善公益活动成果汇报会圆满召开

为彰显此次公益活动的救助意义，做到公开、透明，得到社会认可和支持，促进活动进一步良好持续发展，中国肢残人协会、北京丰台广济医院、重塑未来慈善公益活动组委会于9月28日15时，在全国政协礼堂举办了“2013重塑未来”慈善公益活动成果汇报会，通过播放患者救治全过程的视频和患者现场登台，展示了10位救助患者的治疗和康复效果。中国残疾人联合会吕世明副主席出席会议并讲话，对活动开展的成效给予了充分肯定，提出了殷切的希望。十余位部级老领导、慈善机构代表、30余位骨科医学专家和肢残人士、社会知名人士、爱心人士总计约400余人莅临现场。救助患者每次登台时，全体参会人士都向其报以热烈的掌声表示祝贺和祝福，并对项目的开展实施表示由衷的认可。

本次汇报会受到了众多媒体的热情关注，中央电视台、北京电视台等媒体对本活动进行了专题采访，并在重要时段进播报。新华社、《人民日报》《经济日报》《光明日报》《科技日报》、中新社、《北京晚报》、新华网、光明网、新浪网、搜狐网、腾讯网、大公网等60余家主流媒体也对本次活动进行了采访报道。

二、活动应用技术确定标准用名——再生控制技术

9月28日18时，由中国肢残人协会主办的“重塑未来”慈善公益活动应用技术研讨会在京举行。在会议上，由中国工程院院士邱贵兴委托提议，经中国人民解放军第八十八医院骨科研究所所长宁志杰，中华骨科学会骨质疏松学组组长、《中华骨科》杂志编委罗先正，中国人民解放军301医院骨科主任唐佩福，北京儿童医院骨科主任于风章等国内20余位骨科权威专家对十位病人的病例、手术方案和术后情况进行了反复论证，决定以人体组织应力再生与优化控制技术（简称“再生控制技术”）作为“重塑未来”慈善公益活动应用技术的标准名称。

中国肢残人协会

2013年10月21日

附录三

每年将有千位贫困肢残人可获免费救治

王瑜 《工人日报》 2013年10月30日

9月28日，“重塑未来”慈善公益活动在北京举行成果汇报会。10位肢体残疾受助患者展示康复效果。活动承诺明年及以后每年免费救治1000位贫困肢残人。中国残联副主席、活动组委会名誉主席吕世明表示，活动更深远意义在于，寻找到一条为肢残人患者，特别是贫困肢残人患者实现康复、改变人生的新路径。

据悉，中国肢残人协会、北京丰台广济医院与何易易签订爱心战略合作协议。协议规定，三方将共同依托拥有完全自主知识产权的再生控制技术，整合社会各方慈善公益资源，免费救治贫困肢残人士。未来，该公益活动拟将实现2014年免费救治1000位贫困肢残人，2015年及以后每年至少免费救治1000位贫困肢残人的目标。

附录四

全国脊髓损伤“中途之家”项目建设方案

一、项目背景

颈椎、胸椎、腰椎部位脊髓损伤残疾人（亦称截瘫患者，以下简称脊髓伤友）是肢体残疾病患者中最为痛苦的一部分群体，在肢体残疾人总人数中占有一定比例，据医学专家推测，我国大陆地区约有100余万名脊髓伤友。随着现代交通工具的不断增加和社会生活节奏的进一步加快，脊髓损伤患者总人数有可能持续增加。

由于此类疾病具有病情重、病程长和并发症频发的特点，以及由于目前还存在着社会环境的限制和公共服务的不足，广大脊髓伤友在医疗、康复训练、劳动就业、日常生活和社会交往等方面有着更加特殊的困难。从2009年起，在中国残联和中国残疾人福利基金会的支持下，中国肢残人协会与上海市、浙江省、河南省和广西壮族自治区残联密切合作，联系了一批医疗和康复训练的资源中心，编写了脊髓损伤者康复指导手册，培训了近百名脊髓损伤康复指导员（其中半数以上是有相当经验的老伤友），在13个社区试点创办了“中途之家”的服务模式，为脊髓伤友开展以“走出家门，参加社会交往；康复训练，减少并发症状”的系列服务，取得了比较明显的效果，受到了脊髓伤友和专业人士的欢迎：有的治好了经久不愈的褥疮或者尿路感染，有的学会了依靠站立架站立起来从而增进了血液循环，有的是能够独立地摇着轮椅车出门购物，有的找到了工作机会从此能够自食其力和服务社会，而更多的伤友是脸上露出了真诚的笑容，表示了他们对社会、对生活有了新的理解和信心。

为了深入开展残疾人社会保障体系和社会服务体系建设，为我国脊髓伤友提供更加实际的服务，中国残联在2012年4月下发了《关于转发〈上海市脊髓损伤者中途之家的工作方案〉的通知》，明确指出“中途之家”服务模式是围绕残疾人两个体系建设进行的成功探索，是“十二五”期间，残疾人社区康复服务的重要内容之一。为支持“中途之家”建设，中国残疾人福利基金会及其理事单位——佳通轮胎（中国）投资有限公司决定资助中国肢残人协会，并和安徽省合肥市等八个城市合作，开展“搭积善平台，建中途之家”活动，在社区层面扩大为脊髓损伤者以康复为主的系列服务及佳通热线建设和农艺康复项目。

二、项目建设目标

本次活动由中国残联康复部、组联部、中国肢残人协会、中国残疾人福利基金会秘书处、佳通公司和相关省残联组成组织委员会，由中国肢残人协会脊髓损伤者委员会、上海市残疾人康复协会和由知名医疗、康复专家组成的咨询委员会作为指导单位，由安徽省合肥市、河北省石家庄市、黑龙江省牡丹江市、江西省南昌市、福建省莆田市、湖北省襄阳市、重庆市九龙坡区、宁夏回族自治区银川市残联按照中国残联《关于转发〈上海市脊髓损伤者中途之家的工作方案〉的通知》的文件精神，结合本地区实际情况，将建立“中途之家”纳入社区康复的重要内容给予扶持。“中途之家”以不断满足脊髓伤友康复训练、改善生活和参与社会的需求为主线，利用社区卫生服务中心、康复中心和活动中心等场所，依托专业机构和志愿服务者的指导，采取机构训练与社区训练相结合、专业指导与伤友互动相结合、改善生活与参与社会相结合等方式，逐步形成由专业医疗机构、康复中心、辅具中心、社区康复场所、家庭和伤友互动的、分阶段实施的社会化、综合性、互助型服务模式，使广大脊髓伤友的生存、生活质量有明显提高。

（张昉供稿）

中国智力残疾人及亲友协会工作

一、领导讲话

吕世明在中国智协2013年顾问委员会工作会议上的讲话摘要

2013年12月30日

海迪主席非常重视协会工作，鲁勇书记近日也对协会工作提出了新的要求。“中国特色残疾人事业”是历史赋予我们的职责，我们要在新的起点上做好这篇大文章。2013年大家尽心尽责，各位顾问不仅是智障人的亲友，也是智囊团、智库。顾问们的出谋划策不仅对智协，对其他协会工作也有很好的指导作用。中国智协的整体发展思路和具体工作安排，都体现了六代会的精神。协会要紧紧围绕残疾人工作的特色，坚持正确方向，融入大局，依法依规，规范运作。协会要不断总结经验，做好谋划、引导，不断把成果转化成为真正为智力残疾人谋福祉的实效。智力残疾人的福利是整个残疾人工作的短板，我们就是要补短板、兜住底，达到残疾人同步小康。协会服务能力是关键，协会“要具有金刚钻的能力，要具备揽瓷器活的本事”。要夯实组织基础，内练筋骨，外树形象。2014年，协会要抓住做好政府购买服务项目的机遇，带动其他各项工作开展，经得起社会检验，树立好的口碑，让广大残疾人真正认可认同。

二、工作综述

2013年是中国智协注册成为法人社团后的第二年。协会对外理顺关系、加强协作，对内建章立制、扎实基础，加强规范管理，各项工作得以顺利完成：

（一）建章立制，规范运行

在注册成为法人社团一年多的时间里，协会在制度建设、基础管理方面下了很大功夫。制定出多项管理制度，加强了秘书处人员的配备，分工明确责任到人，年内的计划项目，均按期完成。协会工作人员以智障人为本，精诚团结，努力进取，按照社团法人的要求，做到了严格管理，规范运行。

1. 按照中国残联计财部制定的《中国残联社团财务管理办法》，制定了详细的财务管理制度。实现了与民政、财政、银行、税务等部门的对接，安装了国家统一管理的财务软件系统，取得了机构代码、银行开户账号、税务登记、捐赠收据等财务运作资格，并按照中国残联的相关要求，开始探索财务独立操作的工作。

2. 为保证各项管理制度的具体落实，利用例会、秘书长办公会、主席扩大会的机会，对协会相关人员进行培训。使全体工作人员明了使命，坚定信念，树立人道、廉洁、服务的理念，全心全意为智障人服务。

3. 项目实施发挥项目负责人作用。

协会工作运作与项目推进紧密结合，采取“责任人负责”模式。特点之一是每个项目先确定责任人，由责任人成立实施小组，提出实施方案，制定预算和进度表，按部就班，推进落实。特点之二是“发挥志愿者能量”，协会工作人员大部分是领取少量补贴的志愿者，他们富有爱心，在各自行业属于精英人士，对推动项目开展具有很大的作用。对志愿者和兼职人员，协会强调：必须高度重视维护协会形象，一定要保持公益机构廉洁正派的本色，管理严格，制度规范，资金运作公开透明，绝不允许出现违规现象。

4. 按照中国残联要求，协会聘请并成立了独立于协会之外的第三方监督委员会，定期检查及监督协会工作，保证了协会各项工作的规范运行。

（二）牢记宗旨，承载使命

协会的职能是“代表、服务、维权”。作为智力残疾人士的代表和维权组织，协会自始至终把维护智力残疾人士权益放在重要位置，并做出不懈的努力。2013 年，智力残疾人士维权工作取得实质性进展。除继续通过各种途径宣传、倡议、提高智障人及其亲友维权意识外，还发挥主观能动性，创新思路，与各方面的专家共同为智障人创造提高福祉、享有与健全人同样享受生活保障和工作权利的机会。

1. “安心工程——智障家庭意外、疾病综合保障保险”项目是2013 年协会取得的重要成绩之一。5 月，智障家庭意外伤亡、大病保险项目正式启动，由七大保险公司组成共保体共同承保。首批试点在北京、上海、吉林等十省（市）进行。这款产品以其覆盖面广、保障齐全、操作简易、保费低廉、投保索赔省心的特点，受到中国残联领导和智力残疾人士家长的肯定，将保障智力残疾人士的权益提升了一个实质性的高度。目前此项目进展顺利。

2. 一年来，协会启明星艺术团先后在北京、天津、宝鸡、厦门、哈尔滨等市演出，让智障音乐爱好者相互感染，相互促进，取得了以点带面，积极推广的好效果。协会还通过“快乐大家庭”的形式，组织智障人通过书画作品展示、文体活动、手工制作以及专题文艺演出等，组织各类活动 19 场。这些活动，在激发残障儿童的潜能、提高他们的自身价值、改善生活质量、培养健康人格方面起到了关键作用，达到了预期的效果。实践证明，文化体育活动，在为构建良好的社会氛围，营造和谐共融的人文环境，帮助残障儿童体现自身价值方面，有着不可替代的作用。

3. 7 月，举办西北宁夏、陕西、甘肃、青海四省特奥运动联谊活动。120 名智力残疾运动员参与了 3 个大项 25 个小项目的特奥运动，同时举办了文艺联欢。各省残联、智协、家长都非常满意。

4. 8 月，与国际劳工组织联合在大连召开智障人支持性就业经验交流及理论提升研讨会，这是中国智协和国际劳工组织长期合作的一个项目。推动成年智力残疾人士支持性就业工作项目，是维护智力残疾人士劳动权益的重要举措，是中国特色的残疾人事业就业形式的新发展。协会名誉主席马廷慧、主席张宝林、国际劳工组织中国和蒙古局主席霍百安共同出席了研讨会。同月，张宝林还会见了国际劳工组织残障事务专员芭芭拉女士，就国际劳工组织关注智障人士的有关问题交换了意见。

5. 11 月，张宝林参加在广州召开的支持性就业国际研讨会暨培训班，会议聘请了日本、马来西亚专家介绍有关支持性就业的法律、政策以及操作层面的专业知识，30 多家民间机构代表参加培训。张宝林指出，在我国 554 万智障人群中，中轻度的三级、四级残疾人占 74.66%，其中，15—59 岁的工作人口占 64.4%，即约有 266 万青壮年完全能够参加适当劳动，或者自食其力，或者通过劳动减轻家庭的负担。面对这样的现状，协会提出，通过一系列有计划、有组织的工作，在 5—8 年的时间，积极通过各地智协和各省市残疾人就业指导中心展开工作，为成人障碍者取得支持性就业创造条件，落实智力残疾人士作为公民的劳动权利，以此“兜住底”，努力实现智障人士和全国人民共同步入小康的生活，实现的目标。

（三）建言谋策，服务大局

按照智力残疾人士与全社会同步小康的目标，协会积极参加国家和残联重要会议及有关文件的研讨修订工作，开展调研，服务大局，有针对性地向政府、残联提出政策建议。

2 月，协会参加中国残联召开的收入分配制度改革座谈会，提出讨论意见；8 月，根据智障人支持性就业经验交流及理论提升研讨会精神，向中国残联建言，重视成年智障人就业问题；9 月，参加中国残联六代会，积极探讨中国智协的法人治理工作，并为残疾人事业在新形势的发展献计献策；10 月，张宝林参加维权部、民航局运输局举办的《残疾人运输办法（试行）》文件讨论，提出修改建议和意见。

服务大局、建言献策、知无不言，言无不尽，是社会组织的重要职责，中国智协愿秉持这样一种精神，努力向一流社团目标奋进。

2013 年的协会各项工作刚刚起步，工作中还存在许多不足，更因为缺少资金，人手不足，想做的事有的还没做，或者做了，没有做好。这一切，都需要不断改进。

三、中国残联第六次全国代表大会智力残疾人及亲友代表会议

中国智力残疾人及亲友协会财务报告

（2012 年 4 月—2013 年 7 月）

中国智力残疾人及亲友协会副主席马思祥

2013 年 9 月 18 日

各位代表：

我代表中国智力残疾人及亲友协会向中国残疾人联合会第六次全国代表大会做财务报告，请予以审议。

自 2012 年 4 月依法登记注册为具有独立法人资格的社会团体以来，中国智协在中国残联党组、理事会的领导下，在中国残联组联部及计财部的直接指导和监管下，为加强中国智协财务管理，规范协会资金运行，促进中国智协财务管理工作健康发展，进行了扎实而富有成效的工作。下面我将分三个部分向各位代表做汇报：

一、完成协会法人登记，以新面貌迎接挑战

2012 年，中国智协秉持“代表、服务、维权”的宗旨，完成了社团法人登记，实现了与民政、财政、税务等部门的对接。取得了机构代码、银行税务、财务账号、捐赠收据等财务可独立操作的基础性工作。按照中国残联总体规划的要求迎接新的挑战。

首先，我们根据国家有关规定和中国残联计财部制定的《中国残联社团财务管理办法》，建立和健全协会内部财务管理制度，与中国残联组联部签订了财务管理协议，实行自收自支、单独设立账户、独立核算，实行法定代表人审批制度，并对本协会各项经济业务收支活动承担全部责任。

其次，我们加强了本协会财务工作的管理，配备了符合规定的专业财务管理人员，制定了一套财务管理办法，建立了财务软件的会计核算，使协会的各项管理工作真正做到有章可循，有法可依。

第三，围绕协会工作，积极开展社会募捐活动，在增强经济自立能力，提高资金使用效率，降低费用，节约开支等方面开了个好头。2012 年—2013 年 5 月，所有员工都是志愿者，没有领取任何工资福利及补贴，6 月起，只领取少量补贴。

二、协会财务工作汇报

（一）资产情况

截至 2013 年 7 月底资产总额为 1236611. 12 元。其中货币资金 1227848. 12 元。固定资产 4800 元（财务软件）应收账款 3963 元（为差旅借款）

（二）收入情况

2012 年—2013 年 7 月共收到捐赠款 126. 9 万元。其中限定性收入 96. 9 万元，非限定性收入 30 万元。（明细如下）

捐赠单位	金额	资金定向	项目名称
残疾人基金会	20 万元	限定项目	文化体育艺术项目
3 家保险公司	34 万元	限定项目	安心工程（保险项目）
中国残疾人联合会	20 万元	限定项目	项目用款
国际劳工组织	4 万元	限定项目	国际会议用款
北京泪轩投资有限公司	6 万元	限定项目	艺术团项目
北京龙视嘉华国际传媒	9000 元	限定项目	艺术团项目
中国残疾人联合会	12 万元	限定项目	垫付心连心项目
3 家保险公司	20 万元	非限定收入	
秦天科技有限公司	10 万元	非限定收入	
捐款合计	1269000 元		
说明：另有保险公司 24 万元捐款没有确定项目仍挂预收账款			

（三）支出情况

截至 2013 年 7 月底。我协会共支出金额为397256. 05元。其中：项目资金支出 372682. 28 元。管理费用支出 22754. 98 元。筹资费用——财务费用支出 1819. 50 元。

1. 项目资金支出 372682. 28 元（明细如下）

（1）艺术团项目 164103. 10 元。其中：差旅费

26693.90 元。宣传画展制作 21200 元。演出服及演员旅行箱 58590 元。演出乐器 39000 元。租车及交通费 8803 元。办公费 4090 元，巡演视频制作 4000 元。误餐费 1726.2 元。

（2）安心工程 23010.47 元。

其中：办公费用：2480 元，人员工资 15200 元，工作餐 3277.47 元，差旅费 618 元，交通费 655 元，其他费用 780 元。

（3）国际会议 820 元。

目前支出筹备会议差旅费 820 元。预计 8 月份会议支出 44600 元。其中：差旅费 4600 元，会议费付大连 30000 元，会议 U 盘 5000 元，专家审稿费 5000 元。

（4）特奥联谊活动 52229 元。

其中：石嘴山会议汇款 40000 元，参会人员差旅费 12229 元。

（5）心连心项目 130509.71 元

制作费 12.299171 万元，差旅及其他费用 7518 元。

（6）扶贫救助款 2010 元

2. 管理费用支出 22754.98 元。

3. 筹资费——财务费支出 1819.50 元。

（四）其他情况

1. 账面反映固定资产 4800 元为财务软件。目前按月提取折旧 126.67 元。截至 7 月底已提折旧 506.68 元。

2. 其他应收款 810 元。为心连心项目救援仪样品款，因没有发票现仍挂账处理。

3. 心连心项目前期打入项目款 12 万元（为残联垫付）。实际支出 127518 元。目前仍有 7518 元挂账。

4. 中国人民人寿（人保寿）捐款 24 万元。要求我方开具税前扣除发票。目前正在商讨中。故挂账预收账款。预计 8 月底前处理完毕。

（五）建 议

1. 心连心项目前期挂账 7518 元的费用，建议由残联拨入 20 万款项中支付。列支：政府补助科目。

2. 心连心项目 810 元的救援仪样品款。先由财务人员会同经办人与厂家联系，索要发票。在索取发票未果的情况下，采取法人代表审批后列入费用账待处理。

3. 人保寿捐款 24 万元。建议退回原单位后汇至盲协账户。由盲协出具税前扣除发票。目前智协正与盲协沟通协商此事。后续准备在安心工程项目下单列一分支项目共同合作。

三、目前存在问题及今后努力方向

协会登记伊始，各项工作刚刚起步，不足之处尚多。今明两年，应积极争取免税资格，这需要严格遵照有关规定，规范运作，透明公正，以取得相应资质。另外，要树立以项目带筹款的思路，最后落实到为智障人士做实事中去。目前，已有较好的合作意向，正在紧锣密鼓地筹划和落实。

各位代表，中国智协将继续贯彻执行国家的各项法律法规，努力实现中国智协的宗旨和总体规划，在中国残联的正确领导下，认真、负责地履行各项财务管理制度，让资金合法、合规、合理地流入流出，保障智力残疾人福利事业健康发展，为实现智障人士与全国人民共同进入小康社会而努力工作。

中国智力残疾人及亲友协会章程

第一章 总 则

第一条 本会全称：中国智力残疾人及亲友协会，简称：中国智协。英文全称：China Association of Persons with Intellectual Disabilities and Their Relatives，英文简称：CAPIDR。

第二条 本会是由全国智力残疾人及亲友和与智力残疾人工作有关的社会组织、企事业单位及个人自愿结成的非营利性社会团体，是智力残疾人及亲友的代表组织。

第三条 本会宗旨：弘扬人道主义思想，发展残疾人事业。代表智力残疾人共同利益，反映智力残疾人特殊需求，为智力残疾人服务，维护智力残疾人合法权益，促进智力残疾人平等、充分参与社会生活，共享社会物质文化成果。

本会遵守宪法、法律、法规、政策及社会道德规范。

第四条 本会接受业务主管单位中国残疾人联合会和社团登记管理机关民政部的业务领导和监督管理。

第五条 本会住所设在北京市。

第二章 业务范围

第六条 业务范围

（一）团结、引领智力残疾人及亲友自尊、自信、自强、自立，履行法定义务，培养智力残疾人自己决定自己事情的能力，为构建和谐社会贡献力量；

（二）促进智力残疾人的康复、医疗、教育、劳动就业、扶贫、维权、社会保障、信托保险和残疾预防工作，参与、举办有关智力残疾人及亲友的各类培训，倡导和开展科学知识的宣传普及、个性化的亲子启智活动、特奥活动及其他有益于智力残疾人身心健康的群众性文化体育活动；

（三）加强与特教、康复及托养服务等机构的沟通，做好智障儿童的早期疗育；开展调查研究，对智力残疾人工作的开展提供咨询、建议、服务和监督；

（四）在智力残疾人及亲友中培养、推荐残疾人工作者；

（五）承办中国残疾人联合会委托的工作；

（六）代表中国智力残疾人及亲友参加国际活动，促进国际交流与合作。

第三章 会 员

第七条 本会的会员种类分为个人会员、单位会员。

第八条 加入本会的会员必须具备下列条件：

（一）拥护本会章程；

（二）有加入本会意愿；

（三）在本会业务领域内有一定影响；

（四）热心为智力残疾人及亲友提供服务，支持并积极参加本会活动的个人、社会组织、企事业单位。

第九条 会员入会的程序是：

（一）提交入会申请书；

（二）经委员会讨论通过；

（三）由委员会授权秘书处颁发会员证。

第十条 会员享有下列权利：

（一）本会的选举权、被选举权和表决权；

（二）参加本会组织的活动；

（三）获得本会服务的优先权；

（四）对本会工作有批评权、建议权和监督权；

（五）入会自愿、退会自由。

第十一条 会员履行下列义务：

（一）遵守本会章程，执行本会决议；

（二）维护本会合法权益；

（三）完成本会交办的工作；

（四）智力残疾人及亲友个人会员免交会费，其他会员按规定交纳会费；

（五）向本会反映情况，提供有关资料。

第十二条 按规定交纳会费的会员退会应书面通知本会，并交回会员证。如果一年不按规定交纳会费或不参加本会活动的，视为自动退会。

第十三条 会员如有严重违反本会章程的行为，经委员会表决通过，予以除名。

第四章 组织机构和负责人产生、罢免

第十四条 全国会员代表大会

本会的最高权力机构是全国会员代表大会，会员代表大会的职权是：

（一）制定和修改章程；

（二）选举和罢免委员会委员；在闭会期间，授权委员会行使此职权，但调整的委员数不得超过总数的1/3；

（三）审议委员会的工作报告和财务报告，确定工作方针和任务；

（四）制定和修改会费标准；

（五）决定终止事宜；

（六）决定其他重大事项。

第十五条 全国会员代表大会须有2/3以上的会员代表出席方能召开，其决议须经到会会员代表半数以上表决通过方能生效。

第十六条 全国会员代表大会每届五年，与中国残疾人联合会全国代表大会同期举行。因特殊情况需提前或延期换届的，须由委员会表决通过，报中国残疾人联合会审查并经民政部批准，但延期换届最长不超过一年。

第十七条 委员会

委员会是全国会员代表大会的执行机构，在闭会期间领导本会开展日常工作，对全国会员代表大会负责。

第十八条 委员会的职权是：

（一）执行全国会员代表大会的决议；

（二）决定名誉职务的设立和聘请；

（三）选举和罢免主席、副主席、秘书长；

（四）向中国残疾人联合会主席团提交年度工作报告；

（五）筹备召开全国会员代表大会；

（六）向全国会员代表大会提出本会章程修正案；

（七）向全国会员代表大会报告工作和财务状况；

（八）提出工作方针和任务，制定年度工作计划；

（九）决定会员的吸收或除名；

（十）决定设立办事机构、分支机构和实体机构；

（十一）决定各机构主要负责人的聘任；

（十二）领导本会各机构开展工作；

（十三）制定内部管理制度；

（十四）决定本协会的活动标识；

（十五）决定其他重大事项。

第十九条 委员会会议须有2/3以上委员出席方能召开，其决议须经到会委员2/3以上表决通过方能生效。

第二十条 委员会会议每年召开一次。情况特殊的，也可采用书面或通讯形式召开。

第二十一条 本会主席、副主席、秘书长必须具备下列条件：

（一）坚持党的路线、方针、政策、政治素质好，有较强的全局观念和工作能力；

（二）热爱残疾人事业，在智力残疾人及亲友中与本会业务领域内有较大的影响和威信；

（三）主席最高任职年龄不超过70岁，副主席、秘书长最高任职年龄不超过65岁，秘书长为专职；

（四）能坚持本会正常工作；

（五）未受过剥夺政治权利的刑事处罚的；

（六）具有完全民事行为能力。

第二十二条 本会主席、副主席、秘书长如超过最高任职年龄的，须经委员会表决通过，报中国残疾人联合会审查并经民政部批准后，方可任职。

第二十三条 本会主席、副主席、秘书长任期五年，连任不得超过两届。因特殊情况需延长任期的，须经会员代表大会2/3以上的会员代表表决通过，报中国残疾人联合会审查并经民政部批准后，方可任职。

第二十四条 本会主席为法定代表人，法定代表人代表本会签署有关重要文件。

因特殊情况，经主席委托、委员会同意，报中国残疾人联合会审查并经民政部批准后，可以由秘书长担任法定代表人。

本会法定代表人不兼任其他团体的法定代表人。

第二十五条 本会主席行使下列职权：

（一）负责本会的全面工作，召集和主持委员会会议；

（二）检查会员代表大会、委员会决议的落实情况。

第二十六条　本会副主席、秘书长协助主席工作，秘书长行使下列职权：

（一）主持本会秘书处日常工作，组织实施年度工作计划；

（二）协调各分支机构、实体机构开展工作；

（三）受主席委托，代表本会签署有关文件；

（四）提名办事机构、实体机构主要负责人，交委员会决定；

（五）决定办事机构、分支机构和实体机构专职工作人员的聘用；

（六）处理其他日常事务。

第二十七条　办事机构

中国智协委员会设秘书处作为办事机构，承担本会日常工作。

第五章　资产管理、使用原则

第二十八条　本会经费来源：

（一）政府资助及中国残疾人联合会专项资金；

（二）国内外组织、个人捐赠；

（三）会费；

（四）在核准业务范围内开展活动或服务的收入；

（五）利息及其他合法收入。

第二十九条　本会按国家有关规定收取会员会费。

第三十条　本会经费必须用于本章程规定的业务范围和事业的发展，不得在会员中分配。

第三十一条　本会建立严格的财务管理制度，保证会计资料合法、真实、准确、完整。

第三十二条　本会配备具有专业资格的会计人员，执行民间非营利组织会计制度。会计不得兼任出纳。会计人员必须进行会计核算，实行会计监督。会计人员调动工作或离职时，必须与接管人员办清交接手续。

第三十三条　本会的资产管理必须执行国家规定的财务管理规定，接受会员代表大会和财政部门的监督。资产来源属于国家拨款或者社会捐赠、资助的，必须接受审计机关的监督，并将有关情况以适当方式向社会公布。

第三十四条　本会换届或更换法定代表人之前，必须接受民政部和中国残疾人联合会的财务审计。

第三十五条　本会的资产，任何单位、个人不得侵占、私分和挪用。

第三十六条　本会的专职人员的工资和保险、福利待遇，参照国家对事业单位的有关规定执行。

第六章　章程的修改程序

第三十七条　本会章程的修改，须经委员会表决通过后报全国会员代表大会审议。

第三十八条　本会修改的章程，须在全国会员代表大会表决通过后15日内，经中国残疾人联合会审查同意，并报民政部核准后生效。

第七章　终止程序及终止后的财产处理

第三十九条　本会完成宗旨或自行解散或由于分立、合并等原因需要注销的，由委员会提出终止动议。

第四十条　本会终止动议须经全国会员代表大会表决通过，并报中国残疾人联合会审查同意。

第四十一条　本会终止前，须在中国残疾人联合会及有关机关指导下，成立清算组织，清理债权债务，处理善后事宜。清算期间，不开展清算以外的活动。

第四十二条　本会经民政部办理注销登记手续后即为终止。

第四十三条　本会终止后的剩余财产，在中国残疾人联合会和民政部的监督下，按照国家的有关规定，用于发展与本协会宗旨相关的事业。

第八章　附　则

第四十四条　本会会徽采用中国残疾人联合会会徽。

第四十五条　本章程经2013年9月18日全国会员代表大会表决通过。

第四十六条　本章程的解释权属中国智力残疾人及亲友协会委员会。

第四十七条　本章程自民政部核准之日起生效。

关于通过《中国智力残疾人及亲友协会章程（修正案）》的决议

2013年9月18日

中国残联第六次全国代表大会智协代表会议

（中国智协第二次全国会员代表大会）通过

经中国残疾人联合会第六次全国代表大会智力残疾人及亲友代表会议（中国智协第二次全国会员代表大会）审议，一致通过中国智力残疾人及亲友协会第五届委员会第六次全体会议提交的《中国智力残疾人及亲友协会章程（修正案）》。

会议认为，章程（修正案）是在总结专门协会工作经验，经过认真研究、广泛征求意见的基础上形成的。符合国家对加强社会建设和社会组织管理的要求，符合残疾人事业和专门协会发展趋势，符合中国残联章程和专门协会工作实际。修改后的中国智力残疾人及亲友协会章程，必将促进协会工作持续健康发展。

会议要求，各级智协要认真学习和参照本会章程，在残联领导下，制定出符合本地实际的智协章程。着力开展组织建设、制度建设、思想建设，打造“学习型、服务型、创新型”协会，全面提高为残疾人服务的能力与水平，以更开放、更积极的心态融入社会、实现融合式发展战略，积极推进残疾人社会保障体系和服务体系建设，创造活跃和科学发展的新局面。

四、重要条目

【中国智力残疾人及亲友协会 2013 年顾问委员会工作会议】2013 年 12 月 30 日在中国残联召开。中国智协秘书处向顾问委员会做《2013 年中智协工作汇报》和《2013 年中智协财务汇报》，中国残联党组成员、副主席吕世明出席并讲话。2013 年中国智协工作富有实效，对内建章立制，建立制度 11 项，规范运行，把“代表、服务、维权”落到实处。实施“安心工程”，对解决智障家庭意外、疾病综合保障意义重大，受到中国残联领导和智障人士家长的充分肯定；启明星艺术团先后赴各省市演出 19 场，彰显了智力残疾人的自身价值，对智力残疾人激发潜能、推动融合发挥了促进作用；120 名智力残疾运动员参与四省特奥运动联谊活动，分享快乐，交流技艺并增进友谊；中国智协与国际劳工组织多次就智障人支持性就业经验进行交流，推动成年智力残疾人士支持性就业，这是维护智力残疾人士劳动权益的又一力举。与会顾问对中国智协 2013 年的工作予以充分肯定，并对今后工作积极建言谋策，就队伍建设、提升专业水平、康复权益、支持性就业、志愿服务、宣传示范、政策法律支持推动等方面提出切实中肯的建议；表示要尽心尽力、发挥顾问作用，为协会多多奉献力量，把协会的工作做优做强。

【中国智协特奥活动委员会】

由中国残疾人联合会根据《中国智力残疾人及亲友协会章程》，经党组研究决定成立的专门组织。通过社会化的工作方法，广开渠道、扩大宣传，开展智力残疾人喜闻乐见的特奥活动，深受智力残疾人及其亲友、社会各界人士的欢迎，成为智协工作的有效载体。在实现优势互补、资源整合，共同影响、带动社会各界关心、支持、帮助智力残疾人，改善和提高智力残疾人的各项生活保障、生活条件和精神追求的目标上做出了一定的成绩。

2013 年组织机构成员：

名誉主任	张宝林	中国智协主席
主　　任	马思祥	中国智协副主席
常务副主任	张晓成	北京市平谷区特教中心主任兼聋校校长
副 主 任	张育才	国际特奥会高级讲师
	高　虹	中国智协财务总监
	肖中林	北京市家庭支持网领袖

【支持性就业】将残疾人安置在大多工作同伴为健全人的普通就业环境中，并得到工作同行持续支持，获得法定报酬和福利保险的就业方式。过去智障人士被认为是不能就业或者就业十分困难的群体。引入“支持”的理念以后，形成了支持性就业的方式，智障人士就业情况得到改观。我国正在将支持性就业引入智障人士的就业实践中，越来越多智障人士通过支持性就业，在我国残疾人按比例就业条例的指导下，通过开拓工作机会，拟定个别化支持计划，集中培训，密集支持，跟踪辅导等环节，建立持续的支持系统，实现了比较稳定的就业。

【6 助 1 支持模式】指依据先进理论与经验，由家庭、亲友、同侪、社区、专家和政府 6 方人员构建支持系统，帮扶 1 位智障者。为学前与成年智障者提供运动、认知、语言交往、生活自理、安全居家、家庭理财、人际关系、休闲娱乐，购物就医、社区活动、职业训练和就业指导，制定个别化支持计划，运用社会、自然、专业支持，通过集中培训、入户指导、教学康复和社区服务，实现智障者支持性生活、支持性教育和支持性就业，全面提升生活质量。旨在改变智障者及其家庭的现存的生活困难状态，减轻监护人精神和生活的压力与负担，培养监护人科学的教育康复方式，引导周边人群改变对智障人的认识，不再强调缺陷，而是强调社会的公平正义，反对任何基于残疾的歧视，维护他们受教育、就业、平等参与社区生活的权利。鼓励他们自理、自立、自主、自强，在家人与社会的支持下，让他们有机会与常人一起受教育、工作、参加社会活动，过上尊严而体面的生活，争取同步进小康，实现和谐社会。

【安心工程】中国智协与七家享有盛名的保险公司以及北京中汇国际保险经纪有限公司共同设计的解决智障家庭意外身故、疾病的保险。智障人士是社会上最困难的群体，安心工程填补了智障人士的商业保险的空白，在智障家庭的顶梁柱出现裂痕甚至断裂时，给这个家庭置换一根“钢柱”，保障智障人士的生活。“安心工程”具有投保人群覆盖面广、保障齐全、操作简易、保费低廉、投保索赔省心等特点，最大限度地维护了智障人士家庭的利益，是公益性很强的商业保险项目。

【“社会大家庭”快乐活动】为了给智障群体提供一个接触社会、融入社会的机会和展示自身潜能的平台，培养社会大众接纳多样化的生活形式，乐于助人，关注进步的社会责任感，使满足的心智障碍人士走出家庭、接触社会，消除隔离和歧视的需求，中国残疾人福利基金会支持、帮助北京心智障碍人家长以及民间组织和热心于残疾人事业的爱心人士，开展旨在帮助心智障碍人融入社会大家庭的文化艺术培训、绘画作品展示、文艺演出交流等快乐活动项目。2012 年 7 月 1 日—2013 年 11 月 30 日，项目为时 16 个月，由中国智协启明星艺术团、北京市朝阳区金羽翼残障儿童艺术康复服务中心、北京融爱融乐文化交流有限公司联合执行，让心智障碍者发挥潜能、勇敢表现，以参与和展示的方式吸引更多的心智障碍人士与其分享快乐，交流技艺并增进友谊，从而提高他们的社会适应和融合能力。

【陕甘青宁四省特奥运动联谊活动】2013 年 7 月 19 日，由中国智协、中国特奥委员会、宁夏回族自治区残联共同举办。活动成立了专门的工作小组，制定了详细的工作方案，组织智障人士参加了25米、50米、100米、立定跳远、乒乓球十余项运动，进一步推动了西部智协和特奥活动，为智障人士营造更加文明和谐的社会环境。活动取得圆满成功，成功经验的推广，更好地促进智障人士及亲友融合社会共同发展。

五、大事记

1月，与国际劳工组织官员洽谈智障人支持性就业研讨会合作事宜。

1月，与中汇国际商谈智障人家庭意外伤亡及大病险项目方案。

2月，参加中国残联召开的收入分配制度改革座谈会。

3月，与各保险公司举行智障家庭意外伤亡、大病保险项目竞争性谈判，确定七家保险公司中标。

5月，“安心工程”智障家庭意外伤亡、大病保险项目正式启动，中国残联党组书记、理事长王新宪参加启动仪式。

7月，陕甘青宁四省特奥运动联谊活动在宁夏举行。

8月，与国际劳工组织联合在大连召开智障人支持性就业经验交流及理论提升研讨会。

2—7月，中国智协启明星艺术团到天津、宝鸡、厦门、哈尔滨等市演出。

8月，中国智协主席张宝林会见国际劳工组织残障事务专员芭芭拉女士，就国际劳工组织关心的智障人士的有关问题交换意见。

9月，参加中国残联六代会，中国智协六届全国委员会及新一届领导班子诞生。

10月，起草关于与德、瑞两家基金会合办2014年国际智障者音乐节给残联的报告。

10月，邀请美国夏洛克来华开办讲座，主题为支持性理念与智障人士就业问题。马廷慧、张宝林、许家成参加并发言。

11月，召开第六届智协第一次主席暨秘书处办公会议。智协名誉主席、主席、副主席和秘书处全体工作人员参加会议。秘书处向主席汇报协会总体工作思路及2014年工作计划。各位副主席进行了工作分工。

11月，召开智协特奥活动委员会换届暨第一次主任会议，研究确定2014年工作安培及推广斯耐克高尔夫、软式垒球、地滚沙弧球等三个A新项目。

11月，张宝林参加在广州召开的支持性就业国际研讨会暨培训班，主持开幕式并致辞。会议聘请了日本、马来西亚专家介绍有关支持性就业的法律、政策以及操作层面的专业知识。30多家民间机构代表参加培训。

12月30日，中国智协顾问委员会工作会会议在中国残联召开。

12月30日，中国智协监事会会议在中国残联召开，监事们对中国智协2013年的工作给予高度肯定，一致认为中国智协2013年做了很多事情，取得了很大的成效，建议配备专业的宣传人员，越做越大，越走越长远，层次越来越高。

附录一

宝鸡市智力残疾人及亲友协会

宝鸡市智协是市残联领导的智障人及亲友组织。宝鸡市智协最大的特点，是以特奥活动作为抓手，推动全市智协工作不断迈向新的台阶。

一、宝鸡市智力残疾人及亲友协会、宝鸡市特奥会、宝鸡市家庭支持网络“三位一体”是一大创新特点。几年来宝鸡市残联和智协，逐渐摸索出把智协、特奥活动、家庭支持网连接成“三位一体”的工作链。虽然各有分工，始终保持统一策划，统一组织，统一行动。智协负责组织策划，做好上下协调，工作安排，计划实施；特奥活动委员会积极配合，负责人员组织、项目实施；家庭支持网负责广泛宣传，动员智障人及亲友、积极参与特奥活动。

二、“三方支持”是智协、特奥活动及家庭支持网取得进步的依靠。以特奥活动为契机，力争政府、社会、媒体“三方”的大力支持。通过政府的支持，媒体的宣传，社会上爱心人士的关注、关怀，宝鸡市智障人的活动范围越来越广，影响也越来越大。目前宝鸡的特奥活动已经不是单一的体育活动，而是多方面的活动。为了有利于智障人的身心健康，智协还组织智障人及亲友开展“学雷锋、搞环保”，为玉树灾区“献爱心”捐款，组织别开生面的文艺演出，与公安特警游园，联谊，访祖地、学礼仪等多样化的活动。实践证明“三位一体”，“三方支持”就是特奥运动最好的组织形式。

三、以特奥活动为契机，使心智人士在参与活动中，不断树立“自信，自强，自立”的信心。2002年特奥小组刚成立时只有4人，发展到现在的2000多人，正可谓从无到有、从小到大。2005年1月7日，“特奥小组”在市区成功举办了宝鸡市市区“名流杯”迎新春特奥联谊运动会。这是宝鸡特奥活动对外宣传的第一次。2006年9月18日国际特奥会和中国特奥会在宝鸡共同举办了中国—宝鸡特奥活动日启动仪式，产生了很好的社会效应。

宝鸡智协先后代表中国、陕西参加了第三届、第四届，第五届全国特奥运动会，世界第十二届夏季特奥会，东亚区澳门特奥会和大连全国特殊奥林匹克田径运动会均取得骄人成绩。2011年北京全国田径特奥运动会，2013年嘉兴全国特奥乒乓球运动会，2013年宝鸡市特奥运动员杨乐、陈浩田代表国家参加亚太区澳大利亚乒乓球比赛，取得了三金三铜的好成绩，再次为中国争得了荣誉。2013年，2014年分别参加了西北和西南的特奥融合赛。历年来共取得300多枚奖牌的优秀成绩，有24人次被评为“优秀特奥运动员”。9 人次被中国残联和国家体育总局评为“全国优秀特奥运动员”，2 人评为“全国特奥工作先进个人”，宝鸡市多次评为“全国特奥工作先进单位”。宝鸡市智障人及亲友协会被中国残联评为全国先进集体。宝鸡市智协特奥运动的杰出工作和出色表现，受到了国家领导的好评，原中国政协副主席、中国残联名誉主席邓朴方，中国残联主席张海迪和国际特奥会首席执行官蒂莫西．施莱佛先生以及各级领导和国际友人的高度赞扬。中国残联领导吕世明、相自成、中国特奥会原主席王智钧、中国智协主席张宝林等先后十多次到宝鸡市考察指导工作，看望智障人。经过多年的不懈努力，根据特奥运动的特点，宝鸡智协已组建田径队、滚球队、乒乓球队、篮球队、足球队、自行车队，高尔夫球队等多项运动组织。经常参加活动的志愿者、亲友团成员 2200 余名，智协特奥活动挂牌基地 5 个。

图 4－5－1　张海迪与宝鸡特奥运动员杨乐在一起。

图 4－5－2　贾勇与宝鸡特奥运动员在一起。

多年来，宝鸡智协接受各种媒体采访百次以上。编辑印刷了《特奥在宝鸡》《特奥之星马芸莉》等书籍画册，还编印了智协特奥家庭支持网活动宣传册，宝鸡爱馨心智人士服务中心宣传册。2009 年，中国人力资源和社会保障部、中国残疾人联合会授予智障人马芸莉“全国自强模范”光荣称号。2010 年，宝鸡市智协主席马思祥被国际特奥会东亚区组织授予“国际特奥会东亚区组织家庭支持网领袖”。同年，智障人马芸莉代表中国参加了“全球特奥运动员领袖摩洛哥大会”。市智协多次作为特邀嘉宾在家庭支持网及各种论坛中做经验交流。并多次承担东亚区的家庭支持网培训工作，激发了亲友的活动热情，扩大了影响。2014 年 5 月，宝鸡市还派人参加了东亚区在成都举办的特奥领袖大学计划培训。

图 4－5－3　中国智协主席张宝林与宝鸡特奥运动员在一起。

四、不断创新发展。宝鸡市智协领导通过参加培训和特奥活动，认真学习各地经验，不断摸索创新，智协工作不断取得新的成绩。2011 年 3 月，宝鸡市智协成立了文艺演出队，多次参加市、区文艺演出，同年被邀请参加了中国智协的文艺演出。为了加大对心智人士的宣传，2012 年，在全国率先注册了公益性网站“宝鸡智障人之家”。两年来，有 20 余万人访问了该网站。今年宝鸡智协又开通了微信平台，印制了新的宣传单。今年还将在实践的基础上，把智协的工作开展到县区。依据中国残联及中国智协的要求，宝鸡智协又成立了高尔夫球队及由协会亲友自己管理的宝鸡市首家公益性组织——宝鸡“爱馨”心智人士服务中心，为心智人士提供日间照料，学习手工制作、生活常识、康复训练的场所。

附录二

善满家园智障人康复托养中心

善满家园智障人康复托养中心是由爱心人士胡艳苹个人出资，于 1993 年从收留第一个智障人开始至今已有 22 年。2010 年，在各级政府的支持和帮助下，“善满家园”实现了从个人收养到社会福利机构的成功转型，正式成立了具有生活照料、康复养护、技能培养、农疗、工疗、商疗、文化娱乐为一体的智障人综合性服务项目基地。

中心位于吉林省九台市西营城街道办事处烧锅村，现有床位 110 张，托养人员 40 名，工作人员 16 名。康复托养中心总占地面积达 19.2 公顷，共分为康复托养园区和康复托养工场。康复托养园区占地 1 公顷，设有手工室：锻炼孩子们的动手能力；学习室：让不能上正规学校的学龄孩子，学一些简单的汉字和计算；绘画室：锻炼孩子们的想象能力；文体活动室：丰富孩子们的业余生活，培养孩子们的身体协调性；宣泄室：孩子们有时急躁发脾气，宣泄室可及时疏导他们的情绪。康复托养工场占地18公顷，设有农疗区：种植蔬菜水果，孩子们可以学习果树修剪、树下养殖等简单的劳动技能；商疗区：设有模拟超市、模拟餐厅，让孩子们学会怎样合理分配劳动获得的报酬，增加孩子们与正常人接触交流的机会，过上和正常人一样的生活。

图4-5-4 中国智协主席张宝林为“善满家园”题词。

“善满家园”先后收留了60余名智障者，通过康复训练已有20多名智障者重新回归社会，过上了自食其力的生活。胡艳苹自己有超市、茶楼、网吧、饭店，家园的孩子开心、快乐，梦经理在茶楼负责洗杯子，做卫生看车场的工作；阳阳、小齐在超市负责理货和卫生，他们在“属于自己的工作岗位”上工作得非常开心，体现了自身价值。善满家园也为社会的爱心人士提供了一个释爱平台，达成与爱心单位共建，从而提高孩子们与正常人交流的更多机会，为孩子们回归社会，奠定基础。

胡艳苹的爱心善举得到了社会各界的广泛关注，新华社、《人民日报》、中央电视台、香港凤凰卫视、人民网、新华网等众多新闻媒体对其事迹进行了深度报道，胡艳苹成为家喻户晓的“阿甘妈妈”，并先后获得了吉林省十大优秀青年、吉林省三八红旗手、吉林省慈善楷模、“感动吉林”十大人物、全国“孝老之星”、全国优秀志愿者、新华社“中国网事感动2011”十大人物、全国道德模范候选人之一等荣誉。2013年获得第十一届全国道德模范提名奖，2014年，作为第五次全国自强模范暨助残先进集体和个人代表，胡艳萍先后两次来京，受到了习近平总书记等的亲切接见。

善满家园目前正在积极筹建油坊、粉房、米厂，为孩子们提供更多的就业岗位，让他们真正达到自食其力，有尊严有快乐的生活！

附录三

心智障碍服务创新联会

心智障碍服务创新联会（简称心智联会），是由国内心智障碍人士服务机构、家长组织、心智障碍自组织自愿结成的非营利性网络。

心智联会分为心智障碍服务提供者协会、心智障碍者家长组织联会和自组织联盟，是全国性的三大联盟，通过行业发展、调查研究、政策倡导等方式，从不同的角度促进心智障碍者权利保障水平、服务水平和生活品质的提高。

2012年1月成立，2013年独立注册，现有成员212家，分布在全国31个省（市、区），包括西藏、海南。心智联会是中国民间组织促进会、国际残疾人联盟（IDA）的成员。

心智联会的特点是搭建民主议事机制，全行业机构都有机会参与：

开放，零拒绝原则，符合会员条件的申请备案即接纳；

全人，服务群体的年龄段从小龄和成人均可；

广覆，包涵智力发展迟缓以及可能产生智能障碍后果的自闭症、脑性麻痹、精神障碍等各种症候群的服务机构；

分层，联会成员分地域、分层次发展，便于联合和催生服务机构。

心智联会是南都公益基金会景行计划的合作伙伴，与欧盟、国际助残、国际劳工组织、救助儿童会、美国律师协会等国际组织，中央编译局、人民大学残疾人事业研究院、清华大学NGO研究所、北京师范大学公益研究院、政法大学宪政研究所等研究机构，美国哈佛大学、日本立命馆大学、南非开普敦大学、台湾大学等著名高校，与中国残联、中国智协、中国精协、北京残联、湖南残联、广西残联、西藏残联等建立了联系，进行合作。

心智联会邀请合作伙伴，以融合教育、支持性就业、社会融合、自主生活为主题开展了一系列活动，为推动《联合国残疾人权利公约》的落实，给近百家服务机构的管理者举办了法务专员培训；联合国际劳工组织、中国智协，邀请日本、马来西亚、台湾的机构共同举办了四次支持性就业培训，培养了大陆第一批近百位具备国际通行实务操作经验的就业辅导员。在郑州，与当地教育部门联合举办融合教育良好实践研讨会，200多位教育系统的工作人员与会，搭建了融合教育网络。

心智联会还发布了《中国心智障碍服务行业发展报告》《心智障碍者受教育权调查报告》，参与了《残疾人教育条例》《精神卫生法》《反家庭暴力法》等立法建议。

（马云鸿供稿）

中国精神残疾人及亲友协会工作

一、领导讲话

吕世明在（广州）全国孤独症服务机构负责人第三次联席会上的讲话摘要 2013年3月28日

我们这次会议的主要内容是总结孤独症服务机构自强自律创建活动第一阶段工作，启动第二年自强自律创建活动，同时筹备成立全国孤独症服务协会。我借这次会议的时机，与大家共同探讨三个问题：

一、重视和加强孤独症服务是各级残联的一项重要工作

我们知道，孤独症发病于儿童早期，抢救性康复期较短，错过以后很难补救；同时，孤独症的核心症状是持续性的，终生需要康复并且需要健全人的照顾；孤独症的个体症状千差万别，而且大部分伴有智力损害，大多为多重残疾；还有，很多孩子表现出超强的机械记忆和艺术表现能力，潜力的开发甚至刻板重复的特点都具有很大的可开发性。因而，研究孤独症儿童康复训练方法的科学化和本土化，孤独症人士生命全程各个阶段实现终身康复的衔接性和系统性，早期筛查、早期诊断的社区化和常态化，以及政策的完整性、科学性和普惠性，是我们的政府、社会和相关工作者面临的重大课题。

为了帮助孤独症儿童和家庭，中国残联前些年主要做了六个方面的工作：一是把孤独症正式列入精神残疾之列，并列入《中国残疾人事业“十一五”发展纲要》与配套实施方案之中；二是相继建设了31个试点城市残联系统的孤独症康复机构；三是组织相关高等院校的专家，专题编写了《孤独症服务机构评估标准》和《孤独症儿童教育心理评估标准》，实现了行业标准“零的突破”，向引领行业规范化发展迈出了一步，也为加大政府购买服务的力度提供了依据；四是在大龄孤独症托养方面，中国残联与财政部共同启动了“阳光家园—智力、精神和重度残疾人托养服务项目”，在2009年至2011年，为包括孤独症在内的公益性和民办托养服务机构和家庭提供资助；五是在政策方面，中国残联在“十一五”期间争取国家财政每年拿出3600万元救助1200名困难孤独症儿童，各地也相继出台了许多针对孤独症或包括孤独症在内的补贴和救助政策；六是在组织方面，成立了中国精协孤独症工作委员会，为“上情下达”和“下情上达”建立了一个快捷的管道，为孤独症人群的“代表、服务、维权”搭建了一个很好的工作平台。此外，关于设立“中国精神与智力残疾人家庭财产信托基金”的项目取得了重要进展。中国残联成立了心智障碍人士家庭财产信托保险试点工作领导小组，正在以广东省为试点，探讨在保险和信托两个方面为心智障碍家庭提供保障。

作为中国残联推动孤独症服务工作的重要举措，中国精协孤独症委员会在全国范围内发挥了独特的核心影响力。每年国际孤独症日开展的重大活动，很有特色，也都办得相当成功。几年来，中国精协孤独症委员会多次提出的一些建议，都引起了中国残联各级领导和相关部门的重视，并且越来越深入地介入中国残联相关业务部门的工作之中，使我们的家长和机构多年奔走并为之争取的权益能够有效地体现在残联和政府相关部门的政策、法规之中。

今后几年，孤独症服务仍然是中国残联的一项重要工作。张海迪主席曾经于2010和2012两年参加了国际孤独症日活动，每次都做了重要讲话，对于孤独症服务不断提出了新的要求；王新宪理事长在“十二五”精神残疾人康复工作研讨会上特别强调，要“加强孤独症儿童的抢救性康复工作”。提出“十二五”期间“要做好摸清孤独症儿童底数、规范康复机构建设、培训康复专业人员等基础工作，为孤独症康复工作全面、规范开展创造条件”。今年4月2日，新宪同志还要带领中国残联和市区残联领导同志视察孤独症服务机构；党组成员相自成同志也要参加4月1日在北京举办的“2013年世界孤独症日高峰论坛”。中国残联对此给予高度重视，2011和2012两年，中国残联康复部先后四次举办会议和培训班，对各省残联系统的康复干部进行了孤独症儿童康复理念和业务培训。下一步，中国残联有关孤独症工作的初步设想主要有：一是加强机构建设，支持全国33个省级、66个地级市孤独症儿童康复机构建设。同时，将鼓励和扶持具备一定规模、康复效果较好的民办机构。二是在全国20个城市开展孤独症儿童融合式社区家庭康复试点工作。三是由国家财政拿出4.3亿元，每年为20000名孤

独症儿童提供康复训练补贴，目前“七彩梦”计划已经启动。四是中国残联康复部将重点抓好调查摸底、机构建设、人员培训和标准、方法、规范的制定等基础性工作。今年上半年，已经启动了与英国剑桥大学孤独症研究中心的合作项目，双方将开展为期三年的合作，进行孤独症谱系障碍的流行病学研究，分级培训专业人员，引进和推广先进的筛查、诊断和康复工具等。五是中国残联组联部将以孤独症工作为试点，加强对民办组织的服务与管理。将按计划组成联合调研组进行实地调研，在东、中、西部选择若干试点单位。此外，将与残联内部相关部门共同探讨公办与民办机构评估标准和准入条件的衔接；积极推动建立政府向残疾人社会组织购买公共服务的机制；制订残疾人社会组织评估考核奖励办法，纳入国家对社会组织的评估、考评、考核范围；等等。总之，各级政府和各级残联越来越多地重视孤独症服务。“十二五”开局以来，已有广东、江苏、浙江等发达省份出台了针对孤独症的新政策和新措施。其中江苏省的托养就业机构建设力度很大，已有南京、常州等民办孤独症服务机构中标，大龄托养和庇护性就业有望取得突破性进展。相信一些省市残联先进的服务理念和服务经验，一定会呈燎原之势，未来几年，中国残联在孤独症服务方面一定会取得跨越式发展。

二、联系和服务残疾人社会组织是各级残联面临的新课题

加强社会组织管理是党中央站在中国社会发展的战略高度提出的重要举措。作为残疾人的代表组织，中国残联应该也必须在联系和服务残疾人社会组织方面有所作为。

在各类残疾人社会组织中，孤独症服务机构的发展特别引人注目，特别是民办的孤独症学前教育机构发挥了无法替代的作用，做出了许多不可磨灭的历史性贡献。全国现有民办孤独症服务机构已经成为中国孤独症康复训练的一支重要力量。无疑，加强各级各类孤独症社会组织的建设，对于满足孤独症服务急剧增长的社会需求，提供重要的服务和支持资源，提高公众认识，以及社会资源的平衡和再分配具有积极和重要的作用。各级政府应该加大购买服务的力度，逐步为现有的民办康复教育机构解决资金和场地困难，解决师资待遇和职级序列问题，支持民办机构重点开展学前康复训练和大龄托养康复及庇护性就业。

为了抓好试点，取得经验，在加强各级残联组织“联系和服务社会组织”方面有所创新，中国残联办公厅于2012年5月下发《关于组织开展孤独症服务机构自强自律创建活动的通知》（残联厅发〔2012〕41号）。全国孤独症服务机构在各地残联组织下积极参加自强自律创建活动，经过半年的运行，取得了阶段性成果，有17个省市自治区残联成立了自强自律创建活动领导小组，20个省市自治区残联共上报了105家机构参与创建活动。为了确保活动不走过场，中国精协配备了专业的运行和管理团队，组建了有各地残联、精协和机构代表参加的秘书处工作班子，聘请了具备国际化和能力建设辅导经验的第三方专业评估机构，在国际通用的公益机构评估工具（OCA）基础上，结合自强自律创建标准，研究确定了OCA标准孤独症版，并对初筛和优先原则进行了讨论。经过第三方专业评估机构对于经过初筛提交的35家机构进行评估和能力建设辅导，有34家机构初步达标，本次会议将对第一阶段活动进行小结并公布第一批达标机构名单。

这项活动的开展具有多重意义，不仅可以促进孤独症服务机构管理水平和服务质量的提升，打造一批行业示范性机构；也可以在行业服务标准的探索和完善方面进行实践，为孤独症行业准入制度的构建以及加强行业管理奠定基础；同时，建立了各地残联与孤独症服务机构的互动平台，也为更好地实施政府购买服务提供了依据；此外，不仅对孤独症机构，这次活动还将为其他残疾人社会组织的建设和评估提供很好的典型示范作用，因而对于推进残联创新社会管理，探索社会机构发展的新模式具有重要的和积极的意义。

通过半年的实践活动，我们取得了重要成果和多项经验，对于构建孤独症服务机构规范化、专业化发展体系，促进机构持续健康发展；使各级残联与孤独症服务机构建立紧密联系，提升服务和管理水平等方面进行了有益的探索，取得了大量宝贵的第一手资料，圆满地完成了此项活动的预期目标。这是各级残联和广大孤独症服务机构共同努力的结果。在这里，我代表中国残联党组、理事会，向第一批达标单位表示祝贺！向在活动中做出辛勤努力的各省残联和相关机构表示衷心的感谢！

三、2013年孤独症服务要在新的层面取得更大进展

按照计划，孤独症服务机构自强自律创建活动为期三年。第一年此项活动处于开创和探索阶段，尽管成果不小，各项任务基本完成，但也因为缺乏经验和条件有限，还有许多需要完善的地方。在全国31个省市自治区中，还有三分之一的省份没有开展活动；在已经参加活动的省份中，省市残联参与的力度也不够均衡；机构自身对这项活动的深刻意义理解也深浅不一，因而也有一些流于形式的表现；还有申报流程的设计与管理的进一步完善，等等。下一步，自强自律创建活动要在全国范围内全面铺开，保证活动质量还有许多工作要做；同时，还要探索行业管理的模式和路径。要重点做好以下几项工作：

一是更好地建立民办机构与各级残联的互动关系；二是探索孤独症服务行业标准的完善；三是继续努力打造孤独症服务示范性机构；四是完成全国孤独症服务协会的各项筹备工作。

中国精协主席温洪在2013年世界精神卫生日活动上的致辞摘要

2013年10月10日

目前，随着经济的高速发展和思想的复杂多元，在世界范围内精神疾病和精神残障都呈一个高发的态势。据世界卫生组织2008年10月对于《全球疾病负担》做出的评估，精神障碍特别是抑郁症已经超过心血管病成为“因丧失能力而造成生命损害”的主要原因之一。而世界精神卫生调查的中国部分数据显示，神经精神疾病的负担将增加到20.2%，成为疾病总负担的五分之一，高于全球水平。其中，老年和儿童精神卫生问题日益突出，孤独症成为儿童精神疾病中直线上升的突出现象。

精神疾病不仅具有高患病率的特征，而且同时具有高复发率和高致残率的特征。按照卫生部门提供的我国有1600万精神病人和残联康复部提供的全国已有780万精神残疾人的数据，我国精神疾病的致残率已达50%左右，实际上还远远不止如此。例如孤独症，致残率为100%。值得注意的是，“十一五”期间，精残人数比“十五”期间增长一倍以上，而且目前仍有上升趋势。由于我国精神病院的床位和专科医生极度缺乏，许多精神疾病患者还得不到及时的、持续的、有效的治疗，特别是在专科医院和患者家庭之间严重缺乏社会服务、社会康复和社会环境的兼容，病人出现在医院大门和自己家门之间频繁往返的“旋转门”现象。

由于精神残疾人本身具有认知、情感、意志和行为等方面的障碍，不仅自己无法像盲聋哑和肢残人一样准确地反映诉求并维护自身的利益，而且与单纯智力障碍的人群相比，他们也更容易受到社会的歧视和不接纳。因而，我国精神残疾人及其他们的家属，属于弱势群体中最为困难因而也最需要关注的人群。

精神残疾人呼声最强烈的两大难题，一是免费服药，二是成年托养和就业。免费服药问题已经呼吁多年，至今仍然没有完全解决。精残人不仅数量庞大，而且生存压力更大。他们中的绝大多数人需要终身服药，而且大多需要专人照顾。长期求医服药的经济付出加上家庭长期供养，不仅造成“一人患病，全家致贫”的经济困境，而且服药的副作用会带来严重的心肾肝脾等其他脏器损害，使身体、精神和经济状况不断地“雪上加霜”，家属的精神和心理也常常处于崩溃的边缘。由于为数不少的精神病人无法保证按时和按需服药，直接造成病情的恶性循环，甚至对社会的安定造成危险。还有，由于社会的不接纳，许多完全康复的精神残疾人仍在靠白发苍苍的父母养活，既不利于自身的情绪和病情稳定，也不利于家庭脱贫；在农村还有一户多残的现象，状况更加困顿不堪。

在精神残疾人中有一类特殊的残疾人即孤独症。孤独症的发病率近年来在全世界范围内呈现快速增长趋势。2013年4月美国疾病预防控制中心发布的数字是学龄段青少年孤独症谱系障碍与正常青少年的比例为50:1，而世界公认发病率是不因国家、地区和种族的差异而有区别的。按照这个比例，中国孤独症的发病人数相当惊人。而且孤独症与其他各类精神疾患明显不同，由于它发病于儿童早期，抢救性康复期较短，错过以后很难补救；患者症状无一例外是持续性的，终生残疾并且终生需要健全人的照顾；大部分患者伴有智力损害，所以大多为多重残疾。

因此，精神残疾人包括孤独症“两个体系建设”即残疾人社会保障和社会服务的任务不仅艰巨和繁重，而且也极具价值和意义。

每年的10月10日，世界各国都会组织一系列活动，向大众宣传精神卫生科普知识，以唤起人们对精神卫生的重视，改变人们对精神疾病及其患者的歧视与偏见，促进人们积极地追求精神健康，并向精神疾病患者伸出关爱之手。在我国，随着社会进入转型期，各种社会矛盾增多，竞争压力加大，人口和家庭结构变化明显，精神障碍和精神卫生问题已经成为重要的公共卫生问题和较为突出的社会问题。

党和政府十分重视公众精神健康保障工作。在精神疾病患者和精神残疾人服务方面，投入大量人力、物力和财力，加强了精神疾病的防治和康复措施，出台了一系列政策，解决困难重症精神病患者的免费服药、列入城市低保和农村合作医疗等问题，建立了一大批农疗站以及社区工疗站和庇护性工厂，扶持精神残疾患者康复后的庇护性就业，精神疾病医疗和服务网络不断建立和健全，我国精神疾病患者的处境不断得到明显改善。

中国精神残疾人及亲友协会是中国残联五大协会之一，2012年获得民政部批准，完成了独立法人注册。今年9月18日，中国精协第六次全国代表大会在北京召开，选举产生了新一届全国委员会。六届全委会由精神残疾康复者、家属和精神科专家组成，将在中国残联的统一部署下努力履行“代表、维权、服务”的职责，更加贴近本类残疾人开展服务。关于维护精神残疾人的合法权益，我们将继续呼吁：

1. 原则上精神病人用药全部免费；将精神病人的基本用药列入医保目录，目录要根据国际医药新发展进行及时更新；特别强调确保门诊用药报销；将精神病列入特殊病种，提高特殊用药报销比例；建立精神病人医疗救助基金，解决特困精神病人就医问题。

2. 尽快在有条件的省市和地区开展较大规模的孤独症流行病学调查。以比较科学准确的数据为国家尽快出台相关政策和法律提供有力的依据，并将孤独症早期筛查纳入公共卫生范畴，保证0—3岁儿童患病早发现、早干预。应推动卫生部门在社区保健医生的职责中加入孤独症的筛查，并通过培训使保健医生尽早掌握筛查技术。

3. 建议有效利用公办教育资源开展孤独症康复训练。同时建议政府加大资金投入，以购买服务的方式，切实为民办康复教育机构解决资金和场地困难，支持民办机构重点开展学前康复训练和大龄托养康复及庇护性就业。

4. 呼吁政府加大资金预算，早日出台普惠政策。

5. 尽快解决成年精神障碍者包括孤独症人士的托养和庇护或支持性就业问题。政府应特别鼓励成年精神残障者和孤独症的居家养护，因为这样有利于减轻社会负担，可考虑适当给予家庭养护补贴，并对家属承担社会责任给予固定补贴奖励。

在内部建设上，我们要充分发挥精神残障社区服务促进工作委员会、家属工作委员会和孤独症（工作）委员会的作用。科学拟定精神残障者社区康复战略和实施计划，推动社区服务填补空白，解决精神残疾人服药的技术指导、居家的心理辅导、职业技能的培训、庇护性就业的医疗技术支持和相关设施的配套完善等问题。特别要加强精神残疾人的家属工作。为精神残疾人提供更好的安养环境，为精神残疾人提供更加科学和质量更高的服务；同时，开发家属资源，并为家属提供心理咨询及其他相关服务，活跃家属生活，提升家属的幸福指数。中国精协孤独症委员会将在加强社会组织的服务和管理方面继续进行探索，同时完善康纳洲孤独症家庭支援中心的运行机制。以家长和专业人士为主体，开展实质性服务。

中国精协主席温洪在西安培训班上的发言摘要：在孤独症家庭与政府之间架起一座桥梁

2013 年 11 月 23 日

下面，我给大家介绍一下我以中国精协孤独症委员会的名义努力打造的“三大工程”。

（一）政策倡导工程

这一工程的目标是让政府首先是各级残联了解和认识孤独症群体的真实诉求，并通过残联的渠道影响政府做出符合孤独症人需求的正确决策。

5 年来，开展了大量调查研究，建立了快速反映诉求的通道，并取得了中国残联领导和相关业务部门的信任，越来越深入地介入了相关工作。如我被特邀参加三次中国残联主席团会议。《关于加强领导，加大力度，推进孤独症服务事业的建议》提案得到了充分重视，组委会专门安排我到王新宪理事长和张海迪主席所在小组，在一次会上就提案进行了两次发言；2010 年，采用抽样调查的方式，对国内外相关精残和智残机构进行取样解剖，并设计和发出了成年孤独症家庭调查问卷。在此基础上，以中国精协孤独症委员会的名义，形成并提交了《成年孤独症托养模式及标准的框架构想》。在此基础上，召开了有程凯副理事长和中国残联相关部门领导参加的成年孤独症托养问题专题研讨会。5 年来，以中国精协孤独症委员会的名义，向中国残联报送了《关于精神残疾者之孤独症群体的特殊需求和特殊服务情况调查》；通过中国残联的渠道，提交了 4 份“两会”提案，包括《关于加快推进孤独症早期筛查和早期诊断的建议》《关于加强孤独症人士社会服务和权益保障的相关建议》《关于建立孤独症人士托养和支持性就业设施的建议》《关于加强孤独症儿童特殊教育的提案》；起草了《〈中国残疾人事业“十二五”发展纲要与配套实施方案〉的修改建议》；为民政部起草了《关于孤独症儿童社会福利和服务状况的相关问题》；代中国残联办公厅起草了报教育部的《关于开展孤独症儿童康复教育的建议函》；参加国家发改委以及多次参加中国残联康复部召开的相关会议，提出有关孤独症方面的政策建议，等等。几年来，中国精协孤独症委员会多次提出的一些建议，包括开展大规模的流行病学调查，落实早期筛查和早期诊断措施；将学前和学龄期教育纳入统一的教育规划，切实保障融合教育和特殊教育的开展；重视并解决民办孤独症服务机构在发展中的困难和问题，加大对民办孤独症服务机构的扶持力度；加强基础设施建设，落实相关政策，实现大龄养护和庇护下就业；建立家庭财产信托基金制度及其配套措施；推行孤独症康复训练和生存补贴的普惠性政策，等等，都引起了各级领导和相关部门的重视。5 年中建言献策以及起草的文件方案已达 36 万字。可以说，在制定孤独症相关政策和重大决策方面，我们家长已经在中国残联成功地取得了初步的话语权，这一点的重要性应该是不言而喻的。

（二）机构服务工程

这一工程的目标是让孤独症服务机构主要是民办机构与各级残联建立联系，相互接纳并提升服务、管理和专业化水平。主要做法：

一是搭建平台。每年的国际孤独症日，我们开展的重大活动主要是为不同类型、不同所有制的相关服务机构搭建一个最广泛的沟通和交流的平台。在机构之间进行交流，也在机构与政府之间进行交流。人大委员会原副委员长、中国关心下一代工作委员会主任顾秀莲连续参加了三年活动；中国残联张海迪主席分别参加了 2010 和 2012 两年的会议；教育部、民政部、卫生部、全国妇联、中国残联有关部门负责同志多次参加会议并公布相关信息，增进了机构对政府和残联以及服务环境全局的了解，也加深了政府相关部门和残联对孤独症服务机构的认识和烙印，而且这类活动有政府相关部门和各级残联领导的参与，直接推动了孤独症各项工作的不断深入。

二是创造载体。我们从 2011 年起，建立了孤独症服务机构联席会制度，并作为中国残联加强社会组织管理试点项目，由中国残联办公厅于 2012 年 5 月下发了《关于组织开展孤独症服务机构自强自律创建活动的通知》（残联厅发〔2012〕41 号）。2012 年，有 17 个省市自治区残联成立了自强自律创建活动领导小组，20 个省市自治区残联共上报了 105 家机构参与创建活动。2013 年孤独症服务机构第三次联席会已经通过残联厅发〔2013〕16 号文件公布了第一批达标机构名单。到 2013 年 10 月底，第二批申报机构也已经初筛完毕，目前资料符合要求的已经进入了第三方评估阶段。此项活动的目的不是通常的评比表彰，也不是一般的评估验收，活动设计的目的首先是打造一批行业示范性孤独症服务机构，构建孤独症服务机构规范化、专业化发展体系；同时还有一层考虑，就是使残联与机构建立紧密联系，为残联相关部门提供孤独症行业服务和机构评估参考标准，提升残联对机构的服务水平；特别是因为政府购买服务的力度有越来越大的明显趋势，期望能够通过这项活动给一些质量和信誉好的民办机构办一点实事，为政府顺利购买真正好的服务提供依据。目前，这项活动的开展得到了中国残联领导的高度认同，也有越来越多的孤独症服务机构燃起了参与的热情，特别是各省残联引起越来越广泛的关注，相信通过三年活动的开展，一定会有更多机构与残联建立更加正常和更加融合的关系。

（三）家庭支持工程

这一工程的目标是探索渠道，建立模板，为政府构架中国的孤独症家庭支持体系奠定民间基础。

我从2009年就提议成立一个孤独症家庭支援中心，由于“主管”问题，项目搁浅两年。去年康纳洲孤独症家庭支援中心成立，正赶上五大协会独立注册，王新宪理事长强调协会工作要创新，鼓励协会办实体，于是康纳洲变成率先创新的范例之一。但是，中国精协对于康纳洲只有名义，实质完全是一个由我们6位家长捐赠资金并由家长亲自操作的NGO组织。我们要探索的一是孤独症生命全程支持体系，即如何把生命各个阶段的服务形成一个有机的整体，而不是分散的互不衔接的几个阶段；二是把支持孤独症的家长和专业人士纳入“关爱”的视野，解决家长和专业人士迫切需求的问题，为孤独症的生存发展和提高专业化服务质量提供必要条件；三是集合家长的正能量，为孤独症成为一种正常的生命形态营造良好的社会大环境。目前，康纳洲已经和即将启动的项目是针对大龄孤独症孩子的职业技能如电脑和烘焙培训项目、大龄孤独症ABA康复实验项目。其中烘焙项目，将建立“前店后厂”的模式，探索大龄青年职业技能培训和就业支持渠道；特别是ABA康复实验项目，将探索与国际接轨培训ABA教师及专业入户的支持模式，这对于今后服务的专业化发展和入户支持的服务到位将是重要的奠基。针对家长的项目有每月一次康纳洲大讲堂、每月两次专家咨询日、每两月一次家长沙龙，以及不定期的亲子活动；等等；下一步将在职业康复就业以及家长服务方面进行更多探索。由于刚刚起步，问题多多，困难多多。但是有了这个平台，中国残联领导可以更近距离地接触到家长和孩子，我们的诉求无疑可以更便捷、更科学、更有效地上达。今年的国际孤独症日，王新宪理事长和中国残联相关部门的领导参观康纳洲，慰问了家长和孩子。希望在残联和相关政府部门的支持下，康纳洲能够集合全国的家长之力，把这一块实验田种出更多收获来。

在长期的探索和实践中，我产生了几点思考，在这里希望与大家分享。

思考一，关于与政府相关部门的沟通。不知道大家是否认同这样一个观点：任何一个利益群体的诉求，最终都是要靠政府的决策来实现的。激烈的手段有时也可以解决问题，但成本会很高，所以排斥和敌对是不明智的，沟通才是最积极、最有效的渠道；而沟通必须由家长采取主动，因为没有人比我们的心情更加迫切；但是，沟通是需要智慧，需要技巧，更需要境界的。要善于站在对方的角度思考问题，切记不要把自己变成“祥林嫂”，明明一件特别值得同情与帮助的事情却说到人人都不耐烦；还要知道解决问题是需要有一个过程的，不能指望做一次工作就解决问题，一件事情的成功需要有极大的韧劲和耐力；同时，沟通更是一个永恒的主题，不能一劳永逸，需要代代家长持续不懈的共同努力！

思考二，关于机构的规范化管理和专业化服务。中国孤独症服务机构的发展目前正面临一个非常宝贵的历史机遇期。这样估计是基于以下几种理由：一是中国政府空前重视民生问题，而残疾人的福利则处于民生问题的敏感位置；二是经济和社会发展到了第三产业飞速超越第一和第二产业的阶段，服务业特别是残疾人服务业一定会在“十二五”期间得到长足的发展；三是经历了10年的高速发展，中国的孤独症服务业已经积聚了相当的能量，处于“喷薄欲发”状态，发展中的问题也已充分暴露，解决问题的方向和途径已经基本清楚。因此，相信未来的五年或者八年，中国孤独症服务组织目前面临的许多问题都会迎刃而解。为了不要错失机遇，机构内部需要为自己的发展早做准备。其中最重要的：一是规范化准备，二是专业化准备，三是文化方面的准备。

关于规范化。我们需要注意的是，一方面，“十二五”期间，公办孤独症康复教育机构将得到较快发展。教育部要在每一个省会城市建立一所孤独症的专门学校。中国残联则要加强残联系统公办孤独症机构的建设。最近，有些地方由省市委出面，正在兴建孤独症专门设施。因此，在各级政府部门空前积极的扶持之下，预期需求缺口将得到有效缓解，而民办孤独症服务机构的竞争优势将被削弱，规范化管理将成为决定生死的一个“命门”。另一方面，政府将加大购买服务的力度。各级政府和残联都将鼓励和扶持具备一定规模、管理比较规范和康复效果较好的民办机构。其中由国家财政拿出的4.3亿元，大部分补贴会进入民间机构。目前“七彩梦”计划已经启动。最近，中国残联计财部又争取到国家财政部专项资金，用于扶持孤独症机构发展。能否争取到这一类的扶持，对于民办机构能否理顺发展环境无疑具有不可忽视的意义。更重要的是，中国残联康复部正在调查摸底、开展培训和制定标准、方法、规范；中国残联组联部也在探讨机构评估标准和准入条件的衔接；推动政府向残疾人社会组织购买公共服务；等等。政府相关部门和残联的这些考虑，无一不指向规范化管理。可以肯定的是，我国孤独症服务机构将在“十二五”期间结束标准缺失、无序发展的历史。而各级政府的购买服务，一定会优先考虑合规运营和管理规范问题。所以，结论是只有那些准备好了的机构，才能抓抢到先机，更好地取得生存和发展的空间。中国精协从2012年开始启动的自强自律创建活动，正是基于这样一种考虑，为机构规范化管理创造条件和氛围，相信已经达标的34家单位和将要通过达标的第二批机构，一定会在政府购买服务的过程中得到支持。

关于专业化。这是一个比管理更加困难的课题。目前，我国高校孤独症专业力量仍然十分薄弱。不仅专业缺乏，研究力量不足，而且教学与实践脱节，即使培养出来专业人才，也很少在教学一线真正发挥作用。民办机构大多数是边教边学，所有的教学方法都是从国外照抄照搬过来的，基本还没有形成大规模的本土化的教学模式。例如ABA教学法，尽管进入我国已经有多年的历史，但是是否学到了精髓，对中国的孩子是否完全适用，目前尚缺乏有效的研究和评估。如何把国际上比较成熟的各种教育干预方法融会贯通，形成符合国情和中国孩子特色的科学体系，如何从生命全程考虑科学地设定每个孩子不同的训练方法，等等，都是需要有严谨态度和高度责任心的专业人员的。这个问题的解决之所以比规范化管理还要困难，是因为管理问题相对来说是显性的，而专业化教学需要机构的高度自觉和家长的高度认知。由于专业化需要较长时间的师资培训和专业研究的储备，如果我们没有从现在起就高度重视起来，也许很快就会被历史无情地淘汰出局。最近，中国精协启动了中美合作培训ABA种子教师的项目，经过第一阶的手把手密集授课与考试，绝大多数学员感到受益匪浅，目前丙级第二阶密集实习和视频督导已经时间过半，相信经过一年600小时的实践督导，这一批学员的ABA实际操作一定会有一种不同的面貌。

思考三，关于机构文化建设。机构文化是每一个机构特有的价值取向、经营哲学和行为法则。实际上，无论你是否清醒地意识到了，每一个机构从成立的第一天开始文化就已经逐步形成。当服务对象的利益与机构自身的利益或者机构与机构之间的利益产生冲突，如何选择，是一种文化；当个人的意愿与群体的意志发生矛盾，如何选择，是一种文化；关于“必要的妥协”，关于“原谅”和关于“团队”，也都是一种文化。还有，当我们强调社会应该对我们的孩子多给一些爱心的时候，也要回报社会更多一些爱心，持之以恒地以善意待人，相信无论经过多少波折，人也一定会以善意回报。此外，我们这个行业也是一个团队，每一个有识之士都应该识大局、顾整体。只有结成最广泛的统一战线，才能为我们的事业加速发展营造一个更有利的环境和氛围。同时，作为一个阅历相对丰富的年长者，我觉得我们的机构在度过早期的无序发展阶段以后，也一定要清醒地考虑什么才是长久的生存之道的问题。不仅在训练方法上，应该在科学严谨的前提下尽快把国外先进经验“本土化”，而且要有战略眼光，要有正确的理念。发展愿景和核心价值观等等绝不是虚无缥缈的东西，它的清晰与否直接关系到机构发展后劲。我们的文化是否足够优秀，决定着我们的机构到底能够走到多远。我希望这个问题能够引起大家的深思！

思考四，关于如何认识中国孤独症服务的现状。最近，发生了因媒体报道而被炒得沸沸扬扬的“自闭症江湖”事件。有媒体批评中国的一些著名机构“骗钱”，也对于所有机构现在使用的各种训练方法提出了质疑。我曾经有几天被卷进了是非之中，有那么几个不眠之夜，自然也引发了对中国孤独症服务现状的更多思考。究竟怎样认识中国孤独症服务的现状，特别是机构在整个服务行业中的作用呢？我认为，2003年以来中国的民办机构批量涌现，是中国孤独症服务历史上的一种进步；现在机构使用的各种训练方法，尽管可能存在这样那样的不足，但就方法本身都是在特定的范围内科学有效的。在中国的孤独症社会服务组织中，民办机构的发展是一个特别引人注目的现象。特别是民办的学前教育机构在这项事业的发展史上发挥了无法替代的作用，做出了许多不可磨灭的历史性贡献。全国现有民办孤独症服务机构已经成为中国孤独症康复训练的一支重要力量。无疑地，加强各级各类孤独症社会组织的建设，对于满足孤独症服务急剧增长的社会需求，提供重要的服务和支持资源，提高公众认识，以及社会资源的平衡和再分配具有积极和重要的作用。因此我在五年的“半职业”生涯中，（我之所以定位为”半职业”，是因为虽然全职从事残疾人工作，但我5年没领过1分钱工资，仍然是一个完完全全的志愿者。）始终呼吁加大各级政府购买服务的力度，切实为现有的民办康复教育机构解决资金和场地困难，解决师资待遇和职级序列问题，支持民办机构重点开展学前康复训练和大龄托养康复及庇护性就业。在这次的媒体批评事件中，我也坚定地大声疾呼：“为了我们的孤独症孩子，我们需要帮助机构尽快成长，而不是把它们一棍子打死！”但是，不容否认，机构发展初期确实存在不容忽视的一些问题。在需求大量缺口的情况下，可能真的会“泥沙俱下”，而且即使发展相对较好的机构，也会有各种不同的薄弱环节。因此，我在今年6月中国精协ABA丙级认证培训班开班仪式上提醒大家：对于孤独症，“我们的社会意识在苏醒，而我们的大众对我们的期望值同时提高。我们只有在越来越多的批评或者挑剔中能够站得住脚，我们才能够达到无往而不胜的境地！”这也是我在这里想要再次提出来的，希望能与在座的机构和家长朋友们共勉！

思考五，关于如何认识目前的发展形势：我认为，当前是中国历史上孤独症服务事业发展的最好时机。各级政府和各级残联越来越多地重视孤独症服务，去年，刘延东和李克强同志对于关注孤独症的问题分别做了重要批示。卫生部、教育部、社会保障部和妇联、残联在国务院办公厅的催办下多次开会落实相关指示，会后相继有不同的措施出台。这使我们有理由相信，中国孤独症服务事业一定会在“十二五”进入一个高速发展时期。如果说上世纪90年代是中国孤独症服务机构缓慢催生的孕育时期，本世纪的第一个10年则可以称为快速发展时期，而“十二五”和“十三五”则很可能成为转型和提升的关键时期。

“十二五”期间，孤独症服务仍然是中国残联工作中一个重要的方面。去年和今年，我连续四次参加了中国残联康复部召开的相关会议。包括英国剑桥大学孤独症研究中心等权威研究机构和专家应邀参加了会议。与会专家和各省残联理事长都在发言中重点讨论了孤独症康复及其相关问题，中国残联还专门拿出整段时间对孤独症业务进行了多次专门培训。王新宪理事长特别强调要“加强孤独症儿童的抢救性康复工作”。提出“十二五”期间“要做好摸清孤独症儿童底数、规范康复机构建设、培训康复专业人员等基础工作，为孤独症康复工作全面、规范开展创造条件。”下一步，中国残联有关孤独症工作的初步设想主要有：一是加强机构建设，支持全国33个省级、66个地级市孤独症儿童康复机构建设。同时，将鼓励和扶持具备一定规模、康复效果较好的民办机构。二是在全国20个城市开展孤独症儿童融合式社区家庭康复试点工作。三是由国家财政拿出4.3亿元，每年为20000名孤独症儿童提供康复训练补贴。最近中国残联计财部向国家财政部争取到扶持机构的专项资金，这是一个信号，说明购买服务的资金支持力度还要不断加大。四是中国残联康复部将重点抓好调查摸底、机构建设、人员培训和标准、方法、规范的制定等基础性工作。已与英国剑桥大学孤独症研究中心达成合作意向，双方将开展为期三年的合作，主要内容为在中国选取有代表性的样本2万人，进行孤独症谱系障碍的流行病学研究，分级培训专业诊断、康复人员，引进和推广先进的筛查、诊断和康复工具等。同时，已与世界500强之一的美国PPG公司初步达成合作意向，培训残联系统孤独症康复技术骨干，以掌握国际通行的规范的筛查、诊断、康复方法。然后作为“种子”再辐射到全国。下一步，中国残联康复部将结合康复机构的验收评估工作，修订机构评估标准和孤独症儿童教育评估标准。五是中国残联组联部将以中国精协孤独症委员会为试点，加强对民办组织的服务与管理。将按计划组成联合调研组进行实地调研，摸清体制内外社会组织的底数，了解地方政府对残疾人社会组织的扶持政策。同时，还要在东、中、西部选择若干试点单位。此外，将与教就部、康复部等共同探讨公办与民办机构评估标准和准入条件的衔接；积极推动建立政府向残疾人社会组织购买公共服务的机制；制订残疾人社会组织评估考核奖励办法，纳入国家对社会组织的评估、考评、考核范围；等等。相信我们盼望已久的时机已经来临，借国家加强社会组织管理的东风，民办组织发展的许多难题都会加快解决。

根据中国残联的整体安排，下一步中国精协孤独症委员会的工作也将进一步加强。经民政部批准，2013年1月中国精协已经完成全部独立注册手续。法人登记后中国精协将在中国残联的统一领导下相对独立地开展工作，并将独立承担法律责任。以此为契机，今后中国精协孤独症委员会的工作将进一步加强深度和实质性工作。2013年9月18日，中国精协第六次全国代表大会在北京召开。与中国残联同步完成换届，选举产生了新一届领导班子。在新一届中国精协全国委员中，孤独症家长比重明显上升，在一正五副6位主席中，也有两位家长和一位专业人士。所以，预计未来5年，中国精协孤独症委员会的工作一定会有更新的面貌。初步设想，一方面我们要加强与民办服务机构的联系与服务。2010年4月的会议，已经建立了孤独症服务机构负责人联席会议制度；2012年3月在济南召开的第二次联席会议，启动了民办孤独症服务机构自强自律创建活动；2013年在广州召开的联席会议，已经启动了孤独症服务行业协会的筹备工作，希望明年将行业协会成立起来。同时，培养和建立专业化教师团队将是一个重要目标。今年8月，国际应用行为分析师认证委员会已经批准中国精协BCABA教师认证课程开课资格，明年5月CNABA乙级培训课程将开课。经过1年1000小时的实践督导，学员经过国际统一考试，将批量产生中国本土的ABA专业人员，相信“批量化”和“本土化”的特色将对孤独症专业化服务产生重要而积极的影响。另一方面，我们要启动全国家长携手计划，下个月组团访问台湾，明年4月举办第二届“我们这一代家长的使命”高峰论坛，同时培训第一批携手计划种子家长。

二、政策法规文件

中国残联办公厅关于转发《2012年全国孤独症服务机构自强自律创建活动总结》的通知

残联厅〔2013〕16号

为了贯彻落实中央领导同志关于社会管理创新的相关指示精神，中国残联以孤独症服务机构为试点，加强与残疾人社会组织的联系与服务，于2013年启动了为期三年的自强自律创建活动。

一、活动的组织

本次活动的倡议是于2011年3月下旬，由中国精协在北京召开的“全国孤独症服务机构负责人第一次联席会议”提出的；在中国残联康复部《孤独症服务机构建设标准（试行）》的基础上，经过100余家民办孤独症服务机构三上三下反复讨论，2012年3月下旬，在济南召开的“全国孤独症服务机构负责人第二次联席会议”通过了“孤独症服务机构自强自律创建活动”相关文件；经中国残联批准，于2012年5月25日正式印发了《中国残联办公厅关于组织开展孤独症服务机构自强自律创建活动的通知》（残联厅〔2012〕41号）。

此项活动的预期目标为：打造一批行业示范性孤独症服务机构；构建孤独症服务机构规范化、专业化发展体系，促进机构持续健康发展；使残联与机构建立紧密联系，提升服务水平；通过评估与能力辅导相结合，依据孤独症服务机构功能、特色、现状和需要，建设社会服务型达标、社会倡导型达标和创新进步型达标三种类型机构。

活动得到了各省残联和孤独症服务机构的热烈反响和积极支持。有17个省市残联先后上报了活动方案，有20个省市共105家孤独症机构申报参与了本次活动。

为了确保活动质量和不走过场，中国精协配备了专业的运行和管理团队，邀请地方残联、精协和机构代表组建了秘书处工作班子，聘请了具备国际化和成熟的能力建设辅导经验的第三方专业评估机构，在国际通用的公益机构评估工具（OCA）基础上，结合自强自律创建标准，研究确定了OCA标准孤独症版，并讨论确定了初筛和优先原则。

第三方专业评估机构采取国际组织能力评估与促进系统（OCA）技术，采用资料审核与电话访谈的方式，根据文件精神、各机构提交资料的完整性与规范性、电话访谈问题的回答情况给予相应的综合分析。材料基本合格的机构82家，优先入围机构58家，书面评估合格机构35家；有7家机构获得第三方机构免费进行的OCA组织能力培训。

二、评估结果

经过科学客观评估，最终达标机构34家，其中，社会服务达标14家、社会倡导达标13家、创新进步达标7家。

三、活动总结

本次活动在中国残联的领导下，得到了各级残联的重视，机构参与踊跃，有效地促进了孤独症行业服务机构建设，积累了不少宝贵经验，达到了预期目标。

（一）自强自律活动的成功启动和进行，是包括各级残联积极参与和大力支持的结果，体现了各级残联对孤独症服务机构的关心与支持。孤独症服务机构的发展离不开各级残联的支持，各级残联也需要机构在本类残疾人专业和延伸服务方面合作。此次活动是残联通过制定标准、开展活动，加强与各类机构特别是民办机构的联系，凝聚社会组织的力量，提升为残疾人服务能力，以及创新管理和加强服务的重要尝试。

（二）本次自强自律创建活动，从提出到实施的整个过程均体现出了机构参与的主动性，充分体现了孤独症服务机构希望自我成长、得到社会认可和支持的强烈愿望，也体现了行业自我服务、自我提升的巨大潜力。

（三）此次活动面临的困难很多，但评估活动积累了不少成功经验，如评估体系的构建、评估过程的运行机制等等；评估中加入组织能力建设辅导，既是管理创新的体现，也是此次活动吸引机构积极参与的一大亮点。

（四）评估的关键是以评促建。“评”是手段，真正促进机构提升和加强规范化管理能力和专业化服务水平才是目标和重点。已经达标的机构并不意味着完美和最佳；第一批未进入达标名单的机构也可能由于经验、时间、材料撰写、准备工作等因素影响了达标。应鼓励更多机构在今明两年参与到活动中来；鼓励未进入达标名单的机构继续参与评估；鼓励已经达标的机构进一步自强自律，不断改善工作。

四、展望与建议

2013—2014年度孤独症服务机构自强自律活动将继续进行，在总结经验、提升理念和效率的基础上，活动一定会更规范、更科学、更受欢迎，一定会成为孤独症服务行业的一个长效促进机制和内在发展动力的品牌活动。同时，希望各级残联对活动更加重视，对达标机构给予实质性的支持和帮助（比如在政府购买项目、政策资金支持、人员培训等方面给予优先支持），使自强自律活动成为整个残疾人服务组织机构中起示范和引领作用的活动。

关于继续组织开展孤独症服务机构自强自律创建活动的通知

残联厅〔2013〕27号

各省、自治区、直辖市及计划单列市残联，新疆生产建设兵团残联，黑龙江农垦总局残联：

为了加强与残疾人社会组织的联系与服务，深入开展创先争优活动，加快“两个体系”建设，中国残联以孤独症服务机构为试点，自2012年起在全国启动了为期三年的“孤独症服务机构自强自律创建活动”。第一阶段的“自强自律”活动于2013年3月顺利结束，并于2013年3月在广州召开的“全国孤独症服务机构负责人联席会议”上公布了阶段性成果。全国有20省市残联共105家孤独症服务机构参加了2012年“自强自律”达标创建活动，共评出达标机构34家（其中社会倡导达标13家，社会服务达标14家，创新进步达标7家）。第一阶段活动取得了预期成果，积累了丰富经验，对加强各级残联与孤独症服务组织的联系，促进机构提升服务能力起到了积极作用，在社会上引起了良好反响，对推动孤独症服务行业发展，探索及创新残疾人社会服务组织管理模式具有重要的意义。

第二阶段的孤独症服务机构自强自律创建活动自文件下发之日起开始实施，相关要求和内容材料详见《关于组织开展孤独症服务机构自强自律创建活动的通知》（残联厅〔2012〕41 号）。请各省残联高度重视、认真组织、协助地方残联或精协搭建工作班子，做好宣传和创建工作。

中国残疾人联合会办公厅
2013 年 5 月 5 日

三、工作综述

在中国残联党组的领导下，2013 年中国精协全面贯彻落实中共十八大会议精神和中国残联六代会精神，开拓创新，锐意进取，着力推动精神残疾人事业发展，并在规范管理、自身发展、创新服务等方面取得新的突破，各项工作持续有序稳步推进。

（一）六代会取得圆满成功，成为发展新起点

2013 年 9 月 18 日，在中国残联党组的统一部署下，中国精协六代会顺利召开并取得圆满成功。会议选举产生了新一届领导和全委，六届中国精协共 36 位委员；平均年龄 52.5 岁；女性 10 人，占委员比例 28.6%；少数民族 3 人，占委员比例 8.6%；中国共产党党员人数 29，占委员比例 82.9%。

大会进一步明晰了协会的重大发展问题，指明了今后协会的工作方向和内容，六代会的召开成为中国精协发展的一个新起点，必将推动精神残疾人事业的繁荣发展。

1. 认真学习践行中国残联六代会精神

中国残联六代会后，新党组、理事会提出了“新起点”、“兜住底”、“同步小康” 和 “中国特色” 的要求，协会及时传达大会精神，持续深入地组织了工作委员会和家属亲友的系列学习活动，征集梳理了 20 余条学习心得、建议和实践思路。

2. 积极探索法人治理发展思路和服务创新

2012 年进行法人登记后，为提升决策能力与管理水平，协会非常重视提升法人治理能力的培养，积极组织人员参加组联部的学习班，不断完善学习和实践运行机制，在“代表、维权和服务” 方面，充分发挥桥梁纽带作用，深入基层，创新思路，加强服务，狠抓落实，全年深入开展三次调研活动，组织了两次征求专家意见会议，积极配合做好中国残联主体工作，紧密围绕精神残疾人及其亲友的需求开展服务创新。

（二）三个委员会工作取得显著成效

根据工作和发展需要，中国精协 2009 年国际孤独症日成立孤独症工作委员会，至今已有 5 年历史；2013 年 9 月成立了社区服务促进委员会和家属委员会，由全国各省区市的精神科医生和专家组成。2013 年三个委员会的工作取得显著成效。

1. 开展服务机构“自强自律”达标评比活动，推动残疾人服务规范化发展

2012 年，孤独症委员会开展为期三年的孤独症服务机构“自强自律”达标评比活动，2012 年度有 105 家机构参评，34 家机构达标。2013 年 4 月开始了第二届达标活动，共有 131 家机构参评。该活动受到了各省残联的重视与好评，有力地推动了残疾人服务的规范化发展。

2. 进一步提升机构专业化水平，开展孤独症师资应用行为分析师认证培训

2013 年开启孤独症师资应用行为分析师认证培训（CNABA），并取得了国际行为认证委员会（BACB）授权，在中国开展副应用行为分析师认证培训；2013 年 3 月，孤独症委员会在广州召开第三次孤独症服务机构负责人联席会议，有 160 余家机构负责人出席。

3. 强化宣传、咨询、心理、维权服务，提出孤独症生命全程支持理念，开创精神残疾人就业新模式

2013 年中国精协下属的康纳洲孤独症家庭支援中心，开展了家长大讲堂、专家咨询日、入户支持和大龄孤独症干预实验等活动，提出了孤独症生命全程支持理念。

社区服务促进工作委员会积极探索发展思路，根据精神残疾人的特点，2013 年 10 月 23—24 日举办了的首届“患者、家属专家”（UFE）培训班。参加培训的学员共计 60 余人，涉及无锡、广州、哈尔滨、上海、河北五省市的工作人员、患者及家属，开创精神残疾人就业新模式。

家属委员会进行了 3 次调研活动，组织家属宣传和学习精神卫生法，建立了亲友家属联系 QQ 群，为基层精协和精神病患者提供维权和心理服务。

（三）问题与反思

1. 登记法人后，诸多思路和策略尚需调整，公众意识亟待唤醒。精神残疾人往往是弱势中的弱势群体，具有与其他残疾类型人群完全不同的特点，唤起全社会对精神残疾人的关注和关心，倡导形成尊重和接纳精神残疾人的良好氛围，给予精神残疾人平等对待和融入社会的机会，任务繁重，需更深切了解实际需求，创新服务模式。

2. 人才队伍建设及规范化和专业化的运行机制尚需强化。下一步将着重加强多渠道人才引进和结构优化，合理搭建人才梯队。重视人才队伍的综合素质建设，建立健全动态灵活的用人机制以及合理的考核和分配制度，进一步规范管理体系，打造有能力、有闯劲、有创造力、有执行力的人才队伍。

四、中国残联第六次全国代表大会精神残疾人及亲友代表会议

关于中国精协第五届委员会工作报告的决议

2013 年 9 月 18 日

中国残联第六次全国代表大会精神残疾人及亲友代表会议（中国精协第二次全国会员代表大会）通过

经中国残疾人联合会第六次全国代表大会精神残疾人及亲友代表会议（中国精协第二次全国会员代表大会）审议，一致通过潘健同志代表第五届委员会所做的工作报告。

会议认为，中国精协进行法人注册，为协会的工作和管理带来了新的挑战与机遇。建议新一届委员会在中国残联的领导下，积极探索、理顺关系、加强管理、开拓创新，争取在六届委员会任期内建立完善科学的工作和管理机制，更好地履行“代表、维权、服务”功能，为中国精协各项工作的进一步开展奠定良好基础，做出应有的贡献。

中国精神残疾人及亲友协会财务报告

中国精协主席温洪　2013 年 9 月 18 日

各位代表：

我受中国精神残疾人及亲友协会第五届委员会委托，向中国残疾人联合会第六次全国代表大会精神残疾人及亲友代表会议（中国精神残疾人及亲友协会第二次全国会员代表大会）做财务报告，请予审议。

2012 年 8 月 31 日，民政部下发《关于中国精神残疾人及亲友协会成立登记的批复》，正式批准中国精协的独立法人资格。此后，中国精协于 2013 年 1 月 23 日获得中国人民银行批准的开立基本存款账户许可，并于 2 月 28 日取得了独立的财务账号。下面我将向各位代表报告协会建立账户以来的财务工作情况。

一、协会收支情况

根据中国残联的要求和组联部的安排，建立独立账户之初中国精协账号由中国残联计财部统一管理。支出之前需要正式做出方案，报会领导批准；会议需有实名制签到原件；购物需有正式发票；专家讲课或劳务费用需有身份证号码等。所有手续齐全之后由本协会法人和经手人签字，经过严格的审批程序，计财部才能汇款或报销。

根据计财部提供的明细账，2013 年 1—8 月中国精协只有一项收入，即“接受中国残联委托服务收入”20 万元及利息收入 185. 47 元，于 2013 年 3 月到账；1—8 月总支出为 88016. 6 元；预计今年后四个月还要支出 9 万元，收支相抵结余 1—2 万元。主要办公开支构成如下：

（1）管理费 6590. 2 元，包括开户费，国税、地税网上申报费，邮寄费，交通费，工作人员午餐费等，其中工作人员午餐费 5076 元，平均每月 634. 5 元。

（2）业务活动成本 79426. 40 元万元，其中家属工作委员会召开北京地区新春茶话会 1555. 60 元，全国孤独症机构负责人联席会付广东省残联 5. 0 万元，家属工作委员会举办《精神卫生法》学习报告会 4322. 8 元；精神残疾人监护人座谈会 525 元；精协研讨会餐费 575 元；自强自律创建活动专家评审及资料搜集整理劳务费 22400 元。今年 4 季度，社区康复促进工作委员会将要举办首届全国 UFE 培训班，预计支出 5 万元，世界精神卫生日活动和第二次孤独症服务机构自强自律评审活动等预计支出 2—3 万元。

（3）其他 2000 元。

二、几点说明

1. 管理费一项，不包括人员工资。由于中国残联拨付的 20 万元明确为活动经费，不能用于人员工资，而且中国精协秘书处主要工作人员是以兼职和志愿服务为主，工资和差旅费等没有从中国精协列支，所以体现在账面上的管理费用很低。但是下一步精协需要正规化发展，明年至少需要聘任 2 名专职工作人员，未来根据业务拓展的需要，还要继续增加工作人员；同时，长期低工资、低福利的状况也非长久之计，因此此项费用的来源与保证已成燃眉之急。

2. 在支出总构成中，业务活动成本支出约占 9/10 的比例。这既是由计财部拨付经费的性质决定的，也是由中国精协业务开展的需要决定的。全国孤独症机构负责人联席会议是中国精协的一项品牌活动，与相关省级残联合作举办，既扩大了宣传效果又有效地补充了精协经费较大的缺口；家属委员会去年成立以来开展了有效的活动，特别是《精神卫生法》学习报告会的举办相当及时，相当必要，也相当成功。今年下半年，社区康复促进工作委员会将要举办的首届全国 UFE 培训班也是意义重大的一项活动，既符合精残服务的社区化趋势，也深受精神残疾人和家属的欢迎。同时，随着业务的开拓和发展，调研、走访、差旅和咨询服务等办公费用每年也将持续增加，使中国精协这项支出的继续大幅增长成为定局。

3. 融资渠道过少，活动举办受限。与盲、聋、肢体等其他几类残疾人不同，精神残疾人朋友很少有人能够自己创业，因此也很难出现同类残疾人的企业家争相资助的局面。由于资助效果的原因，社会上也很难争取到其他赞助，收入远远满足不了正常办公和业务拓展的需要。因此，目前争取各级残联协办会议或争取社会组织其他支持成为经费来源的重要补充。

4. 中国精协财务收支状况，按照规定于 2013 年 5 月 31 日报送民政部年检，结论是基本合格。

三、下一步设想和建议

为改变活动经费严重不足、人员工资尚无着落的现状，建议下届精协各位全委集思广益，考虑从以下几个

渠道多做一些工作：

1. 加大团体会员发展工作的力度。积极发现与精神残疾人有关并愿意为精神残疾人事业贡献的单位和团体，发展为团体会员，享受会员权利，履行缴费义务；同时强化秘书处的联络和服务工作，争取逐年提高会费收入在总收入中的比例。如果此法可行，建议本次会议对团体会员会费收取办法进行讨论。

2. 努力争取资助。希望中国精协全委总动员，人人献计献策，个个大显神通，争取早日打破目前赞助为零的僵局。

3. 广开服务渠道。根据目前现状和残疾人服务的迫切需要，精协秘书处应开阔思路，拓展渠道，尝试合理增加服务性收入。

4. 加强秘书处自身建设，引进必要的高端人才。开拓高质量的服务业务，完成正规化办公建设，以吸引高端资助方的加入。

关于通过中国精协财务工作报告的决议

2013 年 9 月 18 日

中国残联第六次全国代表大会精协代表会议

（中国精协第二次全国会员代表大会）通过

经中国残疾人联合会第六次全国代表大会精神残疾人及亲友代表会议（中国精协第二次全国会员代表大会）审议，一致通过温洪同志代表第五届委员会所做的财务报告。

会议认为，中国精协进行法人注册，为协会的工作和财务管理带来了新的挑战。建议新一届委员会在中国残联的领导下，积极探索、理顺关系、加强管理、开拓渠道，争取在六届委员会任期内建立起中国精协财务收支良性运转的机制，为中国精协各项业务的进一步开展奠定良好基础，做出应有的贡献。

中国精神残疾人及亲友协会章程

第一章　总　则

第一条　本会全称：中国精神残疾人及亲友协会，简称：中国精协。英文全称：China Association of Persons with Psychiatric Disabilities and Their Relatives，英文简称：CAPPDR。

第二条　本会是由全国精神残疾人及亲友和与精神残疾人工作有关的社会组织、企事业单位及个人自愿结成的非营利性社会团体，是精神残疾人及亲友的代表组织。

第三条　本会宗旨：弘扬人道主义思想，发展残疾人事业。代表精神残疾人共同利益，反映精神残疾人特殊需求，为精神残疾人服务，维护精神残疾人合法权益，促进精神残疾人平等、充分参与社会生活，共享社会物质文化成果。

本会遵守宪法、法律、法规、政策及社会道德规范。

第四条　本会接受业务主管单位中国残疾人联合会和社团登记管理机关民政部的业务领导和监督管理。

第五条　本会住所设在北京市。

第二章　业务范围

第六条　业务范围

（一）团结、引领精神残疾人及亲友自尊、自信、自强、自立，履行法定义务，为构建和谐社会贡献力量；

（二）促进精神残疾人的康复、教育、就业、扶贫、维权、社会保障和残疾预防工作，参与、举办有关精神残疾人及亲友的各类培训，倡导和开展科学知识的宣传及其他有益于精神残疾人身心健康的群众性文化体育活动；

（三）加强与精神卫生及相关服务机构的沟通，做好孤独症等各类儿童期精神障碍的早期疗育及生命全程的相关服务；开展调查研究，对精神残疾人工作的开展提供咨询、建议、服务和监督；

（四）在精神残疾康复者及亲友中培养、推荐残疾人工作者；

（五）承办中国残疾人联合会委托的工作；

（六）代表中国精神残疾人及亲友参加国际活动，促进国际交流与合作。

第三章　会　员

第七条　本会的会员种类分为个人会员、单位会员。

第八条　加入本会的会员必须具备下列条件：

（一）拥护本会章程；

（二）有加入本会意愿；

（三）在本会业务领域内有一定影响；

（四）热心为精神残疾人及亲友提供服务，支持并积极参加本会活动的个人、社会团体、企事业单位。

第九条　会员入会的程序是：

（一）提交入会申请书；

（二）经委员会讨论通过；

（三）由委员会授权秘书处颁发会员证。

第十条　会员享有下列权利：

（一）本会的选举权、被选举权和表决权；

（二）参加本会组织的活动；

（三）获得本会服务的优先权；

（四）对本会工作有批评权、建议权和监督权；

（五）入会自愿、退会自由。

第十一条　会员履行下列义务：

（一）遵守本会章程，执行本会决议；

（二）维护本会合法权益；

（三）完成本会交办的工作；

（四）精神残疾人及亲友个人会员免交会费，其他会员按规定交纳会费；

（五）向本会反映情况，提供有关资料。

第十二条　按规定交纳会费的会员退会应书面通知本会，并交回会员证。如果一年不按规定交纳会费或不参加本会活动的，视为自动退会。

第十三条　会员如有严重违反本会章程的行为，经委员会表决通过，予以除名。

第四章　组织机构和负责人产生、罢免

第十四条　全国会员代表大会

本会的最高权力机构是全国会员代表大会，会员代表大会的职权是：

（一）制定和修改章程；

（二）选举和罢免委员会委员；在闭会期间，授权委员会行使此职权，但调整的委员数不得超过总数的1/3；

（三）审议委员会的工作报告和财务报告，确定工作方针和任务；

（四）制定和修改会费标准；

（五）决定终止事宜；

（六）决定其他重大事项。

第十五条　全国会员代表大会须有2/3以上的会员代表出席方能召开，其决议须经到会会员代表半数以上表决通过方能生效。

第十六条　全国会员代表大会每届五年，与中国残疾人联合会全国代表大会同期举行。因特殊情况需提前或延期换届的，须由委员会表决通过，报中国残疾人联合会审查并经民政部批准，但延期换届最长不超过一年。

第十七条　委员会

委员会是全国会员代表大会的执行机构，在闭会期间领导本会开展日常工作，对全国会员代表大会负责。

第十八条　委员会的职权是：

（一）执行全国会员代表大会的决议；

（二）决定名誉职务的设立和聘请；

（三）选举和罢免主席、副主席、秘书长；

（四）向中国残疾人联合会主席团提交年度工作报告；

（五）筹备召开全国会员代表大会；

（六）向全国会员代表大会提出本会章程修正案；

（七）向全国会员代表大会报告工作和财务状况；

（八）提出工作方针和任务，制定年度工作计划；

（九）决定会员的吸收或除名；

（十）决定设立办事机构、分支机构和实体机构；

（十一）决定各机构主要负责人的聘任；

（十二）领导本会各机构开展工作；

（十三）制定内部管理制度；

（十四）决定本协会的活动标识；

（十五）决定其他重大事项。

第二十九条　委员会会议须有2/3以上委员出席方能召开，其决议须经到会委员2/3以上表决通过方能生效。

第二十条　委员会会议每年召开一次。情况特殊的，也可采用书面或通讯形式召开。

第二十一条　本会主席、副主席、秘书长必须具备下列条件：

（一）坚持党的路线、方针、政策、政治素质好，有较强的全局观念和工作能力；

（二）热爱残疾人事业，在精神残疾人及亲友中与本会业务领域内有较大的影响和威信；

（三）主席最高任职年龄不超过70岁，副主席、秘书长最高任职年龄不超过65岁，秘书长为专职；

（四）能坚持本会正常工作；

（五）未受过剥夺政治权利的刑事处罚的；

（六）具有完全民事行为能力。

第二十二条　本会主席、副主席、秘书长如超过最高任职年龄的，须经委员会表决通过，报中国残疾人联合会审查并经民政部批准后，方可任职。

第二十三条　本会主席、副主席、秘书长任期五年，连任不得超过两届。因特殊情况需延长任期的，须经会员代表大会2/3以上的会员代表表决通过，报中国残疾人联合会审查并经民政部批准后，方可任职。

第二十四条　本会主席为法定代表人，法定代表人代表本会签署有关重要文件。

因特殊情况，经主席委托、委员会同意，报中国残疾人联合会审查并经民政部批准后，可以由秘书长担任法定代表人。

本会法定代表人不兼任其他团体的法定代表人。

第二十五条　本会主席行使下列职权：

（一）负责本会的全面工作，召集和主持委员会会议；

（二）检查会员代表大会、委员会决议的落实情况。

第二十六条　本会副主席、秘书长协助主席工作，秘书长行使下列职权：

（一）主持本会秘书处日常工作，组织实施年度工作计划；

（二）协调各分支机构、实体机构开展工作；

（三）受主席委托，代表本会签署有关文件；

（四）提名办事机构、实体机构主要负责人，交委员会决定；

（五）决定办事机构、分支机构和实体机构专职工作人员的聘用；

（六）处理其他日常事务；

第二十七条　办事机构

中国精协委员会设秘书处作为办事机构，承担本会日常工作。

第五章　资产管理、使用原则

第二十八条　本会经费来源：

（一）政府资助及中国残疾人联合会专项资金；

（二）国内外组织、个人捐赠；

（三）会费；

（四）在核准业务范围内开展活动或服务的收入；

（五）利息及其他合法收入。

第二十九条 本会按国家有关规定收取会员会费。

第三十条 本会经费必须用于本章程规定的业务范围和事业的发展，不得在会员中分配。

第三十一条 本会建立严格的财务管理制度，保证会计资料合法、真实、准确、完整。

第三十二条 本会配备具有专业资格的会计人员，执行民间非营利组织会计制度。会计不得兼任出纳。会计人员必须进行会计核算，实行会计监督。会计人员调动工作或离职时，必须与接管人员办清交接手续。

第三十三条 本会的资产管理必须执行国家规定的财务管理规定，接受会员代表大会和财政部门的监督。资产来源属于国家拨款或者社会捐赠、资助的，必须接受审计机关的监督，并将有关情况以适当方式向社会公布。

第三十四条 本会换届或更换法定代表人之前，必须接受民政部和中国残疾人联合会的财务审计。

第三十五条 本会的资产，任何单位、个人不得侵占、私分和挪用。

第三十六条 本会的专职人员的工资和保险、福利待遇，参照国家对事业单位的有关规定执行。

第六章　章程的修改程序

第三十七条 本会章程的修改，须经委员会表决通过后报全国会员代表大会审议。

第三十八条 本会修改的章程，须在全国会员代表大会表决通过后15日内，经中国残疾人联合会审查同意，并报民政部核准后生效。

第七章　终止程序及终止后的财产处理

第三十九条 本会完成宗旨或自行解散或由于分立、合并等原因需要注销的，由委员会提出终止动议。

第四十条 本会终止动议须经全国会员代表大会表决通过，并报中国残疾人联合会审查同意。

第四十一条 本会终止前，须在中国残疾人联合会及有关机关指导下，成立清算组织，清理债权债务，处理善后事宜。清算期间，不开展清算以外的活动。

第四十二条 本会经民政部办理注销登记手续后即为终止。

第四十三条 本会终止后的剩余财产，在中国残疾人联合会和民政部的监督下，按照国家的有关规定，用于发展与本协会宗旨相关的事业。

第八章　附　则

第四十四条 本会会徽采用中国残疾人联合会会徽。

第四十五条 本章程经2013年9月18日全国会员代表大会表决通过。

第四十六条 本章程的解释权属中国精神残疾人及亲友协会委员会。

第四十七条 本章程自民政部核准之日起生效。

关于通过中国精协章程修改案的决议

2013年9月18日

中国残联第六次全国代表大会精协代表会议

（中国精协第二次全国会员代表大会）通过

经中国残疾人联合会第六次全国代表大会精神残疾人及亲友代表会议（中国精协第二次全国会员代表大会）审议，一致通过中国精协章程修改案。

会议认为，中国精协进行法人注册，经过一年的运行积累了一定的运行和管理经验，根据社会和工作的需要，为了更好地履行代表、维权、服务功能，协会章程进行的修改是必要而科学的，章程的完善对协会的发展将发挥积极作用。建议新一届委员会在中国残联的领导下，积极探索、理顺关系、加强管理、开拓创新，争取在六届委员会任期内建立起中国精协良性工作和管理运转的机制，为中国精协各项业务的进一步开展奠定良好基础，做出应有的贡献。

中国精协第六届委员会委员情况分析

中国精协委员候选人共36人，其中女性10人，继续提名18人，新提名19人。中国残联主席团委员及省精协主席双重身份8人，中国残联主席团委员1人，省精协主席24人，中国残联六代会列席代表3人（精神康复者1人）。

通过选举产生的六届中国精协委员共36位；委员平均年龄52.5岁；女性10人，占委员比例28.6%；少数民族3人，占委员比例8.6%；中国共产党党员人数29，占委员比例82.9%。大专以上学历37人，占所有委员的100%；其中有9位研究生以上学历，占委员人数的24.3%。

五、重要条目

【孤独症机构自强自律创建达标活动】 为了加强各级残联与残疾人社会组织的联系与服务，创新社会组织管理与服务模式，促进残疾人服务机构规范化、专业化发展，中国残联以孤独症服务机构为试点，于2012年启动了为期三年的自强自律创建活动。该活动得到了中国残联和全国各级残联的高度重视与广泛支持，得到了全国孤独症服务机构的热烈反响和积极参与。第一阶段（2012年5月—2013年4月）有17省市残联上报了活动方案，20个省市共105家孤独症机构申报参与了本次活动。通过第三方专业机构评估，应用国际最先进的OCA评估技术，首批有34家机构获评第一阶段自强自律达标单位，其中社会倡导13家、社会服务14家和创新进步7家。2013年4月28日，第二轮孤独症机构“自强自律”创建活动启动。

【全国孤独症服务机构负责人联席会议】 是由中国精协孤独症委员会发起的孤独症行业最高规格会议，自2011年起，每年在4月2日国际孤独症日前后召开，组织全国孤独症服务机构负责人探讨行业规范化、专业化管理，开展行业自律和创新，促进行业健康持续发展，共同商讨孤独症服务行业发展大事，成为行业发展的一个越来越重要的会议，得到了中国残联肯定和支持，受到了全国孤独症服务机构的广泛重视和欢迎。2013 年 3 月 28—29 日，第六个世界孤独症日之际，2013 全国孤独症服务机构负责人联席会议在广州召开。本次会议由中国精神残疾人及亲友协会、广东省残疾人联合会主办，广东省残疾人康复协会、广东省精神残疾人及亲友协会、广州市残疾人联合会协办，广东省残疾人服务业协会、广州市康纳学校承办。全国 180 余孤独症服务机构负责人参加会议。本次会议的主要议题是总结孤独症服务机构自强自律创建活动第一阶段工作，公布第一批全国孤独症服务机构“自强自律”创建活动达标机构名单，启动第二年自强自律创建活动，同时探讨成立全国孤独症服务协会筹备事项。吕世明副主席在大会上指出，重视和加强孤独症服务是各级残联的一项重要工作，联系和服务残疾人社会组织是各级残联面临的新课题，并强调 2013 年孤独症服务要在新的层面取得更大进展。

【国际孤独症日宣传口号】第六个国际孤独症日前夕，中国精协孤独症委员会首次发布国际孤独症日宣传口号——尊重生命的多种形态，关注孤独症生命全程。口号的意义在于倡导社会正确理解和接纳孤独症人士，帮助孤独症家庭，关注孤独症事业。孤独症不仅仅是一种身心发展障碍，也是一种生命存在的形式；孤独症不仅仅一种持续终身的精神类残疾，也是具有发展潜力的生命个体，需要社会共同努力创造相应的环境，从生命全程视角构建相应的支持体系，共享社会文明发展成就。

【精神卫生法】2013 年 5 月 1 日起正式实施，填补了中国精神卫生领域的法律空白。《精神卫生法》是促进精神卫生事业发展，规范精神卫生服务，维护精神障碍患者合法权益的重要法律，是精神卫生领域具有里程碑意义的大事，将对我国精神卫生工作产生广泛而深远的影响。《精神卫生法》共七章八十五条，对精神卫生工作的方针原则和管理机制、心理健康促进和精神障碍预防、精神障碍的诊断和治疗、精神障碍的康复、精神卫生工作的保障措施、精神障碍患者合法权益的维护等做了规定。精神卫生既是重大公共卫生问题，也是公众关注的社会问题。《精神卫生法》的颁布实施有利于构建社会主义和谐社会，有利于解决目前精神卫生工作存在的突出问题，确保精神障碍患者不因贫困而得不到救治，确保有肇事肇祸危险的严重精神障碍患者不因疏于管理而伤害自身或者危害他人，确保无须住院治疗的公民不因制度、程序缺失而被强制收治。

【取得国际应用行为分析认证委员会（BACB）认证培训资格】应用行为分析（ABA），是一门以行为科学为依据、以实证研究为支持的致力于理解和改善人类行为的科学，是目前国际公认且唯一有实证研究证明对孤独症谱系障碍干预有效的疗法。为了提升国内孤独症服务机构的专业化水平，中国精协与美国 SEEK 教育中心合作，于 2013 年 8 月取得 BACB 授权在中国开展副行为分析师（BCaBA）的认证培训课程，由美国具有丰富理论实践经验和授课资格的教师进行中文教学与督导，填补了国内无系统化培养 ABA 人才的空白，在中国孤独症康复教育事业上具有里程碑式意义。为了使国人有机会系统学习 ABA 理论与实践，为参加国际认证考试打下扎实基础，中国精协建立了中国 ABA 师资培训体系（即 CNABA），分为 CNABA 丙级、乙级和甲级，丙级需要参加国内的认证培训，考试合格取得丙级证书。乙级和甲级采取自然获得机制，只要获得 BCaBA 或 BCBA 资格，即可以同时获得 CNABA 乙级或 CNABA 甲级证书。

【首届“精神疾病患者及家属专家（UFE）”培训班】2013 年 10 月 23—24 日由中国精神残疾人及亲友协会社区服务促进工作委员会主办，北京大学第六医院承办。参加培训的学员共计 60 余人，涉及了无锡、广州、哈尔滨、上海、河北五省市的工作人员、患者及家属，也包括北京市海淀、朝阳、石景山、西城、东城、丰台等城区的工作人员、患者及家属。中国残疾人联合会副主席黄悦勤教授、中国精神残疾人及亲友协会主席温洪女士、中国精神残疾人及亲友协会副主席、北京安定医院副院长郑毅教授、北大六院姚贵忠副院长出席开幕式。此次培训班旨在增强和促进精神疾病康复者参与精神疾病领域的志愿服务理念和服务水平。本次培训班的顺利开展，有利于把“患者、家属专家”服务模式深入推广到全国，为广大患者和家属提供更多的专业技术支持。各地的学员也纷纷表示要把此服务模式带到当地，为更多的患者和家属提供帮助。

【精残政策进万家项目】近年来，精神残疾人的免费服药、生活保障和托养就业等问题得到社会越来越多的关注，国家和地方出台了很多相关政策，但有些政策没有完全落实到位。经济贫困和社会歧视造成的不和谐仍然影响精残人的生活和社会稳定，精神病人的重大恶性事故时有发生。为此，2013 年 12 月，中国精协家属工作委员会将各种相关政策进行梳理和研究，实施精残政策进万家项目。项目目标是发挥好精协组织在政府和残疾人之间的桥梁和纽带作用，帮助精神残疾人学习、掌握各项相关政策并具体解决实际问题，把政府的好政策真正变成精神残疾人的实惠和福利，通过“政策脱困”实现“兜住底”和“同步小康”的目的。

【“中国孤独症家庭现状调查研究暨孤独症家长需求白皮书”项目】孤独症由于病因未明、无特效治疗药物和干预方法、致残率高等因素，被认为是当今世界的严重公共卫生问题。孤独症病程持续终身，需要终生支持和帮助，给社会和家庭带来严重挑战。在目前支持体系不够完善的现实情况下，家庭起着绝对重要的作用，同时，家庭也承受着经济、精神和知识等多重压力。世界各国的研究和经验提示，要经济、高效地解决孤独症相关问题，必须加强支持和帮助孤独症家庭。因此，了解中国孤独症家庭的客观现状和需求，是一项紧迫而重要的任务。为此，中国精协组建专家团队，在实证基础上调查3000余例全国各地孤独症家长，开展“中国孤独症家庭现状调查研究暨孤独症家长需求白皮书”项目，期限自2013年5月至2014年4月，将于2014年国际孤独症日发布《中国孤独症家长需求白皮书》。2013年已完成问卷设计、调查访谈和初步的统计分析，项目进展良好。

【“全国家长携手计划”启动】指孤独症家长间的系列互助活动和支持计划。在中国精协的组织下，孤独症家长利用科学知识和专业方法，自助助人，以会员制方式，为会员家长提供帮助和支持。计划于2013年12月启动，总体目标：使全国孤独症家长能够得到及时、持续而专业地支持与关怀，形成有利于孩子成长和家庭发展的良好环境。具体目标：2014年，培训50名领航家长，100名种子家长，构建10个省市分会；2015年，培训200名领航家长，600名种子家长，构建10个省市分会，服务6000名会员家长，成立全国孤独症家长互助协会；2016年，构建完善的、覆盖全国的家长互助服务体系。全国家长携手计划旨在将分散的家长个人和团体凝聚起来，提升自我服务和互助服务的质量，倡导和研究孤独症孩子康复训练的正确理念和科学方法，同时积聚家长的正能量，推动整个社会关注和支持孤独症生命全程。

六、大事记

2月3日，中国精协家属工作委员会在北京举行家属新春联谊会，精协和家属工作委员会领导和80名家属参加，并对2013年重要工作进行了探讨和布置。

3月10日，首届中国精协孤独症机构“自强自律”创建达标活动结果揭晓。

3月26—29日，中国精协第三届全国孤独症服务机构负责人联席会议在广州召开。

4月1日，中国精协孤独症委员会主办，北京市海淀区康纳洲孤独症家庭支援中心承办的“我们这一代家长的使命”为主题的高峰论坛在盲文图书馆召开，相自成理事出席并讲话。来自国内五位最具影响力的全国五位孤独症家长演讲，探讨在当代家长的使命与作用，来自全国近200名家长参加。

图4-6-1　“我们这一代家长使命”高峰论坛。

4月2日，中国精协孤独症委员会在康纳洲开展国际孤独症日活动，王新宪同志率中国残联相关部门负责人、北京市残联和海淀区残联同志前往康纳洲看望孤独症孩子、家长和专家。

4月28日，第二轮孤独症机构“自强自律”创建活动启动，中国残联办公厅发文《关于继续组织开展孤独症服务机构自强自律创建活动的通知》（残联厅〔2013〕27号）。

4月27—28日，中国残联组联部在北京召开五个专门协会主席会议，相自成、曹跃进等领导与会，重点研究六届全国残联大会有关文件起草工作，中国精协主席潘健参加了会议，中国残联副主席吕世明出席会议并讲话。

6月4日，中国精协家工委在盲文图书馆举办《中华人民共和国精神卫生法》颁布执行后的首次专家讲座。

6月10—14日，首届中国应用行为分析师丙级（CNABA丙级）培训班在海淀培智学校开班，首批来自全国各地的机构学员40人，同时中国精协认证委员会成立。

图4-6-2　中国精协首届CNABA丙级中阶优秀学员。

8月5日，中国残联党组成员、理事相自成在阅读《人民日报》8月2日17版《给精神病人一个归宿》一文后，对精协批示：“看了此报道，心情十分沉痛，精神残疾人是弱势中的弱势群体，住院治疗、康复、社会接受难。精协自法人注册后做了大量工作，成立了专委会，要进一步发挥作用。多向政府部门呼吁，通过人大、政协等渠道反映问题，卫生部门应该是第一责任人，残联、民政、公安要配合，这是最大民生。”

8月13日，家工委举办“做好监护工作，预防悲剧发生座谈会暨监护人心理辅导课第一讲”，有社会相关专家和家属60余人参加会议。8月21日中国青年报以题为《家庭不能承受之重》（第9版）、8月21日《劳动午报》题为《三大困境让精神残疾人有苦难言》（第5版）对这次活动给予报道。

8月14日，中国精协获得国际应用行为分析认证委员会（BACB）授权，在中国开办国际副行为分析师（BAcBA）认证培训。

8月18—23日，国际应用行为分析认证委员会（BACB）总裁Carr和主席Huhad访华，中国精协温主席和郭德华博士陪同考察华东师范大学和孤独症服务机构。

图4-6-3　吕世民会见国际应用行为认证委员会总裁一行。

9月14—19日，中国残联第六次全国代表大会精神残疾人及亲友代表会议顺利召开并取得圆满成功。选举产生了新一届领导。六届一次会议新产生的委员，就未来协会的发展展开了热烈讨论，并一致认为，未来五年，协会要在党的十八大精神指引下，按照中国残联第六次全国代表大会部署，抓规划，抓调研，抓落实，不管前进中遇到多少困难和障碍，坚信办法总比困难多，信心比金子还重要！思路决定出路。工作尤其要讲求实效，注重实践。根据独立社团法人的运行要求，今后五年的工作重点设想为：积极有效地发挥三个委员会作用；抓点带面，典型示范，推进地方工作上台阶；推动精神残疾人康复托养中心建设，使其成为重要的工作载体；促进《精神卫生法》依法贯彻，深化落实，切实关注精神障碍患者"送、诊、治、出"的法定程序贯彻落实情况；切实贴近精神残疾人提供更好服务。各级精协应以更加开放的心态，广泛开展对外交流合作，走出去、引进来，借助外力发展精神残疾人事业。开创事业既要有不畏困难、开拓向前的勇气，又要有实事求是、一切从实际出发的科学精神，始终坚持实事求是的指导思想，坚持把工作计划和工作安排落到实处，推动协会工作取得实效。

9月21日，台湾早疗协会秘书长刘美媛来访，在康纳洲孤独症家庭支援中心举办两岸家长交流会，介绍台湾家长服务模式，有30名孤独症参加了座谈会。

10月10日，中国精协家工委在北京举办精神卫生日宣传活动，相关专家和100余名精神残疾人家长参加。

10月23—25日，中国精协社促委在北大六院举办首届精神病人专家（UFE）培训班。

12月9—16日，中国精协孤独症委员会组织8省市12位孤独症家长考察台湾心智障碍者的社会支持体系构建，并正式启动全国孤独症家长携手计划。

图4-6-4　领航家长赴台湾考察大龄孤独症社会支持体系。

12月24—25日，中国精协社区促进工作委员会2013年会在黑龙江省哈尔滨召开，全国社区促进工作委员会委员和中国精协全委40余人参加会议。

附　录

有爱就不孤独

——专访中国精协孤独症委员会主任委员温洪

张舵、于小淳　新华网　2013年4月2日

4月2日，被联合国大会定为世界孤独症意识日。近年来，随着社会发展，孤独症开始引起越来越多的关注，但对大多数人来说，孤独症依然有些神秘。为此，我们采访了中国精神残疾人及亲友协会孤独症委员会主任委员温洪。她同时也是一名大龄孤独症孩子的母亲和一个资深孤独症患者救助志愿者。

孤独的群体

问：孤独症是一种什么样的病？与忧郁症、智障等其他精神疾病有何不同？

温：孤独症在医学上叫作广泛性发育障碍，一般来说是先天的，病因未明，无药可医。美国精神病学会1994年定义孤独症的三大特点——社会性功能缺失、沟通与交流障碍、行为和兴趣狭隘刻板。

一般来说，大部分孤独症患儿在3岁的时候被诊断出来。而抑郁症基本上是成年才发病，是由于精神心理的障碍，大部分是可以治疗的，有一部分人会完全恢复正常。孤独症从出生起就有，即使恢复得再好，核心症状还是会携带，不会彻底康复。

孤独症和智障也有区别，70%以上的孤独症是有智力障碍的，但与单纯性的智力障碍并不一样，孤独症患者具有情绪行为的障碍，和环境不相融合，对指令不清楚，这是智障患者所没有的。大部分孤独症是多重障碍，精神有障碍，智力也有障碍。

问：中国的孤独症患者群体到底有多大？

温：中国目前还没有一个准确的统计数据。2006年进行了一次筛查，但只限于0—6岁这个区间，当时发布的数据只有4万。

专家推断，在几年前，中国的孤独症患儿就至少在

150万人以上。卫生部和中国残联现在都已经启动了筛查，在全国十几个省抽样调查。

孤独症：家庭的重负

问：为什么近年来孤独症在中国受到越来越多关注？

温：关注度高的一个原因是发病率持续上升。在20年前的时候，中国只有三四个医生能诊断孤独症，孤独症的发病数量相对较少，现在能够诊断孤独症的医生数量已经有100多个了，诊断量也大幅增多。

另一方面，家庭对孤独症的认识也增多了，妈妈们的文化程度在提升，她们能看出孩子的异常，早期会去找医生，不像从前家长会说，孩子不会说话是贵人语迟，对孩子行为反差不会在意。

第三方面是社会的宣传力度在加大，社会关爱弱势群体的意识也在提升，人们会更多地去观察孩子。

问：孤独症对社会造成影响主要表现在哪些方面？

温：现在孤独症最主要的还是直接影响到家长，因为一切主要影响均由家庭在承担。对家庭的影响主要表现在生活质量下降，越来越多的孤独症家庭陷入困境，要拼尽家产为孩子康复。

我国1983年才诊断出来第一例孤独症，到目前为止，最大的孤独症患者50多岁，他们的父母仍然在照顾他们，因此孤独症的社会负担还没有完全显现出来。

孤独症服务：政府和社会共同努力

问：我国孤独症服务取得哪些成绩，还有哪些不足？

温：近年来，政府越来越重视孤独症的救助问题。“十一五”期间，国家财政曾拿出3600万元，救助了12000名困难重症的孤独症患者。“十二五”期间，财政将拿出4. 3亿元，增长了十几倍，救助的数量也在增加。各地也出台了一些政策，特别是南方一些发达省份，对孤独症孩子的入学、康复发放补贴，从几百元到几千元不等。

但现在的问题还很多，一是政策的普惠性不足，局限于特惠性，特别是地方政策，各省由于各自经济、理念、认识不一，采取措施不同，地区不平衡性突出。

对孤独症儿童来说，如果错过3岁到6岁的黄金抢救期，以后的训练难度更大，而我们的政策在这方面显然是不足的。在学龄阶段，各地的培智学校和普通中小学也在接纳孤独症孩子入学，虽然对孩子有一定好处，但是由于缺少专业支持，孩子无法得到应该的康复学习，这种好处也就微乎其微了。应该设立专门的孤独症学校，另外在培智学校或是普通的中小学里，要设立相应教室，有专业的教师支持。

问：社会大众应该怎样去帮助孤独症患者？

温：美国有个叫“自闭症之声”的组织，每年4月2号，向全世界号召，各地地标性建筑全部点蓝灯。中国从前年开始，壹基金也发起了蓝色行动，这一天所有微博、网站、地标性建筑换以蓝色装点。我们会戴上蓝丝带，用这个宣传和扩大对自闭症的认识，让大家去关注，去参与。

对社会大众来说，我们每年的倡导行动很多，实际上大众遇到一个自闭症的患者，只要给他一个微笑、一份理解和同情就够了。

对专业人士来说，应把国外的研究成果尽快消化，能够形成系列的、科学的本土化的方法，使孤独者患者在训练时效果达到最佳，专业化服务水平能够得到保证。

（郭德华供稿）

志愿助残工作

一、领导讲话

吕世明在“学雷锋志愿服务活动”电视电话会议上的讲话

2013年3月2日

党的十八大报告提出“广泛开展志愿服务，推动学雷锋活动常态化”，极大鼓舞和推动了志愿助残工作的深入开展。一年来，我们以融入“学雷锋”和志愿服务工作大局为根本，以落实中央文明办等7部门《关于组织开展“关爱他人——爱幼助残志愿服务行动”的通知》为重点，开展了一系列形式多样、内容丰富的志愿助残工作：联合中央文明办等15家单位开展“关爱他人——志愿助残阳光行动”主题日活动，着力提升“志愿助残阳光行动”品牌影响力；发挥广州亚残运会志愿助残后续效应、联合中央电视台录制“星光大道·全国助残日特别节目”等，普及志愿助残理念，积极营造全社会扶残助残浓厚氛围；开展农村社区残协志愿助残试点，扩大志愿助残服务覆盖面，将志愿助残逐步延伸至广大农村地区；举办全国志愿助残工作培训班、推广广州等城市的志愿助残典型经验，进一步提高志愿助残服务水平和能力。各地志愿助残工作有声有色，蓬勃发展，组织网络基本形成，队伍不断壮大，效能日益显现，服务更加贴近残疾人的个性需求。截至目前，全国已有助残志愿者联络站30余万个，注册助残志愿者700多万人，受助残疾人5000多万人次。

今年，我们将按照中宣部、中央文明办的统一部署“重点组织好体现人文关怀的关爱老幼弱残志愿服务行动”、“扎实开展助残志愿者等个性志愿服务活动”，着力推进志愿助残工作制度化，努力完成《中国残疾人事业“十二五”发展纲要》的年度任务，推动实现“十二五”末注册助残志愿者达到1000万人，受助残疾人达到1.5亿人次的总体目标。

一、加强制度建设，着力形成志愿助残长效机制。进一步将志愿助残融入志愿服务工作大局，积极纳入中央文明办有关文明城市和文明单位测评体系、志愿服务管理运行体系和表彰激励体系；制定下发《全国助残志愿者注册管理办法（试行）》，不断完善助残志愿者招募注册、服务对接、组织管理、评价激励等制度；继续做好助残志愿者统计台账报告工作；研究探索网络注册和服务信息平台建设，试行“志愿者阳光信息卡”，逐步建立志愿助残长效机制。

二、延伸服务领域，着力转变志愿助残工作重心。继续实施农村社区（村）志愿助残试点项目，扩大试点范围，推动志愿助残工作进一步向基层延伸，向农村倾斜；着重在残疾人社会保障和基本公共服务等涉及残疾人民生的领域开展志愿助残活动，帮扶残疾人脱贫增收；强化“一助一”、“多助一”、“服务直通车”、“量体裁衣式个性化服务”等志愿助残形式，推动志愿助残到人到户，实现工作重心向个性化、项目化、常态化转变。

三、加大品牌创新和典型宣传，着力普及志愿助残理念。以组织开展2013年度“关爱他人——志愿助残阳光行动”主题日活动为契机，指导地方不断创新志愿助残品牌；及时发现并推广地方志愿助残工作先进典型和有益模式；继续落实近年来中央文明办等相关部门关于加强志愿助残工作的有关精神和“关于开展志愿助残主题活动的通知”要求，重点做好节假日等重要时段和车站、机场等重要场所的志愿助残工作；积极创造条件，组织有能力、有意愿的残疾人参与志愿服务活动，回报社会，展示风采，形成志愿助残工作特色；组织出版志愿助残知识读本等系列培训教材，弘扬人道主义精神，普及志愿助残理念，提高志愿助残服务水平。

中国银行业协会副秘书长周永发在2013年全国“学雷锋志愿助残阳光行动”主题日活动上的讲话

2013年7月5日

随着经济的发展和社会文明的不断进步，我国残障人士权益保障事业得到快速发展，8500万残障人士朋友对银行服务的需求也日益增加，与银行的联系也更加紧密。银行作为重要的社会服务窗口，做好残障人士服务工作尤为重要，这也是银行业应尽的社会责任和首要义务。一直以来，中国银行业高度重视对残障人士的服务保障工作，并与中国残疾人联合会建立并保持着密切的联络机制，残联吕世明副主席多次参加银行业的服务改进和社会责任的发布会，并对银行业服务工作提出一些期望，对银行业不断完善无障碍服务和提升服务残障人士的水平和能力提供了很多的帮助。

2012年，针对广大残障人士在办理银行业务时所遇到的困难，中国银监会印发了《关于银行业金融机构加强残疾人客户金融服务工作的通知》。中国银行业协会向全行业印发了《关于进一步完善残障人士银行服务的自律要求》，从贯彻落实国家政策、严格执行监管规定及行规行约、制度建设、产品和服务创新、人性化服务、应急处理机制、执行情况检查和自律惩戒等八个方面提出了具体要求，促进了商业银行服务残障人士水平和能力的进一步提升。目前，银行业金融机构开设无障碍通道的网点达到了25506个，新增8554个，同比增长50%；开设爱心窗口23107个，新增14407个，同比增长165%；参加志愿扶助行动人数达12万多人次，这些志愿行动涵盖关爱儿童、关爱残障人士、孤寡老人、绿色环保等各方面；组织开展手语等与服务残障人士相关的培训近1万次，培训员工数达15万人次；另外，银行业开展了形式多样的公益活动，比如，中国工商银行北京岳各庄支行的“爱心助残”志愿活动，为残疾人提供了长期人性化的优质服务；招商银行发起的“爱满葵园”关爱脑瘫、自闭症儿童的活动，为这些特殊的孩子实现了他们的微愿望；浦发银行发起的“西藏光明行”活动，在白内障眼疾高发地区——日喀则，为患者提供医疗援助；中国银行业协会的同事们向脑瘫儿童赠送了手机，实现了孩子们想用手机与母亲通话的美好愿望。据不完全统计，银行业此类专项关爱活动近1000个。同时，银行网点通过安装语音叫号系统、提供触摸式密码输入器，设计助盲卡、制作盲文版业务指南和盲文网站等服务措施，大大提升了残障人士的服务意识和服务能力。

今年，为深入贯彻落实《无障碍环境建设条例》精神，中国银行业协会又制定印发了《关于进一步改进无障碍银行服务的自律约定》，有效解决了社会各界广泛关注的视力障碍客户到银行办理业务携带导盲犬、提供盲文交流服务及自助渠道和电子渠道无障碍设计等热点问题，切实保障了残障人士平等享有银行服务的权利。中国银行业协会出台的一系列行规行约切实形成了对残障人士的有效保护。

在接下来的工作中，中国银行业协会将继续引导会员单位积极服务广大残障人士，争取在改造无障碍信息网站、优化业务流程、完善无障碍设施等方面有新的突破，银行业将通过20万个营业网点，近320万从业人员的共同努力，为残障人士提供更高标准、更具人性化的志愿助残服务。同时，也欢迎残疾人朋友对银行业服务提出更多的宝贵意见。

吕世明在2013年全国“学雷锋志愿助残阳光行动”主题日活动上的讲话

2013年7月5日

今天我们齐聚一堂，举行2013年“全国学雷锋志愿助残阳光行动”主题日活动。今年活动的主题是“我是助残志愿者——我在你身边”。

关心帮助残疾人，是社会文明进步的重要标志。我国有8500万残疾人，这是一个特性突出、特别困难、需要给予特别帮助和关爱的群体。为残疾人提供志愿服务，弘扬了人道主义精神，体现了扶弱济困、助人为乐的传统美德，对于推动社会发展，促进社会和谐，促进社会和谐，具有十分重要的意义。

自2010年全国志愿助残工作会议确定全国志愿助残阳光行动主题日以来，中央文明办、中国残联等部门连续三年举行全国志愿助残阳光行动主题日活动，各地开展了丰富多彩的主题日活动。各部门、各行业也结合自身特点，广泛开展了“关爱残疾职工”、“青年志愿者助残”、“巾帼志愿助残”、“红领巾助残”、“老年助残”、“文化助残”、“法律助残”、“科技助残”、“无障碍爱心服务”、“集善工程”、“残疾人志愿服务阳光行动”等形式多样的志愿助残活动。全社会扶残助残的氛围日益浓厚，志愿助残工作取得显著成效，志愿助残组织网络基本形成，已建立助残志愿者联络站30余万个，助残志愿者发展到700多万人，受助残疾人达到5000多万人次。涌现出陈欠水、任士荣、洪润浩等一批模范助残志愿者，中国电影科学技术研究所盲人文化志愿服务队、中国传媒大学青年志愿者协会、中国盲文出版社青年志愿服务队、工商银行北京岳各庄支行、北京南站润秋服务组等志愿助残先进单位，以及白岩松、姜昆、濮存昕等爱心大使，他们弘扬人道主义思想，彰显爱心，奉献情怀，用自己的实际行动诠释了人间大爱的深刻内涵和崇高境界。广大残疾人在服务中得到实实在在的帮助，志愿者在服务中增强了社会责任，得到了心灵的净化和道德的提升。志愿助残服务作为推动社会主义精神文明建设和残疾人事业发展的一支重要力量，在经济社会发展中发挥着越来越重要的作用。

今年3月份，中宣部、中央文明办召开了学雷锋志愿服务电视电话会议，做出了推进志愿服务工作社会化制度化的统一部署。为贯彻落实会议精神，中国残联以融入学雷锋志愿服务工作大局为根本，以加强志愿助残制度建设为重点，以提高助残志愿者能力建设为手段，以开展志愿助残品牌建设和项目创新为依托，积极推动志愿助残工作长效机制的建立。在中央文明办的大力支持和悉心指导下，《中国助残志愿者注册管理办法（试行）》今天正式发布，这是我国志愿助残工作规范化制度化的重要标志。同时，我们还将积极建立志愿助残指导员培训机制，通过志愿助残理念和基本技能的培训，着力发展专业的志愿助残指导员队伍，提升社会各界的助残技能和水平。通过系列制度的建立和活动的开展，努力完成《中国残疾人事业“十二五”发展纲要》确定的助残志愿者达到1000万人、受助残疾人达到1.5亿人次的目标。

二、政策法规文件

关于在春节期间组织开展志愿助残主题活动的通知

残联厅〔2013〕8号

各省、自治区、直辖市及新疆生产建设兵团、黑龙江农垦总局文明办、交通运输厅（局、委）、残联，各铁路局、铁路公安局，各机场、航空公司：

近日，中央文明办印发《关于在春节期间组织开展“红红火火过大年”主题志愿服务活动的通知》（文明办〔2012〕26号，以下简称《通知》），决定2013年春节期间在全国城乡组织开展“红红火火过大年”主题志愿服务活动。为落实《通知》要求，以实际行动贯彻党的十八大关于广泛开展志愿服务活动的精神，进一步营造学习雷锋、志愿助残的浓厚社会氛围，中央文明办、交通运输部、铁道部、中国民用航空局、中国残联决定，在春节期间广泛开展志愿助残主题活动。活动以扶残助残为主题，以出行无障碍、送温暖献爱心、安全防范等为主要内容，以携手全国8500万残疾人与全国人民共同欢度一个欢乐喜庆、温馨和谐、红红火火的新春佳节为主要宗旨。现将有关事宜通知如下。

一、广泛开展出行无障碍志愿助残服务。在机场、火车站、长途汽车站、码头设立志愿服务站点，为排队买票、候车（机、船）的残疾人提供热水、板凳和应急药品及其他相关服务。在返乡与回城人员较为集中的出发地和到达地的车站、码头、机场，依托志愿服务工作站为残疾人重点提供出行咨询、运送行李等服务。要组织铁路、公路、水路、机场、航空公司等部门的工作人员以及社会各界人士广泛开展志愿助残活动。积极推进火车站、机场、汽车站、码头等地区残疾人无障碍设施等的建设。

各铁路局、铁路公安局尤其要严格按照铁道部等4部门《关于做好铁路残疾人旅客专用票额车票发售工作的通知》（铁办运〔2011〕62号）精神，在旅客列车上设置残障人士专用座席，每趟旅客列车预留一定数量的残疾人旅客专用票，供符合条件的残疾人购买；较大车站要开设残疾人购票专用窗口；引导、帮助残疾人充分利用绿色通道进（出）候车厅、站台，以及上（下）残疾人旅客车厢和专用座席；所有高铁和动车车组要设置无障碍卫生间等无障碍设施；其他列车车组要逐步进行无障碍座席车厢和无障碍卧铺车厢的改造，改善列车无障碍条件。

二、广泛开展亲情关爱志愿助残服务。各地残联要充分发挥好桥梁纽带作用，切实加强与文明办、民政、交通、铁路、民航、共青团等部门的协调沟通，组织志愿者和残疾人及其家庭积极开展结对帮扶活动，帮他们置办年货、张贴春联、打扫卫生，陪他们聊天、拉家常、逛庙会、心理疏导。组织志愿者参加社区和公共场所无障碍设施建设和维护。组织文艺志愿者开展“送文化下基层”活动，志愿为残疾人群众举办文艺演出、放映优秀电影、赠送春联年画。组织志愿者指导残疾人正确使用电暖气、煤炉等取暖设施，宣传防火防煤气中毒等生活知识和燃放烟花爆竹的有关规定，消除安全隐患。组织志愿者普及防灾避险、疏散安置、急救技能等应急处置知识，提高残疾人公共安全意识和自我保护能力。组织身体条件允许又有热情的残疾人加入志愿者行列，广泛开展志愿服务活动，展示残疾人亮丽风采。

各级文明办、交通运输部门、各铁路局（铁路公安局）、各机场（航空公司）、残联要按照《通知》要求，紧密结合本单位、本部门的实际，将志愿助残工作纳入“红红火火过大年”主题志愿服务活动总体范畴，统一考虑，统筹安排；要通过“春节＋志愿者＋残疾人”等多种志愿助残形式，将党和政府有关残疾人社会保障和公共服务的政策落实到残疾人身上，多为残疾人做雪中送炭的工作，多提供人性化、个性化志愿服务，让关爱的阳光照亮每一位残疾人的心灵；要充分发挥各类新闻媒体的作用，进一步加大志愿助残的宣传力度，为广大残疾人营造一个出行畅通、心情愉悦、安全温馨的新春佳节良好氛围。

中央文明办秘书局　交通运输部办公厅
铁道部办公厅　中国民用航空局综合司
中国残联办公厅
2013年1月15日

中国助残志愿者注册管理办法（试行）

残联发〔2013〕9号

第一章　总　则

第一条　为切实加强志愿助残工作，进一步弘扬人道主义思想，传播志愿助残服务理念，提升志愿助残专业化水平，推进志愿助残活动的规范化、制度化发展，制定本办法。

第二条　本办法所称中国助残志愿者（以下简称助残志愿者），是指在残联组织或在残联组织授权的单位注册登记、参加助残服务时间累计达到3小时以上的志愿者。

第三条　助残志愿者参加助残志愿服务活动，不以获得报酬为目的，无私奉献自己的时间、知识、技能、资源和爱心，自愿为残疾人提供服务，并接受残联组织或者志愿助残组织的统一管理。

第二章　招募和注册

第四条　助残志愿者面向社会公开招募。

第五条　申请注册成为助残志愿者应当具备以下基本条件：

（一）遵守国家法律法规；

（二）富有爱心和奉献精神，关爱残疾人；

（三）具备参加助残志愿服务所要求的身体条件和服务能力；

（四）遵守注册机构的相关规定；

（五）未成年人参加助残志愿服务，应征得监护人同意。

第六条 以下机构负责助残志愿者注册管理：

（一）县级残联为助残志愿者注册机构，负责助残志愿者的注册管理工作。省级（含副省级）、市级残联根据实际需要，也可开展助残志愿者注册，负责同级党政机关、企事业单位、大中专院校等部门和单位助残志愿者的注册管理工作。

（二）各级残联直属企事业单位、残疾人比较集中的单位，以及其他志愿助残组织，经所在地的县级残联或者同级的省、市级残联授权，可以开展助残志愿者注册管理工作。

第七条 注册为助残志愿者需履行以下程序：

（一）申请人持有效身份证件直接到助残志愿者注册机构（或通过网络等方式）提出申请，填写全国统一格式的《中国助残志愿者注册登记表》；

（二）注册机构对申请人进行审核；

（三）审核合格，注册机构向申请人颁发中国助残志愿者证、“中国助残志愿者”胸章。

第八条 助残志愿者注册后需领取中国助残志愿者证。中国助残志愿者证是助残志愿者的身份证明，由中国残疾人联合会统一设计样式。

中国助残志愿者证的注册证号编制规则由中国残疾人联合会统一确定。

（一）注册证号由19位数字组成。县级残联所开展的注册证编号方式是：第1—6位数字为注册组织所在地代码，根据《中华人民共和国行政区划代码》确定；第7—14位数字为志愿者出生年月日，第15—19位数字为注册助残志愿者个人代码，一般由所在地的注册机构根据助残志愿者注册的先后顺序确定。市级残联在县级残联的基础上，将第5—6位以0代替；省级残联在县级残联的基础上，将第3—6位以0代替；其余编号同上；

（二）开展志愿助残工作的各级残联直属企事业单位，残疾人比较集中的单位，以及其他志愿助残组织，其注册号段由所在地的县级残联或同级的省级、市级残联根据实际分配；

（三）为便于全国助残志愿者的统一管理，助残志愿者注册后即获得全国统一使用的注册证号。注册证号在助残志愿者证上标明，并记录在助残志愿者本人的注册档案中。每名助残志愿者的注册证号永久使用，因死亡、失踪、丧失民事行为能力、违法、未履行助残志愿服务义务等情况而被取消注册助残志愿者资格的，应当注销其注册证号，被注销的注册证号原则上不再重新使用。因学习、工作、生活等变化需要迁移、调动时，助残志愿者需要办理转出（入）手续，注册证号不变。

第三章 权利和义务

第九条 助残志愿者享有以下权利：

（一）参加助残志愿服务活动；

（二）接受相关的助残志愿服务培训；

（三）获得从事助残志愿服务的必需条件和必要保障；

（四）优先获得助残志愿者组织提供的服务；

（五）对助残志愿服务工作提出意见和建议；

（六）相关法律、法规、政策所赋予的其他权利；

（七）申请取消助残志愿者身份。

第十条 助残志愿者应当履行以下义务：

（一）遵守国家法律法规及注册机构的相关规定；

（二）每名助残志愿者每年参加志愿服务时间累计不少于10小时；

（三）履行助残志愿服务承诺，积极参与助残志愿活动；

（四）自觉维护注册机构和助残志愿者的形象；

（五）自觉维护服务对象的合法权益；

（六）自觉抵制任何以助残志愿者身份从事的营利活动或其他违背社会公德的行为；

（七）履行相关法律法规及注册机构规定的其他义务。

第四章 服务与对接

第十一条 注册机构应明确志愿助残的服务范围和要求：

（一）助残志愿服务范围主要包括：康复医疗、教育培训、就业扶贫、文化生活、体育健身、权益维护、家政服务、出行服务、心理辅导、大型活动等；

（二）助残志愿者参加志愿助残服务，应当通过与注册机构、组织方或服务对象签订志愿助残服务协议书等形式，明确服务内容、时间和有关的权利、义务；

（三）未成年人助残志愿者应当参加与其年龄、能力相适应的助残志愿服务。

第十二条 注册机构应为助残志愿者和残疾人提供相应的对接服务。

（一）志愿助残注册机构通过网络、报刊杂志、公告栏等形式向助残志愿者发布残疾人实际需求信息，提供服务岗位，助残志愿者按照相关要求开展助残志愿服务；

（二）鼓励助残志愿者自行联系服务岗位，经所属的注册机构认可后，按照相关规定自行开展助残志愿服务。提倡具有相同服务意向和志趣爱好的助残志愿者在注册机构的指导下结成助残志愿服务团队，独立自主地开展志愿助残服务工作。注册机构应承认其志愿助残服务时间的有效性；

（三）各级残联组织可依托残疾人服务需求相对集中的机构，通过签订协议、命名挂牌等形式创建助残志愿服务基地，探索建立助残志愿者经常性、就近就便开展助残志愿服务的有效机制。

第五章　组织与管理

第十三条　各级残疾人组织应当履行以下职责：

（一）中国残疾人联合会组织联络部负责全国助残志愿者工作的规划、协调、指导和督查；

（二）省级、市级残联根据本地实际制定助残志愿者注册管理实施细则，推动助残志愿活动广泛开展；

（三）县级残联负责开展志愿助残注册和管理工作；

（四）乡级残联、村级残协通过建立志愿助残联络站（点）、志愿助残组织等形式，广泛开展助残志愿者的登记、联络和对接服务等工作；

（五）地方各级残疾人组织应当做好助残志愿者的管理服务工作，逐步建立健全宣传招募、登记注册、服务对接、培训管理、考核评价、激励表彰等长效机制。

第十四条　注册机构应当加强助残志愿者的日常管理。

（一）助残志愿者参加志愿服务后，由服务对象或者志愿助残活动组织方提供助残志愿者的服务时间、服务内容等证明，注册机构予以认定，并在助残志愿者证中注明、盖章。服务时间为实际服务时间（不含往返时间），以小时为计量单位，不满半小时的以半小时计算，满半小时但不满一小时的以一小时计算；

（二）助残志愿者使用全国统一的标识。开展志愿服务活动时，助残志愿者应当佩带以全国统一标识为主体图案的标志；

（三）注册机构应当建立健全助残志愿者档案管理系统，逐步实现网上注册和实时管理，促进管理工作的科学规范；

（四）注册机构或志愿助残活动组织方可以在重大活动或者需要的场合组织助残志愿者进行宣誓。助残志愿者誓词为：

我愿意成为一名助残志愿者，弘扬人道主义思想，践行志愿服务精神，不计报酬，尽己所能，为帮助残疾人而奉献爱心和力量！

（五）注册机构负责助残志愿者的培训工作，开展助残志愿服务基本理念和相关技能培训；向助残志愿者骨干提供专业培训，提高助残志愿者的服务能力和综合素质；

（六）注册机构应当落实和保障助残志愿者的有关合法权益。在助残志愿服务活动过程中，由他人给助残志愿者造成伤害和损失，或者助残志愿者给他人造成伤害和损失，按照相关法律法规规定办理；

（七）注册机构负责开展年度审核工作，并做好相关档案记录工作。助残志愿者年度参加志愿服务的时间不满10小时的，或者有拒不履行义务等其他不符合助残志愿者要求的，年度评定为不合格；连续两个年度不合格者，取消其助残志愿者资格，收回其助残志愿者证和助残志愿者胸章；

（八）对于助残志愿者在注册之前参加的助残志愿服务，由各级残联组织或者志愿助残组织予以认定。能够提供有效证明的，服务时间可予以承认，但起始时间不得早于2011年1月1日。

第六章　评价与表彰

第十五条　注册机构依据已认定的志愿者服务时间，实行星级评定制度和表彰奖励制度。

第十六条　注册机构根据助残志愿者注册后参加助残志愿服务的时间累计和贡献，评定其为一至五星助残志愿者，并由相关机构授予助残志愿者星级证书。星级助残志愿者应佩戴相应标志（各地自行设计）。

（一）助残志愿者注册后，参加助残志愿服务时间累计达到50小时的，评定为“一星助残志愿者”；

（二）助残志愿者注册后，参加助残志愿服务时间累计达到100小时的，评定为“二星助残志愿者”；

（三）助残志愿者注册后，参加助残志愿服务时间累计达到150小时的，评定为“三星助残志愿者”；

（四）助残志愿者注册后，参加助残志愿服务时间累计达到200小时的，评定为“四星助残志愿者”；

（五）助残志愿者注册后，参加助残志愿服务时间累计达到300小时以上的，评定为“五星助残志愿者”。

星级助残志愿者由中国残疾人联合会授权的相应残联组织审核评定并颁发星级证书。县、市、省级残联分别负责本级（和本级所授权的志愿助残组织）注册的助残志愿者一星至三星的审核评定，四星和五星需报省级残联审核评定。星级证书的颁发原则上安排在每年全国志愿助残阳光行动主题活动日（7月6日）期间举行。

第十七条　各级残联组织依据助残志愿者的服务业绩和服务时间，定期组织开展评选表彰活动，授予助残志愿者荣誉称号。

（一）助残服务时间累计达到450小时的，优先推荐为县级志愿服务、扶残助残等表彰人选；

（二）助残服务时间累计达到600小时的，优先推荐为市级志愿服务、扶残助残等表彰人选；

（三）助残志愿服务时间累计达到800小时的，优先推荐为省级志愿服务、扶残助残等表彰人选；

（四）助残志愿服务时间累计达到1000小时的，优先推荐为国家级志愿服务、扶残助残等表彰人选；

（五）四星级以上助残志愿者在升学、就业、晋级、晋职、晋薪、参军、表彰奖励等过程中，各级残联组织和志愿助残注册机构应积极推荐，争取有关部门优先考虑；各级残联组织及直属企事业单位要起带头示范作用；

（六）四星级（含）以上助残志愿者名单及简要事迹应于每年度的5月底之前由各省（自治区、直辖市）残联上报中国残疾人联合会组联部备案。

第七章　附　则

第十八条　各级残联可依据本办法，结合本地实际，制定具体实施细则。

第十九条　本办法的修改、变更、解释权属于中国残疾人联合会。

第二十条　本办法自公布之日起施行。

三、工作综述

（一）融入大局，着力构建长效机制，为残疾人提供实实在在的帮扶

2013 年，志愿助残工作以融入学雷锋志愿服务工作大局为根本，以加强制度化建设形成长效机制为重点，积极探索，开拓创新，着力推动志愿助残工作向基层延伸，为广大残疾人提供了实实在在、优质实效的帮扶。

1. 纳入志愿服务大局，努力形成志愿助残工作合力

切实贯彻党的十八大报告“广泛开展志愿服务，推动学雷锋活动常态化”的精神，落实中央文明办等 7 部门《关于组织开展“关爱他人——爱幼助残志愿服务行动”的通知》，将志愿助残工作进一步融入“学雷锋”和“三关爱”志愿服务活动总体规划，努力形成志愿助残长效合力。

2013 年 1 月 15 日，中央文明办秘书局、交通运输部办公厅、铁道部办公厅、中国民用航空局综合司、中国残联办公厅印发《关于在春节期间组织开展志愿助残主题活动的通知》（残联厅〔2013〕8 号），决定以扶残助残为主题，以出行无障碍、送温暖献爱心、安全防范等为主要内容，以携手全国 8500 万残疾人与全国人民共同欢度新春佳节为主要宗旨，在春节期间广泛开展志愿助残主题活动。

3 月，吕世明副主席代表中国残联参加了中宣部、中央文明办在京召开的学雷锋志愿服务活动电视电话会议并做大会发言，强调要切实加强制度建设，着力形成志愿助残长效机制；要延伸服务领域，着力转变志愿助残工作重心；要加大品牌创新和典型宣传，着力普及志愿助残理念。

5 月，中国残联参加中央文明办召开的学习雷锋志愿服务联席会，并与中央文明办共商开展志愿助残指导员培训工作的新思路，确定今后应加强助残指导员培训，并作为辐射带动力量，去指导培训更多助残志愿者，提高他们服务残疾人的能力和水平，为广大残疾人提供更加优质高效的志愿服务。

2. 印发《中国助残志愿者注册管理办法（暂行）》，加强制度化建设，着力构建志愿助残服务工作长效机制

为推动志愿助残工作的规范化、常态化、长效化，中国残联印发《中国助残志愿者注册管理办法（试行）》，对于注册志愿者的招募与注册、权利与义务、服务与对接、组织与管理、评价与表彰等都做出明确规定，这是我国志愿助残工作规范化制度化的重要标志。

各地按照《中国助残志愿者注册管理办法（试行）》的要求，因地制宜，出台助残志愿服务的文件和措施，青海、辽宁、湖北、四川、安徽等省市出台了本省的志愿助残服务实施办法和实施意见，建立志愿助残服务网络和管理平台，福建、江苏、黑龙江等省开展了志愿助残基层组织和志愿者的统计工作，广西积极探索“社工＋志愿者”志愿助残工作方式并取得了成效。

3. 组织开展学雷锋志愿助残阳光行动主题日活动，为广大残疾人送去关爱和帮助

举行了主题为“我是助残志愿者——我在你身边”的学雷锋志愿助残阳光行动主题日活动，中央文明办等 16 部门和单位领导、部分社会知名人士出席活动。活动中发布了《中国助残志愿者注册管理办法（试行）》，启动了“学雷锋志愿助残培训在线”，表彰了优秀助残志愿者个人和组织机构，制定了《志愿助残爱心公约》。五个专门协会也成立了志愿服务队。

与此同时，全国各地的志愿者也用自己的行动践行了“我是助残志愿者——我在你身边”这一主题。

广东省　省残联、省精神文明办、省民政厅和团省委在广州市天河公园组织开展“广东省‘志愿在康园’启动仪式”，并在全省推广“社工＋志愿者”联动模式，构建“社工专业化支撑，志愿者精神引领；社工指导志愿者，志愿者协同社工”的服务格局，为残疾人提供更多个性化服务。

河北省　以主题活动日为契机，各市开展了形式多样的助残活动，并取得了良好成效。石家庄举办残疾人“幸福时光”交友联谊会，志愿者们全程无微不至地给予残疾人帮扶和关爱，整个现场涌动着爱的暖流。

黑龙江省　全省共组织志愿服务者 7.5 万人次，在主要公共场所向过往群众宣传政策法规、维护残疾人合法权益，弘扬人道主义精神。

吉林省　省残联、省直机关团工委组织省直机关团组织 100 余名志愿者为省残疾人康复中心在训儿童和家庭提供志愿服务。

辽宁省　丹东市将志愿服务活动安排拓展到从 7 月 1—10 日；沈阳市、抚顺市将志愿活动日拓展成志愿活动周；锦州市制定了志愿服务规范；阜新市残联与市精神文明办发布《志愿助残阳光行动倡议书》，新招募助残志愿者 900 人。

江苏省　常州市残联、常州市义工联合总会、常州市聋人协会开展了“关爱残疾人志愿服务——志愿助残阳光行动”主题日活动暨教你学手语广场宣传活动。

河南省　省残联及直属单位组成 22 个“弘扬焦裕禄精神，阳光行动”志愿助残帮扶小组，深入兰考县与残疾人结对帮扶。新乡市各级残联向 1200 名残疾人朋友发

放轮椅、盲杖、收音机、助听器等2000件。鹤壁市开展了"万名残疾人帮扶工程"爱心企业捐助活动。

陕西省　宝鸡市残联组织志愿者深入商场、超市、电影院、旅游景点等地，积极吸引社会各界参加志愿助残阳光行动，营造关心帮助残疾人的良好氛围。

四川省　成都市组织开展了"橙丝带行动"系列助残活动。乐山市残联向贫困肢体残疾人捐赠轮椅350辆。巴中市开展了以"帮扶贫困残疾人，携手共筑中国梦"为主题的"残疾人轮椅捐赠活动"和"残疾人就业招聘活动"。广元市发布《"美丽广元，幸福家园，爱心志愿助残行动"倡议书》。

4. 探索开展更加多样化的志愿助残项目，推动志愿助残工作向基层延伸、向农村倾斜

持续推进"青年志愿助残行动"、"手拉手红领巾助残"、"志愿助残阳光行动"、"盲人文化志愿助残"等。继续在中西部10个省份的161个农村社区（村）残协实施农村社区（村）志愿助残试点项目，助残志愿服务活动形式更加多样、内容更加丰富。各试点地区启动配套试点工作，扩大了试点范围。在广大农村传播志愿助残基本理念，弥补了志愿助残工作的薄弱环节。另外，各地结合当地实际，挖掘利用社会资源开展了新的志愿助残活动，并逐渐形成品牌项目，如湖北省的"情系湖北—用我的声音做你的眼睛"活动，河北省的"善行河北志愿助残"系列活动等。

中国残联与李嘉诚基金会合作，开展长江新里程"集思公益·关心你的残疾人邻居"项目，进一步探索志愿助残新思路，提升社会组织的服务能力和专业水平。项目已经在黑龙江省和湖北省启动，总金额2000万港元，计划5年内实施完成。该项目的实施，对于培育扶持助残社会组织、探索购买社会组织助残服务模式等，具有十分重要的意义。

（二）面临的问题

目前面临的主要问题：一是志愿助残的社会环境有待进一步改善，社会认知水平有待进一步提升；二是深入持久推进志愿助残工作的长效机制尚未有效建立，志愿助残服务的注册、管理、培训和服务对接等工作有待进一步加强；三是志愿服务的能力和专业化水平总体上不够高，需要加强培训；四是志愿助残力量还未形成有效合力，志愿助残工作缺乏资金支持和基础性保障，影响了工作的开展。

（三）未来工作设想

贯彻习近平总书记给华中农业大学"本禹志愿服务队"回信、刘奇葆同志在全国志愿服务工作座谈会讲话精神，按照邓朴方主席、张海迪主席、鲁勇理事长的指示要求，将志愿助残服务融入志愿服务和推进残疾人同步小康的大局，加强基层志愿助残服务，精心打造品牌，在制定政策、完善制度、筹建组织、能力培训方面下大力气，推动志愿助残服务制度化、常态化、长效化，扩大志愿助残覆盖面和社会宣传效应。积极探索创新，借用社会化资源，开创志愿助残新局面。

2014年着力抓好几项工作：一是响应全国志愿服务工作座谈会及中央文明办、中国志愿服务联合会开展"邻里守望"志愿服务活动的倡议，开展"邻里守望关爱残疾人"助残志愿服务；二是与团中央密切合作，推动青年志愿助残阳光行动形成新高潮；三是继续推进"志愿助残阳光行动"，开展好主题日活动，督导各地贯彻执行《中国助残志愿者注册管理办法（试行）》；四是筹备成立中国助残志愿者协会，指导全国志愿助残活动规范有效开展；五是以社区为平台，加强助残志愿者联络站点建设，推进社区助残；总结推广中西部志愿助残试点项目成果；借助长江新里程"集思公益·关心你的残疾人邻居"项目，培育助残社会组织，探索志愿助残新思路；六是召开第五次"自强与助残"表彰大会，宣传助残先进集体和个人的感人事迹，营造良好的助残社会氛围。七是拓宽中国残联五个专门协会志愿服务领域，展示残疾人志愿服务社会风采；

四、重要条目

【2013年"志愿助残阳光行动"主题日活动】2013年7月5日下午，中国残联在中国盲文图书馆举行了主题为"我是助残志愿者——我在你身边"的"志愿助残阳光行动"主题日活动，中央文明办、国家新闻出版广电总局、教育部、文化部、全国总工会、全国妇联、全国老龄办、中国银行业协会、中华志愿者协会、中国文艺志愿者协会、中国残疾人福利基金会、中国电影科学技术研究所、中国盲文出版社、辽宁人民出版社、北京南站等部门和单位领导，以及中国曲艺家协会主席、中国文艺志愿者协会主席姜昆，中央电视台著名主持人白岩松等出席活动。活动中发布了《中国助残志愿者注册管理办法（暂行）》，启动了"学雷锋志愿助残培训在线"，向爱心大使姜昆、白岩松颁发"中华志愿助残阳光大使奖章"，向模范助残志愿者陈欠水、任士荣、洪润浩颁发"中华助残志愿者阳光奖章"，为中国电影科学技术研究所盲人文化志愿服务队、中国传媒大学青年志愿者协会、中国盲文出版社青年志愿服务队、中国狮子联会北京会员管理委员会、工商银行北京岳各庄支行、北京南站润秋服务组授予"中华志愿助残阳光团队"荣誉牌匾。中国文艺志愿者协会与中国残联五个残疾人专门协会联手制定了《志愿助残爱心公约》。中华志愿助残阳光使团和中国残联五个残疾人专门协会志愿服务队也同时成立。同时，各地也围绕活动日主题，组织开展了内容丰富、形式多样的活动。

【任士荣音乐助盲】空政文工团国家一级演员、合唱队队长、党委委员、空军艺术职称评审委员，1996年退休。2007年创办和谐之声盲人手风琴合唱班，用音乐艺术助残。2011年，中国盲文图书馆落成开馆，他每周三、四全天在馆义务为盲人开展手风琴培训。六年多来，他风雨无阻，热情、耐心教授每一位盲人朋友唱歌、学琴，还专门为盲人写新歌，亲自一句句地教盲人朋友演唱。他创作的歌曲贴近盲人心声，内容积极向上，点亮了盲人朋友对生活的希望。任士荣还义务教盲人朋友拉手风琴，他克服困难，反复摸索，多次实践，发明创作了“触摸教学法”。为激发学员的信心，让练习过程充满乐趣，他还发明了“快乐教学法”，不断鼓励和赞扬每一位盲人朋友。在这样一种宽松和谐的学习环境中，盲人学员进步很大，每位学员都能独立演奏手风琴，享受音乐带来的快乐。为了让盲人朋友进一步融入社会，任士荣带领自己的盲人学员参加各种演出。通过文艺演出，盲人学员体会到自己的价值，变得更加自信、开朗。他们的精彩演出引起了社会媒体的广泛关注，中央电视台、北京电视台、东方卫视等纷纷进行报道。2012年12月3日国际残疾人日，任士荣组织盲人学员自编自导自演了一场“庆祝十八大、欢度残疾人日”的精彩演出。2013年初，国务院副总理回良玉去中国盲文图书馆视察工作，亲自观看了盲人手风琴班的演出，赞扬他热心助盲，爱心扶盲，并衷心感谢他对盲人朋友热情的辅导和关怀。

【陈欠水扶贫助残】

福建省惠安县残联原理事长，2005年6月退休后，他自愿成为一名助残志愿者。七年来，一辆破自行车、一个破军用水壶、一个破文件包，他走遍了全县每个角落，走访了全县残疾人和白内障患者21000人，行程92000多公里，风雨无阻，节假日也不休息。据统计，他2006年下乡352天，2007年下乡341天，2008年下乡343天，2009年下乡335天，2010年下乡334天，2011年下乡339天，2012年下乡338天，其余175天也是用于送白内障患者到一八零医院手术和相关工作，参加个别会议，几乎没有休息。七年来，他自学鉴别白内障患者的相关知识，独自走遍全县所有乡镇、村庄、亲自筛查、确诊、填表，直至安排车辆送院手术并参与护理，复明人数达2010人；多方筹集资金为2986名残疾人和困难群众办实事，为贫困残疾孤老送大米、食用油，为行动不便者解决家庭琐事，为残疾人实施小额扶贫，为无劳动能力者寻求救济款和物品。在家庭经济并不宽裕的情况下，个人捐资55700多元，用于扶贫助残。特别是每年春节都要拿出3000多元向十几名孤老残疾人拜年，这一做法从1993年开始至今已经坚持21年。对在走访中发现的残疾人特困户，他有的帮几年，有的坚持帮十几年甚至二十几年，不因行政管辖区域的改变而放弃。

为做好“传、帮、带”工作，2012年4月，惠安县纪委、文明办、团委、残联开展了“陈欠水扶贫助弱”青年志愿服务活动。每月第一周的星期日上午，陈欠水带领学生志愿者，骑着自行车到困难残疾户家里开展帮扶活动，从2012年4月至2013年6月，他带领15所中学的153名志愿者先后到全县12个乡镇的22个行政村为孤老残疾人服务57人次，共送去大米1360斤，食用油170斤，蛋黄派10箱，除帮每户打扫室内外卫生外，还为四户修缮了房子，为两户高龄麻风残疾人和双腿截肢者建了卫生厕所。

五、大事记

1月15日，中央文明办秘书局、交通运输部办公厅、铁道部办公厅、中国民用航空局综合司、中国残联办公厅联合印发《关于在春节期间组织开展志愿助残主题活动的通知》（残联厅〔2013〕8号），要求各有关部门和单位落实中央文明办“红红火火过大年”主题志愿服务活动的要求，以出行无障碍、送温暖献爱心、安全防范等为主要内容，在春节期间广泛开展志愿助残活动。

3月2日，中宣部、中央文明办在京召开学雷锋志愿服务活动电视电话会议，部署学习雷锋志愿服务工作。会议强调，要以学习贯彻十八大精神为主线，着力推进志愿服务制度化；要积极培育志愿服务文化，广泛开展关爱老幼弱残志愿服务活动，打造关爱他人、关爱社会、关爱自然的活动品牌。中宣部常务副部长、中央文明办主任雒树刚出席会议并做重要讲话，中央文明委部分成员单位负责同志出席会议，各地文明委和有关部门负责同志在分会场出席会议。中国残联党组成员、副主席吕世明出席会议并讲话。

4月24日，中国残联办公厅下发《关于积极推荐第四届全国道德模范人选的通知》（残联厅函〔2013〕61号），要求各地按照中宣部等6部门《关于开展第四届全国道德模范评选表彰活动的通知》（文明办〔2013〕8号）精神，及时推荐道德高尚、事迹感人的扶残助残先进单位和个人，以及热心帮助他人、积极回报社会、诚实守信、敬业奉献、孝老爱亲的优秀残疾人。

6月28日，中国残联印发《中国助残志愿者注册管理办法（试行)》，《管理办法》进一步完善了助残志愿者招募注册、服务对接、组织管理、评价激励等制度，提升了志愿助残工作的规范化、专业化管理水平。

7月5日下午，中国残联在中国盲文图书馆举行了主题为“我是助残志愿者——我在你身边”的“志愿助残阳光行动”主题日活动。

9月19日，中央精神文明建设指导委员会决定，授予54名同志第四届“全国道德模范”称号，其中张丽莉、王结等残疾人及亲友、残疾人工作者和助残者共计14名。这些人中，有残疾人4名，残疾人工作者1名，助残2名，残疾人亲友7名。

12月19日，中央文明办召开志愿服务工作座谈会，中共中央政治局委员、中宣部部长刘奇葆出席会议并讲话指出，要坚持以空巢老人、留守儿童、农民工、残疾人为服务重点，积极搭建志愿服务活动平台，把志愿服务做到基层、做进社区、做进家庭，促进学雷锋活动常态化。

12 月 19 日，中国志愿服务联合会发出《关于开展“邻里守望”志愿服务活动的倡议书》，提出要重点关爱空巢老人、留守儿童、农民工和残障人士，用志愿服务使每一个遇到困难、渴望帮助的人得到及时的关爱。

12 月 21 日，中国盲文图书馆举办中华志愿助残阳光使团暨中国盲文图书馆星级志愿者表彰联谊会，中国残联党组成员、副主席吕世明出席并讲话，近 300 位志愿者代表和盲人参加，73 位志愿者荣获一至五星级文化助盲志愿者证书，22 个志愿者团队荣获优秀志愿服务团队证书。

附录一

辽宁省残疾人志愿服务社会调研报告

为认真贯彻《2014 年残疾人工作要点》关于“推进残疾人志愿服务工作”的要求，总结 2013 年地方残疾人志愿服务社会工作，并为筹备和启动中国青年志愿者助残工作做好准备，2014 年 1 月 16—17 日，中国残联组联部朱春林、孙一平组成调研组前往辽宁省沈阳市、抚顺市和清原满族自治县开展了残疾人志愿服务社会专题调研。调研组走访考察了清原县“牵手心园”爱心团队、抚顺市望花区北厚社区“阳光团队”、古城社区“爱同舟”志愿服务队、沈阳市东陵区（浑南新区）世纪新城社区残疾人协会等残疾人志愿者团队，召开了 4 次座谈会，听取了沈阳市残联、抚顺市残联、清原县残联、东陵区（浑南新区）残联以及相关残疾人志愿者团队的情况介绍，听取了基层关于残疾人志愿服务工作的意见与建议。现将调研工作报告如下：

一、基本情况

目前辽宁省残疾人志愿服务主要有三种团队模式：全部由残疾人组成的志愿服务团队；残疾人发起组织、残健融合的团队；残疾人加入到志愿者服务团队中。

1. 全部由残疾人组成的志愿服务团队：抚顺市望花区北厚社区“阳光团队”成立于 2007 年，由 90 名残疾人组成，主要在社区内从事卫生清洁、巡逻、防火防灾、设施维护、修理电器、扶孤助老等志愿服务，受到社区居民欢迎，有力地推动了社区建设，提升了社区文明水准。沈阳市东陵区（浑南新区）的“残疾人爱心车队”，由残疾人三轮车主和轿车车主组成，上门为残疾人和低保户免费提供出行服务。东陵区（浑南新区）世纪新城社区残疾人协会志愿服务队由 24 名残疾人组成，为残疾人提供理发、修理、扶贫帮困、医疗等服务。沈阳市和平区南湖街道肢残人协会“爱心玫瑰”志愿者服务队，为街道的残疾人家庭免费提供电脑、小家电、杂项维修服务。沈阳市盲协成立志愿服务队，义务为社会提供按摩服务。

2. 残疾人发起组织、残健融合的团队：清原满族自治县南山城镇黑瞎子沟村农民袁存泉高位截瘫，但他自强不息，奉献社会。2008 年 5 月，创建了“牵手心园”爱心团队，目前队员 411 人，其中残疾人 97 人。先后开展助残、助医、助困、助学、架桥修路、扶危济困活动 60 多次，募集款物 170 余万元，帮助残困群体 600 余人次，其中 400 余人为残疾人。袁存泉创建的冰凌花开网站，10 年来通过 QQ、邮件、信件、电话等方式为 4000 多人提供心理辅导。他建立了残疾人创业就业 QQ 群，聘请有特长的专业爱心人士做老师，通过指导开设网店、找寻爱心供货商，为重残人就业提供了平台。

3. 残疾人加入到志愿者服务团队，成为团队成员。抚顺市望花区古城社区的“爱同舟”志愿服务队，成立于 2007 年，由 35 名下岗失业人员组成，其中 3 名残疾人（肢残 2 人，智残 1 人）。该服务团队制定了规章制度和服务准则，为 100 多名孤寡老人、残疾人、病人和其他困难人群义务提供买粮买菜、洗衣做饭、清扫保洁、看病就医等服务，肢残人纪炳霞加入到“爱同舟”团队后，乐观面对生活，与其他姐妹一起照顾空巢老人和生活不能自理的残疾人，并被评为辽宁省敬老爱老模范。抚顺市聋协主席杨春祥等加入到“彩虹公益”组织中，参加环保、救灾、维护公交秩序和其他志愿服务活动。

二、存在的问题

1. 残疾人志愿服务多是群众朴素的、自发性的活动，组织比较松散，力量比较分散。有的服务团队联连固定的活动场所和阵地都没有。

2. 缺少有效的政策支持。近年来各级残联出台了一系列加强志愿助残工作的文件和政策，而对于残疾人志愿服务却几乎没有政策出台。

3. 经费不足。团队的活动费用基本是自筹，残疾人志愿者参加活动均是自掏腰包，缺少相应的交通、通讯等补助。

4. 参与人数少，服务覆盖面有限，服务水平有待进一步提高，缺少有影响力的服务品牌。

5. 与志愿助残工作相比，残联对残疾人志愿服务重视不够，残疾人志愿服务的组织体系也不健全，缺少有效的工作思路，也没有准确规范的统计数据。

三、对策建议

1. 各级残联应重视残疾人志愿服务工作，将其纳入工作计划和列入议事日程。

2. 积极出台有关残疾人志愿服务的政策措施，给予必要的经费支持，推进规范化、制度化建设，促进残疾人志愿服务良性发展。

3. 加大招募和培训力度，发展壮大残疾人志愿者队伍。

4. 抓好项目品牌建设，积极打造残疾人志愿服务品牌，提高服务实效和水平，扩大社会影响力。

5. 抓住机遇乘势而上。此次团中央与中国残联合作，共同开展青年志愿助残工作，这为推动残疾人志愿服务社会提供了难得的契机，应抓住有利机遇，将其纳入到其中，有组织地开展形式多样的残疾人志愿服务活动，使更多的社会成员享受到残疾人的服务，感受残疾人自强不息的精神。

附录二

中国电影科学技术研究所“口述影像·文化助盲”活动

“口述影像·文化助盲”活动是2012年5月由国家新闻出版广电总局中国电影科研所发起的。活动一经发起，得到了总局领导、机关党委和团委的大力支持，在很短的时间内就招募志愿者98名。他们中80%来自一线电影艺术创作、研究和技术人员，35岁以下的青年党员和团员占85%以上。

在2012年7月18日的“口述影像·文化助盲”活动启动仪式上，中国电影科研所盲人文化志愿服务队正式成立。启动仪式当天，志愿者们在“盲人文化志愿服务队”队旗下庄严宣誓：“尽己所能，勇于担当，为推动残疾人文化事业发展、构建和谐社会贡献自己的力量。”通过积极宣传和推动，全国广电系统更多的志愿者加入到这项公益活动中，志愿者队伍在不断壮大。截至2013年7月，来自全国176名广电人加入了“盲人文化志愿服务队”。他们无私奉献自己的时间、精力和才华，不计任何报酬，参与志愿服务300余人次，志愿服务5000余小时，制作完成无障碍电影脚本40余部。

口述电影的制作是将普通影片中的视觉成分，如空间、场景、人物表情和动作等用语言加以解释、描述并巧妙地插入到影片适当的场景中，使之与影片放映融为一体。志愿者在这项公益活动中主要承担撰写口述电影脚本和对脚本进行录音的工作。制作时他们把自己在影视编剧、配音、制作方面的经验，同口述影像馆专业培训结合起来，现场体验口述版和非口述版的演示片段，制作每一部影片时都悉心体验盲人“看电影”时的感受。“口述影像·文化助盲”活动开展一年来，广大志愿者们从中增长了影视服务特殊群体的专业经验，充分感受着为盲人朋友带来快乐的喜悦。

附录三

中国银行业协会助残事迹

银行作为重要的社会服务窗口，做好残障人士服务工作尤为重要，这也是银行业应尽的社会责任和首要义务。中国银行业高度重视对残障人士的服务保障工作。2012年，针对广大残障人士在办理银行业务时所遇到的困难，中国银监会印发了《关于银行业金融机构加强残疾人客户金融服务工作的通知》。中国银行业协会向全行业印发了《关于进一步完善残障人士银行服务的自律要求》，从贯彻落实国家政策、严格执行监管规定及行规行约、制度建设、产品和服务创新、人性化服务、应急处理机制、执行情况检查和自律惩戒等八个方面提出了具体要求，促进了商业银行服务残障人士水平和能力的进一步提升。到2013年7月，银行业金融机构开设无障碍通道的网点达到25506个，新增8554个，同比增长50%；开设爱心窗口23107个，新增14407个，同比增长165%；参加志愿扶助行动人数达12万多人次，这些志愿行动涵盖关爱儿童、关爱残障人士、孤寡老人、绿色环保等各方面；组织开展手语等与服务残障人士相关的培训近1万次，培训员工数达15万人次。另外，银行业开展了形式多样的公益活动，如中国工商银行北京岳各庄支行的“爱心助残”志愿活动，为残疾人提供了长期人性化的优质服务；招商银行发起的“爱满葵园”关爱脑瘫、自闭症儿童的活动，为这些特殊的孩子实现了他们的微愿望；浦发银行发起的“西藏光明行”活动，在白内障眼疾高发地区日喀则为患者提供医疗援助；中国银行业协会的同事们向脑瘫儿童赠送了手机，实现了孩子们想用手机与母亲通话的美好愿望。据不完全统计，银行业此类专项关爱活动近1000个。同时，银行网点通过安装语音叫号系统、提供触摸式密码输入器，设计助盲卡、制作盲文版业务指南和盲文网站等服务措施，大大提升了残障人士的服务意识和服务能力。

为深入贯彻落实《无障碍环境建设条例》，中国银行业协会于2013年制定印发《关于进一步改进无障碍银行服务的自律约定》，有效解决了社会各界广泛关注的视力障碍客户到银行办理业务携带导盲犬、提供盲文交流服务及自助渠道和电子渠道无障碍设计等热点问题，切实保障了残障人士平等享有银行服务的权利。

附录四

北京南站润秋服务组

2010年，为让更多的老、幼、病、残、孕等重点旅客享受服务、快乐出行，北京南站成立了以全国劳模张润秋为组长，10名年轻客运员为组员的“润秋服务组”，设立了“润秋服务台”，开通了“润秋热线”，建立起“润秋博客”，印制了“润秋名片”，将原京津城际VIP特等专区改为爱心候车专区，面向老幼病残孕等旅客提供无障碍爱心一条龙服务。针对身有残疾的旅客，润秋服务组专门在进站口设置迎宾岗，确保第一时间发现、第一时间帮扶。根据残障旅客需要特殊照顾的实际需要，润秋服务组在专区中特意添置了水车、暖瓶、可折叠的爱心小推车和轮椅。充分利用车站专门为残障旅客设置的爱心售票窗口、爱心通道等措施，让残疾朋友享受从进站、购票到候车、乘车的无障碍爱心一条龙服务。在做好咨询服务、承诺服务、帮扶服务、礼宾服务、特色服务、流动服务、广播服务、引导服务的同时，润秋服务组还特别推出了爱心服务卡，建起了润秋微博，为行动不便的残障旅客提供接送站预约服务，让残疾朋友出行吃了定心丸。

润秋服务组的全体同志在岗位上始终秉承“以服务为宗旨，待旅客如亲人”的服务理念，积极主动自学手语、中西医救护知识和服务心理学，不断提升服务技能，提高服务品质。在服务中她们发挥团队的团结、拼搏、创新精神，勤思考、勤总结，先后创新出“三勤”、“三到”服务法和“六式六心”服务法，根据不同残障旅客的需求，有针对性地在接站、陪同、引导、帮扶上车和站车交接等方面细化措施，比如针对盲人朋友的搀扶引导法、针对肢体残疾朋友的全程护送法，力争做到贴心周到。她们曾为多个残疾人团队服务，成为这些重点旅客的朋友、亲人，被旅客亲切地誉为“当代雷锋”、“小护士”、“贴心人”。

三年来，润秋服务组每天接待的数百名重点旅客中有1/3为残障旅客，而其中一半以上的旅客在下次出行时还会预约“润秋服务”。润秋服务组的姑娘们用热心、细心、真心、爱心为广大残障旅客带去了便捷和温暖，得到了各级领导和广大旅客的赞誉，成为北京南站一道亮丽的风景。

附录五

洪润浩志愿者服务队

洪润浩志愿者服务队成立于2006年11月3日，是哈尔滨市唯一以个人名字命名的志愿者服务队，创始人洪润浩是一名残疾人。通过招募、宣传、搞活动等方式，截止到2013年5月，洪润浩志愿者服务队共有六所高校参与，助残服务分队21支，助残志愿者总数4500人。

洪润浩志愿者服务队始终坚持以“残疾人所需、志愿者能为”作为服务队的出发点和落脚点，服务队宗旨是：及我所能，服务残疾群体；奉献爱心，共建和谐社会。七年来，先后帮助残疾老人150名，200余名志愿者与100余户残疾家庭结成帮扶对子，开展为残疾人修鞋、理发，陪残疾人聊天、娱乐，为残疾家庭购物等帮扶活动，给广大残疾人家庭带去温暖和帮助。

服务队先后帮助430名残疾人家庭的孩子补习功课，累计补课时间达60000余小时，其中有22名残疾人家庭的子女在服务队的帮助下考入省、市重点高中，8人考入国家重点大学。服务队在哈尔滨市伍连德小学为残疾家庭子女开设了全省唯一一家“七位一体助残活动室”，主要包括：科技普及服务站、绿色上网服务站、心理咨询服务站、英语交流服务站、图书漂流服务站、文体活动服务站、手工绘画服务站。在道外区的117中、34中、65中三所中学建立了“七位一体助残活动室”分站，还在117中建立了图书馆和微机室，让广大残疾人家庭的子女就近得到全面的锻炼和帮助。

服务队得到省委、省政府以及省、市残联的高度重视和大力支持，原中共黑龙江省委书记、现任全国人大常委会副委员长吉炳轩亲自到服务队看望广大助残志愿者，并拨付100万元资金，支持“七位一体助残活动室”建设。2013年1月，洪润浩志愿者服务队应邀参加中央电视台大型公益栏目社区英雄，最终以16票的优势战胜青海志愿服务组织，赢取了25万元的公益资金。

洪润浩志愿者服务队连年被省、市、区评为助残志愿服务先进集体，2008年7月，洪润浩志愿者服务队申报的青春—爱心—志愿者辅导站被共青团中央、中国青年志愿者协会授予“第七届中国志愿服务项目金奖”。中央电视台、新华社、北京电视台、中国青年报等新闻媒体报道了洪润浩志愿者服务队的助残事迹。

（朱春林供稿）

第五编　中国残疾人福利基金会工作

WORK BY CHINA FOUNDATION FOR DISABLED PERSONS

一、领导讲话和批示

张海迪在中国残疾人福利基金会三届五次理事会议上的讲话摘要

2013 年 4 月 25 日

每次来参加中国残疾人福利基金会的会议，我都非常高兴，也感到特别亲切。因为二十九年前我见证了它的成立，从那以后，我也多次见证了社会各界对这个基金会的关注和支持，见证了它为改善和帮助残疾人的生存与发展所做的努力。我有时想，中国残疾人福利基金会不仅仅是一个基金会，它还是一个美好的理想。朴方同志因自己的痛苦想到所有中国残疾人的痛苦，在非常困难、一无所有的情况下，为建立残疾人福利基金会倾尽全力。当基金会的牌子悬挂起来的时候，美好的理想变成了现实，很多残疾人也看到了希望。因为人们对这个基金会的关心就是对残疾人的关心，每一笔基金都体现着人们对残疾人兄弟姐妹的关爱与帮助。

近几年，我不断思考基金会的意义，它的发展前景，特别是基金会怎样为残疾人做更多的事情，这也是中国残联工作的内容。中国 8500 万残疾人，有 70% 的残疾人生活在农村，其中有 1500 万以上贫困残疾人，我们要帮他们尽快改善生活，帮助他们早一天过上幸福的生活；我们特别要帮助残疾儿童及时康复，让他们有一个美好的未来。残疾人事业需要党和政府的关怀，也需要社会力量的援助。面对如此庞大的残疾人数字，我们一定要做好公益慈善事业，发展好基金会。今天，我们要有新的理想，要把残疾人福利基金会做成最好的，中国的，世界的。

但是，要做好基金会就要有坚定的决心，始终弘扬人道主义思想，树立良好信誉，做好服务品牌，努力帮助残疾人消除痛苦，解决困难，实现梦想。近年来，中国残疾人福利基金会取得了一些成绩，培育了“集善工程”公益品牌；打造了集善嘉年华、启明行动、助听行动、信息无障碍行动、阳光伴我行、三星爱之光、我送盲童一本书等一批有社会影响力的公益项目；培养了一支朝气蓬勃、勇于创新的工作队伍；广泛动员社会力量，帮助很多残疾人改善了生活，在推动残疾人康复、就业、教育、文化体育事业发展等做出了积极贡献。我想，这些成绩是基金会的骄傲，也是对爱心捐助者最好的交代。

一个基金会的存在要靠坚实的财力支撑，更要靠良好的信誉和公信力做保证。近几年，一些基金会遇到了严峻的考验，接受了来自各方的监督和质疑，在这样的形势下，中国残联对福利基金会的工作非常关注，希望它健康有序地发展，成为社会公益和慈善事业的旗帜。2012 年，基金会严格执行《基金会管理条例》，按照民政部制定的《中国慈善事业发展指导纲要（2011—2015 年）》和《关于规范基金会行为的若干规定（试行）》，坚持公开、透明、高效的工作原则，积极完善规章制度，努力推进各项工作，探索新的公益项目，及时披露相关信息，提升了公信力和影响力，得到了社会各界的高度评价。在此，我代表中国残联，向基金会理事会表示祝贺，向所有关心支持中国残疾人福利基金会发展的朋友们和爱心企业表示感谢！在座的各位理事都是国内外的知名人士，你们关心残疾人事业，始终不遗余力地支持着基金会的工作，是基金会的重要支撑力量，我也向你们表示衷心的感谢！

2012 年，基金会工作开展顺利，资金筹集和公益项目支出不断增长，制度建设不断完善，公益项目得到巩固发展，信息公开得到权威认可，特别是公众募捐热情不减，这些都让我们感到欣慰。这些成绩是基金会各位理事、监事和全体同志共同努力的结果，也体现了社会对残疾人的关心和支持。我要特别感谢佳通集团、交通银行、中国三星集团、中国一汽、中国银联、美国如新集团、世界宣明会、香港赛马会、台湾明门实业有限公司、德国奥托博克公司、香港方树福堂和方润华基金、瑞声达公司、361 度（中国）有限公司、西安杨森制药公司、上海拉夏贝尔公司，这些国内外知名企业和组织都积极加入到帮助残疾人的队伍中来，激扬起美好的中华精神，奉献出人间大爱的力量。我相信，假如我们能帮更多的人摆脱贫困和痛苦，我们就会感到真正的幸福，因为善良、高尚、无私才是最美的人生境界。

2013 年，是深入贯彻《中国残疾人事业“十二五”规划》的重要一年，中国公益慈善事业会有更大的发展，中国残联将继续重视、关注和支持基金会的工作。希望基金会理事会准确把握慈善事业的发展趋势，抓好残疾人事业加快发展的契机，管理并使用好每一笔基金。要继续在规范化、科学化管理上下功夫，充分发掘社会资源、创新公益项目，为残疾人福利事业的发展做出新的贡献。我也相信，在朴方会长的领导下，在小泉理事长的带领下，基金会的同志们一定会做出新成绩！

民政部民间组织管理局副局长刘忠祥在中国残疾人福利基金会三届五次理事会议上的讲话摘要

2013 年 4 月 25 日

党的十八大报告提出，要加快形成政社分开、权责明确、依法自治的现代社会组织体制。今年 3 月底，《国务院办公厅关于实施任务分工的通知》颁布，提出 2013 年 12 月底前民政部将会同法制办完成《社会团体登记管理条例》等相关行政法规修订工作，对行业协会商会类、科技类、公益慈善类、城乡社区服务类社会组织实行民政部门直接登记制度。通过对这一系列文件的认真学习与深刻探讨，可以看到，我国未来的社会组织势必将蓬勃发展，大有作为。

今年 4 月 16 日，民政部民间组织管理局发布的《基金会蓝皮书：中国基金会发展报告（2012）》数据显示，近年来我国基金会数量迅速增长，规模不断扩大，到 2012 年第三季度，全国依法登记的基金会达到 2961 个，比 2005 年翻了近两番，平均年增长率近 20%。基金会总资产已超过 800 亿元，专业慈善组织发展到数十万个。社会捐赠总额 2002 年为 20.8 亿元，2008 年和 2010 年均突破 1000 亿元。慈善活动已经由扶老、助残、济困、救灾发展到教育、科技、文化、卫生等各个领域。

随着我国经济社会的发展，公民与企业的慈善意识不断提升，我国基金会事业发展既面临着挑战，也迎来了一个历史性发展契机。30 多年来，通过理论与实践相结合的发展模式，基金会行业正在逐步探索着发展趋势和自身规律，未来我国基金会的数量和规模仍将进一步扩大，实力还将更加增强，管理必将更加规范。

民政部民间组织管理局将继续积极推动《基金会管理条例》的修订，促进《慈善事业法》的制定出台。我们将进一步完善基金会行为规范和活动准则，规范基金会的捐赠、接收、管理和使用行为、保值增值行为、与盈利机构的合作行为等。同时，我们将强化登记管理机关职能，加强日常监督、年度检查、等级评估和税收优惠资格审查等现有的监管手段，继续加大对基金会的监督管理，促进建立政府监督、公众监督、内部治理和行业自律的四位一体的基金会监管体系。我们将继续推行信息公开，抓好现有信息公开制度的落实，扩大基金会在组织募捐、开展公益活动、财产管理等公众关心环节的公开程度，还要进一步支持基金会统一网络工作平台的建设。

作为在民政部登记的 8 家 5A 级基金会之一，中国残疾人福利基金会在“集合人道爱心，善待天下生命”理念的指引下，在中国残疾人联合会的大力支持和正确指导下，在全体理事、监事和工作人员的共同努力下，在近 30 年以来的时间里，坚持自律自省、勤奋务实，积极动员社会力量助力残疾人事业发展，真正体现出了作为“集天下之爱心，谋残疾人之福祉”的公募基金会的社会责任，更是踏实努力地为我国社会公益慈善事业的繁荣发展贡献力量。中国残疾人福利基金会率先垂范，在强化规范运作和公开透明意识，打造公益品牌，传播慈善文化，推广先进模式，自觉接受监督等诸多方面都切实用实际行动获得了广大残疾人兄弟姐妹的肯定与社会公众的认同。

2012 年，中国残疾人福利基金会认真贯彻执行《关于规范基金会行为的若干规定》等相关规章制度，积极参与配合民政部社会组织评估工作，在内部治理、组织建设、资金筹集、项目运作、公益资源使用等方面下功夫、着气力；并且在全面规范理事会建设、财务管理、人员培训、信息公开、商业合作等方面事项都有了很大的动作；积极参与发起设立中国慈善联合会；积极参与中国社会组织促进会基金会分会组织培训、沙龙等活动；积极参与民政部政府购买社会组织公益服务项目；积极参与配合中国基金会网的工作及相关活动。

值得一提的是，2012 年全国残疾人福利基金会工作研讨会的举办为全国的残疾人福利基金会搭建了一个学习、交流、合作、对话的平台，也为社会了解残疾人福利基金会的工作提供了一个特殊窗口。已举办的几届研讨会我们民间组织管理局都受邀参与，可以看到研讨会对于扩大残疾人福利基金会之间的交流，促进能力建设，推动残疾人福利基金会的健康发展起到了积极的作用。

近日，中国残疾人福利基金会又再次荣获了中华慈善奖等奖项。

民政部民间组织管理局也将会一如既往支持中国残疾人福利基金会的各项工作，希望中国残疾人福利基金会继续在业务主管单位中国残疾人联合会的指导下，在基金会理事会带领下，全体同志团结一致、开拓创新，继续为残疾人康复、教育、就业、文化等方面募集资金和物资，围绕加快形成我国现代社会组织体制，为构建和谐社会继续发挥更大的作用。

中国公益慈善事业的发展需要党和政府的大力支持，需要公益慈善组织的不懈努力，需要社会舆论的正确引导和公众的广泛参与。希望中国残疾人福利基金会秉承“弘扬人道，奉献爱心，全心全意为残疾人服务”的宗旨，在 2013 年度的工作中取得更大进步！

国务委员王勇在中国残疾人福利基金会报送的《关于我会再次获评 5A 级社会组织的报告》上的批示

2013 年 8 月

向基金会取得的成绩表示祝贺！望再接再厉，扎实工作，为我国残疾人事业做出更大贡献！

王乃坤在全国残疾人福利基金会工作研讨会上的讲话

2013 年 11 月 7 日

党的十八大提出了全面建成小康社会的宏伟目标，明确要求“健全残疾人社会保障和服务体系，切实保障残疾人权益”。今年9月圆满闭幕的中国残联第六次全国代表大会，习近平等党和国家领导同志到会祝贺，中共中央政治局常委、国务院副总理张高丽代表党中央、国务院发表了题为《在实现中国梦的伟大实践中，创造残疾人更加幸福美好的新生活》的祝词，充分体现了党中央、国务院对残疾人事业的关心，使我们倍受鼓舞。

中国残联始终高度重视、关心和支持残疾人福利基金会的各项工作。在残联各系统和社会各界的共同努力下，各级残疾人福利基金会组织架构不断完善，内部建设不断优化，公益项目不断丰富，筹资规模不断扩大，项目管理不断规范，社会影响力不断提升，切实帮助了广大残疾人。

中国残疾人福利基金会能够深入贯彻落实《中国残疾人事业“十二五”发展纲要》，严格执行《基金会管理条例》，按照民政部制定的《中国慈善事业发展指导纲要(2011—2015年)》和《关于规范基金会行为的若干规定(试行)》，坚持公开、透明、高效的工作原则，改善了残疾人生活、增进了残疾人福祉、促进了社会和谐。在汤小泉理事长和基金会领导班子的坚强带领下，全体同志同心同德，攻坚克难，共同努力，各项工作稳步推进，制度建设进一步完善，资金筹集和项目支出不断增长，公益项目得到巩固发展，信息公开得到权威认可。

2012年，中国残疾人福利基金会收入3.57亿元，取得了可喜的成绩，工作中体现了以下三个方面的特点：

一是重视自身建设，再次获评5A级社会组织。在去年底民政部组织开展的社会组织评估工作中，基金会在时间紧、任务重、标准高、要求严的情况下，能够认真准备，按时、高质量地完成评估工作，再次获评5A级社会组织，得到了国务委员王勇同志的认可。我们认为，这是对基金会各项工作的充分肯定，也是提出了更高的期望和要求。

二是项目蓬勃发展，品牌项目影响力大。2012年，基金会共开展了100多个公益项目，“集善工程”品牌深入人心，启明行动、助听行动、助行行动、助学行动、助困行动、中国信息无障碍论坛等也都在深入推进并取得了良好的成绩。令人鼓舞的是，“阳光伴我行”项目被评为第八届中华慈善奖“最具影响力慈善项目奖”；“集善盲童助学示范项目”连续两年成为中央财政支持社会组织参与社会服务的示范项目。这既是国家对基金会的重视和信任，又是一种期望和鞭策。希望大家再接再厉，高标准严要求，扩大项目的社会影响力。

三是创新思路，公众募款取得积极成效。按照朴方主席提出的关于加强公众募款工作的要求，我们欣喜地看到，基金会能够大胆创新，勇于迈出公众募捐的脚步，努力增加捐赠渠道，积极拓宽社会捐赠面。

过去一年，各级残疾人福利基金会都取得了可喜的成绩，但我们也要清醒地看到存在的不足和面临的挑战。我们要继续坚持以残疾人为本，以实现残疾人全面小康为主题，进一步贯彻落实《中共中央国务院关于促进残疾人事业发展的意见》，实施好《中国残疾人事业“十二五”发展纲要》，不断增进残疾人福祉，努力改善残疾人生活状况。要重点做好以下四个方面的工作。

一是要用真情和爱心干事业，增强责任感。残疾人事业是一份特殊的事业，需要用心去认知，去体验，去提高。要多接地气，深入到残疾人中去，加强同他们的联系，了解他们的需求，增加对他们的感情，要千方百计动脑筋，想办法，办实事，谋福祉，始终和广大残疾人心连心。

二是要精心实施公益项目，推动项目创新。要努力挖掘社会资源，借鉴学习国内外优秀公益组织的先进经验，探索行之有效的服务模式，稳步推进政府购买社会组织助残服务，做大做强已有的品牌项目，努力推动项目创新，加强项目监管和问责，确保信息公开、透明，进一步提升公信力和社会影响力。

三是要组织好公益活动，做好公众宣传。要充分利用全国助残日、国际残疾人日等有利时机集中宣传，活动既要隆重热烈，丰富多彩，又要简朴节约，务实求效。要积极维护好和媒体的关系，利用好广播、电视、报纸，兼顾网络、微博等宣传载体和形式，向社会各界广泛普及扶残助残的社会风尚，形成全社会关心、支持残疾人的良好社会氛围。

四是立足当前，着眼未来，大力加强人才队伍建设。人才队伍建设是发展残疾人事业的关键和源泉。要建立健全人才保障机制，制定切实可行的人才培养计划，创造各种机会使大家开阔眼界，增长知识。要充分发挥他们的作用，搭建展示才能的舞台。要重视职业培训，创新人才培养机制，既要满足当前需求，又要着眼未来。同时，大家也要不断学习，把学习当作一种精神追求，在实践中不断充实自己。

同志们，做好新形势下的残疾人工作责任重大、使命光荣。党的十八大确定了“两个一百年”奋斗目标，习近平总书记明确提出了实现中华民族伟大复兴的中国梦。中国梦是国家的梦、民族的梦、人民的梦，也是广大残疾人的梦。只有残疾人生活改善了，能够更加平等的参与和融入社会，我们的中国梦才会更加美丽。站在新的历史起点上，残疾人事业将会有更大的发展。希望基金会能够紧紧抓住残疾人事业加快发展这一机遇，继续认真履行人民团体的社会职能，继承和发扬光荣传统，恪尽职守，扎实工作，努力创新，不断提高服务本领，锤炼过硬作风，全心全意为残疾人服务，逐步打造成一个现代化的、一流的、符合中国国情的、符合中国残疾人事业的有特色的基金会，为全面建成小康社会、实现中华民族伟大复兴的中国梦做出新的更大的贡献！

二、工作综述

2013年是残疾人事业快速发展、残疾人生活状况不断改善的重要一年。在党的十八届三中全会和中国残联六代会精神的指引下，中国残疾人福利基金会认真贯彻党中央、国务院的重大决策和部署，深入落实《中国残疾人事业"十二五"发展纲要》，围绕残疾人工作"新的起点"、"把底兜住"、"同步小康"、"中国特色残疾人事业"等关键词，为改善残疾人生活、增进残疾人福祉、加快残疾人全面小康进程，促进社会和谐而不懈努力。2013年，基金会紧紧围绕中国残疾人福利基金会三届理事会确定的任务目标，在邓朴方会长和中国残联党组、理事会的领导下，在基金会全体同志的努力下，圆满完成了全年工作任务。

2013年，基金会筹集资金和物资3.63亿元，（其中现金1.46亿元，物资2.17亿元），完成全年预算的132.11%；公益项目支出3.2亿元，完成全年预算的127.34%。本年度工作人员工资福利和行政办公支出1409.40万元，占总支出的4.26%，符合《基金管理条例》的规定。

2013年，基金会继2008年获评第一批5A级社会组织后，在民政部组织的第二次社会组织评估中，又在1398家公募基金会、2144家非公募基金会中脱颖而出，荣获5A级社会组织称号。

基金会评估等级结果

5A等级	
1	中国扶贫基金会
2	中国红十字基金会
3	中国光华科技基金会
4	清华大学教育基金会
5	中华环境保护基金会
6	中国残疾人福利基金会
7	中国青少年发展基金会
8	中华慈善总会
9	中国儿童少年基金会
10	中国教育发展基金会
11	北京大学教育基金会

面对公众募款、社会监督、境外合作等越来越多的机遇与挑战，基金会始终以服务残疾人为己任，以建设公开、透明、高效和高公信力的世界一流基金会为目标，全体人员同心同德，自律自省，信心坚定，攻坚克难，实现了五大新突破。

（一）实现规范化科学管理新突破

1. 抓好教育实践，改进工作作风

在党的群众路线教育实践活动中，基金会提出了"四个下功夫"，即：在创新公益项目、切实提高公益项目执行力上下功夫；在教育引导党员干部深入实际、深入基层、深入残疾人家庭、了解残疾人需求上下功夫；在教育引导党员干部克己奉公、勤政廉政，保持奋发有为精神状态上下功夫；在教育引导党员干部坚持艰苦朴素、精打细算、廉洁自律做好公益项目上下功夫。把坚决反对"四风"落实到公益项目策划、立项、执行、检查、评估的全过程。

2. 加强人才培养，提高管理水平

积极举办和参与各类培训，坚持每季度组织一次"集善讲堂"，进行全员培训；还组织34人赴香港、台湾、马来西亚学习公益机构管理和公众募款经验。为加强管理，将基金会的规章制度进行梳理和修订，编印了《中国残疾人福利基金会工作手册》，收录了文秘、财务、募捐、监督等31项规章制度。

3. 进一步规范公益项目的监督管理工作，提升公信力和竞争力

一是完善项目监管有关制度。印发了《2013年项目监管工作实施方案》，从完善项目论证、计划及报批流程，明确项目管理、监督及反馈情况和加强项目评价情况总结三个方面加强项目执行流程监管。二是有针对性地赴湖北、吉林、贵州等地对6个项目进行监管。通过监管，及时发现项目执行过程中的问题，提出调整意见和建议，加强了项目的规范化管理，提高项目执行水平。

4. 信息披露更趋完善

在民政部发布的《2013年度中国慈善透明报告》中，基金会在全国性公募基金会中取得第三名的好成绩，获得了"2013年度信息披露情况抽样调查卓越组织——慈善透明榜样"称号。

2013 年度中国慈善透明报告

1	中国光华科技基金会	96.63
2	中华思源工程扶贫基金会	94.15
3	中国残疾人福利基金会	91.41
4	中国航天基金会	90.32
5	中华社会救助基金会	88.74

图 5-2-1 2013 年度慈善透明榜样证书。

（二）实现公益项目多元化发展新突破

1. 公众募款迎难而上

针对基金会目前公众募捐所占比重较小的情况，朴方会长曾专门指示："要不断增加捐款渠道，努力扩大捐赠社会面，要把基金会与人民群众和青少年联系起来，充分履行公募基金会的社会责任。"为此，基金会积极与爱心企业和机构开展合作，进行了有益的尝试。

2013 年，基金会全面启动了"集善残疾儿童助养项目"，建设了包括热线电话、网络捐赠等的强大的公众服务后台。开展该项目主要是希望通过体验饥饿活动和助养者每月的小额捐款，激发公众参与公益事业的热情，加强基金会的公众募捐工作，逐渐形成基金会特有的公众募捐项目和机制。项目目标是在 5 年内向国内外公众募集 1.2 亿元人民币，用于资助湖北、陕西、甘肃三省共 2.1 万名残疾儿童及残疾家庭子女的综合发展。2013 年 12 月 2 日，基金会举办了"体验饥饿，牵手残疾儿童及残疾家庭子女"的公众宣传与筹款活动，56 位员工全程参与，带动了 1141 位体验者报名参加活动，1297 位捐款者捐款 37.56 万元，截至目前，该活动带动了聋儿中心、信息中心、华夏文化集团、卫生部人才中心、北京大学等 10 家单位参与活动，捐款人数达到 7745 人，公众捐款额 53 万元。

2. 品牌项目持续推进

2013 年，基金会共开展公益项目 341 个。其中连续三年以上执行、社会影响力大、残疾人受益面大的公益项目有 30 多个，如集善嘉年华、信息无障碍论坛、启明行动、集善如新蜜儿餐、助听行动、服装项目、通向明天、类克集善援助合作项目等等。签订连续三年以上，每年 100 万、500 万、1000 万捐赠支持的项目近 10 个。

"阳光伴我行"公益项目被民政部评为中华慈善奖"最具影响力慈善项目奖"。由基金会推荐的三星（中国）投资有限公司荣膺"最具爱心捐赠企业奖"；香港无国界社工行政总裁励娜荣膺"最具爱心慈善楷模奖"。

3. 创新项目成效明显

不断创新公益项目是基金会保持活力和健康发展的基础。一年来，基金会积极开发有创意、能够充分调动社会资源的服务项目 30 余个，项目金额 8000 余万元。其中，"中央企业集善工程"项目是基金会主动争取国务委员王勇同志的支持，请国资委支持基金会的公益项目。兵器工业集团、中国石油、国家电网等 21 家中央企业捐赠 2000 万元，支持基金会开展自闭症儿童康复、盲人计算机教室建设、启明行动以及社区康复项目。

2013 年，如新集团成立 30 年，基金会也创立 30 年，如新集团捐赠 1000 万元，共同创立合作项目，宣传残疾人事业，祝贺两个 30 年。

（三）实现国际化发展新突破

在做好原有国际项目的基础上，拓展了国际交流、培训和公益项目合作的领域。

1. 推动国际残疾管理标准的实施

基金会牵头与德国工商业同业公会合作，在中国推广国际残疾管理标准。使残疾人以最高效、最低费用、最科学模式回归家庭与社会，并保障残疾员工重返工作岗位，有效提高残疾人就业率。在基金会的积极协调下，中国康复研究中心得到了国际残疾管理标准委员会授权证书，这将进一步提升其在残疾管理方面的综合实力，更好地为残疾患者服务。

2. 开展"集善狮子会——走向非洲"项目

基金会和中国狮子联会拟在 2014—2018 年五年内，共同筹集 700 万元人民币，支持国际残奥委会在肯尼亚、乌干达等非洲国家开展残疾人体育和康复项目。基金会还将联合中国狮子联会、中国儿童少年基金会、中国扶贫基金会及如新（中国）共同开展集善众力马拉维项目，帮助 13 户马拉维农民家庭就读农业自立学校，学习农业技术，改变贫穷落后状况。

图 5-2-2 汤小泉理事长与肯尼亚残疾人坐式排球运动员。

3. 启动国际化培训项目

2013年，基金会启动了面向基金会全体工作人员及各省基金会骨干参加的5年6期“提高公益机构领导力和执行力培训”，两期共40人次参加了培训。该培训旨在通过学习香港、台湾、马来西亚、韩国、新加坡等国家和地区的社会保障和福利政策、社会服务手段等，达到培养能够适应形势变化且善于管理、熟悉业务、执行力强的社会组织管理人才。

4. 国际合作项目稳步推进

目前，基金会开展的国际合作项目19个。其中，在邓朴方会长和澳门特区行政长官崔世安的直接关心和支持下，《共同促进残疾人特殊艺术发展》和《共同促进残疾人体育发展》一、二期项目进展顺利。12月15日签订了项目三期合作协议，促进残疾人及工作者交流，受益残疾人476人。

（四）实现引领作用新突破

1. 与地方基金会建立“上下联动、优势互补、互惠互利”的工作网络

2013年，地方残疾人福利基金会从去年的61家，增长到67家，净资产总额达到15亿元，2013年度捐赠总额约为8亿元。总收入达到2000万元以上的基金会有5家，其中江苏省残疾人福利基金会总收入达到5000万元以上。全国各类基金会共计3500多家，收入千万以上的占5%。

2013年基金会中心网的中国基金会透明度排名，全国平均分为56.25分。67家全国残疾人福利基金会中有38家在平均分以上，比去年大幅提高。有8家单位得分在90分以上。

1	中国残疾人福利基金会	129.4
2	成都市残疾人福利基金会	129.4
3	山西省残疾人福利基金会	117.01
4	湖南省残疾人福利基金会	116.79
5	山东省残疾人福利基金会	95.07
6	福建省残疾人福利基金会	94.74
7	宁波市残疾人福利基金会	92.46
8	北京市残疾人福利基金会	90.6

基金会提出上下联动，是要联合67家各级各类残疾人福利基金会，努力开拓筹资渠道，将社会善款尽可能多地投入残疾人事业。

2. 横向发展，多方合作

2013年，基金会加入民政部发起的中国慈善联合会和中国社会组织促进会，与更多的兄弟基金会交流与合作，实现信息互通、资源共享。12月10日，基金会承办了中国社会组织促进会基金会分会第六期双月沙龙，民政部民间组织管理局领导以及中国青少年发展基金会、中国扶贫基金会等13家公募基金会，比尔及梅琳达·盖茨基金会等4家涉外基金会，华民慈善基金会、清华大学公益基金会等12家非公募基金会，新华网、人民网等7家媒体约80人参加了研讨会。与会人员对基金会发展模式和公众募款模式进行了热烈的讨论和交流。

3. 支持民办NGO

2012年，基金会和清华大学、世界宣明会共同发起成立了明德公益研究中心，目的是中心整合三方优势，推动公益项目的研究与推广及社会组织的能力建设，搭建公益项目共享平台。2013年，基金会支持该中心从理论、政策和项目管理实践出发，为国内基金会等公益组织提供全方位支持性服务，以推动中国公益组织行业自律与问责体系的建立。

基金会还资助了五彩鹿儿童行为矫正中心、北京智光特殊教育培训学校、北京红丹丹教育文化交流中心、瓷娃娃关怀协会等草根社会组织，帮助他们提高自身发展能力和为残疾人服务的水平。

（五）实现探索残疾人福利事业可持续发展新突破

1. 积极探索健康生态城的建设

将残疾人康复事业、康复人才培养和老龄化产业相结合，在北京、浙江、海南等地开展的健康生态城项目全面发展。其中北京集善首开老年康复研发中心项目已完成立项，进入了实质性推动阶段。

2. 积极推动残疾人辅助器具、药品的国产化

积极联络爱心企业捐赠，推动辅助器具国产化进程。以诺尔康公司向基金会捐赠100台国产人工耳蜗为契机，基金会给予配套资金支持，通过该公益项目的实施，推动国产人工耳蜗的开发与应用，促使进口人工耳蜗降低价位，使更多语后聋残疾人受惠。通过实施维思通和类克药品项目，已减轻了2.2万名低保特困的精神残疾患者服药负担，帮助了4385名低保及因病致贫的类风湿关节炎、强直性脊柱炎及克罗恩病患者。项目的实施，有效推动了精神病二代药等药品的国产化进程。

3. 扎实推进政府购买社会服务项目

2013年，基金会获得中央财政支持社会组织参与社会服务“集善盲童助学示范项目”立项及95万元资金支持，中国银联配套支持150万元，为全国39所盲校、特教学校的2830名盲生捐赠了学习急需的触觉语音地图和常用词典等文化学习用品。

4. 筹备完成基金会30周年纪念活动工作

1984年3月15日，邓朴方会长创建了中国残疾人福利基金会。为了回顾和记录基金会30年不平凡的历程，实现“将基金会建设成为公开、透明、高效率和高公信力的世界一流基金会”的工作目标，为更多的残疾人谋福祉，根据邓朴方会长关于纪念活动既要简朴又要热烈、既有回顾又有展望的工作要求，经向海迪主席、中国残联党组汇报批准，并经基金会三届五次理事会审议通过，基金会决定举办30周年纪念系列活动，并于2013年全面启动筹备工作。在基金会二楼南侧，设立了“弘扬人道集善天下——前进中的中国残疾人福利基金事业”展览室，全面展示基金会30年发展的历程和取得的成绩；制作完成基金会30周年宣传片；出版《弘扬人道，集善天下——邓朴方论残疾人福利工作》一书；2014年3月初，《三月风》杂志出版了“纪念中国残疾人福利基金会成立30周年纪念专刊”；3月20日上午，召开“人道主义的呼唤——中国残疾人福利基金会成立30周年纪念会”。

一年来工作成绩的取得，与中国残联党组、理事会的重视和支持分不开；与民政部民间组织管理局的指导和帮助分不开；与基金会各位理事、监事、名誉理事和特邀理事的付出和奉献分不开；与全国各地方残联、残疾人福利基金会的支持分不开；与基金会培养人才、创新规范制度及全体员工的共同努力分不开。基金会也清醒地认识到在工作中还存在许多不足，仍需努力改进和提高：

——公众募款能力有待提高。基金会目前公众募款数额仅占总募款的12%左右，与发达国家70%以上的比例还有很大的差距。如何进一步提高公众募款能力，还需要进一步解放思想，深入研究。

——人才培养仍需加强。建设国际一流基金会要有一流的人才作支撑，实现基金会的专业化、国际化、职业化，离不开人才培养。基金会在培养社会组织领军人才和专业人才方面仍需努力。

——与其他社会组织合作交流不够密切。目前我国社会组织数量已超过49万个，其中相当一部分在慈善领域开展活动。基金会与其他10家5A级、21家4A级基金会，以及行业协会、商会、非公募基金会合作及交流学习不够。

三、重要条目

【中国残疾人福利基金会三届五次理事会议】2013年4月25日，三届五次理事会议在京召开。中国残联主席张海迪，中国残联副主席、党组副书记、常务副理事长王乃坤，中国残联副主席、中国残疾人福利基金会理事长汤小泉，民政部民间组织管理局副局长刘忠祥，基金会理事、理事代表，监事会成员出席会议。会议审议通过了中国残疾人福利基金会2012年度工作报告、2012年度财务决算和2013年度财务预算报告。

【集善工程·第二十三次全国助残日主题活动】2013年5月18日，由中国残疾人福利基金会、北京市残疾人福利基金会和北京市西城区人民政府共同主办的“集善工程·第二十三次全国助残日主题活动”在北京西单文化广场举行。中国残联副主席、中国残疾人福利基金会理事长汤小泉，中国残联副理事长孙先德，北京市委副秘书长王翔，北京市残联党组书记马大军，北京市残疾人福利基金会理事长梁田，北京市西城区政协主席曹长胜，北京市西城区副区长杜黎彬，联合国教科文组织驻华代表处教育处项目官野泽美纪，外交部妇工委于睿处长等领导出席活动。活动现场设集善工程扶残助困公益项目图片展，旨在大力宣传基金会“弘扬人道，奉献爱心，全心全意为残疾人服务”的宗旨，展示社会各界对“集善工程”的支持和对广大残疾人的关爱与帮助，呼吁和倡导社会各界关注残疾人，帮扶残疾人，让残疾人早日走出困境。活动中北京市残疾人艺术团、西城区残疾人艺术团的演员们表演了精彩节目，现场还组织了“我送盲童一本书”募捐和义卖活动。

【基金会再次获评5A级社会组织】2013年6月9日，民政部公布了2012年度基金会、非内地居民担任法定代表人的基金会的评估等级，中国残疾人福利基金会获评最高等级——5A级。此次评估是基金会继2007年民政部首次评估工作中被评为5A级社会组织后，再次被评为5A级社会组织。

图5-3-1　民政部授予基金会评估等级证书。

【第九届中国信息无障碍论坛】2013 年 10 月 15—16 日，主题为“整合与集成——全媒体时代的无障碍服务”的第九届中国信息无障碍论坛在中国盲文图书馆举行。中国残联党组书记、理事长鲁勇，基金会理事长汤小泉，国家新闻出版广电总局副局长邬书林，国务院侨务办公室副主任谭天星，中国互联网协会副理事长高新民，工业和信息化部电信管理局副局长李湘宁，联合国教科文组织驻华代表处首席代表辛格等领导出席了开幕式。来自美国、英国、法国、西班牙、瑞典、加拿大、巴西、日本、韩国、泰国等 24 个国家和地区的嘉宾 200 余人参加了为期两天的论坛，共同探讨信息无障碍在全球范围的最新发展趋势、技术应用及产品。IBM、腾讯、阿里巴巴、中国银行、中国建设银行、中国农行等国内外信息无障碍技术领先企业均参与了本届论坛。

图 5－3－2　第九届中国信息无障碍论坛主会场。

【集善工程——（爱之翼）第二期助残行动】2012 年 3 月，由中航三星人寿携手韩方股东三星生命保险联合发起，计划 5 年内，向中国残疾人福利基金会捐赠 2500 万元款物，以帮助残疾人改善和提高生活品质。6 月 18 日，“集善工程——（爱之翼）助残行动”二期项目签约仪式举行，基金会副理事长费薇，中航三星人寿保险有限公司总裁李昶勋、韩国三星人寿保险公司委托方韩友财团代表等出席签约仪式。继 2012 年捐赠后，2013 年再次捐赠 598 辆电动轮椅，价值 398 万元人民币。“爱之翼”第二期助残行动，分别在广东省、山东省、天津市、青岛市、四川省等地开展，让残疾人朋友切实享受到了高科技辅具所带来的便利，获得广泛的赞誉。

【全国残疾人福利基金会工作研讨会】2013 年 11 月 7—8 日，全国残疾人福利基金会工作研讨会在京召开。全国人大常委、中国残联副主席王乃坤出席并讲话，基金会汤小泉理事长出席总作总结发言，基金会邢建绪副理事长、费薇副理事长兼秘书长、王名副理事长，民政部民间组织管理局基金会管理处处长马昕出席并作主旨发言，刘雪冬监事长、岳纪荣监事以及全国 29 个省、区、市，新疆兵团，黑龙江农垦及 5 个计划单列市、6 个特邀城市的 80 多位残疾人福利基金会的负责同志参加会议。研讨会上为吉林省、甘肃省等 8 家残疾人福利基金会颁发了“集善工程最具执行力奖”，为内蒙古自治区、山东省等 8 家残疾人福利基金会颁发了“集善工程自主创新公益项目奖”。会议分别就基金会总体发展状况、社会组织管理制度改革、社会新政的三个战略、加快推进残疾人全面小康进程、公募基金会面临的挑战及应对等作了专题讲座，会议还交流工作经验，就如何开展特色公益项目、实现上下联动、拓宽筹资渠道、加强自身建设，将社会善款尽可能多地投入残疾人事业进行了研讨。

图 5－3－3　“集善工程最具执行力奖”颁奖现场。

【“阳光伴我行”公益项目】自 2009 年起，明门实业股份有限公司连续五年向基金会捐赠便携式残疾儿童轮椅，共同开展“阳光伴我行”公益项目。基金会依托全国 31 个省、自治区、直辖市，新疆兵团、黑龙江垦区、计划单列市和部分省会城市残疾人福利基金会，中国残联有关直属单位和地市县残联以及残疾人机构，将爱心轮椅送到残疾儿童家庭和康复机构。截至 2013 年年底，明门公司向基金会捐赠共计 36172 辆价值 2. 2 亿元人民币的便携式残疾儿童轮椅和便携式残疾幼儿轮椅，3 万余名贫困残疾儿童受益。“阳光伴我行”公益项目被评为第八届中华慈善奖“最具影响力慈善项目奖”。

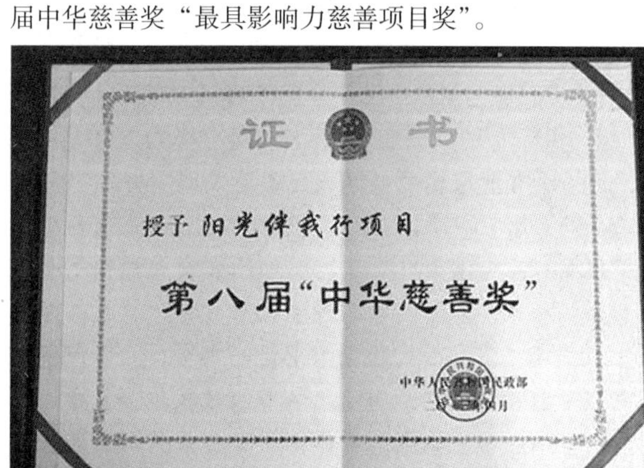

图 5－3－4　“阳光伴我行”公益项目荣获第八届中华慈善奖。

四、中国残疾人福利基金会2013年度财务决算报告

2014年3月24日

（一）基本情况

截至2013年12月31日，中国残疾人福利基金会资产总额为81669.77万元，负债总额为1299.02万元，净资产总额为80370.75万元，其中：限定性净资产16783.38万元，非限定性净资产63587.37万元。

2013年度总收入为36329.93万元，完成全年预算的132.11%。其中：捐赠收入33999.42万元（接收捐款12318.87万元，接收捐物折合人民币21680.55万元），完成全年预算的130.77%；政府补助收入395万元；投资收益和其他收入1935.51万元，完成全年预算的129.03%，其中：投资收益582.84万元，其他收入1352.67万元。

2013年度总支出为33064.76万元，完成全年预算的126.10%。其中：公益项目支出31835.22万元，完成全年预算的127.34%；管理费用支出1144.02万元；筹资费用支出85.05万元；其他费用0.47万元。

根据国务院《基金会管理条例》的有关规定，2014年1月，北京天正华会计师事务所对基金会进行了2013年度审计。审计意见：我们认为，中国残疾人福利基金会财务报表在所有重大方面按照《民间非营利组织会计制度》的规定编制，公允反映了中国残疾人福利基金会2013年12月31日的财务状况以及2013年度的业务活动成果和现金流量。2013年公益事业支出占上一年总收入的比例为89.12%，工作人员工资福利和行政办公支出占本年支出的比例为4.26%，全部符合《基金会管理条例》规定要求。

（二）2013年度资助的主要公益项目

1.“启明行动”项目

“爱心永恒·启明行动”项目支出775.95万元，其中资助上海、甘肃、内蒙古、河北等12个省市626万元，用于为6700名贫困白内障患者实施免费复明手术；资助北京、江西两省市28万元，用于两地盲人扶贫就业基地的建设；资助香港北京济慈之家48.5万元，用于建设盲童福利院；资助中国残疾人体育运动管理中心20万元，用于举办受助贫困白内障儿童夏令营；资助中国残疾人杂志社3.4万元，用于“启明行动”项目的宣传；项目经费50.05万元。

资助陕西、广西、山东等7个省市18套美国PNT无创青光眼治疗系统，折合人民币价值约900万元，用于“集善青光眼防盲救助”项目。

资助浙江省残疾人福利基金会价值人民币204万元的视力检查康复设备1021台，用于开展“艾美奥爱眼康复”项目。

2.“助听行动”项目

资助中国聋儿康复中心160万元，其中支出90万元用于资助48名贫困聋儿进行语言康复训练；50万元用于为50名聋儿进行重建听力康复手术；20万元用于支持参加第九届亚太地区人工耳蜗技术研讨会。

资助重庆市残疾人基金会、中国聋儿康复中心1000台助听器，折合人民币价值约989万元，用于帮助听力残疾人康复。

实施“台湾雅文基金会捐赠”项目，资助吉林省30万元，其中20万元用于建设吉林省四平市残疾人康复中心听力检测室，10万元用于资助吉林省四平市盲童学校项目；资助北京市金钥匙视障教育研究中心24万元，用于2013年《中国盲童文学》的编撰、出版；资助中国聋儿康复中心50万元，用于在全国开展听觉口语法教师培训。

3.“助行行动”项目

“阳光伴我行·台湾明门儿童轮椅”项目执行6821万元，其中资助黑龙江、浙江、山东、湖北、山西、天津、青岛等47个省和市13600辆残疾幼儿轮椅，用于改善0—3岁脑瘫、脑外伤等残疾幼儿的护理和康复条件；资助山西、湖南、福建、广东、武汉、哈尔滨等46个省和市及中国残疾人辅助器具中心、中国康复研究中心等11家残疾人康复机构5986辆残疾儿童轮椅，用于帮助脑瘫、脑外伤、脊髓损伤、进行性肌营养不良、其他伴肢体功能障碍儿童使用。

实施“广东凯洋辅具捐赠”项目，资助陕西、广西、贵州三省555辆轮椅、100副拐杖，折合人民币价值约50万元，用于帮助肢体残疾人改善生活条件；资助中国残

疾人辅助器具中心120辆轮椅、30个助行器、130付拐杖，25辆坐便椅，折合人民币价值约14万元，用于定向资助四川及山东的贫困肢体残疾人；资助中国康辉旅行社15辆轮椅，折合人民币价值约1万元，用于方便肢体残疾旅游者。

实施“中航三星”项目，资助北京、甘肃、陕西、宁夏、河北、牙克石等15个省和市865台电动轮椅和5780件辅助器具，资助中国肢残人协会、北京积水潭医院、北京首儿李桥儿童医院各5台电动轮椅，共计折合人民币价值约743.23万元，用于帮助肢体残疾人和行动不便老年人；资助广东、山东、四川、天津、青岛5省市6万元，用于开展电动轮椅地方项目的配套工作经费。

资助甘肃、陕西、湖北3省66.5万元，用于购买1000辆轮椅为贫困老弱残疾人提供出行方便。

资助甘肃、陕西、广西、四川、天津等9个省市及中国聋儿康复中心和湖北宜昌市特殊教育学校519.37万元，购买73辆汽车，用于为特教学校的孩子出行提供方便及接送残疾人参加康复医疗救助。

资助中国残疾人辅助器具中心可站立式电动轮椅、引导式互动训练桌、引导式有氧个训仪和富氧机各1台，折合人民币价值约17.28万元，用于开展示范、培训教学工作。

资助中国肢残人协会价值人民币73.27万元的汽车一辆，该车可搭载数台轮椅，为残疾人出行提供方便。

4．“助学行动”项目

拨付中国残联740万元实施“通向明天－交通银行残疾青少年助学计划”项目，其中，500万元用于资助全国24个省份和新疆兵团家庭经济困难残疾高中在校生和大学新生约4000人；100.5万元用于颁发201名“交通银行特教园丁奖”获得者奖金（0.5万元为2012年项目执行款项结余）；120万元用于资助全国592名特教教师及校长培训；20万元用于评选表彰“交通银行残疾大学生励志奖”10名，提名奖26名，及支付评审费、专题网页制作费和证书制作及邮寄费2.2万元。

资助中国盲文出版社24万元，用于共同开展“我送盲童一本书”第三期项目，为11所特教学校的552名盲童购置276套盲人套装读物和276台第一代盲用阳光听书郎。

资助19个省市自治区的39所特教学校和盲校盲生文化助学产品，包括300台盲人电子听书机、350套盲文版盲人常用词典、1661台电子有声版盲人常用词典、388台盲生触觉语音地图和30套无障碍电影光盘，折合人民币价值约245万元，其中95万元来自中央财政支持，150万元为中国银联捐赠，旨在帮助广大盲童开阔视野、学习知识、获取技能，实现自强自立。

资助北京、天津、吉林、浙江等10个省市集善学习卡20200张，折合人民币价值约2020万元，用于帮助残疾人利用网络参加远程教育培训，提高自身素质。

资助中国残疾人艺术团34万元，用于帮助艺术团附属特殊教育学校购置86台电教设备。

资助贵州、北京、济南三地的100个贫困残疾儿童学费18万元；资助北京青少年发展基金会31.94万元，用于制作盲童有声图书；资助湖北省宜昌市特殊教育学校41.61万元，用于购置一辆接送残疾学生汽车；资助辽宁省沈阳市爱能达助残职业技能培训学校12.8万元，用于购置1架教学用钢琴；资助北京红丹丹教育文化交流中心10台听书机，折合人民币价值约2.69万元；资助北京市盲人学校9万元，用于支持该校爱乐盲童合唱团的训练和演出；资助重庆市残疾人福利基金会19万元，用于支持重庆市永川区特殊教育学校和石柱土家族自治县特殊教育学校。

5．“信息无障碍”项目、

资助中国狮子联会82.66万元，用于共同合作开展聋儿听力康复项目，为陕西、山西、甘肃、内蒙古、安徽、河南、河北、湖南8省的53名贫困听力残疾儿童提供一年的康复训练费用。

资助中国盲文出版社12.36万元，用于承办第九届中国信息无障碍论坛；资助中国盲文出版社64种共40545册音像制品，折合人民币价值约45.15万元，用于丰富盲人文化生活。

资助中国盲人协会9万元，用于开展集善工程触动互联新生活项目。

资助中国残疾人联合会信息中心价值人民币约81万元电子设备，用于开展2013年央视春晚无障碍网上直播活动。

6．“助困行动”项目

资助吉林、宁夏、天津、山西等13个省市蜜儿餐126120袋，折合人民币价值约2522.4万元，为贫困地区的残疾儿童提供营养丰富的蜜儿餐；资助青海省残疾人福利基金会4000份护肤品，折合人民币价值约53万元，用于帮助贫困残疾儿童及其家庭提高生活质量。

资助青岛、济南两市35万元，用于资助在交通意外事故中致残致贫家庭，帮助残疾人及其子女的教育。

“西安杨森维思通集善援助”项目资助价值1067.38万元的维思通药品155850盒，在全国178家医院为2.4万名精神分裂症和双向情感障碍的躁狂发作患者免费发放。

“西安杨森类克集善援助”项目资助价值1321.28万元的类克药品3761支，帮助1060名因病致贫、低保特困的类风湿关节炎、强直性脊柱炎以及克罗恩病患者，延缓其致残进程及预防残疾，减少因疾病引起的并发症。

资助宁夏、四川、山西三省及中国康复研究中心“溶栓胶囊”药品10500瓶，折合人民币价值约756万元，用于救治偏瘫、脑瘫残疾人。

资助河北、四川、甘肃、陕西、大连、厦门等25个省市服装、服饰276830件，折合人民币价值约2841.13万元，帮助贫困残疾人改善生活。

资助河南、成都、浙江、长春、沈阳等16省市和北京按摩医院、中国残疾人艺术团等7家机构8707双鞋，折合人民币价值约186.07万元，用于帮助贫困残疾人改善生活；资助西藏自治区残疾人福利基金会50万元，用于帮助当地贫困残疾人改善生活；资助陕西咸阳市朝阳医院100万元，用于帮助贫困残疾人康复治疗和购买药品。

7. “集善行动”项目

“集善嘉年华”项目支出905.08万元，其中拨付河北、陕西、贵州等6省及北京特奥爱心农庄有限公司820万元，用于开展农村残疾人扶贫基地建设，帮助贫困残疾人脱贫致富；资助湖北省残疾人福利基金会45万元，用于开展残疾人康复中心项目；资助北京智光特殊教育培训学校25万元，用于支持“雇主无忧”智障人士的猎头服务支持性就业培训项目；资助中国聋儿康复研究中心12.28万元，用于开展世界卫生组织防聋科研合作项目；项目工作经费2.8万元。

“澳门特区政府共同促进残疾人体育和特殊艺术发展”项目支出829.14万元，用于促进两地残疾人文化体育交流，共同提高体育、艺术的水平和能力。

资助四川省残疾人福利基金会826万元开展香港赛马会系列康复项目，用于支持四川省八一康复中心购置康复医疗设备和开展康复人才培训。

“宝加公司资助”项目支出59.7万元，其中，资助湖北省残疾人福利基金会50万元，用于帮助7名贫困听力残疾人植入人工耳蜗；支出8.19万元，用于参加第二届中国公益慈善项目交流展示会，对外宣传基金会开展的公益项目；项目工作经费1.51万元。

资助都江堰友爱教育基金会16.67万元，用于在都江堰友爱学校建立心理辅导室及开展服务；资助北川羌族自治县残联10万元，用于开展综合性社区服务，为不同年龄层的残疾人提供心理辅导并开展义工服务及培训。

资助中国狮子联会32.15万元，用于支持中国狮子联会北京会员管理委员会开展京狮通讯社和视觉第一公益项目；资助中国残疾人艺术团50万元，用于支持残疾人特殊艺术项目。

“抗震救灾”项目共向四川省残疾人福利基金会和四川省八一康复中心及中国残疾人辅助器具中心拨付452.71万元的资助款和价值人民币约435.04万元的物资，用于四川芦山地震灾区的伤员医疗救助和四川雅安地震灾区残疾人灾后恢复重建项目，以及援建残健共融的芦山县龙门乡隆兴幼儿园并为其配备无障碍设施。

财政专项补助项目拨付200万元，其中100万元用于2013年度中西部地区残疾人状况监测项目；支持中国盲人协会、中国聋人协会、中国智力残疾人及亲友协会、中国残疾人康复协会以及北京市海淀区康纳洲孤独症家庭支援中心各20万元，开展残疾人康复、特殊教育及文化艺术培训、研究等项目。

资助国际残奥运动基金会48.65万元，用于推动肯尼亚、乌干达两国残奥运动的发展及残疾人康复。

集善瑞安培训项目支出53.90万元，用于组织基金会及湖北、甘肃、陕西等8省市共40人参加境外公益机构的公众募款活动并开展公众募款和社会组织管理、风险管理与机构宣传方面的专业知识培训。

资助北京市海淀区康纳洲孤独症家庭支援中心81.2万元，用于帮助孤独症青年开展康复教育、救业支持、师资培训、家长支持等工作。

世界宣明会援助项目支出1200万元，其中资助四川省95.57万元、陕西省30万元、甘肃省8.26万元，用于地震灾区残疾人家庭、社区及学校的无障碍改造、辅助器具适配以及各类型康复培训；资助陕西、广西625万元，用于开展广西及陕甘宁扶贫发展项目；分配1500盒蛋白质粉、3113盒乳制品，折合人民币价值约36.2万元，用于开展体验饥饿活动；资助甘肃、陕西、湖北356.5万元，用于解决残疾儿童及残疾家庭子女在学习、生活中的实际困难，帮助其所在社区的发展以及为其成长提供良好的环境；资助明德公益研究中心40万元，用于为国内基金会等公益组织提供全方位支持性服务，推动建立中国公益组织行业自律与问责体系；项目工作经费8.47万元。

资助中国残疾人艺术团187.66万元，其中147.66万元用于支持残疾人特殊艺术发展，40万元用于举办“我的梦·中国梦·重庆行”大型公益活动。

资助中华文化发展促进会850万元，用于促进文化发展和交流工作。

资助黑龙江省残疾人福利基金会和中国康复研究中心外骨骼步态减负训练系统各一套，价值人民币372万元，用于开展康复治疗；支出50万元，用于卡博特人才培训项目；资助苏州工业园区爱博爱学校价值人民币11.45万元康复设备两台；在中国国际福祉博览会上发放价值人民币11.45万元的《2012中国福祉和康复产品大全》1301册；资助中国康复研究中心25万元，用于残疾标准的研究与制订；资助中国残疾人体育运动管理中心36万元，用于助力内地残疾人体育事业项目。

8. “集善·三星爱之光行动”系列公益项目

“集善·三星爱之光行动”系列公益项目支出893.56万元，其中，资助中国康复研究中心420万元，用于康复治疗设备的更新；拨付宁夏、青海残疾人福利基金会各75万元用于资助两地1500名贫困白内障盲人免费实施复明手术；资助天津、陕西、青海、吉林4省市和中国残疾人体育运动管理中心共45万元，用于开展自闭症和智障儿童“星星的孩子”夏令营活动；资助中国残疾人体育运动管理中心45万元，用于支持该中心的公寓设施及场馆安全设施改造；资助中国聋儿康复研究中心50万元、江苏省残疾人福利基金会30万元，购买星宝宝互动多媒体康复训练系统设备，用于聋儿康复治疗；资助中国残疾人杂志社25万元，用于举办“心视觉与视障者同行”艺术作品展；支出50万元，用于在西单文化广场举办第二十三次全国助残日大型公益项目展览暨助残日主题活动；支出24万元，开展基金会境外人才培养项目，共完成24人次的出访和培训工作；支出31.39万元，用于支持集善残疾儿童助养项目网络平台搭建、捐赠人服务开展、“体验饥饿”活动筹备及宣传等；项目工作经费23.17万元。

附件 1

资产负债表

2013 年 12 月 31 日

单位：元

资　产	行　次	年初数	年末数	负债和净资产	行　次	年初数	年末数
流动资产：				流动负债：			
货币资金	1	396,724,508.33	532,245,395.86	短期借款	23		
短期投资	2	70,990,000.00	60,990,000.00	应付款项	24	15,933,802.96	12,473,261.71
应收款项	3	12,003,900.00	6,132,560.00	应付工资	25	—	—
预付账款	4	1,525,000.00	1,525,000.00	应交税金	26	15,994.30	139,425.98
存　货	5	91,749,020.64	93,236,844.70	预收账款	27	8,800.00	377,550.00
待摊费用	6			预提费用	28		
一年内到期的长期债权投资	7			预计负债	29		
其他流动资产	8			一年内到期的长期负债	30		
流动资产合计	9	572,992,428.97	694,129,800.56	其他流动负债	31		
				流动负债合计	32	15,958,597.26	12,990,237.69
长期投资：							
长期股权投资	10	6,618,160.75	6,502,621.72	长期负债：			
长期债权投资	11	87,211,333.33	—	长期借款	33		
长期投资合计	12	93,829,494.08	6,502,621.72	长期应付款	34		
固定资产：				其他长期负债	35		
固定资产原价	13	136,319,137.37	136,389,886.37	长期负债合计	36	—	—
减：累计折旧	14	16,126,758.16	20,324,571.98				
固定资产净值	15	120,192,379.21	116,065,314.39	受托代理负债：			
在建工程	16			受托代理负债：	37		
文物文化资产	17			负债合计	38	15,958,597.26	12,990,237.69
固定资产清理	18						
固定资产合计	19	120,192,379.21	116,065,314.39	净资产：			
无形资产：				非限定性净资产	39	623,433,164.53	635,873,720.10
无形资产	20			限定性净资产	40	147,622,540.47	167,833,778.88
受托代理资产：				净资产合计	41	771,055,705.00	803,707,498.98
受托代理资产	21						
资产总计	22	787,014,302.26	816,697,736.67	负债和净资产总计	42	787,014,302.26	816,697,736.67

附件 2

业务活动表

2012 年度

单位：元

项　目	行　次	上年数			本年数		
		非限定性	限定性	合　计	非限定性	限定性	合　计
一、收入							
其中：捐赠收入	1	1,717,547.75	316,001,546.10	317,719,093.85	6,934,762.21	333,059,451.20	339,994,213.41
提供服务收入	2			0.00			0.00
商品销售收入	3			0.00			0.00
政府补助收入	4		4,500,000.00	4,500,000.00		3,950,000.00	3,950,000.00
投资收益	5	15,978,396.93		15,978,396.93	5,828,415.31		5,828,415.31
其他收入	6	19,036,394.13		19,036,394.13	13,526,736.16		13,526,736.16
收入合计	7	36,732,338.81	320,501,546.10	357,233,884.91	26,289,913.68	337,009,451.20	363,299,364.88
二、费用							
（一）业务活动成本	9	2,188,935.45	317,845,475.19	320,034,410.64	1,553,961.18	316,798,212.79	318,352,173.97
（二）管理费用	16	11,206,300.26		11,206,300.26	11,440,224.45		11,440,224.45
（三）筹资费用	17	634,695.72		634,695.72	850,464.70		850,464.70
（四）其他费用	18	3,135.78		3,135.78	4,707.78		4,707.78
费用合计	19	14,033,067.21	317,845,475.19	331,878,542.40	13,849,358.11	316,798,212.79	330,647,570.90
三、限定性净资产转为非限定性净资产	20			0.00			0.00
四、净资产变动额（若为净资产减少额，以"－"号填列）	21	22,699,271.60	2,656,070.91	25,355,342.51	12,440,555.57	20,211,238.41	32,651,793.98

附件 3

2013 年中国残疾人福利基金会公益项目支出表

2013 年度　　　　单位：元

序　号	公益项目内容	捐赠收入金额
1	“启明行动”项目	18，801，700.78
	——“爱心永恒·启明行动”项目	7，759，487.78
	——“集善青光眼防盲救助”项目	9，002，063.00
	——“艾美奥爱眼康复”项目	2，040，150.00
2	“助听行动”项目	12，862，261.43
	——“资助聋儿康复中心”项目	1，600，000.00
	——“瑞声达助听器”项目	9，890，000.00
	——“台湾雅文基金会捐赠”项目	1，040，000.00
	——其他	332，261.43
3	“助行行动”项目	83，331，531.16
	——“台湾明门儿童轮椅”项目	68，210，750.01
	——“广东凯洋辅具捐赠”项目	652，160.00
	——“香港方树福堂基金、方润华基金轮椅捐赠”项目	665，000.00
	——“一汽集善博爱行”项目	5，193，700.00
	——“资助辅具中心”项目	172，800.00
	——“资助肢残协会”项目	732，698.00
	——其他	212，085.60
4	“助学行动”项目	32，087，450.50
	——“通向明天——交通银行残疾青少年助学计划”项目	7，400，000.00
	——“我送盲童一本书”项目	240，120.00
	——“中国银联捐赠”项目	2，450，000.00
	——东大正保“集善学习卡”项目	20，200，000.00
	——“大学生暑期集善行动”项目	340，000.00
	——其他	1，457，330.50
5	“信息无障碍”项目	2，307，453.74
	——“知乐行动”项目	826，556.64
	——“盲人出版社”项目	575，180.60
	——“盲人协会”项目	90，000.00
	——“央视春晚无障碍直播”项目	815，716.50
	——其他	1，735，877.80
6	“助困行动”项目	91，039，064.14
	——“蜜儿餐”项目	25，754，000.00
	——“三星财险”项目	350，000.00
	——“维思通集善援助合作”项目	10，673，784.00
	——“类克药品捐赠”项目	13，212，794.49
	——“救治偏瘫、脑瘫残疾人”项目	7，561，607.00
	——“资助服装”项目	28，411，326.66
	——其他	5，075，551.99
7	“集善行动”项目	68，987，084.03
	——“集善嘉年华”项目	9，050，759.10
	——“澳门特区促进残疾人体育和特殊艺术发展”项目	8，291，417.29
	——“香港马会援川”项目	8，260，710.00
	——“宝加公司资助”项目	597，031.30

续 表

——“无国界社工”系列项目	266, 667.00
——“狮子会”项目	821, 500.00
——“抗震救灾”项目	8, 877, 512.20
——“财政专项补助”项目	2, 000, 000.00
——“中国狮子联会支持IPC非洲残奥”项目	486, 524.04
——“集善瑞安培训”项目	538, 981.68
——“康纳洲孤独症”项目	811, 985.40
——“世界宣明会援助”项目	12, 008, 072.51
——“艺术团”项目	1, 876, 620.00
——“四川崛起”项目	8, 500, 000.00
——其他	6, 599, 303.51
合　计	320, 034, 410.64

五、大事记

1月17日，基金会召开2012年度表彰暨2013年度绩效目标责任书签约大会。

1月29日—2月4日，汤小泉理事长率集善瑞安培训团赴台湾商谈合作项目并参加公众募捐培训。邢建绪副理事长、张雁华副秘书长、基金会部分工作人员以及湖北、陕西、甘肃、广东和江苏五省残疾人福利基金会的有关人员参加了培训。

3月4日，基金会党总支举办学习雷锋主题报告会。邀请曾荣获“北京榜样”、“助残先进”、“身边雷锋”等荣誉称号的原空政文工团国家一级演奏员任士荣老师及他带领的盲人乐队做主题报告和演出。

3月7日，“阳光伴我行”济南项目在济南市残疾人综合服务中心启动。基金会邢建绪副理事长、张雁华副秘书长，济南市残联党组书记、理事长刘书笙，济南市残疾人福利基金会副理事长李玉萍等出席启动仪式。

3月11日，“集善瑞安培训项目”捐赠仪式在京举行。基金会汤小泉理事长和瑞安集团主席、基金会理事罗康瑞代表双方签署了《集善瑞安培训项目捐赠协议》。2013—2017年，上海瑞安房地产发展有限公司每年向基金会捐赠40万元，共计捐赠200万元，定向开展集善瑞安培训项目。

3月12日，“中国银联励志助学盲童行动”项目昆明市盲哑学捐赠仪式举行，基金会向昆明市盲哑学校捐赠价值14.5万元的学习用品。基金会邢建绪副理事长、张雁华副秘书长，中国银联云南分公司副总经理刘凡等出席仪式。

3月20日，澳大利亚科利耳公司亚太区总裁萨尔蒙先生和大中华区总裁梅森先生到访基金会与汤小泉理事长会谈，双方就如何加强合作、共同推进“听力重建·启聪行动”达成共识。

3月21日，“中国银联励志助学盲童行动”太原市盲童学校捐赠仪式举行，基金会向太原市盲童学校捐赠16.898万元学习用品。基金会邢建绪副理事长，中国盲文出版社社长张伟，基金会张雁华副秘书长，中国残联中国银联山西分公司总经理李志军，太原市教育局局长马兆兴等出席仪式。

3月26日，基金会召开2013年第一季度绩效考核总结大会。

3月27日，王梅梅监事对“集善·三星爱之光——中康K病区土建及装修改造工程”项目进行检查，对该项目给予充分肯定，并提出了改进要求。

3月28日，由基金会和如新集团共同举办的“集善如新儿童蜜儿餐在中国”摄影比赛在黑龙江省鸡西市举行。

3月，基金会与达芙妮国际控股有限公司合作开展“爱的足迹”公益项目，达芙妮集团旗下AEE品牌向基金会捐赠价值187万元的8000余双女鞋。

4月20日，四川省雅安市芦山县发生地震后，基金会向社会各界和各省（区、市）残疾人福利基金会发出了《请把爱心献给雅安地震灾区的残疾人兄弟姐妹——

集善雅安紧急救援行动倡议书》。并紧急向四川省残联及四川省残疾人福利基金会捐赠100万元，向四川八一康复中心捐赠价值321.96万元的伤口护理用品，用于地震中的受伤致残人员在四川八一康复中心的治疗和康复。

4月19日，第八届“中华慈善奖”在京揭晓，基金会“阳光伴我行”项目被评为“最具影响力慈善项目奖”。基金会邢建绪副理事长出席颁奖仪式，接受民政部颁发的“最具影响力慈善项目奖”奖杯和证书。

4月25日，基金会三届五次理事会议在京召开。会议审议通过了基金会2012年度工作报告、2012年度财务决算和2013年度财务预算报告。

4月25—28日，明门实业股份有限公司总经理沈美慧、公共事务资深经理林纯如一行赴陕西省考察“阳光伴我行”集善明门残疾儿童轮椅项目执行情况。

4月26日，联合国教科文组织驻华代表处信息传播部主任安卓先生和教育部主任米奇女士到访基金会，与邢建绪副理事长和刘玉文副秘书长就加强合作，继续共同开展信息无障碍工作，共同开拓残疾人教育类公益项目等进行了友好会谈。

5月3日，“集善如新儿童蜜儿餐”丽水项目启动仪式在浙江省丽水市特殊教育学校举行。基金会向丽水市残联捐赠价值54万元的2700包蜜儿餐。基金会邢建绪副理事长、如新集团大中华区协同事务区域副总裁暨华西及华北总裁郑重、世界儿童基金会副会长王志刚、浙江省残疾人福利基金会理事长陈晓非、丽水市副市长陈重等领导出席捐赠仪式。

5月7日，汤小泉理事长赴四川芦山慰问灾区残联工作者和抗震救灾志愿者，看望和慰问了在四川省八一康复中心进行康复的地震伤员。

5月8日，应四川大学邀请，汤小泉理事长出席四川大学－香港理工大学灾后重建管理学院揭牌仪式。

5月15日，邢建绪副理事长出席“安利杯”北京市第二届手语风采大赛启动仪式并讲话。

5月18日，由基金会、北京市残疾人福利基金会和北京市西城区人民政府共同主办的“集善工程·第二十三次全国助残日主题活动”在北京西单文化广场举行。

5月18日，浙江临海城隍庙监院赵嗣一道长向基金会捐赠50万元善款签约仪式在湖北省残疾人康复中心举行。此次捐赠定向资助湖北省残疾人福利基金会。基金会副理事长兼秘书长费薇，中国道教协会副秘书长王炳旸、浙江临海城隍庙监院赵嗣一道长、湖北省残联党组书记、理事长陶慧芬，湖北省残联副巡视员，省基金会常务副会长陈三定等出席签约仪式。

5月24日，由基金会和如新集团共同举办的“集善如新儿童蜜儿餐在中国”摄影比赛在厦门市第二特殊教育学校举行。

6月1日，2013年“集善·三星爱之光”系列公益项目启动仪式暨“星星的孩子——自闭症和智障儿童夏令营”北京站开营仪式举行。中国残联副主席、中国残疾人福利基金会理事长汤小泉，中国三星总裁张元基出席活动。

6月2日，哈尔滨市“集善青光眼防盲救助项目”启动仪式在爱耳眼科医院举行，北京万升康达有限公司向基金会捐赠价值500万元的10套美国PNT无创青光眼治疗设备，定向资助哈尔滨市开展“集善青光眼防盲救助项目”。

6月3日，“集善青光眼防盲救助项目”工作会在哈尔滨市召开。基金会沈伟俊副秘书长及内蒙古、青海、山西、河北、吉林、黑龙江、哈尔滨、大连、青岛、武汉等省市基金会秘书长出席会议。

6月7日，由基金会和如新集团共同举办的“集善如新儿童蜜儿餐在中国”摄影比赛在陕西省咸阳市特殊教育学校举办。

6月14日，由基金会和如新集团共同举办的“集善如新儿童蜜儿餐在中国”摄影比赛在武汉市启慧儿童特殊教育中心举办。

6月18日，“集善工程——（爱之翼）助残行动”二期项目签约仪式在北京举行。

6月19日，基金会党总支组织全体党员赴北京焦庄户地道战纪念馆参观学习。

6月25日，基金会召开2013年第二季度绩效考核总结大会。

6月28日，“集善三星爱之光·启明行动”宁夏启动仪式在宁夏银川市举行，基金会邢建绪副理事长、中国三星副总裁姜俊暎出席启动仪式。

7月2日“集善三星爱之光·启明行动”青海启动仪式在西宁市举行，基金会邢建绪副理事长、中国三星副总裁姜俊暎出席启动仪式。

7月4—5日，2013年度“集善如新儿童蜜儿餐”项目全国工作会在黑龙江省鸡西市举行。基金会汤小泉理事长、邢建绪副理事长，如新集团大中华区域总裁范家辉，世界儿童基金会副会长王志刚以及全国23个省区市的残疾人福利基金会相关负责人出席工作会议。

7月8日，汤小泉理事长会见北京北奥集团有限责任公司党委书记、董事长武晓南一行，双方就合作开展残疾人文艺体育项目友好会谈并达成共识。

7月8—11日，2013年“集善·三星爱之光”系列公益项目之“星星的孩子——自闭症和智障儿童夏令营”天津站活动举行。基金会邢建绪副理事长出席启动仪式。

7月11—20日，基金会组织的“集善瑞安－提升公益机构领导力和执行力”第二期培训在马来西亚和香港进行，邢建绪副理事长率20人培训团参加培训。

7月21日，基金会召开党的群众路线教育实践活动工作会议。基金会汤小泉理事长、邢建绪副理事长及党总支部全体委员参加会议。

7月23日，基金会召开党的群众路线教育实践活动动员大会。中国残联副主席、中国残联党的群众路线教育实践活动第六督导组长、中国残疾人福利基金会理事长汤小泉讲话，基金会副理事长、党总支书记邢建绪作动员讲话，基金会全体党员干部参加会议。

7月25日，2013年“集善工程——（爱之翼）助残行动”广东项目启动仪式在广州市残疾人体育运动中心举行，中航三星人寿保险有限公司通过基金会向广东省捐赠价值89.5794万元的150辆高科技电动轮椅。基金会汤小泉理事长、费薇副理事长兼秘书长，三星生命海外事业部部长黄廷镐专务，中航三星人寿保险有限公司总裁兼CEO李昶勋，广东省残联理事长张永安、广东省残疾人公益基金会理事长郭德勤等出席仪式。

7月31日，西宁市“集善青光眼防盲救助项目”捐赠启动仪式举行。北京万升康达有限公司向基金会捐赠价值600万元的12套美国PNT无创青光眼治疗设备，定向资助西宁市开展“集善青光眼防盲救助项目”。

8月1—3日，2013年“集善·三星爱之光”系列公益项目之“星星的孩子——自闭症和智障儿童夏令营”西宁站活动举行。基金会副理事长兼秘书长费薇，中国三星大中华区副总裁王幼燕，青海省残联党组书记、理事长、青海省残疾人福利基金会理事长肖建军，基金会沈伟俊副秘书长，青海省残联副理事长曹晓，青海省残疾人福利基金会秘书长赵辉等出席活动。

8月7日，“集善工程·启明行动”邢台县启动仪式在邢台市眼科医院举行，基金会邢建绪副理事长，卡博特公司亚太地区总裁朱氏夫妇，卡博特（中国）投资有限公司大中国区总裁申毅，河北省残疾人福利基金会理事长杨俊民及邢台市政府有关领导出席启动仪式。

8月12—16日，由基金会主办、中国残疾人体育运动管理中心承办的“生命阳光、外滩三号”残障儿童夏令营活动在中国残疾人奥林匹克中心举行。基金会邢建绪副理事长、中国残疾人体育运动管理中心李晞主任出席活动。

8月13—21日，汤小泉理事长、费薇副理事长兼秘书长一行出访马拉维、肯尼亚和乌干达三国，参加国际残奥委会和如新集团援非公益项目等活动。

8月20日，中国自动化集团“集善工程·启明行动”宁夏启动仪式在宁夏吴忠市举行。宁夏回族自治区原副主席刘仲、宁夏残疾人福利基金会副理事长陈守亮、中国自动化集团总裁助理董艳出席启动仪式。

8月21日，“集善如新儿童蜜儿餐”北京项目启动仪式在北京市五彩鹿儿童行为矫正中心顺义校区举行。基金会向北京市残疾人福利基金会捐赠价值200万元的10000包蜜儿餐。基金会邢建绪副理事长、如新集团大中华事业伙伴发展副总裁陆华、北京市残疾人福利基金会理事长梁田、北京市顺义区残联理事长王振军等领导出席捐赠仪式。

8月26日，“集善·三星爱之光”系列公益项目之“星星的孩子——自闭症和智障儿童夏令营”陕西宝鸡站开营。基金会张雁华副秘书长，中国三星大中华区企业社会责任部总监孙贵峰，陕西省残疾人福利基金会秘书长李朝庆、副秘书长姬长海，宝鸡市残联理事长段寅生，宝鸡市残疾人福利基金会理事长陈继荣等参加开营仪式。

8月27—28日，中国进出口银行计划财务部总经理助理王欣、内蒙古自治区残联副理事长乔晓勇一行赴乌兰察布市对“集善工程·启明行动”进行中期检查。

8月28日，邢建绪副理事长赴瑞士银行（中国）有限公司，与瑞银集团亚太区营运总监Andreas Neuber、金纪湘行长、蔡永为副行长商谈合作项目。

8月28日，“阳光伴我行”集善明门儿童轮椅北京项目发放仪式在北京延庆县举行。基金会邢建绪副理事长，北京市残疾人福利基金会理事长梁田、秘书长李雪梅出席发放仪式。

9月2日，无国界社工友爱集善之家第二期项目第二次工作会议在香港召开。中国残联国际部主任魏孟新，基金会副理事长兼秘书长费薇，中央政府驻港联络办社工部处长王志林，无国界社工会长陈万联应、行政总裁励娜，四川省都江堰市教育局副局长肖融，友爱教育基金会秘书长季军，都江堰友爱学校校长周丽等相关负责人参加会议。

9月5日，“集善如新儿童蜜儿餐”济南项目启动仪式举行，基金会向济南残疾人福利基金会捐赠价值100万元的5000包“蜜儿餐”。基金会邢建绪副理事长，世界儿童基金会中国区项目总监林春雷，济南市残疾人联合会巡视员、济南市残疾人福利基金会理事长李玉萍等出席启动仪式。

9月9日，汤小泉理事长应邀出席卡博特旭阳化工（邢台）有限公司一期竣工仪式。竣工仪式上，卡博特旭阳化工再次向基金会捐赠50万元，用于开展“集善工程·启明行动”。

9月10—11日，基金会许小宁副秘书长赴吉林省对“阳光伴我行”和“集善正保学习卡”项目的执行情况开展监管工作。

9月10—13日，“集善·三星爱之光”系列公益项目之“星星的孩子——自闭症和智障儿童夏令营”吉林市站举行。基金会许小宁副秘书长、中国三星大中华区企业社会责任部总监孙贵峰、吉林省残联副理事长韩俊华出席开营仪式。

9月12日，2013年“集善工程——（爱之翼）助残行动”青岛项目启动仪式在青岛市举行，中航三星人寿保险有限公司通过基金会向青岛市捐赠50辆价值30万元的高科技电动轮椅。基金会副理事长兼秘书长费薇，中航三星人寿保险有限公司总裁兼CEO李昶勋，青岛市原人大常委会主任、残疾人福利基金会名誉理事长孙炳岳，青岛市人大原副主任、残疾人福利基金会理事长于锦初等领导出席。

9月12日，2013年“集善工程——（爱之翼）助残行动”山东项目启动仪式举行，中航三星人寿保险有限公司通过基金会向山东省捐赠50辆价值30万元的高科技电动轮椅。基金会副理事长兼秘书长费薇，中航三星人寿保险有限公司总裁兼CEO李昶勋，山东省残疾人福利基金会组联部部长王玲、烟台市残联副理事长于坤等领导出席。

9月12日，基金会汤小泉理事长、邢建绪副理事长会见重庆爱伦爱心亭管理有限公司董事长许能开、总经理牟湘一行，双方进行了友好会谈并签署了“爱心亭”项目合作协议。自2013年起，重庆爱伦爱心亭管理有限公司连续十年每年向基金会捐赠100万元，用于支持残疾人事业发展。

9月12—15日，佳通（中国）投资公司法务总监寿惠多女士一行前往甘肃省甘南地区夏和县对“集善工程·启明行动”项目进行中期检查。

9月13日，基金会汤小泉理事长出席第八届国际康复论坛开幕式。

9月21—23日，基金会参加在深圳举办的第二届中国公益慈善项目交流展示会，集中展示了“集善工程”七大公益项目。

9月22日，基金会荣获“2013年度信息披露情况抽样调查卓越组织——慈善透明榜样”称号。

9月25日，基金会召开2013年第三季度绩效考核总结大会。

9月26日，北京东大正保科技有限公司向基金会捐赠价值2000万元的正保远程教育集善学习卡，用于开展集善工程助学公益项目。

9月27日，在中国社会组织促进会第二届会员代表大会暨二届一次理事会上，基金会当选为中国社会组织促进会第二届理事会单位理事，邢建绪副理事长当选为中国社会组织促进会第二届理事会副会长。

10月10日，在中国国际福祉博览会上，Sonova（索诺瓦）听力集团CEO Lukas Braunschweile博士向基金会捐赠旗下价值148万元人民币优利康助听器和价值110万元人民币的美国AB领先仿生人工耳蜗。

10月12日，基金会代表队在中国残联第一届职工健步走比赛中，获得团体第三名。

10月15—16日，主题为“整合与集成——全媒体时代的无障碍服务”的第九届中国信息无障碍论坛在中国盲文图书馆举行。

10月16日，“集善·三星爱之光系列公益项目”——中国康复研究中心项目验收暨神经康复中心病区揭牌仪式在中国康复研究中心举行。基金会汤小泉理事长、中国三星集团副总裁王幼燕和中国康复研究中心主任李建军出席活动。

10月23日，2013年“集善工程——（爱之翼）助残行动”天津项目启动仪式举行，中航三星人寿保险有限公司通过基金会向天津市捐赠90辆价值54万元的高科技电动轮椅。基金会副理事长兼秘书长费薇，中航三星人寿保险有限公司总裁兼CEO李昶勋，天津市残联理事长赵洪莉、天津市残联副理事长钟建鹏等领导出席捐赠仪式。

10月25日，“集善如新儿童蜜儿餐”暨“慈依爱心行动——电子耳蜗”捐赠仪式在河北省张家口市残联举行，基金会向张家口市残联捐赠价值24000元的蜜儿餐，中国残疾人杂志社副总编辑张和勇捐赠价值60万元的人工耳蜗。

11月5日，“中国银联励志助学盲童行动——北京市盲人学校捐赠仪式”在北京市盲人学校举行。基金会邢建绪副理事长，中国银联北京分公司副总经理王慧玲，中国视障文化资讯服务中心主任、中国盲文图书馆馆长、中国盲文出版社党委副书记韩忠义，中国盲文出版社社长助理朱京华出席仪式。

11月6日，最高人民法院常务副院长沈德咏将其所获第四届中国软科学奖20万元奖金捐赠基金会，用于支持残疾人听力康复事业。

11月7—8日，全国残疾人福利基金会工作研讨会在京召开。全国29个省、区、市，新疆兵团，黑龙江农垦及5个计划单列市、6个特邀城市的80多位残疾人福利基金会的负责同志参加会议。

11月21日，2013年“集善工程——（爱之翼）助残行动”四川项目捐赠仪式举行。中航三星人寿保险有限公司通过基金会向四川省捐赠价值58.7万元的100台电动轮椅。基金会项目二部部长朱晓峰，中航三星人寿保险有限公司总裁CEO李昶勋、助理副总裁金一权，四川省残联副主席、省残疾人福利基金会理事长丁二中等出席捐赠仪式。

12月2日，基金会举办“体验饥饿——牵手残疾儿童和残疾家庭子女”公益体验活动。截至当日17时共募集善款35.3万元，用于“集善残疾儿童助养”项目。

12月5日，正保远程教育集善学习卡北京项目捐赠仪式暨学习培训会在北京举行，正保远程教育集团通过基金会向北京市残疾人福利基金会捐赠价值200万元的2000张集善学习卡。基金会邢建绪副理事长，北京市残联副理事长吕争鸣，正保远程教育集团资深高级副总裁季绯伽、副总裁卢宁贵等出席仪式。

12月6日，“集善如新儿童蜜儿餐”青海项目启动仪式在青海省特殊教育学校举行。基金会向青海省残疾人福利基金会捐赠70万元开展“集善工程·启明行动”，捐赠250辆儿童脑瘫轮椅开展“阳光伴我行”集善明门儿童轮椅项目，捐赠24000份蜜儿餐开展“集善如新儿童蜜儿餐”项目，捐赠4000份护肤品开展“集善工程·爱的滋养”项目。全国大人常委、中国残联副主席王乃坤，青海省委常委苏宁，中国残疾人福利基金会副理事长邢建绪、NU SKIN如新集团大中华区域总裁范家辉，

NU SKIN 如新集团大中华区协同事务区域副总裁暨华西及华北总裁郑重，NU SKIN 如新集团大中华首席顾问及对外事务副总裁刘志辉，世界儿童基金会副会长王志刚，青海省残疾人联合会党组书记、理事长肖建军等领导出席启动仪式。

12 月 9 日，由中国残疾人福利基金会和北京市残疾人福利基金会、江苏省残疾人福利基金会、广东省残疾人公益基金会，中国残联直属机关团委、青联，北京大学学生心理健康与咨询中心联合举办的“体验饥饿——牵手残疾儿童和残疾家庭子女”公益体验活动在北京大学举办。基金会汤小泉理事长、邢建绪副理事长、费薇副理事长兼秘书长，中国残联党组成员、机关党委常务副书记兼人事部主任相自成，北京大学党委副书记叶静漪等领导出席活动。

12 月 11 日，基金会邀请国家行政学院宋世明教授到基金会做题为“深入学习党的十八届三中全会精神”的专题报告会。

12 月 13 日，“艾美奥爱眼康复助残项目”捐赠仪式举行。北京艾美奥医学科技有限公司向基金会捐赠价值 200 元的低视力康复设备，并为低视力验配和弱视矫治康复训练工作人员提供免费培训，共同开展“艾美奥爱眼康复助残项目”。基金会汤小泉理事长汤小泉、费薇副理事长兼秘书长、沈伟俊副秘书长，北京艾美奥医学科技有限公司总经理张哲琴等出席捐赠仪式。

12 月 12 日，“集善·育达康复助残项目”捐赠仪式在基金会举办。山东育达医疗设备有限公司向基金会捐赠价值 2113960 元的 620 张医疗护理床。

12 月 13 日，“集善·三星爱之光系列公益项目”——中国残疾人体育运动管理中心公寓设施及场馆安全设施支持项目捐赠仪式举行。中国三星向基金会捐赠 50 万元，用于资助中国残疾人体育运动管理中心公寓设施及场馆安全设施支持项目。基金会副理事长邢建绪、中国三星集团副总裁王幼燕、中国残疾人体育运动管理中心副主任杨金奎先生出席活动。

12 月 16 日，基金会和澳门特区政府、中国残联合作开展的共同促进残疾人体育和特殊艺术发展项目二期总结会议在澳门召开。基金会汤小泉理事长，中国残联副理事长贾勇、宣文部主任王涛、国际部主任魏孟新，基金会副理事长兼秘书长费薇，澳门特别行政区政府社会文化司丘曼玲代主任等出席会议。

12 月 16—17 日，2013 年度“集善如新儿童蜜儿餐”项目全国工作会暨福建项目启动仪式在福州市举行。基金会邢建绪副理事长、刘玉文副秘书长及 20 个省区市的残疾人福利基金会领导及项目负责人出席工作会议和启动仪式。

12 月 19 日，基金会和中国残联在香港举办答谢暨迎新会，向鼎力帮助内地残疾人公益事业的港澳各界爱心人士和机构表达谢意。

附录一

集善工程——助听行动启动

陈劲松　《人民日报·海外版》　2013 年 3 月 6 日

今天，北京爱德发科技有限公司与中国残疾人福利基金会签订了捐赠 300 万元的合作协议，从 2013 年到 2015 年，每年捐赠 100 万元，支持开展“集善工程——(漫步者天使回声）助听行动”，用于为失聪儿童选定人工耳蜗、资助手术费用和术后语言康复等。

据统计，目前中国失聪儿童超过 80 万名，每年新生聋儿有 2 到 3 万名，通过医学早期干预可以使失聪儿童得到有效救治，但人工耳蜗设备、植入手术和后期康复的费用昂贵，贫困家庭难以承受。

附录二

“集善工程”主题活动在京举行

黄小希　赖臻　新华网　2013 年 5 月 18 日

第二十三次全国助残日来临之际，“集善工程”主题活动 18 日在北京举行，中国残疾人福利基金会携手爱心企业为残疾人奉献爱心。

据介绍，由于受残疾影响、教育程度偏低等原因，大多数残疾人的生活水平仍低于社会平均水平，农村有 20% 以上的残疾人生活在国家贫困线以下。举办此次活动旨在唤起全社会对这一群体投入更多的关注。

记者看到，活动现场设有集善工程扶残助困公益项目图片展，展示社会各界对“集善工程”的支持和对广大残疾人的关心与帮助，呼吁和倡导社会各界关注残疾人，帮扶残疾人，让他们早日走出困境。

为解决部分贫困肢体残疾人的出行问题，主办单位向北京地区 350 名贫困肢体残疾人资助了电动轮椅，让他们能够更好地融入社会生活，享受城市无障碍建设带来的便利。部分贫困残疾儿童获得了盲文图书等物资捐助。

活动现场还开展了“我送盲童一本书”的公益项目，通过向公众开展募捐和义卖，帮助贫困盲童在阅读中成长，用知识改变命运。

5 月 19 日是第二十三次全国助残日，主题是“帮扶贫困残疾人”。

附录三

中国残疾人福利基金会为自闭症和智障儿童举办夏令营

黄小希　新华网　2013 年 6 月 1 日

尽管身有残疾，但他们的笑容依然灿烂。1 日的“星星的孩子”自闭症和智障儿童夏令营北京站开营仪式上，一群特殊的孩子度过了愉快的六一儿童节。

据介绍，为呼吁社会上更多爱心人士关心与帮助自闭症和智障儿童健康成长，中国残疾人福利基金会今年在北京、天津、西安、西宁和长春五个城市举办“星星的孩子”自闭症和智障儿童夏令营。

1日的北京站开营仪式上，来自北京平谷区特教中心的12位孩子表演了欢快的舞蹈《逗春花》。整齐的动作、丰富的表情、饱满的情绪……如果不是看到舞台下方挥动着手势的指导老师，观众很难相信这是一群残疾孩子。而这样一个仅有几分钟的节目，孩子们需要花费一年的时间才能完成排演。

“我们希望这群特殊的孩子能有更多的机会参与社会活动。”北京平谷区特教中心校长张晓成说，自闭症和智障儿童如果要走向社会，往往面临较大的障碍和困难，需要更多的政策、措施进行推动。

据介绍，自闭症又称孤独症，患儿通常具有社交能力缺乏、语言表达能力困难、行为偏异、难于适应社会等障碍。智力障碍主要指的是智力落后、大脑发育障碍等。

《2012年中国残疾人事业发展统计公报》显示，2012年，全国建立了30个省级孤独症儿童康复训练机构；1.1万名孤独症儿童在各级机构进行了康复训练；全国共对14万名智力残疾人进行康复训练；实施救助项目资助2万名智力残疾儿童进行机构康复训练，同时培训儿童家长。

据了解，此次夏令营活动得到了中国三星集团的支持。自2010至2014年，中国三星集团每年向中国残疾人福利基金会捐赠1000万元人民币，用于“集善·三星爱之光系列公益活动”。

（刘书娜供稿）

第六编　地方残疾人事业和残疾人工作

REGIONAL UNDERTAKING AND WORK FOR DISABLED PERSONS

北京市残疾人事业和残疾人工作

一、领导讲话

市委常委、常务副市长李士祥在市残联第五届主席团第六次全体会议上的讲话摘要

2013 年 6 月 9 日

没有残疾人的幸福，就不可能真正实现美好的“中国梦”。因此，我们必须把残疾人事业作为一项重要的民生工程、德政工程，切实维护残疾人合理权益，促进社会公平正义；切实调动残疾人积极性、主动性和创造性，发挥残疾人在改革、发展、稳定中的重要作用；切实加强统筹，扎扎实实为残疾人办实事、做好事、解难事，努力推动首都残疾人事业在新的起点上更好地发展。

今后一个时期，我市残疾人工作的中心任务，就是要落实国务院残疾人工作委员会第一次全体会议精神，切实抓好残疾人社会保障和服务“两个体系”建设，解决好残疾人生产生活中的实际困难，维护好广大残疾人的基本权益，不断提高为残疾人服务的能力和水平。

中共中央政治局委员、市委书记郭金龙在市残联第六次代表大会开幕式上的讲话摘要

2013 年 6 月 27 日

残疾人事业是崇高的人道主义事业，是中国特色社会主义事业的重要组成部分。市残联第五次代表大会以来，首都残疾人事业取得了新的显著成就。市委、市政府认真贯彻中央关于推进残疾人事业发展的一系列决策部署，紧紧抓住筹办北京奥运会和残奥会的历史机遇，着力完善政策措施，改善为残疾人服务的设施和条件，维护残疾人合法权益，倡导扶残助残良好风尚，充分发挥广大残疾人的积极性、主动性和创造性；各级残疾人组织和广大残疾人工作者积极发挥桥梁纽带作用，满腔热情地为残疾人排忧解难，全面推动残疾人事业发展；广大残疾人大力发扬自尊、自信、自强、自立精神，积极投身于首都改革开放和现代化建设的火热实践，为首都科学发展做出了积极贡献。

当前，首都发展已经进入一个新阶段。深入学习贯彻党的十八大精神，加快推动科学发展，努力实现中华民族伟大复兴的“中国梦”，对首都残疾人事业发展提出了新的更高要求。广大残疾人有为国家、为民族、为人民建功立业的崇高理想，有实现自己人生价值的强烈愿望，有参与社会生活的迫切要求，也有为社会创造物质和精神财富的智慧和能力，实现“中国梦”也是广大残疾人的共同梦想。我市有 99.9 万残疾人，涉及全市五分之一家庭人口。关心和帮助残疾人，是全社会的责任，也是社会文明进步的重要标志。全市各级党委、政府和残联组织，都要认真学习习近平总书记一系列重要讲话精神，进一步增强做好残疾人工作的责任感和使命感，按照首善标准，认真做好残疾人工作，把健全残疾人社会保障和服务体系作为优先领域，把保障残疾人基本需求作为重点任务，努力让每一位残疾人与全体人民一道过上幸福美好生活，共享人生出彩的机会。

市委常委陈刚在市残联第六次代表大会闭幕式上的讲话摘要

2013 年 6 月 28 日

完成这次大会确定的目标和任务，需要我们进一步解放思想，准确把握新形势下残疾人工作的特点和规律，不断创新工作思路和工作方法。概括起来，要做到以下三点：

一是要加强制度创新。这些年来，我们以制度建设作为推进“两个体系”建设的着力点，出台了一大批与法律法规相配套的政策措施，率先构建起残疾人社会保障的基本制度框架，使残疾人获得了长期、稳定的保障。今后五年，要进一步加强残疾人社会保障体系建设，在用足、用好、用实政府部门的大保障政策基础上，加大专项保障力度，做好政策衔接和整合，织好民生安全网。要特别注意加强残疾人服务体系的标准和规范建设。加强顶层制度设计，争取在创新助残惠残福利项目、健全残疾人服务体系、发展残疾人服务业等方面，有所创新，有所突破，从根本上建立起保障、服务的长效机制。

二是要加强服务创新。残疾人服务不同于一般的社会服务，对象更加特殊，内容更加繁杂，任务更加具体，需要我们大胆实践，不断创造新经验，努力做到全面覆盖、全程支持。一方面服务理念上要创新。要从救助者的角色转到服务提供者和需求回应者的角色上来，不再仅限于救急、救穷，而是要服务于残疾人的需要，做到既注重物质扶持，又注重能力建设，加强心灵沟通，使

残疾人群体在生活改善的同时，能力得到提升，信心得以重塑。另一方面要创新服务模式，通过整合现有的服务资源，以需求管理为中心，搭建一个四级一体的综合性服务平台，推广使用残疾人服务“一卡通”，逐步树立残疾人工作领域的“北京服务”品牌，把残疾人服务“做成特色，做成品牌，做成文化”。

三是要加强科技创新。科技进步对残疾人的价值补偿作用是巨大的。残疾人工作要做好科技革新这篇大文章，加大康复、教育、辅助器具、无障碍设施建设等领域的科技利用率，把残疾带来的障碍降低到最低限度，让科技为残疾人插上梦想的翅膀。科技创新消除的不仅是物质环境障碍，更重要的是破除精神世界的枷锁，我们实施多年的无障碍设施改造工程，就是通过科技的支持手段，使残疾人从被动服务到自主照料和独立生活的改变，让家庭成为残疾人生活、学习和工作的场所，让社区成为自在、自如、自由的生活世界，科技让残疾人生活更美好，也让社会变得更加和谐。

二、政策法规文件

北京市人民政府关于印发2013年市政府折子工程的通知

京政发〔2013〕9号

117项　实施残疾人服务“一卡通”工程，加强残疾人社会保障和服务体系建设。(牵头领导：李士祥；主要责任单位及负责人：市残联吴文彦；协办单位：市经济信息化委、市财政局、市交通委、市公园管理中心)。

北京市购买社会力量兴办残疾人服务机构(组织)服务暂行办法

京残发〔2013〕27号

由市残联、市财政局、市社建办下发。

第三条　本办法所指购买服务项目应在市社会工作管理部门颁布确定的《政府购买社会组织服务项目》和市残联颁布确定的《购买残疾人服务机构(组织)服务项目目录》中。

第四条　购买服务的方式分为：

(一)定向购买服务。市残联每年依据本办法第三条确定的两个购买服务目录建立购买服务项目库。根据实际工作的优先性、急迫性，确定每年购买的具体服务项目和数量，于年初向社会公布，并按照本市有关规定组织招投标确定承接项目的残疾人服务机构(组织)和项目购买金额。

(二)申请购买服务。凡在年度内通过本市认定的社会力量兴办残疾人服务机构(组织)，均可依据本办法第三条确定的两个购买服务目录，向市残联提出购买服务的申请，市残联进行评估审定后，纳入第二年公布购买的具体服务项目和数量中，并按照上述定向购买服务的程序组织实施。社会力量兴办残疾人服务机构(组织)已申请社会工作管理部门购买服务或者享受相关本市服务政策的(如职业康复劳动项目、托养机构服务项目等)，不得重复申请。

第五条　购买标准：

(一)市残联会同有关部门成立项目评估小组，负责购买服务的项目评审、考核评估等工作；

(二)评估小组按照服务项目的服务人数、服务质量和服务成本确定购买服务项目的资金数额；

(三)定向购买服务的单项项目金额原则上不超过100万元，申请购买服务的单项项目金额原则上不超过50万元。

关于实施促进普通高等学校和高级中等学校残疾人毕业生就业六项措施的通知

京残发〔2013〕33号

为进一步鼓励用人单位为残疾人提供就业岗位，促进本市普通高等学校和高级中等学校残疾人毕业生就业，我们制定了2013年至2015年间促进普通高等学校和高级中等学校残疾人毕业生就业的六项措施。

一、本通知所指普通高等学校和高级中等学校残疾人毕业生(以下简称残疾人毕业生)为具有本市户籍，自毕业之日起两年内未实现就业的残疾人毕业生。

二、执行按比例安排残疾人就业的用人单位，每安排一名残疾人毕业生就业，在计算安排残疾人就业比例时，按安排两名残疾人就业计算。

三、对招用残疾人毕业生就业满一年，且按月足额发放不低于当年本市职工最低工资标准1.2倍工资的用人单位，在劳动合同期限内按照下列标准给予最长不超过5年的社会保险补贴(符合享受人力资源和社会保障部门社会保险补贴政策的，不再享受本通知规定的社会保险补贴)：社会保险补贴以本市上年度职工月平均工资标准的60%为最高补贴基数，低于本市上年度职工月平均工资标准60%的，按照实际缴费基数予以补贴。基本养老保险补贴20%，医疗保险补贴10%，失业保险补贴1%。

四、残疾人毕业生在毕业学年内实习或毕业一年内见习，并与实习见习单位和户籍所在地残疾人就业服务机构签订实习见习协议的，按下列标准给予一次性最长不超过六个月的实习见习补贴：(一)对为残疾人毕业生提供实习见习岗位的用人单位，按照每人每月1000元的标准给予补贴；(二)对进行实习见习的残疾人毕业生，按照每人每月800元的标准给予生活费补贴。

五、未就业的残疾人毕业生到市残联与市人力社保局联合认定的残疾人培训基地参加职业技能培训并取得职业资格证书的，给予一次培训费补贴。

六、各级残疾人就业服务机构和其他公共就业服务机构要建立残疾人毕业生的就业援助制度，安排专人负责，对每一名要求就业的残疾人毕业生进行职业指导，采取“一对一”的服务方式，免费为残疾人毕业生提供就业服务。各区县残疾人就业服务机构，要为辖区内的每1名未就业的残疾人毕业生提供至少三次就业机会。

七、社会职业中介机构每介绍成功一名残疾人毕业生就业，且用人单位与残疾人毕业生签订1年（含1年）以上劳动合同的，给予1500元的奖励。

关于印发《市级对区（县）残疾人职业康复中心配置基本设备补助办法》的通知

京残发〔2013〕35号

由市残联、市财政局下发。

第三条 符合补助条件的区（县）残疾人职业康复中心，在《基本目录》内提出申请市级补助支持的配置设备方案。市残联组织对区（县）申请方案的具体数量和单价进行合理性审核。市级财政按照不超过市残联审定总额的一定比例，对区（县）给予专项补助。区（县）分类补助标准如下。

（一）东城区、西城区、朝阳区和海淀区补助不超过总额的50%；

（二）丰台区、石景山区、大兴区、通州区和顺义区补助不超过总额的60%；

（三）门头沟区、昌平区、房山区、平谷区、怀柔区、密云县和延庆县补助不超过总额的70%。

关于印发《北京市残疾儿童少年康复服务办法》的通知

京残发〔2013〕37号

由市残联、市教委、市财政局、市卫生局下发。

第二条 具有本市户籍，年龄不满16周岁，持有残疾人证的儿童少年，在康复服务定点机构接受康复训练服务，配发辅助器具，均可按照本办法享受康复服务。

第三条 年龄不满7周岁的残疾儿童、享受城乡最低生活保障或重度残疾人生活补助家庭中满7周岁的残疾儿童少年，经康复评估，可在康复服务定点机构免费接受基本康复训练服务。其他年龄满7周岁的残疾儿童少年在社区卫生服务机构或康复服务定点机构接受康复训练服务，每月康复费用不足500元（含）的，按照审定的实际发生费用给予全额补助；每月康复费用超过500元的，对超出部分按照实际发生情况再行审核，对在本市社区卫生服务机构接受的康复训练服务再补助审定超出部分的70%，对在康复服务定点机构接受的康复训练服务再补助审定超出部分的50%。免费基本康复训练服务和超过每月500元标准再按比例给予康复训练补助的，由市残联在本办法配套实施细则中规定最高限额。已纳入本市城镇居民基本医疗保险或新型农村合作医疗报销范围内的费用不予补助。

第四条 残疾儿童少年经过评估需要配发辅助器具的，在市残联当年确定的辅助器具配发目录范围内免费配发。年龄不满7周岁的重度听力残疾儿童，经评估符合植入人工电子耳蜗条件的，按照人工电子耳蜗的实际费用，给予一次性补助；年龄不满16周岁的听力残疾儿童少年，已经自费植入人工电子耳蜗，需要对处理器进行升级的，按照实际发生费用给予一次性补助。人工电子耳蜗植入或处理器升级的费用补助，每人只能享受一次。残疾儿童少年需要信息咨询、适配评估、购买补贴、个性化改造、维修更换、租赁等其他辅助器具服务的，参照《北京市残疾人辅助器具服务暂行办法》执行。

关于印发《北京市中小学融合教育行动计划》的通知

京政办函〔2013〕24号

各区、县人民政府，市政府各委、办、局，各市属机构：

《北京市中小学融合教育行动计划》已经市政府同意，现印发给你们，请认真贯彻执行。

北京市人民政府办公厅

2013年3月25日

北京市中小学融合教育行动计划

为进一步加快首都特殊教育事业发展，尊重并保障残疾儿童少年拥有平等享受基本公共教育服务的权利，使他们更好地融入社会，推进首都基本公共教育服务均等化，促进和谐社会首善之区建设，依据《中华人民共和国义务教育法》、《国家中长期教育改革和发展规划纲要（2010—2020年）》和《国务院关于深入推进义务教育均衡发展的意见》（国发〔2012〕48号），特制定本行动计划。

一、制定背景

（一）发展现状

"十一五"时期以来，首都特殊教育事业快速发展，整体水平显著提高，特殊教育类别不断增加，学校特色日益凸显，残疾儿童少年入学率始终保持全国领先水平，残疾儿童少年受教育权益得到较好保障。特别是培智教育得到较快发展，视力、听力、智力残疾儿童少年义务教育基本得到满足。以特殊教育学校为骨干，以随班就读为主体、以送教上门为补充的特殊教育办学体系在我市基本形成；特殊教育质量在全国处于领先地位。截止到目前，我市共有基础教育阶段特殊教育学校22所，在校生2988名（其中285名重度和多重残疾学生接受送教上门服务），另有5682名残疾学生在1093所普通中小学随班就读。

（二）面临的问题

随着首都经济社会的快速发展和特殊教育体系的日渐完善，本市特殊教育面临新的问题：一是医疗筛查技术不断提高，残疾分类更加精细，特殊教育学校就读需求明显增加，现有特殊教育学校资源总量明显不足。二是在残疾儿童少年分类增加的背景下，义务教育阶段入学率相对较低，融合教育水平不高。三是全市所有特殊教育学校办学条件无一达到《特殊教育学校建设标准》（建标156—2011）。四是特殊教育学校教师无专门编制标准，仍参照普通中小学编制标准，不适应特殊教育学校发展需求。五是随班就读学生就学质量和规模有待进一步提高。六是全市中小学无障碍环境亟待改善。

（三）政策依据

1.《中华人民共和国义务教育法》明确提出：县级以上地方人民政府根据需要设置相应的实施特殊教育的学校（班）。普通学校应当接收具有接受普通教育能力的残疾适龄儿童、少年随班就读，并为其学习、康复提供帮助。

2.《国家中长期教育改革和发展规划纲要（2010—2020年）》提出：关心和支持特殊教育，完善特殊教育体系，健全特殊教育保障机制。

3.《国务院关于深入推进义务教育均衡发展的意见》（国发〔2012〕48号）要求：重视发展义务教育阶段特殊教育。

4.《北京市实施〈中华人民共和国残疾人保障法〉办法》明确规定：市和区、县人民政府应当将残疾人教育作为本市教育事业的组成部分，统一规划，采取措施，完善残疾人教育体系，加强残疾人学前教育、高级中等以上教育机构建设，开展教育督导和评估，保障残疾人享有平等接受教育的权利。

二、工作原则和建设目标

（一）工作原则

深入贯彻落实党的十八大精神，把握“十二五”时期教育发展趋势，尊重残疾学生的身心特点和特殊需求，尊重特殊教育规律，坚持以人为本、促进融合，落实责任、政策倾斜，项目带动、分步实施的原则，实现首都特殊教育事业科学发展。

1. 以人为本、实现融合。积极创造条件满足残疾学生多样化、个性化需求，实现组织管理常态化、教育教学个性化、支持保障社会化。推进融合教育，实现医教结合、康教结合、社教结合、普特结合。

2. 落实责任、政策倾斜。明确政府在特殊教育中的主体地位，在特殊教育学校建设标准、特殊教育师资保障、特殊教育资金保障、残疾儿童少年受教育权保障和救济等政策制定和落实过程中，加大支持保障力度，实现对残疾儿童少年的特别扶助和支持。

3. 项目带动、分步实施。制定明确目标，抓住重点和关键环节，以项目为引领，分年度实施，集中财力精力办大事。重点是保障残疾儿童少年依法接受义务教育，关键是促进残疾学生融入主流、融入社会，享有快乐童年、幸福生活。

（二）建设目标

到2015年，进一步完善以特殊支持教育中心为指导，以特殊教育学校为骨干，以随班就读为主体，以送教上门为补充的特殊教育办学体系，全面建设符合首都地位的现代化特殊教育。

1. 切实保障残疾儿童少年受教育机会。在全国率先实现残疾儿童“普九”目标，各类残疾儿童少年义务教育入学率达99%以上；对义务教育阶段不能入校就读的重度和多重残疾儿童少年实施送教上门，制定《北京市残疾儿童少年送教上门管理办法》，力争做到零拒绝、全覆盖；通过学校教育、社区教育和社会教育为非义务教育阶段残疾人提供教育服务。

2. 继续加强特殊教育硬件建设。实现特殊教育学校办学条件主要项目达标，加强普通学校资源教室建设和通用无障碍环境建设。

3. 不断提高残疾儿童少年教育质量。以融合教育为指导，以提高素质教育为目标，提高特殊教育的科学性、针对性和实效性。做好残疾学生医疗、康复和教育结合工作。

三、重点工作

（一）特殊支持教育中心引领工程

工作目标：加强北京市特殊支持教育中心建设，各区县至少建1所符合残疾儿童少年身心特点，具有示范性的特殊支持教育中心，引领区域内特殊教育发展。

主要内容：

1. 加大市级特殊支持教育中心建设力度，明确工作职责，合理配备人员编制，充实高素质教科研人员，充分发挥其教学、科研、师资培训和资源开发等功能。

2. 各区县依托原有特殊教育学校建立特殊支持教育中心，明确专兼职工作人员，有条件的区县可根据实际工作需要，在编制总额内为特殊支持教育中心明确专职管理人员和教科研人员。加强对本区域随班就读工作的管理和指导。健全以特殊支持教育中心为核心的随班就读管理体系和服务机制，完善特殊支持教育中心的教学、科研、资源开发和教师培训职能。

3. 保障特殊教育学校达到办学条件标准，远郊区县特殊教育学校应结合实际情况设置寄宿部。

4. 贯彻教育部颁布的《盲、聋、培智学校义务教育课程设置方案（试行）》，编写适合北京地区的特殊教育教材，积极开展特殊教育教学模式、教学策略和方法的改革，加强各类重度残疾儿童少年的个性化教育，努力推进特殊教育与各类康复训练（物理治疗、作业治疗、语言治疗和心理咨询与治疗）的结合，全面提高残疾儿童少年的教育和康复水平。利用现代信息技术，注重潜能开发和缺陷补偿，积极开发优质特殊教育课程资源，建设北京市特殊教育资源库。

5. 实施特殊教育学校学生双学籍制度。学生具有特殊教育学校学籍和户籍所在地就近入学学校学籍。确保每名学生每月至少半天参加普通学校活动。

（二）随班就读主体工程

工作目标：促进全市每一所公办义务教育学校接收随班就读学生，使义务教育阶段有能力的残疾儿童少年均可就近进入普通学校学习。拓展残疾儿童少年义务教育年限，稳步扩大残疾少年高中阶段随班就读规模。积极为逐步实现“同班就读”创造条件。

主要内容：

1. 把发展随班就读教育作为提高残疾儿童少年教育

水平的主要形式和重点工作，统筹规划，加强领导，规范建设，强化管理，提升质量，使有能力在普通学校就读的残疾学生能够平等接受义务教育。

2. 本着合理便利、通用设计的原则，对全市所有公办义务教育学校进行无障碍环境改造。开展融合教育示范学校和示范区创建工作，三年内市级支持100所随班就读工作突出的义务教育学校建立软、硬件完备的示范性资源教室，创建20所市级融合教育示范学校。

3. 促进融合教育，提高随班就读教育质量。注重残疾儿童少年生活自理、与人交往、融入社会、劳动和就业等能力的培养，积极发展以职业教育为主的残疾学生高中阶段教育，形成专业特色，打造品牌专业。对随班就读学生的鉴定、教学、考评和管理提出要求，开展发展性评估。为每个随班就读学生建立就学档案、进行有针对性的教育教学和康复训练。

（三）送教上门辅助工程

工作目标：通过送教上门工作，对到校就读有困难的重度和多重残疾儿童少年实施送教上门，力争做到零拒绝、全覆盖。

主要内容：

1. 为有无障碍改造需要的送教上门残疾儿童少年家庭进行必要的无障碍改造。

2. 针对不同残疾类型制定送教上门指导手册，针对每一个残疾儿童少年特点制定个性化送教上门工作方案，通过北京数字学校为残疾儿童少年提供需要的教育资源。

（四）学前特殊教育服务工程

工作目标：积极开展特殊儿童随园就读工作，基本满足残疾儿童接受学前教育的需求。

主要内容：

以幼儿园为依托，建立60个特殊儿童随园就读康复资源中心。每个康复资源中心一般应配备专业教师1名，同时可在特殊教育学校开设学前班，确保特殊儿童及家长的教育与指导。

（五）特殊教育教师队伍建设工程

工作目标：进一步加强特殊教育队伍建设，全面提升特教教师的综合素质和专业化水平。

主要内容：

1. 加强特殊教育教师队伍建设。依托高等学校，推进特殊教育教师师范专业建设，加大特殊教育教师培养。探索特殊教育教师专业证书制度。探索特殊教育教师医教结合、康教结合双学历职前培训制度。研制特殊教育教师基本功标准，开展特殊教育、康复理论知识和专业技能培训，提高特殊教育教师专业水平和综合素养。实施特殊教育名校长、名教师培养工程，培养造就一批具有创新教育思想、教育模式和教育方法的高水平特殊教育师资队伍。按新颁办学条件标准实施特殊教育学校教师编制标准，特殊教育教师中应有一定比例的康复训练教师。

2. 推进巡回指导教师队伍建设。特殊支持教育中心设立专门巡回指导教师，指导区域内随班就读和送教上门等工作。制定岗位条件，加强巡回指导教师培训和定期考核。巡回指导教师享受特教津贴。

3. 加快资源教师队伍建设。建立资源教室的学校配备资源教师，加强特殊教育和医疗康复等方面的培训，促进随班就读工作实现医教结合、康教结合。资源教师享受特教津贴。

4. 完善随班就读教师队伍建设。把随班就读教师的培训纳入教师继续教育培训计划，实施市、区分层培训制度，市特殊支持教育中心组织重点培训，区县负责对随班就读教师全员培训，不断提高随班就读干部教师的专业化水平。完善随班就读教师专业发展标准体系。将承担随班就读教学人员的工作列入岗位绩效考核内容，承担随班就读工作的教师给予一定岗位补助。在现有北京市优秀教师、优秀教育工作者等评选表彰和特级教师、骨干教师、学科带头人评选和职称评定方面对从事随班就读的干部教师给予适当倾斜。

5. 促进送教上门教师队伍建设。送教上门队伍以巡回指导教师为指导，以特殊教育教师为骨干，以热心特殊教育事业的志愿者为补充。制定送教上门志愿者选拔标准和培训标准，发展志愿者参与送教上门工作，做好志愿者培训工作。

（六）特殊教育社会支持工程

工作目标：营造全社会关心、重视和支持特殊教育的浓厚氛围，形成全社会关心、重视和支持特殊教育的良好局面。

主要内容：

1. 建立北京市特殊教育专家咨询委员会，聘请相关领域专家，为本市特殊教育重大决策和重点工作提供咨询。

2. 建立残疾儿童少年定点定标准医学检测制度，各区县成立残疾儿童少年入学咨询委员会，聘请相关领域专家和各界代表，依据全市标准对残疾儿童少年进行检测评估，根据结果建议接受义务教育形式。

3. 依托信息技术，建立残疾儿童少年信息平台和资料库，实施随访和跟踪服务，做好医教结合工作。鼓励企业、个人、社会组织对残疾儿童少年参加融合教育所需的辅助器具进行研发、引进、推广和应用。

4. 逐步对现有社区实施无障碍改造。社区活动室、阅览室等为残疾儿童少年参与活动提供必要的设备设施。

5. 街道、乡镇等有针对性地加强残疾儿童少年文化、卫生、体育和美育工作，根据残疾儿童的个体差异和潜力，广泛开展适合其特点的、多种形式的活动，为残疾儿童少年融入社会提供广阔平台。

四、保障措施

（一）落实政府责任

各级政府要从落实科学发展观、构建和谐社会首善之区的高度，充分认识发展特殊教育事业的重要意义，把各级各类特殊教育纳入经济和社会发展整体规划，把特殊教育发展列入议事日程。确立特殊教育优先发展的地位，强化发展特殊教育的责任。将办好特殊教育作为贯彻落实《中华人民共和国义务教育法》和《北京市实施〈中华人民共和国义务教育法〉办法》，促进义务教育高标准、高质量均衡发展的重要措施。一是要依法保障残疾儿童少年接受义务教育。二是要推进融合教育，支持残疾儿童少年融入社会。三是提高残疾学生生活技能和职业技能水平。

（二）明确部门职责

1. 建立特殊教育联席会议制度，在市政府领导下，建立由市教育、发展改革、民政、财政、人力社保、卫生、机构编制、规划、住房城乡建设、残联等相关部门组成的特殊教育联席会议制度，落实相关责任，定期研究特殊教育发展的重大问题。各区县也应建立相应的联席会议制度。

2. 市教育部门统筹制定本市特殊教育事业发展规划，落实学校教育工作，对家庭教育、社区教育、社会教育进行指导，促进融合教育，加强教师队伍建设。根据全市无障碍设施建设工作的职责分工，在市规划委等有关部门指导下，依据有关规定，由市教育部门牵头会同有关部门共同制定特殊教育学校、普通学校无障碍设施工程的实施方案、年度工作计划，并由涉及的产权主体具体实施，所需资金按照各涉及主体的资金原渠道予以保障。市发展改革部门将特殊教育事业纳入本市国民经济和社会发展战略和中长期规划统筹考虑，大力支持。

3. 民政部门做好社会福利机构内残疾儿童少年特殊教育工作。

4. 财政部门为特殊教育事业发展提供经费保障。

5. 人力社保部门为特殊教育教师待遇、职称评定等方面提供支持。

6. 卫生部门做好残疾儿童少年的检测、筛查、医疗和康复工作，建立信息平台和资料库。

7. 机构编制部门根据有关规定和特殊教育的工作实际，合理确定机构职责和教职工编制。

8. 规划部门配合教育部门做好特殊教育学校建设规划。

9. 住房城乡建设部门做好特殊教育学校、普通学校无障碍设施工程建设管理工作，建设工程质量和施工安全监管工作。

10. 残联配合教育、民政、卫生、人力社保等部门做好残疾儿童少年的筛查、医疗、康复、社会救助及信息平台和资源库建设工作；监测统计义务教育阶段适龄残疾儿童少年的就学情况，适时监控残疾人教育发展的需求，做好残疾儿童少年的入学、康复、毕业就业安置等服务。积极推进、督促，并协助做好无障碍改造工作，切实维护残疾儿童少年教育的合法权益。为有需求的残疾儿童少年提供个性化辅助器具服务和支持。

（三）加大经费投入

将特殊教育全面纳入财政保障范围。各级财政部门应加大对特殊教育的投入力度，按照“市区县政府分担、管理以区县为主”的原则，市本级财政进一步加大对区县特殊教育发展的转移支付力度，强化对特殊教育领域重点支出事项的保障力度。加大市级统筹，新增教育经费主要向农村地区、财力薄弱地区及城市发展新区倾斜，不断缩小区县间教育经费投入水平的差距。区县政府要把特殊教育作为教育支出重点领域予以优先保障，确保各种专项经费的落实，确保生均教育经费水平不低于全市基本标准，满足特殊教育学校正常运转、专项设备、教师培训、课题研究等需求。

根据特殊教育发展需求逐步加大投入规模。按照特殊教育学校实际需求和高于同级普通中小学校生均公用经费的定额标准适时调整生均公用经费定额标准；随班就读、特教班和送教上门学生的生均公用经费定额标准参照特殊教育学校学生标准拨付；落实义务教育阶段残疾学生“三免两补”政策，即免杂费、免教科书费、免住宿生的住宿费，发放伙食补助和助学补助。

进一步拓宽特殊教育经费来源渠道。按照彩票公益金使用宗旨，结合实际情况，支持残疾儿童少年特殊教育。残疾人就业保障金对残疾人参加特殊教育给予适当补贴。积极鼓励企业、个人、社会团体对特殊教育的捐赠和出资举办特殊教育学校及残疾人康复培训机构。

（四）强化督导评价

建立健全对特殊教育的督导和评价制度。对区县政府特殊教育工作进行督导，督促区县政府及其相关部门落实发展特殊教育的职责。对特殊教育学校全面实施素质教育情况进行督导评价，不断提高特殊教育学校办学水平和教育质量。进一步完善对中小学随班就读教育工作的督导检查，督促落实随班就读教育工作的相关规定。逐步建立健全特殊教育质量评价制度。将对区县政府特殊教育工作的督导结果、特殊教育办学水平和教育质量作为评价考核区县教育工作的重要内容；将对特教学校的督导评价结果作为评价考核特教学校工作的重要依据。

三、工作综述

根据2006年北京市第二次全国残疾人抽样调查统计，北京市各类残疾人口总数为99.9万人，占总人口的比例为6.49%（此处总人口按2006年全市常住人口1541万人计算）。截至2013年年末，全市持证残疾人43.6万人。《2013年度北京市残疾人状况监测报告》显示，城镇残疾人家庭年人均可支配收入为29241元/人，农村残疾人家庭年人均年收入为17083元/人，年均增速13.2%，增长速度明显高于健全人家庭水平，残健收入差距实现从不断扩大向逐步缩小的历史性转变。

（一）成功召开市残联第六次代表大会

6月27—28日，市残联第六次代表大会召开。出席市残联第六次代表大会代表共计291名，其中：基层残联代表247名，占代表总数的84.9%；残疾人及残疾人亲友代表204名，占代表总数的70.1%。中共中央政治局委员、市委书记郭金龙，全国人大常委会原副委员长、市残联名誉主席何鲁丽，中国残联党组书记、理事长王新宪，市委副书记、市长王安顺，政协主席吉林出席开幕式。大会以“全面建设残疾人工作首善之区、共创幸福美好新生活”为主题，全面总结了市残联五代会以来首都残疾人事业取得的成就和经验，科学描绘了今后五年发展蓝图。会议选举全国人大常委会原副委员长何鲁丽同志担任北京市残联名誉主席，北京市原常务副市长翟鸿祥同志担任名誉副主席，北京市委常委、常务副市长李士祥为主席团主席；选举吴文彦为新一届执行理事会理事长；大会还选举产生了市残联第六届专门协会主席和北京市出席中国残联第六次全国代表大会代表及主席团委员候选人。

（二）“十二五”规划确定的各项年度任务圆满完成

按照市政府要求，全面开展了残疾人事业“十二五”规划中期评估，到去年底，规划确定的17个发展指标、24项政策制度和63项服务项目如期推进，一些任务已经提前超额完成，有力地推动了北京市残疾人状况的全面改善，促进了首都残疾人事业与经济社会协调发展。

基本生活保障力度进一步加大。坚持“全覆盖、保基本、多层次、可持续”方针，进一步与“大社保”接轨，协调制定了精神残疾人免费服药、残疾儿童少年免费康复等政策，研究了居家养护、日间照料补贴办法。享受社会救助和生活补助的残疾人达到27.6万名，城乡居民养老保险、城镇居民医疗保险、新型合作医疗保险参保率分别为96.6%、96.3%、99.2%，为360户农村残疾人的危旧房进行翻建维修，残疾人基本生活做到应保尽保。

康复服务质量有了新提升。以扩面、提标为着力点，注重康复人群全覆盖，37万名残疾人得到不同程度的康复。为2.4万名重残无业残疾人进行健康体检，为3000名重度残疾人提供居家康复服务；重视精神残疾人康复，会同卫生局开展精神残疾人居家与社区康复试点工作，规范精神卫生服务，支持海淀区试点建成10个精神残疾人融入社会的“中途宿舍”。规范残疾儿童少年康复服务标准，确保免费康复项目政策顺利实施。北京康复中心建设有序推进，全市16所家庭康复培训学校全部投入使用，为2万名家长提供了康复基本知识和技能培训，有效地提高了康复服务水平。

融合教育实现新突破。市政府办公厅印发《北京市中小学融合教育行动计划》，配合教育部门出台随班就读工作意见、送教上门指导意见，制定北京市残疾人融合教育示范区、示范校评选标准，举办残疾人融合教育研讨会，从制度上保障了残疾儿童少年平等接受教育的权利。对全市7461名15—50岁残疾人青壮年文盲进行扫盲需求调查，以房山区和平谷区为试点开展残疾人青壮年扫盲工作，分类制定扫盲工作方案，从源头提高残疾人素质。

就业工作取得新进展。坚持把实现就业作为残疾人增收的关键措施。依法推动按比例就业工作，会同市人力社保局制定市属事业单位安排残疾人就业的指导意见，成功举办首届国有企业面向残疾人专场招聘会，全市按比例就业的残疾人首次突破4万人。出台促进残疾人毕业生就业“六项措施”，应届残疾人大中专毕业生就业率保持在98%以上。全市建设职业康复站511个，13个区县已经或者规划建设了职业康复中心，智力残疾人和稳定期精神残疾人的职业康复劳动项目得到进一步开发。助残日期间举行全市性残疾人就业招聘会，各区县分别设立招聘会场，实现了招聘单位数最多、提供就业岗位数最多、应聘人数最多、应聘成功率最高的良好效果。

公共文化生活丰富活跃。11部门联合出台《关于加强北京市残疾人文化建设的意见》，有力推动了残疾人群众性文化体育活动广泛开展。出色承办第八届残疾人艺术汇演北京赛区比赛，北京赛区组委会获组织奖，北京市获团体金奖。继续组织残疾人走入高雅艺术殿堂，让广大残疾人共享高品质文化生活。残疾人运动员享有落户北京、辅具适配等方面的优待政策，在国际重大体育赛事中获奖的残疾人运动员享受到与健全运动员同等奖励标准。

无障碍建设成效显著。启动无障碍区县创建工作，积极促进无障碍环境建设城乡均衡发展。以需求为导向，推进公共交通无障碍，研究制定无障碍出租车发展方案，144个老旧小区无障碍改造工作更加精细，残疾人家庭无障碍改造实现了“发现一户、改造一户”的工作目标，累计改造完成9万户。

合法权益得到更好维护。扎实开展残疾人法律维权，配合市人大内司办、市政协社法委对残疾人保障法北京市实施办法两年来的执行情况进行专题调研和视察活动。加强政策法规宣传，向持证残疾人、残疾人工作者及基层社区统一发放了60万册政策口袋书。与市司法局联合举办法律大讲堂，通过易行热线、12348热线、温馨家园法律服务工作站向残疾人提供日常法律服务，保障残疾人的合法权益。重视残疾人信访工作，信访结案率达到98%，确保了残疾人群体稳定。

社会助残环境进一步优化。开展以“帮扶贫困残疾人”为主题的助残日活动，受到国务院、中国残联领导肯定和残疾人朋友认可。残疾人事业成就宣传片、公益广告片、卡通片、微电影在电视、网络、地铁、公交、楼宇播出，社会反响强烈。公益慈善事业取得成效，全年累计接受社会捐赠款物共计1300万元，各界给予免费、优惠的支持达4300万元。同时拓展了新的项目，举办“爱心公益长走大会”；在北京部分示范中学，试点开设社会公益课程，让“牵手残疾儿童”成为在校学生的选修课，近百名重度残疾儿童在狮友陪伴下走出家门；举办第二届手语风采大赛，推动银行、医院、商场等窗口行业学手语活动的开展，激发了社会的助残热情。

（三）残疾人服务领域创新发展取得新成果

开展残疾人服务体系建设顶层制度设计。在深入调研、广泛听取意见的基础上，编制了涵盖11大类、99项的残疾人公共服务目录，提出了残疾人服务体系基本框架、主要内容、运行机制和支撑保障措施，构建了以“一个平台、一套系统、一卡通行、一个品牌”为主要内容的“四个一”残疾人服务管理新模式。抓住制订《北京市基本公共服务体系行动计划（2013—2015年）》契机，编制残疾人基本公共服务行动计划专章，推动残疾人基本公共服务进一步纳入全市基本公共服务体系。

政府购买助残服务首次实现制度化。积极协调财政部门率先出台了《北京市购买社会力量兴办残疾人服务机构（组织）服务暂行办法》（京残发〔2013〕27号），在扶持发展残疾人社会组织发展方面迈出了新步伐，为扩大优质服务的社会化供给提供了制度化保障。出台《北京市残联购买社会组织管理与服务岗位暂行办法》，探索出了一条残疾人社会组织服务管理新途径。积极参与北京市政府购买服务政策研究，会同财政部门将“基本助残服务”纳入市政府购买服务范围，建立了残疾人基本公共服务社会化、市场化发展的政策保障机制。

残疾人服务“一卡通”开发应用取得重大进展。作为2013年市政府折子工程，“残疾人服务一卡通”建设纳入市民卡试点项目，受到全社会特别是残疾人的高度关注。一期工程已于去年年底投入试运行，为实现“一卡在手、服务全有，一卡连接、身份了然，一卡管理、统一终端，一卡通用、畅游京城”的目标奠定了扎实基础。

（四）自身建设得到切实加强

下大力气推进基层组织建设。顺利完成基层组织换届工作，11个区县残联理事长或副理事长进行了调整，理事长平均年龄50.5岁，趋于年轻化；321个街道乡镇残联全部配齐了专兼职理事长，实现了职责、机构、人员、经费“四个单列”；各区县残疾人专门协会、社区（村）残疾人协会委员调整287人次，区县、街乡镇残联及社区、村残疾人专职委员人数达到5745人。健全完善协会规章制度，工作更加规范、活跃。在换届基础上，举办专题研修班，加强了各级残联班子思想、作风、能力建设，参加学员普遍反映“学有所获、学有所用”。加强对403个温馨家园日常管理，制定服务规范，进一步完善了常态化工作机制。

四、重要条目

【十一届市委常委会第四十八次会议】5月15日，市委书记郭金龙主持召开十一届市委常委会第四十八次会议，听取并同意市残联执行理事会理事长吴文彦所作的关于北京市残疾人事业发展情况和市残联换届工作安排的汇报；同意召开市残联第六次代表大会。会议充分肯定了北京市残疾人工作，要求按照拓展保障、促进就业的思路，管好、用好残疾人就业保障金；进一步加强城市无障碍设施建设；市委、市人大、市政府、市政协办公厅要按照有关法律法规，带头做好残疾人聘用工作；要继续按照首善目标，进一步提高首都残疾人工作水平。

【参加第八届全国艺术汇演获优异成绩】8月6—10日，第八届全国残疾人艺术汇演（北京赛区）在京举行。北京代表团165人奉献了16个精彩节目，其中7个为原创作品，获得6个一等奖、5个二等奖、1个三等奖、7个创作奖，团体总分获一等奖。

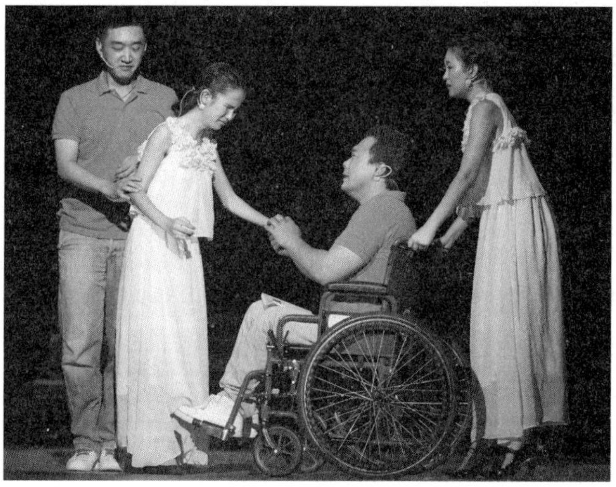

图6－1－1　《假如给我三天光明》获戏剧小品类一等奖。

【北京市残疾人入住社会福利机构补贴办法】1月1日开始实施。北京市户籍16—59周岁失业且无稳定性收入的残疾人入住社会福利机构均可享受相应的补贴政策。此项政策一是对残疾人入住社会福利机构的，根据残疾程度给予每人每月400元或200元补贴，低保家庭的重度残疾人每人每月再增加600元补贴；二是对社会办（含公办民营）社会福利机构，将根据入住残疾人的残疾程度给予每人每月300元或200元运营补贴，对收住残疾人达到一定规模的社会福利机构购置康复器材的，按照一定比例给予一次性补贴。截至2013年年底，共审批申请入住社会福利机构残疾人771人，个人补贴641人，运营补贴619人，享受康复器材一次性补助7家，市级残疾人就业保障金支付400余万元。

【盲人电子记事本产品发布会暨赠送仪式】1月5日在京举行，中科院计算所、市经信委和市残联领导出席仪式并讲话。中科院计算所研发的“盲人电子记事本”是专为盲人设计制造的低成本、便携的电子记录本设备。该设备集成了中科院计算所经多年研发积累的盲文点字输入装置、智能盲文——汉字转换系统等创新性成果，可通过盲文点字板方便地输入盲文，输入方式与盲文书写完全一致，盲人无须学习即可方便使用。同时，“盲人电子记事本”支持录音和播放，并具备通用USB接口，当将其连接至计算机时，通过调用软件自动将用户输入的盲文转换成汉语文本文件，供用户阅读和整理、编辑。

图6-1-2　技术人员辅导盲人使用盲人电子记事本。

【天使的微笑——首届关爱孤独症儿童及青少年公益音乐会】 1月19日在京举办，市各康复机构的50多名孤独症儿童及青少年表演了器乐演奏、舞蹈、音乐剧等十余个精彩节目，展示了孤独症儿童在音乐方面的天赋。中央电视台制片人阿果主持演出，著名歌唱家戴玉强、雷佳和零点乐队的艺术家参加表演。

【国际行为分析协会中国分会首届年会暨中国应用行为分析学术研讨会举办】 3月27—31日由市残联、市孤独症儿童康复协会与国际行为分析协会中国分会联合举办，旨在庆祝第六个世界孤独症日，儿科医生、教师及孤独症儿童家长等100余人参加，来自美国、新西兰、香港的专家在北京大学医学部同期举办4个工作坊。

【首届市国有企业面向残疾人专场招聘会】 4月13日在京举办，参会60家企业提供了184个就业岗位。22家国有企业还将63个招聘岗位作为定向培训的岗位，为具有潜能，但职业技能还暂时达不到要求的残疾人提供培训后上岗的机会。据统计，初步达成就业意向145人次，可培训后上岗25人次。

【残疾人社会组织首次专场招聘会举办】 4月24日，北京市残疾人社会组织2013年首次专场招聘会在北京社会管理学院举行。15家残疾人社会组织参加了此次招聘会，共提供92个就业岗位。此次招聘专业涉及聋儿康复、自闭症儿童康复、精神康复、幼儿教育等。该院校社工、康复、心理专业的150余名大学生参加了招聘活动，学生投递简历116份，约35人与社会组织初步达成意向。

【刘卫东等职业技能竞赛获表彰】 5月，市人力社保局、市总工会、市妇联、团市委联合发文，对在市第三届职业技能竞赛中取得优异成绩的部分选手进行表彰。其中授予朝阳区残疾人刘卫东“首都劳动奖章”，授予东城区残疾人李福永、李东升等九人“北京市技术能手”称号，授予朝阳区残疾人胡雪琪、海淀区残疾人张卉“北京市青年岗位能手”称号，授予西城区残疾人王立梅、海淀区残疾人刘继东等四人“北京市三八红旗手”称号。

【为43万残疾人免费发放残疾人政策口袋书】 在第23个全国助残日期间，市残联为全市43万持证残疾人和残疾人工作者及基层社区发放60万册《北京市残疾人政策服务手册》（简称“口袋书”）和《残疾人政策汇编》。口袋书共5卷，覆盖了残疾人证管理、生活保障、医疗康复、教育培训、劳动就业、住房保障、交通出行、文化休闲、社区与居家服务、托养服务、法律服务等11个专题。

图6-1-3　残疾人手持《北京市残疾人政策服务手册》和《残疾人政策汇编》。

【精神残疾人居家与社区康复试点工作启动】 7月9日举行启动仪式。市卫生局、市残联制发了《北京市精神残疾人居家与社区康复试点工作方案》，计划对1500名精神残疾人提供居家与社区康复服务与指导工作，探索建立“医院—社区—家庭”一体化治疗与康复的管理服务模式，帮助精神残疾人真正走出家庭，回归社会。

【首都媒体记者与特奥运动员手拉手——首届特奥融合钓鱼比赛】 7月12日举行。第七次全国特奥日来临之际，为落实“你我齐参与，开展特奥融合活动”主题，市残联、市残疾人体协主办了此次活动，北京市特奥运动员与20多家媒体记者以融合的方式进行了比赛。

【首期盲人钢琴调律与维修专业技术在职培训班】 由中国盲人协会主办，北京市残联社会工作部和市残疾人体训职培中心承办，7月24日正式开班。来自北京、安徽和广东等6个省的10名盲人钢琴调律师在市残疾人体训职培中心参加了为期30天的集中专业培训，主要学习培训“立式钢琴机械整理、调节与维修”。

【残疾人社会组织风采展演】 7月28日，“残健互融、共享和谐”残疾人社会组织风采大型展演活动举办。62家残疾人社会组织参加了本次活动，参会人数达1490人，活动设立了四个活动区，既有静态的展板、宣传片展示，又有动态展示。市残联通过购买“社区融合”项目，展示了残疾人及残疾人社会组织的风采，促进了社会进一步了解、接纳残疾人及残疾人社会组织，促进了残疾人与健全人、残疾人与残疾人社会组织、残疾人社会组织与社区之间的融合。

【集善如新儿童蜜儿餐北京项目启动仪式】8月21日举行启动仪式。如新公司捐赠了价值200万元的一万袋蜜儿餐。市残疾人福利基金会理事长梁田向如新集团赠送了荣誉瓷盘。残疾儿童表演文艺节目。如新集团代表对各区县残联、21家社会组织代表进行了专题培训。

【市政协委员视察《残疾人保障法》实施办法落实情况】11月13日，市政协委员视察《北京市实施〈中华人民共和国残疾人保障法〉办法》落实情况及居住小区无障碍改造工作。市政协社法委主任吴玉华、副主任郭宝东、吴文彦等10名政协委员视察了海淀区田村路街道永达逸家社区、海淀街道新起点嘉园两个居住小区的无障碍改造情况，并召开座谈会，听取市残联、海淀区关于贯彻落实残疾人保障法和开展居住小区无障碍改造工作的情况，就党政机关安排残疾人就业、老年残疾人服务保障、残疾人事业宣传、居住小区无障碍改造长效机制建设等共同关心的问题进行了深入座谈研讨。

【首期残疾人就业力特训班】11月16—18日举办，来自16个区县的28名残疾人学员参加了此次培训。针对残疾人求职自信心不足和就业目标不清楚的问题，培训设计了求职观念、方法和行动三个模块，采用案例分析、影视教学、角色扮演等多种教学方式引导残疾人学员重塑求职理念，掌握求职技巧，启发并帮助各位学员找准自己的职业定位，从而进行科学的职业生涯规划。

【走基层送文化演出活动】11月28日—12月中旬，市残联开展了以“密切联系残疾群众，丰富基层文化生活”为主题的走基层、送文化演出活动。北京市残疾人艺术团等社会文艺界爱心人士深入昌平、平谷、通州、延庆、燕山等远郊区县、乡镇、社区和残疾人温馨家园等演出了10个场次，受到了广大残疾人朋友和社会的欢迎与好评。

【“心阅书香”——盲人有声阅读大型公益活动】12月2日在首都图书馆多功能厅举办，旨在庆祝第二十二次国际残疾人日。该活动自3月17日启动以来，共举办了15期，服务盲人朋友超过550人次，发放各类有声读物500多套，吸引了150余位文化界知名人士、电视台主持人及社会志愿者报名参与。活动不仅拉近了盲人与书籍的距离，更唤起了社会对残障人士的关注与关爱。市残联领导向积极参与活动的主持人及志愿者代表颁发“优秀志愿者”荣誉证书。

【“乐动心灵·文化共享”到社区】市残疾人活动中心协调中央音乐学院音乐治疗系，在上半年望京街道残联温馨家园活动结束后，下半年同时在西城区大栅栏街道温馨家园、朝阳区太阳宫地区温馨家园、海淀区八里庄街道温馨家园以及丰台区和义街道温馨家园4个城区的温馨家园推广“乐动心灵、文化共享”活动，全年共开展活动73次，服务智力残疾人800余人次，丰富了温馨家园的文化活动，惠及了更多基层残疾人，取得了实效。

【“走进心理·共享阳光”心理疏导讲座】12月12—13日，市残联聘请社会心理咨询机构的专业心理辅导老师开展了“走进心理·共享阳光”心理疏导系列讲座，分别在丰台区马家堡街道职康站和西城区残联职康站举办，为职康站的300多名学员、家长和老师带来了“心理营养大餐”。

【不止天使有翅膀】12月20日，北京国际微电影节闭幕式暨颁奖典礼隆重举行。由市残联和腾讯视频联合策划、拍摄、制作的微电影《不止天使有翅膀》荣获“光年奖”十大公益影片。影片讲述的是残疾人服装设计师丁宝明自强不息的人生经历和实现美好理想的追梦故事。

【残疾人服务一卡通测试卡发放活动】12月30日，残疾人服务一卡通测试卡发放活动举办。市残联梁田巡视员出席活动并讲话。本次测试卡发放对象以丰台区持有残疾人证的残疾人工作者和部分在温馨家园、职康站参加活动的残疾人为主，拟通过测试完善一卡通的设计、应用环境建设和相关管理办法。

图6-1-4　残疾人领取残疾人服务一卡通测试卡。

五、大事记

1月1日，《北京市残疾人入住社会福利机构补贴办法》开始实施。

1月11日，全市残疾人工作会议召开。会议全面总结了2012年全市残疾人工作情况，安排部署了2013年工作任务。市委常委陈刚在讲话中充分肯定了一年来北京市残疾人工作取得的成绩，就学习贯彻十八大精神，全面推动首都残疾人事业科学发展做了重要指示。

1月18日，中国残联与市残联共同举办首都残疾人社会组织迎新春座谈会。中国残联理事长王新宪，中国残联副主席、中国智协名誉主席马廷慧出席会议，中国残联副主席吕世明主持座谈会。市残联理事长吴文彦、副理事长郭克利参加座谈会。郭克利全面介绍了首都残疾人社会组织建设工作开展情况；13 家残疾人社会组织负责人在座谈会上发言；王新宪代表中国残联向北京市和全国残疾人社会组织致以新春的祝福。

1 月 19 日，“天使的微笑”——首届关爱孤独症儿童和青少年公益音乐会举办。

1 月 23 日，中国残联主席张海迪到朝阳区东方爱心康复托管中心和东方博爱儿童福利院看望孤残儿童慰问工作人员，她代表中国残疾人福利基金会和北京市残联给孩子们送去了奶粉、玩具、毛毯、尿不湿等慰问品。调研了社会组织开展残疾人生活照料、功能康复和教学等多项服务情况和残疾人康复托养情况。

2 月 16 日，市委常委陈刚与市委副秘书长王翔、社会工委书记宋贵伦来到市残联机关，向残疾人工作者并通过他们向全市残疾人和残疾人工作者送上新春祝福。

2 月 19 日，市政协社法委主任吴玉华、副主任郭宝东等一行到市残联调研，关注首都残疾人事业，关心残疾人群体。市残联领导就北京市残疾人事业发展基本状况、当前困难等做了汇报。

2 月 23—24 日，2013 年春季北京地区人力资源招聘大会举行，市残疾人就业服务中心在大会现场设立展台，宣传残疾人就业有关政策法规，为参会残疾人求职者和招聘单位提供服务。据统计，此次有 300 余名残疾人应聘，其中 18 名与用人单位达成就业意向。

3 月 1 日，第十四次全国爱耳日主题宣传活动暨“关注听力健康，共享幸福人生”——国家彩票公益金项目助听器免费配发仪式举行。此次活动为 186 名听力残疾人免费配发了价值总额为 170 万元的助听器；同仁医院专家举办了听力健康咨询活动，免费提供测听服务；印制发放了 7 万份听力康复宣传手册。

3 月 22 日，市总工会、市残联和首都医科大学签订共建首都医科大学附属北京康复医院、康复医学院的工作协议。市人大常委会副主任、市总工会主席梁伟出席并讲话。

4 月 2 日，第六个国际孤独症日，中国残联党组书记、理事长王新宪同志专程来到北京康纳洲孤独症家庭支援中心，看望了孤独症孩子，向北医六院贾美香主任医师仔细询问了孤独症的诊断和康复情况。听取了中国精协副主席、康纳洲负责人温洪和郭德华博士工作介绍。王新宪充分肯定了康纳洲孤独症家庭支援中心为孤独症患者的康复和家庭服务进行的有益探索。

4 月 13 日，首届市国有企业面向残疾人专场招聘会举办。

4 月 24 日，北京市残疾人社会组织 2013 年首次专场招聘会在北京社会管理学院举行。

4 月 24 日，为“4·20”四川雅安芦山地震灾区“送温暖、献爱心”活动举办。仪式上，党组书记马大军提议，全体起立为四川芦山地震中遇难的同胞和在抢险救灾中英勇牺牲的战士默哀。市残联领导、干部职工积极响应踊跃捐款，共捐献 21485 元。

4 月 26 日，残疾人法律大讲堂活动启动暨法律宣讲团成立仪式举行，按照“六五”普法规划要求，市残联、市司法局将在 16 个区县和燕山地区举办以“学法用法·与法同行”为主题的 48 期法律大讲堂活动。全市残疾人代表、维权工作者代表共 230 人参加。仪式上，为 12 名宣讲团成员颁发了聘书。

5 月 11 日，“爱聚长江·救灾助残”——长江商学院北京校友会爱心长走大会举行。数百位长江校友及家属、100 位残疾人朋友及志愿者共同完成了 10 公里爱心长走。长江商学院多位校友还为四川雅安地震致残的残疾儿童及北京残疾贫困在校生捐赠善款 107 万元。

5 月 16 日，北京市残疾人融合教育研讨会召开。中国残联教就部副主任唐淑芬到会致辞，市教委副主任罗洁做主旨演讲，教育部基础教育二司特教处处长黄伟出席会议，市残联副理事长吴学文主持会议。市教育系统、残联系统和有关社会机构共 300 余人参加会议。

5 月 18 日，集善工程·第二十三次全国助残日主题活动举行。中国残联副主席、中国残疾人福利基金会理事长汤小泉，中国残联副理事长孙先德，市委副秘书长王翔，中国残疾人福利基金会副理事长邢建绪，市残联党组书记马大军，市残联巡视员、市残疾人福利基金会理事长梁田出席了活动。

5 月 18 日，第二十三个全国助残日前夕，国务委员、国务院残工委主任王勇来到北京市密云县巨各庄镇，考察葡萄产业协会扶贫助残基地，走访慰问贫困残疾人家庭。中国残联主席张海迪、理事长王新宪、常务副理事长王乃坤、市残联理事长吴文彦等陪同。

5 月 23—29 日，2013 年全国残疾人羽毛球锦标赛在广州市举行，全国 12 个省市的 12 支代表队参赛。经过激烈角逐，北京运动员取得男单冠军、女双亚军、男双亚军、团体亚军一金三银，运动员苏坤荣和陆禄获得个人体育道德风尚奖，运动队获得集体体育道德风尚奖。

5 月 31 日，市残联主席团五届六次全体会议召开。常务副市长李士祥出席会议并做重要讲话，市政府副秘书长侯玉兰主持会议。会议选举李士祥为市残联第五届主席团主席、委员；通过了调换、增补第五届主席团委员的决议；吴文彦理事长做了市残联“六代会”筹备情况说明；会议通过了关于召开市残联第六次代表大会的决议；讨论并原则通过了市残联第五届主席团提请第六次代表大会审议的工作报告的决议。

6 月 7 日，第八届北京市残疾人艺术汇演圆满落幕。本次汇演共有 16 个区县的 726 名残疾人演员齐献佳艺，共演出了声乐、器乐、舞蹈、戏剧小品四大类 98 个节目。经过专家评委组严格评选，共有 28 个节目脱颖而出，其中一等奖 4 个，二等奖 8 个，三等奖 16 个。辅导奖和创作奖各 10 个，组织奖 16 个，来自各区县的 16 名残疾人文艺工作者受到表彰。

6 月 9 日，2013 年市政府残工委全体委员会议召开。会议由市政府副秘书长、市政府残工委副主任侯玉兰主持。市委常委、常务副市长、市政府残工委主任李士祥出席并讲话。市政府残工委副主任、市残联理事长吴文彦代表市残工委做了工作报告，回顾了过去五年市残工委的工作，部署安排了 2013 年工作。市教委、市人力社保局、市卫生局、市规划委先后发言。会议原则通过了市残联“六代会”工作报告（讨论稿）。

6 月 21 日，中共中央政治局委员、市委书记郭金龙参观第十届北京国际旅游博览会，来到“北京礼物”展馆，在“爱立方”展柜前，欣赏了软陶、布艺、炭雕等残疾人艺术作品，听取市残联工作人员对“爱立方”品牌与“北京礼物”有关合作情况的介绍。郭金龙对残疾人作品给予高度评价，对“爱立方”产品进入“北京礼物”给予充分肯定，并做出指示。

6 月 27 日，市残联第六次代表大会开幕。市委常委陈刚主持开幕式，市委常委、常务副市长李士祥致开幕词。市领导赵凤桐、梁伟，原市委常委、常务副市长翟鸿祥，市政府秘书长李伟出席。与会领导会议前参观了北京市残疾人事业成果展；吴文彦代表市残联第五届主席团做了题为《全面建设残疾人工作首善之区，共同创造幸福美好新生活》工作报告。

6 月 28 日，市残联主席团六届一次全体会议召开。会议选举产生了市残联第六届主席团主席、副主席；推举产生了市残联第六届执行理事会理事长；通过产生了市残联第六届执行理事会副理事长、理事；通过产生了市残联各专门协会第六届委员会主席、副主席；通过了关于聘请市残联名誉主席、名誉副主席的决议（草案）；通过了出席中国残联第六次全国代表大会代表和主席团委员候选人建议名单。

6 月 28 日，市残联第六次代表大会闭幕。市委常委陈刚出席并讲话。大会通过了关于市残联第五届主席团工作报告的决议；报告了市残联主席团六届一次全体会议选（推）举结果；通过了聘请何鲁丽为市残联名誉主席、翟鸿祥为名誉副主席的决议；选举了北京市出席中国残联第六次全国代表大会代表和主席团委员候选人。市委常委、常务副市长、新一届市残联主席李士祥致闭幕词。

6 月 29—30 日，“残障与发展论坛（2013）：制度创新与战略规划”举办。本届围绕主题“中国残疾人事业的制度创新与战略规划”设有主论坛和“残疾人事业制度创新”、“残疾人康复与服务”、“残疾人事业发展战略”三个分论坛。41 位来自学术机构的专家学者与残疾人工作者在论坛上发表了自己的研究成果，进行了深入交流。市残联理事长吴文彦做了题为《北京市残疾人服务体系建设的实践方向》的主旨报告。

7 月 9 日，精神残疾人居家与社区康复试点工作启动。

7 月 29 日，市残联召开深入开展党的群众路线教育实践活动动员部署会。市委第六督导组成员出席会议，组长彭兴业传达了市委关于开展教育实践活动的基本要求，要求市残联党组织和全体党员要按照中央和市委的要求，扎实推进教育实践活动，力求取得实效。市残联领导班子成员，机关全体党员、直属单位副处级以上干部、部分离退休党员代表 95 人参加会议。会议由市残联党组书记马大军主持并做动员讲话。全体与会同志进行了民主评议投票。

7 月 30 日，副市长戴均良参观考察了市残疾人康复服务指导中心，听取了市残联党组理事会全面汇报，仔细询问了残疾儿童的训练情况。在艺术治疗室和孩子们一起绘画，向小朋友赠送了礼物，并合影留念。市政府副秘书长戴卫等一同调研。

8 月 6—10 日，由中国残联、教育部、民政部、文化部和国家新闻出版广电总局共同举办，北京市承办的以“飞跃梦想”为主题的第八届全国残疾人艺术汇演（北京赛区）举行。来自八个省市的 800 多名残疾人参加演出。颁奖仪式暨汇报演出在北京会议中心举行。中国残联、北京市领导为获奖演员颁奖并观看了汇报演出。

8 月 15 日，中共中央政治局委员、市委书记郭金龙来到石景山老山东里示范残疾人温馨家园看望残疾人，先后到职业康复站、法律服务站、康复站和文体活动室，了解残疾人的工作、学习和活动环境。郭金龙与正在排练国庆节目的残疾人亲切握手、交谈，观看了他们表演的节目《绣红旗》。

8 月 18 日，残疾人社会组织“残健互融、共享和谐”社区融合成果大型展演活动举行。全市 81 家残疾人社会组织、近 2000 名残疾人及 600 名社会爱心人士、志愿者参与了活动。

8 月 31 日，北京狮子会新一届理事会就职典礼举办。中国狮子联会会长王乃坤、中国狮子联会顾问委员会主席汤小泉、中国狮子联会秘书长陈亚安、市志愿者联合会秘书长郭新保应邀出席，来自沈阳、哈尔滨、浙江等地狮子会的代表以及北京的 300 多位狮友出席典礼。市残联理事长吴文彦、副理事长郭克利到会祝贺并讲话。

9 月 6 日，首次盲人文化工作研讨会召开。会上，市残联盲人协会主席李庆忠介绍新一届市盲人协会的工作思路，强调盲人文化工作要“走群众路线”，重点开展基层盲人文化需求的调查研究，宣传好、服务好基层盲人的文化工作。城六区残联盲人协会主席和盲人代表就如何在新形势下不断创新、活跃盲人文化生活展开了热烈讨论，并提出了十余条建设性意见。

9 月 7—8 日，全国盲人医疗按摩人员北京考区考试举行。北京考区共有考生 31 人，作为 2013 年全国盲人医疗按摩考试改革试点两个单位之一，在实践技能考试中新增“手法三维力学测定仪”、“穴位智能化测试系统”。

9 月 10 日，市残联法援分中心在“情暖贫弱群体，维护公平正义”——《法律援助条例》颁布十周年总结大会上受到表彰，获得市法援模范集体荣誉称号。十年来，中心认真贯彻落实国务院和北京市《法律援助条例》，始终坚持全心全意为残疾人服务的宗旨，共为残疾人提供优质、优先、免费的法律服务1.296万人次，其中诉讼代理314件，为残疾人挽回经济损失896.51万元，切实维护了残疾人的合法权益。

9月22日，受民政部委托，中民慈善捐助信息中心在第二届中国公益慈善项目交流展示会上发布了《2013年度中国慈善透明报告》。北京市残疾人福利基金会荣获“2013年度信息披露情况抽样调查卓越组织——慈善透明榜样”称号。

10月9日，国务委员、国务院残工委主任王勇，中国残联主席张海迪，中国残联党组书记、理事长鲁勇等领导到2013中国国际福祉博览会北京展区参观。王勇与工作人员亲切交谈，详细询问了北京市辅助器具服务工作情况，对北京市辅具事业融合发展、个性化服务、创新研发等工作给予了肯定，并观看了“聋人用视频实时字幕系统”、“智能动力假肢”等残疾人创新辅具演示。

10月11—13日，中国残联主办，北京市承办的“2013年全国盲人柔道锦标赛”在京举行。中国残联、市残联、市教委、市体育局领导出席了开幕式。全国12支代表队的79名运动员参加本次锦标赛。北京市盲人学校被确定为“国家残疾人体育培训基地”。

10月16—23日，2013年全国轮椅篮球锦标赛举行。来自全国10个省、市、自治区和香港特区共14支代表队参赛。北京男女轮椅篮球队在为期五天的比赛中双获冠军，同时获得了大会组委会颁发的“体育道德风尚奖”。

10月20日，北京20名残疾人运动员参加了2013年北京国际马拉松赛，盲校和特教学校组织的盲童与特奥运动员共同参与，体现了中国残疾人全面融合、坚忍不拔、勇往直前的精神，赢得了现场运动员和观众的喝彩。

10月25—28日，五名残疾人选手组成的北京代表队参加中国残联主办的全国残疾人岗位精英职业技能竞赛。西城区选手赵利民中式烹调作品《听荷》获大赛组委会创艺作品奖；海淀区选手张起、董必增在自行车组装竞赛中，获大赛组委会优秀技能奖；东城区选手胡轶获大赛组委会拼搏奖；北京市代表队获优秀组织奖。

10月27日—11月1日，由6名新队员组成的北京队在2013年全国特奥乒乓球比赛中夺得一枚金牌四枚银牌四枚铜牌，并荣获了“体育道德风尚奖”。

10月29—11月5日，2013年全国残疾人（22岁以下）游泳锦标赛举行。来自全国23支代表队250名运动员参加了本次比赛。北京市8名运动员参赛，共获7枚金牌，3枚银牌，4枚铜牌，运动队及三名运动员获“体育道德风尚奖”。

10月31日，中国残联考评北京残疾人就业服务机构规范化建设工作。在听取汇报，检查档案，考察市、区县和街道三级残疾人就业服务机构，以及市盲人按摩指导中心和职业康复劳动站后，考评组宣布：北京市残疾人就业服务机构规范化建设工作考核成绩优秀，在全国名列前茅。

11月6日，财政部、中国残联一行六人到北京市调研残疾人就业保障金征收、使用和管理工作。调研组通过听取汇报，召开座谈会和实地走访，讨论了保障金使用范围等重点问题，了解用人单位和残疾人对残保金征收、扶持、培训等方面的意见和建议。

11月6—10日，在第八届中国北京国际文化创意产业博览会期间，全国人大原副委员长路甬祥、国家工商总局局长张茅、副市长杨晓超等领导，分别到市残联“爱立方”展区参观，详细了解“爱立方”品牌运营和残疾人庇护基地建设情况。五天来，“爱立方”展区接待参展人员两万多人，被评为“主展场最佳展示奖”。

11月13日，市政协社法委主任吴玉华、副主任郭宝东与十名市政协委员到两个小区视察无障碍改造情况；听取关于贯彻落实残疾人保障法和开展居住小区无障碍改造工作情况汇报；就党政机关安排残疾人就业、老年残疾人服务保障、残疾人事业宣传、居住小区无障碍改造长效机制建设等问题进行了深入座谈。

11月14日，党的群众路线教育实践活动专题民主生活会召开。市残联党组书记、机关党委书记马大军代表市残联领导班子做对照检查发言，共查摆出领导班子存在的“四风”方面的问题13个，表现15条。局级党员领导干部在会上也逐一进行对照检查，联系个人思想、生活、工作实际和成长经历，不回避矛盾，敢于揭短亮丑，深入开展了批评与自我批评。

11月15日，2013年北京市残疾人文化周启动仪式举行，市残联、市文化局领导和400多名残疾人参加。与会领导向怀柔区残疾人赠送了文化用品。市残联温馨家园宣讲团进行了主题为“我的梦·中国梦”宣讲，市残疾人艺术团演出。

11月20—25日，北京市残疾人乒乓球队3名运动员在台湾台中市2013年国际残疾人乒乓球公开赛上获得了4金2银的好成绩。其中张淼获女子TT5级团体和TT4级单打冠军，薛娟获女子TT3级团体和单打亚军，郭兴元获男子TT4级团体冠军和单打亚军，为国家和北京市残疾人运动队争得了荣誉。

12月12日，由首都文明办指导、北京人民广播电台新闻广播主办的大型人物评选活动——“2013北京榜样”揭晓，通州区培智学校教师李银环、盲人教授杨佳荣获“2013北京榜样”称号。

12月13日，市人大常委会内务司办公室调研组到市残联听取了全市残疾人政策法规整体落实情况和“六代会”后各项工作的新思路、新举措的汇报，并就《北京市实施〈中华人民共和国残疾人保障法〉办法》实施情况、贯彻残疾人各项政策法规中存在的困难和问题、人大代表建议和政协委员提案办理情况进行了座谈研讨。

12月23日，市残联会同市财政局下拨首批区县残疾人职业康复中心基本设备购置补助5510万元。截至目前，全市通过新建、购买、划拨等方式，共有10个区县残疾人职业康复中心已立项建设，另有通州、大兴、昌平三个区向市发改委上报了立项的相关材料。

12月24日，中国残联主席张海迪来到西城区展览路医院参观康复设施，了解康复服务流程，听取患者对康复服务的意见与建议。张海迪还考察了展览路街道残疾人温馨家园——“慧馨园”职业康复站，详细了解服务机构工作者的管理情况，听取了职康站日常教学情况介绍，残疾人学员展示了学习成果。

12月25—26日，区县残疾人工作总结座谈会暨残疾人服务体系建设研讨会召开。会上，市残联党组书记马大军传达了市委十一届三次全会的精神；各区县做总结汇报；市残联部室负责人就2014年重点工作安排与各区县进行了探讨。市残联理事长吴文彦肯定了各区县一年工作取得的成绩，部署了2014年市残联重点工作。

12月31日，中国残联主席张海迪到朝阳区考察了望京花家地南里社区、大屯街道的残疾人温馨家园、阳光家园和新运儿童康复中心，详细了解了温馨家园在街道和社区的设立情况以及开展的日间照料、职业康复、法律援助、心理咨询和志愿服务等内容，询问了残疾人按比例就业和居家就业等工作情况。

附　录

北京市残疾人服务体系建设的实践方向

——市残联理事长吴文彦在残障与发展论坛上的主旨报告

2013年6月29日

残疾人服务是政府公共服务体系的重要组成部分，是发展社会事业、保障改善民生、推动基本公共服务均等化的目标要求，也是新时期不断满足残疾人类别化、多样化、个性化服务需求的现实需求。当前，北京市在基本养老、基本医疗、基本生活已经有了制度性保障，在此之后，我们的工作重心已经逐渐转移到尊重残疾人尊严、维护残疾人权利、发掘残疾人潜能、体现残疾人价值和促进残疾人全面参与社会生活的各个方面，正在全面启动残疾人公共服务首善之区建设。

一、坚持理念引导

残疾人服务体系是针对残疾人特殊性、多样化、类别化的服务需求，有计划地发展专项基本公共服务项目，形成“组织管理有序、技术支持到位、服务网络完善、规范标准健全、保障措施得力、监督检查有效”的残疾人服务工作格局，全面提升为残疾人服务的能力和水平，促进残疾人平等参与社会生活和全面发展。建设残疾人服务体系，关键是要有正确的理念引导。理念优于制度，制度服从需求。

一是尊重主体地位。这包含两个层次的概念，一方面是尊重残疾人自身的“服务选择”。残疾人不是被动接受服务的对象，而是服务选择的主体，作为服务的享有者，对于服务内容、服务方式等都有自己的主动选择。比如，轮椅、假肢、助听器等残疾人辅助器具服务，必须要有评估和适配环节，不是简单地将既有的辅助器具直接发放给残疾人，要围绕残疾人的实际需求和真实感受来进行适配，配置的辅助器具要适合残疾人的特点特别是个人的特点，提供个性化的服务。与此同时，残疾人也是服务体系建设的主体，服务体系建设为了残疾人，也要依靠残疾人。在服务体系建设的过程中，要切实保障残疾人对相关事务的知情权、参与权、表达权、监督权，使残疾人成为服务体系建设的参与者和推动者。

二是促进赋权增能。服务，不仅仅只是为了满足残疾人的物质生活需要，更重要的是，通过服务充实残疾人自我管理和平等参与社会事务的权利，挖掘潜能，促进残疾人全面发展。比如，现在许多地方开展居家养老助残服务，就不能只是提供简单的家政服务，而要通过服务，教给残疾人居家生活技能，帮助残疾人恢复居家生活能力，真正实现社会功能的全面恢复。居家服务与残疾人的身心康复、功能改善是紧密联系在一起的，也是与残疾人实现平等参与社会生活的权益密切相连的。

三是实施积极福利。过去的服务主要是对困难群体、弱势群体照顾性的福利服务，通过制度保障给予残疾人优先、优惠、优待的安排。积极福利强调，对残疾人的服务不是简单的物质补偿，而是促进功能代偿。积极福利也主张通过加大教育、就业、康复、文化等方面服务的投入力度，鼓励和支持残疾人通过自身努力实现价值。德国等发达国家为什么强调残疾人的康复和教育，甚至是不计成本，因为积极福利聚集着人的发展和社会的进步。

四是促进社会融合。近两年来，北京市残联加强了对“社会融合”的认识和探索，已初步形成了以“教育融合、就业融合、文化融合、康复融合”为重点的残疾人社会融合体系基本框架。残疾人服务不宜专门划分出一个地域、门类，或者单独建立一套系统，为其提供一种集中式、套餐式的服务，比如像特殊学校、庇护工厂、福利企业这样的服务模式。要消除观念态度、物质环境、体制安排等方面障碍，让残疾人能够在一般社会制度安排中，以一般社会成员的身份去充分地享有公共服务，最终促进残疾人全面融入社会，促使残疾人与社会相互认同、接纳、融合。

二、优先开展顶层制度设计

不同于过去碎片化、行政式的服务方式，现实发展迫切要求我们做好顶层制度设计，努力为残疾人提供“全面覆盖、全程支持、全方位利用”的服务。“全面覆盖”是指既做到人群全覆盖，又实现需求全覆盖；“全程支持”是指为残疾人提供从出生到年老的终生帮扶，包含残疾预防、康复、养护照料、教育、就业等系列服务，以及为精神残疾人提供全日制、不间断的照料；“全方位利用”是指在整个社会服务或公共服务的大链条中，充分利用各种社会资源，发挥各类社会力量，满足残疾人多层次、多元化的服务需求。

（一）突出四个工作原则

这是在理念指引下的具体操作准则，包含四个方面：一是需求导向。始终以残疾人的需求为指引，服务为了残疾人，服务成果由残疾人享用。二是公平公正。不断推进基本公共服务均等化，促进社会的公平正义。三是合理便利。根据残疾人的实际需要，对服务环境、手段等进行必要或适当的修改和调整，确保在满足残疾人特殊服务需要的同时不妨碍其他人，并且尽最大可能让所有人都可以共享。四是资源整合。坚持政府主导、社会参与、国家扶持、市场推动，建立资源共享机制。

（二）理清基本公共服务项目

现阶段，残疾人服务体系建设重点任务是推进和实现基本公共服务均等化。目前学术界在服务的主体、客体、性质、手段、目的等方面已达成基本共识，主要的不同集中在基本公共服务的内容范围。

根据工作实践，我们提出了医疗卫生、教育培训、劳动就业、社会保障与救助、文化体育、住房保障与法律维权、残疾预防与康复、养护照料、辅助器具、无障碍等11大项、99个明细的基本公共服务项目，这是一个基础性工作。这些服务项目可以分为两大类：一般性残疾人服务和专项性残疾人服务。一般性残疾人服务是指残疾人群体作为公民全体的重要组成部分应与健全人同等享有的服务，包括医疗卫生、教育培训、劳动就业、社会保障与救助、文化体育、住房保障和法律维权等七项；专项性残疾人服务是指针对残疾人特殊需要提供，包括残疾预防与康复、养护照料、辅助器具和无障碍等四项。

一般性残疾人服务和专项性残疾人服务在供给主体、功能作用等方面有较大差异，既需要区别对待，又相辅相成，你中有我，我中有你。一般性残疾人服务需要纳入、融入国家整体公共服务大局，由公共资源和服务网络加以满足，同时也需要专项性服务的介入并提供必要的辅助性支持。例如，北京正在全面启动残疾人融合教育工程，残疾学生和健全人在教学目标、内容、方式等方面没有明显差异，只是在教育过程中提供的康复、辅具等支持性服务和无障碍环境。也就是说，残疾人教育是公共教育服务的一部分，同时又是一种需要特殊支持的国民教育。

（三）建立服务运行机制

服务运行机制是服务体系建设的中枢环节，目的是真正使残疾人的服务需求和现有服务资源真正实现快速准确的对接。包括需求管理、服务评估、服务转介、服务反馈和监督：

一是需求管理机制。充分利用信息技术载体平台，对残疾人服务需求进行动态管理、即时服务和全程跟踪，形成残疾人服务需求综合分析报告，提出解决方案，即实现需求提出、归集、分析一体化的服务，这是基础，也是核心。

二是服务评估机制。根据残疾人服务需求的类型和特点，明晰各级需求评估层次。以北京为例，建立以社区为主的初级评估，以街乡为主的基础评估，以区县为主的专业评估，以市服务机构为主的高端评估，形成主体明确、功能完善的四级需求评估体系。

三是服务转接机制。根据需求管理、服务评估结果，及时将不能在本级服务平台实时解决和有效满足的服务需求转介到合适的服务机构。包括两个关键环节：实行转介“首诊负责”制度，对转介成功率进行评估；拓展多元化的服务转介渠道，形成规范化、标准化的转介操作流程，使服务转介机制成为解决问题的重要平台。

四是服务反馈和监督机制。适时加强外部信息反馈的同时实施个案管理，进行综合分析，强化残疾人及其家庭取得资源及应用资源的能力。在此基础上，建立政府规范监督、社会组织行业自律、残疾人代表等民主监督、第三方评估机构监督多方并举的模式。

以一个有康复需求的残疾儿童为例，就近就便到社区，做出功能评估，了解康复需求。社区的残疾人专职委员或社区卫生服务中心登记备案，如果本级能满足需求，则就地指导就地康复；如果本级能力不足，则可转介上级服务平台，或利用服务资源库，转介到具备相应服务能力的服务机构，同时还需做到对服务过程的全程跟踪，服务结果的反馈。如果没有这样一个服务管理中枢系统，没有这样一套服务运行机制，残疾人的服务需求只能是零散的、游离的，服务资源也只能是分散的、不可知的。

（四）创新服务提供方式

最近，北京市在全国首次出台了《北京市购买社会力量兴办残疾人服务机构（组织）服务暂行办法》，政府购买、公办民营、民办公助等等的社会化、市场化、专业化运行模式，将是服务体系重要的发展方向。

（五）提供支持保障

落实服务体系建设的顶层制度设计，需要一个强大有力的支持保障体系。至少包含五个方面：一是明确服务主体职责，建立组织管理体系；二是健全政策法规体系，发挥政策引领作用；三是加大服务资金投入，保障服务体系建设；四是加快完善标准规范，强化服务评估监督；五是优化服务社会环境，营造良好社会风尚。

三、北京服务模式和品牌

北京市残联昨天刚刚完成换届。未来五年，我们将努力建成“三个残疾人工作首善之区”，即“残疾人社会保障首善之区、残疾人公共服务首善之区和残疾人融合发展首善之区”，着力打造残疾人工作领域的“北京服务模式”和“北京品牌”。

对于残疾人服务体系建设，将按照顶层制度设计，努力打造“四个一”管理模式。2015年，初步建成“网络健全、服务完善、运行高效、保障有力”的残疾人服务体系；2020年，全面完善“城乡人人可及、需求全面覆盖、服务及时有效”的残疾人服务体系。

搭建一个平台。依托市级指导中心、区县职业康复中心、街乡镇温馨家园、社区服务站，建设“四级一体”的残疾人综合服务平台，承担残疾人服务管理中枢的职责任务，成为残疾人“服务需求的管理与转介者、服务资源的协调者、服务反馈的接收者、服务质量的监督者”，成为能够促进服务需求和服务资源快速有效对接的综合性残疾人服务管理平台。

形成一套系统。即建立以“需求管理、服务评估、服务转介、服务反馈和监督”为主要内容的残疾人服务中枢系统。前面已有论述，这里不再重复。

实施一卡通行。在北京市民卡基础上开发建设并推广使用残疾人服务“一卡通”，使它成为残疾人服务体系建设的重要载体，满足残疾人刷卡享受政策和服务的需要。我们准备先从残疾人免费乘车、免费游公园和残联业务服务内容切入，创建“一卡通”运行体系，实现“一人一卡、依卡服务”。这项工作已列入今年市政府折子工程。今后还要在就业服务、培训服务、康复服务、辅具服务、文化服务等方面拓展服务功能，逐步实现“一卡多用、一卡通行”。通过“一卡通”系统的读卡终端来实时记录残疾人基本需求和接受服务的信息，达到统一服务信息管理的目的，实现残疾人服务全领域、全过程、动态化管理监控。

建立一个品牌。目前，北京市各街道乡镇已至少建成一个温馨家园，总数达到403个。今后，我们将重点打造“温馨”品牌，进一步扩展温馨家园职能，充实其有效服务载荷，使之成为最重要的基层服务力量，让残疾人感受温馨北京。

总之，我们希望通过建立健全残疾人服务体系，残联既要成为残疾人的“权益维护者”、“需求诉求者”，也成为残疾人工作的“理念倡导者”和“工作推动者”。更重要的是使残疾人服务真正嵌入到社会公共服务的大链条中，让政府的机构、民间的力量、市场的主体、社会的资源都能迸发出热情和激情，参与到为残疾人服务当中，不断提高为残疾人服务的总体规模和层次水平，努力使这项系统性的工作走在全国前列。目前，北京市残疾人服务体系建设正在新的起点上迈出新的步伐，经过不断探索、创新、发展，为残疾人提供更加便利更加周到更加细致更加贴心的全方位服务，使残疾人朋友在社会大家庭中生活得更加快乐幸福。

（王铁成供稿）

天津市残疾人事业和残疾人工作

一、领导讲话

市政府残工委副主任、市残联主席团副主席、市残联党组书记、理事长赵洪莉在全市残联工作会议上的讲话摘要

2013年1月11日

一、巩固成绩，发挥优势，推动残疾人工作取得新的业绩。

二、进一步健全“两个体系”，为本市残疾人事业发展提供坚实的保障。一是进一步加强残疾人组织规范化建设，为事业发展提供组织保障。二是进一步完善法规政策体系，加大执行力，为事业发展提供政策保障。抓紧落实重度残疾人护理补贴以及提高低保、特困残疾人救助金补贴标准等政策，确保最困难残疾人基本生活得到有效保障并不断改善。三是进一步完善规章制度，加强监督监测，为事业发展提供监管保障。四是进一步加强社会管理创新，维护和谐稳定的局面，为事业发展提供安全保障。

三、高举旗帜，科学发展，抓好四个把握，推动残疾人工作再上新水平。一是科学把握党的十八大和市第十次党代会、十届二次全会的精神实质和丰富内涵，切实把中央和市委关于促进残疾人事业发展的一系列决策部署落到实处。二是科学把握国家基本公共服务体系“十二五”规划和残疾人事业“十二五”发展纲要的目标任务，确保完成“十二五”中期任务。三是科学把握国务院关于加快推进残疾人社会保障体系和服务体系建设指导意见和本市实施意见的具体要求，抓紧完善和落实相关政策措施，全面增强残疾人社会保障和服务能力。

四是科学把握形势的发展变化，着力解决残疾人最关心最现实最直接的困难和问题，切实保障残疾人各项权益，维护社会和谐稳定。

四、改进工作作风，密切联系群众，开创残疾人事业发展新局面。

市政府残工委副主任赵洪莉代表市政府残工委主任曹小红在市残联第五届主席团第六次全体会议上的讲话摘要

2013 年 5 月 23 日

市残联主席团和党组、理事会要切实做好六项工作：

一是肩负起落实十八大提出的“健全残疾人社会保障和服务体系，切实保障残疾人权益”、“支持特殊教育”等光荣使命和重大责任，团结带领残疾人和残疾人工作者，为实现全面建成小康社会的宏伟目标、同心共筑中国梦而努力奋斗。

二是坚决落实中央的规定和市委、市政府的要求，改进工作作风，密切与残疾人的血肉联系，深入开展“促发展、惠民生、上水平”活动。

三是筹备好、召开好市残联第六次代表大会，确定好今后本市残疾人事业发展的目标和任务，并认真组织落实；选举产生新一届主席团和执行理事会。

四是制定好本市基本公共服务体系规划的残疾人服务专章，进一步加强残疾人基本公共服务与特殊服务，让残疾人生活得更方便更幸福。

五是抓紧抓实安全维稳工作，认真做好残疾人信访工作，及时化解矛盾纠纷，保持本市残疾人无集体进京访、无非正常上访、无不良事件的良好局面。

六是认真履行“代表、服务、管理”职责。

中共中央政治局委员、市委书记孙春兰在市残联第六次代表大会上的讲话摘要

2013 年 7 月 23 日

图 6－2－1　孙春兰在市残联第六次代表大会开幕式上讲话。

党的十八大描绘了全面建成小康社会、加快推进社会主义现代化的宏伟蓝图，强调要“健全残疾人社会保障和服务体系，切实保障残疾人权益”。习近平总书记提出要努力实现中华民族伟大复兴的中国梦。在新的历史时期，本市残疾人事业发展，必须深入贯彻落实党的十八大和习近平总书记一系列重要讲话精神，紧紧围绕全面建成小康社会、实现中央对天津定位奋斗目标，着眼于解决残疾人最关心最直接最现实的利益问题，完善保障残疾人权益、改善残疾人民生、促进残疾人事业发展的政策法规，健全残疾人社会保障制度，加强残疾人服务体系建设，营造残疾人平等、参与、共享的社会环境，缩小残疾人生活状况与全市平均水平差距，实现残疾人事业与经济社会协调发展。

一、全市各级党委和政府要进一步重视残疾人工作，加强领导。切实把残疾人事业纳入全市经济和社会发展规划，把残疾人工作列入重要议事日程。我们要按照全面建成小康社会的总目标，从制度上加大残疾人合法权益和基本医疗、基本养老、基本生活等保障力度，加强对残疾人的基本公共服务和特殊服务，重点在残疾人康复、教育、就业、扶贫、托养、维权、文化、体育、无障碍等方面提供更多更好的保障和服务，促进残疾人全面发展。要建立稳定的残疾人事业经费保障机制，并随着经济发展和财政收入增长逐步增加。各级政府残工委及成员单位要强化责任分工，提高执行能力，确保扶残助残惠残各项政策措施落实到位。

二、社会各界要真诚支持残疾人事业，积极参与。各人民团体和社会组织要发挥各自优势，维护残疾职工、残疾青年、残疾妇女、残疾儿童和残疾老人的合法权益。各企事业单位要增强社会责任感，为残疾人事业发展贡献力量。各级党政组织要进一步关心重视残联工作，关心残联工作者的进步，帮助解决工作中的实际困难。

三、全市各级残联组织要继续努力，履职尽责。要进一步改进工作作风，在群众路线教育实践活动中，着力解决关系残疾人切身利益的突出问题，深入到残疾人群众中去，倾听残疾人呼声，反映残疾人诉求，更好地履行代表、服务、管理职能，保持同残疾人群众的血肉联系，建好“残疾人之家”。

四、广大残疾人要不畏艰难，自强奋斗。始终热爱祖国，胸怀梦想，不断超越自我，以坚忍不拔、勇于攀登的顽强意志，积极参与美丽天津建设的伟大实践，用激情和实干创造新的业绩，实现人生价值，同全市人民共创共享幸福美好生活。

中国残联党组成员、专职副主席吕世明在市残联第六次代表大会上的讲话摘要

2013 年 7 月 23 日

五年来，天津市坚持以残疾人社会保障体系和服务体系建设为主线，持续实施“百千万惠残工程”，全面加强残疾人康复、教育、就业、扶贫、社会保障、权益维护、文化体育、综合服务设施建设等事关残疾人民生的各项工作，残疾人保障水平得到显著提高。为贯彻落实党中央、国务院的重要战略部署，进一步推动天津市残疾人事业在

新的起点上加快发展，继续保持“全国残疾人工作示范城市”荣誉，我代表中国残联提三点期望：一是要加快推进

图6-2-2　吕世明在市残联第六次代表大会开幕式上讲话。

残疾人全面小康的进程。进一步改善残疾人生活状况，尽快缩小残疾人收入与社会平均水平的差距，帮助广大残疾人过上更加体面、更有尊严的幸福生活。二是要扎实推进残疾人社会保障和服务体系建设。建立稳定的财政保障机制和多元化的服务供给模式，推动残疾人服务均衡全面发展。三是要切实加强残联组织建设。

市委常委、政法委书记散襄军在市残联第六次代表大会上的讲话摘要

2013年7月23日

图6-2-3　散襄军在市残联第六次代表大会上讲话。

一、牢牢把握新时期残疾人事业发展的主题，努力践行全心全意为残疾人服务的根本宗旨

一要健全完善残疾人社会保障和服务体系。努力实现残疾人基本医疗、基本养老、基本生活等各方面保障制度化、规范化、常态化，确保他们能够更有价值、更有尊严地生活。二要大力改进残疾人工作作风。要深入到残疾人中去，和他们广交朋友，主动帮助他们解决好生活、学习、工作等方面的实际困难。三要切实维护残疾人根本利益。把维护好、实现好、发展好残疾人的根本利益作为工作的出发点和落脚点，以广大残疾人满意不满意、高兴不高兴作为衡量工作成效的根本标准，进一步健全完善残疾人利益维护机制、权益保障机制和诉求表达机制，全力改善残疾人民生，维护残疾人合法权益，确保全市广大残疾人共建、共享改革发展的成果。

二、要凝聚各方面力量共同做好残疾人工作，努力推动本市残疾人事业科学发展

一要大力加强组织保障。将发展残疾人事业纳入经济社会发展规划，切实为做好残疾人工作提供政治和组织保障。要在财力物力上给予必要倾斜和特殊的关怀，完善与经济社会发展和政府财力增长相适应的投入增长机制，不断提高残疾人工作的法治化水平。二要充分发挥各级残联组织的职能作用。全市各级残联组织要努力争取各级党委、政府对残疾人工作的关心和支持。耐心倾听广大残疾人的呼声，真诚反映广大残疾人的愿望，热心解决广大残疾人的实际困难，努力成为残疾人的贴心人。三要广泛开展扶残助困活动。做到“帮扶一个人、温暖一家心，稳定一大片”，积极在全社会传递助人为乐、扶弱济困的正能量。四要加强残疾人工作宣传报道。

三、充分调动残疾人的积极性、主动性、创造性，引导残疾人积极投身全面建成小康社会的伟大实践

一要加强残疾人康复治疗。二要加强残疾人心理咨询和心理卫生服务。三要大力支持和发展特殊教育。四要深入推进残疾人就业工作为每个残疾人融入社会、发挥聪明才智创造更多更好的就业岗位。五要大力发展残疾人文化体育事业。

副市长、市政府残工委主任、市残联主席团主席曹小红在市残联第六次代表大会上的讲话摘要

2013年7月23日

图6-2-4　曹小红在市残联第六次代表大会上讲话。

一、认真贯彻落实大会精神

我们要认真学习，深刻领会大会精神，并迅速传达到各级政府残工委及其成员单位，迅速传达到各级残疾人组织、广大残疾人和残疾人工作者，把学习贯彻大会精神转化为谋划发展、推动工作的实际行动。全面完成大会提出的目标任务，全面改善残疾人物质文化生活，团结带领广大残疾人朋友与全市人民一道，向全面建成小康社会的宏伟目标迈进，让每一位残疾人在实现中国梦的伟大进程中梦想成真。

二、深入扎实做好残疾人工作

我们一定要带着深厚感情，怀着满腔热情，深入扎实地做好残疾人工作，努力缩小残疾人生活水平与社会平均水平的差距，让残疾人紧紧跟上全面建成小康社会的步伐。我们要进一步完善和落实残疾人政策法规，加快健全残疾人社会保障和服务体系，不断提高为残疾人提供公共服务和特殊服务的能力；要进一步加强残疾人维权机制建设和法律救助，切实保障残疾人各项合法权益，维护社会和谐稳定；要千方百计加大资金投入，加大残疾人生活保障和救助力度，着力提升残疾人生活水平；要加强残疾人文化服务，在改善残疾人物质生活的同时，努力满足残疾人的精神文化需求；要更加广泛深入地开展扶残助残活动，动员社会力量积极参与扶残助残，更好地帮助残疾人解决实际困难；要鼓励和帮助残疾人发扬自尊自信自强自立精神，乐观向上，奋力拼搏，平等参与社会生活，共享经济社会发展成果。

三、切实加强残联自身建设

要努力提高残联建设科学化水平，增强主席团的决策、领导和监督能力，增强执行理事会的组织、执行和指导能力，推动全市残疾人工作不断取得新成绩新突破。

市残联第六届主席团执行理事会理事长赵洪莉在市残联第六次代表大会上的讲话摘要

2013 年 7 月 23 日

图 6－2－5　赵洪莉在市残联第六次代表大会上讲话。

我一定不辜负大家的希望，在市委、市政府的坚强领导和中国残联的精心指导下，坚决贯彻落实各位领导同志的重要讲话精神，认真执行主席团的决策和部署，与理事会全体成员同心同德，形成一个团结为民务实清廉的领导集体，全面履行“代表、服务、管理”职能，恪守“人道、廉洁、服务、奉献”的职业道德，在历届理事会工作基础上，以此次代表大会为新的起点，大力发扬谦虚谨慎、艰苦奋斗、密切联系群众的工作作风，真抓实干，开拓进取，全心全意为残疾人服务，为基层和残疾人解决实际困难，加快健全残疾人社会保障和服务体系，切实保障残疾人权益，全面完成大会确定的各项任务，使残疾人物质和文化生活有新的改善，为推动本市残疾人事业又好又快发展，团结带领残疾人与全市人民一道向实现全面建成小康社会宏伟目标迈进。

副市长、市政府残工委主任、市残联主席团主席曹小红在市政府残工委全体会议上的讲话摘要

2013 年 12 月 30 日

二、凝心聚力，攻坚克难，切实帮助残疾人同步实现小康

一是要进一步健全残疾人社会保障和服务体系。积极构建稳定可靠的残疾人基本保障网，确保残疾人基本医疗、基本养老、基本生活和住房等得到有力保障，不断提高残疾人社会保障和社会福利水平。完善残疾人公共服务体系，加强对残疾人的教育、就业、康复、托养等各项公共服务和特殊服务，继续推进无障碍环境建设。健全残疾人权益保障制度，保障残疾人平等参与权利和平等发展机会，切实维护残疾人合法权益。

二是要进一步提高残疾人生活水平。认真研究关于逐年提高生活困难残疾人生活救助金补贴标准的办法，每年增长比例应适当高于全市人均收入增长水平，逐步缩小残疾人收入水平与社会平均水平的差距。加大对重度、失能和低保特困残疾人的救助力度，切实保障他们的基本生活。搞好残疾人职业技能培训和农村残疾人实用技术培训，提高他们的就业能力和就业层次。千方百计促进残疾人就业创业，帮助更多残疾人实现稳定就业，鼓励和扶持残疾人自主创业。

三是要进一步丰富残疾人精神生活。

四是要妥善解决残疾人急难问题，切实维护社会和谐稳定。

三、健全机制，落实责任，进一步提高残疾人工作水平

一是进一步健全“三个机制”。一要进一步健全沟通协调机制。残工委各成员单位之间、残工委办公室与各成员单位之间要加强沟通交流和协调配合，落实各项工作制度，形成工作合力。二要进一步健全残疾人事业经费稳定增长的投入保障机制。三要进一步健全残疾人工作考核机制。

二是充分发挥“四个作用”。一要充分发挥市政府残工委各成员单位的作用，落实各单位职责，不断提高残疾人事业各领域工作的水平。二要充分发挥残工委办公室的作用，抓好残工委日常工作，加强对各成员单位的服务，及时反映和协调解决残疾人工作中的重点难点问题。三要充分发挥残工委康复工作办公室的作用，搞好残疾人康复工作，努力实现残疾人“人人享有康复服务”的目标。四要充分发挥残工委特殊教育办公室的作用，加快发展特殊教育事业，确保本市特殊教育继续走在全国前列。

二、政策法规文件

关于印发《天津市2013年20项民心工程》的通知

津党发〔2013〕1号

八、提高妇女儿童健康水平。启动天津市妇女儿童健康促进计划，为300万人次提供20项健康服务。全面实施免费孕前优生健康检查，7.2万人受益。

九、关爱残疾人生活。为1.3万残疾人提供居家服务、日间照料、寄宿托养和庇护性就业等托养服务。为1万名残疾人装配辅助器具。为残疾人提供文化体育活动服务，发放各类书籍5000册、各类文化用品和体育健身器材5000件。

天津市人民政府关于印发天津市残疾人专用代步车管理办法的通知

津政发〔2013〕43号

第四条　残疾人专用代步车应当经公安机关登记，取得登记证明后，方可上道路行驶。残疾人申请登记应当符合下列条件：

（一）年满16周岁；

（二）持有区、县残疾人联合会开具的下肢残疾证明；

（三）所驾车型符合准予上道路行驶的残疾人专用代步车的种类。

第五条　残疾人专用代步车登记遗失或损坏的，应当到原发证机关补领、换领登记证明。办理残疾人专用代步车登记手续免收费用。

第六条　残疾人专用代步车登记证明不得转借、涂改、变造或伪造。

第七条　驾驶残疾人专用代步车上道路行驶时，应当随车携带残疾人专用代步车登记证明和残疾人证，并遵守道路交通安全法律、法规的相关规定。

第八条　非下肢残疾人员驾驶残疾人专用代步车上道路行驶的，由公安机关交通管理部门依照《中华人民共和国道路交通安全法》有关规定予以处罚。

第九条　驾驶残疾人专用代步车违反道路通行规定的，由公安机关交通管理部门依法予以处罚。

第十条　不得利用驾驶残疾人专用代步车从事道路客运、货运经营活动。违反道路运输经营管理规定的，由道路运输管理机构依法予以处罚。

天津市人民政府办公厅关于调整完善医疗保障政策减轻困难家庭医疗负担的意见

津政办发〔2013〕73号

一、调整居民医疗保险政策

（一）提高居民医疗保险报销水平。住院报销比例统一提高5个百分点，标准不变。将普通门急诊、住院和门诊特定病种起付标准统一调整为500元。将成年居民住院最高支付限额统一提高到18万元。

（二）对低保、特困重残人员、单亲家庭成员、失独家庭成员、“五保户”和城市“三无”人员住院治疗和门诊特定病种的医疗费用，由按照居民医疗保障低档参保报销改为按照高档参保报销。

二、完善医疗救助政策

（一）将低保、特困家庭和重残人员、领取物价补贴低收入家庭人员全部纳入医疗救助范围。

（二）医疗救助对象住院和门诊特定病种医疗费用，在基本医疗保险报销后政策范围内个人负担部分给予救助，2万元以下部分救助60%、2万元（含）以上部分救助80%。

（四）加大医疗临时救助力度。对家庭收入水平低，残疾人员、退休人员、幼儿、学生等情况聚集的家庭成员患大病的，作为医疗临时救助重点，加大临时救助力度。

天津市人民政府办公厅印发关于开展机动三轮车综合治理工作实施方案的通知

津政办发〔2013〕114号

（一）对本市户籍健全人使用的机动三轮车，按照车主自愿的原则，由各区县人民政府组织评估收购，回购款项以现金方式交付车主，回购期限为2014年1月初至4月30日。具体收购办法由各区县自行确定。

（二）对本市户籍残疾人使用的机动三轮车，不符合本市残疾人专用代步车登记种类的，实施以旧换新，置换后的新车实行登记上牌管理；符合本市登记种类的，可直接登记或以旧换新；对不符合驾驶残疾人机动轮椅车条件的残疾人，其机动三轮车处理参照上款（一）执行。

对以旧换新的，由市残联给予每人一张价值5000元左右（以车型实际价格为准）的残疾人专用代步车购置凭证，残疾人可凭该证到指定销售网点购置残疾人专用代步车。办理残疾人专用代步车以旧换新手续的期限为2014年1月初至4月30日。

（六）对因取缔机动三轮车，市区主要经济收入来源的本市户籍人员和家庭，根据不同情况分类安置救助。

（八）残疾人持有效证件免费乘坐市内公共汽车、地铁等公共交通工具。

天津市人民政府2013年为残疾人办实事安排意见

津残工委〔2012〕11号

一、加强残疾人社会保障和生活救助。对重度和低保残疾人给予基本医疗保险、基本养老保险缴费补贴；为残疾人个体工商户和在个体经济组织中就业的残疾人参加基本医疗保险、基本养老保险和工伤保险缴费给予补助；做好纳入最低生活保障和特困救助范围的城乡残疾人生活救助金补贴的调整和发放工作。

二、提高残疾人康复服务水平。加强残疾人康复服务指导工作；为纳入最低生活保障或特困救助范围的下肢缺失者分批免费安装高质量、高性能假肢；为残疾人配送1万件辅助器具；为1万名残疾人免费体检。

三、实施残疾儿童抢救性康复项目。对0—6岁残疾儿童开展抢救性康复；对在定点康复机构进行康复训练的听力残疾、智力残疾、脑瘫、孤独症儿童给予补贴；为残疾人家庭先天性心脏病儿童提供手术费用资助；为适宜的极重度或重度听力损失儿童植入人工耳蜗提供资助；为适宜的肢体残疾儿童免费制作矫形器或适配辅助器具。

四、开展残疾人教育培训。对接受从义务教育到高等教育各阶段教育的在读残疾学生和纳入最低生活保障或特困救助范围的残疾人家庭中的全日制在学健全子女发放助学金补贴；全面推进对不能到校接受义务教育的适龄重度残疾儿童少年的免费送教服务；组织安排残疾人参加职业技能培训和农村实用技术培训，进一步提高残疾人教育培训水平。

五、扶助残疾人就业增收。对残疾人自主创业给予补贴；对新招用残疾人的用人单位给予补贴；对超比例安排残疾人就业的用人单位给予奖励；举办多种形式的残疾人专场招聘会，加强残疾人就业服务；通过支持农村残疾人扶贫基地建设和扶贫项目开发，安置农村残疾人就业，帮助残疾人增加收入。

六、实施“阳光家园”计划。加强残疾人托养服务设施建设，提高为残疾人提供托养服务的能力；对符合条件的残疾人托养服务机构和托养服务对象给予补贴；全市居家服务、日间照料和寄宿托养残疾人达到1.3万名；做好生活困难重度残疾人的护理补贴工作。

七、维护残疾人合法权益。残疾人家庭人均收入在所在区县最低生活保障标准3倍以下的，对残疾人给予法律援助；全面加强残疾人法律服务。

八、丰富残疾人文体生活。推进市和区县两级公共图书馆盲文阅览室建设；新建一批残疾人文化进社区进乡村活动站、残疾人群众体育活动示范点和特奥活动示范社区；加强社区和农村适合残疾人的健身设施建设；免费为残疾人配送文化用品和体育健身器材1万件；积极组织残疾人参加群众性文化活动和自强健身活动。

九、开展扶残助残活动。动员社会各界广泛深入开展“送温暖、献真情、共建和谐新天津”大型公益助残活动和助明、助聪、助困、助学、助行行动，慰问扶助生活困难残疾人；为2000名行动不便的贫困残疾人每人配赠一辆轮椅或助行器；为1000名贫困聋人每人配赠一台助听器；为1000名纳入最低生活保障和特困救助范围的白内障患者免费实施复明手术；免费为新生聋儿适配数字型高档助听器。

十、实施妇女儿童健康促进计划。广泛开展残疾预防和残疾儿童早期筛查、早期干预和早期康复医疗保健工作，减少儿童智力、听力、视力、肢体、精神残疾和儿童死亡，减轻残疾程度。

关于调整社会救助范围和标准的通知

津民发〔2013〕31号

一、调整城乡居民最低生活保障标准：城市居民最低生活保障标准由每人每月520元调整为600元；农村居民最低生活保障标准由每人每月320元调整为400元。

二、调整特困救助范围和标准：特困救助范围由家庭月人均收入高于低保标准且低于低保标准的140%调整为高于低保标准且低于低保标准的150%。即城市特困救助范围由家庭月人均收入521元至728元调整为601元至900元，救助标准由每户每月156元调整为180元；农村特困救助范围由家庭月人均收入321元至448元调整为401元至600元，救助标准由每户每月96元调整为120元。

三、调整农村“五保”供养标准：农村“五保”供养标准由每人每年5560元调整为6540元。

四、调整价补联动范围：价补联动范围由家庭月人均收入低于低保标准的140%调整为低于低保标准的150%。即城市价补联动范围由家庭月人均收入低于728元调整为900元；农村价补联动范围由家庭月人均收入低于448元调整为600元。

关于完善城乡分类救助有关政策的通知

津民发〔2013〕54号

二、分类救助的标准和范围

（一）下列家庭在申请社会救助待遇时，将抵扣项目扣除后的收入按照家庭人数计算家庭人均收入。1. 对有视力残疾、肢体残疾、智力残疾、精神残疾一级和二级人员的家庭，将家庭收入按城乡低保标准的100%扣除；对有言语残疾、听力残疾一级和二级或精神残疾三级人员的家庭，将家庭收入按城乡低保标准的50%扣除（按家庭中实际残疾人人数计算）。

关于印发天津市农村老旧危陋住房改造实施方案的通知

津建村镇〔2013〕525号

对本市户口的农村分散供养“五保户”、低保户、贫困残疾人家庭、因灾倒损户和其他贫困户的农村危陋住房给予危改补贴；补助标准按照危改对象和房屋破损程度分为三类：对“五保户”的D级危房进行重建，给予全额补贴；对其他户的D级危房进行重建，给予差额补贴；对C级房屋进行局部修缮，给予差额补贴。D级危房应原址翻建或进行确保结构安全的大修，新建面积分类控制在30—60平方米以内，C级危房应修缮加固。

关于进一步放宽残疾人法律援助条件的通知

津司发〔2013〕42号

对家庭人均收入低于本市最低生活保障标准300%的残疾人提供法律援助。

关于印发2013年调整住房保障政策相关问题的通知

津国土房保〔2013〕36号

（一）调整重残和双残家庭申请廉租住房实物配租补贴的收入准入条件。重残和双残家庭申请廉租住房实物配租补贴的收入准入条件，由家庭上年人均月收入低于800元（含），调整为家庭上年人均月收入低于960元（含）。

关于提高困难残疾人生活救助金发放标准的通知

津残联〔2013〕17号

对符合《享受最低生活保障待遇或特困救助家庭中的残疾人给予生活救助的办法》（津残工委〔2007〕5号）的救助对象，从2013年1月起在原发放生活救助金标准的基础上，每月发放标准提高10%（即低保特困残疾人领取残联发放的生活救助金补贴，城镇重度、非重度分别由每月200元和100元提高到每月220元和110元，农村重度、非重度分别由每月100元和50元提高到每月110元和55元）。

天津市贫困孤独症儿童抢救性康复项目实施方案

津残联〔2013〕75号

三、救助对象及救助原则

救助对象应同时符合以下条件：

（一）经天津市儿童医院、天津市精神卫生中心确诊的孤独症儿童；

（二）年龄0—7周岁；

（三）救助对象为本市城乡低保、特困救助家庭的孤独症儿童，或经区县残联审核批准的经济困难家庭的孤独症儿童。

四、救助标准

贫困孤独症儿童康复救助标准为每年人均12000元。

天津市贫困智力残疾儿童康复救助项目方案

津残联〔2013〕251号

一、任务目标

2014—2015年间，为本市贫困智力残疾儿童进行系统的机构康复训练、家长培训提供救助。提高智残儿童生活自理、社会适应和学习能力；帮助家长掌握智残儿童康复的基本原则、目标、途径和方法，成为促进其发展的重要力量。

二、救助对象

具有本市户籍，0—7岁，有康复需求，家庭生活贫困、身体状况稳定且家庭成员配合的智力残疾儿童。

三、救助标准

为每名智力残疾儿童每年提供1.2万元的机构康复训练及家长培训补贴。……

六、质量控制

受助儿童康复评估、训练建档率100%；康复训练总有效率≥85%；家长对项目救助的知情率100%；家长对康复训练的满意率≥90%；家长培训率100%；家长对培训工作的满意率≥85%；每年组织受助儿童开展文化、娱乐等社会融入活动不少于4次。

天津市贫困白内障患者手术救助方案

津残联〔2013〕252号

一、救助对象：具有天津市户籍，低保、“五保”及其他特殊困难家庭的白内障患者。

二、救助名额：全市每年救助600例贫困白内障患者。其中400例由区县残联组织完成（具体指标见附件1）；200例由天津市残疾人康复服务指导中心组织完成。各区县救助人员超过市残联分配指标部分，由区县残联自筹经费解决。

三、救助标准：市残联为每例手术提供1600元救助资金支持；超出救助部分费用由患者自付。

七、质量控制：人工晶体植入率≥99%；脱残率≥90%；无严重并发症发生；术后随访率100%；公众对白内障知晓率≥80%以上。基层定点医院有上级医院的技术指导和支持；定点医院应严格遵守医疗收费管理等规定，不得向贫困患者乱收费，加重其经济负担。如有患者投诉医院乱收费等问题，一经查实，市残联和区县残联将取消其定点医院资格。

天津市残疾人教育事业扶残助学金管理使用暂行办法

津残联〔2013〕178号

第八条　学前教育阶段。

对在本市学前教育机构（含普通小学及特教学校的学前班、普通及特殊幼儿园）中就读的3—6周岁学龄前残疾儿童，给予每人每学年300元扶残助学金补贴。其中，享受本市最低生活保障待遇或特困救助的学龄前残疾儿童在此基础上，每人每学年增加400元。补贴年限最多为三年。

第九条　初等教育、中等教育阶段。

（一）对在本市九年义务教育阶段小学、初中就读的接受全日制教育的残疾学生和家庭经济困难残疾人的健全子女，给予教育助学金补贴。小学和初中生每人每年分别发放360元和480元。其中，享受本市最低生活保障待遇或特困救助的残疾小学生和初中生在此基础上，每人每学年分别增加290元和490元。

（二）对在本市高中、中等职业学校就读的接受全日制教育的残疾学生和家庭经济困难残疾人的健全子女（学生），给予每人每学年970元扶残助学金。其中，享受本市最低生活保障待遇或特困救助的残疾学生在此基础上，每人每学年增加480元。

第十条　高等教育阶段。

（一）对本市通过全国普通高等学校统一招生考试（高考统招）入学，在普通高等院校大学、独立学院及高等职业学校等高等教育阶段就读的全日制普通专科（含高职、高专）、本科及本科以上层次的残疾学生和家庭经济困难残疾人的健全子女给予扶残助学金。大学专、本科学生每人每学年资助1820元，研究生（含硕士及博士研究生）每人每学年资助2420元。其中，享受本市最低生活保障待遇或特困救助的残疾学生在此基础上，每人每学年增加1210元。补贴年限按《中华人民共和国高等教育法》规定执行：大学专科为两年或三年，大学本科为四年或五年，硕士研究生为两年或三年，博士研究生为三年或四年。

（二）对本市参加成人高等学校招生、全国统一考试（高中起点升成教专科、高中起点升成教本科、普通专科起点升成教本科）和高等教育自学考试合格后的残疾学生，在课程全部修完，取得成人高等教育、高等教育自学考试相应毕业证书后的当年，给予一次性扶残助学金。取得大学专、本科学历的发放2420元；取得研究生学历的发放3630元。其中，享受本市最低生活保障待遇或特困救助的残疾学生在此基础上，一次性增加1210元。

（三）对本市以国家认可的开放教育方式（电大、函授、远程网络教育等）接受高等教育的残疾学生和家庭经济困难残疾人的健全子女给予扶残助学金补贴。大学专、本科学生每人每学年资助1210元。其中，享受本市最低生活保障待遇或特困救助的残疾学生在此基础上，每人每学年增加1210元。补贴年限大学专科、本科为三年。

第十一条 鼓励有条件的区县扩大扶残助学金资助范围和提高资助标准。

天津市残疾人培训基地建设与管理的办法

津残联〔2013〕105号

一、残疾人培训基地的基本条件

符合以下条件的培训机构可以申报残疾人培训基地。……4. 有适合残疾人提高职业技能、农村生产劳动技能、家庭手工经营销售、自主创业以及社区（家政）服务的培训项目，常设培训科目不少于三个（专业性的培训机构除外），能够根据残疾人情况制定适合的教学计划，培训方案完备，培训档案齐全；5. 每个残疾人培训基地每年培训人数不少于50人（专业性的培训项目考核年度培训人数可根据培训项目制定）；……

二、建立残疾人培训基地的任务目标

2013年年底前，滨海新区要建立不少于6个、其他区县要建立2个以上残疾人培训基地。今后可根据残疾人实际培训需求建立相关培训基地。

三、残疾人培训基地培训项目

1. 残疾人培训基地要充分做好市场调查，根据岗位需求、残疾人的特点和需要制定招生计划，优先举办“订单式”培训项目以及有就业潜力的培训项目。2. 区县建立的残疾人培训基地举办的培训项目以本区县残疾人为主，有特色的培训项目可组织其他区县残疾人报名参加。3. 残疾人培训基地对有培训需求的残疾人免费进行3次职业技能培训，每次免费培训时间应间隔一年以上。

四、残疾人培训基地的管理

1. 区县残联对申请建立残疾人培训基地的机构进行审核、审批，符合条件的可挂牌建立“残疾人职业技能培训基地”、“残疾人农村实用技术培训基地”或“残疾人创业培训基地”，区县残疾人培训基地成立后，应将审核材料上报市残联进行登记备案。……4. 残疾人培训基地负责组织学员参加市（区、县）劳动和社会保障部门或相关部门组织的职业资格等级考核鉴定或技能培训结业考核，以及社区（家政）服务业的能力考核，取得相关资格证、结业证或上岗证，取证率要达到90%以上。5. 残疾人培训基地要与区县残联共同做好培训学员就业安置与管理服务工作，要结合培训内容和学员的技能水平开展有针对性的就业推荐，确保培训就业效果，培训就业率达到70%以上。……7. 区县建立的残疾人培训基地由区县残联负责管理，每年对挂牌成立的残疾人培训基地进行检查考核，对考核合格的培训基地给予补贴；对考核不合格的培训基地由区县残联撤销培训基地称号，上报市残联备案。

五、培训费用标准与申请

1. 各区县应制定残疾人培训费用标准补贴办法，培训费用标准应参照相关国家职业资格培训项目费用标准制定，并根据残疾人具体培训内容和课时进行适当调整。区县残疾人培训基地培训项目的培训费用标准需上报市残联备案。2. 残疾人培训基地组织的培训开班后，可申请50%培训费，培训结束后根据培训情况申请剩余的50%培训费。3. 对学员参加培训时间未达到规定课时的，培训费用按实际培训时间和培训标准据实结算。

六、考核补贴和奖励

1. 市残联对登记备案的残疾人培训基地每两年进行检查考核，对考核达到标准的市级给予相应补贴，对没有达到标准的市残联提出摘牌建议，由区县残联撤销其培训基地称号。2. 市残联对区县建立的残疾人培训基地进行评分考核，对考核达到90分以上的残疾人培训基地给予3万元资金补贴；对达到89—80分的给予2万元资金补贴；对达到79—70分的给予1万元资金补贴。补贴资金用于残疾人培训基地的无障碍设施建设维护、扩大培训规模、改善培训条件等用于残疾人培训相关方面的支出。3. 区县对建立残疾人培训基地的考核、补贴标准和用途，可参照市级考核评分、补贴标准和用途制定。4. 残疾人培训基地开展的培训项目和培训人员符合《天津市职业培训补贴办法》（津劳社局发〔2009〕71号）补贴范围的，可申请相关培训补贴。5. 对残疾人培训基地的补贴奖励资金要做到专款专用，使用要做到账目清楚，手续完备。

天津市残疾人就业见习基地建设和管理办法

津残联〔2013〕227 号

一、见习基地的申报审批

3. 市残联对区县申报的见习基地实地进行检查评估，审核合格的确定为“天津市残疾人就业见习基地”。

二、残疾人参加就业见习的申请审批

（三）残疾人参加就业见习报名的方法：符合条件的残疾人持规定材料到户籍所地区县残联报名。区县残联认真审核申报材料，对符合条件的残疾人录入业务系统。

四、对见习基地补贴奖励的申请审批

（一）对见习基地的补贴奖励标准：对确定为“天津市残疾人就业见习基地”，且年度考核评估中达标的见习基地，市残联按每安排 1 名残疾人见习给予 2000 元的标准给予考核奖励，用于残疾人见习岗位开发、购置见习物品、无障碍设施设备改造。

五、对参加就业见习残疾人补贴的申请审批

（一）补贴标准。1. 生活费补贴：对参加就业见习的残疾人按照当年本市最低工资标准给予生活费补贴。2. 意外伤害和意外医疗保险补贴：见习基地应当为参加就业见习的残疾人，缴纳意外伤害保险和意外医疗保险。具体缴纳标准由区县残联和见习基地根据参加就业见习残疾人的见习时间和岗位确定，并按商定的缴纳标准由区县残联予以全额补贴。

关于对使用派遣职工的用工单位履行按比例安排残疾人就业责任义务及享受就业扶持补贴政策的规定

津残联〔2013〕132 号

二、用工单位可享受的就业扶持补贴政策

新使用派遣残疾人职工的用工单位，可享受新招用残疾人就业的补贴；使用派遣残疾人职工并达到规定比例的用工单位，可享受改造无障碍设施或改善工作条件的补贴、超比例安排残疾人就业的奖励；用工单位可享受为在岗、转岗残疾职工进行岗位技能培训的补贴，以及享受今后制定的保障和促进残疾人就业扶持补贴政策的同等待遇。

天津市残疾人托养服务工作实施办法

津残联〔2013〕247 号

二、服务对象

具有本市常住户口，持有中华人民共和国残疾人证（第二代），经区县残联审核确定，60 周岁以下未就业、未入学的智力、精神（病情稳定）残疾人和其他类别的重度残疾人（一、二级）。年满 60 周岁及以上的残疾人享受养老服务的有关政策。

三、服务类别

（一）居家托养服务

1. 服务对象：生活不能自理长期需要专人照料的智力、精神（病情稳定）残疾人和其他类别的重度残疾人。

2. 服务内容和形式：居家托养服务一般由社会组织、服务机构对服务对象上门进行生活照料、康复护理等服务。对居住分散、社会组织和服务机构不便上门服务的服务对象可以由街道（乡镇）、社区（村）组织指派专人对服务对象上门进行生活照料、康复护理等服务。个人上门服务工作人员不包括与服务对象生活在一起的亲属。

3. 补贴标准：居家托养服务对象每人每月可享受 140 元的居家托养服务补贴。其中市级 84 元，区县级 56 元。

4. 执行办法：每月向服务对象发放居家托养服务补贴代金券，用于托养服务对象向服务机构或服务人员购买居家托养服务。区县残联通过核算已完成服务的代金券总额向社会组织、服务机构或街道（乡镇）、社区（村）组织拨付同等数额的服务补贴资金。

（二）日间照料托养

1. 服务对象：在家庭中日间无人照料的智力、精神（病情稳定）残疾人和具有一定生活自理能力的其他类别重度残疾人。

2. 服务内容和形式：由服务机构提供日间生活餐饮、康复训练、生活和职业技能培训、工（农）疗、心理辅导、文体活动等多种形式的服务。……

5. 补贴标准：（1）机构建设补贴。对审核认定悬挂“阳光家园”标识牌的残疾人日间照料托养机构，由市级给予机构一次性建设补贴 10000 元。（2）机构运营补贴。按照享受日间照料服务残疾人每人每月补贴 150 元拨付日间照料托养机构。其中市级 90 元，区县级 60 元。

（三）寄宿托养

1. 服务对象：无自理能力且监护人（抚养人）无力照顾的智力、精神（病情稳定）残疾人和其他类别重度残疾人。

2. 服务内容和形式：寄宿托养服务机构为服务对象提供食宿和全天候的生活照料、护理和康复训练等服务。……

4. 补贴标准：（1）机构建设补贴。对审核认定寄宿托养残疾人服务机构悬挂“阳光家园”标识牌，并按照设置残疾人专用床位数，每张床位 3000 元标准由市级给予机构一次性建设补贴。

（2）机构运营补贴。①对不享受本市低保或特困的寄宿托养服务残疾人按每人每月补贴 250 元拨付寄宿托养服务机构。其中市级 150 元，区县级 100 元。②对享受本市低保或特困的寄宿托养服务残疾人按每人每月补贴 400 元拨付寄宿托养服务机构。其中市级 240 元，区县级 160 元。

（四）庇护性就业

庇护性就业是一种保护性、间歇性、过渡性的就业安置形式，是对具有就业愿望，而就业能力不足，无法进入竞争市场的特定残疾人实行适当劳动的托养服务形式。通过为服务对象安排简单的劳动和工（农）疗服务及职业技能训练，帮助其获得一定的职业技能逐步实现回归社会就业。

1. 服务对象：具有一定劳动能力的智力、精神（病情稳定）和具有生活自理能力的重度残疾人。……

3. 补贴标准：对企业、扶贫基地建立的残疾人庇护车间、工场、农业园等，安置残疾人10人达到6个月以上的，经市残联和市财政审核认定后悬挂“阳光家园”标识牌，并由市残疾人就业保障金给予机构一次性补贴10000元。

关于生活困难重度残疾人护理补贴的暂行办法

津残联〔2013〕150号

一、护理补贴对象

具有本市常住户口、持有第二代中华人民共和国残疾人证、享受本市低保或特困救助60周岁以下的重度残疾人（一、二级）。年满60周岁及以上的残疾人按规定享受居家养老护理的有关政策。

二、护理补贴标准

对护理补贴对象按每人每月100元发放护理补贴。滨海新区重度残疾人补贴标准按本区相关政策执行。鼓励有条件的区县适度提高护理补贴标准。

三、护理内容和补贴形式

（一）护理内容。承担重度残疾人护理的社会组织或护理机构，采取派出护理人员上门护理或在护理机构集中护理的方式，根据护理补贴对象的需求，为护理补贴对象提供起居帮扶、生活照料、康复保健、愉悦身心等方面的护理服务，提高护理补贴对象的安全程度和生活质量，努力使护理补贴对象满意。

（二）护理补贴形式。区县根据实际情况和重度残疾人的护理需求按以下两种形式安排护理补贴：1. 上门护理补贴。区县残联以代金券形式发放给护理补贴对象，护理补贴对象按照护理情况和计价标准将代金券支付护理人员。2. 集中护理补贴。区县残联按照接受集中护理的护理对象人数，将护理补贴直接拨付承担重度残疾人集中护理机构，专项用于本机构重度残疾人护理工作。重度残疾人护理补贴不作为生活补贴发给重度残疾人家庭。

关于进一步加强本市残疾人证管理工作的通知

津残联〔2013〕299号

一、除市内六区残疾评定仍由原残疾评定医院负责外，其他各区县残疾人可到本区县制定机构做残疾评定；本区县无具备相应残疾类别评定资质医疗机构的，到市内原指定的评定医院评定。

二、对行动不便的困难申领人实行入户残疾评定。

三、持证人残疾类别、等级发生变化或对持证人残疾类别、等级的真实性等存在异议的，持证人应重新进行残疾评定，区县残联根据重新评定结果重新核发残疾人证；因重新残疾评定后不符合残疾标准或经调查核实原残疾人证虚假情况属实，由区县残联撤销残疾人证。

天津市残联关于调整本市办理中华人民共和国残疾人证具体规定的通知

津残联〔2013〕304号

一、残疾人证的申领、受理和残疾评定

（一）申领。申领人应持本人身份证、户口簿、4张近期彩色免冠2寸照片，到户口所在地街乡镇残联办理申请手续；由委托代理人代为申领残疾人证的，除提供申领人相关资料外，还应出具由申领人签字的《授权委托书》（略）；由监护人代为申领残疾人证的，除提供申领人相关资料外，监护人需出具《天津市办理残疾人证监护人登记表》（略）。

二、残疾人证的审核、复审批准、发放、补办和监护人变更

（四）补办。残疾人证遗失需补办的，应到街乡镇残联填写《中华人民共和国残疾人证申请表》（补办申请），并在市级报纸刊登遗失声明3个工作日后，由街乡镇残联将声明扫描上传残疾人证管理系统，方可按相关程序进行补办。

（五）监护人变更。在残疾人证有效期内，变更残疾人证监护人的，应在有监护权的家庭成员协商一致的基础上，认真填写《天津市残疾人证监护人变更登记表》（略），办理相关变更手续，重新制发残疾人证。

三、残疾人证发放的监督检查和复查鉴定

（一）市残联主管部门将对区县残联受理、审核、发放残疾人证通过系统进行抽查，抽查比例不低于5%。

（二）市残联主管部门不定期对区县和街乡镇残联办理残疾人证工作进行实地检查，每年检查不少于2次。

（三）市残联主管部门对系统抽查和实地检查中发现的问题提出具体改进意见。对不能及时改正的，下达限期整改通知书。问题严重的，由市残联予以通报，并追究相关责任人责任。

三、工作综述

第二次残疾人口抽样调查数据显示，天津市有残疾人口57万，涉及160万家庭人口。截至2013年末，全市持证残疾人23.35万人（其中，按照残疾类别和级别分类统计数见下页表）。

据2013年度全国及天津市残疾人状况及小康进程监测结果显示，2013年天津市城镇残疾人人均可支配收入23806.04元，比上年增长9.7%，比全国城镇残疾人人均可支配收入（15851.4元）高出7954.64元，高50.18%。农村14400.61元，比上年增长13.6%，比全国农村残疾人人均可支配收入（7829.9元）高出6570.71元，高45.63%。天津市残疾人生存状况指数为90.82%，比全国（75.7%）高出15.1个百分点；天津市残疾人发展状况小康进程指数为89.13%，比全国（56.6%）高32.53

2013年末全市持证残疾人统计汇总表

2013年12月18日天津市残疾人证管理系统实时统计　单位：人

残疾类别	一级	二级	三级	四级	合计	比例
视力	6218	2541	2889	9766	21414	9.17%
听力	5763	3467	3790	2434	15454	6.62%
言语	2335	484	341	310	3470	1.49%
肢体	7511	36651	58429	39097	141688	60.69%
智力	2543	8535	7756	7831	26665	11.42%
精神	2977	11453	6858	604	21892	9.38%
多重	1399	948	430	103	2880	1.23%
合计	28746	64079	80493	60145	233463	100%

个百分点。其中残疾人康复服务比率86.2%，比全国（58.3%）高27.9个百分点。残疾人登记失业率3.9%，比全国（10.8%）低6.9个百分点。残疾人社会参与率59.5%，比全国（43.1%）高16.4%。天津市环境小康进程指数为94.6%，比全国（79.2%）高15.4个百分点。

（一）残疾人民生有了新改善

2013年，天津市各项保障残疾人民生的政策措施加快实施，市20项民心工程扶残项目和市政府2013年为残疾人办实事安排全面落实，切实改善了残疾人民生。

1. 制定和完善了各项保障政策。制定出台了《关于生活困难重度残疾人护理补贴的暂行办法》等一批助残惠残政策，残疾人基本公共服务体系规划作为专章列入了《天津市基本公共服务体系（2014年—2015年）行动计划》，残疾人事业法规政策体系进一步完善。

2. 深入落实了基本医疗和养老保险补贴。全市残疾人参加职工社会保险3.96万人，参加城乡居民基本医疗保险15.56万人，其中享受医保补贴11.2万人，且缴费补贴档次由每年220元提高到600元；将非低保重度残疾人纳入医疗救助范围。参加城乡居民基本养老保险5.76万人，其中享受补贴2.28万人，缴费补贴档次提高到每年900元。

3. 提高了生活救助金补贴标准。扎实做好低保、特困残疾人生活救助金补贴发放工作，全面落实了补贴标准在2012年基础上提高10%的新政策，11个区县实现了救助金补贴申领初审和信息上传工作由街乡镇办理，大大缩短了办理周期，全市有5.92万低保、特困残疾人领取了生活救助金补贴。

4. 扩大了住房保障覆盖面。农村贫困残疾人老旧危陋住房改造纳入了全市农村危房改造工程统一组织实施，改造完成109户；1552户城镇困难残疾人家庭享受廉租住房实物配租，4451户享受廉租住房补贴。

5. 加大了扶贫保障力度。新建11个农村残疾人扶贫基地，安置帮扶465名农村困难残疾人劳动增收，累计建设扶贫基地165个，安置贫困残疾人就业2149人，帮扶带动3010户。多种形式扶持2.37万名贫困残疾人增收。

6. 广泛开展了扶残助残活动。元旦、春节、全国助残日期间，全市各级党委、政府及社会各界爱心人士广泛深入开展了多种形式公益助残活动，投入助残款物共计6000余万元，累计向14万人次残疾人发放了慰问金和生活、文体用品及辅助器具。

（二）残疾人工作创造了新亮点

全市各级政府残工委及其成员单位、广大残疾人工作者进一步解放思想、求真务实、攻坚克难、开拓创新，组织实施了许多新项目，取得新成效：一是制定实施了《天津市贫困孤独症儿童抢救性康复项目实施方案》，进一步加大了对孤独症儿童的救助力度。二是建设了30个残疾人培训基地，并审核确定了8个培训基地申报国家级残疾人培训基地；努力提高残疾人技能技术、就业层次和收入水平。三是推动残疾人就业见习基地建设，为扩大残疾人就业搭建新的平台，积极探索“培训—见习—就业”的培训新模式。四是残疾人法律援助范围进一步扩大，对家庭人均收入低于低保标准3倍的残疾人给予法律援助。五是指导河东区和滨海新区大港完成了创建全国“阳光家园”示范区的任务，做好迎接全国抽查的准备。六是在滨海新区、河东区、东丽区先行先试的基础上，制定出台了《关于生活困难重度残疾人护理补贴的暂行办法》，重度残疾人护理补贴工作在全市启动。七是进一步健全残疾人证管理机制，扩大区县残疾评定医疗机构，规范对申办残疾人证的重度肢体残疾人进行入户评定程序，为重度和行动不便的残疾人办理残疾人证提供了便利。八是和平区、河东区创建“全国残疾人文化体育建设示范区”进入省级自查评估阶段。九是创办了《天津残疾人工作》信息内刊，市残联政务微博正式开通，开辟了服务残疾人、引导正确舆论导向、宣传残疾人事业的新途径。十是和平区、河西区、河东区、滨海新区塘沽和大港等残疾人劳动服务机构实现规范化达标，积极发挥先导示范作用。这些新项目实施，为天津市残疾人工作增添了新的活力、新的亮点。

（三）残疾人事业“十二五”中期任务和年度任务圆满完成

按照市政府和国务院残工委办公室的部署和要求，全市各级政府残工委及其成员单位认真组织开展了残疾人事业“十二五”规划中期检查评估，推动了各项业务工作顺利开展，“十二五”中期任务和年度任务圆满成功，残疾人事业实现了又好又快发展。

1. 康复服务：紧紧围绕实现残疾人“人人享有基本康复服务”的目标，组织实施了各项重点康复工程和社区康复。一年来，全市25.6万名残疾人得到康复服务，其中社区康复18.52万人。完成贫困白内障患者复明手术1536例、低视力者验配助视器1300人、盲人定向行走训练1071名、聋儿语训125人、脑瘫儿童机构康复150人、肢体残疾人康复3433人、智力残疾儿童机构训练896人、孤独症儿童康复222人。组织开展了贫困精神病患者医疗救助工作，监护精神病人60478名，显好48217名，显好率达79.73%，为3635名贫困精神病患者提供了免费服药和住院补贴。为11132名贫困残疾人进行了免费体检。进一步健全和落实0—7岁残疾儿童抢救性康复救助政策。为残疾人供应辅助器具33608件，其中为贫困残疾人免费适配辅助器具11198件，加大了康复技术人员培训力度。残疾预防工作力度进一步加大，残疾儿童早期筛查、早期干预、早期康复有序推进。妇女儿童健康促进计划顺利实施。

2. 教育和培训：残疾儿童学前教育补贴政策全面落实；送教服务覆盖面进一步扩大，全市为350名重残儿童少年提供送教上门服务；残疾儿童少年接受义务教育比例达到98%，义务教育水平进一步提高；特教学校向学前教育和高中阶段职业教育两头延伸，接受高等教育残疾学生规模进一步扩大。切实落实残疾人教育助学金政策，全市领取残疾人高等教育扶残助学金人数是2788名。残疾人培训帮扶政策体系进一步完善。全市全年开展残疾人职业技能培训2837人次、农村实用技术培训2684人次，“十二五”以来累计培训17079人次，年度任务和“十二五”中期任务均超额完成。

3. 就业工作：大力实施促进残疾人就业政策，扶持残疾人多渠道、多种形式就业和自主创业。各级残联和人力社保部门联合开展了“就业帮扶，真情相助”就业援助月主题活动；市和区县残联举办多种形式残疾人专场招聘活动61场，帮助残疾人就业。一年来，城镇残疾人新增就业2180人。全市累计劳动就业残疾人11.34万人，现有实际在业残疾人城镇4.64万人，农村6.7万人。全市残疾人就业保障金征收入库金额7.48亿元，比2012年增长34.6%；其中市级直接征收5400万元。

4. 维权和无障碍建设：进一步加大残疾人事业法规政策宣传和执行力度。市残联认真办理市“两会”涉残建议、提案12件，社会满意率100%。提高了残疾人法律救助的标准和范围，全市为残疾人提供法律服务3701人次，提供法律援助474件。进一步完善了残疾人信访工作机制，全市共接听接待并妥善办理残疾人来电4893人次、来信47件、来访572人次。积极配合市政府做好治理机动三轮车营工作。为16010名残疾人发放了机动轮椅车燃油补贴。开展了全市残疾人家庭和社区无障碍设施建设，完成残疾人家庭无障碍改造874户，社区无障碍改造83个；完成市残联网站无障碍升级改造，市残联荣获“中国信息无障碍建设示范单位”称号。

5. 托养服务：制定实施了《天津市残疾人托养服务工作实施办法》和《天津市创建全国“阳光家园”示范区考核评估标准》。全市开展残疾人托养服务机构152所，达到阳光家园标准的托养机构84所，其中日间照料机构68所，寄宿托养机构14所，综合托养机构2所。托养服务残疾人17558人，其中居家服务15389人，日间照料951人，寄宿托养243人。市残联对各区县残疾人托养服务补贴资金使用情况开展了检查，确保了托养服务补贴资金专款专用和按规定使用。

6. 宣传文体工作。进一步加大残疾人事业宣传，营造了良好的社会舆论氛围。中央和天津市主要媒体刊发有关全市残疾人事业稿件1960余篇（条）。天津电视台公共频道《新说法》全程加配手语。组织开展了一系列丰富多彩的残疾人文化体育活动。继续实施“文化进社区、进乡村”试点项目，对2012年建成的18个试点进行了检查验收并挂牌，再新建了18个试点。举办了天津市第五届残疾人歌唱大赛、第十一届残疾儿童艺术节、残疾人优秀书画作品展、第四届残疾人文化周活动等多项文化活动。为残疾人发放图书资料6560册，健身器具5000件，提供文体服务5.8万人次。在第八届全国残疾人艺术汇演中，天津市创编、排练的12个节目获得了包括1个特等奖和2个一等奖在内11个奖项，团体总分名列赛区第二名。全市开展了第二批12个“残疾人群众体育活动示范点”建设。实施自强健身工程成效显著，受到各省区市广泛好评和中国残联充分肯定。成功承办有24支代表队400余人参加的全国特奥足球比赛，举办了天津市第四届全民健身大会残疾人组比赛、市特奥乒乓球比赛和特奥滚球比赛，并组织参加了全国残疾人田径、游泳、柔道、举重、乒乓球、轮椅篮球、坐式排球等国内残疾人体育比赛并获较好成绩。

7. 福利基金工作：大力宣传残疾人公益慈善事业，增强了残疾人福利基金工作的透明度和帮扶救助力度，扩大了市残疾人福利基金会知名度和影响力。一年来，市残疾人福利基金会共发动76个捐赠单位及个人为基金会捐赠款物折合1924.4万元，开展救助项目23个，全年用于扶残助残项目款物折合2178.5万元，直接扶助残疾人51226人次，有效改善了困难残疾人的生活。

8. 信息工作和信息化建设：开展了市和区县VPN设备软件版本升级，实现了残疾人证管理系统升级。积极做好基础数据库资源共享，向中国残疾人口基础数据库和市有关方面导出数据24.58万条。实行了新的信息报送和发布工作流程，进一步提升了政务信息公开工作效率和水平，市残联门户网站发布信息493条，信息更新470余项，报送中国残联312条，被转载246条，报市政府信息网站10条。市残联获得2012年度全国残疾人状况及小康进程监测工作第一名和残疾人事业统计工作第三名。

（四）各区县和基层残疾人工作成绩可喜

各区县和基层结合实际，大力发扬创新精神、创业精神，打造了许多残疾人工作新亮点。

滨海新区 丰富“六助两送”活动，在全区机构改革进程中做好了残联组织整合对接工作，采取有效措施推进残疾人向全面小康迈进，残疾人法律援助和司法救助条件进一步放宽到残疾人家庭人均收入低于最低工资标准3倍的残疾人；加大服务设施建设力度，分别在塘沽、汉沽、大港规划新建三个康复托养服务设施。

和平区　进一步健全"二元三级"救助机制、十项保障和1+X服务体系，实施"兜底就业"援助服务，残疾人特殊教育中心投入使用，残疾人在区、街、社区各级康复机构进行康复训练全部免费，为1500名残疾人提供免费体检；和平有线电视台《新闻回顾》节目加配手语，街道和社区配备盲文图书和阅读软件。

河东区　全面提升残疾人保障和服务水平，在全市率先创建了"残疾人职业适应能力评估示范工作室"，促进残疾人就业，加大政府购买服务力度，稳定专职委员队伍，残疾人诉求表达和信访代理机制进一步健全，取得了解决残疾人困难、稳定残疾人群体的成效。

河西区　率先实施"十大扶残助残救助工程"，全面加强残疾人保障与服务；探索建立残疾人培训见习基地取得切实成效，设立了"文化扶残基地"，由专业人员长期、定点指导残疾人文化艺术活动。

南开区　加强了残疾人康复和教育机构建设，扩大慰问扶助困难残疾人范围，并提高救助标准；依托社区学院，在全市率先成立残疾人综合培训基地，开展残疾人职业技能培训、就业指导和基层残疾人工作者业务培训。

河北区　建立了偏瘫肢体残疾人康复救助经费补贴制度，加大困难残疾人救助力度，成立了河北区特奥运动训练中心，不断加强区残疾人体育训练基地和残疾人艺术团建设。

红桥区　深入开展了为残疾人送温暖、送凉爽、送康复服务、送就业岗位活动，特别是在经费紧张的情况下，在元旦春节期间向困难残疾人发放保暖内衣、防寒服、棉被等御寒物品4903件套。残疾人文化活动丰富活跃。

东丽区　深入实施"强基育人"工程，深化细化了将惠残政策落实到位的措施、程序，提高基层残疾人组织和专职委员工作能力；残疾人托养服务设施建设向村级延伸，并将残疾人托养服务的民心工程，纳入区政府"社会事业杯"绩效考核机制，有力地推动了残疾人托养服务健康持续发展。

西青区　实行残疾人生活救助金补贴城乡一体化，多项救助补贴提标扩面，为低保特困残疾人发放用电补贴，并为全区残疾人上了意外伤害保险；扶持残疾人从事杨柳青年画艺术。

津南区　在城镇化建设、新农村建设中加快推进残疾人社会保障和服务城乡一体化，并大幅提高残疾人多项补贴标准；加大资金投入，加快残疾人康复服务设施建设，加强无障碍设施进社区、进家庭改造力度。

北辰区　进一步加强残疾人康复、教育等机构建设，冬季取暖补贴、夏季防暑降温补贴和节日慰问扶助覆盖全区困难残疾人，加强了对福利企业的服务和管理，稳定和促进残疾人就业。

武清区　大力推进"强基育人"工程，切实加强基层残疾人组织建设，完善"亲"字品牌服务，改善残疾人物质和文化生活状况。

宝坻区　深化乡镇、村残疾人组织规范化建设，并在残疾人家庭无障碍改造和重度残疾儿童送教服务等方面实施新举措、取得新进展。

静海县　加强基层残疾人组织建设；进一步完善农村残疾人扶贫基地建设，开展爱心捐赠月活动，加大扶残助困力度。

宁河县　切实加强农村残疾人扶贫基地建设，帮扶带动贫困残疾人增加收入；切实加强区残联和基层残疾人组织建设，增强了基层落实惠残政策的能力，全面加强了残疾人救助和服务工作。

蓟县　克服多种困难开展重度残疾儿童送教服务；进一步加大扶助和服务残疾人的力度；切实落实镇乡街残联理事长专职化，规范和加强了基层残疾人组织建设。

（五）市残联第六次代表大会成功召开，组织建设进一步加强

2013年7月22—23日，天津市残联第六次代表大会成功召开，市委、市政府、市人大、市政协领导和中国残联领导出席大会开幕式。市委书记孙春兰等相关领导同志做了重要讲话。市残联党组书记、第五届执行理事会理事长赵洪莉向主席团做了题为《加快健全残疾人社会保障和服务体系，团结带领残疾人向全面建成小康社会目标迈进》的工作报告。

大会全面总结了过去五年全市残疾人工作。认为过去五年，全市深入贯彻落实中央和天津市加快残疾人事业发展的部署要求，开创了残疾人工作新的局面，加快推进了残疾人全面小康进程、残疾人"两个体系"建设和残疾人事业发展长效机制建设；全面完成残疾人事业"十一五"目标和"十二五"进度任务，残疾人民生得到明显改善，残疾人基本生活得到有效保障，残疾人康复、教育、就业、维权、托养、护理、文化、体育工作提高到了新水平，助残风尚和自强精神得到大力弘扬，无障碍环境明显改善；切实加强了残疾人组织的规范化建设，残疾人事业的基础更加牢固。

大会总结了过去五年工作的经验：一是坚持以残疾人为本，全心全意为残疾人服务，着眼于解决残疾人最关心、最直接、最现实的利益问题，切实把改善残疾人民生、保障残疾人权益、促进残疾人全面发展，作为残疾人工作的根本出发点和落脚点。二是坚持党委领导、政府负责、部门合作、社会参与、残疾人组织充分发挥作用的工作机制，将残疾人事业纳入全市经济社会发展大局统筹考虑，统一规划，从维护公平正义和促进社会和谐的角度，不断完善保障和服务残疾人的法规政策体系。三是坚持加强自身建设，正确把握残疾人事业科学发展的十个关系，找准定位，加强组织建设和制度建设，

不断提高各级残疾人组织的战斗力、凝聚力和创造力，为残疾人事业可持续发展打下坚实基础。

大会确定了今后五年残疾人工作的奋斗目标和总体要求，要努力在促进残疾人收入增长、提高保障和服务能力、完善残疾预防和早期干预体系、加强文化建设、改善社会环境、完善法规政策体系、提高信息化水平、健全组织等八个方面有新的突破；要全面加强残疾人各项业务工作，通过健全残疾人社会保障体系、加强残疾人医疗康复和残疾预防工作、完善残疾人教育体系和保障机制、完善残疾人就业政策措施、繁荣残疾人文化体育事业，为残疾人提供多领域服务，大力推动社会保障和服务体系建设；要全面强化思想、法制、组织、物质、舆论、基础等六方面保障措施，大力推动残疾人工作目标任务的实现。

大会选举产生了新一届市残联主席团和执行理事会及各专门协会领导班子，副市长曹小红同志当选主席团主席，赵洪莉同志当选理事长。

市残联新一届党组、理事会领导全市各级残联认真学习贯彻市领导与中国残联领导讲话精神和大会决策部署，充分履职尽责，进一步加强和改进工作，修订了各项行政管理规章制度，调整充实了干部队伍，加强了对干部职工的管理和考评，对市、区县和街乡镇残联领导班子及社区、村残协专职委员进行了新一轮培训，提高了履职能力和服务水平。同时，市残联充分发挥市政府残工委办公室职能，经市领导同志同意，调整了市政府残工委委员和联络员，进一步加强了各成员单位之间的联系互动和协调配合。

按照中央决定和市委部署，市残联系统深入开展了党的群众路线教育实践活动，通过深入学习、调研和对照检查，进一步加强思想、组织、作风、制度和反腐倡廉建设，取得了改进工作作风、密切联系群众、优化各项服务的成效。

一年来，市残联全面加强了组织建设，配合市委组织部做好干部选拔工作，完成了市残联直属单位专业人才和管理人员招聘工作。开展了“强基育人”工程评估检查验收工作，推动各区县进一步加强了基层残疾人组织建设。认真落实政府购买岗位政策，开展了区县残疾人专职联络员和专职委员工作现状调研，完成了社区（村）残协换届工作。市残疾人专门协会发挥示范引领作用，带动区县专门协会广泛开展了适合本类别残疾人特点、健康有益的活动，认真履行“代表、服务、团结、联络、维权”职能。

（六）存在的主要问题

一年来，全市残疾人工作取得了较好成绩，但还存在一些差距和问题，主要有：残疾人事业发展区县不平衡问题仍然较为突出；残疾人生活水平与社会平均水平差距仍然较大；残疾人免费乘坐市内公共交通工具、残疾人高中阶段免费教育等法规条款和惠残政策尚未全面落实；残疾人事业信息化水平亟待进一步提高；有些区县残疾人事业经费保障机制不够健全，经费还有一定困难；惠残政策的执行力和基层残疾人工作有待加强，服务能力和水平有待进一步提高。针对这些问题，天津市将在今后深入学习贯彻十八届三中全会精神和市委十届四次全会精神，按照全面深化改革的总要求，认真研究，采取措施，切实加以解决，推动天津市残疾人工作提升到新的水平。

四、重要条目

【天津市人民政府残疾人工作委员会全体会议】2013年12月30日召开，市政府残工委全体委员出席。会议审议通过了新修订的《天津市人民政府残疾人工作委员会工作规则》和成员单位职责分工，听取审议了市政府残工委副主任、市残联党组书记、理事长赵洪莉做的市政府残工委工作报告。会议由市政府副秘书长、残工委副主任殷向杰主持，副市长、市政府残工委主任曹小红出席并讲话。

【天津市残联第五届主席团第五次全体会议和全市残联工作会议】2013年1月11日在天津大礼堂召开，调整、增补了主席团委员和副主席，审议通过了执行理事会工作报告、提请市残联第六次代表大会审议的第五届主席团工作报告（审议稿）、关于召开市残联第六次代表大会的决议草案、市残联第六次代表大会代表资格审查小组建议名单和市残疾人专门协会工作报告，听取了市残联第六次代表大会筹备情况的报告。副市长、市残联主席张俊芳出席并讲话，市政府副秘书长沈家聪主持，市残联理事长迟承镇做执行理事会工作报告。当天下午，全市残联工作会议召开，学习贯彻张俊芳的讲话精神和主席团全体会议的决策部署，传达中国残联五届五次主席团会和全国残联工作会议精神；市残联党组书记赵洪莉讲话，对做好2013年工作提出了要求。

【天津市残联第五届主席团第六次全体会议】随着市政府部分领导职务的调整和市残联部分领导退休，为了健全市残联组织，4月26日，市残联第五届主席团第六次全体会议在市残联机关召开。会议审议并一致通过了关于调整市残联主席团主席和执行理事会理事长的决议，副市长曹小红当选为市残联主席团主席，赵洪莉当选为市残联执行理事会理事长。

【天津市残联执行理事会与专门协会联席会议】2013年12月19日，天津市残联执行理事会与专门协会联席会议在市残联召开，市残联党组书记、理事长赵洪莉向各专门协会主席、副主席通报了执行理事会2013年工作情况和2014年工作思路，同时，就做好2014年残疾人工作以及专门协会工作、各类别残疾人面临的困难和问题等征求了各专门协会主席、副主席的意见建议。联席会议的召开进一步加强了理事会与各专门协会之间的联系。

【“一一八八”工作部署】《2013年天津市残疾人工作要点》简称“一一八八”工作部署，是指除了第一部分“指导思想和总体要求”、第三部分“加强组织领导”之外，第二部分“重点工作”包括四大项18小项内容，第一个“一”是指第一项“切实加强各级残联党组织建设，为残疾人事业科学发展提供坚强的政治和组织保证”；第二个“一”是指第二项“认真实施国家基本公共服务体系‘十二五’规划，进一步健全残疾人社会保障体系和服务体系”；第一个“八”是指第三项做好八项重点工作，即切实保障残疾人合法权益、全面完成天津市残疾人事业“十二五”中期任务、全面实施“百千万惠残工程”、进一步提高农村贫困残疾人生活水平、切实加强残疾人文化建设、加大残疾人事业的宣传力度、开好市残联第六次代表大会、切实加强残疾人工作调查和理论与实践研究。第二个“八”是指促进残疾人工作深层次转变，推动残疾人事业创新发展的八项内容，即推进残疾人受惠项目和统计工作向实名制、规范化、动态化和信息网络化转变；残疾人康复工作向以各类残疾儿童康复救助项目为重点与建立六类康复技术资源中心、增强康复能力相结合转变；各区县为重度残疾儿童送教服务向全覆盖转变；残疾人职业技能培训向适应社会需求和多层次转变；盲人按摩培训和就业向公司化、多样化转变；扶贫基地建设和扶贫项目开发向生产经营多元化和残疾人收入多元化转变；残疾人家庭无障碍改造向实用型、提高型转变；社区残疾人工作和组织建设从“有”向“好”转变，从“争取政府支持”向“政府购买服务”转变。“一一八八”工作部署经市残联党组、理事会科学谋划，天津市残联五届五次主席团会审议通过，并征求各有关部门意见后印发的，有效指导和推动了全市残疾人工作的全面、深入开展。

【党的群众路线教育实践活动】2013年下半年，按照中央和市委的要求和部署，天津市残联深入开展了党的群众路线教育实践活动，活动主要目标是落实为民务实清廉要求，着力解决“四风”问题等突出问题。活动分三个阶段进行。7月至8月为第一阶段，即学习教育、听取意见阶段，传达学习了中央和市委会议精神，成立了领导和工作机构，开展了“六个一”调研，征集了各方面意见建议，开展了多种形式教育，组织了专题讨论。9月至10月为第二阶段，即查摆问题、开展批评阶段，通过群众提、自己找、上级点、互相帮，认真查摆了市残联领导班子和各部室、各单位四风方面存在的突出问题，召开了专题民主生活会或组织生活会，明确了整改方向和问题，制定了整改方案，并加强督导工作。11月至12月为第三阶段，即整改落实、建章立制阶段，强化正风肃纪，针对四风问题进行了集中整治，完善了各项规章制度，总结了活动情况。活动的开展，有效清理整治了市残联系统领导、干部和职工中存在的各种作风问题，解决了残疾人和基层工作中面临的各种困难和问题，进一步密切了党群干群关系。

【“促发展、惠民生、上水平”调研服务活动】按照市委部署，2013年3月1日—8月31日，全市残联系统深入开展了“促发展、惠民生、上水平”调研服务活动。活动主要任务是深入了解并指导帮助解决广大残疾人和基层残疾人工作面临的困难和问题，促进残疾人事业“十二五”中期任务和年度任务全面高质量完成。活动主要内容包括三方面，一是市残联领导带队，组织机关和事业单位负责同志成立七个服务工作组，下基层开展调研服务；二是完善和落实好各项惠残政策和工作安排；三是进一步提升市残联服务效能。活动过程中，收集并帮助基层解决了各区县残联和基层及残疾人提出的42个具体问题，总结了11条基层工作好的做法和经验，印发市残联各部室单位学习借鉴。

【“六个一”调研服务活动】2013年8月，作为深入开展群众路线教育实践活动的内容之一，天津市残联领导班子开展了“六个一”调研服务活动，即：局级党员干部长期联系1—3个区县、一定数量街乡镇、一定数量社区村、一批残疾人代表和委员、一批残疾人家庭、一个直属单位党支部。通过调研服务，对残疾人和基层反映的困难和问题认真研究，制定措施加快解决，进一步密切了党和政府与残疾人群众的血肉联系。

【基层残疾人工作调研服务活动】2013年10月下旬到11月中旬，市残联党组、理事会领导班子成员深入各区县和基层开展了基层调研服务活动，了解各区县和基层贯彻落实中国残联和市残联第六次代表大会精神情况，推动“十二五”各项任务和年度任务的完成；同时，研讨并修改完善了《天津市人民政府2014年为残疾人办实事安排意见（征求意见稿）》和《天津市2014年残疾人工作要点（征求意见稿）》，帮助基层和残疾人解决了实际困难和问题。

【天津市政法系统捐资助残活动】从2004年开始，中共天津市委政法委与市残疾人福利基金会每年联合开展一次全市政法系统捐资助残活动，市人民检察院、市高级人民法院、市公安局、市司法局、市民政局、市国家安全局、市残联和市政法管理干部学院等市政法系统各部门和单位的干部职工为广大残疾人捐款，每年捐赠数十万到上百万元，2013年捐资151.8万。到2013年，该活动已连续开展10年，累计为残疾人捐款1125万元。2013年4月19日，散襄军对该活动做出重要批示：“要认真组织，真诚奉献，弘扬政法干警爱心助残的社会风尚。”

【“送温暖、献真情、共建美丽天津”公益助残活动】11月13日，由天津市残联和市残疾人福利基金会联合开展的2013年“送温暖，献真情，共建美丽天津”公益助残活动启动仪式在市残疾人文体中心举行。副市长、市政府残工委主任、市残联主席曹小红出席并讲话。市残联党组书记、理事长赵洪莉参加活动。本次公益助残活动持续到了2014年春节前后，共发放助残物资价值400万元，发放的物品包括棉被、保暖内衣、取暖器和食品等。每个区县残联也投入不低于100万元的款物，2013年送温暖活动投入款物总计超过了2000万元。

【天津市残疾人岗位精英职业技能竞赛】 为提高残疾人职业技能水平，推进残疾人技能人才队伍建设，增强残疾人参与社会竞争能力，2013年6月，天津市残疾人岗位精英职业技能竞赛活动举行，40余名选手参加了竞赛。竞赛选拔出的4名选手被选派参加了全国残疾人岗位精英职业技能竞赛，其中自行车装配项目取得了第二名和第五名的好成绩，中式烹调项目获得了优秀作品奖，天津代表团团体总分位居全国第四名。

【天津市残疾人就业指导员培训】 为加强残疾人专职委员队伍建设，提高基层残疾人工作者队伍的服务能力，市残联责成市残疾人教育培训中心组织各区县残联开展了天津市第二期就业指导员远程培训和考试，共400人参加。同时，组织培训基层专职委员316人，超额完成了中国残联下达天津市300人的任务指标。根据《关于表彰全国残疾人就业指导员远程培训首期班优秀学员的通知》（中残就业〔2013〕35号）要求，市残联推荐了11名学员参加了评选，天津市残疾人丁慧获得了“首期全国残疾人就业指导员远程培训优秀学员”称号。同时，市残联组织了第二期残疾人就业指导员培训工作优秀学员、优秀管理员、优秀组织单位评选活动，共评选出优秀学员25名、优秀管理员6名，优秀组织单位6个。

【天津市残疾人培训基地】 为进一步加强残疾人培训工作，有计划、有目标、有针对性地开展残疾人职业技能培训、农村实用技术培训和创业培训，提高残疾人就业创业能力和水平，2013年4月23日，天津市残联和天津市财政局联合制定下发了《天津市残疾人培训基地建设与管理的办法》（津残联〔2013〕105号）。市残联督促指导各区县残联依托人力资源等相关部门，整合社会各界的培训资源，先后申报了30个残疾人培训基地，其中8个被确定为首批国家级残疾人职业培训基地。

【天津市残疾人中等职业学历教育需求调查】 为准确了解全市义务教育阶段在校残疾学生对残疾人中等职业学校情况的认知程度、选择意向、专业取向等信息，2013年10月16日开始，市残疾人教育培训中心联合各区县残联开展了为期两个月的残疾人中等职业学历教育需求问卷调查工作，调查对象为全市13—18岁或小学四年级至初中三年级在校的肢体残疾学生。各区县残联组织专人采取入户调查的方式完成了此项工作。调查结束后形成了调查报告，为市残疾人教育培训中心确定教育改革方向、调整职能定位提供了参考依据。

【顺天福残疾人托养中心】 位于天津市滨海新区塘沽，2013年6月23日投入试运营，是集残疾人寄宿托养、日间照料、康复、劳动能力和生活能力训练及文化娱乐为一体的综合服务机构，也是目前天津市最大的残疾人托养中心。中心上下两层，建筑面积1600平方米，共有71张床位，其中52张为托养寄宿床位，19张是日间照料床位；住宿房间设有一人间、二人间、三人间以及多人间。每个房间内配有空调、电视、床头柜、衣柜等设施，部分房间内部配有卫生间、淋浴间及24小时地热水。中心还配有标准化的无障碍设施、医疗卫生室、康福训练室、娱乐室、餐厅、热水器、直饮机等公共设施，工作人员全天候为残疾人服务。

【天津残疾人工作】 为了帮助市政府残工委领导和各位委员、市残联和各区县残联了解国内外残疾人事业和理论发展状况，2013年12月，市残联创编了信息内刊《天津残疾人工作》，包括“上级精神”、“重要工作”、“政策信息”、“基层工作”、“域外广角”、“观点摘编”等栏目，分别介绍国家部委和中国残联有关会议精神和领导批示、讲话精神，天津市残疾人工作中的重大会议和活动，国家和天津市出台的有关残疾人的政策，区县和基层工作亮点，国内外残疾人工作先进典型及创新理论等。《天津残疾人工作》信息内刊进一步推动加强了市政府残工委成员单位之间、市残联和区县残联之间的信息沟通和工作联系。

【天津残联政务微博】 为了全面贯彻落实市政府办公厅《关于做好“天津发布”政务和公共服务微博门户建设及运行工作意见的通知》，2013年6月20日，基于新浪网和腾讯网两大平台建设的天津残联政务微博正式上线，并加入“天津发布”政务微博群。天津残联政务微博的上线，主要实现了四方面的社会意义，一是帮助残疾人更多了解惠残政策措施、残联工作动态、扶残助残活动信息、残疾预防和康复等知识和信息；二是通过建立联动机制，回答和帮助解决了网民提出的有关残疾人工作的各种问题；三是通过定期汇集分析网民意见，为制定各项惠残政策措施提供了参考依据；四是对群内网民进行理性引导，介绍残疾人自强不息和社会扶残助残的典型事例，传递了正能量，营造了良好的社会氛围。截止2013年底，微博粉丝已达12.8万人。

【荣获第八届全国残疾人艺术汇演北京赛区团体总分第二名】 2013年8月，在由教育部、民政部、文化部、中国残联共同组织开展的第八届全国残疾人艺术汇演中，由190人组成的天津市代表团参加并演出了声乐、器乐、舞蹈、戏剧小品4大类共12个节目，由毛磊编舞、市视力障碍学校学生表演的盲人舞蹈《我们的世界》荣获舞蹈类唯一特等奖；视力残疾人毛镝演奏的笛子独奏《秦川情》荣获器乐类一等奖；由张如昕创作、肢残歌手王小龙等表演、天津美域话剧团助演的音乐剧《乘着歌声的翅膀》荣获戏剧小品类一等奖；由史军、王睿思编舞、市聋人学校学生表演的舞蹈《踏雨听润》荣获舞蹈类二等奖；由孟超美指导、市残疾人合唱团演唱的大合唱《春天来啦》获得声乐类二等奖；另外还有5个节目获得三等奖，1个节目获得优秀奖，天津市残疾人代表团荣获团体总分第二名。

【心目影院】天津市和平区文化宫心目影院是专门为盲人量身设计的公益影院，盲人朋友在这里不仅可以听电影上的原声，也可以通过义务讲解员对画面和故事情节的讲解来“看”电影。从2007年9月开始，心目影院坚持每月举办一次活动，5年多来共接待视障人士2万余人次。到2013年初，“心目影院”拥有6支大学生志愿者团队，180多名社会文化志愿者，每名志愿者年均累计服务近70个小时。同时，和平区文化宫还为盲人朋友策划和组织了特别活动近60场，如盲人艺术节、盲人电脑培训班、快板书艺术赏析、爱心相声汇、感触非物质文化遗产等，得到盲人朋友的好评。2013年1月，在文化部召开的全国文化志愿服务工作会议上，心目影院志愿者服务活动被文化部评为“全国基层文化志愿服务活动优秀项目”。

【2013年全国特奥足球比赛】6月23—28日，由中国残联、国家体育总局、中国特奥委员会主办，天津市联、市体育局、市特奥会承办的2013年全国特奥足球比赛在天津市残疾人文体中心举行。这是全国特奥各单项赛事中规模最大、运动员最多的一届，来自全国21个省（区、市）、香港和澳门特区及韩国的24支代表队共400余人参加，中国残联副理事长贾勇、市副市长曹小红为比赛开球，市残联党组书记、理事长赵洪莉主持开球仪式。比赛期间开展了包括提升营养、健康微笑、明亮眼睛等内容的运动员健康计划，为运动员提供健康检查、咨询等服务，帮助众多特奥运动员改善健康状况和体能，使他们更好地享受运动带来的快乐。市残疾人文体中心出色完成了赛事的各项保障和服务工作，比赛取得了圆满成功。

【“我的美丽梦想”征文演讲比赛】为贯彻落实党的十八大精神，激发广大残疾人追求美好未来，为全面建成小康社会贡献力量，2013年7月5日，由天津市残联主办、市残疾人文体中心承办的“我的美丽梦想”天津市残疾人主题征文演讲比赛举行。比赛共征集到稿件92篇。经过认真筛选和评委评审，26篇作品入围，最终12篇征文进入决赛，进行演讲。演讲者深情抒发了对党、对祖国、对生活的无限热爱，真实展现了残疾人自强不息、积极进取的精神风貌。

【“共建美丽天津·共享美好生活”征文大赛】为深入学习宣传党的十八大精神和习近平总书记一系列重要讲话精神，深入开展“共建美丽天津·共享美好生活”大讨论，动员广大残疾人以主人翁姿态献计献策，自觉参与美丽天津建设，由天津市残联主办、市残疾人文体中心承办的“共建美丽天津·共享美好生活”天津市残疾人主题征文大赛举行，全市近百名残疾人踊跃投稿，经过评选，产生了23篇获奖征文，展现了广大残疾人的主人翁姿态和自尊、自信、自强、自立的精神。

【我们的世界】在2013年国际残疾人日期间，由毛磊编舞、天津市视力障碍学校学生表演的盲人舞蹈《我们的世界》参加“我梦最美”第八届全国残疾人艺术汇演优秀节目展演活动。中国残联主席张海迪，副主席、理事长鲁勇，副主席、常务副理事长孙先德及国务院残工委成员单位主要负责同志、中央和国家机关有关负责人、各国驻华使节、残疾人代表和残疾人亲友以及首都各界群众一同观看了演出。此前，盲人舞蹈《我们的世界》在第八届全国残疾人艺术汇演中荣获舞蹈类唯一特等奖。

【残疾人音乐家付红英】女，1958年生，肢体残疾人。天津市音乐家协会会员，市残疾人文艺体育训练指导中心声乐指导兼合唱指挥。1987年进入天津市残疾人艺术团，1992年毕业于天津师范学院音乐专业本科，从事残疾人文化工作近20年，主要负责残疾人合唱、棋类、书画等训练，参与组织了大量文艺演出和比赛。她创作的《我喊春天》等多首歌曲获奖，排练的无伴奏合唱《八骏赞》曾荣获全国金奖。参加中国残疾人艺术团成立18周年庆典活动，参与演唱《蓝色多瑙河》和《我的梦》等歌曲，受到胡锦涛总书记等党和国家领导人的亲切接见。2012年7月，天津市残联发文，号召全市残疾人和残疾人工作者向付红英同志学习。

【技术能手李玉晶】男，1959年8月生，听力残疾人，天津科林自行车有限公司员工。在工作中兢兢业业，努力钻研技术，为单位研制出多种检测仪器，2000年和2008年两次被公司评为年度优秀员工。2000年12月在天津市大港区职业技术创新活动中被评为先进个人；2008年4月荣获“天津技术能手”称号；2013年6月在“赛克杯”2013年天津市残疾人岗位精英职业技能竞赛中荣获自行车装配项目一等奖；2013年9月在全国残疾人岗位精英职业技能竞赛中获得自行车装配项目第二名。

【潘立宁获得交通银行残疾大学生励志奖】女，肢体残疾三级。她出生不久，就因医疗事故导致右臂丛神经损伤性肢体残疾。从幼年时起，受父母的感染和鼓励，潘立宁逐渐养成了坚强乐观、勤奋好学的优秀品格。从小学开始，她就一直保持着优异成绩，中学阶段曾获区市级三好学生、区级优秀团干部、市级优秀中学生和全国中学生英语能力竞赛二等奖、全国中学生英语作文大赛二等奖等荣誉和奖项。大学期间，她连续获得南开大学二等奖学金、南开大学基础学科奖学金和三好学生、优秀学生干部等奖励和荣誉，并顺利拿到了文学、历史学两个学士学位。她还积极参加各种校园社团组织和公益活动，曾担任南开大学历史学院院报《纵横》的记者、副主编和校内杂志《南开研究生》《新世》《春秋》责任编辑、执行副主编等。本科毕业后，她以全班第五名的优异成绩被保送攻读母校世界历史专业硕士研究生。2013年，荣获得全国“交通银行残疾大学生励志奖”。

【中国大学生自强之星朱明静】女，听力残疾人，天津理工大学聋人工学院服装设计专业大学生。幼时因医疗事故致双耳失聪，但她从小身残志坚，成绩优异，通过在天津市聋人学校的学习，2012年圆了自己的大学梦。

大学期间，她积极参加有益活动和校园社团，曾担任班级团支书、团总支干事、校报记者，加入益新志愿者会，被选为“星”沙龙手语社社长，开设了手语补习班，坚持为健听会员服务，并在天津市各所高校开展日常手语推广巡讲活动，传播手语文化，让更多的人了解聋人世界。2013 年，她被评为中国大学生自强之星，并获得全国“交通银行残疾大学生励志奖提名奖”。

【“轮椅红娘”刘青】女，1963 年生，肢体残疾人，两岁时因患小儿麻痹症导致下肢瘫痪。2004 年 9 月 22 日，她个人自费安装开通了“刘青爱心热线”，后来又开设了“天津刘青心理咨询中心”，帮助残疾人介绍对象及解决各种生活琐事和情感问题。因为热心为残疾人“牵红线”，被朋友们称为“轮椅红娘”。至今 10 年时间里，经她撮合成的残疾人夫妻就有 400 多对，她还自掏腰包开办影楼和婚庆公司，免费为残疾人夫妻拍摄美丽的婚纱照，承办一场场特殊的婚礼。

【张英明获颁全国“十佳残疾运动员”称号】男，肢体残疾人。1974 年，在纸品厂工作的他为了抢救被卷进机器中的纸，两条胳膊严重受伤并截肢。他的事迹感动了很多人，妻子杨文琴不顾家人的反对，与他结为连理。在妻子的鼓励下，张英明坚持体育锻炼，在首届全国残疾人运动会等国内残疾人体育比赛中，多次获得田径、游泳等项目的奖牌，并被授予“精神文明奖”和全国“十佳残疾运动员”称号。退役后用嘴叼着毛笔又练起了书法，如今已能写得“一嘴好字”，且精通四五种字体。

五、大事记

1 月 8 日，市委书记孙春兰到静海县调研，并到白公坨村慰问低保残疾人赵世海等困难户。

1 月 11 日，市残联第五届主席团第五次全体会议和全市残联工作会议召开。

1 月 15 日，市残联开展辅助器具适配新春送温暖行动，向贫困残疾人免费配发辅助器具。

1 月中旬至下旬，市残联党组、理事会领导赵洪莉、迟承镇、甘长捷、左铁厂、赵伯慧、赵津生、王健等分别入户慰问了全市 16 个区县的部分困难残疾人和残疾人自强模范。

1 月 30 日，以“关爱成长、传播福祉、点亮希望”为主题的“专项彩票公益金”与“七彩梦行动计划”辅助器具适配项目现场会在市残联举行。

2 月 1 日，市肢残人协会书画艺术研究会成立。

3 月 1 日，“彩票公益金低视力助视器适配”项目为天津市视力障碍学校的孩子免费适配辅助器具。

3 月 1 日，天津市残联与天津市医科大学总医院、天津市第一中心医院联合举办了以“健康听力，幸福人生——关注老年人听力健康”为主题的义诊咨询和健康讲座活动，义诊咨询接待中老年群众约 1500 人，全市残联系统、卫生系统医院散发各种宣传材料 8000 余份。

3 月 3 日，爱耳日当天，瑞声达听力助残活动捐赠暨启动仪式在市残联举行。

3 月 14 日，天津保税区海关学雷锋扶残助残基地揭牌仪式在市残疾人之家举行。

3 月 20 日，天津市副市长曹小红深入市残联开展调研，与党组、理事会领导班子成员进行座谈，并实地考察了市残疾人康复服务指导中心。

3 月底至 6 月初，以“幸福的歌声”为主题的第五届天津市残疾人歌唱大赛举行。130 名选手报名参加，17 名选手挺进决赛。歌唱大赛满足了广大残疾人尤其是重度残疾人声乐爱好者参加歌唱比赛的愿望。

4 月 7—10 日，2013 年天津市残疾人辅助器具工作会议暨辅助器具业务专题培训班举行。

4 月 22 日，第三届“携手残疾人走进图书馆”主题日活动在天津图书馆文化中心馆举行，由市残联命名的天津市残疾人阅读基地挂牌，天津图书馆视障读者服务区正式对外开放。

4 月 23 日，市残联机关党委组织全系统干部职工开展支持四川雅安抗震救灾自愿捐款活动。

4 月 26 日，市残联第五届主席团第六次全体会议召开。

4 月 27 日，天津市政法系统 2013 年爱心助残捐赠活动动员会在市残联召开。市委政法委副书记柴中达，市残联党组书记、理事长赵洪莉等出席会议。

5 月 11 日，以“玫瑰之约、真情助残”为主题的天津市第十一届残疾青年交友联谊会在市青年宫举行，近 400 名残疾青年参加，多对男女青年达成了发展的共识。

5 月 15 日，市残联、市人力资源和社会保障局、市总工会、团市委、市妇女联合会、市工商业联合会、市光彩事业促进会联合举办大型残疾人专场招聘活动。

5 月 17 日，天津市帮扶贫困残疾人“五助一送”暨第二十三次全国助残日活动启动仪式在天津礼堂隆重举行。副市长、市残联主席曹小红出席会议并讲话。

5 月 17 日，天津市“辅助器具适配点亮孤残儿童希望”捐赠慰问活动在市儿童福利院举行。副市长、市残联主席曹小红出席活动并讲话。市残联党组书记、理事长赵洪莉参加活动。

5 月 19 日，在“美丽中国——2013 中国政务信息无障碍公益行动”北京启动仪式上，天津市残联作为首批参与单位荣获“中国信息无障碍建设示范单位”称号。

5 月，市残疾人辅具中心深入农村为各类困难残疾人开展了一系列不同层次的个性化辅具适配服务活动。

5 月 21 日，“智能化辅助器具适配托起农村重度残疾少年的希望”活动和“盲人手机用语音连接爱心世界”适配活动分别在宝坻区和蓟县举行。

6 月，天津市残疾人艺术作品展在天津市美术展览馆举行，全市近200名残疾人的近300件作品参展。

6月5日，天津市“关爱农村视障残疾青少年，让光明与健康同行”助视器验配活动举行。

6月20日，“赛克杯”2013年天津市残疾人岗位精英职业技能自行车装配项目竞赛活动举行。

6月20日，天津残联政务微博正式上线。

6月26日，2013年全国特奥足球比赛在市残疾人文艺体育训练指导中心举行。

7月1日，受中国残联委托，市残联副理事长赵津生带领市残联考核评估验收组，对滨海新区大港创建全国“阳光家园”示范区工作进行考核评估验收。

7月4—7日，在黑龙江省鸡西市召开的“集善如新儿童蜜儿餐”项目工作会议上，天津市获“集善如新儿童蜜儿餐执行力奖”。

7月上旬，受中国残联委托，市残联副理事长赵津生带领市残联考核评估验收组，完成了对河东区创建全国“阳光家园”示范区的考核评估验收工作。

7月8日，2013年“星星的孩子——自闭症儿童夏令营”天津站活动开营，中国残疾人福利基金会副理事长邢建绪、中国三星企业社会责任事务局高级总监金学哲、市残联党组书记、理事长赵洪莉出席开营仪式并致辞。

7月14日，市委书记孙春兰到静海县唐官屯镇薛家庄村调研，慰问残疾人困难户朱德友，听取农民群众对搞好教育实践活动的意见和建议。

7月23日，市残联第六次代表大会召开。

8月上旬，市残疾人文体中心开展了为国家游泳队、天津市残疾人运动员和排练演员送书活动。

8月16日，副市长曹小红深入市残联调研工作，并实地考察了市残疾人教育培训中心新址。市残联党组书记、理事长赵洪莉等市残联领导班子成员做工作汇报。

9月5日，市慈善协会、市残疾人福利基金会联合启动2013年“爱心助飞梦想——假肢助残行动”项目。

9月6—7日，市残联召开部室和直属单位负责人座谈会，深入学习领会市残联第六次代表大会精神，查找各业务工作中的不足和问题，研究业务领域今后工作。

9月22日，市残联党组、理事会集中学习传达中国残联第六次全国代表大会精神。

9月13日，市委常委、政法委书记散襄军一行深入市残联开展调研服务活动，听取赵洪莉所做的工作汇报，征求班子成员和中层干部的意见建议，并做重要讲话。

9月下旬，天津市第二期街乡镇残联理事长培训班举行。

10月9日，关注孤独症儿童“拥抱星空、共享未来”——世界精神卫生日大型活动在天津文化中心举行。

10月23日，2013年“集善工程——爱之翼助残行动”天津项目启动仪式在市残联举行。市残联党组书记、理事长赵洪莉、中国残疾人福利基金会副理事长兼秘书长费薇、市金融办副主任刘宁、天津保监局局长助理罗艳华、市保险行业协会会长胡文芳、中航三星人寿保险公司总裁兼CEO李昶勋等出席捐赠仪式。

11月13日，2013年“送温暖献真情，共建美丽天津”助残活动启动仪式在市残疾人文体中心举行。副市长曹小红出席并讲话。

12月3日，“永不言弃逐梦想、共建美丽新天津”庆祝国际残疾人日自强模范和扶残助残先进典型事迹报告会在天津大礼堂举办。

12月3日，市残疾人辅具中心在天津医大眼科医院举行“爱心开启光明之门”天津市视力辅助器具展示体验活动。

12月4日，市残联党组书记、理事长赵洪莉带队到市残联联系帮扶的武清区北四百户村进行工作调研和慰问活动。

12月上旬，2013年“中国一汽集善博爱行”天津项目在东丽区一汽汽车4S店举行启动仪式。

12月上旬，天津市残疾人体育健身指导员培训班正式开班。

12月11日，中国残联就业服务指导中心副主任李强带队调研天津市津南区考察农村残疾人就业状况，研讨对农村残疾人培训就业实行实名制管理的具体办法。

12月11日，天津市政府残工委印发《关于调整天津市人民政府残疾人工作委员会成员的通知》，副市长曹小红任主任，市政府副秘书长殷向杰和市教委等部门和单位7位领导同志任副主任，成员包括市委、市政府37个部门和单位的领导同志。

12月19日，天津市残联执行理事会与专门协会联席会议在市残联召开。

12月30日，市政府残工委全体会议召开。

附　录

天津市残联第六届主席团名誉主席、名誉副主席、主席、副主席

2013年7月23日天津市残疾人联合会第六届主席团第一次全体会议通过

名誉主席　散襄军　市委常委、政法委书记

名誉副主席　迟承镇　市残联第五届执行理事会理事长

主　　席　曹小红（女）　市政府副市长

副 主 席　殷向杰（2014年3月6日天津市残联六届二次主席团会增补）

赵洪莉（女）　高　斌（肢）

卢纯刚（肢）　于建政（视）

沈冬梅（女，智残亲友）

秦　砖（精残亲友）　陈华铭（听）

（刘义君供稿）

河北省残疾人事业和残疾人工作

一、领导讲话

省委书记周本顺在省残联第六次代表大会开幕式上的讲话摘要

2013 年 7 月 29 日

省残联第五次代表大会以来的五年，是全省民生得到明显改善的五年，也是全省残疾人事业取得显著成就的五年。省残联第五次代表大会以来，河北省残疾人生存状况明显改善，权益得到了有效维护，扶残助残氛围日益浓厚，残疾人事业成为全省经济发展和社会进步的重要标志。党的十八大提出健全残疾人社会保障体系和服务体系，是党中央从中国特色社会主义事业“五位一体”总体布局和全面建成小康社会宏伟目标出发提出的根本要求。河北省有 520 万残疾人，这是一个数量很大、困难较多的特殊群体，也是实现河北省奋进崛起，不可或缺的重要力量。随着经济社会的发展，残疾人事业发展中还有诸多的问题，需要认真地研究解决。大家一定要清醒地认识和把握，把思想和行动统一到党的十八大精神和决策中来，进一步增强做好残疾人工作的使命感和责任感，实现残疾人事业新发展。

要完善基本公共服务，加快推进残疾人保障体系和服务体系建设，为残疾人的生存和发展提供稳定可靠的制度性保障。落实和完善贫困残疾人参加社会保险保费补贴政策，加快建立困难残疾人生活补贴和重度残疾人护理津贴制度，将符合低保的残疾人、重度残疾人纳入城乡最低保障范围，将国家相关的法规和政策不折不扣地落到实处。到 2017 年，基本实现保障全覆盖。要把残疾人作为重点服务人群，纳入公共服务大局，享受到基本的公共服务。针对残疾人基本公共服务的特殊性和专业性，不断提高残疾人服务机构、服务设施和服务人才队伍建设的制度化、规范化和专业化水平，大力发展残疾人专业服务，提供多层次、多元化的供给服务，满足残疾人特殊服务需求。要建立完善“党委领导、政府负责、残联牵头、部门协同、社会参与”的残疾人基本公共服务建设体系，建立完善政府、社会、市场“三位一体”的残疾人生存发展基础设施建设体系，建立完善残疾人服务质量水平评价体系，建立完善残疾人志愿者服务体系，推进残疾人事业科学发展。

各级党委、政府要把残疾人工作纳入发展大局，加强领导，统筹安排，及时解决残疾人实现小康目标的困难。加大统筹和保障力度，加大投入，建立残疾人事业经费投入和经济同步增长的机制，保证残疾人事业健康快速发展。各职能部门，要加大对残疾人的政策扶持，多倾斜，要优先考虑残疾人的利益，保障残疾人的权益。对于残疾人给予特殊优待，齐心协力做好残疾人工作。社会各界要继续弘扬人道主义思想，进一步关心残疾人，理解帮助残疾人，支持残疾人事业，绝不能让一个残疾人兄弟姐妹拉下全面小康的步伐。

广大残疾人要树立正确的世界观、人生观，坚持道路自信、理论自信、制度自信，坚决拥护社会主义制度，争做遵守社会公德的典范，争做构建和谐社会的楷模。残疾人要胸怀大局，充分发挥自己的智慧和力量，把个人梦和中国梦紧密联系起来，把个人幸福和国家的富强与河北发展紧密联系起来，自立、自强、自信，为国家做贡献，为个人谋幸福，同全省人民一起共创美好未来，成就精彩幸福的人生，实现我们伟大的中国梦。残联作为党联系残疾人的桥梁和纽带担负着非常重要的使命和责任，要针对残疾人事业发展的规律，加强思想建设，着力提升服务能力，与残疾人心贴心，深深植根于残疾人当中，带着深厚的感情，努力为残疾人创造更多的福祉。

中国残联主席张海迪在省残联第六次代表大会开幕式上的讲话摘要

2013 年 7 月 29 日

河北省残疾人事业的发展，让 520 万残疾人兄弟姐妹得到了实实在在的利益，为中国残疾人事业做出了重要的贡献。目前从全国情况来看，残疾人总体生活水平与全社会平均水平差距仍然很大。河北是残疾人比较多的省份，在保障和改善残疾人民生方面还面临着诸多困难。希望河北省采取更加有力的措施，改善残疾人民生，尽快缩小残疾人总体生活水平与全社会平均水平的差距，推动残疾人基本公共服务发展，为残疾人参与社会生活创造更好的条件。各级残联发挥好“代表、服务、管理”职能，积极向党委、政府反映残疾人的特殊困难和需求，协助党委、政府做好残疾人工作。残疾人工作者恪守“人道、廉洁、服务、奉献”的职业道德，发扬优良作风，为残疾人事业的发展贡献智慧和力量。

省委副书记赵勇在省残联第六次代表大会闭幕式上的讲话摘要

2013 年 7 月 29 日

增强办好残疾人事业的使命感和责任感。残疾人事业是中国特色社会主义事业的重要组成部分，做好残疾人工作具有特殊的重大意义。残疾人工作直接关系民生幸福，做好残疾人工作，使他们共享改革发展成果，不仅关乎残疾人这个庞大群体的福祉，而且关乎千千万万个家庭的幸福安康。残疾人工作直接关系社会和谐稳定，做好残疾人工作，引导全社会理解、尊重、关心、帮助残疾人，使他们享受到社会大家庭的温暖，能够有效增加和谐因素。残疾人工作直接关系社会公平正义，做好残疾人工作，切实保障残疾人合法权益，有利于促进社会公平正义，体现社会主义的优越性。残疾人工作直接关系全面建成小康社会的进程，做好残疾人工作，帮助他们同步进入小康，我们才能顺利实现全面建成小康社会的宏伟目标，中国梦才更加完美。

着力预防和减少残疾人。构建预防体系，要建立健全政府负责、部门协同、社会参与的残疾预防体系和工作机制。充分发挥全社会的积极性，从优生优育、预防疾病、减少事故、环境治理等各个方面采取措施，形成预防合力；实施预防工程，要从河北省实际出发，针对引发残疾的重点因素，实施好重点预防工程，有效控制致残因素，减少残疾发生；普及预防知识，要充分利用报刊、广播、电视、互联网等传媒，采取灵活多样、生动活泼的形式，大力宣传和普及残疾预防知识，着重做好重点人群、重点行业和重点领域的宣传教育工作，提高群众预防残疾的意识。

着力保障和服务残疾人，进一步健全完善残疾人社会保障体系。要切实将残疾人保障纳入全省社会保障范围，建立健全残疾人稳定可靠的民生安全网。以建立城乡贫困残疾人生活补贴和重度残疾人护理补贴专项保障制度为突破口，加快建立残疾人社会保障救助机制，逐步提高保障标准，扩大救助范围，突出对残疾人的特殊照顾和特别扶助。抓好现行残疾人保障政策的落实，加强对相关法规政策执行情况的检查和督办，确保对残疾人的各项优惠政策落到实处。不断改善对残疾人的服务，要将残疾人作为重点服务人群，切实加快推进残疾人服务体系建设，全面提升残疾人康复服务水平，扎实做好残疾人托养服务，加快残疾人服务设施建设，加强残疾人公共文化和体育服务，努力实现残疾人基本公共服务均等化。大力发展残疾人专业服务，增加多层次、多元化的服务供给，不断提高残疾人服务的制度化、规范化和专业化水平，全方位满足残疾人特殊服务需求。解决好残疾人的实际困难大力促进残疾人就业创业，要从政策、资金等方面给予特殊的照顾和支持，加大残疾人培训力度，为残疾人就业创业提供更好条件。大力搞好残疾人扶贫，多措并举促进他们稳定脱贫。大力发展残疾人教育，优先发展残疾人的义务教育、高中阶段教育和职业教育，重点发展残疾人学前教育和高等教育，不断提高残疾人受教育的覆盖面和水平。

着力动员全社会尊重和关心残疾人。要大力弘扬中华民族扶残助残的传统美德，倡导“平等、参与、共享”的现代文明社会残疾人观，增强全社会扶残助残意识，营造人人理解残疾人、处处尊重残疾人、热情关心残疾人、倾力帮助残疾人的良好社会氛围，使扶残助残成为社会各界和全体公民的自觉行动。要引导残疾人发扬自尊、自信、自强、自立的精神，敢于直面人生，始终热爱生活，努力增长才干，不断超越自我，用勤劳和智慧、坚韧和顽强，改变自己的命运，创造骄人的业绩，并用这种精神感召社会、激励人心，使之成为全社会的宝贵精神财富。以党的群众路线教育实践活动为契机加强残联自身建设。新一届省残联领导班子是全省残疾人事业的重要领导力量，省委、省政府寄予厚望，全省残疾人充满期待。新班子要以正在开展的党的群众路线教育实践活动为契机，大力加强自身建设特别是作风建设，努力展现新的气象，开创新的局面。要真抓实干。围绕本次大会确定的“保障全覆盖、同步奔小康”的目标，抓住重点和难点问题，扑下身子，扭住不放，以钉钉子的精神一抓到底，确保各项任务落到实处。要密切联系残疾群众。广大残疾人既是残联的联系和服务对象，也是我们党的基本群众。如何对待他们，不仅是一个工作问题，而且是一个对群众的感情问题。要深入基层，深入残疾人，倾听他们的呼声，把握他们的脉搏，了解他们的情绪，增进与他们的感情，时刻把他们的安危冷暖放在心上。要建立直接联系残疾人制度，每名省残联干部都要直接联系 5 名以上残疾人，经常和他们沟通，及时了解他们的所思所想，帮助他们解决实际困难。要干干净净做事。全社会对残疾人事业都很关注，残联干部应成为清正廉洁的模范。要管好每一分钱，把每一分钱都用到残疾人身上，让每一分钱都发挥出最大的社会效益。同时，要大力加强各级残联组织建设，特别是加强县、乡、村基层残联组织建设，实现“全覆盖、全管用”，做到哪里有残疾人，哪里就有残疾人组织，哪里就有残疾人服务。

二、政策法规文件

河北省人民政府关于印发河北省基本公共服务行动计划（2013—2015 年）的通知

冀政〔2013〕88 号

十、残疾人基本公共服务

2013—2015 年，政府提供如下残疾人基本公共服务：

为符合条件的贫困残疾人参加社会保险按规定给予补贴；

为 0—6 岁残疾儿童免费提供抢救性康复；

为适龄残疾儿童、少年免费提供义务教育，并针对残疾学生的特殊需要适当提高补助水平；

为残疾人免费提供就业服务和就业援助；

为残疾人提供盲人阅读、聋人手语及影视字幕、特殊艺术、自强健身等公共文化体育服务；

为残疾人提供无障碍环境。

（一）重点任务

1. 残疾人社会保障。落实和完善贫困残疾人参加社会保险保费补贴政策，提高残疾人社会保险参保率和待遇水平。逐步将符合规定的残疾人医疗康复项目纳入基本医疗保险支付范围，逐步增加工伤保险职业康复项目。着力解决好重度残疾、一户多残、老残一体等特殊困难家庭的基本生活保障问题，做好低收入残疾人家庭生活救助。将符合条件的残疾人全部纳入低保。建立贫困重度残疾人生活补贴制度，鼓励有条件的地方建立重度残疾人护理补贴制度。构建辅助器具适配体系，有条件的地方对重度残疾人适配基本辅助器具给予补贴。继续实施“阳光家园”计划，对3万名残疾人托养予以补助。

2. 残疾人基本服务。建立健全以专业机构为骨干、社区为基础、家庭为依托的社会化残疾人康复、托养服务体系。实施0至6周岁残疾儿童抢救性康复救助制度。为3万名残疾人提供辅助器具适配服务，为符合条件的贫困精神残疾人提供服药或住院补贴。积极创造条件，招收各类适龄残疾儿童少年接受义务教育。完善残疾学生助学政策，保障残疾学生和残疾人家庭子女免费接受义务教育，逐步实行残疾学生免费接受高中阶段教育，大力发展残疾人职业教育，健全残疾人大学生和贫困残疾人家庭大学生的资助政策。加大残疾人就业促进和保护力度，开展多层次残疾人职业技能培训，为农村残疾人提供实用技术培训，落实残疾人按比例就业、公益岗位要优先安排残疾人、安置残疾人单位税收优惠、残疾人个体就业扶持等政策。公共就业服务机构和残疾人就业服务机构免费为残疾人提供有针对性的职业介绍、职业指导等就业服务。城镇新安置残疾人就业3万名，扶持30万名农村残疾人从业，培训并扶持3000名盲人就业。推进农村残疾人扶贫开发，将残疾人扶贫纳入政府扶贫工作整体规划，通过实施康复扶贫贷款、农村残疾人扶贫基地、实用技术培训、社会帮扶等项目，每年实现10万名农村贫困残疾人稳定脱贫。将住房困难的城乡低收入残疾人家庭优先纳入基本住房保障制度。图书馆、博物馆、群众艺术馆、文化馆和乡（镇）综合文化站、社区文化中心（街道文化站）等公共文化设施和场所免费向残疾人开放，并优先为残疾人提供服务。省、市和有条件的县级电视台开办手语新闻节目，各级公共图书馆开设盲文及盲人有声读物阅览室。加快无障碍设施建设和改造，重点推进居民小区无障碍建设和公共服务设施无障碍建设，推进服务机构残疾人信息交流无障碍建设，为部分贫困残疾人家庭无障碍改造提供补助。建立健全残疾预防体系。

（二）基本标准

依据国家残疾人事业相关法律法规，明确保障残疾人基本公共服务的规模和质量、工作任务的事权与支出责任，缩小残疾人生活状况与社会平均水平的差距。各地在遵循实施省基本标准的基础上，可结合本地区实际情况适当提高标准。（《2013—2015年河北省残疾人基本公共服务基本标准》见下页。）

（三）保障工程

1. 残疾人服务设施建设工程。省级和设区市都建有一所专业化的残疾人康复机构；托养需求集中的县（市、区）建设专业化的托养服务设施，增强托养服务能力。在推动市、县两级建成一批公办骨干残疾人服务设施的基础上，鼓励采取公办民营、民办公助、政府补偿或购买等多种方法和途径，推进各类民间组织、企业和个人投资建设残疾人康复机构、托养服务机构。

2. 残疾人特殊教育学校工程。改扩建一批特殊教育学校，添置必要的教学、生活和康复训练设施，使各市和县（市、区）都至少有1所按国家标准建设的特殊教育学校。加快邯郸学院、唐山师范学院特教项目建设。

河北省人大内司委、政协社会和法制委员会、省高级人民法院、省人民检察院、省公安厅、省司法厅、省民政厅、省财政厅、省人社厅、省教育厅、省卫生厅、省残联印发《关于加强残疾人法律救助工作站规范化建设的实施意见》的通知

冀残联〔2013〕41号

为切实维护残疾人合法权益，进一步加强河北省残疾人法律救助工作站规范化建设，保障残疾人能够获得及时、有效的法律救助服务，促进公平、正义，实现社会和谐，根据《河北省残疾人法律救助“十二五”实施方案》《关于加强残疾人法律救助工作的意见》及《河北省残疾人法律救助工作站管理规定》等文件要求，提出以下实施意见：

一、充分认识加强残疾人法律救助工作站建设的重要性

河北省有519.5万残疾人，占全省总人口的7.23%，涉及1536万家庭人口。残疾人是一个数量众多、特性突出、特别需要帮助的社会群体。党和政府历来十分关心残疾人，高度重视发展残疾人事业，特别在保障残疾人合法权益方面，采取了一系列重大措施，残疾人参与社会生活的法制环境明显改善，维权意识逐步提高。但是，残疾人在依法维权中仍然面临请律师难、打“官司”难、执行难、无力支付法律服务费用等困难和问题，残疾人的合法诉求还不能得到及时有效满足，依法维权依然是残疾人事业发展中一项根本而长远的任务。

整合力量，发挥专业特长，广泛组建残疾人法律救助工作机构，是依法维护残疾人合法权益的科学方法和有

2013—2015 年河北省残疾人基本公共服务基本标准

服务项目	服务对象	保障标准	支出责任	覆盖水平
残疾人社会保障				
社会保险保费补贴	重度和贫困残疾人	参加城镇居民基本医疗保险、新型农村合作医疗、城乡居民社会养老保险按规定享受政府社会保险费补贴。	中央、省、市、县财政共同负担	目标人群覆盖率 100%。
基本医疗保障医疗康复项目	参保残疾人	运动疗法、偏瘫肢体综合训练、脑瘫肢体综合训练、截瘫肢体综合训练、作业疗法、认知知觉功能康复训练、言语训练、吞咽功能障碍训练、日常生活能力评定等医疗康复项目纳入基本医疗保险范围纳入社会医疗保险范围，按需延长支付时限。	基本医疗保险基金支出	目标人群覆盖率 100%。
生活补贴	贫困重度残疾人	为贫困重度残疾人每人每月提供 50 元生活补贴。	省、市、县财政共同负担	目标人群覆盖率 100%。
残疾人基本服务				
残疾儿童抢救性康复	0—6 岁残疾儿童	对接受手术、辅具配置和康复训练等服务提供资助。	中央和省、市、县财政共同负担	覆盖 3 万人（次）左右目标人群。
义务教育阶段特殊教育	适龄残疾儿童、少年	在“两免一补”基础上，针对残疾学生特殊需要，进一步提高补助水平；大中城市不能到校上学的残疾儿童、少年接受送教上门服务或远程教育。	中央、省、市、县财政共同负担	学龄残疾儿童少年接受义务教育比率达到 93%。
残疾人教育资助	家庭经济困难的残疾儿童、青少年	义务教育和学前教育和高中阶段教育寄宿生享受生活费用和特殊学习用品、教育训练补助；高中阶段教育学费、杂费、课本费免费；对考入高等院校的残疾学生及贫困残疾人家庭子女实施资助。	中央、省、市、县财政共同负担	目标人群覆盖率 100%，为 1800 人次贫困残疾儿童提供学前教育训练费和生活补助。
残疾人职业培训和就业服务	城乡有就业愿望的残疾人	免费在公共就业服务机构和基层劳动就业社会保障公共服务平台享有职业介绍、职业指导等就业服务；对就业困难残疾人提供就业援助；免费在残疾人就业服务机构享有就业信息发布、残疾人职业培训等服务。	市、县政府负责，省财政适当补助	为有培训需求的残疾人开展职业培训、实用技术培训。城镇新增残疾人就业每年 1 万人；农村残疾人稳定就业每年 10 万人。
残疾人文化服务	残疾人	能够收看到有字幕和手语的电视节目，在公共图书馆得到盲文和有声读物等阅读服务。	中央、省、市、县财政共同负担	各级公共图书馆设立盲人阅览室，配置盲文图书及有关阅读设备；省市两级电视台普遍开办手语节目；影视剧和电视节目加配字幕。
残疾人体育健身服务	残疾人	免费享有体育健身指导服务。	中央、省、市、县财政共同负担	建立 100 个残疾人体育健身示范点，经常参加体育健身的残疾人比率达到 25% 以上。

效手段，有助于充分发挥国家司法救助、法律援助、法律服务的功能和作用，使残疾人享受服务门槛更低、服务内容更多、服务范围更广的法律服务。为残疾人提供法律救助服务，切实保障残疾人的合法权益，是全面建成小康社会的一项重要内容。因此，要充分认识加强残疾人法律救助工作站建设的重要性，高度重视残疾人法律救助工作站建设，充分发挥各自职能作用，形成合力，切实做好残疾人法律救助工作站规范化建设工作。

二、切实抓好残疾人法律救助工作站规范化建设

残疾人法律救助工作站是对符合条件的残疾人提供法律救助的协调服务机构，以维护残疾人合法权益，保障残疾人获得必要的法律救助为宗旨，经残疾人法律救助工作领导小组批准设立，设在同级残联。各级残疾人法律救助工作站，要达到“有专（兼）职人员、有无障碍的工作场所、有为残疾人提供法律救助服务的合作单位、有工作经费、有登记统计、有工作制度和职责”。

（一）加强与律师事务所合作，为残疾人提供法律救助服务。残疾人法律救助工作站应当有专职人员负责日常管理工作，并通过发展有实力、有信誉、有诚意、有爱心的律师事务所作为合作单位，为残疾人提供法律咨询、代书等公益性法律服务，按照有关程序提供法律援助，直接承办其他法律救助案件。合作单位应当具备以下基本条件：

1. 热心公益事业，体现人道和志愿精神，自愿参与残疾人法律救助工作；

2. 持有相关资质、资格，能够独立承担责任；

3. 熟悉残疾人法律救助工作业务，具备与残疾人法律救助工作要求相一致的专业队伍；

4. 掌握残疾人事业相关的法律、法规、规章等知识；

5. 诚实守信，以德为先，信誉良好。执业期间无重大违法、违规行为和重大过失。

（二）规范残疾人法律救助工作流程。为规范各级残疾人法律救助工作站受理案件的程序，必须制作以下表格：

1. 残疾人法律救助申请表；

2. 残疾人法律救助批准通知书；

3. 残疾人法律救助转介信；

4. 残疾人法律救助志愿者登记表；

5. 残疾人法律救助案件汇总表。

（三）规范残疾人法律救助工作站办公场所宣传内容。各级残联要在残疾人法律救助工作站办公场所，将残疾人法律救助工作领导小组及办公室组成名单、残疾人法律救助工作站工作流程图、工作制度、工作职责、合作单位律师名单、法律救助志愿者队伍人员名单制成统一牌子上墙。

（四）规范残疾人法律救助工作站标牌。残疾人法律救助工作站标牌制作标准：（略）

三、充分发挥残疾人法律救助工作站的作用

残疾人法律救助工作站实质是保证残疾人获得法律救助服务的合作实体，切实做好规范化建设工作，有利于建立服务残疾人的有效渠道，了解残疾人诉求，解决残疾人面临的法律服务困境。

各级各相关单位和部门要指定负责残疾人法律救助工作站的联络人，共同制定工作规程，向社会公示受理案件的范围和条件，共同做好残疾人法律救助工作站规范化建设。

各级残疾人法律救助工作站的工作人员要有责任心，对工作要勤奋敬业，满腔热忱的做好残疾人法律救助工作。职责制约责任，有职才有责，有责才能做好本职工作，残疾人法律救助工作站工作职责是：

（一）组织、指导、协调本级残疾人法律救助工作；

（二）负责制定本级残疾人法律救助工作的有关规章、制度并组织实施；

（三）受理符合条件的残疾人法律救助案件；

（四）做好本级残疾人法律救助工作领导小组成员单位的联系协调作用；

（五）定期将本级残疾人法律救助工作开展情况向成员单位通报；

（六）负责组织开展与兄弟省、市残疾人法律救助的交流与合作；

（七）负责宣传残疾人法律救助工作，重点宣传具有重大社会意义的典型案件。

残疾人法律救助工作站坚持属地管理、分级负责、明确责任、讲究实效的原则。各级残疾人法律救助工作站工作人员对寻求法律救助的残疾人，要做到热心接待，认真登记，耐心解答，积极办理，提供优质、优先、优惠法律救助服务。残疾人法律救助工作站受理案件后，根据案件的类型或性质及时转介到残疾人法律救助服务合作单位或相关部门，并对案件进行跟踪服务，直到案件办理完毕或执行到位。残疾人法律救助工作站对属于本级管辖范围内的案件应积极受理，不得以各种理由推诿或介绍到上一级工作站。

四、建立健全残疾人法律救助工作站制度

制度是有效开展工作的保障。各级残疾人法律救助工作站要按照《河北省残疾人法律救助工作站工作规程》要求，建立健全以下基本制度：

（一）案件登记制度。建立残疾人法律救助案件登记册，将所有残疾人法律救助案件，按照法律救助类别和时间顺序，分门别类进行登记。

（二）督办检查制度。对上级交办、领导批示的案件、紧急或重大案件，要跟踪督办检查，依法维护残疾人的合法权益，让残疾人满意。

（三）案件统计制度。残疾人法律救助工作协调机构相关部门和单位，要建立月报、季报和年报制度，设计

相应的统计表格，认真做好残疾人法律救助统计工作，为开展工作和领导决策提供翔实准确的依据。

（四）案件报送制度。残疾人法律救助工作领导小组各成员单位对所承办的重大或有社会影响力的法律救助案件，要将办理情况及时报送残疾人法律救助工作领导小组及办公室。

（五）重大案件会审制度。各级残疾人法律救助工作站，在司法行政部门指导、帮助下，建立有专职律师、法学理论专家、法律志愿者等法律专业人员组成的法律专家队伍，对重大涉残案件定期或不定期进行分析、研究、审查，并写出案件综合情况报告书。

（六）案件档案制度。认真填写残疾人法律救助规定的各种表格，案件办结后，按照内容规范有效、“一人一档”的要求，及时整理归档，并统一装订成册。

（七）律师值班制度。各级残疾人法律救助工作站，要充分利用合作单位的律师资源，建立律师值班制度，每月的第一周和第三周周二上午至少有一名律师或法律救助志愿者，在残疾人法律救助工作站值班，为残疾人提供法律咨询、代书、代理、信访维权等事项的解答。

五、建立一支残疾人法律救助工作志愿者队伍

各有关单位和部门，要广泛动员律师、法律工作者、检察官、公安民警、政法院校学生等专业人士，积极参与残疾人法律救助工作，不断壮大志愿者队伍，义务为残疾人提供法律救助服务。

六、推进基层残疾人法律救助工作机构建设

乡级残联要依托司法所、法律服务所、公安派出所、民政所、财政所等单位，建立统一名称的“残疾人法律救助工作联络站”。联络站的工作职责可参照残疾人法律救助工作站工作职责，结合当地实际情况制定。村（社区）残疾人协会要有兼职为残疾人提供法律救助服务的联络员，要全面了解残疾人法律救助需求信息，及时将疑难案件介绍到县级残疾人法律救助工作站。

七、切实落实残疾人法律救助工作经费

各级各相关单位和部门要积极争取安排专项资金用于残疾人法律救助工作。残疾人法律救助工作站的经费由同级人民政府财政支付，各级残联应当通过多种渠道对残疾人法律救助工作站提供经费支持。残疾人法律救助工作站应当建立完善的财务制度，规范经费使用。

在“十二五”期间，要以各级残疾人法律救助工作站全面实现规范化建设为目标，做到年度有计划、有要求、有检查，狠抓落实。抓好典型引路，激励开拓创新。坚持“建站”和“建制”相结合，以规范化建设促进残疾人法律救助工作再上新台阶，促进残疾人事业健康发展。

中共河北省委组织部、省机构编制委员会办公室、省财政厅、省人力资源和社会保障厅、省人民政府国有资产监督管理委员会、省公务员局、省残联《关于促进残疾人按比例就业的实施意见》

冀残联字〔2013〕138 号

各设区市，定州市、辛集市市委组织部、编委办、财政局、人力资源和社会保障局、国资委、公务员局、残联：

残疾人由于身体某方面功能受损、机会缺少和权利受限，在就业方面存在许多困难和问题，是就业的困难群体。为保护残疾人劳动就业权益，河北省从 1997 年开始实行用人单位按比例安排残疾人就业制度，这一制度为改善河北省残疾人就业状况发挥了重要作用。但残疾人按比例就业在实际工作中仍然存在着相关规定落实难、用人单位缺乏主动性和积极性等问题。为促进残疾人按比例就业政策的有效落实，增强相关法规的规范性和可操作性，现根据中共中央组织部等七部门《关于促进残疾人按比例就业的意见》，结合河北省实际，提出以下意见。

一、按比例安排残疾人就业是用人单位的法定责任和义务

《中华人民共和国残疾人保障法》中规定“国家实行按比例安排残疾人就业制度”。国务院颁布的《残疾人就业条例》进一步明确“用人单位应当按照一定比例安排残疾人就业，并为其提供适当的工种、岗位”。《河北省实施〈残疾人就业条例〉办法》规定，本省行政区域内的机关、团体、企业、事业单位、民办非企业单位，履行扶持残疾人就业的责任和义务；“用人单位应当按照不低于本单位在职职工总数百分之一点五的比例安置残疾人就业，并为其提供适当的工种和岗位”。以上法规明确了用人单位安置残疾人就业的法律责任和义务，为河北省按比例安排残疾人就业提供了重要的法制依据。各级各部门要加大执法检查力度，把残疾人按比例就业列为年度检查重点，发现问题，及时纠正和解决。

二、推动党政机关、事业单位及国有企业带头安排残疾人就业

1. 省委、省政府《关于推进残疾人事业发展的意见》（冀发〔2009〕13 号）明确提出“党政机关、事业单位及国有企业要带头安置残疾人”。党政机关、事业单位及国有企业应当为全社会做出表率，率先垂范招录招聘残疾人和安置残疾人。各级党政机关、事业单位及国有企业招录公务员和招聘工作人员时，在同等条件下优先招录招聘残疾人。

2. 切实维护残疾人平等报考公务员的权利。各级党政机关在招录公务员时，对符合国家规定的公务员录用体检标准的残疾人，不得拒绝录用，不得额外设置限制残疾人报考的条件。招录机关专设残疾人招录岗位时，

省级公务员主管部门要给予放宽开考比例等倾斜政策。各地在招录公务员时，要结合实际，采取适当措施，努力为残疾人考生创造良好的考试环境。

3. 各级残疾人工作委员会成员单位要在招录残疾人方面发挥示范带头作用。各级党政机关中的非公务员岗位（科技、技术、后勤等），要积极安排残疾人就业，并依法与残疾职工订立劳动合同，保障其合法权益。到2020年，所有省级党政机关、地市级残工委主要成员单位至少安排1名残疾人就业。各级残联机关干部队伍中要有一定数量的残疾人干部。省、市级残联机关干部队伍中残疾人干部的比例应达到15%以上，县级以上残联及直属单位新录用、聘用工作人员中，高校残疾人毕业生不得少于20%。

4. 国有企业和国有控股企业应根据行业特点，确定适合残疾人就业的岗位，招录符合岗位要求的残疾人就业。企业对招录的残疾人应依据《中华人民共和国劳动合同法》订立劳动合同，并按规定为残疾人职工缴纳社会保险费，实行同工同酬。

三、加大对用人单位的补贴、奖励和惩处力度

1. 认真贯彻《中华人民共和国就业促进法》《河北省实施〈中华人民共和国就业促进法〉办法》和《河北省贯彻落实〈国务院关于批转促进就业规划（2011—2015年）的通知〉实施方案》及相关法律法规关于就业专项资金管理的有关规定，对参加职业培训、职业技能鉴定并符合条件的残疾人，按规定给予职业培训补贴、职业技能鉴定补贴；对吸纳残疾人就业并符合条件的用人单位，按规定给予社会保险补贴和岗位补贴。

2. 加大残疾人就业保障金对超比例安置残疾人就业单位的奖励力度，提高用人单位安排残疾人就业的积极性。机关、团体、企事业单位和民办非企业单位（不含福利企业）超比例安排残疾人就业的，按残疾类别超比例安置一人，可一次性给予3000—5000元奖励。奖励资金用于无障碍设施改造、购置方便残疾人就业的专用设备和工具及社会保障等，所需资金从本级残疾人就业保障金中列支。安排一名盲人或者重度残疾人的，按安排两名残疾人计算。

3. 用人单位安排残疾人就业达不到规定比例的，应严格按规定标准足额交纳残疾人就业保障金。用人单位应当缴纳的残疾人就业保障金的数额由各级残疾人就业服务机构依照国家和本省有关规定核定。与财政部门有直接拨款关系的用人单位应当缴纳的残疾人就业保障金，由财政部门代扣；其他用人单位应当缴纳的残疾人就业保障金，由地方税务机关代征。对拒不安排残疾人就业又不缴纳残保金的用人单位，可采取在媒体上进行曝光、通报、申请法院强制执行等措施。各地应将用人单位是否履行按比例安排残疾人就业义务纳入各类先进单位评选标准，对于不履行义务的用人单位，不能参评文明单位和先进单位，其主要负责同志不能参评先进个人。

四、为用人单位按比例安排残疾人就业提供服务

1. 各级公共就业服务机构和残疾人就业服务机构要发挥好用人单位与残疾人之间的桥梁和纽带作用。要主动走进残疾人家庭和用人单位，准确掌握辖区内就业年龄段残疾人的基本情况，全面了解辖区用人单位的岗位需求，掌握第一手信息。各级公共就业服务机构，要在服务大厅内开设为残疾人服务的专区，免费为残疾人提供就业政策法规咨询，职业指导和职业介绍，办理就业登记、失业登记。街道（乡镇）、社区（村）基层就业服务平台要将就业困难残疾人纳入就业援助对象范围，对其就业状况和就业培训需求等基本信息建立台账。发挥公共就业服务网络和残疾人就业服务网络平台作用，准确发布职业供求信息，实现残疾人求职者与用人单位之间高效、快捷的双向选择，重点做好向用人单位的推荐工作。

2. 加强残疾人职业教育、职业技能培训，增强残疾人就业能力。各级残疾人联合会、人力资源和社会保障部门及其他社会组织，都要针对残疾人特性和类别化培训需求，组织开展多形式、多层次的职业教育、职业技能培训和岗位技能提升培训，提高残疾人的职业能力和水平，结合用人单位岗位需求为残疾人提供有针对性的订单培训、定向培训、定岗培训服务；各类特殊教育学校和职业院校要对在校的残疾学生强化中级以上职业技能培训，加强就业教育和就业指导服务，促进高校残疾人毕业生就业。

3. 各级公共就业服务机构和残疾人就业服务机构要协助用人单位定期或不定期开展残疾人招聘活动，促进用人单位按比例安排残疾人就业。

五、齐抓共管，协力促进按比例安排残疾人就业工作有序开展

残疾人按比例就业是国家为保护和促进残疾人就业而采取的重要举措，是法律赋予用人单位的责任和义务。各有关部门要高度重视这一工作，建立促进残疾人按比例就业的协调工作机制，共同做好制度完善、政策落实、监督管理等各项工作。

1. 各级人力资源社会保障部门要依法加强残疾人劳动权益维护工作。各类职业院校和培训机构要积极参与和承担残疾人职业培训职责。公共就业服务机构和基层劳动就业社会保障服务平台要加强对残疾人的就业服务和就业援助。

2. 各级组织、人力资源和社会保障部门负责落实并指导各部门做好残疾人公务员招录和事业单位工作人员招聘工作。要建立党政机关残疾人公务员实名制统计制度，准确掌握残疾人公务员底数。

3. 各级事业单位登记管理部门在事业单位登记管理、绩效评估和年度审核工作中，要积极引导事业单位按比例招聘残疾人就业。

4. 各级国资委要重视并督促国有及国有控股企业按比例安排残疾人就业工作，积极推进残疾人就业工作。

5. 各级财政部门要加强残保金征收使用管理，更好地发挥残保金对促进残疾人就业的作用。各级财政、地税部门落实征收机关的责任，完善征收措施、规范征收程序、加大征收力度，做到依法征收、应收尽收。建立责任追究制度，对擅自多征、减征、缓征残保金的，要严肃追究责任人的责任。进一步规范残保金使用管理，残保金要专项用于残疾人职业培训、奖励超比例安置残疾人单位、扶持残疾人就业相关支出，不得挪作他用。要将残保金收支纳入各级政府性基金预算管理，提高资金使用效益。

6. 各级残联及所属残疾人就业服务机构要积极主动做好残疾人按比例就业工作。沟通协调有关部门，进一步健全规范按比例就业制度。着力抓好残疾人职业培训，提高残疾人就业能力，向用人单位主动介绍、推荐残疾人；落实对按比例和超比例安排残疾人就业单位的补贴和奖励；加强对用人单位按比例安排残疾人就业情况的年审和检查、监督，完善各项服务。

河北省无障碍环境建设管理办法

《河北省无障碍环境建设管理办法》已经2013年12月17日省政府第十四次常务会议讨论通过，现予公布，自2014年2月1日起施行。

省长　张庆伟

2013年12月23日

第八条　无障碍设施工程应当与主体工程同步设计、同步施工、同步验收投入使用。

新建的无障碍设施应当与周边的无障碍设施相衔接。

无障碍设施工程未经县级以上人民政府城乡规划主管部门核实或者经核实不符合规划条件的，建设单位不得组织竣工验收。

第十三条　建设无障碍设施应当符合安全、适用和便利的基本要求，并遵守下列规定：

（一）人行道、公共建筑和公共交通设施的地面平整、防滑，并在其出入口设置坡道或者缘石坡道；

（二）铺设的盲道保持连续，盲道上不得有电线杆及其拉线、地下检查井、树木、垃圾箱等障碍物，并与周边的人行天桥、人行地下通道和公共建筑、公共交通设施的无障碍设施相衔接；

（三）公共汽车、城市轨道交通车辆的停靠站设置盲文站牌的，站牌的位置、高度、内容方便视力残疾人识别；

（四）公共服务场所设置服务台、公用电话的，同时设置低位服务台、低位电话；

（五）公共建筑、公共交通设施的玻璃门、玻璃墙、楼梯口、电梯口和通道等处设置警示信号或者指示装置；

（六）无障碍设施按规定设置国际通用无障碍标志，无障碍标志位置明显，内容表述清晰、规范；

（七）无障碍设施颜色鲜明，方便残疾人识别；

（八）在视力残疾人通行较为集中路段的人行横道信号灯上设置声响提示装置。

第十五条　城市大中型公共服务场所的公共停车场和大型居住区的停车场，应当按照无障碍设施工程建设标准设置并标明无障碍停车位。

无障碍停车位为肢体残疾人驾驶或者乘坐的机动车专用，并按规定免收停车费用。

第二十一条　省、设区的市和具备条件的县级人民政府设立的电视台应当开办配播手语的新闻节目，并在播出电视节目时加配字幕。

第二十二条　省和设区的市人民政府设立的公共图书馆应当开设视力残疾人阅览室，为相关人员提供盲文读物、有声读物，其他图书馆应当逐步开设视力残疾人阅览室。

第二十六条　县级以上人民政府及其有关部门应当按国家和本省有关规定，对需要进行无障碍设施改造的残疾人贫困家庭给予适当补助，帮助其对住宅的相关设施进行改造，提高残疾人的生活质量。

第三十条　违反本办法第十七条第一款规定的，由县级以上人民政府住房和城乡建设主管部门或者其他有关部门按照规定的职责，予以通报批评，责令限期改正。逾期不改正的，对非经营性活动中的违法行为，处以五百元以上一千元以下的罚款；对经营性活动中的违法行为，有违法所得的，处以违法所得一倍以上三倍以下最高不超过三万元的罚款；对没有违法所得或者违法所得无法计算的，处以五千元以上一万元以下的罚款。造成财产损失的，依法承担赔偿责任。故意损毁无障碍设施的，由公安机关依照《中华人民共和国治安管理处罚法》的规定予以处罚。

三、工作综述

2013年，全省残联深入学习贯彻党的十八大和省委八届五次、六次全会精神，坚持解放思想，改革创新，求真务实，围绕夯实基础和打开局面、重点突破、进步赶超，扎实推进各项工作，河北省残疾人事业发展呈现出了新气象、新局面。

（一）成功召开省残联第六次代表大会

省残联换届工作筹备阶段，正逢教育实践活动开展伊始。省残联党组把成功开好第六次代表大会作为活动成效的第一次集中检验，提出要开一个隆重、热烈、大气、精彩、漂亮的大会，全面展示残联的形象。在省委、省政府高度重视下，省残联党组以身作则，带领全体干部发扬“5+2”、“白加黑”精神，加班加点，全力以赴，高效工作。会议高规格、高水平、高效率举办，实现了省残联党组在筹备阶段提出来的会议目标，锻炼了干部，凝聚了人心，鼓舞了士气，赢得了各方面广泛赞誉。

为切实抓好六代会精神的贯彻落实，省残联将周本顺书记和赵勇副书记在会议上的讲话和会议主题报告确定的任务目标，按年度、分季度逐项分解到各个部室、各个中心，落实到每位同志身上，明确党组成员负总责，部室和中心主任为第一责任人，具体承担任务的同志为直接责任人，形成一级抓一级、层层抓落实的工作局面。各部室、中心迅速行动，对各项工作逐一制定切实可行方案和保障措施，定标准，定时限，拉出时间表，以此作为考核每个部室、每位同志的重要依据，真正做到每项工作都有人抓、有人管、有人盯办，确保六代会确定的“保障全覆盖、同步奔小康”目标如期全面实现。

（二）开展群众路线教育实践活动

在党的群众路线教育实践活动中，省残联党组将教育实践活动作为抓班子、带队伍，聚人心、凝力量，强筋骨、注元气的重要举措；作为整顿队伍、整顿风气、整顿纪律的一剂良药。本着规定动作助力自选动作、自选动作助推规定动作的工作思路，按照省委党的群众路线教育实践活动领导小组的安排部署和“照镜子、正衣冠、洗洗澡、治治病”的总要求，坚持边学边查边改、立改立行，积极行动，扎实推进，取得了聚民心、见行动、转作风、惠民生的预期效果。

1. 开展专项整治行动。排除各种阻力和干扰，大力正风肃纪，一批历史遗留问题得以解决，机关形象、面貌和干部精神状态实现较大转变。按照“以编定岗、以岗定责”和“从严掌握、严格审批、规范管理”的原则，对机关与下属单位长期相互借调、借用人员进行了集中清理，32名同志回到了各自的工作岗位；按照党政机关办公用房、公务用车规定，先后对省残联机关办公用房和公务用车进行了两轮清理，机关租用或占用下属单位办公用房、借用公车全部清退，杜绝了超标用房、用车现象；积极推进培训托养中心市场化，对违规使用残保金支付费用的49名劳务派遣工作人员依据法律程序进行了清退；大幅压减会议、文件和“三公经费”，全省性会议同比减少30%，制发文件同比减少10.02%，“三公”经费支出同比减少30%。

2. 建章立制防“四风”。教育实践活动中，省残联党组、理事会先后制定出台和修订完善了《党组议事决策规则》《执行理事会工作规则》《省残联机关克服“四风”十二条规定》《河北省残疾人联合会公务活动和公务接待七条规定》《省残联机关干部职工请销假制度的规定》《河北省残疾人联合会财务管理办法》《河北省残疾人联合会固定资产管理办法》《省残联机关办公用品管理办法》《河北省残联机关干部教育培训制度》《省残联党组处级干部选拔任用工作规则》《省残联直属事业单位科级干部选拔任用工作规则》和《省残联机关干部考核办法》等24项制度。大到“三重一大”事项（即：重大问题决策、重要干部任免、重大项目安排和大额资金使用），小到上下班纪律、请销假等，基本实现了规章制度全覆盖。“建章立制+强有力的落实”，使省残联各项工作进入了全面规范化的轨道。

3. 加强干部队伍建设。为适应新形势、新任务对残联干部素质的新要求，实现强基固本，先后在中央党校、省委党校举办三期读书班，将省残联机关干部以及市残联领导班子成员、县残联一把手共计260余人全部轮训一遍，这在省残联历史上是第一次，收到了很好效果。在机关开办“星期五大讲堂”，确定若干个专题，邀请知名学者和理论工作者就习近平总书记系列讲话和十八届三中全会精神进行辅导，党组书记带头为党员干部上党课，安排各部室业务骨干为大家讲解残联各项业务知识，使党员干部的政策理论水平和业务素质不断提升。高度重视改善领导干部队伍结构，大力营造风清气正的选人用人环境和健康积极的用人导向。2013年12月，省残联对机关和事业单位空缺岗位进行了一次集中补充、调整，15名同志走上正处、副处领导岗位，8名同志进行了岗位交流，党员干部干事创业的热情空前高涨。

4. 开展残联系统基层大调研活动。为进一步密切残疾人工作者与广大残疾人的联系，将周本顺书记、赵勇副书记在省残联第六次代表大会上提出的“让520万残疾人与全省7200万人民共同奔向小康”的要求落到实处，党组围绕“对520万残疾人存在的困难和问题我们了解多少、面对全省残疾人的需求和期盼我们能做什么、实现六代会‘保障全覆盖、同步奔小康’目标我们应该怎样做”这“三问”，组织开展了全省残联系统基层大调研活动，省残联全体干部带着课题深入到残疾人家庭，与残疾人同吃同住同劳动，与他们面对面沟通交流，收集意见和建议。各市、县残联也认真组织开展了调研活动，走访村（社区）的贫困残疾人家庭，了解残疾人需求，帮助残疾人解决实际困难和问题。全省大调研结束后，省残联根据调研活动取得的成果，向省委、省政府写出了专题调研报告，省委、省政府领导给予了高度肯定，并对所提建议做了重要批示，予以资金支持。

5. 开展“走百村（社区）、访万户（人）、送温暖、办实事”活动。按照教育实践活动转作风、接地气、办实事的要求，在全省残联系统开展了“走百村（社区）、访万户（人）、送温暖、办实事”活动和基层大调研活动。各级残联党员干部深入1539个农村和社区，走进1.2万户残疾人家庭，收集意见和建议124条，形成有价值的调研报告86份。实施的“一百六千双万”办实事工程，免费为513名贫困青少年肢残者进行手术，为4428人（次）残疾儿童实施康复救助，为10091名贫困残疾人适配助视器、辅助器具，对3529户农村贫困残疾人家庭危房改造给予补贴，培训并扶持就业盲人按摩人员1328名，扶持1732名残疾人创业，对11706名残疾人托养给予补贴，新安置10107名城镇残疾人就业，圆满完成了任务目标，一大批残疾人从中受益。

（三）推进残疾人社会保障实现全覆盖

残疾人基本生活保障方面，在省委、省政府的高度重视下，经与省财政厅等部门沟通，将贫困重度残疾人生活补贴所需资金列入2014年财政预算。从2014年起，对全省持有第二代中华人民共和国残疾人证、享受低保的一、二级视力、肢体、智力、精神、多重重度残疾人，日常行为严重障碍、生活不能自理、确需他人长期照料的残疾人，无业、无固定收入、家庭经济困难残疾人，按每人每月50元发放生活补贴。对全省1000例0—6岁贫困残疾儿童初次康复训练给予补贴。

2013年残疾人社会保障状况保持平稳。城镇居民社会养老保险符合参保条件16.6万人，实际参保13.4万人，参保率80.7%；在60周岁以下的参保残疾居民中有20806名重度残疾人，其中20515人得到了政府的参保扶助，有19828名非重度残疾人也享受了全额或部分代缴的优惠政策。领取社会养老金待遇人数达44016人，其中14213人为重度残疾人。

新型农村社会养老保险方面，符合参保条件的农村残疾人达133.1万人，实际参保115.1万人，参保率86.5%。在60周岁以下的参保残疾人中有160841人重度残疾人，160474人得到了政府的参保扶助，其中72857人全额代缴，87617人部分代缴；在63.7万参保非重度残疾人中，17.7万也享受了全额或部分代缴的优惠政策。享受养老保险金待遇的人数达到35.3万人。

城镇残疾职工参加社会保险人数达9.8万人，比上年度增长4.8%，其中参加养老保险5.5万人，比上年度增长4.1%，参加医疗保险4.8万人，比上年度增长4.6%；城镇残疾居民参加基本医疗保险15.2万人；城镇个体就业参加社会保险2.9万人。城乡41.5万名残疾人纳入最低生活保障范围，城镇集中供养和农村“五保”供养残疾人分别达到3722人和2.4万人；5.2万名城乡残疾人获得其他救助救济。1.8万名符合条件的城乡残疾人享受了稳定的生活补贴。

住房保障和托养服务方面，到2013年年底，残疾人寄宿制托养服务机构54个，托养残疾人1847人；残疾人日间照料机构12个，为319名残疾人提供托养服务；综合托养服务机构81个，托养残疾人2215人；接受居家托养服务的残疾人达到1.9万人。实施了“阳光家园计划”，安排资金1527.5万元对21869名机构和居家托养残疾人进行补贴。张家口市桥东区红旗楼街道托养中心创建了全国托养示范机构。共投入资金2334万元对3200户农村贫困残疾人危房改造户进行补贴。

（四）扎实实施残疾人医疗康复

扩大社区康复服务覆盖面：在37个市辖区和138个县（市）的29492个社区（村）开展了社区康复服务工作，占社区（村）总数的58.2%；累计已建社区康复服务站的社区总数达16733个，配备社区康复协调员38785人，接受过培训的社区康复协调员累计达34655人；为162.4万名残疾人建立了社区康复服务档案，占社区残疾人总数的41.1%，截至2013年年底，接受过社区康复服务的残疾人累计达36万人，比2012年增加了20%。

积极开展视力残疾康复工作：开展视力残疾康复机构总数达到18个，全年完成白内障复明手术30414例，为3367名贫困白内障患者免费施行复明手术；为6054名低视力患者配用助视器，培训低视力儿童家长2047名，有效开展家庭康复训练；有盲人定向行走训练师197名，对6005名盲人进行定向行走训练。

听力语言、肢体和智力残疾康复工作：推进康复机构规范化管理，完善基层服务网络。建设省级听力语言残疾康复机构1个，市级机构14个，县级机构80个；年度新收训聋儿2077名，在训聋儿2791名；规范聋儿家长学校，开展家庭训练，共培训聋儿家长2452名；74名聋儿接受了地方项目救助；积极开展听力语言康复专业技术人员培训，共培训各级专业人员148名；各级康复训练机构共为1152人次成年听力残疾人提供康复技术服务。截至2013年年底，开展肢体残疾康复训练服务机构达117个，其中省级1个，市级15个，县级101个；对1.06万名肢体残疾患者实施康复训练；实施国家救助项目，资助400名脑瘫儿童进行机构康复训练，资助515名贫困肢体残疾儿童实施矫治手术；培训各级肢体残疾康复管理、技术人员484人次。开展智力残疾康复训练服务机构50个，其中省级1个，市级13个，县级36个；5678名智力残疾儿童得到康复训练，培训各级智力残疾康复人员461人次。

推广“社会化、综合性、开放式”精神病防治康复工作：在170个县（市、区）开展精神病防治康复工作，覆盖总人口5515.6万人，对26万名精神病患者进行综合防治康复，监护率达到87.3%，显好率达到57.2%，社会参与率达到46%；解除关锁109人；91469名精神病患者接受治疗，57288名精神病患者接受康复训练；全省共有精神病康复机构83个，机构内精神病人7649名；对12380名贫困精神病患者进行医疗救助，占贫困精神病患者的50.8%。建立孤独症儿童康复机构32个，409名孤独症儿童在各级机构接受康复训练；245名贫困孤独症儿童得到康复救助。

加强残疾人辅助器具供应服务，全面推进普及型假肢装配工作：截至2013年年底，累计建立辅助器具供应机构64个，其中市级11个，县级53个；全省各类辅助器具供应2.9万件，其中装配普及型假肢896例，矫形器装配639

例，为贫困残疾人免费发放其他辅助器具2.2万件。

积极做好残疾预防工作：截至2013年年底，全省在37个县（市、区）的41个医疗卫生机构开展残疾儿童筛查工作，本年度新诊断0—6岁残疾儿童1485人。发放残疾预防宣传材料21.3万份，举办儿童残疾预防宣传活动199次。有残疾儿童家长学校41个，本年度开展家长学校活动75次，残疾儿童家长参与人数达3389人次。

加强康复人才培养：截至2013年年底，各级康复机构在岗人员总数为7118人，其中省级455人、市级3431人、县级3232人。2013年共举办康复管理人员培训班111期，培训康复管理人员990人；举办康复业务人员培训班113期，培训康复业务人员1879人；举办社区康复协调员培训班149期，培训社区康复协调员6555人。

（五）大力推进残疾人教育培训工作

通过特教学校标准化建设、随班就读、普通学校开设特教班和送教上门等多种形式，巩固提高适龄残疾儿童少年入学率；基本普及残疾儿童学前一年教育，逐步扩大学前三年教育；大力发展残疾人高中教育和职业教育。2013年12月，省残联与河北广播电视大学正式签署战略合作协议，河北省广播电视大学特殊教育学院正式挂牌成立。学院建设立足体现残疾人特色、河北特色，围绕促进残疾人就业、创业，开展针对全省广大残疾人的中高等学历教育和职业技能培训。第一期于2014年春季开学，重点开设计算机应用、社会工作、会计学、民族工艺品制作（剪纸、编织、工笔画、内画等多方向）、中医按摩等五个专业，学费全部由省残联和河北广播电视大学承担。学院的成立填补了河北省残疾人远程特殊教育的空白，为全省残疾人就近就便接受中高等学历教育和职业技能培训创造了条件，必将对提高河北省广大残疾人科学文化素质和职业技能水平，增强就业竞争力发挥积极作用。

全年专项彩票公益金助学项目资助600名学前残疾儿童，专项彩票公益金助学项目资助新入园225名学前残疾儿童。开办特殊教育普通高中学校（班）13个，在校生461人，毕业生125人；其中聋普通高中11个，在校生360人，毕业生105人；盲普通高中2个，在校生101人，毕业生20人。残疾人中等职业学校（班）3个，在校生91人，毕业生73人，其中12人获得职业资格证书。全省有308名残疾人被普通高等院校录取。

（六）大力推进残疾人创业就业

就业培训：全省残疾人职业培训基地达到386个，其中残联兴办267个，依托社会机构兴办119个，2.1万名城镇残疾人接受了职业培训。上报中国残联培训基地15个，确定省级基地10个、市级24个，县级基地50个。培训农村残疾人实用技术5万人次，培训聋人、盲人学电脑356名，培训盲人医疗按摩人员366名并取得国家中医药管理局和省中医药管理局颁发的学分证书，参加盲人医疗保健按摩师高级培训的47人全部取得资格证书。全省残疾人就业培训信息管理实名制覆盖率达到99%，录入达到了50%。

安置就业：全年城镇新增1.22万名残疾人就业，其中集中就业4865人、按比例就业3377人、公益性岗位就业303人、个体及其他形式就业3533人，辅助性就业141人。到2013年年底，城镇残疾人实际在业人数20.3万人；89.1万农村残疾人实现稳定就业，其中从事农业生产劳动70.3万人，其他形式就业18.7万人。在全省人才市场建立残疾人就业服务窗口，其中省级1个、市级建立11个、县级100个。联合省委组织部等六部门制定了《关于促进残疾人按比例就业的实施意见》，明确了用人单位按比例安排残疾人就业的法定义务和相关部门在促进按比例就业工作中应承担的责任，强调了党政机关、事业单位及国有企业带头安置残疾人应采取的有效措施，提出了对用人单位补贴、奖励的标准及相应的惩处措施。组织开展2013年度就业援助月活动，各地举办残疾人专场招聘会和就业洽谈会70余次，其中省残联和省人社厅组织的“残疾人就业（创业）洽谈会”，联系参会单位128家，提供了1800多个残疾人就业岗位。残疾人扶贫发放康复扶贫项目贷款、到户贷款共计9500万元，补贴贴息资金595万元，扶持残疾人脱贫。与省委组织部实施“农村基层党组织助残扶贫工程”项目，对600户残疾人进行帮扶。

（七）大力推进残疾人扶贫

做好农村残疾人低保制度和扶贫开发政策的有效衔接。在整村推进、产业扶贫、移民扶贫中，优先考虑贫困残疾人。开展农村残疾人社会化帮扶，在乡镇建立残疾人服务社和残疾人劳务输出服务站（点），为残疾人提供多种形式的生产生活服务。扶持创建一批农村残疾人扶贫基地。利用康复扶贫贴息，积极推进小额到户贷款，增强贫困残疾人自我发展能力。发放康复扶贫项目贷款、到户贷款3500万元、6000万元，补贴贴息资金175万元、420万元，通过直接安置、辐射带动等形式扶持残疾人脱贫。与省委组织部实施2013年度“农村基层党组织助残扶贫工程”项目，对600户残疾人进行帮扶。2013年，残疾人扶贫开发成效显著，贫困残疾人生产生活状况得到进一步改善。20.6万贫困残疾人得到扶持，其中12.6万通过扶贫开发实际脱贫；接受实用技术培训的残疾人达到4.3万人次。康复扶贫贴息贷款扶持3461名农村残疾人，1202个单位和7143名个人对贫困残疾人开展结对帮扶。残疾人扶贫基地达到128个，安置2296名残疾人就业，扶持带动6906残疾人户。2013年，全省各级共投入4095.4万元，对3468户农村贫困残疾人实施了危房改造，4389名残疾人受益。

（八）大力推进便残利残基础设施建设

市、县一批符合国家标准的残疾人康复、托养设施正在建设中。健全各项制度，制定服务标准，完善服务功能，加强规范管理。加快无障碍建设和改造，将无障碍建设纳入新农村和城镇建设总体规划，与小城镇、农村公路、公共服务设施同规划、同施工。加大公共交通无障碍建设和改造力度，公共停车区优先设置残疾人停车泊位。开展残疾人家居无障碍改造，为贫困残疾人家庭提供无障碍改造补贴。省级电视台、电台和报刊在全国助残日、国际盲人节、国际残疾人日期间，加大《无障碍环境建设条例》宣传力度；下发了《河北省贫困残疾人家庭无障碍改造工作实施方案》《关于加强和规范全省贫困残疾人家庭无障碍改造工作的实施意见》，会同省住建厅等五部门联合转发了《住建部等五部委关于开展创建无障碍环境市县工作的通知》。中央、省级财政分别补贴资金 245 万元、120 万元资金对 940 户贫困肢体残疾人家庭进行了无障碍改造。为全省 15591 辆机动轮椅车发放燃油补贴 406.03 万元。对 2013 年全省所有县（市、区）燃油补贴发放情况进行了抽查、通报，对 2014 年残疾人机动轮椅车燃油补贴工作进行了安排部署。据不完全统计，全省建有无障碍设施的城市道路 1691 余条，铺设盲道总里程 4430.6 千米，路口设置缘石坡道 60412 余处，建有无障碍的大中型公建 3709 余座，建有无障碍的居住小区 1697 余个，设置与红绿灯同步的过街音响信号装置 415 余处，初步形成了以点带线，以线带面的无障碍环境。公共场所逐步建立语音提示、显示屏幕系统，各种紧急呼叫系统具备文字信息报警、呼叫功能。残疾人综合服务设施建设得到全面发展。截至 2013 年年底，全省已竣工并投入使用的各级残疾人综合服务设施 146 个，总建设规模 14.6 万平方米，总投资 2.8 亿元；已竣工并投入使用的各级残疾人康复服务设施 7 个，总建设规模 33979 平方米，总投资 8178.1 万元；已竣工并投入使用的各级托养服务设施 8 个，总建设规模 31219 平方米，总投资 5550 万元。无障碍工作继续推进。全省 11 个设区市、172 个县（市、区）全部系统开展了无障碍建设工作。出台无障碍建设与管理法规、政府令 45 个，其中省级 1 个、市级 6 个、县级 38 个；成立无障碍建设领导协调组织 128 个，其中省级 1 个、市级 11 个、县级 119 个；全省各级开展无障碍建设检查 135 次，无障碍培训 831 人次；为 1983 户贫困残疾人家庭实施了无障碍改造；为 15594 名残疾人发放了残疾人机动轮椅车燃油补贴。

（九）大力推进残疾人精神文化生活

组织参加第八届全国残疾人艺术汇演，12 个参演节目中取得表演一等奖 1 个、二等奖 5 个、三等奖 5 个、优秀奖 1 个，被授予团体组织三等奖。进一步落实《关于加强残疾人文化建设的实施意见》，5 个市出台了当地实施意见。组织全省开展了残疾人文化周活动，全省各地在社区、学校、企业、乡村等组织了各种各样、丰富多彩的残疾人文体活动，活跃了残疾人的文化生活。组织开展了“善行河北·志愿助残”系列活动的宣传和征集活动。推动了市、县两级公共图书馆盲人阅览室、特殊艺术人才培养基地建设。残疾人体育健身活动更加丰富活跃，省残联在残疾人健身周期间举办了轮椅定向、跳绳、拔河等群体项目比赛，石家庄、唐山、邯郸等市举办了市级残疾人运动会，各地借助全国助残日、全国特奥日残疾人健身周、全国特奥足球周、盲人节、聋人节、国际残疾人日等重要节点，广泛了形式多样的健身活动。全面贯彻实施“残疾人自强健身工程”，举办了第二期残疾人健身指导员培训班，49 名学员通过考试获得省级残疾人健身指导员资格证书。石家庄、邯郸、唐山、廊坊、秦皇岛等市组织了市级残疾人健身指导员培训。各地强力推进残疾人健身示范点的建设工作，全年建成健身示范点 50 个，使河北省残疾人体育健身示范点总数达到 84 个。首次同时承办 2013 年全国残疾人乒乓球、举重锦标赛，比赛办得精彩圆满，受到中国残联和各省参赛队的好评。赛会期间，中国残联、省残联、石家庄市政府在正定乒乓球训练基地举行了中国残疾人乒乓球训练基地的挂牌仪式。启动筹备河北省第八届残疾人运动会暨第四届特殊奥林匹克运动会。组织 18 个项目运动员常年集训。组织了 18 个项目队参加全国单项锦标赛，共获得 25 枚金牌、23 枚银牌和 17 枚铜牌。河北省运动员代表国家在参加世界冬季特奥会、世界聋奥会、世界轮椅运动会等国际大赛中共取得 17 枚金牌、4 枚银牌和 2 枚铜牌。在第二十二届世界聋奥会上，河北省羽毛球选手王萌为河北省夺得首枚聋奥会金牌，实现了历史性突破。2013 年，中央级媒体采用稿件 22 件，省级主要新闻媒体刊播稿件 3841 件；报纸专版 78 个，其中省级 7 个、市级 71 个；广播电台残疾人专题节目 22 个，其中省级 2 个、市级 20 个；电视手语栏目 13 个，其中省级 1 个、市级 12 个；电视公益广告片 28 个，其中省级 5 个、市级 23 个；报纸公益广告 26 个，其中省级 3 个、市级 23 个；建立市级新促会 6 个。公共图书馆设立盲文及盲人有声读物图书室 19 个，其中省级 1 个、市级 18 个；全省共举办残疾人文化活动周 129 场次；举办残疾人文化艺术类比赛及展览 66 次，其中省级 19 次、市级 47 次；有 6 个市级残疾人艺术团队。2013 年，举办省级残疾人群众体育健身活动 16 次，参加体育健身活动的残疾人达 650 人次。省级残疾人群众体育活动示范点 27 个，残疾人体育健身指导员 112 人，残疾人体育训练基地 16 个，残疾人体育训练基地在编人员 50 人，聘任教练员 53 人。举办省级体育比赛 20 次，参赛残疾人运动员 700 人次。组织市级残疾人体育活动 129 次，参加体育活动的残疾人达 1.5 万人次。有市级残疾人群众体育活动示范点 121 个，残疾人体育健身指导员 1280 人。

（十）大力推进残疾人权益维护

在执法检查调研方面，省委常委会议研究同意，

2014年，省政协组织一次对执法情况的调研，以进一步推进《河北省实施〈中华人民共和国残疾人保障法〉办法》的贯彻落实。认真落实2012年省人大执法检查审议意见，积极协调相关部门共同起草了《河北省人民政府关于落实检查残疾人保障法律法规实施情况〈审议意见〉的报告（书面）》（代拟稿），省十二届人大常委会第二次会议审议通过。中国残联、省残联对贫困残疾人家庭无障碍改造、机动轮椅车燃油补贴和信访工作等情况进行了督导调研。组织行政执法证件年检考试。在普法宣教教育方面，编印了《残疾人保障法律法规规章汇编》。“12·4”全国法制宣传日，开展了法律咨询宣传活动。在残疾人参政议政方面，各级残联协助代表委员提出建议提案55件，办理建议提案44件，办理结果代表委员均表示满意。各级残联积极推荐优秀残疾人、残疾人亲友和残疾人工作者人大代表、政协委员候选人进入各级人大、政协。全省有255名残疾人、残疾人亲友及残疾人工作者担任人大代表、政协委员，比上届增加了11名，为扩大残疾人参政议政创造了条件。在残疾人法律救助方面，残疾人法律救助工作体制机制日趋完善。省成立了河北省残疾人法律救助工作领导小组，在同级残联设立办公室，并建立联席会议制度。3月26日，省残疾人法律救助工作领导小组召开了年度会议，通报了残疾人法律救助工作开展情况，研究剖析了残疾人涉法涉诉重大案件等。各市、县（市、区）也逐步建立了残疾人法律救助工作领导机构。省残联会同省人大内司委等十二部门联合批准石家庄市、张家口市宣化区等12个市、县（市、区）为第一批省级残疾人法律救助工作站。全省60%以上的县（市、区）建立了残疾人法律救助工作协调机构，初步形成了省、市、县（市、区）有残疾人法律救助工作站，乡、镇（街道）有残疾人维权联络站，村（社区）有维权联络员的工作网络。广泛开展残疾人法律援助月活动，各地残联会同当地人大、法院、司法、公安、人社等部门对重大涉残案件进行集中排查和处理，使残疾人的合法权益得到很好维护。全省各级残疾人法律援助机构共为残疾人提供法律咨询9750余人次，办理各类援助案件2540余件，减免各项法律服务费用240万余元，使残疾人合法权益得到较好维护。在残疾人信访方面，召开了全省残疾人信访工作视频会议，印发了《河北省设区市残疾人信访工作综合考核评价办法（试行）》和《关于对各设区市残疾人信访事项办理工作通报办法》，在全国“两会”和中国残联召开第六次代表大会前夕，启动“河北省残疾人进京上访及突发群体性事件快速协调处理工作领导小组”工作机制，各市成立了市残联一把手为组长，县（市、区）残联一把手为成员的相应机构，同时启动“零报告制度”。加大执法力度和法制宣传，2013年，各级人大进行执法检查或专题调研67次；各级政协进行视察或专题调研56次。各级残联开展普法宣传教育活动317次，4.5万人参加；举办残疾人工作者法律培训班74期，4431人参加培训。积极开展法律服务和法律援助工作，维护残疾人合法权益。成立残疾人法律救助工作协调机构134个；建立残疾人法律救助工作站133个，办理法律救助案件1771件；建立残疾人法律援助中心（工作站）186个，办理法律援助案件2471件。各级残联积极发挥参政议政作用，残联系统共有各级人大代表102人，其中省级4人、市级14人、县级84人；政协委员255人，其中省级6人、市级21人、县级228人；残疾人参政议政工作得到加强，各级残联协助人大代表、政协委员提出议案、建议、提案70件，其中省级2件、市级9件、县级59件；办理议案、建议、提案56件，其中省级5件、市级20件、县级31件。各级残联派出大量人员下访，把问题解决在基层，确保了社会稳定。2013年各级残联共处理残疾人群众来信1499件；接待残疾人群众来访7796人次，其中集体访14批次、214人次，有效地维护了残疾人的合法权益。

（十一）进一步优化残疾人事业发展环境

建立完善残疾人基本公共服务体系。《国家基本公共服务体系“十二五”规划》印发后，省残联调研起草了《河北省残疾人基本公共服务体系建设实施方案》，由省政府办公厅印发。同时，省残联起草并完善了“残疾人基本公共服务”专章，对残疾人基本公共服务的内容、任务、标准等都予以明确，并在国家相应政策基础上实现了多项突破，为残疾人同步小康奠定了重要基础。《河北省基本公共服务体系行动计划（2013—2015年）》于2013年12月省政府印发。大力开展残疾人志愿服务。省、市、县（市、区）全部建立健全了由相关部门联合组成的志愿助残工作领导小组。建立县级联络总站172个，乡级联络站2271个，社区村联络点51419个。省残联会同省文明办等15部门联合下发了《关于加强志愿助残工作的意见》，对进一步做好志愿助残工作提出了要求。建立全省志愿者网络注册及管理信息平台，建立健全助残志愿者招募、注册、培训、供需对接等工作，印制并向社会发放助残志愿者宣传单，详细说明注册方法及方式；谋划开展“善行河北·志愿助残”系列活动。此活动已纳入省委宣传部“善行河北”主题实践活动中。正在通过电视台、电台、网络、报纸等平台向社会公开征集河北省助残志愿者使团团徽、团歌（分为残疾人之歌、志愿者之歌）、河北省助残志愿者活动公益广告、河北省助残志愿者活动微电影、最美助残志愿者故事，公开推荐河北省助残志愿者使团爱心大使。开展国际残疾人日大型助残行动。12月3日第二十一个国际残疾人日，省残联会同有关部门联合举办了以“善行河北·同步小康”为主题的大型助残系列活动。活动旨在深入贯彻党的十八大和十八届三中全会精神，积极落实中国残联、河北省残联第六次代表大会提出的加快残疾人“同步小康”的目标要求，凝聚全社会力量，共同推动残疾人

"同步小康"进程。省人大常委会副主任、省残联名誉主席马兰翠同志，省长助理、省残联主席尹亚力同志出席活动。尹亚力同志代表省政府做了重要讲话。省直有关部门和单位、爱心捐赠企业、残疾人代表、残疾人工作者等300多人参加活动。举行"善立方"助残项目启动暨捐赠活动。省残联谋划、打造了河北省首个助残慈善捐赠品牌"善立方"。发布"善立方"六个助残子项目，接受爱心企业和个人捐赠的款物价值超过1000万元。有困难找"善立方"、想捐赠找"善立方"的口号日益深入人心，"善立方"的社会影响日益扩大。进一步建立完善保障残疾人法规规章，经省政府常务会审议通过，河北省在全国第一个以省长令的形式出台了《河北省无障碍环境建设管理办法》，协商省法制办原则同意将《河北省残疾人教育实施办法》修订列入2014年度政府立法计划予以统筹考虑。制定或修改了关于残疾人的专门法规、规章省级1件、地市级2件；制定或修改保障残疾人权益的规范性文件省级5件、地市级7件、县级39件。

（十二）健全残疾人组织和信息化建设

2013年市、县两级残联全部配备了残疾人领导干部；172个县（市、区）残联全部规范化达标；全省2271个乡（镇、街道）全部建立残联，其中有专职残联理事长793人，占乡（镇、街道）残联总数的34.9%，兼职理事长1478人，选聘残疾人专职委员2272人。全省各级各类残疾人专门协会全部建立。省市县乡残联实有人员已达5529人。截至2013年年底，全省48413个村（含农村社区）、3006个城市社区全部建立了残疾人协会，配备了残疾人专职委员，建立了残疾人活动室。积极开展志愿者助残活动，助残志愿者登记在册人数达到29.1万人，受助残疾人达118.6万人。

残疾人信息化建设队伍不断壮大，各级残联至少配备了一名统计员，全系统共有专、兼职统计人员244名，其中147人获得了统计从业资格证书，占统计人员总数的60.2%；统计人员业务素质培养普遍得到重视，省级残联举办统计培训班1期，50名统计人员参加了培训，市级举办统计培训班15期，参加培训的人员达到514人。全面推进信息化建设，全省各级残联共有285名专业技术人员从事信息化工作，举办信息化工作培训班20期，546人次参加了培训；全省残联系统共建成37个，其中省级1个、市级10个、县级26个；省级网站当年发稿3328篇。各级残联本年度信息化建设投入各种经费281.9万元，其中硬件投入168.3万元，软件投入71.5万元，系统运行维护费42.1万元；用于信息化安全的投入26.1万元。全省各级残联拥有计算机1226台。

四、重要条目

【河北省残联第五届主席团第五次全体会议暨2013年全省残联工作会议】 1月22日，河北省残联第五届主席团第五次全体会议暨2013年全省残联工作会议在石家庄召开。会议传达了中国残联第五届主席团第五次会议和第二十七次全国残联工作会议精神。省残联党组书记、理事长李民代表省残联执行理事会做工作报告，报告全面总结了2012年残疾人工作，安排部署了2013年工作。会议审议通过了省残联执行理事会的工作报告和各专门协会的工作报告。1月22日，省残联专门召开会议，对河北省残疾人基本公共服务体系建设进行专题部署。会上，省残联党组书记、理事长李民解读了国务院印发的《国家基本公共服务体系"十二五"规划》（国发〔2012〕29号），介绍了国外公共服务建设情况，并详细介绍了国外公共服务建设情况、《河北省残疾人基本公共服务体系建设实施方案》，就认真落实国务院29号文件，加快推进全省残疾人基本公共服务体系建设提出了明确要求。

【河北省残疾人法律救助工作领导小组年度会议】 3月26日，河北省残疾人法律救助工作领导小组年度会议在石家庄召开。这次会议是在全省上下深入贯彻学习党的十八大和全国"两会"精神，以实际行动践行习近平总书记全力推进平安中国、法治中国，让人民群众在每一个司法案件中都能感受到公平正义的重要指示精神的形势下召开的。会上，省残疾人法律救助工作领导小组副组长、省残联副理事长郭彦通报了两年来残疾人法律救助工作开展的基本情况；省残疾人法律救助工作领导小组各成员单位分别通报了本单位和部门开展残疾人法律救助工作情况；研究剖析了残疾人涉法涉诉重大案件；集中讨论了《关于加强残疾人法律救助工作站规范化建设的实施意见》；沟通了残疾人法律救助工作领导小组及办公室人员调整事项。会议达到了总结工作、交流情况、促进共识、积极参与、合力助推的目的。省残疾人法律救助工作领导小组组长、副组长及成员出席会议，领导小组办公室全体成员参加会议，冀华律师事务所、太平洋律师事务所、信联律师事务所的负责同志列席。

【河北省残疾人联合会第六次代表大会】 7月29日，河北省残疾人联合会第六次代表大会于在石家庄市开幕。省委书记周本顺出席开幕式并做重要讲话。省残联党组书记常丽虹受五届主席团委托做了《保障全覆盖，同步奔小康，在实现河北省奋进崛起和谐河北征程中谱写残疾人事业科学发展新篇章》的报告。这次大会是在全省上下认真贯彻落实党的十八大和省委八届五次全会精神，深入开展党的群众路线教育实践活动，推进河北奋进崛起、科学发展的重要时刻召开的一次推动残疾人事业承前启后、继往开来、创新发展的会议。来自全省的315名代表，肩负着全省520万残疾人的重托，聚首盛会，共谋发展，共绘蓝图。省残联第六次代表开幕式规格之高、规模之大、人数之多、隆重热烈程度，在河北省残疾人事业发展史上前所未有，充分体现了省委、省政府对残疾人事业的高度重视，体现了中国残联对河北省残疾人工作的大力支持，令代表们深受鼓舞和激励。

【河北省智力落后儿童教育康复技能教师研讨培训会】9月24日，为期三天的河北省智力落后儿童教育康复技能教师研讨培训会在邯郸学院学术报告厅举办。教育学院院长张丽娟、书记王洪海、省市残联康复部、河北省多家康复机构负责人、邯郸市大部分特教学校的负责人、教育学院部分师生参加培训。此次研讨培训会，旨在初步树立“医教结合、综合康复”的理念；加深教师对培智学校的一般性课程的深层次了解；加深教师对培智学校的选择性课程“康复训练”的深层次了解；帮助教师掌握如何针对特殊儿童，尤其是智力落后儿童的言语等能力进行教育康复训练，提升教师的基本知识与技能。

【全国残疾人托养服务能力建设河北省专场培训班会议】10月28—30日，全国残疾人托养服务能力建设河北省专场培训班在廊坊三河市举行。河北省各设区市残联主管理事长、教就部主任、部分县（市、区）残联理事长及部分托养机构的负责人参加了此次培训。培训期间，中国残联教就部主任张新龙、省残联副理事长郭彦做了讲话。中国残联教就部社会保障处处长任占斌对全国残疾人托养服务工作进行了概括讲述；张瑶同志对即将出台的残疾人托养服务基本规范做了介绍；江苏省无锡市残联理事长刘翔以无锡市残疾人托养服务机构的先进做法为例，讲解了残疾人托养服务机构的管理和运营；武汉市紫阳街道残联理事长吴凡丽介绍了开展残疾人日间照料和居家托养的模式。通过培训，大家认清了残疾人托养服务工作的发展趋势，了解了先进的理念、做法，找出了自身的差距，消解了托养服务工作中的困惑，理清了下一步工作思路和努力方向。这次培训为推动残疾人托养服务工作起到了极大的促进作用。

【省委召开常委会议专题听取省残联关于中国残联六大会精神及贯彻落实意见的汇报】11月1日，省委召开常委会议，听取省残联关于中国残联六代会精神的汇报。会议强调，要把残疾人的有关政策真正落到实处，在全社会营造关心支持残疾人生存与发展的浓厚氛围。残疾人是社会的弱势群体，河北省有520多万残疾人。各级党委、政府和残联组织要始终带着感情、带着责任做好残疾人工作，帮助解决他们的实际困难，研究制订推进新形势下残疾人事业发展的意见，保障残疾人平等参与权利和平等发展机会，努力实现残疾人与全省人民同步小康的目标。11月4日，省残联党组召开扩大会议，传达学习了省委常委会精神和周本顺书记讲话，并研究提出了具体贯彻落实措施：一是深入学习贯彻省委常委会精神，要用中国残联六代会精神和省委常委会要求，统一思想、凝聚共识，形成推进残疾人事业发展的合力。二是认真做好新形势下推进残疾人事业发展意见的调研起草工作。要紧紧围绕同步小康的目标，突出重点、前瞻性和可操作性，把政策研究透，把经验借鉴足，把需求对接好，把措施制定实。三是将落实省委常委会提出的具体要求与党的群众路线教育实践活动结合起来，与全省开展的“四大攻坚战”结合起来，与残疾人事业发展的具体实际结合起来，明确任务分工和责任，扎扎实实抓好贯彻落实。

【第二十三次全国助残日朗诵会暨中国盲文图书馆河北分馆揭牌仪式】5月18日，“最美的声音”——第二十三次全国助残日朗诵会暨中国盲文图书馆河北分馆揭牌仪式在河北省图书馆举行。本次活动由中国残联、中国狮子联会、中国盲文出版社共同主办，河北省残联、河北省图书馆、石家庄市残联协办。省残联张国生副理事长出席活动并致辞。来自中央电视台、中央人民广播电台的著名播音员、主持人方明、叶迎春、郭志坚、王端端、王洲、王言、笑梅、王勇及河北省、石家庄市社会各界爱心人士，和石家庄特殊教育学校的盲童们一起共享美好的书香时光。诵读会上授予中央电视台叶迎春、郭志坚、王端端、王洲、王言和河北电视台李君等7人、河北人民广播电台荣梅、边疆2人“文化助残爱心大使”光荣称号。本次活动还举行了中国盲文图书馆河北分馆揭牌仪式。省残联向刚刚成立的中国盲文图书馆河北分馆和石家庄市特教学校分别捐赠了价值3万元的助读助视器具。各位文化助残爱心大使和中国狮子联会等各界爱心人士向中国盲文图书馆河北分馆捐赠了包括文学、音乐、戏剧等各个艺术门类的有声读物和助读助视器具。

【全省残联系统领导干部培训班】全省残联系统换届完成后，省残联党组把干部教育培训工作作为加强残联班子队伍建设的一项紧迫任务，作为一项事关全省残疾人事业发展的战略性、基础性的工作来抓。10月20日—11月2日，省残联组织在中央党校举办了两期全省残联系统领导干部培训班，各设区市残联领导班子成员、部分重点县残联主要负责同志和省残联机关全体干部、直属事业单位领导班子成员，共计111人参加培训。这是全省残联系统第一次在中央党校培训。此次培训本着“储备新知识、拓宽新视野、学习新理念”的原则，在培训内容上，突出政治理论学习和业务能力素质的提高。通过专题讲座、组织讨论和案例教学等多种教学方式，有针对性的提升学员理论素质，指导学员科学解决实际问题，在提升个人能力修养的同时，更好地为残疾人事业发展服务。通过培训，大家普遍感到对中国特色社会主义理论和中国梦有了更全面的认识，对领导理念、执行力有了更深的感受，对党的群众路线以及社会化工作的理念、方式等有了更深刻的理解，对做好新时期残疾人工作的战略对策等有了更准确的把握。大家一致表示，要将学习成果运用到残疾人工作实践中去，为促进河北省残疾人事业发展做出应有的贡献。

【中国残联关于加快推进残疾人全面小康进程工作研讨会】11月20—21日，中国残联关于加快推进残疾人全面小康进程工作研讨会在石家庄举行。鲁勇出席会议并就残疾人工作进行调研。河北省委书记周本顺、省长张庆伟在石家庄会见了鲁勇、程凯、相自成一行，对中国残联多年来给予河北工作的关心、支持和帮助表示感谢。他指出，实现残疾人同步奔小康，是一项艰巨任务，也是必须肩负的重要责任。河北省一定认真落实中央精神，把残疾人工作纳入发展大局、摆上重要位置，带着感情、带着责任做残疾人工作，及时研究解决残疾人实现小康目标的重大事宜，保障残疾人事业健康快速发展。通过全社会的努力，共同形成推进残疾人事业发展的强大合力，为残疾人共享经济社会发展成果、实现小康目标提供有力保障。鲁勇代表朴方主席、海迪主席感谢河北省委、省政府高度重视、全力支持残疾人事业发展，充分肯定了河北省残疾人事业取得的成绩，中国残联将一如既往地关心和支持河北残联的各项工作。鲁勇一行参加了加快推进残疾人全面小康进程工作研讨会，走访慰问了平山县西柏坡乡贫困残疾人家庭，并实地察看了省残疾人体管中心和托养中心、石家庄市残疾人综合服务中心、长安区残疾人日间照料站，与一线工作者进行了深入的交流。程凯、相自成，河北省省长助理、省残联主席尹亚力，河北省残联相关负责同志一同调研。

【河北省县级残联理事长培训班在省委党校举办】11月20—23日，全省残联系统县级理事长培训班在省委党校举办，157人参加培训。在开班仪式上，常丽虹理事长做了动员讲话，提出了举办本期培训班的目的，并就办好培训班提出了明确要求。培训结束后，学员们普遍感到进一步解放了思想，拓宽了视野，提升了能力，理清了工作思路，明确了工作目标，增强了使命感和责任感。大家表示要将学习成果运用到残疾人工作实践中去，为促进河北省残疾人事业发展做出应有的贡献。

【“善行河北·同步小康”助残活动】12月3日，省残联会同省工商联、省福利基金会、省广播电视大学等部门，在省残联体育中心举办了以“善行河北·同步小康”为主题的大型助残活动。来自省会的200多名残疾人朋友参加了活动。活动举行了“善立方”助残项目启动暨捐赠活动；正式启动了河北省残疾人远程教育项目，省残联与省广播电视大学共同签署了残疾人远程教育战略合作协议，河北省广播电视大学特殊教育学院正式揭牌。活动中，残疾人表演了精彩的轮椅太极拳和聋人舞蹈。会场展出了残疾人优秀的书画作品。活动当天，也是省残联的开放日。现场活动结束后，残疾人如同回家一样，观摩了残疾人游泳、乒乓球、羽毛球、举重等项目队训练，走进残联的各部室，和残联的工作人员像家人一样聊天、交心，畅谈同步小康建设的愿景。

【“我为盲童读经典”活动启动仪式】12月29日，用声音点亮世界——2014年“我为盲童读经典”活动启动仪式在石家庄解放广场（老火车站）2号展厅隆重举行。这次活动由河北省新闻出版广电局、河北省残联、河北人民广播电台主办，河北省全民阅读活动组委会办公室、河北旅游文化广播承办。活动现场共收到社会各界捐赠的图书、光盘、视听器材等爱心物品近千件，有500多人报名申请成为全民阅读志愿者，同时也成了“我为盲童读经典”公益助读爱心志愿者，以后这些志愿者不仅可以到河北人民广播电台参与录制有声读物，同时还可以到5家公益助读爱心基地参与录制音频、捐赠图书以及伴读助读活动。同时，河北旅游文化广播继续面向社会征集志愿者，为盲童阅读经典文学作品，提供有声阅读，志愿者不限年龄、性别、职业，只要喜欢朗诵，热爱公益，即可参加。河北旅游文化广播《声动阅读》将为爱心朗读提供制作、展示平台，部分优秀作品还将汇集成光盘，送给盲校的孩子。

【“善立方”助残项目】

为落实党中央、国务院提出的“残疾人与全国人民同步小康”的任务目标，响应河北省委、省政府提出的“善行河北”主题道德实践活动，河北省残联、省工商联、省光彩事业促进会、省残疾人福利基金会于2013年12月3日国际残疾人日共同发起以“善立方”为品牌的助残活动，受到了社会各界的高度关注。活动当天，爱心单位、企业及人士共捐赠649.9万元款物。截至启动仪式，“善立方”助残项目已接受1024.9万元爱心捐赠款物。为将这一活动在河北省迅速推开，省残联、省残疾人福利基金会联合印发了《开展“善立方”助残活动实施方案》。

“善立方”寓意：集善、奉献、润泽、共享。

“善立方”旨在通过对助残活动统一命名、统一标识，塑造、整合、提升河北省助残活动的良好社会形象和影响力，形成品牌效应、集束效应。

活动目标：用三年时间（2014—2016年）在全省开展助行、助听、助教、助视、助健、扶贫基地六个助残项目，力争募集善款善物7400万元，为部分贫困残疾人提供帮助。

项目主题：

助行：关注肢残人士，善和爱使生命更有尊严
　　　关注脑瘫儿童，善和爱助生命前行

助听：关注听障儿童，善和爱使生命动听

助教：关注残疾少年儿童，善和爱让人生智慧

助视：关注视力残疾人，善和爱使生命多姿多彩

助健：关注残疾人，善和爱共筑自强健身

扶贫：关注残疾人，善和爱生活更美好

助行项目包括两个子项目：“中北彩虹”慈善基金脑瘫儿童康复项目，计划在三年内募集善款1500万元，为1000名脑瘫儿童提供康复训练资助；轮椅辅具项目，计

划募集善款3000万元，为50000名残疾人免费配发轮椅和辅具。助听项目的目标是募集善款1000万元，资助1000名听障儿童验配助听器，对他们进行听力语言训练。助教项目的目标是募集善款300万元，为600名重度残疾少年儿童购置电脑，安装网络，提供远程教育。助视项目目标是募集善款600万元，为4000名低视力及盲人提供助视器和盲杖，以帮助他们走出家门，融入社会。扶贫基地项目三年内计划募集善款500万元，扶持农村残疾人创业和就业。

【河北电大特殊教育学院成立】12月3日，在以“善行河北·同步小康”为主题的河北省2013年国际残疾人日大型助残活动上，河北广播电视大学特殊教育学院正式挂牌成立，标志着河北省残疾人远程教育项目启动实施，因身体不适宜到校就读的残疾人朋友，以后可通过远程、网络教育接受该学院开展的学历教育和职业技能培训。残疾人朋友参加河北电大特殊教育学院的学历教育和职业培训，费用由省残联和省电大共同承担。该学院将于明年春季正式招生。第一年主要开展中专学历教育，重点开设计算机应用、会计学、中医按摩等5个专业，学期为3年。从2014年2月5日开始，全省具有初中及以上文化程度、有自主学习或协助学习能力的残疾人，都可以登录河北广播电视大学特殊教育学院网站（www.hebdpedu.cn）进行网上报名，注册核准后就能够取得学籍，参加学习。

【王萌夺得夏季聋奥会首金】8月2日，在保加利亚首都索菲亚举行的第二十二届夏季聋人奥林匹克运动会羽毛球女子双打比赛中，河北省选手王萌与队友密切配合，战胜对手，获得冠军。这是河北省选手在聋奥上获得的首枚金牌，也是中国运动员首次在聋奥会羽毛球项目上夺冠，实现了“两个零突破”。省政府致信祝贺王萌在世界聋奥会上为省为国获得首金。王萌是河北师大大三的学生，双耳失聪，但她从小勤奋刻苦，品学兼优。2002年，她被省残联看中，被送到石家庄市体校接受羽毛球训练，之后正式进入省残疾人羽毛球队。自2005年，王萌开始在国内外大赛上崭露头角，曾两次获全国残运会羽毛球单打冠军。2009年在中国台北举行的聋奥会上，获得羽毛球女子单打亚军。

【盲人柔道锦标赛获佳绩】10月9—14日，在北京市举行的2013年全国残疾人盲人柔道锦标赛上，河北省运动员吴昊天在男子81公斤级的比赛中，以全胜的战绩夺得金牌，这是河北省运动员在该项目上首次获得全国冠军，实现了历史性突破。吴昊天是承德籍运动员，2009年入队，凭借着顽强的毅力和不服输的精神，他迅速成长，最终战胜了各省高手，为河北省实现了本项目金牌零的突破。此外，河北代表队还被大会授予“体育道德风尚奖”，实现了运动成绩和精神文明的双丰收。盲人柔道是河北省新拓展的竞技项目，开展历史尚不足5年，在以往的全国比赛中从未获得过奖牌。本次比赛，河北省共派出5名运动员参赛。在6天的比赛中，河北选手表现突出，除吴昊天获得1枚金牌外，其他四名选手也展现出很高的竞技水平，虽未获奖牌，但对外省市优秀选手构成了不小的冲击。

【IPC举重亚洲锦标公开赛】11月3—7日在马来西亚首都吉隆坡举行的IPC举重亚洲锦标公开赛上，河北省优秀举重选手石珊珊入选中国代表队参加了该项赛事，在女子55公斤级比赛中她以116公斤的优异成绩勇夺金牌。

【2013年全国残疾人（22岁以下）游泳锦标赛】10月29日—11月5日，2013年全国残疾人（22岁以下）游泳锦标赛在北京市中国残疾人体育运动管理中心举行，河北省派出13名运动员参赛，共获得13金，10银，7铜，金牌数和团体总分均位列全国第三，创造了河北省游泳项目在全国大赛的历史最佳战绩，河北省代表团还被大会授予“体育道德风尚奖”。

【第二期残疾人体育健身指导员培训班】12月7日，由河北省残联、河北省体育局主办的第二期残疾人体育健身指导员培训班结业。来自11个设区市和定州、辛集两个直管县的60名学员参加培训并顺利通过了结业考试。培训班特邀了多名社会体育专业的教授和资深残疾人体育工作者，采取理论与实践相结合的方式授课，内容涉及运动人体科学、残疾人体育健身心理学、残疾人体育健身社会学、残疾人体育健身方法学、残疾人运动损伤与防治、轮椅健身操、轮椅太极拳、轮椅广播操等。本次培训的学员将作为全省残疾人体育健身指导员的骨干力量，帮助、引导社区残疾人通过参与体育活动改善身心状态，提高幸福指数。

【省残联年度结对帮扶情况】2013年，河北省残联结对帮扶涞水县赵各庄镇板城、计鹿两村。在帮扶过程中，省残联领导多次进村入户开展走访调研活动，并结合调研情况和省残联工作实际，研究制定了以残疾人弱势群体为重点的结对帮扶措施，先后累计投入资金50余万元加强两村残协组织建设及残疾人扶贫解困工作，取得了明显效果。主要是投资10万元，加强两村残协办公室、图书室建设。投资10万元在两村建设康复活动室，购置康复器械20余件套。同时向两村残疾人免费发放轮椅、助行器、拐杖等用品用具30余件，极大地满足了广大残疾人康复需求。扎实推进农村贫困残疾人危房改造、残疾人家庭无障碍设施改造、建立残疾人扶贫基地等一批残疾人扶贫解困工程。

五、大事记

1月22日，河北省残联第五届主席团第五次全体会议暨2013年全省残联工作会议在石家庄召开。省残联第五届主席团主席、副主席、各位委员、执行理事会成员，各设区市残联党组书记、理事长、办公室主任，各县（市、区）残联理事长，省残联机关、中心全体干部参加会议。

3月26日，河北省残疾人法律救助工作领导小组年度会议在石家庄召开。

5月18日，“最美的声音”——第二十三次全国助残日朗诵会暨中国盲文图书馆河北分馆揭牌仪式在河北省图书馆举行。

6月13日，省长助理尹亚力在省政府副秘书长曹汝涛的陪同下到省残联进行工作调研。调研期间，尹亚力一行听取了省残联工作汇报，视察了省残疾人体育运动管理中心和省残疾人托养中心，并看望了在体育运动管理中心集训的河北省举重和游泳运动员。尹亚力对河北省残疾人事业几年来取得的成绩给予了肯定，并对今后残联的工作提出了明确要求，即省残联要充分发挥好党和政府联系残疾人的桥梁纽带作用，强化为残疾人服务的观念，推动河北省残疾人事业加快发展。

7月12日，河北省残联在机关召开了党的群众路线教育实践活动动员大会。省残联机关全体干部，直属事业单位负责人，老干部代表，残疾人代表共70余人参加会议。省委第三督导组组长唐树钰同志出席会议并对省残联开展教育实践活动提出要求。省残联党组书记常丽虹主持会议并做动员部署。

7月24日，河北省残疾人信访工作视频会议召开。省残联设主会场，各设区市，定州市、辛集市设分会场。省残联党组书记常丽虹同志要求，各级残联要充分认识做好残疾人信访工作的重要意义，高度重视残疾人信访工作面临的新情况、新问题，立足解决问题，多措并举做好信访工作。

7月29日，河北省残疾人联合会第六次代表大会在石家庄市河北会堂开幕。省委书记周本顺出席开幕式并做重要讲话。省委副书记、省长张庆伟，省委副书记赵勇，省政协主席付志方，省委常委、省军区司令员史鲁泽，省委常委、组织部长梁滨，省委常委、统战部长范照兵，省委常委、石家庄市委书记孙瑞彬，省委常委、秘书长景春华，省人大常委会副主任马兰翠，省政协副主席崔江水，省长助理尹亚力等领导同志出席开幕式。全国政协常委、中国残联主席张海迪专程从北京赶来出席开幕式并讲话。

7月30日，中国残联主席张海迪一行到省残联视察了残疾人体育运动管理中心和残疾人培训托养中心。在体育运动管理中心实地视察残疾人各种训练场馆；在残疾人培训托养中心视察了残疾人培训和住宿情况。张海迪主席对河北省残联近年来残疾人基础设施建设给予了充分肯定，同时指出，要充分利用好、管理好这些设施，更好地为残疾人提供优质服务。张海迪主席一行到藁城市系井村，看望慰问了周福珍、张峰军等贫困残疾人，并向他们送上了慰问金和慰问品。随后，视察了藁城市残疾人综合服务中心，听取了工作人员的汇报。

图6-3-1　张海迪视察河北省残疾人运动员训练场馆。

8月1日，河北省残联在机关会议室召开全体干部职工大会，传达学习省委书记周本顺在吕振华先进事迹报告暨全省干部警示教育大会的讲话和省委书记周本顺、中国残联主席张海迪、省委副书记赵勇、省长助理尹亚力在河北省残联第六次代表大会上的讲话。会上，省残联党组书记、理事长常丽虹对省残联学习贯彻吕振华先进事迹报告暨全省干部警示教育大会精神提出了明确要求。

8月29—30日，河北省残联在邢台市前南峪村召开了蹲点调研活动汇报交流会。会上，传达了周本顺书记在省委常委蹲点调研学习交流会上的重要讲话；举办了领导干部论坛，机关各部室、中心负责同志和部分处级干部交流了蹲点调研收获和体会；同时，还举办了中青年干部论坛，中青年干部也交流了蹲点调研收获和体会；党组成员针对个人发言进行了点评。党组书记、理事长常丽虹出席会议并作总结讲话。常丽虹理事长对省残联学习贯彻周本顺书记重要讲话做出部署，总结了本次蹲点调研活动的收获和体会，提出了今后调研工作的设想，并对省残联干部队伍建设提出了具体要求。与会同志还参观了抗日军政大学纪念馆，考察了前南峪经济社会发展情况，请前南峪村老书记郭成志同志介绍了前南峪村数十年艰苦奋斗建设社会主义新农村的感人事迹，进行了艰苦奋斗、爱岗敬业教育。

9月16日，省残联就近期狠治“四风”专项治理工作向赵勇副书记做了专题汇报，内容包括：全面规范机关借调借用人员，全面清理超标准配备办公用房，全面清理和规范使用公务用车，严格规范机关工作人员各项行为。赵勇副书记做出重要批示：“残疾人联合会整改有针对性，抓得实，值得各厅局学习。”省残联机关各部室、各中心要认真学习赵勇副书记批示精神，根据省残联教育实践活动实施方案部署，扎实做好后期工作，自觉贯彻“四句话”总要求，坚持边查边改、立改立行，逐项抓好落实。

10 月 20 日—11 月 2 日，河北省残联组织在中央党校举办了两期全省残联系统领导干部培训班。

10 月 27 日—11 月 1 日，在浙江省嘉兴市举行的 2013 年全国特奥乒乓球比赛上，河北省 6 名特奥运动员共获得 2 金 3 银 3 铜的好成绩，河北代表队还被大会授予“体育道德风尚奖”，实现了运动成绩和精神文明的双丰收。

10 月 28—30 日，全国残疾人托养服务能力建设河北省专场培训班在廊坊三河市举行。河北省各设区市残联主管理事长、教就部主任、部分县（市、区）残联理事长及部分托养机构的负责人参加了此次培训。培训期间，中国残联教就部主任张新龙、河北省残联副理事长郭彦做了讲话。中国残联教就部社会保障处任占斌处长对全国残疾人托养服务工作进行了概括的讲述；张瑶同志对即将出台的残疾人托养服务基本规范做了介绍；江苏省无锡市残联理事长刘翔以无锡市残疾人托养服务机构的先进做法为例，讲解了残疾人托养服务机构的管理和运营；武汉市紫阳街道残联理事长吴凡丽介绍了开展残疾人日间照料和居家托养的模式。与会同志一致表示，这次培训非常及时，目标明确，培训的内容正是实际工作所需要的内容。通过培训，大家认清了残疾人托养服务工作的发展趋势，了解了先进的理念、做法，找出了自身的差距，消解了托养服务工作中的困惑，理清了下一步工作思路和努力方向。

11 月 1 日，河北省委召开常委会议，听取了省残联关于中国残联六代会精神的汇报。

11 月 17 日，省委副书记赵勇在省残联上报的《关于河北省残联在中央党校举办全省残联系统领导干部培训班有关情况的报告》（冀残联〔2013〕136 号）上批示：“要坚持不懈抓培训，不断提高残联干部队伍综合素质。”

11 月 20—21 日，鲁勇在河北省出席中国残联关于加快推进残疾人全面小康进程工作研讨会并就残疾人工作进行调研。

11 月 20—23 日，河北省残联系统县级理事长培训班在省委党校举办，参加培训人员共计 157 名。

11 月 21 日，2013 年全国残疾人（30 岁以下）射击锦标赛在四川省成都市落幕。河北省 7 名运动员参加了此次赛事，共获得 1 金、4 银、2 铜，团体总分排名全国第二位。赛后，河北队被评为“体育道德风尚奖代表队”。

11 月 25 日—12 月 2 日，河北省在广东省广州市举办的 2013 年全国残疾人（25 岁以下）自行车锦标赛上，派出 8 名运动员均为第一次参加全国比赛，他们奋勇拼搏，夺得 1 金、1 银、2 铜。

12 月 3 日，河北省残联会同省工商联、省福利基金会、省广播电视大学等部门，在省残联体育中心举办了以“善行河北・同步小康”为主题的大型助残活动。

12 月 23 日，全国残疾人康复工作办公室印发《关于授予河北省承德市等 17 个市“全国白内障无障碍市”称号的通知》（全康办〔2013〕10 号），全国 17 个市被授予“全国白内障无障碍市”称号。河北省承德市、沧州市获此殊荣。

12 月 23 日，全国残疾人康复工作办公室印发《关于授予河北省沧州市献县等 146 个县“全国白内障无障碍县”称号的通知》（全康办〔2013〕11 号），全国 146 个县被授予“全国白内障无障碍县”称号。河北省沧州市的献县、吴桥县、肃宁县、孟村回族自治县获此殊荣。

12 月 29 日，用声音点亮世界——2014 年“我为盲童读经典活动”启动仪式在石家庄解放广场（老火车站）2 号展厅隆重举行。

12 月 30 日，省长助理、省残联主席尹亚力与省残联理事长常丽虹、副理事长张国生赴邢台市协调省第八届残运会和省第四届特奥会承办事宜。河北省残疾人运动会和特奥会经省政府批准，由省残联、省体育局和省残疾人体育协会主办，是全省残疾人工作的一件大事。两个运动会每四年一届，2014 年是两个运动会的举办年。

（刘永琪、王彦辉供稿）

山西省残疾人事业和残疾人工作

一、领导讲话

省委常委、常务副省长高建民在省残联机关调研时的讲话摘要

2013 年 4 月 2 日

省委、省政府高度重视残疾人工作。从统计数据来看，这几年发生了很大变化，包括立法、资金投入、机制保障各方面，条件都有了很大改善。这几年我省残疾人工作做得不错，当然与我们国家经济发展、山西的发展有密切关系。如果没有国家强有力的支持，光唱高调没有用，关键是兜里要有钱，而且要拿得出来，这是最重要的，所以，经济发展是基础。

残联工作人员，从班子成员到工作骨干和各位处长，你们做了大量工作，而且你们其中有很多人就是这方面的专家，给我们的残疾人、残疾同胞做了很多服务工作，谋了很多福利。残联工作是一项行善积德的事业，也是一个社会文明进步的重要标志。党和政府始终关注这个群体的事业推进，关注这个群体的生活状况、生存条件的改善，对推进这个群体的事业发展给予了广泛关注。从（机构）设置上来讲，这个群众团体组织列在政府序列，这本身就是一个特殊的带有倾向性的安排。我们这个体制把我们群众团体动员群众和政府应该负有的职责集中（结合）到一起，对我们的工作大有推进。总的来讲，一句话，感谢大家对我省残疾人工作所付出的努力。条件这么艰苦，办了这么多事情，非常不容易。

这项工作，（李）小鹏省长非常关心，我接手他来分管，袁（纯清）书记，还有其他领导都有一些重要的批示。我接手以后，要和大家一起把这项工作做好。刚才，贵仁代表大家提出六个方面的问题，这些问题我们要逐项研究。有一些是我们能办的，需要推进的，我们抓紧办；有一些可能涉及国家的政策和省里的政策，还要进一步完善。

对残联工作，要把亮点突出出来。在过去的工作中形成的亮点、优势、长项，通过总结经验，发挥长处，把我们自身的特点彰显出来。对于自身不足的地方，欠账多的地方，抓紧研究，尽快补上。用习总书记的话说就是“底线思维”，我们要保底线，不能让残疾人在权益保障方面有问题。

下一步的工作要以换届为契机，把各项工作进一步推进，力争能够上一个新的水平，这是一个总的考虑。首先要把换届的各项准备工作进一步做好。贵仁你们要早点拿方案，和马（彦平）秘书长保持密切联系，时间已经很紧张了，节奏要快一些，因为牵扯到人选的问题，给省委、省政府的报告，看采取什么样的方式，文字的、会议的，要把握节奏，不要误了事，按预期时间完成，这个工作量也很大。以这个为契机，借省、市、县残联换届把我们工作的水平进一步提高，这是工作的重点。

大家提到的其他问题，包括工作环境改善，服务设施的改善，辅助用品用具中心的建设和已建成的综合康复中心的启用，这些具体事情要实实在在推进。关于残疾人专业技术学校，我觉得你（郭贵仁）刚才提出的思路很好，看能不能有一些可合作的学校，在他们原有的基础上做一些改造。现在有一些中等职业学校由于专业设置的原因等招生不太好，而我们这一块是政府必须办的事情，这也是一个思路。我看不一定非要新建，这样可能更快一些。

从这几个方面开动脑筋，把今年的工作做好，大家多上心、多辛苦，共同把这件事做好，省政府会全力支持你们。

省委常委、常务副省长、省政府残工委主任高建民在省残联第六次代表大会开幕式上的讲话摘要

2013 年 8 月 7 日

一、充分肯定成绩，清醒正视不足，切实把残疾人事业作为事关全面建成小康社会的一件大事来抓好

全省第五次残代会以来的五年，是我省转型跨越发展取得重大成就的五年，也是我省残疾人事业实现长足发展的五年。五年来，在省委省政府的领导和中国残联的指导下，全省各级残工委和残联团结带领广大残疾人紧紧围绕转型跨越发展，再造一个新山西的奋斗目标，着力完善残疾人工作的政策法规，全面推进残疾人各项事业发展，以新农保、新农合、城镇居民基本养老保险、基本医疗保险和生活保障、福利救助等制度为基础的残

疾人社会保障制度框架基本形成，以康复、教育、就业、扶贫、托养、文体、维权为主要内容的残疾人服务体系建设扎实推进，全社会关心、支持、帮助残疾人的氛围日益浓厚，残疾人参与社会生活环境进一步改善，省第五次残代会提出的各项任务圆满完成。在肯定成绩的同时，我们要清醒地看到，我省残疾人事业发展滞后于经济社会发展的状况尚未得到根本改变，城乡和区域发展不平衡问题仍然突出，残疾人的生活状况与社会平均水平差距较大的局面还没有明显的改观，残疾人在专项服务等方面的需求还得不到有效的满足，残疾人仍然是我省最困难的社会群体之一。对此我们必须高度重视，采取有效措施，认真加以解决。

党的十八大描绘了全面建成小康社会宏伟目标，习近平总书记提出了实现中华民族伟大复兴的中国梦，这是全体中国人民的共同奋斗目标，同样也是广大残疾人的美好心愿。没有残疾人的小康，没有残疾人的参与，就不是真正意义上的全面小康，就不是完整意义上的中国梦。我们一定要充分地认识做好残疾人工作的重要性，进一步增强责任感、紧迫感，凝心聚力，扎实工作，推动我省残疾人事业再上新台阶。

二、健全两大体系，强化法制保障，不断提升我省残疾人事业发展的水平

当前和今后一个时期，我省残疾人工作要以实现残疾人全面小康为目标，以残疾人社会保障体系和服务体系建设为主线，充分发挥政府主导作用，有效整合社会资源，立足基层，面向群众，完善相关的法律法规和政策体系，营造残疾人平等参与社会环境，缩小残疾人生活状况与社会平均水平的差距，推进残疾人事业健康快速协调发展。

首先是要健全残疾人的社会保障体系。这是解决广大残疾人基本生活问题的基础之策。我省残疾人社会保障制度的框架已基本形成，下一步重点一是要扩大制度的覆盖面，进一步加强工作力度，尽可能把符合条件的残疾人纳入到社会保障体系中来，特别是对于一些无力参保的特困残疾人要通过提供保费资助等方式参加社会保障。二是提高保障标准，建立健全残疾人基本养老金、城乡居民最低生活保障、城镇居民医疗保险、新农合等保障标准的正常调整机制，合理提高社会保障统筹层级，综合考虑我省的财力增长、物价上涨、残疾人的实际需求等因素，量力而行，尽力而为，更好地满足残疾人的实际需要。三是要制定针对残疾人特殊困难和需求的专项社会保障政策和措施，当前要抓紧建立重度残疾人护理补贴和贫困残疾人生活补贴两项制度，让贫困残疾人特别是丧失劳动能力的残疾人得到及时的救助。通过不断健全残疾人社会保障体系，加快建成覆盖城乡残疾人的稳定可靠的民生安全网。

二是要健全残疾人服务体系。这是广大残疾人平等参与社会生活，实现全面发展的基本前提。要努力增加残疾人基本公共服务的供给，进一步加强残疾人公共服务设施，特别是无障碍设施的建设，有效整合各方的资源，统筹发展各类专项服务，着重保障残疾人的康复、教育、托养、文化体育、无障碍等基本需求，不断扩大残疾人服务的覆盖面，使更多的残疾人特别是重度残疾人、农村残疾人和残疾儿童在享受到均等化的基本公共服务的基础上，进一步享受到个性化的专项服务，加快实现残疾人人人享有康复服务的目标，不断提高残疾人的受教育水平，丰富残疾人的精神文化生活。这里特别要需要强调的是，要重点抓好残疾人的职业培训和就业服务工作，抓紧建设省残疾人综合职业技能培训基地和市、县残疾人职业培训实训基地“两个基地”，积极开发适合残疾人的就业岗位，鼓励有条件的残疾人自主创业，让他们依靠自身的努力来改善自己的生活状况。要高度重视做好有劳动能力的农村贫困残疾人的扶贫开发工作，将他们纳入各地扶贫开发规划，特别是“百企千村扶贫开发工程”的扶持范围，掌握一技之长，实现脱贫致富。

三是要强化法制保障。推进残疾人事业发展必须依靠法制来管根本、管方向、管长远。要严格执行残疾人保障法和我省残疾人保障条例、保障残疾人合法权益规定、按比例安排残疾人就业规定等法律法规，认真做好我省实施《无障碍环境建设条例》办法，实施《残疾人预防和残疾人康复条例》办法等相关立法工作，进一步健全支持残疾人事业发展的政策体系，建立促进残疾人事业与经济社会协调发展的长效机制，进一步完善各项残疾人工作制度，公共资源配置要向农村、基层，特别是贫困地区倾斜，促进残疾人事业在城乡之间、区域之间的均衡发展。

三、加强组织领导，凝聚各方力量，合力推进残疾人事业健康、快速、协调发展

残疾人事业发展水平是衡量社会文明程度的重要标准，推动残疾人事业健康、快速、协调发展，需要全社会共同努力。

（一）切实加强各级党委、政府对残疾人工作的领导。发展残疾人事业是我们党和政府义不容辞的政治责任。各级党委、政府要从维护社会公平正义、践行立党为公执政为民理念的高度出发，进一步增强责任意识，把残疾人工作摆上重要日程。要结合加强和创新社会管理，把残疾人事业纳入当地经济社会发展总体规划、各有关的专项规划和年度规划，统筹进行研究部署。要把残疾人事业的经费列入各级财政预算，建立与我省经济发展和财力增长相适应的财政投入增长机制。围绕解决残疾人最关心最直接最现实的利益问题，每年为残疾人办几件实事，各级政府残疾人工作委员会，要忠实履责，及时研究解决重大问题，加强统筹协调，狠抓工作落实。各有关部门，要按照分工认真负责，形成职责明确、密

切配合、齐抓共管、高效运转的工作机制。

（二）不断加强各级残联自身建设。残联组织是党和政府联系残疾人的桥梁和纽带。要以这次大会的召开和残联换届为契机，结合开展党的群众路线教育实践活动，进一步加强自身建设，提升工作服务水平，团结带领全省广大残疾人积极投身于转型跨越和办好两件大事的进程中。全省残疾人工作者要带着感情做工作，真正融入残疾人中去，和他们打交道交朋友，为他们谋利益解难题，做残疾人的知心人、贴心人。

（三）充分发挥广大残疾人的主体作用。残疾人是建设中国特色社会主义事业的重要力量，也是发展残疾人事业的主体，要大力宣传残疾人的先进典型，引导广大残疾人始终保持自尊、自信、自强、自立的精神风貌，始终保持乐观向上、不畏艰难的生活态度，勤奋学习，增长才干，奋发向上，用自己的勤劳和智慧、坚韧和顽强，为社会创造更多的物质财富和精神财富，与健全人一道共建美好家园，体现人生价值，实现美好梦想。

（四）积极动员社会力量参与。推进残疾人事业发展离不开社会各界的大力支持、积极参与。各级政府在推动政府职能转变的过程中，要更加重视发挥社会力量的作用，积极培育和发展为残疾人服务的社会组织，要用好各项扶持政策，特别是政府向社会购买公共服务的政策，鼓励民间资本和各类市场主体，参与发展残疾人社会福利事业、兴办残疾人康复托养等服务机构。要弘扬中华民族扶危济困的优良传统，积极开展助残志愿服务。大力发展残疾人慈善事业，动员社会各界为残疾人事业的发展献爱心，弘扬人道主义思想。倡导平等、参与、共享的现代文明残疾人观，形成人人理解、尊重、关心、帮助残疾人的良好社会风尚。

二、政策法规文件

山西省低收入家庭认定办法

晋政办发〔2013〕101 号

第三章　家庭收入认定

第十条　申请人家庭有下列情形之一，不予认定为低收入家庭：

（一）拥有私家轿车、高档电器等非基本生活必需品的（残疾人专用车、基本农用车、三轮汽车、国产摩托车除外）；

（二）近两年内购置商品房或者豪华装修住房的；

（三）因赌博、吸毒或其他违背国家法律、法规而造成家庭生活困难的；

（四）家庭日常生活消费水平明显高于当地低收入家庭标准的；

（五）不按照法律规定承担赡养、抚养和扶养义务的；

（六）有为获取低收入家庭资格故意拆分户口、合并户口等弄虚作假行为的；

（七）经县级以上人民政府民政部门认定的其他情形。

三、工作综述

2013 年，省残联贯彻落实省委、省政府部署，中国残联和省残联第六次代表大会精神，加快推进残疾人社会保障和服务体系建设，扎实开展党的群众路线教育实践活动，不断加强领导班子和干部队伍建设、党风廉政建设，努力提高机关效能，完成年度各项工作任务。

（1）7 月 19 日，省委常委会听取了省残联第六次代表大会筹备情况汇报，省委、省政府主要领导作了重要指示。省委常委、常务副省长高建民，省委常委、组织部部长汤涛分别对残联换届工作做出重要批示，并亲自协调。省残联在做好本级换届工作的同时，对换届进展较慢的市进行督导，市级残联 7 月底前全部完成换届，大同市残联结束了 20 年未换届的历史。8 月 7—8 日，省残联第六次代表大会在太原胜利召开，圆满完成了残联换届任务。

（2）省残联新一届党组、理事会将建立重度残疾人护理补贴和贫困残疾人生活补贴制度（简称残疾人“两项补贴”制度）作为残疾人社会保障和服务体系建设的突破口来抓，主动争取支持。省委、省政府主要领导对此做出重要指示。省残联主要领导亲自挂帅，机关各部（室）分工协作，了解其他省市情况、基层群众需求，基于实时动态数据制定多个方案备选，多次向省政府分管领导汇报，与省财政厅等有关部门沟通，省政府分管领导也多次召集有关部门进行协调，研究确定山西省残疾人“两项补贴”实施方案。12 月 3 日，省政府第三十一次常务会议决定从 2014 年起建立全省残疾人“两项补贴”制度。山西省成为中国残联“六代会”后第一家、中部第一个建立残疾人“两项补贴”制度的省份。

（3）基本解决省残联位于龙城大街的职工宿舍楼和省残疾人综合康复就业中心的基建遗留问题。

（4）积极推进残疾人“两个体系”建设，康复、特殊教育、劳动就业、社会保障、维权、宣传文体等工作扎实开展。

（5）省残联党组先后 17 次专题研究部署，扎实开展党的群众路线教育实践活动。组织开展“大调研、大改革、大服务”，“出思路、出制度、出效果”的“三大三出”活动。发放 924 份调查问卷，就 39 个课题深入调研，征求到意见建议 758 条。班子成员认真开展批评与自我批评，深入查找问题，明确整改措施。大力整顿机关工作纪律，从严格考勤、加强项目管理、规范办事程序等方面入手，建立健全26项工作制度，机关作风明显改变。

（6）推进机关和基层文化建设，落实党建工作责任制。加强新《党章》学习，开展基层党组织和党员公开承诺活动。开展群众性精神文明创建工作，做好工青妇和统战工作。省残疾人就业服务指导中心主任温建生被评为省直机关劳动模范。在阳高县罗文皂镇罗文皂村开展下乡住村活动。省残联领导班子成员全年下乡住村7次，投入42万元新建3座日光温室蔬菜大棚，举办种植养殖技术培训班，捐赠图书和社区文体活动器材，等等。

（7）认真落实党风廉政建设责任制，"一把手"带头落实"一岗双责"。严格执行中央"八项规定"和省委"实施办法"。文件数量、公务接待费用、因公出国出境费用较上年同期分别下降21.6%、57%和63%。巩固纪律作风整顿成果，以《廉政准则》为重点加强廉政教育，针对廉政风险点落实防控措施。通过首问责任制、AB岗等方式，提高机关效能。

（一）残疾人康复

2013年，康复工作围绕实现残疾人"人人享有基本康复服务"目标，近6万名残疾人得到康复救助。

（1）视力残疾康复。康复机构41个，完成白内障复明手术23612例，其中免费手术5012例；为103名低视力患者适配助视器，培训低视力儿童家长2390名；对6089名盲人进行定向行走训练。长治市、晋城市、临汾市被授予"全国白内障无障碍市"称号；定襄县等32个县（市、区）被授予"全国白内障无障碍县（市、区）"称号。

（2）听力语言残疾康复。康复机构47个。年度新收训聋儿435名，在训聋儿793名；聋儿家长学校共培训家长1218名；培训听力语言康复专业技术人员445人。

（3）肢体残疾康复。康复训练服务机构39个，其中省级2个，地市级、县级37个；培训康复工作人员240人次；对5579名肢体残疾人实施康复训练；资助570名脑瘫儿童进行机构康复训练、321名贫困肢体残疾儿童实施肢体矫治手术。

（4）智力残疾康复。康复训练服务机构37个，其中省级2个，地市级、县级35个；培训康复工作人员183人次；对2430名智力残疾人进行康复训练；资助260名智力残疾儿童进行机构康复训练，开展家长培训。

（5）精神病防治和孤独症儿童康复。按照"社会化、综合性、开放式"工作要求，64个县（市、区）开展精神病防治工作，对99112名重性精神病患者进行综合防治康复，监护率81.95%、显好率69.22%、社会参与率52.07%、肇事率0.05%，解除关锁261人，对5519名贫困精神病患者进行免费服药（住院）救助。2个省级孤独症儿童康复训练机构、12个地市级及以下的机构共对311名孤独症儿童进行康复训练。

（6）辅助器具供应服务。为残疾人减免费用供应辅助器具17967件，其中装配假肢395例、矫形器172例，验配助视器66件。

（7）儿童残疾筛查。87个县（市、区）的106个医疗卫生机构开展儿童残疾筛查工作，年度新诊断0—6岁残疾儿童1374人。11月12日，中国残联办公厅、国家卫生计生委办公厅联合印发《0—6岁儿童残疾筛查工作规范（试行）》。

（8）社区康复。23个市辖区和90个县（市）开展社区康复工作，5031个社区建立社区康复站，配备18153名社区康复协调员。（9）康复人才培养。省内各级康复机构在岗人员共9095人。全年培训康复管理人员689人、业务人员1389人、社区康复协调员4533人。

（二）残疾人教育

省彩票公益金助学项目较上年增加180个资助名额，资助230名残疾大学生（5000元/人）、20名残疾研究生（6000元/人）、230名残疾人家庭子女大学生（3000元/人）。"通向明天——交通银行残疾青少年助学计划"资助180名残疾高中生（1000元/人）。中央财政拨款，"残疾人事业专项彩票公益金助学项目（学前教育）"资助260名在学前教育机构就读的家庭经济困难的残疾儿童，共78万元，每名残疾儿童最多可连续资助三年。截至2013年年底，全省56所特殊教育学校在校生7146人（其中5.23%为盲生，不含有视力障碍的多重残疾学生）、专任教师1385人，其中高中阶段在校生为391人（盲生32人、聋生359人）。义务教育阶段适龄残疾儿童少年入学率75%左右。残疾人中等职业学校1所（山西省特殊教育中等专业学校，隶属于省民政厅），在校生286人，2013年毕业的67人全部获得职业资格证书。168名残疾学生被普通高等院校录取。截至2013年年底，全省未入学适龄残疾儿童少年共2481人，其中视力残疾122人、听力残疾181人、言语残疾163人、智力残疾887人、肢体残疾761人、精神残疾62人、多重残疾305人。

（三）残疾人劳动就业

2013年，全省城镇新增就业残疾人7527人（集中就业2323人、按比例安置1050人、公益性岗位就业103人、个体就业及其他形式灵活就业3524人、辅助性就业527人），城镇就业残疾人达120803人；农村在业残疾人399808人，其中287751名残疾人从事农业生产劳动。省内开展残疾人职业培训的机构512个（残联兴办的282个、依托社会机构开展培训的230个），8422人次的城镇残疾人接受了职业技能培训。2013年，培训盲人保健按摩人员656名、盲人医疗按摩人员151名；全省盲人保健按摩机构383个，医疗按摩机构51个；分别有16、81名盲人医疗按摩人员通过中级和初级专业技术职务资格评审。2013年，全省98185名贫困残疾人得到扶持，其中41363名通过扶贫开发实际脱贫；接受实用技术培训的残疾人达到19990人次。康复扶贫贴息贷款扶持2635名农村残疾人，938个单位和6969名个人结对帮扶贫困残疾人。312个残疾人扶贫基地安置5019名残疾人就业，扶持带动6721名残疾人。

（四）残疾人社会保障

（1）城镇居民社会养老保险残疾人参保情况。截至2013年年底，201346名残疾人参保，参保率81.30%，在60岁以下的参保残疾人中有23476名重度残疾人（93.04%、21842人得到政府缴费补贴），16304名中轻度残疾人享受全部或部分代缴参保费用的优惠政策。114585名残疾人领取养老金。

（2）新型农村社会养老保险残疾人参保情况。740756名残疾人参保，参保率76.86%。在60岁以下的参保残疾人中有116006名重度残疾人（95.61%、110910人得到政府缴费补贴），44911名中轻度残疾人享受全部或部分代缴参保费用的优惠政策。371684名残疾人领取养老金。

（3）其他。101500名城镇残疾职工参加社会保险，227074名残疾人参加城镇居民基本医疗保险，城乡分别有67034、237686名残疾人纳入最低生活保障范围；城镇集中供养残疾人和农村“五保”供养残疾人分别为1289人和25407人；10072名城乡残疾人得到生活补贴，14855名城乡残疾人得到护理补贴。64891名城乡残疾人得到了其他形式的救助救济。残联系统投入2069.03万元，对1805户2351名农村贫困残疾人实施危房改造。

（五）残疾人托养

省内88个残疾人托养服务机构为1964名残疾人提供托养服务，其中：51个寄宿制托养服务机构托养593人，6个日间照料机构托养679人，31个综合性托养服务机构托养692人。14690名残疾人享受居家托养服务。

（六）残疾人维权

2013年，两个地级市制定（修改）保障残疾人权益的规范性文件。县级及以上人大进行《残疾人保障法》执法检查和专题调研42次；县级及以上政协视察和专题调研29次。开展普法宣传教育活动194次，43158人参加；举办法律培训班74个，4014人参加。截至2013年年底，全省共有残疾人法律救助工作协调机构24个，建立残疾人法律救助工作站30个，办理案件205件；建立残疾人法律援助中心（工作站）120个，办理案件674件。各级残联协助人大代表、政协委员提出议案（建议、提案）101件，办理41件。9个市县出台了无障碍建设与管理法规、规章；68个市县开展无障碍建设；全省开展无障碍建设检查45次，组织无障碍培训922人次；全年为1989个贫困残疾人家庭实施了无障碍改造；为15934名残疾人发放了残疾人机动轮椅车燃油补贴。各级残联共处理残疾人来信1408余件，接待残疾人来访16314人次，其中集体访43批1729人次。

（七）残疾人文化体育

（1）宣传文化。省级主要新闻媒体刊播稿件310件，出版报刊专版5个，开播残疾人专题广播节目1个、电视手语新闻栏目1个。地市级主要媒体刊播稿件1362件，出版报刊专版22个，开播残疾人专题广播节目12个、电视手语新闻栏目1个，建立地市级残疾人事业新闻宣传促进会3个。省级公共图书馆设立2个盲文及盲人有声读物阅览室，地市级公共图书馆设立13个。省级和地市级分别举办残疾人文化周活动1次和23次，分别举办残疾人文化艺术类比赛及展览2次和28次。

（2）体育。组团参加全国第八届残疾人艺术汇演北京赛区比赛。举办省第四届特殊奥林匹克运动会，254名特奥运动员参加了9个大项的比赛。省级组织残疾人体育健身活动4次，参加人数350人，建设残疾人体育示范点3个，培训残疾人体育健身指导员392人，组织残疾人体育比赛2次，参与的残疾人运动员294人次。地市级组织残疾人体育健身活动67次，参加人数1923人，建设残疾人体育示范点32个，培训残疾人体育健身指导员273人。

（八）残疾人组织建设

2013年，省残联领导班子中配备了残疾人副理事长，9个地市级残联领导班子中配备了残疾人，96个县级残联机关有残疾人干部；乡镇（街道）残联1459个，占全部乡镇（街道）数的99.32%，选聘残疾人专职委员1769名；社区（村）残协22298个，占全部社区数量的82.78%，选聘残疾人专职委员24365名。省市县乡残联实有人员4750人。各级残联共举办培训班1302期，培训机关干部、残疾人专门协会干部及残疾人专职委员33028人次。共建立省级以下各类残疾人专门协会527个，市级专门协会已建比例为90.91%，市辖区专门协会已建比例为85.22%，县（含县级市）级专门协会已建比例为79.79%。

（九）残疾人服务设施建设

截至2013年年底，全省已竣工并投入使用的残疾人综合服务设施52个，总建设规模10.82万平方米，总投资28489.83万元；已竣工并投入使用的残疾人康复设施32个，总建设规模7.19万平方米，总投资17293.35万元；已竣工并投入使用的残疾人托养服务设施1个，总建设规模0.20万平方米，总投资400万元。

（十）专门协会工作

5月9—10日，省残联举办“快活谷狮子会杯”中国象棋残健共融团体赛山西省选拔赛，分盲人组、其他残疾类组、残疾人工作者组，共30余人参赛。省残联、省盲人协会（简称省盲协）举办中央人民广播电台《阿宏·阿菊》第三届“夏青杯”朗诵大赛盲人赛区山西选拔赛；举办“追梦杯”第四届全国盲人歌手大赛山西选拔赛，经全国复赛，民族组武艳《亲吻祖国》入围全国决赛。省盲协接受香港快活谷狮子会捐赠的50套盲人象棋。省聋人协会组织参加第二届“沣标杯”国际聋人摄影大赛。5月17—18日，省肢体残疾人协会（简称省肢协）、迎泽区残联、迎泽区肢协在迎泽区残疾人综合服务中心举办多帮帮纳米手机镀膜培训活动，并在文瀛公园举办现场展示活动，帮助肢体残疾人创业，有肢体残疾人现场挣到了第一笔收入。4月18日，经长治市民政局批准，长治市残疾人汽车驾驶员协会揭牌成立，中国肢协副主席王延、省肢协主席张晏萍前往祝贺，协会以“为残疾人服务和推进残疾人就业”为宗旨，有持有C2—C5驾照的残疾人会员120余人。7月23—25日，由中国特奥委员会主办、省残联承办，省智力残疾人及亲友协会协办的2013年华北地区特奥家庭支持联络网培训班暨幼儿运动员计划演示活动在太原举行，来自北京、天津、河北、内蒙古、山西的60余名特奥家庭成员、特教教师参加，并到太原市杏花岭区特殊教育中心学校观摩教学和亲子活动。4月2日世界自闭症日当天，省精神残疾人及亲友协会、山西方舟自闭症研究院联合省城志愿者举办“星星天使·你不孤单”2013年首届关爱自闭症儿童大型公益慈善活动（太原站）。

四、重要条目

【山西省残疾人联合会第六次代表大会】8月7日在太原迎泽宾馆召开。175名正式代表（含113名残疾人及残疾人亲友代表）代表全省215.7万残疾人出席五年一次的盛会。会议特邀代表25名、列席代表49名。大会等额选举产生了省残联第六届主席团（65名委员）和出席中国残联第六次代表大会的省政府副秘书长马彦平等16名山西省代表。省残联第六届主席团第一次全体会议选举产生了主席团主席、副主席，省委常委、常务副省长高建民当选为主席；推举李亚明为省残联第六届执行理事会理事长。在8月8日举行的大会闭幕式上，通过了李亚明代表省残联第五届主席团做的题为《加快残疾人事业科学发展步伐，为实现残疾人全面小康而奋斗》的工作报告，报告提出了围绕一个中心（健全残疾人社会保障和服务体系），办好两件实事（残疾人职业技能培训和对重度、贫困残疾人进行生活救助），夯实三个基础（社会救助、社会保障、社会福利），完善八个（残疾人服务）网络（康复、教育、就业、扶贫、托养、无障碍建设、文化体育、法律服务），发挥六个作用（现行领导体制、政策法规、社会助残、残联组织、残疾人专门协会、残疾人主体）。7月底前，各市残联均召开代表大会完成了换届，大同市残联结束了20年没有换届的历史。

图6-4-1　省残联第六次代表大会上聋人代表郝丽娟用手语向袁纯清书记问好。

【山西省重度残疾人护理补贴和贫困残疾人生活补贴制度】12月3日，省长李小鹏主持召开省政府第三十一次常务会议。为贯彻落实中央决策部署，不断健全残疾人社会保障体系，会议决定，从2014年1月1日起建立山西省重度残疾人护理补贴和贫困残疾人生活补贴（简称残疾人“两项补贴”）制度，对未纳入城乡低保的一级重度残疾人每人每年发放护理补贴480元，对纳入城乡低保的贫困一级重度残疾人在享受低保的基础上每人每年再给予生活补贴480元。重度残疾人护理补贴的补贴对象是具有山西省户籍、持有第二代中华人民共和国残疾人证、城乡低保范围外残疾等级为一级的残疾人。贫困残疾人生活补贴的补贴对象是具有山西省户籍、持有第二代中华人民共和国残疾人证、本人没有固定收入、城乡低保范围内残疾等级为一级的贫困残疾人。省财政厅在安排2014年预算时，按9.6万人每人240元的标准预留了残疾人“两项补贴”经费2300万元；人社厅建议使用社会保障卡发放补贴；民政厅提供了全省纳入低保范围的残疾人基本情况和分类施保情况，并明确残疾人“两项补贴”不计入家庭总收入。补贴对象范围和标准将随着经济社会发展水平和城乡低保标准的调整适时进行调整。

【“农村基层党组织助残扶贫工程”年度实施情况】2013年，全省落实资金610万元，帮扶贫困残疾人家庭2029户。截至2013年年底，为1320个帮扶户的2069名家庭成员办理低保，为1848个帮扶户办理了新农保，为1982个帮扶户办理了新农合。对帮扶户进行项目帮扶，按从事行业分，种植业664户、养殖业785户、农副产品加工业132户，就业创业、商铺经营、危房改造等其他形式的帮扶448户，帮扶户当年全部脱贫。11月23—26日，省扶贫办安排专项资金10万元举办全省“农村基层党组织助残扶贫工程”致富带头人培训班，讲授扶贫政策，115个涉农县（市、区）具有代表性的致富带头人及各市残联工作人员160余人参加培训。

【基金募捐救助】2013年，山西省残疾人福利基金会得到中国残疾人福利基金会项目支持489.37万元、北京康扶国际贸易有限公司和北京万国经典书城捐赠的300万码洋图书、理财利息收入356.33万元、其他募捐收入7.6万元，合计1153.30万元，实施了一系列救助项目："集善工程·启明行动"为1000名贫困白内障患者实施复明手术；"集善工程·助行行动"1100名重度肢体残疾人配发轮椅；"集善爱心书屋·文化助残行动"向10个市的19个县级残联及有关机构捐赠300万码洋图书；"我送盲童一本书"项目为太原、晋中、吕梁、运城的120名盲生配发"阳光听书郎"；"集善工程·助困行动"救助贫困残疾人项目慰问120户贫困残疾人家庭，对汾西县小郭斌（媒体报道过的被挖眼6岁男童）给予10000元特别救助。中国残疾人福利基金会项目："阳光伴我行"集善明门幼儿轮椅项目为0—3岁脑瘫、存在各类肢体障碍的幼儿发放430辆专用轮椅；"阳光伴我行"集善明门儿童轮椅项目（3—15岁）发放200辆便携式脑瘫儿童专用轮椅；"集善工程·爱之翼电动轮椅项目"为太原市5名重度肢体残疾人配发电动轮椅；"集善如新儿童蜜儿餐项目"资助7所特殊教育学校、康复机构415名残疾儿童5000包蜜儿餐，总价值100万元；"集善工程·助听行动"为太原、运城的15名听力残疾人配发助听器；"集善工程·爱的足迹"AEE鞋项目；"集善工程·拉夏贝尔服装捐赠项目"。7月，山西省慈善总会为晋中6名聋儿配发双耳助听器。山西省残疾人福利基金会还通过中国残疾人福利基金会向四川雅安灾区捐赠10万元资金，实施"集善工程·富士康助残"服装捐赠项目。

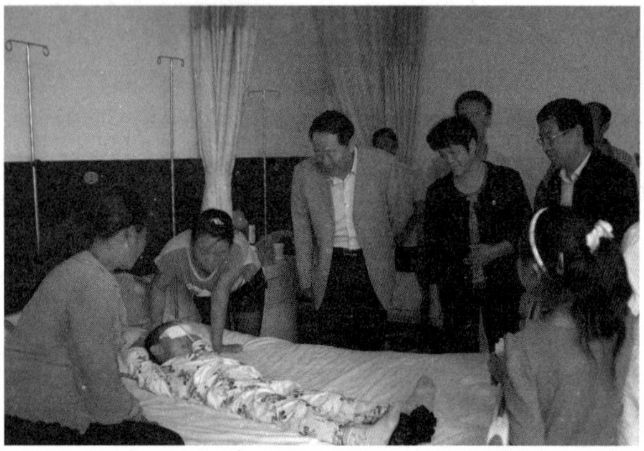

图6-4-2　省残联党组书记、理事长李亚明，副理事长郭新志，党组成员、副理事长刘晔前往医院看望慰问小郭斌。

【**临汾市残疾人联合会志**】由临汾市残联2009年4月—2012年12月组织编纂，临汾市地方志办公室审核，山西省内部图书准印证（2012）L字第105号），开省内地级市残联修志之先河。上限1989年，下限2010年12月31日，2011、2012年部分大事入限外辑要。

五、大事记

6月21日，省委常委会决定任命李亚明为省残联党组书记，免去郭贵仁省残联党组书记职务；任命刘晔为省残联党组成员。

7月19日，省委常委会会议听取省残联关于第六次代表大会筹备情况的汇报，指出，残疾人事业是一项特殊的民生事业，要给予特别的关心、关爱、关怀，让残疾人感受到党、政府和社会的温暖，使他们增强信心、得到鼓舞，生活得更有尊严。要加强对残疾人的社会救助，健全社会保障体系，随着经济社会的发展进步，逐步提高相应补助标准，积极为残疾人办实事办好事。要加快残疾人服务体系建设，完善社会化康复服务网络、教育服务体系，以技能培训为重点，增加相关资源配置，加强对残疾人教育培训服务，帮助其获得自食其力的相关技能，稳步提高残疾人生活水平。

8月7日，山西省残疾人联合会第六次代表大会在太原召开，170余名代表出席。省委、省人大、省政府、省政协领导袁纯清、李小鹏等出席开幕式，接见全体代表并合影留念。中国残联副主席汤小泉代表中国残联对大会的召开表示祝贺。省委常委、常务副省长高建民代表省委、省政府、省人大、省政协在开幕式和闭幕式上讲话。

9月6—8日，2013年山西省老年健康产业博览会举办，省康复研究中心、省残疾人辅助器具资源中心参展。省政协原主席郭裕怀等参观残疾人辅助器具展台。

10月15—17日，由省残联、省体育局、教育厅、民政厅主办的山西省第四届特殊奥林匹克运动会在太原举办，254名运动员参加了9个大项176个小项的比赛。副省长高建民，省政府副秘书长马彦平等相关领导到现场观看比赛并颁奖。

图6-4-4　高建民为运动员鼓劲加油，并为获奖运动员颁奖。

12月3日，省长李小鹏主持召开省政府第三十一次常务会议，听取了省残联党组书记、理事长李亚明关于中国残联第六次全国代表大会情况及全省贯彻落实建议的汇报。会议决定，从2014年起建立山西省重度残疾人护理补贴和贫困残疾人生活补贴制度，对未纳入城乡低保的一级重度残疾人每人每年发放护理补贴480元，对纳入城乡低保的贫困一级重度残疾人在享受低保的基础上每人每年再给予生活补贴480元。

（吕竞伟供稿）

内蒙古自治区残疾人事业和残疾人工作

一、领导讲话

自治区政府副主席白向群在全区残疾人工作暨自治区残联第五届主席团六次全会上的讲话摘要

2013 年 2 月 21 日

从 2012 年以来，全区认真贯彻国家和自治区大政方针政策，积极转方式、调结构、惠民生、促发展，取得明显成效。颁布了《内蒙古实施〈中华人民共和国残疾人保障法〉实施办法》，实施《内蒙古自治区残疾人事业“十二五”发展规划纲要》和残疾人五个专项工程，中国残联与自治区人民政府签署《共同推进内蒙古残疾人事业发展备忘录》。资金投入，仅五项工程自治区财政就投入 1.38 亿元，盟市配套 7600 万元，再计入 2011 年应投而 2012 年实投资金，共计投入 4.12 亿元。重度残疾人护理补贴和贫困残疾人生活困难补贴等两大支柱性保障制度，2012 年共计补贴 1.18 亿元，全部由各级财政拨款。残疾人社会保障体系初步建立，城乡残疾人低保、残疾人新农合、城乡重度残疾人居民社会养老保险等，基本实现全覆盖。残疾儿童抢救性康复、重度残疾人托养、残疾人家庭无障碍设施改造、职业技术培训等重点服务项目启动实施，残疾人服务体系进一步完善。

但是从当前形势来看，自治区残疾人事业有两个“尚未根本性改变”、两个“相当突出”。两个“尚未根本性改变”，即残疾人事业滞后于经济社会发展局面尚未根本改变，残疾人总体状况与社会平均差距较大局面尚未根本改变。两个“相当突出”，是残疾人事业城乡和区域发展不平衡问题仍然相当突出，残疾人社会保障体系和服务体系不健全问题仍然相当突出。

自治区提出，确保 2015 年初步构建残疾人社会保障和服务体系基本框架，2020 年实现残疾人“两个体系”全覆盖、均等化。在社会保障体系建设上，优先将重度残疾、一户多残、老残一体、多重残疾等生活不能自理的贫困残疾人，普遍纳入城乡低保、基本养老、基本医疗保险范围。在服务体系建设上，优先实施 0—6 岁残疾儿童抢救性康复项目，高度关注残疾人就业，扎实开展残疾人托养服务，加快残疾人基础设施建设，积极推进无障碍环境建设。

各级各部门要切实加强组织领导，把残疾人“两个体系”建设纳入国民经济和社会发展总体规划，作为社会建设和民生工作重点，列入政府工作重要日程。各级政府、各有关部门应积极支持残联工作，高度重视残联组织建设，积极协调解决办公场所、设备配备、经费落实、残协专职委员待遇等方面困难。关心重视残联干部培养、成长、进步，努力建设一支高素质残疾人工作者队伍。

中国残联党组成员、理事相自成在自治区残联第六次代表大会上的讲话摘要

2013 年 8 月 21 日

五年来，自治区党委、政府高度重视残疾人工作，始终将残疾人事业发展纳入党委、政府重要议事日程和工作全局，纳入全区经济社会发展总体规划，制定和落实惠及残疾人的一系列法规政策，自治区政府与中国残联签订《共同推进内蒙古残疾人事业发展备忘录》，为促进残疾人事业与经济社会协调发展提供了坚强保障。大力实施残疾人工作“五个专项工程”，在全国率先开始实施贫困残疾人生活困难补贴制度和重度残疾人护理补贴制度；对参加农村牧区和城镇居民基本医疗保险的低保残疾人缴费，政府给予全额补贴；对参加城乡社会养老保险的重度、低保残疾人缴费政府按最低标准给予全额补贴。实施重度听障儿童人工耳蜗救助项目、残疾儿童康复救助项目、贫困残疾人家庭无障碍改造项目、贫困残疾人家庭危房改造项目，加大残疾人扶贫力度，取得明显成效。规划和新建自治区、盟市、旗县残疾人综合服务设施 163 个，街道残疾人温馨家园 235 个。开设了内蒙古残疾人图书馆，满足了残疾人的文化需求。中央广播电视大学残疾人教育内蒙古学院的建设规模和办学层次在全国处于前列，被列为全国示范点。建立健全残疾人组织网络，残协专职委员成为残疾人工作中一支新生的力量。

党的十八大明确了到 2020 年全面建成小康社会的奋斗目标。为贯彻落实党中央、国务院的战略部署，进一步推动内蒙古残疾人事业加快发展，我在此提几点希望：

一是要加快推进残疾人全面小康的进程。希望自治区紧紧围绕全面建成小康社会的目标，牢牢把握当前残疾人

事业发展的历史机遇，着眼于残疾人最关心、最直接、最现实的利益问题，针对残疾人生产生活中的特殊困难，采取普惠加特惠、重点保障和特别扶助、一般性制度安排和专项制度安排相结合等措施，进一步改善残疾人生活状况，尽快缩小残疾人收入与社会平均水平的差距。

二是要扎实推进残疾人社会保障和服务体系建设。希望自治区残疾人工作要牢牢把握残疾人“两个体系”建设这条主线，在贯彻落实《国家残疾人事业发展“十二五”规划》和《国家基本公共服务体系“十二五”规划》的基础上，建立稳定的财政保障机制和多元化的服务供给模式，推动残疾人服务均衡全面发展。

三是要切实加强残联组织建设。希望自治区各级残联以本次代表大会召开为契机，进一步加强自身建设，充分发挥“代表、服务、管理”职能，积极向党委、政府反映残疾人的特殊困难和需求，协助党委、政府做好残疾人工作，努力为残疾人办实事、解难事、做好事。各级残联干部和残疾人工作者要恪守“人道、廉洁、服务、奉献”的职业道德，弘扬优良作风，保持清廉本色，为残疾人事业持续、健康发展提供坚强的组织保障。

自治区政府副主席白向群在自治区残联第六次代表大会开幕式上的讲话摘要

2013 年 8 月 21 日

在自治区党委、政府高度重视下，全区残疾人事业取得长足进步，特别是自治区残联第五次代表大会以来，全区各级、各有关部门认真贯彻落实中央和自治区决策部署，建立健全残疾人事业法规政策，加快推进残疾人社会保障体系和服务体系建设，大力实施残疾人工作五个专项工程，城乡残疾人低保、养老保险、医疗保险基本实现全覆盖，重度残疾人生活护理补贴和贫困残疾人生活困难补贴制度在全国率先启动，残疾人康复、教育、就业服务覆盖面进一步扩大，残疾人服务设施进一步完善，部分专项工作跨入全国领先行列，残疾人的幸福感显著提升，残疾人生产生活状况得到较大改善。但也要看到，我区残疾人事业滞后于经济社会发展的局面尚未根本改变，残疾人总体状况与社会平均差距较大的局面尚未根本改变；残疾人事业城乡和区域发展不平衡的问题仍然相当突出，残疾人社会保障体系和服务体系不健全的问题仍然相当突出。

各级各部门要继续深入贯彻《内蒙古自治区残疾人事业“十二五”发展纲要》，加大力度推进残疾人工作五个专项工程，努力提高残疾人基本公共服务水平。要根据经济社会发展新阶段和残疾人需求的新变化，按照普惠加特惠、重点保障加特别扶助、一般性制度安排加专项制度安排相结合的原则，每年都推出一些新举措、新办法、新项目，着力解决残疾人存在的困难和问题，补齐残疾人工作短板，增加残疾人福祉，促进残疾人民生改善。

这次会议将选举产生新一届区残联领导班子，要注意吸收政治素质好、业务能力强、有实干精神的优秀残疾人骨干进入班子队伍，为我区残疾人事业发展提供组织保证。各级政府要高度重视残疾人工作，认真研究和落实惠及残疾人的一系列政策措施，抓好关系残疾人事业长远发展的大事，解决好关系残疾人切身利益的突出问题。各级发改、财政、人力和社会保障、民政、卫生、教育以及工青妇等群众团体，要充分发挥各自的职能优势，大力支持残疾人工作，加大对残疾人事业发展的资金投入，切实提高残疾人社会保障和公共服务水平。自治区残联要深刻领会国家相关政策文件精神，把握残疾人工作的先进经验，主动向中国残联汇报工作，争取政策、资金、项目、人才培养、工作指导等方面的支持，逐步将我区残疾人事业引向深入。

自治区残联党组书记、理事长杨志民在自治区残联第六次代表大会上的讲话摘要

2013 年 8 月 21 日

发展残疾人事业，必须坚持党委领导、政府负责的残疾人工作领导体制；必须健全维护残疾人合法权益的法律法规体系，为发展残疾人事业提供强有力的制度保障；必须坚持以残疾人社会保障和服务体系建设为重点，始终把改善残疾人状况作为残疾人工作的根本出发点和落脚点；必须坚持充分调动残疾人的积极性、主动性和创造性，激励发扬自强不息精神，积极投身于全面建成小康社会的伟大事业；必须坚持建设一支“人道、廉洁、服务、奉献”的高素质残疾人工作者队伍，充分发挥残联组织的作用。

我区残疾人事业虽然发展很快，但是，残疾人事业发展仍低于全区经济社会发展平均水平，残疾人享受基本公共服务仍低于社会平均水平，残疾人的总体生活状况仍低于全区平均水平；地区之间、城乡之间发展不平衡，残疾人在基本生活、康复、教育、就业等方面还有很多实际困难；社会上歧视残疾人、侵害残疾人权益的现象还时有发生；残联组织和残疾人工作者的服务能力与残疾人事业发展需要和残疾人的需求还有很大的差距。这些问题需要今后采取有力措施认真解决。

今后五年，我区残疾人事业发展的总体奋斗目标是：深入贯彻落实党的十八大和自治区第九次党代会精神，以科学发展观为指导，以深入实施残疾人工作专项工程为载体，全面落实“8337”发展思路，推动加快健全残疾人社会保障和服务体系，不断提升残疾人基本公共服务水平。残疾人事业滞后于全区经济社会发展水平的状况得到有效改善，残疾人生活状况与社会平均水平的差距进一步缩小，总体基本达到小康水平，为到 2020 年全区残疾人全面实现小康奠定坚实基础。实现上述目标的主要任务是：

1. 全力推进残疾人工作专项工程，加快残疾人社会保障和服务体系建设

要按照残疾人事业“十二五”发展规划纲要和残疾人工作专项工程实施方案的要求，认真抓好贯彻落实。

推进残疾人社会保障工程，提高残疾人社会保障水平；推进残疾人康复工程，加快提高为残疾人康复服务的水平；协调推动特殊教育体系建设工程，努力提高残疾人受教育水平；大力推进残疾人就业扶贫工程，提高残疾人就业创业能力；积极推动残疾人托养服务工程，提高残疾人托养服务水平。

2. 加强残疾人文化体育工作，丰富残疾人精神文化生活

要积极推动把残疾人文化建设纳入城乡公共文化服务体系建设总体规划，列为公共文化服务体系建设示范市、文明城市、文明乡镇、文明单位创建的重要内容。要充分利用各种媒体广泛深入宣传人道主义思想和现代文明社会的残疾人观，宣传优秀残疾人、优秀残疾人工作者和社会各界扶残助残先进事迹，宣传各地在实践中创造的典型经验。积极推动盟市级以上电视台全部开播手语节目，旗县级以上广播电台开设残疾人专题节目。扶持以特殊教育学校为骨干的残疾人特殊艺术人才培养基地。鼓励扶持残疾人参加艺术创作活动。积极培育残疾人文化艺术品牌。

大力培养残疾人体育专业人才。加强残疾人体育健身设施建设，大力支持新建盟市级残疾人体育训练基地。实施“助残健身工程”，培养500名左右残疾人社会体育活动指导员。促进残奥、聋奥、特奥均衡发展。努力实现经常参加体育活动的残疾人达到总数15%的目标。

3. 加强协调配合，推动加快残疾人基础服务设施建设

协调配合有关部门，按照自治区残疾人事业“十二五”发展纲要和自治区2013—2015年残疾人基础服务设施建设规划要求，推动加快建设自治区残疾人综合服务基地，盟市和人口30万以上旗县（市、区）残疾人康复中心、旗县级残疾人托养服务中心、残疾人综合服务中心、街道残疾人温馨家园，达到国家和自治区规定的建设标准，为残疾人提供优质服务。积极支持各类民办残疾人服务机构建设，整合社会资源，不断提高为残疾人服务的能力和水平。

4. 协调配合有关部门推动残疾人事业法制建设，切实维护残疾人合法权益

会同有关部门全面落实残疾人法制建设和残疾人法律援助“十二五”规划，认真实施《中华人民共和国残疾人保障法》《无障碍环境建设条例》《内蒙古自治区实施〈中华人民共和国残疾人保障法〉办法》，推动修订《内蒙古自治区无障碍环境建设条例》列入立法规划，扎实推进盟市、旗县（市、区）无障碍设施建设。建立和完善残疾人信访接待制度和残疾人群体事件紧急预警制度。

5. 以开展党的群众路线教育实践活动为契机，全面加强各级残联组织和残疾人工作者队伍建设

各级残联组织要在党委的统一领导下，按照党的群众路线教育实践活动总体要求和方法步骤，精心组织，周密安排，注重实效。着力解决在“四风”方面存在的突出问题，做到不虚、不空、不偏、不走过场。要与残联系统开展的“三争三创”、“走千村、访万户、摸实情、送温暖”活动紧密结合，创新活动载体，使各级残联组织进一步转变作风，增强活力。要配合组织人事部门认真做好残疾人干部的培养选拔工作，按要求配备盟市、旗县（市、区）残联残疾人领导干部。在盟市残联执行理事会中创造条件配备驻会专职盲人、聋人理事和逐步配备智力、精神残疾人亲属的专（兼）职理事，不断优化残联领导班子结构，提高素质。要进一步加强残疾人工作队伍教育培训，在5年内使全区残疾人工作者普遍得到培训。开展残疾人工作示范社区建设和残协专职委员实名制试点，在取得经验的基础上全面推开。全面实行基层残协专职委员实名持证上岗，街道、社区和乡镇残协专职委员全部纳入公益岗位，全面落实嘎查（村）残协专职委员工作补贴，逐步提高补贴标准，稳定残协专职委员队伍。尽快实现残协专职委员全部由残疾人或残疾人近亲属担任。积极探索加强残疾人基层组织管理创新的有效途径，增强基层残疾人组织的活力，不断提高为残疾人服务的能力。认真做好残疾人证的核发与管理工作。认真做好专门协会和志愿助残工作。旗县级以上残联要健全残疾人专门协会组织，并设立协会工作办公室。积极为专门协会开展工作创造条件，妥善解决办公场所和工作经费。各专门协会要积极发挥作用，开展适合本类别残疾人特点的有益活动。突出“关爱草原残疾人民生·照亮草原残疾人心灵”服务主题，开展关爱残疾人志愿服务活动，打造“志愿助残阳光行动”品牌。

加强残疾人福利基金会建设，努力提高残疾人福利基金会推动公益助残的能力和水平，打造自治区残疾人慈善福利品牌项目，积极引导社会各界参与扶残助残事业。

二、政策法规文件

内蒙古自治区人民政府办公厅关于2013年为群众办“十件实事”和实施“十项民生工程”工作安排及任务分解的意见

内政办发〔2013〕1号

推进实施社会保障工程：8. 进一步改善残疾人生活质量。2013年自治区本级新增安排资金500万元，重点支持盟市对5050户残疾人家庭进行无障碍改造。新增安排资金1577万元，为全区5.5万名一级重度和12.1万名二级重度残疾人发放护理补贴；安排600万元，帮助全区腿部残疾人安装假肢；安排资金1912万元，重点支持贫困残疾儿童“人工耳蜗”项目、0—6岁贫困残疾儿童抢救性康复和贫困残疾人危房改造项目。

内蒙古自治区7—17岁重度听障儿童人工耳蜗筛查标准（试行）

一、适应症选择标准

（一）必备条件

1. 双耳重度以上感音神经性聋，年龄为7—17岁患儿。

2. 患儿有助听器持续佩戴史及一定的听觉言语交往能力，但助听器优化后效果仍不能满足现有学习生活需要。至筛查时助听器持续佩戴至少3年以上（对于由药物或前庭导水管扩大等原因，近二年内出现的语后聋儿童可不受助听器佩戴时间限制）。

3. 在普通学校就读。需出具普通学校就读证明，并提供学籍和成绩证明（对于尚未入学的听障儿童需提供普通幼儿园就读证明及康复机构提供的康复训练效果证明）。

4. 患儿家长及本人对人工耳蜗有合理正确的认识和适当期望值。患儿本人有良好的心理素质，对植入耳蜗有主动愿望和要求。

5. 有良好的康复环境，能够定期接受康复评估并积极配合康复指导。

（二）听力学检查及条件

（1）主观听力检查

1. 主观听阈测定采用纯音测听。双侧裸耳纯音听力平均损失（0.5、1、2、4kHz）≥80dBHL，或4kHz听力损失〉85dBHL。助听器优化后效果在较适范围以内（只有0.25、0.5、1、2kHz频率得到补偿）。

2. 在最好助听聆听环境下开放短句识别率≤50%，或封闭项双字词识别率≤70%。

（2）客观听力检查

1. 声导抗：鼓室图为A型或C型曲线。

2. 听性脑干诱发电位（ABR）短声>90dBnHL。

3. 耳声发射（DPOAE或TEOAE）：双耳均未引出

4. 其他客观听力学检查支持双耳重度以上感音神经性聋。

（三）影像学评估条件

高分辨率颞骨CT显示双侧耳蜗、内听道及中耳结构均未见异常。头颅MRI显示耳蜗结构正常，无听神经异常，脑内无器质性及进行性病变。

（四）精神、智力、行为评估条件

精神、智力、行为发育正常，希—内学习能力测试评分>84分。

二、禁忌症

（一）绝对禁忌症

1. 内耳严重畸形，例如：无耳蜗畸形、共同腔畸形等，听神经纤细或缺如、内听道狭窄（直径小于3mm）。听神经病，耳蜗骨化，严重中耳畸形，中耳乳突有急慢性炎症尚未清除者。无法配合语言训练者。有严重精神疾病及智力障碍者。

2. 有其他手术禁忌症。

（二）相对禁忌症

1. 中耳病变清除，中耳封闭半年后方可考虑手术。

2. 影响手术的全身系统疾病尚未控制者，暂不能实施手术。

关于印发自治区建设社区残疾人工作示范点实施方案的通知

内政办字〔2013〕145号

为了进一步加强和完善城乡社区残疾人工作，通过典型引路、以点带面，推动全区社区残疾人工作在“十二五”时期更上一个新台阶，按照中国残联在我区建立全国社区残疾人工作示范点的要求，结合自治区实际，在12个盟市各选择条件成熟的1个城镇社区和1个农村牧区嘎查村作为示范点。

示范点所在旗县（市、区）成立由政府分管领导担任组长的社区残疾人工作领导小组，成员包括残联、妇联、民政、卫生、计生、人力资源社会保障等相关部门领导。示范点所在旗县（市、区）要把社区残疾人工作纳入旗县（市、区）社区建设总体规划，兼顾特性，共建共享。

示范社区也要建立社区残疾人工作领导小组，残协主席（社区党组织书记或居委会主任）担任组长，成员包括社区残协专职委员，负责民政、卫生、计生、社保、妇女儿童等相关工作的工作人员。社区残协专职委员严格按照《内蒙古自治区残疾人专职委员选聘办法》选聘，并进行岗前培训，持证上岗，上岗后每年至少培训一次。残协专职委员工作职责要明确具体，同时建立检查考核制度。各地区要认真贯彻落实自治区党委、政府《关于加强城镇和谐社区建设的若干意见》（内党发〔2008〕18号）、《内蒙古残疾人工作专项工程实施方案》和自治区党委组织部等5部门《关于加强基层残疾人组织建设的意见》（内残联发〔2009〕2号）、自治区民政厅等5部门《转发〈关于进一步加强和规范基层残疾人组织建设的意见〉的通知》（内残联发〔2009〕21号）要求，加大社区建设经费投入，并保证逐年有所增加。逐步提高社区工作补贴标准，并纳入财政预算，2000平方米以下的社区一般每年不低于2万元，2000平方米以上的社区一般每年不低于3万元。社区残协要有办公场所，配备必要的办公设备，以利于开展工作。

依据示范点社区残疾人工作任务，在保障正常运转经费的同时，通过多渠道积极筹措，整合资金，保证示范点建设顺利进行。

三、工作综述

2013年，全区残疾人工作按照自治区党委、政府的统一部署和中国残联的工作安排，以深入贯彻落实中央7号、自治区党委6号、国办19号文件和中国残联六代会精神为根本要求，以构建残疾人社会保障体系和服务体系基本框架为主线，实施残疾人事业“十二五”发展纲要和五个专项工程为重点，以开展党的群众路线教育实践活动为载体，全面提升残疾人工作整体水平，残疾人生活状况得到不断改善，重点难点工作有了新的突破。

（一）认真开展党的群众路线教育实践活动

按照自治区党委的统一部署，自治区残联从2013年7月开始，在机关和会属单位范围内开展以“为民·务实·清廉”为主题的党的群众路线教育实践活动。

1. 认真谋划，做好前期准备工作。按照自治区党的群众路线教育活动统一安排，成立了领导小组及工作机构，制定工作方案、工作进度表和流程图，经第六督导组同意，于2013年7月15日动员部署。

2. 认真学习，提高思想认识。按照安排，残联党组集中组织学习20次，共10天。按照6个专题要求认真学习，开展交流、讲党课，党员、干部写心得体会，听专家讲座、先进残疾人工作者和基层残联理事长专题报告会、观看党风廉政建设警示教育片和先进人物事迹电影等，为开展好教育实践活动奠定了思想基础。

3. 征求意见，查找“四风”方面突出问题。自治区残联领导班子带领5个工作组开展“走千村、访万户、摸实情、送温暖”活动，深入盟市、旗县（市、区）召开14场征求意见座谈会，走访500户贫困残疾人家庭，向基层群众发放1000份征求意见调查问卷，自治区、盟市、旗县（市、区）三级残联共走访贫困残疾人15133人，发放慰问金921.37万元。同时向自治区分管领导和有关单位征求意见，公布电话和邮箱。督导组与干部群众、领导班子成员之间、班子成员与机关全体干部和会属各单位部分干部职工开展谈话听取意见。通过广泛征求意见，共征求到领导班子和领导干部在“四风”方面的意见和建议50条，工作方面的意见和建议150条。先后召开4次党组会议，进行梳理，班子自己查找，聚焦“四风”，共查找出13个方面的突出问题。

4. 撰写材料，自我剖析。针对查找出的突出问题，党组书记主持起草班子对照检查材料，党组成员认真撰写个人对照检查材料，查找“四风”方面存在的突出问题，深刻剖析产生问题的思想根源，提出今后努力方向和整改措施。

5. 开展批评与自我批评。2013年11月14日，自治区残联召开领导班子专题民主生活会。自治区副主席白向群、自治区政府副秘书长姜华，自治区第六督导组组长曹树山同志和督导组全体同志，自治区纪委、党委组织部有关同志参加指导专题民主生活会。班子成员认真检查，开展批评与自我批评，把自身在“四风”方面存在的问题摆出来。

6. 对会属各单位和党员、干部严格要求，确保全体党员、干部受教育。按照自治区党委的有关要求，会属各单位领导班子召开专题民主生活会，各党支部召开专题组织生活会。党组书记与自治区残联系统党员、干部全员谈心征求意见。会属各单位领导班子对照检查材料和班子成员对照检查材料数易其稿，最后交党组书记审定。党组书记和分管领导全程参加了会属各单位领导班子专题民主生活会和各支部专题组织生活会，并做点评。各支部专题组织生活会全体党员进行对照检查发言，并开展了批评与自我批评。

7. 组织“回头看”。按照自治区的统一要求，在召开专题民主生活会后，组织开展了一次“回头看”。通过“回头看”及时查漏补缺，确保活动见到实效。

8. 立行立改，建立整改长效机制。针对查找出的“四风”问题和民主生活会上提出的批评意见，制定了领导班子《整改落实方案》《整改任务书》《“四风”突出问题专项整治工作方案》，班子成员制定了《个人整改任务书》。在2013年年底前新起草制定了《自治区残联领导班子联系干部职工制度》《自治区第二代残疾人证发放、管理规定》等8个制度。修订完善了《自治区残联党组议事规则》等6项制度。

（二）以实施残疾人工作五个专项工程为载体，全面完成国家项目和自治区政府“十项民生工程”

2013年2月，自治区政府召开了由各盟市政府分管领导、自治区各残工委成员单位分管领导参加的全区残疾人事业工作会议，对进一步落实五个专项工程进行全面部署。自治区副主席白向群对落实残疾人事业“十二五”发展纲要和残疾人工作专项工程提出了明确要求，并代表自治区残工委与各盟市政府（行署）残工委主任（分管盟市长）签订年度工作目标责任书，狠抓落实。2013年12月16—27日，自治区残工委组成5个目标责任书完成情况考核组赴盟市检查指导工作。按照自治区五个专项工程方案，2013年自治区财政和有关部门投入资金2.22亿元，其中，自治区投入1.46亿元，盟市配套资金0.76亿元。盟市、旗县在完成自治区五项工程任务基础上，安排资金1.9亿元，创新推进工作。各盟市在五项工程基础上分别增加了项目内容，同时对部分项目提标扩面，着力解决落实配套资金，明确盟市、旗县经费承担比例，保证五项工程顺利实施。自治区残联负责协调、沟通财政、发改、扶贫等部门，协调解决项目资金。同时指导盟市、旗县（市、区）落实配套资金，建立健全各项制度，规范项目资金管理。

1. **残疾人社会保障工程**

实施自治区贫困残疾人生活困难补贴制度：以城镇贫困残疾人每年600元、农村牧区贫困残疾人每年360元为标准，向21.6万贫困残疾人发放生活困难补贴资金9111万元（其中自治区投入5525万元，盟市投入3586万元）。鄂尔多斯市对城镇重度残疾人每人每年补贴4000元，对农村牧区重度残疾人每人每年补贴3000元；城镇精神、智力（三、四）级残疾人每人每年补贴3000元，农村牧区精神、智力（三、四）级残疾人每人每年补贴2000元。

实施贫困残疾人危房改造项目：自治区财政安排844万元、自治区彩票公益金安排405万元、国家彩票公益金安排补贴资金600万元用于补贴全区6750户农村牧区贫困残疾人实施危房改造，三项资金合并使用每户残疾人补贴2738元。

实施贫困残疾人家庭无障碍改造项目：自治区安排500万元以奖代投资金，支持盟市对5050户（每个旗县市区50户）残疾人家庭进行无障碍改造；国家彩票公益金拨付227万元对650户贫困残疾人家庭进行无障碍改造。此外各盟市投入资金1185.69万元，对5700户贫困残疾人家庭进行了无障碍改造。鄂尔多斯市投入670万元，按每户1万元标准为670户残疾人家庭进行了无障碍改造。

实施“阳光助行”肢体残疾人康复救助项目：与老牛基金会联合实施“阳光助行”肢体残疾人康复救助项目，共投入1200万元，用2013、2014两年时间让全区3000名（其中，小腿假肢2000例，每例3000元，大腿假肢1000例每例6000元）下肢缺失残疾人全部站起来。2013年为残疾人装配假肢1200例。为24932名残疾人发放2013年燃油补贴648万元，为18692名残疾人预拨2014年燃油补贴486万元，对部分盟市、旗县区发放工作进行了抽查。

在残疾人社会保障工程实施过程中盟市在加大落实力度的同时，注重社会保障工程与各项惠残政策相对接，对残疾人参加社会保险进行补贴。呼伦贝尔市投入500万元对残疾人参加社会保险买单。通辽市为43名9岁以下脑瘫儿童新农合报销。

2. **0—6岁贫困残疾儿童抢救性康复工程**

为全区200名聋儿、200名低视力儿童、200名脑瘫儿童、200名智力残疾儿童和200名孤独症儿童开展康复训练。开展自治区人工耳蜗救助项目：自2009年实施以来，已为100名贫困听障残疾儿童免费植入人工耳蜗，救助资金1800万元。组织项目专家组对该项目进行了全面评估，结束训练的50名聋儿中52%进入了普通幼儿园，38%进入了普通小学，剩余10%的儿童继续接受康复训练。实施国家“七彩梦行动计划”项目，为85名贫困适龄聋儿植入人工耳蜗，并进行康复训练。个别盟市根据地方实际开展了人工耳蜗救助项目，呼和浩特市实施人工耳蜗植入手术10例，鄂尔多斯市实施人工耳蜗植入手术12例。

在落实好自治区残疾儿童抢救性康复工程基础上，开展国家、自治区、盟市康复项目为有康复需求的残疾人提供不同程度的康复服务。实施白内障复明手术10636例，其中免费手术5977例。“复明24号”流动眼科手术车完成手术2000例，其中免费手术800例。为3719名低视力患者验配助视器，对1595名盲人进行了定向行走训练。为279名听力残疾人配戴助听器。为400名贫困智力残疾儿童补贴训练经费，为185名脑瘫儿童、400名孤独症儿童提供康复训练，培训智力残疾儿童家长525人。实施肢体残疾儿童矫治手术和康复训练180例，为4096名肢体残疾人提供康复训练指导。为2000名贫困精神病患者提供基本治疗药品补贴，为370名贫困精神病患者提供一次性住院医疗补贴。全年为残疾人供应辅助器具10397件，其中免费发放7022件，为残疾人提供555例假肢和矫形器装配服务。

依托机构和社区资源，建成88个示范性残疾人社区康复站开展残疾人社区康复服务。自治区残疾人康复服务中心等4个孤独症康复机构被国家列为试点项目机构。自治区18个康复训练机构被列为“全区残疾儿童示范性定点康复训练机构”。社区康复合作项目执行地按照要求开展社区康复培训班以及互助组活动，取得了良好效果。包头市残联承办了孤独症及相关障碍早期诊断早期干预国家级培训班，培训60名孤独症康复机技术人员和管理人员。组织召开专家论证会论证，在全国首家制定了《内蒙古自治区7—17岁重度听障儿童人工耳蜗筛查标准》。贯彻落实《全国残联系统康复人才培养规划（2005—2015年）》、组织康复管理人员及专业技术人员参加国家级各类康复服务及康复机构建设培训100余人次。全区各地开展了康复人才培训工作，培训各类康复管理人员、专业技术人员、康复协调员7257人次。

3. **特殊教育体系建设工程**

支持幼儿园、特殊教育学校、残疾儿童康复和福利机构等实施残疾儿童学前康复教育，对招收残疾儿童的学前教育机构进行补贴，2011、2012年补贴资金326.8万元到位。锡盟残联安排10万元资金对招收残疾儿童的幼儿园进行了补贴。对义务教育阶段适龄儿童全部实行了国家“两免一补”政策，残疾儿童入学率达到85%以上。自治区上线残疾考生100%被区内外大学录取。开展交通银行资助项目、中央彩票公益金助学项目，投入经费48万元，资助残疾学生160人次。各盟市根据地方实际投入611.37万元资助残疾学生4752名。自治区特殊职业技术学校两个年级、三个专业有49名学生在校就读，2011级第六届医疗按摩班学员进入顶岗实习阶段；学校举办了全区盲文培训和盲人定向行走、手语翻译员、高级保健按摩师职业资格培训，来自全区155名残疾人和残疾人工作者参加了培训。2013年中央广播电视大学残疾人教育内蒙古学院共招收社会工作专业大学新生50名。自治区米玉英等5名教师被授予“2013年交通银行特教园丁奖”，石慧强同学被授予“交通银行残疾大学生励志奖”。

4. 残疾人就业扶贫工程

各级政府将残疾人就业纳入地方就业总体规划和年度计划，纳入开展联动、督导工作总体安排。扶持残疾人自主择业、自主创业，城镇扶持新增残疾人就业6460人。盟市根据地方实际采取措施推进残疾人自主择业、自主创业。锡盟、阿盟分别投入5万元和4.4万元对集中安置残疾人企业进行了奖励；锡盟对70名创业残疾人每人给予了3000元扶持资金；通辽市为100名就业创业残疾人每人落实2万—5万小额贷款。盟市、旗县（市、区）政府购买公益岗位，安排符合条件的残疾人就业超过10%，此外增加3%名额安排残疾人担任农家书屋管理员。对城镇有就业意愿和劳动能力的1万名残疾人进行职业技术培训。联合相关单位对2010年至2012年残疾人就业保障金征收使用管理情况进行了自查。今年有6名学员参加了第四期北京残疾人义齿培训班，已有7名残疾人学员与义齿公司进行了就业签约。

残疾人扶贫基地建设列入自治区2013—2017年扶贫开发规划，自治区每年从扶贫专项资金中划拨2000万元用于38个贫困旗县残疾人扶贫基地建设。部分盟市加大了扶贫基地建设投入，呼和浩特市投入100万元扶持10个残疾人扶贫基地建设，呼伦贝尔市投入120万元扶持残疾人扶贫基地建设。全区对1.5万名农村牧区有就业意愿和劳动能力的残疾人进行实用技术培训，每人补贴100元，盟市根据地方实际，分别提高了补贴标准。帮助4万名贫困残疾人增加了收入。向盟市下拨291万元康复扶贫贷款贴息任务和配套资金。实施国家“万村千乡市场工程”助残扶贫项目，安置了80名农村贫困残疾人或家庭成员就业，帮助30户农村贫困残疾人家庭创办了村级店。中国残联在通辽市召开了全国残疾人扶贫现场会，总结推广了通辽市残疾人扶贫基地建设经验。

开展第六次“真情呵护”公益活动、“集善工程·启明行动”项目、“集善如新儿童蜜儿餐”等公益项目，共投入款物554.37万元，直接受益残疾人约2380人。联系西门子公司为全区20名听力残疾人捐赠价值32.8万元的助听器20台。与福彩中心联合向43名残疾大学生每人发放3000元资助金。继“复明24号”流动眼科手术车之后亚洲防盲基金会又向自治区捐赠了一台价值240万元港币的“复明25号”流动眼科手术车，捐赠手续已经基本办理完成，2014年即可投入使用。

5. 残疾人托养服务工程

实施重度残疾人护理补贴制度：2013年第一次政府常务会议研究决定从2013年开始将二级重度残疾人也纳入重度残疾人护理补贴发放范围。目前享受该制度的一、二级重度残疾人达到19.7万人，自治区本级从2013年起每年安排护理补贴资金5512万元，较2011、2012年新增3934.5万元。实施国家“阳光家园计划”，投入资金799万元补贴13366名智力、精神和重度残疾人居家托养。

（三）残疾人文化体育日益活跃

2013年助残日期间，举办了庆祝自治区实施残疾人保障法办法颁布一周年“维权服务·创新圆梦”知识竞赛活动，并和内蒙古电视台联合制作了大型公益广告片，在内蒙古卫视连续滚动播出3个月，营造全社会关注、关心、支持残疾人事业氛围。与呼市残联、内蒙古残疾人图书馆共同举办了2场盲人朋友大讲堂活动，并为盲人朋友开设了网络沟通平台。在全区开展了举办“一场书画摄影展、一场演讲比赛、一场文艺演出”文化活动，各地组织举办了33次展览、演出以及演讲征文等活动，进一步满足了残疾人文化需求。在第八届全国残疾人艺术汇演上内蒙古选送的60人参与的12个节目，获得1个一等奖、3个二等奖、6个三等奖的好成绩。制作了“担当历史重任，实现时代跨越”大型纪录片，记录了2008—2012年内蒙古残疾人事业发展历程。建立残疾人文化体育示范市区，目前初见成效。锡盟开展文化无障碍项目，投入49.5万元为24个图书馆室配备了信息无障碍设备。在全国2012年度“残疾人事业好新闻”评选中，自治区选送的9个作品2个获二等奖，2个获三等奖。在“全国盲人声乐大赛”中自治区2名盲人选手获三等奖。中国残联向16个社区配送了价值50万元的图书。

举办自治区残疾人体育健身指导员培训班，对40余名基层残疾人体育管理人员、体育教师和教练员进行了培训。自治区残疾人举重训练基地迁入新址，目前有6名运动员在训。在国内外残疾人体育比赛中，自治区运动员获得3枚金牌，9枚银牌，1枚铜牌的好成绩。

（四）以各级残联换届为契机，进一步加强残疾人工作组织基础

按照《中国残疾人联合会章程》和中国残联要求，自治区、盟市、旗县（市、区）顺利完成了换届。2013年8月21日召开自治区残联第六次代表大会。自治区党委王君书记和巴特尔主席发来贺电，对大会的召开表示祝贺。自治区领导和自治区残工委成员单位负责人与残疾人代表及残疾人工作者200余人参加了会议。大会选举产生了自治区残联新一届领导机构。通过换届，一大批年富力强的同志走上了各级残联领导岗位，全区12个盟市中有11个配备了残疾人领导干部，占盟市残联总数的91.7%，其中肢残人领导干部10人，盲人领导干部1人；102个旗县（市、区）中配备残疾人领导干部的有32个，占旗县（市、区）残联的31%，进一步激发了生机活力，增强了残联的代表性。全区12个盟市、102个旗县（市、区）全部建立残联组织，各级残联机关和直属单位共有工作人员2400余人，残联领导干部、专门协会和残疾人后备干部系统管理机制已逐步建立。全区苏木（乡镇、街道）、嘎查（村、社区）全部建立了残疾人组织，残疾

人专职委员达到13084人。自治区按每个嘎查、村每年1000元的标准，将嘎查、村残疾人专职委员补贴列入财政预算。指导各地将“强基育人”工程纳入当地残疾人事业发展和人才队伍建设的总体规划，对推进全区2013年度残疾人组织建设“强基育人”工程做出了具体安排部署。开展社区残疾人工作示范点工作，自治区政府办公厅印发了《关于印发自治区建设社区残疾人工作示范点实施方案的通知》（内政办字〔2013〕145号），盟市选定1个城镇社区和1个村（嘎查）作为示范点，建立了以社区居委会为核心、社区残协专职委员为纽带、社区服务机构为基础的工作机制，要求“五清楚”、“五落实”为残疾人提供服务。开展城乡社区残协会员实名制试点工作，在呼和浩特市选定7个社区，争取街道办事处和社区居委会的支持和配合，充分调动社区残疾人及亲属和爱心人士的积极性，借助残疾人社会组织和志愿助残工作平台开展相关活动和项目，为残疾人会员提供个性化服务。承办了中挪合作项目第九期农村社区残疾人工作培训班暨贯彻落实中国残联六代会精神培训班，对全区158名盟市、旗县（市、区）残联理事长、组联部负责人和社区残疾人工作示范点残协专职委员进行了培训。完成了自治区五个残协组织的换届工作。支持各级盲协、聋协和肢协参加全国计算机、书法摄影竞赛、清华大学“残疾人创业培训班”、无障碍环境建设学习培训和盲人文学爱好者联谊活动盲人朗诵大赛和歌手大赛，指导自治区肢残人协会组织开展丰富多彩的肢残人日活动。督导各地加快办证进度，目前全区已办理二代残疾人证65.6万份，残疾人证核发率为43%。

四、重要条目

【关于为二级重度残疾人发放护理补贴和统一城乡残疾人生活困难补贴发放标准的情况汇报】2013年1月23日，自治区党委副书记、自治区主席巴特尔主持召开2013年自治区政府第一次常务会议，听取了《关于为二级重度残疾人发放护理补贴和统一城乡残疾人生活困难补贴发放标准的情况汇报》。会议指出，努力改善残疾人生活质量，是各级政府义不容辞的责任。近年来，自治区在残疾人事业上投入了大量资金，助残扶残工作取得明显成效。但由于残疾人情况特殊，除了正常生活支出外，在医疗、康复等方面比社会平均支出水平要高，生活比较困难。为切实解决自治区重度残疾人和农村牧区贫困残疾人收入较低、生活困难的问题，会议同意2013年1月起将二级重度残疾人列入护理补贴发放范围，改善残疾人的生活水平。

【全区残疾人工作会议暨自治区残联第五届主席团第六次会议】

2013年2月21日在呼和浩特召开。自治区副主席白向群，主席团委员、自治区残工委成员单位负责人，各盟市、计划单列市分管盟市长、残联理事长、办公室主任，各专门协会负责人，自治区残联机关各部室和直属单位负责人等100余人参加了会议。

会议指出，2012年全区残疾人工作以实施残疾人事业“十二五”发展纲要为契机，以加快残疾人社会保障和服务体系建设为主线，以全面实施五个专项工程为重点，努力提升残疾人工作整体水平，残疾人事业有了新的发展。自治区残联在推动修订通过《内蒙古自治区实施〈中华人民共和国残疾人保障法〉办法》、积极协调推进自治区政府与中国残联签订《中国残疾人联合会内蒙古自治区人民政府共同推进内蒙古残疾人事业发展备忘录》、认真实施国家项目和自治区政府“十项民生工程”任务、全区残联系统开展了“三争三创”和“走千村、访万户、摸实情、送温暖”活动等方面取得了显著成效。2012年也是资金投入为历年最多的一年。全区直接用于残疾人民生的项目资金达4.12亿元。自治区制定实施贫困残疾人生活困难补贴制度、重度残疾人护理补贴制度走在全国前列。

2013年自治区残联将以实施“十二五”规划纲要和残疾人专项工程为载体，继续推进残疾人社会保障和服务体系建设，解放思想，转变作风，健全制度，完善措施，确保各项任务全面完成。确保2015年初步构建残疾人社会保障和服务体系基本框架，2020年实现残疾人社会保障和服务体系全覆盖、均等化。

会议审议通过了杨志民理事长代表残工委秘书处和执行理事会所做的工作报告，聘请了自治区残联第五届主席团名誉主席、调换增补了主席团主席、副主席、委员。白向群副主席代表自治区残工委与各盟市残工委签订了2013年残疾人工作责任书。

【“维权服务·创新圆梦”知识竞赛活动】2013年5月是新修订的《内蒙古自治区实施〈中华人民共和国残疾人保障法〉办法》颁布实施一周年的日子，为了深入贯彻落实党的十八大精神，不断学习、宣传、贯彻《中华人民共和国残疾人保障法》和《内蒙古自治区实施〈中华人民共和国残疾人保障法〉办法》，营造理解、尊重、关心、帮助残疾人的良好社会环境，依法保护残疾人权益的法治环境。激励残疾人自尊、自信、自强、自立、平等、参与、共享，培养提高残疾人工作者的工作能力和业务素质，更好地为残疾人服务，凝聚力量，激发活力、创新圆梦。2013年5月24日，由自治区残联和自治区人大常委会内务司法委员会、自治区人大常委会法制工作委员会在呼和浩特市共同举办了庆祝新修订的《内蒙古自治区实施〈中华人民共和国残疾人保障法〉办法》颁布实施一周年“维权服务·创新圆梦”知识竞赛活动。全区12个盟市和自治区残联机关及会属事业单位共16支代表队参加了竞赛活动。自治区残联党组书记、理事长杨志民，自治区人大常委会内务司法委员会副主任潘永如亲临竞赛现场。

【“感恩社会·温暖草原”公益项目】为边疆地区特困残疾人牧民家庭安装配置太阳能发电和卫星电视接收装置公益项目，由自治区残联、工商联、残疾人福利基金会、内蒙古彩票发行管理中心、内蒙古电视台《福利草原情》栏目联合发起，该项目计划从2010年到2012年利用三年时间为阿拉善盟、锡林郭勒盟居住在荒漠、戈壁、草原等边远地区的特困残疾人家庭及残疾老革命、老党员、老模范家庭安装太阳能发电装置和卫星电视接收装置。该项目实施三年来，共收到社会捐款171万元，地方政府配套资金85.28万元，为两个地区364户特困残疾人家庭安装了太阳能发电装置，为264户配置了卫星电视接收装置。2013年11月，中国残疾人基金福利会在全国残疾人福利基金会范围内开展了“集善工程自助创新公益项目奖”评选活动。经组委会评选，内蒙古“感恩社会.温暖草原”公益项目获得全国“集善工程自助创新公益项目奖”。

【于海涛、高瑞莲获评“全区学雷锋优秀志愿者”】

2013年1月14日，自治区精神文明建设委员会举办的道德主题晚会在乌兰恰特保利大剧院举行。通辽特奥训练中心负责人于海涛、鄂尔多斯市连泰绒业制品有限公司董事长兼总经理高瑞莲被授予“全区学雷锋优秀志愿者”荣誉称号。

于海涛2002年9月创办“通辽特奥训练中心”，专门为智力障碍人士无偿提供康复，进行“特殊奥林匹克运动”训练。中心创办十多年来，他先后资助了6名贫困残疾儿童，无偿培训了41名智障残疾人，培养了12名优秀的特奥运动员，他带领的队员共参加国内外的特奥运动比赛7次，获得奖牌67枚，多次受到党和国家领导人及国际特奥会主席及官员的接见，有6名特奥运动员被中国特奥会评为优秀特奥运动员。于海涛也被国际特奥会授予国际特奥高级讲师。多年来，他培训了100多名智障人士的家长和亲友，使他们了解了特奥运动，抛弃自卑，重新树立了生活的信心和勇气。同时发展了400多名大学生志愿者及社会各界爱心人士80多人共同帮扶智障残疾人。2006年，于海涛被中国残联、国家体育总局授予全国特奥工作先进个人，2007年，被内蒙古残联、内蒙古体育局评为全区残疾人体育工作先进个人。2011年，被内蒙古自治区残疾人工作委员会、自治区人力资源和社会保障厅、自治区残联授予“内蒙古自治区扶残助残先进个人”荣誉称号。

高瑞莲致力于残疾人就业创业工作。2002年，她与残联合作，成立了东胜区残疾人服务社，先后安排了150多名残疾人就业。随后，她的公司又拿出20万元作为培养残疾人职业技能的专项资金，对残疾人进行培训。同时，还先后拿出20余万元资助困难残疾人家庭的子女就学，资助在车祸中致残的儿童进行康复治疗。2003年“非典”时期，在企业经营陷入困境时，高瑞莲仍然捐款捐物达10万余元。2005年，她个人出资500万元建立了东胜区“至瑞祥”老年公寓，该公寓已经为1000余位老年人提供了服务。2008年四川地震后，她又在第一时间捐款捐物50万元。由于扶残助残工作突出，2006至2008年分别被评为“鄂尔多斯市扶残助残先进个人”、“鄂尔多斯市十大杰出女企业家”和“鄂尔多斯市东胜区十大女杰”；2011年，被内蒙古自治区残疾人工作委员会、自治区人力资源和社会保障厅、自治区残联授予“内蒙古自治区扶残助残先进个人”荣誉称号。

五、大事记

1月7—18日，自治区残联党组书记、理事长杨志民与4名副理事长分别带队，深入12个盟市，对2012年全区残疾人工作责任书完成情况进行考核。

1月19日，自治区组织部召开全区组织部长会议，会上自治区残联办公室被自治区党委组织部和人社厅授予“四比一提高”先进集体荣誉称号。

2月21日，自治区残疾人工作会议暨自治区残联五届主席团第六次会议在呼和浩特召开。会议审议通过了杨志民理事长代表残工委秘书处和执行理事会所做的工作报告，聘请了自治区残联第五届主席团名誉主席，调换增补了主席团主席、副主席、委员。白向群副主席代表自治区残工委与各盟市残工委签订了2013年残疾人工作责任书。

3月4日，自治区残联、韩国釜山障碍人总联合会就深化两地残疾人工作交流合作正式签署备忘录，双方商定进一步扩大内蒙古与韩国釜山残疾人文化和康复技术服务交流，中国残疾人杂志社将对两地友好交流给予积极指导。

3月22日，自治区残联召开中心组扩大会议，传达贯彻全国“两会”精神。机关全体干部、会属各单位班子成员参加了会议。

4月2日，自治区副主席白向群同志赴中国残联就继续落实自治区政府与中国残联签订的《共同推进内蒙古残疾人事业发展备忘录》有关事宜与中国残联党组书记、理事长王新宪和中国残联副主席吕世明等同志沟通交流。

4月19日，自治区残联召开严肃工作纪律整顿工作作风专项活动动员大会。党组书记、理事长杨志民同志做了动员讲话。自治区残联机关全体干部、会属二级单位班子成员参加了会议。

5月19日，自治区残联理事长杨志民、副理事长冀育青赴凉城县岱海镇白艮村走访了40名贫困残疾人，并向他们发放慰问金。

5月24日，自治区残联和自治区人大常委会内务司法委员会、自治区人大常委会法制工作委员会共同举办，“维权服务·创新圆梦”知识竞赛，庆祝新修订的《内蒙古自治区实施〈中华人民共和国残疾人保障法〉办法》颁布实施一周年。

5月28日，全区残疾人康复工作会议在呼和浩特召开，自治区残联副理事长张志新出席会议，并做了重要讲话。会议总结了“十二五”以来残疾人康复工作，对开展“十二五”中期检查工作及今后残疾人康复工作进行了全面部署，启动了内蒙古贫困肢体残疾人假肢救助工程和贫困脑瘫儿童肢体矫治手术项目。

6月3—10日，自治区残联对全区十二个盟市及两个计划单列市的残疾人康复工作进行年度中期检查。

6月6日，自治区残联、内蒙古红十字会朝聚眼科医院、呼市残联和弗雷德·霍洛基金会在呼和浩特市青城公园共同举办“2013年全国爱眼日大型眼健康普查活动”，为群众免费进行眼部健康检查。活动现场，自治区残联党组书记、理事长杨志民代表自治区残联、卫生厅、教育厅为内蒙古红十字会朝聚眼科医院颁发“内蒙古自治区青少年眼健康疾病防治中心”牌匾。

6月16日，召开自治区残联和会属二级单位关于严肃工作纪律、整顿工作作风专项活动的进展情况汇报会，二级单位职工代表、自治区盲人协会、聋人协会、肢残人协会和智力残疾人亲友会、精神残疾人亲友会的负责人、部分残疾人代表听取了汇报，并提出了意见和建议。

7月9—10日，在自治区残联、肢残人协会的大力支持下，由呼和浩特轮椅汽车俱乐部、呼市肢协、乌兰察布市爱心车队、包头市自强车队、巴彦淖尔市爱心车队、乌海市联谊车队近100名残疾朋友共同参加的“你我同行、共享蓝天”联谊活动在包头市赛罕塔拉草原风情园举行。

7月9—13日，中国肢残人协会主席徐凤建到内蒙古开展调研，了解各级肢残人协会履行“代表、服务、维权”三大职能的经验，听取基层协会干部对全国肢协第六次代表大会工作报告的意见和建议。

7月14日，自治区残联召开7—17岁重度听障青少年人工耳蜗筛查标准专家论证会。北京协和医院人工耳蜗中心主任、教授曹克利，中国聋儿康复中心副主任、教授孙喜斌，北京大学第三医院耳鼻喉科主任、教授马芙蓉，内蒙古自治区人民医院耳鼻喉科主任医师刘勇智，内蒙古自治区残疾人康复服务中心听力门诊部主任曹世峰等专家参加了会议。

7月15日，自治区残联召开党的群众路线教育实践活动动员会议，残联党组书记、理事长杨志民同志在自治区就自治区残联本机扎实开展和突进教育实践活动进行了全面部署。机关全体干部和会属二级单位班子成员参加了会议。自治区教育实践活动第六督导组组长曹树山出席并讲话。

7月25日，自治区残联召开党的群众路线教育实践活动征求意见座谈会，对自治区残联领导班子在，“四风”方面存在的问题征求意见、建议。自治区残联部分离退休老同志、自治区残联教育实践活动领导小组全体成员参加了会议。

7月30日，自治区残联要求自治区发展研究中心主任杭栓柱做了题为《深刻理解自治区8337发展思路》的专题讲座。自治区残联机关全体干部和会属二级单位班子成员参加了讲座。

8月6日，内蒙古自治区组队参加由中国残联、教育部、民政部、文化部和国家新闻出版广电总局共同举办的第八届全国残疾人艺术汇演（北京赛区）。呼伦贝尔选手王俊平演唱的《鸿雁》，获得声乐类一等奖。

8月16—17日，自治区残疾人福利基金会、内蒙古出入境检验检疫局国际旅行卫生保健中心联合举办“真情呵护”——免费为贫困残疾人体检公益活动暨助听器捐赠活动，为200名贫困残疾人进行免费体检，并向残疾人捐赠了价值16.4万元的西门子助听器。

8月21—22日，内蒙古自治区残疾人联合会第六次代表大会于在呼和浩特市召开。中国残联党组成员、理事相自成，自治区政协主席任亚平和自治区人大常委会副主任杭桂林、自治区政府副主席白向群及自治区残工委成员单位负责人、残疾人代表、残疾人工作者200余人参加了会议。自治区党委王君书记和巴特尔主席发来贺电；相自成代表中国残联致辞，白向群副主席在开幕式上做重要讲话。会议选举产生了自治区残联第六届主席团、执行理事会及各专门协会领导成员，选举白向群为自治区残联第六届主席团主席，主席团推举杨志民为执行理事会理事长。

8月23日，由中国残疾人福利基金会、内蒙古自治区残疾人福利基金会、乌兰察布市残疾人联合会联合主办的“集善工程·启明行动”项目在乌兰察布市启动。此项目为500例贫困白内障患者实施复明手术，中国进出口银行、中国残疾人福利基金会、内蒙古自治区残疾人福利基金会为项目提供经费50万元。

8月27日—9月11日，按照《自治区残联党的群众路线教育实践活动工作方案》要求，自治区残联结合“走千村、访万户、摸实情、送温暖”活动，由五名理事长分别带领工作小组深入12个盟市，走访慰问了500户重度残疾人及一户多残残疾人家庭，并与基层残联座谈，征求当地残疾人和残疾人工作者对自治区残联在“四风”及工作等方面存在的问题及意见建议。

9月17日，中国残联第六次全国代表大会在北京人民大会堂隆重开幕，经自治区残联第六次代表大会选举产生的15名内蒙古代表与来自全国各地的600多名代表共同参加会议。

9月22日，自治区残联党组书记、理事长杨志民主持召开机关全体干部职工、会属各事业单位领导班子参加的会议，传达学习中国残联第六次代表大会精神。

10月9日，自治区残联召开党的群众路线教育实践活动典型报告会。残联机关及会属各单位干部职工100余人参加了会议。鄂尔多斯市残联党组书记、理事长敖正宜、呼伦贝尔市残联党组书记、理事长刘玉兰分别介绍了提高残疾人保障水平和加强项目资金管理的先进经验及做法。自治区智力残疾人亲友协会主席白晔做事迹报告。

10月10日，自治区残联党组书记、理事长杨志民，副理事长马俊学深入到教育实践活动联络点——内蒙古特殊职业技术学校进行调研。

10月15—18日，自治区残疾人状况监测2012年度工作总结暨2013年度培训工作会议在呼和浩特市举办。全区12个盟市残联分管监测工作的领导和19个监测旗县市区的残联理事长、监测骨干及自治区残监测办的全体同志参加了培训会议。

10月21—24日，自治区残联在呼和浩特市举办了2013年内蒙古自治区残疾人体育健身指导员培训班。来自各盟市和部分旗县（市区）的残疾人体育管理人员、体育教师和教练员共40余人参加了培训。

10月22日，自治区残联党组书记、理事长杨志民同志为自治区残联领导班子全体成员、机关全体干部职工及会属二级单位领导班子成员讲了一堂题为《在开展党的群众路线教育实践活动中开展批评与自我批评》的党课。

11月4—5日，全区残疾人事业统计工作培训会议在呼和浩特市召开。12个盟市残联的分管领导和自治区残联本级、盟市、旗县（市、区）残联近190名统计人员参加培训。

11月15日，自治区残联召开党的群众路线教育实践活动专题民主生活会，残联领导班子成员就班子及班子成员在“四风”方面存在的问题进行深入剖析，并本着“团结—批评—团结”的目的，相互间开展了批评与自我批评。自治区副主席白向群、自治区第六督导组组长曹树山等同志应邀参加了会议并做了重要讲话，他们一致认为残联的专题民主生活会准备充分，达到了“红红脸、出出汗”的目的，是一次成功的民主生活会。

11月18日，2013年全区财政决算布置会议上，自治区残联被授予，“2012年度自治区本级部门决算先进单位”荣誉称号。

11月15—16日，自治区残联两次召开党组会议，认真贯彻落实全区第一批教育实践活动第三次工作调度会议精神，专题研究落实整改，就怎么改、由谁负责、如何保证整改效果等问题进行了深入研究讨论。

11月11—17日，自治区残联在中国残联和自治区党委组织部的指导下，举办了“贯彻落实中国残联六代会精神暨中挪合作项目第九期农村社区残疾人工作培训班”。各盟市、旗县（市区）残联理事长、盟市残联组联部门负责人和选定的社区残疾人工作示范点所在基层残协的专职委员共158人参训。中国残联执行理事会理事康复部主任尤红、中国残联组联部主任曹跃进亲临指导并授课。

11月18日，自治区残联召开专题会议，集中学习传达了习近平总书记关于《中共中央关于全面深化改革若干问题的决定》的说明和《中共中央关于全面深化改革若干问题的决定》。自治区残联领导班子全体成员、机关全体干部和会属二级单位领导班子成员参加了会议。

11月10—20日，自治区残联开展“十二五”残疾人康复工作中期检查，并对各地开展残疾人康复工作提出了具体意见。

12月2日，自治区残联召开党组专题民主生活会情况通报会。自治区残联领导班子成员、机关全体干部职工及会属事业单位领导班子成员、自治区残联退休干部代表参加本次会议。自治区第六督导组副组长索存亮等一行四人出席指导会议。

12月5—6日，自治区残联机关党支部召开专题组织生活会（含机关服务中心支部）。会上32名党员针对自身在“四风”及工作方面存在的主要问题进行了对照检查。残联领导班子成员以普通党员身份参加了部分机关党小组的批评与自我批评，并进行了点评。

12月17—24日，按照自治区残工委的统一部署，自治区残联组成五个检查组，对各盟市《2013年度内蒙古自治区残疾人工作责任书》完成情况进行检查。检查组通过听取盟市和旗区残工委秘书处的工作汇报，查阅相关文件和资料，实地检查责任目标任务在基层的落实情况，以及召开各类残疾人代表座谈会等形式全面了解了各地残疾人工作开展情况，并提出了具体要求。

（许海东供稿）

辽宁省残疾人事业和残疾人工作

一、领导批示与讲话

副省长刘强在《关于加强我省残疾人就业工作的建议》上的批示

2013年4月18日

要呼吁全社会都来关心支持残疾人事业，落实各项政策，鼓劲残疾人就业和创业，让他们更好地享受到改革发展的成果。

省长陈政高在第十一次省长办公会议上的讲话摘要

2013年5月18日

残疾人是一个特殊群体，他们急需得到社会的尊重，急需有一技之长，急需和我们一起共享改革开放的成果。党和政府有责任让他们有工作、学习和获取尊严的权利。这其中，办好学校是一个重要的、根本的途径。希望省特殊教育师范高等专科学校继续解放思想，艰苦工作，为残疾人真正融入社会做出努力。一要继续扩大招生，努力使学校达到3000人的规模。二要不断提高办学质量和教学水平，特别是教师的业务能力和实训基地的水平。三要根据学生特点做好学校日常管理，保证学生各方面安全。同时希望各市和有条件的县（区）都要成立残疾人职业培训学校。

副省长刘强在《我省特殊教育的一面旗帜——关于彰武县特殊教育建设情况的专题调研》上的批示

2013年6月15日

我省残疾人超过200万，是个庞大的群体，应加大对他们的教育和培训力度，以提升他们的生活质量，也是政府的职责所在。关于师资问题，请翠玉、福昌同志安排，认真研究一下。要采取措施，解决这个问题。

省委书记、省人大常委会主任王珉在省残联第六次代表大会上的讲话摘要

2013年7月8日

我省有224万残疾人，这是一个数量较大、困难较多的特殊群体，也是加快全面振兴、建设富庶文明幸福新辽宁不可或缺的重要力量。要看到，残疾人事业中还有诸多问题需要我们去认真研究解决。

一是进一步健全完善残疾人社会保障体系，为残疾人提供更高水平的制度性保障。要切实将残疾人保障纳入全省社会保障范围，建立健全残疾人稳定可靠的民生安全网。以建立城乡贫困残疾人生活补贴和重度残疾人护理补贴专项保障制度为突破口，加快建立残疾人社会保障救助机制，逐步提高保障标准，扩大救助范围，突出对残疾人的特殊照顾和特别扶助。抓好现行残疾人保障政策的落实，加强对相关法规政策执行情况的检查和督办，确保对残疾人的各项优惠政策落到实处。

二是不断改善对残疾人的服务，为残疾人充分享有基本公共服务创造条件。要切实将残疾人作为重点服务人群纳入政府公共服务大局，加快推进残疾人服务体系建设，努力实现残疾人基本公共服务均等化。大力发展残疾人专业服务，增加多层次、多元化的服务供给，不断提高残疾人服务机构、服务设施和服务人才队伍建设的制度化、规范化和专业化水平，全方位满足残疾人特殊服务需求。

三是着力提高残疾人社会福利水平，努力提升残疾人幸福生活指数。要关注残疾人不断增长的生存和发展方面的需求，在保证基本生活的基础上，逐步建立医疗康复、生活护理照料、辅助器具、无障碍环境等方面的专项福利制度，不断提高针对残疾人特殊需求的福利待遇。不断提高残疾人受教育水平，积极促进残疾人就业，丰富残疾人文化生活，为残疾人实现自身价值和梦想提供机会和平台。倡导人道与友爱，消除歧视与偏见，加大依法保障残疾人权益力度，有效控制残疾的发生和发展。

发展残疾人事业，是构建和谐社会的必然要求，是我们义不容辞的责任。各级党委和政府要从立党为公、执政为民的高度出发，把残疾人工作纳入发展大局、摆上重要位置，进一步完善残疾人工作领导体制，加大政策扶持和经费保障力度，促进残疾人事业持续健康发展。社会各界特别是各有关部门要全力支持残疾人工作，共同汇聚有助于残疾人事业发展的强大合力。各级残联组织要加强自身建设，坚持群众路线，深深扎根于残疾人之中，努力为残疾人创造更多的福祉。广大残疾人要自尊、自信、自强、自立，不断提高自身素质，积极参与辽宁改革发展和社会建设，以自己的聪明才智和拼搏精神成就精彩、幸福的人生。

副省长刘强在省残联第六次代表大会上的讲话摘要

2013 年 7 月 8 日

贯彻落实会议精神，做好新形势下残疾人工作的三点意见：

一是充分认识新形势下做好残疾人工作的重要意义。残疾人事业是社会建设的重要组成部分，残疾人事业是构建和谐社会的重要内容，残疾人事业是人权保障和弘扬人道主义的主要体现，残疾人事业凝聚着所有残疾人对未来生活的期盼。

二是切实保障和改善残疾人民生。各级政府和有关部门要全面深入实施《残疾人保障法》，确保残疾人依法享有和行使各项权利，要针对残疾人的特殊需求，进一步推进和加强残疾人政策法规体系建设，在制定相关政策法规时，优先纳入有关残疾人的民生内容，并给予重点保障和特别扶助。在落实国家和省有关残疾人优惠政策时，要坚持普惠与特惠相结合，一般性制度安排和专项制度安排相结合，多为残疾人争取优惠、特惠，确保残疾人基本生活得到稳定的制度保障。各级残联组织要提高社会管理水平，动员社会力量为残疾人服务，着力解决关系残疾人切身利益的实际问题。

三是凝聚各方力量共同做好残疾人工作。要进一步完善党委领导、政府负责的领导体制，健全各部门密切配合、残疾人组织充分发挥作用的工作机制，营造整个社会关心帮助残疾人、关注支持残疾人事业的良好氛围。各级政府要将残疾人事业纳入经济社会发展总体规划和相关专项规划，进一步加大对残疾人事业的经费投入，努力建立起残疾人事业经费投入和经济发展水平同步增长机制。各级残疾人工作委员会成员单位要按照职责分工，理顺工作关系，形成工作合力。残联主席团要全力支持理事会开展工作，各位主席和委员要认真履行职责，积极建言献策。各级残联组织要切实履行好“代表、服务、管理”职能，建立与各方联系顺畅、沟通有效、协调有力的工作格局，全面提升为残疾人服务的能力和水平。广大残疾人工作者要深入基层和残疾人家庭，有针对性开展工作。广大残疾人要适应时代要求，弘扬“自尊、自信、自强、自立”精神，在顽强拼搏中实现人生价值，在全面建成小康社会中建功立业，同全省人民一道共创幸福生活和美好未来。

省残联理事长张翠玉在省残联第六次代表大会上的报告摘要：加快发展残疾人事业，为全面建成小康社会而努力奋斗

2013 年 7 月 8 日

一、过去五年的工作

（一）健全公平化的社会保障制度，残疾人保障水平显著提高

全省 40 余万城乡贫困残疾人享受了最低生活保障，已享受低保救助的残疾人，按当地最低生活保障标准上浮不低于 20% 的比例。全省近 46 万城乡残疾人参加城镇居民养老保险和新型农村养老保险，85% 以上的残疾人参加城镇居民医疗保险和新型农村合作医疗。贫困残疾人生活补助和护理补贴等制度的建立取得重大突破。省政府已批准为参加新型农村和城镇居民社会养老保险的 55—59 周岁重度残疾人每月发放 55 元的生活补助。全省普遍建立了助学机制，资助各类残疾学生和残疾人家庭子女近 2 万名。对 7532 户农村贫困残疾人住房进行补贴救助，改善了农村贫困残疾人住房条件。

（二）建立均等化的公共服务体系，对残疾人的服务全面改善

全省普遍开展规范化社区康复工作，120 万残疾人通过社区康复享受到就近就便、切实有效的康复服务。近 5000 名贫困残疾儿童在各级各类机构接受康复训练，实施白内障复明手术 11 余万例，为 10 万人（次）贫困精神病患者提供免费服药救助，为残疾人适配辅助器具 15 余万件。三类残疾儿童义务教育入学率始终保持在 93.5% 以上。上线残疾考生录取率始终保持 100%。投资 4 亿余元的辽宁省特殊教育示范高等专科学校 2012 年投入运行，提升了我省特殊教育办学层次。通过多种形式实名制安置残疾人就业近 6 万人，实名制培训各类残疾人近 13 万人次。组织开展全省盲人医疗初、中级专业技术职称评审和资格审核，共扶持 558 个盲人保健按摩院所。共有 85.2 万名农村贫困残疾人得到了有效帮扶。走访慰问残困户近 75 万户，送去款物折合人民币 2.9 亿元。省财政安排农村残疾人专项扶贫资金 2500 万，累计帮扶 1.5 万户残疾人发展生产。争取国家资金 2925 万元，省、市、县级财政配套资金 1.27 亿元，资助居家托养残疾人 4.7 万人，全省托养服务机构已发展到 231 个。筹措资金 8500 余万元，对 2136 个社区、2.96 万户残疾人家庭实施无障碍改造。省、市及 20 个县（市、区）图书馆建立完善了盲人阅览室，省及 9 家市级电视台开播了手语新闻。推动残疾人文化进社区，鼓励吸纳残疾人参与文体活动。举办了残疾人群众体育健身活动和残疾人组比赛，促进残疾人强身健体。为残疾人办理法律救助案件 3837 件，提供电话及网络咨询服务 3 万余次。完善残疾人信访工作机制，推动信访工作规范化，残疾人合法权益得到有效维护。

（三）打造持续化的残疾人工作体制机制，事业发展环境不断优化

组织领导切实加强，形成了事业发展的长效机制。各级党委、政府把残疾人工作作为保障和改善民生、促进社会和谐的主要内容给予支持。各级人大、政协开展残疾人工作执法检查和视察，有力地推动了各项工作开展。印发了残疾人养老、教育、就业等系列政策法规，为事业发展提供了制度性保障。2009 年 2 月制定实施了《中共辽宁省委辽宁省人民政府关于促进残疾人事业发展的实施意见》。修订通过了《辽宁省实施〈中华人民共和

国残疾人保障法〉办法》，并于2012年2月1日起正式施行。社会环境得到优化，残疾人参与社会能力显著增强。在市以上主流媒体刊发残疾人事业宣传稿件3万多篇（次）。11家电台开播残疾人专题节目。我省残疾人运动员在国内外残疾人体育赛事上取得了335枚奖牌的优异成绩，实现历史性突破。募集款物合人民币1595万元，使事业发展的物质条件更加优越。

（四）培养规范化的残疾人组织体系，服务能力和水平明显提高

组织基础更加坚实。2011年，全省县（市、区）残联残疾人组织规范化建设全部达标，完成了残疾人专职委员实名登记工作。全省登记在册助残志愿者近9万人，志愿助残科学、有效、规范开展。各级各类专门协会组织建设和能力建设进一步加强，“代表、服务、维权”职能作用充分发挥。基础性工作实现跨越。全省已建综合服务设施139个。残疾人事业综合管理平台建设初具规模，为开展工作提供政策和数据支持。列入省政府为民办实事的中专学校迁址新建和省残疾人康复中心改扩建项目均顺利完工并投入运行，基础设施建设实现新跨越。

五年的工作实践使我们深刻认识到：

必须坚持科学发展观，注重残疾人事业的全面协调可持续发展。必须坚持政府主导，注重夯实共同推进事业的工作格局。必须坚持改革创新，注重探索新的思路方法和运行机制。必须坚持社会化工作方式，注重整合利用社会资源推进残疾人事业。必须坚持抓基层打基础，注重增强工作的针对性和实效性。必须坚持以残疾人为本，注重发挥他们在事业发展中的主体作用。

二、今后五年的奋斗目标和主要任务

（一）加快推进保障体系建设，提高残疾人社会保障水平，全面改善残疾人民生

加强残疾人社会救助。针对“四保一救”，研究制定特殊优惠政策，使残疾人基本生活得到稳定的制度性保障。落实残疾人社会保险补贴。提高重度残疾人参加社会养老保险覆盖率。将有劳动能力的残疾人纳入失业保险覆盖范围。逐步将残疾人急需的康复医疗项目纳入社会保险支付范围。推行残疾人社会福利制度。加快制定和完善贫困残疾人生活补助和重度残疾人护理补贴等支柱性福利制度，并逐步提高标准。

（二）建立残疾人服务体系基本框架，大幅增加公共服务供给，促进残疾人全面发展

完善社会化康复服务网络。建立社会化的残疾人康复服务体系，加强康复机构建设，组织实施好重点康复救助工程。完善残疾儿童少年义务教育体系，加快发展残疾儿童学前教育、以职业教育为主的残疾人高中阶段教育和残疾人高等教育。完善我省残疾人就业政策法规。构建就业服务网络，为残疾人提供切实有效的就业服务。将残疾人扶贫工作纳入各级政府扶贫开发总体规划。落实和使用好各项扶贫资金。完善“五位一体”残疾人托养服务体系，继续实施“阳光家园计划”。加快推进城市无障碍建设和现有公共服务设施改造。普遍开展残疾人家庭无障碍改造工作。加强信息交流无障碍建设工作。建立覆盖全省的残疾人公共文化服务体系和服务网络，广泛开展残疾人群众体育活动。健全完善残疾人法律救助体系。做好残疾人信访稳定工作。

（三）运用社会化工作平台，进一步强化体制机制建设，不断优化事业发展的内外部环境

进一步完善领导体制和工作机制，将残疾人事业纳入当地经济和社会发展总体规划。大力加强基层组织规范化建设，做到机构健全规范、队伍稳定实干、服务功能完善。继续营造有利的舆论环境，大力弘扬人道主义精神和现代文明社会残疾人观。不断夯实基础性工作，为事业发展奠定坚实基础。切实强化工作队伍建设，增强为残疾人服务的能力与水平。

省委书记、省人大常委会主任王珉在教师节前夕视察辽宁特殊教育师范高等专科学校时的讲话摘要

2013年9月6日

近年来，全省广大教师和教育工作者在教书育人的岗位上默默耕耘、无私奉献，为我省教育事业发展付出了辛勤劳动和汗水，也为辽宁的发展振兴做出了重要贡献。他强调，学高为师、身正为范，希望全省广大教师和教育工作者坚持以人为本的教学理念，爱岗敬业，锐意创新，积极探索教育教学规律，提高教书育人的本领，以高尚的人格、渊博的知识和言传身教的模范行为，立德树人，影响社会，成为下一代健康成长的指导者和引路人。全省各级党委、政府要关心教师的工作和生活，切实解决他们的实际困难，多为教师办好事、办实事，在全社会弘扬尊师重教的良好风尚，不断推动我省教育事业再上新台阶。

二、政策法规文件

辽宁基本公共服务体系发展规划

辽政发〔2013〕41号

第十一章　残疾人基本公共服务

第一节　重要任务

按照平等、参与、共享的原则，以重度残疾人、农村残疾人和残疾儿童为重点，优先发展社会急需、受益面广、效益好的残疾人基本公共服务，增强供给能力，健全残疾人社会保障体系和多层次的服务体系。

——残疾人社会保障。（略）

——残疾人基本服务。（略）

第二节　基本标准（摘要）

含社会保险保费补贴、基本医疗保障医疗康复项目、生活救助、基本辅助器具适配补贴、义务教育阶段特殊教育、残疾人教育资助、残疾儿童抢救性康复、残疾人就业服务、残疾人文化服务、残疾人体育健身服务、无障碍设施建设和改造11个项目，并分别列出服务对象、保障标准、支出责任、覆盖水平。

第三节　保障工程

针对残疾人基本公共服务的特殊性和专业性，实施残疾人基本公共服务保障工程，提升残疾人基本公共服务能力。

——残疾人康复和托养设施建设工程。（略）

——残疾人基本公共服务信息化工程。（略）

——特殊教育学校建设工程。（略）

——残疾人组织建设工程。（略）

——辅助器具适配工程。（略）

关于为参加新型农村和城镇居民社会养老保险的55—59周岁重度残疾人发放生活补助的通知

辽残联〔2013〕30号

从2012年10月1日起，为参加新型农村和城镇居民社会养老保险的55—59周岁重度残疾人发放生活补贴。

一、补助对象

本省行政区域内持有中华人民共和国残疾人证（第二代），年龄在55—59周岁之间（含55周岁和59周岁），且参加新型农村或城镇居民社会养老保险的一、二级重度残疾人。

二、补助标准

每人每月补助55元。

关于印发辽宁省居民最低生活保障操作规范的通知

辽民发〔2013〕62号

第九条　下列情况之一的人员，可单独申请低保：

（一）困难家庭中依靠父母、祖（外祖）父母、兄弟姐妹等其他类似共同生活的家庭成员供养的完全丧失劳动能力、生活不能自理的成年重病残人员。

第三十四条　实行低保分类施保，对低保家庭中的下列特殊困难人员增加一定比例或一定额度的低保金，提高他们的救助水平。

（三）重度残疾人

对“三无”人员、重病残人员、接受非义务教育的在校学生，应适当提高分类施保标准。分类施保金的具体比例或数额由实际人民政府根据分类施保对象不同类别确定，人员类别有交叉的，按最高比例或数额计算，不重复激发分类施保金。

关于开展2013年就业援助月专项活动的通知

辽人社〔2013〕5号

三、援助对象

（一）符合认定条件的就业困难人员；

（二）残疾登记失业人员；

（三）本地区确定的困难家庭离校未就业毕业生、城乡低保家庭成员、因病致贫家庭成员、失地人员等其他援助对象。

关于印发《大连市残疾学生及贫困残疾人家庭子女助学办法实施细则》的通知

大残联发〔2013〕12号

五、资助奖励对象

1. 资助对象：在读本市户籍残疾学生及贫困残疾人家庭子女（指享受低保待遇，而且其父母至少有一个为残疾人）。

资助标准为：学前教育至高中（含中等职业学校）教育阶段，残疾学生2080元/生/年，贫困残疾学生5980元/生/年，贫困残疾人家庭子女3900元/生/年。全日制大专以上，贫困残疾人学生或残疾人家庭子女4000元元/生/年，残疾学生2500元/生/年。

2. 奖励对象：本市区域内接纳本事户籍残疾学生就读的学前教育机构、普通中小学、中等职业学校和全日制普通高等院校，不包括公报特殊教育学校。

关于印发《大连市残疾人托养服务办法》的通知

大残联发〔2013〕31号

二、服务对象

具有大连市户籍，持有中华人民共和国残疾人证（第二代），年满18周岁未满60周岁的未就业残疾人。城市“三无”和农村“五保”人员不包括在内。

（一）集中托养。日常饮食起居需要专人护理且家庭护理有困难并享受城乡最低生活保障的残联人。

（二）日间照料。日间照料对象一般为家庭白天无法照料、生活基本能自理的轻度智力和精神残疾人。

（三）居家托养，生活不能自理但家庭有照料条件且享受城乡最低生活保障的重度残疾人。

以上所述“重度残疾人”指一、二级精神、智力和肢体残疾人。

四、补贴标准

符合托养条件的托养人员实行全市统一标准，综合城乡居民最低生活保障标准、最低工资等因素确定，由市残联会同市财政局定期公布。2012年补贴标准为：集中托养为每人每天55元，日间照料为每人每天25元，居家托养为每人每月200元。

享受集中托养服务的残疾人另需将个人低保金带入托养机构，不再缴纳日用品费用。

沈阳市残疾人保障条例

第八条　市和区、县（市）人民政府应当建立残疾儿童康复救助制度。对新生儿可能致残病种筛查实行免费制度。对六周岁以下残疾儿童和贫困家庭八周岁以下残疾儿童免费提供抢救性康复。

第十二条　市和区、县（市）人民政府应当将残疾人教育纳入全民教育发展总体规划和教育发展评价考核体系，扶持贫困地区发展特殊教育事业。

鼓励和支持社会力量举办各类残疾人教育机构，为残疾人捐资助学。

义务教育阶段特殊教育学校的学生，由学校免费提供在校期间的食宿，由市和区、县（市）人民政府给予生活和交通补助。

第二十三条　市和区、县（市）人民政府应当对贫困和重度残疾人实施分类救助：

（一）对享受最低生活保障待遇的残疾人，按照本地最低生活保障标准上浮适当的比例；

（二）对重度残疾人、老年残疾人、一户多残的家庭，享受最低生活保障待遇后生活仍有较大困难的，给予生活费补贴；

（三）对生活不能自理的残疾人根据具体情况给予护理补贴；

（四）对遭受自然灾害、重大疾病、突发性事故的贫困残疾人，给予临时救助。

第二十六条　盲人或者聋人家庭安装和使用有线电视和数字电视，收费按照有关规定给予优惠。

电信服务单位对视力、听力和言语残疾人免收或者优惠收取相关费用。

鼓励电信和广播电视服务单位对肢体、智力、精神和多重残疾人家庭给予减免互联网接入服务费、有线电视和数字电视等费用。

第二十七条　残疾人持有效证件可以免费乘坐市内公共汽车、电车、地铁等公共交通工具；免费携带随身必备的辅助器具。具体办法由市人民政府制定。

第二十八条　残疾人持残疾人证免费进入公共文化体育场所、风景区、公园，对盲人、双下肢残疾人、重度智力和精神残疾人，允许一名陪护人员免费进入上述场所。但上述场所举办商业性文体活动时除外。

三、工作综述

2013年，在省委、省政府重视关怀和中国残联悉心指导下，辽宁省残联坚持以科学发展观统领全局，牢牢抓住国家加快社会建设，着力保障和改善民生及高度重视残疾人事业的战略机遇期，以组织实施全省“残疾人十大民生工程”为载体，圆满完成年度任务指标。残疾人生活状况进一步改善，残疾人幸福指数不断提升。

（一）圆满召开省残联第六次代表大会

7月8—9日，省残联召开第六次代表大会及系列会议。省委、省人大、省政府、省政协领导出席了开幕式。会议产生了省残联新一届领导机构，为今后全省残疾人事业的发展奠定了基础，提供了组织保证。全省残联组织顺利完成换届，市级残联领导班子成员平均年龄52.1岁，研究生及以上学历的干部占41.7%，更多高学历、高素质、热爱残疾人工作岗位、来自各条战线的干部投身残疾人事业，为事业发展注入生机和活力。六代会代表、委员和专门协会委员符合《指导意见》要求，其中残疾人代表占66.5%以上，具有广泛性、代表性和先进性。省残联理事会中配备了盲人、聋人、肢残人专职理事和智力残疾人及亲友、精神残疾人及亲友兼职理事。会议科学部署未来五年的奋斗目标和主要任务，为未来的工作提出了明确的方向。

（二）稳步推进残疾人社会保障工作

落实残疾人社会保障优惠政策。与省人社厅、省财政厅联合下发《关于为参加城乡居民社会养老保险的55—59周岁重度残疾人发放生活补助的通知》，各市残联积极协调相关部门，强化基础工作，加快推进政策落实，2万余名重度残疾人从中受益。

开展彩票公益金危房改造项目。各市残联积极协调政府相关部门，切实将残疾人危房改造工作纳入工作计划。落实了2013年度中央彩票公益金270万元，扶持全省农村贫困残疾人进行危房改造，各市、县以此资金为引导，积极争取地方政府配套资金，并与其他部门危房改造资金整合使用，加大了扶持力度，全年共完成残疾人危房改造任务1764户，极大地改善了贫困残疾人家庭的居住条件。

建立残疾人机动轮椅车燃油补贴管理长效机制。健全完善残疾人机动轮椅车燃油补贴申请数据平台，加大跟踪问效，落实补贴发放，惠及15681名残疾人。针对燃油补贴发放存在问题，对银行卡发放燃油补贴可行性进行了调研，形成了规范管理制度和长效监督保障机制。

（三）完善残疾人康复服务网络

全省紧紧围绕残疾人“人人享有康复服务”目标这一主线，积极开展全国残疾人社区康复示范区创建工作，94个县（区）成为国家示范区、省级示范区和达标区，120万残疾人通过社区、家庭康复得到质优价廉、方便可及的服务，10万余名残疾人通过医疗康复、机构训练和辅助器具配发放服务实现康复愿望。强力推进精神病防治康复工作，18000名贫困精神病患者得到免费服药救助，840名贫困精神病患者得到一次性住院治疗。启动省精神残疾人基本情况调查工作，深入阜新太平区6个街道（镇）的42个社区（村），走访1047余户精神残疾人家庭，对精神疾病患者服药、住院治疗及医保、新农合、康复救助等情况进行逐一调查登记，为精防工作深入开展以及争取更多的财政资金的支持提供翔实、可靠的数据。积极推进在本溪市开展9－11岁孤独症儿童筛查工作，为中国残联推算孤独症儿童发生率提供数据支持。全省康复机构呈现跨越式发展，市级残疾人康复中心快速发展，辽阳、铁岭、丹东、阜新市康复中心经改扩建后，进一步完善了软硬件设施建设，全省残疾儿童抢救性项目定点康复机构已达80个。继续推进辽宁白内障无障碍省建设，5800余名贫困白内障患者通过政府复明基金和专项救助项目重见光明。贫困残疾儿童抢救性康复项目扎实开展，1890名贫困听障、智障、肢体、脑瘫和孤独症儿童得到康复救助和系统的康复训练，贫困聋儿人工耳蜗康复救助项目被评为2013年省直机关第二季度最佳实事。进一步加大培训指导力度，注重康复人才队伍建设，培训各级康复管理和技术人员26000人（次）。省残联指定锦州市作为儿童残疾预防全国先行试点市，并协调省卫生厅共同接待了卫生部和中国残联联合调研组调研，为中国残联、国家卫生计生委出台《0—6岁儿童残疾筛查工作规范》做了大量基础性工作。“视觉第一，中国行动”三期项目低视力试点工作、义县嘉道理社区康复合作项目、喀左县CBM社区康复合作项目全部通过了专家组验收，得到中国残联及中外专家的肯定和表扬。辽宁省长江新里程项目还在全国项目总结会上介绍了经验。顺利达成了台湾爱盲协会捐赠人工晶体与义诊手术项目的合作意向。

（四）全面建设国家辅助器具（东北）区域中心

建立了覆盖省、市、县（市、区）、街道（乡、镇）、村（社区）的五级残疾人辅助器具组织和服务网络及三级培训网络，全省100个县（区）中92%的县（市、区）成立了残疾人辅助器具服务中心，60%的市基础设施达到或超过国家康复机构建设要求标准。开展国家辅助器具（东北）区域中心“走千村、入万户”辅助器具服务活动，全省8台辅助器具流动服务车，行驶10万多公里，深入残疾人家庭10000余户。共为全省残疾人安装假肢、矫形器2050例，适配辅助器具13274件，被授予“省直机关第三季度最佳实事”。省辅具中心被省直机关工委授予“五一劳动奖状”，被中国残联授予“长江新里程计划假肢服务项目先进单位”。

（五）提升残疾人教育就业托养服务水平

落实助学项目，扎实推进教育服务。协调省财政厅，落实50万元助学资金，对800名义务教育阶段贫困残疾寄宿生每人给予625元生活补助。争取国家彩票公益金学前教育助学资金150万元，对500名残疾学龄前儿童进行资助。全省共资助残疾学生及残疾人家庭子女学生8395人，资助金额2430余万元。督促各市做好全省残疾大学生及残疾家庭子女大学生高考录取及资助工作。辽宁特殊教育示范高等专科学校实现跨越式发展，总投资4亿元，占地面积300亩，总建筑面积10万平的新校园投入使用，师资队伍不断壮大，校园管理进一步加强，学校综合实力和办学水平快速提升。

完善就业政策体系，开展技能培训和竞赛，全面服务残疾人就业。完善促进残疾人就业的法规、政策体系建设，稳定和扩大残疾人就业，以竞赛促培训，以培训促就业。全省实名制安置残疾人就业17852人。累计下拨360万元，扶持了31个省级就业培训示范基地。制定了爱心企业联盟管理办法，对已加盟和新加盟单位的标准及补贴资金额度进行了规定，极大地促进了爱心企业联盟的壮大和发展。加强各级残疾人就业服务机构规范化建设，顺利通过中国残联考核验收。通过残疾人就业服务机构、委托有关部门及社会培训机构，共培训各类残疾人28483人，省级鉴定499人。承办2013年全国岗位精英职业技能竞赛，并取得团体总分第一名的优异成绩。开展盲人保健按摩院所和盲人保健按摩师评选，投入60万元对按摩院所和按摩师进行设备扶持，有力推动盲人就业工作。

加大托养服务工作体系标准化、规范化、专业化建设力度，组织全国“阳光家园”示范区和示范机构省级评估验收。进行了省级残疾人托养服务标准化机构评选、评估验收及托养服务管理干部培训。落实国家及省1219万元项目资金资助居家托养残疾人23494人，机构托养6040人。

（六）做好专项资金扶持工作，深入开展“两节”走访活动

协调省财政厅，落实500万残疾人专项扶贫资金，以实物发放的形式投放给农村贫困残疾人，重点扶持其发展种植业、养殖业和加工业等脱贫致富项目，全年共扶持农村贫困残疾人2015户，年均增收在1500元以上，脱贫比例达88.9%。结合各地残疾人扶贫工作实际情况，确定了本年度资金分配指标，落实国家康复扶贫贴息贷款项目资金326万元。以安置就业、实物投放等多种形式扶持2175名残疾人发展生产，增收致富。两节期间，全省各级党政机关、残联系统和社会各界共走访慰问贫困残疾人13万余户，20余万人，慰问金和慰问品折合人民币达8030万元。

（七）持续推进无障碍环境建设

会同省住建厅等部门确定35个市及县（市）开展全国无障碍建设市、县创建工作，按国家标准和创建要求加快无障碍建设进度。针对残疾人家庭无障碍改造工作存在的问题和不足，组织开展了全省残疾人家庭无障碍改造工作专题调研和需求调查，为进一步实施好残疾人

家庭无障碍改造项目奠定了基础。完成残疾人家庭无障碍改造入户摸底调查66226户，完成改造6360户，改善城乡残疾人出行条件和家居生活环境。与省政府办公厅就实施无障碍网站建设进行工作衔接，提出省政府门户网站和省残联无障碍网站建设解决方案。

（八）加强文体惠民服务，广泛开展文化助残活动

省、市10个电视台开播了残疾人手语新闻节目，开播率占66.7%。在广播和电视开播残疾人专题节目12个。省、市、县（区）三级公共图书馆开设盲人有声读物阅览室35个，残疾人享有公共文化服务的范围得到拓展。省及沈阳、大连市兴建3个高标准、现代化残疾人综合文化设施，有8个地级市在新建的残疾人康复中心配套建设残疾人文化活动中心，同时依托社会资源为残疾人开展各种文化服务。全省建立文化艺术培训基地28个。各级残联加大文化经费投入，就地就便开展适合残疾人参与的品书、绘画、朗读、棋类、健身、游览、才艺表演等喜闻乐见的文化活动项目，促进文化助残在基层活跃。全省在20个国家残疾人示范社区实施“文化六进社区”活动，建立353个残疾人流动书屋和图书站，在1200多个社区流动传阅。组织辽宁省残疾人艺术团开展“迎八一·铸军魂”、“喜迎全运·精彩辽宁”、“友爱互助·和谐共享”全国参演精品节目进军营、进社区、进校园特殊艺术展演活动，弘扬了辽宁精神。全省举办各类文化活动170多项，20多万残疾人参与文化活动。辽宁省参加全国第八届残疾人艺术汇演取得新成绩，获得3个金奖、4个银奖、1个铜奖，获得团体银奖。残疾人群众性体育和竞技体育协调发展，组织开展了选拔运动员工作、残疾人体育健身指导员培训和残疾人体育示范点建设。2013年省及各市共培训残疾人健身指导员150人，创建国家级残疾人体育自强健身示范点1个，成功承办了国家级体育赛事和东亚区特奥培训活动。组织全省200多名残疾人运动员坚持常年训练，参加了多项国际、国内比赛，共取得了45枚金牌的优异成绩。全省各级专门协会在助残日等节日中开展各种活动，实现残疾人“三个活跃”。

（九）健全信访和法律救助工作协调机制，提升法律服务水平

建立信访与法律救助服务联动机制，努力搭建省、市、县、乡四为一体的法律救助服务模式，积极推进残疾人法律服务向社区（村）延伸。通过普遍开展培训、聘请专业律师和招募手语翻译等相关残疾人特需服务人员，进一步规范救助工作程序，拓展服务内容，提升服务效果。全省完成残疾人法律救助1075件。残疾人“够得着、用得上”的法律救助服务体系初步建立。进一步完善《省残联领导干部接访制度》和信访工作上下联动机制，改造省残联信访接待室，优化了信访工作环境。《制度》规定领导接待的信访事件，能当场解决的，应当场解决；需要调查核实的，由维权部按接访领导要求协调确定承办处理部（室）、单位，并由承办处理部（室）、单位在15日内提交承办报告，经接访领导同意后反馈当事人；情况复杂或涉及多个部门的信访事项，由接待领导召开协调会议研究处理。完成了省残联信访接待大厅的扩建改造工作，优化残联与残疾人双向沟通的窗口和平台，积极回应和解决残疾人信访诉求，省残联接待和处理残疾人信访问题的能力得到大幅提升。全省各级残联共接待残疾人来信来访14679人次，电话咨询上访4300余通，接待处理集体访21起406人次。帮助残疾人维护了权益，争得了利益，切实维护残疾人群体稳定。

（十）加强各级残联组织和工作者队伍建设，开展志愿助残活动

按照中国残联《关于地方残疾人联合会召开第六次代表大会的指导意见》和省残联《印发〈关于辽宁省市、县、乡三级残疾人联合会召开第六次代表大会的指导意见〉的通知》要求，省和14个市全部召开了残联代表大会，全面完成各级残联换届工作，产生了新一届残联领导机构，进一步加强了残联组织建设工作。专门协会圆满完成换届，推选了有能力、有意愿、有威望的各协会主席、副主席，举办了省五大专门协会主席、骨干培训班，提高了各专门协会负责人的工作能力和自身素质，为进一步推进残疾人事业的发展奠定了坚实基础。残疾人福利基金会完成第三届理事会换届工作，进一步完善组织机构。加大协管力度，配齐配强各市残联领导班子，市级残联全部配备了残疾人领导干部。省财政厅继续安排培训补贴经费50万元，省本级培训经费30万元，举办市、县残联新任理事长培训班，组织四期残疾人专职委员培训，全面提升为残疾人服务能力。培训新疆塔城地区残联系统干部20人次。

全省登记的助残志愿者5.8万余人。鞍山市成立了郭明义爱心团队鞍山聋人分队，铁岭市成立助残志愿者协会。在志愿助残主题日活动期间，全省志愿者队伍和广大志愿者深入残疾人家庭，了解残疾人的需求，为残疾人提供医疗卫生、康复服务、教育培训、就业扶贫、社会保障、居家托养、文化娱乐、心理咨询、农村实用技术等志愿服务。抚顺市残联积极发挥志愿助残活动试点城市作用，联合团市委、市慈善总会、市红十字会、市妇联成立市志愿助残领导小组，组织所属志愿者队伍深入残疾人家庭，开展形式多样助残活动。抚顺市慈善总会华夏义工助残群的残疾人志愿者，他们既是被服务对象，又是助残志愿者，经常活跃在志愿者队伍中，为社会尽着自己的全部力量。沈阳市残联由志愿者牵头，带领辖区轻度残疾人，走入社区回报社会。阜新市残联与市精神文明办联合，在《阜新日报》、阜新电台和相关网站发布《志愿助残阳光行动倡议书》，号召更多爱心人士

加入助残志愿者队伍。

（十一）加强法律法规实施监督，发挥残疾人参政议政作用

积极推动残疾人法制建设从注重立法向立法工作和法律实施监督工作并重转移，认真落实全国残疾人保障法执法检查组执法检查的反馈意见，全省各级残联配合人大、政协开展残疾人法律法规监督检查34批（次），提出有针对性地视察（检查）督办建议50余条，促进和推动了残疾人重点工作和疑难问题的有效解决。按中国残联要求启动开展辽宁省《无障碍环境建设条例》地方性法规的立法准备工作，向省政府法制办呈报了《辽宁省无障碍环境建设管理规定》的起草说明和规定文本。会同有关厅局和省残联相关业务部门妥善办理省政府交办的9件省人大代表、政协委员有关残疾人事业发展和残疾人权益保障建议、提案，办结满意率为100%。

（十二）打造立体化宣传格局，提升公益项目影响力

打造立体化宣传格局，提升公益项目影响力，营造残疾人事业发展新氛围。各级残联通过主流媒体传达政策声音，展示工作业绩，反映残疾人心声。省残联制作了反映全省残疾人事业五年成就画册《有爱无碍》和电视专题片《风好正扬帆》。全年25次组织媒体专题采访，协调记者185人次。在国家和省级主流媒体全年刊播发残疾人事业新闻稿件412篇（次）。其中新华社、人民日报等中央媒体23次，刊发报纸专版15块，在助残日和国际残疾人日形成残疾人事业宣传热潮。省、市残联以换届为契机，在主流媒体展示惠残成果，开展政策解读，为残疾人事业发展击鼓助威。各级残联在市级以上主流媒体刊播发残疾人事业宣传稿件6831篇（次）。制作残疾人公益广告6个，残疾人专题片9部。开展了“积善助残行动”公益项目，共募集到资金36万元，物资折合人民币290万元，开展6项资助活动，资助项目费用折合人民币100余万元。

（十三）稳步推进基本建设项目

不断加大各级残疾人康复和托养设施建设工作的力度，把残疾人康复和托养设施建设作为推进残疾人事业发展的平台，通过增加资金投入、给予政策倾斜等方式，在省发改委的大力支持下，将残疾人康复服务设施建设纳入到全省抓好稳增长、调结构、惠民生各项工作中。全省共建康复和托养设施（含综合服务设施）169个，建设规模358214平方米，投资104819.26万元。其中，中央投资4220万元，地方投资103899.26万元。在残疾人康复和托养设施建设中，充分考虑设施的功能性和实用性，重点突出了为残疾人服务的功能。建设并投入使用的辽宁省康复中心总建筑面积已达2.2万平方米，全年收治各类残疾儿童457人，肢体残疾儿童矫治手术150例，眼科手术173例。充分发挥康复技术资源，对各市康复机构进行康复培训及技术指导。为做好项目储备工作，会同省发改委就“十二五”残疾人康复和托养设施建设规划和2013年残疾人康复和托养设施建设项目进行了沟通，在对各市申报项目的认真审核后，对手续完备，符合条件的项目制定了项目实施方案，及时向中国残联和国家发改委上报材料和报表。辽宁做法在全国“十二五”残疾人康复和托养设施建设规划培训会议中进行了交流。推进了残疾人“两个体系”建设工作。深入全省残疾人“两个体系”先行试验区和联系点进行工作调研，总结推广了工作成果和成功经验。进行了《“十二五”时期残疾人“两个体系”建设指导性评估指标》培训。

（十四）进一步加强基础性工作

在办理残疾人证工作中，采取上门服务、减免费用等方式，提升服务质量和工作效率。完成全省残疾人服务管理信息平台的项目设计规划。省残疾人人口基础数据库实现对18个大模块300个项目的统计查询，实现与沈阳、大连两市数据平台的实时同步，实现与本溪等市数据平台季度同步。在库残疾人数近80万，多次为业务部门提供基础数据，为领导科学决策提供支持。省残联信息化建设规划获得中国残联肯定，并提名表扬。中国残联网站省级信息报送工作位居前列，全年在中省残联网站发布信息5500条。在省民心网发布残疾人工作信息3000条。事业统计工作在全国省级残联综合排名中位居第二。《辽宁残疾人工作》办刊质量提高，纳入辽宁省图书馆馆藏刊物新序列。

（十五）问题与不足

残疾人事业发展与社会经济发展总体水平相比还存在较大差距；残疾人事业经费缺口较大，涉及残疾人直接利益的民生工作与广大残疾人的需求还存在很大距离；全省各地残疾人事业发展尚不平衡，一些基层组织仍较为薄弱；残疾人保障和服务体系还不健全完善，有关救助残疾人的优惠政策需进一步落实；社会对残疾人的偏见和歧视仍然存在，扶残助残良好社会风尚有待进一步提高。

四、重要条目

【辽宁基本公共服务体系发展规划】由辽宁省政府制定印发，“残疾人基本公共服务”作为第11章正式纳入了该规划。该规划将“残疾人社会保障”和“残疾人基本服务”列为重点内容，同时从社会保险补贴、基本医疗保障医疗康复项目、生活救助、基本辅助器具适配补贴、义务教育阶段特殊教育、残疾人教育资助、残疾儿童抢救性康复、残疾人就业服务、残疾人文化服务、残

疾人体育健身服务、无障碍设施建设和改造11个方面制订了“十二五”时期残疾人基本公共服务辽宁省基本标准。为残疾人社会保障体系和服务体系建设提供了良好的政策环境，奠定了坚实的社会基础，对维护全省广大残疾人合法权益，促进社会公平正义，保障残疾人平等参与社会、共享社会物质精神文化成果提供了有力保障。

【关于为参加新型农村和城镇居民社会养老保险的55—59周岁重度残疾人发放生活补助的通知】 由省残联协调省财政厅、人社厅于2013年4月出台。该政策规定为辽宁省参加新型农村和城镇居民社会养老保险的55—59周岁重度残疾人每月发放55元的生活补助。政策下发后积极采取有效措施加快推荐政策的落实，2013年，全省共有2万余名符合条件的重度残疾人享受到了该补助。该政策还推进了部分市、县贫困残疾人生活补贴和护理补贴两项制度的建立。辽阳市宏伟区、盘锦大洼县均出台了重度残疾人护理补贴政策。这些政策的出台为全省残疾人社会保障制度建设提供了坚实基础。

【关于印发辽宁省居民最低生活保障操作规范的通知】 由省民政厅、民族事务委员、公安厅、司法厅、财政厅、人社厅、卫计委联合出台。该文件明确规定困难家庭中依靠父母、祖（外祖）父母、兄弟姐妹等其他类似共同生活的家庭成员供养的完全丧失劳动能力、生活不能自理的成年重病残人员可以单独申请低保。该文件使靠家庭供养的成年重度残疾人可以纳入低保范围，有效提高了这部分残疾人的生活水平，减轻了家庭负担。

【关于开展2013年就业援助月专项活动的通知】 由省人社厅和省残联联合下发，组织开展2013年就业援助月专项活动。活动以“就业帮扶，真情相助”为主题，将符合认定条件的就业困难人员、残疾登记失业人员、“零就业”家庭中的登记失业人员以及家庭困难的未就业高校毕业生等其他需要援助的人员纳入援助对象，采取走访调查、政策宣传、就业帮扶等形式，多渠道地开展就业援助活动。《通知》要求各级人社部门和残联注重工作实效，做好信息通报和总结工作，确保就业援助月的各项工作目标任务得到有效落实。

【全国残疾人岗位精英职业技能竞赛和全国残疾人就业服务机构工作人员职业指导竞赛】 9月25—28日在沈阳市举行。来自各省（区、市）、新疆生产建设兵团、黑龙江农垦总局和计划单列市的36支代表队的185名选手，以及裁判员、志愿者、工作人员共400余人参加了本次竞赛。辽宁省选手荣获机械组装项目第一名和第七名，烹饪项目第五名和第六名，代表队荣获团体总分第一名的优异成绩。获得第一名的选手徐文将获得人力资源和社会保障部授予的“全国技术能手”称号；职业指导竞赛中代表辽宁省参赛的2名选手均取得本组比赛第一名，并被中国残联授予“职业指导能手”荣誉称号。

图6－6－1　全国残疾人岗位精英竞赛烹饪比赛现场。

【国家辅助器具（东北）区域中心“走千村、入万户”辅助器具服务启动仪式】 9月24日在沈阳举行。中国残联理事、康复部主任尤红，中国残疾人辅助器具中心主任陈振声、省政府副秘书长上官炜星出席仪式。省残联理事长吴玉新首先汇报了区域中心工作开展情况。随后，

图6－6－2　浑南残疾人服务中心现场演示残疾人无障碍斜拉式升降平台。

省残疾人辅助器具中心技师现场为6名残疾人安装假肢。各位领导与省残联党组书记任志伟共同启动了国家辅助器具（东北）区域中心“走千村、入万户”辅助器具服务。上官炜星在讲话中指出，辽宁省历来十分重视残疾人事业。国家辅助器具（东北）区域中心“走千村、入万户”辅助器具服务是惠及全省残疾人的“民心”工程。要创新思路，探索辅具工作新模式；要明确定位，提升战略意识；要突出特点、发挥特长；要通过国家级辅助器具区域中心的建设，提升全省残疾人辅助器具服务机构建设水平，为促进全省实现残疾人“人人享有康复服务”做出更大的贡献。

【全省残疾人工作现场会】 9月23—24日，全省残疾人工作现场会在沈阳召开。省残联党组、理事会成员，各市，绥中、昌图县残联理事长，机关部室主任及直属单位负责人，各市，绥中、昌图县办公室主任共计60余人参加会议。23日，沈阳市政府副市长祁鸣出席现场会并致欢迎辞，沈阳市残联理事长陶庆才做经验介绍，与会人员共同观看了沈阳市残疾人事业宣传片，参观了沈

阳市残疾人服务中心大楼、沈阳市农村残疾人现代产业技能培训就业基地、残疾人托养康复中心、东陵（浑南新区）残疾人服务中心，大家在学习沈阳经验的基础上进行了交流。24日，全省残疾人工作现场会总结会议在辽宁大厦召开，省残联理事长吴玉新传达了中国残联六代会精神并讲话。党组书记任志伟主持会议并提出贯彻落实会议精神的具体要求。

【省财政经费康复救助制度】除了中国残联的国家康复救助项目外，辽宁省连续多年向省财政争取康复救助经费用于救助贫困残疾儿童的康复训练和贫困精神病患者免费服药救助等康复救助工作，目前已经形成了稳定的省财政经费康复救助制度。2013年共争取省财政经费1150万元，其中200万元用于救助400名聋儿、350名脑瘫儿童、360名智力残疾儿童、310名孤独症儿童开展免费的机构康复训练，以及4400名肢体残疾人社区家庭康复训练和40个残疾人社区康复示范站建设等；300万元专项用于全省7000名贫困精神病患者免费服药救助；300万元用于省级贫困残疾儿童康复救助项目，共救助各类贫困残疾儿童250名；320万元用于国家人工耳蜗康复救助项目160名儿童的家庭补助；50万元用于贫困白内障患者复明手术5000例。

【党的群众路线教育实践活动】2013年7月开始，省残联在全系统深入开展了党的群众路线教育实践活动。在教育实践活动中，全系统党员干部通过联系思想和工作实际开展学习，牢固树立了宗旨意识和服务意识，强化了群众观点，突出作风建设，增强了贯彻党的群众路线的自觉性；通过深入基层、对照检查、开展批评和自我批评等形式，围绕为民务实清廉要求，认真查摆了在形式主义、官僚主义、享乐主义和奢靡之风方面的问题；通过专项治理、健全完善制度等，切实开展了整改落实和建章立制工作，在精简办事程序、改进文风会风、厉行节约、杜绝浪费，提高服务质量和工作效能等方面取得成效，使广大党员干部的思想认识和具体行动都统一到了党中央指示精神的方向上来，确保了全省残疾人事业发展在深入贯彻落实中央和省委的相关工作部署前提下又好又快发展，全系统干部队伍的凝聚力、战斗力得到增强。

【“两转变、一整治”专项工作】

为全面贯彻2013年8月14日省政府系统领导干部会议精神，省政府开展转变职能、转变作风和整治专项资金专项工作，即“两转变、一整治”工作。省残联成立了由省残联党组书记任志伟、理事长吴玉新为组长，副理事长于长源、张志斌，副巡视员张臻、李华林为副组长，各部室主任为成员的领导小组，制定下发了《“两转变、一整治”工作方案》（辽残联办〔2013〕65号），方案就省残联系统“两转变、一整治”工作的组织领导、责任分工、工作思路、工作重点、具体内容和验收标准及整改措施做了详细的部署，提出了明确的要求。

下发《辽宁省残联关于改进工作作风、密切联系群众实施细则》，要求控制会议规模、提高会议实效、控制会议经费，减少印发各类文件简报。加强改进调查研究。2013年，会议比去年减少10%，文件减少10%，简报减少17%。全年会议精简、文件、简报等压缩10%以上，三公经费减少20.4%。开展“下基层、转作风、为民办实事”活动，共帮扶39户贫困残疾人家庭生产生活。加强专项资金管理，提高专项资金使用效益。及时审慎做好“三公”预算信息公开工作。制定了《省残联关于建立项目资金使用责任制的通知》《省残联预算执行管理暂行办法》等专项资金管理办法。加强立项、审批、使用、管理等方面事中事后监管。对各市残疾人事业专项资金使用落实情况，对省残联各直属单位残疾人事业专项资金使用落实情况和财务基础工作进行检查。规范残疾人事业专项资金管理和使用，及时了解和掌握专项资金落实情况，确保专款专用，充分发挥专项经费使用效益。

12月11日，省政府“两转变、一整治”工作验收组对省残联“两转变、一整治”工作进行检查验收。验收组听取了省残联开展“两转变、一整治”工作情况汇报，召开了有普通干部和工勤人员参加的座谈会，查看了相关文字材料，验收组对省残联工作给予高度肯定。

【智障人就业实践经验总结推广和政策理论提升国际研讨会】8月，由中国智力残疾人及亲友协会与联合国国际劳工组织联合主办，大连市残疾人联合会承办的智障人就业实践经验总结推广和政策理论提升国际研讨会在大连召开。中国残联主席团副主席马廷慧、中国智协主席张宝林、联合国国际劳工组织中国和蒙古局局长霍百安、大连市委副秘书长赵日强分别在开幕式上致辞。开幕式由马廷慧副主席主持。中国残联副主席吕世明发来贺信。会议期间，与会代表就智障人士就业的模式与经验、群体社会环境、国家政策法律环境、就业对智障人士及亲友的意义等内容做了介绍与研讨，展示了各地在智障人士就业领域的各种探索及成果。香港康复咨询委员会委员、世界心理卫生联盟会长、香港复康联会副主席温丽友女士系统介绍了香港地区智障人士就业的实践经验。会议还特别邀请了三位特殊的代表发言：十多年来克服重重困难、坚持为十几个提供就业机会，始终不离不弃，被周围群众赞颂为“犟妈”的民营企业家、武汉市东方红食品有限公司董事长易勤女士，20世纪80年代即率先为智障人士提供就业机会的大连香格里拉酒店人事部门的负责人，以及大连香格里拉酒店智障员工代表王健。大连市残联党组书记赵德贵代表大连市残联党组理事会向联合国国际劳工组织中国和蒙古局局长霍百安赠送了纪念品。大连市残联杨金旭理事长、姜利副理事长及其他省市包括香港地区在内的政府及其相关部门的领导出席会议。

【市、县残联理事长培训班】为贯彻落实《全省残联系统干部教育培训规划（2012—2015年）》和《辽宁省残疾人组织建设工作“十二五”实施方案》等文件精神，切实提高残疾人工作者业务水平和服务能力，10月29—31日省残联在沈阳市举办了全省市、县残联理事长培训班。全省新任市、县残联理事长和来自新疆塔城地区残联系统工作人员共68人参加了培训。培训班上，省残联机关和事业单位11位负责人进行了业务知识讲座，两位基层残联理事长进行了经验交流。省残联党组书记任志伟出席培训班并做了讲话。他强调，中国残联、省残联六代会后残疾人事业遇到了前所未有的机遇，希望大家认清当前形势，认真分析当前残联的面临的主要任务，结合当地实际，大力做好残疾人工作。最后，学员参观了辽宁特殊教育师范高等专科学校。

【国家低视力康复试点项目通过验收】经过两年来的不懈努力，2013年国家低视力康复试点项目顺利通过国际狮子会和中国残联的检查验收，并得到充分肯定。2011年底中国残联和国际狮子会把辽宁和广东两省作为全国低视力康复试点省。辽宁省残疾人康复中心作为试点单位严格按照项目要求，从硬件到软件不断加强低视力康复中心建设。他们深入基层调研和服务，得到了朝阳、鞍山等市的全力支持和积极配合。一年来，辽宁省认真总结试点经验，高标准、高质量地完成了国家任务，为全国开展低视力康复工作提供了示范和样板。

【94%的县区社区康复工作达标】为实现残疾人“人人享有康复服务”目标，以社区康复达标县（市、区）检查和社区康复示范站培育活动为抓手，大力开展社区康复工作。按照年初工作计划，辽宁省把工作重心放在基层的偏远困难地区。一年来，通过全省14个市的共同努力，100个县区已有94个县区成为国家示范区、省示范区和达标区，并通过了检查验收，社区康复工作覆盖率达到94%。通过普及社区和家庭康复，让更多的残疾人得到了便捷、有效的康复服务。到2013年底全省共培育了122个社区康复示范站，有力地推动了全省社区康复工作的全面开展。

【精神残疾人入户摸底调查】为了更准确地了解全省精神残疾人的基本情况，为制定和完善精神病患者救治政策提供可靠依据，在阜新市残联的支持和帮助下，省残联于2013年9月在阜新市太平区开展了一次全区精神残疾人状况入户摸底调查工作。由6个入户调查组历时10天深入太平区所属5个街道1个镇、31个社区11个村、1000余户家庭，采用入户见人、询问方式，开展调查、填写、统计、数据分析等工作。据此次调查统计，阜新市太平区总人口有18.7万人，有精神残疾人1047人，约占总人口的千分之六，对精神残疾人的持残疾人证数量、残疾级别、生活困难情况、医保与报销比例、服药与住院等情况进行了统计与分析。这次精神残疾人入户调查工作为进一步做好精防工作提供了翔实、可靠的数据。

【贫困聋儿人工耳蜗康复救助项目】2013年160名贫困聋儿通过“七彩梦行动计划”贫困聋儿人工耳蜗康复救助项目得到了有效的听力补偿，术后效果明显，家长满意。每名孩子得到国家及省救助11.6万元（其中国家补贴人工耳蜗产品7万元，手术费1.2万元，康复训练费1.4万元，省财政补贴2万元）。省财政为每名孩子补贴的2万元主要用于贫困聋儿筛查中的往返交通、食宿等生活费用及各项检查费用，极大地减轻了贫困聋儿的家庭负担。辽宁省的这一做法得到了中国残联和中国聋儿康复研究中心的肯定和表扬。省听力语言康复中心、中国医科大学附属第一医院、第二医院为贫困聋儿作为强有力的技术支持为开展贫困聋儿耳蜗救助项目工作打下了坚实的基础。项目有严格的工作流程，对申请、初筛、审核、公示、复筛等环节严格把关，充分体现了操作的公开、公正、透明。贫困聋儿人工耳蜗康复救助项目还被评为2013年省直机关第二季度最佳实事。

【康复人才队伍建设长效机制】辽宁省坚持贯彻落实《全国残联系统康复人才培养规划（2005—2015年）》及配套实施细则，采取多形式、多渠道的方式，加大对各类康复人才培养的力度，已经形成了“高端培养、中级培养和基层培训”呈金字塔形的康复人才队伍建设的长效工作机制。一是以国家级康复业务培训为契机，择优选送学科带头人和业务精英到国家级培训班参加学习，所谓“高端培养”。二是按照年初康复人才培养计划，依靠省残疾人康复中心等省级康复机构的培训指导作用和技术人才力量，举办省级各类残疾康复技术骨干师资培训班。培训班由高端康复人才授课，学员来自各市选送的各类康复技术骨干，他们回去后也将作为师资向下一级培训，此谓“中级培养”。三是各市依靠市本级的康复技术骨干对康复机构内的康复技术人员和社区康复员、康复协调员开展“基层培训”。2013年辽宁省参加国家级康复业务培训的有55人，并选拔3名学员送南方医科大学参加硕士研究生课程的学习；省本级通过举办八期培训班培训各类残疾康复技术师资骨干500余人，全省培训基层康复人才约25500人。2013年辽宁省还承办了全国残疾人康复人才培养基地规范化建设研讨会，会上辽宁省做了经验介绍。

【第二批全国“阳光家园”示范通过验收】2013年6月中国残联启动了“阳光家园”示范创建考核评估验收工作，辽宁省残联对此项工作给予了高度重视，并按照中国残联《关于开展第二批“阳光家园”示范创建区和示范创建机构考核评估验收工作的通知》（残联厅〔2013〕62号）精神和进行部署，组织落实相关具体工作。专门召开了示范创建自评工作部署会议，对照中国残联考评标准，针对相关具体工作提出了明确的指导意见，实地检查了参加考核评估验收工作的托养服务机构。8月，中国残联考核验收组到大连市进行实地验收，圆满完成验收任务。12月，中国残联正式授予大连市为全国“阳光家园”示范区，抚顺市清原县红透山村“爱心养殖基地”为全国“阳光家园”示范机构。

【盲人图书馆】2013年，全省、市、县（区）三级公共图书馆开设盲人有声读物阅览室35个，残疾人享有公共文化服务的范围得到拓展。省及沈阳市残联投入580万元，在市残疾人服务中心整合建设了3000平方米的，集文化教育、知识服务和公众体验为一体的盲文图书馆，成为中国盲文图书馆分馆。馆藏图书25万册，磁带光盘66万张，是全国盲人文化、科技、教育资源中心和知识服务中心。大连市在7个各县（市）区图书馆全部建立盲人有声读物阅览室和社区文化服务活动站，在社区内开展残疾人图书阅读、大连市残疾人读者被纳入大连图书馆手机图书馆公共服务的重点服务群体，使残疾人阅读的方式更加多元化，获取信息的途径更加多样化。

【文化艺术培训基地】2013年，全省建立文化艺术培训基地28个。有8个地级市在新建的残疾人康复中心配套建设残疾人文化活动中心同时依托社会资源为残疾人开展各种文化服务。沈阳市在浑南新区投资近2亿元建设了建筑面积15000平方米，集残疾人文化展示、体验、娱乐、排练、演出、服务于一体，全面向残疾人开放的残疾人文化艺术中心，2014年投入使用。沈阳市和平区投资近500万元，建设6000平方米，集残疾人文化展示、活动娱乐、康复等内容多功能于一体的区域性残疾人文化服务设施，助推全区残疾人文化体育建设的发展。沈北新区投资近300万元，租赁2500平方米的门市，在城乡接合部建设具有疾人文化展示、阳光之家、文化活动、康复训练等多种功能的残疾人文化艺术共享基地，2014年交付使用。

【参加第八届全国残疾人文艺汇演获佳绩】

8月3—10日，省残联组织省残疾人代表团参加第八届全国残疾人艺术汇演北京赛区的比赛。参赛的11个作品全部获奖，分别荣获4个一等奖，4个二等奖，3个三等奖，获得团体总分第三名。男生四重唱《哈萨克的月亮》、小品《生命的力量》、舞蹈《傲雪红梅》、女生独唱《春天的芭蕾》荣获一等奖，舞蹈《黑土情》、鼓乐合奏《牛斗虎》、小品《好人好梦》、陶笛独奏《辽南欢歌》荣获二等奖，舞蹈《女孩与仙鹤》、歌曲《爱的阳光》、笛子独奏《春到湘江》获得三等奖。

辽宁省特殊教育高等师范专科学校学生表演的舞蹈《黑土情》、鼓乐合奏《牛斗虎》是具有东北地域特色的精品节目，被大赛组委会作为颁奖晚会重头戏参加了汇报演出，并在北京电视台卫视频道播出。此次参赛作品的题材来源于残疾人的日常生活和基层残疾人工作鲜活的事例，并由德艺双馨并具爱心的丁丽华、冯嫦荣、黑继文等老艺术家精心创作和编排，由辽宁歌剧院、辽宁艺术剧院和鞍山演艺集团的专业老师进行辅导。突出体现了参赛作品的思想性、艺术性、时代性和传承性。

在京参赛期间，省残联以此项全国展演活动为宣传平台，积极协调当地媒体进行宣传。北京电视台、《北京日报》的记者对荣获两个一等奖的残疾人代表张继峰进行了人物专访。

图6-6-3 舞蹈《黑土情》。

【“喜迎全运·精彩辽宁”文艺汇演】8月2日，辽宁省残疾人艺术团在沈阳市举办了“喜迎全运·精彩辽宁”残疾人文艺汇演，来自全省14个市110多名残疾人演员参加声乐、器乐、舞蹈、戏剧、曲艺5个类别的演出，12个精品节目赢得广泛赞誉。这次活动得到省直有关单位的高度重视和大力支持。省残联理事长吴玉新、副理事长于长源、张志斌出席开幕式。省委宣传部、教育厅、民政厅、文化厅、省广电局、省文联和沈阳市残联的主管领导和来自社会各界的爱心人士400余人出席开幕式。辽宁省德高望重的老艺术家冯嫦荣、丁丽华出席演出活动并担任导演。此次汇演并为参加全国残疾人文艺汇演打下基础。

【“友爱互助·和谐共享”文艺汇演】12月3日，省残联暨沈阳市残联在沈阳市老北市剧场共同举办“友爱互助·和谐共享”大型文艺汇演。省残联党组书记任志伟，省残联副理事长于长源、张志斌，沈阳市残联副理事长马爱民、才利以及爱心企业和社会各界爱心人士共400余人观看了演出。整场演出共有声乐、器乐、舞蹈、杂技等11个节目，其中还有在第八届全国残疾人文艺汇演的获奖精品节目。演员们用精彩的节目来答谢社会各界对残疾人事业的关心，也赢得了观众的阵阵喝彩。当日，全省各地在各级残联的组织下开展了丰富多彩的宣传、捐赠、慰问等助残活动，让广大残疾人感受到社会的温暖。

【贫困残疾人家庭无障碍改造工程】在连续三年将贫困残疾人家庭无障碍改造工作列为省残联民生实事的基础上，充分用足省委4号文件、“十二五”方案、基本公共服务规划、无障碍环境建设条例等政策法规中有关残疾人家庭无障碍改造的政府扶持和救助规定，抓准政策机遇，大力度推进贫困残疾人家庭无障碍改造工作，通过搞调研、摸底数、提报告，积极筹划酝酿“贫困残疾人家庭无障碍改造工程”，并成功申报为2014年省政府民生实事项目，计划用5年的时间对城乡66000户贫困残疾人家庭实施无障碍改造。

【辽宁特殊教育职业学院更名】为满足残疾学生接受中高等教育的需求，培养造就技能型和技术型应用人才，

3月15日，省政府下发了《辽宁省人民政府关于同意成立辽宁特殊教育师范高等专科学校的批复》（辽政〔2013〕41号），同意将辽宁特殊教育职业学院更名为辽宁特殊教育师范高等专科学校，学校为专科层级的普通高等学校，举办普通高等教育并承担残疾人职业技能培训任务。学校填补了辽宁省残疾人高等教育的空白，彰显了教育公平，也标志着辽宁省残疾人教育事业进入了一个新的历史发展时期。6月14日，省机构编制委员会办公室下发了《关于明确辽宁特殊教育师范高等专科学校有关机构编制事项的批复》（辽编办发〔2013〕101号）的文件，明确了辽宁特殊教育师范高等专科学校是从事普通高等专科教育的事业单位，机构规格相当于副厅级，隶属于省残联。人员编制调整为272名，经费渠道为财政全部补助。为学校今后建设树立了坚实的组织框架，为办好残疾人学校提供了有力组织保障。

【辽宁特殊教育师范高等专科学校获省第二届大学生创业计划大奖】

辽宁省第二届大学生创业计划大赛由省教育厅主办，省大学生就业指导局承办，省高校毕业生就业创业服务中心组织实施，以“激情成就梦想，创业服务辽宁”为主题，旨在通过举办大学生创业计划大赛，引导高校进一步重视和推进大学生自主创业工作。辽宁特殊教育师范高等专科学校致康团队在全省71所高校的415件作品中，经过初赛、复赛、决赛为期两个月的激烈角逐，层层选拔，在总决赛的对抗中脱颖而出，以优异的成绩、突出的表现夺得冠军，喜获特等奖、优秀组织奖、优秀指导教师奖三项大奖。

致康团队由学校四名视障学生组建而成，在学校各级领导的关心和教务处的精心组织下，针灸推拿专业、艺术设计专业积极参与协助，两名指导教师耐心指导帮助，对其创业项目——“沈阳致康推拿有限责任公司”精心准备，通过课件展示及语言阐述，充分论证了推拿项目的可行性与发展前景。该项目通过创立连锁经营旗舰店建立统一规范的经营模式、带动盲人学弟学妹以复制模式就业的创业理念，打动现场所有专家评委，赢得一致好评与肯定，以较强的团队合作意识和扎实的创业技能赢得全场最高分94分。

【康复服务进万家】5月18日，省残联和省残疾人康复中心在刚刚竣工的康复中心大楼前隆重举办了第二十三次全国助残日活动。围绕“帮扶贫困残疾人”这一主题，省残疾人康复中心开展了一系列“康复服务进万家”帮残助残特别行动。为300余名残疾人朋友免费提供了各项常规体检和康复咨询等服务，并于18、19日两天进行义诊，训练大厅康复设施免费对外开放，并有专业医师现场指导，同时继续实施康复中心一直以来针对贫困残疾人患者制定的一系列优惠减免政策。辽宁省残疾人康复中心还组织医疗小分队下乡为贫困残疾人提供免费筛查和康复治疗。眼科医疗服务小分队多次到浑南新区各乡镇为患者免费进行白内障筛查近3000人次，其中接收白内障免费手术患者173人；矫形外科医疗服务小分队深入省内30多个贫困县区，为2000多名肢体残疾儿童进行了手术筛查，完成肢体残疾儿童手术150余例。

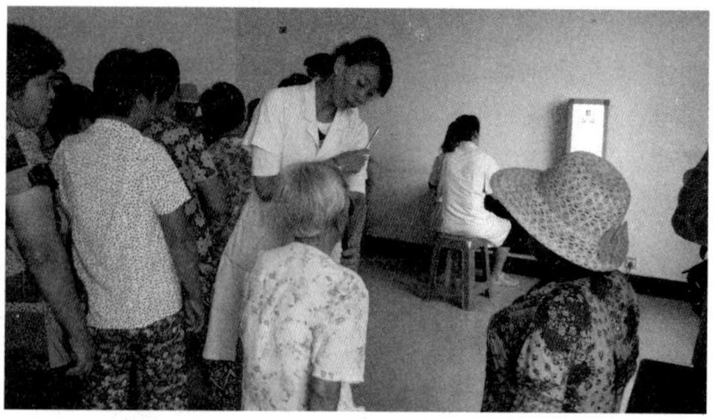

图6-6-4 眼科医疗小分队下乡进行白内障手术筛查。

【2013年全国轮椅篮球锦标赛】10月18～22日，由中国残疾人联合会、国家体育总局、中国残奥委员会主办，辽宁省残疾人联合会、辽宁省体育局、辽宁省残疾人体育协会承办的2013年全国轮椅篮球锦标赛在沈阳举行。来自全国10个省、市及香港特区共14支代表队的200多名运动员和裁判员、志愿者、工作人员共300余人参赛。此次比赛分男子、女子比赛，其中男队10支，女队4支。经过5天的激烈角逐，北京、辽宁、广东分获男子前三名，北京、广东、云南分获女子前三名。河南、河北、浙江等14支代表队和林银海等52名运动员获得体育道德风尚奖。

【中国东北地区特奥运动员领袖班】为进一步推动特奥运动员领袖培训在基层开展，由国际特殊奥林匹克东亚区（以下简称东亚区）主办、辽宁省残疾人体育训练康复中心承办的2013年中国东北地区特奥运动员领袖培训班于10月28—31日在沈阳举行。来自黑龙江、吉林、辽宁的特奥运动员领袖、指导教师、讲师等共计45人参加了培训班。东亚区的专家分别就全球信使、运作管理、运动员裁判、采访与被采访、PPT制作等课程进行了系统、全面、生动的讲解。

【第一届辽宁残联信息化论坛】

2013年1月9日，全省残联系统信息化工作会议在沈阳召开。省残联副理事长于长源出席会议并讲话。14个市及绥中、昌图县残联分管信息工作的理事长、部室（信息中心）负责人、数据库工作负责人以及信息技术人员参加了会议。

会后，召开了第一届辽宁残联信息化论坛，省市残联信息化工作负责人、数据库工作负责人及软件开发单位技术人员就省残疾人人口基础数据库及业务应用系统建设、网站无障碍建设进行深度交流和研讨。与会人员提出数据库建设工作建议和意见90余条，涉及合理整体规划全省信息化建设发展布局、统一技术规范标准、数据库数据更新等多个领域，省中心和软件开发技术人员现场解答了部分问题。与会人员一致认为，业务应用是数据库建设之本，数据更新是数据库建设之魂，必须坚持业务应用与数据更新并重的工作原则做好数据库建设工作。本次论坛是辽宁省残联信息工作重视基层，集思广益，掌握基层信息工作第一手资料，进行良性互动的一次尝试，今后每年将定期开展信息化论坛。

【辅具服务工作列入市政府民生实事】朝阳将“为全市所有符合条件的缺肢残疾人免费适配假肢”列入2013年为人民群众办好10件实事之一。市政府出资金800余万元，为809名缺肢残疾人适配假肢862例。葫芦岛把2013年定为肢体残疾人助行年。5月16日隆重举行了“葫芦岛市肢体残疾人助行年活动启动仪式”。围绕“肢体残疾助行年”主题，开展系列助行活动。本溪市残联联合市民政，卫生，财政，编办等五部门联合制定了《本溪市残疾人辅助器具适配实施方案》，方案确定2013年为本溪市助视年。方案明确规定，本溪市将在连续三年的救助服务中，为本溪市的万名残疾人开展辅助器具基本救助服务。铁岭市政府从2012年—2014年，连续三年开展残疾人辅助器具适配年活动，2013年先行试点铁岭县、西丰县、清河区基本实现辖区内贫困残疾人基本辅助器具需求全覆盖。其他地区完成乡（镇）街试点工作，实现部分乡（镇）街残疾人基本辅具需求全覆盖。鞍山市委、市政府决定将“为困难残疾人适配辅助器具”作为2013年为人民办20件实事之一。投入100万元为4000名困难残疾人适配辅助器具。

【沈阳市残疾人保障条例】沈阳市第十五届人民代表大会常务委员会第五次会议于2013年8月22日通过，辽宁省第十二届人民代表大会常务委员会第四次会议于2013年9月27日批准，将自2014年5月1日起施行。这是保障沈阳市残疾人权益、改善残疾人民生最具权威性的地方性法规。《条例》共三十一条，涵盖资金保障、医疗和康复服务、教育权益、就业、文体活动、社会保险、社会救助、公共服务、无障碍环境等方面，部分条款实现了沈阳市创造性和突破性规定：康复方面对6周岁以下残疾儿童和贫困家庭8周岁以下残疾儿童免费提供抢救性康复；义务教育阶段特殊教育学校的学生，由学校免费提供在校期间的食宿，由市和区、县（市）人民政府给予生活和交通补助；救助制度中对贫困和重度残疾人实施分类救助，其中规定对生活不能自理的残疾人根据具体情况给予护理补贴；残疾人免费乘车扩大了受益面，规定残疾人持有效证件可以免费乘坐市内公共汽车、电车、地铁等公共交通工具；免费携带随身必备的辅助器具，具体办法由市人民政府制定。《条例》的颁布实施，标志着沈阳已踏上全国残疾人事业法制建设领先发展的快车道。

【关于印发《大连市残疾学生及贫困残疾人家庭子女助学办法实施细则》的通知】

由大连市残联、财政局、教育局联合出台。政策对残疾学生及贫困残疾人家庭子女从学前教育到高等教育的全程资助，资助标准为：学前教育至高中（含中等职业学校）教育阶段的贫困家庭残疾少年儿童5980元/生/年，非贫困家庭残疾少年儿童2080元/生/年，贫困残疾人家庭子女3900元/生/年。高等教育阶段的在全日制普通高等院校就读的残疾学生和贫困残疾人家庭子女，根据困难情况，4000元/生/年或2500元/生/年。对大连市范围内接纳本市户籍残疾学生就读的学前教育机构、普通中小学、中等职业学校和全日制普通高等院校进行奖励，奖励标准为普通残疾学生7000元/生/年，孤独症学生10000元/生/年。

2013年全年共有5176名（其中残疾学生1063人，贫困残疾人家庭子女4113人）残疾学生及贫困残疾人家庭子女享受助学补助，589个接收残疾学生随班就读的本地教育机构享受机构奖励，全市共发放助学款和机构奖励金3000万元。

【关于印发《大连市残疾人托养服务办法》的通知】大连市残联、大连市财政局联合出台。规范了残疾人托养服务形式、服务对象和服务标准，全面取消了补贴标准城乡差别，大幅度提高补贴标准，形成补贴标准增长机制。将残疾人托养服务形式规范为集中托养、日间照料和居家托养，取消精神残疾过渡期托养。集中托养和居家托养的对象扩大到一二级。

【大连创建全国“阳光家园”示范区】2011年大连市“阳光家园”残疾人瓦房店托养中心被确定为首批全国“阳光家园”示范机构，2012年经辽宁省残联推荐，中国残联批准大连市创建全国“阳光家园”示范区。大连市“阳光家园”统一标识机构60家，其中集中托养服务机构14家，接纳重度残疾人980名；日间照料站46个，接纳中轻度残疾人743名；居家安养重度残疾人3800名。大连市党委政府高度重视残疾人托养服务工作和“阳光家园”示范区创建工作，连续几年将残疾人托养服务相关工作列入市政府为民办实事项目和重点民生工程项目，进一步夯实了残疾人事业发展的基础；政策制度健全完善，资金保障及时到位，累计投入了8个多亿用于基础设施建设和服务运行补贴方面，实现居家护理、日间照料、机构建设及机构服务的资金补贴全覆盖；坚持以人为本，立足于残疾人需求，强调个性化服务，累计开展1000多人次的专业化培训，提升专业化、规范化水平；注重宣传引导，强调多元化发展，既为残疾人托养服务营造良好的社会氛围，支持社会各方面广泛关注和参与残疾人托养服务工作，又通过购买服务、民办公助等形式鼓励各种社会组织和机构多种形式发展残疾人托养服务，这项工作逐渐成为社会各界爱心人士奉献爱心的平台，成为志愿者助残服务的重要载体，也成为宣传残疾人事业和社会文明进步的窗口。总体看，大连市的创建工作充分体现了党委、政府统筹经济社会协调发展的信心和决心，残疾人托养服务工作也呈现出财政支持有力、服务能力提高、残疾人保障力度加强、组织网络健全和托养服务形式多元化、管理标准化等特点，智力、精神和重度残疾人等特殊困难残疾人最急需、最迫切的公共服务需求得到了较好的解决。

【本溪市残疾人保障条例】

2013 年 10 月 9 日由本溪市第十五届人民代表大会常务委员会第四次会议通过，2013 年 11 月 29 日辽宁省第十二届人民代表大会常务委员会第五次会议批准，自 2014 年 1 月 1 日起施行。

《条例》设置了总则、社会保障、康复、教育、劳动就业、文化生活、无障碍环境、法律责任和附则九章四十二条。重点解决了六个方面问题：一是进一步完善了残疾人社会保障体系的相关环节。二是明确了残疾预防、残疾人康复机构和体系建设、基本康复、辅具适配等内容。三是对残疾学生及困难残疾人家庭子女的学前教育、义务教育、中高等教育等的资助问题进行了规范。四是对残疾人的集中就业、分散就业、个体创业和就业监管等各方面的措施进行了明确。五是对满足残疾人的文体生活需求和参与社会管理的权益保障等进行了规定。六是对无障碍环境建设的设计、施工、验收、使用管理以及残疾人代步工具管理等方面内容进行了规范。

《本溪市残疾人保障条例》在提高残疾人社会优待、全程资助残疾学生及困难残疾人家庭子女接受教育、分散安置残疾人、加强无障碍设施建设等方面，具有诸多亮点，将现行的对残疾人保障的政策措施或超前性地解决现实贫困残疾人问题的办法用法律的形式固定下来，以提高残疾人保障制度的约束力。

【郭明义爱心团队鞍山聋人分队成立】 在鞍山市老干部活动中心，一面印有“郭明义爱心团队鞍山聋人协会分队”的大旗从“当代雷锋”郭明义的手里传递到了鞍山市聋人协会负责人手里。这标志着全省乃至全国首支由聋哑人组成的郭明义爱心团队在鞍成立。授旗仪式后，

图 6－6－5　郭明义爱心团队鞍山聋人协会分队成立。

郭明义爱心团队鞍山聋人协会分队 31 名志愿者义务献血。聋人志愿者用手语表示，他们希望用这种方式向积极倡导献血的郭明义致敬。鞍山市聋人协会 200 多名聋人志愿者全员加入了爱心分队，海城聋人协会的 20 多名聋人、辽阳聋人协会的十多名聋人也特意赶来参加授旗仪式，并加入分队。多年来一直义务为鞍山聋人协会服务的助残志愿者王秀文介绍，鞍山的聋人群体对公益事业的参与度很高。鞍山市遭遇“8·4”特大洪涝灾害，聋人志愿者们捐款 3000 元为岫岩重灾区牧牛乡的受灾小学捐献了三台电视机。今后，郭明义爱心团队鞍山聋人协会分队将主要致力于环境保护、关爱老人和聋哑学生方面的公益事业。

【抚顺市建立省级残疾人扶贫基地】 抚顺市的清原县、抚顺县建立省残疾人扶贫基地试点 9 个，由省农村残疾人专项扶贫资金扶持，以合作社形式组建，依托当地龙头企业发展食用菌种植、花卉种植及绿色蔬菜种植项目，2013 年人均收益 1500 元以上，增强了残疾人自我发展的空间和动力。辽宁电视台、《辽宁日报》《抚顺日报》等多家媒体、报纸对基地发展成果进行了专题报道。

【阜新市肢残人协会正式登记注册】 2013 年 11 月 1 日，经阜新市民政局批准，阜新市肢残人协会正式登记注册。法人代表：李丽娟。阜新市肢残人协会是阜新市残联系统所属的专门协会。市肢残人协会在市残联的领导下，以弘扬人道主义精神，发展肢残人事业为宗旨。肢残人协会代表肢残人的共同利益，反映肢残人的特殊需求，维护肢残人合法权益，促进肢残人平等、充分参与社会生活，并共享社会发展的成果。肢残人协会以社会团体形式登记注册，有利于进一步加强肢残人的民主权利，增强肢残人代表的职能；有利于进一步体现协会的主体地位和肢残人的主人翁地位；有利于进一步加强和创新了肢残人的社会管理形式。肢残人协会依靠政府及市残联的支持、培育和扶助，带领并引导肢残人，在走向专业化、实体化、社会化等方面进行不断的探索和发展，不断开创肢残人工作的新局面，使阜新市 36000 多名肢残人都逐步实现自己的梦想。

【辽图文化志愿者协会】 2003 年，省图书馆成立了辽图文化志愿者协会，协会以帮助残障读者树立“知识本位”“能力本位”意识，提高其获取知识信息能力为宗旨，先后有 3 万名文化志愿者积极帮助残障人士阅读图书、欣赏电影、学习电脑以及参与各类文化活动，为无数残障人士开启了“智慧之窗”。辽图文化志愿者协会组织了“手语世界”活动，走近聋人读者，帮助他们与健听人交流。10 年来，作为省内唯一常年免费举办手语课程的教学点，每周日省图书馆“手语世界”活动现场总是人潮如织。教授手语的志愿者老师，学习手语的志愿者同学和聋人朋友如约在这里相聚，大家一起读书，其乐融融。“对面朗读”是辽图文化志愿者协会开展的又一公益活动。从 2005 年开始，文化志愿者每周三都会走进盲校，为盲童开设社会实践课，将文化服务送到盲童身边。“对面朗读”活动开展以来，参加其中的志愿者累计达到 1 万多人次，受众超过 10 万人次。为了让盲童进一步感受世界、走入社会，辽图文化志愿者协会积极策划

了盲童“看电影”活动。文化志愿者领着盲童走入电影院，并邀请辽宁广播电视台的知名主持人为他们进行电影同步讲解。点滴积累汇成爱心洪流。10 年来，一批又一批文化志愿者默默奉献，他们不仅让残障人士沐浴到知识的甘霖，更向社会传递着绵绵不尽的善意和温情！

【辽阳市慈善总会“慈善助残·就业圆梦”助学金】

“慈善助残·就业圆梦”行动由辽阳市慈善总会和市残联共同发起，计划在三年内，对在辽宁省特殊教育师范高等专科学校就读的辽阳籍学生每年资助一次，全日制在校生每人每年 2000 元，实行学分制的学生每人每年 1000 元。助学资金由辽阳市慈善总会和辽阳市残联各负责一半。

12 月 19 日，辽阳市慈善总会、辽阳市残联在辽宁特殊教育师范高等专科学校举行“慈善助残·就业圆梦”助学金发放仪式，省残联理事长吴玉新，辽阳市残联理事长徐巍、副理事长刘国庆，辽阳市慈善总会第一副会长田长连、副会长姜克春，学校党委书记阎洪涛、校长李洪谦，56 名辽阳籍残疾大学生参加仪式。仪式由辽阳市残联理事长徐巍主持。辽阳市慈善总会副会长姜克春同志宣读了资助计划，2012 级艺术设计一班的柳金同学代表受助学生发言。辽阳市慈善总会第一副会长田长连同志给受助学生带来了辽阳全市人民和社会各界爱心人士的问候。省残联理事长吴玉新代表省残联感谢辽阳市慈善总会和社会各界爱心人士对辽阳籍学生的关心和帮助，肯定了辽阳市残疾工作尤其是特殊教育工作取得的成绩，希望学校把爱通过残疾学生传承下去，加强校园文化建设和管理，为学生学习、生活提供最优质的服务，让学生学有所成；希望受助学生不辜负辽阳市慈善总会和辽阳市委、市政府的期望，发扬自强自立自信自爱的精神，珍惜学习机会，为建设辽阳、建设富庶文明幸福新辽宁，实现中华民族伟大复兴做出残疾学子的贡献。仪式结束后，受助学生现场领取了助学金。

【铁岭市助残志愿者协会】

2013 年 9 月，铁岭市助残志愿者协会正式成立。该协会业务主管单位为铁岭市残联，并在市民政局正式登记注册。铁岭市助残志愿者协会作为一个群众性、社会志愿性的公益团体组织，为残疾人提供各种志愿者助残服务。

图 6-6-6 铁岭市助残志愿者协会活动现场。

铁岭市助残志愿者协会充分发扬“奉献、友爱、互助、进步”的志愿精神，成立九支专业的助残服务大队，在县（市）区成立了助残大队，在乡（镇）街成立了助残队，在村（社区）成立了助残点，形成更加完善更加规范的服务网络。已有注册助残志愿者 2400 余名。开展了“罕见病真人图书馆”活动、“我们都是你们的眼睛”陪盲人看电影活动、为残疾人免费体检、陪聋儿过“六一”等活动。在第二十四个全国助残日当天，九支助残大队在钻石广场，宣传助残志愿者精神、招募助残志愿者并为市民及残疾人朋友提供医疗、就业、培训等服务。

五、大事记

1 月 9 日，全省残联系统信息化工作会议在沈阳召开。省残联副理事长于长源出席会议并讲话。14 个市及绥中、昌图县残联分管信息工作的理事长、部室（信息中心）负责人、数据库工作负责人以及信息技术人员参加了会议。

1 月 11 日，辽宁省就业援助月启动仪式在铁岭市举办，省残联副理事长吴玉新出席仪式，并对铁岭开原市的残疾人自主创业和社区助残志愿工作进行调研。

1 月 17 日，省残联第五届主席团第五次全体会议暨 2013 年工作会议在沈阳召开。省委常委、副省长、省残联第五届主席团主席陈超英出席会议并讲话。主席团副主席、省政府副秘书长何庆良主持会议。省残联理事长张翠玉代表省残联理事会做了题为《大力加强残疾人“两个体系”建设，积极推进残疾人共享改革开放和经济社会发展成果》的工作报告，全面回顾了 2012 年全省残疾人各项工作取得的成果，并就如何深入贯彻党的十八大精神，全面推进 2013 年全省残疾人工作进行安排部署。

1 月 19 日，省残联理事长张翠玉赴辽阳市残联拟新建的市残疾人综合服务中心新址进行调研，与省政府、市残联有关领导就新建的有关问题进行商榷。

1 月 20 日，省残联副理事长于长源赴广西北海慰问冬训的省残疾人体育集训队运动员、教练员及工作人员。

1 月 22—26 日，省政协十一届一次会议在沈阳召开。省残联理事长张翠玉当选省政协常委、社法委副主任。

1 月 25 日，省残联副理事长吴玉新一行专题调研沈阳市残疾人现代产业技能培训就业基地建设工作，先后参观了养殖示范园区、棚菜示范园区和基地培训教室，并就基地建设，如何发展进行了专题座谈。

1 月 27 日，省政府十二届一次常务会议召开，确定副省长刘强分管省残联工作。

1 月 27 日，在第六十个世界防治麻风病日之际，省残联副巡视员李华林率康复部相关人员等赴瓦房店土城子乡麻风病住院部，走访慰问休养的麻风畸残者，送去了 5000 元慰问金。

1月31日，省残联2012年度总结表彰大会召开。省残联机关全体党员干部职工和直属单位领导班子成员参加了会议。理事长张翠玉代表党组理事会向大会做工作报告，副理事长吴玉新宣读了表彰决定，对获得2012年度省残联先进部室、先进单位、单项工作突出贡献奖的先进集体和荣获优秀公务员、先进工作者称号的个人进行表彰。

2月5日，第十届世界冬季特奥运动会在韩国平昌落幕，省8名特奥运动员入选中国代表团参加了速度滑冰比赛，取得了4枚金牌、4枚银牌、2枚铜牌的优异成绩。

2月15日，残疾青年协会成立三十年之际，中国残联副主席吕世明在大连与部分残疾青年代表座谈。省残联第五届主席团副主席、市人大副秘书长李扬，市残联副理事长杨金旭，市残联专职理事、协会办主任尹平，《东北之窗》总编张嘉树参加座谈。

2月21日，省残联部分党员干部在党组副书记、副理事长任志伟的带领下，到沈阳科学宫参观把幸福给你——“当代雷锋”郭明义先进事迹展。

2月26—27日，省残联副理事长吴玉新和省社保局副局长刘德会等一行5人到营口盖州市、辽阳市辽阳县就“关于为参加新型农村和城镇居民社会养老保险的55—59周岁重度残疾人发放生活补助”问题进行调研。

3月9日，大连市首家残疾人辅助器具研发中心正式成立。中国残联副主席吕世明，省残联第五届主席团副主席、大连市残联副主席、市人大副秘书长李扬，大连市残联党组书记赵德贵、理事长杨金旭、副巡视员相学林，大连好参柏助残设备有限公司总经理李盛虎出席成立仪式。大连市的部分残疾人代表和残疾人工作者参加了仪式，并亲自体验了新成立的市辅助器具研发中心研制的十几个品种的辅具产品。

3月13日，省委组织部2012年度班子考核组一行6人到省残联进行班子年度考核，理事长张翠玉代表班子述职。省残联机关全体干部和事业单位班子成员参加会议，会后考核组进行分组谈话。

3月13日，省委常委、省委秘书长陈超英，省政府副秘书长何庆良在省残联理事长张翠玉、副理事长吴玉新陪同下，赴省残疾人特殊教育师范高等专科学校视察指导工作。陈超英一行参观了图书馆、学生寝室和食堂等服务设施，详细了解了新校园运转情况。还参观了针灸推拿、艺术设计、园艺技术和电子商务的课堂教学，与师生亲切交谈。在座谈会上，陈超英一行听取了李洪谦校长汇报学院建设和发展情况。陈超英秘书长指出，省委、省政府高度重视残疾人事业，关注残疾人教育问题。残疾人事业的发展水平代表了一个地区的文明程度，特教学院为残疾学生提供了科学完善的教学服务，有利于残疾人事业的发展。学院应立足长远，不断提升管理水平、教学质量和品牌影响，加强校园文化及“双师型”教师队伍建设，促进国际交流，争做世界一流的高等教育特教学院。此外，还对目前制约学院发展的人员配备、硬件设施等问题给予高度关注，并对学院建设和未来发展做出指示。

3月13日，省残联副理事长于长源陪同中国残联体育部副主任赵素京一行，与第十二届全国运动会组委会商谈残运会与全国运动会接轨事宜。

3月18日，副省长刘强会见省残联领导班子全体成员。省残联党组书记、理事长张翠玉就残联的组织架构、全省残疾人基本状况、省残联近年来主要工作成绩及近期将要进行的省残联换届、两大基础设施消防验收和省残疾人辅助器具中心基础设施改造等重点工作向刘强副省长进行了详细汇报。刘强副省长听取汇报后指出，残疾人是一个数量众多的特殊困难群体，对这个群体的关心重视程度，体现了一个国家和社会的文明与进步。为这样一个大的群体服务，光靠残联是不够的。残联要积极呼吁社会关心、重视、支持残疾人事业，要运用一切可以利用的媒体、网络加大宣传，创造和培养关心支持残疾人事业的社会氛围；残联组织要把自身工作做好，残联班子要把干部带好，把队伍管好，把设施用好，做到人尽其才，物尽其用；要深入基层，把残疾人需求搞清楚。要走近残疾人生活，注意发现和推广好的典型；要积极争取资金，加强与有关部门横向、纵向的沟通和联系，要为残疾人事业理直气壮地争取资金支持。要齐心协力，尽心竭力，热忱、真诚地把残疾人工作做好。刘强副省长最后表示，将会全力支持残联的工作，相信辽宁的残疾人工作会在以往良好基础上做得更好，取得更大成绩，工作更上一个新台阶。省政府副秘书长上官炜星一同听取了工作汇报。

4月10—12日，中国残联在江苏省苏州市组织召开全国残疾人文化建设工作会。省残联副理事长于长源出席会议，并做题为《消弭文化鸿沟，助推残疾人多元文化同步发展》的经验介绍。

4月11—12日，中国残联/嘉道理慈善基金会社区康复合作项目办公室副主任池俊常、专员梁闯、香港复康会专家魏国荣组成督导组赴义县对项目第二周期工作开展情况进行督导检查，省残联副巡视员李华林陪同检查。

4月18日，根据辽宁省教育厅转发《辽宁省人民政府关于同意成立辽宁特殊教育师范高等专科学校的批复》（辽政〔2013〕81号）的通知，辽宁特殊教育职业学院正式更名为“辽宁特殊教育师范高等专科学校”。

4月22—23日，省残联副理事长于长源赴朝阳市进行残疾人维权和文体工作调研。就市残联维权机构建设、无障碍环境建设等重点工作与市残联领导班子交换意见，并走访双塔区和喀左县残疾人家庭。

4月27日，抚顺市残疾人联合会第六次代表大会召开。省残联副理事长任志伟出席，抚顺市委书记王桂芬到会并讲话。

5月2日，中国残联副主席吕世明、全国无障碍建设首席专家汤小泉一行到大连视察无障碍环境建设。吕世明副主席一行先后实地考察了东港商务区的道路无障碍建设、国际会议中心内的无障碍设施，听取了东港商务区建设指挥部相关负责人对无障碍设施建设情况的介绍，并亲自体验了海滨广场海岸线木栈道的无障碍建设。

5月8日，省残联党组举行学习中心组扩大会议，围绕贯彻落实省委十项规定、王珉书记讲话等为主题进行了集中学习，机关全体干部及直属单位班子成员参加了会议，省残联党组副书记、副理事长任志伟主持。

5月16日，辽阳市残疾人联合会第六次代表大会召开，省残联副理事长吴玉新出席，辽阳市委书记唐志国到会并讲话。

5月16日、21日，于长源副理事长带领维权部有关人员到鞍山市督办处理33名残疾人进京上访有关事宜。转达中国残联和省残联党组处理意见，对稳妥解决好后续工作，维护和保障残疾人权益提出明确意见。

5月17日，营口市残联第六次代表大会召开，省残联党组书记、理事长张翠玉出席并讲话。下午，张翠玉理事长出席营口市残疾人康复中心落成启用仪式，与营口市长葛乐夫共同为中心启用揭牌并参观康复中心大楼。

5月18日，省长陈政高到省特殊教育师范高等专科学校视察，指出：照顾好残疾人是各级党委、政府应尽的责任和义务，这所学校是我们为残疾人办的一件实事，也是在助残日到来之际为残疾人献上的一份礼物。我们一定要千方百计把这所学校建设好、管理好，办出全国一流水平，让更多的残疾人在这里接受教育，学有所长。同日，陈政高省长主持召开第十一次省长办公会议，专题研究加强省特殊教育师范高等专科学校建设工作。

5月18日，省残联和省残疾人康复中心联合举办第二十三次全国助残日活动。省残联党组副书记、副理事长任志伟出席并讲话。他强调要不断提高康复服务水平，为残疾人患者提供更优质的康复服务，为推动全省的康复工作乃至社会经济发展做出贡献。

5月19日，抚顺市“让关爱的阳光照进残疾群众心里”助残公益活动举办，省残联副理事长于长源出席。

5月21—23日，中国残联康复部副巡视员兼长江项目办公室主任杨津惠、香港李嘉诚基金会代表李玉光等一行10人来辽宁进行二期项目终期检查及三期项目调研，省残联副巡视员李华林等陪同检查。

5月22日，省残联理事长张翠玉到绥中县调研残疾人工作，听取县残联理事长周振南工作汇报，并赴县残疾人托养中心和残疾人汽车修理厂，实地调研残疾人托养和就业工作。张翠玉理事长对绥中县残疾人工作给予充分肯定，并要求今后要加大力度解决好农村残疾人生产生活问题，进一步完善残疾人就业的相关政策，给予残疾人更多的关心和支持。

5月30日，沈阳市残疾人联合会第六次代表大会召开，省残联党组书记、理事长张翠玉出席，沈阳市委常委、市总工会主席鞠秀礼，市政府副市长祁鸣到会讲话。

5月30—31日，全国残疾人辅助器具工作研讨会在朝阳市召开。来自全国10个省和15个市（县、区）辅助器具中心领导30多人参加会议。

6月3日，铁岭市残疾人联合会第六次代表大会召开，省残联副理事长吴玉新出席，市委书记吴野松，市委副书记、代市长林强出席大会。

6月4日，辽宁特殊教育师范高等专科学校代表队在辽宁省第二届创业计划大赛中夺得冠军，获得特等奖、优秀组织奖、优秀指导教师奖三项大奖。

6月9日，朝阳市残疾人联合会第六次代表大会召开，省残联副巡视员李华林出席。朝阳市委书记王明玉发来贺信表示祝贺，市人大常委会主任王树轩，市委副书记、代市长于言良出席会议。市委副书记郝春荣致祝词。

6月18日，省长陈政高主持召开省政府第六次常务会议，省残联副理事长任志伟出席会议。会议审议并同意《辽宁省人民政府关于授予刘馨阳等7名残疾人运动员教练员辽宁省劳动模范荣誉称号的决定》，以辽政发形式印发执行。

6月28日，省残联副理事长吴玉新、省基建办张朋声副处长到辽宁特殊教育师范高等专科学校召开校园围网建设协调会，专项研究校园围网规划设计方案，会议议定由省建筑设计研究院根据会议议定内容深化设计方案。

7月4日，省残联召开全体干部大会，省委组织部副部长陈学华宣布省委关于省残联领导任免决定。任志伟任省残联党组书记、副理事长，吴玉新任党组副书记、理事长，于长源任副理事长，张志斌任副理事长。

7月9日，辽宁省残疾人联合会第六次代表大会在沈阳市召开。省委书记、省人大常委会主任王珉在开幕式上讲话。省委副书记、省长陈政高，省政协主席夏德仁出席会议。中国残联党组成员、副理事长贾勇出席开幕式并讲话。省残联第五届执行理事会理事长张翠玉做工作报告。

7月15—24日，省残联新一届领导班子先后召开理事长办公会，听取了省残联就业指导办、体训中心、信息中心、辅助器具中心、基金会等五个单位的工作汇报，并深入省残疾人康复中心、辽宁特教师范高等专科学校进行了工作调研。这是省残联六代会后，新一届理事会为全面了解掌握各部门及直属单位总体工作动态，帮助查找不足，理清思路，及时解决存在困难和问题，为进一步做好下半年全会工作采取的新举措。

7月17—19日，“辽宁省残疾人岗位精英职业技能竞赛”及“辽宁省第四届残疾人就业服务知识竞赛”在沈阳举办。省残联理事长吴玉新出席开幕式和闭幕式，并为获奖选手颁发荣誉证书。

7月17—18日，全省残联系统信息化培训会议在营口市召开。中国残联信息中心副主任李藜、省残联副理事长于长源出席会议并讲话。各市残联分管信息化建设的领导、部室负责人及技术人员共约60人出席会议。李藜副主任及IT业界技术专家就数据库开发、网络安全、协同办公系统、视频会议系统和网站无障碍建设等方面进行培训。

7月18日，辽宁省残联召开党的群众路线教育实践活动动员大会，省残联党组书记任志伟做动员讲话，省委第十一督导组组长，原省政协常委、省政协社会法制委员会副主任庄敏出席大会并讲话，党组副书记、理事长吴玉新主持大会。

7月23日，省残联精防调研工作座谈会在阜新市太平区召开。省残联副巡视员李华林，康复部相关工作人员，市残联、区政府、区残联、市第四医院相关人员出席座谈会。

7月24—25日，全省残疾人信访维权工作培训班在鞍山市举办。省残联副理事长于长源出席开班仪式并讲话。期间，于长源副理事长就鞍山市残疾人维权工作，特别是残疾人进京到省群体信访工作进行了专题调研。

7月29—31日，全国残疾人康复人才培养基地规范化建设研讨会在锦州召开。全国16个“中国残疾人康复人才培养基地”负责人及省、市残联相关人员30余人参加研讨会。中国残联康复部副主任纳新对全国残疾人才培养基地规范化建设工作做了总结和部署，辽宁省残疾人康复中心做了经验介绍。

7月30日，为庆祝八一建军节，省残疾人艺术团赴沈阳军区某部队慰问演出，将赴京参加全国残疾人文艺汇演的12个精品节目带到部队，与战士们共度建军节。演员们自强向上的精神状态和技艺精湛的表演赢得了战士们阵阵掌声。省残联副理事长于长源和部分部队领导以及300余名部队官兵观看慰问演出。

7月30日—8月1日，由中国残联、卫生和计生委有关专家组成的调研组赴锦州市，调研指导“0—6岁儿童残疾筛查工作技术规范”工作，省残联副巡视员李华林陪同调研。调研组先后到市孤独症儿童康复中心、市妇婴医院脑瘫儿童康复训练机构、市妇幼保健所、凌河区妇幼保健院、凌海市妇幼保健所、凌海市新庄子镇妇幼防保站等地进行了实地考察。在反馈会上，国家调研组对辽宁省开展0—6岁儿童残疾筛查工作给予充分肯定，并对下一步做好残疾儿童筛查工作提出了意见和建议。

8月1—2日，省残联张臻副巡视员带队对大连市创建全国“阳光家园”示范区进行省级评估验收，对瓦房店市残疾人托养中心进行省级托养服务标准化机构验收。

8月2日，省残疾人特殊教育师范高等专科学校召开2013年招生工作会议，省残联吴玉新理事长出席会议并讲话。省残联教就部、专科学校相关负责人，各市残联分管理事长及教就部门负责人参加会议。

8月5—8日，中国残联残疾人就业服务机构规范化建设检查组对辽宁省残疾人就业服务机构规范化建设工作进行检查验收，辽宁省顺利通过检查验收，省残联理事长吴玉新出席验收总结会。

8月8日，省政府副秘书长上官炜星主持召开协调会议，专题研究辽宁特殊教育师范高等专科学校学费问题和自主招生政策问题。省残联理事长吴玉新，省财政厅、辽宁特殊教育师范高等专科学校相关负责人参加会议。

8月14—16日，中国残联副理事长贾勇一行到大连市评估验收全国“阳光家园”示范区创建工作。验收组听取了大连市政府副市长朱程清关于大连市创建工作的汇报并通过实地察看，观看专题片，查阅档案资料，入户调查等方式，对大连市残疾人居家托养、日间照料和机构托养等工作进行了全面评估验收。大连市高标准完成了“阳光家园”示范区各项创建任务，通过验收。

8月18—25日，全国（辽宁）初级辅助技术工程师（肢体方向）岗位能力认证考前培训班在营口举办。省残联副巡视员李华林，省残疾人辅具中心、营口市政府、市残联相关人员出席开班仪式。各市从事残疾人辅具服务工作的87名学员参加了培训。培训结束后，学员统一参加了由人力资源和社会保障部教育培训中心组织的理论和实操考试，考试合格人员将获发初级辅助技术工程师（肢体方向）岗位能力证书。

8月19日，省残联召开党组中心组学习扩大会议暨深入开展党的群众路线教育实践活动学习研讨会，机关全体干部及直属单位班子成员参加会议，党组书记任志伟主持会议。任志伟书记传达了省政府系统领导干部会议的有关文件，吴玉新理事长通报了理事长办公会就各部室、各单位征求的意见和建议所做出的决定，党组成员、副理事长于长源对习近平总书记在河北调研时就党的群众路线教育实践活动的讲话进行了贯彻学习。机关四个党支部和直属单位党委、支部的书记做了研讨发言。

8月20—22日，省残联各专门协会工作经验交流会暨协会骨干培训班在沈阳召开。中国残联组联部副巡视员郝尔康，组联部孙一平，省残联党组书记任志伟，理事杨德维出席会议，协会办主任徐树国及来自省五大协会的领导班子，各市、昌图、绥中县的协会办公室负责人计60余人参加会议。

8月21—22日，省残联理事长吴玉新带领办公室、教就部、计财部等相关负责人一行5人到阜新市调研。调研组听取市残联总体工作情况汇报，召开了部分残疾人代表座谈会，重点商讨扶贫改革试验区推进措施，并深入彰武县、阜蒙县部分乡镇进行调研。

8月27日，省残联理事长吴玉新亲自带队，赶赴“8·16”特大洪水重灾区——抚顺市清原县，将募集来的1200箱矿泉水和350箱方便面送至灾区残疾人手中，代表省残联向灾区残疾人送去了省残联全体干部职工的关心和问候。

8月27日，省残联举办“辽海讲坛——廉政文化进机关”暨省残联深入开展党的群众路线教育实践活动专题报告会，省社科联主席、省委讲师团原团长姜晓秋进行授课，省残联机关全体干部、直属单位领导班子成员及部分直属单位干部共计90余人参加报告会，省残联党组书记任志伟主持活动。

8月，中国残联授予省残疾人就业指导办公室“长江项目执行省市先进单位”荣誉称号，颁发长江项目执行省市先进单位奖牌。

9月2日，中国聋儿康复研究中心副主任龙墨、项目办处长周丽君来辽宁检查指导听力语言康复工作，省残联副巡视员李华林陪同检查。

9月6日，第二十九个教师节来临之际，省委书记、省人大常委会主任王珉到辽宁特殊教育师范高等专科学校，走访慰问一线教师，代表省委、省政府向全省广大教师和教育工作者致以节日的祝贺和诚挚的问候。省委常委、秘书长陈超英参加走访慰问。

9月8—15日，省残联在阜新市太平区开展精神残疾人基本情况入户调查。省残联副巡视员李华林出席“省精神残疾人基本情况调查启动仪式”并讲话。调查小组深入太平区42个社区（村），走访了1000余户精神残疾人家庭，对现有精神疾病患者服药、住院治疗及医保、新农合、康复救助等情况进行了逐一调查登记。

9月11日，上海市残联副理事长季敏率领上海市暨七个区县残联主要领导一行11人，到朝阳市考察、交流残疾人辅助器具服务工作经验。省残联副理事长张志斌陪同考察并座谈交流。锦州市、阜新市、盘锦市、葫芦岛市残联领导一同参加考察和交流。

9月12日，省残联理事长吴玉新在沈阳接待新疆塔城地区党组书记、副理事长努尔兰·斯坦布勒，研究对口支援相关事宜。

9月22—24日，台湾爱盲协会林孟雪理事长一行五人就资助辽宁贫困白内障患者复明义诊工程到辽宁实地考察。23日，省残联副理事长张志斌主持召开座谈会，林孟雪理事长一行，省残联副巡视员李华林、康复部、康复中心相关人员参加座谈。下午，林孟雪理事长一行参观省残疾人康复中心眼科，重点对眼科的设施设备、手术室状况及技术力量情况进行了实地考察，并就如何在辽宁省开展贫困白内障患者复明义诊工作从管理和技术环节上提出了许多建设性的意见和建议。考察期间，省残联理事长吴玉新与林孟雪一行进行了广泛交流。

9月23—24日，全省残疾人工作现场会在沈阳召开。省残联党组、理事会成员，各市，绥中、昌图县残联理事长，机关部室主任及直属单位负责人，各市，绥中、昌图县办公室主任共计60余人参加会议。

9月24日，国家辅助器具（东北）区域中心“走千村、入万户”辅助器具服务启动仪式在沈阳举行。省残联理事长吴玉新首先汇报了区域中心工作开展情况。中国残联理事、康复部主任尤红，中国残疾人辅助器具中心主任陈振声、省政府副秘书长上官炜星、省残联党组书记任志伟共同启动了国家辅助器具（东北）区域中心“走千村、入万户”辅助器具服务。尤红理事和上官炜星副秘书长分别做了重要讲话。活动由省残联副理事长张志斌主持。省残联领导班子全体成员、部分残工委成员等200人参加仪式。

9月25—28日全国残疾人岗位精英职业技能竞赛和全国残疾人就业服务机构工作人员职业指导竞赛在沈阳举行。副省长刘强、中国残疾人联合会副理事长贾勇、省残联理事长吴玉新出席开幕式并观摩比赛。来自全国36支代表队的185名选手，以及裁判员、志愿者、工作人员共400余人参加了本次竞赛。辽宁省代表队荣获团体总分第一名的优异成绩。

10月14日，省残联副理事长于长源赴阜新市督办残疾人机动轮椅车运营信访工作，并对无障碍建设工作进行调研。期间，于长源副理事长会见了阜新市政府常务副市长尹璟友，就阜新市残疾人机动轮椅车运营信访问题交换意见。

10月15—18日，全省残疾人扶贫、两建工作会议暨残疾人托养服务管理干部培训班在本溪举办。残疾人“两个体系”建设试验区及联系点残联理事长、各市分管副理事长、教就部主任及两建办负责同志共计80余人参加会议。会议总结了“十二五”以来全省残疾人扶贫工作，并就下一步工作进行了部署，听取了国家“十二五”时期残疾人“两个体系”建设评估指标和残疾人托养服务管理相关内容的培训讲座，听取了沈阳、大连等9个市（县、区）的工作经验介绍。与会领导和同志们还实地参观考察了残疾人阳光家园日间照料站、两建基础工作和扶贫基地。

10月16—17日，省盲协工作会议在沈阳召开，省残联党组书记任志伟出席会议并讲话，省盲协主席高力军、副主席吴铸向大家介绍了参加中国残联六代会和中盲协六代会的盛况，并传达了相关的会议精神；来自全省14个市、县的盲协主席分别做了2013年盲协工作情况汇报；省残联维权部、就业中心、辅具中心的相关领导与各地盲协主席围绕今年盲人节的主题“消除障碍、促进融合”以及盲人就业、盲人按摩、文化科技助盲、职业技能培训等方面也展开了深入的研讨。会议还研究制定了省盲协2014年的工作要点。省残联理事杨德维、专门协会办公室主任徐树国和全省各市、绥中、昌图县盲协主席以及省残联维权部、就业办、辅助器具中心等相关部门负责人参加会议。

10月24日，省残联党组书记任志伟、理事长吴玉新、副理事长张志斌，带领康复部相关工作人员，在省康复中心召开理事长现场办公会议，了解康复中心业务开展情况与困难，并就项目计划及中心的未来定位进行了深入的分析和交流。

10月30日，省残联副理事长张志斌陪同中国残联康复部康复一处处长秦新梅，对落实“视觉第一，中国行动”三期低视力康复项目试点工作进行检查指导。

11月5—6日，省残联党组书记任志伟、理事长吴玉新、副巡视员张臻带领机关四个党支部分别到朝阳建平县和阜新彰武县开展对接入户、慰问贫困残疾人活动，为39户贫困残疾人带去了米、面、油等物品，送去了省残联机关残疾人事业工作者的爱心和温暖。

11月7日，省残联理事长吴玉新在省委政法委参加肇事肇祸等严重精神障碍患者救治救助工作协调会议。

11月11—15日，中国残联康复人才培训辽宁基地康复技术人员培训班在鞍山举办。各市负责聋儿康复教学的管理人员、集体课、单训课教师及听力师以及省残联康复部、省听力语言康复中心有关人员共80余人参加培训。省残联副理事长张志斌出席会议并讲话。在鞍山期间，副理事长张志斌一行深入立山区友好街道办事处商行社区检查指导残疾人康复站工作，还出席了全省残联康复部主任工作研讨会并讲话。

11月14日，省残联党组召开党的群众路线教育实践活动专题民主生活会，紧紧围绕保持党的先进性和纯洁性，按照“照镜子、正衣冠、洗洗澡、治治病”的总要求，联系思想和工作实际，聚焦“四风”方面问题认真对照检查，积极开展批评和自我批评，研究提出下一步整改措施。省残联党组书记任志伟主持会议。省委第十一督导组组长、省政协原常委、省政协社会法制委员会副主任庄敏，督导组副组长、省人社厅纪检组长郑传亮及督导组成员到会指导。

11月20日，国际狮子会和中国残联领导和专家检查了辽宁省“视觉第一，中国行动”项目三期执行情况。省残联理事长吴玉新、副理事长张志斌、省残联康复部、省残疾人康复中心相关人员出席了汇报会。检查评估团深入省视觉障碍康复中心检查了项目基础设施、运营情况和运营成果，查看了病例、档案，对省康复中心组织专家在朝阳市为“视中”项目开展的低视力流行病学调查给予了很高的评价。

11月20—21日，省残联理事长吴玉新一行到营口调研2013年度残疾人康复、就业、教育、扶贫等工作开展情况，实地考察了已投入使用的残疾人康复中心大楼内部无障碍设施、市残联呼叫服务中心、残疾人辅助器具展厅、残疾人就业保障金年审大厅和残疾儿童康复教室内的康复训练情况。

11月25—28日，按照《省残联深入开展党的群众路线教育实践活动实施方案》安排，省残联机关各支部、各直属单位党委、支部召开了以为民务实清廉为主要内容，以“照镜子、正衣冠、洗洗澡、治治病”为总要求，围绕认真解决形式主义、官僚主义、享乐主义和奢靡之风的专题民主生活会，处级以上领导干部在会上进行了深刻的自我批评，并以敢于坚持原则、指出问题、真诚帮助提高的方式，开展了诚恳的相互批评，党组负责同志作为普通的一名党员参加了党支部民主生活会。

11月28日，省残联党组召开党组专题民主生活会情况通报会暨教育实践活动推进会，机关全体干部及直属单位领导班子成员参加了会议。

11月29日，省肢协工作会议在沈阳召开。省残联党组书记任志伟出席会议。省残联理事杨德维、专门协会办公室主任徐树国及各市、绥中、昌图县肢协主席参加会议。会上，省肢协主席赵学良传达了中国残联六代会会议精神及中国肢协相关工作会议精神并讲话；省肢协秘书长栗舒娅介绍了上海“中途之家”进展状况；各市，绥中、昌图县肢协汇报了2013年的工作情况和明年的工作打算。任志伟书记在会上重点通报了省残联六代会后着力推进的几项重点工作。杨德维理事对省肢协的工作提出了建议。

11月30日，阳光畅行无障碍——辽宁奥克捐赠电动轮椅暨华录阳光智能终端签约仪式在高新区大连易尚阳光科技有限公司举行。中国残联主席团副主席吕世明，全国政协委员、辽宁奥克集团董事长朱建民，大连市人大副秘书长李扬，大连市残疾人联合会党组书记赵德贵，高新区管委会副主任张树良，华录集团副总裁尹松鹤等有关部门领导参加了仪式。仪式上，奥克集团和华录集团分别向大连市残疾人社会保障服务中心捐赠了10辆电动轮椅（总价值16万元）和500个华录阳光盒子（总价值25万元）。仪式后，与会人员共同参观了大连市残疾人社会保障服务中心，并和负责人孙树明及残疾员工进行了深入会谈与沟通，了解基地目前的运营情况和残疾员工的工作生活情况。

12月3日，省残联暨沈阳市残联在沈阳市老北市剧场共同举办“友爱互助·和谐共享”大型文艺汇演。省残联党组书记任志伟，副理事长于长源、张志斌、沈阳市残联相关人员以及爱心企业和社会各界爱心人士共400余人观看了演出。

12月11日和12月19日，省政府和省委分别召开常务会议和常委会议，专题研究2014年重点民生实事安排，决定将贫困残疾人助行和家庭无障碍改造工程纳入其中。

12月11日，省政府“两转变、一整治”工作验收组对省残联“两转变、一整治”工作进行检查验收。验收组听取了省残联开展工作情况汇报，召开了普通干部和工勤人员参加的座谈会，查看了相关文字材料，最后对验收情况进行了反馈。省残联党组书记任志伟出席验收汇报会。

12月17日，省残联在机关四楼会议室召开了2013年度目标绩效考核自我评估工作会，省残联机关全体干部和直属单位负责人出席会议，党组书记任志伟主持。省直目标办绩效考核组组长、省农委副巡视员吕子湖等出席会议。

12月17日，中国聋儿康复研究中心督导组一行四人对辽宁省听力语言康复中心业务建设及国家重点项目执行情况进行量化考核督导检查。督导组围绕基本建设、基层指导、康复教育服务、社会服务、听力学服务五方面工作，采取听取汇报、实地察看、现场问答、查阅档案、抽检儿童及评课等方式，对省听力语言康复中心进行了全面的检查和指导。会后，省残联党组书记任志伟、副理事长张志斌听取了督导组的意见反馈。

12 月 19 日，辽阳市慈善总会、辽阳市残联在辽宁特殊教育师范高等专科学校举行“慈善助残·就业圆梦”助学金发放仪式，对在校就读的 56 名辽阳籍学生进行资助。省残联理事长吴玉新出席仪式。

12 月 23 日，省残疾人福利基金会第三届理事会第一次会议在沈阳宾馆召开。会议推选了省政协常委、社会和法制委副主任、省残联主席团副主席张翠玉为省残疾人福利基金会第三届理事会理事长，朱建民、赵建国、许瑛、罗宇为副理事长，杨光为秘书长。省政府副秘书长上官炜星出席会议并讲话，省残联理事长吴玉新、副理事长张志斌，省民政厅副厅长马涛、省民间组织管理局副局长李众等领导出席了会议。会议由朱建民副理事长主持。

12 月 26 日，省残疾人“两个体系”建设评估指导组会议在辽宁金剑宾馆召开。相关部门和部分高校专家组成的评估指导组成员共计 17 人参加了会议。省残联理事长吴玉新出席会议并讲话，副巡视员张臻主持会议。

12 月 27 日，省残联在辽宁工会大厦召开残联系统办公室主任会议暨公文处理培训班。省残联理事长吴玉新出席会议并讲话。省政府办公厅副巡视员尚伟做公文处理业务培训。各市残联、省残联直属事业单位办公室主任、文秘工作人员，省残联部分机关干部共计 50 余人参加培训。会议由省残联理事、办公室主任李孟竹主持。

12 月，为全面掌握各市 2013 年工作完成情况，研究规划 2014 年工作安排，省残联党组理事会领导分别率 5 个调研组，赴全省 14 个市及绥中、昌图县展开调研。12 月 30 日，省残联召开调研汇报会，各调研组分别从基础工作、亮点工作、存在的问题和对省残联的意见建议几个方面做了调研汇报。省残联理事长吴玉新做总结讲话。党组书记任志伟通报了近期教育实践活动的工作安排。党组理事会成员出席会议，机关全体干部及直属事业单位班子成员参加会议。

附　录

助残疾人读书，辽宁三万文化志愿者十年不辍

《辽宁日报》　2013 年 5 月 7 日

“我很爱看书，但以前却从来不敢走进图书馆，怕烦琐的程序，更怕轻蔑的目光。可我第一次走进图书馆后却发现之前的顾虑都是多余的，这里有能沟通的同伴，还有志愿者为我们提供帮助……”几天前，一名残障人士在省图书馆借书后在留言簿上这样写道。

这位残障人士所说的志愿者，就是活跃在辽宁省图书馆的文化志愿者，他们当中有大学生、各行各业的专家、文化名人，还有不少懂盲文和手语的热心人士。自 2003 年以来，先后有 3 万名文化志愿者舍弃自己的休息时间，积极帮助残障人士阅读图书、欣赏电影、学习电脑以及参与各类文化活动，为无数残障人士开启了“智慧之窗”。

据辽宁省图书馆社会活动部主任孟志丹介绍，早在 2003 年省图书馆就成立了辽图文化志愿者协会。协会以帮助残障读者树立“知识本位”、“能力本位”意识，提高其获取知识信息能力为宗旨，成立之初就有大批大学生和具有不同特长的专家报名加入。

为了提高聋人读者阅读的自由性，辽图文化志愿者协会专门组织了“手语世界”活动。省图书馆组织志愿者走近聋人读者，帮助他们与健听人交流。10 年来，作为省内唯一常年免费举办手语课程的教学点，每周日省图书馆“手语世界”活动现场总是人潮如织。教授手语的志愿者老师，学习手语的志愿者同学和聋人朋友如约在这里相聚，大家一起读书，其乐融融。

“对面朗读”是辽图文化志愿者协会开展的又一公益活动。从 2005 年开始，文化志愿者每周三都会走进盲校，为盲童开设社会实践课，将文化服务送到盲童身边。“对面朗读”活动开展以来，参加其中的志愿者累计达到 1 万多人次，受众超过 10 万人次。

为了让盲童进一步感受世界、走入社会，辽图文化志愿者协会积极策划了盲童“看电影”活动。文化志愿者领着盲童走入电影院，并邀请辽宁广播电视台的知名主持人为他们进行电影同步讲解。一位孩子在“看”过电影后写下了自己的感受：“真没想到我这辈子还能‘看’到电影，而且还‘看’得有滋有味。”

点滴积累汇成爱心洪流。10 年来，一批又一批文化志愿者默默奉献，他们不仅让残障人士沐浴到知识的甘霖，更向社会传递着绵绵不尽的善意和温情！

（梁颖佳供稿）

吉林省残疾人事业和残疾人工作

一、领导讲话

省委书记王儒林在省残联调研座谈时的讲话摘要

2013年8月1日

多年来，全省各级残联组织和广大残疾人工作者牢记自身使命，认真履行职责，切实维护残疾人合法权益，积极为残疾人排忧解难，有力地推进了残疾人事业不断向前发展。广大残疾人身残志坚、自强不息，刻苦学习、辛勤工作，为全省改革建设发展做出了重要贡献。在这个过程中，在残疾人中也涌现了一批典型，非常值得我们学习。今天，借这个机会，我代表省委、省政府，向大家并通过你们向全省广大残疾人朋友、残疾人工作者和所有关心支持吉林省残疾人事业的各界人士，表示衷心的感谢和诚挚的问候！下面，我就做好全省残疾人工作，再讲三点意见。

一要深刻认识做好残疾人工作的重要意义，进一步增强做好残疾人工作的责任感和使命感。残疾人事业是中国特色社会主义事业的重要组成部分。在新的形势下，不断推进残疾人事业发展，是社会发展和推动科学发展的必然要求，是促进社会和谐的重要任务。近年来，在各级党委、政府和各级残联组织及社会各界的共同努力下，我省残疾人参与社会的环境和条件明显改善，生活水平和质量明显提高。但我们也要看到一些残疾人在脱贫、康复、看病、上学、就业等方面还面临很多难题，是特殊的困难。总体上说，我们残疾人还是一个相对困难的群体，是需要社会所有成员共同关心关爱的特殊群体。我们必须充分认识到，发展残疾人事业，事关全面建成小康社会大局，事关社会公平正义，事关残疾人重要作用的发挥。必须把残疾人工作摆在更加突出的位置，加强组织领导，动员社会力量，加大政策扶持，搞好统筹兼顾，努力实现残疾人事业与经济社会协调发展。

二要着力解决残疾人面临的实际困难，让残疾人与健全人一样生活得更有尊严、更有质量、更加幸福。目前，我省残疾人总体收入水平还滞后于全社会平均水平。为解决这些问题，2009年9月，省委、省政府出台了《关于促进残疾人事业发展的实施意见》，并制定了若干配套文件；从2010年开始，还实施了“残疾人社会保障工作三年推进计划”。可以说，这些工作都取得了明显的成效。下一步，解决残疾人和残联工作存在的问题，还要继续加大工作力度，紧紧围绕残疾人最关心、最直接、最现实的利益问题，扎扎实实地为残疾人办实事、做好事，解难题，把保障残疾人基本需求作为改善民生的重点任务。

三要切实加强领导，推进残疾人事业在新的起点上会加快发展。做好新时期的残疾人工作，任务繁重、责任重大。各级党委、政府和有关部门要进一步强化措施，加大工作力度，主动做好残疾人工作，不断开创残疾人事业新局面，不断取得新成果，更好地为残疾人搞好服务。要加强组织领导、高度重视、形成工作合力，动员社会力量，营造扶残助残的良好氛围。各级残联组织是党委和政府联系残疾人的桥梁和纽带，是发展残疾人事业的重要组织机构。各级党委、政府要更加重视发挥残联的作用，为残联开展工作创造良好条件，解决面临的困难和问题。各级残联组织要搞好自身建设，打牢组织基础，进一步强化服务意识、完善服务体系、增强服务能力，切实履行好“代表、服务、管理”职能。广大残疾人工作者要恪守“人道、廉洁、服务、奉献”的职业道德，全心全意做好我们的工作、全心全意为残疾人服务。

残疾人是社会大家庭的重要成员，是建设中国特色社会主义事业的重要力量。希望广大残疾人始终保持乐观向上、不畏艰难的生活态度，勤奋学习，增长本领，不断超越自我，主动融入社会，在吉林振兴发展实践中展示崇明才智、实现人生价值，同全省人民一道，共同创造幸福生活和美好未来。每次看到残疾人，我都有一种感慨，我们要多宣传残疾人典型，身残志坚的残疾人典型很有说服力，这是对全社会的一种激励。

省委书记王儒林在省残联第六次代表大会上的讲话摘要

2013年8月6日

省残联第五次代表大会以来的五年，随着全省经济社会持续健康发展，我省残疾人事业取得了长足进步。残疾人社会保障体系和服务体系建设扎实推进，残疾人生存和发展状况明显改善；康复、教育、就业、扶贫、文体、维权和无障碍建设等工作全面拓展，残疾人基本公共服务水平显著提升；残疾人事业发展环境日益优化，扶残助残的社会氛围更加浓厚。各级残联组织切实加强自身建设，不断提高综合素质和服务水平，充分发挥了党和政府联系残疾人的桥梁和纽带作用。广大残疾人身残志坚、自强不息，以超常的意志、顽强的毅力投入学习、生活和工作，在经济社会发展中做出了重要贡献、赢得了广泛尊重。

当前和今后一个时期，是我省深化改革开放的攻坚阶段，也是全面建成小康社会的关键时期。实现富民强省、全面振兴目标，需要全省干部群众包括残疾人群体的共同努力。让残疾人参与改革发展实践、共享改革发展成果，体现了包括残疾人在内的广大人民群众的根本利益和共同愿望。目前，我省有残疾人 193 万，涉及近 1/5 的家庭，总体上残疾人生活水平还滞后于全社会平均水平，残疾人事业发展还滞后于经济社会发展。做好残疾人工作，事关全面建设小康社会大局、事关社会公平正义与和谐稳定、事关残疾人重要作用的发挥。我们一定要充分认识做好新形势下残疾人工作的重要意义，进一步增强责任感和使命感，把残疾人事业作为一项重大的民生工程、民心工程，摆上更加重要位置，采取更加有力措施，全面推动我省残疾人事业迈上新的台阶。

要着力解决残疾人的实际困难。残疾人是我们的兄弟姐妹，是需要格外关心的特殊困难群体。他们有着美好梦想和人生追求，但面临更多现实困难和障碍。一定要把保障残疾人基本需求作为改善民生的重点任务，扎扎实实地为残疾人解难题、办实事，让残疾人和健全人一样生活得更有尊严、更有质量、更加幸福。要建立健全残疾人社会保障制度，搞好残疾人生活救助，完善社会保险政策，发展社会福利和慈善事业，切实保障残疾人基本生活。要优先发展残疾人教育，稳定和扩大残疾人就业，丰富残疾人精神文化生活，促进残疾人全面发展。要广泛提供生活照料、医疗康复、社会保障、教育就业、文化体育、维护权益等各方面服务，推进无障碍建设，大力发展残疾人服务业，千方百计为残疾人生活工作创造条件、提供便利。

要大力营造扶残助残的浓厚氛围。关心残疾人，是社会文明进步的重要标志；关心残疾人事业，是全社会的共同责任。要进一步增强团结互助意识，广泛动员社会力量，组织开展多种形式的扶残助残和志愿者服务活动，让每个残疾人都能感受到社会大家庭的温暖。要充分发挥工会、共青团、妇联等社会团体和红十字会、慈善协会等方面优势，积极为残疾人献爱心、送温暖，帮助残疾人解决各种困难和问题。

要全面激发广大残疾人创造活力。残疾人是残疾人事业的主体，也是推进改革发展稳定各项事业的重要力量。希望广大残疾人始终保持乐观向上、不畏艰难的精神状态，勤奋学习，增长本领，不断超越自我，创造新的业绩，在吉林振兴发展实践中展示聪明才智、实现人生价值。

要进一步加强各级残联组织建设。各级残联组织在发展残疾人事业、维护残疾人权益中肩负着重要责任，一定要积极顺应广大残疾人过上更好生活的新期待，进一步总结经验、探索规律，更好地履行代表、服务、管理职能，真正把党和政府对残疾人的关怀落到实处。要深入开展党的群众路线教育实践活动，改进工作作风，解决实际问题，不断提高服务层次和水平。广大残疾人工作者要带着深厚感情，满腔热忱为残疾人服务，做残疾人的知心人、贴心人。

要切实加强对残疾人工作的领导。促进残疾人事业发展，关键是加强领导和政策扶持。要进一步完善党委领导、政府负责的领导体制，切实把残疾人工作列入重要议事日程、把残疾人事业纳入经济社会发展全局，及时研究解决重大问题，不断加大投入和支持力度，形成有利于残疾人事业发展的政策法规体系，为残疾人事业发展提供法律、政策、资金等方面的保障和支持。各部门和单位要各司其职、密切配合，强化措施、狠抓落实，共同推动残疾人事业发展，让广大残疾人同全省人民一道共创共享幸福美好的新生活。

副省长隋忠诚在省残联第六次代表大会闭幕式上的讲话摘要

2013 年 8 月 6 日

一、切实增强做好残疾人工作的责任感和紧迫感

我省残疾人数量多、困难程度大，残疾人事业发展任重道远。我们省和全国一样，残疾人事业发展滞后于经济社会发展的局面尚未根本改变。同时随着经济社会发展转型和人口结构变化，残疾人工作和残疾人事业发展又面临着很多新情况、新问题、新挑战。我们要从战略和全局的高度，充分认识新形势下加快发展残疾人事业的重要性、紧迫性和艰巨性，适应经济社会发展新要求，把握残疾人事业发展新形势，加大工作力度，强化扶持政策，创新体制机制，努力把残疾人事业提升到一个新的水平。

二、大力推动残疾人事业全面发展

下一步要重点加强以下四个方面的工作：

（一）切实保障残疾人基本生活。这是促进残疾人平等参与社会生活最基础的条件，是必须始终要下大力抓好的一项重要工作。要把保障残疾人基本需求作为改善民生的重点任务，着力解决残疾人的实际困难。一是健全残疾人基本生活保障制度。二是完善残疾人康复服务保障机制。三是大力开展残疾人托养服务。

（二）着力提高残疾人公共服务水平。完善的基本公共服务既是促进残疾人全面发展的重要条件，也是当前残疾人事业发展的薄弱环节，必须大力加强。一是优先发展残疾人教育。二是稳定和扩大残疾人就业。三是加强残疾人公共文化和体育健身服务。四是加大农村残疾

人扶贫开发力度。

（三）进一步加强残疾人事业发展的基础支撑条件建设。促进残疾人事业持续发展，关键是要夯实基础、强化支撑、健全机制。一要加强法规制度建设。二要重视人才培养。三要加快基础设施建设。

（四）建立完善社会化残疾预防机制。通过加强有效预防，可以减少残疾发生、控制残疾发展。一要在全社会普及残疾预防知识。二要加强残疾预防制度建设。三要开展致残因素监控和残疾预防对策研究。

三、进一步加强对残疾人工作的组织领导

发展残疾人事业，做好残疾人工作，目标和任务已经明确，关键在于真抓实干、狠抓落实。

一要加强组织领导。要把残疾人工作摆上重要议事日程，纳入经济社会发展全局统筹规划。政府主要负责同志要亲自过问，主动关心残疾人工作；分管负责同志要亲自研究部署工作，及时解决困难和问题。要把各项任务分解到具体部门和人员，明确要求和责任，做到一级抓一级，层层抓落实，确保各项工作落到实处。

二要强化工作合力。各地、各有关部门在涉及民生领域的各个方面都要优先考虑残疾人，对残疾人予以倾斜。特别是各级残疾人工作委员会组成部门，要认真履行部门职责，强化政策落实，加大资源投入，增强服务意识，创造性地开展工作，着力解决好残疾人事业发展中的实际问题。要更加重视发挥社会力量的作用，积极培育和扶持为残疾人服务的社会组织，为企业和公众参与残疾人事业搭建良好平台，树立和弘扬扶残助残的社会风尚，营造更加有利于残疾人事业发展的社会氛围。

三要加强残联组织自身建设。要不断强化残联组织参与社会管理的职责，履行好“代表、服务、管理”的职能。作为各级政府残工委的办事机构，残联要发挥综合协调职能，为各级政府决策提供建议，主动与有关部门沟通，共同解决事业发展中的困难和问题，形成助推残疾人工作的合力。要切实加强队伍建设，提高执行力和创造力，不断提升综合素质和工作能力，增强为残疾人服务的本领。

四要充分调动广大残疾人的积极性。残疾人与健全人一样，是全面建成小康社会的重要力量。在广大残疾人中蕴藏着巨大的潜力和创造力，希望残疾人朋友不断超越自我，在发展中实现自我价值，向全社会展示新时代残疾人的精神面貌。

副省长隋忠诚听取省残联专题工作汇报后对残疾人工作的指示

2013 年 3 月 6 日

过去几年，省残联以实施“残疾人社会保障工作三年推进计划”为契机，使全省残疾人工作在很高的层面上运行，工作有抓手、有措施，有成效，取得很大成绩，残疾人工作的社会地位也有较大提升。2013 年的工作思路和想法都很好，关键在于认真抓好落实。残联工作具有特殊性，要深入研究残疾人工作特点，善于总结，注意挖掘典型，寻找亮点，不断创新。残疾人工作，要在大的思路指导下，既要有探索性的工作，也要有成型的做法和传统的模式，多方面推动。每年的工作要抓重点、抓亮点、抓示范，抓提升，抓带动。工作中好的典型和做法，要及时向省政府报告。

二、政策法规文件

吉林省人民政府印发《吉林省人民政府关于2013年民生实事的安排意见》

吉政发〔2013〕5 号

九、实施残疾人社会保障和服务体系建设推进计划

为 25 万人（次）残疾人提供康复训练与服务；对 5 万名残疾人进行技能培训，帮助 7 千名以上城镇残疾人实现创业就业。

吉林省人民政府印发《吉林省基本公共服务体系“十二五”规划》

吉政发〔2013〕10 号

第十一章　残疾人基本公共服务

——残疾人社会保障。

1. 落实和完善残疾人参加养老保险保费补贴政策，按规定对重度残疾人参保给予缴费补贴，有条件的地方对非重度残疾人参保给予缴费补贴，提高残疾人社会保险参保率和待遇水平。

2. 提高城乡残疾人参加医疗保险、合作医疗的补助标准，确保残疾人参保、参合全覆盖。逐步将符合规定的残疾人医疗康复项目纳入基本医疗保险支付范围，逐步增加工伤保险职业康复项目。对经医疗保险报销后负担仍然很沉重的残疾人，给予医疗救助。

3. 着力解决好重度残疾人、一户多残、老残一体等特殊困难家庭的基本生活保障问题，对享受最低生活保障待遇后生活仍有困难的残疾人家庭，采取其他救助措施保障其基本生活。做好低保边缘和低收入残疾人家庭的救助工作，确保残疾人因病、因灾等突发性原因造成生活困难时，得到及时有效的救助。有条件的地方实施贫困残疾人生活补助和重度残疾人护理补贴制度。

4. 构建辅助器具适配体系，有条件的地方对重度残疾人适配基本型辅助器具给予补贴。

——残疾人基本服务。

1. 建立健全以专业康复和托养服务机构为骨干，街道（乡镇）、社区康复服务和日间照料服务为基础、家庭康复训练与安养服务为依托的社会化残疾人康复和托养服务体系。加强残疾人服务设施建设。实施“阳光家园计划”、“七彩梦行动计划”、国家专项彩票公益金残疾人

康复救助项目和省重性贫困精神病患者康复医疗救助等一批重点康复和托养工程。建立残疾儿童筛选随报制度和抢救性康复救助制度。

2. 完善残疾学生助学政策。实施残疾人事业专项彩票公益金助学项目，为家庭经济困难的残疾儿童接受学前教育提供资助。着力保障残疾学生和残疾人家庭子女免费接受义务教育。逐步实行残疾学生高中阶段免费教育，落实扶残助学金政策，扶助残疾学生和贫困残疾人子女接受中高等教育。推进特殊教育学校标准化建设。

3. 拓宽残疾人就业渠道，加大残疾人就业促进和保护力度。开展多层次的残疾人职业技能培训，强化实际操作技能训练和职业素质培养，使残疾人达到上岗要求或掌握初级以上职业技能。为农村残疾人免费提供政府举办或资助的面向“三农”的培训机构和培训项目课程。落实残疾人按比例就业、安置残疾人单位税收优惠、残疾人个体就业扶持等政策。公共就业服务机构和残疾人就业服务机构免费为残疾人提供有针对性的职业介绍、职业指导等就业服务。将就业困难残疾人纳入就业援助范围，提供就业援助。适合残疾人就业的公益性岗位，优先安排残疾人就业。

4. 将住房困难的城乡低收入残疾人家庭优先纳入基本住房保障制度范围，并适当提高补助水平，改善残疾人家庭住房条件。

5. 为残疾人提供盲人阅读、聋人手语、影视字幕及特殊艺术等公共文化服务，实行公共文化设施对残疾人优惠开放，扩大盲人读物出版规模，使残疾人平等享有公共文化服务。

6. 大力推动公共体育设施向残疾人开放。发展壮大残疾人体育健身指导员队伍，大力开展残疾人健身志愿服务活动，广泛开展形式多样、适合残疾人参加的群众性体育活动。建立省、市、县三级体育健身指导站（示范点），指导残疾人科学健身。

7. 加快无障碍设施建设和改造。逐步对全省肢残人、盲人家庭住宅实施无障碍改造。为聋人家庭免费提供无障碍设备，为有需求的肢残人提供轮椅。公共汽车普遍设立电子屏幕和语音报站，大中城市的医院、商场等公共机构能够提供语音文字提示、轮椅等基本的无障碍服务。鼓励有条件的地区为贫困残疾人家庭无障碍改造提供补助。

8. 建立健全残疾预防体系。加强综合性和社会化的残疾预防和控制网络建设，广泛开展以社区为基础、一级预防工作为重点的三级预防工作，有效控制残疾的发生和发展。

吉林省住建厅、省发改委、省民政厅、省残联联合下发《关于农村危房改造中贫困家庭认定有关问题的通知》

吉建村〔2013〕13号

三、关于农村贫困残疾人家庭

（一）农村贫困残疾人家庭是指家庭成员中有残疾人，且人均收入低于省政府公布的扶贫标准的家庭。含有吉林省农村居民低保证的残疾人家庭和无吉林省农村居民低保证的残疾人家庭。

（二）申请农村危房改造的农村贫困残疾人家庭应持有县级以上残联核发的中华人民共和国残疾人证和民政部门吉林省农村居民低保证或县级以上残联核发的吉林省农村贫困残疾人家庭证明。

（三）农村贫困残疾人家庭申报农村危房改造，要依据《吉林省农村危房改造管理暂行办法》的要求，向村委会提出申请，由村委会报乡镇政府初审，经初审合格的报县级危改办，县级危改办向同级残联、民政部门提出认定需求，县级残联和民政部门按规定分别对申请人的中华人民共和国残疾人证、吉林省农村居民低保证进行核定；对无吉林省农村居民低保证的申请人，依据危改办的认定需求进行认定，符合条件的由残联出具吉林省农村贫困残疾人家庭证明，有关认定程序按省残联规定执行。

吉林省人民政府办公厅印发《吉林省人民政府办公厅关于印发推进落实残疾人“两个体系”建设重点工作任务（2013—2015年）分工方案的通知》

吉政办明电〔2013〕39号

二、落实各项社会保障政策，提高残疾人社会保障水平

（一）加强残疾人社会救助

1. 符合城乡低保条件的残疾人实现应保尽保，分类施保。靠父母或兄弟姐妹供养的成年重度残疾人单独立户的，按规定纳入低保范围。对享受最低生活保障待遇后生活仍有困难的残疾人家庭，以及因病、因灾等突发性原因造成生活困难的低保边缘户和低收入残疾人家庭给予临时救助。

2. 对符合城乡医疗救助条件的残疾人按规定实施医疗救助。

3. 将住房困难的低收入残疾人家庭纳入城市住房保障和城乡住房救助范畴。城市保障性住房、农村危房改造计划等优先安排符合条件的困难残疾人家庭。

4. 采取公建民营、民办公助、购买服务等多种方式，确保每个市（州）有1个稳定的残疾人托养服务机构。以街道（乡镇）、社区（村）为依托，发展残疾人日间照料和居家服务。实施“阳光家园计划”，对1.8万人次的智力、精神和重度残疾人托养服务予以补贴。

（二）落实残疾人参加社会保险的各项待遇

1. 鼓励城镇残疾职工按规定参加基本养老、医疗、工伤、失业、生育保险。按规定落实残疾人相关社会保险补贴和城镇贫困残疾人个体户缴纳基本养老保险费补贴政策。

2. 残疾人参加城镇居民基本医疗保险、新型农村合作医疗的，在享受参保缴费普惠制补助的基础上，对其个人参保缴费部分予以补助，确保残疾人参保、参合全覆盖。

3. 将精神病患者纳入城镇居民基本医疗保险门诊统筹治疗范围，对有社会危害行为、家庭困难的精神病人有一例收治一例，切实提高精神残疾人的基本医疗保障水平。

（三）着力提高残疾人社会福利水平

1. 对符合农村“五保”条件的残疾人，全部纳入财政供养范围；对城镇“三无”残疾人，依个人意愿或需要纳入集中供养。改善供养条件，提高供养水平。

2. 按照国家要求，有条件的地方可建立困难残疾人生活补贴和重度残疾人护理补贴制度。

3. 将贫困残疾人急需的轮椅、盲杖、拐杖、助听器、助视器等基本辅助器具所需补助经费纳入公共财政支持范围。

三、加强残疾人服务体系建设，提高为残疾人服务的能力

（一）大力促进残疾人就业

1. 落实党政机关、人民团体、事业单位及国有企业按比例安排残疾人就业的岗位预留制度。开展残疾人集中就业单位专产专营和政府优先采购产品试点，推动各地出台专产专营目录。各级政府新开发的公益性岗位，明确一定比例安排残疾人就业。

2. 有条件的市（州）及残疾人托养服务机构成立残疾人庇护工场或工（农）疗机构，扶持精神、智力和重度肢体残疾人辅助性就业，用同级残疾人就业保障金对在庇护工场或工（农）疗机构就业的残疾人按照每人每月不低于200元的标准，给予工资补贴和社会保险方面的补助。

3. 继续实施“带传培训工程”，为10万名农村残疾人提供实用技能培训和指导服务；实施“千家万户巧手工程”，带动5000名残疾人就业、创业。开展“盲人按摩妙手兴业”活动，建立省级盲人按摩实训基地10个。继续开展“小额贷款助残就业行动”。“阳光工程”和“雨露计划”要积极培训残疾人或残疾人家庭成员。

4. 在城镇扶持建立150个残疾人就业基地，安排5000名残疾人就业。在农村扶持新建120个“阳光助残扶贫基地”，安置和辐射带动8000名农村残疾人参加生产劳动。

5. 加强残疾人就业服务机构规范化建设，全省85%以上市、县级残疾人就业服务机构达标。

（二）加快推进残疾人康复服务体系建设

1. 充分发挥省级残疾人康复服务机构的辐射、带动、示范作用。积极推进市、县两级残疾人康复中心和辅助器具中心建设，实现残疾人康复服务全覆盖。

2. 建立健全各级残疾人康复工作的组织管理网络和技术指导网络和康复服务网络。推进康复进社区，就近就地为残疾人提供康复训练与服务。搞好农村残疾人康复服务体系建设，全面推广农村残疾人流动康复站建设经验。

3. 组织实施国家残疾儿童康复救助“七彩梦行动计划”项目和吉林省残疾儿童康复救助项目，为6000名各类贫困残疾儿童实施康复救助。省财政采取以奖代补方式给予补助。深入开展“城市农村贫困出生缺陷患儿随访关怀活动”。

4. 推广辅助器具适配技术，推进辅助器具进社区、进家庭，为有需求的残疾人普遍提供辅助器具服务。与长春大学等高等院校合作，开展辅助器具研发和改制。

5. 将社区康复医务人员培训纳入基层公共卫生人员培训计划和继续教育学分管理；将残疾人康复知识纳入到全科医生和社区护士培训教材之中；将专职社区康复协调员培训纳入残疾人就业培训计划。

6. 建立健全残疾预防体系，完善综合性、社会化预防控制网络和联动、高效、完备的工作机制。普及残疾预防知识，提高公众残疾预防意识。加强完善残疾报告制度和信息收集、监测及研究工作。

（三）加快发展残疾人教育

1. 在有条件的地区设立0—3岁残疾儿童早期干预、早期教育和康复训练机构。市（州）和残疾儿童较多的县（市、区）设立残疾儿童学前教育机构或依托特殊教育学校、康复机构设立残疾儿童幼儿园（部）。鼓励和支持幼儿园、特殊学校、康复机构和社会福利机构等开展残疾儿童学前康复教育。

2. 组织实施“残疾儿童少年义务教育攻坚计划”。支持有条件的地区建设专门招收孤独症儿童的特殊教育学校（部）。在市（州）政府所在地及有条件的县（市）开展重度残疾、孤独症、脑瘫等残疾儿童送教上门服务。

3. 大力加强残疾人职业教育。基本建成省残疾人职业学校，支持长春大学办好特殊教育学院。

4. 全面落实扶残助学政策，继续实施国家“残疾人事业专项彩票公益金助学项目”、“通向明天－交通银行残疾青少年助学计划”和我省的“扶残助学金”等项目。

（四）加强无障碍环境建设

1. 新建项目全面执行《无障碍环境建设条例》和《无障碍设计规范》（GB50763—2012）。对不符合无障碍建设标准的社会福利等机构、公共服务场所进行无障碍改造。加快实施贫困残疾人家庭无障碍改造。

2. 推进各级政府和有关部门逐步采取无障碍方式发布政务信息，逐步实现市（州）电视台开办电视手语节目。省、市两级公共图书馆和有条件的县级公共图书馆按照相关规范建立盲人阅览室。

吉林省残联、省财政厅联合印发《关于落实残疾人专职委员待遇补贴有关事项的通知》

吉残联发〔2013〕39 号

一、落实经费保障和人员待遇

各地要逐步加大对基层残疾人组织的工作经费投入。要将残疾人专职委员工作补贴或误工补贴、教育培训经费按规定纳入当地财政预算。

二、待遇补贴范围

按照每个乡镇（街道）、每个村（社区）各 1 名残疾人专职委员发放补贴。

三、待遇补贴标准

城市街道、社区残疾人专职委员没有享受待遇补贴的，按不低于当地政府公益岗位工资标准补贴。

农村乡镇、村（社区）残疾人专职委员没有享受待遇补贴的，按每人每月不低于 100 元标准补贴。

兼职残疾人专职委员已享受其他补贴待遇的，不享受此待遇。

吉林省人民政府印发《吉林省人民政府关于进一步加强和改进最低生活保障工作的实施意见》

吉政发〔2013〕18 号

对低保家庭中的重病患者、重残人员、一户多残的残疾成员、老残一体人员、老年人、未成年人以及县级以上政府确定的生活特殊困难人员给予重点保障，由县（市、区）政府民政部门根据其困难程度，按不低于当地低保标准 50% 的比例增发补助金。

吉林省残联、省财政厅印发《吉林省省级专项彩票公益金“助行圆梦”行动实施方案》

吉残联发〔2013〕70 号

二、行动目标

通过 2 年资助，基本保障全省城乡有助行式辅助器具及简单康复训练需求的肢体残疾人，帮助其“站立”起来，“走出”家门，与健全人一道共享社会发展成果。

三、行动内容

（一）起止时间

2013—2014 年。

（二）资助对象

全省城乡持有第二代中华人民共和国残疾人证的肢体残疾人。其中，2013 年资助全省 40 个县（市）的肢体残疾人，重点资助重度肢体残疾人、有就学和就业需求的肢体残疾人，以及城乡低保家庭或一户多残家庭的肢体残疾人；2014 年资助在 2013 年未得到资助的肢体残疾人和其他类别的残疾人。

（三）资助内容及数量

1. 配发康复器材及辅助器具

——主要内容：为肢体残疾人提供急需的普通辅助器具和康复训练器材，包括腋杖、手杖、轮椅、助行器、四脚手杖、分指板、肢体康复器、滑轮吊环训练器、坐便椅等。

——资助数量：2013 年度资助数量由省残联、省财政厅根据各地所辖乡镇数量和各地上报的乡镇残疾人康复需求调查数据，以及地区之间、县市之间资金均衡性进行分配，共配发 9 类、144159 件器材、辅具（略），配发 60 台流动康复服务车。2014 年度资助数量将根据 2013 年度各地工作开展情况进行调整。

2. 配发流动康复服务车

为全省 60 个县（市、区）各配发 1 台流动康复服务车。

五、工作流程及 2013 年度项目执行时间安排

（一）准备阶段（2013 年 10 月 8 日—10 月 31 日）

1. 制定实施方案

省级“助行圆梦”行动实施方案印发后，各市（州）、县（市、区）财政局、残联要结合工作实际，制定具体的实施方案或工作计划，明确部门职责，落实工作任务和经费。

2. 完成采购前期准备

省残疾人康复中心负责对康复器材、辅助器具及流动康复服务车进行统一招标采购。制定招标方案，明确器材、辅具参数信息和车辆型号、配置信息，按照规定开展招标工作，履行相关手续。

3. 召开“助行圆梦”行动工作会

省残联、省财政厅组织各市（州）残联和财政部门召开“吉林省级专项彩票公益金‘助行圆梦’行动工作会，对项目的实施做总体安排部署，明确各级、各部门工作职责，提出相关工作要求。

（二）实施阶段（2013 年 11 月 1 日—2014 年 6 月 30 日）

1. 建立需求服务档案

各县（市）要以 2013 年 6 月份向省残联康复部、省财政厅非税处上报的《乡镇残疾人康复需求情况调查表》的需求数据为基础和主要依据，组织康复协调员对辖区内的肢体残疾人康复需求状况进行核实，填写《肢体残疾人基本情况调查表及康复器材和辅助器具配发情况表》（略）的前 12 项内容，全面掌握肢体残疾人的残疾类别、程度和康复需求信息，建立动态的需求服务档案。

2. 制定康复服务计划

根据前期的入户调查情况，县（市）残联、卫生部门组织乡镇卫生院医生、康复指导员（村医）及康复协调员，深入肢体残疾人家中，对其身体情况进行评估。以残疾人有康复价值、本人及家属自愿为原则，以残疾

人能够自理为目标，针对其残疾类别和程度，制定专属的《康复服务计划》（略），包括残疾情况、指导医生、使用器材、预期康复效果、具体康复训练方法、康复服务内容等。

3. 配发康复器材、辅助器具

县（市）残联将每名残疾人康复服务计划中指定的康复器材和辅助器具统一配送到残疾人家中，并与每位康复对象签订《康复器材及辅助器具免费借用合同》（略），确保残疾人坚持训练，爱护使用，同时填写《肢体残疾人基本情况调查表及康复器材和辅助器具配发情况表》（略）的第13—16项内容，做好借用记录。一个康复周期结束后，回收康复器材和辅助器具，并借给其他有需要的残疾人。需要延长使用时间的残疾人，可以重新签订合同，继续使用。

4. 开展巡回康复服务指导

各县（市）残联要利用流动康复服务车开展巡回康复服务指导。一是组织县（市）医院专业医师及乡镇卫生院医生等技术人员，到残疾人家庭进行心理疏导、咨询服务、制订康复训练计划及检查执行进度、辅助器具适配与调试、转介服务等，同时对残疾人家属进行康复陪护方面的培训。巡回康复服务指导要定期开展，每季度一次，每年对残疾人家庭巡回指导不少于4轮。同时，乡镇卫生院医生在出诊和走访时，也要顺便对就近的残疾人家庭进行康复指导。二是组织康复协调员、康复指导员（村医）要经常性的深入残疾人家庭发送或调换辅助器具与训练器材，动态掌握残疾人训练情况，对残疾人和家属进行简单的指导。

5. 进行周期评估

一个康复周期结束后，县（市）残联要组织技术指导组（县级医院康复科专家）对康复对象进行康复后的功能检查，与康复训练前逐项对比，评估康复效果。未达到康复目标的要制定新的训练计划，提高训练效果；达到康复目标，能够自理，参与社会的，县（市）残联要结合残疾人就业与技术培训、教育、文化、体育、扶贫等工作，进一步对其实施帮助。

吉林省残疾人保障条例

2013年5月30日吉林省第十二届人民代表大会常务委员会第二次会议通过；
吉林省第十二届人民代表大会常务委员会公告第3号公布，自2013年8月1日起施行

第一章 总 则

第一条 为维护残疾人的合法权益，发展残疾人事业，根据《中华人民共和国残疾人保障法》，结合本省实际，制定本条例。

第二条 本条例适用于本省行政区域内与残疾人保障事业有关的机关、团体、企事业单位及其他组织和公民。

第三条 残疾人是指在心理、生理、人体结构上，某种组织、功能丧失或者不正常，全部或者部分丧失以正常方式从事某种活动能力的人。

残疾人包括视力残疾、听力残疾、言语残疾、肢体残疾、智力残疾、精神残疾、多重残疾和其他残疾的人。

残疾标准按照国家有关规定执行。

第四条 县级以上人民政府设立残疾人工作委员会，负责组织、协调、指导、督促有关部门做好残疾人事业的工作。

本省各级残疾人联合会代表残疾人的共同利益，维护残疾人的合法权益，团结教育残疾人，为残疾人服务。依照法律、法规、章程或者接受政府委托，开展残疾人工作，动员社会力量，发展残疾人事业。

第五条 政府和社会对残疾人实行优惠政策和待遇。对残疾军人、因公致残人员以及其他为维护国家和人民利益致残的人员实行特别保障，并按照国家和省的有关规定给予优待和抚恤。

第六条 县级以上人民政府应当制定本行政区域残疾人事业发展规划和年度计划，着力解决残疾人事业发展中的重大问题。

第七条 县级以上人民政府应当将残疾人事业经费纳入财政预算，建立稳定的经费保障机制。残疾人事业经费应当随着经济社会的发展和残疾人事业的发展逐步增加。

各级人民政府应当在社会福利彩票、体育彩票公益金本级留成中，安排一定比例的资金用于发展残疾人事业，具体比例由省人民政府规定。

各级人民政府要按照慈善捐助资金使用的规定，加大对残疾人事业的支持。

第八条 财政、审计等部门应当加强对残疾人事业各项资金使用情况的监督，并按有关规定向社会公开。

第九条 县级以上人民政府应当有计划地开展残疾预防工作，宣传母婴保健和预防残疾的知识，完善产前检查制度，针对遗传、疾病、药物、事故、灾害、环境污染和其他致残因素，组织社会力量，采取措施，预防残疾的发生和发展。

第十条 县级以上人民政府应当将残疾人服务业纳入政府公共服务体系建设规划。残疾人服务业的设施建设规模应当与服务需求规模相适应。

第十一条 残疾人的合法权益受法律保护。对侵犯残疾人合法权益的行为，任何组织和个人都有权劝阻、制止或者向有关机关检举、控告。

对侵犯残疾人合法权益行为的检举、控告，有关部门应当及时处理，不得推诿。

第十二条 对自强、自立并取得显著成绩的残疾人，对维护残疾人合法权益、发展残疾人事业、为残疾人服务做出显著成绩的单位和个人，按照国家或者省的有关规定给予表彰奖励。

第十三条 县级以上人民政府应当建立健全残疾人统计调查制度，定期开展残疾人状况的统计调查和分析

研究，建立残疾人状况监测信息网络平台，加强信息收集和动态监测，并按国家和省的规定发布公报。

第十四条 选举县级以上人民代表大会的代表，应当有残疾人或者残疾人工作者候选人。

残疾人福利企业职工代表大会中应当有残疾人职工代表。

第二章 康 复

第十五条 各级人民政府和有关部门应当根据需要，有计划地在医疗机构设立康复医学科室，建立残疾人康复机构，开展康复医疗与训练、心理辅导、人员培训、技术指导、科学研究等工作。

第十六条 政府和社会应当采取多种形式对从事康复工作的人员进行技术培训，向残疾人、残疾人家属、有关工作人员和志愿工作者普及康复知识，传授康复方法。

第十七条 县级以上人民政府应当将残疾人康复纳入社会保障制度和基本医疗卫生制度。

县级以上人民政府应当将运动疗法、偏瘫肢体综合训练、脑瘫肢体综合训练、截瘫肢体综合训练、作业疗法、认知知觉功能障碍训练、言语训练、吞咽功能障碍训练、日常生活能力评定等医疗康复项目纳入基本医疗保障范围。

第十八条 各级卫生主管部门和残疾人联合会应当组织医疗机构建立残疾儿童早期报告制度，开展残疾儿童筛查、诊断、评估、监测等工作，建立健全残疾儿童康复档案和数据库。

第十九条 县级以上人民政府应当建立残疾儿童抢救性康复救助制度，对6周岁以下残疾儿童给予抢救性康复救助，提供包括早期筛查、康复指导、医疗康复、辅助器具适配和康复训练等内容的抢救性康复服务。

第二十条 县级以上人民政府有关部门应当扶持残疾人康复器械、辅助器具的研制、生产、供应和维修服务。

第三章 教 育

第二十一条 各级人民政府应当将残疾人教育纳入教育发展总体规划，保障残疾人享有受教育的权利。

第二十二条 各级人民政府对接受义务教育的残疾学生、贫困残疾人家庭的学生提供免费教科书，并给予寄宿生活费等费用补助；对接受义务教育以外其他教育的残疾学生、贫困残疾人家庭的学生按照国家有关规定给予资助。

第二十三条 县级以上人民政府应当合理设置特殊教育机构。三十万人口以上、残疾儿童超过全省县（市）平均数的县（市），应当建立特殊教育学校；其他县（市）可以通过普通学校附设特殊教育班的形式，对不适应在普通教育机构学习的残疾儿童、少年实施特殊教育。

提供特殊教育的机构应当具备适合残疾人学习、康复、生活特点的场所和设施。

特殊教育学校（班）生均公用经费不低于普通学校生均公用经费的五倍。

第二十四条 普通幼儿教育机构、普通小学、初级中等学校应当招收能适应其生活、学习的适龄残疾幼儿、儿童、少年入学。

无徒步行走能力的残疾儿童、少年，接受义务教育可以就近入学，不受学区限制。实施义务教育的学校，不得拒绝接收。

普通高级中等学校、中等职业学校和高等学校，不得拒绝招收符合国家录取标准的残疾人考生。

第二十五条 鼓励和支持各级师范院校与综合性院校举办特殊教育专业或者开设特殊教育课程，培养以残疾学生为对象的特殊教育师资。鼓励优秀高校毕业生到培养残疾学生的特殊教育学校任教。

第二十六条 特殊教育教师和手语翻译，享受特殊教育津贴。

第二十七条 残疾人职业教育机构和培训机构，应当根据社会需要和残疾人的身心特征，开展残疾人职业教育和职业技能培训，提高其就业和创业能力。

第四章 劳动就业

第二十八条 各级人民政府应当对残疾人劳动就业进行统筹规划，按照集中与分散相结合的方针，积极采取措施，帮助、支持残疾人就业。

第二十九条 各级人民政府鼓励和扶持社会举办残疾人福利企业、盲人按摩机构、工（农）疗机构、庇护性工场等残疾人集中就业单位，并依法减免税费。

第三十条 用人单位应当按照不低于本单位在职职工总数百分之一点六的比例安排残疾人就业，并为其提供适当的工种和岗位。用人单位安排一名盲人就业的，按照安置两名残疾人就业计算。用人单位跨地区招用的残疾人，应当计入其所安排的残疾人职工人数。

用人单位安排残疾人就业未达到规定比例的，应当按照国家和省的有关规定缴纳残疾人就业保障金。

第三十一条 机关、团体、企事业单位安排残疾人就业未达到规定比例的，招用人员时应当优先招用符合条件的残疾人。

第三十二条 县级以上人民政府用于小额担保贷款贴息等方面的资金，在同等条件下应当优先扶持残疾人创业、就业。对从事个体经营和自主创业的残疾人，在资金、设备等方面给予扶持，依法减免税费。

第三十三条 县级以上人民政府及其有关部门应当确定适合残疾人生产、经营的产品、项目，优先安排残疾人福利性单位生产或者经营，并根据残疾人福利性单位的生产特点确定某些产品由其专产。

政府采购，在同等条件下应当优先购买残疾人福利性单位提供的产品或者服务。

第三十四条 县级以上人民政府投资或者扶持开发

的公益性岗位，应当优先安排符合条件的残疾人就业。已经开发的公益性岗位调整人员时，应当优先安排符合条件的残疾人。

专门用于残疾人就业的公益性岗位应当全部安排残疾人就业。

第三十五条　公共就业服务机构应当免费为残疾人提供就业服务和就业援助。各级残疾人联合会所属的残疾人就业服务机构免费为残疾人提供职业指导、职业介绍和职业培训，为残疾人就业和用人单位聘用残疾人提供服务和帮助。

第五章　文化生活

第三十六条　公共文化、体育活动场所应当对残疾人提供优惠服务。残疾人进入博物馆、纪念馆、科技馆、美术馆、展览馆、体育场（馆）、文化馆（室、中心）、科技活动中心、公园、动物园、旅游景区等有政府性投资的非营利性活动场所，凭残疾人证免收门票。上述场所举办商业性文体活动时除外。

第三十七条　各级人民政府和有关部门应当鼓励、帮助残疾人参加各种文化、体育、娱乐活动，并采取下列措施，丰富残疾人的精神文化生活：

（一）文化、广播电影电视、新闻出版等部门和单位，应当通过广播、书报、影视、网络等多种形式，宣传残疾人事业，免费刊播相关公益广告和节目；

（二）公共图书馆应当建立盲人图书室，提供有声读物和盲文版书籍；

（三）开办电视手语节目，推进电视栏目、影视作品加配字幕、解说；

（四）逐步建立适合残疾人开展文化娱乐活动的场所，配置适合残疾人身心特点的器材；

（五）对参加文化、体育比赛活动中取得突出成绩的残疾人，有关单位应当按照国家或者省的有关规定给予奖励。

第六章　社会保障

第三十八条　各级人民政府应当建立和完善残疾人社会保障制度，保障和改善残疾人的生活。

经市（州）残疾人联合会审定，符合残疾标准的残疾人，由县级残疾人联合会免费发给残疾人证。

第三十九条　县级人民政府对最低生活保障范围内的重度残疾、一户多残、老残一体等特殊困难人员实施重点保障。

靠父母或者兄弟姐妹供养的成年重度残疾人单独立户的，按照国家或者省的有关规定纳入低保范围。

对生活不能自理的重度残疾人，各级人民政府根据情况发给生活护理补贴。

第四十条　县级以上人民政府对生活困难的残疾人，按照规定给予社会保险个人缴费补贴；对于城镇个体就业和灵活就业的贫困残疾人，按照国家和省的有关规定给予基本养老保险缴费补贴；有条件的地方可以扩大补贴范围，提高补贴标准。

重度残疾人参加城乡居民社会养老保险的，按照本省有关规定由当地政府给予全额补贴。

其他残疾人参加城乡居民社会养老保险的，当地政府可以根据实际情况给予适当补贴。

第四十一条　县级以上人民政府应当通过医疗救助制度，资助城乡重度残疾人参加城镇居民基本医疗保险或者新型农村合作医疗，对经医疗保险报销后仍有困难的，按照本省的有关规定给予医疗救助。

第四十二条　各级人民政府应当将符合廉租住房保障条件的城镇残疾人家庭，优先纳入廉租住房保障范围，并作为重点保障对象落实廉租住房租赁补贴或者实物配租等优惠措施。

将住房困难的农村贫困残疾人，优先纳入农村住房困难群众救助范围，优先落实救助措施，提高补助标准。

对符合廉租住房保障条件的重度下肢残疾人和盲人，在住房分配时，优先安排三层以下较低楼层的居民住房。

第四十三条　盲人、重度肢体残疾人持残疾人证免费乘坐公共汽（电）车、轻轨客车等市内公共交通工具。

盲人读物邮件在邮政企业免费寄递。

第四十四条　各级人民政府应当采取措施，为智力、精神以及其他重度残疾人提供生活照料、康复养护、技能培训、心理咨询等综合性服务。

鼓励和扶持社会力量举办残疾人供养、托养机构，政府有关部门应当对其加以监管和指导。

第四十五条　法律援助机构或者人民法院应当对需要法律援助或者司法救助的残疾人给予帮助，依法为其提供法律援助或者司法救助。

第七章　无障碍环境

第四十六条　各级人民政府和社会有关单位，应当采取措施，逐步完善无障碍设施，推进信息交流无障碍，为残疾人平等参与社会生活创造无障碍环境。

第四十七条　各级人民政府应当将残疾人无障碍建设纳入城镇化建设和新农村建设内容中。

城镇新建、改建、扩建道路、公共建筑、公共交通设施、居住建筑、居住区，应当符合无障碍设施工程建设标准。

乡、村庄的建设和发展，应当逐步达到无障碍设施工程建设标准。

第四十八条　建设项目无障碍设施的设计、施工、验收应当与建设工程同步。无障碍设施应当与周边道路、建筑物的其他无障碍设施相衔接。

设有无障碍设施或者提供无障碍服务的公共场所，应当设置符合国家标准的无障碍标识。

第四十九条　县级以上人民政府应当加快推进已建成设施的无障碍改造，优先推进下列机构、场所的无障碍设施改造：

（一）特殊教育、康复、社会福利等机构；

（二）国家机关的公共服务场所；

（三）文化、体育、医疗卫生等单位的公共服务场所；

（四）交通运输、金融、邮政、商业、旅游等公共服务场所。

对已建成的无障碍设施应当及时维修和保护。

第五十条 县级以上人民政府应当将无障碍信息交流纳入信息化建设规划，执行无障碍信息交流标准，加强对无障碍信息交流技术、产品、服务开发应用的引导和管理。

公共服务机构和公共场所应当创造条件，为残疾人提供语音和文字提示、手语、盲文等信息交流服务，并提供优先服务和辅助性服务。

第五十一条 县级以上人民政府有关部门应当为残疾人考取机动车驾驶证等提供便利。

新建、改建、扩建城市公共停车场应当设置残疾人专用停车位。

第八章 法律责任

第五十二条 残疾人的合法权益受到侵害的，可以向残疾人组织投诉。残疾人组织应当维护残疾人的合法权益，有权要求有关部门或者单位查处。有关部门或者单位应当依法查处，并予以答复。

残疾人组织对残疾人通过诉讼维护其合法权益需要帮助的，应当给予支持。

残疾人组织对侵害特定残疾人群体利益的行为，有权要求有关部门依法查处。

第五十三条 残疾人的合法权益受到侵害的，有权要求有关部门依法处理，或者依法向仲裁机构申请仲裁，或者依法向人民法院提起诉讼。有关部门、仲裁机构、人民法院应当优先受理。

第五十四条 违反本条例规定有下列行为之一的，由有关部门责令改正或者依法处理：

（一）有关教育机构拒不接收残疾人学生入学，或者在国家规定的录取条件以外附加条件限制残疾学生就学的；

（二）用人单位无法定理由拒不安排残疾人就业的；

（三）用人单位未依法为残疾人缴纳相关社会保险费用的；

（四）用人单位违反法律规定擅自解除或者终止与残疾人职工签订的劳动合同的；

（五）拒绝盲人或者重度肢体残疾人免费乘坐市内公共交通工具的；

（六）邮政企业拒绝免费寄递盲人读物邮件的；

（七）公共文化、体育场所和旅游景区等有政府性投资的非营利性活动场所拒绝持有残疾人证的残疾人免费进入的；

（八）未执行无障碍建设强制性标准规定的，或者对无障碍设施未及时进行维修和保护的。

第五十五条 有下列行为之一的，由其所在单位或者有关部门给予批评教育或者相应的处理；违反治安管理规定的，由公安机关依照《中华人民共和国治安管理处罚法》予以处罚；构成犯罪的，依法追究刑事责任：

（一）侵犯残疾人的人身权、财产权和继承权的；

（二）歧视、侮辱、虐待和遗弃残疾人的；

（三）对残疾人负有扶养义务和监护责任而拒不履行的；

（四）侵占、破坏残疾人专用公共设施的；

（五）对侵害残疾人权益行为的申诉、控告、检举，推诿、拖延、压制不予查处，或者对提出申诉、控告、检举的人进行打击报复的；

（六）其他侵害残疾人合法权益的行为。

第九章 附 则

第五十六条 本条例所称工（农）疗机构是指集就业和康复为一体，组织精神、智力等残疾人员参加适当生产劳动和实施康复治疗与训练的集中安置残疾人的单位，包括精神病院附设的康复车间、企业附设的工疗车间、基层人民政府和组织兴办的工（农）疗站等。

第五十七条 本条例自 2013 年 8 月 1 日起施行。1996 年 1 月 26 日吉林省第八届人民代表大会常务委员会第二十二次会议通过的《吉林省实施〈中华人民共和国残疾人保障法〉办法》同时废止。

三、工作综述

2013 年，吉林省残疾人工作以深入贯彻落实党的十八大、中国残联六代会和省第十次党代会精神为指引，以保障残疾人的生存权、发展权和参与权为中心，以加快残疾人“两个体系”建设为主线，以助残工程（项目）为载体，启动实施新的三年推进计划，加强残疾人基本公共服务，不断改善残疾人的生产生活状况，全面实现年初确定的各项工作任务目标，残疾人事业发展成绩显著，亮点纷呈。

（一）制定出台了《吉林省残疾人保障条例》，残疾人权益保障工作得到加强

1.《吉林省残疾人保障条例》（简称《条例》）正式实施。5 月 30 日省第十二届人大常委会第二次会议通过《条例》，于 8 月 1 日起正式实施，这是吉林省十二届人大制定出台的第一部地方性法规，为吉林省残疾人事业发展和残疾人民生改善提供了重要的法制保障。《条例》共九章五十七条。其中在残疾人事业经费投入、残疾人廉租房分配等方面都做出了明确规定。

2. 继续推进残疾人“两个体系”建设。吉林省政府办公厅印发了《推进落实残疾人“两个体系”建设重点

工作任务（2013—2015年）分工方案》，确定了任务目标和工作责任。同时，我们结合实际，进一步分解任务指标，加强对市（州）的工作指导。认真开展了残疾人政策落实情况调研，对现有政策的落实情况、存在的问题进行了认真的分析梳理，研究制定了推动落实的措施和办法。

3. 残疾人参政议政、信访维权工作进一步加强。吉林省各级人大和政协中，分别有残疾人、残疾人工作者代表52人、委员94人，有效推动了残疾人参政议政工作。截至10月末，共收到吉林省政府办公厅转办的人大代表建议2件，政协委员提案5件，所有建议和提案都按要求办结。吉林省残联系统接待信访4287人次。省本级上访量比去年同期有所增加，群访4批次88人，个访185人次，电话接访平均每个工作日6次以上，处理来信及网上信件33件，办结率98%。2013年，全省为8487名残疾人驾驶机动轮椅车发放了燃油补贴268万元，投入394.8万元，对816户残疾人家庭无障碍改造给予补贴。

（二）全面完成残联组织换届工作，不断加强残联组织建设

1. 全省各级残联组织换届工作圆满完成。省残联第六次代表大会于8月6日在长春隆重召开，省委、省政府、省人大、省政协等主要领导出席大会开幕式，省委书记王儒林做重要讲话，副省长隋忠诚提出了贯彻落实要求。大会确定了未来五年吉林省残疾人工作的主要任务，选举产生了省残联新一届领导机构和出席中国残联第六次代表大会的代表。全省各市（州）和长白山保护开发区残联完成换届工作，市（州）级残联领导班子和专门协会领导班子建设普遍得到加强。

2. 基层组织建设日趋规范。继续全面实施残疾人组织建设“强基育人”工程。加强残疾人专职委员培训，省本级组织对320名骨干基层残疾人专职委员进行了培训，起到引领示范作用，全省普遍开展了培训工作。积极争取落实残疾人专职委员待遇补贴，省残联与省财政厅共同制定了《关于落实残疾人专职委员待遇补贴有关事项的通知》（吉残联发〔2013〕39号），就落实残疾人专职委员待遇补贴的有关事项做出明确规定。加强残疾人证核发管理工作，全年全省发证率为34.3%。

3. 专门协会工作进一步活跃。以各级残联换届为契机，完成各级专门协会换届工作，选配了一批综合素质较高、并热心于残疾人事业的优秀残疾人担任协会负责人，充实了各级专门协会工作力量。各专门协会结合残联工作组织开展丰富多彩活动，进行培训交流，调动了广大残疾人的积极性。

（三）实施各类康复、就业等多项残疾人救助工程（项目），省政府确定的涉及残疾人的民生实事任务全面完成

2013年，吉林省政府将残疾人康复、就业等工作纳入民生实事。通过实施各类助残项目（工程），共为32万人（次）残疾人提供康复训练与服务；新开发残疾人公益岗位618个，为55996名残疾人提供技能培训，帮助9388名城镇残疾人实现创业就业；资助2213名残疾学生和贫困残疾人家庭子女就学。主要采取了以下措施：

1. 组织开展了残疾儿童救助、配发辅助器具、白内障复明手术、聋儿康复训练、精神病患者服药和住院救助（国家专项彩票公益金及省救助）、社区康复等各类康复专项救助和康复服务项目，为32万人（次）残疾人提供康复训练与服务。及时制定出台了残疾人相关康复救助政策、积极推进农村残疾人康复服务体系建设试点工作、总结推广吉林磐石农村残疾人流动康复站建设经验等，全面推进残疾人康复服务工作的开展。加强康复机构建设和康复人才培养，累计培养康复人才2490人。加大残疾预防与康复知识宣传普及的力度，举办了全省残疾预防与康复知识大赛。

2. 组织实施各类促进残疾人就业系列工程，加大残疾人就业培训工作力度。认真组织开展“城镇残疾人就业工程”、“小额贷款助残就业行动”、“千家万户巧手工程”和“盲人按摩妙手兴业活动”等工程。采取措施，积极做好高校残疾人毕业生就业工作。新开发乡镇残疾人服务员公益性岗位618个，在解决残疾人就业的同时，也有效地将残疾人工作触角延伸到了农村。在长春、吉林、延边和四平等地分别组织开展按比例就业岗位预留试点、残疾人集中就业单位产品专产专营和政府优先采购试点等工作。

3. 组织实施“交行助学”和“彩金助学”项目，落实“扶残助学金”政策。省残疾人中等职业学校建设完成了相关审批、新校址教学楼的装修改造和搬迁工作。深入开展未入学适龄残疾儿童少年调查统计工作。配合教育部门完成了残疾考生的高考录取工作，吉林省进入录取线的残疾考生录取率达到100%。

（四）残疾人社会保障水平稳步提高

推动符合低保条件的残疾人应保尽保，对重度残疾人进行分类施保，全省25.3万名残疾人纳入低保，其中5.9万名残疾人享受到了高标准补助。推动落实残疾人参加城乡居民社会养老保险补贴政策，全省已有17.4万名残疾人参保，其中5.2万名重度残疾人由财政全部代缴养老保险费，4.2万名残疾人按月领取养老保险金。加强残疾人参加城镇职工养老保险等服务，全省5966名残疾人通过病退鉴定提前享受了养老保险待遇。争取国家“阳光家园计划”补贴资金755万元，为15100名残疾人提供了托养服务。

（五）农村残疾人工作持续加强

以落实新十年残疾人扶贫纲要为重点，全面推进了农村残疾人工作。加大生产扶持和生活救助力度，帮助农村残疾人提高生存发展能力，改善生产生活状况。继

续组织实施“带传培训工程”，确保农村贫困残疾人家庭受益。继续加大对农村残疾人康复服务体系建设试点单位的扶持力度，为试点县、市配发康复器材，支持各地乡镇康复站建设，更好地服务农村残疾人。残疾人法律援助、文化、体育等工作也进一步向农村倾斜。

（六）加大残疾人事业宣传力度，加强残疾人事业发展环境建设

吉林省委宣传部将残疾人事业宣传纳入到全省的重点宣传计划之中。一年间，围绕年度工作重点，借助全国助残日、吉林省残联第六次代表大会等活动策划开展了一系列宣传活动。新华社、中央人民广播电台等中央新闻单位深入采访和报道了吉林省残疾人事业发展情况。在国家级媒体发表宣传稿件60余篇、省直媒体发表宣传稿件达500余篇。推进开办电视手语栏目，吉林卫视周日省长热线栏目开设了手语，全省九个市、州年底前都将陆续开通手语栏目。

（七）残疾人文化工作取得新成绩

深入实施了“百千万特殊人才工程”、残疾人文化周、“文艺院团助残公益行动”等活动。举办了第四届吉林省残疾人艺术汇演，并在参加第八届全国残疾人艺术汇演中取得了历史最好成绩。组织“百千万特殊人才工程”先进事迹报告团，赴各市州进行了为期一周的全省巡回报告活动，引起强烈反响。进一步加强残疾人文化体育活动示范点建设，为30个示范点发放了文体器材。以第九届东北亚博览会为平台，成功举办了第二届残疾人艺术作品（产品）展示（展销）活动。

（八）残疾人体育工作蓬勃开展

组织开展了“残疾人自强健身工程”，建立残疾人群众体育健身示范点148个，培训残疾人体育健身指导员626名。以特奥日、残疾人健身周等活动为节点，广泛深入开展残疾人群众体育活动，全年参加群众体育健身活动的残疾人近3万余人次，发展特奥运动员5000余名。残疾人冬季体育运动项目取得新成果。举办了吉林省首届聋人足球比赛和全省第二届聋人篮球比赛，积极承办了全国青少年聋人足球比赛等5项全国性活动。组团参加了14项国内外赛事，获金牌19枚、银牌8枚、铜牌7枚。

（九）大力开展社会募捐，志愿助残活动广泛开展

吉林省残疾人福利基金会完成换届，积极争取中基会公益项目和开展专项募捐活动，共筹集款物总价值895万元，省残疾人福利基金会荣获中基会颁发的2013年度“集善工程—最具执行力奖”，在全国会议上介绍了经验。多种形式组织开展志愿助残活动，进一步扩大了志愿助残活动的社会影响。在吉林省第二届志愿服务优秀个人和组织评选中，由省残联推荐的王长春等15人被评为吉林省优秀志愿者；长春市金手杖志愿服务队等5个组织被评为优秀志愿者组织。在全国第四届道德楷模评选活动中，由省残联推荐的胡艳萍获得提名奖。

（十）残疾人服务设施和服务机构建设有序推进

建立了全省残疾人基础服务设施数据库。积极争取国家项目补贴资金，推动各地残疾人康复和托养服务设施建设。省残疾人康复中心已经基本具备了为残疾人及社会提供医疗康复服务的条件，长春、松原、延边等地残疾人康复机构建设进展情况良好。

（十一）信息化建设进一步加强

吉林省残联对全省22个县（市区）44个小区1184户的1229名残疾人生产生活进行监测，做好监测数据分析报告，准确反映了被监测残疾人的生产生活情况，发挥了调查监测工作的信息服务和辅助决策作用。在2013年度全国残联统计工作绩效考核中排名第一。

四、重要条目

【吉林省残疾人福利基金会第五届理事会】2013年12月3日，吉林省残疾人福利基金会第五届理事会第一次全体会议在长春召开。新一届吉林省残疾人福利基金会理事会确定了今后五年的工作任务。第十二届全国政协人口资源环境委员会副主任、原吉林省政协主席王国发、省政府副秘书长张大松和省残联、省民间组织管理局的领导及吉林省残疾人福利基金会第五届理事会各位理事出席了会议。会议聘请王国发为吉林省残疾人福利基金会第五届理事会会长，张大松、盛大成、赵焕起、林金龙、梁向民为副会长，选举潘宏峰为理事会理事长。

【推进落实残疾人“两个体系”建设重点工作任务（2013—2015年）分工方案】2013年5月13日，省政府办公厅印发《吉林省人民政府办公关于印发推进落实残疾人“两个体系”建设重点工作任务（2013—2015年）分工方案的通知》（下简称方案）。方案提出了2013年至2015年，吉林省残疾人社会保障和服务体系建设的任务目标，围绕落实各项社会保障政策，提高残疾人社会保障水平，以及加强残疾人服务体系建设，提高为残疾人服务的能力提出了各个方面的措施。还强调了省政府各职能部门、单位在推进残疾人“两个体系”建设中所承担的职责和工作分工，明确了推动工作任务落实的各项保障措施。

【吉林省残疾人中等职业学校】经省委、省政府同意，2013年5月18日，长春市教育局批准吉林省残疾人中等职业学校（以下简称学校）办学资质。学校位于青浦路396号。校区占地面积3.3万平方米，建筑面积1.98

万平方米。主要面向初、高中应、往届残疾毕业生招生，是吉林省首个以培养残疾人为主的中等职业学校。学校以开展职业教育为主，开展残疾人职业技术培训为辅，逐步形成以培养残疾人中等职业技能人才为核心的专业群，主要开设计算机应用，装潢艺术设计，动漫设计与制作（分二维方向、三维方向），烹饪技艺与营养调配技能，康复治疗技术（推拿方向），服装设计等专业。

【省级专项彩票公益金“助行圆梦”行动】2013年9月，吉林省残联、吉林省财政厅启动实施吉林省省级专项彩票公益金“助行圆梦”行动。主要工作目标是，通过2年资助，基本保障全省城乡有助行式辅助器具及简单康复训练需求的肢体残疾人，帮助其“站立”起来，“走出”家门，与健全人一道共享社会发展成果。这是吉林省针对残疾人康复工作单项投入额度最高、残疾人受益面最广的一次，此举将极大地推动农村残疾人康复工作的开展，对于促进残疾人融入社会、实现残健同步小康的目标具有重要的意义。

【王甦菁、吴基哲获评第十届“感动吉林”十大人物】

王甦菁，脑瘫患者，出生时难产给他的身体带来灾难，双腿不能直立，双手不能持物，右腿、右手基本失去功能，行走要靠助行器，写字、操纵鼠标、敲击键盘只能用左手，但他取得了吉林大学博士学位，发表了30余篇论文，成为2011国际生物特征识别大会在全球邀请的10位最有培养前途的博士研究生之一。

吴基哲，42岁辞去省城优越的工作，回到家乡凤林村，先后帮助14户残疾人盖起新房。每逢年节，他都要给村里贫困户和残疾人送去米面油，谁家治病、买种子、孩子上学没钱，他都无偿资助，甚至将残疾人接到自己家里侍候。他并不是开公司的大款，只是一个有房有退休金的普通人。据统计，他资助残疾人的款项达140多万元。

【残疾人文化体育建设示范点】为了贯彻落实党的十八大精神和《吉林省关于加强残疾人文化建设的实施意见》要求，探索和培育加强残疾人文化服务的经验与做法，进一步推动和加强残疾人文化建设，吉林省残联宣文部、体育部开展全省残疾人文化体育建设示范点创建工作。在各地残联推荐申报的基础上，决定建立首批30个省级残疾人文化体育建设示范点。以示范点为引领，采取切实措施为残疾人提供文化服务，不断丰富残疾人文化体育生活，满足残疾人精神文化需求，保障残疾人文化权益，促进基层残疾人文化发展繁荣。为残疾人文化体育建设示范点配发电视机、卡拉OK机、电子琴、体感运动机等文化器材，支持示范点开展残疾人方便参加的文化活动。

【千手相助·盲人培训与安置工程】5月14日，“千手相助·盲人培训与安置工程”——吉林省初级保健按摩师培训班开班仪式在吉林省残疾人职业技术培训中心举行。本期培训班由中国红十字基金会凤凰基金独家提供资金支持、中国盲人协会组织协调，吉林省残疾人职业技术培训中心、吉林省盲人协会具体承办的惠及全省盲人的培训班，共有33名盲人朋友参加培训。这是继“中央财政支持社会组织示范项目”——2012年农村盲人免费按摩及种养殖业培训与安置工程和2013年中途失明人士社区康复重建项目之后的又一个充分运用财政和社会资源举办的专项培训班。

【吉林省第四届残疾人艺术汇演】5月16日，由省残联、省教育厅、省民政厅和省文化厅共同举办的“第四届吉林省残疾人艺术汇演”在东方大剧院精彩上演。本次演出从全省9个市、州以及长春大学特教学院组织的93个残疾人自编自导自演的节目当中，选拔出优秀节目进行汇报演出，160余名的残疾人演员向观众奉献了精彩才艺，展示独具特色的艺术美。本次汇演旨在丰富吉林省残疾人精神文化生活，展示残疾人特殊艺术才华，发现和培养优秀残疾人艺术人才和作品，进一步促进残疾人文化艺术工作的开展，助推吉林社会主义文化大发展大繁荣。

【弘扬雷锋精神——吉林志愿者在行动】5月11日，由省文明办、省志愿者协会、省志愿服务发展基金会联合举办的“弘扬雷锋精神——吉林志愿者在行动”走进社区、走进村屯、走进校园、走进企业、走进军营、走进特殊群体启动仪式在长春市文化广场隆重举行。此次活动的开展旨在帮扶困难群众、培育文明的社会环境，残疾人作为社会的弱势群体，是活动的重点服务对象。省残联助残青年志愿者既是残疾人工作者，也是志愿服务人员，将更多发挥自身在志愿助残方面的先锋带头作用。

【残疾人流动康复站、康复服务车】流动康复站作为社区康复的新型模式，是对机构康复的一个有益补充，有效解决了吉林省冬期较长、农村残疾人居住分散、不易到康复站进行集中康复的弊端，成为农村残疾人康复工作发展的新方向，在吉林省多地试点、推广中。流动服务车既是辅助器具服务机构的延伸，具备专业的设备和人力资源，同时又灵活机动，适宜深入乡村和残疾人家庭，是这种新型模式最为合适的服务载体，对于提升农村残疾人康复服务水平、实现“人人享有康复服务”目标有着重要的推动作用。

【共绘七彩童年·放飞中国梦想】5月28日，省残联、省直机关团工委在省残疾人康复中心共同举办“共绘七彩童年·放飞中国梦想”欢庆六一、关爱残疾儿童活动，组织省直机关40个单位的100余名志愿者走进残疾人康复中心，为中心进行康复训练的215名残疾儿童捐赠了大量的玩具、图书、学习用品、衣物和家用电器等各类物资，观看了残疾儿童的节目表演，与孩子们共度了一段欢乐时光。通过帮助残疾儿童这个最有康复潜力、最具康复价值的群体，为孩子和贫困家庭送去温暖，教育、引导青年树立正确的人生观、价值观，吸引更多群体关注残疾人、关爱残疾人，营造良好的社会氛围。

【“十二五”康复救助项目专项督导检查】7月，省残联会同省财政厅联合开展“十二五”康复救助项目专项督导检查，重点督导检查“十二五”以来，各类康复救助项目组织管理情况，项目任务的完成情况，资金管理、项目物资发放情况，项目的职责分工及项目工作流程等。项目主要包括残疾儿童康复救助项目“七彩梦行动计划”、吉林省“互助关爱助残工程”、“国家残疾人事业专项彩票公益金康复项目”、“省贫困残疾儿童康复救助项目”、“重性贫困精神病患者康复医疗救助”等。检查发现，各救助项目总体实施情况良好，各级各地高度重视康复项目的开展，救助力度逐步加大；基层残疾人档案与康复救助档案日趋完善；救助资金管理良好，物资发放合理；定点康复机构运转较好，康复训练效果得到残疾人及家属好评。

【第二届吉林省残疾人文化艺术精品展】9月6日，吉林省残联借助第九届中国—东北亚博览会平台举办第二届吉林省残疾人文化艺术精品展，本届精品展从全省各市州和长春大学特教学院选送的上千件文化艺术作品中，挑选出微缩、瓷刻、木雕、石雕、核桃工艺、编织、草编、剪纸、农民画、刀画、玉米贴画、铝板画、金属画、铝塑板画、装饰画、苏绣、珠绣、十字绣等近20类的500余件精品，与国内外优秀文化艺术作品同台展示，竞相绽放，为社会主义文化大发展大繁荣做出了积极的贡献，并向东北亚各国及世界展示吉林省优秀的残疾人文化艺术成果和全省193万残疾人的良好精神风貌。展会从布展、展览到撤展期间，受到了国内外客商和社会各界的广泛关注，通过精彩展示增强了人们对残疾人事业的关注与关心，特别是对吉林省残疾人自强不息的奋斗精神有了全面的了解。

【吉林省残疾预防与康复知识竞赛】10月25日，“预防残疾、发展康复、共享和谐”吉林省残疾预防与康复知识竞赛活动在长春市东方大剧院落下帷幕。本次竞赛活动是由省卫生计生委、公安厅、老龄办、妇联、残联共同举办的，来自各市（州）、长白山保护开发区共十支代表队参加了本次竞赛的角逐，参赛选手由地区预选赛的层层筛选产生，包括各级残联的工作人员，从事特殊教育的老师，医院的医护人员，以及在社区负责残疾人康复的社区康复协调员。竞赛活动旨在宣传普及残疾预防与康复知识，努力提高家人和身边朋友的残疾预防意识，逐步在全社会形成关注和支持残疾预防与康复工作的良好环境，以实际行动减少残疾发生，全面提升吉林省人口素质。

五、大事记

1月10日，省残联召开全省市、州残联理事长会议，对2012年全省残疾人工作进行总结，对2013年工作进行部署。会议传达了中国残联第五届主席团第五次全体会议和第二十七次全国残联工作会议精神。盛大成做题为《努力开拓创新，狠抓工作落实，加快推进残疾人“两个体系”建设》的讲话。

1月26日，吉林省十二届人大一次会议上代省长巴音朝鲁所做的《政府工作报告》，把“实施残疾人社会保障和服务体系建设推进计划。为25万人（次）残疾人提供康复训练与服务，对5万名残疾人进行技能培训”确定为省政府2013年要办好的12件民生实事之一，这是吉林省首次将残疾人工作纳入到省政府民生实事工作中。

2月2日，第十届“感动吉林”（2012年度）十大人物颁奖盛典在长春举行，“残疾人自强典型”王甦菁和“扶残助残典型”延边州汪清县百草沟镇凤林村党支部书记吴基哲当选第十届“感动吉林”十大人物。省残联理事长盛大成出席颁奖盛典。

2月7日，副省长、省政府残工委主任隋忠诚走访慰问残疾人家庭和残疾人创业、就业单位职工。省政府副秘书长张大松、省残联理事长盛大成、长春市副市长桂广礼等一同参加了慰问活动。

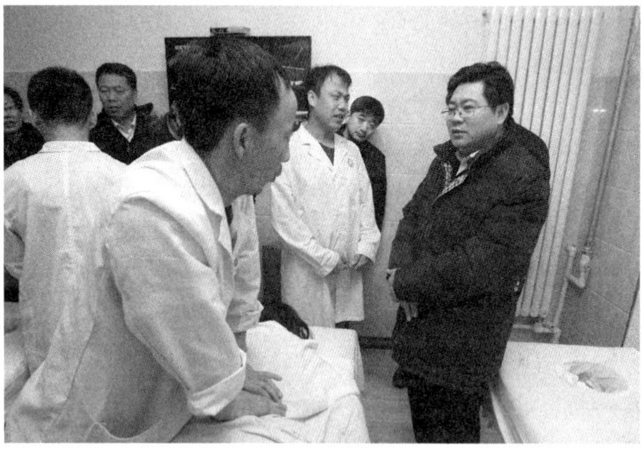

图6-7-1　隋忠诚走访慰问残疾人就业单位。

2月7日，省文化厅、省残联在吉歌集团东方大剧院举行了吉林省交响乐团助残公益行动——残疾人专场迎新音乐会。省文化厅、省残联、长春市残联相关领导与700多位残疾人一起观看了演出。

3月6日，副省长隋忠诚听取省残联专题工作汇报，并对做好残疾人工作做出重要指示。

3月18日，省残联被中共吉林省直属机关工作委员会授予“省直机关2010—2012年文明单位”称号。

3月28日，吉林省十二届人大常委会第一次会议听取并审议了《吉林省残疾人保障条例（草案）》。

4月19日和22日，省人大常委会法工委和省残联组成联合调研组就《吉林省残疾人保障条例》审议工作，分别到松原市和辽源市开展立法调研。省人大常委会法工委副主任栾娟、省残联副理事长潘宏峰参加调研。

4月23—25日，中国残联宣文部组织新华社、中央人民广播电台、《中国劳动保障报》《农民日报》《光明日报》、中新社等中央新闻单位记者采访组赴吉林省，对吉林省残疾人扶贫工作进行深度采访、报道。

5月13日，吉林省人民政府办公厅明传发电《吉林省人民政府办公关于印发推进落实残疾人“两个体系”建设重点工作任务（2013—2015年）分工方案的通知》。

5月13日，《吉林日报》头版头条刊登《携手奔小康——全省帮扶贫困残疾人脱贫工作综述》的新闻报道（见附录）。

5月16日，由省残联、省教育厅、省民政厅和省文化厅共同举办的“第四届吉林省残疾人艺术汇演汇报演出”在东方大剧院上演。省人大常委会副主任周化辰、副省长隋忠诚、省政协副主席王尔智、原省级老领导省慈善总会会长唐宪强，以及省省直有关部门的领导和残疾人工作者、部分残疾人代表1300余人出席并观看演出。

5月16日，新华网以《让农村残疾人的生活更有尊严——写在第二十三次全国助残日前夕》为题，发表专访，对吉林省开展农村残疾人“带传培训工程”的做法和取得的效果进行报道。国内多家新闻媒体进行了转载。

5月18日，长春市教育局批准吉林省残疾人中等职业学校办学资质。9月，学校迁至长春市青浦路396号新址。新校区占地面积33000平方米，建筑面积20074平方米。

5月18日，全国助残日前夕，副省长隋忠诚在省残联理事长盛大成、长春市委常委、副市长张晶莹等陪同下，到九台市西营城子街道善满家园阳光托养中心走访慰问。

5月22日，省残联、省财政印发《关于落实残疾人专职委员待遇补贴有关事项的通知》（吉残联发〔2013〕39号），明确残疾人专职委员相关经费纳入地方财政预算。

5月30日，吉林省十二届人大常委会第二次会议审议通过《吉林省残疾人保障条例》，明确于当年8月1日起施行。这是省人大换届后审议通过的第一部地方性法规。

5月31日，全省社区康复工作现场会暨农村残疾人流动康复站建设工作会在磐石召开，省残联理事长盛大成、副理事长韩俊华出席会议并讲话。

6月6日，国家发改委等发文，将白城市、抚松县、敦化市3地残疾人康复和托养设施建设纳入2013年中央预算内投资计划，共给予补助资金1160万元。

6月18—26日，由中国残疾人联合会、国家体育总局、中国聋人体育协会主办，吉林省残疾人联合会、吉林省体育局、吉林省聋人体育协会承办的2013年全国聋人（21周岁以下）青少年足球比赛在长春圆满落幕。全国共有8个省（直辖市）派代表队参加本次竞赛，通过循环赛的形式，最终吉林省、福建省、河北省等三支代表队分获比赛前三名。

6月22—25日，朝鲜保护残疾人联盟代表团一行5人在中国残联国际部主任魏孟新等陪同下，到吉林省进行友好访问。省残联理事长盛大成在长春会见访问团一行。

7月2日，《吉林日报》刊登《实保障残疾人权益——写在〈吉林省残疾人保障条例〉出台之际》一文，报道吉林省残疾人维权工作。

7月4日，省委召开常委会，审议并通过省残联召开第六次代表大会事宜，省委书记王儒林做重要指示。盛大成汇报筹备情况。

7月5日，省委党校、省残联签署青浦路校区资产使用权交接书。

7月15日，吉林省残疾人辅助器具中心与长春大学、吉林省亮达医疗器械有限公司就三方合作研发残疾人辅助器具框架协议举行签字仪式，这标志着吉林省残疾人辅具研发事业已走向协同创新发展的新阶段。副理事长韩俊华出席仪式。

7月15—19日，东北地区家庭支持联络网培训班暨幼儿运动员计划演示活动在吉林市举办。辽宁、黑龙江、吉林三省智障儿童家长40余人参加活动。

7月16—30日，在法国里昂举行的2013年IPC田径世锦赛上，吉林省残疾人运动员付彦龙获得F42级标枪银牌，铁饼第四名的好成绩。

7月29日，按照省委统一部署，省残联召开党的群众路线教育实践活动动员大会。省委党的群众路线教育实践活动领导小组第11督导组全体同志出席大会。省残联党组书记、理事长盛大成和省委督导组组长刘继武分别讲话。

7月30日，广东省残联副理事长李敏率广东省残联考察组一行来到长春，就吉林省的省、市残疾人康复机构建设、职能设置和运转情况进行考察。省残联理事长盛大成、副理事长韩俊华会见了考察组一行。

7月，省残联会同省财政厅组成三个检查组，赴全省9个市（州）及长白山保护开发区，开展了“十二五”康复救助项目专项督导检查。

7月，在省直机关团工委组织开展的2011—2012年度省直机关青年文明号、省直机关青年岗位能手评选活动中，省残疾人康复中心儿童康复部被授予省直机关青年文明号荣誉称号，省残疾人就业服务中心王蕴国被授予省直机关青年岗位能手荣誉称号。

8月1日，省委书记王儒林来到省残疾人康复中心和省残联，就吉林省残疾人事业发展情况进行专题调研。王

图6-7-2　王儒林调研吉林省残疾人事业发展情况。

儒林强调，不断推进残疾人事业发展，是社会发展和科

学发展的必然要求，是促进社会和谐的一项重要任务。一定要充分认识发展残疾人事业的重要意义，把残疾人工作摆上更加重要的位置，推进全省残疾人事业在新的起点上加快发展。调研中，王儒林召开座谈会，听取全省残疾人事业发展情况汇报和残疾人代表发言，对省残联工作给予充分肯定，对大家提出的具体问题一一给予了回应。省委常委、省委秘书长房俐，副省长隋忠诚，省直有关部门负责同志等参加调研。

8月6日，吉林省残疾人联合会第六次代表大会在长春召开。同日，省残联各专门协会分别召开了本类别残疾人代表会议，通过了本类别协会五届委员会工作报告，选举产生了本类别协会六届委员会委员；各专门协会六届委员会委员又分别召开了六届委员会一次会议，选举产生了本类别专门协会主席、副主席，聘请了名誉主席。省各专门协会会议之后，省残联第六届主席团第一次会议召开。会议选举产生了省残联第六届主席团主席、副主席。会议选举产生了吉林省出席中国残联第六次全国代表大会代表和吉林省中国残联主席团委员候选人；通过了各专门协会主席、副主席建议名单。新当选的省残联第六届主席团主席、副省长隋忠诚出席闭幕式并讲话。当天下午，省残联第六次代表大会圆满完成会议各项议程胜利闭幕。

8月6—10日，吉林省代表团为第八届全国残疾人艺术汇演选送的12个具有吉林特色的节目全部获奖。其中，吉林市残联反映“带传培训工程”的小品《一公里阳光》获戏剧小品类一等奖，代表团获得了团体奖银奖，是吉林省参加历届残疾人文艺汇演的最好成绩。

8月8—12日，省残联围绕“养成健身习惯、享受健康生活”的主题，组织开展了第三届残疾人健身周活动。

8月19日，省残联党组书记、理事长盛大成深入到省聋儿语言听力康复中心，督导党的群众路线教育实践活动，并与在训聋儿家长和基层康复教师进行座谈，对省聋儿康复中心下一步深入开展党的群众路线教育实践活动进行具体指导。

8月21—22日，省残联在白山市召开全省残疾人扶贫就业基地建设现场会。省残联理事长盛大成出席会议并讲话，白山市委常委、副市长陈耀辉致欢迎辞。

8月27日，省残联召开专题学习研讨会，对省残联前一阶段党的群众路线教育实践活动开展情况进行回顾总结，对深入开展好教育实践活动进行再部署、再安排。

8月，吉林省在2012年度全国残联统计工作绩效考核中排名第一。

8月，吉林卫视及各市州电视台在重要时段对残疾人事业进行了为期一周的公益宣传。

8月，吉林省残联与省文化厅联合下发了文化周活动通知，指导各地残联共举办各种文化活动400多场次，参加文化活动的残疾人20余万人，国家和省内各新闻媒体发各种消息、图片等300多篇幅。

9月4日，省残联召开了党员大会，传达学习省委教育实践活动领导小组第四次会议精神，部署省残联教育实践活动查摆问题、开展批评环节工作。省残联党组书记、理事长盛大成主持会议。省残联领导班子成员、机关全体党员干部和直属单位班子成员参加会议。省委教育实践活动领导小组第11督导组同志出席大会。

9月6日，搭建东北亚博览会平台，第二届吉林省残疾人文化艺术精品展在长春开幕。9月10日，副省长隋忠诚来到现场参观了残疾人文化艺术精品展，省残联理事长盛大成陪同参观。

9月8—12日，省残联在延安组织举办了理想信念教育专题培训班。省残联机关部分党员、干部和市（州）、县（市、区）新任理事长参加了培训班。

9月11日，副省长隋忠诚专题听取省残联工作汇报，对落实省委书记王儒林的指示，做好残疾人工作提出要求。

9月17—19日，中国残联六代会在北京召开。副省长隋忠诚作为特邀代表出席大会开幕式，张大松、盛大成等15名正式代表参加了大会。其中，盛大成、于兵、徐剑当选为中国残联第六届主席团委员，于兵、王琦、王树明、徐剑、左玉明分别当选为中国残联第六届各相关专门协会委员。

9月，吉林省财政厅投入省级专项彩票公益金4000万元，专项用于支持残疾人康复工作。

9月，吉林省残疾人中等职业学校迁至位于长春市青浦路396号新址。新校区占地面积33000平方米，建筑面积20074平方米。

10月25日，省卫生计生委、公安厅、老龄办、妇联、残联在长春市共同举办“预防残疾、发展康复、共享和谐”吉林省残疾预防与康复知识竞赛活动。省残联理事长盛大成，省老龄办副主任李安华，省残联副理事长潘宏峰，省残联副理事长韩俊华等领导出席本次竞赛活动。

10月26日，省残联党组领导班子召开专题民主生活会。按照“照镜子、正衣冠、洗洗澡、治治病”的总要求，以为民务实清廉为主题，以“反对‘四风一顽症’、服务群众”为重点，紧密联系思想和工作实际，认真对照检查，深刻剖析根源，以整风精神开展批评和自我批评，进一步明确努力方向和改进措施。省残联党组书记盛大成主持会议，并代表省残联党组领导班子进行对照检查。省残联领导班子成员逐一进行对照检查，并相互提出批评意见。省委第11督导组给予全程指导，组长刘继武在民主生活会结束时讲话。

10月28—31日，全国残疾人职业能力评估工作会议在长春召开。中国残联就业服务指导中心副主任李强出席会议并对全国残疾人职业能力评估工作进行了总结部署，省残联理事长盛大成到会并致辞。

10月28—31日，由省残联领导分别带队，组织先进事迹报告团赴各市州进行了为期一周的全省巡回报告活动，3000余名残疾人和残疾人工作者参加了报告会，省级和各地新闻媒体在一个时期内集中对报告团的事迹进行了宣传。

11月7—8日，2013年度全国残疾人福利基金会工作研讨会在北京召开。吉林省残疾人福利基金会获得2013年度“集善工程—最具执行力奖”，吉林省残联副理事长潘宏峰在会上介绍经验。

11月11日，省发改委将省残联机关信息化建设、省残疾人职业学校校区建设纳入2013年省预算内基本建设投资计划，共给予补助资金278万元。

12月1—3日，省残联专门协会组织系列活动庆祝第二十二个国际残疾人日。12月1日，省聋协组织在长聋人代表观看无障碍电影；12月2日，省残联、省精协组织到长春市安宁医院慰问贫困精神残疾人；12月3日，省智协组织到省康复中心慰问贫困智力残疾儿童；同日，省肢协组织举办了“我的中国梦”征文表彰暨捐书活动。

图6-7-3 吉林省残联、吉林省聋协在长春万达电影城举办3D电影聋人专场观影活动。

12月3日，吉林省残疾人福利基金会第五届理事会第一次全体会议在长春召开。

12月27日，省残联召开中共吉林省残联机关党员大会。大会听取并审议了省残联第二届机关党委工作报告，选举产生了第三届机关党的委员会和纪律检查委员会。省残联机关和直属单位全体党员、部分离退休老党近百人参加了会议。省直机关党工委副书记孟繁春同志和省直工委组织部副部长张玉文同志到会进行指导。

12月31日，省财政厅支持助残慈善事业，下拨省级专项彩票公益金2000万元，补充吉林省残疾人福利基金会助残慈善基金。

12月，长春大学特殊教育学院等10所特殊教育院校被命名为“吉林省特殊艺术人才培养基地”。

附 录

携手奔小康

——全省帮扶贫困残疾人脱贫工作综述

《吉林日报》 2013年5月13日

潘宏峰 李德富 本报记者潘锐

这是一个特殊的群体——身有残疾却自强不息，生活贫困仍乐观进取。在吉林，因为有党和政府的关怀，有残联组织的帮扶，有社会各界的支持，不断创新的残疾人扶贫模式让贫困残疾人走上了奔小康之路。

创新是解决问题的钥匙，吉林省残联在总结多年农村残疾人扶贫工作经验的基础上，确立了“大扶贫”的工作理念，将残疾人教育、康复、实用技术培训、危房改造、文体生活等多项内容纳入农村残疾人扶贫工作内容。2012年省政府制定了《吉林省贯彻落实〈农村残疾人扶贫开发纲要（2011—2020年）〉实施意见》，召开了吉林省农村残疾人工作会议，一个政府主导、部门支持、残联组织、社会各界帮助、残疾人广泛参与的残疾人社会化扶贫工作体系逐步建成；重点保障和扶贫相结合、一般性制度安排和专项制度扶持相配套的残疾人扶贫开发政策体系不断完善。省残联创造性地实施了“残疾人带传培训工程”、“残疾人农机合作社”、“千家万户巧手工程”3大残疾人扶贫工程，使全省农村贫困残疾人生活状况普遍得到显著改善，为吉林经济社会发展做出了贡献。

“带传培训工程”：携手脱贫奔小康

省残联在总结吉林市残联“一传十带百培训计划”经验的基础上，在全省组织开展了农村残疾人实用技术“带传培训工程”。针对农村残疾人生产需求，选拔素质高、能力强、有爱心、肯奉献的优秀残疾人做脱贫致富带头人，聘请农业科技专家为他们传授种植业、养殖业和农产品加工实用技术，残联扶持他们首先脱贫致富，形成典型示范效应，再发挥带头人的引领带动作用，给他们提供培训经费、技术指导等支持，让他们层层向残疾人传授实用技能，1名一级带头人培训10名以上二级带头人，每名二级带头人再培训10名以上残疾人，这种在农村残疾人中开展的师傅带徒弟、面对面传授技能的形式，深受残疾人欢迎，取得辐射效应，帮助农村贫困残疾人实现了增产增收。

“带传培训工程”得到了全省各级政府和有关部门的高度重视和大力支持。省政府就业联席会议连续几年将此项工程纳入“全民创业带动就业”系列活动之中。省残联将“带传培训工程”作为全省农村残疾人扶贫工作的主要模式全面开展。截至目前，全省共投入资金2358.5万元，开发新项目390个，组织培训1529次，选拔培养“一级带头人”694名，二级带头人8218名，带动了10.9万名农村残疾人发展生产，实现增收2.3亿元。

借助省委、省政府发展民营经济的东风，全省残联组织引导和扶持一、二级带头人建立及发展农业合作社和龙头企业，带动残疾人团结起来成规模、树品牌、找市场、增效益。吉林市一级带头人马洪贵创办吉得利公司，帮助残疾人种黏玉米，他再高于市场价格回收，雇用残疾人速冻包装，外销到广东、福建市场，带动一个镇的残疾人脱贫。全省600多名像马洪贵一样的一级带头人大都成为合作社的领头人和龙头企业的当家人，激励着更多残疾人创业致富奔小康。中国残联党组书记、理事长王新宪到吉林省实地考察后评价“带传培训工程”，有效地解决了党和政府各项富民惠民政策落实到残疾人头上最后一公里的问题，并要求向全国残联组织推广。

“农机合作社（互助组）”：残疾人耕种不再愁

对于农村残疾人来说，种地并不是件轻松的事儿，劳动能力弱，生产资金少，即使雇用农机耕种，也往往排在健全人之后误了农时。长春市残联大胆创新，残联出一半资金，政府的农机补贴解决另一半，为残疾人免费配发农机具，组成残疾人农机合作社（互助组）。互助组比较灵活，以3—5户残疾人家庭为单位，残疾程度轻的组长负责小型农机具的使用管理，无偿为互助组成员提供服务，完成服务后，组长可使用农机具创收。合作社购买大型农机具，由村委会管理，健全人农机大户具体负责，优先为包保的残疾人户服务。然后作为残疾人就业创业基地进行市场化运营，所得收益作为扩大再生产及残疾人事业发展基金。几年下来，残疾人农机合作社（互助组）成效明显。农村残疾人参加互助组的人均增收达1500元，参加合作社的人均增收1000元以上。很多互助组还利用农机收售农畜产品，搞短途运输，进一步增加收入。残疾人开着属于自己的农机，自豪地奔跑在通往小康的道路上。

目前，长春市残联已投入资金1015万元，组建残疾人农机合作社4个，互助组384个，免费发放农机具1556台（套），免费耕种土地面积16747亩，带动1867户贫困残疾人家庭，实现户均年增收3000元以上。中国残联副理事长程凯把这项创新工程评价为“农村残疾人扶贫开发工作的新模式”。该做法已写入国家《农村残疾人扶贫开发纲要（2011—2020年）》，向全国推广。

“千家万户巧手工程”：坐在家里打开赚钱路

在吉林省突出发展民营经济的浪潮中，省残联也大力引导和组织残疾人积极参与大胆实践。为帮助重度无法走出家门的残疾人居家就业，改善他们的生活状况，省残联组织实施“千家万户巧手工程”。由残疾人就业实训基地选准项目，开展上门培训，开发适合农村重度残疾人从事的玉米叶编织、刺绣、剪纸、木雕、泥人、核桃壳工艺品等手工制作项目，帮助贫困残疾人实现居家就业，创收脱贫。

为确保“千家万户巧手工程”收到实效，全省各级残联从政策、资金、项目等方面予以扶持。省残联协调省人社厅等相关部门，连续两年将此项工程纳入到省“全民创业带动就业”系列活动之中。各级残联结合实际选择经济效益稳定、主导产品适合残疾人生产、能够辐射带动残疾人就业的企业作为实训基地，为其提供帮助、指导和服务，开发一批便于分散加工制作的产品，采取送料上门、居家制作、上门回收的形式让残疾人生产。2012年，省残联借助东北亚博览会的平台举办了首届残疾人优秀作品（产品）展示（展销）活动，残疾人制作的刀画、玉米叶编织、剪纸、松花砚、核桃工艺品等广受欢迎。

“千家万户巧手工程”实施3年来，各级残联共投入资金631.25万元，培育残疾人就业实训基地136个，培训残疾人10790名，帮助10387名残疾人实现了创业就业。此项工程被省直机关党工委授予建功“十二五”突出业绩奖。

随着各项扶残助残政策的落实，吉林的193.1万残疾人一定能实现自己的梦想，生活得更加美好、更有尊严。

（王忠研供稿）

黑龙江省残疾人事业和残疾人工作

一、领导批示与讲话

省委书记王宪魁在《关于省残联2012年工作情况和2013年工作安排的报告》上的批示

2013年2月17日

残联工作加强和创新服务方式，切实解决残疾人的利益和维护合法权益，做了大量工作，取得成效。为了加强残联工作，服务于残疾人特殊群体，政府要全力支持，共同做好这项重要工作。

省委副书记陈润儿在省残联第六次代表大会上的讲话摘要

2013年9月13日

5年来，在省委、省政府的领导和中国残联的指导、帮助下，全省各级残联围绕中心，服务大局，团结带领广大残疾人艰苦创业，克艰攻难，与时俱进，开拓进取，全面完成了我省残疾人事业“十一五”规划确定的各项任务，实现了“十二五”规划的良好开局。残疾人事业取得了新的成就，迈上了新的台阶。广大残疾人得到康复服务效果明显向好，康复受益链不断地扩大，贫困残疾人基本生活保障的水平明显提高，扶贫工作深入推进，残疾人接受教育的程度明显提升，就业状况得到改善。各级残联服务的能力明显增强，组织建设保障有力。广大残疾人奋发图强，刻苦学习，以百折不挠的毅力，顽强拼搏的精神，超越种种困难，付出比常人更多的努力，创造了许多可歌可泣的业绩，为经济社会发展做出了应有的贡献。

第一，促进残疾人事业的发展，这是弘扬中国梦的重要内容。当前，全省政府在提前全面建成小康社会的重要时期，全面建成小康社会的一项重要内容，就是要按照党的十八大提出的“健全残疾人社会保障和服务体系，保证残疾人合法权益的要求，进一步促进残疾人事业发展是广大残疾人朋友和全省人民一道过上更加幸福，美好的生活，同圆生活梦”。许多残疾人在不同的工作岗位，顽强拼搏，自强不息，做出了重要的贡献，他们同样是中国梦的实践者。群众路线是党的根本路线，残疾人群体是最基本的群众，理所当然是我们关注的重点对象，做好残疾人工作是各界党委、政府义不容辞的责任，也是开展党的群众路线教育实践活动的一项重要内容。做好残疾人工作，才能更好地体现权为民所用，情为民所系，利为民所谋，也才能保证全体人民共同实现中国梦。

第二，支持残疾人自强不息，是弘扬中国梦的内在动力。各级党委和政府、各有关部门要为残疾人实现中国梦提供有利条件，做到“五个优先”。一是要优先保障残疾人基本生活。二是要优先保障残疾人等多方面给予特殊的待遇，切实提高残疾人的生存质量。三要优先保障残疾人生产就业。四要优先保证残疾人教育、培训和师资力量，切实保障残疾人教育的权利，使残疾人受教育的环境得到显著的改善。五要优先保障残疾人权益，让残疾人在政治、经济、社会、文化、体育等方面，享受到与健全人一样的待遇。

第三，加强残疾人组织建设，是弘扬中国梦的必要保障。一是要加强各种建设，恪守人道、廉洁、服务、奉献的职业道德，全心全意为残疾人服务，发扬艰苦奋斗，无私奉献的优良传统，千方百计地为残疾人服务。二要坚持与时俱进，创造性地开展工作，要用新思维研究问题，要用新机制提高质量，用新方法提高效率，用新观念搞好服务。努力为残疾人实现中国梦开拓新的广阔渠道。三要注重培养人才，各级组织人事部门，要积极为残疾人干部锻炼成长创造条件，通过开展组织培训，参与重大活动，处理棘手问题，交流上挂下派，打牢基础，开拓思维视野，历练能力和本领，提高能力素质，适应新时期残疾人事业发展的新要求。四要精心选拔干部，认真贯彻中组部有关文件精神，坚持重品行，重实际，重发展，把真心实意想干事，勤奋学习会干事，求实务实干成事，严于律己不出事的干部选拔出来，任用到重要的岗位上，努力造就一支政治坚定，作风优良，学识丰富，业务熟练的高素质残联工作组队伍。

残疾人群体是一个特殊的群体，残疾人事业是一项崇高的事业，做好残联工作是我们各级党委、政府和全社会共同的责任，要进一步完善党委领导、政府负责、部门承办、社会参与的残疾人工作领导体制，加大投入力度，创新发展思路，形成筑成合力。

省残联党组书记、理事长何玉华在省残联第六次代表大会上的工作报告摘要

2013年9月13日

一、过去五年的工作

一是保障残疾人事业发展的政策法规体系日益健全。二是残疾人生活状况明显改善。三是残疾人参与社会活动的环境进一步优化。四是残疾人自身素质大幅度提升。五是残联组织和干部队伍建设不断加强。六是残疾人信息化和理论研究工作更加深入。

五年来，黑龙江省残联坚持解放思想，求真务实，在实践中探索，在创新中前进，创新发展思路，转变工作方式，推动残疾人工作健康快速发展。体会最深的有以下几点：一是坚持党委领导、政府负责的残疾人工作领导体制，是残疾人事业发展的根本保障。二是坚决做人道主义的实践者和传播者，是做好残疾人工作的原动力。三是建设高素质干部队伍，是残疾人事业发展的重要支撑。四是努力争取社会各界大力支持，是促进残疾人事业发展的社会基础。

回顾总结五年来的工作，我们取得了一些成绩，但我们的工作与省委、省政府的要求，与全省广大残疾人的期待还有很大的差距。一是残疾人的总体生活水平与全面建成小康社会的目标相比还存在较大差距；二是针对残疾人的优惠政策措施仍需进一步落实；三是各级残联的服务意识需要进一步提高，工作作风需要进一步改进。

二、今后五年的工作

一是紧紧围绕党委、政府中心工作，解决好发展残疾人事业的重点问题。二是推进残疾人“两个体系”建设，改善残疾人生存发展状况。三是加强残联队伍建设，提高规范化服务水平。四是坚持以残疾人为本，打造残疾人满意服务品牌。

副省长、省残工委主任、省残联第六届主席团主席孙永波在省残联第六次代表大会闭幕式上的讲话摘要

2013年9月14日

这次大会，是在全面贯彻落实党的十八大精神、深入开展党的群众路线教育实践活动，全面推进我省八大经济区和十大工程建设、努力建设“五个龙江”的新形势下召开的一次重要会议。大会选举产生了新一届省残联主席团、执行理事会、各专门协会，选出了出席中国残联第六次代表大会的代表，实现了新老交替，为我省残疾人事业发展注入了新鲜血液，增强了活力。

一是各级党委和政府要继续加强对残疾人工作的领导。二是各有关部门和社会各界要继续大力支持残疾人工作。三是各级残联组织要继续积极发挥作用。四是广大残疾人朋友要继续自强奋斗，为实现全省残疾人事业更好更快更大发展而努力奋斗！

省委副书记、省长陆昊在省人民政府专题会议上的讲话摘要

2013年11月29

议定以公益性岗位合理设置为前提，省人社厅、财政厅负责将岗位数据核实准确。对公益性岗位最困难群体中的残疾人工资，由省级财政承担每人每月工资提高100元，其他人员每人每月工资提高50元，从2013年开始，列入预算，连续提高三年。

二、政策法规文件

黑龙江省农村残疾人扶贫开发纲要

（2011—2020年）

10年来，我省贯彻实施《中国农村残疾人扶贫开发纲要（2001—2010年）》、《黑龙江省农村残疾人扶贫开发计划（2001—2010年）》工作取得了显著成绩，农村残疾人家庭收入水平稳步提高，生活状况明显改善，社会扶残助残意识显著增强，为全省经济社会发展做出了积极贡献。但我省农村残疾人扶贫工作面临的任务仍很艰巨。在我省1699万农村人口中，有残疾人口129.5万人，按照国家确定的农民人均纯收入2300元的扶贫标准测算，我省贫困残疾人数量为84.2万人，按照我省确定的农民人均纯收入2800元的扶贫标准测算，我省贫困残疾人数量为103.6万人。残疾影响、外界障碍、受教育程度普遍偏低、扶持力度不足，是残疾人生活贫困的主要原因。残疾人在贫困人口中贫困程度最重、扶持难度最大，是扶贫工作的难点。缓解和逐步消除残疾人贫困、缩小残疾人生活水平与社会平均水平的差距，推进残疾人扶贫工作，是落实科学发展观、实现共同富裕的必然要求，是建设社会主义新农村、构建社会主义和谐社会的重要内容。根据《中共黑龙江省委、黑龙江省人民政府关于促进残疾人事业发展的实施意见》（黑发〔2009〕13号）和《中共黑龙江省委、黑龙江省人民政府关于贯彻落实〈中国农村扶贫开发纲要（2011—2020年）〉的实施意见》（黑发〔2011〕16号）、《黑龙江省残疾人事业“十二五”发展纲要》（黑政发〔2011〕110号），制定本纲要。

一、总体要求

（一）指导思想。以科学发展观为指导，认真落实省委、省政府关于扶贫事业和残疾人事业发展的方针政策，以残疾人社会保障体系和服务体系建设为主线，以增加贫困残疾人家庭收入、提升贫困残疾人生活质量为目标，以提高贫困残疾人基本素质和自我发展能力为重点，进一步采取有效措施，加大生产扶助和生活救助力度，全面改善残疾人生产生活状况，促进残疾人全面发展。

（二）基本原则。加强扶贫开发与农村社会保障制度和基本公共服务政策有效衔接，把落实农村各项社会保

障政策和措施作为解决农村残疾人温饱问题，稳定其基本生活的根本途径，把扶持贫困残疾人家庭发展生产、增加收入作为摆脱贫困的根本手段，把推进基本公共服务均等化、提高农村残疾人综合素质和生产生活能力作为扶助贫困残疾人改善状况的根本目标。

——坚持政府主导，分级负责。各级政府要加强对残疾人扶贫开发工作的领导，把残疾人扶贫工作摆上议事日程，纳入当地经济社会发展总体规划，把贫困残疾人作为重点扶持群体纳入政府扶贫开发规划，统筹安排，重点扶持，明确职责，强化监督，逐级落实残疾人扶贫开发任务目标。

——坚持部门联动，形成合力。各有关部门要结合各自职责，在政策、资金、项目安排上向贫困残疾人及其家庭倾斜，建立健全政府主导、部门合作、社会参与、责任明确、运转良好的残疾人扶贫工作长效机制，共同推进残疾人扶贫工作。

——坚持因地制宜，分类指导。根据不同地区经济社会发展水平实行不同的扶持政策和措施。针对集中连片特殊困难地区、扶贫开发工作重点县、贫困村的贫困残疾人和其他地区的贫困残疾人的不同特点，实行差异化扶持措施。落实各项社会保障政策，保障贫困残疾人基本生活，扶持贫困残疾人发展生产，稳步提高残疾人收入。

——坚持保障与开发并重，到户到人。摸清残疾人中低保对象和扶贫开发对象底数，优先落实各项社会保障政策，做到应保尽保；采取有针对性的扶贫开发措施，扶持到户到人。

——坚持产业带动，基地扶持。加大农村残疾人扶贫基地建设力度，打造“阳光助残扶贫基地”建设项目品牌，坚持因地制宜，实施特色项目，以地方特色优势产业为依托，发挥龙头企业和扶贫基地的辐射带动作用，促进农村残疾人通过就业脱贫解困。

——坚持社会参与，结对帮扶。动员党员干部、社会各界积极参与残疾人扶贫开发，通过“帮、包、带、扶”等多种形式，扶持贫困残疾人及其家庭增加收入，摆脱贫困。

——坚持强化培训，提升技能。优先对残疾人开展多样化、多层次、灵活性培训，逐步提高残疾人科技文化素质和劳动技能，发挥残疾人潜能，提高自我发展能力，发挥残疾人脱贫致富的积极性、主动性和创造性，激励贫困残疾人自尊、自信、自强、自立，增强脱贫致富的信心和决心。

二、任务目标

（三）总体目标。到2015年，残疾人生活总体达到小康，基本生活得到稳定的制度性保障，参与社会和自身发展状况显著改善，残疾人社会保障体系和服务体系基本框架建立，保障水平和服务能力明显提高。到2020年，全面保障农村残疾人平等享受基本医疗、基本养老、教育和康复服务。农村残疾人家庭收入达到或接近当地平均水平，基本公共服务覆盖农村残疾人并不断提高水平，残疾人生存有保障，生活有尊严，发展有基础。

（四）主要任务。

——到2015年，农村残疾人基本生活得到稳定的制度和政策保障，各项社会保障制度全面覆盖农村残疾人。符合条件的残疾人全部纳入最低生活保障，农村残疾人按规定参加新型农村社会养老保险和新型农村合作医疗。到2020年，农村残疾人社会保障和福利水平进一步提高，专项社会保障和福利制度逐步建立并不断完善。

——到2015年，扶持50万名贫困农村残疾人增加收入，改善生活状况。到2020年，贫困农村残疾人普遍得到有针对性扶持，发展能力显著提高。

——到2015年，普遍开展农村残疾人社区康复适用技术培训和康复救助，有需求的贫困农村残疾人普遍适配基本型辅助器具。到2020年，康复保障体系覆盖农村地区，有康复需求的农村残疾人普遍得到康复服务。普及残疾预防知识，有效控制残疾发生和发展。

——到2015年，农村适龄残疾少年儿童普遍接受义务教育，入学率达到90%以上，逐步提高巩固率。积极发展残疾儿童学前康复教育、残疾人职业教育、普通高中教育和高等教育。到2020年，基本消除残疾人青壮年文盲。

——到2015年，为10万贫困农村残疾人提供实用技术培训，在每户农村残疾人家庭中，至少培训1名掌握1门至2门实用技术和职业技能的劳动力，提高残疾人家庭自我发展能力。到2020年，有劳动能力和劳动愿望的残疾人普遍得到实用技术培训和职业技能培训，增加生产经营和就业收入，家庭自我发展能力明显提高。

——到2015年，继续实施“阳光安居工程”贫困农村残疾人危房改造，帮助改善贫困残疾人家庭居住条件。到2020年，贫困残疾人家庭危房得到有效改善。

——到2015年，初步建立起农村残疾人托养服务体系框架。到2020年，农村残疾人托养服务体系逐步完善，托养服务水平进一步提高。

——到2015年，农村残疾人公共文化和体育事业得到发展。到2020年，农村残疾人普遍享有公共文化服务，图书馆、文化馆、综合文化站、文化活动室、农家书屋等公共文化设施实现无障碍。

三、政策保障

（五）完善残疾人社会保障和扶贫开发政策。

——贯彻落实《中国农村扶贫开发纲要（2011—2020年）》，将有劳动能力的贫困残疾人作为重点扶持群体，纳入政府扶贫开发规划，统筹安排、同步实施、优先帮扶。农村最低生活保障制度将符合条件的贫困残疾人全部纳入，做到应保尽保。新型农村合作医疗制度在实现残疾人全覆盖的基础上优先享受各项优惠政策。新型农村养老保险制度全面覆盖残疾人。县级政府要为重度残疾人代缴部分或全部最低标准的养老保险费。残疾人住房困难通过城乡保障性安居工程妥善解决。贫困残疾人优先享受各项救助政策。

——贯彻执行《中共黑龙江省委、黑龙江省人民政府关于贯彻落实〈中国农村扶贫开发纲要（2011—2020年）〉的实施意见》。确保有劳动能力和劳动意愿的贫困残疾人获得各项扶贫开发政策和措施的扶持。在农村最低生活保障制度和扶贫开发政策有效衔接工作中，做好贫困残疾人的识别工作，对贫困残疾人优先给予扶持。在“雨露计划”项目中优先安排有劳动能力的残疾人或残疾人亲属接受培训。

——加大残疾人保障法和各地针对残疾人的法规、优惠政策、扶助规定在农村的实施力度，保障农村残疾人的各项合法权益。

（六）资金投入。

——财政资金投入。多渠道筹措资金，加大资金投入力度，扶持农村残疾人扶贫基地建设，开展农村贫困残疾人实用技术培训，继续实施“阳光安居工程”农村贫困残疾人危房改造项目。

——残疾人就业保障金投入。加大残疾人就业保障金对农村残疾人就业创业的扶持力度。

——社会资金投入。通过慈善机构划拨、社会募集、各界捐助等途径多渠道筹措残疾人扶贫资金。

（七）金融服务。继续安排残疾人康复扶贫贴息贷款，扩大贷款规模，延长贷款期限，提高贴息额度，简化贷款程序。加强对残疾人扶贫基地的信贷支持。发展针对贫困残疾人户的免抵押小额贷款产品。鼓励融资性担保机构积极为贫困残疾人户提供融资担保服务。贫困村互助金为符合条件的残疾人及家庭发展生产提供支持。

（八）特别扶持。

——在落实农村各项社会保障制度和扶贫开发政策基础上，对没有劳动能力或部分丧失劳动能力的贫困残疾人制定特殊救助政策，给予特别扶持；对具有劳动能力和劳动意愿的贫困残疾人，结合其特点和身体状况，选择合适项目，有针对性地给予扶持，提供切实有效服务。

——在社会主义新农村建设和各级政府在农村实施的重大工程与各项支农惠农政策中，充分照顾到贫困残疾人的利益，引导各类公共资源向贫困残疾人及家庭倾斜。在农村土地承包经营权流转政策实施过程中，切实维护贫困残疾人合法权益。

——各项农村社会保障救助政策制度要针对残疾人制定特殊优惠政策。对低保户中的重度残疾人给予加发保障金的照顾；对参加新型农村社会养老保险的重度残疾人，县（市、区）财政为其代缴部分或全部最低标准的养老保险费；通过农村医疗救助制度，帮助符合条件的农村贫困残疾人参加新型农村合作医疗，并随着筹资水平的提高，逐步提高门诊和住院报销比例，扩大报销范围；有条件的地方可适当提高对农村贫困残疾人危房改造补贴标准并实施居家无障碍改造。加强对农村贫困残疾人的救助，合理确定救助水平，扩大残疾人社会福利范围。

四、扶持措施

（九）培育扶贫项目。帮助贫困残疾人选择适应当地市场经济发展需要、与地方支柱产业相配套、覆盖面大、效益到户到人率高、兼顾残疾人特点、能够稳定提高贫困残疾人收入的项目。康复扶贫贴息贷款要重点扶持适合残疾人从事的种植业、养殖业、农副产品加工业、家庭手工制作、零售商业及各类服务业等产业项目。通过扶持项目、扶贫基地和集中安置残疾人就业单位，发挥辐射带动作用；通过小额到户贷款扶持残疾人开展就业创业项目，提高资金使用效率，帮扶贫困残疾人家庭增加收入。

（十）创新扶贫方式。因地制宜，选择最有效的扶贫方式。发挥农产品生产加工龙头企业、农村专业合作组织、行业协会以及农业技术推广机构的作用，通过“公司＋农户”和“小额信贷到户到人”等方式，引导贫困残疾人从事具有资源优势和市场需求的农副产品生产，同时提供信息、技术、销售等产前、产中、产后服务，带动残疾人脱贫。积极发展投入小、见效快、覆盖面广、回收率高的小额信贷扶贫项目。在农村经济发展较好和农业产业化较高的地区，通过产业带动，组织残疾人发展设施农业和家庭手工业生产。

（十一）开展农村实用技术培训。政府举办或补助的面向“三农”的培训机构和项目优先培训残疾人；以市场需求为导向，采取各种培训形式，有针对性地组织开展残疾人实用技术培训，确保每个贫困残疾人家庭至少1名劳动力掌握1门至2门实用增收技术，强化培训后就业和创业扶持服务。组织科技人员和科技能手进村入户现场培训指导。在培训农业产业化发展急需人才的培养过程中，对符合条件且有能力的农村残疾人优先选拔和培养。

（十二）实施农村贫困残疾人危房改造“阳光安居工程”。在保障性安居工程、新农村建设、小城镇建设、易地扶贫搬迁、农村泥草房改造、农村因灾倒危房改造过程中，对农村贫困残疾人家庭住房给予优先安排。继续实施“阳光安居工程”农村贫困残疾人危房改造项目，改善残疾人家庭居住条件，完善水电等配套设施，有条件的地方对贫困残疾人家庭无障碍改造给予补贴。

（十三）重点扶持农村残疾人扶贫基地发展。加大农村残疾人扶贫基地建设力度，实施阳光助残扶贫基地建设项目。制定我省农村残疾人扶贫示范基地建设标准。创建一批管理规范、辐射带动力强、培训效果好、能够稳定增加农村贫困残疾人家庭收入的省级示范扶贫基地，重点扶持有助于直接解决农村贫困残疾人温饱问题的种植业、养殖业、加工业和家庭副业，实施产业化扶贫助残项目。

（十四）动员社会各界参与残疾人扶贫工作。动员党政机关、人民团体、企事业单位，领导干部、党团员、志愿者和其他社会人士，与农村贫困残疾人家庭结对开展“帮、包、带、扶”，落实扶贫和救助政策、选择项目、筹措资金、提供技术支持和市场经营服务，扶助贫困残疾人脱贫。农村基层党组织要抓好残疾人扶贫工作的落实，开展“农村基层党组织助残扶贫工程”，发挥基层党组织的政治优势，切实帮助农村贫困残疾人改善基本生活，发展生产，增加收入。有关部门实施的定点扶贫项目“农村劳动力转移培训阳光工程”、“万村千乡市场工程”等项目将农村贫困残疾人及其家庭纳入其中，优先安排有条件的农村贫困残疾人及其家庭成员从业。鼓励引导各级各类社会组织积极参与残疾人扶贫开发。积极开展志愿者助残扶贫活动。推动建立完善社会帮扶工作的长效管理机制，使社会助残扶贫工作实现制度化、规范化。

（十五）提供教育、康复、托养和文化体育、法律援助和法律服务。依据国家相关法律规定，加强农村贫困残疾人教育、康复、托养和文化体育、法律援助和法律服务。采取多种措施，保障农村适龄残疾儿童少年接受学前康复教育和义务教育。为贫困残疾人提供医疗康复、功能训练、辅具适配、精神残疾人服药补贴等个性化康复服务，提高其生活自理能力。鼓励、引导残疾人积极参加公共文化体育活动，康复身心，丰富精神文化生活，提高适应能力和生产劳动能力，提升思想道德水平和科学文化素质。加大投入，引导组织农村残疾人因地制宜参加体育健身活动。充分发挥残疾人法律服务、法律援助和法律救助网络的工作职能，为农村残疾人提供法律救助服务。

五、组织领导

（十六）加强领导，落实责任。在省政府残疾人工作委员会统一领导下，将残疾人扶贫工作列入经济社会发展总体目标和政府扶贫规划，分解指标，量化考核，加强领导，明确部门责任并抓好落实。省、市、县三级要建立残疾人扶贫工作协调机制，实行省负总责、市抓督导、县抓落实、工作到村、扶贫到户、效益到人的工作体制。

（十七）发挥残联组织作用。各级残联作为扶贫开发领导小组成员单位，要发挥自身优势，做好农村残疾人扶贫工作。参与制定扶贫规划、统筹协调扶贫资金和物资的分配以及扶贫项目的实施等工作，要把基层残疾人组织建设与残疾人扶贫开发有机结合起来，为残疾人扶贫提供组织保障。

（十八）加强扶贫资金使用管理。加大残疾人扶贫资金使用情况的监督检查力度，强化审计监管，防止和杜绝挤占、挪用、贪污扶贫资金现象，确保资金安全。

（十九）做好统计监测、检查考核评估工作。将农村残疾人扶贫列入政府扶贫统计、监测和检查范围，完善统计报表制度和信息管理系统，制定农村残疾人扶贫工作指标体系及评估标准，对残疾人贫困人口和残疾人扶贫规划执行情况实行动态监测，在规划执行中期和期末进行考核评估与绩效评估。

黑龙江省人民政府关于进一步加强和改进最低生活保障工作的实施意见

黑政发〔2013〕13号

第二部分“规范管理，进一步促进城乡最低生活保障制度公开公平公正实施”第二项“规范保障标准制定”中要求：对最低生活保障家庭中的老年人、未成年人、重度残疾人、重病患者等给予重点救助，在全面落实基本救助政策情况下，生活仍然有困难的要加发最低生活保障金，加发比例由市（地）或县（市）自行确定。

三、工作综述

2013年，在省委、省政府重视关怀和中国残联的悉心指导下，省残联认真贯彻党的十八大精神，深入开展党的群众路线教育实践活动，以全面建成残疾人小康社会为主线，突出改善残疾人民生，积极探索残疾人工作的规律特点，立足龙江实际，打造特色品牌，较好完成年初制定的各项任务目标，全省残疾人事业发展有了新起色。

（一）党委政府切实将残疾人事业列入重要日程

省政府首次将残疾人就业、残疾人康复中心建设两项工作写入《政府工作报告》，并列入30件民生实事之中；省残联换届工作首次列入省委常委会议题；在省残联六代会开幕式上，省四大班子主要领导均出席会议，省委副书记陈润儿代表省委作重要讲话。六代会在全面总结过去五年工作情况的基础上，对今后五年全省残疾人事业发展进行了规划，选举产生了新一届主席团成员和执行理事会成员，为全省残疾人同步小康奠定了组织领导基础。省委、省政府领导对残疾人工作的重视程度前所未有，为残疾人事业发展奠定了强大的组织和政治基础。

在全国助残日期间，省委副书记陈润儿、副省长孙永波以及省人大、省政府、省政协领导积极参加相关活动情况；黑龙江省主流媒体《生活报》，连续发表16篇文章报道全省开展的关爱孤独症献爱心活动。省委宣传部安排新闻媒体专题报道省残联第六次代表大会情况，省电视台和黑龙江日报相继播出新闻和评论文章对六代会情况进行报道。通过重要活动全方位的宣传报道，体现了省委、省政府对残疾人事业的高度重视和社会各界对残疾人工作的大力支持，进一步营造了关心、帮助残疾人的良好社会氛围。

（二）残工委成员单位作用发挥明显

残工委成员单位及时研究解决重大问题，统筹协调有关促进残疾人事业发展的方针、政策。各有关部门真抓实干，不断强化服务意识，提升为残疾人服务的能力。省发改委对省残疾人康复中心建设和全省各级残疾人康复和托养服务机构建设给予大力支持。省教育厅将残疾儿童少年实施义务教育纳入发展规划并统筹安排实施。省民政厅积极通过福利彩票发行，为残疾人福利事业发展募集资金。省人社厅积极组织残疾人就业援助月活动，开发残疾人公益性岗位。省卫计委认真制定残疾人医疗服务政策，做好新生儿疾病筛查和残疾儿童的检查诊断工作。省财政厅根据残疾人事业发展需要，不断提高资金投入比例，为残疾人事业提供必要的财力保障。省体育局、省扶贫办将残疾人体育和扶贫工作分别纳入全省发展的总体规划。省委宣传部、省政府新闻办、文化厅、新闻出版局、广电局认真做好残疾人事业的宣传工作，营造有益于残疾人事业发展和文明进步的社会氛围。省公安厅、交通运输厅加强对残疾人专用车和驾驶人员的管理。省政府法制办、司法厅积极为残疾人事业发展提供法制保障和为符合条件的残疾人提供法律服务。省民委、哈尔滨铁路局积极宣传、推动有关残疾人的政策、法律、法规在民族地区和本系统的贯彻执行。省外办在残疾人运动员出国比赛护照办理、省住建厅在残疾人危房改造、省统计局在残疾人状况监测等工作上都给予特别的照顾。省科技厅、工信委、农委、总工会、团省委、妇联等政府职能部门和群团组织积极组织开展社会助残活动。税务、工商、质监、银行、海关、民航、军区认真按照省残工委工作规则和单位职责，全力支持残疾人事业发展。通过残工委成员单位的共同努力，切实提高了残疾人社会保障和公共服务水平。

（三）“两个体系”建设示范区引领示范作用日渐明显

省政府残工委下发了《关于印发黑龙江省残疾人“两个体系”建设评估指标的通知》（黑政残工委〔2013〕4号）文件，明确了到2015年建立起“两个体系”基本框架的任务目标。省残联对工作规范、成绩显著的示范区给予项目、资金的重点倾斜和政策的大力支持，以强化示范区的辐射带动效应，使其成长为区域龙头进而引领全省残疾人工作。今年共向示范区倾斜扶贫、就业、康复、维权等项目20余项，投入资金总额1000余万元。在“两个体系”示范区的引领带动下，全省残疾人“两个体系”建设水平全面提升。

（四）残疾人事业“十二五”发展纲要任务有序推进

一是社会保障覆盖范围不断提高。2013年全省残疾人享受最低生活保障占全省已办证总数的42%，比2012年提高6%。残疾儿童少年义务教育入学率继续保持稳定，普通高等院校录取人数较2012年增长42人。

二是就业工作得到大幅加强。哈尔滨市、绥化市结合当地实际推进特色种、养殖，工艺品加工等产业项目示范基地建设，哈尔滨市政府投资1500万元，推进通河养鸭、双城食用菌养鸡及宾县、五常蔬菜项目基地。各地采取多种形式，推进残疾人稳定就业。与省人社厅联合举办黑龙江省暨哈尔滨市2013年就业援助月活动，组织专场招聘会111次，帮助登记残疾人就业1942人。组织召开就业工作推进会，确定了30900名残疾人就业目标，并与市地残联签订就业工作责任状，切实把市地级残疾人就业工作纳入到安排残疾人就业的大盘子中。大兴安岭和森工系统举办林区特色木耳、蓝莓、北药种植技术培训班，齐齐哈尔、鸡西、伊春、鹤岗市结合地域实际，创新安置残疾人就业方式。目前，全省已全面完成30900名城乡残疾人就业目标。

三是康复服务质量全面提升。全面完成国家下达黑龙江省的年度康复工作任务。完成人工耳蜗任务116例，对220名贫困智力残疾儿童进行系统的康复训练；为580名贫困精神病患者提供住院医疗救助，为3700名贫困的参保及未参保精神病患者进行服药救助；依托定点医院完成肢体矫治手术230例，依托家庭和社区完成脑瘫儿童康复训练300名，在社区为4600名肢体残疾人提供康复训练与服务。从康复经费中投入182.16万元，加大了脑瘫儿童康复救助力度。绥芬河市为全市76名精神病患者每人提供500元康复补助费。

四是文化体育取得长足进步。举办“第二届龙江残疾人艺术展览会”，在哈尔滨市道里区建立全省首个残疾人文化创业基地，为全省残疾人文化产业大发展起到了典型示范作用；与省冰上训练基地、雪上训练中心和亚布力滑雪场建立合作关系，组织教练员针对残疾人特点，科学制订计划，周密组织训练；各市地已建设28个残疾人群众体育活动示范点，形成推进全省残疾人体育事业发展的强大合力。

五是残疾人权益保障切实加强。在深入开展残疾人法律援助和信访工作的同时，加大对侵害残疾人合法权益的久拖未决刑诉积案进行了专案督办，受到当事残疾人家属的充分认可。全年下发燃油补贴10971人，实施残疾人家庭无障碍改造3997户。七台河、黑河市积极开展无障碍改造，哈铁残联在112个车站留置轮椅170个，担架150副，方便残疾人出行，还将在一、二等车站设立残疾人售票窗口。

六是理论研究和信息化水平不断提升。发挥省残疾人事业发展理论研究中心作用，就残疾人“两个体系”和就业工作进行课题研究。对全省11个市（地）、22个县（市、区）进行常态化的残疾人状况动态监测，推行统计工作电子化和网络化。发布残疾人事业年度统计公报。

（五）组织和队伍建设实现新发展

一是基层组织建设迈上新台阶。在各级党委、政府的支持下，省、市、县（市、区）三级残联全部完成换届工作。省残联理事会配备了2名残疾人副理事长，残疾人干部比例达到了15%以上。各专门协会残疾人重大节日和需求，开展经常性活动，使残疾人在残疾人组织中更加活跃，也使残疾人组织更受残疾人欢迎。二是省残联自身建设开创新局面。建立省、市、县三级残疾人工作目标考核制度，突出年度工作重点，加强日常管理与定期检查，逐步形成以政绩评价工作导向，并将考核结果与干部使用和政策、项目、资金的投放挂钩，切实将各级残联组织凝聚到干事创业的共同实践上来。牡丹江市、佳木斯市、双鸭山市开展“五型”机关创建，在机关内部开展目标管理。三是残疾人“摸底”工作正式开展。为进一步解决制约全省残疾人事业发展的实际问题，于2013年10月开展全省残疾人底数及需求调查工作。目前，全省各级残联已经完成残疾人入户调查摸底工作，正在进行以实名制为基础的数据汇总阶段，今年5月份可全面完成全省残疾人底数及需求调查工作。通过底数及需求调查工作，可以把广大残疾人真实情况及现状反映出来，为省委、省政府制定残疾人事业发展决策提供翔实、可靠的依据，促进全省残疾人事业全面发展。

（六）残疾人社会组织和志愿助残组织逐渐活跃

全省共建立残疾人专门协会组织675个，各级残疾人福利基金会14个，在民政部门正式登记注册的残疾人社会组织4个。在全省重点开展了乡镇、村屯及社区志愿者联络站建设及“助残志愿者”登记工作。截至2013年年底，全省建“志愿者助残”联络站（组）1.8万个，志愿者在册总人数为29万人，为69万残疾人接受了程度不同的各种服务。通过“红领巾助残”、“警民共建”、“志愿者助残”、“一帮一”或“多帮一”扶贫助残等不同形式，帮扶残疾人69万人次，弘扬了中华民族扶残济困的传统美德，增进了残疾人战胜困难、顽强生活的信念，有力地营造了关爱残疾人、发展残疾人事业的良好社会氛围，促进了全省社会和谐和精神文明建设。

一是实施品牌助残工程。自2011年将7月6日确定为志愿助残阳光行动主题日以来，连续3年开展品牌助残活动，据统计仅2013年主题日期间全省共组织志愿服务者7.5万人次，接待群众咨询2.6万余次，入户走访了2650户困难残疾人家庭，开展志愿助残阳光行动，为他们送去了慰问金和慰问品。

二是警民共建。黑龙江省部分市（地）交警队与残联结成共建单位，制定了扶残助残计划，成立了助残活动小组。大兴安岭区交警队每逢全国助残日、国庆节、春节等重大节日，支队都要组织民警开展“爱心助残活动”，并与所辖区特教学校及呼玛县贫困户等结成“帮扶对子”，领养残疾儿童，为他们解决生产、生活及学习中的困难。

三是红巾助残。在“志愿者助残”活动中，注重发挥红领巾助残作用，引导和鼓励广大青少年积极参与“志愿者助残”活动。广大青少年以不同的形式活跃在学校和社区，帮助残疾学生和残疾家庭做好事，办实事，用自己的实际行动带动更多的人加入到“志愿者助残”队伍中来，形成了良好的社会扶残助残氛围。

四是社区、村屯助残。开展好社区、村屯“志愿者助残”活动，是黑龙江省“志愿者助残”工作的重点。全省各级残联积极协调，把残疾人的需求和社区、村屯志愿者的服务能力有机结合起来。哈尔滨市建了的“双挂钩”帮扶机制，即与辖区医院挂钩联系，为残疾人送医送药；与大专院校、中小学挂钩联系，为残疾人和残疾人子女开展助学活动，提高了残疾人群体文化素质和劳动技能。此项机制的建立使更多人加入到志愿者队伍，为残疾人提供了更为周到的服务。道里区残联建立了检查制度和信息反馈制度，开通了全国首家爱心助残热线电话，专人值机，随时受理，为其他兄弟单位提供了良好的经验借鉴。

五是残疾人为社会提供志愿服务。全省各级残联组织加强对广大残疾人教育，鼓励残疾人发扬“四自”精神，引导残疾人利用自己技艺特长积极参与社会志愿者服务。在全省开展的残疾人志愿者活动中，要求轻度残疾人服务重度残疾人，轻度肢体残疾服务盲人，有劳动技能的残疾人帮助有学习技能愿望的残疾人，号召残疾人行动起来，为社会做贡献。

六是大力开展青年志愿者“一助一”长期结对服务。为有困难的残疾人提供“一助一”长期结对服务，是青年志愿者助残活动的一项基础性工作。目前，志愿者“一助一”结对服务基本涵盖了黑龙江省特困残疾人及其家庭，根据就近就便、力所能及、持续接力、务求实效的原则，制定服务规划，签订服务协议，落实服务措施。到目前为止，全省“一对一”结对服务总数为10.8万人，志愿助残累计143万个小时。

（七）群众路线教育实践活动扎实开展

在开展党的群众路线教育实践活动中，以开展一次立体评议，实现残疾人底数摸清和残疾儿童抢救性康复两个突破为切入点，坚持从班子带头改起，扎实搞好教育实践活动。在省残联开展党的群众路线教育实践活动专题民主生活会上，省委第八督导组认为残联这个民主生活会是一次真诚和谐的、团结的民主生活会，是一次真正的“红红脸、出出汗”的生活会，也是一次加油鼓劲的生活会，更是一次高质量的民主生活会。

四、重要条目

【全省残疾人就业工作推进会】为全省落实2013年省政府工作报告提出的“全年实现城镇新增就业60万人，失业人员再就业50万人，残疾人等就业困难人员就业20万人”任务，省残联于4月17日召开全省残疾人就业工作推进会。全省各市、地和省管县残联理事长、就业机构负责人和省残联机关及直属事业单位负责人共计50人参会。会议就如何省内残疾人就业工作提出明确要求。会议期间，省残联与全省各市、地和省直管县残联责任人签订残疾人就业工作目标责任状，2013年年底前完成残疾人就业30900人。

【省残联党的群众路线教育实践活动动员大会】7月25日，按照省委部署和要求，省残联召开党的群众路线教育实践活动动员大会，传达了省委书记王宪魁同志在第三十三次省委常委会议上学习贯彻王岐山同志重要讲话精神时的讲话；省残联党组书记、理事长何玉华同志和省委第8督导组组长张世玉同志分别作了动员部署讲话，省残联机关全体党员干部、直属单位主要负责人参加会议。会议的召开，标志着省残联党的群众路线教育实践活动正式启动。

【省残联五届主席团四次会议】9月12日，省残联五届主席团四次会议在哈尔滨市召开。省残联五届主席团委员出席了会议。会议审议通过了省残联党组书记、理事长何玉华同志代表省残联五届主席团所做的题为《求真务实，服务奉献，奋力开创我省残疾人事业新局面》的报告和《关于黑龙江省残疾人联合会第六次代表大会筹备和代表产生及报告起草情况的说明》《黑龙江省残疾人联合会第六次代表大会召开时间和议程》《黑龙江省残疾人联合会第六次代表大会代表资格审查小组成员建议名单》《黑龙江省残疾人联合会第六次代表大会执行委员会成员建议名单》和关于增补、调整部分主席团委员的决议，决定省残联党组成员李洪泉，齐齐哈尔市残联党组书记、理事长牛惠，绥化市残联理事长王秀良3位同志调整为省残联第五届主席团委员。

【关于印发《黑龙江省残疾人“两个体系”建设评估指标》的通知】按照党的十八大明确要求“健全残疾人社会保障和服务体系，切实保障残疾人权益”和国务院办公厅《关于加快推进残疾人社会保障体系和服务体系建设的指导意见》提出2015年建立起“两个体系”基本框架要求，为确保各项任务目标如期完成，依据国务院残工委办公室《关于印发“十二五”时期残疾人“两个体系”建设指导性评估指标的通知》要求，在深入调研、充分吸收全省“两个体系”建设示范区创新实践经验并广泛征求各方意见的基础上，于2013年8月9日制定了《黑龙江省残疾人“两个体系”建设评估指标》（黑政残工委〔2013〕4号）。该评估指标的建立，为全面推进全省残疾人“两个体系”建设，从22个方面明确了低限标准、计算方法和评估依据，建立了黑龙江省残疾人“两个体系”建设的量化指标体系。

【第七届黑龙江省残疾人艺术汇演】6月17日，第七届黑龙江省残疾人艺术汇演哈尔滨赛区在哈尔滨市青年宫剧场隆重开场，来自哈尔滨市、牡丹江市、绥化市、伊春市和哈尔滨市铁路局5个代表队的110余名残疾人参加了汇演，分别进行了舞蹈、声乐、器乐和戏剧的比赛，选出了参加第八届全国艺术汇演的节目。汇演采用分片（分哈尔滨市、大庆市、鸡西市3个赛区）参演、现场比赛、综合评选的方式，极大地丰富了所在地区残疾人文化生活，调动了残疾人积极参与文化活动的热情，涌现出了更多的优秀残疾人文化人才。

图6-8-1　省残联党组书记、理事长何玉华、中国残疾人艺术团团长邰丽华与部分参演演员合影。

【你做拖鞋，我们帮你卖】在世界第六个孤独症日到来之际，齐齐哈尔几位自闭症儿童家长在为孩子康复训练之余，自己买料并手工制作棉拖鞋出卖，引发了更多人关注。他们自食其力的精神和为孩子康复的不放弃、不抛弃的精神令人感动，全社会应该帮扶这个群体，实现“居家曲线就业”。《生活报》发起“爱心拖鞋”活动，负责宣传销售，省残联和省残疾人康复指导中心积极参与。据统计，全省孤独症家长制做的拖鞋1000多双，爱心传递效果显著，既宣传了残疾人事业，自闭症家庭也得到了一定的经济收入。

【黑龙江蓝皮书：黑龙江社会发展报告（2013）】作者为黑龙江省社科院社会学研究所刘明明。本书是对黑龙江省残疾人事业发展的分析与建议，强调以残疾人“两个体系”建设为重点，在残疾人康复、社会保障和贫困残疾人危房改造、基层组织建设和服务设施建设等方面取得重要突破，不断优化残疾人事业发展环境，大力改善残疾人状况。同时，仍存在残疾人帮扶事业社会化程度低、残疾人事业与经济社会总体水平不平衡、残疾人事业各地区发展不平衡和残疾人教育发展迟滞等问题。

五、大事记

1月4日，按照《中共黑龙江省委办公厅黑龙江省人民政府办公厅关于开展省直接管理县（市）体制改革试点的通知》规定，将残疾人证的审核、批准、备案权限分别下放到绥芬河市、抚远县；同时，将残疾人证注销权限下放到市（地）残联负责。

1月5日，《黑龙江省农村残疾人扶贫开发纲要（2011—2020年）》出台。

1月7日，副省长、省残工委主任孙永波听取省残联党组班子就省残联2012年工作完成情况和2013年工作要点所做专题汇报。

1月21日，哈尔滨市委副书记、市长宋希斌会见中国残联常务副理事长、中国狮子联会会长王乃坤一行。

1月26日，在黑龙江省第十二届人民代表大会第一次会议上，省长王宪魁所做《黑龙江省政府工作报告》首次将“残疾人等就业困难员就业20万人，建设现代化的省残疾人康复中心”两项工作列入政府30件民生实事之中。

1月28—30日，举办全省残联填报残疾人事业资金统计报表培训班。来自各市、地残联及省残联直属单位的29名财务人员参加，进一步了解了资金统计报表的填报要求，为下一步更好地完成统计上报工作打下了基础。

1月31日，韩国听觉障碍人协会和韩国助听器制造业协议会爱心助残助听器捐赠仪式在省残疾人康复指导中心举行。省残联党组成员、副理事长盖景福、中国残疾人联合会聋人协会副主席高晓峰出席。此次捐赠共有100台助听器，价值40万元。

2月2日，省委常委、省委秘书长杨东奇在省卫生厅、教育厅、残联等部门主要领导陪同下，到中国残疾人康复中心看望张丽莉老师。

2月5日，第十届世界冬季特奥运动会在韩国平昌圆满落幕。黑龙江省有8名速度滑冰运动员、16名地板曲棍球运动员和5名工作人员入选中国特奥体育代表团，取得了11枚金牌、2枚银牌、8枚铜牌的良好成绩，黑龙江省组队的融合地板曲棍球项目是中国参赛的唯一集体项目，获得了A组铜牌。

2月6日，副省长、省残工委主任孙永波走访慰问香坊区残疾人，省残联副理事长肖磊陪同。

2月22日，黑龙江省残疾人事业发展研究中心省残联方面专家委员会会议召开。会议对今后黑龙江省残疾人事业发展方向提出了建议。

3月11—13日，省残联承办长江新里程计划假肢服务项目东北三省区域交流会暨辅助器具服务研讨会。中国残联长江办杨津惠主任、香港李嘉诚基金会代表陈怡女士一行对黑龙江省长江新里程二期项目进行终期检查。

3月16日，中国残疾人康复人才培养黑龙江基地揭牌仪式在佳木斯大学附属第三医院举行。中国残联康复部主任尤红、康复部一处处长秦新梅、黑龙江省残联康复部部长王晓兵、佳木斯大学党委书记孟祥才、康复医学院院长姜志梅及书记孙文生、佳木斯残联副理事长关克东，以及相关医院、残联有关人员出席。

3月28日，由中国残疾人福利基金会和NU SKIN如新集团共同举办的“集善如新儿童蜜儿餐在中国”摄影比赛活动在黑龙江省鸡西市正式拉开帷幕。

3月28—30日，省残联派员参加在广州召开的全国福祉辅具暨康复设备博览会，并同中国残疾人辅具中心领导及各省参会代表、辅具康复设备生产厂家进行了交流。由省残联副理事长盖景福研发的“假肢装配残疾人汽车驾驶辅助操纵装置”被纳入中国残联“长江项目科技研发系列产品”，获得“长江新里程计划”资助。

3月29日，由省残联、省图书馆、省精神残疾人及亲友协会、省肢残人协会共同举办的“关爱自闭症儿童，汇集大爱心”活动在省图书馆报告厅举行。80名自闭症儿童在家长的陪伴下参加活动，来自哈尔滨市各高校的150名志愿者提供服务。

4月2日，世界第六个孤独症日，生活报、省残疾人康复中心、市残疾人活动中心、省图书馆等单位与社会各界开展关爱孤独症儿童活动。省残联与生活报联合主办的“爱心拖鞋”活动引起良好社会反响。

4月17日，全省残疾人就业工作推进会召开，省残联副理事长肖磊主持，全省各市、地和省管县残联理事长、就业机构负责人和省残联机关及直属事业单位负责人共计50人参会，省残联党组书记何玉华就如何做好残疾人就业工作提出明确要求。会议期间，省残联与全省各市、地和省直管县残联责任人签订残疾人就业工作目标责任状，计划年内新增安置城乡残疾人就业30900人。

4月20日，省残联与省财政厅联合转发《中国残疾人事业“十二五”发展纲要专项资金管理办法》，并提出贯彻落实意见。

5月4日，启动2013年度“七彩梦行动计划”手术任务，要求优化修改工作流程，加大聋儿筛查力度，做好聋儿患者筛查和人工耳蜗的储备工作，到2014年3月底完成全部人工耳蜗手术工作。

5月17日，副省长、省政府残工委主任孙永波，省政府副秘书长、省政府残工委副主任王大为，省政府残工委副主任、省残联党组书记、理事长何玉华，以及省民政厅、省人力资源和社会保障厅分管负责同志，在哈尔滨市委常委、政法委书记王小溪等同志陪同下，到哈尔滨市巴彦县农村残疾人产业化扶贫基地养殖示范园区进行调研。

5月19日，省残联与哈尔滨市残联在哈尔滨电视台联合举办“中国梦——我的梦”第三届哈尔滨市残疾人艺术团慈善文艺演出，呼吁社会各界关心、帮助贫困残疾人，进一步形成扶残、助残的良好社会氛围。省委副

图6-8-2　孙永波调研残疾人就业扶贫基地。

书记陈润儿、省人大常委会副主任陈述涛、省政协副主席杜吉明等领导出席活动。

5月28日，黑龙江省第四届残疾人文化周及哈尔滨市道里区残疾人文化创业基地启动仪式在哈尔滨市道里区群力文化产业园区北方展艺举办，中国残联宣文部王涛主任、张学超处长出席。

5月30日，黑龙江省市长协会女市长联谊会在黑龙江省残疾人康复指导中心举行主题为“关爱残疾儿童，放飞未来梦想”的走访慰问残疾儿童活动。副省长、省市长协会名誉会长、女市长联谊会会长于莎燕同志出席活动并在捐赠仪式上讲话。

6月12日，全省康复工作会议召开，总结2012年康复工作完成情况，部署2013年康复工作任务。会议听取各市、地残联及绥芬河市、抚远县残联康复工作情况汇报，就全省康复工作进行了座谈。同时，合并举办听力语言康复教育改革推广培训班，推进实施改革方案；听取各定点机构工作完成情况汇报，对定点康复机构负责人进行培训。

6月17日，第七届黑龙江省残疾人艺术汇演哈尔滨赛区汇演在哈尔滨市青年宫剧场隆重开场，来自哈尔滨市、牡丹江市、绥化市、伊春市和哈尔滨市铁路局5个代表队的110余名残疾人参加，分别进行了舞蹈、声乐、器乐和戏剧的比赛。评委会选出参加第八届全国艺术汇演的节目。汇演采用分片参演、现场比赛、综合评选的方式进行，全省将分哈尔滨市、大庆市、鸡西市3个赛区。

6月24—26日，全省残疾人康复工作会议暨听力语言康复教育改革培训班哈尔滨举办。省残联党组成员、副理事长盖景福出席会议，省残联康复部、省残疾人康复指导中心负责同志，市、地残联及绥芬河市、抚远县残联康复部主任参加会议。“七彩梦行动计划”聋儿（人工耳蜗）康复救助项目定点康复机构负责人和骨干教师参加培训。

7月2日，黑龙江省第四届残疾人文化周暨哈尔滨市道里区残疾人文化创业基地启动仪式在群力文化园区隆重举行。中国残联宣文部主任王涛，省残联党组书记、理事长何玉华，副理事长肖磊、盖景福，市人大常委会副主任才殿国，区委书记郭冀平，道里区人大常委会主任顾剑英，区委副书记、区长梁野等出席仪式。

7月15日，黑龙江省获得在天津举办的全国特奥足球锦标赛的特奥足球A组冠军和体育道德风尚奖。

7月25日，省残联召开党的群众路线教育实践活动动员大会，传达了省委书记王宪魁同志在第三十三次省委常委会议上学习贯彻王岐山同志重要讲话精神时的讲话；省残联党组书记、理事长何玉华同志和省委第8督导组组长张世玉同志分别作了动员部署讲话，省残联机关全体党员干部、直属单位主要负责人参加会议。

8月5—9日，第三期黑龙江省残疾人远程就业指导员培训班举办。来自大庆、大庆油田、双鸭山、七台河、绥化、鹤岗等地市残联的51名学员，在众德教育咨询有限公司培训讲师常虹、智联招聘哈尔滨分公司公共关系及政府事务部经理魏丹的指导下，对社区就业指导员的各项业务进行了系统的培训学习，并通过了结业考试。

8月9日，省政府残疾人工作委员会决定授予哈尔滨市博能汽车销售公司、哈尔滨市永康社区康复服务中心、齐齐哈尔市地方税务局等30个单位“全省扶残助残先进集体”荣誉称号，授予刘璐、薛华、梁光、、孙继洲、闫子忠等30名同志“全省扶残助残先进个人”荣誉称号，授予赵祥山、刘兵、黄静、王浩然、张宝、王玉玺等40名同志“全省残疾人自强模范”荣誉称号。

8月5—11日，由教育部、民政部、文化部和中国残联共同组织的“第八届全国残疾人艺术汇演”北京赛区在北京会议中心举行，黑龙江省代表团63名优秀残疾人演员参演了12个节目比赛，获得3个一等奖、4个二等奖、5个三等奖、6个创作奖；团体总分第三名，是历届最好成绩，荣获团体二等奖。

8月22日，由中共黑龙江省委宣传部、中国工艺美术协会、黑龙江省广播电影电视局、省残疾人联合会等部门主办的第八届中国龙江国际文化艺术产业博览会在哈尔滨市国际会展中心正式开幕。省残联同期举办“第二届龙江残疾人艺术展览会”。

8月29日，《关于印发〈黑龙江省残疾人“两个体系”建设评估指标〉的通知》（黑政残工委）〔2013〕4号文件，这是依据中国残联两建办要求制定的黑龙江省残疾人“两个体系”建设工作评估指标，有利于推动全省残疾人“两个体系”建设工作的开展。

8月30日，省委任命李洪泉同志为省残联党组成员，提名副理事长人选。

9月11日，省委原则同意省残联第六届执行理事会理事长、副理事长候选人。提名理事长何玉华、副理事长肖磊、盖景福、李洪泉、张丽莉（兼职）。

9月12日，省残联五届主席团四次会议在哈尔滨市召开。

9月13日，省残疾人联合会第六次代表大会在哈尔滨市召开。

10月10日，第二十四次全省残联工作会议在哈尔滨召开。省残联党组成员、副理事长肖磊主持会议，省残联党组书记、理事长何玉华讲话。全省各市、地残联，省管市、县残联和森工总局、哈铁路局残联理事长、省残联机关各部门负责人和各专门协会主席共37人参加会议。

11月18日，全省残疾人就业工作经验交流会在哈尔滨召开，主要介绍全省就业的总体形势及相关政策，交流各地在残疾人就业政策和工作方面的经验、做法和计划。

12月3日，国际残疾人日活动暨《我的少女时代》电影启动仪式在道里区群力金鼎广场华谊兄弟影院举行，黑龙江省三五投资集团有限公司及其他爱心企业，残疾人、社会各界人士共280人参加活动并观看影片。省文化厅、省广播电视局、省总工会、省妇联、团省委等单位领导出席活动。

12月18日，省残联党组书记、理事长何玉华向省委党的群众路线教育实践活动领导小组汇报省残联群众路线教育实践活动情况，省委陈润儿副书记给予了肯定。

12月18—20日，全省残联教育、扶贫、托养工作会议和扶贫工作现场会及业务培训班在海伦市举办，肖磊副理事长出席并讲话。

（唐加东供稿）

上海市残疾人事业和残疾人工作

一、领导讲话

中共中央政治局委员、市委书记韩正在市残联第六次代表大会上的讲话摘要

2013年6月26日

图6-9-1　韩正出席市残联六代会开幕式并讲话。

过去五年，全市各级残联组织坚持以人为本，从残疾人实际出发，认真履行代表、服务、管理职能，残疾人事业获得长足发展。广大残疾人朋友自强不息，以超乎常人想象的顽强意志，为我们这座城市增光添彩，为我们国家带来荣耀。我们为上海的残疾人朋友自豪，你们自信乐观的生活态度、顽强拼搏的奋斗精神，激励着我们每一个人，是推进上海创新转型的一股强大精神力量。

实现梦想、创造人生，要靠人们自身的不懈努力。残疾人朋友往往需要更强的毅力、更多的努力、更大的付出，才能愉快工作和生活，成就梦想。真诚地希望每一位残疾人朋友，要勇敢从容，以乐观拥抱生活，积极面对困难，主动融入社会。要自信坚韧，用勤劳改变人生，努力学习知识和技能，不断提高自身的素质和能力。要奋发有为，用创新创造实现价值。我们坚信，只要耕耘就会有收获，只要创造就会有价值。

关心、关爱残疾人是全社会的共同责任，残疾人事业是崇高的事业。全市各级残联是广大残疾人的组织，要努力在关心支持和帮助残疾人朋友、发展残疾人事业上发挥更大的作用。各级残联组织的干部要勤勉干事、廉洁办事、务实做事，真正成为残疾人的贴心朋友。各级党委和政府要高度重视残疾人工作，切实维护残疾人合法权益，努力增进残疾人福祉，着力促进社会公平正义，营造关心关爱残疾人的良好社会环境。各级领导干部和政府工作人员要心中真正装着残疾人朋友，定政策、抓管理、搞建设等都要不忘记残疾人朋友的特殊情况、特殊需求，把各方面工作和服务做得细而又细。社会各界都要关心帮助残疾人，为残疾人发展贡献一份力量，让他们充分感受到我们这个国家、这个社会和这座城市的温暖。

市委副书记李希在市残联第六次代表大会上的讲话摘要

2013年6月26日

要把发展残疾人事业作为中国特色社会主义事业的重要组成部分，作为上海城市文明建设一个重要任务，要健全残疾人社会保障的服务体系，切实保障残疾人的

权利和要求，把残疾人事业的发展融入党政工作的大局，融入经济社会的发展之中。群策群力，建设与社会主义现代化国际化大都市相辅相成的残疾人事业，不断把上海残疾人事业提高到一个新的水平。

图6-9-2　李希在市残联六代会闭幕式上讲话。

残联是党和政府联系残疾人群体的桥梁和纽带，新一届残联和各级残联组织要认真履职，主动适应新形势下做好党和群众工作的新要求，把握残疾人对过上美好生活的新期盼，发挥代表、服务、管理的职能，理直气壮地为残疾人说话，满腔热情地为残疾人服务，当好残疾人合法权益的代表者和维护者，做残疾人的贴心人，建好“残疾人之家”。

副市长、市残联第六届主席团主席时光辉在市残联第六次代表大会闭幕式上的讲话摘要

2013年6月26日

图6-9-3　时光辉在市残联六代会闭幕式上讲话。

“中国梦”是属于包括残疾人在内的全中国人民的共同梦想，帮助残疾人实现康复梦、安居梦、创业梦、教育梦、参与梦，是实现“中国梦”的重要组成部分。残疾人工作承载着残疾人对实现梦想的期盼，责任光荣而又艰巨。要按照十八大关于健全残疾人社会保障和服务体系，切实保障残疾人权利和要求，认真地学习和落实韩正同志在大会开幕式上的重要讲话精神，充分认识到做好残疾人工作的重要意义，进一步增强责任感和紧迫感，带领全体残疾人，引导全市人民共同建设小康社会，共享改革发展成果，为残疾人实现梦想添砖加瓦，让残疾人的生活更加幸福、更有尊严、更加精彩。

要建立健全工作机制，凝聚各方力量共同做好残疾人工作。各级政府要高度重视残疾人工作，把它作为一项重要任务，摆上突出的位置，列入重要的议事日程，进一步地健全政府主导、社会参与、残疾人组织充分发挥作用的工作机制，要切实加强领导、加大工作力度，抓好关系残疾人事业长远发展的大事，解决好关系残疾人切身利益的突出问题，进一步改善残疾人的生活和工作状况。各级政府、残工委要坚持强化责任、明确分工，完善各司其则、密切配合、齐抓共管、高效运作的工作机制，系统地研究落实残疾人各项保障服务政策，研究解决残疾人的“三最”问题，统筹出台和推动落实各项扶助残疾人的政策法规，确保残疾人状况实现好转。残联作为党和政府联系广大残疾人的桥梁和纽带，要切实发挥好残疾人的指导、枢纽作用，依照法律法规的章程开展工作。要适应新的形势，以改革创新精神推进各项工作和职能建设，更好地履行引导残疾人、服务残疾人、维护残疾人合法权益的职能，积极地参与残疾人事业的社会管理和公共服务，不断地提高残疾人工作的科技化水平。

要高度关注残疾人的民生，切实为广大残疾人谋福利。要认真贯彻落实《残疾人事业“十二五”发展纲要与配套实施方案》，围绕解决残疾人的突出困难和问题，及时出台新政策、新举措。建立并完善本市重度残疾人护理津贴制度和困难残疾人生活补贴制度，努力在残疾人基本生活、教育、就业、康复医疗、社会保障等工作领域有新的创新和突破。要坚持将残疾人事业纳入上海发展的整体战略，提升与现代化国际大都市地位相适应的残疾人事业发展水平，不断完善残疾人事业的法律法规和政策措施，明确标准、建立规范、形成制度。要更加注重加强战略谋划，进一步增强工作的前瞻性。更加注重加强商业策划，进一步增强工作的针对性。通过不断地创新思路，大胆探索，赢得工作的主动权。

要大力弘扬现代文明社会新残疾人观，推动残疾人全面发展。一要大力弘扬人道主义精神，和平等、参与、共享的现代文明社会新残疾人观，为残疾人更好地融入社会创造条件。二要以促进残疾人全面发展为目标，营造和谐的人文环境，维护残疾人在政治、经济、社会、文化生活中，平等参与、平等发展的权利。三要全面贯彻落实《残疾人保障法》，大力开展扶残助残活动，用真心去理解、关心和帮助残疾人，引导残疾人理性合法地表达利益诉求，推动社会和谐。广大残疾人要适应时代要求，在推动残疾人事业全面发展的伟大征程中，进一步提升自己、发展自己，努力弘扬积极向上、自强不息的正能量，最终实现属于自己的幸福梦想。

市残联党组书记金放在市残联党的群众路线教育实践活动动员大会上的讲话摘要

2013 年 8 月 9 日

图 6 - 9 - 4　金放在市残联开展党的群众路线教育实践活动动员大会上讲话。

开展党的群众路线教育实践活动，是实现党的十八大确定的奋斗目标的重要保证；是保持党的先进性和纯洁性、巩固党的执政基础和执政地位的重大举措；是解决群众反映强烈的突出问题的重要机遇。希望全体党员领导充分认识“四风”问题对我们事业、对我们党员、干部的危害性。要清醒地认识到，残联组织的性质是人民团体、群众组织，不是官僚机构；残联干部不是官，是服务者，是残疾人的朋友；不要忘记残疾人的疾苦，不要忘记我们的责任承担；要多交残疾人朋友，不断吸收政治营养；要自觉接受残疾人对我们工作的监督。要紧紧抓住这次群众路线教育实践活动的重要机遇，根据中央和市委部署，对作风之弊、行为之垢来一次大排查、大检修、大扫除，切实解决广大群众特别是残疾人群众反映强烈的突出问题。

要学好文件、抓住根本，准确把握党的群众路线教育实践活动的指导思想和目标要求。要加强领导，着力推进，确保党的群众路线教育实践活动取得预期效果。全体党员、干部要积极参与到活动中来，以实际行动密切党群干群关系，以群众感受和工作成效来衡量作风建设的成果，用心关注全市残疾人群众所思所盼、所恨所痛，打牢学习教育和查摆问题两个基础，抓住整改落实和建章立制两个关键，真正使干部正作风、党员受教育、群众得实惠。使市残联系统的党组织真正成为本市残疾人工作的坚强领导核心，更好地团结带领广大残疾人群众同全市人民一起为实现民族复兴的“中国梦”而努力奋斗！

市残联理事长王爱芬在市残联系统工作会议上的讲话摘要

2014 年 1 月 16 日

2014 年，在残疾人民生保障工作上要围绕“保底线、抓重点、促发展”的目标，主要做好下面几项工作：一

图 6 - 9 - 5　王爱芬在市残联系统工作会议上讲话。

是要认真落实两项市政府实事项目。二是要贯彻落实残疾人就业保障相关政策，稳定和促进残疾人就业，鼓励机关、企业、社会机构吸纳更多的残疾人就业，提高残疾人的初次分配收入水平。三要进一步优化康复服务，启动残疾人托养床位建设工作，完成国家科技惠民计划项目验收，开展残疾人康复优秀学科带头人及优秀青年人才培养工作，研究探索康复服务机构转型发展和残疾人个性化养护服务机制。四要加快残疾人环境和信息无障碍建设，推动政府门户网站无障碍建设改造；进一步完善残疾人基础数据库建设，健全覆盖全市残联系统的管理信息网络。开展农村贫困残疾人家庭无障碍改造试点工作。五要积极落实《上海市基本公共服务 2013—2015 年建设规划》残疾人专章任务，完成 10 个方面的工作任务和 5 大建设工程。

要始终把着力解决残疾人的发展问题放在突出位置。2014 年，在促进残疾人的发展上，围绕“立足当前、统筹协调、促进发展”的目标，着重做好五项工作：一是大力宣传《残保法》上海实施办法，编印释义读本，组织区县残联开展《实施办法》内容普及工作。二是贯彻落实《残保法》上海实施办法，继续做好机关事业单位残疾人招录工作，制定出台残疾人交通便利和优惠制度。三是开展“十二五”残疾人事业发展纲要实施情况视察活动，为总结“十二五”和谋划“十三五”残疾人事业发展纲要做好准备。四是做好新一轮的残疾人生活状况监测工作，全面掌握残疾人生活水平和社会平均水平的差距，为政府部门制定惠及残疾人的政策提供决策依据。五是着手研究本市贯彻《残疾人就业条例》实施办法，启动市政府 82 号令的修订工作，完善残保金征缴、使用、管理制度。

要始终把着力增强残疾人的服务能力放在紧要位置。2014 年，在提升残疾人服务能力上，倡导“国家扶持、社会参与、市场推动”的原则，满足残疾人多样化、多层次的服务需求，重点做好五项工作：一是加强顶层设计，研究建立招标、评估、监管为一体的政府购买社会组织助残服务机制，逐步形成“残联主动推动、社会协同运作、多元模式并行、服务项目互补”的工作格局。

二是推进残联事务下沉社区受理中心的工作，这是市政府群众路线教育实践活动落实整改意见的一项重要举措。三是巩固和优化社区残疾人专职委员队伍建设，继续贯彻和落实“四个不变”的工作要求，研究分析残疾人专职委员队伍建设的现状，探索村（居）委会残疾人协会人员委员产生的方法和途径，不断提高基层残疾人工作者服务水平。四是加强残疾人证的核发和管理，明确各自职责，严格按照评残标准，优化评残流程。五是加强政府型基金监督管理工作，提高资金使用效能。

二、政策法规文件

关于调整本市盲人保健按摩机构审批有关事项的通知

沪残联〔2013〕48号

为落实国务院有关行政审批项目下放管理层级的要求，上海市残联印发了《关于调整本市盲人保健按摩机构审批有关事项的通知》（沪残联〔2013〕48号），将盲人保健按摩机构资格审批权限由市残联下放至区县残联管理，进一步简化行政审批材料，优化行政审批程序。全年新增审批盲人保健按摩机构5家。同时，进一步加强事后监管，组织开展2012年度全市盲人保健按摩机构年检工作，并向工商行政管理部门通报有关情况，113家机构通过年检。

关于印发《上海市贯彻“盲人医疗按摩人员从事医疗按摩资格证书管理办法”实施细则》的通知

沪残联〔2013〕77号

根据《盲人医疗按摩管理办法》（卫医政〔2009〕37号）、《盲人医疗按摩人员从事医疗按摩资格证书管理办法》（残联发〔2011〕8号）规定，2013年上海市残联印发了《关于印发〈上海市贯彻“盲人医疗按摩人员从事医疗按摩资格证书管理办法”实施细则〉的通知》（沪残联〔2013〕77号），并按照该《实施细则》规定，向第一批共计65名盲人医疗按摩人员发放从医资格证书。

关于开展成年听力障碍者助听器适配工作的通知

沪残辅具〔2013〕1号

为满足本市成年听力障碍者助听器适配需求，扩大成年听力障碍者助听器选择范围，以补贴适配方式提供助听器适配服务，改善服务对象生活质量，帮助他们实现在“有声世界”里学习、生活，上海市残疾人辅助器具资源中心印发《关于开展成年听力障碍者助听器适配工作的通知》（沪残辅具〔2013〕1号）。《通知》明确，成年听力障碍者助听器适配分为常规类助听器适配和补贴类助听器适配。常规类助听器适配为指定机型助听器，补贴类助听器适配低保对象补贴所选助听器价格的90%，非低保对象补贴所选助听器价格的70%。

关于印发《上海市残疾人居家环境无障碍坡道适配工作方案（试行）》的通知

沪残辅具〔2013〕14号

根据财政部、科技部科技惠民计划项目精神，为改善肢体残疾人居家无障碍环境，给残疾人出行提供方便，上海市残疾人辅助器具资源中心印发《关于印发〈上海市残疾人居家环境无障碍坡道适配工作方案（试行）〉的通知》（沪残辅具〔2013〕14号），对试点区符合条件的残疾人提供居家环境无障碍坡道适配服务。适配对象为上海市户籍持证肢体残疾人或多重残疾人家庭，以家庭为单位，适配周期为6年。

关于印发《上海市电动载人爬楼机试点工作实施细则》的通知

沪残辅具〔2013〕15号

根据科技部、财政部科技惠民计划项目精神，为进一步完善本市电动载人爬楼机服务模式，扩大服务受益面，上海市残疾人辅助器具资源中心印发《关于印发〈上海市电动载人爬楼机试点工作实施细则〉的通知》（沪残辅具〔2013〕15号）。《通知》要求，试点区域内应优先考虑有需租用电动载人爬楼机上、下楼的残疾人，在服务能力充裕的情况下可惠及老年人、临时病患等。对持有残疾人证的对象提供免费租赁服务；其他服务对象提供低价租赁服务。

上海市实施《中华人民共和国残疾人保障法》办法（新增条款）

第六条 残疾人的扶养人必须对残疾人履行扶养义务。

残疾人的监护人必须履行监护职责，尊重被监护人的意愿，维护被监护人的合法权益。

残疾人的亲属、监护人应当鼓励和帮助残疾人增强自立能力。

禁止对残疾人实施家庭暴力，禁止虐待、遗弃残疾人。

第七条 残疾评定遵循自愿申请的原则。

残疾评定申请人应当向户籍所在地的街道或者乡、镇残疾人联合会提出残疾评定申请，由区、县残疾人联合会组织申请人到卫生计生部门指定的医疗机构接受残疾评定。

第十一条 市和区、县人民政府应当根据国家和本市有关规定，有计划地组织开展残疾预防工作，完善残疾预防工作机制，针对遗传、疾病、药物、事故、灾害、环境污染和其他致残因素，组织有关部门，动员社会力量，采取措施，预防残疾发生，减轻残疾程度。

第十三条 市和区、县人民政府应当建立健全残疾统计和分析报告制度，每年向社会公布残疾人口变动的主要信息和数据。

第十四条 各级人民政府和卫生计生、财政、教育、民政等部门应当采取措施，为残疾人康复创造条件，建立和完善残疾人康复服务体系，提供全程、系统的康复服务项目，帮助残疾人恢复功能或者补偿功能，增强其参与社会生活的能力。

市和区、县人民政府应当根据经济社会发展情况，制定和完善残疾少年儿童康复救助、残疾人辅助器具适配补贴等残疾人康复补贴政策，推行重度残疾人护理津贴制度。

第十九条　教育部门应当指导医学院校和其他有关院校有计划地开设康复医疗和辅助器具适配课程或者专业，培养相关专业人才。

卫生计生部门应当加强康复医学人才的培养，将康复医学、辅助器具适配技术纳入社区医疗卫生人员培训内容，使其具备基本的康复医疗技术。

第二十条　各级人民政府及其有关部门应当充分利用广播、电视、报刊、网络等媒体，采用多种形式，宣传残疾预防知识，增强全社会残疾预防意识；开展残疾人康复工作宣传服务，向残疾人、残疾人亲属、有关工作人员和志愿工作者普及康复知识，传授康复方法，提高残疾人的自我康复意识。

第二十二条　本市各级教育部门应当逐步提高普通教育机构接收符合条件的残疾人的能力。普通教育机构应当为所接收的残疾人学习提供便利和帮助。

第二十三条　教育、卫生计生等部门应当指导和协调有关教育机构与医疗机构建立合作机制，为接受学前教育、义务教育、高中阶段教育的残疾儿童、学生，提供有针对性的教育与康复、保健服务，促进残疾儿童、学生身心全面发展。

第二十四条　残疾儿童、学生接受学前教育、义务教育、高中阶段教育，依照本市有关规定，享受相应的免费待遇。

第三十二条　国家机关、社会团体、企业事业单位、民办非企业单位均须按照在职职工人数百分之一点六的比例，安排残疾人就业；对符合其招收、招聘条件的残疾人，应当录用。

国家机关、事业单位应当提供适合残疾人就业的岗位，依照公开、公平的原则招录残疾人；对残疾人能够胜任的其他岗位，同等条件下应当优先招录符合条件的残疾人。

国家机关、社会团体、企业事业单位、民办非企业单位安排残疾人就业超过前款规定比例的，按照规定标准给予经济奖励；达不到前款规定比例的，应当按照其职工工资总额的一定比例，缴纳残疾人就业保障金。

残疾人就业保障金，由人力资源社会保障部门所属的社会保险经办机构征收。残疾人就业保障金应当按照有关规定合理有效安排使用，并接受财政、审计等部门的监督管理。

第三十四条　市和区、县人力资源社会保障部门设立的公共就业服务机构，应当为残疾人免费提供就业服务。

市和区、县残疾人联合会举办的残疾人就业服务机构，应当组织开展免费的职业指导、职业介绍和职业培训，为残疾人就业和用人单位招用残疾人提供服务和帮助。

鼓励各级各类职业培训机构举办有助于残疾人就业的职业技能培训项目。

市和区、县人民政府对残疾人在职业培训机构接受职业技能培训，按照本市有关规定给予适当的经费补贴。

第三十七条　文广影视、新闻出版、体育等部门应当指导有关单位采取下列措施，丰富残疾人的精神文化生活：

（三）在新闻、科普、纪实类等电视节目中加配手语或者字幕，在有条件的影剧院开设无障碍电影专场，举办无障碍电影日活动；

第三十八条　残疾人参加全国性、国际性残疾人文化、体育活动的集训、演出和比赛期间，所在学校应当保留其学籍，所在单位应当保障其福利待遇不变；对无固定收入的残疾人，组织者应当给予补助。

体育、人力资源社会保障、教育、财政等部门和残疾人联合会应当采取措施，培育、选拔残疾人竞技体育后备人才，完善残疾人运动员补贴、就学、安置等方面的保障措施。

第四十三条　人力资源社会保障部门应当将符合规定的残疾人医疗康复项目纳入各类基本医疗保险支付范围，减轻残疾人医疗康复负担。

重度残疾人及其他符合条件的残疾人除享受医疗保险待遇外自行承担的医疗费用，可以依照本市有关规定，享受相应补助。

第四十四条　住房保障房屋管理部门应当对符合条件的残疾人家庭，优先安排廉租住房；对符合条件的残疾人家庭申请公共租赁住房、共有产权保障住房，应当在受理、选房、配房等方面给予帮助。

第四十六条　民政部门在编制福利彩票公益金项目年度资金使用计划和预算时，应当安排一定经费用于残疾人社会福利事业支出，经批准后组织实施；经费的使用和管理情况，依法定期向社会公告。

第四十七条　各级人民政府可以通过政府购买服务等方式，扶持和培育有关社会组织，为残疾人提供多种形式的社会服务。

鼓励和支持社会力量兴办残疾人康复、教育、托养、无障碍信息交流、心理咨询等服务机构或项目。

第四十九条　市和区、县人民政府负责组织编制无障碍环境建设发展规划，并组织实施。

建设交通部门负责无障碍设施工程建设活动的监督管理工作，会同有关部门制定无障碍设施工程建设标准，并对无障碍设施工程建设情况进行监督检查。

经济信息化等部门在各自职责范围内，做好无障碍信息交流建设工作。

第五十一条　市和区、县人民政府对符合条件的重度残疾人家庭设置无障碍设施，给予适当的补贴。

第五十二条　公共服务机构和公共场所应当通过语

音和文字提示并逐步采用手语、盲文等方式，为残疾人提供信息交流服务。

第五十三条 公共交通运营单位应当根据实际需要，逐步配置无障碍车辆，并设置便于识别的无障碍运营标志。

公共交通运营单位应当在运营车辆上配备语音和字幕报站系统，并保持正常使用。

第五十四条 大中型公共场所的公共停车场（库）和大型居住区的停车场（库），应当按照无障碍设施工程建设标准，在便于残疾人停车的位置设置并标明无障碍停车位，供肢体残疾人驾驶或者乘坐的机动车专用。

第五十五条 盲人可以携带导盲犬出入公共场所或者乘坐公共交通工具。

盲人携带导盲犬出入公共场所或者乘坐公共交通工具，应当为导盲犬佩带导盲鞍、携带导盲犬使用证件，并遵守国家和本市的其他有关规定。

第五十九条 残疾军人除享受国家给予的特别保障外，同时享受社会残疾人的相关待遇。

三、工作综述

2013年是全面推进“十二五”规划各项工作的重要一年。上海残疾人工作以“两个体系”建设为重点，按照中国残联、上海市残联第六次代表大会提出的工作部署和要求，切实加强残疾人工作，是残疾人更广泛地共享发展改革成果、共享健康人生。

（一）部门联动，社会参与，播撒助残爱心

上海有近百万残疾人，只有坚持社会化服务方向，依靠各有关部门（单位）和全社会的共同参与，上下互动，横向联动，残疾人事业和残疾人工作才能充满生机和活力。

残工委成员单位齐心协力是做好残疾人工作的保障。9月3日，上海市政府残工委召开工作会议，专题研究残疾人就业保障工作。市政府残工委副主任、市残联党组书记金放，市政府残工委副主任、市残联理事长王爱芬，市政府残工委委员、副理事长郭咏军出席会议并讲话。市教委、市民政局、市人社局、市卫计委、市委宣传部、市发改委、市经信委、市建交委、市商务委等部门联络员以及市残疾人劳动服务中心负责人等参加会议。会上报告了市政府残工委有关工作；传达学习了时光辉副市长有关帮扶农村及困难残疾人的指示精神；市残联教就处就有关残疾人就业保障工作安排进行情况说明；市教委、市民政局、市人社局、市卫计委、市委宣传部、市发改委、市经信委、市建交委等同志结合实际做了交流发言，营造了联手做好残疾人工作的氛围。

80家爱心企业携200多个劳动项目帮助残疾人就业。“阳光基地”是上海市政府倡导推进的一项残疾人就业保障民生工作。2013年上海市阳光职业康复援助基地劳动项目洽谈会于10月23日在上海人才大厦举办，80家爱心企业携200个劳动项目与全市170家“阳光基地”进行了洽谈对接。本次洽谈会由市残联主办，上海万邦关爱服务中心承办，是上海举办的第三届阳光职业康复援助基地劳动项目洽谈会，旨在帮助企业与各区县“阳光基地”面对面沟通对接，进一步解决“阳光基地”劳动项目缺乏等问题，使更多的残疾人成功实现就业。据统计，洽谈会达成现场意向并签约的劳动项目达到136个。与本届洽谈会同步配套的还有经过功能优化完善后推出的“阳光基地”劳动项目对接网站(www.10000care.org)，这是社会爱心企业和“阳光基地”之间的网上沟通平台，也是劳动项目洽谈会的有效延续。

多部门联动、各单位协作，让更多残疾人享受科技惠民成果。3月28日，国家科技惠民计划项目“上海市残障人群康复辅助器具技术集成及应用示范”启动会议在上海召开。项目组织及承办单位有关领导、专家、区（县）残联分管理事长、企业代表及相关人员近130人参加会议。科技惠民计划自2012年起首次由国家科技部和财政部组织实施，旨在加快科技成果的转化应用，发挥科技进步在改善民生和促进社会发展中的支撑和引领作用。由多部门合作、上海市残联承担的“上海市残障人群康复辅助器具技术集成及应用示范”项目被科技部和财政部立项为第一批科技惠民项目。上海市残联以“需求驱动、科技引领、构建机制，互惠共赢”为原则，在项目实施周期内建立3个示范区（黄浦区、杨浦区、崇明县）、20个示范点；推广后将惠及100万人以上；完善残疾人康复组织与信息网络以及服务供给网络的建设；培养一批残疾人康复辅助器具适配专业人才；形成集信息支持、服务提供、监测评价为一体的残障人群康复辅助器具服务管理平台。中国新闻网、新浪网、东方网、本市新闻晨报、青年报等多家媒体对该项目启动进行了报道转载。

募集捐款资助困难残疾人。截至2013年12月，上海市残疾人福利基金会共募集捐款收入（含实物）合计1367.5万多元人民币，公益支出1132.1万元人民币，公益支出占总收入的71.5%以上。用于残疾人康复、扶贫、教育、文化艺术和四川雅安地震救助、边远地区困难残疾人援助等方面。

联合举办第二十三次全国助残日暨第十四次上海助残周宣传活动，主题为“帮扶贫困残疾人”。5月19日，上海市政府残工委、嘉定区委、嘉定区政府联合举办第二十三次全国助残日暨第十四次上海助残周广场宣传活动。上海市人大常委会副主任薛潮等领导出席，并视察了嘉定区扶贫创业基地“阳光工坊”，了解残疾人扶贫创业工作。在活动现场，嘉定区组织部长周金林、宣传部长林峻为嘉定区残疾人代表发放阳光保险赔付金；市残

联党组书记叶兴华、理事长金放为贫困残疾人家庭赠送家用电器；嘉定区人大常委会主任吴辰为开展扶贫公益创投项目的爱心单位授牌；市人大常委会副主任薛潮、市政府副秘书长吴建融、嘉定区区长马春雷与残疾人代表共同启动残疾人扶贫公益创投项目。活动中，推出"牵手'渐冻人'阳光帮扶"和"失独残疾人家庭关爱服务"两大公益项目，并向全市残联组织及社会各界发起倡议，呼吁共同参与残疾人扶贫公益创投活动。

（二）推进《上海市实施〈中华人民共和国残疾人保障法〉办法》修订工作

《上海市实施〈中华人民共和国残疾人保障法〉办法》（以下简称《实施办法》）是上海市实施《残疾人保障法》的地方法规。2009 年，由市残联、市民政局、市行政法制研究所共同组成《实施办法》修法工作组。工作组从原有立法实施情况入手，对立法修订的必要性进行论证，并对残疾人康复、就业、教育、保障等主要问题进行探讨，为立法修订提供了理论和实证研究的基础。形成了修订《实施办法》的立法研究报告，初步完成了《实施办法》修订文本。2013 年 2 月，《实施办法》列为上海市人大正式立法项目，市政府法制办社会法规处、市民政局法规处会同市残联各业务处室和相关事业单位，多次对《实施办法》修订文本逐条研读和修改，并就《实施办法（草案）》征询市政府部分委办局和相关单位的意见。4 月，在征询各方面意见的基础上，数易其稿，形成了《实施办法》（修订草案）送审稿。之后，市政府法制办、市民政局、市残联先后召开 3 次读稿会，对《实施办法》（修订草案）做了进一步修改与完善。6 月 17 日，杨雄市长主持召开市政府第十二次常务会议，审议通过了《上海市实施〈中华人民共和国残疾人保障法〉办法（修订草案）》。9 月 16 日上海市十四届人大常委会举行第七次会议，审议《上海市实施〈中华人民共和国残疾人保障法〉办法（修订草案）》（修改稿）。11 月 21 日，上海市第十四届人民代表大会常务委员会举行第九次会议，审议通过《上海市实施〈中华人民共和国残疾人保障法〉办法》，确定于 2014 年 4 月 1 日起施行。

（三）完成换届选举，加强组织建设

根据《中国残疾人联合会章程》规定和中国残联关于换届工作的意见精神，2013 年 6 月 26 日，上海市残疾人联合会第六次代表大会在上海国际会议中心开幕，中共中央政治局委员、上海市委书记韩正出席开幕式并讲话。市领导杨雄、殷一璀、吴志明、李希、徐麟、应勇、薛潮等出席，副市长时光辉主持开幕式。

会议选举产生了市残联第六届主席团委员，并推举产生上海市残疾人联合会第六届主席团执行理事会理事长、副理事长、理事。

会议回顾总结了本市残疾人事业过去五年的发展，并对未来五年本市残疾人事业的发展进行了全面部署。会议的召开，标志着残疾人事业组织建设进一步巩固，自身建设进一步加强，对推进残疾人社会保障体系和服务体系建设，推动本市残疾人事业全面协调可持续发展具有重要意义。

为了进一步加强基层组织建设，根据《中国残疾人联合会章程》规定和中国残联关于换届工作的意见精神，上海市残联通过召开工作会议及深入区县走访调研，加强对基层残联换届工作的指导，截至 2013 年 6 月底，上海 17 个区县残联，217 个街道、乡镇残联换届工作全部顺利完成。

（四）数字体现服务，共享发展成果

2013 年，市残联将改革发展成果转化为残疾人服务的具体行动。全市接受康复服务的残疾人达到 47 万余人次。为 80646 名残疾人实施免费健康体检；为 74509 名残疾人提供"送康复服务上门"服务；建立残疾人养护基地 17 家，共为 6182 名残疾人提供机构养护服务；为 19552 名重残无业人员提供居家养护服务；为 16 岁以下残疾儿童少年提供康复训练救助，共为 5904 名持有"阳光宝宝卡"的残疾儿童提供康复训练补贴；肢体残疾儿童机构对 1385 人实施康复训练；实行贫困肢体残疾人矫治手术、骨关节置换手术补贴 590 例；为 3678 名贫困白内障复明手术患者实施了贫困补助；完成 10876 名低视力患者助视器的配戴工作；实施盲人进行定向行走训练 1953 名；完成聋儿康复 352 人；为 3451 名成年听力障碍者配发助听器；为 80 名在校听障学生免费配发助听器；依托特教机构完成智力残疾儿童康复训练 2370 人，培训家长 1579 人；截至年底，共建立"阳光心园"216 家，注册学员 3247 人，在 2012 年成功创建 27 家示范型"阳光心园"的基础上，2013 年又增加了 16 家示范型"阳光心园"；完成辅助器具配发 135713 件，其中安装假肢 500 例，安装矫形器 29474 例；为 18219 人提供辅助器具组合适配，适配辅具 27500 件。

（五）保障教育权益，提升学历层级

2013 年，上海在继续落实残疾学生免费基础教育、推进"扶残助学春雨行动"、开展残疾人开放教育的同时，不断深化教育服务举措，努力提高残疾人受教育质量，着力提升残疾人整体受教育水平。2013 年，本市应届高校残疾人毕业生人数为 90 人。其中，80 名残疾人学生被上海交通大学、上海财经大学、华东理工大学等 40 所高等院校录取；继续在全市范围开展未入学适龄残疾儿童少年调查统计工作，确保基础教育"零拒绝"。截至 2013 年年底，上海开放大学残疾人教育学院（夜校）在校残疾人学员 1212 人，在社会工作、社区管理与服务、文化事业管理等 8 个本、专科专业学习，首届单独组班的残疾人大学专科毕业生 152 人完成学业后顺利毕业。有

315 名残疾人学生和 4573 名残疾人家庭子女通过“扶残助学春雨行动”接受助学补助金。

（六）采取切实措施，实现就业“三化”

2013 年，本市共有就业年龄段内的持证残疾人 17.1 万人，其中处于就业状态的 9.25 万人，占 54%；处于失业状态的 0.34 万人，占 2%；处于无业状态的 4.14 万人，占 24%；处于养老状态的有 3.37 万人，占 20%。2013 年，全市累计有 21539 名残疾人接受职业技能培训，完成全年指标的 143.59%。其中，获得国家职业资格证书 1187 人，完成全年指标的 96.9%。在处于就业状态的残疾人中，分散按比例就业 4.13 万人，集中就业 3.04 万人，非正规就业 1.16 万人，自主创业 0.2 万人，务农 0.26 万人，其他 0.46 万人；在无业状态人员中，享受重残无业保障的残疾人有 3.21 万人。全市各级残联组织通过举办高校残疾人毕业生求职培训班、专场招聘会和组织见习培训等措施，共享残疾人岗位和就业信息，积极促进高校残疾人毕业生就业，并联合社会各界开展以“帮扶到人、岗位到手、政策到位、服务到家”为主题的 2013 年就业援助月活动，建立健全“出现一人，认定一人，扶助一人，稳定一人”的就业援助工作机制，实现就业援助制度化、长效化、精细化。其中，90 名毕业生中，已就业 83 人，继续升学 4 人，未就业 2 人，暂无就业愿望 1 人，就业率达 97.6%。

（七）推进社会服务，造福特殊群体

截至 2013 年年底，全市已核发二代残疾人证 38.5 万张，全年新办残疾人证 2.1 万张。与市卫计委联合举办全市残疾评定医生培训班，分智力、听力、肢体、言语、视力、精神六个项目对 180 余名各类评残医生进行了集中培训。继续做好“为 4.5 万名视力障碍者提供信息沟通服务”和“助残关爱”残疾人宽带优惠活动，为 3.6 万户视力障碍者家庭开通了固定电话本地通话优惠服务，为 10 万多户残疾人家庭办理了宽带优惠套餐，投入总资金 829.24 万元完成 627 户提高型残疾人家庭无障碍改造。

继续推进专门协会“一会一品”工程建设，坚持运用社会化工作方式打造服务品牌。市盲协致力于政府门户网站无障碍改造体验工作，形成了一支盲人体验员队伍，保证网站的无障碍改造始终处于省市级政府部门网站的前列；市聋协联合上海市东方医院继续推进优先分诊、挂号、就诊、付费、检查、取单、治疗、取药的助聋门诊服务；市肢协连续 14 年开展“智力助残”活动，2013 年表彰了 102 个“优秀集体”、285 位“优秀组织者”、1328 位“优秀志愿者”、480 位“优秀助残者”和 2868 位“智力助残者”；市智协继续推进特奥家庭支持系统，目前全市已有 1000 余户智障人士家庭加入了支持系统；市精协每年举办精神疾病预防讲座，提高公众对精神疾病的认识和对精障人士的理解。

（八）完善社会保障，惠及千家万户

2013 年，本市领取重残无业人员生活补助 41971 人；领取一户多残困难家庭生活补助的残疾人家庭为 6040 户；参加城镇重残无业人员养老补助人员达 18710 人；23744 名城镇重残人员享受城镇居民医保代缴待遇；城镇重度残疾人参加城镇居民社会养老保险的人数为 24304 人；农村重度残疾人参加新型农村社会养老保险的人数为 10008 人；享受农村合作医疗补贴的残疾人数为 38349 人。全市共有“阳光之家”注册学员 8306 名，管理服务人员 800 名，志愿者 3439 名。

（九）创建文化示范区，享受快乐生活

2013 年，会同市委宣传部等 12 家单位出台《关于推进本市残疾人文化建设的实施意见》。嘉定区、松江区获批开展“全国残疾人文化体育建设示范区”创建工作；黄浦区、徐汇区和奉贤区获批开展“上海市残疾人文化体育建设示范区”创建工作，以点带面推动全市残疾人文体建设。无障碍电影蓬勃发展，全市先后有 10 个商业影院开设无障碍电影专场，宝山、嘉定等 9 个区就近就便为残疾人提供无障碍观影公共文化服务，由著名播音员和主持人组成的电影志愿者解说员团队扩大到 100 多人。全年共为残疾人播放 70 多场无障碍电影，7500 多名残疾人感受到了电影艺术的魅力。残疾人读书活动深入推进，开展以“读书的情趣”为主题的 2013 年上海残疾人读书活动，推出“阳光读书会”评选、“读书达人”才艺大赛、“手机摄像”等活动和赛事，全市共计 200 多个残疾人读书小组、5000 多名残疾人读书爱好者参与，以不同方式、不同视角展现和诉说了残疾人参与社会、融入社会、积极向上的生活态度和读书励志的成长故事。借助上海首届市民文化节及各项公共文化活动平台，开展以“春、夏、秋、冬”四季为节点的上海市残疾人文化月系列活动及宣文干部文化培训，推动残疾人文化进一步融入社会公共文化。2013 年上海“两会”开幕式首次增配手语翻译，同步为听障观众“解读”会议内容，这是上海信息无障碍工作的又一重大突破。残疾人艺术成果斐然，组织参加第八届全国残疾人艺术汇演，充分利用社会资源，整合区县残联力量，取得历届汇演最好成绩。

（十）投身快乐运动，享受健康人生

为丰富本市残疾人群众体育活动，按照“十二五”期间上海培训 1000 名残疾人体育活动健身指导员的要求，2013 年 4 月和 7 月举办了两期社区体育指导员培训班，参加培训的体育指导员共计 200 多人，由残疾人体育专家对健身指导员进行了盲人广场舞和体育知识技能的培训。

以举办好上海市第八届残运会为重点，大力开展群众体育工作。积极组队参加国际性群众体育赛事，参加北京国际体育轮椅舞蹈公开赛，上海残疾人运动员积极

参赛，取得优异成绩。自强健身工程稳步推进，按照年初制定的计划进一步推广群众体育健身示范点。上海市残疾人体育训练中心作为市全民健身会议成员单位，积极参与全市各项群众性体育活动，积极参与推进“30 分钟体育生活圈”建设，大力实施市民体育健身条例，不断创新市民体育健身组织模式，广泛开展残疾人全民健身活动。

上海特奥运动更是丰富多彩，7 月举行了上海市全国特奥日活动，主题是“你我齐参与，开展特奥融合运动”。市特奥委员会还举办阳光之家特奥推广活动、参加 NBA 篮球特奥明星融合活动、冬季特奥会推广活动、赴台北参加第十三届上海台北特奥论坛活动等。5 月，受中国特奥委员会委托，上海特奥运动员、领队和教练员共 22 人代表中国参加了 2013 年香港特奥保龄球邀请赛。

全市残疾人体育活动继续在基层社区深入开展，借助社区残疾人体育训练点和“阳光之家”等平台，残疾人能就近参与各类体育活动。积极推广各类适合上海城市特点，适应残疾人现状的残疾人新型体育项目，以举办各类残疾人活动为载体，充分利用社会资源，将残疾人体育工作推向了一个新高度。在全社会关心支持下，全市常年参与体育活动的残疾人保持在 11 万余人以上，全年开展市级残疾人群众体育健身活动 27 次，残疾人群众体育活动示范点达到 58 个，组织全市性残疾人体育赛事 21 次，参加各类残疾人体育赛事运动员达到 4500 人次，培养市级残疾人体育健身指导员 120 人。

四、重要条目

【“为 1 万名残疾人补贴提供个性化辅助器具适配服务”再次纳入市政府实事项目】2013 年“为 1 万名残疾人补贴提供个性化辅助器具适配服务”再次纳入上海市政府实事项目，包含了残疾人辅助器具适配、视力残疾人助视器适配、成人助听器配发、高额电动辅具租赁、为临床康复患者提供辅助器具适配服务 5 项内容的个性化适配服务。市残联制定并在全市实施视力残疾人助视器适配政策，残疾人可免费适配目录范围内的助视器，受到视力残疾人的广泛欢迎。同时，进一步调整和优化成人助听器政策，补贴力度加大，补贴产品从中低端机到高端机，满足了不同需求对象的助听器适配需求。电动载人爬楼机租赁服务以全新的模式在 8 个试点区开展，通过免费和低价租赁的方式解决住多层楼房的重度残疾人及其他对象的上下楼困扰。截至 2013 年 11 月底，共有 16941 人享受了个性化辅助器具适配服务，超额完成 69%，社会反响良好。

【爱耳日公益音乐会】2 月 28 日，上海市爱耳日公益音乐会在上海音乐厅举行，来自社会各界代表 1200 余人参加。本次音乐会由市残联、市人口计生委、市教委、市卫生局、市人保局、市民政局、市通信管理局、市文广局、市环保局、市工商行政管理局、市质量技监局、市食品药品监管局、市妇联、市老龄办、市红十字会、市慈善基金会、市儿童健康基金会等十七家单位联合主办，上海城市交响乐团、上海市聋儿康复中心承办。音乐会由著名指挥家曹鹏执棒，汇集了歌剧《卡门》、交响乐作《法兰多拉舞曲》、小提琴协奏曲《梁祝》等近 10 首中外名曲，其中观众参与互动，引起共鸣。爱耳日公益音乐会拓宽了爱耳日宣传渠道，扩大了宣传面，使更多的市民了解爱耳护耳知识。上海市政府官网、新华网、中国残疾人服务网、《解放日报》等媒体都对音乐会进行了报道。

图 6－9－6　上海市爱耳日公益音乐会。

【推动残疾人文化活动融入社会公共文化平台】充分利用上海社会公共文化资源，依托上海首届市民文化节及各项公共文化活动平台，开展 2013 年上海残疾人文化月系列活动及区县残联宣文干部文化培训，推动残疾人文化建设纳入公共文化服务体系建设。以“春、夏、秋、冬”四季为节点，与上海市文化广播影视管理局共同举办系列主题文化讲座，将残疾人、宣文干部的文化培训纳入社会公共文化的特色短训，逐步加强对残疾人文化人才的培育和基层残疾人文化工作队伍的建设。2013 年，有近千名残疾人艺术爱好者、宣文干部在本次文化艺术体验之旅中，分享艺术教育公开课，和艺术家们零距离感受经典，共同提升文化素养。残疾人文化艺术也频频亮相本市各大活动，积极参与首届市民文化节的各项赛事活动，全市少儿美术绘画大赛中，4 名残疾人小画家获奖，并入选百名市民小画家名录；市民戏剧小品大赛中，上海市残疾人艺术团参赛作品获奖，并荣获优秀表演团队称号；9 名残疾人的摄影作品入围市民摄影大赛，其中 1 名听障残疾人荣获百名摄影家称号；2013 国际艺术节期间，上海市残疾人艺术团亮相天天演舞台。

【上海市辅助器具研发中心】3 月 28 日，上海市辅助器具研发中心正式成立。该研发中心由上海市残疾人辅助器具资源中心与科研院所、高等院校、康复医疗机构、辅助器具生产企业等相关单位合作成立，解决了辅助器具产品供需之间的巨大落差、研发和生产之间严重脱节，走上了一条“政产学研用”融合发展的道路，切实把科技惠民及民生作为本质要求，把科技成果转化作为主攻方向，把增强辅助器具服务能力作为战略重点，实现“互动互补、各方联动、协同推进”。9月5日，召开“2013年上海市残疾人辅助器具科研产品课题评审会议”，对上海朗信医学科技有限公司、上海交通大学塑性成形工程系、上海理工大学《语音指南手表》《上肢运动康复机器人》《重残者智能居家环境无障碍控制系统》等三个课题给予立项，为进一步发挥辅助器具研发中心的综合集成优势，加快辅助器具新技术、新产品的研发和成果转换起到了积极的作用。

【全国初级辅助技术工程师（肢体方向）岗位能力认证考前培训班】9月2—7日，由中国残疾人辅助器具中心、中国人力资源和社会保障部教育培训中心主办，上海市残疾人辅助器具资源中心承办的“全国初级辅助技术工程师（肢体方向）岗位能力认证考前培训班”在上海市青浦区举办。上海市残疾人联合会副理事长季敏出席培训班开班仪式并做动员讲话。上海各区县街（镇）残疾人辅助器具服务人员、上海阳光康复中心、上海联康假肢矫形器制作有限公司以及宁波市残联辅具工作人员共85人参加了培训。培训结束后，学员们参加了由人力资源和社会保障部教育培训中心和中国残疾人辅助器具中心组织的理论和实操考试。考试合格者获得了初级辅助技术工程师（肢体方向）岗位能力资格证书。全国初级辅助技术工程师（肢体方向）岗位能力认证考前培训班在上海已经连续举办三期，已有150余名辅具从业人员取得了初级辅具技术工程师（肢体方向）的证书，这对完善上海市辅助器具服务人才培训机制，提高专业化服务水平起到了积极的作用。

【携手大学共促残疾人康复事业】3月29日，同济大学与上海市残联，同济大学医学院与上海阳光康复中心合作签约仪式暨揭牌仪式举行。同济大学校长裴钢、校长助理孙方霖，市残联理事长金放、副理事长季敏，市卫生局、市教委、同济大学、同济大学医学院、市残联康复处以及阳光康复中心领导、专家等出席。仪式上，分别签署了《同济大学—上海市残疾人联合会合作框架协议》《同济大学医学院—上海阳光康复中心共建同济大学附属养志康复医院协议》。裴钢、金放共同为“同济大学附属养志康复医院（筹）”和“同济大学医学院康复治疗学系”揭牌。双方将共同推进康复核心人才培养，通过制定康复人才体系标准、聘请高层次核心人才、开展国际合作等方式，逐步形成教学、科研、医疗服务三位一体的发展模式。《新民晚报》《新闻晚报》《东方早报》等媒体给予报道。

【上海市智力助残志愿服务项目被评为全国优秀志愿服务项目】2013年，民政部组织开展了全国优秀志愿服务项目与志愿者工作案例评选活动，评选出40个全国优秀志愿服务项目、20个全国优秀志愿者工作案例。上海市智力助残志愿服务基地（总队）的“让改革开放的成果惠及更多残疾人家庭——上海市智力助残志愿服务项目”被评为全国优秀志愿服务项目二等奖。

【“弘扬生命阳光精神，共圆世纪中国梦想”座谈会】

5月10日，上海世博会生命·阳光馆开馆三周年之际，中国残联在上海中华艺术宫召开“弘扬生命阳光精神，共圆世纪中国梦想”座谈会。曾在上海世博会生命阳光馆向世界展示过精湛才艺和荣膺“世博之星”称号的残疾人代表、志愿者、爱心大使以及专家学者一起回顾了世博经历，畅谈对中国梦和美好未来的向往。中国残联党组副书记、常务副理事长王乃坤，十一届上海市政协主席冯国勤等领导出席座谈会。

冯国勤高度评价生命·阳光馆对上海世博会和展示上海精神所做出的贡献。他说，在世博会150多年的历史上首次设立残疾人综合馆——生命·阳光馆，演绎了残疾人事业“平等、参与、共享”的主题，提高了全社会对残疾人能力和贡献的认识，从残疾人群体这一角度诠释了“和谐城市”的理念，已深深地留在上海人民的心中，激励上海人民前进。他祝愿残疾人事业有更大的发展，祝愿残疾人的生活更加美好。

王乃坤代表中国残联对上海市委、市政府和社会各界对残疾人事业的关心支持表示衷心感谢。她说，残疾人的梦想就是“平等、参与、共享”，就是世博会生命·阳光馆展示的残疾人未来美好生活愿景。要实现这个梦想，就要加快残疾人事业发展，促进社会文明进步；就要坚持不懈地宣传人道主义，反歧视，反贫穷；残疾人要自强自立，社会要给予残疾人更多的关爱；有党和政府高度重视亲切关怀，有全社会共同支持和努力，关爱的阳光一定会照进每一位残疾人的心灵，8500万残疾人的中国梦一定会成为美好的现实。

【2013国际康复无障碍生活博览会暨国际康复无障碍学术大会】4月13—15日，由上海市残联主办，市残疾人辅助器具资源中心、上海旅游会展推广中心承办的2013国际康复无障碍生活博览会暨国际康复无障碍学术大会在上海展览中心举办。市旅游局局长道书明，市残联党组书记叶兴华、理事长金放，特邀嘉宾中国工程院院士戴尅戎，市残联副理事长季敏、祝永康、王爱芬等领导出席开幕式。博览会围绕“关爱残疾人，关爱老年人，传递希望，共享和谐”，着力打造残疾人、老年人零距离服务咨询及辅具适配体验平台，进一步引领华东地区无障碍生活理念，营造共同关爱特殊群体的良好社会环境。在为期3天的博览会中有来自国际及国内的近40家主参展商及联合参展商参展，参展企业还提供了辅助器具和无障碍产品体验服务，共有近8115人次专业观众和公众参观了博览会。

【残疾人文化艺术交流中心】5月19日，由上海徐汇业余大学、市聋人协会、长宁区残疾人国画院联合主办的残疾人文化艺术交流中心成立仪式在徐汇业大举行。市聋协主席陈捷，徐汇业大校长张社、副校长林鹄和徐汇区残联、长宁区残联、徐汇区教育局等领导出席。来自长宁区残疾人国画院、聋协九月画苑等各领域的残疾人艺术家们汇聚一堂，祝贺残疾人文化艺术交流中心的成立。

【上海市残联第二轮援疆项目】根据上海市对口支援新疆工作前方指挥部要求，上海市残联启动了第二轮援疆项目，项目包括聋儿康复、脑瘫康复、康复培训、助听器捐赠等方面，投入总资金约80万元。5月26日—6月2日，上海市残联季敏副理事长一行6人赴新疆喀什地区签署第二轮援疆康复项目备忘录，并举行捐赠仪式，向喀什地区残联捐赠了100台助听器。上海市残联两名聋儿康复专业技术人员在喀什地区残疾人康复中心技术援助1个月，帮助喀什地区残联建立人工耳蜗基地，完善筛查诊治与康复训练之间的转介，培养聋儿语训教师、测听及耳模制作等专业技术人员。其后，上海市残联将分批为喀什地区的专业人员提供进修及培训。

【上海市残疾人福利基金会、上海凤凰医疗设备有限公司向上海机场捐赠轮椅】1月8日，上海市残疾人福利基金会、上海凤凰医疗设备有限公司向上海机场集团捐赠爱心轮椅仪式在虹桥机场举行。市政协、市残疾人福利基金会、金山区政府、上海凤凰医疗设备有限公司、金山开发建设股份有限公司有关领导出席仪式。仪式上，市残疾人福利基金会理事长叶兴华代表基金会接受了上海凤凰医疗设备公司捐赠的价值60万元的轮椅车，并将这批轮椅车转赠给浦东和虹桥机场。此次向上海机场的爱心轮椅捐赠，将为残疾人和行动不便的特殊旅客提供更为舒适的乘机服务。

【《让地球有个星期天》“六一”节首发】

6月2日，由上海音乐出版社、上海音乐家协会主办，上海市中福会少年宫、长宁区残疾人联合会协办的《让地球有个星期天——少儿歌曲88首》新书发布会在上海市中福会少年宫首发。新书发布会上，中宣部原常务副部长龚心瀚，中福会副主席艾柏英，中国残联肢残人协会主席徐凤建，上海市残联副理事长祝永康及中福会少年宫党总支书记严晓波，长宁区残联领导以及作者沈冬生等向中福会少年宫和上海市盲童学校的学生代表捐赠了100本新书。

作者沈冬生从小喜爱音乐，童年时的一场大病让他落下残疾，但是他一直坚持行走在歌曲创作的道路上。近年来他创作了一批以公益、环保、绿色、感恩为主题的儿童歌曲，汇集成书在今年“六一”前夕出版。新书发布会上，中福会少年宫和小伙伴艺术团合唱团的孩子们表演了《让地球有个星期天》《中国娃》等歌曲，并与市盲童学校合唱团共同演绎了大合唱《爱是我的眼睛》。

【本市首家示范型残疾人辅助器具服务社通过验收】7月24日，上海市示范型辅助器具服务社达标验收会议在松江区九亭镇残疾人综合服务中心召开。来自上海市财政局、市卫计委、市残联、松江区残联、九亭镇政府等部门的领导及人员共30余人参加了会议。会上，评审小组听取了松江区九亭镇创建自评报告，查阅了各类档案资料，现场（电话）访谈了辅助器具服务社工作人员、受益残疾人，实地考察了辅助器具服务社设施配备和工作情况等，从辅助器具服务社的组织管理、经费保障、人员配备、硬件设施、服务内容等方面进行了全面的评审。评审专家小组认为，达到了示范型辅助器具服务社的标准，对本市示范型辅助器具服务社的创建工作起到示范引领作用。

【四名特殊学校学生作品入围百名“市民小画家”】8月19日，为期4个月的上海市民文化节十大赛事“少儿美术大赛”在东方艺术宫举行颁奖仪式，由上海市残联推荐的四名特殊学校残障学生的作品获奖，并入围百名“市民小画家”。获奖者分别为董李凤美康健学校的王蕊之和黄珏凯，上海市第四聋校的邵盼琪，以及来自市聋哑青年技术学校的徐迅。他们用手中的画笔描绘了自己的梦想，表达出丰富的情感。

【上海开放大学残疾人教育学院首届专科生顺利毕业】9月24日，上海开放大学残疾人教育学院首届专科生毕业典礼隆重举行，学院首届单独组班的152名残疾人专科生顺利完成学业，获得大专毕业文凭。上海市残联党组书记金放、副理事长郭咏军、上海开放大学委员会书记杜慧芳、副校长王伯军以及各区县残联、残疾人劳服所、上海开放大学各部门相关人员出席毕业典礼。

【上海市第八届残疾人运动会】9月26日，以“我运动，我健康，我快乐”为主题的上海市第八届残疾人运动会开幕式在闵行体育馆举行，全市17个区县的2000余名残疾人运动员参加了开幕式。本届运动会从5月开始至11月结束，历时6个月，共设置了13个残疾人喜闻乐见的群众体育项目，参与残疾人运动员近3000人，项目设置及参与人数都创历届之最，展现了广大残疾人参与社区体育健身活动的热情和综合素质的提升。本届残运会首次将肢体残疾、视力残疾、听力残疾、智力残疾等四类残疾人的比赛项目融合在一个运动会中，也是首次将市残运会与市特奥运动会合并举行。

【上海市首届无障碍电影日活动】

10月15日，上海市残联、上海广播电视台在上海影城联合举办上海市首届无障碍电影日活动，和广大盲人朋友们共同庆祝国际盲人节。市人大常委会副主任吴汉民、副市长时光辉、市政府副秘书长吴建融，市残联、市文明办、上海广播电视台等有关领导以及诸多沪上知名电视、广播主持人和播音员出席活动。活动现场演示了《致我们终将逝去的青春》等影片剪辑的无障碍解说，现场观众戴上眼罩，体验了视障人士如何通过听觉来欣赏影视文化，并观看了由主持人、演奏家和残疾人代表共同献上的精彩节目。

首届无障碍电影日当天，全市17个区县的电影院都为残疾人朋友放映了无障碍电影，并由上海广播电视台的播音主持志愿者到场义务解说，取得良好的社会反响。

【推进上海市残疾人文化建设实施意见】 为全面推进残疾人文化事业发展，上海市委宣传部、市文广局、市新闻出版局、市残联等12家单位联合出台《关于推进本市残疾人文化建设的实施意见》（沪残联〔2013〕100号），针对上海残疾人文化事业的发展提出具体意见。该《意见》是上海25年来首次出台的残疾人文化工作指导性文件。

【市残联事项纳入社区事务受理中心标准化建设联席会议】 为进一步推动落实上海市政府关于受理中心标准化建设的各项工作要求以及相关文件精神，11月，上海成立市残联事项纳入社区事务受理中心标准化建设联席会议，研究分析上海市残联事项在受理中心推进过程中出现的新情况、新问题；专题协调相关工作；对市残联各业务部门纳入到受理中心办理的事项进行审议；做好市残联业务系统纳入受理中心的技术支撑和保障工作；根据纳入的市残联业务，组织培训相关人员。残联事项纳入社区事务受理中心，将满足残疾人就近、便捷办理各类事项的需求。

【残疾大学生个别化就业支持服务工作坊】 12月1日，上海市残疾大学生个别化就业支持服务工作坊授牌仪式在市残疾人就业服务中心举行。市残联副理事长郭咏军、市残疾人就业服务中心主任孙琦，华东师大教科院党委书记汪海萍出席，各区县残疾人劳服机构职业指导员和50余名在校残疾大学生及其家长参加活动。工作坊是高等教育资源服务项目的延伸，将融合高校、企业、基层职业指导人员等资源，残疾学生的家长共同参与，为残疾大学生开展“多对一”的个别化就业咨询与指导服务。仪式后还邀请人力资源专家宗浩为在座的残疾大学生进行了职业指导培训，培训内容涉及职业生涯规划、职业素养提升、应聘技巧传授等多个方面。

【首届中国儿童康复治疗论坛】 12月6—9日，为促进各地儿童康复治疗专家交流，提高儿童康复治疗工作水平，由中国康复医学会儿童康复专业委员会、中国残疾人康复协会小儿脑瘫康复专业委员会、上海市残疾人康复协会主办，中国康复医学会儿童康复专业委员会康复治疗学组、中国残疾人康复协会小儿脑瘫康复专业委员会康复治疗学组、上海市残疾人康复职业培训中心共同承办的首届中国儿童康复治疗论坛在沪顺利举行。国际物理医学与康复医学学会副主席、中国康复医学会常务副会长兼秘书长励建安，上海市残疾人联合会副理事长季敏，中国康复医学会儿童康复专业委员会主任委员、中国残疾人康复协会小儿脑瘫康复专业委员会主任委员李晓捷，以及来自21个省市的康复专家学者及从业人员共150余人参加了本次论坛。在为期3天的论坛中，共有来自全国各地的20余位专家及专业机构代表发言，分享各自在儿童康复治疗领域的研究、实践成果。

【宝山区创建“全国阳光家园”示范区】 12月17日，宝山区顺利通过中国残联评审验收，成功创建“全国阳光家园示范区”。中国残联教育就业部副主任解宏德，上海市残联副理事长季敏等出席评审验收会议。自2011年申报创建以来，宝山区围绕残疾人“机构养护、居家养护、日间照料”三项重点推进创建工作，全面打造以“居家安养为基础、机构养护为示范、日间照料为骨干”的“阳光家园”服务保障新机制。落实机构养护标准化建设，残疾人养护基地宝山区金色晚年敬老院通过ISO9001质量体系认证，区内20家养老机构经营范围内新增“残疾人养护”项目，共投入机构养护经费416.23万元；实现居家养护个性化服务，全面评估服务对象情况，为残疾人量身定制服务内容，共投入居家养护补贴资金335.39万元；完善日间照料规范化管理，研发宝山区特有的规范化管理建设台账及检查考核指标，推行“311康复法”，通过规范管理全面形成康复劳动保障机制，学员劳动技能稳步提高。2011年以来全区学员实现劳动收入355.27万元。

【普陀区残疾人综合服务中心】 2013年，普陀区残疾人综合服务中心正式开工建设。中心建筑面积5540平方米，是普陀区为完善残疾人服务体系、保障残疾人充分享受改革开放成果的公益性项目。中心建成后，将为残疾人朋友提供康复训练、职业技能培训、就业服务指导、文体活动、辅助器具适配、信访维权以及专门协会活动、残疾人创作展示等多样化服务，进一步提升普陀区残疾人工作的水平。主体结构已经封顶。

【普陀区探索创业带动就业工作新模式】 2013年，普陀区残联在谈家渡路17弄1号建立了区残疾人创业就业基地，并在谈家28文化产业园区内成立了区残疾人创业孵化基地，为残疾人创业提供实训、见习、扶持等服务。引进了市钟表行业协会上海表业项目、净餐饮项目等。帮助7人成功实现了创业，由此带动了一批残疾人就业。2013年，普陀区出台了《关于进一步促进普陀区残疾人就业工作的办法》，加大对残疾人就业援助、创业扶持和企业吸纳残疾人等方面的补贴力度，鼓励社会各界积极吸纳残疾人就业，扶持残疾人创业。

【杨浦区联手银行制作发放“鑫光助残卡”】 2013年，为进一步提升残疾人社会保障水平，完善帮困救助长效机制，上海杨浦区残联聚焦低保、高龄、重残无业、一户多残、支出性贫困、春雨助学、阳光学员等各类困难残疾对象，开发救助项目，并与农商银行签署合作协议，设计制作了阳光生活保障系列卡——“鑫光助残卡”，将各类救助、补贴资金、劳动收入等政府转移性支付资金全部入卡，使资金流向清晰，公开透明，实现阳光、公平救助，形成具有杨浦特色的阳光救助品牌。5月15日，在杨浦区“帮扶贫困残疾人”主题宣传活动仪式上，首次向受助困难残疾人代表发放了阳光生活保障卡——“鑫光助残卡”，截至年底，已发放5400余张。

【嘉定区推进“公司+农户”就业保障新模式】 2013年，嘉定区继续实施《嘉定区关于稳定和促进残疾人劳动就业的暂行办法》，发放资金170万元，为97家福利企业和社会单位提供政策扶持。投入扶贫资金15万元，以“公司+农户”模式完善了华亭鳄龟、外冈腊梅、工业区草莓3个扶贫基地，为152名残疾人提供了种养殖技术指导与资金扶持，进一步加大了农村残疾人的扶持力度。

【闸北区残联处级干部开展结对交友活动】闸北区残联5位处级干部深入基层，倾听民声，与区内45位残疾人开展结对交友活动。通过问卷调查、上门走访、电话沟通、专题座谈会等形式，直接了解区残疾人最“急、难、愁”问题，认真听取残疾人群体对区残疾人工作的意见与建议。

【崇明县残联实施“百户特困残疾人家庭帮扶工程”】“百户特困残疾人家庭帮扶工程”被列入2013年上海崇明县委、县政府重点工作，即为100户特困残疾人家庭提供健康体检、辅具适配、房屋修缮、生活照料等为一体的个性化服务。12月，各项帮扶工作全面完成。共为32名残疾人进行上门健康体检、为12名残疾人进行辅助适配、为17户家庭进行无障碍改造、为36户残疾人家庭进行房屋修缮、为52户家庭提供居家养护服务。

【金山区残疾人节目国际艺术节展演】继“金山区残疾人葫芦丝队”、“残疾人金山农民画”后，2013年，上海金山区肢残人踢踏舞队和金山区聋人腰鼓队两个项目获得“上海市区县残疾人群众文化艺术工作扶持项目”，打造了金山残疾人文艺新亮点。其中三个项目参加了市第八届残运会开幕式演出及在南京路世纪广场第十五届中国上海国际艺术节“天天演”的展演。

【松江区残疾人文化园开园】12月9日，上海松江区残疾人文化园在松江方塔园正式开园。松江残疾人文化园位于松江方塔园内东北角，总面积1900多平方米，其中建筑面积252平方米。园内门洞、立峰、横匾名称以及楹联均从残疾人及残疾人工作者中征集评选而来。门洞“心园”二字，为区残疾人口足书法家杨杰所写。园内墙上以砖雕的形式再现了司马迁、海伦·凯勒、霍金等具有代表性的19位残疾人与命运抗争的感人事迹，宣传和弘扬残疾人的自强精神。园内设置了残疾人刺绣、丝网版画、漫画、书画、诗歌创作、盲人音乐展示、手工作品展示等板块，残疾人艺术家可以在此进行书法绘画、丝网版画的创作、交流和作品展示。

【奉贤区创新“阳光品牌”项目】2013年，上海奉贤区残联发挥12个镇、社区、开发区“阳光家园”资源优势，实施“阳光家园”进社区活动，开展文艺演出、现场咨询、游戏互动等特色活动，让社区、村（居）委残疾人“走出门、迈开步、唱起来、跳起来”。12个“阳光家园”举办进社区活动29场，2600余名残疾人参加活动；实施“沐浴七彩阳光展示贤城异彩”——奉贤区残联“阳光讲坛”活动，定期举办以人文历史、道德文明、婚姻家庭、艺术鉴赏、励志教育等为主题的讲座，开讲4场，近700人参加活动；实施“阳光家园”才艺比拼、体育比赛、咨询互动等活动，749名智障学员、240名精神学员展示了才能。其中，开展“阳光之家”互动活动31次、1400余人参加；开展便民服务77次，2255人次享受服务；受理咨询138人次；开展节日欢庆活动205次；实施“助残励志筑梦共创幸福生活”2013年奉贤区助残宣讲活动，5名阳光法律宣讲志愿者深入到镇（社区、开发区）“阳光家园”、社区文化活动中心、村（居）委，开展21场宣讲活动。

【闵行区举办残疾人专科、本科教育开学典礼】9月12日，上海开放大学残疾人教育学院闵行学习中心2013（春）届社区管理与服务大专班毕业典礼暨2013（秋）级社区管理与服务大专班、社会工作本科班开学典礼举行。闵行区残联领导、上海开放大学残疾人教育学院院长、上海开放大学闵一分校领导、2013届毕业生、2013级新生、各街镇残联专职干部近百人参加了典礼。

【上海徐汇区残疾人党员之家成立】2013年6月25日，“庆祝中国共产党建党92周年暨‘徐汇区残疾人党员之家’成立仪式”在上海徐汇区业余大学举行。按照党的十八大提出的加强基层党的建设的要求，徐汇区残联通过建立“残疾人党员之家”为区内残疾人党员们提供一个交流学习的场所与平台。

【嘉定区阳光艺术团获上海市群众文化工作先进集体称号】6月7日，嘉定区阳光艺术团荣获“2012年度上海群众文化工作先进集体”称号。嘉定区阳光艺术团成立于2008年，坚持“政府主导、社会支持、项目化管理、社会化运作”的工作思路，创作排练了多部优秀文艺节目。2012年在上海市第八届残疾人文艺汇演中有2个作品荣获一等奖、1个荣获二等奖。其小品和萨克斯演奏将代表上海参加“全国第八届残疾人文艺汇演”。

【青浦区残疾人专门协会创星级活动成效显著】青浦区自2011年起在全区村（居）残疾人专门协会中开展创星级活动以来，全区11个镇（街道）积极组织实施、认真开展活动，使全区残疾人组织在基层得到进一步活跃，基层残疾人组织为残疾人服务的能力得到进一步提升。制定了村（居）残协规范化管理实施意见，要求各村（居）残协在机构设置、活动场所、活动内容三到位的基础上，实现四个“有”的规范化建设目标。

【长宁区积极开展残疾人康复体检工作】上海长宁区积极开展残疾人康复体检工作，完成市、区残疾人体检软件系统对接工作。共组织3245名残疾人参加康复体检。重残人员由街道（镇）组织护送，前往就近社区医院进行康复体检。常见遗传性耳聋致病基因免费检测工作步入常态化。

【黄浦区拓宽持证精神残疾人康复补贴政策】为进一步拓宽区内持证精神残疾人康复补贴政策，上海黄浦区残联与黄浦区卫计委联合制定了《黄浦区精神残疾人精神疾病住院补助暂行办法》（黄残联〔2013〕15号文），旨在提高精神障碍患者的治疗率，降低残疾程度，减轻家庭和社会负担。

【静安区积极推进专业助残组织发展】静安区残联按照区政府“关于政府购买社会组织公共服务的实施意见”精神，积极探索残疾人工作的社会化、专业化服务。设定内容目标、制定实施方案，通过招投标方式，组织竞争性谈判，分别将阳光之家、阳光心园、阳光职业康复援助基地和阳光影视制作管理四个项目，委托给浦东“我和你”助残服务社、静安阳光精神心理康复服务社、浦东欣耕工坊、静安寺街道阳光助残社工师事务所承接。完成了阳光之家学员一人一档的台账梳理，建立了一支相对固定的阳光心园志愿者队伍。提高了阳光职业康复援助基地人员技能，完成3部无障碍电影的制作放映，并对三个“阳光”机构的规范化管理、专业化服务进行了有效探索，服务对象13548人次。

【虹口区残联组队代表中国队参加特奥保龄球国际邀请赛】5月22—25日，2013年东亚区特奥保龄球国际邀请赛在中国香港举办。受上海市特奥会的委托，虹口区残联组队代表中国队参加比赛，与来自中国香港、中国台北、韩国、中国澳门以及马来西亚特奥队员竞逐男女个人赛、男女双人赛以及团体赛多个组别的奖项。虹口区15名特奥运动员队员获31块奖牌。其中，男子团体2金、男子个人4金、女子个人3金、男双1金、女双1金。

【浦东新区残联首届残疾人文化艺术展评活动】5月19日，由上海浦东新区残联主办，艺术浦东（上海）艺术品有限公司承办，浦东图书馆协办的浦东新区首届残疾人文化艺术作品展评活动暨静态艺术品展在浦东图书馆开幕。静态艺术品展共展出书法、绘画、雕塑雕刻、陶艺、手工编织刺绣、时尚创意、摄影等7大类总计192件残疾人艺术作品。展出期间有近万名社会各界人士和普通市民参观了展览。上海市残联副理事长祝永康、浦东新区人大常委会副主任谈林福、区政协副主席陈春兰、区残联理事长莫彬彬和上海市残联宣文处处长周新建等出席了闭幕式。静态艺术品展进一步促进了浦东新区残疾人文化事业的发展，为浦东新区残疾人艺术爱好者提供了施展才华的舞台，使社会各界和公众真实感受到了残疾人文化艺术的独特魅力。

五、大事记

1月8日，上海市统计局、市残联组织召开了残疾人小康指标分析座谈会，市残工委副主任、市残联理事长金放出席会议。会上就残疾人小康指标的设计、归类、统计等进行了研讨座谈。

1月19日，2012年体坛风云人物颁奖典礼在国家体育馆隆重举行。以上海队为班底的中国女子坐式排球连续三次夺取残奥会冠军，一次夺得世锦赛冠军，展现了残疾人运动员不屈不挠、积极乐观的革命精神。她们在运动场上的表现赢得评委们的一致好评，荣获2012年体坛风云人物残疾人体育精神奖。上海籍运动员吕红琴、章旭飞、唐雪梅代表中国坐式女子排球队赴京领奖。

1月26日，上海市政协十二届一次会议在世博中心隆重开幕，上海“两会”正式拉开帷幕。为方便听障人士及时了解政府工作，本次“两会”开幕式直播首次增配手语翻译，在电视画面右下角，手语翻译同步为听障观众“解读”会议内容。葛玉红、张丽君两名电视手语主持分别担任本次“两会”的手语翻译。为做好大会手语翻译工作，市残联组建专项工作团队，承担宣传策划、媒体应对、人员政审、手语规范、现场监审等各项工作，并在会前配合电视台进行了语音接收、信号合成、画面设定、服饰造型等技术上的对接和演练。

1月29日，上海市残疾人职业技能培训中心荣获2011—2012年度职业技能鉴定所A级评估等级。市残疾人职业技能培训中心主要开展计算机操作员、办公应用软件操作员、计算机操作员盲用级、保健按摩师、中式面点师、足部按摩、手语翻译员等七个项目的职业资格鉴定。两年来共有1733人在该中心参加职业资格鉴定。

1月29日—2月5日，第十届世界冬季特奥运动会在韩国平昌举行。上海特奥运动员蒋晖婷、茅佳俊、邵倍、刘毅、吴晨灏、张佳雯发扬“勇敢尝试、争取胜利”的特奥精神，在雪鞋走项目上取得2枚金牌、3枚银牌、4枚铜牌。在为祖国和上海取得荣誉的同时，还参加了融合项目、健康计划、明星见面会等活动，与世界各国运动员共同分享了体育的快乐和特奥的精彩。本届运动会期间还举办了特奥运动全球发展峰会、全球青少年峰会、全球家长论坛等非体育项目交流活动，来自一百多个国家和地区的三千多人参加了这一盛会。

4月2日，民政部组织开展全国优秀志愿服务项目与志愿者工作案例评选活动。经过申报推荐、专家评审和公示，评选出40个全国优秀志愿服务项目、20个全国优秀志愿者工作案例。上海市智力助残志愿服务基地（总队）的“让改革开放的成果惠及更多残疾人家庭——上海市智力助残志愿服务项目”被评为全国优秀志愿服务项目二等奖。

5月13日，由中国残联主办，上海市残疾人康复职业培训中心承办，上海残疾人康复协会、上海市第一人民医院协办的“十二五”在职康复专业人员上海第二期培训班开班仪式在诺宝中心顺利召开。上海市残联副理事长季敏，市残疾人康复协会领导，来自各省市残联系统在职康复专业人员70余人出席仪式。培训围绕脑卒中康复、中枢神经康复为主题展开，为学员搭建了解该领域前沿技术、相互交流、互相促进、共同进步的平台。

5月17—18日，由中国肢残人协会、全国无障碍建设工程联合研究中心举办的“2013促进轨道交通无障碍建设座谈会”在沪召开。来自北京、天津、重庆、江苏及上海18个省市残联和残疾人代表百余人会聚在世博展览馆探讨轨道交通无障碍建设的发展前景。中国残联副主席吕世明，中国肢残人协会主席徐凤建，上海市残联理事长金放、副理事长祝永康出席会议。同济大学教授潘海啸、市政规划设计究院教授级高工祝长康、申通地铁公司高工何斌等在会上作了有关轨道交通建设的讲课。广东、辽宁、湖北、重庆、江苏、浙江的代表在会上作了发言。会议期间，与会同志参观了第八届国际养老和医疗康复博览会，考察了中华艺术宫的无障碍设施，体验了轨交7号线、4号线，参观了静安区的无障碍设施。中国肢协在会上授予同济大学“无障碍畅行贡献奖”铜牌，聘请潘海啸、祝长康等10位专家为“无障碍建设高级指导师”。

6月26日，上海市残疾人联合会第六次代表大会在上海国际会议中心召开，中共中央政治局委员、上海市委书记韩正出席开幕式并讲话。市领导杨雄、殷一璀、吴志明、李希、徐麟、应勇、薛潮等出席，副市长时光辉主持开幕式。会议选举产生了市残联第六届主席团委员，并推举产生上海市残疾人联合会第六届主席团执行理事会理事长、副理事长、理事。

6月26日，上海三名视障速录师在上海市残疾人联合会第六次代表大会上精彩亮相，成为本次大会上一道

图6-9-7　盲人速录员、肢残人播音员助力市残联六代会。

特殊的风景线。在指导老师的带领下，三位视障速录师集体协作、高质量地完成了大会现场速录任务，实现了“会议毕，文稿出”的目标。他们的表现得到了与会领导和代表们的高度肯定。会后，时光辉副市长等领导特地到“速录席”与视障速录师亲切握手交谈。视障速录师在六代会上的首次亮相，不仅为大会提供了精准、高效的速录服务，还向全社会展示了上海残疾人自强不息的精神面貌。

6月28日，上海市委常委、市委秘书长尹弘一行在上海市政府副秘书长、新疆维吾尔族自治区政府党组成员、上海对口援疆前方指挥部总指挥陈靖，副总指挥张仁良、闵师林、唐海龙等陪同下，到新疆喀什地区残联视察上海市残联援疆项目，并看望援疆工作人员。尹弘详细了解了聋儿康复工程在喀什的开展情况，援疆工作人员详细介绍了上海市残联自2011年以来开展的援疆工作，并现场展示了喀什地区聋儿康复成果。尹弘对上海市残联以设备、人才、技术多方位为一体的援疆工作给予了高度评价，他强调聋儿康复是一项有着重大意义的康复工程，感谢所有援疆工作人员的辛勤付出，希望大家再接再厉，继续整体推进这项工程，让更多的喀什聋儿能享受康复成果。

7月11日，上海市人大常委会在市残联举行《上海市实施〈中华人民共和国残疾人保障法〉办法（修订草案)》解读会，上海市人大常委会主任殷一璀，副主任蔡达峰、吴汉民、薛潮，秘书长姚海同，委员林化宾、沈志先等参加会议。上海市残联党组书记金放，理事长王爱芬，副理事长季敏、祝永康、郭咏军出席会议。会上，王爱芬理事长对《实施办法》进行了逐条解读，新修订的《实施办法》不仅对上海近些年来残疾人事业的一些有益经验进行了固化，而且为上海市残疾人事业未来的发展留出了空间。该解读受到上海市人大领导的高度肯定，指出此次修法关乎民生，希望能通过此次修法良机，多为残障人士办实事、办好事。

7月31日—8月1日，由中国残联、国家卫计委、人社部等组成的检查验收组对上海阳光康复中心创建省级三级残疾人康复中心进行了检查验收，上海阳光康复中心顺利通过验收检查，成为全国残联系统第5家省（市）三级残疾人康复中心。

8月3日晚，由中国残联、教育部、民政部、文化部和国家新闻出版广电总局共同举办的第八届全国残疾人艺术汇演（福建赛区）在福州落幕。上海代表队参赛的十二个节目获得舞蹈、声乐、戏剧小品、器乐四个类别的十二个奖项，其中一等奖3个、二等奖5个、三等奖4个，实现了历史性突破，取得历届汇演的最好成绩。中央电视台、新华社分别对上海的参赛节目进行了采访报道，CCTV－13频道朝新闻专题报道了上海队获得一等奖的舞蹈、盲童童声合唱。

9月24日，上海开放大学残疾人教育学院首届专科生毕业典礼隆重举行，学院首届单独组班的152名残疾人专科生顺利完成学业，获得大专毕业文凭。市残联党组书记金放、副理事长郭咏军、上海开放大学委员会书记杜慧芳、副校长王伯军以及各区县残联、劳服所、上海开放大学各部门有关人员出席典礼。

9月26日，以“我运动，我健康，我快乐”为主题的上海市第八届残疾人运动会开幕式在闵行体育馆举行，全市17个区县的2000余名残疾人运动员参加了开幕式，展现了广大残疾人参与社区体育健身活动的热情和综合素质的提升。上海市副市长时光辉宣布上海市第八届残疾人运动会开幕，上海市第八届残运会运动员代表、2012年伦敦残奥会金牌得主王彦章，上海市第八届残运会裁判员代表余敏子分别宣誓。开幕仪式前，副市长时光辉等有关领导一行参观了坐式排球、轮椅击剑、轮椅篮球、盲人门球等残疾人竞技体育项目的展示。

10月15日，上海市残联、上海广播电视台在上海影

城联合举办上海市首届无障碍电影日活动。上海市人大常委会副主任吴汉民，副市长时光辉，市政府副秘书长吴建融，市残联党组书记金放、理事长王爱芬、副理事长祝永康、郭咏军，市文明办副主任朱响应，上海广播电视台副台长李蓉，上海广播电视台新闻中心主任孙向彤、党总支书记许志伟等领导出席。上海人民广播电台、东方广播电台、上视新闻综合频道进行现场直播。

11月3日，国际大会与会议协会（ICCA）第五十二届全球年会在上海国际会议中心开幕。来自全球60多个国家和地区的近1000名国际会议“巨头”聚会上海，这是ICCA全球年会成立50周年以来首次在中国大陆举办，是ICCA历史上在欧洲地区之外参会人数最多的一次年会。上海残疾人艺术团应邀参加本届大会开幕式，成为本届ICCA年会开幕式上唯一的一支文艺团队，表演了在全国残疾人艺术汇演中获奖的节目——舞蹈《剪纸姑娘》《鼓扇玄风》与盲童合唱《你是我的眼》《Flying Free》，精湛的舞艺与天籁般的童声深深感染了在座的嘉宾，每一个节目都获得全场经久不息的掌声。

11月7—11日，全国坐式排球锦标赛在上海市残疾人体育训练中心举行，共有来自全国9个省市的13支队伍200余人参赛。7日，在开球仪式上，上海市残奥委员会主席曹子平致欢迎词；运动员代表、裁判员代表宣誓；上海市残联副理事长祝永康为比赛开球。经过几天的比赛，上海坐式女排荣获团体第一名，上海坐式男排获得团体第二名。

12月11日，上海市残疾人就业服务中心召开“本市残疾人在电子商务领域创业就业研讨会”。市残联理事长王爱芬、市发改委总经济师翁华建以及来自相关职能部门领导、企业代表、残疾人电子商务创业代表参加了会议。代表们在会上纷纷各抒己见，围绕残疾人在电子商务领域创新创业和就业的运行模式以及扶持政策建言献策。

12月18—23日，2014年上海机关事业单位试点专项招录残疾人开展网络报名。其间有410人次残疾人报名，经过招录单位审核及残疾情况复核，有104名残疾人获得参加笔试资格，参加竞争11个公务员职位、13个事业单位岗位的面试资格。此次专项招录工作是上海贯彻落实中共中央组织部、中国残联等7部委《关于促进残疾人按比例就业的意见》及新修订的《上海市实施〈中华人民共和国残疾人保障法〉办法》的重要举措，是对机关事业单位率先垂范安置残疾人就业，模范履行法律义务的有益实践。

12月26日，市政府办公厅印发《上海市人民政府办公厅关于调整上海市人民政府残疾人工作委员会组成人员的通知》（沪府办发〔2013〕74号）。调整后的市政府残工委由市政府及市有关部门负责人共46人组成：

主　　任　时光辉

第一副主任　吴建融

副 主 任　金　放　王爱芬　尹后庆　周静波　应鸿庆　瞿介明　翁华健　刘　健　燕　爽　陆月星

委　　员　马兴发　王　宇　王小明　王新华　史济越　冯健理　朱章海　衣承东　江子浩　李伟听　杨江波　杨明珠　肖征忠　宋　慧　陈文佳　陈春兰　邵林初　范宇飞　季　敏　庞　元　赵伟星　胡宏伟　侯继军　俞　烈　俞建明　恽奇伟　祝永康　顾铭德　徐　威　翁文磊　郭咏军　彭文皓　谢亚洪　阚宁辉

（吴永寿、曹丹供稿）

江苏省残疾人事业和残疾人工作

一、领导讲话

省委书记罗志军在省残联第六次代表大会开幕式上的讲话摘要

2013 年 7 月 29 日

省残联第五次代表大会以来的五年，是江苏综合实力不断提升、转型升级步伐加快、城乡面貌显著变化、人民生活持续改善的五年，也是残疾人事业加快发展、残疾人工作成效突出、残疾人群体受惠更多的五年。中国残联与我省签署了共建残疾人社会保障和服务体系试验区协议，省委省政府下发了《关于加快残疾人事业发展的意见》，残疾人"人人享有康复服务"的目标基本实现，生活保障全面覆盖，残疾人社会保障和服务体系框架初步建成。各级残联组织紧紧围绕全省工作大局，大力实施"残疾人幸福生活推进计划"，残疾人就业培训、特殊教育、文化体育、残疾儿童免费康复等工作走在全国前列。广大残疾人自尊自信、自强自立，积极投身"两个率先"实践，奏响了一曲曲身残志坚、奋斗成功的动人乐章，特别是在残奥会、全国残疾人职业技能竞赛等重大赛事中，我省都取得了全国第一的好成绩。广大残疾人百折不挠的奋斗精神，是中华民族自强不息精神和"三创三先"新时期江苏精神的生动体现；我省残疾人事业的加快发展，充分展示了推进"两个率先"取得的丰硕成果。

残疾人是我们的兄弟姐妹，残疾人事业是中国特色社会主义事业的重要组成部分。党的十八大要求，"健全残疾人社会保障和服务体系，切实保障残疾人权益。"习近平总书记提出实现中华民族伟大复兴的中国梦，这是包括广大残疾人在内的每个中国人的理想之梦、幸福之梦。习近平总书记强调，"生活在我们伟大祖国和伟大时代的中国人民，共同享有人生出彩的机会，共同享有梦想成真的机会，共同享有同祖国和时代一起成长进步的机会。"作为特殊的社会群体，广大残疾人对梦想成真的追求更强烈、更迫切，对平等享有人生出彩机会更渴望、更期待。我们一定要从实现十八大确定的奋斗目标和中国梦的全局高度，充分认识做好残疾人工作的重要意义，以残疾人共建共享"两个率先"为目标，以健全残疾人社会保障和服务体系为重点，以完善残疾人事业科学发展机制为保障，实现残疾人事业与经济社会发展相协调，努力把江苏建设成为残疾人生活得到可靠保障、残疾人公共服务得到全面普及、残疾人权益得到有效维护的示范区。

加快发展残疾人事业，是谱写中国梦江苏篇章的重要一页。我省残疾人占总人口的 6.4%，涉及五分之一的家庭。经过多年的努力，我省残疾人事业虽然有了较快发展，但残疾人生活仍然低于全社会平均水平，残疾人事业仍然滞后于其他社会事业发展，保障和改善残疾人民生仍然是实现"两个率先"突出和紧迫的任务。没有残疾人的幸福安康，就不是真正意义上的全面小康；没有残疾人事业的加快发展，就难以谱写完整意义上的中国梦江苏篇章。党的十八大以来，我们根据十八大精神和习近平总书记对江苏工作的新要求，丰富提升"两个率先"目标内涵，创新完善"八项工程"思路举措。我们提高了居民收入水平指标，增加残疾人收入，必须花更大力气；我们推进民生幸福工程，提高残疾人幸福指数，必须下更大功夫。只有这样，才能让广大残疾人与全省人民一道，共拥一片蓝天、共享改革发展成果，中国梦江苏篇章才能谱写得更健全、更完美，更加得到全省人民认可。

加快发展残疾人事业，是各级党委政府义不容辞的应尽之责。做好残疾人工作，是坚持党以人为本、执政为民理念的具体体现。新形势下残疾人服务保障要求逐步由生存型向发展型提升、由被动救济向平等参与转变。全省各级党委政府要准确把握残疾人过上幸福生活新期待，把残疾人事业发展纳入经济社会发展全局，加大扶持力度，狠抓工作落实，推动残疾人事业发展再上新台阶。一要保障残疾人更有尊严地生活。坚持确保普惠与强化特惠相结合、政府保障与社会扶持相结合、经济帮扶与权益保障相结合，既把残疾人基本生活保障好，又把特殊需求、个性需要照顾好，进一步缩小残疾人生活与社会平均水平的差距。二要帮助残疾人更为体面地工作。把推动就业作为增进残疾人福祉的重要基础，继续实施残疾人就业优先计划，通过加强职业技能培训、创业扶持、就业援助等多种途径，帮助更多残疾人实现创业就业，为他们体面工作、改善生活创造良好条件。三要促进残疾人更加全面地发展。进一步健全覆盖城乡、更为完善、水平更高的残疾人康复服务体系，高质量实施残疾儿童15年免费教育，全面提高残疾人受教育水平，不断丰富残疾人文化体育生活，让残疾人享有更优质的公共服务，拥有更公平的发展机会。四要健全更具约束力的残疾人事业发展长效机制。进一步完善残疾人事业发展法规和政策体系，依法保障残疾人享有同其他公民平等的权利。建立与经济发展相适应的政府财力投入增长机制，加强残疾人事业发展支撑条件建设，推动残疾人公共服务加快走上规范化、专业化发展轨道。当前，党的群众路线教育实践活动正在全省展开。各级党委政府要抓住这一重大契机，真诚倾听残疾人呼声，扎扎实实为残疾人办实事解难事，让残疾人与广大群众一道，切身体验到教育实践活动取得的成效。

加快发展残疾人事业，是残联组织责无旁贷的崇高使命。残联组织是党和政府联系残疾人的桥梁和纽带。各级残联组织要切实履行“代表、服务、管理”的职能，把全心全意为残疾人服务作为一切工作的出发点和落脚点，把党委政府的关爱送到每个残疾人心里，把助残惠残政策落实到每个残疾人身上，使残联组织真正成为值得信赖和依靠的“残疾人之家”。本次代表大会将选举产生新一届省残联领导班子，希望新班子继往开来、奋发进取，团结带领全省残疾人，奋力开创工作新局面。广大残疾人工作者要继续秉承“人道、廉洁、服务、奉献”的职业道德，带着感情、充满热情、保持激情，真正当好残疾人权益的保护人、需求的代言人、服务的贴心人。全社会要大力弘扬人道主义思想和中华民族传统美德，向残疾人献出友爱之心、伸出援助之手、送出关怀之情，给残疾人发展更多关心呵护、更多勉励扶持，让关爱的阳光照亮每个残疾人心灵。

加快发展残疾人事业，离不开广大残疾人的自强奋斗。残疾人是社会财富的创造者和文明进步的推动者，也是残疾人事业发展的主体。残疾人追求梦想、绽放精彩，需要付出比常人更多的努力。生活中，许多残疾人不畏艰难、奋发进取，以残缺创造完美、用坚强驱走脆弱，取得了令人赞叹的成绩。希望广大残疾人进一步坚定理想信念，大力弘扬自尊自信、自强自立精神，切实增强跟党走中国特色社会主义的信心和决心；紧跟时代步伐，勤奋刻苦学习，全面提高自身素质，不断增强创造新生活的本领；始终保持坚韧不拔、乐观向上的生活态度，勇于在挑战命运中成才，敢于在挫折逆境中奋起，努力开拓人生新境界；发扬顽强拼搏、奋发进取的精神，挖掘自身潜能，敢于超越自我，积极投身“两个率先”生动实践，为人生增光添彩。

各位代表，同志们！残疾人事业是崇高的事业，做好残疾人工作责任重大。让我们紧密团结在以习近平同志为总书记的党中央周围，以邓小平理论、“三个代表”重要思想、科学发展观为指导，团结奋进、开拓创新，在新的起点上开创残疾人事业发展新局面，为共创全省人民更加幸福美好生活努力奋斗！

副省长许津荣在省残联第六次代表大会闭幕式上的讲话摘要

2013年7月30日

残疾人事业面临新的发展机遇，残疾人工作者肩负着新的历史使命。我们要以本次会议为新的起点，按照党的十八大“健全残疾人社会保障和服务体系，切实保障残疾人权益”的要求，全面落实中央、省关于促进残疾人事业发展的意见和《残疾人保障法》《江苏省残疾人保障条例》，进一步加大工作力度，全力推动我省残疾人事业再上新台阶、开创新局面。

立足本职抓贯彻。希望大家回去后，及时把大会精神汇报到各级党委政府，传达到各级残联和残疾人组织，宣传到广大残疾人和残疾人工作者。要把落实好本次大会任务与深入贯彻党的十八大精神结合起来，与党的群众路线教育实践活动结合起来，与推动建设美好江苏的实践结合起来，与全省残疾人对幸福生活的新期待结合起来，努力把学习宣传贯彻的过程，变为深化认识、凝聚力量的过程，变为解放思想、促进发展的行动，保证大会确定的各项任务落到实处。

围绕中心抓服务。要紧紧围绕民生幸福工程，以残疾人与全省人民共创共享“两个率先”为主要目标，以健全残疾人社会保障和服务体系为主要任务，认真实施“残疾人幸福生活推进计划”，加快缩小残疾人家庭人均收入与社会平均水平的差距。要大力拓宽残疾人就业渠道，使更多的残疾人通过就业增加收入；要加大困难残疾人特别是无业残疾人的保障力度，逐步提高救助标准、扩大覆盖范围；要切实提高残疾人社会福利水平，制度化地对贫困残疾人实施免费康复救助；要加强残疾人专业服务机构规范化建设，在村（社区）重点推进残疾人托养服务，使城乡残疾人享有均等的基本公共服务。

转变作风抓落实。省残联新一届领导班子要解放思想、开拓创新，不断增强创造力、凝聚力和战斗力，以自身建设的新举措，树立班子新形象、提高工作新水平、开创事业新局面，真正做到不负众望、不辱使命。各级残联切实履行好“代表、服务、管理”职能，充分发挥党和政府联系残疾人的桥梁和纽带作用，努力建设成为残疾人可依靠、可信任的“残疾人之家”。广大残疾人工作者要恪守“人道、廉洁、服务、奉献”的职业道德，精心打造一支忠诚于残疾人事业、热忱为残疾人服务的残疾人工作队伍，为发展残疾人事业提供坚强有力的组织保障。

形成合力抓发展。各级政府一定要把发展残疾人事业作为一项取信于民的德政工程、民心工程，高度重视、统筹规划、优先发展，认真研究关系残疾人事业发展的长远大事，切实解决关系残疾人切身利益的突出问题。各级政府残疾人工作委员会要加强对残疾人工作的研究、部署和督促、检查，全力抓好各项残疾人工作任务的落实。残工委各成员单位要按照部门职责，一如既往地关心、支持残疾人工作。社会各界要大力弘扬扶残助残优良传统。

副省长许津荣在全省残疾人就业扶贫工作电视电话会议上的讲话摘要

2013 年 5 月 14 日

一、充分肯定全省残疾人就业扶贫工作取得的成绩

“十一五”以来，在省委、省政府的正确领导下，在各地、各有关部门和社会各方面的共同努力下，我省残疾人就业扶贫工作取得显著成绩，全省新安置9.2万名残疾人就业，帮扶6.7万名残疾人摆脱贫困，有力推动了民生改善和社会进步。主要体现在：一是残疾人就业渠道不断拓宽。二是残疾人就业服务体系日趋完善。三是残疾人扶贫工作取得实效。

二、充分认识加强残疾人就业扶贫工作的重要性

就业是民生之本，扶贫是保障之基。加强残疾人就业扶贫工作，是全面建成更高水平小康社会、开启基本实现现代化新征程的必然要求。各地、各有关部门要从战略的高度，充分认识加强残疾人就业扶贫工作对于实现“两个率先”目标的重要意义。加强残疾人就业扶贫工作，是建设美好江苏的内在要求；加强残疾人就业扶贫工作，是推进民生幸福的重要抓手；加强残疾人就业扶贫工作，是促进社会和谐的重要方面。

三、推动全省残疾人就业扶贫工作迈上新台阶

一要多措并举促进残疾人就业。稳定集中安置残疾人就业规模，加大按比例安排残疾人就业力度，积极发展庇护性就业，大力开发适合残疾人的公益性岗位，有序安排农村残疾人转移就业。二要大力推进创业带动就业。各地、各有关部门要通过加强残疾人创业培训、加大政策扶持力度，帮助残疾人自主创业。三要不断提高残疾人能力素质。要根据我省产业结构调整、企业技术改造等方面的需求，坚持与市场相结合、与用人单位相结合、与残疾人需求相结合、与职业技能鉴定相结合的培训方向，强化实际操作技能训练和职业素质培养，面向城乡各类有就业要求和培训愿望的残疾人开展多种形式就业技能培训，增强残疾人参与就业竞争的能力。四要着力优化残疾人就业服务。各地人才、劳动力市场和残疾人就业服务机构，要通过网络互通和应用平台对接，实现残疾人就业失业登记、求职岗位等信息资源共享。各级残疾人就业服务机构要尽快完成规范化建设任务。五要加大扶贫攻坚工作力度。各地、各有关部门要认真落实农村各项社会保障政策，做到“应保尽保”；扎实扶持农村贫困残疾人发展生产、增加收入。

四、形成齐抓共管残疾人就业扶贫工作的合力

残疾人就业扶贫是一项社会系统工程，涉及面广、政策性强、工作难度大，要形成政府主导、各方支持、分工负责、共同推进的工作格局。要进一步强化组织领导，要进一步形成工作合力，要进一步加大宣传力度。

二、政策法规文件

省政府办公厅转发省民政厅等部门关于加快推进残疾人就业扶贫工作意见的通知

苏政办发〔2013〕2号

一、进一步明确残疾人就业扶贫工作的目标要求

——到2015年，城镇有就业能力残疾人登记失业率控制在5%以内，每年安置2万名残疾人就业，其中，安排5000名农村残疾人劳动力转移就业；培训1000名残疾人就业指导员。

——到2015年，残疾人基本实现病有所医、老有所养、住有所居、学有所教、困有所帮，残疾人家庭年人均纯收入全部达到4000元以上。

——到2015年，全省建成残疾人扶贫基地1000家，直接帮助5万名残疾人脱贫。

二、多措并举做好残疾人就业工作

（一）建立岗位预留制度。机关、团体、事业单位及国有企业要带头落实按比例安排残疾人就业制度，在全社会形成公平就业的机制和氛围。新录聘人员时，除特殊岗位外，录聘单位不得设置歧视残疾人的录聘标准。残疾人符合公务员录用或事业单位招聘体检标准，具有正常履行职责的身体条件，有关单位不得拒绝录聘。鼓励、引导机关、团体、事业单位及国有企业逐步建立岗位预留制度。2013年，省、市开展岗位预留试点工作，并逐步扩大范围。

（二）实施岗位补贴制度。建立用人单位安排残疾人就业岗位补贴制度，促进和稳定残疾人就业。经费在同级残疾人就业保障金中列支。

（三）落实保险补贴制度。有关单位应及时为有就业愿望和就业能力的残疾人办理就业失业登记证，属于就业困难人员的，应当在登记证上注明。用人单位新安排残疾人就业，可向人力资源社会保障部门申请享受社会保险补贴政策。对用人单位为所招录的残疾人员工缴纳的养老、医疗、失业、工伤和生育保险费单位缴费部分给予全额补贴。对符合条件的残疾人从事个体经营或者灵活就业的，按照个人缴纳社会保险费给予不低于1/2、不高于2/3的社会保险补贴。社会保险补贴期限最长不超过3年，残疾人距法定退休年龄不足5年的，补贴期限可延长至退休。

（四）完善福利企业优惠政策。鼓励社会力量兴办福利企业等集中安置残疾人就业单位，解决不同就业能力残疾人就业问题。落实税收优惠、减免费用等措施，并在生产、经营、技术、资金、物资、场地等方面扶持福利企业

发展生产。鼓励福利企业加快产业结构调整、技术创新和品牌创新，稳定残疾人就业。鼓励发展服务型福利企业，推进新型示范福利企业建设，全面落实税收优惠政策。省福利彩票公益金和残疾人就业保障金，每年安排一定经费用于福利企业技术改造贴息补助、无障碍设施建设和残疾职工岗前培训。完善福利企业年审制度，强化监督管理，规范用工行为，维护残疾职工合法权益。

（五）加快发展庇护性就业。加大残疾人就业保障金对托养机构劳动项目补贴力度。政府及有关部门应当确定适合残疾人生产经营的产品项目，优先安排残疾人庇护性就业单位生产经营或专产专营。在同等条件下，政府优先采购残疾人庇护性就业单位产品或服务。广泛宣传庇护性就业的意义，促进庇护性就业健康发展。2013年上半年，各市启动残疾人集中就业单位开展专产试点；2013年年底前，县级以上地方人民政府建立优先采购残疾人福利性产品或者服务目录；2014年年底前，乡镇（街道）普遍建立残疾人庇护性就业单位。

（六）扶持发展盲人按摩行业。修订完善《江苏省盲人保健按摩管理办法》，加强行业管理，规范盲人保健按摩市场。组织人员参加国家盲人医疗按摩人员考试，将符合条件的盲人按摩人员吸纳到各级各类医疗机构就业。发展盲人医疗按摩中、高等专业教育，建立盲人医疗按摩继续教育制度。开展盲人按摩学术交流活动，举办盲人按摩技能竞赛。重点扶持盲人按摩龙头企业扩大规模、开展连锁经营、提升服务水平，促进盲人按摩业健康发展。

（七）扶持自主创业。建立残疾人企业家联谊会，搭建残疾人创业信息交流平台，鼓励引导残疾人自主择业、自主创业。各地新办贸易市场的商铺、摊位和便民服务网点，优先安排给自主创业的残疾人经营，并对摊位费、租赁费给予适当减免。残疾人从事个体经营的，其在工商部门首次注册登记之日起3年内，免收管理类、登记类和证照类等有关行政事业性收费。残疾人就业保障金对残疾人自主创业给予一次性创业补贴，补贴标准最高不超过当地上年度城镇居民人均可支配收入的70%。符合小额担保贷款发放条件的残疾人，可按照规定程序向金融机构申请小额担保贷款，小额贷款额度一般最高为5万元，规模较大的可提高到10万元。申请小额担保贷款并从事微利项目的，由财政据实全额贴息。

（八）搭建创业平台。扶持建设残疾人创业孵化、培训见习和文化创业基地，为有创业意愿的残疾人提供创业培训、创业见习、创业指导、融资服务、管理咨询、事务代理、法律援助等各项服务。2015年前，市、县残联购置或租赁“爱心商铺”不少于2000平方米、1000平方米，无偿或低偿提供给残疾人和吸纳安置残疾人较多的爱心企业家作为创业实训基地。开展残疾人创业示范基地评选工作，对达标基地给予一次性建设补贴。利用相关行业协会资源，扶持国际、国内残疾人职业技能竞赛获奖选手创业，辐射带动更多残疾人创业就业。

（九）扶持农村残疾人就业创业。有序安排农村残疾人转移就业，扶持农村残疾人开展各种形式的创业。重点帮助农村低收入家庭中有就业能力、就业愿望的残疾人实现就业。建立农村残疾人就业援助工作保障机制，完善农村残疾人就业援助配套措施，开发适合农村残疾人特点的就业岗位。建立和完善农村残疾人实用技术培训体系，形成“市场引导培训，培训促进就业”的良性机制。选取符合农村实际，适合残疾人从事的投资小、见效快项目，引导扶持农村低收入残疾人及家庭成员从事维修、商贸、手工艺加工、家庭服务等多种形式的就业创业项目。

（十）开发公益岗位。县级以上人民政府要开发适合残疾人的公益性岗位，明确一定比例用于安置残疾人就业。各级残联要配合人力资源社会保障部门开发适合残疾人从业的基层社会管理、公共管理和公共服务等公益性岗位。公益性岗位安置残疾人就业，应当签订劳动合同、缴纳社会保险，按照实际安置人数享受岗位补贴和社会保险补贴。鼓励用人单位优先吸纳高校残疾人毕业生就业。开发重度残疾人居家就业岗位。

（十一）加强就业技能培训。面向城乡有就业要求和培训愿望的残疾人，开展形式多样的就业技能培训。坚持以就业为导向，强化操作技能训练和职业素质培养，着力提高培训后的就业率。对农村转移就业和城镇登记失业残疾人，重点开展初级技能培训，使其掌握就业的一技之长；对城乡未继续升学的应届初、高中残疾学生和未就业的高校残疾学生，重点开展劳动预备制培训；对职业院校残疾学生，强化职业技能和从业素质培养，使其掌握中级以上职业技能。鼓励高等院校和各类培训机构大力开展职业技能与就业能力培训，加强就业创业教育和就业指导服务，促进残疾人就业。

三、完善残疾人扶贫保障政策

（一）完善金融服务政策。继续实施对低收入残疾人家庭发放康复扶贫贷款政策，财政给予贴息。金融单位针对低收入残疾人家庭的实际情况，加大金融产品和服务方式创新力度，提高残疾人金融服务水平。适当降低贷款门槛，简化贷款程序，完善信贷服务政策。开发针对贫困残疾人户的免抵押小额贷款产品。广泛宣传康复扶贫贷款的知识和作用，不断扩大康复扶贫贷款规模。康复扶贫贴息贷款重点投向适合残疾人特点的种植业、养殖业、农副产品加工业、家庭手工艺制作、零售商业及各类服务业项目。加强对残疾人扶贫基地的信贷支持。通过小额到户贷款扶持残疾人开展就业创业项目，提高资金使用效率，帮扶贫困残疾人家庭增加收入。

（二）建立健全残疾人扶贫基地长效运行机制。制定《江苏省残疾人扶贫基地管理办法》，规范扶贫基地准入门槛，定期评估扶贫基地运行情况，完善扶贫基地长效扶持政策。增加扶贫基地建设管理经费投入，创建一批管理规范、辐射带动力强、培训效果好、能够稳定增加农村残疾人家庭收入的扶贫基地。

（三）广泛动员社会各界参与残疾人扶贫。动员领导干部、党员、团员与低收入残疾人家庭结对开展“帮、包、带、扶”活动，督促落实扶贫和救助政策，选择项目，筹措资金，提供技术支持和市场经营服务，扶助贫困残疾人脱贫。鼓励引导国有企业、非公有制企业、社会组织以及志愿者和社会各界人士，积极参与农村残疾人扶贫开发。充分发挥军队和武警部队在参与农村助残扶贫行动中的优势及积极作用。各级妇联组织认真开展面向残疾妇女的各类培训，为残疾妇女提供创业资金、项目扶持，关注残疾妇女的身体健康，为残疾妇女的发展营造良好的社会环境。

四、加快建立残疾人福利制度

（一）实施助残特惠政策。对参加新型城乡社会养老保险的重度残疾人，地方人民政府为其部分或全额代缴最低标准的养老保险费。帮助低收入残疾人参加新型农村合作医疗和城镇居民医疗保险。推进低收入残疾人家庭居家无障碍改造工程。全面落实生活困难残疾人救助政策，进一步完善残疾人护理补贴、重残补贴和教育专项补贴制度，逐步扩大补贴范围，提高补贴标准。

（二）加大残疾人家庭住房保障力度。认真做好残疾人家庭住房调查摸底工作，进行广泛宣传，使残疾人家庭充分了解住房保障政策。对符合住房保障条件的残疾人家庭给予重点关注，优先解决，实现应保尽保。安排残疾人家庭居住的保障性住房，在设计上充分考虑残疾人家庭的特点，提供无障碍设施。各地可根据本地实际情况，对实行廉租住房保障的重度残疾人家庭，在租金和租赁补贴标准方面给予适当优惠。

江苏省“十二五”基本公共服务体系规划

苏政办发〔2013〕152 号

经省人民政府同意，由省政府办公厅印发。其中残疾人基本公共服务单列成章，从重点任务、主要标准、保障工程三个方面做出了规划。

残疾人基本公共服务

关爱残疾人是社会文明的重要标志，也是构建和谐社会的重要内容。我省努力为残疾人提供适合其特殊需求的基本公共服务，营造残疾人平等、参与、共享的社会环境，为残疾人生存和发展提供完善的制度性保障。

“十二五”时期，政府提供如下残疾人基本公共服务：

——为符合条件的贫困和重度残疾人参加社会保险按规定给予补贴；

——为 0—6 岁残疾儿童免费提供抢救性康复，为 7—14 岁残疾儿童康复给予补贴；

——为适龄残疾儿童、少年免费提供 15 年教育，为残疾学生提供教育补助；

——为残疾人免费提供就业援助、基本职业技能培训和技能鉴定等就业服务；

——为残疾人提供盲文阅读、聋人手语及影视字幕、特殊艺术、自强健身等公共文化体育服务；

——为符合条件的贫困和重度残疾人提供生活救助、护理补贴、康复救助和医疗救助；

——为残疾人提供无障碍环境及法律救助和援助服务。

重点任务

按照“平等、参与、共享”的原则，以重度残疾人、农村残疾人和残疾儿童为重点，扩大残疾人基本公共服务覆盖范围；优先发展社会急需、受益面广、效益好的残疾人基本公共服务，增强供给和保障能力，健全残疾人社会保障体系和服务体系。

残疾人社会保障。落实和完善贫困和重度残疾人参加社会保险保费补贴政策，提高残疾人社会保险参保率和待遇水平。将符合规定的残疾人医疗康复项目纳入基本医疗保险支付范围，并逐步增加工伤保险职业康复项目。着力解决好重度残疾、一户多残、依老养残等特殊困难家庭的基本生活保障问题，做好低收入残疾人家庭生活救助和医疗救助。实施面向城乡低收入残疾人的生活救助制度和面向重度残疾人的护理康复补贴制度。建立辅助器具适配制度，对贫困和重度残疾人适配基本型辅助器具给予补贴。

残疾人基本服务。继续推进省、市、县（市、区）残疾人康复、托养中心建设，建立健全以专业康复和托养服务机构为骨干、社区为基础、家庭为依托的社会化残疾人康复、托养服务体系。继续实施“阳光家园”计划，实施国家重点康复工程，建立残疾儿童、少年抢救性康复救助制度。完善残疾学生助学政策，保障残疾学生和残疾人家庭子女免费接受义务教育，向高中和高等教育阶段残疾学生发放教育专项补贴，加快推进特殊教育学校标准化建设。加大残疾人就业促进和保护力度，开展多层次残疾人职业技能培训，为农村残疾人提供实用技术培训，落实残疾人按比例就业、安置残疾人单位税收优惠、残疾人个体就业扶持等政策。公共就业服务机构和残疾人就业服务机构免费为残疾人提供有针对性的职业介绍、职业指导等就业服务。将住房困难的城乡低收入残疾人家庭优先纳入基本住房保障制度。加强针对盲人和聋人特殊需求的公共文化服务，实行公共文化体育设施对残疾人优惠开放，完成省残疾人体育训练中心二期工程建设。加快无障碍建设和改造，推进公共设施设备和信息交流无障碍，为有需求的贫困残疾人家庭无障碍环境改造提供资助。为有需求的残疾人提供法律救助和援助服务。建立健全残疾预防体系。

保障工程

针对残疾人基本公共服务的特殊性和专业性，通过实施残疾人基本公共服务保障工程，提升残疾人基本公共服务能力。

残疾人康复和托养服务设施建设工程。全面完成市、县（市、区）公办残疾人康复中心和集中托养中心建设，建成高水平的省级残疾人康复中心和托养中心，支持乡镇（街道）、社区在卫生所设立康复室，乡镇（街道）和有条件的社区建立残疾人托养机构。继续支持民办康复和托养机构建设。各类康复机构配备相应的设备和专业人员。全面开展康复医疗、功能训练、辅助器具适配、心理辅导、康复转介、残疾预防、知识普及和咨询等康复服务。与实施“阳光家园”计划和完善残疾人护理补贴制度相结合，增强托养服务能力。

特殊教育学校建设工程。加快建设南京特殊教育职业技术学院阳光学院，为盲人、聋哑人提供特殊高等职业技术教育。改建、扩建和新建一批特殊教育学校，添置必要的教学、生活和康复训练设施，使地（市）和30万人口以上、残疾儿童少年较多的县（市、区）都有1所按国家标准建设的特殊教育学校。

三、工作综述

2013年，全省残联系统认真贯彻省委、省政府决策部署，全面实施“残疾人幸福生活推进计划”，开拓进取、狠抓落实，全面完成了年初确定的各项工作任务，残疾人事业实现了新发展。

（一）“两个体系”建设不断深化

1. 两项评估基本完成

完成了对各地残疾人“人人享有康复服务”的审评工作，72个先进集体、26个先进单位和114名先进个人受到表彰；残疾人康复救助项目有效实施，为1.6万名贫困白内障患者实施免费复明手术，为4万余名贫困精神残疾人提供免费服药服务；在各地“两个体系”建设自查自评的基础上，完成了《江苏省残疾人社会保障体系和服务体系建设目标考核指标》评估工作，“两个体系”建设阶段性任务基本完成。

2. 残疾人保障水平持续提高

低保外重残及一户多残、依老养残生活救助、低保内重残补贴、保险补贴、无业重残人员护理补贴、教育专项补贴等政策得到全面落实，基本实现了全覆盖的目标；医疗康复项目纳入医保工作在全省医疗机构全面实施，残疾儿童康复及辅助器具项目在36个县（市）实现了定点机构报销结算；助残福利政策受惠面不断扩大，结合宗教部门开展慈善宗教周等活动，为贫困残疾人家庭捐赠彩电、洗衣机、收音机3万台。

3. 残疾人服务体系更加完善

市、县残疾人康复中心、托养中心建设任务基本完成，规范化建设得到加强；村（社区）“苏馨家园”建设试点启动；创建16家省级残疾人创业示范基地、37家省级残疾人职业培训示范基地（点）、20家江苏省星级盲人保健按摩示范机构；残疾人维权服务中心（法律救助工作站）建设全面完成。

（二）三项法规文件全面实施

1. 积极推动《江苏省残疾人保障条例》的贯彻实施

省残联与省人大法工委共同召开《江苏省残疾人保障条例》实施新闻发布会，印制发放条例单行本4万册，全面开展宣传贯彻活动，依法保障残疾人权益氛围日益浓厚；残疾人重大集访事件得到密切关注和认真解决，残疾人法律救助工作整体推进。

2. 全面促进《关于加快推进残疾人就业扶贫工作的意见》的贯彻落实

召开了全省残疾人就业扶贫工作电视电话会议，制定下发了《江苏省用人单位按比例安排残疾人就业补贴和超比例奖励办法》《省级残疾人自主创业补贴资金管理办法》《关于在全省推广使用江苏省残疾人就业保障金征缴工作信息交互平台的通知》等文件，积极实施“残疾人就业优先计划”，举办残疾人招聘会217场次，新安排30382名残疾人就业，为22089名残疾人提供职业培训，全省残疾人就业保障金征收总量同比增长12%。

3. 认真组织国家、省“十二五”基本公共服务体系规划的贯彻施行

省“十二五”基本公共服务体系规划将“残疾人基本公共服务”单列成章，重点任务、补助标准和保障工程进一步明确，部分政策任务开始实施，特别是提高了进入各类托养机构残疾人的护理补贴标准以及辅助器具适配、无障碍进家庭补贴标准，体现了残疾人服务在全省基本公共服务中的重要地位，为未来几年我省残疾人事业发展提供了有力支撑。

（三）四项助残新政开始实施

1. 拓宽了残疾人护理补贴发放范围

二级精神、智力残疾人纳入护理补贴政策发放范围，新增6万多名残疾人受益；省政府重点助残实事项目得到较好落实，为2.18万名残疾人提供托养服务。

2. 实施了托养机构服务床位补贴制度

省残联与省财政厅联合制定《江苏省残疾人托养服务补贴省补资金管理暂行办法》，明确对符合省补条件的托养机构给予省级补贴，共向全省1025个机构下发省补资金5060万元。

3. 启动了0—6岁残疾儿童全面免费康复政策

在2007开始实施贫困家庭0—6岁残疾儿童免费康复训练的基础上，率先将救助面扩大到所有残疾儿童，争取省财政新增资金4000万元，共对近1.5万名0—6岁残疾儿童实施抢救性康复训练；部分地区试点7—14岁残疾儿童康复救助。

4. 扩大了辅助器具适配和家庭无障碍环境改造范围

省级财政支持由每年2万户扩大到5万户，各地积极争取本级财政配套投入，共为6万户贫困残疾人开展辅助器具适配和家庭无障碍环境改造。

（四）四项重点工作成绩显著

1. 各级残联换届工作圆满完成

新调整理事长43名，配备残疾人领导干部及工作人员100余名，乡镇在编专职理事长配备率达60%以上；完成各专门协会换届工作，启动全省志愿助残网上注册试点工作；江苏省残联第六次代表大会7月底在南京召开，来自全省各地的447名正式代表参加会议，其中残疾人代表占62.6%。中国残联副主席、党组成员吕世明到会致辞祝贺。在宁省委常委出席开幕式，省委书记、省人大常委会主任罗志军出席开幕式并发表重要讲话。会议选举产生了第六届主席团委员和出席中国残联第六次代表大会的代表，选举产生以许津荣副省长为主席的省残联新一届领导集体，推举产生以高晓平为理事长的新一届执行理事会，邀请省政协主席张连珍、省委副书记石泰峰担任名誉主席。选举并通过了省残联各专门协会主席、副主席。大会确立此后五年江苏省残疾人事业发展的指导方针、基本任务和奋斗目标，会议各项任务圆满完成。通过开展党的群众路线教育实践活动，制定了一系列内部规章制度，省残联工作作风进一步转变，自身建设进一步加强。

2. 残疾人托养中心建设有序推进

省残联会同省财政厅印发了《江苏省残疾人托养机构管理暂行办法》，市县残联累计组织残疾人托养机构工作人员培训90多次；安排专项资金支持200多个乡镇（街道）托养机构建设、支持146家托养机构开展残疾人劳动项目。

3. 残疾人文化体育生活不断丰富

省残联会同省12个部门制定下发了《关于加强残疾人文化建设的意见》，举办“放飞梦想”全省残疾人摄影展、全省第六届特奥运动会及全省残疾人田径锦标赛；选送12个节目参加第八届全国残疾人艺术汇演，夺得表演特等奖2名、金奖3名、银奖4名，并荣获团体金奖。

4. 残疾人事业信息化建设得到加强

残疾人状况统计和监测工作科学规范，残疾人就业服务网、助残志愿者网站建设加快，残疾人工作业务信息数据库不断完善，为政策制定和执行评估提供了可靠依据；残疾人事业现代化研究取得新的成果。

四、重要条目

【《江苏省残疾人保障条例》施行新闻发布会】2012年11月29日江苏省第十一届人民代表大会常务委员会第三十一次会议通过，2013年3月1日起施行。2月28日，省残联与省人大内务司法委员会共同召开《江苏省残疾人保障条例》施行新闻发布会，驻宁中央、省和南京市共24家媒体参会，对保障条例立法背景、制定过程和条例主要内容等进行详细宣传报道。印制发放《条例》单行本4万册，全面开展宣传贯彻活动，使全社会了解维护好残疾人合法权益的重大意义，依法保障残疾人权益氛围日益浓厚。

【全省残疾人就业扶贫工作电视电话会议】1月15日，《省政府办公厅转发省民政厅等部门关于加快推进残疾人就业扶贫工作的意见的通知》（苏政办发〔2013〕2号）印发。5月14日，省政府残疾人工作委员会召开全省残疾人就业扶贫工作电视电话会议，副省长许津荣出席会议并讲话，省扶贫办、民政厅、人力资源社会保障厅、残联分别部署残疾人就业扶贫工作，南京市政府、徐州市政府、扬州市政府在分会场做了经验交流。

【全国残疾人文化建设工作会议】4月10—11日，全国残疾人文化建设工作会议在苏州市召开。本次会议是中国残联成立以来第一次召开的全国残疾人文化建设工作会议。中国残联党组副书记、常务副理事长王乃坤出席会议并讲话。江苏省副省长许津荣出席了会议开幕式并致辞。来自全国31个省、市、自治区残疾人工作者共200余人参加了会议。

【党的群众路线教育实践活动】根据中央和省委的统一部署，省残联从2013年7月中旬开始至2014年1月中旬，开展了党的群众路线教育实践活动。在省委第十一督导组的指导和帮助下，省残联党组高度重视，切实加强领导，精心组织实施，经过省残联领导班子、各支部和全体党员的努力，省委关于教育实践活动各环节的各项部署任务已总体完成，达到了预期目标，取得了明显成效。2013年11月12日，召开了领导班子专题民主生活会，班子成员按照中央和省委的要求，报告了近年来遵守党的政治纪律和作风建设情况，全面查摆了“四风”方面存在的突出问题，深刻剖析了思想根源，提出了整改措施。同时，大家本着对党和人民负责、对残疾人事业负责、对个人负责的诚恳态度，认真开展批评与自我批评。

【“进百村、访千人”调研活动】8月下旬，结合开展党的群众路线教育活动，省残联组织开展了“进百村、访千人”调研活动，由省残联领导、各处室、直属单位负责人带队，组成20个调研组到苏中、苏北20个县（市、区）100多个社区、自然村，走访调研1000多名残疾人与残疾人工作者，召开座谈会56场，走访基层残疾人服务机构73个，听取基层意见建议，共收集意见建议349条，加强作风建设方面的梳理为八类61条。

【宗教慈善周助残活动】2013年9月11日，江苏以“让残疾人生活的更加幸福”为主题，开展第二个全省宗教慈善周活动。以宗教活动场所为单位，将所募善款的50%，定向捐给省残疾人福利基金会，用于给特困残疾人家庭购买彩电、洗衣机等家电，其余50%由场所就近开展公益慈善活动。为进一步统一思想认识，确保宗教慈善周活动取得实效，9月11日，江苏省宗教局和省残疾人联合会在南京召开了全省宗教慈善周活动推进会。各省辖市民宗局和残联的主要领导、省5大宗教团体的主要负责人和秘书长、省宗教局、省残联和省残疾人福利基金会相关领导及处室负责人参加了会议。省各宗教团体和各市民宗局分别汇报交流了宗教慈善周活动的准备情况，省残联高晓平理事长介绍了全省为特困残疾人家庭送家电公益慈善项目的实施计划，省宗教局莫宗通局长就继续开展全省宗教慈善周活动进行了动员部署。

【南京国际残疾人交流大会】南京国际残疾人交流大会于10月29—30日在南京举行，日本福祉法人北九州市牵手育成会、韩国残疾人福祉设施协会分别组团参加。2011年和2012年分别在日本北九州、韩国釜山成功举办了“韩日中残障福祉研讨会”和“釜山残疾人福利国际交流大会”，较好地促进了三地残疾人事业发展。南京国际残疾人交流大会是第三届，本届大会活动的主旨是“扩大交流、增进友谊、加强协作，共谋发展残疾人福祉”。日、韩代表团参观南京市残疾人托养机构——宁馨家园，并和机构里的残疾人进行互动。三方专家学者以及残疾人工作者共同就“残疾人就业支持与服务”为主题进行研讨，交流各地残疾人事业发展状况。举办主题为“牵手南京，放飞梦想”的残疾人文化艺术交流活动，三方残疾人代表通过诗歌、舞蹈、演唱、演讲等展示才艺，体现自身价值。代表团还参观了南京特殊教育职业技术学院“中国特殊教育博物馆”、艺术展览，残疾人还参加插花、手工作品、绘画娱乐、平面设计等项目活动。

【苏果超市有限公司按比例安排残疾人就业】截至2013年年底，苏果超市有限公司安排近200名残疾人就业，安排残疾人员工的岗位有店长、会计、美工、综合业务等10多种。近年来该公司每年都会挑选出一些适合残疾人的岗位，因残定岗，向残疾人提供20个以上的就业机会。在录用时，苏果会安排残疾人员工进行1个月的相关技能理论培训和实操培训，并安排有能力的残疾员工免费学习电梯操作、美工，推动残疾人员工向高层次发展。

【葛长银创业成功不忘回报社会】葛长银出身于一个贫困的家庭，幼时不幸得了小儿麻痹症，落下右腿终身残疾。经过不懈努力，投资200万成立了沭阳县长银石英熔炼厂。在他的苦心经营下，该厂年创产值在1000万以上。富裕起来的葛长银时刻不忘回报社会，安排了25名残疾人在厂里就业，占工人总数的60%，并根据他们的残疾程度安排适当的工种，工资待遇和正常人一样，厂里不管哪位残疾人家里有困难，他都会伸出援助之手。2008年，葛长银当选为宿迁市第三届残疾人代表大会代表，县肢残协会副主席。先后多次受到市（县）委、政府的表彰。

五、大事记

2—3月，召开省残联作风建议会议，开展“三解三促”专项调研活动，制定了《省残联关于改进工作作风密切联系群众》的八条规定，与中央、省委的相关规定汇编后人手一册。

2月25—26日，省残联在南通海门市召开了全省残疾人就业保障金征缴工作会议。各省辖市及部分县（市、区）残联分管理事长和就管中心主任参加了会议。

2月28日—3月1日，全省残疾人教育就业工作会议在常州召开，各市残联分管教育就业工作的理事长、教育就业处处长参加。

3月，组织江苏省残联系统申报江苏省科技厅的科技支撑（社会发展类）项目，其中省辅具中心与东南大学联合申报的“便携式低视力康复训练及生活辅助设备研究”项目于5月获得了立项支持。

3月3日第十四次全国爱耳日期间，全省各地开展了形式多样的爱耳日主题宣传教育活动。省残疾人福利基金会在盐城市射阳县举行了“情系盐阜老区射阳行”活动，为当地260名听力障碍残疾人验配价值50万元的助听器。

3月5日，举办2012年度全省残疾人事业好新闻奖评选活动。各市共报送文字类作品176个、电视类作品85个、广播类作品61个、摄影类作品18个。经过评审，共评出一等奖作品13件，二等奖作品23件，三等奖作品48件，组织奖6名。

3月14—15日，省残联在淮安市召开全省组联工作会议，各省辖市残联理事长、组联处处长和县（市）残联理事长参加会议。

3月18—19日，全省康复工作会议在南京召开，各省辖市残联理事长、康复处处长和县（市）残联理事长参加会议。

3月19日，省残联印发《驻宁部省属单位配置改造小型无障碍专用设施（设备）补贴办法（试行）》《省级残疾人自主创业扶持资金管理办法（试行）》。

3月27日，省残疾人福利基金会在扬州市召开了2013年全省残疾人福利捐赠工作会议。

3月27—29日，举办了全省盲人保健按摩继续教育培训班，30名已获得中级职业资格的盲人保健按摩师参加培训。

3月30日—4月4日，举办全省残联系统心理咨询师培训班。部分市、县（区）残联分管理事长、就业服务机构负责人和业务骨干共54人参加了近一周的培训。培训以远程加面授的形式进行。

4月10日，联合南京其乐培训中心共同举办了全省残疾人计算机操作员（高级）培训班。对26名残疾学员进行了为期2个月的培训，培训结束后学员参加国家统一考试，全部取得计算机操作员（高级）国家职业资格证书。

4月18—20日，省残联在镇江举办了全省盲人定向行走训练指导师培训班，来自各市、县（市）残联的60余名盲人定向行走训练指导师参加了培训。

4月18—23日、11月15—21日，分别承办2013年全国残疾人击剑锦标赛、全国盲人乒乓球比赛，来自全国14个省、市15支代表队的148名运动员参赛。

4月22—24日，举办全省盲人高级保健按摩师培训班，12个市、县的27位盲人保健按摩师参加培训。

4月25日，在溧水特殊教育学校召开了全省残疾人职业培训基地建设工作推进会。省残联副理事长张建平，省残联教就处和就管中心负责同志，以及来自全省13个市的就管中心主任、部分县（市）残联理事长和23个省级残疾人职业培训示范基地和示范点的负责人参加了会议。

4月26日，省人民政府残疾人工作委员会表彰南京市人力资源和社会保障局等32个单位为“江苏省残疾人就业服务先进工作单位”，宋昕等31人为“江苏省残疾人就业服务先进工作者”，苏果超市有限公司等28个单位为“江苏省安排残疾人就业先进单位”，郭志璜等26人为“江苏省安排残疾人就业先进个人”，胡志平等26人为“江苏省残疾人就业创业先进个人”。

5月、11月、12月，分别在南京市、苏州市和镇江市举办东亚区“特奥融合计划”滚球赛和5人制足球融合赛。

5月14日，江苏省残疾人服务网开通。

5月19日，第二十三个全国助残日期间，许津荣副省长视察江浦街道上河街的“残疾人创业一条街”、浦口区残疾人综合服务中心和永宁镇侯冲村残疾人扶贫基地，出席由省残联、省残疾人福利基金会主办的“江苏省残疾人幸福生活推进计划”捐赠仪式。省残疾人福利基金会接受了台北曹仲植基金会、中电熊猫家电有限公司、无锡小天鹅股份有限公司、南京第极网络科技有限公司捐赠的4158辆轮椅、1000台电视机、2000台洗衣机、10000张第极教育学生卡。同时向全省13个市5万名贫困残疾人家庭配送了1万台电视机、1万台收音机、1万台洗衣机、1万辆轮椅、1万张第极教育学生卡。

5月20日，中国残疾人福利基金会汤小泉理事长一行视察指导宿迁市残疾人工作，向宿迁市亲亲宝贝特殊儿童服务中心、普济康复医院分别捐赠30万元及10万元的康复器材。

5月21—24日，中国残联和国家发展改革委在扬州召开“十二五”残疾人康复和托养设施建设规划培训会议，全国各省市区残联分管理事长、业务处长和发改委社会处处长参加会议。中国残联王乃坤副理事长、计财部王梅梅主任、张全军副主任、国家发改委社会发展司郝福庆副司长出席会议。

5月21—26日，全省残联系统社会工作者职业水平考试培训班在南京举行，来自全省各级残疾人就业服务机构的102名学员参加了为期一周的培训。56人参加了初级培训，46人参加了中级培训，培训结束后学员将参加全国统一考试，考试合格人员取得由国家人力资源和社会保障部颁发的社会工作者职业水平证书。

5月22日，由省残疾人就业管理中心和省地税局直属税务局联合召开2013年度部分驻宁部省属单位按比例安排残疾人就业工作会议，共有来自31家企事业单位的近50名人事和财务部门负责人参加了会议。

5月23—27日，举办全省盲人医疗按摩人员继续教育培训班，74名取得医疗按摩资格证书的盲人按摩师及盲人按摩机构负责人、骨干参加培训。

6月1日，省财政厅和省残联制定了《江苏省省级残疾人创业示范基地补贴资金管理办法》《江苏省省级残疾人职业培训示范基地（点）补贴资金管理办法》《江苏省星级盲人保健按摩示范机构补贴资金管理办法》《江苏省扶持开办盲人保健按摩机构补贴资金管理办法》。

6月7—8日，全省残疾人“人人享有康复服务”审评工作座谈会在宿迁市举行。省辖市残联分管康复的副理事长、康复处长和审评组成员参加了会议。

6月，省红十字会、省卫生厅、省残联和省疾控中心联手开展了新一轮春风行动项目，共投入50万元，为第一轮第一期安装假肢的101名麻风畸残缺肢者安装和更新了假肢。

6月5日，省残联发文确定2013年度江苏省残疾人就业服务机构规范化建设达标单位和省级残疾人创业示范基地。经过两个月的考评，2013年全省有42家机构达标（其中市级4家，县级38家）。有7家单位被评为省级残疾人创业示范基地。

6月13—16日，全省智力障碍儿童康复教师培训班在南京成功举办。来自全省31家各市定点康复机构的骨干教师60余人参加了培训。

7月8日，联合南京信息职业技术学院共同组织举办全省残疾人动漫制作培训班。有来自全省的26名学员参加为期2个月的培训。85%的学员通过考试取得证书。

7月22—26日，2013年全省社会工作人员手语培训班在南京举办，来自省级残疾人职业培训示范基地、创业基地以及社会用人单位的57名工作人员参加了为期4天的手语培训班，学员全部取得手语培训结业证书。

7月25日，联合扬州特殊教育学校共同组织举办全省残疾人字画装裱培训班。12名学员参加为期1个月的培训。

7月29日，联合南京益科培训中心共同组织举办全省残疾人美术基础培训班。21名学员参加为期1个月的培训。

7月30日—8月3日，参加第八届全国残疾人艺术汇演（福州赛区）比赛，江苏省选送参赛的12个节目，共夺得特等奖2名、一等奖3名、二等奖4名，并荣获团体金奖。

8月，省残疾人福利基金会与省弘惠医药有限公司共同向江苏省对口支援的新疆伊犁自治州、霍尔果斯口岸开发区、新疆建设兵团农七师捐赠德国进口的康复类药品240万元，分别在伊宁、霍城县、和奎屯举行了3场捐赠仪式。

8月11日，全国肢残人活动日期间，省暨南京市肢残人协会联合开展了“关注农村肢残人兄弟姐妹”主题日活动。

9月，省残疾人福利基金会与省宗教局、省残联合作开展了2013年宗教慈善周活动，以全省宗教活动场所为单位开展扶贫助残活动，募集善款481.4万元，依托“残疾人幸福生活推进计划”开展对贫困残疾人家庭捐赠电视机及洗衣机。

9月17—18日，在南京、苏州分别召开残疾人生活救助工作座谈会，各市残联教育就业处处长和部分县（市、区）残联理事长参加。

9月22—26日，省残联在南京市举办临床心理评估技术在孤独症干预中的应用培训班，全省40家孤独症康复机构的专业技术人员和骨干教师70人参加了培训。

9月25—28日，在沈阳举行的2013年全国残疾人岗位精英职业技能竞赛中，江苏省共选派5名选手参赛，获得中式烹调师（烹饪）第一、第二名，并获得团体总分第二名的好成绩。

9月26—30日，第六届全省特奥会及残疾人田径锦标赛在沭阳县举办，来自全省13个市的400多名运动员参加了比赛。

10月8—20日，省残联在南京举办了一期新疆伊犁州残联系统干部培训班。

10月10日，2013年全省残疾考生高考录取情况通报，共录取全省残疾大学生426人，其中本科222人，专科204人。

10月11日，联合常州仰止培训学校举办全省残疾人中级速录师培训班。来自全省20名学员参加为期2个月的培训，全部取得中级证书。

10月16日，省残联制定出台《江苏省残疾人“文化进社区”达标单位建设标准》，在全省13个省辖市续建了148个省级达标社区和达标乡镇。

10月20日—12月14日，在泰兴市残疾人托养中心，分七批次对徐州、南通、连云港、淮安、盐城、扬州、宿迁等市共84名托养机构服务人员进行实习培训，每期培训时间一周。

10月27日，省残联组织38名残疾人选手参加第十五届江苏省美容美发美甲大赛，6名残疾人选手获得了本次比赛的金奖。

11月3—7日，省残联在常州市举办第三期全省脑瘫儿童引导式教育康复技术培训班，21个康复机构的60名业务骨干参加了培训。

11月9—13日，省残联于在常州市武进区举办第五期全省优秀残疾人专职委员培训班。52名来自全省基层的优秀乡镇（街道）残联残疾人专职委员参加培训。

11月10—12日，“2013年全国听力语言康复教育改革研讨会”在南京召开。研讨会由中国聋儿康复研究中心主办，省聋儿康复中心承办。中国聋儿康复研究中心的领导、专家和全国13个省市的康复中心主任参加了会议。

11月14日，省残疾人体育协会第五届换届会议在省会议中心召开。省体育局、教育厅、民政厅等有关部门相关负责人和省辖市残联分管理事长、残体协主席共56名常委、委员参加了会议。

11月19—21日，省残联智协、精协六届在宁召开六届二次会议。12月12—13日，省残联盲协在连云港市召开六届二次会议。

11月21日，省残联第六届主席团主席办公会在南京召开。副省长、省残联六届主席团主席许津荣出席会议并讲话，省政府副秘书长、省残联六届主席团副主席徐国柱主持会议，省残联六届主席团副主席、省残联党组成员出席会议。

11月25日，中国残联批准苏州市为全国残疾人文化体育建设示范市创建城市。

11月25—29日，省残联在南京市江宁区举办第十二期全省理事长培训班，部分新任市、县（市、区）残联理事长参加培训。

11月26—27日，选派2名盲校同学参加中国盲文基础能力竞赛，分别夺得大赛的二等奖和三等奖。

12月2日，江苏省荣获特等奖的节目《夜探》，作为唯一入选的戏曲节目参加了第八届全国残疾人艺术汇演汇报演出。

12月5日，中国残联残疾人职业能力评估测试系统工作小组在省残疾人就管中心召开了残疾人职业能力评估研发工作部署会议，中国残联就业服务指导中心副主任李强、职业能力建设处处长刘京、南京特教学院何侃教授及省残疾人就管中心负责人等出席了会议。

12月7—9日，全省残疾人职业技能部分项目选拔赛在南京信息职业技术学院举办。来自全省179名残疾人选手参加了计算机程序、CAD制图、计算机组装、文本处理、图像处理、FLASH动画制作、海报设计、网页制作、桌面排版9个项目的选拔比赛。最终南京、无锡、苏州获得团体总分前三名。

12月12日，省残疾人事业发展研究会、南京大学残疾人事业发展研究中心在南京大学中美文化中心召开了“中国特色残疾人事业发展道路”研讨会。中国残联研究室、省残联、省残疾人事业发展研究会相关人员、部分市县残联负责人以及省内外高校、社科院、研究机构学者共40余人参加会议。

12月12—13日，江苏省盲人按摩学会第一届会员代表大会暨第十七届盲人学术交流会在连云港召开。省残联副理事长杜晓镇、省民政厅社会组织管理局处长胡俊威及全省77名个人会员、42个单位会员参加了此次大会。本次大会共选举产生了会长、常务副会长、副会长、秘书长及理事共32人，同时大会通过了《江苏省盲人按摩学会章程》和《学会会费收取标准》。

12月19日，在镇江召开全省残疾人部分康复项目进医保工作座谈会。全省13个省辖市残联分管理事长参加会议。

12月21日，召开了2012年度全省残疾人就业指导员远程培训总结交流会。来自全省13个市项目管理员、26名优秀学员代表参加了会议。会后组织全省参会人员参观学习了社区残疾人就业工作。

12月24日，省残联在南京召开残疾人康复机构行业分级认证实施办法和儿童机构康复服务规范专家座谈会。省人民医院、南京市鼓楼医院、省特殊教育师资培训中心、南京市特殊教育职业技术学院等机构21位专家和省残联机关、省聋儿康复研究中心、省残疾人辅助器具服务中心有关人员参加了会议。

1—12月，全省残疾人运动员在法国残疾人田径世界锦标赛、马来西亚残疾人亚洲举重锦标赛等十多项国际赛事中共获得42枚金牌、13枚银牌、5枚铜牌，打破一项世界纪录。

（王强供稿）

浙江省残疾人事业和残疾人工作

一、领导批示与讲话

副省长陈加元在省人力社保厅、省残联《关于报送我省残疾人劳动就业专项检查工作情况报告的函》上的批示

2013年1月21日

省人力社保厅和省残联关于残疾人劳动就业专项检查抓得深入具体，肯定成绩实事求是，提出的问题和整改的意见具有针对性。可由残工委印发检查报告，对特别突出的问题由省政府督办。立法问题，请省法制办研究支持。

代省长李强在浙江省第十二届人民代表大会第一次会议上的政府工作报告摘要

2013年1月25日

人口和计划生育、妇女、儿童、老龄和残疾人工作不断加强。

提升残疾人共享小康和困境儿童保障服务水平。广泛开展群众体育运动，浙江省运动员在奥运会和残奥会上取得优异成绩。

完善扶贫开发机制和结对帮扶机制，促进低收入农户、城镇低收入家庭、城乡困难残疾人家庭和欠发达地区群众加快增收。

发展老龄服务事业和产业，健全残疾人社会保障和服务体系，完善孤残儿童及其他困境儿童基本生活保障制度，加强慈善公益服务。推动社会事业发展。办好特殊教育，发展民办教育。

围绕提升居民养老服务水平，实施城市社区“居家系列服务惠民工程”，新增各类养老机构床位数1.8万张，为7500户残疾人家庭实施无障碍改造。

省残联理事长陈燕萍在全省残联工作电视电话会议上的讲话摘要

2013年3月4日

2013年，全省各级残联要重点做好八个方面工作：

一、认真学习贯彻党的十八大和省第十三次党代会精神，确保完成年度目标。要认真学习贯彻中央和省委会议精神，深入实施省政府基本公共服务体系“十二五”规划，继续推动各级政府层层签订残疾人事业发展重点工作责任书。组织省残疾人事业发展“十二五”规划执行情况中期评估，继续推进“十大小康·阳光助残行动”和“十大残疾人服务能力建设工程”，确保完成全省残疾人小康实现程度79%的年度目标。

二、继续实施残疾人共享小康工程，提高残疾人社会保障水平。小康工程惠及全省47万残疾人，残疾人基本生活保障、基本康复服务、基本托（安）养按政策落实到户到人；完成3000户残疾人危旧房改造和7500户残疾人家庭无障碍改造；探索建立防范残疾人服务风险的保险机制和贫困残疾人康复救助机制。

三、深化爱心创建活动，营造扶残助残氛围。组织开展首批设区市和第三批县（市、区）爱心城市创建的验收，第二批设区市和第四批县（市、区）创建的申报、签约工作。不断深化创建内涵，拓展创建范围。

四、加强残疾人教育就业工作，促进残疾人家庭加快增收。一要纳入大局。纳入各级党委政府“四个翻番”、促进加快增收的全局，联合组织部门开展“农村基层党组

织助残扶贫工程”。二要突破难点。积极推动政府机关、事业单位和国有企业带头按比例安置残疾人就业，预留岗位、单招单考，总结推广庇护产品政府优先采购及制定庇护产品目录的试点经验。三要加强特殊教育。推动未建特教学校的县（市、区）落实办学责任，做好送教上门；推动公办特教学校设立学前班或特教幼儿园，推动残疾人高中段教育和职业教育，完成1.5万名助学任务。

五、加强残疾人康复工作，提升专业康复服务能力。一是强化机构康复服务。全省康复机构开展康复服务20万人次以上，其中住院康复服务不低于2%。二是加强专业人才培养。加大残疾人康复机构紧缺人才的规划与培养，列入当地社会工作人才培养计划。三是加强康复机构规范化建设。推动残疾人专业康复机构功能合理布局及规范化建设，真正发挥作用；积极鼓励引导民办机构建设，调研制定民办康复机构管理办法。

六、加强残疾人文体工作，促进残疾人精神富有。宣传方面，各地要在继续开设残疾人广播专题节目和电视手语节目基础上，优化时段，提高质量，扩大覆盖面；文化方面，推进残疾人文化艺术“五进”活动，组织第四届全省残疾人文化艺术周活动和第七届全省残疾人文艺汇演；体育方面，举办第四届全省特奥会，开展第九届全国残运会和聋奥会的备战训练。继续开展省级残疾人文化艺术示范基地和体育示范基地创建，推动有条件的市县开展残疾人文化体育中心建设。

七、加强维权工作，依法保障残疾人权益。一要推动《浙江省残疾人就业办法》制定出台，协调开展《浙江省无障碍环境建设实施办法》立法调研；各地要争取人大、政协或残工委开展残疾人权益保障的执法检查、视察或调研活动。二要加强维权机构建设，市级残联要健全维权机构或增编，县级残联要有专职维权人员，加强信访维权，完善突发事件应急预警机制。三要积极动员社会力量。建立健全各级残联残疾人代表和残联系统人大代表、政协委员定期联系制度。

八、加强经费保障，加快服务设施和信息化建设。一要加强经费保障。配合开展残疾人社会保障资金审计；组织开展残保金征管用情况调研；继续做好省内外结对帮扶。二要加快服务设施建设。抓住政府扩大有效投资契机，推动残疾人综合服务设施、专业康复托养服务设施、庇护中心建设，调研制定全省残疾人综合服务和康复、托养专业服务机构标准化、规范化评估管理办法。三要加强信息化建设。制定出台加强残疾人事业统计工作的意见及统计考核评价办法；组织残疾人实名制动态信息服务管理系统专题需求调研，继续做好全省残疾人状况与小康实现程度监测，鼓励支持各市将监测延伸到县（市、区）。

省委书记夏宝龙在省残联第六次代表大会上的讲话摘要

2013年6月18日

图6-11-1　夏宝龙在省残联六代会开幕式上讲话。

党的十八大后，习近平总书记着眼于中华民族的伟大复兴，着眼于人民对美好生活的向往，提出了中国梦。中国梦把人民群众对幸福生活的追求和党的施政理念有机地融为一体，道出了亿万群众的心声。中国梦是大众之梦，而不同于精英之梦。残疾人也有美好的梦想。实现他们的梦想，是中国梦的题中之义；这不仅需要残疾人自身的努力，更需要全社会共同的帮助。全省各级党委、政府和残联组织，要从共筑共圆中国梦的高度，从共同建设物质富裕精神富有现代化浙江的高度，切实增强发展残疾人事业的紧迫感、责任感和使命感，以更大的决心、更加有力的举措、更加扎实的工作，健全残疾人社会保障体系和服务体系，提高残疾人的生活水平、社会地位和参与社会的能力，努力把全省残疾人事业提升到一个新的水平。

第一，促进残疾人与社会的全面融合。就是要肯定残疾人的价值，尊重残疾人的尊严，正视残疾人的问题，保障残疾人的权利。要大力弘扬残疾人自强不息的精神和社会扶残助残的良好风尚，树立“平等、参与、共享”的现代残疾人观，促进他们与社会的融合，不断激发社会正能量，在全社会营造关心残疾人、重视和支持残疾人事业的爱心氛围，形成更加和谐友善的环境，为残疾人消除有形或无形的障碍，让残疾人与全体人民一样，生活得更有尊严、更有质量、更加幸福。

第二，努力让残疾人过上美好幸福的生活。全省人民对美好生活的向往，其中包括广大残疾人对过上更好日子的期盼，是我们的奋斗目标和工作方向。我们要以共享小康、共建“两富”为目标，大力增强扶残助残意识，大力改善残疾人状况，努力让残疾人过上美好幸福的生活。一方面，要给予残疾人特殊的关爱和帮助，进一步健全残疾人社会保障体系，加快残疾人服务体系建设，高度重视残疾人文化建设，切实维护残疾人合法权益。另一方面，广大残疾人朋友要不等不靠，继续保持和发扬自尊、自信、自强、自立精神，融入社会，与全省人民一起创造物质财富、建设美丽家园、实现美好梦想。

第三，切实加强对残疾人工作的领导。各级残联组织和广大残疾人工作者要始终与广大残疾人保持血肉联系，不断提高为残疾人服务的能力和水平。全省各级党委、政府要高度重视残疾人事业，把残疾人工作列入重要议事日程，进一步完善党委领导、政府负责的残疾人工作领导体制，进一步配齐配强各级残联专职理事长。各级政府残疾人工作委员会要强化职责，统筹协调有关促进残疾人事业发展的方针、政策、法规、规划的制定与实施。各有关部门要切实提高为残疾人提供社会保障和公共服务的水平，给予残疾人工作以更多的关心和支持。

省残联理事长陈燕萍在省残联第六次代表大会上的工作报告摘要

2013 年 6 月 18 日

一、过去五年的工作回顾

省残联第五次代表大会以来的五年，省残联动员带领全省残疾人工作者和广大残疾人，坚持“缩小差距、协调发展、共享小康、走在前列”的目标，突出残疾人社会保障和服务体系建设两个重点，全面实施残疾人共享小康工程、承办第八届全国残运会、创建省级扶残助残爱心城市三件大事，奋力推进残疾人事业加快发展，圆满完成省残联五代会确定的目标任务。

二、今后五年的奋斗目标

今后五年的奋斗目标是：率先建成具有浙江特色的残疾人社会保障和服务体系，率先实现残疾人生活达到全面小康水平，促进残疾人与“两富”现代化生活的全面融合。具体目标是“合力干好一三五，力争实现七八九”，到 2017 年底，残疾人生活指数达到 70%，残疾人公共服务平均覆盖率达到 80%，残疾人小康实现程度达到 90%。

三、加快推进全省残疾人共享小康，共建“两富”

今后五年，全省残疾人事业发展的主要任务是：在继续实施“十二五”规划提出的“十大小康·阳光助残行动”和“十大残疾人服务能力建设工程”的基础上，以着力促进残疾人“保障提升、收入倍增、服务优质、环境融合”为重点，进一步加快残疾人社会保障和服务体系建设，切实维护残疾人合法权益。

（一）着力共建共享，促进保障提升、收入倍增。一要推进基本保障提标扩面。二要推进残疾人就业创业。三要推进残疾人脱贫致富。

（二）着力加快建设，促进能力提升、服务均等。一要加强基础设施建设。二要加强服务能力建设。三要加强人才队伍建设。

（三）着力权益维护，促进平等参与、社会和谐。一要深化维权法制体系建设。二要加大维权工作力度。

（四）着力优化环境，促进营造氛围、共享融合。一要健全工作体制机制。二要精心打造特色品牌。三要丰富精神文化生活。

四、加强残疾人组织和队伍建设，为残疾人社会融合、共建共享提供组织保障

（一）进一步弘扬全省残联的核心价值观，振奋精神。一要坚定理想信念。二要弘扬残联核心价值观。三要发挥残疾人的作用。

（二）进一步加强组织队伍建设，提升能力。一要健全各级组织。二要加强干部队伍建设。三要创新社会化工作方法。

（三）进一步转变工作作风，严明纪律。一要强化宗旨意识，打造服务型组织。二要强化学习意识，打造创新型组织。三要强化廉政意识，打造廉洁型组织。

副省长熊建平在省残联第六次代表大会上的讲话摘要

2013 年 6 月 19 日

第一，认清形势，明确目标。浙江省残疾人事业发展取得了显著成就，许多工作都走在了全国前列。但是，也清醒地看到，全省残疾人事业还滞后于经济社会发展，残疾人总体状况与社会平均水平仍存在较大差距，为残疾人提供服务的能力还远不能满足残疾人的需求，地区之间发展还很不平衡，残疾人工作仍然任重而道远。党的十八大描绘了全面建成小康社会、实现中华民族伟大复兴的宏伟蓝图，习近平总书记提出了实现中华民族伟大复兴的“中国梦”，这为全国人民指明了前进的方向。浙江省第十三次党代会提出了建设物质富裕精神富有现代化浙江的奋斗目标，这正是“中国梦”在浙江的生动实践。残疾人是实现“中国梦”的主体之一，他们对梦想的追求更加强烈、更加迫切，就浙江省来说，只有广大残疾人都实现了小康，实现了“两富”现代化，全面小康社会和“两富”现代化浙江才更完整、更真实；只有广大残疾人与全省人民一起投身“两富”现代化浙江建设、共建共享幸福美好生活，“中国梦”才更完美。

第二，把握重点，加快发展。一要抓好政策完善。要加快健全普惠与特惠相结合、一般性制度安排与专项制度安排相结合的政策保障体系，切实保障残疾人基本生活；加快健全基本公共服务与特殊需求服务相结合，基本服务供给与专业服务供给相结合的服务体系，不断提高残疾人服务机构、服务人才的制度化、规范化和专业化水平；建立与经济发展和政府财力增长相适应的投入增长机制，缩小残疾人状况与社会平均水平之间的差距，促进欠发达地区残疾人事业均衡发展。二要加强法制保障。要加快出台《浙江省残疾人就业办法》《浙江省无障碍环境建设实施办法》等规章，进一步完善残疾人事业法律法规保障体系；认真贯彻执行《残疾人保障法》《浙江省残疾人保障条例》等法律法规，增强全社会依法维护残疾人权益的意识；完善残疾人法律救助体系，做好残疾人法律服务、法律援助、司法救助工作，加大执法和监督、检查力度，严厉打击侵害残疾人合法权益的违法行为。三要推进机制创新。要进一步完善党委领导、政府负责、部门协同、社会参与的残疾人工作机制，将残疾人工作纳入“两富”现代化浙江评价指标、党政领导班子考核、新农村建设考核以及文明城市考核指标，推动残疾人工作在经济社会发展的大环境中优先发展。

第三，加强领导，形成合力。一是要切实加强组织领导。各级政府要把残疾人工作摆在更加突出的位置，列入重要议事日程，加大领导和协调力度，及时研究解决遇到的问题，支持残联依法、依章程开展工作。各级政府残工委要进一步强化职责，建立健全工作制度，统筹协调推进各项工作。各有关部门要发挥各自优势，形成合力，为残疾人事业发展创造良好条件。二是要广泛凝聚社会力量。要在全社会大力弘扬人道主义思想和团结友爱、互助共进的中华民族传统美德，树立“平等、参与、共享、融合”的现代残疾人观，动员社会力量关心支持残疾人事业，鼓励支持社会力量兴办残疾人福利事业。深化省级扶残助残爱心城市创建成果，广泛开展扶残助残献爱心活动，在全社会营造理解、尊重、关心、帮助残疾人的良好社会氛围。三是要进一步加强残联组织建设。各级残联组织要积极开展“学习型、服务型、创新型组织”建设活动，充分履行“代表、服务、管理”职能；加强调查研究，认真倾听残疾人呼声，及时反映残疾人诉求，积极主动为党委、政府决策当好参谋助手，充分发挥党和政府联系残疾人群众的桥梁和纽带作用。四是要大力弘扬残疾人精神。广大残疾人要进一步发扬自尊、自信、自强、自立精神，主动融入社会，积极参与发展，创造生命的辉煌，实现人生的价值，成就美好的梦想。

副省长熊建平在全省残疾人工作会议上的讲话摘要

2013 年 6 月 20 日

一、以扩面提标为重点，进一步提高残疾人社会保障水平。一是加强残疾人生活救助。进一步完善城乡居民最低生活保障、农村“五保”供养等政策措施，对符合条件的重度残疾人实行单独施保、全额发放低保金，努力实现应保尽保。加快实施贫困残疾人危房改造，完成 3000 户改造任务。二是提高残疾人社会保险覆盖面。督促用人单位为残疾职工缴纳社会保险费。落实贫困残疾人参加社会保险的补贴政策，逐步提高补贴标准。逐步将残疾人基本康复项目纳入基本医疗保障范围，将残疾儿童抢救性康复项目纳入特殊病种管理。三是提高残疾人社会福利水平。认真落实残疾人各类补贴制度，其中要对 10 万名无固定收入残疾人发放每人每月不低于 100 元的生活补贴。2013 年省政府已将“为 7500 户残疾人家庭实施无障碍改造”纳入为民办实事项目，各地要切实抓好落实。

二、以促进残疾人就业为重点，加快推进残疾人增收致富。一是大力提升残疾人就业能力。免费开展残疾人实用技能培训，使每个贫困残疾人家庭至少有 1 名劳动力掌握 1 至 2 门实用技术。加快发展高中阶段特殊教育，加强残疾人职业教育和培训，鼓励和支持高等学校开设特殊教育专业。二是多渠道安置残疾人就业。重点推进残疾人按比例就业，各级残工委成员单位和所属事业单位要带头按比例安置残疾人就业，努力做到预留岗位、单招单考。加快推进福利企业发展，大力开发、购买适合残疾人特点的公益性岗位和庇护性产品。同时，通过社区就业、居家就业、辅助性就业等形式进一步扩大残疾人就业规模。三是加大农村残疾人扶贫开发力度。要将残疾人扶贫纳入政府扶贫的大盘子，加大资金投入，加强对经济欠发达地区农村残疾人的重点倾斜和扶持。加快扶贫基地建设，帮助贫困残疾人家庭发展生产，摆脱贫困。采取“一户一策”的针对性帮扶措施，完成 2013 年省里下达的 2 万名扶贫任务。

三、以加强残疾人康复和托养服务为重点，加快推进残疾人服务体系建设。一是加快推进残疾人公共服务设施建设。积极整合各类资源，加快建设一批覆盖广泛、布局合理、功能完备的残疾人公共服务设施，使残疾人享有均等化的基本公共服务。二是加快提升残疾人服务的专业化水平。大力推进残疾人服务行业的标准化、规范化建设，加大残疾人服务专业人才的培养引进力度，加强残疾人产品的研发，推进残疾人服务业转型升级。三是突出抓好残疾人康复和托养服务体系建设。合理界定服务人群，明确机构功能定位，进一步强化残疾人康复和托养服务在残疾人服务体系中的骨干和支撑作用。

四、以维护残疾人合法权益为重点，进一步提高残疾人工作法制化水平。一是制订完善相关法规政策。2013 年出台《浙江省残疾人就业办法》《关于进一步健全残疾人康复和托养服务体系的意见》，并开展《浙江省无障碍设施建设实施办法》立法调研。二是要加强执法检查。各地、各有关部门要积极配合各级人大、政协开展保障残疾人权益法律法规执法检查、视察和调研，并做好相关成果的转化和运用。组织开展专项工作督查，确保残疾人相关政策落实到位。三是做好残疾人维权工作。建立面向残疾人的经常性法律援助机制，全面推进省、市、县三级残疾人法律援助工作站建设，加快提升基层法律工作者业务能力，确保需要法律援助的残疾人“应援尽援”。进一步完善残疾人信访工作机制，畅通残疾人利益表达渠道。

省委副书记王辉忠在《关于浙江省残疾人事业发展“十二五”规划执行评估指标 2012 年度监测结果的通报》（浙残工委〔2013〕2 号）上的批示

2013 年 6 月 24 日

各地要认真对照评估指标 2012 年度监测结果，千方百计拉长自己的短板，再苦也不能苦了残疾人，以期全省更加均衡。

副省长熊建平在省审计厅《关于我省部分地方残疾人社会保障和服务体系建设专项审计调查的综合报告》上的批示　2013年8月30日

请省残联、民政厅高度重视，针对审计提出的问题逐条分析梳理，认真提出整改意见。尤其要在建章立制上下功夫。

二、政策法规文件

浙江省残联关于开展残疾人庇护产品政府优先采购及制定庇护产品目录试点工作的通知

浙残联教就〔2013〕3号

各市及有关县（市、区）残联、民政局、财政局：

为贯彻落实《中共浙江省委浙江省人民政府关于加快推进残疾人事业发展的实施意见》（浙委〔2009〕3号）、《浙江省残疾人保障条例》有关精神，完成浙江省残疾人事业发展“十二五”规划相关任务，积极探索残疾人庇护产品政府优先采购制度，更好地惠及残疾人，经研究，决定开展残疾人庇护产品政府优先采购及制定庇护产品目录试点工作，现将有关事项通知如下：

一、试点县（区）

根据政策要求，结合各地残疾人庇护产品政府优先采购及制定庇护产品目录试点的工作基础和条件，确定杭州市西湖区、宁波市海曙区、温州市鹿城区、嘉善县作为全省试点县（区）。

二、试点时间

2013年1月—6月。2013年7月对试点工作进行总结评估。

三、试点内容

试点县（区）要以政府名义制定残疾人庇护产品政府优先采购政策、制定庇护产品目录、印发试点方案、落实工作责任，各试点地区确定的残疾人庇护产品目录报省残联、省民政厅、省财政厅备案。

四、工作要求

（一）充分认识残疾人庇护产品政府优先采购及制定庇护产品目录的重要意义

据第二次全国残疾人抽样调查结果显示，我省现有就业年龄段智力、精神残疾人近14万人。他们受教育程度低、就业竞争力弱、参与社会活动能力缺乏，绝大多数人长期处于家庭看护的封闭状态，在生存和发展方面面临诸多困难和问题。因此，建立以“政府主导、社会参与、因地制宜、示范先行”的残疾人庇护产品制度，对维护社会和谐稳定，减轻社会和家庭负担，提高残疾人康复和社交能力，实现残疾人庇护性就业，都具有重要意义。

（二）制定试点方案，认真组织实施

承担试点任务的县（区）要争取党委、政府领导的重视支持，以政府名义印发可行度高、操作性强的残疾人庇护政策试点方案，结合当地实际制定残疾人庇护产品目录和优先采购的优惠政策，落实残联、民政、财政等有关部门的分工和责任。要保障庇护人员的劳动安全，保证庇护产品的质量和庇护产品的优惠价格。

（三）做好总结评估，营造社会氛围

试点工作结束后，由省有关部门组织专项评估，科学测评残疾人庇护政策对政府采购工作、庇护机构发展、庇护残疾人及其家庭等的影响，总结试点经验，推广试点成果。要充分利用报刊、电视、网络等媒介进行大力宣传，营造良好的社会氛围，争取社会各界的理解、支持和参与，共同为残疾人事业发展做出积极努力。

浙江省残疾人联合会
浙江省民政厅
浙江省财政厅
2013年1月28日

浙江省人民政府办公厅关于印发《浙江省贯彻农村残疾人扶贫开发纲要（2011—2020年）实施意见》的通知　浙政办发〔2013〕45号

2013年5月6日，浙江省人民政府办公厅印发《浙江省贯彻农村残疾人扶贫开发纲要（2011—2020年）实施意见》（浙政办发〔2013〕45号）。

总体目标：

到2015年，率先实现农村残疾人生活达到小康水平，实现程度达到80%，基本生活得到稳定的制度性保障，参与社会和自身发展状况显著改善，农村残疾人家庭年人均纯收入达到当地农村居民年人均纯收入水平的70%；率先建立具有浙江特点的农村残疾人社会保障体系和服务体系，保障水平和服务能力明显提高。到2020年，农村残疾人全面平等享受基本医疗、基本养老、教育、住房、康复等保障服务；基本公共服务全面覆盖农村残疾人并不断提高水平，残疾人生产生活状况明显改善，生活无忧、精神富有。

主要任务：

（一）健全社会保障。到2015年，确保70%以上的农村低收入残疾人家庭（纳入最低生活保障的残疾人家庭除外）年人均纯收入提高到4000元，生产生活状况明显改善；将农村贫困残疾人普遍纳入社会保障范围，予以重点保障和特殊扶助；对符合条件的农村重度残疾人实行单独施保，全额发放低保金（低保补助金），并逐步扩大政策覆盖面，提高救助水平。到2020年，建立比较完善的农村贫困残疾人生活补贴、重度残疾人护理补贴和辅具与家居无障碍补贴制度；对农村重度残疾人和智力残疾人、精神残疾人提供集中托养、日间照料、居家安养或其他庇护服务。

（二）健全康复服务。到2015年，普遍开展农村残疾人社区康复服务和康复医疗救助，有需求的残疾人普遍适配基本型辅助器具，有康复需求和适应指征的残疾人康复服务率达到90%。到2020年，有康复需求的农村残疾人普遍得到有效的康复服务，残疾预防知识得到普及，有效控制残疾发生和发展。

（三）健全特殊教育。到2015年，农村持证适龄残疾儿童少年普遍接受义务教育，入学率达到90%以上，并切实保障残疾儿童少年和贫困残疾人家庭子女顺利完成学业；积极发展残疾儿童学前康复教育、残疾人职业教育、普通高中教育和高等教育。到2020年，农村持证适龄残疾儿童少年和残疾人家庭子女受教育状况达到当地平均教育水平。

（四）健全住房保障。到2015年，农村残疾人普遍得到安全的住房保障，并大力推进家庭无障碍改造。到2020年，残疾人家庭居住条件明显改善。

（五）健全就业服务。到2015年，为16万名农村残疾人提供实用技术培训，使就业年龄段有劳动能力有就业需求的残疾人接受就业扶持的比例达到70%以上。到2020年，有劳动能力和就业需求的农村残疾人实现充分就业，家庭自我发展能力明显提高。

（六）健全社会参与。到2015年，农村残疾人社区活动参与率达到65%以上。到2020年，农村残疾人社区活动参与率达到80%以上，普遍享有无障碍基本公共文化和体育服务。

浙江省人民政府办公厅关于促进普通高等学校毕业生就业创业的实施意见

浙政办发〔2013〕91号

2013年7月10日，浙江省人民政府办公厅下发《关于促进普通高等学校毕业生就业创业的实施意见》（浙政办发〔2013〕91号）。

强化就业援助。从2013年起，对城乡居民最低生活保障家庭、孤儿、残疾人等毕业年度高校毕业生，给予每人1000元的一次性求职补贴，所需资金从促进就业资金中列支。重视做好女性、残疾人、少数民族以及新疆、西藏、青海等对口支援地区来浙求职高校毕业生的就业工作。

工会、共青团、妇联、残联组织要发挥群团优势，多渠道多形式促进高校毕业生就业。

浙江省残联、省财政厅关于印发《浙江省爱心助残特殊救助资金使用管理暂行办法》的通知

浙残联计财〔2013〕70号

2013年9月26日，浙江省残疾人联合会、省财政厅印发了《浙江省爱心助残特殊救助资金使用管理暂行办法》。爱心助残特殊救助资金经省政府批准，由承办第八届全国残运会结余资金捐赠设立。救助对象为浙江省（包括宁波）户籍且持有中华人民共和国残疾人证，符合办法规定条件的残疾人或残疾人家庭，用于残疾人或残疾人家庭发生以下情形的临时困难救助：（一）因重大疾病医疗（康复）费用医保报销和商业保险赔付、当地政府或社会组织医疗（康复）和生活救助后，家庭负担仍然较重，影响基本生活的；（二）因自然灾害及其他意外伤害造成重大财产损失导致人员伤亡，商业保险赔付和当地政府或社会组织救助后仍不足以恢复家庭正常生活的。爱心助残特殊救助资金申报、审批，实行“总量控制、个人申请、逐级审核、省定县发”的办法。

浙江省福利企业管理办法

浙江省人民政府令第314号

《浙江省福利企业管理办法》经省人民政府第五次常务会议通过，2013年5月7日公布，自2013年7月1日起施行。

第四条 各级残疾人联合会应当按照规定职责做好福利企业残疾人保障相关工作。

第五条 福利企业从事生产经营活动，应当遵守残疾人保障、劳动安全、职业卫生、社会保障、税收等方面的法律、法规和规章，不得侵害残疾人职工的合法权益，不得损害公共利益。

残疾人职工在晋职、晋级、职称评定、劳动报酬、职业技能培训、休息休假、社会保险和生活福利等方面，与其他职工享受同等权利。

第六条 申请福利企业资格认定的企业，应当依法经工商、税务登记，并符合下列条件：

（一）残疾人职工占本单位在职职工总数的25%以上，且不少于10人；

（二）具有适合残疾人就业的工种、岗位；

（三）与残疾人职工签订1年以上的劳动合同，残疾人职工实际上岗且从事全日制工作；

（四）按照规定为残疾人职工办理基本养老、基本医疗、失业、工伤和生育保险，支付残疾人职工工资不低于当地人民政府确定的最低工资标准；

（五）具有与其招用的残疾人职工残疾类别相适应，符合本办法第二十八条规定要求的无障碍设施。

第十一条 福利企业依法终止营业或者已不符合资格认定条件的，应当向原认定的民政部门办理注销手续；与残疾人职工解除劳动合同的，应当符合劳动合同法规定的条件和程序，并依法向残疾人职工支付劳动报酬、经济补偿及其他相关费用，同时向原认定的民政部门报送相关材料。

第十二条 福利企业暂时处于停产状态，但能确保安排残疾人职工不低于法定比例和数量且为其缴纳社会保险的，可以向原认定的民政部门申请保留福利企业资格，并按月向其报送相关材料。

福利企业保留资格期间，不享受福利企业税收优惠政策。

第二十一条 县级以上人民政府民政、财政、税务、人力资源和社会保障、卫生、工商行政管理、海关等行

政机关和残疾人联合会，应当加强执法协作，建立健全福利企业管理有关信息共享机制，提高工作质量和效率。

第二十八条　本办法规定的福利企业内的无障碍设施包括：

（一）无障碍通道：建筑物入口处设置无障碍坡道；有使用轮椅职工的，建筑物走廊以及办公室（车间）、宿舍和卫生间的出入口适合轮椅进出；有盲人职工的，厂区人行道设置盲道。

（二）无障碍卫生间：有下肢残疾职工的，公共卫生间设置扶手；有使用轮椅职工的，公共卫生间设置无障碍厕位。

（三）无障碍安全警示：厂房、仓库和车间设置安全出口提示；有盲、聋哑人职工的，设置声光报警器。

（四）无障碍宿舍：宿舍内设置求助报警器，浴室内设置安全扶手、防滑装置；有聋哑人职工的，设置专用门铃。

（五）无障碍机动车停车位：停车场设置残疾人专用停车位。

（六）省民政部门规定的其他无障碍设施。

三、工作综述

2013 年，浙江省残疾人工作按照中央和省委省政府重大决策部署，围绕中国残联和省残联六代会目标，创新举措，落实任务，圆满完成了残疾人事业“十二五”规划年度目标，残疾人的保障力度进一步加大，为残疾人服务的水平进一步提高，残疾人平等参与社会的环境进一步优化，残联组织服务能力明显增强。2013 年全省残疾人小康实现程度达到 88.6%，比上年提高 7.1 个百分点，比全国高 17.5 个百分点。

（一）以成功召开六代会为契机，残联组织建设得到切实加强

6 月 18—19 日，浙江省残联第六次代表大会圆满召开。省委、省人大、省政府主要领导、常委和中国残联领导出席开幕式，会议选举产生了新一届主席团和各专门协会领导，熊建平副省长新当选省残联主席团主席，推举通过新一届执行理事会领导，明确了“合力干好一三五、力争实现七八九”的五年奋斗目标。全省残联组织顺利完成换届，35 名新任理事长充实到残联岗位，82% 的市级残联配备残疾人领导干部，93% 的县级残联配备残疾人干部。举办了全省残联新任理事长培训班，分级开展专门协会骨干培训。开展基层残疾人组织建设试点工作，基层力量不断加强。

（二）以健全保障与服务体系为重点，残疾人权益得到有效维护

认真落实政府责任书，进一步加强残疾人增收、就业、服务体系建设和维权维稳工作。

一是残疾人收入不断增加。通过提高保障水平、就业创业、贷款贴息补助等措施，2013 年全省城镇残疾人家庭人均可支配收入达到 22041 元、农村残疾人家庭人均纯收入达到 13024 元，分别比上年度增长 15.2% 和 18.7%；22301 名残疾人实现脱贫。

二是就业力度不断加大。全省新增残疾人就业 9889 人，其中新增按比例就业 3350 人；全省征收残疾人就业保障金 25.3 亿元，同比增长 17.9%。

三是服务设施建设不断加快。全省已建成残疾人服务设施 145 处 74.96 万平方米，其中 2013 年新增建成 11 处 5.9 万平方米、新开工 19 处 15 万平方米，省残疾人康复指导中心和浙江特殊教育职业学院（筹）工程开工建设；新建残疾人小康·阳光庇护中心 198 家，其中省级 33 家。

四是残疾人权益得到有力维护。开展无障碍环境专项检查和《浙江省无障碍环境建设实施办法》立法调研；省残联协同省政协社法委组织开展残疾人权益保障情况专题调研；加强对残疾人人大代表、政协委员参政议政的服务工作，共协助代表、委员提出建议提案 117 件。

（三）以实施共享小康工程为抓手，专项帮扶覆盖面不断扩大

继续实施残疾人共享小康工程，25.2 万名重度残疾人单独施保、全额补助；为 9.91 万名劳动年龄段无固定收入残疾人发放每年 1200 元的生活补贴；建立特殊困难残疾人救助制度，首批救助 1105 人，发放救助金 1235 万元；3.66 万名残疾人享受助听、助明、助行康复服务，2990 名残疾儿童得到抢救性康复，其中实施人工耳蜗手术 194 例；残疾儿童抢救性康复服务率达到 95.5%；开展贫困残疾人高科技辅助器具适配和精神残疾康复试点工作；开展残疾人大病医疗保险试点；建立了省级“康复人才库”和康复专家组，开设省级康复名医馆；8.16 万名重度残疾人得到托（安）养照料服务，其中 2013 年新增 1.19 万名；无障碍设施进家庭项目列入省政府十方面实事，全年完成 1.06 万户，超额完成任务 40%；为 3804 户残疾人家庭改造危旧房；残疾人共享小康工程获得“2013 中国全面小康十大民生决策奖”和“首届浙江全面小康民生决策与社会治理创新特别奖”；残疾人对小康工程的满意率达到 95.6%。

（四）以推进教育文体活动为平台，残疾人自强风采充分展示

加强残疾儿童少年入学情况调查和信息通报，为 3742 名残疾学生提供送教上门服务；学龄残疾儿童接受义务教育比例为 78.3%；为 3 万多名残疾学生和残疾人子女提供助学帮扶；浙江特殊教育职业学院基本完成筹建任务，向省政府申请正式摘筹建院。浙江省运动员在 2013 年聋奥会上取得 4 金 2 银 5 铜的优异成绩；承办了全国残疾人（25

岁以下）射箭锦标赛；组织全省第七届残疾人文艺汇演；参加教育部、民政部、文化部和中国残联共同举办的第八届全国残疾人艺术汇演，获得团体金奖；组织开展残疾人文化艺术公益活动220多场，省残疾人艺术团舞蹈《钱江弄潮》应邀参加浙江省委、省政府春节团拜会演出，参加第七届全国电视舞蹈大赛群文群舞组决赛获作品奖银奖、编导奖银奖。建立了14家省级残疾人文化艺术和体育示范基地。举办了全省第二期残疾人文化辅导员培训班和第三期残疾人体育健身指导员培训班。加大新闻宣传力度，在中央和省级主流媒体刊播报道近百次，较好地展现了新时期残疾人的自强风采。

（五）以创建爱心城市为载体，扶残助残氛围更加浓厚

宁波市、湖州市、台州市等3个设区市和建德市、宁波市海曙区、永嘉县、泰顺县、苍南县、湖州市吴兴区、绍兴县、磐安县、天台县、青田县等10个县（市、区）成功创建省级扶残助残爱心城市（区），获省政府命名，至此，全省共有68个市、县（市、区）成功创建全国残疾人工作示范城市或省级扶残助残爱心城市（区）。第二批设区市和第四批县（市、区）政府与省政府残工委签订创建省级扶残助残爱心城市（区）责任书。各地积极开展爱心乡镇、社区、单位、家庭等创建活动，扶残助残氛围浓厚。

（六）以开展党的群众路线教育实践活动为动力，机关工作作风明显转变

2013年7月起，按照中央和省委的统一部署，省残联扎实开展党的群众路线教育实践活动，紧紧围绕“为民、务实、清廉”主题，以反对“四风”为主要内容，按照“照镜子、正衣冠、洗洗澡、治治病”总要求，紧紧围绕“学习教育、听取意见”、“查摆问题、开展批评”、“整改落实、建章立制”三个环节，结合残疾人事业发展实际，加强领导、周密部署，精心组织、狠抓落实，取得了重要阶段性成果，广大党员干部精气神显著提升，机关工作作风得到明显转变，联系残疾人与服务残疾人的能力得到整体增强。2013年省残联会议比上年减少15%，文件减少3.9%，“三公”经费减少30.29%。杭州市、宁波市残联也作为第一批单位开展了群众路线教育实践活动。

（七）加强对外交流，促进合作

国际狮子会第一副会长贝里·柏尔玛访问浙江。以台湾无障碍协会理事长林俊福先生为团长的台湾身障福利团体浙江访问团一行20人访问浙江，该协会与浙江省残联直属省残疾人对外交流中心签订五年交流合作意向书。组派浙江省“爱心家庭”代表交流团一行13人赴台湾，与台湾的“爱心妈妈”进行交流。组织浙江省残疾人康复工作交流团访问希腊、德国，浙江省残疾人辅助器具服务工作交流团访问瑞典、芬兰。选派残疾人运动员参加在保加利亚首都索非亚举行的第二十二届夏季聋奥会，在荷兰举行的世界轮椅与截肢人运动会，在韩国举行的2013年亚太地区残疾人乒乓球公开赛，在加拿大蒙特利尔举行的2013年残疾人游泳世锦赛，在马来西亚举行的2013年亚洲残疾人青年运动会。派员随中国残联培训团组赴德国进行残疾人托养服务工作培训。西藏那曲地区民政局党组副书记、局长央金，残联理事长洛色等一行10人到浙江省残联，就加强援建工作、共同促进残疾人事业发展进行座谈交流。

（八）专门协会工作

2013年，浙江省残联各专门协会完成换届，产生了第六届领导班子成员。开展工作研讨，制定工作计划，落实职责分工。组织业务学习，加强自身建设，提高履职能力。开展工作调研，了解迫切需求，进一步密切了与各类别残疾人的联系，解决广大残疾人的困难和问题。利用国际残疾人日等节日，通过座谈会、茶话会、联欢会和游览等活动，活跃残疾人的生活。加强协会规范化建设，切实发挥“代表、服务、维权”职能，增强协会的凝聚力和战斗力，起到协会自我教育、自我管理的作用。

省盲人协会积极推荐盲人参加中国盲协组织的盲人象棋、歌手、朗诵等比赛，以及参加中国盲人文学联谊会等活动，充分展示浙江省盲人文化建设成果。各地盲协广泛开展国际盲人节活动。

省聋人协会组织参加第二届“沣标杯”国际聋人摄影大赛成绩优异。各地聋协广泛开展国际聋人节、全国爱耳日活动，组织聋人参加各种职业技能培训和残疾人就业招聘会，为他们就业再就业搭建平台。

省肢残人协会承办中国肢残人协会“关爱脊髓伤友爱心助残”活动、创新推动协会工作交流会等，在省残疾人康复指导中心挂“中国肢残人协会脊髓损伤者委员会”的牌子，并开设脊髓损伤者“中途之家”。

省智力残疾人及亲友协会在三门县实施“智力残疾人康复工程”，联合江干区残联在杭州大剧院举办由江干慧灵托管中心的智障人士为主演的纯公益性演出暨“智障人士圆梦之旅”特奥日主题活动。

省精神残疾人及亲友协会关注精神残疾人的医疗、就业和托（安）养等问题，以世界精神卫生日为载体，广泛宣传《精神卫生法》。丽水、绍兴、宁波、台州等地精协请专家为精残人亲友讲解监护知识。

（九）省残工委各成员单位工作

2013年，省政府残工委各成员单位积极推进《浙江省残疾人事业发展“十二五”规划》的落实，出台了有关残疾人社会保障、扶贫和托养服务工作、就业和盲人按摩工作、宣传文化体育工作、教育工作、法制建设和法律救助、信息化与统计监测等6个规划配套实施方案；出台了残疾人庇护产品政府优先采购及制定庇护产品目

录试点工作、爱心助残特殊救助资金使用管理暂行办法、福利企业管理办法和监督检查办法；参与省残疾人事业发展“十二五”规划执行情况中期评估调研活动、设区市及第三批县（市、区）省级爱心城市创建验收等工作。

省财政厅推动全省残疾人事业经费增加投入；制定第八届全国残运会结余资金使用方案，发放首批救助资金；推动调整提高重度残疾人托（安）养费用指导线和残疾大学生免除学费、住宿费政策的制定。

省民政厅主要领导带队到省残联调研，并会同省残联出台《关于进一步促进残疾人共享小康工作的意见》，明确了部门职责，加大了对残疾人工作的扶持力度。

省发改委继续将各市、县级残疾人服务设施建设项目打包，作为浙江省扩大有效投资“411”重大项目；将省残疾人康复中心和华强学校二期项目分别纳入省重点建设项目，并推动将省残疾人康复中心项目列入省领导联系重点项目。

省农办落实各结对帮扶单位对低收入残疾人家庭实施“一对一”帮扶；推动将省残联纳入低收入群众增收工作领导小组；将符合条件的城乡困难残疾人农户全部纳入低收入农户数据库，在培训就业、来料加工、省级残疾人扶贫基地帮扶等方面给予倾斜支持。

省人力社保厅与省残联共同开展就业援助月活动，为全省1万名残疾人提供就业创业服务。

省地税局推进残疾人就业保障金的征收，为全省（不含宁波）各项涉残税收优惠政策共计减免约5.5亿元。

省卫计委将社区康复列为《浙江省乡镇卫生院等级评审办法（试行）》的评估指标；联合开展省级残疾人社区康复示范站创建；将全省16.3万名重性精神病患者纳入社区健康管理，共同开展精神残疾康复试点工作。

省教育厅将随班就读、送教上门等适龄残疾儿童入学情况列入中小学学生电子学籍系统；推动全省建成200个轻度残障儿童随班就读示范性资源教室；培训400名随班就读资源教师和孤独症教师；推动残疾大学生免除学费、住宿费政策的制定；支持和指导浙江特殊教育职业学院筹建工作。

省建设厅牵头开展无障碍环境建设专项检查和《浙江省无障碍环境建设实施办法》立法调研；将建设工程的无障碍设计情况纳入全省建筑节能与勘察设计工作综合检查；为残疾人家庭改造危旧房，配合开展残疾人家庭无障碍改造。

省法制办将《浙江省残疾人就业办法》列入省政府规章一类立法计划；将《浙江省无障碍环境建设实施办法》列入2014年省政府规章二类立法计划；在《浙江省社会救助条例》立法中对残疾人对象做了特别照顾规定。

省体育局要求全省建设的81个中心村全民健身广场（体育休闲公园）中配备无障碍通道；在全省残疾人、老年人居住较多的小康体育村健身点建设无障碍通道，配备适合残疾人健身、康复的器材；培训残疾人社会体育指导员800余名。

省文化厅配合开展第七届全省残疾人文艺汇演和第四届全省残疾人文化艺术周活动；选派优秀导演和创作人员编排和指导我省残疾人文艺节目参加全国汇演、选送残疾人节目参加全国电视舞蹈大赛；共同组织创建省级残疾人文化艺术示范基地和文化建设专题调研。

省国土资源厅在出台的《关于市、县、乡级土地利用总体规划预留指标使用办法》中，明确允许残疾人设施用地等民生项目使用规划预留指标。

省统计局与省残联共同牵头开展2013年度浙江省残疾人状况监测，扩大监测样本，加强质量监管和督导，将部分监测指标延伸到县级。

省残联牵头组织实施残疾人共享小康工程，为符合条件的残疾人提供基本生活保障、基本康复和托（安）养照料服务，发放无固定收入残疾人生活补贴。推动省市县三级政府层层签订残疾人重点工作任务责任书，有力地促进了残疾人增收、就业和残疾人服务设施建设，维护了残疾人权益。积极发挥省残工委秘书处综合协调服务作用。其他省政府残工委成员单位也结合日常工作，认真履行职责，为营造扶残助残的良好社会氛围做出了贡献。

（十）基层残疾人工作

2013年，杭州市对所属区、县（市）“十二五”规划实施进展情况进行了中期检查和督导；实现了残疾人基础数据库与民政、人力社保部门相关的低保、基本生活保障、社会保险、就业援助、公益性岗位信息等数据交换。

宁波市市、县两级全面建成残疾人综合服务设施；出台残疾人托养机构规范化建设考核评比标准。

温州市全力开展残疾人庇护产品政府优先采购试点工作，鹿城区政府已优先采购残疾人庇护产品184.83万元；市政府将市本级福利彩票公益金的10%划给残联，专项用于助残项目。

湖州市与地税部门建立残疾人就业保障金征收信息数据交换；开展精神残疾康复试点工作。

嘉兴市积极创建全国残疾人体育文化建设示范市；顺利完成市区残疾车退运工作，全部解决退运残疾人基本养老保障、医疗保障及就业安置。

绍兴市实施残疾人信息交流无障碍服务工程；出台适龄残疾儿童少年随班就读及送教上门工作管理办法。

金华市市残障人康复中心项目主体工程结顶；督查考评办对落实《2013年度残疾人工作重点任务责任书》情况进行督查。

衢州市采取自建、置换、公建、联建四条途经开展农村贫困残疾人危旧房改造，所有持证城镇残疾人均可享受实物配租，优先选房；将残疾人工作列入民政示范社区创建。

舟山市在机关和事业单位推出250个适合残疾人就业的公益性岗位，已录用111名。

台州市将村级专职委员列入公益性岗位作为市政府实事项目，全市1600多名村级残疾人专职委员安排为公益性岗位。

丽水市探索欠发达地区庇护机构创办模式，新建市级庇护中心33个，为1580名智力、精神及其他残疾人提供庇护性服务；与法院共同设立30万元的残疾人司法救助基金。

（十一）残疾人社会组织和志愿助残组织工作

中国狮子联会浙江会员管理委员会召开了2012—2013年度会员代表大会，选举产生了新一届理事会，举行了就职典礼。浙江管委会秉承“正己助人、服务社会”的宗旨，努力践行“我们服务”的精神，积极创建新服务队，发展新会员，不断壮大队伍；广泛开展慈善活动，参与四川雅安地震、余姚水灾等救险救灾，走访慰问贫困残疾人，开展残疾人助学、康复等方面的志愿服务2万多人次；坚持“在服务中发展，在发展中规范”的原则，完善制度，科学管理；注重培训，提升服务能力，进一步展示狮子会的公信力和执行力。

省残疾人福利基金会接收社会捐赠物件资金近千万元，向各地康复中心、特教学校和托养机构赠送汽车、轮椅、毛衣、鞋子、饮料等，为各地贫困残疾人家庭赠送慰问金、慰问品，为四川雅安地震灾区残疾人购置辅助器具。举办“寻找10位贫困听障人士，免费申领爱心助听器”、“关爱残障儿童，共享精彩世界”等活动，与省政协办公厅、省政协社法委联合举办爱心助残文艺演出，与中国美术学院、杭州图书馆联合举办“能量传递，召唤光明”盲人雕塑艺术展，与浙江汇通拍卖公司、杭州古玩城联合举办爱心书画义卖活动。

（十二）宁波市残疾人工作进展情况

2013年，作为计划单列市的宁波市残疾人事业以实施残疾人事业发展“十二五”规划为统揽，以推进“两个体系”服务为重点，以创建“浙江省扶残助残爱心城市”为抓手，较好地完成了年度目标工作任务，据《浙江省统计公报》显示，宁波市残疾人小康实现程度为87.96%，位列全省各市第一。

一是组织保障更加有力。召开宁波市残联第六次代表大会，选举产生了新一届市残联主席团、执行理事会和各专门协会的领导成员。宁波市四套班子和省残联领导出席了开幕式。结合换届，对宁波市残联领导班子进行了调整，3名处级干部进入市残联领导班子。

二是提标扩面深入推进。对全市户籍18—60周岁无固定收入持证残疾人给予每人每月100元的补贴，将托（安）养工程实施范围逐步扩大至二级且生活不能自理的持证重度残疾人。残疾等级三级及以上的独生子女残疾人，其父母49周岁后享受的扶助金从每人每月150—360元提高到400—800元。“无障碍设施进家庭”项目全年完成1338户，完成任务数的115%。完成危旧房改造181户。走访、慰问补助42810户残疾人家庭，发放慰问金3832万元，下拨特困助残金200万元、助学资金189.6万元。做好盲人、听力、言语三类残疾人通讯、网络资费优惠升级。

三是教育就业注重扶持。宁波市政府办公厅转发市教育局、市发改委、市残联等部门《宁波市特殊教育三年行动计划（2014—2016年）》。宁波市残联、市财政局等下发《关于印发宁波市残疾人就业创业千百帮扶计划实施意见的通知》。积极落实中组部等七部委《关于促进残疾人按比例就业的意见》精神，全市残工委成员单位新招录4名残疾人。宁波市残联被市政府评为“就业先进工作单位”。

四是康复服务重在覆盖。宁波市民政局、市人力社保局等下发《关于进一步完善医疗救助工作的意见》，从2014年1月1日开始，将原家庭收入在低保标准150%以内的重度残疾人纳入基本生活保障对象，扩大了医疗救助范围。成功培育11个省级和17个市级残疾人社区康复示范站。全市康复工程定点医疗机构和康复机构达到141家。宁波市被全国残疾人康复工作办公室评为全国爱耳日“优秀组织单位”。宁波市残联被市公共卫生工作委员会评为“宁波市精神卫生工作先进单位”。

五是宣传文体注重实效。在各级报刊、电视、电台、网络刊登（播出）稿件613篇、专版11个。精心组织市残疾人文艺汇演、残疾人文化艺术周、残疾人相亲会、“特奥领袖”竞选、残疾人健身周、残疾人坐式排球赛等活动。宁波市残联被国家体育总局授予“2009—2012年度全国群众体育先进单位”称号，宁波市残体协被市体育总会授予“2012年度宁波市级体育社团先进集体三等奖”。

六是服务设施不断完善。市、县两级全面建成残疾人综合服务设施。成立宁波市康复医院象山分院、宁波市康复中心儿童康复北仑分中心，分别为全省首家纵向医疗康复机构联合体和教育康复机构联合体。依托社会福利机构、乡镇敬老院等建立残疾人托养机构150家，其中残疾人专业托养机构8家，共计床位708张。制定市残疾人托养机构建设标准。全市累计建成省、市、县级残疾人小康庇护中心（阳光家园）74家，庇护照料1930人，其中2013年新建30家。宁波市阳光家园项目获第三届宁波市慈善奖项目奖。七是法制环境继续优化。做好残疾人信访、重点维稳与法律援助工作。宁波市残疾人法律援助站参加全省行业部门法律援助经验交流会并作典型发言。做好残疾车燃油补贴资金发放、残疾车更新工作。参与轨道交通工程和智慧城市无障碍建设。充分发挥残联系统人大代表、政协委员作用，通过“两会”建言献策，推动重点难点问题的解决。鄞州区调研出台福利企业下岗残疾职工保障政策，3000余名残疾职工合法权益得到保障。

但是，全省残疾人事业发展仍然存在诸多问题、困难和薄弱环节：残疾人的生活状况与社会平均水平相比仍有较大差距，社会保障政策仍需落实完善与提标扩面；残疾人就业增收存在较大困难，需要全社会消除障碍、大力扶持；为残疾人服务的公共资源短缺，与平等享有的需求矛盾较大；残疾人事务管理较为薄弱，基础不够扎实；残疾人实现共享小康、共建“两富”的目标任重道远。

四、重要条目

【省市县三级政府层层签订残疾人工作重点任务责任书】省政府与各市政府签订残疾人工作重点任务责任书，内容包括促进残疾人增收、就业，推动残疾人服务设施建设，维护残疾人权益等，各市政府也与所属县（市、区）政府签订相应内容的责任书，层层明确具体任务和责任，并采取有效措施加以督导落实。在各级政府的高度重视、有关部门的共同努力下，各项重点任务完成情况总体良好，全省残疾人事业取得新进展。

【2013年浙江省残疾人状况和小康实现程度监测】11月1日，2013年浙江省残疾人状况入户监测工作全面启动，在完成国家监测任务的基础上，全省监测工作扩面，并延伸到县级。全省11个市90个县（市、区）、864个乡镇（街道）、2953个村（社区）纳入监测，实际监测样本为20693人，与2012年相比，乡镇（街道）增加130个，村（社区）增加501个，样本增加4514人。按照“政府主导、部门协作、第三方调查”的原则，全省现场入户监测工作由省统一委托专业调查机构组织实施。监测结果显示，2013年全省残疾人小康实现程度达到88.6%，比上年提高7.1个百分点，比全国高17.5个百分点，17项主要指标对比中除残疾人对无障碍环境满意率和法律服务满意率外均高于全国平均水平。（见附录三）

【残疾人生活指数纳入“两富”现代化浙江评价指标体系】“残疾人生活指数”纳入中共浙江省委十三届二次全会通过的《物质富裕精神富有现代化浙江评价指标体系（试行）》。该指数主要用城镇残疾人家庭年人均可支配收入占全省城镇居民年人均可支配收入比例和农村残疾人家庭年人均纯收入占全省农村居民年人均纯收入比例两项指标按30：70的权重加权计算。

【省政府残工委调整组成人员】12月26日，浙江省人民政府残疾人工作委员会印发《关于调整有关组成人员的通知》（浙残工委〔2013〕7号），对其组成单位和人员进行调整充实，熊建平副省长为主任，省政府办公厅、省残联、省委宣传部、省农办、省发改委、省教育厅、省民政厅、省财政厅、省人力社保厅、省卫生厅、省统计局相关负责人为副主任，省经信委等33家单位相关负责人为委员（见附录一）。

【残疾人手工艺作品参展义博会】10月21日，第十九届中国义乌国际小商品博览会开幕，丽水市残联争取了两个展位供10名残疾人来料加工经纪人参展，由残疾人编制、加工的手链、仿真花、手工包、围巾、头巾等160多件手工艺品集体亮相，引来参展同行和国内外客户的关注。外经贸部部长石广生，省委副书记、省长李强等领导参观后予以肯定，希望有更多的残疾人加工产品或作品走向市场、打响品牌。

图6-11-2　石广生（前排右二）、李强（前排左二）参观义博会。

【中国狮子联会浙江管委会理事会就职典礼】7月27日，中国狮子联会浙江会员管理委员会2013—2014年度理事会就职典礼大会在省人民大会堂举行。中国残联党组副书记、常务副理事长、中国狮子联会会长王乃坤，省人大常委会副主任厉志海，省残联理事长、浙江管委会首席代表陈燕萍，中国狮子联会监事长刘国璞，省残联副理事长、浙江管委会会长郑瑶，中国狮子联会副会长、浙江管委会执行会长戴建明等出席会议。

【全省残联系统先进集体和先进工作者获表彰】为表彰近五年来全省残联系统涌现出的先进集体和先进个人，6月13日，浙江省人力资源和社会保障厅、浙江省残疾人联合会下发《关于表彰全省残联系统先进集体和先进工作者的决定》（浙人社发〔2013〕135号），授予杭州市残联等30个单位“全省残联系统先进集体”称号，授予王俶蓉等50名同志“全省残联系统先进工作者”称号（名单见附录四），在6月20日全省残疾人工作会议上进行表彰。

【浙江省首批省级残疾人文化艺术体育示范基地】3月8日，省残联、省文化厅、省体育局、省财政厅联合下发《关于命名浙江省省级残疾人文化艺术体育示范基地的通知》（浙残联宣文〔2013〕16号），杭州市聋人学校等9家残疾人文化艺术基地和浙江塘栖盲人门球训练基地等5家残疾人体育基地被分别命名为首批省级残疾人文化艺术基地和体育基地（名单见附录二）。

【浙江省首家残疾人“康复名医馆”试开馆】12月3日，浙江省首家残疾人“康复名医馆”在浙江慈爱康复医院试开馆。该馆汇集省内外20余名康复领域专家给予技术指导、咨询服务，定期参加义诊、疑难病例会诊，为有康复需求的残疾人服务。南京医科大学康复医学系主任励建安、北京博爱医院原副院长丁伯坦等任专家顾问。对浙江户籍贫困残疾患者，专家门诊免收挂号费，并在医疗保险报销和政府性医疗救助、康复专项补助基础上再给予一定的费用减免。

图6-11-3 省残联理事长陈燕萍、省卫生厅副厅长马伟杭为“康复名医馆”揭牌。

【残疾人社会保障和服务体系建设专项审计】2013年上半年，省审计厅组织全省35个审计机关同步对杭州市等4个市、拱墅区等31个县（市、区）残疾人社会保障和服务体系建设开展专项审计调查，发现一些问题：一是政策性的，如重度残疾人参加养老和医疗保险保障不到位；向死亡人员或不符合对象发放低保金和托（安）养补助金；福利企业虚假安置残疾人、残疾人虚假挂证现象较为普遍；部分地方残疾人事业经费财政投入主要依赖残保金，财政一般预算和福利彩票公益金投入较少；残保金未征收、打折征收、未足额征收等现象较为普遍，残保金支出结构不合理，直接用于残疾人职业培训和为残疾人提供就业服务等支出比例较低。二是管理性的，如残疾人办证率较低，部分地方残疾人社会保障和服务尚有较大提升空间，残疾人集中托养机构管理有待规范。三是基础性的，如残联基础管理薄弱，信息系统管理跟不上，与公安、民政、人力社保等部门之间信息不能共享。针对以上问题，省残联协调相关部门组织整改。

【浙江省残疾人共享小康工程获奖】12月1日，由求是《小康》杂志社、浙江日报报业集团共同举办的“首届中国（浙江）全面小康论坛”推选活动结果揭晓，“全省残疾人共享小康工程”获得“首届浙江全面小康民生决策与社会治理创新特别奖”，省残联陈燕萍理事长出席颁奖典礼并参加论坛对话。12月28日，第八届中国全面小康论坛在北京召开，“浙江省残疾人共享小康工程”荣获“2013中国全面小康十大民生决策奖”，省残联党组副书记、副理事长陈玉国赴京接受颁奖。

【省残联爱心城市创建活动和残疾人文艺“五进”活动获奖】省纪委、省监察厅、省纠风办授予“省残联创建省级扶残助残爱心城市（区）创建活动”为“浙江省第三届政风建设鼓励奖”，授予“省残联残疾人文化艺术向基层延伸‘五进’活动”为“浙江省第三届行风建设鼓励奖”。“扶残助残爱心城市”创建活动2008年底启动，每年组织一次验收，由省政府命名。2012年，省残联结合“进村入企”大走访活动，在全省开展残疾人文化艺术“进校园”、“进社区”、“进企业”、“进乡村”、“进军营”的“五进”活动，让广大群众，特别是残疾人群众感受特殊艺术的魅力。

【省残联“十大爱心家庭代表赴台交流”项目获奖】省残联“十大爱心家庭代表赴台交流”项目被省台办评为“2012年全省对台工作创新和优秀项目”。2013年1月11—15日，应台湾无障碍协会邀请，浙江省“爱心家庭”代表交流团一行13人赴台湾，与台湾“爱心妈妈”开展交流。该项目被列为2012年全省对台工作项目，2013年1月得以成行。

【聋人舞蹈《钱江弄潮》获奖】9月6日，CCTV阳光保险“我要上春晚”全国选拔赛浙江赛区总决赛在杭州落下帷幕，浙江省残疾人艺术团舞蹈《钱江弄潮》获得直接晋级央视总决赛资格。9月18日，《钱江弄潮》参加中央电视台综艺频道“我要上春晚”节目评选，获得全场唯一的“人气王”。10月15日，第七届全国电视舞蹈大赛群文群舞组决赛在中央电视台一号演播大厅举行，《钱江弄潮》获作品奖银奖、编导奖银奖。

图6-11-4 舞蹈《钱江弄潮》。

【参加第二十二届夏季聋奥会】7月26日—8月4日，第二十二届夏季聋奥会在保加利亚首都索非亚举行。浙江省11名运动员、3名教练员、1名领队入选中国代表团，参加田径、游泳、羽毛球、乒乓球、网球五个大项的比赛，共获得4枚金牌、2枚银牌、5枚铜牌，列全国各省（区、市）第二位。

【参加世界轮椅与截肢人运动会】9月15—21日，2013年世界轮椅与截肢人运动会在荷兰斯塔兹卡奈尔举行。浙江省游泳、射箭项目7名运动员、2名教练员代表中国代表团出征荷兰，共计取得11金4银1铜的好成绩。

【浙江省残联系统积极参政议政】省人大十二届一次会议、省政协十一届一次会议分别于1月25—31日、24—29日在杭州召开，浙江省残联系统5名省人大代表、7名省政协委员出席会议，6名旁听代表参加人代会旁听。省残联理事长陈燕萍继续当选为省人大常委，并担任省人大内司委副主任委员，省残联副理事长郑瑶担任省政协社法委副主任，省听力语言康复中心职工倪礼敏当选省政协委员。

【基层走亲连心调研活动】 8月6—15日，省残联由理事长陈燕萍，副理事长陈玉国、郑瑶、吴一农，副巡视员邬祖根分别带队，赴全省11个市的22个县（市、区），开展以“增进与百姓的感情、增强心中百姓的分量、拉近与百姓的距离”为主要内容的党的群众路线教育实践活动基层走亲连心调研活动，征求基层残联、残疾人工作者和广大残疾人对省残联开展教育实践活动的意见建议。同月21—23日，吴一农副理事长带领机关党委、组人部、康复部有关人员赴温州市龙湾区，参加省级机关干部基层走亲连心活动。

【庇护产品试点工作】 省残联、省财政厅、省民政厅下发《关于开展残疾人庇护产品政府优先采购及制定庇护产品目录试点工作的通知》（浙残联教就〔2013〕3号），确定杭州市西湖区、宁波市海曙区、温州市鹿城区、嘉善县作为全省试点县（区）。温州市鹿城区政府印发了《关于印发鹿城区残疾人庇护产品专产专营和政府优先采购实施方案的通知》（温鹿政发〔2013〕15号），省残联在温州市鹿城区召开现场会，杭州市西湖区、宁波市海曙区、嘉善县政府也出台了相关文件。中国残联办公厅向各省、自治区、直辖市残联下发《关于转发浙江省和温州市鹿城区残疾人庇护产品专产专营和政府优先采购有关文件的通知》（残联厅〔2013〕15号），推广浙江省及温州市鹿城区的做法。

【浙江特殊教育职业学院（筹）特色教育亮相央视】 3月3日，中央电视台新闻频道《新闻直播间》栏目播出“听障学生用眼看世界用心追梦想”节目，报道了浙江特殊教育职业学院（筹）听障学生人才培养的教育特色和成功经验，对该学院（筹）针对听障学生专注力、模仿力强，视觉敏感，感悟性好的优点，结合手工艺技能，建设特色专业和课程的情况进行了详细介绍，展示了优秀的学生作品。

【省级残疾人就业服务机构规范化建设通过验收】 10月8日—11日，中国残联残疾人就业服务机构规范化建设考核评估验收组对浙江省进行了省级机构规范化评估验收，认为浙江省残疾人就业服务机构规范化建设工作纳入残疾人事业发展大局，省级示范、带动市县、勇于创新，规定动作保质保量完成，自选动作精彩纷呈，重点工作有所突破，促进了残疾人就业，取得明显实效。达标验收予以通过。

【首次盲人医疗按摩人员继续教育培训班】 5月18—21日，浙江省首届盲人医疗按摩人员继续教育培训班在杭州市余杭区举办，120多名已经全国盲人医疗按摩人员考试合格及其他符合条件并取得医疗按摩资格证书的盲人接受了培训，内容包括专业理论讲解、推拿治疗演示、现场指导手法、问题解答和政策咨询。

【残疾人社会工作】 由浙江大学社会学教授奚从清、原浙江省残联理事长林清和主编的《残疾人社会工作》，5月由浙江大学出版社出版。该书紧密结合残疾人事业和残疾人社会工作发展的实际，深入探讨残疾人社会工作理论的基本内容、发展历程及其框架体系。中国残联主席张海迪题词：“重视残疾人事业理论研究，发展具有中国特色的残疾人事业。”

【中国首部残疾人励志动漫片《追梦》艺术创作研讨会】 12月24日，由绍兴市残联、北京辉煌动画公司、绍兴市信邦动画设计有限公司联合主办的中国首部残疾人励志动漫片《追梦》艺术创作研讨会在绍兴市举行。该片以绍兴优秀残疾人为原型，用动漫艺术手法表现自强精神。徐明光副市长出席并讲话，中国残联宣文部、浙江省残联、中国创意产业联盟、中国传媒大学数字艺术学院、绍兴市委宣传部、市财政局、市残联、市高新技术开发区相关人员和残疾人原型代表、新闻媒体界代表参加。

【首届“普陀山杯”全国残疾人书画邀请大赛】 3月28日，由舟山市政府主办，市残联、普陀山风景区管委会、市文联承办的首届“普陀山杯”全国残疾人书画邀请大赛面向全国征集作品，经大赛艺术委员会评审，共有82件作品获奖。11月13日，举行了颁奖仪式暨艺术笔会，12位受邀获奖者参加。

【浙江狮子会在余姚开展水灾应急救援】 “菲特”台风造成余姚市严重受灾，浙江狮子会组织应急救援。10月8日，在余姚当地的浙东服务队第一时间开展救援。9日，浙江狮子会组织杭州、衢州、义乌等地多支服务队赶赴余姚，与浙东服务队会合，500余人次到达一线参与救援，捐赠、发放物资数百吨，并配合部队官兵，利用军用卡车、冲锋舟、皮划艇等设备，将群众送至安全地带、医院、临时救助点。后方狮友积极响应，筹款筹物支援灾区。

【浙大EMBA俱乐部玫瑰会慰问智障儿童】 6月28日，浙江大学EMBA俱乐部玫瑰会15名女企业家慰问省残疾人康复指导中心智障儿童康复中心，赠送空调和玩具，省残联党组副书记、副理事长陈玉国参加捐赠仪式。

【浙江省第九届手语爱心汇演】 5月25日，浙江省第九届手语爱心汇演暨2012年度浙江省优秀大学生手语社团表彰大会在浙江理工大学举行。省残联副理事长陈玉国等领导、嘉宾为等先进集体颁奖，来自全省15所高校手语爱心社团的100多位志愿者与杭州市上城区残疾人艺术团演员们表演了节目。汇演由浙江理工大学大学生手语志愿服务社发起，该服务社是全国第一家大学生手语社，成立于1999年，以“学习手语，推广手语，帮助残疾人，服务残疾人”为宗旨，志愿者已达4000余人，累计服务30000多小时，曾被评为“浙江省十佳社团”。

【桐乡市残疾人家庭免费安装及收看数字电视】 2013年4月27日，桐乡市残疾人联合会、市广播电视台下发《关于残疾人家庭免费安装及收看数字电视的通知》（桐残〔2013〕27号），从2013年4月1日起，实行残疾人家庭免费安装及收看数字电视的政策。对象为具有桐乡市户籍、持有效中华人民共和国残疾人证的残疾人家庭。

【龚金川被评为浙江省道德模范】奉化市城东小学校长龚金川被省委、省政府授予“浙江省道德模范”称号，并荣获第四届全国道德模范提名奖。2012年10月30日早晨，龚金川跳入冰凉刺骨的江水，用仅有的一只手救起不慎落水的老太太，他的事迹被人们四处传颂。

【刘佳芬获“浙江省功勋教师”称号】宁波达敏学校校长刘佳芬被浙江省政府授予“浙江省功勋教师”荣誉称号。刘佳芬为智障学生创设社区生活环境，实施了“以生活为中心”的课程改革，曾荣获“全国特殊教育先进工作者”、“全国教书育人楷模”、“浙江省特级教师”、“浙江省科研先进工作者”等称号，享受国务院特殊津贴。

【汪南南诚信事迹感动浙江】1月10日，衢州市柯城区盲人汪南南因患突发胸主动脉夹层动脉瘤，病情危重，需要手术治疗。他想到自己开的推拿店有60多位顾客办了会员卡，于是强忍病痛，拿起盲人专用手机，编辑短信通知他们退钱。而此时汪南南手术总费用七八万元，其父母只借到4万多元。他的诚信故事感动了顾客，温暖了很多人。在腾讯微博，“浙江同城”发布汪南南事迹，微博点击率达到330万次，浙江省委常委、组织部长蔡奇也转发了该微博。

【青年教师潘克勤完成第二次跨国捐献】4月9日，浙江省听力语言康复中心青年教师潘克勤在北京空军疗养院捐出94毫升淋巴细胞给一名韩国白血病患者，成为浙江省首位跨国两次细胞捐献者。2012年7月，潘克勤曾为这名患者捐献272毫升的造血干细胞混悬液，帮助其重获生命。2013年2月，潘克勤再次接到电话，得知其病情有复发的趋势，要进行第二次移植，需要她捐献淋巴细胞。

【杨洋获浙江“最佳残疾人运动员”称号】7月12日，历时两个多月，由读者、观众、网友和专家评审参与评选的“中萃可口可乐·中国体育彩票”杯2012年度浙江省体坛十佳评选活动结果揭晓。伦敦残奥会“四冠王”，来自宁波的残疾人游泳运动员杨洋获得“最佳残疾人运动员”称号。

【蓝色楚门——叶云飞摄影作品巡展】9月14日—10月15日，由省残疾人事业新闻宣传促进会、省摄影家协会主办的“蓝色楚门——叶云飞摄影作品巡展”先后在杭州、台州市椒江区和玉环县举行。开展仪式于9月14日在浙江图书馆举行，省残联副理事长吴一农等出席并观看展览。叶云飞，玉环县楚门人，从小爱好绘画、摄影，儿时的一次意外致左手残疾，但他以超常的毅力投身于经济建设和摄影事业，开办多家装潢公司，摄影作品多次在国家、省比赛中获奖。此次展览，叶云飞采用古典蓝晒工艺演绎现代楚门古镇的风土人情，是对摄影艺术的传承与创新。

【黄包车夫陈国水免费服务残疾人】陈国水1999年到磐安县城拉黄包车，选择这个职业是因为身患小儿麻痹症的弟弟的劝说，而免费为残疾人提供接送服务也是因为体恤这位残疾的弟弟。后来，不仅仅是残疾人，只要是生病住院、出院受伤，或者年老体弱、行走不便，一律免费接送。很多人被他的精神所感动，纷纷慕名乘坐他的车，照顾他的生意。尽管拉黄包车生意不是很好做，身体也大不如前，又因为免费为残疾人服务，赚的钱少，但陈国水认为这是一种义务与责任。

【孤独症男孩徐立鸿登上《中国梦想秀》】12月13日晚，宁波市江东区孤独症男孩徐立鸿亮相浙江卫视第六季《中国梦想秀》，表演他最擅长的葫芦丝独奏。作为追梦人，徐立鸿母子的坚强乐观感动全场，嘉宾姚晨几度落泪。17岁的徐立鸿是江东区中心阳光驿站学员，在音乐方面有独特天赋，2013年7月在第八届中国青少年艺术节上，他和40多名进入决赛的正常少年同台吹奏葫芦丝，并一举获得青少年B组金奖。

【宁波市实现全市省级扶残助残爱心城市全覆盖】在6月20日召开的全省残疾人工作会议上，宁波市和海曙区被省政府命名为“浙江省扶残助残爱心城市（区）”，至此，市本级和全市11个县（市、区）均成为省级扶残助残爱心城市，实现了全覆盖。

【宁波市首次市县乡三级残联工作人员培训班】8月12—16日，宁波市残联在市委党校举办全市残联系统残疾人工作者培训班，市县乡三级残联230人参加培训。林静国副市长出席开班仪式并做动员讲话，市残联理事长胡望荣专题授课。

【宁波市残联深入开展对口帮扶】宁波市残联认真贯彻落实浙江省残联、省财政厅等《关于做好欠发达地区残疾人事业对口帮扶与政策扶持的若干意见》精神，组织鄞州区等8个县（市、区）残联理事长分别赴丽水市和舟山市残联开展对口帮扶与政策扶持活动，举行了对口帮扶签约仪式。

【宁波市首批投放50辆无障碍出租车】年初，50辆吉利英伦TX4无障碍出租车陆续投放市场。这款具有英国“血统”的经典出租车配备了方便残疾人士、老年人乘坐的无障碍设施，收费与普通出租车相同，具有专业出租和无障碍交通方面独一无二的优势。首批无障碍出租车司机经过严格培训，获得结业证书。

【宁波市残疾人托养机构规范化建设考核评估标准】11月12日，宁波市残联出台《宁波市残疾人托养机构规范化建设考核评估标准（试行）》，对全市残疾人托养机构建设、制度建设、设施建设、安全保障、服务对象及工作人员配备等做了具体规定，要求残疾人托养机构必须与入托残疾人及其亲属签订托养服务协议，托养人员档案做到一人一档，并明确了托养机构的服务内容、标准、流程、质量承诺、收费标准等。

【宁波市“智慧残联”建设正式启动】11月27日，宁波市“智慧残联”建设暨镇海区“残友服务大厅”启动仪式举行，仪式结束后，市残联召开了“智慧残联”建设交流会。2013 年，宁波市、县两级残联网站建设全面完成，全市残联系统网站基本实现了由“名片型”向“服务型”的转变。“智慧残联”系统全覆盖后，将实现应用系统集办公、管理、服务三大功能于一体，同时将建立电子服务平台。

【宁波市残联大力开展救灾复产】 10 月的“菲特”台风致使宁波市残疾人扶贫基地损失达 5595 万元。市残联及时下发了关于开展救灾复产和帮扶济困的紧急通知，下拨了残疾人扶贫基地补助和风险资金 970 万元，帮助灾后重建。市残疾人福利基金会支出 15 万元用于补助因“菲特”台风造成损失的残疾人。

【谢向杰独臂抗洪演绎大爱】 在余姚市被大水围困之际，余姚市独臂残疾人企业家谢向杰在暴雨中连夜赶到邻近的慈溪市买来 3 艘皮划艇，单臂划桨，救灾抗洪，连续奋战一周，给大水围困居民送去了光明和温暖，在当地传为佳话。

五、大事记

1 月 8 日，由省政协办公厅、省政协社法委、省残疾人福利基金会联合举办的“与爱同行”——爱心助残文艺演出在杭州胜利剧院隆重举行。省政协副主席王永昌，省政协副秘书长、办公厅主任郑新浦，省政协社法委主任方泉尧，省政协办公厅副主任陆建强，省政协社法委专职副主任陈琪，省残联副主席、省残疾人福利基金会理事长陈晓非出席晚会并观看演出。

1 月 4 日，陈加元副省长在省残联简报《中国残联总结推广我省残疾人康复工作模式》一文上批示：感谢中国残联的肯定和鼓励，我们要再接再厉，做得更好。

1 月 14—17 日，由省委、省政府领导带队，省级有关部门负责人参加的慰问团，分赴全省 11 个市慰问困难群众（包括残疾人）、驻浙部队，并看望信访干部，省残联理事长陈燕萍，副理事长陈玉国、郑瑶、吴一农，副巡视员邬祖根分别随同慰问。

2 月 20 日，副省长卢子跃到省残联指导工作，视察了省残疾人康复指导中心，听取了全省残疾人工作汇报，他强调，近年来残疾人工作成就有目共睹，残疾人得实惠真真切切；当前重点要围绕“维权、康复、教育、就业”做好残疾人各项工作，让广大残疾人共享小康成果，共同建设“两富”现代化浙江。

3 月 3 日，第十四次全国爱耳日，宣传教育活动的主题为“健康听力，幸福人生——关注老年人听力健康”。省残联邀请省医学会耳鼻喉科学分会组织省内耳鼻咽喉科专家，在省残疾人康复指导中心开展大型义诊活动。

3 月 4 日，省残联召开全省残联工作电视电话会议，总结 2012 年全省残疾人工作，部署落实 2013 年工作任务。省残联第五届主席团委员、执行理事会领导、专门协会主席、机关和直属单位中层干部，各市、县（市、区）残联领导班子成员、专门协会主席、机关与直属单位中层干部，各乡镇（街道）残联理事长参加。

3 月 11—21 日，省政府残工委抽调有关成员单位人员，由省政府残工委副主任单位领导担任组长，对宁波市等 3 个设区市和建德市等 10 个县（市、区）进行省级扶残助残爱心城市（区）创建结果验收，对余姚市等 5 个已被省政府命名为省级扶残助残爱心城市（区）的县（市、区）进行复查。

3 月 18 日，省委书记夏宝龙主持召开省委常委会会议，专题听取省残联关于第五次代表大会目标任务完成情况、今后五年主要目标打算等的汇报。会议充分肯定了省残联过去五年所取得的成效，要求省残联以换届为契机，加强组织队伍建设，继续加强残疾人社会保障和服务体系建设，充分调动社会各方面力量开展扶残助残活动。

3 月 19 日，卢子跃副省长专题调研省残疾人康复指导中心迁建工程。他指出，做好残疾人康复工作意义重大，尤其是建设一所具有高水准、在全省起到示范引领、人才培养作用的省级残疾人康复服务机构，是全省残疾人的迫切期盼，是政府的职责所在，各级各部门要明确目标、任务和职责，齐心协力，努力打造专业康复机构的样板工程、爱心工程和精品工程。

图 6－11－5　卢子跃调研省残疾人康复指导中心迁建工程。

4 月 9—11 日，宁波市残联第六次代表大会召开。浙江省委常委、宁波市委书记王辉忠，浙江省残联党组书记、理事长陈燕萍，宁波市副市长马卫光等分别在开幕式和闭幕式上讲话。会议聘请王勇为主席团名誉主席，选举马卫光为主席团主席，推举胡望荣为执行理事会理事长。

4 月 11 日，卢子跃副省长听取省残联关于全省残疾人工作会议方案等内容的汇报，要求抓紧做好会议的筹备工作，省政府要与各市政府签订残疾人工作重点任务责任书。他强调，要紧紧围绕省委提出的“干好一三五，实现四翻番”的决策部署，理出 2013 年、“十二五”后三年、今后五年全省残疾人工作重点，设计好载体。

4 月 18 日，省委书记、省人大常委会主任夏宝龙到衢州市常山县调研，在球川镇便民服务中心，亲切地和前来办事的重度残疾人及亲属拉手、交谈，关心、了解他们的生活状况。听他们反映镇里办事效率高、对残疾人照顾好，夏宝龙表示满意，并详细询问镇残联专职委员工作和生活情况，鼓励他立足岗位、加强学习、扎实工作，让残疾人得到更好、更新、更优质的服务。夏宝龙就残疾人扶贫、就业、康复、维权以及残疾人的生活等诸多方面与在场人员交谈，并嘱咐随行的相关部门负责人关注民生、做好服务，切实帮助残疾人解决实际困难，以最大的工作热情为残疾人办实事、办好事，为残疾人解难，为社会分忧。

5 月 11 日，宁波市残联、市东南商报社等在梁祝公园联合举办宁波市第八届残疾人相亲会，来自市区、奉化、宁海、北仑以及金华、台州等地的 100 多名残疾人及其亲友参加。宁波吉利出租车公司为部分重度残疾人提供免费接送服务，宁波爱心同盟 10 余名志愿者为残疾人开展各种服务。

5 月 15 日，宁波市残联举行第十二届残疾人就业洽谈会。242 家用人单位提供 1873 个工作岗位，1800 多名残疾人参加应聘，221 名残疾人当场与用人单位达成就业意向。马卫光副市长视察了洽谈会。

5 月 16 日，省政府新闻办举行 2012 年度浙江省残疾人状况和小康实现程度监测数据新闻发布会，省统计局副局长黄建生，省残联副理事长陈玉国、郑瑶出席会议并回答记者提问。

5 月 17 日，浙江省第二十三次全国助残日活动启动仪式在嘉善县举行，开展了党员与贫困残疾人现场签订结对帮扶协议、发放无固定收入残疾人生活补贴、向农家书屋残疾人书架赠送图书、走访慰问残疾人扶贫基地等活动。省残联、省教育厅、省人计委、省人社厅、省建设厅、省总工会等部门领导出席仪式。

5 月 19 日，宁波市教育局、市残联联合举办第二十三次全国助残日广场活动。市教育局副局长张力鸣和市残联副理事长李柱共同为市聋哑学校小海燕艺术团铜牌揭幕。

5 月 28 日晚，浙江省第四届残疾人文化艺术周活动开幕式暨全省残疾人艺术汇演颁奖晚会在浙江音乐厅举行。省人大内司委主任委员宋光宝，省残联理事长陈燕萍，省政协副秘书长、社会法制委专职副主任陈琪，省教育厅副厅长韩平、省民政厅副厅长苏长聪、省文化厅副厅长柳河、省人力社保厅副厅长黄亚萍、省总工会副主席周小兵、团省委副书记朱斌、省委宣传部副巡视员何启明，省残联副理事长陈玉国、郑瑶、吴一农、副巡视员邬祖根等出席晚会。

5 月 29 日，省委副书记王辉忠专门听取全省残疾人事业发展情况和省残联第六次代表大会筹备工作汇报。他充分肯定过去五年省残联所取得的成绩，认为班子团结和谐，富有战斗力，工作出色。同时要求省残联注重涉及残疾人民生和公共服务的政策研究和顶层设计，不断推出新的惠残政策；要加强对社会组织的培育，包括残疾人五大专门协会、志愿者队伍等，动员全社会都来关心、参与残疾人事业；省政府残工委成员单位要带头按比例安置残疾人，积极探索预留岗位、单考单招制度。

6 月 5 日，熊建平副省长视察省残疾人康复指导中心，并到省残联听取全省残疾人工作情况汇报。他充分肯定全省残疾人事业所取得的显著成就，认为浙江省残疾人工作走在了全国前列，需要继续努力、加以保持。他指出，让残疾人共享浙江改革开放成果是构建“两富”现代化浙江的应有之义，全省残联系统要深入学习贯彻省委十三届三次全会精神，坚持理念、机制创新，扑下身子深入一线，五官联动摸实情、“接地气”，真抓实干，改进作风，推进全省残疾人事业加快发展。

图 6-11-6　熊建平副省长视察省残疾人康复指导中心。

6 月 7 日，宁波市副市长林静国到市残联调研，就加大残疾人政策保障力度、推进残疾人生活品质等方面提出了要求。

6 月 18—19 日，省残联第六次代表大会在杭州召开，来自全省各行各业的近 350 余名代表参加。

6 月 20 日，省政府在杭州召开全省残疾人工作会议，总结 2012 年全省残疾人工作，部署 2013 年工作任务。开展了省级扶残助残爱心城市第一批设区市和第三批县（市、区）授牌、第二批设区市和第四批县（市、区）签订创建责任书，省政府残工委成员单位和全省市级残联 2012 年度工作目标考核优秀单位、全省残联系统先进集体和先进工作者颁奖，各市政府领取 2013 年度残疾人工作重点任务责任书等仪式。各市、县（市、区）政府分管领导、残联理事长，省政府残工委全体成员参加会议，副省长熊建平出席并讲话。

6 月 24 日，熊建平副省长会见国际狮子会第一副会长贝里 · 柏尔玛一行。

7 月 3 日，副省长熊建平专题调研省残疾人康复中心迁建和浙江特殊教育职业学院（筹）二期工程。他指出，中心迁建项目是省重点民生工程，是省政府确定的“十二五”重点建设项目和公共服务工程，各部门要高度重视，全力配合，完善设计方案，严格施工管理，抓紧工程进度，文明安全施工，实现“国内领先、国际一流，确保钱江杯、力争鲁班奖”的目标，“十二五”期末顺利完工投入使用。办好浙江特殊教育职业学院（筹）是促进浙江省残疾人教育事业发展的一项重要工作，省政府高度重视，项目年内能否开工事关“浙江特殊教育职业学院”正式建校，各级各部门要给予大力支持。

7月11日，省残联召开党的群众路线教育实践活动动员大会，党组书记、理事长陈燕萍做动员讲话，省委教育实践活动第十六督导组组长、省检察院原副检察长刘建国出席会议并讲话。

7月19—22日，由省残联、省教育厅、省体育局主办的浙江省第四届特殊奥林匹克运动会在杭州举行，11个市代表团289名运动员参加田径、羽毛球、乒乓球、篮球、足球5个大项比赛。

7月19日，宁波市政府残工委召开全市残疾人工作会议，林静国副市长在会上讲了话，并与11个县（市、区）政府分管领导签订2013年度残疾人工作重点任务责任书。会上表彰了首批35个扶残助残爱心乡镇（街道）和6个2012年度工作目标考核优秀县（市、区）残联并授牌。

7月19日，宁波市残联召开第六届主席团第二次会议，传达贯彻省残联第六次代表大会和全省残疾人工作会议精神，调整了市残联主席团委员，选举副市长林静国为宁波市残联第六届主席团主席。

7月22日，省政协副主席陈加元率省委省政府督查组到台州市督查“省政府十方面实事”工作落实情况时，走访了三门县六敖镇前潭村残疾人何帮舜家庭。看到坐轮椅的何帮舜开了一家小超市，县残联帮助他安装了升降电梯，让他住上了干净宽敞的二楼，陈加元非常满意，他说，“无障碍设施进家庭”被列为2013年省政府十方面实事项目，能切实方便残疾人日常生活，提高生活质量，是件大实事、大好事。他要求陪同的县委、县政府主要领导一如既往重视残疾人工作，加大投入，落实政策，让广大残疾朋友共享改革发展成果。

8月2日，省政协主席乔传秀到省残联调研省残疾人康复中心迁建项目。她指出，省委、省政府将中心迁建项目列为省重点建设项目，进一步体现了对残疾人事业的高度重视，对残疾人生产、生活和康复工作的关爱，该项目开局良好、起步稳健，要坚持质量第一、依法依规；立足当前、放眼未来；加强管理、提升水平。

8月5日，省发改委批复浙江特殊教育职业学院（筹）校区建设工程（浙江省华强中等职业学校迁建二期工程）可行性研究报告。项目总建筑面积47850平方米，总投资19296万元，计划2015年建成投入使用。

8月7日，宁波市政协副主席蒋剑巍到市残疾人就业服务中心和康复中心调研，对全市残疾人工作取得的成绩给予充分肯定，并就加快提高残疾人生活品质、加大残疾人群体增收减支政策支持力度等方面提出了要求。

图6-11-7　宁波市政协副主席蒋剑巍调研残疾人工作。

9月4—8日，中国残联/嘉道理慈善基金会项目部主任李健民先生、评估组组长魏国荣女士和技术总监付克礼先生等一行到浙江省庆元县开展嘉道理慈善基金会社区康复项目中期评估并反馈意见。

9月25日，省政协主席乔传秀在走访基层政协委员时，看望省听力语言康复中心职工、省政协委员倪礼敏，询问其工作近况、家庭情况、履职状况。乔传秀主席勉励倪礼敏委员，身为一名来自残联系统的基层委员，不仅要关注残疾人这个特殊群体，还应广开言路，涉及范围可以扩大到医疗、卫生、公共文化、艺术等领域，履好职、谏好言、献好策。

9月7—8日，第四次全国盲人医疗按摩人员考试浙江考区考试在杭州市余杭区举行，来自浙江、福建和上海三省市的60名考生参加考试。

9月25—28日，由宁波市残联、市体育局、市教育局主办的宁波市第八届残疾人运动会坐式排球赛举行，共有11支球队参赛。市残联理事长胡望荣、市体育局副局长劳金龙、市教育局副局长张力鸣、市体育总会秘书长黄振辉等出席仪式并为获奖运动员颁奖。

图6-11-8　宁波市第八届残疾人运动会坐式排球赛。

10月16日，宁波市2013年秋季残疾人就业招聘会举行。85家用人单位进场设摊，提供808个岗位，500多名残疾人参加应聘，95名残疾人当场与用人单位达成就业意向。

11 月 18—22 日，省残联在杭州举办全省残联新任理事长培训班。

11 月 27 日，副省长熊建平赴长兴调研残疾人工作，听取湖州市及长兴县的工作汇报，走访盲人推拿店、残疾人康复中心、小康·阳光庇护中心等，对湖州市、长兴县残疾人事业快速发展给予充分肯定，要求千方百计提高残疾人生活水平，全面加强残疾人托养服务体系建设，让阳光普照所有残疾人的心灵。

11 月 28 日，宁波市残联联合宁波日报社等单位开展盲人畅游东部新城文化广场和宁波科学探索中心活动。盲人们在地震室等地进行体验，科学探索中心 10 多位青年讲解员陪同参观并讲解。

12 月 3 日，第二十二个国际残疾人日，浙江省省首家残疾人“康复名医馆”在浙江慈爱康复医院试开馆。省残联理事长陈燕萍、省卫生厅副厅长马伟杭共同为“康复名医馆”揭牌。

12 月 3—18 日，省政府残工委组织五个组，由省残联、省人力社保厅、省发改委、省卫生厅、省民政厅等 5 家成员单位领导分别带队，赴全省 11 个市和相关县（市、区）开展省残疾人事业发展“十二五”规划中期评估、2014 年省政府残工委工作思路调研和全省残疾人事业审计整改督查。

附录一

浙江省人民政府残疾人工作委员会成员

主　任　熊建平　副省长
副主任　傅晓风　省政府办公厅副主任
陈燕萍　省残联理事长
鲍洪俊　省委宣传部副部长
邵　峰　省农办副主任
焦旭祥　省发改委副主任
韩　平　省教育厅副厅长
苏长聪　省民政厅副厅长
魏跃华　省财政厅副厅长
黄亚萍　省人力社保厅巡视员
马伟杭　省卫生厅副厅长
黄建生　省统计局副局长
委　员　李上葵　省经信委副主任
王宏理　省科技厅副厅长
陈智慧　省民宗委副主任
陈石春　省公安厅副厅长
陈　钟　省司法厅副厅长
王永民　省国土资源厅副厅长
樊剑平　省建设厅副厅长
储雪青　省交通运输厅副厅长、巡视员
王建跃　省农业厅总农艺师
柳　河　省文化厅副厅长
宋贤能　省人口计生委副主任
陆国灏　省外办副主任
王　俭　省地税局副局长
马剑平　省工商局副局长
赵孟进　省质监局副局长
华宣飞　省广电局副局长
陈克韶　省新闻出版局副局长
应祖明　省体育局副局长
杨必明　省法制办副主任
韩亚明　省物价局副局长
卢永福　省食品药品监管局副局长
郑宪宏　省经合办副主任
杨荣耀　省新闻办副主任
王小平　省国税局副局长
朱文剑　人行杭州中心支行副行长
田德明　杭州海关副关长
周嘉爱　省军区政治部副主任
费海平　省武警总队政治部副主任
李锦平　省总工会副主席
朱　斌　团省委副书记
方　颖　省妇联副主席
高　翔　省红十字会专职副会长
顾兆铭　省农行副行长
秘书长　陈燕萍（兼）

附录二

浙江省首批省级残疾人文化艺术体育示范基地

一、浙江省省级残疾人文化艺术示范基地

杭州市聋人学校
温州市特教学校
嘉兴市残疾人摄影艺术中心
安吉县残疾人竹乐团
上虞市舜强残疾人才艺培训中心
东阳市聋哑学校
舟山市聋哑学校
台州星艺文体传播有限公司
丽水市残疾人书画创作基地

二、浙江省省级残疾人体育示范基地

浙江塘栖盲人门球训练基地
湖州市网球中心
嘉兴市残疾人奥林匹克中心
诸暨市特殊教育学校
东阳市残疾人体育训练中心

附录三

2013 年残疾人小康指数实现程度（全国浙江对比）

指标体系	单位	权重	标准值	全国		浙江	
				实际值	实现程度（%）	实际值	实现程度（%）
一、生存状况		45		75.7			97.8
（一）收入状况		20					
1. 残疾人家庭人均可支配收入	元	20	≥15000	10541	70.3	18795	100.0
（二）消费状况		10					87.6
2. 残疾人家庭恩格尔系数	%	5	≤40	48.5	82.5	45.65	
3. 残疾人家庭人均生活用电量	千瓦小时	5	≥500	310.8	62.2	486.2	97.2
（三）居住状况		10					
4. 残疾人家庭人均住房使用面积	平方米	10	≥27	22.2	82.3	30.8	100.0
（四）婚姻状况		5					95.4
5. 适龄残疾人在婚率	%	5	≥70	63.7	91	66.8	
二、发展状况		35			56.6		81.8
（五）康复状况		8					
6. 康复服务覆盖率	%	8	≥90	58.3	64.8	66.2	73.6
（六）教育状况		6					
7. 学龄残疾儿童接受义务教育比例	%	6	≥95	72.7	76.5	78.3	82.4
（七）就业状况		6					
8. 城镇残疾人登记失业率	%	6	≤6	10.8	0	8.6	69.8
（八）社会保障		8					
9. 城镇残疾人基本社会保险覆盖率	%	4	≥95	84.1	88.5	97.2	100.0
10. 农村残疾人合作医疗覆盖率	%	4	≥95	97.1	100	98.82	100.0
（九）信息化水平		4					
11. 百户残疾人家庭电话拥有量	部	2	≥150	104.3	69.5	240	100.0
12. 百户残疾人家庭彩电拥有量	台	1	≥100	86.2	86.2	137	100.0
13. 百户残疾人家庭电脑拥有量	台	1	≥60	14.1	23.5	52	86.7
（十）社会参与		3					
14. 社区活动参与率	%	3	≥90	43.1	47.9	52.13	57.9
三、环境状况		20			79.2		80.0
（十一）无障碍环境		7					
15. 残疾人对无障碍环境满意率	%	7	≥90	84.6	94	78.31	87.0
（十二）社区服务		7					
16. 社区服务覆盖率	%	7	≥90	44.3	49.2	54.54	60.6
（十三）法律服务		6					
17. 法律服务满意率	%	6	≥90	87.2	96.9	85	94.4
残疾人全面小康实现程度	%	100			71.1		88.6

附录四

全省残联系统先进集体和先进工作者

一、全省残联系统先进集体

杭州市（5 个）

杭州市残联　杭州市江干区残联

杭州市上城区残联　富阳市新登镇残联

杭州市余杭区仓前街道残联

宁波市（4 个）

宁波市残疾人康复中心　宁波市江东市残联

奉化市残联　宁波市鄞州区云龙镇残联

温州市（4 个）

温州市残疾人劳动就业服务部　瑞安市残联

平阳县残联　温州市鹿城区滨江街道残联

湖州市（1 个）

湖州市吴兴区残联

嘉兴市（2 个）

平湖市残联　嘉兴市秀洲区王江泾镇残联

绍兴市（2 个）

诸暨市残联　绍兴县柯桥街道残联

金华市（2 个）

东阳市残联　永康市江南街道残联

衢州市（2 个）

衢州市残疾人劳动就业服务中心　江山市残联

舟山市（1 个）

舟山市普陀区残联

台州市（3 个）

台州市残疾人康复指导中心　玉环县残联

临海市古城街道残联

丽水市（3 个）

丽水市残疾人康复指导中心　丽水市莲都区残联

遂昌县大柘镇残联

省直（1 个）

浙江省残疾人特殊艺术指导中心

二、全省残联系统先进工作者

杭州市（6 个）

王俶蓉（女）杭州市残疾人劳服处高级职业指导师

谭光义　杭州市下城区残联劳服站站长

王瑛姣（女）淳安县残联党组书记、理事长

赵　丹（女）杭州市西湖区残联办公室主任

金根炎　建德市乾潭镇残联理事长

邵早英（女）杭州市萧山区义桥镇残联理事长

宁波市（6 个）

周惠芳（女）宁波市残疾人劳服中心副主任

朱　吉　宁波市江北区残联党组书记、理事长

施爱萍（女）余姚市残联办公室主任

应　杰　慈溪市残联党组成员、办公室主任

楼云明　宁波市镇海区九龙湖镇残联理事长

娄群威　宁海县越溪乡残联理事长

温州市（6 个）

金　晖（女）温州市聋儿语训部教研主管

吴章豹　温州市瓯海区残联党组成员、理事、办公室主任

章天琴（女）乐清市残联康复部主任

夏　晔（女）泰顺县残联办公室主任

朱正新　温州市龙湾区永兴街道残联理事长

林　峰　文成县珊溪镇残联理事长

湖州市（3 个）

包　剑（女）湖州市残联办公室主任

陈文渊　安吉县残联党组书记、理事长

陆建明　湖州市南浔区善琏镇残联理事长

嘉兴市（4 个）

尚勇华　嘉兴市残联组宣维权部主任

王炳林　嘉兴市南湖区残联党组书记、理事长

张文强　嘉善县西塘镇残联理事长

曹建萍（女）海宁市海洲街道残联理事长

绍兴市（4 个）

马永苗　绍兴市残联党组成员、残工委秘书处副秘书长

沈同立　上虞市残联办公室主任

刘增铭　嵊州市残联副理事长

张铭琪　新昌县东茗乡残联理事长

金华市（4 个）

钟献刁　金华市残联组宣部部长

王世梅（女）金华市婺城区残联党组书记、理事长

郑伟洪　磐安县残联劳服所主任

牛宏云　义乌市上溪镇残联理事长

衢州市（4 个）

曹唐林　衢州市残联党组书记、理事长

赵建新　衢州市残联办公室主任

程先仁　开化县残联党组书记、理事长

吴　圣　常山县白石镇残联理事长

舟山市（2 个）

李鲁江　舟山市残联主任科员

张福成　舟山市定海区残联副理事长

台州市（5 个）

陈才彪　台州市残联办公室主任

孙小花（女）仙居县残联党组成员、副理事长

吴敏杰　三门县残疾人劳服所副主任、县残联理事

符玲莉（女）台州市黄岩区高桥街道残联理事长

许媚娜（女）天台县三合镇残联理事长

丽水市（4 个）

汪志勇　丽水市残疾人康复指导中心主任

李秀荣　缙云县残联副理事长

吴文户　松阳县残联党组书记、理事长

方维强　龙泉市西街街道残联理事长

省　直（2 个）

陈　平　省残工委副秘书长、省残联办公室主任

陈杨荣　省残疾人劳动就业服务中心信息科副科长

（吴士军供稿）

安徽省残疾人事业和残疾人工作

一、领导讲话与批示

副省长、省政府残工委主任梁卫国在全省残工委会议上的讲话摘要

2013 年 1 月 16 日

关于 2013 年的残疾人工作，我讲几点意见。

一、学习贯彻党的十八大精神，切实增强做好新时期残疾人工作的责任意识

我省有 400 多万残疾人，关系到和谐社会和美好安徽建设。加快发展残疾人事业是全社会的共同责任，是全面建设小康社会重要而紧迫的任务。因此，我们必须把促进残疾人事业发展，作为义不容辞的政治责任，高度重视，切实抓紧抓好。同时，要着力让残疾人事业更好地融入全省发展大局，更好地融入美好安徽建设的伟大事业，使广大残疾人同全省人民一道向着更高水平的小康社会共同迈进、共享成果。

二、突出工作重点，推进残疾人事业实现新发展

第一，要在社会保障普惠政策中强化对残疾人的特惠政策

残疾人是实施保障和改善民生的重点对象。一要高质量完成民生工程任务。今年省委、省政府继续实施的 33 项民生工程之中，对贫困残疾人生活救助、贫困残疾人康复两项民生工程进行了提标扩面，各级财政投入近 4 亿元。各地要强化措施，加大投入，落实责任，确保民生工程高质量实施，真正把好事办好，进一步改善残疾人的民生状况。二要落实好各项惠残政策。要将住房困难的城乡低收入残疾人家庭，优先纳入基本住房保障和基本生活、医疗、康复、教育救助范围。帮助残疾人普遍参加城乡居民基本养老保险、基本医疗保险，提高困难残疾人医保医药报销比例，落实对重度和贫困残疾人参加社会保险个人缴费部分由政府代缴或补助政策。对于农村重度残疾、一户多残、残老一体等特别困难的残疾人家庭，要灵活掌握政策界限，给予重点保障和特殊扶持，切实提高残疾人社会保障水平。在整个社会保障体系的大格局当中，在各项社会救助的范围内，一方面要实行广覆盖，一方面要体现对残疾人的特别关爱、关照和关心。要在坚持原则的情况下，针对残疾人困难家庭的实际情况，灵活掌握政策界限。三要积极研究出台新的惠残政策。各地、各有关部门要加强调查研究，积极制定特殊扶助政策，强化残疾人在基本生活、医疗、就学、就业等方面的制度性保障。采取定额补助、临时救济相结合的措施，加快建立残疾人托养服务补贴和护理补贴制度。现在各级财力比以前有了很大提高，要让广大人民群众分享改革发展的成果，首先就体现在公共资源要向民生倾斜、向困难群体倾斜，让他们更多地感受到公共资源的阳光。目前针对残疾人的社会保障工程，尽管这些年来有了一定改善，但我认为保障水平还较低。所以，在落实好民生工程，落实好社会保障体系政策之外，还要根据残疾人特殊的需要，不断去制定、完善政策，使残疾人生活得更幸福、更温暖。

第二，要不断增强公共服务能力

公共服务是实现民生保障的重要载体和基本途径。一要全面发展残疾人教育。落实好义务教育阶段特殊教育各项政策目标，完善普通幼儿园、中小学残疾学生的“随班就读”制度，保障残疾儿童少年接受义务教育的权利。在现有特殊教育学校的基础上，积极改扩建高中阶段特殊教育基础设施，重点建设特殊职业高中，逐步完善特殊教育体系。二要大力促进残疾人就业。把按比例安排残疾人就业放在突出位置，党政机关、事业单位及国有企业要带头安置残疾人。做好残疾人各项培训工作，提升残疾人的生活能力和工作技能水平。广泛开辟适合残疾人就业的公益性岗位，努力拓宽就业渠道。三要不断丰富残疾人文化精神生活。在推进“文化强省”建设中，积极发展残疾人体育和特殊艺术事业。要创造条件，将公共文化、体育活动场所向残疾人开放，鼓励残疾人走出家门，参与社会文体活动。

第三，要不断改善服务残疾人的组织体系和基础条件

一要加强残联组织体系建设。今年是省市残联换届之年，省残联将召开第六次代表大会。要强化组织体系建设，把残联建设成高效务实、廉洁勤政，忠实代表和维护残疾人利益的坚强战斗集体。巩固完善纵向到底、

横向到边的组织网络体系，加强乡镇残联规范化建设。二要强化残联队伍建设。随着残疾人事业的迅速发展，面临的新形势、新情况、新任务，对残联的队伍建设提出了新的更高要求：一是要有感情，带着对残疾人的深厚感情和特殊关爱来做好这项工作；二是要有热情，热爱残疾人工作，不断地提高自身的综合服务能力，切实代表、维护、发展好残疾人利益；三是要有真情，真心实意为残疾人办好事，办实事，解难事，让党委政府满意，让社会满意，让残疾人满意。三要坚持依法保障残疾人的合法权益。就残疾人而言，保护自己合法权益的能力还比较弱。从现实生活来看，损害残疾人合法权益的现象还时有发生。残联一定要发挥代表和服务职能，要成为保护残疾人合法权益的娘家人，积极替他们做主，替他们办事。要积极配合、协助司法系统开展法律援助，使目前已经颁布的保障残疾人合法权益的法律法规能够有效、全面地得到落实，切实增强全社会维护残疾人合法权益的法制观念和残疾人运用法律武器维护自身合法权益的观念。

中国残联党组书记、理事长王新宪在省残联第六次代表大会开幕式上的讲话摘要

2013 年 6 月 25 日

安徽省委省政府高度重视、大力支持残疾人工作，推动残疾人事业与经济社会同步协调发展，提出了“中部崛起，安徽率先，安徽崛起，残疾人事业优先”的理念，不断加强领导，持续加大投入，取得了显著成绩，在全国残疾人工作中形成了鲜明的安徽特色，也为全国的残疾人工作提供了新鲜经验。下面，我讲三点建议供同志们参考。

一要坚持抓住机遇，融入大局，在全面小康进程中积极作为。各级残联组织既是党委领导的人民团体，又是政府服务残疾人的工作部门，要在全省发展的大局中找准位置，抢抓机遇，顺势而为，更加主动地将残疾人最关心、最迫切、最直接的利益诉求，融入全省正在大力推进的项目化的民生工程，均等化的城乡公共服务以及美好乡村建设之中，力争解决得更实、更多、更快。在为残疾人服务这个德政工程中，各级残联应该有更重的担当。

二要坚持解放思想，凝聚社会力量，进一步推动残疾人事业科学发展。推动残疾人事业进一步加快发展，既需要财政不断加大投入，又需要动员社会积极参与。2011 年，安徽在全国领先出台了鼓励和支持民间资金兴办残疾人服务机构的指导意见，明确了政府购买服务，构建了政府与民间优势互补、共同推进的崭新格局。各级残联要勇于更新思想观念，鼓励和接纳社会力量，投身到“两个体系”建设这个重要而又艰巨的历史任务之中。要注重在行业规划布局上多下功夫，力求更加科学合理；在完善服务标准上多下功夫，力求更加权威公正；在人才培养、培训上多下功夫，力求更加专业和精细；在用足、用活综合服务设施上多下功夫，力求服务中心名副其实。要坚持多管齐下，多措并举，为加快发展残疾人事业挖掘更多的资源，提供更多具有选择性、个性化的保障和服务。

三要坚持密切联系残疾人，服务残疾人，进一步加强残联队伍自身建设。一方面，要在联系残疾人中感知残疾群众的冷暖，增进与他们的感情，激发工作激情。另一方面，要在服务残疾人中体现残联的职能，体现组织的价值。

省委副书记李锦斌在省残联第六次代表大会开幕式上的讲话摘要

2013 年 6 月 25 日

一、要坚持自强不息，努力奋斗进取，在实现中国梦伟大征程中展示新风貌

我省 401 万残疾人中，蕴含着巨大的潜能和无穷的创造力。是兴皖富民的重要力量，也是发展残疾人事业的主体，希望全省广大残疾人始终热爱人生、不断超越自我，努力向社会进一步展示残疾人的聪明才智和精神风貌。一要大力发展、勤劳勇敢、自强不息的精神，始终发展乐观向上的生活态度，不为困难所吓倒，敢于在逆境中奋起，勇于在奋斗中成长，勇于开拓人生的新境界。二要大力发扬勤奋学习，不断进取的精神，深入学习社会主义理论体系，刻苦学习科学文化知识和劳动技能，全面提高自身素质，不断增强创造新生活的本领。三要大力发扬，主动参与，积极奉献的精神，充分挖掘自身潜能，积极发挥自身特长，以主人翁的姿态投身到我省改革开放和现代化建设事业，努力为社会贡献力量，为人生增添光彩。

二、要围绕发展大局，提升服务水平，在带领残疾人共创美好幸福未来中增添新业绩

各级残疾人组织是党和政府联系残疾人的桥梁和纽带，肩负着光荣的使命，希望各级残联组织认真贯彻中央和省委省政府的新部署、新要求，主动适应广大残疾人过上更好生活的期盼，突出服务主题、拓展服务内容、提升服务水平，更好地带领残疾人共创幸福美好的未来。一要强化服务意识，以开展党的群众路线教育实践活动为契机，牢固树立全心全意为残疾人服务的思想，始终保持同残疾人群众的血肉联系，倾听残疾人的呼声，反映残疾人的诉求，真正成为残疾人之家。二要完善服务体系，认真落实中央和我省关于建设残疾人社会保障体系和服务体系的要求，积极推进残疾人服务设施的建设，努力增加残疾人基本服务供给，不断提高残疾人公共服务水平。三要增强服务能力，积极适应残疾人事业发展的新变化，切实加强理论学习和实践锻炼，不断提高参与社会建设和管理创新的能力，提高社会化工作的能力，提高依法发展、管理残疾人事业的能力。广大残疾人的工作者要秉承人道、廉洁、服务、奉贤的职业道德、继

续再接再厉，勤勉敬业，满腔热忱地做好残疾人工作，为残疾人事业的发展再创佳绩。

三、切实加强领导，营造良好环境，在推进残疾人事业中开创新局面

发展残疾人事业是党和政府义不容辞的责任，各级党委和政府要进一步提高思想认识，采取有力措施，推动残疾人事业全面发展，努力让每一个残疾人都享有平等参与、平等发展的机会，生活得更加幸福、更有尊严。一要摆上重要位置，坚持把残疾人事业纳入经济社会发展的总体规划，把残疾人的工作列入重要的议事日程，不断完善领导体制和工作机制，关心支持残疾人组织的建设和干部队伍建设，为残疾人事业发展提供坚强的保证。二要加大政策扶持，不断完善有利于残疾人事业发展的政策法规，着力增加对残疾人事业发展的资金投入，切实帮助解决残疾人在康复、教育、就业、文化、体育等各个方面遇到的困难和问题。促进残疾人全面健康的发展。三要营造良好环境，大力弘扬人道主义思想，广泛宣传扶残济困的正能量，努力在全社会形成理解、尊重、关心、帮助残疾人的良好社会风尚，让关爱的阳光照亮每一个残疾人的心灵。

副省长、省政府残工委主任梁卫国在省残联第六次代表大会闭幕式上的讲话摘要

2013 年 6 月 25 日

一、加快社会保障和服务体系建设，切实保障残疾人合法权益

我们要认真实施《安徽残疾人事业“十二五”发展纲要》，确保在 2015 年搭建起社会保障和服务体系基本框架，到 2020 年实现残疾人社会保障和公共服务水平及均等化程度显著提高，推进各方面制度安排定型、完善。一要努力提高残疾人社会保障水平，切实保障残疾人基本生存权。当前特别要解决好重度残疾人社会救助、残疾人社会福利制度建设、农村残疾人扶贫开发和危房改造等基本生存需求，使发展成果更多更公平地惠及残疾人，让每一个残疾人都过上体面的、有尊严的生活。二要有效扩大公共服务供给，着力保障残疾人的发展权。要更加重视残疾人人力资源的开发，千方百计促进就业，努力增加其收入，尽快缩小与社会平均收入水平的差距。加快普及残疾人基本康复服务，不断提高受教育水平，丰富精神文化生活，促进其充分参与社会生活，为残疾人平等权利的实现和全面发展创造更好的环境和条件。三要努力推进制度建设，为残疾人社会保障和服务体系可持续发展打下基础。要积极推进建立与经济发展和政府财力增长相适应的残疾人基本公共服务财政支出增长机制，建立政府主导、社会参与、公办民办并举的服务供给模式。严格遵循实施各类残疾人服务机构设施建设、设备配置、人员配备、服务规范等标准，不断提高服务规范化、专业化、信息化水平。强化残疾人对公共服务供给决策及运营的知情权、参与权和监督权，提供残疾人需要、欢迎、满意的公共服务。

二、健全完善残疾人工作领导体制，凝聚各方力量共同做好残疾人工作

要齐抓共管，各司其职，密切配合，进一步完善党委领导、政府负责的残疾人工作领导体制，健全政府主导、社会参与、残疾人组织充分发挥作用的工作机制。各级政府要把残疾人工作摆在更加突出的位置，把促进残疾人事业发展作为统筹经济社会发展的重要举措，把健全残疾人社会保障和服务体系作为基本公共服务体系建设的优先领域，及时研究、认真解决残疾人事业发展中遇到的困难和问题。各级残联组织要牢牢把握中央和省委关于发展残疾人事业的部署要求，充分履行好“代表、服务、管理”职能，结合即将开展的以为民务实清廉为主要内容的群众路线教育实践活动，建立健全联系和服务残疾人工作的长效机制。要进一步把工作的重点放在基层、放在农村，注重运用社会化的服务方式，动员更多的力量为残疾人办实事、做好事、解难事。各级人民团体、社会组织、企事业单位等要大力弘扬中华民族扶残助残的传统美德，自觉开展献爱心、送温暖活动，广泛开展多样化、有针对性的帮扶活动，形成人人理解、尊重、关心、帮助残疾人的良好风尚，让关爱的阳光普照每一个残疾人的心灵。

三、加强各级残联组织建设，充分发挥其在残疾人事业发展中的重要作用

残联组织要牢记职责要求，坚持把全心全意为残疾人服务作为工作的出发点和落脚点，时刻把残疾人的冷暖放在心上，进一步拓展服务内容，改进服务方式，及时解决残疾人生产生活中遇到的实际困难。加强学习研究，立足残疾人工作实际，认真贯彻落实中央和省委关于残疾人工作的决策部署和政策措施，进一步探索把握新形势下残疾人工作的特点和规律，不断提高引导、组织、服务残疾人和维护残疾人合法权益的能力水平。要切实改进工作作风，认真贯彻中央和省委关于作风建设的规定，深入基层，深入残疾人家庭，了解真实情况，提供实际帮助，使残联真正成为残疾人之家，使残联干部成为广大残疾人的贴心人。

省委常委、省委秘书长唐承沛在省政协十一届一次会议周世虹委员代表社会福利和社会保障界的大会发言材料上的批示

2013 年 1 月 22 日

关爱残疾人是社会文明进步的表现，帮助残疾人解决学习、工作和生活中的实际困难，是全社会的共同责任。周世虹委员关于进一步做好残疾人工作的几点建议，请省教育厅、省文明办、省住建厅并省残联研处。

省委副书记李锦斌在省政协报送省委的《关于促进我省残疾人社会保障体系建设的几点建议》上的批示 2013年8月22日

报告对残疾人社会保障体系建设做了重点调研和认真分析并提出建立完善扶残助残政策的两点具体建议，很有参考价值和借鉴意义。请刘莉同志并人社厅阅后认真研究。

副省长、省政府残工委主任梁卫国在《关于我省民办残疾人康复服务机构的调研及建议》上的批示 2013年12月20日

请省残联、民政厅阅研。这份报告探讨的问题很有意义，在今年省“两会”期间，也引起了一些政协委员、人大代表的关注。报告立足省情，内容翔实，所提建议具有一定的针对性、可行性，对贯彻国家相关政策和工作部署，推进我省民办残疾人康复机构发展具有很好的参考价值。请结合工作实际认真借鉴运用。

二、政策法规文件

2013年贫困残疾人康复工程实施意见

皖残联〔2013〕1号

2013年，继续实施贫困残疾人康复工程。

一、贫困白内障患者免费复明手术项目

（一）目标任务：2013年，为全省贫困白内障患者施行免费复明手术1万例，按各市户籍人口基数分配任务。

（二）救助对象

全省城乡贫困白内障患者。

救助对象需提交本人申请、身份证（户口簿）、低保证或贫困证明等材料。

（三）资金管理

省级财政统筹安排1000万元，每例手术经费1000元。其中，150元由省残联统一组织采购手术耗材；850元用于患者筛查、术前术后常规检查、用药、床位、治疗、护理等费用。各地不得另行收取任何费用。

根据省卫生厅、省残联《关于印发流动眼科手术车“复明22号”复明项目实施方案的通知》（卫医秘〔2012〕481号）精神，“复明22号”参与协助部分市完成手术任务；参与方式由承担“复明22号”任务的省第二人民医院与相关市县卫生部门或手术定点医院协商，并根据实施手术的具体情况进行项目手术资金分配。

二、贫困精神残疾人药费补助项目

（一）目标任务：2013年，为全省68000名贫困精神残疾人每人提供500元的药费补助，任务按各市户籍人口基数分配。

（二）年审与审核

县级残联每年须对受助对象进行年审并及时调整。

新增补助对象本人或其监护人向户籍所在地乡镇（街道）残联提出申请，填写《贫困精神残疾人药费补助审批表》，同时出具以下证明材料：

1. 残疾人证（精神残疾类别）；2. 低保证或县级（含）以上民政部门出具的贫困证明；3. 精神病门诊或住院治疗病历等证明材料；其中应有当年或上一年度的诊疗记录。

县级残联对补助对象的申报材料进行审核，并报同级财政部门复核。

（三）资金发放：县级财政部门复核后，将补助资金打卡发放至个人账户，并注明“精补”。

三、贫困残疾儿童抢救性康复项目

（一）救助对象

全省城乡低保或困难家庭残疾儿童。

（二）目标任务与补助标准

2013年，为8440名贫困残疾儿童提供医疗康复训练救助，或适配辅助器具。

（三）项目和资金管理

1. 省财政根据各市承担的任务数和补贴标准，将资金下拨至各市残联。其中人工耳蜗、助听器、假肢、矫形器、辅助器具等，由中央和省级统一采购下发。

2. 各市残联根据《关于印发安徽省贫困残疾儿童抢救性康复项目实施方案的通知》（皖残联〔2012〕7号），将救助对象安排至定点机构，按规范进行手术或康复训练。

无定点机构或机构不能满足本市残疾儿童康复训练的市，可将残疾儿童转介至外市定点机构进行康复；目前正在外市定点机构训练的或自行申请至外市定点机构训练的，经市级专家组质量评估合格后，可认定为残疾儿童户籍所在市的任务。

残疾儿童进入定点机构训练的，均应填写《贫困残疾儿童抢救性康复项目安置（转送）考核表》；在训儿童经考核评估合格后，持《贫困残疾儿童抢救性康复项目安置（转送）考核表》回户籍所在地残联申领康复训练经费，或由户籍所在地残联直接将补贴经费划拨至定点机构。

3. 各类在训儿童补助资金使用范围，按照《关于印发安徽省贫困残疾儿童抢救性康复项目实施方案的通知》（皖残联〔2012〕7号）执行；各地可结合实际，适当增加残疾儿童在训期间的生活补贴。

4. 严格按照规定使用救助资金，专款专用，并不得收取救助对象任何训练费用；在定点机构进行医疗康复发生的费用，符合有关规定的，应由医疗保险报销。各相关部门和定点机构要及时将受助对象基本情况以适当方式公示，主动接受社会监督。如有弄虚作假，将取消机构的“定点”资格。

5. 严格执行《残疾儿童康复救助“七彩梦行动计划”实施方案》（中残联厅发〔2011〕25号）规定的康复训练技术规范和质量标准，省残联会同有关部门将以此为依据对定点机构服务质量进行评估。

定点机构须与每位在训儿童监护人签订康复安置协议，明确双方责任和义务，确保在训儿童训练时间、训练质量、训练安全。

贫困残疾人生活特别救助实施办法

第一章　总　则

第四条　凡在我省城乡享受最低生活保障待遇的三级以上的残疾人（含三级）均有权享受生活特别救助待遇。

第五条　城镇、农村二级以上的贫困残疾人（含二级）每人每月按60.5元的标准救助。城镇、农村三级的贫困残疾人每人每月按30元的标准救助。

第二章　申请、审核、审批程序

第六条　个人申请。申请享受贫困残疾人生活特别救助的须填写《贫困残疾人生活救助申请审批表》，提供居民户口本、中华人民共和国残疾人证（必须是二代证）、最低生活保障证或县级以上民政部门低保证明，通过村民委员会（社区居民委员会）向户口所在地的乡镇政府（街道办事处）提出申请。

第七条　村民委员会（社区居民委员会）初审。村民委员会（社区居民委员会）在5个工作日内完成对申请人的实际情况核实，将申请人情况在村务公开栏或社居委公开栏公示5天以上。对无异议的，在《贫困残疾人生活救助申请审批表》上签署意见，连同申请人的居民身份证（复印件）、中华人民共和国残疾人证、低保证报乡镇政府（街道办事处）审核。对经复审不符合条件的，要书面通知申请人，并告知原因。

第八条　乡镇政府（街道办事处）审核。乡镇政府（街道办事处）在收到申报材料后，应在7个工作日内完成审核任务，并在《贫困残疾人生活救助申请审批表》上签署意见，同时将有关证件和证明材料一并报县（市、区）残联审批。对审核不符合条件的，要书面通知申请人，并告知原因。

第九条　县（市、区）残联审批。县（市、区）残联接到申报材料后，应在10个工作日内完成对申报对象材料的审核、调查和审批工作，并以张榜方式公示不低于3天。对符合条件的，在《贫困残疾人生活救助申请审批表》上签署审批意见。对不符合条件的，要书面通知申请人、村民委员会（社区居民委员会）和乡镇政府（街道办事处），并告知原因。

第三章　救助对象管理

第十条　对贫困残疾人生活特别救助对象实行动态管理，按程序对救助对象实行年度复核、适时调整。对新增符合条件的要及时办理申请、审核、审批手续。

第十一条　贫困残疾人生活特别救助对象实行县、乡二级档案管理，做到一户一档；省、市、县（市、区）三级建立贫困残疾人生活特别救助对象基础信息数据库，县级残联负责基础信息数据库的日常管理并上报市残联。各市残联将所辖县（市、区）的基础信息数据在规定时间统一报省残联。

第四章　资金的筹集、管理与发放

第十二条　实施贫困残疾人生活特别救助所需资金由省与县（市、区）财政按照8：2的比例共同承担。

第十三条　市、县（市、区）财政部门要对贫困残疾人生活特别救助资金实行专户管理，确保专款专用，用于经审核、审批后的贫困残疾人生活特别救助资金支出。

第十四条　贫困残疾人生活特别救助资金由县（市、区）财政统一管理。省级补助资金分配方案由省残联根据2012年度各市、县（市、区）实际救助人数及新增三级贫困残疾人救助人数予以确定，并报省财政审核同意后，由省财政通过预算指标直接拨付各县级财政部门。资金发放时，由县（市、区）残联按年度根据最终核定的享受人数和救助标准提出用款计划，报同级财政部门审核。救助资金由县级财政农村管理局和社会保障机构会同残联按核定的救助人数和标准，通过“一卡通”将救助资金及时打入救助对象账户并注明“残补”。对于城镇未实现“一卡通”的，则通过社会化发放方式直接发放到救助对象账户。

关于做好2013年度残疾人就业扶持项目工程的通知

皖残联〔2013〕11号

一、项目任务及条件

（一）残疾人万人就业扶持工程项目

继续实施残疾人万人就业扶持工程，对城乡就业年龄段有就业能力、有就业愿望、有生产经营项目的残疾人和超比例安排残疾人就业的企业给予扶持，2013年全省计划扶持人数10000名，其中当年新增扶持人数不少于70%。

（二）阳光助残就业扶贫基地项目

选择管理规范、辐射带动力强、培训效果好、能够稳定增加农村贫困残疾人家庭收入的企业或经济合作组织，搭建残疾人就业扶贫载体，计划建设30个由省授牌的“阳光助残就业扶贫基地”，并对每个基地给予一定补助，用于改善基地残疾人的劳动环境，残疾人社保补贴，开展残疾人技能培训，为残疾人提供生产资料和技术指导、产品销售等服务。

（三）阳光大棚等助残设施农业项目

2013年计划实施“阳光大棚”等设施农业助残项目1000个（其中新建不低于70%），对农村残疾人新建或扩建“阳光大棚”等设施农业助残项目，给予专项扶持。

二、申请申报

（一）符合条件的残疾人和基地，由残疾人本人或基地提出申请，县级残联及财政部门共同审核后，报市级有关部门汇总。

（二）各市及省直管县要依据省下达的指导性任务指标，于2013年4月30日前将“残疾人万人就业扶持工程”、“阳光助残就业扶贫基地”和“阳光大棚”设施农业项目扶持对象花名册及电子版报送至省残联教育就业处（申报及格式要求见附件6），省残联会同省财政厅等部门对各地上报的扶持对象进行复核后，下拨省级扶持资金。

（三）申报期限内未报满指导任务指标的，将调整给申报积极性高的地方。

关于加强残疾人就业服务机构规范化建设的实施意见

皖残联〔2013〕23号

二、主要内容

（一）组织机构规范化。残疾人就业服务机构是各级残联组织为促进残疾人就业，依照《残疾人就业条例》设立的直属机构，具有公共事务管理和公共服务职能，纳入公共就业服务体系管理，为参照公务员法管理单位或全额拨款事业单位，业务上接受上级相关部门和同级残联就业部门、人力资源和社会保障部门指导，综合管理本地残疾人劳动就业服务工作。市级残疾人就业服务机构的人员编制，依照其所承担的职能和本地残疾人就业工作需要合理确定。原则上市5人以上，县、市、区3人以上。在编人员不能满足业务需要的，可以从社会上聘用，经费来源参照省财政厅和省残联下发的财社〔2006〕729号文件精神，从就业保障金中列支。

残疾人就业服务机构根据有关规定要求使用统一的名称和标识，市通称残疾人就业服务中心，县（市、区）通称残疾人就业服务所，市、县（市、区）残疾人就业服务机构可根据人员编制和实际需要设置内部机构。乡镇（街道）残联要有就业服务专（兼）职人员，村（社区）要有专（兼）职就业指导员。

（二）队伍建设专业化。残疾人就业服务机构队伍专业化建设是残疾人就业服务机构规范化建设的核心内容。残疾人就业服务机构工作人员必须具有大学专科以上文化程度，具备相应的行政执法资格或国家职业资格，持证上岗。建立健全干部培训制度，逐步建立一支具有爱岗敬业精神，熟悉残疾人就业政策法规，掌握行政执法、就业指导、社会保障等知识的专业化服务队伍。

（三）业务工作流程化。残疾人就业服务机构应当根据《安徽省残疾人就业服务机构规范化建设标准》规定，加强业务建设，全面加强按比例就业年审、残保金征收、相关资格认定、盲人按摩机构注册登记和按摩人员资格认定及职称评定、就业失业登记等就业管理，开展就业培训、求职登记、就业信息发布、职业技能竞赛、职业能力测评、职业指导等就业服务工作。建立健全残保金征收管理制度、与社会用人单位联系制度、残疾人就业援助制度、残疾人培训管理制度等业务工作制度，优化职业培训、职业介绍、就业年审、求职登记、就业和失业登记、残疾人招聘等工作流程，确保各项业务工作有序开展。

（四）内部管理制度化。残疾人就业服务机构应当建立健全各项内部规章制度，严格按规章制度办事。实行岗位责任制，明确工作分工，岗位责任到人。建立健全绩效考评和工作人员目标考核等办法，对业务工作进行精细化管理。建立和完善工作规则、员工行为准则、学习考勤、公开公示、财务档案管理、信访接待等内部管理制度，做到“职责明确、制度健全、操作规范、运转高效”，形成用制度管人、以流程管事的残疾人就业服务管理模式。

（五）基础设施标准化。按照省级以指导、示范性就业服务为主，市和县级以服务为主的原则，加强各级残疾人就业服务机构服务功能区建设。服务功能区面积市级不少于100平方米，县、市、区不少于50平方米，且要符合无障碍建设标准。职业指导室、职业技能测评室及信息化建设软件按统一标准建设或配置。服务功能区设备购置坚持实用、适用、节约原则，力戒华而不实。

安徽省基本公共服务体系三年行动计划（2013—2015年）

皖政办〔2013〕28号

九、残疾人基本公共服务

27. 残疾人社会保障。落实重度贫困残疾人享受社会保险费补贴政策，覆盖面达到100%。将符合条件的残疾人按规定程序纳入城乡最低生活保障范围。健全贫困残疾人生活特别救助制度，探索建立重度残疾人护理补贴制度。优先安排低收入残疾人的城市保障性住房和农村危房改造。将参加居民医保、新农合的0—6岁脑瘫、听力语言障碍残疾儿童康复门诊费用纳入按病种定额补偿范围。

28. 残疾人基本服务。对义务教育阶段残疾学生，在两免一补基础上进一步提高补助水平。建立健全残疾学生助学金制度，普通高校全日制本专科在校残疾学生和经济困难的残疾人家庭子女，中等职业学校一、二年级在校残疾学生，以及在特殊教育学校职业高中班和普通学校就读的残疾学生，全部享受国家助学金。各市和人口30万以上、残疾儿童人口较多的县（市、区），按国家标准新建或改扩建1所特殊教育学校。学龄残疾儿童接受义务教育比率达到90%。免费为残疾人提供有针对性的就业服务。优先安置残疾人在公益性岗位工作。为残疾人个体就业提供就业扶持，减免税费，实现城镇残疾人新增就业4.5万人。为贫困残疾人家庭无障碍改造提供补助。普及有字幕和手语的电视节目，公共图书馆提供盲文和有声读物等阅读服务。各市和有条件的县，要依托现有资源，建设专业残疾人康复托养机构。

（省残联牵头，省委宣传部、省发展改革委、省教育厅、省民政厅、省财政厅、省人力资源社会保障厅、省文化厅、省卫生厅、省广电局、省体育局、省新闻出版局配合）

关于加强残疾人文化建设的意见

皖残联〔2013〕55号

（四）为残疾人提供基本、均等的文化服务。加强对残疾人的公共文化服务是实现残疾人文化权益的基本途径。文化馆、图书馆、博物馆、美术馆、科技馆、展览馆、纪念馆、艺术馆、公园、动物园、植物园、旅游景点、体育场馆等各类公共文化服务设施和爱国主义教育示范基地等要免费向残疾人开放或给予优惠，并在入口处设置明显标识，提供语言、文字、音乐、手语等信息交流无障碍服务；省盲人阅览室要进一步加大投入，充分发挥示范性、指导性和综合性盲人文化资讯服务作用；各级公共图书馆应建立盲人阅览室，配置盲文读物及相关设备，并逐年增加盲文图书、有声读物资料品种、数量及相关设备，为盲人读者提供个性化服务。支持乡镇（街道）、村（社区）设立残疾人阅读专柜（角）；各级文化馆、乡镇（街道）综合文化站、村文化活动室、社区文化中心要积极为残疾人提供参与文化、体育活动的场地，增加残疾人文化、体育活动内容；继续办好省级广播电视台已有的残疾人专题节目和手语新闻节目，并在内容和形式上不断创新；积极创造条件，推动县级以上广播电视台开设残疾人专题节目；县以上残联要开办网站，努力达到无障碍网站设计标准；继续推进影视作品和电视作品加配字幕；各级残疾人综合服务设施中要设立残疾人文化、体育活动场所，配置文化、体育活动用品用具；要通过政府采购、项目补贴、定向资助等形式，加大残疾人特需文化、体育产品的研发与供给；各种文化、艺术活动，要鼓励、吸纳残疾人广泛参与，重视残疾人创作和残疾人题材的文艺作品，并根据具体情况给予特别扶持。

（七）扩大“残疾人文化进社区”项目覆盖面。“残疾人文化进社区”试点项目。在为基层残疾人提供必要的社区文化条件，引导残疾人加强学习、提高素质方面取得了显著效果。要在试点基础上积极开展“残疾人文化进社区”，每年按各地社区总数5%的进度扩大项目建设。各相关部门要按照“费随事转、权随责定”的要求为基层残疾人提供必要的文化、体育活动用品，提供基层残疾人参与文化生活的基本条件，进一步加强组织领导、充实内容、创新形式、突出特色，做到有组织、有计划、有场所、有活动、有经费保障。

（八）推进残疾人自强健身工程。将残疾人自强健身工程纳入基本公共体育服务体系建设，充分利用现有体育资源，积极改善残疾人参加体育健身活动条件，创作并推广适合残疾人身心特点的体育健身方法和项目；加强残疾人体育健身设施统筹和建设，为基层残疾人体育活动场所和残疾人综合服务设施配置适宜的器材器械；利用残疾人健身周、全国特奥日等重要节点，选择残疾人喜闻乐见的、富有民族民间特色的体育活动项目进行展演、交流，同时提供健身咨询指导、体质测定等志愿服务。推进残疾人体育健身指导员和残疾人体育健身示范点建设，完成“十二五”期间培育1000名残疾人体育健身指导员、建设40个残疾人体育健身示范点的任务。在全民健身路径建设中以及残疾人集中场所，安装适合残疾人健身的体育活动器械。要充分宣传利用残疾人体育运动同城举办、同等奖励的机制，建立省市县三级残疾人运动会机制，促进残疾人群众性体育与竞技性体育同步发展。进一步加强省残疾人体育训练指导中心建设。

（十一）扶持残疾人文化产业发展。通过政策扶持、市场引导、强化培训、能人带动等措施，努力培育我省残疾人文化产业发展，积极打造具有我省特色的残疾人文化产业品牌。按照分类指导、区别对待的原则，扶持以残疾人群体为主要受众的文化企业，落实残疾人文化产业财政、税收、金融、用地等政策；各地中小、微型企业创业优惠政策要将残疾人文化艺术创业纳入其中；要积极搭建残疾人文化创业平台，扶持残疾人文化创业发展，扶持残疾人题材的影视剧、戏剧、广播剧等文艺作品创作、发行；各级残联要加快残疾人文化产业的培育，将残疾人文化创业与残疾人自主创业和集中就业有机结合，使之成为残疾人就业体系的重要组成部分；各级残联就业培训机构，要积极组织开展残疾人文化艺术创业从业能力的培训；要探索建立残疾人文化艺术产品销售平台，不断拓宽销售渠道；同时，各类产业园区、景区、商区设立残疾人文化产品经营网点，为残疾人创造条件，鼓励残疾人发挥特殊艺术才能，积极参与文化创业，建立有特色的残疾人文化创业基地；对残疾人文化艺术人才共同创办或参与人数较多的各类文化创业、工艺美术、特殊艺术等企业、团体，按规定享受相关扶持政策。将残疾人文化创业、文化产业、文化就业纳入残疾人保障金扶持范围。

关于优先支持农村贫困残疾人家庭危房改造的通知

建村〔2013〕131号

二、优先安排，倾斜照顾。原则上年度完成贫困残疾人家庭危房改造数量占年度总任务的比例不低于20%。在确定农村危房改造对象时，要对贫困残疾人家庭倾斜照顾，优先安排住房最危险、经济最贫困的残疾人家庭，减免农村贫困残疾人家庭建房的相关规费。

关于促进残疾人按比例就业的实施意见

皖残联〔2013〕78号

党政机关、事业单位及国有企业要严格按照法律规定，切实落实《意见》精神，带头履行按比例安排残疾人就业的法律义务，为其他用人单位按比例安排残疾人就业发挥表率作用。各级残疾人工作委员会成员单位要率先招录残疾人。各级党政机关中的非公务员岗位（科研、技术、后勤等），要积极安排残疾人就业，并依法与残疾职工订立劳动合同，保障其合法权益。到2015年，所有省级党政机关至少安排有1名残疾人。到2020年，所有市级残工委主要成员单位至少安排有1名残疾人；各级残联干部队伍中都要有一定数量的残疾人干部，其中省级残联机关干部队伍中残疾人干部的比例应达到15%以上。

各级党政机关在坚持具有正常履行职责的身体条件的前提下，对残疾人能够胜任的岗位，在同等条件下要优先录用残疾人。各地要切实维护残疾人平等报考公务员的权利，除特殊岗位外，不得额外设置限制残疾人报考的条件。招录机关专设残疾人岗位时，省级以上公务员主管部门要给予放宽开考比例等倾斜政策。各地在招录公务员时，要结合实际，采取适当措施，努力为残疾人考生创造良好的考试环境。

国有和国有控股企业应根据行业特点，确定适合残疾人就业的岗位，招录符合岗位要求的残疾人就业。要带头组织残疾人专项招聘，带动其他企业举办残疾人专场招聘会，促进残疾人就业最大化。企业对招录的残疾人应依据《中华人民共和国劳动合同法》订立劳动合同，实行同工同酬。

三、加强工作督查，加大奖惩力度，推动按比例安排残疾人就业政策落到实处

各地要因地制宜制定超比例安排奖励标准，加大残疾人就业保障金（以下简称残保金）对超比例安置残疾人就业用人单位的奖励力度。省级残保金对各地的超比例安排奖励给予补贴，提高用人单位安排残疾人就业的积极性。

用人单位安排残疾人就业达不到规定比例的，应严格按规定标准缴纳残保金。对拒不安排残疾人就业又不缴纳残保金的用人单位，可采取通报、申请法院强制执行等措施。各地应将用人单位是否履行按比例安排残疾人就业义务纳入各类先进单位评选标准，对于不履行义务的用人单位，不能参评先进单位，其主要负责同志不能参评先进个人。

各级人力资源社会保障部门要依法加强残疾人劳动权益维护工作。要充分发挥劳动保障监察执法的职能作用，把按比例安排残疾人就业纳入劳动保障监察范围，加大监察执法工作力度；将按比例安排残疾人就业作为日常巡视检查和年度劳动执法大检查的重点内容，发现问题，及时督促用人单位整改。各级公共就业服务机构要指导和会同残疾人就业服务机构加强对残疾人的就业服务和就业援助。各类职业院校和培训机构要积极参与并承担起残疾人职业培训职责。

各级财政、地税、残联部门要结合本地实际，修订完善本地区残保金征收管理具体实施办法，更好地发挥残保金对促进残疾人就业的作用。要完善征收措施、规范征收程序、加大征收力度，做到依法征收、应收尽收。要将残保金收支纳入各级政府性基金预算管理，提高资金使用效益。规范残保金使用管理，专项用于残疾人职业培训、奖励超比例安置残疾人单位、扶持残疾人就业相关支出，不得挪作他用，提高资金促进残疾人创业、就业的使用效益。

三、工作综述

2013年，安徽省推进残疾人社会保障和服务体系建设，全省各级党委政府重视关心残疾人工作，政府残工委各成员单位密切配合和社会各界支持厚爱，广大残疾人和残疾人工作者自强不息、勤奋工作，主要工作全面完成。

（一）以维护残疾人生存权为重点，积极推进普惠加特惠的保障体系再深化

一是提供生活特惠保障。对于全省城乡80多万贫困残疾人，基本实现应保尽保，并对其中的524017名重度残疾人叠加享受生活特别救助，人均年转移性收入千元以上，凸显了社会保障的兜底功能，该项民生工程的绩效评价得分位居全省33项民生工程前列。滁州市针对5.2万贫困和失能残疾人，建立了“生、老、病、死”的系列救助制度；铜陵市对贫困残疾人救助实现全覆盖；芜湖、安庆等市率先出台政策，允许成年重度残疾人单独立户纳入低保；蚌埠市率先对一户多残家庭建立救助年度增长机制；二是建立医疗和养老特惠保障。城乡58万名贫困重度残疾人免费参加城镇居民医疗保险、新农合和养老保险；合肥市投入2000万元，将重性精神病人住院治疗纳入市级民生工程；广德县对重度残疾人住院不设报销起付线；马鞍山开展社区托养创建工作，合肥、铜陵等市已形成重度残疾人护理和托养服务补助制度。三是推行住房、出行特惠保障。22800户农村残疾人危房在2013年得到改造，户均受助万元以上；完成无障碍进家庭900户，每户补贴6000元。马鞍山市明确危房改造残疾人家庭比例不低于30%；坚持实名制打卡发放，为27570辆残疾人机动车给予定额燃油补贴。省残联党组理事会主动参与省委、省政府《关于进一步提升农村基本公共服务水平的意见》以及《安徽省基本公共服务体系三年行动计划》的制定，进一步拓宽了残疾人的保障和服务领域。

（二）以维护残疾人发展权为重点，积极推进有特色的服务体系再完善

1. 康复服务覆盖面进一步拓宽。一是规范认真实施

残疾人康复项目。为全省贫困白内障患者免费实施复明手术12280例、为70978名贫困精神残疾人服药进行补助、为残疾儿童进行抢救性康复8661名，分别占全年任务的122%、104%、103%；免费适配轮椅等辅具30000多件，补贴麻风畸残手术110例。二是扎实开展示范创建。新增泗县、庐江等11个县和天长、南陵等8个县分别为“社区康复示范县”、“全国白内障无障碍县”，使更多残疾人得到就近、就便康复服务。三是加强机构服务水平和能力建设。合肥、淮北、马鞍山、阜阳、池州、黄山、滁州、安庆、宣城9市挂牌成立辅具适配机构；芜湖市康复中心划归残联管理；举办康复人才培训12期、参训2000余人次。第一批为黄山、六安和临泉、金寨等19个市、县级配备辅具流动服务车。

2. 扶贫就业实效进一步提高。一是创新政策促就业。安徽省残联联合省委组织部、省人社厅等9个部门印发《关于促进残疾人按比例就业的实施意见》；将按比例安排残疾人就业工作纳入《文明城市、县城评比考核指标体系》；将残疾人扶贫成效纳入省政府扶贫工作目标考核。二是加大扶持促就业。省残联会同省财政厅制定《省级就业保障金使用管理暂行办法》，下拨6167万元，带动市县投入近2亿元，直接补贴残疾人技能培训、就业创业、稳定公益岗位以及购买社会保险费用等；争取扶贫贷款4492万元，落实贴息资金262万元。三是结队帮扶促就业。安徽省连续第八年，坚持依靠挂职村干部实施“万人千元就业工程”；亳州、宿州、六安、池州等地均建立党政领导干部“一人一户、一年一趟”联系帮扶残疾人制度。会同省人社厅在全国首个举办残疾人专场公务员招考，引起社会积极反响。

3. 特殊教育资金投入进一步加大。全省特教学校生均公用经费高于普通学校5倍以上政策以及教师特殊岗位津贴全面落实；省政府残工委成员单位继续开展结对慰问39所特教学校活动，捐献款物超过100万元。各级财政共安排681万元，资助高校家庭困难残疾学生1070名、中小学校残疾学生6538名。总投资1.2亿元的省特教中专学校一期工程竣工并交付使用，开设盲人按摩、辅具适配等各类特色专业8个，试点与合肥学院、安徽工商职业学院等高校联合培养电子商务等高职专业人才。滁州市建立各个学段家庭困难残疾学生资助办法；芜湖市出台为重度残疾儿童“送教上门”实施意见；合肥、淮南和亳州等市特教学校学生绘画、剪纸和陶艺等作品，独具风格，成为当地对外友好往来的首选礼品。

（三）以维护残疾人参与权为重点，积极发挥残疾人主体作用

1. 注重倾听残疾人诉求。省残联联合司法厅印发《关于进一步加强残疾人法律援助工作的通知》，全年全省共为3581名残疾人提供法律援助服务，受援人数较上年同比增长19%；耐心妥善做好涉法、涉诉、来访、来电、来信的处理和答复，接待处理残疾人来访6714批7985人次，来信356件。积极办理人大代表、政协委员建议和提案。主动与工、青、妇等群团权益部门联络，共同维护残疾职工、儿童和妇女权益。再次获得省委、省政府授予“全省信访工作责任目标管理先进单位”称号。

2. 注重残疾人自我治理。一是落实《章程》要求，加强各类专门协会建设。各市县残联在换届过程中，注重加强协会建设，一大批自身素质较好、社会影响较大的优秀残疾人成为各协会的领头雁和主席团的当家人，残联的群众性更强、代表性更实，残疾人在残联组织、残联组织在社会更加活跃。二是加强基层残疾人队伍建设。省市县三级财政加大对全省基层残疾人专职委员误工补助额度和业务培训深度，注意发挥他们在解决“两个够不着”的问题发挥特殊作用。三是支持残疾人公益服务组织建设。全省由残疾人或残疾人亲友创办的服务于残疾人的公益组织达到200多家，他们在提供特色服务、满足个性化需求上发挥着不可或缺的作用，已经成为残疾人服务体系建设中一支重要力量。

3. 注重展示残疾人风貌。积极开展群众性体育活动，举办特奥日和残疾人健身周活动。组队参加全国残疾人田径、盲人门球、乒乓球、举重项目锦标赛，均取得较好成绩。举办全省残疾人体育竞赛分级员、体育健身指导员培训。省残联会同省委宣传部、省财政厅等12个部门支持，出台安徽省《关于加强残疾人文化建设的意见》，明确通过政府购买服务等形式，不断满足残疾人文体需求，并将残疾人文化产业纳入就业扶持范围。组织开展第四届全省残疾人文化周活动。举办第八届全省残疾人艺术汇演，参加全国汇演9个节目全部获奖。支持长丰、太湖等10个县级盲人阅览室建设。省级“两台一报一网”宣传报道分量进一步加大，全年稿件300多篇，省残联网站新闻稿件一万多条。合肥创建全国第一批“全国残疾人文化体育建设示范市”，市委市政府主要领导亲自推动。安庆市开展自强模范和助残先进事迹报告团“五进”活动；黄山市在全国首开残疾人与健全人同场举办运动会先河。

（四）以加强自身建设为重点，积极推进服务能力再提升

一是推进市县残联班子建设。认真落实省委省政府关于各级残联换届工作的指导意见，顺利完成市县换届工作，市级残联领导班子有残疾人干部的、县级残联成立党组的、市县残联主要负责同志担任同级人大或政协常委分别占到75%、85%、95%的，较上届均有大的突破。举办市县理事长北大专题研修班一期。二是推进助理员实名制管理。省级财政安排1000万元，各市县量力配套，落实乡（镇）、村（社区）协助理员误工补贴，建立实名上岗制度，基层队伍得到巩固和加强。合肥、马鞍山、铜陵等市规定协助理员享受同级同类从业者待遇；

阜阳市专职委员误工补贴纳入财政预算。三是推进市县综合服务中心建设。积极争取国家项目资金1500万元，省级财政适当补助，支持亳州、六安、池州等三市和南陵、庐江等34个县（区）综合服务中心建设，新增服务面积4.3万平方米，为历年增长之最。

（五）残工委单位及地方残疾人工作

1. 省财政厅

省财政厅围绕实施惠残民生工程、推进残疾群体就业创业，不断加大资金投入。2013年累计筹措残疾人事业发展资金6.2亿元，其中省级财政投入5.2亿元，积极保障残疾人事业发展重点项目实施。

一是保障生活救助项目提标扩面。各级财政部门累计投入资金近3.4亿元，其中省级投入2.7亿元，对城乡贫困残疾人基本生活给予救助，将低保范围内残疾等级在二级以上的残疾人生活救助标准提高了10%，由每人每年660元提高到726元；将低保范围内残疾等级为三级的残疾人纳入生活救助范围，并按每人每年360元标准予以救助。截至2013年年底，全省共有52.4万名残疾人享受生活救助待遇。

二是推动康复工程项目顺利开展。统筹安排资金1.4亿元，其中省级投入0.9亿元，继续将贫困白内障患者免费复明手术、精神残疾人药费补助和残疾儿童免费抢救性康复等项目合并为省民生工程实施，全省共有1万名贫困白内障患者得以康复，6.8万名贫困精神病患者获得药费补助，8440名残疾儿童享受免费辅助器具适配服务和康复训练补助。

三是积极支持残疾群体就业创业。累计投入资金0.96亿元，统筹推进残疾群体就业创业。支持残疾人职业教育发展，继续开展残疾人职业技能免费培训，积极保障省特殊教育中专学校实训楼建设项目顺利施工，帮助残疾学生提升就业技能。鼓励残疾人就业创业，对自主创业的残疾人给予专项扶持，对吸纳残疾人就业的用人单位和开展残疾人职业技能培训的机构给予专项补贴。

2. 省民政厅

2013年，省民政厅围绕改善残疾人生活状况，保障残疾人各项基本权益的目标，做了大量工作，取得一定成绩。

（1）着力完善城乡社会救助体系，有效保障残疾人基本生活权益

一是城乡居民最低生活保障标准进一步提高。在应保尽保、规范管理的基础上，不断提高城乡居民最低生活保障标准和补差水平。2013年，全省城市低保支出资金29.73亿元，月保障对象79.78万人，其中残疾对象90192人，月平均保障标准382.24元/人，人均月补差311元，同比增长11.83%和9.89%，分别位于中部6省第二位和第一位；全省农村低保支出资金35.6亿元，月保障对象215.67万人，其中残疾对象35.4万人，月平均保障标准209元/人，人均月补差138.35元，同比增长18.36%和11.52%，中部六省分别位于第二位和第三位。二是临时救助工作力度进一步增强。出台了临时救助实施办法，就救助范围、分类、标准、程序等进行了规范，有力保障了临时救助工作的常态化实施。1—10月，全省医疗救助工作惠及困难群众335.3万人次，同比增长15%；支出救助资金9.61亿元，同比增长4%。全省临时救助80049户，支出救助资金7850万元，较好发挥了惠民生、解民忧的作用。三是“五保”供养水平进一步提升。农村“五保”供养和“五保”供养机构建设继续纳入省民生工程实施。全省“五保”供养对象43.9万人，其中集中供养16.6万人（包括残疾“五保”对象21253人），分散供养27.3万人（包括残疾“五保”对象31779人）；月集中供养和分散供养标准分别达到271元和166元，均比上年同期增长10%以上；新建敬老院239所，床位2万张，集中供养能力超过50%，集中供养率超过全国平均水平。四是流浪乞讨人员救助体系进一步完善。2013年，争取将县级流浪乞讨人员救助场所建设和城镇生活无着的流浪乞讨人员救助纳入省民生工程，省财政和省级福彩公益金安排1亿余元，新建56所县级救助场所，在全国率先实现县级流浪乞讨人员救助场所全覆盖；中央和省级共安排救助经费1.17亿元，救助流浪乞讨人员12.4万余人次，其中前三季度救助流浪残疾人10329人次，精神残疾及危重流浪乞讨人员8109人次，流浪乞讨人员基本生活得到较好保障。

（2）努力构建儿童福利保障体系，切实维护孤残儿童权益

一是儿童福利基础设施建设全面完成。县级社会（儿童）福利中心建设任务于今年全面完成，三年投资3.24亿元，新建了61个县级社会（儿童）福利机构，在全国率先实现县级社会（儿童）福利机构全覆盖，较好地满足了孤残儿童集中供养需求，同时我们依托福利中心，鼓励开展对重残家庭儿童的巡查走访及安排集中就学工作，进一步维护了重残家庭儿童权益。二是孤残儿童基本生活得到有效保障。孤儿基本生活保障自2013年起纳入省民生工程项目，全省散居孤儿补助标准600元/人/月，集中供养1000元/人月，全年共发放孤儿基本生活费补助资金近20066万元，全省2.7万名孤残儿童及二级以上重残家庭儿童均已纳入保障范围。三是困境儿童保障范围逐步拓展。将父母双方均已失踪和弃养、父母患精神性残疾、正在服刑或是二级以上重度残疾等四类困境儿童正式纳入孤儿保障范围，是全国最早将重度残疾家庭儿童纳入孤儿保障范围的省份之一。为此民政部联合财政部、最高人民法院于去年10月专程到我省调研，拟在全国推广。四是流浪未成年人救助保护工作不断深入。2013年，全省22个流浪未成年人救助保护中心全面投入使用，为包括流浪残疾儿童在内的流浪未成年人的救助保护、教育矫治提供了良好的场所设施。开展了“接送流浪孩子回校园”专项行动，各级民政部门和救助管理机构集中开展街面巡查，并联合相关部门进行了基层摸排调查。专项行动期间，各级民政部门和救助管理机构出动救助车6000余台次，发放食物、物品8000余件（份），帮助包括流浪残疾儿童在内的困境儿童及流浪未成年人7000余人次。

（3）充分落实各项工作职能，发挥民政工作维护残疾人权益潜力

一是进一步促进残疾人就业安置。2013年新办福利企业23家，新增残疾人就业375人。全省各类福利企业超过400家，安置残疾人就业10000余人。通过兴办福利企业的方式安置残疾人集中就业，提高了他们的社会地位，为他们提供了培训、工疗和职业康复的机会，也为开发残疾人的智力资源提供了舞台，对提高残疾人生活水平，保障残疾人福利起到了重要作用。二是残疾人手术康复工作成效突出。2013年实施“福利机构残疾儿童手术康复明天计划”项目100余例，投入资金140万元，手术效果良好，不仅为残疾患儿解除了病痛，更从根本上为他们重塑了对生活的信心。三是开展优抚对象义务巡诊和短期疗养工作，2013年共安排300多名重点优抚对象入荣康医院短期疗养，四次组织医务人员进村入户为残疾军人和退役精神病患者义务巡诊，并完成全省原8023部队退役人员健康体检任务。四是加强对残疾人事业的资金支持力度。2013年，投入资金200万元，支持省特教学校建设；投入资金1919万元，支持省优抚医院建设，提高重点优抚对象保障水平；投入资金60万元，支持省社工协会开展贫困家庭先天性心脏病救助活动。争取中央福彩公益金，支持阜阳特教学校30万元。五是动员组织社会力量开展助残行动，我省慈善协会与中华慈善总会、世界轮椅基金会共同合作实施了“行走、渴望”助残项目，自实施以来，已援助发放残疾人轮椅2.4万辆，总价值862.78万元。

（六）残疾人事业理论与实践研究

2013年，省残联统筹组织了残疾人事业发展理论课题的确立、招标及研究工作，确立了公共文化服务机构服务残疾人现状研究、残疾人辅助器具基本配置服务研究、民办残疾人康复机构服务功能探讨、重度残疾人护理补贴对策探讨等4个具有现实性、迫切性、针对性的课题研究方向，发布课题招标公告，公开征招研究单位。

安徽大学、省社会保障研究会、阜阳学院等大专院校、省政府发展研究中心、省行政学院、省社科院等及省残联机关全员参与课题研究，并为课题研究提供有力的技术支撑和完备的保障服务。

研究成果有的已在国家级及省级核心期刊发表，有的已被省委、省政府办公厅出台的《关于促进残疾人家庭增收的意见》吸纳，有的应邀在国务院发展研究中心、国家发改委、民政部、财政部和中国残联联合召开的残疾人福利补贴制度研讨会上发言，赢得好评。

（七）基层残疾人工作典型经验

1. 池州市

池州市以建设幸福池州为目标，着力加强残疾人“两个体系”建设，不断改善残疾人状况，2013年残疾人事业取得长足进步。

（1）加大政策扶持，积极推进残疾人事业健康发展

池州市先后出台了《池州市优待扶助残疾人若干规定》《中共池州市委、池州市人民政府关于推进残疾人事业发展的实施意见》《池州市残疾人“十二五”实施意见》等一系列促进残疾人事业发展的政策措施，各县区也分别制定了相应的扶持扶助政策，形成了相互配套的政策体系。现全市二级以上重度残疾人参加养老保险费和医疗保险个人所承担的费用按照规定标准由县区政府代缴；县级以上民政部门在中国福利彩票本级公益金中每年安排不低于8%的比例、体育行政部门安排不少于5%的体育彩票公益金，专项用于支持本级残联发展残疾人事业；市按不少于0.3元/人、各县区按不少于0.5元/人标准将康复经费纳入财政预算。贵池区出台鼓励残疾人就业创业的优惠政策、石台县持有残疾人证的残疾人县内住院医疗费用报销不设起付线等创新举措。

（2）丰富助残项目，积极满足残疾人需求

一是精心实施惠残民生工程。对贫困残疾人生活救助进行提标，全市2250名低保内三级贫困残疾人生活救助从每人每年360元提高到500元。对贫困精神残疾人药费补助实施扩面，在省政府下达1598名救助名额的基础上再增加1300名。按照“全国白内障无障碍市”要求，成熟一例，手术一例。二是大力拓展残疾人康复服务。全市各县区均完成社区康复示范县创建工作。为800余名残疾人免费配发助行、助视器具；为43名经济困难精神贫困残疾人提供每人4000元住院治疗费用。三是积极推进残疾人创业就业。实行残保金市财政代扣政策。实施省残联“就业扶持工程”，发放补助资金91.4万元。全市新增454名残疾人就业。出资扶持6个残疾人创业大户发展民营经济。四是全面落实教育扶贫救助工作。为257名残疾学生争取发放各项补助资金43.8万元。落实“阳光家园”计划400名。发放康复扶贫贷款565.5万元。完成70户贫困残疾人家庭无障碍改造任务。2135户残疾人得到危房改造项目救助。慰问残疾人500余人次，送去慰问金50余万元。五是广泛开展残疾人文体宣传活动。积极开展助残日、文化周等残疾人文体宣传活动。池州市特殊教育学校被命名为“全国特殊艺术人才培养基地”。成功举办了池州本土作家、中国梦传奇人物李雁雁自传《逆境》新书发布签售活动。六是切实加强残疾人维权工作。成立了池州市残疾人法律救助工作协调领导小组及办公室，建立残疾人法律援助数据库，设立市特教学校法律援助工作站。落实符合条件的残疾人免费乘坐市内公交政策。

（3）加强组织保障，积极提升为残疾人服务能力

市、县级残联均成立党组，市、县残联理事长担任同级人大、政协常委，市残联配备一名残疾人干部，乡、村两级选聘残疾人专职委员681名，形成了“横向到边、纵向到底”的残疾人基层服务网络。残疾人综合服务设施建设进展顺利，市残疾人综合服务中心建设项目被列为市政府重点投资项目，现正在进行装修之中。贵池区残疾人综合服务中心在2013年5月已投入使用，东至、石台、青阳残疾人综合服务设施也将陆续投入使用。

2. 蚌埠市

蚌埠市把残疾人事业融入全市发展大局，创新政策、创建机制、创造特色，实现了残疾人事业科学发展、和谐发展、跨越发展。

（1）加强组织领导，统筹残疾人事业发展

摆上重要位置，加强领导。把残疾人工作纳入社会建设重要内容，市委、市政府领导就残疾人生活救助、环境建设等多次批示，市人大、市政协对残疾人工作经常开展督察视察，推动有关工作。完善政策制度，规范发展。近年来，出台了《蚌埠市“一户多残”家庭生活补助金发放实施办法》《对征迁拆违中困难残疾人家庭给予帮扶救助的通知》等十几项政策性文件，提出了诸多刚性、硬性的具体措施。2013年末，市政府常务会议研究通过了《蚌埠市贫困老年残疾人生活补助金发放实施办法》，决定从2014年开始对贫困老年残疾人（即“老残一体”）进行救助。

（2）做好重点工作，加快残疾人事业发展

实施惠残民生工程，维护残疾人生存权益。对于涉残民生工程，通过强化组织领导、完善协调机制、落实部门责任、加大宣传力度、开展督查指导等措施，确保各项惠残民生工程按政策、按要求、按程序实施。2013年，全面完成了贫困残疾人生活特别救助、贫困残疾人康复工程、“一户多残”家庭生活补助金发放三项省市级民生工程目标任务。

深化医疗康复服务，维护残疾人健康权益。一方面做好以贫困残疾人康复工程项目为重点的康复工作，另一方面积极构建以机构康复为龙头、社区康复为基础、残疾人家庭康复为依托的康复体系，目前已建立4家省定点残疾儿童康复机构，依托乡镇卫生院建立了56个社区康复站，创建了3个省级残疾人康复示范县和1个白内障无障碍县，推进了残疾人“人人享有康复服务”的进程。

做好就业扶贫工作，维护残疾人劳动权益。在做好残疾人集中就业、按比例就业基础上，以万人就业工程、就业援助月、残疾人就业招聘会、残疾人就业基地建设等为抓手，对残疾人就业创业进行扶持和帮扶。2013年实名制培训残疾人1598名，新增就业扶贫基地2个，残疾人实现就业109人。同时扎实做好城乡残疾人社会保障、参合、托养、住房救助等扶贫工作，贫困残疾人基本生活得到保障。

推进无障碍设施建设，维护残疾人出行权益。把无障碍设施建设作为提升服务残疾人能力的基础工作，不断加大城市道路、公共建筑、居住建筑、居住区、公园绿地等无障碍设施建设和管理力度。同时，积极做好无障碍设施进残疾人家庭工作，2013年进行了400户残疾人家庭无障碍改造，方便了残疾人起居生活。

3. 阜南县

阜南县是沿淮国家级扶贫开发重点县，全县总人口165万人，其中残疾人10.56万人。五年来，阜南县残联工作迈上新台阶。

残疾人康复工作取得新成效。一是残疾人社区康复创建工作稳步实施。全县已建立各类残疾人社区康复档案8000多人，接受社区康复训练3000多人，一致反映康复效果良好，被授予“安徽省社区康复示范县”称号，并受到省创建残疾人社区康复示范县验收组的高度评价。二是白内障无障碍县创建工作扎实展开。阜南县贫困白内障患者免费复明手术连续多年走在省、市前列，2013年，施行贫困白内障患者免费复明手术910例，完成任务的350%，为创建全国白内障无障碍县奠定了坚实基础。三是残疾人康复工作效果实。仅2013年，为残疾人假肢装配15人，发放残疾人辅助器具：轮椅460辆，拐杖380副，为10名贫困听力残疾人配发助听器，为39名贫困精神残疾人免费康复治疗，为300名盲人开展定向行走训练，为98名低视力残疾人配发助视器。

残疾人就业工作开创新局面。一是千方百计安置残疾人就业。近几年来，为210名有劳动能力的残疾人安排了就业岗位，扶持130名残疾人创业就业。2013年，聘请专家为330名残疾人举办了种植、养殖技术培训，推荐36名盲人、肢疾人学习电脑、缝纫、按摩技术。二是残保金征收连创新高。2013年征收残保金240万元，再创新高。三是加强残疾人就业服务机构建设。投资720万元、建筑面积5300平方米的县残疾人综合服务中心大楼主体工程已经完工，正在装修，即将投入使用。

四、重要条目

【省政府残疾人工作委员会工作会议】1月16日，省政府残工委会议在合肥召开。副省长、省政府残工委主任梁卫国出席会议并做重要讲话，省政府副秘书长孙正东主持会议，省残联党组书记、理事长张纯和做年度工作报告。会上，合肥市、六安市分管领导做了工作总结汇报，省发改委、省财政厅、省地税局等有关负责人做了工作发言。全省残工委各成员单位，各市、省直管县政府分管领导，省残联五届主席团委员以及省市县各级残联负责人共计250多人参加了会议。

【省残疾人联合会第六次代表大会】6月25日，安徽省残疾人联合会第六次代表大会在合肥隆重召开。省委书记张宝顺、省长王学军出席会议，中国残联理事长王新宪、省委副书记李锦斌出席会议并讲话，省领导唐承沛、陈先森、童怀伟等出席，副省长梁卫国主持会议。张纯和代表省残联第五届主席团向大会做了工作报告，省妇联负责同志代表群众团体向大会致贺词。大会选举梁卫国为省残联第六届主席团主席，选举孙正东、张纯和、李雁雁、李硕、何宗文、傅强、戴培昆为副主席；通过了省残联五届主席团工作报告；推举张纯和为省残联执行理事会理事长，提名黎业智、钱玉贵、赵卫弘（女）为副理事长人选。大会还选举产生了出席中国残疾人联合会第六次代表大会的代表。

【省委常委会专题研究残疾人工作】11月19日，中共安徽省委常委会听取了省残联关于中国残联第六次代表大会主要精神及贯彻意见的专题汇报，并做了专题研究。常委会议强调，发展残疾人事业，是全面建成小康社会的重要任务。各级党委、政府要高度重视关心残疾人这一特殊群体，着力增强残疾人基本服务供给能力，逐步提高残疾人社会保障和社会福利水平。要充分调动社会各界参与残疾人事业的积极性，发挥各级残联组织作用，千方百计为残疾人解难题、办实事、谋福祉。形成扶残助残的浓厚氛围，让残疾人生活更有尊严、更加殷实、更加幸福。

【第十四次全国爱耳日公益音乐会安徽分会场活动】

3月1日晚，由省残联主办，合肥市残联协办，省残疾人康复研究中心承办的第十四次全国爱耳日公益音乐会安徽分会场活动在安徽省歌舞剧院隆重举行。省人大常委会副主任陈先森、省残疾人福利基金会会长、省政协原副主席秦德文、省财政厅副厅长陈军、省卫生厅副厅长李劲风、合肥市人大常委会副主任宋家伟、合肥市政协副主席奚芝英以及省政府残工委部分成员单位代表等近600人出席活动。

省残联党组书记、理事长张纯和致辞，瑞声达听力设备贸易（上海）有限公司、安徽龙舒酒业有限公司、安徽科大讯飞信息科技股份有限公司、合肥华悦电子有限公司、澳大利亚人工耳蜗服务中心、奥地利听力植入公司、美国领先仿生有限公司、泰亿格电子（上海）有限公司向安徽省残疾人康复中心捐赠价值50万元的现金和物资，表达了他们对残疾人的一片爱心。

安徽省交响乐团以乐曲《红旗颂》拉开了音乐会的序幕，在《贝多芬第五交响曲》《卡门序曲》等11首著名乐曲演奏中穿插了听障儿童张博闻、左胜永两位小朋友、盲人歌手阮海磊、肢体残疾歌手池友表演的相声、独唱等节目。音乐会紧扣主题，雅俗共赏，较好地展示了康复成果和残疾人健康向上的思想状态，整场音乐会一直在热烈的掌声中进行着，所有观众都十分感动，心灵受到很大震撼。

【长江商学院爱心慈善捐赠活动】

5月10日，在母亲节和助残日即将到来之际，长江商学院第二十、二十一期部分同学爱心慈善捐赠活动在省残疾人康复研究中心举行。国土资源部副部长胡存智、安徽省政协原副主席、省残疾人福利基金会会长秦德文、省残联理事长张纯和，团省委副书记周密、省妇联副主席高莉、省财政厅民生办副主任宋先贵等领导出席捐赠仪式。

胡存智副部长、周密副书记、安徽省高速公路集团董事长周仁强、安徽皖投新辉光电科技有限公司董事长徐滨等34位爱心人士，是长江商学院第二十、二十一期学员，他们在事业成功的同时，弘扬扶残济困、乐善好施的优良传统，向正在接受康复训练的残疾儿童捐款20万元人民币。根据捐赠者的意向，省残疾人康复研究中心秉着公平、公开、公正的原则，将此笔善款落实到正在中心接受康复训练的一户多残、单亲家庭、低保户等特困家庭的100名残疾儿童身上，每名孩子获得善款2000元。

省残联理事长张纯和代表残疾儿童家长和工作者向各位领导和爱心人士致欢迎词，并表示会坚守人道廉洁、服务奉献的职业操守，认真履行职责，全力做好服务；残疾儿童家长和爱心人士代表分别讲话；残疾儿童表演了精彩的文艺节目，以表达对爱心人士的尊敬和感谢。

【安徽省残疾儿童康复协会】10月26日，安徽省残疾儿童康复协会在合肥天都酒店召开成立大会暨第一次会员代表大会。省残联党组成员、副理事长黎业智，省民政厅民间事务管理局副局长许静静，省教育厅基教处副处长郑德新，安徽省立医院耳鼻咽喉头颈外科主任孙敬武等领导和专家出席。会议通过了《安徽省残疾儿童康复协会章程》《安徽省残疾儿童康复协会会费交纳标准与使用办法》《安徽省残疾儿童康复协会财务管理制度》；选举产生了安徽省残疾儿童康复协会会长、副会长、秘书长、常务理事、理事。新当选的王永明会长做了表态性讲话，省民政厅民间事务管理局副局长许静静讲了很好的指导性意见，省残联副理事长、协会名誉会长黎业智做了重要讲话。

【2013年全国盲文基础能力竞赛勇摘桂冠】中国残联就业服务指导中心与中国视障文化资讯服务中心（中国盲文图书馆）共同主办2013年全国盲文基础能力竞赛活动。这次竞赛分为摸读盲文与写盲文两个环节。其中，摸读盲文重点考察选手对有或无参照符的盲符、常用数理化符号、常用音乐符号以及汉语字词、短句等的认知程度，写盲文重点考察选手的速写、抄写及听写等方面技能。安徽省选手江朝阳（省特教中专学校盲人按摩推拿专业教师）获得了综合成绩第一名的好成绩，另一名参赛选手吴飞（省特教中专学校盲人按摩推拿专业学生）

也取得了第35名较好成绩，受到了大赛组委会的好评。

【让阳光温暖他们残缺的世界——安徽农村残疾人生存状况调查】

2013年春节前夕，《农民日报》副总编夏树率江娜、赵经平、杨丹丹等资深记者，冒着严寒深入安徽省大别山深处的偏远农村，对农村残疾人生存状况进行深度调查。在进村入户的“零距离”采访中，与残疾人聊生活，聊救助，拉家常，走访了若干乡镇和村庄，采访残疾人及其家属、基层残联工作人员等上百人。后经反复讨论，多次修改完成作品《让阳光温暖他们残缺的世界——安徽农村残疾人生存状况调查》，刊登在《农民日报》2013年1月31日头版头条。

2013年1月31日，以上文为基础形成《农村残疾人处境艰难需要得到更多关爱——安徽农村残疾人生存状况调查》一文，以上《农民日报》上送件的形式送达省委省政府及中国残联有关领导，安徽省委书记张宝顺、时任省长李斌、副省长梁卫国等分别做出批示，要求统筹研究助残政策，进一步完善农村残疾人社会保障措施，使普惠、特惠、临时救助政策相互衔接配套，不断提高保障水平。安徽省财政厅、省残联随后联合出台《贫困残疾人生活特别救助实施办法》，从当年开始，贫困残疾人生活特别救助“提标扩面”，省级财政每年新增救助资金5000多万元。

【安徽商报·残疾人天地专栏】2013年与《安徽商报》合作专栏《残疾人天地》，刊登专版16个，对残疾人工作中的重点工作，亮点工作和特色工作进行集中宣传，并与就业中心、康复中心、辅助器具中心合作，为他们做专题宣传报道。

【六代会换届宣传】

6月22日，《安徽日报》在B2版2个整版刊发了《牵手残疾人，共圆中国梦——安徽省残疾人事业五年发展成就显著》一文，对五年来安徽401.5万人的生存状况的变化，残疾人保障体系和服务体系建设取得的成就，残疾人工作机制和体制的完善，残疾人共享经济社会发展成果进行了集中展示。

《安徽商报》在《残疾人天地》专栏分两次3个整版刊登了《65万残疾人将获生活特别救助——省残联第六次代表大会在肥召开，绘未来五年工作蓝图》一文，对未来五年残疾人教育就业、康复扶贫、组织信访和宣传文化等做了描绘。

安徽广播电视台、中安在线等省主流媒体也分别在六代会前后做了重点宣传报道。

【公共文化服务机构服务残疾人现状研究】残疾人是世界上最大的弱势群体，关系到全社会的人权、文明、进步，理应受到社会保障。随着社会的发展，残疾人文化需求得不到满足的问题日益凸显。公共文化服务机构是服务残疾人精神需求的重要载体，尤其是在当今知识网络时代，公共文化服务机构的服务水平和质量直接决定着残疾人的精神文化生活的提升。这也决定了应该以基本人权理论为基础，探索公共文化机构发展的新型模式，完善立法，保障公共文化机构的多元供给，促进残疾人的文化水平与文化素养的提升，维护社会和谐。

【残疾人辅助器具基本配置服务研究】辅助器具是残疾人使用的、能够有效防止、补偿、减轻、抵消残损、残疾或残障的产品、器械、设备或技术系统。包括助听、助视、助行类辅助器具和假肢、矫形器及生活自助具等。辅助器具适配服务是根据残疾人个体千差万别的残障情况、选择适当的器材和方式、帮助残疾人补偿和改善肢体功能、提高生存质量、增强社会参与能力的直接、有效的手段，在残疾人康复、教育、就业和日常生活等方面具有不可替代的作用。开展残疾人辅助器具基本配置服务是推进残疾人事业“两个体系”建设的基础工程，是实现“人人享有康复服务”目标的重要途径。如何能为残疾人提供快捷、方便、适用的辅助器具适配服务，是本课题研究的方向和目的。本研究以阜阳市残疾人联合会对阜阳市颍州区近三年来残疾人辅助器具适配试点工作为对象，对三年来工作开展的基础数据进行整理和分析，找出存在的问题、实际需求与现状的差距，提炼出问题的一般性和普遍性，设计解决问题的策略和方案，为阜阳市乃至安徽省残疾人辅助器具基本配置服务工作提供参考依据。

【民办残疾人康复机构服务功能探讨】民办残疾人康复服务机构是指企事业单位、社会团体和其他社会力量以及公民个人利用非国有资产依法建立的，为残疾人提供教育、功能恢复、养护、托管、辅助器具等康复服务的机构。本调研报告以我省民办残疾人康复服务机构为研究对象，紧扣其服务功能主题，从机构服务及其生存发展中遇到的各种问题入手，揭示制约其发展及功能发挥的主要因素，提出加快我省民办残疾人康复机构发展、提升其服务功能的若干对策建议。

【安徽省重度残疾人护理补贴对策研究】重度残疾人是残疾人中最为弱势的群体，由于身体功能障碍，他们中的大多数不仅丧失劳动能力，也无生活自理能力，其家庭较低的经济收入和较高的护理费用支出之间矛盾十分突出。因此，实施重度残疾人护理补贴意义重大。为此，我省合肥市、蚌埠市、芜湖市、铜陵市、六安市等地结合自身实际，进行重度残疾人护理补贴试点，本文就试点地区面临一些困难和问题进行研究，并提出对策。

【霍山县残联理事长张扬】2004年12月当选霍山县残联副理事长，在他主持工作的四年中，霍山县残疾人工作迅速打开局面，一改过去再全市垫底的状况，连续多年在全市名列前茅。2007年他满票当选为县残联理事长，以卓越的工作实绩赢得了县委、县政府对残联工作的高度重视。2011年占地12.5亩、建筑面积2300平方米的县残疾人综合服务中心建成并投入使用；2013年与合肥金谷康复医院合作，每年为50—100名残疾儿童开展脑瘫、智障、孤独症等抢救性康复任务，中心的作用日益彰显。在他的带领下，霍山县残联多项工作都走在全市县区前列。2005—2010 年，霍山县残联连续 6 年被市残联评为“综合考评先进单位”，2009 年被省残联评为“劳动就业工作先进单位”，2010 年被评为“全省残疾人工作先进单位”。2010 年霍山县被评为“全国白内障无障碍县”，2010—2012 年实施的民生工程连续 3 年获市、县政府表彰，2013 年被省残工委批准为创建全省残疾人工作示范县和全省残疾人康复工作示范县，是全市唯一的两个示范县创建的县区。

【“自强模范”纪建宇】 巢湖市防伪印章厂厂长，巢湖市残疾人用品用具供应站站长，卧牛街道个协党支部书记。他建立了一整套科学严谨的管理制度，接纳 7 名失业下岗人员和 4 名残疾人上岗就业。他先后当选为巢湖市肢残人协会主席、合肥市肢残人协会副主席、安徽省肢残人协会副会长（注册）并出色完成了各级残联、肢协交办的各种任务。十多年来，纪建宇多方募捐，为社会公益事业组织捐款捐物总价值 20 多万元，其中他个人捐款捐物近 10 万元。他履职尽责，组建并参加肢残人开展的“爱心送考”车队，策划“祖国在我心中”残疾人歌咏会，带头参加由市残联组织残疾人演唱队，每年联合交警部门给广大的残疾人驾驶员讲道路安全课。参加创建市精神文明建设系列活动。低于规定价格为全省近千名残疾朋友加装了符合标准的手驾装置和改装车辆。他七次轮椅勇登黄山、自驾车穿越欧亚十国、挑战珠峰之旅，都宣传了中国残疾人自尊、自信、自立、自强精神，沿途他还开展了爱心募捐活动。纪建宇担任街道个协党支部书记十年，支部和他个人多次被各级党组织评为“先进党支部”、“优秀共产党员”、“优秀党务工作者”。同时，他还先后荣获省、地、市残疾人“自强模范”、合肥市“最美残疾人”、残疾人“创业之星”、“巢湖好人”等荣誉称号。

【马鞍山聋人协会主席石宏林】 马鞍山首位聋人大学生，1999 年大学毕业后回到母校——马鞍山特殊教育学校，成为迄今为止全市唯一的一名聋人教师，教授美术兼管学生生活。15 年来，共输送 20 多位学生进入大学深造，已有 70 多人考入南京聋人高级中学美术专业。1999—2014 年，他辅导的学生参加全国中小学生绘画大赛，曾先后 10 次获得特等奖，30 次金奖，47 次银奖，一百多次铜奖，学校荣获团体一等奖。石宏林个人连续 15 年获得学校青年教师优质课比赛最佳粉笔奖、最佳板书奖、最佳教案奖，论文在省特殊教育专业委员会组织的论文比赛中获奖，还获得了“全国模范美术教师一等奖”、“全国指导工作一等奖”、“全国少儿指导工作一等奖”、“省优秀美术教师奖”、“师德标兵奖”、“市优秀先进工作者称号”等奖项。2013 年初，由于突出的工作表现和良好的个人素质，石宏林被推选为马鞍山聋人协会主席。

【“蚌埠市残疾人自主创业之星”陶广军】 1991 年外出务工不幸致盲，后振作起来，到芜湖盲人按摩学校学习推拿按摩，并取得了高级按摩师职业资格证。随后，他只身来到上海，在按摩店里打工，成为一名指法娴熟的盲人按摩师。2003 年，他回到蚌埠，在解放三路开了一家盲人按摩店。由于手艺过硬，生意红火，他又在广场五街开了第二家按摩店，面积 100 多平方米，设有 10 张床位，有按摩师 6 人，其中盲人按摩师 2 人，肢残按摩师 1 人。2012 年 3 月，位于金山花园南门的第三家分店正式开业。

2013 年 3 月 22 日，在龙子湖区残联的大力支持下，陶广军创办蚌埠市首家专门为残障人婚恋服务的“向日葵残障人婚姻介绍所”。2013 年 5 月 18 日，该婚姻介绍所举办的“我想有个家”残障人士交友相亲会举行，到场的一共有 42 位，现场有 3 对有缘人幸福牵手。他被评为“蚌埠市残疾人自主创业之星”。

五、大事记

1 月 5 日，省残联召开省民生工程残疾儿童康复项目专家组座谈会，省残联副理事长刘同鑫到会并讲话。

1 月 11 日，省残联、省教育厅、省公安厅、省民政厅、省财政厅、省卫生厅联合印发《2013 年贫困残疾人康复工程实施意见》（皖残联〔2013〕1 号）。

1 月 13—14 日，《农民日报》副总编夏树、编委会办公室副主任江娜、总编室主任助理赵经平、《农民日报》安徽记者站负责人杨丹丹一行到滁州市定远县专题采访残疾人生存状况及救助实施情况。省残联理事长张纯和等陪同。14 日，《农民日报》社一行 4 人到合肥市春芽残疾人互助协会采访孤独症儿童康复及救助情况，省残联副理事长刘同鑫等陪同。

1 月 16 日，省政府残工委会议在合肥召开。副省长、省政府残工委主任梁卫国出席会议并做重要讲话，省政府副秘书长孙正东主持会议，省残联理事长张纯和做年度工作报告。

1 月 17 日，省政协原副主席、省残疾人福利基金会秦德文、省残联副理事长钱玉贵一行对铜陵江心洲种养殖专业合作社的“集善嘉年华”项目进展情况进行检查。

1 月 18 日，原省政协副主席、省残联福利基金会理事长秦德文，原省政协副秘书长、省残联福利基金会副理事长兼秘书长戴广杰，省残联副理事长钱玉贵，省地税局基金处处长张旭一行 4 人，赴芜湖县调研“集善嘉年华”农村贫困残疾人扶贫基地项目建设执行情况。

1 月 22 日，安徽省残疾人辅助器具适配工作会议在阜阳市召开。全省 16 个市残联和相关县（区）残联负责人参加了本次会议。省残联副理事长刘同鑫、阜阳市政府副市长胡明莹出席会议。

1 月 31 日，省残联理事长张纯和慰问合肥市 5 名特困重度残疾人。

2月4日，副省长梁卫国在省政府副秘书长孙正东等陪同下，到省残联机关看望干部职工。

2月5日，省残联2012年度工作总结表彰会暨迎春联谊会在省特教中专学校举行。

2月7日，省残联副理事长黎业智赴大观区海口镇慰问省盲人协会主席汪世龙。

2月28日，省残联联合省委组织部、省财政厅等印发《关于做好2013年度残疾人就业扶持项目工程的通知》（皖残联〔2013〕11号）。

3月1日晚，第十四次全国爱耳日公益音乐会安徽分会场活动在安徽省歌舞剧院隆重举行。

3月4日，省残联理事长张纯和一行赴滁州召开残疾人增收工作座谈会。

3月6日，全省残疾人宣文工作会议在合肥召开。省残联副理事长刘同鑫出席会议并讲话。

3月7日，湖北省残联副理事长朱志斌一行5人到安徽交流残疾人基本情况调查及信息化建设等工作。省残联理事长张纯和、副理事长黎业智、钱玉贵与湖北省残联一行进行座谈。

3月7日，全省残疾人康复工作会议在合肥举行。省残联副理事长刘同鑫参加会议并讲话。

3月14日，省残联理事长张纯和率调研组赴太湖县，就残疾人生活保障情况开展调研。

3月22日，省残联印发《关于加强残疾人就业服务机构规范化建设的实施意见》（皖残联〔2013〕23号）。

3月29—30日，全省残疾人教就工作会议在合肥召开。省残联副理事长钱玉贵主持会议并讲话。

4月8日，省残疾人福利基金会会长秦德文一行在省残联理事长张纯和、副巡视员汪兴华陪同下，赴省特教中专学校磨店新校区进行调研。

4月9—10日，省残联理事长张纯和分别到肥西县、庐阳区调研残疾人就业扶贫工作。

4月12日，省残联理事长张纯和为全省专职委员培训班学员们做了题为《位卑未敢忘忧国，倾情服务残疾人》的讲座。

4月14日，省残联副理事长黎业智参加全省第二期专职委员培训活动结业仪式并讲话。

4月16日，省残联理事长张纯和考察调研安庆市首家民办脑瘫儿童活动中心——“沐阳之家”。

4月16日，省残联副理事长刘同鑫一行赴砀山县检查指导残疾人康复工作。

4月16日，《安徽日报》发表题为“残疾人‘公考’之路能否再平坦些?”的署名文章，报道了在全省公务员考试中，省残联提供两个职位专门面向残疾人招考，并提供全程无障碍服务。4月17日，省残联副理事长刘同鑫一行在蚌埠市副市长张力量等陪同下，调研龙子湖区治淮街道光明街社区康复站残疾人康复工作。

4月15—18日，2013年全国盲人医疗按摩人员考试工作会议在安庆市召开，来自国家相关部委和各省残联分管理事长以及主管盲人医疗按摩工作负责人等80余人参加会议，会议由中国残联就业服务指导中心副主任张明理主持。

4月23日，省残联副理事长黎业智出席全省基层残疾人组织建设工作会议并讲话。

4月24日，省委办公厅、省政府办公厅下发《关于表彰2012年度全省信访工作责任目标管理优秀单位的通报》，省残联等23个省直单位被授予“2012年度全省信访工作责任目标管理优秀单位”称号。

4月22—25日，省政协副主席童怀伟、省残联理事长张纯和等赴蚌埠和六安市调研残疾人社会保障体系建设工作。

5月2日，省委副书记李锦斌到省残联调研残疾人工作，省委副秘书长王信陪同调研。

5月5日，省残联理事长张纯和一行赴舒城县调研残疾人工作。

5月7—10日，省残联副理事长刘同鑫一行分别赴金寨县、霍山县、太湖县、潜山县检查指导残疾人辅助器具适配服务及康复工作。

5月11日，省残联副理事长黎业智、钱玉贵等一行调研青阳县残疾人综合服务中心建设情况。

5月14日，省残联副理事长刘同鑫一行赴东至县调研民生工程实施、辅具机构建设、宣文等工作。

5月16日，省残联副理事长刘同鑫在池州市委副书记徐建、副市长桂林陪同下，走访慰问贵池区秋浦街道湖心和翠微社区贫困重度残疾人。

5月19日，省委副书记李锦斌出席省第二十三个全国助残日活动，看望慰问省残疾人康复中心和省特殊教育中专学校学生。

5月21日，中国残联组织联络部部长曹跃进一行来合肥市调研指导基层残疾人组织建设，省残联理事长张纯和陪同调研。

5月22—23日，省残联副理事长刘同鑫一行赴黄山市祁门县、黟县、休宁县调研残疾人民生工程和辅助器具机构建设工作。

5月28日，省残联理事长张纯和出席宣城市残疾人联合会第三次代表大会。

5月28—30日，省残联副理事长刘同鑫一行赴铜陵县、广德县、旌德县调研残疾人工作。

5月31日，在“六一”儿童节来临之际，省残联副理事长钱玉贵看望慰问省康复中心正在接受康复训练的残疾儿童、家长和工作人员。

5月30—31日，全省残疾人就业服务和盲人医疗按摩工作会议在肥召开。省残联副理事长钱玉贵出席会议并讲话。

6月3日，省残联副理事长刘同鑫一行调研合肥市创建“全国残疾人文化体育建设示范市”工作。

6月6日，省国资委党委委员、纪委书记方无率省廉政风险防控指导协调小组第八考核组，对省残联廉政风险防控工作进行了考核。

6月7—8日，省残联副理事长刘同鑫一行到芜湖市开展残疾人工作调研。

6月7—9日，省残联副理事长钱玉贵一行赴临泉县、界首市检查指导残疾人就业工作。

6月19日，省残联副理事长刘同鑫一行到郎溪县检查指导残疾人工作开展情况。

6月25日，省残疾人联合会第六次代表大会在合肥隆重召开。省委书记张宝顺、省长王学军出席会议，中国残联理事长王新宪、省委副书记李锦斌出席会议并讲话，省领导唐承沛、陈先森、童怀伟等出席，副省长梁卫国主持会议。

6月28日，省残联信息化建设专家讨论暨网站验收评审会在合肥举行。中国残联信息中心副主任张成应邀参会。省残联理事长张纯和、副巡视员汪兴华参加会议。

7月9日，省残联副理事长赵卫弘一行赴铜陵市检查指导贫困残疾人生活特别救助民生工程。

7月11日，省残联、省体育局召开第六届全省残运会筹备工作协商会。省残联副巡视员刘同鑫、省体育局巡视员高维岭就筹备工作相互交换意见。

7月11日，省残联召开全体干部职工大会，就机关、直属单位党的群众路线教育实践活动进行全面动员和部署。党组书记、理事长张纯和做主题为“密切联系残疾群众，不断改进工作作风”的动员报告。省委第八督导组到会指导，督导组组长贺凌代表省委督导组做讲话。

7月13日，中国聋儿康复研究中心主任胡向阳在省残联理事长张纯和等陪同下，赴黄山市考察残疾人康复工作。

7月15—16日，省残联副理事长赵卫弘赴淮南对贫困残疾人生活特别救助民生工程实施情况进行中期检查。

7月18日，受西藏自治区山南地区残联邀请，省残联副理事长黎业智一行赴藏为对口援助单位开展业务培训。

7月23日，省残联副理事长赵卫弘赴淮北市濉溪县，对贫困残疾人生活特别救助民生工程实施情况进行中期检查。

7月23日，省残联副巡视员刘同鑫一行，赴安庆市特教学校审查安庆市入选第八届全国残疾人艺术汇演节目。

7月31日，省残联副理事长黎业智带领机关党员干部到淮南市田家庵区曹庵镇宋王村开展集中走访帮扶月活动，并看望慰问选派干部。

8月1日，省残联副巡视员汪兴华一行深入岳西兴残农业开发有限公司考察调研。

8月12日，安徽省人民政府办公厅印发《安徽省基本公共服务体系三年行动计划（2013—2015年）》（皖政办〔2013〕28号），其中第九部分单列残疾人基本公共服务。

8月14日，中国残联辅具中心主任陈振声一行来省特教中专学校开展国家康复辅助器具人才培养工作调研，省残联理事长张纯和、副理事长黎业智、赵卫弘等出席座谈会。

8月15日，省残联第五党支部党员干部在省残联副巡视员刘同鑫带领下，深入残疾人集训队开展困难残疾人运动员走访慰问活动。

8月20日，中共安徽省委宣传部、省发展和改革委员会、省民政厅、省财政厅、省人力资源和社会保障厅、省文化厅、省国家税务局、省地方税务局、省广播电影电视局、省新闻出版局、省体育局、省残疾人联合会等12家单位联合印发《关于加强残疾人文化建设的意见》（皖残联〔2013〕55号）。

8月22日，省残联副理事长钱玉贵带领办公室、机关党委有关同志到教育实践活动联系点——滁州市来安县开展“走进残疾人正作风解难题”调研慰问。

8月22—23日，省残联党组书记、理事长张纯和深入长丰县十井村等一线，走访调研残疾人生产、生活、康复和就业等工作，慰问困难残疾人家庭。

8月26日，省残联举办党的群众路线教育实践活动—心理沟通技巧讲座，邀请清华大学心理学系幸福中心副主任赵昱鲲授课。

8月28日，原省政协副主席、省残疾人福利基金会理事长秦德文，原省政协副秘书长、省残联福利基金会副理事长兼秘书长戴广杰，省残联副理事长赵卫弘一行，赴蚌埠市调研中国残疾人福利基金会支持安徽省“集善嘉年华”农村贫困残疾人扶贫基地项目执行情况。

8月27日，省残联副理事长黎业智在安庆市太湖县残联组织召开15个县（区）残联理事长座谈会，征求基层对省“四风”方面存在问题的意见建议。

8月27—29日，全省创建残疾人工作示范县（市、区）暨残疾人综合服务设施建设推进会在太湖县召开。省残联副理事长黎业智等出席会议。

9月4日，省残联副巡视员刘同鑫一行到望江县调研残疾人工作。

9月10日教师节之际，省直工委书记刘加莹、省财政厅副厅长朱长才等到省特殊教育中专学校，慰问学校师生。

9月10日，省残联理事长张纯和，副理事长赵卫弘一行到省特教中专学校，参加学校10级毕业典礼暨13级开学典礼。

9月12日，省住建厅、省残联转发住房城乡建设部、中国残联《关于优先支持农村贫困残疾人家庭危房改造的通知》（建村〔2013〕131号），规定原则上年度完成贫困残疾人家庭危房改造数量占年度总任务的比例不低于20%。

9月13日，省残联举办领导干部法治思维和法治方式专题报告会。报告会邀请省政府副秘书长、原省政府法制办主任张武扬到会做报告。

9月22—26日，全国残疾人状况监测2012年度工作总结暨2013年度培训工作会议在合肥召开，中国残联党组成员相自成，中国残联研究室主任陈新民，省残联理事长张纯和，省残联副理事长钱玉贵出席会议。

9月16—19日，中国残联第六次全国代表大会在北京召开。安徽省18名正式代表、1名特邀代表出席大会。

9月25日，全省贫困残疾人生活特别救助工作会议在合肥召开。省残联副理事长赵卫弘出席会议并讲话。

9月26日，受中国残联委托，省残联副理事长赵卫弘对马鞍山市雨山区创建全国“阳光家园”示范区工作进行评估验收。

10月14日，省残联召开党的群众路线教育实践活动专题民主生活会，班子成员按照“照镜子、正衣冠、洗洗澡、治治病”的总要求，聚焦“四风”逐一对照检查，认真开展批评与自我批评，查找不足并提出整改措施。

10月18日，省残联副巡视员刘同鑫一行到安庆市大观区调研指导残疾人工作。

10月18日，省促进残疾人家庭增收座谈会召开，省残联理事长张纯和出席会议并讲话。

10月25日，省城市管理协会下发《关于表彰2013年度全省城管协会系统优秀单位和先进个人的决定》，省残联等7个单位被授予“优秀常务理事单位”称号。

10月25日，淮北、宿州、亳州、阜阳市残疾人专职委员省级骨干培训班在亳州市中药科技学校举行。省残联副理事长黎业智出席开班仪式并讲话，亳州市政府副市长高怀荃致欢迎辞。

10月26日，省残疾儿童康复协会在合肥成立并召开第一次会员代表大会。省残联副理事长黎业智出席并讲话。

10月29—31日，省残联举办全省第三届残疾人体育健身指导员培训班，省残联副巡视员刘同鑫出席会议并讲话。

10月29日，省残联理事长张纯和一行来到合肥市包河区，现场调研指导残疾人文化体育工作。

11月1日，省残联副巡视员刘同鑫一行到合肥市庐阳区杏林街道丽都社区，调研指导残疾人文化体育工作。

11月4—6日，2013年度全省残疾人事业统计人员培训班在合肥举办。省残联副理事长钱玉贵出席会议并讲话。

11月4—6日，省残联副理事长黎业智到安庆市调研残疾人康复工作。

11月7—8日，省残联副巡视员刘同鑫赴滁州市南谯区、来安县、天长市实地察看残疾人综合服务中心建设、管理使用以及宣文、体育工作等情况。

11月8日，省残联理事长张纯和、省精友协会主席戴培昆一行到合肥蜀山区调研精神、智力残疾人劳动康复的可行性，并召开座谈会。

11月12—13日，省残联副理事长赵卫弘赴黄山市休宁县、祁门县调研残疾人就业情况。

11月14日，省残联理事长张纯和赴庐江县调研残疾人康复中心运行管理情况。

11月15日，中国残疾人福利基金会副秘书长许小宁、财务法律部副部长孙中华等人到滁州市南谯区章广镇检查“集善嘉年华”项目实施情况。

11月15—18日，省残联副主席戴培昆一行，赴浙江省宁波、温州两市对残疾人劳动就业工作、“阳光家园”残疾人托养、庇护中心进行考察学习。

11月18—23日，由省残疾人培训中心承办的2013年全省残疾人工作者手语培训班在合肥举行。省残联副理事长赵卫弘在开班仪式上作讲话。

11月19日，省委常委会听取省残联关于中国残联第六次代表大会主要精神及贯彻意见的专题汇报。

11月22日，《中国残疾人》《三月风》《残疾人研究》《安徽残疾人》四刊征订工作会议暨《安徽残疾人》杂志编委会年会在合肥召开。《中国残疾人》杂志社副总编辑张和勇、省残联副巡视员刘同鑫出席会议并讲话。

11月22日，全省残疾人辅助器具服务机构建设工作会议在淮北市召开。省残联副理事长黎业智出席会议并讲话。

11月22日，省委副书记、省长王学军到省残联视察指导工作并看望机关干部职工。副省长花建慧，省政府秘书长郚国荷，副秘书长张武扬陪同视察。

11月27日，省残联副理事长赵卫弘一行调研蚌埠市龙子湖区、禹会区残疾人信访维权工作。

11月27—28日，省残联副巡视员刘同鑫一行到肥东县、包河区检查合肥市创建全国残疾人文化体育示范市工作。

12月3日是国际残疾人日，省残联副理事长黎业智看望省康复中心员工，慰问接受康复训练的残疾儿童及家长。

12月4日，省残联副理事长黎业智一行到马鞍山市雨山区，调研残疾人康复工作。

12月10日，省残联副巡视员刘同鑫一行到寿县检查残疾人工作。

12月12日，以省残联副巡视员刘同鑫为组长的验收组一行，到合肥市蜀山区青阳路社区检查验收残疾人文化体育建设示范点工作。

12月17日，省残联在合肥召开2013年全省残疾人工作目标管理执行情况交流会。

12月23—24日，全省残疾人事业信息化培训班在肥召开。省残联副巡视员汪兴华出席并讲话。

12月24日，中央外宣记者团采访调研合肥市残疾人事业。省残联理事长张纯和陪同采访调研。

12月25日，省残联副巡视员刘同鑫一行到霍邱县检查指导残疾人工作。

12月25日，省残联理事长张纯和检查指导宿州市残疾人康复综合服务设施建设工作。

12月26日，省残联副理事长赵卫弘一行到阜阳市太和县调研残疾人创业工作。

12月31日，中共安徽省委组织部、省编办、省财政厅、省地税局、省人力资源和社会保障厅、省国资委、省统计局、省公务员局、省残联等9家单位联合印发《关于促进残疾人按比例就业的实施意见》（皖残联〔2013〕78号）。

附录一

4000多户享受“家庭无障碍改造”

——三年投资1600多万元改善残疾人居家环境

黄永礼　《安徽日报》　2013年10月21日

……3年来，全省不断扩大贫困残疾人家庭无障碍改造范围，共投入资金1600多万元，4000多户残疾人家庭受益。

据介绍，贫困残疾人家庭无障碍改造，主要是解决肢体、听力、视力3类残疾人在家庭生活方面的障碍，改善残疾人居家环境，提高残疾人生活质量，消除残疾人在日常生活环境中存在的障碍。2010年，我省在创建全国无障碍建设示范城市的合肥、黄山、淮北三市率先开展“无障碍进家庭、进社区”试点，推进无障碍设施向残疾人家庭及社区延伸。此后，此项工作在全省范围内推开。

“残疾人家庭无障碍改造，包括地面平整及坡化、低位灶台、房门改造、坐便器改造、安装卫生间热水器、扶手或抓杆、浴凳及改善残疾人居住环境的其他设施等。”省残联副理事长赵卫弘介绍说，一户多残、多重残疾和重度残疾人家庭是优先实施无障碍改造的对象，所有改造项目都是本着“量体裁衣”的原则，根据残疾人的需要量身打造的，通过到残疾人家庭走访调查，现场协商制订“一户一设计”的个性化方案，满足残疾人洗澡、如厕、做饭、户内活动和出行等基本生活需求，真正让残疾人满意。

家庭无障碍改造，不仅提高了贫困残疾人生活自理能力，减轻其家庭和社会的负担，更提升了残疾人的生活品质……

附录二

芜湖县湾沚镇政府扶残助残工作

湾沚镇人口近12万。全镇现领有二代残疾人证的残疾对象3423人，全镇残疾人持证率达57.7%。

多年来，湾沚镇认真贯彻国家的相关法律法规，将符合条件的城镇及农村残疾人全部纳入最低生活保障管理，确保他们生活无忧。从2008年起，全镇共有1303残疾人被纳入城镇和农村低保范畴。每逢重大节日，镇政府都组织开展走访慰问贫困残疾人活动，累计慰问经费达到79万多元。

镇政府每年都制定详细工作计划，尽可能帮助更多的残疾人进行康复治疗。几年来，全镇共186名残疾人得到了不同程度康复，其中有106人实施了白内障复明手术，3人进行了假肢装配，31人装配了矫形器，13名聋哑儿童进行了听力语言训练，为27名低视力者配用了助视器，同时免费为残疾人提供了轮椅、拐杖、助听器等600多件特殊用品和辅助用具。

5年来，镇政府积极争取“交行助学”、“彩票公益金助学”、“贫困大学生资助”、“残疾学生入学救助”等各类资助项目资金13.9万元，补助残疾人子女和残疾学生120人次，基本解决了他们就学和续学难的问题。为随班就读的25名残疾学生落实“两免一补”政策，免补资金达12万余元，给予考取大中专院校的13名残疾学生补助7万余元。截至目前，全镇仍有适龄残疾儿童31人，其中有14人随班就读，有16名聋哑、智障儿童先后到市聋哑学校、县启智学校就读，全镇残疾儿童入学率达到95%以上。

镇政府推进万人就业扶持就业工程，加大残疾人职业技术培训力度，提高残疾人职业技能，提高参与社会生活的能力。全镇2013年共举办保健按摩、十字绣、刺绣、种植和养殖业等残疾人专项培训班10期，参加培训350人次，其中有260名残疾人通过培训，均在所在的村和社区实现了就业。对于有创业意愿的残疾人士，镇政府协调工商、税务等部门予以减免各项税费。5年来，全镇共为残疾人减免税费300余万元。

附录三

安庆市残疾人康复研究和辅助器具适配中心

安庆市残疾人康复研究和辅助器具适配中心（原安庆市残疾人聋儿语训康复中心），十多年来共帮助1000多名残疾儿童获得不同程度康复，先后获得“全国残疾人康复工作先进集体”、“残疾人康复工作先进集体”、“安徽省先进残疾儿童康复机构”等多种称号和荣誉。

中心从打造一流的康复环境、优质的服务团队、先进的康复理念着手，不断优化康复服务水平和康复效果。2011年，在中国聋儿康复中心的指导下，规范化设计了门诊服务、一日活动、个别化指导等流程；建立了全新的听能管理体系和听障儿童康复服务规范操作制度，全面提高了康复质量，实现了听障儿童植入耳蜗康复率90%、配戴助听器康复率60%的康复目标。同时，采取组派小分队下地方、走基层，深入县（市）语训班点和听障儿童家庭培训的形式，实现了语训机构全覆盖、听障儿童康复服务全覆盖的目标。

2013年，结合安庆听力语言康复独具特色优势的实际，积极争取多方支持，抓紧建设场地规模高于国家二级康复机构基本规模的残疾儿童康复服务和指导中心，增设脑瘫、智障康复服务和辅具适配服务项目，并更名为“安庆市残疾人康复研究和辅助器具服务中心”。中心扩建、更名后，年安置集中训练残疾儿童可达200人左右，康复训练指导达600人次以上，用品用具供应1000余件，同时为社会提供康复技术人才培养、社区康复服务指导、康复信息咨询服务、康复知识宣传普及、康复研究和残疾预防等工作。

（胡效民供稿）

福建省残疾人事业和残疾人工作

一、领导讲话

副省长洪捷序在省残联第五届主席团第六次全体（扩大）会议上的讲话摘要

2013 年 1 月 15 日

2012 年在省委、省政府的领导下，我省全面推进科学发展跨越发展，各项工作取得新的成就。各级党委政府加大残疾人保障和扶助力度，着力解决残疾人最关心、最直接、最现实的利益问题，在各方面的共同努力下，全省残疾人事业取得了显著成绩。一是残疾人事业发展政策进一步完善。各级党委政府将残疾人工作作为保障和改善民生的重要任务，认真落实《福建省残疾人事业“十二五”发展纲要》，省有关部门和市县政府出台配套政策和实施方案，全力推动残疾人事业发展。基本公共服务、“造福工程”、城乡居民养老保险补助等一系列民生政策都向残疾人倾斜，让残疾人获得更多实惠，共享改革发展成果。二是残疾人社会保障和服务体系建设进一步推进。省委、省政府为民办实事助残项目大幅增加，投入增长 54.9%，直接惠及 3.5 万名残疾人。落实残疾人参加社保补助制度，参加城乡社会养老保险的残疾人达 57.8 万人，重度残疾人得到特别照顾。大力实施“城镇百万残疾人就业工程”、“福乐助残扶贫攻坚工程”、“福乐家园”建设以及“全省残疾人服务设施建设年”等系列活动，成效明显，残疾人的基本生活得到显著改善，为残疾人服务的能力有效提升。三是残疾人权益维护进一步得到保障。省人大常委会修订了《福建省实施〈残疾人保障法〉办法》并开展执法检查；各级重视残疾人信访维权工作，认真研究解决残疾人的利益诉求，保持了残疾人群体的安定稳定。四是残疾人事业发展环境进一步优化。加强各级残联组织建设，关心残联干部成长，为残疾人参与社会、展示自我提供平台。全社会关心帮助残疾人的氛围日益浓厚。

过去的一年，我省的残疾人事业实现了新的发展。但是，残疾人的总体生活水平与全省平均水平相比仍有较大差距，残疾人在康复、教育、就业、社会保障、社会参与等方面仍然面临很多困难和障碍。关于 2013 年工作，我强调几点意见：

一、以实施“十二五”纲要为主线，推进残疾人事业全面发展。今年是实施“十二五”规划的关键一年，我们要以学习贯彻党的十八大精神为动力，进一步加大残疾人事业“十二五”发展纲要的实施力度。今年省残联要牵头组织开展《纲要》执行情况中期评估检查，根据评估情况，对照《纲要》确定的总体目标和年度任务，查找薄弱环节和存在问题，进一步明确各有关部门的工作任务。对于工作滞后的，要及时调整年度工作，加大力度，迎头赶上。中期评估报告年底前完成并送各级各部门，确保任务落实到位。各级残联要以实施《纲要》为主线，加强组织协调和督促检查，及时反映情况和问题，促进残疾人状况改善和全面发展。

二、以完善社会保障为重点，切实保障和改善残疾人民生。坚持广覆盖、保基本、多层次、可持续的指导方针，让残疾人基本生活得到稳定的制度性保障。在社会保障、基本医疗、康复救助、就业援助、教育扶助、临时救济等工作中，要充分考虑残疾人的特殊困难和需求。一方面，要抓好现有普惠政策的落实。各级残联要学习政策，用好政策，帮助残疾人充分享受政策。各级残联要进一步了解情况，帮助残疾人普遍加入城乡基本养老保险和基本医疗保险，符合低保条件的残疾人全部纳入低保，实现应保尽保。另一方面，要摸清各类残疾人底数，加快残疾人信息化建设，完善各类数据库，为制定残疾人特惠政策提供信息支撑。目前要继续实施好全省重度残疾人困难补助金、城乡残疾人参加养老保险个人缴费补助、重度残疾人护理补贴等制度，逐步实现提标扩面。各级残联要帮助住房困难的残疾人家庭纳入住房保障，配合农办组织实施好残疾人“造福工程”和危房改造。值得一提的是，省残疾人福利基金会积极争取社会善款，捐助残疾人危房改造，取得很好成效。各级残联要认真组织实施，整合政府补助资金和社会爱心捐款，加快残疾人危房改造，真正为残疾人雪中送炭，让住房困难的残疾人家庭住有所居。

三、狠抓落实，组织实施好为民办实事助残工程。今年，省委、省政府连续第七年将助残项目列入为民办实事，继续加大助残力度，省级财政安排 1.22 亿元，扶持残疾人就业创业，开展残疾儿童康复、残疾人托养服务、"福乐家园"建设等项目。各级残联要细化项目方案，落实工作责任，严格资金拨付，严格规范筛选受助对象，做到公平合理、公开透明，真正惠及最需要、最困难的残疾人，确保今年为民办实事助残项目顺利完成。

四、千方百计扩大残疾人就业，扶持残疾人自主创业。残疾人就业不仅解决残疾人的生计问题，而且是残疾人融入社会、实现自我价值的重要途径。各级残联和有关部门要高度重视残疾人就业工作，切实落实《残疾人就业条例》和我省的实施办法，大力开展残疾人职业技能培训，充分挖掘和发挥残疾人的特殊潜能，支持残疾人从事信息、艺术、盲人按摩等工作。要加大资金投入，安排小额贷款贴息资金，扶持"福乐种养基地"建设，帮助农村残疾人创业，发展生产，增加收入。各级残联要会同有关部门落实城乡残疾人就业免费培训计划，完成城镇残疾人就业任务。

五、加强队伍建设，再创残疾人工作新局面。按照《中国残疾人联合会章程》，今年上半年省残联要换届。各级残联要以换届为契机，进一步加强全省残疾人工作队伍思想、组织和作风建设，为残疾人事业持续、健康发展提供更加坚实的组织保障。各级残联干部要恪守"人道、廉洁、服务、奉献"的职业道德，带着对残疾人的深厚感情、为残疾人倾心奉献的真情，踏踏实实为残疾人办事、为残疾人服务。各级残联要贯彻落实省委、省政府关于改进工作作风、密切联系群众的有关通知要求，切实加强机关作风建设，努力建成服务型机关，建成名副其实的"残疾人之家"。同时要发动社会力量扶残助残，形成社会各界共同推进残疾人事业发展的良好氛围，共同为建设更加优美更加和谐更加幸福的福建做出新的贡献。

省长苏树林在省残联第六次代表大会开幕式上的讲话摘要

2013年7月2日

省委、省政府一直高度重视发展残疾人事业，专门出台《关于促进残疾人事业发展的意见》等政策举措，坚持把残疾人事业纳入经济社会发展的总体规划，统筹部署，倾斜支持，投入力度不断加大，社会保障显著提升，公共服务逐步改善。2010年我们成功承办了第五届全国特奥会，充分展示了我省残疾人事业发展的丰硕成果。可以说，省残联第五次代表大会以来的五年，是我省残疾人事业发展最快、残疾人得到实惠最多的五年。

关爱残疾人是社会文明进步的重要标志。残疾是人类发展进程中不可避免要付出的一种社会代价。我省有221万残疾人，涉及家庭人口近800万，是一个特别需要帮助的群体。我们要大力弘扬"平等·参与·共享"的现代文明社会残疾人观，在残疾人的解放中促进公平正义、推动社会进步。一要强化"平等"的理念。残疾人在政治、经济、文化、社会和家庭生活等方面，享有同其他公民平等的权利。我们要尊重和保护残疾人的公民权利和人格尊严，坚持权利公平、机会公平、规则公平，保证残疾人平等参与、平等发展，平等享有人生出彩的机会，更加体面、更有尊严地生活。二要强化"参与"的理念。残疾人身上蕴藏着丰富的潜能，同样有参与社会生活的愿望和能力，同样是社会财富的创造者。我们要为残疾人康复训练、接受教育、劳动就业提供更好的条件，鼓励残疾人通过劳动创造成就梦想，通过融入社会实现和谐发展。三要强化"共享"的理念。当前，全省上下正深入实施"三规划两方案"，着力产业发展、城乡建设、民生改善，建设又富又美的福建，加快全面建成小康社会。没有残疾人的小康，不是真正的全面小康。全面建成小康社会，不能让残疾人掉队。各级各部门谋划发展时要统筹残疾人事业的发展，制定政策时要考虑残疾人的实际需要，部署工作时要强调对残疾人的特殊扶持，为残疾人创造一个更加"健全"的环境，让他们健康生活、全面发展。

加快发展残疾人事业是各级政府的重要职责。我们要按照党的十八大精神和省委提出的新要求，健全残疾人社会保障和服务体系，切实保障残疾人权益，促进残疾人事业又好又快发展。一要抓康复，提升残疾人健康水平。要推进重点康复项目，持续开展"光明行动"，加强专业康复机构建设，努力实现残疾人"人人享有康复服务"。要完善康复救助办法，为贫困残疾人免费适配基本辅助器具，让更多残疾人早日融入健全人的生活。要实施残疾预防工程，普及残疾预防知识，有效控制残疾的发生和发展。二要抓保障，确保残疾人基本生活。要落实低保，将符合条件的残疾人纳入最低生活保障范围，实现应保尽保。要加强社保，继续实施残疾人参加相关社会保险补贴政策。要做好救助，建立健全重度残疾人困难补助金、护理补贴、辅助器具适配补贴等制度，优先解决城乡低收入残疾人家庭住房困难。三要抓服务，促进残疾人全面发展。加快完善以专业机构为骨干、社区为基础、家庭邻里为依托的残疾人服务网络，构建覆盖教育、就业、托养等领域的服务体系。要完善残疾人助学政策，加强特殊教育学校标准化建设，努力实现适龄残疾儿童少年人人享有义务教育。要加强残疾人职业教育培训和就业服务，依法推进按比例安排残疾人就业，支持残疾人自主择业、自主创业。要加强残疾人服务设施和无障碍设施建设，为残疾人全面发展营造良好的社会环境。

广泛凝聚全社会推进残疾人事业发展的正能量。残疾人事业是体现人文关怀的崇高事业，我们要大力弘扬扶残助残的传统美德，凝聚各方面的力量，在科学发展、跨越发展的征程上，谱写残疾人事业新的辉煌。希望各级残联组织进一步加强自身建设，认真履行"代表、服务、管理"职责，更好地发挥桥梁和纽带作用。希望广大残疾人工作者坚守"人道、廉洁、服务、奉献"的职业道德，把残疾人当亲人，带着深厚的感情、饱满的热情，全心全意为残疾人服务。希望社会各界大力发扬人道主义精神，积极培育社会组织，理解尊重、关心扶助残疾人。希望广大残疾人朋友自尊、自信、自强、自立，用崇高的理想激励自己，用丰富的知识充实自己，身残志坚、乐观向上，勇于在逆境中奋起，善于挖掘潜能、发挥特长，展现别样风采，实现人生价值。

中国残联常务副理事长王乃坤在省残联第六次代表大会开幕式上的讲话摘要

2013 年 7 月 2 日

福建坚持科学发展、跨越发展，全力实施“三规划两方案”，经济社会发展全面提速，同步全面小康建设取得显著成绩。福建省委、省政府始终高度重视残疾人工作，将残疾人事业纳入经济社会发展总体规划，健全完善组织领导体制，制定和落实惠及残疾人的一系列法规政策，加大残疾人事业投入，为促进残疾人事业加快发展提供了坚强保障。五年来，福建省坚持以残疾人社会保障和服务体系建设为主线，全面实施具有福建特色的“福乐工程”战略，残疾人康复、教育、就业、扶贫、社会保障、权益维护、文化体育、服务设施建设等各项工作取得可喜的成绩，残疾人生活质量明显提高，扶残助残的社会环境更加优化。特别是福建省成功举办了第五届全国特奥运动会、实施“福乐”品牌系列助残项目、率先创新残疾儿童康复教育模式，为全国创造了宝贵的经验。福建省残疾人事业的快速发展，为全省“五位一体”建设及全国残疾人事业发展做出了积极贡献。

做好新形势下的残疾人工作，任务仍然十分艰巨。为了进一步推动福建省残疾人事业在新的起点上加快发展，我代表中国残联提三点希望：

一是要加快推进残疾人全面小康的进程。全面建成小康社会，实现中华民族的伟大复兴，是包括残疾人在内的每一个中国人的梦想和期盼。希望福建紧紧围绕全面建成小康社会的目标，牢牢把握残疾人事业发展的历史机遇，进一步健全残疾人社会保障和服务体系，建立稳定的财政保障机制和多元化的服务供给模式，推动城乡和区域残疾人服务均衡发展，使残疾人逐步享受到适足的、均等化的公共服务，尽快缩小残疾人收入与社会平均水平的差距，帮助广大残疾人过上更加体面、更有尊严的幸福生活。

二是要扎实推进残疾人社会保障和服务体系建设。推进残疾人“两个体系”建设，目的是弥补残疾人在社会保障和服务方面的不足，为残疾人参与社会和自我发展创造平等的机会和更好的条件。希望福建省残疾人工作能牢牢把握“两个体系”建设这条主线，在贯彻落实《国家基本公共服务体系“十二五”规划》的基础上，继续全面实施“福乐工程”战略，坚持品牌带动、项目带动，争取出台更多的普惠加特惠的扶残助残政策，让残疾人基本生活得到稳定的制度性保障，促进残疾人事业全面发展，使福建省残疾人工作继续走在全国前列。

三是要切实加强残联组织建设。各级残联是党和政府联系残疾人的桥梁和纽带。希望福建省以本次代表大会召开为契机，进一步加强自身建设，充分发挥“代表、服务、管理”职能，积极向党委、政府反映残疾人的特殊困难和需求，协助党委、政府做好残疾人工作，努力为残疾人办实事、解难事、做好事。各级残联干部和残疾人工作者要恪守“人道、廉洁、服务、奉献”的职业道德，弘扬优良作风，保持清廉本色，为残疾人事业持续、健康发展提供坚强的组织保障。

副省长洪捷序在省残联第六次代表大会闭幕式上的讲话摘要

2013 年 7 月 3 日

一、坚持以人为本，切实加强残疾人社会保障工作

我省有 221 万残疾人，涉及近 800 万家庭人口，这是一个数量众多、特别需要帮助的社会群体。各级政府要在基本生活、就业、就医、康复等方面给予切实保障。

完善残疾人基本生活保障制度。坚持广覆盖、保基本、多层次、可持续的指导方针，让残疾人基本生活得到稳定的制度性保障。落实残疾人社会保险补贴制度，帮助残疾人普遍加入基本养老和基本医疗保险。继续实施全省重度残疾人困难补助金、城乡残疾人参加养老保险个人缴费补助、重度残疾人护理补贴等制度，逐步实现提标扩面。实施残疾人“造福工程”和危房改造，优先解决城乡低收入残疾人家庭住房困难。

加强残疾人就业保障力度。要切实落实《残疾人就业条例》和我省的实施办法，依法推进按比例安排残疾人就业，保障残疾人平等就业的机会和权利。加强残疾人职业培训和就业服务，增强残疾人就业和创业能力。多形式开发适合残疾人就业的公益性岗位，完善资金扶持、税费减免、贷款贴息等残疾人就业保护政策措施，积极扶持残疾人自主择业、自主创业。贯彻落实高校毕业生就业创业政策措施，做好高校残疾人毕业生就业服务和就业援助。加强农村贫困残疾人扶贫开发工作，推进农村残疾人扶贫基地建设，多渠道增加残疾农民收入。

提高残疾人医疗康复保障水平。进一步落实医疗康复保障政策，将残疾人纳入城镇职工基本医疗保险、城镇居民基本医疗保险和新型农村合作医疗制度。逐步将符合规定的残疾人医疗康复项目纳入基本医疗保险支付范围。继续实施“光明行动”等重点康复项目。完善残疾人康复救助办法，建立 0—6 岁残疾儿童抢救性康复救助制度。大力开展社区康复工作，将残疾人社区康复工作纳入城乡卫生工作的目标和规划。建立健全残疾预防体系，提高公众残疾预防意识，有效控制残疾发生。

二、努力创造条件，有效引导残疾人融入社会

在着力改善残疾人的生活，保障其基本物质文化生活权益的同时，还要不断完善残疾人服务体系建设，培养残疾人自我发展和自我实现能力，帮助残疾人融入社会，自强自立。

加强残疾人服务设施建设。全面实施具有福建特色的“福乐工程”，增强残疾人康复、教育、就业、文化体育等方面的服务能力。建立健全县级以上以专业康复和托养服务机构为骨干、社区为基础、家庭为依托的社会化残疾人康复、托养服务体系。加快无障碍设施建设改造，为贫困残疾人家庭无障碍改造提供补助，推进公共设施设备和信息交流无障碍。

丰富残疾人教育文化体育活动。要优先发展残疾人教育，提高残疾人受教育水平。全面实施残疾学生和残疾家庭子女免费义务教育，推进重度残疾儿童“送教上门”工作。积极发展残疾儿童学前康复教育，有条件的地方应建立特殊教育幼儿园。加强残疾人公共文化和体育健身服务，公共文化、体育设施对残疾人优惠或免费开放。搭建闽台残疾人文化交流平台，进一步促进两岸残疾人交流合作。做好第八届全国残疾人艺术汇演的参赛和福建赛区的组织工作。提高残疾人竞技体育水平，在重大残疾人国内、国际赛事中再创佳绩。

帮助残疾人融入社会。要为各类残疾人平等参与社会生活创造条件，让残疾人和全省人民共享改革发展成果。要充分尊重残疾人主体作用，激发残疾人的内在活力，引导他们更加自强不息、奋发有为，主动创造幸福美好生活，努力为社会贡献力量。要大力宣传残疾人自强模范，鼓励他们积极参与经济建设和社会生活，残有所为，实现个人和社会价值，真正成为经济社会发展的实践者和创造者。

三、集聚各方力量，共同推动残疾人事业加快发展

残疾人事业是一项系统工程，要按照“政府主导、部门支持、社会参与”的要求，营造全社会共同关心、支持残疾人事业的良好氛围。

充分发挥政府主导作用。各级政府要把残疾人事业纳入经济社会发展规划，推动残疾人事业与经济社会同步发展。各级政府残疾人工作委员会要强化职责，及时研究解决重大问题，大力推动残疾人事业“十二五”规划纲要的实施。

切实加强部门协调配合。各级政府残疾人工作委员会成员单位要各司其责，充分考虑残疾人的特殊需要，在项目安排、政策制定上给予倾斜照顾。残工委办公室要充分发挥综合协调、推动落实的作用，形成推动残疾人事业发展的强大合力。各级残联要牢固树立全心全意为残疾人服务的思想，切实改进工作作风，深入基层，深入实际，倾听残疾人的呼声，增进与残疾人的感情，尽力帮助残疾人解决实际问题，真正成为名副其实的“残疾人之家”。

动员社会力量积极参与。要调动全社会广泛参与，鼓励社会资本和市场主体参与发展残疾人服务业。要宣传扶残助残先进事迹，倡导“平等、参与、共享”的现代文明社会残疾人观。积极引导社会力量爱心捐助，参与残疾人公益事业，形成扶残助残的良好社会风尚。

省长苏树林到省残联机关调研残疾人工作时的讲话摘要

2013 年 10 月 9 日

残疾人事业是人类社会文明进步的重要标志，残疾人工作很重要。随着社会经济的发展和文明程度的提高，残疾人及残疾人事业越来越受到各界的关注。省委、省政府历来高度重视残疾人事业，体现在每年省委、省政府为民办实事都安排助残项目，残疾人工作项目、资金每年递增，省政府对残奥会有功人员参照奥运会标准同等奖励等等。残联作为党和政府联系残疾人的桥梁和纽带，服务对象是广大的残障人士，承担着“帮助一个人、解放一家庭”的重大责任。我们要提高认识、创新载体，继续实施好省委、省政府为民办实事助残项目，加快推进残疾人康复、教育、就业、托养、扶贫、维权、社会保障、文化体育等工作，全力支持和推进残疾人事业的发展。

省委书记尤权到省残联机关调研指导残疾人工作时的讲话摘要

2013 年 12 月 4 日

残疾人是社会的困难群体，关爱残疾人是社会文明进步的表现。省委、省政府要加大扶持残疾人的力度，同时也要培育社会关爱意识，号召全社会都来关注和帮助残疾人。我省残联成立 25 年来做了大量工作，特别是在关爱和服务残疾人方面发挥了很好的协调作用。我们将残疾人工作做好了，残疾人的家庭就稳定了，社会也就稳定了。残联是残疾人的组织，要多向政府反映残疾人情况，多想办法帮助残疾人解决困难，同时要多注重培养残疾人自强意识，鼓励残疾人成为对社会有贡献的人。

二、政策法规文件

福建省人民政府关于印发福建省推进基本公共服务均等化“十二五”规划的通知

闽政〔2013〕17 号

第十章　残疾人基本公共服务

为残疾人提供适合其特殊需求的基本公共服务，营造残疾人平等参与的社会环境，残疾人生活水平基本达到当地社会平均水平，实现残疾人事业与当地经济社会发展同步。

“十二五”时期，政府提供如下残疾人基本公共服务：

为 0—6 岁残疾儿童免费提供抢救性康复；

为适龄残疾儿童、少年免费提供特殊教育，为家庭经济困难的残疾儿童、青少年提供教育资助；

为残疾人免费提供就业援助、职业介绍、职业指导和实用技能培训等就业服务；

为智力、精神和重度残疾人提供托养服务；

为残疾人提供盲人阅读、聋人手语、影视字幕及自强健身等公共文化体育服务；

为残疾人参加社会保险提供个人缴费补贴，完善贫困残疾人生活补助制度，建立极重度残疾人护理补贴制度。

（一）重点任务

——残疾人基本服务。建立健全县级以上以专业康复和托养服务机构为骨干、社区为基础、家庭为依托的社会化残疾人康复、托养服务体系。逐步将符合规定的残疾人医疗康复项目纳入基本医疗保险支付范围，有条件地方对重度残疾人适配基本型辅助器具给予补贴。实施“儿童康复行动”，建立0—6岁残疾儿童抢救性康复救助制度，逐步实现提标扩面。继续实施“光明行动”等重点康复项目，鼓励乡镇、街道以上公共卫生机构设立康复室，2013年底前初步实现残疾人“人人享有康复服务”目标，“十二五”期间帮助50万残疾人得到不同程度康复。加快无障碍设施建设改造，推进公共设施设备和信息交流无障碍，为2万户以上贫困残疾人家庭无障碍改造提供补助。

——残疾人就业服务。公共就业服务机构和残疾人劳动就业机构免费为残疾人提供就业服务，各类特殊教育学校、职业学校及其他教育培训机构开展多层次残疾人职业教育培训，有就业需求的各类残疾人免费享有职业介绍、职业指导、技能培训、职业鉴定等就业服务。“十二五”期间城镇新就业残疾人5万人，为10万农村残疾人提供实用技术培训。扶持创建100个“福乐种养基地”，为农村残疾人提供就业、创业服务。

——特殊教育发展。完善特殊教育体系，继续推进特殊教育向学前和高中阶段“两头延伸”，积极发展残疾儿童学前康复教育——特殊教育幼儿园，推进重度残疾儿童“送教上门”工作，对承担“送教上门”的特教学校给予专项教师编制和工作经费扶持。落实特殊教育学校教职工编制，原则上按照师生比不低于1：3的标准予以配备，在省市教研部门配备专职教研人员，落实生均公用经费和特教教师津贴。

（二）基本标准（见下页表）

（三）保障工程

——残疾人康复和托养设施建设工程。建设省、设区市、县三级残疾人康复中心、就业中心、辅助器具中心、托养服务中心等残疾人综合服务设施，配备相应的设备和专业人员，并规范达标。

——特殊教育学校标准化建设工程。实施特殊教育校舍和生活设施、康复训练设施、教学设备等标准化建设，实现30万以上人口的县（市、区）都有一所按国家标准建设的特殊教育学校。办好福建省福乐幼儿园，2015年前各设区市和有条件的县（市、区）建设一所集残疾儿童康复、教育为一体的特殊幼儿园。

——“福乐家园”工程。建成200所专门为各类残疾人提供托养、生活照料、康复养护、技能培训、就业指导、文化体育等公益性服务的“福乐家园”。省级重点扶持新建50所公办“福乐家园”。

福建省人民政府关于城乡居民社会养老保险制度一体化的实施意见

闽政〔2013〕15号

本省重度残疾人参加城乡居民养老保险，政府为其全额代缴最低标准养老保险费，对非重度残疾人参加城乡居民养老保险，政府为其代缴不低于50%的最低标准养老保险费。

厦门市残联、市财政局、市卫生局、市民政局关于调整精神病患者医疗康复补助经费额度等有关问题的通知

厦残联〔2013〕12号

鉴于卫生部门新增精神病患者用药品种以及部分药品价格上涨等情况，为减轻精神疾病患者就医负担，自2013年3月1日起，将精神病患者医疗康复补助经费额度上限由150元/人/月，提高到300元/人/月。

关于扩大重度残疾人居家护理补助范围的补充通知

厦残联〔2013〕72号

对60周岁以上（含60周岁）的视力一级残疾人，在申办居家护理补助的审批程序上参照《厦门市残疾人联合会关于扩大重度残疾人居家护理补助范围的通知》（厦残联〔2011〕30号）中精神、智力一、二级残疾人的规定执行（即无须提供生活不能自理的医学鉴定报告）。本通知从2013年8月1日起开始执行。

厦门市残联、市民政局、市财政局关于对重度残疾人托养实施补助的通知

厦残联〔2013〕96号

依托市、区社会福利中心建立重度残疾人托养中心，鼓励社会力量兴办重残托养机构。到2015年，全市形成重残托养机构床位2000张。服务对象为：1. 持有厦门市残联核发的中华人民共和国残疾人证，生活不能自理、适合机构托养的一级重度残疾人。2. 依老养残（父母、配偶和子女在60周岁以上）、一户多残（同一家庭中有2名以上重度残疾人）或无父母、配偶、子女的重度残疾人优先。

对托养对象补助标准：（1）生活护理补助：低保对象每人每月补助800元，其他对象每人每月补助400元。（2）技能训练补助：每人每月200元。（3）生活护理补助、技能训练补助及原发给的补助（含困难生活补助、重残居家护理补助）由区残联转入托养机构，用于支付其生活、照料服务和技能训练等所需费用。（4）已享受各类就业扶持政策的不能重复享受重残托养服务补助。（5）60岁以上老年残疾人符合厦府办〔2013〕69号文补助条件的，按厦府办〔2013〕69号文补助。

（二）残疾人基本公共服务基本标准

服务项目	服务对象	保障标准	支出责任	覆盖水平
儿童康复行动	0—6岁孤独症、智力、脑瘫、听力言语等残疾儿童	提供每人每年不低于1万元的抢救性康复救助。	中央、省、设区市、县（区）共同完成。其中省级（含中央）补助3000人次，每年3000万元。	目标人群覆盖率100%。
义务教育阶段特殊教育	适龄残疾儿童、少年	特殊教育学校（含学前）生均公用经费不低于普通初中标准的6倍；福州、厦门市不能到校上学具有学习能力的残疾儿童、少年接受送教上门服务。	中央和省、设区市、县财政共同负担。	学龄残疾儿童、少年接受义务教育比率达到90%以上。
残疾人教育资助	家庭经济困难的残疾儿童、青少年	免学杂费、教科书和住宿费，补助寄宿生生活费。	中央和省、设区市、县财政共同负担。	义务教育和高中阶段教育资助目标人群覆盖率100%。
辅具适配行动	有辅具需求的残疾人、有适配需求的贫困残疾人	免费供应辅助器具，其中贫困残疾人免费适配基本型辅助器具补助1000元。	辅具由国家免费配发，省级财政给予适当补助。	覆盖目标人群20万人，其中免费适配5万人。
残疾人文化体育健身服务	残疾人	公共文化场所、体育设施免费向残疾人开放；能够收看到有字幕和手语的电视节目，收听广播节目；在公共图书馆得到盲文和有声读物等阅读服务；免费享有社区健身指导服务。	省、设区市、县财政共同承担。	目标人群覆盖率100%。
社会保险保费补贴	重度和贫困残疾人	参加城镇居民基本医疗保险、新型农村合作医疗、新型农村社会养老保险和城镇居民社会养老保险最低档个人缴费部分予以补贴，其中重度残疾人全额补贴，其他贫困残疾人补贴50%。	地方财政负责，省级以上适当补助。	目标人群覆盖率100%。
补助救助计划	符合条件的重度残疾人	补助标准为每人每月不低于50元生活补助。	按低保分担办法由省级和地方财政共同承担。	目标人群覆盖率100%。
基本医疗保障医疗康复项目	参保残疾人	运动疗法、偏瘫肢体综合训练、脑瘫肢体综合训练、截瘫肢体综合训练、作业疗法、认知知觉功能康复训练、言语训练、吞咽功能障碍训练、日常生活能力评定等医疗康复项目纳入基本医疗保险范围。	基本医疗保险基金支出。	目标人群覆盖率100%。
残疾人就业服务	城乡有就业愿望的残疾人	免费在公共就业服务机构和基层劳动就业社会保障公共服务平台享有职业介绍、职业指导等就业服务；对就业困难残疾人提供就业援助；免费在残疾人就业服务机构享有就业信息发布、残疾人职业培训等服务。	省、设区市、县财政共同承担。	城镇新就业残疾人5万人，为10万农村贫困残疾人提供实用技术培训。

三、工作综述

2013年，福建省残疾人工作在省委、省政府的正确领导和中国残联的精心指导下，紧紧围绕党的十八大提出的“健全残疾人社会保障和服务体系，切实保障残疾人权益”的部署和要求，求真务实，注重长效，积极推进残疾人事业科学发展跨越发展取得新成效。

（一）省委、省政府高度重视残疾人工作，推动完善扶残助残政策体系

省委、省政府高度重视残疾人工作。5月16日，省委常委会专题听取省残联工作汇报，对残疾人工作做出重要指示。今年内多位省领导到省残联考察指导工作，省委书记尤权、省长苏树林、省委常委陈桦、省人大常委会副主任刘群英、副省长洪捷序等领导相继到残联调研残疾人工作。省委、省政府分管领导陈桦、洪捷序多次召开专题会议或约谈省残联领导，研究残联工作。省政府出台的《福建省推进基本公共服务均等化“十二五”规划》将“残疾人基本公共服务”纳入其中并单列成章，在社会保障、残疾儿童康复、辅具器具配发等项目上实现新突破。全省认真落实《福建省残疾人事业“十二五”发展纲要》确定的目标，省直有关部门继续出台《纲要》各项配套实施方案。中国残联领导王乃坤、贾勇、王梅梅、吕世明、李志军等先后到福建参加残疾人重大活动，考察、指导福建省残疾人工作。

（二）认真实施各项扶残助残工作，残疾人生活状况进一步改善

1. **残疾人社会保障稳步推进**。继续实施“全省重度残疾人困难补助金制度”，23.5万名贫困重度残疾人领取每月30—50元的补助；进一步落实残疾人参加社会养老保险补助制度，参保率达92%，其中政府对重度残疾人、非重度残疾人参保最低标准个人缴费分别给予补贴100%和50%。残疾人参加新农合和城镇职工（居民）医疗保险参保率分别达99%以上和95%以上。三明市出台特惠社会保障政策，将一户多残、重度残疾人、老残一体三类无固定收入的残疾人以人为单位纳入低保。

2. **省委、省政府为民办实事“实施助残工程”项目圆满完成**。省级投入1.22亿元，实施扶助贫困残疾人就业创业、残疾儿童康复行动、残疾人托养服务等3项，其中：为6000名残疾人开展创业就业每人扶持5000元；为3000名贫困学龄前残疾儿童接受康复训练每人补助12000元；为2000名机构托养的残疾人每人补助5000元；为1.3万名居家养护的重度残疾人发放护理补贴每人2000元。在省级项目带动下，各市、县（区）党委、政府为民办实事助残力度也大幅增强。各级残联对项目严格实行网上“实名制、直通车”，公平公开，阳光操作，让最需要帮助的残疾人真正受益。

3. **各项扶残助残业务工作扎实开展**。实施“七彩梦行动计划”、残疾儿童康复救助、国家彩票公益金等重点康复项目，并顺利成为全国第六个获得“白内障无障碍省”殊荣的省份，全省13.64万名残疾人得到康复服务，残疾人“人人享有康复服务”的目标稳步推进，厦门市对精神病患者医疗康复补助经费额度上限由原150元/人/月提高到300元/人/月；继续实施“残疾儿童少年义务教育攻坚计划”、“双百扶残助学计划”等项目，残疾人教育扎实推进；131名残疾人考上大学；开展“城镇百万残疾人就业工程”等活动，全年新增残疾人就业15857人，漳州市积极推进残疾人居家就业，在全国率先提出创办“居家型福利企业”；全省残保金征收达7.96亿元，比增16.33%，按比例就业残疾人9243人；继续实施“福乐助残扶贫攻坚工程”、“福乐种养基地”建设、“安居工程”等项目，扶持残疾人发展生产，扶持近1.6万名残疾人家庭建造住房或改造危房，福清市闽清、永泰、罗源等开展“积极助残、安居工程”献爱心活动，帮助1000余户残疾人家庭改造旧房、建造新房；全省建成“福乐家园”等托养机构56家，托养残疾人约3000人。

（三）顺利召开省残联第六次代表大会，全省残联换届工作圆满完成

根据中国残联的整体部署，全省各级残联换届工作自2012年启动。省残联加强协管，确保市、县、乡三级残联的换届工作如期完成。通过换届，市级残联转任或新提任理事长、副理事长、副调研员及党组成员分7名；县级残联转任或新提任理事长、副理事长36名。

省残联第六次代表大会于2013年7月2—3日在福州召开。尤权书记、苏树林省长等省四套班子领导和时任中国残联党组副书记、常务副理事长王乃坤出席大会开幕式，苏树林省长、王乃坤副理事长、洪捷序副省长做重要讲话。来自全省各行各业的300名正式代表参加大会。

会议审议通过省残联第五届主席团作的工作报告，选举产生了福建省残联新一届领导机构，选举洪捷序为省残联第六届主席团主席，王金福、陈照瑜、柯少愚、邱玮、王永礼、王永澄、徐世元、林群、陈寰中、郑婉玲为副主席，选举柯少愚为省残联第六届执行理事会理事长，杨小波、王秀丽、陈强为副理事长，还选举出福建省出席中国残联第六次代表大会的代表。会议明确了今后五年全省残疾人工作的总体思路和主要任务，为福建省残疾人事业发展提供了强大的组织保障。

（四）残疾人文体活动丰富，残疾人参与社会环境进一步优化

1. **组织多场重大残疾人文化活动，影响广泛**。成功举办第三届闽台残疾人文化周系列活动，38位台湾嘉宾

来闽参加，持续打响闽台残疾人文化交流合作的品牌。福建省残疾人艺术团也应邀组团赴台进行交流演出，反响热烈。成功承办第八届全国残疾人艺术汇演（福建赛区）。8个省（市）代表队选送的88个节目、近千人参赛，全省在全国汇演总评选中获得22个奖项及团体金奖的历届最好成绩。组织省残疾人艺术团全省公益巡演活动13场，深受各地观众及残疾人朋友的欢迎。

2. **参加残疾人体育赛事，屡获佳绩**。选派运动员参加韩国第十届世界冬季特奥运动会、第五届亚洲盲人足球锦标赛、2013年全国残疾人（25岁以下）羽毛球锦标赛、2013年全国坐式排球锦标赛等赛事，取得优异成绩；圆满承办2013年全国盲人足球锦标赛、2013年全国残疾人（25岁以下）田径锦标赛、2013年国际特奥东亚区“融合杯”足球选拔赛等赛事，全省共有近50队（次）、1000多人（次）参加，均获好成绩。成功举办了第五届全省特奥运动会。

3. **活跃残疾人群众性文体活动，优化氛围**。继续推进“福乐书屋”、“福乐健身站”建设，逐步解决残疾人读书难、健身难的问题。仅省残疾人体管中心开展残疾人文体活动近620场，残疾人及其亲友共4.52万人次（天）参与。助残志愿服务深入开展，省级以上主要媒体报道全省残疾人事业400多篇，为残疾人参与社会生活进一步营造了氛围。龙岩市举办残疾人事迹报告会、残疾人摄影展等活动，展示残疾人自强不息的风貌。宁德市深入开展“一助一”爱心助残活动，掀起市直机关、单位扶残助残的热潮。

（五）夯实基础工作，进一步巩固残疾人事业发展支撑条件

1. **加强基层组织建设**。继续实施“强基育人”工程，各级残联规范化建设进一步深入，全省新增残疾人就业中心、康复中心、辅具中心、“福乐家园”等服务机构25个，新增人员编制52名。加强对残疾人工作者队伍培训，举办全省县级残联理事长培训班，实现乡镇街道残疾人联络员全部持证上岗。

2. **加强服务手段创新**。启动开展“全省残疾人信息化工程建设年”活动，通过信息化平台的升级，使省残联系统与中国残联系统可对接、导入，实现全省残疾人康复、教育、托养等所有受助对象在“海西助残”系统的统一整合。完善“968891”残疾人服务专线，为残疾人反映诉求提供了更加畅通的渠道。

3. **加强社会组织培育**。全省县级以上残联均成立了五个残疾人专门协会，其中省级五个专门协会都进行了社团登记，各协会组织开展丰富多彩的活动。指导省残疾人福利基金会开展工作，全年共募集善款1795万多元，为农村贫困残疾人实施“安居工程”、“助行行动”、“助学行动”等20多个助残公益项目，受益残疾人达2万多人。积极探索残疾人社会组织管理与服务工作，开展残疾人社会组织调查，全省共成立各类残疾人服务机构530多家。泉州市注重发展慈善助残，争取市级慈善总会投入100万实施助残项目。

4. **加强服务设施建设**。“省福乐幼儿园”二期项目顺利封顶，总建筑面积8915平方米、投资约5000万元，预计2014年秋季投入使用。争取新征土地建设省残疾人游泳康复馆，总建筑面积6928平方米、预算投资约6200万元，规划建成集残疾人水疗、游泳为一体的康复比赛训练场馆。经批复同意购置省盲人按摩指导中心实训场所，面积约1500平方米，预算投资约3500万元，正选址。新建10所省级公办“福乐家园”，新增面积近5万平方米、可直接服务残疾人1000人。

（六）全面开展党的群众路线教育实践活动，机关作风改进已现成效

根据中央、省委的统一部署，省残联作为第一批开展党的群众路线教育实践活动的部门，自2013年7月启动活动，开展了“学习教育、听取意见”、“查摆问题、开展批评”、“整改落实、建章立制”三个环节，至2014年1月基本结束。机关、直属单位处级以上5个领导班子、12个党支部、105名党员全部参加活动。省残联及时制定了活动实施方案，成立了领导机构，组织学习交流，开展调查研究，广泛征求意见。针对收集到的对省残联领导班子和个人在“四风”方面存在的问题及改进作风措施、全省残疾人工作等方面的330条建议意见，逐条进行对照、分析、制定出了40条具体的整改任务。

省残联党组注重求实效、接地气、转作风、定制度、讲服务、强基础，进一步完善康复、教就、辅助器具等项目资金规范化、制度化、公平化的分配制度，进一步强化机关各项内部管理工作制度，结合“四下基层”，开展“全省残联领导干部下访接访”、“一助一”结对助残先锋行动、为贫困残疾人“送温暖”等活动，努力实现真正改进作风，强化服务，更好地推进全省残疾人事业发展的目的。

（七）厦门残联多维合力，大力提升残疾人社会保障和服务水平

1. **深入开展群众路线教育实践活动**。按照厦门市委要求，深入开展党的群众路线教育实践活动，扎实有序做好各个环节的各项工作，不断丰富“为民、务实、清廉”的活动内容。组织党员和中心组学习20场次，组织中心组专场学习13场次，召开座谈会9场，发放征求意见函38份，征求意见建议45条，党组成员下基层开展专题调研4次；党组成员和处级以上领导干部认真撰写对照检查材料，广泛开展谈心交心活动，精心组织召开党组专题民主生活会和党支部专题组织生活会，深入开展批评与自我批评，并在会后召开情况通报会；针对征求意见和民主生活会上查摆出来的主要问题，党组认真研

究，逐一提出整改目标、整改措施、完成时限和责任人，着力解决突出问题，建立健全长效机制。党的群众路线教育实践活动的顺利开展，有力地促进了机关作风建设和各项业务工作完成，为带领全市残疾人投身美丽厦门建设实践、与健全人同步奔小康提供了思想保证、组织保证和强大动力。

2. **扎实推进省市为民办实事项目**。一是开展“残疾儿童康复行动”。根据福建省委、省政府为民办实事通知要求，厦门市承担“对150名本省非本市户籍残疾儿童进行康复训练，并按照每人1.2万元的标准给予补助”的任务。一年来，组织185名非厦门户籍残疾儿童在厦门市各残疾儿童定点康复机构进行康复训练并按标准给予补助，超额完成省级为民办实事项目任务目标。二是承办重残托养服务项目。根据《中共厦门市委厦门市人民政府关于开展2013年为民办实事工作的通知》（厦委〔2013〕13号），“年内要在全市形成500个床位的重度残疾人托养能力，为重度残疾人提供生活照料、康复养护、技能培训等公益托养服务”。厦门市残联将500张床位任务指标做了分配，通过对各区养老院和托养机构进行实地调研，广泛征求各区意见，并与市民政局、市财政局反复沟通协调，出台《厦门市残疾人联合会、厦门市民政局、厦门市财政局关于对重度残疾人托养实施补助的通知》（厦残联〔2013〕96号），对重残托养目标任务、服务对象的条件和审批、服务机构的条件和审批、补助标准、补助资金审核拨付程序、职责分工、监督管理等方面进行了详细规定，为重残托养项目的开展提供了政策依据。各区依托社会福利中心、养老院或与民办机构签订协议，都已确定用于重残托养的床位数，下一步将按照政策文件对托养机构和托养对象实行补助。今年为民办实事重残托养项目已圆满完成。

3. **完善和继续出台扶残助残政策**。一是提高精神病患者服药补助标准。市残联联合市财政局、市卫生局、市民政局，根据卫生部门新增精神病患者用药品种以及部分药品价格上涨等情况，进一步修订厦门市精神病患者服药补贴政策，出台《关于调整精神病患者医疗康复补助经费额度等有关问题的通知》（厦残联〔2013〕21号），决定自2013年3月1日起，将精神病患者医疗康复补助经费额度上限由原来的150元/人/月提高到300元/人/月，同时新增精神病患者用药品种。二是出台残疾人免费乘坐市内公共交通工具政策。经与财政局、交通局、公交集团、E通卡公司等部门协商，并报市政府研究同意，市残联发出《关于残疾人凭证免费乘坐市内公共交通工具的通告》，决定从今年7月15日起本市正式实施残疾人免费乘车政策，在厦残疾人凭第二代中华人民共和国残疾人证免费乘坐市内公共交通工具。该项政策的实施，使无障碍出行受惠人群由原持“关爱卡”的8000多名厦门市户籍残疾人扩大到所有在厦持证残疾人。三是扩大重度残疾人居家护理补助范围。与市民政局、市卫生局、市财政局联合出台《关于扩大重度残疾人居家护理补助范围的补充通知》（厦残联〔2013〕72号），60周岁以上（含60周岁）的视力一级残疾人，无须提供生活不能自理的医学鉴定报告，全部给予居家护理补助。8月1日实行新规定后，享受居家护理补助的残疾人增加了1000多人，达8000多人。四是对农村残疾人购置农业机械实行补助。根据《关于加强农业行业助残扶贫工作促进农村残疾人增收的通知》（农政发〔2013〕2号）文件精神，市残联与市财政局于2013年8月6日联合出台了《关于对我市农村残疾人购置农业机械实行补助的通知》，对本市农村残疾人购置农业机械进行补助，按已享受农业部门购置农机补贴资金总额的40%予以补助，有效促进了农村残疾人发展生产、提高收入。五是修订《在岗残疾职工申报核定实施细则》。出台《市残联关于修订〈厦门市在岗残疾职工申报核定实施细则〉的通知》（厦残联〔2013〕97号），对在岗残疾职工核定条件、核定所需提供的材料、核定程序、责任追究等方面做了更为详细、合理的规定。六是规范残疾人证办理和补办简化手续。市残联联合市卫生局下发《关于办理残疾人证有关手续的通知》，规范了重度残疾人的医学鉴定和办证手续。为方便残疾人补办残疾人证，增加残疾人证遗失声明办理方式，简化了残疾人证补办程序，降低了补办费用。

4. **市残联换届工作圆满完成**。3月下旬，厦门市残联召开第六次代表大会，省市有关领导和嘉宾出席大会开幕式，于伟国书记在开幕式上致辞。大会听取并审议了市残联第五届主席团题为《凝心聚力，开拓进取，为实现全市残疾人奔小康而努力奋斗》的工作报告，总结了五年来全市残疾人事业取得的成就，部署了今后五年的工作任务。大会选举产生新一届残联领导班子和各专门协会班子。

5. **大力开展各项业务工作**。一是康复服务质量进一步提升。为近6.3万人次残疾人提供康复医疗服务；供应辅助器具1706件，其中免费适配312件，入户适配评估614人次；补助四残儿童康复训练355人，补助金额321.99万元；培训残疾儿童家长1210人次，培训社区康复协调员264人、管理员5人、技术员46人。二是残疾人教育向两头延伸。建成心欣幼儿园新园舍；与厦门城市职业学院合办的大专班、本科班新招收残疾学生103名，28名学生顺利毕业；为130名大学新生给予一次性生活补助，补助金额达26.5万元；为1510名残疾人和低保对象中残疾人的子女发放助学补助，补助金额达281.8万元；对31所招收残疾儿童的幼儿园给予补助，补助金额达21.5万元。三是就业服务水平进一步提升。共举办残疾人招聘专场20多场，实现稳定就业残疾人达9000多人，新增就业再就业1100多人次；举办培训班63期，共培训1302人次；对全市250家超比例安排残疾人就业单位进行补助，金额达390.955万元；对494户残疾人个体工商户参加职工基本养老保险和职工基本医疗保险经费进行补助，金额达 262.86 万元。四是残疾人生活幸福指数大幅提高。配合市民政局出台《关于对我市部分特困群体给予住房专项补助的实施意见》（厦民〔2013〕220 号），决定在 2013—2014 年完成全市 142 户残疾人家庭危房改造与修缮，对翻建的和翻修的分别给予每户 5 万元和 3 万元的补助；实施重度残疾人居家护理补助政策，为全市 7850 名重残人发放补助金 3214 万元；实施困难残疾人生活补助政策，为全市 6612 名生活困难的残疾人发放补助金 2380 万元。五是残疾人合法权益得到切实保障。共接待残疾人来访、来电近 300 人次，接收市长专线 130 多件，办结率 100%；市、区两级法律援助中心免费受理残疾人案件 272 人次；坚持理事长接待日，每月 10 日党组成员到一楼服务大厅接待残疾人来信来访，得到残疾人肯定。六是残疾人文体事业繁荣发展。总面积 3500 平方米的残疾人艺术馆已完成建设装修，将于 2014 年初开馆，建成后，将作为展示残疾人文化艺术成就、促进对台残疾人文化艺术交流的重要平台；成功举办 2013 年厦门国际轮椅半程马拉松赛和厦门市第一届残疾人运动会。开展形式多样的残疾人宣传工作，在各类新闻媒体播发稿件近 300 条（篇），弘扬人道主义精神，积极营造扶残助残的社会氛围。

6. **志愿服务和专门协会精彩纷呈**。开展以“爱心厦门·关爱残疾人”为主题的学雷锋志愿服务活动。组织志愿者在节庆期间走访慰问全市 1058 户困难残疾人家庭，共发放慰问金和慰问品 55 万多元；组织党员志愿者在春节、中秋期间与困难残疾人“一对一”结对帮扶；组织志愿者进社区开展辅具适配，进行康复咨询义诊，免费看诊，提供康复及医疗咨询服务。各专门协会积极开展各类活动，如组织聋人队伍、盲人和盲人及低视力残疾人参与残运会开幕式团体操表演，组织厦门市盲人朗诵比赛并推荐 2 名优秀盲人选手参加省盲协举办的“福乐杯”朗诵比赛等。

四、重要条目

【福建省推进基本公共服务均等化“十二五”规划】 3 月 19 日，《福建省推进基本公共服务均等化“十二五”规划》（以下称《规划》）经福建省人民政府批准，正式印发实施。《规划》确定全省将推动实施基本公共教育、医疗卫生、就业服务等 9 大领域 51 类共 78 个基本公共服务项目和 31 项保障性工程。其中“残疾人基本公共服务”单列成章，并具体明确为重点任务、主要目标、保障工程三节内容。福建省《规划》的“残疾人基本公共服务专章”结合地方实际，拓展服务项目、强化保障工程、细化标准。增设了残疾人辅具适配行动、残疾人补助救助计划等服务项目；确立了“福乐家园”保障性工程，提出全省建成 200 所专门为各类残疾人提供康复养护、生活照料、技能培训等公益性服务的“福乐家园”。在残疾人社会保障方面：“社会保险保费补贴”项目提出对重度残疾人参加社会居民养老保险个人缴费部分由政府全额补贴，其他贫困残疾人由政府补贴 50%；“补助救助计划”项目明确对全省符合条件的重度残疾人发放每人每月不低于 50 元的生活补助。在残疾人服务方面：“儿童康复行动”项目明确为 0—6 岁残疾儿童提供每人每年不低于 1 万元的抢救性康复救助，标准比 2011 年提高 1 倍；增列“辅具适配行动”项目，为全省 20 万目标人群免费供应辅助器具，其中贫困残疾人免费适配基本型辅助器具补助 1000 元。

【福建省荣获“全国白内障无障碍省”称号】 3 月 12—15 日，全国残疾人康复工作办公室验收组对福建省“全国白内障无障碍省”创建工作进行全面验收。中国残联康复部尤红主任率验收组一行 9 位专家实地察看了东南眼科医院、省残疾人康复教育中心及“复明 15 号手术车”后，在省残疾人体育运动管理中心召开创建工作汇报会，省卫生厅、省财政厅、省民政厅相关处室负责人及省内部分眼科专家受邀参会。会后，验收组现场审查了档案资料。检查期间，验收组分三组赴随机抽取的永安市、龙海市、集美区等 3 个受检县（区），采取召开相关部门座谈会，查阅相关文件资料、手术数据库，检查医院眼科设备和手术工作情况，考察乡镇街道工作网络，走访术后白内障患者，随机访问公众对白内障防治知识的了解程度等多种形式进行全面深入检查。3 月 15 日，验收组在厦门召开检查验收反馈会，公布福建省综合考评分为 288.5（满分 300 分），高度评价福建省创建工作，宣布福建省顺利通过验收，成为全国第六个获得“白内障无障碍省”殊荣的省份。

【承办第八届全国残疾人艺术汇演（福建赛区）】 7 月 31 日，由国家教育部、民政部、文化部、广电总局和中国残联共同举办，福建省承办的第八届全国残疾人艺术汇演（福建赛区）的比赛在福州拉开序幕。来自 8 个省（市）的 920 多名演职人员参加比赛，88 个参赛节目角逐声乐、器乐、舞蹈、戏剧小品四大类奖项。经过 5 天的激烈角逐，最终评出特别奖 1 个、一等奖 20 个、二等奖 32 个，三等奖 29 个、优秀奖 6 个、团体奖 8 个。8 月 3 日晚，第八届全国残疾人艺术汇演（福建赛区）圆满落幕。中国残联副主席、党组成员吕世明、省委常委陈桦、副省长洪捷序等领导观看汇报演出，并为获奖节目颁奖。本届比赛，福建代表队荣获全国团体金奖及优秀组织奖，参赛的 15 个节目全部获奖，其中金奖 4 个（涵盖四大类别）、银奖 6 个、创作奖 5 个，取得历届最好成绩。

【中国盲文图书馆福建少儿分馆成立】 5 月 19 日，中国盲文图书馆福建少儿分馆在省少儿图书馆成立，福建省由此成为全国首批拥有盲文图书馆的省份之一。中国盲文图书馆馆藏盲文图书 25 万册，磁带光盘 66 万张，是全国盲人文化、科技、教育资源中心和知识服务中心。

福建分馆的成立，可以让福建省盲人更加便利地共享图书资源，让他们通过及时有效的学习和阅读，获得信息，学习技能，最终融入社会。另外，中国盲文图书馆福建成人分馆也将在省图书馆设立。

【福建省特殊教育事业发展情况专题调研】 为了深化党的群众路线教育实践活动成果，省残联成立“福建省特殊教育事业发展情况”专题调研组，通过问卷调查、实地走访和座谈讨论的方式进行了调研。调研组设计了四种不同内容的问卷，累计发放问卷2600份、回收有效问卷2423份，对象涵盖了各设区市教育局相关工作人员、特殊教育学校校长、特教教师、残疾学生、学生家长及用人单位等；调研组实地走访了福州市聋哑学校、福州市盲校、台江区育智学校、泉州市特殊教育学校、厦门市特殊教育学校、平潭县特殊教育学校、福安市特殊教育学校、南平市盲聋哑学校，召开了8场座谈会，并在形成调研报告初稿之后召开了一场特殊教育专家征求意见会，听取特殊学校校长、教导主任、教育行政部门、残联分管人员的意见和建议，最终形成调研报告。省委常委陈桦、副省长洪捷序对《省残联关于福建省特殊教育事业发展情况调研报告》做出重要批示，赞扬调研深入，对策科学。

【福建首届自闭症儿童绘画作品展】 4月2日，“星星的眼睛·我的美丽世界”——福建省首届自闭症儿童绘画作品展在省少儿图书馆开幕。全省各地近百名自闭症儿童的120多张绘画作品与观众见面，这些画构图抽象、用色大胆，想象力丰富。展览持续至7日，随后对所有作品进行拍卖，拍卖所得全部归属画作作者。

【闽台残障人士摄影作品展】 5月19日，第三届闽台残障人士摄影作品展在省少儿图书馆开展，闽台残障人士代表、省残疾人五个专门协会代表和社会各界爱心人士近300人参观了展览。参展作品的作者或是聋哑人，或是肢残人，有的甚至还是盲人，他们通过用镜头定格的一个个瞬间，让人们感受到他们对美好生活的热切期盼，聆听到他们平等、共享的理念和心声。本届摄影作品展由省残联和省摄影家协会联合举办，共收到来自闽台两岸残障人士选送的365幅摄影作品，入展作品145幅，其中台湾作品20幅。《为你加油》等3件作品活动一等奖，《老把式》等5件作品获得二等奖，《千手观音》等10件作品获得三等奖。

【闽台残疾人文化交流公益巡演活动】

5月19日晚，“心手相连”第三届闽台残疾人文化周开幕式文艺晚会在省残疾人体育运动管理中心举办，副省长洪捷序，省委原副书记、省残联名誉主席何少川，省军区原司令员、省残联名誉副主席陈明端，省政协原副主席、省残联名誉副主席李祖可，《中国残疾人》杂志社社长、总编倪林，中国视障文化服务咨询中心主任韩忠义等领导出席开幕式，省残联党组书记柯少愚致辞。

晚会在舞蹈《梦圆海峡》中拉开序幕，分“两岸潮声”、“艺彩纷呈”、“欢动今宵”三个篇章，节目内容包括陶笛演奏、民间舞蹈、器乐独奏、爵士舞蹈、非洲鼓等。闽台两岸的残疾朋友同台献艺，为榕城的观众带来了一场视听盛宴，近1000人观看了演出。随后，来自台湾的30多名残疾人艺术家和福建省残疾人艺术团的演员们一起，走进厦门、泉州等地进行交流演出。副省长洪捷序，省委原副书记、省残联名誉主席何少川，省军区原司令员、省残联名誉副主席陈明端，省政协原副主席、省残联名誉副主席李祖可，《中国残疾人》杂志社社长、总编倪林，中国视障文化服务咨询中心主任韩忠义等领导出席开幕式，省残联党组书记柯少愚致辞。

【闽台残疾人事业发展研讨会】 5月20日，第四届闽台残疾人事业发展研讨会在福州举行。省残联党组书记柯少愚，中国残疾人杂志社社长、总编倪林，中国视障文化服务咨询中心主任韩忠义出席研讨会。会上，12位来自闽台两岸的专家学者就“加快无障碍建设、让残疾人更好融入社会”这一主题展开了深入的交流与探讨。福建师范大学公共管理学院社会学系主任谢宏忠教授做关于《我国无障碍环境建设的现状和问题》的主旨发言，个案介绍与总体分析相结合，视域广阔，有一定的理论研究价值。台湾嘉义大学特教系陈政见教授从“最少限制环境”这一概念入手，深刻阐释了“无障碍”的基本理念，即强调环境的可及性，社会的零拒绝及不可标记。台东大学特教系副教授程钰雄运用图片、视频等资源生动地分析了各类行动不便者特征与无障碍环境需求情况，并指出了目前台东县大众运输系统中无障碍设施存在的不足。福州大学社会学系主任甘满堂教授等大陆学者就福州福利企业无障碍情况调查、厦门市无障碍评估、两岸无障碍建设比较及启示等问题做了精彩的主旨发言。

【福建省残疾人艺术团赴台交流】 10月20—25日，应中华海峡两岸身障文创艺术协会、台北市彩虹工程协会暨彩虹工程艺术团、花莲黎明教养院的邀请，福建省残疾人文化艺术交流团一行28人，赴台湾交流考察。福建省残疾人艺术团携手台湾中华海峡两岸身障文创艺术协会、彩虹工程艺术团先后在云林县、台中市和花莲县成功举办了“迎向阳光、看见希望——两岸身心障碍者文化交流活动”、“心手相连——感恩音乐会”、“情牵两岸、闪耀花莲——公益演出”等三场活动，台湾相关身心障碍组织以及社会各界爱心人士、义工组织等2000多人观看了演出。在台期间，福建省残疾人文化艺术交流团还考察了台中市声晖综合知能发展中心、花莲黎明教养院、花莲黎明志学职能治疗区、花莲毕士大教养院等残疾人服务机构，了解台湾残疾人事业的运作模式和发展情况，交流闽台两地残疾人事业发展的经验与成果，并洽商进一步交流合作意向。

【首届闽台盲人按摩学术交流会】 12月3日，由福建省盲人协会主办的首届闽台盲人按摩学术交流会在福州举行。主办方介绍，福建省现有盲人35.6万人，其中近1万人通过培训从事盲人按摩，成为盲人就业的主要渠道，但是规模小、流动大、层次低是整个行业的尴尬现状。因此，与会专家学者围绕盲人按摩师专业化发展、树立品牌、提升市场竞争力等问题展开了深入的交流与探讨，为福建省盲人按摩行业“把脉开方”。

【2013 年全国盲人足球锦标赛福建队成功卫冕】 9 月 24 日，由中国残疾人联合会、国家体育总局、中国残奥委员会共同主办，福建省残疾人联合会、福建省体育局、福建省残奥委员会承办的 2013 年全国盲人足球锦标赛在福建省福州市开幕。来自北京、山东、广东等 15 支盲人足球队参赛。经过 8 天的激烈角逐，福建省成功卫冕，摘得本次比赛的桂冠，同时也成就了福建队在全国盲人足球锦标赛四连冠的辉煌战绩。

【福建省第五届特殊奥林匹克运动会】 12 月 3 日，福建省第五届特殊奥林匹克运动会在省残疾人体育运动管理中心拉开序幕，来自全省各地运动员、教练员以及裁判员、志愿者近 500 人参加了赛会。本次赛事包括田径、乒乓球、羽毛球、举重、游泳、滚球等 6 个正式比赛项目，以及特奥家庭支持联络网计划、特奥大学计划、运动员健康计划、特奥幼儿计划、特奥领袖计划等 5 个非体育项目，旨在为特奥运动员搭建一个挑战自我、交流技艺、分享快乐、增进友谊的舞台。

【杨丽婉在法国 IPC 田径锦标赛中连获两银牌】 2013 年 IPC 世界田径锦标赛于 7 月 20—29 日在法国里昂举行，国家一级运动员杨丽婉（福建籍）在本次田径锦标赛中先后获得了两枚银牌。在 7 月 22 日的 F54 级铅球决赛中，杨丽婉以 7. 07 米的成绩摘得第一块银牌；7 月 25 日的 F54/F55/F56 级标枪决赛，杨丽婉再以 17. 49 米的成绩获得第二块银牌。

【快乐成长】 这部动画剧是由福建省启能研究指导中心主导，在福建师范大学《就业年龄段内智障人托养课程设置及就业促进》课题基础上，与福建鸿博印刷股份有限公司共同制作的，是一部围绕智障、自闭症人士在生活、托养、教育、康复等方面拍摄的科普动画剧，以分集剧情的方式，将专业的残疾人托养理论知识，图文并茂、通俗易懂地展现出来，旨在帮助智障、自闭症人士提高生活自理能力、社会适应能力。这不仅仅是一部动画剧，更是一部残疾人托养教学的专业教材，在国内尚属首创。此部动画剧的开拍，填补了国内残疾人托养教材匮乏的空白。

【榕首批残疾人领到驾照】

2 月 1 日，福州市驾管所迎来首批残疾申请人，9 名残疾人参加了科目一考试，8 名合格。经过驾校培训，7 名残疾人参加科目二考试，全部通过，其中 6 人顺利通过科目三实际道路驾驶技能和安全文明驾驶常识考试。驾管所为 6 名通过考试的残疾申请人举行了机动车驾驶人领证宣誓仪式。民警称：“比健全人考得还好。”

修订后的《机动车驾驶证申领和使用规定》（公安部 123 号令）明确规定：右下肢、双下肢缺失或者丧失运动功能但能够自主坐立的，可以申请残疾人专用小型自动挡载客汽车准驾车型的机动车驾驶证。目前福建已有厦门高崎港龙驾校和福州建安驾校两所驾校开设残疾人驾考培训班，福建医科大学附属第一医院、福州市第二医院、厦门大学中山医院厦禾分部、漳州市医院、泉州市第一医院、三明市第一医院、莆田市第一医院、南平市第一医院、第九二医院、龙岩市第一医院和宁德市医院等 11 家医院可为右下肢双下肢残疾人申领驾驶证体检。

【2013 年厦门国际轮椅半程马拉松赛】 1 月 5 日，2013 年厦门国际轮椅半程马拉松赛在厦门市会展中心举行。中国残联副理事长贾勇和厦门市副市长黄强一起为比赛鸣枪。本届赛事轮椅组的比赛有 40 位选手参加，分别来自中国国家队、河北队、陕西队、辽宁队、广州队、上海队、厦门队、中国台北队，以及国外的韩国队。经过激烈角逐，来自广州市轮椅竞速队的陈满塘以 47 分 10 秒的成绩，夺得了本届轮椅半程马拉松赛男子冠军，来自国家轮椅竞速队的邹丽红以 56 分 30 秒的成绩夺得该项目女子冠军。此次比赛 40 名比赛选手共有 36 名跑完全程。

【厦门市对农村残疾人购置农业机械实行补助】 根据《关于加强农业行业助残扶贫工作促进农村残疾人增收的通知》（农政发〔2013〕2 号）文件精神，厦门市残联与市财政局于 2013 年 8 月 6 日联合出台了《关于对我市农村残疾人购置农业机械实行补助的通知》，对本市农村残疾人购置农业机械进行补助，按已享受农业部门购置农机补贴资金总额的 40% 予以补助，有效促进了农村残疾人发展生产、提高收入。

【厦门市残联继续开展辅助器具入户适配整村推进活动】 2013 年，厦门市残联在全市 4 个区 6 个村（居）继续开展残疾人辅助器具入村入居整体推进工程。由康复医师、矫形器师、技师等专业人员组成的适配队伍深入各区残疾人家中了解辅具需求，对残疾人家庭进行现场检测和评估，通过对残疾程度、行走坐卧、居住情况、家庭环境、潜在功能和功能补偿的可行性等指标的评估，制定了个性化的适配方案，形成了一套“需求摸底—入户检测—现场评估—入户配送、安装—及时回访”有成效的工作程序。两年来，厦门市残联累计为 4500 多名残疾人供应辅助器具 5800 多件，其中免费适配 2000 余件。

【晋江市残联开展 2013 年康复巡回义诊活动】 4 月 9—30 日，晋江市残联结合“复明、助行、助听”三项残疾人康复工程，在全市 19 个乡镇、街道开展一年一度的康复巡回义诊活动，组织市医院医疗队、专业康复师和残疾人工作者等进村入户，免费为残疾人提供义诊、对白内障患者及有轮椅、假肢、矫形器、助听器等辅助器具需求者进行摸底。本次义诊共接待群众近 4000 人次，创历年来义诊接待人数新高。筛查出有白内障复明手术需求者 393 名，需安装假肢者 22 名、矫形器 15 例，需配置轮椅者 60 名，需装配助听器者 135 名。晋江市 2013 年残疾人康复工程包括为 150 名贫困白内障患者免费实施复明手术；为15名贫困截肢残疾人安装假肢；为10名贫困肢体残疾人安装矫形器；赠送轮椅60部；为100名老人性听力耳聋者佩戴助听器；为15名聋儿配置助听器；为45名低视力患者配戴助视器；补助110户重度残疾人进行居家托养，每人补助5000元。

【自闭症关爱周国际研讨会】4月4—5日，自闭症关爱周国际研讨会在泉州举行，本次活动由泉州市残联、东南早报主办，泉州市精神残疾人及其亲友协会、泉州市鲤城区太阳雨儿童培训学校承办。来自美国心灵之春主席兼首席执行官加里·W. 辛格尔顿博士、语音语言病理专家莫莉·墨菲、行为学专家帕姆·卡拉布里亚和北京星星雨教育研究所创办人、理事长，自闭症儿童家长田惠萍就如何定义自闭症、如何同自闭症儿童有效沟通、如何理解并引导孩子的行为进行阐述和释疑，并就自闭症培训机构的老师、自闭症儿童家长等提出的问题进行探讨和解答，取得了良好的社会效果。

【漳州市制定出台扶残助残爱心协会和监事会章程】漳州市残联在召开成立扶残助残服务指导中心爱心协会和监事会的大会上，通过了《漳州市扶残助残服务指导中心关于爱心协会和监事会章程（试行）》。《章程》对组织机构的产生方法提出具体规定：（1）爱心协会的产生方式：以个人名义每年捐赠现金2万元或物资价值4万元以上为会员，累计捐赠现金为2万元或物资价值4万元或物资1万元以上为会员单位，累计捐赠现金5万元或物资价值10万元以上为终身会员单位；（2）监事会产生方式：以个人名义每年捐赠现金1万元、5万元或物资价值2万元、10万元为监事、终身监事；以团体名义每年捐赠现金2万元、10万元或物资价值4万元、20万元为监事单位和终身监事单位。监事会全体人员会议原则上一年召开一次，常务监事会原则每季度召开一次，研究向社会募集扶残助残活动经费和爱心物资，提出救助的意见和建议，负责资金管理和监督，实现资金和物资由监事会负责募捐，捐助款物也由监事会集体研究决定后实施，并及时向社会公示，接受社会的监督，做到资金使用安全。

【残疾人剧作家姚溪山】姚溪山，龙海市原残联副主席、著名残疾人剧作家。他自幼因病致残，从事戏剧创作50年来，笔耕不息、佳作迭出，创作、整理、改编上百部（集）芗剧（歌仔戏）剧本，供剧团开排上演，其中创作现代戏《双剑春》《侨乡轶事》二度晋京献演，有11部剧获得国家级、省级创作奖项，有21部剧作由音像出版社拍摄（录）制成音像制品公开发行，同时出版了2部《姚溪山剧作选》，是位深受芗剧观众喜爱的“草根剧作家”。2013年5月，姚溪山应邀参加台闽民间戏剧国际学术研讨会，并在会上发表题为《幕表戏在地方戏曲发展中的定位和贡献》的论文，受到来自美国、日本、韩国、新加坡、中国大陆、台湾地区等50多位专家学者的好评。

【漳州将启用大陆首座免用电逃生梯】5月，漳州市云霄县医院安装了大陆首座免用电逃生梯（轮椅式）。这是由台湾人蔡登凯自主研发的消防辅助逃生设备，已通过国家消防设备质量监督中心认证，并纳入中国国家标准《GB21976.1－2008建筑火灾逃生避难器材》。逃生梯主要由一个速度控制器、一套联动链条、一套传动轴承和若干踏板构成，当人站在踏板时，自身体重便转化为动能，动能通过承重链条和齿轮的转动，经由速度控制器形成匀速作用力，带动逃生梯运转启动。蔡登凯介绍说，一旦发生火灾等紧急情况，一些病人和残疾人等弱势群体，无法通过楼梯逃生时，可以乘坐这种逃生梯实现逃生。

【三明梅列区政府为辖区残疾人建造58套经济适用房】2013年6月，三明梅列区“爱心花园”项目主体工程完工，并通过初步验收。该项目是2010年梅列区区委、区政府为残疾人办实事项目之一。“爱心花园”项目用地2.8亩，规划建筑面积5415平方米，单户建筑面积约73平方米，建设2幢住宅楼共58套（一梯两户电梯房），建成后以经济适用房形式出售给辖区无房户残疾人，并根据居住残疾人的残疾类别进行居家无障碍改造。住宅楼架空层用于建设残疾人培训就业基地、残疾人康复室、残疾人文化健身站等配套服务设施，为居住在小区内的残疾人提供活动及就业场所。区残联经过调查摸底，在梅列区提出申请的136户残疾人家庭中，最终确定68户入围预申请购买。

【三明市地税局举办窗口服务工作人员手语培训班】为提升窗口服务水平，减少聋哑人缴纳社保时的交流障碍，4月22日，三明市地税局服务厅举办了一期别开生面的手语培训班，近30名地税窗口服务人员，利用晚上下班时间参加手语培训。培训课程针对税务工作的特点，重点讲解了汉语手指字母，与聋哑人日常交流中常用语汇，如何使用手语表达办税厅使用频率较大的纳税服务专业术语等。

【龙岩市残疾人事业和扶持助残先进单位事迹报告会】5月19日，龙岩市残疾人事迹和扶残助残先进单位事迹报告会在龙岩人民会堂隆重召开。市人大常委会副主任吕庆昌、市政府副市长赖继秋、市政协副主席张琼珊以及市政府残工委成员单位领导、机关干部代表、公检法干警代表、高校师生代表、驻岩部队、武警官兵代表、残疾人代表和残疾人工作者代表以及青年志愿者1200多人聆听了报告。全国残疾人自强模范、省政协委员、市人大代表、市顺通职业技能培训学校校长、市台商协会副会长、肢障人士刘嘉伟，中国大学生自强之星、市残疾人自强模范、上杭县才溪镇残疾大学生（青年）创业园负责人、视障人士王福如，省残疾人自强模范、武平县宏峰茶业有限公司董事长、视障人士陈宏良，长汀县三洲镇戴坊村肢障人士“断臂铁人”兰林金，市残疾人自强模范、长汀县福顺服装公司法人代表、肢障人士吕圣养，连城县人大代表、连城县宣和乡升星村乡村医生、肢障人士吴祥等6位优秀残疾人代表和省扶残助残先进集体、新罗区中城北门社区扶残助残志愿者代表石妍珊分别在报告会上做了演讲。

【著名残疾人摄影家童利宁先生摄影展】

9月27日，由龙岩市残疾人联合会、闽西革命历史博物馆联合举办的《自强不息：残疾人的中国梦——著名残疾人摄影家童利宁摄影展》在闽西革命历史博物馆举行开展仪式。中国残联原副主席、中国残疾人福利基金会理事长汤小泉、省残联副理事长陈强、龙岩市副市长郭丽珍、童小鹏之子童丹宁先生和童利宁夫妇等出席了开展仪式。童利宁，福建省长汀县人，听力障碍者，原周恩来总理办公室主任、中央统战部原副部长童小鹏的次子，他的作品为《中国摄影报》等国内外权威报纸杂志所采用，并多次参加权威的摄影艺术作品展，先后荣获北京市表彰“优秀摄影组织工作奖”、“学会贡献奖”、“长期贡献奖”等。

本次展出童利宁先生作品共111幅，展览分为失聪岁月、成长历程、工作经历、领导关怀、前辈追忆、友好往来、摄影精粹、美丽世界等八个方面，从不同侧面展示了童利宁身残志坚的人生奋斗历程及其魅人的艺术风采。

【上杭县社区康复合作项目接受中期评估】9月22—23日，由香港嘉道理慈善基金会项目经理李健民、香港复康会高级顾问黄卫平、项目管理硕士香港复康会国际及中国部项目协调员蔡世杰、中国残联嘉道理社区康复项目管理办公室技术总监付克礼及省市康复专家和残疾人代表组成的评估组来到上杭县对社区康复合作项目进行中期评估。评估组首先听取了上杭县残疾人康复服务中心关于项目工作情况汇报，卫生局、教育局、劳动与社会保障局、民政局、团县委、妇联等项目成员单位负责人就如何配合项目工作开展也做了汇报。汇报会结束后，评估组深入稔田镇、庐丰畲族乡、临城镇、湖洋镇、旧县镇、通贤乡、才溪镇等7个乡镇，进村入户全面了解残疾人的康复与健康服务、全纳教育和生计支持等情况。评估组高度肯定了上杭县社区康复合作项目工作开展取得的成效，并对其下阶段的工作提出了新的要求。

【龙岩武平法律援助为残疾人挽回损失76万元】武平县积极开展法律援助便民服务活动，开通了“12348”法律援助热线。同时，还开通了残疾人维权“绿色通道”，对残疾人维权实行免予审查经济困难标准而直接进入法律援助程序；在符合条件和材料齐全的情况下，实行一次性办妥申请、审查、审批受理等全部手续；对行动不便的残疾人提供上门受理等服务。该中心还重视对涉及残疾人案件定期上门回访，发现问题及时帮助解决。2012年至2013年5月，武平县法律援助中心共受理涉及残疾人案件50件，为55名残疾人挽回经济损失76万元。

【宁德“福乐家园”】近年来，宁德市积极探索利用乡镇敬老院和企业、社会资源，因地制宜创建“福乐家园”，造福残疾人。全市已建成规模“福乐家园”18所，实现残疾人托养、康复、就业、培训等446人。其中，7所通过省级验收、11所通过市级验收。“十二五”期间将计划建成30所“福乐家园”，福泽更多残疾人。

【邵武率先开通残疾人官方微博】为扩大残疾人工作宣传覆盖面，方便残疾人了解党和政府的各项政策，邵武市残联运用现代网络资源，依托新浪网在全省率先开通残疾人官方微博，残联利用微博这个平台将残疾人优惠政策、办证流程、等级评定、就业信息、有关会议及时通过微博发布，让残疾人随时随地都能了解所需信息，省时省力。残疾人还可通过微博直接与残联互动交流，在线咨询、反映问题、提出意见建议，受到社会各界的好评。

五、大事记

1月5日，中国残联副理事长贾勇到厦门参加2013年厦门国际轮椅马拉松赛，并考察厦门市开元街道残疾人职业援助中心。省残联理事长陈震、副理事长王秀丽陪同参加活动。

1月11日，洪捷序副省长到闽侯慰问贫困残疾人，省残联理事长陈震陪同慰问。

1月15日，省残联第五届主席团第六次全体（扩大）会议在福州召开。副省长、省残联第五届主席团主席洪捷序出席并讲话。会议审议通过了省残联陈震理事长代表执行理事会作的工作报告，表彰了“2012年度全省残疾人工作创先争优”优胜奖单位及“2012年全省残疾人服务设施建设年”工作先进单位。

1月17日，洪捷序副省长赴明溪慰问残疾人，省残联副理事长王秀丽陪同慰问。

1月21日，省残联理事长陈震到泰宁参加全省文化科技卫生“三下乡”活动启动仪式，并陪同省委常委、宣传部长袁荣祥现场视察省、市、县残联服务队及看望慰问困难群众。

1月22日，省政协叶继革副主席到建瓯慰问贫困残疾人，省残联理事长陈震陪同慰问。

2月5日，省残联系统2012年度工作总结会在省残疾人体育运动管理中心召开。省残联理事长陈震，副理事长杨小波、王秀丽，副巡视员卢文彬出席会议，王秀丽副理事长主持会议。

3月15日，福建省顺利通过全国残疾人康复工作办公室验收组的验收，成为全国第六个获得“白内障无障碍省”殊荣的省份。

4月3日，省残联召开全体干部职工大会，省委组织部李福生副部长到省残联宣布省委决定：柯少愚任省残联党组成员、书记，提名为省残联主席团副主席、执行理事会理事长候选人；陈震不再担任省残联主席团副主席、执行理事会理事长，免去其省残联党组书记、成员职务。

4月12—16日，由中国残疾人联合会、国家体育总局、中国残奥委员会共同主办，福建省残疾人联合会、福建省体育局、福建省残奥委员会承办的2013年全国残疾人青少年田径锦标赛在福州开赛，来自全国各地的29支代表队共273名运动员参赛。此次比赛队员全部为25周岁以下残疾人运动员，共设肢残组、轮椅组、脑瘫组、视力组4个类别，分为100米、200米、400米、800米、1500米、跳远、跳高、三级跳、铅球、铁饼、标枪等150个小项。福建共有23名运动员参赛。

4月26日，福建省委、省政府举行表彰大会，表彰351名全省劳动模范和149名先进工作者。省残疾人劳动就业服务中心副主任、省盲人协会主席王永澄荣获“全省先进工作者”荣誉称号，是500名受表彰对象中唯一一名残疾人和残疾人工作者。省委书记尤权、省长苏树林等领导为王永澄等28名全省劳动模范和先进工作者代表颁奖。

5月9日，省残联召开全体干部职工大会，党组书记柯少愚宣读省委决定：陈强任省残联党组成员。

5月10日，省政协杨根生副主席到建瓯市调研水土保持工作，省残联党组书记柯少愚陪同。

5月15日，省人大常委会刘群英副主任带领省人大委员、内司工委主任陈乙熙、内司工委巡视员张用惠、内司工委副主任陈鼎林等一行13人，到省残联机关调研指导残疾人工作。省残联全体班子成员及机关各部室主要负责人参加了座谈会。

5月16日，省委书记尤权主持召开省委常委会，专题听取省残联五年工作、省残联召开六代会有关问题等情况汇报，并对残疾人工作做出重要指示。省残联党组书记柯少愚代表省残联党组汇报工作。

5月19—24日，福建省举办庆祝第二十三次全国助残日暨第三届闽台残疾人文化周系列活动，包括：第三届闽台残障人士摄影作品展暨中国盲人图书馆福建分馆授牌仪式、开幕式文艺晚会、第四届闽台残疾人事业发展研讨会、闽台残疾人艺术团走进基层交流演出等活动。38位台湾嘉宾来闽参加。

5月28日，洪捷序副省长听取省残联关于第八届全国残疾人艺术汇演（福建赛区）及省残联第六次代表大会筹备工作的专题汇报。省残联党组书记柯少愚、党组成员陈强、副巡视员卢文彬参加汇报会。

5月29日，省委常委、省教工委书记陈桦到省残疾人体育运动管理中心考察省残疾人就业培训、残疾人文体活动、省残疾人游泳康复馆项目筹建等工作，看望慰问残疾儿童，并到省残联机关听取省残联工作汇报。

6月9日，中国残联宣文部主任王涛来闽调研残疾人工作，并指导第八届全国残疾人艺术汇演（福建赛区）筹备工作。省残联党组书记柯少愚、党组成员陈强、副巡视员卢文彬陪同调研。

6月26日，中国残疾人辅助器具资源中心陈振声主任、王保华副主任来闽调研残疾人辅具工作，省残联党组书记柯少愚、副理事长王秀丽陪同调研。

6月27—30日，省残联副理事长杨小波在莆田参加全国残疾人就业和职业培训状况实名制统计管理工作部署会暨实名制系统管理人员培训班，并调研莆田市残疾人工作。

6月28日，省委常委陈桦主持召开群团组织工作协调会，专题研究了“省福乐幼儿园”编制、推进全省“福乐康复室”建设等问题。省残联党组书记柯少愚参加会议。

7月1日，省残联第五届主席团第七次全体会议在福州召开。副省长、省残联第五届主席团主席洪捷序出席会议并主持，省残联第五届主席团全体委员参会。

7月2—3日，省残联第六次代表大会在福州召开。

7月26日，省残联召开开展党的群众路线教育实践活动动员大会，省委第五督导组组长、省政协社会和法制委主任郑传芳、省残联党组书记、理事长柯少愚在会上讲话，省委第5督导组全体同志、省残联机关全体干部职工、离退休党员和各直属单位领导班子成员参加了会议。

7月29日—8月3日，第八届全国残疾人艺术汇演（福建赛区）在福州举行

8月3日，中国残联副主席、党组成员吕世明在福州调研残疾人信访及无障碍建设工作，省残联理事长柯少愚、副理事长杨小波等陪同调研。

8月12—14日，省残联在福州举办全省县级残联理事长培训班暨新疆昌吉自治州残联对口援助考察学习班。省残联理事长柯少愚及副理事长杨小波、王秀丽、副巡视员卢文彬在培训班上授课，副理事长陈强主持。

8月27—29日，全省残联康复工作会议在龙岩召开，省残联理事长柯少愚、副理事长王秀丽出席会议并讲话。

9月5日，台中教育大学特殊教育系教务长洪荣照教授、师培中心主任吕锺卿教授、前教务长杨银兴教授一行到省残疾人康复教育中心参访座谈，省残联理事长柯少愚、副理事长王秀丽等参加座谈会。

9月9日，省残疾人康复教育中心召开庆祝第二十九个教师节表彰大会，省残联理事长柯少愚、副理事长王秀丽等出席表彰大会，慰问特教老师。

9月15—19日，福建代表团赴京参加中国残联第六次代表大会。

9月22日，省残联理事长柯少愚主持召开省残联第六届执行理事会（扩大）会议，传达贯彻中国残联第六次全国代表大会有关精神。省残联第六届执行理事会全体理事、各设区市和平潭残联理事长、省残联机关处级以上干部和直属单位班子成员、省残疾人专门协会主席等参加会议。

9月24—29日，2013年全国盲人足球锦标赛在省残疾人体育运动管理中心举行。

10月9日，省长苏树林到省残联机关调研残疾人工作，听取省残联工作汇报，并看望慰问残联干部职工。省政府秘书长刘道崎陪同调研，省残联理事长柯少愚，副理事长杨小波、王秀丽、陈强及全体干部职工参加了座谈。

10月13日，省人大常委会副主任张广敏及省残联柯少愚理事长等，参加由福州市盲协、省同人助残服务中心等联合举办的庆祝第三十个国际盲人节音乐会。

10月20—25日，应中华海峡两岸身障文创艺术协会、台北市彩虹工程协会暨彩虹工程艺术团、花莲黎明教养院的邀请，省残联副巡视员卢文彬带领省残疾人文化艺术交流团一行28人赴台湾进行交流考察活动。

10月24日，2013年全省残疾人状况监测培训班在福州举办，省残联副理事长陈强出席开班仪式并讲话。

11月4日，中国残联副理事长王梅梅在省残联理事长柯少愚、副理事长王秀丽陪同下，到省残疾人劳动就业服务中心、省启能研究指导中心等考察指导工作。

11月4—9日，由国际特殊奥林匹克东亚区主办，中国特奥委员会、福建省特奥委员会承办的国际特殊奥林匹克融合杯足球赛东亚区选拔赛省残疾人体育运动管理中心举办。省委常委陈桦，中国残联副理事长王梅梅，国际特奥会东亚区区域总裁顾抒航、省残联理事长柯少愚、副理事长王秀丽等出席开幕式。来自中国、韩国、香港、澳门、中华台北等5个国家和地区的运动员参加了比赛。本次比赛共有包括中国、韩国以及中国香港、中国澳门、中国台湾等国家和地区的特奥会选派的5支代表队参加。中国特奥融合足球队以四战全胜的成绩获得第1名，直接获得参加2014年国际特殊奥林匹克融合杯足球赛的参赛资格。

11月7—11日，由福建省残联和台湾高雄市身心障碍团体联合总会共同主办的《闽台残障人士服务体系框架与运作》研讨活动在福州举行。来自海峡两岸的专家学者和残疾人康复机构的代表共100多人参加，省残联理事长柯少愚、副理事长王秀丽、陈强等出席了活动开幕式。

11月30日，福建省首届自闭症青少年音乐会在省闽剧艺术中心举办，省残联理事长柯少愚、副理事长杨小波、陈强等参加活动。

12月1日，省同人助残服务中心举办“纪念国际残疾人日‘众为杯’第九届残健同乐趣味运动会”，省残联理事长柯少愚出席开幕式并宣布开幕。

12月2—3日，由省盲人协会主办的“闽台两地盲人按摩学术交流大会暨省盲协第二届委员会第二次会议”在福州召开，中国残联副主席、中国盲协名誉主席、中国盲人按摩学会会长李志军，中国盲协主席李伟洪，省残联理事长柯少愚、副理事长杨小波等领导及来自台湾伊甸社会福利基金会、台湾按摩业职业工会等闽台两地盲人参加会议。

12月2—5日，福建省第五届特殊奥林匹克运动会在省残疾人体育运动管理中心举办，比赛设置6个比赛项目及5个非体育项目，全省共11个团组、600多人参加。中国残联副主席李志军宣布开幕。

12月4日，省委书记尤权到省残联机关调研指导残疾人工作，并慰问残联干部职工，省委常委陈桦，省委常委、秘书长叶双瑜、副省长洪捷序陪同调研。

12月9日，海峡两岸特殊教育学术研讨会暨福建省残疾人联合会与泉州师范学院战略合作签约仪式在泉州师范学院举行。省残联理事长柯少愚被泉州师院聘为客座教授，副理事长杨小波代表省残联与泉州师院签订战略合作协议。

12月16—22日，应台湾中华公共事务管理学会和高雄身心障碍团体联合总会邀请，省残联理事长柯少愚率省残联参访团一行13人赴高雄、嘉义、台南、台北参观考察相关残障服务机构。编印了《台湾残疾人工作考察报告文集》。

12月28日，省残疾人康复教育中心改扩建工程——启智楼建设项目大楼主体顺利封顶，该项目投资3225万元，建筑面积8919平方米，将于2014年秋季建成投入使用。

12月29日，省聋人协会、省精神残疾人及亲友协会召开成立大会，省残联理事长柯少愚、副理事长陈强出席会议。

（杨瑞芳供稿）

江西省残疾人事业和残疾人工作

一、领导讲话

省委副书记尚勇在省残联第六次代表大会开幕式上的讲话摘要

2013 年 7 月 26 日

创造残疾人的幸福生活，就要更加自觉地把残疾人事业放在实现伟大中国梦的历史任务中去谋划。全省上下要以中国梦为引领，落实十八大的要求，把“健全残疾人社会保障和服务体系，保障残疾人权益”纳入中国特色社会主义事业“五位一体”总布局，不断推进残疾人事业的理念创新、思路创新、工作创新、制度创新。要用足用好国家支持中西部地区和革命老区残疾人事业发展的各项政策，加强统筹，注重操作，务求实效，确保残疾人参与和发展状况随着实现中国梦的进程而显著改善。

创造残疾人的幸福生活，就要扎实推进新形势下的残疾人工作。要各方联手共同做好预防致残工作，又要解决好残疾人最迫切需要解决的问题，以残疾人社会保障和服务体系建设为主线，努力为残疾人构筑社保“安全网”和解决特困“服务网”。要按照普惠与特惠相结合、一般性制度安排与专项制度安排相结合的原则，做好残疾人的生活保障工作，使残疾人除了享受一般困难群众的保障政策外，还根据残疾人的特殊需要享受特殊保障政策。

创造残疾人的幸福生活，就要激励残疾人自强不息、超越自我。广大残疾人要勇于在挫折中前行，敢于在逆境中奋起，善于在奋斗中成长。要扬起理想信念之帆，坚定对中国特色社会主义的道路自信、理论自信、制度自信，把个人梦与中国梦紧密联系在一起，热爱生活，不懈追求，克服自卑心理，消除低落情绪，校正弱者形象，自尊、自信、自立、自强。

创造残疾人的幸福生活，就要把残联建设成“残疾人之家”。全省各级残联要认真履行“代表、服务、管理”的职能，广大残疾人工作者要始终恪守“人道、廉洁、服务、奉献”的职业道德，加强作风建设，提高服务本领，真正把残疾人当亲人，把残联打造成“残疾人之家”。要着眼于破解残疾人工作中遇到的新情况新问题，利用现代信息技术，建立残疾人网络服务平台，加强对残疾人虚拟社会的服务和管理，为广大残疾人提供远程教育、信息发布、康复就业、婚恋交友等方面的服务，把方便、温暖、快乐送到残疾人朋友的心坎中，真正与残疾人血脉相连、心心相印。

创造残疾人的幸福生活，就要形成做好残疾人工作的强大合力。要进一步完善党委领导、政府负责的残疾人工作领导体制和政府主导、社会参与、残疾人组织充分发挥作用的工作机制。要把残疾人事业经费列入各级财政预算，建立稳定的残疾人事业经费保障机制，重视对残联干部和残疾人干部的培养、选拔、使用，将残疾人工作纳入有关考评体系。残工委各成员单位要坚持特事特办、善事多办、好事常办，为残疾人事业发展解决难题，用“强势”政策维护和发展好广大残疾人的经济、政治、文化、社会、生态等各方面利益。各新闻媒体要广泛宣传人道主义思想和扶残助困的中华民族传统美德，倡导“平等、参与、共享”的现代文明社会残疾人观，引导和鼓励各类社会组织和市场主体发展残疾人服务业，形成全社会积极支持和参与残疾人事业发展、为残疾人创造幸福生活的良好局面。

副省长胡幼桃在省残联第六次代表大会闭幕式上的讲话摘要

2013 年 7 月 27 日

要进一步加强组织领导，切实推动残疾人工作又好又快发展。全省各级党委政府一定要高度重视残疾人工作，把残疾人事业纳入经济社会发展大局；各级政府残工委要进一步强化职责，及时破解残疾人事业中出现的新问题、新难点，解决好关系残疾人切身利益的突出问题；残工委各成员单位要按照职责分工，围绕残疾人反映突出的问题，尽心尽力为残疾人解难事，办实事，各地、各有关单位每年至少要为残疾人办好几件难事和实事。

要进一步完善残疾人“两个体系”，着力解决关系残疾人切身利益的突出问题。各级政府要高度重视残疾人社会保障体系和服务体系建设，以解决好关系残疾人切身利益问题为重点，大力推进残疾人事业发展。一是完善政策保障体系，二是落实特惠政策，三是增强服务供给。

要进一步发挥社会力量作用，不断提高为残疾人服务的能力和水平。要出台有关鼓励社会力量办残疾人事业的政策，建立健全社会力量参与残疾人社会保障和服务的有效机制。要壮大助残志愿者队伍，鼓励和吸引社会各界爱心人士加入到为残疾人服务的队伍中来，推进专业助残志愿者队伍发展。

要进一步发挥残疾人主体作用，共同创造和谐美好新生活。残疾人是残疾人事业的主体，也是中国特色社会主义建设的重要力量。一直以来，全省残疾人朋友自强不息、超越自我、奋发有为，为全省经济社会发展做出了积极贡献。希望残疾人朋友继续弘扬自尊、自信、自强、自立精神，充分发挥聪明才智，以自身不懈的努力实现美好追求、成就更大事业、共创社会和谐。

省残联理事长徐效钢在省残联第六次代表大会上的工作报告摘要

2013 年 7 月 26 日

一、过去五年的工作回顾

（一）坚持党委领导、政府负责的残疾人事业发展机制。省委、省政府高度重视残疾人事业，把残疾人工作作为保障和改善民生的重要内容，纳入全省经济社会发展总体规划和年度计划，出台了一系列重要政策，为促进残疾人事业发展奠定了坚实的基础。这些政策的发布施行，极大地保障和改善了全省残疾人民生，切实解决了残疾人生存和发展面临的困难，有力地推动了残疾人事业发展。

（二）围绕残疾人生产生活的基本需求，扎实推进残疾人“两个体系”建设。各地扎实开展残疾人“两个体系”建设，残疾人社会保障能力和为残疾人服务的能力明显提升。全省有 36.4 万残疾人纳入了最低生活保障范围，52.29 万残疾人参加新型社会养老保险，政府为 10.3 万名贫困重度残疾人代缴基本养老保险费。实施残疾人重点康复工程，大力推进实现残疾人“人人享有康复服务”目标。每年高招上线残疾考生的录取率均达 100%。组织开展就业援助月活动，举办残疾人专场招聘会 396 场，帮助 5588 名残疾人实现就业。全省有 53.8 万名农村残疾人实现就业，有 14.8 万名城镇残疾人实现稳定就业。累计下达康复扶贫贷款指导性计划 2.09 亿元，扶持 5000 余名贫困残疾人就业创业；扶持 191 个农村残疾人种养基地，为农村贫困残疾人进行危房改造 1.4 万户。为残疾人提供法律服务 6000 余人次，有 70 个县（市、区）开展了无障碍环境创建工作，有 60 个县（市、区）开展了家庭无障碍改造工作，受益残疾人家庭 4000 余户。累计有 74639 人次残疾人领取了机动轮椅车燃油补贴，有 500 余名残疾人通过汽车驾驶考试，顺利领到了 C5 驾照。

（三）大力实施民生工程，广大残疾人得到实实在在的利益。从 2008 年开始，省政府每年投入 1 个多亿实施民生工程残疾人项目，共为 61.7 万名残疾人提供康复服务与救助，建立社区康复站 2156 个，培训社区康复协调员 1.59 万名，扶持民办残疾儿童康复机构 43 个。开展城乡残疾人职业技能培训 6 万人次，政府每年购买公益性岗位安置残疾人就业 3500 名。选聘农家书屋残疾人管理员 8500 名。

（四）广泛宣传人道主义思想，进一步活跃残疾人文化体育生活。五年来，省残联与亚洲防盲基金会、香港盲人辅导会联合实施的“复明扶贫”中国流动眼科手术车项目，为 11558 名边远贫困地方的白内障患者送去光明。分别与国际轮椅基金会、香港狮子会、深圳狮子会、台湾曹氏基金会、香港爱心全达基金会合作，使全省 3000 多名残疾人得到了轮椅、假肢等资助。省残疾人福利基金会开展了“关爱帮扶农村贫困残疾人”助残公益活动。全省志愿者助残活动深入推进，助残志愿者发展到 10 余万人。共组织参加国际、国内比赛 33 次，获金牌 198 枚、银牌 124 枚、铜牌 107 枚。举办了第一届全省残疾人田径运动会、第二届残疾人健身周等系列活动。

（五）加强残联自身建设，不断夯实残疾人事业发展基础。全省已有 92 个县级残联规范化建设达到中国残联标准，已建立乡镇残联 1298 个、街道残联 130 个、社区残协 2650 个、村残协 14200 个，全省共有乡镇、村（社区）残疾人专职委员 18278 名，形成了以专职兼职结合、健残融合的残疾人工作队伍，为全省残疾人事业发展提供了坚实的组织保证。省、设区市和部分县级残联建立了残疾人优秀人才档案库，录有优秀人才 735 名。全省各级各类残疾人专门协会通过开展形式多样的活动，加强了与广大残疾人群众的沟通和交流。成立了江西省残疾人事业发展促进会、全国首个省级残疾人汽车驾驶技术协会。残疾人组织和残疾人的社会活动面不断扩展，残疾人平等参与社会的能力不断增强。全省各级残联基本建设呈现良好发展态势，各设区市残联基本建设也有新进展，为残疾人服务的水平不断提高。

二、今后五年我省残疾人事业发展目标和主要任务

（一）加大工作力度，切实保障残疾人基本生活。将符合条件的残疾人纳入城乡最低生活保障，实现应保尽保，使城乡残疾人普遍参加基本养老和医疗保险，基本生活得到稳定的制度性保障。采取更加有力的措施，把残疾人脱贫纳入全省脱贫总体规划，为农村贫困残疾人提供各种形式的生产扶助和生活救助，稳定解决温饱，不断提高生活水平。继续资助农村贫困残疾人改善居住条件，将住房困难的城镇残疾人优先纳入政府廉租房保障范围。建立多元化的残疾人扶贫开发资金投入机制，积极落实康复扶贫贷款扶持残疾人发展产业。

（二）提高保障服务能力，努力满足残疾人对基本服务的需求。建立贫困重度残疾人康复津贴制度，逐步扩大残疾人社会福利，不断提高服务水平。加大民生工程投入，扩大残疾人受益面。建立和完善残疾人托养服务体系。继续实施“阳光家园计划”，为残疾人托养服务提供补助。建立和完善残疾人康复保障政策和服务体系建

设的长效机制。健全残疾人教育体系，保障残疾人受教育的权利。稳定扩大残疾人就业，帮助残疾人增加收入。加强公共文化体育服务，丰富残疾人文化体育生活。

（三）优化社会环境，着力营造残疾人事业发展的良好氛围。加大残疾人事业宣传力度。把宣传工作贯穿于残疾人事业发展全过程，贯彻到残疾人工作各方面，进一步弘扬人道主义精神，为残疾人平等参与社会生活、共享经济社会发展成果营造更加有利的环境。充分发挥残疾人主体作用。完善残疾人维权工作机制，依法维护残疾人权益。加快推进无障碍环境建设。在加强大、中城市无障碍建设的同时，深入开展无障碍县（市、区）创建活动，力争在2015年基本实现残疾人出行无障碍，努力完成5000户残疾人家居环境无障碍改造，发放残疾人机动轮椅车燃油补贴10万人次。广泛开展扶残助残活动，大力发展残疾人慈善事业。

（四）加强组织和基础建设，着力打造残疾人事业发展支撑体系。各级残联要始终保持积极向上的昂扬斗志、奋发有为的精神状态，切实加强自身建设。以加强村（社区）残疾人工作为重点，进一步加强基层残疾人组织建设，提高为残疾人服务的能力。加强残疾人服务设施建设。加强信息化建设，提高残疾人事业信息化水平。

二、政策法规文件

江西省残疾人保障条例

2013年9月26日江西省第十二届人大常委会第六次会议通过

第三条 县级以上人民政府应当加强对残疾人事业的领导，将残疾人事业纳入国民经济和社会发展规划，制定本行政区域的残疾人事业发展规划和年度计划，健全残疾人社会保障体系和服务体系，保障残疾人事业与经济、社会协调发展。

县级以上人民政府应当将残疾人事业经费列入本级财政预算，建立稳定的经费保障机制。

县级以上人民政府应当在每年本级留存的福利彩票和体育彩票公益金中安排一定比例的资金，专项用于残疾人康复、救助和体育等事业，其中，省本级留存的福利彩票公益金安排的比例不低于百分之十、体育彩票公益金安排的比例不低于百分之四。

第十四条 省和设区的市人民政府应当建立综合性残疾人康复中心，县级人民政府应当有计划地建立残疾人康复中心，开展康复医疗与训练、人员培训、技术指导、科学研究等工作。

县级以上公立医疗机构、有条件的基层医疗卫生机构应当设立康复科（室），为残疾人开展康复医疗。

第十八条 县级以上人民政府应当将残疾人基本医疗康复项目按照规定纳入城乡基本医疗保险范围。

贫困残疾人进行康复训练、辅助器具适配的，按照本省有关规定享受补贴。

第二十条 县级以上人民政府应当加强残疾人教育机构建设，改善办学条件。设区的市、人口在三十万以上和残疾儿童、少年较多的县（市、区）应当建有特殊教育学校，各县（市、区）应当建有残疾幼儿教育机构。

第二十五条 残疾人参加各级人民政府和有关部门组织的文化、体育活动，所在单位应当支持。在集训、演出、比赛、交流期间，残疾学生所在的学校应当保留其学籍，残疾职工所在单位不得扣减其工资和福利待遇。对无固定收入的残疾人，活动组织者应当给予补贴。

对在国际国内重大文化、体育比赛中取得优异成绩的残疾人，县级以上人民政府应当给予与健全人同等标准的奖励。

第二十八条 鼓励和扶持兴办集中安排残疾人就业的残疾人福利企业、盲人按摩机构、工（农）疗机构、辅助性工场和其他残疾人福利性单位。集中安排残疾人就业的用人单位依法享受税收优惠，并在生产、经营、技术、资金、物资、场地等方面享受扶持。

残疾人福利企业由县级以上人民政府民政部门依法认定，盲人按摩机构、工（农）疗机构、辅助性工场和其他残疾人福利性单位由县级以上残疾人联合会依法认定。

有按摩业务的服务行业和设有按摩科室的医疗机构，应当优先录用具有相应按摩执业资格的盲人。

第二十九条 县级以上人民政府及其有关部门应当确定适合残疾人生产、经营的产品、项目，优先安排残疾人福利性单位生产或者经营，并根据残疾人福利性单位的生产特点确定某些产品由其专产。

对残疾人创办的企业和残疾人福利性单位生产的产品实行保护政策，在同等条件下，政府优先采购和使用。

第三十条 机关、团体、企业事业单位、民办非企业单位应当按照不低于本单位在职职工总数1.5%的比例安排残疾人就业，并为其提供适当的工种和岗位。鼓励用人单位超过规定比例安排残疾人就业；超过规定比例的，给予适当奖励。达不到规定比例的，用人单位应当按年度缴纳残疾人就业保障金。

第三十一条 残疾人从事个体经营的，依法享受税收优惠，工商、税务、卫生等有关部门应当优先核发相关证照，免除行政事业性收费；城市管理部门应当在场地、摊位等方面提供优惠照顾；供水、供电企业应当在水、电收费标准上给予优惠；对符合条件的残疾人申请小额担保贷款的，政府担保机构和金融机构应当优先为其提供担保和贷款。

鼓励社会组织和个人对残疾人自主创业给予支持和帮助。

第三十二条 县级以上人民政府应当采取措施，扶持和开发适合残疾人就业的公益性岗位，将难以就业的残疾人列入就业困难人员范围，优先提供就业援助。

县级以上人民政府投资或者扶持开发的农家书屋、城市环境卫生、园林绿化、公共停车场、书报亭、社区服务点等公益性岗位，应当优先安排残疾人就业。

第三十五条 用人单位新录用人员时，除特殊岗位外，不得设置歧视残疾人的限制性条件。对符合公务员录用或者事业单位招聘体检标准，且身体条件能够正常履行职责的残疾人，不得以身体残疾为由拒绝录用。

用人单位不得在转正、晋职、晋级、职称评定、劳动报酬、生活福利、休息休假、社会保险等方面歧视残疾职工。企业在进行改制过程中，应当妥善安排残疾人的工作和生活。

第三十九条 用人单位应当按照规定为残疾职工办理基本养老保险、基本医疗保险、工伤保险、失业保险、生育保险等社会保险。

用人单位招用符合条件的残疾就业困难人员的，按照规定享受社会保险补贴。

鼓励残疾人依法参加社会保险。贫困残疾人、重度残疾人参加基本养老保险、基本医疗保险的，按照国家和本省有关规定享受社会保险缴费资助政策。

第四十条 对符合城乡最低生活保障条件的残疾人家庭，或者依靠父母和兄弟姐妹供养的成年重度残疾人单独立户的，各级人民政府和民政部门应当按照规定纳入最低生活保障范围。

对符合临时救助条件的重度残疾人、老年残疾人、一户多残等特殊困难残疾人家庭，各级人民政府和民政部门应当纳入城乡困难群众临时救助范围。

对城市生活无着流浪乞讨的残疾人，流入地人民政府或者救助机构应当依法给予救助；对返乡的流浪乞讨残疾人，流出地人民政府应当妥善安置，保障其基本生活。

第四十一条 各级人民政府和有关部门对符合医疗救助条件的贫困残疾人、重度残疾人，应当按照医疗救助政策给予救助，并逐步提高救助标准，对因患大病住院的贫困残疾人，优先安排救助。

第四十二条 设区的市、县（市、区）人民政府及其有关部门应当为符合保障性住房申请条件的城镇残疾人家庭优先安排保障性住房，并在住房分配上对生活不便的残疾人给予照顾；对符合条件的农村贫困残疾人家庭优先纳入农村危房改造计划，并按照有关规定给予补助。

第四十三条 对无劳动能力、无扶养人或者扶养人不具有扶养能力、无生活来源的残疾人，非农业户口的，由社会福利院供养或者由民政部门救济；农业户口的，当地人民政府应当将其纳入农村“五保”供养范围。

对精神残疾人、智力残疾人、老年残疾人和重度残疾人，乡镇人民政府、街道办事处、城乡基层群众性自治组织可以依托社区服务设施和福利机构为其提供日间照料、托养等服务。有条件的地方应当建立专门的残疾人托养机构，对生活不能自理的残疾人实施集中托养。

有条件的设区的市、县（市、区）人民政府可以根据当地实际，对居家安养的贫困重度残疾人提供居家生活和护理补贴。

第四十四条 残疾人凭残疾人证可以享受下列优惠待遇：

（一）乘坐长途汽车、火车、轮船、飞机等公共交通工具，优先购票，优先乘坐，免费携带随身必备的辅助器具；

（二）盲人、重度残疾人免费乘坐市内公共汽车、电车、地铁、渡船；

（三）盲人读物邮件免费寄递；

（四）残疾人就医，医疗机构应当优先给予就诊；公立医疗机构对贫困残疾人就医，门诊免收挂号、复诊、注射（不含材料费）等费用，住院血常规、尿常规、大便常规检查费、胸片检查费、普通床位费、三级护理费等减半收取；

（五）盲人、聋人家庭收看有线电视费用减半收取；

（六）免费进入旅游景区、景点、展览馆、博物馆等公共场所，双下肢残疾人和其他重度残疾人的一名陪护人员与残疾人享有同等待遇。

第四十五条 村民委员会筹资筹劳兴办集体生产生活公益事业项目的，对完全丧失劳动能力的残疾村民应当免除筹劳任务；因经济困难原因不能承担或者不能完全承担筹资任务的残疾人家庭，以及因残疾原因不能承担或者不能完全承担筹劳任务的村民，可以按照规定申请减免。

第四十六条 对有经济困难或者其他原因确需法律援助或者司法救助的残疾人，当地法律援助机构应当依法提供法律援助，受理案件的人民法院应当依法给予司法救助。

第四十九条 县级以上人民政府及其有关部门应当积极推进残疾人信息交流无障碍建设。政务信息公开应当采取无障碍措施，公共服务机构和公共场所应当创造条件，为残疾人提供语音和文字提示、手语、盲文等信息交流服务，为残疾人获取公共信息提供便利。

省、设区的市电视台和其他有条件的电视台应当开办手语新闻栏目；电视节目、影视剧应当逐步加配字幕；省、设区的市公共图书馆和其他有条件的公共图书馆应当开设盲人阅览室，提供盲文读物、有声读物。

第五十条 各级人民政府和有关部门应当依法为残疾人办理行车手续及使用残疾人专用车提供便利，并按照规定给予免收办证费用等优惠。

城市的大中型公共场所的公共停车场和大型居住区的停车场，应当按照无障碍设施工程建设标准设置并标明无障碍停车位。无障碍停车位为肢体残疾人驾驶或者乘坐的机动车专用。残疾人专用车在公共停车场免收停放费。

第五十一条 残疾人联合会对有关单位未依法履行残疾人权益保障义务的行为，应当向有关部门提出意见或者建议。有关部门对残疾人联合会提出的意见或者建议应当按照规定调查处理，并及时将处理情况书面告知残疾人联合会。

第五十四条 违反本条例的规定，用人单位既不按比例安排残疾人就业，又不缴纳残疾人就业保障金的，由征缴部门责令限期缴纳；逾期不缴纳或者不足额缴纳的，除补缴欠缴数额外，自欠缴之日起按日加收千分之五的滞纳金；拒不缴纳的，征缴部门可以依法申请人民法院强制执行。

第五十五条 违反本条例的规定，用人单位未依法为残疾人缴纳社会保险费或者有其他侵犯残疾人劳动权益行为的，由县级以上人民政府有关主管部门责令改正，给残疾人造成财产损失或者其他损害的，依法承担民事责任。

对擅自占用盲道、坡道等无障碍设施，改变无障碍设施用途的，由市政工程主管部门或者其他有关部门责令限期改正；逾期未改正的，对个人处以五百元以上一千元以下罚款；对单位处以三千元以上一万元以下罚款。造成无障碍设施毁损的，应当及时修复，并依法承担赔偿责任。

第六十条 残疾人证是残疾人依法享受优惠政策和福利待遇的凭证。

残疾人证由残疾人本人或者其监护人向户籍所在地的县（市、区）残疾人联合会申请；县（市、区）残疾人联合会按照国家规定的残疾标准和程序组织残疾评定，经评定符合残疾人标准的，报经设区的市残疾人联合会审核批准后，发放残疾人证。

申办残疾人证，免交残疾评定费和工本费。

三、工作综述

2013年，在省委、省政府的坚强领导下，在中国残联的精心指导和社会各界的大力支持下，省残联新一届党组、理事会深入学习贯彻党的十八大、十八届三中全会和省委十三届七次、八次全会精神，坚持夯实基础、改革创新，重点突破、进位赶超，团结带领全省广大残疾人工作者，以良好的精神面貌和工作作风，扎实推进各项工作，江西省残疾人事业发展呈现一个崭新的局面。

（一）努力提升保障水平，增强事业发展支撑力

1. **政策支持更有力**。2013年9月26日省十二届人大常委会第六次会议审议通过了《江西省残疾人保障条例》，对残疾人的优惠政策有所突破，最大的突破就是在继承保留原江西省实施保障法办法的基础上，明确了县级以上政府应当在每年本级留存的福利彩票和体育彩票公益金中安排一定比例的资金，专项用于残疾人康复、救助和体育等事业。另外，《条例》还规定，盲人、重度残疾人免费乘坐市内公共汽车，对拒不缴纳应缴残疾人就业保障金的可由当地法院强制执行。

2. **组织保障更到位**。一是圆满完成全省残联换届工作。2013年7月26日召开省残联第六次代表大会，选举产生了新一届省残联主席团、执行理事会和各专门协会的领导成员。江西省副省长胡幼桃当选为省残联主席，林彬杨、陈卫华等当选为省残联副主席；选举陈卫华为执行理事会理事长，宋寅安、李芳萍为执行理事会副理事长。大会还选举产生了出席中国残联第六次代表大会的代表。二是大力加强干部队伍建设。以换届为契机全面加强江西省各级残联干部队伍建设。三是深入开展党的群众路线教育实践活动，省残联党员干部受到了一次深刻的马克思主义群众观念教育，工作作风进一步优化。

3. **服务机构更完善**。省残疾人康复托养中心、省残疾人文化体育中心新大楼均已正式投入使用。全省已有7个设区市和二分之一的县（市、区）已建立或基本成立了残疾人康复中心，并定编3—5人不等，各级残联康复机构建设得到了加强。

（二）努力深化“两个体系”建设，持续改善残疾人民生

1. **完善社会保障体系，提升残疾人生活水平**。提标扩面深入推进。以基本养老、基本医疗为主要内容的社会保险覆盖面逐步扩大，全省城乡残疾人参加社会养老保险的人数为57.6万人，其中重度残疾人为9.8万人。扶贫济困常态化实施。一是积极开展“解难帮困送温暖”活动，二是以中央扶持罗霄山脉片区和赣南苏区为契机，推动残疾人扶贫工作全面开展，三是着力开展专项助学工作，累计下拨助学金280余万元，对2420名贫困残疾学生和贫困残疾人家庭子女接受教育予以补助或奖励。生活质量有效改善。2012年通过实施民生工程残疾人康复项目，共为14.3万名残疾人提供了康复服务与救助，占任务数的105%。全省累计为城乡残疾人开展职业技能培训7959人，购买公益性岗位安置残疾人就业3646名，选聘农家书屋残疾人管理员8555名，均超额完成任务。继续将农村贫困残疾人危房改造纳入政府大局捆绑实施，提高了补贴标准，共对3950户农村贫困残疾人家庭实施了危房改造。

2. **健全公共服务体系，加快残疾人小康进程**。全省共为15.5万残疾人提供了康复服务与救助。民办残疾儿童康复机构建设和管理工作进一步规范。组织举办了11期全省残疾儿童康复救助项目管理人员培训班及各类康复技术培训，培训人员1010名。211名残疾人考生录取在全国各地高等院校，上线残疾考生的录取率达100%。配合省人保厅开展了2013年就业援助月活动，共走访登记失业的残疾人家庭1万余户，登记失业的残疾人为2.5万人，组织残疾人专场招聘会396场，实名制纳入年度培训计划残疾人8698人，帮助登记失业残疾人实现就业5588人，帮助残疾人享受专项扶持政策1.35万人。宣文体育重实效。一是开展文化活动，争创一流佳绩。二是开展群众体育，加强队伍建设。积极选拔、训练运动员后备人才，组队参加了13项全国锦标赛，共获15金、3

银、7铜、6个第4、4个第5和3个第6的成绩。

（三）努力优化事业发展环境，促进残疾人社会融合

1. **逐步改善无障碍环境**。大力推进创建无障碍县（市、区），联合省住建厅表彰了南昌市东湖区等18个创建无障碍建设先进县（市、区），目前已完成创建无障碍县（市、区）70个。顺利完成国家600户和省本级1000户贫困残疾人家庭的无障碍改造任务，4年来各地共改造完成约7000户，其中肢残人、盲人、聋人改造户各占三分之一。

2. **继续优化法制环境**。全省各级法律救助机构为残疾人提供法律救助服务1100人次，各级法律援助中心受理涉残案件1600余起，为残疾人挽回经济损失1300多万元。各级残联法制宣传达2000余次，发放资料30余万份。发放残疾人机动轮椅车燃油补贴582万元，补贴2.23万名残疾人。全省已有16个残疾人驾驶汽车培训基地，1300多名残疾人报名参加驾车培训，并有700余残疾人通过驾车考试，顺利领到了C5驾照。

3. **有效营造舆论环境**。紧紧围绕党的十八大、围绕省残联六代会和会党的群众路线教育实践活动，大力宣传江西省残疾人事业发展，宣传残疾人先进典型。联系并协助江西卫视《社会传真》栏目，采访报道修水县残疾人创业典型陈俭，泰和县残疾人陈友妹一家共担风雨、共同拼搏的故事，在社会上引起强烈反响。组织开展了第二十三次全国助残日宣传活动。做好省残联换届的宣传工作，拍摄制作辉煌五年事业成就纪录片、辉煌五年事业成就图片展、编印辉煌五年事业成就专辑等。

4. **积极组织协会活动**。加强专门协会组织建设，省五个专门协会按时完成换届任务，配备了能力强、素质高的主席、副主席。围绕开展党的群众路线教育实践活动，组织召开了专门协会主席座谈会，广泛征求对残疾人工作的意见与建议；结合全国助残日等残疾人节日，组织残疾人朋友开展活动，丰富残疾人精神文化生活；派员参加中国残联组织的培训与会议，提高了专门协会主席工作能力。

四、重要条目

【省残联第五届主席团第六次全体会议暨2013年全省残联工作会议】1月19日在南昌市召开。第五届主席团全体委员，省残联机关处室、直属中心负责人，各设区市、各县区残联理事长等共200余人参加会议。省残联副理事长宋寅安传达了中国残联第五届主席团第五次全体会议暨第二十七次全国残联工作会议精神，陈卫华传达了副省长胡幼桃对全省残疾人工作的重要批示，省残联理事长徐效钢代表省残疾人联合会执行理事会做工作报告。会上，省残联授予萍乡市残联为“2012年度全省残联目标考评最佳单位”称号，授予南昌市残联、宜春市残联、赣州市残联、上饶市残联、新余市残联、九江市残联为“2012年度全省残联目标考评先进单位”称号，授予吉安市残联、鹰潭市残联、景德镇市残联、抚州市残联为“2012年度全省残联目标考评优秀单位”称号。省残联副理事长李芳萍宣读了表彰决定。

【全省残疾人就业保障金征收工作会议】2013年3月22日在南昌市举行，省残联党组书记陈卫华、副理事长宋寅安、省地税局副局长王显和以及省地税局基金（费）处、省残联就业中心负责人，各设区市地税局分管局长、基金（费）科科长、各设区市残联分管理事长、就业中心主任等约70余人参加了会议。会上，陈卫华书记宣读了对2012年度残疾人就业保障金征收工作成绩突出的南昌市地方税务局、南昌残疾人联合会等25家先进单位和俞军、张望初等61名先进个人的表彰通报。此次会议的召开为全省的残疾人就业保障金征收工作打下了良好的基础。

【江西省荣获2013年全国残疾人（30岁以下）举重锦标赛团体总分第一名】2013年全国残疾人（30岁以下）举重锦标赛于5月31日—6月6日在河北省石家庄市举行，全国19个省、市、自治区代表队共97名运动员参加了男女各10个级别的比赛。江西省派出的9名运动员，在赛场上不畏强手，奋勇拼搏，摘得4金2银1铜，荣获团体总分第一名。

【省残联召开群众路线教育实践活动动员大会】7月11日，省残联召开党的群众路线教育实践活动动员大会，对省残联开展党的群众路线教育实践活动进行了安排部署。省残联理事长徐效钢主持会议，省残联党组书记、教育实践活动领导小组组长陈卫华做动员部署。省委第七督导组出席会议，督导组组长肖毛根传达了省委有关精神，对开展群众路线教育实践活动提出了具体要求。省委第七督导组全体成员、省残联党组全体同志，会机关全体党员干部，直属单位主要负责人、退休老干部代表等参加了动员大会。

【中国梦·我的梦——第七届全省残疾人艺术汇演】7月18日，由省残联、省文化厅、省教育厅、省民政厅、省广电局共同主办的“中国梦·我的梦——全省第七届残疾人艺术汇演”在省话剧团经典剧场举行。副省长胡幼桃、副秘书长林彬杨，省残联领导徐效钢、陈卫华、宋寅安、李芳萍、欧阳彪，省文化厅副厅长王晓庆，省教育厅总督学杨慧文，南昌市人民政府副市长刘家富等观看了演出。此次演出共有来自全省的65名残疾人参演14个艺术节目。其中舞蹈类4个、器乐类3个、声乐类5个、戏剧小品类2个，是江西省历届残疾人艺术汇演参演演员最多的一届。

【全省首次残疾人体育健身指导员师资培训班】2013年8月26—29日在南昌市湾里区举办，来自全省11个设区市残联的负责残疾人体育工作的科长及推荐师资、全省25个申报自强健身示范点的健身指导员，共42名学员

参加了培训。培训班邀请了国家级社会体育指导员、省体校教授戴燕，南昌市培智学校老师熊卫华及相关专业、业务人员授课，培训内容包括国家社会体育指导员制度、基层残疾人体育健身活动的组织与实施、各类残疾人的体育健身与指导等内容。通过培训，学员们掌握了残疾人体育健身指导员的具体工作规范、科学健身知识、健身指导方法、活动组织方法等。42 名学员经考核合格后获得国家认可的二级社会体育指导员资格证书。

【聋人技能竞赛】2013 年 9 月 22 日，借助国际聋人节的契机，由省人力资源市场和省残疾人服务中心联合举办的“丝网花制作及插花”技能竞赛，在省人力资源市场服务大厅举行。参加比赛的 15 名聋哑人均为省人力资源市场“巧手”技能培训班的学员。本次比赛共设置一、二、三等奖，对优胜者现场颁发了奖状和奖品。本次比赛的举办既是大力落实政府民生工程、提高全民职业技能的重要内容，也是以赛代练、检验技能培训班培训成果的创新途径。

【“再造未来，畅行圆梦”公益义诊活动】9 月 11—13 日，省残疾人汽车驾驶技术协会联合福建漳州龙池医院、九江市肢残人协会，在九江市举办公益义诊活动。这次活动的主题是“再造未来，畅行圆梦”，希望通过这项活动让更多的肢残人士减少痛苦、更好地得到肢体功能障碍的恢复。福建龙池医院的施顾问、黄主任为 92 名患者义诊，经过筛选，有 65% 患者的病情能够得到很大程度改善。这次活动达到了预期效果，深受广大肢残人士的称赞。

【江西省残疾人保障条例】9 月 26 日，江西省十二届人大常委会第六次会议审议通过了《江西省残疾人保障条例》，于 11 月 1 日起正式实施。《条例》总结吸收了江西省近年来残疾人康复、教育、就业、文化体育、无障碍环境、组织建设等工作中的经验做法，对上位法的原则性规定进行了具体细化，增强了可操作性。《条例》的审议通过，充分体现了省委、省人大、省政府和社会各界对残疾人事业的高度重视，是改善残疾人基本状况，加快推进残疾人社会保障体系和服务体系建设采取的一项重要举措，对于依法促进全省残疾人事业发展、促进社会和谐和文明进步，将产生积极的推动作用。

【省“十二五”残疾人社区康复试点工作现场会】9 月 26—28 日在新余市召开。省残联党组书记理事长陈卫华出席会议并讲话。来自全省 11 个设区市残联的分管理事长、康复科长及 26 个社区康复试点县（市、区）残联理事长、康复股长等 100 余人参加了会议。本次现场会议是促进全省残疾人社区康复试点工作的相互学习会、交流会、推动会，为江西省顺利实施“十二五”残疾人社区康复工作奠定基础。

【“正保远程教育集善学习卡”助学公益项目】9 月 26 日，北京东大正保科技有限公司向中国残疾人福利基金会捐赠了价值 2000 万元正保远程教育集善学习卡，开展集善工程助学公益项目，为残疾人提供外语、会计、计算机、建筑工程、医疗康复等方面的技能培训，提高他们的劳动技能水平，帮助他们更加顺利地实现就业。

【全省残疾人教就工作经验交流会暨托养能力建设培训班】2013 年 11 月 4—7 日在南昌召开。省残联党组书记、理事长陈卫华、副理事长宋寅安，全省各设区市的分管理事长、教就科长，部分县区理事长及特邀托养机构负责人共约 100 余人出席，中国残联教就部任占斌处长出席培训班开班仪式并授课。培训班还邀请了省残疾人综合服务中心的两位一线工作人员就残疾人集中托养和残疾人康复与职业培训两个方面进行了授课，并组织了与会人员赴省残疾人综合服务中心进行实地参观学习。在教就工作经验交流会上，与会各市分别就 2013 年教就部工作亮点及相关业务工作进行了讨论发言。

【“人道、廉洁、服务、奉献”主题道德讲堂活动】为扎实推进社会主义核心价值体系建设，深化党的群众路线教育实践活动的开展，提升党员干部职工的思想道德修养和文明素质，12 月 5 日，省残联在机关四楼会议室开展了以“人道、廉洁、服务、奉献”为主题的道德讲堂活动。活动由党组成员、副理事长李芳萍主持，党组成员、副理事长宋寅安，副巡视员欧阳彪出席活动。会机关和后勤中心全体干部职工、其他直属中心部分干部职工参加了活动。

五、大事记

1 月 19 日，省残联举行第五届主席团第六次全体会议暨 2013 年全省残联工作会议。

3 月 22 日，省残联与省地方税务局联合举办残疾人就业保障金征收工作会议。

5 月 6—13 日，省残联宣文处负责人陪同省内四位文艺界知名专家等一行 9 人，对全省 11 个设区市的残疾人参演节目进行认真评选及点评，圆满完成汇演节目的评审及甄选工作。本次汇演各地共选送参演节目 96 个，其中舞蹈类 37 个，声乐类 27 个、器乐类 14 类、戏曲小品类 18 个。省残联理事长徐效钢、党组书记陈卫华、省残联副理事长李芳萍先后出席了南昌、萍乡、宜春市的残疾人艺术汇演。

5 月 17 日，省副省长胡幼桃专程来到新迁的省残疾人康复中心视察，看望在中心受训的聋儿。胡幼桃一行还先后来到南昌市湾里区贫困残疾人肖细妹、杜章旭家中走访慰问。

5 月 19 日，江西省第二届大学生手语联赛暨南昌市首届市民手语大赛在南昌师范高等专科学校艺术楼圆满结束。参加该项活动的有来自省 10 所大专院校参赛学生、南昌市 8 个县区参赛单位的代表队、公益组织志愿者、省及市聋人协会的工作人员以及特邀评委、聋人群众和受邀前来观摩的湖北省聋协代表团以及江西省各地部分聋协成员。

5月30日，由省残联康复处工作规划安排，省残疾人康复中心承办的第三期全省盲人定向行走训练指导师培训班在宜春市新佳汇酒店举行开班仪式。省残联副理事长李芳萍、康复处处长邹晓辉、省辅具中心主任叶志成、省残疾人康复中心副主任万柏林、宜春市残联理事长彭国华、副理事长金再生等领导出席。培训班有来自宜春、萍乡、新余三个地区的县（市、区）残联承担盲人定向行走指导训练的技术骨干共90人。

6月7日，省政协副主席郑小燕率调研组到省残联，就江西省残疾人福利和社会保障工作做专题调研。省残联领导徐效钢、陈卫华、宋寅安、李芳萍等陪同调研。郑小燕一行先后视察了省残疾人辅助器具资源中心、省残疾人康复中心。详细了解了残疾人辅具的使用功能和发放情况，参观了装配假肢训练室，察看了康复中心新貌，亲切看望了正在进行康复训练的聋儿，还现场观看了聋儿朗诵的诗歌《我也能说》。

7月5日，江西农业大学软件学院“青年志愿者服务基地”揭牌仪式暨爱心文艺汇演在省残疾人综合服务中心举行。江西农业大学志愿者、综合服务中心院友及工作人员、部分媒体记者共300余人出席揭牌仪式。揭牌仪式后，农大志愿者和中心院友共同举行了文艺汇演。

7月11日，省残联召开群众路线教育实践活动动员大会，省委第七督导组全体成员、省残联党组全体同志，会机关全体党员干部，直属单位主要负责人、退休老干部代表等参加了动员大会。

7月18日，“中国梦·我的梦——全省第七届残疾人艺术汇演”在省话剧团经典剧场举行。

7月26—27日，江西省残疾人联合会第六次代表大会在南昌召开。省委书记、省人大常委会主任强卫，省委副书记、省长鹿心社，及在昌的省委常委出席大会。省委副书记尚勇代表省委、省政府向大会表示热烈祝贺并讲话，副省长胡幼桃主持大会开幕式，孙先德代表中国残联向大会的召开表示热烈祝贺。会上，徐效钢代表省残联第五届主席团向大会做工作报告。

8月26—29日，全省首次残疾人体育健身指导员师资培训班在湾里举办，共42名学员参加了培训。

9月4日，由北京红丹丹教育文化交流中心创作的首部盲人文学朗读剧《塞纳河少女的面模》，在省图书馆进行了一场精彩的公益演出。省盲协主席孟国鸣和部分残疾人代表以及两百余名市民在现场观看了演出。

9月22日，省人力资源市场和省残疾人服务中心联合举办“丝网花制作及插花”技能竞赛。

9月26日，江西省十二届人大常委会第六次会议审议通过了《江西省残疾人保障条例》，《条例》将于11月1日起正式实施。

9月26—28日，全省“十二五”残疾人社区康复试点工作现场会在新余市召开。

10月15日，第三十个国际盲人日，来自南昌市八十多名盲人朋友及部分盲人亲属和志愿者欢聚一堂共度节日，自编自演了丰富多彩的节目。省盲协主席孟国鸣、常务副主席黄强、副主席胡汉昌，为此次活动发表了热情洋溢的讲话，活动由南昌市盲协主席王克定主持。

11月13日，省政协社会福利与社会保障界别部分委员在界别负责人徐效钢的带领下，赴南昌市小兰工业园就残疾人就业进行了视察。委员们深入南昌市科艺交通器材有限公司的厂房、汇仁集团生产车间，认真调查了残疾人就业情况，并召开了一次座谈会。省残联党组书记、理事长陈卫华参加了视察活动。

12月5日，省残联开展了以“人道、廉洁、服务、奉献”为主题的道德讲堂活动。

（孙鹏飞供稿）

山东省残疾人事业和残疾人工作

一、领导讲话与批示

省委书记、省人大常委会主任姜异康在省残联第六次代表大会开幕式上的讲话摘要

2013年6月20日

省残联第五次代表大会以来的五年，是我省在全面建设小康社会征程上迈出坚实步伐、取得重大成就的五年，也是全省残疾人事业蓬勃发展、残疾人工作取得显著成绩的五年。五年来，全省各级各部门认真贯彻落实中央和省委、省政府关于促进残疾人事业发展的决策部署，扎实推进残疾人各项工作，党委领导、政府负责的残疾人工作领导体制不断完善，残疾人事业政策法规日益完备，残疾人社会保障和服务明显增强，残疾人状况显著改善，扶残助残的社会氛围更加浓厚。各级残联组织围绕中心、服务大局，认真履行职责，做了大量卓有成效的工作。全省广大残疾人勇于拼搏，超越自我，在逆境中奋起，在奋斗中成长，实现了事业的梦想和人生的价值，为全省经济社会发展做出了积极贡献。

当前，我省正处在由大到强战略性转变的关键时期，加快建设经济文化强省，需要凝聚各方面的智慧和力量。不断推进残疾人事业发展，是推动科学发展、促进社会和谐的重要任务。我们一定要适应新形势新任务的要求，更加重视残疾人事业发展，多为残疾人办实事、做好事，努力为广大残疾人创造幸福生活和美好未来。

一、深入贯彻落实党的十八大精神，努力提高残疾人事业发展水平。党的十八大提出了全面建成小康社会奋斗目标的新要求，强调要健全残疾人社会保障和服务体系，切实保障残疾人权益。这充分体现了我们党对残疾人的亲切关怀和对残疾人事业的高度重视，为残疾人事业发展指明了方向。我省有570万残疾人，涉及1700多万家庭人口，这是一个最需要帮助的特殊困难群体，也是我们保障和改善民生的一个重要方面。残疾人事业承载着广大残疾人的向往期盼，凝聚着残疾人及其亲属的厚望重托，是崇高的人道主义事业，是中国特色社会主义事业的重要组成部分。近年来，我省经济社会发展较快，综合实力不断增强，有条件、有能力为残疾人事业发展提供更多更好的支持和帮助。山东是礼仪之邦。扶弱济困、乐善好施是中华民族的优良传统。各级各部门一定要从以人为本、执政为民的高度，充分认识加快发展残疾人事业的重要意义，切实增强责任感和使命感，加大残疾人工作力度，努力把残疾人事业提升到一个新水平。

二、着力解决残疾人最关心最直接最现实的利益问题，让残疾人充分感受社会主义大家庭的温暖。残疾人是我们社会主义大家庭中的一员。在全面建成小康社会进程中，我们绝不能让残疾人掉队。要全面实施我省残疾人“整体赶平均、共同奔小康”计划，促进残疾人就业创业，加快残疾人扶贫开发，千方百计增加残疾人收入，提高残疾人的自我发展能力。要加快推进残疾人社会保障和服务体系建设，采取普惠加特惠、重点保障和特别扶助、一般性制度安排和专项制度安排相结合等措施，切实保障残疾人的基本生活。要加强残疾人权益保护，广泛开展残疾人文化体育活动，努力让残疾人享有可靠的社会保障、良好的医疗康复服务和公平的教育，让残疾人生活得更加幸福、更有尊严，与全省人民一道共享改革发展成果。

三、积极营造自强和助残的浓厚氛围，为残疾人平等参与社会生活创造良好环境。残疾人中蕴藏着很大潜能和创造力，是建设中国特色社会主义的重要力量。充分发挥他们的聪明才智，让他们成为物质财富和精神财富的创造者，既是残疾人的重要权利和基本要求，也是促进经济社会发展的需要。要积极推进社会主义核心价值体系建设，倡导“平等、参与、共享”的现代文明社会残疾人观，大力弘扬中华民族扶残助残的传统美德，营造人人理解残疾人、处处尊重残疾人、热情关心残疾人、倾力帮助残疾人的良好社会氛围。广大残疾人要发扬自尊、自信、自强、自立的精神，敢于直面人生，始终热爱生活，努力增长才干，不断超越自我，用自己的勤劳和智慧、坚韧和顽强，创造无愧于时代的业绩，用这种精神感召社会、激励人心，使之成为全面建成小康社会伟大实践的宝贵精神财富。

四、切实加强组织领导，形成推进残疾人事业发展的强大合力。发展残疾人事业，是我们义不容辞的重要责任。各级党委、政府要把残疾人工作摆上重要议事日程，把残疾人事业纳入经济社会发展总体规划，建立稳

定的经费保障机制，及时研究解决残疾人工作中遇到的新情况、新问题，支持残联组织依照法律和章程、根据残疾人特点和需要创造性地开展工作。各有关部门和社会各界要发挥各自优势，加强政策指导，加大资源投入，密切配合，相互支持，齐心协力做好残疾人工作。各级残联组织要认真履行职能，切实维护残疾人合法权益，全心全意为残疾人服务，及时向残疾人送去党和政府的温暖。广大残疾人工作者从事着神圣而光荣的事业，需要付出强烈的爱心和辛勤的努力，希望大家继续秉承“人道、廉洁、服务、奉献”的职业道德，不断提高自身素质、工作质量和服务水平，想残疾人所想，解残疾人所难，成为广大残疾人的贴心人。

省委常委、组织部长高晓兵在省残联第六届主席团第一次全体会议上的讲话摘要

2013 年 6 月 21 日

各位主席团委员肩负着组织动员全省残疾人实现小康梦想的光荣使命，肩负着开创残疾人事业新局面的重要职责。希望大家认真学习党的十八大和省第十次党代会精神，进一步增强责任感、使命感，牢固树立全心全意为残疾人服务的意识，开拓进取，扎实工作，努力开创我省残疾人事业发展的新局面。下面，我讲几点希望和要求。

一、增强凝聚力，把残联组织真正建成残疾人之家

残联组织是党和政府联系残疾人群众的桥梁纽带。密切联系残疾人是残疾人组织的立身之本、力量之源。我们要真情投入、真心贴近、热情帮助残疾人，把为残疾人谋利益作为一切行动的出发点和落脚点，一切为了残疾人，为了残疾人一切，不断增强残联组织的吸引力、凝聚力，真正把残联组织建设成为广大残疾人的温馨之家、和谐之家。

要真正尊重残疾人。残疾，是人类发展进程中不可避免要付出的社会代价。残疾人是最需要关心、最需要帮助的特殊困难群体，是我们这个社会主义和谐大家庭中的平等一员。满腔热情地关心残疾人，切实尊重残疾人的公民权利和人格尊严，给他们以平等的地位和均等的机会，让他们共享社会物质文化发展的成果，是我国社会主义制度的本质要求。残疾人是我们的朋友，是我们的兄弟姐妹，不是我们同情、怜悯、施舍的对象。我们从事这项事业，要平等对待残疾人，而不是高高在上，要充满着感情、满怀着爱心，从思想上真正尊重残疾人、热爱残疾人，这是我们做好残疾人工作最基本的要求。要始终怀着对生命的尊重和敬畏，把残疾人的困难当作自己的困难，把残疾人的疾苦当作自己的疾苦，与残疾人同呼吸、共命运。无论什么时候，我们为残疾人服务的本色不能变，心系残疾人的情怀不能淡。

要真心贴近残疾人。残联组织作为残疾人的群众组织，生活、工作在残疾人中间，离残疾人最近，与残疾人接触最多，理应对残疾人的所想所需所盼了解掌握得最准。我们要主动扑下身子、放下架子，多到农村基层去，多到贫困残疾人家庭去，真诚倾听他们的呼声，真实了解他们的意愿，设身处地为他们着想，竭尽全力为他们谋利益，始终保持同残疾人群众的血肉联系。要畅通与残疾人联系的渠道，采取灵活多样的沟通方式，搭建适合残疾人特点的交流平台，与残疾人建立长期的、经常性的直接联系，让残疾人想说话、敢说话、说真心话，真正实现残联组织与残疾人沟通零距离、交流无障碍。只有这样，残疾人工作才能深深地扎根残疾人中间，扎根大地沃土，才能枝繁叶茂，生机勃勃，长盛不衰。

要真情帮助残疾人。为残疾人服务是实打实的，你多干一点，残疾人得到的实惠就多一点，来不得半点虚的、假的。我们要牢固树立全心全意为残疾人服务的意识，时刻把残疾人的安危冷暖挂在心上，履职尽责、尽心尽力帮助他们解决生产生活中的难题，扎扎实实地为他们办实事、做好事、解难事。政策范围内的事情，一定要不折不扣地落到实处；可以解决的事情，一定要想尽千方百计认真解决；一时不能解决的事情，也要耐心细致地做好释疑解惑、疏通思想的工作；对于侵害残疾人权益的，要理直气壮地为残疾人撑腰，切实维护残疾人的合法权益。要把残疾人的呼声和需求作为工作的第一要务，把残疾人满意不满意、高兴不高兴、欢迎不欢迎作为检验工作的第一标准，使各级残联组织真正成为残疾人信赖的“娘家”，解困的“靠山”，自强的“支撑”。我们要以奋发有为的状态、乐于奉献的精神、扎实有效的工作，感召社会各界参与到扶残助残的行列中来，“让关爱的阳光照亮每一位残疾人的心灵”。

二、增强号召力，担当起团结带领残疾人共奔小康的重任

全面建成小康社会的宏伟蓝图，描绘了包括残疾人在内的每一个中国人过上美好生活的新期待。中华民族伟大复兴的中国梦，也寄托着每个残疾人的美好愿望。当前，山东经济社会发展已经站在一个新的历史起点上，提前全面建成小康社会、谱写山东人民美好生活新篇章的目标，为残疾人发挥聪明才智、实现人生价值搭建了舞台，为残联组织发挥作用、加快发展残疾人事业提供了机遇。残联组织要找准职能定位、牢牢把握机遇，最大限度地调动和发挥好残疾人的积极性、主动性和创造性，最大限度地为残疾人改善生活、增加收入创造更加有利的条件，让残疾人和全省人民一道共创共享幸福美好的小康生活。

要努力成为残疾人奔康致富的引领者。残疾人同样是社会物质财富和精神财富的创造者，是推动经济社会发展的重要力量。虽然他们在身体上有这样那样的缺陷，

但他们乐观向上、勇于进取，热爱劳动、珍惜机会，渴望自食其力、实现人生价值。在平时的接触交往中，我们都能深深地感受到他们的这种精神、这种期盼、这种愿望。残疾人实现全面小康，固然需要党委、政府以及全社会的关爱和帮助，更重要的是让残疾人通过自己的努力、自己的奋斗、自己的劳动来实现全面小康的梦想。这样的小康生活，才更加幸福、更有尊严。我们要积极为残疾人成长成才、实现价值创造条件、搭建平台，让他们充分发挥聪明才智，积极投身经济文化强省建设，在全面建成小康社会的进程中建功立业、书写精彩人生。要坚持用社会主义核心价值体系引导广大残疾人，努力提高残疾人的思想道德素质和科学文化素质，培育残疾人养成积极的人生追求、高尚的情感境界、健康的生活情趣，树立正确的世界观、人生观、价值观。要大力宣传残疾人自尊自信自强自立的奋斗精神，引导激励残疾人争当勤奋好学、技艺精湛、有所作为的自主创业标兵、脱贫致富能手和行业状元，用他们的优秀品质和模范行为鼓舞残疾人、激励全社会，把这种精神转化为做好本职工作、推动经济社会发展的强大动力。

要努力成为惠残政策的推动者。民生政策事关人民群众的福祉，决定公共服务资源的流向。当前是民生政策制定的高速期，及时将解决残疾人实际困难和特殊需求的政策措施纳入其中同步规划、同步实施，使更多的资源、更多的扶持向残疾人倾斜，是提高残疾人社会保障水平最根本、最重要的途径。我们要提高政策参与能力，主动做好协调沟通工作，切实增强对民生政策的渗透力度。要及时了解有关残疾人的法规政策及最新动向，早参与、早介入，站在残疾人的立场，发出残疾人的声音，让残疾人生存和发展的基本需求得到稳定可靠的制度性保障。要推动惠残政策的贯彻落实，推动各相关部门密切配合、各司其职，确保各项社会保障制度真正落到实处，让残疾人得到实惠。

要努力成为服务资源的整合者。残疾人服务涵盖医疗卫生、康复养护、生活照料、教育培训、劳动就业、文体生活等方面，有的是由政府提供的，有的是由社会力量提供的，有的是残联组织直接提供的。我们要善于整合和调动各方面资源，进一步建立和完善残疾人服务体系，不断满足残疾人日益增长的特殊性、类别化、个性化需求。要抓住推进基本公共服务均等化的有利时机，积极推动将一般性的残疾人服务项目纳入公共服务范围，使残疾人均等地享受到基本公共服务。要大力推进专业化残疾人服务机构建设，加强专业人才队伍建设，提高服务能力和服务水平，充分发挥资源中心、服务示范、技术指导和辐射带动作用。要推动完善扶持政策，创新运行机制，鼓励、引导社会力量参与兴办残疾人服务业，最大限度激发社会活力，最大限度动员社会参与，形成政府、残联和社会力量共同提供服务的工作格局。

三、增强战斗力，把残联领导班子建成推动事业发展的坚强堡垒

这次大会产生了省残联新一届主席团和执行理事会，为我省残疾人事业发展奠定了强有力的组织保障。中央和省委、省政府对残疾人事业的重视程度和社会各界对残联组织的关注度越来越高，广大残疾人的要求和期待也在不断地发展变化。残联领导班子只有不断加强自身建设，不断提高综合素质、领导能力和工作水平，充分发挥坚强的战斗堡垒作用，才能担当起推动残疾人事业发展的重任。

要进一步发挥好主席团作用。根据《中国残疾人联合会章程》，在全省代表大会闭会期间，主席团负责贯彻全省代表大会决议，领导全省残联工作。希望新一届主席团严格遵照章程，实行民主集中制，每年至少举行一次主席团会议，及时研究、决定残疾人事业发展中的有关问题和重大事项；要增强工作的主动性，加强与省政府残工委的联系协调和配合，共同做好残疾人工作，建立有利于主席团充分发挥作用的长效机制。新一届主席团委员在年龄结构、文化程度、行业分布等方面更趋合理，综合素质高，参政议政能力强，具有广泛的代表性。我们要认真学习贯彻党的路线、方针和政策，以身作则，勤奋工作，在各条战线、各个部门、各自岗位上争创一流业绩，在生产、工作、学习和社会生活中发挥表率作用。要密切联系残疾人和残疾人工作者，及时掌握残疾人生产生活状况和各项政策、措施的落实情况，积极反映基层残疾人的意见和建议。要努力做全省残疾人事业的积极推动者，充分利用现有资源和自身影响力，感动周围，感召社会，让更多的爱心、更多的力量汇聚到促进残疾人事业上来，共同推动残疾人事业加快发展。

要进一步加强执行理事会自身建设。省残联执行理事会是全省代表大会及其主席团的常设执行机构，担负着省残联的日常工作。希望新一届省残联执行理事会坚决贯彻落实中央和省委关于加强作风建设的决策部署，以高度的政治自觉，以优良的工作作风，求真务实，真抓实干，努力推动残疾人事业健康发展。要更加善于学习、更加强化创新意识，不断提升综合素质和工作能力，增强为残疾人服务的本领，提高残疾人事业科学化管理水平。要自觉维护工作大局和班子团结，切实增强班子内部的凝聚力和向心力，认真履行党风廉政建设责任制，自觉接受各方面监督，努力建设一个勤政廉洁的好班子。

副省长孙绍骋在省残联第六次代表大会闭幕式上的讲话摘要

2013年6月21日

下面，我就贯彻落实姜异康书记讲话和这次大会精神，进一步做好残疾人工作，讲三点意见。

一、思想认识要到位

做好残疾人工作，让广大残疾人与全省人民一道进

入全面小康，是开展党的群众路线教育实践活动的具体举措，是保障和改善民生的重要内容。我省有570万残疾人，其中有164万农村残疾人尚未脱贫，54万重度残疾人仍需家庭和亲属供养，残疾人仍然是最困难的社会群体之一。姜异康书记明确指出，要适应新形势新任务的要求，更加重视残疾人事业发展，多为残疾人办实事、做好事。各级各部门一定要充分认识做好残疾人工作的重要性和艰巨性，切实把思想认识统一到中央和省委、省政府的部署要求上来，把残疾人工作作为党的群众路线教育实践活动的重要内容，采取有力措施，努力开创残疾人事业新局面。

二、工作措施要到位

各级各有关部门要按照“整体赶平均、共同奔小康”的目标要求，进一步加大残疾人工作力度，完善工作措施，切实解决好广大残疾人最关心、最直接、最现实的利益问题，不断提高残疾人发展水平和生活质量。

一是积极促进残疾人就业、创业，大力开发适合残疾人就业的岗位，扶持发展适合残疾人就业的产业，鼓励有条件的残疾人自主创业，稳定和扩大残疾人就业。

二是完善以社会救助为底线、社会保险为基础、特殊福利为补充的残疾人社会保障体系，加快建立贫困残疾人生活补贴和重度残疾人护理补贴等福利制度，加强残疾人扶贫开发，使残疾人基本生活得到稳定的制度性保障。

三是加快残疾人公共服务体系建设，整合各方资源，统筹发展残疾人康复、教育、就业、扶贫、托养、无障碍、文化体育、维权等各项服务，提高服务水平，扩大覆盖范围，促进残疾人平等参与和全面发展。

四是扎实做好残疾人康复工作，将残疾人医疗康复项目纳入城乡基本医疗保障范围，逐步提高报销比例，对医疗保险报销后个人负担费用仍然过高、影响家庭基本生活的残疾人，及时给予医疗救助。要统筹实施康复项目，以贫困白内障患者复明、万名聋儿启聪、辅助器具进万家等项目为载体，全面推进残疾人康复工作。

五是加强残疾人权益保护，认真贯彻《残疾人保障法》等法律法规，进一步加大执法检查力度，严厉打击侵害残疾人合法权益的行为，切实做好残疾人法律服务、法律援助、司法救助等工作，依法维护好残疾人的合法权益。

三、责任落实要到位

扶残助残、为残疾人创造良好的康复、生活和工作条件，是全省各级各部门义不容辞的职责，是全社会的共同责任。各级政府要把残疾人工作摆上重要议事日程，纳入经济社会发展全局统筹规划，建立与经济发展和政府财力增长相适应的投入增长机制，确保残疾人工作任务落到实处。各职能单位要把残疾人工作纳入本部门专项规划和年度工作计划，各负其责，密切配合，形成合力，共同推动残疾人事业发展。各级残联组织要进一步加强领导班子和干部队伍建设，不断提升综合素质和工作能力，增强为残疾人服务的本领，努力打造一支政治坚定、作风过硬、务实廉洁、勇于奉献的残疾人工作者队伍。要重视发挥社会力量的作用，积极培育和扶持为残疾人服务的社会组织，鼓励民间资本和各类市场主体参与兴办残疾人康复、托养服务等各类社会福利机构。

省委书记、省人大常委会主任姜异康听取省残联党组关于中国残联第六次全国代表大会精神和贯彻意见的汇报后的重要指示

2013年10月23日

完全同意省残联提出的四条贯彻意见，由省残联会同有关部门认真抓好贯彻意见的落实。中央对残疾人事业高度重视。要认真学习贯彻这次全国会议和张高丽同志重要讲话精神，进一步把握中央关于残疾人工作的大政方针，提高贯彻落实的自觉性。要扎实做好残疾人工作，让他们体会到党和政府的关怀帮助，体会到社会的关爱温暖。做好这项工作，对于巩固我们党的执政基础，推进经济文化强省建设具有十分重要的意义。各级残联要进一步落实省委、省政府关于残疾人工作的部署要求，扎实工作，开拓创新，不断开创我省残疾人工作新局面。各级党委、政府要高度重视残疾人工作，真正形成党委领导、政府负责的领导体制，加强对残疾人工作的领导和指导，动员社会各方面力量，共同努力把残疾人事业做好。

省委常委、组织部长高晓兵在省残联《关于召开全省残联工作会议有关情况的汇报》上的批示

2013年12月28日

一年来，全省各级残联组织认真贯彻落实省委、省政府的决策部署，积极履行职责，充分发挥作用，在代表、服务残疾人权益，发展管理残疾人事业方面做了大量卓有成效的工作，取得了新成绩。在新的一年，希望各级残联组织深入学习贯彻党的十八大、十八届三中全会和习近平总书记系列重要讲话精神，进一步提高管理能力和服务水平，团结带领、支持帮助广大残疾人创造更加幸福美好的新生活，为经济文化强省建设做出更大贡献！

二、政策法规文件

山东省人民政府关于印发山东省公共服务体系建设行动计划（2013—2015年）

鲁政发〔2013〕18号

十二、残疾人基本公共服务

（一）重点任务

按照平等、参与、共享的原则，以重度残疾人、残疾儿童和农村残疾人为重点，优先发展社会急需、受益

面广、效益好的残疾人基本公共服务，基本建立残疾人社会保障和服务体系。

——残疾人社会保障。落实和完善贫困残疾人参加社会保险政府补贴政策，提高残疾人参保率和待遇水平。逐步将符合规定的残疾人医疗康复项目纳入城乡基本医疗保险支付范围，逐步增加工伤保险医疗职业康复项目。参加居民基本养老保险的重度残疾人提出申请，经审核后可以提前5年发放养老金。着力解决好重度残疾、一户多残、老残一体等特殊困难家庭的基本生活保障问题，做好低收入残疾人家庭生活救助。完善贫困重度残疾人生活补贴制度，对纳入最低生活保障范围的重度残疾人每人每月再给予不低于50元的生活补贴。建立残疾人护理补贴制度，对就业年龄段生活不能自理的智力、精神和重度肢体残疾人给予每人每月不低于60元的护理补贴。

——残疾人基本服务。建立健全以专业机构为骨干、社区为基础、家庭为依托的社会化残疾人康复、托养服务体系。加强残疾人服务设施建设。建立残疾儿童抢救性康复救助制度，对贫困残疾人实施康复救助。完善残疾学生助学政策，保障残疾学生和残疾人家庭子女免费接受义务教育，对在校家庭经济困难残疾学生提供生活费和交通费补助。对不能到校就读的适龄残疾儿童、少年，采取送教上门、社区教育等形式实施义务教育。实施残疾学生免费学前教育和高中阶段教育。加大残疾人就业促进和保护力度，落实残疾人按比例就业、集中安置残疾人单位税收优惠、残疾人个体就业扶持等政策，为城乡残疾人按规定开展多层次的免费职业教育培训和实用技术培训。将住房困难的城乡低收入残疾人家庭优先纳入基本住房保障范围。公共文化体育设施对残疾人免费或优惠开放并提供便利服务，加强针对盲人和聋人特殊需求的公共文化服务，城乡公共体育健身场所配置适合残疾人特点的健身器材及健身路径。加快无障碍建设和改造，推进公共设施设备和信息交流无障碍。为贫困重度残疾人适配基本型辅助器具，有条件的地方为有需求的残疾人家庭无障碍改造提供补助。建立健全残疾预防体系。

（二）基本标准（见下表）

（三）保障工程

针对残疾人基本公共服务的特殊性和专业性，实施残疾人基本公共服务保障工程，提升残疾人基本公共服务能力。

——残疾人康复和托养设施建设工程。建成省残疾人康复中心，建设一批市、县级残疾人康复和托养设施，加快乡镇（街道）、社区示范性康复站建设，配备相应的设备和专业人员，全面开展康复医疗、功能训练等服务。

——特殊教育学校建设工程。改扩建和新建一批特殊教育学校，配置必要的教学、生活和康复训练设施，每个设区市和30万人口以上、残疾儿童少年较多的县（市、区）都至少有1所特殊教育学校。

2013—2015年残疾人基本公共服务基本标准

服务项目	服务对象	保障标准	支出责任	覆盖水平
残疾人社会保障				
社会保险保费补贴	重度和贫困残疾人	参加城镇居民基本医疗保险、新型农村合作医疗、新型农村社会养老保险和城镇居民社会养老保险按规定享受政府社会保险费补贴。	中央、省、市、县（市、区）财政共同负担。	目标人群覆盖率100%。
基本医疗保障康复项目	参保残疾人	运动疗法、偏瘫肢体综合训练、脑瘫肢体综合训练、截瘫肢体综合训练、作业疗法、认知知觉功能障碍训练、言语训练、吞咽功能障碍训练、日常生活能力评定和白内障复明手术、精神病治疗、畸残矫治手术等康复项目纳入基本医疗保险范围。	基本医疗保险基金支出。	目标人群覆盖率100%。
残疾人基本公共服务				
残疾儿童抢救性康复	0—6岁残疾儿童	对接受手术、适配辅助器具和康复训练等服务提供资助。	中央、省、市、县（市、区）财政共同负担。	目标人群覆盖率100%。
学前教育免费	适龄残疾儿童	免保教费，对家庭经济困难的残疾儿童补助伙食费。	市、县（市、区）财政分级负担。	目标人群覆盖率100%。

续 表

服务项目	服务对象	保障标准	支出责任	覆盖水平
义务教育免费	适龄残疾儿童、少年	免杂费、免住宿费、免教科书费。	中央、省、市、县（市、区）财政共同负担。	目标人群覆盖率100%。
		对家庭经济困难残疾学生发放生活费和交通费补贴。	市、县（市、区）财政分级负担。	
		对不能到学校就读的适龄残疾儿童、少年，采取送教上门、社区教育的形式实施义务教育。	市、县（市、区）负责。	
高中阶段教育免费	适龄残疾学生	免学费、免杂费、免课本费，家庭经济困难的寄宿生享受生活费用和特殊学习用品、教育训练补助。	市、县（市、区）财政分级负担。	目标人群覆盖率100%。
残疾人职业培训和就业服务	就业年龄段有劳动能力和就业愿望的残疾人。	按规定为残疾人免费提供就业技能、岗位技能提升、创业和农村实用技术等培训，免费在公共就业服务机构和残疾人就业服务机构享有职业心理咨询、职业介绍、职业指导、就业和失业登记、职业适应评估、就业信息发布等服务；对就业困难残疾人提供就业援助。	省、市、县（市、区）政府负责。	实现城镇残疾人新增就业4.5万，为7.5万农村贫困残疾人提供实用技术培训。
残疾人文化服务	残疾人	实行收费的公园、展览馆、文化馆、体育场馆等公共场所，对残疾人提供方便和照顾，对残疾人免费或优惠开放；能够收看到有字幕和手语的电视节目，在公共图书馆得到盲文和有声读物等阅读服务。	中央、省、市、县（市、区）政府共同负责。	各级公共图书馆设立盲人阅览室，配置盲文图书及有关阅读设备；省市两级电视台普遍开办手语节目；影视剧和电视节目加配字幕。
残疾人体育健身服务	残疾人	免费享有体育健身指导服务。	中央、省、市、县（市、区）财政共同负担。	建立112个残疾人体育健身示范点，经常参加体育健身的残疾人比率达到20%以上。

山东省人民政府办公厅关于印发政府向社会力量购买服务办法的通知

鲁政办发〔2013〕35号

第八条 政府购买服务的内容为适合采取市场化方式提供、社会能够承担的公共服务，突出公共性和公益性。除法律法规另有规定，或涉及国家安全、保密事项以及司法审判、行政行为等不适合向社会力量购买，以及不属于政府职能的服务项目外，下列事项可通过政府购买服务的方式，逐步交由社会力量承担：

（一）基本公共服务事项。基本公共教育、劳动就业服务、人才服务、社会保险、社会救助、社会福利、基本养老服务、优抚安置服务、基本医疗卫生、人口和计划生育服务、基本住房保障、公共文化、公共体育、基本公共安全服务、残疾人基本公共服务、环境保护、交通运输、服务三农等领域适宜由社会力量承担的基本公共服务事项。

政府向社会力量购买服务指导目录

代码/目录	一级目录（6类）	二级目录（57款）	三级目录（316项）
A15		残疾人基本公共服务类	
A1501			残疾人社会保障和服务体系建设规划和政策研究、宣传服务
A1502			残疾人专职干事（委员）公益岗位
A1503			残疾人康复、托养（照料）服务
A1504			残疾人职业技能培训及其项目的第三方评估

续 表

代码/目录	一级目录（6类）	二级目录（57款）	三级目录（316项）
A1505			针对残疾人的职业心理咨询、职业介绍、职业指导和职业适应评估
A1506			公益性助残项目的实施与管理
A1507			残疾人信息收集、统计分析等辅助性工作
A1508			其他政府委托的残疾人基本公共服务

山东省人民政府残疾人工作委员会关于印发全省残疾人“整体赶平均、共同奔小康”计划实施意见的通知

鲁残工委〔2013〕2号

各市人民政府残疾人工作委员会，省人民政府残疾人工作委员会各成员单位，省直有关部门和单位：

经报省政府领导同意，现将《全省残疾人“整体赶平均、共同奔小康”计划实施意见》印发给你们，请结合实际，认真贯彻落实。

山东省人民政府残疾人工作委员会
2013年5月27日

全省残疾人“整体赶平均、共同奔小康”计划实施意见

2013年省政府工作报告明确提出“启动全省残疾人‘整体赶平均、共同奔小康’计划”（以下简称“残疾人奔康计划”），并将其列入今年省政府要办好的民生实事。为切实做好此项工作，现结合我省残疾人工作实际，提出如下实施意见。

一、充分认识实施“残疾人奔康计划”的重要意义

我省有569.5万残疾人，涉及近20%的家庭人口，这是一个人数众多、特性突出、特别需要帮扶的群体。近年来，全省围绕改善残疾人民生，促进残疾人奔康致富，做了大量工作，取得明显成效。但从总体上看，残疾人生活状况与社会平均水平还存在较大差距，残疾人仍是贫困人口中占比重最大、贫困程度最重、扶持难度最大、返贫率最高的特困群体。国家2011年监测数据表明，残疾人家庭人均可支配收入仅为社会平均水平的54.5%。党的十八大明确提出，2020年要全面建成小康社会，国内生产总值和城乡居民收入比2010年翻一番。我省明确提出了“一个提前”、“六个更加”的奋斗目标。加快提高残疾人整体生活水平，破解民生“短板”难题，已成为全面建成小康社会日益迫切的重要任务。实施“残疾人奔康计划”，是贯彻落实党的十八大精神和科学发展观的具体体现，是保障和改善残疾人民生，促进社会公平正义，缩小残疾人生活状况与社会平均水平差距，确保全面建成小康社会的客观要求。“残疾人奔康计划”的实施，对推动全省整个民生事业，树立政府新形象，有着十分重要的意义。各级各部门要站在立党为公、执政为民的高度，充分认识“残疾人奔康计划”的重要意义，按照省委、省政府的统一部署和要求，强化责任，务实创新，攻坚克难，共同推动“残疾人奔康计划”取得实效。

二、实施“残疾人奔康计划”的指导思想和总体要求

实施“残疾人奔康计划”的目标是“奔小康”，重点在“赶平均”。要以党的十八大精神和科学发展观为指导，坚持创新精神和务实作风，切实保障残疾人基本生活，满足残疾人基本需求，努力促进残疾人自身发展，让广大残疾人共享改革发展成果；团结带领广大残疾人，自立自强，积极为小康社会建设做贡献，同全省人民一道共同实现小康，共享美好生活。

（一）政府主导，部门负责。“残疾人奔康计划”涉及社会保障、康复医疗、教育培训、就业创业、扶贫救助、法律维权、文体服务、无障碍建设等方方面面，是各级党委政府和有关部门的应尽职责，必须将其纳入各级党委政府加强和改善民生、创新社会管理的重要内容，强化部门责任，统筹规划实施，优先重点扶持。

（二）分类施策，逐项赶奔。坚持就业为本，千方百计促进有劳动能力的残疾人实现就业创业；坚持康复先行，确保0—6岁残疾儿童及有康复需求的残疾人人人享有康复服务；坚持重点保障，确保无劳动能力和自理能力的重度残疾人享有基本生活保障；坚持公平正义，切实保障残疾人接受教育等合法权益。

（三）分级负责，科学推进。各级各部门要各负其责，从抓好“整村（居）赶平均”、“整乡镇（街道）赶平均”做起，层层推进，分级负责，抓好落实；要建立完善长效机制，加强为残疾人服务的机构设施、人员队伍建设，提升为残疾人服务的能力。

（四）舆论先行，广泛动员。做好宣传发动工作，促进形成全社会的广泛共识和自觉行动，共同营造全社会扶残助残、关注残疾人民生的良好氛围。

三、实施”残疾人奔康计划”的目标任务、重要内容和措施

以保障残疾人基本生活和增加其家庭收入为重点，努力使广大残疾人病有所医、学有所教、劳有所得、住有所居、娱有所乐。到2020年，全省城乡残疾人家庭人均可支配收入、社会保障水平、人均住房面积、受教育程度、电气化水平、信息化程度、参与和接受社会公共服务程度等指标，总体接近或基本达到全省小康平均水平。

（一）完善残疾人增收机制，千方百计让所有有劳动能力和就业愿望的残疾人顺利就业创业，增加其家庭劳动性收入。要将就业年龄段有就业能力和就业愿望的残疾人，全部纳入政府职业培训援助重点，落实各项补贴

政策，确保他们享受职业技能培训，切实提升就业创业能力；出台实施《山东省残疾人就业办法》，认真落实残疾人就业的税费减免、岗位预留等就业政策，逐步建立超比例安排残疾人就业奖励、残疾人产品专产专营、社会保险补贴、小额贷款贴息等制度，积极开发适合残疾人就业的各类岗位；深入开展“共享阳光·携手建功十二五”主题活动，扶持自主创业，推动发展一批残疾人励志文化、残疾人辅助器具等产业，促进盲人医疗（保健）按摩服务业规范化、规模化发展。认真落实《山东省农村残疾人扶贫开发纲要（2011—2020）》，切实帮助农村残疾人脱贫致富。

（二）完善残疾人康复救助制度，确保残疾人人人享有康复服务，逐步获得功能性恢复。大力实施0—6岁残疾儿童免费抢救性康复项目，落实《山东省0—6岁残疾儿童抢救性康复救助办法》；深入开展“康复进社区、服务到家庭”活动，逐步提高人均社区康复经费标准，大力推动残疾人社区康复工作；不断提高贫困残疾人的康复救助标准。

（三）完善重度残疾人保障制度，确保无劳动能力和自理能力的残疾人得到基本的生活保障，切实减轻其家庭负担。各级政府要建立完善残疾人最低生活保障、生活补贴、护理补贴、辅助器具补贴、家庭无障碍改造补贴等制度。最低生活保障制度要确保覆盖所有符合条件的残疾人家庭，低保重度残疾人生活补贴要逐步提标扩面。大力实施“阳光家园”计划，加强托养服务体系建设，支持社会兴办残疾人托养机构、庇护工厂，不断提高为智力、精神和重度残疾人提供集中托养、社区照料和居家安养的服务水平。

（四）加强残疾人的公共服务和基本保障，不断满足其基本需求，逐步提升残疾人生存发展水平。认真贯彻落实国家、省及各级惠及残疾人的一系列政策措施，全面落实《山东省残疾人基本公共服务体系（2013—2015）行动计划》，切实保障残疾人人人享有公共服务。完善助残政策，努力使所有适龄残疾儿童少年享受九年制义务教育。切实保障残疾学生免费接受学前教育和高中阶段教育，对新考入大中专院校的困难残疾学生给予助学金补助；将农村残疾人危房改造“温馨安居工程”纳入当地农村住房建设与危房改造规划给予优先考虑，优先将城镇残疾人纳入城镇住房保障制度。做好残疾人无障碍环境建设和社会服务工作，大力实施志愿者助残工程，积极营造扶残助残的良好社会环境。

四、加强领导，强化措施，确保“残疾人奔康计划”的顺利实施

（一）加强组织领导，明确责任要求。各级政府要把”残疾人奔康计划”列入政府为民办实事内容，纳入经济社会发展总体计划。各级政府残工委要定期召开协调会议，研究具体扶持政策，检查督导落实情况。各级各部门要加快出台本地本部门行动方案，结合实际、突出特色、加快实施。要组织广大党员干部带头做好困难残疾人家庭的结对帮扶工作。

（二）理清工作思路，分步推进实施。要搞好宣传发动，摸清底数，做好残疾人生存发展状况的调查摸底工作。要发挥好权威研究机构的作用，根据摸底情况，科学分析残疾人同社会平均水平的实际差距，制定具体解决措施。根据“谁主管、谁负责”的原则，按照本意见要求，各地要逐级出台具体行动方案，明确责任部门，全面做好各项工作的贯彻落实。

（三）实施指标监测，强化考核评估。加快建立残疾人小康指标体系，开展指标数据的监测评估工作。要做好初期、中期、终期及年度评估。要将各级各地残疾人小康水平实现情况，纳入同级党委政府科学发展观考核内容。

山东省残疾人就业办法

山东省人民政府令第270号

《山东省残疾人就业办法》已经2013年11月22日省政府第二十次常务会议通过，现予公布，自2014年2月1日起施行。

省长　郭树清

2013年12月16日

山东省残疾人就业办法

第一章　总　则

第一条　为了促进残疾人就业，保障残疾人的劳动权利，根据《中华人民共和国残疾人保障法》、国务院《残疾人就业条例》和《山东省实施〈中华人民共和国残疾人保障法〉办法》等法律、法规，结合本省实际，制定本办法。

第二条　本省行政区域内的机关、团体、企业、事业单位、民办非企业单位（以下统称“用人单位”），应当依照有关法律、法规和本办法的规定，履行扶持残疾人就业的责任和义务。

第三条　禁止用人单位在就业中歧视残疾人。

残疾人依法享有平等就业、自主择业和平等获取劳动报酬的权利。

残疾人应当积极参加职业培训，提高自身素质，增强就业创业能力，遵守用人单位的劳动纪律，恪守职业道德。

第四条　各级人民政府应当加强对残疾人就业工作的领导，将残疾人就业纳入国民经济和社会发展规划，并制定优惠政策和扶持保护措施，多渠道筹措资金，为残疾人就业创造条件。

第五条　县级以上人民政府负责残疾人工作的机构，负责组织、协调、指导和督促有关部门做好残疾人就业工作。县级以上人民政府人力资源社会保障、财政、民政、税务、工商行政管理等部门按照职责，做好残疾人就业工作。

第六条　各级残疾人联合会依照有关法律、法规和规章，负责残疾人就业工作的具体组织实施和监督工作。

工会、共产主义青年团、妇女联合会，应当在各自的职责范围内，做好残疾人就业工作。

第七条 对在残疾人就业工作中做出显著成绩的单位和个人，按照有关规定给予表彰和奖励。

第二章 用人单位的责任

第八条 用人单位应当按照不低于本单位在职职工总数1.5%的比例安排残疾人就业，逐步建立按照比例安排残疾人就业岗位预留制度，并提供适当的工种、岗位。

按照规定比例计算应当安排就业的残疾人不足1人的，安排1人。安排1名一级或者二级的盲人，按照安排2名残疾人计算。用人单位跨省、市、县（市、区）招用的残疾人，应当计入所安排的残疾人职工人数之内。

第九条 用人单位安排残疾人就业达不到规定比例的，应当按照实际差额比例计算缴纳残疾人就业保障金。缴纳的残疾人就业保障金，应当按照年度差额人数与统计部门公布的同年度所在地区在职职工年平均工资额之积计算。

第十条 用人单位应当在每年第一季度内向当地残疾人就业服务机构报告本单位上年度安排残疾人就业情况、在职职工人数和本年度安排残疾人就业的计划。

第十一条 政府和社会依法兴办的残疾人福利企业、盲人按摩机构、工疗机构和其他福利性单位（以下统称“集中使用残疾人的用人单位”），应当集中安排残疾人就业。

集中使用残疾人的用人单位中从事全日制工作的残疾人职工人数，应当占本单位在职职工总数的25%以上，并且实际安置的残疾人人数在10人以上。

集中使用残疾人的用人单位的资格认定，按照国家有关规定执行。

第十二条 用人单位在招用工作人员时，不得以残疾为由拒绝接收、录用符合岗位要求的残疾人。

机关、人民团体、事业单位、国有企业应当带头执行按照比例安排残疾人就业规定和逐步建立按照比例安排残疾人就业岗位预留制度，新招考公务员、招聘事业单位工作人员或者企业职工时，不得拒绝录用符合条件的残疾人。

第十三条 用人单位招用残疾人职工，应当依法与其签订劳动合同或者服务协议，并为其办理社会保险；依法裁减人员，应当优先留用残疾人职工或者其家庭成员；与残疾人职工解除、终止劳动合同或者服务协议的，应当报告当地残疾人联合会备案。

第十四条 用人单位应当向残疾人职工按时足额支付劳动报酬，并且不得低于当地最低工资标准。

第十五条 用人单位应当为残疾人职工提供适合其身体状况的劳动条件和劳动保护，不得以暴力、威胁或者限制人身自由等手段强迫残疾人劳动。

第十六条 用人单位不得在晋职、晋级、职称评定、劳动报酬、生活福利、休息休假、社会保险等方面歧视残疾人职工。

第十七条 用人单位应当根据本单位残疾人职工的实际情况，对残疾人职工免费进行上岗、在岗、转岗等培训。

第十八条 用人单位应当采取措施，逐步建设和完善规范的无障碍设施，推进残疾人信息交流无障碍工作，改善残疾人的就业环境。

第三章 保障措施

第十九条 各级人民政府应当采取措施，拓宽残疾人就业渠道，多形式开发适合残疾人就业的岗位，保障残疾人就业。

鼓励社会组织和个人为促进残疾人就业提供捐助和服务。

鼓励用人单位每年为在职残疾人职工购买一份意外伤害保险。

第二十条 各级人民政府投资或者扶持开发的适合残疾人就业的公益性岗位，应当按照不低于用工总数10%的比例安排残疾人就业。

各级人民政府发展社会性服务、建立完善社区服务点，应当优先安排残疾人就业。乡镇、县（市、区）人民政府应当将残疾人专职干事纳入社会工作者队伍，保障其工资、福利、社会保险待遇；对基层群众性自治组织和社区的残疾人专职委员按照规定给予补贴，所需经费由财政负担。

第二十一条 设区的市和县（市、区）人民政府及其有关部门应当在城镇区域内划出适当经营场所或者摊位，安排残疾人从事经营活动，并按照规定免收管理类、登记类和证照类的行政事业性收费；税务机关应当按照国家有关规定依法给予税收优惠。

第二十二条 建立按比例安排残疾人就业年度报告制度。各级残疾人联合会设立的残疾人就业服务机构，对用人单位按比例安排残疾人就业状况进行年度审核；向未达到规定比例的用人单位推荐适合的残疾人就业，用人单位无法定事由不得拒绝。

第二十三条 征收残疾人就业保障金原则上按照属地原则管理。

驻济南的省级财政全额拨款的预算单位应当缴纳的残疾人就业保障金，由省级财政部门足额代扣，属省级收入；其他驻济南的省级以上机关、团体、事业单位应当缴纳的残疾人就业保障金，向省残疾人就业服务机构缴纳。

第二十四条 财政全额拨款的用人单位应当缴纳的残疾人就业保障金，由残疾人联合会报本级财政部门足额代扣，代扣办法由省和设区的市分别另行制定；在地方税务机关办理税务登记的用人单位，由地方税务机关依法代收；其他用人单位应当缴纳的残疾人就业保障金，向同级残疾人联合会的就业服务机构缴纳。

设区的市和县（市、区）人民政府征收的残疾人就业保障金，其征收总额的5%为省级收入，于当年征收期内通过规定的征收渠道上缴省级财政，作为省级调剂金统筹使用。

第二十五条　依法征收的残疾人就业保障金应当纳入财政预算，实行收支两条线管理，按照有关规定使用，不得用于平衡财政预算，任何组织和个人不得挪用、截留或者私分。

有关单位应当定期向社会公布残疾人就业保障金的使用情况。财政、审计部门应当依法定期对残疾人就业保障金的使用情况进行监督检查和审计监督，并将结果向社会公开。

第二十六条　县级以上人民政府应当执行税收优惠规定，符合条件的用人单位依法享受税收优惠政策。

享受税收优惠的集中使用残疾人的用人单位对减免和退还的税金，应当将不低于其总额10%的比例用于补贴残疾人职工个人应当缴纳的社会保险费。

第二十七条　县级以上人民政府有关部门、残疾人联合会应当确定适合残疾人生产、经营的产品、项目，优先安排残疾人集中就业和残疾人创办的企业以及其他残疾人福利性单位生产、经营，根据用人单位的生产特点确定某些产品由其生产，并将其生产、经营的产品和服务纳入政府采购目录。

机关、事业单位在产品和服务采购工作中，应当将参与竞标单位安置残疾人就业情况纳入评标体系，予以量化加分；采取其他采购方式的，在同等条件下，优先选择残疾人创办的企业、残疾人福利性企业、残疾人辅助性就业企业、超比例安排残疾人就业单位的产品和服务。

第二十八条　县级以上人民政府在一定期限内对自主择业、自主创业的残疾人给予小额信贷贴息等扶持。

鼓励残疾人自主择业、自主创业。

第二十九条　县级以上人民政府及有关部门应当组织和扶持农村残疾人从事种植业、养殖业、手工业和其他形式的生产劳动，安排一定比例的残疾人就业保障金扶持农村残疾人发展生产，并在生产服务、技术指导、农用物资供应、农副产品收购和信贷等方面给予扶助。

第三十条　残疾人职工参加国内外重大比赛和参加集训期间，鼓励用人单位保留其工资和福利待遇；对残疾人选手，组织单位应当给予补贴。对在国内外重大体育、职业技能等比赛中成绩突出的优秀残疾人运动员或者选手，机关、团体、企业事业单位应当创造条件，积极促进其就业。

第四章　就业服务

第三十一条　县级以上人民政府及其有关部门应当将残疾人就业服务纳入公共就业服务体系，为就业困难的残疾人提供有针对性的就业援助服务，鼓励和扶持职业培训机构和职业鉴定机构为残疾人提供职业培训和职业资格鉴定，按照规定给予培训和鉴定补贴，并组织残疾人定期开展职业技能竞赛。

第三十二条　各级人力资源市场应当设立残疾人就业窗口，向用人单位推荐残疾人就业，按照有关规定为其保管档案，并免收就业残疾人人事档案、人事关系委托保管费。

第三十三条　县级以上残疾人联合会应当设立残疾人就业服务机构，并免费提供下列服务：

（一）发布残疾人就业信息；

（二）组织开展残疾人职业技能和实用技术培训；

（三）为残疾人提供职业心理咨询、职业适应评估、职业康复训练、求职定向指导、职业介绍等服务；

（四）为残疾人个体就业和自主择业、跨地区就业和农村残疾人进城务工、组织劳务输出等提供必要的帮助；

（五）为用人单位安排残疾人就业提供必要的支持。

鼓励其他就业服务机构为残疾人就业提供免费服务。

第三十四条　对超比例安排残疾人就业的用人单位，按照规定通过残疾人就业保障金给予一定奖励，用于该单位为残疾人职工缴纳社会保险费、岗位培训和购买意外伤害保险等。

第三十五条　残疾人职工与用人单位发生争议，人力资源社会保障部门应当积极协调，依法维护残疾人职工合法权益，各级残疾人联合会应当给予帮助和支持，并根据需求协调有关部门提供法律援助、免费提供盲文、手语翻译等服务。

第五章　法律责任

第三十六条　违反本办法规定，有关行政主管部门、单位及其相关工作人员滥用职权、玩忽职守、徇私舞弊，视情节轻重给予相应处分；构成犯罪的，依法追究刑事责任。

第三十七条　违反本办法规定，挪用、截留、私分残疾人就业保障金，以及将残疾人就业保障金用于平衡财政预算尚不构成犯罪的，对有关责任单位、直接责任人员依法给予处分或者处罚；构成犯罪的，依法追究刑事责任。

第三十八条　违反本办法，用人单位未按照规定缴纳残疾人就业保障金的，由财政部门给予警告，责令限期缴纳；逾期仍不缴纳的，除补缴欠缴数额外，还应当自欠缴之日起按照每日千分之五的比例加处滞纳金。

前款规定的加处滞纳金的数额不得超出残疾人就业保障金的数额。

第三十九条　违反本办法规定，用人单位弄虚作假，采取虚报安排残疾人就业人数等手段，骗取集中使用残疾人的用人单位享受的税收优惠待遇的，由税务机关依法处理。

第六章　附　则

第四十条　本办法所称残疾人就业，是指符合法定就业年龄、有就业要求的残疾人从事有报酬的劳动。

第四十一条　本办法自2014年2月1日起施行。2000年12月27日山东省人民政府发布的《山东省按比例安排残疾人就业办法》（省政府令第115号）同时废止。

三、工作综述

2013年，在山东省委、省政府的关心重视下，全省残联组织围绕大局、服务残疾人，以实现全省残疾人“整体赶平均、共同奔小康”为目标，以推动落实省政府为民办实事项目为重点，努力为残疾人解难事、办实事，全省残疾人工作取得显著成绩。全国残联加快推进残疾人全面小康进程工作研讨会、残疾人人权保障与公共服务研讨会暨第七届中国残疾人事业发展论坛等全国性重要会议在济南召开，山东省介绍了工作经验。

（一）省委、省政府把残疾人工作切实摆上重要位置

省委、省政府高度重视残疾人工作，把残疾人工作作为保障和改善民生的重要内容来抓。姜异康书记专门听取残疾人等重点民生工作情况汇报，指示有关部门对全省“老、小、孤、残”问题进行深入调研，作为省委决策的重要参考。郭树清省长在党的群众路线教育实践活动征求意见座谈会上听取了省残联的工作汇报，强调把落实残疾人优惠政策作为省政府开展教育实践活动的重点工作抓实抓好。省委常委、组织部长高晓兵多次对加强残联组织建设、做好残疾人工作做出指示。副省长孙绍骋把省残联作为教育实践活动联系点，亲自协调解决有关重点难点问题。省领导的关心支持，有力推动了残疾人事业的健康快速发展。

省委、省政府将全省残疾人“整体赶平均、共同奔小康”计划、0—6岁残疾儿童免费抢救性康复、加强市县残疾人康复服务机构建设列入民生实事项目。省委常委会议听取省残联关于中国残联第六次代表大会精神的汇报，对加大残疾人保障法实施办法贯彻执行力度、将残疾人工作纳入科学发展评价考核体系、以省委省政府名义表彰自强和助残先进等做出安排部署。省委在全省开展的党员干部联系困难家庭工作中，明确将残疾人家庭作为重点帮扶对象之一，联系帮扶残疾人家庭6.6万户。省政府将残疾人基本公共服务纳入全省基本公共服务体系建设整体规划，制定出台了《山东省残疾人就业办法》，使残疾人基本生活、就业权利得到了制度性保障。

（二）全省残疾人“整体赶平均、共同奔小康”计划实现良好开局

省政府残工委印发残疾人“整体赶平均、共同奔小康”计划实施意见，并于全国助残日期间举行启动仪式进行了安排部署。与省委组织部联合实施“第一书记”帮包村“助残致富奔小康”项目，扶持贫困残疾人从事创业致富项目，部分市、县参照省里做法积极开展帮扶，全省共扶持2.6万户贫困残疾人家庭。与省宏观经济研究院合作，对残疾人奔小康的指标体系、政策措施、监测评估机制等进行专题研究，确保科学性、系统性和可操作性。全省各地残联以加快实施“残疾人奔康计划”为总抓手，多措并举，相继采取一系列措施，狠抓各项工作的贯彻落实。济宁市将残疾人“整体赶平均、共同奔小康”计划纳入民生体系建设大盘子，市政府与各县（市、区）政府签订了目标责任书，残疾人工作相关指标也被列入全市科学发展综合考核指标体系。潍坊、东营、临沂、菏泽等市出台了本地“残疾人奔康计划”实施方案，烟台、泰安、威海、滨州等地以重点项目实施推动奔康计划开展。枣庄市实施了残疾人就业创业、扶贫救助、扶残助学、社会保障、人才培育、托养安养等六项工程；东营市确定“明确一个主线（以增加残疾人家庭收入为主线），构建四个体系（项目化的就业扶贫服务体系、制度化的残疾人基本生活保障体系、监测评估体系、信息反馈体系），实施十大工程”（残疾人就业创业扶贫工程、残疾人就业培训援助工程、残疾人人才工程、助学救助工程、社会保障工程、温馨安居工程、残疾人托养工程、残疾人康复救助工程、残疾人权益保障工程、文化体育建设工程）的工作思路；烟台市确立了“一条主线”（以残疾人奔康计划为工作主线）、“两大建设”（工作机构和服务机构建设，作为残疾人工作的两大基础性平台）、“三大重点”（残疾儿童抢救康复、城镇残疾人劳动就业和老弱残疾人综合保障）的工作思路；潍坊市将实施“残疾人奔康计划”列入2013年度全市残联系统业务工作任务目标，明确人均可支配收入、人均住房面积、电气化水平等项具体目标，提出了切实可行的落实措施；威海市针对“幼小的、贫穷的、重度的、轻度的、所有的”残疾人“赶平均、奔小康”状况和需求，有针对性地采取措施，建立保障制度；临沂市通过完善社会保障政策，提升康复服务水平，做好就业扶贫工作，营造社会环境等措施，推动“残疾人奔康计划”扎实开展。全省残疾人“整体赶平均、共同奔小康”行动计划实施工作呈现出良好发展态势。

大力推进残疾人就业。联合省财政厅印发《关于代扣残疾人就业保障金有关问题的通知》，明确了财政代扣保障金的程序规范。全年征收残疾人就业保障金9.52亿元，比去年全年增收1.17亿元，新增城镇残疾人就业16849人。深入开展就业援助月活动，走访残疾登记失业人员家庭1.3万户、2.4万人次，组织残疾人招聘会142次，帮助4854名残疾登记失业人员实现就业，帮助8277名残疾人享受专项扶持政策。省特教中专学校大力开展特色职业教育，在全国职业院校学生技能作品展洽会上获奖总数全国第一。实施康复扶贫贷款项目，落实贷款计划3980万元，贴息资金233万元，安置或辐射带动1300人脱贫。

着力加强残疾人社会保障。省政府出台的《山东省基本公共服务体系建设行动计划（2013—2015年）》，将残疾人基本公共服务单列一章，明确规定：参加城乡居

民社会养老保险的重度残疾人可以提前5年领取养老金，对就业年龄段生活不能自理的智力、精神和重度肢体残疾人每人每月给予不低于60元的护理补贴。落实低保重残生活补贴政策，各级财政投入1.25亿元，为20.8万名低保重度残疾人发放生活补贴，受助人数比去年增加1.67万人。低保重残生活补贴与护理补贴相辅相成，形成了残疾人生活保障的基础性制度安排。实施“温馨安居工程”，为2500户贫困残疾人家庭新建或改建了住房。实施“阳光家园”计划，托养智力、精神和重度肢体残疾人3.62万人，比中国残联下达山东省的任务指标超出1.85万人。

（三）残疾人康复工作成效显著

规范实施0—6岁残疾儿童免费抢救性康复。制定《山东省0—6岁残疾儿童抢救性康复救助实施办法》，实现了残疾儿童康复由项目化实施到制度性安排的根本性转变。全省投入资金1.85亿元，为12250名残疾儿童提供康复救助。济南、青岛、淄博、枣庄、东营、潍坊、威海、临沂、滨州等9市将救助年龄放宽到9岁，烟台市放宽到10岁。临沂市将残疾人康复项目纳入基本医疗保险范围，由省规定的12项扩大到69项。组织开展残疾儿童康复机构规范化建设评审，新增67个国家和省级残疾儿童康复项目定点机构。组织举办14期培训班，培训各类康复技术人员2068人次，提高了康复服务水平。

实施贫困残疾人康复救助系列工程。为6500名贫困精神病患者提供免费服药救助，为1500名贫困重性精神病患者提供住院补助，为711名贫困听力残疾人免费验配助听器，为4200名低视力患者适配助视器，为910名肢体残疾人装配假肢或矫形器。实施白内障复明手术7.8万例，成功通过全国白内障无障碍省验收。

（四）残疾人平等参与的社会环境进一步优化

组织开展全国助残日活动，大力宣传残疾人事业和自强助残先进典型。广泛开展残疾人文化周、残疾人健身周等活动，大力推进群众性残疾人文化体育工作。成功举办第八届全省残疾人艺术汇演和“我用眼睛听世界”——首届聋人工艺美术优秀作品展览，产生了良好的社会反响。山东省残疾人运动员在国内外比赛中取得7金6银2铜的好成绩，展示了全省残疾人的良好精神风貌。联合省文明办等部门开展“好客山东·旅游无障碍”活动，3200多名残疾人体验到旅游的乐趣，增强了全社会的无障碍意识。实施残疾人家庭无障碍改造工程，全省投入1719万元，为18572户残疾人家庭进行无障碍改造。省残疾人福利基金会募集款物折合人民币共计2100万元，近3万名残疾人受益。11个市出台了残疾人汽车驾驶技术优惠政策，1280名残疾人考取驾驶证。认真做好信访维权工作，全省办理残疾人来访8600多件，处理来信来电160多件，处结率在98%以上。

（五）残联组织服务能力明显增强

扎实开展党的群众路线教育实践活动。按照中央和省委部署，坚持高标准、高质量，教育实践活动有序展开、扎实推进。省残联领导班子坚持以身作则，带头深入学习、带头蹲点调研、带头查找和剖析问题、带头边整边改、推动工作开展。注重建立作风建设长效机制，制定了《山东省各级残联代表大会代表联系办法》《关于蹲点调研及联系贫困残疾人户的实施意见》等制度，明确了联系服务残疾人的具体规定，有效促进了省残联机关作风建设，得到省委督导组的充分肯定，《大众日报》对有关情况进行了报道。按照省委选派“第一书记”抓党建促脱贫工作的安排，选派3名“第一书记”到聊城莘县3个村开展基层党建，帮助群众脱贫致富。

切实抓好各级残联换届工作。按照中国残联统一部署，年内进行省、市、县、乡四级残联换届。截至目前，14个市级残联和所有县、乡两级残联完成换届任务。省残联第六次代表大会于6月19—21日在济南召开，隆重热烈、圆满成功，选举产生了新一届领导机构，明确了带领残疾人“整体赶平均、共同奔小康”的任务目标。省委书记、省人大常委会主任姜异康出席省残联并讲话，省委副书记、省长郭树清，省委副书记王军民等省五大班子领导出席了大会开幕式。各地认真抓好省残联六代会精神的贯彻落实，临沂、德州市委常委会议听取市残联关于省残联六代会精神的汇报，研究制定了落实省残联六代会任务目标、推进残疾人事业发展的具体工作措施。通过换届，一批德才兼备、年富力强、热爱残疾人事业的同志走上各级残联领导岗位，为残联组织注入了生机和活力。

加强基层残疾人组织建设。实施“强基育人”工程和“双百争创”活动，各级积极探索基层残疾人组织建设新模式，一手抓覆盖，一手抓完善，着力提高服务水平。省里表彰了100名先进基层残疾人组织和先进残疾人工作者，重点培育东营市社区（村、居）残协“三位一体、一员三证”和济宁市社区（村、居）“幸福港湾”试点工作，基层残疾人组织活力不断增强。专门协会工作更加常态化、规范化，制定《协会工作报告制度》，明确了工作权责。各专门协会突出各自特色，组织开展了丰富多彩的活动，影响力进一步扩大。

加快推进残疾人康复服务设施建设。紧紧抓住省委、省政府将残疾人康复机构建设列入民生实事项目的有利时机，强化措施、强力推进，制定了扶持市县级残疾人康复中心建设的推进意见和管理办法，落实3000万元专项经费，对3个市级、19个县级残疾人康复机构建设进行扶持。济南、青岛、烟台、临沂4市已建成投入使用，东营、潍坊、济宁、泰安、滨州、聊城等6市正在施工或者办理购置手续。全省已建或在建县级残疾人康复机构

40处，占应建数的29%。省残疾人康复中心建设进展顺利，主体已经封顶。省残疾人综合服务中心康复、辅助器具、就业等服务全面拓展，取得明显成效。

四、重要条目

【山东省残联第六次代表大会】6月20日，山东省残疾人联合会第六次代表大会在济南山东会堂开幕，来自全省各条战线的300名代表参加会议。会议选举产生了新一届省残联主席团委员和出席中国残联第六次代表大会代表，回顾总结过去五年来的残疾人工作，研究部署今后一个时期的目标任务，组织动员全省残疾人工作者为加快建设经济文化强省、提前全面建成小康社会做出新的更大贡献。省残联党组书记、理事长仉兴玉代表省残联第五届主席团向大会做了题为《整体赶平均，共同奔小康，在经济文化强省建设中谱写残疾人事业发展新篇章》的工作报告。会议选举产生了省残联第六届主席团委员和出席中国残联第六次代表大会代表，通过了《山东省残联第六次代表大会关于山东省残联第五届主席团工作报告的决议》；选举产生了省残联第六届主席团主席、副主席，推举了省残联执行理事会理事长。选举孙绍骋为省残联第六届主席团主席，推举仉兴玉（女）为省残联第六届执行理事会理事长。省残联五个专门协会分别召开会议，选举产生了各专门协会主席、副主席。

【顺利通过“全国白内障无障碍省”检查验收】6月6—8日，全国残疾人康复工作办公室副主任、中国残联康复部主任尤红率全国康复办公室检查验收组对山东省“全国白内障无障碍省”创建工作进行了全面检查。检查组一行认真听取了山东省“全国白内障无障碍省”创建工作情况汇报，随机抽查了临淄区、曲阜市和广饶县三个县（市、区）的白内障无障碍创建工作，并深入基层查看了3家复明手术定点医院，6个乡镇（街道办）创建工作情况，走访看望了多名白内障患者。经过认真汇总考评，检查组认为山东省符合“全国白内障无障碍省”验收标准，顺利通过检查验收。

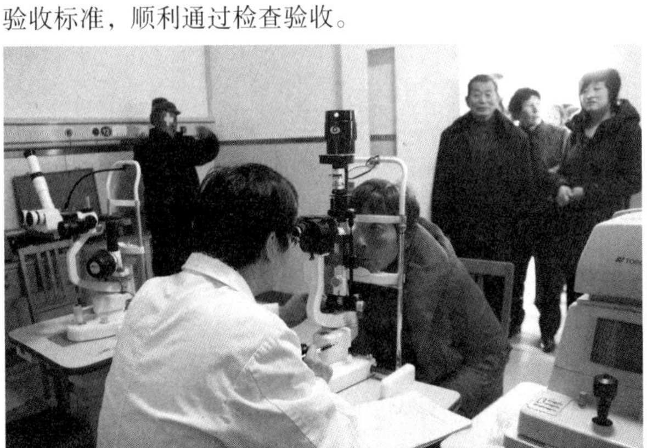

图6-15-1　工作人员为白内障患者进行术前检查。

【残疾人基本公共服务被列入《山东省基本公共服务体系建设行动计划（2013—2015年）》】经省政府批准，《山东省基本公共服务体系建设行动计划（2013—2015年）》（以下简称《计划》）日前正式发布实施。这是山东省首部基本公共服务总体规划，《计划》将“残疾人基本公共服务”单列一章，明确了基本公共服务的覆盖范围、重点任务、基本标准、保障工程等。山东省“残疾人基本公共服务”在全面贯彻落实国家规划要求的基础上，结合山东实际，增加了基本公共服务项目，提高了基本公共服务标准。《计划》明确规定：参加居民基本养老保险的重度残疾人提出申请，经审核后可以提前5年发放养老金。对纳入最低生活保障范围的重度残疾人每人每月再给予不低于50元的生活补贴，对就业年龄段生活不能自理的智力、精神和重度肢体残疾人给予每人每月不低于60元的护理补贴。

【残疾人基本公共服务项目被列入《政府向社会力量购买服务指导目录》】山东省人民政府办公厅发布《关于印发政府向社会力量购买服务办法的通知》。《办法》规定，自2014年1月1日起，政府向包括在民政部门登记或经国务院批准免予登记的社会组织，以及依法在工商管理或行业主管部门登记成立的企业、机构等购买服务项目。残疾人基本公共服务的8项内容被列入《政府向社会力量购买服务指导目录》。主要包括：残疾人社会保障和服务体系建设规划和政策研究、宣传服务；残疾人专职干事（委员）公益岗位；残疾人康复、托养（照料）服务；残疾人职业技能培训及其项目的第三方评估；针对残疾人的职业心理咨询、职业介绍、职业指导和职业适应评估；公益性助残项目的实施与管理；残疾人信息收集、统计分析等辅助性工作；其他政府委托的残疾人基本公共服务。

【“第一书记”帮包村助残致富奔小康项目】农村贫困残疾人是贫困人口中贫困程度最重、扶持难度最大、返贫率最高的特困群体，也是农村扶贫工作的重点人群。为帮助农村贫困残疾人脱贫致富，省委组织部、省残联决定实施“第一书记”帮包村“助残致富奔小康”项目，投入资金1385.9万元，重点扶持省直单位选派“第一书记”帮扶的9个市36个经济欠发达县的584个贫困村中的贫困残疾人家庭，帮助他们增加收入，改善生活。5月19日，“第一书记”帮包村助残致富奔小康项目启动仪式在省特教中专学校举行。省委常委、组织部部长高晓兵出席仪式并讲话，副省长孙绍骋主持仪式，省残联党组书记、理事长仉兴玉介绍项目情况，省委组织部、省政府残工委单位有关领导及项目涉及的枣庄、济宁等8市残联理事长和“第一书记”临时党委负责人、36个县“第一书记”临时党支部负责人等参加启动仪式。

图6-15-2　与会领导向枣庄等8市发放扶持资金（牌）。

【2013残疾人人权保障与公共服务研讨会暨第七届中国残疾人事业发展论坛】11月2—3日在山东大学举行。本次论坛由中国残疾人联合会、中国残疾人事业发展研究会、山东省残疾人联合会、山东大学、中国人民大学、北京大学、吉林大学、南京大学、武汉理工大学联合举办，山东大学残疾人事业发展研究中心承办。与会专家围绕“健全残疾人社会保障和服务体系，切实保障残疾人权益”主题，就残疾人的生存权、发展权、政治参与权和康复、教育、就业、社会保障、文化体育等权利以及残疾人均等享有基本公共服务进行了研讨。副省长孙绍骋，中国残联副理事长程凯，山东大学党委书记李守信出席开幕式并分别致辞。

【部分省市加快推进残疾人小康进程工作研讨会】11月3日在济南举行，研讨会由中国残联主办，山东省残联承办。中国残联副理事长程凯、王梅梅出席会议。北京、吉林、上海、江苏、浙江、安徽、福建、广东、山东等省市残联主要负责人，中国残联研究室、部分高校科研机构专家学者、推进残疾人小康文件起草组有关同志参加会议。会议期间，副省长孙绍骋会见了与会代表。省残联党组书记、理事长仉兴玉首先介绍了山东省创新实施全省残疾人“整体赶平均、共同奔小康”行动计划的有关实践和体会。各省市残联主要负责人踊跃发言，分别介绍了在残疾人工作重点业务领域取得的政策性突破和创新性做法，并就残疾人实现全面小康密切相关的就业扶贫、社会保障、公共服务等工作提出了许多具体的建议和意见。

【山东省残联维权部获“全省信访工作先进单位”荣誉称号】中共山东省委、山东省人民政府对2010—2012年全省信访工作先进单位和个人进行表彰，山东省残联维权部被省委、省政府授予“全省信访工作先进单位”荣誉称号。近年来，山东省残联维权部树立“主动维权”意识，按照“感情深、能力强”的工作要求，与司法部门联手积极开展残疾人法律宣传和残疾人法律援助月活动，指导各级建立综治委维护残疾人权益工作小组，创立残疾人信访工作站、助残志愿者联络站、残疾人法律救助站“三位一体”的法律维权工作体系，形成了部门联手维护残疾人权益的工作平台。

【冀中星事件】

2013年7月20日晚18时30分左右，山东鄄城县残疾人冀中星在北京首都机场制造爆炸案。

冀中星，男，1979年12月出生，山东省菏泽市富春乡冀庄村人。冀中星在广东东莞市打工期间，以开摩的为业。2005年6月29日凌晨1点左右，驾驶一辆摩托三轮拉客，在经过东莞市厚街镇新塘村治安队门口时，冀中星和其所拉的客人龚涛（系云南人）遭到新塘村治安队队员堵截殴打，致使冀中星当场昏迷，后经医院确诊为脊椎粉碎性骨折、下肢瘫痪。冀中星出院后，曾先后委托广东南天星律师事务所律师薛朝辉和许名勇为代理人，起诉广东东莞市厚街镇新塘村治安队。后来刑事案件变成民事案件，要求赔偿33万，当地法院以证据不足为由不予支持，冀中星败诉。

冀中星腰部以下瘫痪，生活不能自理，无经济来源，看病花了很多钱，负债累累。为此，冀中星于2007年8月，坐轮椅进京上访；2008年奥运前夕，冀中星又在网上扬言去炸广州火车站，在菏泽火车站被安保人员拦下劝回。此后，冀中星多次向东莞市政府上访，均未得到明确答复及相关赔偿。冀中星致残后，鄄城县残联及时到家看望，了解困难情况，在2011年11月3日换发二代残疾人证时，为其办理了残疾人证，鉴定为一级肢体残疾。同时，根据山东省残联对重度残疾人在享受低保的基础上给予每月50元生活补贴的规定，从2012年1月起为冀中星发放了低保重度残疾人生活补贴。富春乡党委、政府也组织人员到家中慰问，为其购置了木板床、被褥及轮椅等生活用品，并给了300元救济款，分别为冀中星和其父办理了低保。同时，富春乡派出专人远赴东莞，了解情况并协助调查，先后与东莞市政法机关、广东南方日报等单位取得联系，阐明事件原委，并希望各方努力寻找证据，为冀中星讨回公道。特别是2008年奥运会前，冀中星扬言炸广州火车站被劝回后，富春乡加大了与东莞方面的协调力度。后经多方协商，东莞市公安局确定给予10万元赔偿。2010年4月6日，东莞市公安局委派专人将赔偿款送达冀中星家中，冀中星对处理情况比较满意。2010年4月9日，冀太荣、冀中星父子到乡政府送了感谢锦旗。此后，冀中星对市、县、乡再未提出过任何诉求。冀中星事件发生后，山东省残联立即安排分管同志和主管部室迅速行动，明确专人与菏泽市残联联系了解情况，向省委、省政府分管领导做了汇报，并立即向各市残联下发《关于进一步做好残疾人诉求情况调查和信访积案排查化解工作的通知》，对进一步加强信访积案排查化解工作提出了明确要求。

五、大事记

1月15日，省委常委、青岛市委书记李群到青岛市崂山区走访慰问部分贫困残疾人和残疾人托养中心，送去慰问金慰问品，并向大家致以新春的问候和祝福。

1月17日，副省长孙绍骋视察唐冶新区省残疾人康复中心建设，实地察看了康复中心工程建设情况后，召开了由省发展改革委、住房建设厅、残联、电力集团公司和济南市政府及城乡建设委、规划局、环保局等有关部门和单位负责同志参加的省残疾人康复中心建设协调会，听取了省残联残疾人康复中心建设进展情况汇报，对残疾人康复中心建设工程中遇到的困难和问题进行了梳理，最后孙绍骋对残疾人康复中心建设提出了要求。

1月22日，副省长孙绍骋到广饶县走访慰问贫困残疾人徐金荣，代表省委、省政府送上慰问品和慰问金，并向他们致以新春的祝福。

4月9日，山东省综治委维护残疾人权益工作小组第一次会议在省残联召开。会议总结了2012年全省残疾人维权工作及当前维权工作的难点重点问题，部署安排了2013年全省残疾人维权任务。省综治委副主任、省高院院长白泉民，省综治委维护残疾人权益工作小组组长、省残联党组书记、理事长仉兴玉出席会议并讲话。省综治委维护残疾人权益工作小组成员单位负责同志和小组办公室组成人员参加会议。省高级人民法院、省检察院、省教育厅、省民政厅、省人力资源社会保障厅、省卫生厅、省住建厅、省总工会、团省委、省妇联等成员单位围绕当前残疾人维权工作中的热点、难点问题，分别作交流发言。

5月15日，“好客山东·旅游无障碍”活动启动仪式在济南举行。发展无障碍旅游，方便残疾人出行，是落实省政府提出的“整体赶平均，共同奔小康”计划的重要举措。启动仪式上，山东省文明办副主任宫松章宣读了“好客山东·旅游无障碍”倡议书，中国残联维权部副主任马玉娥、山东省住房城乡建设厅副厅长李兴军为“好客山东·旅游无障碍”活动揭牌，山东省残联纪检组长王学曦做动员讲话。仪式结束后，残疾人代表、残疾学生、助残志愿者一起参观了山东省博物馆，现场体验无障碍设施。

5月31日，在“六一”国际儿童节来临之际，山东省委常委、常务副省长孙伟到济南安安特殊儿童康复中心看望慰问在这里接受康复训练的孤独症儿童和老师。在安安特殊儿童康复中心，孙伟详细了解康复中心的发展、运行、教学情况，看望了正在接受康复训练的残疾儿童，并代表省委、省政府向康复中心的残疾儿童致以节日的祝福，送上了慰问金和儿童节礼物。

8月6日，副省长孙绍骋到党的群众路线教育实践活动联系点——山东省残联进行调研并召开座谈会。座谈会上，省残联党组书记、理事长仉兴玉汇报了关于省残联开展群众路线实践活动的有关情况，各级残联代表和残疾人服务机构、残疾人代表先后发言。最后，孙绍骋对山东省残疾人事业发展取得的成绩和省残联群众路线实践教育活动取得的进展给予充分肯定。他强调，残疾人工作是民生工作的重要内容，残联组织是党和政府联系残疾人的桥梁和纽带，各级残联一定要想残疾人之所想，急残疾人之所急，大力实施“整体赶平均、共同奔小康”行动计划，认真抓好各项惠残政策落实，努力使残疾人基本生活和基本需求得到稳定的制度性保障，让广大残疾人和全省人民一道实现全面小康。

11月2—3日，2013残疾人人权保障与公共服务研讨会暨第七届中国残疾人事业发展论坛在山东大学举行。

11月3日，部分省市加快推进残疾人小康进程工作研讨会在济南举行。

11月3—4日，中国残联副理事长程凯到省残疾人康复中心建设现场视察指导工作。在建设工地现场，程凯认真听取了工程建设情况汇报，仔细查看了建设规划蓝图，深入参观了施工现场，详细询问了建设资金来源和代建方式方法。程凯对省残疾人康复中心建设情况给予充分肯定，认为该中心的建立，将从根本上改变山东省本级残疾人服务设施相对滞后的现状，并为全省有需求的残疾人提供更加有效的康复服务。

11月8日，中国残联党组书记、理事长鲁勇对山东省残疾人工作做出批示，山东省委、省政府推动残疾人事业发展的若干举措，针对性强，有在全国推广的价值和意义，请研究室、康复部、教就部、组联部重点跟踪、总结经验。13日，中国残联副理事长程凯做出批示：请有关部门研究落实鲁勇书记的批示，总结推广山东“整体赶平均、共同奔小康”计划以及重残护理补贴和提前享受基础养老金、“第一书记”帮扶贫困村等经验。

（胡晓琳供稿）

河南省残疾人事业和残疾人工作

一、领导讲话

省委副书记邓凯在省残联第六次代表大会上的讲话摘要

2013年6月19日

创造残疾人幸福生活，需要认清形势强化职责。党的十八大确定了全面建成小康社会、全面深化改革开放的目标任务，提出了维护社会公平正义、走共同富裕道路、促进社会和谐等基本要求，为改善残疾人状况、保障残疾人平等权利、促进残疾人事业全面发展提供了更加有利的政策环境、更加难得的历史机遇。我省不断增强的综合实力和经济社会快速发展的良好势头，为发展残疾人事业、改善残疾人民生提供了更加雄厚的物质基础。同时，也要清醒地看到，我省是残疾人数量最多的省份，残疾人达700多万，其中约42%属于贫困人口，确保广大残疾人同全省人民同步迈入小康社会的任务极为繁重。随着工业化、城镇化步伐的加快，经济结构调整和产业升级的加速，残疾人对生活、发展、参与的期待不断提高，促进残疾人就业等工作将面临较大困难，做好残疾人工作的压力会越来越大。我们一定要从战略和全局的高度，把握残疾人事业发展的新形势，充分认识改善残疾人民生、为残疾人创造幸福生活的新任务，进一步增强做好残疾人工作的责任感和紧迫感，积极适应经济社会发展新要求，顺应残疾人群众的新期待，努力把我省残疾人事业不断推向前进。

创造残疾人幸福生活，需要突出重点扎实推进。残疾人民生的改善、生活质量的提高涉及物质文化需求、自我发展能力、社会价值实现等多个方面，是一个长期持续的过程，必须立足当前着眼长远，进一步健全残疾人社会保障体系和服务体系，确保残疾人民生改善取得实效。要着力满足残疾人基本需求，加强残疾人医疗康复，做好残疾人生活救助，完善社会保险政策，特别是着眼残疾人最关心、最直接、最现实的利益问题，抓好残疾人急需、受益面广、效益好的项目，真正使广大残疾人生活有保障、康复有条件、出行无障碍。要着力增强残疾人发展能力，优先发展残疾人教育，加强残疾人公共文化建设，多形式多渠道促进残疾人就业，加大农村残疾人扶贫开发力度，保障平等社会参与的权利和机会，创造条件帮助他们实现美好梦想，使他们能够更加体面、更有尊严地生活。要着力完善相关制度机制，按照重点保障和特别扶助相结合、一般性制度安排和专项制度安排相结合的要求，探索建立有利于“两个体系”建设的长效机制，切实加强残疾预防制度建设，建立残疾人公共服务需求表达、检测评价和监督问责机制，让残疾人民生改善有稳定的制度保障。

创造残疾人幸福生活，需要统筹各方合力推动。残疾人是社会大家庭的重要一员，也是建设中国特色社会主义的重要力量。促进残疾人的全面发展，让残疾人共享尊严、共享美好生活，是全社会的共同责任。要齐抓共管，各司其职，密切配合，进一步完善党委领导、政府负责的残疾人工作领导体制，健全政府主导、社会参与、残疾人组织充分发挥作用的工作机制。各级党委和政府要把残疾人工作摆在更加突出的位置，纳入重要议事日程，把促进残疾人事业发展作为统筹经济社会发展的重要举措，把健全残疾人两个体系作为基本公共服务体系建设的优先领域，及时研究、认真解决残疾人事业发展中遇到的困难和问题，针对残疾人的特殊需求制定特殊的扶助政策，建立稳定的残疾人事业经费保障机制，大力推动残疾人民生的改善，努力为残疾人提供更好的社会保障和公共服务，创造更多的福祉。各级残联组织要牢牢把握中央和省委关于发展残疾人事业的部署要求，充分履行好“代表、服务、管理”职能，结合即将开展的以“为民、务实、清廉”为主要内容的群众路线教育实践活动，建立健全联系和服务残疾人工作的长效机制，进一步把工作的重点放在基层、放在农村，注重运用社会化的服务方式，动员更多的力量为广大残疾人办实事、做好事、解难事。各人民团体、社会组织、慈善团体、企事业单位等要大力弘扬中华民族扶残助残的传统美德，进一步倡树“平等、参与、共享”的现代文明社会残疾人观，自觉开展献爱心、送温暖活动，广泛开展多样化、有针对性的帮扶活动，形成人人理解、尊重、关心、帮助残疾人的良好风尚。

创造残疾人幸福生活，需要广大残疾人自强不息拼搏奋进。残疾人平等参与社会生活，有赖于社会的帮助，也取决于自身的奋斗。希望广大残疾人以乐观的态度面对生活，自觉树立社会主义核心价值观和积极向上的人生观，继续发扬身残志坚、奋斗创业的精神，依靠不依赖，自立更自强，坚定理想，怀抱梦想，勇于在挫折中前行，敢于在逆境中奋起，善于在奋斗中成长，努力开拓人生的新境界。以勤学善思的精神提升本领，立足自身实际，学习科学文化知识，努力掌握一技之长，不断提高素质能力，用辛勤的劳动创造美好新生活。以积极实践的行动创造业绩，充分挖掘潜能，发挥自身特长，勇于自主创业，自觉在促进改革发展、创造幸福生活中展现作为、贡献力量，为人生增添光彩。

残联组织是党和政府联系残疾人群众的桥梁和纽带，是发展残疾人事业的中坚力量。希望各级残联组织以换届为契机，进一步把握大局、坚定方向，切实加强班子建设和队伍建设，为做好残疾人工作、推动残疾人事业创新发展提供有力保证。牢记职责要求，坚持把全心全意为残疾人服务作为工作的出发点和落脚点，时刻把残疾人的冷暖放在心上，进一步拓展服务内容，改进服务方式，及时解决残疾人生产生活中遇到的实际问题。加强学习研究，立足残疾人工作实际，认真贯彻落实中央和省委关于残疾人工作的决策部署和政策措施，进一步探索把握新形势下残疾人工作的特点和规律，不断提高引导、组织、服务残疾人和维护残疾人合法权益的能力水平。积极开拓创新，认真研究新情况、新问题，探索新形势下残疾人工作的新途径、新方法，充分体现工作的时代性和创造性，不断扩大工作成效。切实改进作风，认真贯彻中央和省委关于作风建设的规定，恪守“人道、廉洁、服务、奉献”职业道德，深入基层，深入残疾人家庭，了解真实情况，提供实际帮助，使残联真正成为残疾人之家，使残联干部成为残疾人的贴心人。

副省长王艳玲在省残联第六次代表大会闭幕式上的讲话摘要

2013 年 6 月 20 日

一、认清形势，提高认识，进一步增强残疾人事业发展的责任感和使命感

残疾人事业是中国特色社会主义事业的重要组成部分，进一步推动新时期残疾人事业发展，必须站位全局谋局部、结合形势定思路、开拓进取添动力。

首先，大力发展残疾人事业是全面建成小康社会的必然要求。党的十八大提出了到 2020 年实现全面建成小康社会的宏伟目标，将为改善残疾人状况、保障残疾人权利、促进残疾人全面发展提供坚实的基础，也必将为残疾人事业发展提供难得的机遇。残疾人作为社会的一分子，作为全面建成小康社会的参与者、贡献者，如果没有残疾人的小康，就不是真正的小康，没有残疾人参与的小康社会，也不是真正的全面的小康社会。我们要认真贯彻落实十八大报告关于“健全残疾人社会保障和服务体系，切实保障残疾人权益”的要求，切实做好新时期的残疾人工作，使我省残疾人事业更好更快发展，使我省残疾人安居乐业、幸福生活。

其次，大力发展残疾人事业是全省人民奋力实现“中原梦”的应有之义。习近平总书记提出了伟大的“中国梦”，“中国梦”在河南的具体目标和生动体现就是“中原梦”，这个梦想是包括全省 707 万残疾人在内的一亿河南人民的伟大梦想。虽然残疾人在身体上有着这样或者那样的困难和问题，但是完全有条件、有能力、也有愿望成为实现这一梦想的参与者、建设者和共享者。我们要大力发展残疾人事业，为残疾人积极投身“中原梦”的伟大实践提供便利、创造条件。

其三，大力发展残疾人事业是广大残疾人全面发展、实现人生价值的重要条件。残疾人是残疾人事业的主体，也是建设中国特色社会主义事业的重要力量，是物质文明和精神文明的创造者。残疾人作为特殊困难群体，虽然在身体条件上存在着一定的障碍和困难，但是乐观向上，勇于进取，自强不息，百折不挠，蕴藏着无穷的创造活力，闪烁着特有的人性光芒，展示着时代的精神风貌，不仅在各个领域、各个岗位为我省建设做出了贡献，也给人以激励和鼓舞，给人以信心和力量。我们有责任、有义务帮助残疾人实现康复，接受教育，掌握技能，实现就业创业，平等参与社会生活，从而实现人生价值和理想，推动并促进全面发展。

二、务实创新，多策并举，圆满完成本届残联的奋斗目标

（一）重心下移，强基固本。今后五年，我们要将工作的重心向基层转移，突出抓好基层建设，进一步打牢残疾人事业发展的基础，切实将基层残疾人工作扎实有效地开展起来，更多地为基层残疾人造福。一方面，加大残疾人康复和托养设施建设力度，不断筑牢为残疾人服务的基础和平台；同时，要强化对已经建成的服务设施的管理，充分发挥其功能和作用，提高服务能力和水平。要继续重视发挥省本级服务残疾人的示范作用，引领各级不断加强残疾人服务设施建设，力争经过几年的努力，在全省构筑起残疾人基本服务平台。另一方面，要以“强基育人工程”为抓手，全面加强基层残疾人组织规范化建设，进一步优化组织结构，合理布局；加快残疾人工作专业技术人才培养，为残疾人事业发展提供人才支持；建立完善残疾人专职委员管理制度，进一步打牢残疾人事业发展的基层基础。

（二）项目引领，重点带动。今后五年，我们要着力抓好以下四个方面的工作。一是以强力实施残疾人就业培训工程为抓手，进一步做好残疾人就业服务工作，切实改善残疾人民生。把就业培训工程作为残疾人事业发展的战略重点，摆到更加突出的位置，完善残疾人就业促进和政策保护措施，提高残疾人就业质量。做好按比例安排残疾人就业、残疾人集中就业和残疾人自主创业工作，加大扶持力度，从根本上改善残疾人生活状况。

二是以实施0—6岁贫困残疾儿童抢救性康复工程为抓手，加快实现残疾人“人人享有康复服务”目标。要积极协调，建立完善不同层次、功能定位合理、适合残疾人康复需求、覆盖全省残疾人康复的服务网络。要加大建设力度，进一步加强康复服务机构规范化建设。要合理配置全省康复资源，优化资源利用结构。要做好农村残疾人、精神残疾人、残疾儿童等重点人群康复服务。三是以实施残疾人扶贫纲要为抓手，团结带领残疾人脱贫致富。要加大残疾人扶贫基地建设，探索完善残疾人扶贫模式和金融服务机制。加大对农村贫困残疾人的扶持力度，做好农村残疾人转移就业。有针对性地开展农村贫困残疾人实用技能培训，继续实施好农村残疾人危房改造项目。四是以全面贯彻执行《河南省实施〈中华人民共和国残疾人保障法〉办法》为抓手，进一步加大宣传和落实工作力度，积极指导督促各地出台配套政策或规范性文件，真正将法律赋予残疾人和残疾人组织的权利落到实处。要加强执法检查和专项检查，推动一批典型案件和典型信访问题的解决，建立完善残疾人权益保障维护长效工作机制，充分保障残疾人合法权益，维护社会和谐稳定。

（三）整合资源，开拓创新。发展残疾人事业，各级残联要在充分利用好自身资源和政府财政投入的基础上，不断创新发展理念，开拓发展思路，善于借鉴和吸收残疾人事业发达地区的发展模式和经验，积极吸引一切关心支持残疾人事业的、合法的社会资源和力量，参与到残疾人事业发展中来，推动残疾人事业又好又快发展。一是充分调动社会公益力量，支持残疾人事业发展。要鼓励各系统、各行业开展扶残助残活动，积极开展助残志愿服务活动，逐步形成以社区助残为基础、志愿者助残为主体的社会助残新格局。要大力支持省残疾人福利基金会发展，努力建成具有公信力、号召力和美誉度的公益慈善平台，有效发挥公益慈善对残疾人的补充保障作用。二是充分调动合法的社会经济力量，支持残疾人事业发展。近期，中国残联做出决定，将在北京、江苏、安徽、湖北、广东、四川等6省（市）开展加强和创新残联组织社会服务管理试点工作，探索加强和创新残联组织社会服务管理新模式，引领残疾人社会组织实现加强社会服务管理创新。我省虽然未被列入试点，但是有条件的地方，可以借鉴沿海经济发达地区和试点省市的思路，创新管理手段、服务手段，在法律允许、互利共赢的前提下，积极运作，在残疾人康复、教育、培训、托养、扶贫、社会保险、大病救助等方面吸引利用社会爱心资源投入残疾人事业发展，通过社会化的手段解决一些目前还不具备条件或者还没有能力解决的、残疾人反映集中、愿望强烈的实际困难和问题，千方百计保障残疾人权益。

（四）统筹兼顾，协调发展。在集中优势资源抓好重点项目和工作的同时，还要注意统筹安排，分类指导，推动残疾人各项事业协调发展。一要形成残疾人教育新局面。建立完善从学前教育到高等教育的残疾人教育体系，健全特殊教育保障机制，加大对特殊教育学校的经费投入，完善对各层次残疾学生的救助制度。推进残疾儿童教育保障工作，积极为残疾人创造平等接受教育的机会，全面提高残疾人文化素质。二要实现残疾人文化体育事业新突破。要将残疾人文化建设纳入经济社会发展总体规划，大力开展残疾人文化项目建设，努力为残疾人提供更多的常态化的文化服务。广泛实施残疾人自强健身工程，扎实做好群众体育健身工作，积极开展残疾人健身周、全国特奥日等活动，认真举办好第六届全省残疾人运动会，积极参加全国第九届残疾人运动会，不断丰富残疾人文体生活。三要打造无障碍设施建设新环境。要着力提升无障碍建设的规范化、系统化和人性化水平，实施好残疾人家庭无障碍改造，加强无障碍信息服务，加大全省残疾人无障碍城市建设力度，努力为残疾人平等参与社会生活创造无障碍环境。四要培育扶残助残新氛围。要进一步弘扬人道主义思想，加大残疾人事业宣传力度，做好日常宣传、重大节日宣传和活动宣传，继续开展自强和助残先进等典型宣传报道，激励残疾人热爱生活，不懈追求，自强自立，鼓励社会各界更加关心、关注、支持残疾人事业，更加自觉树立扶残助残良好风尚，为残疾人事业发展营造更加和谐美好的社会氛围。

三、加强领导，通力合作，为残疾人事业发展提供有力保障

（一）坚持体制，用好机制。要始终坚持党委领导、政府负责的残疾人工作领导体制，充分发挥政府主导、社会参与、残疾人组织充分发挥作用的工作机制。要高度重视残疾人事业，把残疾人工作列入重要议事日程，纳入当地国民经济和社会发展总体规划、相关专项规划和年度计划，建立稳定、高效的残疾人事业经费保障机制，将残疾人事业经费列入各级财政预算，逐步增加对残疾人事业的投入。要带着感情、怀着热情、倾注真情，切实关心残疾人工作，真心关爱残疾人生活，及时研究和协调解决残疾人事业发展中遇到的重大问题。要进一步加强残疾人社会保障制度建设，不断完善和落实生活补助、护理补贴、社会保险补贴、生活救助等专项社会保障政策措施，着力保障残疾人基本生活。要以贯彻落实《河南省基本公共服务体系“十二五”规划》为契机，将残疾人社会保障、医疗卫生、教育培训、劳动就业、文化体育、法律维权等一般性公共服务纳入全省公共服务均等化的总体安排，同步实施，全面推进残疾人服务体系建设，努力提升公共资源服务残疾人的水平。

（二）密切协作，形成合力。各级政府残疾人工作委员会要以更高标准、更大力度协调推进残疾人工作开展。各组成部门要按照职责分工，各司其职，密切配合，对

残疾人呼声高、反映强烈的养老、医疗、康复、教育、就业培训、扶贫等方面的问题，研究制订切实可行的对策，出台一系列发展残疾人事业的具体措施，对已有的政策措施要加大贯彻落实力度，扎扎实实为残疾人做好事、办实事、解难事。新闻宣传单位要加强舆论引导，营造残疾人事业发展的良好氛围。民政部门要落实好重度残疾人的生活救助措施，对符合条件的残疾人做到应保尽保。扶贫部门要将残疾人扶贫纳入政府扶贫计划，统一安排，同步实施。发展改革、教育、卫生、人力资源社会保障等部门要结合本部门的业务工作，进一步加大对残疾人事业的支持力度。

（三）转变作风，倾力奉献。残联作为专职服务残疾人事业发展的组织，在工作实践中要带着深厚的感情、饱满的热情、持久的激情，恪守“人道、廉洁、服务、奉献”的职业道德，充分履行“代表、管理、服务”职能，使各项残疾人工作具体、生动、扎实、有效。要认真落实中央关于改进工作作风、密切联系群众的八项规定和省委省政府的落实意见，按照为民务实清廉的要求，努力践行党的宗旨，在残联系统形成鼓励实干、倡导实干、崇尚实干的浓厚氛围。要深入基层调查研究，密切与残疾人的联系，帮助残疾人解决实际困难和问题。要加强人才培养，努力打造一支清廉务实、作风过硬、业务能力强的残疾人工作队伍，为促进全省残疾人事业发展提供坚强保障。

副省长王艳玲在全省残疾人工作会议上的讲话摘要

2013 年 2 月 27 日

一、强化认识，进一步增强做好残疾人工作的责任感和使命感

近年来，在各级党委政府的高度重视下，在各级各部门的共同努力下，全省各级残联开拓进取，务实重干，全省残疾人事业实现了持续快速跨越发展，取得了显著成绩。残疾人社会保障体系和服务体系建设扎实推进，残疾人生存和发展状况明显改善，残疾人康复、教育、扶贫、文化体育、权益维护和无障碍建设等各方面都得到了拓展。特别是残疾人实名制就业培训、基层残联组织建设、残疾人综合服务设施建设、扶残助残等多项工作都走在了全国前列，在全国残联系统创造了河南经验，多次受到国务院残工委和中国残联的充分肯定和高度赞扬。这些成绩是我们做好今后工作的良好基础和优势，更是开拓进取、实现更好更快发展的新平台、新起点。

当然，在看到成绩、看到工作优势的同时，我们也应该看到，面对建设中原经济区和全面建成小康社会的新形势，我省残疾人事业发展还面临着一些问题，还有很多新的需求、新的要求、新的问题。当然，还有一些地方和部门的干部对残疾人工作的认识还不到位，残疾人工作队伍建设也有待进一步加强，残疾人在康复、教育、就业、社会保障等方面的诉求还不能很好满足。这都需要我们在新的一年里进一步加大工作力度，努力去克服和解决。残疾人群体是一个特殊的群体，是一个困难的群体，是一个需要去帮扶的群体。由于他们自身条件的限制，在生产、生活各方面与健全人相比有很大的差距，而我省又是全国残疾人口最多的省份，做好残疾人工作、发展好残疾人事业显得非常重要和迫切。各级、各部门一定要充分认识到推动残疾人事业发展，切实改善残疾人状况，是深入贯彻落实科学发展观的必然要求。经济发展到一定的程度，必然要求我们各种社会事业要与经济发展相协调。这个蛋糕如何切，如何更多地把我们做大了的蛋糕切得更好，需要我们从思想认识上，从工作落实上把握好。否则，就不是科学发展。这是一项重要的民生工程、民心工程、德政工程。要切实增强做好残疾人工作的使命感、责任感、紧迫感，以百倍的决心和信心，更加投入、更加努力、更加坚定不移地推动全省残疾人事业更好更快发展。

二、突出重点，进一步促进残疾人事业持续快速健康发展

做好我省的残疾人事业，需要做的工作很多。我们要善于抓主要矛盾，善于抓矛盾的主要方面。在关键点上重点配置资源，投入更多的精力，以重点的突破来带动整体工作的推进。这是一个思想方法。我们 2013 年的工作安排已经出来，是在结合中央和国家工作安排，结合河南省省情后谋划出来的。也希望各市结合省里面的工作安排，结合各地的实际情况，在结合中谋划出来、安排好 2013 年的工作，突出好 2013 年的重点，找准关键，带动全局。这就叫实事求是，所以刚才做的报告，各地要高度重视，谋划好各地的残疾人事业，并且要关键在做，重点在实干，在实干中求得实效，把今年全年的各项工作部署好、推动好、落实好。

残疾人同样是社会物质财富和精神财富的创造者，也是中原经济区建设的重要力量。我们只有引导和激励残疾人自强自立，才能够真正实现自我发展、奉献社会，真正体现残疾人工作的有力有效。对残疾人要两方面看，一方面，他们确实有一些身体上的残疾，需要我们给他一些帮助和支持，但是正因为他们身体有一些残疾，他们对健全的部分更为珍惜。所以，残疾人往往更珍惜你给他的一些机会，更善于去发挥他健全部分的作用，只要结合他的实际情况，给予适当的机会，发挥好他的优势，他的工作成效不亚于一个健康人，我认为甚至会高于一个健全人。所以，不要把残疾人当成一个包袱，我们要两面看问题。要善于找出他的优势，扬长避短，那么他就会发挥出一种特殊的力量，形成一种特殊的效应，做出一份特殊的贡献。所以我们要大力宣传残疾人自强模范典型，激励广大残疾人不为困难所吓倒，不为挫折所屈服，努力开拓人生的新境界。要针对残疾人需求，组织开展多种形式的培训，帮助广大残疾人掌握一技之长，鼓励和支持残疾人自

主创业，努力为他们全面发展、平等参与、成长成才提供有利条件，帮助他们实现价值、成就梦想，为全面推进中原经济区建设贡献出他们的那份力量。

残联作为专职服务残疾人事业发展的一个组织要带着深厚的感情、饱满的热情、持久的激情，扎实做好残疾人工作，要坚守好“人道、廉洁、服务、奉献”的职业道德。要加强学习、准确把握中央和省委关于发展残疾人事业的政策精神，深入调研，把准我省的实际，在结合中来形成我省促进残疾人事业发展的政策体系、组织体系、服务体系。要持续加强组织建设，坚持眼睛向下、重心下移，把服务向基层延伸、网络向基层覆盖，全面推进基层残疾人组织规范化建设，使各级残联组织真正成为残疾人之家。这个组织也是残疾人的家，这个家要很温馨，要能有诉求的时候，有地方去说；有困难的时候，有地方去找。这个群体对家的依赖，可能比健全人还显得依赖性更强。所以，我们这个组织体系一定要健全。要持续完善残疾人服务设施，严格管理，阳光管理，不断提高使用效率和服务水平，进一步完善残疾人事业发展的支撑条件。全体残疾人工作者要有“以残联为家，视残疾人为亲人”的精神，不断加强学习，努力提升为残疾人服务的本领和素质，竭诚为残疾人服务好。

三、广泛动员，进一步强化残疾人事业发展合力

残疾人工作涉及社会的各个方面，面临的困难多、工作任务重。社会各界要进一步弘扬中华民族扶弱助残的传统美德，倾真情、献真爱，消除歧视，共创和谐。要多关心理解残疾人，尊重帮助残疾人，大力倡导多渠道、多形式的扶残助残的献爱心行动，为广大残疾人更好地参与社会活动创造条件、提供便利。新闻媒体要大力宣传残疾人工作的重要意义，深入实际，贴近生活，挖掘典型事迹，增进全社会对残疾人和残疾人事业的理解和支持，共同关心支持残疾人事业发展，为党和政府分好忧，为残疾人多办好事、多做实事、多解难事，共同促进全省残疾人事业在新的起点上实现更大的发展。

各级政府要以贯彻落实这次会议主要精神为契机，深刻领会省委、省政府对残疾人工作的重大部署，进一步完善党委领导、政府负责的残疾人工作领导体制和政府主导、社会参与、残疾人组织充分发挥作用的工作机制，把残疾人工作列入重要的议事日程，切实将残疾人事业发展纳入本地经济和社会发展总体规划，统筹考虑，通盘规划。各有关部门要认真执行有关残疾人的法规、政策，坚决落实好有关残疾人事业的各项职责，尽快出台促进残疾人事业发展的政策性文件，真正做到残疾人工作和本单位职能工作统一部署、统筹安排、同步实施、同步督查，积极营造有利于残疾人平等参与社会生活的社会环境。

二、政策法规文件

河南省人民政府办公厅关于印发2013年河南省贫困残疾儿童抢救性康复工程实施方案的通知

豫政办〔2013〕71号

要求2013年为符合标准的10000名贫困残疾儿童免费实施抢救性康复，重点实施聋儿康复、肢体矫正、脑瘫、孤独症、智力儿童康复训练、辅助器具适配等项目。

河南省全民技能振兴工程领导小组关于印发2013年河南省残疾人就业培训工程实施方案的通知

豫技领〔2013〕1号

要求全省全年培训城乡残疾人10万人，实现就业创业或增加收入6万人，实现城镇残疾人就业培训全覆盖，对城镇有劳动能力和培训意愿的残疾人实行免费职业技能培训，着力提高培训质量，争取实现：参加职业技能培训后残疾人职业资格证获取率达到70%，参加职业技能培训的残疾人就业率达到80%以上，参加农村实用技术培训后残疾人生产技能和经济收入均有新提高。

三、工作综述

2013年，在中国残联和省委、省政府的正确领导下，全省各级残联以“重心下移，强基固本，努力创造残疾人幸福生活”为目标，认真贯彻落实中国残联、省残联六代会精神，开拓创新，务实奋进，年度残疾人工作取得了新的成绩，实现了全省残疾人事业持续快速跨越发展。

（一）省残联第六次代表大会圆满完成换届

省残联第六次代表大会于2013年6月18至20日在郑州召开，省委书记、省人大常委会主任郭庚茂，省委副书记、省长谢伏瞻出席开幕式。大会选举产生了新一届残联领导机构。聘请省委、省人大、省政协分管领导和老领导以及热爱残疾人工作的领导6名为名誉主席。选举副省长王艳玲为省残联第六届主席团主席，选举省政府办公厅、省直有关部门领导和优秀残疾人等18名同志为副主席。推选产生了新一届执行理事会，李国成为理事长，3名副理事长，4名理事，其中配备1名45岁左右的副理事长、1名残疾人副理事长，1名驻会专职盲人理事。同时，召开省级各专门协会代表大会并完成了各专门协会的换届选举工作。大会确立此后五年河南省残疾人事业发展的指导方针、基本任务和奋斗目标。

全省各级残联换届工作已全部完成，15个省辖市、155个县市区、2400个乡镇残联召开代表大会，其他也召开了主席团会议履行了相关程序。通过此次换届，省辖

市残联（今年）新调整理事长4个，10个省辖市残联配备了14名残疾人领导干部，158个县（市、区）残联选配了161名残疾人干部（其中52个县级残联配备了残疾人领导干部）。

（二）“重心下移、强基固本，努力创造残疾人幸福生活”的工作体系初步形成

省残联六代会后，围绕贯彻落实省残联六代会精神，党组、理事会成员和业务部门负责同志组成7个调研组，深入18个省辖市开展调查研究，通过实地察看、走访座谈、问卷调查等形式进行调研，全面深入了解全省残疾人工作的基本情况，系统地听取基层对全省残疾人工作的意见和建议，认真倾听广大残疾人朋友的呼声和诉求。在前期调研的基础上，提出“加强基层残疾人工作，努力创造残疾人幸福生活”的新命题，有针对性地研究出台了《省残联关于进一步加强基层残疾人工作，努力创造残疾人幸福生活的指导意见》和《省残联关于进一步加强基层残疾人工作，努力创造残疾人幸福生活的职责分工》，召开了全省残联系统计财审计工作、扶贫工作、康复工作专题会议，配套出台了《河南省残疾人就业培训工程补贴实施方案》《推进县级残疾人就业服务机构规范化建设实施方案》《河南省农村残疾人扶贫示范基地创建活动实施方案》《河南省县级残联流动服务车项目实施方案》等多项配套性政策文件，建立了以《指导意见》和《职责分工》为核心，涵盖改善基层服务条件、提升基层服务能力、加强基层组织建设和帮扶贫困残疾人的全方位、多角度的政策性框架，初步形成了“重心下移、强基固本，努力创造残疾人幸福生活”的工作体系。

通过这一系列工作的实施，全省基层残联组织在基础设施建设、人才培养、业务工作开展等方面得到全面提升和加强，服务残疾人的能力和水平迈上一个新台阶，广大残疾人在这一系列的工作中得到实实在在的利益。

（三）民生工程进展顺利

2013年，残疾人就业培训工程和0—6岁贫困残疾儿童抢救性康复救助工程继续被列入了“河南省十大民生工程”。

全省各级残联积极探索，大胆创新，针对残疾人尤其是农村残疾人，在全省范围内扎实有效地开展了“实名制”职业技能培训。为切实发挥各级党委政府在残疾人就业培训工作中的主导作用，确保培训不走过场，省政府办公厅印发《河南省残疾人就业培训工程实施方案》，对全省残疾人就业培训工作的组织领导、工作任务、资金保障、培训时间进行总体部署。省政府还召开专门会议，进行动员安排，将实施残疾人就业培训工程提升为政府行为。各级党委、政府也将残疾人就业培训工程纳入当地民生工程，作为党委政府的重点工作全力推进，有效保证了工程的实施效果。

各级残联把残疾人就业培训工作作为重中之重，将残疾人就业培训需求、培训效果及培训后就业情况全部“实名制”录入计算机，全省联网。同时，省残联将残疾人培训就业纳入年度目标管理，实行一票否决。为保证培训质量和效果，省残联对各地开展的培训项目设置、培训时间、培训目标等都做了明确规定，确保培训工作真正落到实处，真正惠及残疾人。省财政厅、省残联要求各地加大残疾人就业保障金的投入，主要用于残疾人就业培训。省残联率先垂范，在省残疾人综合服务中心开展较高层次的示范性残疾人职业技术培训。在广泛开展培训的同时，各级残联更加注重培训的质量和效果，把残疾人通过培训能够实现充分就业作为最终目标。对培训后的残疾人，由培训机构推荐就业，各级残疾人就业服务机构进行跟踪服务，确保残疾人稳定就业；对有创业意愿的残疾人，残联给予每人不低于5000元的创业补贴。截止到2013年12月31日，全省共实名制培训残疾人118308人，占全年培训任务的118.31%，实现就业创业93262人，占全年就业任务的155.44%，均已超额完成年度残疾人就业培训工作任务。河南省的“实名制”培训得到人社部、中国残联的充分肯定和高度评价，人社部、中国残联在全国推广了河南“实名制”培训模式。

省政府办公厅印发了《2013年河南省贫困残疾儿童抢救性康复工程实施方案》，明确指导思想、目标任务、保障措施、工作要求等，并召开了贫困残疾儿童抢救性康复工作会议。2013年年初确定10000名有康复需求的贫困残疾儿童康复救助工作目标，重点实施贫困聋儿救助、贫困肢体残疾儿童矫治手术、贫困脑瘫儿童康复训练、贫困孤独症儿童康复训练、贫困智力残疾儿童康复训练、贫困低视力残疾儿童适配助视器、贫困残疾儿童适配假肢、矫形器、贫困残疾儿童适配轮椅、坐姿椅、站立架及助行器等，根据《河南省贫困残疾儿童抢救性康复工程实施方案》，结合2012年各地项目任务完成情况，年初及时将目标任务分解至各地，并签订了目标责任书，将贫困残疾儿童抢救性康复救助纳入省残联年度工作目标考核管理。省残联下发《关于做好2013年国家人工耳蜗项目初始及申报材料上报的通知》，明确了各地项目任务，确定郑大一附院、郑大三附院、河南省人民医院、郑州市儿童医院为省级筛查单位。

省残联修订了贫困智力残疾儿童康复救助项目定点康复训练机构准入标准，在原来基础上对相关内容进行了细化和完善。同时，省残康办组织相关专家，依据各项目相关定点机构管理办法和准入标准，对第二批申报的定点康复机构进行了检查验收，并下发了文件。为加强残疾人辅助器具服务体系建设，规范残疾人辅助器具服务定点管理工作，对辅助器具服务定点机构准入标准的执行情况进行了实地调研，广泛征求意见，制定出台了《河南省残疾人辅助器具服务定点机构管理办法》。强化督导，先后派出5批由专业技术人员和管理人员组成的督导组进行督导，重点对项目完成进度、机构规范化

建设等。11月15—30日，组织由省财政厅、康复专家组成的四个检查组对贫困残疾儿童抢救性康复工程实施情况进行全面督导检查。

截至2013年年底，全省投入资金1亿多元，共计救助各类残疾儿童10482名，超额完成民生工程下达的1万名任务。其中，实施聋儿（人工耳蜗）项目407名；聋儿（助听器）项目450名；智力残疾儿童救助755名；脑瘫儿童救助2000名；肢残矫治手术497例；孤独症残疾儿童救助440名；假肢、矫形器救助740名；适配助视器救助1000名；轮椅、坐姿椅、站立架、助行器救助4193名。

（四）基层残疾人组织建设进一步加强

一是"强基育人"工程深入推进。省辖市残联新调整理事长4个，10个省辖市残联配备了14名残疾人领导干部，158个县（市、区）残联选配残疾人干部161名；省辖市残联理事长，6个当选为当地人大或政协常委，除周口、济源外其他10个为当地人大代表或政协委员；46个县（市、区）残联理事长当选当地人大或政协常委，62个县（市、区）残联理事长为当地人大代表或政协委员。残疾人专职委员选聘工作取得进展。乡镇（街道）全部配备专职委员，村（社区）残疾人专职委员达到49020人，选聘率99.7%，待遇全部解决，其中纳入财政预算享受同级村委待遇人数达60%。二是残疾人证核发进一步规范，全省残疾人核发率达24.6%。三是专门协会进一步活跃，全省已建立省级专门协会5个和1个残疾人企业家协会，市级专门协会90个，县级专门协会754个。四是积极开展社区残协会员实名制试点。10个社区（村）实名制试点工作取得成效，得到社区（村）群众的认可和接受。五是成功在北京大学举办2013年全省残联系统理事长培训班，干部队伍综合素质得到提升，履职能力进一步增强。

（五）各级残联组织服务能力得到提升

按照"重心下移，强基固本，努力创造残疾人幸福生活"的要求，开展了残疾人就业培训工程补贴、县级残疾人就业服务机构规范化建设、农村残疾人扶贫示范基地创建、县级残联流动服务车配备等多项工作。落实国家发改委支持的省级康复托养项目3个，争取国家补助资金1840万元。河南省共投入资金近3亿元，已开工建设综合服务项目10个，筹建项目62个，总建筑面积达12万平方米，省本级下拨补贴经费5000万元；规范化建设县级残疾人就业服务机构近40家、盲人按摩机构200家，投入经费300万元；配备县级残联流动服务车31辆。省残疾人综合服务中心二期和省康复医院改造升级工程，2014年上半年将投入使用；省发改委已批准省残疾人按摩医院项目建议书，可研、规划、设计等工作正在加紧统筹推进，省本级服务残疾人能力将得到较大提升。

各地服务设施建设投入资金近3亿元，省本级下拨补贴经费5000万元，开工建设综合服务项目10个，筹建项目62个，总建筑面积达12万平方米。开封市残疾人康复培训综合楼通过发改委立项批复，规划面积10500余平方米。鹤壁市第二栋楼已经开工，建成后建筑面积将达到25000平方米。新乡市征地30亩，规划建筑面积2万多平方米，所有手续已经办完，即将开工，这是省残联2013年重点支持的项目。商丘市残联康复和托养中心主体工程已完工，正在装修，这是国家项目。信阳市新建市残疾人综合服务中心，纳入政府"双十工程"，占地58.54亩，建筑面积约3万平方米，近期将开工建设。漯河市的残疾人服务设施项目也已经装修完毕，即将投入使用。2013年，获得省级补助的两个市级项目都已经建成。其中，驻马店市康复中心建设纳入市政府六项惠民工程，建筑面积8736平方米，6月可以全部使用。济源市综合服务设施建设标准高、定位高，党委政府重视、项目推进迅速，迈入全省先进行列，6月份投入使用。永城市残疾人综合服务中心已正式启用，固始县残疾人康复托养中心正在建设，新蔡县新建残疾人康复中心正在筹建。

（六）残疾人生存发展状况明显改善

一是残疾人康复有新进展。培训社区康复协调员10691名、聋儿家长2936名，完成聋儿、脑瘫、智力、孤独症、成人肢体、盲人定向行走等康复训练22842名；精神病患者监护人数达到202095名，接受医疗救助的贫困精神病患者17825名；完成"彩票公益金成人助听器项目"、低视力配用助视器9676件，配发其他各类辅助器具121186件。平顶山、濮阳、驻马店等9市通过"下肢缺肢者无障碍市"创建，驻马店市被确定为儿童残疾预防工作试点市。输送各级各类康复人才培养4588人次。

二是全省重度残疾人救助工作取得重大突破。河南有各类持证重度残疾人60多万人，由于重度残疾人生活、活动能力差，80%以上依靠亲属抚养和照料，是困中之困，难中之难，更是社会保障兜底的重点。为保障重度残疾人基本生活，共享社会发展成果，2012年10月，河南省民政厅、河南省财政厅、河南省残疾人联合会联合下发了《关于做好重度残疾人生活救助工作的通知》，明确提出"将由父母或兄弟姐妹抚养（扶养）的重度残疾人纳入最低生活保障救助范围，按照当地城乡低保最高补差予以救助。"河南也成为全国第一个出台这项政策的省份。

为了尽快启动工作，省民政厅、省残联召开了全省重度残疾人生活救助工作会议，分管副省长出席会议并做重要讲话，省民政厅、省残联主要领导就重度残疾人救助工作进行专题部署。各级民政、残联迅速行动，密切配合。残联部门认真做好数据统计汇总、宣传动员、残疾人证办理等工作，及时与当地民政部门进行信息交换、沟通，并严把残疾人证办证关。省残联开发了重度残疾人生活救助软件系统，要求市县残联将纳入低保救助的重度残疾人录入系统，及时掌握全省救助工作进展情况。各级民政部门根据残联提供的重度残疾人信息，进行救助申报受理、审核和核发低保金等工作。市县民政局将重度残疾人低保救助纳入年度为民办的十件实事中，主动向政府争取资金，尽快为新审核的重度残疾人发放低保金。各级财政部门优先保障重度残疾人低保经费。

经过一年的不懈努力，河南省重度残疾人生活救助工作取得重大突破。截至12月31日，全省共有31.2万重度残疾人纳入低保救助范围，其中2013年新纳入低保救助的重度残疾人达182850人，为重度残疾人基本生活提供了稳定的制度保障。

三是残疾人扶贫有大发展。制定并出台《河南省农村残疾人扶贫示范基地创建活动实施方案》，确定省级农村残疾人扶贫示范基地35个，省本级支出补贴资金700万，带动帮扶农村贫困残疾人家庭3500户。争取中央康复扶贫贴息贷款指导性计划5315万元，贴息资金310万元，贷款计划全部完成，带动了近3000人脱贫。拨付资金1454万元，为55923残疾人提供了燃油补贴。

四是特殊教育有新成绩。举办特殊教育学校师资培训班，完成“交通银行特教园丁奖”评选，12名特教老师被中国残联、教育部授予“交通银行特教园丁奖”光荣称号。积极开展“通向明天——交通银行残疾青少年助学计划”。认真做好残疾考生的高招录取工作，225名残疾考生被各类院校录取。

五是残疾人文体生活有新提升。残疾人事业宣传工作列入了党委宣传部门议程，认真贯彻落实《关于加强残疾人文化建设的意见》，推动了残疾人文化事业繁荣发展。举办第八届全省残疾人艺术汇演，参加第八届全国残疾人艺术汇演，获得3个一等奖、6个二等奖、1个三等奖、2个优秀奖，并获得团体金奖的优秀成绩；新建残疾人“爱心书屋”1100个；完成“两刊”征订11000多册，被中国残联杂志社评为“金牌单位”。残疾人体育事业进一步发展。中国残联批准“自强健身示范点”7个，“全民健身助残工程”受赠单位2家；培训残疾人健身指导员1000名；积极组织开展残疾人健身周、全国特奥日等残疾人群众性体育活动，活跃了基层残疾人文化体育生活；组织参加全国残疾人体育竞赛残奥田径、乒乓球、举重、游泳、轮椅篮球、特奥乒乓球等项目，获得金牌13枚、银牌8枚、铜牌5枚；组织7名残疾人运动员参加国际比赛8次，获得金牌6枚、银牌3枚、铜牌5枚。省残联被国家体育总局评为“2009—2012年度全国群众体育先进单位”，省政府对省残联参加伦敦残奥会取得优异成绩给予通报表彰。

六是残疾人福利慈善事业蓬勃发展。再次举办“回报社会·奉献爱心”捐赠活动，募集捐赠款物8560万元；为残疾人免费发放轮椅、助听器等辅助器具3万多件；救助资助残疾儿童、中风残疾人、残疾人大学生2500多人，捐赠爱心服饰29313件；捐助残疾人危房改造300户；支援驼人无障碍小学建设130万元，捐助县级特教学校、康复中心服务用车3辆，受到了受助残疾人的欢迎和社会各界的广泛认可。

七是残疾人社会组织和志愿助残组织工作进一步活跃。截止2013年底，全省共有412个助残社会组织。其中已登记注册的84个，未注册的328个。按照隶属关系划分，隶属残联系统的有342个，隶属民政系统的有37个，隶属教育系统的有37个，其他系统的9个；按照组织类型划分，属于社团的有141，属于民办非企业的有63个，属于其他类的有191个。这些组织服务对象以残疾人和其他相关人群为主，服务领域涉及康复、教育、文体、宣传、职业培训、疾病预防等，其中以康复为主要服务领域的助残社会组织占总被调查总数的38%，而在这个比例中又以残联创办的助残社会组织占的最高，占其总数的50%上。其中“年服务能力在50人到150人之间”的有61个，“年服务能力在50人以下”的有28个；而“年服务能力在500人以上”的有18个。

如郑州市圆方社工服务中心，秉承“关爱残疾人、圆梦见真情”的思想理念，帮助残疾人走出心理阴影，树立自强不息的精神，感受生活的美好，体验社会的温暖。每月举行多次圆梦帮扶助残活动，免费为残障人提供就业、创业、培训、婚介、心理咨询、慰问、维权、文艺演出、参观旅游等项服务。残障人会员发展到1500名，志愿者会员发展到1800名，10年累计帮扶残障朋友13000多人。促进会成立残障人党支部，隶属于圆方集团党委。支部有党员11名，预备党员4名，现有29人向党组织递交了入党申请书，6人确定为培养对象并送区委培训。

（七）残疾人事业发展环境进一步优化

一是残疾人事业法制建设不断加强。《河南省实施〈中华人民共和国残疾人保障法〉办法》刚性保障条款落实工作扎实推进，已出台或实行新政策省辖市8个，其他正在有序推进。协调出台了《河南省高级人民法院关于在审判工作中依法维护残疾人合法权益的意见》，对如何在审判工作中依法维护残疾人合法权益作了明确要求。省检察院已着手开展各级检察院调研摸底工作，计划2014年出台相关规定。

二是残疾人事业发展舆论环境持续优化。中央电视台、河南电视台卫星频道、《河南日报》、河南人民广播电台、《大河报》《东方今报》《河南商报》《郑州日报》《郑州晚报》、大河网、中国新闻网、新华网等其他新闻媒体播发或刊登河南省残疾人事业新闻有1200多条，营造了河南省残疾人事业发展的良好氛围。

三是城市无障碍建设有新变化。中央、省级财政投入420万元，实施残疾人家庭无障碍改造1200户。认真落实《河南省开展创建无障碍环境市县工作实施方案》，市县无障碍建设工作全面推进。

（八）党风廉政建设持续加强

一是机关党的建设得到加强。认真学习贯彻落实党的十八大、十八届三中全会精神，持续加强机关思想作风建设，积极开展“道德大讲堂”、志愿帮扶服务等学习教育活动，进一步加强党务公开工作，积极筹备省残联第三次党代会，顺利通过省直工委机关思想作风建设检查。二是反腐倡廉工作进一步落实。严格落实《廉政准则》，签订目标责任书，认真履行“一岗双责”，做到了同研究、同部署，切实落实党风廉政建设责任制各项要求，惩防体系机制建设不断完善，先后制定出台了《河南省残疾人就业保障金征收管理廉政风险防控实施细则》《关于进一步做好公务卡管理的通知》等31项制度。切实贯彻落实中央和省委关于改进作风的有关规定和要求，积极改进调查研究、文风会风、厉行节约、“三公”管理等方面的管理，坚持推行“公务灶”，坚持民主理财，加强对“三重一大”事项管理，工作作风持续转变。认真开展“三个一”、谈心谈话、岗位廉政提醒、廉政文化建设、廉政文化进家庭等反腐倡廉教育，筑牢干部职工拒腐防变思想防线。

（九）教育实践活动成效明显

教育实践活动开展以来，省残联按照省委的统一部署，在省委活动办的精心指导下，在省委第十六督导组的有力督导下，严格按照省委“六问六带头”和“一学三促四抓”的要求，在全省残联系统有效运用“群众三评”、听取意见、查摆问题等方式，立足工作实际，积极推进残联系统作风转变，认真实施“重心下移、强基固本，创造残疾人幸福生活”重大举措，切实解决残疾人关注的热点难点问题，认真开展行政审批事项、三公经费、清理办公用房、因公出国、各类领导小组清理、节庆活动治理等六项专项治理工作，积极整改落实，有效推动了教育实践活动深入开展，取得了显著成效，群众评价、评议群众满意率均在95%左右。省残联活动办每周制定的《省残联党的群众路线教育实践活动周计划》和《省残联开展党的群众路线教育实践活动督查通报》受到省委督导组领导同志的表扬；《省残联党员领导干部实践党的群众路线“四个一”工程》联县联村、省残联开设基层模范讲堂、省残联领导干部认真开展对照检查等多项工作分别被省委活动办《活动简报》《督导要情》和《省委第十六督导组督导互动信息》等选刊。

同时，省残联通过一系列举措，大力促进残疾人事业发展，以工作业绩检验教育实践活动成果：一是以改善基层服务环境、提升服务能力为中心，开展“健体工程”。统筹安排项目、资金，通过省级投入、市县匹配、自筹解决相结合等形式，在全省分批次开展以改善基层服务环境、提升服务能力为中心的强基提升工程。进一步加强残疾人培训就业服务设施、乡镇（街道）康复服务设施和残疾人扶贫示范基地建设，切实解决残疾人康复、就业、扶贫等实际困难和问题。二是以提升残疾人自身发展能力为核心，在广大残疾人中开展“造血扶贫工程”。在全省强力实施残疾人就业培训工程，科学设置培训内容，增强培训的针对性、有效性。通过培训，提升广大残疾人自身发展的能力，让更多的残疾人掌握一技之长，脱贫致富，变“输血扶贫”为“造血扶贫”。三是以加强基层残联组织保障能力为中心，开展“强身工程”。进一步健全完善基层残联组织，全面解决基层残疾人工作者待遇问题，充分调动基层残疾人工作者积极性、主动性和创造性，分期分批开展多种形式的基层残疾人专职委员培训，提升基层残疾人工作者业务素质和服务能力。

四、重要条目

【全省残疾人工作会议】2月27日，全省残疾人工作会议在郑州召开。副省长王艳玲出席会议并做重要讲话。各省辖市、省直管县（市）主管市长、县长和残联理事长以及省残联机关处以上干部参加了会议。会议要求，各级政府要把残疾人工作列入重要的议事日程，切实将残疾人事业发展纳入本地经济和社会发展总体规划，统筹考虑，通盘规划。各有关部门要认真执行有关残疾人的法规、政策，坚决落实好有关残疾人事业的各项职责，尽快出台促进残疾人事业发展的政策性文件，真正做到残疾人工作和本单位职能工作统一部署、统筹安排、同步实施、同步督查，积极营造有利于残疾人平等参与社会生活的社会环境。会议指出，坚持以残疾人“两个体系”建设为中心，以改善残疾人状况为根本目标，突出重点，开拓创新，持续求进，务实发展，在实现中原崛起、全面建成小康社会进程中再做出新贡献！会议对2012年度残疾人工作先进市、先进单位，在0—6岁贫困残疾儿童抢救性康复工程和残疾人就业培训工程中做出突出贡献的先进市县进行了表彰，省残联与各省辖市残联签订了目标责任书。

【第二十三次全国助残日活动】5月19日是第二十三次全国助残日，本次助残日的主题是“帮扶贫困残疾人”。当天，河南省第二十三次全国助残日扶残助残系列活动在省残疾人综合服务中心启动。省助残济困总会周口、安阳分会，各省辖市残联负责同志、康复部长，省残联机关和直属事业单位干部职工及受助残疾人代表、助残志愿者代表参加了仪式。在启动仪式上，中国肢残人协会和河南省肢残人协会共向贫困残疾人捐赠39000件爱心物品，省残联、省助残济困总会、省残疾人福利基金会为贫困残疾人免费发放23000辆轮椅、2万件爱心服装、2万袋蜜儿餐产品、300万元康复医疗设备、1120台助听器；同时启动了就业培训工程、0—6岁贫困残疾儿童抢救性康复工程、为1200名贫困残疾人家庭无障碍住房改造项目。

【全省残疾人就业培训工作会议】5月22日，全省残疾人就业培训工作会议在郑州召开，各省辖市、省直管县（市）残联理事长、主管理事长，就业服务中心主任参加会议。会议总结了2012年全省残疾人就业培训工作，安排部署2013年就业培训工作。2012年，河南省残疾人就业培训工作扎实开展，共开设网上创业、盲人按摩、美容美发、汴绣、手工制作等职业技能培训项目100余个，开展了2000余期残疾人职业技能或实用技能培训班，全省共培训各类残疾人129316人，完成任务数的129.32%，残疾人实现就业创业95960人，完成任务数的159.93%，圆满完成了省政府下达的目标任务。2013年，省残联将按照省政府要求完成全年培训城乡残疾人10万人，实现就业创业或增加收入6万人的任务。会议表彰了2012年度残疾人就业培训工程先进集体和先进个人。洛阳市残联和濮阳市残联在会上做经验交流。

【全省残疾人扶贫工作会议】8月28日，全省残疾人扶贫工作会议在郑州召开。各省辖市残联主管理事长、教就部部长，省直管县（市）残联理事长参加了会议。会议指出残疾人扶贫基地建设是残疾人扶贫工作的主要工作，省残联已出台了《河南省农村残疾人扶贫示范基地创建活动实施方案》，各地要加大工作力度，加快各级残疾人扶贫示范基地建设，通过残疾人扶贫示范基地带动贫困残疾人脱贫致富。从2013年起，要把扶贫工作列入各地的重点工作，要认真制定针对性、操作性强的扶贫工作规划，并积极与扶贫部门沟通，争取纳入全省扶贫工作总体规划，一并考虑、同步实施，各级残联主管理事长要切实抓好残疾人扶贫规划的设计和实施，并在整体推进中着力抓好扶贫基地建设，确保扶贫基地建设取得成效。要加大对贫困残疾人信息系统的动态管理，认真实施残疾人危房改造项目、康复扶贫贷款等项目，做好社会助残扶贫项目的亮点挖掘和总结宣传工作。

【河南省贫困残疾儿童抢救性康复工程工作会议】8月29日，河南省贫困残疾儿童抢救性康复工程工作会议在河南省综合服务中心召开。各省辖市残联主管康复工作的副理事长、康复部部长、康复中心及辅助器具中心主任，省直管试点县（市）残联理事长及部分定点康复机构负责同志参加了会议。会议全面总结了贫困残疾儿童抢救性康复工程实施以来所取得的成绩，客观分析了工作中存在的问题和应汲取的经验教训，并围绕贯彻落实《2013年河南省贫困残疾儿童抢救性康复工程实施方案》确定的目标任务，明确了下一步工作的重点。会议指出，通过近年来实施贫困残疾儿童抢救性康复项目，残疾儿童切切实实得到了实惠，全省已有2万余名残疾儿童接受了不同程度的康复服务，补偿了功能，改善了生存质量。

【两项民生工程】

2013年，残疾人就业培训工程和0—6岁贫困残疾儿童抢救性康复救助工程被列入了“河南省十大民生工程”。

残疾人就业培训工程要求全省全年实名制培训残疾人10万名，就业创业6万名以上。截止到2013年12月31日，全省共实名制培训残疾人118308人，占全年培训任务的118.31%，实现就业创业93262人，占全年就业任务的155.44%，均已超额完成年度残疾人就业培训工作任务；残疾人就业保障金征收工作取得新突破，全省征收53542万元，占全年任务的112%，其中省级入库11750万元（省级直接征收9142万元），占全年任务的168%。

0—6岁贫困残疾儿童抢救性康复救助工程，要求全省全年免费为10000名0—6岁残疾儿童进行抢救性康复。到年底，全省共投入资金1亿多元，共计救助各类残疾儿童10482名，超额完成民生工程下达的任务。其中，实施聋儿（人工耳蜗）项目407名；聋儿（助听器）项目450名；智力残疾儿童救助755名；脑瘫儿童救助2000名；肢残矫治手术497例；孤独症残疾儿童救助440名；假肢、矫形器救助740名；适配助视器救助1000名；轮椅、坐姿椅、站立架、助行器救助4193名。

【“回报社会·奉献爱心”捐赠仪式】10月11日，“回报社会·奉献爱心”捐赠仪式在河南省残疾人综合服务中心举行。省委副书记邓凯，省人大常委会副主任王保存，副省长王艳玲，省政协副主席邓永俭，省十届人大常委会副主任、省残疾人福利基金会会长张世军等领导出席捐赠仪式并为捐赠企业和爱心人士颁发荣誉证书。爱心企业家代表、省残联机关和直属事业单位干部职工、省辖市残联负责同志、残疾人代表、助残志愿者代表等参加捐赠仪式。省政府残疾人工作委员会授予圣光集团等企业为“扶残助残爱心企业”荣誉称号、授予周运杰等同志“扶残助残爱心大使”荣誉称号。圣光集团、北京万升康达经贸有限公司企业等共向河南省残疾人福利基金会捐赠款物8560万元。据介绍，本次捐赠的款物，将全部定向用于资助开展轮椅助行工程、配备残疾人康复医疗设备、为残疾人免费配戴助听器、向残疾人捐赠药品、扶持残疾人艺术培训、救助特困残疾人等扶残助残公益事业，将惠及河南省一大批贫困残疾人。

【厚东安居残疾人危房改造项目发放仪式】11月21日，省残联、省残疾人福利基金会厚东安居残疾人危房改造项目发放仪式在信阳市光山县举行。省人大常委会农工委副主任、省残联副主席、省残疾人福利基金会理事长李玉德，省残联副理事长、省残疾人福利基金会副会长常为民，省残疾人福利基金会副会长、北京三方投资发展有限公司董事长张厚东，信阳市委副书记张春香、市政府副市长张明春等出席仪式。仪式上，张厚东向平桥区、光山县、新县分别捐赠100万元残疾人危房改造资金，上海聆海投资管理有限公司向光山县特教学校捐赠20万元现金，省残疾人福利基金会及爱心人士向光山县、新县残联各捐赠汽车一辆，向平桥区、光山县、新县残联各捐赠衣服600件，向光山县残联捐赠了价值100万元的美国PNT青光眼治疗设备2套。

【全省残联理事长工作会议】12月17日，全省残联理事长工作会议在省残疾人综合服务中心召开。各省辖市残联理事长、办公室主任，省直管试点县（市）残联理事长，机关处以上干部和直属事业单位班子成员参加了会议。会议就认真做好2014年全省残疾人工作做出部署。会议指出，2014年残疾人工作的总体思路是：以重心下移，强基固本为抓手，进一步改进作风，全面实施“强身、健体、造血”工程，“坚持一个中心，抓好三项民生工程，开展好三项活动，做好七项重点工作，办好六件实事”，即：坚持以实现残疾人全面小康，努力创造残疾人幸福生活为中心；三项民生工程：残疾人就业培训工程、0—6岁贫困残疾儿童抢救性康复工程和三市一县残疾人康复和托养中心建设；三项活动：第六届河南省残疾人运动会、第五届河南省残疾人职业技能竞赛、“大爱中原”全国书画名家爱心助残艺术展活动；七项重点：残疾人社会保障、农村残疾人扶贫、残疾人服务设施建设、残疾人康复、信息化建设、基层组织建设、残疾人权益维护等工作；六件实事：轮椅助行、专项彩票公益金辅助器具服务项目、助学工程、燃油补贴、无障碍改造、“阳光家园计划”项目等，努力推动全省残疾人事业持续快速健康发展，为加快中原崛起、河南振兴，实现富民强省的中原梦做出新贡献。

五、大事记

2月27日，全省残疾人工作会议在郑州召开。

3月下旬—4月中旬，省民政厅、省残联组成调研组，先后到濮阳、商丘、周口、驻马店、信阳、安阳、济源、洛阳等省辖市，并深入到县（市、区）督导调研重度残疾人救助政策落实情况。

4月8日，河南省本级残疾人托养、培训、康复一体化工作启动仪式在省残疾人综合服务中心举行。学员将接受美容、插花、动漫设计、泥塑等项目培训，所有参加培训的学员食宿、培训费用全部由省残联负担，还将免费接受由省残联安排的康复课程。

4月9日，全省残联组联工作会议在省残疾人综合服务中心召开，各省辖市残联、省直管县残联理事长，各省辖市残联组联部长参加了会议。会议指出，截至2013年年底，全省49617个行政村（社区）的残协全部建立，组建率达100%；2450个乡（镇、街道）全部选聘了残疾人专职委员，选聘率达100%，解决待遇人数达88.8%；49617个行政村（社区）选聘残疾人专职委员49020人，选聘率达98.8%，解决待遇人数达85.6%。半数以上的县（市、区）的专委补贴资金由县级财政供给。

4月22日，河南省残联干部大会在省残疾人综合服务中心召开。省残联党组书记李国成被省委提名任省残联执行理事会理事长（按规定程序办理），李玉德不再担任省残联执行理事会理事长职务的决定。省残联领导班子成员、机关全体干部和直属事业单位负责人参加了大会。

4月22—24日，第八届河南省残疾人艺术汇演在省残疾人综合服务中心举行。全省18个代表团的450余名演职员参加了声乐、器乐、舞蹈、小品四个类别72个节目的激烈角逐。共评出表演特等奖7个，一等奖9个，二等奖12个，三等奖14个，优秀奖29个。郑州市、洛阳市、平顶山市、安阳市、新乡市、周口市、驻马店市、焦作市等8个代表团荣获本届汇演团体总分前八名。

5月22日，全省残疾人就业保障金征收工作会议在郑州召开。会议要求，各级残联务必要高度重视保障金征收廉政风险防控，要始终将保障金征收廉政风险防控放在重要位置。各级地税机关要依托税收征管系统做好残保金征收工作，要将残保金征收工作纳入税收管理，与税收“同征、同管、同查”。会议表彰了2012年度全省残疾人就业保障金征收工作先进集体和先进个人。郑州市地税局、漯河市地税局、郑州新区地税局、平顶山市残联和鹤壁市残联在大会上做经验交流。

5月22日，全省残疾人就业培训工作会议在郑州召开。

6月18日，省残联第六次代表大会在郑州胜利召开。大会认真总结回顾了过去五年的工作，确定了未来五年残疾人工作的总体思路和目标，全面安排部署了各项工作任务，选举产生了新一届省残联领导机构。六代会以来，省残联新一届领导班子认真贯彻落实省残联六代会确定的“重心下移，强基固本，努力创造残疾人幸福生活”的新思路，以贯彻落实六代会精神为抓手，开拓创新，积极作为，全省残疾人事业实现了持续快速发展。

7月1日，全省重度残疾人生活救助工作座谈会在郑州召开。省残联有关部室负责同志、各省辖市残联分管救助工作的理事长、部长（主任）参加会议。会议要求，要高度重视，严格把关，主动沟通和服务。要配合民政部门做好资金的争取、重度残疾人的筛查、资格审定等工作。要尽快澄清底数，录入重度残疾人生活救助系统软件，并及时向民政部门提供翔实的信息。做好残疾人证办理工作，特别是重度残疾人证的办理。从受理审批，到医院鉴定等环节都要层层把关，坚决杜绝假证、人情证的现象出现。确保在第三季度完成重度残疾人生活救助审批任务，在第四季度落实低保金的发放工作，为做好2014年的工作打好基础。

7月9日，河南省全民技能振兴工程领导小组印发《2013年河南省残疾人就业培训工程实施方案》（豫技领〔2013〕1号）。

7月25日，全省残联上半年工作会议在省残疾人综合服务中心召开。省辖市残联理事长、办公室主任，省直管试点县（市）残联理事长，机关处以上干部和直属事业单位班子成员参加了会议。会议认真回顾总结了全省上半年以来残疾人工作，并对如何贯彻落实省残联第六次代表大会精神，加强基层残疾人工作、努力创造残疾人幸福生活做出部署。

8月16日，省政府办公厅印发《关于2013年河南省贫困残疾儿童抢救性康复工程实施方案的通知》（豫政办〔2013〕71号）。

8月28日，全省残疾人扶贫工作会议在郑州召开。

8月29日，河南省贫困残疾儿童抢救性康复工程工作会议在河南省综合服务中心召开。

10月11日，“回报社会·奉献爱心”捐赠仪式在河南省残疾人综合服务中心举行。

10月18日，全省残疾人就业工作现场会在濮阳市举行。会议要求各级残联要加强领导，创新培训模式，提高培训实效，拓展残疾人就业渠道，促进残疾人多形式就业。

11月21日，省残联、省残疾人福利基金会厚东安居残疾人危房改造项目发放仪式在信阳市光山县举行。

11月21日，河南省残联与北京大学联合举办的第一期市县级残联理事长培训班在北京大学经济管理学院开班。这次培训班围绕“中国残疾人事业发展与社会管理创新”主题学习，由北京大学和长期从事残疾人事业发展研究的专家教授亲自授课，学期一周。从11月21日—12月3日将连续举办三期市县级残联理事长培训班，省残联援疆单位哈密地区残联系统的理事长、省残联及二级机构正处级以上干部，共计200余人参加培训。

12月17日，全省残联理事长工作会议在省残疾人综合服务中心召开。

附　录

省残联党组书记、理事长李国成在省残联第六次代表大会上的报告

2013年6月19日

一、省残联五代会以来的工作和基本经验

（一）五年来所做的主要工作

1. 加快推进残疾人“两个体系”建设。一是健全残疾人法规政策体系。五年来，在省委、省人大、省政府、省政协的亲切关怀和省直有关部门的大力支持下，我省先后出台了《中共河南省委、河南省人民政府关于加快发展残疾人事业的实施意见》等23个政策文件，修订了《河南省实施〈中华人民共和国残疾人保障法〉办法》《河南省按比例安排残疾人就业办法》等重要法规和规章，为加快我省残疾人事业发展提供了强有力的政策支撑。二是积极推进残疾人“两个体系”建设工作。省政府印发《在部分市县率先推进残疾人社会保障体系和服务体系建设实施方案》，省民政厅、财政厅和省残联联合下发《关于做好重度残疾人生活救助工作的通知》，将由父母或兄弟姐妹抚养（扶养）的重度残疾人纳入最低生活保障救助范围，按照当地城乡低保最高补差予以救助。

2. 强力实施残疾人“实名制”培训。2010年以来，残疾人就业培训工作连续四年列入省委、省政府“十项民生工程”。各级残联把残疾人就业培训工作作为重中之重，在全省范围内开展了残疾人就业培训状况普查，根据残疾人的需求，开展了“实名制”培训，并将残疾人就业培训需求、培训效果及培训后就业情况全部“实名制”录入计算机，全省联网。五年来，共培训残疾人45万人，实现就业创业28万人。我省的“实名制”培训得到国务院残工委、人社部、中国残联的充分肯定和高度评价，人社部、中国残联在全国推广了河南“实名制”培训模式。

3. 大幅提升残疾人康复服务水平和能力。一是大力开展“白内障复明无障碍省”创建工作，将其列入省委、省政府2009年为民办的十大实事，动员各级各部门，成功实施白内障复明手术44万多例，率先在全国建成“白内障复明无障碍省”；二是免费为贫困残疾儿童实施抢救性康复，使20000多名残疾儿童身体功能得到改善，获得了新生；三是加快推进康复进社区、进农村、进家庭工作。建立乡镇（街道）康复室1947个，社区（村）康复站21952个，在全省初步建立了康复服务网络体系；四是实施国家彩票公益金、“长江新里程”、“七彩梦”等康复项目，为贫困残疾人免费适配辅助器具50多万件，使一大批残疾人得到功能补偿回归社会，开始了新的生活。

4. 有效保障残疾人各项权益。认真贯彻落实《残疾人保障法》，配合省人大组织开展了《残疾人保障法》执法检查；积极建立残疾人法律援助的长效机制，全省已初步形成省、市、县、乡、村五级残疾人维权工作网络；认真做好残疾人信访工作，全省办理接待残疾人来信来访43000多人次，查处了一批侵害残疾人权益的案件；争取资金5000多万元，为16万多人次残疾人发放机动轮椅车燃油补贴，为3000多户贫困残疾人家庭进行了无障碍改造；稳步推进无障碍城市建设，郑州、洛阳、平顶山、鹤壁等市成功创建全国无障碍示范城市。

5. 全面加强基层残疾人组织建设。截至目前，省、市、县、乡残联专职工作人员达8700余名，49617个行政村（社区）全部建立残疾人协会，乡、村两级选聘残疾人专职委员达5万多名，80%以上的残疾人专职委员落实了待遇，解决了基层残疾人工作有阵地、有服务、有人员、有保障的问题；建立各类残疾人专门协会八百余个，60%以上省辖市残联配备了残疾人领导干部，有52名市、县残联理事长担任当地人大或政协常委，72名担任人大代表或政协委员。

6. 加快建设各级残疾人综合服务设施。五年来，总投资5亿多元，共新建、改扩建112个市（县、区）残疾人综合服务设施，总建筑面积超过24万平方米，全省已基本实现了每个市、县都有一所残疾人综合服务设施的目标。省残疾人综合服务中心计划总建筑面积11.2万平方米。一期工程历时一年零九个月，投入2.3亿元、建成面积6.35万平方米，聋儿语训、残疾人培训、辅助器具适配、托养等一体化示范性业务全面展开。

7. 积极做好残疾人教育、扶贫工作。实现特殊教育学校学生免费义务教育，对接受中等职业教育的残疾学生每生每年补助1500元助学金；实施残疾人事业彩票公益金助学等项目，累计投资1167万元，资助贫困残疾学生1.2万人次。通过各种方式累计扶持80多万农村残疾人摆脱贫困；对3万户农村贫困残疾人家庭进行危房改造；争取国家康复扶贫贷款项目计划累计2.6亿元，建立农村残疾人扶贫基地148个。

8. 扎实推进残疾人文化体育工作。2009年成功举办了全省残疾人艺术汇演，并首次承办了全国残疾人艺术汇演的赛区比赛，取得了全国团体金奖第一的优异成绩。成功举办了全省第五届残疾人运动会；参加北京残奥会、伦敦残奥会、广州亚残运会等国际大赛，均取得优异成绩，共摘得22枚金牌、6枚银牌、7枚铜牌，破七项世界纪录，展示了我省残疾人的风采，中国残联、国家体育总局先后授予省残联“突出贡献单位”、“全国群众体育先进单位”，省政府对省残联、省体育局给予通令嘉奖。

9. 广泛开展扶残助残活动。五年来，各级残联在全省实施了包括残疾人康复服务、技术服务、困难救助、贫困残疾学生资助、法律援助、就业服务等扶残助残项目，帮扶残疾人400多万人次。省残疾人福利基金会共募集款物折合人民币1.04亿元，帮扶了一大批贫困残疾人。全省残疾人状况明显改善。根据全省残疾人状况普查和监测结果，2012年全省城乡残疾人家庭人均收入比2008年提高了49%，残疾人接受过康复服务的比例从2008年的24.3%上升至65.6%；有89.6万城乡残疾人享受最低生活保障待遇，51万城镇残疾人参加了社会养老保险，65万参加了社会医疗保险；150.6万农村残疾人参加了新型农村社会养老保险，98.8%的农村残疾人参加了新型农村合作医疗。

10. 着力加强党的建设和党风廉政建设。几年来，省残联党组、理事会始终坚持把党的建设特别是党风廉政建设当作残疾人工作的重点来抓，坚持将党风廉政建设同业务工作同部署，同落实，同检查，同考核。通过建立健全领导体制、工作机制和考评机制，进一步强化了制度约束，坚持做到关口前移、未雨绸缪。省残联多次被省纪委评为党风廉政建设先进单位，连续4届获得省级文明单位荣誉称号。

（二）过去五年取得的基本经验

回顾这5年不平凡的历程，以及取得的成绩，我们深切感到：

党委、政府重视是做好残疾人工作的根本。几年来，省委、省政府始终把残疾人事业发展纳入到经济社会发展大局。省委常委会议和省政府常务会议多次研究残疾人工作；省委、省政府主要领导同志多次出席活动、发表讲话、做出批示；历任分管的省委、省政府领导协调解决了大量关键问题。省委、省政府连续五年将残疾人工作纳入省委、省政府民生工程。各级各有关部门和单位将发展残疾人事业纳入本部门、本单位工作范畴，齐抓共管、合力推进。

有使命感、有责任心是做好残疾人工作的前提。做残疾人工作，必须要有使命感、责任感和紧迫感，要敢于迎接挑战，敢于触及矛盾，敢于承担风险，敢于破解难题。凭着这种信念，几年来，克服了一个又一个困难，实现了一个又一个新目标。修订《河南省按比例安排残疾人就业办法》，仅仅用了半年时间；承办“回报社会·奉献爱心”捐赠活动，一次性募集款物折合人民币达2.6亿元，创造了我省残疾人慈善事业的新纪录；省残疾人综合服务中心一期工程，从破土动工到交付使用仅历时一年零九个月，建设规模之大、速度之快、质量之高、成本之低，都创造了我省残疾人综合服务设施建设史上的奇迹。

抓重点、抓大事是做好残疾人工作的关键。这几年，省残联围绕残疾人反映突出、诉求迫切的实际困难和残疾人事业发展中的瓶颈问题，不搞花架子，不搞形象工程，而是扎扎实实干了几件大事、实事。通过出台残疾人保障政策，使残疾人的基本生活得到稳定的制度保障；通过创建白内障无障碍省，为44万白内障患者免费实施复明手术，让他们重见光明；通过近几年实施残疾人就业培训工程，使45万城乡残疾人掌握了一技之长，走上就业创业之路；通过广泛开展扶残助残活动，使400多万残疾人得到实惠，并营造了关心关爱残疾人、支持发展残疾人事业的良好社会氛围；通过强力推进基层残疾人组织建设，较好解决了基层残疾人工作基础薄弱问题；通过加快各级残疾人综合服务设施建设，使省、市、县（区）残疾人基础服务设施得到了改善，全面提升了为残疾人服务的能力和水平。

抓班子、带队伍是做好残疾人工作的保障。打铁还要自身硬。没有一个风清气正、廉洁高效、坚强有力的领导班子，没有一支作风硬朗、敢打能拼的干部队伍，做好残疾人工作就是一句空话。五年来，我们先后在省残联机关认真开展了“讲、树、促”、创先争优、精神文明建设和构建和谐机关活动，党组、理事会提出了在“六个方面做表率”的要求，举办了多期全省残联系统学习实践科学发展观和党风廉政建设培训班，主要负责同志更是在不同会议、不同场合多次强调、反复要求党风廉政建设。通过努力，我省各级残联无论是在思想作风、工作作风，还是在业务素质、精神面貌上都发生了较大的变化，干事创业的氛围日益浓厚，以残疾人为本，努力为残疾人事业做贡献已成为残疾人工作者的不懈追求。

二、未来五年残疾人事业发展的基本要求和奋斗目标

党的十八大指明了未来一个时期我国经济社会发展的方向和目标，也为残疾人事业发展描绘了美好的前景。全面建成小康社会，将为改善残疾人状况、保障残疾人

平等权利、促进残疾人事业发展提供坚实的基础。同时，我们也必须清醒地看到，河南是残疾人口大省，残疾人事业发展任务很重，又是经济欠发达省份，残疾人在康复、教育、就业、扶贫、文化体育，特别是残疾人社会保障和服务体系建设方面还面临诸多亟待解决的问题，残疾人总体生活状况与社会平均水平相比差距依然较大。2012 年残疾人状况监测显示，全省残疾人家庭人均可支配收入仅为全省居民家庭的 56%，学龄残疾儿童接受义务教育的在学比例只有 71.9%，城镇残疾人登记失业率为 9.2%，近 30% 的城镇残疾人未参加任何社会保险，近 50% 未就业的残疾人靠家庭或亲属供养。因此，我们绝不能盲目乐观，要时刻保持清醒的头脑，在党的十八大精神指引下，进一步增强忧患意识和紧迫感，推动残疾人事业再上新台阶，帮助广大残疾人朋友和全省人民一道实现幸福美好的中原梦，为全面建成小康社会宏伟目标做出新的贡献。

创造残疾人更加幸福美好的生活，实现中原梦，必须始终坚持把党的十八大提出的“健全残疾人社会保障和服务体系”作为今后五年残疾人事业发展的核心内容和战略任务，把解决残疾人生存和发展的基本需要放在首位，全面提高残疾人社会保障和基本公共服务均等化水平，不断满足残疾人多样化、多层次的发展需求；必须让残疾人紧紧跟上全面建成小康社会的步伐，真正让广大残疾人过上“学有所教、病有所医、老有所养、住有所居，康复有条件、在家有照料、出行无障碍”的幸福生活；必须坚持“一张蓝图绘到底、一任接着一任干、一以贯之谋发展”，在坚持中提高完善、在继承中与时俱进，在发展残疾人事业的体制机制、保障水平、服务能力、社会环境和权益维护等方面取得新突破，在新的起点上推动我省残疾人事业实现新跨越。

今后五年我省残疾人工作的基本要求是：认真贯彻落实党的十八大精神，坚持以邓小平理论、“三个代表”重要思想、科学发展观为指导，紧紧围绕实现中原梦，以团结带领 700 多万残疾人与全省人民一道同步迈入小康社会为目标，以健全残疾人社会保障和服务体系为中心，以强力实施残疾人就业培训，狠抓残疾人权益保障为重点，以加强残疾人工作者干部队伍建设为关键，重心下移，强基固本，为全面建设中原经济区、加快中原崛起河南振兴、实现一亿河南人民的中原梦做出新的应有的贡献。

今后五年，我省残疾人事业的奋斗目标是：

——残疾人生活水平与社会平均水平的差距进一步缩小，城乡残疾人家庭年人均可支配收入显著提高。

——全省残疾人“两个体系”更加完善，保障水平大幅度提高，残疾人社会福利制度更加健全；残疾人服务体系建设覆盖城乡、形成特色，残疾人医疗、康复、教育、就业、文化、辅助器具和生活照料等基本公共服务做到普遍享有。

——残疾人事业发展环境更加优化，扶残助残氛围更加浓厚，残疾人“平等、参与、共享”的理念在社会中得到普及，社会整体无障碍水平明显提高，残疾人合法权益得到保障。

——残疾人参与经济、政治、社会、文化生活更加主动、深入，主体作用得到更好发挥。

——基层残疾人组织建设全面加强，工作队伍不断壮大，工作基础不断夯实，为残疾人服务的能力和水平不断提高。

三、多措并举，全面推动残疾人事业持续跨越发展

（一）加强残疾人社会保障制度建设，着力保障残疾人生活

加强残疾人社会保障顶层制度设计。制订出台《河南省残疾人小康建设指导意见》，并围绕《指导意见》，制定完善针对残疾人特殊困难和需求的生活补助、护理补贴、社会保险补贴、生活救助等专项社会保障政策措施；认真贯彻落实省民政厅、财政厅和省残联联合下发的《关于做好重度残疾人生活救助工作的通知》精神，让符合条件的重度残疾人全部纳入低保救助范围，切实保障重度残疾人基本生活；支持帮助残疾人参加城乡居民养老保险、城镇居民基本医疗保险和新型农村合作医疗，推动残疾人康复项目纳入基本医疗保障和公共卫生服务，落实残疾人社会保险的政府补贴，扩大社会保险尤其是基本医疗的覆盖面，完善残疾人重大疾病保障措施；创新发展助残福利项目，努力实现基本福利制度定型，完善残疾人机构托养、社区日间照料和居家养护的保障措施；完善残疾人辅助器具免费配发和购买补贴政策；发展助残公益慈善项目，有效发挥公益慈善对残疾人的补充保障作用。

（二）全面推进残疾人服务体系建设，切实增强残疾人发展能力

贯彻落实《河南省基本公共服务体系“十二五”规划》，抓住全省推进基本公共服务均等化发展契机，将残疾人社会保障、医疗康复、教育培训、劳动就业、文化体育、法律维权等一般性公共服务纳入全省公共服务均等化的总体安排，同步实施。制定残疾人享受基本公共服务的优惠办法，根据残疾人需求特性，对残疾预防与康复、辅助器具、养护照料、无障碍等残疾人专项公共服务予以优先发展，从根本上解决服务供给不足与残疾人日益增长的个性化、多样化服务需求之间的矛盾，全面提高残疾人生存、发展的水平和质量。

（三）将工作重心下移，为基层残疾人谋福祉

残疾人生活在基层，残疾人工作的重点在基层，残疾人反映最强烈、要求最迫切的实际困难和问题需要在

基层得到解决。今后几年，我省残疾人工作的重心将向基层转移，抓基层，打基础，切实将基层残疾人工作扎实有效的开展起来，真正造福残疾人。通过加大经费支持保障力度，建设更多残疾人服务设施，满足残疾人的康复、托养、培训等需求；通过下大力气解决基层残联在组织建设、工作队伍建设等方面的困难和问题，强基固本，稳定和壮大残疾人专职委员队伍，切实增强基层残联服务残疾人的能力和水平；通过扶贫开发，项目带动，让更多残疾人摆脱贫困，迈入小康生活。

（四）强力实施残疾人就业培训，切实提高残疾人收入水平

就业是民生之本，是残疾人实现增收的主要来源。今后五年，要把就业作为残疾人事业发展的优先领域和战略重点，摆到更加突出的位置，完善残疾人就业促进和政策保护措施，提高残疾人就业质量。依法推进按比例安排残疾人就业，扩大按比例就业规模和比例；稳定和扩大残疾人集中就业，落实对集中安置残疾人就业单位的系列扶持措施；加大对残疾人自主创业的扶持力度，鼓励残疾人个体就业和自主创业，壮大一批残疾人自主创业企业，以创业来带动残疾人就业；加大对盲人按摩机构的扶持力度，确保已就业盲人稳定就业；积极探索残疾人高层次就业渠道。加强残疾人就业服务体系建设，完善和提高为残疾人就业提供服务的能力和水平；大力开展残疾人职业技能培训，逐步将我省残疾人培训工作由粗放型向精细化转变，并在转化培训成果上下功夫。积极配合教育主管部门贯彻落实省政府办公厅《关于进一步加快特殊教育事业发展的实施意见》，加快发展残疾人特殊教育，全面提高残疾人文化素质。

（五）加快推进残疾人康复服务网络建设，尽快实现残疾人“人人享有康复服务”目标

将残疾人康复纳入基本医疗卫生制度和基层医疗卫生服务内容，建立和完善不同层次、功能定位合理、适合残疾人康复需求、覆盖全省的残疾人康复服务网络；全面开展社区康复服务，重点实施0—6岁残疾儿童抢救性康复工程；加大市、县两级残疾人康复中心建设力度，增大康复服务的供给；建立全省统一的康复服务转介平台，实现康复资源与康复需求的有效对接，优化康复服务资源配置；做好农村残疾人、精神残疾人、残疾儿童等重点人群康复服务，实现康复服务均衡发展；强力推进市县辅助器具服务机构规范化建设和服务网络建设，不断提升辅助器具服务的专业化、个性化水平。

（六）营造公平正义的制度环境，切实保障残疾人合法权益

全面贯彻执行《河南省实施〈中华人民共和国残疾人保障法〉办法》，保障残疾人平等参与、平等发展权利；将残疾人相关的法律法规纳入普法内容，推动各级人大、政协、政府残工委开展执法检查和专项检查；加强残疾人法律维权服务，促进残疾人知法、学法、懂法、用法，逐步形成依法维护残疾人权益的社会法治环境；以督办事关残疾人切身权益的典型案件和解决关系残疾人生产生活的信访问题为重点，进一步推进残疾人权益保障工作，并积极探索建立完善残疾人权益保障维护长效工作机制；加强无障碍环境建设总体规划，着力提升无障碍建设的规范化、系统性和人性化水平；完善残疾人家庭无障碍改造的常态化机制，深入开展居住小区和公共交通体系的无障碍改造；加强无障碍信息服务，做好信息无障碍产品的研发，建立“无障碍设施管理信息系统”；加大全省残疾人无障碍城市建设力度，努力为残疾人平等参与社会生活创造无障碍环境。

（七）发展残疾人文化体育事业，尽力满足残疾人精神文化需求

将残疾人文化建设纳入我省社会发展总体规划，作为一项重点工作，做到有计划、有目标、有检查、有落实，切实将基层残疾人文化活动扎实有效开展起来；结合实际争取残疾人文化建设项目，创造条件，分类推进；运用社会化方式，引导动员社会力量参与残疾人文化建设；通过典型引路，充分发挥残疾人文化示范市的辐射带动作用，努力为残疾人提供更多的常态化的文化服务。

实施残疾人自强健身工程，加快建设残疾人群众体育活动“示范点”；举办第六届全省残疾人运动会，备战全国第九届残疾人运动会；扎实做好群众体育健身工作，积极开展残疾人健身周、全国特奥日等活动；进一步推进残疾人体育健身指导员培训，逐步建立基层残疾人体育健身指导服务队伍，加强残疾人体育健身工作的指导能力和组织力量。

（八）加强基层残疾人组织建设和残疾人服务设施建设，努力提高为残疾人服务的能力和水平

以“强基育人”工程为抓手，全面加强基层残疾人组织规范化建设，进一步优化组织结构，合理规划布局，配齐配强人员，明晰职责定位；加快培养高素质的残疾人工作专业人才，全面提高残疾人工作者职业化、专业化水平；建立并完善残疾人专职委员选聘、竞聘和实名持证上岗制度，做到选聘、培训、服务、待遇、管理五到位；全面落实将乡、村两级残疾人专职委员工作补贴列入当地财政预算政策，解决好残疾人专职委员待遇问题；把残疾人专职委员纳入社会工作人才队伍组成部分，统筹规划，同步发展；加强残疾人社会组织管理创新，推动残疾人组织更加活跃。

抓住国家改善民生、加大公共设施资金投入的机遇，积极争取多方面支持，在市、县再兴建一批残疾人康复

和托养设施，同时向乡镇延伸，在乡镇建设一批示范性残疾人服务设施；加大对新建设的市、县、乡镇残疾人服务设施的经费补贴，并建立对在建工程廉政建设的监督检查机制；强化对已经建成的残疾人综合服务设施的管理，充分发挥其功能和作用，提高服务能力和水平；完成省康复医院改造和省残疾人综合服务中心后续建设，开工建设省本级盲人按摩机构设施项目，筹备建设河南省康复中心。再经过几年的努力，切实在全省构筑起完善的残疾人保障和服务的平台。

（九）深入开展扶残助残活动，进一步营造理解、尊重、关心、帮助残疾人的良好社会氛围

在总结前5年扶残助残活动经验的基础上，继续开展好具有现实意义和重大社会影响的扶残助残活动，进一步加大为残疾人做好事、办实事、解难事的工作力度；鼓励各系统、各行业开展扶残助残活动，积极开展助残志愿服务活动，建立一支兼具爱心和专长的助残志愿者队伍，逐步形成以社区助残为基础、志愿者助残为主体的社会助残新格局，努力形成天天助残、人人助残、处处助残、默默助残的良好社会风尚；大力支持省残疾人福利基金会发展，加大资金募集和扶残助残项目实施力度，努力打造公开透明、高效廉洁的公益慈善服务平台；继续开展自强和助残表彰，宣传和树立一批先进典范，激励残疾人热爱生活，不懈追求，自强自立，积极实践，为建设中原经济区、全面建成小康社会建功立业。

（十）加强残联干部思想作风建设，打造一支干事创业的残疾人工作队伍

一支作风过硬的干部队伍是事业发展的坚强保证。本次换届任务完成后，各级残联领导班子和干部队伍都得到了新加强。要坚持严格要求、严格教育、严格管理、严格监督，建设坚定贯彻党的路线方针政策、善于领导残疾人事业科学发展的领导班子，建设政治坚定、能力过硬、作风优良、奋发有为的残疾人工作队伍。要认真落实中央关于改进工作作风、密切联系群众的八项规定和省委省政府落实中央八项规定的若干意见，按照中央和省委部署，开展好以为民务实清廉为主要内容的党的群众路线教育实践活动。坚持和发扬艰苦奋斗精神，坚持勤俭办一切事情，坚决反对大手大脚、铺张浪费，坚决抵制享乐主义、奢靡之风，坚决杜绝形象工程、政绩工程，在残联系统形成鼓励实干、倡导实干、崇尚实干的浓厚氛围。要深入基层开展调查研究，密切与残疾人的血肉联系，帮助残疾人解决实际困难和问题，全心全意为残疾人解难题、办实事、谋福祉。要坚决落实党风廉政建设各项要求，不断提高拒腐防变和抵御风险能力，坚决同一切消极腐败现象做斗争，为促进全省残疾人事业持续快速跨越发展提供坚强的组织保障。

（严少军供稿）

湖北省残疾人事业和残疾人工作

一、领导讲话

省残联党组书记、理事长陶慧芬在全省残联系统文明创建推进会上的讲话摘要

2013年2月28日

紧紧围绕省委、省政府重大决策部署，残疾人工作服务“五个湖北”建设的作用更加彰显。紧紧围绕省第十次党代会“五个湖北”建设的总体布局，在全省残联系统广泛开展了残疾人事业服务“幸福湖北”建设：通过“身边的感动”先进事迹报告会，弘扬了时代精神，凝聚了发展力量；通过新修订的《实施办法》，加大了各级投入，残疾人民生得到明显改善；通过残疾人事业进入各级政府为民办实事工作平台，提高了残疾人社会保障和服务水平；通过开展“助残文明号”，提高全民助残意识，培育了全社会扶残助残风尚。同时，按照省委部署，还动员组织全省残联系统广大党员干部主动投身“三抓一促”和“三万”活动，以“机关联系残疾人，促科学发展；干部联系残疾人，促社会和谐”为目标，建立会党组成员和会领导挂点联系制度，有效推进了“城乡互联、结对共建”活动；通过组织百人站立、圆梦行动，以“六个一”为主要内容的“牢记历史、情系老区”大别山革命老区捐助，白内障复明行动，0—6岁贫困残疾儿童实施抢救性康复工程，农村残疾人实用技术培训，基层残疾人服务设施建设等系列工作，残联系统服务基层，服务最需要的残疾

人群体的新形象进一步树立，残疾人事业在全省经济社会发展中的地位和作用进一步彰显。

以文明处室、文明职工、文明家庭等评选为主要内容的文明细胞建设，既弘扬了正气，树立了新风，营造了良好文明创建氛围，同时也形成了残联系统文明创建特色品牌。比如，默默无闻、任劳任怨的残疾人工作者苏柳英，以己之力，做能及之事的“知心姐姐”孙万清，辛勤耕耘、无私奉献的“拐杖老师”谭定才，爱无止境、相濡以沫的“提琴夫妇”袁春生等先进典型，得到了国务院、省委省政府充分肯定，受到了全省人民好评，更带动了全省广大残疾人工作者立足本职，学习先进，默默奉献，为推进我省残疾人事业发展营造了良好的社会氛围。

副省长梁惠玲在省残联调研时的讲话摘要

2013 年 3 月 13 日

具体来说有三项重点工作，一是关注民生，切实解决好残疾人的实际问题。残疾人工作不是锦上添花的工作，而是雪中送炭、排忧解难、帮扶解困的工作。残疾人生活状况的改善一方面要靠残疾人自身努力，另一方面更要靠政府和社会的保障帮扶。要从残疾人的具体困难，日常需要着手，努力解决好他们最关心、最直接、最现实的利益问题。特别是项目惠残工程，要突出抓好急需的、覆盖广的、效率好的项目。比如说我们提到的 0—6 岁的残疾儿童抢救性康复工程，它是一个减少残疾降低残疾程度的工作，它的意义非常重大，并且它的覆盖面很广。从我省统计来看，农村残疾人口占全省残疾人口的 2/3，这就说明农村由于经济、医疗条件的限制，这些人抢救不及时，造成肢残、智残，而抢救性的康复工程对于减少残疾，降低残疾康复成本至关重要。

二是依法保障，深入推进残疾人的“两个体系”建设。要按照省政府印发的关于“两个体系”建设的意见，以推动《纲要》的实施和推进《实施办法》为抓手，加快“两个体系”建设。第一，落实政策法规保基本。就是给残疾人的基本生活提供基本保障，要把残疾人的保障纳入民生的保障，在政策上倾斜，实行优先安排。第二，加大项目服务广覆盖。我们实施慈善、康复等一系列项目，都要广覆盖，扩大受益面，使更多的残疾人得到实惠。第三，要动员社会参与，提供多层次、多元化的服务。要满足广大残疾人多层次，多元化的服务，比如康复，康复应该说是残疾人的基本需求，但是它有很多的康复项目，有不同类型的康复，要动员社会力量参与，满足残疾人多层次、多元化的需求。第四，要整合资源，形成共建共享的合力。残疾人事业是政府的责任，需要全社会齐抓共管，各级残联是代表、服务、维护残疾人权益利益的组织，所以所有的残疾人工作都要靠这个组织，要把这个工作作为政府的一项职责，作为社会的一种责任，来动员社会力量，整合政府的资源，形成共建共管。比如“阳光家园”，康复中心建设，特别是对需要多层次、多元化服务的项目，国家出台了一些政策，但仅靠政策还是不够。因此“两个体系”建设光靠各级残联是搞不好的，也建不起来的，要整合政府各部门的资源，形成共建共享共管的良好格局。

三是要开拓创新，努力把各级残联建成服务残疾人的温暖之家。一要把全心全意为残疾人服务作为我们工作的出发点和落脚点，进一步增强责任意识、服务意识和敬业意识。残联的职责就是代表和维护残疾人的合法权益，为残疾人服务。要建成一个温暖之家就要树立一个争先创优的意识，我省残疾人事业发展在全国的位次要有提升，在省内、省直机关、全省要有新的贡献，其手段就是要有争先创优的意识。二要更新观念，推动残疾人事业创新发展。观念决定思路，思路决定出路，各级残联要研究新情况、新问题，创新思路，创新举措，凝聚社会力量，整合社会资源，加快残疾人事业的发展。残联工作要社会化。社会化就是要开阔视野，开阔思路，开发合作。就是把你的工作推动让社会去做，然后把社会的资源拿来为你所用。残联工作如果不社会化，自己来做就很难做得好。要发挥残工委的作用，残工委是整合政府的职能，整合政府的资源，争取各种社会资源为我所用，为残疾人保障服务的重要平台，所以要发挥好残工委的职能。观念转变十分重要，观念一变，思路就开，办法就多，所以一定要研究新时期残疾人事业发展中的新要求、新问题，不断创新工作思路，研究新的办法，新的措施，推动残疾人事业新的发展。要动员全社会力量关爱残疾人，帮扶残疾人，营造帮残扶残的氛围，凝聚社会力量解决残疾人的一些实际问题。

各级残联要突出三个加强，一是要加强学习。残疾人事业发展要与时俱进。传统的残疾人工作就是做一点慈善，做一点帮扶。现在残疾人工作不一样，比如“两个体系”建设、项目服务等等，还有综合设施、服务设施建设等等，这是我们的薄弱环节，在全国靠后。基础设施建设代表一个地方残疾人工作的力度，也代表为残疾人服务的能力。设施、管理、服务、运转是一个整体，比如说康复中心建起来了，没有很好的运行机制，就不可能发挥好的作用，运行不好的话，不仅不是我们的资源，而且还会成为我们的包袱。怎样把它运营好，发挥好它的效益，真正切实为残疾人康复提供周到、优质的服务，提高它的运转效率，这是新的课题，需要我们认真研究，需要我们学习新的知识、新的政策法规，真正做行家里手，结合湖北的实际提出落实的思路，办法和措施，来破解我们发展中的难题。二是要加强研究。针对我们发展中心的薄弱问题要研究，用先进的理念，先进的观念，先进的思路，先进的做法，来研究解决面临的新问题。比如康复中心现在全国建得好的很多，中国康复中心一床难求，但是建成后成为包袱的也有不少，我们后建就有后建的优势，所以我们要学习借鉴人家好的做法，好的经验，优化我省康复中心的功能、运行机制，顶层设计等。要打破传统观念，打破传统的做法研究新问题。三是要加强协调。要把社会资源为我所用，就需要协调争取各方面，整合社会力量来推动残疾人事业发展，需要加大协调力度，动员全社会各方面力量都来关爱残疾人。要善于用社会化的工作方法，做深入细致的协调工作，动之以情，晓之以理，服之以据，充分调动社会的良知爱心，税收等优惠政策杠杆，市场发展潜力等，把各种社会资源汇集到残疾人事业中来。

省残联副理事长施李国在全省城乡特困残疾人生活补助项目督办会上的讲话摘要

2013 年 6 月 28 日

第一，咸安的经验对各地有学习借鉴意义。咸安区残联的工作做得非常实在，他们在四个方面做得好。一是注重调研。他们派了大量人员搞了一个多月，收集 10041 户残疾人基本情况，建立全县的特困残疾人数据库，为今年全省开展“残情大调研”打下了坚实的基础。二是领导非常重视。区领导亲自抓，区乡村三级都组建了专班。理事长、副理事长分片督办，组织专班开展宣传，工作做得有声有色。三是严格按照政策来落实，没有走样。包括每个月 50 块钱的标准、资金一比一配套、分配指标的落实，他们把指标层层分解和自下而上的申请审批相结合，搞了“三个优先”。四是项目管理规范。重点把好申请关、审核关、发放关、监管关，建立了一些制度，如年度考核制度、年度评议制度、档案管理制度、项目督察制度。咸安的经验非常珍贵，值得各地学习。

第二，为什么我们要开这个督办会。基于三点考虑。一是项目的确很重要。这个项目不纯粹是一个项目，而是一项制度安排。湖北省作为全国的三个实验区之一，承担着探索制度建设的任务。特困残疾人救助制度湖北省 2006 年开始探索，当时每个贫困残疾人每个月补贴 5 块钱，中国残联表扬了湖北很多次，仅仅因为这是一项有创新性的制度，并不是因为这个钱的多少。2012 年，省政府常务会议再次专题研究，把这个制度进行完善，一个月 50 块钱，省和各地市各拿一半。它作为一种制度的安排，不是说今年有，明年没有；或者说你这个地方有，那个地方没有；你这个残疾人有，另外一个残疾人就没有。只要是符合对象的都应该有，它是一种制度性安排，要注重打好基础、从一开始就规范操作。此外，为 15 万特困残疾人发放生活补贴是省政府今年跟全省人民承诺要办的十件实事之一，年底必须结硬账。省政府要求我们一个月要报告进度，一个季度要接受省政府的督办，还要进行通报。这个项目还是今年省级财政绩效管理的一个试点项目。绩效管理是今年开始逐步在全省推开的一种财政资金管理办。项目设置合不合理，执行得怎么样，有没有社会效益和经济效益，都需要第三方机构进行评估。项目的绩效管理不合格，可能影响到这个项目甚至残联其他的项目运作。这个项目也是广大残疾人非常关注的一个项目，是涉及残疾人最根本、最迫切、最现实的利益问题，必须高度重视！

二是项目运行状况令人担忧。从今年 3、4 月第三方评估的实际情况和各地自查自评反馈回来的情况以及我自己实地走访一两个地方了解的项目运转情况来看，这个项目的运行不令人乐观。各地上交绩效报告不积极：有的市所有县市区都上交了绩效评估报告，有的市大部分县市上交了报告，有的市只有少数县市上交了报告，有两个市没有交任何报告。各地资金配套情况也不理想。全省有 30% 的县市区没有配套，有的是拿残保金配套的，有的是拿自有资金垫付的。另外，项目执行标准不统一。有的地方扩大了指标，有的地方降低了补助标准，有的改变了补助对象，有的拖延了发放时间。项目管理也有些不规范，有的程序不规范，有的没有程序，有的制度不健全，有的审核走过场。项目运行中存在的这些问题各地必须认真整改。

三是做好这个项目具有长远意义。这个项目现在来看 15 万人并不是很多，资金量也不大。但是在不久的将来，这个项目肯定会成为残联最大的项目，最受关注的项目，最受残疾人欢迎的项目，最能够代表残联形象的一个项目。第三方评估机构通过调研深受感动，他们提出要扩大覆盖面，最终实现应保尽保、应补尽补。省政府领导、省财政厅也取得共识逐步扩大覆盖面。我们要从长远看，从全局来看，把这个项目做好。

第三，项目实施取得了较好的效果。一是给广大的特困残疾人带去了实惠。调查发现，补助的钱虽然不是很多，但是雪中送炭。每月 50 块钱也接近低保水平了，是一个很好的起点。随着不断地提高标准，残疾人得到的实惠会越来越多。二是这个项目激活了残联其他的工作，提升了其他项目的管理水平。三是在某种程度上维护了一些特困残疾人的利益，促进了社会的稳定。像咸安区伤残民工 200 多人的补助到位之后，这个群体就稳定了。项目的实施还带来其他的一些效果。

第四，项目实施中的主要问题。一是救助面比较窄。初步统计全省贫困残疾人可能有 120 万，其中纳入低保的有 60 万人，现在救助的 15 万人只占贫困残疾人 1/8，占全省残疾人的 4%，这个比例很低，远远满足不了广大贫困残疾人的要求，扩大覆盖面迫在眉睫。二是补助的标准偏低，虽然比原来每个月 5 块钱增加了 10 倍，但是绝对额还是偏低的，现在物价上涨比较快，特别是生活方面的费用上涨比较多，尤其是我们残疾人收入不高不说，支出还特别高，维持身体健康的医疗方面的费用支出比较多，补助的标准应该高于低保的补助标准，这中间还有很大的差距。三是地方配套资金的难度比较大。我省县一级财力非常充裕的不是很多。这几年省对各个县市的支持力度加大，相对来说日子好过一些。但是发展方面支出增加了，特别是对民生的投入整体也增加了，残疾人在整个特困群体当中占有一席之地，但不是全部，还有很多其他的特困群体都需要投入，我们这个项目能够配套，也是各地各级政府对我们残疾人事业重视的一个表现。光是残联的项目需要地方配套资金的就有好几个，所以配套确实有一定难度。四是缺乏专项工作经费，有些地方人手还不足，特别是基层残联如乡镇残联大多数是民政的工作人员兼任残联理事长，人手不够，还没有专门的工作经费，基层推进这项工作有一定的困难。

第五，严格执行实施方案确保把好事办好。一是统一思想认识，确保组织领导到位。制度高于一切，要把所有的措施统一到省残联和省财政厅制定的方案上，补助对象、补助标准、审批程序、资金管理、项目管理、监督等方面要严格执行方案的规定。在项目执行中希望领导要到位。要摸清底数，要分片督办，要组建专班。要做好适当的宣传工作，接受社会监督。做好稳定工作，决不能出现上访。二是加大力度筹集资金，确保按时足额发放。希望各地按要求财政预算配套资金，今年没有预算的追加预算。残保金垫支的要整改，因为这不符合残保金使用政策。资金到位后要尽快实行社会化发放。三是严格审核补助对象，确保补助的标准不下降。补助对象就是有二代证的、低保或者低保边缘户，然后“两个优先”：没有劳动能力的、特困残疾人优先；老残一体的、以老养残的、一户多残的优先。各地结合自己的实际看还有什么优先的，必须是从经济贫困程度这个角度出发的。另外指标以省里下达的指标为准，除非你自己拿钱，你保证50块钱的标准，否则不能随意扩大。四是加强资金管理，确保资金专款专用。方案的第七部分专门对资金使用提出了要求，如挪用、挤占甚至虚报、冒领都要进行严厉处理，该司法处理的进行司法处理。资金一定要专款专用。五是规范项目管理，确保制度健全。方案中规定了一些制度，像年度核查制度、信息管理制度、档案管理制度、监督制度等都要严格执行。另外，还要实行实名制、动态管理制、公示制、数据库管理，这些新的管理理念都要落实到位。

第六，下一步的考虑。一是争取逐步扩大残疾人生活补助的范围，实现应助尽助，应补尽补。我们感觉到扩面要先于提标，扩面优先，提标放后，争取明年搞到30万，后年搞到50万，最后实现应补尽补。二是加强对地方配套资金以及发放情况的督办，希望地方自查自报，如果实在有困难的，我们跟财政部门或其他部门一起下去督办，分片督办。三是进一步摸清贫困残疾人底数，在这个基础上改变我们补助模式，变“根据指标定对象”的补助模式为“根据对象定指标”的模式。四是争取合理配备工作经费，甚至办公用品。要么设立专项经费，要么出台政策，要求地方财政按照项目资金的一定比例配套工作经费。五是补助的标准搞一个动态增长机制，每年能够有所提高，比如今年50，明年55或者是60，这样逐年有所提高。六是考虑能不能分不同的地区、不同的县市按照财力的多少规定配套资金的比例。

中国残联副主席、党组副书记、常务副理事长王乃坤在湖北省残联第六次代表大会开幕式上的讲话摘要

2013年7月30日

希望湖北省广大残疾人兄弟姐妹继续发扬自尊、自信、自强、自立的精神，加强学习、提高本领，紧跟时代步伐、积极融入社会，在为国家发展和社会进步做出新贡献的过程中，实现自身价值，绽放人生光彩！残疾人事业是文明崇高的事业，是彰显人道主义光辉的事业，使命光荣，任重道远。我们相信，在湖北省委、省政府的领导下，新一届省残联领导班子一定能按照这次代表大会确定的任务目标，进一步解放思想、凝心聚力、扎实工作、开拓创新，在新的起点上开创残疾人事业发展新局面，为残疾人同全省人民一起迈进全面小康社会、同心共筑中国梦而努力奋斗！

省委书记李鸿忠在省残联第六次代表大会上的讲话摘要

2013年7月30日

要真重视。发展残疾人事业，各级党委和政府、部门是重视的，但在从实、从细、从深方面做得还不够。比如当前残疾人事业发展中遇到的一些困难，有些是财力的问题，但相当一部分不是财力的问题。我们要抓民生、关心弱势群体，残疾人就是最弱势群体，是最需要帮助的群体。我们要抓精神文明建设，社会各界对残疾人生活、工作的态度就是一个重要标志。要真做事。为残疾人办好事、办实事，怎么办都不为过，办再多都不为多。各级政府残疾人工作委员会要强化职责，及时研究解决重大问题，统筹协调有关促进残疾人事业发展的方针、政策、法规、规划的制定和实施，建立稳定的残疾人事业经费保障机制，监督检查落实情况，不论是大的投入还是一般的活动，都要做精做细。要着力解决好康复、教育、就业、社保等残疾人最关心最直接最现实的问题，切实保障残疾人的基本生活，加快无障碍设施建设，大力发展残疾人服务业，不断改善对残疾人的公共服务。要实行“普惠”加“特惠”的政策，用“强势”政策保护弱势群体。要多开“小灶”，多开“绿色通道”，特事特办，善事多办，好事常办，真正使残疾人享受政策不弱势、享受福利不困难、全面发展无障碍，沐浴到党的阳光、感受到政府的温暖、体会到社会主义制度的优越。

副省长梁惠玲在省残联第六届主席团第一次会议上的讲话摘要

2013年7月30日

一是要坚持群众路线。希望大家在党的群众路线教育实践活动中“转作风、树形象”，密切联系残联工作实际，牢记全心全意为残疾人服务的宗旨，对残疾人多一点爱心，对残疾人工作多一份热情，对残疾人事业发展多献计献策，认真解决好残疾人最关心、最现实、最迫切的问题。二是要加强调研。各位委员要充分利用自身

优势，深入到残疾人中间进行调研，了解他们的心声，听取他们的诉求，掌握第一手资料，提出切合实际的调研报告，为党委、政府决策残疾人事务提供依据。三是要加强监督。主席团要关心、支持理事会工作，定期听取理事会工作汇报，研究决定理事会提出的重大事项，督促检查残联代表大会决议的执行情况，确保有关残疾人工作的方针政策和决策部署得到全面落实。

省残联党组书记、理事长陶慧芬在省残联第六次代表大会上的报告摘要 2013年7月30日

未来五年，我们要高举中国特色社会主义伟大旗帜，以邓小平理论、“三个代表”重要思想和科学发展观为指导，以推动全省残疾人生活全面实现小康为目标，以残疾人社会保障体系和服务体系建设为主线，以缩小残健差距为着力点，在完善制度、提升水平、科学发展上下功夫，勇于担当，奋发有为，更加重视普惠加特惠保障政策制度的完善与落实，更加重视残疾人服务体系建设水平的提高，更加重视残疾预防与重点康复项目的推进，更加重视残疾人就业创业，更加重视残疾人文化体育建设，更加重视促进残健融合，更加重视强基育人与服务能力提升，更加重视残疾人工作信息化建设，为在共筑中国梦进程中实现湖北残疾人的梦想而努力奋斗。

二、政策法规文件

关于印发《关于进一步推进0—6岁贫困残疾儿童抢救性康复工作的意见》

鄂残联发〔2013〕32号

二、实施康复救助

（四）将全省城乡0—6岁贫困残疾儿童抢救性康复项目中，符合规定的先天性白内障残疾儿童实施的复明手术、唇腭裂患儿修复手术、脑瘫残疾儿童肢体综合训练和肌力调整术、先天性轻中度畸形儿童实施矫治手术、先天性甲状腺功能低下儿童服药等纳入基本医疗保险支付范围。

（五）省残联继续实施贫困残疾儿童抢救性康复救助项目，对医保、新农合报销后仍有困难的残疾儿童进行康复救助。救助项目包括：脑瘫儿童康复训练；孤独症儿童康复训练；智力残疾儿童康复训练；肢体残疾儿童矫治手术；听力残疾儿童康复训练；为苯丙酮尿症患儿提供特制奶粉；为贫困残疾儿童提供辅助器具适配服务。具体实施办法将由省卫生厅、省财政厅、省人社厅、省残联共同制定《湖北省0—6岁贫困残疾儿童抢救性康复救助工程实施方案》。

三、加强定点机构建设

（六）省卫生厅、省人社厅和省残联联合确定定点康复机构，并负责监管省级定点康复机构服务行为，定期组织对全省定点康复机构进行质量评估，逐步建立健全定点康复机构管理制度。

四、做好康复后续衔接

（十一）小学和幼儿园不得拒绝接收残疾儿童入学、入园。各级教育部门应督导教育机构，允许还需后期康复的非本地户籍残疾儿童就近入园、入学，确保康复后的残疾儿童就学无障碍。

五、明确部门责任

（十三）各级卫生部门要建立残疾儿童预防与监测网络；参与残疾儿童筛查；指定定点医疗康复机构；提供医疗技术支持；培养康复技术人员。

（十四）各级民政部门要对符合救助条件的残疾儿童给予医疗救助；享受低保待遇的残疾儿童，在定点医疗救助机构住院治疗的，通过一站式即时结算得到医疗救助。

（十六）各级财政部门要将残疾儿童抢救性康复项目经费列入年度财政预算，并安排一定的工作经费，监督经费的绩效。

（十七）各级教育部门帮助残疾儿童平等接受教育；做好特殊教育学校内残疾儿童的康复工作。

（十八）各级人社部门要逐步将符合条件的医疗康复项目纳入基本医保支付范围。

2013年湖北省0—6岁贫困残疾儿童抢救性康复救助工程实施方案 鄂残联发〔2013〕38号

一、任务目标

2013年为全省6000名0—6岁贫困残疾儿童提供康复救助，包括国家项目和省0—6岁项目。

五、工作要求

（四）档案管理。项目档案实行双档案管理，各级残联将受助对象信息录入相应数据库中作为电子档案进行保存，受助对象纸质档案由定点康复机构保存。

省人民政府关于加强最低生活保障工作的实施意见 鄂政发〔2013〕18号

二、强化政策措施，完善工作机制

（八）加强与其他社会救助制度的有效衔接。加快推进低收入家庭认定工作，为医疗救助、教育救助、住房保障等社会救助政策向低收入家庭拓展提供支撑；全面建立临时救助制度，有效解决低收入群众的突发性、临时性基本生活困难；做好最低生活保障与养老、医疗等社会保险制度的衔接工作。对最低生活保障家庭中的老年人、未成年人、重度残疾人、重病患者等重点救助对象，要采取多种措施提高其救助水平。鼓励机关、企事业单位、社会组织和个人积极开展扶贫帮困活动，形成慈善事业与社会救助的有效衔接。

关于促进残疾人按比例就业的实施意见

鄂残联发〔2014〕49号

一、依法推进残疾人按比例就业

（四）全省每年统一招收工作人员时，原则上要将招收总人数的1.5%以上名额专门用于招录残疾人。各级残疾人工作委员会成员单位要率先招录残疾人，继而带动其他党政机关。各级党政机关中的非公务员岗位（科研、技术、后勤等），要积极安排残疾人就业，并依法与残疾职工订立劳动合同，保障其合法权益。到2016年，省残疾人工作委员会各成员单位至少安排有1名残疾人。到2020年，所有省级党政机关至少安排有1名残疾人，其中省残联机关干部队伍中残疾人干部的比例应达到15%以上。

二、推动党政机关、事业单位及国有企业带头安排残疾人就业

（七）政府投资开发和购买的公益性岗位要优先安排符合条件的残疾人等就业困难人员就业，按规定落实岗位补贴和社会保险补贴政策。

三、加大对用人单位的补贴、奖励和惩处力度

（九）加大残疾人就业保障金（以下简称残保金）对按比例和超比例安置残疾人就业单位的奖励力度，提高用人单位安排残疾人就业的积极性。对新安排残疾人就业且达到规定比例的，可对用人单位给予一次性补贴（补贴标准另行制定），主要用于工作环境无障碍改造、方便残疾人就业的专用设备和工具等方面，所需资金从本级残保金中列支。

五、齐抓共管协力促进残疾人按比例就业

（十四）各级人力资源和社会保障部门要依法加强残疾人劳动权益维护工作，把残疾人就业工作纳入劳动年审监察范围。

（十八）各级财政部门要加强残保金征收使用管理，更好地发挥残保金促进残疾人就业的作用。各级财政、地税部门要落实征收机关的责任，完善征收措施、规范征收程序、加大征收力度，做到依法征收、应收尽收。

湖北省无障碍设施建设和管理规定

湖北省人民政府令第317号

第十二条　各级规划、建设行政主管部门应加强对无障碍设施建设和日常使用养护、管理工作的监督检查，发现有违反本规定行为的，应及时予以制止，并依法进行处理。

各级残疾人联合会、老龄工作委员会以及其他社会组织或者个人有权对无障碍设施的建设和日常使用、养护、管理情况实施监督，发现问题，可以向建设行政主管部门反映。建设行政主管部门接到情况反映后，应当及时调查处理，并将处理结果告知反映者。

第十五条　规划、建设行政主管部门及其工作人员有下列行为之一的，由其所在单位或者上级主管部门给予行政处分；构成犯罪的，依法追究刑事责任：

一、对未按规定规划、设计配套无障碍设施的建设项目核发建设工程规划许可证和建设工程施工许可证的；

二、对新建、改建、扩建的公共建设项目未按规定配套建设无障碍设施的行为不予处理的；

三、对重要公共建设项目无障碍设施改造计划的实施不履行监督职责的；

四、不履行无障碍设施养护管理职责或不履行督促无障碍设施养护管理责任人依法履行义务的；

五、对反映的无障碍设施建设、使用、养护、管理中存在的问题，不按规定调查处理的；

六、有其他滥用职权、徇私舞弊、玩忽职守行为的。

三、工作综述

第二次全国残疾人抽样调查数据显示，湖北省共有各类残疾人380万人，占总人口的比例为6.64%，涉及1200万家庭人口。其中，肢体残疾人约105.7万，在全省总残疾人口中占比27.86%；听力残疾人约82.9万，占比21.85%；视力残疾人约64.2万，占比16.92%；智力残疾人约34.4万人，占比9.07%；精神残疾人约30.4万，占比8.01%；言语残疾人约6.0万，占比1.58%；多重残疾约55.8，占比14.71%。按照残疾等级分，一级、二级残疾人口占总残疾人口约34.6%，三级、四级残疾人口占比约63.4%。目前，湖北省残疾人结构呈以下变化趋势：一是肢体残疾在增加，二是精神残疾尤其是自闭症人数在增加，三是智障与脑瘫人数在增加，而传统的聋哑人数逐年减少。随着人口老龄化的加快，残疾风险进一步增大，残疾人口规模仍将继续上升。

（一）以改善残疾人民生为根本，“两个体系”建设水平不断提高

2013年，湖北省残联紧紧抓住改善残疾人民生这个根本，围绕试验区建设目标，全力推进残疾人“两个体系”建设，残疾人社会保障和服务水平不断提高。

1. 以省政府为残疾人办实事为抓手，推动各类惠残政策进一步落实

2013年，省政府公开承诺“为15万特困残疾人发放生活补助；对1.6万残疾人实施‘阳光家园’托养计划；为1万名残疾人免费配置辅助器具；为6000名0—6岁贫困残疾儿童实施抢救性康复救助”。在各级残联的努力下，四个承诺全部完成，有的还超额完成。省政府连续4年将改善残疾人民生列入政府为民办实事工程，成为全省改善残疾人民生的一大亮点，引起了全社会广泛关注。在省政府的带动下，2013年全省各级政府已基本实现将惠残项目纳入政府民生工程，社会反响很好。

2. 残疾人社会保障水平不断提高

按照普惠讲优惠、特惠更实惠的原则，各级残联积

极推动各类社会保障制度更大范围、更高标准地惠及广大残疾人。在生活保障方面，城乡贫困残疾人普遍纳入低保范围。部分县市在做到应保尽保的同时，给予了残疾人特殊倾斜，专门提高贫困残疾人最低保障标准。城镇184621名和农村530260名残疾人纳入最低生活保障范围；城镇集中供养残疾人和农村“五保”供养残疾人分别达到12331人和41474人；201418名和3148名符合条件的城乡残疾人分别享受了稳定的生活补贴和护理补贴。93067城乡残疾人得到了其他救助救济。

城乡残疾人参加城乡基本养老和医疗保险的比例稳步提高，重度残疾人和困难残疾人参保费用政府代缴政策普遍得到落实，部分地区缴费政策扩大到全体残疾人。2013年已有225319人城镇残疾人参加了城镇居民社会养老保险，参保率61.2%；有849036名残疾人参加了新型农村社会养老保险，参保率68.8%；城镇残疾职工参加社会保险人数达到81117人。

积极争取财政、卫生、人社部门支持，将残疾人运动疗法等九类残疾人医疗康复项目纳入了基本医疗保障范围，将符合规定的先天性白内障残疾儿童实施复明手术等六类手术或服药项目纳入基本医疗保险支付范围，城镇残疾居民参加基本医疗保险达到303029人。各地因地制宜，在免费乘公交、信息费优惠等特惠政策方面积极探索，全省市、县两级量力而行，制定了适应辖区实际的惠残政策近百项，有效地保障了残疾人的不同需求。

3. 残疾人服务覆盖面逐步扩大

2013年有20万余残疾人享受到包括盲人定向行走、假肢安装、白内障复明等多种康复服务项目。有4461名残疾学生得到国家彩票公益金、交通银行及社会各界的资助；461名符合条件的上线残疾考生被高等院校录取。通过2013年就业援助月活动，帮助了3609名失业残疾人实现再就业，全年完成实用技术培训2万人次、职业技能培训11731人次，有4792名残疾人享受专项就业扶持政策。在扶贫方面，通过实施“阳光安居工程”项目，资助1200户农村贫困残疾人家庭实施危房改造，为850户贫困残疾人家庭实施了无障碍改造，在18个企业中实施了康复扶贫贷款贴息项目，实现残疾人稳定就业3473人，辐射带动2574户贫困残疾人家庭脱贫致富；为2万多名残疾人提供800多万元的机动轮椅车燃油补贴。全省无障碍建设法规得到更广泛的执行，省市多家电视台配备了手语翻译，多数图书馆设有盲人图书室，残疾人出行、参与社会更加便利。

（二）抓住事业发展关键，各项工作取得新的进展

2013年，全省各地深入贯彻残疾人事业“十二五”发展纲要和省残联六代会的工作部署，因地制宜、创造性地开展工作，残疾人工作呈现出你追我赶、亮点纷呈的良好局面。

1. 康　复

紧紧围绕残疾人“人人享有康复服务”战略目标，认真组织实施“十二五”残疾人事业发展纲要及配套康复实施方案的各项工作任务，国家“七彩梦”儿童项目任务、省0—6岁贫困残疾儿童救助项目任务及中央和省残疾人常规康复项目年度任务等圆满完成。

在39个市辖区和59个县（市）开展了社区康复工作，累计已建社区康复站的社区总数达4683个，配备8875名社区康复协调员。

开展视力残疾康复机构总数达到17个，完成白内障复明手术30428例；为12576名贫困白内障患者免费施行复明手术；为6074名低视力患者配用助视器，培训低视力儿童家长10170名，有效开展家庭康复训练。对6080名盲人进行定向行走训练。

推进听力语言康复机构规范化管理，完善基层服务网络。已建设省级听力语言康复机构1个，基层听力语言康复机构35个。年度新收训聋儿833名，在训聋儿1053名；规范聋儿家长学校，开展家庭训练，共培训聋儿家长1178名；培训各级各类听力语言康复专业技术人员50人；开展成年听力语言康复技术服务649人次；训练后走向共207名；机构内在岗专业人员269名。

开展肢体残疾康复训练服务机构达47个，其中，省级康复机构1个，地市级、县级康复机构46个；培训各级各类肢体残疾康复人员291人次；全省共对12328肢体残疾者实施康复训练；实施救助项目资助2058名脑瘫儿童进行机构康复训练，资助275名贫困肢体残疾儿童实施矫治手术。

开展智力残疾康复训练服务的机构49个，其中，省级康复机构1个，地市级、县级康复机构48个；培训各级各类智力残疾康复人员246人次；全省共对5437名智力残疾人进行康复训练；实施救助项目资助899名智力残疾儿童进行机构康复训练，同时培训儿童家长。

大力推广“社会化、综合性、开放式”精神病防治康复工作。在92个县（市、区）开展精神病防治康复工作，对346615名重性精神病患者进行综合防治康复，监护率达到65.1%，显好率达到40.6%，社会参与率达到30.6%，肇事率0.01%；解除关锁218人；对91176名贫困精神病患者进行医疗救助。

2. 教　育

2013年，残疾人受教育权得到了更好保障，进一步提高了残疾人素质和平等参与社会的能力。

残疾人事业专项彩票公益金助学项目，为全省家庭经济困难的残疾儿童享受普惠性学前教育提供资助632名。各地也积极多渠道争取资金支持，对25名残疾儿童给予学前教育资助。

已开办特殊教育普通高中班（部）8个，在校生334人；其中聋高中7个，在校生334人。残疾人中等职业学校（班）8个，在校生160人，毕业生76人，其中41人获得职

业资格证书。全省有305名残疾人被普通高等院校录取。

3. 就　业

2013年，残疾人就业取得新进展。城镇新就业残疾人33322人，其中，集中就业残疾人57781人，按比例安排残疾人就业43231人，公益性岗位就业4563人，个体就业及其他形式灵活就业122324人，辅助性就业2079人。全省城镇就业人数229978人；902868名农村残疾人在业，其中686380名残疾人从事农业生产劳动。

全省残疾人职业培训基地达到269个，其中国残联兴办205个，依托社会机构兴办64个，10749人次城镇残疾人接受了职业培训。

盲人按摩事业稳定发展，按摩机构迅速增长。2013年度培训盲人保健按摩人员671名、盲人医疗按摩人员286名；保健按摩机构达到790个，医疗按摩机构达到49个。

4. 扶贫开发

2013年，残疾人扶贫开发成效显著，贫困残疾人生产生活状况得到进一步改善。111745名贫困残疾人得到扶持，其中59644人通过扶贫开发实际脱贫；接受实用技术培训的残疾人达到55040人次。

康复扶贫贴息贷款扶持3473名农村残疾人，1526个单位和8301个人对贫困残疾人开展结对帮扶。残疾人扶贫基地达到100个，安置2665名残疾人就业，扶持带动11169名残疾人。完成1200户农村贫困残疾人危房改造，各地投入危房资金9467500元，1525名残疾人受益。

5. 维　权

各级残联维权组织建设得到加强，残疾人事业法律法规体系进一步完善，残疾人维权工作全面开展。

2013年，制定或修改了关于残疾人的专门法规、规章地市级2件；制定或修改保障残疾人权益的规范性文件地市级2件、县级11件。截至2013年底，全省成立残疾人法律救助工作协调机构83个，建立残疾人法律救助工作站38个，办理案件698件，建立残疾人法律援助中心（工作站）95个，办理案件1369件，有力地促进了法律救助和法律援助工作。

残疾人参政议政工作得到加强，各级残联协助人大代表、政协委员提出议案、建议、提案128件，办理议案、建议、提案81件。

无障碍建设法规、标准进一步完善。全省共出台了6个地市、县级无障碍建设与管理法规、规章和规范性文件；76个市、县系统开展无障碍建设；全省开展无障碍建设检查189次，无障碍培训263人次；为2467个贫困残疾人家庭实施了无障碍改造；为45654名残疾人发放了残疾人机动轮椅车燃油补贴。

（三）圆满完成残联组织三级换届，为残疾人事业发展奠定坚实的组织基础

2013年7月30日，省残联六代会成功召开，省委书记李鸿忠、省长王国生、人大常务副主任李春明、省政协主席杨松等四大班子领导出席了大会开幕式。李鸿忠书记做了重要讲话，强调“没有广大残疾人的全面小康，‘全面小康社会’是不完整的。同样，幸福湖北也包含着广大残疾人的幸福”，从而奠定了残疾人全面小康和残疾人事业在“五个湖北”建设中的重要地位。大会确立了加快推进残疾人全面小康建设的历史任务，提出了实施残疾人小康工程、争创国家辅助器具区域中心和扩大重点惠残项目覆盖面等具体措施；选举产生了新一届残联主席团主席、委员和省残联理事会领导班子。全省13个市（州）残联和103个县（市、区）残联也全部按要求完成了换届。省残联六代会的成功召开和各级残联圆满换届，凝聚了全省各级残联和广大代表的智慧，进一步加强了残联系统组织建设和各级领导班子建设，为加快推进残疾人同步小康进程，实现残疾人事业科学发展奠定了坚实的组织基础。

（四）抓住事业发展关键，重点工作取得新的进展

随着事业的深入推进，针对全省残疾人事业底数不清、残疾人社会保障水平不高、为残疾人服务的能力不强、残工委机构建设滞后等制约全省残疾人事业发展的这些问题，省残联党组理事会抢抓机遇，克难奋进，多方协调推动，重点工作取得新的进展。

1. 实施残疾人小康工程在省委省政府层面已经形成共识

省委常委会听取了省残联专题汇报，同意在全省实施残疾人小康工程，责成省残联会同相关部门抓紧制定方案。结合中国残联六代会提出的残疾人同步小康建设目标任务，省残联迅速成立了由残联系统工作人员与省级专家组成的残疾人同步小康理论研究课题组和同步小康建设文件起草专班。目前，已经基本形成了《湖北省实施残疾人同步小康工程的意见》讨论稿。

2. 国家辅助器具中部区域中心争创工作初显成效

中国残联按照国家社会事业发展布局，决定“十二五”期间在全国建设6个国家辅助器具区域中心。在省委、省政府的支持下，省发改委的帮助下，省残联党组理事会审时度势，以高度的战略敏锐性和机遇意识，提早行动，提前布局，充分整合湖北辅具资源和高校专业技术力量，在激烈的中部省份竞争中脱颖而出。国家辅助器具中部区域中心于8月落户湖北省。

3. 城乡特困残疾人生活补助项目扩面工作有了新的突破

2012年省政府常务会议决定在湖北建立城乡特困残疾人生活补助制度，为15万名城乡特困残疾人每人每年发放600元生活补助。特困残疾人生活补助制度实施后，获得了广大残疾人与社会各界的一致好评，项目绩效经第三方评价获得优秀等级。但因困难残疾人数量过多，15万人难以覆盖特需群体，为了扩大该项目覆盖面，逐

步达到“兜住底”的目标，省残联多次向省委省政府领导汇报，省政府同意逐年扩面，2014 年扩面 5 万人。在 2013 年“两会”上，为20 万特困残疾人发放生活补助已列入 2014 年省政府为民办实事工程。

（五）残疾人基层组织建设成效显著，残疾人事业发展基础更加牢靠

1. 残疾人“三基工程”建设目标基本实现

2013 年残疾人基层组织、基层残疾人工作者队伍和基层残疾人服务设施取得突破性发展：截至目前，全省已完成省、市（州）、县（市、区）、乡（镇、街）残疾人组织和五大残疾人专门协会建设任务，乡（镇、街）、村（社区）残疾人专职委员搭建任务，全省基本上形成了“纵向到底、横向到边”的残疾人组织架构，为各级残联组织充分履行“代表·服务·管理”职能，在联系残疾人、维护合法权益作用发挥上奠定了坚实基础。五大协会组织各项工作更加活跃，与残疾人联系更加紧密。2013 年，在省残联的领导下，在省残联组联处的指导下，湖北省五大协会组织紧紧围绕“三个活跃”的指导思想，通过放手发动市州县等基层协会开展工作，推动协会工作的重心向下，实现了省级协会抓方向，市州协会抓督促，基层协会抓落实的工作格局。在服务设施建设方面，通过不断增加资金投入和政策引导，以省残疾人康复中心投入试运营为标志，全省省、市、县三级残联基本上实现了办公有场所、服务有机构的格局，全省“1 + 17 + 25”的残疾人服务机构建设布局基本实现。以各级服务机构为基础，全省已初步建立并拥有一支包括康复指导、托养服务、职业培训、就业指导、辅具适配、盲人按摩、法律维权、专职委员、残协工作、志愿者助残等服务的人才队伍，通过各类培训活动的开展，这支队伍的服务能力不断增强，为残疾人服务的质量不断提高。

2. 建立志愿者助残服务站、联络站，为志愿者助残搭建平台

各市、县残联结合乡、镇、街办残联建设和社区建设，加强了志愿者助残服务站、联络站的建设，形成了基层残联、志愿者助残联络站、残疾人用品用具供应服务站三块牌子、一套班子的组织网络，为志愿者助残服务搭建了较好的平台。据不完全统计，全省已建助残志愿者联络站近 6000 个，登记在册的助残志愿者总人数约 5 万人，为 10 万多残疾人提供了服务。

3. 形成了更加有效的残疾人事业发展领导机制和工作机制

经过多年坚持不懈的努力，2013 年“党委领导、政府负责、部门配合、社会参与、残疾人组织充分发挥作用”的残疾人事业领导机制和工作机制在全省已基本形成，各级政府残工委充分发挥联系、协调、督办职能作用，强力推进各级党委政府将残疾人工作纳入发展大局，列入部门工作职责、重点工作和服务项目中。2013 年省人大常委会、省政府分别就全省贯彻实施《中华人民共和国残疾人保障法》及《湖北省实施〈中华人民共和国残疾人保障法〉办法》情况、残疾人“两个体系”建设情况进行执法调研和督查。省人大常委会办公厅对调研中发现的有关问题，出函请省政府认真研究处理。省政府督查室组成两个督查组，抽查了宜昌市等 8 个市州工作，并将督查情况在全省进行通报。通过执法调研和督查活动，各级党委政府进一步提高了对残疾人工作的认识，积极推动全省各项惠残政策在基层的落地。同时，借助残工委工作平台，残联组织与发改、财政、人社、卫生、教育与民政等相关部门建立了良好的沟通机制，残疾人事业发展的合力和残疾人事业发展机制逐步形成。

4. 党的群众路线教育实践活动取得阶段性成效

按照中央要求和省委统一部署，省残联深入开展了党的群众路线教育实践活动，制定和完善了包括“三重一大”决策制度、抵制“四风”、党风廉政、会议、项目管理等在内的 55 项制度。进一步端正了学风、文风、会风、作风，与 2012 年相比，2013 年全会公务接待费开支下降 45.7%；出国出境经费下降 15.6%；发文数量下降 30.2%，会议、培训计划在精简中实现了质的提高。

（六）残疾人文化有力推进，残疾人参与社会更加活跃

围绕弘扬人道主义精神，宣传残疾人事业，传播现代文明社会残疾人观，2013 年湖北省先后开展了第二十三次全国助残日暨湖北助残“圆梦行动”、“用我的声音做你的眼睛”、“助残圆梦”先进事迹报告团·高校行等系列助残宣传活动；集中开展了残疾人阅读、全省残疾人艺术汇演、创建“自强书香号”、“牵手残疾人，走进图书馆”等公益文化活动；在全国残疾人艺术汇演中，湖北省夺得单项 2 个金奖、3 个银奖、2 个铜奖和团体银奖的好成绩。省残联承办了 2013 国际特奥会东亚区武汉融合地滚球比赛、组队参加了全国特奥足球及乒乓球比赛，并获得 F 组金牌；开展了湖北省暨武汉市第三届残疾人健身周、第七个全国特奥日、全国特奥足球周等活动，充分展示了残疾人体育健身社会普及成果。在第四届全国道德模范评选中，由残联与教育部门、宣传部门共同推出的武汉市第一聋哑学校教师杨晓玲获得全国道德模范称号，残联与楚天都市报联合推出的坚守 8 年倾家助残的“犟妈”易勤的先进事迹成为全中国鲜活的励志典型，残联与武昌区政府联合推出的方俊明获得“十大感动中国人物”。全省残疾人和残疾人工作者的参政议政能力全面提升，李莉等 3 名优秀残疾人当选为全国人大代表，戴皓当选为全国政协委员和湖北省工商联合会副主席。

（七）残工委机构进一步健全，残工委各成员单位工作亮点纷呈

在省委、省政府与省编办的支持下，省残工委秘书

处顺利更名为省残工委办公室，实行内部单列，并增加一名正处职数，为下一步充分发挥残工委办公室的协调作用打下了组织人力基础，各残工委成员单位工作在新的组织带领下，亮点纷呈：

省卫计委积极做好困难残疾人参加“新农合”个人缴费部分由政府承担工作。目前，全省家庭困难的残疾人已全部纳入了低保范围，享受了政府资助“参合”；做好出生缺陷预防工作，提高出生人口素质。省民政厅建立健全残疾人社会救助体系，按照优先优厚原则，切实维护贫困残疾人基本生活权益，将农村特困残疾人家庭优先纳入农村低保救助范围。2013 年该厅出台的《湖北省最低生活保障审核审批实施办法（试行）》（鄂民政规〔2013〕1 号）中规定低收入家庭中丧失劳动能力且单独立户的成年重度残疾人，允许单独申请低保。对符合条件的贫困残疾人及时给予大病医疗救助。大力实施“残疾孤儿手术康复明天计划”、“重生行动——贫困家庭唇腭裂儿童手术康复计划”、“爱心助残行动——为贫困残疾人免费装配康复器具计划”三项计划，帮助残疾人康复。省公安厅切实加强有关法制宣传和执法监督检查，深入开展残疾人法律服务和援助工作，严厉打击各类侵害残疾人合法权益违法犯罪活动，保障了残疾人的权益，有力促进残疾人事业健康发展。省扶贫办加大对残疾人贫困户发展产业的扶持力度。在安排扶贫小额信贷贴息和村级互助资金项目时优先向残疾人贫困户倾斜，帮助其发展时间短、见效快、有市场、当年能增收的项目。优先将农村残疾人贫困户纳入扶贫搬迁重点帮扶对象。省国税局认真执行有关残疾人税收优惠政策。对安置残疾人的单位，实行由税务机关按单位实际安置残疾人的人数，限额即征即退增值税或减征营业税的办法。对残疾人个人提供的加工、修理修配劳务免征增值税。省地税局认真开展残疾人就业保障金征收。2013 年 1—8 月，征收残疾人就业保障金 29964 万元，比上年同期增长 15.76%，为全省残疾人保障事业提供了充裕的资金支持。省住建厅积极做好无障碍设施建设管理工作，印发《关于加强无障碍设施建设和管理工作的通知》和《关于做好宣传贯彻落实〈无障碍环境建设条例〉工作的通知》等文件。加强无障碍设施建设管理，对新建工程要求无障碍设施与主体工程同步规划、同步设计、同步施工、同步验收、同步交付使用，对既有设施推进无障碍改造。省交通厅积极贯彻落实中国残联、交通运输部等相关部门《关于切实做好残疾人驾驶汽车相关工作的通知》文件精神，全省交通运管部门认真落实便民服务，积极做好残疾人驾培工作，保障残疾人权益，进一步推进残疾人驾驶汽车工作。省统计局在完成经济统计工作的同时，高度关注社会统计。在《统计年鉴》设立专门的章节，反映残疾人总体状况。省妇联争取全国妇联与 LDS 慈善协会项目，向武汉、襄阳、宜昌等地残疾妇女、贫困妇女捐赠 750 辆轮椅、570 把助行器及防褥疮垫若干。团省委开展“让我的声音当你的眼睛”等活动，制作各类有声学习读本数万份，关爱盲童学习成长；广泛组织动员团员青年开展扶残助残志愿服务活动。人民银行武汉分行认真贯彻落实《关于康复扶贫贴息贷款管理体制改革的具体实施意见》，扶持残疾人贫困群体脱贫，加大对残疾人职业培训基地的支持力度，提高残疾人就业和创业能力。

（八）基层残联创先争优，残疾人工作成效明显

2013 年，在省委、省政府的坚强领导和省残联的精心指导下，各地、市（州）残联在全面推进残疾人社会保障和服务体系建设的同时，努力创先争优，积极打造工作亮点，工作成效明显，把残疾人事业推上了一个新的台阶。

武汉市残联 围绕建设国家中心城市和实现残疾人同步小康社会的宏伟目标，以“敢为人先、追求卓越”的武汉精神，努力夯实残疾人托养服务基础，成功创建全国“阳光家园”示范区。基本形成以市、区寄宿型机构为示范、街道日间照料型机构为骨干、居家照料服务为基础，全面涵盖智力、精神及重度肢体残疾人的托养服务体系，并发布全国首个地方性残疾人托养机构服务规范，把残疾人事业发展推上一个新水平。

黄石市残联 扎实开展“双千”工程（即开展千名残疾人培训和推荐千名残疾人就业工程），以实施就业创业工程为抓手，围绕提升就业技能、拓宽就业渠道、强化就业支撑，实现了残疾人就业创业的新突破。

襄阳市残联 弘扬文体能量，积极创建“全国残疾人文化体育建设示范市”。2013 年，襄阳市成功申报为全国 32 个创建城市之一，市政府出台《关于印发襄阳市创建全国残疾人文化体育示范市实施方案的通知》，以“强大文体能量·成就人生梦想”为主题，加强阵地、队伍、品牌、载体建设，倡导社会尊重残疾人人格、保障残疾人权益、支持残疾人发展、学习残疾人精神，着力构建襄阳市残疾人公共文化体育服务体系。

荆州市残联 扎实开展“集善残疾儿童助养项目”，促进残疾儿童健康成长。在省残联的支持下，荆州市残联与世界宣明会、中基会、省基会合作，引进了集善残疾儿童助养项目。2013 年，宣明会在荆年度项目总投入（含在建项目）计 93 万元，地方配套 12 万元。

宜昌市残联 各级专门协会在 2013 年更加活跃。聋人协会组织聋人春游，助残日慰问贫困聋人，每个周末对聋人开展时事教育；盲人协会在助残日组织 30 多名盲人按摩师为市民义务按摩服务，开办盲人象棋培训班并组织盲人象棋比赛，盲人颜克刚在全省盲人象棋比赛中获第一名，并代表湖北省参加了全国比赛，获团体第一名；肢残人协会在年初举办“这个冬天不再冷”帮扶贫困残疾人活动，为数百名残疾人募集过年物资，在肢残人日组织 60 多名肢残人朋友到下牢溪进行夏季消暑活动，在国际残疾人日举办太极柔力球比赛；智协组织智障孩子到户外放风筝，给

烈士扫墓，并写下心得体会；精协在助残日期间组织患者开展文艺活动，对困难家庭进行扶持。

孝感市残联 城区所有残疾人全都实行免费乘车，残疾人乘车费、乘车保险费和IC爱心卡制作、办理等费用全都由市财政承担；同时在大病救助、临时救济、定期补助等社会救助方面，各部门将残疾人列为专项救助的重要对象，不断扩大农村特困残疾人的救助范围，提高他们的救助标准，使“重度残疾”、“一户多残”、“老残一体”等特困家庭和低收入家庭的基本生活得到基本保障。

荆门市残联 围绕残疾人就业这一根本，开展残疾人就业“双五双十”基地建设，着力打造五家残疾人实习基地、五家残疾人扶贫基地、十家残疾人自主创业基地、十家残疾人就业基地，形成培训—实习—就业的“绿色通道”，从而带动更多残疾人实现就业，完成由点到面、由量到质的“蜕变”。

鄂州市残联 积极打造“助残扶贫”活动品牌，深化和延伸“苏柳英小组”服务，组织小组成员与困难残疾人结成帮扶对子，签订扶残助残志愿帮扶协议。全市已成立“苏柳英小组”393个，成员达2158人，为残疾人广泛开展生活救助、医疗康复、教育培训、就业创业等帮扶服务，形成了“学习雷锋，助残为乐，团结友善”的道德风尚。

黄冈市残联 “十二五”纲要年度任务超额完成，成功建成“全国白内障无障碍市”，全市残联创建文明单位“全覆盖”。

随州市残联 认真落实残疾人医疗救助政策。丧失劳动能力的重度残疾人参加居民基本医疗保险或新型农村合作医疗个人缴费部分由县级以上政府负担。取消享受低保待遇的残疾人大病住院报销的起付线，报销比例在普惠基础上提高15%，直至100%，与居民医保报销差额部分从医疗救助中解决。

恩施州残联 加强特殊教育学校建设，全州八县市均争取到了特教学校改扩建项目，总投资达2600多万元。

潜江市残联全面普及城镇重度残疾人参加城镇居民基本医疗保险个人缴费部分由政府补贴、城乡重度残疾人参加城乡居民社会养老保险个人按最低标准交纳的保险费由政府代缴等优惠政策，解决了该类残疾人就医及养老问题。

天门市残联 按照“以培训促进就业，以就业带动培训”的思路，因地制宜，结合农时，开展各种形式的技术培训。

（九）存在的差距和问题

面对十八大的新要求，面对残疾人的新期待，全省残疾人事业还存在一些困难和问题：一是全省残疾人总体生活水平与社会平均水平仍然存在较大差距，还有130万残疾人生活在贫困线以下，残疾人家庭人均收入仅为社会平均收入的60%，家庭恩格尔系数仅42%，小康进程仅60.9%，实现全面小康的任务十分艰巨；二是残疾人在基本生活保障、康复、教育、就医、就业等方面还面临许多困难，残疾人社会保障和服务体系还不健全，为残疾人服务的能力还较弱；三是城乡和区域之间工作发展水平还不平衡，同一区域内工作发展水平也不平衡；四是干部职工队伍整体素质与专业化水平还不高，还不能适应残疾人事业发展的需要；五是现代文明社会残疾人观还不够深入人心，社会上歧视残疾人、侵害残疾人权益的现象时有发生。所有这些都有待在今后的工作中认真研究破解办法，不断强化工作措施，逐步加以解决或改善。

四、重要条目

【省道德模范“助残犟妈”】易勤，女，现年47岁，武汉市东方红食品有限公司经理。易勤公司的12名生产员工都是智残人士，易勤带待他们就像妈妈一样，熟悉她的人都亲切地喊她“犟妈”。为了维持公司的运营，保障残障员工的生活，易勤先后卖掉、抵押了两套房子，每天起早贪黑带着工人劳动，在8年累计亏损近80万元的情况下，也没有放弃这12名智残工人。正如她所说：“我有时候有个苕想法，先尽量做，倒下去再说。我就是想靠自己的力量，把目前企业好的产品，把东方红这个厂延续下去，让这批伢们有饭吃，让他们有一棵大树，能够遮风挡雨。”在她的影响下，丈夫刘宏涛、女儿刘星也参与进来，成为她助残事业的好帮手。2013年11月23日，易勤入选省道德模范。新华网以“武汉‘犟妈’八年爱心坚守倾家助残”为题对易勤的事迹做了详细报道（见附录一）。

【“四四四”模式】2012年，鄂州市制订了《中共鄂州市委组织部、鄂州市残疾人联合会“农村基层党组织助残扶贫工程”实施方案》，并积极探索和成功运行了助残扶贫工程“四级联抓，即通过开展市委组织部和市残联领导下的市、区（开发区）、镇（街）、村（农村新社区）党组织“四级联抓”，建立起“助残扶贫工程”上下联动、纵向到底、横向到边的运行机制；四轮驱动，即扩展“苏柳英扶残助残小组”、建立“党员义工队伍”、开办“助残扶贫超市”、打造“慈善品牌”，为残疾人和贫困残疾家庭提供更多、更好、更优质的服务，做更多的好事、实事，推动扶残助残服务制度化、常态化、特色化；四个结合，即“村为主”与“一体化”相结合，“救个急”与“一揽子”相结合、“因地制宜”与“一人一策”相结合、“推着走”与“比着干”相结合，确保“助残扶贫工程”目标的实现的工作模式（简称“四四四”模式），走出了一条具有特色的“助残扶贫工程”新路子，取得了明显成效。2012年起，全市帮扶农村贫困残疾人家庭826户，每户增收3000多元；使270多户帮扶家庭摆脱贫困，帮扶 50 名残疾人创业、500 名残疾人就业，帮扶资金 270 多万元；为残疾人办好事、做实事 1500 多件。

【“假如我是残疾人的兄弟姐妹”大讨论】2013 年 9 月开始，为了切实促进干部作风转变、服务意识增强，扎实开展群众路线教育实践活动，襄阳市襄州区残联通过组织干部职工开展“假如我是服务对象”大讨论活动：即结合干部职工自身工作实际，进行换位思考和讨论，站在残疾人的角度来思考，自己期盼什么样的干部作风、什么样的服务态度、什么样的服务流程、什么样的服务环境、什么样的服务质量，从而牢固树立宗旨意识，牢固树立一切为了残疾人、服务让残疾人满意的工作理念。通过自我反思、自我剖析、自我教育、自我觉醒，净化心灵、提升素质，进一步增强宗旨意识、群众观点，促进转变作风、提高服务，进一步优化发展环境，推动襄州残疾人事业发展。“假如我是服务对象”是一种思维方式、一种工作方法、一种工作作风、一种道德境界，通过换位思考，将心比心，产生心灵碰撞的强大正能量，拆掉党员干部与群众之间那堵“无形的隔墙”，让群众至上的服务理念更加清晰，更加坚固；打开了“从群众中来，到群众中去”的便捷通道，让党员干部换位生发真情，体谅群众疾苦，真心诚意替群众着想，为群众解难。从内心深处感恩人民、敬畏权力、珍惜岗位、得到心灵的净化，把群众观念内化于心，外化于行，把人民群众真正当主人，当亲人。

【遥远星球的孩子】第六届世界孤独症日，由武汉团市委联合社会爱心人士拍摄的公益纪录片《遥远星球的孩子》在解放公园伊人馆首映。该片由陈国富导演担任出品人，台湾金钟奖获奖导演沈可尚执导。影片以一种前所未有的视角和路径探讨孤独症这一至今无法完全解答的谜题：那里的孩子，来自孤独的遥远星球。他们就是被冠以“孤僻”、“自闭”等刻板印象的特殊人群——自闭症者。本片拍摄耗时两年多，从自闭症的定义出发，深入走进自闭症者生活中的点滴细节，从医学、伦理、道德、家庭、生活、工作、梦想等多种角度出发，探索自闭症者独特的心灵宇宙。他们不是特殊的神秘患者，而是拥有与众不同感知方式和思维逻辑的独特个体，是来自遥远星球的孩子。影片发起人之一、爱微集团总经理卢建为介绍，影片从筹划拍片，到首映，全凭美国、中国台湾、北京爱心人士的无偿资助，希望通过自闭症患者真实生活的记录，让更多的人尝试着去了解封闭在自己世界中的“星星们”，伸出援手，多一些陪伴，多一些帮扶。

【湖北省残疾人联合会第六次代表大会】7 月 30 日在武汉开幕。出席大会的代表共 376 人，其中，残疾人及残疾人亲友 231 人，占代表总数的 61.4%。省委书记李鸿忠，中国残联党组副书记、常务副理事长王乃坤出席会议并讲话。省长王国生，省政协主席杨松，省人大常委会党组书记、常务副主任李春明出席会议。省委常委、宣传部长尹汉宁主持会议，副省长梁惠玲致开幕词，团省委书记张桂华致贺词，省残联党组书记、理事长陶慧芬代表省残联第五届主席团做工作报告。大会公布的一连串数字，勾勒出未来五年全省残疾人事业的美好蓝图：让 60 万残疾人享受到不同类型的康复服务，给 30 万特困残疾人发放生活补助，资助 15 万人次的精神、智力和重度残疾人接受托养服务，新增 5 万名残疾人就业。大会对《中国残疾人联合会章程》提出了修改意见，选举产生了省残联第六届主席团委员和出席中国残联第六次代表大会的代表。

【瑞典博朗厄市代表团一行考察武汉市残疾人工作】2013 年 4 月 19 日，瑞典博朗厄市特殊学校校长及该市残疾人合作促进项目负责人一行考察武汉市残疾人工作，给予了高度评价和赞扬。

【全国残疾人康复人才体制机制保障试点启动会】4 月 26 日在宜昌市桃花岭饭店召开。会议决定，从即日起，在湖北、吉林、甘肃三省残联开展残疾人康复人才工作体制机制试点。这次全国残疾人康复人才体制机制保障试点，湖北省残联重点进行残疾人康复人才选聘、使用、职级、待遇和职能分类的探索性试点，吉林省残联重点进行医疗、教育、康复相结合来推动社区康复人才建设的试点，甘肃省残联重点进行康复机构与医疗机构合作搭建人才互补共赢的试点。同时，三个试点省残联按照所承担的工作任务，积极探索，积累经验，总结推广，经过两年至三年左右的努力，到“十二五”末，基本建立起符合残疾人康复机构要求和人才运行规律，适用于残疾人康复机构各类人才的培养、引进、选拔任用、考核评价、激励约束、流动和服务保障体制机制，不断完善工作体系，带动全国残疾人康复人才工作机制全面创新发展。

【大冶市残联为 30 名肢残人安装义肢】大冶市残联围绕“加大扶持与救助力度，帮扶农村贫困残疾人”这一主题开展了一系列活动。继 2011 年、2012 年资助 23 名和 19 名肢残人安装“新腿”后，2013 年，市残联又请专车、派专人送 30 名下肢截肢贫困残疾人到省残联假肢厂安装假肢，同样按照普及型假肢安装标准，分别给予小腿和大腿假肢受助人每人 750 元、1500 元救助资金。

【武昌区金地花园社区多措并举服务残疾人】武昌区积玉桥街金地花园社区采取五项措施确保康复服务惠及每位社区残疾人。一是由社区居委会通知残疾人在指定时间持残疾人证到社区卫生服务中心接受免费体检和康复服务；二是针对不同类别的残疾人，通过打电话、上门等方式通知发放残疾人免费体检和康复服务通知单；三是安排社区志愿者对行动不便的残疾人开展一对一帮扶服务；四是开辟残疾人体检和康复服务绿色通道，并派专人协助医务人员维持体检和康复服务秩序；五是对卧床不起的残疾人，由社区卫生服务中心医生上门为其体检和康复服务。

【竹山县顺利通过中国残联—香港嘉道理残疾人社区康复合作项目中期评估】8月29—31日，嘉道理慈善基金会项目经理孙宝儿（中国香港），中国残联嘉道理项目办副主任池俊常等一行，在省残联副巡视员杨霞、副处长唐利娟、市残联理事长鲁文斌、副县长陶猛、政协副主席殷世山等陪同下，对竹山县实施嘉道理社区康复合作项目进行中期评估。评估组首先听取了竹山县实施嘉道理社区康复合作项目工作汇报，察看了康复中心基础建设情况，查阅了项目工作档案和财务档案，与县残联及康复中心工作人员进行了座谈，了解了实施项目的工作流程和具体做法。其间，评估组分成3组分别在省、市残联领导和县领导陪同下实地察看了竹山县擂鼓、溢水、双台、文峰、官渡等乡镇卫生院、全纳试点学校、重点服务对象、残疾人互助小组活动点等处，就合作项目涉及的健康与康复、全纳教育、社会融合等方面进行检查。该项目实施情况得到孙宝儿经理充分肯定和高度评价。竹山县有比较成熟的残疾人社区康复工作基础，尤其在辅具适配和家庭无障碍改造方面，能够结合残疾人的切身需求，就地取材，量体裁衣，经济适用，值得推广。

【“五应五必”的精神病人管控模式】近年来，精神病人自残、伤人案件屡见报端，这些案件不仅使精神病人及其家庭身心受到严重摧残，也直接影响到他人的生命财产安全，社会各界在积极防范精神病人的同时，也在不断探索如何对这个特殊群体进行关爱、救助和管控。2013年，郧县结合自身实际，在精神病人治疗管控体制、机制等方面做了有益的尝试，出台了《郧县精神病人治疗管理暂行办法》，形成了“五应五必”的精神病人治疗管控模式：即滚动排查、摸清底数，做到“应排必排”，组织各乡镇（场）按照“镇不漏村、村不漏组、组不漏户、户不漏人”的要求开展全面排查，一人一表，逐人登记，全面掌握了全县精神病患者的第一手资料；分类定级、免费服药，做到“应助必助”：实行精神病患者分类救治，按照患病程度分为强制入院治疗、建议入院治疗、在家看护服药和一般关注四个管理级别；建立基金、严格审批，做到“应治必治”：县财政每年预算专项经费50万元，民政、卫生、残联对口争取一定项目资金，整合后建立精神病康复基金。基金由县残联（县精神康复办公室）管理运行，实报实销，滚动流转。病人家庭根据需要，提出住院救助申请到定点协作医院进行救治；三级联动、落实责任，做到“应控必控”：按照患病程度的不同，进行动态分类管理；定期回访、跟踪掌握，做到“应访必访”：对免费服药救助的一般精神病患者，县精神康复办公室每季度定期组织各乡镇卫生院对辖区内精神病患者药物治疗情况电话回访，对住院救助的重性精神病患者，在出院后由收治医院每季度对其治疗情况进行回访，情况好转纳入药物救助的继续转由乡镇卫生院定期回访，并进行动态管理，防止情况恶化，做到“随走访、随分类、随治疗”。截至2013年年底，全县大柳、南化、茶店、梅铺等乡镇78名重性精神病人前往协作医院进行了救助治疗，目前已经出院36名。全县未发生一起精神病人肇事肇祸案件。

【残疾人保障法律法规100问】为了切实维护残疾人的合法权益，由宜昌市残疾人联合会、民革宜昌市委员会、宜昌市司法局、宜昌市律师协会四部门协同努力，经过几个月的辛苦劳作，对大量的法律法规进行了认真甄别、分析和挑选，结合残疾人的实际需求，联合编辑了《残疾人保障法律法规100问》手册，涉及残疾人证、残疾人教育、残疾人就业、残疾人犯罪等与残疾人有关的法律法规常识，内容浅显，通俗易懂，方便实用，与残疾人工作、生活密切相关。承担编写工作民基律师事务所主任殷书国表示，希望社会各阶层人士都来关注残疾人这一特殊群体，共同维护残疾人的合法权益，让他们与普通公民一样平等充分参与社会生活，共享人类物质文化成果。

【“重塑未来”慈善项目】中国肢协“重塑未来”慈善助残项目于2013年11月份落户十堰。活动是在中国残疾人联合会的支持下，由中国肢残人协会与北京丰台广济医院共同发起，应用骨外固定技术治疗肢体残疾的医疗救助项目，为肢残患者进行免费治疗，旨在帮助肢体残疾人及其家庭摆脱身体、心理及经济困境，恢复健康，获得工作能力和机会；融入社会，减轻家庭压力，实现人生价值和梦想。原则上要求筛选的贫困残疾人符合年龄7—18岁，病症为四肢骨折、肢体短缩畸形、先天性胫骨假关节、先天性锁骨假关节等之一。中国肢协“重塑未来”组委会2013年11月份在十堰开展救治贫困肢残人活动，共征集筛选200名贫困肢残人进行康复治疗。中国肢协决定2013年免费救治十堰20名贫困肢残人，每人落实7万元补助经费。11月17日，首批20名贫困肢残人将在市残联工作人员陪护下，专程进京手术。途中及手术产生的费用，由活动承办方承担。这些贫困肢残人手术治疗康复后，市残联还将为他们提供就业、扶贫等扶持和服务，全方位改善他们的生活条件，发展增收脱贫致富，彻底改变他们的命运。

【中国残疾人艺术团附属学校在湖北省宜昌市正式挂牌】11月2日晚，由中国残疾人艺术团与宜昌市特殊教育学校全作共建的中国残疾人艺术团附属学校，在宜昌剧院举行了授牌仪式，中国残疾人艺术教育有了新的摇篮。2013年5月，宜昌市特殊教育学校与中国残疾人艺术团合作共建了中国残疾人艺术团附属学校，旨在培养高素质残疾学生和专业演员，为残疾人事业输送德智体全面发展的优秀文化人才。中国残联党组书记、理事长鲁勇，宜昌市副市长王国斌共同为宜昌市特殊教育学校授牌。中国残疾人艺术团团长邰丽华致感谢词，指出，要和宜昌携手把附属学校办成有特色的一流名校，成为特殊教育的试验样板和残疾人事业国际交流的窗口。未来，艺术团的新生力量将在残疾人艺术团附属学校成长，从这里走向更加广阔的舞台。

【湖北优秀残疾人运动员刘波】21岁，2008年因患骨结核左大腿截肢。2009年4月，刘波到荆州市残联免费安装假肢，市残联负责文体工作的同志发现他是个体育苗子，当即向省残联推荐。经过7个月的训练，2009年11月，刘波首次参加在杭州举行的年度全国残疾人（20周岁以下）田径锦标赛，一举获得1金2银，即T54级男子轮椅竞速400米第一名、1500米第二名、200米第二名的骄人成绩。经过一年的训练，2010年5月，在湖北省第十三届运动会上，他获得了100米和400米两枚金牌。2013年4月，他参加在福州举行的年度全国残疾人田径锦标赛获得2金1银，是湖北队获得金牌和奖牌最多的选手（湖北队共获得4金3银）。2013年世界轮椅与肢残人运动会在荷兰斯塔茨卡纳尔举办。比赛设田径、游泳、射箭三个大项，全国派出了38人组成的代表团参赛。其中，在田径轮椅竞速比赛中，湖北省有两位运动员参加，刘波获得200米银牌、400米银牌、1500米铜牌。

【宜昌市残疾人女作家胡杉杉】女，生于1993年，从小因运动神经损伤致行走障碍，但是她身残志坚，笔耕不辍，已出版诗集《蝶舞》，在《青年文学家》《诗刊》《青年作家》《中国新生代》等多家文学刊物发表近百篇诗歌、散文、小说。曾获宜昌市“文学达人”称号，被授予2012年度湖北省优秀共青团员称号。曾任中国90后作家联谊会副主席，现为世界华文作家协会会员、湖北省宜昌市作协理事。曾获第十一届、十二届“中国少年作家杯”全国征文大赛一等奖，全国诗歌大赛一等奖，全国校园文学一等奖等多项全国性文学大赛奖项。

【武汉市残疾人轮椅舞蹈获国际大奖】在2013年IPC国际轮椅舞洲际杯赛中，武汉市残疾人轮椅舞蹈队代表中国参赛，取得较好成绩：陈志刚、戢凌玉（健全人）获华尔兹表演秀冠军；陈志刚获拉丁摩登混合组轮椅比赛铜牌；陈志刚、周立峰，梅宇哲（健全人）、戢凌玉（健全人）表演的团体舞《东方灿烂》获团体舞亚军。

【鄂州市盲人歌手程前荣获“追梦杯”第四届全国盲人歌手大赛二等奖】2013年7月26日，由中国盲人协会主办，中国普仁集团有限公司协办，中国广播音像出版社与中国盲文出版社、中国盲文图书馆承办的“追梦杯”第四届全国盲人歌手大赛决赛，在北京中国盲文图书馆隆重举行。此次大赛分为初赛、复赛、决赛，在决赛中，鄂州市盲人歌手程前演唱的《儿行千里》获得了全国盲人歌手大赛民族组二等奖。

【襄阳市残疾人捐低保金救灾】4月23日，一名年逾七旬的老大妈代儿子将100元捐给芦山地震灾区。老人儿子名叫罗国强，肢体二级残疾人。家庭由于条件差，又没有劳动能力，只能依靠老人微薄的退休金和罗国强每月300元低保金维持生活。芦山地震后，罗国强非常关注灾区的新闻，一定要从低保金中拿出100元捐给灾区人民。老人说，“我们平时受到很多人帮助，现在四川人民遇到灾难，儿子想做些事情帮助灾区人民。”

【咸宁市聋哑人朋友为雅安地震灾区捐款】4月24日，在咸宁市聋哑人协会活动室，来自咸安、通山、崇阳、赤壁的50多名聋哑人朋友济济一堂，怀着沉重的心情为四川雅安灾区献出自己的一份爱心。这些聋哑人捐出了自己平时省吃俭用的钱，这也是该市红十字会收到的第一笔捐款。在捐款现场，一位抱着孩子的中年妇女捐款100元，她叫彭月云，来自咸安横沟桥镇，今年38岁，在获知咸宁聋协将组织捐款活动，便搭车赶来了。一直在白马广场门口以卖气球为生的58岁的陈晓琼，从电视上看到雅安地震后，心里十分着急，想为灾区做点事，这次也将卖气球赚的100元投入捐款箱。55岁的胡小安在市妇幼保健院附近卖玩具，也专程前来捐款200元。这次捐款的聋哑人朋友多数没有正式工作，都从事小本生意，生活本不宽裕，但在大灾面前，他们纷纷慷慨解囊。此次现场活动56人捐款7050元。还有部分聋哑人或因正在上班，或因在外地打工，没能亲临捐赠现场，但通过汇款方式献出了自己的爱心，据统计共有106位聋哑人朋友参与此次捐款。

【黄石市自强不息的聋哑手艺人石大良】石大良是黄石市下陆区铜都社区的一名聋哑人，面对妻子残疾、孩子幼小、父亲中风等困难，他始终坚强乐观地相信：命运是掌握在自己手中的，只要凭借自己努力，一定能改变现状。在朋友的介绍下，石大良跟一名师傅学会了补鞋、修补车胎、补锅、配钥匙等手艺，并在社区的关照下，租了一间小门面，干起了手艺活，因为他的手艺和吃苦耐劳，顾客越来越多，生意也越来越好。4月9日，《东楚晚报》报道了他的事迹，他坚定地说：“生活不是一帆风顺的，但只要自己勤劳，加上政府的好政策，日子一定会越来越好！”

【鄂州市残疾人张伟丰创业成功不忘乡邻】鄂州市华容区段店镇四份村10组村民，他是当地有名的养兔专业户。几年来，他先后投资50多万元发展肉兔养殖，不仅自己创业成功，还带动30多位村民发家致富。由于身患残疾，张伟丰尝尽了就业的艰辛。在外打工受挫后，张伟丰决定回乡创业，并很快瞄准肉兔养殖。当时省里实施了一个残疾人创业扶持“双百工程”项目，残联对残疾人自主创业有一定的帮扶资金，民政部门落实救助政策，人社部门给创业培训补贴，政策、资金都有保障。2009年，他只身一人外出学技术、引兔种、联系市场，功夫不负苦心人，当年就把养殖场办了起来。如今，养殖场初具规模，仅种兔就有300多对。看到张伟丰养兔能赚钱，许多乡邻都希望能从张伟丰那里学技术。张伟丰毫不吝啬，毫无保留地把技术传授给乡邻。

【曹洪林与他的淘宝店】曹洪林因小儿麻痹症而瘫痪三十多年，但他从未对生活失去信心。从外出学艺，到开裁缝店、音像店等，凭着吃苦耐劳和永不退缩的信念都干得不错。随着网络的发展，生意难做了，曹洪林想到了自学电脑，在网上挣钱。2011年，一位网友告诉曹洪林第三期“魔豆宝宝爱心工程”（由中国红十字总会和阿里巴巴集团联合开展的一项公益项目，为家庭贫困、无收入来源的母亲提供上网开店的机会）在武汉海选，她抓住这次机会，并在当年10月注册了淘宝网店“湖北乡土情”土特产旗舰店。由于服务态度好，信誉好，曹洪林的淘宝网店逐步走上正轨，生意好了起来。现在，她的淘宝店已经做到了三钻，差十几分就是四钻了。曹洪林说，开淘宝店现在就是我的事业，我有信心把店做得更好，用自己的辛勤劳动换来充实与幸福！

【英雄方俊明的新生活】2013年12月8日晚，中央电视台新闻频道《面对面》栏目以“迟来的荣誉”为题，用时20分钟讲述了武昌区见义勇为英雄方俊明及其家人28年来的生活。方俊明瘫痪28年后开始了他的第一份工作——社区残疾人协理员。为了能让方俊明更方便地活动与出行，社工站将新电动轮椅返厂调试，把操纵扶手换到了方俊明习惯的左手边。方俊明经常到阳光家园“俊明工作室”与街道工作人员、楚翼社工站社工一起为全街残障同胞服务，通过“俊明工作室”这个平台鼓舞帮助更多的残疾人。

【周双进独唱音乐会】11月30日，在国际残疾人日、国际志愿者日来临之际，武汉市音乐家协会会员、市残疾人艺术团合唱团团长、江岸区肢残人协会副主席周双进独唱音乐会在武汉歌舞剧院音乐厅举行。周双进是江岸区自主创业的残疾人企业家，自幼酷爱声乐，2007年和2011年先后从师花夫西和方汉武老师学习，多次在省、市音协及市、区残联举办的各类声乐比赛中获得大奖，并先后代表武汉市残疾人赴瑞典、日本等国进行文化交流，为推广、普及、提高残疾人声乐艺术做出了积极贡献。举办个人独唱音乐会是周双进多年的梦想，武汉市歌舞剧院歌剧团团长、国家一级演员、著名男高音歌唱家方汉武，被周双进对音乐的执着所感动，甘当志愿者，充分利用自身社会资源，帮助周双进圆了演唱梦，音乐会取得了圆满成功。

【宜都残疾人文学爱好者陈海燕和李玉洁获“两岸一家亲”征文优秀奖】在宜都市委统战部、市台办、市文联、市作协联合发起的“两岸一家亲”主题征文大赛中，视力残疾人陈海燕的《归去来兮·台湾》和肢体残疾人李玉洁的《梦中的宝岛台湾》获得优秀奖。他们克服身体残疾带来的困难，长年笔耕不辍，陈海燕在2013年助残日出版了《耿耿忠心效桑梓——王竹溪的人生与学术生涯》一书，杨振宁教授为此书题写了书名；李玉洁的一部自传体书稿也正在联系出版。

【黄福州夫妇义养聋哑婆婆18年】从1995年开始，武汉市新洲区三店道岗村的村委书记黄福州和妻子黄小玲义养聋哑婆婆18年。自费给她租了间房子，添置了桌、椅、床、柜等生活用品，配备了电视、电扇等电器，像照顾自己的母亲一样端茶送饭、嘘寒问暖，照顾她的衣食住行。7月5日，阿里巴巴公益联手全国30余家主流媒体，启动了“天天正能量”大型公益项目，黄福州夫妇获得“天天正能量”二等奖。

【朱蔷薇顽强考博】女，3岁时因火灾致手部残疾，但她凭着顽强的精神和惊人的毅力，用仅存的食指、中指根部夹住笔学会了写字。初中、高中，她以钢铁般的意志战胜各种困难，成绩一直名列前茅。2006年，她以567分的高考被陕西师范大学录取。2010年她又以研究生入学考试第一名的优异成绩被录取。2013年，她顺利通过了博士学位研究生入学考试，被南开大学录取。

【黄树荣在“快活谷狮子会杯”中国象棋赛中获得金银牌】黄树荣4岁时因小儿麻痹症导致左手不便，他喜欢象棋，凭借天赋和勤奋在棋坛声名鹊起。1993年参加全省邀请赛获得金牌，2010年在“1+8”城市圈邀请赛中再次夺魁；2011年在全国残运会上，他力挫众多参赛选手，成功杀入四强。2013年，他参加首届“快活谷狮子会杯”中国象棋残健共融团体赛，获得“最佳第三台”和团体亚军的好成绩。

【黄露露多年如一日照顾瘫痪妈妈】黄露露是湖北宜昌市夷陵区三峡高中二年级学生，家住宜昌市夷陵区小溪塔街道办事处廖家林村五组农村。她出生四个多月时父亲就丢下她和瘫痪在床的妈妈撒手人寰。特殊、苦难的家庭环境造就了黄露露的顽强性格，在别的孩子还躺在妈妈怀里撒娇时，她就要承担起照顾残疾妈妈的责任和义务。在学校，她一直品学兼优，深得老师和同学们的喜爱，并以优异的成绩顺利考入当地的重点中学——宜昌三峡高中。为了兼顾学业和照顾妈妈，她在学校附近租了两间房子，把瘫痪的妈妈和年迈的姥姥接了过来。除了上课时间，中午、下午放学之后、晚上自习课结束之后，她都要回家为妈妈擦洗身子、换药上药、照护其大小便等。最艰难的事就是换药上药，每次要花一个多小时的时间，累得她腰酸背痛，满头大汗。就这样，一年四季、日复一日、年复一年，她都不曾松懈过。5月7日晚，中央电视台《新闻联播》报道了她的事迹，引起了强烈反响。

五、大事记

1月1日，全国道德模范吴天祥从武汉赶到鄂州，与十八大党代表“苏姐”——苏柳英相约到市少儿康复培智中心，跟孩子们联欢，一起吃饭迎新年。他深情地说：“外面天寒地冻，走到大家的中间，我感到无比的温暖，这温暖是在座爱心人士用双手捧给智障孩子们的。”同时，他呼吁社会共同关注这个特殊而又困难的群体，热情关心残疾人的生活，走进他们的心灵！

1月14—15日，中国残联宣文部副主任邹柏林一行在省残联副理事长朱志斌的陪同下调研武汉市残疾人文化建设工作。

2月28日，2013年度全省残联工作会议在武汉召开。会议表彰了2012年度目标考核优秀单位。武汉、黄冈、钟祥、当阳四地代表做交流发言。

3月28日，省残联联合省“三万”办、省文明办在阳新县人民礼堂举行了“康复进万家·温暖残疾人”大型捐赠活动。香港方树福堂、方润华基金为活动捐赠轮椅300台。

4月15日，湖北省9名年轻运动员在福州市举办的全国残疾人（25岁以下）田径锦标赛上获得4金3银1铜，全国排名第十。

4月23日，2013年湖北省全民读书月活动在省图书馆启动，襄阳市阿哲书屋等十家书屋被授予“励志书屋”称号，武汉市第一聋校图书室获得全民阅读创先争优先进单位称号。

5月10日，湖北省残疾人文化月暨“读书励志·自强不息”残疾人阅读活动启动仪式在汉启动。

5月18日，省残联在省残疾人康复中心举行了庆祝第二十三次全国助残日暨湖北“助残圆梦”行动启动仪式。省人大常委会副主任周洪宇出席启动仪式并讲话，省政协副主席刘善桥、中国肢协副主席王建军、中国残疾人福利基金会副理事长费薇出席启动仪式。中国肢残人协会、浙江临海城隍庙监院赵嗣一道长、省国税局、省地税局、省慈善总会、省电力公司、武汉铁路局等7家单位代表分别向省残联和省残疾人康复中心捐赠物资和善款。

5月31日，中国残联党组成员、理事相自成代表中国残联同咸宁市人民政府市长丁小强签订了中国残联、咸宁市人民政府合作开展“国家残疾预防行动计划编制—残疾预防试点”协议书。

6月1日，中国残联中部地区残疾预防试点专题研讨会在咸宁市召开。会议由中国残联研究室陈新民主任主持，人社部、环保部、中国疾控中心、北京大学、中国残疾人事业发展研究会、石家庄妇儿工委、武汉理工大学、华中科技大学、同济医学院、湖北省残联、湖北科技学院、咸宁市中心医院、咸宁市精神卫生中心、咸宁市残联等单位的40多名专家、教授和专业人员参加会议。

6月6—8日，中国残联维权部主任薄绍晔一行到湖北省检查贫困残疾人家庭无障碍改造和残疾人机动轮椅车燃油补贴发放工作，并赴鄂州、潜江进行了实地检查。

6月15—16日，湖北队荣获在京举行的首届“快活谷狮子会杯”中国象棋残健共融团体赛冠军，盲人棋手问清元荣获最佳二台奖，健全人棋手黄辉荣获最佳四台奖。

6月16—19日，第八届全省残疾人艺术汇演在汉举办，中国残联宣文部主任王涛、湖北省残联党组书记、理事长陶慧芬，中国残联宣文部副主任邹柏林、中国残疾人艺术团团长邰丽华、湖北省残联副理事长朱志斌、省文化厅副厅长严荣利、省教育厅副巡视员涂桂辛、省民政厅副巡视员汪虹波、全国各地宣文部负责人、澳门社会工作局官员等出席了开幕仪式。

6月28日，湖北省城乡特困残疾人生活补助项目督办会暨省残联、省农信社联社战略合作协议签订仪式在武汉举行。

7月8—12日，全国智力残疾儿童康复技术骨干培训班在省残疾人康复中心举办，来自全国30个省市的残疾人康复中心负责人、康复治疗师、特教老师参加了培训。中国残联社会服务指导中心常务副主任刘宇赤等出席开班仪式。

7月30日，省残联六代会在汉开幕。

8月2日，在保加利亚首都索非亚举行的第二十二届夏季听障奥运会羽毛球女子双打决赛中，湖北选手江佳蕾与队友王萌以2比0战胜队友王孟兴/张恒艳夺得冠军。

8月12—18日，湖北代表团参加了第八届全国残疾人艺术汇演（湖南赛区）。湖北省器乐类节目《妆台秋思》、声乐类节目《江山如此多情》分获一等奖；舞蹈类节目《奔跑吧，双手》《喜水》，器乐类节目《黄河》，戏剧小品类节目《父子情深》《布娃娃》分获二等奖；舞蹈类节目《喊山的孩子》、器乐类节目《光明行》、戏剧小品类节目《希望》，声乐类节目《北京北京》《向天再借五百年》分获三等奖。

9月13—17日，受省残联党组理事会的委托，省残联对口援助西藏残疾人工作考察团一行圆满完成西藏考察访问。

10月11日，全国盲人医疗按摩人员实践技能客观化考试考评设备现场会在湖北省隆重召开。中国残联残疾人就业服务指导中心主任钱鹏江，北京中医药大学针灸学院副院长于天源，省残联副理事长施理国出席会议。

10月15日，省人大常委会副主任赵斌、内司委主任委员付明珠，常委会副秘书长刘顺妮，内司委副主任委员周厚震、孙少衡等省人大执法调研组一行到省残疾人康复中心调研。

10月17—22日，2013年全省残联系统理事长培训班在武汉举办。来自各市、州、县（市、区）残联，各大型企业、高等院校残联，新疆博尔塔州、建设兵团第五师残联近百名理事长参加了培训。

10月28日，东亚区“特奥融合计划”武汉滚球赛暨手拉手活动在武汉市新洲区特殊教育学校隆重举行。

10月28—31日，世界宣明会集善残疾儿童助养项目第三次工作会议在荆州市召开，世界宣明会中国办事处总干事简棋伟先生、中国残疾人福利基金会副理事长兼秘书长费薇、省残联党组书记、理事长陶慧芬、荆州市委副书记施政出席会议并讲话。

11月1—3日，中国残联党组书记、理事长鲁勇到湖北调研，并出席在宜昌市特教学校举行的中国残疾人艺术团附属学校挂牌仪式活动。省委副书记、省长王国生、省委常委、宣传部长尹汉宁、省委常委、宜昌市委书记黄楚平分别会见鲁勇一行，副省长梁惠玲、省残联党组书记、理事长陶慧芬陪同调研。

11 月 4—9 日，江夏区 7 名智力残疾人运动员代表湖北省组队参加 2013 年全国特奥足球比赛暨东亚区特奥足球比赛，取得了全国第一的好成绩。

图 6 - 17 - 1　2013 年全国特奥足球周湖北融合赛赛场。

11 月 5 日，宜昌女子坐式排球队在 2013 年上海全国坐式排球锦标赛上获得第四名。

11 月 25 日，香港房角石协会一行四人在主席汤颂年的带领下，到省残疾人康复中心实地考察。

11 月 27 日，香港复康会执行总干事贝维丝女士一行到省残疾人康复中心参观指导。

12 月 2—3 日，中央委员、全国政协社会和法制委员会副主任、中国残联副主席王新宪率调研组到黄冈、鄂州调研残疾人社会保障工作。

12 月 5 日，中国肢残人协会"'重塑未来'中国行·关爱鄂西北"捐赠仪式在十堰市举行。

12 月 5—6 日，中国残联理事、康复部主任尤红，中国残疾人辅助器具中心主任陈振声一行对湖北省辅具工作进行考察并召开座谈会。

附　录

武汉"犟妈"八年爱心坚守，倾家助残

喻珮　廖君　新华网　2013 年 6 月 10 日

47 岁的武汉市东方红食品有限公司女老板易勤，办厂八年来，累计亏损近 80 万元，先后卖掉、抵押两套房子往工厂里贴钱，只为留下 10 名智残工人，熟悉她的人都亲切地喊她"犟妈"。近日，武汉市委书记阮成发召开现场办公会，支持"犟妈"的大爱之路继续前行。

1999 年，武汉市拖拉机厂倒闭，买断工龄以后，易勤到了东方红，并慢慢挑起重任。当时厂里有健全职工，也有肢体残疾职工。2009 年开始，残联提出将厂子办成智力残疾职工就业的示范企业，易勤夫妇一口答应下来。然而，其他工人工作积极性骤减，渐渐离开，以致最后十名员工都是残疾职工，大的不过 37 岁，小的才 19 岁。

遇到订单多得赶不完，而员工又使性子、不听劝的情况。易勤着急地直跺脚，却只能一个人躲到墙角默默拭泪。洗手消毒、拖地、封装本应是最简单的工作。易勤要带着扩音器，喊着"一二三四"，配合肢体语言手舞足蹈地进行示范。"不能罚他们，他们就和孩子一样，怕伤了他们的自尊。我有时觉得自己不是工厂负责人，而像是幼儿园的阿姨。"

智残工人的生产效率并不高，为了确保产品的质量安全，易勤一遍遍不厌其烦地教他们。从凌晨 5 点 30 分起床，到夜里 11 点收拾完，又要做工，又要做饭。起早贪黑，日复一日。"犟妈"拖着瘦小的身躯，坚守着，付出了比维系一个普通工厂多好几倍的心力。

八年相处，易勤说："这些工人有时比健全人还可爱，是非分明，正义感强，没有杂念，心思很单纯。"

然而翻倍的精力投入，却换不来翻倍的效益。为了维持厂子，易勤先后将自己的两套住房售卖和抵押，用于原料购买和工人工资发放。八年来，工厂总共亏损了近 80 万元。如今一家三口只能蜗居在一间看不见阳光的十平方米斗室，挤在一张用板凳加宽的床上。

虽然连年亏损，但东方红生产的酸梅膏、糕点等拳头产品仍被看好。武汉本土颇具实力的两家企业曾闻讯上门，希望展开合作，但开出的条件之一是"希望智残工人们离开，由他们重新招人"。也有熟人建议，东方红干脆彻底摘下"福利企业"的牌子，甩掉智残工人包袱。

"工人们在厂里待了这么久，我们之间已经有了感情，怎么忍心？"易勤和丈夫商量，无论如何，都要继续先将智残工人留下。

易勤的丈夫刘宏涛实在不忍看着妻子独自操劳，也加入进来，每当看见曾经骄傲的"厂花"，被工作压弯了腰，累花了眼，手上也裂口斑斑，他又心疼又佩服。"很多时候在面条里面多加个鸡蛋，就是我支持她的方式。"

在几日前的一次家长会上，10 名智残员工和他们的家长早早赶来，围坐在一起聊天。

"我们不指望孩子上班赚钱，但他们有了工作，这就帮助了一家人，拯救了一个家庭，也给社区带来了安宁。"家长们表达了共同的感受。

"如果我干不下去了，倒了，我就找个有良心的新厂长，让新厂长带他们。"易勤最担心的还是这批员工的未来，"只要最后一颗子弹还没有打光，战斗就没有结束。我就是想靠自己的力量，把这个厂延续下去，让这批智残的伢们有饭吃，让他们有棵大树，能够遮风挡雨。"

阮成发说，"犟妈"助残体现了中华民族的优秀传统，这种坚守、这种大爱是全社会所需要的。

据了解，武汉市向"犟妈"发放了扶持资金 20 万元。此外，还将在住房、厂房、贷款等方面给予尽可能的帮扶，支持"犟妈"的大爱之路继续前行，支持她将地方传统食品做大做强。　（吴尘供稿）

湖南省残疾人事业和残疾人工作

一、领导讲话

副省长、省残联第六届主席团主席盛茂林在省残联第五届主席团第七次会议上的讲话摘要

2013 年 7 月 22 日

残疾人事业是伟大的事业。残疾人工作是做善事、做大事、做难事。多年来，湖南省残疾人事业取得了很大成绩，残疾人生活水平有了很大提高，但是，残疾人整体生活水平较低的状况没有从根本得到改变，特别是当前残疾人小康实现程度仅仅为 65.1%。全省要实现全面小康、在中部地区率先小康，就必须重视全省这 408 万残疾人，必须补这块短板。省残联第六次代表大会主题确定为大力健全“两个体系”，加快推进残疾人小康进程，这是符合中央和全省大局的，是符合残疾人工作实际的，也是符合广大残疾人的迫切愿望的。高高举起推进全面小康这面大旗，对于激发广大残疾人的热情，凝聚起残疾人的力量，对于促进未来五年工作沿着正确轨道前进，对于如期建成全面小康社会具有重要意义。盛茂林要求，一定要充分认清形势，以饱满的精神，积极的态度，共同努力，把湖南省残联第六次代表大会开好，要投好票，选好举，确保会议取得圆满成功。

中国残联主席张海迪在省残联第六次代表大会开幕式上的讲话摘要

2013 年 7 月 23 日

近年来，在党中央、国务院的正确领导下，湖南省按照科学发展观的要求，实现了经济社会又好又快地发展，残疾人事业也取得了显著进步。五年来，湖南省委省政府始终将残疾人事业纳入经济社会发展总体规划，制定和落实残疾人一系列法规政策，在湖南省保障和改善民生实施纲要中，对加大残疾人救助做出明确的要求。将近一半的市州开始建立重度残疾人特殊生活补助制度，这对我们来说真的是好消息。贫困残疾人救助等重点项目也纳入为民办实事范围。残疾人康复服务不断探索新途径，集中力量建设三级残疾人康复中心，这个模式已经在全国推广。建立覆盖全省的三级残疾人辅具网络，提升了为残疾人服务的水平。在加强残疾人就业援助方面，为残疾人大学生提供支持，提高就业率。在残联组织机构和干部队伍建设，特别是在基层残疾人组织建设等方面取得了很大的突破。湖南省残疾人事业各个方面都取得了显著的成绩，让 408 万残疾人兄弟姐妹得到了实实在在的利益，为中国残疾人事业的发展也做出了重大的贡献。

为贯彻落实国家的重要战略部署，进一步推动湖南省残疾人事业加快发展，我想在此提几点想法和希望：

（一）希望湖南省紧紧围绕全面建成小康社会的目标，落实党中央、国务院提出的着力保障和改善民生的具体要求。认真执行《残疾人保障法》的各项规定。进一步推动残疾人保障和福利制度建设。建立更加稳定的财政保障机制，加大对残疾人事业的财政补贴力度。特别是要加大对贫困地区的残疾人的扶持力度。确保贫困地区残疾人的康复、教育、就业、无障碍建设的资金投入。让残疾人能够得到更多的实惠，帮助更多的残疾人过上更加体面而有尊严的生活。

（二）推动残疾人基本公共服务发展，为残疾人参与社会生活创造更好的条件。目前，国家正在推进以保障和改善民生为重点的社会建设，建立健全国家基本公共服务体系，着力保障城乡居民生存发展基本需求。我们希望湖南省按照平等、参与和共享的原则，为残疾人提供更多的、更好的基本公共服务，把更多的财力、物力投向基层，把更多的专业人才、技术力量引向基层，促使基本公共服务均等化，不断提升残疾人基本公共服务的质量和效率。

（三）希望对残疾人工作要有新的认识。残疾人工作不仅仅是扶贫济困，更关乎残疾人的生活质量和每个家庭的幸福指数的提升，是一门涉及自然科学和社会科学的交叉学科。残疾人能够得到康复就可以减轻家庭负担，并且可以更好地融入社会生活，残疾人的康复要依靠科技的进步。今天科学技术和信息化加快发展，为残疾人提供了更多的、更好的支持和服务手段，我们要重视和加强科技和信息在残疾人领域里的研究，及时转化科研成果并应用于残疾人的康复、教育等各方面，逐步建立残疾人的大数据，提升我们的工作质量和效率，让残疾人兄弟姐妹享受到现代化，享受到科技进步和信息化带来的更多的便利。

（四）希望切实加强残联组织建设。残联的每一个同

志都要全心全意为残疾人服务。各级残联是党和政府联系残疾人的桥梁和纽带。我们要做残疾人的贴心人，要做好残疾人工作就是要走群众路线，我们必须要与每一个残疾人心贴心，了解和感受他们的痛苦和愿望，才能把这项工作做好。希望湖南省各级残联发挥好“代表、服务、管理”职能，积极向党委、政府反映残疾人的特殊需求和困难，协助并代为政府做好残疾人工作。残疾人工作者也一定要恪守“人道、廉洁、服务、奉献”的职业道德，发扬优良作风，为残疾人事业的发展贡献智慧和力量。在此，也希望湖南省残疾人兄弟姐妹，希望你们能够坚强自信，希望你们能够乐观向上，以积极的态度融入社会，促进残疾人事业发展，闪烁残疾人的光芒。

省委副书记、省长杜家毫在省残联第六次代表大会开幕式上的讲话摘要 2013年7月23日

过去五年，我省残疾人事业蓬勃发展、残疾人工作取得显著成绩。我们要不断适应新形势、新任务的要求，按照中国残联的工作部署，深入领会和贯彻海迪主席的重要讲话精神，更加扎实地做好各项工作，奋力开创我省残疾人事业发展新局面。

一、要进一步增强发展湖南残疾人事业的责任感

一是书写中国梦的湖南篇章要求大力发展残疾人事业。习近平总书记强调：“中国梦是民族的梦，也是每个中国人的梦”。创造全体人民更加美好的生活，需要我们每一个人付出辛勤劳动和艰苦努力。我们书写中国梦的湖南篇章，就是要在一如既往保障残疾人基本权利和生活的基础上，努力营造公平公正、没有歧视的社会环境，让广大残疾人为实现自己的人生梦想而努力，共同参与书写中国梦的湖南篇章。

二是全面建成小康社会要求广大残疾人共建共享。现在到2020年实现全面建成小康社会，仅剩不到7年时间。我省实现这一目标，时间紧、任务重、压力大。2011年我省全面小康实现程度为84.3%，而残疾人实现程度仅65.1%。同时，到去年底我省按新标准还有贫困人口767万，其中有100万左右为残疾人。没有残疾人的全面小康，就没有全省的全面小康。我们既要坚持分类指导，帮助广大残疾人同步实现全面小康，更要引导和鼓励广大残疾人积极参与全面小康社会建设，形成广泛参与、共同奋斗的良好局面。

三是构建社会主义和谐社会要求确保广大残疾人安居乐业。我省现有各类残疾人408万，涉及家庭人口1300万；其中，农村占72%。可以说，我省残疾人事业发展事关全省近六分之一人口的权益，事关全省改革发展稳定大局。我们必须在政策上坚持“普惠”与“特惠”相结合，确保残疾人生活得更有保障、更加体面，才能不断巩固构建和谐社会的坚实基础。

二、要牢牢把握湖南残疾人工作的关键环节

一要全面落实相关法律法规和政策措施，充分保障残疾人的合法权益。要加大残疾人保障的法律法规和相关制度的落实力度。多年来，国家制定了以《中华人民共和国残疾人保障法》为代表的一系列维护残疾人权益的法律法规和制度，我省也据此制定了一批法规和实施细则。各级各部门要按照相关规定，认真开展对照检查，确保党和政府对残疾人的关心不折不扣地送到残疾人手中。各级各有关部门要根据各自职责，加快推进残疾人保障和服务“两个体系”建设，做到应保尽保。要逐步完善残疾人的社保、康复、教育、就业、扶贫、托养、无障碍通道、维权、残疾预防等体系建设，确保残疾人的基本权利、生活保障和公共服务随着经济社会发展同步提高。要及时配套制定和修订残疾人保障的相关规定，努力适应残疾人事业发展需要。

二要有针对性地加强残疾人工作，努力达到“保障基本、建成小康、实现梦想”的目标。市、县、乡各级政府及其职能部门要切实承担起残疾人保障的职责，特别是乡（镇、街道办事处）要充分发挥村组、社区和居委会的作用，深入细致地掌握每一个残疾人及其家庭的生活、工作等情况，对出现的困难和问题，要及时有效化解。要落实支持残疾人就业、创业的各项政策，兑现企业招收残疾人的培训补助、税费减免等优惠措施，积极开发公益岗位，在资金、用工、技术转让等方面落实支持残疾人创业的扶持政策，促进有劳动能力残疾人就业、创业。要采取普教、特教、职教等相结合的办法，让有学习能力和劳动能力的残疾人从小接受教育，掌握就业、生存和发展的本领。对有一定特长的残疾人，要定向培养、促其成材。

三要增强全社会扶残助残意识，为残疾人平等发展营造良好环境。首先，要广泛宣传残疾人先进典型和自强精神，积极打造公平、无歧视的社会环境。结合残疾人先进事迹的宣传，大力弘扬中华民族扶残助残的传统美德，推进社会主义核心价值体系建设，着力营造人人理解残疾人、处处尊重残疾人、事事关怀残疾人的良好局面，促进残疾人实现“平等、参与、共享”的社会理想。其次，要制定相关强制性规定、措施，为促进残疾人平等发展建立制度保障。同时，全省广大残疾人要牢固树立“自尊、自信、自强、自立”意识，努力实践“平等、参与、共享”的残疾人新观念，积极投身“四化两型”和“四个湖南”建设，力促“三量齐升”，为湖南经济社会发展贡献自己的力量。

三、要不断加强发展湖南残疾人事业的保障

一要明确工作责任。各级党委、政府要高度重视残疾人事业发展，把残疾人工作摆上重要议事日程，纳入

经济社会发展总体规划。党政主要领导及分管领导要主动听取残疾人工作情况，及时研究解决相关困难和问题。各相关部门要明确职责分工，密切协作配合，共同做好残疾人工作，形成强大合力。

二要完善保障措施。要按照公共财政的要求，逐步加大对残疾人事业的投入。要完善残疾人福利政策和社会助残捐赠政策，鼓励和引导社会力量支持、参与残疾人事业发展，大力发展残疾人慈善事业。要在严格落实现有政策的基础上，加强政策的梳理与研究，不断健全支持残疾人事业发展的政策体系，确保残疾人事业持续健康发展。

三要加强队伍建设。要加强各级残联组织建设，积极推进基层残疾人组织规范化建设，为残疾人工作提供有力的组织保障。要加强残疾人工作队伍建设，选好配强各级残联领导班子，加大残联干部的培养、使用和交流力度，千方百计为广大残疾人工作者履行职能创造良好的工作条件。各级残联组织及广大残疾人工作者要认真履行职责，恪守职业道德，真心实意为残疾人服务。

省残联第五届主席团副主席、执行理事会理事长肖红林在省残联第六次代表大会开幕式上的致辞摘要

2013 年 7 月 23 日

过去五年，全省各级残联认真贯彻落实党中央、国务院《关于促进残疾人事业发展的意见》和省委省政府《实施意见》精神，抢抓机遇，开拓创新，大力促进残疾人事业加快发展。我省残疾人工作得到了各级各部门的关心和重视。中国残联领导多次到我省视察，给予悉心指导，并在重点项目安排等方面给予大力支持。省委省政府历来高度重视残疾人事业，守盛书记对残疾人工作高看一等，厚爱一筹。2010 年担任省长不久，就对市州、县市区成立残疾人福利基金会做出重要批示。今年 3 月，守盛书记又对安排彩票公益金支持贫困脑瘫儿童救助项目做出重要批示。家毫省长多次要求进一步加强残疾人工作。各相关部门特别是省政府残工委成员单位积极支持省残联履行职能，在政策法规的建立健全、残疾人特惠政策的制定，残疾人工作重点项目的实施等方面做了大量工作。全省残疾人事业资金保障也得到进一步增强。在此基础上，全省残疾人工作取得显著成绩。五年来，我们共帮助 92 万名残疾人享受康复服务，供应残疾人辅助器具 26.4 万件，开展扶残助学 3.62 万人次，完成残疾人职业技能实用技术培训 15 万余人次，实现按比例安排残疾人就业 6.99 万人，培训盲人按摩人员 2950 人，扶持 50 万农村贫困残疾人解决温饱或稳定增加收入，残联系统完成贫困残疾人家庭住房改造 19636 户。

通过五年的工作，我们也深深感到，残疾人事业发展还存在一些问题，残疾人整体生活水平与社会平均水平相比还有不小差距，部分残疾人的生活与他们希望过上幸福美好生活的愿望相差甚远。2011 年全省残疾人状况监测结果显示，城镇残疾人可支配收入仅为城镇居民平均水平的 58%；2009、2010 年、2011 年湖南省残疾人小康实现程度比当年全省小康实现程度分别低 21.9%、22.1% 和 19.2%。发展残疾人事业任重而道远。

以平等的地位和均等的机会共享改革发展成果，是广大残疾人朋友的美好梦想和宝贵权利。当前，全省正在大力推进“四化两型”、“四个湖南”建设，正在奋力实现“两个加快、两个率先”的宏伟目标，这为广大残疾人施展智慧和才华提供了广阔的舞台，创造了无限的机会。未来五年，是促进残疾人实现全面小康的关键时期，团结带领残疾人共圆“小康梦”是我们各级残联的光荣使命和神圣责任。

残疾人的美好梦想牵引着我们去开拓，帮助残疾人圆梦的责任鞭策着我们去创造，省委省政府的高度重视激励着我们去奋斗。未来五年，我们将服从和服务于全省经济社会发展大局，以加强“两个体系”建设为中心，大力推进残疾人全面小康进程。我们将坚持以加强农村残疾人工作为重点，加快改善农村残疾人生活状况、生存环境和精神面貌，大力促进城乡残疾人事业一体化发展。我们将大力推动残疾人特惠政策的制定，帮助残疾人在全面建设小康社会的征途上以加速度前进，从而与全省人民同步实现全面小康。我们将大力强化社会化工作方式，注重发挥残疾人主体作用，积极动员和服务社会各界、各类社会组织共同开展残疾人工作，整合各类社会资源，推动形成促进残疾人事业发展的强大合力，朝着“残疾人生活水平在总体达到小康的基础上进一步提高，残疾人‘两个体系’在基本建立框架的基础上进一步健全，残疾人参与社会生活在全面参与的基础上进一步活跃，基层残疾人组织在全面实现规范化建设的基础上进一步夯实”的目标，砥砺前行，求是奋进，共同创造残疾人朋友的幸福生活和美好未来，在全省科学发展、富民强省的伟大实践中谱写残疾人事业发展的新篇章。

副省长、省残联第六届主席团主席盛茂林在省残联第六次代表大会闭幕式上的讲话摘要

2013 年 7 月 24 日

新一届省残联主席团肩负着加快发展残疾人事业的神圣职责，我们要认真学习国务院残疾人工作委员会第一次全体会议精神，按照省委、省政府的要求，奋力推进全省残疾人事业加快发展。

一、着力加快“两个体系”建设，提升残疾人社会保障和服务水平。要以保障残疾人基本生活、医疗、康复、教育、就业、文化、体育等基本需求为目标，按照“普惠”加“特惠”、一般性制度安排和专项制度安排相结合的原则，确保“普惠”政策全覆盖，推动“特惠”政策多出台，逐步使特惠政策延伸到社会保障和公共服务的各个领域，为残疾人事业发展奠定良好基础。要注重总体规划和制度创新，探索更加公平、更有效率的制

度安排，将残疾人服务体系纳入国民经济和社会发展大局，健全基本公共服务与特殊服务相结合，基本服务供给与专业服务供给相结合的政策服务体系，有效扩大公共服务供给。要将各级各类残疾人服务机构、服务设施和服务人才队伍作为基本公共服务的重点内容，加大投入力度，优先扶持建设，努力打造门类齐全、服务到位、管理有效的专业服务队伍，满足残疾人特殊性、多样化、类别化的服务需求。要盯紧抓实国家政策机遇，抓住国家加大残疾人康复和托养机构建设支持力度的有利时机，主动加强与中央部委的政策对接，争取上级对湖南的更大支持，加快建成一批骨干服务设施，增强政府和社会服务残疾人的能力和水平。

二、着力推进制度创新，不断完善残疾人事业发展的工作格局。要顺应加强和创新社会管理的需要，继续完善“党委领导、政府负责、部门协同、社会参与”的残疾人工作机制，探索建立“人大检查、政协视察”的支持机制，推动建立与经济发展和政府财力增长相适应的残疾人基本公共服务财政支出增长机制，逐步建立残疾人公共服务需求表达、监测评价和监督问责机制。各级党委政府要加强对残疾人工作的组织领导，加大工作支持，及时研究解决残疾人工作生活中的重大问题，建立残疾人政策上的无障碍通道，要把重点残疾人工作纳入目标责任管理，建立健全考核机制，加大考核奖惩力度，有重点、有针对地解决影响和制约残疾人事业发展的突出问题，确保各项工作目标任务落实到位。要坚决落实政策法规，促进残疾人事业持续、健康发展。

三、着力解决残疾人民生重点问题，改善和提高残疾人生活水平。各级政府要从残疾人最关心、最直接、最现实的利益问题出发，以改善残疾人民生为出发点，以踏石留印、抓铁有痕的作风，集中人力、物力、财力，办一系列让老百姓看得见、摸得着、得实惠的民心工程、实事工程，最大限度地提升残疾群众的“幸福指数”。要精心组织实施好“连千村帮万户扶贫工程”，确保到2020年帮助1000个村、10000户贫困残疾人家庭稳定脱贫。要继续抓好贫困残疾人住房保障工作，力争用三到五年时间解决农村贫困残疾人无房户、危房户的住房条件。要多形式开发适合残疾人就业的工作岗位，狠抓残疾人职业技能培训，不断提高残疾人就业率。要大力支持发展各级各类残疾人托养服务机构，逐步形成经办主体多元化、服务形式多样化、运作机制公益化的托养服务机构网络。要广泛开展残疾人社区康复工作，精心组织实施重点康复工程，大力拓展残疾人康复服务覆盖面。要积极探索建立贫困残疾人生活补助和重度残疾人护理补贴制度，落实好保障重度残疾、一户多残、老残一体等特殊困难群体的特惠政策。要强化残疾人就业保障金征收管理，加大征缴力度，努力实现应收尽收。

四、着力加强残联组织自身建设，增强服务能力和工作水平。打铁还要自身硬，抓工作还要强自身。残疾人工作是做善事，做好事，也是做大事，做难事。各级残联作为党委、政府联系残疾人群众的桥梁和纽带，要有感情的认同、职业的认同和责任的认同，始终恪守职业道德，始终以“人道、廉洁、服务、奉献”为准则，始终按照“党的群众路线教育实践活动”要求，不折不扣地贯彻落实中央和省委、省政府关于改进工作作风、密切联系群众的规定，保持与残疾人的密切联系，以高尚的情怀、科学的态度、务实的精神为残疾人办实事、解难事，与残疾人同呼吸、共命运。要不断提高综合素质和工作能力，加强班子建设，提高队伍的凝聚力和向心力，强化学习培训，提高业务能力和工作效率，健全制度规定，用制度管人管事，提高残联代表、维权、服务、管理水平，打造一支政治可靠、业务精湛、作风过硬，群众信赖的残疾人工作者队伍。要加强基层残疾人组织建设，抓好残疾人专职委员和志愿者队伍建设，解决好人员待遇问题，建立一支稳定、务实、高效的残疾人专职委员工作队伍。

五、着力调动广大残疾人积极性，充分发挥残疾人的主体作用。残疾人是残疾人事业的主体，是具有特殊比较优势的人力资源，是社会主义物质文明、精神文明、政治文明、生态文明的创造者，是全面建成小康社会的重要力量。身体残疾不代表精神残疾，功能有障碍不代表能力有问题。只要身残志不残，残疾人的人生同样精彩，同样能够为社会服务。要积极营造自强和助残的浓厚氛围，倡导“平等、参与、共享”的现代文明社会残疾人观，为残疾人平等参与社会生活创造良好环境，为建设美丽富饶的湖南汇聚强大正能量。广大残疾人要坚定理想信念，进一步发扬自尊、自信、自强、自立精神，提高自身素质，主动融入社会，积极参与发展，以自己的勤劳和智慧、坚韧和顽强，创造生命的辉煌，实现人生的价值，成就美好的梦想。

副省长、省残联第六届主席团主席盛茂林在省残联第六届主席团第一次会议上的讲话摘要

2013年7月24日

省残联六届主席团成员要加强学习，不断提高自己的综合素质、工作能力和决策能力；要大力加强调查研究，围绕加强残疾人“两个体系”建设，深入基层，深入群众，深入残疾人家庭，积极开展调查研究，真实掌握残疾人的生产生活情况，存在的困难和问题，提出有力度的可行的政策建议和措施；要大力加强和改进作风，坚持密切联系残疾人，始终保持和广大残疾人朋友的血肉联系，真情倾听残疾人呼声，真实了解残疾人诉求，真心帮助残疾人解决实际困难。

省残联第五届主席团副主席、执行理事会理事长肖红林在湖南省首届残疾人就业服务职业指导竞赛闭幕式上的讲话摘要 2013年8月6日

残疾人就业工作是残疾人事业的重要内容，残疾人就业状况如何，直接影响到残疾人整体生活水平的提高和残疾人"小康梦"的实现进程。促进残疾人充分就业、推动残疾人高质量就业，必须加强残疾人就业服务队伍的专业化建设。一要苦练内功，切实加强专业学习，做到学以致用，务求实效，努力成为职业指导和就业服务的行家里手。二要转变作风，坚决按照中央和省委的要求，扎实开展好群众路线教育活动，力求在增强服务意识，提高服务本领，延伸服务触角，拓展服务领域，提升服务水平等方面，迈出新步伐、取得新成效、实现新突破。

二、政策法规文件

省政府办公厅印发《湖南省农村残疾人扶贫开发实施纲要（2011—2020年）》

湘政办发〔2013〕12号

指导思想

以邓小平理论和"三个代表"重要思想为指导，深入贯彻科学发展观，认真落实省委省政府关于扶贫事业和促进残疾人事业发展的方针政策，以残疾人社会保障体系和服务体系建设为主线，以增加贫困残疾人家庭收入、提升贫困残疾人生活质量为目标，以提高农村残疾人基本素质和生存发展能力为重点，采取有效措施，加大生产扶助和生活救助力度，全面改善农村残疾人生产生活状况，促进其全面发展，与全省人民一道共享改革发展成果。

基本原则

加强扶贫开发与农村社会保障制度和基本公共服务政策的有效衔接，把落实农村各项社会保障政策、措施作为解决残疾人温饱、稳定残疾人基本生活的根本途径，把扶持残疾人家庭发展生产、增加收入作为帮助农村贫困残疾人摆脱贫困的根本手段，把推进基本公共服务均等化、提高农村残疾人综合素质和生产生活能力作为扶助农村贫困残疾人改善状况的根本目标。

1. 坚持政府负责，部门落实。各级政府要加强领导，切实承担起残疾人扶贫开发工作的责任，将贫困残疾人作为重点扶持群体纳入政府扶贫开发计划，统筹安排，同步实施，优先配置人、财、物等资源。加强部门协作，明确职责，强化落实。

2. 坚持因地制宜，分类指导。要落实各项社会保障政策，保障贫困残疾人基本生活，扶持家庭发展生产，增加收入，稳定脱贫，对于集中连片特困地区，有针对性地采取措施帮扶贫困残疾人家庭稳定解决温饱。

3. 坚持城乡统筹，协调发展。将农村残疾人的生存发展纳入城乡社会建设与管理范畴，统筹安排，同步实施；各项保障和改善民生、公共服务政策措施向农村残疾人倾斜，促进城乡残疾人社会保障体系与服务体系建设协调发展。

4. 坚持保障优先，到户到人。摸清残疾人中低保对象和扶贫开发对象底数，优先落实各项社会保障政策，做到应保尽保；采取有针对性的扶贫开发措施，扶持到户到人。

5. 坚持产业带动，基地扶持。以地方特色优势产业为依托，发挥龙头企业和扶贫基地的辐射带动作用，促进农村残疾人就地就近实现就业。

6. 坚持社会参与，结对帮扶。动员党员干部、社会各界参与残疾人扶贫开发，通过"帮、包、带、扶"等多种形式，帮扶贫困残疾人及其家庭增加收入，摆脱贫困。

7. 坚持强化培训，提升技能。优先对残疾人开展多样化、多层次、灵活性培训，逐步提高残疾人科技文化素质和劳动技能。加强典型示范，激励农村贫困残疾人自尊、自信、自强、自立，增强脱贫致富的信心和决心。

总体目标

到2015年，农村残疾人生活总体达到小康，基本生活得到稳定的制度性保障，参与社会和自身发展状况显著改善；农村残疾人社会保障体系和服务体系基本框架建立，保障水平和服务能力明显提高。到2020年，稳定实现农村残疾人不愁吃、不愁穿，全面保障平等享受基本医疗、基本养老、教育、住房和康复服务。农村残疾人家庭收入达到或接近当地平均收入水平，基本公共服务覆盖农村残疾人并不断提高水平，残疾人生存有保障，生活有尊严，发展有基础。

主要任务

1. 到2015年，扶持50万农村贫困残疾人家庭增加收入，生活状况显著改善。到2020年，农村贫困残疾人普遍得到有针对性扶持，发展能力显著提高。

2. 到2015年，各项社会保障制度全面覆盖农村残疾人。及时将农村符合最低生活保障条件的残疾人纳入保障范围，农村残疾人按规定参加新型农村社会养老保险和新型农村合作医疗。到2020年，农村残疾人社会保障和福利水平进一步提高，残疾人专项社会保障和福利制度逐步建立并不断完善。

3. 到2015年，普遍开展农村残疾人社区康复和康复救助，有需求的贫困残疾人普遍适配基本型辅助器具。到2020年，有康复需求的农村残疾人普遍得到有效的康复服务。残疾预防知识得到普及，有效控制残疾发生。

4. 到2015年，农村适龄残疾儿童少年普遍接受义务教育，入学率达到90%以上，并逐步提高巩固率。切实保障残疾儿童少年和贫困残疾人家庭子女顺利完成学业。积极发展残疾儿童学前康复教育、残疾人职业教育、普通高中教育和高等教育。减少农村残疾人青壮年文盲。

到2020年，农村适龄残疾儿童少年和残疾人家庭子女受教育状况达到当地平均教育水平。基本消除农村残疾人青壮年文盲发生的现象。

5. 到2015年，为5万农村残疾人提供实用技术培训。到2020年，有劳动能力和愿望的农村残疾人普遍得到实用技术培训和职业技能培训，增加生产经营和就业收入，家庭自我发展能力明显提高。

6. 到2015年，通过保障性安居工程，特别是农村危房改造计划的落实，帮助改善农村贫困残疾人家庭居住条件。到2020年，农村残疾人家庭危房得到有效改善，残疾人家庭居住条件明显提高。

7. 到2015年，初步建立起农村残疾人托养服务体系框架，农村地区残疾人托养工作有较快发展。到2020年，农村残疾人托养服务体系逐步完善，托养服务水平进一步提高。

8. 到2015年，农村残疾人公共文化和体育事业得到发展。到2020年，农村残疾人普遍享有无障碍基本公共文化和体育服务。

湖南省人民政府办公厅关于落实《国家基本公共服务体系"十二五"规划》的实施意见

湘政办发〔2013〕50号

二、主要任务

按照"学有所教、劳有所得、病有所医、老有所养、住有所居"的要求，加快建立健全以基本公共教育、劳动就业服务、社会保障、基本社会服务、基本医疗卫生、人口和计划生育、基本住房保障、公共文化体育等领域为重点的基本公共服务体系，健全残疾人基本公共服务，提升服务水平和均等化程度，保障全体公民享有基本公共服务的权利。

（一）基本公共教育

建立全省基本公共教育制度，坚持公益性和普惠性导向原则，构建覆盖城乡、布局合理的学前教育公共服务体系，建立健全义务教育均衡发展保障机制，基本形成普通高中和中等职业教育协调发展格局。

2. 高中阶段教育

——中等职业教育免费。对公办中等职业学校全日制正式学籍一、二、三年级在校生中所有农村（含县镇）学生、城市涉农专业学生和家庭经济困难学生（艺术类相关表演专业学生除外），以及各类特殊教育学校中的全日制残疾中职学生免除学费。

——中等职业教育国家助学金。助学金政策覆盖范围为一、二年级涉农专业学生和非涉农专业家庭经济困难学生。武陵山、罗霄山集中连片特困地区中等职业学校农村学生（不含县城）以及各类特殊教育学校中的残疾中职学生全部纳入享受助学金范围。助学金按每生每年1500元的标准由中央财政和地方财政按比例分担，国家提高标准后按国家标准落实。"十二五"期间保持目标人群覆盖率100%。

3. 普惠性学前教育

——学前教育资助。对家庭经济困难的在园幼儿提供学前教育资助，优先考虑城乡低保家庭幼儿、孤残幼儿、烈士子女、父母丧失劳动能力幼儿、少数民族特困家庭幼儿和家庭遭受重大灾害或变故的幼儿。

（二）劳动就业服务

建立全省劳动就业公共服务制度，为全体劳动者就业创造必要条件，加强劳动保护，改善劳动环境，保障合法权益，促进充分就业和构建和谐劳动关系。

2. 职业技能培训

——职业技能培训和技能鉴定。为失业人员、农民工、残疾人等提供职业技能培训补贴，对符合条件的新成长劳动力提供6—12个月的补贴性劳动预备制培训，对企业在岗职工技能提升及高技能人才培养提供职业技能培训补贴；对符合条件的人员提供职业技能鉴定补贴。2013—2015年，累计为255万人次提供各类职业技能培训和技能鉴定，培训后就业率不低于70%。

（三）社会保险

建立统筹城乡的基本养老保险、基本医疗保险、工伤保险、失业保险、生育保险等社会保险制度，保障公民在年老、疾病、工伤、失业、生育等情况下依法从国家和社会获得物质帮助。

3. 工伤、失业和生育保险

——工伤保险。为职工办理工伤保险，由工伤保险基金支付工伤医疗和康复、伤残、护理及工亡等待遇；用人单位支付停工留薪期的工资福利及护理待遇、5—6级伤残津贴待遇及一次性伤残就业补助金等，2015年参保人数达770万人。

（四）基本社会服务

建立完善基本社会服务制度，基本建成覆盖城乡、制度健全、设施完善、功能齐全、布局合理、水平适度的社会服务和专项事务管理体系，有效满足人民群众的各项社会服务和社会管理需求。

1. 社会救助

——最低生活保障。为家庭人均收入低于当地最低生活保障标准的城乡居民提供最低生活保障，"十二五"期间城乡低保保障标准年均增长10%，做到应保尽保，保持目标人群全覆盖。

——医疗救助。为最低生活保障家庭、"五保户"以及低收入重病患者、重度残疾人、低收入家庭老年人等特殊困难群体提供医疗救助。"十二五"期间逐年降低或取消医疗救助起付线，保持目标人群全覆盖。到2015年，政策范围内住院自负医疗费用救助比率不低于70%。

2. 社会福利

——农村"五保"供养。为无劳动能力、无生活来源又无法定赡养、抚养、扶养义务人，或者法定赡养、抚养、扶养义务人无赡养、抚养、扶养能力的老年、残疾或者未满16周岁的农村居民提供农村“五保”供养。“十二五”期间农村“五保”供养标准不低于当地农村居民平均生活水平，并根据当地农村居民平均生活水平的提高适时调整，保持目标人群全覆盖；逐年提高集中供养能力，2015年达到35%以上。

（五）基本医疗卫生

按照人人享有基本医疗卫生服务的目标要求，不断深化医药卫生体制改革，加快构建覆盖城乡、布局合理、功能明确、层次清晰的公共卫生服务体系、城乡医疗服务体系、药品供应保障体系，提高基本医疗卫生服务的公平性、可及性和质量水平。

——重性精神疾病管理。为患者免费提供登记管理、随访和康复指导，2015年全省重性精神疾病检出患者规范化管理率达到70%。

（六）人口和计划生育

以计划生育服务和计划生育利益导向为重点，不断完善人口和计划生育服务体系，保障城乡育龄人群身心健康，促进人口长期均衡发展。

——计划生育家庭特别扶助。对符合条件的死亡或伤残独生子女父母及节育手术并发症三级以上人员，根据不同情况，给予特别扶助金。其中子女伤残对象每人每年扶助金1320元、子女死亡对象每人每年扶助金1620元；给予节育手术并发症一级人员每人每年补助3600元、二级2400元、三级1200元。“十二五”期间保持目标人群覆盖率达到90%以上。

（七）基本住房保障

建立基本住房保障制度，维护公民居住权利，逐步满足城乡居民基本住房需求，实现住有所居。“十二五”期间，累计为全省居民提供廉租住房、公共租赁住房和棚户区改造住房等保障性住房160万套。

3. 农村危房改造

为农村困难家庭危房改造提供补助，以居住在危房中的农村分散供养“五保户”、低保户、贫困残疾人家庭以及其他贫困户为补助重点，每户建筑面积控制在40平方米—60平方米，在户均中央补助的基础上，由各级政府自行确定本级补助标准。加强农村危房改造规划与城镇化规划、区域发展规划、农村基础设施建设规划相结合，有效整合资金，推进新农村建设。2013—2015年改造农村危房35万户以上。

（八）公共文化体育

坚持公益性、基本性、均等性、便利性，建立健全公共文化体育服务体系，扩大公共文化体育产品和服务的供给。

4. 群众体育

——体育场馆设施开放。推动有条件的公办体育设施（含学校体育设施）向公众开放，在一定时间和范围内，对学生、老年人、残疾人和现役军人等实行优惠或者免费开放。全民健身日免费开放。国家法定节假日和学校寒暑假期间，应适当延长开放时间。到2015年，全省公共体育场地可使用率达53%左右。

（九）残疾人基本公共服务

按照平等、参与、共享的原则，以重度残疾人、农村残疾人和残疾儿童为重点，优先发展社会急需、受益面广、效益好的残疾人基本公共服务，增强供给能力，健全残疾人社会保障体系和服务体系。

1. 残疾人社会保障

——社会保险保费补贴。对重度和贫困残疾人参加城镇居民基本医疗保险、新型农村合作医疗、新型农村社会养老保险和城镇居民社会养老保险，按规定给予政府社会保险保费补贴。“十二五”期间保持目标人群全覆盖。

——基本医疗保障医疗康复项目。将参保残疾人运动疗法、偏瘫肢体综合训练、脑瘫肢体综合训练、截瘫肢体综合训练、作业疗法、认知知觉功能康复训练、言语训练、吞咽功能障碍训练、日常生活能力评定等9项医疗康复项目纳入基本医疗保险范围。“十二五”期间，根据国家有关政策和基金承受能力，按照保障基本需求的原则，适当增加纳入基本医疗保障范围的医疗康复项目，实现目标人群全覆盖。

2. 残疾人基本服务

——义务教育阶段特殊教育。对义务教育阶段残疾学生实行免学杂费、免教科书费、免住宿费和补助家庭经济困难寄宿生生活费“三免一补”政策，保障残疾学生和残疾人家庭子女免费接受义务教育。“十二五”期间，逐步实现全省14个市州中心城市为不能到校上学的残疾儿童、少年，提供送教上门服务。到2015年，学龄残疾儿童、少年接受义务教育比率达到90%。

——残疾人教育资助。完善残疾学生助学政策，将接受学前教育、普通高中教育、中职教育的残疾儿童、学生全部纳入国家助学金和中职免学费范围。对家庭经济困难的残疾儿童、青少年，高中阶段教育学费、杂费、课本费免费。到2015年，义务教育和高中阶段教育资助目标人群覆盖率达到100%。

——残疾儿童抢救性康复。对接受手术、辅具配置和康复训练等服务的0—6岁残疾儿童提供资助。2013—2015年，累计完成中国残联和省残联7200名残疾儿童康复救助任务，各市州组织完成3300名残疾儿童康复救助任务，通过医疗救助等形式资助20500名残疾儿童康复，已纳入基本医疗保障范围的康复项目由基本医疗保险基金按规定支付。

——残疾人就业服务。为城乡有就业愿望的残疾人在公共就业服务机构和基层劳动就业社会保障公共服务平台免费提供职业介绍、职业指导等就业服务；对就业困难残疾人提供就业援助；在残疾人就业服务机构免费提供就业信息发布、残疾人职业培训等服务。2013—2015年，实现城镇残疾人新增就业27000人，为30000名农村贫困残疾人提供实用技术培训。

——残疾人文化服务。残疾人能够收看到有字幕和手语的电视节目，在公共图书馆能得到盲文和有声读物等阅读服务。到2015年，基本实现省市县级公共图书馆设立盲人阅览室，配置盲文图书及有关阅读设备，逐步在省、市两级电视台开办手语节目，影视剧和电视节目均加配字幕。

——残疾人体育健身服务。为残疾人免费提供体育健身指导服务。2013—2015年，完成中国残联52个残疾人体育健身示范点建设任务，经常参加体育健身的残疾人比率达到15%以上。

——重度残疾人特殊生活补助。有条件的地方，对无固定收入的贫困重度残疾人按月给予特殊生活补助，由地方政府根据重度残疾人身体状况和家庭收入情况评估，确定补助标准。逐步扩大试点范围，实现目标人群覆盖率100%。

组织实施残疾人康复和托养设施建设、特殊教育学校建设等2项保障工程2个重点项目，提升残疾人基本公共服务能力。

三、保障措施

（一）建立规划实施的统筹协调机制

1. 建立高层次协调机构。省政府建立湖南省基本公共服务体系规划实施工作联席会议制度，召集人由省政府分管副秘书长担任，省政府办公厅、省发改委、省教育厅、省民政厅、省财政厅、省人力资源社会保障厅、省国土资源厅、省住房城乡建设厅、省文化厅、省卫生厅、省人口计生委、省广电局、省新闻出版局、省体育局、省统计局、省食品药品监管局、省文物局、省中医药管理局、省残联、省绩效办等部门为联席会议成员单位，联席会议办公室设在省发改委。联席会议在省政府领导下，研究拟定全省基本公共服务体系建设和发展的方案和措施，向省政府提出建议；协调解决基本公共服务体系规划实施中跨地区、跨部门、跨行业的重大问题，制定年度行动计划，调度重大项目，督促规划实施。

（四）创新多元化供给机制

1. 扩大基本公共服务开放的领域。在制定规划和配置公共服务资源时，统筹考虑由社会资本举办服务机构和提供服务。鼓励和引导社会资本举办医疗机构和参与公立医院改制，大力发展民办幼儿园和职业培训机构，推动社会资本兴办养（托）老服务和残疾人康复、托养服务等机构以及建设博物馆、体育场馆等文体设施。逐步有序扩大基本公共服务领域对外开放，鼓励采用合资、合作等多种形式开展高水平的国际合作办医、养老以及文化体育等交流，鼓励中外合作办学。

湖南省地方税务局关于明确残疾、孤老人员和烈属个人所得税减征幅度的公告

湖南省地方税务局公告2013年第5号

根据《中华人民共和国个人所得税法》及其实施条例的规定，经请示湖南省人民政府，现就我省残疾、孤老人员和烈属个人所得税减征幅度公告如下：

对残疾、孤老人员和烈属的劳动所得暂减征80%的个人所得税。劳动所得具体项目是：工资、薪金所得；个体工商户的生产经营所得；对企事业单位的承包经营、承租经营所得；劳务报酬所得；稿酬所得；特许权使用所得。

中共湖南省委、湖南省人民政府、湖南省军区批转省拥军优属拥政爱民工作领导小组办公室《关于进一步加强新时期拥军优属拥政爱民工作的意见》的通知

湘发〔2013〕4号

全面落实国家优抚政策。提高优抚保障水平，加大关爱优抚对象力度，正确看待军队退役人员的诉求，加强正面引导，最大限度为他们解决问题、化解矛盾。按照优抚政策逐步提高残疾军人、“三属”、在乡老复员军人、带病回乡退伍军人、“两参”退役人员等对象的抚恤补助标准，及时足额发放义务兵家庭优待金。

进一步加大投入力度，改善优抚医院、光荣院、军供站基础设施条件，提高伤病残退伍军人和孤老优抚对象康复治疗和供养保障质量。

窗口单位和公共服务场所要设置军人优先优惠的标志牌，现役军人、离退休军人和残疾退役军人乘坐市内公共交通工具，参观游览公园、风景名胜区享受有关优惠政策。

湖南省人民政府关于促进红十字事业发展的实施意见

湘政发〔2013〕36号

支持红十字会面向困难群体开展人道救助工作，积极推进“红十字博爱送万家”和助医、助学、助困、助老、助孤、助残等人道救助活动。

湖南省人民政府关于进一步加强和改进最低生活保障工作实施意见

湘政发〔2013〕35号

加强最低生活保障与其他社会救助制度的有效衔接。加快推进低收入家庭认定工作，为医疗救助、教育救助、住房保障等社会救助政策向低收入家庭拓展提供支撑；全面建立临时救助制度，有效解决低收入群众的突发性、临时性基本生活困难；做好最低生活保障与养老、医疗等社会保险制度的衔接工作。对最低生活保障家庭中的老年人、未成年人、重度残疾人、重病患者等重点救助对象，要采取多种措施提高其救助水平。

湖南省人力资源和社会保障厅、省财政厅印发《关于做好劳动密集型企业和中小微型企业一次性岗位补贴及毕业年度高校毕业生社会保险补贴发放工作的通知》

湘人社发〔2013〕84号

一次性岗位补贴发放对象是劳动密集型企业和中小微型企业（广告业、桑拿、按摩、网吧和其他国家产业

政策不予鼓励的企业，以及劳务派遣单位、已按湖南省人民政府湘政办发〔2009〕34号文件中《湖南省就业困难人员就业援助实施办法》享受公益性岗位补贴的企业除外），发放条件是劳动密集型企业和中小微型企业新招用原国有企业和县以上城镇大集体企业下岗失业人员中的“4050”（女满40周岁，男满50周岁）人员、残疾人、低保家庭人员、应届离校未就业高校毕业生，且签订1年以上劳动合同并足额缴纳社会保险费。补贴标准是“4050”人员、残疾人、低保家庭人员800元／人。

湖南省人力资源和社会保障厅、省财政厅关于进一步规范公益性岗位开发和管理有关问题的通知　　湘人社发〔2013〕93号

突出公益性岗位援助重点。公益性岗位的援助对象以就业困难人员中的特困人员为重点。特困人员主要指在法定劳动年龄内、有劳动能力和就业愿望且处于失业状态的以下人员：1. 登记失业1年以上的“4555”人员（女性年满45周岁以上，男性年满55周岁以上）；2. 登记失业的城镇零就业家庭人员中的“4050”人员（女性年满40周岁以上，男性年满50周岁以上，以下相同）；3. 登记失业1年以上的享受城镇居民最低生活保障家庭中的“4050”人员；4. 登记失业的残疾人；5. 登记失业1年以上的部分城镇军队退役人员中的“4050”人员（部分城镇军队退役人员指安置在企业的转业志愿兵〔士官〕、参战退役士兵、复员士官、涉核军队退役人员、残疾军人）；6. 登记失业1年以上的烈士家属中的“4050”人员；7. 属于城乡低保家庭、孤儿、残疾人、纯农户家庭（毕业生父母双方均为农村户籍且从事农畜牧业）的毕业两年内未就业高校毕业生。

三、工作综述

2013年，湖南省残疾人工作按照“突出重点，打造亮点，塑造特点，攻克难点”的思路，以残疾人“两个体系”建设为中心，以绩效评估和党的群众路线教育实践活动为抓手，着力提高工作水平，提升工作效能，改进机关作风，各项工作取得较好成绩。

（一）着力优化发展环境

一是加强舆论引导。坚持以正面宣传树立正确导向，围绕“学习十八大、贯彻十八大”精神宣传主线，充分利用广播、电视、报纸、网络等媒体，依托省残联六代会、残疾人文艺汇演等重要活动，大力宣传新时期残疾人的新生活、新面貌、新风尚。坚持以实时监控和迅速处置应对负面舆情。高度重视电视、报纸、网络等媒体中涉残舆情，及时回复和处理网友留言，确保不发生负面和恶性舆情，营造良好的社会舆论环境。抓好信息公开，根据《政府信息公开条例》，在省残联门户网站和省政府网站设立信息公开专栏，并坚持“三个凡是”的公开原则，规范了公开内容和程序，保证了公开工作的实效性和时效性。

二是优化支撑条件。对内注重统一思想认识，提高资金效益；对外注重加强宣传，树立良好形象，从而凝聚起推动残疾人事业发展的强大合力。第一，部署全年工作。3月15日召开了主席团会议、2013年全省残联工作会议，总结了2012年、部署了2013年的工作，交流了经验，表彰了一批先进集体。第二，接受专项资金审计。配合省审计厅圆满完成2011—2012年度残疾人就业保障金预算执行情况审计工作，审计报告对残保金征收、管理、使用及绩效给予了总体肯定的评价。第三，推介湖南形象。先后承办了全国残疾人就业工作交流会，中国残联社区康复暨残疾人“人人享有康复服务”专家技术指导组会议，接待长江项目办公室对湖南省开展长江新里程第二期项目的检查，与会领导、代表和检查组官员对湖南省工作给予高度评价，进一步树立了湖南残疾人工作的良好形象。

（二）大力加强残疾人事业长效机制建设

为进一步加强残疾人扶贫工作，依据《湖南省农村扶贫开发实施纲要（2011—2020年）》，2012年下半年，省政府残工委组织起草了《湖南省农村残疾人扶贫开发实施纲要（2011—2020年）》，2013年1月，省政府办公厅印发了该实施纲要，对做好未来十年残疾人扶贫开发工作做出全面部署。适应残疾人就业工作发展需要，省政府将修订《湖南省按比例安排残疾人就业规定》列入立法计划。同时，提请省人大修订《湖南省实施〈中华人民共和国残疾人保障法〉办法》，省政府法制办、省人大内司委、法工委和省残联做了大量前期工作，争取2014年修订完毕。经过省政府办公厅、省发改委、省教育厅、省财政厅和省残联反复研究协调，《湖南省落实〈国家基本公共服务体系“十二五”规划〉实施意见》增加了“贫困残疾人特殊生活补助、重度残疾人护理补贴”一条，并对残疾儿童教育资助做出了明确规定。省教育厅、财政厅《关于建立学前教育资助制度的通知》中，明确孤残幼儿优先接受每人每年1000元学前教育资助，全省所有特教学校、康复机构的残疾幼儿都能接受资助。省残联、省卫生厅、省民政厅、省财政厅和省人社厅共同制定《湖南省脑瘫儿童抢救性康复救助项目实施方案》，三年内为9000名脑瘫儿童实施免费抢救性康复救助。省人社厅、省财政厅和省残联联合制定《2013年全省残疾人职业技能与实用技术培训实施方案》，促进了残疾人就业培训的升级。省住建厅、省经信委、省民政厅、省老龄办和省残联转发《关于开展创建无障碍环境市县工作的通知》，促进全省无障碍环境建设工作稳步推进。

（三）努力提高残疾人社会保障和服务水平

1. 增强社会保障

一是认真落实社会保障政策。民政部门切实将符合条件的残疾人纳入“五保”、低保范围。122 个县市区推行“新农保”和“城居保”，参保残疾人分别达 130.4 万和 32 万人，分别有 27.7 万和 7.9 万人享受政府代缴保险费的特惠。各市州普遍制定城镇贫困残疾人参加基本养老保险补贴办法。龙山县实施重度残疾人特别困难生活补助制度。长沙市从 2013 年 1 月起提高重度残疾人特殊生活补助标准，农业人口补助标准由每人每月补助 40 元提高到每人每月补助 60 元、非农业人口补助标准由每人每月补助 60 元提高到每人每月补助 80 元。

二是着力加强残疾人扶贫工作。围绕解决农村残疾人住房困难问题，省委书记、省人大常委会主任徐守盛两次做出批示，副省长盛茂林两次召集相关部门进行专题研究。省残联列为农村危房改造领导小组成员单位，省住建厅和省残联对优先支持农村贫困残疾人家庭危房改造做出明确要求。湖南省 2013 年农村危房改造实施方案提高贫困残疾人新建房屋户最低补助标准。省扶贫办进一步加强集中连片特困地区和扶贫开发重点县残疾人扶贫工作，安排财政扶贫专项资金 220 万元，支持连片特困地区和扶贫开发工作重点县的 1.4 万余名贫困残疾人发展种养业。省残联、省扶贫办、省财政厅和人民银行长沙中心支行积极落实康复扶贫贷款贴息政策，省本级投入贴息资金 345 万元，全省全年投入贴息资金 808 万元，引导 1.18 亿元贷款投向扶持残疾人生产生活领域。省农行加大信贷投放，积极支持残疾人康复和创业。省本级投入贴息资金 345 万元，重点支持 37 家农村残疾人转移就业集中的企业，稳定 3000 余名残疾人就业脱贫。做实残疾人培训、就业和扶贫示范基地建设，省本级投入 373 万元，共计建立和扶持省级残疾人培训基地 10 个，残疾人就业（扶）示范基地 34 个，带动建立市、县级培训基地 170 个，市、县级就业（扶贫）示范基地 266 个。省委组织部、省商务厅、省新闻出版局分别联合省残联，组织实施农村基层党组织助残扶贫工程、万村千乡市场工程助残扶贫项目和农家书屋助残扶贫工程，帮扶 20 户农村贫困残疾人家庭创办村级店；稳定扶持 100 名残疾人担任农家书屋管理员，实现就业增收；帮助 1360 户残疾人家庭获得结对帮扶。各级残联认真实施“连千村帮万户扶贫工程”项目，积极开展结对扶贫，使帮扶对象生产生活状况得到显著改善。

2. 提升对残疾人的服务

一是增强服务能力。省发改委和省残联争取中央投资 1780 万元，支持郴州市、张家界市残疾人康复中心建设和宁乡县残疾人托养中心建设。省人社厅为省残疾人康复研究中心增加了 3 个高级职称人数，促进中心康复人才队伍建设进一步加强。省残疾人康复研究中心与湘雅博爱康复医院合作进一步深化，湘雅博爱康复医院成功获批国家临床重点康复专科建设项目，成为全国第一家获此殊荣的残疾人康复机构。

二是提高服务水平，拓展托养服务。省财政厅和省残联共同实施“阳光家园计划”项目，组织开展第二批“阳光家园”示范创建活动。省残疾人托养服务中心建设稳步推进，长沙市和常德市武陵区东城“阳光家园”分别获评全国“阳光家园”示范区和示范机构。省民政厅批准成立湖南省残疾人托养协会。在 14 个市、区、县开展残疾人居家服务购买试点，长沙、常德、衡阳市消除托养机构建设空白县市区，郴州市制定托养服务工作规范。全省共建成服务规范、规模适度、运转正常、托养规模 20 人以上的机构 82 家，3499 名残疾人在机构接受寄宿制服务或日间照料服务。

三是优化就业服务。省人社厅和省残联组织开展就业援助月活动，全省共走访登记失业残疾人家庭 5847 户，并举办全省首届残疾人就业服务职业指导竞赛。省残联为近 100 名残疾人大学生开展职业能力评估和职业指导，提供心理咨询 110 人次，推荐就业 280 人次。省工商系统认真落实有关政策，对残疾人个体从业减免相关费用。

四是加强文体服务。省体育局和省残联联合举办全省残疾人体育技术分级培训班，并积极组织开展全民健身日、全国特奥周等活动，大力促进残疾人群众性体育发展。省文化厅、省教育厅和省残联组建由 100 多人组成的湖南省残疾人艺术参赛团，编排 16 个节目参加第八届全国残疾人艺术汇演，取得 4 个一等奖、6 个二等奖、团体总分第一的历史最佳参赛成绩。湖南文艺出版社出版了“鼻尖创作女孩”黄扬的作品《许我以微笑问候》，出版了残疾人和残疾人工作者蒋铸友的作品《丁香花开》。湖南省残联和湖南省文联主办了“梦桥杯”湖南首届百强残疾人艺术精英选拔赛。

五是做实维权服务。省财政厅和省残联发放残疾人机动轮椅车燃油补贴 1398 万元，补助人数 50000 多人。省残疾人法律救助工作站进一步发挥作用，21 名维权志愿者律师共为 202 人次提供免费咨询服务，免费代拟文书 9 件、受理侵害残疾人权益案件 25 起。省妇联为残疾妇女免费提供法律援助 5 件次，并救助 2 名特困残疾妇女。省公安厅、省卫生厅和省残联积极协商，妥善解决肢残人、聋人驾驶汽车问题，全省 3000 名肢残人考取 C5 驾驶证，50 余名听力残疾人领取机动车驾驶证。省物价局明确，残疾人驾乘车辆在公共停车场免收车辆停放费。省教育厅规定，听力残疾人中高考免试外语听力。

六是发展志愿助残服务。省总工会发挥职工维权帮扶中心作用，积极帮扶困难残疾职工，并在送温暖、金秋助学、春风行动等活动中，都将残疾人纳入其中。省妇联积极将残疾妇女、儿童的健康、教育等需求纳入妇女、儿童规划。团省委和省残联联合组织开展志愿助残阳光行动，全省已注册助残志愿者 21 万人，涌现出了星城志愿团队、爱弥尔、富成珍爱团、关爱之家等一批专业志愿服务团队。“青春红丝带”三进活动共覆盖残疾青少年1500余人。

七是提升信息服务。省经信委对残疾人事业信息化建设项目给予大力支持，并在省政府门户网站开辟“无障碍浏览”通道，支持其他政府部门网站开通“无障碍浏览”通道，为残疾人获取公共信息提供便利。

八是加强无障碍设施管理。长沙市出台《长沙市绿色道路设计导则》，要求在人行道（车行道一侧）设置1.5m的设施带，将电力管线、消防栓、路灯交安等配套设施、管线整合布置于设施带内，保障无障碍设施的合理使用。

（四）积极开展为残疾人办实事活动

围绕增加残疾人收入，改善残疾人民生，各级残联积极为残疾人办实事。一是超额完成2013年省为民办实事“贫困残疾人救助工程”项目任务。各级共投入5967.2万元，为3230名0—7岁贫困残疾儿童实施抢救性康复救助，完成任务的107.7%。各级共投入3170.2万元，新建残疾人集中托养机构35家，完成任务的134.6%；规范达标24家，完成任务的100%；为21683名智力、精神和重度肢体残疾人提供托养服务救助，完成任务的108%。二是精心实施“万人培训、万人就业、万村补助、万户千村、辅具适配、阳光安居、启智育人、先锋示范”等八大工程。全省各级投入资金3000多万元，培训残疾人20483名；新增城镇残疾人就业11570人，帮助1250人实现转移就业。为87个县市区的10000名农村残疾人专职委员按每人每年500元的标准发放误工补助。各级投入1200万元，帮助15288名残疾人适配辅助器具。全省共计投入1亿余元，完成危房改造8000余户；完成残疾人家庭无障碍改造1806户。争取国家残疾人事业“十二五”专项彩票公益金120万元，资助400名学龄前残疾儿童接受学前教育；投入近200万元，对772名贫困残疾大学生和贫困残疾人家庭大学生子女给予资助。争取社会力量扶残助学，募集资金近千万元，资助学生6500多人。新建119家盲人保健按摩示范门店。

（五）圆满完成年度任务

全年帮助18.6万名残疾人得到不同程度的康复，其中为122名聋儿植入人工耳蜗，为440名孤独症儿童、515名脑瘫儿童、500名智障儿童进行了系统的康复训练，为100名麻风畸残、300名肢体残疾儿童进行了矫治手术，为525例白内障患者实施了复明手术，为240名聋儿实施了助听器验配和收训工作，对5800名精神病患者实施了服药与住院治疗。选送70余名专业技术人员参加中国残联组织的各类康复业务培训，培训社区康复协调员、康复专业技术人员13000人次，成功举办第三届全省听力语言康复明星大赛和全省残疾人辅助器具知识竞赛。省辅助器具流动服务车行程9.8万多公里，服务残疾人近2万多人次。多次组织省残疾人康复研究中心派出技术服务队，为基层定点康复机构提供技术支持，开展康复技术服务、指导和培训。省残疾人康复研究中心选派20多位专业康复人员组成“情系基层”康复服务队，分赴湘西、张家界、邵阳等8个市州基层听力、智力、自闭症、脑瘫康复机构，进行为期一周的康复服务活动。加强康复宣传，编印2万多套康复知识宣传图片，在村、社区康复站及社区卫生服务中心普遍上墙，举办湖南省辅助器具知识竞赛，广泛普及康复和辅助器具知识。长沙市制定了《残疾人康复救助实施意见》。常德市将0—6岁聋儿人工耳蜗植入抢救性治疗项目纳入基本医保报销范围，假肢纳入新农合报销范围；积极创建残疾儿童随报和早期康复工作试点城市。省残联组织开展未入学适龄残疾儿童少年调查统计。全省各级工会组织开展“金秋助学”活动，共资助困难残疾职工和困难残疾农民工子女686人，发放助学款209.89万元。7名老师荣获2013年度“交通银行特教园丁奖”，1名学生荣获“交通银行残疾大学生励志奖”提名奖。岳阳市、县区两级人民政府把助学工作列入为民办实事工作，年终进行考核。省政府法制办、省残联积极开展《湖南省按比例安排残疾人就业规定》立法修订的论证调研，省残联对1300家和20家省直用人单位开展按比例安排残疾人就业情况审核和行政执法检查。组队参加中国残联组织的山地车、烹饪、盲文读写比赛，总成绩位列全国第六名。省残联认真部署年度省级示范基地创建和督导评估工作，委托2家会计师事务所对10家省级示范基地独立开展抽查评估，逐一出具专项检查报告。加速盲人按摩提质转型和规范化建设，联合湖南人民广播电台组织开展了盲人按摩进社区大型宣传活动，完成湖南辖区2013年全国盲人医疗按摩人员考试，全省从业盲人7000多人，其中盲人医疗按摩243人，盲人已成为湖南省残疾人中就业最稳定的一个类别。60%以上的县市区开展了残疾人就失业登记工作。成功承办第八届全国残疾人艺术汇演湖南赛区比赛。举办青少年残疾人运动员测试赛，加强体育后备人才的选拔和培养。承办全国残疾人体育分级培训班。湖南省残疾人运动员先后在中国残疾人田径公开赛荣获1枚金牌，在亚洲残疾人运动会获得3枚金牌，同时在田径等国家级锦标赛中获得各类奖牌40余枚。全年共办理人大代表建议6件、政协委员提案3件。残疾人状况监测连续四年得到中国残联通报表扬，残疾人事业统计工作取得很大进步。全省残疾人办证达114.24万人。省残疾人福利基金会筹集善款近27万元，在夏家垴村设立助残专项基金。

（六）不断充实基层残疾人组织

大力推进“强基育人”工程，抓住各级残联换届机遇，重点突破残疾人干部和专职委员配备等难点。全省14个市州残联配备了11名残疾人领导干部，91个县级残联配备了残疾人干部。残疾人专职委员进一步配强。14个市州、68个县出台了专职委员选聘与管理政策。全省共配备残疾人专职委员36500名，20%的乡镇（街道）

残联、35%的城区社区残疾人专职委员纳入政府公益性岗位。在继续完善民主推荐制度的基础上，全面推行公开竞聘方式，全省有60%的县级残联采取依次通过报名、审查、笔试、面试、考察、公示、聘用等程序来选聘专职委员。通过建立健全定期例会、定期培训、定期入户走访、定期进行考核评议，定期组织开展活动等各项制度，探索专职委员"考聘分离"的管理制度，建立专职委员"能进能出、奖优惩劣"的激励机制，并加强教育培训，积极推动专职委员由"有"向"好"转变。市县两级共举办残疾人专职委员培训班180多期，培训7000多人。残疾人专门协会进一步活跃。市县各类残疾人专门协会组建率分别达到100%和95%。专门协会"经费、场地、人员"三落实问题逐步得到解决。9个市州、72个县级残联设立专门协会工作办公室。各专门协会组织开展了一系列有益活动。省聋协与长沙市茂林驾校展开合作，打造了全省目前唯一一家为听障学员量身定制驾驶培训的驾校。在首届"快活谷狮子会杯"中国象棋残健共融团体赛中，湖南省荣获团体第五名和最佳组织奖，队员黄鑫荣获最佳选手。省肢协深入常德，开展第四次肢残人活动日，通过"下一次乡"、"建一个图书角"、"录一本书"、"做一件事"、"帮一个人"、"出一次门"等具体形式，在社会上引起很大反响。经常德市民政局审批，常德市肢残人协会进行了社团法人登记，成为湖南省首家进行社团法人登记的残疾人专门协会，并成立中共常德市肢残人协会支部委员会。

（七）大力加强残联自身建设

1. 顺利完成换届任务

7月23—24日，湖南省残疾人联合会第六次代表大会在长沙召开。会议的主要任务是：认真总结湖南省残联第五次代表大会以来五年的工作，对今后五年和今后一个时期全省残疾人事业发展进行全面部署，选举产生省残联新一届领导机构。来自全省各行各业的314名正式代表和20名特邀代表参加会议。大会选举产生了省残联新一届领导机构：选举盛茂林为省残联第六届主席团主席，虢正贵、肖红林、祝刚、陈晓阳、谢志强、刘顺成、李先波为副主席；选举肖红林为省残联第六届执行理事会理事长，谭奇元、于洪礼、侯建斌为副理事长；分别选举祝刚、陈晓阳、谢志强、刘顺成、李先波为省盲人协会、省聋人协会、省肢残人协会、省智力残疾人及亲友协会、省精神残疾人及亲友协会主席。

全省14个市州和所有县、乡级残联全部完成换届。各级残联领导班子得到加强，市州残联领导班子职数平均在4个以上，全部理顺了党政干部关系；残联系统干部交流力度进一步加大，有28名党政群团组织干部进入市县残联任职，22名市县残联同志交流、提拔到其他部门任职；乡镇街道在机构精简、人员压缩的情况下，残联全部保留，由党委组织部任命的专职理事长配备数较2012年提高12%。

2. 大力改进作风

各级残联认真贯彻落实中央八条、省委九条规定，普遍制定了加强作风建设细则，为加强和改进作风提供制度保障。省残联组派工作组深入炎陵县，开展为期一个月的以"为民务实转作风，勤廉办事树形象"为主题的对口帮扶活动。按照中央和省委部署，精心组织开展党的群众路线教育实践活动。全省各级残联以实施"连千村帮万户扶贫工程"项目为契机，共联系帮扶140个村，与2000余户贫困残疾人家庭结成帮扶对子，辐射受益残疾人近5000人，整合投入1700万元为残疾人提供帮扶和服务达2.4万余次，使帮扶对象生产生活状况得到显著改善，促进残联系统干部职工转作风、下基层、接地气、察实情，进一步密切了与残疾人的血肉联系。

（八）存在的困难和问题

2013年工作也存在很多困难和问题。一是重点工作创新、难点工作突破还很不够，全省残疾人工作整体水平与先进地区相比还存在很大差距。二是部分残疾人生活水平还比较低，支持加快残疾人小康进程的特惠政策还很缺乏。根据2012年度残疾人状况监测结果，2012年全省残疾人小康实现程度为71.7%，较当年全省小康实现程度85.9%低14.2%。三是残疾人工作力量特别是专业技术人员力量还很缺乏；面对残疾人事业发展新形势新问题，残疾人工作者能力不足问题凸显，等等，需要在今后的工作中进一步加大力度，逐步加以解决。

四、重要条目

【关于修订《湖南省国家税务局、湖南省地方税务局、湖南省民政厅、湖南省残疾人联合会关于转发促进残疾人就业税收优惠政策征管办法的通知》的公告】为规范残疾人就业税收优惠政策管理，保障残疾人合法权益，根据《财政部、国家税务总局关于促进残疾人就业税收优惠政策的通知》（财税〔2007〕92号）、《国家税务总局、民政部、中国残疾人联合会关于促进残疾人就业税收优惠政策征管办法的通知》（国税发〔2007〕67号）、《财政部、国家税务总局关于安置残疾人员就业有关企业所得税优惠政策问题的通知》（财税〔2009〕70号）的规定，省国税局、省地税局、省民政厅、省残联对《湖南省国家税务局、湖南省地方税务局、湖南省民政厅、湖南省残疾人联合会关于转发促进残疾人就业税收优惠政策征管办法的通知》（湘国税发〔2007〕98号）进行了修订，并于2013年9月17日发布了本公告（湖南省国家税务局公告2013年第3号）。《公告》对福利企业资格认定程序和盲人按摩机构、工疗机构及其他集中安置残疾人单位的资格认定程序，以及税收优惠办理等事项进行了重新明确。

【残疾军人配置康复辅助器具的实施办法】根据《民政部关于印发〈残疾军人康复辅助器具配置暂行办法〉的通知》（民发〔2013〕15号），为进一步规范湖南省残疾军人康复辅助器具配置工作，保障残疾军人合法权益，提高残疾军人生产和生活质量，结合湖南省实际，2013年4月12日，湖南省民政厅印发了《残疾军人配置康复辅助器具的实施办法》（湘民发〔2013〕17号），对适用对象范围、配置条件、配置程序、配置机构等做了具体明确。《办法》还明确，残疾军人康复辅助器具配置所需资金由省级财政预算安排和筹集省本级福利彩票公益金共同列支解决。残疾军人到省假肢矫形康复中心配置康复辅助器具，当天不能返回的，其交通费用（乘坐汽车、火车）和食宿费，由县级民政部门参照机关事业单位工作人员有关规定予以适当补助。

【关于做好农村危房改造对象确定工作的通知】2013年5月8日，湖南省农村危房改造工作领导小组办公室印发《关于做好农村危房改造对象确定工作的通知》（湘农危办〔2013〕2号），就农村危房改造对象确定的基本原则、补助对象、补助对象申请条件、补助对象确定程序、违规处理等做出了明确规定，明确补助对象包括贫困残疾人家庭——家庭生活比较贫困，有残联部门颁发的残疾人证书的农户。农村危房改造以户为单位，由农户提出申请，申请人必须同时具备下列条件：1. 拥有当地农业户籍并在当地居住，且是房屋产权所有人；2. 属于农村危房摸底调查统计在册的危房户；3. 属于农村分散供养“五保户”、低保户、贫困残疾人家庭、其他贫困户任意一种类型。

【湖南省残联第五届主席团第七次会议】2013年7月22日，湖南省残联第五届主席团第七次会议在长沙召开。副省长盛茂林出席会议并讲话，省政府副秘书长虢正贵主持会议。会议听取了关于湖南省残联第六次代表大会筹备工作的情况汇报，审议并通过了第五届主席团向大会提交的工作报告，通过了有关事项。决定于2013年7月23—24日在长沙召开湖南省残联第六次代表大会，提请代表大会听取和审议省残联第五届主席团的工作报告；选举产生省残联第六届主席团并召开第一次会议；通过出席全国代表大会代表名单。

【全国残疾人就业工作经验交流会】2013年5月8—9日在湖南省长沙市召开。各省（自治区、直辖市、计划单列市、新疆生产建设兵团、黑龙江农垦总局）残联教就部和就业中心的有关负责同志共70余人参加会议。中国残联副理事长贾勇出席会议并讲话。中国残联教就部主任张新龙肯定了各地残疾人就业工作，分析了当前残疾人就业政策存在的主要问题，提出了具体的工作要求。中国残联就业服务指导中心主任钱鹏江分析了残疾人就业工作面临的形势，部署了下一步的工作任务。中国残联教就部副主任解宏德组织了就业政策经验交流。人社部、民政部有关业务处介绍了我国就业形势和政策以及我国福利企业发展现状和政策。与会人员参观了湖南省残疾人劳动就业服务中心和长沙魔豆恩服饰有限公司、俞焕盲人按摩店、博爱凤亭家园等残疾人社区就业点。湖南省在会上做了《借社区平台优势，破解残疾人就业难题》的经验发言。

【第八届全国残疾人艺术汇演湖南赛区】2013年8月12—18日，第八届全国残疾人艺术汇演湖南赛区比赛在长沙举行，有河南、湖北、湖南、陕西、广东、广西、新疆、新疆生产建设兵团等8个省区、单位800余名残疾人演员和工作人员选送87个节目参加比赛。8月17日晚，第八届全国残疾人艺术汇演湖南赛区颁奖仪式暨汇报演出在湖南省人民会堂举行。中国残联党组成员、副主席吕世明，湖南省副省长盛茂林等观看汇报演出，并为获奖节目颁奖。湖南赛区共评出一等奖20个、二等奖32个、三等奖29个、优秀奖6个和团体奖8个。湖南省在这次艺术汇演中获得团体一等奖。参赛节目获一等奖的有：戏剧小品《小星星》《祝你生日快乐》，舞蹈《排排坐》，合唱《小龙舟》。另有6个节目获二等奖，2个节目获三等奖，3个节目获优秀奖。

【连片特困地区残疾人扶贫调研在湘开展】

2013年8月25—29日，中国残联研究室、教就部、国务院扶贫办中国国际扶贫中心、中国人民大学中国残疾人事业发展研究院联合在邵阳市洞口县开展连片特困地区残疾人扶贫调研。中国残联教就部巡视员王建军、中国人民大学中国残疾人事业发展研究院副院长杨立雄和湖南省残联副理事长谭奇元参加调研活动。

25日，王建军一行实地考察了湖南省残疾人扶贫示范基地——邵阳市隆回县山界乡朝阳种养场，对基地的帮扶工作给予肯定。

26日，调研组在洞口县召开了残联、扶贫、民政、农业和财政等部门参加的座谈会。会上，谭奇元简要介绍了湖南残疾人扶贫工作，要求洞口县残联积极支持配合调研工作，做好人员调度、后勤保障等服务工作，处理好调研和其他诸如抗旱等工作关系，克服困难、全力以赴地保障调研工作顺利开展。座谈会后，调研组组织10个乡镇的残联专干进行专题培训，分组进村入户对500户残疾人开展问卷调查，对其中20户残疾人进行重点个案访谈。

29日，湖南省残联理事长肖红林听取了调研组的意见反馈，并就残疾人扶贫、残疾人协会参与扶贫工作等与调研组进行了深入交流。

【2013年全国盲人医疗按摩人员考试湖南辖区开考】2013年9月7日，2013年全国盲人医疗按摩人员考试湖南辖区考试在省特教中等专业学校开考，为低视力考生配备了LED灯和助视放大镜。湖南考区共有73人通过资格审核，66人参加考试。考生年龄最大56岁，最小19岁，男性48人，女性18人。考试期间，湖南省人力资源

和社会保障厅副厅长杨士雅、省中医药管理局局长邵湘宁、省残联副理事长谭奇元及省卫生厅医政处负责人巡考并检查考务工作。

【中挪合作项目《联合国残疾人权利公约》培训班（CDPF－FFO）】

2013 年 10 月 15 日，由中国残联和挪威残联共同举办、湖南省残联和株洲市残联共同承办的中挪合作项目《联合国残疾人权利公约》培训班（CDPF－FFO）在株洲市开班。来自湖南省 14 个市州残联的理事长、党组书记和各县市区残联理事长以及部分优秀残疾人专职委员共计 198 人参加培训。挪威残疾人组织联合会的专家安德烈先生和汉娜女士、中国残联组联部副主任张超英出席开班仪式。

开班仪式结束后，两位挪威专家分别就挪威王国概况、挪威残联组织架构和挪威残疾人事业、挪威的康复系统特别是社区康复的状况做了介绍，并对《联合国残疾人权利公约》做了简明的讲解。中国残联组联部副主任张超英对中挪残联共同举办的残疾人合作项目做了说明，围绕《残疾人组织建设工作》做了专题讲课。随后，两位挪威专家和株洲市 10 位残疾人专职委员代表进行了一次座谈。

10 月 16 日，湖南省残联理事长肖红林给学员做题为《抢抓机遇，真抓实干，努力实现残疾人的小康》的讲课。他指出，要抓住党的群众路线教育实践活动、中国残联第六次代表大会和当前发展残疾人事业的环境越来越好这三个重要机遇，真抓实干，努力实现广大残疾人和全国人民同步小康。他要求，各级残联一定要真抓实干，一要领会精神，掌握政策，熟悉业务；二要了解实情，增加感情，研究对策；三要加强学习，改进作风，廉洁服务。肖理事长提出，要处理好“四个关系”，即权力与服务的关系、民主与集中的关系、名与实的关系、自律与受监督的关系。

【湖南省第三届听力语言康复明星大赛】2013 年 10 月 21—23 日，由湖南省残联主办的第三届全省听力语言康复明星大赛在长沙举行。来自全省 14 个市州和省残疾人康复研究中心的 119 名选手参加比赛。大赛历时两天，进行了聋儿康复成果（个人赛、团体赛）、教师综合教学活动设计、家长康复知识抢答等三大版块的比赛。省残疾人康复研究中心朱易玥玥和益阳市特校戴苗小朋友获得聋儿康复成果个人赛唱歌类一等奖；永州新希望康复中心周宇航和株洲市特校朱婧获得聋儿康复成果个人赛语言类一等奖；省残疾人康复研究中心和株洲市特校获得聋儿康复成果团体赛一等奖；省残疾人康复研究中心汤飞鹭和株洲市特校尹斌获得康复教师技能赛一等奖；岳阳汨罗特校黄峰和省残疾人康复研究中心曹围获得家长知识抢答赛一等奖。另外，大赛组委会还颁发二等奖、三等奖、优秀奖等其他奖项 62 个。

【全国基层残疾人辅助器具适配培训班】2013 年 10 月 29—31 日，全国基层残疾人辅助器具适配培训班在湖南省益阳市举办。湖南省残联副理事长侯建斌，中国残疾人辅助器具中心全国工作处负责人等出席开班仪式。益阳市 7 个县市区残联理事长、分管康复工作的副理事长及康复股长、74 个乡镇（街道）残联理事长及部分乡镇（街道）残疾人专职委员等 90 余人参加培训。这期培训班是中国残疾人辅助器具中心面向基层举办的第一期专业化辅助器具适配培训班，旨在提高基层残疾人工作者辅助器具适配水平，培养一批作风过硬、服务能力过硬的基层专业队伍。培训班为期 3 天，内容包括辅助技术理念，辅助器具及适配基础知识，肢体、听力、视力残疾人常用辅助器具介绍及应用等。理论课程结束后，全体学员还进行了实践操作练习。

【湖南首届推拿养生学术国际交流高峰论坛】

2013 年 11 月 29 日—12 月 1 日，由湖南省中医药学会推拿专业委员会、湖南省盲人按摩学会、湖南省足浴按摩行业协会联合举办的“绿色健康·中国（湖南）推拿养生国际学术交流高峰论坛暨投融资峰会”在长沙举行。湖南省中医药管理局局长邵湘宁、湖南中医药大学校长廖端芳、湖南省残联副理事长谭奇元等出席开幕式并讲话。湖南省中医药学会推拿专业委员会、湖南省盲人按摩学会会长李江山教授主持开幕式。

此次高峰论坛集学术研讨、思想交流、促进行业交流和融合发展于一体，以“绿色潇湘、健康中国”为主题，针对如何抓住行业发展机遇，推动湖南省推拿保健、养身品牌迅速发展等主题展开深入探讨，以加强推拿养生行业交流与合作，凸显传统推拿与治疗在现代社会的发展和运用。邵湘宁、湖南大学教授刘峰、上海中医药大学教授沈国权、山东中医药大学硕士研究生导师王道全、成都中医药大学教授廖品东等专家学者为会议做学术报告或授课。

湖南省盲人按摩学会为会议征集了 20 余篇专业论文，组织 50 多名个人会员和团体会员单位参加会议，并授予 4 人“湖南省推拿能手”荣誉称号，授予 4 人“湖南省推拿之星”荣誉称号。

【湖南省辅助器具知识竞赛】为进一步宣传和普及辅助器具知识，加深社会各界对辅助器具的了解，2013 年 11 月，湖南省残联举办了湖南省辅助器具知识竞赛。本次竞赛由湖南省残疾人辅助器具中心和红网承办，采取网络答题和书面答题的形式进行有奖答题，于 11 月 7 日在红网启动，历时 20 天。活动吸引了全国各地的上万名网友参与答题，共收到网上答卷 13021 份，书面答卷 1855 份，专题点击量达 72 万余人次，专题流量超过千万。新浪、搜狐、网易等多家媒体对活动进行了转载和报道。12 月 5 日，在红网演播大厅举行了湖南省辅助器具知识竞赛抽奖仪式。湖南省残联副理事长侯建斌担任抽奖嘉宾，为活动随机抽取产生了一等奖 3 名、二等奖 6 名、三等奖 10 名以及幸运奖 20 名。长沙芙蓉公证处的工作人员对抽奖过程及结果进行了公证。

【2013年全国残疾人体育分级培训班】2013年11月14—18日，由中国残奥委员会主办，湖南省残联承办，中国残奥管理中心协办的2013年全国残疾人体育分级培训班在长沙举办，来自全国26个省（区、市）近100人参加培训。培训班按照项目分为田径、游泳、综合三个班次，采取理论与实践相结合、上课与考核相结合、授课与讨论相结合的形式，我国资深分级师丁伯坦教授、王兰教授等专家全程为学员授课。培训最后进行了考核，通过考核的学员获得结业证书，湖南省有5名参加培训学员顺利通过考核。

【湖南省残联系统“连千村帮万户扶贫工程”实施方案】为落实《湖南省残疾人扶贫开发纲要（2011—2020年）》，推进精细化、融合式扶贫，保障农村残疾人基本生活，扶持其发展生产，增加收入，实现稳定脱贫，并结合深入开展党的群众路线教育实践活动，为进一步增强残疾人工作者“人道、廉洁、服务、奉献”意识，湖南省残联决定在全省残联系统组织实施“连千村帮万户扶贫工程”项目，并于2013年1月印发了《湖南省残联系统“连千村帮万户扶贫工程”实施方案》。《方案》明确，帮扶对象是残疾人工作基础薄弱、经济欠发达、贫困残疾人口不少于10人的贫困村和年人均收入低于当地贫困线标准的贫困残疾人家庭。目标任务是：到2015年，省、市州、县市区三级残联帮助400个村稳定实现贫困残疾人不愁吃、不愁穿，平等享受基本医疗、基本养老、教育、住房和康复服务；扶持4000户贫困残疾人家庭收入达到或接近当地平均收入水平，实现稳定脱贫。到2020年，省、市州、县市区三级残联帮助1000个村稳定实现残疾人不愁吃、不愁穿，平等享受基本医疗、基本养老、教育、住房和康复服务；扶持10000户贫困残疾人家庭收入达到或接近当地平均收入水平，实现稳定脱贫。为加强项目的组织领导，各级残联成立了领导小组，制定了具体实施方案，安排了必要工作经费。湖南省残联确定株洲市荷塘区夏家塅村为2013年活动联系点。据统计，2013年全省残联系统共计投入资金1700余万元，帮扶140个村夯实残疾人服务载体，为2000余户贫困残疾人家庭提供结对帮扶服务2.4万余人次，5000余名残疾人受益。其中，湖南省残联干部下到帮扶村近200人次，厅以上领导干部进村26人次，并由省残疾人福利基金会牵头，向省残联干部、当地政府、村民、爱心企业和爱心人士募集善款26万元建立村助残专项基金。通过这一活动，促进残联系统干部职工转作风、下基层、接地气、察实情，进一步密切了与残疾人的血肉联系。

【湖南省首届残疾人就业服务职业指导竞赛】为切实发挥职业指导在促进残疾人就业服务工作中的重要作用，推动全省就业服务工作不断创新发展，2013年8月5—6日，湖南省残联、省人力资源和社会保障厅共同在株洲市举办了湖南省首届残疾人就业服务职业指导竞赛。本次竞赛以“就业服务展风采，立足岗位创佳绩”为主题，由湖南省残疾人劳动就业服务中心承办，来自全省各市州的由残疾人专职委员和残疾人就业服务机构工作人员组成的15支代表队参赛。通过5日全天和6日上午的自我陈述、就业指导工作情景展示、理论知识考核等考试环节，并由中国残疾人就业指导中心有关专家对选手竞赛得失进行点评，最终评出“社区就业服务之星”10名，“职业指导之星”5名。其中个人选手前两名获得由省人力资源和社会保障厅授予的“湖南省技术能手”荣誉称号。

【2012年度湖南省残疾人小康进程监测结果发布】

2013年12月4日，湖南省残联发布2012年度全省残疾人状况监测结果。2012年度残疾人状况监测工作监测了全省31个县（市、区）中的62个小区，涉及8481户家庭，常住人口26194人，共监测残疾人口1802人。监测主要内容涉及残疾人生活、康复、教育、就业、社会保障、社区服务、无障碍环境和法律服务等。监测结果表明，2012年湖南省残疾人小康实现程度为71%，比上年度提高个5.9个百分点，高于全国水平（68.4%）2.6个百分点。在监测的17项指标中，残疾人家庭人均住房使用面积、城镇残疾人登记失业率、城镇残疾人基本社会保险覆盖率、农村残疾人合作医疗覆盖率、百户残疾人家庭彩色电视机拥有量和法律服务满意率6项已达到小康目标。

监测结果表明，湖南省残疾人在基本生活保障、康复、教育、就业等方面还面临着许多困难。2012年湖南省全面小康实现程度为85.9%，比残疾人小康实现程度高出14.9个百分点。从人均可支配收入来看，2012年度湖南省残疾人家庭人均可支配收入为8106.6元，其中，城镇残疾人家庭人均可支配收入为11134元，是全省城镇居民人均可支配收入（21319元）的52.2%；农村残疾人家庭人均可支配收入为7089元，是全省农村居民人均纯收入（7440元）的95.3%。

【首批50余名听力残疾人领取驾照】2012年以来，湖南省聋人协会负责人等反映，听力残疾人学习汽车驾驶体检时，医院禁止佩戴助听器，因而达不到体检要求。经过湖南省残联和省卫生厅等部门反复沟通协商，到2013年7月，听力残疾人佩戴助听设备体检已得到妥善解决。2013年底，全省有50余名听力残疾人顺利领取了机动车驾驶证。

【“五化”促进残疾人大学生就业】2013年，湖南省残联实施“五化”，积极开展残疾人大学生就业援助工作。一是就业信息登记“精细化”。将全年登记未就业的148名残疾人毕业生录入全省残疾人就业服务系统，实行动态管理，全面履行一次职业能力测评、一次心理咨询、三次岗位推荐、两次岗位见习为主要内容的就业兜底服务，实现就业129人，推荐就业率87%。二是就业指导服务“专业化”。按照随登记随服务的原则，为残疾人大学生提供职业指导、心理辅导、职业介绍、职业能力评估等服务，全年为近100名登记残疾人大学生开展了职业能力评估和职业指导，提供心理咨询110人次，推荐就业280人次。三是就业援助活动“多样化”。为300名残疾人在校生提供互联网营销、阳光心态等讲座，提高其求职竞争力。走进高校为近100名残疾人在校生开展职业能力在线测评服务。举办3场残疾人大学生专场招聘会，提供1300个就业岗位，促成长沙职院和多家残疾人大学生见习基地达成校企合作意向，并为求职者和企业搭建互动交流平台，扶持高校残疾人毕业生网络创业就业。四是见习基地管理“规范化”。落实《湖南省残疾人大学生就业援助政策实施细则》，电话、实地督导省级残疾人就业见习基地按质按量完成见习任务，审核残疾人大学生就业援助补贴资料56份，发放补贴近30万元。五是创业孵化指导“个性化”。对首批入驻湖南省残疾人大学生创业孵化基地的5名残疾人大学生创业者，提供项目开发、政策咨询、风险评估、跟踪扶持等个性化服务；组织入驻的残疾人大学生参加以“产学研金一体化、创新创业在长沙”为主题的2013中国（长沙）科技成果转化交易会。

【扶残助学制度推动特教工作】2013年，湖南省残疾人教育以彩票公益金助学项目和“通向明天——交通银行残疾青少年助学计划”实施为契机，整合资源，建立扶残助学制度，带动特教工作加快发展。一是建立制度性助学政策。各级各部门积极支持配合，建立残疾学生从学前教育、义务教育和高中（包含中职）、大专、本科到研究生以上资助政策。学前教育有资助。国家残疾人事业“十二五”专项彩票公益金安排120万元，资助400名学龄前残疾儿童接受学前教育。湖南省教育厅、财政厅在湖南省《关于建立学前教育资助制度的通知》中明确，孤残幼儿优先接受每人每年1000元学前教育资助，全省所有特教学校、康复机构的残疾幼儿都能接受到资助。义务教育有保障。残疾儿童少年教育纳入九年义务教育轨道，特教学校的残疾学生全部享受“两免一补”，落实低保。中职教育有扶持。凡在湖南省特教中专学习的残疾学生，国家给予每年每人1500元的补助，省残联给予每年没人1000元补助，市州和县市区残联根据实际情况对在校学生给予每人每年1000—2000元的补助。落实《湖南省残疾人就业保障金补助特殊教育学校职业教育培训办法》，省本级对特殊教育学校开展职业教育给予适当资金扶持，带动市州对特殊教育学校职业培训给予支持。高等教育资助全覆盖。落实《湖南省贫困残疾大学生和贫困残疾人家庭大学生子女资助管理办法》，全省各级支出近200万元，对772名贫困残疾大学生和贫困残疾人家庭大学生子女给予资助。二是社会力量扶残助学。全省各级残联主动争取“团中央、中国青少年发展基金会希望工程项目”、“中国儿童少年基金会春蕾计划”、“全国工会金秋助学活动”等国家助学项目资金近300万元，各市州主动与相关部门和单位对接，开展“扶残助学长江行动”，“爱心改变命运”、“芙蓉助学”募集资金近千万元，资助6500多名学生就读。三是实施“残疾儿童少年义务教育攻坚计划”。湖南省残联与省教育厅印发了《2012年我省未入学适龄残疾儿童少年情况通报》，就进一步保障残疾儿童少年受教育权利提出了具体要求，同时，撰写了《维护残疾儿童少年义务教育权益》的调查报告。全省有7名特教学校老师荣获2013年度“交通银行特教园丁奖”。

【湖南省盲人按摩进社区及国际盲人节大型公益宣传活动】

为引导全社会正确认识盲人按摩，拓展盲人按摩市场，湖南省残联联合湖南人民广播电台，于2013年6月起开展了为时5个月的湖南省盲人按摩进社区大型公益宣传活动。活动期间，指导中心在全省发放了宣传海报、文化衫，在长沙市50个社区设立了盲人按摩进社区宣传栏，同时在湖南电台News938潇湘之声及FM102.8新闻频道进行了滚动宣传播出，内容包括盲人按摩典型人物系列报道、专家访谈特别节目以及合格门店促销宣传等一系列推广活动，取得了较好的社会反响。

为庆祝第三十届国际盲人节，展示盲人群体自强自立、服务社区、方便市民的精神风貌，帮助市民认识、理解并接受盲人按摩，2013年10月15日，在长沙市天心区白沙花园社区举行了盲人按摩进社区公益宣传现场活动。活动邀请长沙按摩医院的按摩专家现场传授按摩与养生知识，长沙市部分盲人保健按摩机构的盲人按摩师到活动现场接受主持人采访并展示精湛的按摩技艺，盲人歌手现场演唱，社区老年艺术团表演了舞蹈。

【湖南首届百强残疾人艺术精英选拔大赛及湖南首个残疾人艺术馆成立】为搭建残疾人艺术交流平台，2013年湖南省残联和湖南省文联联合主办了“梦桥杯”湖南首届百强残疾人艺术精英选拔大赛。大赛共收到各类艺术作品260余件，包括国画、油画、水彩画、书法和雕刻等。其间，湖南省文联组织7名资深评委对作品进行了认真审核，评选出一等奖5名，二等奖10名，三等奖15名，优秀奖20名。同时，10个市州残联和湖南省真卿书画院获得“组织奖”。12月22日，在长沙县黄云镇举行了大赛颁奖典礼，湖南省残联理事长肖红林出席典礼并为获奖单位和个人颁奖。当天，湖南首个残疾人艺术馆——“梦桥艺术馆”也正式成立。

【湖南省旅游局倡议公益助残，全省百家景区积极响应】2013年5月19日是中国旅游日，又恰逢全国助残日。为提升残疾人的旅游意识和休闲意识，在全社会营造关注残疾人的良好氛围，省旅游局按照国家旅游局开展“针对贫困家庭、残疾人等弱势群体的资助、免费或优惠的公益性旅游活动”的要求，倡议全省各旅游景区在中国旅游日当天对持有残疾人证的残障人士门票全免，得到了全省134家A级旅游景区的积极响应。

【长沙市无障碍出租车正式上路】2013年，长沙新增500台出租车，其中有20台为无障碍出租车，第一批10

台无障碍出租车于6月底正式上路。无障碍出租车属公益投放，主要服务对象以残疾人为主，但又不限于残疾人，需要帮助的孕妇、行动不便的老人、因为疾病或伤痛而行动困难的市民，都可以电话预约。无障碍出租车选择电召预约的模式，不会上路“招手即停”；乘车费用与普通出租车一样打表收费，价格标准一致。

【长沙市出台办理中华人民共和国残疾人证实施细则】为进一步规范残疾人证的核发管理工作，2013年11月，长沙市残联印发了《〈中华人民共和国残疾人证管理办法〉长沙市实施细则》。该《实施细则》共十章，对残疾人证的申请、评定、发证、复议、办证费用、注销、换领补发、资料变更等方面进行了全面系统的规定，其操作性、针对性更强，标准更加详细。针对当前第二代残疾人证办证、换证工作中出现的目测范围、标准难掌握，残疾人证注销不及时，办证责任主体不够清楚等问题，《实施细则》明确：精神和智力残疾一律不得目测；残疾人证办理实行县市区残联经办人员和理事长责任制，明确县市区残联理事长、办证工作人员的具体权力和责任；规定了残疾人证注销的条件和程序；明确了市残联定期检查县市区残联办证程序、资料归档、工作态度、服务质量、收费情况、标准掌握等情况的机制。

【长沙市望城区委、区政府出台扶残助残新举措】2013年1月30日，中共长沙市望城区委、区人民政府出台《关于加大困难群众帮扶力度，推动扶贫济困工作常态化的决定》，力争进一步提高全区困难群众的生活质量。《决定》从建立健全社会保障体系、教育扶贫体系、医疗救助体系、创业就业体系等方面推进全区的扶贫济困工作，并将扶残助残工作纳入其中，对困难残疾人实行重点帮扶，具体惠残举措如下：一是对无固定生活来源的一级和二级重度残疾人特殊生活补助标准统一提高至每人每月100元（原标准是农村户口每人每月40元，城镇户口每人每月60元）。二是对一户多残的贫困残疾人家庭按照每户每月200元的标准给予救助。三是对持有第二代中华人民共和国残疾人证的残疾人参加城乡居民基本医疗保险的个人缴费部分由财政全额代缴。四是实现全区一级和二级重度残疾人（含重症精神病人）城乡居民养老保险全覆盖。五是对随班就读义务教育公办学校的残疾学生和就读特殊学校的残疾学生，每年补助就学生活费1000元，让他们享有公平的教育机会。六是对一级和二级重度残疾人住院就诊实行“十免十减”政策（“十免”是免除十项基本治疗费：包括门诊挂号费，诊查费，救护车费，皮下、皮肉、肌肉注射费，静脉输液费，空调降温费，血液常规检查费，尿常规检查费，粪便常规检查费，煎药费；“十减”是十项费用减半收取，包括：急诊留观床位费，普通病房床位费，护理费，X线透视检查费，常规心电图检查费，脑电图检查费，B超常规检查费，住院手术费，CT检查费，针灸治疗费）。七是切实加强残疾人就业培训和劳动就业工作，进一步落实机关企事业单位和社会团体按照1.5%的比例安排残疾人就业的政策，未达到安置比例的由财政、地税部门按标准代扣代征，对安排残疾人就业有显著成效的机关、企事业单位给予适当奖励。八是加强残疾人服务体系建设，建立残疾人康复中心，完善乌山残疾人托养服务中心，推进农村残疾人托养试点工作，逐步实现残疾人人人享有康复服务，人人过上更高品质生活。九是加大司法救助力度，一级和二级重度残疾人（含重症精神病人）免交诉讼费、仲裁费，切实保障弱势群体当事人合法权益。

【临湘市出台重性精神病人救治管理办法】2013年9月1日，临湘市人民政府印发了《临湘市重性精神病人救治管理（暂行）办法》。《办法》具有医疗救助范围广、标准高，多部门联动的特点。针对重性精神疾病患者医疗救助的内容、范围、对象及标准，《办法》规定：一是资助参合参保。重性精神疾病患者城乡医疗保障个人应缴费用由民政部门予以全额安排。二是开展免费救治。符合免费救治条件的重性精神疾病患者，其发作期享受一个疗程（一个疗程为3个月）的住院救治，如病情需要，可申请延长一个疗程，最长不超过两个疗程；在定点医疗机构住院治疗精神疾病的医疗费用由城乡医疗保障机构按每人每天100元予以安排解决。三是免费救治后的患者缓解康复期药物维持治疗纳入民政部门大病救助或特困补助，一年补助一次，每次2000元，用于解决患者缓解康复期门诊治疗费用，直至康复。四是肇事肇祸精神病人收治管理工作由公安部门负责，经费由市财政纳入年度预算。

【芷江县残联出台残疾人创业优惠政策】2013年，芷江县残联根据本县全民创业文件精神，结合实际，出台了残疾人创业优惠政策，包括以下几个方面：一是开办费补助。领取芷江县工商部门颁发的营业执照、税务部门颁发的税务登记证且自主经营1年以上但不足2年的，从残疾人就业保障金中给予一次性1000元的开办费扶持，该补助一人只享受一次。二是贷款贴息。残疾人开办企业涉农贷款3万元以内按年利率7‰贴息；涉农贷款20万元以上的年利率5‰贴息，期限为3年。三是鼓励民间资本兴办残疾人托养机构。社会力量依托现有正在运营的敬（养）老院、医院、残疾人康复中心开办的残疾人托养服务机构，采取以奖代补的形式给予支持。凡符合托养服务机构建设条件与标准，达到残疾人托养服务基本规范，且与县残联签订从事残疾人托养业务不少于5年协议的，按照以下标准给予机构建设奖励：托养30—39人，一次性奖励15万元；托养40—49人，一次性奖励20万元；托养50—59人，一次性奖励25万元，托养60人以上，一次性奖励30万元。奖励资金由开办单位向县残联提出书面申请，县残联在规定时间内按程序向市、省残联报批。资金分两次下达，首期下达60%；两年后，下达剩余40%资金。四是建立残疾人自主创业奖励机制。残疾人自主创业者在残疾人中起到带头示范作用，获得县政府表彰的奖励2000元，获得市政府表彰的奖励5000元，获得省政府表彰的奖励1万元，获得国家表彰的奖励5万元。资金从县残疾人就业保障金中列支。五是允许无民事行为能力人依法继承、接受赠予成为公司股东。六是残疾人个人为社会提供的劳务，免征营业税、城市维护建设税、教育费附加，依法减征个人所得税。七是残疾人福利机构提供的育养服务免征营业税，所使用的房产和土地免征房产税和城镇土地使用税。八是残疾人首次投资开办餐饮服务项目的，凭有效证件免交餐饮服务许可证审查审评费和从业人员卫生知识培训费。九是对属于县工会会员初始创业的残疾人，正常经营困难的，凭税务登记证及相关证件可到县工会申请创业补贴。

【脑瘫女孩黄扬创作两部长篇小说】黄扬，女，湖南省岳阳市人，现年27岁，自小患徐动型脑瘫，肢体重度残疾，长期卧床，无法站立，双手也不受控制。她从未上过学，却热爱文字，仅靠《新华字典》和电视节目学会认字。一次偶然的机会，黄扬学会了用手机“打”字——将头部用力低至桌前，用下颌固定住手机，再用鼻尖在手机键盘上敲出拼音，然后抬头确认是否正确。从2010年开始，黄扬开始用鼻尖和下颌打字写日记、小说。两年多时间，相继完成了32万字的长篇小说《阴谋》、12万字的武侠小说《千年屠刀》，接着又创作了自传《温暖人生》，2013年9月湖南文艺出版社出版了《许我以微笑问候》。黄扬的追梦经历渐渐被人熟知，并让数万网友和青年学子震撼和感动，亲切地称之为“鼻尖创作女孩”。《光明日报》、新华网、《环球时报》《潇湘晨报》等相继对此事做了专访和深度报道。

【残疾人司机免费停车四处碰壁，4家有3家收了费】2013年1月11日《三湘都市报》刊发记者杨艳采写的报道。该报道根据肢体残疾人赵伏新在侯家塘立交桥停车场、浏城桥立交桥停车场、南门口空中停车场及平和堂地下停车场停车的体验，对长沙市公共场所落实“公共停车场所应当免收残疾人车辆停放费”这一优惠政策情况进行了调查采访，并配发律师观点：“法律有规定，但缺乏执行”，收费的停车场属于违法行为，律师表示，他将为“赵伏新们”提起公益诉讼，以要求赔偿1元精神损失费的方式，提醒停车场落实相关政策，尊重残疾人。

【残疾小贩和5任城管局长恩怨：被城管局称为毒瘤】2013年8月1日《潇湘晨报》刊发了该报记者丁婷婷采写的报道。该报道叙述了从2007年至今，浏阳市五任城市管理与行政执法局局长与手脚残疾的水果摊贩张海进行了N次拉锯战，城管局也曾想方设法帮张海寻找出路，张海也曾希望依靠城管谋得一个稳定职业。然而，随着双方诚信的破产、容忍度的降低，张海摆在浏阳市老城区北正中路的繁华人行道上的水果摊一直未能搬走。张海成了浏阳城管眼中的“毒瘤”和“钉子户”。报道引起很大社会反响，人民网、新浪网、红网等多家媒体进行了转载。

五、大事记

1月18日，湖南省残联、长沙市人力资源和社会保障局、湖南人民广播电台在长沙市人力资源市场启动2013年湖南省残疾人就业援助月活动，创意推出“U&I”计划。本次专场招聘会有50多家企业为残疾人提供近1000个工作岗位，152名残疾人与企业当场达成就业意向。

1月15—17日，湖南省人大常委会副主任谢勇、刘莲玉和副省长徐明华分别赴邵阳、娄底市农村，省残疾人康复研究中心和株洲市农村，走访慰问困难残疾人。

2月1日，湖南省第十二届人民代表大会第一次会议在长沙闭幕。会上，株洲市残联副理事长、党组成员戴碧蓉被推荐为全国人大代表，湖南省残联理事长肖红林被选为省人大常委会委员。

3月15日，湖南省残联第五届主席团第六次会议暨全省残联工作会议在长沙召开。湖南省政府副秘书长陈吉芳出席会议并讲话，省残联理事长肖红林做工作报告。

4月7—10日，湖南省残联举办2013年全省残联系统残疾人就业保障行政执法培训，来自全省各市州、县市区残疾人就业服务机构残疾人按比例就业“年审专管员”和省残疾人劳动就业服务中心工作人员共160人参加培训。

4月18日，湖南省副省长盛茂林到省残联机关听取省残联党组、理事会关于全省残疾人工作情况的汇报。省政府副秘书长虢正贵出席汇报会。4月，新一届湖南省政府领导分工，明确由盛茂林副省长分管残疾人工作。

5月8—9日，全国残疾人就业工作经验交流会在湖南省长沙市召开。中国残联副理事长贾勇出席会议并讲话，湖南省残联理事长肖红林致欢迎词，各省（区、市）、计划单列市、新疆生产建设兵团、黑龙江农垦总局残联教就部和就业中心的负责同志共70余人参加会议。

5月13日，湖南省残联启动2013年度“万家企业牵手万户残疾人家庭”帮扶活动，呼吁爱心企业为残疾人员提供合适的岗位，帮助他们实现就业和创业梦想。该活动自2011年启动，2012年湖南省残联与广东涂漆联盟合作，帮助10位残疾人实现创业，每人给予1万到3万的创业扶持。

5月14日，副省长盛茂林赴中国残联拜会中国残联党组书记、理事长王新宪和副理事长孙先德、贾勇，并汇报了湖南省残疾人工作情况。

6月6日，湖南省第四届残疾人大中专毕业生就业专场招聘会在长沙市人力资源市场举办，58家单位入场招聘，近1000名残疾人前来应聘，其中453人成功递交简历，188人与企业达成初步就业意向。

6月21日，省委常委、长沙市委书记易炼红和长沙市领导李军、黎石秋，率市民政、市人社、市财政等部门负责人，先后到开福区怡智家园、长沙启音听力康复中心和市残联，调研残疾人工作。

7 月 22 日，省委书记、省人大常委会主任徐守盛会见中国残联主席张海迪一行。徐守盛向张海迪简要介绍了湖南省经济社会发展情况。他指出，当前湖南正在加快推进“四化两型”、“四个湖南”建设，力促“三量齐升”，奋力实现“两个加快、两个率先”目标。湖南省残疾人事业发展取得了显著成就，为全省经济社会发展做出了重要贡献。但是，湖南省残疾人小康实现程度与全省平均水平相比还有不小差距，而且由于多方面原因，要缩小这个差距的难度很大。湖南省一定采取有力措施，大力加强残疾人工作，确保残疾人生活水平在与全省平均水平的差距不再扩大的基础上能够随着全省经济社会发展而同步得到提高。张海迪对湖南省委、省政府对残疾人工作的重视表示感谢，对近年来湖南省残疾人事业发展取得的成绩给予充分肯定。她简要介绍了党中央、国务院关于残疾人事业发展的重要部署和全国残疾人工作总体情况，希望湖南省委、省政府要紧紧围绕全面建成小康社会的目标，落实党中央、国务院提出的着力保障和改善民生的具体要求，帮助更多的残疾人过上更加体面而有尊严的生活。要大力推动残疾人基本公共服务发展，为残疾人参与社会生活创造更好的条件。张海迪还具体就加强干部队伍建设、残疾人文化建设，湖南省承办第八届全国残疾人艺术汇演第四赛区比赛等工作与徐守盛交换了意见。

7 月 23 日，湖南省残联第六次代表大会在省委礼堂隆重开幕。

7 月 23—24 日，中国残联主席张海迪在副省长盛茂林等领导的陪同下调研湖南省残疾人工作。23 日，张海迪视察调研长沙市雨花区廖家湾社区和残疾人托养机构——怡智家园，到位于长沙县的湘雅博爱康复医院实地察看了水疗中心、针灸按摩中心、运动康复中心等多个诊室，充分肯定了湘雅博爱康复医院残疾人康复模式是湖南省近年来创新“民办公助”和“政府购买服务”机制，探索“政府主导、部门联动、社会参与、资源共享”的残疾人康复服务体系建设结出的硕果。24 日，张海迪到株洲市荷塘区仙庾镇农村残疾人周水云和黄正明家中走访慰问，详细询问他们的生活、工作和身体情况，鼓励他们要乐观向上，勇往直前。同时希望当地党委、政府进一步关心残疾人生活、关注残疾人事业，让残疾人朋友享受到更好的医疗保障、康复服务和学习就业机会，让他们过上更有尊严、更体面的生活。在荷塘区石子头社区，张海迪实地察看了当地文化服务站、手工艺作品义卖处、残疾人活动中心、社区阅读文化室和康复服务站，观看了社区专职委员们的手语舞蹈及株洲市残疾人文化建设宣传片，并同社区残疾人朋友亲切交流，对通过建设智慧社区给残疾人朋友带来信息共享、生活便利的方式高度赞赏，对积极鼓励残疾人自主创业、就业，通过岗位援助、公益性岗位安置、社保补贴等政策，加大就业援助力度的做法表示认可。她要求各级残联不断完善落实残疾人专职委员、机构设置和扶残助残体系建设，创新服务载体，完善网络平台，推动残疾人事业更好更快发展。

7 月 25 日，湖南省残联召开党的群众路线教育实践活动动员大会。省残联党组书记、理事长肖红林主持会议并做动员报告，省委第十督导组组长周正刚在会上讲话。省残联机关全体干部职工，近五年退出省残联领导班子的老同志，各直属单位主要负责人和各市州残联党组书记、理事长及各残疾人专门协会第六届委员会主席参加会议。

8 月 14—15 日，湖南省残联党组书记、理事长肖红林来到长沙市天心区和雨花区，分别召开民办残疾人服务机构负责人座谈会和残疾人专门协会负责人和残疾人代表座谈会，调研基层残疾人工作情况，听取大家对省残联在“四风”等方面存在的突出问题和对省残联开展党的群众路线教育实践活动的意见建议。

8 月 12—18 日，第八届全国残疾人艺术汇演湖南赛区比赛在长沙举行。

10 月 13—15 日，由湖南省人力资源和社会保障厅、湖南省老龄工作委员会办公室、湖南省民政厅举办的 2013 湖南家庭医疗保健、康复器械与健康用品、残疾人专用器械展览会在湖南人才市场湘才国际会展中心举行。

10 月 23 日，中共湖南省残联党组召开党的群众路线教育实践活动专题民主生活会。省残联党组书记、理事长、党的群众路线教育实践活动领导小组组长肖红林主持会议，省委第十督导组组长、省委党校巡视员周正刚，省纪委常委、秘书长刘显泽，省委第十督导组副组长、省委巡视工作办副主任张智勇，以及省委第十督导组其他全体同志到会督导。

10 月 24 日，湖南省人力资源和社会保障厅、湖南省财政厅印发《关于做好劳动密集型企业和中小微型企业一次性岗位补贴及毕业年度高校毕业生社会保险补贴发放工作的通知》（湘人社发〔2013〕84 号）。

10 月 25 日，2013 年全省残疾人状况监测工作培训班在石门县举办。省残联党组成员、副理事长谭奇元等出席开班仪式。全省 14 个市州残联、31 个抽中县残联分管副理事长及监测员共计 110 余人参加培训。

10 月 29—31 日，全国基层残疾人辅助器具适配培训班在益阳市举办。

11 月 14—18 日，由中国残奥委员会主办，湖南省残联承办，中国残奥管理中心协办的 2013 年全国残疾人体育分级培训班在长沙举办，来自全国 26 个省市自治区近 100 人参加培训。

12 月 2 日，2013 年度湖南省民政厅福彩公益金助残活动在省假肢矫形康复中心启动，此次活动共投入福彩公益金 500 万元，计划在全省范围内资助 568 名家庭贫困的缺肢残疾人免费装配假肢，同时资助100名家庭贫困急需肢体矫正治疗的青少年学生免费安装矫形器。

12月3日，湖南省残联、卫生厅、民政厅、财政厅、人社厅、残疾人福利基金会于联合印发《湖南省脑瘫儿童抢救性康复救助项目实施方案》，计划从2013年到2016年三年内救助9000名脑瘫儿童免费接受抢救性康复，救助标准为人均15600元。

12月中旬，受中国残联委托，省残联、省地税局、省财政厅派人组成考核评估验收组，对长沙市创建全国"阳光家园"示范区和常德市武陵区东城"阳光家园"创建全国"阳光家园"示范机构工作进行考核评估验收。12月24日，中国残联决定，分别授予长沙市和常德市武陵区东城"阳光家园"第二批全国"阳光家园"示范区和示范机构称号。

12月19日，岳阳政府办公室印发《岳阳市实施〈湖南省残疾人扶助办法〉细则》，自2014年1月1日起施行。

12月30日，根据省绩效办的安排，省委统战部副厅级纪检员杨广林率省委统战部、省统计局相关人员组成评估验收组，对省残联2013年绩效评估工作进行验收评估，省残联顺利通过验收。

附　录

张家界残疾人就业保障金入库收入创新纪录

截至2013年11月14日，张家界市2013年度残疾人就业保障金征收完成入库2747.8万元，再创历史新高。其中地税代征入库收入1983.3万元，增收贡献率达83.3%。这是该市2010年启动残保金地税代征"三改一规范"税式征管模式改革以来，残保金征收入库连续第四年保持高速增长。2010年、2011年、2012年、2013年残保金同比增幅分别为17.6%、58%、66.2%、21.6%，其中地税代征四年同比增幅为30.8%、92.9%、91.7%、25.8%。这标志着该市历经四年改革，探索出的残保金税式征管"张家界模式"取得了圆满成功，实现了"立足公平正义、优化制度设计、均衡缴费负担、提高征管效率"的改革目标。

为突破残保金现行征管模式存在的"企业间缴费负担不公、年审手续烦琐、征收周期过长、减免管理难规范"等四大难题，张家界市残联和地税部门在充分调研论证的基础上，大胆探索出了以"三改一规范"为核心内容的残保金税式征管新模式，2010年8月开始在市直先行试点，取得成功经验后于2011年7月正式在全市整体推行，效果十分显著。2011年当年全市实现地税代征入库收入822.6万元、同比增收396.2万元、增长92.9%，2012年实现入库收入1576.8万元、同比增收754.2万元、增长91.7%，2013年实现入库收入1983.3万元、同比增收406.5万元。创造了连续四年大幅增收的新纪录，征收增幅也连续三年居全省第一，其中，地税代征入库收入规模仅次于长沙、株洲、常德，已跃居全省第四。

该市的改革本着"兼顾公平和效率"的原则，从优化制度设计入手进行了"三改一规范"的改革创新。一是改革计费标准。依据"公平正义、实事求是"原则，将残保金征收计费标准由统计部门公布的地区上年度平均工资变更为缴费单位当年当月实际工资，让经济效益好、工资薪酬水平高、缴费能力强的单位多缴，反之，则少缴，有效均衡了企业缴费负担，体现了企业经济效益和缴费责任对等的原则，促进了社会公平。减轻了劳动密集型、低收入行业单位的缴费负担，有效化解了企业申报缴纳残保金的抵触情绪。征缴企业户数由2010年的628户拓展到了1777户，增加了1149户，增长182.9%，在增收的同时实现了扩面的目标，体现了社会公平和执法公正。二是改革征收方式。本着"方便高效"原则，残保金由按年一次性申报缴纳改为按月征收解缴的税式化征收方式。企业在每月申报纳税的同时，同步申报缴纳残保金，不仅方便了地税部门实现费税"同征、同管、同查、同考"管理，提高征管效率，也方便缴费企业将残保金纳入日常会计制度统一核算管理，形成缴费习惯。同时，"按月申报缴费"方式也减轻了企业一次性缴费的压力，有利于培育企业养成依法缴费意识。三是改革用工审查方式。按照"质量和效率并重"原则，将残疾人用工普遍年审改为重点审查。只对安置了残疾人的企业进行用工审查，而且是随安随审，最大限度地方便企业，同时使残联从繁重的集中年审任务中解脱出来，降低行政成本，集中精力从严审查残疾人用工单位的安置质量，从而有效提升审查效率，保障残疾人有尊严、有质量的体面就业，杜绝"以养代安"现象，切实维护和保障已安置残疾职工的权益。四是规范减免管理。按照"一切从实际出发，实事求是"的原则，对确因经营亏损、纳税和缴费均有困难的企业，残保金的减免比照税收减免，由地税部门会同残联联合审批，同步减免，让真正的困难企业能正常享受减免照顾。

（刘再衡供稿）

广东省残疾人事业和残疾人工作

一、领导讲话与批示

省委书记胡春华在接见省残联第六次代表大会代表时的讲话摘要

2013年6月17日

关心残疾人，支持残疾人事业，是我们党立党为公、执政为民的本质要求。希望全省各级党委、政府更加重视残疾人工作，进一步完善工作机制和经费投入保障机制；各有关部门要将残疾人工作纳入职责范围和目标管理，不断提高残疾人社会保障和服务供给的能力水平；各级残联要加强自身建设，切实维护残疾人合法权益；广大残联干部要恪尽职守，努力推动残疾人事业取得新发展；广大残疾人朋友要自尊、自信、自强、自立，积极参与社会生活和经济建设，努力实现自己的人生价值，为广东实现“三个定位、两个率先”的目标做出应有的贡献。

省委常委、常务副省长徐少华在省残联第六次代表大会上的讲话摘要

2013年6月17日

没有残疾人的小康，不是全面的小康；没有残疾人事业的现代化，不是真正意义上的社会主义现代化。进一步做好新形势下的残疾人工作，对于维护、发展和实现全省540万残疾人及其家庭的切身利益，对于促进社会公平正义具有重大的现实意义和深远的历史意义。各级党委、政府要坚持把为残疾人谋福祉作为出发点和落脚点，加强组织领导，切实将残疾人工作纳入经济社会发展规划，优先保障残疾人生存和发展需要。各级领导干部要做推动残疾人事业发展的“有心人”；各级残联要密切与残疾人的血肉联系，真正当好残疾人的“娘家人”；社会各界人士要大力弘扬人道主义精神和中华民族传统美德，人人争做残疾人朋友的“贴心人”；广大残疾人要更加自尊自信，更加自强自立，一点一滴地为社会做贡献、为生命添光彩。

副省长邓海光在省残联第六次代表大会上的讲话摘要

2013年6月17日

大会选举我担任省残联主席团主席，这既是省委、省政府对我的重托，也是主席团各位委员、全省残疾人工作者和全体残疾人对我的信任，我深感责任重大、使命光荣。我将和全体委员一起团结带领全省残疾人工作者，不断把我省残疾人事业推向前进。具体工作中，重点抓好四个方面：一是狠抓“两个体系”建设，进一步提升保障和服务残疾人水平。加快建立与当地财力水平相适应的“两个体系”建设经费稳定投入增长机制，完善残疾人事业政策法规，为“两个体系”建设提供制度支撑。二是重点推进大型、重点公共场所和风景区、公共交通服务设施的无障碍建设和改造，积极开展残疾人居家无障碍改造。加快建成一批残疾人康复、教育、就业、技能培训等服务设施。积极开展信息助残工作。三是动员社会力量共同关爱残疾人，推动各类社会组织参与发展残疾人服务业，加快发展志愿助残服务和残疾人慈善事业。四是加强对残疾人工作的领导，进一步增强体制机制保障力度。坚持把残疾人工作列入政府工作重要议事日程，进一步完善党委领导、政府负责的残疾人工作领导体制。

中国残联党组成员、副理事长孙先德在省残联第六次代表大会上的贺词摘要

2013年6月17日

2012年12月，习近平总书记视察广东并发表重要讲话，要求广东努力成为发展中国特色社会主义的排头兵、深化改革开放的先行地、探索科学发展的实验区，为率先全面建成小康社会、率先基本实现社会主义现代化而奋斗。残疾人事业是中国特色社会主义事业的重要组成部分。希望广东各级党委、政府继续关爱残疾人，重视残疾人事业，采取有力措施，促进残疾人事业与广东经济社会协调发展。希望广东省残联新一届领导班子进一步解放思想，开拓创新，加快推进残疾人社会保障体系和服务体系建设，切实改善残疾人生产、生活和发展状况，努力推动残疾人事业再上新台阶。希望广东省残联继续大力推进国家辅助器具（华南）区域中心和中国残疾人辅助器具中心华南基地建设，为全国残疾人事业发展做出新贡献。希望全省广大残疾人积极投身加快转型升级、建设幸福广东的伟大实践，自强不息，奋勇拼搏，共创和谐美好新生活。

省总工会、共青团广东省委、省妇女联合会、省科学技术协会、省归国华侨联合会、省文学艺术界联合会、省社会科学界联合会、省作家协会等八大人民团体致省残联第六次代表大会贺词摘要

2013 年 6 月 17 日

党的十八大把残疾人工作纳入党和国家事业发展全局，明确提出“健全残疾人社会保障和服务体系，切实保障残疾人权益”的要求。我们要按照党的十八大要求，加快推进残疾人“两个体系”建设，不断提高残疾人社会保障水平和服务能力，努力改善残疾人总体生活状况，切实保障残疾人各项合法权益。我们在工作中建立了亲密的协作关系和深厚的友谊。今后，我们将继续紧密团结合作，一如既往地发挥各自优势，为残疾人创造更加美好的生活，让残疾人共享社会经济发展成果，全面推进我省残疾人事业健康快速发展。

二、政策法规文件

广东省人民政府关于印发《广东省人民政府党组党的群众路线教育实践活动整改方案》的通知

粤府〔2013〕128 号

2013 年 12 月 27 日，由广东省人民政府印发。

《整改方案》就群众路线教育实践活动提出了 6 个方面、42 项整改措施。提出在 2014 年底前，贫困残疾人生活津贴和重残护理补贴标准分别提高到 600 元/年和 1200 元/年。2013 年，广东贫困残疾人生活津贴标准是 100 元/年，重残护理补贴标准是 600 元/年。按照该《整改方案》实施，广东贫困残疾人生活津贴提幅比例达到 600%，重度残疾人护理补贴提幅比例达到 200%。

广东省残疾人居家托养服务实施办法

粤残联〔2013〕152 号

2013 年 11 月 6 日由省残联印发。主要内容有：

目标任务。推进残疾人居家托养服务制度化建设，建立以政府购买服务为主导，残联牵头组织实施，社区为依托，社会服务组织、志愿者、家庭和邻里等为载体的残疾人居家托养服务网络。以人为本，解决急需，着力改善处于就业年龄的智力、精神、重度残疾人状况；珠江三角地区要起带头示范作用，经济欠发达地区积极稳步推进；规范管理，强化服务，培育一支具有专业化水平的残疾人居家托养服务队伍；省每年对经济欠发达地区贫困家庭的智力、精神、重度残疾人居家托养服务给予资金补助。

服务内容。通过社区、社会服务组织上门服务，志愿者、邻里志愿服务等多种形式，为居家残疾人提供生活照料、家政服务、康复护理、康复训练、精神慰藉、居家就业指导、居家就业培训、文化娱乐、安全保护（包括外出活动）、居家无障碍等个性化居家托养服务。

服务对象。居家托养服务对象：一是年龄在 16—60 周岁、生活不能自理的智力、精神和重度残疾人；二是本省户籍、持有当地残联核发的第二代中华人民共和国残疾人证。

资金补助。为推动经济困难地区残疾人居家托养服务工作，中央和省级每年下拨一定资金，采取实名制购买服务方式给予补助。补助资金主要用于符合城乡最低生活保障的智力、精神、重度残疾人托养服务，是政府购买服务的专项资金，必须专款专用，禁止挪用、贪污。

审批程序。符合居家托养服务条件的残疾人，可由本人或监护人向所在社区（村）提出居家托养服务申请，据实填写《智力、精神和重度残疾人居家托养服务申请表》，并提供第二代残疾人证复印件，享受低保、家庭贫困程度和人口情况证明；社区（村）对申请人资格初审，并张榜公示，公示无异议后，报乡镇（街道）残联审核；乡镇（街道）审核后，报县（市、区）残联审批，残联审批汇总后，报当地财政部门审核拨付补助资金，并实名制登记录入“阳光家园计划项目管理系统”。

工作要求。各地残联要加强领导，建立工作制度，专人负责，分解任务指标，筹措资金，加大投入，稳步推进，加强监管和指导；要与承担任务的服务机构、人员签订服务协议或责任书；要及时做好回访工作，确保居家托养服务补助资金真正用到残疾人身上；严格实行服务对象公示制度，接受社会监督，确保公平、公正、公开。

广东省残疾人事业信息化和统计“十二五”实施方案

粤残联〔2013〕22 号

2013 年 2 月 1 日，由省残联、省经济和信息化委员会、省民政厅、省财政厅、省人力资源和社会保障厅、省卫生厅、省统计局共同印发。

“十二五”期间残疾人事业信息化和统计工作的主要任务目标是：建立省级残联数据管理平台；建立和完善广东省残疾人数据库系统，为开展残疾人事业科学研究、制定实施普惠政策提供依据；建立全省残联信息化综合管理信息系统，为残疾人、相关政府部门和残联业务工作提供服务；加强残联系统政务网站管理与服务，加大政务信息公开力度；建立广东省残疾人服务网，提高面向残疾人的服务能力；推广信息无障碍技术与应用，改善残疾人信息无障碍服务环境；加强残疾人事业信息化工作人才队伍建设；提高统计数据质量，提升残疾人事业统计工作水平；加强残疾人状况年度监测，为进一步分析残疾人状况变化，预测发展趋势，评估政策效果提供数据支撑。

主要措施有：1. 完善网络和信息系统安全等级保护机制，提高网络和信息系统的安全防护能力，为基层残联业务提供信息化支撑。2. 建立覆盖全省的残疾人数据

库系统，集中管理全省残疾人数据，与中国残联第二代残疾人证管理系统实现数据共享。3. 建立全省残联综合管理信息系统，重点建设全省残联系统办公自动化平台、视频会议平台，实现与各地残联管理信息系统的信息交换。4. 依托省政务信息资源共享平台建立残疾人数据库交换平台，实现重要数据与中国残联的交换，并与公安、人力资源社会保障、民政、卫生、扶贫等省直部门建立信息共享机制，开展残疾人人口综合数据与就业、基本养老保险、基本医疗保险、工伤保险、失业保险、生育保险、最低生活保障、扶贫等相关业务的信息共享交换，为残疾人享有国家、省优惠政策以及政府宏观决策提供支持。5. 加大残联网站政务信息公开力度，以省委、省政府构建省网上办事大厅为契机，各地残联按要求逐步将可以进行网上办理的政务服务事项纳入省网上办事大厅。省残疾人就业保障金年审地税代征系统进驻省网上办事大厅，全省残疾人就业保障金从实体大厅年审全面实现网上年审。6. 各级残联要将信息交流无障碍纳入信息化建设规划，积极推动政府和公共服务部门网站信息无障碍建设，各级残联网站应当达到无障碍网站设计标准，各地级以上市人民政府网站、政府公益活动网站逐步达到无障碍网站设计标准。7. 加强信息管理队伍建设，开展多层次技术培训，提高信息化人才队伍的专业技术水平，普及基层业务人员的计算机应用水平。8. 加强统计制度管理，提高统计数据的准确性，提高统计业务数据的应用服务；强化基层统计基础，把台账作为业务工作和统计工作考核的重要依据，促进基层统计工作的规范化、制度化，提高残疾人统计数据整体质量；推进残疾人事业相关统计指标纳入社会保障和公共服务统计指标体系，逐步建立与相关部门的数据交换和共享；协调解决相关部门、各业务单位、区域之间残疾人统计标准不统一的问题。

关于调整部分优抚对象抚恤补助和优待金标准的通知

穗民〔2013〕54 号

2013 年 3 月 6 日，由广州市民政局、财政局联合下发。

广州市于 2013 年 7 月 1 日起提高残疾军人（含伤残人民警察、伤残国家机关工作人员、伤残民兵民工）地方抚恤补助金标准，涨幅 12.4%。中央抚恤金新标准已于 2012 年 10 月起执行。中央和地方抚恤金相加后，最重的残疾等级（一级）抚恤补助标准最高，每月新标准是：因战 3669 元、因公 3550 元、因病 3433 元。同时，提高烈士遗属、因公牺牲军人遗属和病故军人遗属定期抚恤金标准，提高在乡复员军人和带病回乡退伍军人定期生活补助标准，提高在农村和城镇无工作单位且家庭生活困难的参战涉核军队退役人员生活补助标准，上述优抚对象抚恤补助标准均按 12.4% 的幅度提高。此外，提高义务兵家庭、原享受优待金的农村对象、烈士遗属、因公牺牲军人遗属、病故军人遗属、无工作单位的残疾军人优待金、在乡老复员军人、带病回乡不能参加劳动的复员退伍军人、已享受生活补助的参战涉核军队退役人员优待金标准。

广州市困难群众重大疾病商业保险医疗救助实施办法

穗民〔2013〕413 号

2013 年 12 月 12 日，由广州市民政局、财政局、残联等八部门联合印发。

该《办法》将精神分裂症、情感性精神病（狂躁发作、抑郁发作或双向障碍）患者开展救助。纳入广州市商业保险医疗救助对象范围：（4）本市持证重度残疾人；（7）本市持证三、四级精神、智力残疾人；（10）由所在单位或公安机关送往医疗机构进行住院治疗的本市户籍精神障碍患者。

《办法》称，具有下列情形之一，由所在单位或公安机关送往医疗机构进行住院治疗的本市户籍精神障碍患者，且未享受《广州市医疗救助试行办法》《广州市重特大疾病医疗救助试行办法》及本办法其他救助待遇的，其住院基本医疗费用个人自付部分扣除其他政府部门和社会资助后，按 80% 的比例救助：（一）已经发生伤害自身的行为，或者有伤害自身的危险的；（二）已经发生危害他人安全的行为，或者有危害他人安全的危险的。

《办法》还提出，本市户籍 18 周岁以下且月平均家庭人均可支配收入在广州市最低月工资标准以下的持证困难精神、智力残疾人（不含已享受政府其他康复训练资助待遇的对象），在定点康复机构进行康复治疗、训练，个人负担的康复费用由商业保险按 60% 比例支付，每月最高支付限额 800 元。根据《办法》，救助对象每一个商业保险医疗救助年度的最高医疗救助累计金额不超过 15 万元，当年累计，不跨年度使用。

三、工作综述

2013 年，广东省残疾人口达到 540 万。

省残联机关编制 52 个，内设 7 个部室，直属事业单位有 5 个，总编制 186 个。截止 2013 年底，省市县乡残联实有人员 6850 人。全省有 13 个地级市残联配备残疾人领导，47 个县（市、区）残联配备残疾人干部；已建乡镇（街道）残联 1605 个，已建率达到 99.69%，选聘残疾人专职委员 1612 名；已建社区（村）残协 2.31 万个，已建率达到 92.89%，选聘残疾人专职委员 2.29 万名。各级残联举办业务培训班 1144 期，培训机关干部、协会干部及残疾人专职委员 31821 人次。省级以下各类残疾人专门协会 719 个，建设率为 100%。

2013 年，广东省残联认真贯彻落实党的十八大、习近平总书记视察广东重要讲话精神及省委十一届一次、二次全会精神，紧紧围绕广东实现“三个定位、两个率先”的总体目标，紧扣残疾人“两个体系”建设的主线，着力构建残疾人社会保障体系，全面推进残疾人康复、教育、就业、社会保障、权益保障、信息助残等专项服务，各项工作有效推进。残疾人两项补贴纳入省政府底线民生保障范围，补贴标准大幅度提高；居家康复服务和无障碍环境改造、康园工疗网络、信息助残、残疾人组织以及市县级基础设施建设和省级基地建设项目等专项服务和重点项目取得新进展；扎实开展党的群众路线教育实践活动，作风建设取得新成效；以省残联“六代会”胜利召开为标志，广东省残疾人事业已经站到了新的起点上，焕发出新的勃发生机和旺盛活力。

（一）省残联第六次代表大会圆满完成换届

6月16—17日，省残联第六次代表大会在广州召开，出席会议代表共405名，其中，正式代表342名，特邀代表20名，列席代表43名。残疾人及残疾人亲友代表占代表总数的61.05%；代表中还包括全国、全省自强模范、助残先进个人和伤残军人。会前，中共中央政治局委员、省委书记胡春华接见全体代表并讲话。中国残联副理事长孙先德代表中国残联向大会致贺词。省委常委、常务副省长徐少华，副省长邓海光在会上分别做了讲话。大会选举产生以邓海光副省长为主席的省残联新一届领导集体，推举产生以张永安为理事长的新一届执行理事会，邀请省委常委、常务副省长徐少华担任名誉主席。大会确立此后五年广东省残疾人事业发展的指导方针、基本任务和奋斗目标。省残联第六次代表大会的召开，为在新的起点上推动创新发展、加快推进残疾人同步小康进程、凝聚全省残疾人为实现中华民族伟大复兴中国梦而奋斗奠定了重要基础。

2013年广东各市残联也完成了换届。省残联认真履行干部协管职责，与地方党委组织部门沟通协调，选好配强残联班子成员，注重选配残疾人干部，有4个市残联领导班子新配备残疾人干部，全省完成配备残疾人干部任务的地级以上市残联达10个。各级残联以换届为契机进一步加强残疾人组织建设和残疾人工作干部队伍建设。

（二）省残联党的群众路线教育实践活动取得实效

2013年，省残联按照广东省委的部署扎实开展党的群众路线教育实践活动，以教育实践活动为契机，狠抓机关作风建设，认真贯彻落实中共中央、国务院《党政机关厉行节约反对浪费条例》，立行立改；着力整治文山会海，能不开的会议坚决不开，能不发的文件坚决不发，切实改进会风文风，全年发文166件，比2012年减少33%。严格控制三公经费，规范公务接待。“三公”经费及会议费全年支出总额306万元，比2012年减少支出34.68万元。省残联出现“三少一多”的变化：文件少了、会议少了、检查少了，用于日常工作的时间多了。在教育实践活动中，坚持聚焦四风、坚持问题导向，作风建设激浊扬清，出台《省残联系统党员干部廉洁为民新形象约法三章》等一系列制度措施，整顿撤销一些内设机构，让借调人员归队，改进作风改出实效长效，省残联机关作风和干部队伍面貌焕然一新。

（三）残疾人社会保障水平不断提高

2013年，省政府将为5000户贫困家庭残疾人提供居家康复服务和为5000户贫困家庭残疾人实施居家无障碍环境改造列入十件“民生实事”。省残联先后在广州市和河源市召开现场会和技术人员培训班，统筹推进相关工作；同时深入各地指导、督查全省贫困家庭残疾人居家康复和居家无障碍环境改造项目进展情况。全省为5159户贫困家庭残疾人提供居家康复服务，完成率116.6%；为11099户贫困家庭残疾人实施居家无障碍环境改造，完成率222%，超额完成省政府下达的任务指标。

至2013年底，全省城镇残疾职工与居民参加社会保险人数达到44.26万人，纳入最低生活保障9.19万人，集中供养和其他救助救济残疾人3.67万人；农村残疾居民参加社会保险人数达到153.5万人，纳入最低生活保障27.8万人。“五保”供养和其他救助救济残疾人6.85万人。全省102个县（市区）出台并实施贫困残疾人生活津贴政策文件，36.2万残疾人人享受到生活补贴。96个县（市区）出台并实施重度残疾人护理补贴制度，29.9万残疾人享受到护理补贴。全省残疾人托养服务机构达到385个，共有12828名残疾人享受托养服务。其中寄宿制托养服务机构20个，托养残疾人881人；日间照料机构328个，托养残疾人9684人；综合性托养服务机构37个，托养残疾人2263人。接受居家托养服务的残疾人达到1.96万人。

（四）康复服务实现按需全覆盖

2013年，全省为12287名学龄前残疾儿童免费提供康复教育服务，其中聋儿2350名、脑瘫儿童3381名、智障儿童3177名、孤独症儿童3000名；为200名聋儿免费植入人工耳蜗；为45943人贫困精神残疾人免费提供药物和住院；为25056名贫困白内障患者免费实施复明手术；为2834名低视力残疾人免费适配助视器；为2599名缺肢者免费装配大小腿假肢；为2991名残疾人免费制作矫形器；免费提供辅助适配45734件；为6000名盲人开展定向行走训练服务。全年新建33个社区康园中心，新增服务对象800多人。

广州市番禺区等36个县（市、区）开展残疾人“人人享有康复服务”先行先创培育活动，加快推进残疾人“人人享有康复服务”目标进程。省残联开展全国白内障无障碍县创建达标验收工作，梅州市和肇庆市及梅县区等16个县（市、区）通过国家达标评审，获全国白内障无障碍市（县、区）称号。对肇庆市残疾人康复中心等10家机构进行复评达标验收，推进康复机构的规范化建设。在南方医科大学挂牌成立“中国残疾人康复人才培养广东基地”，南方医科大学成为全国康复人才培养基地之一。省残联和广州市残联在广州联合举办第七届华人地区启智服务会议，香港明爱康复服务及特殊教育服务、香港智障服务人员协会等单位协办。来自两岸四地的康复教育工作者、专家学者、自我倡导者及家长代表400多人参加会议。

（五）特殊教育翻开教育公平新篇章

截至2013年底，广东省特殊教育学校94所（其中盲人学校3所，聋人学校9所，培智学校42所，其他学校40所）；全省特殊教育学生2.45万人，比上年减少2.1%；其中在特殊教育学校就读的学生1.07万人，比上年增长14%，在普通学校特教班就读的学生192人，在普通学校随班就读的学生1.36万人。全省未入学适龄残疾儿童少年登记在册4303人，其中视力残疾154人、听力残疾160人、言语残疾180人、智力残疾1546人、肢体残疾1123人、精神残疾346人、多重残疾794人。特殊教育学校教职工3329人，比上年增加427人，增长14.7%，其中专任教师2527人，比上年增加369人，增长17.1%。特殊教育学校占地面积73.8万平方米，比上年增加7.5万平方米，增长11.3%，校舍建筑面积38.7万平方米，比上年增加4万平方米，增长11.5%。中山市为义务教育阶段适龄重度残疾儿童少年实行送教服务。广州大学聋人大专班、广州中医药大学盲人大专班分别单考单招聋人大专生120名，盲人大专生75名。参加普通高考的残疾考生473名，其中达到录取分数线342人，高校录取残疾考生342名，录取率为100%。

特殊教育向高中阶段教育和学前教育延伸。2013年，广东省开办特殊教育普通高中班（部）8个，在校生140人；残疾人中等职业学校（班）8个，在校生855人；高中阶段教育毕业224人，其中134人获得职业资格证书。广州市为轻度智障学生开办特教班，开设特色专业。残疾人事业专项彩票公益金资助学前教育残疾儿童550人，其他助学项目资助学前教育残疾儿童444人。

（六）残疾人就业人数稳中有增

2013年，省残联与省财厅、省人社厅联合下发《关于加快推进残疾人就业工作的意见》，着力促进全省残疾人就业。9月16—17日，全省残疾人就业扶贫和社会保障工作会议在潮州市召开。完成全省残疾人就业保障金年审、征收工作任务，初步完成广东省按比例安排残疾人就业年审电子政务系统实现省政府网上办事大厅平台的建设。编制残疾人专产专营产品政府采购目录，推动残疾人集中就业单位产品专产专营试点工作。做好2013年全国盲人医疗按摩人员职业资格考试前期报名、培训、强化等准备工作；组织部分盲人代表和盲人按摩工作者召开座谈会，研究加强盲人按摩行业管理，扶持龙头企业创立盲人按摩品牌。探索残疾人居家就业、居家康复服务模式，推进广东省残疾人家庭服务业的发展。推进各级残疾人就业服务机构规范化建设和能力建设，加强残疾人就业服务信息网建设，实现与公共就业服务信息网络的联通。落实残疾人培训和就业实名制统计和通报制度。全省城镇残疾人职业培训1.3万人，其中培训盲人保健按摩人员896人、医疗按摩人员282人；举办141场残疾人就业招聘会。本年度城镇残疾人就业人数20.18万，其中新安排残疾人就业1.98万；农村残疾人在业61.38万，其中50.19万残疾人从事农业生产劳动。

（七）扶助残疾人脱贫奔康获得新进展

2013年，全省残疾人职业培训、就业、扶贫基地共285个，扶持贫困残疾人4.66万人次，接受实用技术培训的残疾人达到1.73万人次，至年底共安置残疾人就业3506人，扶持带动残疾人5158户。贯彻落实国家《农村残疾人扶贫开发纲要（2011—2020年）》和商务部、中国残联关于印发《“十二五”万村千乡市场工程助残扶贫项目实施方案》，对农村贫困残疾人家庭创业的残疾人进行扶持，帮扶贫困残疾人或家庭成员就业，增加收入，摆脱贫困。全年完成1486户农村贫困残疾人危房改造，受益残疾人1655人。全省共有25074名残疾人脱贫。

（八）权益保障逐渐完善

2013年，广东省残联以《广东省实施〈中华人民共和国残疾人保障法〉办法》和《无障碍环境建设条例》为重点，开展法制宣传和教育工作，推动地级市以上及顺德区成立残疾人法律救助工作协调领导小组及办公室，推动广州等10个市率先进行“残疾人维权工作达标市”创建。全省各级残联参与、制定、修改有关残疾人的法规、规章、政策性文件共12个，其中地市级5个，县区级7个。开展人大、政协执法检查与专题调研33次，其中地市级15次，县区级18次。协助人大代表、政协委员提出议案、提案与建议共59件，其中省级2件，地市级26件，县区级31件。全省各级残联组织普法宣传教育活动258次，2.42万人次参加；组织残疾人工作者法律培训班64期，培训人数4022人次。地市级建立法律救助工作站和法律援助中心（工作站）25个，全年办理案件83件，县区级建立法律救助工作站和法律援助中心（工作站）113个，全年办理案件450件。各级残联信访部门共处理残疾人来信3208件，接待残疾人群众来访11579人次。全年全省残疾人机动轮椅车燃油补贴发放2.9万人。

（九）文化生活日趋丰富

5—9月，省残联与省委宣传部等10个部门共同举办第三届广东残疾人文化节，主办“温暖广东”微电影大赛，组织残疾人艺术团到汕头、梅州、河源三市巡回演出，推动“文化进社区”。省教育厅、省民政厅、省文化厅和省残联共同在广州小云雀剧场举办第八届全省残疾人艺术汇演，来自全省21个地级市、顺德区及广东省培英职业技术学校的23支代表队参赛，演职员达800人。省残联组织残疾人舞蹈、戏剧小品、器乐、声乐4个类别共12个节目参加由中国残联、教育部、民政部、文化部联合在湖南长沙举行的第八届全国残疾人艺术汇演（湖南赛区）比赛，获得节目表演一等奖4个、二等奖3个、三等奖5个，创作奖8个，辅导奖12个。组织40多名残疾人作家到潮州市开展采风，资助残疾人作家出版广东首部残疾人文学作品集《花开有声》。举办广东省残疾人艺术作品大赛、内地与澳门残疾人文化艺术展。大力推进广州市创建“全国残疾人文化建设示范市”。2013年，广东省级和地市级公共图书馆设立盲文及盲人有声读物阅览室共41个，举办残疾人文化周活动98次，举办残疾人文化艺术类比赛及展览27次，已成立残疾人艺术团队12个。

（十）残疾人体育取得新成绩

2013年全面实施“自强健身工程”，全省建立了22个残疾人“自强健身示范点”，在广东体育职业技术学校、广东省船艇训练基地、广州市射击射箭运动管理中心和广州市残疾人体育中心等地设立12个训练基地，在深圳龙岗区布吉街道龙岭社区、江门市江海区江南街道建立2个国家级特奥活动示范区，在珠海市、中山市、东莞市等市建立15个省特奥活动示范区。举办2013年“美泰杯”广东省尤妮斯·肯尼迪·施莱佛女士纪念日特奥活动及广东省阳光特奥体育俱乐部揭牌仪式。11月26－29日，在湛江市举办全省聋人篮球和脑瘫足球锦标赛，18个地级以上市430名残疾人运动员参加比赛。11月27日—12月2日，省残联与省体育局在广州承办由中国残联、国家体育总局主办的2013年全国残疾人（25岁以下）自行车锦标赛。来自全国各地11支代表队、129名运动员参赛，广东队打破3项全国纪录，场地项目获得168分，公路赛获得178分，以346分的总分获团体总分第一名。2013年广东省残疾人运动员参加在国际赛事共获得6枚金牌、5枚银牌、1枚铜牌；在全国盲人柔道、轮椅篮球、游泳、射击、盲人乒乓球等锦标赛上，共获得71枚金牌、53枚银牌、42枚铜牌。残疾人运动员超越自我、顽强拼搏，在国际、国内赛场上为广东省赢得荣誉。

（十一）助残组织服务多样化

2013年，广东全省有助残社会组织338家，通过政府购买、残联扶持和慈善支持等方式，为全省各类有需求的残疾人提供类型化、多样化和专业化的服务，已成为残疾人服务业不可或缺的重要力量。

省盲人协会、省聋人协会、省肢残人协会、省智力残疾人及亲友协会、省精神残疾人及亲友协会等5个专门协会开始实行独立法人登记并以各种形式开展扶残助残活动，组织本类别残疾人参加首届“患者、家属专家（UFE）”培训班，举办第二届“沣标杯”国际聋人摄影大赛、举办第三届盲人诗歌散文朗诵比赛；召开盲人精神研讨会、举办首届盲人体育节、举办第四届南粤狮声杯盲人象棋大赛；举办关心农村肢残人活动、举办广东六市肢残人运动会；举办“美泰杯”特奥活动等。

省残疾人康复协会举办康复技术专业人员培训班8期，培训各类专业资格技术人员415名，经考核通过认证人员353名，合格率达85%；举办康复咨询师及社区协调员培训班10期、各类康复技术培训班25期、专题讲座8次、交流会2次，培训各类康复服务人员及特殊儿童家长5132名；举办特殊儿童才艺比赛1次、特殊儿童画展2次，组织家长、教师、治疗师到香港等地参观考察，共355人次。

省诠爱家属资源中心以居住在广州市的广东户籍0—6岁学龄前特殊需要儿童家庭为项目服务重点对象，为残疾人家庭提供康复知识、资讯，心理咨询、心理支援、家庭危机干预、衔接相关资源；为残疾人特殊需要人士及其家属提供多方位、多元化家属资源服务等，2013年度家长康复培训共计服务1200人次，满意度达94分。家庭支援服务3174人次，满意度达95分。

省残疾人事业发展研究会充分发挥社会科学理论专家的智力优势，调动残疾人事业实践工作者的主观能动性，组织残疾人事业理论研究课题攻关。研究会顾问、省社科院副院长刘小敏率领研究会有关人员出色完成中国残联课题《残疾人服务业跨越式发展研究》。2013年12月20日，在广州召开2013年会暨学术交流会，近百专家学者研讨促进残疾人同步小康目标的实现。大会共收到论文30篇。经专家组评审，分别评出优秀论文一等奖2篇、二等奖6篇、三等奖10篇、优秀奖4篇。这些研究成果为残疾人工作者开拓创新提供了较好的理论指导。

广东残疾人事业新闻宣传促进会受省残联的委托，管理省残联官方网站和省残联公众微信的新闻发布，编辑出版发行省残联会刊《广东残疾人》杂志，管理广东残疾人资讯网站和省残联与省作协合办的《自强涛声》残疾人文学网刊。组织公共媒体突出重点，打造传残疾人事业宣传舆论声势，实现报纸有文、电视有人、电台有声全方位宣传。2013年，省级主要新闻媒体刊播残疾人事业活动稿件85件，省级共有残疾人事业报刊专版4个，残疾人专题广播节目1个，电视手语新闻栏目1个；地市级主要新闻媒体刊播稿件2564件，地市级报刊专版37个，残疾人专题广播节目24个，电视手语新闻栏目9个。全省各级残联门户网站81个，其中省级1个、地市级21个、县区级59个；省残联网站全年发稿量2838篇。12月3日国际残疾人日广东庆祝活动中，广东在全国省级残联首先开通“广东残联官方微信”，运用新媒体加强残疾人事业宣传。

2013年7月1—3日，中国残联程凯副理事长率专题调研组对广东省政府购买社会组织助残服务工作进行调研。程凯指出，广东省委、省政府在加强效能政府建设和创新社会管理的过程中十分重视社会组织的培育发展和政府购买社会组织助残服务工作，在政府主导、部门支持、残联推动、社会参与的同时，借鉴港澳经验，充分发挥区位优势、资源优势、人才优势，积极探索，大胆试验，积累了许多宝贵的经验和做法，为全国开展政府向社会组织购买助残服务工作提供了成功案例和阶段性成果。

（十二）志愿助残走向服务常态化

7月6日，省残联与省民政厅、省文明办、团省委等单位联合举办2013广东“关爱残疾人志愿服务——志愿助残阳光行动”主题日活动暨广东省“志愿在康园”启动仪式，号召公众走近残疾人及其家庭，体验残疾人切身感受，了解关注残疾人的生存状态，积极踊跃投身志愿助残服务，动员社会力量提供有效的个性化志愿助残服务，通过“一帮一”、“多帮一”、“接力棒”等形式，立足社区开展医疗卫生、康复服务、教育培训、就业扶贫、社会保障、居家托养、文体娱乐等内容，将志愿服务贴近残疾人的实际需求。启动广州市天河区和深圳市宝安区“社工+志愿者”联动工作省级观察点项目。省残联助残志愿服务总队与番禺区义工联、番禺区明月关助服务中心，在番禺区联合开展学雷锋志愿服务行动日活动。深圳等8个市创建“广东省志愿在康园示范基地”，推动志愿助残服务向专业化、规范化、常态化发展。12月4日，团省委、省文明办、省残联等联合举办南方公益志愿大讲堂暨广东志愿助残阳光行动推介会，来自全省21个地市及顺德区的助残志愿服务项目负责人和助残志愿者骨干集聚广州交流学习。全省有44支志愿助残服务队与44个省级联系点（22个康园工疗站和22所特殊学校）结成“对子”，定向为约1.8万名残疾人（其中，28岁以下的残疾青少年约1.5万人）提供学业就业帮扶、生活照料、心理疏导、联谊婚恋等方面的志愿服务。12月5日，正在广东调研的团中央书记处书记汪鸿雁，走进广州越秀区六榕街康园工疗站，做了一名助残志愿者。汪鸿雁与其他志愿者一起为“康园宝宝”（残疾学员的昵称）上安全守护课，讲解《志愿在康园漫画教材》中的基本生活技能，与“康园宝宝”一起做手工拼图，还在拼图上写下了温馨的祝福语并号召社会各界以及公益志愿组织关心支持志愿助残工作，为残疾青少年提供切实有效的帮扶。

（十三）各市残疾人工作特色展示

2013年广东各地紧紧围绕残疾人“两个体系”建设，出实招、求实效，各有特色。

广州市建成3个区域性精神综合服务中心，启动广州爱心公园建设，市康复实验学校等3个项目建设列入市政府重点督办工作。组建166支“志愿在康园”服务队。4个市、区残联班子配备残疾人领导，4个区市、区残联机关配备残疾人干部。探索利用社会网络机构培训资源，开展适合残疾人特点的培训项目。推进残疾儿童融合教育，试办残健融合夏令营。

深圳市成立扶残助残创业孵化园和专家顾问团。出台《深圳市残疾人辅助性就业服务办法》。精神残疾人服药补贴的下限提高到每人每月300元。挂牌成立定点服务基地，探索建立社工、义工“双工”联动服务机制。推出辅助器具回收和借用服务工作。残疾人射箭运动在世界、全国锦标赛上赢得金、银牌的好成绩。

珠海市制定《重度残疾人集中托养服务工作方案》，举办德行珠海——“自强·友爱”残疾人志愿报告团中学校园巡讲活动，举办第一届行业手语风采大赛。推出残疾人事业“十百千万”工程，计划用3年时间，建设10条残疾人幸福村居示范村，结对帮扶500个困难残疾人家庭，对1000名就业年龄段残疾人实施技能培训，为20000名有康复需求的残疾人提供康复服务。

汕头市筹集善款2000万元，支持推进托养中心建设，市特殊教育学校建设主体工程全部完成，开办视障教育等6个班，招收学生66名。修订特困残疾人重大疾病救助等6个项目实施办法。制作投放“有您有爱有希望”残疾人系列公益广告，展现社会对残疾人的关爱以及残疾人自强不息精神。参加全国羽毛球和举重锦标赛取得团体总分第二和第三名的好成绩。

佛山市出台《残疾人参加城乡居民社会养老保险补贴办法》。市残疾人职康中心扩建工程列入市政府重点民生工程建设项目。推动一批条件成熟的服务机构纳入残疾人康复救助定点机构。建立残疾人就业（扶贫）培训基地，先后举办计算机应用等各类项目培训班共16期；举办“帮扶贫困残疾人”助残服务一条街活动；举办全市残疾人职业技能竞赛，中式烹饪项目获全省单项选拔赛第一名，被选拔参加全国精英技能竞赛。

韶关市举办全市新任残联领导干部和专门协会主席培训班，新增1个社区康园中心。新丰等3个县（市、区）通过省白内障无障碍县创建验收小组检查验收。组织实施城镇残疾人万名就业工程、开展求职求学登记、举办残疾人专场招聘会等，新推荐就业残疾人448名。

河源市残联与市三针康复医院合作建立定点康复服务机构，与东江眼科医院合作成立低视力指导中心，与龙川县兴莱鞋厂合作建立农村残疾人劳动力就业转移培训基地，与蓝野农业开发有限公司合作建立残疾人扶贫培训就业基地，与人社部门联合举办残疾人创业技能培训，把符合条件的民办机构纳入救助残疾儿童康复定点机构。

梅州市编印《基层残疾人工作知识简本》《专职委员工作日记本》等培训教材，加强残疾人专职委员培训。10个康园中心被授予梅州市残疾人“幸福之家”称号。市残联领导作客“行风热线”，在线为残疾人释疑解难，下线后继续对残疾人反映的问题进行一一回复，满意率100%。白内障无障碍市创建工作取得新成效，被授予

"全国白内障无障碍市"光荣称号。

惠州市依托博罗县社会福利院建立市农疗站，成立残疾人家属资源中心。开展孤独症儿童公办康复项目，设立孤独症集体教学班。居家康复服务试点引进社工组织为残疾人提供志愿服务达4000人次。市残疾人托养抚养基地建设计划投资3000万元，建设规模9000平方米，至年底一期工程完成主体封顶。

汕尾市将残疾人危房改造列入为民办实事项目，落实农村贫困残疾人危房改造项目90户。创办残疾人就业扶贫基地，对有需求的农村残疾人进行实用种植技术培训。开展盲人定向行走培训，深入开展社区工疗服务。市特教学校教学综合楼首期工程已完成，二期工程即将启动。

东莞市为2225户"一户多残"家庭发放补贴359.88万元；为2613名残疾人发放居家照料护理津贴492.08万元；为52名患者提供重病大病临时救助30万元，临时救助11名困难残疾人5.5万元；为398名困难残疾人发放教育资助金123.5万元，为33名考取驾驶证的户籍肢体残疾人发放补贴6.6万元，资助2.4万元在镇街设立8个残疾人轮椅公益维修部。

中山市出台《中山市残疾人创业就业扶持暂行办法》，启用"残疾人创业就业网"。启动残疾儿童教养学校建设项目。对各级残疾人专兼职工作者进行轮训。组建残疾人自强事迹宣讲团，全年举办巡回宣讲会9场。为197名丧失入学能力的重度适龄残疾儿童提供送教上门服务，资助105名残疾学生及双低残疾人家庭学生共18.5万元。

江门市新建托养服务机构19个。首创"共享阳光"圆梦计划，通过购买服务的方式，帮助90名重度残疾人走出家门。举办"残健儿童爱心联谊活动"及"办学十年康复效果展示"等大型主题活动。帮助147名残疾人圆大学梦。依托五邑大学对就业年龄段残疾人的就业培训状况开展专项调研。市残疾人就业服务中心分别获得市直机关作风建设"优秀服务窗口"、市精神文明建设"文明窗口"荣誉称号。

阳江市设立残疾人辅助器具资源中心，市残疾人康复中心全面投入使用。市肢协、智协正式注册登记。阳春市顺利完成"全国白内障无障碍县"创建任务。制定完善10项工作制度，压缩就业年审、二代证审核时限。开展"一十百"走访调研活动，深入走访100户残疾人家庭和10个市政府残工委成员单位。扶持200名残疾人个体创业，资助200户残疾人家庭实施危房改造。

湛江市新建4个社区康园中心，全面开展社会化、综合性，开放式精神病综合防治康复工作，为4万多名重症精神病患者提供康复服务。培训各类康复专业人员和残疾儿童家长340多名，为500多名贫困残疾儿童发放蜜儿餐，走访慰问贫困残疾人4000多户。为200名贫困截肢残疾人免费安装大小腿假肢。24名残疾学生被省培英职业技术学校录取。

茂名市举办残疾人创业、种养技术、盲人保健按摩和计算机、残疾人维权业务培训班等10期，举办残疾人专场招聘会2场。投入150万元扶持贫困残疾人个体开业和发展种植、养殖业，拨款10万元帮助茂南、高州、信宜等地残疾人进行灾后重建，对家庭经济困难的残疾学生给予3000元、2000元或1000元的助学补贴，为1000名残疾人提供社区和居家托养服务。

肇庆市协调帮助16000多名残疾免费加家人身意外保险。举办康复专业人员培训班25期。开展"风雨读书路"残障人士诵读活动。开展"肢残无障碍，万众助你行"、"贫困残疾人结对帮扶"、"听力无障碍，处处有天籁"等慈善活动，筹集善款2500多万元，帮扶26000名残疾人。救助贫困精神病患者近10000人次。

清远市对"残疾人辅助器具展示厅"进行改建，市残疾人康复和托养服务中心建设项目列入市政府重点工程。举办残疾人职业技能培训班45期。将申办二代证、残疾人就业年审等项目列入网上办事大厅建设内容。

潮州市升煌残疾人培训就业扶贫基地和绿源残疾人培训就业扶贫基地被中国残联确定为首批国家级残疾人培训就业示范基地。新建社区（村）残疾人活动室12个。承办全国残疾人就业中心主任会议和全省残疾人就业扶贫和社会保障工作会议。饶平县对全县贫困残疾人危房户进行全面调查，并为调查对象建档立卡。

揭阳市制订《揭阳市贫困残疾儿童抢救性康复救助项目定点康复机构认定及管理的有关规定（试行）》，建立民办非企业残疾儿童康复机构的准入制度及管理制度。市残联网站、市社工委网站、《揭阳日报》等先后发布招募志愿者的公告，广泛动员全社会参与到关心支持残疾人事业发展的具体行动中。揭东籍肢体残疾人李良雄被评选为揭阳首届育德人物。

云浮市建立社区残协965个，配备残疾人专职委员1011个。9071名残疾人纳入最低生活保障。培训各类残疾人1300多人次，成人肢体残疾人社区、家庭康复训练2700人。向残疾人供应拐杖、盲杖、坐便器、轮椅等辅助器具1008件，为残疾人提供法律咨询1200人次。

顺德区制定出台残疾人辅助器具服务暂行办法等4个政策性文件，为165户困难残疾人家庭免费实施居家环境无障碍改造，为437名残疾人免费适配辅助器具。组织举办"顺德区社区康复高峰论坛及肢体残疾诊疗新进展培训班"，举办顺德区第二届残疾人运动会，主办"奔向共融——香港赛马会特殊马拉松2013"活动等系列活动，深入推进残疾人服务。

四、重要条目

【省政府网站率先建成信息无障碍通道】2013年12月10日，广东省政府门户网站信息无障碍通道开启。省政府门户网站（www. gd. gov. cn）信息无障碍通道为视障人士提供两种浏览方式，一是为弱视、色盲、色弱等视障人士开设了辅助浏览工具条，提供纯文本阅读、页面放大缩小、高对比页面配色、十字辅助光标、显示屏放大器、语音指读或连读等辅助浏览功能；二是为失明人士开辟了专门的盲人语音站点，提供省情介绍、政府信息、办事指引三大板块共20个领域的资讯。视障人士认为该通道设计合理、操作方便，为视障人士提供了实实在在的便利，充分体现政府对视障人士的关怀。

【全国助残日力推信息助残】2013年5月19日是第二十三个全国助残日，省政府残疾人工作委员会在广州举行全国助残日信息助残系列活动暨第三届广东残疾人文化节启动仪式。活动中，省领导向相关机构赠送残疾人托养服务读本，向盲人代表赠送无障碍影视作品。省残联与中国电信广东公司签署信息助残合作协议，共同推进信息助残工作。政府部门在工作规划、优惠措施、资金等方面均加大信息助残力度，省财政安排专项经费30万元，用于支持信息化终端的研发和推广应用。各级残联和公共网站带头为残疾人提供无障碍信息交流，使残疾人通过网络感受到更加丰富的信息生活。

【助困扶残列入省政府承诺办好的十件民生实事】2013年1月25日，省长朱小丹在2013年政府工作报告中承诺：今年，广东省财政将投入592亿元，全省各级财政投入1576亿元，集中力量办好十件民生实事。其中第六件是开展助困扶残。全省各县（市、区）城镇低保、农村低保平均补贴水平提高到每人每月242元、109元，农村“五保”供养标准不低于当地上年农村居民人均纯收入的60%；为5000户贫困家庭残疾人提供康复服务；为5000户贫困家庭残疾人实施居家无障碍环境改造。

【“广东遍蓝”关爱自闭症公益传播活动】4月2日是第六届世界自闭症关爱日。广东省和广州市残联共同组织的“广东遍蓝”关爱自闭症公益传播活动启动仪式在广州塔西广场举行。当晚19—21时，广州塔与全球2000多个地标建筑一起为自闭症人士持续点亮“缤纷色彩，追求梦想”的蓝灯。省委常委、常务副省长徐少华出席启动仪式。他穿着蓝T恤，戴着蓝丝带，亲自买下残疾人制作的手工艺品，坐到特殊儿童及康复教育工作者中间，与他们同观文艺演出并握手合影。

【广东教师体检标准删除残障歧视条款】2013年5月19日，一封由广东、广西、浙江、北京等19省市残障人士联合撰写的感谢信寄往广东省教育厅，感谢广东省教育厅为残障群体平权做出的特殊贡献。参与人之一、广东省二级视力残疾人杨仁良表示，《广东省教师资格申请人员体格检查标准（2013年修订）》中删除了对肢体、视力及听力等残障群体的限制性条款，首次在教师体检资格地方标准中实现“零残疾歧视”。19省市残障人士还同时将一封内容相同的建议信发往港澳台及广东以外的30省市，建议这30省市审查其教师资格体检标准中对残障群体的限制性条款，参考广东省的新《标准》及《残疾人权利公约》加以删除或修改，以保障残障群体平等就业权利。《广东省教师资格申请人员体格检查标准（2013年修订）》由广东省教育厅于2013年4月16日发布，2013年9月1日正式生效。杨仁良表示，自己在得知省教育厅发布的新《标准》时，异常激动和欣喜，“在网上和其他残障朋友分享时，他们也对广东省的新标准大加赞扬”。在和一群残障朋友商量之后，杨仁良和他的朋友们决定在全国助残日这天向省教育厅表示感谢。在感谢信中，来自19省市的残障人士表示，广东省的新教师资格体检标准，体现了公平公正的法律精神，为残障人群教师梦“松了绑”，“对推动消除其他制度性歧视也将起到示范作用。”

【残疾人事业好新闻奖评选活动】2013年12月24日，由省残联、省新闻工作者协会、省残疾人事业新闻促进会共同主办的2012年度广东省残疾人事业好新闻奖评选活动在广州举行。省及各市有关单位报送参选作品共119件，由来自省新闻工作者协会、广东残疾人事业新闻宣传促进会、《南方日报》《羊城晚报》、广东电视台、南方电视台、暨南大学新闻与传播学院、广东体育学院新闻系的专家代表组成的评委会，经过严格、客观、公正的评选，选出文字类一等奖4个，二等奖7个以及三等奖和优秀奖若干；电视类一等奖5个，二等奖6个以及三等奖和优秀奖若干；广播类一等奖3个，二等奖6个以及三等奖和优秀奖若干；摄影类一、二等奖1个，三等奖2个。

【广州智障学生可上中职“特教班”】数据显示，广州在册的智障人士约2万人，其中就业适龄者超过1万人，在企业、事业单位参加工作率约2%，接受高中或以上教育的比率仅为5%。由于教育程度普遍偏低，缺乏劳动技能，很难获得工作机会。为此，2013年5月27日广州市教育局召开特殊学生中职教育专题工作会议，对该项工作进行了研究与部署。同年6月8日，广州市教育局下发《关于进一步做好特殊学生中等职业教育工作的通知》。该《通知》要求：“各区、县级市教育局要加快推进在特殊学校实行‘9+3’教育模式，争取今年内在区属特殊教育学校开设特教中职班”。10月14日，广州市13所中职学校特教班将同时开学。广州旅游商务职业学校、广州市卫生学校分别开设面点烘焙“特教班”、口腔修复工艺（义齿成形制作方向）特教班，面向部分轻度智障儿童，满足他们的升学、就业需求。除了没有中职学校的萝岗区之外，广州11个区的区属中职学校都开设工艺美术、社区服务、汽车美容装潢、汽车运用与维修、园林绿化、电子计算应用等特色专业，满足国际上通用的轻度智障学生随班就读的“融合教育”的需求，为他们提供特殊的专业培训。“特教班”招生没有分数的限制，经市残联及特殊教育的专家评估和甄别后，符合轻度智障、专业特点的学生便可报读。番禺区培智学校的职业高中班首批招生20人，他们将学习汽车美容和零部件加工等技能。

【中山市重残儿童享“送教上门”服务】 广东中山市于2013年10月正式启动针对6—14周岁重残儿童的“送教上门”服务。2013年上半年，中山市教育局与市残联联合对6—14周岁重度残疾儿童少年接受教育情况调查，发现共有199名6—14周岁重度残疾儿童少年具备一定受教育能力但因种种原因尚未接受教育。为让特殊孩子同样受到教育，中山市决定从2013年下学期开始实行重残儿童“送教上门”服务，并出台《中山市义务教育阶段适龄重度残疾儿童少年送教服务实施意见》，规定凡是具有本地常住户籍，不能到学校接受教育、但基本具有接受教育能力的适龄（6—14周岁）重度残疾儿童都可享受“上门送教”。该市各镇区教育事务指导中心、市特殊教育学校采取走进家庭实施一对一的送教上门服务。原则上，每学期不少于15次，每次不少于3个课时，每学年不少于90课时。送教服务全部免费，受教儿童和家庭不需缴纳任何费用。同时，市教育局以每生每年不低于1000元的标准设立送教服务工作专项补贴，用于支持各镇区、市特殊教育学校开展送教服务。各镇区也出台了相关政策，如小榄镇就规定，每送教上门服务一位重残儿童，每位每年补助4200元，用于教师的交通、教学补贴。“上门送教”于2013年10月正式启动，一个月以来，已有199个重残儿童足不出户就能接受教育，中山市各镇区、市特殊教育学校共派出87名教师进行送教。

【深圳市100辆无障碍出租车投放使用】 2013年12月30日，深圳2013年十大民生工程之一——100辆无障碍出租车投放使用。本次投入使用的无障碍的士由深圳市西湖股份有限公司和深圳市运发集团股份有限公司运营，统一采用上海英伦经典出租车TX4车型，两家公司的车分别为蓝色和深绿色。据介绍，英伦TX4车型是伦敦街头有70年历史的知名车款，制造商是伦敦出租车公司。车内有完善的无障碍设施照顾有需要的顾客。除了可折叠式斜坡方便轮椅乘客上车外，还配备了旋转座椅和黄色扶手；后排乘坐空间比普通车型大，不仅可以坐下四个人，还有足够的空间放行李；而轮椅固定装置使得残疾人士乘坐更加安全。这款车采用了目前出租车行业

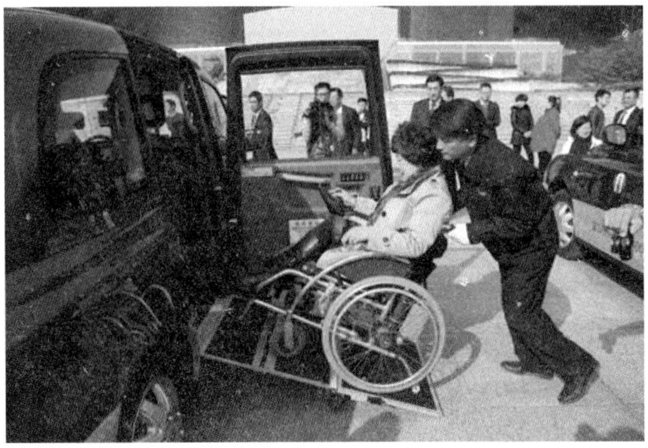

图6-19-1　工作人员在演示无障碍出租车的使用。

内用车的最厚钢板，号称“最安全的出租车”。深圳无障碍的士采用预约和街头召停相结合的方式运营，出行不便的人士、母婴乘客等有需要的群体可以通过电话、网络、手机app的方式进行预约，深圳市出租汽车电召服务调度中心会安排车辆前往服务。无障碍的士的收费模式和普通的士一样。

【内地与澳门残疾人文化艺术展】 2013年9月28日，内地与澳门残疾人文化艺术展在顺德艺术展览馆展出。本次展览秉承全国各地残疾人士艺术交流之宗旨，以“激扬青春，共圆梦想”为主题，汇集内地众多残疾人艺术家之精品，残疾人艺术家用自己创作的艺术作品展现了对生命的独特理解及对艺术的追求。展览由中国残疾人联合会和澳门特区政府社会工作局联合主办，广东省残联承办，共展出残疾人工艺美术作品160多件。广东省残联理事长张永安、中国残联宣文部副主任邹柏林等领导出席开幕式。张永安在开幕式上的致辞中指出，残疾人文化是社会主义文化的重要组成部分，近几年，广东省残疾人文化事业取得重大的成绩，已经成为广东省展示社会主义精神文明建设成果，宣传社会主义精神文明价值体系的重要平台和窗口。邹柏林说，这次展览是今年我国残疾人文化艺术领域的重要活动，希望通更多的残疾人和健全人都来参观这个展览，使残疾人从中领悟到自强自立的真谛，激发他们积极向上；使健全人从不同角度了解和认识残疾人，进而更加关心支持残疾人事业。邹柏林希望广东利用好地缘优势，大力加强粤澳残疾人文化事业的交流与合作，学习彼此经验，进一步推动残疾人文化事业大发展大繁荣。

五、大事记

1月4日，省残联理事长宋卓平率维权部负责人向汕头市政府转达中国残联对中央信访办督办的残疾人重点案件的意见。

1月6—7日，2013年全国残联疾人就业中心主任2013年工作会议在潮州市召开。中国残联副理事长贾勇，广东省残联理事长宋卓平等领导出席会议。会议总结2012年全国残疾人就业服务和盲人按摩工作经验，部署2013年残疾人就业服务工作。贾勇强调，新时期的残疾人就业工作，要高标准、严要求，当前不仅要扩大残疾人就业规模，还要注重残疾人就业质量的不断提升，增强残疾人就业的稳定性。

1月7日，省残联召开涉残社会组织工作座谈会，省残联副理事长康德成要求各社会组织要按规范化做好业务建设。

1月8日，省残联执行理事会与专门协会联席会议在广州召开。省残联理事会和各专门协会负责人出席会议。省残联副理事长康德成代表理事会通报省残联2012年主

要工作和2013年工作要点；各协会主席通报协会2012年主要工作及2013年工作打算，对残联工作提出建设性的意见和建议；残联机关各部门领导与专门协会交流业务合作事项。

1月10日，全省残联工作会议在江门举行。各地级以上市残联和省残联机关各部室、直属单位负责人参加会议。省残联理事长宋卓平做工作报告，会议总结2012年全省残疾人工作，部署2013年重点工作。省残联副理事长孙俊明在会上传达中国残联第五届主席团第五次会议和第二十七次全国残联工作会议的主要精神。

1月15—17日，中国残联党组成员、副理事长贾勇率领人力资源社会保障部农村社会保险司、中国残联教育就业部等有关部门人员到广东督导残疾人社保工作。督导组实地调研2012年广东省最后一批开展城乡社会养老保险工作的佛山市南海区和肇庆市端州区，与省、市、区有关负责同志进行座谈，着重了解全覆盖的工作情况和两节期间养老金的发放落实情况，研讨当前工作中面临的困难和问题，督导组还深入村镇，考察残疾人参保情况和政策落实效果。

1月14日，省委副秘书长、省信访局局长林耀明主持召开广东省残疾人信访重点督办案件调处工作会议，要求省残联与有关市政府及时处理好残疾人信访重点督办案件。

1月22日，副省长刘昆前往广州市越秀区至灵学校和市残疾人职业培训中心走访慰问残疾人及残疾人工作者。刘昆指出，残障儿童是最应受到关心的一个群体，至灵学校作为民办的托养和教育机构，创办将近30年，教职工凭爱心从事报酬不高的工作，把这么多残障儿童照顾好，付出比平常人多，坚持下来不容易，要把机构真正做好。刘昆要求残联要对此做专门研究，力争出台相关政策和办法，扶持民办残疾人服务机构发展，让它们真正成长起来，并不断提高其社会公信力。

2月5日，中国残联党组成员、理事相自成，研究室主任陈新民等一行到江门市开展残疾人收入情况调研工作。调研组召开调研专题研讨会，重点研讨城乡居民和残疾人收入分配现状，提出改善残疾人收入状况的意见和建议。

2月9日，省委常委、常务副省长徐少华与省残联理事长宋卓平等领导，到韶关市残疾人综合服务中心，与残疾儿童一起吃年夜饭。徐少华代表胡春华书记、朱小丹省长，向全省540万残疾人朋友致以新春的问候和祝福，并决定，今年全省助残活动将以“信息助残”为主题，要以先进的信息化手段帮助残疾人朋友康复、培训和就业，方便其体验和使用信息化产品，拉近与其他人的生产生活距离。他说，希望在全社会的共同努力下，残疾人朋友能享受全社会的关心关爱，享受新春带来的欢乐祥和。各级党委、政府要以残疾人的生存、康复和发展为本，下更大力气、建更好的设施、配更强的师资、编更合适的教材，帮助其康复、就业、发展，更好地融入社会、享受生活。他呼吁社会各界切实维护残疾人合法权益，有更多爱心人士关注残疾人群体，伸出援助之手，在给予残疾人关爱的同时也温暖自己、充实心灵。

2月9日，省委常委、常务副省长徐少华前往韶关市残疾人康复中心、粤北残疾人就业培训基地施工现场以及武江区沙洲尾社区残疾人爱心就业服务站调研。徐少华要求相关项目负责单位确保工程质量和进度，善始善终，高标准建设残疾人康复培训基地，为残疾人提供环境优美、方便实用的康复培训场所。

3月3日，省残联、省卫生厅、省老龄办、广州市残联、市卫生局、市民政局、市老龄办等7个单位在广州英雄广场联合举办第十四个全国爱耳日宣传教育系列活动。本次系列活动从3月3日持续至4月30日。主办方在现场举办老年人听障康复资助政策及爱耳护耳科普知识展览，派发宣传册，为符合条件的听障人士免费办理康复资助申请和残疾等级评定等手续。

3月28—29日，2013全国孤独症服务机构负责人联席会议在广州召开。中国残联副主席吕世明、省残联理事长宋卓平等领导出席会议，会议对孤独症康复、教育、行业发展的工作及政策进行交流及研讨。全国180多名孤独症服务机构负责人参加会议。

3月29—31日，2013广州国际福祉辅具暨康复设备展览会在广州琶洲保利世贸博览馆举行。展会吸引来自美国、加拿大、意大利等国家和地区120多家企业参展。

4月2日，省残联与广州市残联共同主办的“广东遍蓝”关爱自闭症公益传播活动启动仪式在广州塔西广场举行。省委常委、常务副省长徐少华出席启动仪式。当天，徐少华还到广州市太阳船康复中心和广州康复实验学校进行视察慰问。

4月24—26日，省残联在河源市召开2013年全省残联贯彻落实省政府十件民生实事现场会。会议传达中国残联有关会议精神；对全省残联落实省政府十件民生实事和2013年全省康复工作做出部署；河源和江门市分别介绍工作经验。

5月初，省委办公厅《督查专报》反映，肇庆市探索“规范化、制度化、专业化、社会化”的残疾人工作路子，建立健全两个“体系建设”，近5年累计投入9000多万元用于残疾人事业，全市12万人次得到康复服务，残疾儿童义务教育入学率达96%以上，有就业意愿和劳动能力的残疾人就业率达91%，残疾人来信来访办结率达100%，成为全省四个先进地级市之一。省委常委、常务副省长徐少华在《督查专报》上做出批示：“肇庆市的探索实践富有创新，富有成效，残疾人事业开创了新局面。”

5月9日，省残联理事长宋卓平到湛江市检查指导残联工作，就新形势下湛江市残疾人事业发展与班子建设等问题提出要求。宋卓平希望各级残联组织继续心系残疾人，倾听残疾人呼声，反映残疾人诉求，维护残疾人权益，力争湛江市残疾人事业实现跨越式发展。省残联将继续加大支持力度，推动湛江残疾人事业再上新台阶。

5月15日，广东省华美教育慈善基金会与省残疾人公益基金会签订捐赠协议，定向为广东省培英职业技术学校设立“华美教育奖助学金”，2013年捐赠金额为人民币6万元，用于奖励该校有特殊专长、有特殊贡献的残疾学生以及资助特困残疾学生。

5月16日，省委批准张永安任省残联党组书记。

5月17日，省残联与省教育厅联合主办的2013年广东省残疾人大中专生专场招聘会在暨南大学体育馆举行，进场招聘的用人单位60多家，网络招聘企业30家，共提供就业岗位500多个。

5月17日，省残联和省文化厅共同主办的“第三届广东省盲人诗歌散文朗诵比赛”在广东省立中山图书馆举行。来自全省各地市和广州市盲人学校的共19名选手参加比赛，其中有6个参赛作品为选手原创。省残联副理事长康德成、省文化厅副巡视员王莉、省盲协主席富明慧、中山图书馆副馆长李毅萍等领导出席活动。

5月18日，省残联副理事长孙俊明率省肢残人协会、省工伤康复中心、广州市肢残人协会及热心人士组成的慰问组来到清远市清城区飞来峡镇螺塘村开展“情系残疾同胞，奉献诚挚爱心”的助残活动。

5月19日，是第二十三个全国助残日，省政府残疾人工作委员会在广州举行全国助残日信息助残系列活动暨第三届广东残疾人文化节启动仪式。省委常委、常务副省长徐少华出席活动并向相关机构赠送残疾人托养服务读本，向盲人代表赠送无障碍影视作品。省残联党组书记张永安，中国电信广东公司总经理陈德兴、副总经理杨小丰等领导及残疾人代表、残疾人工作者等200人参加活动。启动仪式上，张永安代表省残联与中国电信广东公司进行战略合作前景签字仪式。

5月26日，粤港残疾人龙舟交流活动在肇庆市星湖国家水上训练基地举行。来自香港、深圳、中山、肇庆的4支残疾人龙舟代表队参加竞赛。省残联副理事长柯沐夫、省体育局副局长曾晓红、肇庆市政府副秘书长徐敏坚、香港邻舍辅导会总干事董志发等出席活动。

5月28日，中国残联副常务副理事长王乃坤到深圳市残疾人综合服务中心视察，调研指导深圳市残疾人工作。王乃坤参观特殊需要儿童早期干预中心、评估转介服务窗口、残疾人文体活动场地、康复中心、辅助器具中心等各项助残机构及设施，并与残疾人朋友和残疾人工作者进行交流对话。

6月4日，省教育厅、省民政厅、省文化厅和省残联共同主办的第八届全省残疾人文艺汇演在广州小云雀剧场开演。四类节目共104个。省残联副理事长柯沐夫在致辞中呼吁社会各界借此契机，携手共进，一起营造残健共融的社会氛围，使广大残疾人成为“和谐广东”的参与者，“幸福广东”的受益者。

6月16日，省残联第五届主席团第五次全体大会在广州珠岛宾馆召开。会议审议省残联第六次代表大会筹备情况及代表产生情况，通过关于召开第六次代表大会和提交工作报告的决议。

6月16日，省盲人协会、聋人协会、肢残人协会、智力残疾人及亲友协会、精神残疾人及亲友协会分别召开全体会员会议，选举产生协会领导人。

6月16日，省残联第六次代表大会预备会议在广州珠岛宾馆召开。会议通过第六次代表大会议程，执行委员会名单和资格审查委员会成员名单，听取并通过代表资格审查报告。

6月17日，省残联第六次代表大会在广州珠岛宾馆召开。会前，中共中央政治局委员、省委书记胡春华，省人大常委会主任黄龙云等在广州珠岛宾馆接见省残联第六次代表大会全体代表并合影留念。中国残联副理事长孙先德到会祝贺，省委常委、常务副省长徐少华，副省长邓海光出席会议并致词。大会审议通过省残联第五届主席团执行理事会理事长宋卓平的工作报告，聘请省委常委、常务副省长徐少华担任省残联第六届主席团名誉主席，选举邓海光副省长为省残联第六届主席团主席；推举张永安任省残联执行理事会理事长，选出24名广东代表出席中国残联第六次代表大会。

6月18日，第七届华人地区启智服务会议在广州举行，来自两岸四地的康复教育工作者、专家学者、自我倡导者及家长代表共400多名参加会议。大会主题为“智障人士的生涯规划”，号召与会人士同心协力促进服务，令社会关注智障人士的发展机会和福祉，从而建立有效的支持系统，增进社会和谐共融。会议由省残联和广州市残联联合主办，香港明爱康复服务及特殊教育服务、香港智障服务人员协会等单位协办，会期3天。

6月24日，“粤港手语交流座谈会”在广州市三寓宾馆举办。省残联副理事长柯沐夫等有关领导及省手语协会的手语专家，香港劳工及福利局康复专员萧伟强先生、康复咨询委员会前任主席郭键动博士、推广手语工作小组召集人陈肖龄女士及香港手语协会的手语专家代表出席座谈会。

7月2—3日，中国残联副理事长程凯率专题调研组对广东省政府购买社会组织助残服务工作进行调研。调研组在广州考察了至灵培训学校、利源资源中心、广州市残疾人综合服务中心，在深圳市考察了民爱残疾人综合服务中心、深圳市残疾人综合服务中心、宝安区残疾人综合服务中心，调研组先后召开三个专题座谈会，与参会的30余家助残社会组织的负责人进行广泛的交流和深入研讨。程凯充分肯定了广东省及广州市、深圳市政府购买社会组织助残服务工作。他要求广东省和广州、深圳两市残联要认真总结已有的工作，充分发挥省、市残疾人服务业协会的作用，一手抓培育扶持，一手抓规范引导，加强服务标准和绩效评估体系建设，继续为全国探索经验。

7月5日，“全国特奥日——广东特奥足球活动”在广州市越秀区启智学校举行，共有10支队伍参加比赛。

7月6日，是第三个全国“关爱残疾人志愿服务——志愿助残阳光行动”主题日。省残联、省精神文明办、省民政厅和团省委在广州市天河公园举行“广东省‘志愿在康园’启动仪式”，并在全省推广“社工+志愿者”联动模式。省残联党组书记张永安、省民政厅副厅长张元醒、团省委副书记池志雄、省文明办副主任林海华等领导出席活动。

7月10日，副省长邓海光到省残联、省残疾人康复中心和辅助器具资源中心调研。邓海光看望正在康复中心接受训练的残疾儿童，并向残疾人及其家属致以亲切问候。参加调研的还有省政府副秘书长颜学亮，省民政厅副厅长张元醒，省残联理事会新老班子成员和机关各部室负责人。

7月11日，省残联召开深入开展党的群众路线教育实践活动动员大会。省残联党组书记张永安强调，广东残联系统各级党组织要按照《省残联党的群众路线教育实践活动实施方案》，认真开展相关活动。

7月12日，经省人民政府批准，任命张永安为第六届广东省残疾人联合会理事长；任命柯沫夫、叶丽容、李敏为第六届广东省残疾人联合会副理事长。

7月18日，省委常委、常务副省长徐少华到江门市残联调研残疾人工作，开展群众路线教育实践活动。徐少华先后参观市残联特殊儿童康复教育中心、市残联康复医院，并与机构负责人交谈，询问残疾人康复工作开展情况。徐少华说，在服务残疾人方面，江门市探索了一种搭建医疗救助平台的新模式，希望江门市进一步创新机制，通过政府购买服务等方式，引入更多的社会力量参与残疾人医疗康复工作。同时要求各级残联在群众路线教育实践活动中加强密切联系残疾人，为残疾人排忧解难。

7月25日，中航三星人寿保险有限公司捐赠支持的2013年“集善工程—（爱之翼）助残行动”广东项目启动仪式在广州市残疾人体育运动中心举行，本次活动向广东省捐赠150辆高科技电动轮椅、价值89.5794万元。中国残联副主席、中国残疾人福利基金会理事长汤小泉，中国残疾人福利基金会副理事长费薇，中航三星人寿保险有限公司总裁兼CEO李昶勋，省残疾人公益基金会理事长郭德勤，省残联理事长张永安等出席仪式。

7月29日，省委常委、常务副省长徐少华在广东大厦主持召开教育实践活动联系点征求意见座谈会，听取地方残联、残疾人专门协会、助残社会组织代表和各类残疾人代表对健全残疾人工作机制、完善公共预算财政投入、加强信息助残工作、发展助残社会组织等方面的意见和建议。徐少华说，与会代表准备充分、发言坦诚，提了很多好建议，我们将认真梳理，积极采纳，抓紧解决。省发改委、省扶贫办、省财政厅、省人社厅、省民政厅、省信息中心等相关部门领导，省残联理事长张永安、副理事长叶丽容、李敏等出席座谈会。

8月6日，省委常委、常务副省长徐少华到揭阳市榕城区智力障碍儿童康复训练部调研。徐少华详细了解政府的资助情况、康复机构的运作情况、残疾儿童的生活和康复情况，并向智障儿童康复训练部送上慰问金。徐少华说，儿童康复是政府的责任，原则上应该由政府来办，但是政府的力量不够，而且政府办的事业单位，动不动就要建楼要编制，往往会把最需要照顾的人忘记掉。像揭阳这样把政府、残联和社会力量结合在一起，然后由这些民办机构来运作，见效快，是解决残疾儿童康复难的一种好办法。

8月7日，省委常委、常务副省长徐少华到汕尾市特殊教育学校和残疾人康复中心调研。徐少华向市特殊教育学校校长何华武详细询问有关建校情况后说，要抓紧建设，一定要在明年招生，并当场表示给予建设资金支持。徐少华在向市康复中心时对长期为康复中心残疾儿童服务的志愿者说，多做雪中送炭之事，少做锦上添花之举。

8月24日，广东省残疾人中式烹调师岗位精英职业技能竞赛在穗举行。11名选手参加竞赛，其中5名听力残疾选手，6名肢体残疾选手。佛山市两名选手分获第一和第二名，肇庆市的选手获得第三名。

9月9—11日，省残联副理事长李敏到广州、深圳、东莞、佛山市和顺德区督导省政府十件民生实事残疾人康复项目工作落实情况。李敏听取各市残联关于十件民生实事残疾人康复项目工作进展情况的汇报，实地察看残疾人居家康复服务和居家无障碍改造情况。李敏说，从督导的情况看，大部分地区项目进展良好，但也有个别市存在工作进度不理想的情况，需要加强督办，加快推进。

9月16—17日，全省残疾人就业扶贫和社会保障工作会议在潮州市召开。省残联副理事长柯沫夫出席会议并讲话。柯沫夫要求各地要始终把就业作为保障和改善残疾人民生的头等大事来抓，以推进按比例就业工作为主线，找准多种形式就业的增长点，扩大全省残疾人就业总量。

9月23日，省残联开会传达学习中国残联第六次代表大会精神，研究部署贯彻落实措施。省残联理事长张永安要求各部室认真研究制定贯彻落实大会精神的措施。

9月28日，内地与澳门残疾人文化艺术展在顺德艺术展览馆举行。本次展览汇集内地众多残疾人艺术家之精品，共展出残疾人工艺美术作品160多件。

10月10日，是世界精神卫生日。当天，省残联、省卫生和计划生育委员会在越秀区锦轩广场开展2013年世界精神卫生日宣传活动。活动现场，省精神卫生中心和越秀区疾病预防控制中心将组织精神卫生专家为群众提供精神卫生知识咨询。

10月12日，来自全省21个地级市、顺德区和广州12个区（县级市）的350名盲人代表人在广州图书馆新馆举行庆祝10月15日的第三十个国际盲人节活动。本次活动由广东省残联、广州市残联和省、市盲人协会联合主办，广东残疾人事业新闻宣传促进会协办。庆祝大会对广州市盲人电脑办公软件运用考证班的优秀学员进行奖励。会后，盲人代表参观位于珠江新城的新广州图书馆。

10月15日，省委常委、常务副省长徐少华参加省残联领导班子党的群众路线教育实践活动专题民主生活会。省残联是徐少华在教育实践活动中的联系点，活动开展以来，徐少华以与省残联班子成员谈心、主持召开征询意见座谈会、到基层残疾人服务机构调研等形式，指导省残联推动教育实践活动深入开展。

10月22日，省残联执行理事会与各专门协会联席会议在广州召开。省残联理事长张永安传达中国残联六代会精神。张永安说，党中央、国务院对残疾人事业更加重视，中国残联六代会对各专门协会地位和将来发展指明了方向，让各专门协会有更好的发展，希望各专门协会领导多思考。张永安要求省残联机关各部室、各事业单位全力为协会提供服务。

10月24日，省残联召开省残联机关各部门及直属单位的专题联席会议，贯彻落实省委省政府关于开展治理“小金库”、违规使用专项资金专项行动的要求，传达贯彻徐少华常务副省长在整治“两违”会议上的讲话精神。省残联理事长张永安要求各部门、各直属单位在高度重视的基础上，律己正身，依规行事，严格遵照资金使用的各项规章制度，切不可为了一己私利或小集团利益而触犯党纪国法。

10月25日，省残联与省财政厅联合主办的省残疾人服务设施省级专项资金竞争性分配工作在广州举行，经专家评审及现场答辩等环节，共有3个地级市、16个县获得基层残疾人服务设施的建设竞争性专款。

10月28—31日，省残联在广州市举办全省残疾人居家康复服务专业技术人员培训班，来自全省21个地级以上市和顺德区及广州市南沙区共54名康复治疗师和社工参加培训。

11月11日，全省残疾人事业发展专题培训班（第一期）在广州开班。来自广州、深圳、珠海、汕头、河源、梅州、惠州、肇庆和揭阳市各县（市、区）党委或政府分管领导及残联理事长共120人参加培训。省残联理事长张永安、副理事长柯沫夫出席并分别为学员们讲课。

11月12日，广东省首部残疾人作家文学作品集《花开有声》首发式在潮州市举行。40多名残疾人作家，用文学的形式向社会传达自己的心声和梦想。

11月18—21日，由中国残联主办，省残联承办的全国残疾人托养服务能力建设广东地区培训班在广州市华泰宾馆举办。中国残联教育就业部处长任占斌等专家为学员授课。来自全省21个地级以上市及顺德区残联的残疾人托养工作负责人及残疾人托养服务机构的负责人共100人参加学习培训。

11月21日，省残联召开副处以上党员领导干部学习会议，学习党的十八大三中全会主要文件。省残联党组书记张永安指出，省残联系统全体党员干部要深入认真学习领会三中全会精神，认真学习《中共中央关于全面深化改革若干重大问题的决定》，抓住推进社会建设大好机遇，全力促进助残社会组织发展。

11月21日，广东省残联系统新闻宣传通讯员培训班在广州东风大酒店举行，来自全省各地级以上市残联及顺德区残联和省残联机关及直属单位宣传干部、省级涉残社会组织宣传干事共40人参加培训。另有广州地区10多名残疾人文学爱好者自发要求参加培训。

11月22日，省残联理事长张永安拜访省科技厅，与该厅副厅长钟小平等部门负责人商谈如何进一步开展科技助残工作。

26—28日，省残联、省体育局、省特奥委员会共同主办的2013年广东省特奥三人篮球赛在湛江师范学院体育馆举行，来自广州、深圳、珠海、佛山、韶关、河源、中山、江门、茂名、清远、顺德、湛江等12支代表队参加比赛。

12月1日，2013年全国残疾人（25岁以下）自行车锦标赛在广州大学城闭幕。经过5天的比赛，广东队打破3项全国纪录，场地项目获得168分，公路赛获得178分，以346分的总分居团体总分榜首。

12月1日，广东省第一届盲人群众性体育活动推广会暨首届盲人体育节在茂名市第一中学附属中学举行，共有18个代表队近百名盲人运动员参加活动。

12月3日，是第二十二个国际残疾人日。当天，省残联在广州文化公园举办2013国际残疾人日广东庆祝活动，400多名残疾人及残疾人工作者相聚一起，向社会呼吁关注残疾人并为残疾人奉献爱心。

12月4日，在第二十八个国际志愿者日前夕，第三届广东公益志愿文化节暨志愿服务广州交流会（青少年服务项目专场）在广州举行，来自广东、香港、澳门、山西等10个省区的公益志愿组织和志愿者欢聚羊城，共议改革风，共筑志愿梦。广东省委副书记、政法委书记、省社工委主任马兴瑞，团中央书记处书记汪鸿雁、省残联理事长张永安等出席活动。

12月10日，省委常委、常务副省长徐少华参加省政府门户网站信息无障碍通道开启暨用户体验活动，并与视障人士代表一起操作体验，听取他们对进一步优化该通道的意见建议。徐少华指出，省政府门户网站率先建成信息无障碍通道，是践行党的群众路线、关心底线民生的具体行为，希望带动更多的政府网站及社会网站开通无障碍通道，帮助视障人士分享网络世界的精彩。徐少华强调，全省各地、各部门要加快推进政府网站信息无障碍建设的进度，不断完善和提升省政府门户网站信息无障碍通道的功能与用户体验。

12月4—12日，2013年广东聋人篮球、脑瘫足球锦标赛暨广东省第七届残疾人运动会提前赛在湛江市举行。来自全省18个地区的17支聋人篮球代表队、12支脑瘫足球代表队参加竞赛。顺德队获聋人篮球冠军，梅州队获脑瘫足球冠军。省残联副理事长柯沫夫等领导为获奖运动员和代表队颁发奖牌、奖杯和牌匾。

12月18日，第一届广东“展能杯”智障人士个人技能系列暨生活技能展示活动在广州市残疾人展能中心举行。本次活动参展形式为规定项目展示和自我拓展项目展示，共分4个等级7个项目。

12月19日，省信息中心与省残联共同召开广东省政府网上办事大厅信息无障碍建设调研工作会议。省残联副理事长叶丽容主持会议，省盲人协会、省聋人协会正、副主席参加会议。会议对省政府网上办事大厅信息无障碍建设改造工作提出具体的实施意见。

12月20日，广东省残疾人事业发展研究会2013年会暨学术交流会在广州举行。选举华南农业大学公共管理学院院长、教授张兴杰为新会长。会议表彰2013年会暨学术交流会优秀论文获奖者。

12月25—28日，全国长江新里程计划项目（第二期）、嘉道理慈善基金会社区康复合作项目暨CBM社区康复项目总结会在广州召开。中国残联副理事长贾勇出席会议并讲话。贾勇强调新时期残疾人工作要围绕“新起点”、“把底兜住”、“同步小康”和“中国特色残疾人事业”四个关键词展开。省残联理事长张永安出席会议并致词。张永安分析了广东残疾人事业存在的优势和不足；省残联副理事长李敏在会上介绍广东康复工作经验。李嘉诚基金会、嘉道理基金会、CBM及其他省市残联代表在会上交流经验和意见，共同研讨未来残疾人康复事业发展的新方向。

12月28—30日，华南区域中心听力言语康复教育改革研讨会在广州举办，来自南中国12个省市和省内20个教改机构的残疾儿童康复机构的负责人及教学骨干近100人参加研讨。

附录一

凝心聚力，开拓创新，谱写残疾人事业发展新篇章

省残联理事长宋卓平在省残联
第六次代表大会上的工作报告
2013年6月17日

现在，我代表广东省残疾人联合会第五届主席团向大会做工作报告，请予审议。

省残联第六次代表大会是在全省上下深入学习贯彻党的十八大精神，残疾人事业迈向新征程的重要时刻召开的一次大会。大会的主题是：高举中国特色社会主义伟大旗帜，深入贯彻落实科学发展观，认真贯彻落实党的十八大和省委九号文件精神，加快残疾人社会保障体系和服务体系建设，凝心聚力，开拓创新，推进残疾人事业持续健康发展，团结带领广大残疾人为全面建成小康社会而努力奋斗！

过去五年的工作

过去的五年，是广东残疾人事业加快发展，残疾人工作体制和机制进一步完善，残疾人小康实现程度大幅度提高的五年。五年来，在省委、省政府的正确领导和中国残联的指导下，在各级政府残疾人工作委员会成员单位的支持配合下，省残联团结各级残联组织深入贯彻落实邓小平理论、“三个代表”重要思想和科学发展观，全面贯彻中央七号文件和省委九号文件精神，加快推进残疾人“两个体系”建设，残疾人社会保障水平和服务能力明显提高，残疾人各项工作取得新的成绩，为全面建成小康社会打下坚实的基础。

一、残疾人工作纳入经济社会发展大局，残疾人事业发展的社会环境进一步优化

（一）省委省政府高度重视残疾人工作，体制机制更加完善。省委、省政府分别明确一位领导同志联系和分管残疾人工作。五年来，省委、省政府多次召开常委（常务）会议，听取残疾人工作汇报，专题研究残疾人工作，将残疾人工作纳入经济社会发展大局，作为社会建设和基本公共服务均等化的重点领域。省委常委会开展全省残疾人康复工作调研，省人大常委会开展全省残疾人基础服务设施建设专项调研和《残疾人保障法》执法检查。省政府将特殊教育学校建设、社区康复工疗站（康园中心）建设、居家康复服务及居家环境无障碍改造等项目纳入十件民生实事工程，予以重点推进。各级党委和政府领导同志经常深入残疾人服务机构、基层社区，走访慰问残疾人，研究解决各地在残疾人事业发展过程中遇到的困难和问题。

（二）残疾人事业政策法规不断完善，残疾人社会保障体系和服务体系基本制度框架初步形成。五年来，广东省先后出台了《广东省实施〈中华人民共和国残疾人保障法〉办法》《关于加快残疾人事业发展的决定》《关于加快推进残疾人社会保障体系和服务体系建设的实施意见》《关于进一步加快特殊教育事业发展的实施意见》《关于在“规划到户、责任到人”工作中优先安排解决贫困残疾人家庭生产生活困难的通知》《广东省残疾人就业保障金征缴暂行办法》《广东省贫困残疾人生活津贴制度实施办法》《广东省重度残疾人护理补贴制度实施办法》以及五年规划等法规政策，全省各地结合实际，制订相应的政策措施，基本构建起与全省经济社会发展水平相适应的残疾人事业法律法规政策体系，搭建起残疾人社会保障体系与服务体系的基本制度框架，为残疾人基本生活、医疗、康复、教育、就业等基本需求提供了制度性保障。

（三）残疾人事业投入逐年增长，经费投入保障机制

进一步完善。五年来，广东省着力建立稳定增长的残疾人事业经费保障机制，各级政府将残疾人事业所需经费列入财政预算，落实社会福利彩票公益金按比例划拨发展残疾人事业政策。建立省级残疾人事业统筹金制度。省政府进一步加大财政转移支付力度，对经济欠发达地区残疾人事业给予扶持。全省残疾人就业保障金投入和彩票公益金投入，平均每年分别增长了26%和40%。残疾人事业投入逐年增长，经费投入保障机制不断完善，为残疾人事业发展提供了有力保障。

二、扎实推进残疾人社会保障体系和服务体系建设，残疾人生活状况明显改善

（一）残疾人社会保障体系建设进一步加强，保障水平不断提高

一是落实普惠，残疾人普遍纳入覆盖城乡居民的社会保障体系。五年来，通过“规划到户、责任到人”扶贫开发，全省21万贫困残疾人实现脱贫；完成危房改造2.9万户，受益残疾人3.2万人；采取各种临时救助、补助措施，对41万残疾人提供社会救助；9项残疾人医疗康复项目纳入基本医疗保障范围；低保家庭残疾人、重度残疾人参加城乡居民基本养老和基本医疗保险个人缴费政府补贴制度全面落实，残疾人社会保险参保率稳步提高。

二是突出特惠，不断完善残疾人专项社会保障政策和措施。围绕残疾人特殊困难和需求，先后出台了残疾人生活津贴、重度残疾人护理补贴、0—6岁残疾儿童免费提供抢救性康复、残疾人居家康复服务等一系列全省性制度措施，残疾人专项社会保障政策措施不断完善，全省共有62.7万残疾人享受生活津贴及护理补贴，完成1780户贫困残疾人居家无障碍改造，对2.7万残疾人发放机动轮椅车燃油费补贴，有1.1万0—6岁残疾儿童正在免费接受基本康复服务。各地进一步加大对残疾人社会保障力度，出台了更多的专项保障政策和措施，截至2012年底，全省各级政府颁布实施的残疾人专项保障政策规定超过800项。

三是讲求实效，残疾人小康实现程度不断提高。五年来，全省残疾人生活状况不断改善，小康实现程度不断提高。监测数据显示，2011年度广东省残疾人小康实现程度为64.7%，比2008年度提高11.7个百分点，高于全国残疾人平均水平1.6个百分点。其中残疾人生存状况小康实现程度为68.8%，较2008年度提高10.5个百分点；残疾人发展状况小康实现程度为55.7%，比2008年度提高11.6个百分点；残疾人环境状况小康实现程度为71.2%，较2008年度提高14.4个百分点。

（二）残疾人服务体系建设有效推进，服务能力进一步提升

一是全面推进残疾人康复、教育、就业、托养等工作，切实为残疾人提供服务。康复工作扎实推进，通过实施残疾儿童康复救助“七彩梦行动计划”、社区康复工疗站建设、白内障无障碍市县建设、爱心助行惠万家和居家无障碍改造等一批重点康复工程，全省各类残疾人康复机构达到1224所，每年为近60万各类残疾人提供各种形式的康复服务，继续向残疾人“人人享有康复服务”目标迈进。残疾人教育体系不断完善，全省特殊教育学校从2008年67所发展到94所，残疾人受教育水平明显提高。职业技能培训和就业服务有效开展，举办了第四届残疾人职业技能竞赛，全省残疾人就业服务机构135所，制订了残疾人就业保障金地税代征制度，各级残联、地税部门紧密配合，全力推进残疾人就业保障金地税代征各项工作，实现残疾人就业人数和保障金征缴新突破、“双增长”，五年新增残疾人就业5.3万人，残疾人就业状况明显改善。重度残疾人托养工作开局良好，全省已有托养机构108家，托养残疾人2.1万人。积极开展残疾人文化节等系列活动，残疾人文化体育生活更加丰富多彩。无障碍设施建设全面推进，创建一批“全国无障碍建设城市”，残疾人法律救助服务网络基本形成，残疾人合法权益得到有效保障。残联信息化工作卓有成效，按比例安排残疾人就业年审工作纳入省政府电子政务办事大厅，完成了对省残联公众网站无障碍改造，开通辅具网，残疾人信息技术应用水平进一步提高。

二是大力推进人才队伍和服务机构建设，完善服务残疾人的体系机制。五年来，各级残联班子建设进一步加强，干部和人才队伍建设扎实推进。组织部门不断拓宽选拔范围，加大选拔力度，把一大批年富力强、德才兼备的优秀干部调整充实到各级残联领导岗位。教育培训工作成效显著，各业务培训和综合培训有序开展，建立起一支稳定、高效、实干的近2.5万名的残疾人专职委员队伍，部分乡镇、街道残疾人专职委员纳入公益性岗位管理，基层为残疾人服务的能力不断提高。全省各级残联基础设施建设有序推进。省残疾人康复基地进入实质性建设阶段；省残疾人康复中心被认定为全国听力语言康复华南区域中心；省残疾人辅助器具资源中心积极推进创建国家辅助器具华南区域中心；市、县级服务设施“五个一”工程建设进展顺利。省财政安排2.37亿元专项资金，以竞争性分配形式对10个市、57个县（市、区）设施建设项目予以补助。组建成立了省残疾人体育与艺术中心。

三是积极培育涉残社会组织，着力构建多元化的残疾人服务模式。五年来，省残联倡起并指导成立了省残疾人公益基金会等7个全省性涉残社会组织，10个全省性涉残社会组织全部获得承接政府职能转移和购买服务的资质。省残联五大专门协会正式注册为独立法人社团，积极开展形式多样的协会活动，充分发挥沟通联系残疾人的桥梁和纽带作用。广东狮子会、深圳狮子会深入边远山区，走在了助残第一线，发挥了助残生力军作用。各地不断加大涉残社会组织的培育和支持力度，切实做好业务指导和服务工作，更多的涉残社会组织成为残疾

人事业发展的有生力量。

三、认真履行“代表、服务、管理”职能，积极培育有利于残疾人事业发展的社会环境

（一）加强残联组织建设，切实发挥联系残疾人与政府的桥梁纽带作用。省残联、省委组织部等部门联合制定了《关于加强残疾人组织建设的意见》等3个政策性文件，着力推进基层建设。残疾人组织向基层扎根延伸，乡镇街道残联不断增强，村社区残协日趋活跃。172名残疾人及其家属、残疾人工作者担任人大代表、政协委员，发挥参政议政作用。87名残疾人干部进入各级残联领导班子和残疾人工作者队伍，残联代表性进一步增强。各级残联走访慰问残疾人，深入调研残疾人的状况，积极反映他们的需求和愿望，切实维护他们的合法权益。团结教育广大残疾人，积极开展残疾人康复、教育、就业、托养、宣传、文化、社会保障等各项工作，统筹推进贫困残疾人康复救助、残疾人整村脱贫、扶残助学等重点工程，切实为残疾人提供服务。承担政府委托的部分行政职能，开展残疾人基本情况调查，建立残疾人数据库，核发残疾人证，积极参与制定实施残疾人事业法规、政策和规划，积极培育涉残社会组织，大力发展残疾人事业。

（二）社会各界大力弘扬扶残助残精神，积极参与发展残疾人事业。五年来，社会各界积极践行扶残助残理念，发挥各自优势，身体力行，共同谱写了扶残助残新篇章。各慈善团体、热心人士踊跃为残疾人事业慷慨捐款、筹集资金，倾力帮助残疾人排忧解难、改善生活、融入社会。成立了省志愿助残服务总队，全省登记注册助残志愿者近46万名。“志愿者助残”“红领巾助残”“文化助残”“科技助残”“法律助残”“帮、包、带、扶”等群众性扶残助残活动深入开展，帮扶内容不断拓展，服务形式不断创新，志愿助残长效机制进一步完善，充分体现了社会的文明进步和互助友爱。

（三）广大残疾人弘扬自强不息精神，积极投身社会主义现代化建设伟大实践。五年来，通过自强与助残巡回报告演出和残疾人文化节等形式，传扬残疾人自强不息精神，为时代树立典型楷模。在第八届全国残运会、亚残运会和第十四届伦敦残奥会上，广东残疾人体育健儿顽强拼搏、团结奋战，分别夺得奖牌榜第一名、27枚金牌和12枚金牌的优秀成绩，为广东争光。广大残疾人积极投身中国特色社会主义伟大实践，在各自的工作岗位上，兢兢业业，刻苦耐劳，不仅对自己的人生意义作了精彩演绎和生动诠释，而且在经济社会发展中做出了贡献、实现了价值。

经验体会

五年来，残疾人事业取得了来之不易的成绩，也积累了弥足珍贵的经验。五年的发展历程告诉我们，残疾人事业的发展必须始终坚持党委政府的领导，坚持和完善各部门密切配合、分工合作的工作机制，注重基层、夯实基础，积极探索、勇于创新，重点突破、均衡发展，动员社会、协作共建，才能不断迸发出新的活力，实现新的发展。

一、领导重视，部门合力是开创广东残疾人事业发展新局面的有力保障。残疾人事业是一项跨部门、涉及多个领域的综合性社会事业。五年来，各级党委、政府进一步加强对残疾人工作的领导，分别明确一位领导同志联系和分管残疾人工作，残疾人工作领导体制进一步完善，残疾人事业纳入社会建设发展大局。各有关部门按照职责分工，密切配合，通力协作，切实将残疾人工作纳入各自的职责范围和目标管理，在经费投入、工作部署、督促检查等方面纳入规划，统一安排，为促进残疾人各项工作不断实现新发展，提供了有力的资源支持和政策保障。

二、注重基层，夯实基础是广东残疾人事业加快发展的基本要求。广大残疾人生活在基层，残疾人事业的基础在基层。五年来，我们始终坚持面向基层，服务基层，大力推进基层残疾人组织规范化建设和“强基育人”工程，大力支持基层“五个一”工程和康园中心建设项目，大力推动各项残疾人工作进基层进社区，创新服务手段，拓展服务内容，不断提高基层为残疾人服务的能力和水平，为残疾人事业加快发展奠定坚实的基础。

三、积极探索，勇于创新是广东残疾人事业开拓发展的鲜明特点。创新是事业发展的不竭动力和源泉。五年来，我们始终把创新发展的理念贯彻落实到事业各方面和全过程，着力推进残疾人社会保障和服务领域改革创新，推进各项残疾人工作创新发展。举办了首届“广东省残疾人事业领导干部培训班”，启动了心智障碍人士终身托养试点工作，举办了首届广东省残疾人才艺展和广东省残疾人创新创业成果展，全面推进具有广东特色的残疾人康园中心建设和居家康复服务，实行康复机构等级评定和康复技术人才资格认证制度，为残疾人事业发展注入蓬勃生机和旺盛活力。

四、重点突破，平衡发展是广东残疾人事业全面发展的优选路径。区域发展不平衡，是广东经济社会发展要着力破解的一道难题。五年来，我们始终坚持统筹兼顾和分类指导，坚持城市带动乡村，把促进残疾人事业协调发展作为根本目标。积极推动珠三角地区及中心城市发挥资源优势，在人才队伍、技术创新、服务模式、工作机制等方面先行先试，努力实现新突破。我们在认真总结推广先进经验的同时，加大资源统筹力度，积极实施省级资金竞争性分配，充分调动各方面积极性，有力促进各地基础设施建设。鼓励和引导珠三角地区及中心城市服务机构通过技术培训、专业支援、开办连锁机构等形式，带动优势服务产业向欠发达地区伸展。加大对口援助工作力度，五年共安排630多万元援助西藏林芝地区、新疆哈密、喀

什地区建设残疾人服务机构、康复设施、设备及交通工具，培训一批残疾人工作者，互相借鉴学习，取长补短，促进全省残疾人事业均衡可持续发展。

五、动员社会，协作共建是广东残疾人事业发展的有效方法。社会化是推进残疾人工作广泛深入开展，拓展丰富残疾人服务内容和提供模式的重要途径。五年来，我们把握创新社会管理服务的新形势新要求，紧紧围绕残疾人的服务需求，始终坚持社会化工作方式，积极培育涉残社会组织，大力开展志愿助残工作，凝聚力量，挖掘资源，调动积极因素，共同发展残疾人事业。

这些成绩和经验的取得，是各级党委政府高度重视的结果，是社会各界和各部门大力支持的结果，也是广大残疾人和残疾人工作者共同努力的结果。在此，我谨以大会的名义，向各级党委、政府，社会各界、各有关部门表示衷心的感谢！向广大残疾人及其家属、广大残疾人工作者表示崇高的敬意！

在充分肯定成绩的同时，我们也要清醒地看到，当前，我省残疾人事业仍存在区域发展不平衡的问题，仍滞后于经济社会发展整体水平；残疾人社会保障水平仍然较低，贫困残疾人问题还没有得到根本解决，农村残疾人民生问题突出；残疾人服务供给不足，服务水平较低，专业人才缺乏，残疾人日益增长的基本服务需求不能得到有效满足；涉残社会组织建设刚刚起步，相关政策措施还不完善，培育发展任务还很繁重。

未来五年工作

未来五年我省残疾人事业发展的总目标是：残疾人事业滞后于经济社会发展水平的状况得到根本改变；残疾人社会保障体系和服务体系更加完备，残疾人社会保障水平和基本公共服务能力不断提高；残疾人生活状况明显改善，与社会平均水平的差距不断缩小，基本实现残疾人“人人享有康复服务”目标，努力成为全国残疾人工作的排头兵、深化残疾人社会保障和服务领域改革开放的先行地、探索残疾人事业科学发展的实验区，到2018年，与全省人民一道率先全面建成小康社会，率先基本实现残疾人事业现代化。

一、加强以枢纽型组织为目标的自身建设，强化服务意识，培育更多社会组织参与残疾人事业。随着社会建设深入发展，为残疾人服务的各类社会组织不断涌现，残疾人事业必将迎来崭新的发展局面。面对新形势，我们要及时更新观念，时刻警惕精神懈怠的危险、能力不足的危险、脱离群众的危险、消极腐败的危险，始终保持积极向上的昂扬斗志、奋发有为的精神状态，切实加强自身建设，努力将自身打造成为公正、廉洁、高效的枢纽型组织。一要认真贯彻落实中央《八项规定》和省有关规定，积极组织开展党的群众路线教育实践活动，切实改进工作作风，密切联系基层和广大残疾人。二要充分发挥党委政府赋予的政治优势、在长期发展中形成的组织优势和不断积累的设施、人员、场地、经验等业务优势，增强组织自信，强化服务意识，培养专业精神，完善绩效评估机制，落实监督检查制度，在制定项目标准、技术培训、业务指导、监督评估等方面更为积极主动，敢于作为，有所作为。三要大力培育和发展为残疾人服务的各类社会组织。重视支持残疾人专门协会工作，珠三角地区及中心城市率先实现各专门协会实体化运作。借鉴国外及港澳台地区的先进理念，加大资源支持，培育骨干力量，创造有利条件，扶持各类涉残社会组织开展工作，提高他们承接政府职能转移和购买服务的能力和水平。团结、吸纳各类社会组织参与发展残疾人事业，与涉残社会组织建立相互支持、相互信任、良性互动、共同监督的和谐协作关系，共同推动残疾人服务向系统化、规范化、精细化、个性化发展。

二、全面推进残疾人社会保障体系和服务体系建设，努力满足残疾人日益增长的保障和服务需求。要坚持党委领导、政府负责、社会参与的原则，将残疾人“两个体系”建设纳入社会建设和基本公共服务均等化大局，充分调动各方面的积极性、主动性和创造性；要坚持以人为本、立足基层、面向群众的原则，从实际出发，加大力度，继续开展好现有服务项目，不断拓展新的服务领域，为广大残疾人提供更多更好的个性化、专业化服务；要坚持统筹兼顾、分类指导、先行先试的原则，整合资源，充分发挥珠三角地区及中心城市的辐射带动作用，因地制宜，积极创新，统筹推进区域、城乡和不同残疾人类别社会保障和服务均衡发展；要坚持落实普惠、突出特惠、讲求实效的原则，继续大力推动残疾人无差别、无歧视享受各项普惠政策。同时，针对残疾人的特殊困难和需求，研究制定更多特惠政策措施，不断提高残疾人社会保障和服务水平。

一是建立健全残疾人社会保障体系。将残疾人普遍纳入覆盖城乡居民的社会保障体系并予以重点保障和特殊扶助，将残疾人基本康复项目列入基本医疗保险支付范围，稳步提高支付水平。开展残疾人康复救助，对困难残疾人予以补助。完善残疾津贴制度、重度残疾人护理补贴制度和康复救助制度，努力“扩面提标”。落实残疾人住房保障和住房救助制度，将农村困难残疾人家庭纳入全省扶贫“规划到户、责任到人”重点工作对象，优先完成住房困难的残疾人家庭住房改造任务。制订和落实机动轮椅车燃油费补贴等方面的优惠政策，逐步扩大残疾人社会福利范围。研究制订无民事行为能力和限制民事行为能力残疾人财产信托、人身和财产保险等保护措施。

二是全面推进残疾人服务体系建设。完善残疾人康复管理、康复技术指导和康复服务网络，构建与政府公共服务责任相适应的康复保障机制，加大康复救助力度，全面实施0—6岁残疾儿童免费抢救性康复服务，逐步推行义务教育阶段残疾少年儿童免费康复训练。建立残疾预防体系，探索建立儿童残疾早预防、早筛查、早转介、早治疗、早康复的工作机制，逐步建立全省性的残疾人康复服务转介系统。推进特殊教育学校、重度残疾儿童教养学校建设，完善残疾学生助学政策，采取社区教育、送教上门等多种形式，对适龄重度肢体残疾、重度智力残疾、孤独症、脑瘫和多重残疾儿童少年实施义务教育，加快发展以职业教育为主的残疾人高中阶段教育，加大发展残疾人高等教育的力度。落实残疾人就业促进政策，依法推进分散按比例安排残疾人就业，大力发展职业康复劳动机构，促进智力和精神残疾人庇护性就业、辅助性就业。地级以上市要成立集中安排中、重度残疾人劳动就业的非营利性生产（服务）单位，承接由政府及有关部门确定的适合残疾人生产、经营的产品和项目。推进残疾人就业服务机构规范化建设和能力建设。加强残疾人公共文化服务，支持残疾人公共文化设施建设，推动各类公共文化场所向所有残疾人免费或优惠开放。扶持以特殊教育学校为主的残疾人特殊艺术人才培养基地，办好残疾人艺术团。推进残疾人文化进社区、进农村工作，丰富残疾人文化、艺术和娱乐生活。全面实施“全民助残健身工程”。重视残疾人文化艺术产品生产，支持、资助出版发行为残疾人服务的刊物及反映残疾人生活的图书、音像制品、影视作品，组织和扶持盲文读物、盲人有声读物、聋人读物、智障人读物的编写和出版，继续开办电视手语节目，在更多影视作品中增加字幕、解说。

三是切实加强无障碍环境建设。认真贯彻落实《无障碍环境建设条例》，推动新建、改建、扩建道路、公共建筑、公共交通设施、居住建筑、居住区等，按照国家工程建设无障碍规范的要求建设无障碍设施，加快推进既有道路、建筑物、居住小区、园林绿地特别是与人民群众日常生活密切相关的已建设施无障碍改造。加快推进残疾人综合服务设施无障碍建设和改造，加快推进公共交通工具及无障碍停车位等配套设施无障碍建设，继续为贫困残疾人免费提供居家无障碍环境改造。加快推进无障碍信息交流建设，推进互联网和手机、电脑等信息无障碍实用技术产品的研发、应用，推动在重点公共服务行业、公共场所、公共交通工具建立语音提示和信息屏幕系统，逐步推动政府门户网站、公共服务网站无障碍改造，进一步加强省残联网站建设，有条件的市县残联要积极推进网站信息无障碍服务，改善残疾人均等获取信息的社会环境。

三、充分发挥残疾人主体作用，激发残疾人潜能，促进残疾人全面发展。残疾人是社会大家庭中的一员，在他们身上蕴藏着巨大的潜能和活力，他们同样是建设中国特色社会主义的重要力量，是发展残疾人事业的主体和中坚。一要坚持以残疾人为本，全心全意为残疾人服务，牢固树立发展为了残疾人，发展依靠残疾人，发展成果由残疾人共享，发展的成效由残疾人评判的观点，始终把实现好、维护好、发展好残疾人的根本利益作为一切工作的出发点和落脚点。二要激励残疾人自强不息。大力倡导“平等·参与·共享”的现代文明社会残疾人观，激励广大残疾人自尊、自信、自强、自立，积极融入社会，参与发展，共享发展成果。三要发挥残疾人的主体作用。尊重残疾人的公民权利和人格尊严，尊重残疾人的首创精神，维护残疾人的合法权益，保障他们的知情权、参与权和监督权，发挥他们的聪明才智，激发他们的创造活力，充分发挥残疾人在残疾人事业发展中的主体作用。

四、进一步弘扬人道主义精神，为残疾人平等参与社会生活、共享经济社会发展成果营造更加有利的环境。要高度重视残疾人事业宣传工作，大力弘扬人道主义精神，把宣传工作贯穿于残疾人事业发展全过程，贯彻到残疾人工作各方面。大力宣传党和政府高度重视残疾人“两个体系”建设以及涉残优惠政策措施，大力宣传“普惠”加“特惠”为残疾人群体带来的切实帮助，大力宣传在“两个体系”建设中的典型做法与先进经验，大力宣传残疾人顽强拼搏、乐观进取的可贵精神和积极参与、奉献社会的优秀品质，大力宣传社会各界扶残助残的传统美德，感召和动员社会，努力营造扶残助残的良好环境和氛围。

各位代表！回顾过去，令人鼓舞；展望未来，催人奋进。广东残疾人事业已经迈上新的历史征程。让我们在省委、省政府的领导和中国残联的指导下，团结带领全省540万残疾人积极投身全面建成小康社会、实现民族复兴中国梦的伟大实践，在全国残疾人事业领域争当实践科学发展观的排头兵，为广东残疾人事业继续走在全国前列而努力奋斗！

附录二

为残疾人当“官”提供顺畅通道

《羊城晚报》　2013年8月31日

在我们的国度，身为残疾人，要想当“官”做公务员，不说痴人说梦，至少机会是微乎其微。当然，你可说有残联，但严格讲，残联并不归属公务员序列，即便带上“主席”冠，又怎样？况乎，残联机关岗位，有几个？跻身其间者，又有几人？

有消息说，近日中组部、中编办和国家公务员局等七单位联合出台了《关于促进残疾人按比例就业的意见》。要求到2020年，所有省级党政机关等单位至少安排有1名残疾人。这意味着今后，残疾人也可名正言顺地做“官”当公务员了，可谓良政善政之举。

但依然心存几分担忧。上述文件由中组部、中编办、人社部及公务员局等联署，皆为国家人事管理的最高机构，权威性不容置疑。但观诸现实，如果缺乏强制性或没有完善的配套机制，即便盖上鲜红大印的“红头文件”，也常有沦为一纸空文的危险。其实，上世纪90年代我国便建立了用人单位按比例安排残疾人就业的制度，但这么多年过去了，在不少单位依然落实难。因为，对残疾人，用人单位要找借口拒之门外，是太容易不过的事，一句“没法干”，就让你再开不了口。

数据显示，目前全国各类残疾人总数已达8500万人以上，这是个庞大的群体。残疾人就业难，除了自身生理条件的客观因素限制外，关键还是社会普遍存在的“观念歧视”所囿……

可以说，以体检、身体条件为门槛拒绝安排工作，这是我们多年来最大的“就业歧视”！虽然有些工作、有些岗位确需身体条件的考量，但在机关、事业单位来说，难道所有岗位都必须是肢体健全或身强力壮吗？其实，不少岗位，对身体稍有缺陷的残疾人而言，是完全可胜任的。更何况，我们所处的社会，残疾人对总人口占比达到6%—7%，在制定、执行相关政策的时候，就必须考虑到这一特定人群的身心感受，而最能理解、最能体谅残疾人群体苦衷的，是残疾人自身，若能让他们中的优秀分子进入到管理部门从政，更能保证相关政策及执行过程的公平公正。

其实，在国外残疾人做高官乃至当国家领导的也并不鲜见，如英国、埃及等就出过盲人部长，美国总统罗斯福也是残疾人。在一些国家，以身体残疾为由拒人工作，是会吃官司的，更别说像我们这样以“体检标准”的成文形式，公开限制残疾人了。因此，要为残疾人彻底扫清就业障碍，实有必要清理党政机关及事业单位录人的各种体检标准，甚至可考虑立法，明文规定不得以身体残疾为由限制排挤就业。

附录三

广东省人民政府
残疾人工作委员会成员

粤办函〔2014〕189号

主　任　邓海光　副省长

常务副主任　颜学亮　省政府副秘书长

副主任　张永安　省残联理事长
王光圣　省社工委专职副主任
朱超华　省教育厅副厅长
饶美奕　省民政厅副厅长
欧斌省　财政厅副厅长
杨红山　省人力资源社会保障厅副厅长
刘银燕　省卫生计生委副主任

委　员　蔡伏青　省委宣传部副部长
张力军　省发展改革委巡视员
邹　生　省经济和信息化委副主任
钟小平　省科技厅副厅长
许广福　省民族宗教委党组成员、纪检组长
郑　东　省公安厅副厅长
何流明　省司法厅党委委员、政治部主任
李台然　省住房城乡建设厅副厅长
刘晓华　省交通运输厅副厅长
余俭娥　省农业厅党组成员、巡视员
陈　杭　省文化厅副厅长
李春燕　省外办党组成员、纪检组长
罗达佳　省地税局党组成员、总经济师
钱永红　省新闻出版广电局副局长
曾晓红　省体育局副局长
刘智华　省统计局副局长
郑勇明　省工商局副局长
张燕飞　省质监局副局长
张京华　省食品药品监管局副局长
李　毅　省法制办副巡视员
林　琳　省侨办副主任
李旭政　省台办副主任
李冠强　省扶贫办副主任
华　建　省中医药局副巡视员
王焕春　广州军区联勤部卫生部副部长
张穗云　省军区政治部副主任
王丽华　省总工会副主席
池志雄　团省委副书记
丘瑞清　省妇联副主席
赵　民　海关总署广东分署副主任
周家喜　省国税局副局长
徐　维　人行广州分行工会工作委员会主任
王新林　农行广东省分行党委委员、行长助理

秘书长　张永安（兼）

（董淼章供稿）

广西壮族自治区残疾人事业和残疾人工作

一、领导讲话

自治区党委书记、人大常委会主任彭清华在广西残联第六次代表大会上的讲话摘要

2013 年 7 月 30 日

图 6－20－1 彭清华在广西残联第六次代表大会开幕式上讲话。

自治区残联第五次代表大会以来，全区残疾人康复、教育、就业、扶贫、维权和社会保障等工作扎实推进，残疾人社会保障体系和服务体系进一步完善，广大残疾人生活质量和水平不断提高，平等参与社会生活的环境和条件明显改善。各级残联组织和广大残疾人工作者大力发扬人道主义精神，认真履行职责，做了大量卓有成效的工作。广大残疾人自尊、自信、自强、自立，在逆境中奋起，涌现了一批理想信念坚定、自强不息、勇于拼搏、超越自我的“自强模范”，创造了许多身残志坚、奋斗成功的感人事迹，为全区经济社会发展做出了积极贡献。但是，我们也要清醒地看到，我区 337 万残疾人是一个数量众多、有着特殊困难、特别需要帮助的社会群体。我们必须坚持以人为本，更多地关注、关心、关爱他们，更多地为他们办实事好事、解决实际困难，努力把我区残疾人事业提高到一个新水平。

各级党委、政府要高度重视，努力使残疾人共享改革发展成果。各级党委、政府要切实把残疾人事业纳入经济社会发展全局，摆上重要位置，进一步完善领导体制和工作机制，进一步加大资金和政策扶持力度，进一步完善残疾人社会保障和生活服务体系，进一步抓好残疾人医疗、养老、保险、护理和生活补贴等保障政策的落实，使他们的生活状况不断得到改善，与全区人民共享改革发展成果。同时，要加强就业创业扶持，帮助有志于就业创业的残疾人解决各种困难，排除各种障碍，创造良好条件，为他们实现自身价值和梦想提供机会和平台。

各级残联组织和广大残疾人工作者要忠诚履职，努力当好残疾人的“贴心人”。残联是党和政府联系残疾人群众的桥梁和纽带，要牢牢把握发展残疾人事业的新要求，主动适应广大残疾人过上更好生活得新期盼，切实加强和改进自身建设，更好地履行代表、服务、管理职能，组织落实好中央和自治区专门为残疾人制定的各项特惠政策，切实维护他们的权益、反映他们的诉求，真正成为“残疾人之家”。广大残疾人工作者要恪守“人道、廉洁、服务、奉献”的职业道德，不断提高自身素质、工作质量和服务水平，满腔热忱做好残疾人工作。

社会各界要真诚扶残助残，努力营造残疾人平等发展的良好环境。残疾人是社会大家庭的一员，关爱残疾人是社会文明进步的重要标志。全区社会各界都要积极倡导“平等、参与、共享”的现代文明社会残疾人观，大力弘扬人道主义思想和中华民族传统美德，切实衷心理解残疾人，处处尊重残疾人，热情关心残疾人，倾力帮助残疾人，让关爱的阳光照亮每个残疾人的心灵。

广大残疾人要自强不息，努力让人生更加出彩。广大残疾人朋友有建功立业的崇高理想，有实现自己人生价值的强烈愿望，有参与社会生活的迫切要求，也有为社会创造物质和精神财富的智慧和能力，比如我区近年来涌现出的唐元、张小玲、阮文凭等一批残疾人优秀代表，他们为社会做出了积极贡献。希望广大残疾人朋友向“自强模范”学习，乐观向上、顽强拼搏、超越自我，在力所能及的范围内，积极参与经济建设和社会生活，努力实现人生价值，奏响生命最强音。

自治区副主席高雄在广西残联第五届主席团第六次全体会议上的讲话摘要 2013年1月17日

总结过去一年残联的工作，研究部署2013年的工作，很及时，很有意义。下面我就学习贯彻党的十八大精神，进一步做好残联工作，讲几点意见：

一、充分认清新形势，增强做好残疾人事业的信心

刚刚过去的一年，我区的残疾人事业有了新的发展，取得了显著的成绩，突出表现在以下几个方面：一是各级政府将残疾人事业纳入国民经济和社会发展大局，进一步建立健全保障残疾人权益的政策法规。二是各级残联组织和广大残疾人工作者大力发扬人道主义精神，牢固树立服务残疾人的意识，密切联系残疾人群体，注意倾听他们的疾苦，反映他们的愿望，维护他们的权益，解决他们在生活、工作、医疗等方面的实际困难。三是全区残疾人的政治、经济、文化、社会权益得到尊重和保障，平等参与社会活动的机会增多、范围扩大、能力增强。

虽然我们的工作取得了较大成绩，但我们也要对残疾人事业发展状况有客观和清醒的认识。相当多的残疾人贫困状况还没有得到根本改观，农村残疾人工作基础远远落后于城市，改善残疾人参与社会生活的环境和条件的长效机制还不健全，建成残疾人小康生活的任务尤为繁重。残疾人总体生活与社会平均水平还有很大的差距。残疾人的优惠政策措施需进一步落实，残疾人就业率低、失业率高、就业不稳定；全区多数地方的社区提供残疾人康复服务的能力非常有限；残疾儿童接受义务教育的比例普遍偏低；残疾人在日常生活中能享受的优惠扶助措施还比较少；一些地方无障碍设施建设和管理滞后，阻碍了残疾人参与社会活动。

二、认真学习贯彻党的十八大精神，加快残疾人事业发展，提高残疾人生活水平

学习贯彻党的十八大精神，做好残疾人的社会保障和服务工作，切实维护和保障残疾人的权益，是当前残疾人工作最重要的任务。要加强组织领导，动员社会力量，致力于解决残疾人最关心最直接最现实的利益问题，营造有利于残疾人平等参与的社会环境，实现残疾人事业与经济社会协调发展。

各级政府要充分发挥促进残疾人事业发展的主导作用，抓好自治区人民政府关于残疾人各项扶贫政策的落实工作，各级政府的收入倍增计划项目要重点向贫困残疾人倾斜，切实提高残疾人的生活水平。自治区已经把提高残疾人的生活水平列入了2013年为民办实事项目，市、县也要确保为民办实事有残疾人的项目。目前，我区贫困残疾人达115万，占全区农村贫困人口1012万人的11%还要多。要实现十八大提出到2020年人均收入翻一番的目标，重点和难点都在残疾人这一块。近年来，各级政府对帮助贫困残疾人解决住房问题，重视程度和投入资金是空前的，每年得到危房改造的残疾人都在万户以上。现在，自治区把农村危房改造列入为民办实事项目全力推进，各级残联要抢抓这个机遇，全面筛查，积极向政府汇报，与住建部门沟通，确保贫困残疾人的危房尽快得到改造，确保党委政府的扶持政策不折不扣地落实到残疾人身上。

三、着力解决残疾人最关注、最迫切的问题

这些年来，国家和自治区针对残疾人最关心、最直接、最现实的利益问题，出台了一系列政策措施。我们要把贯彻落实这些政策措施作为残疾人工作的重要抓手，突出抓好残疾人最关心的社会保障体系和服务体系建设，按照普惠与特惠、一般性制度安排和专项制度安排相结合的原则，纳入政府公共服务、优先发展，为残疾人基本生活、就医、入学、就业提供稳定的制度性保障。要通过康复、扶贫、助学等重点项目的实施，切实解决贫困残疾人的实际问题。对那些无业、重残、一户多残的特困户要优先纳入最低生活保障，并建立低保边缘困难残疾人的救助政策，确保困难残疾人基本生活有保障，切实解决残疾人的基本生活问题。要积极完善促进残疾人就业的政策措施，稳定和扩大残疾人就业。

四、进一步落实好残疾人工作优先机制

残疾人在弱势群体中最弱势，在困难群体中最困难。各级政府及有关部门都要切实增强为残疾人服务的理念，优化服务意识，优先做好残疾人工作。当残疾人问题和其他问题同时遇到时，要优先解决残疾人问题；当残疾人需求和健全人需求同时出现时，要优先满足残疾人的需求。各级政府及各有关部门的领导干部，特别是在残联系统工作的领导干部，要对残疾人事业重视程度再高一些，解决问题的办法再多一些，工作力度再加大一些，工作作风再务实一些，改善残疾人状况的成效再大一些，时刻把残疾人困难放在心上，针对残疾人的基本需求，积极创造条件，帮助他们消除障碍，提高他们参与社会生产、生活的能力。

自治区副主席蓝天立在广西残联第六次代表大会闭幕式上的讲话摘要 2013年7月31日

一、进一步提高认识，增强发展残疾人事业的责任感和紧迫感

要充分认识到，残疾人工作是促进社会公平正义的重要组成部分，是和谐社会建设的基本保障；要充分认识到，维护和实现社会公平正义，关键在于协调和妥善处理残疾人的各种利益关系，促进全社会形成合理的利益格局，充分体现和保障不同社会群体特别是残疾人困难群体的基本权益，这是构建社会主义和谐社会的基本要求；要充分认识到，构建社会主义和谐社会，必须维护残疾人的根本利益，这是科学发展观的核心立场，也是残疾人工作者的最终目的。

二、健全残疾人社会保障和服务体系，切实保障残疾人权益

健全残疾人社会保障和服务体系，一要努力提高残疾人社会保障水平，切实保障残疾人基本生存权。特别要解决好重度残疾人社会救助、农村残疾人扶贫开发和危房改造等基本需求问题。二要有效扩大公共服务供给，着力保障残疾人的发展权。要千方百计促进残疾人就业，努力增加残疾人收入。要加快普及残疾人基本康复服务，不断提高残疾人受教育水平，丰富残疾人精神文化生活，促进残疾人充分参与社会，为残疾人平等权利的实现和全面发展创造更好的环境和条件。三要抓紧实施各类残疾人服务机构设施建设、设备配置、人员配置、服务规范等，不断提高服务规范化、专业化、信息化水平。办残疾人需要、残疾人欢迎、残疾人满意的公共服务。

三、着力解决关系残疾人切身利益的突出问题

这些年来，我区残疾人事业虽然取得了很大进步，但残疾人事业发展的基础还比较薄弱，残疾人仍然是一个特殊困难的社会群体，在基本生活、医疗康复、教育、就业等方面还存在许多亟待解决的问题。我们要突出抓好残疾人最关心的社会保障体系和服务体系建设问题，按照普惠与特惠、一般性制度安排和专项制度安排相结合的原则，纳入政府公共服务、优先发展，为残疾人基本生活、就医、入学、就业提供稳定的制度性保障。

四、广泛动员社会力量，构建残疾人事业发展的良好社会基础

关爱残疾人是社会文明进步的重要标志。这些年来，理解、尊重、关心、帮助残疾人社会氛围越来越浓厚，社会力量在残疾人事业中发挥了越来越重要的作用。要建立有效整合和利用各种社会资源的机制，为残疾人事业发展打下坚实的社会基础。要鼓励和支持民间力量参与发展残疾人公共服务，兴办残疾人福利服务设施。要大力培育和发展助残志愿者队伍，倡导人人伸出一双手、献出一份爱，让关爱的阳光温暖每个残疾人。

五、充分发挥残疾人的主体作用，共创和谐美好新生活

残疾人是残疾人事业的主体，也是建设中国特色社会主义事业的一支重要力量，是物质文明和精神文明的创造者。希望广大残疾人朋友继续弘扬自尊、自信、自强、自立的精神，主动适应时代要求，热爱祖国，热爱家乡，热爱生活，努力学习，增强本领，积极参与实践，努力为社会贡献力量，为人生增添光彩，同全区人民一道创造幸福生活和美好未来。

六、进一步发挥残联组织的重要作用

希望各级残联领导班子特别是新一届自治区残联领导班子，在边疆同志带领下，进一步加强自身建设，不断提升综合素质和工作能力，增强为残疾人服务的本领，提高残疾人事业科学化管理水平，解放思想，锐意进取，奋发有为，扎实工作，推动残疾人工作再上新台阶。一要强化发展意识。各级残联领导班子都要把抓落实、促发展作为首要任务，牢固树立发展的意识，真抓实干，埋头苦干，确保各项任务要求落到实处。二要强化创新意识。希望残联领导班子要加强学习，找准症结，大胆探索，努力把握新形势下残疾人工作的特点和规律，迎难而上，开创残疾人工作新局面。三要强化服务意识。深入开展党的群众路线教育实践活动，着力解决广大残疾人反映强烈的突出问题，发挥残联组织服务大局、服务残疾人的重要作用，努力把各级残联建设成为“残疾人之家”。四要强化团结意识。各级残联领导班子成员都要讲政治、顾大局，相互尊重、相互理解、相互支持、相互补台，心往一处想、劲往一处使，形成工作合力。各级政府要把残疾人工作摆上重要议事日程，支持残联依法、依章程开展工作，加强残疾人组织建设和干部队伍建设，积极为残联工作创造有利条件。

广西残联第五届执行理事会理事长谭和平在广西残联第六次代表大会上的报告摘要

2013 年 7 月 30 日

一、过去五年的工作回顾

（一）残疾人事业发展进一步纳入法制化轨道

经过这五年的努力，我们初步形成了较为完善的残疾人事业政策法规体系。自治区党委、自治区人民政府印发了《关于促进残疾人事业发展的意见》，围绕全面建设小康社会奋斗目标，着眼于解决残疾人最关心、最直接、最现实的民生问题，做出了促进我区残疾人事业加快发展的重大部署。自治区人大修订了《广西实施〈残疾人保障法〉办法》，大幅增加了残疾人在康复、教育、就业和社会保障方面的新规定，更加突出对残疾人发展权、平等权的保障。

（二）残疾人社会保障体系进一步完善

五年来，全区城乡累计共有 219.18 万人（次）残疾人享受了最低生活保障。实现了城乡重度残疾人参加基本养老保险和基本医疗保险费用由政府全额代缴。农村残疾人参加新农合达到 97% 以上。城镇残疾人职工参加社会保险 4.33 万人，城镇残疾人居民参加社会保险 35.86 万人，城镇残疾人个体就业参加社会保险 1.37 万人，农村残疾人参加社会保险 223.6 万人。城镇残疾人有 1.1 万人享受集中供养或救济，农村残疾人有 11.1 万人享受“五保”供养和临时救济。我区被国家确定为残疾人社会保障和服务体系建设重点联系省（区）。

（三）残疾人生存和发展状况明显改善

残疾人康复卓有成效。全区已有 6209 个社区（村）开展了社区康复服务工作，已建社区康复站 2353 个，有 26 万残疾人得到不同程度康复。为 12.37 万残疾人实施白内障手术，其中为贫困白内障患者免费手术 5.12 万人。为精神残疾人提供治疗服务 21.38 万人次，帮助康复训练 5.37 万人。为残疾人供应辅助器具 11.4 万件，其中免费发放 5.1 万件。组织实施系列贫困聋儿抢救性康复救助项目，为 1000 多名听障儿童免费配戴助听器及听力语言康复训练，为 260 多名听障儿童免费植入人工耳蜗并进行康复训练，共为贫困听障儿童家庭减轻负担9700多万元。通过组织实施康复救助项目，有5000多名肢体残疾、脑瘫、智障及孤独症儿童得到康复救助。有25个县（区）被授予“全国白内障无障碍县”称号，南宁、贺州被授予“全国白内障无障碍市”称号。

残疾人教育蓬勃发展。积极实施广西残疾人助学金、交通银行助学项目、阳光助学计划。全区已建成特殊学校62所，开设特教班67个，全区在校接受义务教育的残疾学生达到1.75万多人。已开办特殊教育普通高中班10个，残疾人中等职业学校5所，依托一批高等院校，创办广西残疾人高等职业教育学院。全区实现了残疾学生接受教育“年年受助，人人受助”，五年共资助残疾人学生及残疾人子女2.12万人。

残疾人就业工作扎实推进。组织开展残疾人技能培训15.6万人次，全区建成职业培训基地63个。广泛开展残疾人就业服务和就业援助，共组织了600多场残疾人专场招聘会。自治区对残疾人个体就业创业给予一次性5000元的扶持。全区每年给予3000多名城镇贫困残疾人个体户和灵活就业人员基本养老保险补贴。积极开展盲人培训，组织参加全国盲人医疗按摩人员考试。全区城镇残疾人集中就业1.84万人，按比例就业2.476万人，公益性岗位就业、个体及其他形式就业3.68万人。全区农村残疾人劳动就业64.1万多人。

残疾人扶贫开发成效显著。积极组织实施新一轮贫困残疾人扶贫开发攻坚，自治区本级筹集投入3亿元专项资金用于30万农村残疾人扶贫开发，重点实施“党员扶残温暖同行”、农村残疾人扶贫基地建设、农村贫困残疾人实用技术培训、“阳光家园计划”、“家庭无障碍改造”、贫困残疾人康复工程等项目。扶持农村贫困残疾人家庭6.8万户，每户补助1000元以上。在县（市、区）建立了111个“阳光助残扶贫基地”，每年每个补助20万元。开展农村贫困残疾人实用技术培训2.6万人，每人每年补助1000元。为8万名贫困智力、精神和重度残疾人提供集中托养、日间照料和居家托养服务补助，每人补助1000元。为贫困残疾人免费适配假肢、矫形器、助听器等2000多例。五年共为农村贫困残疾人进行危房改造5.6万户，帮助了1万多户贫困残疾人家庭进行家庭无障碍改造。

“阳光家园”温暖更多残疾人。五年来，创建了一批“阳光家园”集中托养（日间照料）示范机构，给予资金补贴，逐步建立残疾人日间照料、托养护理、居家服务等政府补贴长效机制。全区已给予72000人次贫困智力、精神和重度残疾人提供集中托养、日间照料和居家服务补助。

（四）残疾人工作基础更加坚实

残疾人组织建设进一步加强。积极实施“强基育人”工程，全区乡（镇、街道）全部建立了残联组织。将残疾人专职委员的工资补贴纳入了财政预算。自治区对3000名乡（镇、街道）和社区残疾人专委给予了岗位补贴每人每年1800元，对14000多名村残疾人专委给予了岗位补贴每人每年360元。积极开展志愿助残活动，全区助残志愿者队伍已达10.6万多人。努力做好残疾人证核发工作，全区残疾人持证率已近40%。我区各级盲协、聋协、肢协、智亲友协会、精亲友协会积极结合本协会特点，组织开展调研、扶贫、就业、健身等各种形式活动。我区被中国残联评为基层残疾人组织建设、干部培训、残疾人干部配备、专门协会工作成绩突出省称号。

残疾人服务设施不断完善。自治区、市、县三级已投入使用的残疾人综合服务设施96个，在建项目13个。五年来共为33万多人次残疾人提供了康复、就业、培训、维权等综合服务。自治区新建成残疾人职业技能培训综合大楼、残疾人辅助器具中心大楼和残疾人启智展能中心大楼。自治区本级、北海市残疾人康复中心以及三江、灌阳、博白、上思、永福县残疾人托养中心已获得国家基本建设补助资金3600万元。

残疾人事业投入屡创新高。五年间，全区筹集财政资金投入残疾人事业达21.09亿多元，自治区本级筹集的财政资金投入6.86亿元，获得中央财政资金投入2.82亿元，资金投入逐年大幅度递增。广西残疾人福利基金会积极募集资金和物资发展残疾人事业，在设区市设立了5个办事处，五年共募集资金和物资折合人民币2500万多元。为贫困残疾人实施康复手术、赠送轮椅、资助建房、资助特殊学校师生等，受助残疾人5万多人次。

广大残疾人勇做构建和谐建设小康社会伟大实践的参与者。涌现了一大批感人的残疾人优秀代表，为构建社会主义和谐社会建设小康社会做出了积极贡献。自治区人民政府残工委表彰了52个残联系统先进集体，144个先进个人。陶进、李玉息、阮文凭、唐元4人被评为全国自强模范，自治区财政厅社保处、玉林市红十字会医院、大新县下雷锰业采选厂被评为全国扶残助残先进集体，许淑清、覃澎、刘连尤、隋有实被评为全国扶残助残先进个人，桂林市七星区残疾人工疗站、贵港市残疾人康复职业培训指导中心、合浦县残疾人联合会被评为残疾人之家。

（五）残疾人事业发展的环境更加优化

残疾人文化进一步丰富。深入开展残疾人文化周活动，扩大“残疾人文化进社区”项目覆盖面。成功举办世博会生命阳光馆残疾人技能展示广西周活动，组织我区残疾人到世博会生命阳光馆展示才艺技能。时任自治区党委书记、人大常委会主任郭声琨，自治区主席马飚，自治区政协主席马铁山等领导参观了生命阳光馆，慰问残疾人才艺人员并观看演示，中国残联专门给自治区党委政府发来了感谢信。举办广西残疾人事业好新闻评选活动，办好残疾人事业专题节目，电视台开设手语新闻节目。举办第八届全区残疾人艺术汇演，邀请中国残疾人艺术团到南宁、柳州、桂林、北海市演出五场。

残疾人体育结硕果。组织动员残疾人广泛参与体育活动，积极实施残疾人自强健身工程。在北京残奥会上，我区运动员获得金牌2枚、银牌2枚、铜牌2枚。在国际第二十一届听障奥运会上，我区运动员获4枚金牌。选送4名运动员参加广州亚残运会，获得了1金1银1个第五名的好成绩。在第八届全国残疾人运动会上，我区运动员获得金牌5枚、银牌12枚、铜牌25枚，总成绩排全国第14位。在伦敦残奥会上，我区运动员获得铜牌1枚和1个第五名、1个第七名。组织参加第五届全国特奥运动会，共夺得23枚金牌，28枚银牌，16枚铜牌；我区运动员参加第十三届世界夏季特殊奥林匹克运动会，夺得4×400米接力第一名、400米第五名、800米第七名。

残疾人合法权益得到广泛保障。全区深入实施“扶残维权工程”，成立了144个残疾人法律援助中心或法律援助中心残联工作站。五年来，为残疾人提供法律服务1200多件和6.6万人次，挽回经济损失2000多万元。积极开展残疾人机动轮椅车燃油补贴工作，共为1.54万人发放补贴。全区城市无障碍设施得到了明显改善，“关心残疾人，出行无障碍”的社会氛围日渐形成。南宁、桂林、北海被评为全国无障碍建设先进城市。

残疾人事业信息化建设取得新突破。至2010年，全区县以上全部建立残联网站，拥有信息化专业技术人员近200人。广西残联网站建设经中国残联考核评估，排名全国前列，被自治区人民政府评为“广西政务服务政务公开政府信息公开特色网站”。在全区25个县100个监测点开展残疾人监测研究工作。

干部队伍建设得到切实加强。五年来，我们注重抓好思想政治建设，狠抓基层党组织建设和党风廉政建设，狠抓残疾人工作者业务培训和职业道德教育。分别在中国残奥中心、南京大学举办了全区残工委主任培训班。在北京大学、清华大学举办了残联理事长和残疾人干部培训班。召开了全区残联系统廉政建设工作会议，组织各级残联领导到柳州市露塘监狱开展警示教育，进一步增强残联干部职工拒腐防变能力和廉洁从政意识。

二、促进残疾人事业发展的经验体会

一是用科学发展观统领残疾人事业发展。五年来，我们牢固树立这个理念，大力弘扬人道主义思想，树立现代文明社会残疾人观，认真履行职责，推动了全区残疾人事业发展，让广大残疾人得到许许多多实惠，不断改善残疾人生活状况。

二是党委政府高度重视，各部门大力支持，社会各界共同参与残疾人事业发展。五年来，各级党委政府采取有力措施，发挥领导和主导作用，发展残疾人事业的重要政策密集出台。各部门在政策制定、工作布置、经费安排、督促检查中主动将残疾人工作纳入统一部署。在全社会广泛弘扬扶残助残的传统美德，倡导“平等、参与、共享”的现代文明社会残疾人观，努力营造理解、尊重、关心、帮助残疾人的良好氛围。

三是大力构建残疾人社会保障体系和服务体系。五年来，我们不断拓展工作领域和服务内容，满足残疾人日益增长的需求，围绕残疾人“人人享有康复服务”，保障残疾人享有基本康复服务的权利，努力完善残疾人就业促进和就业保护政策，加强扶残助学，完善残疾人的社会保障体系和服务体系，促进残疾人事业发展。

四是充分发挥全区残疾人工作者队伍在残疾人事业发展中的积极作用。五年来，全区残疾人工作者队伍数量和素质得到了壮大和提高。这支队伍在促进残疾人事业发展中，尊重残疾人的权利、价值和尊严，充分调动和发挥残疾人的积极性、主动性和创造性。正确引领残疾人积极参与社会生活，努力奋斗。

过去的五年，我们做了大量的工作，为今后我区残疾人事业的加快发展奠定了坚实的基础。但是，我区残疾人在基本生活、医疗卫生、康复、教育、就业、社会参与等方面还存在许多困难和问题。实现残疾人全面奔小康的任务任重道远，我们必须还要为此付出长期艰苦的努力。

三、促进残疾人事业在新的起点上加快发展

（一）以十八大精神为动力，推动残疾人事业迈上新台阶

增强责任感和紧迫感，团结带领广大残疾人奔向全面小康。全面建成小康社会，将为改善残疾人状况、保障残疾人平等权利、促进残疾人全面发展提供坚实基础；将残疾人“两个体系”纳入“五位一体”的总布局，为残疾人事业发展提供了历史性的机遇。我们要在党的十八大精神指引下，推动残疾人事业再上新台阶，帮助广大残疾人和全区人民一道奔向全面小康社会。

坚持以科学发展观为指导，提高残疾人事业科学管理水平。要更加自觉地坚持以人为本，充分尊重残疾人的主体地位，注重发挥残疾人的积极性、主动性和创造性。要更加自觉地坚持全面协调可持续的基本要求，加大公共资源投入，加强制度建设和制度衔接，实现残疾人事业的可持续发展。统筹兼顾，更好地兼顾残疾人多元化的利益诉求，更好地统筹城乡残疾人事业的均衡发展。

（二）进一步加强社会保障体系建设，为残疾人基本生活提供制度性保障

落实并完善针对残疾人特殊困难和需求的生活补助、护理补贴、社会保险补贴、生活救助等政策措施。将残疾人基本康复项目和特殊医疗需求列入基本医疗保险支付范围。逐步建立贫困残疾人生活补贴和重度残疾人护理补贴制度。逐步对重度残疾人适配基本型辅助器具、贫困残疾人家庭无障碍建设和改造、日间照料、护理和居家服务给予补贴。

（三）努力增加残疾人基本公共服务供给

1. 促进残疾人“人人享有康复服务”目标的实现。加强残疾人康复服务网络建设，建立一批残疾人社区康

复站。实施0—6岁残疾儿童抢救性康复项目，建立残疾儿童抢救性康复救助制度，逐步扩大康复救助范围。实施白内障患者复明救治、盲人定向行走训练、低视力残疾人康复、聋儿听力语言康复、肢体残疾人矫治手术及康复训练、智力残疾人康复训练与服务、重性精神病防治康复等国家重点康复工程。建立和完善各市残疾人辅助器具资源中心，建立自治区残疾人康复人才培养基地。

2. 全面保障残疾人接受教育的权利。推动特殊教育学校建设，完善以特殊教育学校为骨干、以随班就读和特教班为主体的残疾儿童少年义务教育体系。鼓励社会力量兴办残疾儿童学前康复教育机构。推动高中阶段特殊教育发展，扶持特教高中、残疾人中等职业学校建设。推广国家通用手语、通用盲文。广泛开展各种形式扶残助学活动，实施“阳光助学计划”。

3. 为更多的残疾人提供托养服务。建立健全以自治区、市级托养服务机构为示范，县级托养服务机构为骨干，乡（镇、街道）和社区日间照料服务为主体，居家安养服务为基础的残疾人托养服务体系。引导和支持其他社会组织或个人兴办非营利性残疾人托养服务机构。继续实施国家“阳光家园计划”。加强自治区残疾人启智展能中心建设，加强托养服务队伍建设。

（四）大力促进就业，努力解决残疾人的民生之本

完善、落实残疾人按比例就业、集中就业单位税收优惠、残疾人个体就业扶持、残疾人就业保障金征收使用管理等残疾人就业保护和促进政策。扶持残疾人自主创业和灵活就业。扶持农村残疾人从事种植业、养殖业、手工业和其他形式的生产劳动，稳定农村残疾人劳动就业。加强残疾人职业教育培训和职业能力建设。组织盲人医疗按摩人员进行资格考试，推进盲人医疗按摩人员执业资格和专业技术职称评审工作。开展残疾人就业援助专项活动。

（五）巩固和完善残疾人“两个体系”建设的保障机制

1. 深入实施新一轮残疾人扶贫开发。坚持政府主导，将贫困残疾人作为重点扶持群体纳入政府扶贫开发计划，统筹安排，同步实施，重点扶持。继续实施“党员扶残温暖同行”工程，开展残疾人专项扶贫。加大各级财政专项用于残疾人扶贫的资金投入，扩大农村贫困残疾人扶持面，提高贫困残疾人的收入水平。继续实施中央康复扶贫贴息贷款项目。扶持创建一批农村残疾人扶贫基地。为农村贫困残疾人开展实用技术培训。广泛开展“帮、包、带、扶”活动，动员城乡基层组织、干部、群众、志愿者结对帮扶农村贫困残疾人。

2. 进一步加强文化体育工作。组织残疾人开展形式多样、健康有益的群众性文化、艺术、娱乐活动。以残疾人文化周为载体，开展基层群众性残疾人文化活动。扶持残疾人特殊艺术人才培养基地。鼓励扶持残疾人参加艺术活动和创作，培育残疾人文化艺术品牌。加强残疾人群众体育工作，促进残疾人身心康复，提高参与能力。建设自治区残疾人文化体育中心。实施“全民健身助残工程”。建立优秀残疾人运动员集训队伍，壮大残疾人体育技术人员、管理人员队伍。

3. 切实加强法制维权和无障碍环境建设。进一步加大《残疾人保障法》等保障残疾人权益法律法规的实施力度，开展形式多样的普法宣传活动。推进残疾人法律救助工作。进一步完善残疾人信访工作机制，畅通信访渠道。加快推进城乡无障碍建设与改造，开展全国无障碍建设县（市、区）创建；开展贫困残疾人家庭无障碍改造，为贫困残疾人家庭提供改造补助。

4. 加强残疾人组织和工作队伍建设。实现农村基层残疾人组织实现全覆盖，加大基层残疾人组织的工作经费投入。大力培育基层残疾人工作者和残疾人专职委员队伍。建立完善残疾人人才库。广泛动员社会力量，发展壮大助残志愿者队伍。大力弘扬自强不息精神，鼓励和帮助残疾人参与社会生活，发挥残疾人在残疾人事业中的作用。

5. 加强残疾人服务设施建设。利用国家对西部地区重点资助，逐步形成覆盖全区的残疾人服务设施网络。实施残疾人综合服务设施建设标准，继续完善残疾人综合服务设施功能。

6. 加强残疾人工作信息化建设。加强残疾人事业信息化建设，加强统计和监测。加强残联网站资源和无障碍建设，加大政务信息公开力度。建设全区统一的残疾人服务网。加强信息化队伍建设。

7. 发展残疾人慈善事业。培育发展残疾人社会服务组织，大力发展残疾人慈善事业，建立社会力量参与残疾人社会保障和服务的有效机制；鼓励民间资本兴办残疾人康复、托养服务等各类社会福利机构。积极为残疾人事业筹集善款，开展爱心捐助活动。实施好残疾人慈善品牌项目。

广西残联理事长边疆在全区残联廉政建设工作会议上的讲话摘要

2013年11月2日

一、近年来我区残联系统廉政建设工作取得的成效

（一）加强廉洁自律教育，筑牢反腐倡廉的思想防线。自治区残联党组始终高度重视廉政建设工作，于2010年召开了高规格的全区残联系统廉政工作会议，全面部署廉政建设措施。各级残联认真贯彻落实这次会议精神，广泛开展经常性的党性党风党纪教育和残疾人工作者职业道德教育，教育残疾人工作者牢固树立正确的世界观、人生观、价值观。举办“树新风正气，促为政清廉”主题党课，在全区残联理事长培训班开设专题讲座，在全区残联工作会议或各业务专门工作会议上反复强调廉政，要求各级残联和残疾人工作者切实做到情为残疾人所系，利为残疾人所谋，权为残疾人所用，努力把党和政府改善残疾人民生的

各项政策措施落实到残疾人身上。

（二）加强组织和制度建设，为廉政建设提供组织保证。全区残联把廉政建设作为重要工作来抓，在组织上、制度上采取措施予以保证。2012年底，自治区残联机关党委换届并成立了纪律检查委员会，负责机关及直属事业单位的廉政建设工作。各级残联把廉政制度建设工作作为廉政建设的重要环节来抓，从自治区到市、县（市、区）残联都全面建立完善了各项规章制度，形成了用制度管权、管事、管人的机制，促进了廉政建设。

（三）切实执行党风廉政建设责任制，廉政建设常抓不懈。各级残联把廉政建设工作全面纳入到各项残疾人工作之中，切实贯彻落实党风廉政建设责任制，各级残联理事长作为廉政建设的第一责任人，把廉政建设作为事业发展、队伍建设的重要任务来抓。各级残联在落实廉政建设责任制过程中，把反腐倡廉纳入年度工作目标，坚持廉政教育不放松，增强残联干部特别是领导干部的廉政意识和自觉性，警钟长鸣，在反腐倡廉上始终保持清醒、自重、自省。

（四）突出重点加强监督管理，为顺利实施惠及残疾人群众的项目提供廉政保障。各级残联都十分注重建立健全并认真执行各项规章制度，以制度管项目、管财、管物、管人。各个项目在实施过程中都有严格的制度来保证，从项目的申报、审批、资金管理、项目实施、检查验收、绩效考评都有一整套的规章制度。在项目实施过程中开展经常性的检查、督查，发现问题，及时纠正和解决，保证项目的健康实施。项目执行终了，认真开展检查验收、追踪问效，开展绩效考评，组织项目审计，特别开展委托第三方审计，保证审计的客观公正。

（五）建立与残疾人群众沟通渠道，加强社会监督。自治区残联连续多年积极参加政风纠风热线、《阳光在线》节目，党组、理事会利用节目平台，向广大残疾人和社会各界宣传党和政府发展残疾人事业的方针、政策，答疑解惑，接受残疾人群众的咨询和投诉监督。全区残联建立完善信访工作机制，建立与残疾人朋友畅通的沟通渠道、倾听残疾人呼声和诉求，及时解决残疾人的困难和问题，倾力维护残疾人的合法利益。

我们也要清醒地看到，我区残联系统的廉政建设仍然存在一些薄弱环节和问题。一是对党风廉政建设的认识有待提高，对加强党风廉政建设的重要性和紧迫性认识不足。二是对党风廉政建设有关规定的学习、教育还不够广泛和深入。三是廉政制度建设和监督机制有待进一步加强，必须不断健全完善，形成更有效的机制。四是党风廉政建设责任制有待进一步落实。

二、我区残联系统廉政建设工作面临的新形势

首先，要认清党中央下大力气抓党风廉政建设、抓惩治腐败的形势要求。反腐倡廉必须常抓不懈，拒腐防变必须警钟长鸣，关键就在“常”、“长”二字，一个是要经常抓，一个是要长期抓。党的十八大之后，中央出台“八项规定”，并对执行“八项规定”采取了一系列强有力的措施，这段时间以来，我们已经切身感受到了党风的变化，这一切都充分表明了中央抓廉政建设和反腐败斗争的决心。

其次，要认清团结带领残疾人群众同步迈进全面小康社会必须转变作风加强廉政建设的形势要求。我们必须认清形势，下更大的力气抓廉政建设，坚定不移地把残联组织和残疾人工作者队伍建设好，把广大残疾人的利益代表好、维护好、发展好，团结带领广大残疾人与全国人民同步建成全面小康社会。

三、我区残联系统廉政建设工作的任务和要求

（一）强化进一步重视廉政建设工作的认识。各级残联领导要改变抓业务是务实，抓廉政是务虚的错误观念，进一步提高认识，把廉政工作摆到更加突出的位置，切实担负起一把手亲自抓的政治责任、领导责任，切实担负起政治之责、领导之责、表率之责，领导要管好自己、还要管好队伍、管好干部。

（二）强化作风建设开展党的群众路线教育实践活动。各级残联要把开展党的群众路线教育实践活动，作为当前一项重要的政治任务来抓，结合“人道、廉洁、服务、奉献”的职业道德教育，结合反腐倡廉教育，着力提高各级残联党员干部的思想素质、业务素质、道德素质，促使残联干部队伍作风有一个大的转变，进一步密切联系残疾人群众，发扬艰苦奋斗和严于律己的优良作风，防腐拒变，戒奢戒贪，勤俭节约，勤政为民，努力树立残联干部清正廉洁的良好形象。

（三）强化干部队伍廉洁自律教育。一是开展廉政教育要与理想、宗旨、信念教育结合起来，要在全体残联党员干部中广泛开展理想信念教育，教育全体党员干部树立正确的世界观、人生观、价值观，进一步坚定理想信念；二是要把廉政教育与残疾人工作者的职业道德教育结合起来，做到“人道、廉洁、服务、奉献”。三是开展廉政教育要与打造残联文化结合起来。以残联文化塑造残联灵魂，弘扬残联精神，营造风清气正的廉政文化氛围，促进廉政建设。

（四）强化党风廉政建设责任制的落实。各级残联领导班子要坚持“标本兼治、综合治理、惩防并举、注重预防”的方针，实行一岗双责，一把手是党风廉政建设的第一责任人，分管领导是具体责任人，做到齐心合力抓廉政。残联领导班子要严格执行党的民主集中制，坚持集体领导与个人分工负责相结合，凡是重大决策、人事安排、重大项目安排和大额资金使用等重大问题，都必须经过集体讨论做出决定，并按照有关规定执行。

（五）强化重要工作和重点项目的监督管理。加强对

重大项目资金的监督管理，确保每一笔资金用好，真正用到残疾人身上。实施项目经费重在加强监督管理，严格按照中央和自治区的有关要求执行，进一步完善项目管理的有关办法和制度。在项目审批、物资及服务采购、资金管理、受助对象确定、项目绩效考评等方面做到公平、公正、公开，确保残疾人满意、政府满意、社会满意。

（六）强化廉政制度体系建设。要结合群众路线教育实践活动，进一步建立健全反“四风”的规章制度，进一步建立健全项目实施管理的规章制度，进一步建立加强队伍建设的规章制度，进一步形成残联系统的反腐倡廉制度体系。要下力气抓好规章制度的执行和落实，各级残联一把手要亲自抓，分管领导直接抓，形成问责机制，加强对规章制度执行和落实情况的监督检查，做到有令必行、有禁必止，以制度管人管事管财管物，防止和杜绝违法违纪现象发生。

二、政策法规文件

关于做好贫困残疾人参加新型农村和城镇居民社会养老保险工作的通知

桂人社发〔2013〕54号

各市、县（市、区）人力资源和社会保障局、财政局、民政局、扶贫开发办公室、残疾人联合会：

为贯彻落实广西壮族自治区残疾人事业“十二五”规划和《广西壮族自治区农村残疾人扶贫开发工作方案》（桂政办发〔2012〕51号）及《广西壮族自治区农村残疾人扶贫开发规划（2011—2020年）》（桂政办发〔2012〕151号）精神，决定从2014年1月1日起，对贫困残疾人参加新型农村社会养老保险（以下简称新农保）和城镇居民社会养老保险（以下简称城居保）实行政府全额补助。现将有关事项通知如下：

一、补助对象

贫困残疾人补助对象应同时具备以下条件：

（一）具有广西壮族自治区户籍，年龄为16周岁至59周岁（不含在校生）的城乡居民；

（二）持有第二代中华人民共和国残疾人证，且残疾等级为三、四级；

（三）属于家庭人均年纯收入低于国家贫困线标准的农村人口或城市居民最低生活保障对象。

参加新农保或城居保已享受政府全额补助政策的其他残疾人，不属于本通知规定的补助对象。

二、补助办法

参加新农保和城居保的贫困残疾人，选择最低缴费档次缴费的，个人缴费部分由政府给予全额补助。选择其他档次缴费的，按照桂政办发〔2010〕3号、桂政办发〔2011〕175号文件规定执行。资金的申请、审核、拨付及结算按照桂财社〔2012〕23号文件规定执行。

三、资金保障

政府对贫困残疾人参加新农保或城居保实行全额补助的资金来源及各级财政分担比例按照桂政办发〔2010〕3号、桂政办发〔2011〕175号文件规定执行，所需资金列入同级财政年度预算。

四、认定程序

（一）非最低生活保障对象中的贫困残疾人由县级扶贫、残联部门共同认定。具体认定程序如下：

贫困残疾人于每年3月底前，携身份证、户口本、第二代残疾人证等材料向当地村（居）委会提出申请，并填报《XX年贫困残疾人贫困状况审查表》，经村（居）委会民主评议小组评议，并公示7天无异议后，报乡镇人民政府（街道办事处）审核；乡镇人民政府（街道办事处）审核通过后报县（市、区）残联和扶贫部门审批。

（二）最低生活保障对象中的残疾人名单由县级民政部门提供。

（三）贫困残疾人可在户籍所在地的村（居）委会或乡镇（街道）劳动保障事务所申请参加新农保或城居保，提交贫困残疾人证明等有关材料，按规定办理参保手续。县（市、区）社保经办机构根据县（市、区）残联和扶贫部门审定的贫困残疾人名单和民政部门提供的最低生活保障对象中的残疾人名单为贫困残疾人办理政府代缴手续。

广西壮族自治区人社厅　财政厅
民政厅　扶贫办　残联
2013年10月25日

广西壮族自治区贫困残疾人个体户和灵活就业人员参加基本养老保险补贴暂行办法

桂残联字〔2013〕33号

为了进一步完善我区残疾人就业保障体系，稳定和促进残疾人就业，鼓励更多的残疾人个体就业、自主创业和灵活就业，保障残疾人老有所养。根据《中共中央国务院关于促进残疾人事业发展的意见》（中发〔2008〕7号）、《自治区党委 自治区人民政府关于促进残疾人事业发展的意见》（桂发〔2009〕6号）、《关于城镇贫困残疾人个体户参加基本养老保险给予适当补贴有关问题的通知》（劳社部发〔2005〕14号）和《广西壮族自治区实施〈残疾人就业条例〉办法》（广西壮族自治区人民政府令第63号）精神，结合我区实际，制定本办法。

一、指导思想

以邓小平理论和“三个代表”重要思想为指导，全面贯彻落实科学发展观，从实施残疾人就业援助，解决残疾人就业困难，减轻国家和社会负担出发，加大投入力度，采取有效补贴，扶持残疾人参加社会基本养老保险，鼓励更多的残疾人从事个体经营、灵活就业，促进残疾人自主择业和自主创业，完善残疾人社会保障体系。

二、补贴对象

具有当地户籍，从事个体经营或通过灵活就业方式实现就业，以个人身份缴纳社会保险费，家庭经济困难的残疾人。

三、补贴标准

残疾人个体户和灵活就业人员参加基本养老保险，缴费方式和缴费基数按照我区个体工商户和灵活就业人员参加基本养老保险的有关规定执行。对符合条件的补贴对象按基本养老保险给予不低于1600元/人·年的补贴，累计补贴年限不超过15年（含15年）。当年已享受人力资源和社会保障部门就业专项资金社会保险补贴的计入累计补贴年限，不再享受贫困残疾人个体户和灵活就业人员参加基本养老保险补贴。盲人个体户、盲人灵活就业人员参加基本养老保险的，按2400元/人·年的标准进行补贴。补贴标准根据社会经济发展和基本养老保险的缴费变化情况适时进行调整。有条件的市、县可以适当提高当地补贴标准，所需资金由当地负担，具体办法由当地残疾人联合会会同人力资源和社会保障部门、财政部门结合实际制定。

四、资金来源

对补贴对象缴纳基本养老保险费的补贴，按分级承担原则筹集经费：

（一）自治区补贴：自治区从财政预算残疾人就业和扶贫专项经费或残疾人就业保障金调剂金中安排参保补贴，对县（县级市）的补贴标准为1200元/人·年；对市辖区的补贴标准为800元/人·年。

（二）市、县（市、区）补贴：各市、县（市、区）从当地财政预算残疾人就业和扶贫专项经费或残疾人就业保障金中，按本办法第三条规定的补贴标准，承担其余补贴资金。各市、县（市、区）的筹资比例由各市残疾人联合会会同人力资源和社会保障部门、财政部门根据实际情况确定。

六、本办法自2014年1月1日起执行。

三、工作综述

2013年，广西残疾人工作全面贯彻落实党的十八大、十八届三中全会、中国残联六代会精神，贯彻落实中央、自治区关于促进残疾人事业发展的重大部署，紧紧围绕中央、自治区经济社会发展大局，改革创新残疾人工作，不断推进残疾人社会保障和服务体系建设，全区残疾人小康实现程度达68.24%，比上年提高9.53%，残疾人生活水平显著提高，平等参与社会的环境和条件进一步改善，全面完成了“十二五”规划各项年度目标任务。

（一）深入实施新一轮扶贫开发，提高残疾人生活水平

全面深入组织实施新一轮贫困残疾人扶贫开发攻坚，贯彻落实自治区人民政府《广西壮族自治区农村残疾人扶贫开发工作方案》《广西农村残疾人扶贫开发纲要（2011—2020年）》等政策，大力推进全区农村残疾人扶贫开发工作。重点实施“党员扶残温暖同行”、农村残疾人扶贫基地建设、农村贫困残疾人实用技术培训、“阳光家园计划”、“居家无障碍改造”、贫困成人残障者康复工程等6大项目，大力扶持农村贫困残疾人增加收入、改善生活状况、增强发展能力。自治区残联与自治区党委组织部、财政厅深入实施农村基层党组织助残扶贫工程——广西“党员扶残温暖同行（二期）”，筹集扶持资金1700万元，组织近1.5万个农村基层党组织、近2万名党员结对帮扶17000户贫困残疾人，每个村扶持1户农村残疾人家庭，每户补助1000元以上，实现增收1000元以上。全区筹集2220万元专项补助资金对111个县（市、区）123个助残扶贫基地项目进行扶持，安置2315名残疾人就业，扶持带动13471名残疾人发展生产；大力开展农村贫困残疾人实用技术培训，为32220人次残疾人提供实用技术培训；“阳光家园计划”列入2013年自治区政府为民办实事工程，落实资金3075万元为全区23749名智力、精神和重度残疾人提供集中托养、日间照料和居家托养服务补助；全区各级筹集资金6225.56万元，实施“阳光安居工程”和国家彩票公益金农村贫困残疾人危房改造项目，完成农村贫困残疾人危房改造7853户；选用1000名贫困残疾人担任农家书屋管理员；为贫困残疾人免费适配假肢、矫形器、助听器等辅助器具22285件。全年共有48442名贫困残疾人得到扶持，有35514名残疾人脱贫。

（二）完善残疾人社会保障体系，保障残疾人共享改革成果

大力推动将残疾人“两个体系”建设纳入全面建成小康社会的部署和基本公共服务体系建设，确保符合条件的残疾人全部纳入城乡最低生活保障，提高贫困残疾人最低保障补贴标准，全区共有476390名贫困残疾人纳入低保。帮助重度残疾人参加新型农村和城镇居民社会养老保险、城镇居民基本医疗保险，个人缴费部分财政全额代缴。全区城镇残疾职工、居民、个体就业参加社会保险329875人，农村残疾居民参加社会保险2030055人，全区农村残疾人参加新型农村合作医疗达97%。帮助重度残疾人参加新型农村和城镇居民社会养老保险、城镇居民基本医疗保险，个人缴费部分财政全额代缴；在60岁以下的参保残疾人中有1.53万重度残疾人，其中1.37万得到了政府的参保扶助，代缴补贴比例达到89.27%；在60周岁以下的参保残疾人中有重度残疾人11.30万，其中10.52万得到了政府的参保扶助，代缴补贴比例达到93.07%。自治区残联联合自治区人社厅、财政厅、民政厅、扶贫办等部门出台贫困残疾人参加城乡居民社会养老保险政策，帮助近44万名贫困残疾人解决参保难的问题，贫困残疾人参加养老保险选择最低缴费档次的，个人缴费部分由政府全额补助。筹集资金360万元，对3600人贫困残疾人个体工商户和灵活就业人员给

予养老保险补贴。落实了九项医疗康复项目纳入基本医疗保障、重度精神病患者经常服药费用纳入城乡医保门诊大病或门诊统筹报销。建立全区重度残疾人护理补贴制度，自治区财政2014年安排专项经费1亿多元，对全区33万多名重度残疾人每年每人补贴360元护理费。

（三）加强残疾人康复服务，努力实现“人人享有康复服务”目标

整体推进残疾人“人人享有康复服务”目标重点县工作，为34个第二批目标实现重点县（市、区）分别配置5万元康复训练设备建立完善康复站（室）。在36个市辖区、75个县（市）、6276个社区（村）普遍开展城乡残疾人社区康复服务，建立社区康复站社区2366个，配备12039名社区康复协调员，服务残疾人累计80849名。抓好出生缺陷防治和残疾儿童康复工作，全区有32个县级医疗卫生机构陆续开展残疾儿童筛查工作，年度新诊断0—6岁残疾儿童2373人。自治区残联、卫生厅联合出台《广西壮族自治区新生儿听力筛查补助项目实施方案（试行）》，自治区财政2013年投入4125万元专项资金用于新生儿听力筛查，农村新生儿家长凭新生儿听力筛查补助单到医院补助窗口即可领取检查补助。组织开展创建“全国白内障无障碍县”工作，通过实施“百万贫困白内障患者复明工程”、流动眼科手术车“复明18号”等项目带动，全年完成白内障复明手术23172例，其中贫困白内障患者免费复明手术11775例。实施残疾儿童康复救助“七彩梦行动”项目和彩票公益金残疾人康复项目、贫困成人残障者康复工程、国家贫困残疾儿童抢救性康复项目等；为7697名低视力患者配用助视器，对2493名盲人进行定向行走训练；年度新收训聋儿545名，在训聋儿919名；全区各级机构对399名孤独症儿童实施康复训练；共对7845肢体残疾者实施康复训练；资助614名脑瘫儿童进行机构康复训练，资助203名贫困肢体残疾儿童实施矫治手术；对3582名智力残疾人进行康复训练，资助559名智力残疾儿童进行机构康复训练。为残疾人供应各类辅助器具29332件。在92个市县开展精神病防治康复工作，监护病人96110人，接受治疗精神病患者66448人，接受康复训练21289人，接受医疗救助贫困患者11238人。实施聋儿人工耳蜗项目200名，每人资助20多万元。举办各类康复管理、技术人员、师资培训班，加强康复队伍建设。支持市县康复机构建设，补贴138万元用于设备人员配置。

（四）推动残疾人就业工作，提高残疾人生存质量

积极开展就业援助月活动，全区共组织105场残疾人专场招聘会，为8399名残疾人进行失业登记，培训9630名残疾人，推介1322名残疾登记失业人员就业。开展残疾人就业和职业培训实名制统计管理工作，录入就业数据46万多条。扶持残疾人个体就业创业，对有就业愿望和一技之长的残疾人个体就业创业给予一次性5000元扶持。对吸纳残疾人就业并符合条件的用人单位给予社会保险补贴，奖励按比例安排残疾人用人单位140家；中区直单位按比例安排残疾人就业1083人。全区城镇残疾人就业77329人，新增就业5278人；农村残疾人在业639664人，其中从事农业生产劳动509175人。残疾人职业培训基地建有65个，申报国家级残疾人职业培训基地10家，有6327人次城镇残疾人接受了职业培训；培训盲人保健按摩人员609名、盲人医疗按摩人员64名。自治区本级残联政务服务窗口受理按比例安排残疾人就业情况审核1197件，按时办结率100%，群众评议满意度100%。开展职业康复基地建设示范工作，筹集300万元为31个基地完善设施。桂林七星区“阳光家园”被列为全国示范创建机构。机关和事业单位考录残疾人政策有新突破，自治区党委组织部、编办、人社厅、公务员局联合下发《关于做好2014年度全区各级机关考试录用公务员计划上报工作的通知》，鼓励专设残疾人招录职位，经市级以上公务员主管部门批准，可以享受适当放宽笔试开考比例、降低笔试合格分数、降低1：1面试合格分数线等优惠政策。

（五）推进残疾人教育工作，保障残疾人受教育权利

组织实施“残疾人事业专项彩票公益金助学项目”、“贫困残疾儿童学前教育资助”、“阳光助学计划”、“广西残疾人助学金”等系列助学项目，对850名残疾儿童给予学前教育资助；为特殊教育学校义务教育阶段5000名在校残疾儿童少年提供学习、生活费补贴，每人每年补贴600元；资助全区625名全日制高中和中专在校残疾学生、当年参加普通高考招生被录取的残疾人考生学费116.45万元。组织实施“贫困残疾儿童学前教育资助”、与广西残疾人高等教育学院、广西广播电视大学、广西残疾人定点职业技术学院做好残疾学生招生录取和学费资助工作，资助339名残疾学生学费44.9万元。全区已开办特殊教育普通高中班（部）11个，在校生261人；残疾人中等职业学校（班）7个，在校生169人；有201名残疾人被普通高等院校录取。资助全区5所学前教育机构和10所特殊教育学校教学、康复及寄宿生活设备，总价值90万元。加大中国手语推广工作力度，组织全区残联系统中国手语培训。

（六）加强宣传残疾人事业，繁荣残疾人文化体育事业

全区开设宣传残疾人事业报刊专版22个，残疾人专题广播节目13个，电视手语新闻栏目1个，在地市级以上主要新闻媒体刊播稿件数636件。自治区、地市级公共图书馆设立盲文及盲人有声读物阅览室达到7个。大力宣传全区残疾人工作在十八大精神引领下的新举措、新成效，宣传残疾人的新生活、新面貌、新风尚。《以十八大精神为动力，推动残疾人事业迈上新台阶》入编广西日报社编辑出版的《十八大精神耀八桂》一书。与广西

电视台、广西日报合作，录制残疾人事业宣传专题片、制作理事长访谈节目，专版宣传“十二五”以来广西残疾人事业成就。编辑出版广西残疾人事业宣传画册《奋进的足迹》、结集出版广西残疾人事业好新闻作品集《事业如歌》、残疾人自强模范事迹集《生命阳光》等。开展“问计问需残疾人群众暨学习贯彻中国残联第六次代表大会精神”活动，宣传贯彻落实中国残联六代会精神。组织参加第八届全国残疾人艺术汇演，获得团体奖银奖，表演奖金奖1个、银奖5个、创作奖3个，辅导奖金奖1个、银奖5个。举办“共享艺术之美——广西残疾人书画摄影作品展”，组织开展残疾人文化周、残疾人“文化进社区”等活动。指导北海市做好全国残疾人文化建设示范市（区）创建工作。全区建有自治区、地市级残疾人体育示范点13个，拥有残疾人体育健身指导员238名。组织残疾人运动员集训，输送和组织参加国际、全国比赛。在第二十二届夏季听障奥运会（聋人奥运会）上，广西2名残疾人运动员入选国家队分别参加了游泳、乒乓球两个项目比赛，获得2枚金牌、2个第四名、1个第五名的好成绩。组织运动员参加全国残疾人田径、游泳、乒乓球、羽毛球、盲人柔道、射箭等锦标赛，取得了15个第一名、9个第二名、6个第三名的好成绩。举办第三届全区残联系统运动会、第三届全区特奥会。实施残疾人自强健身工程，开展残疾人健身周、全国特奥日等活动。加强残疾人体育健身指导员队伍建设。

（七）推进残疾人法制建设，积极营造无障碍环境

大力宣传贯彻《中华人民共和国残疾人保障法》和《广西壮族自治区实施〈中华人民共和国残疾人保障法〉办法》，宣传残疾人有关法律法规政策，深入实施“扶残维权工程”，为残疾人提供法律服务。全区有18个残疾人法律救助工作协调机构，建有145个残疾人法律救助工作站或残疾人法律援助中心（工作站），办理了755件案件。切实做好人大、政协建议提案工作，协助人大代表、政协委员提出议案、建议、提案32件，办理议案、建议、提案20件。各级残联共处理残疾人群众来信1916件，接待残疾人群众来访17030人次，其中集体访21批次、543人次。开展了235次普法宣传教育活动，举办了49个法律工作者培训班，培训3177人。共出台了11个自治区、地市、县级无障碍建设与管理法规、规章，125个市、县、区系统开展无障碍建设。开展残疾人家庭无障碍改造工作，为3780户贫困残疾人家庭实施改造；做好残疾人机动轮椅车燃油补贴发放工作，为18765名残疾人发放燃油补贴。

（八）以六代会为契机，加强残联组织队伍建设，提升为残疾人服务能力

7月30—31日，广西残联第六次代表大会成功召开，选举产生新一届残联领导机构。全区14个市和区直（含中直驻桂单位、部队）共15个代表团300名正式代表出席大会。大会回顾总结了五年来广西残疾人事业所取得的成就，规划了未来五年广西残疾人事业的发展。聘请自治区党委书记、人大常委会主任彭清华担任广西残联名誉主席，聘请自治区党委副书记危朝安、自治区人大常委会副主任荣仕星、自治区政协副主席梁胜利担任广西残联名誉副主席。选举产生广西残联新一届主席团及5个残疾人专门协会的主席、副主席、委员，选举自治区副主席蓝天立为第六届主席团主席，选举边疆为第六届主席团执行理事会理事长，杨一万、李瑞祥、许健强为副理事长。全区残联组织顺利完成换届，残联领导班子配齐配强。组织广西代表团参加中国残联第六次代表大会。换届后，地市级残联领导班子成员平均年龄48岁，研究生及以上学历的干部比例较换届前提高4%，残疾人领导干部比例达到25%；63%的县级残联配备了残疾人干部，比换届前提高了20%。实施“强素质增本领——万人培训计划”和“强基育人”工程，各级残联共举办培训班900期，培训残联机关干部、残疾人专门协会干部、残疾人专职委员2.27万人次，县（市、区）残联全部实现了规范化建设。举办全区残联理事长培训班暨廉政建设工作会议，各市残联理事长、党组书记，各县（市、区）理事长，自治区残联副科级以上领导干部、直属事业单位领导共180多人得到了培训。

自治区残联深入开展党的群众路线教育实践活动，查摆“四风”存在的突出问题，认真撰写对照检查材料，召开专题民主生活会，为残疾人群众解难题办实事，“四风”问题得到有效整改。全年减少会议5个，减少文件7大种类、简报3类，公务接待费用和去年同期相比下降35%，压减“三公”经费支出48万元，新建立了《自治区残联领导班子建设六项制度》等规章制度，修改完善了一批制度，取得了阶段性成果。做好第二代残疾人证核发工作，全区残疾人持证率超过41%，超额完成年度任务。继续与广西师范学院实施“志愿助残义务家教”项目、与广西八桂义工协会开展残疾儿童及家庭帮扶项目。开展社会工作人才队伍建设试点工作，开展社工与志愿助残专题培训。开展村残协志愿助残试点工作，探索“社工＋志愿者”助残模式。

（九）加强残疾人基础服务设施建设，提高残疾人工作信息化水平

积极争取中央和自治区财政资金对残疾人事业投入，2013年本级总投入28209万元。利用国家对西部地区的重点资助，推动市、县级残疾人康复中心和托养中心项目建设，筛选51个项目上报国家发改委和中国残联纳入2013年中央预算内投资项目。广西残疾人康复中心项目获中央补助资金1400万元，永福、博白、上思县残疾人托养中心分别获中央补助240万元，共计2120万元。广西残疾人事

业园第一期工程广西残疾人职业技能培训楼正式投入使用，自治区残联对15个县（市、区）残疾人综合服务设施给予就业培训专用设备补助300万元。全区已竣工并投入使用的各级残疾人综合服务设施94个，在建项目共计9个，其中已竣工并投入使用的各级残疾人综合服务设施总建设规模12.99万平方米，总投资21962.37万元；已竣工并投入使用的各级残疾人康复设施1个，在建9个，其中已竣工并投入使用的各级康复设施总建设规模0.07万平方米，总投资125万元；已竣工并投入使用的各级残疾人托养服务设施2个，在建8个，其中已竣工并投入使用的各级残疾人托养服务设施总建设规模0.09万平方米，总投资70.2万元。继续规范和推进残疾人人口基础信息采集，加强基层残联信息化建设，加强残疾人事业统计信息录入，全面推进基层统计台账实名验证。加大全区残疾人监测工作力度，自治区残联被授予全国残疾人状况监测先进单位荣誉称号。加大政府信息公开、政务公开和政务服务工作力度，广西残联网站获“广西政务服务政务公开政府信息公开特色网站”荣誉称号。

（十）推进残疾人专门协会工作，丰富残疾人精神文化生活

加强各类残疾人专门协会工作，市（区、县）残疾人专门协会已建比例达100%。五个残疾人专门协会积极组织开展第二十三次全国助残日活动，组织残疾人参加南宁市江南区壮种苗木扶残基地启动仪式，组织残疾人参观广西残疾人事业园。广西盲人协会在第三十届国际盲人节，与广西师范学院义务家教志愿者服务队举办“义务家教助残活动座谈会”。广西聋人协会在全国爱耳日期间，走访慰问贫困听力老年残疾人，举办庆祝第五十六届国际聋人节暨金秋游园活动。广西肢残人协会在第四个全国肢残人活动日，向邕宁区蒲庙镇良信村图书室赠送一批农业技术类、励志类图书，建立农村残疾人图书角，向肢残人代表赠送一批励志图书。广西精神残疾人及亲友协会在第二十二个世界精神卫生日，参观走访南宁市第五人民医院“阳光家园”。

（十一）发挥残疾人福利基金会作用，造福广大残疾人

广西残疾人福利基金会2013年募集助残资金和物资共计600多万元，实施助视、助听、助行、助学、助宁、助康等项目，直接惠及1万多名残疾人，被评为5A级社会组织。全年募集助残资金和物资共计606.93万元。与中国残疾人福利基金会、世界宣明会等合作，主要开展“八桂助残”募捐活动，实施特困残障儿童康复训练、防盲、香港成长希望基金会助学、中国一汽集善博爱行、阳光伴我行——集善明门残疾儿童轮椅、爱心轮椅助行、八桂助残·宁康计划等项目，为贫困白内障患者免费施行3500例复明手术；向贫困残疾人免费发放轮椅3680辆；在鱼峰区等5县（区）投入50万元为1000名贫困精神残疾人提供免费服药服务；资助凌云县、田阳县特殊教育学校设施设备59万元；资助15名特困残障儿童参加为期约5个月的康复训练，资助标准为3200元/人/月。

四、重要条目

【北海市为市区残疾人机动轮椅车安装通行标志】1月11日，北海市交警部门联合北海市残联对在市区内居住的残疾人驾驶机动轮椅车的情况进行了排查核对，梳理出符合资格的驾驶人，并为他们驾驶的机动轮椅车安装了统一编码的残疾人专用车标识牌，通行标志为蓝底白字，标志上有“残XXX”号码字样。在北海有固定住宿地并居住一年以上，下肢残疾和行走不便的残疾人本人驾驶的机动轮椅车辆，可申请安装通行标志，残疾人驾驶员须挂有贴了相片的胸牌，车辆必须是符合条件的残疾人本人驾驶。

【广西残联第五届主席团第六次全体会议】1月17日在南宁举行。自治区副主席、自治区残联主席高雄出席会议并讲话。广西残联第五届主席团全体委员参加了会议，设区市、县（市、区）残联理事长，南宁铁路局残办主任，自治区残联机关干部及直属单位领导列席了会议。自治区残联党组书记、理事长谭和平代表广西残联执行理事会向第五届主席团做年度工作报告。会议还通过了增补主席团委员、执行理事会理事提名和决议。

【第二十二次全区残联工作会议】1月17—18日在南宁召开，自治区残联党组书记、理事长谭和平，党组成员、副理事长冯宪、杨一万、李瑞祥，副巡视员周树红等出席；设区市、县（市、区）残联理事长，南宁铁路局残办主任，自治区残联机关干部及各直属单位领导等共计200多人参加议。谭和平在会上讲话，冯宪、杨一万、李瑞祥分别就2013年工作进行了具体布置。谭和平指出，要继续加大对农村残疾人事业的倾斜和支持力度，继续把贫困残疾人、重度残疾人，特别是智力和精神残疾人以及残疾儿童的保障和服务作为重中之重，下大气力改善他们生存和发展状况。要强调“保基本”，切实保障残疾人康复、教育、就业、托养、无障碍等基本需求，同时把满足残疾人精神文化需求提到残疾人事业重要层面。要加强制度建设，一般性的社会保障和公共服务充分考虑并满足残疾人普遍性需求。加快推行以重度残疾人护理补贴和困难残疾人生活补助为支柱的系列残疾人保障制度，造福广大残疾人。会议对2012年度残疾人扶贫开发工作中取得突出成绩的单位给予表彰，并与各市残联签订了《2013年残疾人扶贫开发工作责任书》。

【全国脊髓损伤者中途之家工作交流会议】3月19日，2013年全国脊髓损伤者中途之家工作交流会议在南宁召开。中国肢残人协会主席徐凤建、中国残联扶贫办

主任王建军、自治区残联理事长谭和平、南宁市副市长肖志刚等领导出席会议。会上，各地“中途之家”试点代表共同探讨“全国脊髓损伤者中途之家合作系统”方案。中国肢残人协会授予自治区残联谭和平理事长中国肢残人协会“知心大姐”荣誉称号，聘任自治区残联副理事长冯宪为“中国脊髓损伤者委员会顾问”，授予南宁市副市长肖志钢中国肢残人协会“最佳挚友”荣誉称号。会议还安排与会代表参观考察南宁市江南区福建园社区卫生服务中心，在中心的江南区脊髓损伤者“中途之家”，与会代表听取了工作开展情况介绍，参观康复训练场所并与脊髓损伤伤友们交流。

【全区“阳光助残扶贫基地”建设项目培训】 3月25—29日，全区“阳光助残扶贫基地”建设项目培训班第一、二期分别在崇左、玉林市举办。自治区残联党组书记、理事长谭和平在培训班上讲话。两市市领导出席培训班开幕式并致辞，各市、各县级残联分管“阳光助残扶贫基地”的负责人及各县“阳光助残扶贫基地”负责人参加了培训。培训班就基地规范化建设、绩效考核指标体系等进行培训，并组织参观考察了当地的“阳光助残扶贫基地”建设。谭和平理事长在培训班上充分肯定了残疾人扶贫开发工作所取得的成绩，分析了当前基地建设存在的主要问题。她指出，各地要充分认识扶贫基地建设的重要意义，加强领导，落实责任；要科学谋划，因地制宜、形式多样地选好、选准项目；要加强对基地建设的规范管理和运作；要建立残疾人专项扶持工作、基地建设监督检查管理、资金使用管理、奖惩等四大长效机制。

【共享艺术之美——广西残疾人书画摄影作品展】 5月16日，“共享艺术之美——广西残疾人书画摄影作品展”开幕式在广西博物馆举行。自治区残联党组书记、理事长谭和平，党组成员、副理事长杨一万、李瑞祥，副巡视员周树红等出席开幕式，机关及直属事业单位全体干部职工，自治区残疾人专门协会代表，南宁市残联机关及直属事业单位干部职工，南宁市残疾人专门协会、盲聋哑学校、残疾儿童康复中心代表等200多人参加开幕式。书画摄影作品展展出时间为5月16—21日，共征集全区14个地市、南宁铁路局残疾人作品228幅，从中遴选出优秀书法作品25幅，绘画作品60幅，摄影作品40幅展出，这些作品集中反映了广西残疾人自强不息、奋发向上的精神风貌。此次作品展是第二十三次全国助残日活动之一。5月19日是第二十三个全国助残日，当天，自治区副主席蓝天立来到广西博物馆，逐幅观看展出的作品，他对现场陪同观看的残疾人工作者说，要以此次书画摄影展为契机，鼓励更多的残疾人艺术家们坚持创作，继续发扬自尊、自信、自强、自立精神，创作更多优秀的艺术作品。要将推进残疾人艺术和就业相结合，在繁荣残疾人艺术的同时发展文化产业，实现更多残疾人的文化就业。同时，在艺术力量的感召下，营造更有利于残疾人事业发展的良好氛围，进一步向社会宣传残疾人事业。

图6－20－2　蓝天立观赏广西残疾人书画摄影作品展作品。

【全国听障儿童康复专业技术人员轮训班（第一期）】 6月16—25日，中国聋儿康复研究中心在南宁举办2013年全国听障儿童康复专业技术人员轮训班（第一期），来自广西、四川、云南、新疆、重庆5个省、自治区、直辖市的91名听力语言康复专业技术人员参加了培训。培训主要围绕听力语言全面康复模式内涵、听障儿童集体教学活动组织与实施、听障儿童听能管理、听障儿童个别化教学的组织与实施、个别化教学档案的创建等内容展开。广西作为2013年全国听障儿童康复专业技术人员轮训工作第一站，全区各级康复机构有40名一线教师参加学习，促进了广西听障残疾人工作者与兄弟省市同行业内人员的沟通和交流。

【自治区残联党的群众路线教育实践活动动员大会】 7月9日，自治区残联召开党的群众路线教育实践活动动员大会。自治区残联党组书记边疆，理事长谭和平，党组成员、副理事长杨一万、李瑞祥，党组成员许健强，副巡视员周树红出席了大会，各直属事业单位主要负责人、机关全体党员干部参加了大会。自治区党的群众路线教育实践活动第十督导组副组长韦彩英，成员覃绍党、刘丽萍到会指导。大会学习贯彻习近平总书记在党的群众路线教育实践活动工作会议上的重要讲话精神，以及自治区党的群众路线教育实践活动工作会议精神，按照中央和自治区党委的部署要求，对自治区残联领导班子、会机关和直属事业单位深入开展党的群众路线教育实践活动进行动员部署。自治区残联党组书记边疆做了动员报告。她强调，深入开展党的群众路线教育实践活动，对建设为民、务实、清廉领导班子，打造服务、效能、法制机关，为加快实现富民强桂新跨越、与全国同步全面建成小康社会凝聚强大力量，具有十分重要的意义。她指出，要深入学习领会习近平总书记重要讲话和全区党的群众路线教育实践活动工作会议精神，提高对开展党的群众路线教育实践活动重要意义和紧迫性的认识，严格按照中央和自治区党委的部署要求开展教育实践活动，紧密结合残疾人工作实际抓好教育实践活动，加强组织领导确保教育实践活动扎实有效。

【自治区残联开展党的群众路线教育实践活动】 7月开始，根据自治区党委的统一部署，自治区残联作为第一批开展党的群众路线教育实践活动单位全面启动活动。自治区残联坚决贯彻落实中央、自治区的部署要求，紧紧围绕“为民务实清廉”的主题，领导班子带头查摆“四风”存在的突出问题，认真撰写对照检查材料，召开专题民主生活会，深入基层“问计问需残疾人”和“扶助残疾人清洁家园”，为残疾人群众解难题办实事，“四风”问题得到有效整改。活动至12月结束，全年共减少会议5个，压减费用24万元，减少文件7大种类、简报3类；下放2个行政审批项目，办结时限缩短一半以上，群众满意度达到100%；公务接待费用和去年同期相比下降35%，压减“三公”经费支出48万元，新建立了《自治区残联领导班子建设六项制度》等规章制度，修改完善了一批制度，初步形成长效机制，取得了阶段性成果。

【新生儿听力筛查补助项目】 7月11日，广西新生儿听力筛查补助项目现场启动会在柳州举办，自治区卫生厅、自治区残联、自治区妇幼保健院、自治区听力言语康复中心领导等出席启动会，来自全区各市卫生局分管局长、妇幼科科长以及各市妇幼保健院院长、保健部主任近90人参加了项目启动会。2013年自治区财政投入4125万元经费专项用于新生儿听力筛查补助，所有农村户籍孕产妇住院分娩的新生儿参加听力筛查将得到补助。补助标准为：初筛60元/人，自治区财政补助50元，个人自付10元；复筛120元/人，自治区财政补助100元，个人自付20元；诊断250元/人，自治区财政补助200元，个人自付50元。补助发放方式为：新生儿听力筛查初筛 、复筛和诊断所需的检查费用由新生儿家长先垫付，检查完成后由新生儿家长凭《新生儿听力筛查补助项目费领取三联单》到医院补助窗口领取检查补助费。新生儿听力筛查补助项目的启动，为自治区听障儿童的早期发现、早期诊断、早期干预提供了有力保障。

【参加第八届全国残疾人艺术汇演（湖南赛区）取得优异成绩】 8月12—18日，由中国残联、教育部、民政部、文化部共同主办的第八届全国残疾人艺术汇演（湖南赛区）在长沙举行。广西、新疆、新疆生产建设兵团、陕西、河南、湖北、广东、湖南共八个代表团800余名演职人员参加了湖南赛区的比赛。广西代表团由自治区残联理事长边疆任团长，副理事长杨一万任副团长，宣文部主任李克洁任领队，共有80人。代表团精心准备12个节目参加所有4个大类的比赛项目，并在比赛中取得优异成绩，获得团体二等奖，表演一等奖2个、二等奖4个、三等奖6个，一、二、三等奖均比上届多一倍，其中女声独唱《炫境》、舞蹈《舞语心声》获得表演一等奖。在8月17日晚汇报演出中，广西参赛节目双人舞《我的爱》、混合小合唱《飞吧，鸽子》、女声独唱《炫境》等3个节目获邀登台演出。

图6-20-3　小品《春雨》。

【广西第三届特殊奥林匹克运动会】 8月27—30日，广西第三届特殊奥林匹克运动会在南宁举行。本届运动会由自治区残联、体育局主办，广西特奥会、南宁市李宁体育园承办。运动会共设田径、游泳、乒乓球、滚球、篮球5个大项56个小项的比赛。全区14个市和区直共15个代表团参赛，运动员、教练员、工作人员共计425人。在运动会期间，组委会还组织开展了广西第七次全国特奥日健康计划活动。本届特奥运动会是广西首次将特奥会从残运会中分离出来单独举办的一届运动会。运动会以“勇敢尝试、争取胜利”为主题，旨在鼓励更多的智力残疾人走出家门，参加体育活动，增强他们生活的信心和勇气，提高他们平等参与社会生活的能力，进一步推动全区特奥运动的发展。南宁市等15个代表团获得体育道德风尚团体奖，刘斯彤等60名运动员获得体育道德风尚个人奖。

图6-20-4　广西第三届特殊奥林匹克运动会女子篮球比赛现场。

【问计问需残疾人群众暨学习贯彻中国残联第六次代表大会精神活动】 10月8日—11月21日，自治区残联理事会领导分六个组，率领机关各部室、直属事业单位主任，分别到全区14个市，开展问计问需残疾人群众暨学习贯彻中国残联第六次代表大会精神活动。通过活动了解基层残疾人工作者对残疾人工作的建议和意见，倾听基层残疾人心声、需求，掌握基层残疾人工作状况。各调研组认真传达中国残联第六次代表大会的精神，召开县（市、区）的残疾人代表、乡镇、村的残疾人工作者代表、专职委员座谈，深入村屯残疾人家庭，调研阳光助残扶贫基地、残疾人职业康复基地、残疾人集中就业企业、残疾人日间照料中心、庇护工场、聋儿语训中心及特教学校等，对残疾人康复机构、扶贫基地和残疾人家庭无障碍改造情况等进行实地检查，开展给基层残疾人送温暖活动，详细了解基层残疾人工作情况，并协调有关部门帮助解决当地残疾人工作存在的困难和问题。

图 6－20－5　边疆到容县综合服务中心职业康复基地调研。

【全区残联理事长培训班暨廉政建设工作会议召开】 10月29日—11月3日，2013年全区残联理事长培训班暨廉政建设工作会议在自治区党校召开。各市残联理事长、党组书记，各县（市、区）理事长，自治区残联副科级以上领导干部、直属事业单位领导共180多人参加了培训和会议。自治区残联党组书记、理事长边疆在开班仪式和廉政建设工作会议上做讲话。她要求深入开展党的群众路线教育实践活动，进一步提高各级残联领导干部在残疾人工作中的决策能力和协调解决残疾人工作问题的能力，加快推进残疾人全面小康进程。以贯彻落实中央“八项规定”为重点，以“六个强化”促进廉政建设，建立一支经得起“四大考验”的残疾人工作者队伍，团结带领残疾人与全区各族人民一道共同迈进全面小康社会。

【南宁市残疾人审验驾照可走绿色通道】 11月13日，南宁市车管所为残疾人开通绿色通道，帮助残疾人驾驶员首次审验驾照，这是南宁市首次为残疾人开通这一便民措施。2010年，南宁市产生第一批150多名持C5证（即残疾人专用小型自动挡载客汽车驾驶证）的残疾车主，按照相关要求，2013年11月13日开始，这些残疾车主需向南宁市公安局交通警察支队车辆管理所提交身体条件证明。当天，有超过20名残疾人车主来到位于五一路的南宁市车管所，通过绿色通道办完了相关业务。

【关爱残疾儿童，共享文化阳光——2013年文化助残公益活动】 12月3日，正值第二十二个国际残疾人日之际，自治区残联、广西残疾人福利基金会联合自治区党委宣传部、自治区文明办在自治区残疾人康复研究中心举行“关爱残疾儿童，共享文化阳光——2013年广西文化助残公益活动”。自治区残联副理事长、广西残疾人福利基金会理事长李瑞祥等领导以及自治区残疾人康复研究中心、自治区听力言语康复中心干部职工和在训残疾儿童及家长等100多人参加了活动。活动现场举行了捐赠仪式，自治区党委宣传部、自治区文明办向广西残疾人福利基金会捐赠现金1万元，价值1万元的儿童图书、“百部爱国主义教育影片”30套。捐款用于资助残疾儿童的康复训练，捐赠物品全部分发到全区10个市30所特殊教育学校和康复机构。

【2014年就业援助月活动】 12月27日，由自治区人社厅、自治区残联主办，自治区就业局、南宁市人社局、南宁市残联承办的广西2014年就业援助月活动启动仪式在南宁市江南区银兴广场举行。自治区人社厅巡视员于祖毅、自治区残联巡视员冯宪等领导出席了启动仪式。启动现场有100多家用人单位进场招聘，其中，招聘残疾人的用人单位近20家，涵盖了机械加工、物业管理、家政服务等岗位。2014年就业援助月主题为“就业帮扶，真情相助”，活动将持续到2014年1月下旬。全区各地陆续开展就业援助活动，通过开展政策宣讲、做实登记认定、广泛收集岗位、集中实施帮扶、强化跟踪问效等五项活动，积极为援助对象“雪中送炭”。

五、大事记

1月4—6日，全区残疾人宣传文化体育工作会议在南宁召开。自治区残联党组书记、理事长谭和平，自治区残联党组成员、副理事长杨一万出席会议并讲话。各市残联宣文工作分管领导、宣文科科长，南铁残办主任，各市所辖宣文工作较好的两个县（市、区）残联理事长共80余人参加会议。会议总结了全区残疾人宣传文化体育2012年工作，布置了2013年工作。

1月10日，由广西残疾人福利基金会与中国残疾人福利基金会及广东凯洋医疗科技集团有限公司联合举办的爱心轮椅项目南宁发放仪式在兴宁区广西健运文具礼品厂举行。中国残疾人福利基金会副秘书长兼项目一部部长刘玉文、项目一部副部长范谙，自治区残联副理事长、广西残疾人福利基金会理事长李瑞祥，广东凯洋医疗科技集团有限公司执行董事廖友峰等领导出席活动。广东凯洋医疗科技集团有限公司向广西残疾人福利基金会捐赠的176辆轮椅和34付拐杖发放给南宁市、兴安县、灌阳县、蒙山县、覃塘区、天峨县、巴马县等市县。

1月11日，北海市交警部门联合北海市残联对在市区内居住的残疾人驾驶机动轮椅车的情况进行了排查核对，梳理出符合资格的驾驶人，并为他们驾驶的机动轮椅车安装统一编码的残疾人专用车标识牌。

1月17日，广西残联第五届主席团第六次全体会议在南宁举行。自治区副主席、自治区残联主席高雄出席会议并讲话。广西残联第五届主席团全体委员参加了会议，设区市、县（市、区）残联理事长，南宁铁路局残办主任，自治区残联机关干部及直属单位领导列席了会议。

1月17—18日，第二十二次全区残联工作会议在南宁召开。自治区残联党组书记、理事长谭和平，党组成员、副理事长冯宪、杨一万、李瑞祥，副巡视员周树红出席会议。设区市、县（市、区）残联理事长，南宁铁路局残办主任，自治区残联机关干部及各直属单位领导等共计200多人参加了会议。

1月17日，自治区残联五个专门协会在邕召开第二次全体委员会议。自治区盲人协会、聋人协会、肢残人协会、智力残疾人及亲友协会、精神残疾人及亲友协会的60多位委员参加了会议。会上，各专门协会认真总结了近年来协会工作，探讨了进一步活跃协会工作的方式方法，提出了2013年协会工作意见。

3月1日，自治区残联、自治区听力言语康复中心等单位在南宁市残疾儿童康复中心共同举办“健康听力·幸福人生——关注老年人听力健康”第十四次全国爱耳日宣传教育活动。自治区残联副理事长杨一万等领导出席了活动。活动为老年听障患者免费配发价值总额为30万元的助听器，还免费为百姓和患者进行了听力康复知识咨询和验听，发放了护耳知识宣传资料，开展爱耳防聋知识讲座。

3月19日，2013年全国脊髓损伤者中途之家工作交流会议在南宁召开。中国肢残人协会主席徐凤建、中国残联扶贫办主任王建军、自治区残联理事长谭和平、南宁市副市长肖志刚等领导出席会议。

3月21日，2013年全区残疾人就业服务工作会议在南宁召开。自治区残联副理事长冯宪出席会议并讲话。各市残联教育就业科科长、就业服务中心和盲人按摩指导中心主任等60多人参加会议。会议总结了全区2012年残疾人就业服务工作，对2013年全区残疾人就业服务和盲人按摩主要工作进行了部署。

3月25—29日，全区“阳光助残扶贫基地”建设项目培训班第一、二期分别在崇左、玉林市举办。自治区残联党组书记、理事长谭和平在培训班上讲话。各市、各县级残联分管“阳光助残扶贫基地”的负责人及各县“阳光助残扶贫基地”负责人参加了培训。

3月26日，广西残联/CBM防盲项目工作总结会议在灵山县召开。自治区残联副理事长，基金会理事长李瑞祥、副理事长黎曼莉，各项目市、县（市、区）残联项目负责人，定点医院项目负责人、眼科主任等参加会议。会议总结了2012年广西残联/CBM防盲项目工作，并作经验交流。

4月15日，由广西残疾人康复协会、世界宣明会主办，自治区残疾人康复研究中心、南宁市残疾儿童康复中心协办，南宁市残疾人康复研究会承办的2013年国家彩票公益金贫困智力残疾儿童康复救助项目定点机构师资培训班在邕开班。自治区残联副理事长杨一万出席开班仪式并讲话。来自全区23个康复机构43名一线教师参加了培训。

4月20日，广西残疾人福利基金会情系四川芦山地震灾区残疾同胞的安危，积极筹集资金，为地震灾区残疾同胞捐款5万元，帮助和支援他们重建美好家园。

4月23—24日，由中国聋儿康复研究中心和WHO听力障碍预防与康复合作中心主办的“WHO防聋合作中心战略规划会议暨中国听力论坛”在北京举办。自治区听力言语康复中心组织教职工向会议投稿，有6篇优秀论文选入论文集，其中黄昭蕾《影响家长个别化教学观摩活动满意度的因素分析与探讨》和邱琪、伍丽东、黄妍、庞红、邱美珍等《0—7岁聋儿听力损失确诊年龄及地域分布特点》被全文收录，还被选为现场海报展示。

4月26日，由北京按摩医院、自治区残疾人劳动就业指导中心、自治区盲人按摩指导中心共同举办的全区推广盲人按摩新技术培训班开班仪式在南宁举行。自治区残联冯宪副理事长、北京按摩医院周小波副院长等领导和北京按摩医院的专家以及来自全区各地盲人按摩机构代表共60多人出席了开班仪式。

5月13日，自治区残联、自治区残疾人就业指导中心、自治区盲人按摩指导中心正式搬迁到广西残疾人事业园办公。

5月16日，“共享艺术之美——广西残疾人书画摄影作品展”开幕式在广西博物馆举行。自治区残联党组书记、理事长谭和平，党组成员、副理事长杨一万、李瑞祥，副巡视员周树红等出席开幕式。自治区残联及直属事业单位全体干部职工，自治区残疾人专门协会代表，南宁市残联机关及直属事业单位干部职工，南宁市残疾人专门协会、盲聋哑学校、残疾儿童康复中心代表等200多人参加开幕式。

5月27日，广西幼儿师范高等专科学校在自治区听力言语康复中心举行实训基地挂牌仪式。

5月29日，柳州市首届阳光班（残疾人专科学历培训班）毕业典礼暨毕业证书颁发仪式在柳州市电大举行。2010年9月，在自治区残联、柳州市残联和广西电大的关心和推动下，柳州市电大专门招收残疾学员的远程开放教育“阳光班”顺利开班。首届共招收专科社会工作和数字媒体设计与制作两个专业，共55人。

6月13—16日，中国残联常务副理事长王乃坤带领全国人大执法检查组到广西开展执法检查，期间在南宁、柳州、桂林等地考察广西残疾人服务设施建设。王乃坤副理事长考察了自治区残疾人辅助器具中心、自治区残疾人启智展能中心新楼，并给予肯定。她要求，要充分发挥新建设施的作用，开展好智力残疾人职业康复、拓展潜能和安置就业活动，努力推进精神、智力残疾人的职业康复、就业培训。

图6-20-6　王乃坤一行在广西残疾人事业园就业服务大厅与残疾人亲切交谈。

6月16—25日，中国聋儿康复研究中心在南宁举办2013年全国听障儿童康复专业技术人员轮训班（第一期），来自广西、四川、云南、新疆、重庆5个省、自治区、直辖市的91名听力语言康复专业技术人员参加了培训。

6月18—19日，中国聋儿康复研究中心主任胡向阳、副主任龙墨一行到广西对听力语言康复工作进行调研。调研组深入自治区听力言语康复中心和钦州市残联聋儿语训部，认真察看了机构内硬件设施、班级设置、教师配备和教学开展情况，并针对教改新教材推广使用情况、聋儿康复状况、机构的发展规划等问题进行调研。

7月5日，全区残联系统迎接新一轮扶贫开发督查工作会议在南宁市召开。自治区残联理事长谭和平、党组书记边疆出席会议并讲话，各市残联主要领导，自治区残联机关各部室及直属事业单位负责人参加会议。会议要求打好新一轮农村贫困残疾人扶贫开发攻坚战。

7月9日，自治区残联召开了党的群众路线教育实践活动动员大会。自治区残联党组书记边疆，理事长谭和平，党组成员、副理事长杨一万、李瑞祥，党组成员许健强，副巡视员周树红出席了大会，各直属事业单位主要负责人、机关全体党员干部参加了大会。

7月26日—8月4日，第二十二届夏季听障奥林匹克运动会（聋人奥运会）在保加利亚首都索非亚举行。广西有2名残疾人运动员入选国家队，分别参加了游泳、乒乓球项目比赛，获得2枚金牌、2个第四名、1个第五名的好成绩。

7月30—31日，广西残联第六次代表大会在南宁召开。全区14个市和区直（含中直驻桂单位、部队）共15个代表团300名正式代表出席大会。自治区党委书记、人大常委会主任彭清华，自治区党委常委、秘书长范晓莉，自治区人大常委会副主任荣仕星，自治区副主席蓝天立，自治区政协副主席梁胜利出席开幕式。彭清华、蓝天立分别在开闭幕式上作重要讲话。

7月11日，广西新生儿听力筛查补助项目现场启动会在柳州市举办，自治区卫生厅、自治区残联、自治区妇幼保健院、自治区听力言语康复中心有关领导出席启动会，来自全区各市卫生局分管局长、妇幼科科长以及各市妇幼保健院院长、保健部主任近90人参加了项目启动会。

7月22日，中国残疾人辅助器具中心在南宁举办全国初级辅助技术工程师（肢体方向）岗位能力认证考前培训班。自治区残疾人辅助器具中心及广西各市残疾人辅具工作者的专业技术人员共65人参加了培训。围绕辅助技术理念、助行器具应用技术及实践、轮椅的应用技术及生活辅具、肢体残疾辅助器具用用技术等内容进行培训。

7月25—26日，由广西残疾人康复协会，广西医科大学第一附属医院、自治区听力言语康复中心联合举办的2013年广西人工耳蜗技术培训班暨“七彩梦行动计划”人工耳蜗救助项目工作会在南宁召开。广西各级医院及妇幼保健院耳鼻喉科、五官科、儿保科等从事耳科及听力筛查、检测相关领域工作的医务人员，以及“七彩梦行动计划”人工耳蜗救助项目筛查机构、康复机构工作人员共260余人参加培训。

8月12—18日，由中国残联、教育部、民政部、文化部共同主办的第八届全国残疾人艺术汇演（湖南赛区）在长沙举行。广西代表团在比赛中取得优异成绩，获得团体二等奖，表演一等奖2个、二等奖4个、三等奖6个。

8月23日，自治区残联新一届理事会召开年中工作推进会，总结检查1—8月份工作，督促部署完成下半年工作任务。

8月27—30日，广西第三届特殊奥林匹克运动会在南宁举行。本届运动会由自治区残联、体育局主办，广西特奥会、南宁市李宁体育园承办。运动会共设比赛5个大项56个小项，有14个市和区直共15个代表团参赛。

8月27日，广西残疾人福利基金会第三届理事会第五次会议在南宁市召开，会议是通报了2013年1—7月工作情况和部署年内主要工作，审议通过了增补（聘）名誉理事、理事等事项。

9月7日，全国盲人医疗按摩人员考试广西考区在广西残疾人事业园举行。共22名视力残疾人参加了考试。中国盲人按摩指导中心巡考员王平、自治区残联理事长边疆、副理事长杨一万、巡视员冯宪等领导到考场进行了巡视。

9月13—15日，第八届北京国际康复论坛在北京国家会议中心举行。自治区残疾人康复研究中心张明武主任作为特邀专家，在《世界残疾报告》和ICF应用与康复咨询分论坛上做专题报告《ICF理论框架在小儿脑瘫社区家庭康复评估中的运用》。

9月15日，出席中国残联第六次代表大会的广西代表团从南宁启程赴京。自治区党委副书记危朝安为代表们送行。危朝安在送别时寄语代表团全体代表，能够参加中国残联第六次代表大会是每位代表的光荣，也是全区残疾人和残疾人工作者的光荣，希望全体代表不辱使命，遵守会议纪律，满怀政治热情地完成好会议的各项任务，领会落实大会精神，促进我区残疾人事业的新发展。广西代表团由19名代表组成，其中特邀代表1名，正式代表18名。特邀代表为自治区副主席蓝天立。18名正式代表中既有残疾人及残疾人亲友，又有自治区、市、县（区）的残疾人工作者，其中少数民族代表6人。他们都是来自全区各条战线的残疾人自强模范、扶残助残先进和残疾人工作者。

图6-20-7　危朝安为广西代表团送行。

9月17日，中国残疾人联合会第六次全国代表大会在北京人民大会堂开幕。自治区残联理事长边疆、广西肢体残疾人协会主席包学雄、广西智力残疾人及亲友协会主席容小安当选为中国残联第六届主席团委员。

9月22日，自治区残联召开了学习贯彻中国残联第六次全国代表大会精神大会，自治区残联机关及直属事业单位、南宁市残联干部职工参加了会议。中国残联第六次全国代表大会代表、广西肢体残疾人协会主席包学雄、广西智力残疾人及亲友协会主席容小安、广西精神残疾人及亲友协会主席李德全发言，中国残联第六次全国代表大会代表、自治区残联理事长边疆传达了大会精神。

10月8—11月21日，自治区残联理事会领导分六个组，率领机关各部室、直属事业单位主任，分别到全区14个市，开展问计问需残疾人群众暨学习贯彻中国残联第六次代表大会精神活动。

10月11—20日，2013年全区残联统计人员培训班在南宁召开，各市、县（市、区）统计人员，自治区残联各直属事业单位统计人员及自治区残联机关各业务部门统计人员共分两期合计150人参加了培训。自治区残联副理事长许健强出席会议并讲话。培训班对2013年相关统计指标、统计系统网络版进行操作讲解。

10月15日，广西残疾人福利基金会在贺州市八步区西南村开展“慈善传递关爱，温暖送基层残疾人”活动。自治区残联副理事长、广西残疾人福利基金会理事长李瑞祥，贺州市残联、八步区及所属乡镇、村有关人员，残疾人代表和志愿者代表共50多人参加了活动。广西残疾人福利基金会为西南村残疾人提供价值10000元的辅助器具及生活用品，为37名贫困残疾人免费赠送三轮车、轮椅、盲杖等辅助器具和棉被、毛毯等物品。

10月21—24日，广西残疾人状况监测2012年度工作总结会暨2013年度监测工作培训班在南宁召开，全区25个监测县理事长、监测员及具体业务负责同志共95人参加了会议。自治区残联副理事长许健强出席会议并讲话。培训班对监测工作方案、流程等进行了讲解。

10月24—25日，自治区残联党组书记、理事长边疆带领理事会领导、机关各部室和直属事业单位主任一行，深入桂林市资源县天门村、车田湾村、官田村等地开展群众路线教育实践暨“清洁乡村、扶助残疾人清洁家园”活动，并向天门村、车田湾村、官田村捐赠“美丽广西，清洁乡村”活动奖金及物品各3.3万元。

10月29—11月3日，2013年全区残联理事长培训班暨廉政建设工作会议在自治区党校召开。各市残联理事长、党组书记，各县（市、区）理事长，自治区残联副科级以上领导干部、直属事业单位领导共180多人参加了培训和会议。

10月29—11月5日，2013年全国残疾人（22周岁以下）游泳锦标赛在北京举行，广西代表队派出18名队员分别参加肢体残疾组和视力残疾组两大项目比赛，取得9金5银4铜、团体总分第7名的好成绩。

11月13日，南宁市车管所为残疾人开通绿色通道，帮助残疾人驾驶员首次审验驾照。

11月17—18日，由中国教师发展基金会、关爱特教园丁专项基金管理委员会、言语听觉科学教育部重点实验室主办的全国首届教育康复技能大赛在哈尔滨召开。自治区听力言语康复中心派出教师参加大赛，作品《g的构音》获三等奖。

11月26—29日，全区社区康复工作现场会暨康复机构管理和技术人员培训班在平南县召开。自治区残联副理事长李瑞祥等领导出席会议。全区14个地市残联康复科科长、62个推进残疾人“人人享有康复服务”目标实现重点县（市、区）残联负责社区康复的工作人员，自治区扶持的68个康复站（中心）所属乡镇卫生院、社区卫生服务中心或康复机构负责人，从事康复工作专业技术人员等210多人参加了现场会。会议就“十二五”社区康复工作、社区康复和小儿脑瘫患者康复与护理等内容进行了培训。

11月28日，由美国斯达克听力基金会、中国听力医学发展基金会、中国市长协会、桂林市人民政府主办，桂林市残联、斯达克中国承办的斯达克“世界从此欢声笑语”活动在桂林举行。中国听力发展基金会理事长陶斯亮、美国斯达克听力基金会创始人威廉姆·奥斯汀、桂林市副市长巫家世出席。全市800多名听障患者免费获赠可编程式数字助听器1400台，并由来自斯达克听力基金会的近20名专家及志愿者提供专业的一对一助听器验配、咨询和培训服务，帮助他们重获新“声”。

12月3日，自治区残联、广西残疾人福利基金会联合自治区党委宣传部、自治区文明办在自治区残疾人康复研究中心举行“关爱残疾儿童，共享文化阳光——

2013年广西文化助残公益活动”。自治区残联副理事长、广西残疾人福利基金会理事长李瑞祥等领导以及自治区残疾人康复研究中心、自治区听力言语康复中心干部职工和在训残疾儿童及家长等100多人参加了活动。

12月3日，自治区残疾人五个专门协会在南宁市青秀山风景区开展国际残疾人日金秋游园活动。五个专门协会主席、南宁市的部分残疾人及亲友近90人参加活动。自治区残联党组书记、理事长边疆、巡视员冯宪到场亲切看望残疾人朋友。

12月13日，自治区残联在南宁召开中、区直单位按比例安排残疾人就业工作表彰会。自治区残联副理事长杨一万出席会议并讲话。会议总结了2013年度中、区直单位按比例安排残疾人就业工作情况，对144家先进单位进行了表彰。

12月15—19日，由中国聋儿康复研究中心主办的全国听力语言康复机构主题教学半日示范课程展示活动在北京举办。自治区听力言语康复中心送评的课程录像荣获全国三等奖。

12月18日，广西残疾人福利基金会第三届理事会第六次会议在南宁召开。会议听取和审议基金会2013年度工作报告，研究讨论2014年工作计划。

12月27日，由自治区人社厅、自治区残联主办，自治区就业局、南宁市人社局、南宁市残联承办的广西2014年就业援助月活动启动仪式在南宁举行。自治区人社厅巡视员于祖毅、自治区残联巡视员冯宪等领导出席了启动仪式。

附　录

为残疾人筑梦圆梦

——奋进中的广西残疾人事业

《广西日报》　2013年7月30日

2008年广西残联第五次代表大会以来，在自治区党委、政府的正确领导和中国残联的精心指导下，在有关部门、社会各界和广大残疾人、残疾人工作者的共同努力下，我区残疾人事业快速发展，取得了显著成绩。“十一五”规划圆满完成，“十二五”规划顺利实施，广西残疾人社会保障和服务体系建设全面推进，残疾人权益有效保障，残疾人生活状况较大改观，残疾人平等参与社会生活的环境和条件明显改善，残疾人工作基础进一步夯实，残疾人事业迈上了新台阶。

1. 制度保障：为残疾人梦想扬帆远行保驾护航

残疾人事业发展纳入法制化轨道。自治区党委、自治区人民政府印发了《关于促进残疾人事业发展的意见》，围绕全面建设小康社会奋斗目标，着眼于解决残疾人最关心、最直接、最现实的民生问题，做出了促进我区残疾人事业加快发展的重大部署。自治区人大修订了《广西实施〈残疾人保障法〉办法》，大幅增加了残疾人在康复、教育、就业和社会保障方面的新规定，更加突出对残疾人发展权、平等权的保障。自治区人民政府制定了《广西实施〈残疾人就业条例〉办法》《关于加快推进残疾人社会保障体系和服务体系建设的实施意见》《广西残疾人事业“十二五”规划》《广西农村残疾人扶贫开发工作方案》《广西农村残疾人扶贫开发规划(2011—2020年)》等政策法规。各级党委、政府及各部门都制定出台了一系列扶残助残政策，为残疾人事业发展提供了可靠的制度保证。

残疾人社会保障体系进一步完善。5年来，全区城乡累计共有219.18万人（次）残疾人纳入了最低生活保障。积极帮助农村残疾人参加新农保，帮助城镇残疾人参加基本医疗保险，制定了城乡重度残疾人参加基本养老保险和城镇重度残疾人参加基本医疗保险政府全额代缴的政策。残疾人基本康复项目纳入了基本医疗保险报销范围，农村残疾人参加新农合达到97%以上。城镇残疾人职工参加社会保险4.33万人，城镇残疾人居民参加社会保险35.86万人，城镇残疾人个体就业参加社会保险1.37万人，农村残疾人参加社会保险223.6万人。城镇残疾人有1.1万人享受集中供养或救济，农村残疾人有11.1万人享受“五保”供养和临时救济。同时，积极完善贫困残疾人就医、就学、就业和基本生活救助制度，加大对经济困难残疾家庭救助力度，重点推进重度残疾人、一户多残、老残一体等困难家庭的救助，促进残疾人低收入家庭生活救助水平的提高和改善。我区被国家确定为残疾人社会保障和服务体系建设重点联系省（区）。

2. 权益保障：为残疾人梦想展翅高飞丰羽满翼

残疾人康复卓有成效。全区已有6209个社区（村）开展了社区康复服务工作，已建社区康复站2353个，有26万残疾人得到不同程度康复。为12.37万残疾人实施白内障手术，其中为贫困白内障患者免费手术5.12万人。为精神残疾人提供治疗服务21.38万人次，帮助康复训练5.37万人。实施长江新里程项目，为6000多名缺肢者装配假肢。为残疾人供应辅助器具11.4万件，其中免费发放5.1万件。培训了社区康复协调员队伍1.3万多人。组织实施系列贫困聋儿抢救性康复救助项目，为1000多名聋儿免费配戴助听器及听力语言康复训练，为260多名聋儿免费植入人工耳蜗并进行康复训练，共为贫困聋儿家庭减轻负担9700多万元。5000多名肢体残疾、脑瘫、智障及孤独症儿童得到康复救助服务。

残疾人教育蓬勃发展。资助贫困残疾儿童少年接受义务教育，资助特校高中和职业高中、中专残疾人，资助残疾人及残疾人子女上大学。全区已建成特殊学校62所，开设特教班67个，全区在校接受义务教育的残疾学生达到1.75万人。已开办特殊教育普通高中班10个，残疾人中等职业学校5所，依托广西教育学院、广西电大和南宁职业技术学院开办了残疾人高等教育专业，创办广西残疾人高等职业教育学院，为全区残疾人提供接受高等教育机会，我区残疾人高等教育实现了零的突破。加强特殊教育师资队伍建设，积极组织开展特殊教育学校校长、骨干教师培训。高校录取残疾人学生5年达700多人。全区实现了残疾学生接受教育“年年受助，人人受助”，5年共资助残疾人学生及残疾人子女2.12万人。

残疾人就业工作扎实推进。组织开展残疾人职业培训15.6万人次，全区建成职业培训基地63个。广泛开展残疾人就业服务和就业援助，共组织了600多场残疾人专场招聘会。加强监督检查，确保用人单位依法为残疾职工缴纳社会保险费。自治区对残疾人个体就业创业给予一次性5000元的扶持。全区每年给予3000多名城镇贫困残疾人个体户和灵活就业人员基本养老保险补贴。积极开展盲人培训，组织参加全国盲人医疗按摩人员考试。举办全区残疾人职业技能竞赛，组织参加全国残疾人职业技能竞赛。县级以上残疾人就业服务机构全部配备了系统管理员。录入了45万多名残疾人就业和培训信息，残疾人就业和培训实名制数据库建设工作位居全国前列。全区城镇残疾人集中就业1.84万人，按比例就业2.476万人，公益性岗位就业、个体及其他形式就业3.68万人。全区农村残疾人劳动就业64.1万多人。

残疾人扶贫开发成效显著。积极组织实施新一轮贫困残疾人扶贫开发攻坚，自治区本级筹集投入3亿元专项资金用于开展农村残疾人扶贫开发，重点实施“党员扶残温暖同行”、农村残疾人扶贫基地建设、农村贫困残疾人实用技术培训、“居家无障碍改造”等项目，扶持30万农村贫困残疾人增加收入、改善生活状况。扶持农村贫困残疾人家庭6.8万户，每户补助1000元以上。在县、市、区建立了111个“阳光助残扶贫基地”，每个基地每年补助20万元。开展农村贫困残疾人实用技术培训2.6万人，每人每年补助1000元。积极推动将残疾人危房改造列入各级政府为民办实事项目，5年共为农村贫困残疾人进行危房改造5.6万户，帮助15万多名贫困残疾人及其家属圆了安居梦。帮助了1万多户贫困残疾人家庭进行家庭无障碍改造，每户补助4000元。自治区党委组织部、财政厅、残联组织实施的“党员扶残温暖同行”项目被中央组织部和中国残联在全国总结推广。5年来，全区共帮助了13.47万农村贫困残疾人脱贫。

“阳光家园”温暖更多残疾人。积极为智力、精神和重度残疾人提供托养服务，帮助残疾人增强生活信心、提升参与社会能力、提高生活质量。为托养服务机构和居家托养残疾人家庭提供资助，创建了一批“阳光家园”集中托养（日间照料）示范机构，给予资金补贴，逐步建立残疾人日间照料、托养护理、居家服务等政府补贴长效机制。全区已给予7.2万人次贫困智力、精神和重度残疾人提供集中托养、日间照料和居家服务补助。

残疾人合法权益得到广泛保障。全区深入实施“扶残维权工程”，为贫困残疾人提供无障碍法律援助和法律服务。成立了144个残疾人法律援助中心或法律援助中心残联工作站，为维护残疾人权益提供便捷的通道。5年来，为残疾人提供法律服务1200多件和6.6万人次，挽回经济损失2000多万元。积极开展残疾人机动轮椅车燃油补贴工作，共为1.54万人发放补贴。进一步推进残疾人驾驶汽车工作，给予取得驾照的残疾人培训补贴，举办残疾人汽车驾驶知识培训。

残疾人服务设施不断完善。全区各级残联上下联动，努力建阵地、造平台，自治区、市、县三级普遍建成了残疾人服务设施，已投入使用的残疾人综合服务设施96个，在建项目13个。5年来共为33万多人次残疾人提供了康复、就业、培训、维权等综合服务，把服务平台真正建成了“残疾人之家”。自治区新建成残疾人职业技能培训综合大楼、残疾人辅助器具中心大楼和残疾人启智展能中心大楼，其中残疾人辅助器具中心大楼建筑规模全国第一。广西残疾人事业园建成并投入使用，2.2万平方米的新建自治区残疾人康复中心项目正在抓紧建设当中。

3. 平等参与：为残疾人梦想开花结果播洒阳光

残疾人组织建设进一步加强。积极实施“强基育人”工程，全区乡（镇、街道）全部建立了残联组织。建立了村（社区）残疾人协会1.586万个，选聘残疾人专职委员1.545万名。市、县级全部建立健全了残疾人专门协会，全区残疾人工作队伍实现了“横向到边，纵向到底”。自治区残联、民政厅、财政厅、人力资源和社会保障厅联合出台了《关于进一步加强和规范基层残疾人组织建设的意见》，将残疾人专职委员的工资补贴纳入了财政预算。自治区对3000名乡（镇、街道）和社区残疾人专委给予了岗位补贴，每人每年1800元；对1.4万多名村残疾人专委给予了岗位补贴，每人每年360元。积极开展志愿助残活动，与广西八桂义工共同实施“志愿助残结对帮扶”，全区助残志愿者队伍已达10.6万多人。努力做好残疾人证核发工作，全区残疾人持证率已近40%，位居全国前列。我区被中国残联评为基层残疾人组织建设、干部培训、残疾人干部配备、专门协会工作成绩突出省称号。

残疾人文化进一步丰富。加强残疾人文化建设，建立和完善残疾人公共文化服务体系。深入开展残疾人文化周活动，扩大“残疾人文化进社区”项目覆盖面，动员社会力量推动残疾人文化事业发展。积极开展残疾人文艺演出，丰富残疾人文化生活。举办全区特教学校学生艺术汇演，组织参加全国特教学校学生艺术汇演。举办全区残疾人优秀工艺美术作品评选。成功举办上海世博会生命阳光馆残疾人技能展示广西周活动，组织我区残疾人到世博会生命阳光馆展示才艺技能。时任自治区党委书记、自治区人大常委会主任郭声琨，时任自治区主席马飚，时任自治区政协主席马铁山等领导参观了生命阳光馆，慰问残疾人才艺人员并观看演示，中国残联专门给自治区党委、政府发来了感谢信。举办广西残疾人事业好新闻评选活动，办好残疾人事业专题节目，电视台开设手语新闻节目。举办第八届全区残疾人艺术汇演，邀请中国残疾人艺术团到南宁、柳州、桂林、北海市演出5场。建立了5个广西残疾人特殊艺术人才培养基地。开展“百家文艺院团”文化助残公益活动。

残疾人体育结硕果。组织动员残疾人广泛参与体育活动，积极实施残疾人自强健身工程。在北京残奥会上，我区运动员获得金牌2枚、银牌2枚、铜牌2枚。在国际第二十一届听障奥运会上，我区运动员获4枚金牌，占中国代表团金牌总数的三分之一。选送4名运动员参加广州亚残运会，获得了1金1银1个第五名的好成绩。在第八届全国残疾人运动会上，我区运动员获得金牌5枚、银牌12枚、铜牌25枚，总成绩排全国第14位。在伦敦残奥会上，我区运动员获得铜牌1枚和1个第五名、1个第七名。组织参加第五届全国特奥运动会，共夺得23枚金牌、28枚银牌、16枚铜牌；我区运动员参加第十三届世界夏季特殊奥林匹克运动会，夺得4×400米接力第一名、400米第五名、800米第七名。举办了全区第七届残疾人运动会暨第二届特奥会，创办了三届全区残联系统运动会。积极开展残疾人运动员选拔和集训，举办全区残疾人青少年田径、游泳锦标赛。开展残疾人体育健身指导员培训。积极开展特奥运动员培训，完成2400多名特奥运动员培训。

广大残疾人自强不息谱写生命华章。全区广大残疾人发扬自尊、自信、自强、自立精神，乐观进取，融入社会，主动参与，奉献力量，实现自身价值，谱写人生华章。涌现了一大批感人的残疾人优秀代表，为构建社会主义和谐社会做出了积极贡献。残疾人陶进、李玉息、阮文凭、唐元4人被评为全国自强模范。广大残疾人积极投身于构建和谐社会的伟大实践，成为我区经济社会发展的一支重要力量。

广西的残疾人事业已站在了新的历史起点上，面对残疾人事业面临的新形势、新任务和广大残疾人朋友的新期盼，在自治区党委、政府的正确领导下，自治区残联将开拓创新，锐意进取，团结带领广大残疾人朋友，为广西残疾人事业的发展铺设更美好的明天，为让残疾人与全区人民一道迈向小康、实现“中国梦”而努力奋斗！

（陈辉供稿）

海南省残疾人事业和残疾人工作

一、领导讲话

省委书记罗保铭在省残联第六次代表大会上的讲话摘要

2013年9月13日

过去的五年，是海南发展最快、人民群众受益最多的五年，也是全省残疾人事业财政投入最多、残疾人社会保障和服务体系不断发展完善的五年。五年来，全省各级党委、政府和各级残联组织，认真贯彻落实党中央、国务院和中国残联关于促进残疾人事业发展的一系列工作部署，扎实、有序地推进残疾人康复、教育、培训和再就业等重点工作，优化残疾人事业发展环境，极大地改善了残疾人的生活状况。同时，全省广大残疾人朋友们紧跟时代步伐，自强自立，在逆境中拼搏成长，涌现出了洪志功、王孙文、李文浩等一批自强模范，展示了新时期海南残疾人良好的精神风貌。

残疾人事业是崇高的人道主义事业，是中国特色社会主义事业重要组成部分。为残疾人创造平等参与社会生活的条件，使残疾人共享改革发展的成果，是党和政府及全

图6－21－1　罗保铭在省残联六代会开幕式上讲话。

社会义不容辞的责任。党的十八大描绘了全面建成小康社会、加快建设社会主义现代化强国的美好蓝图。全面建成小康社会，就是要确保全省49.4万残疾人朋友与全省人民一道步入小康社会，不丢下、不落下任何一个残疾人朋友。只有残疾人都实现小康、成就梦想，海南的全面小康才更完整、更真实。借此机会，我对海南残疾人事业的发展讲几点意见：

一、各级党委、政府要用实实在在的举措，关爱帮助残疾人朋友

当前，我省的残疾人接近50万，他们的总体生活水平与全社会平均水平仍有较大差距，不少农村残疾人仍处于艰难生活的贫困之中。作为特殊困难群体，他们尤其需要党委和政府的特殊关爱。全省各级党委、政府一定要从立党为公、执政为民的高度，从建设和谐社会的高度，建立完善“党委领导、政府负责、残联牵头、部门协同、社会参与”的残疾人社会保障体系和基本公共服务建设体系，实行“普惠”加“特惠”的政策，保障残疾人生活、医疗、康复、教育、就业等基本需求；要用强力政策保护弱势群体，使残疾人享有政策不弱势、享受福利不困难、全面发展无障碍，真切感受到党和政府的温暖、体会到社会主义制度的优越性。今天我们的分管的市县长都在，希望大家拿出实实在在的举措，保障残疾人权益，为残疾人朋友做好事、多办实事。

二、各级残联和残疾人工作者要用人道主义情怀，精心呵护、周到服务广大残疾人朋友

残联是党和政府联系残疾人的桥梁和纽带。各级残联和广大残疾人工作者，要以真挚的人道主义情怀，切实履行好代表、服务、管理的职责，像“娘家人”一样对残疾人精心呵护、周到服务。一要推进重点康复项目，完善康复救助办法，实施救助系列工程，提升残疾人健康水平。二要落实低保、加强社保，做好救助，确保残疾人基本生活。三要加快完善残疾人服务网络和残疾人助学政策，强化残疾人教育培训和就业服务，建立健全残疾人托养服务体系，切实让残疾人和健全人一样生活得更有尊严、更有质量。要借深入开展党的群众路线教育实践活动的东风，把党和政府对残疾人的关怀落到实处，把各种扶残助残资金用在最急需的刀刃上，尤其要确保不折不扣地花到残疾人身上，决不允许任何人、任何部门挤占挪用扶残助残资金，决不允许从残疾人身上“揩油”中饱私囊。

三、大力弘扬扶残助残的文明风尚，倡导全社会都向残疾人伸出友爱和援助之手

残疾人要取得和健全人一样的成绩，往往需要更坚强的毅力、更艰辛的付出。关心、关爱残疾人是中华民族传统美德，是社会文明进步的责任和标志。正在建设的海南国际旅游岛，需要营造与优美的自然环境相匹配的人文环境和良好风尚，在全社会倡导“平等、参与、共享”的残疾人观显得尤为必需。要消除对残疾人的歧视和偏见，在人格上尊重残疾人，在生活上帮助残疾人，在事业上扶持残疾人，让党和政府、社会各界关爱的阳光温暖每个残疾人的心灵。要发展壮大助残志愿者队伍，打造助残公益品牌，鼓励各类社会组织和市场主体参与发展残疾人服务业，鼓励民间资本兴办为残疾人服务的福利机构。要充分发挥工青妇、红十字会、慈善总会等优势，组织更多形式的扶残助残活动。要为残疾人事业发展提供强有力的帮助支持，在全社会形成关心、爱护和资助残疾人的良好舆论氛围。

四、广大残疾人要自强不息，创造人生精彩

习总书记指出，生活在我们伟大祖国和伟大时代的中国人民，共同享有人生出彩的机会，共同享有梦想成真的机会，共同享有与祖国和时代一起成长进步的机会。只要残疾人朋友自强不息，一样可以成就梦想，成为令人尊敬的生活强者，成为学业上事业上的成功者，成为物质财富和精神财富的创造者。全国残联主席张海迪就是这样的一个生动而真实的范例。从小高位截瘫的她，没有向命运低头，凭借着“活着就要做个对社会有益的人”的坚强信念躺在病床上自学成才，取得了大多数健全人都无法企及的卓越成就，尽管现在社会工作繁忙，但她始终勤写不辍，还在履行着一个作家对社会的责任。三十多年来，她的精神在不断地激励、影响着我国的广大年轻人。在海南也有很多像海迪一样自强不息、意志超人的残疾人朋友，他们乐观拥抱生活，积极面对困难、影响着我国的广大年轻人。在海南也有很多像海迪一样自强不息、意志超人的残疾人朋友，他们乐观拥抱生活，积极面对困难，主动融入社会，用勤劳改变人生，用自信实现价值，他们的故事常常令我们感动、给我们力量。今天在座的代表、我省著名青春励志作家洪志功，因患有“进行性肌营养不良症”，四肢无法正常工作，随时面临全身瘫痪甚至死亡的危险。但强大的内心、超人的毅力支撑他读完了大学，先后写出了《痛苦中的微笑》《青春遗痕》等励志小说，给人以鼓舞和力量。今天同样在座的“全国自强模范”王孙文，虽身患小儿麻痹症，却练得了木雕好手艺，白手起家、艰苦创业。有了自己的事业后，他还热心助人，免费为贫困市县的残疾青年培训雕刻技术。高位截瘫患者李文浩，全身仅肩部和头部可以活动，怀着对亲人、对社会的感恩之心，头顶鼠标创办了中国第一个脊髓损伤病友交流网站，帮助上百名病友走出困境，同时也书写了自己的坚强人生。他们身上凝聚着海南力量、彰显着海南精神，是海南实现科学发展、绿色崛起的正能量。

副省长何西庆在省残联第六次代表大会闭幕式上的讲话摘要

2013年9月13日

一、提高思想认识，增强发展残疾人事业的紧迫感和使命感

残疾人事业承载着残疾人的向往期待，凝聚着残疾人及其亲属的厚望重托，是人类崇高的人道主义事业，是中国特色社会主义的重要组成部分。党的十八大描绘了全面建成小康社会、实现中华民族伟大复兴的“中国梦”，作为最困难的社会群体，广大残疾人对这个梦想的追求更强烈、更迫切。今年习近平总书记视察海南时指出：要加快推进民生领域体制创新，促进公共资源向基层延伸、向农村覆盖、向弱势群体倾斜，加快构建覆盖城乡、公平合理、普惠性强的基本公共服务体系。省委要求我们要深刻领会

图6-21-2　何西庆在省残联六代会闭幕式上讲话。

并努力实现保障改善民生、让人民过上更好生活的最终目标。我省有50万残疾人，涉及全省约1/5的家庭。没有残疾人事业的同步发展，没有残疾人的小康，就不可能实现全面建成小康社会的目标；没有残疾人的幸福家园，就不可能是美丽中国海南篇的幸福家园。因此，进一步做好新形势下的残疾人工作，对于维护、发展和实现全省残疾人及其家庭的切身利益，对于促进社会公平正义具有重大的现实意义和深远的历史意义。

这些年来，我省残疾人事业已建立起稳健的组织架构，各项工作也取得长足的进步，为残疾人平等参与生活、共享经济社会发展成果创造了良好环境，残疾人生活状况明显改善。但是，由于起点低、底子薄，保障制度还不完善，工作机制不健全，服务能力不足等，以致相当一部分残疾人的生活还比较困难。与我省经济社会发展整体水平相比，与加强城乡社会保障与公共服务体系建设的程度相比，与广大残疾人日益增长的保障与服务需求相比，残疾人事业仍然存在明显不足，仍然是直接影响全面建成小康社会的“短板”。全省各级党委、政府和残疾人工作者，要充分认识到做好残疾人工作在全面小康建设中的重大意义，要从共筑共圆中国梦的新高度，抓住国际旅游岛建设的重大机遇，面对残疾人工作的形势和挑战，充分把握残疾人群体的特殊需求，进一步增强工作责任感、使命感、紧迫感，全面促进残疾人与社会的融合，让广大残疾人平等参与社会生活，共享改革发展的成果，共享人生出彩的机会，让怒放的生命在时代进步中焕发出绚丽的光彩。

二、凝聚各方面力量，夯实推进残疾人事业发展的优良环境

残疾人工作是一项覆盖面广、工作难度大、特别需要扶助的社会系统工程，涉及诸多部门和工作领域，需要全社会的广泛参与和大力支持。《中共中央国务院关于促进残疾人事业发展的意见》指出，促进残疾人事业发展的根本指导原则是：“坚持政府指导、社会参与，坚持国家扶持、市场推动，坚持统筹兼顾、分类指导，坚持立足基层、面向群众”。具体讲，就是各级政府要发挥主导作用，把残疾人事业纳入地方经济社会发展统筹规划，同步实施，定期听取残疾人工作汇报，及时研究和解决问题；各级政府职能部门要认真执行好党和政府发展残疾人事业的政策、法律法规，落实好保障措施；各级政府残工委及其成员单位要切实履行职责，积极协调，相互配合，自觉做好残疾人工作；各级残联组织要切实履行“代表、服务、管理”职能，密切与残疾人的血肉联系，充分反映残疾人的愿望和需求，当好各级党委、政府联系残疾人的桥梁和纽带；社会各界要广泛参与和大力支持，整合资源，利用市场机制推进残疾人事业发展。以此建立和完善“政府主导、部门配合、社会参与”的残疾人事业工作机制，群策群力，立足基层，面向广大残疾人群众，扎扎实实为残疾人办实事，解难事，在残疾人康复、教育、就业、文化体育、维护权益、组织建设等方面营造保障和服务的良好环境，不断把海南残疾人事业提高到一个新的发展水平。

三、推进“两个体系”建设，切实提高残疾人社会保障和服务水平

“健全残疾人社会保障和服务体系，切实保障残疾人权益”是党的十八大对发展残疾人事业提出的要求，也是我们残疾人工作者义不容辞的责任。当前残疾人工作的中心任务，就是认真贯彻落实党的十八大和省第六次党代会精神，健全残疾人社会保障体系和服务体系，着力解决残疾人最关心、最直接、最现实的利益问题，着力在提高残疾人保障水平上下功夫，着力在增强残疾人自我发展能力上下功夫，努力缩小残疾人收入与社会平均水平的差距，帮助广大残疾人过上更加体面、更有尊严的生活。要牢牢把握“两个体系”建设这条主线，认真实施《国家基本公共服务体系“十二五”规划》，努力提高我省残疾人社会保障和服务水平，切实保障残疾人的生存权、发展权。要加快健全普惠与特惠相结合，一般性制度安排与专项制度安排相结合的政策保障体系，切实保障残疾人的基本生活；加快健全基本公共服务与特殊服务相结合，基本服务供给与专业服务供给相结合的政策服务体系，不断提高残疾人的服务机构、服务设施和服务人才队伍的制度化、规范化和专业化水平。要时刻把残疾人的冷暖放在心上，深入残疾人家庭，倾听他们的呼声，把握他们的脉搏，了解他们的思想，着力抓好涉及残疾人群体的康复服务、劳动就业、扶贫解困、教育培训等工作，切实帮助残疾人解决实际困难，让关爱的阳光温暖每一个残疾人的心灵。

四、加强队伍自身建设，打造一支素质优良的残疾人工作者队伍

当前，残疾人事业正处在一个重要的发展机遇期。残疾人工作不断面临新矛盾和新问题，各级残联组织要充分发挥党和政府联系残疾人的桥梁和纽带作用，务必转变工作作风，要以整治“庸懒散奢贪”专项工作为契机，切实加强队伍自身建设。残联组织的各级领导干部，要怀着强烈的事业心、高度的责任心、永恒的爱心，带领广大残疾人工作者，积极投身到残疾人事业中去，密切与残疾人的血肉联系，深入残疾人群体之中，认真研究残疾人工作的难点热点，倾听残疾人呼声诉求，主动加强与各有关部门的沟通合作，全力推动解决残疾人最关心、最迫切、最需要解决的困难问题，切实维护和保障残疾人的合法权益；要义不容辞为残疾人奔走呼吁、“跑腿”办事，及时把党和政府的政策措施落实到残疾人的身上，把党和政府的温暖送到残疾人的心坎里，真正当好残疾人的“娘家人”。

建设一支思想素质高、业务能力强、工作作风实、服务质量优的残疾人工作者队伍，务必要进一步加强思想作风建设，恪守“人道、廉洁、服务、奉献”的职业道德，解放思想，更新观念，增强服务意识，加强业务培训，进一步提高干部队伍的办事能力和工作效率。要积极开展党的群众路线教育实践活动，坚持面向基层，切实解决残疾人生产生活中的困难和问题，实实在在帮助贫困残疾人脱贫脱困，推动残疾人事业持续稳定发展。

五、完善依法维权体系，确实保障残疾人的合法权益

残疾人充分行使民主权利，参政议政，为经济建设、政治建设、文化建设和社会建设建言献策，是我国民主法治和人权保障普遍性、真实性的充分体现。各级各部门要本着以人为本的重要立法精神，不断加大残疾人法制建设力度，为残疾人参与社会生活提供法律保障。要以组织实施《残疾人保障法》为主线，认真贯彻落实有关残疾人的各项法律、法规规定和各类优惠政策，为残疾人生存和发展创造良好的环境。要加强执法检查监督，积极协调司法部门和法律机构，为残疾人提供有效的法律援助和法律服务，建立起广泛的残疾人维权网络，实现好、保护好、发展好残疾人的各项权利。同时，要加强对残疾人的法律法规宣传教育工作，使广大残疾人学法、懂法、守法，进一步增强法制观念，学会运用法律武器维护自身的合法权益，充分享受民主法治建设的成果。

今后五年，残疾人事业面临着良好的发展机遇，新的形势为残疾人工作提供了更为广阔的空间，也提出了新的更高要求，残疾人工作迫切需要各级党委、政府、各相关部门的重视和支持，需要社会各界不懈的努力，当然也更需要广大残疾人的顽强拼搏和奋斗进取。希望新当选的残联领导、代表和广大残疾人工作者，带着深厚的感情、高度的责任感、坚韧的干劲，始终保持良好的工作状态，当好残疾人合法权益的代表者和维护者；希望广大残疾人保持和发扬自尊、自信、自强、自立精神，用崇高的理想激励自己，用昂扬的斗志鼓舞自己，用美好的情操陶冶自己，用丰富的知识充实自己，不断提高自身素质，增强参与意识和社会适应能力，热爱生活，乐观向上，积极参与社会生活和经济建设，在服务社会、贡献社会中体现自我价值，与全省人民一起创造社会财富、建设美丽家园、实现美好梦想。

二、政策法规文件

海南省阳光家园计划——智力、精神和重度残疾人托养服务项目（2012—2015年）实施方案

琼残字〔2013〕52号

2012年至2015年，通过组织实施阳光家园计划，完成中国残联下达我省任务指标，使智力、精神和重度残疾人接受各种形式的托养服务，促进集中托养和居家托养改善托养服务条件、提高托养服务能力水平，帮助残疾人增强生活信心、提升社会参与能力、提高生活质量。根据中国残联和财政部相关规定以及结合我省实际，集中托养的资助标准为每人每年补助标准不低于5000元，日间照料每人每年补助标准不低于3000元，居家托养服务每人每年不得低于1800元。

三、工作综述

（一）选好配强班子，圆满完成全省各级残联换届工作

2013年是全省残联系统的换届年，根据中国残联章程规定和中国残联的统一部署，与省委组织部联合制定实施《关于海南省各级残联召开第六次代表大会的指导意见》，使换届选举工作依法依规、健康有序地顺利进行。全省19个市县，有7个市县（含农垦地区）残联领导班子配备了残疾人副理事长，文昌等16个市县配备了残疾人领导干部。省残联第六次全省代表大会选举产生由85名委员组成的省残联第六届主席团，聘请省委副书记李宪生为省残联第六届主席团名誉主席，选举副省长何西庆为省残联第六届主席团主席，符琼光等7名同志为副主席；选举符永为省残联第六届执行理事会理事长，符桂和（肢）为副理事长。第二次全体会议增补林世闻等4名同志为第六届主席团委员，主席团委员由原来的85名增加到89名；推举林世闻同志为执行理事会副理事长。

（二）深刻领会精髓，以实在举措贯彻落实中国残联六代会和省残联六代会精神

中国残联六代会后，省残联向省委、省政府领导做了专题汇报，提出了落实会议精神的意见建议。组织召开全省残联理事长工作会议和省残联系统干部会议，认真学习中国残联六代会上张高丽同志、王勇同志、邓朴方同志、张海迪同志的重要讲话和工作报告，落实省委罗保铭书记在省残联六代会上的重要讲话精神。要求各级残联干部队伍进一步把思想统一到中央、省委要求上来，探讨研究海南省残疾人事业如何贯彻落实好党的十

八大精神、习近平总书记视察海南重要讲话精神和省第六次党代会精神的要求，解决残疾人更多的困难问题，把底兜住，积极推动海南省残疾人事业在新的历史起点上，发展成为我国残疾人事业的实践范例。同时，贯彻省委罗保铭书记“用实实在在的举措关爱帮助残疾人朋友”的讲话精神，落实党的群众路线教育实践活动整改要求，密切和残疾人群众的血肉联系，组织四个调研组，以“深入基层摸实情，破解难题谋发展”为主题，到全省18个市县、省农垦、洋浦经济开发区进行调研，走访了36个乡镇（社区、街道）、31个盲人按摩点、18个残疾人扶贫点、11家残疾人企业、54户贫困残疾人家庭、5所特教学校和6所民非残疾人康复机构，组织人员赴四川、天津等省市考察学习。通过调研了解掌握海南省残疾人工作和残疾人的生活状况，借鉴省外残疾人工作的成功经验和方法，经与市县领导沟通协调，顺利解决市县重度残疾人生活补助、残疾人专职委员生活待遇、残疾人就业保障金收缴等问题，并依此提出未来海南省残疾人事业的发展方向、具体措施，为省委、省政府决策海南省新时期残疾人工作提供科学依据。

（三）通力合作，顺利完成2013年省委、省政府为民办实事人工耳蜗事项

省委、省政府将60名困难家庭适应症儿童实施人工耳蜗植入手术及康复训练项目列入2013年为民办实事十大事项，省卫生厅、省残联共同负责组织实施该项目。省残联在项目中承担术前患者筛查、人工耳蜗设备采购、康复场所改造、康复设备购置、康复老师招聘及术后儿童康复训练等工作。在省卫生厅、省财政厅、省民政厅的配合与支持下，经认真筹划、精心组织、积极实施，2014年11月提前完成60例植入手术任务，术后儿童全部安置在省残疾人康复指导中心接受康复训练。

图6-21-3　省残联党组书记、理事长符永看望接受康复训练的聋儿。

（四）弘扬人道，积极做好海南省残疾人基金会成立筹备工作

为进一步推动海南省残疾人事业发展，营造扶残助残的良好社会氛围，沟通政府、社会与残疾人的联系，开展和资助有利于残疾人康复、教育、劳动就业、文化生活、社会保障、社会服务和残疾预防等社会公益活动。组织筹备海南省残疾人基金会，按法定程序完成基金会登记注册工作，通过《海南省残疾人基金会章程》。精心策划、录制《大家都来为残疾人捐助一元钱》主题歌，协调各有关部门做好举行海南省残疾人基金会成立揭牌暨社会助残募捐活动启动仪式的各项准备工作。

（五）精心实施，以圆满完成残疾人各项工作推动残疾人“两个体系”建设进程

1. 残疾人康复基础进一步巩固

一是进一步完善残疾人康复工作机制。充分发挥残工委的主导作用，动员社会各界通过各种形式为残疾人提供康复服务。组织开展残疾人康复协会各专业委员会工作。对公立和民营残疾人康复机构开展调研和资质认定，授予第二批残疾人康复救助项目定点机构31家。以扶持民非残疾儿童康复服务机构项目为推手，通过定点机构规范化建设评估、专业人员培训、康复训练督导等工作，切实推进民非康复机构的发展。督导省残疾人康复指导中心加强和完善其内设机构“海南省聋儿康复中心”和“海南省残疾人辅助器具服务中心”的建设，增强残疾人康复服务能力。二是积极督导和推动社区康复工作。举办残疾人康复业务骨干及盲人定向行走训练指导师培训班，完成全省培训350名康复协调员的工作任务。按国家规范标准督导每个市县建设2个社区康复示范站，并合理配套使用社区康复训练器材。三是保质保量完成视力残疾康复工作。继续推动“复明14号”流动眼科手术车项目，为1000名白内障患者免费实施复明手术，脱盲率达99%。圆满完成第十五届中国复明扶贫流动眼科手术车海口研讨会的组织承办任务，得到亚洲防盲基金会及全国参会同行的高度赞许。完成全年培训1375名盲人定向行走训练的工作任务。组织开展贫困低视力患者免费适配助视器活动，举办低视力儿童家长培训班，年培训低视力儿童家长150名，为1500名低视力者适配各类助视器2200件。四是积极开展残疾儿童抢救性康复工作。举办2期全省脑瘫、孤独症、智力残疾儿童家长培训班，共培训600人次。为100名脑瘫、240名孤独症、100名智力残疾儿童免费提供为期半年的抢救性康复训练服务。组织实施并完成38例贫困肢体残疾儿童免费矫治手术任务。五是有序开展精神病防治工作。投入资金660万元，为450名贫困精神病患者提供住院救助，为3000名贫困精神病患者提供服药救助。参与省精防工作领导小组主导的精防康复工作科研活动，大力推进“社会化、综合性、开放式”的精神病防治康复工作模式。六是按需提供残疾人辅助器具适配服务。为残疾人适配假肢305例，为201名脑瘫儿童适配矫形器281件，为市县配发轮椅、助视器、步行器、拐杖等残疾人辅助

器具5000多件。七是康复人才培养和残疾预防工作得到加强。协调残疾人康复协会各专业委员会组织开展康复业务研讨及申报科研项目。选送人员参加国家及区域组织的业务培训，其中康复学科带头人5人，康复技术7人，康复管理11人。组织康复业务骨干及康复协调员参加全国性各项康复工作培训。督导海口市落实残疾预防试点城市工作，逐步建立残疾预防组织管理工作机制。

2. 残疾人接受教育逐步普及

2013年，国家、省级投入资金303.8万元，对1426名不同教育阶段的残疾学生和残疾人子女学生进行资助。继续组织实施交通银行助学项目，海南大学王振同学获得“交通银行残疾大学生励志奖”，文昌市特殊教育学校王帅、琼海市阳江中学郭仁群等2位老师获得“交通银行特教园丁奖”。投入30万元对海口天冀特殊教育培训中心等3所残疾儿童学前教育机构进行资助，购置教育教学设施设备及校园无障碍设施建设及改造等，改善办学条件。

3. 残疾人培训就业进一步推进

一是大力开展残疾人职业培训工作。制定实施《2013年度海南省残疾人职业技能培训实施方案》，举办电动车、计算机应用、盲人按摩、家电维修等培训班，培训残疾人797人，培训后推荐残疾人就业346人。投入160万元，对三亚等7个市县1600多名农村贫困残疾人进行实用技术培训。建立残疾人职业培训与就业实名制统计和通报制度，截至2013年12月31日，全省录入已办理第二代残疾人证且在就业年龄段的残疾人就业信息76273条，录入率达100%。二是稳步推进残疾人就业工作。落实残疾人就业政策文件，推动《海南省安排残疾人就业规定》的修订工作，联合省委组织部等6部门制定实施《关于促进全省残疾人按比例就业的实施意见》。与省人社厅联合出台《全省残疾人就业服务机构规范化建设实施意见》，并制定实施方案、建设标准和评估细则，组织召开全省就业服务机构规范化建设现场会，对市县残疾人就业服务机构规范化建设工作进行指导检查。组织开展2013年全国盲人医疗按摩人员考试。投入资金100万元扶持18家盲人保健按摩店，安置106名盲人就业。投入资金184万元，扶持创建46个福彩销售点，共安排92名残疾人就业。完成海南2013年高校残疾人毕业生就业情况统计工作，全省2013年应届高校残疾人毕业生总数51人，其中已就业45人。据统计，2013年海南省在就业年龄范围内的残疾人7.6万人，其中实现就业的残疾人28870人，占38%。在就业登记的残疾人中，集中就业691人，按比例就业7251人，个体就业1364人；农村残疾人从事农业生产劳动实现就业12290人，社区公益岗973人，居家就业4579人，其他就业1722人。

4. 残疾人扶贫面逐步扩大

与省扶贫办等部门制定实施《海南省农村残疾人扶贫工作“十二五”实施方案》。拨付康复扶贫贷款贴息64.13万元，为安排残疾人就业的企业和残疾人个人贷款进行贴息，安置就业、扶持创业残疾人62人。进一步发挥儋州、乐东、白沙等市县残疾人扶贫基地的示范和引导作用，辐射带动残疾人就业300人。国家、省级投入资金1050万元，为1200户农村贫困残疾人家庭进行危房改造，受益残疾人1300人。投入资金360万元，扶持400户农村贫困残疾人发展生产和200户城镇残疾人个体从业。

5. 残疾人社会保障水平大幅度提高

落实《海南省重度残疾人生活补助实施方案》，继续对肢体、视力、精神、智力四类一级重度残疾人给予生活补助。2013年省、市县加大保障力度，投入资金5738.1万元，为30900名一级重度残疾人发放生活补助。与省财政厅联合出台《海南省“阳光家园计划智力、精神和重度残疾人托养服务项目”（2012—2015年）实施方案》，为12162名智力、精神及重度残疾人提供托养服务（其中，居家托养11752人，机构托养410人）。全面展开新农保和城镇居民社会养老保险工作，对全省一、二级重度残疾人加入新农保和城镇居民社会养老保险开展鉴定工作，5904名城镇残疾人职工参加社会养老保险，42034名城镇残疾人居民参加社会养老保险，107629名农村残疾人参加新型农村养老保险。

6. 残疾人宣传文化体育成效显著

以学习宣传贯彻党的十八大、十八届三中全会、中国残联六代会和省残联六代会为工作重点，借助全国助残日等活动，集中报道残疾人事业的成就和经验。协同海口电视台办好手语新闻节目。完成《海南残疾人》季刊的出版发行工作。推进省、地级市电视台开办手语栏目和新闻栏目加配字幕。落实省委宣传部等9部门《关于加快残疾人文化建设的意见》。开展残疾人文化周活动，实施“残疾人文化进社区”项目。举办第二届海南省残疾人文艺汇演，从中选送7个节目参加第八届全国残疾人文艺汇演（福建赛区），共获得1个一等奖、2个二等奖、3个三等奖、1个优秀奖。组织参加全国乒乓球、田径、举重等项目比赛，其中获得田径比赛金牌1枚、银牌1枚、铜牌1枚。在全国特奥乒乓球比赛中，海南省6名运动员获得9枚金牌，名列全国第一。在澄迈县委、县政府的帮助与支持下，成功举办第三届全省特殊奥林匹克运动会。

7. 残疾人维权信访取得新进展

一是积极推进残疾人事业法制建设。完成《海南省安排残疾人就业规定》修订工作；推动将《海南省无障碍环境建设条例》纳入省人大五届立法规划；依据有关法律法规和政策，制定了《海南省残疾人信访工作制度》《海南省残联信访工作规定》，进一步明确信访岗位职责，规范工作程序，提升依法为残疾人服务的能力和水平，切实保障残疾人的合法权益。二是大力开展残疾人权益保障工作。加强与各级法律援助中心的紧密联系，为符合法律援助条件的残疾人申请法律援助开辟“绿色通道”，切实保障残疾人法律服务渠道的畅通；为残疾人提供法律服务和法律援助216人次，依法维护了残疾人的合法权益；认真做好残疾人机动轮椅车燃油补贴工作，通过“惠民一卡通”的形式发放补贴资金196万元，使7538名残疾人受益。推进贫困残疾人家庭无障碍改造工作，中央、省级和市县投入资金305万元，为550户贫困残疾人家庭实施无障碍改造。三是切实加大残疾人信访工作力度。建立健全残疾人信访工作体系，市、县和乡镇（街道）、村（居）委会均有专人负责残疾人信访工作，畅通残疾人信访渠道。采取跟踪督办，对可能引发信访问题的不稳定因素进行深入的排查摸底，把矛盾化解在萌芽状态，把问题解决在基层。据统计，2013年全省残疾人来信来访2100多人次（件），为来访贫困残疾人提供临时生活救济等经费12.6万多元。四是加强残联维权干部培训工作。举办全省残联系统维权干部培训班，对全省残联系统信访维权干部52人进行了业务培训，通过培训，进一步提高了残联系统维权干部的政策理论水平和为残疾人服务能力。

8. 残疾人组织纵横建设得到延深

落实中国残联《关于在地方残疾人联合会换届中进一步加强残疾人工作干部队伍建设的通知》精神，加强各级残联思想建设和组织建设。以各级残联换届为契机，选好配强残联领导班子，推进残疾人干部配备工作。通过实施“强基育人”工程，全省227个乡镇（街道）残联和95%的村（社区）配备了残疾人专职委员，人数发展到3005人，委员待遇逐步提高。加强残联干部队伍的培训力度。举办全省残联系统干部培训班，各市县残联领导干部与省残联机关干部125人参加了培训，邀请省委党校、海南大学教授为培训班授课。组织参加乡镇、村（社区）残疾人专职委员和康复协调员参加了提升工作能力与业务知识培训班，进一步加强海南省残联干部队伍建设，培养和造就高素质残疾人事业干部队伍。开展适应各类别残疾人特殊需求与特点的专门协会工作和国际盲人节、国际聋人节等活动，完成各级专门协会换届工作，初步建立“学习型、服务型、创新型”协会。志愿助残工作进一步推进，与海南医学院、海南经济技术学院等院校共同建立助残志愿者团队，招募医学助残志愿者2000人。目前省助残志愿者联络站共招募助残志愿者3112人，共有580人次残疾人得到了志愿助残服务。组织开展涉残社会组织调查工作，据统计，海南省涉残社会组织有17个，根据中国残联《关于吸纳中国残疾人社会组织服务联合会团体会员的通知》精神，选送了海南省符合条件的3个涉残社会团体申请为会员。全省核发第二代残疾人证134999个，占全省二抽残疾人总数的27.23%。组织开展走访慰问送温暖活动，元旦、春节期间，开展了“红红火火过大年”为主题和志愿助残“送温暖、献爱心”的慰问贫困残疾人活动，全省共走访慰问贫困残疾人家庭13650户，发放慰问金及物品折合人民币总计549.3万元，受益残疾人13993人。

图6-21-4　省委李宪生副书记慰问残疾人爱心企业。

（六）改进作风，以扎实有效的整改实践活动推进党建工作

一是组织开展党的群众路线教育实践活动。通过开展一系列政治理论学习和实践活动，深化了广大党员的思想认识。深入基层和残疾人群众之中，加强调查研究，虚心征求和听取基层残联和残疾人群众的意见建议共9个方面32条，向省委、省政府提交了一份翔实的调研报告，得到了省委、省政府领导的肯定。党员干部通过“群众提、上级点、互相帮、自己摆”的方式查摆问题，紧扣活动主题开好专题民主生活会和组织生活会，积极开展批评与自我批评，整治不良作风，深挖产生问题的思想根源和主观原因，制定切实可行的整改方案，促进党员干部进一步转变工作作风，践行“为民、务实、清廉”的要求。二是继续开展创先争优活动。结合党的群众路线教育继续开展创先争优活动，激励全体党员干部向先进人物学习，充分发挥党支部战斗堡垒和党员的先锋模范作用。三是组织参与党风政风行风建设社会评价活动。参加《海南省政风行风热线节目》，线上线下处理解决残疾人电话、短信反映的80多个问题。四是加大反腐倡廉教育力度。制定实施《海南省残疾人联合会党风廉政建设和反腐败工作实施细则》等党建工作方案，通过领导班子带头授课和专家讲座，开展反腐倡廉宣传教育月活动，帮助党员领导干部和职工树立正确的世界观、人生观、价值观和权力观，增强抵御腐朽思想侵蚀的能力，打牢爱岗敬业、廉洁从政和为发展残疾人事业做贡献的思想基础。

四、重要条目

【海南省残疾人联合会第六次代表大会】2013年9月13日在海口隆重召开。参加本次大会的有各市县、省农垦、洋浦、省直部门、解放军、武警通过选举或协商产生的大会正式代表184人。省委书记、省人大常委会主任罗保铭，省委副书记、省长蒋定之，省政协主席于迅，

省委副书记李宪生，省委常委、组织部长李秀领，省人大常委会副主任贾东军，副省长何西庆出席大会开幕式。省委书记罗保铭、副省长何西庆分别在大会开幕式、闭幕式上做重要讲话，中国残联党组成员、副理事长程凯亲临会议指导并致辞。省残联党组书记符永做了题为《健全残疾人社会保障和服务体系，努力开创海南省残疾人事业新局面》的工作报告。会议审议并通过五届主席团工作报告；选举产生由85名委员组成的省残联第六届主席团；选举符永为省残联第六届执行理事会理事长，符桂和（肢）为副理事长；选举产生各个专门协会主席、副主席。

【省残联关于改进工作作风、密切联系群众的实施办法】琼残字〔2013〕19号文件，2013年2月发布。基层调研增强针对性和实效性，力求了解实情、解决问题，防止走过场、搞形式主义。整合调研活动，避免基层重复接待，减轻基层工作压力和负担。不得对考察调研点进行临时应景布置，不得影响和干预基层干部群众反映真实情况。开展公务活动，不张贴悬挂标语横幅，不打电子屏标语，不安排迎送，不摆放花草，不安排合影，不安排娱乐活动，不安排到名胜古迹、风景区参观，不安排宴请。如需用餐，一律用自助餐或工作餐，有条件的地方安排在机关食堂就餐。会议培训活动尽量合并、套开。以省残联名义召开的全省性会议或培训活动每年不超过一次，省残联机关各部门每年只允许安排1次全省性业务会议或1次专业培训班。未经省残联党组、理事会批准，省残联领导一律不参加各类剪彩、奠基、颁奖活动和庆祝会、纪念会、表彰会、博览会、研讨会及各类论坛等。

【第二届海南省残疾人艺术汇演活动】6月17日由省教育厅、省民政厅、省文体厅和省残联共同举办。评委会对全省19个市、县、自治县、省农垦总局和海南省残疾人文艺体育综合训练基地选送的97个参赛节目进行了认真、公正的评选，共评出表演奖一等奖5个，二等奖8个，三等奖14个，优秀奖70个；创作奖12个；辅导奖21个；团体奖8个；组织奖19个。组织7个优秀节目参加第八届全国残疾人艺术汇演（福建赛区）比赛，经过与上海、江西等省市代表队的激烈竞争，共获得1个一等奖、2个二等奖、2个三等奖和2个优秀奖的较好成绩。

【“深入基层摸实情，破解难题谋发展”调研活动】10月20日—11月21日，省残联组织4个调研组，以“深入基层摸实情，破解难题谋发展”为主题，到全省18个市县、省农垦、洋浦经济开发区进行调研，走访了36个乡镇（社区、街道）、31个盲人按摩点、18个残疾人扶贫点、11家残疾人企业、54户贫困残疾人家庭、5所特教学校和6所民非残疾人康复机构，组织人员赴四川、天津等省市考察学习。通过调研了解掌握海南省残疾人工作和残疾人的生活状况，借鉴省外残疾人工作的成功经验和方法，经与市县领导沟通协调，顺利解决市县重度残疾人生活补助、残疾人专职委员生活待遇、残疾人就业保障金收缴等问题，并依此提出未来海南省残疾人事业的发展方向、具体措施，为省委、省政府决策海南省新时期残疾人工作提供科学依据。

【第十五届中国复明扶贫流动眼科手术车研讨会】10月11日在海口召开，省政府副秘书长符琼光，亚洲防盲基金会董事及行政总裁陈梁悦明女士出席研讨会开幕式并致辞。国家卫生计生委、中国残联、中国妇基会有关负责人出席会议并讲话，23个省区100余名代表参加会议。“复明14号”流动眼科手术车自2007年在海南省启用以来，深入全省200多个乡镇和农场，筛查4万多人次，为8264例白内障患者实施了免费复明手术。

【全省残疾人就业服务机构规范化建设工作现场会】11月21日在儋州市召开。来自全省各市、县（区）残联理事长、分管残疾人就业工作的副理事长、残疾人就业服务机构负责人以及负责残疾人就业和职业信息管理系统的管理人员等近110人参加了会议。省残联党组书记、理事长符永，儋州市市委副书记王琼珠出席会议并致辞，符桂和副理事长做了《明确目标，扎实推进海南省残疾人就业服务机构规范化建设全面提升》的工作报告，报告总结了海南省就业服务机构规范化建设所取得的成就，指出并分析存在问题，明确今后的工作目标。

【第三届海南省特殊奥林匹克运动会】12月16日澄迈中学隆重举行，由省文体厅、省残联和省特奥委员会主办，澄迈县政府承办，副省长、省政府残工委主任、第三届海南省特殊奥林匹克运动会组委会名誉主任何西庆出席开幕式。来自全省各市、县和省农垦共19个代表团167名特奥运动员，参加田径、举重、乒乓球、羽毛球、篮球、足球等项目的比赛。

五、大事记

1月22日，省残联党组理论中心组学习会学习贯彻落实《中共海南省委、海南省人民政府关于改进工作作风、密切联系群众的规定》。

2月4日，省委副书记李宪生带队深入定安县进行走访慰问残疾人家庭。

2月27日，省残联制定《海南省残联关于改进工作作风、密切联系群众的实施办法》。

3月13日，全省农村（水库移民）危房改造工作会议在海口召开，省残联符桂和副理事长参加会议。

3月18日，省残联向省政府妇女儿童工作委员会报送残疾妇女儿童工2013年工作计划。

4月8日，省残联组织开展扶持残疾人创办福利彩票销售点工作。

4月10日，省残联布置实施2013年农村贫困残疾人危房改造项目，改造户数1200户。

4月25—27日，全国辅助器具工作研讨会暨辅助器具项目管理培训班在海口举行，来自内蒙古、黑龙江、浙江等省市区共36名人员参加。省残联理事长符国昌出席开班仪式并致辞。中国残疾人辅助器具中心主任陈振声检查了海南省残疾人辅助器具服务中心的工作，对中心工作给予充分的肯定，并对今后的发展提出了宝贵的意见和建议。

5月14日，省残联同意作为海南省残疾人互助协会、海南省维安精神康复服务中心等机构的业务主管部门。

5月16日，第二十三次全国助残日暨2013年残疾人文化周启动仪式文艺晚会在定安县举行。

5月21日，省残联组织开展2013年度扶持农村贫困残疾人发展生产和城镇残疾人个体从业工作。

5月28日，省残联组织开展2013年党风政风行风建设社会评价工作。

5月30日，省残联与省财政厅联合印发《海南省阳光家园计划——智力、精神和重度残疾人托养服务项目（2012—2015年）实施方案》。

6月18日，省教育厅、省民政厅、省文体厅、省残联联合举办第二届海南省残疾人艺术汇演活动。

7月22日，省残联组织开展2013年孤独症、脑瘫、智力残疾儿童康复救助项目工作。

8月7日和14日，省残联谢镇学副理事长带队赴海南残友信息技术研究院等安排残疾人就业的企业进行调研。

8月13日，省残联组织开展“阳光家园计划”智力、精神和重度残疾人托养服务对象普查工作。

8月23日，省残联授予海南省人民医院等单位为海南省残疾人康复救助项目第二批定点服务机构。

9月1日，全省残疾人社区康复协调员骨干和盲人定向行走训练指导师及管理人员培训班在海口举行。

9月13日，海南省残疾人联合会第六次代表大会在海口举行。

9月22日，省残联和省聋人协会举行第五十六个国际聋人节人节活动座谈会。

9月30日，省残联组织召开全省残联理事长工作会议暨省残联系统干部会议，学习传达中国残联第六次全国代表大会精神。

10月4日，全省首期残疾人体育健身指导员培训班在海口开班，18个市县、农垦总局的40名残疾人体育健身指导员参加培训。

10月10日，第十五届中国复明扶贫流动眼科手术车研讨会在海口市举行。

10月12日，省残联组织召开第三十届国际盲人节座谈会。

10月27日—11月1日，海南省选派6名运动员参加2013年全国特奥乒乓球比赛，共夺得9枚金牌，金牌总数第一。

图6-21-5　参加2013年全国特奥乒乓球比赛的6名海南运动员载誉归来。

11月18—20日，省残联举办2013年海南省孤独症、脑瘫、智力残疾儿童家长培训班。

11月21日，全省残疾人就业服务机构规范化建设工作现场会在儋州市召开。

12月11日，省残联和省人社厅在海口市联合举办残疾人就业专场招聘会。

图6-21-6　2013年海南省残疾人就业专场招聘会。

12月16日，第三届海南省特殊奥林匹克运动会在澄迈县隆重举行。

12月18日，省残联印发《海南省实施2013年“十二五”中央专项彩票公益金贫困残疾人家庭无障碍改造项目实施方案》。

12月24日，省残联组织召开海南省残疾人联合会第六届主席团第二次全体会议，会议一致推举林世闻同志为省残联执行理事会副理事长。

（谢小良供稿）

四川省残疾人事业和残疾人工作

一、领导讲话

省委书记、省人大常委会主任王东明接见出席省残联第六次代表大会10名先进典型代表时的讲话摘要

2013年6月26日

刚才几位同志发言都非常好，讲了自己成长、奋斗的经历，每个故事都很感人，体现了自强不息、顽强拼搏的精神和意志品质。我听了很受感动，你们不仅自己能战胜自我，自强自立，而且能够带动更多的人去奋斗，为更多的人创造福利，解决他们的生活问题等，为社会做出了自己的贡献。你们是620多万残疾人优秀代表，值得我们每一个人学习，值得在全社会提倡和弘扬你们这种精神和品格。

各级党委政府都要高度重视残疾人事业，作为一项重要工作来认真研究。我们省一直以来把这项工作放在重要的位置，大的方面做了几个工作：2009年省委、省政府出台关于促进残疾人事业发展的意见，2012年修订了残疾人保障法实施办法，制定了我省的残疾人事业“十二五”规划。从2011年开始，残疾人生活问题和福利问题每年都纳入我省的十大民生工程，今年我们又加大了力度，十大民生工程项目中有若干涉及残疾人的小项，占了全省的十分之一，年投入资金4个多亿。从总体上看，省委、省政府对残疾人事业是很重视的，力度比较大，各级残联也做了很多的工作，包括组织残疾人艰苦创业、自立自强等方面的工作。下一步我们要很好地总结、加强，把我省的残疾人事业和残疾人工作推向前进。

各级党委和政府要继续重视残疾人工作，全体民众随着改革发展会提高生活水平，政府要在此基础上更多地关注特殊群体，包括低保户和“五保户”，鳏寡孤独，当然也包括广大的残疾人，因为他们更需要政府的特殊关心、关爱和关怀。要进一步抓好全社会扶残助残的氛围营造，在各个方面都要尊重、爱护残疾人，帮助他们形成一个互相帮助的友爱环境和氛围。同时，也希望广大残疾人以在座的各位代表及更多的优秀残疾人为榜样，自强不息，努力奋斗，谱写自己人生的精彩，为全社会也为你们的家庭做出贡献。

省委常委李登菊在省残联第六次代表大会开幕式上的讲话摘要

2013年6月26日

广大残疾人要弘扬“四自”精神，努力成为同步全面建成小康社会的参与者和创造者。我省有622万残疾人，涉及近2000万家庭人口。在实现伟大中国梦、建设美丽繁荣和谐四川的宏伟实践中，全省残疾人也是一支不可或缺的重要力量，同样是同步全面建成小康社会的参与者和创造者。广大残疾人要进一步弘扬自尊、自信、自强、自立的“四自”精神，加强学习，提升素质，磨炼自我；积极面对生活，勇敢融入社会，创造美好人生。同时，要加大社会宣传力度，进一步弘扬人道主义精神，倡导现代文明的残疾人观，树立和宣传残疾人先进典型，在全社会营造理解、关心、支持和帮助残疾人的良好社会氛围。

各级残联组织要强化服务意识、提高服务能力，认真履行职责，为残疾人事业再创佳绩。党和国家历来高度关心残疾人和残疾人事业。习近平总书记指出，抓民生要抓住最需要关心的人群。李克强总理强调，要下决心把残疾人等特困群体的问题解决好，把底兜住。在今年国务院第一次残工委会上，国务委员、国务院残工委主任王勇指出，只有每个残疾人都实现了小康，实现了自己的梦想，全面小康社会才更完整、更真实，中国梦才更完美、更幸福。没有残疾人的参与，没有残疾人状况的根本改善，就不是真正意义上的全面小康，就不是完整意义上的中国梦。各级残联组织要充分履行“代表、服务、管理”职责，切实代表残疾人利益，维护残疾人权益，搞好为残疾人的服务，引导残疾人自强自立，发挥好党和政府与残疾人之间的桥梁和纽带作用。省残联在全省全面推行的“量体裁衣”个性化服务，取得了很好的成效，要继续坚持并不断深化。要从四川实际出发，按照省委十届三次全会精神，在全省残联系统努力形成首位一马当先，市县竞相跨越，乡镇（街道）、村（社区）显著提升的残疾人事业跨越发展生动局面。

各级党委政府要更加重视残联工作，营造良好环境，为促进残疾人事业发展再添活力。发展残疾人事业是各级党委、政府义不容辞的责任。在同步全面建成小康社

会的进程中，残疾人事业是经济社会发展的“短板”，残疾人有许多特殊的困难。因此，各级党委、政府要站在贯彻落实贯彻落实党的十八大精神的高度，站在实现同步全面建成小康社会奋斗目标的高度，站在切实改进工作作风、密切联系群众的高度，更加关心残疾人和重视残疾人事业发展。

发展残疾人事业，要坚持“科学发展、加快发展”的工作基调，更加明确残疾人事业发展的目标定位；要着眼同步建成全面小康社会的总体目标，更加清晰地规划残疾人事业发展的“时间表”和“路线图”；要在实施“三大发展战略”和实现“两个跨越”的过程中，更加突出地体现对残疾人事业发展的关注和支持。其中，关键是要确保各类“普惠”政策在残疾人群体的全覆盖，同时，还要针对残疾人的特殊困难和特别需求，制定一系列“特惠”政策，切实解决残疾人生产生活中面临的突出困难和问题，造福广大残疾人。同时，要在班子配备、队伍建设、设施建设、能力建设等方面采取有力措施，为各级残联组织开展工作创造必要条件。

副省长、省残联第六届主席团主席曲木史哈在省残联第六次代表大会闭幕式上的讲话摘要

2013 年 6 月 27 日

关心残疾人，发展残疾人事业，是党和政府义不容辞的责任。习近平总书记指示“抓民生要抓住最需要关心的人群”。李克强总理强调，要下决心把残疾人等特困群体的问题解决好。在昨天的部分优秀残疾人代表座谈会上，王东明书记又强调，各级党委政府要继续重视残疾人事业，加强各级残联组织建设，落实好已有的各项政策，并给予残疾人特殊的关心、关爱和关怀。

发展残疾人事业必须坚持依法行政，按章办事。要全面贯彻落实《中华人民共和国残疾人保障法》、《中国残疾人联合会章程》、《中共中央、国务院关于促进残疾人事业发展的意见》以及我省相关法规政策、措施办法。要坚持以“两个体系”建设为主线，按照“普惠”加“特惠”的原则，确保“普惠”政策全覆盖，推动“特惠”政策多出台，进一步健全完善长效机制，为残疾人事业发展奠定良好基础。

要进一步完善党政领导、残联协调、部门分工负责、社会参与的残疾人事业发展工作格局；进一步建立不断增长的残疾人事业经费投入保障机制；进一步做好残疾人康复、教育、就业、扶贫、社会保障、文化体育、法律维权等各项工作。特别是各级残联组织要加强自身建设，为残疾人办实事、解难事，与残疾人同呼吸、共命运，使残联真正成为“残疾人之家”。广大残疾人工作者也要带着感情，融入残疾人，倾听他们的呼声，了解他们的需求，设身处地为他们着想，真正成为他们的朋友和亲人。

残疾人是残疾人事业的主体，是社会主义物质文明、精神文明、政治文明、生态文明的创造者，是全面建成小康社会的重要力量。广大残疾人要不断适应时代新要求，继续发扬“自尊、自信、自强、自立”的精神，积极投身改革开放和社会主义现代化建设，不断充实提高自己，在顽强拼搏中实现人生价值，在全面建成小康社会中发挥自身作用，在‘建设繁荣美丽和谐四川’进程中贡献力量。

做好残疾人工作，解决好作风问题至关重要。要始终恪守职业道德，加强廉政建设，推进信息公开，接受群众监督，始终以“人道、廉洁、服务、奉献”为准则，以高尚的情怀、科学的态度、务实的精神做好残疾人工作。特别是要按照“党的群众路线教育实践活动”要求，不折不扣地贯彻落实中央关于改进工作作风的八项规定和省委、省政府关于改进工作作风、密切联系群众的十项规定，切实做到清清白白做人、干干净净做事。

省委书记王东明在省八一康复中心调研时的讲话摘要

2013 年 6 月 28 日

残疾人康复是残疾人工作的重要组成部分。从事残疾人康复的医务工作者，是广大残疾患者开启新生活的希望，要继续弘扬爱岗敬业、无私奉献的可贵精神，不断提升专业技术水平，倾注真心、付出真情，做好残疾人康复工作。各级党委、政府要高度重视发展残疾人事业，支持残联充分发挥组织优势和职能作用，引导社会力量参与扶残助残事业，加快推进残疾人社会保障体系和服务体系建设，推动残疾人事业发展水平与全省经济社会发展水平相适应，推动残疾人生活水平与社会平均生活水平相协调。

二、政策法规文件

四川省人民政府办公厅印发《四川省农村残疾人扶贫开发纲要（2011—2020 年）的通知》

川办发〔2012〕81 号

《纲要》要求：以加快推进残疾人社会保障体系和服务体系建设为主线，以“为残疾人提供量体裁衣式个性化服务”（简称“量服”）为中心，以增加贫困残疾人家庭收入、尽快稳定解决温饱并实现脱贫致富为目标，把落实农村各项社会保障政策作为解决残疾人温饱、稳定残疾人基本生活的根本途径，做到应保尽保；把扶持发展生产、增加收入作为帮助农村贫困残疾人脱贫致富的根本手段，做到应扶尽扶；把推进基本公共服务均等化、提高综合素质和生产生活能力作为扶助农村贫困残疾人改善状况的根本措施，做到应有尽有。

总体目标，到 2015 年，农村残疾人生活得到稳定的制度性保障，参与社会和自身发展状况显著提高；农村残疾人社会保障体系和服务体系基本框架建立，为全面

建成小康社会打下基础。到2020年，稳定实现农村残疾人不愁吃、不愁穿，全面保障平等享受基本医疗、基本养老、教育、住房和康复服务。农村残疾人家庭收入达到或接近当地平均收入水平，基本公共服务全面覆盖农村残疾人并不断提高水平，残疾人生存有保障，生活有尊严，发展有基础。

对象范围，以年人均纯收入在2300元国家扶贫标准以下的、具备劳动能力的农村残疾人为扶贫开发工作主要对象。

省发改委、省经信委、省财政厅、省人社厅、省农业厅、省商务厅、省扶贫移民局、省畜牧局、省残联等9部门《关于促进残疾人居家灵活就业的意见》

川残发〔2013〕1号

《意见》要求各地大力推进残疾人以“非员工制”方式、就近、就便实现就业的总称，包括个体就业、庇护性就业和从事家庭手工业、发展种植业、养殖业等就业形式，是非常适合残疾人特点的就业方式。以科学发展观为指导，着眼于全面建成小康社会，按照“主体能动、政策扶持、产业引领、企业带动”的总体思路，充分挖掘残疾人自身潜能，整合资金、项目和政策资源，着力依托地方的特色资源培育带动残疾人居家灵活就业的优势产业，鼓励和支持各类产业化经营组织带动残疾人居家灵活就业，逐步形成鼓励和扶持残疾人居家灵活就业的工作新格局。到2015年，全省残疾人实现居家灵活就业达到80万名；到2020年，残疾人实现居家灵活就业达到100万名。

中共四川省委组织部、四川省残联印发《关于认真贯彻落实中共中央组织部通知精神，进一步加强各级残联领导班子和干部队伍建设的实施意见》

川组通〔2013〕30号

《意见》要求：把加强各级残联的领导班子建设，尤其是选好配强各级残联的“一把手”作为重点，扩大选人视野，拓宽用人渠道，注意选拔政治坚定、综合素质较高、热爱残疾人事业、有基层工作经验、群众公认、实绩突出、年富力强的干部担任残联的主要领导（新调任的残联理事长，原则上应任满一届以上，避免临时性、照顾性安排）。进一步加强和充实各级残联领导班子，优化班子结构，努力把各级残联领导班子建设成为全心全意为残疾人服务、勤政、廉洁、锐意进取的坚强领导集体。

各级残联领导班子的成员，应当具有大学专科以上文化程度。担任市（州）残联理事长、副理事长等领导职务的，须经过党校、行政干部院校或其他培训机构3个月以上的培训。县级残联理事长、副理事长在任职期内，要到相应的党校、行政干部学院等培训机构进行培训。

各级党委组织部门要把残联系统干部培养教育工作纳入各级干部教育培训整体规划，统筹安排，适当提高残联干部参加党校、行政学院等专业培训机构培训的比例和数量，通过有计划地组织参加理论学习、业务培训和到社会公益组织、基层一线实践锻炼等方式，不断提高残联干部的职业素养、政治水平和综合能力。

进一步激发残疾人和残疾人工作者发展残疾人事业的主人翁意识，更好地发挥其参政议政作用。

省残联、省发改委、省民政厅、省财政厅、省住建厅、省扶贫和移民工作局联合印发《关于优先解决城乡低收入残疾人家庭住房困难的通知》

川残办〔2013〕80号

《通知》要求：各地把残疾人D级危房户优先纳入“农村危房改造”民生工程安排，确保到2015年全面消除农村残疾人家庭D级危房。

各地要高度重视，严格贯彻执行，按照构建和谐社会的目标要求，把解决城乡低收入残疾人家庭住房困难作为保障残疾人基本民生的重要工作，作为加快保障性安居工程建设的重要内容，在制定保障性住房工作总体规划和目标时，按照“统筹考虑”和“优先安排解决”的原则，对城乡低收入残疾人家庭保障性住房建设做出安排。实施农村危房改造项目，把属于农村低保对象、扶贫开发对象的困难残疾人家庭和重度残疾人家庭作为重点补助对象，给予最高标准补助，……将符合条件的城镇低收入残疾人家庭全部纳入城镇住房保障范围，优先安排配租、配售和发放租赁补贴。将有稳定职业并在城镇居住一定年限的残疾人农民工纳入城镇住房保障体系。在地震等灾后城乡住房过渡安置和恢复重建中，在政策支持、资金补助、住房恢复重建和后期管理服务等方面对残疾人家庭给予照顾。

制定残疾人保障性住房特殊扶助政策，……在配租、配售保障性住房或发放租赁补贴时，对残疾人家庭尤其是重度残疾人家庭可适当放宽准入条件，给予优先照顾。对重度视力残疾人、重度肢体残疾人、精神残疾人、一户多残等不宜居住高楼层的残疾人家庭，应以适宜方式安排方便出行的较低楼层居住。保障性住房及棚户区改造安置住房的规划、设计和施工，应按照房屋建筑有关规范和标准，实施无障碍设施建设，方便残疾人居住和顺畅出行。

四川省人民政府印发《四川省基本公共服务体系“十二五”规划》

川府发〔2013〕21号

《规划》将“残疾人基本公共服务”单独列章（第十章），明确提出：

为残疾人提供适合其特殊需求的基本公共服务，营造残疾人平等参与的社会环境，为残疾人生活和发展提供稳定的制度性保障。

残疾人社会保障。落实和完善贫困残疾人参加社会保险保费补贴政策，提高残疾人社会保险参保率和待遇水平。逐步将符合规定的残疾人医疗康复项目纳入基本医疗保险支付范围，逐步增加工伤保险职业康复项目。着力解决好并逐步提高重度残疾、一户多残、老残一体等特殊困难家庭的基本生活保障问题，实施低收入残疾人家庭生活救助制度。有条件的地方实施困难残疾人生活补助和重度残疾人护理补贴制度。构建辅助器具适配体系，有条件的地方对重度残疾人适配基本型辅助器具给予补贴。建立完善残疾人住房保障制度，优先将符合条件的残疾人家庭纳入基本住房保障体系。

残疾人基本服务。建立健全以专业康复和托养服务机构为骨干、社区为基础、家庭为依托的社会化残疾人康复、托养服务体系。加强残疾人服务设施建设，继续实施"阳光家园"计划，实施国家重点康复工程，建立残疾儿童抢救性康复救助制度，继续实施脑瘫儿童康复救助工程和重度听障儿童听力康复救助工程，重点实施精神病特殊救助项目。完善残疾学生助学政策，保障残疾学生和残疾人家庭子女免费接受义务教育，逐步实行残疾学生高中阶段免费教育，推进特殊教育学校标准化建设。健全残疾人就业促进和保护服务体系。积极开发残疾人就业岗位，落实残疾人按比例就业、残疾人公益性岗位就业、安置残疾人单位税收优惠、残疾人个体就业扶持和残疾人辅助性就业扶持等政策，帮助100万残疾人实现居家灵活就业。开展多层次残疾人职业技能培训，为农村残疾人提供实用技术培训，公共就业服务机构和残疾人就业服务机构免费为残疾人提供有针对性的职业介绍、职业指导等就业服务。加强针对盲人和聋人特殊需求的公共文化服务，实行公共文化体育设施对残疾人优惠开放，扩大盲人读物出版规模。实施"残疾人文化进社区"，大力推进基层残疾人群众性文化活动开展，定期举办四川省残疾人文化艺术节。实施"全民健身助残工程"，为基层残疾人体育活动场所配置适合的器材器械。加快无障碍建设和改造，推进公共设施设备和信息交流无障碍，有条件的地方为有需求的贫困残疾人家庭无障碍改造提供补助。建立健全残疾预防体系。

四川省人民政府办公厅印发《关于贯彻实施〈中华人民共和国精神卫生法〉的通知》

川办函〔2013〕1号

《通知》要求：各地、各部门要充分认识精神卫生工作的重要性、长期性和艰巨性，把做好精神卫生工作作为加强和创新社会管理、提高公民健康素质、全面建成小康社会的一项重要内容，采取切实有效措施，维护精神障碍患者的合法权益。要站在全面推进依法行政和建设责任政府的高度，把学习、宣传《精神卫生法》列入议事日程。特别要加强执法队伍的法律知识和专业技术培训，确保执法人员准确理解、全面掌握《精神卫生法》的主要内容，提高执法人员依法行政意识和执法水平。

要大力推广"重性精神疾病管理治疗项目"（即686项目）工作模式，不断扩大覆盖面。将贫困重性精神疾病患者列为重点救助对象，作为重度残疾人，全部资助其参保参合，贫困重性精神疾病患者单次及多次住院一年内累计需个人负担的符合有关规定的医疗费用在10000元以内的按70%的比例予以救助，超过10000元的按80%的比例进行救助。

各地、各部门加强组织领导、加大投入力度、建立健全精神卫生工作责任制，……各地、各部门要充分认识精神卫生工作的重要性、长期性和艰巨性，把做好精神卫生工作作为加强和创新社会管理、提高公民健康素质、全面建成小康社会的一项重要内容，采取切实有效措施，维护精神障碍患者的合法权益。要站在全面推进依法行政和建设责任政府的高度，把学习、宣传《精神卫生法》列入议事日程。

省住建厅、省残联《关于优先支持农村贫困残疾人家庭危房改造的通知》

川建村镇发〔2013〕508号

《通知》要求：各地将贫困残疾人家庭危房改造优先纳入农村危房改造民生工程年度计划，统筹推进并重点关注。在每年实施农村危房改造时，应保证完成贫困残疾人家庭危房改造数量占年度总任务的比例高于当地农村贫困残疾人家庭存量危房占存量危房总数的比例。确保到2015年，全面完成农村贫困残疾人家庭D级危房改造；到2020年，全面完成农村贫困残疾人家庭C级危房改造'的总体目标实现。

要优先安排住房最危险、经济最困难的残疾人家庭，对属于农村低保对象、扶贫开发对象的困难残疾人家庭和重度残疾人家庭，要给予最高标准补助，并按政策最大限度减免相关税费，给予其他可能的支持和方便。

三、工作综述

根据第二次全国残疾人抽样调查数据推算，四川省现有各类残疾人622.3万人，占总人口的7.57%。其中，视力残疾121.37万人，听力残疾147.53万人，言语残疾8.24万人，肢体残疾153.81万人，智力残疾40.74万人，精神残疾51.40万人，多重残疾99.20万人；一级残疾人124.51万人，二级残疾人80.70万人，三级残疾人165.58万人，四级残疾人251.51万人；男性残疾人317.69万人，占51.05%，女性残疾人304.61万人，占48.95%；城市残疾人138.11万人，占22.19%，农村残疾人484.19万人，占77.81%。

2013年，四川经受了多种特殊困难和挑战。在省委、省政府的坚强领导下，在中国残联的有力指导下，在兄弟省（区、市）残联的积极支持下，四川省夺取了抗震救灾和抗洪抢险重大胜利，全省残联系统在深化残情认识和把握残疾人工作规律的基础上，咬定“一个中心、两个体系、三大保障”发展思路不动摇，在残疾人重大民生、制度安排、设施建设、抗震救灾和资金筹集上等方面取得了较好成绩，残疾人事业实现了又好又快发展。

（一）重大成果：推动建立全省重度残疾人护理补贴制度

省委、省政府决定，从2014年起，为全省一级重度残疾人每月发放不少于80元的护理补贴，为全省二级重度残疾人每月发放不少于50元的护理补贴，直接受益的重度残疾人将达63万余名，每年累计投入资金将超过5亿元，以后每年还将递增。该项制度，只取决于残疾程度，除此以外没有其他任何限制条件。

按照“普惠”加“特惠”的原则，四川省还率先出台了四川省贯彻实施《中华人民共和国精神卫生法》的文件；省住建厅、省残联等部门下发了《关于优先解决城乡低收入残疾人家庭住房困难的通知》和《关于优先支持农村贫困残疾人家庭危房改造的通知》，将城镇住房困难的残疾人和农村贫困残疾人家庭危房改造优先纳入了政策扶持范围。

（二）以六代会为契机，促进残疾人事业的发展

2013年6月，省残联第六次代表大会成功召开。大会期间，省委书记王东明等领导专门与代表座谈，并到八一康复中心调研；省委、省人大、省政府领导出席开幕式。大会以“以党的十八大精神为指导，着眼同步全面建成小康社会奋斗目标，深入贯彻落实省委‘三大战略’和‘两个跨越’，始终围绕‘一个中心、两个体系、三大保障’，团结带领广大残疾人抓住机遇、开拓进取，奋进开创我省残疾人事业跨越发展新局面”为主题，总结了在过去五年中全省残疾人工作取得的成效。同时，确定了今后五年全省残疾人工作的总体目标是“两个跨越”、“一个提升”。此次大会产生了新一届省残联主席团、执行理事会、各专门协会组成人员，为推动我省残疾人事业实现新跨越、新发展注入了更多的力量。

市、县残联换届任务基本完成。市（州）残联新调整理事长12人，其中：来自党委、政府部门的11人；配备了残疾人领导干部13人；由残联交流、提拔到其他部门的领导6名。县级残联新调整理事长94名，来自党委、政府及其相关职能部门的77人，来自群团部门的11人，残联系统内部提拔的6人；配备了残疾人领导干部的县级残联有41个，配备了残疾人干部的县级残联有138个；由残联交流、提拔到其他部门的领导28人。

（三）“量服”工作：让残疾人满意、政府肯定、专家认可、社会称道

2013年，全省残疾人工作者按照“量服”工作要求，深入285.9693万户残疾人家庭开展入户调研，掌握了8587.1707万条残疾人的基础信息，人均30条；掌握了需求信息2047.6977万项次，人均9.44项次。在此基础上，根据每个残疾人的具体情况，结合各级各部门的政策和帮扶项目，整合各种社会资源，全年为残疾人落实1910.0331万项次服务，人均服务达8.81项次。以“量服”为抓手，有效实施残疾人重大民生项目，使145万残疾人直接受益。

创新开展城乡残疾人居家灵活就业项目。会同省发展改革委、经信委、财政厅、残联等8部门联合出台了《关于促进残疾人居家灵活就业的意见》，建立起了政策推动、产业拉动、部门联动、企业带动、残疾人主动的残疾人居家灵活就业工作格局，探索出一条符合残疾人实际情况、具有四川特色的促进就业之路。截至12月31日，“量服”平台数据显示，2013年已扶持城乡残疾人居家灵活就业629125人。

实施贫困残疾人扶贫解困项目，帮扶741442名贫困残疾人改善生产生活条件，帮助158226名贫困残疾人适配辅助器具。

实施救助贫困家庭脑瘫儿童项目，为5683名贫困家庭脑瘫儿童提供手术治疗、康复训练和辅具适配。

实施建设藏区残疾人服务中心项目，有序推进阿坝州的马尔康、金川、阿坝、若尔盖、红原、壤塘等6个县残疾人综合服务设施建设。

实施阳光家园计划项目，资助53946名残疾人、145家集中托养机构。

实施残疾人家庭实施无障碍改造项目，为15184户残疾人家庭实施了无障碍改造。

实施贫困家庭重度听力残疾儿童救助项目，为2947名贫困听力残疾儿童提供人工耳蜗手术、助听器适配、听力语言康复训练等服务。

2013年开展“两个体系”建设暨“量体裁衣”式个性化服务工作示范乡镇、村（社区）申报工作和审定，命名成都市武侯区火车南站街道等91个乡镇（街道）为“量体裁衣”式个性化服务示范乡镇（街道）、成都市青羊区草堂街道琴台路社区等115个村（社区）为示范村（社区）。

以《关于以“量体裁衣”式个性化服务推进残联系统改进工作作风、密切联系群众的实施办法》为依据，对全省指导督查工作进行了安排和培训。截至12月31日零时，全省省、市、县三级残联共计派遣4004名干部，深入到88303名残疾人家庭进行指导督查工作。同时，省残联各分管领导、业务处室每月在“量服”平台上抽查100余位残疾人，及时有效地掌握了各项民生工程、重点工作的落实情况。

面向全省举办为残疾人提供“量体裁衣”式个性化服务论文征集活动，共收到论文稿件112篇，评选出3个一等奖，5个二等奖，10个三等奖共18篇，并将获奖论

文汇编成册。

全省残联系统开展“量服”工作3年来，实现了对全省入库残疾人及其家庭“情况清”、“保障全”、“服务实”、“监督准”的目标，促进残疾人民生显著改善，极大地创新和改进了服务方法，极大地提升了服务效果，并充分发挥了残联系统践行党的群众路线的载体作用，让残疾人满意，得到了省委、省政府的充分肯定、专家的高度认可和社会的称道。

（四）第九届全国残运会筹备工作：扎实推进，取得阶段性成果

按照中央八项规定的新要求，会同主办方中国残联、国家体育局确定了比赛规模和节俭、文明的办会原则，落实朴方主席“办一场西部省份都能办得起的运动会”的指示。经省政府同意，成立了第九届全国残运会四川省筹委会办公室、竞赛部、无障碍工作部、开闭幕式工作部、大型活动部等5个工作机构，增加眉山市为承办城市。会同省财政厅编制《四川省承办2015年第九届全国残运会经费筹集和支出安排总体方案》，会同筹委会竞赛部、省体育局修改《中华人民共和国第九届残疾人运动会暨第六届特殊奥林匹克运动会竞赛规程总则（草案）》。省体训中心正式选址在眉山市彭山县，项目建议书已经省政府第三十次常务会批准通过。

（五）资金、设施、组织三大保障：进一步夯实

资金筹集巨幅增长。2013年，全省通过残联系统投入残疾人事业资金达到20.9亿元，增长45.98%，保持了连续3年的高速增长。特别是残疾人就业保障金突破15亿（15.24亿元），比2010年的5.69亿净增9.55亿元，增长了168%。

服务设施保障力度空前。2013年，四川省服务设施建成、在建面积达32.14万平方米，比2010年前增加122%。

省政府决定新建省残疾人体育训练中心、省聋儿语训中心，建设面积16000平方米，预算投资8808.45万元。争取、落实了3个中央残疾人服务设施建设项目资金2722万元。争取、落实了8个藏区残疾人服务设施中央项目建设资金4500万。阿坝州6个县级残疾人服务中心项目顺利推进，国家专项建设资金到位2700万元。为民族地区等国家级贫困县残联争取落实了23台流动服务车和3台辅具服务车。抢抓灾后重建机遇，将雅安市及天全县、雨城区、夹江县、丹棱县等9个县级残疾人康复和托养中心建设纳入“4·20”灾后重建整体或专项规划，建设资金7400万元。

组织保障进一步加强。2013年，基层残疾人组织规范化、服务型建设取得前所未有的成绩，省委将“基层残疾人组织规范化、服务型建设”纳入对市（州）党委目标考核，省残联与省委组织部联合出台了《关于认真贯彻落实中共中央组织部通知精神，进一步加强各级残联领导班子和干部队伍建设的实施意见》，极大地推动了各级残联组织队伍建设。乡镇（街道）残联组建率达98%，村（社区）残协组建率达到97.9%。高质量完成自2011年起的全省残联系统干部培训规划目标任务，先后在四川大学、乐山师范学院等院校建立了残疾人中高级人才培训基地、四川特殊教育师资培养基地，构建起了大培训的格局。全省残疾人办证率达到33.02%。

五个专门协会工作力度明显增强。积极培育社会组织，通过购买服务等方式支持四川残疾人艺术团规范发展，艺术团深入到社区、农村开展巡演，从成立以来至今已演出70余场，向社会传递了残疾人的强大正能量，同时，走出国门，受到新加坡人民的欢迎，赢得了当地的高度评价。引进狮子会在川建立会员管理委员会，2013年已创立服务队11个，发展狮友近400名，社会影响大，发挥的作用突出。充分发挥狮子会、省残疾人福利基金会和成都残疾人福利基金会的助残扶残作用，全年筹集资金物资价值7498万元。

（六）抗震救灾和灾后恢复重建：取得显著成效

芦山强烈地震发生后，四川省残联紧急动员、快速反应，以最短的时间全面了解残疾人及残联系统灾情，全省残联系统形成了上下联动的救灾工作体系，为灾后安置、恢复、重建工作提供了基础，赢得了省委、省政府领导和灾区群众的赞誉。在第一时间果断派出省八一康复中心医疗队积极参与芦山地震抗震救灾工作，省八一康复中心先后收治地震伤员74名、手术11台次、医疗巡诊和健康宣教2.31万人次，圆满地完成了抗震救灾阶段任务，充分诠释了“因地震而生、为地震伤员服务”的责任与担当。

省残联还抽调11名工作人员参与芦山地震灾区社会管理服务工作，抢抓地震灾后恢复重建有利契机，指导灾区相关市、县开展了一系列具有前瞻性的基础性工作，成功将雅安市本级及天全县、雨城区等9个县（市、区）级残疾人康复和托养中心建设纳入“4·20”灾后重建整体或专项规划。

（七）残疾人体制机制：取得重大突破

自2011年起，省委、省政府连续三年将残疾人的民生项目纳入每年的十大民生工程；2013年，省委首次将残联5项专项工作纳入对市（州）党委目标考核体系；从2012年起，省政府在全国首开先河与省级群团定期召开联席会议（省残联是联席会议成员单位），定期听取群团工作汇报、研究解决相关问题，2013年有3个重大事项列入议程，残疾人工作真正纳入了各级党委政府的议事日程，成为中心工作的重要组成部分。省残联党组始

终高度重视通过人大、政协来进一步保障和维护残疾人合法权益，取得了实效，如2013年成功推动建立了全省重度残疾人护理补贴制度；建立了定期向各市（州）、县（市、区）党政领导报告残疾人事业情况的制度，推动了一系列大事、难事的切实解决。

四、重要条目

【三问一行动】2013年，四川省残联按照中央和省委的要求，组织了“中国梦”和党的群众路线教育实践活动及走基层活动，紧密结合“量服”系统组织开展“三问一行动”，即“问需于民”大调研、“问计于民”大讨论、“问效于民”大督查和“务实为民”大行动。省委副书记柯尊平、省委常委组织部长范锐平对省残联开展党的群众路线教育实践活动做出批示，给予高度评价，省委将此专报中央群教办。省委办公厅还在供省委常委参阅的《每日要情》上进行刊载。

【省残联第五届主席团第四次全体会议】2013年6月25日在成都召开，会议由省残联第五届主席团主席、副省长曲木史哈主持并做重要讲话，第五届主席团全体委员出席了会议，部分新任省、市（州）残联领导列席了会议。会议听取和审议了第五届主席团拟提请六代会审议的工作报告会；通过了召开四川省残疾人联合会第六次代表大会的决议；通过了四川省残疾人联合会第六次代表大会执行委员会成员建议名单；通过了四川省残疾人联合会第六次代表大会秘书长、副秘书长名单；调整、增补了四川省残联第五届主席团委员。

【四川残疾人艺术团赴新加坡演出】2013年11月8日，四川残疾人艺术团倾情打造的大型公益励志主题演出《生命阳光》首次走出国门，在新加坡触爱剧场演出，共三场。艺术团用残疾人特殊艺术，承载了五年来经历了两次地震的四川人民的感恩之情，传播了“感悟生命·点燃梦想”的希望之光，展示了残疾人自强不息、感恩奋进的精神风貌，促进中国和新加坡的特殊文化艺术交流。

【首届中国康复工程与辅助器具（成都）高峰论坛】2013年12月3日，由四川省八一康复中心（四川省康复医院）主办的首届中国康复工程与辅助器具（成都）高峰论坛在四川省科技馆举行。四川省八一康复中心（四川省康复医院）党委书记、院长邵明致开幕词。四川省八一康复中心（四川省康复医院）、四川大学、电子科技大学、第三军医大学的200余名辅具专家、残疾人工作者以及残疾群众参加了此次论坛。该论坛系国内首次举办的康复工程与辅助器具专业论坛，吸引了大量残疾群众和业界人士参会。

【志愿助残工作规范性文件】2013年，四川省残联印发了《关于进一步加强和推进志愿助残工作的实施意见》和《四川省助残志愿者注册管理办法》的通知（川残办〔2013〕172号），对进一步加强和推进全省志愿助残工作，发展壮大助残志愿者队伍，健全和完善志愿助残工作机制，实现四川省残联系统助残志愿者服务组织网络化、登记注册信息化、服务规范化、管理科学化，全面提升志愿助残工作质量和水平提出了指导意见和工作要求，有力促进了全省志愿助残活动的有序开展。

【天府特殊教育人才素质提升工程】由省残联、省教育厅共同实施，2012年11月1日启动。截至2013年年底，已组织实施了六期（11个班）培训，共培训特教教师1275名。参训学员的优秀论文集《支持特殊教育，提升特殊人士生活质量——2013年乐山师范学院特殊教育论文集》已汇编出版。

【残疾人中高级职业培训体系】省残联与成都信息工程学院合作建立“四川残疾人服务外包就业实训基地”已开发工作岗位600多个，共面试残疾人726人，培训残疾人245人，在基地内安置就业93人；与四川农业大学合作建立“四川残疾人现代农业技术培训基地”，为66名芦山地震受灾残疾人提供了果蔬专业培训，为40名地震受灾残疾人提供了竹编培训；与四川大学合作建立“四川大学、四川省残联（网络教育）学历专门班”，全额资助了363名残疾人进行社会管理专业的专科和专升本学习；与西南财经大学合作，建立了“西南财经大学、四川省残联（网络教育）学历专门班”，丰富了资助残疾人接受高等教育的专业。这些合作实现了培训和就业的统一，扩大了资助残疾人接受高等教育的专业，培训了众多骨干师资。

【中国狮子联会援助雅安重度残疾人灾后重建工作】中国狮子联会筹集善款，对受灾严重的芦山县和名山区604户一、二级重度残疾人，给予15000—20000元不等的房屋重建支持，并继续协调有关企业，为这些残疾人提供家具支持。省委常委李登菊高度赞扬了狮子会的善举。

【残疾人就业招聘会】2013年2月，省总工会、团省委、省妇联、省残联四部门联合举行四川省“春送岗位”招聘会，参加招聘的残疾人有近200名，招聘现场有49名残疾人与企业达成用工协议。6月，省总工会、团省委、省妇联、省残联共同主办主题为“情暖灾区，芦山奋起”的促进就业招聘会。参加当天招聘会的灾区群众共6000余人，现场达成就业意向1597人，达成创业意向210人。省残联专门组织了8家培训、就业用工单位进场招聘，初步达成就业意向126人。

【参加第八届全国残疾人艺术汇演（甘肃赛区）取得优异成绩】2013年8月，以省残联党组成员、副理事长杨志远为团长、省残疾人艺术团优秀演职人员为成员共计63人的四川代表团，参加了由教育部、文化部和中国残联共同举办的第八届全国残疾人艺术汇演（甘肃赛区）全部4个门类的汇演，创历史最好成绩，获得4个一等奖、5个二等奖、3个三等奖，7个创作奖，并以116分列甘肃赛区团体总分第2名，得到了中国残联领导的高度评价。中央电视台、甘肃卫视台对四川的优秀节目《轮椅上的舞步》《快乐的啰唆》进行了专题采访报道。

【四川残疾人艺术团赴成都等地巡演】2013年，四川残疾人艺术团成功打造了《生命阳光》和《筑梦》主题励志节目，并赴成都、绵阳、德阳、泸州、宜宾、广安、广元、眉山、资阳、阿坝等市（州）、区（市）县、四川大学、四川师范大学、成都理工大学、电子科技大学等市（州）和高校以及“4·20”雅安地震灾区巡演35场，受众4万余人次。

【中英残疾人体育赛事组织管理经验分享交流会】2013年12月16—18日，第九届全国残运会四川省筹委会与英国驻重庆总领事馆携手在成都举办中英残疾人体育赛事组织管理经验分享交流系列活动。参加本次交流活动的有四川省筹委会以及成都、绵阳、遂宁、眉山4个赛区的有关工作机构的主要负责人和技术骨干人员50余人。英国伦敦奥运会项目管理专家大卫·休斯、无障碍通道及设施方面的资深专家玛格丽特·西克什就相关内容与参会人员进行了交流。

【《中国医院院长》标杆医院学习培训班】2013年6月22日，四川八一康复中心医院承办《中国医院院长》标杆医院学习培训班，国内医学界权威期刊《中国医院院长》杂志的理事会成员单位和杂志俱乐部40余名医院管理者等参加，四川八一康复中心医院在学习培训班上作交流发言，扩大了该院在行业内的知名度。

【中国残疾人福利基金会捐建灾后重建项目】“4·20”地震后，中国残疾人福利基金会通过省残疾人福利基金会资助芦山县人民政府300万元人民币，用于援建残健共融的龙门乡隆兴幼儿园。该项目将极大改善龙门乡幼儿园整体规模落后、配套不足、布局不合理的现状，良好的硬件条件、完善的规划配套将为灾区儿童的启蒙教育提供一个良好的环境。中国残疾人福利基金会还捐赠给雅安市残联220台轮椅，用于灾区残疾人的康复救助工作。中国残疾人福利基金会通过省残疾人福利基金会资助给八一康复中心2139851.5元人民币，用于购买医疗康复设备，改善灾区医疗机构医疗条件。

【“狮梦·家园”中国狮子联会四川雅安“4·20”地震援建项目】11月30日，四川省“4·20”芦山强烈地震灾后恢复重建委员会社会管理服务组、省残联和中国狮子联会共同在雅安市芦山县举行项目启动仪式。

【顺丰慈善基金会向地震灾区捐赠物资】“4·20”芦山地震发生后，顺丰慈善基金会通过省残疾人福利基金会，在一个月的时间里向雅安地震及宜宾地震受灾区（县）共计捐赠救灾物资约517吨，第一时间解决了灾区残疾人最基本的生活问题。

【“中国一汽集善博爱行”项目】为帮助四川雅安地震灾后恢复重建及四川藏区残疾人事业发展，中国一汽集团公司与中国残疾人福利基金会和四川省残疾人福利基金会共同开展“中国一汽集善博爱行”项目，向省残疾人福利基金会捐赠300万元人民币，为地震灾区和藏区基层残联及其下属单位购买汽车。该项目将极大地改善地震灾区及藏区部分残联用车紧张现状，提高灾区和藏区残联服务残疾人的能力。

【省残疾人福利基金为地震受灾贫困残疾人灾后重建补助资金】省残疾人福利基金会联络省内外爱心企业、个人为灾区残疾人募集善款175.3万元。根据受灾县（区）报送的受灾残疾人摸底资料和“量服”平台相关数据，按照每人1000元的标准将善款发放给受地震影响的雅安市和宜宾市的24个县（区）的1753名持证并且已经录入“量服”平台的特别困难残疾人进行灾后恢复重建。该项目执行期限为一年。

【中宏保险公司实施“情系灾区·资助雅安第一特教学校”项目】中宏保险公司是继2008年汶川地震在四川省捐赠6所特殊教育学校后，再一次对四川省特殊教育学校进行捐赠。该公司向省残疾人福利基金会捐赠321291.4元，定向用于为雅安第一特殊教育学校采购电教设备、感统设备，以及为在校残疾学生提供为期一年的生活补助。

【浙江侨联捐赠雅安地震灾区】为帮助四川省雅安地区在地震中遭受身心创伤的灾区群众，浙江省侨联通过四川省侨联向省残疾人福利基金会捐赠113.9万元，专门用于为雅安芦山县残疾人装配大小腿假肢40例，为40名残疾人适配助听器，为10名截瘫患者制作矫形器，以及为300名残疾人采购轮椅。

【国药集团设立残疾人康复医疗救助专项资金项目】为进一步改善贫困残疾人康复就医条件，国药集团捐资49.5万元人民币，在省残疾人福利基金会设立四川省八一康复中心（四川省康复医院）残疾人康复医疗救助专项资金，并指定四川省八一康复中心（四川省康复医院）为该项目承办单位，该专项资金将用于救助在四川省八一康复中心（四川省康复医院）接受治疗的贫困残疾人医疗补助。

【集善工程·启明行动——古蔺白内障复明项目】国家开发银行和中国残疾人福利基金会通过省残疾人福利基金会向四川古蔺县捐资54万元，专门用于开展“集善工程·启明行动”，为古蔺县贫困白内障患者免费实施复明手术600例，旨在缓解该地区因贫困导致的白内障致盲落后现象。项目为期一年，2014年8月底结束。

【信访维稳工作】省残联完善信访维稳工作机制，积极做好“两会”、十八届三中全会等期间残疾人信访维稳工作。截至2014年12月，省残联本级受理群众来信来访共计1369人次，其中来信175封（包括网上信访），来访1194件（包括电话访），接待集体访5批次，共90余人，配合省委接访一处接待盲人集体访3批次，约400余人。为26名残疾人解决紧急救助，共计36万元。完成省领导督办件共47件，事事有着落，件件有回复。

【实施残疾人康复民生项目】四川省2013年全面组

织实施好国家层面的残疾儿童"七彩梦行动计划"、国家彩金康复项目和国家"十二五"年度康复项目，共涉及6类残疾26个子项目。通过举办专题培训班，加强督查指导，全面完成白内障、麻风畸残矫治手术、低视力、自闭症儿童训练等项康复任务，直接惠及数万名残疾人。

【残疾人走上领导岗位比例提高】2013年四川省有11个市（州）残联领导班子配备了残疾人领导干部，占52%；有15个市（州）残联配备残疾人后备干部15人。全省183个县（市、区），有105个县级残联配备残疾人后备干部105名，占57.38%。

【孙成彦】男，1965年生，博士（后）学历，上海复旦大学附属华山医院神经外科副主任医师，全国著名脑瘫专家。2012年5月，孙成彦正式挂任四川省八一康复中心（四川省康复医院）副主任（副院长）、党委副书记，为期两年。孙成彦在川期间，打造了国内收治规模最大、技术最全面的脑瘫康复中心；捐助100万元，用于全川贫困脑瘫儿童救治工程；积极投身"4·20"抗震救灾工作，取得多项科研成果，为四川残疾人事业发展做出了突出贡献。2013年，"五一"劳动节期间，中华全国总工会授予孙成彦"全国五一劳动奖章"，四川省总工会授予他"四川省劳动模范"称号，对其援建工作给予充分肯定和褒奖。

五、大事记

1月17日，省委常委、省总工会主席李登菊到彭州市天彭镇看望慰问万顺制冷设备厂残疾职工及社区贫困残疾人。

1月22日，中国特奥委员会副主席、中国残疾人体育运动管理中心副主任、第十届世界冬季特奥运动会中国代表团秘书长杨金奎来川看望慰问在此集训备战第十届世界冬季特奥运动会的滑冰运动员和教练员，并视察了集训和备战工作。

1月24日，副省长曲木史哈、副秘书长张晋川一行到电子科技大学清水河校区体育中心看望慰问在此参加第九届全国残运会田径项目选拔试训的运动员、教练员和工作人员。

4月6—8日，由中国人民大学残疾人事业发展研究院主办的四川省残疾人个性化服务模式创新研讨会在成都召开。来自中国人民大学、北京大学、浙江大学、南京大学、四川大学等10多所高校的20余名资深专家学者和省残联领导毛大付、马骏、杨志远、丁二中，相关处（室）负责人及部分市、县、乡镇社区代表参加了会议。

2013年4月21日，四川雅安芦山发生7.0级地震后，中国残联紧急启动应急预案。一支由中国康复研究中心脊柱外科、骨科、普外专家、康复治疗师和护士组成的11人康复医疗队于21日抵达成都，与四川省八一康复中心医疗专家一起，共同开展地震灾区伤员的康复救治工作。

4月21日，省委常委李登菊到省八一康复中心指导震后伤员救援工作，看望慰问地震伤员，充分肯定了省八一康复中心在"4·20"地震发生后做出的迅速反应、彰显的责任感和使命感。

4月22—24日，省残联向芦山地震灾区捐款50万元，省残疾人福利基金会捐款50万元，省残联机关和直属单位个人捐款4.518万元，共计104.518万元。省残联和基金会还向灾区捐助了价值45万元的物品。

4月22日晚，四川省残疾人艺术团为芦山地震灾区进行爱心募捐的大型公益励志主题晚会《生命阳光》在泸州市江阳艺术宫上演，爱心人士和爱心企业共为芦山地震灾区募得捐善款5.5万元。

4月25日，卫生部医政司副司长赵明钢一行到省八一康复中心看望接受治疗的芦山"4·20"地震伤员。

4月25日，中国残疾人辅助器具中心副主任侯平专程赴省八一康复中心，向在此接受治疗的芦山地震伤员捐赠第一批物资。

4月27日，中国书法家协会理事张学群，中国水墨西域雪山画法创始人李兵联手向芦山地震灾区献爱心捐赠书画作品仪式在省博物院举行。张学群的4幅书法作品和李兵的2幅国画作品交由省残疾人福利基金会，经拍卖后全款捐助"4·20"地震灾区因地震致残人士。省残联党组书记、理事长毛大付代表省残联、省残疾人福利基金会接受捐赠。

5月7日，中国残疾人福利基金会理事长汤小泉一赴芦山地震灾区调研，并在八一康复中心举行捐赠仪式。

5月23日，泰国开泰银行在成都锦江宾馆举行成都分行开业仪式。董事长兼首席执行官伍万通代表银行，向省残疾人福利基金会捐款50万元人民币，共同开展"爱心助残，灾后重建"公益项目，为"4·20"芦山地震灾区残疾人提供帮助。省残联党组书记、理事长毛大付，省残疾人福利基金会理事长丁二中接受捐赠。

5月31日，省委书记、省人大常委会主任王东明，省委常委、省总工会主席李登菊，省委常委、秘书长陈光志，成都市委副书记、市长葛红林，团省委书记刘会英，到成都市特殊教育学校亲切看望残疾孩子，与残疾儿童共庆"六一"，并通过他们向全省少年儿童致以节日的问候，向广大少年儿童工作者表示诚挚慰问。

6月8日，由省"4·20"芦山强烈地震灾后重建委员会社会管理服务组、雅安市抗震救灾指挥部社会管理服务组、雅安市中国梦主题实践教育活动领导小组等三家单位主办，四川残疾人艺术团倾情奉献的大型励志公益主题演出《筑梦》在天全县文化宫上演。省委常委、省重建委社会管理服务组组长李登菊、省级群团部门负责人、雅安市部分党政领导以及学生、残疾人、武警消防官兵、各行各业代表、灾区群众等600多人观看演出。四川省残联在演出现场向观众赠送了励志书籍《石光武》。

6月8日，由省总工会、团省委、省妇联、省残联主办的“情暖灾区，芦山奋起”促进就业招聘会在芦山举行。省委常委、省总工会主席李登菊，省级相关群团部门负责人和雅安市相关领导出席了招聘会。据统计，参加当天招聘会的灾区群众共6000余人，现场达成就业意向1597人，达成创业意向210人，技能培训报名335人；提供各类政策咨询法律服务100余人次；发放各类宣传资料7000余份。

6月26日，省委书记、省人大常委会主任王东明特别邀请出席省残联第六次代表大会的10名残疾人典型代表到省委做客。省委常委、省总工会主席李登菊，省委常委、省委秘书长陈光志，副省长、省残联主席团主席曲木史哈出席座谈会。

6月26日，四川省残疾人联合会第六次代表大会在成都市隆重召开。省委常委、省总工会主席李登菊，省人大常委会副主任刘道平、省政协副主席赵振铣等领导出席开幕式，李登菊常委在会上做重要讲话。开幕式由副省长曲木史哈主持。大会听取了省残联理事长毛大付代表省残联第五届主席团作的题为《着眼同步全面小康，不断深化“量体裁衣”式个性化服务，奋力开创全省残疾人事业跨越发展新局面》的工作报告。

6月29—30日，由中国人民大学残疾人事业发展研究院、北京市残疾人联合会、中国康复研究中心主办的残障与发展论坛（2013）在北京中国人民大学举行，主题是中国残疾人事业的制度创新与战略规划。省残联“量服办”负责人以“以‘量体裁衣’式个性化服务推进‘两个体系’建设”为题介绍了四川省开展“量服”的成效和启示，并就如何真实客观了解残疾人需求、实现资源的供给和挖掘，提高资源的分配效率、基层残疾人工作者的待遇等方面与参会人员进行了沟通和交流。

7月4日，四川省残联党组成员、副理事长马骏陪同德国工商业同会主席伯乐尔（Dr. Joachim Breuer）一行前往八一康复中心参观访问。双方就康复和管理人才的培养和合作交换了意见。

7月26日，李红任省残联巡视员，黄卫德任省残联党组成员、副理事长。

8月2日，省残联联系中国盲文出版社，印刷了由省残联、省卫生厅、省中医药管理局联合下发的《关于印发〈四川省盲人医疗按摩人员从事医疗按摩资格证书管理实施办法〉的通知》盲文版230份，下发到各市（州）、各区（市、县）。这在全国尚属首次。

9月2日，省政府残疾人工作委员会和省委宣传部、省教育厅、省民政厅等14个省残工委主要成员单位联合制定并通过《关于在全省深入开展为残疾人提供“量体裁衣”式个性化服务的实施方案》，标志着为残疾人提供“量体裁衣”式个性化服务工作在全省形成了部门联动、资源整合的大服务工作格局。按照《实施方案》规定，“十二五”期间，四川省将为有需求的残疾人提供“量体裁衣”式个性化服务，其中，办证残疾人实现全覆盖。

9月8日，我国内地第一座“黑暗中对话”体验馆在锦江区残联正式开馆，省残联党组书记、理事长毛大付出席开馆仪式并致辞。成都市残联理事长龙蓉蓉，锦江区区委副书记、区长张余松，黑暗中对话社会企业创始人安德烈·海因克（Andreas Heinecke）博士和黑暗中对话（中国）创始人蔡史印等出席了开馆仪式。

9月10日，省政府副秘书长赵学谦率领省发改委、省财政厅、省残联等部门工作人员到眉山市彭山县彭祖新城对四川省残疾人体育训练中心项目选址现场进行专题调研，并就四川省残疾人体育训练中心建设项目立项等问题在彭山县委会议室召开协调会。省残疾党组书记、理事长毛大付，眉山市、彭山县的领导以及相关人员陪同调研。

9月13日，中央电视台《新闻联播》摄制组专程赴宜宾市高县，采访报道受到“量服”工作帮扶实惠的残疾人养兔专业户张光芬。

9月13日，四川省八一康复中心在中国（四川）—荷兰卫生研讨会上与荷兰艾文思大学签署合作协议，计划就人才培养、科研合作与学术交流等展开深入而广泛的合作交流。

9月15日，由新华通讯社主办的党内著名综合性内部刊物《内参选编》（2013年第36期）以“四川省残联‘量体裁衣’为群众提供个性化服务”为题，专门介绍了四川省残联的工作经验，并给予了高度评价。

9月29日，中国残联试点心智障碍人士救援服务系统启动仪式在青羊区残联举行，工作人员现场演示了GPS救援服务系统，部分心智障碍人士接受了现场指导。省残联党组成员、副理事长黄卫德，市残联党组书记、理事长龙蓉蓉以及青羊区的领导等出席并讲话。

10月9—12日，中国残联集中连片特困地区残疾人扶贫工作研讨会在四川省巴中市召开。中国残联研究室主任陈新民、扶贫办主任王建军，国务院扶贫办国际扶贫中心国际合作处领导、省扶贫移民局总会计师廖蔚、省残联副理事长杨志远、中国人民大学和北京大学的专家、全国11个集中连片特困地区的19个省残联和省扶贫移民局有关同志、全国5个调研县的残联领导参加研讨会，深入巴中市南江县黑潭乡南鹰村和正直镇长滩村调研残疾人新居、基层组织和产业发展等扶贫工作。

10月10日，成都军区卫生部副部长王云峰和省残联党组成员、副理事长马骏共同主持召开会议，听取了四川省八一康复中心三年运行情况汇报；提出了省八一康复中心与成都军区总医院开展军民共建活动的目标任务、共建方式、共建内容和工作机制；协商研究了中心“7·10”洪灾基础设施受损恢复建设等有关工作。

10月18—28日，在第七届“中国地方政府创新奖”评选活动中，四川省残联申报的“为残疾人提供“量体裁衣”式个性化服务模式惠及280余万残疾人”项目从全国100多个申报项目中入围，位列前二十名，在中国地方政府创新网网站上进行了公示。这是对全省残疾人工作者辛勤付出的充分肯定，也是对四川残疾人事业科学发展的充分肯定。

10月20—25日，省残联、省教育厅委托四川卫生康复职业学院举办第五期“通向明天—交通银行残疾青少年助学计划”特殊教育康复师资培训，全省20个市州73所特殊教育学校102名特教骨干教师参加了培训。

10月21日，中国残联维权部主任薄绍晔和国家民航局运输司司长刘锋一行到四川省就残疾人交通运输法召开座谈会征求意见。

10月25日，四川省残疾人艺术团《生命阳光》大型公益励志主题演出走进四川师范大学。

10月28日，省政府第二十六次常务会议听取了省残联党组书记、理事长毛大付关于贯彻中国残联第六次代表大会精神的汇报。

10月29日，四川省“4·20”芦山强烈地震灾后恢复重建委员会社会管理服务组、省残联和中国狮子联会联合在成都举行中国狮子联会援助雅安重度残疾人灾后住房重建签约仪式。

11月15—21日，四川省承办2013年全国残疾人射击锦标赛，来自全国8个省（区、市）的46名运动员参加本次比赛13个单项的角逐。四川代表团10名运动员参加比赛并取得7金3银6铜、团体总分第一的好成绩。

11月20—21日，第七届“中国地方政府创新奖”组委会现场评估专家组一行到成都市武侯区火车南站长寿苑社区、内江市东兴区西林街道和泸州市泸县福集镇清溪社区现场考察“量服”工作，并深入走访残疾人家庭。

11月21日，由省政府副秘书长赵学谦带队，省残联副理事长杨志远、省体育局、省残联相关部门负责人陪同前往遂宁市，调研第八届省残运会暨第三届省特奥会筹备工作情况。

11月27日，省委常委、省总工会主席李登菊会见全国人大常委、中国残联副主席、中国狮子联会会长王乃坤一行。李登菊高度评价了中国狮子联会在四川芦山4·20地震抗震救灾恢复重建中发挥的积极作用，她代表省委、省政府和灾区人民群众对狮子联会提供的2000多万救灾资金（物资）表示衷心感谢，她表示支持中国狮子联会在四川省建立分支机构。

12月3日，由四川省八一康复中心（四川省康复医院）主办的首届中国康复工程与辅助器具（成都）高峰论坛在四川省科技馆举行。

12月4日，国家开发银行、中国残疾人福利基金会共同举办的“集善工程·启明行动”项目启动仪式在古蔺县人民医院举行。

12月17日，全国政协常委、省政协副主席赵振铣一行专程前往省残疾人服务外包就业（实训）基地和省八一康复中心进行调研，视察残疾人工作，了解残疾人民生情况。

12月18日，人社部、中国残联联合在四川举行全国2014年就业援助月专项活动启动仪式。人力资源社会保障部副部长信长星，全国人大常委、中国残联副主席王乃坤，四川省副省长曲木史哈出席了启动仪式。下午，王乃坤一行视察了“四川省残疾人服务外包就业（实训）基地”和八一康复中心，探望了正在培训和已经上岗就业的残疾学员。

12月22日，世界联合学院在成都召开中国学生代表选拔说明会，中国残联国际部副调研员池俊常，世界联合学院中国项目理事陈洁敏女士出席了说明会，来自成都、德阳、绵阳、乐山、宜宾、资阳等地的10名残疾学生和残疾人家庭子女到场聆听。

12月30—31日，中国狮子联会四川会员管理委员会第二次筹备会议准备工作会在蓉召开。四川省残联党组书记、理事长、中国狮子联会四川代表处首席代表毛大付出席会议并发表讲话。中国狮子联会副会长、中狮联四川会员管理委员会筹建指导工作委员会主席戴建明出席会议。四川省残联党组成员、副理事长、中国狮子联会四川代表处代表黄卫德总结讲话。中国狮子联会组织建设与会员发展委员会主席、中狮联四川会员管理委员会筹建指导工作委员会执行主席代中伟主持会议。

附录一

一人一方案，四川今年助50万残疾人居家灵活就业

李丹　《四川日报》　2013年4月7日

由四川省发展改革委、经信委、财政厅、残联等9部门联合发文的《关于促进残疾人居家灵活就业的意见》，3月20日启动实施，标志着2013年省政府民生工程之一的残疾人居家灵活就业工程启动。今年，我省将多渠道帮助50万名残疾人实现居家灵活就业，首批残疾人居家灵活就业实用技术技能培训班将于4月开班。

残疾人居家灵活就业是指残疾人以“非员工制”方式，就近、就便实现就业，包括个体就业、庇护性就业和从事家庭手工业、发展种植业、养殖业等形式。今年是我省残疾人居家灵活就业工程启动年。到2015年，全省残疾人实现居家灵活就业将达80万人，2020年将达100万人。

省残联根据残疾人的自身条件和实际需求，为残疾人量身定做个性化的就业方案，实现“一人一案”。目前，全省进入“四川省残疾人量体裁衣个性化服务平台”的残疾人有288万余人，各地残联在摸清残疾人的基本情况和具体需求的基础上，制定个性化方案并进行网络化管理。

根据《意见》，各地各部门将着力帮助残疾人解决就业、发展生产过程中遇到的技术（技能）、融资、产品销售等困难；对有就业能力的智力、精神和重度残疾人，

将通过安排在残疾人托养服务机构实现庇护性就业。《意见》明确，各级残联、财政在每一年度征收的残疾人就业保障金中，按不低于30%的比例安排资金用于扶持残疾人居家灵活就业。同时，鼓励和支持企业带动残疾人居家灵活就业，支持企业与残疾人签订委托加工合同或产品购销合同，把适于残疾人居家加工的产品、工序委托残疾人加工制作。

今年，该工程将重点开展残疾人实用技术技能培训，培训内容涵盖农业、畜牧、食品、家庭手工、电子商务等领域。

附录二

巴中市群团组织推行“量体裁衣”式个性化服务

尹勇　《四川日报》　2013年8月20日

拿到中国医科大学的录取通知书，家住巴中市巴州区南池河街南山小区的冯君却高兴不起来。由于母亲下岗，父亲在外做小工，两个姐姐都还在念大学，家里入不敷出。能否顺利入学，成了冯君的心结。

这时，他所在的巴州区南龛社区群团组织服务站负责人刘颖通过入户调查，了解到他家的情况，决定帮他申请“金秋助学”补助金。8月14日，冯君上交完助学补助申请表，终于可以圆梦大学了。

从今年4月起，巴中市整合群团组织力量，在社区建立服务站，开展“量体裁衣”式个性化服务，为每名对象制定发展方案或帮扶方案。

残联率先探路个性化服务

摆桌子、烧开水、上茶杯……8月14日上午，巴州区水宁寺镇水宁村46岁的残疾人王国升在自己的文化茶园里忙个不停。乡亲们都说，以往颓废的王国升如今精神焕发。同王国升一样，巴州区有3.2万残疾人在“量体裁衣”式个性化服务中受益。

从去年开始，巴中市各级残联组织在该市群团组织中率先探路“量体裁衣”式个性化服务，根据每位服务对象的特点，制定出“一人一策”式的帮扶方案。以王国升为例，他有五项需求：建新房、医保、养老保险、低保和就近找一份较为稳定的工作。

王国升给记者算了一笔账：改造新居，政府和残联共补助了3.8万元；医疗、养老保险每年补贴共150元；低保每月80元；去年以来文化茶园收入4800元，跑运输挣了1.5万元。

巴州区现有残疾人近5万，涉及14.1万家庭，占该区总人口的6.5%，比例居全市第一。2012年3月，该区全面推行“量体裁衣”式个性化服务工作，基层残疾人工作者走进残疾人家庭，了解他们的基本状况及各方面需求，为他们量身定做个性化发展方案和服务方案。截至目前，该区残联已为残疾人提供个性化服务12.8万项次。

社区服务站提供“一站式”服务

8月14日，记者来到巴州区白马井社区。“目前群团组织服务对象的个性化帮扶方案正在制定中，事情多得不得了。”社区党支部书记杨绍进介绍，社区居民中，群团组织的服务对象包括残疾人、妇女、儿童、老人、“4050”就业困难人员等，而惠民政策的落地，除了民政部门，大多需要群团组织来完成。

如何应对如此量大面广的服务？巴州区在回风、白马井、白云台3个社区试点建立群团组织社区服务站，将区总工会、团区委、区妇联、区科协、区残联等部门服务项目整合，在社区设立“群团服务窗口”，为服务对象提供“一站式”服务。

“自从群团部门整合资源，把服务延伸至社区后，群众办事就方便多了。”刘颖说，以冯君为例，他申请助学补助金，以前要在社区和区里来回跑好几趟，现在他只需在社区完善相关手续就能办理。

这一举措在巴中市所有区县得到推广。8月7日，通江县甚至将这一惠民措施推广到该县驻外机构，在通江县政府驻重庆办事处成立群团组织服务站，加强与当地群团组织的沟通协调，主动深入通江籍务工人员较集中的企业、工地调研，及时为他们提供就业信息、劳动技能培训、维权案件调处等服务。

“量体裁衣”也有标准流程

“情况登记、资格审查、帮扶服务、定期回访、办结归档。”在南龛社区和白马井社区，记者都见到一本手掌大小的小册子——《巴州区群团组织社区服务站工作手册》，在手册上，有群团组织开展“量体裁衣”式服务工作标准流程。“办事流程标准化，服务工作制度化，源于巴中市群团工作的新思路。”巴中市总工会主要负责人说。

在推广群团组织社区服务站过程中，各社区可根据具体情况选择实现途径。白马井社区位于城中心，流动人口多，困难群体多，服务重点确定为困难帮扶、志愿服务和文明创建；回风社区位于城郊接合部，重点项目多，服务重点是建立重点项目服务岗、新市民培训等；白云台社区机关企事业单位多，但仍有不少困难群体，重点企业、惠民超市、和谐文明创建等方面需加强服务。

同时，积极探索市场化运作模式。白云台社区群团组织服务站联合辖区民营超市，建立了“惠民超市”，为困难居民发放“惠民爱心卡”，持卡群众在“惠民超市”购物，可以享受7—9折优惠。

整合群团组织力量，将服务落到实处。目前，巴州区已成立5支群团服务志愿队伍，志愿者人数150多人，开展家政、科普等各类培训15场（次），为29人提供了就业岗位，为5名符合条件的居民提供了小额贷款，助其成功创业。南江县总工会探索出“54321”的“量化”工作方案，将工会要做的实事细化到每个月、每个社区。

（宋满宏供稿）

重庆市残疾人事业和残疾人工作

一、领导讲话

中共中央政治局委员、市委书记孙政才在市残联第四次代表大会开幕式上的讲话摘要

2013年7月29日

图6－23－1　孙政才出席市残联第四次代表大会并讲话。

发展好残疾人事业是社会文明进步的重要标志，也是社会主义制度优越性的体现。党和政府十分关心残疾人事业发展，把残疾人事业作为中国特色社会主义事业的重要组成部分。当前，我市已进入加快改革发展、率先在西部建成全面小康社会的关键阶段。大力推进残疾人事业，对于保障和改善民生，调动各方面积极性、凝聚全社会力量，促进社会和谐稳定和公平正义，建成所有社会成员共同参与、共同奋斗、共同分享的全面小康社会，具有十分重要的意义。

要突出重点，强化措施，加快完善促进残疾人事业发展的政策措施和社会支持体系，努力实现残疾人事业与经济社会协调发展，让广大残疾人共享改革发展成果。要让有劳动能力的残疾人享有比较充分的社会就业。各级党委政府要完善和落实各项残疾人就业帮扶政策，加强残疾人职业技能培训和实用技术培训。要多渠道、多形式开发适合残疾人就业的公益性岗位，大力支持社会力量开办残疾人福利企业，积极扶持残疾人自主择业、自主创业。二要让每个残疾人享有比较完善的社会保障。把残疾人作为重点对象纳入社会保险、社会救助、社会福利和社会慈善体系，对符合低保条件的残疾人要做到应保尽保。三要让所有残疾人享有均等的社会服务。大力发展残疾人康复、教育、文化、体育等事业，加快推进无障碍设施建设和改造，推动公共服务机构为残疾人提供优先、优惠的服务，使残疾人康复有条件、居家有照料、出行无障碍，能够自强、自立、有尊严地生活。

发展残疾人事业是一项社会系统工程，全市各级各部门和社会各界要高度重视、积极参与，加强协作、齐抓共管、形成合力，共同推动残疾人事业发展。要结合党的群众路线教育实践活动，进一步改进作风，倾听残疾人呼声，反映残疾人诉求，维护残疾人权益，全心全意为残疾人服务，真正让残疾人享受到党和政府的温暖与关怀。希望广大残疾人始终热爱生活、直面人生，保持乐观向上、不畏艰难的生活态度，用微笑面对逆境，用激情拥抱生活，自尊、自信、自强、自立，勤奋学习，增强本领，积极投身“科学发展、富民兴渝”实践，用自己的辛勤和汗水实现人生价值，创造美好生活。

中国残联副主席、中国残疾人福利基金会理事长汤小泉在市残联第四次代表大会开幕式上的讲话摘要

2013年7月29日

图6－23－2　汤小泉出席市残联第四次代表大会并讲话。

五年来，重庆市残疾人生活水平明显提高。一批保障残疾人权益、发展残疾人事业的法规政策相继出台，

尤其是颁布实施的《重庆市残疾人保障条例》和重庆市残疾人基本公共服务专项行动计划，为更好地保障残疾人权益提供了法律政策依据；残疾人“两个体系”建设扎实推进，残疾人的生存和发展状况明显改善，实施白内障复明手术8.7万例，在全国率先成功创建“全国白内障无障碍市”；残疾人特殊教育不断加强，就业覆盖面不断扩大，扶贫开发取得新突破，帮扶“两翼”地区残疾农户实现增收。残疾人基层组织建设有力推进，基层残疾人组织机构建设、人员配备均实现100%，各乡镇（街道）残联配备了专（兼）职理事长，落实了职级待遇。残疾人精神文化生活更加丰富，在北京、伦敦两届残奥会上，获得好成绩，取得了历史性突破。残疾人事业发展社会环境更加优化，充分发挥残疾人福利基金会、各残疾人协会和社会民间慈善组织机构作用，营造了良好的扶残助残氛围。

目前，从全国情况看，残疾人仍然是最困难的社会群体，残疾人事业仍然是直接影响全面建成小康社会的明显“短板”。2011年度，残疾人小康实现程度为63.1%，与全国平均水平相差17个百分点。我国农村贫困残疾人超过1500万，260多万城镇残疾人生活十分困难，280多万农村残疾人无房或者住在危房中。城乡残疾人家庭人均收入仅为全国平均水平的一半多。这些充分表明，无论是在全国还是在重庆市，做好新形势下的残疾人工作任务仍然十分艰巨与繁重。党的十八大明确提出“健全残疾人社会保障和服务体系，切实保障残疾人权益”。这是党中央、国务院从全面建成小康社会宏伟目标和中国特色社会主义事业“五位一体”总体布局出发，对残疾人事业发展提出的新要求，确定的新目标。为贯彻落实党中央、国务院的重要战略部署，进一步推动重庆市残疾人事业在新的起点上加快发展，我代表中国残联提三点希望：

一是要加快推进残疾人实现全面小康建设的进程。全面建成小康社会，实现中华民族的伟大复兴，是包括残疾人在内的每一个中国人的梦想和期盼。希望重庆市紧紧围绕全面建成小康社会的目标，牢牢把握当前残疾人事业发展的历史机遇，着眼于残疾人最关心、最直接、最现实的利益问题，针对残疾人生产生活中的特殊困难，在普惠基础上制定特惠政策措施，进一步改善残疾人生活状况，尽快缩小残疾人收入与社会平均水平的差距，帮助广大残疾人过上更加体面、更有尊严的幸福生活。要促进残疾人与社会的全面融合，肯定残疾人的价值，尊重残疾人的尊严，正视残疾人的问题，保障残疾人的权利。“授之以鱼，不如授之以渔”，要认识到残疾人也是社会财富的创造者，残疾人当中蕴藏着巨大的潜力，要利用各种机会，创造各种条件，搭建各种平台，激发残疾人的正能量，帮助残疾人实现自身价值。

二是要扎实推进残疾人社会保障和服务体系建设。推进残疾人社会保障体系和服务体系建设，主要是弥补残疾人在社会保障和服务方面的不足，为残疾人参与社会和自我发展创造平等的机会和更好的条件。希望重庆残疾人工作要牢牢把握残疾人两个体系建设这条主线，在贯彻落实《国家基本公共服务体系“十二五”规划》的基础上，建立稳定的财政保障机制和多元化的服务供给模式，推动城乡和区域残疾人服务均衡发展，使残疾人逐步享受到适足的、均等化的康复、教育、就业、文化、无障碍等公共服务，切实保障残疾人的生存权、发展权。希望重庆市在贯彻落实国家基本公共服务规划的基础上，实现建立残疾人保障制度的新突破，取得健全残疾人服务体系的新进展。并要充分与社会建设相契合，与社会管理体制创新相结合，与政府各部门建设的扶残助残工程相融合，做到各种资源的充分整合，各种潜力的充分挖掘。

三是要切实加强残联组织建设。各级残联是党和政府联系残疾人的桥梁和纽带。希望重庆市各级残联以本次代表大会召开为契机，进一步加强自身建设，充分发挥“代表、服务、管理”职能，积极向党委、政府反映残疾人的特殊困难和需求，协助党委、政府做好残疾人工作，在工作中厉行勤俭节约，反对奢侈浪费，防止重复建设，努力为残疾人办实事、解难事、做好事。各级残联干部和残疾人工作者要恪守“人道、廉洁、服务、奉献”的职业道德，弘扬优良作风，保持清廉本色，为残疾人事业持续、健康发展提供坚强的组织保障。

希望重庆市广大残疾人朋友继续发扬自尊、自信、自强、自立的精神，热爱人生，保持乐观向上、不畏艰难的生活态度，勤奋学习，增长本领，紧跟时代步伐、积极融入社会，在为国家发展和社会进步做出新贡献的过程中，实现自身价值，绽放人生光彩！

市委副书记张国清在全市出席中国残联第六次全国代表大会代表欢送会上的讲话摘要

2013年9月15日

近年来，市委、市政府高度重视残疾人事业的发展，把加强和改善残疾人民生摆在突出的位置。前不久我市成功召开市残联第四次代表大会，政才书记亲自出席会议并对我市残疾人事业发展做出了重要的指示，全市各级残联组织要认真贯彻落实政才书记的讲话和市残联第四次代表大会精神，结合党的群众路线教育实践活动，强化服务意识，转变工作作风，真正做到为残疾人服务有爱心、有诚心、有热心，让每一个残疾人工作者都成为残疾人朋友的“贴心人”，努力促进我市残疾人事业发展走在全国的前列。

这次我市出席全国残联第六次全国代表大会的代表，有的来自基层农村，有的来自机关单位，有党员干部，也有残疾群众和残疾人亲友，还有来自康复医疗、特殊教育、工厂企业等多条战线的精英们，有的还是党的十八大代表，总的来看，代表们确实有广泛的代表性，也有较强的参政议政能力。相比而言，各位代表对残疾人的艰辛和困难更清楚，对残疾人的期盼和需求更了解，对残疾人事业发展中存在的问题认识更深刻，希望你们正确行使代表的权利，主动履行代表的义务，积极建言献策，把基层残疾群众的意见和建议充分反映出来，把全市残疾人朋友的愿望和诉求充分表达出来，不辜负我市169万残疾人朋友的重托。

中国残联第六次全国代表大会将为未来五年残疾人工作进行部署，将为残疾人事业发展进一步指明方向，也必将为广大残疾人共享改革发展成果创造更好的条件，各位代表要充分认识此次大会的重大意义，充分认识肩负的重要使命，以饱满的政治热情和良好的精神风貌出席大会，全面准确地把会议精神带回来，迅速传达到各级残联组织和广大残疾人朋友中去。会议期间，既要充分展示我市残疾人事业和经济社会发展取得的新成绩，更要虚心向兄弟省区市学习，把有关残疾人事业的好思路、好做法、好经验带回来，再结合我们重庆的实际消化、借鉴、吸收、再创新，为推动我市残疾人事业发展做出新的更大的贡献。

副市长刘强在市残联第四次代表大会闭幕式上的讲话摘要

2013年7月30日

这次大会选举我为市残联第四届主席团主席，这是全体代表、全市残疾人对我的信任，我深感肩上的责任重大。我将与主席团全体成员一道，尽职履责、务实工作，推动重庆残疾人事业在新的起点实现新的发展。在此，有四点意见，与大家共勉：

一、提高思想认识，切实增强发展残疾人事业的责任感。党的十八大指出，要“健全残疾人社会保障和服务体系，切实保障残疾人权益”；孙政才书记在本次大会开幕式上要求：“让有劳动能力的残疾人享有比较充分的社会就业，让每个残疾人享有比较完善的社会保障，让所有残疾人享有机会平等的社会服务”。我们必须进一步增强使命感、责任感和紧迫感，深入理解、认真贯彻以上要求，深刻认识残疾人事业是崇高的事业，全市170万残疾人既是重庆发展的建设者和创造者，也应该是幸福生活的拥有者和享受者。只有让全市残疾人都人尽其能、各得其所，整个社会才会有繁荣、健康、充满活力、安定和谐的环境，才会有持续发展和不断进步的动力。要通过进一步加快发展重庆残疾人事业，最大限度地缩小残疾人与健全人之间的差距，更好地维护残疾人合法权益，促进社会公平正义，实现全体人民共享改革发展成果；更好地调动残疾人的积极性、主动性和创造性，发挥残疾人在改革发展稳定中的重要作用，推动全市经济社会更好更快发展；更好地弘扬中华传统美德，促进社会和谐、文明进步。全市各级各部门一定要深刻认识残疾人工作的重大意义，认真贯彻落实残疾人事业发展的各项部署要求，认真贯彻落实孙政才书记和汤小泉副主席的重要讲话精神，认真贯彻落实本次大会确立的今后五年工作指导思路和目标任务，全力以赴推动残疾人事业又好又快发展，更好实现残疾人“平等、参与、共享”。

二、凝聚各方力量，构建残疾人事业发展的良好环境。残疾人工作涉及政治、经济、文化等各个领域，需要全社会的关心关爱，需要广泛凝聚和动员各方力量。各级政府要充分发挥主导作用，把残疾人工作摆在突出位置，将残疾人事业纳入本地区工作总体规划，与其他重点任务同安排、同部署、同推进、同落实；要认真执行好发展残疾人事业的政策法规，从人力、财力、物力等方面给予特殊支持和保障，着力解决残疾人基本生活、医疗、康复、教育、就业等实际困难；要高度重视、关心本地区残联领导班子建设，选派政治素质高、业务能力强、工作作风实、对残疾人有深厚感情的优秀干部充实到残联领导班子，打造一支能够担当新时期残疾人事业发展重任的队伍。各级政府残疾人工作委员会要切实履行综合协调职能，将为残疾人解难事、办实事作为工作的出发点和着力点，切实加强对残疾人工作的研究、督促、检查，帮助解决工作中遇到的突出问题。各残工委成员单位要本着对残疾人的关爱之心、人道之心，自觉主动重视、支持残疾人工作，各负其责、各司其职，切实履行好自身职能，形成工作合力。宣传部门要大力弘扬残疾人事业发展的主旋律，广泛宣传有关政策法规，宣传扶残助残、自强不息等典型事例，引导全社会树立文明重德的残疾人观。社会各界要进一步发扬理解、关心、帮助、支持残疾人事业的良好风尚，切实理解残疾人、处处尊重残疾人、热情关心残疾人、倾力帮助残疾人，使广大残疾人朋友充分感受到、享受到社会大家庭的温暖。

三、奋发务实有为，进一步加强与改进全市残联工作。残联组织是党和政府联系残疾人的桥梁和纽带，是各类残疾人的代表组织，也是残疾人工作的主管部门。从去年7月开始，我市各区县残联已相继完成换届工作，为全市各级残联组织注入了大量新鲜血液。各级残联要以这次市残联换届为新的起点，进一步恪守和履行好自身的“代表、服务、管理”职责。一是要强化服务意识，践行为民之本。残疾人是我们这个社会大家庭的一员，也是较为特殊、相对困难的一员，需要更多的关心和支持。残联组织承载着党委政府的关怀重视、社会各界的关心支持、广大残疾人及其亲属的期望托付，如何才能不辜负信任、不愧对责任？必须深深扎根残疾人群众、真情倾听残疾人呼声、热忱反映残疾人诉求、全力维护残疾人权益，用真情实意来关心这一特殊群体，为广大残疾人提供“热诚、真诚、竭诚”的服务，真正把各级残联建设成为“充满爱心、工作热心、待人诚心、服务贴心、令人暖心的残疾人之家”。二是要强化落实意识，增添务实之举。当前，全市残疾人工作的目标任务和原则要求都已明确，关键是要抓好落实。各级残联必须把抓落实放在突出位置，真抓实干，埋头苦干，多为残疾人诚心诚意办实事、尽心竭力解难事、坚持不懈做好事，确保各项任务要求落到实处、见到实效。三是要强化创新意识，善谋解难之策。在新的时期，随着全市经济社会发展，残疾人工作会不可避免地面临许多新情况、新问题、新难点。各级残联要进一步加强学习、提升能力，准确把握新形势下残疾人工作的特点、规律和问题，以改革创新精神研究、探索、解决，通过重点难点问题的突破，带动残疾人工作全局的发展，促进全市残疾人事业再上新台阶、再创新佳绩。

四、坚持自立自强，积极投身经济社会发展的主战场。残疾人是残疾人事业的主体，与健全人一样，是社会物质文明和精神文明的创造者，是促进经济社会发展的重要力量。残疾人参与社会生活，改善自己的命运，一方面不能完全离开社会的扶助，同时更取决于自身的奋斗。近年来，我市涌现出的知名企业家、文体工作者、“感动重庆十大人物”等先进典型，其中很多就是残疾人。他们虽然在身体上有这样那样的缺陷，但始终乐观向上、勇于进取、自强不息，靠自身的努力奋斗取得了不凡的成绩。在他们身上，蕴藏着蓬勃的创造活力，闪烁着特有的人性光芒，展示着时代的精神风貌。这些先进典型充分说明，残疾人只要鼓起生活的勇气，树立自强不息的信念，同样会实现自己的梦想。因此，希望全市广大残疾人朋友继续发扬“自尊、自信、自强、自立”的精神，树立求生存、图发展的志气，努力提高自身素质和竞争能力，增强拼搏精神和参与意识，不断发挥自身潜能，在重庆经济发展、社会进步中建功立业、实现价值，为社会贡献力量，为人生增添光彩。

市残联党组书记周鸣在市残联第四次代表大会上的工作报告摘要：努力保障和改善残疾人民生，为实现残疾人奔赴小康社会的共同理想而奋斗

2013 年 7 月 29 日

图 6 – 23 – 3　周鸣出席市残联第四次代表大会并做工作报告。

过去五年的工作回顾

市残联第三次代表大会以来，在市委、市政府的坚强领导下，在中国残联的有力指导下，通过各区县、各有关部门、社会各界和残疾人工作者、广大残疾人的共同努力，我市残疾人事业发展“十一五”规划全面实现，“十二五”规划抓紧实施，市残联第三次代表大会各项任务圆满完成，残疾人事业取得新的重大进展。

发展环境不断优化，残疾人事业加快发展。五年来，在经济快速发展、社会全面进步的进程中，党委、政府实施了一系列发展残疾人事业的重大举措。党中央、国务院和市委、市政府出台了《关于促进残疾人事业发展的意见》《关于加快推进残疾人社会保障体系和服务体系建设的实施意见》等重要文件，市人大颁布实施《重庆市残疾人保障条例》，市委、市政府相关职能部门和各区县相继出台了一系列助残惠残政策，创造了我市残疾人事业快速发展的良好政策环境。各级政府逐年增加残疾人事业发展资金，市、区县财政资金年均增长 23.4%，福彩资金年均增长 57.2%，残疾人就业保障金征收年均增长 18.2%，各界爱心人士积极为残疾人事业捐资出力，五年来累计投入残疾人事业发展资金 14.7 亿元，是上届的 2.7 倍。全市新增综合服务设施面积 13 万平方米，建成市残疾人就业服务指导中心、残疾人综合服务中心康复医院、残联信息中心和市残疾人文化体育活动中心；各区县均已建立残疾人就业服务机构和视力、听力言语、肢体、精神和智力残疾康复技术指导中心和残疾人辅助器具供应服务站等康复技术指导机构，基础设施日臻完善，强力推动了事业的加快发展。

残疾人工作不断加强，综合服务能力持续提升。围绕“人人享有康复服务”的目标，实施了一批重点康复工程，使 38 万名残疾人得到不同程度的康复。实施白内障复明手术 8.7 万例，其中，贫困白内障患者免费复明手术 3.9 万例，2011 年，我市在全国率先成功创建“全国白内障无障碍市”。精神病防治康复工作实现全覆盖，救助贫困精神病患者 8 万余人。全面开展社区康复，培育了 10 个全国残疾人社区康复示范区（县），新建市级残疾人康复示范社区 592 个。积极探索残疾人康复人才学历教育与短期培训相结合的新模式，与重庆师范大学等院校联合建立了 4 个康复人才培养基地；培训康复工作骨干人才 1755 余人（次）、社区（村）康复协调员 21073 人（次），康复人才队伍建设得以加强。助推特殊教育发展，提升残疾人受教育水平。特教学校发展到 35 所，3300 余所学校开展了随班就读，三类残疾适龄儿童少年总入学率达 90% 以上。890 名残疾大学生进入高等院校学习。实施“彩票公益金助学”、“通向明天青少年助学”等扶残助学项目，投入资金 529.9 万元，资助 6197 名残疾学生入学。大力促进残疾人就业。培训 2.6 万名城镇残疾人，举办各种形式的招聘会，推荐残疾人就业，城镇残疾人累计就业达到 14.3 万人；6.4 万名农村残疾人参加实用技术培训，帮助他们实现劳动就业；扶持残疾人个体就业，鼓励残疾人创办微型企业，激发残疾人创业信心，

1.2万名残疾人成功创业；康复扶贫贷款项目为残疾人发放贷款1.5亿元，财政贴息707万元；建成农村残疾人扶贫基地56个，扶持残疾人种养业大户132户，充分发挥辐射作用，带动1万余名残疾人发展生产。

残疾人社会保障日益增强，残疾人民生显著改善。紧紧围绕“贫有所助、病有所医、老有所养、住有所居”的目标，残疾人普遍纳入城乡社会保障体系，并享受特惠政策。目前，20万名残疾人享有最低生活保障，同时，残疾人低保对象享受分类救助，重度残疾人农村的每人每月增加至60元，城镇的每人每月增加至75元，其他残疾人低保对象每人每月增加至30元。切实解决残疾人“看病难、看病贵”的问题，66.8万名残疾人参加基本医疗保险，残疾人低保和“五保”对象全部纳入城乡医疗救助范围，对贫困残疾人个人出资部分按当地城乡居民合作医疗个人缴费标准给予补助；将白内障患者复明手术、精神病患者治疗等病种和运动疗法、偏瘫肢体综合训练等9项医疗康复项目纳入医疗保险基金支付范围。34万名残疾人参加城乡居民社会养老保险，重度残疾人参加养老保险，每人每年享受特惠补贴40元。加大贫困残疾人危房改造力度，中央、市、区县财政共投入2亿元，带动社会投入2.4亿元，为2.1万户贫困残疾人改造、新建房屋。实施“两翼”贫困残疾人增收项目，投入资金3000万元，帮助1万名残疾人每户增收1万元以上。推行寄宿托养、日间照料、居家托养结合的方式，托养残疾人2.7万人（次）。实施残疾人家庭无障碍改造，惠及6990户贫困残疾人。城市无障碍建设进一步加强，我市被评为“全国无障碍建设先进城市”。探索创新残疾人法律援助、司法救助措施，建立了残疾人法律援助服务站40个，设立维权示范岗613个，发放法律援助卡33万张，为2.2万名残疾人提供了法律服务，及时有效地维护残疾人合法权益。

残疾人工作组织发展壮大，工作规范不断完善。实施全国残疾人组织建设“强基育人”工程，加强基层残疾人组织规范化建设。形成了市、区县、乡镇（街道）和村（社区）四级残疾人工作组织网络，基层残疾人组织机构建设、人员配备均实现100%，全市残联系统专职残疾人工作者达到1983人，残疾人专职委员达1.2万人。全市区县、乡镇（街道）残联完成换届，各乡镇（街道）残联配备了专（兼）职理事长，落实了职级待遇。注重发挥五大专门协会的优势和作用，协会工作更加活跃。举办残联系统新任理事长、专门协会主席、优秀残疾人和残疾人专职委员等培训班，培训1100多人，切实提高残疾人工作者的综合素质和业务能力。五年来，我们立足制度化、标准化、规范化管理的目标要求，完善规章制度、加强督查考核，残疾人工作更加规范。实行残疾人专职委员工作目标考核和网上实名制，推行“八簿八册”基层残疾人工作规范制度，区县残联和市残联部室双向考核制度，建立监督管理和绩效评估机制等，促进残疾人工作管理规范不断完善；完成残疾人综合信息管理系统设计开发，规范残疾人基础信息采集管理，对84余万残疾人的服务需求进行了摸底调查，为事业发展科学决策奠定了数据基础；制定完善盲人按摩管理办法、托养机构建设和服务规范、居家托养服务工作规范、区县辅助器具展示厅建设管理规范、残疾儿童康复救助定点机构基本标准、社区康复站建设管理规范等残疾人服务行业管理规范和技术标准，促进残疾人服务业健康发展。

残疾人自强不息，参与社会活动日趋活跃。五年来，我们着力搭建残疾人“参与、融合、共享”平台，让更多的残疾人融入社会，参与发展，共享成果。建设40个国家级残疾人“文化进社区”示范点和490个市级残疾人“文化进社区”活动点；建立6个国家级和9个市级残疾人特殊艺术人才培养基地；举办了第四届重庆市残疾人文艺汇演，组织参加了两届全国残疾人艺术汇演，获金奖1个、银奖3个、铜奖4个；建成盲人视障阅览室14个，残疾人精神文化生活更加丰富。精心组织2010年上海世博会生命阳光馆重庆周活动，向世界展示了我市残疾人乐观向上，奋发有为的风采，激励了广大残疾人更加自强不息。成功举办了第四届重庆市残疾人运动会。积极参与各项国际国内赛事，共获59枚金牌、67枚银牌、59枚铜牌，尤其是在北京、伦敦两届残奥会上，我市优秀残疾人运动员先后夺得1枚铜牌、2枚银牌，接连取得了历史性突破。五年来，我市残疾人周月华当选为党的十八大代表和“感动中国十大人物”，刘松、毛建军获“全国残疾人自强创业奖”，唐毅等3人被授予“全国就业创业优秀个人”，李小勇等4人被评为全国“自强模范”，杨安容等8人被授予“全国农村残疾人扶贫开发先进个人”，李兵等8人被评为“感动重庆十大人物”，一批批优秀残疾人进入各级人大、政协，参政议政，建言献策，各行各业都有残疾人的杰出代表，越来越多的残疾人紧跟时代步伐，乐观进取，奋发有为，努力实现自身价值，创造社会财富，成为我市经济社会发展不可缺少的力量。

在充分肯定成绩的同时，我们必须清醒地认识到，我们的工作与广大残疾人朋友的期待还有很大的差距，发展的道路还面临不少困难和问题。突出表现在：残疾人事业发展欠账多，任务重；残疾人事业发展投入不够，事业的总体水平不高，残疾人生活状况与社会平均水平有较大差距；残疾人事业区域性发展不平衡，离城乡统筹发展的要求还有一定的差距；残疾人社会保障和公共服务措施还不够完善，歧视残疾人、侵害残疾人权益的现象时有发生，要带领残疾人和全市人民共奔小康，我们必须为此付出长期艰苦的努力。

今后五年工作的建议

未来五年的总体目标概括为“12345”目标，具体是：建立一个机制，即探索建立残疾人事业城乡统筹发展机制；形成“两个体系”基本框架，即建立健全残疾人社会保障和服务两个体系基本框架；夯实三大基础，即夯实基础设施、基础信息、基层组织三大基础；突出四大重点任务，即新增10万平方米的残疾人综合服务设施；多渠道筹集20亿元残疾人事业发展资金；扶持30万残疾人增加收入；新增40万残疾人享有不同程度的康复服务；实现五大突破，即在改善农村贫困残疾人居住条件上取得突破；在解决残疾人创业就业上取得突破；在残疾人社会保障标准和覆盖面上取得突破；在残疾人享有基本公共服务上取得突破；在干部人才队伍建设上取得突破。

为实现上述目标，我们要努力做好以下五大方面的工作：

一、建立完善社会保障体系，为残疾人提供基本生活保障

党的十八大明确要求“健全残疾人社会保障和服务体系，切实保障残疾人权益”，这是当前和今后一个时期残疾人事业的战略任务。未来五年，必须抓住机遇，尽快建立较为完善的残疾人社会保障体系，不断满足广大残疾人的需求。

（一）健全普惠加特惠的制度保障。坚持把普惠政策作为基础、特惠政策作为重点、社会救助作为补充，进一步优化制度保障体系。继续坚持把残疾人社会保障全面纳入全市普惠性政策范畴，纳入全市社会保障体系建设。加大对一、二级重度残疾人参保给予特惠补贴力度；全面实现残疾人享受最低生活保障，做到“应保尽保”，对享受城乡低保的贫困残疾人实施分类重点救助。

（二）加大对残疾人社会保障补贴力度。探索建立贫困残疾人生活补助制度和重度残疾人护理补贴制度。根据残疾人残疾程度以及困难程度的不同，探索建立残疾人津贴制度。推进完善残疾人社会保险补贴制度，对符合条件的贫困残疾人参加社会保险按规定给予政府补贴，鼓励督促城镇企业为残疾职工按规定参加基本养老、医疗、工伤、失业、生育保险。推进建立残疾人大病医疗救助和临时困难救助。

（三）加大对残疾人社会救助力度。继续推动救助政策的制定和完善，增加救助手段，提高保障水平。建立残疾人社会保障和服务的基本情况和基础数据库，做好残疾人需求分析和转介服务，重视和发挥政府残工委各成员单位、残疾人福利基金会、残疾人专门协会和社会力量的作用，进一步加大宣传力度，建立信息沟通机制，统筹动员社会力量救助残疾人，共同推动残疾人社会保障体系建设。

二、建立完善公共服务体系，为残疾人提供基本需求保障

全面贯彻落实《重庆市人民政府关于贯彻落实国家基本公共服务体系“十二五”规划的意见》，详细分解目标任务，落实推进措施。按照平等、参与、共享的原则，以残疾人需求为导向，以重度残疾人、农村残疾人和残疾儿童为重点，增强供给能力，加快建立完善残疾人基本公共服务体系。

（一）加快残疾人综合服务基础设施建设

加强对全市残疾人服务设施的统筹规划，形成残疾人综合服务设施辐射网络。加快区县基础设施建设步伐，推进市级康复托养中心建设。以残疾人康复托养中心为重点，加快残疾人康复、教育、就业、托养、文化体育、综合服务等专业服务设施建设。制定并实施残疾人综合服务设施建设标准，狠抓规范管理，提高服务水平。

（二）不断拓展服务内容

——残疾人康复。以残疾人人人享有康复服务为主线，实施重点康复项目。推进康复政策保障体系建设，深入开展社区康复，居家康复，康复救助，加大对贫困残疾人特别是0—6岁贫困残疾儿童康复救助力度，将残疾人辅助器具适配等基本康复需求纳入医疗保险基金支付范围。加强各级各类残疾人康复机构规范化建设，区县（自治县）建成残疾人康复示范社区1000个。加强残疾人康复人才队伍建设，培养中高级康复人才100名、康复专业技术人员1000名、康复协调员10000人次。

——残疾人教育。配合教育行政主管部门大力发展特殊教育，依法保障残疾人受教育权利。加强残疾儿童的学前干预和教育，建立0—6岁残疾儿童早期康复教育、家长培训和师资培养的工作机制。有条件的区县探索建立城镇儿童少年接受送教上门服务；加强残疾儿童义务教育，全面实施残疾学生免费义务教育；加快发展残疾人高中阶段教育；鼓励民办机构参与残疾人职业教育发展。扩大残疾人接受高等教育的机会。完善贫困残疾学生和残疾人子女入学救助体系。

——残疾人就业。多渠道、多形式为残疾人就业创造条件，保障残疾人的就业权利。建立完善残疾人就业需求统计、就业培训、职业介绍、稳定就业的工作机制。根据残疾人就业需求，制定有针对性的就业促进政策措施。大力推进按比例安排残疾人就业，落实公益性岗位优先安排残疾人就业的有关政策。充分发挥残疾人就业保障金促进残疾人就业的作用，加大对残疾人就业创业能力培训力度，对20000名城镇残疾人开展职业技能培训。扶持和鼓励残疾人兴办微型企业，并探索制定优惠政策。

——扶贫开发。加大扶贫开发工作力度，实施《重庆市农村残疾人扶贫开发规划（2011—2020）》。加大对残疾人对口帮扶、资金支持、产业扶持等方面的扶持力度，实施农村残疾人危房改造项目。动态消除“危房户”。建设100个“重庆市阳光助残扶贫基地”，扶持500个农村残疾人种养业大户，辐射、带动100000名残疾人就业。

——托养服务。加强托养服务机构建设，建设市区县托养服务网络；在40个区县（自治县）建立100个残疾人托养服务机构。依托社区和家庭，采取多种形式，为更多居住在家并符合托养条件的残疾人提供服务。

——残疾人文化体育。推进残疾人“文化进社区”活动点建设，到2017年，力争10个区县创建成为全国残疾人文化建设示范区（县）。在区县新建40个视障阅览室。充分发挥残疾人文体中心的辐射作用，推进残疾人群众文化体育发展，增加残疾人体育锻炼场所和设施设备。实施“全民健身助残工程”，建设20个以上残疾人群众体育活动示范点，推广适合残疾人就近就便的健身康复体育项目。推进残疾人竞技体育发展。

——无障碍建设。重点推进残疾人家庭无障碍改造，为1.5万户贫困残疾人家庭提供改造补助。贯彻落实《无障碍环境条例》，依法推进城市残疾人服务设施的无障碍改造。加快信息和交流无障碍建设。

三、建立完善政策法规体系，为残疾人提供制度保障

建立完善政策法规体系，是依法维护残疾人的合法权益的根本保障。要建立残疾人维权工作机制，改善残疾人权益保障状况，不断完善涉残案件的法律救助办法。

（一）加强对残疾人的教育引导管理。加强对残疾人的宣传引导，强化政策法规和思想道德教育，深入基层开展内容丰富、形式多样的专题讲座，传递正能量，引导广大残疾人树立社会主义荣辱观，自觉履行公民责任和义务。充分发挥残疾人专门协会联系、教育、帮扶残疾人的作用，创新残疾人社会管理，对残疾人进行遵纪守法教育，大力发扬残疾人自强不息、敢于拼搏的精神，树立良好的精神面貌。

（二）贯彻落实《重庆市残疾人保障条例》。深入贯彻落实《重庆市残疾人保障条例》，按照《关于贯彻实施残疾人保障法律法规存在问题整改措施的纪要》，认真落实全市“一法一例”执法检查提出各项建议及措施，积极协调有关部门制定与条例相配套的扶残助残政策。全面落实残疾人免费或优惠乘坐交通工具政策；落实残疾人凭证免费进入市内旅游景点参观的规定；努力提高一、二级重度残疾人养老保险补贴标准；加大对智障和精神病患者社会救助力度；争取电信、广播电视等单位对盲人、听力残疾人、言语残疾人给予收费优惠；加强对残疾人证的核发和规范管理。

（三）制度层面依法维护残疾人合法权益。各级政府残工委成员单位要制定完善相应的扶残助残政策，从制度层面有力维护残疾人在生活、医疗、康复、教育、就业、扶贫、无障碍等方面的合法权益，为残疾人事业提供可持续发展的法规制度保障。

四、建立完善组织工作体系，为残疾人事业提供组织保障

加强残疾人基层组织建设是残疾人事业科学发展的基石。我们必须进一步加强残联自身建设，更新思想观念，转变工作作风，不断提高为残疾人服务的能力和水平。

（一）推进基层组织规范化建设。实施“强基育人”工程，进一步加强对残联干部的培养、教育，定期开展干部培训，特别是要加强乡镇街道残联专职理事长培训，提升残疾人工作者在政策、业务等方面的能力，从而提高为残疾人服务的本领。加大优秀残疾人干部培养选拔力度，落实残疾人专职委员待遇。充分发挥五大专门协会作用，为专门协会更好地开展工作创造条件。

（二）加强干部队伍思想作风建设。扎实开展党的群众路线教育实践活动，坚决纠正和克服形式主义、官僚主义、享乐主义和奢靡之风，切实转变工作作风。严格按照中央、市委关于改进作风、密切联系群众的各项规定，加强残联干部队伍的思想道德、工作作风建设，使残联工作更好地把握规律性、体现时代性、富于创造性。着力提升依法办事能力，努力培养和造就一支热爱残疾人事业、有引领创新能力的高素质残疾人工作者队伍。

（三）加大各类专业人才培养力度。加强专业技术人才发展统筹规划和分类指导，重点搞好康复人才、就业服务人才、信息化建设人才、残疾人特殊艺术人才、残疾人体育人才等的培养。优化各类专业技术人才的专业结构、知识结构、年龄结构，形成合理的初、中、高级人才梯次结构。完善人才培养机制，不断拓宽培养渠道，建立健全继续教育体系。建立良好的用人机制，积极为各类人才干事创业和实现价值提供机会和条件。

（四）发挥志愿者队伍作用。完善社会化工作体系，动员社会力量，开展志愿者助残。广泛吸纳党政机关干部、企事业单位职工加入扶残助残志愿者队伍行列。结合中小学德育等课程，对学生志愿者开展人道主义、自强与助残教育；鼓励宣传、文广等部门的志愿者积极宣传残疾人事业，宣传残疾人自强模范和扶残助残先进事迹；引导工会、共青团、妇联的志愿者组织结合各自工作实际，开展形式多样的扶残助残活动。广泛动员社会力量，发展壮大各类扶残助残志愿者队伍，营造全社会关心支持残疾人事业的良好氛围。

五、建立完善长效工作机制，为残疾人事业提供发展保障

建立完善长效工作机制，是做好残疾人事业各项工作的前提条件，也是贯彻落实科学发展观、建设和谐社会的具体要求。要按照科学发展观的要求，转变观念、研究政策、完善机制，努力为残疾人事业持续健康快速发展提供保障。

（一）完善齐抓共管的领导机制。进一步完善党委领导、政府负责的残疾人工作领导体制，把残疾人事业纳入各地经济社会发展规划。各级政府残工委成员单位要加强协调联系，建立各部门密切配合、残疾人组织充分发挥作用的工作机制。坚持定期协调联席会议，及时研究解决残疾人工作中的重大问题。各级残联和残疾人工作者要积极发挥主体作用，增强作好残疾人工作的责任感、使命感。

（二）建立资源共享的宣传机制。要优化建立媒体、网络、内刊等宣传平台，实现残疾人的基本需求与帮扶政策信息对称。要大力弘扬人道主义思想和中华民族传统美德，增强全社会扶残助残意识，形成真正尊重残疾人、帮助残疾人、服务残疾人的社会氛围；要让残疾人切实感受到党和政府以及社会各界的人道关怀，努力营造推进残疾人事业全面、协调、可持续发展的良好人文环境、社会环境。

（三）完善扶残助残项目运行机制。加强扶残助残项目需求分析、创意策划、资源整合、目标制定、职责划分、过程管理、绩效评估等过程管理控制，找准社会资源、项目本身、残疾人需求、社会效益等方面的结合点，精心策划、精细管理，包装打造一批品牌项目。

（四）建立扶残助残多元化投入机制。努力形成“政府主导、社会参与、资源共享、市场运作”的多元化助残机制。坚持将残疾人事业经费列入财政预算，建立残疾人事业经费投入增长机制。依法加大残疾人保障金征收力度，依法用好福利彩票公益金、体育彩票公益金发展残疾人事业，充分发挥残疾人福利基金会和其他慈善机构、民间社会组织作用，引导社会资金用于改善残疾人民生。

市残联党组书记周鸣在市残联第四次代表大会闭幕式上的发言摘要

2013 年 7 月 30 日

大家推举我担任重庆市残疾人联合会第四届执行理事会理事长，令我非常欣慰和感动。

这份责任是对残疾人事业的责任。加快我市残疾人事业发展是近 170 万残疾人朋友赋予我的职责所在、使命所在。我要团结带领全市残疾人，接过接力棒，薪火相传，携手共筑残疾人奔赴小康生活的美好梦想。

这份责任是对残疾人朋友的责任。残疾人是社会大家庭的重要成员，广大残疾人身残志坚，积极投身“科学发展、富民兴渝”的改革发展浪潮，他们克服了重重困难，付出了巨大的辛劳，做出了应有的贡献。我市的 170 万残疾人，与我们手足情深，由于种种原因，尚有 48 万残疾人生活在贫困之中；尚有一些残疾人仍然居住在冬不遮风、夏不挡雨的危房之中；尚有一部分残疾人得不到康复、教育、就业的平等机会而艰难地生活着；有的残疾人甚至没有做人的基本尊严，作为残疾人工作者的我和有社会良知的人，都会痛心疾首。想到他们，我没有理由停滞不前；想到他们，我没有理由自我满足；想到他们，我只有努力工作。这次大会，为我市残疾人事业描绘了一幅宏伟的发展蓝图，带领残疾人奔赴小康社会，实现心中的梦想，有了明确的路线图和时间表，我要从解决残疾人保障难、康复难、就业难、教育难、住房难等现实问题入手，让残疾人生活更加殷实；从解决残疾人文化生活匮乏、生活幸福指数不高等问题入手，让残疾人精神更加丰富；从解决残疾人合法权益不受侵犯、生活更有信心等问题入手，让残疾人人格更有尊严。

全市残疾人朋友对美好生活的新期待，就是我们奋斗的目标。要看到，我市残疾人事业发展基础薄弱、欠账较多的基本现状仍然没有根本性改变；城乡区域发展不平衡依然突出；稳定残疾人就业任务艰巨；残疾人社会保障还不完善；残疾人脱贫增收困难重重，残疾人事业发展任重而道远。纵然前路严峻而漫长，纵然任务艰巨而艰辛，在面对新机遇、新挑战、新形势的基础上，我唯一的选择就是和全市残疾人朋友及残疾人工作者一起，按照党的十八大关于“健全残疾人社会保障和服务体系，切实保障残疾人权益”的要求，以残疾人需求为导向，坚持以残疾人“两个体系”建设为重点，坚持以保障残疾人生存权、参与权、发展权为着力点，坚持以全面改善残疾人生产生活状况为核心，以更加昂扬的精神状态，更加务实的工作作风，站在新的历史起点，与时俱进，真抓实干，凝聚正能量，共同创造历史的记忆，为谱写伟大中国梦的重庆篇章而勤奋工作。

我一定努力发挥好全市残疾人事业发展的“领头雁”作用。将认真贯彻落实市委主要领导的讲话精神，以扎实开展党的群众路线教育实践活动为载体，坚持民主集中制原则，以身作则，当好残疾人事业发展团队的“主心骨”；做到推动残疾人事业进步的“排头兵”；成为残疾人朋友的“贴心人”。

我一定努力营造心齐气顺、风正劲足、公正公平、务实创新的良好工作氛围。将从加强和改进干部的作风建设入手，要求别人做到的自己率先做到，要求别人不做的自己带头不做，一级做给一级看，一级带着一级干。大力倡导对残疾人事业要有激情，对残疾人要动真情，为残疾人服务更要有爱心、诚心、热心、贴心和暖心，真正让每一个残疾人工作者都成为残疾人朋友的“贴心人”；让各级残联组织都能成为残疾人朋友的“温馨家”。

市妇联党组书记、主席丁中平在市残联第四次代表大会开幕式上的致辞摘要

2013 年 7 月 29 日

市残联第三次代表大会以来，全市市残疾人事业得到长足发展，残疾人工作取得明显进步。五年来，在市委、市政府的正确领导和中国残联的悉心指导下，各级残联组织围绕中心、服务大局，务实创新、开拓进取，残疾人保障更加有力，残疾人素质明显提升，残疾人参与社会生活环境不断改善，全社会扶残助残氛围日益浓厚；五年来，全市残疾人朋友不畏艰辛，勇于拼搏，涌现出了“感动中国十大人物”周月华、“全国就业创业优秀个人”唐毅、全国“自强模范”李小勇等先进典型，谱写了许多感人的篇章，他们的努力和成绩是对自强不息精神的最好诠释，展现了当代残疾人的精神风貌和时代风采！

残联和各人民团体是党和政府联系群众的桥梁和纽带，肩负着组织群众、引导群众、服务群众、维护群众合法权益的光荣职责。长期以来，我们认真履职、相互支持、携手发展，共同开创了重庆群团工作的良好局面。

未来五年，是我市统筹城乡区域发展，在西部全面率先建成小康社会的关键时期，让我们在市委的坚强领导下，发扬“为民、务实、清廉”的优良作风，围绕大局、服务发展、关注民生，以更加昂扬的斗志，更加奋进的步伐，更加务实的举措，创造性地做好新形势下党的群众工作，为开创“科学发展、富民兴渝”的新局面，实现中华民族伟大复兴的“中国梦”，发挥群团组织不可替代的重要作用！

二、政策法规文件

重庆市残联、市卫生局关于印发《残疾人事业专项彩票公益金贫困精神病患者医疗救助项目重庆市实施办法》的通知

渝残联发〔2013〕27 号

贫困精神病患者服药救助项目实施办法

一、任务目标

为 4200 名贫困精神病患者（其中不能进行城乡医保报销的贫困精神病患者 2100 名，能够进行城乡医保报销的贫困精神病患者 2100 名）连续 5 年提供门诊服药补贴。

二、资助条件

救助对象应符合以下条件：（1）精神病防治康复工作登记在册的贫困精神病患者；（2）经具有资质的精神科医师确诊，目前确实需要服用药物的精神病患者；（3）患者本人或法定监护人自愿申请并同意接受救助。

符合上述条件者中，持有残疾人证者优先安排。

救助原则：（1）面向贫困精神病患者；（2）在限定补贴额度内，对患者门诊服药自付部分费用给予补贴。

三、资助标准

在开展精神病防治康复工作的区县（自治县），采取“医疗救助卡”的方式对贫困精神病患者提供基本治疗及药品补贴。

标准一：中央财政按每人每年 900 元的标准，连续五年，对 2100 名不能进行城乡医保报销的贫困精神病患者提供购买基本治疗药品补贴。其中，基本检查和服用基本治疗药品的补贴 800 元，病人筛查、输送及下乡送药交通费、业务培训、“医疗救助卡”印制等补贴 100 元。

标准二：中央财政按每人每年 500 元的标准，连续五年，对 2100 名能够进行城乡医保报销的贫困精神病患者提供购买基本治疗药品补贴。其中，基本检查和服用基本治疗药品的补贴 450 元，病人筛查、输送及下乡送药交通费、业务培训、“医疗救助卡”印制等补贴 50 元。

四、职责分工

（一）残联　负责项目实施的组织管理与协调；确定救助对象；监督、落实“医疗救助卡”发放工作；做好项目的统计、资料收集和数据库管理工作；监督检查有关项目执行情况。

——市残联　会同市卫生局制定我市项目实施方案；根据国家下达的任务指标确定项目实施区县；组织实施我市项目工作；上报项目进展情况；协调解决项目实施中出现的问题；建立并完善本级项目管理数据库；指导项目区县制定项目实施方案及相关制度；监督检查项目实施区县工作。

——项目区县残联　会同区县卫生局制定本区县项目实施方案及各项工作制度；负责审定救助对象；负责发放“医疗救助卡”；负责定期审核并向定点医院拨付资金等项目组织实施工作；负责项目的日常监管、统计汇总工作。

（二）卫生行政部门　会同同级残联制定项目实施办法和资金使用管理办法。确定项目定点医院；会同残联督导检查项目执行情况。

（三）定点医院　对申请服药救助对象进行诊断，制定治疗方案，根据病情需要发放药品，并做好病情监测；执行国家和我市关于精神病患者的医保政策；制定工作制度，对救助药物实行严格管理；配合残联做好项目有关登记、汇总、经费管理和随访等工作。

（四）居（村）民委员会及监护小组　对首次发病的患者，及时登记造册；协助做好贫困精神病患者服药救助和医保报销的申请工作；督促患者服药。

贫困精神病患者住院医疗救助项目实施办法

一、任务目标

为 2650 名贫困精神病患者提供住院医疗救助。

二、资助条件

救助对象应符合以下条件：（1）因贫困无法住院治疗的精神病防治康复工作登记在册的精神病患者；（2）经具有资质的精神科医师确诊，目前确实需要住院治疗的精神病患者；（3）患者本人或法定监护人自愿申请并书面同意接受住院医疗救助。

符合上述条件者中，处于关锁状态或持有残疾人证者优先安排。

救助原则：（1）提供基本的、适宜的住院医疗服务，住院费用在医保报销之后，在限定补贴额度内，为救助对象提供一次性的住院医疗救助；（2）确保住院医疗效果和质量，使受助对象在住院治疗期内能显著改善，有效控制病情。

三、资助标准

在开展精神病防治康复工作的区县（自治县）中，2011—2015 年，每年为 530 名贫困精神病患者提供一次性住院医疗救助。

救助标准为 4000 元/人/次，住院周期为 3 个月。

四、职责分工

（一）残联　制定项目实施方案，负责项目实施的组织管理与协调；确定救助对象；做好资金管理、项目统

计、资料收集和数据管理；对项目工作实施情况进行监督检查，确保项目的落实。

——市残联　负责我市项目实施的组织管理与协调；会同市卫生局，制定我市项目实施方案和资金分配使用方案；根据国家下达的任务指标确定项目实施区县；协调解决项目实施中出现的问题；上报项目实施情况，完善本级项目管理数据库；指导项目区县制定项目实施方案及相关制度；监督检查项目实施区县项目执行情况。

——项目区县残联　负责本区县项目实施的组织管理与协调；会同卫生部门，制定本区县项目实施办法和资金使用管理办法；根据上级下达的任务指标确定和审批救助对象；负责住院资金的审核、拨付并监督资金使用情况；负责解决患者出院后门诊服药问题；负责统计、汇总、上报项目实施情况；监督检查本县项目执行情况。

（二）卫生行政部门　会同同级残联制定项目实施办法和资金使用管理办法。确定项目定点医院；会同残联督导检查项目执行情况。

（三）定点医院　承担项目救助对象的住院治疗；执行项目实施办法和资金使用管理办法；执行国家和我市关于精神病患者的医保政策；严格执行精神科住院医疗常规，保证医疗质量，接受残联和卫生主管部门的监督检查；配合完成项目执行情况的统计、上报。

（四）居（村）民委员会、社区精防医师及监护小组　对首次发病的患者，及时登记造册；协助做好贫困精神病患者住院医疗救助和住院费用报销的申请工作；配合患者法定监护人，护送救助对象入院；关心患者住院医疗期间的生活和治疗情况，并配合医疗机构的治疗；监督患者出院后的维持、巩固治疗。

重庆市残联、市人力资源和社会保障局、市财政局关于印发《重庆市加强残疾人职业培训促进就业工作实施方案》的通知

渝残联发〔2013〕34号

一、工作目标

根据目前正在实施的全国残疾人就业和职业培训信息实名制录入工作，结合入户普查登记准确掌握残疾人就业培训状况，依据中国残联要求，全面完善我市残疾人就业和职业培训信息实名制；坚持“以培训载体建设为基础、以就业为导向”的工作目标，积极探索残疾人职业技能人才“成长通道”，建立城乡“一体化”等促进我市残疾人以就业为目的的职业培训新模式。按照“城乡统筹、就业导向、技能为本、终身培训”的原则，全面提升我市残疾人职业培训力度，力争“十二五”期间对90%以上有就业愿望和就业能力及培训需求的残疾人实施技能培训；优化残疾人就业服务，扩大、稳定残疾人就业，确保“十二五”期间我市残疾人就业率显著提高。

二、工作对象

我市城乡在就业年龄段内持二代证的残疾人。

三、主要内容

（一）开展普查登记建立残疾人就业和培训信息实名制。按照城乡联动的原则，以区、县（自治县）为单位，组织所属街道（乡镇）残联，充分发挥社区（村）残疾人专（兼）职委员的作用，通过入户调查登记、在残联或社区服务大厅设置窗口办理登记等多种方式，对全市城乡就业年龄段持证残疾人就业培训状况开展普查登记。同时，各区县（自治县）要整理历年来的培训资料，根据实名制培训的要求，全面完善残疾人就业和培训实名制。市残联将根据全国的统一安排，使用统一的残疾人就业和职业培训统计系统，按照统一的口径有序实施，建立统一的就业和职业培训信息服务管理平台，市级残疾人就业服务机构对录入统计系统的数据进行复核，以确保残疾人就业和职业培训信息的真实性和有效性。

（二）加强残疾人职业技能与生产实用技术培训。对普查掌握的城乡有培训需求的就业年龄段持证残疾人，根据培训需求和残疾类别，分门别类制定培训计划，充分利用社会办学力量，开展多种形式的残疾人职业培训。一是积极开展残疾人就业技能培训。对企业新录用的残疾职工，结合就业岗位实际要求，扶持其参加师傅带徒弟、集中培训等形式的岗前培训；对各区县（自治县）特殊教育学校残疾学生，扶持其参加职业技能和从业素质培训，积极引导、鼓励残疾人就读职业院校。二是稳步开展残疾人岗位技能提升培训。各地要掌握辖区内用人单位残疾人就业实际状况，根据岗位与稳定就业的需要，与用人单位共同制定残疾人岗位技能提升计划，通过在岗培训、脱产培训、业务研修、技能竞赛等多种形式，分期分批开展职业培训。三是着力推进残疾人创业培训。各地要依托有资质的教育和培训机构，针对残疾人特点和创业需求，开展多种形式的创业培训。引导职业院校、企业和职业培训机构大力开展订单式培训、定向培训、定岗培训，以提高残疾人职业培训的针对性和有效性。严格执行同种职业每位残疾人可享受一次免费培训制度。对于开展残疾人职业培训的各类社会服务机构，市级有关部门将从师资、设备、场地、招生、收费、培训等环节进行指导和监管，在强化职业技能培训的同时，要将职业道德、法律常识和心理疏导等内容纳入培训课程，以提高残疾人的综合素质，严把培训质量关。

（三）着力推进各类残疾人培训、实训基地建设。立足地域经济特色和产业特点，开发适合当地市场需求的残疾人培训项目，充分整合、利用社会资源，建立残疾人培训基地。扶持特殊人才“以师带徒”形式开展残疾人培训。积极扶持各地残疾人特殊教育学校，建立工学结合的残疾学生实训基地；物色、联结适合残疾人的企

业单位、行业组织等，探索建立残疾人公共实训基地。“十二五”期间，在原有基础上，每个区、县（自治县）要新建立3—5家残疾人培训、见习和就业基地，市残联将筛选30家上报中国残联评审、认定为残疾人培训、见习和就业示范基地。

（四）加大残疾人职业技能选手选拔培养宣传力度。建立重庆市残疾人职业技能竞赛制度，区、县（自治县）要积极举办具有地方特色和优势的单项性技能竞赛；认真选拔、组织优秀残疾人选手参加各级各类职业技能竞赛，通过竞赛结果检验残疾人职业技能培训效果。对我市参加全国残疾人职业技能竞赛选手，开展一对一强化训练，争取优异成绩，树立更多残疾人“能工巧匠”及就业创业典型，发挥示范带头作用。积极宣传具有地方特色的、具有行业传承的残疾人事迹。

（五）强化残疾人就业岗位开发与就业创业服务。各级各部门要切实贯彻落实《残疾人就业条例》等相关政策，各区、县（自治县）应当确定并公布若干种适合残疾人生产、经营的产品、项目，优先安排集中使用残疾人的用人单位生产或者经营。联合人力社保局等部门积极开展残疾人就业援助活动，并组织残疾人就业专场招聘会，为残疾人和用人单位搭建桥梁。探索、推动用人单位建立残疾人岗位预留制度，扶持一批联系密切、岗位适合安置残疾人的企业，推动残疾人规模就业。各区、县（自治县）残联就业服务机构要建立培训后残疾人就业情况跟踪服务制度，对培训后实现就业的残疾人，通过落实社保补贴，为用人单位提供就业环境及无障碍设施设备改造、岗位支持服务等方式，帮助解决残疾人就业环境障碍、岗位不匹配、专业技能不适应等就业不稳定因素，促进其稳定就业。

四、保障措施

（一）制定实施方案。开展就业年龄段持证残疾人就业培训状况普查登记，加强残疾人职业技能培训与就业服务，是推进残疾人服务体系建设、改善残疾人民生问题的重要举措，是全国统一部署的一项重要工作。各区、县（自治县）残联及其就业服务机构要高度重视，根据全市统一安排，结合本地实际，制定实施方案，明确任务目标、工作进程和工作责任，按照时间节点、确保残疾人就业和职业培训信息实名制录入工作扎实有效推进。

（二）落实资金保障。各区、县（自治县）要加大对残疾人技能培训与就业服务的投入力度。一是落实就业专项资金。人力资源和社会保障部门要将符合条件的残疾人纳入就业专项资金补贴范围，对残疾人开展职业培训、职业技能鉴定、就业见习、公益岗位安置等按规定给予补贴。同时，各区、县（自治县）在有关就业扶助工程和计划中，要将残疾人纳入重点扶助对象，按照规定标准给予补贴。二是严格残疾人就业保障金使用管理。要认真落实残疾人就业保障金征收使用管理规定，切实加强残疾人就业保障金征收工作，充分发挥残疾人就业保障金的调节作用，促进国家机关、团体、企事业单位接纳安排残疾人就业。严格残疾人就业保障金使用管理，确保专项用于残疾人职业培训和就业服务工作。进一步创新支持方式，提高资金使用效率。加强残疾人就业保障金征收使用的监督检查和管理，严禁擅自减免以及截留、挤占、挪用残疾人就业保障金。“十二五”期间各级残疾人就业保障金用于残疾人技能培训的比例要较“十一五”有显著提高。三是广泛募集社会资金。鼓励企事业单位、社会团体和个人捐资用于残疾人职业培训，对通过政府部门或非营利组织提供的资助和捐赠，按规定享受税收优惠政策。鼓励社会培训机构对残疾人减免培训费用。对于募集的资金，要加强监管，不准挪作他用。

（三）加大宣传力度。各区县（自治县）要通过广播、电视、报刊、网络以及电子屏幕、横幅、标语、橱窗、板报等多种形式，广泛宣传各级政府在加强残疾人职业培训方面的各项法律法规和政策。我市将在“十二五”末对在残疾人职业培训工作中做出突出贡献的机构和个人进行表彰。各区县（自治县）要及时总结、宣传和推广残疾人职业培训工作典型经验和做法，力争做到活动宣传到位、政策解释到位、措施说明到位、典型引导到位，努力营造全社会尊重、关心、理解和支持残疾人职业培训工作的良好氛围。

（四）建立考核制度。各区、县（自治县）就业年龄段持证残疾人普查情况及就业和职业培训信息实名制录入工作、年度残疾人职业培训就业任务完成情况、残疾人培训就业率等，纳入全市各级残疾人工作年度目标考核。

重庆市残联关于印发《重庆市贫困残疾大学生入学和生活救助暂行办法》的通知

渝残联发〔2013〕73号

一、救助对象

2012年及以后入学的全日制高校的重庆籍贫困残疾高职生、专科生、本科生及研究生（含硕士生、博士生）。

二、救助标准

对当年新入学的贫困残疾大学生实施一次性入学救助，救助标准为：本科生和研究生每人5000元，专科生和高职生每人3000元。

对在读的2012年及以后入学的贫困残疾大学生（当年已实施一次性入学救助的除外）实施生活救助，救助标准为：每人每学年2000元。

三、救助条件

（一）重庆市户籍；

（二）持有中华人民共和国残疾人证（第二代）；

（三）在全国普通高等院校接受教育；

（四）家庭经济贫困；

（五）遵纪守法，品德良好，无违法违纪行为。

重庆市残联、市财政局、市人力资源和社会保障局、市卫生局关于印发《重庆市盲人按摩行业扶持办法（试行）》的通知

渝残联发〔2013〕156号

一、扶持范围

（一）持有本市工商部门核发的工商营业执照的盲人保健按摩机构。

（二）持有本市工商部门核发的工商营业执照并在卫生部门办理了医疗机构执业许可证的盲人医疗按摩机构。

（三）持有本市工商部门核发的工商营业执照的健全人开办的按摩机构，其从业人员规模在20人以上（含20人），且安置具有本市户籍的盲人按摩师人数占该机构从业人员总数80%以上（含80%）。

二、扶持条件

盲人按摩机构同时具备以下条件，按照本办法给予扶持：

（一）法定代表人为本市户籍的公民；

（二）遵守国家法律法规，遵循国家保健、医疗按摩服务规范且经营1年（含1年）以上；

（三）严格按照《劳动合同法》及重庆市相关规定与盲人按摩师签订1年以上（含1年）劳动合同，盲人按摩师工资不得低于机构所在区县最低工资标准，并按规定为盲人按摩师缴纳社会保险；

（四）工商执照和价目表上墙，在当地无不良按摩服务记录，未发生消防、卫生、技术等事故，无投诉，未因违法经营受行政处罚；

（五）安置具有本市户籍的盲人按摩师的比例不得少于该机构从业人员总数的60%（含60%）；

（六）符合本市盲人按摩行业管理的规定。

三、扶持标准

2014年—2016年期间，每安置1名本市户籍的盲人按摩师从业1年（含1年）以上，给予盲人按摩机构每年2000元的资金扶持。

四、资金来源

扶持资金由市、区县（自治县）两级残联在残疾人就业保障金列支，其中：市级负担70%、机构从业盲人按摩师户籍所在区县（自治县）负担30%。

五、扶持资金使用范围

扶持资金主要用于：盲人按摩机构设施设备购置、缴纳员工社会保险、盲人按摩师生活补贴等。

三、工作综述

2013年，市残联理事会深入学习贯彻党的十八大、十八届三中全会和中国残联第六次全国代表大会、市委四届三次、四次全会精神，按照市残联第四次代表大会确定的“12345”工作总目标，着眼于让残疾人生活更加殷实、精神更加丰富、人格更有尊严，以加快建设残疾人“两个体系”为重点，把保障和改善残疾人民生摆在更加突出位置，为实现残疾人同步小康奠定坚实基础。

（一）圆满完成全市残联换届工作

全面完成区县残联换届和市级五大协会换届工作，成功召开市残联第四次代表大会。市委、市人大常委会、市政府、市政协及中国残联高度重视，市四大家主要负责人出席会议，中共中央政治局委员、市委书记孙政才出席会议并做重要讲话。会议确立“12345”奋斗目标。确定出席中国残联第六次全国代表大会重庆代表团，代表团正式代表16名，具有广泛代表性和群众基础，其中，中共党员14名，占87.5%；残疾人13名，占81%；市区县政府领导和基层残疾人工作者3名；有党的十八大代表，有全国“自强模范”，有“感动中国十大人物”，有全国特奥获奖运动员，有中国残联专门协会委员，有残联系统先进工作者，有区县人大代表和政协委员。

（二）扎实开展党的群众路线教育实践活动

2013年8月开始，市残联党的群众路线教育实践活动围绕“照镜子、正衣冠、洗洗澡、治治病”总要求，以学习教育、听取意见，查摆问题、开展批评，整改落实、建章立制为主要环节，走出机关“接地气”，坚持“开门听意见，落地解决问题”，收集到市残联机关在“四风”方面的问题16个，制定整改措施13条，建立健全制度10个，解决问题26个，基本达到“干部受教育、问题得解决、作风大改善、形象再提升、人民更满意”的效果。

（三）不断提高残疾人社会保障水平

积极协调有关部门，落实符合条件的19.1万名残疾人享受城乡居民最低生活保障；48.7万名残疾人参加城乡居民养老保险，对一、二级重度残疾人参保最低档实行财政全额资助；65.2万名残疾人参加了医疗保险。实施“阳光家园”计划项目，投入资金896万元，为16590名残疾人提供了康复托养服务，完成任务的128.3%。举办全市残疾人康复托养能力建设培训班，培训各区县残疾人康复托养工作服务、管理人员103名。

（四）创新举措多形式促进残疾人稳定就业

印发《重庆市开展残疾人多种形式就业工作实施方案》，全年新增残疾人就业6937人。开展就业帮扶活动，举办残疾人专场招聘会88次。开展全市就业援助月活动。举办2013年应届残疾大学生双选招聘会及同步网上招聘，对100多名应届毕业的残疾大学生专场招聘。广泛开展残疾人技能培训，4732名残疾人参训，259名残疾人参加职业能力建设培训，组织参加全国残疾人岗位精英职业技能竞赛活动，3名选手获奖，代表队获得“道德风尚奖”。江津区等充分发挥特殊教育职业学校培训基地作用，举

办形式多样的职业技能培训。引导鼓励扶持残疾人创办微型企业，制定《关于对微型企业暂不征收残疾人就业保障金的通知》等优惠政策，北碚区等部分区县还针对残疾人创办微企给予3000—10000元不等的扶持补助。全年扶持残疾人创办微型企业2551家，从业人员约2万人。制定《重庆市盲人按摩行业扶持办法（试行）》，每安置1名本市户籍的盲人按摩师从业1年（含1年）以上，给予盲人按摩机构每年2000元的资金扶持。推进残疾人就业扶贫基地建设，安置残疾人1005人。残保金征收审核工作力度加大，全市共征收残保金3.77亿元。

（五）残疾人扶贫开发取得新进步

推进实施《重庆市农村残疾人扶贫开发规划（2011—2020年）》，全年共计扶持46735名贫困残疾人；建设农村残疾人扶贫基地100个。实施农村贫困残疾人危房改造"阳光安居工程"项目，共投入资金5773万元，改造农村贫困残疾人危房3355户。渝北区、丰都县等区县积极整合资源，打捆使用危房改造资金，改善残疾人住房条件。开展农村贫困残疾人实用技术培训，培训13387人。完成康复扶贫贷款3000万元，贴息资金175万元，扶持贫困残疾人1286人。全年共投入资金300万元，扶持96户残疾人种养业大户，安置1060名残疾人就业。选聘农村贫困残疾人担任农家书屋管理员工作，全年共安置132名残疾人。实施农村基层党组织助残扶贫工程，全年完成扶持任务700户。武隆县等开展独生子女父母残疾家庭扶助工作，建立独生子女父母残疾家庭扶助制度，效果实在。

（六）康复服务能力和水平显著提升

完善康复政策，推进落实《将部分医疗康复项目纳入医疗保险基金支付范围的通知》（渝人社发〔2012〕239号）文件。制定《重庆市防盲治盲工作规划（2012—2015年）》《关于印发重庆市社区康复站建设管理规范的通知》等政策文件。完成国家残疾儿童康复救助"七彩梦行动计划"项目任务。对40128名残疾人实施康复救助。黔江区、大渡口区、云阳县、奉节县等区县建立了康复救助长效机制。规范康复机构建设，在全国率先实施国家残疾儿童康复救助项目定点机构标准化建设及评估工作。新建100个残疾人康复示范社区，5个区县辅具展示厅。在10个区县开展居家康复服务试点，完成7个区县"人人享有康复服务"市级初评。培训康复人才2500人（次）。

（七）残疾人文化体育生活丰富多彩

建成"文化进社区"活动点490个，建成残疾人视障阅览室15个。开展全国助残日、国际残疾人日、残疾人文化周等活动。成功举办重庆市第五届残疾人文艺汇演，参加全国第八届全国残疾人文艺汇演取得佳绩。开展"追逐梦想——残疾人特殊艺术巡演"活动。万州区、渝中区等积极发挥文化阵地作用，多形式丰富残疾人精神文化生活。落实300万元的"体彩"资金用于发展残疾人体育事业。开展了第七次全国特奥日、残疾人健身周等活动。组织参加全国残疾人锦标赛，获得了8个第一名，7个第二名，9个第三名，3个第五名的成绩。积极备战第九届全国残运会。举办了残疾人体育健身指导员培训班。

图6-23-4 重庆市残疾人特殊艺术巡演。

（八）残疾人合法权益切实得到保障和维护

深入贯彻《重庆市残疾人保障条例》，各区县均已落实残疾人优惠乘车规定。会同有关部门落实了减免残疾人车辆路桥通行费等优惠政策。启动《重庆市无障碍环境建设和管理规定》立法程序。完成2500户残疾人家庭无障碍改造工作。做好残疾人法律援助工作，发放残疾人法律援助服务卡15000余张，先后为1125名残疾人提供法律援助。扎实做好残疾人信访稳定工作，共处理残疾人来信来访84件，全年未发生重大群体性事件。试点残疾人信访代理制度，垫江县通过建立残疾人信访代理机构、代理保障制度、组建信息员代理员队伍、落实信息员代理员责任，采取主导代理、疏导代理、规范考核的方式，变群众上访为干部下访。实施残疾人C5驾照和机动轮椅车燃油补贴发放工作。全市共发放燃油补贴111万元，4271台残疾人机动轮椅车享受政策。

（九）残疾人基层组织建设取得新成效

着力推进"强基育人"工程。加强残疾人干部队伍建设，全市1011个乡镇（街道）残联全部配备了专（兼）职理事长，其中专职理事长847名，落实了乡镇（街道）残联专职理事长的职级待遇，忠县等区县将残疾人专职委员补贴、培训等经费列入财政专项资金预算。举办全市乡镇（街道）专职理事长示范培训班。加强残疾人专门协会工作，指导协助市肢协进行社团组织法人注册登记。开县等开展基层残联规范化建设；江北区等推行社区残协会员实名制试点初见成效，全市13个试点社区共有持证残疾人1015人，目前会员实名登记已完成2806人。开展残疾人状况监测工作，分组对入户调查问卷进行交叉检查，实现“零差错”的目标。严格核发残疾人证，已核发残疾人证76万本。启动助残志愿者注册管理工作。

（十）残疾人工作信息化水平大幅提升

加大宣传工作力度，市内外广播电视、报刊、网络等主流媒体共刊发残疾人事业原创新闻稿件（专题）220篇（条），刊播《残疾人之声》广播36期。《人民日报》以“林梅为残疾人撑起一片晴空”为题宣传报道重庆市残疾人工作者事迹。中央和市属媒体，集中报道了重庆市荣获2012感动中国人物的周月华夫妇、获2013中国最美乡村教师称号的巫溪独腿教师刘坤贤的先进事迹。刊发《重庆残联工作简报》25期，出刊《重庆残联通讯》6期。办好残疾人公众信息网，共发布各类消息1253条。残疾人综合信息管理系统的采集录入量已达97万余人。开展了残疾人事业统计分析与数据处理工作，为科学决策服务。

（十一）基层残疾人工作

1. 各级领导重视残疾人事业发展

渝中区委书记唐英瑜到渝中区残联调研残疾人工作，要求全区各级党组织要高度重视、全力支持群团工作；要把群团工作纳入全局工作中考虑，对涉及的重点工作、主要困难，要认真研究，创造条件保证工作顺利推进。

酉阳土家苗族自治县县委书记陈勇对酉阳县残疾人工作做出批示：一是加大班子建设，迅速配备领导班子；二是解决编制7—10人；三是安排经费列入预算；四是解决办公地点和康复中心用地问题。

2. 创新开展残疾人扶贫工作

渝北区残联完成残疾人普通危旧房改造62户，每户给予1.2万元改造及购房补贴；对11户特困的残疾人家庭实行大额资助建房，将补助金额提高到3万和5万。

黔江区残联投入资金35万元，在新华、白土等8个街道镇乡，对226户残疾人实施帮扶，为其发送仔猪226头、早期饲料19200公斤，帮助残疾户家庭720人增收。

梁平县举行残疾人养鸭扶贫基地鸭苗暨饲料发放仪式，为该乡250户贫困残疾人家庭免费发放6000余只优质鸭苗、2万斤饲料，并举办了技术培训。

忠县出台《忠县人民政府残疾人工作委员会关于高山生态扶贫搬迁残疾人户扶助工作的意见》（忠府残工委〔2013〕10号），符合条件的农村残疾人户，除享受全县高山生态扶贫搬迁政策外，县财政局、县残联按每个残疾人家庭户补助10000元。

3. 残疾人特惠政策

渝中区残联投入260万元为548名参加养老保险的残疾人提供补助，为1107名智力、精神及重度残疾人居家托养、日间照料、寄宿托养提供资助，为6900人次贫困残疾人发放生活困难补贴。

大渡口区残联全面启动为残疾人免费体检的“关爱残疾人健康行动”，共投入经费66万余元，为全区2019名残疾人进行了免费健康检查。

渝北区残联开展困难残疾人临时救助，对111户因临时性、突发性等特殊原因造成生活困难，且经自身努力和相关政策救助后，仍无法摆脱困境的残疾人家庭进行调查核实，为其提供了3000—6000元的生活补助或康复医疗救助金；对符合条件的940名重度一级残疾人发放1200元居家托养补贴。

长寿区残联、区财政局制定《关于对残疾人大病实行救助的通知》，对符合补助条件的残疾人扣除医保、保险报销及其他救助后按自付金额的10%予以救助。

江津区残联建成专业康复医院，残疾人在享受国家医疗保险报销后，住院康复的自费部分由康复医院再给予40%的优惠。

合川区残联全面落实了《重庆市残疾人保障条例》关于福利彩票留存的10%、体育彩票的5%用于发展残疾人事业、残疾人优惠或免费乘坐公交车等规定。

南川区残联制定《关于进一步加强肇事肇祸等严重精神障碍患者服务管理工作意见的通知》，全区形成区、乡镇（街道）、村（社区）三级工作网络，使全区严重精神障碍患者从发现、诊断、治疗到出院、康复，形成了系统化管理。

铜梁县残联制定残疾人特惠救助、扶持政策，完善了详细的资金扶持办法，投入134.8万余元，让全县7650名残疾人享受了不同程度的救助扶持资金；云阳县残联推动落实全县一、二级残疾人免交电视基础维护费，三、四级残疾人每月减免5元电视基础维护费政策。

秀山县残联投入资金35万元，在27个街道、乡镇实施残疾人居家无障碍改造100户。投入资金78万元，在17个街道、乡镇实施农村贫困残疾人危房改造60户。对400名一、二级重症精神、智力、肢体残疾人落实居家托养，每人每年补贴资金900元。

北部新区残联办事处制定重度残疾人托养护理补贴政策，对就业年龄段的智力、精神1—4级残疾人和肢体1—2级残疾人给予每年1200元的居家托养护理补贴，符合以上条件的残疾独生子女，在现有标准上再增发50%的补助金额。

4. 特殊教育工作

永川区残联全年投入救助金31万支持贫困残疾学生和贫困残疾家庭子女入学。

武隆县残联为29名残疾大学生或残疾人家庭子女大学生发放入学资助金8.1万元。

巫溪县残联积极开展非义务教育阶段贫困残疾学生助学，县教委资助就读幼儿园的25名残疾儿童，保教费、伙食费补助每人每学年最高2160元；县残联救助残疾大学生10人，高中生6人，发放助学款4.7万元。

万盛经开区残联办事处建立了残疾学生资助工作机制，全年共发放就学资助金10.2万元，资助残疾学生71

人，其中资助残疾大学生7人，特校生7人，随班就读的残疾学生57人。

5. 残疾人就业工作

北碚区残联与区工商分局联合出台《关于开展残疾人个体创业扶助工作的通知》，对当年新办的残疾人个体工商户和微型企业分别给予3000元、5000元的资金扶持。

巴南区残联对47名残疾人自谋职业进行了一次性资助，每人1000元，共资助47000元，8家残疾人微型企业受到资助。

江津区残联创新集中安置残疾人就业模式，变原残联发展的"残疾人福利企业"为"残疾人集中用工单位"，企业由残联创办、管理、认定资格、颁发证书，由税务局落实退税政策。全年区残联批准的35家"残疾人集中用工单位"实现总产值3.8亿元，退税1576万元，集中安置残疾人800人。

城口县残联推动出台《城口县扶持城乡残疾人个体创业的补贴办法（暂行）》，对新创办个体工商户和专业合作社的失业残疾人给予一次性1000元的补助，帮助10余名残疾人成功创业。

丰都县残联大力扶持残疾人创业就业，全年培育、扶持残疾人种养殖业创业大户85名，通过严格审查，共评选出27户残疾人种养殖业创业大户（其中市级大户4户），县级示范户每户给予扶持资金4000元，授予"丰都县残疾人创业大户"牌匾。

6. 残疾人培训

万州区残疾人综合服务中心成功申报为中国残联指定的"国家级残疾人职业培训基地"，全年集中举办5期534人参加的残疾人培训班。

涪陵区残联全年举办盲人保健按摩、刺绣艺术和农村种养殖业培训等8期，累计培训残疾人556人（次）。

璧山县残联开展种菇、葡萄种植、养兔、养羊等培训共4期，培训农村残疾人150名。

武隆县对350名残疾人开展实用技术培训，对91名残疾人开展电脑及电工、烹饪的技能培训。

忠县残联举办了全县乡镇残联理事长和村（社区）残疾人协管员培训班，参加培训人数418人。

巫山县残联全年共开展康复人员培训7期，累计培训433人次。

秀山县残联开展残疾人各类职业技能培训班11期，培训残疾人1150人次。

7. 残疾人康复工作

万州区残联超额完成国家"七彩梦"和"彩票公益金"残疾人抢救性项目任务，通过市级"人人享有康复服务"验收，为全区有康复需求的38588名残疾人提供各种形式的服务。

渝中区残联加强康复机构建设，新增3家民办康复机构。

沙坪坝区残联为11888名残疾人提供了"一周一次康复训练，一月一次上门服务，一季一次知识讲座"的"三个一"社区康复服务，发放康复服务卡26658张，实现了残疾人居家康复服务全覆盖。

九龙坡区残联打造特色居家康复服务，将康复工作纳入村、社区卫生服务范畴，居家康复登记残疾人331名，需要进行上门服务的53名，康复员共为残疾人服务586人次，转介15名残疾人由家庭到社区卫生服务中心进行全面治疗。

巴南区残联在鱼洞街道、花溪街道对进行了居家无障碍设施改造的20户残疾人家庭开展残疾人居家康复服务试点，免费配发和安装康复训练器材，开展定期上门为残疾人提供康复训练指导等服务。

梁平县残联举办了康复协调员培训班，全县残疾人工作者和康复协调员共103人参训。

奉节县残联积极实施"七彩梦行动计划"项目。为全县86名0—6岁听力、智力、肢体、孤独症、脑瘫残疾儿童实施免费筛查，为残疾儿童建立了个人档案，为61名肢体、脑瘫残疾儿童实施抢救性治疗和转介服务，筛查有效率达到85%。

8. 残疾人托养工作

南岸区残联实施"阳光家园"计划，全年完成重残人员日间照料30人，居家托养276人，

彭水县残联对200名肢体、精神、智力等重度残疾人，按1200元/人标准发放居家托养补贴24万元。

9. 残疾人文化工作

渝中区残联在该区图书馆联合举办以"残健和谐同行，艺术渗透爱心"为主题的2013年渝中区残疾人书画摄影作品展活动，组织近600名残疾人到日月光中心广场参观3D魔幻艺术画展。

荣昌县残联在清流、铜鼓等11个镇街开展残疾人"文化进社区"活动，建立11个县级残疾人"文化进社区活动"点，给每个活动点配备价值5000元的书柜、书籍及放大镜、拐杖、手杖等辅助器具。

璧山县残联选送节目《我也有个梦》代表重庆市参加第八届全国残疾人文艺汇演（甘肃片区），获一等奖。

秀山县残联广泛开展残疾人文化宣传活动，在县城花灯广场展示残疾人书法、绘画、工艺作品近200件。

10. 残疾人体育工作

渝中区残联选送的肢残人运动员廖克力，在韩国、台北残疾人乒乓球公开赛以及北京残疾人乒乓球亚洲锦标赛中取得四金三银的佳绩。

北碚区成立西南首个硬地滚球基地；巴南区残联举办第二届残疾人运动会，120名残疾人参加了14个项目的比赛。

11. 残疾人事业宣传工作

《重庆日报·农村版》2013年2月20日刊登忠县《"猪大王"熊安文，不服输的假肢老汉"板眼"多》。

《重庆日报》2013年3月20日第4版刊载《渝中区

45家企业为残疾人提供400岗位》。

《重庆日报》2013年11月3日第1版刊载渝中区《趣味运动会全家同欢乐》。

12. 基础设施建设

万州区残疾人康复就业指导中心，项目占地面积30亩，投资5360万元，建筑面积1.5万平方米。已完成场坪及基础施工。

重庆綦江爱康康复医院于2013年7月17日通过市卫生局验收合格，颁发了医疗机构执业许可证。

潼南县残联启动县级5900平方米残疾人康复托养服务中心建设。

13. 加快发展残疾人福利基金事业

市残疾人福利基金会采取有效措施，拓展资金募集渠道，全年募集物资、资金共计3200万元，占全年目标任务的106.7%，比2012年增加收入748万元，增长30.5%。实施公益项目32个，惠及残疾人约28800人次。

残疾人福利基金会江津办事处汇集善款107万元，救助残疾儿童康复40余人；残疾人福利基金会大足办事处对全区720户贫困残疾人进行慰问。

（十二）存在的主要差距

重庆仍处于欠发达阶段，仍属于欠发达地区，正处在统筹区域发展、统筹城乡发展、加快转变发展方式、加快形成内生增长机制的“四个关键节点”上，还存在不少的困难和问题：一是残疾人事业发展总体水平与“五大功能区”战略要求还有相当差距；二是“两个体系”建设不够完善，基础还不够牢固，实现残疾人共奔小康的目标任重道远；三是残疾人整体收入水平不高，在康复、教育、就业、文化、体育、社会参与等方面还存在不少困难；四是残疾人总体生活水平与社会平均水平仍然有较大差距。重庆市残联要时刻保持清醒的头脑，切实增强团结带领残疾人共同奔赴小康社会的紧迫感和责任感，牢固树立改革意识、进取意识、机遇意识，直面这些困难和问题，认真应对和解决。

（十三）工作打算

要在优化残疾人事业发展体制机制改革上取得突破；要在社会保障“兜底”和优化公共服务上取得突破；要在增加残疾人家庭收入、提高幸福指数上取得突破；要在打造康复服务品牌项目和规范管理上取得突破；要在发挥残疾人主体作用和融合式发展上取得突破；要在分类指导发展和优化事业发展环境上取得突破。

四、重要条目

【垫江县创新试点残疾人信访代理制度】垫江县通过建立残疾人信访代理机构、代理保障制度、组建信息员代理员队伍、落实信息员代理员责任，采取主导代理、疏导代理、规范考核的方式，变群众上访为干部下访。25个乡镇已经建立残疾人信访代理工作站，招募信访代理员39名，信息员398名。

【江北区创新开展社区残协会员实名制工作模式】江北区探索建立以“组织更完善，机制更灵活，活动更广泛，成效更明显”的社区残协会员实名制工作模式。统一建立残疾人家园；统一建立“四表一册”的基础信息资料；统一建立职责制度。在辖区内选择了两个街道（即一个中心地区，一个边远地区）和下属的7个社区，目前7个社区统一完成了残协会员实名制登记，会员总数2215人，其中残疾人695人，残疾人家属939人，社会爱心人士581人。

【开县残联加强基层残联组织建设新做法】开县残联采取“1+2+X”的形式，在全县乡镇街道开展基层残联阵地规范化建设目标。已经有云枫、白鹤等10个乡镇街道残联完成规范化建设任务。全县聘用了511名助残志愿者。

【潼南、石柱两县残联维权新做法】潼南县残联深入开展“走进农户”活动，与25户贫困残疾人家庭结为“对子；石柱县残联开展残疾人“一法一例”宣传，制作残疾人优惠政策明白卡20000余张。

【陈冰、郑建伟、侯雪源获评“感动重庆十大人物”】

陈冰，男，32岁，市公安局北部新区分局刑警支队民警。2010年4月8日，陈冰在处置一起变压器电房盗窃案时，不幸被1万伏高压电击中，失去整条右臂。他没有向厄运低头，拒绝了组织的特殊照顾，坚持回到钟爱的刑事技术岗位。凭着一只左手，整理归档旧案卷宗，成为支队的“活资料”，多次协破大案。

郑建伟，男，29岁，英国埃塞克斯大学硕士研究生。7岁就读重庆盲校，15岁考入山东青岛盲校。2001年，以优异成绩考入长春大学针灸推拿专业。大学毕业后，成为一名盲人针灸医生。但他并不满足，决心进一步深造，继续实现自己的“常人梦想”。2013年9月，他被英国埃塞克斯大学录取，攻读英语教学专业硕士研究生。

侯雪源，男，45岁，雪源造型工作室负责人。1990年夏天，因车祸落下三级肢残，但他没有放弃追梦的脚步，成了一名专业化妆师。先后担任央视、凤凰卫视主持人化妆师、2010年《星光大道》年度总决赛、2005年中央电视台春节晚会“千手观音”剧组等化妆造型师。他说：“我虽然不完美了，不能成为一名舞者，但我可以让别人更美。”

【永川区残联副理事长林梅】林梅1979年7月因病下肢残疾，1991年从重庆师专毕业，被分配到永川残联工作，历任办公室主任、纪检员，副理事长。多年来帮助了无数残疾人。在她的倡导和努力下，永川在重庆40个区县中率先开辟了《心桥》栏目、《电视手语》栏目、残疾人婚姻介绍服务中心、残疾人心理咨询站、残疾人法律援助站、残疾人热线。先后接待15000多名残疾人及亲属，无偿资助残疾人200多人次，接济贫困残疾人2万多元，为永川残疾人事业募集基金近 100 万元，并与 15 名贫困残疾人结成了帮扶对子。她创作的残疾人文艺节目《爱让我站起来》《师魂》在当地广为流传。林梅先后被评为重庆市优秀共产党员、永川区十佳党员明星、永川区“三八红旗手”、永川区首届十佳优秀残疾人，永川区第十五届、第十六届人大代表。

五、大事记

1 月 5 日，重庆市残联召开机关全体人员会议，专题传达学习全国残联工作会议暨中共重庆市委四届二次全委会精神。市残联党组书记、理事长谢嘉庆传达中共重庆市委四届二次全委会精神。

1 月 9 日，全市就业援助月活动启动仪式暨现场招聘会在北部新区举行，市人力社保局、市残联和北部新区管委会主办。北部新区 100 家企业携 3500 余个岗位参加，5000 余名求职者前来咨询应聘。设公益性岗位和残疾人岗位招聘专区，并提供劳动就业、社会保险、劳动监察、劳动仲裁、工商、税务等政策咨询服务。35 名残疾人与用人单位达成了意向性协议，首期开发的 300 个公租房小区公益性岗位吸引 105 人应聘并达成意向性协议。

1 月 25 日，以“加速行动，消除麻风危害”为主题的第六十届世界防治麻风病日暨第二十六届中国麻风节座谈会在巴南区桥口坝召开。市残联党组成员、副理事长任能君，区人大巡视员陈丹，区政府副区长黄硕，区政协副主席付星群参加座谈会。市残联党组成员、副理事长任能君，市卫生局疾控处、市红十字会赈济部、市食品药品监督局巴南分局等单位负责人分别代表市、区部门在会上作了发言，就全区麻风病防治工作和该院的建设及发展提出了有关建议和意见，并表示将一如既往积极支持区麻风病防治相关工作，进一步加大对麻风病人助残物资的捐赠和政策扶持力度，切实帮助该院解决实际困难和问题。

2 月 26 日，市人民政府副市长刘强到市残联调研残疾人工作，充分肯定了市残联近年工作成绩。他要求市残联要认真学习贯彻党的十八大精神，进一步加快完善现有的基础设施建设，加大对残疾人的就业培训，关心、关怀残疾人康复工作，加强对区县残联工作的指导，加强残疾人日常管理、引导、教育。

3 月，重庆市爱耳日系列活动在市残疾人综合服务中心拉开帷幕，活动由市残联、市教委、市经济信息委、市民政局等 14 家单位主办，市残疾人综合服务中心、市残疾人福利基金会承办，200 余老年听力残疾人和聋儿代表参加。市残联党组成员、副理事长任能君参加了启动仪式。启动仪式上，主承办单位与瑞声达听力集团为老年及儿童听力障碍者捐赠价值 350 万元的助听器。

3 月 14 日，市残联召开全市残疾人工作会。会议总结 2012 年工作成绩，安排部署 2013 年的残疾人工作。

3 月 19 日，市残联召开市级各残疾人专门协会联席工作会，传达全市残疾人工作会议精神，安排部署 2013 年专门协会工作。会议要求各专门协会切实按照党的十八大要求，进一步做好残疾人工作。

3 月 22 日，中共中央政治局委员、市委书记孙政才、市长黄奇帆、市委常委、秘书长翁杰明在渝中区调研基层工作，孙书记强调残疾人工作要以科学发展为主题，推进残疾人保障体系和服务体系建设。

3 月 26—28 日，2013 年市残联康复工作会在涪陵区召开。市残联党组成员、副理事长任能君，涪陵区委副书记李景耀出席会议，副理事长任能君指出：要转变工作思路、方式、作风和心态；加强对外合作，加大与其他有关部门之间的沟通协调力度；加强康复机构建设，以国家康复项目推动各地康复机构发展，以机构的发展再推动区域内康复事业的发展；加强对残疾人及其亲友康复意识的宣传。

3 月 28—30 日，2013 年市残联教就工作会在永川区召开。市残联党组成员、副理事长周鸣，副巡视员、市残疾人劳动就业服务指导中心主任郝建新，永川区副区长杨华出席会议。会议对 2012 年工作进行总结，并就 2013 年工作进行了安排部署。

4 月 26 日，2013 年重庆市召开残疾人就业服务机构工作会议，市残联党组成员、副理事长周鸣，市残联副巡视员、市残疾人就业指导中心主任郝建新，市就业局副局长余平，各区县就业服务机构负责人参加会议。周鸣希望全体参会人员通过此次会议达到“交流工作、启迪思路，业务培训、提高工作质量，转变作风、搞好服务”的目的，共同把残疾人就业服务工作做得更好。

5 月 4 日，市残联团委组织团员青年开展“践行十八大，共筑中国梦”主题团日活动，引导、激发团员青年进一步做好残疾人工作的责任心和使命感。

5 月 16 日，全市庆祝第二十三次全国助残日现场宣传活动启动仪式在江北区观音桥步行街广场举行。市政府副秘书长艾扬启动活动仪式，市残联党组成员、副理事长

图 6－23－5　全市庆祝第二十三次全国助残日现场宣传活动启动仪式。

周鸣呼吁倡导全社会形成“理解、尊重、关心、帮助”残疾人的良好风尚，残疾人要树立“自尊、自信、自强、自立”的不屈精神，残健共建和谐社会，残健共享发展成果，共同构筑和实现伟大的“中国梦”。

6月4日，重庆市运动员张建辉在全国残疾人举重锦标赛中荣获90kg级第一名；运动员廖克力夺得全国残疾人乒乓球锦标赛男单第一名，万州区籍运动员杨茂良荣获男子单打第五名。

7月28日，重庆市残疾人联合会第三届主席团召开第六次全体会议，审议通过了向重庆市残疾人联合会第四次代表大会提交的第三届主席团工作报告，听取了重庆市残疾人联合会第四次代表大会筹备情况的报告；审议并通过了关于召开重庆市残疾人联合会第四次代表大会的决议（草案），提出了重庆市残疾人联合会第四次代表大会执行委员会名单和代表资格审查小组建议名单。

7月28—29日，中国残联主席团副主席、中国残疾人福利基金会理事长汤小泉到重庆视察残疾人工作，并出席市残联第四次代表大会开幕式。

7月29日，重庆市残疾人联合会第四次代表大会开幕。市委书记孙政才，市委副书记、市长黄奇帆，市人大常委会主任张轩，市政协主席徐敬业，中国残疾人联合会主席团副主席、中国残疾人福利基金会理事长汤小泉，市领导周旬、刘强、姜平等领导出席开幕式。

7月30日，重庆市残疾人联合会第四届主席团召开第一次全体会议。主要任务是：选举主席团主席、副主席；通过聘请主席团名誉主席的决议；推举市残联执行理事会理事长，通过副理事长人选名单；推举中国残联第六次全国代表大会主席团委员；通过残疾人专门协会主席、副主席候选人建议名单。大会推举周鸣同志担任重庆市残疾人联合会第四届执行理事会理事长。

7月30日，重庆市残疾人联合会第四次代表大会召开第二次全体会议。大会的主要任务是：选举重庆市出席中国残联第六次全国代表大会代表；选举重庆市残疾人联合会第四届主席团委员。

8月10日，重庆市肢协召开了第四届一次主席班子成员会议。市肢协主席、副主席参加了会议。会议由市肢协主席傅强主持。市残联党组成员、副理事长彭美云到会并讲话。彭美云在讲话中充分肯定了市肢协的工作，他指出，全市肢残人人数最多，大家要善于总结，不断丰富完善。强调未来五年工作要求更高，任务更艰巨，肢协一班人要充分发挥好在协会工作中“领头羊”的作用，群策群力，解决好制约协会工作发展的深层次问题，努力推动肢协工作提高到一个更高的水平。

8月15日，渝西片区残疾人工作座谈会在江津召开。市残联党组成员、副理事长张青莉，渝西片区各区县残联负责人参加座谈会。会上，各区县残联负责人就近年来残疾人工作在康复、教育、就业、扶贫等方面存在的主要问题和困难做了深入地交流发言，并就解决问题和困难的方式方法进行了探讨。张青莉对工作会取得的成绩给予充分肯定，并通报了今年全市残疾人工作开展情况，对进一步做好残疾人工作提出了要求。

8月16日，渝东南片区基层残疾人组织建设工作交流会在石柱县召开。市残联党组书记、理事长周鸣，市残联党组成员、副理事长彭美云，石柱县副县长吴韦出席会议，涪陵、黔江等12个区县残联理事长或分管领导参加会议。周鸣指出，通过此次会议达到共同交流，共同推进工作才是最后的落脚点，在今后的残疾人工作中，要进一步加大维权和宣传的力度，从而实现“让残疾人生活更加殷实，精神更加丰富，人格更有尊严”的目标。

8月27日，市残联党组书记、理事长周鸣，市残联党组成员、副理事长张青莉一行到潼南县开展市残联党的群众教育路线实践活动，走访慰问当地残疾人，实地察看了残疾人就业、文化进社区、康复中心建设等情况，并与基层残疾人工作者、残疾人代表、专门协会负责人座谈，倾听他们关于残疾人工作的建议和意见。

8月28日，市残联党组成员、副理事长任能君一行到万州区开展党的群众路线教育实践活动。

8月28日，市残联党组成员、副理事长彭美云带领组联部、教就部负责人一行深入垫江县残联调研，对垫江县开展城乡社区残协会员实名制试点工作进展情况和教就工作进行了检查和指导。

8月29日，市残联党组成员、副理事长、市残疾人福利基金会理事长任能君率康复部一行，对垫江县福利基金会乡镇工作站试点工作情况和残疾人康复、维权等工作进行了检查和指导。

8月30日，市残联党组书记、理事长周鸣、市残联党组成员、副理事长任能君一行赴万盛经开区开展党的群众路线教育实践活动，实地察看残疾人创业就业情况，并与基层残疾人工作者、残疾人及残疾人亲属展开座谈，倾听他们关于残疾人工作的意见、建议。

9月10日，市残联党组书记、理事长周鸣带领市残联教就部一行赴大足区开展市残联党的群众路线教育实践活动。

9月15日，市残联举行重庆市出席中国残联第六次代表大会代表欢送会，市委副书记张国清、市人民政府副市长刘强、市委副秘书长姜伯奎、市政府副秘书长艾扬出席欢送会。

10月9日，市残联召开机关全体干部职工大会，传达学习中国残联第六次代表大会、重庆市市委四届三次全委会精神。

10月16日，市残联党组成员、副理事长张青莉到九龙坡区残联调研时强调，艺术节展示了该区残疾人文化活动的健康向上、形式多样、特色鲜明，希望继续通过打造残疾人艺术节等品牌，集中展示残疾人文化艺术成果，推动基层残疾人群众文化深入开展，引导广大残疾人积极参与社会生活，提升残疾人的幸福指数。

10月22日，中国残联维权部主任薄绍晔、中国民航局运输司副司长刘锋到重庆调研《残疾人航空运输办法（试行）》施行情况。

10月23—25日，重庆市第一期残疾人健身指导员培训班开班。这是重庆市首次举办此项培训活动，旨在让区县残疾人健身指导员通过培训掌握残疾人体育健身知识，提高对残疾人健身指导的业务能力和工作水平，更好地为残疾人体育健身提供科学指导和服务。

10月31日，重庆市残疾人福利基金会2013年项目工作会议在垫江县召开。市残联副理事长、市残疾人福利基金会理事长任能君，市残联副巡视员、市残疾人福利基金会监事郝建新和垫江县委常委贺泽贵出席会议。

11月，市残联、市财政局、市人力资源和社会保障局、市卫生局联合出台了《重庆市盲人按摩行业扶持办法（试行）》，2014年1月1日起，本市凡符合有关政策的盲人按摩机构，均可获得扶持资金。

11月8日，重庆市首个硬地滚球训练基地在北碚缙云文化体育中心正式揭牌，标志着重庆市硬地滚球项目进入一个新的发展阶段。

11月25—27日，重庆市举行残联系统宣传工作暨通讯员培训会。市残联党组书记、理事长周鸣，市残联党组成员、副理事长张青莉出席开班仪式。周鸣指出，残疾人事业宣传工作是党和国家宣传工作的重要组成部分，加大残疾人事业宣传对推动残疾人事业的健康发展、构建和谐社会有着十分重要的作用。

11月28日，永川区委组织部、区委宣传部、区残联举行“共筑中国梦，携手创辉煌”关爱残疾人活动，永川区300名残疾人和残疾人工作者及助残志愿者欢聚一堂共同庆祝第二十二个国际残疾人日。

12月2—3日，市残联、市广电集团移动电视频道组织1600余名残疾人士免费参观3D魔幻艺术画展，以庆祝第二十二个国际残疾人日。

12月12日，中国肢协“重塑未来中国行·关爱重庆”在市残联举行捐赠仪式，标志着该项慈善公益活动正式在渝启动。

12月20日，重庆市肢残人协会第一次会员代表大会在江北区残联召开。市残联党组成员、副理事长彭美云，市民政局民间组织管理局局长刘韵秋等出席会议。

附　录

重庆市人民政府
残疾人工作委员会成员

根据《市委办公厅、市政府办公厅关于印发〈重庆市市级议事协调机构和联席会议名单〉的通知》（渝委办〔2013〕66号）和工作需要，市人民政府残疾人工作委员会组成人员进行了调整，现将调整后的组成人员名单通知如下：

主　任　刘　强　副市长
副主任　艾　扬　市政府副秘书长
谢礼国　市委组织部副部长
万相兰　市委宣传部副部长
钟　燕　市教委巡视员
刘大卫　市财政局副局长
王永武　市民政局副局长
黎　勇　市人力社保局副局长
傅仲学　市卫生计生委副主任
周　鸣　市残联理事长
委　员　刘晓年　市政府新闻办副主任
詹成志　市发展改革委副主任
李山林　市经济信息委党组成员、主任助理
王力军　市科委副主任
游正焜　市城乡建委副主任
李方宇　市交委副主任
郭忠亮　市农委副书记
郭金严　市公安局副局长
陈明辉　市司法局副局长
谢　宾　市文化委员会委委员、副巡视员
付茶生　市民宗委党组成员、副巡视员
郭明远　市政府外事侨务办纪检组长
余志东　市地税局副局长
陈文渝　市工商局副局长
何清泉　市质监局副局长
张　欣　市体育局副局长
张　旭　市统计局纪检组长
姜祖清　市扶贫办副主任
罗　蔺　市政府法制办副主任
邢祖元　重庆警备区政治部副主任
王　平　市总工会党组成员、经审会主任
施崇刚　团市委副书记
谢晓曦　市妇联副主席
唐　林　重庆广电集团（总台）纪委书记
支　章　农行市分行副行长
卢自强　市国税局副局长
王江渝　人行重庆营管部副主任
许　鑫　重庆海关副局长
秘书长　周　鸣

市人民政府残疾人工作委员会的具体工作由市残联承担。

（文海青供稿）

贵州省残疾人事业和残疾人工作

一、领导讲话

副省长慕德贵在省残联第五届主席团第六次全体会议暨2013年全省残联工作会议上的讲话摘要

2013年1月11日

如何在新的历史起点上加快我省残疾人事业的发展，我们要做好“四个坚持”：一是必须坚持以残疾人为本的核心不动摇；二是必须坚持发展的主题不懈怠；三是必须坚持统筹兼顾、分类指导、重点突破的工作方法不放松；四是必须坚持党委领导、政府负责、社会参与的工作机制不走样。

我们要认清形势，理清思路，准确把握新时期残疾人事业发展新要求。要做好四个方面的工作：一是不断提高保障水平，满足残疾人基本需求。二是努力扩大服务供给，增强残疾人发展能力。三是深入推进残疾预防，完善社会化残疾预防机制。四是切实强化基础支撑，保障残疾人事业发展。

省残联党组书记、理事长刘强在省残联第五届主席团第六次全体会议暨2013年全省残联工作会议上的工作报告摘要

2013年1月11日

努力推动我省残疾人事业科学发展、后发赶超、实现跨越。一是以贯彻落实残疾人事业相关政策、法规为重点，全面推进残疾人“两个体系”建设；二是以大力开展民生工程为载体，推进残疾人生活质量的改善；三是以强化支撑条件为抓手，提升残疾人事业保障和服务水平；四是以各级残联换届工作为契机，加强残疾人工作干部队伍建设。

省委常委、宣传部部长喻红秋第二十三次全国助残日到省残疾人康复中心考察时的讲话摘要

2013年5月19日

要不断完善设施设备，采用先进科学的康复训练手段，提供更多优质的人性化的服务，尽可能地推进各类残疾儿童康复工作的开展，努力提高康复水平和效果；要进一步改善残疾人就业服务工作，进行跟踪问效，提供更多层面的就业服务，提高科学管理的能力和水平。

省委常委、宣传部部长喻红秋在省残联第六次代表大会开幕式上的讲话摘要

2013年6月25日

贵州省残联第五次代表大会以来，在中国残联的指导帮助和关心支持下，伴随着我省经济社会加速发展、加快转型、推动跨越的伟大实践，我省残疾人事业快速发展，取得了新的显著成就。各级党委、政府认真贯彻落实省委、省政府《关于促进残疾人事业发展的实施意见》和贵州省残疾人事业“十一五”、“十二五”规划纲要，加大对残疾人事业的支持力度，残疾人事业发展条件不断优化，残疾人事业长期持续发展的基础更加坚实。全省各级残疾人组织和广大残疾人工作者切实履行职责，认真倾听残疾人呼声，注意反映残疾人愿望，切实维护残疾人权益，推动残疾人各种实际问题的解决，残疾人参与社会发展的环境明显改善，人道主义思想日益深入人心。广大残疾人以坚韧的毅力参与火热的社会实践，越来越多的残疾人实现了人生和事业的梦想，过上了幸福而有尊严的生活。实践充分表明，广大残疾人身残志坚，赢得了社会各界的广泛尊重。全省各级残疾人组织和广大残疾人工作者勇于创新、锐意进取，成为党委、政府联系服务广大残疾人的桥梁和纽带。

残疾人虽然是特殊的社会群体，但也是物质文明和精神文明的创造者，是社会主义大家庭中的一员，应该共享改革发展成果。党的十八大报告明确指出，要“健全残疾人社会保障和服务体系，切实保障残疾人权益。”我们要切实把思想和行动统一到党的十八大精神上来，全面把握和落实党的十八大对残疾人工作提出的新要求，深刻认识发展残疾人事业，是社会文明进步的重要标志，是全面建成小康社会的重要内容，是中国特色社会主义事业的重要组成部分，努力推动残疾人事业又好又快发展。

全省各级党委、政府和有关部门要更加关心和重视残疾人工作，推动我省残疾人事业与经济社会同步跨越发展。各级残疾人组织要坚持党的群众路线，深入转变工作作风，认真履行“代表、服务、管理”职能，努力提高工作水平和为残疾人服务的能力。广大残疾人工作者要热情

服务、激情干事，帮助残疾人解决最关心、最直接、最现实的利益问题。社会各方面要倾力支持、形成合力，大力营造真诚理解残疾人、处处尊重残疾人、热情关心残疾人、倾力帮助残疾人的社会环境和风尚。广大残疾人要自强、自立、自尊、自信，积极投身实现现阶段贵州中国梦的伟大实践，与全省各族人民共创共享和谐美好新生活，共享人生出彩机会。

中国残联党组成员、理事会理事相自成在省残联第六次代表大会开幕式上的讲话摘要

2013 年 6 月 25 日

多年来，贵州省委、省政府高度重视残疾人工作，坚持以残疾人社会保障体系和服务体系建设为主线，全面加强残疾人康复、教育、就业、扶贫等事关残疾人民生的各项工作，残疾人事业成效显著，扶残助残的社会环境更加优化，残疾人参与社会生活的环境和条件明显改善。

加快推进残疾人全面小康进程，尽快缩小残疾人收入与社会平均水平的差距，帮助广大残疾人过上更加体面、更有尊严的幸福生活；扎实推进残疾人社会保障和服务体系建设，切实保障残疾人的生存权、发展权；切实加强残疾人组织建设，把作风建设放在突出位置，恪守“人道、廉洁、服务、奉献”的职业道德，协助党委、政府做好残疾人工作，为残疾人事业持续、健康发展提供坚强组织保障。

副省长慕德贵在省残联第六次代表大会闭幕式上的讲话摘要

2013 年 6 月 25 日

党的十八大描绘了全面建成小康社会、实现中华民族伟大复兴的“中国梦”，省委、省政府也提出了与全国同步小康的贵州“中国梦”。作为最困难的社会群体，广大残疾人对这个梦想的追求会更强烈、更迫切。只有每一个残疾人都实现了小康，实现了自身的梦想，全面小康才更完整、更真实，中国梦才更完美、更幸福。

我省现有 254 万残疾人，涉及 800 多万亲属，其中还有 150 万残疾人尚未脱贫，生活还比较困难。这是一个数量众多、特别需要帮助的社会群体，是全省贫困程度最重、扶贫难度最大、返贫率最高的特困群体，也是全省人民实现同步小康的短板。各级各部门一定要充分认识到做好残疾人工作在全面小康建设中的重大意义，进一步增强责任感和紧迫感。

当前残疾人工作的中心任务，就是认真贯彻落实党的十八大和国务院残疾人工作委员会第一次全会会议精神，健全残疾人社会保障体系和服务体系，着力解决残疾人最关心、最直接、最现实的利益问题，全面推动残疾人事业加快发展。今后残疾人事业的全面推进要与省委、省政府“5 个 100 工程”融合发展。一是利用“100 个产业园区”、“100 个现代高效农业示范区”建设，将残疾人创业及实现残疾人集体就业的相关产业，及时纳入产业园区，推动同类行业和关联企业的集聚，帮助残疾人创业、就业。二是利用“100 个特色小城镇”建设和“100 个城市综合体”建设，将农村残疾人危房改造工程、城市残疾人的住房建设、城市无障碍建设工程纳入其中，统一规划，统一协调，统一管理，全面提高残疾人的住房水平。三是利用“100 个旅游景区”建设，将残疾人的文化艺术带入文化旅游创新区建设中，实现残疾人文化建设的大发展、大繁荣。

各级残联作为党委、政府联系残疾人群众的桥梁和纽带，要牢牢把握国家和省关于发展残疾人事业的新要求，以此次换届为契机，强化自身建设，夯实组织基础，不断提高综合素质和工作能力，切实增强为残疾人服务的水平。

新当选省残联理事长杨云在省残联第六次代表大会闭幕式上的讲话摘要

2013 年 6 月 25 日

残疾人事业发展任重而道远。任重更需努力，道远唯有奋进。让广大残疾人平等参与社会生活，共享党和国家优惠政策的阳光雨露，帮助他们实现心中的梦想；让残疾人活得有尊严、有价值、有信心，这是我们这届执行理事会义不容辞的责任。在本届任期内，将努力交出一份无愧于组织厚望，无愧于残疾人工作者，无愧于广大残疾人的答卷。

省残联理事长杨云在调研贵阳市康复托养中心工程项目时的讲话摘要

2013 年 6 月 27 日

一是在规划方面，既要着眼长远又要切合实际，在功能分区上要具科学性、前瞻性和实用性，要树立群众观念，切实考虑残疾人的特点；在分步实施上，条件成熟的要早先干起来，逐步跟进后续工作，避免出现“半拉子”工程和“胡子”工程。二是在资金方面，要善打组合拳，通过国家支持、政府投入、残联自筹以及银行贷款等多渠道筹集资金。三是在中心运行方面，既要坚持残联的主体地位，又要注重社会方式。要转变观念，在坚持公益性质不变基础上，联合部门资源，为我所用，联合民间力量，探索民办公助的方式，走一条符合市场规律的道路。

省残联理事长杨云在全省残联领导干部（扩大）会议上讲话摘要

2013 年 9 月 23 日

目前我省残疾人事业发展正处在各项政策红利的释放期，各种优势资源的集聚地，面临着难得的历史机遇。但同时，残疾人仍是最困难、最需要帮助的社会群体，残疾人事业与经济社会发展的不均衡、不协调、不对称倒逼我们必须树立更加强烈的忧患意识、责任意识和发展意识，以更加务实的作风，更加有力的措施，推动事业发展、改善残疾人民生。

我省残疾人事业现阶段面临着三大任务：一是同步小康。我省残疾人小康实现程度仅为 60%，残疾人就业

率仅为31%，残疾人增收任务十分艰巨。二是制度建设。我省已经制定了一系列残疾人权益保障的优惠政策，但仍然存在一些制度盲区，在落实上还存在许多问题，这些都需要我们在工作中尽快加以解决。三是夯实基础。我省残疾人事业基础薄、欠账多的现状仍然是制约残疾人事业快速、健康、持续发展的瓶颈，“三基”（基础数据、基层组织建设、基础设施建设）不完善、不健全仍然是事业发展的短板。

残疾人工作最大的困难是创业就业，最大的机会是政策红利，最大的希望是思想创新，最大的责任是工作落实。对于今后的工作要“难点工作抓考核，常规工作抓指导，创新工作抓突破”。具体要重点抓好以下几项工作：一是实施残疾人同步小康创业就业行动计划，促进残疾人增收；二是推动出台《贵州省残疾人保障条例》，强化制度建设；三是牵头制定贯彻国家7部门《关于促进残疾人按比例就业的意见》的实施意见，突破工作难点；四是开展残疾人基础信息调查工作，提供决策支撑；五是加强基层组织特别是乡、村两级基层组织建设，夯实发展基础；六是加快省残疾人综合服务基地和市、县两级康复机构、托养机构建设，提高服务能力。

残疾人工作要坚持“政府主导、部门支持、残联牵头、社会参与”的工作方法，发挥“联合”的作用，着力联合政府、联合部门、联合社会资源、联合残联力量，形成合力、全力推进。各级政府要成立相应的工作领导小组，研究部署工作、解决出现的问题、定期检查工作进展。各级残联要加强领导，一把手要带头抓贯彻、亲自抓落实。要建立以财政投入为主，以部门资金、社会捐助相结合的多渠道资金筹集机制，保障重点工作经费投入。要加大宣传力度，创造良好的工作环境，营造良好的社会氛围。

中国残联理事长王新宪在省残联汇报会上的讲话摘要

2014 年 1 月 6 日

贵州的基础条件较周边的云南、四川等省要差很多，在这样的条件下，贵州经济社会的快速发展令人振奋。贵州省残疾人事业起步较晚，但是在贵州省委、省政府及相关部门的大力支持和残联同志的努力下，取得了较快的发展，很不容易。与全国发展水平相比，贵州残疾人事业发展基础还很薄弱，贵州小康实现程度与全国比较存在较大差距，残疾人之间差距更大，因此要予以高度重视并采取措施，以确保与全国以及与全省同步实现小康。并表示，中国残联将根据慕副省长介绍的情况和提出的要求，将在康复人才培养培训、辅助器具车配置和项目等方面给予更大的支持。

二、政策法规文件

贵州省残疾人就业办法

2012 年 12 月 25 日，贵州省人民政府第六十九次常务会议审议通过；2013 年 1 月 5 日，贵州省人民政府令第137 号公布，自 2013 年 3 月 1 日起施行。《办法》的主要内容有：

第九条 用人单位按照不低于本单位在职职工总数1.5%的比例安排残疾人就业，并为其提供适当的工种、岗位。

用人单位安排 1 名盲人或者重度残疾人就业的，按照安排 2 名残疾人计算。

第十条 用人单位未安排残疾人就业或者安排残疾人就业未达到规定比例的，按照年度实际差额人数计算缴纳残疾人就业保障金（以下简称保障金）。缴纳标准为每一残疾人指标以统计部门公布的本地区上年度职工年平均工资计算。

第十一条 公务员招考、录用，不得拒绝符合条件的残疾人报考，同等条件下优先录用残疾人。

机关、团体、事业单位及国有企业应当带头安排残疾人就业；安排残疾人就业未达到规定比例的，在新招用人员时，优先招用符合条件的残疾人。

用人单位在招用人员时，对适合残疾人就业的岗位，不得设置限制残疾人应聘的条件；对符合录用条件的残疾人，不得拒绝接收。

第十二条 政府和社会依法兴办的残疾人福利企业、盲人按摩机构、残疾人托养机构、庇护性工厂和其他福利性单位（以下简称集中使用残疾人的用人单位），应当集中安排残疾人就业。

集中使用残疾人的用人单位，其从事全日制工作的残疾人职工，应当占本单位在职职工总数的 25% 以上，盲人按摩机构从事按摩的职工中盲人应占 50% 以上。

残疾人福利企业的认定，由县级以上人民政府民政部门负责；其他集中使用残疾人的用人单位的认定，由县级以上残疾人联合会负责。

第十三条 用人单位招用残疾人，应当依法与其签订劳动合同或者服务协议。

用人单位向残疾人职工按时足额支付劳动报酬，并依法为其办理基本养老保险、基本医疗保险、失业保险、工伤保险和生育保险。

用人单位保障残疾人职工在转正、晋职、晋级、职称评定、劳动报酬、社会保险、休息休假、生活福利等方面同其他职工享受同等待遇。

第十六条 用人单位裁减人员，应当优先留用残疾人职工；用人单位裁减残疾人职工，应当提前 30 日以书面形式向单位所在地县级残疾人就业服务机构说明理由，征求其意见。

用人单位裁减残疾人职工后，在6个月内重新招用人员的，应当通知被裁减的残疾人职工，并在同等条件下优先招用被裁减的残疾人职工。

第十七条 用人单位不得解除在本单位患职业病、因工负伤并被确认丧失或者部分丧失劳动能力的残疾人职工的劳动合同。

用人单位新招用残疾人的，应当在招用之日起3个月内将相关材料向单位所在地县级残疾人就业服务机构备案。

第二十条 各级人民政府将残疾人纳入当地就业援助体系，对残疾人进行优先扶持和重点帮助。

政府开发的公益性就业岗位，应当安排一定比例用于安置残疾人就业；政府和基层组织发展社区服务事业，应当优先安排残疾人就业。

社区卫生服务中心、康复机构和敬老院等相关社区服务机构在招聘保健和医疗按摩人员时，应当优先招聘有从业资格的盲人保健和医疗按摩人员。

第二十二条 残疾人联合会依法负责对用人单位应当缴纳的保障金进行核定，并组织征收。

机关和财政拨款的团体、事业单位缴纳的保障金，推行财政部门代扣；其他用人单位缴纳的保障金，由地方税务部门代征。

第二十四条 政府和有关部门应当在生产、经营、资金、技术、物资、场地等方面对集中使用残疾人的用人单位给予扶持，集中使用残疾人的用人单位依法享受国家规定的税收减免优惠。

第二十五条 县级以上人民政府有关部门、残疾人联合会应当确定适合残疾人生产、经营的产品、项目，报请同级人民政府批准，优先安排集中使用残疾人的用人单位生产或者经营，并根据集中使用残疾人的用人单位的生产特点确定某些产品由其专产。

政府采购，在同等条件下，优先购买集中使用残疾人的用人单位的产品或者服务。

第二十六条 对残疾人从事个体经营和自主创业的，县级以上人民政府及其有关部门应当按照国家规定落实税收优惠政策，免收管理类、登记类和证照类的各项行政事业性收费，并在启动资金补助、小额贷款贴息、经营场地照顾、社会保险补贴及水、电、气收费优惠等方面给予扶持；对残疾人创办微型企业的，优先给予扶持。

第二十八条 各级人民政府应当多方面筹集资金，组织和扶持农村残疾人从事种植业、养殖业、手工业和其他形式的生产劳动，并在生产服务、技术指导、农用物资供应、农副产品收购和信贷等方面给予支持；组织和帮助农村残疾人劳动力转移就业；鼓励和支持社会组织及个人创建农村残疾人扶贫就业基地，吸纳和带动农村残疾人就业。

各级人民政府设立的公共就业服务机构应当免费为残疾人进行职业指导和职业介绍，为就业困难的残疾人免费提供有针对性的就业援助服务。

第三十条 县级以上人民政府应当加强残疾人就业服务场所、残疾人职业教育培训机构、残疾人托养机构等服务设施的建设，改善其工作条件。

第三十一条 残疾人就业服务机构免费为残疾人就业提供下列服务：

（一）发布残疾人就业信息；

（二）组织开展残疾人职业培训；

（三）为残疾人提供职业心理咨询、职业适应评估、职业康复训练、求职定向指导、职业介绍等服务；

（四）为残疾人自主择业提供必要的帮助；

（五）为用人单位安排残疾人就业提供必要的支持。

第三十二条 残疾人就业服务机构应当帮助、指导残疾人职工与用人单位依法订立和履行劳动合同，并与用人单位建立协商机制，维护残疾人职工的合法权益。

第三十三条 残疾人职工与用人单位发生劳动争议的，法律援助机构应当依法为其提供法律帮助；涉及侵害残疾人职工合法权益的，残疾人联合会应当及时提供维权服务。

关于印发《残疾人事业专项彩票公益金贫困精神病患者医疗救助项目贵州省配套实施办法》的通知

黔残联发〔2013〕17号

由贵州省卫生厅、贵州省残联联合下发。

贫困精神病患者服药救助项目
贵州省配套实施办法

一、任务目标

为2800名贫困精神病患者连续5年提供门诊服药补贴。

二、救助对象和救助原则

救助对象应符合以下条件：（1）精神病防治康复工作登记在册的贫困精神病患者；（2）经具有资质的精神科医生确诊，目前确实需要服用药物的精神病患者；（3）患者本人或法定监护人自愿申请并同意接受救助。

符合上述条件者中，持有残疾人证者优先安排。

救助原则：（1）面向贫困精神病患者；（2）在限定补贴额度内，对患者门诊服药自付部分费用给予补贴。

三、资助标准

在开展精神病防治康复工作的县（市、区、特区）中，采取“医疗救助卡”的方式对贫困精神病患者提供基本治疗及药品补贴。

标准一：中央财政按每人每年补贴900元，连续五年，对1400名不能进行城乡医保报销的贫困精神病患者提供购买基本治疗药品补贴。其中，基本检查和服用基本治疗药品的补贴800元，病人筛查、输送及下乡送药交通费、业务培训、“医疗救助卡”印制等补贴100元。

标准二：中央财政按每人每年补贴500元，连续五年，对1400名能够进行城乡医保报销的贫困精神病患者提供购买基本治疗药品补贴。其中，基本检查和服用基本治疗药品的补贴450元，病人筛查、输送及下乡送药交通费、业务培训、“医疗救助卡”印制等补贴50元。

贫困精神病患者住院医疗救助项目贵州省配套实施办法

一、任务目标

为2900名贫困精神病患者提供住院医疗救助。

二、资助条件

救助对象应符合以下条件：（1）因贫困无法住院治疗的精神病防治康复工作登记在册的精神病患者；（2）经具有资质的精神科医师确诊，目前确实需要住院治疗的精神病患者；（3）患者本人或法定监护人自愿申请并书面同意接受住院医疗救助。

符合上述条件者中，处于关锁状态或持有残疾人证者优先安排。

救助原则：（1）提供基本的、适宜的住院医疗服务，住院费用在医保报销之后，在限定补贴额度内，为救助对象提供一次性的住院医疗救助；（2）确保住院医疗效果和质量，使受助对象在住院治疗期内能显著改善，有效控制病情；（3）参加新农合的贫困精神病患者按照《贵州省卫生厅关于印发〈贵州省新农合终末期肾病等6种重大疾病按病种付费实施方案（试行）〉的通知》（黔卫发〔2013〕13号）要求，在新农合重性精神病定点救治医院进行诊治的，诊疗费用可先享受新农合资金补偿，再享受本方案所行的救助补偿。（4）每位救助对象每年限享受1次本方案所行住院医疗救助政策。

三、资助标准

在开展精神病防治康复工作的县（市、区、特区）中，2011—2015年，每年为580名贫困精神病患者提供一次性住院医疗救助。

救助标准为4000元/人/次，住院周期为3个月。

关于切实做好优秀残疾人运动员就学和就业工作的实施意见

黔残联发〔2013〕111号

由贵州省教育厅、贵州省人社厅、贵州省体育局、贵州省残联联合下发。

一、加强对优秀残疾人运动员的文化教育

（一）优秀残疾人运动员的文化教育要坚持普及与提高相结合、以普及为重点的方针。要确保适龄优秀残疾人运动员完成义务教育，着重开展职业教育，逐步发展高级中等以上教育。

（二）对处于九年义务教育阶段的优秀残疾人运动员，相关部门要协调好运动训练与文化学习的关系，保证其完成国家规定的义务教育阶段的全部课程，达到国家规定的基本质量要求。

（三）要结合优秀残疾人运动员的残疾类别和程度以及受教育水平，积极协调职业院校，推荐其接受与之相适应的职业教育。

（四）对于已经接受九年义务教育，并在残奥会、聋奥会、亚残运会和全国残运会等赛事中获得优异成绩的残疾人运动员，残联、教育部门应推荐到适合其特点的上一级学校学习深造，并减免相应学费。鼓励运动员通过成人教育、远程教育等方式灵活接受高等教育。

（五）切实解决优秀残疾人运动员在就学过程中遇到的实际困难，了解掌握其家庭情况，对于家庭困难者，各级残联要协调有关部门和学校给予特殊帮助，并按有关政策提供学习、生活补助。

（六）优秀残疾人运动员在省队、市（州）队集训期间，教育部门要协助做好训练期间的文化教育工作。运动队的领队、教练员对运动员文化学习负有管理、督促和帮助的责任。各级运动队要为运动员进行文化学习安排出必要的时间，提供必要的条件。

二、帮助优秀残疾人运动员实现职业转换

（七）要切实保障优秀残疾人运动员劳动的权利，统筹社会资源，争取优惠政策和扶持保护措施。要通过多渠道、多层次、多种形式，使优秀残疾人运动员实现就业。

（八）要加强对已安置优秀残疾人运动员单位的检查监督，确保单位按照有关规定，按时足额缴纳各项社会保险费用，确保运动员享受相应的社会保险待遇。

（九）各级人力资源社会保障部门要进一步做好已退出集训队优秀残疾人运动员就业安置工作，拓宽就业渠道，帮助运动员实现职业转换。各级残联在招聘工作人员时，对取得残奥会、聋奥会名次、亚残运会前三名、全国残运会金牌的运动员，结合行业、专业和岗位用人要求，经人力资源和社会保障部门批准，可采取直接考核的方式招聘。

（十）各级残疾人就业服务机构要针对优秀残疾人运动员开展“一对一”跟踪服务，积极为运动员提供职业介绍、职业技能鉴定、职业指导等各项服务。

（十一）要优先向按比例安排残疾人、集中安置残疾人的用人单位推荐优秀残疾人运动员；对运动员自主择业的，各级残联要在生产、经营、技术、资金、物资、场地等方面给予扶持，按规定落实扶持政策和措施。

（十二）要建立优秀残疾人运动员就业培训制度。主动协调有关院校和培训机构，加强对优秀残疾人运动员的职业技能培训，对于经过培训并通过职业技能鉴定的人员，按相关规定颁发相应的职业资格证书。

（十三）对于生活困难且尚未就业的优秀残疾人运动员，要协调有关部门，将其纳入社会保障和社会救助范围，保障其基本生活。

三、强化对优秀残疾人运动员就学就业工作的组织领导

（十四）各地要高度重视优秀残疾人运动员就学就业工作，将其作为一项重要工作来抓，强化工作机构和人员力量，保障工作经费。主管残疾人体育和残疾人教育就业的部门要做好工作衔接，残联和体育部门要建立优秀残疾人运动员的档案。

（十五）各级残联要加强与体育、教育、人力资源和社会保障等部门的协调和沟通，将优秀残疾人运动员的就学和就业纳入政府行政部门的工作范畴，统筹考虑，一并实施。要根据残疾人运动员的特殊性，与有关部门共同研究建立优秀残疾人运动员就学就业和生活保障的长效机制，制定有针对性的扶助政策。

（十六）要检查监督国家和地方涉及运动员文化教育、就业以及生活保障等方面的各项政策措施的落实情况，发现问题，及时反映和协调解决，确保残疾人运动员权益。

三、工作综述

2013年，在省委、省政府的领导下，在中国残联的指导和相关部门的支持下，省残联以残疾人“两个体系”建设为主线，按照突出重点、全面推进的工作思路，重点推动事关残疾人事业发展的全局性、根本性和基础性工作，着力实施一系列民生项目，全面完成各项工作任务，为在新起点上推进残疾人事业发展打下了良好基础。

（一）残疾人康复工作

与省卫生厅等部门共同印发了《残疾人事业专项彩票公益金康复项目贵州省实施方案》，与省卫生厅共同印发了《贫困精神病患者服药救助项目贵州省配套实施办法》和《贫困精神病患者住院医疗救助项目贵州省配套实施办法》。2013年，继续实施“百万贫困白内障患者复明工程”、“七彩梦行动计划”、国家和省彩票公益金等项目，共为45367名残疾人提供了康复服务。其中，完成贫困白内障患者复明手术15477例，为1598名贫困残疾儿童提供康复服务和救助，为1060名成人验配助听器，配发辅助器具13144例，为5134名贫困精神病患者提供医疗救助。目前已有1个州、7个县筹建起同级残疾人辅助器具服务机构。举办培训班，培训业务管理和技术骨干231人、康复协调员2406人。

（二）残疾人教育工作

继续实施“通向明天——交通银行残疾青少年助学计划”助学项目，对全省100名2012年录取的贫困残疾大学新生进行资助，每人资助2000元；开展2013年度“交通银行特教园丁奖”评选工作，6名教师获奖，1名残疾大学生获“交通银行残疾大学生励志奖”提名奖。与省教育厅共同制定了《贵州省“十二五”残疾人事业专项彩票公益金助学项目（学前教育）实施方案》，对全省9个市（州）260名家庭经济困难的学龄前残疾儿童进行资助，每生3000元。2013年全省普通高校招生中，残疾考生共录取339名，其中本科录取169名，专科录取170名，单考单招特殊教育学校录取残疾专科生3名。

（三）残疾人就业培训工作

认真开展2013年残疾人就业援助月活动，登记失业残疾人6509名，组织残疾人专场招聘67次，实名制纳入年度培训计划残疾人6242人，帮助残疾登记失业人员实现就业823人，帮助残疾人享受专项扶持政策5243人。会同省地税局创建保障金征收管理网络系统，目前软件开发进入最后阶段，完成硬件招标工作。2013年，共征收残疾人就业保障金2.5亿元。一年来，新增城镇残疾人就业5928人，完成各类残疾人培训18128名，完成保健按摩师培训467人次。组织获得盲人医疗按摩资格证书人员参加国家级继续教育。完成安顺市、六盘水市、黔南州、毕节市残疾人就业服务机构规范化建设，开展县级残疾人就业服务机构规范化建设。

（四）残疾人扶贫工作

7月，省人民政府通过贵州省农村贫困残疾人扶贫开发规划（2011—2020年）。在9个县（市）、13个项目落实康复扶贫贷款2194万元，贴息128万元。8月，会同省住建厅联合转发了住房城乡建设部、中国残联《关于优先支持农村贫困残疾人家庭危房改造的通知》。全年完成农村贫困残疾人危房改造2133户。加强托养服务工作，12000名残疾人得到补助。继续实施农村基层党组织助残扶贫工程。一年来，通过各级政府部门的支持帮扶，共扶持68873名农村残疾人脱贫。

（五）残疾人基础设施建设

继续推进省残疾人综合服务基地康复中心建设。争取到中央财政240万元的建设经费补助威宁县残疾人托养机构建设；争取到省级财政390万元补助3个县级残疾人托养机构建设；帮助铜仁、贵阳、安顺等市（州）级康复中心的建设或筹建工作。

（六）残疾人基层组织建设

认真抓好残联系统班子换届工作，全省9个市（州）残联全部召开了换届会议，领导班子已全部配备残疾人领导干部；83个县（市、区）完成换届工作。部分县（市、区）将残疾人专职委员纳入公益性岗位，大部分县（市、区）将残疾人专职委员的补贴纳入县级财政预算。深入开展“关爱残疾人志愿服务阳光行动”，精心培育和及时推广助残志愿服务品牌。指导协会召开座谈会，研

讨事业发展，增强协会活力。采取整村推进、上门办证等措施方便残疾人办证，全省第二代残疾人证办证率达34%。

（七）残疾人宣传工作

2013年，以“学习十八大、贯彻十八大”精神为主线，以省残联六代会、残疾人“两个体系”建设等残疾人事业发展重点工作、重大活动、重要节点为主题，组织传统纸质媒体和现代网络媒体进行宣传报道。2013年，贵州电视台手语新闻共播出50期，广播电台《同在蓝天下》专题节目全年共播出96期；《贵州日报》刊发专版3次、各类残疾人事业发展新闻40余条，在“发扬人道主义，发展残疾人事业”专栏共刊发相关文章50余篇。同时，编辑完成《贵州残联》杂志6期、简报15期，贵州残联网站发布消息960余条，编印了《发展中的贵州残疾人事业》宣传画册。组织开展好第二十三次全国助残日宣传活动。

（八）残疾人文化工作

组织开展残疾人文化周系列活动，联合省图书馆盲人阅览室共同举办了“聆听世界”视障人士无障碍阅读培训活动，在省残疾人按摩基地和金阳商吉盲人按摩院分别举办了两场“感受知识，感受温暖”残疾人读书节活动，共同主办了主题为“祖国，母亲”的盲人诗歌朗诵比赛；联合贵州旅游在线网站组织进行了贵州省残疾人摄影交流展暨成立贵州省残疾人摄影协会；联合贵州金黔在线网站组织开展金黔公益“习惯爱”系列活动之“听见爱——我为盲人读本书活动”。继续实施“残疾人文化进社区”项目，在全省安排实施了41个文化进社区项目点；在巩固完善市、州级图书馆盲人阅览室建设的基础上，资助5个县建成盲文及盲人有声读物阅览室；投入资金20万元，扶持3个市（州）级电视台开播手语栏目；建成残疾人特殊艺术人才培养基地9个。

（九）残疾人体育工作

组织开展第三届残疾人健身周活动，组织30名残疾人组成的轮椅广播体操队参加了展示活动；组织开展第七次全国特奥日活动；推进残疾人体育健身指导员队伍建设工作，与省体育局共同举办首期残疾人体育健身指导员培训班，培训50余名学员；投入资金50万元，在全省建立了5个“残疾人群众体育活动示范点”，同时，铜仁市特教学校和贵阳市林桧阳光家园经中国残联批准授予全国“自强健身示范点”称号。2013年，组织贵州省残疾人运动员参加了全国残疾人游泳、羽毛球、田径、举重等单项赛事，共获金牌25枚、银牌27枚、铜牌14枚。

（十）残疾人维权工作

发放残疾人机动轮椅车燃油补贴15167辆，完成贫困残疾人家庭无障碍改造600户。从2月份起，在全省残联系统开展了全省重大突出矛盾和信访问题集中化解“百日攻坚战”工作，指导配合贵阳市、遵义市、黔东南州、织金县做好机动车运营问题矛盾化解工作，专门就残疾人机动车运营问题进行研究，明确政策措施。做好残疾人信访工作，及时办理残疾人来信，维护残疾人的合法权益。

（十一）监测和信息统计工作

制定《2013年贵州省残疾人状况监测方案》，11月在全省22个监测县44个监测小区进行现场入户问卷调查。2014年，在仁怀市、遵义县启动了盲人读屏软件补贴工作；完成了省残联机关协同办公OA建设；完成了省残联网站无障碍改造及改版招投标工作。顺利完成了2012年度统计任务；贵州省残疾人工作主要数据指标继续编入《贵州省统计年鉴》；继续开展统计工作评价，推动全省统计工作机制的建立和数据质量的提高。

（十二）基金会工作

协调中城建恒远公司，资助贵州康康照明科技有限公司171万元，集中安置79名残疾人就业。争取中基会项目，资助贵州省10个扶贫基地第二期资金100万元和给予1个扶贫优秀示范基地特别扶持资金40万元；资助正安县、务川县、道真县开展“集善工程·启明行动”项目资金80万元，完成贫困白内障复明手术800例；资助贵州省15.87万元，用于购买2辆森雅M80微型车和1辆佳宝微型车，分配给省残疾人按摩基地、省残疾人职业培训中心和黔东南州民族教育特殊学校。今年，省残疾人福利基金会参加2013年全省社会组织评估，被评为4A级社会组织，排列参评基金会第一位。

（十三）贵州省残联第六次代表大会

6月25—26日，贵州省残联第六次代表大会在贵阳召开，出席会议代表共361名，其中，正式代表301名，特邀代表60名。残疾人及残疾人亲友代表占代表总数的60%；代表中还包括全国自强模范、助残先进个人、优秀残疾人亲友、革命伤残军人和关心支持残疾人事业的政府领导。大会选举产生以慕德贵副省长为主席的省残联新一届领导集体，推举产生以杨云为理事长的新一届执行理事会，邀请省委常委、宣传部部长喻红秋担任名誉主席。大会确立此后五年贵州省残疾人事业发展的指导方针、基本任务和奋斗目标。

2013年贵州各市（州）残联也完成换届。省残联认真履行干部协管职责，与地方党委组织部门沟通协调，选好配强残联班子成员，2个市（州）残联领导班子新配备残疾人干部，全省地市级以上残联配备残疾人干部任务已全部完成。各级残联以换届为契机进一步加强残疾人组织建设和残疾人工作干部队伍建设。

四、重要条目

【贵州省残联第五届主席团第六次全体会议暨 2013 年工作会议】 1 月 11—12 日在贵阳召开。副省长、省残联主席团主席慕德贵出席会议并做重要讲话；会议审议通过了省残联理事长刘强代表省残联执行理事会所作的题为《深入贯彻落实党的十八大精神，努力推动我省残疾人事业科学发展、后发赶超》的工作报告，全面总结了 2012 年全省残疾人工作，对 2013 年全省残疾人工作进行了部署。会议还传达了中国残联第五届主席团第五次全体会议和第二十七次全国残联工作会议精神。省残联副理事长揭晓东主持会议，并作总结讲话。贵阳市、遵义市、碧江区残联分别作经验交流发言。省残联第五届主席团副主席、全体委员，各市（州）残联理事长、办公室主任，部分市、区残联理事长，省残联机关全部干部职工及直属中心处以上领导干部参加会议。

【残疾人创业就业奔小康行动】 为破解残疾人就业难的困境，加快残疾人同步小康的步伐，省残联积极推动实施“贵州省残疾人创业就业奔小康行动”。2013 年 7 月 23 日，由省政府副秘书长张学军组织召开了省政府残工委全体会议，原则同意在全省开展残疾人创业就业奔小康行动。随后，省残联经过深入调研，广泛征求各级残联及有关部门的意见，形成《实施方案（送审稿）》，报送省人民政府。

【残疾人基础信息调查】 为全面、准确、深入了解贵州省残疾人基本情况、已享受基本服务和基本需求，建立全省残疾人基础信息系统，贵州省开展了残疾人基础信息调查工作。在深入调研和广泛征求意见的基础上，完成了实施方案的拟定、《登记表》的设置、数据库软件的制作等前期工作。11 月，召开试点工作培训会议，正式在全省黔东南和 26 个县（市、区）开展试点工作。12 月 6 日，省人民政府办公厅印发了《贵州省残疾人基础信息调查工作实施方案》，贵州省残疾人基础信息系统进入了实质性建设阶段。

【贵州省残联下拨 100 万元抗旱救灾保残疾人民生】 8 月，当全省遭受严重旱灾之际，省残联组织 6 人调研组，由会领导带队深入受灾最严重的 26 个县（市、区）开展调研和慰问工作，随着结合调研情况，省残联下拨 100 万元，扶助受灾严重的困难残疾人。

【第八届贵州省残疾人艺术汇演】 6 月 3—7 日，由省残联、省文化厅、省教育厅、省民政厅共同主办了第八届贵州省残疾人艺术汇演。省委常委、省委宣传部部长喻红秋，中国残联宣文部副主任邹柏林以及省残联、省文化厅、省民政厅等单位领导出席观看汇报演出并为获奖单位和个人颁奖。本次比赛共设声乐、器乐、舞蹈、戏剧小品四个参演类别，共产生金奖 8 个，银奖 12 个，铜奖 16 个。来自全省 9 支代表队共 563 名演职人员齐聚贵阳，参加这四年一次的隆重盛会。

【“感受知识·感受温暖”残疾人读书活动】 4 月 23 日是第十八个世界读书日，省残联、省图书馆、贵州普众律师事务所联合在省残疾人按摩基地和金阳商吉盲人按摩院分别举办了两场“感受知识，感受温暖”残疾人读书日活动。省盲人按摩基地和商吉盲人按摩院的 90 余名盲人按摩师以及学员参加读书活动。

【爱心圆梦，用爱点亮人生】 5 月 19 日是第二十三次全国助残日，主题是“帮扶贫困残疾人”，围绕这一主题，5 月 24 日，省盲协、省残疾人按摩基地、爱心助残志愿者服务队、贵阳市盲协、贵阳市长运驾校、独山县残联开展了“爱心圆梦，用爱点亮人生”公益活动，为身处贵州省独山县偏远农村的盲人吴云飞圆了上学梦。

【安顺市紫云县“三八”节关爱残疾儿童“绿丝带”行动】 3 月 8 日，紫云县残联、县妇联、县文体广电旅游局、团县委、县文明办等多家单位联合组织 50 多名女职工、青年志愿者前往紫云县特殊教育学校看望慰问残疾儿童以及从事特殊教育的老师，为孩子们送去价值 2000 余元的学习用品，为特教老师们送去节日的祝福和礼物，并与特教师生共同开展关爱残疾儿童暨“绿丝带”志愿助残活动。

【助残先进陶光跃】 男，1963 年生，贵州省毕节市人，肢体残疾。1991 年开始创业，1994 年起经营化肥并兼做粮食生意；2005 年，成立了自己的化肥经营部；2008 年，创建赫章县野马川镇残疾人经济发展协会；2012 年，创办了赫章夜郎农资有限公司。投资 2000 余万元，租地 10 余亩，建成年销售额将达 4500 万元以上，可解决 80 名残疾人就业，带动 6000 户农户增收 1800 万元以上的毕节市残疾人创业园。目前，项目已基本竣工，计划 3 月正式投入运行，已解决残疾人就业 28 人，主要从事装修、电脑维护、货物调运、库房看管等工作，正在报名竞聘残疾人 100 余人。

【助残先进朱大清】 男，1973 年生，贵州省威宁县人，肢体残疾。2001 年 7 月加入中国共产党，从事乡村医务人员 23 年，视残疾人如亲人，为广大残疾人排忧解难，对方圆几十里经济困难的残疾病人免收医药费；2010 年担任麻乍乡残疾人专职委员兼新水村党支部书记，利用会议、广播、标语、上门就医等多种形式宣传《中华人民共和国残疾人保障法》，党对残疾人创业关心支持的相关优惠政策等等，让广大残疾朋友了解党的路线方针政策，切实维护自己的合法权益。同时，他用实际行动，维护残疾人的合法权益。2009 年 7 月被麻乍乡党委评为“优秀共产党员”，2011 年被麻乍乡党委评委“优秀党务工作者”，2012 年先后被威宁县委、县委组织部、麻乍乡党委评为“创先争优模范”、“优秀村干部”、“优秀共产党员”，2013 年先后被威宁县人民政府、麻乍乡党委评为“忠心感动威宁模范人物”、“先进党务工作者”。

五、大事记

1月6日，副省长慕德贵专程拜会中国残联领导并座谈。中国残联党组书记、理事长王新宪，中国残联党组成员、副主席吕世明，中国残联党组成员、副理事长孙先德出席，贵州省政府副秘书长张学军、省残联理事长刘强及中国残联有关部门负责人参加座谈。

1月11—12日，贵州省残联第五届主席团第六次全体会议暨2013年工作会议在贵阳召开。副省长、省残联主席团主席慕德贵出席会议并做重要讲话；省残联理事长刘强代表省残联执行理事会做工作报告。会议全面总结了2012年全省残疾人工作，对2013年全省残疾人工作进行了部署。

1月12日，省委常委、宣传部长喻红秋赴贵阳市乌当区水田镇水田村慰问贫困残疾人，实地察看残疾人综合服务基地建设情况。省残联党组书记、理事长刘强，党组成员、机关党委书记龙月祥陪同。

1月22日，副省长慕德贵赴紫云县慰问贫困残疾人，省残联党组成员、副理事长揭晓东陪同慰问。

1月26日，贵阳市盲人协会志愿者组成的爱心助残服务队联合省残联、市南路中新建材市场18家爱心商户向贵阳市冯翼壘等13户特困盲人送去米、油、鸡蛋、春联等春节慰问品。

1月31日，省相关部门在麻江县开展第六十届世界防治麻风病日暨第二十六个中国麻风节慰问活动。省残联副理事长揭晓东及省卫生厅、省民政厅、省红十字会及州、县两级相关部门领导参加。

2月6日，省残联召开干部职工大会，传达贯彻十一届省纪委二次全会精神。

2月19—20日，省残联、省人大内司委、法工委、省法制办联合修改《贵州省残疾人保障条例（草案）》文本。草案起草小组组长、省残联副理事长陈健主持和召集，起草小组顾问、省人大内司委主任郑荣、法工委副主任路良以及起草小组成员参加。

3月1日，《贵州省残疾人就业办法》正式施行，为保障残疾人平等就业的机会和权益、帮助残疾人参与社会生活、共享经济社会发展成果提供了制度保障。

3月5日，省残联“帮联驻”及同步小康驻村工作队队长、省残联党组成员、专职纪检员梁厚富，率省残联驻村干部到镇远县江古乡开展调研摸底工作。

3月20—24日，中国残联国际部副主任魏孟新、嘉道理社区康复项目管理办公室副主任池俊常、郑飞雪、嘉道理慈善基金会项目经理李健民、隆纳济世项目经理马丽华、香港复康会国际及中国项目高级经理黄卫平一行赴纳雍县督导嘉道理慈善基金会社区康复合作项目第二周期项目工作。省残联副理事长揭晓东陪同督导检查。

4月2日，省残联、贵阳市残联、南明区残联在贵阳瑞花广场共同举办贵州省第六届世界自闭症日科普宣传教育活动。省残联理事长刘强，副理事长揭晓东，机关党委书记龙月祥参加宣传活动。

4月9—16日，在2013年全国残疾人（25岁以下）田径锦标赛上，贵州省代表队共获得3枚金牌、1个第四名和1个第六名，其中盲人运动员吴香成独得男子T12级1500米、5000米和10000米3枚金牌。

4月18日，中国盲协五届五次委员会会议暨中央财政支持社会组织示范项目启动会议在贵阳隆重召开。中国残联主席团副主席、中国盲协主席李志军，中国残联理事、中国盲协副主席李伟洪，中国盲协副主席滕伟民、杨佳、夏荣强、王结，中国盲文出版社社长张伟，贵州省残联理事长刘强，副理事长揭晓东、黄广钦、陈健出席会议，来自全国各省（区、市）的中国盲协委员、组联部干部和部分盲人代表70余人参加会议。

4月20日，中国残联主席团副主席、中国盲协主席李志军，中国残联理事、副主席李伟洪，中国盲协副主席滕伟民、杨佳、夏荣强、王结，中国盲文出版社社长张伟等一行到贵州盛华职业学院调研盲生教育工作。贵州省残联副理事长、贵州省盲协主席陈健陪同调研。

4月22日，在第十八个世界读书日即将到来之际，省残联联合省图书馆网络数字服务中心共同举办“聆听世界”视障人士无障碍阅读培训活动。省残联副理事长陈健出席活动，来自贵阳市各行业的近20名视力残疾人参加了无障碍阅读培训。

4月26—28日，省盲人医疗按摩人员继续教育培训班在贵阳市举办，中国残联就业服务指导中心副主任张明理、贵州省残联副理事长陈健出席开班典礼并讲话。全省124名盲人医疗按摩人员参加培训。

5月19日，第二十三次全国助残日当天，省委常委、省委宣传部部长喻红秋看望慰问残疾人，省残联理事长刘强、副理事长揭晓东、陈健、机关党委书记龙月祥，贵阳市委书记王保健等陪同慰问。

5月21日，副省长慕德贵到省盲人按摩基地看望慰问残疾人，省政府副秘书长张学军，省残联副理事长揭晓东、黄广钦、陈健等陪同慰问。

5月23—29日，在2013年全国残疾人（25周岁以下）羽毛球锦标赛上，贵州省运动员获3金1银的优异成绩，金牌总数、团体总分均位列12个省市代表队之首。

5月27日，杨云同志任省残联党组书记，提名为省残联六届理事会人选。

5月31日—6月6日，在2013年全国残疾人（30岁以下）举重锦标赛上，贵州省运动员获1银1铜。

6月3—6日，省残联、省文化厅、省教育厅、省民政厅共同举办的第八届贵州省残疾人艺术汇演在贵阳举行。6日，颁奖暨汇报演出在贵阳大剧院隆重举行。省委常委、省委宣传部部长喻红秋，中国残联宣文部副主任邹柏林，省残联党组书记杨云、理事长刘强等领导出席观看并为获奖单位和个人颁奖。

6月6日，第十八个全国爱眼日，省残联、省残疾人康复中心、贵阳市残联、南明区残联、贵阳中医学院二附院、贵阳市妇幼保健院在贵阳瑞花广场联合开展宣传教育活动。省残联党组书记杨云，副理事长揭晓东，贵阳市残联、南明区残联相关负责人参加活动。

6月14日，省残联召开各专门协会主席、副主席会议，对省残联第六次代表大会换届工作有关事宜进行通报。省残联党组书记杨云，副理事长揭晓东、陈健（省盲协主席）出席会议。

6月21日，省政府副秘书长、省残工委副主任张学军，省残联党组书记杨云到集中安置残疾人就业的贵州康康照明科技有限公司调研残疾人就业工作。

6月24日，贵州省残联第五届主席团第七次全体会议在贵阳召开。副省长、省残联主席团主席慕德贵出席会议并讲话；省政府副秘书长、省残联主席团副主席张学军主持会议。省残联主席团副主席、委员等共计50余人参加会议。

7月1日，省残联召开庆祝建党92周年全体职工大会。党组书记、理事长杨云出席会议并讲话，党组成员、副理事长揭晓东、陈健出席会议，党组成员、副理事长黄广钦宣读表彰决定，党组成员、机关党委书记龙月祥作党建工作报告，党组成员、专职纪检员梁厚富主持，副巡视员黄毛庆宣读了2012年度省残联优秀公务员名单。

7月1日，中国聋儿康复研究中心主任胡向阳到贵州省调研并督导检查贫困聋儿人工耳蜗项目手术受援医院的项目工作。7月2日，赴安顺市和西秀区调研聋儿康复工作，省残联副理事长揭晓东等陪同。

7月2日，全国听障儿童康复专业技术人员轮训班（第二期）在贵阳开班。省残联理事长杨云致辞，中国聋儿康复研究中心主任胡向阳出席会议并讲话，中国聋儿康复研究中心副主任龙墨，全国工作处处长邢亚静，省残联副理事长揭晓东出席会议。

7月23日，省政府残疾人工作委员会召开全体会议，研究讨论《贵州残疾人同步小康行动实施方案》。省政府副秘书长、省政府残工委副主任张学军主持会议并讲话，省残联理事长杨云就近年来贵州省残疾人事业发展情况作简要汇报，副理事长黄广钦就方案进行了简要说明。省残联副理事长揭晓东、陈健，机关党委书记龙月祥，专职纪检员梁厚富以及省政府残工委成员、9个市（州）政府、残联领导出席会议。

7月26日—8月4日，在保加利亚首都索菲亚举行的第二十二届夏季听障奥林匹克运动会聋人羽毛球女子双打比赛中，贵州省选手王梦兴、张恒艳获得亚军。这是贵州省选手在听障奥林匹克运动会上获得的首枚奖牌，实现了奖牌零的突破。贵州省另外一名选手吴胜茂与张恒艳搭档，获得本届比赛混双第五名。

8月5—6日，省残联理事长杨云、副理事长黄广钦等同志到中国残联汇报工作。中国残联主席张海迪，党组书记、理事长王新宪，党组副书记、常务副理事长王乃坤，党组成员、副主席吕世明，中国残疾人福利基金会理事长汤小泉等领导分别接见并听取了工作汇报。

8月8日，在全国第五个全民健身日来临之际，省残联组织的残疾人轮椅广播体操参加了在贵阳市筑城广场举办的全民健身日展演活动。副理事长揭晓东、陈健出席展示活动。

8月9日，省残联召开党组会议，研究部署抗旱救灾保残疾人民生工作。

8月10日，省残联、省图书馆、金黔在线联合开展的金黔公益“习惯爱”系列活动之“听见爱——我为盲人读本书活动”在省图书馆盲人阅览室启动。省残联副理事长陈健出席活动并讲话。

8月20—24日，在中国残联、教育部、民政部、文化部共同主办的第八届全国残疾人艺术汇演甘肃赛区中，贵州省共获得一等奖4个、二等奖5个、三等奖2个，还获得创作奖6个，并以团体总分排名第三的优异成绩荣获团体二等奖。

8月28日—9月1日，中国残联嘉道理慈善基金会社区康复合作项目赴贵州省组织开展中期评估工作。中国残联康复部主任尤红、社会服务指导中心常务副主任刘宇赤、项目管理办公室副主任郑飞雪等到黔指导。省残联理事长杨云会见项目评估组一行，副理事长揭晓东、机关党委书记龙月祥先后参加了项目评估活动。

9月，中国残联对2012年度全国残疾人状况监测工作先进单位进行了通报表彰，贵州省获得第三名。

9月，教育部、中国残联共同开展了2013年度“交通银行特教园丁奖”评选工作。贵州省6名教师荣获2013年度“交通银行特教园丁奖”。

9月10日，贵州省委常委、省委宣传部部长喻红秋在《贵州省残联工作简报》第8期——“我省代表团参加第八届残疾人艺术汇演（甘肃赛区）取得优异成绩；我省聋人运动员获第二十二届夏季听障奥林匹克运动会羽毛球女子双打亚军”上批示：“衷心祝贺我省代表团在全国残疾人艺术汇演和运动会上取得优异成绩！省残联要多组织残疾人开展文艺体育活动，提高他们生活的信心和质量，使他们共享社会大家庭的温暖和文明进步的成果。”9月16日，副省长慕德贵在同一期《贵州省残联工作简报》上批示：“我省残疾人在第八届全国残疾人艺术汇演和第二十二届夏季听障奥运会上均取得优异成绩，可贺可喜，体现了我省残疾人事业健康发展的好势头，希望再接再厉，取得更加优异的成绩。”

9月13日，省残联党组召开会议，决定下拨100万元对全省受旱灾严重的残疾人进行生产生活补贴。

9月14—24日，在荷兰举行的2013年世界轮椅与截肢人运动会上，贵州省残疾人游泳运动员李灿夺得女子

S7级100米自由泳、200米自由泳两块金牌和100米蛙泳、400米自由泳两块银牌。

9月15—19日，贵州省副省长慕德贵应邀出席中国残联第六次全国代表大会开幕式，省政府副秘书长张学军、省残联理事长杨云等16名正式代表参加会议。

9月18—25日，省残联举办处级干部深入学习习近平总书记系列重要讲话精神专题培训班。党组书记、理事长杨云做动员讲话。

9月22日，第五十六届国际聋人节当天，省聋协和贵阳市聋协在贵阳市残疾人康复教育培训中心共同举行庆祝活动。省残联副理事长揭晓东出席活动。

9月23日，省残联召开全省残联领导干部（扩大）会议，深入学习习近平总书记系列讲话精神，传达贯彻中国残联第六次代表大会精神，研究讨论残疾人同步小康行动重点工作，就《贵州省残疾人创业就业实施方案》征求意见。省残联党组书记、理事长杨云出席会议并讲话，党组成员、副理事长揭晓东主持会议，党组成员、副理事长黄广钦宣读了贵州省人民政府关于省残联第六届执行理事会理事长、副理事长任职的决定，党组成员、副理事长陈健，党组成员、机关党委书记龙月祥，党组成员、专职纪检员梁厚富出席会议。

10月8日，省体育局、省教育厅、省人社厅、省残联联合下发《关于切实解决优秀残疾人运动员就学和就业工作的实施意见》，为解决残疾人运动员特别是优秀残疾人退役运动员的就学、就业工作提供了政策支持。

10月23—25日，贵州省2012年度残疾人状况监测工作总结暨2013年度监测培训会议在贵阳市召开。省残联副理事长陈健出席会议并讲话。

10月24日—11月1日，在马来西亚吉隆坡举行的2013年亚洲青年残疾人运动会上，代表中国队出战的贵州籍残疾人运动员孙守群、杨秋霞获得了上肢残组羽毛球女子单打冠亚军。

图6-24-1　孙守群、杨秋霞荣获上肢残组羽毛球女子单打冠亚军。

10月29—30日，省残联召开党的群众路线教育实践活动专题民主生活会。省委第八督导组组长姜燕、副组长胡庆昌，省活动办邓泽新处长及省委第八督导组其他成员出席会议，省残联党组成员参加会议。

10月29日—11月5日，在北京中国残疾人体育运动管理中心举行的2013年全国残疾人（22周岁以下）游泳锦标赛上，贵州省代表队夺得19枚金牌、24枚银牌、13枚铜牌，在团体总分、金牌榜、奖牌榜上均位居第二。

10月29日—11月1日，中国残疾人福利基金会副秘书长兼财务法律部部长许小宁一行深入思南县、福泉市进行检查调研。省残疾人福利基金会副理事长童泽陪同调研。

11月，贵州省残疾人福利基金会被评为4A级社会组织，在382家全省性社会组织中按分数排名第二十七位，排列参评基金会第一位。

11月6—7日，贵州省残疾人基础信息数据采集试点工作培训班在安顺西秀区举办。省残联机关党委书记龙月祥出席开班仪式并讲话。

11月11—13日，中国残联监测办专家组组长孟庆普、专家崔雅满检查指导遵义县、白云区2013年度残疾人状况监测工作。省残联副理事长陈健陪同。

11月20日，省残联党组书记、理事长杨云和党组成员、副理事长陈健一行受副省长慕德贵的嘱托，到贵州省残疾人羽毛球训练基地看望、慰问残疾人羽毛球运动员、教练员。

11月26日，"华夏大爱——百万图书捐赠仪式"在贵阳市盲聋哑学校隆重举行。省残联副理事长陈健出席捐赠仪式并讲话。

11月25—29日，中国残联就业服务指导中心主任钱鹏江率领的贵州省残疾人就业服务机构规范化建设考核评估组，对贵州省残疾人就业服务机构规范化建设工作进行考核评估。省残疾人就业服务机构规范化建设通过验收。

12月6日，省人民政府办公厅印发《贵州省残疾人基础信息调查工作实施方案的通知》。

（张天文供稿）

云南省残疾人事业和残疾人工作

一、领导讲话

副省长尹建业在省残联五届三次主席团会议上的讲话摘要

2013年3月29日

残疾人事业是崇高的人道主义事业，是中国特色社会主义事业的重要组成部分。党和政府历来关心重视残疾人事业，把残疾人事业纳入经济社会发展总体规划，统筹安排、协调推进。

关爱残疾人，是社会文明进步的标志。随着时代的进步，用幸福衡量决策、用幸福评价政绩，实现全省人民的幸福之梦，是摆在我们各级党委、政府面前的一个重大课题。残疾人是社会中一个特殊困难的群体，同样也是物质文明和精神文明的创造者。增加幸福程度，提高幸福比例，让包括残疾人在内的特殊困难群体都能够享受幸福生活，才是幸福社会的真正内涵。加快提高残疾人的生活质量、加快缩小残疾人生活与社会平均水平的差距、实现残疾人的全面小康，是深入贯彻落实科学发展观、维护社会公平正义、保障和改善民生的必然要求，是改善民生和创新社会管理的重要内容。

党的十八大描绘了全面建成小康社会的宏伟蓝图，提出了“健全残疾人社会保障和服务体系，切实保障残疾人权益”的总体要求；省委九届四次全委会提出了“翻两番、增三倍、促跨越、奔小康”的奋斗目标，残疾人事业既面临着良好的机遇，又面临着新的挑战。各级、各部门要围绕省第九次党代会提出的“社会保障是民生之安，要加快发展残疾人事业，努力提高社会保障水平”的要求，着力抓好以下几个方面的工作：一是强化“两个体系”建设。二是完善残疾人事业的工作机制。三是抓好2013年省政府惠民实事的落实。四是优化残疾人事业的发展环境。五是进一步加强残联自身建设。

省委书记、省人大常委会主任秦光荣在省残联第六次代表大会上的讲话摘要

2013年8月26日

过去5年，省残联坚持为残疾人服务，坚持为发展残疾人事业服务，坚持为云南的改革发展稳定服务，做了大量卓有成效的工作，取得了显著成绩，得到了广大残疾人的认可和全社会的广泛支持。残疾人工作是党和政府工作的一部分，是一项需要全社会关心和支持的重要民生工作。各级党委、政府要切实加强对残疾人工作的领导，动员全社会关心、了解和支持残疾人，帮助每一位残疾人过上美好生活。同时，要进一步调动全社会做好事、做善事的积极性，推动包括残疾人事业在内的公益和慈善事业加快发展。

中国残联副主席、中国残疾人福利基金会理事长汤小泉在省残联第六次代表大会上的讲话摘要

2013年8月26日

图6-25-1 汤小泉在省残联第六次代表大会上发表讲话。

一是要加快推进残疾人实现全面小康的进程。希望云南省紧紧围绕全面建成小康社会的目标，牢牢把握当前残疾人事业发展的历史机遇，着眼于残疾人最关心、最直接、最现实的利益问题，针对残疾人生产生活中的特殊困难，采取普惠加特惠、重点保障和特别扶助、一般性制度安排和专项制度安排相结合等措施，进一步改善残疾人生产生活状况，尽快缩小残疾人收入与社会平均水平的差距，帮助广大残疾人过上更加体面、更有尊严的幸福生活。二是要扎实推进残疾人社会保障体系和服务体系建设。希望云南省残疾人工作牢牢把握住“残疾人两个体系”建设这条主线，在贯彻落实《中国残疾人事业“十二五”规划纲要》和《国家基本公共服务体系“十二五”规划》的基础上，建立稳定的财政保障机制和多元化的服务供给模式，推动残疾人服务均衡全面

发展，使残疾人逐步享受到公平的、均等化的康复、教育、就业、文化、无障碍等公共服务，切实保障残疾人的生存权、发展权。三是要切实加强残联组织建设。各级残联是党和政府联系残疾人的桥梁和纽带。希望云南省各级残联紧紧围绕党的群众路线主题教育实践活动各项要求，以本次代表大会召开为契机，进一步加强自身建设，充分发挥“代表、服务、管理”职能，积极向党委、政府反映残疾人的特殊困难和需求，在工作中厉行勤俭节约，反对奢侈浪费，防止重复建设，在服务残疾人中体现残联职能、体现组织价值。

副省长尹建业在省残联第六次代表大会上的讲话摘要

2013 年 8 月 26 日

图 6－25－2 尹建业在省残联第六次代表大会上做重要讲话。

对全省残疾人工作提六点希望：

第一，要突出残疾人事业在全省改革发展稳定大局中的战略定位。残疾人事业是人道、进步、光荣的事业。对于一个国家和民族而言，对弱者的尊重和关爱，更能体现一个国家的文明与和谐。实现中华民族的伟大复兴，是中华民族的幸福之梦。残疾人的“健康梦”、“就业梦”、“入学梦”、“脱贫梦”等等，构成了共同的幸福之梦。让包括残疾人在内的特殊困难群体都能够享受幸福生活，实现幸福之梦，才是幸福社会的真正内涵。随着“两强一堡”战略的深入推进，我省进入了科学发展、和谐发展、跨越发展的关键时期，这为残疾人事业的发展提供了难得的机遇和良好的条件。我们一定要清醒认识和准确把握残疾人事业发展的新形势、新任务、新要求，切实增强发展残疾人事业的使命感和责任感，从政治和全局的高度，摆上更加重要的位置，全力推进我省残疾人社会参与和生存发展状况更加改善，残疾人“两个体系”基本框架更加完善，为残疾人与全省同步建成小康社会奠定坚实的基础。

第二，要切实加强对残疾人工作的组织领导。平等参与社会生活、共享改革发展成果，过上美好幸福生活，是广大残疾人的根本诉求，是各级党委、政府必须担负的历史责任。我们要从立党为公、执政为民的高度出发，把残疾人工作纳入发展大局，加强组织领导，解决实际问题。各级政府要加强对残疾人事业的财力统筹和经费保障，建立残疾人事业经费投入与经济发展同步增长机制，保障残疾人事业健康快速发展。各职能部门要加大对残疾人的政策扶持力度，保障残疾人的权益。要结合开展党的群众路线教育实践活动，进一步改进作风，倾听残疾人呼声，反映残疾人诉求，维护残疾人权益，全心全意为残疾人服务，真正让残疾人享受到党和政府的温暖与关怀。

第三，要着力推进“两个体系”建设。加强残疾人社会保障体系和服务体系建设，是新形势下发展残疾人事业的战略任务。要着眼满足残疾人的基本需求，进一步加强社会保障体系建设。健全残疾人基本生活保障制度，形成有效的残疾人康复服务保障机制，大力开展残疾人托养服务，保障残疾人更有尊严地生活。对符合低保条件的残疾人要做到应保尽保，重点研究解决农村残疾人的生活保障问题，对重度残疾、一户多残、老残一体等特殊困难家庭，要扩大救助范围，提高救助标准。要着眼增强残疾人全面发展能力，进一步加强服务体系建设。优先发展残疾人教育，建立完善残疾人教育体系，健全特殊教育保障机制，保证适龄儿童普遍接受义务教育，大力发展残疾人职业教育；完善和落实各项残疾人就业帮扶政策，稳定和扩大残疾人就业，帮助残疾人更为体面地工作；加大农村残疾人扶贫开发力度，加快实施农村残疾人扶贫开发规划，统筹安排、加大投入、优先帮扶，实现农村残疾人不愁吃、不愁穿。

第四，要努力营造扶残助残的社会氛围。发展残疾人事业是一项社会系统工程，需要全社会的共同参与。要大力弘扬人道主义思想和扶残助困的中华民族传统美德，进一步增强全社会扶残助残、团结互助意识，让关爱的阳光照亮每个残疾人的心灵，共同形成推进残疾人事业发展的强大合力。要以更加开阔的思维、更加创新的举措，破解残疾人工作发展难题，充分调动社会力量参与支持残疾人事业的主动性、积极性，鼓励各类社会组织和市场主体参与发展残疾人服务业，鼓励民间资本兴办残疾人康复、托养服务等各类社会福利机构；按照“彻底放开、彻底分开、彻底公开”原则，降低准入门槛，改革登记管理制度，加大财税扶持和政府职能转移委托力度，不断推进社会建设，创新社会组织，大力培育和发展扶残助残社会慈善组织，把“放”的轮子做圆，把“管”的轮子也做圆，让社会组织这辆“车”在残疾人事业的金光大道上奋力前行。

第五，要充分发扬残疾人自强奋斗的精神。残疾人是社会财富的创造者和文明进步的推动者，也是残疾人事业的主体。残疾人百折不挠、奋发向上的精神，是民族精神和时代精神的生动体现。希望广大残疾人进一步坚定理想信念，勤奋刻苦学习，始终保持坚忍不拔、乐观向上的生活态度，发扬顽强拼搏、奋发进取的精神；

要胸怀大局，充分发挥自己的智慧和力量，自觉把“个人梦”与“中国梦”紧密联系起来，把个人幸福与国家富强和云南发展紧密结合起来，自立、自强、自信，积极参与社会生活，建功立业，为国家做贡献、为个人谋幸福，同全省人民一道共创美好未来，以自己的聪明才智和拼搏精神成就精彩、幸福的人生。

第六，要不断加强各级残联组织建设。残疾人事业是行大善、积大德的事业。中国共产党人秉承的是全心全意为人民服务的宗旨。残联是党和政府联系残疾人群众的桥梁和纽带，承担着发展残疾人事业、维护残疾人权益的光荣使命。各级残联组织要加强自身建设，把握新形势下残疾人事业发展的特点和规律，着力夯实基层基础，着力加强思想建设，着力提升服务能力，更好地履行代表、服务、管理职能，保持同残疾人群众的血肉联系。要坚持党的群众路线，切实改进作风，与残疾人心连心，倾听残疾人呼声，反映残疾人诉求，维护残疾人权益，全心全意为残疾人服务，努力为残疾人创造更多的福祉。广大残疾人工作者要继续秉承“人道、廉洁、服务、奉献”的职业道德，再接再厉，勤勉敬业，以满腔热忱做好残疾人工作，为残疾人事业发展再创佳绩。

省残联理事长王兴宁在省残联第六次代表大会上的工作报告摘要

2013年8月26日

云南省残疾人联合会第六次代表大会，是在党的十八大和省第九次党代会精神指引下召开的一次承前启后、继往开来的重要会议。第五次全省代表大会以来的五年，是我省经济社会发展和残疾人事业取得重大成就的五年。过去的五年，在省委、省政府的坚强领导下，在各级政府残工委的统筹协调推动下，我省残疾人事业高举中国特色社会主义伟大旗帜，以邓小平理论、“三个代表”重要思想、科学发展观为指引，认真贯彻落实《中共中央国务院关于促进残疾人事业发展的意见》，大力加强残疾人社会保障体系和服务体系建设，不断改善残疾人的生活状况，圆满完成了“十一五”目标任务，顺利实施“十二五”发展规划，残疾人事业取得了长足发展。一是大力开展残疾人“两个体系”建设，服务残疾人的能力进一步提升；二是残疾人的生存和发展状况明显改善；三是残疾人事业组织和保障体系逐步健全；四是残疾人事业的社会环境进一步优化。

五年来，我省残疾人事业呈现出以下鲜明的特点：一是各级党委和政府高度重视，措施坚强有力。二是各级政府残工委充分发挥作用，领导工作到位。三是构建残疾人社会保障体系和服务体系，着眼长效机制。四是更加注重政策法规建设，依法发展残疾人事业。

今后五年，我省残疾人事业发展的总体目标是：残疾人生活总体达到小康水平，社会参与和生存发展状况显著改善；完善残疾人社会保障体系和服务体系基本框架，保障水平和服务能力明显提高；完善残疾人事业法规政策体系，依法保障残疾人政治、经济、社会和文化教育权利；加强为残疾人服务的组织机构和人才队伍建设；提高残疾人事业的科技应用和信息化水平；系统开展残疾预防，有效控制残疾的发生和发展；弘扬人道主义精神，为残疾人平等参与社会生活、共享经济社会发展成果创造更加有利的环境和条件。

为实现上述目标，今后五年我省残疾人事业的发展，必须遵循以下基本原则：一是坚持党委领导、政府负责的残疾人工作领导体制。将残疾人工作纳入政府重要议事日程和目标管理。建立稳定增长的残疾人事业经费投入保障机制，省级财政对国家实施的重点项目安排相应的配套经费。充分发挥各级政府残疾人工作委员会对残疾人事业的统筹协调、组织实施和监督检查作用。发挥残疾人和残疾人组织的作用，支持残联依照法律法规和章程开展工作，参与残疾人事业社会管理和公共服务。二是坚持以残疾人为本。将切实改善残疾人民生、促进残疾人全面发展作为发展残疾人事业的根本出发点和落脚点。激励残疾人自尊、自信、自强、自立，创造社会财富、实现人生价值。三是坚持以加快发展为主题，以残疾人社会保障体系和服务体系建设为主线。将残疾人事业纳入云南省国民经济和社会发展大局，立足省情，讲求实效，加大投入，加快发展，缩小残疾人生活状况与社会平均水平的差距，促进残疾人事业与经济社会协调发展。四是坚持社会化工作方式。鼓励和引导社会各界广泛参与、积极支持残疾人社会保障和服务，大力培育理解、尊重、关心、帮助残疾人的社会风尚。五是坚持统筹兼顾和分类指导。政策、资金、项目重点向少数民族地区、边境地区、革命老区、贫困地区、农村和基层倾斜，促进城乡残疾人社会保障和服务均衡发展，增强基层为残疾人服务的能力。做好残疾人社会保障体系和服务体系试点工作，发挥典型示范作用。六是坚持解决当前问题与完善制度体系相结合。优先解决残疾人反映突出、要求迫切的实际困难。加强制度建设，完善运行机制，提高服务能力，依法发展残疾人事业。

省残联理事长王兴宁在省残联第六次代表大会闭幕式上的讲话摘要

2013年8月27日

一是认清形势，切实加强对残疾人工作的领导。我省残疾人总数为288.3万人，占总人口比例的6.46%；共有249.8万个残疾人家庭，涉及全省近四分之一人口。在288.3万残疾人口中，贫困人口有111万人。贫困面大、贫困程度较深，扶贫难度大、稳定性差、返贫现象严重，生活和社会参与存在着特殊的困难，与社会人群生活有明显差距，并且在经济社会快速发展的情况下这种差距还在加大，这些问题必须引起我们的高度重视。全省各级残联一定要从坚持立党为公、执政为民的高度，充分认识新时期发展残疾人事业的重大意义，进一步增强责任感和使命感，结合目前正在开展的党的群众路线教育实践活动，将认识统一到省委、省政府发展我省残疾人事业的战略部署上来，将残疾人事业融入全省经济社会发展的大局上来，将残疾人状况的改善和残疾人的全面发展融入全面建成小康社会的步调上来，使残疾人事业成为建设美丽云南梦想中的一道靓丽风景。

二是把握重点，积极推进残疾人事业全面发展。第一要全面保障残疾人的基本生活。加强残疾人社会保障工作，重点保障贫困残疾人的基本生活。第二要突出抓好残疾人康复工作。第三要切实抓好残疾人的就业创业工作。四要努力促进残疾人全面发展。

三是尽职尽责，不断提高为残疾人服务的能力。

做好残疾人工作，我们必须做到“三真”，就是“真情、真心、真格”，我们一定要怀着“真情”，用“真心”，动“真格”，视残疾人为亲人，做残疾人之亲人，把残疾人事业作为一项崇高的人道主义事业，把残疾人工作作为应尽的重要职责，始终牢记全心全意为人民服务的宗旨，认真分析残疾人的现实状况和生活需求。想残疾人之所想，急残疾人之所急，解残疾人之所难，努力谋划加快残疾人事业发展的新思路，制定新举措，寻求新突破，取得新成效。

四是加强协作，进一步营造和谐的残疾人事业发展环境。残疾人事业是社会主义事业的重要组成部分。随着改革开放的不断深入和社会文明程度的不断提高，残疾人工作越来越受到党和政府的重视以及全社会的关注，为残疾人事业的发展提供了极为有利的条件。对于残疾人工作而言，我想说最简单的一句话，就是让每一个残疾人都生活得体面而有尊严，这是我们共同的努力方向和奋斗目标。因此，我们要抓住机遇，顺势而谋，要在全社会大力宣传，倡导社会共促残疾人事业的氛围，继续发扬扶残助残的良好风尚，理解、尊重、关心、帮助残疾人，让关爱的阳关照亮每个残疾人的心灵。广大残疾人要树立自尊、自信、自强、自立的精神，顽强拼搏，奋发进取，积极投身到社会主义现代化建设的实践中。通过自身努力，提高自身素质，创造社会财富，实现人生价值，为我省的经济社会发展做出应有的贡献。

副省长尹建业到省残联调研座谈时的讲话摘要

2013 年 10 月 14 日

这么多年来，云南省残疾人事业得到了长足发展，取得了显著成绩。一是围绕两个体系建设的政策法规、服务网络、业务格局、人才队伍建设全面加强。二是残疾人工作的领导机制、工作机制不断健全，党委领导、政府负责、社会参与、残疾人组织充分发挥作用，基层残疾人组织规范化建设取得长足进步，1367 个乡镇成立了残联，这是非常难得的。三是通过大家的工作，残疾人生存发展状况得到明显的改善，特别是《云南省残疾人保障条例》出台以后，使残疾人工作进入法制化轨道，这也是了不起的一件事。四是各级残联自身建设得到了不断加强。这些成绩，省委、省政府是满意的，这里面凝聚了一届又一届领导班子的努力，凝聚了省残联机关广大干部职工的心血和汗水，在这里我代表省委、省政府，代表光荣书记、纪恒省长向同志们表示敬意！

党的十八大报告描绘了全面建成小康社会的宏伟蓝图，提出了“健全残疾人社会保障和服务体系，切实保障残疾人权益”的总体要求。深入学习贯彻十八大精神是我们当前和今后一段时间的重要政治任务。要在改善民生和创新社会管理中加强社会建设。加快推进残疾人社会保障体系和服务体系建设，是新时期加强社会建设的重要内容，是一项长期、艰巨的任务，也是“十二五”时期残疾人工作的主线。要深入贯彻省委、省政府关于大力培育发展社会组织加快推进现代社会组织体制建设的意见，充分调动社会积极性，在“十二五”时期建立起残疾人“两个体系”基本框架，使残疾人基本生活、医疗、康复、教育、就业等基本需求得到比较完备的制度性保障，残疾人生活状况进一步改善。

借这个机会，想讲三句话：一是抓好班子，二是带好队伍，三是做好事业。一把手和一个单位的领导班子，肩负着领导、管理、组织党和国家事业发展的重要使命，肩负着一个方面、一个地区党和国家事业发展的重要责任，特别是新班子，最重要的就是要履行这三个职责，树立起一个班子的新形象、新气息、新面貌。

省人大常委会副主任张百如在省残疾人福利基金会换届会上的讲话摘要

2013 年 12 月 30 日

面对新形势、新任务，残疾人福利基金会要根据《基金会管理条例》和《章程》的规定，动员社会各方面力量，不断增加捐款渠道，更好帮助、服务困难残疾人，在推动残疾人事业中发挥更大作用。

一是要努力为特殊困难残疾人解决实际困难。省委、省政府出台了一系列扶残助残的政策措施，各级财政不断加大残疾人事业经费投入，主导作用明显加强。面对持续向好的情况，残疾人福利基金会作为非营利性公益事业组织，作为残疾人社会保障体系的补充，要把工作重点放在帮扶好特殊困难残疾人上。要创新特色品牌项目，继续实施好“高原阳光”爱心助残等品牌项目，打造好残疾人康复、扶贫、就业等新的品牌项目，吸引更多人、更多资金参与残疾人福利事业。要加大社会募捐力度，积极采取多种形式，充分挖掘社会资源，主动走向社会公众，广泛动员社会各界支持、参与残疾人福利事业，努力扩大基金规模。

二是要积极传播社会公益福利文化。残疾人福利事业是一项慈善事业。怀有仁爱之心谓之慈，广行济困之举谓之善，慈善是仁德与善行的统一。发展残疾人福利事业，传承的是民族美德，倡导的是友爱互助，展示的是人类爱心，凝聚的是人道关怀，是一种广泛的群众性道德实践活动。人道主义是人类社会共同的思想基础，更是基金会工作的指导原则。基金会要把筹集资金和救助残疾人的过程作为传播社会主义核心价值体系、传承中华文明、传递党和政府关怀、传达社会各界对弱势群体关爱的过程，加大社会宣传力度，凝聚各方正能量，增强全民参与意识，努力营造浓厚的社会公益福利文化氛围。要充分发挥报纸、电台、电视、网络等媒体的作用，广泛宣传国家发展残疾人事业、社会福利事业的法规政策，宣传表彰在残疾人福利领域做出贡献的先进单位和个人，以先进典型激发各阶层各方面参与残疾人福利事业的热情，引导广大企业家更好地秉承关爱社会、回报社会的美德，以“兼济天下”的精神，多献爱心、多行义举、多做善事。要广泛开展形式多样、群众喜闻乐见的公益文化活动，促进社会各界树立“扶贫济困、扶残助残”理念，主动投身残疾人公益福利事业，积极响应和参与福利基金会的活动，努力帮助残疾人解决生产、生活、康复、教育、就业等方面的困难，为他们实现“平等、参与、共享”目标创造有利条件。

三是要强化基金会自身建设。残疾人福利基金会不仅承担着管理和使用资金的职责，还承担着道义与义务，凝聚着爱心和善举，这是基金会最大的诚信优势，是基金会最宝贵的精神财富。省残疾人福利基金会要进一步以改革创新精神加强自身建设，不断优化基金会组织架构，及时把为基金会做出突出贡献的社会人士吸收为理事，巩固和扩大基金会的社会基础。要建立健全科学的资金管理、项目管理制度体系，畅通信息发布、监督制约、公众咨询的渠道，有效保证基金会工作的透明度和公正性，保持基金会的发展活力，提升基金会在社会各界中的公信力、吸引力。基金会工作人员要认真贯彻中央八项规定和省委实施意见，保持艰苦奋斗、勤俭办事、廉洁自律的作风，自觉维护基金会的形象，珍视基金会的荣誉，为基金会持续、稳定、健康发展做出应有的贡献。

省残联理事长王兴宁在省残疾人福利基金会换届会上的讲话摘要

2013年12月30日

一是充分肯定残疾人福利基金会在我省残疾人事业发展中的作用。残疾人福利事业是残疾人事业的一部分，可以说，我省残疾人事业发轫于残疾人福利事业，因为还未有省残联，就先有了省残疾人福利基金会。1986年5月，云南省残疾人福利基金会经省政府批准成立，作为一个公益性民间非营利组织开始运作。其宗旨是：弘扬人道，奉献爱心，全心全意为残疾人服务，动员社会力量，发展残疾人事业，促进残疾人平等参与社会生活，共享社会发展成果。1988年6月，在省残疾人福利基金会和盲人、聋哑人协会的基础上，云南省残疾人联合会正式成立。

省残疾人福利基金会不仅为省残联的成立做了舆论上、组织上的准备，也为我省残疾人事业的早期发展提供了物质上、经费上的保障。基金会从成立到现在的27年间，在中国残疾人福利基金会的指导下，在社会各界的关心与支持下，围绕残疾人事业各个“五年计划”的目标，适应云南省残疾人事业发展形势的要求，以保障特困残疾人基本生活和加强基层残疾人福利为工作重点，以举办重大活动为契机，以建设残疾人重大设施为载体，广泛开展国际交流与合作，扩大筹资渠道，发挥基金会的作用，积极开展资金筹集工作，累计筹集资金和物资1.5亿元，开展了大量的社会服务工作，努力为党和政府分忧，为残疾人解难，促进了我省残疾人事业的发展，也为我省经济发展、社会和谐、民族团结、边疆稳定做出了积极贡献。

二是进一步增强做好我省残疾人福利事业的责任感和紧迫感。关爱残疾人，是社会文明进步的标志。随着时代的进步，用幸福衡量决策，用幸福评价政绩，实现全省人民的幸福之梦，是摆在我们面前的一大课题。残疾人是社会中一个特殊困难群体，同样也是物质文明、精神文明的创造者，只有坚持不懈地增加广大残疾人的幸福程度，提高他们的幸福指数，让广大残疾人都能够享受到幸福生活，才是真正的幸福社会。加快提高残疾人的生活质量，加快缩小残疾人生活与社会平均水平的差距，实现残疾人的全面小康，是深入贯彻落实党的十八届三中全会精神，贯彻落实科学发展观，维护社会公平正义，保障改善民生的必然要求，也是改善民生和创新社会管理的重要内容。

三是实施“两轮驱动”战略，努力推动我省残疾人事业再上新台阶。残联和残疾人福利基金会是残疾人事业的两个轮子。在新的起点上进一步发展残疾人事业，必须进一步优化党委领导、政府负责、社会各界广泛参与、残疾人组织积极发挥作用的工作机制，实施“两轮驱动”战略：一方面进一步加强残联自身建设，尤其是干部队伍建设，实施“强基育人”工程，提高残联干部队伍综合素质、专业化水平和管理服务能力，推动残疾人工作转型升级；切实履行残联的“代表、服务、管理”职能，充分发挥残联联系广大残疾人的桥梁和纽带作用，维护残疾人权益，反映残疾人需求，倾听残疾人呼声，努力为残疾人服务，发展和管理残疾人事业，推动我省残疾人事业与全省经济社会协调发展。另一方面充分发挥残疾人福利基金会广泛联系社会的优势，大力弘扬人道主义思想，倡导友爱、互助、融合、共享的理念，形成扶残助残的良好社会风尚，广泛动员全社会力量积极参与，开展爱心捐助活动，大力发展残疾人慈善事业；加强与中国残疾人福利基金会的联系、衔接，加强与社会爱心企业、爱心人士的联系、互动，以社会化的工作手段、项目化的动作方式，筹集更多的善款，举办更多的善事；注重发挥民间团体志愿者、社会组织的力量和作用，发挥非政府组织在残疾人工作中的优势，聚集社会力量，整合社会资源，不断创新服务残疾人的工作方式，扩大残疾人事业的群众基础和社会影响力。

二、政策法规文件

云南省残联、省人力资源和社会保障厅、省财政厅关于加强残疾人职业培训促进就业工作的通知

云残发〔2013〕68号

一、加强残疾人职业培训促进就业工作的重要性和必要性

（一）大力开展残疾人职业培训，是国家和我省就业发展的整体要求。《国务院关于加强职业培训促进就业的意见》提出，要不断提升劳动者职业素质和就业能力，适应社会经济发展、产业结构调整和加快技能人才队伍建设的需要，以促进就业和经济社会发展。残疾人是人力资源的组成部分，是就业困难群体中最需要扶持帮助的人群。将残疾人职业培训工作纳入政府就业发展战略，充分发挥职业培训促进就业的基础性作用，确保有就业愿望的残疾人都能接受相应的职业培训，全面提高残疾人职业技能水平，是适应国家整体就业形势发展的根本要求，也是我省就业形势发展的需要。

（二）大力开展残疾人职业培训，是帮助残疾人适应就业市场变化的根本要求。加强残疾人职业培训，提高残疾人的就业技能，是解决残疾人就业瓶颈的迫切需要，是解决残疾人就业结构性矛盾的根本途径和方法。我省经济社会发展相对滞后，较长的时期内都存在劳动力供求总量和就业结构矛盾。加之残疾人受教育程度和技能水平低、竞争能力差的状况，导致其在就业市场中处于劣势。只有大力开展残疾人职业培训，全面提升职业素质和就业能力，才能在供求矛盾十分尖锐的就业市场中实现就业，才能不断提升技能等级，适应就业结构性变化的要求，才能培养一大批能工巧匠，促进社会对残疾人职业能力的再认识，广泛接纳残疾人就业。

（三）大力开展残疾人职业培训，是促进残疾人就业的必然要求。根据就业需求和职业技能标准要求，大力推行与就业紧密联系的职业培训，增强培训的针对性和有效性，是国家深化职业培训改革的总体要求。残疾人群体由于功能障碍、残疾类别差异和职业心理落差等特性，在现实就业过程中，只有进行适应性岗位需求的类别化培训，进行“量体裁衣”式个性化培训，进行职业心理疏导培训，进行科学的职业训练评估培训，才能适应就业市场需求，有效实现就业。

二、加强残疾人职业能力建设，开展各种形式的职业培训

（四）加强残疾人职业能力建设。各地要认真贯彻国务院关于加强职业培训促进就业的要求，针对劳动力市场需要、残疾人特性和类别化培训需求，开展多形式、多层次的职业培训，逐步建立和完善残疾人职业培训机制。特别是要加强残疾人职业能力建设，针对残疾人的需求与特性，开展就业技能培训、岗位技能提升培训和创业培训。

（五）积极开展残疾人就业技能培训。各地要对城镇登记失业残疾人，实施初级技能培训；对城乡未继续升学的应届初高中残疾学生等新生劳动力，协调组织其参加劳动预备制培训；对辖区内残疾人在校大中专学生，要掌握其基本情况，开展就业能力和创业培训；对用人单位新录用的残疾人，开展岗前技能培训。

（六）稳步开展残疾人岗位技能提升培训。各地要掌握辖区内用人单位残疾人就业实际状况，根据岗位与稳定就业的需要，与用人单位共同制定残疾人岗位技能提升计划，通过在岗培训、脱产培训、业务研修、技能竞赛等多种形式，分期分批开展职业培训，加快提升企业在岗残疾职工的技能水平。

（七）着力推进残疾人创业培训。各地要依托有资质的教育和职业培训机构，针对残疾人特点和创业需求，开展创业意识教育、创业能力、创业项目指导和企业经营管理培训。健全政策扶持、资金扶持、培训与服务相结合的工作体系，通过规范标准、提高师资水平、完善培训模式，不断提高创业培训质量和创业成功率。对培训后成功创业的残疾人，进行“创业明星”评选，激励残疾人创业就业。

三、提高残疾人职业培训质量，力求职业培训取得实效

（八）推行就业导向的培训模式。坚持“以培训载体建设为基础、以就业为导向”的工作目标，积极探索残疾人职业技能人才“成长通道”，建立城乡“一体化”等促进残疾人就业的职业培训新模式。引导职业院校、企业和职业培训机构大力开展订单式培训、定向培训、定岗培训，提高残疾人培训的针对性和有效性。

（九）鼓励残疾人就读职业院校。依托各级各类职业院校，逐步建立起以技能为核心、以就业为目标的职业培训体制。积极宣传引导、鼓励残疾人就读职业院校，并制定相应的扶持优惠政策，积极引导职业院校依据残疾人特点，制定招生计划、教学计划，并对设备设施进行无障碍设施改造。

（十）大力开展社会化培训。通过购买培训服务，协助培训机构和用人单位开展残疾人类别化培训和针对就业市场需求的专项培训，提高残疾人职业培训数量、扩大覆盖面。鼓励和引导社会力量开展残疾人职业培训，在师资培养、就业信息服务、政府购买培训服务等方面与其他职业培训机构同等对待。对于开展残疾人职业培训的各类社会机构、从师资、设备、场地、招生、收费、培训等环节进行指导与监管，在强化职业技能培训的同时，将职业道德和法律意识等内容纳入培训课程，提高

残疾人的综合素质，严把培训质量关。

（十一）加强实名制动态管理。按照“统筹资源、全面铺开、夯实基础、规范服务”的工作思路，建立完善云南省残疾人就业信息管理系统，全面推进我省残疾人就业培训管理软件的使用，实现全省残疾人就业培训状况实名制动态监测，并与中国残联残疾人就业培训实名制统计联通和全国职业培训补贴实名制管理系统共享相关数据，确保残疾人职业培训的真实性和有效性。

四、进一步强化政策扶持，加大资金保障和支持力度

（十二）就业专项资金。各级人力资源和社会保障部门要将符合条件的残疾人纳入就业专项资金补贴范围，对残疾人开展职业培训、职业技能鉴定、就业见习、公益性岗位安置等按规定给予补贴。同时，在有关专项就业扶助工程和计划中，要将残疾人纳入重点扶助对象，按照规定标准给予补贴。

（十三）残疾人就业保障金。各级财政部门要认真落实残疾人就业保障金征收使用管理规定，切实加强残疾人就业保障金征收工作，充分发挥残疾人就业保障金的调节作用，促进国家机关、团体、企事业单位接纳安排残疾人就业。严格按照《云南省残疾人就业保障金征收使用管理办法》（云财综〔2011〕174号文件），残保金专项用于残疾人职业培训以及为残疾人提供就业服务和就业援助，其中与职业和实用技术培训相关支出不得低于总支出的60%。县级以上人民政府财政部门应根据保障金入库情况，审核预算计划，安排资金，及时将预算资金拨付给使用单位。进一步创新支持方式，提高资金使用率。要加强残疾人就业保障金征收使用情况的监督检查，严禁擅自减免以及截留、挤占、挪用残疾人就业保障金。

（十四）社会资金。鼓励企事业单位、社会团体和个人捐资用于残疾人职业培训，对通过政府部门或非营利组织提供的资助和捐赠，按规定享受税收优惠政策。鼓励社会培训机构对残疾人减免培训费用。对于募集的资金，要加强监管，不准挪作他用。

五、加强组织领导，大力开展宣传表彰

（十五）建立组织领导机制。各地要充分发挥政府残工委的协调职能，建立残疾人职业培训工作领导小组。要切实掌握残疾人基础数据，并根据当地经济发展水平、残疾人职业培训需求、社会培训资源和能力，制定中长期残疾人职业培训规划和年度计划。各级人力资源和社会保障部门要将残疾人职业培训纳入培训计划，鼓励和支持各类社会培训机构开展残疾人职业培训，督促和指导各级人力资源市场为残疾人提供免费的就业信息和就业服务。财政部门要做好残疾人就业培训资金的预算安排，通过就业专项资金、残疾人就业保障金等渠道，支持开展残疾人职业培训工作，并对资金的管理使用进行监督。各级残联及残疾人就业服务机构、职业培训机构要把残疾人职业培训工作放在重要位置，建立领导责任制和目标管理责任制，认真落实各项政策措施，强化职业培训工作，为提供残疾人就业提供有力支撑。

（十六）加大宣传力度。各地要通过广播、电视、报刊、网络以及电子屏幕、横幅、标语、橱窗、板报等多种形式，广泛宣传各级政府在加强残疾人职业培训方面的各项法律法规和政策。对在残疾人职业培训工作中做出突出贡献的机构和个人进行表彰，及时总结宣传和推广残疾人职业培训工作典型经验和做法，力争做到活动宣传到位、政策解释到位、措施说明到位、典型引导到位，努力营造全社会尊重、关心、理解和支持残疾人职业培训工作的良好氛围。

三、工作综述

2013年，在省委、省政府的坚强领导和中国残联的精心指导下，在省政府残工委统筹协调推动下，全省残疾人事业按照省委、省政府确定的“翻两番、增三倍、促跨越、奔小康”的总体部署，以党的群众路线教育实践活动为动力，着力推进残疾人社会保障体系和服务体系建设，切实维护残疾人的合法权益，不断改善残疾人的生产生活状况，各项工作取得显著成绩。

（一）省委、省政府高度重视发展残疾人事业，积极推进各项重点工作的开展

一是指导省残联党的群众路线教育实践活动，作风建设取得明显成效。2013年10月14日，尹建业副省长到省残联检查指导工作，开展随机调研，对省残联党的群众路线教育实践活动给予了精心指导和热情帮助。省残联党组严格按照规定动作、突出残联特色，认真查摆“四风”方面存在的突出问题，边学边查边改，取得了明显成效。通过教育实践活动，省残联领导班子团结协作，聚精会神抓工作、干事业，进一步提升了“精、气、神”，大大增强了干部职工对残疾人事业的荣誉感和对单位的认同感。最近在教育实践活动总结评议会上，群众对领导班子的满意率达到98.4%；在省委组织部组织的干部选拔任用“一报告两评议”中，5项测评指标的满意率均达到97%以上；在省纪委组织的惩防体系暨党风廉政建设责任制复查测评中，群众满意率达到98.4%。12月30日，尹建业副省长在其分管部门负责人会议上表扬省残联“新班子、新气象、新成效”。

二是圆满完成各级残联换届工作，组织建设进一步加强。2013年是全省残联系统的换届年，省委、省政府高度重视，省残联六次代表大会上，省委秦光荣书记亲切看望与会代表并做重要讲话，尹建业副省长到会做全

面安排部署，省人大张百如副主任、省政协倪慧芳副主席和中国残联副主席汤小泉同志到会祝贺。在各级各部门的共同努力下，全省16个州（市）残联圆满完成换届工作。因任职年龄原因调整理事长10人，调整或新增副理事长15人。县（市、区）残联调整理事长、副理事长164人。全省16个州（市）残联中，有15个州（市）配备了残疾人理事长或副理事长，占州（市）残联总数的93.75%。全省残联组织建设进一步加强。

三是认真组织实施省政府2013年惠民实事，各项目标任务圆满完成。2013年，省政府将实施3万例白内障患者复明手术的“光明工程”、救助8.3万名精神病患者的“重性精神病患者治疗康复救助”和救助2600名残疾儿童的“康复工程”三件实事纳入全省重点抓的10件惠民实事之列。为确保省政府的惠民实事深入民心，让残疾人得到实实在在的实惠，省残联党组、理事会高度重视，将三项惠民实事作为全省残联系统的一项重要政治任务，成立了项目领导小组、专家技术指导小组，及时制定了三个项目实施方案，将目标任务进行分解，实行责任到人、划片包干等一系列措施，保障三项惠民实事有序开展。2013年全年全省共实施“光明工程”免费白内障复明手术46095例，完成任务数的154%，该项工程省残联主要负责白内障患者的筛查和转运工作，筛查任务为36000例，完成初筛眼疾患者77299人，复筛合格人数42915人，完成率为119%；开展重性精神病患者治疗康复救助，全省在专科医院、社区、居家康复患者85916人，完成目标任务的103.5%；实施0—6岁残疾儿童康复工程救助3202人，完成任务数的123%。

四是深入实施《云南省残疾人保障条例》，努力营造维护残疾人合法权益的社会环境。落实全国人大常委会《残疾人保障法》执法检查报告和立法后评估报告提出的建议和措施，深入宣传贯彻实施《云南省残疾人保障条例》，促进残疾人政治、经济、社会、文化等权利更好地实现。在省政府的关心下，积极协调相关部门，落实了残疾人工作者特殊岗位津贴；强化了残疾人维权信访工作，省残联维权处更名为维权信访处；落实《无障碍环境建设条例》，全面加强无障碍建设；推动《云南省残疾人就业规定》立法的前期各项准备工作。广泛开展普法宣传，进一步增强全社会发展残疾人事业、维护残疾人权益的法律意识。

（二）全力推进“两个体系”建设，残疾人状况得到明显改善

一是康复工作取得新成效。围绕初步实现残疾人“人人享有康复服务”的目标。将常规康复工作与康复重点项目有机融合，将对外合作交流康复项目融入常规康复工作中，统筹安排，不断扩大残疾人康复的受益面。全省培训社区康复员10516名；为低视力者配用助视器5500件；对2777名盲人进行盲人定向行走训练；对8467名成年肢体残疾人开展社区家庭康复训练；为13959名贫困精神病人提供医疗救助，监护精神病患者91884名。完成辅助器具配发46492件，为3924名残疾人装配假肢、矫形器。推进残疾人康复机构建设，积极开展残疾人社区康复工作，残疾人康复政策法规、服务网络、业务格局、人才队伍建设得到全面加强。

二是残疾人教育工作有新的发展。残疾儿童少年义务教育稳步发展。全省特教学校发展到53所，在校接受义务教育的残疾学生1.7万余人，入学率达88%。参加高考的残疾学生455名，录取360名，录取率达79%。开创云南省残疾人高等教育新局面，启动与云南开放大学联合创办“华夏特教学院”的工作。2013年9月，云南省首个特殊教育本科专业在昆明学院开班招生，45名学生将成为云南省特殊教育的骨干。努力做好扶残助学工作，继续争取“通向明天——交通银行残疾青少年助学计划”及彩票公益金助学项目资金，完成“交通银行大学生励志奖”相关工作。

三是就业工作稳步推进。积极推进《云南省残疾人就业规定》立法相关工作。强化2013年按比例安排残疾人就业工作，残疾人就业保障金征收工作进一步规范。全省征收就业保障金3.11亿元。开展2013年就业援助月活动。建立残疾人就业培训申报审核制度。城镇残疾人实际在业60860人，当年新增就业3780人，接受职业培训8276人。福利企业招用残疾职工16618人。农村残疾人从事农业生产劳动871234人，其他形式就业126819人。

四是社会保障和托养工作取得实效。各项优惠政策得到进一步落实，全省城镇残疾职工参加社会保险51206人，残疾居民参加城镇居民医疗保险102137人，残疾居民参加城镇居民社会养老保险93487人；农村参加新型农村合作医疗1188058人，参加新型农村社会养老保险650093人，农村残疾人纳入最低生活保障400313人。全省共救济流浪乞讨残疾人13592人次，安置福利机构1544人次。残疾人托养服务“阳光家园计划”项目进一步推进，全省各地开展多种形式的集中托养服务，目前已有各类残疾人托养服务机构39个，完成托养任务17943人。

五是扶贫工作力度加大。在实施扶贫安居工程、整村推进、产业扶贫、农村危房改造等项目计划中，优先照顾贫困残疾人。积极开展农村实用技术培训，建成省级残疾人扶贫示范基地2个，州（市）级16个、县级70个，累计培训和扶持残疾人1万余人。2013年实际脱贫残疾人35739人，康复扶贫贷款扶持残疾人684人，接受农村实用技术培训残疾人237713人，扶贫基地安置带动残疾人2486人，农村贫困残疾人危房改造6000户。

六是文化体育深入开展。全省各级残联广泛依托省、州（市）级报刊、广播电台、电视台、网站等公共媒体，广泛宣传残疾人事业，为残疾人“两个体系”建设营造良好的社会环境。以全国助残日、国际残疾人日、残疾人文化周、省残联六次代表大会等为契机，精心组织协

调主要媒体开展系列主题宣传活动；注重实效，加强基层残疾人文化建设。以开展城市社区和农村乡镇残疾人文化活动为主要形式，积极协调当地文化部门共同在残疾人相对集中的社区、残疾人服务机构、特殊教育学校、福利企业以及各种公共文化服务场所因地制宜地组织残疾人开展活动；认真组织第七届全省残疾人艺术汇演，加强残疾人特殊艺术工作。在第八届全国残疾人艺术汇演中，取得了3个一等奖，4个二等奖和3个三等奖的好成绩。作品《心恋》入选全国汇演颁奖晚会；积极组织参加全国单项锦标赛，并取得优异成绩。全国特奥乒乓球赛云南省4人参赛，获1金3银4铜。在全国残疾人坐式排球锦标赛中，云南省坐式男子排球队获得第一名。启动备战第九届全国残运会工作。

七是残疾人合法权益进一步得到保障。积极指导州（市）健全维权机构。177名残疾人、残疾人亲友和残疾人工作者进入县级以上人大、政协参政议政。认真办理省人大代表建议、省政协委员的提案和其他信访案件，争取残疾人合理诉求得到满足。建立6个州（市）、6个县（区）残疾人法律救助站。完成云南省2013年度全国残疾人状况监测相关工作。完成400户贫困残疾人家庭无障碍改造工作。全年共接待来访350批，420人次，处理来信46件，处理网上信访21件，基本上做到事事有结果，件件有答复。

八是信息化建设进一步完善。完成2012年残疾人事业统计年报和快报的上报工作，并编制完成2012年度统计分析报告。加大各地残联门户网站的建设力度，规范基础信息使用管理，积极推动建立与横向政府部门之间信息共享机制。启动全省残联信息系统工程建设。

九是服务设施建设积极推进。继续推进省华夏中专搬迁新建工作。目前，项目已进入施工阶段，力争2014年9月建成投入使用。积极推进省、州（市）残疾人康复中心、县级托养机构的建设工作。2013年共争取到国家补助2240万元，其中迪庆州、临沧市各1000万元、鲁甸县240万元。启动省残疾人康复中心搬迁新建工作，调研、规划等前期工作有序开展。

十是加强对外合作与交流。积极推进全省社区康复工作，与CBM组织（克里斯多夫协会）、MSI组织（国际专业服务机构）、国际助残、挪威协力会和香港嘉道理基金会等机构和组织合作项目进展顺利，既为云南省残疾人康复工作注入了新的活力和理念，也为残疾人带来实实在在的利益。

（三）统筹协调，密切配合，推动残疾人事业加快发展

在尹建业副省长的直接领导下，省人民政府残工委坚持统筹协调残疾人事业发展全局，加强残疾人“两个体系”建设，推进残疾人工作全面发展。不断完善工作机制，发挥组织协调作用，残工委各成员单位认真履职，密切配合，在政策制定、工作部署、经费安排、督促检查中主动将残疾人工作纳入部门职责，努力为残疾人排忧解难，共同做好残疾人工作。各级地方政府和残工委加强对残疾人工作的领导，出台政策措施，努力解决本地残疾人生产生活、康复、教育、就业、医疗、社会保障等方面的困难，取得显著成效。

省政府办公厅积极协调解决一些重大政策问题。省教育厅积极组织实施“中西部地区特殊教育学校建设规划”，扩大特殊教育招生规模，加强特殊教育教职工专业化培训，加快发展特殊教育事业。省民政厅在城乡低保、农村“五保”供养、城市集中供养、社会福利及其他救济救助中对贫困残疾人予以重点照顾，将残疾人工作纳入社区建设规划加以推进。省人力资源和社会保障厅认真落实重度残疾人参保补助政策，组织开展就业援助月等专项活动，出台相关政策措施，促进残疾人就业。省卫生厅将残疾人康复工作纳入卫生发展规划和医药卫生体制改革统筹考虑，出台相关政策措施，扩大残疾人康复医疗保障范围。省委宣传部、省文化厅、省广电局积极开展残疾人事业宣传，利用公共文化服务资源，加强残疾人特殊群体开展残疾人文化活动，积极支持第七届全省残疾人艺术汇演。省外办积极支持云南省残疾人事业开展对外合作，提供政策指导和服务。省发展改革委、省财政厅积极为残疾人“两个体系”建设提供项目和资金支持，支持各地和省残联本级基本建设，安排专项资金支持残疾人康复、教育、就业、社会保障等各项事业发展。省科技厅加强研发、大力推进科技成果转化惠及残疾人，积极防止、降低伤残，改善残疾人生产、生活条件。省住房和城乡建设厅扎实推进《无障碍环境建设条例》和《无障碍设计规范》的实施与监督检查，开展无障碍环境市县创建工作。省民委促进少数民族和民族地区各项社会事业发展，促进民族地区残疾人生产、生活条件的改善。省公安厅严厉打击侵害残疾人的违法犯罪活动，积极推动和保障残疾人驾驶汽车工作。省司法厅大力加强残疾人法制宣传教育，积极为残疾人提供法律服务和法律援助，推进残疾人法律救助工作。省地税局落实国家有关税收优惠政策，按照税费“同征、同管、同查、同服务、同考核”的要求，认真开展残疾人就业保障金代收工作。积极扶持残疾人自谋职业和自主创业，促进残疾人就业。省扶贫办、农行云南省分行积极研究残疾人扶贫政策，加强对残疾人扶贫工作的政策和资金支持，完善康复扶贫贴息贷款政策，加强农村残疾人技能培训工作，促进贫困残疾人脱贫致富。省体育局全力支持做好参加全国残疾人体育赛事、云南省第十届残疾人运动会暨第四届特殊奥林匹克运动会与云南省第十四届运动会同年同地举办工作；推动实施“全民健身助残工程”，指导开展科学研究和健身指导员培训。省政府法制办做好《云南省残疾人就业规定》立法有关工作，积极推进残疾人事业制度建设。省军区政治部认真做好伤

病残军人退役安置工作。省总工会、团省委、省妇联发挥各自的职能优势，切实维护残疾职工和妇女儿童的合法权益，积极开展助残活动，加强志愿者队伍建设，努力为广大残疾人及残疾人家庭提供服务。省残联认真履行“代表、服务、管理”职能，积极协调、会同部门和地方政府，努力推进残疾人社会保障体系和服务体系建设，维护残疾人合法权益，促进残疾人平等参与社会生活。

昆明市全力维护社会稳定，多措并举做好残疾人信访接访工作。2013 年，共接待省内外来访人员 5007 人次，来信 172 件，督办件 3 件，办结率 100%。全年做到无一起越级上访和残疾人群体事件；曲靖市投资 1000 余万元，合作成立曲靖维健康复医院，填补了曲靖市残疾人特殊康复机构的空白，为曲靖市残疾人提供康复服务；玉溪市积极开展残疾人“万元户”工程，把残疾人就业培训和创业相结合，帮扶残疾人个体创业，努力实现帮扶一户，成功一户，带动一片，切实帮助残疾人脱贫致富；保山市积极创建全国残疾人文化体育建设示范市，建立县级盲文及盲人有声读物阅览室；昭通市以大关县木杆镇为残疾人扶贫示范基地，积极探索农村残疾人扶贫开发有新突破；丽江市认真贯彻落实《残疾人就业条例》和按比例安排残疾人就业规定，按比例安排残疾人就业，征收残疾人就业保障金力度最大；普洱市实行科室、中心科级干部全部轮岗交流，促使干部适应新岗位、熟悉新业务，提高工作积极性，不断增强为残疾人服务的能力；临沧市发挥基层党组织的政治优势，帮助农村贫困残疾人改善基本生活条件，基层党组织助残扶贫工作受到中组部、中国残联好评；楚雄州加大残疾人事业宣传力度，州电视台《同在一片蓝天下》栏目播放残联新闻稿件 52 篇、《一周要闻手语新闻》48 周（次），在省电视台共播放残联新闻稿件 25 篇；红河州创新残疾人居家托养服务试点工作，既为重度残疾人提供了优质贴心的服务，又解决了轻度残疾人的就业问题，取得了“托养一人、幸福一家、稳定一方”的良好社会效果。开远市被评为全国托养示范区；文山州积极争取州人大常委会开展残疾人保障法执法检查工作。州人大常委会执法检查组到西畴、麻栗坡两县进行了检查，并委托各县（市）人大常委会开展了执法检查；西双版纳州加大残疾人扶持力度，投资 100 万元，在景洪市建立两个种植石斛基地，帮扶 101 户残疾人；大理州注重政策的制定和落实，集中安排残疾人就业落实较好，规定“在各级政府公益性岗位中安排不低于 1.5% 的比例用于安置残疾人就业”，将符合条件的 9 名残疾人运动员全部安置到各县（市）党政机关、事业单位就业；德宏州全力推进残疾人基本情况调查，摸清残疾人底数和康复、就业需求情况，开发了《德宏州残疾人基本情况数据管理系统》，信息化建设得到加强；怒江州加大残疾人就业保障金在扶持残疾人集中就业、按比例就业、自主创业、农村残疾人发展生产及残疾人职业培训领域的投入力度；迪庆州成立第一个残疾人爱心基金——大亮唐氏爱心基金，聘请云南润泽律师事务所作为迪庆州残联的免费法律顾问机构，切实维护残疾人合法权益。

（四）积极探索残疾人社会组织的管理与服务、推进志愿助残

探索残疾人社会组织的管理与服务。加强与残疾人社会组织和民办服务机构的联系，鼓励和引导残疾人社会组织为残疾人提供优质服务，逐步建立健全残疾人社会组织的认定、评估标准和办法。组织开展了助残社会组织调研，至 2012 年 12 月止，全省共有助残社会组织 273 个，其中 51 个已经在民政、工商等部门注册。

积极推进志愿助残。根据中国残疾人联合会的要求，云南省残联、共青团云南省委围绕“做好事做善事做志愿者”活动，开展云南青年志愿助残“阳光行动”，并在第二十三个全国助残日来临之际，组织开展了志愿助残“阳光行动”。广泛动员社会力量，积极开展志愿助残“阳光行动”，目前，正在研究探索助残志愿者招募注册、服务对接、评价激励、权益维护等具体措施和办法，完善相关配套制度，使志愿助残服务管理制度化、规范化、常态化。

四、重要条目

【省残联“四群工作”干部结对联系户领取危房改造补助资金】云南省残联开展“四群工作”以来，省残联党组、理事会高度重视结对扶贫工作，针对 74 户贫困残疾人

图 6-25-3 嘎他村委会 41 户贫困残疾人领取危房改造资金后和“四群”工作队员合影。

家庭房屋破旧、年久失修、需危房改造的实际情况，党组、理事会责成相关处室积极协调省财政厅拨付扶贫挂钩点宝华乡危房改造资金 90 万元，直接用于 74 户贫困残疾人家庭的危房改造工作。每户平均补助 1.2 万元。其中：期垤村委会 32 户，涉 4 个自然村，6 个村民小组；嘎他村委会

42户，涉9个自然村，10个村民小组。采取先易后难方法，分步实施。对有能力自筹自建的，给予物资或资金补助；对有能力自筹但无能力自建的，由项目领导小组组织施工队、发动群众帮助建好；对已经建成或正在建设中的，由项目领导小组统一验收后直接给予一次性资金补助。

【首期云南省残联系统领导干部高级研修班】为使全省残联系统领导干部达到“外树形象、内强素质”的要求，本着“开眼界、拓思路、长知识、强素质、出实效”的目的，云南省残联由党组书记、理事长王兴宁带队，部分理事会领导、相关处室领导，各州市理事长及部分县区理事长共40人参加，采取“开门搞活动”、“走出去与请进来相结合”的方式，于2013年12月8—14日首次在复旦大学举办首期云南省残联系统领导干部高级研修班，同时还在上海开展考察学习，对口交流等活动。在此期间，省残联还召开了全省残联系统理事长工作座谈会，努力做到学有所成、学以致用。

【“复明7号”流动眼科手术车捐赠仪式】11月20日，香港叶氏化工集团和亚洲防盲基金会在云南省残疾人康复中心，向云南省捐赠了价值约200万元人民币的流动眼科手术车——“复明七号”和相应眼科设备。云南省政协副主席、省残联名誉副主席倪慧芳，省残联党组书记、理事长王兴宁，香港叶氏化工集团主席叶子轩，亚洲防盲基金会行政总裁陈梁悦明出席捐赠仪式。

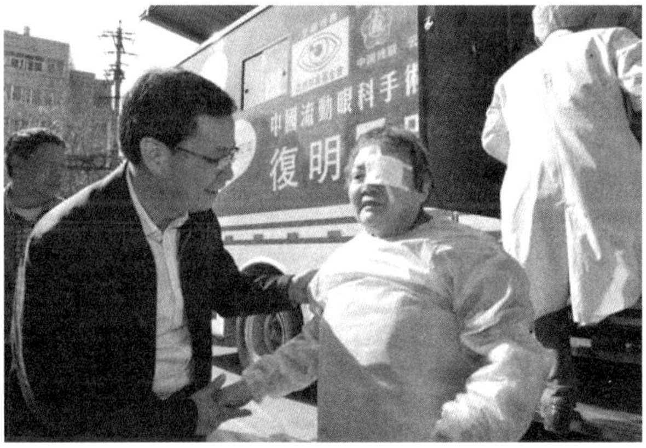

图6－25－4　王兴宁（左）看望实施白内障复明手术的患者。

【省华夏中专一期工程正式动工建设】2013年云南省华夏中专搬迁新建工作取得了实质性进展。10月份，一期工程中标施工单位进驻。主教学楼人工挖孔桩已浇筑完成，食堂地下室基坑土方开挖完成约90%，宿舍基础正在绑扎地梁钢筋，临时设施已修建完成，投入使用。

【省残联召开2013年信息统计工作会】为认真贯彻中国残联2012年全国信息工作会议及2013年全国省级残联统计人员培训班精神，总结云南省“十二五”中期信息、统计工作完成情况，研究、部署下一阶段工作，10月22日，云南省残联信息、统计作会议在昆明召开。受云南省残联王兴宁理事长委托，樊兴宇副理事长出席会议并做讲话。来自全省16个州、市残联分管信息、统计工作的领导，办公室主任，信息、统计工作人员以及云南省残联各业务处室、直属事业单位统计报表审核人员共69人参加了此次会议。

【参加全国残疾人岗位精英职业技能竞赛及就业服务机构人员职业指导竞赛取得优异成绩】2013年9月25—28日，由中国残联就业服务指导中心、中国就业培训技术指导中心主办，辽宁省残联承办的2013年全国残疾人岗位精英职业技能竞赛及全国就业服务机构工作人员职业指导竞赛在沈阳举办，此次竞赛共设中式烹饪、机械组装、就业服务机构人员职业指导竞赛三个项目。云南省共派出6名选手参加三个项目的竞赛，获得“团结协作奖”，华夏中专柳琴获得“职业指导能手”称号，聂荣彪在中式烹饪项目中获得“创意创新奖”，思治明在自行车装配工比赛中获得“拼搏奖”。

图6－25－5　云南省代表团获得“团结协作奖”。

【首届云南省文化助残书画展】2013年6月云南省残疾人文化月活动期间，由省残联、省教育厅、省民政厅、省文化厅、省广电局、省体育局、省文联、省文史馆8部门共同主办，云南省长城书画院承办的“美丽云南·大爱无疆”首届文化助残书画展在昆明博物馆举行，数百幅省内知名书画家和残疾人的作品同台展出，参观人数达到了数万人。

【云南省2013年度全国残疾人状况监测工作圆满完成】根据中国残联的统一安排和部署，省残联对全省25个监测县（市、区）50个监测点的1555名残疾人及其家庭情况进行监测，每个监测点常住人口430人左右。本次监测时间范围为：2012年11月1日0时至2013年10月31日24时；监测内容为：残疾人家庭基本情况及残疾人在生活、康复、教育、就业、社区服务等方面的变化情况。经过调查培训、调查对象名录编制核对、现场入户调查及问卷填写编码、质量验收等阶段工作，云南省监测工作圆满完成。

【省残联残疾人法律救助工作站开展律师定期坐班工作】从2013年8月份开始，省残联残疾人法律救助工作站依托法律顾问单位云南会凌律师事务所，每个星期三安排1名律师到省残联残疾人法律救助工作站坐班，为前来咨询和上访的残疾人提供法律服务，直接为残疾人提供法律服务70多人次，切实维护了残疾人的合法权益。

【省残联启动第一批省级残疾人法律救助工作站建站工作】2013年，省残联启动第一批省级残疾人法律救助工作站建站工作，批准昆明市残联、曲靖市残联、怒江州残联、文山州残联、德宏州残联、保山市残联及6个州（市）的盘龙区残联、麒麟区残联、兰坪县残联、砚山县残联、盈江县残联、昌宁县残联成立省级残疾人法律救助工作站。省财政对每个省级法律救助工作站安排1万元的建站工作经费补贴。

【省残联开展贫困残疾人家庭无障碍改造工作】根据国务院批转的《中国残疾人事业“十二五”发展纲要》和《国家“十二五”贫困残疾人家庭无障碍改造项目实施方案》，省残联组织开展云南省贫困残疾人家庭无障碍改造工作。2013年国家下达给云南省贫困残疾人家庭无障碍改造任务400户，省本级自行安排改造任务400户。省残联将改造任务下达给云南省16个州（市）及3个省直管县，国家改造户国家每户下达3500元改造资金，省级每户配套2500元；省级改造户省级每户下达6000元改造资金。通过贫困残疾人家庭无障碍改造，切实改善了贫困残疾人家庭的生活环境，提高了改造户残疾人的生活质量。

五、大事记

1月10—31日，省残联党组在2013年春节前夕开展了基层调研慰问活动。5个调研检查组，深入10个州、市及所属的20个县（市、区），围绕十八大报告提出的“健全残疾人社会保障和服务体系，切实保障残疾人权益”的总体目标，开展基层工作调研、督导、检查及慰问活动。

2月4日，按照中国残联的要求，在云南省残疾人托养服务机构范围内全面开展了一次安全隐患排查及整治活动。

3月6日，云南省残疾人游泳、田径项目运动员集训同时在云之南青少年游泳俱乐部、呈贡体育训练基地、北教场射击训练基地开训，标志着云南省备战第九届全国残疾人运动会工作启动。

3月27—31日，云南省残联/CBM合作项目自助组召集人培训班在昆明举办。云南省云县、昭阳区、隆阳区、姚安县、砚山县、宣威市、兰坪县、勐腊县、盈江县、香格里拉县残联10个项目点，四川省泸州市残联共45人参加了培训。

3月29日，云南省残联第五届主席团第三次全体会议在昆明召开。省残联五届主席团主席、副主席，省残联理事会领导及机关各处室、各下属单位领导，在昆各专门协会主席、副主席，各州（市）残联理事长、副理事长等130多人参加会议。

4月27日，2013年云南省残疾人康复工作会议在昆明召开。省残联党组书记、理事长李丕钧，省残联党组成员、副理事长黑贵祥出席会议并分别讲话。

5月3—8日，省残疾人就业中心副主任徐彦国、陆英、培训科长陈俊文一行三人，深入德宏、保山2州市，以及芒市、盈江、腾冲、隆阳区4县（市、区）。实地察看了两地部分残疾人集中就业的企业，考察了社会机构残疾人培训项目“玉雕”、“美容美发”的实际状况。

5月15日，云南省盲人按摩学会在昆明召开第三届第一次常务理事会议。学会会长、副会长、秘书长、常务理事11人出席了会议。此次会议一是听取了董晓天常务副会长关于学会2012年的工作报告和2013年重点工作的安排；二是审议并通过了学会财务报告；三是审议并通过了学会内设机构和人事安排的提议。

6月5日，云南省残联七项举措推进残疾儿童抢救性康复。

7月12日，省残联召开党的群众路线教育实践活动动员大会，省委第四督导组组长、省人大常委会副秘书长史政同志及督导组全体成员出席会议，机关全体干部、下属单位负责人60余人参加会议。

7月25日，省残联党组召开党的群众路线教育实践活动会议，学习习近平总书记在河北省调研指导党的群众路线教育实践活动时的讲话精神，学习《关于印发秦光荣、傅克诚、巴桑顿珠同志在云南省委党的群众路线教育实践活动领导小组第一次会议暨省委常委专题会议上的讲话的通知》精神。

8月4日，云南省2名优秀听障运动员顺利入选中国代表团，赴保加利亚参加第二十二届世界夏季听障奥运会，表现出色。游泳运动员何悦悦共夺得200米自由泳、400米自由泳、800米自由泳、200米蝶泳、400米混合泳5枚金牌，4×200米自由泳接力铜牌，并打破200米蝶泳和400米混合泳两项世界纪录；田径运动员罗瑞夺得男子400栏第六名的好成绩。何悦悦成为本届世界听障奥运会的夺金王。

8月26日，省残联第六次代表大会在昆明隆重开幕，省委书记、省人大常委会主任秦光荣，中国残疾人联合会主席团副主席汤小泉，省委常委、省委秘书长曹建方，

图6-25-6　秦光荣看望省残联第六次代表大会代表。

省人大常委会副主任张百如，副省长尹建业，省政协副主席倪慧芳会前看望了参会的全体代表。来自省级各有关部门和全省16个州市的234名代表出席开幕大会，并听取了省残联第五届执行理事会工作报告。大会期间，与会代表将对《工作报告》进行审议，并选举产生省残联第六届主席团委员和云南省出席中国残联第六次代表大会代表。

8月27日，云南省残疾人联合会第六次代表大会圆满完成各项议程后在昆明闭幕。云南省副省长尹建业、省政协副主席倪慧芳出席闭幕大会。大会宣布了中国残联第六届主席团委员云南省候选人名单，以及省残联领导机构选举结果，尹建业当选省残联第六届主席团主席。大会审议通过了《关于省残联第五届执行理事会工作报告的决议》，宣读了《省残联第六届主席团关于聘请名誉主席、副主席的决定》，聘请省委常委、省委宣传部部长赵金为名誉主席，省人大常委会副主任张百如，省政协副主席倪慧芳为名誉副主席。

8月29日，省残联第六届执行理事会召开理事长办公会议，理事会领导、纪检组长、巡视员、各处室主要负责同志参加会议。理事会各位副理事长及各处室主要负责同志就近期工作情况及下一步工作安排做了汇报，王兴宁理事长主持会议并做了总结讲话，对省残联当前及下一步工作做出了安排部署。

9月1—2日，中国残联/嘉道理慈善基金会社区康复合作项目云县中期评估汇报会在省残联举行，中国残联康复部尤红主任、中国残联社会服务指导中心刘宇赤常务副主任、嘉道理慈善基金会项目经理李健民先生及项目办专家参加了汇报会，云南省残联副理事长马自荣、临沧市云县副县长汇报了云南省“十二五”残疾人康复工作执行情况和嘉道理项目的推进情况。尤红主任对云南省积极推进残疾人康复工作的做法给予了充分肯定，对云南省政府将实施3万例白内障患者复明手术的“光明工程”、救助8.3万名精神病患者的“重性精神疾病患者治疗康复救助工程”和救助2600名残疾儿童的“0—6岁残疾儿童康复工程”纳入2013年的10件惠民实事给予了高度评价。

9月25—28日，由中国残联就业服务指导中心、中国就业培训技术指导中心主办，辽宁省残联承办的2013年全国残疾人岗位精英职业技能竞赛及全国就业服务机构工作人员职业指导竞赛在沈阳举办，云南省共派出6名选手参加三个项目的竞赛。

10月14日，副省长、残工委主任尹建业到省残联随机调研，检查指导工作。尹副省长视察了省残疾人辅助器具展示厅、省残疾人就业服务大厅，对辅助器具适配、就业服务内容仔细询问了解。他特别关心残疾人群众的满意度，对进一步做好残疾人康复、辅助器具适配和就业服务工作，给残疾人群众带来实实在在的利益提出明确指示。

图6-25-7 尹建业（左一）视察省残疾人辅助器具展示厅。

11月1日，省残联领导班子教育实践活动专题民主生活会顺利召开。

11月5日，云南省男子坐式排球队在2013年全国坐式排球锦标赛中勇夺冠军。

11月13日，省残联召开残联综合业务信息管理系统建设规划评审会。王兴宁理事长主持会议并做总结讲话，黑贵祥、樊兴宇副理事长，省残联办公室，省工信委信息化推进处、信息中心，省信息技术发展中心相关负责同志参加了会议。会议研究讨论了项目建设的总体目标、指导原则、业务系统总体构架、项目建设具体步骤以及相关保障措施。

11月14日，省华夏中专搬迁新建项目领导小组第一次会议在呈贡区搬迁新建项目现场召开。吴正杰副巡视员主持会议，党组书记、理事长王兴宁，党组副书记、副理事长黑贵祥，省残联办公室、教育就业处、计财处，华夏中专相关负责同志参加了会议。

11月19日，云南省残联机关党支部召开支部大会，传达学习十八届三中全会精神。会议由省残联办公室主任、机关党支部副书记杨思旭同志主持，省残联党组成员、纪检组长、机关党支部书记刘跃洲同志做会议精神传达，省残联机关全体党员参加。

11月20日，云南省举行“复明7号”流动眼科手术车捐赠仪式。

11月26日，按照中共云南省纪委办公厅《关于对2012年度惩治和预防腐败体系建设暨党风廉政建设责任制检查考核基本合格单位复查验收的通知》（云纪办〔2013〕160号），由省纪委党风室正处级纪检监察员李伟、副处级纪检监察员彭胜文组成的复查组，到云南省残联对2012年度惩治和预防腐败体系建设暨党风廉政建设责任制整改情况进行复查验收。省残联召开汇报会，接受省纪委的复查验收。

12月3日，在第二十二个国际残疾人日到来之际，省残联召开省级各专门协会负责人座谈会。

12月8—14日，首期云南省残联系统领导干部高级研修班在复旦大学开班。

（张昆鸿供稿）

西藏自治区残疾人事业和残疾人工作

一、领导讲话

自治区党委常委、组织部部长梁田庚在西藏残疾人2013年迎新春茶话会上的讲话摘要

2013年1月15日

2012年，全区经济社会呈现出经济发展快，社会大局安定团结、和谐稳定的良好局面。自治区党委、政府高度重视发展残疾人事业，采取了一系列政策措施，积极推进残疾人康复、教育、就业、维权和社会保障工作，残疾人共享社会发展进步成果的环境明显改善，生活质量和水平不断提高。2013年，我们要在自治区党委、政府与残疾人之间架起“连心桥”，积极反映残疾人的呼声和愿望，帮助解决困难和问题，切实维护残疾人的合法权益；不断加强残联的自身建设，健全基层残疾人组织，创造性地开展工作，不断提高服务水平，真正把残联建成“残疾人之家”。

自治区政府主席洛桑江村在春节、藏历新年慰问残疾人时的讲话摘要

2013年1月30日

全区有近20万残疾人，他们为西藏的发展、繁荣做出了自己的贡献，各级党委、政府和各个部门都要加强残疾人工作，重视残疾人工作，更多地关心和关注弱势群体。自治区党委、政府在新的一年里也会加强这方面的工作，为残疾人创造一个平等的生存空间；同时，全社会都要来关心、关爱残疾人，让他们与健全人一道共享改革发展成果。

自治区政府副主席多吉次珠在全国助残日宣传活动现场的讲话摘要

2013年5月19日

自治区党委、政府历来十分关心、高度重视残疾人工作，在确保残疾人基本生活和参与社会活动方面采取了一系列措施，取得了显著成效。但全区有19. 4万残疾人，绝大多数处于贫困状态。各相关部门必须采取有效政策和有力措施，加大保障和扶持力度，通过各种形式的“帮包带扶”，切实改善贫困残疾人生存和生活状态。全社会要承担起应有的社会责任，为残疾人创造更多的就业机会，提供良好的教育环境，不断改善医疗条件，为所有残疾人实现小康梦打下牢固基础。

自治区党委常委、组织部部长梁田庚在自治区残联第六次代表大会上的讲话摘要

2013年8月13日

图6-26-1　梁田庚在自治区残联第六次代表大会上讲话。

自治区残联第五次代表大会以来的五年，我区残疾人事业快速发展，残疾人工作成效显著，残疾人的生产生活状况进一步改善，合法权益得到切实维护，社会保障和服务体系初步建立，广大残疾人积极投身社会主义新西藏建设，奏响了一曲身残志坚、奋斗不息的动人乐章，为推动西藏发展稳定做出了重要贡献。

残疾人事业是崇高的事业，是中国特色社会主义事业的重要组成部分。各级党委、政府要更加关心、倍加重视，进一步加强组织协调和综合指导，推动残疾人事业与经济社会同步跨越发展。全区各级残联组织和广大残疾人工作者要认清形势，切实增强做好残疾人工作的责任感和使命感；要以“残疾人社会保障和服务体系”建设为重点，全面推进残疾人事业健康发展。社会各界要秉承中华民族扶残助残、扶弱济困的传统美德，弘扬人道主义精神，从各个方面支持残疾人事业。广大残疾人要始终热爱祖国，热爱民族团结，热爱生活，热爱生命，自尊、自信、自强、自立，努力实现自身价值，绽放人生光彩。

全区各级残联组织和广大残疾人工作者要深入贯彻落实党的十八大精神，全面加强残疾人社会保障体系和

服务体系建设，推进残疾人事业发展，为建设“六个西藏”促进全区社会和谐稳定和长治久安做出新的贡献。一要认清形势，切实增强做好残疾人工作责任感和使命感；二要以“两个体系”建设为重点，全面推进残疾人事业健康发展。三要加强领导，形成合力，努力开创残疾人事业新局面。

二、政策法规文件

西藏自治区实施《中华人民共和国残疾人保障法》办法

西藏自治区第十届人民代表大会常务委员会

公告〔2013〕7号

《西藏自治区实施〈中华人民共和国残疾人保障法〉办法》，由西藏自治区第十届人民代表大会常务委员会第六次会议于2013年9月27日修订通过，自2013年12月1日起施行。

总则：彩票公益金的本级留存部分，应当安排一定比例专项用于残疾人事业。福利彩票公益金本级留存部分每年应当安排不低于20%的资金，作为支持残疾人社会福利和慈善事业专项资金；体育彩票公益金本级留存部分每年应当安排适当比例的资金，作为残疾人体育事业发展专项资金；专项资金由自治区政府统筹规划，用于支持和发展残疾人事业。

预防和康复：各级人民政府应当根据残疾人康复需要，有计划地建立残疾人康复中心；二级以上综合医疗机构应当设立精神病科；三级以上综合医疗机构应当设立康复科室；将残疾人康复纳入医疗卫生制度和基层医疗卫生服务内容，使残疾人享有康复服务。县级以上人民政府应当进一步加大对残疾人康复事业的投入，以地市为统筹单位，按所覆盖人口每人每年不少于1元的标准落实投入经费，用于残疾人康复服务，并随着经济社会发展逐步提高。

教育：鼓励社会力量通过办学、捐资助学支持残疾人特殊教育，县级以上人民政府对民办残疾人特殊教育机构给予补贴。自治区鼓励和支持普通高等学校开办特殊教育专业或特殊教育课程，开展特殊教育师资的培养和培训，提高特殊教育师资队伍素质，特殊教育师资培养纳入师范生免费教育计划。各级教育机构对有特殊困难的残疾学生不受学区限制，入学年龄可适度放宽。

劳动就业：国家机关、人民团体、企业事业单位、民办非企业单位等用人单位，应当按照不低于本单位在职职工总数1．5%的比例安排残疾人就业。

文化生活：各级人民政府和有关部门应当鼓励和帮助残疾人参加各种文艺、体育、娱乐活动，并创造条件，丰富残疾人精神文化生活。县级以上人民政府和有关部门组织的文化、体育活动，所在单位应当给予支持和帮助。在集训、演出、比赛、交流期间，学生所在的学校应当为其提供便利，职工所在单位不得扣减其工资和福利待遇，对无固定收入的残疾人，活动组织者应当给予补贴。

社会福利和社会保障：农牧区享受最低生活保障的残疾人参加新型农牧区合作医疗的，其个人缴费部分由县（市、区）人民政府代缴。城镇享受最低生活保障的残疾人参加城镇居民基本医疗保险的，个人缴费部分由当地人民政府从社会救助资金中足额缴纳。对重度残疾、多重残疾、一户多残、老残一体特殊困难家庭和重病残疾人患者，对超出报销标准由个人承担部分再给予救助。

无障碍环境：新建、扩建和改建公共建筑、城市道路、公共设施和场所等应当按照国家和自治区有关规定、标准建设无障碍设施。

西藏自治区残疾人就业保障金征收、使用管理办法

藏残联字〔2013〕75号

西藏自治区行政区域内的各级机关、人民团体、事业单位、各类企业、中央（含内地省、市、区）驻藏单位以及民办非企业单位，均应按照不低于本单位上一年度在职职工总数1.5%的比例安排残疾人就业。未达到该比例的，必须按本办法规定缴纳保障金。按比例计算不足1人的，应当安排1名残疾人就业。安排1名盲人或者重度残疾人就业的，按照2名残疾人计算。未安排残疾人就业或安排残疾人就业未达到比例的用人单位，按年度实际差额人数缴纳保障金。应缴纳保障金=（上年度单位在职职工总数×1.5%－上年度实际安排就业的残疾人数）×统计部门公布的上年度当地职工年平均工资。保障金支出范围：（一）补贴残疾人职业培训费用；（二）有偿扶持残疾人集体从业、个体经营；（三）奖励超比例安排残疾人就业的单位和安排残疾人就业工作成绩显著的单位；（四）经同级财政部门批准，适当补助残疾人就业服务机构经费开支以及直接用于残疾人就业工作的其他开支。

三、工作综述

2013年，全区残疾人工作在自治区党委、政府的坚强领导下，在中国残联的精心指导下，以构建残疾人社会保障体系和服务体系基本框架为重点，深入实施残疾人事业“十二五”发展纲要，残疾人生活状况得到改善，重点、难点工作有了新的突破。

（一）换届工作

根据《中国残疾人联合会章程》规定和相关要求，经过精心准备，8月13日，圆满召开了西藏自治区残疾人联合会第六次代表大会，审议通过了区残联第五届主席团工作报告，选举产生了新一届领导机构。积极指导7地（市）残联召开代表大会，圆满完成全区残联系统换

届任务，为促进残疾人事业在新的起点上加快发展、保障和改善残疾人民生打下了坚实的基础。

（二）残疾人法律法规工作

完成《西藏自治区实施〈中华人民共和国残疾人保障法〉办法（草案）》修订工作，该法案已经自治区十届人大常委会第六次会议审议通过，并于2013年12月1日起实施；积极与相关部门协调，出台了《西藏自治区残疾人就业保障金征收、使用管理办法》（藏残联〔2013〕75号）；起草了《西藏自治区贯彻〈农村残疾人扶贫纲要（2011—2020年）〉实施办法》、《西藏自治区盲人保健按摩行业管理办法（草案）》、《西藏自治区残疾人创业小额担保财政贴息贷款实施意见》等相关管理规章制度，已向相关部门征求了意见。

（三）扎实开展各项业务工作

1. 康复工作

以“人人享有康复服务”为目标，继续实施康复人才培养百千万工程、贫困残疾儿童抢救性康复工程、贫困肢体残疾儿童矫治手术工程、百万贫困白内障患者复明工程等项目，全面完成了中国残联下达的2013年度康复工作各项指标和《西藏自治区残疾人康复“十二五”实施方案》2013年度的任务，全年开展各类康复训练达21120人次。

2. 教育工作

继续开展残疾人特殊教育和残疾儿童随班就读工作，分别在拉萨市、日喀则地区、那曲地区特殊学校开展“彩票公益金助学项目”，对30名学前教育残疾学生每人给予了3000元的资助。组织开展“交通银行特教园丁奖”和“交通银行残疾大学生励志奖”的推荐、评选和奖励工作；向中国残联申请8万元资金，为全区特殊教育师资培训工作提供了保障。2013年，自治区四名盲人考上了大学，其中两名还考上了区外大学，这在自治区尚属首次。为支持、鼓励这四名身残志坚、自强不息的盲人学生，自治区残联奖励每名学生5000元，同时为两名区外就读的大学生提供一次性前往学校的机票，并积极与深圳余彭年慈善基金会协调，将这4名盲人大学生纳入资助范围。

3. 就业工作

为积极推进残疾人就业保障金征收工作，举办了2期全区残疾人按比例就业和残疾人就业保障金征收、使用、管理工作培训班，培训150余人；同时，召开残疾人就业保障金征收、使用、管理办法解读及2013年用工单位交流座谈会，成立残疾人就业保障金征收办公室，为自治区各级用人单位落实按比例安排残疾人就业及征收残保金相关工作奠定了基础。扶持25名残疾人实现自主创业，并为每人购买价值5000元的相关设备及原材料。积极开展以“就业帮扶、真情相助”为主题的就业援助月活动，认真做好各类残疾人就业服务工作，全年职业登记169人次，职业指导167人次，职业介绍89人次；举办残疾人专场招聘会13次，83名残疾人实现就业。

4. 扶贫工作

根据《中国残联彩票公益金农村贫困残疾人危房改造“阳光安居工程”项目实施方案》要求，完成2013年度贫困残疾人危房改造任务250户，落实中央财政补贴资金150万元；积极开展“万村千乡市场工程”助残扶贫项目，2013年度新安置21名农村残疾人或家庭成员就业，新增帮扶10户农村残疾人家庭创办村级店；根据自治区扶贫工作的统一要求，完成2012年度扶贫开发工作考核自评报告的上报工作；完成《西藏自治区农村基层党组织助残扶贫工程实施方案》的起草工作。

5. 居家托养工作

完成2009年—2012年“阳光家园计划”居家托养项目相关数据的汇总和系统录入，下发《西藏自治区“阳光家园计划”——智力、精神和重度残疾人托养服务项目实施方案》，对2013年度“阳光家园计划”项目的任务进行分解，并落实资金404万元，6733人受益。

6. 组织联络和宣文工作

积极组织开展“三大节日”和各残疾人节点慰问活动，发放慰问金、慰问品折合人民币50万元。加快第二代残疾人证办理工作，全区已核发第二代残疾人证62065本。积极做好2013年全区残疾人状况监测工作。加大残疾人专门协会的工作力度，开展各项丰富多彩的活动，组织各协会会员开展培训，提高残疾人的文化素质，真正实现残疾人自立、自强。同时，对各地（市）所辖的残疾人机构设置、人员编制等问题进行摸底调查，为进一步完善各级残联组织建设提供依据。全年接待和处理残疾人及其亲属来访9人次，解决残疾人提出的各项问题，办结率达100%；为来访残疾人解决资金2000余元和各类辅助器具。结合全国助残日、爱眼日、爱耳日、法制宣传日开展普法宣传。积极落实无障碍设施改造和燃油补贴项目，根据中国残联的相关工作要求，制定《西藏自治区贫困残疾人家庭无障碍改造项目实施方案》。积极开展第二十三次全国助残日活动，发放各类宣传资料近2万份，协调自治区领导走访慰问3户贫困残疾人，发放慰问金3000元，与自治区广播电台合作，在《新闻早世界》栏目以采访的形式播出自治区近年来残疾人工作取得的成就，进一步营造全社会关心、关注残疾人的氛围。组团参加第八届全国残疾人文艺汇演（甘肃赛区），在4大类比赛节目中，获得2个二等奖、1个三等奖、1个团体三等奖的优异成绩；向中国残联宣文部推荐6名自治区残疾人优秀艺术人才，完成16名残疾人运动员注册工作。

7. 信息化建设和残疾人事业统计工作

利用残联门户网站和残联微博等电子信息手段，不断加大残疾人工作信息宣传力度，信息量有了大幅度增长，信息质量显著提升，公开发布信息62条，在各类新闻媒体上积极刊登关于残疾人工作的新闻报道67篇，扩大了残疾人工作影响面；组织开展1期信息统计员培训班，培训16人；认真做好残疾人事业统计工作，确保各类统计数据真实有效。在各地（市）残联和各驻村工作队的协助下，在全区5451个行政村开展的《西藏自治区残疾人基本信息调查表》统计工作已基本结束，目前正在开展数据录入工作。

（四）基础服务设施建设

2013年开工建设的“十二五”期间中央投资的残疾人综合服务设施项目有：拉萨市残疾人托养服务中心，建筑面积1893.13平方米，总投资1485万元；山南地区残疾人托养中心，建筑面积4600平方米，总投资1140万元；那曲地区残疾人综合服务中心，建筑面积4579.2平方米，总投资1403.42万元；阿里地区残疾人综合服务中心，建筑面积4000平方米，总投资1200万元。同时，根据《2012—2015年中央专项彩票公益金支持西藏社会公益事业建设项目管理办法》，自治区残联在2012—2013年度共安排26个县级残疾人综合康复服务基础设施项目，总投资9880万元（其中包括1300万元设备购置款），目前，各项目正在有序建设中。

（五）受援和交流工作

中国残疾人福利基金会的100万元资金援助和200万元物资援助目前正在协调落实中。与中国扶贫基金会合作签署援助约定项目，争取资金27.2万元，用于改善盲校各项条件；与太阳雨公益基金签署援助协议，为日喀则边雄盲人培训中心建设投资90万元的音乐教室；做好“三星爱之光”和“彭年光明行动”等项目的受援工作。

（六）涉外项目

继续做好与国际助残组织合作实施的残疾人康复服务第四期项目和与德国助盲组织合作实施的第四期助盲项目，经自治区政府批准，续签了第五期合作项目。做好外国专家在藏期间的管理工作及中方雇员的管理工作，协调和陪同涉外项目合作专家前往昌都、日喀则等地开展假肢、社区康复等培训工作。经自治区残联与区外侨办推荐，德国助盲组织项目专家迈克·詹姆斯·伯兰特获得2013年度西藏自治区“珠峰友谊奖”和国务院“友谊奖”。

（七）党的群众路线教育实践活动和维护社会稳定工作

根据区党委统一安排，积极开展党的群众路线教育实践活动，活动中贯穿“照镜子、正衣冠、洗洗澡、治治病”的总要求，对照党章、中央八项规定、区党委约法十章等规章，着力解决党组、理事会班子成员及县处级以上领导干部在“四风”、“两问题”方面存在的问题，做到规定动作不走样，自选动作结合残疾人工作实际，创出特色，确保教育实践活动取得实效。一是把为残疾群众解难事、办实事作为群众路线教育实践活动的出发点和落脚点，在调研的基础上，提出“民生十事”项目，切实把教育实践活动引向深入。二是紧扣基层和群众反映比较强烈的问题，根据群众提、自己找、互相帮，梳理出来76条意见和建议，21条突出问题，从政治理论、宗旨意识、党性修养、党建工作、规章制度等方面出发，紧密结合残疾人工作实际，明确提出17条整改落实措施，研究制定整改方案，明确领导分工和责任部门、责任人、整改时限。目前，专项整治工作已完成10项，边整边改的7项。党的群众路线教育实践活动的开展，使残联全体党员干部的思想认识有了明显提高，工作作风有了明显转变，党群干群关系进一步密切，机关的党建工作得到进一步加强。

同时，自治区残联进一步落实党风廉政建设责任制，把维护党的政治纪律放在首位，加大对广大党员干部的政治纪律教育，贯彻落实《党政机关厉行节约反对浪费条例》等文件精神，自觉做中国特色社会主义的坚定信仰者和忠实践行者，在思想上、政治上、行动上同区党委保持高度一致。

在反分裂斗争工作中，自治区残联认真贯彻落实自治区关于维护社会稳定工作的总体部署，成立“维护社会稳定工作”领导小组，建立维稳工作机构，明确责任，细化措施，夯实举措，在“3·14”、“3·28”、雪顿节、国庆节等敏感日、节庆点期间做到“双领导”带班和值班、护院“双保险”，实现了全年“大事不出、中事不出、小事也不出”的目标。

（八）强基础惠民生活动

按照自治区党委的统一部署，会党组高度重视、周密部署，以“促发展、促稳定、促民生，抓党建、感党恩、夯实基层基础工作”为主题，扎实开展强基础惠民生活动。在第二批驻村工作队圆满完成任务的基础上，派驻第三批驻村工作队，经过充分调研，投资50万元为当地村民修建自来水工程，投资46万元修建牲畜暖棚工程，切实帮助当地农牧民拓宽增收渠道，切实改善当地群众的生产生活条件。一年来，自治区残联驻村工作队在岗率100%，他们积极深入农户搞调研，走村串户摸实情，真心实意听民意，全心全力办实事，与百姓同劳动、同吃住，受到基层党委、政府和农牧民群众的高度赞扬。同时，结合党的群众路线教育实践活动，积极开展领导干部走村入户、结对认亲交朋友活动，共结对帮扶20户，其中厅级领导每人结对2户，县处级领导每人结对1户，并送去慰问金21000元；56名普通党员共结对帮扶56户，送去慰问金28200元。同时，为当地22户贫困户发放糌粑2.5吨、砖茶22条，送去牛肉、蔬菜、糖果等生活食品，捐赠衣物200余件，总价值3万余元。

四、重要条目

【上海玉佛禅寺向西藏盲童捐赠房屋】8 月 5 日，由上海玉佛禅寺无偿提供房屋给西藏残疾人福利基金会开办盲童幼儿园签约仪式在拉萨举行。此次活动是上海玉佛禅寺觉群慈爱功德会“悦来悦好”专项基金会在拉萨购买房产无偿提供给西藏残疾人福利基金会，专门用于西藏盲童幼儿园的建设，使盲童幼儿园的生活环境得到明显改善，也使更多西藏盲童得到良好的学前教育，提前学会自理，为适应今后的正常学习生活奠定基础。

【西藏自治区残联与国际助残组织召开社区康复第三期项目末期评估会】西藏残联与国际助残组织社区康复合作项目是 2010 年 7 月至 2013 年 12 月期间在西藏自治区拉萨市墨竹工卡县和日喀则地区 7 个县实施的社区康复项目点项目，目前已开展三期。从 11 月 8 日开始，评估工作组利用一周时间，通过对残工委成员单位、乡镇卫生院、村委会干部、残疾人及残疾人家庭等不同人群进行访谈和发放调查问卷，重点对项目在残疾人及其家庭的变化、残疾人融入社区活动程度、社区成员对社区康复的了解度，以及社区康复示范点的可复制性和持续性等问题进行评估。评估组全面客观地总结了成绩，充分肯定项目对西藏开展社区康复工作产生的积极的促进和推动作用，同时也对项目的下一期重点工作思路、社区康复定位、“社区康复基金”，以及社区康复项目与国家“人居环境改造”相结合等方面提出建议性意见。

【世界海拔最高的盲人音乐厅在西藏盲校建成】11 月 14 日，由中国社工协会·太阳雨公益慈善基金捐赠、“韩红爱心”整体设计，世界海拔最高的盲人音乐厅——“太阳雨·韩红爱心西藏盲校音乐厅”正式投入使用。音乐厅总建筑面积 300 平方米、厅高 5.4 米，投资 110 万元，这是世界上海拔最高的盲人音乐厅，不仅为西藏盲童提供了一个专业的唱歌、排练、演出的场所，也是可以为孩子们带来幸福和快乐的一个场所。

图 6－26－2　太阳雨·韩红爱心西藏盲校音乐厅启用仪式。

【西藏自治区开始征收残疾人就业保障金】2013 年 12 月 1 日起施行《西藏自治区实施〈中华人民共和国残疾人保障法〉办法》，自治区行政区域内的各级机关、人民团体、事业单位、各类企业、中央（含内地省、市、区）驻藏单位以及民办非企业单位，均应按照不低于本单位上一年度在职职工总数 1.5 的比例安排残疾人就业，凡达不到比例要求的，需按规定缴纳一定数额的残疾人就业保障金。保障金的征收，不仅能增加残疾人的就业岗位、提高残疾人收入、改善基本生活，还能增强全社会扶残助残的良好风尚。

五、大事记

1 月 15 日，西藏自治区党委常委、组织部部长梁田庚率慰问团对残疾人工作者和贫困残疾人进行慰问。

1 月 15 日，西藏自治区残疾人 2013 年迎新春茶话会在拉萨举行，西藏自治区党委常委、组织部部长梁田庚出席并致辞。

1 月 27 日，自治区副主席德吉率自治区卫生、民政、红十字会等部门，前往自治区江曲麻风病院，看望慰问麻风病防治工作者和麻风病人，并送去慰问金慰问品。

1 月 30 日，自治区主席洛桑江村带队，对工伤人员、贫困残疾人开展春节、藏历新年节前慰问活动。

2 月 1 日，自治区残联召开年度工作总结大会，对 2012 年度先进集体、优秀公务员、优秀党员和先进工作者进行表彰。

2 月 3 日，区残联深入日喀则边雄乡盲人技能培训学校、特校、定结县确布乡，对残疾人工作者、驻村工作队员、党员、生活困难群众和残疾人进行看望慰问，并送去慰问金和慰问品。

2 月 11 日，藏历新年初一，自治区残联慰问团走访慰问拉萨市区部分残疾人和拉萨市残联第二批驻村工作队。

3 月 5 日，自治区残联积极参加“学习雷锋为民服务一条街”宣传服务活动，在宣传点设立政策法规咨询、康复知识解答、就业服务等小组，向群众提供服务 100 余人次，发放各类宣传资料、法规等 2000 余份/册。

图 6－26－3　自治区残联工作人员向群众发放宣传资料。

3 月 6 日，自治区副主席多吉次珠到自治区残联、自治区残疾人就业服务中心和自治区残疾人托养综合服务中心进行调研。

3 月 19 日，自治区党委常委、拉萨市委书齐扎拉、自治区政府副主席多吉次珠一行前往自治区残疾人托养中心、区残疾人康复服务中心、就业服务中心等地进行实地调研，通过边走边看边听汇报，全面了解自治区及拉萨市的残疾人事业发展等情况。

图 6-26-4　齐扎拉、多吉次珠在了解自治区残疾人托养中心规划情况。

3 月 28 日，自治区残联组织干部职工、残疾人工作者和参加技能培训的残疾人庆祝西藏百万农奴解放 54 周年，观看电影《西藏今昔》。

4 月 9 日，西藏山南地区残联第五次代表大会圆满完成各项会议议程，选举产生新一届残联主席团。

4 月 19 日，西藏自治区残疾人康复服务中心工作人员深入林芝地区开展残疾人社区康复工作，对 118 名残疾人进行康复筛查登记，免费发放 106 件辅助器具。

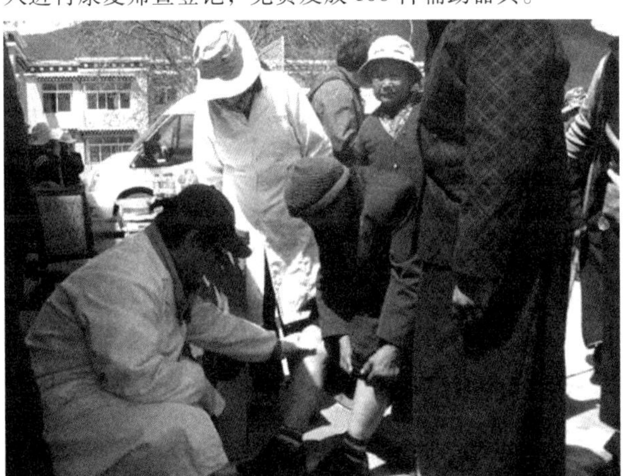

图 6-26-5　残疾人康复工作人员对残疾人进行筛查。

5 月 19 日，自治区残联开展全国助残日活动，自治区副主席多吉次珠参加活动，走访慰问部分贫困残疾人，并发表讲话。

图 6-26-6　全国助残日拉萨活动现场。

7 月 8 日，拉萨市残联召开第六次代表大会。

7 月 30 日，西藏自治区残联召开党的群众路线教育实践动员大会，自治区残联党组副书记、副理事长旺青格烈和自治区党委党的群众路线教育实践活动督导二组副组长范云分别讲话，对活动提出要求。

8 月 5 日，上海玉佛寺无偿提供房屋给西藏自治区残疾人福利基金会开办盲童幼儿园签约仪式在拉萨举行。

8 月 13 日，西藏自治区第六次残疾人代表大会在拉萨召开，自治区党委常委、组织部部长梁田庚、自治区人大常委会副主任赵合、自治区副主席德吉、自治区政协副主席阿旺出席开幕会。梁田庚在开幕式上代表自治区党委、政府做重要讲话，充分肯定自治区残联第五次代表大会以来取得的成绩，并对今后的残疾人工作开展提出要求。自治区残联党组书记、理事长黄建国代表自治区残联第五届理事会向大会做了题为《凝心聚力，开拓创新，扎实工作，为实现自治区残疾人事业全面发展而努力奋斗》的工作报告。会议产生了西藏自治区残联第六届主席团主席、副主席、委员。

8 月 24 日，在兰州举办的第八届全国残疾人文艺汇演甘肃赛区的比赛中，西藏代表团选送的 4 个节目获得两个二等奖、一个三等奖及团体三等奖。

9 月 3 日，自治区残联为首批考上大学的四名盲人学生每人发放 5000 元助学资金。

10 月 9 日，西藏自治区体育局向自治区残联配发 60 余万元的残疾人室内健身器材，分别在拉萨、日喀则、山南、林芝、那曲等地市残联建立残疾人室内健身场馆，为残疾人更好地开展阳光体育锻炼提供保障。

10 月 10 日，西藏自治区残联系统信息统计工作会议在拉萨召开，会议全面总结全区残联系统信息化建设和残疾人事业统计工作情况，并对参会人员进行为期 2 天的信息化建设、中国残联信息报送系统使用、信息写作和残疾人事业统计管理系统等培训。

10 月 30 日，按照党的群众路线教育实践活动的计划安排，自治区残联党组书记、理事长黄建国、拉萨市残联理事长央金卓嘎等人冒雪前往墨竹工卡县看望慰问贫困残疾人，为他们送去过冬棉被、慰问金，适配了辅助器具。

10 月 31 日，自治区残疾人康复服务中心专业技术骨干一行赴林芝地区开展辅助器具适配活动，配发 111 件辅助器具，价值 45. 36 万元，并建立辅助器具适配档案 111 份。

图 6－26－7　领到轮椅的残疾人在调试轮椅。

11 月 1 日，自治区残联党组召开党的群众路线教育实践活动专题民主生活会。

11 月 4 日，西藏自治区首个县级残疾人综合服务中心——波密县残疾人综合服务中心开工建设，这标志着西藏自治区将告别县级残联没有残疾人综合服务中心的历史，县级残疾人服务功能将更为完善。

11 月 5 日，西藏自治区残联在残疾人就业服务中心举办残疾人就业保障金征收、使用管理办法解读暨“2013 年用工单位交流座谈会”，就残疾人就业保障金征收、使用管理办法进行座谈。

11 月 6 日，西藏自治区残联与国际助残组织召开社区康复第三期项目末期评估会。

11 月 15 日，“太阳雨·韩红爱心西藏盲校音乐厅”正式投入使用。

12 月 11 日，西藏自治区残联工作组一行赴昌都地区察雅、芒康、左贡三县指导开展残疾人状况监测和进行残疾人工作情况调研。

12 月 18 日，山南地区首届残疾人定向技能培训班结业，此次培训为期 180 天，30 余名残疾人学员参加氆氇编织、缝纫等技能培训。

12 月 19 日，为深入开展党的群众路线教育实践活动，区残联各支部纷纷开展“结对认亲交朋友”活动，积极为贫困群众送温暖、献爱心，发放慰问金 28200 元。

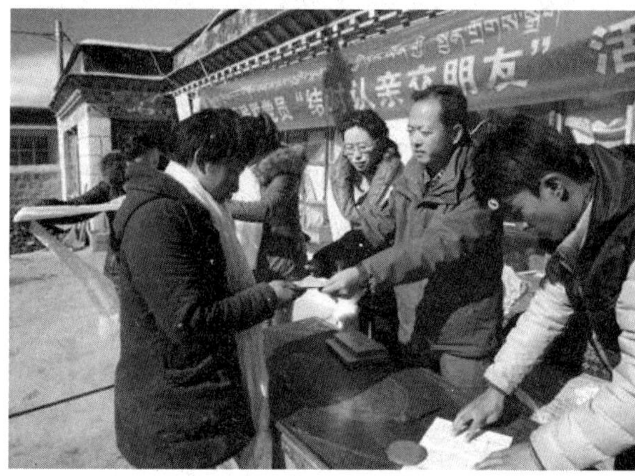

图 6－26－8　党员“结对认亲交朋友”活动仪式现场。

（单罗供稿）

陕西省残疾人事业和残疾人工作

一、领导讲话

代省长娄勤俭在省第十二届人民代表大会第一次会议上的政府工作报告摘要

2013 年 1 月 27 日

实施残疾人生活补贴和孤儿基本生活费发放制度，在全国率先提高城市“三无”人员生活补助。继续实行农村育龄妇女免费体检和孕产妇免费住院分娩，进行贫困地区儿童营养改善项目试点，开展0—6 岁残疾儿童抢救性康复工作，实施儿童白血病、先天性心脏病等医疗保障，有效解决留守儿童、孤残流浪儿童救助和教育等问题。

省委书记赵正永在省残联第六次代表大会开幕式上的讲话摘要

2013 年 8 月 8 日

省残联第五次代表大会以来的五年，是陕西发展史上极不平凡的五年。随着我省经济社会的快速发展，全省残疾人事业也进入发展的新阶段，取得显著成绩。作为西部地区唯一的国家级残疾人社会保障体系和服务体系建设试验区，我们深入贯彻实施《残疾人保障法》，将残疾人事业纳入全省经济社会发展大局，着力推进残疾人民生工程，着力改善残疾人生产生活条件，着力倡导理解、尊重、关心、帮助残疾人的社会风尚，特别是推进城乡低保、养老残疾人应保尽保，扩大残疾人医保报销范围，兴建残疾人康复托养设施，发放贫困残疾人生活补贴，全省残疾人的生活品质明显提升。我们全力实施民生工程，开展农村已婚育龄妇女免费体检和孕妇免费分娩，推进避灾生态移民搬迁帮助群众走出大山、享受平等的医疗卫生等公共服务，不断为优生优育创造良好条件，从根本上减少残疾人的数量。

残疾人虽然是一个特殊困难的社会群体，但也是社会主义物质文明和精神文明的创造者，是建设“三个陕西”、实现中国梦不可或缺的重要力量。没有残疾人事业的全面发展，没有广大残疾人的共建共享，我们就不能凝聚起方方面面的力量，就不能建成高水平、有质量的全面小康社会，就不能实现全面建设“三强一富一美”西部强省的目标。这里，我对做好新形势下残疾人工作讲几点意见。

一是健全残疾人社会保障和公共服务两个体系。我省有249 万残疾人，涉及219.2 万户残疾人家庭，这个群体人数较多、生活困难，亟须党和政府的关心和帮助。我们要坚持以人为本、以残疾人为本，不断加快残疾人社会保障体系和公共服务体系建设，下气力解决好残疾人和残疾人家庭最关心最直接最现实的利益问题，为广大残疾人谋福祉。要继续帮助残疾人普遍加入基本养老和医疗保险，落实残疾人社会保险优惠政策，探索社会救助与社会福利制度，不断缩小残疾人生活状况与社会平均水平的差距。要切实加强残疾预防和医疗康复，大力发展残疾人教育，加强残疾人就业培训，拓宽残疾人就业渠道，推进农村残疾人扶贫开发，兴办残疾人托养机构，发展残疾人文体事业，加快无障碍环境建设，促进残疾人事业与经济社会协调发展。

二是充分发挥残疾人的主体作用。残疾人是残疾人事业发展的主体；改变残疾人命运，除了党和政府的关心、关怀外，很大程度上要靠残疾人自身的努力奋斗。

三是努力营造尊重关爱残疾人的良好氛围。发展残疾人事业是一项系统工程，需要全社会齐心协力。各级党委、政府要高度重视、发挥主导作用，把残疾人事业摆进国民经济和社会发展规划，纳入重要议事日程；民政部门和其他相关部门要主动作为、密切配合，不断加大人、财、物等方面的支持。要广泛动员社会力量，进一步建立健全有效整合和利用各种社会资源的机制，充分发挥群团组织和新闻媒体作用，培育和发展助残志愿者队伍，鼓励民间力量参与发展残疾人公共服务，不断形成扶残助残、帮残爱残的良好社会氛围。要大力弘扬人道主义精神和中华民族传统美德，倡导平等、参与、共享的现代文明社会残疾人观，不断消除对残疾人的歧视和偏见，做到真诚理解、处处尊重、热情关心、倾力帮助，让温暖与关爱滋润每一个残疾人的心灵。

各级残联组织是党和政府联系残疾人群众的桥梁和纽带，承担着发展残疾人事业、维护残疾人权益的重要职责。要充分发挥“残疾人之家”的作用，及时回应广大残疾人对美好幸福生活的新期盼，切实履行好“代表、服务、管理”的职责，主动倾听残疾人呼声，积极反映残疾人愿望，努力办好实事好事，进一步密切与广大残疾人的血肉联系，为残疾人真正融入社会搭起“爱心之桥”。广大残疾人工作者要恪守“人道、廉洁、奉献”的职业道德，不断强化发展意识、创新意识、服务意识，全心全意为残疾人服务，做残疾人冷暖的第一知情者、需求的第一代言者、权益的第一维护者。

中国残联副理事长程凯在省残联第六次代表大会上的讲话摘要

2013年8月8日

近年来，在党中央、国务院的正确领导下，陕西省委、省政府按照科学发展观的要求，凝聚智慧力量，加快建设“三个陕西”步伐，实现经济快速发展，社会文明进步，生态环境不断优化的阶段性成果，为包括残疾人事业在内的社会建设打下日益坚实的基础。陕西省委、省政府历来高度重视残疾人工作，始终将残疾人事业发展纳入党委、政府的重要议事日程和工作全局，纳入陕西经济社会发展总体规划，制定和落实惠及残疾人的一系列法规政策，为促进残疾人事业与经济社会协调发展提供了坚强保障。五年来，陕西省以建设全国残疾人社会保障体系和服务体系建设试验区为契机，提出了“三个依托”、“两个整合”的工作思路，在全国率先出台《陕西省残疾人生活补贴实施意见》，基本实现城乡残疾人居民社会养老保险全覆盖，残疾人社会保障体系基本建立；大幅度增加残疾人基本公共服务投入，残疾人康复、托养等基础设施建设显著加快，残疾人生活质量不断提升；省政府连续10年为残疾人办实事，连续6年实施民生工程助残惠残项目，有效地解决了残疾人面临的突出困难和问题；注重培育残疾人托养、康复、扶贫、组织建设、就业、文化等先进典型，不断打造工作亮点，带动残疾人工作整体推进，促进残疾人事业迈上了新的台阶。残疾人事业的发展，不仅使全省249万残疾人得到了实实在在的利益，同时也为全省经济和社会发展及改革发展稳定做出了积极贡献。

关心帮助残疾人是社会文明进步的重要标志，残疾人事业是中国特色社会主义事业的重要组成部分，她承载着残疾人兄弟姐妹的梦想和期盼，凝聚着残疾人及其亲人的厚望与重托。党的十八大明确提出“健全残疾人社会保障和服务体系，切实保障残疾人权益”。这是党中央、国务院从全面建成小康社会宏伟目标和中国特色社会主义事业“五位一体”总体布局出发，对残疾人事业发展提出的新要求，确定的新目标。为贯彻落实党中央、国务院的重要战略部署，进一步推动陕西省残疾人事业在新的起点上加快发展，我代表中国残联提出三点希望：

一是要加快推进残疾人全面小康的进程。全面建成小康社会，实现中华民族的伟大复兴，是包括残疾人在内的每一个中国人的梦想和期盼。没有残疾人的全面小康就不应是真实、全面的小康，没有广大残疾人梦想的实现，也不是真实全面的中国梦。希望陕西省紧紧围绕全面建成小康社会的目标，牢牢把握当前残疾人事业发展的历史机遇，着眼于残疾人最关心、最直接、最现实的利益问题，针对残疾人生产生活中的特殊困难，采取普惠加特惠、重点保障和特别扶助、一般性制度安排和专项制度安排相结合等措施，进一步改善残疾人生产生活状况，尽快缩小残疾人收入与社会平均水平的差距，帮助广大残疾人过上更加体面、更有尊严的幸福生活。

二是要扎实推进残疾人社会保障体系和服务体系建设。加强和健全残疾人“两个体系”建设，是党的十八大提出的明确任务，是缩小残疾人生活水平与社会平均水平差距的根本举措，也是当前和今后一个时期残疾人事业发展的重要任务。希望陕西省继续以创建全国残疾人两个体系建设试验区为动力，牢牢把握住残疾人两个体系建设这条主线，在贯彻落实《中国残疾人事业“十二五”规划》和《国家基本公共服务体系“十二五”规划》的基础上，建立稳定的财政保障机制和多元化的服务供给模式，推动残疾人服务均衡全面发展，使残疾人逐步享受到公平的、均等化的康复、教育、就业、文化、无障碍等公共服务，切实保障残疾人的生存权、发展权。在贯彻落实国家基本公共服务规划的基础上，实现建立残疾人保障制度的新突破，取得健全残疾人服务体系的新进展。

三是要切实加强残联组织建设。各级残联是党和政府联系残疾人的桥梁和纽带。希望陕西省各级残联紧紧围绕党的群众路线主题教育实践活动各项要求，以本次代表大会召开为契机，进一步加强自身建设，充分发挥“代表、服务、管理”职能，积极向党委、政府反映残疾人的特殊困难和需求，协助党委、政府做好工作，为民、务实、清廉，努力为残疾人办实事、解难事、做好事。各级残联干部和残疾人工作者要恪守“人道、廉洁、服务、奉献”的职业道德，弘扬优良作风，保持组织本色，不断密切与残疾人兄弟姐妹的血肉联系，为残疾人事业持续、健康发展提供坚强的组织保障。

省残联党组书记、理事长高合元在省残联第六次代表大会上的工作报告摘要

2013年8月8日

一、过去五年工作的简要回顾

省委、省政府对残疾人事业高度重视，出台了《贯彻〈中共中央国务院关于促进残疾人事业发展的意见〉的实施意见》《关于加快推进全省残疾人社会保障体系和服务体系建设的实施意见》《陕西省残疾人事业“十二五”发展纲要》，为残疾人事业发展提供了更加完善的制度保障。省人大颁布了新修订的《陕西省实施〈中华人民共和国残疾人保障法〉办法》，从法律层面保障了残疾人权益。省政府持续实施民生工程残疾人项目，全省投入事业经费26.66亿元；省政府残工委召开5次全体会议，解决了一系列关系残疾人事业长远发展的重大问题。省政协专题调研残疾人工作，提出了许多合理化建议。

省委、省政府主要领导和分管领导先后20多次调研指导、15次做出重要批示，推动了残疾人事业的健康发展。市、县党委政府把残疾人工作摆上重要议事日程，在人员、投入、政策等方面给予优惠倾斜。全省涉及残疾人事业发展和残疾人权益保护的提案和建议178项。有更多的残疾人、残疾人亲友或残疾人工作者被推选为党代表、人大代表、政协委员，残疾人的政治地位不断提高。

经过深入调查研究和广泛讨论，从有利于发展残疾人事业、有利于增强综合服务能力、有利于提高残疾人生活水平出发，形成了“依托卫生系统的医疗机构和技术力量办好残疾人康复中心、依托民政系统的敬老院办好残疾人托养中心、依托各行各业和社会力量做好残疾人各项事业，整合各种资源、整合同类项目、实现优化配置、同步组织实施”的“三个依托、两个整合”工作思路，残疾人事业发展步伐明显加快。比全国提前四年基本实现城乡残疾人居民社会养老保险全覆盖。建成的各级各类康复机构是五年前的2.76倍，接受康复服务人数是五年前的1.1倍，辅助器具适配件数是五年前的6.13倍，危房改造户数是过去的1.73倍，文化体育活动覆盖面提高了7个百分点，托养机构建设从无到有，第二代残疾人证办证率全国第一。我省被中国残联确定为全国残疾人“两个体系”建设试验区。宝鸡市成功创建“全国残疾人工作示范市”。

通过签订目标责任书夯实工作责任、召开现场会推广先进经验、开展创建活动激发内在动力、调研检查促进任务落实，各项工作取得明显实效。康复工作不断加强，建成各类专业康复服务机构119个、社区康复站760个，提供康复服务72万人次。其中，辅助器具适配5.4万件，白内障复明6.9万例，人工耳蜗植入403人。托养水平大幅提高，投入6887万元，建成集中托养机构101个、日间照料机构117个，集中托养、居家托养和日间照料4.63万人次，为4.6万名重度残疾人发放护理补贴。就业状况逐步改善，在全国率先建立残疾人就业保障金支持集中安置残疾人就业基地（企业）制度，建成50个残疾人就业培训基地、49个集中安排残疾人就业基地；培训残疾人12.5万人次，举办大型残疾人就业招聘会70场次，有17.3万名城镇残疾人实现就业。扶贫工作成效明显，投入扶持资金2755万元，发放康复扶贫贷款2.3亿元、贴息1104万元，建立残疾人扶贫基地196个，扶持农村贫困残疾人60.76万人次，有18.5万名残疾人实现脱贫。特殊教育稳步推进，新增特教学校14所，累计建成特教学校46所、残疾人职业教育高中3所、注册聋儿语训机构34家，在校生和专任教师数量大幅增加。基础设施条件明显改善，7个市、15个县区新建或改造了残疾人综合服务中心，累计有78家实现正式运营，服务功能不断完善、服务能力明显增强。文体事业蓬勃开展，举办残疾人文艺汇演、慈善晚会4场次，举办了首届残疾人文学艺术精品展，成立了省残疾人作家协会；在全国首家印发《陕西省各级公共图书馆盲人阅览室建设指导意见》，开辟盲文及盲人有声读物图书室56所，52家电视台开办电视手语节目，建立6所国家级和13所省级特殊艺术人才培养基地；举办了全省第六届残疾人运动会暨第二届特奥会，承办全国单项体育赛事3场次，在国际、国内重大残疾人体育比赛中，我省残疾人运动员取得金牌149枚、银牌132枚、铜牌85枚。2012年，省残联被省委、省政府授予参加第十四届残奥会“突出贡献单位”荣誉称号。组织建设不断加强，指导市、县顺利换届，在1545个乡（镇、街道）成立残联，1916个社区、2.69万个村成立残协，选聘30156名残疾人和残疾人亲友担任残疾人专职委员；招募助残志愿者11万名；建立残疾人“温馨家园”839个；成立残疾人果业协会、养殖协会、按摩协会、文体协会、书画协会等各类行业和专业协会1355个；省盲协、聋协、肢协、智亲协、精亲协成为残疾人工作的重要力量，省残疾人福利基金会、中国狮子联会陕西会员管理委员会在扶残助残方面发挥了重要作用。创建省级残疾人工作示范县（区）12个，志丹县、未央区等一批县区步入全国先进行列。

在全国率先出台了《陕西省残疾人生活补贴实施意见》，61.26万贫困残疾人每月领取不少于50元的生活补贴，8.5万城镇残疾人和36万农村残疾人享受到最低生活保障，71.9万残疾人得到临时救济。4.8万贫困残疾学生得到不同程度资助，近5000名残疾学生在特教学校就读，4.8万残疾学生随班就读。1.59万户农村贫困残疾人的危房得到改造。16.5万城镇残疾人参加居民基本养老保险，56万农村残疾人参加新型农村社会养老保险。4.7万残疾人参加城镇职工基本医疗保险，参保率达到95%；24万残疾人参加城镇居民基本医疗保险，参保率达到95%；86.6万残疾人参加新型农村合作医疗保险，参保率达到96%。4500户贫困残疾人家庭实施了无障碍改造。2.9万人次残疾人领取燃油补贴877.5万元。提供法律援助284件，残疾人反映的信访事项得到及时妥善解决。

积极主动向省委、省政府主要领导和分管领导汇报工作，积极主动争取中国残联支持，积极主动和残工委成员单位加强沟通，积极主动和社会组织、爱心人士加强联系，形成了政府主导力量、部门支持力量、社会参与力量、残联自身力量齐抓共管残疾人工作的浓厚氛围。中国残联在我省召开20多次现场会、座谈会和片会，推广了陕西经验。国家发改委批准立项了省康复医院康复楼和城市经济学校康复实训大楼两个项目。省残联单独或联合有关部门下发了关于促进残疾人文化建设、康复机构规范化建设、托养机构规范化建设、专职委员队伍建设和推进就业工作等一系列政策文件。组织部门加强残联领导班子建设、实施“农村基层党组织助残扶贫工程”。财政部门加大对残疾人民生工程的资金投入，提高残疾人就业保障金使用效益。扶贫部门把农村残疾人扶贫工作纳入整体扶贫规划统筹推进。卫生部门在康复机构设置、专业人才培养等方面大力支持。民政部门在建设托养机构、加大社会救助方面重点倾斜。教育部门加快建设特教学校，加强特教师资培养，解决残疾儿童少年上学难问题。发改部门在基础设施建设项目上优先审批立项。住建部门加大残疾人危房改造和无障碍建设步伐。人社部门不断加强残疾人社会保障、就业安置和技能培训工作。地税部门加大残疾人就业保障金征收力度。文化部门为残疾人提供丰富的文化生活。体育部门为残疾人自强健身提供技术、场地、器材等服务。其他成员单位也发挥优势、履行职能，有力支持了全省残疾人事业的发展。

坚持中心组学习，不断提高领导成员理论素养和政策水平。坚持民主集中制原则，在重要政策出台、干部任免、基建立项、经费管理等事项上民主讨论、集体决策。坚持把学习贯穿始终、把查摆问题贯穿始终、把整改提高贯穿始终，扎实开展了学习实践科学发展观、创先争优、“三进三解”等活动，并结合实际，精心组织开展了“抓学习、转作风、提效率”主题实践活动。坚持按制度办事，建立健全和严格执行《执行理事会工作规则》《干部教育培训安排》《财务管理制度》《公务接待管理办法》等多项制度。促进了干部状态的明显好转，机关风气的明显好转，工作势头的明显好转，树立了良好形象。

二、今后五年的主要工作任务

一是在健全社会保障体系上实现新突破。争取将二级以上重度残疾人单独纳入最低生活保障范围，将住房困难的残疾人家庭纳入基本住房保障范围，将辅助器具适配纳入城乡医疗保障范围。扩大贫困残疾人生活补贴范围，扩大重度精神病患者门诊经常服药医保范围，扩大对残疾人家庭的救助范围。建立重度残疾人护理补贴制度，健全残疾人基本医疗保险制度。

二是在扩大康复服务覆盖上实现新突破。每个县（区）至少建成一个规范化的康复中心，每个市至少建成一个聋儿语训机构和一个残疾人辅助器具中心。全面建立覆盖城乡的残疾人康复服务网络，使市、县有康复中心，乡镇（街道）有康复站，村（社区）有康复室。组织实施好0—6岁残疾儿童抢救性康复、专项彩票公益金康复、省政府民生工程康复、长江新里程三期康复等各类项目。积极开展残疾预防、残疾儿童随报和早期干预工作。抓紧实施省康复医院康复楼项目。

三是在提高托养服务水平上实现新突破。每个县（区）至少建成一个规范化的托养中心，形成以居家安养为基础、日间照料和集中托养同步发展的残疾人托养服务网络。开展“阳光家园计划”示范创建活动，为3.5万名残疾人提供托养服务，托养率提高到90%以上。

四是在加大扶贫工作力度上实现新突破。把农村残疾人脱贫规划纳入全省扶贫开发规划同步实施，把农村残疾人脱贫纳入全省扶贫开发工作重点扶持，把农村残疾人危房改造纳入全省移民搬迁、危房改造项目优先安排。建设100个左右省级残疾人扶贫基地，扶持安置3000名残疾人，辐射带动4000名残疾人实现脱贫。对残疾人和残疾人子女开展实用技术培训。实施“万村千乡市场助残工程”和农家书屋残疾人管理员项目。对2.5万户残疾人的危房全部实施改造。

五是在促进稳定就业从业上实现新突破。全面贯彻《残疾人就业条例》，完善残疾人就业税收优惠等有关政策，提高残疾人就业比例。建设120个左右集中安置残疾人50人以上的省级就业基地，集中安置残疾人7500人以上。加大职业技能培训，使有需求的残疾人普遍接受一次培训。推进“城镇百万残疾人就业工程”，新增就业3万人以上。鼓励和引导盲人发展按摩业，为聋人等其他残疾人多种形式就业创造条件。

六是在加强特殊教育工作上实现新突破。实施省城市经济学校康复实训大楼项目。大力发展特殊教育和职业教育。协助教育部门按照区域化布局，加快建设特殊教育学校，加强特教师资培养。切实重视启智教育。继续开展“扶残助学”活动。

七是在改善无障碍环境上实现新突破。认真实施《无障碍环境建设条例》。完善城镇街道、公共场所无障碍配套设施。改善农村公共场所残疾人无障碍设施条件。加快残疾人家庭无障碍改造步伐。

八是在丰富残疾人文体生活上实现新突破。把残疾人文化工作纳入全省文化工作范围同步实施，依托全省文化资源优势发展残疾人文化事业，依托全省文化机构、阵地健全残疾人文化服务网络，依托社会力量开展残疾人各项文化活动。逐步构建起市县有文化中心、乡镇（街道）有文化站、村（社区）有文化室的残疾人文化服务网络。大力开展文化活动、大力培养文化人才、大力发展文化产业。争取参加特奥运动的残疾人发展到4万人。举办第七届全省残疾人运动会暨第三届特奥运动会，组团参加第九届全国残疾人运动会及国内各项锦标赛，选拔优秀运动员参加第十五届残奥会等国际重大赛事。

九是在维护残疾人合法权益上实现新突破。做好残疾人法律援助、司法救助等法律服务工作。加强残疾人信访工作。进一步落实残疾人免费乘坐公交车、地铁，免费参观旅游景点等优惠政策。关心残疾人婚姻生活。实施残疾人状况监测。

十是在加强基层组织建设上实现新突破。进一步健全组织、加强队伍、落实待遇、发挥作用、完善机制，建成覆盖城乡、规范有序、坚强有力的残疾人组织网络。加强残联领导班子和干部队伍建设，加大残疾人工作者培训力度，加快各级残联办公条件。规范管理残疾人专职委员，发放工作补贴。加强专门协会和村（社区）残协建设，探索建立“协会加企业”工作模式。推动协会法人注册登记和志愿者实名登记工作，开展“志愿助残阳光行动”。团结、引导民营组织、民间资本进入残疾人服务业领域，并加强监督管理。

三、努力提高残疾人工作水平

一要在深化认识上下功夫。充分认识残疾人是特殊弱势群体，需要真心关爱；残疾人工作问题较多，需要共同解决；残疾人的生活十分困难，需要特殊照顾；残疾人事业发展难度很大，需要大力支持。要进一步把加快残疾人事业发展作为建成小康社会的战略任务来统筹把握，把健全残疾人“两个体系”作为实现“陕西梦”的重要内容来部署安排，把改善残疾人状况作为保障和改善民生的重要目标来优先保证，把做好残疾人工作放在社会文明进步的重要位置来谋划推进。

二要在突出重点上下功夫。抓好托养、康复中心和就业、扶贫基地建设，为残疾人提供更便利的服务条件；抓好社会保障工作，在继续落实好各项保障政策的同时，增加保障种类，提高保障标准；抓好农村残疾人扶贫工作，加快脱贫步伐；抓好项目建设，积极策划项目、争取项目、实施项目、管理项目；抓好0—6岁残疾儿童人工耳蜗植入、脑瘫和自闭症康复训练，改善残疾程度、减少残疾发生；抓好辅具适配工作，使重度残疾人都能走出家门、见上阳光；抓好文化、体育工作，努力让残疾人享受丰富多彩的文体生活。

三要在创新创先上下功夫。要敢想、敢试、敢闯，想出新路子、试出新模式、闯出新局面。努力在残疾人工作的五个方面走在前面，即在实现全面小康目标上走在前面，在基本公共服务全覆盖、精细化和标准化上走在前面，在工作创新大胆探索、先行先试上走在前面，在主动承担全国任务上走在前面。鼓励经济条件好、工作基础好的地方先走一步，在全国创造拿得出、叫得响的先进经验。

四要在狠抓落实上下功夫。要落实思路，积极宣传、真心接受、全面掌握、坚定贯彻、自觉执行“三个依托、两个整合”的总体思路。要落实任务，排出进度，明确时限，一项一项加以推进。要落实法规政策，全面执行《陕西省实施〈中华人民共和国残疾人保障法〉办法》和促进残疾人就业、脱贫等一系列法规政策。要加大协调力度，积极争取各方面支持和配合，协调推进各项目标任务落到实处、取得实效。

五要在自身建设下功夫。加强能力建设，提高残联干部执行政策能力、业务能力、协调能力、创新能力和落实能力。加强作风建设，认真贯彻中央《八项规定》和省委实施意见精神，健全规章制度，严格日常管理。加强廉政建设，管好自己、管好家人、管好下属、管好项目、管好资金。加强队伍建设，加强专职委员队伍、专业技术队伍、“五大协会”工作队伍和助残志愿者队伍建设。深入开展党的群众路线教育实践活动，努力使残疾人工作者受教育、残疾人朋友得实惠。

副省长祝列克在省残联第六次代表大会闭幕式上的讲话摘要

2013年8月9日

我就做好当前和今后一个时期残疾人工作讲三点意见：

一、以高度的责任感加快推进残疾人事业发展

残疾人是最困难的社会群体，关心残疾人生活、发展残疾人事业，使他们共享经济社会发展成果，是社会文明进步的具体体现，是建设“三个陕西”的客观要求。省残联第五次代表大会以来，全省残疾人工作以创建全国残疾人“两个体系”建设试验区为重点，连续数年坚持为残疾人谋好事、办实事、解难事，残疾人社会保障体系基本建立，残疾人公共服务体系不断拓展，残疾人生产生活条件大幅改善，生活质量显著提高。但是，我们也要看到，全省仍有249万名残疾人，占总人口的6.69%，高于全国平均水平，残疾人的平均收入水平只有全国的37%，残疾人事业总体发展水平滞后、残疾人社会保障水平低、增收能力弱的现状没有得到根本改变，稳定保障残疾人基本需求、实现残疾人事业加快发展的任务仍然十分艰巨。我们要进一步增强加快残疾人事业发展的责任感和紧迫感，始终把改善残疾人生活作为民生建设的重要任务优先保证，把残疾人工作作为社会建设的重要内容统筹安排，逐步缩小残疾人生活与社会平均水平的差距，努力推动残疾人事业在新的起点上加快发展。

二、以社会保障和服务体系建设为抓手全面提高残疾人工作水平

（一）要切实提高残疾人社会保障水平。残疾人社会保障体系建设，重点要在城乡低保、医疗救助、养老保险、住房保障等方面落实对残疾人的特惠政策，帮助残疾人加入基本养老保险和基本医疗保险，落实好生活补贴和社会保险补贴。对全省22.8万名二级以上成年残疾人和贫困残疾人要及时纳入社会保障体系，尽快研究出台精神病人门诊经常性用药纳入医保、重度残疾人单独纳入低保等政策，帮助残疾人家庭解决实际困难。要建立鼓励社会力量和民间资本参与支持残疾人事业的有效机制，推动残疾人慈善事业加快发展。

（二）要不断完善残疾人社会服务体系。残疾人社会服务体系建设，要以扩大服务覆盖面、提高服务水平为目标，建立健全以专业机构为骨干、社区为基础、家庭邻里为依托，以医疗卫生、教育就业、康复和残疾预防、文化体育、无障碍建设等为主要内容的残疾人基本公共服务体系。残疾人专业服务机构要不断改善条件，完善功能，规范管理，切实提高服务能力。坚持政府主导、市场引导、社会参与的服务供给模式，建立健全服务标准体系和运行管理制度，实施好0—6岁残疾儿童抢救性康复项目和“阳光家园计划”，千方百计稳定和扩大残疾人就业，不断繁荣残疾人文化体育，扎实推进无障碍建设，依法维护残疾人的合法权益。

（三）要加快农村贫困残疾人脱贫致富步伐。我省70%的残疾人生活在农村，农村残疾人中40%是贫困残疾人，他们是生活最为困难、扶持难度最大、返贫率最高的特殊群体。要认真落实《农村残疾人扶贫开发纲要》，以增加残疾人家庭收入、提升残疾人生活质量为目标，优先配置人、财、物等资源，加大生产扶助和生活救助力度，不断提高残疾人基本素质和生存发展能力。在实施陕南陕北、生态和扶贫移民搬迁工程以及各类防灾救灾中，要优先安排好残疾人搬迁和生活，帮助他们克服困难，早日脱贫致富。要加快建设农村残疾人扶贫基地，根据残疾程度和残疾类别安排好残疾人技能培训，扶持他们从事种养业、手工业和多种经营，多渠道增加收入。

三、以加强残疾人组织建设为重点形成工作合力

当前，我省残疾人事业处于最好的发展时期，国家和省上实施的一系列保障和改善民生的政策措施为残疾人事业发展提供了强大动力。各级政府和有关部门要把残疾人事业纳入经济社会发展全局，统筹协调，重点支持，建立和完善政府主导、部门配合、社会参与的工作机制，为残疾人事业发展提供强有力的组织保证。各级残联作为党和政府联系残疾人的桥梁纽带，要切实加强自身建设，不断提高服务残疾人的能力和水平。各残疾人专门协会要广泛开展适合本类别残疾人特点的各种活动，丰富和活跃基层残疾人的社会生活。广大残疾人要充分发掘自身潜能，发扬自尊、自爱、自强、自立精神，积极投身经济社会发展中去，努力创造社会财富、实现人生价值，共创和谐美好新生活。

副省长祝列克在省残联第六届主席团第一次会议上的讲话摘要　2013年8月9日

作为省残联第六届主席团主席，在今后的工作中，我一定恪尽职守，尽职尽责，不辱使命，团结带领主席团全体成员以求真务实的工作态度、脚踏实地的工作作风、奋发有为的进取精神，积极为残疾人多谋好事、多办实事、多解难事，向省委、省政府和全省249万残疾人交上一份满意的答卷，不辜负各位代表的深情重托和广大残疾人的热切期盼。

在过去的五年，我省残疾人工作在省委、省政府的坚强领导下，在中国残联的直接指导和大力支持下，认真贯彻落实科学发展观，以残疾人社会保障和社会服务体系建设为重点，做了大量卓有成效的工作，取得了显著成效。但是，我省残疾人总体生活状况与社会平均水平相比还有较大差距，稳定保障残疾人基本生活需要、实现残疾人全面发展的任务非常艰巨。加快改善残疾人生产生活状况，全面提高残疾人工作水平，已成为富裕陕西、和谐陕西、美丽陕西建设的一项重要而紧迫的任务。

省残联主席团是省残联的决策机构，对贯彻落实党和国家关于残疾人事业的方针政策，组织实施省委、省政府的决策部署，全面做好残疾人工作负有重要领导职责。新一届主席团要在省委、省政府的领导下，肩负起为残疾人分忧解难的期望，集中集体智慧，及时研究解决我省残疾人事业发展中的重大问题，真正发挥好领导作用。各级残联要继续发扬开拓创新、勇于进取、乐于奉献的精神，围绕中心，服务大局，扎实工作，全面完成各项涉残民生工程，抓好每年为残疾人办的实事，不断推进我省残疾人事业迈上新台阶。各专门协会和各位委员要认真听取广大残疾人的呼声和要求，及时反映他们的意见和建议，充分发挥好主席团联系沟通广大残疾人的桥梁纽带作用。

二、政策法规文件

陕西省人民政府办公厅《关于2013年为全省残疾人办实事的通知》　陕政办发〔2013〕28号

一、实施残疾人职业技能培训。坚持以市场需求为导向，以社会化培训为重点，省财政安排1326万元，对2万名残疾人实施职业技能和实用技术培训，对500名残疾人实施计算机技能培训，对700名盲人实施保健按摩师和医疗按摩职称评审培训，组织好全国盲人按摩医疗考试。

二、实施残疾人“阳光家园计划”。在积极争取中国残疾人联合会支持的同时，省财政安排1500万元，支持30个县（市、区）残疾人托养机构规范化建设。

三、实施农村重度残疾人居家安养补助项目。省财政安排500万元，对1万名农村重度残疾人实施居家安养补助。

四、实施贫困聋儿康复服务项目。统筹使用国家专项资金，省财政安排498万元，为30名聋儿植入人工耳蜗，为200名聋儿验配助听器并实施康复训练。

五、实施贫困残疾儿童康复服务项目。统筹使用国家专项资金，省财政安排336万元，为200名智障儿童、200名脑瘫儿童、140名孤独症儿童实施康复训练。

六、实施贫困肢体残疾人假肢适配项目。省财政安排158万元，为1000名贫困残疾人免费装配假肢（大、小腿各500例）。

七、实施残疾人个性化辅助器具适配项目。省财政安排250万元，为5000名残疾人适配个性化辅助器具。

八、实施贫困残疾学生助学项目。结合扶残助学项目、彩票公益金助学项目等，省财政安排270万元，对1500名在校贫困残疾中小学生给予生活补助，对今年被普通高等院校或特殊教育学院录取的部分贫困残疾大、中专学生给予补助。

九、实施贫困精神残疾人康复项目。统筹使用国家专项资金，省财政安排320万元，为5000名贫困精神残疾人免费提供药物救助，为1000名重度精神残疾人提供医疗救助。

十、实施残疾人工作者专业技能培训。省财政安排225万元，对康复训练人员、就业服务指导员、托养管理和服务人员及扶贫指导员进行专业技能培训。

陕西省民政厅、省财政厅、省卫生厅、省人社厅、省中医药管理局、省国税局、省地税局、省工商局、省残联《关于加快推进残疾人就业工作的指导意见》

陕残联〔2013〕112号

二、准确把握残疾人就业工作的指导思想、基本原则、方针和目标任务

（三）指导思想。深入贯彻落实科学发展观，认真落实党和政府关于促进残疾人就业工作的各项政策规定，以残疾人社会保障体系和服务体系建设为主线，切实把残疾人就业工作作为改善残疾人生活状况、提高社会地位、参与社会生活的根本途径。采取更加积极的就业政策和残疾人就业的特惠政策，创造平等就业机会，构建和谐劳动关系，努力实现残疾人充分就业。

（四）基本原则、方针。坚持政府主导、社会参与、政策扶持、市场推动的原则；坚持重点保障和特别扶助、一般性制度安排和专项制度安排、普惠和特惠相结合的原则；坚持重点突破、典型引路，分类指导、全面推进、协调发展的原则；坚持加强制度建设，建立长效机制的原则。

残疾人劳动就业的方针是集中就业与分散就业相结合。在法律保障和优惠政策扶持下，通过多渠道、多层次、多种形式，经过政府、社会及残疾人的共同努力，使残疾人劳动就业逐步普及、稳定、合理、充分。

（五）目标任务。不断扩大就业规模，努力提升就业质量，着力提高服务水平。城镇有就业能力残疾人登记失业率控制在5%以内，每年安置6000名残疾人就业；农村残疾人参加生产劳动状况进一步改善；建立残疾人就业培训基地，对残疾人进行职业技能和农村实用技术培训。

三、认真落实残疾人就业工作的政策和措施

（六）建立平等就业机制。机关、团体、事业单位及国有企业要带头落实残疾人就业制度，促进在全社会形成公平就业的机制和氛围。残疾人凡符合《公务员法》《公务员录用规定》《陕西省考试录用公务员办法》和公务员录用体检标准，具有正常履行职责的身体条件，有关招录部门不得拒绝录用；符合《事业单位公开招聘人员暂行规定》（人事部6号令）和《陕西省事业单位公开招聘工作人员实施办法》（陕人社发〔2012〕105号）的有关规定和事业单位招聘体检标准，具有正常履行职责的身体条件，招聘单位不得拒绝聘用。

（七）落实保险补贴制度。人力资源和社会保障部门应及时为有就业愿望和就业能力的残疾人办理就业失业登记证。企业和其他用人单位吸纳残疾人就业的，签订3年以上劳动合同并参加社会保险的，在残疾人就业保障金中给予适当社会保险补贴，社保补贴标准按单位应缴的各项社会保险费计算；城镇贫困残疾人个体户缴纳基本养老保险费，按本人上年度养老保险缴费基数10%的比例给予补贴，补贴资金从上年度结余的残疾人就业保障金中列支，由省、市、县（区）按1∶3∶6的比例分级承担。

（八）完善福利性企业优惠政策。鼓励社会力量兴办福利性企业集中安置残疾人就业，解决不同就业需求残疾人的就业。税务、工商等有关部门要落实税收优惠、减免费用等政策规定，鼓励发展服务型福利性企业，推进新型示范福利性企业建设，并在生产、经营、技术、资金、物资、场地等方面扶持福利性企业发展生产。省级福利彩票公益金和残疾人就业保障金，每年安排一定经费用于福利性企业技术改造贴息补助、无障碍设施建设和残疾职工岗前培训。完善福利性企业年审制度，强化监督管理，规范用工行为，维护残疾职工合法权益。

（九）加快发展庇护性就业。加大残疾人就业保障金对托养机构劳动项目补贴力度。市、县（区）政府及有关部门应当确定适合残疾人生产经营的产品项目，优先安排残疾人庇护性就业单位生产经营或专产专营。在同等条件下，政府优先采购残疾人庇护性就业单位产品或服务。各地要逐步启动残疾人集中就业单位开展专产试点，县级以上地方人民政府应建立优先采购残疾人福利性产品或者服务目录，乡镇（街道）逐步建立残疾人庇护性就业单位。

（十）扶持发展盲人按摩行业。完善《陕西省盲人保健按摩管理办法》，加强行业管理，规范盲人保健按摩市场。组织人员参加国家盲人医疗按摩人员考试，进行盲人医疗按摩人员职称评审，将符合条件的盲人医疗按摩人员吸纳到各级各类医疗机构就业。发展盲人医疗按摩中、高等专业教育，建立盲人医疗按摩继续教育制度。开展盲人按摩学术交流活动，举办盲人按摩技能竞赛。重点扶持盲人按摩龙头企业扩大规模、开展连锁经营、提升服务水平，促进盲人按摩业健康发展。

（十一）扶持自主创业。建立残疾人企业家协会，搭建残疾人创业信息交流平台，鼓励引导残疾人自主择业、自主创业。人力资源和社会保障部门对持有就业失业登记证，并积极参与创业的残疾人，要按规定落实小额担保贷款、创业培训补贴、场地安排、免费提供开业指导等扶持政策。对自主创业者可给予贷款额度不超过10万元的小额担保贷款。残疾人自主创业并吸纳未就业残疾人就业，且效益好有发展前景的，从残疾人就业保障金中适当给予一次性创业补贴。

（十二）扶持农村残疾人从业创业。有序安排农村残疾人转移就业，扶持农村残疾人开展各种形式的从业创业。重点帮助农村低收入家庭中有就业愿望、就业能力的残疾人实现就业。建立农村残疾人扶贫就业基地，加强农村残疾人实用技术培训，发挥扶贫就业基地的辐射

带动作用，对辐射带动作用好的扶贫就业基地，在残疾人就业保障金中，按每人2千元给予一次性资助，并优先享受康复扶贫贴息贷款。

（十三）开发公益岗位。各级残联要配合人力资源社会保障部门开发适合残疾人就业的公益性岗位。公益性岗位从业人员招聘时，在同等条件下，要优先安置残疾人就业，并按规定享受相应的公益性岗位补贴和社会保险补贴。鼓励用人单位优先吸纳残疾人毕业生就业。开发重度残疾人居家就业岗位。

（十四）加强就业技能培训。各级财政部门要加大对残疾人职业技能和实用技术培训经费的投入。各级各类公共就业培训服务机构，要面向城乡有就业需求和培训愿望的残疾人，开展形式多样的就业技能培训，并对符合相关条件的，参加过职业技能培训、创业培训和职业技能鉴定的残疾人给予培训、鉴定补贴；要对农村转移就业和城镇登记失业残疾人，重点开展初级技能培训，对城乡未继续升学的应届初、高中残疾学生和未就业的高校残疾学生重点开展劳动预备制培训，对职业院校残疾学生强化职业技能培训和从业素质培养。各类培训机构要积极开展做好残疾人职业技能培训，加强就业创业教育和就业指导服务，促进残疾人就业。

（十五）支持集中安置残疾人就业企业（基地）建设。加强残疾人就业基地制度化和规范化管理，积极推动残疾人基地就业和转移就业。省级残疾人就业保障金支持集中安置残疾人就业企业（基地）建设，凡符合残疾人就业企业（基地）资助项目申报条件的企业，省财政对其固定资产、流动资金贷款给予适当贴息；残疾职工占企业（基地）在职职工总人数比例高于25%（含25%），且实际安置残疾人人数在50人（含50人）以上，按每人给予1万元资助。市、县级每年要安排一定比例的残疾人就业保障金对集中安置残疾人就业的企业（基地）进行支持。

（十六）各级公共就业服务机构要及时提供省内外各类用人单位用工信息等服务，帮助残疾人转移就业。凡职业中介机构成功介绍残疾人就业，签订3年以上劳动合同，并按规定购买社会保险的，在残疾人就业保障金中给予适当职介补贴。凡劳务经纪人带领残疾人外出务工并签订3年以上劳动合同，并按规定购买社会保险的，在残疾人就业保障金中给予劳务经纪人适当职介补贴。

（十七）完善金融服务政策。金融单位针对低收入残疾人家庭的实际情况，加大金融产品和服务方式创新力度，提高残疾人金融服务水平。适当降低贷款条件，简化贷款程序，完善信贷服务政策。开发针对贫困残疾人户的免抵押小额贷款产品，通过小额到户贷款扶持残疾人开展就业创业项目，提高资金使用效率，帮扶贫困残疾人家庭增加收入。

铜川市政府批转《关于做好全市残疾人辅助器具适配全覆盖工作的意见》

铜政发〔2013〕15号

指导思想：以实现残疾人“人人享有康复服务”为目标，以辅助器具需求为导向，以科学评估适配为手段，以残疾人满意为标准，全面推进残疾人康复事业发展。

目标任务：一是构建残疾人辅助器具服务网络。2013年底前，建成市级残疾人辅助器具服务中心，区县在残疾人康复中心的基础上残疾人辅助器具服务站；2014年底前，建立社区、村残疾人辅助器具服务室（点），形成三级残疾人辅助器具服务网络。二是实现全市城乡残疾人辅助器具适配全覆盖。2013年至2015年，为全市41个乡镇（街办）残疾人适配辅助器具，达到中省残联提出的残疾人“人人享有辅助器具服务”的目标。

要求：从2013年起连续三年市财政预算100万元、市级残疾人就业保障金列支50万元、市级福利资金列支20万元，各区县财政共列支50万元，专项用于残疾人辅助器具适配工作。

西安市残联、市财政局、市卫生局、市民政局关于印发《西安市0—6岁残疾儿童抢救性康复项目实施方案》的通知

一、指导原则

按照“政府主导、社会参与、部门联动、残联协调”的工作机制，坚持早发现、早干预、早康复和公开、公正的原则，采取切实措施对0—6岁残疾儿童进行抢救性康复，明显恢复、改善和补偿其生理功能；制定完善的政策措施，整合社会资源，规范行业管理，建立健全残疾儿童康复长效工作机制，不断完善服务体系，实现全市残疾儿童“人人享有康复服务”的目标。

二、救助对象及项目

救助对象：符合救助条件的0—6岁（含）低视力儿童、肢体残疾儿童（含脑瘫）、孤独症儿童、智力残疾儿童、听力语言残疾儿童。

救助项目：

（一）视力残疾康复：为0—6岁（含）低视力残疾儿童验配助视器，并进行康复矫正训练。

（二）肢体残疾（含脑瘫）康复：为0—6岁（含）先天性马蹄足，先天性髋关节、膝关节脱位，小儿麻痹后遗症、脊膜膨出后遗症导致的肌腱挛缩、关节畸形及脱位，脑瘫或脑损伤导致的严重痉挛、肌腱挛缩、关节畸形及脱位等残疾儿童实施矫治手术，制作配戴矫形器具或开展综合性康复训练。

（三）孤独症康复：为0—6岁（含）经卫生部门认定的诊断机构确诊的孤独症儿童进行康复训练。

（四）智力残疾康复：为0—6岁（含）智力低下残

疾儿童进行康复训练。

（五）听力语言残疾康复：为0—6岁（含）有残余听力的儿童制作耳模、验配助听器，开展系统听力语言康复训练。

（六）人工耳蜗植入：为0—6岁（含）听力损失为重度聋以上，配戴助听器康复效果不佳，医学检查无手术禁忌症，双侧耳蜗及内听道结构正常，无蜗后病变，精神和智力及行为发育正常的聋儿植入人工耳蜗并进行康复训练。

三、救助条件

具有西安市户籍；符合项目规定的年龄；有医疗诊断资质的专业机构出具的诊断证明；相应康复适应指征、生命体征稳定，经定点专业机构评估有康复潜力、家庭成员配合并有康复需求的人员。

四、救助标准

（一）视力残疾：在低视力定点医院、残疾人辅助器具服务站点、定点专门眼镜店进行康复训练和购置助视器的低视力儿童，平均每名救助1000元。

（二）肢体残疾（含肢体矫治手术和脑瘫儿童康复训练）：

1. 肢体矫治手术每名人均救助13200元，其中肢体矫治手术和训练12000元（机构训练不少于6个月，每天训练不少于半天）；矫形器1200元。

2. 脑瘫儿童康复训练每名人均救助13200元，其中训练12000元，矫形器1200元（机构训练不少于6个月，每天训练不少于半天）。

（三）孤独症：每名救助12000元，用于康复训练（机构训练时间为1年，有寒暑假的机构训练为10个月）。

（四）智力残疾：每名救助12000元，用于康复训练（机构训练不少于6个月）。

（五）听力语言残疾：为每名救助对象提供合适的全数字助听器两台，提供一学年（10个月）康复训练救助费12000元；助听器购置资金参照中省残联项目技术要求和产品选择，以招标确定品牌的采购价格为准。

（六）人工耳蜗：

1. 人工耳蜗产品：为每名救助对象提供人工耳蜗产品1套，其资金参照中省残联项目技术要求和产品选择，以招标确定品牌的采购价格为准。

2. 手术费：为每名救助对象提供12000元，用于术前检查、手术及术后5次调机。

3. 康复训练费：为每名救助对象提供14000元，用于术后一学年（10个月）的康复训练。

康复训练救助费：用于救助对象的筛查和人员输送、手术或康复训练、器具采购、康复评估、家长培训、康复教材、家庭指导、建立康复档案和数据库等。

根据工作需要，市财政每年度投入一定的专业技术和管理人员业务培训、宣传等工作经费。

肢体、孤独症、智力、听力语言残疾儿童康复救助时间原则上为1—3年。确因家庭贫困，经专家组评估认为康复效果显著、有一定康复潜力的，经申请可延长1—3年。

志丹县促进残疾人事业发展的十条优惠政策

第一条 加大残疾人事业经费投入。县财政按照每年每名残疾人100元的标准预算残疾人事业经费，每年列支30万元残疾人基金会基金，并逐年增长。

第二条 强化残疾人社会保障政策。一、二级残疾人参加城乡居民社会养老保险个人缴费部分由省财政全额代缴，三、四级残疾人参加城乡居民社会养老保险个人缴费部分由县财政全额代缴；参加新型农村合作医疗和城镇居民合作医疗的残疾人个人缴费部分由县财政全额代缴；将二级以上的残疾人全部纳入低保范围，60岁以上的特困残疾人同时享受低保和养老保险政策。

第三条 实行残疾人生活补贴全覆盖。在省市财政为一、二、三级残疾人每人每月发放50元生活补贴的基础上，县财政为四级残疾人每人每月发放50元生活补贴。

第四条 优先保障残疾人享受各类公共服务。残疾人免费乘坐县城内公交车；安装电话、电视免收初装费，减半收取有线电视收视费；使用代步机动三轮车的残疾人，享受燃油补贴；县内各景点和图书阅览、体育健身等场所对残疾人免费开放；大力支持县残疾人艺术团发展，丰富残疾人文化生活。

第五条 全力保障残疾人住房。农村特困残疾人家庭优先享受移民搬迁政策，对未享受过移民搬迁和新农村建设补助的残疾人特困户，在享受补助标准的基础上每户加补1万元；农村无能力搬迁的残疾人无房户、危房户，县政府免费为其提供30—50平方米住房；城镇符合享受住房保障政策的贫困残疾户优先享受廉租住房租金补贴或廉租房、公租房实物配租政策，享受廉租住房租金补贴的，补贴金按标准上浮10%；享受廉租房、公租房实物配租政策的，租金按标准下浮10%。

第六条 积极帮助残疾人就业创业。全县事企业单位招录用人时，在同等条件下优先考虑残疾大学生；全县公益性岗位的10%用于安排残疾人就业；积极鼓励残疾人自主创业，优先为自主创业的残疾人核发营业执照，依法减免相关税费。

第七条 扶持残疾人发展产业。残疾人发展农业产业在享受以下优惠扶持政策的基础上给予重点扶持。

（一）养殖产业。养猪（年存栏适繁母猪100头以上，年出栏肉猪与仔猪2000头以上的，一次性补助现金5万元；年存栏适繁母猪200头以上，年出栏肉猪与仔猪5000头以上的，一次性补助现金10万元；年存栏适繁母猪500头以上，年出栏肉猪与仔猪1万头以上的，一次性补助现金20万元）、养鸡（年存笼蛋鸡在3万只以上，一次性补助现金5万元；年存笼蛋鸡在15万只以上，一次性补助现金20万元）、养羊（新发展年存栏适繁母羊

20只以上，年出栏30只以上，一次性奖励现金3000元；新发展年存栏适繁母羊40只以上，年出栏50只以上，收入3万元以上的，一次性奖励现金5000元；当年新建年存栏200只，年出栏500只以上，一次性补助现金3万元；当年新建年存栏500只，年出栏1000只以上，一次性补助现金5万元；当年新建年存栏1000只，年出栏3000只以上，一次性补助现金10万元；年存栏2000只，年出栏5000只以上，一次性补助现金20万元）。

（二）苹果产业。苹果种植，凡新建园及第一次补植所需苗木由县果业中心免费提供，凡是1—5年生幼园，每年每亩给予补助苹果专用肥5公斤；挂果园每年每亩补助苹果专用肥25公斤；凡新建一口10立方米以上集雨窖，补助2000元；凡新上一亩防雹网，补助1500元；凡新建一个储量在1.5万公斤以上的果库，补助2000元；自愿使用果实套袋的，每个每年补助0.03元；凡1—5年生幼树，每年每株给予地膜补助一张；对2007年以来建成的幼园，每亩每年补管护费50元。

（三）蔬菜产业。大棚蔬菜种植，在重点区域新建大棚达到改良三型标准的，县财政每座补助3万元，弓棚每座补助4500元，露地菜每亩补助50元；在非重点区域内，新建三型大棚每座补助1万元，弓棚2000元。

第八条 加大残疾人教育培训扶助力度。对在本县考入大学的残疾学生予以奖励救助：

（一）县财政对考入大学一本的残疾学生一次性奖励1万元，二本的残疾学生一次性奖励5000元，三本的残疾学生一次性救助2000元；

（二）按省残联贫困残疾学生助学有关政策，对考入本科的贫困残疾学生一次性救助5000元，考入大专的一次性救助3000元，考入中专的一次性救助2000元；

（三）按扶贫助学有关政策，对考入本科的贫困残疾学生一次性救助1.2万元，考入大专的一次性救助6000元；

（四）对随班就读的残疾中小学生走读生每人每年救助500元，住宿生每年救助1000元；

（五）县财政对残疾人参加驾驶员技术培训的每人补贴2000元。

第九条 切实保障残疾人就医。残疾人在本县住院就医时，免收门诊挂号费，住院减收20%的检查、治疗费用和50%的床位费。符合城乡大病医疗救助条件的残疾人，报销时适当提高报销比例。

第十条 免费实施残疾人康复服务项目。贫困残疾人免费享受假肢安装、轮椅配发、助听器配发、白内障复明手术等康复服务项目；贫困精神病患者，给予免费药物救治；为城镇重度残疾人每人每年发放1000元护理补贴，为农村重度残疾人每人每年发放500元护理补贴。

以上优惠政策仅限于具有志丹县户籍，并持有第二代残疾人证的残疾人。

宝鸡市人民政府办公室关于切实加强残疾预防工作的意见

宝政办发〔2013〕57号

二、总体要求

（一）指导思想：以科学发展观为指导，认真探索建立“早排查隐患、早干预缺陷、早转介服务、早康复训练、早回归社会”的工作机制，积极构建适合我市经济社会发展的残疾预防工作体系，使我市各类残疾人的发生风险得到有效控制和降低，推动全市残疾人事业和经济社会持续健康协调发展。

（二）基本原则：

因地制宜，分类指导。根据我市地域特点，在平原、川塬、山区分类开展残疾预防工作，以广大农村为重点，突出对贫困地区的扶持，减少出生缺陷，提高出生人口素质。

突出重点，有效预防。以预防严重与高发的先天性疾病和高危致残人群为重点，采取科学的预防对策和措施，有效预防和降低各类残疾的发生。

依靠科技，强化应用。加强遗传、生殖保健、疾病、药物等致残因素的科学研究和应用，开发、引进适宜技术和新技术，全面提高残疾预防工作水平。

上下联动，齐抓共管。各级、各部门要正确处理经济发展与人口的关系，把残疾预防和提高人口素质工作摆到重要位置，构建市县联动、部门参与、共同推进的良好局面。

（三）发展目标：积极完善全市三级残疾预防机制（预防疾病和致残性伤害发生、防止疾病和伤害导致残疾、防止残疾发生后出现更严重的残障），尽快形成残疾预防六大体系（残疾预防宣传体系、出生缺陷干预体系、药物和环境污染致残防御体系、疾病致残防治体系、生产交通事故防控体系、残疾人康复训练体系），到“十二五”末，努力将我市残疾发生率控制在5.5%以内。

三、主要任务

（一）建立宣传教育体系，提高公众残疾预防意识。充分发挥报纸、电台、电视台、网络等大众传媒作用，开设残疾预防专栏、专题节目，普及残疾预防知识和有可能导致残疾的潜在因素；利用爱眼日、爱耳日、精神卫生日、预防出生缺陷日、防治碘缺乏病日、防治麻风病日等节庆活动，集中进行宣传教育；同时要在公交电视、文化广场、公共电子幕墙等人群密集的场所播放公益广告或贴挂标语，扩大宣传教育覆盖面；加强重点人群宣传，对育龄妇女、危险工种人群、老年人、儿童等群体要有针对性地开展残疾预防宣传教育；加强对基层医疗工作者防残救治技能的培训，努力提高治愈率；加强相关致残因素预防书籍、资料的发放，不断普及广大群众防残知识，增强广大群众防残意识，真正做到家喻户晓、妇孺皆知，成为人民群众的自觉行动。

（二）建立出生缺陷干预体系，努力提高人口素质，将人口出生缺陷率控制在100/万以内。一是建立健全出生缺陷干预工作长效机制。各县区政府要制定切实可行的预防出生缺陷的实施方案，协调解决出生缺陷预防工作中遇到的困难和问题。积极贯彻落实中央和陕西省《儿童残疾预防“十二五”实施方案》，建立政府主导、部门配合、群众参与的工作机制，落实卫生、计生等相关部门在预防出生缺陷干预工作中的职责。制定严格的目标责任制管理办法，明确工作目标和任务，加大考核奖励力度。加强城乡环境综合治理，推广使用无铅汽油，治理汽车尾气，防治工业污染、农药污染，给孕期妇女创造良好的生活环境。二是做好一级预防，降低出生缺陷发生率。各县区政府要落实资金，全面开展免费婚前医学检查，引导准备登记结婚夫妇自愿接受免费婚前医学检查和孕前优生检测，努力提高全市婚前医学检查率。积极开展免费孕前优生健康检查，把好预防先天性疾病的第一道防线。加强孕前优生咨询，对所有待孕妇女进行孕前优生健康检查，对高危人群进行遗传咨询，强化孕前保健工作。提高孕前和孕早期叶酸免费服用率。三是做好出生缺陷的二、三级预防工作。围产期的保健工作是预防先天性疾病的第二道防线。要认真实施基本公共卫生服务孕产妇健康管理项目，做好孕妇孕期保健服务。各县区政府要逐步建立孕妇产前筛查基金，创造条件对所有孕妇进行免费产前筛查，对血清学唐氏、18—三体等疾病进行检测，对检测出的高危孕妇进行产前诊断（羊水细胞培养及核型分析、荧光原杂交等技术），对确诊的问题妊娠及时终止，减少缺陷儿出生。认真落实预防出生缺陷三级措施，逐步将新生儿疾病筛查纳入医保或合疗报销范围，提高新生儿疾病筛查率。同时要逐步设立全市缺陷儿诊治专项基金，对部分遗传代谢性疾病、听力障碍儿童、有脑损伤的高危儿进行早确诊、早干预，对诊断为脑瘫、智力低下、儿童孤独症等脑病患儿积极进行康复治疗，减少致残率，提高全市出生人口素质。

（三）建立疾病防治体系，减少因病致残。坚持对新生儿有计划地实行免疫接种，切实预防脊髓灰质炎、麻疹、风疹、乙型脑炎、结核、伤寒、百日咳、疟疾等致残性传染病。认真做好事中干预，早期发现并及时治疗脑科疾病和营养缺乏病，促成残疾的逆转。加强初级眼保健工作，提高白内障手术能力，普及青少年视力检查和眼保健，减少白内障、糖尿病视网膜病变、低视力、儿童盲、屈光不正等导致的可避免盲。实行健康生活方式，避免致残性疾病的发生，包括冠心病、脑血管疾病、糖尿病、骨髓炎、类风湿疾病的治疗，防止和延迟合并症发生，降低致残率。注意精神卫生，预防心理疾病与精神疾病。及早治疗致残性疾病，早期查知并及时治疗疾病，防止因病情发展而造成残疾。对于无法逆转的残疾，要进行积极的早期康复，以防止其向残障转变。同时，要重视原发病的治疗，以免偏失而发生新的残疾。

（四）建立生产交通事故防控体系，减少残疾发生。按照“安全第一，预防为主，综合治理”的方针，紧紧围绕年度目标任务，加强领导，落实责任，强化监管，始终坚持以“打非治违，隐患查治”为主线，加大执法力度，抓好各种制度和操作规程在生产企业中的落实，不断提高各级各类人员的安全生产意识，加大员工教育培训，确保持证上岗。增强职工对危险因素的辨识及预防能力，及时消除生产过程中的安全隐患，防止各类事故的发生。按照《事故调查报告处理条例》“四不放过”原则，严格追究事故责任人的责任。

进一步深化社会化消防宣传教育活动，采取有力措施遏制重特大火灾事故。进一步完善预防道路交通事故工作机制，使相关部门按照各自的责任和义务，积极主动地开展工作。加大路面执法管控力度，始终保持严管态势。提高管理的科技含量，遏制重大交通事故的发生。把好驾驶员培训、教育和考试关，促进驾校培训质量的提高。加大交通安全违法行为整治力度，适时组织严查酒驾、无证驾车等交通专项整顿活动，保证良好的交通安全秩序，减少交通违法，预防事故，从而达到减少事故伤残的目的。积极开展形式多样、寓教于乐的宣传教育活动，向广大市民和摩托车驾驶人宣传交通安全法规，培养摩托车驾驶人员良好的职业道德和安全交通意识，确保摩托车驾驶员队伍的高质量、高素质。同时，开展火灾和道路交通事故快速救援、快速医治工作，最大限度减少和降低事故伤残程度。

（五）建立药物和环境污染致残防御体系，减少残疾发生。加强食品药品监督管理，不断增强监测工作的责任意识和广大群众安全用药的自我保护意识。进一步完善药品不良反应监测体系，落实机构、人员、经费和监测报告责任制度，并将触角延伸到镇村基层医疗机构。积极开展药品不良反应相关知识的培训宣传，使药品不良反应知识进农村、进学校、进社区。提高广大群众医疗用药知识水平，增强自我保护意识，预防药品不良事件的发生。加强药品不良反应监测和报告的收集、汇总、上报和评估分析，及时向公众通报药品不良反应。加强医疗机构医务人员用药知识培训，正确合理使用药品，并利用药品的特性尽量避免药品不良反应的发生。继续推进药品生产、经营企业GMP、GSP认证，规范药品生产经营行为，不断提高企业药品质量管理水平，确保其向社会提供质量安全疗效确切的药品。进一步加强医药市场的监管力度，严厉打击和查处假劣药品，保障人民群众用药安全有效。

各县区政府和相关部门要积极实施“环境优先、环保惠民”战略，切实维护人民群众环境权益。认真实施工业污染物排放全面达标工程，促进产业结构调整和升级，大力推进化学需氧量、二氧化硫、氨氮、氮氧化物等主要污染物减排工作，确保实现污染物减排约束性指标；加强城乡环境保护，着力解决水、气、噪音等污染问题，规范危险废物和放射源的运输、收贮、处置等日常监管，健全环境应急处置体系，切实保障环境安全；积极控制农业面源污染，深入开展土壤污染防治；以生活垃圾、污水处置和畜禽养殖污染防治为重点，大力实施农村环境综合整治，逐步改善农村环境面貌。严格环境执法监督，严查各类违法排污和生态破坏行为，努力营造良好的生存环境，杜绝环境污染致残的发生。依靠科技进步，大力发展环境科学技术和环保产业，以技术创新促进环境问题的解决。严格环境执法监督，突出预防为主的方针，从源头防治污染和生态破坏，尽最大可能营造优质的生存环境，杜绝环境污染致残的发生。

（六）建立残疾人康复体系，确保康复训练成果。各县区政府要严格执行残疾人残疾分类分级国家标准，实施残疾报告制度。各级妇幼保健机构负责建立0—6岁残疾儿童出生缺陷随报制度；各级医疗机构负责建立药物、疾病、交通安全事故致残随报制度，并将有康复需求的残疾儿童和其他残疾人信息转介至残联；各级残联负责加强信息收集，建立残疾预防的综合信息网络平台和数据库。成立宝鸡市残疾人康复中心，通过心理治疗和功能训练以及配用特殊用品、辅助用具等方式及时开展康复治疗和训练；各级医疗机构都要建立康复站（室），健全完善残疾人康复网络。充分利用现有康复设施为残疾人康复训练提供便利和优质、优惠的服务，帮助恢复功能；逐步提高白内障复明手术、精神病患者治疗、残疾儿童训练等残疾人住院费用基本医疗保险报销标准。健全残疾人辅助器具服务网络，补贴经费满足残疾人和老年人对辅助器具的需求，使其补偿、改善功能，融入社会，共享物质文化成果。

三、工作综述

2013年，陕西省残疾人工作坚持以“科学发展、富民强省”为主题，突出重点，完善机制，加大协调，改革创新，全面完成了年度目标任务，全省残疾人事业呈现出重点突破、协调推进、全面发展的良好势头，为全省经济社会发展做出贡献。

（一）召开代表大会，加强组织建设

省残联第六次代表大会隆重召开。省委书记赵正永、省长娄勤俭、省政协主席马中平、中国残联副理事长程凯等领导出席开幕式。来自全省各地各部门和各条战线的235名代表参加了大会。大会认真总结了过去五年陕西省残疾人事业发展经验，规划了未来五年发展蓝图，选举产生了新一届省残联领导班子。各市残联也都如期完成换届工作，加强领导，充实力量，为确保陕西省残疾人事业科学发展提供了组织保证。

基层残疾人组织更加规范，队伍更加稳定。注重培养、推广先进典型，在全省20个县（区）、102个乡镇（街道）、1009个村（社区）开展创建“全省残疾人工作示范点”活动，为全省残疾人工作树立了一批看得见、摸得着、学得到的典型。全省1916个城市社区、26900个行政村选聘残疾人专职委员30405名，专职委员选聘率100%，待遇落实率100%。举办了全省残联系统领导干部培训班，聘请了省纪委、省人社厅领导和有关专家进行专题讲座。各地也采取多层次、多渠道、多形式的分级分类培训形式，提高了残疾人工作者整体素质。

（二）实施民生项目，办好十件实事

省残联始终着力解决残疾人最关心、最直接、最现实的问题，继续实施民生工程残疾人工作项目，全面超额完成省政府为残疾人办的实事。全年对25583名残疾人实施职业技能和实用技术培训；对1016名残疾人进行保健按摩培训，对1120名残疾人开展计算机技能培训；对2万人次智力、精神和重度残疾人实施居家托养和日间照料资助；为150名聋儿植入人工耳蜗，为463名聋儿免费验配助听器；为305名肢体残疾儿童免费实施矫治手术，为100名聋儿、500名智障、310名脑瘫、430名孤独症儿童开展康复训练；为1189名贫困残疾人免费装配假肢；为3582名残疾人适配辅助器具5001件；为5000名贫困精神残疾人免费提供药物救助，为1000名重度精神残疾人提供医疗救助；资助1500名贫困残疾少年儿童、391名贫困残疾大中专新生入学。通过扎实实施项目和实事，切实改善了残疾人的生存生活状况。

（三）强化社会保障，实现应保尽保

认真落实残疾人在低保、医疗、住房、养老、救助等方面的一系列特惠政策。为61.2万名贫困残疾人发放了人均每月不低于50元的生活补贴。符合城乡低保条件的残疾人基本达到应保尽保，全省约有7.8万城镇残疾人、38万农村残疾人纳入最低生活保障范围。18万城镇残疾人参加城镇居民基本养老保险，66万农村残疾人参加农村社会养老保险。4.7万残疾人参加城镇职工基本医疗保险，参保率达到95%，25万残疾人参加城镇居民基本医疗保险，参保率达到98%，87.6万残疾人参加新型农村合作医疗保险，参保率达到97%。为2.38万名残疾人发放机动车燃油补贴。

开展“阳光家园”示范创建活动。依托民政部门的敬老院和社会力量，建成36个各类残疾人集中托养服务机构。全省累计建成并投入使用的各类残疾人集中托养服务机构101个、日间照料机构117个，托养智力、精神和重度残疾人5000多人次。咸阳市成为第二批全国“阳光家园”示范区，渭南市残疾人托养服务中心成为第二批全国“阳光家园”示范机构。

（四）坚持法制先行，出台特惠政策

经广泛征求住建厅、工信厅等部门意见，起草了

《陕西省〈无障碍环境建设条例〉实施办法》，协调省法制办将《办法》列入2014年立法计划。会同省财政厅下发《陕西省农村残疾人扶贫示范基地项目申报指南》，确定每年在全省建立省级扶贫基地不少于20个、县级基地不少于30个的目标，省财政分别补贴省级30万元、县级15万元。协调省财政厅出台了关于《陕西省残疾人生活补贴实施意见》的补充通知，规定自2014年起对18周岁以下生活困难的三级以上残疾儿童，生活补贴标准提高至每人每月100元。协调省住建厅下发《关于优先支持农村贫困残疾人家庭危房改造的通知》。西安市残联与市财政局、卫生局、民政局印发《西安市0—6岁残疾儿童抢救性康复项目实施方案》，宝鸡市政府出台《关于切实加强残疾预防工作的意见》，铜川市政府出台了《关于做好全市残疾人辅助器具适配全覆盖工作的意见》，商洛市残联与市扶贫局、财政局等部门联合制定印发了《关于加快推进农村残疾人扶贫开发的实施意见》，将目标任务列入相关部门职责范围，全市建设扶贫基地16个，辐射带动915名残疾人就业。

（五）实施项目带动，拓展服务范围

按照“依托、整合”的方法，建成32家规范化的县级残疾人康复中心，累计建成64个，为基层残疾人搭建就近就便的康复服务平台。全面启动“关爱重残 共享阳光”的重度残疾人辅助器具适配项目，2013年筹资1000万元，解决了3000名重度贫困残疾人的特殊困难，得到社会广泛赞誉。在延川县开展了辅助器具全覆盖试点工作，构建覆盖延川县、乡（镇）、村（社区）三级辅助器具适配服务体系。开展社区康复工作，为10.4万名残疾人提供康复服务。大力推进以宝鸡市为试点城市的“十二五”儿童残疾预防试点工作，省级儿童残疾预防项目试点区（县）扩大至19个。省康复医院康复楼项目破土动工，达到土方及支护阶段。

实施中国残联彩票公益金助学项目，资助了200名贫困残疾学前儿童。省城市经济学校康复实训大楼建设项目被国家发改委批复立项，争取到国家投资3000万元、省级配套资金660万元，基本完成前期准备工作。省城市经济学校积极做好“三位一体”转型升级工作，建成陶艺、服装实训室等实训基地，招收残疾学生120名，培训残疾人600多名，首届特教毕业生就业率达到82.75%。

利用省级残疾人就业保障金补助2973万元，建成51个残疾人就业基地，安排残疾人就业3359名。会同省财政厅、省地税局、省人社厅在咸阳市召开全省残疾人就业工作现场培训会。会同省人社厅开展以“就业帮扶、真情相助”为主题的就业援助月活动，帮助残疾人实现就业2108名。举办就业再就业大型招聘会，提供就业岗位2766个，1397人达成用工意向，582人签订用工协议。

采取以省带县的方法，投入扶持资金1485万，建成20个省级、59个县级扶贫示范基地，辐射带动2800余户残疾人发展种植、养殖和家庭手工业生产，9000余人受益。完成残疾人危房改造9400户。争取康复扶贫贷款5503万元，加大对贫困残疾人能人大户和扶贫基地的信贷支持；开展“两联一包”扶贫工作，资助扶贫村洛南县三要镇罗村25万元；实施“农村基层党组织助残扶贫工程”，帮扶1900户农村贫困残疾人家庭稳定脱贫。

首次联合省文化厅举办全省残疾人文化建设培训会，提出了“一纳入三依托”的工作思路，即将残疾人文化工作纳入全省文化工作范围同步实施，依托全省文化资源优势发展残疾人文化事业、依托全省文化机构阵地健全残疾人文化服务网络、依托社会力量开展残疾人各项文化活动。联合省教育厅、省民政厅、省文化厅、省广播电影电视局举办第八届全省残疾人文艺汇演，300多名残疾人演员进行了4类72个节目的展示，艺术形式之广泛、演出质量之高堪为历届之最。陕西省代表团在第八届全国残疾人艺术汇演中荣获一等奖、二等奖各3个，三等奖6个，团体总分二等奖，创历届最好成绩。协调省广播电视台首次对省“两会”进行了电视手语同步直播。全省残疾人运动员在国内外多项体育赛事中获得金牌28枚、银牌9枚、铜牌17枚。其中，在首次派员参加的第二十二届夏季听障奥运会上，运动员汪子翔取得了男子游泳1金、1银、2铜的好成绩。

（六）开展扶残活动，营造良好氛围

全省投入慰问金及物资价值近840万元，元旦、春节期间走访慰问了1.2万人次残疾人。开展了以“帮扶贫困残疾人”为主题的第二十三次全国助残日活动。在第二十二个国际残疾人日举办了主题为“感悟·感恩”的大型残疾人文化观影活动，各残疾人专门协会举办了“2013年牵手智障人士走进高校系列活动”、“爱心助行·放飞梦想”百辆残疾人轮椅捐赠等活动。会同省文联举办“扶助残疾人、共圆中国梦”文化助残活动。成功举办“安利助残之夜——2013年新年慈善音乐会”。省残疾人福利基金会募集了1622余万元的资金和物资，开展了“集善嘉年华”等11个扶残助残项目。通过这些活动，有效扩大了残疾人事业的社会影响，对推动残疾人融入社会、共享改革发展成果产生了积极的效应。

四、重要条目

【民生工程残疾人工作项目】省财政厅、省残联4月27日发出了《关于印发〈2013年民生工程残疾人工作项目实施方案〉的通知》（陕残联〔2013〕93号），规定2013年民生工程残疾人工作项目共27项，分别是：残疾人职业技能和实用技术培训，残疾人计算机技能培训工作项目，盲人保健按摩培训、医疗按摩人员继续教育、盲人医疗按摩人员考试考前辅导班培训项目，全国盲人医疗按

摩人员考试陕西考区2013年考试组织工作，阳光家园计划（残疾人托养服务机构建设），阳光家园计划（残疾人居家托养、日间照料），贫困聋儿植入人工耳蜗项目，贫困智力残疾儿童康复训练，贫困孤独症儿童进行康复训练项目救助，贫困聋儿免费康复训练项目，贫困脑瘫儿童康复项目，贫困残疾人适配辅助器具项目，1000名贫困残疾人装配假肢项目，陕西省残联“资助贫困残疾大、中专学生入学”项目，陕西省残联“资助贫困残疾儿童少年入学”项目，贫困精神病患者服药补贴项目，贫困精神病患者住院医疗救助项目，陕西省残联残疾人就业、托养服务、扶贫工作者专业技能培训，全省康复人才培养项目，陕西省残疾人生活补贴，“组织残疾人运动员集训、参赛等工作”项目，全省社区康复示范站建设项目，县（区）级残疾人康复机构规范化建设，陕西省聋儿康复中心规范化建设，扶残维权行动项目，“陕西省残疾人状况监测工作”项目，“残疾人宣传文化工作”项目。

【陕西省出台加快推进残疾人就业工作指导意见】5月16日，陕西省民政厅、省财政厅、省卫生厅、省人社厅、省中医药管理局、省国税局、省地税局、省工商局、省残联等9单位联合出台《加快推进残疾人就业工作指导意见》。《意见》要求，残疾人就业工作要坚持集中就业与分散就业相结合的方针，在法律保障和优惠政策扶持下，通过多渠道、多层次、多种形式，使残疾人劳动就业逐步普及、稳定、合理、充分。并确定十七条举措力争使城镇有就业能力残疾人登记失业率控制在5%以内，每年安置6000名残疾人就业，农村残疾人参加生产劳动状况进一步改善，同时建立残疾人就业培训基地，对残疾人进行职业技能和农村实用技术培训。这17条措施包括：建立平等就业机制，落实保险补贴制度，完善福利性企业优惠政策，加快发展庇护性就业，扶持发展盲人按摩行业，扶持自主创业和农村残疾人从业创业等。对持有就业失业登记证，并积极参与创业的残疾人，按规定落实小额担保贷款、创业培训补贴、场地安排、免费提供开业指导等扶持政策；对自主创业者给予贷款额度不超过10万元的小额担保贷款；残疾人自主创业并吸纳未就业残疾人就业，且效益好有发展前景的，从残疾人就业保障金中适当给予一次性创业补贴。对辐射带动作用好的扶贫就业基地，在残疾人就业保障金中，按每人2000元给予一次性资助，并优先享受康复扶贫贴息贷款。同时开发公益岗位，同等条件下优先安置残疾人就业。

【省残联五届主席团六次会议暨第二十七次工作会议】3月1日，省残联五届主席团六次会议暨第二十七次工作会议在西安召开。省残联党组书记、理事长高合元做了重要讲话。省残联党组副书记、副理事长杨帆代表省残联执行理事会向会议做了题为《深入贯彻党的十八大精神谱写残疾人事业发展新篇章》的工作报告。省残联党组成员、副理事长明建宇主持。会议调换省政府副秘书长王拴虎为省残联第五届主席团副主席、委员；调换渭南市残联理事长任辉、杨陵区残联理事长王鹏、韩城市残联理事长雷长民同志为省残联第五届主席团委员。会议确定2013年要以残疾人“两个体系”建设为重点，切实改善残疾人民生，逐步实现残疾人“两不愁”（即不愁吃、不愁穿）、“四普遍”（即普遍享有社会保障、普遍享有康复服务、普遍享有辅助器具适配、普遍享有托养服务）、“五个有”（即有房住、有学上、有医就、有人管、有地位），推动全省残疾人事业在全面建成小康社会进程中迈出新步伐。省残联领导同各地市签订了目标责任状，表彰了2012年全省残联工作先进单位、个人。

【陕西省暨西安市“2013年促进残疾人就业再就业大型招聘洽谈会”】3月26日，由陕西省残联、西安市残联主办，西安市残疾人劳动就业服务中心承办的“2013年促进残疾人就业再就业大型招聘洽谈会”在西安市残疾人劳动就业服务中心开幕。省残联党组书记、理事长高合元、省残联副巡视员李兴斌参加开幕式，并现场了解了招聘会相关情况，参观西安市残疾人劳动就业服务中心的硬件建设。101家用人单位参加此次洽谈会，提供岗位189个。招聘会开幕首日，40余家企事业单位现场招聘，现场500余人中288名残疾人现场达成用工意向。主办方还在洽谈会上为残疾人朋友免费提供职业介绍、求职登记、技能培训、创业培训、就业政策等相关咨询与报名服务。

【省政府残工委全体会议】省政府残工委4月10日召开全体会议。副省长、省政府残工委主任祝列克出席会议并讲话。省政府残工委副主任、省残联理事长高合元在工作报告中简要回顾了2012年全省残疾人工作情况，全面安排部署了2013年全省残疾人工作。省政府残工委副主任、省政府副秘书长王栓虎主持，省委宣传部、省发展改革委、省教育厅等37个残工委成员单位负责人参会。

【省政协开展残疾人事业调研活动】4月15日，省政协组织召开专题会议，部署调研全省残疾人事业发展工作。省残联党组书记、理事长高合元向省政协通报了全省残疾人基本情况，并提出了四条建议：一是建议省政协发挥自身优势，呼吁社会各界提高对残疾人工作的认识；二是建议呼吁积极实施0—6岁残疾儿童抢救性康复项目，重点解决人工耳蜗植入和脑瘫康复训练；三是建议呼吁将二级以上成年残疾人全部单独纳入低保范围，将精神病人长期服药纳入医保范围；四是建议呼吁大力改善各级残联服务残疾人的基础设施条件，提高综合服务能力。调研组于4月16—26日赴榆林市、安康市及其有关县（区）、部门以及有关乡镇、社区，深入国有大型企业、非公有制企业等地，通过听取汇报、实地察看等方式方法实地了解残疾人事业发展情况，拟写调研报告，并邀请省民政厅、省人社厅、省残联等有关单位的领导和专家学者，专门召开研究论证会，研究论证全省残疾人事业发展实际，为省委、省政府科学决策提供参考。

【陕西省第八届残疾人文艺汇演】4月20—21日，由省教育厅、民政厅、文化厅、广电局、省残联共同主办，宝鸡市承办的陕西省第八届残疾人文艺汇演隆重举行。全省10个代表队的450名残疾人演员参加了声乐、器乐、舞蹈、小品四类72个节目的比赛。咸阳、延安以及铜川代表队荣获组织奖，西安、宝鸡、榆林代表队分获团体总分前三名。其中宝鸡代表队选送的《懂你》荣获戏曲小品类一等奖；群舞《白鹿原叙事》和《生命、曙光、奋斗》喜获舞蹈类一等奖；榆林代表队选送的《红军哥哥回来了》以及延安代表队选送的《秦川抒怀》荣获器乐类一等奖，咸阳代表队选送的《感动中国》、西安代表队选送的《最美的歌儿献给妈妈》以及渭南代表队的《玛依拉变奏曲》荣获声乐类一等奖。《孙思邈故里，我可爱的家乡》等6部作品荣获创作奖。本届汇演汇聚了近年来全省特殊艺术最新成果，汇演艺术形式之广泛，演出质量之高，参与人数之多，各地组织之精心，堪为历届汇演之最。

【陕西省参加第八届全国残疾人艺术汇演取得佳绩】 8月18日，第八届全国残疾人艺术汇演湖南赛区比赛落下帷幕。陕西省派出视力、听力、言语、肢体60余名残疾人演员参加12个节目的比赛。共荣获一等奖、二等奖各3个，三等奖6个，团体总分二等奖，创历届最好成绩。其中，视力残疾人杨外外、郝文亮演奏的二胡重奏《红军哥哥回来了》夺得器乐类一等奖。陈芙蓉、王宝莲秦腔折子戏《挂画》的场景语言演绎得惟妙惟肖，摘得了戏剧小品类一等奖。秦巴山区肢体残疾人姜显斌、张泽香演唱的镇巴原生态民歌《撒花调》捧回了声乐类一等奖。此外舞蹈《陕北汉子》、小品《琴声》、笛子独奏《秦川抒怀》等三个节目获得二等奖，其余6个节目分获三等奖。

【全国助残日系列活动】 5月15日，陕西省在咸阳市三原县陵前镇启动第二十三次全国助残日系列活动。省政府残工委副主任、省残联理事长高合元，省残联副理事长明建宇，咸阳市委常委李洋等出席活动并看望慰问贫困残疾人。省卫生厅抽调省内重点大型医院的专家医生，加上动员社会各界爱心企业和慈善组织等，纷纷对残疾人进行一对一帮扶，使得该镇残疾人普遍得到实惠。活动现场，500余位残疾人获得省残疾人辅助器具中心和省聋儿康复中心免费适配的轮椅、拐杖、盲杖等辅助器具和助听器等；省人民医院、西安交大一附院和二附院、陕西中医学院附属医院、西安脑病医院等医院的专家为残疾人开展义诊和健康咨询；省残疾人法律服务中心向残疾人开展法律救助，对残疾人保障法等进行解读；省康复医院为三原县捐赠价值10万元的心血管类药品，“复明一号”流动车为三原县100余名白内障患者实施了免费手术；陕西狮子会为贫困残疾人发放老年人收音机300台；普惠体检健康产业集团为残疾人发放家庭急救包及健康生活指南300套；咸阳市残联为全市130户贫困残疾人送上电视机及卫星接收设备；陕西白象食品有限公司、三原三友调味品有限公司、三原思源调味品有限公司对有求职意愿的43名残疾人进行了现场招聘；三原县文化局将“百姓大舞台”搬到活动现场。

【全国部分省市残疾人多种形式就业工作研讨会】 5月23日，全国部分省市残疾人多种形式就业工作研讨会在西安召开。中国残联党组成员、副理事长贾勇出席会议并讲话，中国残联就业指导中心主任钱鹏江主持会议，陕西省残联党组书记、理事长高合元致欢迎辞并介绍陕西残疾人就业服务工作开展情况。贾勇在全面分析了当前国内就业形势后指出，全国尚未实现温饱的贫困人口大部分分布于西部地区，开展残疾人工作面临困难多、任务重、工作量大。但当前就业形势要求我们必须做好残疾人多种形式就业工作，要知难而进，紧紧抓住国家城乡一体化发展机遇千方百计扩大城乡多种形式就业。他要求各级残疾人就业机构进一步提高认识，因地制宜、勇于探索、不断创新残疾人就业服务工作方法，要切实担当重任、履好职责，带头做好就业服务工作。

【18名自闭症和智障儿童应邀走进陕西省政府】 5月23日，省政府迎来了一批特殊的客人——来自西安“拉拉手”特殊儿童教育中心的18名自闭症和智障儿童应邀参加“公民走进省政府”活动，直观感受和认知社会，并和省政府机关幼儿园的孩子们一起游戏，迎接即将到来的“六一”儿童节。本活动是省委常委、常务副省长江泽林根据公民代表张涛“希望特殊儿童也能走进省政府”的愿望而特意安排的。副省长祝列克专门到机关幼儿园看望这18名孩子，向他们送去了节日祝福。祝列克说，特殊儿童和健全孩子一样，都是祖国的未来、家庭和社会的希望。要多组织类似的活动，让全社会都参与和行动起来，用爱心帮助特殊儿童，让孩子们真切感受社会关爱、人间温暖，更好地融入社会大家庭。

【陕西省各界救助福州四胞胎脑瘫儿】 福州人郑剑冰、林美金生育的四胞胎脑瘫儿在西安中医脑病医院求医、家境困难欠债50万的报道传出后，西安中医脑病医院主动派人将四胞胎及其父母从福州接到西安，使得四胞胎兄弟得到了全面、系统的治疗。医院成立了专家小组，制定了详细可行的综合治疗方案，专门指派两名护士负责日常护理和康复治疗，免除了他们的医疗费用，并为其提供食宿和往返的交通费。四胞胎兄弟也受到了古城人民的广泛关注，省残联、民间慈善机构、社会各界爱心人士、奶粉企业等纷纷为他们捐款捐物。募捐活动受到了中央电视台、陕西电视台、《陕西日报》、新华网、省政府网站等各大媒体的关注。经过医护人员两个月的精心治疗和护理，四个宝宝均取得了显著的疗效，于7月22日出院回家。

【娄勤俭省长看望慰问残疾儿童】 5月29日，“六一”国际儿童节来临之际，省长娄勤俭到省聋儿康复中心看望慰问在这里接受听力恢复训练和教育的孩子们，向他们致以美好的节日祝愿，并希望全省少年儿童健康成长、幸福生活。娄勤俭一行到助听器验配室、听觉言语精神智力评估室、人工耳蜗调机室、言语测量室等工作间，了解康复训练情况，与植入人工耳蜗、配戴助听器的孩子亲切交谈。看到孩子们经过系统训练已恢复听说能力，娄勤俭十分高兴，勉励他们努力成为康复小明星。同时，对工作人员做出的努力和取得的成绩给予充分肯定，希望他们再接再厉，用爱心引领孩子们走出无声世界。娄勤俭指出，儿童是祖国的未来、民族的希望，各级政府和全社会都要为他们的健康成长创造良好环境。残障儿童这一特殊的群体，更需要呵护和关爱，对待这些孩子，既要有感情，又要有耐心。要高度重视残障儿童抢救性康复工作，完善筛查建档机制，认真落实相关政策，加强康复机构建设，努力做到早发现、早治疗、早康复。社会各方面都要关爱关心残障儿童，支持残障儿康复事业，让他们和正常孩子一样快乐地成长。娄勤俭还向孩子们赠送了书包、文具等节日礼物。省政府秘书长陈国强、省残联理事长高合元、副理事长杨帆等参加活动。

【西安脑病医院举办“欢庆六一节·共圆七彩梦”活动】5月30日，西安脑病医院举办了主题为“欢庆六一节·共圆七彩梦”的活动，帮助在该院接受康复训练治疗的400余名脑瘫儿童庆祝这个“特殊”的六一节。省政府残工委副主任、省残联理事长高合元，省残联副理事长杨帆，省中医药管理局局长苏荣彪等领导专程来到该院看望慰问孩子们。省残疾人辅具中心为42余名残疾儿童免费配赠了价值4.5万元的轮椅、站立架、坐姿椅、助行器等康复器材；西安中医脑病医院为住院康复的四百余名残障儿童发放了节日礼物；省优生优育协会为患儿进行儿童生长发育监测；第四军医大学口腔医院儿童口腔科医护人员为脑瘫儿童进行齿科健康检查；西安交通大学生命学院康复科学与技术研究中心师生为脑瘫和孤独症患儿送上祝福和节日礼品。活动期间医生护士和孩子们还表演了他们自己编排的文艺节目，评出的“十佳康复明星”获得了奖励。

【宝鸡残疾学生渭梅女】女，1988年12月10出生，3岁时因一次车祸导致高位截肢，被父母和亲人遗弃在渭河边，后在宝鸡福利院生活长大。2011年享受国家孤儿职业培训项目，进入陕西自强中专免费学习计算机应用，2013年毕业。她曾在2009年全省第六届残运会上独揽100米自由泳、仰泳和50米自由泳金牌。她借助木板“踏着”一路走过二十多年，以自信、乐观、坚韧的生活态度，激励和感染着身边的无数人，被新闻媒体誉为“美丽的天使”。2012年“六一”，时任省长的赵正永到宝鸡市儿童福利院慰问，就鼓励渭梅女要自立自强。2013年5月，渭梅女给赵正永书记写信，汇报学习生活情况，并表达了自己学习计算机渴望有一台电脑的心愿，没想到赵书记很快给她回了信。6月8日，受省委书记赵正永委托，省政府残工委副主任、省残联理事长高合元专程来到陕西省自强中等专业学校，看望慰问残疾学生渭梅女，转达赵正永书记对她的关心，致以亲切问候和良好祝愿，并解决实际问题。随行的技术专家详细查看渭梅女的残疾情况，得知她因高位截肢出行生活不便、不适合做假肢时，省市残联为她送上了上万元的电动轮椅，并制作适合她的辅助器具。随行的宝鸡市有关负责同志当即表示，可以为渭梅女同学安排合适的岗位，毕业后到宝鸡市的残疾人就业基地工作。渭梅女毕业后在宝鸡市儿童福利院当特教老师。

【全省残疾人就业工作现场培训会议】6月21日，省残联、省财政厅、省地税局共同在咸阳市召开全省残疾人就业工作现场培训会议。省政府残工委副主任、省残联理事长高合元，省人社厅副巡视员叶利朝、省财政厅副巡视员张洪斌和省地税局副局长赵常顺出席会议并讲话，省残联副理事长戈养年主持会议并做全省残疾人就业工作报告。会议指出，陕西省残疾人就业工作一定要抓住重点、转变方式，在“三带、四促”（基地带动就业、企业带动就业、能人带动就业，抓产业促就业、抓能力培训促就业、抓保障金征收促就业、抓康复托养促就业）上下功夫。要加大协调、落实任务、落实政策。省人社厅副巡视员叶利朝、财政厅副巡视员张洪斌和地税局副局长赵常顺对做好残疾人就业工作提出了指导性、针对性、操作性都很强的明确要求。咸阳市政府残工委、宝鸡市财政局、西安市地税局、延安市残联、三原县残联、榆林市小个子鲜粉科技有限公司分别介绍了各自的特色工作经验，对近年来在残疾人就业工作中表现突出、成绩显著的54个先进集体和53名先进个人进行了表彰。与会代表参观了陕西白象食品有限公司、三原思味食品有限公司、泾阳盛唐福利助残仪表厂、陕西凯航橡胶制品有限公司等集中安置残疾人就业的企业和咸阳市地税局纳税服务大厅。省财政厅、省地税局、省人社厅、省残联有关处室负责同志；各市（区）财政、地税局联系残联的副局长、处（科）长；各市（区）残联理事长、教育就业处（科）长、就业中心主任；残疾人就业工作先进市、县（市、区）及企业代表；陕西省残疾人工作示范县（区）残联理事长；受表彰的残疾人就业工作先进单位代表；咸阳市残联机关全体同志等共160余人参加会议。

【全省残疾人文化建设培训会】由省残联、省文化厅联合举办的全省残疾人文化建设培训会6月26日在西安召开。省政府残工委副主任、理事长高合元，省文化厅副巡视员李全虎出席会议并做讲话，省残联副理事长明建宇主持并做工作报告。高合元理事长在讲话中深刻阐述了加强残疾人文化建设工作的重要意义，特别强调指出了“一纳入三依托”（即把残疾人文化工作纳入全省文化工作范围同步实施，依托全省文化资源优势发展残疾人文化事业，依托全省文化机构、阵地健全残疾人文化服务网络，依托社会力量开展残疾人各项文化活动）的工作思路，为残疾人文化建设指明了工作方法。李全虎在讲话中明确要求各级文化行政主管将残疾人文化建设纳入到公共文化服务体系建设之中同步推进，给予特别指导和支持。明建宇对近年来的残疾人文化建设工作做简要总结，并对当前及今后一个时期残疾人文化建设的任务进行安排部署。西安、宝鸡、延安、榆林四个中央和省级残疾人文化建设示范市做了经验介绍，西安市莲湖区残联等47个单位被授予“全省残疾人文化工作先进单位”荣誉称号，杜安沙等26人荣获“全省优秀残疾人文化工作者”荣誉称号。与会代表观摩了西安市莲湖区残疾人综合服务中心、莲湖区枣园街道、莲湖区环西街道西仪社区、碑林区残疾人艺术中心以及碑林区残疾人文化产业孵化基地等五个残疾人文化示范点，观赏了由省文化厅和省残联联合举办的“绽放生命 共筑梦想”特殊艺术成果汇报专场文艺汇演。各市（含杨凌示范区、韩城市）文广新局分管副局长、残联分管宣文工作的副理事长、宣文处（科）长以及15个县区的残疾人文化建设先进单位残联理事长参会。

【陕西省残疾人联合会第六次代表大会】8月8—9日，陕西省残疾人联合会第六次代表大会在西安隆重召开。省委书记、省人大常委会主任赵正永出席会议并做重要讲话，中国残联党组成员、副理事长程凯致辞。省委副书记、省长娄勤俭，省政协主席马中平，省委副书记孙清云，省委常委江泽林、郭永平、景俊海、安东、陈强，省人大常委会副主任宋洪武等出席。副省长祝列克主持会议。省残联第五届主席团副主席、执行理事会理事长高合元代表省残联第五届主席团做了题为《实现新突破，开创新局面，把陕西省残疾人事业不断推向前进》的工作报告。来自全省各市各部门和各条战线的235名代表参加大会。会议选举祝列克为省残联第六届主席团主席，王拴虎、高合元、康小峰、贾双登、王延、杨琪（女）、文萍（女）为主席团副主席。会议推举高合元为省残联第六届执行理事会理事长。根据高合元理事长提名，通过了杨帆、戈养年、贾乃荣为省残联第六届执行理事会副理事长，明建宇（女）、李兴斌等7人为省残联第六届执行理事会理事。会议选举王延等17人为陕西省出席中国残联第六次代表大会的代表，选举产生了新一届各专门协会主席、副主席、秘书长。

五、大事记

1月23日，省委书记赵正永在华县慰问残疾人徐爱武、徐致远。

1月23日，省委副书记、代省长娄勤俭到礼泉县慰问残疾人赵新均、赵荣发。

1月24日，省委书记赵正永在西京电气总公司慰问残疾职工杨斌。

1月24日，陕西省委常委、政法委书记安东带领省委政法委、省民政厅等有关部门负责人到榆林市横山县慰问残疾人刘俊明。副省长李金柱带领省民政厅等部门到商洛市洛南县景村镇王涧村和何沟村，看望慰问了城乡残疾人周水莲、董小芹等困难家庭群众。副省长祝列克赶赴杨凌示范区杨陵街道办、揉谷镇陵湾村、五泉镇绛南村和眉县金渠镇河底村，看望并慰问了残疾人。

1月26日，陕西省“两会”首次安排手语翻译。

2月3日，省委常委、省委组织部部长李锦斌到延安甘泉县，看望慰问城乡低保户和残疾人家庭。

3月1日，省残联五届主席团六次会议暨第二十七次工作会议在西安召开。

4月10日，省政府残工委在西安召开全体会议。

4月15日，省政协组织召开专题会议，部署调研全省残疾人事业发展工作，并组织调研组，赴榆林市、安康市等地调研残疾人事业发展情况。省政协社会和法制委员会主任史健生出席会议，省残联党组书记、理事长高合元作全省残疾人事业发展情况通报。

4月18日，陕西省残疾人就业培训基地免费为残疾人举办的丝网花制作及插花技术培训班开班，省残联党组成员、副理事长戈养年出席开班仪式并讲话。

4月22日，陕西省运动员在国际残疾人田径大奖赛第二站比赛在北京开赛首日斩获4金2银1铜，为我国体育代表团赢得了荣誉。特别在轮椅竞速项目勇夺3金2银1铜，其中，高芳在女子T53级400米、T53级100米比赛中一举拿下2块金牌，代云强在男子T54级5000米比赛中夺得金牌，章勇在男子T54级400米和100米的比赛中斩获2枚银牌，代云强获T54级100米铜牌。董飞霞在女子T55级铅球比赛中勇夺桂冠。

4月20—21日，陕西省第八届残疾人文艺汇演在宝鸡市隆重举行。

4月26日，陕西省人民政府办公厅下发《关于2013年为全省残疾人办实事的通知》。

5月3日，省残联举办庆“五一”、“五四”文艺汇演。省残联党组书记、理事长高合元、省残联副理事长杨帆、明建宇、戈养年等领导出席观看。

5月15日，陕西省在咸阳市三原县陵前镇启动第二十三次全国助残日系列活动。省政府残工委副主任、省残联理事长高合元，省残联副理事长明建宇，咸阳市委常委李洋等出席活动并一同看望慰问贫困残疾人。

5月23日，全国部分省市残疾人多种形式就业工作研讨会在陕西西安召开。中国残联党组成员、副理事长贾勇出席会议并讲话，中国残联就业指导中心主任钱鹏江主持会议，陕西省残联党组书记、理事长高合元致欢迎辞并介绍陕西残疾人就业服务工作开展情况。

5月29日，省长娄勤俭来、副省长祝列克到省聋儿康复中心，看望慰问在这里接受听力恢复训练和教育的孩子们。

6月8日，受省委书记赵正永委托，省政府残工委副主任、省残联理事长高合元专程来到陕西省自强中等专业学校，看望慰问残疾学生渭梅女，解决实际问题。

6月21日，省残联、省财政厅、省地税局在咸阳市召开全省残疾人就业工作现场培训会议。

6月26日，由省残联、省文化厅联合举办的全省残疾人文化建设培训会在西安召开。省政府残工委副主任、理事长高合元，省文化厅副巡视员李全虎出席会议并做讲话，省残联副理事长明建宇主持并做工作报告。

7月27日，陕西省听障运动员汪子翔在第二十二届夏季听障奥运会男子蛙泳比赛中以30秒13的成绩勇夺金牌，在男子4×100米混合泳比赛中以4分00秒77的成绩摘得银牌。汪子翔是该省首次入选中国听障奥运体育代表团的唯一一名听障运动员，他终结了陕西省运动员在世界听障奥运会上没有金牌的历史。

7月31日，陕西省残联举行全系统向延安灾区捐款活动。300余人捐款共计23060元，由赈灾机构转送延安灾区。

8月8日，陕西省残疾人联合会第六次代表大会在西安隆重开幕。

8月9日，省残联六届主席团举行第一次会议。

8月18日，第八届全国残疾人艺术汇演湖南赛区比赛落下帷幕。

8月27日，省残联明建宇巡视员在陕西省射击射箭运动管理中心为陕西硒谷产业发展有限公司颁发爱心牌匾，赞誉其真情助残的善举。

9月6日，省政府残工委副主任、省残联党组书记、理事长高合元，省残联党组成员、副理事长戈养年，省残联巡视员明建宇一行专程来到西安市盲哑学校、陕西省城市经济学校，看望慰问一线特殊教育教师，并结合党的群众路线教育实践活动征求对省残联工作的意见和建议。

9月9—12日，省残联在西安举办了“陕西司法大讲堂暨全省残联系统维权干部培训班”。省残联党组成员、副理事长戈养年做重要讲话。

9月14日，全省特教学校校长职教推介会在陕西省城市经济学校召开。省残联党组成员、副理事长戈养年做了重要讲话。省教育厅职成处处长李明富为校长们做了关于职业教育的专题讲座；省教育厅基教二处副处长李根民到会并做了讲话。

9月4日，省残联在莲湖区残联召开第八届全国残疾人艺术汇演总结表彰会。省残联巡视员明建宇、西安市残联理事长李忠良出席会议。

9月9—12日，省残联在西安举办了“陕西司法大讲堂暨全省残联系统维权干部培训班”。省残联党组成员、副理事长戈养年做重要讲话。来自各设区市、韩城市残联分管维权工作的领导、维权部负责维权信访干部，11个设区市的市、县级人大代表、政协委员以及省残疾人法律服务中心的同志近100人参加了培训。

9月14日，全省特教学校校长职教推介会在陕西省城市经济学校召开。省残联党组成员、副理事长戈养年做了重要讲话。

9月21日，在第五十六届国际聋人节来临的前一天，陕西省残联与西安市残联在陕西省图书馆前共同举办了以“鲜花绽放我心声”为主题的庆祝活动。省残联副理事长戈养年出席了活动开幕式。

9月25日，省残联举办党组书记讲党课暨学习成果交流会。

9月27日，省残联组织干部职工深入“两联一包”扶贫点商洛市洛南县三要镇罗村，开展送医、送药、送轮椅拐杖、送助听器活动。

9月28日，由国际特奥会东亚区、陕西省残联、陕西省特奥会、西安市残联、西北工业大学联合主办的陕西省特奥大学计划融合活动在西北工业大学举行。省政协常委、提案委员会主任、省特奥会主席杨志刚，西安市残联理事长李忠良等领导出席开幕式。

10月14日，“关爱重残·共享阳光——陕西省3000名重度肢体残疾人辅助器具适配服务项目启动暨资金捐赠仪式”在西安启动。副省长祝列克、省政协副主席千军昌出席。省政府副秘书长王拴虎，省残联领导高合元、戈养年、贾乃荣以及秦汉新城管委会主任杨占文、沣西新城管委会主任刘宇斌等一同出席启动仪式。秦汉新城和沣西新城管委会分别捐资200万元对项目予以支持。

10月14日，省政协副主席千军昌来到省聋儿康复中心看望特教老师和正在接受语训的儿童。

10月13日，“消除障碍，促进融合”国际盲人节在西安博纳新天地国际影城内隆重举行。省残联、省图书馆、省盲人协会及博纳新天地国际影城的部分领导出席了本次活动。

10月16日，省残联党组书记、理事长高合元在省残联巡视员明建宇、西安市残联理事长李忠良的陪同下到西安市启智学校调研。

10月18日，2013年度“恒爱行动”陕西省启动仪式在咸阳市武功县红太阳特殊教育学校举办，省妇联主席井剑萍、省残联巡视员明建宇、省妇联副主席王玉娥、彩羊集团总经理陈贾赟等领导出席启动仪式。

10月22日，由省残联、省文联联合举办的“扶助残疾人，共圆中国梦”文化助残活动在西安碑林区举行。

10月21—24日，全国残疾人托养服务能力建设培训班（陕西）在宝鸡市举办。省残联副理事长戈养年出席了培训班，省财政厅综合处处长王永杰、调研员姚治秀随培训班参加了考察调研活动。

10月28日—11月1日，2013年全省残联系统干部培训班在陕西省委党校成功举办。省纪委常委高山、省人力资源和社会保障厅厅长翟四虎、省残联理事长高合元分别就反腐倡廉、社会保障和全省残疾人工作做了专题讲座。全省市、县（区）残联理事长，组联工作负责人，省级残疾人各专门协会主席，优秀专职委员和部分西藏阿里地区残联干部共180余人参加培训。

10月22日，陕西文学院第三届签约作家签约仪式在西安举行，安塞县档案局干部、西安市聋协副主席、主席团成员袁延峰与齐雅丽副书记郑重签约三年。

11月11日，省残联组织召开西安市残疾人工作率先发展座谈会。省残联党组书记、理事长高合元讲话，省残联副理事长戈养年主持，省残联巡视员明建宇出席会议，西安市残联理事长李忠良作西安市残疾人工作率先发展报告。

12月1日，陕西省残联、陕西省图书馆、西安博纳国际影城在西安博纳新天地国际影城举办了主题为“感悟·感恩”的大型残疾人文化观影活动。省残疾人各专门协会组织残疾人300余人、西北政法大学青年志愿者大队50人及部分媒体工作人员参加了庆典活动，省残联党组成员、副理事长戈养年出席并讲话。

11月30日，陕西省城市经济学校召开了特殊教育专业指导委员会成立大会，省残联副理事长戈养年出席大会并做了重要讲话。

12月18日，省残联在部分省直部门单位主要负责人教育实践活动座谈会上做交流发言。

12月19日，省政协副主席千军昌在省残联党组书记、理事长高合元及商洛市市委书记魏增军及商洛市政府副市长李云飞的陪同下，赴商洛入户看望慰问重度肢体残疾人，并给他们送上祝福。

附　录

同享一片蓝天，共筑一个梦想

——陕西省残疾人事业发展综述

《陕西日报》　2013年8月7日

今年陕西省“两会”召开之际，省聋协主席程长明频繁给听力残疾人朋友发短信，告知可以看到电视手语同步直播的开幕式，手指麻了还是满脸喜悦。省社科院副院长石英看后说，为“两会”直播配备手语翻译，是保障残疾人公民在政治生活方面享有与其他公民平等权利的有效方式，更是陕西省尊重、关心残疾人公民的实实在在的举措。

近年来，陕西省采取依托卫生系统的医疗机构和技术力量办好残疾人康复中心、依托民政系统的敬老院办好残疾人托养中心、依托各行各业和社会力量做好残疾人各项事业，整合各种资源、整合同类项目、实现优化配置、同步组织实施的超常规思路发展残疾人事业，使陕西省残疾人事业步入历史上最快的发展时期，残疾人得到实惠最多的时期。

发展残疾人事业，不仅需要帮助解决残疾人的实际困难和问题，而且要为残疾人生存、发展创造更大的空间。省委、省政府站在战略和全局的高度，努力为残疾人生存和发展提供稳定的制度性保障，出台了《贯彻〈中共中央国务院关于促进残疾人事业发展的意见〉的实施意见》《关于加快推进全省残疾人社会保障体系和服务体系建设实施意见》《陕西省残疾人事业“十二五”发展纲要》。省人大颁布了新修订的《陕西省实施〈中华人民共和国残疾人保障法〉办法》，从法律层面保障了残疾人权益。省政府持续实施民生工程残疾人项目，全省累计投入事业经费26.66亿元，解决了一系列关系残疾人事业长远发展的重大问题。

7个市、15个县区新建或改造了残疾人综合服务中心，累计有78家实现正式运营；建成各类专业康复服务机构119个、社区康复站760个；提供辅助器具适配5.4万件；投入6887万元，建成集中托养机构101个、日间照料机构117个。在全国率先实行残疾人就业保障金支持集中安置残疾人就业基地（企业），建立50个残疾人就业培训基地、49个集中安排残疾人就业基地；建立残疾人扶贫基地196个；新增特教学校14所，累计建成特教学校46所、残疾人职业教育高中3所、注册聋儿语训机构34家；开辟盲文及盲人有声读物图书室56所，52家电视台开办了电视手语节目，建立6所国家级和13所省级特殊艺术人才培养基地及24个残疾人体育健身示范基地。

陕西省有249万残疾人，他们遍布在社会的每一个角落。残疾人工作要涵盖到每一名残疾人，就需要把残疾人组织延伸到三秦大地的每一个角落。目前，全省1545个乡（镇、街道）成立了残联，1916个社区、2.69万个村成立了残协，选聘30156名残疾人和少量残疾人亲属担任各级残疾人专职委员，基本达到残联（残协）组建率100%、专职委员选聘率100%、待遇落实率100%；同时还招募了11万名助残志愿者，建立了839个残疾人“温馨家园”，成立了残疾人果业协会、养殖协会、按摩协会、文体协会、书画协会等各类行业和专业协会1355个。

近年来，陕西省通过实施白内障复明、人工耳蜗植、肢体矫治等康复手段，使72万人次残疾人得到不同程度的康复。残疾人的各项社会保障也得到明显完善，4.6万名重度残疾人获得护理补贴，61.26万贫困残疾人每月领取不少于50元的生活补贴，16.5万城镇残疾人参加居民基本养老保险，56万农村残疾人参加新型农村社会养老保险，比全国提前四年实现城乡残疾人居民社会养老保险全覆盖。17.3万名城镇残疾人实现就业，18.5万名残疾人实现脱贫，1.59万户农村贫困残疾人的危房得到改造，4500户贫困残疾人家庭实施了无障碍改造。

基本需求得到保障，越来越多的残疾人精神文化生活日益丰富，残疾人融入社会、参与民主生活的程度不断加深。在全省文艺汇演、慈善晚会等大型舞台上，处处闪现着残疾人的身影；在国内外重大残疾人体育赛事上，陕西省残疾人运动员捧回金牌149枚、银牌132枚、铜牌85枚。各级党代表、人大代表和政协委员中，残疾人、残疾人亲友或残疾人工作者的人数也在不断增加，残疾人的政治地位不断提高。

随着陕西省残疾人事业的不断发展，全社会尊重、理解、关心和帮助残疾人的良好氛围日益形成，全省广大残疾人也将在这充满关爱的大家庭中不断创造和享受更加美好的生活。

（赵晓莉供稿）

甘肃省残疾人事业和残疾人工作

一、领导讲话

省委书记、省人大常委会主任王三运在接见省残疾人艺术团赴澳门文化汇报演出演职人员时的讲话摘要

2013 年 1 月 8 日

今天晚上观看了你们的演出，应当说非常的惊叹，非常的震撼。

大家以非常饱满的激情、精湛的技艺，给我们献上了一台非常丰盛的文化艺术盛宴，不仅让我们欣赏了精彩演出，更多的是让我们受到了教育启迪，感到了一股坚强不屈的力量。

党的十八大和我们省第十二届党代会都对残疾人事业有很多深刻的阐述，全党、全社会各个方面，都要进一步关心和重视、支持残疾人事业。省委、省政府和全省各级党委政府要认真贯彻党的十八大精神，进一步重视残疾人事业，特别是残疾人文化艺术事业的发展，创造更多的条件，提供更好的服务，让残疾人和健全人一样享受到社会的关爱、发展的成果，共同创造幸福美好新甘肃的灿烂明天。

省委常委、常务副省长刘永富在省政府残工委全体会议上的讲话摘要

2013 年 1 月 18 日

做好新时期残疾人工作，任务艰巨繁重，使命神圣光荣。各级政府及残工委要紧紧围绕建设幸福美好新甘肃和残疾人与健全人同步实现小康的目标要求，盯紧抓实残疾人“两个体系”建设任务，重视解决好残疾人基本民生问题，全面加强各级残工委自身建设，着力优化残疾人事业发展环境，共同推动残疾人事业与全省经济社会同步跨越发展，积极帮助广大残疾人与全国人民同步迈入全面小康。具体讲，就是要突出“三项重点工作”、着力办好“四件实事”。

“三项重点工作”：一是要加强康复治疗工作。要实施好重点康复项目，扩大康复服务覆盖面，减轻残疾程度，帮助广大残疾人恢复身体功能；要积极预防和减少残疾发生，努力减少残疾人数量。二是要加强残疾人教育、培训和就业工作。要让广大残疾人受到教育培训，提高残疾人自身素质和就业能力；要继续编制和落实好残疾人就业岗位目录，让有劳动能力的残疾人都能实现就业，从根本上提高残疾人参与社会的能力和自身生活水平。三是做好残疾人社会保障工作。要加快建立重度残疾人护理补贴制度，加大对重度残疾、一户多残、老残一体等特殊困难和低收入残疾人家庭的救助力度，切实保障他们的基本生活。

“四件实事”：做好 7 万名重度残疾人护理补贴发放工作、编制完善残疾人就业岗位目录、收好用好残疾人就业保障金、加快建设省残疾人综合服务基地。

副省长张广智在省残联五届六次主席团暨全省残疾人工作会议上的讲话摘要

2013 年 2 月 27 日

党的十八大明确提出“健全残疾人社会保障和服务体系，切实保障残疾人权益”的部署要求，省委、省政府对发展残疾人事业高度重视，各地、各部门要紧紧围绕全面建成小康社会的奋斗目标，突出工作重点，明确着力方向，不断改善残疾人民生状况，大力推动全省残疾人事业加快发展。要大力推动残疾人社会保障体系建设，健全完善残疾人基本生活保障制度、医疗救助制度、贫困残疾人住房补贴制度；要着力构建残疾人公共服务体系，切实做好残疾人就业、扶贫、康复、教育、文化体育和权益保障等工作；要持续改善残疾人事业发展条件，抓好服务设施建设、各类专项资金的争取和管理使用工作、残疾人专业服务人才队伍建设；要带着感情，满腔热情，切实为残疾人事业做好保障服务，确保全年工作任务圆满完成。

省委书记、省人大常委会主任王三运在省残联第六次代表大会上的讲话摘要

2013 年 8 月 5 日

当前，甘肃已经迈入发发展能量不断积累、发展潜力加速释放、发展后劲日益增强的新阶段。加快推进全面小康社会建设进程、建设幸福美好新甘肃，必须凝聚各方面的智慧和力量，必须实现不同群体间的协调发展，必须不断推进残疾人事业与全省经济社会同步跨越发展。我们一定要适应新形势新任务要求，以更大的决心、更

有力的举措、更扎实的作风，努力把残疾人工作提升到一个新的水平。

一要立足事业发展全局，始终做到思想重视、认识到位。残疾人事业是建设中国特色社会主义的重要内容，是文明、进步、崇高的事业。没有残疾人状况的根本改善，就谈不上真正的全面小康；没有残疾人的倾力参与，就会削弱推进富民兴陇的力量。我们一定要从共同实现全面小康社会目标的高度，从共享幸福美好新甘肃的高度，充分认识新形势下发展残疾人事业的重要性艰巨性，以实际行动解决好残疾人面临的困难和问题，让他们过上更加体面、更有尊严的生活。

二要坚持保障服务并重，始终做到真心关爱、真情扶持。健全残疾人社会保障和服务体系，切实保障残疾人权益，是党的十八大对残疾人工作提出的新要求。要以正在全党深入开展的群众路线教育实践活动为契机，深入残疾人朋友当中，关注他们的生活，倾听他们的呼声，了解他们的需求，用扎实有效的行动，努力提供更多、更高水平的社会保障和公共服务，用我们的真心和真情，传递党和政府的温暖。要以残疾人社会保障工作为重点，不断健全完善社会保障专项政策，有效保障残疾人的基本生活；以残疾人康复工作为重点，着力完善服务体系，增强服务能力，使更多的残疾人得到有效、实用、便利的康复服务；以实现残疾人的社会价值为重点，拓宽残疾儿童、残疾青年受教育的渠道，全面提升残疾人受教育水平；以提升残疾人自我发展能力为重点，将贫困残疾人作为“1236”扶贫攻坚行动的重点对象，积极支持他们自主创业和灵活就业。

三要积极争当生命强者，始终做到有所作为、有所贡献。无数事实告诉我们，残疾人能够利用自己的智慧和力量成就辉煌，能够在命运的顽强拼搏中绘就精彩人生，能够干成大事业。广大残疾人朋友要牢固树立自尊、自信、自强、自立的人生信念，善于磨砺意志，敢于直面人生，勇士战胜困难，以乐观拥抱生活，以勤劳改变人生，以创新创造价值，用自己的奋斗实现人生梦想、绽放人生风采，创造无愧于时代的业绩。要自觉将个人梦想融入全面建成小康社会、实现“中国梦”的伟大实践，融入建设幸福美好新甘肃的伟大实践，争做坚定理想的楷模，做自强和谐的楷模，在力所能及的范围内去感染他人、帮助他人、影响他人，用自己的努力培植积极向上的“正能量”。要竭尽所能主动融入社会，量力而行投身社会实践，用自己的勤劳创造美好生活，用实际行动促进经济社会发展、维护和谐稳定。

四要全面形成工作合力，始终做到共同扶残、共同助残。各级党委、政府要做加快残疾人事业发展的推动者，切实把残疾人工作摆上重要议事日程，把残疾人事业纳入经济社会发展总体布局，不断加大投入力度，及时研究解决残疾人工作中存在的突出困难和问题，多开“小灶”、多开“绿灯”，建立残疾人政策上的“无障碍通道”。各有关部门要发挥各自优势，整合各类资源，密切配合，齐心协力做好残疾人工作；各级残联组织要做残疾人的服务者，牢固树立服务的思想，认真履行职责，谋思路，想办法，切实维护和保障好残疾人的各项权益；广大残疾人工作者要做残疾人的贴心朋友，秉承“人道、廉洁、服务、奉献”的职业道德，着力提升工作水平，着力解决残疾人诉求，着力转变工作作风，真正成为广大残疾人的娘家人和贴心人。

中国残联党组成员、副理事长孙先德在省残联第六次代表大会上的讲话摘要

2013 年 8 月 5 日

甘肃省委、省政府一贯高度重视残疾人事业，始终将残疾人工作摆上重要议事日程，纳入经济社会发展总体规划，持续加大政策和资金保障力度，着力解决残疾人事业发展中的突出问题，促进残疾人事业与全省各项事业同步协调发展。在省委、省政府的坚强领导下，五年来甘肃省各级残联和广大残疾人工作者高举中国特色社会主义伟大旗帜，全面贯彻落实科学发展观，紧紧围绕“建设幸福美好新甘肃、实现全面小康”目标和全国残疾人工作部署，立足省情和残疾人工作实际，坚持以残疾人社会保障体系和服务体系建设为主线，全面推进各项工作，走出了一条欠发达地区残疾人事业加快发展的新路子，为西部乃至全国残疾人事业的发展提供了许多新鲜经验和有益借鉴。

党的十八大描绘了全面建成小康社会、实现中华民族伟大复兴的宏伟蓝图，开启了实现“中国梦”的新征程。团结带领广大残疾人和全国人民一道共创共享全面小康，是历史赋予我们的神圣职责和光荣使命。我们要进一步增强做好残疾人工作、改善残疾人民生的责任感和紧迫感，推动残疾人事业在新的起点上加快发展，让广大残疾人更加幸福美好的生活；要加强组织领导，建立完善残疾人事业发展长效机制，形成推动残疾人事业发展的强大合力；要保障改善残疾人民生，加快推进残疾人小康进程，缩小残疾人与社会平均水平的差距；要密切联系残疾人，全面加强残疾人组织自身建设，推动残疾人事业持续健康发展。

副省长、省残联副主席张广智在省残联第六次代表大会上的讲话摘要

2013 年 8 月 6 日

未来五年，是全面建成小康社会的关键时期。我们要紧紧把握全省经济社会后发赶超、转型跨越的重大战略机遇，组织和动员广大残疾人工作者和残疾人朋友积极投入全面建成小康社会的伟大实践，不断推动残疾人事业加快发展、科学发展。一要深化认识，不断增强做好残疾人工作的责任感和使命感。促进残疾人事业快速发展，持续改善残疾人生活状况，事关全面建成小康社会大局，已成为陕西省经济社会转型跨越发展的一项重

要而紧迫的任务。要坚持以人为本和科学理念，站在构建和谐社会的高度，切实增强做好残疾人工作的历史使命感和政治责任感，明确着力方向，突出工作重点，强化工作保障，扎实推进残疾人事业创新发展。二要扎实工作，打牢残疾人事业发展基础。要大力加强残疾人社会保障体系建设，加快建立“多层次、广覆盖、保基本、可持续”的残疾人基本保障制度。要大幅增加残疾人基本公共服务供给，不断扩大残疾人服务体系的覆盖面，全面提高残疾人生存发展能力和生活幸福指数。三要加强领导，奋力推动残疾人事业实现新跨越。各地各单位要进一步完善党委领导、政府负责的残疾人工作领导体制，把推进残疾人事业发展纳入经济社会发展总体规划，摆上重要议事日程，进一步加大支持和投入力度，及时研究解决存在的困难和问题，不断筑牢社会和谐与稳定发展的基础。要进一步强化工作职责，加大组织协调力度，形成工作合力，共同促进残疾人事业加快发展，共创共享幸福美好新生活。

二、政策法规文件

中共甘肃省委、甘肃省人民政府关于深入实施“1236”扶贫攻坚行动的意见

甘发〔2013〕13号

为加快甘肃贫困地区脱贫致富步伐，实现与全国同步全面建成小康社会，9月17日，中共甘肃省委、甘肃省人民政府出台了《关于深入实施“1236”扶贫攻坚行动的意见》。

《意见》明确，把58个片区县作为主战场，统筹17个插花县区，紧紧围绕“一个核心”和“两不愁、三保障”，全力实现“六大突破”，推动扶贫开发工作取得更大成效。“1236”，即紧扣持续增加收入这一核心，确保扶贫对象年均纯收入增幅高于全省平均水平2个百分点，到2016年贫困地区农民人均纯收入达到7000元以上，到2020年达到12000元以上，进一步缩小与全国的收入差距；做到不愁吃、不愁穿；落实义务教育、基本医疗和住房三个保障；在基础设施建设、富民产业培育、易地扶贫搬迁、金融资金支撑、公共服务保障和能力素质提升等六方面实现重大突破。

《意见》提出，优先发展教育事业，到2016年，实现贫困地区乡镇中心幼儿园全覆盖，今后5年，对在贫困地区、民族地区任教的义务教育特岗教师每年提供2万元补助；完善社会保障制度，充分发挥社会保障制度的保底作用，加强农村低保与扶贫的有效衔接，对特殊贫困人口分类按标施保。优先解决重残、重病、单亲及生活极度困难扶贫对象的生活保障问题，逐年提高保障标准，做到应保尽保。近三年每年新建互助老人幸福院1000个、增设床位1万张，将现有2400多名重度残疾儿童纳入救助范围。

甘肃省人民政府办公厅关于印发2013年为民办实事实施方案的通知

甘政办发〔2013〕42号

3月15日，省政府办公厅印发《甘肃省人民政府办公厅关于印发2013年为民办实事实施方案的通知》。《通知》明确省委、省政府2013年将集中力量为民办好10项26件实事，不仅明确每件实事的具体目标任务、实施范围、资金来源以及牵头承办单位，还提出了时间期限。这10项26件实事实施方案包括《2013年重度残疾人护理补贴实施方案》和《2013年农村危房改造工作实施方案》。

《2013年重度残疾人护理补贴实施方案》明确，为全省7万名一级重度贫困残疾人提供护理补贴；补贴标准农村每人每月50元（600元/年），城镇每人每月70元（840元/年）；重度残疾人护理补贴所需资金由中央、省、市、县财政共同承担，其中中央和省级财政承担农村重度残疾人护理补贴每人每月30元、城镇50元；县级财政分别承担20元。市州级财政可视财力情况对县市区适当给予补助。补贴资金每年由县级残联会同同级财政部门按核定的补贴人数和标准，直接发放到补贴对象。省残联、省财政厅负责补贴任务及资金的安排下达，组织实施和指导检查全省补贴政策的运行。县级残联和同级财政部门负责补贴对象审核及补贴资金发放。各级审计、监察等部门，在职责范围内配合做好有关工作。对补贴资金实行专户管理，确保专款专用、独立核算。对出现瞒报虚报，冒领、贪污、挤占、挪用、截留补贴资金等严重违规违纪问题的，依法依规严肃处理。

《2013年农村危房改造工作实施方案》明确，实施20万户农村危房改造工程（含1万户残疾人危房改造户），工程开工率、竣工率达到100%。实施范围包括长期居住在存在安全隐患的窑洞、简易石板房、土坯房等危房，且无能力改造危房的农户或农村贫困残疾人户。质量要求统一为砖木或砖混结构，并达到抗震安全要求。残疾人建房规划应尽可能进行无障碍设计。所需资金争取中央户均补助7500元（具体按中央确定标准执行）；省财政户均补助3000元（其中省财政对残疾人危房改造户在补助3000元的基础上，再补助3000元），争取中央彩票公益金对残疾人危房改造每户补助1000元；市县均配套2000元。

甘肃省农村居民最低生活保障办法

甘肃省人民政府令第98号

经2013年2月17日省人民政府第二次次常务会议讨论通过，自2013年3月26日起施行。《办法》规定，农村居民最低生活保障实行分类施保。省人民政府制定一、二类保障对象指导性补助标准。市（州）、县（市、区）人民政府制定三类及以下对象补助标准。一类保障对象：因主要劳动力亡故或者重度残疾，基本没有收入来源的家庭；因家庭成员常年患重特大疾病，经济负担沉重的

家庭；因意外事故或者家庭变故，造成生活水平接近农村“五保户”的单亲特困家庭。二类保障对象：因家庭成员病残等原因造成劳动力缺乏、不能外出务工的家庭；因病、因学等原因造成支出负担沉重，影响基本生活的家庭；生活明显困难的独生子女户、二女户和单亲家庭。三类及以下保障对象：因其他原因造成收入较低，在当地属于明显困难的家庭。

甘肃省人民政府办公厅关于进一步加强城乡重特大疾病医疗救助工作的意见

甘政办发〔2013〕145号

为进一步加强城乡重特大疾病医疗救助工作，9月2日，省政府办公厅印发关于进一步加强城乡重特大疾病医疗救助工作的意见，决定在2012年对全省58个贫困县农村贫困家庭患7种重特大疾病的患者提高医疗救助标准基础上，将重特大疾病医疗救助病种由7种扩大到26种并覆盖全省城乡困难群众，实行即时结算服务。救助范围包括全省86个县市区中，农村“五保”供养、城乡低保以及家庭人均收入不高于当地低保标准150%的其他困难家庭中，患有儿童脑瘫、重度精神病等26种重特大疾病患者。其中脑瘫儿童患者（在全省选择可通过手术临床疗效明显的脑瘫儿童进行手术治疗）救助标准控制在1.2万元以内；临床疗效明显的五类重度精神病患者（属民政部、卫生部规定的可治愈的抑郁症、狂躁型、焦虑型、强迫性神经官能症、创伤性应激反应型精神病人）救助标准控制在0.8万元内。

省财政厅、省残联关于印发《甘肃省重度残疾人护理补贴资金管理办法》的通知

甘财社〔2013〕11号

为加强全省重度残疾人护理补贴资金的管理，确保重度残疾人护理补贴及时足额发放，根据省委、省政府相关精神，3月29日，省财政厅和省残联印发《甘肃省重度残疾人护理补贴资金管理办法》。

第四条 重度残疾人护理补贴资金的补贴对象为同时具备以下条件的居家或集中托养（供养）的一级重度残疾人：

（一）具有甘肃省户籍，持有第二代中华人民共和国残疾人证，且登记为一级的视力、肢体、智力、精神、多重残疾人；

（二）日常行为严重障碍，生活不能自理，确需他人长期照料；

（三）残疾人本人无业、无固定收入；

（四）残疾人家庭经济困难。

第五条 省残疾人联合会会同省财政厅根据省委、省政府安排部署，参照全省经济发展水平，统一制定城乡重度残疾人护理补贴指导标准。各地可视财力状况适当提高补贴标准，所需资金自行解决。

第七条 省级财政每年根据省残联提供的全省符合条件的城乡重度残疾人人数和补贴标准，将中央和省级应承担的补助资金直接拨付至县级财政；县级财政按要求承担配套资金，市州级财政视财力给予补助。

第八条 县级财政对同级残联提供的发放花名册进行审核后，及时拨付补助资金，确保按时发放到人。

第九条 居家重度残疾人护理补贴资金原则上实行社会化发放，其中：农村重度残疾人护理补贴资金通过惠农“一折统”发放；城镇重度残疾人护理补贴资金由社会金融机构发放，社会化发放确有困难的地区，可由县级财政将补贴资金拨付同级残联，由残联组织发放。

第十条 集中托养（供养）的重度残疾人护理补贴资金由托养（供养）机构提出申请，分别经同级残联、财政部门审核后，将所需补贴资金直接拨付托养（供养）机构。

省卫生厅、省残联关于印发《甘肃省2013年“百万贫困白内障患者复明工程”项目管理方案》的通知

甘卫医政发〔2013〕342号

为提高全省贫困白内障患者复明手术率，解决因白内障致盲的问题，11月25日，省卫生厅、省残联制定印发《甘肃省2013年“百万贫困白内障患者复明工程”项目管理方案》。《方案》提出，2013年12月底前完成对全省贫困白内障患者的筛查，并为5000例省内贫困白内障患者进行复明手术。《方案》明确，白内障手术定点医院由可独立开展手术的三级综合性医院及具备条件的县级医院组成。项目实施所需经费由中央和地方共同承担。2013年中央财政对贫困白内障患者手术费用给予补助，每例患者补助手术费用800元。各级地方财政部门给予经费补助，保障项目顺利实施。2013年全省“贫困白内障患者复明工程”项目手术任务（手术例数）分配：兰州市600例、嘉峪关市100例、金昌市100例、白银市500例、天水市300例、酒泉市200例、张掖市400例、武威市500例、定西市300例、陇南市300例、平凉市300例、庆阳市300例、临夏州200例、甘南州200例；省级项目实施单位：兰大二院100例、省二院100例、省康复中心医院500例。

省人社厅、省财政厅《关于调整企业因工伤残人员伤残津贴、生活护理费和工亡职工供养亲属抚恤金标准的通知》

甘人社通〔2013〕195号

为保障企业工伤职工（人员）及工亡职工供养亲属的基本生活，根据《工伤保险条例》及有关政策规定，经5月10日省政府第十次常务会议审议通过，决定从2013年1月1日起，对我省企业工伤职工（人员）伤残津贴、生活护理费和工亡职工供养亲属抚恤金标准进行调整。5月20日，省人社厅、省财政厅下发《关于调整

企业因工伤残人员伤残津贴、生活护理费和工亡职工供养亲属抚恤金标准的通知》。《通知》明确，对伤残津贴按伤残等级、职称以及退出工作岗位前工作时间三类情况进行调整，月人均增加186元，达到1756元，增幅为11.85%，此次调整是我省自2006年以来第9次调整工伤保险待遇。一至四级因工伤残人员调整待遇所需资金，已参加工伤保险社会统筹的，从工伤保险基金中支付；未参加工伤保险社会统筹的，按规定标准，由用人单位支付；五级和六级因工伤残职工调整待遇所需资金由用人单位支付。

省残联关于印发《全省贫困残疾人家庭无障碍改造项目实施方案》的通知

甘残联发〔2013〕38号

为改善贫困残疾人居家环境和提高生活质量，4月8日，省残联印发了《全省贫困残疾人家庭无障碍改造项目实施方案》。《方案》提出，2013年全省贫困残疾人家庭无障碍改造项目1000户，其中中国残联项目800户，各地自筹项目200户。《方案》明确，项目改造包括地面平整及坡化、低位灶台（盲人家庭灶台安装煤气泄漏报警装置）、房门改造、坐便器改造、安装卫生间热水器、扶手和抓杆（洗手池扶手、坐便器扶手、淋浴扶手）、浴凳及改善残疾人家居卫生条件的其他设施等。《方案》要求，项目实施要坚持解决贫困残疾人家庭无障碍急需、兼顾残疾人个性化需求和公开、公正、透明的原则，项目实施每户无障碍改造标准原则上不低于5000元，其中中央补助资金3500元，市、县两级配套资金不低于1500元，自筹项目每户5000元由当地自筹资金解决。

省残联关于印发《关于进一步加强全省听力语言康复工作的实施意见》的通知

甘残联发〔2013〕62号

为充分发挥各级残联和定点康复机构作用，推动全省听力语言康复事业加快发展，7月22日，省残联印发《关于进一步加强全省听力语言康复工作的实施意见》。《意见》明确了听力语言康复工作的指导思想、工作目标、基本原则、主要措施。《意见》提出，率先实现听力残疾人“人人享有康复服务”的目标，到2015年，省上将出台0—6岁听力残疾儿童康复救助政策，启动并逐步推广全年龄段听力语言康复服务；省级残联所属听力语言康复中心全面建立，总体达到《残联系统康复机构建设规范（试行）》规定的二级及以上机构标准；60%的市（州）和辖区人口30万以上的县（市、区）建成残联所属的听力语言康复机构。到2020年，全省建立0—6岁听力残疾儿童康复救助制度，相关保障政策全面覆盖各年龄段听力残疾人，听力语言康复保障水平得到较大提升；90%的市（州）和辖区人口30万以上的县（市、区）全部建成残联所属的听力语言康复机构，机构专业化服务能力达到较高水平。

甘肃省残疾人就业办法

甘肃省人民政府令第100号

《甘肃省残疾人就业办法》已经2013年2月17日省人民政府第二次常务会议讨论通过，现予公布。自2013年4月10日起施行。

第一章 总 则

第一条 为了保障残疾人的劳动权利，促进、扶持残疾人就业，根据《中华人民共和国残疾人保障法》、《残疾人就业条例》和《甘肃省残疾人保障条例》等有关法律、法规，结合实际，制定本办法。

第二条 本办法所称残疾人就业是指达到法定就业年龄，有就业要求的残疾人从事有报酬的劳动。

第三条 本省行政区域内的机关、团体、企业、事业单位、民办非企业单位（以下统称用人单位），应当依照有关法律、法规和本办法的规定，履行扶持残疾人就业的责任和义务。

第四条 县级以上人民政府应当将残疾人就业纳入国民经济和社会发展规划，按照集中就业与分散就业相结合的原则，制定并落实促进残疾人就业的优惠政策和具体扶持保障措施，健全残疾人就业服务体系，为残疾人就业创造条件。

第五条 各级人民政府鼓励公民、法人和其他社会组织通过多种渠道、多种形式扶持残疾人就业，鼓励用人单位超过规定比例安排残疾人就业，鼓励残疾人通过自主择业、自主创业等多种形式就业。

残疾人应当提高自身素质，增强就业能力，遵守用人单位的劳动纪律，恪守职业道德。

禁止在就业中歧视残疾人。禁止以暴力、威胁或者非法限制人身自由的手段强迫残疾人劳动。

第六条 县级以上人民政府残疾人工作委员会负责组织、协调、指导、督促有关部门做好残疾人就业工作。

县级以上人力资源和社会保障、民政、财政、税务、工商行政管理、统计等有关部门在各自的职责范围内，做好残疾人就业工作，依法维护残疾人的劳动就业权益。

各级残疾人联合会接受政府委托，负责残疾人就业工作的组织实施与监督，其所属的残疾人就业服务机构具体负责残疾人就业服务工作。

第七条 各级人民政府对在残疾人就业工作中做出显著成绩的单位和个人，给予表彰和奖励。

第二章 用人单位的责任

第八条 用人单位应当按不低于本单位在职职工总数1.5%的比例安排残疾人就业，并为其提供适当的工种和岗位。

用人单位跨地区招录的残疾人，应当计入所安排的残疾人职工人数之内。安排1名盲人按安置2名残疾人计算。

已退休、退职的残疾人，不计入所安排的残疾职工人数。

用人单位未安排残疾人就业或者安排残疾人就业达不到规定比例的，应当缴纳残疾人就业保障金。

第九条 政府和社会依法兴办的残疾人福利企业、盲人按摩机构和其他福利性单位（以下统称集中使用残疾人的用人单位），应当集中安置残疾人就业。

有按摩业务的服务行业和设有按摩科室的医疗机构，应当优先录用具备执业资格或者持有专业技术证书的盲人按摩人员就业。

第十条 集中使用残疾人的用人单位中从事全日制工作的残疾人，应当占本单位在职职工总数的25%以上。集中安置残疾人的用人单位的资格认定，按照国家和省上有关规定执行。

第十一条 用人单位招用残疾人职工，应当依法与其签订劳动合同或者服务协议，按期足额支付残疾人职工工资并按规定为其缴纳社会保险。

第十二条 用人单位应当为残疾人职工提供适合其身体状况的劳动条件和劳动保护，应当保障残疾人职工在转正、晋职、晋级、职称评定、劳动报酬、生活福利、休息休假等方面与其他职工享有同等待遇。

集中使用残疾人的用人单位，应当加强无障碍设施改造和建设，为残疾人职工工作和生活创造无障碍环境。

第十三条 用人单位因生产经营出现困难进行裁员时，一般不得裁减残疾人职工；企业破产时应当妥善安置好残疾人职工。

第十四条 用人单位应当按照县级以上残疾人就业服务机构的要求，及时报告本单位在职职工人数、本年度安排残疾人就业情况及下一年度录用残疾人就业计划。

第十五条 用人单位不得随意加重残疾人职工的劳动负担，延长残疾人职工的工作时间。

第三章 保障措施

第十六条 用人单位在公开招聘工作人员时，不得设置歧视残疾人的条件和要求。

用人单位公开招考和录用公务员、其他工作人员，除职位有特殊要求之外，不得拒绝符合条件的残疾人。

各类职业院校、职业培训机构，在招考录取学生时，同等条件下，应当优先录取残疾人学生。

第十七条 县级以上人力资源和社会保障部门应当会同民政、残疾人联合会编制适合残疾人就业的岗位目录，开发适合残疾人就业的工作岗位，保障残疾人就业。

政府开发的适合残疾人就业的公益性岗位，按照不低于30%的比例安排残疾人就业。

有关部门组织实施高校毕业生就业项目，对适合残疾人就业的岗位，在同等条件下应当优先安排残疾人大学生就业。

县级以上人民政府发展社区服务事业时，应当鼓励和扶持残疾人就业。

第十八条 县级以上人民政府应当建立残疾人家庭零就业援助制度，确保有劳动能力和就业需求的残疾人家庭至少有1人实现就业。

第十九条 县级以上人民政府应当对集中使用残疾人的用人单位依法给予税收减免，有关部门应当在生产、经营、技术、资金、物资、场地使用等方面给予扶持。

第二十条 县级以上人民政府及有关部门应当确定并扶持适合残疾人生产、经营的产品、项目，优先安排集中使用残疾人的用人单位生产或者经营，并根据集中使用残疾人的用人单位生产经营特点确定某些产品由其专产专营。

在同等条件下，政府采购应当优先购买集中安置残疾人的用人单位和残疾人创办的企业生产的产品或者提供的服务。

第二十一条 鼓励和扶持残疾人自主择业、自主创业。残疾人从事个体经营的，工商行政管理、税务、卫生等有关部门应当优先核发相关证照，并按规定免除行政事业性收费。

对申请小额担保贷款符合条件的残疾人，政府担保机构和金融机构，应当优先为其提供担保和贷款。

第二十二条 各级人民政府应当多方面筹集资金，组织和扶持残疾人从事种植业、养殖业、加工业和其他形式的生产劳动。

有关部门、金融机构和城乡基层自治组织应当对残疾人在生产服务、技术指导、农资供应、农副产品收购和信贷等方面提供帮助和服务。

第二十三条 县级以上人民政府及有关部门应当将农村贫困残疾人列为扶贫开发重点对象，并安排专项资金予以扶持，积极为农村贫困残疾人家庭提供增收项目。加强残疾人扶贫基地建设，对具有一定规模、符合同级农业产业化龙头企业标准的残疾人扶贫基地，按照国家和省上的优惠政策予以重点扶持。

第二十四条 县级以上人民政府应当制定并落实残疾人职工社会保障优惠政策，切实提高残疾人职工的社会保障水平。

用人单位应当为残疾人职工办理基本养老保险、基本医疗保险、工伤保险、失业保险、生育保险。

重度残疾人职工参加基本养老保险，缴费累计满15年者，经本人申请并经人力资源和社会保障部门审批后领取基本养老金。

第二十五条 用人单位应当缴纳的残疾人就业保障金数额，由各级残疾人联合会所属的残疾人就业服务机构依照国家和本省有关规定核定。

机关、团体和事业单位缴纳的残疾人就业保障金，由同级财政部门征收；企业、民办非企业单位缴纳的残疾人就业保障金，由地方税务机关征收；非地方财政拨款的其他用人单位缴纳的残疾人就业保障金由省级残疾人就业服务机构征收。

地方税务机关收取的残疾人就业保障金，按照省上的有关规定，分别按比例划入省、市、县三级国库，财政部门收取的残疾人就业保障金直接进入本级财政国库。

第二十六条 依法征收的残疾人就业保障金应当纳入财政预算，用于残疾人职业培训、就业扶持，以及为残疾人提供的就业服务，并可安排用于推进残疾人社会保障体系和服务体系建设。任何组织或者个人不得贪污、挪用、截留或者私分。

财政部门和审计机关应当依法加强对残疾人就业保障金使用情况的监督检查。

第二十七条 企业、民办非企业单位缴纳的残疾人就业保障金从管理费用中列支，机关、团体和事业单位缴纳的残疾人就业保障金从单位预算经费中列支。

残疾人就业保障金的具体缴纳、管理和使用办法由省财政厅会同省残联共同制定。

第四章 就业服务

第二十八条 县级以上人民政府及有关部门应当将残疾人就业服务纳入公共就业服务体系，为就业困难的残疾人提供有针对性的就业援助服务。

第二十九条 县级以上人力资源和社会保障部门、残疾人联合会应当定期组织开展残疾人职业技能竞赛，培养和表彰优秀人才，建立优秀残疾人职业技能人才库，不断提高残疾人职业技能水平。

第三十条 各级人力资源和社会保障部门应当加强对残疾人就业情况的劳动监察，依法保障残疾人的劳动权益。

县级以上人民政府设立的公共就业服务机构，应当将残疾人就业信息纳入人力资源市场信息网络，开设残疾人服务窗口，免费为残疾人提供就业信息咨询、职业介绍和就业失业登记等服务，并免收残疾人人事档案、人事关系委托保管费。

第三十一条 各级教育行政部门应当依法发展残疾人职业教育，利用各类职业院校开展残疾人职业培训，促进残疾人提高职业技能，增强就业和创业能力。

第三十二条 各级财政部门鼓励和扶持各类职业培训机构为残疾人提供职业培训。对残疾人参加职业技能培训、职业技能鉴定的费用从残疾人就业保障金中给予补贴。

第三十三条 各级残疾人联合会应当建立残疾人就业统计制度，督促和指导用人单位向残疾人劳动就业服务机构报送残疾人就业信息。

人力资源和社会保障、民政、财政、统计、税务、工商行政管理等部门应当为残疾人劳动就业服务机构进行残疾人劳动力调查统计和失业登记提供帮助。

第三十四条 县级以上人民政府及有关部门应当加强残疾人就业服务机构规范化建设，在机构设立、岗位设置和人员配备等方面予以支持，所需经费全额纳入本级财政预算。

第三十五条 县级以上残疾人联合会所属的残疾人劳动就业服务机构应当免费为残疾人就业提供下列服务：

（一）就业法律、法规、政策咨询；

（二）职业供求和职业培训信息发布；

（三）组织开展残疾人职业培训；

（四）提供职业心理咨询、职业适应评估、职业康复训练、求职定向指导、职业介绍等服务；

（五）开展盲人按摩工作指导和服务；

（六）引导、支持智力、精神和重度肢体残疾人辅助性就业；

（七）为残疾人自谋职业和自主创业提供帮助和扶持，为集中使用残疾人的用人单位提供支持和服务；

（八）为用人单位安排残疾人就业提供支持和服务；

（九）为残疾人从事农业生产劳动提供支持和服务；

（十）为残疾人就业提供的其他服务。

第三十六条 受人力资源和社会保障部门的委托，残疾人就业服务机构负责残疾人失业登记、残疾人就业和失业统计工作；经所在地人力资源和社会保障部门批准，残疾人就业服务机构可以进行残疾人职业技能鉴定。

第三十七条 残疾人职工因就业和劳动事项申请法律援助的，各级法律援助机构应当依法为其提供法律援助，各级残疾人联合会应当给予支持和帮助。

第五章 法律责任

第三十八条 违反本办法规定，对侵害残疾人劳动权益的行为，未及时制止或未给予受害人必要帮助，造成严重后果的，由其所在单位或上级机关依法对直接负责的主管人员和其他责任人员给予处分；构成犯罪的，依法追究刑事责任。

第三十九条 违反本办法规定，贪污、挪用、截留、私分残疾人就业保障金的有关责任单位、直接负责的主管人员和其他直接责任人员，构成犯罪的，依法追究刑事责任；尚不构成犯罪的，依法给予处分或者处罚。

第四十条 违反本办法规定，用人单位既不按比例安排残疾人就业，又拒不缴纳残疾人就业保障金的，按照国家有关规定执行。

第四十一条 违反本办法规定，用人单位弄虚作假，虚报安排残疾人就业人数，骗取集中使用残疾人的用人单位享受的税收优惠待遇的，由税务机关依法处理。

第六章 附 则

第四十二条 本办法自 2013 年 4 月 10 日起施行。1997 年 1 月 13 日省人民政府第 23 号令发布的《甘肃省分散按比例安排残疾人就业办法》同时废止。

三、工作综述

甘肃省有各类残疾人 187.1 万人，占全省常住总人口的 7.2%，其中，城镇残疾人 21.7 万，占 11.6%，农村残疾人 165.4 万，占 88.4%.；视力残疾 31.4 万人、听力残疾 36.8 万人、言语残疾 5.7 万人、肢体残疾 58.4 万人、智力残疾 15.2 万人、精神残疾 12.5 万人、多重残疾 27.1 万人。

2013 年，全省残疾人工作认真贯彻落实省委、省政府、中国残联的工作部署，紧紧围绕建设幸福美好新甘肃、帮助残疾人同步小康的工作大局，以残疾人社会保障和服务体系建设为主线，优先完善保障政策，着力健全长效机制，及时研究解决工作中存在的突出困难和问题，全省残疾人事业呈现多极突破、全面推进、跨越发展的良好势头。

（一）着力强化机制、全面夯实基础，发展后劲进一步增强

1. 事业推进机制不断健全

省委、省政府高度重视残疾人事业发展，省委常委会、省政府常务会先后多次研究残疾人工作；省委、省人大、省政府、省政协和中国残联近 20 位领导出席残疾人工作会议、参加相关活动，王三运书记 3 次发表重要讲话，罗笑虎常务副省长、张广智副省长多次协调解决具体问题。各级政府加大支持投入，仅省财政拨付残疾人事业相关资金 2.86 亿元，同比增长 14.8%。省委、省政府将为 1 万户农村贫困残疾人实施危房改造、7 万名一级重度残疾人发放护理补贴纳入为民办实事项目。省市县政府逐级完善、全面落实重点残疾人工作目标管理责任制，嘉峪关、金昌、白银、庆阳等地为 70 岁以上残疾人发放了生活补贴。

2. 法规政策逐步完善落实

省政府制定出台了《残疾人就业办法》；推动建立各级人大检查、政府督查、政协视察的残疾人法规政策落实机制，有效落实全国人大、省人大执法检查建议，各级政府残工委深入开展“残疾人扶助政策落实年”活动，召开现场会推广残疾人两个体系建设示范市县经验，残疾人社会保障和基本公共服务政策进一步落实。全省 12.6 万城镇残疾人参加了城镇居民社会养老保障，参保率 86.5%；79.3 万人参加新型农村社会养老保险，参保率 86%，17.6 万名重度残疾人享受了政府全额或部分代缴城乡养老保障金优惠政策，城镇、农村分别有 11.4 万和 33.4 万残疾人纳入最低生活保障。

3. 设施机构建设有序推进

各级政府及残工委成员单位倾力推进残疾人服务设施建设，兰州新区占地 322.5 亩的省残疾人综合服务基地建设加快进度，省听力语言康复中心完成主体工程，省康复中心保障房项目立项，种类齐全的省残疾人辅助器具服务展示大厅顺利建成。2013 年中央补助投资 1240 万元资金新建平凉市残疾人康复中心和两当县残疾人托养中心。9 个市州、11 个县市区新建残疾人综合服务设施和托养、康复机构，6 个残疾人托养服务设施建成投入使用，38 家专业康复机构有效开展业务，新建成特教学校 4 所，全省特教学校已达到 43 所。

4. 残联组织建设全面加强

圆满完成省市县乡四级残联换届工作，市州残联普遍增加领导职数、增设科室，所有市州和 85% 的县市区配备了残疾人领导干部；成功组织了全省市县新任理事长工作培训和研讨交流。扎实推进残疾人组织建设“强基育人”工程，“组织沉到底、服务零距离”工作稳步推进，乡镇（街道）残联理事长普遍实现专职、5 个市州落实副科待遇，残疾人专职委员补助有效落实、管理不断规范，志愿服务网络逐步健全。全省已建乡镇残联 1369 个，已建村残协 17214 个，选聘残疾人专职委员 18625 人。省肢残人协会完成社团法人登记，开展残疾人专用停车位设置等维权活动。

（二）着力改善民生、全面实施项目，发展成效进一步凸显

1. 康复覆盖面明显扩大

全省 86 个县（区、市）的 4955 个村（社区）开展了社区康复工作，累计建成社区康复站 1249 个，社区康复协调员达到 7863 人，各级各类康复服务机构为 70 万残疾人提供康复服务，其中实施白内障复明手术 10755 例、贫困肢残儿童矫治手术 414 例，对 2.1 万贫困精神病患者进行了医疗救助，对 310 名重度失聪儿童进行人工耳蜗植入和免费康复训练，免费适配助视器 2300 件，免费门诊服药和住院治疗精神病患者 3000 名，配发轮椅等基本康复器具近 18385 件。

2. 扶贫攻坚有力推进

全省共投入 1.2 亿元实施 1 万户农村贫困残疾人危房改造；12 个市州、43 个县市区党委政府自筹资金 3.5 亿元，为残疾人办实事 70 余件。落实中央康复扶贫贷款项目资金 3720 万元，有 1566 名贫困残疾人行动扶持；巩固建立 200 多个残疾人扶贫基地，帮助近 10 万人掌握一门以上实用技术，扶持带动 30 万人就地创业增收。募集社会慈善资金近 7000 万元，开展针对性扶贫助残活动。

图6-28-1 残疾人扶贫示范基地带动和辐射残疾人家庭发展生产和致富。

3. 培训就业取得新进展

全省城镇残疾人就业106012人，其中按比例就业20183人，集中就业24599人，个体及其他形式就业54602人。农村残疾人就业53.8万人，其中从事农业生产劳动44.8万人，其他形式就业9万人。全省建立残疾人职业培训基地42个，其中残联兴办19个，依托社会机构兴办23个，接受职业培训残疾人达成1.9万人；全省有医疗按摩机构28个，保健按摩机构209个；新增盲人保健按摩就业227人，按比例就业658人，各级政府公益性岗位安排就业4800人，集中安置就业1万多人。残疾人就业年审和保障金代收代扣工作取得新突破。

4. 助学政策进一步落实

投入113万元实施彩票公益金、交通银行和省财政助学等项目，为150名学前残疾人儿童、200名义务教育阶段学生、150名残疾大学生和280名高中生提供资助，推动市县为4500名残疾学生提供补助，将3000多特教学校新生落实低保；全省247名残疾考生被全国各类高校录取；支持甘肃电大残疾人教育学院招收残疾学生84名。截至2013年底，全省有未入学适龄残疾儿童3137人，其中视力残疾儿童194人，听力残疾儿童186人，言语残疾儿童170人，肢体残疾儿童1106人，智力残疾儿童829人，精神残疾儿童123人，多重残疾儿童529人。

5. 维权服务多层次开展

开展残疾人综合服务设施和法律救助工作站规范化建设，全省建立残疾人法律救助工作协调机构77个，残疾人法律援助中心95个，各级残疾人法律服务机构为6672名残疾人提供法律援助；各级信访部门和政府残工委成员单位办理残疾人信访维权事项1.2万余件。为1218户贫困残疾人家庭进行了无障碍改造，为1.57万残疾人发放机动轮椅车燃油补贴。

（三）着力创新载体、全面宣传造势，发展环境进一步优化

1. 舆论宣传有声有色

甘肃省实现全国残疾人艺术汇演团体金奖“四连冠”；开展了赴澳门文化交流演出、残疾人文化月、全省残疾人事业好新闻评选、全国助残日等一系列助残宣传活动；进行为期1个多月的“中国梦·我的梦·自强梦——省残疾人艺术团汇报展演”和“追梦阳光上海行”公益演出，社会反响强烈。在各级各类媒体刊登残疾人事业新闻稿件近万条，其中中央和省级主要媒体宣传报道600多次。全省建立专题广播节目45个，电视手栏目10个，举办残疾人文化艺术展览49场次，建立省市盲人有声读物图书室11个。

2. 文化体育丰富活跃

建立省级群众体育活动示范点18个，市级残疾人体育活动示范点16个，组织开展全省残疾人体育健身周等活动，为7万余名残疾人参加；成功举办全省残疾人青少年田径锦标赛等4个比赛，培养残疾人体育健身指导员400多名。

3. 参与环境持续优化

发挥“全国康复人才培养基地”、全国听力语言康复区域中心”等优势，同近40个省区残联、国内外慈善援助机构开展合作交流；承办全国首届康复技能大赛、中国康复医学会学术年会、全国康复中心主任会等活动，扩大了事业影响。省残联建成西北首个无障碍网站；公共图书馆盲文及盲人有声读物阅览室不断增加，大部分市州广播电台开播残疾人专题栏目、电视台定期开播手语新闻，“窗口”行业无障碍环境进一步改善，越来越多的残疾人实现驾驶汽车的梦想。

（四）着力转变作风、认真履职尽责，发展合力进一步凝聚

省政府残工委成员单位发挥部门优势，加大政策倾斜和资金投入，形成了齐抓共推残疾人事业的强大合力。省政府残工委办公室充分发挥综合协调、督查考核职能，统筹协调推动工作有效落实。省委宣传部、省广电局、省政府新闻办积极推选、广泛宣传了一批助残先进、自强典型，及时发布了相关助残政策。省发改委将省、市级康复中心和7个县级托养中心项目列入建设规划，争取国家项目建设西北特教师资培训中心。省教育厅推进全省30万人口以上县区按国家标准建设特教学校，对西部地区140多名特教师资进行专题培训。省民政厅对1571名农村贫困家庭重度残疾儿童实施集中救助抚养，救助孤残儿童1336人次，救助实施儿童唇腭裂修复手术278例。省财政厅进一步加大资金支持力度，健全资金管

理机制，确保了各类专项资金及时到位和安全使用。省人社厅全面推进残疾人按比例就业，优先落实政府代缴农村重度残疾人养老保险和残疾人创业扶持特惠政策。省卫计委将残疾人康复项目纳入新农合报销目录，将中医药康复治疗人次列入综合医院考核内容，并开展“预防出生缺陷”宣传矫治服务活动。省科技厅积极开展残疾人康复及无障碍服务新技术研发和科普宣传。省民委建立了残疾人工作纵向落实考核机制。省工信委狠抓残疾人信息无障碍服务工作和信息无障碍设施建设监管。省公安厅严厉打击侵害残疾人违法犯罪行为，加强精神病人摸排、管控工作；开展健全人驾驶残疾人机动车专项治理，加强残疾人驾车规范管理。省司法厅实行残疾人法律援助案件“三优先”服务。省建设厅支持实施残疾人危房改造项目，优先为残疾人安排廉租房、经济适用房和发放住房补贴。省交通厅制定落实残疾人乘车优惠扶助政策，完善客运优先服务设施。省文化厅督导各级各类公共文化场所对残疾人实行免费开放及辅导服务，省图书馆派车免费接送盲人读者。省政府外事办积极协助做好各类外援助残项目联系衔接工作。省地税局分级建立残疾人就业税收优惠和保障金收缴考核通报机制，代收保障金同比增长20%。省工商局在全系统设立残疾人创业办照窗口，放宽残疾人就业准入条件。省质监局积极做好各类残疾人康复用品和辅助器具质量技术监管工作。省体育局指导创建“残疾人群众体育活动示范点”，积极参与全省重大残疾人体育赛事筹备工作。省统计局及时为全省残疾人工作研究和业务开展提供基础统计数据。省政府法制办在起草、审核地方性法规和政府规章草案中切实维护残疾人合法权益。省扶贫办将残疾人优先纳入全省大扶贫规划，帮助12.2万残疾人基本解决生产生活困难、21万残疾人家庭年均增收2万元以上。兰州海关落实进出口残疾人专用品、科教用品等优惠政策。省国税局积极开展福利企业免税年检，为63家集中安置残疾人就业单位退付增值税4260万元。人行兰州中心支行积极调整康复扶贫贴息贷款利率，为残疾人“点对点”直付项目补助金。农行甘肃省分行向安排残疾人就业较好的企业投放贷款5600万元。省军区、武警甘肃总队开展解放军、武警官兵志愿助残阳光行动，认真做好伤残军人优待和贫困残疾人结对帮扶等工作。省总工会、团省委、省妇联优先做好残疾职工、残疾青年和残疾妇女生产生活扶助、典型选树推广、合法权益维护等工作。

（五）着力创新突破、加强协调联动，各地活力进一步焕发

各地围绕工作重点和瓶颈制约，因地制宜、创新举措，残疾人工作呈现出竞相发展、生气勃勃的喜人局面。

兰州市 政府实施“残疾人千人就业工程”和残疾人综合服务中心建设2件实事项目，城关区实现残疾人虚拟养老全覆盖。

嘉峪关市 建立贫困残疾人帮扶基金，残疾人事业投入力度大，残疾人托底保障工作成效突出。

金昌市 招募各类助残志愿者5000余人，带动全市志愿助残组织覆盖到村和社区，开展各类助残活动近百次。

酒泉市 总投资2400万元的残疾人康复中心已完成主体工程，解决了市特教学校790万元建设资金及100万元学校运转经费。

张掖市 基层残疾人组织转型升级创新推进，残疾人事业对外宣传载体多、效果好。

武威市 新建残疾人康复服务机构4家，部分县区对残疾人进行住房集中安置改造。

白银市 落实预算资金1250余万元，为1.6万名重度贫困残疾人发放水、电、气、暖补贴；为市残联直属的康复医院每年补贴240万元，总投资2268万元的市残疾人康复中心项目全面开工。

天水市 残疾人就业和保障金征收力度大，残疾人文化体育成绩突出，优惠政策有效落实，经费投入逐年增加。

平凉市 残疾人综合服务设施建设走在全省前列，市政府为市康复中心无偿划拨建设用地10亩，配套资金200万元，减免各种规费100多万元。

庆阳市 部分县区率先制定落实重度残疾人护理补贴和特困残疾人生活补贴特惠政策，市政府残工委按季度部署任务、听取汇报，部门职能得到充分发挥。

定西市 培育阳光助残扶贫示范基地8个、残疾人致富带头人132名，带动6762名残疾人脱贫。

陇南市 党委政府协调推进和保障投入力度大，有效解决了残疾人工作遗留问题。

甘南州市 政府将低保提标、技能培训、公益性岗位安置残疾人列入民生实事项目，两次专项督查通报残疾人工作落实情况，无偿划拨州康复中心建设用地8亩。

临夏州市 基层组织建设取得突破性进展，超额完成农村贫困残疾人危房改造任务，和政县实施“交钥匙工程”，户均补助达到3万元。

甘肃矿区 创新推进残疾人就业保障和托养照料服务受到残疾人欢迎。

四、重要条目

【省残联第六次代表大会与各市县残联换届工作圆满完成】 8月5—6日，省残联第六次代表大会在兰州召开，出席会议代表共510人，其中，正式代表270人，列席代表和特邀代表108人；残疾人及残疾人亲友代表168人，占代表总数的62.2%；代表中还包括全国、全省自强模范、助残先进个人和伤残军人。大会邀请省委常委、省政法委书记罗笑虎担任名誉主席，选举产生以张广智副省长为主席的省残联新一届领导集体，推举产生以华文

哲为理事长的新一届执行理事会；大会确立未来五年甘肃省残疾人事业发展的指导方针、基本任务和奋斗目标。

2013年甘肃各市残联也完成换届。省残联认真履行干部协管职责，与地方党委组织部门沟通协调，选拔了一批优秀的年轻干部和残疾人干部进入各级残联领导班子，14个市州残联领导班子平均职数3.6人，平均年龄47.5岁，75%以上的具有大学以上文化程度，14个市州、86个县区市残联配备残疾人领导干部分别达到100%和83%。各级残联以换届为契机进一步加强残疾人组织建设和残疾人工作干部队伍建设。

【省政府残工委全体会议】1月18日，省政府残疾人工作委员会召开全体会议，总结上年度工作，研究部署当年的工作任务。省委常委、常务副省长、残工委主任刘永富主持会议并讲话。会议确定2013年工作指导思想：以党的十八大精神为指引，认真贯彻落实省第十二次党代会精神，紧紧围绕建设幸福美好新甘肃的工作大局，紧盯残疾人与健全人同步实现小康的发展目标，加快建设残疾人社会保障和服务体系，持续突破残疾人扶助政策落实、残保金规范征管、服务设施建设三大制约，努力实现残疾人社会保障制度化、公共服务专业化、组织机构规范化、基础管理信息化的要求，着力提升残疾人组织建设及康复、教育、就业、扶贫、文体、维权工作水平，全力实施十大助残民生项目，全面实施《甘肃省“十二五”残疾人事业发展规划》，深入开展“残疾人扶助政策落实年”活动，不断加强残联组织作风效能建设，抢抓政策机遇，强化长效机制，切实改善残疾人群体生存发展和社会参与状况，在新的起点上加快推进残疾人事业与全省经济社会同步跨越发展。主要目标是：为7万重度残疾人发放护理补贴，改造1万户农村贫困残疾人危房，为70万残疾人提供康复服务，新增1万名残疾人就业，多渠道帮扶10万农村贫困残疾人脱贫，为1.6万智力、精神和重度残疾人提供托养服务，为30万城乡残疾人提供群众性体育和文化服务。

【省委、省政府为民办实事残疾人项目全面完成】省委、省政府2013年为民办实事1万户农村贫困残疾人危房改造和7万名重度残疾人护理补贴项目实施以来，省残联高度重视、及时安排、精心组织，按照透明、公开、公正的基本原则和项目实施方案提出的进度要求，积极协同省发改委、省建设厅、省财政厅、省国土资源厅和各市、县政府，全面做好项目受助对象筛查确定和补助资金，建立定期督查和通报制度，使各地工作均衡推进、项目实施顺利进行。11月30日，经市、县两级检查验收和省上抽查，上述两项民生项目全部完成。省委、省政府为残疾人所办实事项目，有效缓解了城乡残疾人在生活、护理及精神方面的压力，缓解了其家庭成员在护理和生活保障方面的重负，实现了“帮助一个残疾人，解放一个大家庭”的目的。

【中国康复医学会第十届康复治疗学术年会】8月21—23日，由中国康复学会、中国康复医学会康复治疗专业委员会主办，甘肃省康复中心医院承办，甘肃省康复医学会、甘肃省残疾人康复学会协办的中国康复医学会第十届康复治疗学术年会在兰州举行。本届年会的主题是：十届康复喜结硕果，合作创新共享未来。会议围绕康复治疗新理念、新技术和新方法，由来自澳大利亚、英国、德国、意大利等国家以及国内的知名康复专家，进行专题讲座并开展学术交流。会议期间，还召开了第三届物理治疗论坛、作业治疗论坛、康复辅助用具论坛和第二届言语治疗论坛，并对提交论文进行交流、评选；同时举办了康复摄影大赛、先进康复医疗设备展览等活动。来自国内外的康复专家和各大医院、高校康复医疗专家代表近500人参加了大会。

【承办第八届全国残疾人艺术汇演（甘肃赛区）】8月19—25日，第八届全国残疾人艺术汇演甘肃赛区在兰州隆重举行。来自四川、重庆、贵州、云南、甘肃、青海、宁夏、西藏的8个代表团600多名演职人员的79个节目参加了声乐、器乐、舞蹈、戏剧小品等4个门类的比赛。经过4天的激烈角逐，共评出特等奖1个、一等奖20个、二等奖32个、三等奖20个。甘肃省获甘肃赛区团体一等奖，其中12个参评节目全部获奖，舞蹈《浪尖上的人们》获得特等奖。本次比赛规模宏大、盛况空前，充分体现了广大残疾人朋友热爱生活、乐观向上、融入社会、顽强拼搏的精神风貌。

【全国省级康复中心主任会议】12月8—11日，全国省级康复中心主任会议在兰州召开，中国残联党组成员、副理事长贾勇，中国残联理事、康复部主任尤红出席会议并讲话。会议介绍了国家级康复机构暨中国康复研究中心的发展与思考、地级与县级康复机构的调查与分析、甘肃省康复中心医疗康复模式、上海阳光康复中心工伤康复模式、福建省康复中心教育康复模式，与会人员围绕省级残疾人康复机构的功能定位、运行模式及发展方向进行了研讨。大家一致认为，残疾人康复机构应当转变观念、融入社会发展大局，积极应对，分类指导，形成残疾人康复服务特色优势，为残疾人提供更好、针对性更强的服务。

【第二十三次全国助残日活动暨甘肃省帮扶贫困残疾人康复民生项目启动】5月13日，省政府残工委在临洮县举行“第二十三次全国助残日活动暨甘肃省帮扶贫困残疾人康复民生项目”启动仪式。省人大常委会副主任马青林宣布系列助残和康复民生项目启动。启动仪式现场，省市领导为农村残困户代表每户发放了1.65万元的危房改造补助资金，捐赠了价值28万元的助听器和10万元的轮椅等辅助器具；省康复中心医院组织30多名康复专家现场为残疾人义诊。全省康复民生项目主要通过实施贫困白内障患者复明项目、残疾人事业专项彩票公益金贫困智力残疾儿童抢救性康复项目、“七彩梦行动”贫困脑瘫儿童康复救助项目、贫困肢体残疾儿童矫治手术康复救助项目、贫困聋儿康复救助项目等19个子项目，计划使全省10万贫困残疾人得到康复和各类康复服务。

图6-28-2　马青林在助残日活动现场与残疾儿童亲切交流。

【全省残疾人社会保障和服务体系建设观摩推进会】 5月28日，全省残疾人社会保障和服务体系建设观摩推进会在环县召开，与会人员实地观摩了环县残疾人综合服务中心规范化建设、皮影文化产业带动残疾人就业、洪德乡“基地+农户”残疾人扶贫服务模式、山城乡残疾人“两个体系”建设工作。自2011年全面启动残疾人社会保障和服务“两个体系”建设以来，全省各级党委、政府和残疾人工作者完善措施，狠抓落实，“两个体系”不断完善，覆盖面不断扩大，残疾人生活状况不断改善，有力地推动了残疾人事业的持续发展。会议强调，全省各级党委、政府和残疾人工作者要全面统筹推进残疾人“两个体系”建设，充分发挥典型带动作用，突出重点，突破难点，努力实现残疾人社会保障制度化、公共服务专业化、组织机构规范化、基础管理信息化；要立足当前、着眼长远，进一步健全合力推进机制、投入保障机制、考核激励机制、效能提升机制、社会联动机制，真抓实干，创新作为，不断开创全省残疾人“两个体系”建设新局面。

【甘肃省残疾人辅助器具服务展示厅建成投入使用】 12月9日，甘肃省残疾人辅助器具服务展示厅在兰州正式揭牌。该展示厅使用面积400平方米，是目前省内规模最大、产品种类最多、科技含量最高的残疾人辅助器具服务展示厅。按照中国残联辅助器具机构规范化建设标准要求，展示厅汇集了肢残人、盲人、听力言语、智力、精神智障残疾人的辅助器具产品和居家无障碍设施，共计有7大类600多件产品。残疾人辅助器具服务展示厅正式投入使用后，将向全省广大残疾人提供知识宣传、信息咨询、辅助器具展示、使用训练、评估适配等全方位服务，为惠及和有效满足全省广大残疾人对辅助器具需求，提高残疾人生存质量和为残疾人服务水平将起到积极推动作用。

图6-28-3　省残疾人辅助器具服务展示厅揭牌仪式。

【省政府表彰参加第十四届残奥会的单位和个人】 在第十四届夏季残疾人奥运会上，甘肃省残疾人运动员陈君飞、杨艳玲、连浩在田径、乒乓球、坐式排球3个大项6个小项的比赛中，共获得3枚金牌、2枚银牌和1个第5名，并打破一项世界纪录。省政府决定为陈君飞、杨艳玲、连浩3名运动员各记一等功一次，省残疾人体育协会记集体一等功一次。此外，省人社厅、省残联、省体育局对运动员选拔培训工作做出贡献的嘉峪关市残联、天水市体育局授予“集体突出贡献奖”，省残疾人体育管理中心主任杨祥运、省体育局群体处处长苏振普、省残疾人体育管理中心常务副主任孙燕、嘉峪关市残联理事长于成、天水市体育运动学校校长陈玉洪5名同志授予“个人突出贡献奖”。

【省残联党的群众路线教育实践活动动员大会】 7月11日，省残联召开党的群众路线教育实践活动动员大会。党组书记、理事长姚振华就省残联系统深入开展教育实践活动做了全面动员和部署，党组成员、副理事长蒋录基同志宣读了《关于成立省残联党的群众路线教育实践活动领导小组的通知》，省委党的群众路线教育实践活动第十八督导组组长、省政协常委、社会和法制委员会副主任张兴中同志就开展好党的群众路线教育实践活动做了重要讲话。党组成员、副理事长华文哲主持了会议，并对贯彻落实会议精神提出了具体要求。省委督导组副组长包俊宗一行，省残联党组成员、副理事长张恩和，副巡视员李忠出席了会议，省残联机关全体党员干部及各直属单位副县级以上领导干部参加了会议。

【全省新任市县残联理事长培训班】 11月30日—12月3日，省残联在省委党校举行全省新任市县残联理事长培训班。培训邀请国家和省里相关专家学者、省残联领导和相关业务部门负责同志，分别就“贯彻落实十八届三中全会精神推动甘肃转型跨越发展”、“以新理念推进残疾人事业发展”、“残疾人全面小康与收入倍增”、“残疾人组织和组织建设”、“怎样当好一名基层残联理事长”、“残疾人康复工作”、“残疾人教就工作”等7个专题作专题辅导，并实地参观考察兰州市残疾人工作。来自全省14个市州、甘肃矿区的新任市县残联理事长、省残联副处级以上干部、全体会领导近200余人参加了培训班开班仪式。

【中国梦·我的梦·自强梦——甘肃省残疾人艺术团汇报展演】 10月18日—11月14日，省委宣传部、省残联联合举办了“中国梦·我的梦·自强梦——甘肃省残疾人艺术团汇报展演”活动。省残疾人艺术团历时1个月，行程5000多公里，在12个市州及清水县演出13场。省残联党组书记、理事长华文哲及班子成员分赴各地，与各市州党委、人大、政府、政协及驻军领导出席展演活动。省委宣传部、省残联结合党的群众路线教育实践活动，在全省组织开展“中国梦·我的梦·自强梦——甘肃省残疾人艺术团汇报展演”，向全社会充分展示残疾人事业、特别是特殊艺术事业的最新成果，充分展示残疾人顽强拼搏、积极向上的精神风貌，宣传残疾人的“自强梦”，促进特殊艺术接地气走向基层，更加广泛深入地向全社会传递自强不息的奋斗精神，为实现中华民族伟大复兴“中国梦”而奋斗的正能量。

图6－28－4　**“中国梦·我的梦·自强梦”全省巡演嘉峪关首场演出。**

【第十四次全国爱耳日宣传咨询活动】 3月3日是第十四次全国爱耳日，主题是“健康听力，幸福人生——关注老年人听力健康”。活动当天，省残联、兰州市残联在东方红广场举办大型宣传咨询活动。省残联、兰州市残联、省康复中心、省听力语言康复中心和多家听力语言医疗机构、康复机构在现场设立宣传咨询台，发放宣传资料，普及听力健康知识。省康复中心、省听力语言康复中心听力门诊专家、现场为老年听力残疾人检测听力，免费验配助听器，为6岁以下聋儿开展国家“七彩梦行动计划”人工耳蜗和助听器项目初筛，省残联副理事长华文哲、省卫生厅副厅长王晓明出席宣传活动现场。连续14年的全国爱耳日宣传教育活动，极大地促进了全省听力残疾预防与康复工作的开展，人民群众的爱耳、护耳意识显著提高，有效地减少了听力残疾的发生，提高了听力残疾的康复水平。

图6－28－5　**甘肃省爱耳日大型宣传活动现场。**

【甘肃省残疾人就业援助月活动正式启动】 1月27日，省残联、省人社厅联合在兰州举行2013年甘肃省残疾人就业援助月活动启动仪式并举办全省“百家企业”残疾人就业专场招聘会，本届招聘会由兰州市城关区政府和省残疾人劳动就业服务中心具体承办。活动主题是“就业帮扶、真情相助”，援助对象是就业困难的残疾人、残疾登记失业人员、“零就业”家庭中的残疾人员、家庭困难的未就业高校残疾人毕业生等。活动期间，全省各级公共就业和残疾人就业服务机构将深入基层走访调查，并通过实名登记、政策宣讲、举办专项活动等方式为援助对象送政策、送岗位、送服务，实行“一对一”、“面对面”的就业帮扶。招聘会现场形式多样、活动丰富，省、市、区残疾人劳动就业服务中心为残疾人提供政策咨询、职业指导、失业登记、劳动维权等服务；同时，进行了残疾人书法、绘画、十字绣、盲人按摩等才艺表演，将现场气氛推向高潮。招聘会现场还举行了劳动合同签订仪式，共有300多名残疾人求职者与用人单位签订了劳动合同，另有100多名残疾人与用人单位达成意向性就业协议。招聘会得到各级政府的大力支持和社会各界的积极响应，吸引了全省100多家企业参加，提供就业岗位1200多个，其中，兰州美伊主食有限公司提供251个岗位，并现场全部签约；来自兰州市城关区及周边县区的500多名残疾人前来应聘。招聘会的成功举办，对促进残疾人就业工作产生重要影响。

【甘肃省残疾人康复科学技术奖正式揭晓】 7月31，由省残疾人康复学会主办的2013年甘肃省残疾人康复科学技术奖正式揭晓。“甘肃省脑卒中患者、家属、医务人员对卒中康复认知的现状研究”、“国产姬松茸多糖及纯化产物的抗肿瘤应用研究”、“血管内皮生长因子促进损伤骨髓血管新生和神经元恢复的实验研究”等3项成果获一等奖，《缺血性脑血管病急性期治疗策略对卒中康复影响的研究》等7项成果获二等奖，《脑血管病患者支架治疗前后血流动力学变化研究》等10项成果获三等奖。

【全省残疾人青少年田径锦标赛】 8月9—13日，由省残联、省体育局和省残疾人体育协会主办的2013年全省残疾人青少年田径锦标赛在省体校举行，共有14个市州代表队的148名运动员参加，竞赛分视力、脑瘫、肢体及其他残疾和轮椅四个组别，共设8个大项97个小项。经过紧张激烈的比赛，天水代表队以总成绩185分获得团体总分第一名，武威、白银代表队分列二、三名。

图6-28-6　全省残疾人青少年田径锦标赛开幕式现场。

【甘肃省残疾人就业办法】为了保障残疾人的劳动权利，促进、扶持残疾人就业，根据《中华人民共和国残疾人保障法》、《残疾人就业条例》和《甘肃省残疾人保障条例》等有关法律、法规，结合甘肃省实际，省政府制定了《甘肃省残疾人就业办法》，以第100号政府令发布实施。3月20日，省政府新闻办公室在兰州举行新闻发布会，省政府法制办副主任曾施霖介绍《办法》有关情况，省政府残工委副主任、省残联理事长姚振华回答媒体记者提问。国内十多家大型网站微博进行现场直播，230多万微博粉丝密切关注，参与互动。发布会后，多家媒体还从多个角度进行述评和宣传报道。人民网以“政府公益性岗位残疾人就业比例将不低于30%”为题，对政府开发适合残疾人就业的公益性岗位，按照不低于30%的比例安排残疾人就业、按比例安排残疾人就业和集中使用残疾人就业等方面进行评论和报道；新华网以“招录公务员不得拒绝符合条件残疾人”为题，对残疾人在就业中的权力和用人单位在招录残疾人过程中应履行的义务进行评论和报道。

【甘肃实施重度残疾人护理补贴】4月17日，《人民日报》报道了甘肃省委、省政府为民办实事项目——向重度残疾人发放护理补贴的消息，在全社会进一步产生积极影响。向重度残疾人发放护理补贴，是省委、省政府2013年为民办10项26件实事之一，是针对身体功能严重障碍、生活不能自理、长期依赖家庭成员照料的重度残疾人，解决其生活和护理困难的一项重要民生项目。《甘肃省政府重度残疾人护理补贴实施方案》规定：2013年一级重度城乡残疾人每人每月可分别领取70元和50元的护理补贴，目前全省有7万名重度残疾人将享受到补贴。项目的实施体现了省委、省政府对残疾人的特殊关爱，是推动各级政府逐步建立残疾人生活和护理补贴制度的一项政策安排。护理补贴制度的逐步建立，将进一步改善重度残疾人的生活状况，缩小其生活状况与社会平均水平的差距，加快甘肃省建成全面小康社会的进程。

【甘肃省3名特教教师荣获“交通银行特教园丁奖”】

甘肃省3名长期在教学一线从事特教工作并做出突出成绩的优秀特教教师——金昌市特殊教育学校梅有祥、张掖市特殊教育学校左明、平凉市特殊教育学校张玉强荣获2013年度全国“交通银行特教园丁奖”。

梅有祥老师从事特殊教育工作23年，先后荣获“金昌市新长征突击手”、“甘肃省聋校语文优质课评比荣获二等奖”、“金昌市教育系统先进个人”、“甘肃省特殊教育先进个人”等荣誉称号。左明老师曾获第三届全国特殊教育学校信息技术大赛获听障组一等奖，甘肃省青年教师基本功大赛获二等奖，2篇论文在国家级核心学术期刊发表，3篇论文在省级学术期刊发表。张玉强老师曾获市级“教学能手”、“优秀教师”等荣誉称号，他注重学生创新精神和实践能力的培养，培养的30多名学生先后在国家、省、市书画大赛中获奖。

【省残联向定西地震灾区捐款】7月22日7时45分，定西市岷县、漳县交界处发生6.6级地震，造成岷县、漳县等25个县（区）大量人员伤亡和财产损失。7月29日，省残联机关举行向定西地震灾区献爱心捐款活动，省残联机关全体干部职工90余人现场捐款2万余元，省残联各下属单位也纷纷举行了为地震灾区捐款活动。此前，省残联向岷县、漳县、宕昌、环县等地已拨付救灾资金30万元，据统计，省残联系统共为地震灾区拨付救灾资金、捐赠款物达35万余元。

【全省第六届残疾人艺术汇演评选结果揭晓】4月20日，由省教育厅、省民政厅、省文化厅、省广电局、省残联共同举办的“全省第六届残疾人艺术汇演”评选结果揭晓。全省14个市州共报送声乐、舞蹈、器乐、戏剧小品、曲艺等5个门类93个参赛节目，参演残疾人和辅导人员达400多人。共评出团体奖6个，一等奖5个，二等奖9个，三等奖12个，优秀奖18个，创作奖3个，辅导奖21个，新人奖11个。

【省残疾人艺术团《浪尖上的人们》获特别荣誉奖】舞蹈《浪尖上的人们》是甘肃省残疾人艺术团为参加第八届全国残疾人艺术汇演而编排的新节目，获得赛区特等奖和全国金奖，曾参与多次公益演出。该舞蹈由45名聋人表演，通过波涛汹涌的黄河，花儿声声的民歌，筏子客奋力拼搏的舞技，展现了残疾人奋发向上、自强不息、挑战自我的精神风貌，表现了浓厚的甘肃地域文化风情和鲜明的时代特色。经中国残联推荐，受中央电视台综艺频道邀请，该舞蹈在北京星光影视园参与了《舞蹈世界》栏目“舞蹈全民星”节目的录制。阎肃等五位现场权威嘉宾对《浪尖上的人们》给出的评价是：“惊叹、震撼、完美”，观众打出了最高分，被《舞蹈世界》栏目授予“舞蹈全明星特别荣誉奖”。

图6-28-7　舞蹈《浪尖上的人们》。

【全省康复治疗专业技能大赛】9月26—28日，由省卫生厅和省残联联合主办、省康复医学会和省残疾人康复学会承办、省康复中心医院协办的2013年全省康复治疗专业技能大赛在兰州举行。大赛的主题是：推广与普及康复治疗技术，展示甘肃省康复治疗专业建设和人才培养成果，进一步推动全省康复事业加快发展。大赛分理论知识考试和技能操作考核两部分，设置团体和个人奖项。省康复中心医院等2支代表队获“团体一等奖”，省人民医院等5支代表队获“团体二等奖”，省中医院等13支代表队获“团体三等奖”；授予省康复中心医院王应良等2名同志“指导老师一等奖”，省人民医院王爱东等5名同志“指导老师二等奖”，省中医院肖红等13名同志“指导老师三等奖”；授予兰州石化总医院刘青花等8名同志“个人一等奖”，武威市中医院安宏等16名同志“个人二等奖”，甘肃省康复中心医院田奇峰等22名同志“个人三等奖”，兰州市七里河区中医院高敬辉等26名同志“个人优秀奖”。

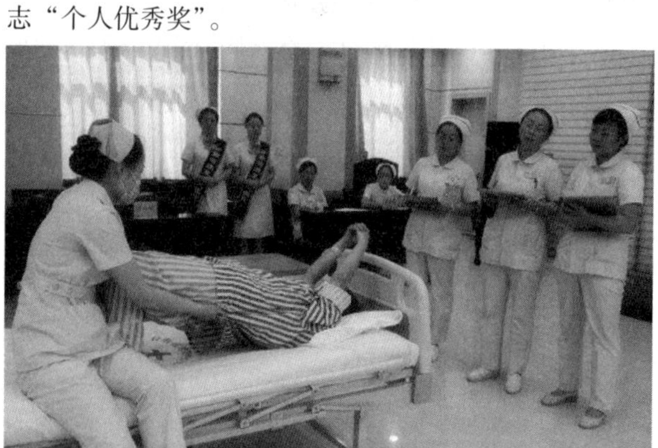

图6-28-8　全省康复治疗专业技能大赛竞赛现场。

【省肢残人协会召开第一次常委（扩大）会议】10月14—15日在定西市渭源县会川镇召开。省残联党组书记、理事长华文哲出席会议并讲话。会议讨论了省肢协职能定位、发展思路、工作重点等。全体常委围绕中国残联、中国肢协和省残联六代会对专门协会工作提出的新部署、新要求，从加强协会自身建设、打造协会工作品牌、创新协会工作载体、拓展协会发展路径和切实发挥协会“代表、服务、维权”职能，做好各级残联的“手脚”和“外脑”等方面畅所欲言，提出了一系列有思想深度和借鉴价值的意见建议。大家一致认为，省肢协以这种特殊的方式召开第一次常委（扩大）会议，学习贯彻中国残联六代会精神，组织开展调查研究和座谈讨论，对于进一步健全协会运行机制，整合协会资源、发挥协会优势，在新的起点上为肢残人生活工作学习提供更多更好服务具有重要意义。

【省康复中心医院在全国康复领域率先实施人工耳蜗植入手术】10月21日，省康复中心医院耳鼻喉科首次为两例失聪患者（其中10岁患儿1例，50岁患者1例）成功实施了人工耳蜗植入手术。手术由医院耳鼻喉科主任医师郝剑萍联合北京医科大友谊医院耳鼻喉专家共同实施。此次手术的成功标志着该医院已率先在全国康复领域开创了听障患者临床手术治疗、康复训练一体化的先河。人工耳蜗植入术是重度感音神经性耳聋患者获得听力的唯一治疗方法，是补偿重度和极重度耳聋患者听觉功能，使其回归主流社会，改善生产生活状况的重要途径。该手术难度极高，植入费用昂贵，全国仅有百余家医院能开展此项手术，省康复中心医院是全国残联系统康复医院中第一家开展此项手术的医院。

【轮椅上的追梦青年刘大铭】男，汉族，1994年出生甘肃，肢体残疾，西北师大附中2014届北辰人文实验班学生，中国少年作家学会主委。因幼年罹患世界性罕见的成骨不全症，体重只有20多公斤，身材如六七岁的儿童。19年里经历了11次大手术，两次与死亡擦肩而过，躯干中装载着各式螺钉，肌肤遍布历次手术刀痕。凭借对生命与知识的渴望及对人生意义的深度思考，被同龄人称为“兰州海迪”“我们的霍金”。2013年，他创作完成了17万字的长篇自传《命运之上》，由人民出版社出版发行，他也成了该社建社以来最年轻的签约作者。他先后12次荣获国家级文学奖项，两次受邀至人民大会堂领奖，多篇作品在《青年文学》及国家级刊物上发表，荣获“全国十佳文学少年”、2013年度“感动甘肃·十大陇人骄子”等荣誉称号。

图6-28-9　刘大铭新书《命运之上》举行首发式现场。

【以诚信传递社会正能量的傅连鸿】男，49岁，汉族，肢体残疾，农工党兰州市城关区直属总支部副主委、兰州大大餐饮有限公司总经理，被评委会誉为“以诚信传递社会正能量的人”。2013年春节前，习近平总书记来到兰州市城关区鸿瑞园虚拟养老院餐厅视察，听了餐厅负责人傅连鸿的故事后，他说：“你是一个残疾人，努力为社会做贡献，党和政府感谢你。”

图6-28-10 甘肃省副省长张广智在兰州大大餐饮有限公司调研残疾人就业工作。

傅连鸿因小儿麻痹症留有残疾。1986年，下岗后的傅连鸿用借来的800元开始创业。如今，他公司旗下的酒店年产值超过1000万元，累计纳税300万元，解决就业岗位200多个，安置残疾职工90余人次，先后被评为“第二届全国残疾人自强创业优秀奖”、第三届“甘肃省十大杰出残疾人”、“甘肃省自强模范”称号。6月17日，傅连鸿作为全国基层食品行业从业者的唯一代表，参加了2013全国食品安全宣传周启动仪式暨第五届中国食品安全论坛，受到国务院副总理汪洋的亲切接见。在这次会上，傅连鸿被授予“全国食品安全与诚信守望者”荣誉称号。9月份，傅连鸿被农工党中央授予“2010—2012年度全国社会服务工作先进个人”荣誉称号。

五、大事记

1月8日晚，省残联在金城大剧院隆重举办省残疾人艺术团赴澳门文化交流汇报演出。

1月11日，省委副书记、省长刘伟平率领省委、省政府春节慰问组赴平凉市崆峒区走访慰问贫困残疾人朱晓敏等困难群众，省政府办公厅、省残联等省直有关部门负责同志陪同慰问。

1月27日，省残联、省人社厅联合在兰州市人才资源市场举行“2013年甘肃省残疾人就业援助月活动启动仪式暨全省百家企业残疾人就业专场招聘会”。省残联党组书记、理事长姚振华出席启动仪式并宣布招聘会开始，省人社厅副厅长杨俊斌出席并讲话，省残联副理事长张恩和主持仪式。启动仪式上，用人单位和应聘残疾人代表分别做了表态发言，兰州美伊主食公司现场招聘251名残疾人，并举行劳动合同书签订仪式。

1月30日，省残联组织召开省残疾人法律救助领导小组办公室会议。省残联党组成员、副理事长蒋录基出席会议并讲话，省法院、省检察院和省教育、公安、民政、司法、人社、卫生等成员单位、有关法学专家及兰州市残联相关处室负责同志20多人参加了会议。

2月4日，省残联召开全系统2012年度总结表彰大会，通报2012年度省残联部门单位和个人受省级以上表彰奖励情况，表彰奖励全系统2012年度优秀等次人员和先进工作者，通报表扬工作成绩显著的同志。省残联党组书记、理事长姚振华出席会议并讲话，党组成员、副理事长高世成、张恩和、华文哲、蒋录基与副巡视员李忠出席会议，机关各部门全体干部职工，各直属单位副县级以上干部、优秀等次人员、先进工作者代表，共130余人参加会议。

2月17日，省政府第二次常务会议审议并原则通过了《甘肃省残疾人就业办法（草案）》。省残联党组书记、理事长姚振华就《办法（草案）》起草过程及有关问题做了说明。该办法于2013年4月10日起正式颁布施行。

2月27日，省残联五届六次主席团会议暨全省残疾人工作视频会议在兰州召开。省委常委、省委政法委书记罗笑虎出席会议，副省长张广智出席会议并讲话，省政府副秘书长俞建宁主持会议，省残联副主席、党组书记、理事长姚振华做工作报告。会议传达了中国残联有关会议精神，表彰奖励了参加第十四届伦敦残奥会优秀运动员、第三届“甘肃省十大杰出残疾人”和完成省政府2012年度残疾人工作目标责任书任务的市州。省残联主席团委员，省政府残工委成员单位，各市州及甘肃矿区残联负责人参加主会场视频会议；各市州、县市区党委、政府分管领导，政府残工委成员单位负责人及残疾人代表在各地分会场参加会议。

2月27日，第三届甘肃省“十大杰出残疾人”表彰活动在兰州隆重举行，常伟、陈武、傅连鸿、苏建荣、齐国文、党小莉、严文涛、魏玉平、赵健全、郭剑锋等10名优秀残疾人荣获第三届甘肃省“十大杰出残疾人”荣誉称号。

3月3日，省残联、兰州市残联在东方红广场举办爱耳日大型宣传咨询活动。

3月19日，省政府新闻办公室在兰州召开《甘肃省残疾人就业办法》新闻发布会。

3月21日，省委、省政府召开全省深入开展联村联户为民富民行动视频会议，对全省2012年双联行动开展情况进行了通报，省残联在省直和中央在甘单位双联行动考核考评中被评为优秀等次单位。

4月8日，副省长张广智在宁卧庄宾馆会见了青岛市政府栾新副市长带领的残疾人工作考察团。省残联党组书记、理事长姚振华和副理事长华文哲陪同栾新副市长一行到省康复中心医院考察调研。

4月10日，全国残疾人文化建设工作会议在苏州召开，兰州市作为全省唯一的创建全国残疾人文化体育示范市在大会上做了交流发言。

4月19—22日，甘肃省优秀残疾人运动员苏建荣代表国家参加中国残疾人田径公开赛暨IPC田径大奖赛男子F55级铅球、铁饼和标枪三项比赛，获得1金2银的好成绩，为祖国和甘肃争得了荣誉。

4月24日，为贯彻落实《关于加强残疾人文化建设的意见》，省残联、省文化厅下发通知，在全省开展以"放飞梦想·展示风采"为主题的残疾人文化月活动。

4月—12月底，为推动解决法规政策落实难问题，甘肃省在全省范围内组织开展了"残疾人扶助政策落实年"活动，副省长张广智为此专门批示。

5月19日，以"帮扶贫困残疾人"为主题的第二十三次全国助残日系列助残活动在全省广泛开展。张广智副省长在《甘肃日报》发表题为《帮扶贫困残疾人，共建美好新甘肃》的署名文章。5月13日，省人大常委会副主任马青林出席了省政府残工委在临洮县举行的"第二十三次全国助残日活动暨甘肃省帮扶贫困残疾人康复民生项目"启动仪式。华文哲副理事长发表了广播讲话。中央、省市媒体播出助残日相关新闻近1000篇（条）。

5月28日，省政府残工委在环县召开全省残疾人社会保障和服务体系建设观摩推进会议。

6月2日，中国残联宣文部副主任邹柏林等到甘检查指导残疾人文化和文艺汇演筹备工作。

6月2—5日，甘肃省优秀乒乓球运动员连浩在2013年全国残疾人（25周岁以下）乒乓球锦标赛男子TT10级单打比赛中斩获一枚金牌。

6月6日，省残联与省外办组织开展了澳门弱智人士家长协进会来甘参观交流的相关活动。

7月17—26日，全省第十三期残疾人农业科技培训班在张掖市举办。来自张掖市5县1区的200多名残疾人学员参加了培训。省政府残工委副主任、省残联党组书记、理事长姚振华等出席开班仪式。

7月20日，甘肃省在已建立起的6个国家级特奥活动示范社区和25个省级特奥活动示范社区开展第七次全国特奥日活动。

8月5日，省残联第六次代表大会在兰州隆重召开。

8月6日，省残联第六次代表大会在兰州闭幕。

8月8日，省残联组织开展了第三届全省残疾人健身周活动。其中组织兰州市城关区、七里河区共100人的轮椅太极拳方阵，在兰州中心广场首次进行了现场电视直播展演。

8月9—13日，由省残联、省体育局和省残疾人体育协会主办的2013年全省残疾人青少年田径锦标赛在省体校举行。

8月19—25日，第八届全国残疾人艺术汇演甘肃赛区在兰州隆重举行。来自四川、重庆、贵州、云南、甘肃、青海、宁夏、西藏的8个代表团600多名演职人员参加了汇演，包括声乐、器乐、舞蹈、戏剧小品4个门类的79个节目参加了比赛。

8月20日，省委党的群众路线教育实践活动第十八督导组在省康复中心医院召开推进会，第十八督导组组长张兴中出席会议并讲话。

8月21—23日，由中国康复医学会、中国康复医学会康复治疗专业委员会主办，甘肃省康复中心医院承办，甘肃省康复医学会、甘肃省残疾人康复学会协办的"中国康复医学会第十届康复治疗学术年会"在兰州隆重召开。省政协副主席栗震亚出席会议并讲话。来自澳大利亚、英国、德国、意大利等国家和国内29个省市及台湾、香港等地医院、高校康复医疗专家代表500余人出席会议并开展学术交流。

8月26日，省残联被中国残联表彰为2012年度全国残疾人状况监测工作先进单位。

8月26日—9月2日，省残联党组书记、理事长、党的路线教育实践活动领导小组组长华文哲带领班子成员，深入机关各部门、各直属单位进行集体督导调研，听取意见，对"学习教育、听取意见"环节工作再进行一次"回头看"。

9月22日，省聋人协会和兰州市聋人协会共同举办了第五十六届国际聋人节。省残联党组成员、巡视员张恩和，党组成员、副理事长张秀丽和副巡视员李忠出席活动。

9月22—25日，省残联在兰州举办了全省残联系统维权干部培训班。

9月25日，省残疾人福利基金会三届一次理事会议在兰州召开。中国残疾人福利基金会副理事长费薇，省人大常委会原副主任马尚英、胡慧娥、杜颖出席会议。副省长张广智出席会议并发表了讲话，省残联党组书记、理事长华文哲致辞。会议推举朱雪明为第三届理事长，高世成、赵彦达、杨清友为副理事长。

10月12日，省盲协在省残联举办了以"消除障碍，促进融合"为主题的座谈联谊活动。

10月14—15日，省肢协在定西市渭源县会川镇召开第一次常委（扩大）会议。

10月18—11月14日，省委宣传部、省残联联合举办了"中国梦·我的梦·自强梦——甘肃省残疾人艺术团汇报展演"活动。省残疾人艺术团历时1个月，行程5000多公里，在12个市州及清水县演出13场。省残联党组书记、理事长华文哲及班子成员分赴各地，与各市州党委、人大、政府、政协及驻军领导出席展演活动。

10月25—30日，全省残疾人农业科技示范户培训班在兰州举办。

10月27日—11月1日，甘肃省6名运动员参加2013年全国特奥乒乓球比赛，共夺得4枚金牌、2枚银牌、1枚铜牌。

11 月 5—11 日，甘肃省组队参加在上海举办的 2013 年全国坐式排球锦标赛，7 名运动员获得团体铜牌。

11 月 28 日，第八届全国残疾人艺术汇演评选结果正式揭晓，甘肃赛区荣获组织奖。甘肃省荣获团体金奖，成为全国唯一连续四次获得团体金奖的省份。甘肃省参赛的 12 个节目全部获奖，其中表演金奖 4 个，银奖 7 个，铜奖 1 个；创作奖 8 个；辅导奖 12 个，其中金奖 4 个，银奖 7 个，铜奖 1 个。

11 月 30 日—12 月 3 日，全省新任市县残联理事长培训班在省委党校举行。

12 月 2 日，甘肃省《浪尖上的人们》和《莎莎莎》2 个舞蹈节目入选参加由文化部、教育部、民政部、中国残联在北京举办的第八届全国残疾人艺术汇演汇报演出。

12 月 9—10 日，全国省级康复中心主任会议在兰州召开。中国残联党组成员、副理事长贾勇出席会议并讲话，中国残联理事、康复部主任尤红，中国康复研究中心副主任、中国残联社会服务指导中心主任时海峰，中国残疾人辅具中心副主任侯平等出席会议。省残联党组书记、理事长华文哲，党组成员、副理事长蒋录基，全国 31 个省（市、自治区）省级康复中心主任，国内知名康复专家、学者，以及残疾人工作者 80 余人出席会议。

12 月 9 日，省残疾人辅助器具服务展示厅揭牌仪式在兰州举行。

12 月 10—14 日，省残疾人辅具中心在兰州举办全省残疾人辅助器具适配项目管理与技术人员培训班。中国残联辅具中心副主任侯平出席开班仪式并授课，省残联党组成员、副理事长蒋录基在开班仪式上讲话。

12 月 16—20 日，省残疾人艺术团赴上海进行了“追梦阳光·上海行”公益演出。

12 月 17 日，残疾人刘大铭当选“工行杯”感动甘肃·2013’十大陇人骄子，傅连鸿获得提名奖。

附　录

甘肃省人民政府
残疾人工作委员会成员

2014 年 2 月 18 日

主　任　张广智　副省长
副主任　俞建宁　省政府副秘书长
华文哲　省残联理事长
王泉清　省发展改革委副主任
旦智塔　省教育厅副厅长
徐亚荣　省民政厅党组成员、省老龄委办公室主任
张智军　省财政厅副厅长
吴雄成　省人社厅副厅长
金中杰　省卫生计生委副主任
成　员　范　鹏　省委宣传部副部长
杨关义　省科技厅纪检组长
柴生祥　省民委副主任
马苏平　省工信委副主任
刘玉山　省公安厅党委委员、巡视员
钟建龙　省司法厅副厅长
梁文钊　省住房建设厅副厅长
王繁已　省交通运输厅副厅长
杨建仁　省文化厅副厅长
樊向勤　省政府外事办副主任
董建平　省地税局副局长
邓晓龙　省工商局副局长
王忠习　省质监局副局长
范延军　省新闻出版广电局副局长
石生泰　省体育局副局长
陈　波　省统计局副局长
马占元　省政府法制办副主任
苏振祥　省扶贫办副主任
李海默　省政府新闻办副主任
张春中　兰州海关副关长
张　敬　省国税局副局长
李文瑞　人行兰州中心支行副行长
徐杨春　农行甘肃省分行行长助理
王军营　省军区政治部副主任
张进文　武警甘肃总队政治部副主任
张其定　省总工会副主席
董安宁　团省委副书记
董晓玲　省妇联副主席
张恩和　省残联党组成员、巡视员
秘书长　张恩和（兼）

（王宇翔供稿）

青海省残疾人事业和残疾人工作

一、领导讲话

副省长程丽华在省政府残工委第二十次全体扩大会议上的讲话摘要 2013年3月12日

2013年要着重做好以下工作：（一）强化政策执行，在落地生根上要有新作为。一要抓好贯彻落实，真正做到不折不扣。二要抓好提标扩面，真正做到为民谋利。三要抓好延伸到位，真正做到上下呼应。（二）落实底线要求，在保障基本上取得新成效。一要把保障残疾人生活作为第一要义。二要把稳定和扩大就业作为重要举措。三要把扶贫帮困作为现实选择。（三）满足现实需要，在优化服务上树立新形象。一要着眼满足残疾人康复需求，着力加强康复服务体系建设。二要着眼维护残疾人切身利益，扎实做好残疾人权益维护工作。三要着眼丰富残疾人精神文化生活，认真做好残疾人文体工作。（四）加强基础建设，在夯实根基上取得新突破。一要注重基础设施建设管理，不断增强发展后劲。二要加强残联组织建设，不断提升服务能力。三要强化人才队伍建设，不断提高工作效能。

副省长程丽华拜会中国残联党组书记、理事长王新宪及中国残联有关领导时的讲话摘要

2013年4月26日

青海各级党委、政府高度重视残疾人工作，省委常委会连续三年专题听取残疾人工作情况汇报，研究解决残疾人工作遇到的重大问题，省上相关部门陆续制定了涉及残疾人教育、住房、医疗、康复、就业和重度残疾人生活补贴等42项配套政策措施。过去5年我省各级财政累计投入残疾人事业经费达43590万元，为残疾人工作提供了有力保障。2013年，我们将全面贯彻落实党的十八大、全国残疾人工作会议精神和这次汇报会新宪书记及各位领导的重要指示，按照省政府残工委第二十次全体会议确定的目标任务，继续以健全和完善“两个体系”为中心，不断加大政策措施执行力度，进一步保障和改善残疾人生活，着力加强基础设施建设，着力满足残疾人多样化的需求。当前，重点指导做好省残疾人联合会第六次代表大会、省残联主席团和执行理事会换届工作筹备工作，力争4月底之前全部完成。

中国残联副理事长程凯在省残联第六次代表大会开幕式上的讲话摘要 2013年6月28日

青海省委、省政府高度重视、大力支持残疾人事业，始终将残疾人工作摆上重要议事日程，纳入经济社会发展总体规划，采取一系列重大举措，推动残疾人事业与全省各项事业同步协调发展，使广大残疾人获得了实实在在的利益，也为青海经济社会发展做出了积极贡献。

党的十八大提出了全面建成小康社会的奋斗目标，开启了实现“中国梦”的新征程。在青海省委、省政府的坚强领导下，新一届省残联领导班子一定能按照这次代表大会确定的目标任务，进一步解放思想、凝聚力量、开拓创新，扎实工作，在新的起点上开创青海残疾人事业发展的新局面，为实现全面建成小康社会做出新的更大贡献！

共青团青海省委书记申红兴代表各人民团体在省残联第六次代表大会上的贺词摘要

2013年6月28日

党的十八大和省十二次党代会提出了“健全残疾人社会保障和服务体系，切实维护残疾人权益”的新要求，描绘了全面建成小康社会和“建设新青海、创造新生活”的美好蓝图。习近平总书记明确提出实现中华民族伟大复兴的中国梦，顺应了包括广大残疾人在内的全省各族人民过上美好幸福生活的新期待。在新的起点上，使残疾人与全省人民一道平等地融入社会生活，参与“三区”建设，共筑中国梦，共享中国梦，是全社会的共同责任。我们要继续发扬优良传统和作风，充分发挥自身特点和优势，一如既往地积极支持残疾人事业，同心协力为残疾人平等参与社会生活创造更加有利的环境和条件，为推动我省残疾人事业做出更大的努力。

省委常委、省总工会主席苏宁在省残联第六次代表大会开幕式上的讲话摘要 2013年6月28日

青海残联第五次代表大会以来的五年，是我省改革开放加快推进，经济社会加快发展，人民生活加快改善

的关键时期。这五年，是全省各族人民朝着全面建成小康社会大步迈进的五年，也是我省残疾人事业发展最快、残疾人生活改善最大、政府支持投入最多、社会各界扶残助残力度最强的五年。五年来，在省委、省政府的正确领导和中国残联的有力支持下，经过全省各级残疾人组织、残疾人工作者和残疾人的共同努力，残疾人事业发展迈上了新台阶。

各级党委政府要切实加强对残疾人工作的组织领导，完善领导体系，实行目标考核，加大工作支持，扎实推进残疾人社会保障体系和服务体系建设，及时研究解决残疾人工作生活中的重大问题，切实保障残疾人权益，促进残疾人全面发展。各有关部门要针对残疾人生活保障、劳动就业、教育培训、医疗卫生、康复服务等各方面的特殊需要，继续做好“普惠加特惠”，多开“小灶”，多开“绿灯”，尤其要建立残疾人政策上的无障碍通道，努力使残疾人享受政策不弱势、享受福利不困难、享受成果不遗漏、实现体面劳动、尊严生活、全面发展。

省残联五届主席团副主席、省残联五届执行理事会理事长肖建军在青海省残联第六次代表大会上的报告摘要

2013 年 6 月 28 日

省残联五届主席团和执行理事会不辱使命、勤勉履职、奋力开拓，全面超额兑现了在第五次代表大会上做出的郑重承诺。过去五年工作的基本经验：第一，坚持党委领导、政府负责的领导体制，切实发挥政府主导、部门配合、残联履职、社会参与的管理机制优势，是促进残疾人事业在新的起点上加快发展的坚强保证。第二，坚持以残疾人为本，始终将推动残疾人“平等、参与、共享”作为首要任务和根本宗旨，是促进残疾人事业在新的起点上加快发展的力量源泉。第三，坚持围绕全省工作大局，大力构建残疾人社会保障体系和服务体系，是促进残疾人事业在新的起点上加快发展的核心任务。第四，坚持走法制化发展道路，不断建立健全残疾人事业法规政策体系，是促进残疾人事业在新的起点上加快发展的根本保障。第五，坚持夯实基层基础工作，不断规范加强各级残疾人组织建设，是促进残疾人事业在新的起点上加快发展的坚实根基。第六，坚持立足青海省情残情，查实情、核实数、出实招，是促进残疾人事业在新的起点上加快发展的有效方法。

今后五年，是进一步破解残疾人工作难题，推进残疾人社会保障体系和服务体系建设的攻坚期，也是加快发展残疾人事业的机遇期。我省残疾人事业的奋斗目标和主要任务是：加快推进残疾人小康社会进程，参与和发展状况显著改善；完善保障残疾人权益的法规政策体系，保障残疾人政治、经济、社会、文化、教育权利；规范残疾人组织建设，加强人才队伍建设，全面改善基础设施，提高残疾人事业信息化水平；系统开展残疾预防，有效控制残疾的发生和发展；弘扬人道主义思想，不断优化残疾人平等、参与、共享社会生活的环境和条件。

力争到“十二五”末，使我省在残疾人人均康复经费投入水平、辅助器具供应配发率、医疗费用报销比例、白内障复明手术医治率、农牧区残疾人住房改造率和补助标准等 5 个方面走在西部 12 省市区前列。到 2018 年，建立我省残疾人社会保障体系和服务体系基本框架，使残疾人基本生活、医疗、康复、教育、就业等基本需求得到制度性保障，残疾人生活状况进一步改善。到 2020 年，残疾人“两个体系”更加完备，保障水平和服务能力大幅度提高，残疾人都能得到基本公共服务，实现残疾人人人享有基本生活保障，人人享有基本医疗保障和康复服务，残疾儿童少年全面普及义务教育，残疾人文化教育水平明显提高，就业更加充分，参与社会更加广泛。

省残联党组书记、理事长肖建军在青海省第四届残疾人运动会开幕式上的致辞摘要

2013 年 9 月 14 日

残疾人体育是残疾人事业的重要组成部分，是人道主义理念的重要内容。通过举办残疾人运动会，我们一方面要精心选拔、培养、储备优秀残疾人体育人才，以此提升我省残疾人竞技体育的整体水平。另一面，要大力弘扬人道主义思想，进一步争取社会各界支持，广泛营造扶残助残的良好风尚，引导、帮助广大残疾人参与文化体育活动和社会生活，融入社会、增强素质，为实现“两新”目标汇聚积极力量。组委会和多巴基地要全力做好比赛场地、安全保卫、后勤保障等各方面的工作，确保运动会有条不紊、顺利进行。在各方面的共同努力下，把本届残运会办成一届文明、热烈、精彩、圆满的体育盛会。

二、政策法规文件

关于做好盲人按摩进医院进社区工作的通知

青卫医〔2013〕86 号

全省二级以上综合医院（含中医、民族医）要按其规模，聘用取得盲人医疗按摩资质的人员，其中三级医院 2—3 人，二级医院 1—2 人；鼓励社区卫生服务机构设置盲人医疗按摩岗位，按需求聘用取得盲人医疗按摩资质的人员从业；鼓励社会力量举办盲人医疗按摩机构，集中安置盲人医疗按摩人员就业。对于安置盲人就业的医疗机构，可以根据青人社厅（2010）204 号文件要求，享受相应的岗位和养老补贴。对于安置比例较高的医疗机构，给以无障碍设施改造经费补贴。对于按比例安排盲人就业的医疗机构，安排一名盲人就业，按安排二名残疾人计算，超比例安排一名，一次性奖励 5000 元。

关于促进残疾人按比例就业的实施意见

青残联会发〔2013〕157 号

全省各级机关、团体、企事业单位、民办非企业单位和其他经济组织，应该按照单位在职职工总数 1.5% 的比例安排残疾人就业。对于超比例安排残疾人就业的，除按现行政策给以奖励外，每超比例安置一人，一次性给以用人单位 5000 元奖励，所需资金从本级残疾人就业保障金中列支。各级政府残工委成员单位要率先招录残疾人，到 2020 年，所有省级党政机关、市（州）级政府残工委成员单位至少安排 1 名残疾人就业。用人单位安排残疾人就业达不到各地比例的，由财政部门代扣、地方税务机关代征残疾人就业保障金。

关于开发全省社区残疾人组织公益性岗位的通知

青人社厅函〔2013〕810 号

2013 年和 2014 年分两批在全省 8 个市（州）开发社区残疾人组织公益性岗位，招聘对象为残疾人或残疾人亲属。社区残疾人组织公益性岗位补贴按照当地公益性岗位的标准执行。其中，50% 由各地财政、人社部门在就业专项资金中列支，其余 50% 由省州县三级残联分别按 30%、10%、10% 配套解决，资金从残疾人就业保障金中列支。社保补贴按照有关政策规定由当地财政、人社部门在就业专项经费中列支。2013 年第一批安排 174 人。

青海省人民政府办公厅关于印发青海省农村牧区残疾人扶贫开发规划（2011—2020 年）的通知

青政办〔2013〕7 号

总体目标任务是，到 2015 年，农村牧区残疾人生活水平总体达到当地平均水平，基本生活得到稳定的制度性保障，参与和发展状况显著改善。到 2020 年，稳定实现农村牧区残疾人过上小康生活，全面保障平等享受基本医疗、基本养老、教育、住房和康复服务。主要任务是：到 2015 年，扶持 4 万名残疾人及其家庭稳步增收，改善生产生活条件，各项生活保障制度全面覆盖农村牧区残疾人，普遍开展农村牧区残疾人社区康复和康复救助，农村三类残疾儿童少年入学率达到 75% 以上，牧区达到 65% 以上，为 1 万名适合参加生产劳动的残疾人提供技术培训，通过各级政府安居工程，改善残疾人家庭居住条件，初步建立残疾人托养服务体系框架，加大残疾人公共文化和体育事业发展力度；到 2020 年，农村牧区贫困残疾人普遍得到有针对性的扶持，残疾人社会保障和福利水平进一步提高，残疾人专项社会保障和福利制度进一步完善，基本实现残疾人“人人享有康复服务”的目标，适龄残疾儿童少年和残疾人家庭子女受教育状况达到当地教育平均水平，有劳动能力的残疾人普遍得到免费技能培训，基本消除残疾人危旧房户，残疾人居住条件明显改善，残疾人托养服务体系逐步完善，水平进一步提高，残疾人普遍享有无障碍基本公共文化和体育服务。通过健全保障制度，扶持就业创业，改善居住条件，创新扶贫方式，加大教育和康复、托养服务力度，以及动员社会各界参与等扶持措施确保目标任务实现。

青海省人民政府办公厅关于印发青海省基本公共服务专项规划（2012—2015 年）的通知

青政办〔2013〕15 号

规划将残疾人全面纳入基本公共教育、劳动就业服务、社会保险、基本住房保障、基本社会服务、基本医疗卫生服务、公共文化体育范围之内。针对残疾人的特殊困难，专门单列残疾人基本公共服务一章，对残疾人社会保障和残疾人基本服务对象、保障标准、支出责任和覆盖水平进行了明确规定。

青海省地方税务局关于发布《青海省残疾、孤老人员和烈属所得减征个人所得税管理办法》的公告

2013 年度第 3 号

残疾人的劳动所得，根据税法及本办法规定，减征个人所得税，个人取得的工资、薪金所得，月所得 1 万元（含 1 万元）以下的，按应纳税额减征 100% 的个人所得税，1 万元以上 2 万元（含 2 万元）以下的，减征 50% 的个人所得税；个体工商户生产、经营收入，对企事业单位的承包经营、承租经营所得，区别情况予以减征；残疾个人兴办的独资企业和合伙企业以及个人独资企业和合伙企业中残疾人投资者生产、经营所得，区别情况予以减征。符合减征条件的残疾人，由本人或委托所在单位或他人，按有关规定向主管税务机关提出书面申请。

青海省人民政府办公厅关于印发青海省社区服务体系建设实施意见的通知

青政办〔2013〕147 号

大力发展面向辖区居民的助残康复，重点做好残疾人等特殊群体的照料服务。社区综合服务中心一般应当包括 8 项功能，其中医疗卫生室（残疾人康复室）主要用于为社区居民提供医疗、计生、疾病预防、健康教育以及残疾人康复训练等活动。

三、工作综述

2013 年，是深入贯彻党的十八大和省第十二次党代会精神，加快推进残疾人事业“十二五”规划目标的关键一年。在省委、省政府的坚强领导和国务院残工委的有力指导下，在党的群众路线教育实践活动推动下，省政府残工委围绕全省中心工作和残疾人“两个体系”建设大局，按照既定的工作目标，科学统筹，有效实施，全力促进部门业务与残疾人事业的有机结合和协调发展，推动了扶残惠残各项工作的有效落实，残疾人生产生活

状况得到进一步改善。

（一）省委、省政府高度重视，促进残疾人事业迈向新的起点

省委、省政府高度重视残疾人工作。中国残联六代会闭幕后，2013年11月，省委常委会听取了情况汇报，研究提出了在新的起点上进一步促进残疾人事业发展，实现残疾人与全省人民同步小康的新思路、新要求、新举措，这是省委常委会自省委15号文件出台以来连续第四年听取残疾人工作专题汇报。骆惠宁书记、郝鹏省长十分关注残疾人事业发展情况，数次做出重要指示。省委、省人大、省政府、省政协领导关心支持残疾人工作，经常参与残疾人工作重大会议、活动，并利用各种节庆日看望慰问福利企业残疾职工和贫困残疾人。有关领导多次调研残疾人工作，加强与中国残联的联系沟通，协调帮助和指导解决青海省残疾人工作中的实际困难和问题。

各级党委、政府认真落实国家和省上有关残疾人事业发展的部署和要求，通过召开残疾人事业会议、听取残疾人工作汇报、出台残疾人优惠特惠政策、逐级建立残疾人工作目标考核制度等各种方式，督办落实残疾人事业主要工作，量化细化残疾人事业主要指标，有力推动了省委、省政府决策部署和扶残助残政策的落实。

（二）残工委成员单位高效履职，奠定了残疾人事业持续发展的坚实基础

2013年，省政府残工委37家成员单位共承诺办理了104项具体工作，内容涵盖残疾人康复、教育、就业、扶贫、文化、体育、宣传、权益维护和社会保障等各领域，在支持残疾人事业发展，帮扶残疾人改善状况中取得了明显成效；省委宣传部每年召开会议，研究残疾人工作的社会宣传、新闻报道工作，在省级各大媒体以专栏或专版的形式，及时报道青海省残疾人工作的新动态、新特点、新部署、新成果，围绕全省残疾人重点工作，发挥了典型宣传的激励、鼓劲和引导作用；省发展改革委先后安排资金7700万元，实施了海东市残疾人康复设施和西宁市聋哑学校教学设施建设，新建了贵德、天峻、乌兰、班玛、玛多、囊谦、曲麻莱7个藏区县级残疾人托养服务设施。这些项目的实施，进一步提升了项目地区残疾人公共服务水平，促进了特殊教育与普通教育同步、协调、健康发展。省财政厅安排残疾人专项资金17092万元，较上年增长38.7%，为残疾人事业发展提供了有力保障；省教育厅全面贯彻落实全省特殊教育工作会议精神，认真实施《关于加强残疾儿童少年随班就读工作的若干意见》和《关于进一步加强特殊教育学校建设与管理工作的通知》，进一步保障了残疾儿童少年接受义务教育的权益；省民政厅将3万余名贫困残疾人纳入城乡最低生活保障，并对其中的重度残疾人实行了分类施保、重点救助，2013年，城市低保对象中残疾人分类施保标准由每人每月20元提高到40元，农村低保对象中残疾人分类施保标准由每人每年100元提高到200元。加大残疾人住房救助力度，全年改造农村残疾人住房3591户，占危房改造总户数的14.36%。对未纳入低保范围、本人无经济收入的4.4万名重度残疾人，按照城镇每人每月100元、农村牧区每人每月50元的标准发给生活补助金，全年发放资金2980万元；省农牧厅在实施游牧民定居工程中，优先照顾残疾人家庭，为1329户残疾人改善了住房条件。省人力资源社会保障厅全面落实相关就业扶持政策，组织专场招聘会50余场，登记认定的未就业困难残疾人402人，帮助残疾人实现就业199人，为残疾人实现就业提供了有利平台；年内为8家吸纳残疾人就业的企业发放岗位补贴、社保补贴和奖励共计204.47万元；开发社区残疾人专职委员公益性岗位174个；省卫计委出台了《关于做好盲人医疗进医院进社区工作的通知》，促进了盲人就业；在新型农村合作医疗保险制度中，对残疾人实行特别优惠救助政策，充分发挥县级以上医疗单位设立的济困助困病床作用，对贫困残疾人就诊实行“一免七减”的优惠医疗服务，减轻了贫困残疾人的看病就医负担；省司法厅办结残疾人法律援助案件89件，拨付案件经费补贴38万余元，指导全省8个市、州、44个县（区、市、行委）、173个乡镇（街道）、36个村（居委会）陆续制定实施了残疾人法律援助优惠政策和规定；协调治省办、普法办将《青海省残疾人法律援助工作办法》纳入了全省普法规划，为维护残疾人合法权益发挥了不可替代的作用；省住房和城乡建设厅在保障性住房和新农村建设中优先照顾残疾户家庭，在残疾人住房保障和增加补助标准上实现了提标扩面；省文化新闻出版厅落实年度残疾人文化工作计划，在全省8个市（州）级公共图书馆设立了盲人阅览室，并指导参加了第八届全国残疾人艺术汇演比赛，获得历史最好成绩；省体育局会同省残联共同举办了青海省第四届残疾人运动会，为比赛提供了有力保障。省政府残工委各成员单位都能结合各自业务，积极开展扶残助残活动，为年度残工委工作的全面完成贡献力量，体现了各成员单位对残疾人工作的大力支持和对残疾人的真切关爱。

（三）各级残工委创新增效，推进残疾人工作再上新台阶

2013年，是省政府残工委与各市州残工委目标责任制度建立后步入规范化运行的一年。通过2013年考核情况看，各地残工委目标任务全面完成，部分市州攻坚克难、主动作为，下大力气解决了一些制约残疾人事业发展的“瓶颈”问题；一些地区积极发挥地域优势，开辟了残疾人事业发展的新途径，创新了许多新经验、新做法。西宁市结合省会城市特点，下发了《关于残疾人专用车辆免费停车有关事项的通知》，在《关于2013年西宁地区灵活就业人员享受社会补贴有关问题的通知》中

将残疾人纳入其中，积极鼓励残疾人灵活就业，使残疾人享受到了更多的便利和实惠；海东市对重度残疾人缴纳社会保险养老基金时，在政府现有补贴的基础上进一步提高了补贴标准，将区、县残疾人文化、体育事业活动经费纳入财政年度预算；海南州将残疾人就业保障金征缴、残疾人就业、基层组织规范化建设、《扶助残疾人规定》执行情况等指标纳入州委、州政府对各县、各部门年度目标责任考核范围，促进了各项工作的有效落实；海西州积极发挥地方财政优势，投入230万元，为550户贫困残疾人家庭进行无障碍改造，并列入了州发改委建设项目；乌兰县、大柴旦、茫崖行委为604名轻度残疾人发放特殊生活补助资金27.9万元，进一步提高了残疾人生活水平；海北州主动作为，实现了全州三、四级残疾人参加城乡养老、医疗保险个人缴纳部分和农牧区危房改造自筹资金全部由政府代缴，对已纳入最低生活保障范围的重度残疾人可同时享受最低生活保障和重度残疾人生活补贴，制定出台了《海北州扶助残疾人实施办法》，将村残协专职委员的津贴报酬从原1000元的基础上提高到3000元，并列入财政预算；果洛州在财力有限的情况下，2013年残疾人事业经费投入超过过去5年的总和，将残疾人危房改造全部优先纳入游牧民定居点建设项目，并给予每户2.2万元的自筹补贴；玉树州结合灾后重建，认真贯彻落实《无障碍环境建设条例》，投入资金45万元，完成了对75户贫困残疾人家庭的无障碍改造任务，最大限度地方便了残疾人日常生活；黄南州将贫困残疾人家庭全部纳入农村危房改造总体规划，实施农村残疾人危房改造475户，年内两次下发《督办通知》，对残疾人就业保障金征收工作进行督办，取得明显成效，全州完成保障金征收126万元。

（四）残疾人“两个体系”建设不断完善，保障和服务残疾人的水平进一步提升

2013年，在省政府残工委成员单位的合力推动下，在各级残工委的共同努力下，青海省残疾人社会保障和服务体系建设不断完善，业务工作开展扎实有效，残疾人生活水平持续上升。

——法规制度日趋完善。在近几年出台42项普惠特惠政策的基础上，有关部门制定出台了《青海省关于促进残疾人按比例就业的实施意见》《关于做好盲人按摩进社区工作的通知》《关于开发全省社区残疾人组织公益性岗位的通知》《青海省农村牧区残疾人扶贫开发规划(2011—2020年)》《青海省基本公共服务专项规划(2012—2015年)》《青海省残疾、孤老人员和烈属所得减征个人所得税管理办法》《青海省社区服务体系建设实施意见》等7项政策措施，将助残康复、就业、扶贫等多项任务纳入了发展大局。

——组织建设不断加强。完成了省残联换届和残工委组成单位的调整工作，实现了全省399个乡（镇、街道）残疾人专职委员公益性岗位全覆盖，并按照青海省公益性岗位人员工资标准，进一步“提标扩面”并纳入财政预算。全面实施开发全省社区残疾人专职委员公益性岗位工作。截至2013年底，各地政府已全面落实乡（镇、街道）残联、村（社区）残协工作经费，并纳入当地财政预算。

——社会保障逐步提高。为全省43974名重度残疾人发放生活补贴资金2980万元；全省有3万余名残疾人享受最低生活保障；投入资金1519.32万元，实施2013年“阳光家园计划”，资助居家托养24112人，资助机构6个；通过多种途径扶持贫困残疾人12466名；将重度残疾人和低保家庭中的残疾人纳入医疗救助范围，并在全额代缴参保参合金的基础上实施门诊、大病住院救助等多层次的救助；对4920户残疾人家庭进行了危房改造，为1152户残疾人家庭进行了无障碍改造；为7653名残疾人发放了102.6万元机动轮椅车专项燃油补贴，较去年增幅达到了206%。

——康复工作成效明显。有2.7万名残疾人得到医疗康复、功能训练、假肢装配、助听（视）器验配、辅助器具适配、白内障复明手术、贫困精神病患者医疗救助等个性化服务；海西州实现辅助器具全覆盖；西宁市城中区建成400平方米的青海省首个盲人定向行走训练基地；6个市（州）33个县（区、市）完成“人人享有康复服务”指标审评工作；海东市及6县（区）、黄南、海南、果洛州残疾人辅助器具中心批准成立。省级投入福利彩票公益金1140万元，州县配套760万元，建成了31个社区“残疾人之家”。

图6-29-1 复明手术车开进草原深处，为当地群众提供上门服务。

——教育就业稳步推进。目前，青海省有13所特殊教育学校已投入使用，3所正在建设之中；有139名贫困残疾大学生和残疾儿童少年得到重点助学救助，全省有73名上线残疾考生被省内外院校录取，2名特校教师荣获全国“交通银行特教园丁奖”；为6803人（次）残疾人提供了职业技能和实用技术培训，城镇新增残疾人就业1733人，其中按比例就业113名；成功举办全省残疾

人职业技能单项竞赛。

——基本权益得到维护。全年接待信访群众及来信来电580余件（次），及时协调处理了残疾人遇到的现实问题，有力地维护了残疾人的切身利益，残疾人信访结案率达到95%以上；在海东市设立了残疾人驾考点1个、体检机构1家，全面实施了残疾人驾驶汽车工作，为187名符合条件的残疾人提供驾驶汽车培训服务，并协调省交通厅减免了二级公路残疾人机动车通行费。

——文体宣传富有成效。投入资金40万元，在全省8个市、州级公共图书馆设立了盲人阅览室；组织参加了第八届全国残疾人艺术汇演甘肃赛区的比赛，获得了1个一等奖、2个二等奖、3个三等奖的历史最好成绩；成功举办了全省第四届残疾人运动会，组织参加了全国残疾人田径、自行车、特奥足球比赛，获得17枚奖牌；编辑制作了《情系30万——创新发展中的青海残疾人事业》画册和《青海省残疾人事业发展五年工作回顾》电视宣传片；《手语新闻》《残疾人之友》栏目全新改版播出；充分利用西宁市400台公交车移动传媒介质播放助残公益广告近37万余次，各类媒体围绕残疾人工作的重大会议、赛事、活动，播发专题新闻765条（篇），整体宣传效果得到明显提升。

（五）面临的困难和挑战

一是残疾人事业“基础弱、资源少、范围广、难度大”的基本形势在我省尤为突出，对残疾人提供社会保障的能力和水平还难以满足残疾人事业与全省经济社会协调发展的本质需要，社会保障机制仍然有待完善；二是为残疾人服务中“力量弱、底子薄、需求大、标准高”的实际矛盾较为突出，基层残疾人工作人员编制紧缺、专业技术力量弱的现状亟待改变，为残疾人提供各类服务的能力有待进一步提高；三是各级残工委统筹牵头，动员有关部门积极参与、攻坚克难、联动推进的工作机制尚待完善。为此，我们要进一步认清形势、认真研究，积极采取有效措施，不断改进工作作风和工作方式，有效发挥职能作用。

四、重要条目

【省政府残工委第二十次全体（扩大）会议】3月12日，青海省政府残工委第二十次全体（扩大）会议在青海会议中心隆重召开。副省长、省政府残工委主任程丽华出席会议并讲话。省政府残工委副主任、省残联理事长肖建军向会议报告了2012年残疾人工作情况和2013年工作安排。省政府副秘书长、省政府残工委副主任晁海军主持会议。省政府残工委37个成员单位负责同志、各州（市、地）政府（行署）残工委主任、省残联第五届主席团委员、各州市地和县（区、市、行委）残联理事长、省残联中层以上干部列席了会议。会议集中总结安排残疾人重大工作，省政府残工委主任程丽华与各州（地、市）残工委主任签订了《青海省人民政府残疾人工作委员会2013目标责任书》，省民政厅等3家残工委成员单位和海南州残工委分别就2012年残疾人工作开展情况和2013年工作重点安排做了述职发言和交流发言。

【联系群众服务基层活动】根据中国残联关于开展“基础管理建设年活动”的总体部署，结合青海省残联实施的“下基层、接地气、办实事”活动和青海高原“自强和谐号”创建活动，省残联向各地下发文件，决定在全省残联系统开展“联系群众服务基层暨基础管理建设年”活动，由省残联领导班子成员带队，组成8个工作组，以定点包州的方式，分赴全省8个市（州）、46个县（区、市）及部分乡（镇、街道）和村（社区），调研、指导、帮助、督促、推动各地残疾人工作，研究解决工作中存在的实际困难和问题。

【公益电影《无手老师》公映】6月18日，省委宣传部、省教育厅、省文联、省残联联合举办公益电影《无手老师》看片座谈会。省委常委、省委宣传部长吉狄马加等领导出席座谈会。电影《无手老师》以荣获“全国自强模范”、全国“最美乡村教师”的青海回族残疾模范教师马复兴为原型创作，以独特的视角讲述其在贫困山区学校艰苦执教三十余载，献身少数民族教育事业的感人故事。影片由省委宣传部、省残联、省文联牵头，联合省广电局、省教育厅、西宁市委宣传部、省电影电视家协会联合摄制。总投资为人民币680万元，历时三年创作摄制完成，目前已在全国相关城市及院线发行68部电影拷贝，先后荣获第二十二届中国金鸡百花电影节“水晶奖杯”、“第四届中国西安国际影像节电影作品奖”和青海省精神文明建设第十届“五个一工程”奖。

【省残联五届主席团第八次全体会议】6月27日，青海省残联五届主席团第八次全体会议在西宁召开。省残联五届主席团主席、省残联执行理事会理事长肖建军主持会议并讲话，五届主席团全体委员参加会议。会议通过了向省残联第六次代表大会提交的工作报告（审议稿）、召开省残联第六次代表大会的决定（审议稿），通过了省残联第六次代表大会执行委员会、资格审查委员会和大会秘书长建议名单。

【省残联第六次代表大会预备会议】6月27日，青海省残联第六次代表大会预备会议在西宁举行。预备会议召集人、省残联党组书记、理事长肖建军主持会议，大会全体正式代表出席会议。会议通过省残联第六次代表大会议程（草案）、省残联第六次代表大会执行委员会组成人员名单、省残联第六次代表大会资格审查委员会和秘书长名单，听取了代表资格审查委员会关于代表资格审查的报告。

【省残联第六次代表大会】6月28—29日，青海省残疾人联合会第六次代表大会在西宁召开。会议审议通过了肖建军同志代表五届主席团所做的工作报告，提出了《中国残疾人联合会章程》修改建议。根据章程规定，经过充分酝酿和民主选举，大会选举产生了第六届省残联领导班子。选举于军等41人为主席团委员，聘请省委常委、省总工会主席苏宁为主席团名誉主席，选举省委常委、副省长王晓为主席团主席，马骥、肖建军、魏笷、李岩玉、王忠辉、熊英、杜欣柏为主席团副主席，选举肖建军为执行理事会理事长，魏洪、曹晓为副理事长。大会还选举马骥等14名同志为青海省出席中国残联第六次代表大会的代表，选举产生了新一届各专门协会主席、副主席、秘书长。

【省残联召开党的群众路线教育活动实践动员大会】 7月19日，省残联召开党的群众路线教育实践活动动员大会。省残联党组书记、理事长肖建军做动员讲话。省委第九督导组副组长元宁就开展党的群众路线教育实践活动做了重要讲话。会议同时对领导班子及班子成员作风建设情况进行了民主评议。党组成员、副理事长魏洪及机关、所属事业单位党员干部、退休人员和服务对象代表参加动员大会。

【实施"集善三星爱之光·启明行动"】 7月2日，中国残疾人福利基金会、中国三星、青海省残疾人福利基金会"集善三星爱之光·启明行动"启动仪式在青海省第五人民医院举行。中国残疾人福利基金会、中国三星"集善三星爱之光·启明行动"项目向青海省捐赠75万元人民币，为750名贫困白内障患者免费实施复明手术，帮助他们重见光明，支持青海省"白内障无障碍省"创建工作。省政府副秘书长马骥、中国残疾人福利基金会副理事长邢建绪、中国三星副总裁姜俊暎、省残联理事长肖建军、省第五人民医院院长柴多出席仪式。省残联副理事长曹晓主持启动仪式。

图6-29-2　集善三星爱之光·启明行动捐赠仪式。

【"星星的孩子"自闭症和智障儿童夏令营活动】 8月1—3日，由中国残疾人福利基金会主办，青海省残联和青海省残疾人福利基金会承办的2013年"集善·三星爱之光"系列公益项目—星星的孩子自闭症和智障儿童夏令营活动在青海省西宁市举行，此次活动得到了中国三星集团大力支持。中国残疾人福利基金会副理事长费薇、中国三星大中华区副总裁王幼燕、中国残疾人福利基金会副秘书长沈伟俊、青海省残联理事长肖建军、副理事长曹晓等出席活动。青海省残疾人康复服务中心、青海省慧灵智障人士社区服务工作站、青海省西宁市第十二中学的孩子、家长、老师共110余人参加了活动。在为期3天的夏令营里，主办方为残疾儿童举办了文艺汇演、亲子趣味游戏、游览青海省科技馆、野生动物园和青海湖、举办康复知识培训等活动。来自青海省西宁市第十二中学的30名中学生与残疾儿童结起了对子，开展了助残互助活动。

图6-29-3　夏令营小朋友与中国残疾人福利金会及省残联领导合影留念。

【全省残疾人职业技能单项赛】 8月16日，全省残疾人职业技能单项赛在西宁举办。来自西宁市、海东市、海西州、海南州、果洛州、黄南州、省特校、西宁特钢公司的8支残疾人代表队，在烹饪、唐卡制作、机械组装三个项目中展开竞技。省政府副秘书长马骥、省残联副理事长曹晓参观技能竞赛。

【全省州、县两级残联理事长暨州级残联组联干部培训班】 9月3—6日，青海省残联在格尔木市举办了全省州、县两级残联理事长暨州级残联组联干部培训班。省残联党组书记、理事长肖建军、副理事长曹晓出席开班仪式并讲话，格尔木市副市长王建平致欢迎词。来自全省各地残联理事长、副理事长、组联干部共90余人参加了培训。

【省第四届残疾人运动会】 9月14日，青海省第四届残疾人运动会在多巴国家残疾人高原体育训练基地开幕，来自全省11个代表队的300多名运动员参加残运会。省委常委、副省长王晓，省人大常委会副主任马伟，省政协副主席纪仁风出席开幕式并为获得首枚奖牌的运动员颁奖。王晓宣布运动会开幕。省残联理事长肖建军致开幕词，省体育局副局长才让太主持开幕式。此次残运会共设立田径、游泳、举重、篮球、足球、乒乓球、羽毛球、盲人柔道、射击、射箭、飞镖、中国象棋、盲人跳绳、特奥滚球、特奥轮滑、特奥高尔夫球等16个大项共220个比赛项目。

图6-29-4 第四届残疾人运动会上运动员奋力拼搏。

【王绍良先生与他的“山狼艺术暨屯垦农家博物馆”】 9月15日，“山狼艺术暨屯垦农家博物馆”在黄南州保安镇挂牌成立。保安镇坐落在黄南州同仁县，是一个具有数千年屯垦历史的汉族村落，而这座农家博物馆就如同一个历史的缩影，承载着保安镇数千年的屯垦文化，把一幅幅历史的画卷展现在参观者的眼前。博物馆的创办人王绍良先生，是一名残疾人艺术家，他在战胜病魔的同时，克服困难，一边教书育人，一边用坚强的毅力进行绘画与摄影作品的创作。作为一名保安镇人，王绍良先生为了让先辈们创造的屯垦文化能够发扬光大，亲自策划并筹建了这座博物馆，并将博物馆设立在自己老家的四合院中。在这处典型的农家建筑里陈列着许多与生活息息相关的物件，如竹制的水烟管、帽盒、墨盒、算盘、铜锁、木碗、铜茶壶等等，这些已逐渐被人遗忘的生活必需品把参观者带回了曾经的记忆中去，有助于继承和发扬黄南州保安镇的屯垦文化，成为黄南地区一个重要的文化亮点。

【省政府残工委年度目标考核】 11月10—20日，根据青海省政府残工委与全省8个市（州）政府残工委建立的残疾人工作年度目标考核机制和省残联与各市（州）残联签订的年度目标责任书。省政府残工委组织8个考核组，由省政府残工委部分副主任、委员带队，抽调相关部门工作人员，分赴各市（州），对各地2013年度残疾人工作共性指标、个性指标完成情况，各项政策的落实执行情况和创新特色工作进行考核。

【“集善如新儿童蜜儿餐”青海项目】 12月6日该项目启动仪式在青海省特殊教育学校举行。全国人大常委、中国残联副主席王乃坤，省委常委、省总工会主席苏宁，中国残疾人福利基金会副理事长邢建绪、NU SKIN如新集团大中华区域总裁范家辉，NU SKIN如新集团大中华区协同事务区域副总裁暨华西及华北总裁郑重，NU SKIN如新集团大中华首席顾问及对外事务副总裁刘志辉，世界儿童基金会副会长王志刚，青海省残疾人联合会党组书记、理事长肖建军等出席启动仪式。活动现场，中国残疾人福利基金会、NU SKIN如新集团向省残疾人福利基金会捐赠款物共367万元，其中，捐赠24000份蜜儿餐开展“集善如新儿童蜜儿餐”项目；捐赠70万元人民币开展“集善工程启明行动”；捐赠250辆脑瘫轮椅开展“阳光伴我行”集善明门儿童轮椅项目；捐赠4000份护肤品开展“集善工程爱心滋养”项目。

五、大事记

1月8日，青海省2013年就业援助月活动启动仪式在西宁市举办。省人力资源社会保障厅副厅长高新荣、省残联副理事长魏洪、西宁市政府副秘书长何斌等领导出席活动。省残疾人劳动就业服务中心在西宁举办了残疾人就业专场招聘会。来自省内福因长乐国际大酒店、新华百货有限责任公司、格拉丹东药业等3家企业参加了招聘会。

1月10日，省残联举行仪式，接收余彭年社会福利协会捐赠的8辆白内障病员接送专用车。

图6-29-5 余彭年白内障病员接送专用车接收仪式。

1月11日，为了加快青海农村牧区贫困残疾人脱贫致富奔小康进程，省政府印发《青海省农村牧区残疾人扶贫开发规划（2011—2020年）》。

1月14日，省政协十一届一次会议上，省残联党组书记、理事长肖建军当选为省政协常委。

1月24日，省财政厅、省残联共同印发《关于印发青海省“阳光家园计划”（2012—2015）实施方案的通知》（青残联会发〔2012〕99号），用于补助智力、精神和重度残疾人的“阳光家园计划”启动。

1月26日，省卫生厅、省残联、省红十字会在黄南州同仁县慢性病防治医院举行以“加速行动，消除麻风危害”为主题的宣传活动。为该院38名患者送去了价值10万元的大米、食油等物品。省卫生厅颉学辉副厅长和省疾控局、省健康教育中心，黄南州政府办、州卫生局、州红十字会、州疾控中心等单位的负责人参加主题宣传教育活动。省残联为宣传活动拨付2万元资金。

2月15—21日，省残联组织省、州政府残工委部分成员单位的12名同志赴台湾考察残疾人服务体系和保障体系建设工作。

3月3日，省残联组织开展了第十四次全国爱耳日系列宣传活动。

3月8日，省残联党组书记、理事长肖建军率康复部、省康复中心负责人到深圳市余彭年社会福利协会与余彭年主席商洽2013年援助项目。余彭年先生继续支持青海的残疾人康复工作，免费为青海3000名贫困白内障患者实施复明手术。投资120万元为青海省残疾人康复中心配置开展白内障复明手术的眼科设备。出资并委托中山大学为青海省残疾人康复中心培养白内障手术医生1—2名。为青海残联捐赠一辆价值125万元的余彭年白内障手术流动车。

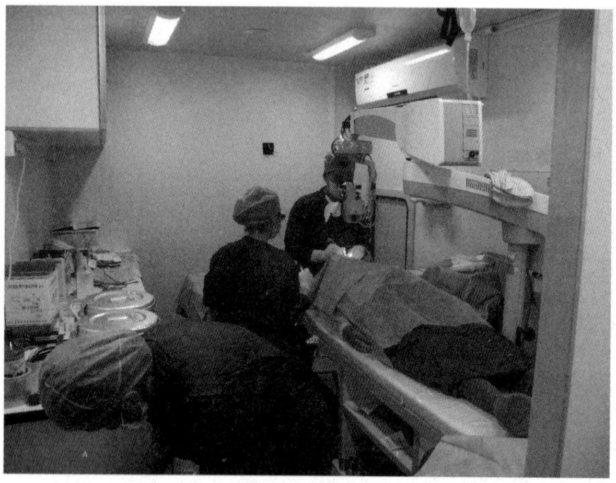

图6-29-6　医务人员为白内障患者实施免费复明手术。

3月12日，全省残联工作会议在西宁召开。省残联党组书记、理事长肖建军出席并讲话。会议通报了2012年各州（地、市）残联年度目标责任考核情况，表彰了目标责任考核先进单位。省残联与各州（地、市）残联签订了2013年目标责任书。各州（地、市）县（区、市、行委）残联理事长，省各残疾人专门协会主席，省残联机关及事业单位全体干部职工参加了会议。

3月14日，中国聋儿康复研究中心、北京同仁医院专家检查北京同仁医院对口支援青海大学附属医院开展人工耳蜗手术定点医院筹备工作。

4月11日，省残联通过中国残联、中国交通银行“通向明天—交通银行残疾青少年助学计划”项目和青海省“爱心助残项目”，共募集资金13.8万元，对2012年度考入省内外高等院校的69名贫困残疾大学生及残疾人子女进行助学资助，以帮助贫困残疾大学生顺利完成学业。

4月14日，在福建省福州市举办的2013年全国残疾人青少年（25岁以下）田径锦标赛上，青海省运动员吉三春获得男子T45—46级1500米比赛金牌。

4月20日，省残联向四川省残联和灾区残联发出慰问信。并以省残联、省残疾人福利基金会名义向四川省残联捐款10万元人民币。同时，理事会还积极组织机关和所属事业单位职工向灾区捐款，以实际行动支持灾区群众渡过难关。

4月26日，副省长、省政府残工委主任程丽华在省残联负责同志陪同下，赴京拜会中国残联有关领导，沟通交流青海残疾人工作。中国残联党组书记、理事长王新宪，党组成员、副理事长孙先德、贾勇以及中国残联康复部、教就部、计财部负责同志出席了汇报会。

5月17日，省残联、省文化和新闻出版厅、省残疾人志愿者联盟在西宁中心广场百姓大舞台举办了“扶残助残，有你有我——2013年全国助残日文艺演出”。100多名残疾人演员和健全人一道，演出了13个精彩文艺节目。近2000名观众观看了演出。

5月17—24日，省残联、省体育局、省残疾人体育协会在青海师范大学体育学院和青海省特奥培训基地联合举办了省第四届残运会特奥运动和聋人篮球比赛项目。来自全省8个市（州）和省特校、青海慧灵智障人士社区服务站等10个代表队的160多名智力、听力残疾人参加了田径、举重、篮球、足球、滚球等项目的比赛。

5月19—30日，在第二十三次全国助残日期间，紧扣“帮扶贫困残疾人”主题，组织开展了系列助残活动。组织开展了党政领导慰问贫困残疾人、助残日文艺演出、救助贫困残疾儿童、残疾人技能培训、开展公益宣传等6项重点活动。

5月19日，省委常委、省总工会主席苏宁到平安县残疾人托养中心看望并慰问残疾人。

5月19—22日，省妇联副主席谢琼慰问湟中县特殊教育学校师生，捐赠了价值5000元的体育用品。省人社厅组织干部赴门源县麻莲乡包哈图村开展扶贫助残活动，为6户残疾人发放3000元的慰问金并赠送辅助器具。省体育局副局长才让太带领局扶贫工作领导小组成员在湟中县尧湾村开展慰问活动。

6月16—22日，由中国残疾人康复协会主办的全国社区康复协调员省级师资培训班在西宁举办。来自全国各省（区、市）的66名社区康复协调员参加了培训。

6月30日，全省残联理事长座谈会议在西宁召开。各市（州），县（区、市、行委）残联理事长参加会议。会议总结2013年上半年工作完成情况，部署下半年工作。省残联党组书记、理事长肖建军、副理事长魏洪、曹晓出席会议并分别讲话。

7月4日，省委常委、副省长王晓赴京拜会中国残联有关领导，沟通交流青海残疾人工作。中共中央委员、中国残联党组书记、理事长王新宪，中国残联副理事长贾勇出席座谈会。会后，中国残联主席张海迪会见了王晓副省长一行。

7月5—11日，香港红十字会、青海省红十字会专家组来省残疾人康复中心验收为玉树地震伤残人员37名免费制作假肢42例康复项目评估并通过验收。

7月15日，省残联会同省交通厅、省信访局处理残疾人聚众围堵西宁东出口收费站一事。后经协商，省交通厅同意残疾人驾驶本人所有机动车可免费通行省内二级公路。

7月29—31日，中国残疾人就业指导中心在青海省举办了2013年度全国盲人按摩学术研讨会，来自全国各地的108名中国盲协会员参加了研讨会。

8月20—24日，青海省参加第八届全国残疾人艺术汇演（甘肃赛区）的器乐、声乐、舞蹈3大类节目的比赛，获得1个一等奖、2个二等奖、5个三等奖的优异成绩，并获团体三等奖，为历史最好成绩。

9月7日，2013年度全国盲人医疗按摩人员考试青海各项考务工作顺利完成，11名盲人参加培训和考试。

9月9日，青海省第四届残疾人运动会新闻通气会在青海宾馆举行。省、市各新闻单位及中央驻青媒体记者共17家参加。省体育局副局长才让太、省残联副理事长曹晓出席会议。

9月13日，受骆惠宁书记、郝鹏省长委托，省委常委、副省长王晓，省委常委、省总工会主席苏宁代表省委、省政府看望青海省出席中国残联第六次全国代表大会的代表。

9月14日，省委常委、副省长、省政府残工委主任王晓在省政府副秘书长马骥，省残联党组书记、理事长肖建军等同志陪同下，前往湟中县多巴镇残疾人托养中心调研残疾人托养工作。

9月16日，青海省第四届残疾人运动会在多巴国家高原残疾人体育训练基地落下帷幕。本次比赛中，共有15人（次）平破13项省残疾人运动记录，为全面备战2015年全国残疾人运动会打下了良好的基础。省委常委、省总工会主席苏宁出席闭幕式。在当日举行的闭幕式上，表彰了获得团体总分前六名的代表团，并授予西宁市等11个代表团、安萍萍等78名运动员和杨永强等20名裁判员“体育道德风尚奖”荣誉称号。

10月14—20日，全国特奥足球周活动在青海省特殊教育学校举行，来自西宁市四区和省特校、市聋校共6支代表队的参加。经过15场比赛，省特校、城东、城西分获比赛前三名。足球周活动期间还邀请足球专业教练员为特奥运动员讲解了足球技术。

10月15日，瑞典“改变生活”爱心人士到省残疾人康复中心为农村贫困听障儿童免费捐赠助听器23台。

10月21—23日，省残联在西宁举办全省残联系统信息统计工作人员培训班。各市（州）、县（市、区、行委）残联统计和财务人员，以及省残联机关各部门及直属单位的相关人员共75人参加了培训班。

10月30日，省残联召开党的群众路线教育实践活动专题民主生活会。省委第九督导组组长、原省人大常委会副主任刘晓及督导组成员、省纪委、省委组织部、驻会纪检组有关人员参加会议。

11月14日，省政府副秘书长马骥、省残联理事长肖建军受省委常委、副省长王晓委托出席在北京大学英杰中心举行的余彭年助学金暨彭年光明行动启动仪式。马骥副秘书长致辞。

11月20日，中国聋儿康复研究中心督导组一行四人来青就开展听力语言康复中心建设及国家重点项目执行情况量化考核检查督导工作。

11月22日，省委书记骆惠宁主持召开十二届省委第三十九次常委会议，听取了省残联党组书记、理事长肖建军就中国残联六待会主要精神及青海省贯彻意见所做的专题汇报。

11月25日—12月2日，青海省残疾人自行车队参加了在广东举办的全国残疾人自行车比赛。肢体残疾人刘延忠获得C4级15公路个人计时赛第四名。

12月16日，海东市残联召开撤地建市后第一届残疾人代表大会，省残联党组书记、理事长肖建军应邀出席并讲话，海东市委常委、市委组织部长陈启福致辞，市政府副市长曹生渊出席会议，市政府副秘书长韩芳忠主持了大会开幕式，市残联第一届代表大会执行委员会副主席韩秀兰做工作报告。

（邸森供稿）

宁夏回族自治区残疾人事业和残疾人工作

一、领导讲话

自治区党委常委、副主席李锐在自治区残联调研时的讲话摘要

2013 年 5 月 6 日

残联要发挥好政府和残疾人的桥梁纽带作用，残联系统和残疾人工作者要做到以下几点：一是在感情上认同残疾人，共同抓好残疾人工作，要从政策面体现对残疾人的关心；二是加强团结，维护大局，形成合力，残联上下形成一个整体；三是不断加强工作创新，每年都能抓一个亮点，在全区、甚至全国形成影响；四是管好人事，班子要充分发扬民主，大事都要集体研究决定；五是管好财务，把钱用好，特别是在工程建设中要严格按规定办事。

中国残联常务副理事长王乃坤在自治区残联第六次代表大会上的讲话摘要

2013 年 8 月 2 日

自治区党委、政府历来高度重视残疾人工作，将残疾人事业纳入重要议事日程和工作全局，纳入经济社会发展总体规划，制定和落实惠及残疾人的一系列法规政策措施，促进残疾人事业与经济社会协调发展。无论是在全国还是在宁夏回族自治区，做好新形势下的残疾人工作任务仍然十分艰巨。为贯彻落实党中央、国务院的重要部署，进一步推动宁夏回族自治区残疾人事业在新的起点上科学健康发展，我代表中国残联提三点希望：一是加快推进残疾人全面小康进程。二是扎实推进残疾人社会保障体系和服务体系建设。三是切实加强残联组织建设。

自治区党委副书记崔波在自治区残联第六次代表大会上的讲话摘要

2013 年 8 月 2 日

只有残疾人都实现小康、成就梦想，全面小康才更完整、更真实，“中国梦”才更完美、更幸福。各级党委、政府要高度重视、尽职尽责，完善政策，特别是在生活保障、劳动就业、教育培训、医疗康复、无障碍设施建设等方面多开“绿灯”和“小灶”，努力使残疾人享受政策不弱势、享受福利不困难、享受成果不遗漏。社会各界要奉献爱心、倾力支持，积极开展扶残助残活动，并借力黄河善谷，着眼于增强可持续性，探索扶残助残新模式。残联和残疾人工作者要主动作为、热诚服务，从残疾人最关心、最直接、最现实的问题入手，全力抓好残疾人就业、社保、教育、康复和维权等工作，帮助残疾人克服困难、融入社会、有所作为，成为残疾人的“贴心人”。广大残疾人要自强不息、奋发进取，能在逆境中奋起，通过自强开拓人生新境界，为社会做贡献，给人生添光彩。

自治区残联党组书记、理事长娄晓萍在自治区残联第六次代表大会上的工作报告摘要

2013 年 8 月 2 日

今后五年，我区残疾人事业发展的指导思想是：以邓小平理论、“三个代表”重要思想和科学发展观为指导，深入贯彻落实党的十八大和自治区十一次党代会精神，大力弘扬人道主义，坚持党委领导、政府负责、部门协作、残联协调推动、社会参与的残疾人工作机制，以保障和改善残疾人民生为出发点和落脚点，进一步完善残疾人社会保障体系和服务体系，进一步优化残疾人平等参与社会生活的环境，进一步缩小残疾人生活水平与社会平均水平的差距，切实加快残疾人奔小康进程，全面提高残疾人幸福指数，努力实现残疾人“平等、参与、共享”之梦。

今后五年的奋斗目标是：健全“公平化”的残疾人社会保障体系和“均等化”的社会服务体系，实现城乡残疾人基本养老和基本医疗保险全覆盖、残疾儿童抢救性康复服务全覆盖、精神残疾人救治全覆盖、残疾人治疗性康复医保全覆盖、残疾人辅助器具适配全覆盖、残疾学生资助全覆盖、农村贫困残疾人脱贫致富项目扶持全覆盖、城乡个体工商户及盲人按摩从业人员基本养老保险补贴全覆盖、有就业需求的残疾人就业创业服务全覆盖，以及智力、精神和重度残疾人托养补贴全覆盖；残疾人奔小康进程与全区同步跟进，残疾人生活得更有尊严、更为自信、更加精彩。一是健全完善“两个体系”建设，加快残疾人全面小康实现进程。二是全面实施“五大圆梦工程”，破解残疾人事业发展难题。实施“阳光康复”工程，圆残疾人康复梦；实施“牵手托养”工

程，圆残疾人自尊梦；实施“扶残助学”工程，圆残疾人自信梦；实施“助你就业”工程，圆残疾人自强梦；实施“帮困脱贫”工程，圆残疾人自立梦。三是努力营造平等参与的社会环境，全面提升残疾人幸福指数。营造公平正义的制度环境。全面推进无障碍环境建设。丰富残疾人精神文化生活。弘扬扶残助残的社会风尚。四是广泛凝聚各方力量，构建残疾人事业发展的大格局。

建设党委政府放心、残疾人满意的残联组织。一是加强基层组织建设，让残疾人“触手可及”。二是加强干部队伍建设，让残联“干事可成”。三是加强机关作风建设，让残联“真情可感”。

自治区党委常委、纪委书记陈绪国在调研自治区残联党的群众路线教育实践活动时的讲话摘要

2013 年 12 月 2 日

残联是代表党和政府给残疾群众送关怀、送温暖的部门；残疾人事业是党的重要事业，是行善积德的事业。残联做了大量工作，有不少开创性强的工作，在全国比较靠前，做得很好。自治区残联教育实践活动抓得紧，思路清晰、措施到位、实实在在，取得了较为明显的成效；残联干部没有“吃、拿、卡、要”现象，资金的规范化、程序化做得比较好。残联要在下一步工作中以领导干部为重点，聚焦“四风”，落实好“四项清理”，继续巩固和强化作风建设的成果，把教育实践活动推向深入。

二、政策法规文件

宁夏回族自治区人民政府批转财政厅关于支持慈善工业园区发展二十条财政政策的通知

宁政发〔2013〕2 号

四、实施社保、医疗优惠政策

（十三）社会保险补贴。入园企业吸纳宁夏户籍残疾人就业，自治区财政给予全额社会保险补贴（基本养老保险、基本医疗保险和失业保险补贴），补贴期限与劳动合同实际履行期限相同，最长为 3 年。

（十四）城乡低保政策衔接。对进入园区企业就业并与企业签订劳动合同的城乡低保对象，给予保留原低保待遇 1 年的过渡期，其中对残疾就业人员保留低保待遇 2 年的过渡期。

（十五）加强园区社区医疗服务能力建设。支持园区所在市县综合医院和妇幼保健机构服务能力建设，重点支持一些残疾人康复治疗、新生儿出生缺陷排查及治理等方面的专科建设。

（十六）开展惠民医疗服务。鼓励园区企业捐赠资金，财政部门按照 1:1 的比例予以配套，开展一些特殊病种或特殊病人的免费医疗服务，向园区患有高血压、糖尿病等慢性病的生产一线职工和 60 岁以上老年人或残疾人，免费发放药品。

五、实施就业培训补贴优惠政策

（十九）对残疾就业人员的残疾服务项目，根据有关规定给予免费提供。

自治区人民政府关于 2013 年 10 项民生计划为民办 30 件实事的通知

宁政发〔2013〕27 号

实施扶弱助困计划。加大社会求助力度，切实帮扶弱势群体改善生产生活条件，着力提高生活水平和质量。

切实救助残疾人员。实施重度残疾人生活津贴制度，受惠人群达 8.4 万人；按年人均 700 元的标准，对居家托养的 1500 名智力、精神和重度残疾人进行护理补贴；为贫困残疾人配发辅助器具 1 万件，捐赠轮椅 3000 辆，安装假肢 240 例，抢救性康复贫困残疾儿童 100 名；为社区配发残疾人康复训练器材 120 套；资助在读贫困残疾学生 2000 名；免费培训有就业需要的贫困残疾人 6000 名，帮扶 1200 名残疾人就业创业；扶持 1200 户农村残疾人家庭发展种植、养殖业。（刘慧主席负责，残联牵头，教育厅、民政厅、财政厅、人力资源社会保障厅、农牧厅、卫生厅等部门协助落实。）

自治区人民政府办公厅印发关于做好重度残疾人生活津贴发放工作的补充通知

宁政办发〔2013〕93 号

一、将银川市兴庆区、金凤区、西夏区内未享受最低生活保障待遇的一级、二级城乡重度残疾人纳入享受生活津贴人员范围，依照《办法》规定，对符合条件的，给予每人每月 100 元的生活津贴。所需资金由自治区财政承担 80%，银川市财政承担 20%。具体发放办法依照《办法》规定执行。

二、自治区残联应当加强对重度残疾人生活津贴发放工作的指导和监督工作。各市、县（区）残联应当依照《办法》规定，认真做好发放对象的审核、审批、报送、增发、停发以及档案信息管理等工作，切实将这项惠及重度残疾人的政策落实好、做到位，提高重度残疾人的生活质量。

三、财政部门要将重度残疾人生活津贴资金足额列入预算，确保所需资金及时拨付，并加强资金监管。监察、审计应当定期开展检查和审计，依法作好监督工作。

四、各市、县（区）人民政府结合本地实际，可以制定《办法》的具体实施办法。有条件的市、县（区）可以适当提高本地重度残疾人生活津贴补贴标准。

三、工作综述

根据自治区统计局公布的 2013 年末全区总人口数，按照第二次全国残疾人抽样调查自治区残疾人占全区总

人口的比例和各类残疾人占残疾人总人数的比例推算，全区残疾人总数为44.7万人，占全区总人口的6.83%。全区有残疾人的家庭共38.7万户，占全区家庭户总户数的21.02%。各类残疾人数分别为：视力残疾7.3万人，占16.42%；听力残疾8.8万人，占19.61%；言语残疾0.9万人，占1.96%；肢体残疾14.7万人，占32.84%；智力残疾3.6万人，占8.09%；精神残疾2.6万人，占5.88%；多重残疾6.8万人，占15.20%。各残疾等级人数分别为：一级6.5万人，占14.43%；二级5.0万人，占11.20%；三级10.9万人，占24.39%；四级22.3万人，占44.98%。全区残疾人口中，0—14岁的残疾人口为3.4万人，占7.69%；15—59岁的人口为20.9万人，占46.82%；60岁及以上的人口为20.4万人，占45.49%（65岁及以上的人口为16.0万人，占35.72%）。全区残疾人口中，城镇残疾人口为13.0万人，占28.98%；农村残疾人口为31.7万人，占71.02%。

2013年，在自治区党委、政府的坚强领导和中国残联的精心指导下，全区各级残联组织发挥职能、担当责任，党政部门倾情关注、鼎力支持，社会各界积极参与、热情奉献，广大残疾人自强不息、奋力拼搏，残疾人工作取得突破性进展，残疾人事业实现新的进步。

（一）抓住各级残联换届之机，创新思路，靠前谋划，在顶层设计和组织保障上取得了新成果

成功召开自治区残联六代会，选举产生了新一届主席团、执行理事会和专门协会领导班子，确定了今后五年的奋斗目标和主要任务，科学提出了实施“五大圆梦工程”、实现“十个全覆盖”的重大举措，描绘了残疾人事业发展新蓝图，赢得了中国残联和自治区党委、政府的充分肯定。与此同时，各级残联组织顺利完成换届任务，一批有思想、有魄力、有干劲的开拓型干部充实到了残联队伍，残疾人基层组织建设得到有力加强，残疾人工作者队伍整体面貌焕然一新，为在新的起点上推动创新发展奠定了重要的组织基础。

（二）围绕基本民生需求做文章，细化目标、强化措施，在改善残疾人生存发展状况上取得了新进展

通过实施政府民生计划和残疾人事业“十二五”年度重点项目，使15万残疾人得到不同程度的康复，1.57万残疾人接受托养服务，2028名贫困残疾学生得到资助，城镇新增残疾人就业1462人，建立残疾人扶贫基地26个，1.26万名农村贫困残疾人实现脱贫，283户农村贫困残疾家庭危房得到改造，1162户贫困残疾人家庭得到无障碍改造，残疾人信访案件办结率达到100%，成功举办了全国助残日、“汇聚大爱·共圆梦想”系列活动，开通了宁夏电视台残疾人事业专栏节目，努力使残疾人享受政策不弱势、享受福利不困难、享受成果不遗漏。

（三）注重发挥工作体制机制优势，借威借力，协调联动，在推动残疾人事业创新发展上实现了新突破

推动出台《宁夏重度残疾人生活津贴发放办法》，为全区重度残疾人落实了生活津贴，走在了全国的前列；争取自治区政府同意，及时调整了宁夏残疾人康复中心建设项目方案，投资预算在原基础上翻了一番；打破地域界限，争取各方支持，累计募集资金物资1121万元，与阿里巴巴电子商务公司、宁夏企业家北京商会等一批慈善企业和组织达成了意向性合作协议。与此同时，各地残联创新思路、主动作为，工作呈现出许多亮点。银川市推动政府出台了《残疾学生及残疾人家庭子女高中就读免除学费住宿费实施办法》，在全区率先实现了残疾学生及残疾人家庭子女高中免费教育；有效整合社区资源，建成了一批残疾人社区康复站。石嘴山市成功创建全国“阳光家园”示范区，率先实现了残疾人居家托养补贴全覆盖和街道托养服务机构全覆盖。吴忠市抓住黄河善谷战略机遇创建身障人远东创业街，带动230多名残疾人实现了创业就业。固原市引进深圳德源人造花有限公司落户隆德县，辐射带动600多名残疾人参与创业，开辟了农村残疾人造血式扶贫新路子。中卫市残联依托社会培训资源开展残疾人技能培训，涌现出了一批城镇“小老板”和农村致富能手。一些县（区）在残疾人康复、托养、就业等方面也做了积极的探索与尝试，为基层工作打开了新“窗口”。如：西夏区残联争取政府投资，创建了残疾人创业园，让残疾人有了自己的创业“专属基地”，目前已有17个项目入园发展。泾源县残联在地方财力非常有限的情况下，争取政府投建了康复中心，并长期为30多名0—6岁残疾儿童及家长提供免费食宿。

（四）注重发挥残疾人主体作用，尊重首创，鼓励自立，在提升人生新境界上取得了新成效

积极探索推进专门协会社团登记工作，拓展协会自主空间，支持指导自治区肢残人协会完成法人登记，为“重塑未来”项目落户宁夏奠定基础。搭建平台，创造条件，帮助银川市残疾人创业园王辉、刘玉凤，吴忠市金瑞清真食品有限公司杨晶岚，中卫市盲人养殖户武建玲、华兴食品酿造厂朱玉英、众成文化有限公司王治银以及隆德县文化创业园的李有永、郝浩、刘云等一批残疾人走上自强创业之路。指导同心县残疾人创立了俱乐部和慈善爱心超市，让500多名残疾人直接受益。自治区盲协主席王结荣获第四届全国道德模范，肢残人协会主席李宁为和吴忠市残疾人杨晶岚被授予“全区民族团结进步模范个人”称号。自治区残疾人在全国重大体育艺术比赛中取得了6金2银5铜的好成绩，为残疾人争了光，为

宁夏添了彩。

（五）把提升服务能力作为立身之本，锤炼作风，加大培训，在队伍建设上迈出了新步伐

举全区残联之力，首次开展全区残疾人基本情况大核查，累计走访村（居委会）2705 个、残疾人家庭 21.63 万户，在全面核实登记残疾人基本信息的同时，锻炼了队伍，密切了与残疾人群众的联系。举办宁夏残联干部能力提升复旦大学研修班，对各市、县（区）残联理事长和自治区残联干部职工进行集中脱产培训，开阔了眼界，增长了见识，提升了服务发展的能力。三是召开全区残疾人工作现场观摩会，组织各级残联理事长和自治区残联业务处室负责人实地观摩了 5 市、15 个县（区）、22 个点。通过观摩讨论交流，谈感受、找差距，拓思路、攻难点，谋良策、促发展，推动残疾人工作上台阶、上水平。

四、重要条目

【关于支持慈善工业园区发展二十条财政政策】 为抢抓西部大开发战略机遇，依托黄河文明发展区域经济，从 2011 年开始，宁夏回族自治区利用黄河金岸建设，在沿黄河城市以及南部山区建设新型慈善工业园区集群，全力打造“黄河善谷”，在黄河两岸形成慈善盆地，将传统的救助型、输血型慈善提升为现代的产业型、造血型，以慈善事业助推经济发展。2013 年 1 月 6 日，自治区政府批转了财政厅《关于支持慈善工业园区发展二十条财政政策》，进一步加大财政支持力度，强力助推慈善事业发展步入快车道。自 2013 年至 2016 年，宁夏回族自治区财政根据黄河善谷发展需要，每年将安排慈善工业园区基础设施建设专项资金 6000 万元，专项用于园区基础设施、公共服务平台建设，对于吸纳宁夏户籍残疾人就业的入园企业实施税费减免，实施社保、医疗优惠政策。

【全区残联工作会议】 2013 年 3 月 5 日在银川召开。自治区残联党组书记、理事长娄晓萍在大会上做了题为《深入贯彻落实党的十八大和自治区第十一次党代会精神努力开创宁夏残疾人事业新局面》的工作报告。会议传达学习了中国残联第五届主席团第五次全体会议精神，通报表彰了 2012 年度残疾人工作先进单位，对上年度工作进行了全面总结，对新年度工作进行了安排部署，对党风廉政建设、反腐败及政风行风评议工作提出了具体要求，区市两级残联签订了 2013 年度残疾人工作及残疾人民生计划目标管理责任书。会议提出，2013 年全区残联系统要重点做好五个方面的工作：一是扎实推进残疾人社会保障体系和服务体系建设；二是切实开好自治区残联第六次全区代表大会；三是进一步完善基础服务设施建设；四是突出抓好以残疾人民生为重点的各项业务工作；五是着力抓好事关残疾人事业发展的基础性工作。会议由马友谊副理事长主持，各市、县（区）残联理事长和五市残联办公室主任、自治区残联机关及直属单位处级以上干部、专门协会主席参加会议。

【2013 宁夏首届大型户外“关注自闭症儿童蓝色行动”公益倡导活动】 2013 年 3 月 30 日自治区残联在银川市光明广场举办。来自宁夏医科大学、宁夏广电总台、锦绣苑社区等各方面的青年志愿者、自闭症家庭、残疾人工作者及残疾人代表共计 600 余人参加活动，迎接第六个世界自闭症日。自治区原副主席刘仲、自治区残联党组书记理事长娄晓萍及自治区政府办公厅、民政厅、教育厅、卫生厅、妇联、红十字会、宁夏青少年发展基金会、宁夏关心下一代工作委员会、宁夏广电网、宁夏广播电视报社、中国移动银川分公司等单位负责人和代表出席，参加了此次活动。自治区残联党组书记、理事长娄晓萍宣布活动开始。自治区残联副理事长刘继国代表主办方致辞。活动中，播放了公益宣传短片，自闭症儿童家长代表，全体志愿者集体宣誓，来自自治区残疾人康复中心的特教老师带领康复中的自闭症儿童表演了精彩的节目。活动场面热烈、内容庄重、情感动人，吸引了宁夏电视台等多家新闻媒体采访报道，引发了广泛的社会关注，取得了良好的宣传效果，营造了浓厚的扶残助残社会氛围。

【全区首次残疾人基本情况核实登记】 2013 年 3 月 22 日—4 月 30 日，自治区残联在全区开展了残疾人基本情况核实登记工作。经过区、市、县（市、区）各级动员部署和培训，在 22 个县（市、区），243 个乡镇（街道），2705 个村、社区（居）委会组织开展了入户核实登记。核实登记工作共抽调 3037 名工作人员，深入各乡村、社区逐户进行询问登记，覆盖全区 230 万余户、647 万多常住人口，对 21.63 万户残疾人家庭、23.38 万名残疾人的基本需求、家庭经济收入、受教育情况、社会保障现状等 11 个方面、68 项指标进行逐一核实登记，并对相关数据进行了汇总分析，制定了相应的对策措施。通过核查，全面摸清了全区残疾人的底数，建立健全了底册档案，规范了管理制度，掌握了基本需求，为进一步探索建立残疾人社会保障、福利津贴等制度，实施康复、就业、培训等项目，落实扶贫、托养等政策提供了科学依据。

【宁夏实施中国盲协中途失明人士社区康复重建项目】 2013 年 5 月 14 日在银川市玉皇阁广场启动。该项目是中央财政支持社会组织示范项目，旨在做好中途失明人士社区康复工作，重树他们的生活信心，提高他们自身适应环境的能力和职业技能水平，使其更好地融入社会生活，计划当年 10 月底前，在宁夏完成盲人定向行走培训 90 人，完成盲人按摩人员培训 30 人。

【第二十三次全国助残日宁夏系列活动】 2013 年 5 月 19 日，由自治区政府残工委、自治区党委宣传部、自治区文明委等 15 个部门共同发起，自治区残联、文联、广电总

台和残疾人福利基金会主办，全区五市政府残工委承办的第二十三次全国助残日“帮扶贫困残疾人·实现美丽中国梦”宁夏系列活动启动仪式在银川市玉皇阁广场隆重启动。活动设银川主会场和石嘴山、吴忠、固原、中卫四个分会场，同时启动，辐射全区。活动中，自治区残联通过各市、县（区）向广大残疾人发放2900辆价值116万元的轮椅；向各级残联下达1113.26万元扶助贫困残疾人项目资金；宁夏书画家、宁夏企业家等一批爱心企业和个人向宁夏残疾人福利基金会捐赠“关爱残疾人”书画作品290幅及善款201万元；宁夏广播电视总台正式开播电视手语节目和《印象宁夏》、《创业路上》残疾人专题节目；自治区、市、县政府领导分别走访慰问贫困残疾人家庭。五个地级市在分会场举办残疾人手工艺品展销，组织辅具及助残资金发放，开展法规政策咨询、爱心募捐、文艺演出、体育比赛等活动，以不同形式、不同方式向全区广大残疾人朋友献上了丰盛的节日礼物。

【“快乐雷锋工程——高考爱心直通车”公益活动】2013年6月7—8日由宁夏肢残人协会与宁夏义工联合会组织实施，对交通不便、居住地离考点较远的考生进行电话预约登记，就近安排调配残疾人爱心送考车一对一接送，全区共有260多名残疾人车主参与，接送考生近千人。此项公益活动从2011年起实施，残疾人“爱心送考”车队从2011年的30辆增加到2013年的260多辆，三年累计接送考生1500多人。

【全国残疾人监测工作研讨会】2013年7月11日在银川召开，中国残联政策研究室、监测办有关领导，天津、湖南、河南、广东、甘肃等省市代表，宁夏残联有关领导和监测办的同志出席了会议，会议还邀请宁夏5个县（市、区）的监测员参加。会议由中国残联监测办专家组组长孟庆普主持。会议对修订残疾人监测问卷和加强监测问卷质量检查的相关问题展开研讨，各省市代表还就本省残疾人状况监测工作经验和方法进行了相互交流。自治区永宁县监测员马丽对监测问卷的经济收入和支出部分做了详细的列表说明，得到了中国残联监测办领导和兄弟省市的认可。

【“长江新里程计划”（第二期）假肢服务项目工作成果推广会暨假肢服务论坛】2013年7月17—19日在银川召开。李嘉诚基金会代表霍淑萍，中国残疾人联合会康复部调研员程剑，中国残疾人辅助器具中心副主任侯平和王保华，宁夏回族自治区残联党组书记、理事长娄晓萍，副理事长刘继国出席论坛。来自全国各省、市、自治区的假肢服务项目管理人员和专业技术人员160余人参加了论坛。本次论坛的主题是“发展、创新、共享——新理念、新技术、新产品”。论坛上，国内外权威的、知名的假肢专家，技术领先的、经验丰富的假肢企业，长期从事假肢服务项目的各级管理人员和专业技术人员相聚一堂，畅谈“长江新里程计划”假肢服务项目的成果和工作经验，共享了国内外假肢服务新理念和新技术，剖析了国内外假肢行业的新动态和发展趋势，研讨今后“长江新里程计划”假肢服务项目的工作发展，探索更为适宜我国广大肢体残疾人获得更高水平、更高标准，更高质量的假肢服务模式。论坛上还对“长江新里程计划”（第二期）假肢服务项目10名先进单位和20名先进个人进行了表彰并颁奖。

【全国部分省（区）辅助器具工作研讨会暨辅助器具项目管理培训班】2013年7月16—18日在银川召开，中国残疾人辅助器具中心副主任王保华主持，中国残疾人辅助器具中心主任陈振声、自治区残联党组书记、理事长娄晓萍、副理事长刘继国出席。来自河北等9个省（区）的辅助器具中心主任及地市级中心负责人等25人参加了会议。会议总结了2012年全国辅助器具工作，对2013年度工作进行了部署。辽宁、宁夏两省（区）分别从加强机构建设、辅助器具服务经验两方面做了经验介绍。娄晓萍理事长发表致辞，陈振声主任做了重要讲话。

【宁夏回族自治区残疾人联合会第六次代表大会】2013年8月2日在银川开幕。自治区党委书记、人大常委会主任李建华，自治区主席刘慧，自治区政协主席齐同生出席大会开幕式。自治区党委副书记崔波，中国残联党组副书记、常务副理事长王乃坤在开幕式上讲话。大会全面系统地回顾了自治区残联第五次代表大会以来全区残疾人事业取得的成绩，明确了今后五年的奋斗目标。大会还选举产生了自治区残联新一届领导班子。会前，李建华、刘慧、齐同生与王乃坤等领导亲切接见了与会代表，并与代表合影留念。自治区领导蔡国英、王志宏、马三刚、傅兴国、袁家军、李锐、刘慧芳，自治区人大常委会原副主任马秀芬，武警宁夏总队政委孟德恕出席大会开幕式。自治区党委常委、自治区副主席李锐主持会议。

【十项全覆盖及五大圆梦工程】2013年8月2日，在宁夏回族自治区残疾人联合会第六次代表大会上，自治区残联党组书记、理事长代表第五届主席团作题为《抢抓机遇，凝心聚力，为实现残疾人平等参与共享之梦而奋斗》的工作报告，明确了今后五年宁夏残疾人事业的奋斗目标为：进一步健全“公平化”的残疾人社会保障体系和“均等化”的社会服务体系，实现“十项全覆盖”，即：城乡残疾人基本养老和基本医疗保险全覆盖、残疾儿童抢救性康复服务全覆盖、精神残疾人救治全覆盖、残疾人治疗性康复医保全覆盖、残疾人辅助器具适配全覆盖、残疾学生救助全覆盖、农村贫困残疾人脱贫致富项目扶持全覆盖、城乡个体工商户及盲人按摩从业人员基本养老保险补贴全覆盖、有就业需求的残疾人就业创业服务全覆盖、智力精神和重度残疾人托养补贴全覆盖。全面实施残疾人“五大圆梦工程”，即：“阳光康复”工程，圆残疾人康复梦；“牵手托养”工程，圆残疾人自尊梦；实施“扶残助学”工程，圆残疾人自信梦；实施“助你就业”工程，圆残疾人自强梦；实施“帮困脱贫”工程，圆残疾人自立梦，让残疾人生活得更有尊严、更为自信、更加精彩。

【全区扶残助学资金发放仪式】2013年9月3日在固原市举行，宁夏残疾人福利基金会会长、自治区政府原副主席刘仲，自治区残联党组书记、理事长娄晓萍，自治区教育厅巡视员赵紫霞等领导出席，娄晓萍在发放仪式上做重要讲话。当天，自治区残联向各市、县（区）残联发放扶残助学资金131.3万元，资助各个教育阶段学生1954人。

【全区残联系统干部能力素质提升培训班】2013年9月12—26日，自治区残联首次组织机关干部职工、直属单位处级干部、专门协会主席及市、县（区）残联理事长近百人，分两批赴上海复旦大学进行能力素质提升培训。通过听专家授课、现场观摩、讨论交流等方式，进一步深化贯彻好自治区残联六代会精神，达到了转变观念、拓宽视野、理清思路、提升素质培训效果。

【2013年民生计划全区残疾人辅助器具发放仪式】2013年11月4日在银川市大团结广场隆重举行，自治区残联一次性面向全区残疾人发放价值782万元的辅助器具20650件、社区康复器材120套，价值376万元的服装7990件、儿童营养餐2500箱，让近5万贫困残疾人享受到社会主义大家庭的“温暖”。发放仪式上，还表彰了2013年全区辅助器具适配和残疾人社区康复工作先进单位。宁夏残疾人福利基金会会长、自治区原副主席刘仲，自治区残联党组书记、理事长娄晓萍等领导出席发放仪式，娄晓萍在发放仪式上做重要讲话。

【全区残疾人工作现场观摩会】自治区残联于2013年11月12—15日召开，各市、县（区）残联理事长和自治区残联机关各处（室）、直属单位负责人共50多人参加了会议。会议期间，与会人员认真观摩了残疾人康复服务、就业创业、托养服务、扶贫开发、组织建设等方面的工作典型。随后，与会人员围绕观摩情况，进行了分组讨论；五市残联和自治区残联各处室、单位做了专题交流发言，就当前残疾人工作存在的主要问题和2014年工作思路进行了深入交流和探讨。自治区残联党组书记、理事长娄晓萍在会议结束时做了重要讲话，要求各级残联要树立“大残疾人事业”意识，全面推动残疾人事业在新的起点上加快发展。通过对5市15个县（区）22个点实地观摩、分组讨论和听取专题交流发言，大家普遍反映，这次会议形式好、触动深、收获大，开得很及时、很有必要。

【宁夏肢残人协会通过社团法人登记】2013年12月21日，宁夏肢体残疾人协会第一次会员代表大会在银川召开，欢庆宁夏肢残人协会通过社团法人登记。中国肢残人协会副主席王建军等到会祝贺，自治区残联党组书记、理事长娄晓萍做重要讲话，副理事长王宇峰主持会议，机关各处（室）、直属单位负责人列席会议，来自全区各地的100多名肢残人会员代表参加。会议审议通过了《宁夏肢残人协会章程》和《宁夏肢残人协会会费管理办法》，选举产生了宁夏肢残人协会第一届委员会的37名委员，全票推选李宁为为宁夏肢残人协会主席，王瑞艳、刘玉凤、马志红、周育红、韩学文、刘跃武、冯东明、朱玉平、黄万彪、马银俊、郭贤、王国旗、杨晶岚、王凤、郑清利、马金钟为副主席，刘学武为秘书长。新当选的宁夏肢残人协会主席李宁为代表协会班子做出承诺。自治区残联高度重视专门协会社团登记工作，投入一定的财力、物力支持协会进行法人登记，加快了宁夏肢残人协会社团登记工作的进程。中国肢协十分关心宁夏肢协工作，捐赠一辆可自动升降轮椅的面包车，并将在宁夏启动实施1400万元的“重塑未来”项目，支持宁夏肢残人协会通过社团登记。

【自治区残联获多项荣誉】2013年度自治区残联组织参加全国各类残疾人体育赛事，取得5金2银3铜的好成绩；组织参加第八届全国残疾人艺术汇演，取得1个金奖、1个银奖、3个铜奖的优异成绩；残疾人状况监测工作荣获全国先进；被命名为全区培育和践行社会主义价值观示范单位；被命名为2014—2017年度区直机关“文明单位”；荣获自治区党群部门效能考核二等奖；被评为全区群众评议机关和干部作风活动中位列党群部门第三名；在2013年度干部选拔任用工作“一报告两评议”中，自治区残联位列参评的68个区直部门、单位第六名；荣获全区党的群众路线教育实践活动先进集体。

【自治区盲协主席王结获第四届全国道德模范殊荣】2013年9月26日，由中宣部、中央文明办、解放军总政治部、全国总工会、共青团中央、全国妇联主办的第四届全国道德模范座谈会和授奖仪式在北京举行，自治区盲协主席、爱德残疾人职业技能培训学校校长王结被评为全国道德模范，受到习近平等党和国家领导人的亲切接见。王结，男，回族，1971年5月生，中共党员，先后荣获全国十大杰出青年、全国自强模范、全国五一劳动奖章、中国青年五四奖章、宁夏回族自治区道德模范等荣誉称号。

【残疾人李宁为、杨晶岚获全区民族团结模范奖】2013年12月6日，宁夏回族自治区第七次民族团结进步表彰大会在银川召开，肢残人李宁为、杨晶岚被授予“全区民族团结进步模范个人”称号。李宁为自幼双下肢残疾，但他珍惜人生，自强不息，克服残障带来的重重困难，创办了宁夏银川东平伟业工贸公司，率先实现了自强自立，并勇于承担企业家的社会责任，引领残疾人兄弟姐妹融入社会、体面劳动、尊严生活，谱写了一曲曲生命的赞歌，先后被评为全区和全国自强模范、银川市优秀政协委员、感动宁夏十大人物、宁夏十大慈善人物、宁夏“爱德之星”，全国创业优秀个人，2008年被推选为宁夏肢残人协会主席。回族姑娘杨晶岚正值人生花季却遭遇残疾，但她没有向命运低头，勇敢直面人生，通过不懈努力，创办了吴忠市金瑞清真食品有限公司，成为“黄河善谷”中心区有名的女强人。

【宁夏好人陆菊梅】10月28—29日，宁夏宣传思想工作会议在银川召开，会议表彰奖励了第四届全国道德模范、第三届自治区道德模范、“最美宁夏人物”、首届“宁夏好人”。银川市爱心园孤独症康复中心主任陆菊梅获“宁夏好人”荣誉称号。陆菊梅，女，全区首家民办孤独症康复机构创办人。陆菊梅是一位孤独症儿童的母亲。她的儿子在3岁时被确诊为孤独症，数年的求医之路让她结识了很多宁夏孤独症儿童的家长。2009年，陆菊梅和几位孤独症儿童家长自筹资金，在自治区残联支持下创办了宁夏首家民办孤独症康复机构——爱心园，为区内外的孤独症孩子们提供康复训练。在陆菊梅的努力下，爱心园先后获得了国家“七彩梦”、壹基金海洋天堂计划等项目支持，使一些孤独症儿童家庭看到了希望。

【宁夏回族自治区残疾人参加体育运动会奖励办法】为提高自治区残疾人竞技体育运动水平，调动广大残疾人运动员和教练员参加体育竞技的积极性，推动全区残疾人体育事业发展，自治区11月3日宁政办发〔2013〕132号公布，对参加国际残疾人奥林匹克运动会、国际特殊奥林匹克运动会、亚洲残疾人运动会、残疾人体育世界锦标赛等，并取得一定成绩的残疾人运动员和教练员进行奖励。《办法》规定，代表国家参加国际残疾人奥林匹克运动会获得前三名的，金牌奖励20万元，银牌奖励12万元，铜牌奖励6万元。参加其他残疾人运动会获得前三名的也有不同标准的奖励。运动员在比赛中创造新纪录的，除给予所得名次的奖励外，创世界纪录奖励5万元，创亚洲纪录奖励3万元，创全国纪录奖励1万元。《办法》还规定，运动员取得获奖名次或创纪录的，对其教练员按照运动员单项奖金总额的10%进行奖励，累计不超过当届一名获奖运动员的最高奖金。

五、大事记

1月7—10日，自治区残联在银川举办全区康复骨干管理暨业务研讨班。

1月9日，自治区残联印发《“两节”期间开展慰问活动的通知》，部署春节扶残济困送温暖慰问活动。

1月10日，宁夏残联召开2012年残疾人专门协会工作总结暨2013年工作部署大会。

1月10日，宁夏精神残疾人及亲友协会社区服务促进工作委员会、宁夏精神残疾人及亲友协会家属工作委员会、宁夏孤独症工作委员会、宁夏智力残疾人及亲友协会特奥活动委员会四个委员会宣告成立。

2月1日，自治区残联机关召开年度工作总结大会，表彰2012年度优秀公务员和先进工作者，通报表扬在2012年度工作中获各级表彰的先进集体和个人，安排部署自治区残联2013年度工作。

2月4日，自治区党委常委、副主席刘慧，自治区党委常委、银川市委书记徐广国等领导一行，亲切看望和慰问自治区残疾人康复中心残疾儿童。

2月7日，自治区党委组织部副部长李泽峰、干部四处处长李占山受自治区党委委托，在自治区残联召开会议，宣布娄晓萍同志任职决定，娄晓萍任自治区残联党组书记、理事长。

2月19日，自治区残联召开全体干部职工大会，党组书记、理事长娄晓萍做重要讲话。

2月26日，自治区残联召开全体干部大会，传达学习自治区党委、纪委和区直机关工委关于开展“学党章、守纪律”集中教育活动的文件精神。

2月27日，自治区党委常委、组织部长傅兴国等一行到自治区残联进行反腐防控体系与落实党风廉政建设检查考核。傅兴国做重要讲话，党组书记、理事长娄晓萍做个人述职述廉报告，并对党组领导班子和班子成员进行民主测评。

3月3日，全区各级残联、民政、卫生、老龄委等部门以“健康听力，幸福人生——关注老年人听力健康”为主题，开展了形式多样的第十四次全国爱耳日宣传教育活动。

3月5日，全区残联工作会议在银川召开，自治区残联党组书记、理事长娄晓萍在大会上作题为《深入贯彻落实党的十八大和自治区第十一次党代会精神努力开创宁夏残疾人事业新局面》的工作报告。

3月6日，自治区残联召开了机关工会换届暨女职工委员会成立大会。

3月6日，自治区残联举办“学党章，守纪律”教育，邀请宁夏党校党史党建教研部副主任、教授刘文长同志进行专题辅导。

3月7日，自治区残联召开庆祝“三八”妇女节座谈会。

3月18—20日，中国残联就业服务指导中心副主任张明理一行对自治区盲人医疗按摩人员从业资格审核及盲人保健按摩实训基地建设情况进行检查。

3月21日，自治区党办综合信息第32期转发自治区残联结合“学党章、守纪律”集中教育活动治理“慵懒散软奢”的经验做法。

3月21日，自治区残联召开全区残疾人基本情况核实登记工作动员部署及培训大会，自治区残联机关、直属单位和各市、县（区）残联负责人及工作人员参加会议。自治区残联党组书记、理事长娄晓萍做动员讲话。

4月6日，宁夏残疾人运动员参加2013年全国残疾人田径锦标赛获得一枚铜牌。

4月11—12日，自治区残联党组书记、理事长娄晓萍深入固原市调研，走访了13个点和6户残疾人，全面了解和掌握了当地残疾人基本情况。宁夏电视台公共频道《创业路上》栏目组随行采访。

4月，自治区残联开展党支部结对帮扶活动。

4月20日，在第十八个世界读书日来临之际，由自治区党委宣传部、区直机关工委联合举办的区直机关“中国梦·我的梦”主题读书沙龙活动在银川举行，自治区残联副理事长柴建国接受读书沙龙活动访谈。

4月23日，自治区残联组织干部职工向四川雅安灾区捐款1.37万元。

4月23日，世界读书和出版日之际，宁夏残联与宁夏图书馆联合开展了主题为“全民阅读·书香宁夏——牵手残疾人走进图书馆”的活动。

5月6日，自治区副主席李锐一行到自治区残联调研。

5月6日，全国人大内务司副主任汪毅夫、自治区人大常委会副主任刘慧芳一行到宁夏残疾人康复中心调研未成年人保护工作。

5月10日，区直机关工委书记叶旭一行到自治区残联调研并指导党建工作。

5月16日，自治区残联机关党委组织盲人按摩人员前往区直机关主要厅局开展“还感恩之心，报关爱之情”按摩活动。

5月19日，以“帮扶贫困残疾人·实现美丽中国梦”为主题的第二十三次全国助残日宁夏系列活动在银川市玉皇阁广场启动。

5月23日，自治区残联邀请自治区政府法制办、财政厅、民政厅有关同志，就重度残疾人津贴制度、财政资金申报管理、残疾人就业保障金政策调整等问题进行研讨。

5月28日，自治区残联召开中心组学习会，传达贯彻区直机关2013年党建重点工作推进会精神，部署安排自治区残联下半年党建重点工作。

6月14日，自治区党委组织部干部四处处长李占山代表自治区党委在残联召开会议，宣布王宇峰、马友谊两名同志任职决定，王宇峰任自治区残联副理事长，马友谊任自治区残联巡视员。

6月14日，自治区党委组织部干部四处处长李占山、副处长张朝对自治区残联领导班子换届进行考察谈话。机关、事业单位副处级以上干部及五个地级市残联理事长参加考察谈话。

6月中旬，自治区残联组织宁夏盲人、肢残人象棋运动员参加“快活狮子杯”首届中国象棋残健共融团体赛。

6月18日，自治区残联组织自强模范、残疾人亲属创业模范和残疾人工作者职业道德模范在全区残联系统开展道德讲堂。

6月23日，宁夏特奥足球队在2013年全国特奥足球比赛中摘得1枚银牌。

6月25日，自治区残联组织基层党支部书记和各单位内勤人员前往自治区民政厅观摩学习党建工作和处室规范化建设。

6月27日，“三星爱之光·集善工程·启明行动”白内障项目在宁夏银川解放军第五医院启动。

6月28—30日，宁夏残疾人康复中心举办“全区孤独症儿童教育康复教师暨家长培训班”。

7月11日，全国残疾人状况监测工作研讨会在银川召开。

7月16日，自治区残联召开了深入开展党的群众路线教育实践活动动员大会。

7月17日，自治区残联教育实践活动领导小组邀请区党委党史研究室主任布青沪教授做题为《学习好、实践好党的群众路线》的专题辅导讲座。自治区残联机关、直属单位全体党员干部参加学习。

7月17日，“长江新里程计划”（第二期）假肢服务项目工作成果推广会暨假肢服务论坛在银川召开。

7月19日，2013年宁夏盲人医疗按摩人员继续教育培训班在银川举行，来自全区各地的25名医疗按摩人员参加培训。

7月20日，由中国残联、中国智协、中国特奥委员会主办，宁夏残联、宁夏智协承办，石嘴山市残联协办的2013年中国智协陕甘青宁四省区特奥项目竞赛联谊活动在石嘴山市举行。

7月29—8月3日，宁夏残疾人康复中心组织对全区132名成年听障人士进行了筛查，并验配助听器100台。

8月2日，自治区残联第六次代表大会在银川开幕。

8月6日，自治区残联组织机关全体党员干部和直属单位班子成员赴宁夏儿童福利院参观学习，为福利院的孤残孩子送去1.5万元慰问金和慰问品，并与福利院的干部职工和孩子们开展了丰富多彩的联谊活动。

8月24日，第八届全国残疾人艺术汇演（甘肃赛区）在甘肃省兰州市兰空礼堂闭幕。宁夏代表团的28名残疾人演员在参赛的四大类节目中，取得了1个一等奖、5个二等奖、6个三等奖和团体三等奖的历史最好成绩。

8月24日，2013年宁夏盲人医疗按摩人员考试考务人员及考官培训班在银川举办。

8月24日，自治区残联康复中心公开招聘面试工作领导小组严格按照程序，对报考自治区残疾人康复中心特殊教育岗位的笔试合格人员进行面试、体检、考核，并在人社厅网站对拟录用人员进行公示。最终录用芦婷等八位同志为宁夏残疾人康复中心工作人员。

8月27日，自治区残联组联处组织召开了残疾人各专门协会工作会议，组织学习了自治区残联第六次代表大会领导讲话及工作报告。

8月30日，自治区残联全体党员干部前往自治区社会福利院观摩，并看望和慰问了在社会福利院生活的残疾人。自治区残联向社会福利院捐赠了1万元现金和20辆轮椅。

9月3日，自治区残联在固原市举行全区扶残助学资金发放仪式，共向各市、县（区）发放扶残助学资金131.3万元，资助各个教育阶段学生1954人。

9月4日，浙江残疾人福利基金会陈晓非理事长一行来宁考察，向宁夏残疾人福利基金会捐赠价值3万元的助残物资，陈晓非个人捐赠善款1万元。中国残疾人福利基金会开展“集善工程（爱之翼）助残行动”助残项目，资助宁夏残疾人福利基金会电动轮椅10辆，价值人民币65320元。

9月12日，自治区残联组织机关干部职工及市、县（区）残联理事长近百人，分两批赴上海复旦大学进行能力素质提升培训。

9月22日，在“全国残疾人状况监测2012年度工作总结暨2013年度培训工作会议”上，宁夏荣获全国残疾人状况监测工作先进单位。

9月30日，自治区政府修订出台《宁夏回族自治区残疾人参加体育运动会奖励办法》，自2013年12月1日起执行。

10月8日，宁夏贫困聋儿人工耳蜗植入手术启动仪式在宁夏医科大学总医院举行。

10月13日，在第三十个国际盲人节来临之际，宁夏残疾人劳动就业服务中心、自治区盲人协会和宁夏特殊教育学校在自治区残联举办了全区盲人阅读与书写竞赛，来自全区的60名选手参加了竞赛。

10月20日，自治区财政厅副厅长刘守保一行到自治区残联调研。

10月21—26日，康复中心语训部在银川举办全区听力语言康复教师、家长培训班，33名教师及80余名家长参加培训。

10月24日，自治区“阳光家园”创建工作小组对大武口区全国“阳光家园”示范区创建工作进行综合评估验收。

10月25日，自治区残联在银川召开全区残疾人事业统计信息监测培训工作会议。

10月28日，宁夏特奥运动员在2013年特奥乒乓球比赛中，获得5金1银1铜和体育道德风尚奖的优异成绩。自治区残联党组书记、理事长娄晓萍当晚专程赶赴河东机场，迎接运动员载誉归来。

11月6日，自治区编办姚占河主任一行到自治区残联就所属事业单位编制、科室设置等问题进行调研。

11月3—6日，自治区残疾人康复中心在银川举办全区低视力康复技术培训班。来自全区部分医院的眼科医生和各市、县、区残联的康复员共计55名学员参加培训。

11月5—12日，自治区残联对全区各地残疾人康复、教育、就业培训、扶贫、社会保障、家庭无障碍改造、机动车燃油补贴等项目资金执行情况进行检查。

11月12—15日，自治区残联召开全区残疾人工作现场观摩会议，对残疾人康复、就业、扶贫创业等22个点进行观摩。

12月2日，自治区党委常委、纪委书记、党的群众路线教育实践活动领导小组副组长陈绪国，率第三调研督查组到自治区残联调研督查教育实践活动整改落实、建章立制工作。

12月4日，自治区残联在银川市新城商业广场举办以“大力弘扬法治精神，共筑伟大中国梦”为主题的全国第十三法制宣传日法制宣传教育活动。

12月5日，自治区残联举办学习贯彻《中华人民共和国精神卫生法》座谈会。

12月10日，自治区残联与义工联合会协商决定，将于2014年“两节”期间，启动“快乐雷锋工程——雷锋饺子计划”，为自治区1000名贫困残疾人每人送去价值近600元的慰问品。

12月11日，自治区政协办公厅向全体委员和政协参加单位印发十届二次会议提案选题参考题目，残疾人工作首次被作为政协提案选题参考题目单列，并写入了涉及残疾人民生方面的12个选题。

12月16日，自治区残联顺利通过区直机关工委文明单位创建工作考核验收。

12月12日，自治区政府一次性为全区7.4万名重度残疾人将2013年度生活津贴落实到位。

12月21日，宁夏肢残人协会召开第一次会员代表大会，庆祝协会通过宁夏肢残人协会社团法人登记。会议审议通过了《宁夏肢残人协会章程》和《宁夏肢残人协会会费管理办法》，选举产生了宁夏肢残人协会第一届委员会的37名委员，全票推选李宁为为宁夏肢残人协会主席。中国肢残人协会副主席王建军等到会祝贺，自治区残联党组书记、理事长娄晓萍做重要讲话。

12月21日，中国肢协决定将宁夏列为“重塑未来”慈善公益活动开展地区，计划从2014年起五年内安排免费医疗救治贫困肢残人200例。

（韩卫东供稿）

新疆维吾尔自治区残疾人事业和残疾人工作

一、领导讲话

自治区副主席吉尔拉·衣沙木丁在自治区残联调研时的讲话摘要

2013年2月28日

各级党委、政府要切实抓好各类政策保障措施的落实，使各项政策措施落实到每个残疾人的身上去，真正体现党和政府对残疾人的关爱、关心。全区各级残联领导干部一定要认真学习党的十八大精神，结合残疾人事业发展的理念和思想，抓好推动残疾人事业发展的抓手，学会从科技上要人，从管理上要人，切实加强残联班子和干部队伍建设。要进一步加强残疾人基础设施建设，大力开展残疾人康复、培训等工作，帮助残疾人就业，把有限的资金用在残疾人的培训、就业以及残疾人生活保障上。要争取社会资源，调动各个方面的积极因素，让社会上有爱心的人关心关注残疾人事业，特别是要积极争取一些大型国有企业、慈善机构及社会方方面面的支持。要进一步解放思想，探索新时期、新阶段残疾人事业的发展，创新工作体制、机制，在普惠政策的基础，制定好对残疾人的特惠政策，在制定农村残疾人的政策时要区别于城市残疾人，使残疾人在2020年与全区人民一道共同进入小康社会。

中国残联党组成员、副理事长贾勇在自治区残联第六次代表大会开幕式上的讲话摘要

2013年8月29日

一是要加快推进残疾人全面小康的进程。希望新疆维吾尔自治区能够紧紧围绕全面建成小康社会的目标，牢牢把握当前残疾人事业发展的历史机遇，着眼于残疾人最关心、最直接、最现实的利益问题，针对残疾人生产生活中的特殊困难，采取普惠加特惠、重点保障和特别扶助、一般性制度安排和专项制度安排相结合等措施，进一步改善残疾人生活状况，尽快缩小残疾人收入与社会平均水平的差距，帮助广大残疾人过上更加体面、更有尊严的幸福生活。二是要扎实推进残疾人社会保障和服务体系建设。希望新疆的残疾人工作牢牢把握住残疾人“两个体系”建设这条主线，在贯彻落实《国家基本公共服务体系“十二五”规划》的基础上，建立稳定的财政保障机制和多元化的服务供给模式，推动残疾人服务均衡全面发展，使残疾人逐步享受到适足的、均等化的康复、教育、就业、文化、无障碍等公共服务，切实保障残疾人的生存权、发展权。三是要着力加强残联组织建设。希望新疆各级残联以本次代表大会召开为契机，进一步加强自身建设，充分发挥“代表、服务、管理”职能，积极向党委、政府反映残疾人的特殊困难和需求，协助党委、政府做好工作，努力为残疾人办实事、解难事、做好事。四是要切实保障残疾人合法权益。希望新疆各级残联认真研究解决残疾人权益保障中的突出问题，促进残疾人政治、经济、社会、文化等平等权利更好地实现。同时加大宣传力度，注重营造自觉维护残疾人权益的社会环境，以共建共享发展成果、平等参与社会生活、消除社会歧视为重点，切实采取措施，保障残疾人合法权益，促进社会和谐。五是要进一步做好新一轮援疆工作。希望新疆残联能够巩固援疆工作取得的成绩，认真总结交流经验，切实落实各项援疆规划。积极争取各支援省市对新疆残疾人事业的支持力度，尽最大努力在基础设施建设，项目资金安排，技术服务保障以及人才培养等方面取得新进展，不断开创援疆工作新局面。

自治区党委常委尔肯江·吐拉洪在自治区残联第六次代表大会开幕式上的讲话摘要

2013年8月29日

发展残疾人事业必须加强组织领导，动员社会力量，加大政策扶持，整合社会资源，搞好统筹兼顾，致力于解决残疾人最关心、最直接、最现实的利益问题。营造有利于残疾人平等参与的社会环境，缩小残疾人生活状况与社会平均水平的差距，实现残疾人事业与经济社会协调发展，努力使残疾人与全区各族人民一道进入全面小康社会。

发展残疾人事业需要各级党委和政府切实加强领导，加强领导和政策扶持，是促进残疾人事业发展的关键，各级党委和政府要进一步提高对加快残疾人事业发展的重要性的认识，切实把残疾人事业纳入经济社会发展的总体规

划，把残疾人工作列入重要的议事日程，要进一步完善领导体制和工作机制，统筹安排，统一部署，精心指导，整体推进，努力推动残疾人事业不断取得新的进展。

发展残疾人事业需要社会各界真诚地支持。发展残疾人事业，需要各级残联组织不懈地努力。各级残联要牢牢把握中央和自治区关于发展残疾人事业的新要求，主动适应广大残疾人过上全面小康生活的新期盼，认真总结经验，探索规律，继续解放思想，开拓创新，在社会建设和社会管理中发挥更大的作用。不断开创残疾人工作的新局面。

要加强能力建设，更好地履行“代表、服务、管理”的职能，保持同残疾人群众的血肉联系，深入残疾人群众，倾听残疾人的呼声，反映残疾人的诉求，维护残疾人的权益。全心全意地为残疾人服务。

广大残疾人工作者要继续秉承人道、廉洁、服务、奉献的职业道德，再接再厉，勤勉敬业，以满腔的热诚做好残疾人工作，为残疾人事业的发展再创佳绩。

自治区副主席吉尔拉·衣沙木丁在自治区残联第六次代表大会闭幕式上的讲话摘要

2013 年 8 月 30 日

各地、各部门要根据中央和自治区的新部署、新要求联系本地残疾人工作实际，切实以促进残疾人全面发展为出发点，以实现残疾人全面小康为目标，以加强残疾人社会保障和服务体系建设为主线，以实施惠残民生工作为抓手，以改进工作作风和提高服务水平为着力点，统筹兼顾，在实践中抓落实，在落实中求发展，不断改善残疾人的生活状况，促进残疾人的福祉，帮助广大残疾人和全区全国人民一道实现幸福美好的中国梦。加快残疾人保障体系和服务体系建设，确保残疾人与健全人同步进入全面小康。广泛动员社会力量构建残疾人事业发展的良好社会基础。坚持以残疾人为本，充分发挥残疾人的主体作用。加强对残疾人工作的领导，着力创新工作机制和工作方式。为我区社会发展做出新的贡献。

自治区残联第六次代表大会工作报告

2013 年 8 月 29 日

一、过去五年的工作

（一）大力实施民生惠残工程

1. 积极实施残疾人民生项目建设。从 2011 年开始，自治区党委、人民政府连续三年开展“民生建设年”活动，将残疾人重点工作纳入自治区民生建设的范围，大力实施残疾儿童康复救助、贫困白内障患者复明工程、农村贫困残疾人危房改造和“阳光家园计划”项目。民生工程实施以来，共救助贫困残疾儿童 1067 名，发放儿童辅具 1800 件，为 12044 名贫困白内障患者免费实施复明手术，29576 户贫困残疾人喜迁新居，实现 24337 名智力、精神和重度残疾人在机构或居家托养。

2. 主动实施多项惠残工程。在抓好自治区重点民生建设项目的同时，全区残联系统还组织实施了多项惠残工程。五年来，共投入资金 55994 万元，累计发放 15000 辆轮椅和各种辅助器具，15000 名农村贫困残疾人走出家门，创建自治区级集中安置残疾人劳动力转移就业基地 5 个，残疾人扶贫就业基地地级 14 个，县级 215 个，20186 名农村贫困残疾人接受实用技术培训，扶持带动 13059 户农村贫困残疾人脱贫致富，为 4976 户贫困地区残疾人安装了太阳能设备，并配置电视机等主要家电用品。资助 1344 名家庭困难的残疾高中、大学生完成学业，4100 户残疾人家庭受到农村基层党组织的助残扶持，残疾人社区康复工作纳入社区公共卫生服务范畴，装配假肢 2268 例，免费为中低收入家庭聋儿植入人工耳蜗 170 例，仅“关爱工程”一项救助贫困残疾人 6.5 万名。

（二）残疾人生存生活状况明显改善

五年来，残疾人康复、教育、就业、扶贫和社会保障等工作深入开展，残疾人权益充分保障，生活状况明显改善。全区以实施“关爱工程”和“残疾儿童抢救性康复”工程等一大批重点康复项目为契机，努力实现“人人享有康复服务”的目标。新建各类儿童康复定点机构 67 个、社区康复站 1374 个，使全区 20 多万残疾人得到各种形式的康复服务。自治区及各地聋儿康复中心规范化建设工作稳步推进。创建全国白内障无障碍县（市、区）23 个，争创全国残疾人社区康复示范县（市、区）9 个。通过实施“爱心天使”助学项目、“彩票公益金助学”、“通向明天—交通银行残疾青少年助学计划”、“营养餐”和“巴萨西部”助学计划，资助残疾学生 6477 人次完成学业，支持 9 所特教学校改善办学条件。残疾人职业中专学校教育教学稳步推进，办学规模、专业设置、基础设施建设都有新的突破。举办 15 期中国手语培训班，对 945 名残疾人工作者及志愿者进行中国手语培训。813 名残疾考生被区内外高校录取，喜圆大学梦。残疾人劳动就业成效显著，培训残疾人 10.8 万人（次），城镇新增残疾人就业 1.9 万人，农村新增从事种植业、养殖业及转移就业的残疾人 3 万余人。扎实推进残疾人扶贫工作，完成康复扶贫贷款 15136 万元，受益残疾人达到 10180 人。通过实施“扶贫基地建设”、“光明工程”、“基层党组织扶贫助残工程”、“万村千乡市场工程”、“农村劳动力转移”和“集中就业企业扶持”等多项扶贫工程，共投资 8469.8 万元，使农村残疾人生存权益得到了充分保障。落实城乡最低生活保障制度，全区 20 万贫困残疾人的生活得到保障，在此基础上，按照分类施保的原则，提高了残疾人的低保补贴标准。14386 名残疾人完成驾驶员培训。4.27 万残疾人享受到 1110.8 万元机动车燃油补贴。接待上访残疾人 5638 人次，处理群众来信 1362 份，接听、答复残疾人上访电话 19834 人次，满意率为 98%。无障碍环境建设稳步推进，下拨资金 1350 万元，对 386 户贫困残疾人家庭实施无障碍改造。乌鲁木齐市、克拉玛依市被评为全国无障碍先进城市。慈善捐助工作成效显著，开展了集善工程启明、助听、助行、助学行动等慈善项目，五年来共募集款物折合人民币2320万元。

（三）残疾人参与社会生活和自身素质明显增强

五年来，全区广大残疾人热爱生活，乐观进取，自强不息，顽强拼搏，不断提高思想道德和科学文化素质，参与社会的能力不断增强，各行各业都有残疾人的杰出代表，越来越多的残疾人勤劳致富，涌现出了十八大党代表阿巴克等几十名残疾人自强模范。全区有138名残疾人、残疾人工作者进入各级人大、政协参政议政。成功举办了第三届、第四届残疾人文艺汇演，展示了残疾人的特殊艺术和才华。2009年，我区选送的残疾人舞蹈《天山姑娘》在第七届全国残疾人艺术汇演中获金奖。举办自治区第五届残疾人体育运动会，组团参加2010年第五届全国特奥会，并获金牌32枚，银牌25枚，铜牌23枚。组团参加国、内外多次重大体育赛事，共获金牌30枚、银牌32枚、铜牌28枚。在2008年北京残奥会上，我区运动员共取得1枚金牌、1枚银牌和两枚铜牌。在2012年伦敦残奥会上，取得1枚金牌、1枚铜牌和一个第五名，一项破世界纪录的好成绩，为祖国和自治区赢得了荣誉。专门协会工作更加活跃，组织开展活动近百次，影响力不断提高，残疾人在残疾人组织中的主人翁地位和主体作用不断增强。我区志愿者助残工作得到长足发展，建立了助残志愿者服务网络，通过大学生助残、文化助残等多种形式开展助残活动。新疆农业大学科学技术学院被中国残联等部门共同授予“全国志愿者助残示范基地”荣誉称号。

（四）基层组织建设进一步加强

按照干部双重管理职责，加强地县残联换届和领导班子建设。截至目前，地、县换届工作全部完成，一大批年富力强、综合素质优秀的干部进入各级残联领导班子。切实加强基层残联建设，68%的乡、镇（街道）、社区通过增编或公益性岗位解决专委专干问题。在全区开展了残疾人基本状况摸底大调查，为进一步开展我区残疾人工作提供理论依据。开展“全国残疾人工作示范城市”创建工作，克拉玛依市被国务院残疾人工作委员会授予“全国残疾人工作示范城市”。认真做好第二代残疾人证换发工作。开展“强基育人”工程，依托自治区党校、新疆行政学院、各类培训机构和对口支援省市残联，举办各类培训班132期，培训各级残联干部和残疾人专职委员4000余人次。通过培训，残联系统干部的综合素质明显提高，工作作风明显转变，服务能力明显提升。积极争取残疾人事业发展经费。五年来，全自治区累计投入使用残疾人就业保障金11.47亿元，主要用于残疾人职业培训、扶持残疾人就业等工作。争取中央支持16374万元，自治区财政55994万元，从而有力地保证了残疾人事业的科学有效发展。加强基础设施建设。五年来，集中近亿元资金，强力推动地县残疾人基础设施建设，已完成9个地州、90多个县市残联基础设施的新建和改扩建任务，并为基层残联配备办公设备、康复器材及交通工具，为残疾人服务的工作条件不断改善，综合服务能力不断提升。新疆残疾人职业中专学校分校、自治区省级康复中心和两个地级康复中心建设也全面展开。自治区残联信息化平台一期工程顺利完工，信息化建设和理论研究取得新进展。

（五）援疆工作取得新成效

主动协调中国残联及时召开全国残联系统对口支援新疆残疾人工作会议，确定了援疆工作的指导思想、任务目标、援助项目、任务分工和要求措施。自治区残联和各地州残联积极加强与援助省市的沟通联系，全面落实对口支援工作。截至目前，已有16个省市残联先后来疆对接，签订对口支援协议14份，举办残疾人工作者培训班5期，394人次参加培训，支援新疆各种物资约2642万元，援助残疾人综合服务项目3个，总面积11200平方米，项目资金3000余万元，援助资金款物总计5642万元。扎实有效的援疆项目启动，极大地助推了我区残疾人事业的发展。

二、今后五年的奋斗目标

今后五年我区残疾人事业发展的指导思想是：高举中国特色社会主义伟大旗帜，以邓小平理论、“三个代表”重要思想和科学发展观为指导，深入贯彻落实党的十八大和自治区第八次党代会精神，紧紧抓住国务院残工委关于加快西藏和新疆残疾人事业发展的指导意见这一历史机遇，坚持走符合新疆区情的残疾人事业发展道路，进一步解放思想，求真务实，敢于担当，以实现残疾人事业跨越式发展为核心，以健全残疾人社会保障和服务体系、维护残疾人合法权益为主线，以加快残疾人脱贫奔小康、促进和谐新疆建设为重点，努力使残疾人生活水平与社会平均水平相接近，为残疾人提供公共服务的能力与残疾人日益增长的需求相适应，残疾人事业发展与经济社会发展相协调，努力实现我区残疾人同全区人民一起迈进小康社会。

今后五年的奋斗目标是：残疾人生活和发展状况显著改善，与社会平均水平差距明显缩小；残疾人社会保障体系和服务体系基本建立，保障水平和服务能力有较大提高；残疾人事业法规政策体系更加完善，各族残疾人的政治、经济、社会、文化教育权利得到进一步保障；残疾人组织和人才队伍建设取得进展，残疾人工作中科技应用和信息化水平上一个新台阶；全面开展残疾预防工作，有效控制残疾的发生和发展；大力发展残疾人文化体育事业，宣传人道主义思想，为残疾人平等参与社会生活、共享经济社会发展成果创造更加有利的社会环境；自治区残疾人事业发展达到全国中等水平。到2020年，实现残疾人生活保障水平更高，公共服务质量更优，权益维护更加充分，行动与沟通更无障碍，精神生活更有尊严，平等参与社会生活更加融合，残疾人全面进入小康社会。

中共中央政治局委员、自治区党委书记张春贤接见自治区残联第六次代表大会代表时的讲话摘要

2013 年 8 月 30 日

第一，特别希望大家发扬自尊、自信、自强、自立的“四自”精神，残疾朋友自强不息，克服困难的精神是值得全社会自豪的事。第二，广大残疾人要把祖国的梦想和个人的梦想结合起来，不断为新疆跨越式发展和长治久安而努力奋斗。新疆的困难是比别人多，但要把大家发动起来，为新疆做贡献，改善自己的生活，改变新疆的面貌，共同建设美好的家园。第三，各级党委政府如果对残疾人不亲，没有好的态度，他就不是称职的领导。发挥残疾人的作用是新疆跨越式发展和长治久安的需要，也是建设小康社会的需要，还是文明建设的需要，如果我们各级党委政府对残疾人不重视，对残疾人工作不重视，说明他对家人也不会亲，也不会有感情，更不会搞好社会工作。

二、政策法规文件

自治区农村残疾人扶贫开发规划（2011—2020 年）

新政办发〔2013〕1 号

总体目标：到 2015 年，全区农村残疾人生活总体达到小康，基本生活得到稳定的制度性保障，参与社会活动能力和自身发展状况显著改善；农村残疾人社会保障体系和服务体系基本框架建立，保障水平和服务能力明显提高。贫困地区农村残疾人人均年纯收入接近或达到 6500 元，其中，南疆三地州集中连片特殊困难地区接近或达到 6000 元，其他地州重点县达到 6900 元。实施整村推进扶贫开发的贫困村，贫困残疾人也同其他扶贫对象一样实现“九能”标准（能用上安全饮用水、能用上电、能用上暖气、能住上住房、能用上清洁能源、能用上无害化卫生厕所、能享受学前教育、能享受基本社会保障、能得到培训和获得信息）。

到 2020 年，稳定实现农村残疾人不愁吃、不愁穿，全面保障平等享受基本医疗、基本养老、教育、住房和康复服务。农村残疾人家庭人均纯收入接近或达到全区平均收入水平，基本公共服务覆盖农村残疾人并不断提高水平，残疾人生存有保障，生活有尊严，发展有基础。

主要任务：

——到 2015 年，扶持 20 万个农村贫困残疾人家庭增加收入，生活状况显著改善。到 2020 年，农村贫困残疾人普遍得到有针对性扶持，发展能力显著提高。

——到 2015 年，各项社会保障制度全面覆盖农村残疾人。到 2020 年，农村残疾人社会保障和福利水平进一步提高，残疾人专项社会保障和福利制度逐步建立并不断完善。

——到 2015 年，普遍开展农村残疾人社区康复和康复救助，有需求的贫困残疾人普遍适配基本型辅助器具。到 2020 年，有康复需求的农村残疾人普遍得到有效的康复服务。残疾预防知识得到普及，有效控制残疾发生和发展。

——到 2015 年，农村适龄残疾儿童少年普遍接受义务教育，入学率达到 90% 以上，并逐步提高巩固率。切实保障残疾儿童少年和贫困残疾人家庭子女顺利完成学业。积极发展残疾儿童学前康复教育，建立残疾儿童学前教育资助制度及专项资助资金。发展残疾人职业教育、普通高中教育和高等教育。组织编印、配发维吾尔语、哈萨克语等少数民族语言的特殊教育母语教材及双语教材。减少农村残疾人青壮年文盲。到 2020 年，农村适龄残疾儿童少年和残疾人家庭子女受教育状况达到当地平均教育水平。基本消除农村残疾人青壮年文盲发生的现象。

——到 2015 年，为 7 万名农村残疾人提供实用技术培训。到 2020 年，有劳动能力和愿望的农村残疾人普遍得到实用技术培训和职业技能培训，增加生产经营和就业收入，家庭自我发展能力明显提高。

——到 2015 年，通过实施保障性安居工程，特别是农村安居富民工程，改善 8 万户农村贫困残疾人家庭居住条件。到 2020 年，农村残疾人家庭危房得到有效改善，残疾人家庭居住条件明显提高。

——到 2015 年，基本建立起以自治区残疾人托养服务机构为示范，各地、州、市和有条件的县（市、区）残疾人托养服务机构为骨干，乡镇和社区日间照料服务为主体，居家安养服务为基础的残疾人托养服务体系框架，农村地区残疾人托养工作有较快发展。到 2020 年，农村托养服务体系更加健全，提供的各种服务更加规范。

——到 2015 年，建成自治区残疾人文化体育中心，农村残疾人公共文化和体育事业得到较快发展。到 2020 年，农村残疾人普遍享有无障碍基本公共文化和体育服务。

特别扶持措施：

发挥康复扶贫贷款作用并创新扶贫方式。康复扶贫贴息贷款重点投向适合残疾人特点的种植业、养殖业、农副产品加工、家庭手工艺制作、零售商业及各类服务业项目。通过扶持项目、扶贫基地和集中安置残疾人就业单位，发挥辐射带动作用；通过小额到户贷款扶持残疾人开展就业、创业项目，提高资金使用效率，帮扶贫困残疾人家庭增加收入。

加强农村实用技术培训。由政府举办或补助的面向“三农”的培训机构和项目要免费培训残疾人。要根据残疾人自身状况，结合当地实际特别是农村优势产业、就业形势，切实有效地开展针对性强、见效快的残疾人专项实用技术培训。确保每个贫困残疾人家庭至少有一名劳动力掌握 1 至 2 门实用增收技术。强化培训后就业和创业扶持服务。

扶助农村残疾人就业创业。在统筹城乡发展、推进城镇化过程中，积极开发适合残疾人特点的就业岗位，

有序安排农村残疾人转移就业。选取符合农村实际，适合残疾人从事的投资小、见效快项目，引导扶持农村贫困残疾人及家庭成员从事维修、商贸、手工艺加工、家庭服务等多种形式的就业创业项目。

《自治区农村残疾人扶贫开发规划（2011－2020年）》执行评估指标体系

监测指标	单位	2015年目标值	2020年目标值
农村残疾人家庭人均纯收入	元	6900	9600
农村残疾人参加新农合比例	%	96	98
农村残疾人参加新农保比例	%	85	95
农村重度残疾人护理补贴比例	%	30	80
农村贫困残疾人生活补助比例	%	50	90
农村残疾儿童少年接受义务教育比例	%	90	95
农村残疾人接受托养服务人数	万人（次）	3.5	10.5
农村贫困残疾人生活救助和扶贫开发人数	万人	20	44.6
康复扶贫贷款中央财政贴息落实率	%	100	100
农村残疾人实用技术培训人数	万人	7	17
农村残疾人扶贫基地数			

贯彻国务院残工委和发改委等十部门关于加快西藏和新疆残疾人事业发展指导意见的实施意见

新政办发〔2013〕2号

（一）强化特别保障和专项保障政策措施

1. 加大社会救助力度

（1）认真落实自治区城乡最低生活保障政策，对于家庭人均收入低于当地最低生活保障标准的残疾人，及时纳入保障范围，落实保障待遇；对于“三无”（无生活来源、无劳动能力、无法定抚养义务人）残疾人，符合条件的，纳入农村“五保”供养范围或安置在社会福利机构、敬老院等；对生活困难但不符合最低生活保障条件、农村“五保”供养政策的残疾人，根据有关规定，采取临时救助措施，给予必要帮扶。

（2）对贫困残疾人康复训练、辅助器具适配、白内障复明手术、肢体残疾矫治手术、麻风畸残矫治手术、人工耳蜗植入、精神病患者服药与住院治疗等基本康复需求给予补贴，可根据实际情况通过直接向本人提供康复救助金、购买服务或康复机构免费提供服务等方式实施康复救助。

（3）城市保障性住房、农村富民安居工程等优先安排符合条件的困难残疾人家庭。城市廉租住房保障实行货币补贴方式的按最高标准发放租赁住房补贴，实行实物配租方式的按最低标准收取租金。农村安居富民工程补助对象重点是贫困残疾人家庭，中央、自治区、地（州、市）和县（市、区）财政补助资金应重点给予保证。

2. 完善社会保险政策

（1）落实城镇贫困残疾人个体户缴纳基本养老保险费补贴政策，按照城镇贫困残疾人个体户每年度缴纳的基本养老保险费数额的5%至20%给予补贴。

（2）二级以上重度残疾人参加新型农村社会养老保险，由县（市、区）人民政府为其代缴最低标准养老保险费。对三级和四级残疾人参加新型农村社会养老保险的，县（市、区）人民政府为其代缴标准不低于最低缴费标准的50%。

（3）贫困残疾人参加城镇居民基本医疗保险、新型农村合作医疗的个人缴费部分，由县级人民政府按最低标准全额补贴。

（4）将符合规定的残疾人康复医疗项目纳入城镇职工基本医疗保险、城镇居民基本医疗保险和新型农牧区合作医疗支付范围，并稳步提高待遇水平。

3. 提高社会福利水平

（1）对重度残疾人适配基本型辅助器具予以政府补贴，免费适配普通型假肢、矫形器、轮椅、盲杖等。

（2）对残疾人家居环境无障碍建设和改造、日间照料、护理、居家服务给予政府补贴。

（3）建立贫困残疾人生活补助和重度残疾人护理补贴制度。

（二）建立健全残疾人康复服务体系

各地要将残疾人康复经费纳入财政预算并建立稳定的残疾人康复工作经费保障机制。继续实施自治区贫困残疾人康复救助“关爱工程”，“十二五”期间每年康复救助2万名农村贫困残疾人。充分依托现有资源建立自治区残疾人康复中心、15个地、州、市残疾人康复中心和一批县级综合性残疾人康复机构。二级以上定点综合医院（中医院）等设立康复医学科室，开展康复治疗、训练、培训和技术指导。“十二五”期间培养1500名中高级康复专业技术人才，培训1万名社区康复协调员。

（三）完善残疾人教育体系，提高特殊教育质量

贯彻落实《残疾人教育条例》《自治区中长期教育改革和发展规划纲要（2010－2020年）》。建立残疾儿童学

前教育资助制度及资助专项资金。自治区财政设立特殊教育工作专项经费每年100万元，主要用于提升特殊教育教学能力建设。各地财政也要设立相应的工作经费，保证特殊教育工作顺利开展。加快特殊教育师资和专业技术人员队伍建设，加大特殊教育师资培养力度。落实特殊教育津贴，提高特殊教育教师待遇。

（四）加强残疾人就业服务，促进残疾人稳定就业

落实按比例安排残疾人就业政策。党政机关、人民团体、事业单位及国有企业，要制定具体目标，带头安排残疾人，促进更多残疾人实现按比例就业。大力支持和奖励集中安排残疾人就业的企业。通过资金扶持、小额贷款贴息、经营场所租金优惠、税费减免等措施，扶持残疾人自主创业和灵活就业。加强残疾人职业教育和职业培训，面向城乡各类有就业要求和培训愿望的残疾人开展多种形式的、多层次的就业技能培训。

三、工作综述

2013年，自治区残疾人工作紧紧围绕跨越式发展和长治久安这一历史任务，抢抓机遇，主动作为，科学推进，较好地完成了各项工作任务。

（一）以贯彻十八大精神为重点，大力弘扬新疆精神

一是认真开展党的群众路线教育实践活动。按照中央和自治区党委关于开展群众路线教育实践活动的统一部署，自治区残联党组加强组织领导，贯彻整风精神，按照“照镜子、正衣冠、洗洗澡、治治病”的总要求，以为民、务实、清廉为主要内容，把政治上强作为检验所有党员干部的第一标准，坚持边学边查边整边改，扎实推进教育实践活动，残联系统上下得到了一次深刻的思想政治洗礼，对“全心全意为残疾人服务”的宗旨有了更加深刻的理解，为残疾人服务的能力和水平有了较高的提升，干部职工在推动残疾人事业向前发展的积极性、主动性和创造性方面明显增强。

二是成功召开自治区残联第六次代表大会。2013年8月29日，自治区残疾人联合会第六次代表大会在乌鲁木齐市隆重召开。大会全面总结了自治区残疾人事业发展的成就，描绘了今后五年残疾人事业发展的蓝图，选举产生了新的残联主席团主席、委员和自治区残联理事会领导班子。通过此次换届，优化了残联领导班子结构，进一步充实了班子力量，增强了残疾人事业发展活力。会议期间，中共中央政治局委员、自治区党委书记张春贤亲切接见与会代表并合影留念，极大地鼓舞了广大残疾人及其工作者对做好自治区残疾人工作的信心。2013年11月3日，中国残联党组书记、理事长鲁勇来疆调研，张春贤书记亲切会见了鲁勇书记一行。张春贤书记和鲁勇理事长对自治区残疾人工作都给予了高度评价。

三是扎实推进作风建设。根据自治区统一安排，自治区残联负责帮扶吉木乃县喀尔交乡喀尔交村。转服工作组及时了解和掌握帮扶村经济发展和农牧民生活现状，制定了切实可行的帮扶方案。转服工作开展以来，自治区残联在危房改造、扶持集体经济项目、村级阵地建设等方面共投入资金148.3万元。同时深入推进机关效能建设，将自治区涉及残疾人工作的“民生工程”任务和年度重点工作纳入绩效指标体系。残疾儿童康复救助、贫困白内障患者复明工程、农村贫困残疾人危房改造和“阳光家园计划”四项民生工程顺利完成。11项绩效业务指标和29项机关建设公共指标完成率均达到100%。通过认真开展转服工作，深入推进效能建设，残联上下改进了工作作风，强化了服务意识，提高了工作效率，树立了良好形象。

四是加强社会治安综合治理工作。自治区残联始终把坚定不移与民族分裂主义及其活动作坚决斗争作为第一要求，把遏制宗教极端主义渗透、坚决防止暴力恐怖案件发生、维护社会稳定作为第一责任。2013年妥善处理了15名新疆维吾尔族群众到中国残联群体上访以及石河子天盛实业有限公司640名残疾职工下岗失业问题。这两起突发信访事件的处理得到了中国残联、自治区人民政府以及吉尔拉副主席的好评。2013年自治区残联共接待残疾人上访人员1170人次，处理群众来信128件次，接听答复残疾人咨询电话13218人次，满意率均达100%。在“7.5”、“亚博会”等非常时期，协调派出干部70余人次参与维稳安保工作。全年无重大矛盾纠纷、安全事故和危害国家安全事件的发生。

五是基层残疾人工作成效显著。昌吉州残联共建示范性残疾人社区康复站86个。塔城地区残联实现“地区财政逐步增加地区残联康复工作经费，各县市按照人口总数每人1.3元的标准，将残疾人康复经费纳入财政预算”目标。克州残联注重做好残疾人就业培训工作，全年共培训残疾人1065人次。和田地区残联完成特教学校招生残疾儿童少年摸底调查工作，为地区特教学校提供有力支持。伊犁州先行先试，制定《伊犁州残疾人扶贫就业基地滚动发展资金管理使用办法（试行）》，为16个残疾人扶贫就业基地发放滚动发展资金220万元。吐鲁番地区残联全年投入80万元，为240名城乡贫困残疾人提供助残扶贫。巴州残联率先建立农村贫困残疾人扶贫帮困登记制度，在扶贫帮困方面取得新进展。乌鲁木齐市残联积极创新工作思路，与市财政局联合制定了《关于提高困难残疾人居家托养和寄宿制托养资助标准的通知》，对符合居家托养条件的4354名残疾人全部纳入托养。克拉玛依市残联扎实推进全国残疾人文化体育建设示范市创建工作。博州残联注重提升残联领导班子及干

部队伍的整体素质，先后对70余名残疾人工作者进行系统培训，选送12名干部赴内地考察学习。

（二）以推进残疾人事业跨越式发展为核心，努力创造新疆效率

2013年共争取各类资金33357.92万元，自治区残疾人福利基金会全年募集款物合计1203.5万元，全区征收残疾人就业保障金3.98亿元。在此基础上，共集中1.4亿元着力保障和改善基层残疾人各类民生工程建设的顺利完成，各项工作取得显著成效。

1. 残疾人康复工作全面推进

全年共计投入资金6163万元，为130123名残疾人提供了康复救助与服务。其中：完成白内障复明手术任务12031例，完成自治区民生工程贫困白内障患者免费复明手术6051例；完成盲人定向行走训练任务1481名；完成贫困聋儿助听器项目任务154名；为85名中低收入家庭聋儿实施人工耳蜗植入手术的筛查，实施手术60例；为1266名贫困智力、孤独症、脑瘫儿童提供康复救助并进行康复训练；为6800名低视力者验配了助视器；创建26个县的自治区社区康复示范县（市、区）。全年新建社区康复站200个。昌吉州残联社区康复工作成绩显著，共建示范性残疾人社区康复站86个。塔城地区残联积极争取，实现“地区财政逐步增加地区残联康复工作经费，各县市按照人口总数每人1.3元的标准，将残疾人康复经费纳入财政预算”目标。

2. 残疾人就业工作稳步发展

投入1740万元用于残疾人就业培训，全年培训残疾人27811人（次），完成任务的139%。投入1834万元用于残疾人就业基地建设。在全区范围内扶持和新建10个残疾人集中就业基地，新建残疾人职业培训基地11个。组织残疾人专场招聘会130场，实名制纳入年度培训计划9047人，帮助登记失业人员实现就业1366人，帮助2077名残疾人享受专项扶持政策。哈密地区残联实现用人单位按比例安置残疾人就业104人。克州残联注重做好残疾人就业培训工作，全年共培训残疾人1065人次。在全国残疾人岗位精英职业技能竞赛、全国残疾人就业服务工作人员职业指导竞赛中，自治区两名选手获得职业指导能手称号。获得机械组装专业优秀技术能手奖一名，获得中式烹调专业创新作品奖一名。

3. 残疾人教育工作取得新进展

全年共投入残疾人教育经费2717万元。实施“爱心天使助学基金”项目，资助贫困残疾学生584人。为200名家庭经济困难的残疾儿童提供普惠性学前教育资助资金60万元。为喀什地区泽普县依克苏乡英巴扎村努尔曼古丽·麦麦提姐妹俩送去每人5000元慰问金。下拨办学补贴和实训基地建设补助资金130万元。下拨2013年特殊教育学校职业教育经费700万元。自治区3名特教教师获“交通银行特教园丁奖”，5名特教教师入选特殊教育专家库成员。与新疆广播电视大学联合举办残疾人远程开放教育，填补了自治区残疾人高等教育的空白。全区共有257名残疾考生被区内外高等院校录取。和田地区残联完成特教学校招生残疾儿童少年摸底调查工作，为地区特教学校提供有力支持。

4. 残疾人扶贫工作成效卓著

2013年新建63个县级残疾人扶贫就业基地。扶持残疾人13059人，培训残疾人20186人，下拨各地残疾人扶贫就业基地滚动资金1694万元。伊犁州先行先试，制定《伊犁州残疾人扶贫就业基地滚动发展资金管理使用办法（试行）》，为16个残疾人扶贫就业基地发放滚动发展资金220万元。为1.5万户农村贫困残疾人家庭下拨补助资金3003万元实施危房改造。下达2013年“基层党组织助残扶贫工程”任务2900户，下拨资金580万元。吐鲁番地区残联全年投入80万元，为240名城乡贫困残疾人提供助残扶贫。下拨资金1070万元，为2140户贫困残疾人家庭安装太阳能照明设备。下拨补助资金80万元，扶持农村贫困残疾人或家庭成员就业150名，农村贫困残疾人家庭创业办村级店50户。安排自治区康复扶贫贷款贴息资金201万元，贷款3576万元。巴州残联率先建立农村贫困残疾人扶贫帮困登记制度，在扶贫帮困方面取得新进展。

5. 残疾人社会保障实现新突破

继续实施“阳光家园计划——智力、精神和重度残疾人托养服务”项目。2013年下拨补助资金3091万元，完成24337人的托养任务。乌鲁木齐市残联积极创新工作思路，与市财政局联合制定了《关于提高困难残疾人居家托养和寄宿制托养资助标准的通知》，对符合居家托养条件的4354名残疾人全部纳入托养。配合民政部门将符合条件的残疾人全部纳入城乡低保制度保障范围，实现应保尽保。2013年纳入城乡最低生活保障范围的残疾人197400名，占全区低保总人数的9.1%。全区92个涉农县（市、区）参加新型农村社会养老保险的持证残疾人150091人；全区94个县（市、区）参加城镇居民社会养老保险的持证残疾人59218人。石河子市残联认真落实社会保障、救助、优惠政策，残疾人社会保障水平得到大幅提升。

6. 残疾人文化体育宣传工作迈上新台阶

加大主题日及重大活动的宣传工作，积极协调新闻媒体集中宣传残疾人事业。全年在中央电视台《新闻联播》播出残疾人事业新闻一条，中央电视台新闻频道播出一条，在新疆电视台各新闻栏目中播出19条，自治区各主流媒体共播出新闻、通讯260多条。组团参加全国第八届残疾人艺术汇演。自治区代表团取得了一个金奖、三个银奖、一个铜奖的好成绩。组队参加全国特奥乒乓球比赛，获6金1银2铜的优异成绩。自治区聋人女子篮球队代表国家队赴保加利亚参加了2013年夏季聋奥会比赛。自治区克拉玛依市残联扎实推进全国残疾人文化体育建设示范市创建工作。

7. 残疾人权益保障工作日趋完善

截至2013年底，全疆7个地州市残联成立了维权部

（科）。全年对贯彻落实《残疾人保障法》情况进行执法检查15次。对400户贫困残疾人家庭进行无障碍改造，对6个地（州、市）、19个县（市、区）残联的综合服务设施无障碍建设情况进行检查指导。下拨残疾人机动车燃油补贴款654万元。协助人大代表提交建议、提案13件。下发《关于残疾军人计入按比例安排残疾人就业比例的通知》，协调相关部门，解决残疾人报考国家公务员遭受歧视问题以及残疾人驾驶汽车工作。阿克苏地区残联稳步做好残疾人维权工作，妥善解决信访纠纷，积极维护残疾人合法权益。

8. 残疾人基层组织建设得到加强

全疆14个地（州、市）、98个县（市、区）、1029个乡（镇、街道）残联，分别召开了代表大会和主席团会议，选举产生了新一届主席团和领导班子。通过换届，12个地（州、市）残联配备了残疾人领导干部，64个县（市、区）配备了残疾人干部。积极做好干部培训工作。自治区博州残联注重提升残联领导班子及干部队伍的整体素质，先后对70余名残疾人工作者进行系统培训，选送12名干部赴内地考察学习。积极推进地县残疾人综合服务设施建设工作。阿勒泰地区残联扎实推进项目建设，顺利完成基础主体工程并通过质检部门的项目主体工程认证。组织实施好志愿者助残工作。加强二代残疾人证换发工作，全区二代证换发已达443363人。

9. 残疾人社会组织志愿助残工作成效显著

新疆医科大学第一附属医院开展“助聋门诊”公益项目。自2013年5月19日起，第一附属医院在每周四下午为听力言语残疾人开辟就诊绿色通道并免收普通门诊挂号费，提供助残志愿者服务，全年为将近200名聋人提供绿色就诊服务达800余人次。自治区图书馆开展“走进心灵·共享文化—残疾人阅读推广服务”项目。提供阵地服务、为残疾人免费办理借书证、为残疾人送书进社区等系列活动，同时在自治区图书馆建立盲人阅读专区，为盲人提供语音电脑等服务。乌鲁木齐市交通警察支队举办主题为“文明出行、安全驾驶，让你我共同参与”的专题讲座，为残疾人驾驶员讲解公安部123号令、124号令。自治区中医院、乌鲁木齐人民广播电台共同举办“健康快乐行”——关注第二十三次全国助残日为社区残疾人专职委员进行科普宣传和义诊活动。新疆志冠科技信息有限公司及新疆农业大学科学技术学院青年志愿者协会、新疆大学科学技术学院“青年志愿者服务队”、新疆师范大学“手语协会”等爱心团队和企业前往米东区培智学校开展慰问、义务劳动活动，共为该校争取到价值30000多元的慰问金和物品。新疆农业大学科学技术学院助残志愿者共为该校义务劳动200人次，累计志愿服务时间达800小时；自治区人民医院米东区分院为米东区培智学校40余名师生进行免费体检，为保障该校师生身体健康提供了有力帮助。

10. 援疆工作稳步推进

截至2013年年底，各对口支援省市在富民安居、危房改造、康复中心建设、社会福利院建设、残疾人辅助设施建设、残疾人辅助器具项目、办公条件改善等方面共计投入资金7947.68万元。对口支援省市残联为全区提供危房改造工程资金支持，完成危房改造和富民安居工程共2898户，资金合计2846万元。各对口支援省市残联累计举办各类培训班23期，438人次参加培训，为实现新疆残疾人事业跨越式发展提供了强有力的保证。喀什地区残联主动作为，积极争取，援疆工作成效显著。

四、重要条目

【自治区残联2013年工作会议】 1月10—11日，自治区残联2013年工作会议在乌鲁木齐翼龙酒店召开。自治区残联党组书记、理事长王军在会上做了《认真贯彻落实党的十八大和自治区党委八届四次全委（扩大）会议精神，努力实现新疆残疾人事业跨越发展》的工作报告，全面总结自治区2012年的各项工作，安排部署2013年的工作。自治区副主席、残工委主任、残联主席贾帕尔·阿比布拉做了重要讲话。全面回顾了过去五年残疾人工作取得的成就，深刻总结了过去五年的基本经验，明确了今后残疾人工作的重点任务。自治区党委常委尔肯江·吐拉洪做了重要讲话，要求各级党委、政府及广大残疾人工作者要用十八大精神统领残疾人事业发展，把十八大精神作为指导实践、推动工作、狠抓落实、务求实效的强大动力，转化为造福残疾人的具体行动，扎扎实实把残疾人事业不断推向前进。

【自治区残联为自闭症康复机构捐赠60万元】 4月2日是第六届世界自闭症日，自治区残联党组成员、副理事长热依汗·衣沙木丁及党组成员、纪检组长杨丰连等先后走进乌鲁木齐市两家自闭症康复机构“爱心园孤独症康复训练中心”和“水磨沟区七道湾南路雨虹情健康服务部，代表自治区残联捐赠60万元，用于上述康复机构购置康复设施、改善教学环境。

【国家开放大学残疾人教育新疆学院正式揭牌】 在5月19日第二十三个全国助残日正式揭牌。国家开放大学残疾人教育新疆学院成立于2013年3月26日。首届开设社会工作专业，共招收113人，其中专科学员71人，本科学员42人。自治区党委常委尔肯江·吐拉洪出席揭牌仪式并讲话。他指出，三年来，全区残疾人事业快速发展，残疾人重点民生工程成果显著，全社会帮助残困、志愿奉献的新风正气蔚然成风，与此同时，残疾人教育事业也迎来了快速发展的历史机遇期。国家开放大学残疾人教育新疆学院的成立，标志着新疆从此拥有了专门为残疾人提供高等教育的学府，为更多残疾人同胞实现大学梦提供了有力的平台支撑。揭牌仪式上，自治区教育厅、自治区残联向新疆学院捐赠10万元奖学金，以鼓励残疾人通过学习知识改变命运。

【自治区残联帮扶喀尔交村项目启动仪式】 5月19日，自治区残联党组成员、纪检组长杨丰连一行来到吉木乃县喀尔交乡喀尔交村，参加第二十三次全国助残日活动暨自治区残联帮扶喀尔交村项目启动仪式，为喀尔交村捐赠危房改造项目资金75万元，发展村集体经济项目资金30万元。2013年，自治区党委将吉木乃县喀尔交乡喀尔交村列为自治区残联的帮扶村。4—5月，自治区残联在充分调研和研究后，制订了详细的帮扶方案，并逐年逐步完成。

【吐鲁番地区残联举办“帮扶贫困残疾人”主题活动】 5月19日，自治区残联党组成员、副理事长王璐参加吐鲁番地区残联在麦西来甫广场举办的“帮扶贫困残疾人”主题活动。吐鲁番地区行署副专员牛顺生做重要讲话，行署副秘书长艾甫尔丁·乃近木丁、市人大常委会副主任李春、市政协副主席肖楠以及地（市）残工委部分成员单位领导出席。活动现场向肢体残疾人免费捐赠了20辆轮椅，对10名残疾人自主创业先进典型进行了表彰，并发放奖金5万元，慰问了语训部11名聋儿，参加全国第八届残疾人艺术汇演的演员做了汇报演出。现场还设免费义诊、康复、就业咨询服务台，发放《残疾人就业条例》《吐鲁番地区残疾人“助残惠残”政策》等宣传资料300余份。仪式结束后，自治区残联党组成员、副理事长王璐、行署副专员牛顺生带领残工委成员单位领导一同慰问了贫困残疾人家庭，给每户送去500元现金，使他们真切感受到了来自党和政府的温暖。

【克拉玛依市启动残疾人文化周活动】 5月18日，克拉玛依市在生态休闲健身公园南门广场隆重举行全国残疾人文化周启动仪式暨“我和春天有个约会”残疾人徒步健身活动，自治区残联副理事长热依汗·依沙木丁，市油田党委常委、纪委书记杨学文书记，祝贺香副市长，市政协副主席吐荪江·苏莱曼及市有关部门、市残疾人各专门协会、残疾人工作者代表、志愿者等近500人参加启动仪式。自治区残联党组成员、副理事长热依汗·依沙木丁代表自治区残联向活动的举办表示祝贺。她说残疾人文化是社会主义先进文化的重要组成部分。加强残疾人文化建设是全面推进残疾人事业发展的迫切需要。实践证明，残疾人文化既得益于残疾人事业发展，又会极大地促进残疾人事业发展，只有重视和加强残疾人文化建设，才能推动残疾人事业的全面发展。克拉玛依市残疾人文化活动周的内容不仅丰富多彩，而且能够全面充分地展示克拉玛依市残疾人文化事业的蓬勃发展和克拉玛依市残疾人自强不息、自尊自立的美好形象。

【自治区人民政府召开残疾人驾车协调会议】 2013年6月24日，自治区人民政府召集自治区公安厅、交通厅、经信委、卫生厅、工商局、质监局、信访局、自治区残联等8个厅局召开残疾人驾车协调会议。乌鲁木齐市政府副秘书长、市残联副理事长艾尔肯、自治区人民政府副秘书长帕尔哈提·贾拉勒、政府五处副处长高永彦参加会议，会议主要就残疾人驾驶汽车、加装辅助装置的监测等相关工作进行了协调。自治区人民政府副秘书长帕尔哈提·贾拉勒强调指出：各有关部门要认真落实七部委的文件精神，一是明确了残疾人驾驶汽车的辅助装置由质量技术监督局具体负责检测，并出具检测报告；二是车辆的注册登记、变更备案、核发检验合格标志、车辆上牌等工作由交通警察大队负责落实；三是目前有几十辆车的辅助装置加装后正在等待监测，此项工作务必于2013年7月10日完成。各有关部门要切实做好残疾人驾驶汽车的相关工作。参加会议的各部门领导表示，将一如既往地贯彻落实《关于切实做好残疾人驾驶汽车相关工作的通知》（残联发〔2010〕29号）文件精神，更加积极主动地为自治区残疾人驾车工作给予支持；各部门将进一步加强沟通合作、密切配合、加快工作进程，全力推进自治区残疾人驾车各项工作，维护残疾人权益。

【自治区残联启动党的群众路线教育实践活动】 为认真落实7月17日自治区党委召开的自治区党的群众路线教育实践活动部署会议精神，扎实开展好教育实践活动，自治区残联成立了以自治区残联党组书记、理事长王军为组长的自治区残联党的群众路线教育实践活动领导小组，制定了实施方案。19日，自治区残联召开专题会议，认真学习了张春贤书记、中央第十二督导组组长杨衍银的讲话。对自治区残联做好以为民、务实、清廉为主要内容的党的群众路线教育实践活动进行了安排。正式启动了自治区残联党的群众路线教育实践活动。

【新疆残联系统康复管理干部业务培训班】 10月27日，新疆残联系统康复管理干部业务培训班在上海阳光康复中心开班。自治区残联党组成员、副理事长冯力，上海市残联康复处处长虞慧炯以及来自全疆残联系统25名康复干部参加了开班仪式。虞慧炯处长代表上海市残联致欢迎词，冯力副理事长代表自治区残联向上海市残联多年来对新疆残疾人事业特别是残疾人康复工作的关心、帮助、支持表示衷心感谢，同时对本次培训班学员提出了三点要求，一是要求学员跳出康复看康复，要进一步拓宽眼界、创新理念，对残疾人康复工作有一个全新的认识。二是要求在学习过程中带着问题学习，在学习过程中不要拘泥于课堂上的知识，要主动与上海残联的同志交流互动，共同探讨解决新疆康复工作难点问题的新方法、新途径。三是要求学员珍惜本次学习机会，潜下心来，认真学习。本期培训班为自治区残联主办，上海市残联援办，是全国残联系统开展援疆工作以来首次突破援疆地域框架举办的培训，时间为期一周。通过本次培训，使参训学员全面了解上海市残疾人康复工作的先进经验，进一步理清思路，开阔眼界，创新理念，提高管理水平和业务能力，为推动自治区残疾人康复工作再上新台阶奠定了基础。

【2013年专门协会专题汇报会】 11月12日，自治区残联组织召开2013年专门协会专题汇报会。自治区五个

专门协会负责人分别就本协会2013年的工作进行总结并对2014年的工作计划提出设想；各专门协会干部与机关各部室领导就如何更好地开展专门协会工作进行了研讨。自治区残联党组书记、理事长周俊林就如何进一步做好今后自治区专门协会工作提了三点意见：一是要明确专门协会的定位，将专门协会工作纳入残联工作大局当中，同时将专门协会工作纳入到各级残联年度考核中；二是进一步加大专门协会基层组织建设和对基层专门协会工作的指导力度；三是大力倡导各专门协会树立和巩固品牌活动，扩大专门协会社会影响力。

【自治区残联及新疆农业大学课题调研组赴各地州调研】 2013年10月24—30日，自治区残联和新疆农业大学组成联合调研组赴各地州对自治区财政厅《残疾人就业保障现状与问题研究》项目和自治区残联协助新疆农业大学进行的“2013年度国家社会科学基金项目——新疆民族地区残疾人社会保障体系和服务体系建设调查研究”这两个课题进行实地调研。调研采取实际工作者和专业研究人员相结合，单独或集中与残疾人工作者、安排残疾人就业的企业主、残疾人座谈，对残疾人集中问卷调查、对其家庭入户调查采集数据。调研组深入到残疾人就业集中的工厂车间了解残疾人工作、生活情况。在保证节约、高效、质量的前提下，对自治区残疾人的情况进行了广泛的了解。本次调研采集了样本所在区残疾人的基本情况、经济情况、教育状况、康复服务、社区服务、工资福利情况、工作环境等数据资料，为课题的完成做好了前期数据资料准备。

【自治区残联传达学习十八届三中全会精神】 2013年11月18日，自治区残联召开党员干部大会，传达党的十八届三中全会精神，机关全体干部职工和各直属事业单位副科以上干部参加会议。会议传达学习了《中共中央关于全面深化改革若干重大问题的决定》、习近平总书记关于全会《决定》的说明、自治区党委八届六次全委（扩大）会议精神。残联党组书记、理事长周俊林同志强调，认真学习贯彻党的十八届三中全会和自治区党委八届六次全委（扩大）会精神，是残联今后一个时期的首要政治任务。一要迅速组织传达学习，制定下发《自治区残联学习贯彻全会精神的实施方案》。二要原原本本学好文件，进一步把思想和认识统一到中央和自治区党委决策和部署上来。三要学好文件做好结合：即解放思想和统一认识的结合；学好三中全会精神与落实中国残联六代会任务的结合；吃透精神与深化改革的结合；贯彻三中全会和自治区八届六次全委（扩大）会议精神与搞好教育实践活动的结合；全会集体学习与部室、单位专题学习的结合。

【国际残疾人日慰问活动】 12月2日，自治区副主席吉尔拉·衣沙木丁及自治区残联，乌鲁木齐市、米东区负责残联工作的领导走访慰问了部分残疾人。吉尔拉·衣沙木丁一行为米东区培智学校送去了50000元，用于校舍的维护和设施的更新。随后，又来到米东区古牧地镇东工村看望了残疾人养殖户亚森·乌买尔，为他送去了20000元扶持资金，腿有残疾的亚森·乌买尔是一名下岗职工，但他自强不息，进行规模奶牛养殖，成为自强不息的残疾人代表。位于乌鲁木齐经济技术开发区（头屯河区）的新疆哈立得食品有限公司吸纳了39名残疾人就业。吉尔拉·衣沙木丁看到残疾人在整洁宽敞明亮的车间工作，非常欣慰，他勉励管理人员，要加大对残疾人的关心和帮助力度。

【国际残疾人日捐赠活动】 12月3日是一年一度的国际残疾人日，2013年的主题是“消除障碍，共建一个包容和发展的社会”。新疆维吾尔自治区残疾人联合会举办了“国际残疾人日——责任与爱”捐赠活动。捐赠活动上，自治区机场集团等企业为新疆残疾人福利基金会捐款19万元。出席活动的领导为残疾人代表发放了电动轮椅及助听器等残疾人辅助用具。自治区文联书法家张沧、李涛、李志顺、孙彬现场创作了两幅书法作品赠予残疾人，著名残疾人书画家孙彬还带来了自己创作的国画，希望鼓励残疾人朋友能够积极乐观地生活和学习。最后，周俊林书记向社会发出呼吁：“残疾人事业的发展，残疾人状况的改善，需要更多的爱心企业和爱心人士的积极参与和无私帮助，希望大家在今后的日子里，一如既往地支持残疾人事业发展，关心关爱残疾人，通过我们大家的努力，让残疾人与健全一起在蓝天下幸福地生活。”

【自治区残联举办十八届三中全会精神宣讲活动】 12月12日，自治区残联举办十八届三中全会宣讲活动，自治区党校经济学教研部主任、副教授李艳作了《用均衡的眼光看十八届三中全会》专题报告。李艳教授从既要看新提法，又要看老提法；既要看市场，又要看政府；既要看改革突破性，也要看改革的艰巨性；既要看点的突破，也要看点与点的联系；既要看公报，也要看决定，更要看细则五个方面深入浅出地阐述了十八届三中全会的精神，并结合历史和当前的形势，通过各个时期不同的提法，解读了十八届三中全会提出深化改革的重要性和巨大意义。党组书记、理事长周俊林同志指出：残联全体干部职工要深入学习宣传贯彻党的十八届三中全会和自治区党委八届六次全委（扩大）会精神，充分认识新形势下全面深化改革的重大意义，充分认识全面深化改革对新疆跨越式发展和长治久安的特殊重要性，切实增强全面深化改革做好新疆残疾人各项工作的使命感、责任感和紧迫感，切实把残联干部职工的思想和行动统一到十八届三中全会和自治区党委八届六次全委（扩大）会精神上来，开拓创新，努力工作，为新疆残疾人事业又好又快发展做出新的更大的贡献。

【最美妈妈——“新疆脑瘫智障患儿关爱工程”启动】 12月13日，由自治区残联、自治区妇联联合实施的“最美妈妈——新疆脑瘫智障患儿关爱工程”在新疆艺术学院举行启动仪式。启动仪式以“引领文明风尚，关爱弱势群体，倡扬母亲大爱”的理念为主导，通过DV短片、电视专题片、舞蹈、独唱及小品等形式反映在脑瘫智障患儿的母亲们自强、自立、自尊、自信的精神以及对残疾孩子不离不弃的人间大爱。自治区人大常委会副主任贾帕尔·阿比布拉出席仪式，并宣布活动启动。第二次全国残疾人抽样调查显示，新疆共有残疾人106.9万人，其中智力残疾人6.9万人，占全区残疾人总数的6.45%，为帮助脑瘫儿童母亲减轻家庭经济负担，帮助其树立生活的信心，由自治区残联出资、与自治区妇联联合在全疆启动“最美妈妈——新疆脑瘫智障患儿关爱工程”，项目计划受益人数为100名最美妈妈，扶助资金标准是每人资助5000元。自治区残联决定今后每年会用一定的资金资助100名“最美妈妈”。

五、大事记

1月10日，由自治区人民政府召开的自治区残联2013年工作会议在乌鲁木齐市举行。自治区党委常委尔肯江·吐拉洪、自治区副主席贾帕尔·阿比布拉出席会议并做重要讲话。自治区人民政府残工委成员单位领导、各地州市党委、政府分管领导出席会议。会议回顾总结了五年来自治区残疾人事业所取得的成就，全面安排部署2013年和今后一个时期自治区残疾人事业的各项工作。

1月15日，党组书记、理事长王军主持召开2012年度党组领导班子民主生活会。班子成员紧扣主题，联系工作实际，开展批评与自我批评。

1月15日，党组书记、理事长王军主持召开党组会，安排部署春节前由党组理事会领导牵头，赴全疆各地、州（市）走访慰问贫困残疾人家庭活动。

2月28日，自治区副主席吉尔拉·衣沙木丁，自治区人民政府副秘书长帕尔哈提·贾拉勒及政府办公厅负责同志到残联进行工作调研。

3月1日，自治区残联召开2013年度党风廉政建设和反腐败教育动员大会。党组书记、理事长王军与各部室、直属事业单位领导签订反腐倡廉目标责任书。

3月21日，党组书记、理事长王军在昆仑宾馆参加自治区贯彻全国“两会”会议精神大会。

4月3日，党组书记、理事长王军主持召开党组理事（扩大）会议，集中研究讨论自治区残联三项基本建设任务：一是自治区省级康复中心建设，二是新疆残疾人职业中专学校分校建设，三是自治区残联职工集资建房工作。

4月15日，党组书记、理事长王军出席自治区政协十一届二次会议。

5月4日，党组书记、理事长王军、副理事长胡志斌在自治区广电局广播电视大学参加国家开放大学残疾人教育新疆学院开学典礼。

5月19日，自治区党委常委尔肯江·吐拉洪、自治区人民政府副秘书长刘华、自治区教育工委书记赵德忠在自治区残联党组书记、理事长王军同志陪同下参加第二十三次全国助残日活动。

7月18日，党组书记、理事长王军召开党组理事（扩大）会议，传达自治区党的群众路线教育实践活动会议精神，全面安排部署自治区残联开展此项活动意见。

7月29日，自治区残联党的群众路线教育实践活动动员大会召开。自治区第四督导组全体成员参加。王军书记做动员讲话，肖忠喜组长就开展督导工作提出具体要求。

8月12日，自治区残联对口帮扶单位吉木乃县喀尔交乡喀尔交村两委班子领导、村民代表、残疾人代表与残联交流工作，反映农牧民期待解决的问题。

8月29日，自治区残联第六次代表大会在乌鲁木齐市隆重开幕。中共中央政治局委员、自治区党委书记张春贤等自治区领导接见与会代表。自治区党委常委尔肯江·吐拉洪代表自治区党委、自治区人民政府在开幕式做重要讲话。自治区副主席吉尔拉·衣沙木丁出席大会闭幕式并做重要讲话。会议选举了自治区残联新一届执行理事会理事长、副理事长、理事和出席中国残联第六次代表大会的代表等预定议程。

9月12日，党组书记、理事长周俊林，副理事长热依汗·依沙木丁、童中华带领有关部室负责人前往新疆财经大学慰问自强不息、身残志坚的好姐妹努尔曼古丽、努尔比耶姆，并为姐妹俩送去每人5000元慰问金。

9月13日，自治区直属机关工委书记涂凤英一行检查考核自治区残联精神文明工作。党组书记、理事长周俊林汇报工作。同日，党的群众路线实践教育活动第四督导组与自治区残联班子成员谈话。

9月14日，自治区副主席吉尔拉·衣沙木丁看望出席中国残联第六次代表大会的代表并勉励他们发挥代表职能，积极建言献策，推动新疆残疾人事业再上一个新的台阶。

9月22日，残疾人就业保障课题研究项目启动仪式在自治区残联举行。自治区残联党组书记、理事长周俊林，新疆农业大学党委书记、副校长李保城出席启动仪式。

9月24日，自治区残联党组、理事会领导分别带队赴各地、州、市进行工作调研，了解掌握基层残疾人工作情况。

10月8日，自治区残联召开党的群众路线实践教育活动汇报会，机关各部（室）、直属事业单位主要负责人做大会发言，交流自查自纠情况。党组书记、理事长周俊林全面总结了开展作风纪律整顿日工作，安排部署了下一阶段实践教育活动的各项工作。

10月9日，党组书记、理事长周俊林带队前往北京出席中国残疾人福祉博览会。

10月10日，党组书记、理事长周俊林前往中国残联汇报新疆残疾人工作。

10月12日，党组书记、理事长周俊林带领新疆和田地区行署副专员何军、和田地区残联领导到北京市残联、天津市残联协调对口援疆工作。

10月20日，党组书记、理事长周俊林为自治区残联全体人员上党课，题目为《立场坚定、旗帜鲜明，自觉遵守党的纪律》。

10月24日，自治区残联会同自治区财政厅、新疆农业大学课题调研组赴各地州开展调研。

11月3日，中共中央政治局委员、自治区党委书记张春贤在乌鲁木齐会见中国残联党组书记、理事长鲁勇一行。张春贤说，新疆有残疾人口106.9万人，残疾人事业发展任重道远。党的十八大提出的两个百年奋斗目标，在党成立一百年时全面建成小康社会，新疆要与全国同步建成小康社会，新疆残疾人也必须和全国各族人民同步。新疆各族残疾人不气馁、包容宽容、乐观积极向上、“只有努力才能改变、只要努力就能改变”的精神和表现十分突出。各族残疾人要继续弘扬自强不息、努力奋斗、顽强拼搏的精神，和全区各族人民一起共同改变新疆面貌，和全国人民共同建成小康。希望中国残联积极引导支持新疆残疾人工作，进一步采取各种措施推动做好就业、教育、人才工作，促进新疆残疾人事业健康发展。鲁勇说，自治区党委、政府高度重视残疾人事业发展，采取多种措施努力推动残疾人与全国各族人民同步建成小康，创造了许多好经验、好做法，近几年是新疆残疾人事业发展最快、残疾人得实惠最多的时期。中国残联将努力做好本职工作，积极与自治区开展通力合作，一如既往地支持新疆残疾人事业健康发展。

11月4日，中国残联党组书记、理事长鲁勇一行在自治区调研。鲁勇和尔肯江·吐拉洪常委听取了自治区残联党组书记、理事长周俊林的工作汇报并做了讲话。尔肯江·吐拉洪说，做好残疾人工作，是做好党的中心工作非常重要的组成部分，也是各级人民政府工作中的应有之义，而且也是重要任务之一。新疆要发展，不仅要依靠国家的支持，各部委的支持，兄弟省市的支持，更多的还是要发挥自身主体作用。希望中国残联能对新疆给予特殊的帮助扶持，在原有的基础上，一如既往地关心、支持新疆的残疾人事业。鲁勇说，做好残疾人工作责任重大。自治区党委、政府把残疾人事业融入全疆经济社会发展大局，同时把推动残疾人事业发展最大限度地和自治区经济社会发展水平相适应，并为之做出了巨大的努力。中国残联对新疆残疾人事业的支持只会加大，不会减少；对新疆各项工作的支持力度只会加强，不会减弱。鲁勇表示，中国残联一定会紧密地和新疆党委、政府一起共同为新疆残疾人事业发展，为实现新疆跨越式发展和长治久安两大历史任务做出残疾人和残疾人工作者应有的贡献。汇报结束后，鲁勇看望了自治区残联机关的全体干部职工，勉励大家要好好工作，把党和政府的关怀送到广大残疾人家庭。随后，调研组一行深入自治区残疾人康复服务指导中心和新疆残疾人职业中专学校昌吉新校区调研，慰问了呼图壁县石梯子乡白杨河新村哈萨克族残疾人沙力木巴哈和同村哈萨克族残疾人艾尼克，了解他们的生产生活状况，并叮嘱随行州、县有关领导，要更加关注残疾人的基本生活，在落实普惠政策的基础上结合当地情况实施特惠政策；实地察看了玛纳斯县残疾人就业扶贫基地、托养中心。

11月6日，自治区残联党组召开党的群众路线教育实践活动班子民主生活会。周俊林同志代表会领导班子对照检查了政治上坚强以及“四风”方面存在的主要问题，针对查摆出的问题进行了深刻剖析，并提出了今后的努力方向和整改措施。党组成员之间坦诚相见，开展了批评与自我批评，发表了自己的意见，推心置腹、畅所欲言，体现了政治上的相互关心和爱护，达到了团结—批评—团结的目的。自治区第四督导组组长肖忠喜同志对这次专题民主生活会进行了点评，认为专题民主生活会做到了“四个体现”：体现在领导的高度重视上，体现在广泛谈心上，体现出对照检查的深刻，体现出批评意见的诚恳。对整改落实、建章立制环节工作提出“五个突出”的工作要求：一是突出处级以上领导干部为重点；二是政治坚强和“四风”聚焦点；三是突出群众满意度；四是突出整改措施实效性；五是突出抓落实。

11月18日，自治区残联召开机关全体、直属事业单位科级以上干部大会，会议传达自治区党委八届六次全委（扩大）会议精神。安排部署统一学习贯彻中共中央十八届三中全会精神。

11月18日，自治区残联党组书记、理事长周俊林主持党组中心组学习，传达学习中共中央十八届三中全会公报，学习习近平总书记在三中全会上的重要讲话。

12月13日，由自治区残联、自治区妇联、新疆艺术学院共同举办的“关注脑瘫、智障儿童——评选最美妈妈”启动仪式，在新疆艺术学院音乐厅举行。自治区人大常委会副主任贾帕尔·阿比布拉出席，并宣布项目启动，出席活动的还有自治区残联、自治区妇联、新疆艺术学院有关领导同志和“最美妈妈”的代表。

12月18日，自治区残联党组书记、理事长周俊林陪同自治区副主席吉尔拉·衣沙木丁到伊犁、博州调研残疾人工作。

12月23日，自治区党委组织部、自治区党的群众路线教育实践活动第四督导组对自治区残联领导班子及成员进行年终考核考评工作。

（秦桂花供稿）

新疆生产建设兵团残疾人事业和残疾人工作

一、领导讲话

兵团党委副书记、司令员刘新齐在兵团残联第五次代表大会上的讲话摘要

2013 年 7 月 22 日

各级党政和各有关部门一定要进一步增强责任感使命感紧迫感，进一步提高对加快发展残疾人事业重要性的认识，切实把残疾人事业发展纳入经济和社会发展规划，加快残疾人社会保障体系和服务体系建设步伐，进一步完善有利于残疾人事业发展的政策措施，增加对残疾人事业发展的资金投入，着力解决残疾人生产生活中遇到的各种困难和问题，促进残疾人的全面发展。

兵团各界要大力弘扬人道主义精神和中华民族传统美德，进一步增强扶残助残、团结互助意识，切实理解残疾人，处处尊重残疾人，热情关心残疾人，倾力帮助残疾人，让关爱的阳光照亮每个残疾人的心灵。

各级残联要认真总结经验、探索规律，继续解放思想、开拓创新，不断开创残疾人工作新局面。要着力建设“政治坚定、作风优良、务实创新、奋发有为”的各级残联领导班子，逐步建成一支热爱残疾人事业、全心全意为残疾人谋利益的专兼职工作者队伍。要加强能力建设，更好地履行“代表、服务、管理”职能。广大残疾人工作者要继续秉承“人道、廉洁、服务、奉献”的职业道德，再接再厉，勤勉敬业，以满腔热忱做好残疾人工作，为残疾人事业发展再创佳绩。

残疾人朋友是发展残疾人事业的主体。希望广大残疾人始终热爱人生，保持乐观向上、不畏艰难的生活态度，不断超越自我，努力实现自身价值，积极参与兵团全面建设小康社会的伟大实践，向全兵团进一步展示残疾人的聪明才智和良好精神风貌。

兵团党委常委、副政委、兵团残工委主任阿布力孜·尼牙孜在兵团残联第五次代表大会闭幕式上的讲话摘要

2013 年 7 月 22 日

一、认清形势，坚定信心，切实增强做好残疾人工作的责任感和使命感。兵团各级要把贯彻党中央、国务院对残疾人事业发展的新任务、新要求和兵团党委“两个率先、两个力争”战略部署与深入学习贯彻党的十八大精神结合起来，与全面建成小康社会的目标任务结合起来，与开展党的群众路线教育实践活动结合起来，与推动兵团跨越式发展和长治久安的现实需要结合起来，以更大的决心、更有力的举措、更扎实的工作，努力推动残疾人事业在新的起点上再上一个新的台阶。

二、突出重点，突破难点，大力推动残疾人事业全面发展。一是加快推进残疾人全面小康进程。要结合各自实际，认真审视、谋划加快推进残疾人全面小康的进程，研究制定残疾人小康实现程度评估指标体系，建立系统完善的监测评价机制，积极作为、攻坚克难，努力缩小残疾人生活状况与社会平均水平的差距，切实团结带领残疾人同步迈进全面小康社会。二是扎实推进残疾人“两个体系”建设。按照普惠与特惠相结合、一般性制度安排与专项制度安排相结合、保障与服务相结合、项目推动与能力建设相结合、公办与利用社会资源相结合的原则，努力增强残疾人基本公共服务供给，使残疾人基本生活和全面发展得到稳定的制度性保障。三是努力提升残疾人事业科学化管理水平。要着力加强基层基础工作，推动残疾人事业政策体系建设，建立与兵团经济社会发展相适应的财力稳定增长投入保障机制，建立健全残疾人事业发展的长效机制。要着力加强残疾人事业的理论研究和监测评估，不断提高残疾人事业管理科学化水平。要着力加强残疾人基础设施、人才队伍等基础支撑条件建设，为“政策全覆盖、服务到个人”提供高效精确的技术支撑。

三、进一步加强对残疾人工作的组织领导，努力开创残疾人工作新局面。一是扎实开展党的群众路线教育实践活动。以良好的作风推动残疾人事业新发展。二是进一步完善党委领导、行政负责的残疾人工作领导体制。统筹安排，统一部署，精心指导，整体推进，促进残疾人的全面发展。三是广泛动员社会力量，营造有利环境。在全社会形成理解、尊重、关心、帮助残疾人的良好社会风尚。四是切实加强各级残联自身建设，夯实组织基础。各级残联要进一步加强能力建设，更好地履行“代表、服务、管理”职能，真正成为“残疾人之家”。各级残联领导班子特别是兵团残联新一届领导班子，要更加

善于学习，更加注重调查研究，增强为残疾人服务的本领。广大残疾人工作者要勤勉敬业，秉承“人道、廉洁、服务、奉献”的职业道德，以满腔热忱做好残疾人工作。五是充分发挥残疾人的主体作用，共创和谐美好新生活。

兵团党委常委、副政委、兵团残工委主任阿布力孜·尼牙孜在第二十一次兵团残联工作电视电话会议上的讲话摘要

2013 年 1 月 19 日

兵团各级残联组织要按照兵团党委的总体部署，大力推进残疾人社会保障体系和服务体系建设，逐步缩小发展差距，加快残疾人共奔小康的步伐；切实把改善残疾人状况、保障残疾人权益、促进残疾人全面发展作为残疾人工作的根本出发点和落脚点，加快改善残疾人的生产生活条件；加强残联组织建设，夯实基础，大力提升残疾人工作整体水平，不断提高服务能力和工作水平，全面推进兵团残疾人事业发展，为兵团实现“两个率先、两个力争”目标做出新贡献。

中国残联党组成员、副理事长贾勇在兵团残联第五次代表大会上的讲话摘要

2013 年 7 月 22 日

为贯彻落实党中央、国务院的重要战略部署，进一步推动兵团残疾人事业在新的起点上加快发展，我代表中国残联提三点希望：

一是要加快推进残疾人全面小康的进程。希望新疆生产建设兵团紧紧围绕全面建成小康社会的目标，牢牢把握当前残疾人事业发展的历史机遇，着眼于残疾人最关心、最直接、最现实的利益问题，在普惠基础上制定特惠政策措施，进一步改善残疾人生活状况，尽快缩小残疾人收入与社会平均差距，帮助广大残疾人过上更加体面、更有尊严的幸福生活。

二是要扎实推进残疾人社会保障和服务体系建设。希望兵团残疾人工作要牢牢把握“两个体系”建设这条主线，在贯彻落实《国家基本公共服务体系“十二五”规划》的基础上，建立稳定的财政保障机制和多元化的服务供给模式，推动残疾人服务均衡发展，使残疾人逐步享受到适足的、均等化的康复、教育、就业、文化、无障碍等公共服务，切实保障残疾人的生存权、发展权。希望新疆生产建设兵团在贯彻落实国家基本公共服务规划的基础上，实现建立残疾人保障制度的新突破，取得健全残疾人服务体系的新进展。

三是要切实加强残联组织建设。希望兵团各级残联以本次代表大会召开为契机，进一步加强自身建设和能力建设，充分发挥“代表、服务、管理”职能，坚持全心全意为残疾人服务的宗旨，始终与广大残疾人同呼吸、共命运、心连心，努力为残疾人办实事、解难事、做好事，切实把各级残联建设成为“残疾人之家”。各级残联干部和残疾人工作者要恪守“人道、廉洁、服务、奉献”的职业道德，弘扬优良作风，保持清廉本色，勤勉敬业，以满腔热忱做好残疾人工作，为残疾人事业持续、健康发展提供坚强的组织保障。

二、政策法规文件

兵团贯彻落实《农村残疾人扶贫开发纲要（2011—2020 年）》实施办法

新兵办发〔2013〕125 号

为进一步改善兵团残疾人生产生活状况，根据国务院办公厅《农村残疾人扶贫开发纲要（2011—2020 年）》（国办发〔2012〕1 号）和《新疆生产建设兵团贯彻落实〈中国农村扶贫开发纲要（2011—2020 年）〉实施办法》（新兵党发〔2012〕22 号），制定本办法。

二、总体要求

（二）指导思想

以邓小平理论、“三个代表”重要思想为指导，深入贯彻科学发展观，认真贯彻落实中央国务院关于扶贫事业和促进残疾人事业发展的方针政策和中央新疆工作座谈会精神，以残疾人社会保障体系和服务体系建设为主线，以增加贫困残疾人家庭收入、提升贫困残疾人生活质量为目标，以提高残疾人基本素质和生存发展能力为重点，进一步采取有效措施，加大生产扶助和生活救助力度，实现残疾人扶贫开发与兵团经济、社会协调发展，全面改善残疾人生产生活状况，促进其全面发展。

（三）基本原则

把落实各项社会保障政策、措施作为解决残疾人温饱、稳定残疾人基本生活的根本途径，把扶持残疾人家庭发展生产、增加收入作为帮助贫困残疾人摆脱贫困的根本手段，把推进基本公共服务均等化、提高残疾人综合素质和生产生活能力作为扶助贫困残疾人改善状况的根本目标。

——坚持行政主导，部门落实。各级党政要加强领导，切实承担起残疾人扶贫开发工作的责任，建立残疾人扶贫开发责任与效能考核体系，将贫困残疾人作为重点扶持群体纳入单位扶贫开发计划，统筹安排，同步实施，优先配置人、财、物等资源。加强部门协作，明确职责，强化落实。

——坚持因地制宜，分类指导。要落实各项社会保障政策，保障贫困残疾人基本生活，扶持家庭发展生产，增加收入，稳定脱贫，对于特困地区，有针对性地采取措施帮扶贫困残疾人家庭稳定解决温饱。

——坚持统筹兼顾，协调发展。将残疾人扶贫开发与团场小城镇建设、生态建设和各项基础设施建设有机结合，将残疾人的生存发展纳入经济社会建设与管理范畴，统筹安排，同步实施；各项保障和改善民生、公共

服务政策措施要向农牧团场残疾人倾斜，促进残疾人社会保障体系与服务体系建设协调发展。

——坚持保障优先，到户到人。摸清残疾人中低保对象和扶贫开发对象底数，优先落实各项社会保障政策，做到应保尽保；采取有针对性的残疾人扶贫开发措施，扶持到户到人。

——坚持产业带动，基地扶持。充分发挥农牧团场生态环境和自然资源优势，以特色支柱产业为依托，发挥龙头企业和扶贫基地的辐射带动作用，为贫困残疾人提供产、供、销一条龙服务，促进农牧团场残疾人就地就近就业。

——坚持社会参与，结对帮扶。发挥行业部门职能、作用和政策资源优势，从机制上建立扶持和保障政策体系；动员党员干部、社会各界参与残疾人扶贫开发，认真落实和创新专项扶贫、行业扶贫、社会扶贫、援疆扶贫等帮扶措施，通过“帮、包、带、扶”等多种形式，帮助贫困残疾人及其家庭增加收入，摆脱贫困。

——坚持强化培训，提升技能。优先对残疾人开展多样化、多层次、灵活性培训，逐步提高残疾人科技文化素质和劳动技能。加强典型示范，激励贫困残疾人自尊、自信、自强、自立，使他们积极参与到残疾人扶贫开发中来，通过自身顽强拼搏脱贫致富奔小康。

三、任务目标

（四）总体目标

到2015年，残疾人基本生活得到稳定的制度性保障，参与社会和自身发展状况显著改善。残疾人社会保障体系和服务体系基本框架建立，保障水平和服务能力明显提高。兵团残疾人家庭人均年纯收入接近或达到9700元。

到2020年，稳定实现残疾人不愁吃、不愁穿，全面保障平等享受基本医疗、基本养老、教育、住房和康复服务。残疾人家庭收入达到或接近兵团平均收入水平，基本公共服务覆盖残疾人并不断提高水平，残疾人生存有保障，生活有尊严，发展有基础。

（五）主要任务

——到2015年，扶持2.5万人次贫困残疾人家庭增加收入，生活状况显著改善。到2020年，贫困残疾人普遍得到有针对性扶持，发展能力显著提高。

——到2015年，贫困残疾人基本生活得到保障，贫困残疾人社会保障全覆盖，逐步扩大残疾人社会福利范围，提高社会福利水平。到2020年，残疾人社会保障和福利水平进一步提高，残疾人专项社会保障和福利制度逐步建立并不断完善。

——到2015年，完善康复服务网络，初步实现残疾人“人人享有康复服务”目标，全面开展残疾人社区康复服务和康复救助，实施重点康复工程，帮助1.5万名残疾人得到不同程度的康复，构建辅助器具适配体系，组织供应1万件各类辅助器具，有需求的贫困残疾人普遍适配基本型辅助器具。到2020年，有康复需求的残疾人普遍得到有效的康复服务。残疾预防知识得到普及，有效控制残疾发生和发展。

——到2015年，适龄残疾儿童少年普遍接受随班就读义务教育，入学率达到91%以上，提高残疾儿童少年义务教育质量。切实保障残疾儿童少年和贫困残疾人家庭子女顺利完成学业。积极发展残疾儿童学前康复教育，大力发展残疾人职业教育，鼓励和支持普通高中教育和高等教育。减少残疾人青壮年文盲。到2020年，适龄残疾儿童少年和残疾人家庭子女受教育状况达到当地平均教育水平。基本消除残疾人青壮年文盲发生的现象。

——到2015年，提供2万人次残疾人实用技术培训。到2020年，有劳动能力和愿望的残疾人普遍得到实用技术培训和职业技能培训，增加生产经营和就业收入，家庭自我发展能力明显提高。

——到2015年，通过保障性安居工程，特别是危房改造计划的落实，帮助0.5万户贫困残疾人家庭改善居住条件。到2020年，残疾人家庭住房得到有效改善，残疾人家庭居住条件明显提高。

——到2015年，初步建立起残疾人托养服务体系，为1万人次残疾人提供托养服务补助。到2020年，残疾人托养服务体系逐步完善，托养服务水平进一步提高。

——到2015年，残疾人公共文化服务和残疾人群众体育事业得到发展。到2020年，残疾人普遍享有无障碍基本公共文化和体育服务。

四、保障措施

（六）贯彻执行法律法规和政策措施

落实国家和兵团各项社会保障制度、基本公共服务措施和扶贫开发政策，以及帮扶残疾人的各项法律法规、优惠政策和扶助规定，保障残疾人的各项合法权益。将残疾人普遍纳入兵团社会保障体系，并予以重点保障和特殊扶助，对南疆困难团场、边境团场和腹心贫困团场的贫困残疾人则作为重中之重，给予重点扶持；将有劳动能力的贫困残疾人纳入扶贫开发重点人群，对贫困残疾人在扶持项目和扶持资金上给予重点倾斜。

（七）加大资金投入并加强使用管理

积极争取中央、对口援建省市和兵团多渠道安排的扶持资金，继续实施残疾人保障性住房安居、贫困残疾人生产和实用技术培训、创业培训等项目，制定推进残疾人扶贫基地建设等扶持政策和措施，加大残疾人就业保障金对残疾人就业创业的支持力度。完善残疾人扶贫专项资金和项目管理办法，提高扶贫资金使用效率。加大资金使用情况监督检查力度，强化审计监管，防止和杜绝挤占、挪用、贪污扶贫资金等现象，确保资金安全。

（八）将改善残疾人生活状况纳入对口受援规划

贯彻执行国务院和国家发改委等十个部门《关于加快西藏和新疆残疾人事业发展的指导意见》（残工委〔2012〕

5号），各地在提出受援规划时，要将改善残疾人基本生活、服务残疾人的设施建设作为重要内容纳入其中。

（九）完善金融服务

金融部门要针对贫困残疾人的实际情况，加大金融产品和服务方式创新力度，提高对贫困残疾人金融服务水平。金融部门要适当简化贷款程序，完善信贷服务政策，提高贷款扶持贫困残疾人户的到位率和扶贫效益。加强对扶持贫困残疾人能人大户和扶贫基地的信贷支持。开展针对贫困残疾人户的免抵押小额贷款产品。鼓励融资性担保机构积极为贫困残疾人户提供融资担保服务。

（十）实施特别保障

将残疾人普遍纳入兵团社会保障体系并予以重点保障和特殊扶助，逐步完善针对残疾人特殊困难和需求的生活补助、护理补助、社会保险补贴、生活救助等专项社会保障政策措施。

逐步提高对低收入残疾人的生活救助水平，对重度残疾人、一户多残、老残一体、低保边缘户等困难残疾人家庭给予临时救助。落实贫困残疾人参加居民基本医疗保险个人缴费补贴政策。落实贫困残疾人从业人员缴纳基本养老补贴政策。落实居家托养重度残疾人每人每年不低于1500元护理补贴。有条件的地方对重度及贫困残疾人适配基本型辅助器具、危旧住房改建、居家无障碍改造、日间护理、照料、居家服务提高补贴。帮助有发展生产愿望的贫困残疾人家庭选择合适项目，给予重点扶持，提供切实有效服务。

在团场小城镇建设、生态建设实施的重大工程中，充分照顾贫困残疾人利益，各类公共资源向贫困残疾人及家庭倾斜，创造条件帮助贫困残疾人家庭享受各方面的优惠政策。

（十一）发挥康复扶贫贷款作用并创新扶贫方式

改革康复扶贫贷款管理体制，继续开展残疾人康复扶贫贴息贷款项目，增加贴息资金，提高贴息额度，加大贷款投放。康复扶贫贴息贷款重点投向适合残疾人特点的种植业、养殖业、农副产品加工业、家庭手工艺制作、零售商业及各类服务业项目。通过扶持项目、扶贫助残基地和集中安置残疾人就业单位，发挥辐射带动作用，帮扶贫困残疾人家庭就地就近发展庭院经济、设施农业和其他生产经营项目，有效提高家庭收入；通过小额到户贷款扶持残疾人开展就业、创业项目，提高资金使用效率，帮扶贫困残疾人家庭增加收入。积极培育新型主体，多方筹措资金，推广残疾人带资入股形式进入合作社、养殖点、设施农业点等做法，增加贫困残疾人家庭财产性收入。

（十二）实施“阳光助残扶贫”项目

实施“阳光助残扶贫基地建设”项目，创建一批管理规范、辐射带动力强、培训效果好、能够稳定增加贫困残疾人家庭收入的扶贫助残基地，“十二五”期间，依托地方龙头企业和其他社会力量，建立10个扶贫助残基地；实施中央彩票公益金支持的“阳光安居工程”，在保障性安居工程、小城镇建设、抗震救灾、游牧民定居、危旧住房改造等过程中，对贫困残疾人家庭住房建设和改造给予优先安排；积极创造条件改善贫困残疾人无障碍环境，实施“家庭无障碍”工程，每年为1000户贫困残疾人家庭无障碍改造给予补贴。

（十三）开展实用技术培训

依托社会各级各类培训机构优先培训残疾人或残疾人家庭成员。结合当地实际，以市场需求为导向，开展不同类别的残疾人专项实用技术培训，确保每个贫困残疾人家庭至少有一名劳动力掌握1至2门实用增收技术。强化培训后就业和创业扶持服务，提高贫困残疾人及家庭的就业能力和创业能力。

（十四）扶持残疾人就业创业

在统筹发展、推进城镇化建设过程中，积极开发适合残疾人特点的就业岗位，有序安排残疾人转移就业。选取符合区域产业发展，适合残疾人从事的投资小、见效快项目，引导扶持贫困残疾人及家庭成员从事维修、商贸、手工艺加工、家庭服务等多种形式的就业创业项目。扶持残疾人创业带头人及带动残疾人就业的产业龙头企业。加大落实《残疾人就业条例》的力度。

（十五）动员社会各界参与残疾人扶贫

巩固完善残疾人社会帮扶工作目标管理考核责任制，建立残疾人扶贫开发责任与效能考核体系。广泛开展人民团体、事业单位等以及领导干部、党团员与贫困残疾人家庭结对开展“帮包带扶”活动，督促帮助落实残疾人扶贫和救助政策，选择项目，筹措资金，提供技术支持和市场经营服务，扶助贫困残疾人脱贫。基层党组织要抓好残疾人扶贫工作的落实，发挥政治优势，切实帮扶贫困残疾人改善基本生活，发展生产，增加收入。鼓励引导国有企业、非公有制企业、社会组织以及志愿者和社会各界人士，积极参与残疾人扶贫开发。充分发挥军队和武警部队在参与助残扶贫行动中的优势和积极作用。配合妇联组织开展面向残疾妇女的各类培训，为残疾妇女提供创业资金、项目扶持，关注残疾妇女的身体健康，为残疾妇女的发展营造良好的社会环境。各级共青团组织要充分发挥广大团员青年和志愿者的优势和特点，在日常生活、科技教育、就业创业、康复服务、法律援助、大型活动服务等方面广泛开展志愿助残活动。有关部门实施的定点扶贫项目优先安排有条件的贫困残疾人及其家庭成员从业。通过慈善捐赠、社会募集、各界帮助等途径多渠道筹措残疾人扶贫资金。农牧团场、连队（社区）基层便民服务中心（站、点）将残疾人扶贫、社会救助、社会福利等工作纳入其中。

（十六）提供教育、康复、托养、文化体育、法律服务和法律保障

采取多种措施，保障并提高适龄残疾儿童少年接受学前康复教育和义务教育质量。建立健全社会化的残疾人康复服务网络，以专业康复机构为骨干、社区为基础、家庭为依托，发挥残疾人康复和托养机构、医疗机构、社区卫生服务中心、残疾人综合服务设施等作用，全面开展康复和残疾预防工作，优先为贫困残疾人提供知识普及、医疗康复、功能训练、辅具适配等个性化康复服务，提高其生活自理能力。坚持各级投入为主，各地应根据当地经济和社会发展及物价上涨因素，逐步提高托养服务的补助标准，扩大受益面。结合残疾人实用技术培训，开展残疾人文化知识学习和扫盲工作。鼓励、引导残疾人积极参加公共文化体育活动，康复身心，丰富精神文化生活，提高适应能力和生产劳动能力，提升思想道德水平和科学文化素质。加大投入，引导组织残疾人因地制宜参加体育健身活动，不断提高残疾人的健康意识，使健身活动逐步融入残疾人的日常生活。充分发挥残疾人法律服务和法律救助网络的工作职能，切实为残疾人提供法律维权服务。

五、组织领导

（十七）加强领导，落实责任

各级党政要将残疾人扶贫工作纳入当地经济社会发展总体规划，分解指标，量化考核，加强领导，明确部门职责并签订责任书。进一步加大对残疾人扶贫工作的政策和资金支持。建立协调机制，实行兵团负总责、师团抓落实、工作到连队（社区）、扶贫到户、受益到人的工作机制。

有关部门要将贫困残疾人作为重点扶持对象纳入扶贫工作，统筹安排，在同等条件下优先扶持。要指导基层党组织帮扶贫困残疾人，落实残疾人扶贫和救助政策，改善基本生活状况。要组织各级各类新闻媒体大力宣传残疾人自立自强的先进典型，积极营造全社会关心支持残疾人扶贫工作的良好氛围。要将符合条件的贫困残疾人纳入居民最低生活保障等社会救助制度，实现应保尽保。要加大残疾人扶贫工作的投入，将残疾人扶贫工作经费列入年度预算统筹安排。要逐步扩大残疾人社会福利范围，提高社会福利水平。要在实施保障性安居工程建设项目中优先解决贫困残疾人家庭的住房困难。要对残疾人扶贫监测给予指导。要指导鼓励各商业银行开展残疾人扶贫信贷，创新产品，优惠利率，简化手续，提供无障碍服务。要优先为从事种植、养殖和手工艺加工的残疾人扶贫基地及残疾人家庭提供信贷支持。

（十八）充分发挥残联组织作用

各级残联应发挥自身作用，积极参与残疾人扶贫规划制定、统筹协调残疾人扶贫资金和物资分配以及扶贫项目的组织实施；继续把基层残疾人组织建设与残疾人扶贫开发相互结合，以任务促建设，以建设保任务，充分发挥基层残疾人组织和残疾人专职委员作用，切实为残疾人扶贫提供服务。

（十九）做好统计监测绩效评估

将残疾人扶贫列入单位扶贫统计、监测和检查范围，完善统计报表制度和信息管理系统，制定农牧团场残疾人扶贫工作指标体系及评估标准，对残疾人贫困人口和残疾人扶贫规划执行情况实行年度动态监测。在规划执行中期和期末进行全面考核与绩效评估。

兵团贯彻国务院残工委和发改委等十部门《关于加快西藏和新疆残疾人事业发展指导意见》的实施意见

新兵办发〔2013〕127号

为贯彻落实国务院残工委和发改委、教育部、国家民委、民政部、财政部、人社部、住房城乡建设部、卫生部、国务院扶贫办、中国残联等十部门《关于加快西藏和新疆残疾人事业发展的指导意见》（残工委〔2012〕5号，以下简称《指导意见》）精神，进一步加快兵团残疾人事业发展，结合兵团实际，现制定以下实施意见。

一、充分认识贯彻落实《指导意见》的重要意义

《指导意见》是在兵团全面贯彻落实党的十八大和中央新疆工作座谈会精神，大力推进跨越式发展和长治久安的关键时期出台的，支持兵团残疾人事业发展的重要文件。《指导意见》肯定了兵团残疾人事业取得的成绩，指出了兵团残疾人工作中存在的困难和问题，提出了加大对兵团残疾人工作支持的措施，充分体现了党中央、国务院对兵团残疾人事业的高度重视和特殊支持。《指导意见》的贯彻落实必将对兵团残疾人事业全面发展产生积极的推动作用。

认真贯彻落实《指导意见》，加快兵团残疾人事业又好又快发展，是贯彻落实党的十八大精神的具体体现，是促进社会和谐发展的必然要求，是兵团率先在西北地区全面建成小康社会的重要内容。我们要以贯彻《指导意见》为契机，抢抓机遇，注重实效，采取有力措施，扎扎实实做好残疾人工作，努力实现《指导意见》提出的各项任务目标，让改革发展成果早日惠及每一位残疾人。

二、加强残疾人组织和基础设施建设，增强为残疾人服务的能力

（一）健全组织机构、强化职能意识

贯彻落实民政部、财政部、人社部、中国残联《关于进一步加强和规范基层残疾人组织建设的意见》（残联发〔2009〕13号）及《兵团党委办公厅、兵团办公厅关于进一步加强师残疾人联合会组织建设的通知》（新兵党办发〔2007〕59号）要求，进一步加强和规范师（市）残联组织建设，保障残联规格达标和独立开展工作，并作为一个部门参与师（市）机关的考评和考核。到2015年，师（市）残联有专门办公场地，落实事业经费，解决交通工具问题。团场残联要明确工作职能，并纳入团

场绩效考核。社区要配备残疾人工作者专干，享受社会保险和职业培训等补贴。将基层残疾人工作纳入城镇社区建设工作中，统筹规划，同步实施。加强残疾人干部队伍建设，逐步提高各级残联干部队伍中残疾人干部的比例。制定《兵团残疾人事业人才10年发展规划》。按照国家和兵团有关规定落实为残疾人服务工作人员工资待遇倾斜政策，对各级残联工作者经过手语翻译培训并取得资格证的，应享受特殊教育手语津贴。

（二）打牢基础设施、健全服务机构

残疾人服务机构是开展残疾人服务工作的平台和载体。加强残疾人服务机构建设是促进残疾人服务工作的有效环节。到2015年，师（市）残疾人就业服务机构要设置完成，并发挥就业服务指导作用。随着兵团城镇化建设进程，到2020年，师（市）和团场残疾人康复和托养服务机构逐步建立，形成残疾人康复和托养服务体系。继续支持基层残疾人综合服务设施建设。

（三）落实专项资金、健全经费保障机制

将残疾人事业经费列入各级财政预算，建立稳定的残疾人事业经费保障机制。兵团、师（市）要按照《新疆生产建设兵团残疾人就业保障金征收管理暂行办法》（新兵发〔2009〕38号）要求，每年按时开展残疾人按比例就业检查工作，对不按比例安置残疾人就业的用人单位，依法征收残疾人就业保障金。残疾人就业保障金要纳入财政（务）预算管理，按照兵团相关规定，残疾人就业保障金的管理和使用要规范合理。残疾人康复、教育、就业、培训、托养、扶贫、文化体育、无障碍、信息化和法律维权专项资金，要专款专用。兵团各级财政（务）在经济社会发展中，应对公益事业经费给予大力支持，确保公共服务体系均等化发展。

三、完善残疾人社会保障和服务体系建设，提高残疾人保障服务水平

（一）采取有力措施建立完善有效的救助机制

1. 加大社会救助力度

（1）认真落实兵团城镇居民最低生活保障政策，对于家庭人均收入低于当地最低生活保障标准的残疾人，应采取有效措施，及时纳入保障范围，落实保障待遇；对重度残疾人实施分类救助、重点救助和临时救助。对于“三无”（无生活来源、无劳动能力、无法定抚养义务人）残疾人，符合托养条件的，安置在托养机构和福利机构。

（2）对贫困残疾人康复训练、辅助器具适配、白内障复明手术、肢体残疾矫治手术、麻风畸残矫治手术、人工耳蜗植入、精神病患者服药与住院治疗等基本康复需求给予补贴，可根据实际情况通过直接向本人提供康复救助金、购买服务或康复机构免费提供服务等方式实施康复救助。

（3）保障性住房等优先安排符合条件的困难残疾人家庭。廉租住房保障实行货币补贴方式的按最高标准发放租赁住房补贴，实行实物配租方式的按最低标准收取租金。团场保障性住房补助对象重点是贫困残疾人家庭，兵团、师（市）财政（务）补助资金应重点给予保证。

2. 完善社会保险政策

（1）落实城镇贫困残疾人个体经营者缴纳基本养老保险费补贴政策，按照城镇贫困残疾人个体经营者每年度缴纳的基本养老保险费数额的5%至20%给予补贴。

（2）二级以上重度残疾人参加城镇居民社会养老保险的由兵团为其代缴最低标准养老保险费。

（3）贫困残疾人参加城镇居民基本医疗保险，按照“分级预算、分级管理”的原则，由兵、师（市）、团按最低标准全额补贴。

（4）将符合规定的残疾人康复医疗项目纳入城镇职工基本医疗保障和城镇居民基本医疗保险支付范围，并稳定提高医疗保障和医疗保险支付水平。

3. 提高社会福利水平

（1）对重度残疾人适配基本型辅助器具予以财政（务）补贴，免费适配普通型假肢、矫形器、轮椅、盲杖等。

（2）对残疾人家居环境无障碍建设和改造、日间照料、护理、居家服务给予补贴。

（3）建立贫困残疾人生活补助和重度残疾人护理补贴制度。

（二）建立健全残疾人康复服务体系

各级要将残疾人康复经费纳入财政（务）预算并建立稳定的残疾人康复工作经费保障机制。“十二五”期间康复救助1.5万名贫困残疾人。建立兵团、师（市）残疾人康复中心。在医院设施和医疗条件较好的中心团场，逐步开展医学康复研究及康复治疗、训练、培训工作。要将社区康复纳入社区医疗服务整体规划，形成合力，发挥效能，提高社区康复服务的能力和水平。在石河子大学探索开展医学康复专业研究工作，加快培养康复专业人才队伍。“十二五”期间培养50名中高级康复专业技术人才，培训500名社区康复助理员。

（三）完善残疾人教育服务体系，提高残疾人受教育的水平

贯彻落实《新疆生产建设兵团中长期教育改革和发展规划纲要（2010—2020年）》《新疆生产建设兵团关于推进义务教育均衡发展的指导意见》和《新疆生产建设兵团关于发展学前教育的实施意见》，以普通幼儿园为基础，落实残疾儿童普惠性学前教育，以普通学校随班就读为主要途径，全面落实残疾儿童少年义务教育。学校设施实现无障碍，为残疾儿童少年接受教育创造优美环境。建立残疾儿童学前教育和盲、聋、智力残疾儿童少年助学制度。继续实施彩票公益金学前教育助学项目和交通银行助学计划，资助贫困残疾学生接受教育。

（四）加强残疾人就业服务，促进残疾人稳定就业

党政机关及事业单位要带头执行《新疆生产建设兵团残疾人就业保障金征收管理暂行办法》，用人单位按照

2%比例安置符合条件的残疾人就业，加大残疾人按比例就业工作的力度。鼓励和扶持社会力量兴办福利企业、盲人按摩机构、工（农）疗机构和辅助性工场等残疾人集中就业的单位，认真落实有关税收优惠及奖励扶持政策，促进残疾人集中就业。通过资金扶持、小额贷款贴息、经营场所租赁优惠、税费减免等措施，扶持残疾人自主创业和灵活就业。要不断加强残疾人职业技能培训，坚持以就业市场为导向，以贴近就业服务为重点，以实现就业为目的，积极为残疾人开展订单式和定向式技能培训，促进残疾人就业。公益性岗位要优先安置符合条件的残疾人就业，切实将残疾人纳入就业援助范围。

（五）加大残疾人扶贫开发工作力度

贯彻落实《中国农村扶贫开发纲要（2011—2020年）》，将残疾人扶贫开发工作纳入各级党政扶贫开发规划，统一安排，同步实施，优先解决。各级要将残疾人扶贫开发工作任务列入扶贫开发责任制，并签订扶贫责任协议。进一步加强康复扶贫贴息贷款的管理和使用，积极争取中央加大康复扶贫贷款贴息资金投入力度，继续扶持残疾人发展种植业、养殖业、家庭手工业、零售商业和家庭服务业等增收领域。组织实施“残疾人扶贫就业基地”项目，充分发挥扶贫基地的产业引导、培训、示范和带动作用。

（六）开展残疾人托养服务，建立残疾人托养服务体系的基本框架

“十二五”期间，中心团场残疾人托养服务机构逐步建成，残疾人居家托养服务基本开展，并形成以居家托养和社区日间照料服务为基础，以福利机构（精神病医院）托养机构服务为重点，以社会力量兴办托养服务为补充，以政府购买服务和建立护理补贴制度为一体的残疾人托养服务体系。继续实施“阳光家园计划”，做好智力、精神和重度残疾人托养服务项目。“十二五”期间完成1万人次的托养服务。

（七）发展残疾人文化体育事业

各级要将残疾人文化体育建设纳入当地文化体育事业发展大局，融入民生建设项目之中，积极推动残疾人文化体育事业的发展，丰富残疾人精神文化生活。兵、师（市）、团图书馆、博物馆、体育馆、群艺馆、文化馆（文化站）、社区文化中心等公共文化体育场所要有方便残疾人的无障碍设施并免费向残疾人开放。依托兵团建工师四中建立完善残疾人体育训练中心项目，提高兵团残疾人竞技比赛水平，以竞赛促训练，带动和普及残疾人群众性体育活动的开展，增强残疾人的身体素质。制定出台残疾人参加体育训练、比赛奖励补助政策，研究建立残疾人文艺创作激励机制，鼓励特殊艺术的发展。开展残疾人文化示范区创建工作。

四、切实加强对残疾人工作的领导

贯彻执行《指导意见》意义重大，影响深远，各级党政要将残疾人工作列入当地经济社会发展总体布局，纳入各级援疆工作总体规划，分解项目指标，量化考核内容，加强监督领导，明确部门责任，将残疾人事业抓好抓实，抓出成效。

（一）各级残工委和发改委、教育局、民宗局、民政局、财务局、人社局、建设局、卫生局及残联等部门，要根据自身职能，制定具体的实施措施，切实做好残疾人工作。

（二）兵团、师（市）在向中央及援疆省（市）提出受援规划时，要将残疾人教育、康复、托养、住房、文化及干部培训等列入其中，积极争取事关改善残疾人基本公共服务所需的项目和资金。兵团、师（市）援疆领导机构，要切实发挥策划、组织、协调等职能，加大兵团残疾人援疆工作的建设力度，充分发挥援疆助残的职能作用。加强残疾人特殊教育学校建设工作，在资金、设备和政策上给予优惠和扶持。

（三）动员社会各界共同参与残疾人事业发展。工会、共青团、妇联等人民团体和老龄协会等社会组织要发挥各自优势，支持残疾人工作，维护残疾职工、残疾青年、残疾妇女、残疾儿童少年和老人的合法权益。红十字会、慈善协会、残疾人福利基金会等慈善团体要积极为残疾人事业协调公益项目和募集善款，开展爱心扶残活动。企事业单位要增强参与公益事业的社会责任感，为残疾人事业发展贡献力量。相关部门要加强对全国助残日、国际残疾人日、国际聋人节和国际盲人节的宣传和参与工作，共同营造全社会关注、关心和关爱残疾人事业的良好氛围。

关于残工委各部门贯彻落实《关于加快推进残疾人社会保障体系和服务体系建设的实施意见》的职责分工方案

兵残工委〔2013〕2号

为贯彻落实兵团办公厅《关于加快推进残疾人社会保障体系和服务体系建设的实施意见》（新兵办发〔2012〕170号），充分发挥兵团残工委单位的职能作用，加快推进残疾人“两个体系”建设，现将兵团残工委单位职责明确如下。

一、建立完善残疾人社会保障体系，提高残疾人社会保障水平

（一）加强残疾人社会救助力度。符合城镇居民低保条件的残疾人要应保尽保，靠父母或亲属供养的成年残疾人单独立户的，要分类实保，并逐步提高最低生活保障标准；对一户多残、老残一体和病残合一等困难家庭，虽已享受最低生活保障待遇，但生活仍有困难的应实行重点照顾，及时救助；对城镇流浪乞讨生活无着的残疾人，给予及时救助和妥善安置；将符合条件的城镇贫困残疾人纳入医疗救助范围，逐步提高救助标准；对贫困残疾人实施康复救助。（民政局、财务局、卫生局、残联。说明：单位列第一者，为牵头责任单位，其他部门

为协作单位。下同）

（二）将1.5万户残疾人家庭住房纳入到兵团住房保障性安居工程建设总体规划，由残联牵头，对困难残疾人家庭进行审核，确定年度解决计划；建设局、财务局、发展改革委等相关部门及时将解决户数纳入年度保障性住房建设计划，做好计划下达、补助资金拨付和住房建设工作。（建设局、财务局、发展改革委、质监局、残联）

（三）建立残疾儿童学前教育助学经费保障机制，残疾儿童在普通幼儿园接受普惠性学前教育，保教费用全免，并积极鼓励幼儿教师参加残疾儿童学前康复技能培训和康复幼儿学前教育培训，为残疾儿童接受学前教育提供保障；在普通学校义务教育随班就读的残疾学生，落实“两免一补”等优惠政策，入学率和教学质量纳入健全儿童少年教育监测评估体系，同时要逐步改建和完善学校无障碍设施等，为残疾儿童少年上学创造良好环境；盲、聋、智力残疾儿童少年在外接受特殊教育，其户籍所在单位，为其解决交通费、生活补助费等，保障盲、聋、智力残疾儿童少年接受特殊教育；兵、师（市）、团要加大助学经费的投入，建立常态的助学机制，使每一位贫困残疾学生都能得到助学帮助。中等职业学校一、二年级在校生中的残疾学生及在特殊教育学校职业高中班（部）就读的残疾学生全部享受国家助学金。对在中等职业学校就读的残疾学生按规定享受中职免学费政策。逐步实行残疾学生免费接受学前、高中和中等职业教育。（教育局、财务局、人力资源和社会保障局、残联）

（四）对就业困难的残疾人从事个体经营、灵活就业和家庭服务业并参加社会保险的，按规定给予社会保险补贴。积极做好残疾人参加城镇居民社会养老保险工作，对重度贫困残疾人参加城镇居民社会养老保险，要落实为其代缴最低标准保险费政策，并根据经济与社会发展和物价上涨因素，逐步提高代缴费标准。对中度或轻度残疾人参加保险的，师（市）要逐步采取措施，给予适当补贴。各类企业招用符合条件就业困难残疾人，按规定给予社会保险补贴；支持符合条件的企业为残疾职工办理补充养老保险和补充医疗保险。逐步增加工伤保险职业康复项目。（人力资源和社会保障局、财务局、卫生局、残联）

（五）着力提高残疾人社会福利水平。逐步提高对低收入残疾人生活救助水平；有条件的地方对重度残疾人适配基本型辅助器具、残疾人家居环境无障碍建设和改造、日间护理、照料、居家服务给予补贴；将所有符合条件的残疾人纳入供养范围，改善供养条件，提高供养水平；实施养育、康复、教育、就业相配套的孤残儿童综合性福利政策；支持对0—6岁残疾儿童免费抢救性康复；改善精神病福利机构基础设施条件。对无民事行为能力或者限制民事行为能力的残疾人实行财产信托等保护措施；做好伤病残军人等的优抚安置工作。（民政局、卫生局、财务局、发展改革委、人力资源和社会保障局、中华保险公司、残联）

（六）大力实施“阳光家园”计划，对智力、精神和重度残疾人居家安养和机构托养服务给予托养补贴。将符合条件的残疾人纳入托养范围，改善托养环境，提高托养水平。居家安养按每人每年不低于1500元的标准给予护理补贴。（财务局、发展改革委、残联）

二、加强残疾人服务体系建设，提高为残疾人服务的能力和水平

（一）完善社会化康复服务网络，逐步实现残疾人人人享有康复服务。以医疗康复机构为依托、社区为骨干、家庭为基础，发挥医疗康复机构、社区卫生服务中心（康复站、点）、残疾人综合服务设施等的作用，形成社会化的残疾人康复服务体系，全面开展康复医疗、功能训练、辅助器具适配、心理辅导、康复转介、残疾预防、知识普及和咨询等康复服务，大力推进“康复在社区、服务到家庭”；积极争取中央和对口支援省市的支持，加快兵、师（市）、团三级专业康复机构建设，康复机构要依托各级医疗卫生机构，使之成为当地残疾人康复工作的示范窗口、技术资源中心和康复人才培养基地。依托兵团医院建立一个专业性康复示范基地，以农一师阿拉尔市为第一个师级康复中心的建立为突破口，逐步建立各师残疾人康复中心；团场康复机构要开展残疾人需要的康复服务和社区康复指导。未建立专业康复机构的团场残疾人综合服务设施机构要充实康复服务功能，提高服务能力，发挥对社区康复的辐射带动作用。大力开展社区康复，社区卫生服务中心、团场医院要根据康复服务需求设立康复室，开展康复训练、家庭病床、转诊随访、亲属培训和健康教育等服务；师（市）、团场综合医院设立康复医学科室，开展康复治疗与训练、人员培训、技术指导、临床研究等工作。积极推广运用聋儿语训、脑瘫、智力残疾、孤独症儿童康复训练、辅助器具适配等方面的专业康复机构建设标准和康复技术标准，推进康复机构规范化建设，提高康复服务的针对性和有效性。（卫生局、财务局、发展改革委、援疆办公室、民政局、教育局、残联）

（二）完善残疾人教育服务体系，不断提高残疾人受教育水平。以普通幼儿园为基础，落实残疾儿童普惠性学前教育，以普通学校随班就读为重点，全面落实残疾儿童少年义务教育，加快发展以职业教育为主的残疾人高中阶段教育，鼓励普通高校招收符合录取标准的残疾考生，建立完善不同层次、不同类型、不同阶段的残疾人教育服务体系。各级教育、残联部门要定期到学校巡回指导，对残疾儿童少年随班就读入学率和教学质量，进行督导和评估验收；各级普通幼儿园、残疾儿童康复机构和福利机构要全面开展残疾儿童早期康复和启蒙教育，并做好残疾儿童接受义务教育的衔接服务工作；义务教育学校落实适龄残疾儿童少年随班就读工作，学校要根据残疾学生的实际情况，制定有效的帮扶措施，并完善无障碍设施等，学校要大力倡导人道主义思想和扶

残助残风尚，使残疾学生公平接受公共教育资源赋予他们的权利；职高（大学）要为残疾学生接受教育提供环境。各类职教中心和文化服务站等机构，要为扫除残疾人青壮年文盲发挥职能作用。已建市的地区，探索开展残疾人特殊教育，要不断完善残疾人教育服务体系；各级劳动和社会保障部门要将残疾人职业技能培训纳入本部门年度培训计划，积极开展技术指导和技能培训，落实培训补贴，不断提高残疾人的职业能力和技术素质，增强他们的就业能力，并加强培训与就业相衔接的工作机制。（教育局、人力资源和社会保障局、财务局、发展改革委、党委宣传部、民政局、建设局、残联）

（三）建立有效的就业服务模式，促进残疾人稳定就业。各地要规划残疾人就业工作，为残疾人就业创造条件。加大对残疾人按比例就业的力度，各级党政及企事业单位等要带头安置残疾人就业。鼓励和扶持社会力量兴办福利企业、盲人按摩机构、工（农）疗机构、辅助性工厂等残疾人集中就业单位，认真落实有关税收优惠政策，促进残疾人集中就业。各级在集中安置残疾人就业模式上，要不断探索新路子，摸索新方法；积极扶持残疾人自主创业，完善资金扶持、税费减免、贷款贴息、社会保险补贴、岗位补贴等政策措施。对已申领个人自主创业优惠证的残疾人要给予税费减免、贷款担保、场地安排、开业指导、资金支持等方面的扶持。各级党政在开发公益性岗位，促进就业困难群体时，优先安排符合岗位要求的残疾人就业。政府按有关规定进行统一采购时，在同等条件下，优先采购残疾人集中就业单位的产品和服务；加强残疾人就业保障金的征收工作，依法建立和完善征缴机制。党政机关、事业单位应缴纳的残疾人就业保障金要纳入财务（政）预算。各用人单位要按照有关规定，足额缴纳残疾人就业保障金。各级要根据实际情况需要，扩大保障金使用范围，拓展残疾人受益面。残疾人就业保障金征收及使用管理接受财务、审计部门的监督检查；加强残疾人就业服务机构建设。残疾人就业服务机构是公共服务机构的重要组成部分，将其纳入公共就业服务体系管理，在人力资源和社会保障部门指导和委托下，综合管理残疾人劳动就业和为用人单位提供就业支持性服务。各地要加强残疾人就业服务机构规范化建设，经费须纳入同级财务（政）预算。公共就业服务机构设立残疾人服务窗口和服务项目，免费为残疾人提供就业服务和就业援助。人力资源市场及就业信息网络要将残疾人就业信息纳入其中，实现资源共享；建立完善兵、师级盲人按摩行业指导机构，做到人员、岗位、经费有保障。加强盲人按摩机构行业管理和资格认证，规范盲人按摩技术职称评定，落实盲人按摩机构的优惠政策和扶持措施。（人力资源和社会保障局、财务局、卫生局、人事局、编办、农行兵团分行、残联）

（四）加强残疾人扶贫服务，促进贫困残疾人脱贫。党政有关部门要将贫困残疾人作为扶贫开发重点对象予以扶持，金融机构要向残疾人提供方便可及的金融服务，社会各界社会化服务组织要加强对残疾人的帮扶，扶持农牧团场残疾人从事种植业、养殖业、手工业、家庭副业等多种形式的生产劳动，提供产前、产中、产后配套服务，帮助残疾人获得扶贫贴息贷款，保障残疾人充分享受各项优惠政策和社会保障政策并推动扶贫开发与各项社会保障的政策衔接。（发展改革委、财务局、农业局、农行兵团分行、人力资源和社会保障局、残联）

（五）构建残疾人托养服务体系，全面发展残疾人托养服务。2015年兵团、师（市）残疾人托养服务要初步形成。以残疾人亲属居家安养服务为基础，以社区、街道（其他机构）日间照料服务为支撑，以福利院、精神病康复医院等机构全托服务为重点，以社会力量兴办托养服务机构为补充，构建残疾人托养服务体系，为智力、精神和重度残疾人提供生活照料、医疗康复、技能培训、辅助性就业指导（工疗、农疗）、文化体育、心理疏导、娱乐活动等服务；2020年，兵团、师（市）和主要团场提供残疾人托养服务的基础更加完备、内容更加齐全、服务更加周到、环境更加优美、机构建设更加规范。着力打造“阳光家园”残疾人托养服务品牌意识，以“阳光家园”全面提升残疾人托养服务水平。坚持政府引导，各级建设为主和社会机构参与共建的原则，合理发展残疾人托养服务。根据中央财政每年下达的补助资金，兵、师、团分级管理、分级负责，并采取多种形式动员社会爱心人士和单位捐赠资金或物资，努力做好残疾人托养服务工作。（发展改革委、财务局、民政局、残联）

（六）加强无障碍设施建设和管理，提高无障碍设施建设质量。建设部门加强执行无障碍相关标准、规范，加快推进城镇道路、公共建筑、居住建筑、居住区、公园绿地无障碍设施建设和改造。教育、民政、交通运输、残联等部门加强对特殊教育学校、福利机构、残疾人综合服务设施、城市交通设施等行业无障碍标准的监督实施。推进信息和交流无障碍建设，公共服务要提供语音、文字提示、盲文、手语等无障碍服务。图书和声像资源数字化建设要实现信息无障碍。（建设局、发展改革委、民政局、交通局、教育局、工信委、残联）

（七）发展残疾人文化体育事业，丰富残疾人精神文化生活。要积极开展残疾人文化体育活动，发现和培养优秀人才，提高残疾人文化素质和参与公共文化生活的能力。在兵团建工师四中挂牌成立兵团残疾人体育训练基地。文化信息资源共享、全民健身等重点文化体育工程要有为残疾人服务的内容。“农家书屋工程”要有残疾人读物。各单位要结合实际，通过培训和比赛等方式，培养残疾人文化体育后备人才。兵、师、团财政加大残疾人文化体育事业投入力度。组织参加大型残疾人体育赛事和文艺演出，对取得优异成绩的运动员、演员等给予表彰和奖励。兵团所有图书馆、博物馆、体育场馆、群众艺术馆、文化馆（文化站）、社区文化中心等公共文化体育设施应当向残疾人免费开放，并为残疾人参加文化体育活动提供便利。大力开展残疾人读书活动。有条件的公共图书馆要设立盲文和盲人有声读物室。积极推进各级报刊、电台、电视台开设残疾人专栏、专版或专题节目。（教育局、党委宣传部、残联）

（八）健全残疾人法律服务体系，维护残疾人合法权益。建立以各级司法行政部门、法律援助机构提供的法律服务和法律援助为主导，以有关部门、残联、社会力量等提供的法律救助为补充的残疾人法律服务体系。建立兵师两级残疾人法律救助工作协调机制，充分发挥残疾人法律援助工作站的作用，鼓励和扶持民间组织、高等院校等通过多种形式为残疾人提供救助服务。

加大《中华人民共和国残疾人保障法》等法律法规普法宣传力度，不断增强全社会维护残疾人权益的意识。（司法局、残联）

三、工作综述

2013 年，在中国残联的关心指导和兵团党委的正确领导下，在各有关单位和社会各界的支持帮助下，兵团各级残联坚持以邓小平理论、“三个代表”重要思想为指导，深入贯彻落实科学发展观，认真学习贯彻党的十八大、十八届三中全会及兵团党委六届十一次全委（扩大）会议精神，以改善残疾人基本生活为重点，大力加快推进残疾人社会保障体系和服务体系建设，切实解决残疾人最关心、最直接、最现实的利益问题，较好地完成了兵团残疾人事业“十二五”年度各项工作任务。

（一）统筹指导，认真完成师（市）、团场残联换届工作，兵团残联第五次代表大会胜利召开

按照中国残联统一部署，兵团残联党组、理事会十分重视师（市）、团场残联换届工作，始终把师（市）、团场残联换届工作作为加强基层残联组织建设的首要任务，作为强化队伍建设、提升服务水平、推动工作发展的内在要求摆上重要议事日程，统一研究、统一部署、统一指导、统一落实。14 个师（市）、175 个团场均召开残疾人代表大会，认真完成残联换届工作，6 个师（市）残联重新调整配备理事长，师（市）级残联全部实现单列、规格达标，基层残联组织更加活跃。

7 月 22 日，兵团残疾人联合会第五次代表大会在乌鲁木齐召开。兵团党委书记、政委车俊等 7 名常委出席会议，兵团党委副书记、司令员刘新齐，中国残联党组成员、副理事长贾勇做了重要讲话。会议充分肯定了五年来兵团残疾人事业所取得的成就，科学分析了当前残疾人工作面临的新形势、新要求、新机遇，确定了未来五年残疾人事业发展的目标任务，选举产生了新一届残联主席团、执行理事会和 5 个专门协会，并通报表彰了残疾人自强模范、扶残助残先进集体和个人，为今后五年残疾人事业发展奠定了坚实的组织基础。

（二）强化措施，大力推进残疾人政策制度建设，不断优化残疾人事业发展环境

兵团党委高度重视残疾人事业，采取一系列措施，研究解决残疾人事业发展的重大问题。一是积极推进残疾人政策制度建设。司令员办公会议先后审议通过《兵团贯彻落实〈农村残疾人扶贫开发纲要（2011—2020 年）〉实施办法》（新兵办发〔2013〕125 号）、《兵团贯彻国务院残工委和发改委等十部门〈关于加快西藏和新疆残疾人事业发展指导意见〉的实施意见》（新兵办发〔2013〕127 号）等一系列重要文件，为推动残疾人事业科学可持续发展提供了制度支撑。二是优化残疾人事业发展环境。将残疾人事业发展纳入兵团国民经济和社会发展五年规划，将残疾人基本服务列入《兵团基本公共服务体系建设行动计划（2014—2018）》，统筹谋划、同步实施。兵团残工委召开全体会议，审议《关于残工委各部门贯彻落实〈关于加快推进残疾人社会保障体系和服务体系建设的实施意见〉的职责分工方案》（兵残工委〔2013〕2 号），强化职责，健全机制，形成了党委领导、行政负责、社会参与、残疾人组织充分发挥作用的残疾人事业领导体制和工作机制。筹备成立兵团残疾人福利基金会，争取新疆鹏远新材料股份有限公司为建工师、十二师残疾学生捐款 100 万元，残疾人事业发展环境持续改善。

（三）加快推进“两个体系”建设，努力加强基层残疾人工作

按照兵团《关于加快推进残疾人社会保障体系和服务体系建设的实施意见》（新兵办发〔2012〕170 号）的要求，兵团残联党组、理事会扎实推进残疾人“两个体系”建设，进一步规范基层残疾人工作，把着眼点和落脚点放在基层，工作触角向基层延伸。一是广泛开展调研督导。由兵团残联领导带队，各师残联理事长参加，按照自下而上自查、交叉检查，采取实地调研、听取汇报、查阅资料、座谈走访等形式，深入 14 个师 27 个团场，调研社区、康复站、托养站和扶贫基地 53 个，走访残疾人家庭 65 户。从残疾人社会保障体系的五个方面（社会救助、教育保障、社会保障补贴、社会福利、托养保障）和残疾人服务体系建设的八个方面（康复服务网络、教育服务体系、就业服务体系、扶贫服务、法律服务、托养服务、无障碍建设、宣传文化体育）进行量化考核。二是对 2011—2013 年残疾人社会帮扶目标责任制执行情况进行了检查。三是加强残疾人工作者队伍业务培训，培训各级残联干部、残疾人专职委员、社区康复协调员 300 多人次，基层残疾人工作者整体素质明显提高。四是以换发二代残疾人证为契机，建立了兵团残疾

人人口基础数据库，入库办理证件残疾人数超过 6 万人，办证率近 50%，走在了全国前列。

（四）突出重点，开拓创新，较好地完成了年度各项工作任务

残疾人康复工作成效显著。围绕残疾人“人人享有康复服务”目标，兵团各级残联充分发动和利用社会资源，大力开展“百万贫困白内障患者复明”、“国家专项彩票公益金贫困残疾人康复项目”等康复扶贫工程，不断拓展康复服务覆盖面。全年共完成白内障复明手术 1629 例，为 512 名贫困患者免费实施了复明手术，救助 1000 名低视力患者适配助视器，开展盲人定向行走训练 140 人次；救助 35 名贫困成年听力残障配戴助听器；救助 1683 名贫困精神病患者服药、住院治疗；为残疾人免费装配假肢 103 例、矫形器 37 具，配发各类辅助器具 1099 件。实施 0—6 岁贫困残疾儿童康复救助“七彩梦计划”，全年在训听力言语残疾儿童 65 名，培训聋儿家长 80 人，救助 25 名贫困聋儿佩戴助听器，并接受言语训练；救助残疾儿童适配辅助器具 200 件；救助贫困残疾儿童进行矫治手术 45 例，其中康复训练 5 人；救助肢体（脑瘫）残疾儿童康复训练 45 人。举办了兵团社区康复协调员培训班，223 名学员参加了培训。

残疾人教育水平明显提高。以学前教育为重点，按照《彩票公益金助学项目（学前教育）》要求，做好适龄儿童在普通幼儿园及康复机构入托情况调查，确保有就学能力的适龄儿童全部得到助学帮助。以义务教育为基础，协同教育部门对随班就读适龄残疾学生“两免一补”政策和入学率进行督查，确保优惠政策落到实处，使有就学能力的适龄残疾儿童少年义务教育入学率达 96%。继续实施义务教育随班就读寄宿生助学工作，减轻其家庭经济负担。鼓励引导残疾学生参加中职及职业技术专业学习，不断提高技术水平。鼓励和支持有就学愿望的残疾学生继续接受高等教育，为其上大学提供助学帮助。全年资助残疾学生 635 人，其中学前教育 89 人、义务教育 482 人、中职（高中）18 人、高等教育 46 人。

残疾人就业渠道进一步拓宽。以按比例就业工作为抓手，推动党政、事业单位带头安置残疾人就业，并落实岗位预留工作制度。按照中国残联《残疾人就业机构建设规范（试行）》要求，推进残疾人就业服务机构建设，目前已有 9 个师（市）残联建成残疾人就业服务机构。引导社会机构兴办福利企业，为残疾人集中就业创造环境。指导残疾人运用税收优惠政策，促进个体就业和创业，全年在业残疾人 17000 余人。以就业市场为导向，以促进就业为目的，对 772 名残疾人进行了职业技能和创业培训。1 名选手获得全国残疾人岗位精英职业技能竞赛机械组装项目拼搏奖，1 名选手获得全国残疾人就业服务机构工作人员职业指导竞赛第 5 名。

残疾人社会保障水平逐步提高。协调民政和人社部门，建立完善残疾人低保救济、城镇居民社会养老保险和医疗保险制度等，为符合低保救助条件的残疾人或一户多残等困难残疾人单独立户和分类施保，并做到应保尽保。全年有 21000 多名残疾人纳入低保，24075 名残疾人参加城镇居民社会保险，14100 名残疾职工参加社会保险。残疾人托养服务水平有所提升，整合资源，建成残疾人托养服务机构师（市）2 个、团场 25 个。组织实施“阳光家园计划”，投入托养补助资金 1157.14 万元，共为 7957 人次智力、精神和重度残疾人提供托养服务。

残疾人扶贫工作取得新突破。将残疾人扶贫工作纳入兵团经济社会发展总体规划，建立完善社会化扶贫工作责任与效能考核制度，各级党政签订了《2013 年残疾人社会帮扶工作目标管理考核责任书》。全年社会帮扶残疾人 20400 人次，结对帮扶单位 1192 个；挂钩扶贫 2876 户，依托各级各类培训机构开展残疾人实用技术培训 12407 人次；筹集贴息资金 500 余万元，落实扶贫贷款 10974 万元，超过中国残联下达贷款发放计划 9671 万元，扶持带动 2716 名贫困残疾人自主生产。推动扶贫基地建设，积极探索行之有效的扶贫方式。制定下发兵团残联扶贫助残基地管理办法（试行），命名授牌 14 个兵团级“扶贫助残基地”，安置残疾人就业 328 人，辐射带动残疾人家庭 808 户。对 7 个兵团残联“扶贫助残基地”注入扶贫资金 400 万元，采取“人人身上有贷款，个个有股能分红”的办法，推进解决一户多残、重度残疾人、特困残疾人生活保障问题。将残疾人住房建设纳入兵团保障性住房建设总体规划，签订《2013 年落实残疾人廉租住房建设任务协议书》，投资 10260 万元，申请到国家彩票公益金 270 万元，为 14 个师 123 个团场和师直单位 3405 户贫困残疾人新建廉租住房。

残疾人维权意识得到加强。认真做好《残疾人保障法》等法律法规的宣传工作。配合执法检查，做好为残疾人法律服务工作，全年残疾人受援案件 379 件，受援人数 392 人，其中中央专项彩票公益金法律援助项目援助案件 66 件，受助残疾人 75 人，案件补贴金额 10.925 万元，为受援残疾人挽回经济损失 2041.05 万元。投入资金 120 万元为 200 户贫困残疾人家庭每户补助改造资金 6000 元实施了无障碍改造。开展残疾人机动轮椅车燃油补贴项目，为 7846 人发放中央财政资金 204 万元。认真贯彻《残疾人信访条例》，积极开展矛盾纠风排查和接访下访活动，做好信访积案的督办工作。信访接待日，残联领导专门到信访部门接访，为上访群众排忧解难。

残疾人宣传文化体育活动趋于活跃。利用各新闻媒体大力宣传残疾人事业，兵团日报社、电视台、政务网共刊发残疾人工作信息 480 条；在兵团电视台制作播出手语新闻节目 50 期。兵团残联第五次代表大会期间，会同兵团外宣办召开了新闻发布会，在《兵团日报》刊发了专版《谱写残疾人事业新篇章》，在兵团电视台摄制播放了专题片《洒向大地的阳光》，制作展出了 10 个残疾人

工作宣传展板。编印了宣传画册《阳光伴我行——发展中的兵团残疾人事业》。组队参加第八届全国残疾人艺术汇演湖南赛区的比赛，获得2个二等奖、1个三等奖；在全国终评中，获得1个银奖、1个铜奖。车俊政委、阿布力孜·尼牙孜副政委在兵团《每日要情》上做出批示，向残联和参赛获奖人员表示祝贺，希望大家再接再厉，努力做好残疾人文化等各项工作。组织开展了第二十三次全国助残日活动，全兵团共走访慰问残疾人约6000人，赠送慰问金（慰问品）130余万元。组织开展了全国特奥日、残疾人文化周、残疾人健身周等活动。2个自强健身示范点得到国家命名资助。对90名残疾人体育健身指导员进行了培训。举办了兵团残疾人体育训练班，组队参加全国25岁以下残疾人田径锦标赛，共获得5枚金牌、1枚银牌。

积极开展对口支援工作。贯彻落实第四次全国对口援疆工作会议精神，进一步推动兵团残联系统争取对口支援的力度。兵团残联党组书记、理事长杨璞斌一行赴北京市残联就对口援疆工作进行了对接、洽谈，达成了5个方面的合作意向。广东省残联领导到第三师41团考察调研，将在资金、设备和人才培训上给予支持。由山西省援助300万元的第六师芳草湖农场康复中心开工建设。河南省残联向第十三师残联捐赠工作经费10万元及一批过冬衣物。第五、七、十三师残联选派工作人员到对口支援的湖北省、江苏省、河南省参加了业务培训。

残疾人服务设施建设得到加强。投资30万元，进一步规范指导完善残疾人综合服务设施的康复服务、就业服务、职业培训、辅助器具供应、盲人按摩、法律服务、文体活动等七项服务功能。全年安排下达四师残疾人康复中心基本建设投资900万元，项目开工建设良好。申报2014年残疾人康复、托养服务机构基本建设投资计划4600万元，将十三师残疾人康复中心、二师34团、四师62团残疾人托养中心纳入兵团2014年为职工群众办“十件实事”建议方案之中。争取中国残联给兵团14个师发放残疾人服务工作用车。

残疾人协会工作更加活跃。残疾人各专门协会利用肢残人活动日、国际盲人节、世界精神卫生日的时机，开展了一系列活动，激发了残疾人参与生活、融入社会的热情。兵团肢协组织开展了“走出家门感受家乡变化与发展”主题活动。兵团盲协向中国盲协申请15部盲人智能手机；组织30名残疾人开展了“赞美身边的真善美”主题活动。兵团精协与石河子绿洲医院共同开展“发展事业、规范服务、维护权益”主题活动。

四、重要条目

【兵团贯彻落实《农村残疾人扶贫开发纲要（2011—2020年）》实施办法】2013年8月6日经兵团司令员办公会议审议通过，2013年10月22日以兵团办公厅文件印发施行。《办法》按照行政主导，部门落实、因地制宜，分类指导、统筹兼顾，协调发展、保障优先，到户到人、产业带动，基地扶持、社会参与，结对帮扶、强化培训，提升技能的基本原则，明确了兵团残疾人扶贫开发工作（2011—2020年）的总目标任务及8项保障措施，并强调要加强组织领导，对稳步推进兵团团场残疾人扶贫开发工作具有重要指导意义。

【兵团贯彻国务院残工委和发改委等十部门《关于加快西藏和新疆残疾人事业发展指导意见》的实施意见】2013年8月6日兵团司令员办公会审议通过，10月29日以兵团办公厅文件印发施行。《实施意见》是在兵团全面贯彻落实党的十八大和中央新疆工作座谈会精神，大力推进跨越式发展和长治久安的关键时期出台的，是推动兵团残疾人事业发展的重要文件。

【关于残工委各部门贯彻落实《关于加快推进残疾人社会保障体系和服务体系建设的实施意见》的职责分工方案】2013年5月9日，兵团残疾人工作委员会审议通过了《关于残工委各部门贯彻落实〈关于加快推进残疾人社会保障体系和服务体系建设的实施意见〉的职责分工方案》。《分工方案》对兵团残工委各成员单位在推进兵团残疾人“两个体系”建设工作中的职责作用进行了进一步的分工明确，确保各项工作抓到实处。

【2013年残疾人工作新闻发布会】7月17日由新疆生产建设兵团新闻办公室举行，各中央驻疆新闻媒体、新疆各知名媒体共20余家参加了发布会。兵团残联党组成员、副理事长杨华介绍了兵团残联第四次代表大会召开以后五年中兵团残疾人事业的发展情况，并对媒体关心的问题进行了解答。

【兵团代表参加中国残联第六次全国代表大会】2013年9月17—19日，中国残联第六次全国代表大会在北京召开。兵团党委常委、副政委阿布力孜·尼牙孜作为特邀代表参加了会议，兵团党委、兵团副秘书长帕尔哈德·赛义德等13名代表参加了会议。兵团残联党组书记、理事长杨璞斌和兵团第二师残联理事长邓小东两位代表当选为中国残疾人联合会第六届主席团委员。

图6－32－1　兵团代表参加中国残联第六次全国代表大会。

【兵团残疾人联合会第五次代表大会】 2013年7月22日，兵团残疾人联合会第五次代表大会在乌鲁木齐市召开，兵团党委书记、政委车俊出席大会，兵团党委副书记、司令员刘新齐、中国残联党组成员、副理事长贾勇做重要讲话。兵团领导宋建业、刘向松、成家竹、宋浩出席会议。兵团副政委、残联第四届主席团主席阿布力孜·尼牙孜主持会议。来自兵团机关、各师、院校的167名代表参加了会议。大会选举产生了兵团残联第五届主席团主席、副主席和委员、第五届执行理事会组成人员，以及兵团出席中国残联第六次代表大会的代表。审议了《中国残疾人联合会章程（修正案）》，对36个兵团残疾人自强模范、助残先进集体和个人、残疾人之家、残联系统先进工作者进行了表彰奖励。兵团残联在《兵团日报》刊发了残疾人工作专版《谱写残疾人事业新篇章》，并将专版发放给全体代表；与兵团电视台摄制了残疾人工作专题片《洒向大地的阳光》，在代表大会上播放，并于当晚在兵团电视台播出；制作展出了10个残疾人工作宣传展板，以文字和图片的方式，展示了五年来兵团残疾人工作取得的成就。

图6-32-2 车俊（前排左）、刘新齐（前排中）、贾勇（前排右）亲切接见参加兵团残联第六次代表大会的代表。

【兵团残疾人工作委员会全体会议】 2013年5月9日，兵团党委常委、副政委、兵团残工委主任阿布力孜·尼牙孜主持召开兵团残疾人工作委员会全体会议。审议通过《关于贯彻落实兵团〈关于加快推进残疾人社会保障体系和服务体系建设的实施意见〉的任务分工方案》《兵团贯彻〈国家发展和改革委员会等十部门关于加快西藏和新疆残疾人事业发展指导意见〉的实施意见》《兵团贯彻落实〈农村残疾人扶贫开发纲要（2011—2020年）〉实施办法》，安排部署第二十三次全国助残日活动。

【第二十一次残联工作电视电话会议】 2013年1月19日，兵团召开第二十一次残联工作电视电话会议，会议对兵团残联2012年工作进行了全面总结，对2013年工作进行了安排部署。兵团党委常委、副政委阿布力孜·尼牙孜在会上做重要讲话。兵团残工委成员单位领导在兵团主会场参加会议，各师分管领导、师残工委成员单位领导、师残联人员在各师分会场参加会议。兵团党委、兵团副秘书长帕尔哈德·赛义德主持会议。

【党的群众路线教育实践活动】 从2013年7月开始，兵团残联积极贯彻落实中央、兵团党委要求，根据《兵团第一批党的群众路线教育实践活动实施方案》的安排部署，认真开展了以“为民、务实、清廉”为主要内容的群众路线教育实践活动，活动中按照“照镜子、正衣冠、洗洗澡、治治病”的总要求，坚持把学习教育贯穿全过程，把深入群众、服务群众贯穿全过程，把解决问题、改进工作贯穿全过程，把加强制度建设贯穿全过程。通过活动开展，残联全体党员受到了系统深刻的教育，政治立场更加坚定，宗旨观念进一步增强，工作作风进一步改进，服务残疾人的能力得到了提高。

【兵团自强模范暨扶残助残先进集体和个人表彰决定】 2013年7月，为大力表彰宣传自强模范、扶残助残先进集体和个人的先进事迹，激励广大残疾人进一步发扬自强不息精神，大力弘扬人道主义思想和中华民族传统美德，倡导“平等、参与、共享”的现代文明社会残疾人观，为兵团残疾人事业发展营造良好的社会氛围，进一步促进兵团残疾人事业在新时期新起点上又好又快发展，兵团残疾人工作委员会决定，授予栗海燕等15名残疾人“兵团自强模范”荣誉称号，六师芳草湖农场等3个单位“兵团扶残助残先进集体”荣誉称号，授予石玉英等5名同志“兵团扶残助残先进个人”荣誉称号，授予二师34团“阳光家园”残疾人托养中心等3个单位“残疾人之家”荣誉称号，授予邓小东等10名同志“兵团残联系统先进工作者”荣誉称号。

【兵团残疾人“两个体系”建设工作检查考核】 2013年11月，为落实兵团办公厅《关于加快推进残疾人社会保障体系和服务体系建设实施意见》（新兵办发〔2012〕170号）精神，兵团残联对各师进行了残疾人“两个体系”建设工作调研督导、检查考核。从残疾人社会保障体系的五个方面（社会救助、教育保障、社会保障补贴、社会福利、托养保障）和残疾人服务体系建设八个方面（康复服务网络、教育服务体系、就业服务体系、扶贫服务、法律服务、托养服务、无障碍建设、宣传文化体育）对各师残疾人工作进行了量化考核，还对2011—2013年残疾人社会帮扶目标责任制执行情况进行了检查。经过考核，八师石河子市、五师、六师五家渠市获得前三名。

【兵团代表队参加全国残疾人岗位精英职业技能竞赛】 2013年9月25—28日，兵团代表队参加在辽宁省沈阳市举行的中国残疾人岗位精英职业技能竞赛和全国残疾人就业服务机构工作人员职业指导竞赛。兵团第八师残疾人林茂、残疾人工作者张艳红分别获得了残疾人岗位精英职业技能竞赛机械组装项目的拼搏奖、全国就业服务机构工作人员职业指导竞赛第5名，兵团代表队获得了道德风尚奖。

【残疾人机构托养服务建设】 2013年，兵团残联对已建设完工的五师八十九团残疾人托养服务中心，给予资金补助 100 万元，用于残疾人技能培训和辅助性就业等。2011—2013 年，兵团残联对残疾人机构托养服务投入资金 589 万元，其中为机构托养服务的残疾人生活补助资金 336 万元，为机构托养服务增添设备补助资金 253 万元，对师（市）和团场开展残疾人机构托养服务提供资金支持，目前已有 2 个师（市）合一和 5 个团场残疾人托养服务机构挂牌“阳光家园”，为智力、精神和重度残疾人开展托养服务。

【兵团播放残疾人工作专题片】为宣传兵团残疾人事业，展示五年来的成就，2013 年，兵团及各师残联在换届期间摄制、播放了残疾人工作专题片。按照兵团残联和兵团电视台提出的修改意见，部分师对专题片进行了修改、完善。经过再次审核，兵团电视台于 12 月 16—21 日安排播放了 6 部专题片，分别是八师《同拥一片蓝天》、六师《有爱就有蓝天》、十二师《明天的希望》、十三师《为残疾人的明天托起希望的太阳》、四师《真情为民惠泽百姓》、兵团《洒向大地的阳光》。

【兵团残疾人文化健身活动在 104 团举行】2013 年 7 月 31 日，兵团残疾人文化健身活动在十二师 104 团举行。90 余名残疾人、残疾人工作者和社区工作人员参加了活动。活动分残疾人文艺表演、趣味健身活动、艺术作品展览评比三个部分。在文艺表演环节中，残疾人表演了歌曲、朗诵等节目；在趣味健身活动中，残疾人通过参加吹气球、背夹球、套圈等游乐项目，感受到了竞争与合作的快乐；活动现场还展示了 40 多件残疾人创作的书画和手工艺品。活动结束前对所有获奖者和参与者颁发了奖品和纪念品。

【兵团残疾人演员在全国残疾人艺术汇演评选中获奖】2013 年 10 月，由国家教育部、民政部、文化部和中国残联共同举办的第八届全国残疾人艺术汇演评选结果在北京揭晓，兵团获得团体铜奖，八师石河子市顾素萍演唱的《你是我的眼》获得声乐类银奖，八师石河子市马运红演唱的《跟我到新疆》获得声乐类铜奖。此前，兵团代表队于 8 月中旬参加了湖南赛区的比赛，1 名盲人、2 名肢体残疾人演员共获得 2 个二等奖、1 个三等奖。

图 6－32－3　兵团组队参加第八届全国残疾人艺术汇演，获银奖和铜奖。

【兵团残疾人杂志宣传征订工作受表彰】按照兵团残联《关于做好残疾人事业宣传和“三刊”征订工作的通知》精神，兵团各单位共征订 2013 年度《中国残疾人》杂志 418 份、《三月风》杂志 324 份，合计 742 份，超额完成了征订任务。在中国残疾人杂志社 2013 年度工作通报中，兵团获得“两刊”宣传征订工作省级先进银牌单位称号，一师阿拉尔市、二师铁门关市、五师、八师石河子市、兵团残疾人就业服务指导中心获得地市（县）级先进单位称号。

【兵团举办“鹏远集善·阳光助残”捐赠活动】2013 年 5 月 17 日，兵团残联在残疾人职业培训中心举办“鹏远集善·阳光助残”捐赠活动。兵团及残联领导及受助残疾学生及亲属，残疾人学员、残疾人工作者共 120 余人参加了活动。新疆鹏远新材料股份有限公司向兵团残联捐助 100 万元，用于资助兵团残疾儿童少年接受教育。兵团党委宣传部（兵团出版社）向兵团残疾人职业培训中心捐赠了图书，兵团人力资源和社会保障局派人为残疾人宣讲了就业政策，兵团党委统战部（民宗局）捐资 20000 元，兵团工会捐资 5000 元，兵团妇联捐资 3000 元，兵团团委捐赠了价值 15000 元的运动鞋 50 双，兵团工商联捐赠 3 台洗衣机，兵团军事部捐赠了粮油等慰问品。兵团残疾学员和残疾演员奉献了《同一首歌》《滚滚长江东逝水》等节目。

图 6－32－4　“鹏远集善·阳光助残”捐赠活动。

【兵团组队参加全国残疾人田径锦标赛】2013 年 4 月 9—15 日，兵团派出 7 名运动员组成的代表队，参加了在福建省福州市举行的由中国残疾人联合会、国家体育总局、中国残奥委员会主办的全国 25 岁以下残疾人田径锦标赛。兵团代表队获得体育道德风尚奖，运动员共获得 5 枚金牌、1 枚银牌及 1 个第五名。

【国家命名资助兵团 2 个自强健身示范点】2013 年 1 月，兵团残联下发了《关于建设残疾人群众体育活动示范点的函》（兵残联函〔2013〕1 号），并为各师残联下拨了补助经费，要求各师按照《自强健身示范点命名资助暂行办法》的要求，积极做好相关工作。兵团申报的第十师北屯市残疾人康复站和十二师五一农场中心社区活动室被命名为全国“自强健身示范点”。

【解伟桐荣获特奥优秀志愿者称号】解伟桐，男，出生于1994年，共青团员，现就读于石河子大学政法学院2011级公共事业管理专业。该生在校、院团委的号召下，积极投身志愿服务工作，2011年9月申请加入了政法学院阳光志愿者协会，2012年3月担任协会负责人，带领阳光志愿者协会全体成员开展了“共享阳光，关爱残障儿童”等活动，建立了石河子二十四中学培智学校志愿服务基地，用心、用情、用行动弘扬了“奉献、友爱、互助、进步”的志愿者精神。2013年6月，国际特殊奥林匹克东亚区、中国特奥委员会、阳光文化基金会授予解伟桐2012年度“中国百佳特奥优秀志愿者”荣誉证书。

五、大事记

1月18日，兵团第八考核组由兵团党委组织部副部长、人社局党组书记、局长周考斌带队，对残联领导班子及成员进行2012年度考核。杨璞斌代表残联领导班子汇报工作，三名班子成员作述职述廉述德述学报告，开展民主测评和个别谈话。

1月19日，兵团召开第二十一次残联工作电视电话会议。

1月22日，兵团党委常委、副政委阿布力孜·尼牙孜走访慰问建工师六建四分公司和二钢社区的残疾人家庭。兵团党委、副秘书长帕尔哈德·赛义德、残联党组书记杨璞斌、建工师党委常委、副师长、政法委书记王春全参加。

1月30日，残联党组成员、副理事长吴旭明带领兵团就业援助月活动第三小组工作人员到六师五家渠市就业困难群体（残疾人）家中开展送政策、送岗位、送服务活动，五家渠市副市长王易贵陪同。

3月6—12日，兵团残疾人职业培训中心、兵团就业培训技术指导中心和兵团第六师残联在六师党校联合办了兵团2013年度首期残疾人IYB创业培训班，共有25名具有创业经验和自己企业的残疾人参加了培训。

3月8日—4月8日，兵团残联第十五期残疾人体育训练班在兵团残疾人职业培训中心举办。3月15日，残联党组成员、副理事长吴旭明到中心看望了正在参加训练的残疾人运动员。

3月28日，残联党组书记杨璞斌到二师223团进行挂钩扶贫工作调研，同223团主要领导进行了座谈和现场考察。师市副政委莫合塔尔·则克利亚及师残联干部参加了调研。

4月9—15日，兵团派代表队参加全国25岁以下残疾人田径锦标赛。

4月12—25日，兵团残联组织医疗、康复、听力语言和残疾人辅助器具专家一行7人赴一、二、三、十四师对残疾儿童少年进行医学摸排筛查。

4月24—25日，残联党组书记杨璞斌到十三师黄田农场、柳树泉农场调研扶贫帮困工作。

5月7日，残联党组书记杨璞斌到九师163团、168团、团结农场就残疾人扶贫工作进行调研。师党委常委、副政委扎马斯陪同。

5月8日，由兵团残疾人职业培训中心和五师残联联合举办的2013年第三期IYB（改善你的企业）培训班在五师党校开班，兵团残疾人职业培训中心主任狄百灵，兵团劳动就业培训技术指导中心创业培训部部长仇明参加了开班仪式并讲话。

5月9日，兵团党委常委、副政委、兵团残工委主任阿布力孜·尼牙孜主持召开兵团残疾人工作委员会全体会议。

5月15日，兵团军事部副主任刘年湘带领部队官兵看望和慰问在兵团残疾人职业培训中心培训的残疾学员和教职员工，并送去面粉、大米和清油食用品。慰问期间官兵对教室房间、门窗、走廊和卫生间等进行了卫生大扫除。杨璞斌、杨华参加活动。

5月17日，兵团残联在兵团残疾人职业培训中心举办“鹏远集善·阳光助残”捐赠活动。

5月22—23日，残联党组书记杨璞斌及康复部部长方勇参加了中国残联和国家发展改革委在江苏扬州联合召开的全国残疾人康复和托养设施建设规划培训会议。

6月6—8日，兵团残联在八师石河子市举办兵团盲人定向行走训练暨指导师培训，残联党组成员、副理事长杨华出席开班仪式并讲话。

6月20—21日，残联机关全体党员到二师223团过组织生活，期间开展了走访慰问贫困残疾人、与基层残联工作者座谈、向连队农家书屋捐赠图书、田间义务劳动等活动。

7月10日，兵团党委常委、副政委、兵团残工委主任阿布力孜·尼牙孜到兵团医院看望慰问正在接受矫治手术和康复训练的残疾儿童，为残疾儿童赠送了慰问品。杨璞斌、杨华陪同。

7月22日，兵团残疾人联合会第五次代表大会在乌鲁木齐市召开。

7月26日，兵团残联会同建工师残联在六建四分公司举办了兵团残疾人趣味健身活动。

7月31日，残联党组成员、副理事长吴旭明走访慰问武警兵团指挥部某执勤点的官兵。

8月1日，兵团残联召开党的群众路线教育实践活动动员会议。杨璞斌主持会议并做动员讲话，兵团党的群众路线教育实践活动第2督导组副组长吴玉新做了讲话和有关工作说明。第2督导组全体同志，兵团残联机关全体党员干部，兵团残疾就业服务指导中心负责人参加会议。

8月7—9日，北京市残联康复服务指导中心刘洪波主任一行到兵团第十四师考察对口援助事。期间开展了康复筛查工作、就对口援建康复项目召开了座谈会，并到47团敬老院慰问革命老战士。

8月9日，残联召开机关全体党员干部和下属事业单位负责人会议，传达学习兵团第一批教育实践活动部门单位主要负责人会议精神，处以上党员领导干部交流学习体会，对前期活动开展情况进行“回头看”，对教育实践活动进行再动员、再部署。

8月11日，第四次肢残人活动日，兵团肢协、十二师残联组织肢残人代表20余人，在五一农场开展了一系列活动。

8月12—18日，兵团代表队参加了第八届全国残疾人艺术汇演湖南赛区的比赛。兵团有3个声乐节目参加，共获得2个二等奖、1个三等奖。

8月19—29日，残联党组领导班子三名成员杨璞斌、吴旭明、杨华分别到十三师黄田农场和柳树泉农场、十四师一牧场、三师四十四团、二师二二三团开展“走基层征求意见”活动，共入户走访残疾职工群众45户，召开座谈会11次，与基层残疾人工作者谈心谈话18人次，发放调查问卷90份，认真征求基层对残联党组领导班子和残联机关党员干部的意见建议。

9月15—18日，湖北残联副理事长熊新发率工作组到五师考察残疾人工作、协商2014年援疆事宜。9月16—22日，五师残联系统首批6名干部赴湖北省残联，参加湖北省残联举办的地州市及五师残联系统理事长培训班。

9月17—19日，兵团13名代表参加了中国残疾人联合会第六次全国代表大会，兵团党委常委、副政委、残工委主任阿布力孜·尼牙孜作为特邀代表参加了会议。

9月14—23日，三师残疾人运动员郭志伟参加了在荷兰举办的世界轮椅与截肢人运动会，获得男子F55级标枪第六名。

9月24—26日，兵团残联在五师举办了残疾人宣传文体业务培训班和残联统计人员培训班，来自兵团14个师（市）、46个农牧团场、街道社区的60名残疾人工作者参加了培训。兵团残联业务部室及直属单位负责业务的4位同志分别进行了授课。

9月27日，兵团残联召集残联机关和所属事业单位全体人员，以及驻乌的十二师、建工师残联系统干部，传达学习中国残联第六次全国代表大会精神。

9月22—28日，河南省残联副理事长黄建新、组联部部长刘耀东、辅助器具中心主任陈小林、康复科科长李华及郑州市残联理事长杨惠春一行到兵团考察十三师残疾人事业发展状况，商洽援助十三师具体事宜。27日杨璞斌会见河南省残联考察团。

9月28日，广东省残联副理事长柯沫夫带队到兵团第三师41团考察调研，协商对口援助事宜。师党委常委、副师长姜文斌、师残联理事长王文斌、41团团长马良。考察组一行参观了41团城镇化建设、学校和医院并进行了座谈。

11月4—5日，中国残联党组书记、理事长鲁勇、中国残联办公厅主任马志强、组联部主任曹跃进等一行到新疆兵团调研残疾人工作。鲁勇同志代表朴方主席、海迪主

图6-32-5　中国残联党组书记、理事长鲁勇在兵团第八师考察调研残疾人工作。

席和中国残联感谢兵团长期以来对残疾人工作的高度重视和大力支持。介绍了中国残联六代会有关精神和当前的重点工作，并表示积极落实中央援疆工作会议精神，在兵团实现跨越式发展和长治久安的实践中，一如既往、全力以赴支持兵团残疾人事业发展，大力推动兵团残疾人同步实现“两个率先、两个力争”目标。调研组实地走访了石河子市绿洲医院、红山街道残疾人活动中心和“阳光家园”日间照料站等基层残疾人托养和康复服务设施，与一线工作者进行了交流。兵团党委常委、副政委阿布力孜·尼牙孜、兵团残联党组书记、理事长杨璞斌及八师石河子市领导等陪同调研。

11月14日，兵团残联召开领导班子党的群众路线教育实践活动专题民主生活会，兵团第一批党的群众路线教育实践活动第2督导组到会指导，兵团党委组织部相关人员全程参加会议。

11月11—15日，兵团残联在十二师党校举办兵团残疾人社区康复协调员培训班。

11月26日，兵团残联举办“冬日情暖”活动，向乌鲁木齐市聋人学校的聋生捐赠了价值1万元的生活用品。

（王国斌供稿）

黑龙江垦区残疾人事业和残疾人工作

一、领导讲话

农垦总局残工委主任邹积慧在垦区残联年度工作电视电话会议上的讲话摘要

2013 年 1 月 22 日

一要切实增强做好残疾人工作的责任感和紧迫感。各级各部门要抓紧出台贯彻落实 6 号文件的实施意见和政策措施，缩小垦区残疾人生活状况与社会平均水平的差距，带领残疾人同垦区人民一道同步早日迈进小康社会。二要在重点难点工作上有突破。在残疾人就业保障金收缴管理使用上要有突破，在管理局残联组织建设和队伍建设上要有突破，在发展残疾人事业经费保障上要有突破。加大对残疾人项目经费的投入，积极支持对残疾人给予特殊扶持政策。三要加强组织领导，狠抓落实。各级党委和行政把残疾人事业的发展纳入当地国民经济和社会发展总体规划。残工委和各有关部门要把残疾人事业纳入本单位、本部门的工作计划、职责范围和目标管理同步推进。要加强政策措施的落实力度。

垦区残联第四届主席团主席邹积慧在垦区残疾人联合会第四届主席团第一次全体会议上的讲话摘要

2013 年 6 月 28 日

一是提高认识，加强领导，进一步增强做好残疾人工作的责任感和紧迫感。进一步健全党委领导、行政负责的残疾人工作领导机制，做到政治上重视、工作上支持、政策措施上保障。要将残疾人工作列入议事日程，各级职能部门在制定、出台政策措施时，统筹残疾人事业方针、政策、规划等的实施，为残疾人提供切实有效的公共服务。二是突出重点，强化措施，推进垦区残疾人事业快速健康发展。以建立残疾人生活、医疗救助保障制度为重点，加强残疾人社会保障体系建设。以康复托养、就业服务为重点，加强残疾人服务体系建设。以各级残联领导班子和干部队伍建设为重点，加强残疾人事业组织体系建设。三是团结创新，务实开拓，推动残联工作再上新台阶。强化创新意识，重点工作有新突破。强化服务意识，服务要上新水平。强化创优意识，业绩要上新台阶。

二、政策法规文件

黑龙江垦区居民基本医疗保险实施办法

黑垦局发〔2013〕1 号

第三条 ……卫生、教育、民政、残联……等相关部门按照各自职责分工协同人力资源和社会保障部门、经办机构共同做好垦区居民基本医疗保险实施工作。

第六条 办理登记时应提供的材料：

重度残疾人员需提供中华人民共和国残疾人证。

凡肢体、视力、精神残疾人达到一级、二级，智力残疾达到一级、二级，听力残疾达到一级的人员为重度残疾人员。

第十二条 根据居民不同人群分别确定个人缴费标准：

（一）成年居民个人缴纳 120 元，属于重度残疾人员个人缴纳 40 元。

（二）未成年居民和高校学生个人缴纳 30 元。重度残疾的未成年居民个人缴纳 15 元。

垦区重度残疾人个人缴费由所在农场（单位）承担。

黑龙江农垦总局关于印发“两大平原”现代农业综合配套改革试验实施方案的通知

黑垦局文〔2013〕241 号

二、主要任务

（九）共享改革发展成果，率先全面建成小康社会。

（4）完善农垦社会救助体系。

切实重视老龄、弱势群体和残疾人事业。全面实施四大工程，……四是助残工程，将所有丧失劳动能力的残疾人全额纳入低保，扩大残疾人就业范围。

黑龙江垦区残疾人扶贫开发纲要（2011—2020 年）

黑垦局办发〔2013〕2 号

一、总体要求

（二）基本原则

坚持行政负责、部门落实。各级行政要加强对贫困残疾人扶贫工作的领导，将残疾人扶贫纳入总体规划，摆上重要议事日程，优先配置扶贫资源，督导有关部门在政策制定和落实上向残疾人倾斜。

坚持保扶结合、到户到人。摸清残疾人中低保对象和扶贫开发对象底数，坚持开发式扶贫和最低生活保障两轮驱动，优先落实各项社会保障政策，做到应保尽保；对符合扶持条件的残疾人，采取有针对性的扶贫开发措施，扶持到户到人。

坚持产业带动，基地扶持。加大残疾人扶贫基地建设力度，打造“阳光助残扶贫基地”建设项目品牌，坚持因地制宜，实施特色项目，以当地特色产业为依托，发挥龙头企业和扶贫基地的辐射带动作用，促进残疾人通过就业脱贫解困。

坚持多措并举，强力推进。采取项目带动、基地扶持、小额信贷、结对帮扶、社会帮助、部门倾斜和行政兜底等措施，推进残疾人扶贫开发各项工作深入开展。

坚持做实培训，提高素质。加大对残疾人的培训力度，开展多样化、多层次、灵活性的培训，切实提高残疾人劳动技能和素质，发挥残疾人潜能，提高自我发展能力，发挥残疾人脱贫致富的积极性、主动性和创造性，激励贫困残疾人自尊、自信、自强、自立，增强脱贫致富的信心。

坚持社会参与，结对帮扶。动员党员干部、社会各界积极参与残疾人扶贫开发，通过“帮、包、带、扶”等多种形式，扶持贫困残疾人及其家庭增加收入，摆脱贫困。

二、目标任务

（一）总体目标

到2015年，残疾人总体达到小康，基本生活得到稳定的制度性保障，参与社会和自我发展状况显著改善，残疾人社会保障体系和服务体系基本框架建立，保障水平和服务能力明显提高。到2020年，稳定实现残疾人不愁吃、不愁穿，全面保障残疾人平等享受基本医疗、基本养老、教育、住房和康复服务，残疾人家庭收入达到或接近当地平均水平，基本公共服务覆盖残疾人并不断提高水平。残疾人生存有尊严，生活有保障，发展有基础。

在垦区开展建立残疾人康复托养和辅助器具服务站试点工作实施方案

黑垦残联发〔2013〕1号

二、基本原则

（一）统一部署，分级实施。总局残联和卫生局联合研究制定实施方案，统一布置，管理局残联和卫生局具体抓试点工作。

（二）合作共建，资源共享。……由残联和卫生部门合作共建，依托农牧场医疗服务中心，积极争取各方投入，完善功能，健康发展。

（三）积极探索，大胆创新。

三、合作方式

（一）试点工作由残联具体指导，……康复及辅具适配所需的设备设施由残联负责配送，人员培训及考核由相关部门负责。

（二）合作资源共享，产权明晰，分别管理。……康复及辅具适配所需的设备设施产权归残联所有，分别记账，共同使用。

四、服务对象和功能定位

残疾人康复托养和辅助器具服务站按照中国残联康复机构建设规范要求建设，优化设计，完善功能，要有不低于600平方米的场地，并为残疾人设置具备（正常人可兼用）的运动、理疗等功能的康复区；辅助器具展示、适配及加工等辅助器具服务区；适度规模的托养区。进行统一管理，建立相关档案，接受残联和卫生部门的监督。

黑龙江垦区残疾人就业保障金收缴管理使用细则

黑垦残联发〔2013〕2号

第三条　残疾人就业保障金年审与收缴。

（一）依照《办法》第三条规定，残疾人劳动就业服务管理机构负责残疾人就业保障金收缴工作。残疾人劳动就业服务管理机构聘用工作人员，所需经费在残疾人就业保障金中提取的管理费中列支。

（四）属于总局、管理局财务拨款的用人单位，可协调同级财务部门实行财务代扣。

第五条　依照《办法》第九条规定，总局残疾人劳动就业服务管理中心委托管理局残疾人劳动就业服务管理站收缴的残疾人就业保障金，以委托书为收缴依据，委托收缴的残疾人就业保障金按实际收缴总额的10%—30%返给管理局残联。

第六条　管理局残联所收缴的残疾人就业保障金，按总额10%上交总局残联，30%下拨农场残联，60%留作本级使用。下拨农场的残疾人就业保障金，拨款时间及方式由管理局残联确定。

第七条　管理局残联残疾人就业保障金年度预算，按本级收缴总额编制，超出30%或一次性支出10万元以上的须报上级残联审批方可使用。年度预算需上报管理局财务，同时报总局残联备案。结转下年的残疾人就业保障金，不得用于日常性开支，作为本级积累用于项目资金，经上级残联批准立项后集中使用。

第八条　建立按比例安排残疾人就业和残疾人就业保障金收缴奖励基金。

垦区创建无障碍环境城镇工作实施方案

黑垦局建联发〔2013〕12号

三、主要任务和内容

（一）道路无障碍环境建设和改造

1. 缘石坡道

（1）垦区城镇进行新建、扩建和改建道路的人行道，在各种路口、各种出入口及人行横道等处缘石坡道设置率应达100%。

（2）城镇人行道及人行横道各种路口坡化改造率（含新建率）应不低于80%，且布局合理。

2. 盲道

城镇的中心位置新建、扩建和改建的主干道及主要商业街、步行街等处的人行道应设置盲道，道路周边场所、城镇绿地和重点公共建筑的主要出入口应设置提示盲道，并与道路上人行道的盲道相衔接，严格控制行进盲道实施范围，并符合《规范》的要求。

（二）公共建筑设施无障碍环境建设与改造

1. 新建、扩建和改建的办公科研司法建筑、教育建筑、医疗康复建筑、体育建筑、文化观演纪念建筑、商业服务建筑、城镇广场、城镇绿地、汽车加油加气站、高速公路服务区、室外公共厕所等各类公共建筑无障碍设施建设率应达100%，并符合《规范》的要求。

2. 对已经建成的各类公共建筑的服务设施应进行相应的无障碍改造，其中：

（1）管理局、农场办公建筑、综合（专科）医院、大型广场、城镇绿地、大中型商场、汽车加油加气站、高速公路服务区无障碍改造率应不低于70%，且布局合理。

（2）饭店、宾馆、邮政、电信、银行、室外公共厕所无障碍改造率应不低于60%，且布局合理。

（3）文化馆、图书馆、科技馆、展览馆、博物馆、纪念馆、影剧院、音乐厅、体育场馆无障碍改造率应不低于60%，且布局合理。

（4）中小学，托幼建筑无障碍改造率应不低于40%，且布局合理。

（四）福利及特殊服务建筑无障碍环境建设与改造

1. 新建、扩建和改建与残疾人日常生产、生活密切相关的特教学校、福利企业、康复中心、残疾人综合服务设施、残疾人福利机构、儿童福利机构、养老机构、老年人服务设施应实现无障碍化，并符合《规范》技术要求。

2. 已建特教学校、福利企业、康复中心、残疾人综合服务设施、残疾人福利机构、儿童福利机构、养老机构、老年人服务设施应进行无障碍改造，改造率应达100%。

3. 逐步对残疾人，老年人家庭进行无障碍环境建设和改造。

（七）信息交流无障碍环境建设

1. 各管理局农（牧）场应将无障碍信息交流建设纳入信息化建设规划。

2. 各管理局农（牧）场设立的公共图书馆应开设视力残疾人阅览室，提供盲文读物、有声读物。

3. 公共服务机构和公共场所应为残疾人提供语音和文字提示、手语、盲文等信息交流服务。

关于印发《宝泉岭管理局2013年“一帮一”职工共同富裕行动工作实施方案》的通知

宝垦文〔2013〕2号

二、主要措施

（二）深化各项帮扶政策。继续推进落实“644”帮扶救助机制，按照管理局《帮扶救助体系实施意见》（宝垦发〔2011〕6号）要求，各单位及有关部门要切实抓好“644”各项资金的落实，充分发挥资金的使用效果。把面向贫困职工的“助困、助学、助医、助残、助老、助房”等各项优惠政策不折不扣地落实好，努力提高贫困、弱势群体的家庭收入和生活水平。

四、组织领导

（一）管理局成立以党委书记、局长为组长，管理局党政班子副职为副组长，管理局机关各职能部门为成员单位的管理局“共同富裕”工作领导小组，领导小组办公室设在管理局工会。

（二）管理局“共同富裕”工作成员单位职责：管理局残联负责落实残疾人救助基金设立、管理、使用，指导、督促农场、局直单位做好对贫困残疾人帮扶工作。

关于印发《军川农场2013年土地承包实施方案》的通知

军农场发〔2013〕1号

二、基本田的补贴对象和标准

基本田补贴对象为户籍或劳动关系在农业生产单位、在劳动年龄范围内（男年满18至60周岁、女年满18至50周岁）、实际参加农业生产经营活动的农业从业人员（包括在岗农业职工和没有职工身份但实际参加农业生产活动的职工配偶、成年子女、落户农民），以及有劳动能力的残疾人。

五、土地承包的具体原则与标准

（六）对在农业单位承包土地的残疾人，经农场相关部门核实审批，可减免部分承包费。减免面积：经营田15亩；减免标准：三级（含三级）以上残疾人，减免承包费70元/亩。

黑龙江省八五二农场关于印发2013年廉租住房入住管理暂行办法的通知

场发〔2013〕26号

第十条 分配方式。

1. 经审核，符合居住廉租房条件的残疾人（瘫痪、下肢残疾、智障）家庭由一层开始由下至上摇号分配；

2. 其他符合居住廉租房条件的家庭待符合居住廉租房条件的残疾人分配完毕后，再进行摇号分配。

第十一条 轮侯制度。

（二）……已登记为廉租住房保障对象的孤、老、病、残等特殊困难家庭为优先配租对象。

八五二农场廉租住房实物配租对象排序评分标准

以申请人家庭住房情况、经济状况、家庭有无孤老病残等群体、家庭结构等项因素作为量化评分的基础。

三、按孤老病残等群体评分

（一）按家庭成员有残疾评分

申请人家庭一起共同生活的成员中有残疾的，残疾一级计35分、残疾二级计30分、残疾三级计25分、残疾四级计20分。申请人家庭成员中有多人残疾的，累计计分。残疾等级以残联颁发的残疾人证为准（残疾人证截至2012年12月31日以前）。

六、分数相同家庭的排列原则

得分相同的家庭，按照单项分数的高低进行排序，各单项分数的优先次序为：住房情况得分、残疾情况得分、患病情况得分、经济状况得分。

三、工作综述

2013年，在中国残联和农垦总局党委的正确领导及大力支持下，垦区残联推进《关于进一步促进黑龙江垦区残疾人事业发展的意见》的贯彻落实，着力加强残疾人康复、就业、社会保障和组织建设等工作，完善残疾人社会保障和服务体系建设，垦区残疾人事业各项工作取得显著成效。

（一）残疾人保障金收缴和残疾人就业实现新突破

由于黑龙江垦区没有财政和税务的职能，由税务代扣就业保障金的办法在黑龙江省垦区无法实行，就业保障金收缴比较困难。为此，垦区残联争取总局党委和行政的支持，争取总局办公室文件下达了《2012年度垦区残疾人就业保障金收缴基本任务指标》，与总局财务处联合制定下发了《黑龙江垦区残疾人就业保障金收缴管理使用细则》，由总局办公室文件下达任务指标，采取财务代扣等方式收取保障金。农垦总局党委将“加大残疾人就业保障金收缴力度，促进残疾人就业”作为“十大民生”工程纳入了农垦总局的工作大局，列为农垦总局2013年重点督办的工作，更加有力地推动了垦区残疾人就业保障金的收缴。各管理局残联积极争取管理局党委和行政的支持，制定了征收办法，下达了任务指标。牡丹江管理局局长在农场场长工作会上亲自部署残疾人保障金征缴工作，主管副局长召集财务、政研、民政、残联四部门领导研究保障金收缴的方式方法，通过财务代扣方式超额50%完成收缴任务。绥化、建三江管理局在短时间内也完成了全年的收缴任务。在各级党委行政的高度重视和各级残联的共同努力下，2013年全垦区的保障金收缴工作实现历史性重大突破。

垦区残联积极促进残疾人实现稳定就业，通过开发残疾人专职委员、就业指导员等公益性岗位，安置残疾人就业400人。为6名残疾人企业家提供小额贴息贷款200余万元。开展职业技能培训，建立残疾人职业培训基地和残疾人就业基地，积极为残疾人就业提供优质服务，黑龙江农垦科技职业学院、黑龙江省农垦总局松花江农场被命名为首批国家级残疾人职业培训基地。总局残疾人劳服中心举办残疾人职业能力评估培训班，对70余名残疾人就业指导员进行了残疾人职业能力适应性测评系统、word文档文本处理、网页设计等内容的培训，提高了基层就业指导员的业务水平和工作能力。开展残疾人就业和职业培训实名制统计，垦区残联录入数据准确、完整、及时，信息收集覆盖面广、录入比例高，在全国残疾人就业工作会议上受到中国残联表扬。绥化管理局对残疾人开通“一对一”就业指导，开展“结对帮扶”等活动，为残疾人提供有针对性的就业服务。宝泉岭、北安管理局残联组织残疾人开展汽车坐垫等手工编织和计算机技术培训。八五三农场小清河居民区第五居委会党支部向残疾人提供技术指导、培训、资金协调等多方面帮扶，同时开设了养殖、种植、电焊等培训班，与多家企业联系建立残疾人扶贫就业基地，帮助残疾人自主创业。

（二）康复托养服务网络建设初见成效

围绕“人人享有基本康复服务”的目标，垦区残联积极推进康复服务网络建设，与卫生局联合下发《在垦区开展建立残疾人康复托养和辅助器具服务站试点工作实施方案》，针对垦区战线长、分布广、居住分散的特点，依托卫生部门技术、人员和基层卫生服务机构，本着合作共建、资源共享、互惠互利的原则，建立总局、管理局、农场三级康复托养和辅助器具服务站，并重点建设社区康复托养站。截至2013年底，完成34个农牧场康复托养和辅具服务示范站的建站任务，按照“标准化、规范化、科学化”要求，统一制作标识，完成了康复技术和管理人员的培训，目前垦区共有38个农场开展社区康复。总局残联积极争取中国残联和总局支持，为每个机构补贴了近50万元的设备，共1045名残疾人在康复托养机构得到免费康复服务，初步实现了康复医疗进社区进家庭。总局王岗总院康复科（垦区残疾人康复中心）组织医生深入基层开展了脑瘫儿童的筛查。2013年完成白内障复明手术444例，为1800名贫困精神病患者免费送药，为3名儿童安装人工耳蜗，为30名成年人安装助听器，为140名低视力患者配发助视器，为16名聋儿提

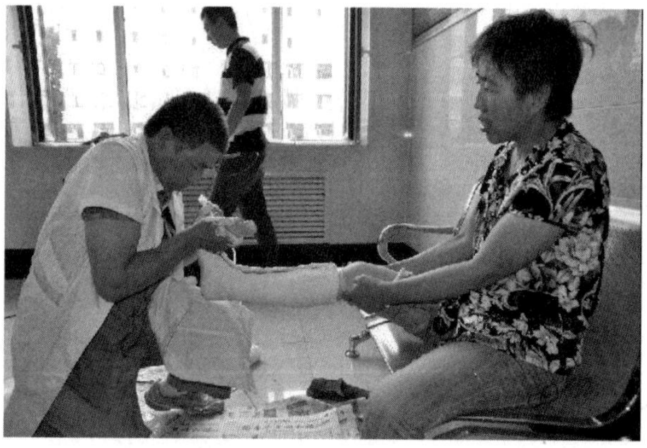

图6－33－1　假肢装配技师正在为肢残人制作假肢模型。

供康复训练，培训了32名家长，为50名贫困智力儿童、25名脑瘫儿童提供康复训练，为28名贫困肢体残疾儿童进行了手术，为贫困肢体残疾人安装假肢矫形器275例，提供辅助器具1887件。举办了3期培训班，管理局残联工作人员、康复科医生、社区卫生员、社区康复指导员等近160人参加培训，对ICF残疾分类标准、社区康复工作流程、辅具分类及适配、听力及视力障碍辅具的选择和适配、偏瘫等评定及康复技术进行了培训。垦区精神病防治康复中心为100多名精神残疾知青提供康复服务。下发《垦区贫困精神病人免费送药工作基本规程》，进一步规范了送药工作的组织领导、药品配送和资料整理。实施免费为贫困精神病人送药、免费为贫困肢体残疾人安装假肢和矫形器、免费为贫困白内障患者进行手术的“三项免费助残行动”，运用向社会购买服务的机制建立起三支长期工作在垦区服务于残疾人的医疗队。

（三）残疾人社会保障更加完善

垦区最低生活保障制度对残疾人做到了应保尽保，垦区实施的居民养老保险和医疗保险制度对重度残疾人给予优惠规定，运动疗法等九项医疗康复项目纳入基本医疗保障范围。农垦总局出台的“两大平原”现代农业综合配套改革试验实施方案，提出“切实重视残疾人事业”，将残疾人应保尽保和残疾人就业工作纳入实施方案。下发《黑龙江垦区残疾人扶贫开发纲要（2011—2020）》，结合垦区实际对扶贫任务目标、扶持措施、组织领导等提出要求。残联与组织部共同开展“基层党组织助残项目”，加大了帮扶和资金投入力度，帮扶残疾人130户，落实帮扶资金110多万元；与总局商务局帮扶完成5个村级店扶贫任务，在物流及配送中心等单位安置15名残疾人及家庭成员就业。开展残疾人实用技术培训，培训基层残疾人2141人。对1923名残疾人进行了机构和居家托养照料，其中1600名接受“阳光家园”项目资助。红兴隆管理局残联为江川农场安养站补贴资金2万元，用于改善受助残疾人的日常生活，宝泉岭、建三江管理局执行“阳光家园”项目中，给予了残疾人个人补贴及机构的水电优惠。军川农场出台《军川农场二〇一三年土地承包实施方案》，为残疾人种地减免利费近15万元。宝泉岭、红兴隆管理局的农牧场农家书屋安置了18名贫困残疾人担任农家书屋管理员工作。饶河农场整合社会资源，设立残疾人就业培训基地，举办残疾人劳动技能培训班，开展了银黑狐、土鸡养殖、十字绣和蔬菜大棚种植等项目地培训，110名残疾人及家属参加了培训，已有7户残疾人家庭预定40只种狐，有4户残疾人家庭着手筹备土鸡养殖。红旗岭农场投入资金4万元对66名居家重度残疾人给予托养补贴。江滨农场为贫困残疾人补缴养老金2.2万元，普阳农场和江滨农场民政老年公寓收纳14名“三无”残疾人，每年为他们缴纳生活费8.64万元。北大荒股份友谊分公司第四管理区祥和社区党支部设立了“爱心基金”，捐款6.2万元全部捐给了残疾人家庭等困难家庭。七星农场工会开展扶低共富行动，构建帮扶求助体系，对有劳动能力或部分劳动能力但无职业、无资金、无技术的残疾人家庭等进行帮扶，结成帮扶对子，并确保帮扶效果。

（四）残疾人生活环境逐步改善

残联与总局住建局、工信委、民政局等联合下发《开展创建无障碍环境市县工作的通知》，推进管理局、农场开展无障碍市县创建工作。实施残疾人家庭无障碍改造工作，确定红兴隆管理局八五三农场、北安管理局二龙山农场为项目实施单位，下发了实施方案，制定了工作任务目标，共为150户进行了家庭无障碍改造，改善了残疾人的生活居住环境。红旗岭农场投资81万元对广场、公园、老年公寓等公共场所进行了无障碍改造，修建了8000米的无障碍通道。曙光农场的全民健身中心设立无障碍通道、电梯、扶手和卫生间，并设立了残疾人标牌专桌和阅读专座。对为1618名残疾人发放机动车燃油补贴。全年全垦区接待残疾人来信来访1042人次。2013年，宝泉岭管理局遭受特大洪涝灾害，管理局残联工作人员响应管局党委号召，为受灾群众捐款3000元。各农场对在生产队种地的残疾人减免了部分土地利费，军川农场为残疾人种地减免利费近15万元，二九零农场、绥滨农场、延军农场民政和残联为贫困残疾人临时救助9万元。红兴隆八五二农场成立廉租住房管理领导小组，将残联作为领导小组成员单位，在农场制定《八五二农场廉租住房管理暂行办法》时，农场残联多次向农场领导汇报残疾人住房和生活现状，积极协调多方努力，为残疾人争取到入住廉租房优惠政策：“在同等条件下，残疾人优先入住廉租房，在廉租房的分配上，将楼层较低的一、二楼优先分给重度肢体残疾人居住。”

（五）各级残联组织建设进一步加强

垦区残联系统自下而上圆满完成了换届工作。6月28

图6－33－2　总局党委委员、副局长、残工委主任邹积慧会见垦区残联第四次代表大会代表。

日，召开了黑龙江垦区残联第四次代表大会，会议总结了垦区残疾人事业五年来的工作成绩，明确了今后五年的任务目标，产生了新一届残联主席团、执行理事会和残疾人各专门协会。农垦总局派代表参加了中国残联第六次全国代表大会，理事长及时向农垦总局党委汇报了大会盛况，向全垦区残疾人工作者传达了会议精神。

垦区残联加大了对基层残疾人工作者及专职委员的培训力度，先后四次对管理局和农场200多名残联理事长、专（兼）职残疾人工作者、残疾人专职委员进行了综合业务、法律知识、残疾人职业能力评估等方面的培训。按照中国残联要求，组织基层残疾人专职委员开展网上业务学习和教育培训，使专职委员在工作能力、业务水平和职业素养等方面都得到较大的提高，为残疾人服务的综合能力得到全面提升。残疾人专职委员通过大量的入户走访，掌握了第一手资料，残疾人朋友之间建立了友谊、增进了感情。加强与教育部门的沟通与合作，开展志愿者送教上门服务。加大了助残志愿者注册的工作力度，申请了专项资金，印制了助残志愿者证书、徽章，各农牧场残联开展助残志愿者的注册工作。各级残联围绕中心工作开展助残志愿服务，建立健全志愿服务管理制度及志愿服务档案，进一步规范了助残志愿者队伍的管理，使垦区助残志愿服务工作实现了良性发展。九三管理局尖山农场社保局联合劳资科、工会等部门的工作人员组成了便民服务小分队，深入到重病卧床、残疾或行动不便的职工群众家中，为他们建立了社保卡信息采集“零距离”的上门服务。同时，还为他们办理了医疗一卡通，使他们享受看病免除挂号费、免费进行社区康复治疗等一系列便民政策。和平牧场30名青年党员组成3支志愿者服务队，为缺少劳力的残疾人等家庭进行饲料粉碎、玉米脱粒等农活，帮助解决生产、生活中的实际困难。引龙河农场建立社工队伍，通过开展“残疾人之家”活动，针对残疾人和留守儿童提供心灵交流、康复指导、就业信息多项服务，为肢体残疾人发放爱心服务卡，享受洗衣和保洁等服务。嫩江农场锦江小区20多名来自机关部门、职工医院和学校的青年志愿者，利用假期开展助残扶弱等志愿活动。

（五）残疾人事业发展环境更加优化

着重做好垦区残疾人事业发展成就、残疾人民生改善、开展群众路线教育实践活动等方面的宣传。北大荒日报、农垦广播电视台报道了各级残联在落实总局党委扩大会议精神、保障金收缴、残疾人危房改造、康复托养服务、网络建设、基层调研、开展实践教育活动为残疾人办实事等方面的宣传。与农垦广播电视台“北大荒之声”节目组联合制作一期民生在线，宣传残疾人事业宗旨，并针对残疾人就业、康复、残疾人证办理等残疾人关心的问题做了解答。开展残疾人文化周活动，各单位组织残疾人开展读书、参观博物馆、趣味体育、文艺演出等活动，进一步丰富了基层残疾人文化生活。红兴隆管理局残联为每个农场购买了价值8万元的文学、农业经济、畜牧养殖等近5000册图书，进一步充实完善残疾人读书角和各社区文化中心，满足更多残疾人的精神文化需求。

在第二十三次全国助残日活动期间，总局残联理事长赵雅辰到宝泉岭、红兴隆管理局看望了农场及管理区的贫困、重度残疾人，走访了五九七农场精神病人劳动技能辅导站、江川农场残疾人托管安养站、八五三农场阳光家园等残疾人服务机构。各管理局开展就业扶贫援助、慰问在校残疾学生、志愿者助残、文化助残等丰富多彩的活动，总局、管理局电视台制作了专题新闻，对各种活动开展进行了深入宣传报道。宝泉岭管理局残联举办了“爱在人间，共享文化，放飞梦想”文艺晚会，10余名身残志坚残疾人的表演热情让现场观众感动不已。

特奥日活动期间，七星泡农场残联组织了“我运动、我快乐、我健康”活动，十几名智力残疾人以自我介绍、看图说话、讲故事等形式，和大家一起分享自己的快乐；嫩江农场残联举办了以“参与特奥运动，健康生活每一天”为主题的文艺演出，共有十余位智障人及100多名职工群众观看演出；二九一、宝山农场残联组织智力残疾人参加广场健身、太极拳表演等活动，受到智力残疾人及其家属的欢迎。

红兴隆管理局残联在四代会期间还举办了残疾人事业成果展和残疾人艺术作品展，制作近几年工作成果图版16块，展出字画、剪纸、书法、摄影、十字绣、串珠、葫芦制品等10种近140余件作品，以及残疾人工作文档、图册200余册，全方位展示了红兴隆管理局残疾人工作成果，极大地向社会宣传了残疾人事业。肢体残疾人安玉惠带动贫困妇女共同致富，在哈尔滨管理局“三八”妇女巾帼创业建功典型经验交流会上发言。

（六）残联工作作风建设得到提升

结合群众路线实践教育活动，开展“深入群众听意见、找准穴位除四风”和“三项免费助残行动”等主题实践活动。总局深入基层了解残疾人、残疾人工作者及社会各界对残联的意见和建议，深入查摆总局残联领导及工作人员存在的“四风”问题。通过认真对照检查抓好整改，逐步建立健全了残联接待、财务、会议等各项规章制度，形成了垦区残联党的群众路线教育实践活动的长效机制，为垦区残疾人事业快速发展及广大残疾人同步小康提供了坚强的制度保障。2013年，垦区残联开展重点工作目标考核，把残联年度各项业务任务分解，制定量化工作目标，在年终开展年度康复、教育、就业、扶贫、社会保障及维权等项目的专项督查，推进各项工作顺利进行。

四、重要条目

【残联年度工作电视电话会】1月22日，垦区残联2013年度工作电视电话会议在哈尔滨召开。赵雅辰理事长传达了中国残联主席团会议和工作会议精神，全面总结了2012年残疾人工作，部署了2013年工作。总局党委委员副局长、残工委主任邹积慧参加会议并做了重要讲话。邹积慧对2012年垦区的残疾人工作给予充分肯定，并要求各级残疾人工作者充分认识残疾人事业的重要性和紧迫性；要强化措施，在重点难点工作上有突破；要加强组织领导，把残疾人事业的发展纳入当地国民经济和社会发展总体规划，纳入各级年度计划、专项计划和工作目标考核，统筹实施，同步推进。

【垦区残联重点工作推进研讨会】2月28日，垦区残联召开重点工作推进研讨会，各管理局残联汇报了总局残联年度电视电话会议贯彻落实情况和本单位2013年重点工作安排，讨论研究了拟出台的《垦区残疾人就业保障金收缴管理使用细则》和《黑龙江垦区残疾人工作目标考核方案》，部署了垦区残联有关工作。

【2012年度垦区残疾人就业保障金收缴基本任务指标】3月18日，垦区残联以黑龙江省农垦总局办公室文件，对管理局、处级以上事业单位和国有规模企业等征缴单位，下达了2012年度垦区残疾人就业保障金收缴基本任务指标。这是垦区残联首次以总局文件下发保障金收缴任务指标，极大地推动了保障金的收缴工作。

【开展建立残疾人康复托养和辅助器具服务站试点工作实施方案】4月18日，为贯彻中国残联和卫生部共同推动残疾人康复机构与医疗机构加强合作的通知要求，垦区残联与总局卫生局联合在垦区开展建立残疾人康复托养和辅助器具服务站试点工作，每个管理局各选一个农牧场作为试点单位，首批试点单位为宝泉岭、五九七、创业、八五七、二龙山、尖山、查哈阳、柳河、松花江农场。试点工作的开展将会推进康复进社区、进家庭，使残疾人得到就近就便的康复服务。

【垦区创建无障碍环境城镇工作实施方案】6月27日，农垦总局住建局、工信委、民政局和垦区残联联合制定了《垦区创建无障碍环境城镇工作实施方案》（黑垦局建联发〔2013〕12号），要求管理局、农牧场分别按照《无障碍环境市（县）工作标准》开展创建工作；到2015年，5个独立管理局无障碍建设达到市级标准；到2020年，三分之一的农牧场无障碍建设达到县级标准，并规定了创建工作任务和内容。

【黑龙江垦区残联第四次代表大会】6月28日，垦区残联召开第四次代表大会，会议选举总局党委委员、副局长邹积慧为垦区残联第四届主席团主席，赵雅辰、孙明义、谢建辉、张启新、赵洪洲、高晓峰、康洪贵、黄春光、张义丹为垦区残联第四届主席团副主席。推举赵雅辰为垦区残联第四届执行理事会理事长。

【三项免费助残行动】8月12日，为深入实施党的群众路线教育实践活动，着力改善残疾人民生，垦区残联在建三江管理局启动“三项免费助残行动”：一是与总局神经精神病防治院合作，组派医疗小分队深入北安、建三江、九三管理局等20余个农场，为1800名贫困精神残疾人进行现场义诊、发放药品和医疗诊治，并将发作期的重症精神残疾人接到医院进行紧急救治；二是与佳木斯市假肢矫形器厂合作，组派医疗技师小分队，为垦区201名肢体残疾人免费安装假肢；三是与哈尔滨市爱尔眼科医院合作，免费为138名贫困白内障患者实施复明手术。

【总局团委共富行动】总局团委开展共富行动，与哈尔滨管理局闫家岗农场3户残疾人家庭结成对子，在资金、技术、信息等方面为帮扶对象提供全方位的帮助。10月24日，总局团委书记郭显文到闫家岗农场看望了家有残疾孩子的王维明、蒲钱洪夫妇，为他们送上3000元“爱心圆梦基金”。

【总局卫生局举办精神病诊疗培训班】为了进一步规范垦区重性精神病管理诊疗工作，总局卫生局为9个管理局各配备了1名精神病防治专家，负责对各农（牧）场的疑似精神病患者的诊断或诊断复核，调整疑难精神病患者的治疗方案。12月27日，总局卫生局在农垦精神病医院举办了农垦重性精神疾病管理治疗培训班暨点对点技术支持签字仪式，来自垦区基层的130余名专兼职精神病防治医生参加了此次培训。此次精神病诊疗培训班的举办，提高了基层医务人员业务水平，丰富了基层精神病防治医生的临床知识，确保了疑似重性精神病患者得到及时诊断和治疗。

五、大事记

2月3日，总局残联与龙广电台合作制作了一期民生在线节目。

5月10—18日，农垦总局总医院康复中心（垦区残疾人康复中心）主任范永春、副主任宋成刚，到牡丹江、建三江、红兴隆和宝泉岭管理局开展救助受困家庭小儿脑瘫患儿的“七彩梦工程”的初步筛查工作。

5月16日，齐齐哈尔农垦鑫发精密铸造有限公司（福利企业）成立党支部，党支部把帮残助残纳入议事日程，组建“残疾人之家”志愿者服务队，使扶残助残行为规范化、具体化、常态化。到12月底，公司共为16名残疾人安置了工作。

5月16日，总局残联理事长赵雅辰在宝泉岭管理局工会主席刘德坤、红兴隆管理局副局长刘广润的陪同下，走访了托养机构的残疾人和贫困残疾人家庭，送上慰问金、轮椅和生活用品等，并对残疾人危房改造、康复等工作进行了调研。

6月19日，总局办公室转发黑龙江省人力资源和社会保障厅《关于将部分医疗康复项目纳入基本医疗保障范围的通知》的通知，从6月1日开始执行，将运动疗法等9项医疗康复项目纳入垦区基本医疗保障范围，对医疗康复项目的适用人群及条件、医疗机构和技术人员、治疗方案、社保机构建立登记制度及对医生医院的监督、检查和政策等方面做了规定。

6月27日，农垦总局残疾人工作委员会对垦区18个扶残助残先进集体、16名扶残助残先进个人和18个残疾人之家进行了表彰。垦区残联与总局人社局联合对垦区15名残疾人自强模范和16名残联系统先进工作者进行了表彰。

7月6日，北大荒日报刊登张容豪作品《生命的长度》，报道了红兴隆管理局八五二农场肢体残疾人马才锐的文学创作历程。马才锐是中国残疾人作家联谊会会员、黑龙江省作家协会会员、黑龙江省残疾人作家协会副主席。

7月20日，红兴隆管理局八五二农场第七管理区关工委组织6名小学生，到第一作业站残疾儿童家庭开展帮残活动。

8月7日，总局肢残人协会在农垦神经精神病防治院组织召开了垦区残疾人创业带动就业研讨会，管理局肢协主席和残疾人企业家共23人参加了研讨会。

9月13日，九三管理局残联对考取大、中专院校的贫困残疾学生提供经济补助，为4名贫困残疾大学生每人发放补助资金2000元。

10月，在北京尉华基金会的大力帮助下，北大荒知青安养中心全体工作人员分两批赴北京开展减压培训、技术交流，基金会承担了此次活动的全部费用共计10万元。

10月16日，农垦神经精神病防治院组成医疗送药小组，到九三管理局开始2013年度为精神病人送药工作。送药工作历时9天，走访9个农场及局直共计10个单位，精神残疾人及其监护人共计400多人参加活动，187名患者领取了药品。

10月17日，总局残联赵雅辰理事长到宝泉岭农场检查指导残疾人康复托养和辅助器具服务站建站工作情况，到普阳和新华两个农场进行调研。

10月22日，总局民政局、财务处拨付垦区残联福利彩票基金40万元，用于垦区残疾人事业。拨付总局精神病防治院17.6939万元，用于残疾人康复建设。

10月25日，二九〇农场残疾人谭军给农垦总局王有国局长写来上访信，反映其位于宝泉岭管理局酱业小区的门市房的取暖费、电费、水费比正常住家高。宝泉岭管局残联进行了入户调查，查明门市房是按商业标准收取的，比住宅高是正常的。管理局残联理事长永川江看到其轮椅已破旧，为其发放了一台新轮椅。总局残联将调查情况反馈给王有国局长，王局长非常赞赏，批示："很好，工作就应这样做。"

10月29日，江川农场工会对全场困难户、低保户、残疾人贫困情况开展走访摸底，并进行了汇总分析，对梳理出的取暖、出行、就业等难题及时解决，确保弱势群体温暖过冬。

11月24日，根据年初制定的目标考核工作方案有关要求，垦区残联分成两个调研小组到6个管理局14个农场开展残疾人工作考核调研。调研组检查了农场康复、维权、组织建设、社区康复托养站建设、就业和扶贫基地等残疾人工作完成情况和基础档案资料，进行了考核评分。调研组还走访了20户重度和贫困残疾人家庭，召开了由基层残疾人工作者和残疾人参加的座谈会，认真听取了各方面对垦区残疾人工作的意见和建议。

12月1—6日，举办了垦区残疾人康复托养、辅助器具服务站工作人员及社区康复协调员培训班。

12月3日，总局残联组织垦区残疾人职业能力技术评估培训和计算机、烹饪技能比赛，共有87人参加两项比赛，比赛设一、二、三等奖，共有12名选手获奖。

12月9日，北大荒日报发表文章《大爱无痕》，报道了报社编辑陈子婴爱心救助残疾儿童的感人事迹。

12月11日，北大荒日报报道了二九一农场优秀共产党员薛明宽十多年如一日帮助精神残疾人柳江一家的先进事迹。

12月18—23日，省农垦总局总医院康复中心（垦区残疾人康复中心）主任范永春率队到九三和北安管理局，开展贫困家庭小儿脑瘫患儿筛查。

附　录

垦区残疾人就业保障金收缴工作扎实推进

康洪贵　《北大荒日报》　2013年5月15日

为认真贯彻落实《中共中央、国务院关于促进残疾人事业发展的意见》精神，总局各机关、团体、企事业单位积极开展按比例安排残疾人就业和保障金收缴工作。截至5月10日，九三、绥化管理局已完成残疾人就业保障金收缴任务，总局办公室、北大荒日报社、总局交通运输局、北大荒投资担保股份有限公司、农垦通信有限公司等单位积极缴纳了残疾人就业保障金。尚未开展保障金收缴工作的管理局也在积极运作，制订方案，确保任务指标顺利完成。

据了解，今年垦区残联将对2300名就业年龄段的残疾人进行免费培训，通过各种形式安置3000名有就业愿望的残疾人就业。截至4月底，总局、管理局两级残联已举办残疾人职业技能培训班4期，350名残疾人参加了电焊、计算机、食用菌等技术培训，其中经过培训的55人得到就业安置，7人实现自主创业。

（孙静供稿）

第七编　中国残疾人联合会直属单位工作

WORK BY DIRECTLY AFFILIATED UNITS OF CDPF

中国康复研究中心

一、工作综述

中国康复研究中心（下文简称“中康”）成立于1988年，是集康复医疗、康复科学技术研究、康复人才培养、康复信息服务、康复工程研究以及社会服务指导于一体的大型综合性康复机构，是国家级的康复中心和技术指导中心。

2013年，中康全院职工1697人（含正式工1072人，合同工625人）。其中卫生技术人员1210人，包括正高职称51人、副高职称87人、中级职称291人、初级师363人、初级士418人；其他专业技术人员151人；行政管理人员101人；工勤人员235人。全体职工团结一心、携手并进，秉承“患者至上、求实进取”的工作理念，紧紧围绕“残疾人事业发展”这一核心，发挥“行业引领、人才培养、国际交流、技术推广”四大作用，在“政策制定、规模发展、技术辐射、品牌效应、梯队建设、运营管理”等方面取得六大成效，总收入突破7亿元，圆满完成全年各项工作任务。

（一）认真开展群众路线教育实践活动，加强党组织建设

按照党中央精神及中国残联的统一部署，中康积极开展群众路线教育实践活动。组织广大党员干部集中学习中央文件、全面开展基层调研、组织召开各层面民主生活会，广泛征求群众意见；梳理群众意见和建议9个方面40余条，顺利完成学习教育、查摆问题、建章立制等阶段性工作；根据中央要求，并结合中康实际情况，制定了“专项整治方案”、“制度建设措施计划”等一系列整改措施，全体党员干部牢固树立了坚定的理想信念。

组织职工学习《职工行为规范手册》《职业医师法》，观看反腐倡廉警示片和“十大健康卫士”等宣传片，进行“中国残联党风廉政建设知识”答题活动，多角度开展依法执业教育；加大社会监督力度；完成重点部门、重点岗位责任人及医务工作者反腐倡廉签约工作，从制度上和行动上进一步规范全体医务人员的医疗行为。下发《文化建设工作方案》，编发中康简报51期，制作各类主题宣传展板8期，在主流媒体及相关网站广泛宣传中康1700余篇次，进一步提升了中康的社会影响力。组织开展“双十佳”评比表彰、职工运动会、助残日、志愿者服务以及情系患者义诊等系列活动，昂扬职工精神，营造中康和谐向上的良好氛围，为中康发展增加内动力。

（二）发挥行业引领作用，推动全国康复事业发展

1. 国家康复政策取得历史性突破

积极争取卫计委、人社部、民政部等国家部委支持，完成康复治疗专业纳入国家职业大典申报工作。新增康复服务项目89项，并纳入基本医疗报销范围。积极联系国家卫计委，争取144条康复项目进入国家基本医疗目录，并完成所有项目与北京市医疗收费系统的对接工作，为康复医学长远和可持续性发展夯实了基础。

2. 推动国家康复服务标准规范化进程

翻译出版ICF等相关专著，推动ICF正式成为国家卫生信息标准和北京市康复质控标准，积极探索建立国家康复项目实施管理监督机制，制定《脊髓损伤患者泌尿系管理与临床康复指南》《中国脑卒中康复治疗指南》《脊髓损伤临床路径指南》等标准与规范8项，推动康复服务标准规范化进程，保障康复医疗服务质量。

3. 依托协会平台，技术指导辐射全国

中康借助挂靠中康的中国医院协会医疗康复机构管理分会、中国残疾人康复协会脊髓损伤专业委员会、中国残疾人康复协会护理专业委员会、中国保健医学研究会老年康复分会、北京医学会物理与康复医学分会等十余个行业学会的作用，凝聚国内专家力量，搭建辐射全国的学术交流平台，发挥行业管理优势，引领康复医学快速发展。

4. 成功举办第八届北京国际康复论坛

自2006年起，中康已连续成功举办八届论坛，2013年第八届北京国际康复论坛进一步创新形式内容，设置会前培训班22个、精品讲座1个、分论坛27个，收集论文537篇、大会发言275篇。来自美国、加拿大、德国、

荷兰、意大利、澳大利亚、日本、韩国、香港等17个国家和地区以及国内的2000多位专家、学者进行了学术交流。论坛得到专家学者一致好评，中康的知名度、影响力进一步提升。

（三）落实康复任务，指导全国康复技术进步

1. 圆满完成国家“十二五”年度康复任务

制定国家康复任务执行标准，出台8项管理办法，对承担国家康复任务的912家手术定点医院及培训机构进行审核备案。督导完成肢残儿童矫治手术6600余例，残疾儿童康复训练5.5万人次，超额完成年度任务指标。

2. 全面启动残疾预防与控制研究工作

中国残联残疾预防与控制研究中心于2013年5月17日在中康正式揭牌成立。中康先后引进7名专业人才积极开展研究工作，组织召开中国首届“脊柱裂与脑积水残疾预防学术论坛”，举办第八届北京国际康复论坛残疾预防与控制分论坛、脊柱裂与脑积水分论坛，与中国人民大学共同举办“中国残疾人事业发展论坛”残疾预防与康复分论坛，组织健康百姓义诊周、健康讲座等宣传活动，多管齐下，做好残疾预防与控制研究工作。

3. 持续实施基层援助项目，广泛开展技术指导

认真落实第七批第一年度援藏任务，推荐中康社会指导服务中心银芳代表国家机关第七批援藏干部到西藏康复中心执行援藏任务；调研新疆残疾人工作情况；继续做好四川八一康复中心援助项目。2013年，接待江西、湖北、山东等20余个省（区、市）500余人参观，接收全国30个省（区、市）进修人员263名，其中对口支援单位西藏康复中心进修人员5名。

开展各省市康复机构建设指导，为各地机构建设与发展奠定良好的基础。完成对北京市丰台区马家堡社区卫生服务中心、同仁京苑社区卫生服务中心和西罗园社区卫生服务中心医务人员的康复技术指导和培训。

4. 响应国家号召，出色完成抗震救灾任务

“4·20”雅安地震发生后，中康在第一时间迅速组建国家康复医疗队奔赴灾区救援，震后一周内开展手术13例、救治伤员40余名、组织查房20余次、康复治疗500余人次，凸显了早期康复的重要性。

5. 积极开展康复质量控制工作

积极申报并被批准为北京市康复质控主任委员单位；牵头组建北京市康复专家委员会，前后组织召开3次专题会议；制定康复评价标准，建立质控网络平台，全面推进北京市康复工作，成为全国康复质量管理的参照标准，为建立国家康复质量控制与管理标准摸索了成功经验。

（四）加强康复医学教育，推动全国康复人才培养进程

1. 完善教育管理体系，康复教育水平达到国际标准

在已经获得康复治疗学专业作业疗法专业方向WFOT（世界作业治疗师联盟）认证的基础上，2013年进一步推进物理疗法专业方向的WCPT（世界物理治疗师联盟）国际认证。完成2013届假肢矫形工程专业国际认证的组织考核工作，培养国际化高层次专业人才。鉴于目前国内的“康复治疗学”专业人才培养仅限于本科和高职高专层次，2013年度积极推进本专业的硕士研究生教育的申报工作。组织撰写康复医学与理疗学专业的研究生专业教材，填补国内空白。完成康复医学院中长期发展规划的制定。

2. 做好学历教育，培养高层次人才

中康作为首都医科大学康复医学院，在校学生153人，其中本科生93人（康复治疗学专业64人，假肢矫形工程专业29人）、七年制本硕连读学生2人、研究生58人（博士生11人、硕士生47人）。毕业本科生29人、研究生20人（博士5人、硕士15人），就业率均达100%。获批首都医科大学校长基金项目1项。

3. 开展多形式的在职培训，为全国培养实用型康复人才

举办“十二五”骨干人才、继续教育项目、远程教育培训、实用型专业技术等各类培训班近100期，为全国培养实用型人才1.5万余人。

中康职工在职参加外出进修、学习等培训教育共计101人，接受学历共计10人（其中博士3人、硕士5人、本科2人）；外派参加2013年北京市住院医师规范化培训25人；2013年中康基地在培住院医师44人（包括普通专科住院医师19人、第二阶医师25人）；完成2013年度296名医务人员继续医学教育学分的审核与统计（其中达标289人，达标率97.64%）；举办各类培训班20期，共培训学员997人次；举办继续医学教育认可项目65项，共培训学员11771人次。

（五）开展科学研究，鼓励技术创新，打造研究型中心

1. 深入康复医学研究，攻克技术难题

2013年，中康医学所积极参与首都医科大学科研教学工作，参与成立了北京市脑重大疾病研究中心；承担了“神经科学研究与发现中心”的有关学科的建设，完

成了“市财政首医专项基金200万元”专项基金的申请，完成了“脑研院神经损伤与修复研究所”的申请和挂牌以及配套科研基金145万元的申请与落实。

加强重点实验室建设，整合内部资源，进一步充实、完善“偏瘫、截瘫、神经泌尿、康复治疗技术”4个中康实验室的工作重点和发展方向。成功申请成立北京市脑重大疾病研究院神经损伤与修复研究所。积极开展临床型科研及服务项目，顺利实施乙肝病毒DNA和肿瘤标志物检测工作，全面提升康复科研综合实力。

邀请世界顶尖专家共同开展科研攻关，攻克技术难题，中康康复工程技术达到国际先进水平。先后为最美女教师张丽莉、哈萨克斯坦无腿男孩小阿里等多名高难度非理想残端患者设计安装假肢。全年生产假肢620余件，矫形器6000余件，供应康复器具产品13000余件，开发新项目、新产品19项。

2. 强化科研管理，鼓励技术创新

本年度课题立项共计96项，其中国家自然基金项目1项、财政部基本科研业务费专项课题52项、首都卫生专项课题2项、丰台区卫生科研项目1项、对外合作项目2项、北京市脑重大疾病研究院科研促进课题5项、中心级课题33项。

职工在国内核心期刊上发表专业论文102篇，发表SCI论文11篇，SCI论文影响因子23.701，其中最高影响因子6.708。获得国家专利5项（实用新型专利4项、软件专利1项）；完成GCP（药物临床试验规范）的组织培训，完成医院药物临床试验伦理委员会的换届改选，为药物临床试验的受试者提供充分的权益和安全保障；开展脑立体定位仪应用、VSD治疗等新技术、新业务80余项，以科研促进学科发展。

（六）搭建现代化、信息化科研平台

1. 医院信息系统建设与发展

医院信息系统建设。中康已建立一套以电子病历为核心，功能全面满足三级甲等医院要求的医疗信息系统，构建了以电子病历为核心的医疗业务支持与管理系统，涉及临床诊疗部分、药品管理部分、经济管理部分、综合管理与统计分析部分、康复医疗部分和外部接口部分六大部分，共计39个模块。该系统不仅实现了中心医疗流程的全面电子化管理，还可与卫生局和工伤医保中心实现医疗业务数据实时交换，融入了区域卫生医疗系统。整套系统的建立实现了中康医务管理、财务管理、工伤医保管理以及其他管理的信息化，提高了中康的医疗业务信息化水平。2013年，中康在医院信息系统建设基础上，实现了各个分系统与HIS系统的全面融合。特别是LIS和PACS系统的建立与融合，不仅标志着中康医院信息系统主体建设的顺利完成，实现了预期的目标，还在中康首次实现了医疗检验与影像的电子化。两大系统的建立满足了中康医疗业务的急迫需求，提高了中康医技系统的信息化水平。与主HIS系统的融合，共享了医疗信息资源，大大减少误检率与误诊率，并进一步提高了中康的医疗业务水平与效率。

医保系统维护。2013年医保系统巡检工作总计12次，共升级了98个医保补丁程序，进行了20次补丁程序升级后的调试工作。医保重要补丁升级和重大事件的现场保障工作38次，现场保障人次达130人次。医保系统集群建设为六机集群和双机数据库镜像，2013年针对集群硬件系统（包括应急系统）的操作系统共完成742次补丁升级，同时每日监控系统病毒库的更新升级情况，确保设备病毒库为最新版本。每日对医保信息系统数据进行备份，包括医保信息系统数据库的全备份和系统中“三大目录”的备份，共计5800余条数据，23.6G医保医疗数据量。每日对红名单更新状态进行检查，每日对数据自动上传完成情况进行检查。组织参加医保中心培训20人次，主要接受培训内容包括：医保政策升级、新增功能说明、系统优化、系统纠错及住院/门诊常见问题的解答。

医院信息系统运行和维护。中康信息所负责信息系统机房、网络、软件、终端、外设、信息安全保护等各个方面维护与支持工作，并有专人值班，及时解决平时及节假日期间信息系统的各种问题，并定期对HIS系统与医保系统进行升级，充分保证了中康医院信息系统的全年稳定运行。全年机房、UPS室、机房设备间巡视检查80余次，维护设定内网系统所涉及的服务器和计算机的所有IP地址，维护系统信息点1800余个，新增信息点200余个，为各科室应用和更换网线服务，制作不同长度的网线600多米，维修电脑150余台、打印机80余台，现场解决及电话支持解决医院信息系统使用问题4000余件。

信息系统安全等级保护建设。根据医院信息系统安全等级保护的要求，加强了中康HIS系统的安全保护建设，主要包括两大系统：桌面行为管理系统与杀毒软件系统。专人每日对信息系统的进行监控和管理，并对全院500余台终端和30余台服务器进行统一病毒防护和控管，全年开展中康网络杀毒系统的维护工作，共计安装400余台次。手工杀毒350余次，自动查杀毒223100次，病毒库升级220次；中康网络桌面安全管理系统的维护管理共安装300余台次，前端电脑临时U口开放满足医疗工作200余次，为中康内网安全和系统平稳运行提供了安全保障。

办公自动化系统建设。中康已搭建中康办公自动化系统平台，并负责OA系统的日常系统维护与数据备份，保证了中康OA系统的正常运行，提高了中康的办公效率。办公自动化系统主要涉及临床、职能和行政部门的75个科室，用户数251个。安装与维护OA系统客户端，累计维护205次。

2. 康复信息平台建设

网站相关工作。网站管理与维护，修改中康网站网页及模块，备份网站重要数据；行业网站修改导航条并更新内容；重点修改科室简介、专家简介；完成续交域名注册费及服务器托管费用工作；按照北京市内部单位保卫局情报中心下达的网站安全风险提示单要求，处理网站信息安全漏洞；开展信息安全等级保护自查工作，完成内保局要求重要信息系统自查填报工作；中康新闻网上报道工作共采集新闻信息 162 条、新闻图片 300 余张。其他栏目信息更新 80 多条，完成春节联欢会等中康重要事件报道，发布中康摄影比赛照片 108 张；为北京国际康复论坛发布信息 33 条，图片 200 张。

文献信息检索服务工作。全年共为 1178 人次提供中文题录和全文检索服务，为 624 人次提供西文题录的检索服务。浏览下载目次 5 万次。收集整理信息资料 512 份，接听咨询电话 493 通。共有新闻稿 100 余篇、579 余张新闻照片发布在中康网站。编辑制作 3500 余张新闻照片和工作照，作为资料保存。

中西部地区康复人才培养远程教项目工作。2013 年 1—3 月，完成远程教育直播教学后期培训 5 次、10 学时；完成远程教育网络平台建设与运行终期评估总结报告，并为直播课程参观做了技术支持工作；完成项目收尾工作及资料备份工作。

网络维护工作。完成中康外网安全日常维护管理工作，外网 DNS 服务器架设、DHCP 服务器升级、病毒服务器维护工作，中康网站、中国残疾康复信息网、中国康复理论与实践杂志网站后台维护工作，以及每月 2 次的 OA 系统维护工作。

《北京卫生志》及《2013 北京卫生年鉴》《中国残疾人事业年鉴（2013）》工作。按照《北京卫生志》撰写要求，收集整理 1991—2010 年中康有关资料，上交卫生志终稿；收集整理中康 2012 年度有关资料，撰写《2013 北京卫生年鉴》中康稿，提交终稿到北京市卫生局；收集整理中康 2012 年度有关资料，向中国残联提交《中国残疾人事业年鉴（2013）》中康稿。

3. 图书馆信息服务

中康图书馆藏有大量中外文康复和残疾方面的科技文献信息，是中国最大的康复文献信息中心。截至 2013 年年底，藏有中文图书 17256 册、外文图书 5852 册、过刊 15000 册，订阅中文期刊 400 种、西文期刊 150 种、日文期刊 30 种。2013 年，图书馆依据全年工作目标和重点，积极为读者提供信息服务，根据图书馆业务要求，认真做好文献采集、登记、编目、典藏、流通、阅览等各项工作。全年提供图书阅览室和电子阅览室流通阅览服务万余人次，读者借还图书、期刊 8642 册次；图书电子数据编制、校改、转发、接收 573 册次；现刊登记、验收、交接、上架 4969 册次。中康根据卫生部医院评审要求，准备迎检文档，组织学习讨论，做好迎检方案，通过医院评审，提高了岗位工作的专业水准，购置电子图书，满足了医院评审关于工作人员与图书册数的比例要求；继续与首医图书馆进行资源共建共享工作，补充一批康复医学新书以及临床科室所需图书，持续加强康复特色的馆藏建设。

4. 《中国康复理论与实践》编辑部业务发展

中康的《中国康复理论与实践》杂志被《中国学术期刊文摘》收录（从 5000 种科技期刊中选录 500 种核心期刊），杂志已经将“中国学术期刊文摘收录期刊”项目加印在封面信息中，并按时上传数据。同时，《中国康复理论与实践》杂志加入“中国科学引文数据库”，本刊的相关数据在康复期刊中排名领先。

《2013 年中国期刊引证研究报告》显示，《中国康复理论与实践》杂志在 13 种保健医学类期刊中综合评价总分排名第 3，在 1930 种中文科技核心期刊中排名第 554 位。杂志还与中国知网合作，签署优先数字出版合同，并按期及时上传数据。编辑部参加了第五届首都医科大学期刊联盟会议。

中康的《中国康复理论与实践》编辑部 2013 年实现收稿、审稿、加工等流程的网络化办公，大大缩短了工作流程，提高了工作效率，加强了编辑部与编委、作者的紧密联系，并不断开拓期刊网站功能，如增加短信通等功能，可实现即时与作者、审稿专家的联络。同时，编辑部还注意加强网站数据备份以及网站安全管理。

编辑部全年来稿 1736 篇，刊发 335 篇，发文率 19.3%。组织专题 14 个，刊发 12 个。编辑、校对、出版 12 期。期刊网站数据显示，本刊作者遍及 31 个省（区、市），硕士以上学历占 55%，73.3% 的作者投稿 1 篇，涉及机构 730 个，总来稿中基金稿件占 32%。圆满完成《第八届国际康复论坛论文集》共计 511 篇论文、123 万字、1254 页的编辑加工。

5. 信息科研与教育培训工作

完成了中央级公益性科研院所基本科研业务费专项资金项目“基于 WEB 的 ICF 在线学习系统”和首都医学发展科研基金项目“基于 ICF 的康复医疗效果和费用评价指标体系的研究”的结题工作。通过研究项目的开展，中康建立了基于 WEB 的 ICF 在线学习系统，方便研究人员对 ICF 分类进行学习，为中康的医院信息系统（HIS）、医疗评定系统和其他医疗信息系统提高基础医疗信息服务，推进康复医疗信息系统的标准化。

《中国康复理论与实践》杂志出版 ICF 与《世界残疾报告》应用专题，ICF 正式成为中国卫生信息学会卫生信息标准专业委员会国家卫生信息标准，信息所成员加入标准委员会学组，使 ICF 正式成为国家的卫生信息标准和北京市质量检测中心的质控标准。

翻译出版了 ICF 重要著作。出版物作为残疾政策与研究的重要文献，在业界产生重要影响。多次参加国内外残疾与康复领域重大学术会议，并做主题发言，展示研究成果，产生了广泛的影响。

中康信息所作为世界卫生组织国际分类家族中国合作中心成员单位，应邀参加世界卫生组织国际分类家族 2014 北京年会，并作为嘉宾做主旨发言，介绍中国 ICF 发展与应用。中康信息所专家从 2002 年起一直担任 WHO－FIC 功能和残疾专家委员会成员，完成了 WHO－FIC 在中国的培训工作和多项国家性的相关研究课题，在《中国康复理论与实践》杂志上翻译发表了多篇专题文章，并出版了《国际功能、残疾和健康分类》（国际中文版、儿童青少年版）、《世界残疾报告》（国际中文版）、《ICF 核心分类》。中康信息所已经成为中国 ICF 发展与应用的技术资源中心和人才培养基地。

参与全国残疾与康复领域重要会议，开展国际级及国家级 ICF 与《世界残疾报告》培训，为中国残联“十二五”康复专业学科带头人第二期培训班人员授课，2013 年共计发表科研论文 5 篇。

（七）加强中康康复医疗建设，凸显国家级康复中心水平

1. 以医院评审为契机，全面提升管理水平

建立了中康北京博爱医院评审工作领导小组，下设医院评审办公室，来自职能处室及科室的 62 名骨干人员组成内审员队伍，建立医院评审逐级负责的工作机制。深入开展学习研讨活动、建章立制、自查整改等一系列医院评审活动。全年组织学习《三级医院评审标准实施细则》等有关文件，开展全院评审知识培训 4 次、考试 2 次，聘请外院评审专家解读评审细则，编写医院评审应知应会手册。组织做好各部门自查、自评、整改工作和院级检查，制定《医院评审自查存在问题工作落实分工表》；完成规章制度的修订工作，共修订制度 1017 项，全面实现以评促建、持续改进的评审目标。通过 PDCA 的评审管理模式推动中康医院医政管理工作的全面提升。

2. 持续提升医疗质量

进一步扩大医疗服务范围，新增中医治疗、新高压氧、低视力康复门诊、疼痛门诊、多学科联合门诊、音乐治疗等新项目 70 余项。目前中康已经形成了以技术促发展、以创新求进步的工作氛围。继续开展临床路径及单病种管理工作，初步统一中康截瘫康复、四肢瘫康复、脑瘫康复、脑梗死恢复期及脑出血恢复期康复的临床路径规范。全年新增康复路径 22 个，完成 47 个病种 345 例路径管理工作，较上年增长 192.4%，既达到了卫生局的要求，也进一步规范了医院医疗行为。

全面提升医疗服务质量，组织召开医疗质量委员会专题会议 3 次，完善规章制度、医疗流程 20 余项，检查病历 11000 余份，对重点环节和科室进行监督检查 80 次，加强患者安全保障制度的落实管理，组织病例书写等标准学习培训 10 余次。

强化医疗应急体系建设，提高应急救治能力，全年组织应急演练 10 余次，进一步规范中康应急管理工作。

做好疾病预防控制，保障居民身体健康。参加市区 CDC 会议 20 余次，认真落实会议精神；制定传染病防控方案，组织培训 8 次，培训 2000 余人，并完成医务人员考核。完成对社区居民流感疫苗预防接种工作，完成艾滋病、梅毒、AFP、手足口等临床病例监测上报，规范传染病上报制度与流程，全年无 1 例传染病迟报漏报发生。

医院感染管理。修订完善医院感染管理组织与职责、医院感染管理制度、医院感染基本防控与控制措施、手卫生、多重耐药菌、重点部位、重点部门的具体管理措施、应急预案等，共 59 项。加强临床抗生素使用率管理和耐药细菌消毒隔离院感防控工作。对监测医生、护士进行专职培训，并组织全员进行院感知识考试。规范上报流程，采用电子标准报告。全年对环境卫生学和消毒卫生学共监测 4558 次，合格率达 98.31%。检查出院病例 9936 份，医院感染率为 1.22%；无菌手术切口甲级愈合率 99.21%，切口感染率 0.23%。抗生素使用率为 56.32%。通过网络直接上报卫生部和北京市院感管理质控中心的病例信息资料完整，合格率为 100%。

组织健康教育讲座 7 次；开展国际肾病日、健康百姓义诊周等活动，义诊 1000 余人，发放宣教材料 1500 余份，进一步提高了周边居民的健康意识。

3. 积极开展护理工作

积极开展优质护理服务示范工程活动，补充、修订护理管理制度、岗位职责、质量检查标准、应急预案、操作流程、护理人员岗位说明书等共计 160 余项。成功申报局级立项课题 5 项。举办第八届北京国际康复论坛康复护理分论坛，征集护理论文 65 篇。在核心期刊上发表护理论文 5 篇。承担协和医科大学护理学院授课 8 次，首都医科大学燕京医学院康复护理授课 14 次。完成 59 名护理实习生 10 个月的临床护理实习及外院 12 名护士的进修。全年组织继续教育讲座 30 次，参加讲座 7500 余人次。选派护士长和护理骨干参加各类院外专业培训班 65 人次。举办院内护理带教老师培训班 2 期，考核选拔带教老师 101 名。举办新护士培训班，对 62 名新护士进行 12 项常用护理操作考试 732 人次。对护士、护师、主管护师及护士长等 450 余人进行不同层级的专业理论知识考试 1369 人次。对 406 名主管护师以下护士进行护理规范操作考试 5366 人次。

4. 圆满完成各项年度业务指标

2013 年完成康复训练 48 万人次；入院 9618 人次，

同比增长10.14%；手术5959例，同比增长13.14%；门诊411469人次，其中预约挂号4877人次，急诊58750人次，同比增长19.88%；经济收入7.05亿元，同比增长11.64%，圆满完成各项任务指标。

各项护理质量标准均达标。特级护理合格率97%，一级护理合格率97%，基础护理合格率96.5%，急救物品完好率100%，无菌物品灭菌率100%，消毒隔离合格率99%，护理文件书写合格率97.5%，护理技术操作合格率98%，住院病人满意率96.8%，年护理事故发生率为0。

（八）全面启动西区建设，推动中康跨越式发展

推进西区建设项目进程。经过多方努力，中国残疾人康复人才教育基地项目最终通过国家发改委评审。

做好工程各项准备。截至2013年年底，完成大部分原有建筑物拆除、“煤改油”锅炉供暖工程改造、教职工宿舍楼施工用电工程建设、建筑工程对地铁影响评估等十余项前期准备工作。完成康复人才教育基地图纸设计和工程招标工作，如期取得了规划许可证。

组织西区建设与运营研讨。多次召开西区加快工程建设研讨会、运营与管理研讨会，全面推进西区工程开发建设。

（九）全面实施国际化战略，打造国际一流品牌

1. 中康与国际组织间的合作和交流

积极推进申请加入世界卫生组织康复合作中心（WHOCC）的工作。组织安排中康有关人员赴香港参加世界卫生组织（WHO）西太平洋地区WHO合作中心会议；按照WHO的要求，作为WHO合作中心申请机构，圆满完成《中国辅具服务现状与展望》及《精神疾病的社区康复》2篇论文的撰写及英文翻译，并已发表于WHO内部时事报道，获得WHO方面的好评；积极与WHO方面联络，完成WHO交办的《国际脊髓损伤展望》（IPSCI）手册的中文翻译工作，并由WHO于2013年10月在土耳其召开的第五十三届国际脊髓学会年会上首次公开发布。

积极推进残疾管理培训认证项目的启动工作。2012年，德国工商业同业公会总会代表国际残疾管理标准委员会分别与中国残疾人福利基金会和中康签署了合作协议，主要内容为：经国际残疾管理标准委员会授权，以中康为代表，中国正式加入国际残疾管理标准委员会，成为第22个成员国。中康负责在中国培训“残疾管理专业人员”，德国工商业同业公会总会协助培训师资等有关事宜。

通过开展“残疾管理专业人员”培训认证项目，中康将为中国培养残疾管理专业人员，提高残疾人全方位科学管理，造福广大残疾人，使残疾人能够以最高效、最低费用、最科学模式更早更好地回归家庭与社会。

2. 中康与其他国家的合作和交流

中康2013年全年共接待来自日本、德国、美国、丹麦、比利时、荷兰、朝鲜7个国家和香港地区的44个团组183人次来访；按照中国残联规定，为中康人员因公出国办理相关手续，共计9个团组20人次，到访了日本、澳大利亚、土耳其、韩国、德国、美国及香港地区。其中重要的合作和交流有：

（1）JICA中西部地区康复人才培养项目顺利结束

为期5年的JICA中国中西部地区康复人才培养项目于2013年3月31日顺利结束。中日双方共同努力、团结合作，项目达到了既定目标。通过项目的实施，建立了以中康为核心，连接中国中西部地区示范3省（区、市）（陕西、重庆、广西）的网络系统，初步形成了康复人才培养远程教育体系，摸索出了一套通过远程网络开展康复人才培养的模式。项目成果体现了《全国残联系统康复人才培养规划（2005—2015年）》的文件精神，是对“中国残联康复人才培养百千万工程”的支持和补充，对于“残疾人人人享有康复”目标的实现起到了良好的推动作用。

（2）中日韩康复合作项目交流活动

日本国立残疾人康复中心的专家来访，开展学术交流，并参观北京市残疾人体育训练和职业技能培训中心。中康派出3名临床专家赴韩国参加由韩国国立康复中心主办的国际康复研究研讨会。中日韩三国专家分享交流了康复研究领域的成果与经验，并就三国深化未来合作有关计划进行了讨论。这对促进中康康复研究与治疗的发展有重要作用。

（3）继续与日本米盛医院共同开展“中日骨科联合会诊”

日本专家每月定期来华，与中康骨科专家联合会诊。此项合作有效地提高了中康的骨科临床水平，增进了中日康复医疗和管理的交流。

（4）积极推进与日本国际医疗福祉大学、澳大利亚健康服务研究院的合作

中康每年接收日本国际医疗福祉大学、广岛国际大学师生在中康进行为期2周的临床实习，并派出两名员工分赴日本和澳大利亚攻读博士或者硕士学位，学习日本和澳大利亚先进的康复理论、技术和管理运营模式。

3. 与各专业团体的交流和各种学会活动

第八届北京国际康复论坛共邀请到120余名境外专家参会，以各种形式发表60余篇学术论文，其中不乏国际知名的学术大家，例如国际脊髓学会主席Douglas Brown教授、Spinal Cord杂志主编Jean Jacques Wyndaele教授、世界物理治疗联盟主席Marilyn Moffat教授、国际脊柱裂与脑积水联合会主席Margo Whiteford女士等。

中康派遣李建军、王烨、陈小梅三人赴日参加第五十届日本康复医学会学术年会，并做大会发言。

李建军主任代表中康参加了第七届国际物理医学与康复医学学会（ISPMR）年会，并做大会发言。

李建军主任代表中康参加了第五十二届国际脊髓学会（ISCoS）学术年会，并做大会发言。

在第九届全国神经康复高级讲授班及学术研讨会开幕式上，举行了中国加入WFNR的授牌仪式，宣布世界神经康复联合会中国成员分会正式成立，基地设在中康，名誉主席李建军，主席张通。中国加入WFNR的行动，为中国建立了又一个国际神经康复医学交流平台，为中国康复医师与国际合作交流创造了更多的机会。世界神经康复联合会（World Federation for Neurorehabilitation，WFNR）主席Stephanie Clark教授携WFNR成员一行4人参加了会议。会后，Stephanie Clark教授携WFNR一行4位专家到中康参观访问并做了精彩的学术讲座。

中康协助第二十五届全国脊柱脊髓组委会邀请4名境外专家参加会议，并在大会上发言。

李建军主任等人参加了第二届中国国际养老服务业博览会，演讲并分享了养老服务业的最新理念和经验。

按照中国残联指示，中康成功承办了“关注中国脊柱裂/脑积水儿童及成人网络会议暨研讨会”。

以上学会的组织和交流，极大地提高了中康在国内外的影响力，搭建了康复领域的国际合作和交流平台，有利于提高中康的康复理论和技术水平。

4. 科研项目

开展国际脑卒中康复研究合作项目。该项目是关于脑卒中患者专业化康复前瞻性的国际研究项目，由挪威松诺斯康复医院发起并主持，项目共涉及七个国家的九个康复机构，于2012年9月正式启动。主要目的是总结不同国家专业化康复的实施情况，对比不同国家康复中心提供康复服务的模式及手段特点，反映不同国家的健康政策对康复模式的影响机制。中康代表中国参与该项目，并成立了专门的项目研究小组。2013年，中康已圆满完成项目要求的有关病例筛选、数据资料收集整理等大部分工作。中康的工作得到项目主办方挪威及其他参与国专家的一致认可。

5. 人才培养

中康分别举办了三期BOBATH培训班（成人BOBATH培训班、小儿BOBATH培训班、BOBATH医师培训班各一期）。BOBATH培训班的举办，扩大了中康在康复人才培养尤其是高端人才培养方面的知名度，也有效地提高了中康相关专业水平。

（十）建立现代化康复机构运营管理模式

1. 建立现代化的人力资源管理体系

稳步推进人事制度改革。全年召开岗位设置专题会议20余次，根据事业发展需要，科学提出人员设置规划；积极推动岗位设置实施和事业单位分类清理自查工作，重新编发岗位设置说明书，完善相关内容，稳步推进岗位设置实施工作。

参加医学毕业生、留学生招聘会，关注招聘网站，加快高层次人才引进力度，全年引进各类毕业生50人（博士8人、硕士38人、学士9人），其中海外留学人员7名，高层次科研人才4名，为中康发展注入新的活力。

创新人事管理方式。2013年制定了《法律风险分析与实施方案》《干部选拔任用程序》《人事管理月绩效考核制度》等各类人事管理制度10余项，重点开展了新入职人员培训、干部轮岗、聘用管理、干部竞聘等工作。进一步推进人事管理的科学化、规范化和制度化。

2. 建立完善的绩效管理体系

全面推行360°绩效考核方案，形成目标考核、月度考核、年终考核三位一体的目标管理体系，内部管理更加科学、规范、精细、高效。

3. 建立行政管理信息化系统

全面运行OA办公系统，开放网上办公，开设文件上传、信息发布、新闻报道、病案日报、用车管理等6个窗口，节约用纸20余万张，降低了行政办公成本，提高了工作效率，努力打造节约型中心。

4. 建立高效、完善的保障系统

配合财政医疗票据改革，及时准确报送各类经济报表，开展实施移动POS机刷卡收费业务，全面推进实施公务卡结算报销工作进程，完善财务NC系统固定资产计提折旧核算方法和财务综合管理评价指标体系内容。

圆满完成设备日常管理工作。全年采购物资5300余项，维修总量1300余次，完成各类设备计量检测600余台件，完成新高压氧舱设备的安装调试、口腔中心供水系统改造等重点项目，并已通过上级的验收。

做好中康日常维修保障，完成重点工程建设改造任务，全面提升中康业务实力。抓好环境美化工作，改善中康职工工作及患者就医环境。全年为中康日常维修4500余次，清运生活垃圾7600车，处理医疗垃圾220吨。

全年完成重大活动安保工作16次，组织消防隐患排查10余次，组织病区消防应急疏散演练14次，开展安全培训800余人次，进一步提高了火灾应急防范能力。接待上级防火专业检查及卫生局、地方检查9次，多次受到好评。

（十一）中康美誉度不断提升

荣获中华全国妇女联合会、全国妇女“巾帼建功”活动领导小组颁发的全国“巾帼文明岗”荣誉称号，被评为北京市卫生局“北京市卫生系统新闻宣传先进单位”，获得共青团北京市委员会中共北京市卫生局委员会

"2012年度北京青年健康使者火炬行动优秀志愿服务集体"荣誉称号和"2012年度北京青年健康使者火炬行动志愿服务工作组织贡献奖"，被评为北京市丰台区卫生局"2013年度丰台区卫生系统医政管理先进集体"、丰台区卫生系统效能建设先进单位，获得丰台区肠道门诊技术练兵大赛三等奖，获得宣传工作先进单位等各项社会荣誉30余项，全年收到表扬信254封、锦旗152面。

二、重要条目

【刘延东看望"最美女教师"张丽莉】2013年年初，中共中央政治局委员、国务委员刘延东专程到中康看望接受康复训练的张丽莉老师，向她和家人及在岗医护人员送去新年祝福。刘延东对张丽莉说：三个月来，你以坚强的意志一面积极配合训练，一面勤奋学习专业知识，同时主动关心病友和不幸致残的少年儿童，给他们以鼓励、信心和力量，表现了人民教师的高尚师德，不愧为全国广大教师学习的榜样。她祝愿张丽莉早日康复，并勉励张丽莉继续发扬教书育人楷模的崇高精神，按照党的十八大精神，努力做真的追求者、善的传播者、美的创造者、爱的践行者，与全国教师一起，为实现中华民族伟大复兴的"中国梦"培养大批优秀人才做出新贡献。教育部部长袁贵仁陪同看望。人民网、中央政府门户网站、央视网、新华网等对此做了详细报道。

【医生冒险救治脑垂体瘤患者】1月24日，《北京晚报》第17版以"医生冒险救治脑垂体瘤患者"为题，对中康北京博爱医院神经外科主任孙炜教授成功救治一名凝血功能异常脑垂体瘤患者的经过进行了报道，宣传了孙炜教授高尚的医德和精湛的医术。

【中康北京博爱医院护理部荣获全国"巾帼文明岗"荣誉称号】

3月，中康北京博爱医院护理部荣获中华全国妇女联合会、全国妇女"巾帼建功"活动领导小组颁发的全国"巾帼文明岗"荣誉称号。

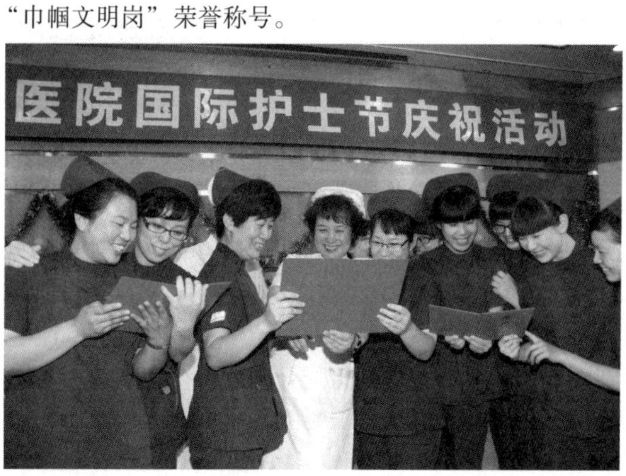

图7-1-1　中康护理部及各科护士争看荣誉证书。

在创建全国"巾帼文明岗"工作中，中康领导高度重视、认真落实，把创建全国"巾帼文明岗"工作纳入医院文明创建工作之中，始终密切关注护理队伍的建设和发展，积极支持优质护理服务示范工程活动的开展，每年不仅在实际工作中给予大力支持，而且投入专项经费送护士外出培训学习，从而大大激发了护理人员工作的积极性和创造性，为优质护理服务实施奠定了基础。

【穿上"中国造"，小阿里站起来】4月10日，《北京晚报》第14版以"哈萨克斯坦男孩先天性双侧髋部以下缺失，来京求治"为题，报道了中康康复工程所假肢矫形器中心以独到的康复工程技术，为一名哈萨克斯坦5岁双腿缺失的男孩成功设计安装假肢的消息，赞扬这一典型病例是中康康复工程与康复医学技术的完美结合。

图7-1-2　穿上"中国造"，小阿里站起来。

【国家康复医疗队奔赴四川雅安灾区】

四川雅安"4·20"地震之后，中国残联党组书记、理事长王新宪，中国残联副理事长孙先德第一时间对中康做出指示，中国残联康复部等部门向中康提出具体工作要求，迅速反应，准备随时奔赴灾区开展抢险救灾工作。接到中国残联指示后，中康立即进入应急工作状态，中康领导时海峰、张通、密忠祥带领中康办、医务处、门诊部、护理部、后勤处、设备处、计财处、药剂科等部门迅速开展抗震救灾工作，制定救灾方案，组建抗震救灾医疗队，筹备应急物资。当日晚7时各项筹备工作全部完成，抗震救灾医疗队整装待发。医疗队由12名队员组成：李建军、韩纪斌、密忠祥、洪毅、王安庆、徐青、张军卫、刘四海、陈彤红、黄秋晨、魏娜、李晶。

4月21日早上五点半，抗震救灾医疗队出发。中康副主任时海峰、张通前往机场送行，并对抗震救灾医疗队提出要求：（1）医疗队代表中国残联和中康全体职工前往灾区开展抗震救灾工作，各位队员一定要发扬不怕苦、不怕累的工作精神；（2）抗震救灾工作中，各位队员一定要服从任务安排，一切行动听指挥；（3）要做好自身防护，在保证各位队员安全的情况下圆满完成任务；（4）各位队员之间以及与当地部门人员一定要精诚团结，协同做好工作；（5）任何队员家中有困难一定要及时提出，中康全力帮助解决。

4月21日早上7点50分，医疗队奔赴四川灾区。在李建军教授的带领下，医疗队震后一周内开展手术13例、救治伤员40余名、组织查房20余次、康复治疗500余人次。

图7-1-3　中康医疗队整装待发。

4月22日，《北京晚报》第11版以“国家康复医疗队奔赴灾区”为题，报道了中康在第一时间组成国家康复医疗队奔赴灾区抗震救灾的消息，宣传了中康勇于承担社会责任的善举。

【第二届中国国际养老服务业博览会老年人康复与护理服务主题论坛】第二届中国国际养老服务业博览会由中华人民共和国民政部、全国老龄工作委员会办公室、北京市人民政府主办，中国社会福利协会、北京市民政局承办，于2013年5月1日在北京国家会议中心开幕。作为博览会七个分论坛之一的“老年人康复与护理主题论坛”，在中康、北京大学护理学院两个承担单位的精心

图7-1-4　第二届中国养老服务业博览会。

组织下，于5月2日下午在博览会C会场召开。中康主任助理密忠祥主持了开幕仪式，中国社会福利协会刘光和会长为论坛致辞。刘会长充分肯定了中康和北京大学护理学院的课题研究成果，希望大会深入研讨、交流思想、凝聚共识、增进友谊，为推动我国养老服务事业的发展做出积极贡献。随后，中康主任李建军教授、北京大学护理学院尚少梅教授分别做了《老年人康复服务模式研究》和《老年人护理服务模式研究》的主题发言，系统呈现国家养老服务体系建设应用型科研项目的课题研究成果。

【中国残联残疾预防与控制研究中心成立】5月17日上午，中国残联残疾预防与控制研究中心在中康隆重揭牌，标志着这一开展残疾预防与控制工作的专门机构开始正式运行。中康主任、中国残联残疾预防与控制研究中心主任李建军说，残疾预防与控制研究中心今后将在残疾预防工作、残疾康复宣传工作、建立残疾人信息数据库、残疾人相关政策研究以及预防残疾并发症、减轻功能障碍程度、减轻残疾程度等方面起到不可替代的作用。他表示，中国残联残疾预防与控制研究中心将围绕三级残疾预防体系和我国残疾预防与控制的重点任务，积极开展综合性、系统性的残疾预防对策研究，做好全国残疾预防与控制的技术指导、人员培训和质量控制工作，为中国残疾人事业和康复事业的发展做出贡献。中央政府门户网站、新华网、健康报网等网站对此做了详细报道。

图7-1-5　中国残联残疾预防与控制研究中心成立。

【北京市康复医疗质量控制和改进中心】北京市卫生局于5月正式批准中康北京博爱医院成为“北京市康复医疗质量控制和改进中心”的首家主任单位。中康将承担对全市各级各类康复机构进行规范和指导的任务。这充分体现了国家对康复事业的重视和对中康康复实力的认可。

【《世界残疾报告》和《国际功能、残疾和健康分类》（儿童和青少年版）国际中文版发布会暨学术研讨会】6月19日，世界卫生组织分类家族中国合作中心及相关机构在北京联合召开《世界残疾报告》和《国际功能、残疾和健康分类》（儿童和青少年版）国际中文版发布会暨学术研讨会。世界卫生组织总部项目官员王静、中国残联康复部主任尤红、中国残联研究室主任陈新民、世界卫生组织分类家族中国合作中心主任刘爱民、世界卫生组织分类家族功能和残疾专家委员会专家邱卓英教授、香港复康会总监贝维斯女士、意大利OVCI“我们的家园”国际合作组织总监Monica Mongodi女士以及来自20多所大学和研究机构的学者出席会议。《世界残疾报告》是为了配合《残疾人权力公约》在各国实施，由世界卫生组织会同世界银行共同发布的，是为全球残疾人事务提供最新分析、典型案例和具体建议的文件，也是联合国权利公约和千年发展目标的重要参考工具书。《世

界残疾报告》阐述了残疾内涵以及残疾对个人和社会的影响，提供了一系列相关案例和数据；《国际功能、残疾和健康分类》（儿童和青少年版）是由世界卫生组织分类家族中国合作中心根据世界卫生组织的授权发布的 ICF 的最新版本，既包括了成年人类目，也包括了儿童和青少年的类目，还包括世界卫生组织近期更新的《国际功能、残疾和健康分类》类目，为描述功能与残疾状态提供了标准化的语言。

【中国康复研究中心北京博爱医院文化建设工作草案】6 月份中康制定，对中康文化建设进行了全面的部署和规划，确定了以“八项文化”（即精神文化、制度文化、品牌文化、服务文化、创新文化、健康文化、楷模文化、环境文化）为核心内容的阶段性目标和建设要求，将中康文化建设纳入中康建设发展总体规划之中。

【开展党的群众路线教育实践活动】7 月，按照中央精神及中国残联直属机关党委的部署，中康组织开展了“党的群众路线教育实践活动”。严格落实中央八项规定，针对“四风”问题，广泛征求意见，组织召开了领导班子专题民主生活会和支部专题组织生活会；认真制定落实整改方案；对已有的制度进行全面梳理。经过党的群众路线教育实践活动，各部门工作作风明显转变，工作实效明显提高，患者和职工满意度明显上升。

【世界神经康复联合会中国成员分会成立】7 月 6 日，第九届全国神经康复高级讲授班及学术研讨会在内蒙古自治区包头市举行。世界神经康复联合会（World Federation for Neurorehabilitation，简称 WFNR）主席 Stephanie Clark 教授携 WFNR 成员一行 4 人参加了会议。在开幕式上，举行了中国加入 WFNR 的授牌仪式。WFNR 主席 Stephanie Clark 教授做了简短致辞，宣布世界神经康复联合会中国成员分会正式成立，基地设在中康，名誉主席李建军，主席张通。Stephanie Clark 主席亲手将世界神经康复联合会中国成员分会的匾牌交到李建军主任和张通副主任手中，同时盛情邀请中国康复界的专家参加 2014 年在土耳其举行的学术会议。中国加入 WFNR 的行动，为中国建立了又一个国际神经康复医学交流平台，为中国康复医师与国际合作交流创造了更多的机会。

【第八届北京国际康复论坛】

中康主办，于 9 月 13 日在北京国家会议中心举行。这届论坛的主题是“创新、融合、共享、发展——康复成就梦想”。论坛为期 3 天，按照“创新、融合、共享、发展”这一主题，本着“坚持学术、强调应用、开放协作”的办会精神，开设了 1 个主论坛、25 个分论坛和 22 个会前培训班。来自德国、挪威、日本、澳大利亚、美国、加拿大、英国、意大利、乌兹别克斯坦、巴布亚新几内亚、斯里兰卡、比利时、荷兰、马来西亚、蒙古和香港、台湾等 17 个国家和地区以及国内 30 多个省（区、市）的 2000 多位专家、学者、康复工作者，围绕康复管理、康复医疗、康复技术、康复工程、康复信息等康复医学各个领域的最新研究成果和动态进行广泛的交流。在此期间，受国家委托，成功举办了北京医学会物理医学与康复学分会和中国老年保健医学研究会老年康复分会的成立大会；经国际残疾管理标准委员会授权，以中康为代表，中国正式加入国际残疾管理标准委员会，成为第 22 个成员国，中国残疾管理认证培训项目正式开始实施。论坛共收到学术论文 537 篇、大会发言 275 篇，评选出优秀论文 114 篇，展板展示论文 16 篇，参展厂商近 40 家。9 月 15 日下午 5 时，论坛圆满落下帷幕。

9 月 24 日，《中国医学论坛报》第 7 版以“第八届北京国际康复论坛隆重举行”为题，对中康在国家会议中心举办第八届北京国际康复论坛进行了报道。报道认为，论坛的举办必将对推动康复事业的全面发展产生深远的影响。

图 7－1－6　第八届北京国际康复论坛开幕式。

【2010—2013 年集善三星爱之光系列公益项目——中国康复研究中心项目验收暨神经康复中心成立】

10 月 16 日上午，“集善三星爱之光系列公益项目”支持中康购置设备及改扩建项目考察参观活动暨神经康复中心病区揭牌仪式在中康举行。中国残疾人福利基金会理事长汤小泉女士、中国三星集团副总裁王幼燕女士、中康主任李建军教授出席了考察活动，共同为得到“集善三星爱之光系列公益项目”支持并完成改扩建的神经康复中心揭牌，中康主任助理密忠祥主持了揭牌仪式。揭牌仪式结束后，出席各方一起考察参观了得到“集善三星爱之光系列公益项目”支持，添置了先进设备和已经完成改扩建的医院假肢矫形器制作中心、自闭症儿童康复训练室、儿童物理疗法科、偏瘫运动疗法科、骨关节与截瘫运动疗法科、作业疗法科、神经康复中心病区等业务科室。

《人民政协报》第 3 版以“集善三星爱之光系列公益项目在中国康复研究中心开展”为题，报道了“集善三星爱之光系列公益项目”支持中康购置设备及改扩建工程。报道指出，该公益项目必将为许许多多残疾人的康复带来福音。

【交流与创新为骨科康复事业注入新动力】11 月 21 日，《健康时报》第 3 版以“交流与创新为骨科康复事业注入新动力”为题，报道了由中康承办、在北京国家会议中心举行的第三届骨科康复年会会议情况。报道指出，该年会是骨科康复医生高端学术交流的盛会，推动着我国骨科康复事业的健康发展。

【美国驻华大使骆家辉一行到中康参观访问】

11月29日，美国驻华大使骆家辉一行4人专程到中康参观访问。中国残联理事、康复部主任尤红，中康主任李建军，副主任时海峰，主任助理密忠祥等有关人员以及中国残联国际部随行人员参加了接待。

李建军主任向美国贵宾来访表示热烈欢迎。骆家辉大使欣然为中心题字：“致中康全体员工：感谢你们为中国残疾人所做的杰出而有意义的工作。”双方共同观看了反映中康发展及建设历程的录像。随后，骆家辉大使一行参观了康复工程研究所假肢制作部、语言治疗科、水疗室、物理治疗科、文体科、作业治疗科等中康特色科室。

参观结束后，骆家辉大使对中康的工作给予了高度评价。他表示此次参观给他留下了深刻而美好的印象，他期待着中美双方在康复领域能够开展更多的交流与合作。

三、大事记

1月4日，骨科和康复工程研究所合作收治哈萨克斯坦先天性双侧髋部以下缺失儿童小阿里。中康成立由骨科主任王安庆和康工所所长曹学军为领导的小阿里康复治疗团队，为小阿里制定出详尽的康复和假肢设计制作方案。

1月22日，中国残疾人联合会主席张海迪在组联部主任曹跃进的陪同下，来到中康，亲切看望“最美女教师”张丽莉、中国科学院陆大道院士等住院患者。在陆大道院士床前，张海迪主席亲切地说：您为我国科学研究事业做出了贡献，我们希望多为您做些事情，祝愿您早日康复。看到一天天康复起来的张丽莉老师，海迪主席拉着她的手说：“很高兴你被评为2012年度感动中国人物，我代表中国残联向你表示祝贺。记住所有荣誉都是人民给予的，我们要用人民给予的荣誉多为人民做事情，淡泊名利，永远用一颗最火热的心为大家服务。目前康复是你的主要工作，康复好才能工作好。有专家团队的治疗，有大家的帮助，有先进的康复技术和无障碍设施，你的困难会少很多。希望你回归社会后，继续做孩子们的好老师，为更多的孩子、残疾人服务，做一个对社会有用的人、对社会有益的人，以自己的精神鼓舞更多的人。祝愿你的生活更加幸福愉快，祝大家新春快乐！”随后，海迪主席将自己翻译的几本书送给张丽莉。中康主任李建军、主任助理密忠祥陪同参加慰问活动。

图7-1-7　张海迪与中国科学院陆大道院士（前排左一）合影。

3月，中康社会服务指导中心总结梳理2012年度全国智力、肢体残疾康复任务的完成情况，掌握国家康复项目进展，对“七彩梦矫治手术项目和脑瘫救助项目”以及“彩金智力项目”进行阶段性总结，完成《七彩梦计划——贫困肢体残疾儿童矫治手术项目和脑瘫儿童康复救助项目年度执行报告》和《彩票公益金——贫困智力残疾儿童康复救助项目年度执行报告》，交流总结经验，推动项目深入开展。

3月6日，中康北京博爱医院骨科和脊髓损伤康复二科参加了丰台区卫生局举办的“2012年度丰台区优质护理服务示范病区先进评优活动”，分别获得第一名和第三名的优异成绩。

3月14日，中康北京博爱医院肾内科在综合病房楼一层门诊大厅举办了以“情系患者——防治肾脏急性损伤”为主题的义诊咨询活动。此次活动共接待健康咨询260余人次，免费测量血压300余人次，发放各类宣传资料1200余份。

4月20—29日，“4·20”雅安地震后，中康接到了中国残联组建抗震救灾医疗队的指示精神，立即组建抗震救灾工作医疗队，准备各项救灾物资。人员和物资先后到达成都四川八一康复中心。医疗队在李建军教授的带领下，震后一周内开展手术13例、救治伤员40余名、组织查房20余次、康复治疗500余人次。

4月21—27日，中康社会服务指导中心在重庆举办了全国智力残疾儿童在职康复专业技术人员培训班，来自全国31个省（区、市）的80余名在职智力残疾儿童康复业务骨干参加了培训。此次培训的主题是智力残疾儿童集体康复训练的设计与实施。

4月23日，中康北京博爱医院护理部与丰台区西罗园社区康复医院联合在博爱医院举办了“脑卒中社区康复护理”讲座。西罗园社区的居民和相关科室主任、护士长及业务骨干共50多人参加了活动。

5月1日，第二届中国国际养老服务业博览会在北京国际会议中心隆重开幕。中康主任李建军教授出席开幕式，并参观中康设在博览会的展台。

5月，制定并印发《彩票公益金贫困智力残疾儿童康复救助项目定点康复训练机构准入标准（修订版）》（康函〔2013〕3号）。

5月7—11日，中康社会服务指导中心3位同志赴新疆维吾尔自治区开展以肢体残疾康复及康复机构建设与发展为主要内容的工作调研，通过听取汇报、查阅档案，走访市（县）级康复机构、特教学校、儿童福利院、街道日间照料中心、乡镇卫生院康复室，慰问贫困残疾人家庭等不同形式，深入基层，了解新疆部分地区为实现残疾人“人人享有康复服务”目标所采取的具体措施、社会化服务体系建立和运行情况、残疾人在机构和社区（家庭）得到的康复服务等方面的情况。调研涉及3个地区、4个区县、18个机构、4户肢体残疾人家庭。通过调研，他们了解到新疆残疾人事业发展成就，也看到了当地存在的问题，向他们提出了中肯的建议。

5月8日，中康教育处、中心办和儿童物理疗法科联合举办了第二届“BOBATH治疗技术在小儿脑瘫中的临床应用”培训班，18名来自全国不同医疗机构的从事小儿脑瘫康复治疗的专业技术人员参加了培训。这届培训班邀请到国际著名专家、亚洲首席BOBATH技术指导、日本大阪森之宫病院的专家纪伊克昌先生和永岛智理女士授课。专家们向学员介绍了脑瘫患儿异常姿势障碍控制、正常儿童的运动发育和BOBATH技术在不同类型脑瘫患儿中的应用。

5月17日，中国残联残疾预防与控制研究中心在中康隆重揭牌，标志着这一开展残疾预防与控制工作的专门机构开始正式运行。

5月17日是第七个“世界高血压日”，中康北京博爱医院心血管内科在门诊大厅举办了世界高血压日义诊活动。活动期间，共有500多人咨询问诊。

6月3日，由中国残联和国际脊柱裂与脑积水联合会共同主办的关注中国脊柱裂与脑积水儿童和成人网络会议暨研讨会在中康报告厅开幕。来自脊柱裂与脑积水人群事务相关国际组织、国家政府部门、医疗机构、大专院校、残联系统、脊柱裂与脑积水患者代表目标群体共200多人出席了为期3天的会议，共同研讨脊柱裂与脑积水康复工作。

6月19日，世界物理治疗联盟（WCPT）主席Marilyn Moffat教授、WCPT亚洲西太平洋地区理事Margot Skinner博士及澳大利亚悉尼大学物理治疗系Alice YM Jones教授一行3人到中康参观访问。董浩副主任代表中康表示热烈欢迎，并希望康复医学院PT专业课程能够得到WCPT的认证。Marilyn Moffat教授称赞中康的出色工作及在康复医学治疗师培养方面取得的成就，同时表示WCPT会全力支持康复医学院PT专业课程的认证工作。

6月28日，在“世界尿失禁周”到来之际，中康泌尿外科在中康多功能厅举办了尿失禁的防治科普讲座和专家义诊活动。

7月9日，世界神经康复联合会主席Stephanie Clark教授一行4位专家到中康参观访问并做学术讲座。中康共有100多位听众参加了讲座，与专家们进行了热烈的讨论互动。

7月30日，中康在四楼会议室举行座谈会，欢送中组部第七批援藏干部、社会服务指导中心综合处副处长、副研究员银芳同志赴西藏自治区残疾人康复中心工作。

8月21日，魔法音乐剧团的小志愿者们来到中康，在中康报告厅为来自全国各地、正在医院康复的小患者举行了义演。儿童康复科和自闭症治疗中心的小患者们也积极参与演出，高兴地应邀登上舞台与演员们互动。中康内外共有150多人参加了此次活动。义演活动为小患者的住院生活增添了快乐与自信，获得了患者家长的高度评价。

图7-1-8　把爱献给你——魔法音乐剧团小志愿者为中康患儿举行义演。

8月22日，作业疗法科装备了从瑞士引进的先进的手臂康复治疗训练器。这种训练器可为因脑部疾病、神经疾病、脊柱脊髓疾病、肌肉疾病或者与骨骼相关的疾病导致上肢功能衰退或丧失的病人，提供有效的康复治疗和训练，提高患者的手臂运动功能。

8月29日，中康北京博爱医院作为北京市康复医疗质量控制和改进中心主任委员单位，按照北京市卫生局要求，在中康报告厅召开了北京市康复医疗质量控制和改进中心专家聘任会暨第一次工作会议。来自北京市各类医疗机构的38名专家（其中外院21名、本院17名）

图7-1-9　北京市康复医疗质量控制和改进中心专家聘任会暨第一次工作会议在中康召开。

和中康相关部门的负责人参加了会议。北京市卫生局医政处处长路明出席会议并讲话，北京市康复医疗质量控制和改进中心副主任、中康副主任张通主持会议。会议为北京市康复医疗质量控制和改进中心的各位委员颁发了聘书，并就质控中心的管理办法、工作计划等内容进行了审定。此次会议标志着康复医疗质控和改进中心正式启动运行。它将在北京市卫生局的领导下，充分发挥检查、指导、培训和监督的职能，积极开展质控中心的各项工作，为北京市康复学科的发展贡献力量。

9月6日，中共中央政治局委员、国务委员刘延东到中康北京博爱医院亲切看望并慰问在此进行康复治疗的“最美女教师”张丽莉。中国残联主席张海迪等陪同慰问。

9月13—15日，中康主办的第八届北京国际康复论坛在北京国家会议中心隆重举行。10月13—19日，中康在院内门诊大厅开展了为期一周的义诊活动。神经内科、神经康复科、肾内科、骨关节科、普外科、心内科、呼吸内科、内分泌科、眼科、康评科、内分泌科、中西医结合科、心内科、中医科、泌尿外科、脊柱外科等16个科室的50余名医护人员积极参加义诊，共义诊患者1217人，发放各种健康宣传资料1500余份，受到广大患者的好评。

10月9日，制定并印发《彩票公益金贫困智力残疾儿童康复救助项目定点康复训练机构评估标准（试行）》（康函〔2013〕9号）。

10月15—17日，中康医务处根据国家卫生计生委、国家中医药管理局、总后勤部卫生部联合开展的“服务百姓健康行动”大型义诊活动周的要求，主要进行常见病、慢性病的咨询以及初步筛查、诊断和一般治疗，普及医学常识和健康知识，并分别在社区内和中康院内开办了三场健康讲座。心内科李寿霖主任医师讲授了“心力衰竭的治疗与康复”，眼科主任医师刘娜讲授了“常见眼病的防治”，内分泌科郑欣副主任医师讲授了“骨质疏松的药物治疗”。共有150多位社区居民参加了讲座。

10月16日，“集善三星爱之光系列公益项目”支持中康购置设备及改扩建项目考察参观活动暨神经康复中心病区揭牌仪式在中康举行。

10月，经过一年多的专家编审，印发康复普及读物《七彩梦肢体残疾儿童矫治手术项目术后康复与辅助器具应用手册》20000册，引导各地定点机构规范开展康复业务。

11月8—9日，作为“中华医学会第十五届骨科学术会议暨第八届中国骨科协会国际学术大会”的重要组成部分，由中康承办的“中国骨科协会2013年第三届骨科康复年会”在北京国家会议中心隆重举行。来自国内外的800多名专家学者参加了此次年会。此次会议共收到论文313篇。包括医院21位专家在内，共95位国内外专家结合自己在骨科康复领域的工作经验和研究成果进行了论文发言。

11月11日，中国残联“十二五”康复专业带头人第二期培训班在中康正式开班。李建军、董浩、张通、孔德明、密忠祥、刘境等中康领导出席了开幕式。中康科教处副处长杨祖福主持开幕式。此次培训班历时3周，共有来自全国22个省（市）的学员40名，培训班主要讲授康复医学发展、康复医疗机构管理、科研与教育、国际合作、信息化平台建设、临床康复、心理康复、康复治疗技术、医患关系处理以及文献检索、论文写作和专利申请等内容。

11月20日，为响应国家卫计委、国家食药监总局、中国科协等三部门发出的《关于加强合理用药健康教育工作的通知》精神，落实“健康中国行”活动，中康北京博爱医院开展了合理用药宣传教育活动。具体活动包括：合理用药咨询义诊、普及常用药物知识讲座和发放宣传材料，并在医院网站的“科技园地”栏目开设“常用药物知识网上查询”版块。

11月29日，由北京阜外医院副院长杨跃进、北大医院肾内科主任左力、友谊医院麻醉科主任田鸣组成的北京市卫生局检查组到中康医院检查康复质控中心工作，中康领导董浩和刘境参加了迎检。

12月11日，北京市康复质控中心第三次工作会暨年度总结会在中康召开。来自中康内外的35名专家参加了会议，康复质控中心主任、中康主任李建军和北京市卫生局医政处副处长齐士明出席会议并讲话，康复质控中心副主任、中康副主任张通主持会议。康复质控中心办公室介绍《北京市康复医疗质量管理与持续改进考核评价实施细则（草案）》，与会专家针对《细则》的具体条款进行讨论。康复质控中心李建军主任做了《2013年度质控中心工作总结报告》和《2014年工作计划》。

12月28日，在中康康复二党支部和儿童康复科团支部的积极组织下，北京魔法音乐剧团的20名小志愿者们来到中康，在报告厅为近200名正在康复的小患者和家长们举办了一场迎新年义演活动。

（李沁燚供稿）

中国聋儿康复研究中心

一、工作综述

2013年是实施“十二五”听力语言康复规划承上启下的关键一年，在党和政府的大力支持下，在中国残联的正确指导下，各省残联、聋儿康复机构密切配合，围绕贯彻落实《关于进一步加强听力语言康复工作的意见》（残联发〔2013〕5号）要求，积极推进全国听力语言康复事业健康发展，取得显著成效。

（一）出台《关于进一步加强听力语言康复工作的意见》

2013年4月，中国残联统一印发《关于进一步加强听力语言康复工作的意见》。《意见》由中国聋儿康复研究中心牵头研究起草，广泛听取了专家和地方残联的意见，经过历时1年的反复修改后成稿。《意见》明确了听力语言康复事业的发展目标、主要任务、工作要求，是中国残联首次就听力语言康复工作出台的专项指导意见，对进一步增强各级残联对听力语言康复工作的重视，推动完善听力语言康复服务体系、保障制度具有重要意义。

《意见》印发后，按照中国残联的要求，中心积极采取多项措施，加大《意见》贯彻落实的督导力度。中心下发了《关于印发2013年全国听力语言康复工作会议文件的通知》《关于上报贯彻落实2013年全国听力语言康复工作会议重点工作主要措施的函》等，要求各省（区、市）认真学习会议精神，结合本地实际，研究制定本地贯彻落实《意见》措施；中心领导带队赴河北、辽宁等19省实地指导《意见》落实。截至2013年年底，全国31个省（区、市）制定了本地贯彻落实《意见》的主要措施和时间表。河北、辽宁、黑龙江、上海、江苏、安徽、福建、江西、山东、河南、湖北、湖南、广东、贵州、陕西、青海、新疆等17省（区、市）及时向全省（区、市）转发了《意见》，山西、内蒙古、吉林、重庆、甘肃等5省（区）出台了本省（区）《关于进一步加强听力语言康复工作的意见》。

（二）认真组织实施国家重点康复项目

继续加大力度，组织实施“七彩梦行动计划”聋儿（人工耳蜗）康复救助项目、“七彩梦行动计划”贫困聋儿（助听器）康复救助项目等国家重点康复项目，努力改善听力残疾人的康复状况。截至2013年12月底，共完成4300多名受助儿童的人工耳蜗植入手术，完成4621名受助儿童的康复安置，儿童助听器项目累计验配和康复安置4972人，其中完成2012年验配任务3955人，完成率88%；完成2013年任务1017人，完成率23%。成人助听器项目累计完成验配27430人，其中完成2012年验配任务19940人，完成率99.7%；完成2013年验配任务7490人，完成率75%。家长及社会对此给予了高度评价。

1. 努力改进人工耳蜗救助项目管理

在确保进度的同时，继续改进人工耳蜗项目管理，努力提高质量管理和项目服务水平。

组织项目管理人员培训。下发《关于下发2013年“七彩梦行动计划”聋儿人工耳蜗康复救助项目工作安排的通知》，对2013年项目工作进行全面部署。举办“七彩梦行动计划”聋儿（人工耳蜗）康复项目管理及网上服务人员培训班，对全国31个省（区、市）的85名项目管理及网上服务人员进行了培训。

提供技术支持。会同国家卫生计生委，启动实施项目对口医院支（受）援工作，选定北京、上海6所人工耳蜗手术植入技术最优的项目定点医院，对海南、贵州、西藏、青海、宁夏等5个省（区）的耳科手术条件较好的医院进行对口支援，提高了边远地区耳科医疗能力；认真开展基层技术指导，完成手术指导10次，调机、康复技术指导1836人，为10名患者组织疑难病例会诊，并为56所定点服务机构提供调机设备，先后赴黑龙江、湖南、河北、江苏等20省（区、市）进行实地检查、指导。

项目审批权下放。印发《关于调整人工耳蜗康复救助项目定点康复机构认定程序的通知》，将人工耳蜗定点康复机构审批权下放至省。截至2013年年底，全国已有人工耳蜗定点手术医院56家，人工耳蜗定点康复机构215家。

继续组织开展人工耳蜗集中招标采购，顺利完成3批4716套人工耳蜗产品的采购，采购价格为市场价格的20%。

建立项目手术周报制和项目工作月报制，继续开展项目服务满意度调查。对2009—2010年度113名受助者第2次随访及对2011年和2012年31省（区、市）345名人工耳蜗项目受助家庭术后第1次电话随访结果显示，家长对残联申报服务、对医院复筛及植入手术服务、对术后调机服务、对康复机构服务、对耳蜗公司服务的满意度均在95%以上。对2009—2011年度术后3年465名受助者走向跟踪统计显示，83%受助者已进入普幼普小学习，成效显著。

在组织实施国家人工耳蜗救助项目的同时，继续大力推进台塑集团捐赠支持的“听力重建·启聪行动”。通过简化申报流程、拓宽申报渠道、缩减审核周期等，接受395人提交的救助申请，安排42人接受植入手术。

2. 加强助听器项目管理

开展定点服务机构摸底调查工作。为保障项目服务质量，进一步加强对国家助听器项目定点验配机构的管理和指导力度，提高机构培训工作的针对性和实效性，开展了助听器定点验配机构和听力师资质摸底调查工作。截至2013年年底，全国共有234家助听器定点验配机构，435家助听器定点康复机构。

规范项目定点机构认定。2013年年初印发《关于调整人工耳蜗康复救助项目定点康复机构认定程序的通知》，将人工耳蜗的定点康复机构审批权下放至省，同时继续做好助听器项目定点验配机构认定工作。全年累计备案人工耳蜗定点康复机构35家，助听器定点康复机构26家，注销助听器定点康复机构7家，定点康复机构。

加强助听器验配质量管理。（1）开展康复效果抽评工作。首次使用CAP和SIR问卷对2012年助听器项目验配效果特别是成人效果进行抽评。（2）做好2012年度助听器项目随访工作。为了解2012年度成人彩金和儿童助听器项目管理和验配及康复效果，对31个省（区、市）的201名儿童和208名成人助听器救助对象进行电话随访，了解其对项目实施及效果的满意度情况。（3）开展助听器项目质量评估工作。6月起，组派工作小组前往陕西、山东、河南3个省份的9家定点服务机构，对“十二五”助听器项目进行质量评估，重点评估定点验配机构项目服务情况，同时考察定点验配机构自身建设情况。现场累计抽评70名儿童项目救助对象，评估结果显示，70%救助对象助听听阈双耳优化，40%的救助对象助听器效果达到最适。

3. 继续加强中国听障儿童服务网建设

继续提升网络服务能力，自主开发了中国听障儿童服务网助听器免费借用服务功能，10月份正式面向全国开展服务。同时，通过人民网、新浪微博等进行广泛宣传，获得家长和社会的重视与好评。2013年，已为全国20个省市的53名家长免费提供94台借用助听器。

继续为31个省（区、市）、新疆建设兵团、农垦总局的残联项目专干以“听守望”名义做好网上服务，同时增开“听力重建·启聪行动”网上申请渠道。

截至2013年12月16日，中国听障儿童服务网新增人工耳蜗救助项目申请4902人次，累计网络申请总数达到12433人次（其中家长申报8171，占网络申请总量的66%）；专家问答共回答家长提问4842个；家长参与论坛发帖3656条，各类信息发布105篇，网站总浏览量达218万次。

为做到及时、直接、有针对性地提供服务，网站实行专家问答“全天无休”式服务，参与网上问答的专家达40余名，网上服务已经成为常规工作。专家不仅及时、有效地解答各类专业问题，而且以爱心、耐心、诚心去化解各种问题和矛盾。通过网站的正面宣传和引导，国家项目救助工作获得了听障儿童家长的普遍认可和深度理解，网上质疑的声音越来越少，感谢的声音越来越多。

（三）进一步加强专业人才培养

2013年，继续全面推进全国听力语言康复教育改革。

1. 加强基层专业人才培训。中国聋儿康复研究中心研究、制定《2013年全国听力语言康复教育改革项目推广方案》，明确了全年教改任务。6—8月，先后在吉林、广东、山东、广西、福建、浙江、甘肃、贵州等省举办10期基层专业人员轮训班，全国31个省（区、市）686个机构的1115名学员参加了轮训，考试通过率达到87.4%。为提高培训效率，中心积极开发建设网络培训学院，制作、上传了47学时的在线培训课程，选择北京、山西、山东、河南、江苏等6省开通了500名学员的网络培训账号，完成2540名专业人员的信息采集，为专业人员实名制培训的实施奠定了基础。

2. 开展学科骨干和教改专项业务培训。在推进基层教师轮训的同时，中心继续开展省级学科骨干及教改专项业务培训，先后举办“人工耳蜗调机师实习技术”、“人工耳蜗基层管理人员”、“基层专业人员听能管理”、“小儿听力学认证”、“第五期中文听觉口语法”等13期培训班，培训各类专业人员679人；全国有35名省级听力师通过人工耳蜗调机实习认证考核。举办省级学前教师半日活动教学观摩与评比活动；开展听觉口语师资远程评课；AVT中心首次尝试自主招生，顺利招收24名基层康复机构学员，完成了培训任务。

3. 积极采取多种形式扶持基层机构业务建设。中国聋儿康复研究中心积极制定《听障儿童康复档案标准》，并在广东、吉林、甘肃等中心试用；组织召开教改工作研讨会；赴6省6家康复机构进行教改工作专项督导；选派12人次赴11个省承担省级培训授课任务；组织部分省个别骨干教师赴台湾雅文进修学习；根据基层需要，加印、发行《听障儿童全面康复》等教材。

（四）全面规范基层听力语言康复机构建设

部分省级聋儿康复中心改扩建工作取得新进展，江西、河南等省中心迁入新址，辽宁投入115万元资金用于省级中心改扩建，新疆利用暑假期间扩大、改造康复训练场地，由原来的1080平方米增加至2160平方米，年收训量扩大至100名。省级中心拓展业务功能，启动实施全年龄段听力语言康复服务项目。全国已有河北、辽宁、浙江、安徽、河南、广西、重庆、陕西、甘肃、青海10个省（区、市）中心更名为“省听力语言康复中心”。编印《成年人听力健康手册》3万册，发往项目定点服务机构、基层听力语言康复机构，受到基层机构和广大听障人士的广泛好评。

中心继续支持、指导基层机构业务建设工作。（1）家长学校工作。编印《听障儿童家长手册》5000册，向全国31个省（区、市）免费发放3800册，通过中国听障儿童服务网直接向听障儿童家长免费赠阅200册，为语训部家长学校提供400册。（2）推动基层加强业务内涵建设，制定下发《关于开展省级听力语言康复中心业务建设量化考核工作的通知》。截至2014年初，河北、黑龙江、江苏、青海、江西、上海、广东、安徽、辽宁、福建、重庆11个省级中心已完成业务建设量化考核工作。（3）在加强省中心建设的同时，印发《关于推荐市（地、州、盟）级听力语言康复示范机构培育对象的通知》，启动地市级听力语言康复示范机构创建活动，全国28个省（区、市）已推荐、上报地市级示范机构51家。（4）继续发挥吉林、甘肃、广东3个区域中心的示范、指导作用，开展区域性培训6次，累计培训647人次，辐射范围增至16个省（区、市）。（5）协调资金为10个省建造10个标准单训室。

（五）大力开展爱耳日宣传教育活动

中国残联、教育部、民政部、卫生部等15部委共同印发了《关于开展第十四次全国爱耳日宣传教育活动的通知》，认真指导各省围绕“健康听力，幸福人生——关注老年人听力健康”的活动主题，开展了形式多样的科普教育和事业宣传活动。上海、安徽、深圳、广西等地协调行动，联合举办爱耳日公益音乐会，5个城市共同奏响2013年爱耳乐章。3月1日晚，北京会场爱耳日公益音乐会在国家大剧院音乐厅成功举办，15个全国爱耳日主办部委相关部门负责同志以及提议设立全国爱耳日的部分第九届全国政协提案委员和首都社会各界人士近2000人出席了音乐会。爱耳日前，中国聋儿康复研究中心还通过北京交通广播，面向北京市65岁及以上的老年人免费赠送150张音乐会门票。

全国各地围绕爱耳日主题，积极行动，组织技术小分队713支、专家4126名，深入769个市县的6378个社区开展活动，发放宣传材料156万份，制作各类展板54123块，直接为42889人提供免费测听、咨询等服务。同时，工信部向全国手机用户发送科普宣传短信，整个宣传教育活动覆盖近亿人。

在中国聋儿康复研究中心的成功推动下，2013年，世界卫生组织正式确立3月3日为国际爱耳日，并将2013年国际爱耳日的主题定为“健康听力，幸福人生——关注老年人听力健康”。该主题采用了我国2013年第十四次全国爱耳日的活动主题。推动设立国际爱耳日，是中国对全球听力残疾预防与康复事业做出的一项重要贡献。

（六）努力发挥国家级听力语言康复中心示范指导作用

中国聋儿康复研究中心作为全国聋儿康复工作的技术资源中心和业务管理部门，同时承担全国聋儿康复协调组办公室职能。中心努力推动自身业务建设，积极发挥医、教、研为一体的国家级听觉言语康复机构的作用，面向全国基层机构和听觉言语障碍者提供服务。

2013年，中心以党的群众路线教育实践活动为契机，加大业务建设、管理以及对外交流合作力度，推动专业服务能力、自主创新能力和科学管理水平取得新的提高。

1. 成功举办世界卫生组织合作中心会议

继2009年成功申请成为世界卫生组织听力障碍预防与康复合作中心后，2013年，中心再次通过复审，取得2013—2016年世界卫生组织合作中心资质。按照中心与世界卫生组织签订的有关协议，在未来四年，中心将重点围绕以下5方面开展工作：（1）通过如国际爱耳日等活动，帮助世界卫生组织开展听力障碍预防活动；（2）作为技术资源中心，为社区听力语言康复工作提供技术支持；（3）继续完善助听器验配、人工耳蜗植入的评估办法和标准程序；（4）开展适用于发展中国家的低成本助听产品、听力检测产品的研发和推广；（5）承担世界卫生组织其他交办任务。

4月份，受世界卫生组织委托，成功承办了世界卫生组织首届全球防聋合作中心战略计划会议，世界卫生组织防聋技术官员和来自中国、英国、伊朗、印度尼西亚等国家的防聋合作中心代表20余人参会。会上，雪莉·查达哈博士代表世界卫生组织，全面、深入地讲解了世卫组织近年来有关耳聋预防特别是初级耳和听力保健的决议与行动计划，为各合作中心准确把握、理解世卫组织防聋工作要求奠定了重要基础；全体与会代表围绕世卫防聋计划确定的“宣传、教育、研究、沟通”四个重点领域，共同研究、拟定了2014—2015年的10项重点工作任务。本次会议是以世界卫生组织名义召开的首次全球防聋合作中心工作会议，对密切世卫组织与各国家防聋合作中心的联系、共同推动全球听力障碍预防与康复工作具有重大意义。世界卫生组织以及各国防聋合作中心的代表对此次会议给予了高度评价。

利用承办世界卫生组织防聋合作中心会议的契机，中心积极联合中华医学会耳鼻喉咽喉科—头颈外科分会等学术组织创办中国听力论坛，为全国听力语言康复专业人员搭建高层次的学术交流平台。论坛举办期间，开展主题演讲16个，共收集论文237篇，展示学术宣传海报46张，同时展示了听力语言康复新产品、新技术，吸引了全国各地的残疾人工作者、听力语言专业技术人员400余人参会。

世界卫生组织防聋合作中心会议及中国听力论坛得到中国残联、国家卫生计生委的高度重视、大力支持，充分展示了中国听力残疾预防和康复事业的突出成绩，得到世卫组织以及各国防聋合作中心代表的高度评价。

2. 持续增强示范服务能力

中心语训部继续深化教改，成立特需幼儿干预研究小组，为17名发育异常幼儿组织特需研讨，提出有针对性的康复建议。以教改新教材为核心，组织各类培训67次，开展各类教学研讨50余次，外派教师学习、进修21人次。强化AVT教学技能在岗培训，17名教师参加理论学习，30名教师参加实操考核。AVT中心独立承办了第六期全国中文听觉口语法培训班，共培训了25省27名学员。创新家长服务形式，效果显著。出资筹办的凯恩童书馆全年服务家长近2000人次，举办亲子读书讲座3次；举办初高级家长培训班3期，培训家长127名；家长资源中心为家长免费提供玩教具等服务1300人次；成立家长互助小组，向家长发放“彩虹桥”家园通讯手册，邀请康复成功儿童的家长为在园家长介绍康复经验等措施，提升家长康复能力。对26名家长约谈和4次家长满意度调查的结果显示，家长对各项工作满意度基本为满意或非常满意。截至11月底，3周岁以上聋儿共退园103人，其中入普幼77人，入普小18人，入普率为92%。

门诊部积极探索新业务，深化服务年活动。继续实施听能管理，截至11月底，共完成新生入园审核和建档159人次，在园聋儿FM系统配发与建档453台。及时优化在训聋儿的助听设备，完成人工耳蜗调机62人次，助听器调机23人次。发挥教师和家长在听能管理中的作用，接待教师咨询53人次、家长咨询255人次。积极开展新生儿耳聋基因筛查工作，全年筛查30716例，居北京6家诊断中心第2位；随访耳聋基因阳性携带者近2000余例。扩大言语矫治和精神心理干预业务，两项业务完成量较去年分别增加83%和35.2%。探索开展新业务，完成耳蜗微音器电位测试80人次，短纯音听觉脑干诱发反应测试50例，制作特软耳模154只。“爱耳快车”基层指导服务48次，累计服务1900人次。门诊部全年接诊服务3677人次，较去年增长12%。

进一步创新形式、完善制度，加强基础质量管理。制定、出台《语训部个案康复质量管理方案（试行）》《中国聋儿康复研究中心语训部接谈制度》《语训部入园告知书》《语训部接谈制度》《门诊部病历书写规范》《特需儿童干预小组方案》《语训部入离园接送路线方案》等制度。通过实行听力师月报制度，建立“全园幼儿FM无线调频系统信息数据库”，组织领导下班听课和日常检查巡视，开展家长约谈和家长满意度调查，组织专项检查和效果评估，定期召开质控碰头会等工作，加强质控力度。组织专业技术人员培训和考核，全年组织举办专家讲座11次，培训840人次；组织语训、门诊等部门业务学习56次，累计培训1380人次；组织近10位教师参加幼儿园实地观摩学习活动。重视安全，加强用电安全、传染病预防等管理力度；与北京市药监局协调取得医疗机构制剂调剂使用批件，保障了水合氯醛制剂的安全使用。

3. 积极推进科研工作

中心继续创造条件，提高专业人员的科研及学术能力。全年组织国内特邀专家讲座15次、国外专家讲学及研讨7人次，组织中青年学术论坛活动11次。继续加强与国外专业机构的合作与交流，与澳大利亚听力服务组织联合举办了首届中澳听力服务研讨会，先后选派16名专业人员赴澳大利亚、美国、瑞士等地参加国际会议，安排5名一线教师、医师赴台湾进修。

继续推进各项重点科研项目，办好《中国听力语言康复科学杂志》。新承担卫生部重大科研专项“先天性耳聋的早期发现、规范诊治及防控”和“听觉康复评测训练系统研制及应用示范”等2项国家级课题。国家社科基金重大项目“听力残疾预防对策研究”已进入结题阶段，5项中心级科研课题已完成结题。

继续探索创新科研工作机制。与博奥生物有限公司暨生物芯片北京国家工程研究中心合作共建“听力残疾遗传干预中心”，共同推动国家听力残疾预防与遗传干预应用技术研究、转化等工作。

4. 二期建设取得新的进展

在中国残联的高度重视、大力支持下，中心积极与国家发改委评审中心和设计单位等部门沟通，2013年9月，扩建项目初步设计方案和投资概算获得国家发改委批复，为中心扩建项目的顺利实施奠定了良好基础。

中心不断加强后勤保障能力建设和安全生产管理。积极开展委托劳务派遣工作，为推进后勤改革积累经验。出台《中心节能管理办法》，对各部门水电气能源使用情况进行普查，提高全员节能意识，用气、用水量均比上年有所下降。按照中央和残联的统一部署，积极开展安全生产大检查，对食品卫生、消防、保卫、设备、网络、水电、车辆等重点内容深入排查，消除隐患；积极组织开展儿童应急疏散演练，采取播放视频、粘贴宣传图、组织消防安全知识答题等多种形式，认真做好安全生产知识培训，提高全员防范意识；签订安全消防责任书，规范各部门、重点防火部位的安全管理工作，进一步巩固了年初中国残联消防安全隐患专项整治成果。针对H7N9禽流感和手足口等疫情，全面启动传染病防控措施，确保在园儿童健康安全。

5. 以群众路线教育实践活动为契机，努力加强党建工作

按照中央和中国残联的统一部署，结合中心实际，分阶段推进群众路线教育实践活动。成立领导机构，制

定实施方案，召开动员大会，分工部署。在听取意见阶段，组织召开6个不同范围的集中座谈会，班子成员分别与分管范围内的干部职工进行了广泛的个别谈心，设立意见箱公开征集群众意见，利用全国基层康复教师培训班征求基层同志意见，共梳理群众意见、建议55条。在开展批评阶段，每位领导班子成员认真撰写对照检查材料，深刻剖析自身在“四风”方面存在的问题；召开领导班子专题民主生活会，认真查摆问题，进行批评与自我批评；中层干部认真撰写党性分析材料，召开支部专题组织生活会分析问题，结合本岗工作提出整改意见。在落实整改阶段，进一步完善整改措施，明确责任部门，围绕“服务基层、服务聋儿、服务家长”的“三服务”理念，坚持边学边改，取得如下阶段性成果：调整听障儿童入园离园路线，通过实行分时段入（离）园、大门口实行人车分流、设置幼儿进出专用通道等具体措施，确保听障儿童人身安全，解决了家长的后顾之忧；开展助听器网上申请免费借用服务，解决听障儿童人工耳蜗术前助听器配戴的问题；装修改造职工平房宿舍，使年久失修的平房宿舍焕然一新，职工住宿条件明显改善；在职工食堂设置残疾人就餐专区，安排服务人员送餐到位，受到了残疾职工的一致好评。

5月份，组织残联北区党建工作培训班，帮助各支部新任党务干部提高党建工作能力；“七一”前夕，开展多种形式的主题党日活动；全面落实《中国残联直属机关党委关于推进学习型党组织建设的实施意见》要求，为广大党员发放图书，建设学习型党组织；开展“弘扬聋康精神，密切联系基层，服务听障儿童”的主题活动，组织中心11名党支部书记（委员）分赴8个省参与轮训工作，深入基层学习实践；积极发展党员，有2名预备党员转正，确定入党积极分子3人；开展管理干部专题培训9次，累计参训452人次。

重视发挥工、青、妇组织在思想和团队文化建设方面的重要作用。开展以“助力中国梦”为主题的青年文化节系列活动，成功举办以“发扬聋康精神，实现中国梦想”为主题的征文演讲比赛，激发青年立足岗位、建功立业的热情；开展“共享绘本，传递真情”爱心绘本捐赠活动，引导青年人以实际行动为听障儿童献爱心；推荐韩睿同志参加“中国残联践行社会主义核心价值体系典型人物”评选；选派代表参加中国残联直属机关团委组织的青年团员座谈会；举办“学习鲁勇书记青年座谈会讲话精神”团支部活动，并围绕“青春正能量，助力聋康梦”开展专题讨论。

丰富文化活动，培育团队文化。继续开展羽毛球健身活动，为各部门发放文体健身用品，举办心理健康知识讲座，组织职工参加中国残联举办的职工文化艺术大讲堂。在中国残联举办的“幸福中国，幸福女性”征文、党的十八大精神主题赛诗会和五大协会举办的羽毛球、书画、摄影比赛中，中心职工均获得优异成绩，展现了良好的精神风貌。坚持为职工办实事、解难事。进一步上调公积金发放标准，为45岁以上女职工增加一次专科体检，走访慰问困难职工和退休人员，倡议为重病职工捐款，组织退休人员参观园博会，使困难职工和退休人员感受到组织的关怀和温暖。组织“关注听障儿童”北京马拉松慈善助听跑活动，为三名在园听障儿童解决一年的教育培训费用。在中心倡导健康生活方式，组织职工健步走比赛，增强团队凝聚力。

（七）问题与不足

全国听力语言康复服务体系、保障体系不健全，专业化服务能力不强的状况仍未根本改变，听力语言康复管理与服务方式、水平不适应社会需要的问题仍较普遍。

二、重要条目

【关于进一步加强听力语言康复工作的意见】2013年4月中国残联印发。《意见》由中国聋儿康复研究中心牵头研究起草，明确了听力语言康复事业的发展目标、主要任务、工作要求，是中国残联成立以来首次就听力语言康复工作出台的专项指导意见，对进一步增强各级残联对听力语言康复工作的重视，推动完善听力语言康复服务体系、保障制度具有重要意义。

【听力残疾人康复救助】为贯彻落实《中共中央国务院关于促进残疾人事业发展的意见》，“十二五”期间中央财政进一步加大对聋儿康复项目的投入，2011—2015年中央财政对聋儿康复项目的总投入达到19.43亿元，将有16865名聋儿能够接受免费的人工耳蜗植入和康复训练，18000名贫困聋儿接受免费的助听器配戴。这是“十二五”期间中央财政在残疾人康复救助项目中单项投入最多的项目，也是中央财政对听障儿童群体开展的规模最大、额度最高的救助项目。其中人工耳蜗项目主要资助对象为1—6岁的重度、极重度聋儿以及7—17岁、经听力语言康复后已进入普通学校就读的语前聋患者和18岁以内的语后聋患者，项目为每名受助残疾儿童免费提供人工耳蜗产品1套以及12000元的手术费、14000元的康复训练补助。助听器项目主要资助对象为年龄不超过6周岁的聋儿，由中央财政补助每名受助儿童2台全数字助听器、调试服务费用1200元以及1.2万元的康复训练补助。“十二五”期间，彩票公益金成人助听器项目计划为5万名贫困成年听力残疾人每人一次性资助数字式助听器1只、电池50块，并提供硬耳模制作及验配服务费300元。

【第六期中文听觉口语法培训班】为推进全国听力语言康复教育改革，根据《关于进一步加强听力语言康复工作的意见》（残联发〔2013〕5号）中关于逐步实现听力语言康复专业技术人员的执业资格认证管理的要求，由中国聋儿康复研究中心继续与台湾雅文儿童听语文教基金会共同合作举办，AVT中心独立承办，共培训了25省27名学员。

【听障儿童康复档案标准】听障儿童康复档案是深化教学改革、提升专业技术建设的主要途径。在全面推进听障儿童康复教学改革过程中，中国聋儿康复研究中心坚持以教改理念和实际应用为本的原则，积极制定了《听障儿童康复档案标准》，并在广东、吉林、甘肃等中心首先试用，希望通过试用，共同调整、丰富、完善内容，力求使档案科学、实用，并逐步将标准、科学的档案标准推向全国，指导基层机构业务建设。

【听障儿童全面康复】20世纪90年代以来，数字化助听器、人工耳蜗等现代助听产品和新生儿听力筛查技术的广泛应用，显著改善了听障儿童的听力补偿（重建）状况，使多数听障儿童能够获得良好的听力，按照正常模式学习言语、语言，发展认知等能力。在科技进步的推动下，我国听障儿童康复理念和方法也在迅猛发展。中国聋儿康复研究中心结合中国实际，顺应发展潮流，在充分实践的基础上建立“让听障儿童全面康复”的教学模式。全面康复理念以学前教育为基础，以听力干预、听觉言语康复训练、言语矫治等专项技术为支撑，促进听障儿童全面发展。《听障儿童全面康复》等全国听力语言康复教育改革项目系列丛书于2012年出版发行。

【国际爱耳日】在中国聋儿康复研究中心的成功推动下，2013年，世界卫生组织正式确立3月3日为国际爱耳日，并将2013年国际爱耳日主题定为“健康听力，幸福人生——关注老年人听力健康”，该主题采用了我国2013年第十四次全国爱耳日的活动主题。

【世界卫生组织合作中心会议】4月份，受世界卫生组织委托，中国聋儿康复研究中心在北京成功承办了世界卫生组织首届全球防聋合作中心战略计划会议，世界卫生组织防聋技术官员和来自中国、英国、伊朗、印度尼西亚等国家的防聋合作中心代表20余人参会。此次会议是以世界卫生组织名义召开的首次全球防聋合作中心工作会议，对密切世卫组织与各国家防聋合作中心的联系、共同推动全球听力障碍预防与康复工作具有重大意义。

【听力残疾遗传干预中心】中国聋儿康复研究中心积极探索创新科研工作机制，与博奥生物有限公司暨生物芯片北京国家工程研究中心合作，共建听力残疾遗传干预中心，共同推动国家听力残疾预防与遗传干预应用技术研究、转化等工作。

【北京马拉松慈善助听跑——关注听障儿童】为了呼吁社会各界人士关注听障儿童，关注听力语言康复事业，奉献爱心，捐资助学，帮助中国聋儿康复研究中心在园贫困听障儿童快乐成长，减轻听障儿童家庭负担，中国聋儿康复研究中心设立了以“关注听障儿童”为主题的慈善助听跑项目，由康复工作者及社会各界爱心人士组成“为听障儿童而跑”团队，参加了10月20日在北京举行的马拉松比赛。此次活动信息一经发布，就得到了众多长跑爱好者的热烈响应，短短几天时间，30个公益跑选手名额全部报满。10月19日上午，中国聋儿康复研究中心举办了“北京马拉松慈善助听跑——关注听障儿童”跑友见面会。会上，中心主任胡向阳向跑友们颁发了爱心证书，感谢跑友们奉献爱心、关注听障儿童，并介绍了我国听力语言康复事业的概况及中心发展情况，呼吁社会上更多的爱心人士加入帮助听障儿童的行列。受助听障儿童家长向跑友们表达了感激之情，并向他们赠送了听障儿童的绘画作品。此次慈善助听跑活动共筹集爱心捐款59200元，用于支付三名在园听障儿童一年的语言康复训练费用。中国聋儿康复研究中心将与北京马拉松组委会长期合作，坚持开展“为听障儿童而跑”活动，定期组织跑友进行长跑健身活动，为宣传听力语言康复事业、让更多听障儿童受益，同时也为营造健康向上的聋康文化做出新的更大贡献。

三、大事记

4月23日，世界卫生组织全球防聋合作中心战略计划会议暨中国听力论坛在北京隆重开幕。中国残联理事长王新宪出席开幕式并致辞，中国残联副理事长孙先德主持开幕式。世界卫生组织代表及有关国家防聋专家学者，中国残联、国家卫生计生委有关部门负责同志，来自全国各地的残疾人工作者、听力语言专业技术人员400余人参加了开幕式。中国聋儿康复研究中心在会议同期举办了中国听力论坛。世界卫生组织防聋技术官员、世界卫生组织各国家防聋合作中心代表及国内听力学、康复教育等相关领域的知名专家，围绕听力障碍预防与早期干预、听力语言康复新技术等进行了交流、研讨。

4月23—24日，全国听力语言康复工作会议在北京召开。中国残联副理事长孙先德出席会议并讲话，要求各级残联增强贯彻落实《关于进一步加强听力语言康复工作的意见》的自觉性、主动性，及时研究制定、贯彻落实《意见》的具体方案，做好工作部署。来自全国31个省（区、市）残联分管康复工作的理事长，各省康复部、聋儿康复中心负责人近150余人参加了会议。

4月24日，“贫困聋儿人工耳蜗抢救性康复项目”医院对口支（受）援工作启动仪式在北京举行。国家卫生计生委医政司、中国聋儿康复研究中心有关领导出席仪式。北京、上海、海南、贵州、西藏、青海、宁夏7省（区、市）12家对口支（受）援医院分管院领导及项目负责人、省残联分管领导及相关同志近50人参加了会议。

6月17—21日，“七彩梦行动计划”聋儿（人工耳蜗）康复项目管理及网上服务人员培训班在江西省南昌市成功举办。中国聋儿康复研究中心主任胡向阳、副主任龙墨，江西省残联理事长徐效钢、副理事长李芳萍出席开班仪式，来自全国31个省（区、市）的项目管理及网上服务人员80余人参加培训。培训班全面总结了2012年项目执行情况、各省网上服务情况、项目管理工作经验及网上服务经验交流与研讨，并对2013年项目工作的重点进行了部署。胡向阳主任强调，各地要及早做好采购经费的上划工作；要进一步加大受助对象筛查力度，组织基层残联主动开展筛查；加大与定点医院的协调力度，做好执行各方的沟通与协调，缩短项目审批、手术及康复安置的等待周期；要积极加快定点康复机构的培育和认定，对服务效果进行动态跟踪评估；要继续做好中国听障儿童服务网的窗口服务，提供网上助听器免费借用服务；密切关注申报、手术、康复、人工耳蜗售后服务中的安全和质量问题，加强监控，制定预案，防范各类意外事故，力争使人工耳蜗康复项目成为“廉洁阳光的项目”和“人民满意的项目”。

6—8月，中心分别在广西、贵州、吉林、浙江、广东、福建、甘肃、山东8省举办了10期“全国听障儿童康复专业技术人员轮训班”，来自全国30个省686个康复机构的近1200名专业人员参加了培训。此次轮训由中心组织外派教师进行重新统课、试讲，抽调全国部分专业技术骨干参与授课，并安排中心处级干部全程跟班服务，负责各地轮训工作。轮训围绕听障儿童全面康复模式内涵、集体教学、听能管理、听觉言语训练教学的组织与实施等内容进行，强调实操培训，讲求学以致用。经过认真学习，87.5%的参训人员通过了培训课程的理论和实践考试，获得全国听障儿童康复专业技术人员轮训班结业证书。

7月11—12日，中国聋儿康复研究中心主任胡向阳一行3人前往安徽省，就全国听力残疾监测网试点建设项目实施情况进行调研。调研组一行实地察看了安徽省残疾人康复中心、合肥市肥东县中医院和妇幼保健院，与各机构一线业务人员进行座谈，重点考察了全国听力语言康复教育改革工作、新生儿听力筛查及听力残疾鉴等工作的开展情况。经过调研，基本摸清了安徽省基层听力残疾筛查和评定现状，为在全国开展听力残疾监测网试点建设项目提供了依据。

（刘惠供稿）

华夏出版社

一、领导批示和讲话

张海迪在《关于〈中国残疾人事业年鉴（2013）〉编委会组成的请示》上的批示

2014年3月21日

请认真编辑，这是对历史负责，对残疾人事业负责，牵涉的数字等一定要准确，编委会的同志应担当好责任。

王乃坤在《中国残疾人事业年鉴》第一次特约编辑全体会议上的讲话

2013年5月9日

中国残联理事会于去年底决定按年度编辑出版《中国残疾人事业年鉴》，在华夏出版社成立《年鉴》编辑部，承担《年鉴》编辑出版的具体工作。这不仅仅是华夏出版社的日常业务，更是中国残疾人事业的一项重要的基础性工作。《年鉴》反映的是我国残疾人事业的发展全貌，是一项浩大的工程，需要中国残联各个部门、各个单位，还有各省区市残联的共同参与。所以，今天的会议很有必要。中国残联各部门、各直属单位和各省区市的特约编辑全部参会，是一个好的开端。下面，我受新宪同志的委托，代表理事会就编辑出版《年鉴》工作讲两点意见要求。

一、关于编辑出版《年鉴》的意义

1.《年鉴》具有重要的存史价值。年鉴是按年度出版记录某一地区、行业、部门、系统或学科的发展轨迹和脉络的工具书，具有很高的存史价值。目前，我国各个部委和许多行业，事业发展到一定阶段后都会编辑出版年鉴，记录事业发展轨迹；时间更长一些的，还会编写行业的发展史。比如，全国妇联不仅有《中国妇女年鉴》，还有《中国妇女运动百年史》。中国残联是1988年成立的，但实际上我国的残疾人工作早在此前就已经开始了。比如，1927年我国就有了第一所公立盲校。老一辈革命家和历届党和国家领导人对残疾人工作给予了无比关心和高度重视，全社会给予了热情帮助。但是，我国真正意义上的残疾人事业是改革开放后由朴方主席开创的，他把自己的全部心血都用来传播和践行人道主义。在他的努力下，残疾人事业日新月异，逐渐纳入了国家经济社会发展的大局。

在残疾人事业的发展过程中，有着无数令人感动、令人振奋、令人鼓舞的事件，不仅影响着中国，也影响着整个世界，值得载入史册。我们要回顾和了解历史，要从历史中汲取前进的力量，就要保存好这些历史。《中国残疾人事业年鉴》就是这样一本具有存史价值的文献工具书，它收录历年残疾人事业和残疾人工作的开展情况，随着时间的推移，就会成为残疾人事业和残疾人工作的历史博物馆，也会成为广大残疾人工作者的精神宝库。

2.《年鉴》具有一定的宣传功能。实事求是讲，目前除了从事残疾人工作的人，社会对残疾人事业的了解还是比较少的。五年前，我调到残联工作时，就不知道什么叫无障碍设施建设，现在也有很多人不知道人行道上的盲道是干什么用的，各地都有盲道被占用的现象。所以应该加大宣传。宣传的途径有很多，而《年鉴》就是其中比较重要的一种。因为它对外公开出版发行，可以走进也势必要走进各大院校及全国各级图书馆，就会有更多的专家、学者、学生通过《年鉴》了解残疾人事业，进而萌发研究残疾人事业的兴趣。其研究成果，也是对残疾人事业的很好宣传。

3.《年鉴》具有一定的信息传播作用。残疾人工作千头万绪，涉及政府许多部门和无数的社会组织，与经济社会发展的各个层面都息息相关。而且，我们所处的社会又是一个信息时代。要做好残疾人工作，不仅需要来自各方面的信息，需要向各方面提供自身的信息，更需要一个信息整理平台。《年鉴》就是一个良好的信息整合交流平台，它将过滤整理的有关残疾人工作的信息及时提供给大家。任何从事残疾人事业和残疾人工作的人都可以从《年鉴》中获取自己所需的基本资料。政府部门决策、科研部门调研、教育部门施教、文化部门宣传、行业发展趋势研判等等都可得益于《年鉴》。

中国残联曾编过两本《年鉴》，一本是从1949年到1994年，一本是从1994年到2000年。2001年至今这13年没有编过。而这13年是残疾人事业发展最快、进步最大的时期，是国家关于残疾人政策出台最多、法律逐渐健全的时期，《年鉴》空白，不能不说是一个遗憾。所以理事会决定立即恢复《年鉴》的编辑出版工作。13年的事业发展全部收入一本书，它的规模将是无法想象的，我们只能先把最近两年的《年鉴》编出来，然后再补以前的。

二、年鉴编辑工作要求

为了做好这项工作，我代表理事会提三点要求：

一是领导要高度重视。中国残联各部门、各单位、各地残联的领导要把这项工作纳入日常工作计划，纳入年终考核范围，做到年初有布置，中间有检查，年终有考核；要给负责这项工作的具体部门和特约编辑创造工作条件，并在重要、关键问题上指导把关。

二是特约编辑要认真负责。各位特约编辑是《年鉴》编辑的基本队伍，你们的工作态度、水平和效率决定了《年鉴》的整体水平。《年鉴》对你们所在部门、单位、地方的工作反映得是否准确、是否全面、是否到位，很大程度上取决于诸位特约编辑的工作。大家一定要在编辑阶段把工作做到位，等到《年鉴》出版后再想增改就来不及了。首先要在思想上高度重视，把它作为残联的一项重要业务工作来做；其次要熟悉整体工作，大家在单位负责的可能是某一个方面的工作，但《年鉴》要反映的是事业发展的全貌，需要你对所在部门、单位、地方的残疾人事业有全面的了解；第三要及早动手，按照编辑部的计划交稿；第四要细心，对搜集的材料、数据要认真核对，确保准确无误、实事求是地反映事业发展情况。

三是华夏出版社要派出精干力量承担这项工作。首先，要把这项工作作为华夏出版社的重要任务。其次，承担这项工作的具体工作人员从现在开始就要进入状态，学习、了解、熟悉残疾人工作。各位特约编辑的稿件汇总到编辑部后，还要经过你们的编辑整理，不熟悉残疾人工作，编辑工作就无法开展。第三，要尽快确定一个科学的大纲，做到任务清晰、要求明确、可操作性强；同时要根据不同情况，不断修订大纲，做到精益求精。第四，在编辑过程中，编辑部要和各位特约编辑保持密切联系，及时沟通，发现问题，解决问题。以上要求，针对的不仅是2013年这一本《年鉴》，也是针对整个编辑出版工作提的，希望大家努力做好这项工作。

对各位来说，这件事本身并不难，但是工作量比较大，确实是给大家增加了工作负担，因为各位承担了《年鉴》编辑工作后，原来承担的工作并不会因此减轻多少，所以会比较辛苦。但是，这项工作意义重大，做好了，不仅有利于促进中国残疾人事业发展，而且对我们个人发展也是有益处的：第一，编辑《年鉴》，会促使你全面了解你所在部门、单位、地方的残疾人事业发展状况，这样当你就一件事、一项工作发表意见、做出决策判断时，就会立足全局，更有针对性。第二，对你的文字功底是一种历练。第三，作为个人成就，将来会是一段美好的回忆。毕竟《年鉴》是出版物，是能够永远留下来的东西。

我相信，大家一定会以认真的态度对待这项工作，共同努力，拿出一本出色的《中国残疾人事业年鉴》。

二、工作综述

2013年，华夏出版社的基本指导思想是：保持整体稳定，防止经济严重下滑，强素质，增能力，为新的一年的稳定增速发展打好基础。

（一）各项生产指标

2013年全年，出版社共发印图书652种，同比上升20.74%。其中新书453种，同比上升39.81%；再版书199种，同比下降7.87%。生产总码洋1.29亿元，同比下降 14.22%。其中新书码洋 8861 万元，同比增长 16.67%；重印书码洋 4045 万元，同比下降 45.70%。销售回款 5170.91 万元，同比减少 9.37%。实现总收入 6188.22 万元，同比上升 0.15%。利润 -191.06 万元。账面货币资金 3456.15 万元，同比增加 10.2%。资产总额 8459.85 万元，负债总额 3432.47 万元，资产负债率 40.5%。合作伙伴华夏盛轩公司出书 559 种，生产总码洋 1.02 亿元，利润总额 375 万元，净利润 278.6 万元，账面未分配利润 494.3 万元。

（二）完善组织建设，统一全社思想

在会党组、理事会的关怀支持下，实现了社领导班子新老交替，加强了领导班子力量建设；选举产生了出版社新一届党委和纪委；选举成立了华夏出版社第一届职工代表大会。这些举措为出版社的稳定发展提供了基础保障。

根据会党组、理事会的要求，认真学习贯彻落实党的十八届三中全会精神，严肃认真地开展党的群众路线教育实践活动，紧密结合出版社的出版工作，扎实推进，取得了良好的成效。

（三）努力做好为残疾人事业服务的图书出版发行工作

2013 年，共编辑出版残疾人读物 60 余种，占全社出书总量的 10% 以上。重点图书有《假肢与矫形器学》《中国传统康复治疗学》《社交潜规则：以孤独症视角解析社交奥秘》《语言行为方法：如何教育孤独症及相关障碍儿童》《孤独症谱系障碍：家长及专业人员指南》《残疾人残疾分类和分级国家标准实施手册》系列图书（多重、言语、肢体、精神、智力、视力、听力）等。

在会党组、理事会领导的亲切关怀和有力推动下，在残联各部厅、各省市残联及各兄弟单位的大力支持下，华夏出版社成立了年鉴编辑部，承担了按年度编辑出版《中国残疾人事业年鉴》的工作。编辑部克服了初创时期的各种困难，制定了科学的编撰大纲和编写体例，顺利召开了《中国残疾人事业年鉴》第一次特约编辑全体会议，建起了一支基本成型的年鉴特约编辑队伍，完成了《中国残疾人事业年鉴（2013）》的编辑出版工作。《年鉴》规模庞大，达 220 余万字。它客观忠实地记录了中国残疾人事业的发展历程与取得的不凡成就，为海内外了解认识、研究查证中国残疾人事业发展状况提供了全面、系统、权威、准确的资料。

为了从出版的角度对我国特殊教育事业尽一份力，11 月中旬，出版社与宣文部共同举办了“华夏大爱——百万图书捐赠活动”，向我国西部 12 个省（区、市）的 120 所特殊教育学校捐赠了 480 万元码洋的图书，受到了特教学校师生的欢迎与好评。出版社陆续收到了部分特教学校关于改进目前特教教材、读物及希望出版社编辑出版相关读物的意见和建议，并表示要用好这些图书，让学生们感恩社会，学有所成。这是华夏出版社历年来捐赠图书数量最大的一次。

（四）大力弘扬华夏文化，努力开拓新的经济增长点

2013 年，为适应图书市场的激烈竞争，应对部分畅销书合同到期对整体经营产生的巨大影响，出版社对图书开发与出版进行了一系列调整，加大了新书产品的出版力度，开发新的经济增长点，努力弥补码洋损失。《中华道藏》线装本营销与精装本的重印工作已陆续展开，2013 年年底，第一批《中华道藏》精装本 10 种出版发行；经过积极努力，《续道藏》项目初步得到中国道协的肯定与支持，并将于 2014 年初启动。《定本育儿百科》《九型人格》《非暴力沟通》《零极限》《华尔街日报是如何讲故事的》《呼吸之间》《中国古代性学报告》等图书，都取得了良好的社会效益和经济效益，进一步巩固了出版社的已有品牌。

2013 年，华夏出版社出版发行的《说理》一书，入选第四届“三个一百”原创图书出版工程；《悲情唐朝》荣获全国图书馆年度好书推选奖；《他影响了中国：陈云全传》荣获“新浪历史好书榜”第一名；《呼吸之间（增订版）》《富在工作》《老北京的传说（续编）》《科学抗衰老，健康到百岁》《张其成全解道德经》被评为“2012—2013 年度全行业优秀畅销书”；《中国手语》系列图书通过 2014 年度国家出版基金资助项目终评。

（五）强化管理，加强制度建设

2013 年，出版社有计划、有步骤地开展了建立健全各项规章制度的工作，结合党的群众路线教育实践活动，工作取得了明显成效。

出版社对现行的 37 项规章制度进行了认真梳理和部分修订。修订《华夏出版社考勤管理办法》，实行全员上下班打卡制度，强化劳动纪律；实行中层干部月度例会制度，强化整体操控、沟通与透明化管理；实行月度业务讲座培训制度，定期开展图书市场营销、图书装帧设计等专题培训，强化员工的市场意识，提高业务能力，得到广大员工的普遍好评；规范职工住房供暖费补贴管理，实行在职员工全员普惠制度，公平享受相关待遇；实行员工退休举行话别会与慰问金制度，让退休员工温暖地离开工作岗位。一系列规章制度的制定与修订，对于强化企业管理、增强制度意识与法制意识、提高效率与效益、加强企业文化建设、增强企业凝聚力，具有重要意义。

（六）数字化出版与办公自动化建设

2013 年，出版社加大数字出版的规划出版力度，完成了数字出版发展方向基础调研及“中央文化企业数字化转型升级项目”申报等工作，成为国家财政专项拨款

进行数字化转型升级的第一批部委出版社。

另外，出版社继续加强办公自动化建设，2013 年初启动 ERP 项目，经过认真、规范的调研考察与公平公正的竞争谈判，最终与北京云因技术有限公司达成合作协议，各项实际工作都已切实展开，计划于 2014 年上半年投入使用。

（七）重视青年工作，培养后备力量，取得积极效果

社党委、领导班子高度重视青年工作，在社团委和广大员工的努力下，10 月份召开了华夏出版社第一次青年工作会议。会议认真分析了青年同志的特点，并在会前、会后研究制定了相应措施，扶持青年尽快成长，初步产生了积极效果。

（八）华夏盛轩合资公司稳步发展

2013 年度，华夏盛轩合资公司相继出版了《他影响了中国：陈云全传》《开国第一战》《西尔斯育儿经》《中国少儿必读金典》系列丛书、《啊，鼓岭!》等一系列社会反响良好的图书，不仅丰富了华夏出版社的图书品种，提升了华夏出版社的图书品牌，还为出版社带来了良好的经济效益。

三、重要条目

【中国残疾人事业年鉴（2013）】2013 年 12 月出版。全面反映我国残疾人事业和残疾人工作情况，记录残疾人事业发展历程，宣传残疾人事业发展成就，汇集有关文献资料，便于人们认识、了解、研究残疾人事业和残疾人工作，促进各部门、各单位和各省市区残联总结工作，互相借鉴先进经验，为决策规划提供指导和依据。

【弘扬人道，集善天下——邓朴方论残疾人福利工作】2014 年 3 月出版。该书收录了邓朴方同志自 1984 年 3 月至 2012 年 5 月期间，关于中国残疾人福利基金会工作的讲话、文章、演讲、报告、谈话等，共计 36 篇。

【残疾人残疾分类和分级国家标准实施手册】2013 年 1 月出版。这套丛书是由中国残疾人联合会和中华人民共和国卫生部根据《残疾人残疾分类和分级》国家标准（GB/26341－2010）组织编写的。编写人员主要是承担国家标准起草工作并具有资深专业背景和残疾评定经验的专家。同时，编写工作还得到了中国医学科学院北京协和医院、中国康复研究中心、中国聋儿康复研究中心、武警北京市总队第三医院、首都师范大学、北京大学精神卫生研究所、北京大学第一附属医院、中国残疾人辅助器具中心等单位的大力支持。这套丛书按残疾分类分为七个分册，分别是视力残疾、听力残疾、言语残疾、肢体残疾、智力残疾、精神残疾、多重残疾评定手册，对各类残疾的标准、评定方法、评定工具、评定环境等做了深入、细致的讲解，对残疾评定工作进行了规范。适用于有关医务工作者、科研人员、残疾人工作者和残疾人及其亲友学习、掌握《残疾人残疾分类和分级》国家标准，了解有关残疾评定的知识。

【《中华人民共和国残疾人保障法》立法后评估报告】2013 年 6 月出版。《残疾人保障法》于 1991 年 5 月实施；2008 年 4 月，十一届全国人大常委会第二次会议审议通过修订。20 多年来，《残疾人保障法》对促进残疾人事业发展、保障残疾人的权益发挥了重要作用。为进一步加强《残疾人保障法》的贯彻实施、完善相关法律制度，全国人大内务司法委员会对《残疾人保障法》进行了立法后评估，形成了关于残疾人康复、教育、就业、社会保障和无障碍环境建设等 5 份专题报告、1 份现场调查报告和 2 份实地调研报告，在此基础上形成了立法后评估总报告。2012 年 8 月，十一届全国人大常委会第二十八次会议审议了全国人大内司委关于《残疾人保障法》立法后评估的报告，为进一步完善保障残疾人权益的法律法规提出了意见和建议，同时为政府部门制定和落实保障残疾人权益的政策提供了参考依据，也为开展其他立法后评估工作提供了重要借鉴。

【康复医学图书】在康复医学领域，逐渐形成了以《中国盲文》《中国手语》《中国康复医学》等为主打的权威教材；先后出版了以“全国高等院校康复治疗学专业教材”（共 20 本）为主的康复专业教材，以及围绕中风、偏瘫、脑瘫、老年痴呆、肢体障碍、精神障碍、听力障碍、视力障碍、智力障碍等的康复实用读物，多角度深入探索康复治疗专业内容。在与国内权威康复医学专家合作的基础上，逐步推进国外优秀康复图书的引进翻译工作，引进了《图解特殊坐位与座位》《一天 36 小时——痴呆及记忆力减退病患家庭护理指南》（第五版）《抑郁，撒由那拉!》等国外优秀图书。其中《循序渐进——偏瘫患者的全面康复治疗》极具实用性及可操作性，受到业内人士一致好评。

【特殊教育图书】在特殊教育领域，形成了覆盖特殊教育基本理论、特殊教育教学等多领域的出版格局，涵盖了聋、盲、智、精等不同的类别。孤独症领域陆续出版了一系列通俗易懂的图书，其中以《蜗牛不放弃：中国孤独症群落生活故事》《孤独症儿童行为管理策略及行为治疗课程》《发育障碍儿童诊断与训练指导》最受读者的欢迎，并在家长、教师和专业人士中得到认可。近几年先后出版了《与自闭症儿子同行》系列、《我心看世界——天宝解析孤独症谱系障碍》《应用行为分析与儿童行为管理》《阿斯伯格综合征完全指南》《社交潜规则——以孤独症视角解析社交活动》等系列图书，得到了读者的好评。

【《中国残疾人事业年鉴》第一次特约编辑全体会议】

5 月 9—10 日，在中国残疾人体育运动管理中心召

开。中国残联常务副理事长王乃坤，办公厅主任马志强、宣文部主任王涛、研究室主任陈新民等部厅主要负责同志出席并讲话。中国残联各部厅、各直属单位、基金会、各省市区的特约编辑共59人参会。

王乃坤宣布了中国残联党组理事会按年度编辑出版《年鉴》、在华夏出版社成立《年鉴》编辑部专门负责编辑出版工作的决定；强调了《年鉴》对残疾人事业和残疾人工作的重要意义和作用；对中国残联各部门、各单位及各地残联的领导、各位特约编辑和《年鉴》编辑部的工作提出了具体要求。

陈新民介绍了前两本《年鉴》的编辑出版情况，说明了《年鉴》编辑工作制度化、常态化的必要性和意义，指出《年鉴》建立的纵横比较体系有助于体现《年鉴》的时效性和指导性，要求保证数据、资料的客观可靠，把“横向到边，纵向到底”作为《年鉴》编辑工作的指导方针。

编辑部根据领导指示精神和讨论会研讨情况，修改发布了《年鉴》大纲及编辑分工、各板块编辑提纲和要求。

【华夏大爱——百万图书捐赠活动】为了在新形势下继续履行好“传播人道主义，服务残疾人事业”的出版义务，宣传和推动我国特殊教育事业的发展，华夏出版社分别对东、中、西部数省市的特殊教育学校进行了出版需求调研，发现特教学校严重缺乏教材、辅助读物和文化读物。出版社决定分三批向全国31个省市（不含台港澳）300所特殊教育学校捐赠1200万码洋图书。首批捐赠在2013年9月举行，共向陕西、甘肃、青海、宁夏、新疆、西藏等西部12省区120所特殊教育学校捐赠480万元码洋图书。捐赠图书分三类：一是残疾人事业政策与法律法规读物，二是各类残疾人实用指导读物，三是历史、文化、文学读物。

（王敏供稿）

华夏时报社

一、工作综述

2013年，华夏时报社继续深化、完善并巩固报纸改版成果，着力开发全国市场领域，拓展经营渠道，增强市场竞争综合实力，进一步奠定并完善《华夏时报》、万达银幕、万达空间、《华夏理财》、金盾舆情、沃伦创富会等多元化、综合性的经营发展格局，为报社可持续发展营造更加有利的空间。

2013年，在中国残联党组、理事会的有力指导下，在万达集团的大力支持和帮助下，报社全体同仁齐心合力、开拓创新，奋力驱动采编和经营两个轮子，各项工作取得了可喜成果，较好地完成了各项工作目标。《华夏时报》整体营收取得较大幅度增长，全年收入达3.3亿元，比上年同期增长50%以上，再创财经报纸经营的奇迹。

（一）坚持导向正确，强化公益财经媒体品牌

1. 坚持正确舆论导向，做好“两会”期间报道

认真贯彻、落实中央新闻宣传工作的文件精神。《华夏时报》始终把坚持正确的新闻舆论导向放在工作首位，并坚持质量立报，赢得广泛读者的认同与赞扬。

在2013年3月份全国人大、政协“两会”期间，根据中央有关部门要求，并结合自身特点，做好相关报道工作。

刊发《梦之城》报道。该报道集中关注新一届中央政府将重点推行的城镇化问题，有点有面，既有一线调查，又有鲜明观点。报道在“两会”代表委员尤其是政府官员中引起了较大反响。

刊发关注机构改革问题的《政智》报道。以交通部、新闻出版广电总局等2013年实行大部制改革的部委为主线，采访政界、学界及企业界知名人士尤其是人大代表、政协委员，为大部制改革鼓与呼，同时指出改革所遇到的问题和难点，并建设性地提出意见。

刊发关注财政改革的《追问国家账本》报道。对于反应较大的财税改革，该报道通过广泛采访，提出了有针对性的问题，并且给出了理性意见。报道在读者中间产生了较积极的反响。

按照中宣部部署，关于党的十八届三中全会，从开始之前一期到全会召开及闭幕，《华夏时报》连续3期以特刊形式，对全会内容与精神进行全面报道，相关版面达四五十个之多，创《华夏时报》历史之最。特别是11月14日刊发的《十八届三中全会公报深度解读·改革单行本》特刊，当期报纸全部20多个版面集中报道，为产业报及财经报纸中，唯一在第一时间对全会公报做出全面、权威、深入解读的报纸，在读者中产生了广泛的影响。

2. **加强队伍建设，提高员工素质，增强办报能力**

《华夏时报》坚持团队办报，强化队伍建设，努力打造一支政治过硬、业务精干的采编队伍。

积极参加新闻战线“三项教育活动”的“记者大讲堂”系列讲座。组织采编人员轮流参加学习，认真领会贯彻中央有关精神，做好主题宣传工作。

参加中国记协组织的行业媒体负责人“马克思主义新闻观”培训，并在全社范围内传达落实中宣部、中国记协有关要求，进一步把好舆论导向关。

在《新快报》陈永洲事件发生后，报社在第一时间开会强调，要吸取教训、以此为戒，在全社范围内预防并杜绝新闻敲诈及其他违规违纪现象的发生。

强化队伍培训工作。邀请中宣部、新闻出版广电总局等领导到报社讲课，进行相关培训。

加强队伍管理与建设工作。为加强内部管理、严格组织纪律，从2013年起，报社实行全体采编人员每周一集中评报制度。此举对于加强内部业务交流起到了很好的作用。

3. **关注国内外新闻热点，强化公益财经媒体品牌**

在习近平总书记提出为“中国梦”奋斗之际，《华夏时报》发表诸多报道和评论文章，为“中国梦”鼓与呼，并且提出了一些理性、建设性的意见。在充分肯定改革开放30多年取得重大成绩的同时，也客观提出了存在的一些社会问题和矛盾，并且主张进一步改革开放。这些报道在舆论界产生了正面反响及反馈，提高了《华夏时报》的影响和地位。

在财经报道领域，继续全面、客观地报道社会经济建设与发展。尤其是针对新一届中央领导集体上任的新思路、新作风，充分配合报道，并针对出现的问题提出改革建议。

继续积极响应中宣部、新闻出版总署等部门提出的“走基层、转作风、改文风”的倡议要求，加大对基层工作的报道力度，并根据报社实际情况，做了系列策划报道，取得良好的社会影响。

进一步对公益慈善、残疾人事业予以重点关注。《人道慈善周刊》加大对公益慈善、残疾人事业的报道力度。充实并加强采编力量，组织、参与公益慈善活动。芦山地震之后，部分员工还主动进行捐款。

集中力量筹划《2013年中国经济年度报告暨2014年新年特刊》，为读者全面梳理2013年全年经济大事，尤其是十八届三中全会所带来的具有深远和历史意义的伟大转变，同时为读者指明2014年经济和社会各方面将要发生的深刻变化。

（二）多元经营，开发增长点，再创报纸经营奇迹

2013年，社会整体平面媒体广告经营工作处于雪崩状态。由于自媒体（微博等）和互联网等新媒体的出现，更多企业在广告投放的偏向和偏好方面发生较明显变化。经济类报纸广告营收平均降幅约为25%左右。

在逆市当中，报社着力开发市场、拓展经营、开拓创新，进一步完善《华夏时报》、万达银幕、万达空间等多元化、综合性的经营发展格局。全年整体营收3.3亿元，比上年同期增长50%以上，再创财经报纸经营的奇迹。其中，报纸广告收入略有下滑，比上年同期下降10%左右；其他多元经营平台的收入增幅较大。按可比口径计算，报社2013年的盈利创历史新高。

由于报社形成了一种可持续发展的商业模式，在市场经营竞争中始终处于创新、领先地位。截至2013年，《华夏时报》在财经类报纸中，综合经济实力排名第一。

1. **万达银幕映前广告综合实力稳居全国同行第二**

经过多方努力，《华夏时报》再次获得万达银幕映前广告和LCD刷屏广告全国独家代理权。但由于竞争者的参与，2014年代理费用大幅上升，增加了经营成本，缩小了盈利空间。

2010年，《华夏时报》首次获得万达银幕映前广告独家代理权。经过良好的经营管理，不仅形成了良好的万达银幕品牌效应，维护了万达集团美誉度，而且营收呈现快速增长态势，成为《华夏时报》经营的核心战略板块。由于有了电影广告业务，更多客户选择与《华夏时报》合作，在平面媒体广告大幅下滑的情况下，有力地支持了《华夏时报》经营业务的发展。

《华夏时报》作为一份公众性媒体，利用良好的客情关系，为万达银幕带来了更多的客源，相互衬托，相得益彰。截至2013年，万达银幕映前广告业务综合实力稳居国内同行业第二位。

2. **快速发展万达广场展览展示业务**

2013年，在推广万达空间业务、承接全国性品牌在各地万达广场中庭及外广场的展示业务方面，取得了突破性的业绩。汽车客户成为最大的买家。2013年，报社与上海大众达成战略合作，第一笔投放近2000万元，为报社此类业务签单中最大的一笔。同时，与联想、广州本田、上汽荣威、奇瑞及MBA中国等形成了较为密切的合作关系。

从2012年10月份开始，《华夏时报》与万达商管集团合作，独家代理经营万达LED屏幕商业广告业务，各项业务工作进展顺利。2013年已与50多家客户签约，并与国内知名的户外广告公司如郁金香、香榭丽等达成合作，签约金额超过2000万元。

3. **开发舆情监测及数字系统，形成新的经营增长点**

为应对报纸广告、发行市场下滑的趋势，2013年，报社与北京大学恐龙智库合作，开发针对资本市场和上市公司的舆情监测系统。该项产品于7月开始进入试用阶段。到2013年底，各项工作不断完善，产品营销各项推广工作已经开始。由于金盾舆情云服务平台具有行业领先性，预计2014年可给报社带来一定的经济收益，将成为一项新的经营增长点。

另外，为了实现经营业务的数字化转型，报社与北京大学合作开发了“华夏之音”手机客户端。

4. 创新活动，增加营收，提升品牌

由于客户平面媒体广告投放持续下滑，特别是硬广告投入越来越少，2013 年，报社着力通过创新举办各种活动、论坛来创造营收，不仅扩大了报社的社会影响力，而且给客户提供一个有效的推广产品和服务的宣传平台。

效果尤其突出的是，报社分别于 5 月在深圳、10 月在三亚举办了“中国经济媒体领袖峰会”（即春秋两季），到会媒体总编辑近百人，著名企业领导人也有 100 多人。这项活动树立了《华夏时报》在经济类媒体中的领先地位，增强了报社与企业的联系，为稳固报社客户群打下了良好的经营基础。

此外，报社与万达长白山国际度假区共同策划的“中国滑雪节”项目，招商金额达 500 万元（上海通用赞助）。这是近年来报社依托活动实现创收最大的一次合作。

5. 加强经营管理，强化责任考核

首先，进一步规范经营流程管理。

其次，改革经营考核方式，由过去只对部门总体经营考核，改为对销售人员一对一的考核方式。报社财务部、人力资源部配合考核工作。按考核办法规定，在规定时日完成规定工作任务指标。对未达标者，采取相应的降薪、降职办法，直至辞退。新的考核办法的实施，效果较为显著。一方面，各级主管有了管理依据，责任到人，堵塞经营漏洞；另一方面，避免主管做老好人、各类销售人员混日子的现象，而影响整个销售团队的战斗力，合力形成经营争上游的工作局面。

2013 年，由于报纸坚持正确的舆论导向，采编人员坚守新闻职业道德、遵守新闻宣传纪律，没有出现舆论导向等方面的问题，一些报道受到有关部门和读者的好评。报社采编和经营等整体工作健康发展，报纸影响力及经营竞争综合实力名列同类媒体前列。在媒体市场形势不利的情况下，由于政策、措施得当，多元开发，创新经营，同时积极寻求并促进新的经营增长点健康发展，报社整体经营工作又上新台阶、再创新奇迹。报纸市场份额及在新浪、搜狐等著名网站中同类媒体的新闻转载和点击率继续名列前茅。

二、重要条目

【2013 中国经济媒体领袖峰会（春季）】由中国产业报协会主办、华夏时报社承办，2013 年 5 月 9—11 日在深圳观澜湖（东莞会所）召开。此次峰会以“经济新政下的媒体新机遇，分享建言，促进中国经济新闻事业健康、可持续发展”为主旨。来自全国主流财经、产业报协，地方经济报刊，门户网站和财经网站等经济媒体领导与传媒界专家、学者 70 多人和企业界 100 多位代表参会。与会嘉宾分别就传统媒体与新媒体的竞争与合作、资本能带给传媒产业怎样的价值、企业与媒体的公共关系建设探索等话题进行了重点探讨，提出了许多具有建设性的观点和方法。会议间隙，还进行了“中国经济媒体精英高尔夫球赛”、“中国经济媒体精英帆船赛”等活动。

【2013 中国经济媒体领袖峰会（秋季）】由中国产业报协会主办、华夏时报社承办，2013 年 10 月 18 日在海南三亚海棠湾威斯汀酒店召开。此次峰会以“中国经济升级版中的媒体机会与挑战”为主题，来自新闻主管单位，主流政经、财经、产经报纸杂志，地方经济报刊，门户网站和财经网站等经济媒体领导、传媒界专家、学者及企业界代表近 200 人参会。大家聚集一堂，分享对新闻的热爱与理解，畅谈对新闻业未来的思考。与会者不相信纸媒会灭亡，但同时也对媒体的转型与创新有着理性的思考。

【中国上市公司风险管理高峰论坛暨第四届金盾奖颁奖盛典】7 月 20 日在上海财经大学隆重举办。该活动是由华夏时报社、北京大学中国企业法律风险管理研究中心共同举办的年度盛会，并由中国证券法学研究会、北京大学企业与公司法研究中心担任联合主办单位。上市公司高管、监管部门官员、著名专家学者、主流媒体及相关交易所、券商、财关、事务所等机构负责人 200 余人参与了该活动，共同研讨了“变革时代企业管控之道”。最高人民法院副院长奚晓明，北京大学副校长、教授吴志攀，北京大学国家发展研究院院长周其仁，北京大学法学院院长、教授张守文等出席论坛。论坛期间还发布了第四届金盾奖榜单。它既是对上市公司多年努力的认可，更代表着对未来上市公司的前景发展充满信心和期待。

【金色文化·融光绽放——2013 首都文化金融服务季】8 月 29 日正式拉开帷幕。该活动由华夏时报社创意并独家承办，北京市金融工作局、北京市委宣传部等八大机构主办。活动旨在促进首都文化资源与各类金融资源的全面对接，引导本市文化创意企业充分了解并运用首都现有的各类融资工具、融资渠道，初步建立协同有效的首都文化金融服务体系。金融宣讲团走进全市五家具有代表性的文创产业集聚区，以影视、动漫游戏、设计、广告出版传媒主题专场的形式与有融资需求的企业面对面进行实地对接，金融、文化产业反应良好。每场活动都吸引了同行业不同企业的 300 余人积极参与，4 场累计有千余人来到现场。持续 3 个月的活动，真正搭建了文化和金融产业对接的平台，媒体及社会反响强烈并积极支持响应。

【2013 首届中国旅游品牌发展论坛】9 月 15—17 日在万达长白山国际度假区成功举办。论坛由《华夏时报》、巅峰智业、旅游与酒店投资杂志共同主办，国家旅游局旅游促进与国际合作司、中国旅游协会、中国酒店投资人联盟作为指导单位，旅游卫视、昌荣传播集团、

《中国商人》、国际旅游投资协会协办。活动以“高峰论坛＋高端对话＋万达长白山国际旅游度假区考察交流”的形式吸引旅游品牌省市领导、旅游品牌企业总裁、旅游投资机构总裁级合伙人的积极参与。在活动现场，各位领导、专家学者、旅游相关企业的代表们以前沿的思想、多元的思维、梦想的激情，彰显旅游品牌的无限价值，提升旅游品牌的发展内涵，探索旅游品牌的国际化发展之道。

【第二届中国慈善交流展示会中国残疾人福利基金会展示区】2013年9月21—23日，第二届中国公益慈善项目交流展示会（简称“慈展会”）在深圳会展中心开幕，三天中参观人数约20万人次。“慈展会”是全国性、综合性、专业性的慈善盛会，由国家民政部、国务院国有资产监督管理委员会、全国工商联、广东省和深圳市政府共同主办，自2012年起每年在深圳特区举办一届。中国残疾人福利基金会在此次展会中再次亮相，充分体现了中国残疾人福利事业30余年来的发展与成就。华夏时报社承担基金会参展的执行工作，不但肩负起媒体宣传的责任，更以承办单位的身份全力配合此次活动，从活动文件的下放、平面设计、安装及现场执行都全程配合。展会开幕当天，基金会邢建旭副理事长、宣传部魏晓梅等亲临现场并对活动给予肯定。

【第七届中国CEO高峰论坛】

12月1日在北京五洲皇冠国际酒店成功召开。论坛作为《华夏时报》的品牌活动之一，自2007年起，已成功举办七届，吸引了国内最优秀的企业家和各界精英参会，场面壮观，赢得业内的广泛好评和认可。此次论坛以“民营经济的新十年”为主题，邀请了近500位各界高士与会，星光璀璨，尤胜往昔。著名财经评论家、华夏时报社社长、总编辑吕平波（水皮），中国经济交流中心秘书长、原商务部副部长魏建国，住建部政策研究中心研究员、原主任陈淮等业界知名专家亲临现场并做主旨发言，就民营经济和房地产行业的相关话题，与参会的民营企业家代表进行深入交流。

论坛进行期间，由北京大学民营经济研究院副院长林涛发布了2013中国民营企业社会价值榜榜单。“中国民营企业社会价值榜”是由北京大学民营经济研究院主办、华夏时报社承办，以全面衡量民营企业家社会价值为旨归的大型调查评价活动，是我国首个以“社会价值”作为核心衡量标准的民营企业家社会价值报告。这项大型调查活动已连续举办三届。经过近10个月的评价标准设计、数据搜集、专家评审等多个环节，于12月1日正式揭晓年度最具社会价值百名民营企业领袖榜单。万达集团王健林、恒大集团许家印、百度李彦宏、阿里巴巴马云、腾讯马化腾位列“2013年中国民营企业领袖社会价值榜”综合排名前5名。

【第七届中国汽车创新营销大典】12月5日，华夏时报社主办的第七届中国汽车创新营销大典暨2013飞轮奖颁奖盛典在重庆国际博览中心召开。这届活动以“当微增遇上巨变”为主题展开，并与当地的汽车消费节相结合。结合举办地情况办活动，是一种创新模式的大胆尝试，同时也在重庆留下了飞轮的轨迹。专家学者、各地汽车企业、重庆当地经销商等百余人参与盛会，既丰富了重庆汽车展的活动，又让汽车创新营销大典盛宴在重庆绽放如花。

【第七届中国机构投资者年会暨金蝉奖颁奖盛典】由《华夏时报》与华夏理财联合主办，12月16日在北京举行。这届年会主题为“新世界的地平线”，设置了两场头脑风暴式沙龙，主题分别为“2014年金改红利在哪里”和“2014互联网金融的钱怎么赚”。围绕上述主题，到场的众多国内一线经济学家、投资大佬、财经名嘴纷纷亮剑，关注焦点是互联网金融对传统金融的挑战，以及在三中全会背景下，新老金融模式如何嬗变才能最大抓取金改红利。金蝉奖颁奖现场，有银行、基金、证券等100多家金融机构的200余名代表参与，大家围绕主题激烈交锋，现场一次次刮起思想风暴。串场话剧《新霸王虞姬》以主题线索的形式，淋漓尽致地揭示了2013年中国金融市场的本质。

（徐少青供稿）

中国盲文出版社

一、领导讲话

王乃坤在首届全国公共图书馆视障服务工作研讨会上的讲话

2013年5月15日

文化是一个民族的精神血脉，是广大残疾人的精神依托，更是广大盲人朋友的精神支柱。今天，大家能够相聚一堂，共同研讨公共图书馆视障服务工作，就足以说明大家对盲人群体的关爱，对盲人文化的关注，对残疾人文化事业发展的支持。

图7-5-1 首届全国公共图书馆视障服务工作研讨会现场。

刚才张伟同志代表中国盲文出版社、中国盲文图书馆谈了对盲人文化服务的一些设想。张伟同志对于目前盲人文化服务工作中存在的问题看得清、抓得准，所想的对策实事求是、有的放矢。今明两天，全国公共图书馆界的专家和同志们还将进一步交流经验、研讨对策，我想这是落实十八大会议精神、圆盲人文化梦的具体举措。

改革开放以来，我国残疾人事业逐步由医疗救助和福利施舍转向以人为本和能力建设为中心，越来越注重营造理解、尊重、关心、爱护残疾人的扶残助残环境，注重满足残疾人的精神文化需求、提高精神生活质量，注重通过文化科技、教育培训等服务充分挖掘残疾人的潜力和才能，使其自尊、自信、自强、自立，自主行使公民权利和履行公民义务。

在这一理念指导下，盲人文化建设正在飞速发展。《残疾人权利公约》《残疾人保障法》《公共图书馆宣言》等都对盲人、残疾人无障碍文化服务做出了明确规定，《国家基本公共服务体系“十二五”规划》《国家“十二五”时期文化发展纲要》《中国残疾人事业“十二五”发展规划》《公共图书馆服务规范》等国家专项规划也为加快发展盲人文化事业描绘了宏伟蓝图，明确指出“各级公共图书馆应设立盲人阅览室，配置盲文图书及有关阅读设备，做好盲人阅读服务”。“十二五”开局之初，省地两级公共图书馆盲人阅览室、有声读物阅览室已有443个。三年来，中国残联加大了对地县两级盲人阅览室的建设力度，启动1090万资金扶持了122家地市级盲人阅览室和400家县级盲人阅览室，为广大基层盲人共享文化成果提供了条件。

中国盲文图书馆新馆是在李长春、李克强、刘云山等中央领导同志的亲切关怀下和中宣部、文化部、发改委、中国残联等部委通力合作下建成的。运营近2年来，中国盲文图书馆新馆紧密围绕如何进一步保障盲人基本文化权益、为盲人提供更好的公共文化服务这一主题，积极进行体制机制创新，推动盲人文化服务各项工作取得新突破。全国各地公共图书馆也越来越重视盲人群体的特殊需求，不仅建立了视障阅览室或阅览区，还根据当地实际情况，开展了丰富多彩的盲人文化活动，使盲人有书可读、方便读书、乐于读书，为基层盲人谋取了文化福祉，提高了盲人生活质量。

这些成绩的取得是党中央、国务院高度重视，全社会热心支持的结果，也是各地文化工作者共同努力的结果。在此，我谨代表中国残联对各级图书馆和残联所付出的辛勤劳动表示衷心感谢！向为盲人提供文化服务的广大工作者致以亲切慰问！

在充分肯定成绩的同时，我们也必须看到，虽然我国盲人文化事业这几年发展较快，但由于我国残疾人事业起步较晚，残疾人文化工作整体上还比较滞后，盲人文化建设还面临着诸多困难和问题。从整体上看，盲人的盲文识字率低、受教育程度较低，加上出行不便和缺乏良好的阅读习惯，实际到馆阅读的盲人数量较少。此外，整个社会环境在公共设施和信息传播方面对盲人来说都存在障碍，我国基层盲人公共文化服务有着很大的缺口和不足。这些问题亟须社会各界共同努力，采取切实有力、行之有效的措施，在为盲人提供均等化文化服务的同时，广泛开展个性化服务，为他们提供更加丰富的文化资源和文化服务。

下面，我就如何进一步提高公共图书馆视障服务工作谈几点希望。

一是希望中国盲文图书馆进一步提高服务能力和水平，充分发挥“五个中心一个窗口”的积极作用，激发资源中心优势，不仅为全国盲人阅览机构提供种类繁多、内容优良的馆藏文化资源和辅助用品资源，还要在信息无障碍建设和文化活动方面实现资源共享和经验指导，支持各级盲人阅览室做好视障服务工作。

二是希望各级残联和盲协进一步认识加快推进盲人文化建设的重要性和紧迫性，把握发展机遇，明确目标任务，更加自觉、更加主动地把盲人文化建设纳入工作日程中，科学策划、提前加入、强力推进，与各级公共图书馆多沟通、多合作，把残联和盲协的文化项目和活动搬一部分进入图书馆，想方设法地为盲人提供便利、贴心的文化服务。

三是希望各地公共图书馆进一步创新服务形式和内容，加快文化与科技的融合，配备辅助设备，改善无障碍设施，在努力为盲人提供更多常态化文化服务的同时，逐步开展有针对性的深层次服务和文化活动，使盲人文化服务工作的内容、形式、风格更加贴近盲人群体的需求，真正让盲人走进来、融进去、受实惠。

四是希望更多社会力量主动加入到盲人文化服务工作中来，不断发展壮大文化助盲志愿者队伍，在爱心捐助、有声读物录制、接送盲人读书、义务培训等志愿服务中发挥个人所长和集体能量，让一切文化助盲服务的活力竞相迸发，充分实现残健共融、残健共享。

在社会主义文化大发展大繁荣的背景下，盲人文化事业发展迎来了前所未有的发展机遇。我相信，只要大家集思广益、齐心协力，一定能够为盲人朋友建设越来越多、越来越好的精神文化家园，为他们提供实实在在的公共文化服务。

孙先德在中国盲文出版社、中国盲文图书馆专家委员会成立座谈会上的讲话

2013 年 10 月 14 日

在第三十届国际盲人节即将来临之际，我们在这里召开中国盲文出版社、中国盲文图书馆专家委员会成立座谈会。我代表中国残联向专家委员会的成立表示热烈祝贺！向各位专家为盲人文化建设做出的不懈努力和无私贡献致以崇高敬意！

中国有 1831 万盲人。他们在学习、工作和生活中面临许多困难、障碍和不便，但他们对文化和知识有着同样的渴望、对美好人生有着同样的期盼。盲人文化事业是中国特色残疾人事业的重要组成部分，是提高残疾人基本公共服务水平、提升残疾人福祉的重要内容。长期以来，中国残联和所属事业单位为了发展盲人文化事业付出了辛勤劳动，得到全社会和广大残疾人的广泛认同，赢得国际社会的普遍赞誉。中国盲文出版社作为我国出版各类盲人读物和提供相关文化服务的重点出版机构，成立 60 年以来，始终坚持以人为本、服务至上、科学发展，目前已形成年出版上千种盲文书刊、200 多种低视力大字版读物和 6 千多小时有声读物的出版规模。近年来，努力创新盲人数字化服务模式，研发出一系列高性价比盲用信息化产品，以更加人性化的多种形态的文化产品造福广大盲人朋友。中国盲文图书馆新馆运营 2 年多以来，充分发挥“五个中心一个窗口”作用，联合多方力量，在打造综合性文化服务平台、强化服务能力建设和拓展受益人群方面做了不懈努力，一站式综合性文化资讯服务探索初见成效。

在多年的工作中，我们深切感到，盲人文化需求多层次、多样化，盲人文化服务工作涉及领域多、面临问题复杂，加快发展的任务艰巨而迫切，仅仅依靠现有盲人文化工作者队伍，无论在视野、做法还是在经验方面都远远不够。专家委员会的成立，是中国盲文出版社、中国盲文图书馆汇聚海内外优秀智力资源、推进盲人文化建设的一项重要举措，是贯彻落实中国残联第六次全国代表大会精神、推动残疾人文化事业在新的起点上加快发展的具体行动。

“功以才成，业由才广。”专家委员会中，既有盲文研究、有声读物、音乐艺术、文化出版、教育培训、知识产权等领域的学者，也有辅助技术、康复医疗、数字出版等领域的科技工作者，还有图书馆、战略与发展、盲人组织等领域的专家。专家委员会的成立，必将推动中国盲人文化服务工作在更广领域、更深层次上加快发展、科学发展，必将为中国千百万盲人带来更多福祉。

有百千之力者，要为百千人服务；有万千之力者，要为万千人服务。希望专家委员会能够充分发挥专家作用，建立高效务实、机动灵活、持续长效的交流工作机制，咨学相长、多赢互动，共同为盲人文化事业添砖加瓦。希望各位专家能够在繁忙的工作中，发挥各自的资源和智力优势，献爱心、献时间、献智慧、献资源，充分发挥智囊团作用，切实加强合作交流，积极广泛参与，为中国盲人文化建设提供先进服务经验和技术。希望中国盲文出版社、中国盲文图书馆要做好服务工作，充分发挥专家委员会跨学科、多领域的智力和资源优势，为各位专家学者搭建课题研究、咨询服务和合作交流的平台，建立一个开放包容、无障碍的共建共享机制，进一步促进盲人文化服务的科学化、专业化、规范化。同时，我们也希望更多社会力量加入到盲人文化建设中来，不断发展壮大文化助盲志愿者队伍，让一切文化助盲服务的活力竞相迸发，充分实现残健共融、残健共享。

予人玫瑰，手留余香。让我们共同携手、锐意进取，把文化的阳光和科技的温暖送到越来越多盲人的身边！

鲁勇在第九届中国信息无障碍论坛上的讲话

2013年10月15日

值此第三十届国际盲人节来临之际，我们与来自22个国家和地区的200多名专家齐聚在这里，共同推动信息无障碍建设。这是一次爱心与智慧交汇、科技与文化融合的盛会，请允许我代表中国残疾人联合会主席张海迪女士，代表中国残联向全国盲人朋友致以节日的问候，向与会代表表示热烈的欢迎，向多年来关心支持中国残疾人事业发展和信息无障碍建设的各界人士表示崇高的敬意！

中国残联名誉主席邓朴方先生早在2004年首届中国信息无障碍论坛上，就针对提高残疾人在信息社会的生存能力和创造能力做出了深刻的分析和阐述。自那以后，中国残疾人联合会、中国残疾人福利基金会与工业和信息化部、中国互联网协会连续举办了八届中国信息无障碍论坛。邓主席出席了四届论坛。论坛始终致力于倡导信息无障碍环境，推进信息无障碍技术广泛应用，促进信息无障碍规范和标准的制定，推进中国信息无障碍化事业的发展。如今我们自豪地看到，在中国，信息无障碍的理念已经开始深入人心，越来越多的残疾人已经从信息无障碍事业中直接受益，一系列信息无障碍领域的行业标准、国家标准应运而生，并得以顺利实施。越来越多的专家、学者、企业和科研机构积极参与信息无障碍领域的理论研究、产品开发、技术探索、标准制定等研究和实践工作。

当然，我们还必须清醒地看到，我们在信息无障碍领域已经取得的进展与广大残疾人对信息无障碍日益多样化的需求相比依然存在着明显的差距，信息无障碍的理念和应用还远远没有覆盖到残疾人的生活、工作和学习的各个方面，在许多行业依然存在着信息无障碍的死角和盲区，信息无障碍的普及程度也还存在着明显的地区差异和城乡差异。

各位朋友，信息无障碍不仅是社会人道主义关怀的生动体现，也是社会文明进步的重要标志。在不久前召开的中国残联第六次全国代表大会上，中国政府提出了努力实现残疾人同全国人民同步小康的奋斗目标，中国残联提出了强化科技信息化应用、强化标准规范化服务的残疾人工作的新任务。要实现这个目标，信息无障碍建设无疑是极为关键的。在以云计算、大数据、移动互联网为代表的信息技术发展中，如何让广大残疾人从信息技术带来的新变革中受益，我们要思考的、要探索的、要做的还非常多。

我和大家一样，真诚期待着各位朋友在此次论坛上充分研讨，碰撞出更多的思想和智慧的火花，展现更多服务于广大残疾人的新技术、新产品，营造出更加无障碍的社会环境。

吕世明在中华志愿助残阳光使团暨中国盲文图书馆星级志愿者表彰联谊会上的讲话

2013年12月21日

今天，我和中国残联的张伟理事，还有盲文出版社的同志们，以一名崇高、伟大的志愿者身份来和我们广大的残疾人朋友们、志愿者朋友们共同参与和分享我们的快乐。借此机会，我谨代表中国残联党组理事会，代表海迪主席、鲁勇书记向今天参加活动的各位志愿者朋友们、残疾人朋友们，特别是向中华志愿助残阳光使团和多年来在中国盲文图书馆敬业、奉献、友爱、互助的志愿者朋友们，表示最诚挚的祝贺和崇高的敬意！

图7-5-2　中国盲文图书馆星级志愿者表彰联谊会。

刚才听到了我们盲人朋友们的歌声，听到了老前辈以志愿助残的大爱精神所弹奏出的奉献琴声。这些欢歌笑语就是对我们志愿精神的最大褒奖，也代表了全国8500万残疾人和2亿6千万残疾人家属们的最好的感激之声。我再次提议，向今天获得星级志愿助残表彰的所有志愿者朋友们表示最诚挚的敬意和感谢！

在30多年以前朴方开始推动人道主义残疾人事业时，志愿助残就是其中的一个鲜明特点。20多年以前，在1994年远南运动会上，朴方主席与时任团中央第一书记的李克强同志，共同将百万青年志愿助残的大旗递交给了我们大学生们。朴方主席在《人道主义的呼唤》当中，也对志愿助残、志愿服务进行了理论上和实践上的诠释。可喜可敬的是，经过改革开放30多年，直到残疾人事业取得显著成就的今天，志愿助残一直是我们残疾人事业的有生力量，在我们广大残疾人朋友的身边一直闪烁着我们助残志愿者的风采和身影。海迪主席经常讲，她就是一名多年参与残疾人服务的志愿者。鲁勇书记最近也对志愿服务、志愿助残提出一系列要求，不仅要推动志愿助残服务，还要开展残疾人志愿服务社会活动。我想，双重志愿这个指示和要求，正好符合了党中央在十八大提出的开展志愿服务这个明确的要求。

前不久，中国残联与中宣部、中央文明委、中央文明办共同举办了全国志愿服务座谈会。在座谈会上，刘奇葆同志特别指出："今天，习近平总书记在为华东农业大学志愿青年朋友们的致辞当中，倡导了志愿奉献的志愿精神，对全国开展志愿服务给予了充分的肯定和明确的指示。”最近，中央文明委、中宣部以及刚刚成立的中华志愿服务联合会提出了“邻里相助”四项关爱活动，即关爱空巢老人、关爱农民工子女、关爱青少年朋友和关爱残疾人。

近日，我们在全面总结全国志愿助残工作的同时，将认真贯彻习近平总书记的重要指示，认真贯彻落实中央文明委关于志愿服务座谈会的精神。在此，我衷心地期望下一步的全国志愿助残服务趁势上一个大的台阶，特别是将志愿助残全面纳入、融入中国残联贯彻残疾人同步小康这一总目标中。在新的起点上，志愿助残的服务使得我们“兜住底、补短板”，帮助残疾人深入基层、深入社区、深入家庭，将志愿服务、志愿助残延伸到每一位残疾朋友的身旁。我想，志愿服务的精神应当永恒光大，志愿助残的方方面面给我们残疾人带来的实际效应将会进一步放大。

我衷心地希望通过志愿服务基地、志愿助残的专家、热心人们将志愿助残精神延伸到青少年、大学生的心灵当中，使全面小康社会进一步展示大家的融合、敬业、奉献和友爱，使广大残疾人朋友和健全人朋友一起，在志愿服务、志愿助残的大旗下共同步入全面小康社会。我也衷心希望中国盲文图书馆作为“中华志愿助残阳光使团”的发起之地，作为全国志愿助残阳光基地，进一步为我们广大盲人朋友、为广大残疾人朋友、也为广大的志愿者朋友们提供一个祥和、文明、温馨的爱心家园。

今后，中国残联将继续认真贯彻落实中央要求，按广大残疾人朋友所愿，同时也一定为广大志愿者朋友们提供我们无私、温馨的服务。

二、工作综述

2013 年，中国盲文出版社深入学习贯彻党的十八大、十八届三中全会和中国残联六代会精神，以科学发展为主题，以加强综合服务能力建设、加快拓展全国盲人受益面为主线，全面实施五项出版工程，大力开展十类公共文化服务，为全国盲人提供了更加精准和多样化的产品选择和优质贴心的综合性公共文化服务，在提升出版产品规模和服务受益人群、增强海内外影响力等方面实现多点突破，取得了显著成效。

1. 全力推进五项出版与传播工程，实现多形态文化产品与盲人需求更加精准有效的对接

盲文出版成效显著。编辑发稿 1058 种、7100 万字；精准出版 1200 种、38 万册、3100 万印张的盲文书刊，同比分别增长 14%、3%、3%。其中包括各级各类教材教辅、《盲童文学》、《读者》等 11 种盲文期刊、180 种盲文乐谱和 140 种彩色明盲对照读物。

盲人听书工程稳步推进。募集有声资源 1765 集 473 小时；自主制作有声教材和精品读物 28 种 240 小时；编辑加工有声读物 11292.35 小时，制作母盘 761 张；制作 DAISY 有声书 279 种 2919 小时；完成传统模拟磁带有声读物数字化转换 203 种 2419 小时。

大字本出版实现新突破。求真出版社编辑全线出击，推出大字图书 207 种（其中新书 185 种、重印书 22 种），同比增长 267%，为低视力盲人提供了教材教辅、学生优秀课外读物、文学艺术和医学保健类大字图书。

无障碍影视出版与传播工程取得重要进展。完成《杨善洲》等 16 部无障碍电影的脚本撰写和录制工作；现场讲述《极限救援》等 30 部影片；顺利承接国家“十二五”重大骨干音像出版项目，募集 48 部无障碍影视版权，成功获得国家出版基金对 80 部无障碍影像音像制品的出版资助，为各地图书馆提供 36 部无障碍电影音像制品。

盲人数字出版和传播工程取得可喜进步。完成盲人数字资源平台馆藏资源、数字资源等 20 多个功能模块的开发和上线；采集有声读物约 4.3 万条、电子书 7 万种、专题资源库 3 个，整理电子盲文 3000 多条。下半年开始，访问量月增长 20%。盲人移动数字图书馆实现了一键式登录、灵活会员管理、实时资源更新等功能。

馆藏资源建设显著推进。中国盲文图书馆新增盲文书刊 957 种、5792 册，大字本 272 种、3861 册，有声读物 2607 种、13744 盘，流通文献资源达到 13.25 万种、24.2 万册，全国盲人总书库作用进一步体现。

2. 充分发挥“五个中心一个窗口”作用，大力开展面向全国盲人的综合性公共文化服务

阅读推广打开新局面。组织读书沙龙、送书上门、驻馆读者等系列阅读推广活动，进一步发挥全国盲人阅读推广策划者、组织者作用，推荐书目、提供资源支持。新增盲人持证读者 7343 人，全国盲人持证读者达到 35846 人。

社会教育工作有声有色。每月定时开展电脑、盲文、手风琴、文学写作等各类教育培训 417 场，盲人参与 6619 人次。

文化沙龙蓬勃展开。开展视网膜病友沙龙 8 次，朗诵沙龙 32 次，音乐沙龙 30 次，口述影像 89 场，文学沙龙 21 次，邀请数十名著名学者来馆讲座互动。

主题日文化活动丰富多彩。开展“触摸世界·品味书香”读书日活动、“爱心如歌”盲人节国家大剧院演出等活动。

大型社会活动人气颇旺。策划组织“我的中国梦”全国盲人艺术大赛等 118 场大型社会活动，8215 人次参与；联合盲人歌手周云蓬资助来自西藏、贵州等偏远地区的 20 名盲童与白岩松等共度快乐夏令营；举办全国公

共图书馆视障服务工作研讨会、盲人歌手大赛、文学爱好者联谊会等，为全国盲人和盲人服务组织搭建交流合作和才艺展示平台。

人道主义教育扎实推广。新建视障用品用具体验馆、爱眼博物馆；接待海内外各种参观活动135场，共计2945人次。

志愿者服务成效显著。发展志愿者1390人，12个领域开展志愿服务1600多人次、上万小时；其中包括中央台著名播音员和各界专家志愿工作者的高文化含量服务。

文化助盲行动形式多样。联合开展助学助盲童系列行动，筹资244万元，向全国12个省市在校盲生捐赠盲文词典、语音地图和听书设备；新疆、河南残疾儿童随班就读项目成效突出。

盲人文化研究及盲文普及工作有序推进。联合举办第二届全国盲文基础能力大赛；在河北、宁夏开展盲文普及活动；建立盲人历史资料库；继续推进“通用盲文标准研究”和《盲人百科全书》编写工作。

扩大对外交流与合作。承办第九届信息无障碍论坛，吸引来自22个国家300多名代表踊跃参加，成立了由12个国家31位专家组成的专家委员会；接待25个国家210位外宾来访；常年来馆培训的盲人手风琴乐队受邀前往维也纳音乐厅演出。

新华社、中央电视台等主流媒体对上述文化服务首发报道223次，向全社会传递了人道、关爱、公平、正义的正能量。

3. 加大盲人辅助技术研发力度，促进海内外盲用辅具的广泛推广和应用

成功完成盲用阳光读屏软件的重构。重新开发了软件的内核与扩展插件，实现无处不在的多模式操作等三大创新。启动对阳光专业版软件的大规模技术升级工作，完成了经典钢琴曲谱盲汉对照等文本以及分词算法的评估与测试。

全面提升现有盲用信息化产品的性能，持续推出新产品。盲用听书机二、三代产品和智能盲杖、助视器功能日益完善；研发Android手机读屏软件，成功推出“文星一风潮”盲用手机和两款新听书产品，为盲人量身定制移动数字图书馆等12个应用软件。

专利申请和科研课题申报取得新突破。获得电子盲杖、点显器、听书郎和助视仪等四项实用新型专利和一项外观专利；科技部“十二五”科技支撑计划课题通过科技部预算审核，项目资金700万元；完成《面向社区和家庭的残疾人康复产品研发及应用示范》课题的中期检查。

盲人辅具产品推广实现新突破。积极参加各地政府购买残疾人服务投标，精准服务各地残联和盲校，强化对公共图书馆视障阅览室的信息化辅助产品配备；向日本出口文星助视器和电子盲杖，实现出口创汇新突破；各类盲用辅具全年销售收入达到860万元。

4. 扎实开展群众路线教育实践活动，促进了队伍建设和综合服务能力的提高

下半年开展了为期半年的以“为民清廉务实”为主要内容的党的群众路线教育实践活动，分别召开由在职党员、离退休职工、盲人职工、读者代表及区县盲协主席等125人次参加的9次座谈会，征集到76条意见建议。班子成员及处级以上干部认真撰写对照检查材料，召开民主生活会，制定了29条整改措施，修订完善26项制度，新制定20项制度。教育实践活动和全年开展的其他党建活动带动了学风建设和党风廉政建设，进一步强化了宗旨服务意识，班子成员的战略规划、科学决策和推动科学发展能力得到提升，中层干部的计划执行、业务拓展和科学管理能力得到发展，广大员工精准选题、精益生产和人性化服务的能力进一步增强。

5. 问题与不足

由于各种主客观原因，工作中还有一些问题和不足。一是整体定位和布局有待进一步完善，优先发展领域和重点突破主题有待进一步评估；二是大字本和有声教材出版工作与“十二五”规划目标尚有一定差距；三是服务广度尤其是受益人群规模拓展不够，结构性服务资源供给和利用不足并存；四是针对重点人群的服务深度有待加强；五是推动全国盲人公共文化服务体系建设力度不够；六是深化改革、全面拓展不够。

新的一年，我们将以十八大、十八届三中全会和中国残联六代会精神为指引，在新的起点上制定更加科学、务实的中长期发展规划；进一步创新体制机制，建立健全法人治理结构，形成海内外专家和各界盲人代表建言评价长效机制；延伸服务链条，挖掘更多服务平台，更好地承接政府购买的各种惠民助盲服务；全面推进五项出版与传播工程，提高综合实力；大力开展更加丰富有效的一站式综合性公共文化服务，推动各项文化服务社会化、标准化、均等化；全面强化对盲人服务组织的资源支持和业务指导工作，推动基层盲人阅读推广和文化活动常态化；加快建设多方共建、高效互动的全国盲人公共文化服务体系，提高城乡盲人受益面；加强海内外盲人文化交流与合作，提升中国特色盲人文化事业的公信力、影响力和对外话语体系建设。

三、重要条目

【“读书的艺术”百姓摄影展】1月16日在中国盲文图书馆开幕，许多低视力盲人驻足欣赏阅读的美好瞬间，体味阅读的真实情感。此次摄影展是由首都图书馆联盟与中国盲文图书馆共同主办的，在中国盲文图书馆展期十个月，试图用艺术的视觉品味阅读，用艺术的光影留住阅读，让全民参与阅读，推动全民阅读活动深入开展。

【回良玉春节前夕到馆走访慰问残疾人】1月28日下午，国务院副总理、国务院残疾人工作委员会主任回良玉到中国盲文图书馆调研，看望正在图书馆中阅读和参加活动的盲人群众，并代表国务院和国务院残工委向全国的残疾人、残疾人工作者和残疾人家属们致以新春问候和美好祝愿。国务院副秘书长、国务院残工委副主任丁学东和中国残联张海迪、王新宪、王乃坤、李志军、汤小泉等负责同志陪同走访。

【读书嘉年华，妙音传书香】

4月21日下午，在第十八个世界读书日来临之际，“读书嘉年华，妙音传书香”活动在中国盲文图书馆里举办。中央电视台新闻中心播音部的二十多位明星主播与四五十位盲人读者讨论读书意义、畅谈读书心得，共同度过了一个具有特殊意义的读书日。

活动中，李瑞英、康辉、海霞、贺红梅、宋晓峰、赵普、宋一平、胡悦鑫等二十多位明星主播围绕读书话题与盲人读者进行面对面的互动交流。央视新闻中心播音部的二十多位主持人还成为中国盲文图书馆的盲人文化志愿者，主播康辉现场宣读了“阅读推广”活动倡议书，激励盲人热爱读书、用知识改变命运，呼吁全社会特别是全国主持人关爱盲人，让盲人通过最美、最标准的声音学习知识、滋养心灵。当天，中国第一个盲人留美医科博士李雁雁也携其自传《逆境》现身说法，与大家分享了他的读书人生，气氛温馨感人。

此次活动拉开了中央电视台新闻中心播音部与中国盲文图书馆联合主办的“让我读书给你听”活动的序幕。这次活动之后，双方将通过志愿录制有声读物等方式开展文化助盲系列活动，让中国最美的声音助推盲人文化事业的发展，为盲人读书生活增添更美的色彩。

图7-5-3　首汽集团助盲公益活动。

【的哥助盲，走近自然】4月26日，北京植物园来了一批特殊的客人，他们是来自中国盲文图书馆和朝阳区盲人协会的四五十位盲人朋友们。这次主题为“陶冶情操，走近自然”的扶盲助盲志愿活动，是由中国盲文图书馆和首汽五分公司共同组织的。当天，中国盲文图书馆正式成为首汽集团五分公司“扶盲助残志愿者基地”，首汽五分公司十几位出租车司机担任志愿者免费出车接送盲人，北京植物园管理中心对这次出游活动也给予了支持与帮助，免去了志愿者门票和爱心车队停车费及导游费等。此次活动充分体现了社会各界对盲人朋友的关爱和支持，开拓了扶盲助盲志愿服务的新领域。一位盲人在活动中激动地说：“我很久没有出游了，这次活动让我有机会重新接触大自然，令我感受到了春天的气息，更令我感受到社会大家庭春天般的温暖。”

【首届全国公共图书馆视障服务工作研讨会】

5月15日，在第二十三个全国助残日到来之际，首届全国公共图书馆视障服务工作研讨会在中国盲文图书馆召开。中国残联党组副书记、常务副理事长王乃坤，中国残联副主席、中国盲协主席李志军，文化部公共文化司陈彬斌副司长出席会议并讲话。全国80多位公共图书馆和残联、盲校代表参加会议。

会议为期两天，与会人员围绕视障文化服务的机遇与挑战、问题与对策展开研讨、交流，在无障碍信息建设、辅具研究与开发、盲人文化活动、无障碍影视等多方面进行了互动研讨，并发出联合行动倡议书。会上，中国盲文图书馆与山东、福建、浙江等多家省市级公共图书馆签订了分支馆服务协议，确立了以中国盲文图书馆为枢纽，将文化资源惠及基层盲人的全国盲人文化服务网络。会议之后，中国盲文图书馆将与全国各分支馆在盲文、有声、大字本、数字资源、听书设备等方面资源共享，在文化教育培训、阅读推广等活动方面联合互动，以体系化、网络化的形式为城乡盲人提供就近就便的贴心服务，使全国盲人共享文化发展成果。

【“关爱盲童，助梦成长”无障碍电影公益行动】5月31日在中国盲文图书馆拉开帷幕。此次活动由中国儿童少年电影学会和中国盲文出版社、中国盲文图书馆联合主办，也是中国盲文图书馆在图书馆服务宣传周中的一项重要活动。国家新闻出版广电总局、教育部、中国儿童少年电影学会、中国盲协、中国盲文出版社、中国盲文图书馆领导以及华谊兄弟传媒集团等40家电影公司代表与来自北京盲校小学部的120多位学生和家长共同参加了此次活动，让盲童们过了一个特殊的“六一儿童节”。

图7-5-4　“关爱盲童，助梦成长”无障碍电影公益行动活动现场。

启动仪式上，华谊兄弟传媒集团等40家电影公司首批捐出旗下50部优秀国产影片版权资源，支持制作和推广无障碍电影，惠及全国基层盲童和盲人朋友。华谊兄弟传媒集团代表宣读了“关爱盲童，助梦成长”无障碍电影公益行动倡议书，向电影界同仁发出争当无障碍电影文化志愿者、整合版权资源支持无障碍电影事业发展的号召。中国儿童少年电影学会代表40家授权影视公司与中国盲文图书馆互赠《电影许可授权协议》和捐赠证书，著名演员陈紫函获得中国盲文图书馆“爱心大使”称号。

【李智勇一行调研党的群众路线教育实践活动】

6月5日下午，中央国家机关工委常务副书记李智勇在中国残联党组书记、理事长王新宪和党组副书记、常务副理事长王乃坤等负责同志的陪同下，调研中国盲文图书馆和中国残疾人辅助器具中心。在盲文图书馆中，李智勇仔细询问了盲文书籍的出版情况和盲人文化需求状况，察看了盲人文化活动情况，与正在图书馆中阅读和参加活动的盲人群众进行亲切交流，在口述影像馆、黑暗体验区中体验了盲人生活的感觉。

在认真听取中国盲文出版社、中国盲文图书馆和中国残疾人辅助器具中心负责同志的工作情况汇报后，李智勇表示，通过此次调研活动，他对残疾人工作有了进一步认识和了解，深受震动和感动。他认为，我国残疾人工作在许多方面富有开放性和创造性，特别在科技助盲方面做了许多探索和实践，成果显著。他指出，中国残联历来重视党的建设工作，通过实实在在的抓党建来进一步推动残疾人事业的发展，总结了很多经验，取得了很多成果。他强调，要高度重视群众路线教育实践活动开展的重要性，增强进一步做好残疾人工作的责任感，部署好下一步全面开展群众路线教育实践活动的具体步骤和工作安排，要采取切实有效的措施，把党的建设落到实处，把存在的问题扎扎实实地解决好，取得取信于民的实效，更好地为残疾人服务，把党和政府对残疾人的关心和温暖送到残疾人身边，让他们更好地平等共享社会发展成果。

中国残联党组成员、理事相自成，中央国家机关工委委员、办公室主任常大光，研究室主任王霄汉，中国盲文出版社社长张伟，中国盲文图书馆馆长韩忠义，中国残疾人辅助器具中心主任陈振声等负责同志陪同调研。

【首家中国盲文图书馆眼科医院阅览区成立】7月1日下午，“中国盲文图书馆眼科医院阅览区揭牌仪式”在中国中医科学院眼科医院门诊大厅举行。此次活动由中国中医科学院眼科医院与中国盲文图书馆联合举办，旨在为眼科医院所有患者提供更加便捷、贴近需求的文化服务。中国中医科学院副院长、眼科医院院长范吉平，眼科医院书记冯鹏翔，副书记朱亚春，副院长康建平、亢泽峰、李静，中国盲文出版社党委书记、社长张伟，社长助理朱京华等领导出席活动，李静副院长主持仪式。中国盲文图书馆与中国中医科学院眼科医院共同签署了《眼科医院阅览区协议书》，共同为中国盲文图书馆眼科医院阅览区揭牌，并正式交接第一批大字本图书、有声读物和听书设备等，极大地方便了在院患者的文化学习和交流。

【“学雷锋志愿助残阳光行动”主题日活动】

7月5日下午，中国残联在中国盲文图书馆举办了主题为“我是助残志愿者，我在你身边”的“学雷锋志愿助残阳光行动”主题日活动，中央文明办、国家新闻出版广电总局、教育部、文化部、全国总工会、全国妇联、全国老龄办、中国银行业协会、中华志愿者协会、中国文艺志愿者协会、中国残疾人福利基金会等部门和单位领导出席此次活动。

中国残联党组成员、副主席吕世明在讲话中指出，为残疾人提供志愿服务，弘扬了人道主义精神，体现了扶弱济困、助人为乐的传统美德，对于推动社会发展、提升文明进步、促进社会和谐，具有十分重要的意义。吕世明要求，为贯彻落实会议精神，中国残联以融入学雷锋志愿服务工作大局为根本，以加强志愿助残制度建设为重点，以提高助残志愿者能力建设为手段，以开展志愿助残品牌建设和项目创新为依托，积极推动志愿助残工作长效机制的建立。

此次活动中发布了《中国助残志愿者注册管理办法（暂行）》，启动了“学雷锋志愿助残培训在线”；向爱心大使姜昆、白岩松颁发了“中华志愿助残阳光大使奖章”。模范助残志愿者陈欠水、任士荣、洪润浩荣获“中华助残志愿者阳光奖章”。中国电影科学技术研究所盲人文化志愿服务队、中国传媒大学青年志愿者协会、中国盲文出版社青年志愿服务队、中国狮子联会北京会员管理委员会、工商银行北京岳各庄支行、北京南站润秋服务组受领了“中华志愿助残阳光团队”荣誉牌匾。中国文艺志愿者协会与中国残联五个残疾人专门协会联手制定了《志愿助残爱心公约》。“中华志愿助残阳光使团”和中国残联五个残疾人专门协会志愿服务队同时成立。

【第九届中国信息无障碍论坛】

2013年10月15日是第三十个国际盲人节，由中国盲文出版社、中国盲文图书馆、工信部机关服务局信息无障碍推进中心承办的第九届中国信息无障碍论坛在中国盲文图书馆隆重举行。此届论坛的主题为“整合与集成——全媒体时代的无障碍服务”。中国残联党组书记、理事长鲁勇，国家新闻出版广电总局副局长邬书林，国务院侨务办公室副主任谭天星，中国残疾人福利基金会理事长汤小泉，来自美国、日本、德国、英国、法国、泰国等22个国家和地区的信息无障碍专家，联合国教科文组织、DAISY国际联盟等有关单位的领导和嘉宾出席了开幕式。

鲁勇在讲话中强调，信息无障碍不仅是社会人道主义关怀的生动体现，更是关乎8500万残疾人平等权益的核心问题。信息无障碍对残疾人而言不是奢谈也不是一项特权，它是所有人都应该享有的一项基本人权。他希望此次论坛能够催生出更多服务于广大残疾人的新理念、新技术、新产品，能够营造出更加无障碍的社会环境。

邬书林在致辞中指出，加快新闻出版公共服务体系建设，保障包括残疾人在内的所有人群在全媒体时代无障碍阅读的基本文化权益，是新闻出版工作的出发点和落脚点。新闻出版广电总局高度重视这些工作，将进一步强化政策扶持和资源配置力度，加快无障碍阅读科研和应用推广，为信息障碍群体提供更多、更新、更便捷的无障碍阅读产品和服务。

此次信息无障碍论坛是自举办以来参会国家数量最多、外宾人数最多、学术水平最高的一届论坛，体现了国际社会对信息无障碍事业的高度关注。

此次论坛设立了“辅助技术”、“教育培训”、“无障碍阅读”、“口述视觉艺术”、“信息无障碍城市”等多个分论坛，邀请各相关领域的行业协会、服务研究机构和专家交流最新研究成果和实践经验，共同探讨如何在全媒体时代进一步整合各种优质社会文化资源，集成先进科学技术，创新信息无障碍服务模式，从而构建一个政府、企业和相关团体三方互动交流的平台，为推动我国信息无障碍事业向更深层次和更广领域发展发挥积极作用。

论坛召开期间，还开设了信息无障碍体验区，来自各个国家和地区的知名企业、科研机构、残疾人组织展示了其为残障人士设计的技术、产品和解决方案，交流各自最新研究成果和经验。

【全国文化信息资源共享工程残疾人服务分中心】 10月21日，文化部公共文化司、中国残联宣传文化部、文化部全国公共文化发展中心相关领导到中国盲文图书馆就相关工作进行调研，并为“全国文化信息资源共享工程残疾人服务分中心”揭牌。该分中心将在中国残联指导下，配合文化部全国公共文化发展中心开展三方面的主要工作：一是面向残疾人开展公共数字文化服务，二是开展针对残疾人的定制化的资源建设工作，三是培训具备专业知识及服务技能的专业人才等。

【全国盲文基础能力竞赛】

11月25—28日，由中国残疾人联合会就业服务指导中心与中国视障文化资讯服务中心（中国盲文图书馆）共同主办的盲文基础能力竞赛活动在中国盲文图书馆举行。

图7-5-5 全国盲文基础能力竞赛现场。

中国残联理事、中国盲文出版社社长、总编辑张伟在颁奖仪式上指出，盲文作为盲人朋友掌握信息、接触社会的基本交流工具，是盲人自力更生、实现就业、实现自我的重要基础。此次竞赛整体质量较上届有所提升，张伟希望及时总结和推广更多优秀盲文能手和盲文技能学习经验，强化特殊教育院校对盲文科目的培训力度，让盲文真正成为盲人无障碍生活的有力工具。

中国残联副主席、中国盲人协会名誉主席李志军在讲话中指出，盲文是盲人阅读和书写的特殊文字，是盲人文化继承和发展的基础。此次竞赛的目的不仅是要展示盲人的盲文基础技能水平、诠释盲文的特殊性与重要性，更重要的是要引导社会正确认识盲文的优势，了解盲人的潜能与比较优势，提高用人单位安置盲人就业的责任意识，帮助盲人实现平等就业、稳定就业。

此次竞赛共有来自辽宁、浙江、内蒙古、新疆、贵州、甘肃等28个省（区、市）的55名盲人选手参赛，设有摸读盲文、写盲文两个环节。经过两天的激励角逐，共有10名盲人选手分别荣获一等奖、二等奖和三等奖，16人分获拼搏奖和优秀奖，另有3家单位荣获优秀组织奖。

【中华志愿助残阳光使团暨中国盲文图书馆星级志愿者表彰联谊会】

12月21日，为了表彰2013年度优秀盲人文化志愿者代表，进一步弘扬扶盲助盲良好社会风尚，中国盲文图书馆特举办中华志愿助残阳光使团暨中国盲文图书馆星级志愿者表彰联谊会。中国残联党组成员、副主席吕世明出席会议，近300位盲人文化志愿者代表和盲人朋友参加联谊会。

在此次表彰活动中，共有73位志愿者荣获一至五星级文化助盲志愿者证书，22个志愿者团队荣获优秀志愿服务团队证书。根据《中国盲文图书馆盲人文化志愿服务管理办法》规定，志愿服务时间累计时长达到30、60、100、200和300小时以上才能分别成为一星级至五星级志愿者。

【中国盲文出版社建社60周年座谈会】 12月30日上午在中国盲文图书馆召开。中国盲文出版社新老员工和有关领导、作家等齐聚一堂，共同祝贺中国盲文出版社建社60周年座谈会上，大家共话盲文出版事业60年的风雨历程，就更好地做好盲文出版和盲人文化服务工作、充分发挥全国盲人综合性公共文化服务中心作用展开研讨。中国残联理事、中国盲文出版社社长张伟在讲话中回顾了60年来中国盲文出版事业艰苦奋斗、不懈努力的历史，重点阐述了在新的历史条件下如何繁荣发展盲文出版事业、为盲人提供更好更多更精准的文化产品和服务等发展问题。他指出，今后中国盲文出版社将进一步解放思想、更新观念、抓住机遇、趁势而上，积极发挥“五个中心、一个窗口”作用，同时积极参与中国文化走出去的战略，加大走出去的力度，创新走出去的方式，不断扩大中国盲人文化的影响力和传播力。

【用心灵感受光明】10月，国际盲人节前夕，也喜逢盲文出版社建社60周年，光明日报就盲人文化出版及文化服务工作进行了专访。记者通过实地调研、多方采访、查看历史资料等多种方式，于10月15日在《光明日报》头版刊发了题为《用心灵感受光明》的新闻报道（见附录）。该报道通过大篇幅文字描述，记录了中国盲文出版社60年来为盲人服务的努力和成绩，向社会宣传了残疾人文化事业发展成就，获得了较好的社会反响。

四、大事记

1月4日，民政部民间管理局正式批复同意中国盲文出版社申请注册“金钥匙视障教育研究中心”民办非企业单位。

1月28日，国务院副总理、国务院残疾人工作委员会主任回良玉到中国盲文图书馆调研。

3月14日，民政部民间管理局正式批复同意中国盲文出版社申请注册“康艺无障碍影视发展中心”民办非企业单位。

5月31日，由中国儿童少年电影学会和中国盲文出版社、中国盲文图书馆联合主办的“关爱盲童，助梦成长”无障碍电影公益行动在中国盲文图书馆举行。在中国儿童少年电影学会和中国盲文出版社、中国盲文图书馆的联合呼吁下，华谊兄弟传媒集团等40家电影公司首批捐出旗下50部优秀国产影片版权资源，支持制作和推广无障碍电影。

5月15日，首届全国公共图书馆视障服务工作研讨会在中国盲文图书馆召开。中国残联党组副书记、常务副理事长王乃坤，中国残联副主席、中国盲协主席李志军，文化部公共文化司陈彬斌副司长出席会议并讲话。全国80多位公共图书馆和残联、盲校代表参加会议，建立45家中国盲文图书馆分、支馆。

6月5日，中央国家机关工委常务副书记李智勇在中国残联党组书记、理事长王新宪和党组副书记、常务副理事长王乃坤等负责同志的陪同下，调研中国盲文图书馆，就进一步深入开展党的群众路线教育实践活动提出了具体要求。

7月1日，“中国盲文图书馆眼科医院阅览区揭牌仪式”在中国中医科学院眼科医院举行。中国中医科学院副院长、眼科医院院长范吉平，中国盲文出版社党委书记、社长张伟等领导出席活动。

7月5日，中国残联在中国盲文图书馆举办了主题为“我是助残志愿者，我在你身边”的“学雷锋志愿助残阳光行动”主题日活动，中国残联副主席、党组成员吕世明出席活动并讲话。中央文明办、国家新闻出版广电总局、教育部、文化部、全国总工会、全国老龄办、中国银行业协会、中华志愿者协会、中国文艺志愿者协会、中国残疾人福利基金会等部门和单位领导以及中国曲艺家协会主席、中国文艺志愿者协会主席姜昆，中央电视台著名主持人白岩松等出席了活动。

10月14日，中国盲文出版社、中国盲文图书馆专家委员会成立座谈会在中国盲文图书馆举行。中国残联党组副书记、常务副理事长孙先德出席会议并讲话。来自美国、英国、日本等12个国家的31位专家参加座谈会。

10月15日，第九届中国信息无障碍论坛在京开幕。中国残联理事长鲁勇、国家新闻出版广电总局副局长邬书林、国务院侨务办公室副主任谭天星、中国残疾人福利基金会理事长汤小泉、中国残联副主席李志军等领导出席论坛。此次论坛吸引了来自美国、德国、英国、法国、日本、泰国、香港等22个国家和地区的组织和专家参会。各国代表纷纷表示，在当今这个全球化的时代，信息无障碍问题已经超越了文化和国家的界限，只有借助国际和区域合作，信息无障碍的梦想才能真正实现。

10月21日，文化部公共文化司巡视员刘小琴一行到中国盲文图书馆开展深入调研活动，并为盲文图书馆“全国文化信息资源共享工程残疾人服务分中心”揭牌。

11月23日，中国盲人文学联谊会成立大会在中国盲文图书馆召开。中国残联主席张海迪，党组成员、副主席吕世明，副主席、中国盲协名誉主席李志军，以及文学界专家、盲人代表和其他有关单位的负责同志共80余人出席大会。张海迪主席要求努力创造条件，让更多的残疾人参与文化生活，让精神更加充实快乐。

12月21日，中华志愿助残阳光使团暨中国盲文图书馆星级志愿者表彰联谊会在中国盲文图书馆举行。中国残联党组成员、副主席吕世明出席会议并讲话。共有73位志愿者荣获一至五星级文化助盲志愿者证书，22个志愿者团队荣获优秀志愿服务团队证书。

（王瑛供稿）

中国残疾人艺术团

一、政策法规文件

宜昌市人民政府　中国残疾人艺术团
合作共建中国残疾人艺术团附属学校协议书

为贯彻落实《国家中长期教育改革和发展规划纲要（2010—2020年）》和《国务院办公厅转发教育部等部门关于进一步加快特殊教育事业发展意见的通知》（国办发〔2009〕41号）精神，加快宜昌建设现代化强市的步伐，在国家教育部和中国残疾人联合会的领导和大力支持下，宜昌市人民政府（甲方）与中国残疾人艺术团（乙方）商定合作共建中国残疾人艺术团附属学校，特签订此合作协议书：

一、指导思想

以党的十八大精神为指导，全面贯彻落实科学发展观，实施《国家中长期教育改革和发展规划纲要（2010—2020年）》和《中国残疾人事业中长期人才发展规划纲要（2011—2020年）》，以建设示范性特殊教育为目标，以改革创新为动力，以内涵发展为重点，以资源共享、优势互补、合作共赢为原则，努力将中国残疾人艺术团附属学校办成有特色的世界一流名校，培养高素质残疾学生和专业演员，为残疾人事业输送德智体美全面发展的优秀文化人才。

二、共建内容

宜昌市人民政府与中国残疾人艺术团共同在宜昌市设立中国残疾人艺术团附属学校（以下简称附属学校），挂牌在宜昌市特殊教育学校，纳入特殊教育体系，由宜昌市教育局统一管理。附属学校设初中部和高中部，学制六年，全面实施中学阶段基础教育，颁发普通高中毕业证书，系统进行舞蹈艺术培训，达到专业艺术水准。附属学校初中部设在宜昌市特殊教育学校，以基础文化教育为主、舞蹈基本功和形体训练为辅，同时进行听力语言康复训练。高中部设在中国残疾人艺术团北京本部，艺术课以专业舞蹈培训、经典节目排练和国内外演出实践为主，由中国残疾人艺术团负责；文化课教学由宜昌市特殊教育学校负责，以远程视频方式进行。从2013年起，面向全国择优选拔招收初中一年级聋人新生，每三年招收一届，每届艺术班总人数不超过45人（含少数特别优秀的苗子进入宜昌市特殊教育学校小学部预培）。

三、双方责任

（一）宜昌市人民政府与中国残疾人艺术团依法依规、友好协商、密切合作，共同研究制定附属学校的发展规划，统筹协调双方职能部门制定促进附属学校发展的优惠政策和措施。

（二）宜昌市人民政府指定市教育局为主管部门，加强管理并指导附属学校制定教育计划和管理办法，做好教育、教学、生活管理等各项工作。宜昌市特殊教育学校具体负责附属学校初中部和高中部的文化课教学工作，承担附属学校初中部的日常组织管理工作，确保附属学校初中部外地学生享受宜昌市特殊教育学校本地学生待遇。

（三）中国残疾人艺术团负责附属学校初中部艺术班的招生计划申报、招生标准制定和具体招生工作，并与新生家长签订协议，明确学生在校学习期间家长和艺术团各自的责任。负责指导附属学校的艺术培训工作，承担高中部学生的日常管理、艺术培训和所需的各项费用。

（四）为支持中国残疾人艺术团附属学校的运行，中国残疾人艺术团年度拨款不少于人民币30万元，2013年另拨开办费人民币50万元，承担中国残疾人艺术团附属学校初中部学生外出实践活动差旅费和每年寒假往返路费；并积极争取中国残联系统、中国残疾人福利基金会等组织为附属学校提供多方面的帮助和支持。

四、工作机制

（一）成立宜昌市人民政府与中国残疾人艺术团合作共建领导小组。组长由宜昌市人民政府与中国残疾人艺术团领导共同担任；领导小组成员由宜昌市人民政府有关部门和中国残疾人艺术团有关处室的负责人组成。领导小组下设办公室，由中国残疾人艺术团、宜昌市教育局和宜昌市特殊教育学校有关人员组成，具体负责合作共建的日常工作。

（二）建立宜昌市人民政府与中国残疾人艺术团合作协商制度。每年召开一次专题会议，研究中国残疾人艺术团附属学校发展重大问题。双方职能部门加强经常性联系，做好有关工作。

（三）合作共建过程中的未尽事宜，由领导小组会议商议。

五、其他事项

本协议一式叁份，甲方、乙方和中国残疾人联合会各执壹份。自双方法定代表人或授权代表签字并加盖公章后生效。

关于做好中国残疾人艺术团附属学校招生工作的通知

残联函〔2013〕21 号

各省、自治区、直辖市残疾人联合会，新疆生产建设兵团残疾人联合会、黑龙江垦区残疾人联合会：

在中国残联和湖北省宜昌市政府的领导和组织下，中国残疾人艺术团与宜昌市特殊教育学校资源共享、优势互补，合作共建了中国残疾人艺术团附属学校，于2013 年起面向全国招收聋人初一新生。

这是贯彻落实《中国残疾人事业中长期人才发展规划纲要（2011—2020 年）》，提升残疾人人才素质、优化残疾人人才结构，进一步选拔培养残疾优秀文化人才的重要举措。为做好招生工作，现将有关事宜通知如下：

一、高度重视，广泛宣传

各级残联要从培养残疾人优秀文化人才的战略高度，充分重视聋人新生的选拔工作，向广大残疾人朋友和残疾人家长广泛宣传组建中国残疾人艺术团附属学校的重要意义和社会影响。

二、积极物色，认真推荐

各级残联要珍惜这次选拔推荐机会，扩大选人视野，积极物色和认真推荐符合条件的适龄聋人积极报考。

三、精心组织，尽快实施

请将此文件转发至各市残联，各级残联要按照《中国残疾人艺术团附属学校招生简章》（附件略）的要求，明确专人负责这项工作，将聋人考生相关报名信息于 7 月 15 日前报送中国残疾人艺术团。

中国残疾人联合会
2013 年 5 月 7 日

关于商请批准中国青年政治学院开办社工专业本科聋人特教班的函

残联〔2013〕255 号

教育部：

感谢贵部长期以来对残疾人事业的真诚帮助，为残疾人教育工作付出的艰辛、做出的贡献，特别是最近牵头起草并将全面推进“特殊教育提升计划”的实施。

为适应我国残疾人事业对残疾人社工人才的需求，满足聋人接受文综专业本科教育的期盼，依据国家有关政策，征得中国青年政治学院同意，我们申请批准中国青年政治学院 2015 年起开办社会工作专业本科聋人特殊教育班，每届 30 人，每三年一届，通过考试录取符合标准的中国残疾人艺术团附属学校高中毕业生。以此作为“特殊教育提升计划”的试点，取得成效、总结经验、条件成熟和生源具备后，再面向全国逐步扩大招生规模。现将有关情况说明如下：

一、现状与需求

1. 中国残疾人艺术团

艺术团是中国残联唯一以残疾青年为主体的文化与教育机构，被誉为祖国的文化使者，被指定为联合国教科文组织和平艺术家，出访了 85 个国家，将美奉献给世界，将爱传递给人间。

文化与品行，决定人的灵魂和素质，既影响着演员的形象、水平和层次，又关系到演员退役后再就业的人生道路。艺术团的演员必须成为有文化的复合型人才。

2. 全国残疾人事业

残疾人事业是为残疾人服务的社会工作，国家要求各级残联都有残疾人干部、全国城乡社区都配备残疾人专职委员，亟须培养社工专业残疾人本科生。

3. 中国残疾人艺术团附属学校

目前特殊教育学校整体水平不高，高中又以职业技能为主，基础文化水平不够。为给艺术团和残疾人事业培养高素质人才，我们从基础教育入手，按照“以团带校，从小培养、全面发展”的模式，创办了全日制中国残疾人艺术团附属学校。

艺术团附属学校学制六年，全面实施中学阶段基础文化教育。附属学校 2015 届高中毕业生，是艺术团本着从优、从严、从精的原则，经过严格的文化课考试和面试，从全国 14 岁以下聋人学生中择优选拔的，通过六年的封闭式管理和系统教育，是德智体美全面发展的聋人新秀。

4. 开辟社工专业本科教育渠道

目前，全国高等特殊教育院校都没有文综专业；普通高校也没有附设文综专业的特殊教育班。艺术团附属学校高中毕业生是我们的后备力量，应有考入社工专业本科深造的渠道，为艺术团和残疾人事业培养有尊严、有品德、有文化、有能力、有艺术修养的高素质复合型人才。

二、相关政策

1. 贯彻党中央十八届三中全会关于全面深化改革决定提出的“推进特殊教育改革发展”的精神；

2. 按照国家确定的“特教特办、重点扶持”的原则；

3. 依据“特殊教育提升计划”提出的“加快发展残疾人高等教育”、“完善残疾人高等教育布局，各地根据需要、有计划地在高等学校设置特殊教育学院或相关专业”的要求；

4. 遵循残疾人保障法和残疾人教育条例明确的“普

通教育机构附设的特殊教育班，对符合条件的残疾人实施高级中等以上文化教育”的办学途径和方式。

三、办学方案

1. 中国青年政治学院是国内率先开设社工系的高校，也是目前社工专业本科生规模最大的教育机构，和艺术团有着良好的合作关系，在艺术团为老演员开办了社工专业成人大专班，熟悉聋人的特点，掌握了特教方法和规律，积累了经验，这次又愿意为残疾人事业奉献爱心，为提升特殊教育水平贡献力量。

2. 请教育部批准中国青年政治学院开办社会工作专业本科聋人特教班，每届30人，每三年一届，将其纳入国家普通高等教育计划和2015年招生计划；参照普通高校特殊教育学院（例如北京联合大学特教学院）单考单招的模式和办法，按规定组织招生、考试和录取工作；目前，全国聋人生源条件不具备，此次试点阶段聋人特教班的招生，面向中国残疾人艺术团附属学校高中毕业生。

3. 中国青年政治学院负责制定教学计划，组织实施教学；中国残疾人艺术团为教学配备手语翻译，解决食宿、承担学费，安排毕业生的就业岗位，并协助做好有关各项工作。

特此报告，请予审批。

附件：中国青年政治学院复函（略）

中国残疾人联合会
2013年12月30日

教育部关于中国青年政治学院开办社会工作专业本科聋人特教班的复函

教高函〔2014〕1号

中国残疾人联合会：

你单位《关于商请批准中国青年政治学院开办社工专业本科聋人特教班的函》（残联〔2013〕255号）收悉。经研究，现函复如下。

一、中国青年政治学院依托社会工作专业开办聋人特教班，有利于扩大聋人学生接受高等教育机会、提高聋人学历层次。我部原则同意来函中涉及高校招生工作的内容，对中国青年政治学院增加招生计划，用于开办社工专业本科聋人特教班单独招生，招生范围不仅限定为中国残疾人艺术团附属学校毕业生。请你单位根据我部有关规定，商中国青年政治学院明确特教班招收聋人学生的听障级别等报考条件和录取标准，并做好资格审核、公示等工作，确保公平公正、公开透明。

二、中国青年政治学院要按照社会工作本科专业人才培养规格及要求组织开展教学活动，学制四年，保证人才培养质量。

特此函复。

中华人民共和国教育部
2014年2月17日

二、工作综述

2013年，艺术团以演员为本，以教育为先，以当好文化使者为己任，在新的起点上开拓进取。面对全球经济文化低迷的状况，巡演13个国家和地区，取得了良好的经济效益和社会效益，并为公益事业捐款72万元人民币。

（一）全面系统抓教育

1. 中国残疾人艺术团肩负着教育使命

残疾人事业是以残疾人为主体的工作，需要培养高素质的残疾人从事残疾人工作。根据《国家中长期教育改革和发展规划纲要（2010—2020年）》和《国务院办公厅转发教育部等部门关于进一步加快特殊教育事业发展意见的通知》（国办发〔2009〕41号）精神，在中国残联的高度重视和指导下，中国残疾人艺术团近年来把加强演员教育作为重点工作长抓不懈。

艺术团作为中国残联系统唯一以残疾青少年为主体的文化单位，不仅是国际一流艺术团体，同时也应成为优秀残疾人才成长的园地，肩负起为艺术团乃至整个残疾人事业培养复合型人才的使命。艺术团演员来团前多数就读于家乡的特殊教育学校，因为部分特教学校缺乏办学动力和压力，多数学生放任自流，教育质量低；尤其是聋人接收信息存在很大障碍，导致整体文化水平更低。

在27年的发展过程中，艺术团深刻地认识到，文化与品行决定人的灵魂和素质，影响着演员的形象、层次乃至今后的人生道路。作为祖国的文化使者，艺术团演员必须有文化。因此，艺术团肩负着重大的教育使命，要培养高素质残疾学生和专业演员，为残疾人事业输送德智体美全面发展的优秀文化人才。

2. 合作创办附属学校，全面开展招生工作

在中国残联的领导和推动下，艺术团和宜昌市政府签署合作协议，依托宜昌市特殊教育学校共建中国残疾人艺术团附属学校。为加强领导，张海迪主席和宜昌市长马旭明担任名誉校长，汤小泉、吕世明同志和宜昌市副市长等领导担任名誉校董；鲁勇理事长到附属学校调研、为学校授牌并观看《我的梦》公益义演。中国残疾人福利基金会为附属学校建设提供了有力帮助。

中国残联和宜昌市委市政府高度重视，要把附属学校办成有特色的世界一流名校，使其成为特殊教育的试验样板和残疾人事业国际交流的窗口。中国残疾人艺术团附属学校学制六年，每三年一届，全面实施中学阶段基础教育。

从2013年5月起，在中国残联、聋协、聋儿康复中心、信息中心、杂志社、体训中心、康复中心和地方残

联、特教学校的大力支持下，艺术团面向全国招生，从各地数千名14岁以下的聋人学生中，筛选出准考生到北京参加面试、形体测试、文化课考试，对初试合格者又进行了试训和体检，本着从严、从精、从优的原则，录取了29名初一新生。经过三个月试读，劝退2名。同时录取8名优秀苗子在宜昌特教小学部预培。

3. 改革教育教学

中国残疾人艺术团的教育方向与目标是，避免一些普通学校读死书、死读书、填鸭式的应试教育，因为那样会使学生难以掌握真才实学，又失去了快乐青春；也要避免一些特教学校无目标、无压力、走过场的应付教育，因为那样会使学生文化浅、缺少追求，荒废了青春年华。附属学校本着立德树人的宗旨，改进教育方式和教学方法，注重演员青少年时期身体的成长、习惯的养成、品格的塑造、知识的积累、能力的提高，旨在把学生培养成有尊严、有品德、有文化、有能力、有艺术修养的优秀高中毕业生，使其成为艺术团的专业演员，并考入中国青年政治学院社会工作专业本科深造。

艺术团和附属学校制定了两年教育工作纲要，确定了工作机制、管理制度，明确了教学内容、教材编写原则、教学计划和方法，以及各项要求与措施。设立附属学校德育和生活管理办公室、文化教学办公室、舞蹈教学办公室。艺术团投入主要精力，团领导、老师和工作人员分批轮岗，并选派优秀演员担任辅导员，持续到学校蹲点带班，参与教育、教学和生活管理全过程，与学生同吃、同住、同学习。

为规范教育、教学和学生行为，制定并向学生、家长和教职工发放了《学生行为手册》，明确了学生守则和有关制度。设立班委会，每周一次班会，强化自我管理，定期组织文娱活动、联欢会、郊游、参观和社会实践。

贯彻少而精和适用实用的教学原则，提高语文和文综科目的教学比重；培养学生勤奋的学习态度、良好的学习习惯、严谨的学习作风和科学的学习方法；注重学生掌握基础知识，提高基本能力，例如阅读表达能力、分析理解能力、概括归纳能力以及解决问题的能力；规范手语，训练口语，推行板书为主的三语教学。

4. 拓展高等教育

（1）盲人高等教育

2013年，艺术团又有6位盲人考入北京联大，攻读音乐学本科学位。至此，适龄盲人演员都已进入大学深造或毕业。

（2）聋人高等教育

全国21所中高等特教院校都是职业教育，没有文综专业。为适应残疾人事业对残疾人社工人才的需要，在中国残联的推动和中国青年政治学院的大力支持下，聋人社工专业高等教育得到开拓。2012年11月，艺术团大学生舞蹈队的聋人通过全国成人高考，进入中国青年政治学院继续教育学院社工专业大专班，攻读第二学历。中青院在艺术团开班授课，近一年实践表明，不仅成效显著，而且探索了适应聋人特点的教学方式和方法。

11月，经商中国青年政治学院同意，拟于2015年开办社工专业本科聋人特教班，面向中国残疾人艺术团附属学校2015届高中毕业生招生。12月函商教育部，将此纳入国家普通高等教育计划和2015年招生计划，作为“特殊教育提升计划”的试点，待总结经验、生源条件具备后，再面向全国逐步扩大招生规模。

百年大计，教育为本。艺术团全面、深入、系统地开展教育工作，切实提升了演员素质，建立了梯队机制，形成了适应当前、面向未来的人才培养体系。

（二）灵活机动打市场

1月30日，农历除夕之夜，艺术团一行30人赴美国进行商演，拉开了2013年演出序幕。全年共演出89场，出访美国、立陶宛、拉脱维亚、白俄罗斯、蒙古、希腊、黑山、马其顿、阿尔巴尼亚、俄罗斯、澳门（2次）、香港（2次）、台湾（2次）等13个国家和地区，其中7个国家为首次出访。至此，艺术团已巡演85个国家和地区。

1. 欧洲巡演

2013年，艺术团两次赴欧洲，分别在七国巡演，当地电视台全程录播，各国政要出席，媒体广泛报道，产生轰动效应。立陶宛总统在观看完《我的梦》演出之后接见艺术团全体演职人员时说：“你们的演出非常精彩，感染了立陶宛人民。”黑山一位舞台技术人员表示：“我看过那么多演出，这场是最完美的，有的地方感人肺腑，有些节目给人无限愉悦，太美妙了！”演出结束后，各使馆来电称赞艺术团的敬业精神、朴实作风让人感动。《我的梦》为国外观众提供了一次了解中国文化的宝贵机会，中国残疾人艺术团是真正的文化与友谊的使者。

2. 港澳台交流

2013年，艺术团出访港澳台6次，结合商演开展大量公益活动。为庆祝香港中文大学成立五十周年，艺术团在香港沙田会堂、香港会展中心举办《我的梦》专场演出。向香港中文大学捐款50万元人民币，设立“我的梦”奖学金，用于资助香港中文大学的学子。应香港工联会之邀，深入香港劳工子弟学校慰问演出，艺术团演员代表与学生开展心灵对话，令学子振奋、高层感动，激发了香港同胞的民族认同感和爱国热情。

两次赴澳门为澳门同胞演出《我的梦》，并面向社区普通居民举办电影《我的梦》公益放映，与残疾朋友深入交流，增进了友情。

8月，应邀为台湾禁毒大会义演，受到台湾地区领导人吴敦义的接见和称赞。11月，再次赴台演出《我的梦》，台北市市长郝龙斌盛赞艺术团精彩的演出早为台湾人民所熟知，在全世界也非常著名。

3. 走进校园

为了在广大青年学生中提升特殊艺术的影响力，艺术团两次在北大百年讲堂演出《我的梦》，成为新生入学的第一课和生命价值的教育课，引起强烈反响。演出引发近千条微博互动，师生感慨地说：这是百年讲堂至今唯一使学生不愿意散场的演出。艺术团还深入四川大学参加“我的梦中国梦——让公益更有力量”的演出，为中国青年政治学院的各项青年活动义演。邰丽华和演员代表走进北京师范大学、北京城市学院、中华女子学院，举办多场心灵对话座谈。

4. 贴近残疾人

为庆祝全国助残日，艺术团走进延庆乡村，举办“下基层，送文化”专场演出，并走访慰问了贫困残疾人家庭。当艺术团的演员送上慰问金、食品等物资时，老人热泪盈眶。艺术团与左权盲宣队结下深厚友情，连续九年为他们捐款。10月，左权盲宣队在盲文图书馆举办“向天而歌又十年”答谢演唱会，艺术团盲人器乐组参加助兴。2013 年，艺术团还配合体训中心、盲文出版社、盲协成立 60 周年举行公益演出。为了丰富基层群众文化生活，艺术团积极配合所在社区居委会、街道办事处举办的各项社区文化活动。

图 7－6－1　残疾演员慰问延庆贫困残疾人家庭。

5. 重点媒体关注报道

中国残疾人艺术团的艺术成果和足迹得到了社会各界的广泛关注。联合国邮局专门发行《千手观音》纪念邮票，张海迪主席出席在纽约举办的邮票首发式和新闻发布会。邮票一个月内售罄，创联合国发行纪录。《人民日报》4 次以专题、图片新闻等形式对中国残疾人艺术团的各项活动给予报道。

（三）群众路线找差距

通过持续开展党的群众路线教育实践活动，艺术团认真查摆问题，找出差距，着力解决政治理论学习和工作秩序规范性两个方面存在的问题，进一步加强领导班子建设，增强理论修养，提高管理水平，合理分配工作比重，充分发挥每个演职人员的积极性和作用，把艺术团和附属学校建设发展得更好。

三、重要条目

【中国残疾人艺术团访演立陶宛、拉脱维亚和白俄罗斯】 4 月 29 日—5 月 10 日，中国残疾人艺术团一行 38 人应邀出访立陶宛、拉脱维亚、白俄罗斯三国。在立陶宛的维尔纽斯、克莱佩达，拉脱维亚的里加以及白俄罗斯的莫吉廖夫，艺术团共演出四场《我的梦》。立陶宛总统、拉脱维亚副议长和军方代表、莫吉廖夫副州长等政要以及我驻三国大使出席并观看演出。演出在当地引起强烈反响。《人民日报》5 月 7 日要闻版对艺术团在拉脱维亚的演出进行了图文报道。

图 7－6－2　中国残疾人艺术团访演拉脱维亚。

【立陶宛总统接见中国残疾人艺术团】 4 月 30 日—5 月 4 日，中国残疾人艺术团应立陶宛社会责任中心邀请，

图 7－6－3　立陶宛总统达利娅·格里包斯凯特观看演出并接见演职人员。

一行38人访演立陶宛，在立陶宛首都维尔纽斯和第二大城市克莱佩达共举行两场《我的梦》专场演出。立陶宛总统达利娅·格里包斯凯特5月3日观看了演出。演出结束后，达利娅总统专程到后台看望全体演职人员。她激动地说："欢迎大家来立陶宛演出，你们的演出非常精彩，你们比很多健全人都要坚强！"

【联合国发行"千手观音"纪念邮票】9月23日，联大召开残疾与发展问题高级别会议，联合国邮局为纪念此次会议，选取了世界各国最具艺术成就和催人奋进的残疾艺术家的作品，发行主题为"消除障碍，敞开大门"的纪念邮票一套六枚，中国残疾人艺术团表演的舞蹈"千手观音"入选并成为主推作品。张海迪主席出席在联合国总部举行的邮票首发仪式和新闻发布会，并发表题为《方寸之间彰显尊严与价值》的致辞。"千手观音"是全套邮票中印量最小的，共限量发行6000套，成为最有价值的联合国邮票之一。《人民日报》9月25日国际版发表题为《方寸间彰显尊严与价值——"千手观音"纪念邮票亮相联合国》的报道。

图7-6-4　联合国邮局发行"千手观音"纪念邮票。

【中国残疾人艺术团访台演出】8月7—10日，中国残疾人艺术团应邀参加引导台湾年轻人珍爱生命、积极面对人生的"全台禁毒大会"公益演出，台湾地区领导人吴敦义接见演职人员代表。11月14—19日，艺术团再次赴台举办《我的梦》专场演出。台北市市长郝龙斌在演出前接见演职人员代表时盛赞艺术团精彩的演出已经为台湾人民所熟知，在全世界也非常著名，并预祝演出取得成功。

【中国残疾人艺术团举办庆祝香港中文大学五十周年专场演出】

为庆祝香港中文大学成立五十周年，艺术团举办了《我的梦》专场文艺演出。在校庆五十周年慈善晚宴上，艺术团向香港中文大学捐款50万元人民币，设立"我的梦"奖学金，激发了香港学子的爱国热情。

艺术团演职人员还深入香港劳工子弟学校，为学生播放电影《我的梦》并进行慰问演出，开展心灵对话。学校师生纷纷表示，艺术团演员克服自身障碍、努力改变命运的精神与香港人的狮子山精神不谋而合，对香港学生是一种莫大的鼓舞。

【中国残疾人艺术团出访欧洲四国】应我国驻希腊、马其顿、阿尔巴尼亚、黑山大使馆以及雅典音乐厅、黑山音乐厅、黑山国家大剧院的邀请，中国残疾人艺术团一行35人于11月26日—12月5日出访欧洲四国，先后在希腊雅典、马其顿斯科普里、阿尔巴尼亚地拉那、黑山波德戈里察进行访问演出，历时10天，演出5场。马其顿总统、阿尔巴尼亚总理、希腊议长和大主教等政要及当地主流社会人士约5000人次观看了中国残疾人艺术团大型音乐舞蹈《我的梦》演出。马其顿总统接见艺术团演职人员时谈道："10月底访华时，我与习主席谈及你们将来马其顿演出，习主席向我盛赞你们，并让我和我的夫人一定要看你们的演出。今天，我履行了我的诺言，祝贺大家演出成功。"

图7-6-5　伊万诺夫总统夫妇、崔志伟大使夫妇与演员合影。

【中国残疾人艺术团附属学校授牌仪式】为贯彻落实《中国残疾人事业中长期人才发展规划纲要（2011—2020年）》，提升残疾人素质、优化人才结构，进一步选拔培养残疾人优秀文化人才，在中国残联和宜昌市委市政府的领导和大力支持下，中国残疾人艺术团与宜昌市特殊教育学校强强联合、资源共享、优势互补，合作共建了中国残疾人艺术团附属学校。11月2日，中国残疾人艺术团附属学校授牌仪式在附属学校举行，中国残联党组书记、理事长鲁勇，宜昌市副市长王国斌共同为宜昌市特殊教育学校授牌，邰丽华团长致感谢词。

图7-6-6　中国残疾人艺术团附属学校授牌仪式。

四、大事记

1月14日，中国残疾人艺术团应湖北省黄冈市残联邀请，参加“黄冈市康苗工程暨阳光助残慈善颁奖晚会”，在黄冈剧院演出《千手观音》等四个节目。

1月19日，中国狮子会邀请中国残疾人艺术团在北京参加狮子会庆典演出。

1月24日，艺术团全体演职人员在驻地排练厅举行业务汇报演出。

1月26日，艺术团应天津高银国际俱乐部邀请，参加2013富国高银雪地马球世界杯赛开幕式演出。

1月28日，应共青团中央统战部邀请，艺术团参加团中央慰问务工人员演出活动，在北京市天桥剧场表演舞蹈《千手观音》。

2月2日，中国残疾人艺术团赴天津参加2013富国高银雪地马球世界杯赛闭幕式演出。

2月3日，中国葛洲坝集团股份公司邀请艺术团赴宜昌参加集团庆典，演出舞蹈《千手观音》。

2月9—14日，艺术团应美国第五季公司邀请，在美国米高梅酒店演出《我的梦》。

2月22日，应上海知了公益文化中心邀请，艺术团参加“观自在——从心出发”新年祈福会演出活动，在上海奔驰文化中心表演舞蹈《千手观音》。

3月20日，为丰富社区文化、支持社区建设，艺术团应朝阳区小关街道办事处邀请，参加社区文化活动，为社区居民表演舞蹈《雀之灵》。

3月26日，艺术团应北京笔克公司邀请，参加在北京国家会议中心举行的全球石油博览会并表演舞蹈《我的梦》。

3月28日，应上海知了公益文化中心邀请，艺术团赴大连参加2013年新春感恩祈福慈善答谢活动，在会展中心表演舞蹈《千手观音》。

3月29日，艺术团应山东电建邀请，参加于广东清远举办的第四届驻华大使高尔夫球邀请赛，演出《千手观音》等五个节目。

4月16日，艺术团在聋儿中心排练厅为前来参观交流的台湾狮子会一行嘉宾表演《我的梦》。

4月25、26日，艺术团应北京大学邀请，在北大百年讲堂举办“驼人之夜·生命畅想”主题活动，演出两场《我的梦》。

4月29日—5月4日，艺术团应邀巡演立陶宛，5月1日、3日分别在立陶宛克莱佩斯和维尔纽约演出《我的梦》。

5月5—9日，应白俄罗斯大使馆及拉脱维亚大使馆的邀请，结束立陶宛巡演的中国残疾人艺术团奔赴白俄罗斯及拉脱维亚，5日、8日分别于里加和莫吉廖夫两座城市演出《我的梦》。

5月11—13日，艺术团应澳门永利酒店集团邀请，为其母亲节庆典活动表演舞蹈《千手观音》。

5月16—18日，艺术团在四川省合川剧院演出《我的梦》。

5月19、20日，艺术团应北京市延庆残联邀请，开展下基层走访慰问活动，走访慰问残疾人家庭，并于延庆大庄科乡小学为当地百姓演出《我的梦》。

5月22日，邰丽华团长应邀出席在北京城市学院举办的青联委员交流活动并做专题讲座。

5月25日，非洲驻华使团在北京凯宾斯基酒店举行庆祝非洲统一组织（非洲联盟前身）成立50周年招待会，艺术团应山东电建的邀请参与演出部分节目，全国人大常委会委员长张德江应邀出席。

6月5日，应中华女子学院邀请，艺术团盲人演员蒋灿、俞彧、刘延辉在该校礼堂参加交流活动。

6月8日，应中国青年政治学院邀请，艺术团在中青院大礼堂为全校师生表演舞蹈《动听》及《秧苗青青》。

6月11日，应天津高银国际俱乐部邀请，艺术团赴天津参加2013玛莎拉蒂环亚经典赛庆祝活动，表演舞蹈《千手观音》《动听》及《黄土黄》。

6月16日，艺术团应国际康复大会之邀，为在国家会议中心举办的国际物理医疗和康复医疗学术大会开幕式演出《我的梦》。

6月18日，艺术团在聋儿康复中心排练厅为前来参观及交流的国际狮子会会长谭荣根一行演出《我的梦》。

6月19日，联合国计划开发署到艺术团访问参观，艺术团全体演员在排练厅为其演出《我的梦》。

6月20日，朝鲜残联代表团访问艺术团，艺术团在聋儿中心排练厅为代表团一行演出《我的梦》。

6月25日，中国青年政治学院及北京市教育考试院联合开展主题党日活动，到艺术团参观交流，全体演职人员在排练厅为其演出《我的梦》。

7月1—4日，河南驼人集团邀请艺术团演员黄阳光、刘延辉到河南省新乡市参加当地举办的交流活动。

7月5—12日，艺术团应团中央及内蒙古青联的邀请，到蒙古国乌兰巴托市参加“同欢乐、共发展”中蒙青年友好交流活动，在乌兰巴托市文化宫表演舞蹈《千手观音》。

7月13日，姜馨田受邀参加在国务院新闻办举行的山村女教师新闻发布会，担任手语主持。

7月16—20日，中国残疾人艺术团附属学校第一次招生面试工作在中国残疾人体育运动管理中心全面展开，来自全国各省的47位初试合格适龄聋儿到北京参加面试和试训。

7月27日，在中国盲协成立六十周年之际，艺术团盲人声气乐队受邀在中国残联参加庆祝活动并演出。

8月9日，应台湾宝业公司的邀请，艺术团参加中华佛教普贤护法会在台北小巨蛋举办的“携手同心 E 起反毒”反毒嘉年华晚会，并表演舞蹈《千手观音》《生命密码》《雀之灵》。

8 月 12—16 日，艺术团应俄罗斯加里宁格勒区文化部的邀请，参加小岛国际艺术节，并演出《我的梦》。

8 月 16 日，艺术团应斯达克公司邀请，在北京亮马河饭店举办《我的梦》公益演出。

8 月 25 日，艺术团应邀参加“百名乡村教师进京”开幕式活动，在工人体育场表演手语诗《我的梦》及舞蹈《生命密码》。

8 月 25 日，绿之韵公司邀请艺术团在小汤山龙脉温泉酒店表演《我的梦》。

8 月 27 日，百名乡村教师走进中国残疾人艺术团，在聋儿中心排练厅，艺术团为老师们表演了《我的梦》。演出结束后，访问团与艺术团演职人员进行了交流。

8 月 30 日—9 月 1 日，应湖南文化公司邀请，艺术团在长沙贺龙体育场表演舞蹈《千手观音》。

9 月 4 日，在北大百年讲堂，艺术团为参加新生入学教育的北大新生们带来《我的梦》文艺表演。

9 月 7 日，艺术团赴德州乐陵市参加 2013“新乐陵，新机遇”主题活动，在乐陵市大剧院为当地群众演出《我的梦》。

9 月 18—21 日，应天津高银国际俱乐部（香港）的邀请，艺术团在香港会展中心表演舞蹈《千手观音》。

9 月 20 日，应天津恩加国际文化传媒有限公司的邀请，艺术团到天津市北辰区参加“双街月圆中国梦”大型文艺晚会，表演舞蹈《千手观音》。

9 月 23 日，联合国邮局举办新闻发布会，为配合联大残疾与发展问题高级别会议，发行以《千手观音》为主打的纪念邮票。张海迪主席出席发布会并致辞。

9 月 25 日，为朝阳区小关街道办事处在小官文化广场的晚会义演，表演舞蹈《千手观音》及歌曲《天域》。

10 月 2—9 日，艺术团应香港中文大学之邀，在沙田大会堂、香港会展中心及香港中文大学举行六场公益义演，并向香港中文大学捐款 50 万元人民币用以支持和声书院的发展。

10 月 18 日，舞蹈《千手观音》应邀参加在昆明市举办的“2013‘千游子’云南十大影响力人物颁奖盛典”活动。

10 月 15 日，艺术团盲人乐队应盲文出版社的邀请，在国家大剧院音乐厅举办的庆典活动中进行义演。

10 月 22 日，世界聋协主席参观访问艺术团，观看《我的梦》表演并与演职人员进行交流。

10 月 23 日，山西左权盲宣队在北京盲文出版社举行“向天而歌又十年”答谢演出活动，并邀请艺术团盲人乐队助演《风情组曲》。

10 月 23 日，艺术团为在中国残疾人体育运动管理中心举行的世界残疾人乒乓球比赛开幕式进行演出。

10 月 28 日，艺术团应邀参加在小汤山龙脉温泉酒店举办的“天奕朗发展战略研讨会”，演出整台《我的梦》。

11 月 1—4 日，艺术团在宜昌大剧院为宜昌人民带来《我的梦》公益演出，并深入基层，走访社区，为当地居民带去了精彩的节目和慰问品，在宜昌全市和社会各界引起极大的反响。

11 月 8 日，应天津国家广播电台的邀请，艺术团在北京水立方参加“泊客中国”颁奖典礼并表演舞蹈《千手观音》，邰丽华团长作为颁奖嘉宾出席。

11 月 14—19 日，艺术团应台湾宝业公司邀请，在台北国际会展中心上演《我的梦》。

11 月 17 日，艺术团应广州众矢易生文化公司邀请，赴广州市参加全球中小企业领袖峰会，表演舞蹈《千手观音》。

11 月 23 日，四川人民大学邀请艺术团到四川人民大学为师生带来《我的梦》文艺演出。

11 月 26 日—12 月 6 日，艺术团应邀赴希腊、马其顿、阿尔巴尼亚、黑山共和国四国进行巡演。

11 月 30 日—12 月 2 日，纪录片《我的梦》在珠海和澳门两地举行公益放映活动。

12 月 2 日，美国驻华大使馆组织美国知名视觉艺术家到中国残疾人艺术团驻地，与盲人声器乐队演员进行交流和互动。

12 月 9 日，应中国残疾人福利基金会邀请，艺术团盲人乐队在北京大学体育馆进行公益演出。

12 月 9 日，《千手观音》应邀在北京饭店为 APK 会议表演。

12 月 28 日，艺术团应邀到石家庄演出《我的梦》。

（王玥供稿）

中国残疾人体育运动管理中心

一、工作综述

2013年，中国残疾人体育运动管理中心（简称“体管中心”）党委、领导班子带领全体职工认真贯彻落实党的十八大会议精神，借开展党的群众路线教育实践活动的契机，全面促进体管中心思想建设、制度建设和能力建设，为实现把体管中心建设成我国残疾人体育的业务管理和技术指导中心、资源中心、人才培养和培训中心、科研中心和国际交流中心的目标，做出了新尝试，迈出了新步伐，使体管中心的体育业务能力建设和基地管理、服务保障水平都有了进一步提升，为服务残疾人体育事业、服务残疾人事业和服务社会做出了新努力和新贡献。

（一）扎实做好国家队的外事、集结、集训服务工作，为在国际赛场升国旗奏国歌做好保障

配合中国残联体育部，承担与残疾人体育国际组织的日常业务联络工作。体管中心全年办理中国残疾人体育出访团组24个，涉及19个国家和地区，677人次。其中第十届冬季特奥会和第二十二届夏季听障奥运会为国际高水平综合残疾人体育赛事，出访人数分别达到106人和96人。全年承接19个团组共546人次的集训、集结工作，配发装备4000余种，全年派出职工31人次随13个团组出访，担任领队、教练员、翻译、工作人员等职务。在总结以往经验的基础上对集训、集结、出访等各环节做了周密组织和安排，确保每一支队伍、每一名运动员顺利参赛、平安返回。

这些团组在国际残疾人体育比赛中为祖国和人民赢得了荣誉，中华人民共和国国歌在19个国家和地区的赛场上222次奏响，五星红旗440次升起，特别是夏季听障奥运会96人代表团取得了金牌榜第五位的历史好成绩。

（二）圆满完成承办的各项国内外赛事组织工作，为进一步推动残疾人体育发展做出新贡献

2013年，体管中心承办了全国盲人门球锦标赛和全国残疾人（22岁以下）游泳锦标赛两项残奥项目全国性赛事，参赛省（区、市）达到23个，人数达537人。在群众性体育方面，承办了中西部地区健身指导员项目培训班、自闭症和智障儿童夏令营、北京轮椅舞蹈公开赛、全国盲人象棋残健共融团体赛等6项群体特奥活动，总人数达533人。其中盲人象棋比赛有22个省（区、市）及香港、中华台北等共25支队伍参加，参赛人数130人。在办赛组织方面不断总结创新，初步形成了一套运转顺畅、效率高、效果好的组织管理机制，保证了比赛的圆满举行，得到了主办方和参赛队伍的一致好评，更对残疾人群众性体育工作的推广与普及做出了积极努力和贡献。

举办了世界盲人举重锦标赛、残奥乒乓球亚洲锦标赛、盲人足球亚洲锦标赛、盲人门球亚太区锦标赛、国际残奥委员会田径大奖赛、坐式排球亚洲俱乐部杯赛等6项国际比赛，吸引了44个国家和地区的861名运动员、教练员、领队、官员等到中心参赛，比赛数量、赛事规模及规格都较往年有明显提高，创历年之最。承办的6项国际赛事中，有1项为世界锦标赛，3项为地区级锦标赛，1项为国际残奥委员会授权赛事。较高的比赛规格决定了赛事较高的竞技水平，同时也使体管中心赛事组织工作的规范性和专业化有了较大提升，进一步增强了我国残疾人体育的国际影响力，在发挥亚洲残疾人训练基地的作用、推动体管中心成为国际残疾人体育交流中心方面取得了长足进步。

结合上述国内外赛事，体管中心加大社会宣传力度，邀请30家以上社会新闻媒体参与报道残疾人体育活动，报道新闻150篇（段）次以上，覆盖电视、广播、报纸、网络各渠道，其中中央电视台一套《新闻联播》栏目对盲人足球亚锦赛进行了43秒的视频新闻报道。此外，加强了对赛事的网络信息服务和影像传播手段的运用，制作了赛事专用官方网站并投入使用，对比赛实况进行了内部视频转播和影像资料的采集共享，取得了良好效果。

（三）规范做好基础业务技术服务工作，为国家队保驾护航

1. 注册管理

体管中心全年对12个项目、1500余人次的运动员进行了国内注册审核，对田径、游泳、盲人举重3个项目的163名运动员进行了国际注册，保证运动员正常参赛。

2. 分级管理

全年为15项全国赛事的852名肢残运动员和424名盲人运动员进行了分级，并完成多项国际赛事运动员分级病历整理工作；为出访运动员进行出国前级别核查，以确保报名级别正确；为近90名运动员准备英文病历，并在赛后及时收集、整理分级信息。翻译、整理、发布了羽毛球、田径等项目及智障运动员分级规则；对37名分级员进行申报晋级，批准9名新分级员。

3. 反兴奋剂及营养品管理

为乒乓球、坐式排球、赛艇等项目中受国际反兴奋剂追踪的运动员进行了累计60余人次的行踪变更申报工作；在22项赛事中完成了57人次的兴奋剂检测工作；协调反兴奋剂中心对聋奥会集训队进行兴奋剂抽查，32人次均为阴性；完成备战聋奥会的6个集训基地有关肉制品兴奋剂检测的组织工作；草拟《关于做好聋奥会集训队反兴奋剂工作的通知》等管理文件，编写反兴奋剂知识宣传手册。全年为各运动队采购、配发7大类3126瓶（桶）运动营养品。

4. 信息、科研、技术保障

体管中心除有6名工作人员常年在体育部从事业务技术管理工作外，另外全年抽调11人次担任群众性体育活动的讲师、参加全国比赛的资格审查工作，为全国性残疾人体育活动提供技术人才支撑。翻译举重、田径、游泳三项残奥会项目新规则，及时提供给集训队指导集训，并据此形成科研论文数篇，其中5篇被全国第七届体育产业学术会议和2013年全国体育社会科学年会正式录用。收集了田径、举重、游泳、射击四个残奥项目的世界纪录、年度最好成绩、世界各国运动员世界排名信息和参加国际赛事成绩信息，并通过网络平台共享为工作提供技术参考。

在2012年底完成体管中心首届科学论文报告会的专家盲审程序、报告活动组织、整理印制论文汇编等一系列工作的基础上，在2013年1月组织举办了由北京体育大学专家讲授的“如何提高科研能力”专题讲座。此外，申请了万方数据服务平台并制定使用管理办法，为干部职工科研理论的学习和学术资料的查询提供条件，以便更好地提高体管中心科研服务能力。

所有这些扎实的基础业务技术工作，为保证我国运动员顺利、干净参加国际比赛、取得良好成绩提供了坚强保障，起到了为国家队保驾护航的作用。

（四）着力做好“三个一”系列宣传项目，为中国残疾人体育发展三十年树碑立传

为了回顾、总结、宣传中国残疾人体育发展成就，体管中心于2013年年初首先提出建设中国残疾人体育三十年发展成就展厅项目申请，并纳入由中国残联批准、体管中心承担的中国残疾人体育三十年“三个一”系列宣传项目，即以“生命光辉——中国残疾人体育展”为主题的展厅、《圆梦之路——中国残疾人体育三十年掠影》画册和《中国残疾人体育大事记（1983—2013）》书籍。“三个一”项目是记录我国残疾人体育发展史的一项重要举措，体管中心给予高度重视，成立专门领导小组、抽调精兵强将认真实施，成效显著。

1. 以“生命光辉——中国残疾人体育展”为主题的展厅建设工作

自2013年5月起，体管中心成立由领导班子全体成员领导，文化交流部牵头，多名中层干部、多部门人员参与的展厅筹备工作机构，在风格定位、装潢工艺、美工设计、文字编辑、图片采选、展品搜集、多媒体展示等各个方面对展厅的建设精心策划，梳理、筛选、编辑了大量历史文件、数据、图片、视频和实物。工作程序严谨、协调充分，与8家有关单位商洽资料征集事宜，接洽参观了8家展览展会，借鉴布展经验；对主体工程采取竞争性招标、公开评标方式，管理规范，严格控制工程质量和细节。

筹备工作历时7个月，展厅面积近500平方米，展板面积290平方米，中文文字12709字、英文单词7719词，展出图片512张，实物332件；展厅内触摸屏中包含中文文字5815字、视频136段、图片5663张。展览所涉及的历史资料翔实，为以后的工作梳理留存了宝贵资料；展示内容全面新颖，视觉冲击力强，为体管中心增添了一道新风景；展厅为开放式，凡到体管中心参加会议、比赛、训练等活动的人们都可驻足观看，展示手段丰富多样，可满足各类不同受众的信息需求和参观兴趣，明显扩大了参观人群和宣传效果，为事业宣传打开一扇新窗口。展览展出后，受到中国残联党组书记、理事长鲁勇，原中国残联理事长汤小泉，原中国残联常务副理事长王乃坤等中国残联多位领导和广大参加比赛、会议、活动人员的广泛好评。

2.《圆梦之路——中国残疾人体育三十年掠影》画册编撰工作

体管中心抽调专人从事画册编撰工作，从中国残联办公厅、体育部、宣文部、中国残联信息中心、中国残疾人杂志社、中国盲文出版社等相关单位，部分残疾人体育工作者、志愿者、特教学校教师、特奥运动员家长等相关个人，以及从新闻单位购买图片、翻拍以往图片资料、网络下载等多种渠道，搜集到5万余张图片。在编辑过程中，本着在体系构架上创建亮点、抓住节点、突显重点的原则，在精心策划大纲框架的基础上，综合考虑风格定位、逻辑布局、色彩搭配等因素，从国际视角出发，增强画册的艺术性和观赏性，尤其重视对珍贵历史图片的收录。最终精选出382张图片，并反复斟酌撰写了中英文综述和图片说明共13000余字（词），历时5个多月完成了画册《圆梦之路——中国残疾人体育三十年掠影》的编撰工作，真实、生动、丰富地反映了残疾人体育走过的三十年历程。

3.《中国残疾人体育大事记（1983—2013）》编撰工作

体管中心成立由6人组成的书籍编写组，反复修改、慎重确定了书籍大纲，将书籍定位在三个方面：反映和体现中国残疾人体育三十年发展的重要事件和基本脉络，为残疾人体育研究者和残疾人体育工作者提供主要线索和实用资料，为中国残疾人体育留存相对集中、具有重要价值的史料。在编写过程中，协调中国残联、民政部、国家体育总局和中国体育博物馆等单位查阅了大量历史文献档案，并通过现有的出版书籍、互联网收集等渠道，历时近3个月，完成了50万字的书稿。全书包括两大部分：中国残疾人体育三十年大事记和附录。附录部分又细分为党和国家领导人讲话、贺信、贺电，法律法规，重要文献，资料等。

残疾人体育三十年发展历程波澜壮阔，内容非常丰富，题材非常广泛，具有鲜明的中国特色。"三个一"项目应如何成功展现，给工作人员提出了很高的挑战和要求。各项目的工作人员在中国体育部和体管中心领导的指导下，基于对人道主义事业和残疾人体育事业发展的深刻理解和认识，本着对历史和事业负责的职业精神，通过勤奋努力艰苦工作，付出了无数智慧和心血，从收集素材、提炼主题、编写提纲、撰写文章、设计版面、招标评标、监督施工、检查验收等环节严格把关，紧密结合项目本身的表现特点，各自以特有的方式、主题和标准把三十年中的重要事件、节点亮点、重要举措、辉煌业绩、中国特色等进行了成功展现，圆满完成了这项具有里程碑意义的重要任务。

（五）积极开展国际交流，扩大国际影响力

体管中心作为我国政府关怀、关爱残疾人的一张名片，把接待国外、境外团体和友人的交流访问作为一项重要任务。2013年共有12个代表团、118人次到体管中心进行参观、交流活动。在接待工作中，一方面以无障碍、专业化的残疾人体育设施及中国残疾人体育三十年年展览和相关宣传资料为依托，向来宾介绍我国残疾人体育事业的历史成就和未来规划，为国家积极争取来自国际社会的正面声音；另一方面借助体管中心举办的各项赛事和活动，积极开展国际和地区间的残疾人体育交流，探索国际联络、合作发展的新渠道。

此外，体管中心派出一个由7人组成的团组赴泰国进行交流回访并观摩同期在曼谷举办的残疾人射箭世锦赛，增进了同国外残疾人体育组织间的业务交流，并学习借鉴国外组织国际比赛的经验和做法，进一步促进体管中心办赛水平的提高和办赛规模的扩大。

（六）抓细夯实内部建设，为体管中心长远发展和职工全面成长搭建平台

1. 推进内部机构设置和运转机制调整工作

2013年年初，为了进一步提高体管中心综合竞争力和调动职工积极性，党委和领导班子做出决定，发动全体职工展开关于内部机构设置和运转机制的讨论，总结2007年以来的工作实践和经验教训，集思广益，形成并上报了内部机构设置和运转机制调整方案。方案的突出特点是：通过调整业务部门，整合体育业务力量；增设科研信息部门，强化科研信息服务功能建设；通过机构和职责调整，加大对外合作力度；完善公寓、场馆设施综合服务功能和管理机制。这一方案的广泛讨论和研究制定，为体管中心下一步机构改革的实施推进奠定了良好基础。

2. 群众路线教育实践活动抓细抓实，加强思想建设和制度保障

坚持把群众路线教育实践活动和提升中心可持续发展能力全员大讨论两个活动紧密结合，反对"四风"，落实为民、务实、清廉的要求，将群众路线教育实践活动落到实处。中心领导班子、中层干部、部门职工分别进行谈心，总次数达300多人次，梳理汇总出意见和建议25条，并在此基础上形成整改方案。谈心活动的开展，拉近了干部与职工的距离，达成了关于体管中心可持续发展方向的共识，广大干部职工的工作热情和积极性得到进一步提高。

同时，体管中心按照中国残联建章立制、制度先行的有关要求与鲁勇书记、王梅梅副理事长到体管中心调研时的指示精神，完善并制定了体管中心"三重一大"决策制度、党委工作规则、行政领导工作规则等十项制度。

3. 做好干部职工队伍管理和建设工作

在管理干部队伍建设方面，体管中心按照《事业单位岗位设置管理试行办法》《事业单位工作人员考核暂行规定》及《中国残联体育事业单位岗位设置管理的实施意见》，制定并实施了体管中心管理岗位七级以下职员晋升实施方案，进一步规范了管理干部职级晋升工作，有53人按程序晋升了职级。

在技术人员队伍建设方面，8月份成立了体管中心专业技术职务评聘工作领导小组和办公室，就中心设立的专业技术系列和专业技术岗位结构、层次、比例、数额及聘用条件等问题展开研究，着手制定管理办法，正式启动技术职务评聘工作。这一举措将为中心技术人员队伍建设和可持续发展将产生积极导向和重要影响。

在服务人员队伍建设方面，先后组织5批、36人次出去参观、学习，并在中心内部组织服务人员分23批、92人次进行客房实操、前台接待及会议服务等培训实践活动，开阔了中心服务人员的眼界，提高了业务服务素养，坚定了爱岗敬业的信心，为全面提升中心服务保障水平奠定了基础。

（七）进一步完善硬件设施建设，在服务事业大局和服务社会中保值增值

1. 利用周期空档，改善硬件环境，确保设施完好功能优良

体管中心自2007年6月建成运转已有近8年时间，设施维护、修缮的任务越来越重，功能不全与实际需求的矛盾日益突出。2013年体管中心共投入900余万元，实施了游泳馆安装除湿设备、修缮场馆屋顶及外墙、公寓楼安装旋转门、对盲人门球馆附属用房进行改造等工程，保证了各种场馆设施完好、功能进一步增强，同时能较好地满足残疾人运动员的业余休闲需求。

2. 挖掘潜力，服务社会，努力提高设施使用率

2007年体管中心所在基地建成初期，时任中国残联主席邓朴方同志在视察时指出，基地不仅要为残疾人服务，还要成为服务社会、残健共享的活动中心。几年来，体管中心在圆满完成国家各项任务的前提下，积极利用自身资源优势，拓宽服务渠道，做好服务社会的职能。2013年，体管中心的社会服务接待工作在规模和数量上都创下新高。

其中，接待中国足球协会、新疆体育局等10余项国家体育总局系统的集训、比赛活动，共计800余人次；承接国家机关工委“公仆杯”乒乓球比赛、年度决赛和赛事10周年庆典活动，接待36位部委级以上领导参赛，活动圆满成功，体管中心的服务保障工作得到了机关工委领导和参赛人员的高度评价；承担了第八届全国残疾人文艺汇演450人的食宿及交通保障工作，为文艺汇演的圆满成功做出了贡献；举办了中国残联职工羽毛球比赛、职工健步走比赛，参加职工达400余人次。此外，体管中心秉承公益服务理念，全年先后为中国残疾人艺术团、中国智力残疾人及亲友协会等单位提供无偿接待服务达500余人次，并在每周六免费向机关职工开放场馆，提供体育锻炼条件。

据统计，体管中心全年举办或接待残疾人体育、社会体育、会议等各类活动共计221项、18755人次。住宿入住率由上年的35%提高到38%，场馆使用率由21.7%提高到28.2%。这些活动的成功举办，促进了体管中心社会影响力与知名度的扩大，更好地发挥了残疾人事业宣传窗口的作用。

（八）面临的挑战

中国残联党组书记、理事长鲁勇同志提出了把体管中心建设成为我国残疾人体育的业务管理和技术指导中心、资源中心、人才培养和培训中心、科研中心和国际交流中心的发展目标，并强调了体育基地资产不闲置，促进体育科学发展、体育人才培养及推动竞技体育、群众体育、体育装备、国际交往和体育市场业务发展等8项具体要求，要做到有所突破、有所尝试、有事可为。体管中心的发展态势和业务开展现状与新一届党组理事会的要求还存在很大差距，干部队伍素质和业务能力还面临较大挑战，亟待进一步理顺工作机制、深化改革调整、加强业务拓展和提升干部队伍能力，适应新起点上发展残疾人体育事业的需要。

二、重要条目

【2013年中国残疾人田径公开赛暨国际残奥会（IPC）田径大奖赛】4月19—24日在中国残疾人体育运动管理中心成功举办。此次比赛由IPC田径委员会主办，中国残奥委员会和中国残疾人体育运动管理中心联合承办，来自中国、新加坡、蒙古、文莱、伊拉克、斯里兰卡、中国香港、中华台北等8支代表队的120名运动员，参加了99个小项的角逐。中国队派出57名运动员参赛，共获得71金29银10铜，位列金牌榜首位，伊拉克队和中华台北队分列第二、三位。此次中国残疾人田径公开赛是2013年IPC田径系列大奖赛六站分站赛中的第二站，是我国首次举办IPC批准的国际残疾人田径单项赛事。中国残联副理事长、中国残奥委员会常务副主席贾勇出席了比赛欢迎仪式。

图7-7-1　2013年中国残疾人田径公开赛暨国际残奥会（IPC）田径大奖赛。

【2013年全国盲人门球锦标赛】5月15—22日在中国残疾人体育运动管理中心举行，来自14个省（区、市）的24支代表队参赛。浙江男、女队获得男女冠军，北京男、女队获亚军，吉林男队和山东女队分获男女第三名。中国残联副理事长、中国残奥委员会常务副主席贾勇，中国残联体育部主任、中国残奥委员会秘书长赵素京，中国残疾人体育运动管理中心主任、中国残奥委员会副秘书长李晞，中国残疾人体育运动管理中心主任助理李冬庭，国际盲人体育协会技术代表卡里（Kari）等领导和嘉宾出席了比赛闭幕式并为获奖运动员颁奖。

【2013年盲人足球亚洲锦标赛】5月20—26日在中国残疾人体育运动管理中心成功举办。此次比赛由国际盲人体育联合会（IBSA）批准，中国残奥委员会主办，中国残疾人体育运动管理中心承办，是我国第一次举办

盲人足球单项的国际赛事。来自中国、日本、韩国的盲人足球代表队参赛，中国队在决赛中以3：2战胜日本，蝉联冠军，与日本队同时获得了明年盲人足球世锦赛的参赛资格。中国残联体育部主任赵素京，中国残疾人体育运动管理中心主任长李晞等出席了欢迎仪式和颁奖仪式。

图7-7-2　2013年盲人足球亚洲锦标赛。

【“星星的孩子”——自闭症和智障儿童夏令营】6月1—2日在中国残疾人体育运动管理中心成功举办。此次活动由中国残疾人福利基金会主办、中国三星集团赞助、体管中心承办，邀请了北京市平谷区培智中心50余名自闭症和智障儿童及家长，三星集团20余名家属及孩子，北京市聋儿中心20余名小朋友及老师，中央电视台鞠萍、周洲等9名少儿频道主持人，以及工作人员、媒体记者等共计200余人参加。中国残疾人福利基金会理事长汤小泉，副理事长邢建绪、费薇，副秘书长张雁华，中国三星集团总裁张元基，首席副总裁李贞烈，副总裁申镇哲，体管中心主任李晞，主任助理李冬庭等出席了开营仪式。

【首届“快活谷狮子会杯”中国象棋残健共融团体赛】6月15—16日在中国残疾人体育运动管理中心举行。此次比赛由中国盲人协会、香港快活谷狮子会主办，台北财团法人爱盲基金会协办，体管中心、北京连珠文化发展中心承办，经选拔产生的两岸三地25支代表队共100余人参赛。每队由两名盲人、一名肢体残疾人或聋人、一名健全人组成，充分体现了以棋同乐、残健共融的宗旨。中国残联党组成员、副主席吕世明，中国残联理事、中国盲协主席李志军，中国盲协常务副主席李伟洪，香港快活谷狮子会会长黄颖信、前任会长林卫邦，体管中心主任李晞，台北爱盲基金会董事长谢邦俊，中国盲协副主席滕伟民，体管中心主任助理李冬庭等领导和嘉宾出席了比赛有关活动。比赛得到了香港快活谷狮子会、广东康宁推拿企业管理有限公司、中国高速公路集团有限公司的资助。

【内地和澳门共同促进残疾人体育发展项目“2013年中西部地区残疾人健身项目培训班”】7月2—6日，由中国残联主办的内地和澳门共同促进残疾人体育发展项目“2013年中西部地区残疾人健身项目培训班”在中国残疾人体育运动管理中心举办。来自湖南、陕西、甘肃、青海4个省份的70名学员以及澳门特区的10名学员参加了培训。中国残联体育部主任赵素京为培训班授课。

【第二十二届听障奥运会中国代表团动员大会】7月23日，第二十二届听障奥运会中国代表团在中国残疾人体育运动管理中心召开了动员大会，代表团领导、运动员、教练员、工作人员及新闻媒体参会。我国派出96人组成的体育代表团参加本届听障奥运会田径、游泳、乒乓球、羽毛球、网球、篮球6个大项。中国残联副理事长、代表团团长贾勇出席动员大会并讲话。

【2013年世界盲人举重锦标赛】9月9—11日在中国残疾人体育运动管理中心成功举办。本届比赛由国际盲人体育运动联合会（IBSA）举重委员会批准，中国残奥委员会主办，中国残疾人体育运动管理中心承办。这是亚洲地区首次举办盲人举重项目单项赛事，共有来自中国、俄罗斯、美国、加拿大、澳大利亚、乌克兰、捷克、奥地利、日本、土耳其、利比亚等11个国家的代表队102人参加了比赛。经过三天的激烈角逐，金牌被4个国家分获，其中乌克兰获得22枚金牌，名列金牌榜首位，土耳其和俄罗斯分别以11枚和10枚名列第二和第三位，有3名选手参赛的中国队获得2枚金牌，名列第四。在比赛开幕式上，中国残疾人体育运动管理中心主任李晞宣布比赛开幕，中国残联体育部副主任张俊杰、中国残疾人体育运动管理中心副主任杨金奎、IBSA举重委员会主席那赞姆·道戴尔和副主席皮特安格斯·托尔恩，本次比赛技术代表罗伯特·凯乐等出席开幕式。

图7-7-3　2013年世界盲人举重锦标赛。

【2013年国际乒联残疾人乒乓球亚洲锦标赛】10月16—24日在中国残疾人体育运动管理中心成功举办。本次比赛由国际乒联批准，中国乒乓球协会、中国残奥委会主办，中国残疾人体育运动管理中心承办，共有来自中国、日本、韩国、印度、泰国、印度尼西亚、科威特、黎巴嫩、约旦、澳门、香港、中华台北等12个国家和地区的209名运动员、教练员和领队参赛，其中中国队由36人组成，运动员30名。经过激烈角逐，单打项目决出了18枚金牌，中国、韩国、香港分获12枚、5枚和1枚。团体项目决出了9枚金牌，中国获7枚，韩国获2枚。中国残联党组成员、副理事长王梅梅出席了比赛欢迎仪式并致辞。中国残联体育部主任、赛事组委会副主

任赵素京，体管中心党委书记王卫平，体管中心主任、赛事组委会副主任李晞，体管中心副主任、赛事组委会执行副主任杨金奎，体管中心主任助理、赛事组委会秘书长郑桂华、李冬庭，国际乒联技术代表蒋德祥等出席了闭幕式并为获奖运动员颁奖，并有4名参赛运动员获得国际乒联“最佳运动员”奖。此外，国际乒联为了表彰中国为残疾人乒乓球运动发展做出的努力，特向中国残疾人体育运动管理中心颁发了优秀组织奖。

图7-7-4　2013年国际乒联残疾人乒乓球亚洲锦标赛。

【2013年全国残疾人游泳锦标赛】10月29日—11月5日在中国残疾人体育运动管理中心举行，来自23个省（区、市）的343人参加比赛，其中运动员243人。运动员均为22岁以下，80%为第一次参加全国比赛的新运动员，年龄最小者10岁。比赛决出了155个小项的金牌，创10项次全国纪录，超1项次世界纪录。浙江、贵州、河北、广东、江苏、陕西、广西、北京获得团体总分前八名。中国残疾人体育运动管理中心党委书记王卫平，主任李晞，副主任杨金奎，主任助理郑桂华、李冬庭分别为总分前八名和获道德风尚奖的各代表队颁奖。

图7-7-5　2013年盲人门球亚太区锦标赛。

【2013年盲人门球亚太区锦标赛】11月12—17日在中国残疾人体育运动管理中心成功举办。此次比赛由国际盲人体育协会（IBSA）批准、中国残奥委员会主办、中国残疾人体育运动管理中心承办，来自中国、伊朗、日本、澳大利亚、泰国、蒙古等6个国家的6支男队和4支女队参赛。伊朗、日本、中国获男子组前三名，中国、日本、伊朗获女子组前三名。伊朗男队、日本男队和中国女队获得了2014年芬兰世锦赛的参赛资格。中国残疾人体育运动管理中心党委书记王卫平，主任李晞，副主任杨金奎，主任助理郑桂华、李冬庭，中国残联体育部竞赛训练处副处长勇志军，伊朗驻华大使迈赫迪·萨法里，IBSA盲人门球协会主席CARI，技术代表Rob Crestani，IBSA代表KARI Rasanen等领导和嘉宾出席了比赛有关活动。

【北京2013年坐式排球亚洲俱乐部杯赛】12月10—15日在中国残疾人体育运动管理中心成功举办。此次比赛由亚洲残疾人排球协会批准、中国残奥委员会主办、中国残疾人体育运动管理中心承办，来自中国、伊拉克、伊朗、哈萨克斯坦4个国家的5支队伍参赛，其中运动员50人，领队、教练员、技术官员、工作人员等40余人。伊朗Samen Alhojaj队、伊拉克队、中国云南队分获前三名。中国残疾人体育运动管理中心党委书记王卫平，副主任杨金奎，主任助理、亚大区残疾人排球委员会副主席李冬庭，中国残联体育部竞赛训练处副处长勇志军，赛事技术代表、亚大区残疾人排球委员会技术官员李良兴，赛事副技术代表、亚大区残疾人排球委员会发展官员涂卫平等出席比赛有关活动。

图7-7-6　北京2013年坐式排球亚洲俱乐部杯赛。

【中国残奥委员会、中国特奥委员会、中国聋人体育协会第五次全国代表大会】12月27日在中国残疾人体育运动管理中心召开。中国残联主席张海迪，党组书记、理事长鲁勇，党组副书记、常务副理事长孙先德，副主席王乃坤，党组成员、副理事长王梅梅，国家体育总局党组成员、副局长冯建中等出席大会。中央有关部委代表，各省（区、市）及新疆生产建设兵团推荐委员、特邀委员、特邀代表共计100余人参加了大会。大会选举产生了新一届领导机构，张海迪当选为中国残奥委员会主席，鲁勇当选为中国特奥委员会主席，孙先德当选为中国聋人体育协会主席。

三、大事记

1月5日，中国残疾人体育运动管理中心举办了第一届科学论文报告会。北京体育大学任海教授、宁波大学体育学院副院长陈小平教授、中国康复研究中心丁伯坦教授等作为特邀专家出席。中国残联体育部副主任赵素京、计财部副主任张全军、人事部副主任于新燕等特邀嘉宾，体管中心全体领导班子成员，管理岗全体职工等参加报告会。

1月17日，中国残疾人体育运动管理中心举办了提高科研能力指导讲座。北京体育大学教授、博士生导师任海做了题为《浅论残疾人体育研究》的讲座。中国残联体育部副主任赵素京、体管中心全体领导班子成员、管理岗全体职工等参加了培训。

3月20—24日，国际盲人体育协会（IBSA）五人制足球委员会主席卡洛斯先生来到中国残疾人体育运动管理中心，就体管中心申办盲人足球亚洲锦标赛事宜进行考察。时任体管中心常务副主任李晞、副主任杨金奎与卡洛斯先生举行了会谈。卡洛斯先生对体管中心的办赛条件予以了高度肯定。

3月21日，中国残联副理事长、中国残奥委员会常务副主席贾勇在中国残疾人体育运动管理中心会见来访的巴西残奥委员会副主席奥利维拉一行。中国残联体育部、国际部、体管中心有关负责同志陪同会见。

3月22—23日，第十五届CBDF国际标准舞“院校促进杯”公开赛暨北京轮椅舞蹈公开赛在北京地坛体育馆举行。中国残联体育部副主任张俊杰，时任中国残疾人体育运动管理中心常务副主任李晞、主任助理李冬庭出席了比赛开幕式。此次轮椅舞蹈公开赛共有来自中国、俄罗斯、德国、韩国、日本、波兰、中国香港、中华台北共8个国家和地区的105名评审和运动员参加。我国运动员陈思、王帅组合获得轮椅2级拉丁舞三项比赛第三名。3月18—21日，来自俄罗斯的评审在中国残疾人体育运动管理中心为我国26名参赛选手进行了培训。

3月26日，中国残联副理事长、亚洲残奥委员会运动会委员会主席、中国残奥委员会常务副主席贾勇在体管中心会见了来访的2014年韩国仁川亚残运会组委会副秘书长崔胜万一行。会谈前，贾勇陪同仁川亚残运会组委会官员参观了体管中心场馆设施。亚洲残奥委员会秘书长玛丽妮、竞赛主管李良兴以及中国残联体育部、中国残疾人体育运动管理中心负责同志会见时在座。

4月19—24日，2013年中国残疾人田径公开赛暨国际残奥会田径大奖赛在中国残疾人体育运动管理中心举行。

4月23日—9月10日，中国残疾人体育运动管理中心承接了备战第十二届全国运动会的新疆体育局田径队、跆拳道队、橄榄球队共计70人的集训保障工作。中国残联党组成员、副理事长贾勇于8月14日在体管中心会见了前来慰问运动员的新疆维吾尔自治区人民政府副主席艾尔肯·吐尼亚孜一行。贾勇代表中国残联向艾尔肯·吐尼亚孜一行表示欢迎，表示中国残联将把承接本次训练工作作为一项重要的援疆举措，全力为新疆代表团做好服务保障，依托体育平台落实好国家援疆政策。中国残联体育部、体管中心负责同志参加了会见，并介绍了残疾人体育有关情况。

5月13日，第二十二届夏季听障奥运会组团参赛工作会在中国残联召开。中国残联副理事长、中国体育代表团团长贾勇出席会议并讲话。中国残联体育部、国际部，中国残疾人体育运动管理中心负责同志及有关工作人员参会。

5月15—22日，2013年全国盲人门球锦标赛在中国残疾人体育运动管理中心举行。

5月20—26日，2013年盲人足球亚洲锦标赛在中国残疾人体育运动管理中心举行。

6月1—2日，“星星的孩子”——自闭症和智障儿童夏令营活动在中国残疾人体育运动管理中心举办。

6月15—16日，首届“快活谷狮子会杯”中国象棋残健共融团体赛在中国残疾人体育运动管理中心举行。

6月19日，以朝鲜保护残疾人联盟副委员长金文哲为团长的朝鲜保护残疾人联盟代表团一行应中国残联邀请，到中国残疾人体育运动管理中心参观、考察。中国残疾人体育运动管理中心主任李晞、主任助理李冬庭会见了代表团一行。

7月2—6日，2013年中西部地区残疾人健身项目培训班在中国残疾人体育运动管理中心举办。

7月3日，2016年里约残奥会备战工作第二次研讨会在京召开，中国残联党组成员、副理事长贾勇出席会议并讲话。中国残联体育部、中国残疾人体育运动管理中心负责同志和各项目业务人员参加了会议。

7月23日，第二十二届听障奥运会中国代表团动员大会在中国残疾人体育运动管理中心召开。

8月26—30日，由国际特奥会东亚区主办的2013年国际特奥东亚区高级田径教练员培训班在中国残疾人体育运动管理中心举办，有来自中国、韩国、香港、澳门、中华台北等5个国家和地区的19名特奥田径教练员参加培训。

9月9—11日，第十一届世界盲人举重锦标赛在中国残疾人体育运动管理中心举行。

9月18日，亚洲防盲基金会董事兼行政总裁、香港盲人体育协会行政总裁陈梁悦明女士到中国残疾人体育运动管理中心参观访问。体管中心主任助理李冬庭会见并陪同参观。

10月16—24日，2013年国际乒联残疾人乒乓球亚洲锦标赛在中国残疾人体育运动管理中心举行。

10月21日，国际聋体联主席、俄罗斯聋人协会主席、俄罗斯聋人体育协会主席瓦列里到访中国残疾人体育运动管理中心。体管中心主任、中国聋人体育协会副主席李晞，体管中心主任助理李冬庭会见并陪同参观。

10月28日，阿尔巴尼亚国家残疾人委员会主席、阿尔巴尼亚盲协主席斯楠·塔法尹到访中国残疾人体育运动管理中心。体管中心主任助理李冬庭会见并陪同参观。

10月29日—11月2日，中国残疾人体育运动管理中心派出由副主任杨金奎任团长等7人组成的代表团赴泰国，观摩射箭世界锦标赛组织工作，并与泰国盲人体育协会开展交流。

10月29日—11月5日，2013年全国残疾人游泳锦标赛在中国残疾人体育运动管理中心举行。

11月12—17日，2013年盲人门球亚太区锦标赛在中国残疾人体育运动管理中心举行。

12月10—15日，北京2013年坐式排球亚洲俱乐部杯赛在中国残疾人体育运动管理中心举行。

12月13日，“集善三星爱之光系列公益项目”——中国残疾人体育运动管理中心公寓设施及场馆安全设施支持项目在中国残疾人体育运动管理中心举行。中国残疾人福利基金会副理事长邢建绪，中国三星集团副总裁王幼燕，体管中心副主任杨金奎，主任助理郑桂华、李冬庭，中国残疾人福利基金会副秘书长刘玉文等出席仪式。此项目捐赠资金50万元，体管中心将按照捐赠协议进一步完善公寓服务设施，更新、维修、升级、补充公寓房间内的各项服务设施，提高残疾人运动队的住宿条件；同时着力完善文化活动馆的安全设施建设，为残疾人运动员业余文化体育活动提供安全的环境保障。

12月16日，韩国残疾人体育训练中心主任李明浩一行6人到中国残疾人体育运动管理中心交流访问。体管中心副主任杨金奎、主任助理李冬庭，中国残联体育部竞训处副处长勇志军与访问团进行了会谈。

12月27日，中国残奥委员会、中国特奥委员会、中国聋人体育协会第五次全国代表大会在中国残疾人体育运动管理中心召开。

（何帆供稿）

中国残联就业服务指导中心

一、领导讲话

贾勇在全国盲人医疗按摩人员考试工作会议上的讲话

2013年4月16日

2013年全国盲人医疗按摩人员考试工作会议今天召开了。刚才，会议听取了钱鹏江主任做的工作报告，总结了过去一年全国盲人医疗按摩人员考试工作，并对2013年的盲人按摩工作做了全面具体的部署。我完全同意。

本次会议的主要目的是：认真做好2013年盲人医疗按摩人员考试及盲人按摩各项工作，寻求盲人按摩事业发展新突破。下面，我讲几点意见：

一、全面推动，扎实工作，盲人按摩工作取得新成绩

盲人保健按摩和医疗按摩是广大盲人实现就业、增加收入的主要渠道。做好盲人按摩工作，直接关乎盲人生活状况的改善。我们受政府委托，承担盲人按摩管理和服务职能，职责清晰，任务明确。一直以来，各级残联对盲人按摩工作都给予了高度重视，特别是《盲人医疗按摩管理办法》颁布实施以来，盲人医疗按摩工作得到了快速发展，并推动了盲人按摩行业整体进步。

我们圆满完成了2012年全国盲人医疗按摩人员考试。在成功举办3年考试的基础上，进一步完善了盲人医疗按摩人员考试制度，实现了科学考试、安全考试，选拔了一批合格的盲人医疗按摩人才，为今后发展壮大盲人医疗按摩人员队伍、促进盲人医疗按摩行业健康发展奠定了基础。

中国残联与卫生部、国家中医药管理局共同制定了《盲人医疗按摩人员从事医疗按摩资格证书管理办法》，2012年全面启动了资格审核工作。目前，全国共有26个省（市）的3700余名盲人取得了盲人医疗按摩人员从事医疗按摩资格证书。已有部分持有资格证书的盲人进入医疗机构工作，实现了就业，还有盲人开办了盲人医疗按摩所。这是盲人医疗按摩工作取得新进展的又一成绩。

盲人保健按摩机构资格认定行政审批职能顺利下放到县级残联。《国务院关于第六批取消和调整行政审批项目的决定》下发后，为了切实做好行政审批项目调整后续衔接，确保县级残联能够承担好行政审批工作职能，

中国残联及时邀请国家行政学院相关专家编制了有关如何做好行政审批工作的教材、课件，组织全国县级以上残联工作人员共3537人进行远程培训。共有3224人通过了培训考试，能够较好地掌握政策和工作程序，顺畅地开展资格认定审批工作。

盲人医疗按摩人员继续教育试点工作全面开展。为了贯彻落实《盲人按摩工作“十二五”实施方案》，中国残联适时启动了继续教育试点工作，参照国家中医药人员继续教育相关规定，在河北、河南、辽宁、吉林等地组织了继续教育培训。共有798名盲人医疗按摩人员参加了培训，取得了国家中医药继续教育学分。试点工作为制定《盲人医疗按摩人员继续教育管理规定》、规范开展继续教育探索了方法，积累了经验。

此外，《盲人按摩工作“十二五”实施方案》确定的年度培训、盲人保健按摩和医疗按摩实训基地建设任务圆满顺利完成，盲人医疗按摩中等职业教育教材编写工作进展顺利，盲人按摩工作取得阶段新成果。

我想重点强调一下，盲人按摩工作新成绩的取得离不开各级领导的高度重视，离不开卫生部、人力资源和社会保障部、国家中医药管理局的大力支持与配合，离不开各级残联的共同努力，特别是离不开专项负责按摩工作的全体领导和工作人员的辛勤付出。在这里，我代表中国残联向大家表示衷心的感谢。

二、高度重视，强化责任，深刻认识考试的指挥棒作用

盲人医疗按摩人员考试工作是盲人医疗按摩事业健康有序发展的基础和关键环节，对盲人医疗按摩教育培养、人才队伍建设、执业能力和服务水平、行业长久健康发展以及广大患者的健康保障都有着重要的影响。只有做好考试工作，实现科学考试、安全考试、规范考试，盲人医疗按摩各项工作才有条件做好。目前，我们欣喜地看到了盲人医疗按摩教育培养、教材建设、就业创业、继续教育等方面都取得了新的变化和进步，呈现出了良好的发展态势，体现了盲人医疗按摩人员考试工作对盲人按摩各项工作的促进和“指挥棒”作用。

1. 考试推动，盲人按摩学历教育借力发展

考试制度确立以前，全国设置盲人医疗按摩相关专业的中、高等院校为数不多。考试制度确立以来，越来越多的盲人朋友想通过考试进入医疗机构从业。这一趋势促使一些院校重视盲人按摩学历教育，增设盲人按摩专业，扩大盲人按摩教育规模。山东滨州医学院在2012年新设立了盲人按摩本科专业，成为全国第三个设有盲人按摩本科专业的院校，还是首家设立盲人医疗按摩专业的医学院校。今年2月，西藏选送了10名盲生进入北京市盲校医疗按摩专业学习，两年后将会填补西藏无人参加全国盲人医疗按摩人员考试的空白，进而带动西藏盲人医疗按摩行业的建立和发展。同时，考试这一指挥棒促进了相关院校盲人按摩教学内容的改革和教学水平的提高，也促进了更高水平按摩专业规范教材的编写。我们一定要认识到这一变化对我们工作的新要求，一是要密切联系并积极支持盲校和特教院校发展盲人医疗按摩职业教育，做到有计划、有措施、有资金支持；二是要加大对盲生的扶持力度，确保他们顺利完成学业，培养更多更好的盲人医疗按摩人才，不断壮大行业专业人员队伍。

2. 考试推动，盲人医疗按摩行业快速发展

考试制度确立之前，从事医疗按摩工作的盲人很少，难以形成盲人医疗按摩行业。考试制度确立后，通过考试，盲人获取了从事医疗按摩的资格，建立了行业人员队伍，开始形成盲人医疗按摩行业。准入性考试考核了从业人员的理论知识和实践操作技能，保障了从业人员的专业水平和素质。有了成规模的人员队伍，有了较高的专业水准，扩大了社会知晓度和影响力。由此，我们要认识到坚持做好考试工作将会推动盲人医疗按摩行业的逐步规范，并促进行业长久健康可持续发展。这就要求我们，一要一以贯之、高质量地做好每年的考试，二要全面做好后续的一系列行业管理工作。例如，要严格盲人从事医疗按摩资格的审核，不符合条件的人员坚决不能进入；规范开展继续教育，提升盲人医疗按摩人员专业能力；协调做好机构开办、审批备案工作，促进执业管理的规范化。

3. 考试推动，盲人医疗按摩人员实现稳定就业

对于盲人朋友来说，从事医疗按摩工作是一种稳定、体面的就业。现在，通过考试的盲人取得了从医资格证书，就有资格受聘于医疗机构或自主开办盲人医疗按摩所，就有条件和能力实现稳定就业。就业是民生之本，促进盲人更加稳定体面就业、获得较高收入，是帮助盲人实现2020年小康梦想的切实可行之路。目前，考试后取得从事盲人医疗按摩资格的很多盲人就业还很困难，我们要针对这一部分人制定解决办法。我们可以通过调研，掌握需求，采取多种形式和有效措施，积极促进盲人医疗按摩人员就业。如协调有关部门，建立医疗按摩机构，集中安排一部分人；还可以与相关部门共同制定政策，重点在社区医疗机构挖掘岗位，安排就业；同时，要鼓励盲人自主创业，开办盲人医疗按摩所，要制定资金支持的措施，要有全程的个性化服务。

考试工作集中体现了残联“代表、服务、管理”的职能，并发挥着指挥棒和纽带作用。因此，各地必须高度重视考试工作，认识到位，强化责任，绝不松懈麻痹，确保每年的全国考试工作圆满完成。

三、完善制度，创新发展，再创盲人按摩工作新局面

目前，盲人保健按摩和医疗按摩行业已初步形成。盲人保健按摩行业门槛较低，解决了大量盲人的就业问

题；盲人医疗按摩行业入门要求高，旨在解决符合条件的盲人实现更加稳定的就业。这两个行业目前都面临着重要的发展机遇和挑战，都需要进一步完善相应管理制度，健全长效工作机制；都需要进一步出台管理细则，细化工作流程；都需要进一步加大培训力度，加强人才队伍建设；都需要进一步强化服务能力，加大扶持保障力度。

2013年，各地要在总结工作经验的基础上，积极协调卫生、中医药管理部门，制定本地区盲人医疗按摩人员备案、机构开办、执业管理的相关规定，提升对人员、机构的管理和服务能力，应尽快开展此项工作。

尽早出台《盲人医疗按摩人员继续教育规定》和工作规划，建立盲人医疗按摩继续教育制度体系。盲人医疗按摩人员继续教育试点工作已开展近1年，目前已有20个省（市）将在今年内完成国家级继续教育培训。下一步，尚未开展此项工作的地方，要安排计划，按时完成继续教育试点工作任务。同时，今年各地要积极与当地卫生、中医药管理部门协调，开展省级盲人医疗按摩人员继续教育培训。

制定并尽快出台《盲人保健按摩管理办法》。近年来，保健按摩市场竞争日趋激烈，对盲人保健按摩行业造成了重大冲击。盲人保健按摩行业也存在着竞争无序、人员技能水平不高、经营成本不断提高、服务管理不规范、扶持补贴不到位等问题。所以，目前急需出台全国性的管理办法及相关配套措施，加强盲人保健按摩行业的服务和管理。中国残联将积极协调相关部门，加快“办法”出台进度。各地要全面掌握盲人保健按摩行业基本情况，为下一步地方制定管理办法的实施细则做好准备工作。

最后一个问题，关于考试模式创新。

目前，后天失明又不会盲文的全盲朋友无法参加现行的盲人医疗按摩人员考试。计算机化考试是当前不少大型考试采取的考试模式，也是一种能够实现盲人无障碍地参加考试的模式。为此，我们将充分考虑盲人使用计算机的特点和需求，根据科学考试、安全考试的要求，研发计算机化考试系统，将于2014年开展试点并逐步推广，从而让更多符合条件的盲人朋友参加全国统一考试。

考试标准客观化是考试发展的趋势，也是提升考评水平的必然要求。目前的实践技能考试模式存在的主观因素，会影响考评标准在实际考评时的一致统一，这是考评工作亟须解决的问题。在今年的考试中，我们将确定2个省应用“按摩手法三维力学测定仪”，开展实践技能考试考评客观量化试点，不断完善考评系统，推进考试标准化进程。

同志们，2013年盲人按摩工作目标清晰、任务明确，让我们以更加昂扬的精神状态和更加扎实的工作，全力推动盲人按摩事业全面创新发展。

贾勇在全国残疾人就业指导员远程培训三期开班式暨首期优秀学员表彰会上的讲话

2013年6月25日

第三期全国残疾人就业指导员远程培训今天正式开班了。截至目前，本期培训共有10161人报名参加，继续保持前两期万人培训的规模。全国残疾人就业指导员远程培训工作开展以来，在清华大学、北京网梯科技发展有限公司的积极协作和各地残联的认真配合下，已有21718名残疾人就业指导员参加了线上学习。目前首期培训已圆满结束，8402名学员通过考试，顺利结业；二期学员已基本完成在线学习，正在准备结业考试，根据清华大学在线教学监测和各地培训管理员掌握的情况来看，预计二期培训也将有八成以上学员能顺利通过考试结业。也就是说，经过两年的努力，我们将有近两万受过专业培训和指导，有一定职业素养和业务技能的就业服务工作者在基层直接联系残疾人兄弟姐妹，为他们提供最有效、最直接的就业服务，帮助我们做好残疾人就业工作。这意味着我们的工作路径将越来越宽广，服务程度将越来越深入。在此，我代表中国残联对一如既往关心支持残疾人事业发展的清华大学表示感谢，对项目合作单位北京网梯科技发展有限公司的倾心投入和出席今天启动仪式的各位来宾表示感谢和欢迎。

今天的开班式，我们还将对在首期培训班中取得优异成绩的学员进行表彰。在此，我代表中国残联向受到表彰的学员表示热烈的祝贺！希望你们在今后的工作中再接再厉，切实把服务送到残疾人身边，发挥好你们的标杆作用，为开创更加科学、精细的基层残疾人就业服务工作局面做贡献。

下面，我就残疾人就业指导员培训工作谈几点意见：

一、在当前新形势下做好基层残疾人就业工作，对促进和稳定残疾人就业有着重要意义

党的十八大提出了到2020年全面建成小康社会的宏伟目标，要帮助残疾人同步实现小康，仅剩7年时间。今年国家总体就业形势依然严峻，就业总量较大，结构性矛盾仍然突出，仅高校毕业生就有接近700万面临就业问题。残疾人作为特殊的弱势群体，受到各方面因素的制约，在步入小康的道路中，仅仅依靠政府的扶持和补助是难以达到目标的，最终还是要回归到解决残疾人就业的问题上。只有通过增加就业数量、提高就业质量、增加残疾人收入这一环节，才能真正帮助残疾人实现小康。因此，我们要充分认识到做好就业工作的重要性和当前及今后一个时期就业形势的复杂严峻性。

随着我国新型城镇化进程的加快和第二、三产业的快速发展，我们的残疾人就业工作也遇到了新的机遇和挑战。要将扩大就业与稳定就业并重，落实好各项就业扶持政策，积极拓宽残疾人就业渠道，开发就业岗位，重点推进基地就业、城乡接合部就业、社区基层就业，

高度重视解决残疾人高校毕业生就业问题。要做好这些工作，关键在我们基层，难点也在我们基层，亮点也会出自基层。因此，加强基层就业工作者能力培养，全面提升就业服务水平，对稳定和促进残疾人就业仍然有着重要意义。

二、各地要提高认识，加大力度，确保“十二五”任务目标的顺利完成

残疾人就业指导员远程培训，是“十二五”残疾人就业工作的刚性任务目标，也是完善残疾人就业服务体系建设，提高残疾人就业服务水平，使业务培训规范化、服务内容精细化、服务触角基层化，确保“十二五”百万残疾人就业任务目标顺利完成的一项重要举措。

各地要始终高度重视此项工作，按照中国残联的相关要求，制定具体工作计划，纳入目标管理考核，统筹安排，周密部署，理顺关系，提供保障，确保“十二五”期间5万名培训任务的完成。

各级就业服务机构要加强日常管理，及时跟踪了解管理平台动态，与学员、清华大学、中国残联就业中心积极沟通，及时跟进并开展相关工作，确保培训顺利实施。要适时开展前两期培训的总结评比和表彰奖励，树立典型，宣传推广，提高残疾人就业指导员工作积极性，总结一批具有实践价值、对今后工作开展具有指导意义的工作经验，带动其他各项工作开展。

三、基层残疾人就业工作者要学以致用，善于实践，全心全意为残疾人就业做好服务工作

残疾人就业指导员既是基层残疾人就业工作的最直接作用者，也是广大残疾人在工作生活中的朋友。随着残疾人就业工作的不断深入和残疾人就业需求的不断增强，他们在残疾人就业工作中的作用也将越来越大。

经过加强培训，大部分就业指导员增强了工作的责任心和自信心，能够积极主动地将所学知识和工作方法运用到实践中去，全面提升了残疾人就业服务工作效能。例如，中国残联残疾人就业和职业培训信息管理系统录入的518万多条基本信息数据和346万多条就业状况数据中，有相当一部分就是依靠我们最基层的就业指导员不断走访、统计得来。这些数据，不仅为我们设计和制定相关就业政策措施提供了有力的基础依据，也将在一定程度上影响某些政策的标准、程度等。因此，各位就业指导员要充分认识自己肩上的责任，珍惜学习机会，努力提高自己的理论水平和服务技能，有所收获，有所提高，有所进步，为更好地发挥作用打牢基础。

在当前就业形势下，加强基层就业工作者职业能力建设，不仅是“十二五”残疾人就业服务能力建设工程的重要实践，也是落实“城镇百万残疾人就业工程”任务的重要助力；对加快推进残疾人“两个体系”建设、进一步改善残疾人生活，将发挥重要作用。同志们，学员们，让我们以更高的热情和不懈的努力，继续扎实做好全国残疾人就业指导员远程培训工作，为圆满完成“十二五”任务目标、完成党的十八大远景目标共同努力！

此次培训的顺利举办，得到了清华大学领导和专家教授的鼎力支持，得到了人力资源和社会保障部、北京网梯科技有限公司的有力支持，也得到了地方和基层同志们的大力支持。请允许我代表中国残联，再次对大家的辛勤工作表示衷心的感谢！祝大家学习进步，工作顺利！

贾勇在2013年全国残疾人岗位精英职业技能竞赛开幕式上的讲话

2013年9月26日

今天，我们相会在国家历史文化名城沈阳，聚集在沈阳军区现代管理学院，隆重举办2013年全国残疾人岗位精英职业技能竞赛，充分展示一线残疾人劳动者的技能风采，弘扬自强不息、拼搏奋进的精神，具有特殊意义。在此，我代表中国残联向长期关心、支持残疾人事业的人力资源和社会保障部中国就业培训技术指导中心以及辽宁省政府表示衷心的感谢！对参加本届竞赛的全国各地选手、工作人员和裁判员致以亲切的问候和良好的祝愿，对为竞赛工作付出辛勤汗水的组委会工作人员、辽宁省筹委会领导和同志以及媒体记者们表示由衷的谢意。

国内不同规模的残疾人职业技能竞赛已稳步有序开展多年，对增强残疾人职业技能水平、提升就业竞争力起到积极推动作用，逐步形成了各地区、各部门、各行业高度重视竞赛工作，各级残联有效组织、广大残疾人积极参与的大好局面。四年一届的国家级一类重点赛事——全国残疾人职业技能竞赛已在全社会产生深刻影响，竞赛模式推陈出新，对国内各行业职业技能竞赛工作起到良好的示范带动作用。

根据“十二五”期间残疾人就业服务工作总体目标，中国残联和人力资源社会保障部研究决定，在确保定期举办全国残疾人职业技能竞赛的基础上，每年举办不同类别的专项竞赛活动。这是贯彻国家就业方针、落实科学发展观的重大举措，是引领带动残疾人职业教育培训的有效途径。全国残疾人岗位精英职业技能竞赛始于2012年，是继全国残疾人职业技能竞赛后，又一项形成制度并由此实现常态化的国家级二类职业竞赛。竞赛以“拓展岗位、培育精英”为主导思想，以“选手变骨干、骨干变能手”为基本原则，全面顺应经济发展和产业结构调整，立项时在从业人数、通用性、市场需求、国际发展趋势等方面进行细致考量，每年呈现全新项目，旨在积极引导残疾人拓展从业领域、增强参与社会竞争能力，同时通过竞赛中新设备、新工艺、新材料和新技术的实践应用与传播，有效引导残疾人实训方式的改革、

教育模式的更新。时至今日，残疾人职业技能竞赛活动已日趋完善，争做能工巧匠、争当技术能手、步入国际赛场为国争光的理想与信念，也已在每个拼搏奋进的残疾人朋友们心中扎根发芽。

本届竞赛活动期间同时举办的职业指导竞赛作为全国残疾人就业服务机构工作人员的业务工作交流平台，将有效带动各级机构人员刻苦研究工作方法、提高政策理论水平、强化服务意识，并通过手语展示环节的融入，积极促进机构工作人员拓展服务群体、提升服务能力，全面推进残疾人就业服务工作的有效开展。

希望各地残联以举办职业技能竞赛活动为契机，广泛宣扬残疾人精英模范在赛场上展示的精湛技艺和自强不息精神，继续推动残疾人职业教育培训工作向更高、更广领域发展，创出特色、创出成果。通过竞赛，各级就业服务机构工作人员要善于总结经验、相互借鉴、加强交流、共同进步，用扎实、专业、高效的服务，科学指导残疾人理性择业创业，并力争实现稳定体面就业。希望参赛选手们发挥自身优势，赛出水平、赛出风格，用优异的成绩和过硬的技能在全社会树立起残疾人岗位精英新形象，带动更多残疾人成为能工巧匠，成为推动技术创新和实现科技成果转化进程中不可或缺的重要力量，为中国残疾人事业快速健康发展提供坚实的人才支撑，为国家经济发展、社会进步、文化繁荣做出应有的贡献。

最后，祝各位参赛选手取得优异成绩，预祝各项竞赛活动圆满成功！

现在，我宣布：2013 年全国残疾人岗位精英职业技能竞赛开幕！

二、工作综述

2013 年，就业中心在党组理事会的正确领导下，认真贯彻党的十八大会议精神，研究落实中国残联“六代会”确定的工作目标，按照2013 年的主要工作安排，持续推动就业服务基础工作和促进就业工作的扎实开展，全面完成了任务。

（一）残疾人就业服务基础性工作逐步加强

1. 实名制统计管理工作已基本覆盖

2013 年，中国残联通过优化统计报表、完善技术管理系统和增强动态统计功能等措施，进一步对实名制统计管理系统进行技术升级改造，使实名制系统更人性、科学和实用。通过福建莆田实名制统计管理工作会议部署、与各省签订目标责任书、建立季度通报制度，实名制工作取得了阶段性成果。全国3344 个县级以上系统登录单位，已有3266 个填报数据，覆盖率达到97%，所有省份全部完成承诺书确定的覆盖目标，基本实现全覆盖。录入就业年龄段残疾人就业状况数据由 2012 年的 448 万攀升至 958 万。其中，已录入城镇就业年龄段残疾人 330 万，占人口库 422 万城镇就业年龄段残疾人的 78%。海南、天津、青海、广西、北京、上海、黑龙江农垦、广东录入率超过 90%，基本实现应录尽录。然而，四川、陕西、西藏、内蒙古等少数省份录入率在 40% 以下，亟待提高。

2. 职业能力评估工作初见成效

各地根据中国残联安排，积极建设职业能力评估工作室，搭建能力评估工作平台。截至 2013 年年底，全国 22 个省（区、市）已建立职业能力评估示范工作室，配备了专职人员，5 个计划单列市、18 个省会城市和 10 个以上地级市也建立了评估工作室，共测评 6500 名残疾人。如吉林地州市以上地区全部建立了评估工作室，并通过知识竞赛等活动，有力推动了全省残疾人职业能力评估工作的开展。为全面部署工作，2013 年中国残联召开全国会议，培训工作人员应用中国残联与江苏省合作升级改造后的新系统，深入推进评估业务工作开展，规范评估工作人员队伍。各地积极响应，依托工作室，启动评估工作，确定残疾人的职业能力、人格特征和职业兴趣，筛选适合残疾人的培训项目和职业，使得培训更有针对性，就业更有实效性，残疾人就业服务“评估—培训—鉴定—就业”的整个链条全线贯通。如北京市对前来求职的残疾人，运用职业能力评估软件系统及物理测评器具进行职业能力适应性测评，挖掘残疾人的职业能力和潜能，有针对性地开展职业培训，送入适合的岗位进行职业适应性训练，使人岗匹配程度有效提高，一些中度残疾人实现了体面稳定就业。

3. 信息服务工作发挥显著作用

通过编写《中国残疾人就业及就业服务工作简报》、创建残疾人就业服务机构工作人员交流群和实名制工作交流群、设立官方微博、推动地方残疾人就业服务机构官方网站无障碍化改造等方式，加强了地方之间的业务工作交流；丰富了就业舆情信息工作简报，建立了舆情监测和分析机制；在往年与中国就业网、中国残疾人杂志、中国残联官网分别合作设立就业专版的基础上，与国资委合作，在国资委所属的中国企业报设立了《中国残疾人就业报道》专刊，宣传残疾人就业工作和残疾人创业就业先进事迹。2013 年共编写 12 期就业工作简报、17 期残疾人就业舆情信息。信息服务工作的加强，实现了上情下传、下情上达的上下有序互动，有力推动了残疾人就业服务工作。

（二）就业服务机构规范化建设取得明显成效

1. 机构规范化建设稳步推进

各地按照中国残联机构规范化建设的总体部署和要求，积极开展规范化建设和考核评估验收。机构不健全的地区已陆续建立残疾人就业服务机构，落实办公场地、工作人员和工作经费；机构健全的地区认真落实就业服务机构主要职责，从只注重就业保障金征收逐渐向为残疾人提供优质高效的就业服务转变，加强干部队伍建设，完善各项制度，强化服务职能。2013 年，接受评估验收的上海、辽宁、浙江、吉林、北京和贵州 6 省市，在中国残联规范化建设评估小组的考核中全部达标。截至 2013 年年底，全国除山西和西藏外，各地均制定了省规范化建设实施方案、评估标准和评分细则，组织召开了规范化建设专题会议，全面启动了规范化建设工作；除山东、山西、四川、广东、内蒙古和西藏外，各地按照中国残联要求建立了规范化建设示范机构，提出了整改措施，提供了经费保障，并逐步在全省范围内开展评估验收工作。从总体情况看，东部地区全面开展，延伸到区县；中部地区基本开展，取得成效；西部地区有所突破，力争完成；计划单列市全部完成，成效显著。各地在努力做好特色化服务的同时，积极协调人力资源和社会保障部门，将残疾人就业服务纳入公共就业服务体系，逐步提升残疾人的就业层次与质量，推动残疾人就业服务走上制度化、专业化和社会化的轨道。

2. 人才队伍建设专业规范

残疾人就业指导员培训持续推进。第二期全国残疾人就业指导员远程培训圆满完成，共有 8247 名学员完成全部课程的学习，7432 名学员参加考核，7117 名学员顺利通过，考核通过率达到 96.16%，优秀率达到 12.18%。第三期远程培训已顺利启动。全国共有 9544 名学员报名，有近 6000 名学员登陆上线学习。举办省级管理员培训班，交流总结先进经验，规范考试考务工作，预分解 2014 年万名培训任务指标，为做好下一步就业指导员远程培训工作奠定良好基础。

职业指导人才示范培训拓展创新。中国残联与人社部举办的高级职业指导师培训班，为地方培养高级职业指导人才，示范带动了地方职业指导人才培养，促进残疾人就业服务的“三化”建设。为配合开展“就业服务机构规范化建设”和“职业能力评估室建设”等业务工作的落实，2013 年的高级职业指导师培训班增设了“职业能力评估实践”、“就业服务机构规范化建设”等课程，并邀请地方就业服务机构负责人介绍工作典型案例，在培训中突出示范，以培训促进业务工作能力，增强了培训的实效性。2013 年示范培训了职业指导师 107 人。2013 年度残联系统共推选出 13 名国家星级职业指导师、5 项优秀成果、5 篇优秀论文、11 名国家首席职业指导师。

3. 残疾人就业扶持形式灵活多样

根据中国残联制定的“城镇百万残疾人就业”任务，提出了转化培训成果，促进基地就业、城乡接合部就业、社区基层就业等多种形式的就业，制定了年度实名制完成近 90000 名残疾人就业的任务目标，并将任务分解到各省、自治区、直辖市和计划单列市及省会城市 65 个实施单位。为督促各地按进度要求抓紧落实，分别在浙江绍兴和陕西西安组织召开促进残疾人多种形式就业现场研讨会，与参会省市逐一商讨确定实施方案和措施。

各地将多种形式就业工作作为年度重点工作加以落实，并积极根据本地实际出台各种措施办法：北京、天津、吉林、江苏、浙江、辽宁、陕西、宁波、厦门、济南、兰州等地针对基地就业，采取资金补贴、集中资金扶持等措施，集中安置残疾人就业；福建、湖北、广西、四川、贵州、沈阳、哈尔滨等地针对城乡接合部就业，采取农业机械补助、创业项目资金奖励等措施，扶持残疾人创业、居家灵活就业；针对社区基层就业，湖南、河南、广西、郑州、武汉、成都、昆明等地采取保洁保绿、快递投送、家政服务等公益性岗位开发，提高残疾人专职委员工资补贴等措施，帮扶残疾人就近就便就业。截至 12 月，除内蒙古、贵州和西藏未上报外，全国省级基地示范转移就业共计 11772 人，地市级基地就业 43588 人；计划单列市和省会城市完成城乡接合部就业 35269 人，社区基层就业 18675 人。从总体情况看，全国 99% 的地区按照进度要求完成了工作任务，近 11 万名残疾人通过多种形式实现就业。

（三）残疾人职业培训工作水平稳步提升

1. 培训力度明显增强

残疾人职业培训已成为就业服务的制度化、常态化工作。各地依托实名制系统准确掌握残疾人就业意愿，结合市场用工需求，大力开展各种形式的残疾人职业培训，培训规模逐步扩大，培训质量明显提升。全年实名培训 481204 人，实名就业 336202 人，培训就业率达 70%。

2. 基地建设层次提升

残疾人职业培训基地已经成为残疾人职业培训的主要载体，在职业培训工作中发挥着越来越重要的作用。地方各级残联利用大中专院校、特教院校、社会培训机构等，大力发展残疾人职业培训基地。据不完全统计，全国已建有残疾人职业培训基地 4000 余家。为了规范残疾人职业培训基地建设、提高残疾人职业培训质量，中国残联提出在“十二五”期间挂牌 1000 家国家级残疾人职业培训基地。2013 年，根据中国残联下发的《关于申报首批残疾人职业培训基地的通知》（残联〔2012〕242 号），各地按照要求积极组织筛选申报。为防止出现申报情况不实、审核把关不严等情况，中国残联对申报的基地进行抽查，针对发现的问题专门下发《关于做好首批国家级残疾人职业培训基地自查工作的通知》（中残就业〔2013〕50 号）。各地认真开展自查，仔细甄选，确保基地质量。最终确定 312 家国家级残疾人职业培训基地。

3. 多项竞赛活动成功举办

中国残联于 2013 年度成功举办了多类别专项竞赛活动，有效引导了残疾人高技能职业培训内容的改革、就业服务能力的提升、职业教育理念的更新。2013 年，全国残疾人岗位精英职业技能竞赛作为步入常态化的国家级二类竞赛，以“拓展岗位、培育精英”为主导思想，设烹饪、机械组装两个全新项目。竞赛有效激励了残疾劳动者积极开展岗位练兵活动，使其全面提升技能、拓展就业渠道、增强参与社会竞争能力。此届竞赛参赛选手 119 人，6 人被人力资源和社会保障部授予“全国技术能手”荣誉称号。岗位精英竞赛活动期间同时举办的全国残疾人就业服务机构工作人员职业指导竞赛，继上年社区残疾人就业指导员服务竞赛成功举办后，又一次全面检阅了残疾人就业服务工作者能力和水平。参赛选手 67 人，31 人被中国残联授予“职业指导能手”称号。竞赛切实带动了各级就业机构人员刻苦研究工作方法、增强政策理论水平、强化服务意识、提升服务能力。此外，中国残联就业服务指导中心与中国视障资讯文化中心联合举办了盲文基础能力竞赛，有效激励了视力残疾人学习掌握并规范使用盲文，促进其全面实现工作、生活的无障碍化。

4. 雇主培训持续开展

为促进和稳定残疾人就业，中国残联会同国际劳工组织、中国企联、德国国际合作机构、瑞典大使馆，分别在上海和北京召开“企业的社会责任与招聘残疾人”国际研讨会，动员企业履行社会责任，接纳残疾人就业。200 家企业参加研讨并接受培训。各地也按照中国残联要求，根据本地雇主情况，筛选部分需求明确、问题突出的自主创业者、企业，分别给予延伸服务或一对一创业指导服务。如湖南省印发《2013 年雇主培训工作实施方案》，在全省举办了 2 期 IYB 培训、2 期爱心企业雇主培训，共培训了 100 家企业雇主，提高了用人单位招聘残疾人的意识，扩大了残疾人就业工作的影响力。全国共有 7554 家企业接受了雇主培训。

（四）盲人按摩工作更加规范

1. 盲人按摩行业管理逐步完善

全国除西藏外所有地区都出台了《盲人医疗按摩管理办法》《盲人医疗按摩人员从事医疗按摩资格证书管理办法》实施细则并成立了资格审核领导小组，全面启动了盲人医疗按摩人员从事医疗按摩资格审核工作。两年来，已为 5 千余名盲人医疗按摩人员发放了从医资格证书。

为建立规范的盲人医疗按摩人员继续教育制度，加强盲人医疗按摩师队伍建设，起草制定了《盲人医疗按摩继续教育暂行规定（初稿）》，正与有关部门会签。同时，在全国举办了 24 期盲人医疗按摩继续教育培训班，共培训 2193 人。

按照《盲人按摩工作“十二五”实施方案》提出的任务目标，完成年度培训任务，共培训盲人医疗按摩和保健按摩骨干师资人员各 50 名。

为了给盲人按摩人员提供良好的培训、继续教育平台，“十二五”计划扶持 54 家具备相应资质、规模及办学条件的盲人按摩实训基地。各地根据《盲人医疗按摩规范化实训基地建设标准》和《盲人保健按摩规范化实训基地建设标准》，积极组织筛选和初审，经审核同意，确定 14 家实训基地予以资金扶持，有效地推动了地方盲人保健和医疗按摩培训工作。

2. 盲人医疗按摩人员考试成功举办

中国残联 9 月组织了第四次全国盲人医疗按摩人员考试。全国共设有 27 个考区、96 个综合笔试考场，1160 名盲人考生参加考试。考试期间未发生重大突发和违规事件及试卷泄密现象，安全保密工作良好，整体进展顺利。

3. 盲人医疗按摩人员考试手段更加科学规范

为了规范盲人医疗按摩人员考试工作，针对盲人考生的实际需求，2013 年研究探索了盲人医疗按摩人员考试计算机化，给盲人提供更多的无障碍考试方式；研发了盲人按摩穴位智能化测试系统和按摩手法三维力学测试仪系统，并在北京和江西两考试辖区成功试点应用，初步解决了实践技能穴位定位和单项手法操作的考核标准及考核方法，进一步规范了实践技能考试方式，实现客观化考试。

（五）群众路线教育实践活动切实得到贯彻落实

为了将党的群众路线切实落实到残疾人就业服务之中，中心按照中国残联党组部署，成立了群众路线教育实践活动领导小组，制定了实施方案，明确了阶段性工作目标，采取了集中学习、一句话承诺、民主生活会、制定整改落实时间表等一系列行之有效的措施，确保了中国残联党的群众路线教育实践活动阶段性目标在就业中心的落实。

三、大事记

1 月 5—8 日，全国残联系统就业服务机构 2013 年工作会议在广东潮州召开。中国残联副理事长贾勇参加会议并讲话。会议总结了 2012 年工作，根据《2013 年残疾人就业服务和盲人按摩主要工作安排》，围绕“夯实工作基础，推动城乡就业”的主题，着重部署基层社区就业服务与统筹城乡残疾人转移就业相关工作。

1 月 7—27 日，为了贯彻落实《国务院关于第六批取消和调整行政审批项目的决定》的文件精神，做好开办盲人保健按摩机构资格认定工作，就业中心通过网上远程培训，对县级以上残联工作人员进行了培训和考试。

1 月 11 日，就业中心组织召开全国盲人医疗按摩人员考试命题评价研讨会，卫生部考试中心命题处、研究与评价处副处长，国家中医药管理局医师资格考试中心命题处、信息统计处副处长参加了研讨。参会单位分别介绍了各自的命题模式及过程，探讨了目前国内外的做法，给全国盲人医疗按摩人员考试工作提供了宝贵的经验。

3月13—31日，就业中心组织全国各省级就业机构负责人赴台湾，对台湾财团法人爱盲基金会、育成社会福利基金会、庇护工厂、盲人按摩馆等单位考察，并接受台湾地区中途失明盲人的生活重建、职业重建以及职业训练、就业辅导等方面的理论指导和技术培训。

4月9—11日，就业中心在浙江绍兴市组织召开关于促进城乡残疾人多种形式就业工作研讨会。会议总结通报了一季度全国落实2013年促进残疾人多种形式就业的有关工作情况，介绍了开展残疾人多种形式就业工作的经验做法，实地参观了绍兴市残疾人就业创业基地。

4月15—18日，2013年全国盲人医疗按摩人员考试工作会议在安徽省安庆市召开。中国残联副理事长贾勇参加会议并讲话，各省残联主管副理事长、就业中心主任参加会议，同时还邀请了国家卫生计生委、人力资源社会保障部、国家中医药管理局等相关部门考试委员会委员参加会议。会议全面总结了2012年全国盲人医疗按摩人员考试工作，部署了2013年的考试工作，交流了考试考务、盲人医疗按摩行业管理、盲人医疗按摩人员就业促进和盲人医疗按摩教学改革工作经验。

4月16日，由中国残联长江办、就业中心主办，南宁市残疾人劳动就业服务指导中心承办的长江新里程计划高科技助残就业项目经验推广会议在广西壮族自治区南宁市举行。就业中心副主任李强、广西残联副理事长杨一万、南宁市政府副市长肖志钢等领导出席开幕仪式。会议总结了长江新里程计划高科技助残就业项目实施5年来的经验，听取了部分省市的经验介绍，对高科技助残就业项目进行了经验总结和推广。

5月8—9日，全国残疾人就业工作经验交流会在湖南长沙召开。中国残联副理事长贾勇出席会议并讲话。

5月10—13日，就业中心在湖北咸宁组织召开了盲人医疗按摩中等专业教材修订定稿会。经专家审议，会议确定了《按摩学基础》《人体解剖学》《伤科按摩学》等12门全国盲人医疗按摩中等专业教材。

5月10—18日，第十一期全国残联系统就业服务机构负责人“高级职业指导师”培训班在京举办。中国就业培训技术指导中心主任刘康、就业中心副主任李强出席开班仪式并讲话。培训班共培训职业指导师107人，并组织学员参加了全国统一考试鉴定。

5月22—24日，就业中心在陕西西安组织召开城乡残疾人多种形式就业工作研讨会。中国残联副理事长贾勇出席会议并讲话。会议旨在部署推进2013年就业服务任务指标实施工作，确保完成年度就业指标和“十二五”百万残疾人就业工程任务指标。来自陕西、甘肃、青海、宁夏、新疆、青岛、厦门、哈尔滨、西安等部分省(区)、市残疾人就业中心负责同志参加了会议。

6月6日，中国残联残疾人职业能力评估测试系统工作小组在江苏召开残疾人职业能力评估软件研发协调工作部署会议。会议确定了残疾人职业能力评估系统软件研发方案、软件研发规则、软件研发经费及相关软件推广的后续工作等内容。

6月25日，全国残疾人就业指导员远程培训第三期班开学典礼暨首期班优秀学员表彰会在清华大学隆重举行。中国残联副理事长贾勇、清华大学副校长邱勇、中国残联教育就业部主任张新龙、就业中心主任钱鹏江、清华大学继续教育学院院长高策理等出席了开学典礼。来自全国12个省市的20名首期班优秀学员代表、三期班学员代表、技术合作方北京网梯科技发展有限公司代表、中国残联就业服务指导中心和清华大学继续教育学院部分工作人员等近100人参加了开学典礼。首期培训圆满结束，10000余名参加培训的学员中有8402名学员通过考试，顺利结业。

6月27—30日，全国残疾人就业和职业培训实名制统计管理工作部署会暨实名制系统培训班在福建莆田市举办。就业中心主任钱鹏江、副主任李强，中国残联教育就业部副主任解宏德，福建省残联副理事长杨小波，莆田市副市长谢晓曦出席会议。会议总结了前期全国残疾人就业和职业培训状况实名制统计管理工作进展情况，听取了上海、广西、海南、吉林实名制统计管理工作经验介绍，部署了实名制统计管理重点工作。会上，钱鹏江主任与各省签署了残疾人就业和职业培训状况实名制统计管理工作目标责任书。

7月5—6日，全国盲人医疗按摩人员考试时间技能考核仪器评估会在北京市残疾人体育训练和职业技能培训中心召开。中国中医科学院、北京中医药大学针灸推拿学院、中国康复研究中心、西安交通大学的专家教授及研发人员参加了会议。会议确定了考核仪器用于实践技能考试，并规范了评分标准。

8月2日，中国残联就业服务指导中心召开党的群众路线教育实践活动动员部署大会。中国残联副理事长、党的群众路线教育实践活动领导小组第四督导组组长贾勇亲临就业中心督导并做重要指示，中国残联教育就业部主任、党的群众路线教育实践活动领导小组第四督导组副组长张新龙出席会议。就业中心领导班子、党委委员，各党小组组长，处级以上干部及党员、群众参加了会议。

8月5日，由就业中心、中国盲文出版社、中国盲协主办，大连市残疾人职业技能培训中心承办的2013年第一期全国盲人计算机骨干师资培训班在大连市残疾人职业技能培训中心举办。中国残联理事、中国盲协副主席李伟洪，就业中心副主任李强，大连市残联理事长杨金旭，中国盲文出版社总编辑助理沃淑萍等出席开班仪式。

8月5—8日，由就业中心和部分地方就业服务中心组成的中国残联残疾人就业服务机构规范化建设检查评估组，在中国残联教育就业部副主任解宏德的带领下，对辽宁省残疾人就业服务机构规范化建设工作进行检查评估。评估组实地考察了大连、沈阳、抚顺等市区规范化建设情况，全面深入了解了辽宁省机构规范化建设情况。

8月5日，就业中心下发《关于申报盲人医疗按摩规范化实训基地和保健按摩规范化实训基地的通知》。文件要求，各省盲人按摩指导中心严格按照《盲人医疗按摩规范化实训基地建设标准》和《盲人保健按摩规范化实训基地建设标准》的规定，组织符合条件的机构申报2014年实训基地并对申报材料进行初审。2014年10月31日前，各省将2014年实训基地申报材料报中国盲人按摩指导中心审核。

8月9—12日，中国残联全国盲人医疗按摩人员考试委员会办公室在黑龙江伊春市召开2013年全国盲人医疗按摩人员考试考务工作会议。国家卫生计生委、国家中医药管理局等相关部门的考委会委员及省级盲人医疗按摩人员考试领导小组办公室主任及工作人员参加会议。

9月4日，由中国残疾人联合会和德国联邦劳动与社会事务部、德国联邦经济合作与发展部共同主办，德国国际合作机构（GIZ）协办的“中德残疾人政策和融合”研讨会在北京凯宾斯基饭店召开。此次研讨会标志着中德公共政策对话框架下的残疾人政策对话项目正式启动。就业中心主任钱鹏江参加论坛，并做了“中国残疾人的就业状况和对策”主旨发言。

9月7—8日，2013年全国盲人医疗按摩人员考试顺利举办。全国共设有27个考区、96个综合笔试考场，1301名报名考生参加考试。考试邀请了国家卫生计生委医政医管局、全国考试委员会对陕西、北京等地进行巡视。同时，组织对11个考试辖区开展巡考工作。考试期间安全保密工作良好，未发生试卷等考试材料泄密，无突发事件和违规事件，考生安全，考试圆满顺利完成。

9月25—28日，由就业中心、中国就业培训技术指导中心共同主办，辽宁省残联承办的2013年全国残疾人岗位精英职业技能竞赛活动和全国残疾人就业服务机构工作人员职业指导竞赛在辽宁省沈阳市举行。中国残联副理事长贾勇出席了竞赛开幕式并致辞。竞赛共设中式烹饪师（烹饪）、助动车装配工（机械组装）等两个项目，全国31个代表队约120余名选手参加比赛。6人被人力资源和社会保障部授予“全国技术能手”荣誉称号，31人被中国残联授予“职业指导能手”称号。

10月8—12日，由联合国亚太经社会与韩国卫生和福利部、韩国残疾人康复协会联合举办的2013年亚太残疾青年全球信息技术挑战活动在泰国首都曼谷举行。活动旨在加强残疾青年信息技术伙伴关系，缩小数字鸿沟，提升技能水平。就业中心副主任李强、王宁带队，朱延强、刘韫韬两名参赛选手代表我国参加比赛。

10月10—13日，中国残联全国盲人医疗按摩人员考试委员会办公室在湖北武汉组织召开2013年全国盲人医疗按摩人员考试实践技能客观化考试现场会。省级盲人医疗按摩人员考试领导小组办公室主任及工作人员参加会议。

10月16日，中国残联会同国际劳工组织、中国企联、德国国际合作机构、瑞典大使馆，分别在上海和北京召开了“企业的社会责任与招聘残疾人”国际研讨会。300家企业参加研讨并接受培训。就业中心承担了会议的具体组织实施工作。

10月31日，盲人医疗按摩人员执业前备案问题讨论会在北京召开。国家中医药管理局赵文华主任参加会议。会议重点研究并明确了盲人医疗按摩人员持证到中医药主管部门办理执业前备案、申请开办盲人医疗按摩所的相关手续以及遇到的政策解读等问题。

11月18日，2013年全国高级职业指导师年会在广州举行。中国就业促进会会长张小建出席会议并讲话。200多名来自全国各省市的高级职业指导师齐聚羊城交流经验。会议共推选出13名国家星级职业指导师，5项成果获优秀成果奖，5篇论文获优秀论文奖，11名职业指导师获国家首席职业指导师称号。

11月25—28日，由就业中心与中国视障文化资讯服务中心共同主办的盲文基础能力竞赛活动在北京市举行，全国28个代表队112名选手参赛。

12月5日，全国盲人医疗按摩人员考试委员会第六次工作会议在京召开。中国残联副理事长、考试委员会主任委员程凯及各副主任委员、委员参加会议。会议听取了全国盲人医疗按摩人员考试委员会办公室《2013年全国盲人医疗按摩人员考试工作报告》，研究确定了2013年全国统一考试综合笔试合格分数线以及2014年全国统一考试时间，审议通过了《2014年全国盲人医疗按摩人员考试计划》。

12月10日，经中国残联宣传文化部、教育就业部、就业中心与国资委系统中国企业报多方协商，共同在中国企业报设立《中国残疾人就业报道》专刊。创刊号已于10月29日出版。

12月12日，就业中心组织召开全国盲人医疗按摩人员考试命题评价研讨会。卫生计生委国家医学考试中心命题处、研究与评价处，国家中医药管理局医师资格认证中心命题处、信息统计处处长以及就业中心副主任张明理同志参加了研讨会。

（李斌供稿）

中国残疾人杂志社

一、工作综述

2013年，在中国残联党组理事会领导和机关各部门、兄弟单位的帮助指导下，中国残疾人杂志社坚持求真务实、埋头苦干，各项工作圆满完成，杂志发行再创新高。《中国残疾人》杂志发行15.2万份，同比增长4.8%；《三月风》杂志发行9.6万份，同比增长2.3%，为事业发展和人道主义宣传做出了新的贡献。

（一）围绕大事业，传播正能量

继续推进“人道中国”系列报道。在完成“人道中国之各地残疾人事业发展纪实”主题报道的基础上，实施“残疾人工作示范市巡礼”专题报道，先后采访了辽宁省大连、沈阳和浙江省杭州、嘉兴等19个残疾人工作示范城市，从城市创建理念、创建特点、创建事例等诸多方面，解读示范城市的特色经验，为各地残联相互学习、借鉴经验提供平台。启动“人道中国之人道行走”专题，“陈欠水时间”、“春华多感醉琴书”等人物专访，真实记录和感受了基层残疾人工作者和普通残疾人的人文情怀，生发对于人道的感悟。启动“人道中国之企业社会责任”专题。关注国有大中型企业，倡导企业自觉安置残疾人就业，履行社会的责任。深度报道了中国西电集团等国有企业所坚守的成就自身与贡献社会并重的责任之道，为企业落实扶残、助残，承担社会责任树立了榜样，传递了正能量。

全力做好了中国残联六代会的宣传报道。一是受中国残联委托，中国残疾人杂志社撰写了中国残疾人事业五年回顾——《新起点上的新跨越》的综述稿件，真切回顾了近五年来残疾人事业的发展历程，为新华社提供了通稿素材。二是会议期间，中国残疾人杂志社派出9名记者，奔赴会场、驻地，采访与会代表、记录小组讨论，并以“为了8500万”为题，多层次、多角度地对六代会盛况进行了专题报道。三是中国残疾人杂志社精心制作了中国残疾人事业“十二五”成就展示，在闭幕式会场进行了展览，受到与会代表的一致好评。

同时，中国残疾人杂志社还注重发挥网络宣传时效性的优势，网站先后推出了图片新闻、人点杂评、互动平台等十余个残疾人喜闻乐见的栏目；加强图片库建设，认真整理搜集自新中国成立以来，残疾人事业发展的图片。截至2013年年底，已搜集万余张，直观鲜活地见证了残疾人事业发展和残疾人状况的改变，保留了珍贵的第一手资料。

（二）多措多举，提升品质

征询群众意见。问计于群众、问需于群众是党的群众路线的重要工作原则，也是提升杂志品质的重要途径。2013年，借党的群众路线教育之机，中国残疾人杂志社先后采取调查问卷、调研座谈等形式，认真听取了基层残疾人工作者、专门协会委员、专职委员、普通残疾人对三刊一站的意见和建议，并就残疾人反映的“加大康复、维权咨询等内容的刊载信息量”、“杂志门槛高，普通残疾人投稿难”等问题，及时对杂志内容和版面进行了调整，并计划从2014年第一期开始，《中国残疾人》杂志增加“温馨家园”栏目，原汁原味地刊登最基层残疾人的文章和作品，展露普通残疾人的心声。

提升编辑素质。编辑的素质决定着杂志的品质，进入现代化、数字化时代，编辑的素质应该是多元的、立体的。2013年，中国残疾人杂志社加大对编辑记者的培训力度，有23名编辑记者参加了新闻出版总署组织的业务培训，1名主编应邀出国专业进修；全年有3名同志参加了高级职称评审，15名同志取得中级专业技术资格，24名同志注册了责任编辑。同时要求编辑记者深入基层、深入生活，从最基层寻求和挖掘最鲜活的素材，注重编辑记者在实践中增长才干。坚持集中学习研讨，对每月一次的评刊会进行改革，改变了过去由主编对杂志文章、图片质量进行评论的做法，变为由每月评选出优秀稿件的记者、编辑，对本篇稿件的采访、撰写谈感想、谈体会，相互交流，共同提高。

创新办刊理念。创新是事业发展的动力和源泉，也是保证杂志生命力的关键所在。2013年，中国残疾人杂志社继续加大创新力度。一是在内容上赋予新特色，对原有栏目进行充实。譬如，组联板块增设了“一案一评”，康复板块开辟了“每月一说”和“人道杂谈”，都是从残疾人的实际需要出发，为残疾人生活中的纠纷和困惑答疑解难。二是勇于担当道义，充分发挥舆论的监督作用。譬如《中国残疾人》杂志每期的焦点热评，坚持对每月发生的损害残疾人权益的现象进行披露、转载并点评；《无障碍出租成摆设，残疾人打车屡犯愁》《聋人就诊挺无奈，无障碍交流多欠缺》等文章，都深刻揭示了残疾人权益难保障、社会监督机制欠缺等现状，非常具有批判精神。三是强调独家原创。《三月风》杂志以独特视角深入历史、文化和民族的心理，从不同角度层层推进，观点鲜明，话题深刻。《我们的美盲时代》《消费信仰》《坎坷平等路》《盲者说》等都具有浓浓的时代特色。5月份，针对《精神卫生法》颁布实施，回溯27年的立法掘冰之路，杂志社采访了包括专家和患者在内的22位相关人物，走访了北京、河北、延安等精神病院，整合了大量的一手独家资料，从被访者的不同经历、立场和角度解读了《精神卫生法》的历史与现实，整组稿件厚重、耐读，并深富人道主义关怀。

（三）规范管理，共创和谐

把“以人为本”落实到建立一个公平竞争的环境和充分发挥每个人潜能的空间，是中国残疾人杂志社内部管理的核心和真谛。2013年，中国残疾人杂志社以党的群众路线教育为契机，充分发挥群众在管理中的主导作用，让群众站前台、唱主角，强化自我管理意识。通过召开群众座谈会、发放征求意见表、开展谈心谈话等方式，让群众将心中的想法说出来、将工作中的难点找出来、对班子的意见提出来，共同研究发展对策，有效地化解了矛盾，消除了隔阂，增进了团结，营造了宽松和谐的工作氛围。

在制度建设上，从人、权、钱、物等各个方面入手，先后制定了《廉政制度》《奖罚制度》等40余项，使杂志社任何工作都能从制度中找到依据，任何问题都能从制度中找到答案。同时严格责任追究，坚持制度面前人人平等，对违反制度的人和事一查到底，绝不姑息迁就，全年共处理因工作失误和考勤误假的有9人次，最多的一次性处罚800元，处罚的人员中有普通职工、中层干部，也有班子成员，较好地维护了制度的严肃性。

在廉政建设上，严格落实党风廉政建设责任制，遇有人员调整和大项开支，都由集体研究决策。譬如，随着杂志发行量的逐年提升，杂志印刷、邮发等经费支出，一年六七百万，班子成员坚持不插手，不介绍关系。每年12月份，中国残疾人杂志社都按规定、按程序委托国管局政府采购中心完成印厂招标工作；物流公司的招标工作也由招标领导小组统一负责，主管部门实施，纪检人员全程监督。

注重发挥工、青、妇基层组织的作用，把思想教育、奖励先进、走访慰问、福利、保险、健身、娱乐度假等与员工切实利益关系密切的工作与人性化管理结合起来，营造了良好的工作、学习和生活氛围。在2013年中国残联举办的第一届职工健步走比赛中，中国残疾人杂志社取得第一名的好成绩。

（四）部门工作各具特色

1.《中国残疾人》编辑部

2013年，《中国残疾人》编辑部始终结合中国残联的中心工作，做到重大事件深挖掘、突发事件无遗漏，及时、准确地反映残疾人事业的重要内容，兼顾权威性、时效性、服务性和可读性，取得了良好的效果。编辑部策划完成全国“两会”专题全国助残日专题、四川雅安芦山地震专题、中国残联六代会专题、第八届全国残疾人艺术汇演专题等，及时全面地报道了残疾人事业重大事件。完成残疾人工作示范市巡礼系列报道。示范市报道工作从2011年开始，历时3年，完成全部24个示范市的创建工作采访。开启大型国企社会责任采访。这是“人道中国”系列的后续项目，已采访东风汽车公司和中国西电集团公司。2013年刊发两个10个版以上的由记者自行策划的专题，例如残奥中国现象和残疾人旅游，从多个角度反映中国残疾人奥林匹克运动和残疾人旅游现状、问题及思考，在残疾人中引起强烈反响。参与中国残联机关的文献收集小组工作，参与中国残联《红领巾助残丛书》的编辑、修订工作。该书已经由国家新闻出版总署评定入选2013年国家出版基金项目。2013年主要报道：（1）2013年全国“两会”专题：关注民生，重视维权；（2）残奥中国专题：残奥中国现象；（3）残疾人旅游专题：我们也要看风景；（4）中国残联六代会专题：新起点上的新跨越；（5）全国残疾人艺术汇演专题：争相绽放同样精彩。

2.《三月风》编辑部

2013年，《三月风》编辑部继续坚持以弘扬人道主义为宗旨，以人道、人文、人性为主题。5月刊发的《精神保卫战》，值5月1日《精神卫生法》正式出台之际，对我国精神立法的历史、现状、进步与局限做了全面而深入的报道，较之全国各类媒体报道，厚度、广度及切入点均独树一帜。9月刊发的《坎坷平等路》，依据坚实的伦理思考与现实观照，反思了当下社会看待残疾人的种种误区，“歧视性关爱”、“过场式关爱”等犀利总结入木三分，足为整个社会所警鉴。9月中旬，编辑部成员将杂志社品牌作品《天真者的像》带往平遥国际摄影节，成功将中国残疾人独具一格的精神面貌展现在国内外观众的眼前。11月刊发的《盲者说》，重点透视了盲人这一群体与历史、社会的互动历程，点醒公众破除众多偏见，提倡盲人与健全人的自我思想解放与相互理解融合，出发点与落脚点均在整个华语媒介圈卓尔不群。

9月下旬，杂志社与中国残疾人福利基金会合作，出版发行了纪念中国残疾人福利基金会成立30周年《三月风》纪念特刊。特刊内容丰富、图文并茂，有寄语、有综述、有访谈、有介绍，还有30年来的大事记，近50篇文章，20多万字。接受采访的有20余名中国残疾人福利基金会和中国残联的老领导、老同志、理事及部分受助者代表。张海迪主席以《基金会是爱的精神载体》为题撰写了专文。

3.《盲人月刊》编辑部

2013年，《盲刊》编辑部完成了“全国残疾人自强创业经验交流会”专题、中国盲人协会成立60周年特刊等专题，及时全面地报道了与残疾人相关的重大事件。在《盲人月刊》的“本期关注”中，结合盲人工作、学习、生活等各方面情况，从盲人关心的热点问题以及探讨、维护盲人的合法权益等方面推出了“专题策划·看看盲协主席在干什么”、“盲人的诚信坚守”、“特别策划·讲述咱们民办盲校自己的故事”、“特别策划·盲人按摩业转型探讨”、“导盲犬来了，你准备好了吗?”、“特别策划·盲健婚恋纠纷初探”、“电视剧《推拿》专题探讨”等多项策划，深受盲人读者好评。

4. 中国残疾人网站

创建了中国残疾人艺术馆。随着社会的进步和发展，残疾人生活水平逐步提高，残疾人艺术创作热情空前高涨，涌现出一大批优秀的艺术作品。为了打造一个属于残疾人自己的网上艺术馆，为他们提供一个良好的网络平台，也使社会更加了解和欣赏这个特殊群体的艺术创作，2013年，中国残疾人艺术馆网络发布平台正式建成。艺术馆以精良的作品和唯美的页面吸引了不少读者和残疾人艺术家，已有不少残疾人艺术家申请在此发布自己的作品。设立了中国残联摄影协会网络交流平台。摄影协会页面一经发布，立刻吸引了诸多会员，既方便了摄影协会的工作，也丰富了网站的内容，更增加了网站的文化气息。圆满完成六代会图片展板制作与展览工作。中国残疾人网站参与了中国残联六代会展板的前期资料整理、版面整合、联系印刷制作、布展及后期的六代会网页上传和编辑等工作。“我骄傲，我自豪，我是残联工作者”征文活动历时一年多，取得良好的社会效果。从众多来稿中采用上传280多篇，评选出一等奖1篇、二等奖6篇、三等奖20篇、优秀奖50篇。80%以上的征文作者为残障者，每一位投稿者的文字都饱含自己对残疾人工作的深切体会和感受以及对残疾人事业的深厚感情。此类征文对基层残疾人工作者是一个极大的鼓励。截至2013年年底，仍有人在投稿，并希望这个征文活动继续办下去。

二、大事记

6月13—19日，由中国残疾人联合会、韩国文化体育观光部、韩国残疾人开发院共同主办，中国残疾人杂志社、齐齐哈尔市残疾人联合会、韩国障碍人美术协会联合承办的“2013韩中残疾人美术交流展”在韩国首尔庆熙宫美术馆隆重开幕。

8月12—15日，“2013中韩残疾人美术交流展”齐齐哈尔展在齐齐哈尔市博物馆隆重开幕。此次展览汇集了中韩两国残疾人最新创作的120件美术、书法及工艺美术作品。这是继6月在韩国首尔成功举办首展之后的又一次中韩两国残疾人最高水平的文化艺术交流活动。

9月17—19日，中国残疾人杂志社派出9名记者，奔赴会场、驻地，采访与会代表、记录小组讨论，并以“为了8500万”为题，多层次、多角度地对六代会盛况进行了专题报道。

10月8—11日，应日本慈善协会的邀请，中国残疾人杂志社派2人赴日本东京参加“2013年亚洲残疾人艺术展”及学术论坛。中国残疾人杂志社副总编辑张和勇在研讨会上做了重要发言。

（程寒供稿）

中国华夏文化集团

2013年，华夏文化集团总的工作特点是，把群众路线教育实践活动的成果与推动实际工作结合起来，认真学习贯彻十八届三中全会精神，积极落实中国残联六代会提出的中心任务，从大局出发谋发展，从小处着手求实效。2013年全年，集团上下团结奋斗、探索创新，较好地完成了各项工作任务。

（一）扎扎实实开展党的群众路线教育实践活动

开展党的群众路线教育实践活动以后，集团严格按照中国残联的有关部署去做，认真落实每一个环节的工作，把教育实践活动作为解决工作中问题和推动发展的动力。

在学习教育阶段，党支部在做好规定动作的同时，还结合实际做好自选动作。例如请老领导到集团讲述残疾人事业发展历史；到北京丰台区残联进行调研，深入了解残疾人的文化需求，查找文化助残工作的不足。

在查摆问题阶段，党支部多次召开座谈会，邀请非党员领导干部、入党积极分子和非党员员工参加。适时召开领导班子专题民主生活会和支部全体党员交心通气会，所有党员都提交了对照检查材料，进行了批评和自我批评。党支部将征集到的“四风”方面的各种问题进行归纳整理，深入剖析原因，制定了整改措施。

在整改落实阶段，集团党支部对查摆出来的问题逐条制定了整改落实方案，注重长效机制的建立和完善。认真组织梳理了过去制定的有关规定，不符合八条规定精神的，一律废止。同时，按照中央八条规定精神，修订了党员干部廉政行为准则，完善了各类制度。

（二）有针对性地开展文化助残活动，切实为残疾人的文化需求提供帮助

2013年，集团结合群众路线教育实践活动的开展，调整和纠正了以往文化助残活动针对性和计划性不强的问题，在助残项目启动前，深入基层单位进行调查研究，充分了解基层残疾人和残疾人工作者的文化需求，探索建立文化助残工作的有效机制。

1. 试办“生命阳光网”

2010年上海世博会中的“生命阳光馆”铸造了我国残疾人事业新的辉煌。经批准，集团成立生命阳光网，将生命阳光馆的主要内容和办馆理念加以演绎，借助现代高科技通信网络手段，将世博会生命阳关馆的部分优秀内容移植到网站上，使生命阳光馆永不落幕。

生命阳光网试运行一年多来，作为中国残联官方网站的有效补充，集中展现各地残联推荐以及社会征集的优秀残疾人艺术品，让浏览者清晰地了解到工艺品的制作人、制作工艺、所在地、故事背景等详细信息；将支持关爱残疾人的知名助残企业进行展示，为企业推荐残疾人手工艺品，对创造就业机会起到了积极作用。同时，集团还在一层商业用房试办“生命阳光文化中心”，举办了两期书画展。

2013年下半年开始，集团对生命阳光网的定位和运营模式进行了适当调整。为了适应互联网电子商务发展趋势，生命阳光网直接在大型电商网站开店，利用电子商务的高流量，把残疾人工艺品和有助残意向的艺术家的艺术品迅速推广。各项调整工作正在积极地推进中。

2. 创办“中国聋人网”

为了更好地传播听障文化，搭建起聋人与世界沟通的桥梁和纽带，经报中国残联批准，华夏文化集团筹建了大型综合性网站——中国聋人网，于2013年4月11日正式上线运行。网站以团结中国听障大家庭为己任，秉承“知其所需、供其所需”的服务理念，以打造“中国听障人士的温馨家园”为宗旨，全心全意为听障朋友服务。网站紧密围绕“信息助残、文化助残”的发展方针，先后成功举办了“幸福创想”聋人DV作品大赛，与北京聚力体育经纪促进中心社会公益组织合作举办了聋人网友参与的文体展览活动；成功策划了“2013索菲亚夏季听障奥运会”、“第五十六届国际聋人节中国聋人网网友佳作展览”等系列专题。网站在不断探索和实践中发展，各项工作进展顺利。

3. 举办特殊教育学术研讨会

10月17日和18日，集团与北京教育学会特殊教育研究会共同主办了“2013特殊教育学术研讨会”，中国高等教育学会特殊教育研究分会、北京师范大学、天津理工大学聋人工学院等院校的数十位代表参加了会议。会议着重研究探讨了“为听障学生提供适合教育的方法策略研究”、“与听障人士沟通方法及手段的研究”、“招生就业与学校课程设计的策略”三个议题。吕世明副主席和教就部领导出席会议并讲话。按照吕世明副主席的要求，集团还把这次会议作为党的群众路线教育实践活动的一项重要内容，向与会的各基层校长和教师征求有关特殊教育的意见，并向会领导提交了报告。报告既为集团以后有针对性地开展文化助残工作提供了帮助，也为残联改进这方面的工作提供了参考意见。

（三）积极探索文化项目的市场化运作途径

集团作为自收自支的事业单位，只有做好经营性文化项目，有自己的主业和产业，才会有能力、有实力为残疾人文化事业服务。体制改革前后，探索进入市场、参与经营性项目已成为摆在集团面前的重要任务。

2013年，集团与有关单位合作出品电视连续剧《天使艾美丽》，尝试进入影视文化产业。

集团还先后与3D动力园、河北省文委、大城县宣传部、中国文物学会等部门，就文化产业合作，特别是促进残疾人艺术品进入市场以及协助申遗等项目进行了商谈，为2014年相关项目立项运营奠定了基础。

（四）加强内部管理，为改制做好思想和业务准备

结合事业单位改革的大趋势，按照企业化管理的要求，集团不断完善适合未来发展的制度、机制建设，打造具有自身特点的企业文化，为未来的体制改革打下良好基础。

1. 全面修订各项管理制度，向真正的企业化管理过渡

集团结合开展群众路线教育实践活动，对内部的管理制度进行了认真的梳理。修订了《党员干部廉政行为准则》，完善了员工学习培训、请假休假等制度。修订了《员工考核制度》，实施全员绩效考核，使每个岗位的工作目标更加明晰、责任更加具体、奖惩更加分明。修订

了《财务报销制度》，强调实行公款接待公示制度，细化和规范业务接待、业务用车管理。

2. 制定人才管理和员工培训计划

针对未来改制的需要，针对人才引进视野不宽、重管理不重经营型人才等不足，集团制定了人才引进和管理的具体实施计划。针对员工学习培训工作缺乏系统性、学习培训的效果没有与考核挂钩等问题，集团制定了中长期的学习培训计划，从2013年起把学习培训成绩纳入年度考核指标中。对通过自学自考等方式获得学历学位的，给予一定奖励并报销学费。

3. 开展多种多样的文体及社会活动，塑造向心团队

集团除了组织职工积极参加中国残联举办的各种活动外，还组织职工开展多种形式的文体及社会活动，例如集体观看电影《周恩来的四个昼夜》、参观李大钊纪念馆、参加“体验饥饿——牵手残疾儿童及残疾家庭子女”活动等。

（张涛供稿）

中国残疾人辅助器具中心

一、政策法规文件

关于加快推进国家辅助器具华南区域中心建设的意见

残联函〔2013〕62号

广东省残疾人联合会：

根据《关于做好创建国家辅助器具区域中心工作的通知》（残联厅发〔2010〕27号）的要求，结合《中国残疾人联合会、广东省人民政府关于共建国家辅助器具华南区域中心意向书》（2012年7月10日）的内容，经中国残联研究，对加快推进国家辅助器具华南区域中心的建设提出以下意见：

一、按照意向书规定的时间节点，整合资源抓好华南区域中心总部的基本建设，同时做好区域中心的专业人才和技术储备工作。

二、指导广州市残联充分利用中国残联投入的资金和技术资源，加快推进华南区域中心广州分部的建设力度。

三、指导深圳和韶关分部特色项目的规划和实施，使之真正成为华南区域中心的有机组成部分。

四、充分发挥省辅助器具资源中心在机构建设、人才培养、项目实施等方面的领导和指导作用，为华南地区辅具服务工作的创新发展积累经验、创新模式。

五、充分发挥珠三角经济发达、企业集中的优势，做好华南地区辅助器具科研开发的统筹规划工作。

中国残疾人联合会
2013年11月6日

二、工作综述

2013年，中国残疾人辅助器具中心全体职工认真学习贯彻党的十八届三中全会和中国残联“六代会”会议精神，积极开展党的群众路线教育实践活动，按照“为民、务实、清廉”的要求，创新工作思路，加大落实力度，较好地完成了年度工作任务。

（一）推动保障制度建设

9月19日，王勇国务委员在中国残联“六代会”上强调指出，要完善残疾人社会保障体系，推动建立辅助器具补贴等福利制度。为尽快落实会议精神，经中国残联同意，中国残疾人辅助器具中心和中国残疾人康复协会康复工程专业委员会于12月10日召开了有业内专家和辅具服务工作者参加的“残疾人辅助器具适配补贴办法”研讨会，组织讨论修订《残疾人基本辅助器具配置目录》，为建立辅助器具补贴制度做准备。

2013年上半年，中心还分别指导北京、深圳、新泰、昌乐等市县出台或修订本地残疾人辅具服务管理办法。

（二）推进服务机构建设

按照分类指导原则，上半年分别在海南、辽宁、宁夏召开了加快推进机构建设的专题工作会。各地在贯彻会议精神的过程中，纷纷找差距、定措施、促发展，大大加快了机构建设的步伐，有些省份取得了突破性进展：辽宁省把辅具服务工作纳入了省政府的重点民生工程，截至2013年年底，100%的地级市和88%的县区均已建立了由同级编办批准的辅具机构；湖南省残联出台了《辅具机构建设验收方案》，推动85%的地级市和66%的县区建立由编办批准的辅具机构。中国残疾人辅助器具中心还组织编写了《辅具机构建设标准》《辅具展厅建设指导方案》《辅具适配服务通用流程》等指导性文件，明确了各级辅具机构的职能定位、建设规模、设施设备、人员分工、管理规章以及服务标准等。

（三）加强人才队伍建设

中国残疾人辅助器具中心与人社部培训中心合作举办了9期辅助技术工程师岗位能力培训班，受训的638名在职专业人员提高了技能水平，其中68.5%的受训人员拿到了由人社部颁发的岗位能力证书。

与中国残疾人康复协会合作，利用中心的师资和设施，年内共开展辅具流动服务车项目培训16期，为100多个流动服务车使用单位培训专业人员230名。

受中国残联长江办委托，7月份在宁夏举办了长江二期假肢服务项目成果推广会，通过最新假肢服务理念、技术、材料、工艺等的交流活动，大大拓宽了160多名参会人员的思路和视野。

10月份在益阳市举行了全国第一期基层辅助技术专业培训班，覆盖了74个乡镇，共有90名基层残联干部和专职委员参加，为破解辅具服务最后一公里的难题进行了有效的探索和尝试。

（四）督导国家项目实施

在中国残联康复部和计财部的指导下，先后印发了《彩票公益金辅助器具项目实施细则》《残疾人辅助器具服务项目督导检查方案》《辅助器具流动服务车管理办法（试行）》等文件，要求各地严格按照项目管理规定，管好、用好经费，提高服务水平，扩大受益覆盖面。为解决各地项目实施中的难题，先后派出20多人次，分赴16个省（区、市）进行现场指导。为及时掌握项目的实施现状，近期已按照中国残联的部署，启动了项目的中期检查，不但要求各地限期上报项目经费使用、产品采购、评估适配、跟踪随访等材料，还派员亲赴辽宁、广东、云南等地进行预检查。

截至11月底，各级辅具服务机构已组织配发辅具产品1100765件；另据不完全统计，截至2013年底，179辆流动服务车运行300多万公里，上门服务70多万人次，配置辅具近60万件。

（五）开展产品研发和质检

在计财部的指导下，中国残疾人辅助器具中心承担的“十二五”国家科技支撑项目课题“面向社区和家庭的残疾人康复产品研发及应用示范”顺利通过科技部组织的中期检查；申报的“残疾人康复服务通用标准研究”公益性课题已获得国家标准委员会的批准；完成中国残疾人辅助器具中心科研课题11项；发表国家核心期刊论文1篇、论坛论文3篇；与企业合作研发的多个实用型辅具新产品已进入中试阶段。

中国残疾人辅助器具中心所属的国家康复器械质量监督检验中心顺利通过北京市2013年产品质量检验机构工作质量分类评价；业务内涵进一步增强，质检大项增加到28个，截至11月底，共检验产品1069件，出具检验报告779份，数量较同期增长20%；提交7项国家标准立项建议书，完成2个标准送审稿。

（六）加大国内外社会宣传力度

在中国残联有关部厅指导下，成功举办第七届中国国际福祉（康复）博览会，展出了17个国家和地区、270家企业的9000多种产品，参展人数达到10万人。国务院和中国残联领导在视察时做出重要指示，更加明确了辅具在残疾人事业发展中的作用和地位。

通过组织编发多种语言的辅具知识宣传挂图和辅具服务车及车载设备使用手册、彩票公益金项目指导光盘等方式，开展辅具知识宣传活动。

全年接待包括WHO官员、ISO专家、瑞典和阿尔巴尼亚盲协、朝鲜保护残疾人联盟领导、美国辅助技术产业协会、日本医疗玩具协会、意大利展团等来访的国外客人100多人次。这些活动不但扩大了中心的影响，而且形象地宣传了我国的残疾人事业。

（七）强化自身能力建设

中国残疾人辅助器具中心积极开展党的群众路线教育实践活动，通过查摆问题、开展批评、召开民主生活会和务实整改等系列活动，更加密切了干群关系，密切了中心与地方的关系，密切了中心职工与残疾人的关系。

中国残疾人辅助器具中心党总支先后开展了学习十八大文件、落实“六代会”精神、反腐倡廉教育、缅怀革命先烈、帮扶贫困残疾人、“忆党恩，跟党走”、辅助器具进社区、养老助残公益行、重度残疾人家庭一日行等活动，提高了职工的素养，又陶冶了大家的情操。

年初成立的技术资源部，通过下基层、进社区、入家庭服务活动，已为1000多名残疾人提供了面对面的辅具评估适配服务；在雅安地震期间，第一时间派人参加抗震抢险，圆满完成任务；在2013年亚洲残疾人乒乓球锦标赛期间，派出技术服务小分队为各国运动员提供辅具维修服务，精湛的技术受到组织单位和运动员的一致好评。通过这些活动，中国残疾人辅助器具中心在输出技术资源的同时也培育了自己的专业技术队伍，又拓宽了中心的业务内涵。

中国残疾人辅助器具中心十分注意给青年职工创造成长的条件，通过主题团课、承担课题、专业试讲、轮岗轮训、征文比赛、强体健身等途径，提高他们的专业能力水平。

三、重要条目

【“十二五”国家科技支撑计划“面向社区和家庭的残疾人康复产品研发及应用示范”课题组走进社区开展调研工作】为了保障完成在100个以上社区开展康复服务的任务并为即将开展的课题康复产品社区应用示范工作做好准备，2013年3月29日和4月3日，“十二五”国家科技支撑计划课题——“面向社区和家庭的残疾人康复产品研发及应用示范”课题组走进北京宣武培智学校、大栅栏社区卫生服务中心和地处西部地区的陕西省铜川市耀州区残疾人康复中心进行专题调研并分别进行座谈和交流。通过对三个典型社区特别是西部地区社区的实地考察和交流，课题组对社区医疗康复机构的基本情况等有了进一步了解，为下一步组织和指导各子课题开展社区应用示范工作提供了经验。

【“电子沟通板”、“认知训练仪”国家标准研讨会】9月23日，中国残疾人辅助器具中心所属国家康复器械质量监督检验中心在北京组织召开“智力障碍及孤独症患者用辅助产品——认知技能训练仪”、“言语障碍者用辅助器具——电子沟通板”国家标准研讨会。起草标准的相关人员及专家共17人参加了会议。此次会议邀请了全国残疾人康复和专用设备标准化技术委员会秘书长张晓玉、技术部副主任王以昌，中国康复研究中心教授丁伯坦，北京博爱医院儿童康复科主任医师吴卫红、副主任医师张雁，海淀培智学校老师及天津唐邦公司和杭州贝迪科技有限公司代表。与会专家对标准的技术要求逐条进行讨论，根据个人经验及专长，从生产者、使用者角度提出了许多意见和建议。

【彩票公益金低视力康复项目工作研讨会】10月29日在广州召开，中国残疾人辅助器具中心陈振声主任，广东、福建、宁夏以及广州、深圳低视力康复项目的负责同志和有关低视力康复专家出席了会议。参会人员分别介绍了所在地区开展低视力康复项目工作的情况，并就如何进一步规范项目实施、总结和推广已有经验、提高机构的服务能力和存在的困难、问题进行了讨论。与会人员还参观了广东省视觉障碍康复中心。

【2013中国国际福祉博览会】由中国残疾人联合会、全国老龄工作委员会办公室主办，中国残疾人辅助器具中心等单位承办的2013中国国际福祉博览会暨中国国际康复博览会—第七届中国国际残疾人、老年人用品用具、康复医疗和护理设备博览会于2013年10月10—12日在北京的中国国际展览中心成功举办。为期三天的博览会共有来自美国、日本、丹麦、瑞典、意大利等16个国家和地区的270家企业参展，展品多达8800余种。博览会期间，国务委员王勇，中国残联主席张海迪，中国残联理事长、党组书记鲁勇等领导到场视察参观。

【第三届国际辅助器具适配论坛暨2013年中国康复工程专业委员会年会】10月10日，北京国际福祉博览会期间，由中国残疾人辅助器具中心和中国残疾人康复协会康复工程专业委员会共同举办的“第三届国际辅助器具适配论坛暨2013年中国康复工程专业委员会年会”在国际展览中心召开。这届论坛主题是：康复服务与辅具创新。共有13位来自国内外的专家、学者、辅具机构管理人员和企业专业技术人员做了大会发言，报告内容涉及机构建设、辅具适配服务、项目管理以及新产品介绍等。来自各省辅具机构管理和专业技术人员以及国内外相关人士等聆听大会发言并进行交流。

【紧急部署抗震救灾工作】遵照中国残联领导的指示精神，4月22日下午，中国残疾人辅助器具中心召开紧急会议，传达习近平总书记关于四川芦山抗震救灾的重要指示和中央国家机关工委《关于中央国家机关各级党组织和党员干部积极支援四川芦山抗震救灾的紧急通知》，部署救灾工作。会议决定成立抗震救灾领导小组，根据中心派往四川联络组报来的伤员辅具需求信息，募集和发送灾区急需的辅助器具；成立信息资讯小组，收集和报道中心及各地辅助器具机构抗震救灾的消息；成立专家指导组，随时准备奔赴灾区和接收伤员的医疗机构，参与辅助器具适配和使用指导工作。截至4月23日，已经募集到上海互邦医疗器械有限公司捐助500辆轮椅、1000只拐杖，佛山东方医疗设备厂有限公司捐助250辆轮椅、300张医疗床、1000只拐杖，广东凯洋医疗科技集团有限公司捐助50辆普通轮椅、200只拐杖、20台助行架、20台坐便椅，天津泰斯特仪器有限公司捐助100辆轮椅、200只拐杖。以上物资合约120余万元。

【“辅助器具服务进社区”大型公益活动】由中国残疾人辅助器具中心、石景山区残联主办，于6月22—23日在石景山区海特广场举行。中国残疾人辅助器具中心向社区残联捐赠了辅助器具。石景山区8个街道和鲁谷行政事务管理中心的残联理事长、协管员及广大社区居民参加了活动。为期两天的活动中，通过辅助器具知识展板和现场各项适配评估服务内容，工作人员为到场的1000余名社区居民宣传了辅助器具知识，展示了护理、助行、助听、助视、家居无障碍等各类常用辅助器具，并为300余名社区残疾人和老年人提供了功能评估、辅助器具体验、在用辅助器具维护等服务。此次活动使当地居民了解了辅助器具相关知识、享受到了辅助器具系列服务，社区残联工作人员和社区居民纷纷对本次活动表示欢迎。中国残疾人辅助器具中心将通过辅助器具服务进社区系列活动，不断总结经验，充实服务内容，完善服务模式，并积极向各地辅助器具服务机构推广，为构建辅助器具适配体系打下扎实的基础。

【辅助器具服务工作研讨会暨辅助器具项目管理培训班】4月26—27日，全国部分省、市辅助器具服务工作研讨会暨辅助器具项目管理培训班在海南省海口市召开。

海南省残联理事长符国昌出席会议并致欢迎词，中国残疾人辅助器具中心主任陈振声做了讲话。12个省、自治区、直辖市、计划单列市及部分地市残联康复部和辅具中心同志共30余人参加了会议。此次会议是推进辅助器具服务工作科学发展的重要会议。会议回顾上一年的工作，分析和把握辅助器具服务事业面临的新形势和新要求，研究部署当前和以后一个时期重点工作。各省代表在研讨交流中，提问题、谈观点、亮经验、解疑惑，进一步明确了辅助器具服务事业的发展方向。会议期间，参会人员参观了海南省残疾人辅助器具资源中心。

【甘肃省残联辅助器具服务展示厅揭牌仪式】

12月9日，甘肃省残疾人辅助器具服务展示厅揭牌仪式在兰州举行，出席仪式的领导有中国残联副理事长贾勇，中国残联理事、康复部主任尤红，中国残疾人辅助器具中心副主任侯平。甘肃省残联党组书记、理事长华文哲，甘肃省残联副理事长蒋录基，正在参加全国省级康复中心主任会议的各省市康复中心主任也应邀参加了揭牌活动。

中国残联副理事长贾勇代表中国残联党组理事会向甘肃省辅助器具展示厅的建成表示热烈祝贺，对甘肃省残疾人辅助器具服务工作给予了充分肯定和高度的评价。他指出，甘肃省各级残疾人辅助器具服务工作者要认真贯彻党的十八届三中全会精神，不断创新发展思路，积极探索西部辅具工作新模式和新经验，为推动残疾人与健全人同步奔小康做出更大努力和贡献。

甘肃省残疾人辅助器具服务展示厅是目前甘肃省规模最大、产品种类最多、科技含量最高的辅助器具服务展示厅。展示厅分为假肢矫形器、肢体辅具、儿童辅具、居家无障碍、残疾人自驾汽车、盲人辅具展示区、残疾人阅览区、助听器验配、低视力验配9类展区，汇集了国内外600多种高、中、低档残疾人辅助器具产品。其中助听器验配室、低视力验配室能够为听力、视力障碍患者提供定期检查、筛查、评估、验配等服务内容。展示厅的投入使用，对于提高甘肃省残疾人辅助器具服务能力和水平，更好地为残疾人提供辅具适配服务，实现残疾人初步“人人基本享有康复服务”目标具有重要的带动和促进作用。

【国家标准宣贯座谈会】为了加强与配合辅助器具生产企业的标准技术沟通和交流，帮助其提高对手动轮椅车标准的完整认识与理解，提升产品质量，12月3日，中国残疾人辅助器具中心所属国家康复器械质量监督检验中心召开了国家标准宣贯座谈会。中国残疾人辅助器具中心副主任、质检中心主任陈光和来自全国各地的12家知名辅具生产企业的17名负责人或技术人员参加了会议。会议的主要内容是质检中心及产品送检流程简介、手动轮椅车国家标准解读、辅具行业发展及相关标准化政策介绍。经过此次会议，参会人员加深了对标准要求及测试方法的理解。他们在发言中表示，宣贯会的内容实用、指导性强，对企业帮助很大，希望以后多举办此类活动。

【长江新里程计划假肢服务项目区域交流会暨辅助器具服务研讨会】根据中国残联长江项目办公室的统一部署，中国残疾人辅助器具中心于3月12日在黑龙江省组织召开了“长江新里程计划假肢服务项目区域交流会暨辅助器具服务研讨会”。长江项目办杨津惠主任，中国残疾人辅助器具中心项目负责人、中国人民大学杜鹏教授，黑龙江、吉林、辽宁三省辅助器具中心及所辖的假肢装配站项目负责人近50人参加了会议。会议介绍了长江新里程计划项目（第二期）假肢服务项目实施情况及项目工作成果，特别强调了对项目管理的工作要求，重申各省要高度重视项目数据库管理，确保项目录入数据真实、有效，重视人才培养，严格执行项目经费管理有关规定，注重项目绩效。与会人员就假肢服务项目工作经验和基层装配站工作中面临的困难和问题进行了交流。会议同期还开展了假肢装配业务培训、项目二期第三方评估座谈等工作。

【“十二五”国家科技支撑计划课题中期检查会】7月30日，中国残联在中国残疾人辅助器具中心组织召开“十二五”国家科技支撑计划——“面向社区和家庭的残疾人康复产品研发及应用示范”课题中期检查会。科技部社发司生物医药处郑忠处长，中国残联计财部张全军副主任、刘立军处长、钟爱民副调研员，辅具中心陈振声主任、王元京等5位评审专家以及项目和课题7个子课题负责人等约40人参加了会议。课题负责人做了题为“十二五”国家科技支撑计划项目“面向社区和家庭康复产品和系统应用示范”课题中期工作报告。与会专家根据课题提供的相关资料和报告内容，对课题进展和经费使用等总体工作情况进行评审，就发现的问题进行质询并提出改进意见。

【全国初级辅助技术工程师（视力方向）岗位能力认证考前培训班】6月30日—7月12日在天津举办。中国残联康复部秦新梅处长、中国残疾人辅助器具中心以及天津医科大学眼科中心的有关领导出席开班仪式。来自29个省（区、市）的70名学员参加了此次培训班。此次培训的教学工作主要依托天津医科大学眼科医院开展。培训主要内容包括验光基本技能、低视力概况、视功能评估、低视力专业筛查流程及低视力综合康复等相关知识，旨在提升学员的理论水平和实操能力。教学结束后，学员分别参加了人社部教育培训中心组织的初级辅助技术工程师（视力方向）岗位能力认证考试和天津市人社局组织的初级验光员考试。考试合格者获得相应的证书。

【全国初级辅助技术工程师（肢体方向）岗位能力认证考前培训班】5月13—18日在北京顺利举行。来自全国18个省、市的38名学员和中国残疾人辅助器具中心主任陈振声及16名中心职工参加了培训和考试。培训期间，专家分别从肢体残疾人辅助器具应用技术、残疾人分类分级标准、新残疾人观、肢体残疾人辅助器具应用技术等方面对学员进行了系统、全面的培训。

【全国辅助器具创新设计大赛总结暨第四届大赛研讨会】

4月12日，中国残疾人辅助器具中心与中国残联组联部协会处组织召开了全国残疾人辅助器具创新设计大赛总结暨第四届大赛研讨会。中国残联理事、中国盲协副主席李伟洪，中国残联理事、中国聋协副主席杨洋，中国肢协副主席王建军，中国残联组联部副巡视员郝尔康，中国残联组联部社会管理项目总监孙一平，辅具中心主任陈振声、副主任陈光以及前三届大赛赞助单位佛山市东方医疗设备厂有限公司负责人员参与了会议。

陈光副主任汇报了大赛工作情况。近几年来大赛成果显著，参赛作品由第一届的59件、第二届的145件，大幅度提高到第三届的340件；参赛作品质量、科技含量和实用性以及社会参与热情不断提高；组织工作日趋成熟，品牌效应初显。同时，也存在征集时间短、成果转化难等一些问题，需要不断改革和完善。

杨洋副主席、李伟洪副主席、王建军副主席先后发言，对前三届全国辅助器具创新设计大赛对辅助器具事业的推动作用给予充分肯定，对办好第四届大赛提出意见和建议，建议大赛在组织方面要更加关注残疾人群中的弱势群体，加强引导和沟通，要更加重视成果产业化，不断提高大赛的权威性和影响力。

经过积极认真的研讨，与会人员确定了第四届大赛的相关事项。

【全国辅助器具服务工作研讨会】5月29—31日，全国部分省、市、县辅助器具服务工作研讨会在辽宁省朝阳市召开。中国残疾人辅助器具中心副主任王保华、辽宁省残联理事长杨德维和相关部门负责人出席了会议，10个省、直辖市及部分地、市、县残联的同志共30余人参加了会议，辽宁省朝阳市副市长张东群出席会议并致欢迎词。王保华副主任简要地总结了过去一年的辅助器具工作，并对下一步工作做了部署。辽宁省义县、朝阳市以及辽宁省残联分别就现阶段其县、市、省如何开展辅助器具工作、贴近残疾人服务做了详细介绍。各省、直辖市及部分地市与会代表结合本省的情况就自身的机构建设、责任书签署情况以及项目实施情况进行了交流，就如何实现事业跨越式发展以及未来发展的思路和措施进行了探讨，进一步明确了本地区加快发展的方向。会议期间，参会人员一起观看了“共享阳光·站立助行——朝阳市免费适配假肢项目启动仪式”，参观了辽宁省朝阳市残疾人辅助器具适配中心。

【芦山地震伤员辅助器具配置工作】华西医院是成都市收治芦山地震伤员最多的医院，截至5月20日，共收治地震伤员400名。地震过去一个多月，地震伤员陆续进入康复治疗阶段，需要一批辅助器具来配合治疗、方便伤员的生活。了解到这一情况后，中国残联和中国残疾人辅助器具中心及时组织捐赠了一批救灾用辅助器具，于5月22日送达华西医院。华西医院方面对中国残疾人辅助器具中心关心和支持抗震救灾工作表示感谢，并承诺将做好救灾物资的管理和使用，用辅助器具帮助伤员们尽快康复。

【“长江新里程计划”（第二期）假肢服务项目工作成果推广会暨假肢服务论坛】

受中国残联长江办委托，7月17—19日，中国残疾人辅助器具中心在宁夏银川举办了“长江新里程计划”（第二期）假肢服务项目工作成果推广会暨假肢服务论坛。李嘉诚基金会代表霍淑萍，中国残疾人联合会康复部调研员程剑，宁夏回族自治区残联党组书记、理事长娄晓萍和副理事长刘继国，中国残疾人辅助器具中心副主任王保华和侯平出席了论坛。来自全国各省（区、市）的假肢服务项目管理人员和专业技术人员160余人参加了论坛。此次论坛正值“长江新里程计划”二期假肢服务项目结束、三期项目启动之际举办，旨在全面总结和展示二期服务项目的成效和成果，交流服务项目的好经验和做法，开阔假肢服务项目管理和专业技术人员视野，进一步推动“长江新里程计划”假肢服务项目的发展。

论坛上，与会的专家、专业技术人员、各级管理人员和企业代表相聚一堂，畅谈了“长江新里程计划”假肢服务项目的成果和工作经验，共享了国内外假肢服务新理念和新技术，剖析了国内外假肢行业的新动态和发展趋势，研讨了今后“长江新里程计划”假肢服务项目的工作发展，探索能使我国广大肢体残疾人获得更高水平、更高标准、更高质量的假肢服务模式。

论坛上还对“长江新里程计划”（第二期）假肢服务项目10名先进单位和20名先进个人进行了表彰并颁奖。

【2013年度服务车项目车载设备论证会】6月4—5日，中国残疾人辅助器具中心组织召开了2013年度服务车项目车载设备论证会，对服务车车载设备配置方案进行了论证。来自清华大学、中国协和医科大学、北京同仁医院、中国康复研究中心、中国聋儿康复研究中心、北京市威宇律师事务所等单位的专家出席了会议。论证会介绍了残疾人辅助器具流动服务车项目的有关情况，与会专家围绕拟采购车载设备和工具的种类、数量、技术性能等进行了讨论，并就部分需要进口的设备和工具进行了分组论证。专家们结合多年来的工作经验，提出了很多中肯的意见和建议，指出服务车作为惠及广大残疾人的“流动工作站”，承担着为边远山区残疾人提供辅助器具服务的任务，因此车载设备要性能稳定、质量可靠。中国残疾人辅助器具中心将认真吸纳论证会上专家提出的宝贵建议，做好辅助器具服务车项目，进一步延伸服务触角、扩大服务面，为广大残疾人提供便利的辅助器具服务。

【中国残疾人辅助器具中心荣获2013年度“先进单位”称号】中国残疾人辅助器具中心在中国残联机关和直属单位2013年度工作考核中获得“先进单位”称号。

（中国残联人事部2014年1月10日残联人事函〔2014〕4号）

【“长江新里程计划”假肢服务项目科研课题结题】

6月17日，“长江新里程计划”假肢项目科研课题结题会在北京召开。会议由中国残联康复部副巡视员兼长江办主任杨津惠主持，清华大学、中国康复研究中心、北京社会管理职业学院的课题评审专家，中国残联计财部、中国辅具中心、三个课题组成员等相关同志参加了会议。

各课题组分别汇报了课题完成情况和取得的成果，并回答了评审专家提出的有关问题。评审专家认为三组课题的阶段性研究成果达到了长江项目的要求，在技术上均有一定的创新性，填补了国内相应领域的空白，一致同意中国残疾人辅助器具中心承担的“普及型下肢假肢功能完善和改进”、“二维人体重力线激光显示仪的研究与应用”、“假肢液压膝关节研发”共计3个课题结题验收，希望将课题成果尽早转化成为残疾人服务的产品。

四、大事记

4月23日，中国残疾人辅助器具中心救灾联络组通过抗震救灾指挥中心了解到，雅安市人民医院和芦山县人民医院收治了大量地震伤员，在医疗中急需一批辅助器具用于配合治疗、方便伤员的生活。获知信息后，中国残疾人辅助器具中心立即动用辅助器具救灾物资储备，在四川省残联、八一康复中心以及雅安市残联的大力协助下，将轮椅、助行器具等急需的辅助器具紧急运往灾区第一线，在救灾物资接收处交接，并运往雅安市人民医院和芦山县人民医院，第一时间投入救灾使用。

5月28日，中国残疾人辅助器具中心奔赴河北省南皮县，开展以“帮扶贫困残疾人”为主题的助残活动。中国残疾人辅助器具中心和爱心企业为南皮县残联赠送了价值6万元的辅具共计120件（套），并走访了2户贫困残疾人家庭，了解残疾人身体及生活状况，向其赠送辅具和慰问金，并教会其辅具使用和维护的基本知识，送去了温暖。

6月5日，中央国家机关工委常务副书记李智勇等领导一行到中国残疾人辅助器具中心调研中国残联党建工作。中国残联党组书记、理事长王新宪，党组副书记、常务副理事长王乃坤，党组成员、理事相自成陪同调研并出席座谈会。辅具中心陈振声主任在会上就辅具中心基本情况、党建工作和下一步党建工作设想进行了汇报。李智勇书记充分肯定了中国残联的党建工作，并进一步提出工作希望。

6月17—23日，由中国残疾人辅助器具中心、人力资源和社会保障部培训中心主办，宁夏残联承办的全国（宁夏、青海）初级辅助技术工程师（肢体方向）岗位能力认证考前培训班在银川市成功举行。宁夏残联党组书记、理事长娄晓萍出席培训班开班仪式并致辞，宁夏残联、青海残联、中国残疾人辅助器具中心的有关领导也出席了开班仪式。65名来自宁夏、青海两地的残疾人辅助器具服务工作者参加了培训。此次培训是推动西部地区辅助器具工作发展的一项重要举措，主要针对宁夏和青海各级残联从事辅具工作的人员开展。经过这次培训，宁夏和青海两地每个市县（区）至少有了1名经过较为系统培训的辅助器具专业人员。

7月22—28日，全国辅助器具流动服务车听力辅助器具适配岗位培训班在京举办，来自全国9个省、市的20名专业技术人员参加了培训。

8月15—17日，中国残疾人辅助器具中心组织专业服务人员前往北京市第一社会福利院，为福利院老年人提供低视力辅助器具服务。经过3天的现场服务，专业人员共为100余名老年人进行了视力、眼压、眼底等项目的检查，并提出低视力辅助器具适配建议。现场还通过低视力辅助器具展示、低视力相关知识手册、低视力辅助器具适配知识展板、辅助器具宣传挂图等手段，为福利院内老年人提供低视力及辅具知识宣传、辅助器具体验、使用训练等服务。

10月11—14日，海南省、县、市残联领导干部辅具工作培训班在北京顺利举行。来自海南省23个县、市，包括残联理事长、主管副理事长在内的31名同志参加了培训。培训以讲座、经验交流、问题讨论、实地见习等方式开展，涉及肢体辅具、听力辅具、言语辅具、视力辅具等不同残疾种类的相关辅具知识。培训期间，学员参观了2013中国国际福祉博览会暨中国国际康复博览会并参加相关论坛，前往中国聋儿康复研究中心现场学习、辅具中心展厅现场教学。辅具中心陈振声主任、王保华副主任分别就国际辅具的形势和辅助器具事业的发展、辅助器具服务机构建设和国家辅助器具项目管理与实施为题授课。培训期间，学员认真听讲，相互交流。学员们认为，培训班虽然时间不长，但内容很丰富，具有很强的针对性和实用性。经过培训，学员们加深了对辅助器具工作的认识，提高了辅助器具专业服务能力。此次培训是推动海南省辅助器具工作发展的一项重要举措，使海南省、县、市残联辅具工作领导干部对辅具的认识提高到一个新的阶段和高度，有力地促进了海南全省专业力量的发展和业务能力的提高。

10月13日，国际标准化组织轮椅标准化工作组（ISO/TC173/SC1）成员访问了中国残疾人辅助器具中心，参观了辅助器具综合展示厅、肢体辅具研究室、低视力/听力辅助器具研究室和假肢/矫形器研究室，并进行了交流。中国残疾人辅助器具中心副主任陈光向工作组一行介绍了辅具中心相关情况，对ISO/TC173/SC1的成员们表示欢迎，并表示希望在辅助器具标准化领域加强与ISO/TC173/SC1的交流，共同推动辅助器具的研发与推广。工作组一行介绍了此次工作组会议的有关情况和取得的成果，对中心的辅助器具服务设施和服务内容给予了高度评价，并希望能加强与中心在辅助器具标准化领域的交流与合作。

10 月 14 日，意大利辅助器具厂商代表团一行访问了中国残疾人辅助器具中心，参观了辅助器具综合展示厅、肢体辅具研究室、低视力/听力辅助器具研究室和假肢/矫形器研究室。在交流中，中国残疾人辅助器具中心介绍了中心职能和开展辅助器具服务的有关情况，希望能与意大利辅助器具厂商在产品研发上加强交流与合作。意大利辅助器具厂商代表介绍了意大利残疾人辅具服务工作和相关辅助器具研发、生产的有关情况，并表示希望进一步加强在辅助器具服务、研发和人才培养等领域的合作。

12 月 10 日，丹麦辅助器具厂商与机构代表团一行 25 人到中国残疾人辅助器具中心参观、交流。代表团由辅助器具厂商、健康护理院校、护理机构和部分高校组成，其目的是在丹麦社会事务、儿童和融合部部长应邀访华之际考察我国辅助器具服务相关情况。代表团一行听取了基本情况介绍，并参观了中心辅助器具展示体验厅、听力/视力辅助器具研究室、假肢/矫形器研究室和中国残疾人康复人才培养中心，还就辅助器具展示宣传、项目实施和人才培训进行了交流，并希望在相关领域加强合作。

12 月 12 日，中国残疾人辅助器具中心主持召开了“十二五”国家科技支撑计划项目“面向社区和家庭的残疾人康复产品研发及应用示范”课题专题工作研讨会。为了进一步沟通各课题进展情况、解决课题研究中存在的问题和难点、确保下一步研究工作顺利实施，会议中，各子课题负责人汇报了课题执行情况、取得的成果和存在的问题，项目负责人卜佳俊就课题之间开展信息交流问题等进行了指导，课题负责人陈光报告了课题整体研究进展情况并提出下一步工作要求，与会人员研讨了技术集成与创新等有关问题，财务专家张如义做了课题经费使用专题讲座。

（王宏供稿）

北京按摩医院

一、工作综述

2013 年，北京按摩医院以深入学习贯彻党的十八大和三中全会精神为抓手，以党的群众路线教育实践活动为契机，全力担负起全国盲人医疗按摩技术资源中心职责，不断提升医院管理规范化水平，完善和推进业务建设，各项工作平稳发展。

（一）2013 年工作亮点

1. 顺利通过等级评审。被国家中医药管理局授予二级甲等中医专科医院称号，标志着北京按摩医院步入一个新的发展里程。

2. 基础建设取得重大进展。历时七年，医院二期工程用地终于获批，为医院跨越式发展拉开序幕。

3. 诊疗环境进一步优化。改造了院内阳光房，极大地改善了患者候诊和就诊环境。

4. 科教研工作稳步推进。以国家“十二五”重点专科项目确立医院技术优势，2013 年，医院承担作为牵头单位的重点专科项目两项，参与临床验证项目 11 项，既传播了推拿技术，又提高了临床治疗效果。

图 7－12－1　北京按摩医院阳光房。

5. 改进绩效考核管理体系。实现绩效考核从数量到质量的转变，体现奖勤罚懒，充分调动了员工的积极性。

6. 服务残疾人大事业的水平、规模和深度均有较大提升。特别重视基础信息采集和基层实际需求调研，提高技术支援的针对性。

（二）主要工作

1. 服务大事业，扩大范围，突出特色

医院在推动行业健康发展上下功夫，发挥优势，开创出崭新局面。一是在全国培训方面，为25个省（区、市）开办7类36期培训班，培训人员2985人；二是接待地方派遣的6批28名技术骨干和管理人员实训；三是举办“全国盲人医疗按摩机构发展研讨会”，10省（区、市）20家单位70余人参会；四是开展两次医院管理及技术交流调研，14家单位参加；五是建立“全国盲人医疗按摩培训师资库”，全国13家单位103位盲人医疗按摩专家与优秀教师入选。

2. 对外宣传中医药文化，展示我国盲人就业新成果

2013年举办国际培训班11期，121名学员来自英、法、美、德、意等11个国家；接待荷兰、俄罗斯、巴西、丹麦等13个国家和地区的347人参观、交流。继续承担世界中医药学会联合会、北京国际针灸中心的临床带教工作，并应邀在国家卫计委举办的中国—阿拉伯国家卫生高官会议期间，为与会的阿拉伯来宾提供义诊服务。

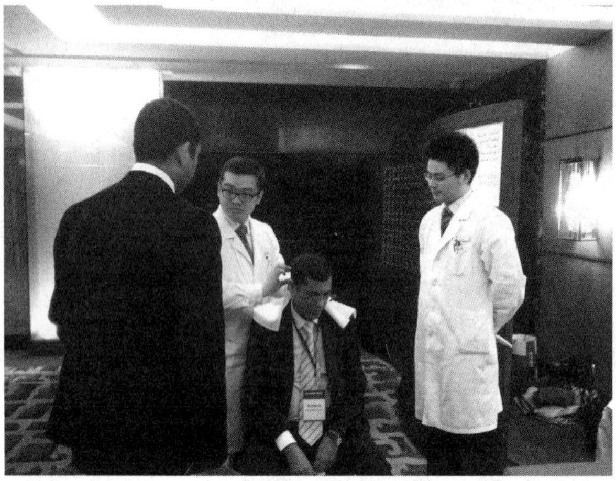

图7-12-2　阿拉伯来宾接受义诊服务。

全年举办公益讲座36场，听众1100余人次。为中央办公厅老年大学开设家庭保健按摩培训班，学制1年，并为该校特编教材，深受欢迎。

3. 临床业务建设中严格科学管理，持续改进医疗质量和服务

根据医院等级评审意见，持续改进医疗质量管理，确保医疗安全。

一是加强临床科室规范化管理，建立医疗质量、安全管理与持续改进反馈制度，完善《科主任管理手册》，细化管理目标，增加科主任管理时间，为临床规范化管理提供时间保障。

二是加强医技科室管理，为医疗保驾护航。2013年，医院按照等级评审细则，认真梳理医技科室的管理目标，规范医技科室发展。

三是加强急救演练，提高快速反应能力。对综合门诊、放射科、住院部进行“院前急救心肺复苏”、“突发头晕”、“输液不良反应”应急预案演练。住院部把应急预案学习和演练常态化，每周组织一次演练，重点突破，切实提高应急技能。

四是调整综合门诊业务流程，缓解高峰时段患者就诊压力，设立康复门诊，安排门诊高年资医师参加病房查房工作，健全三级医师队伍。

五是调整白晚班工作流程。这是从医院实际情况和长远发展出发做出的重要改革，也满足了医院职工长久以来的呼声。

六是推动中药饮片和颗粒剂的临床运用，建立了中药饮片调剂室，确定医院常用中药饮片品种，提供代煎服务，并制定代茶饮药方，体现中医特色。

七是扩大疼痛治疗规模及治疗项目，培养业务骨干。手术室改造完成后，外聘专家指导开展疼痛项目，确定医院开展疼痛项目的业务骨干，培养开展“脉络宁注射液治疗膝骨关节病”的新技术，拓宽了医院的治疗领域。

八是重视医疗安全（不良）事件。2013年临床科室上报医疗安全不良事件共计18例。事件分析显示，低年资医师出现问题较多，对诊治流程及与患者沟通等方面把握不够全面。这也提醒要加强对下级医师的培训及指导。

九是加强病案管理，重点加大对运行病历检查质控力度，达到100%，对病历完成时限和书写质量提出了更高要求。

十是规范院感管理，确保无院感不良事件发生。每月对重点部门进行院感监督检查，加强对环境卫生和手卫生的微生物监测，监测合格率均为100%，空气培养合格率92%。西城区CDC进行2次消毒灭菌效果检查，结果均合格。

十一是临床路径管理工作稳步推进。2013年医院在门诊试点开展两个病种的临床路径，边实施，边总结，边改进。

4. 科教研工作稳步推进，提升医院软实力

（1）科研工作进展顺利。申报了北京市自然科学基金、北京市中医药科技项目、首发基金科技专项（中医药）类项目等7个课题；院内科研立项7个；完成了北京按摩医院第一部《学术论文集》，收录135篇文章，48万余字。

（2）继承工作再上新台阶。老专家经验继承工作自2006年启动以来，医院相继投入470余万元用于师承人员补贴。七年来，共选拔了五届41名跟师人员，前四届32名继承人已出师，目前第五届继承正在进行中。2013年，新增一名指导老师，为老专家队伍注入了新鲜血液。作为北京中医药“薪火传承3+3工程”建设单位，医院老专家“王友仁基层老中医传承工作室”成立并授牌。

（3）重点专科建设规范。医院承担了“十二五”重点专科6个优势病种临床验证和临床路径工作，参与了5项中医医疗技术临床验证工作，不断规范医院推拿技术操作，提高临床治疗效果，并组织20余次中医药适宜技术网络视频讲座，丰富了医务人员的临床知识。

（4）继续教育扎实有效。严格开展继教培训，落实见习医师轮转，开展“西学中”培训，继续选送3人攻读在职研究生，其中视力残疾职工1名。金涛副院长获得第一期北京市复合型中医药学术带头人培养项目。

5. 医保工作细化管理，严格监督检查

继续提高医保管理质量，为参保患者提供优质高效服务，开展医保咨询11次，医保政策培训两次。落实实名制就医管理，重点检查诊断与治疗是否相符。在全院职工的配合下，医院医保管理工作已见成效，荣获北京市医疗保险管理服务二等奖和西城区公费医疗先进单位称号。

6. 信息化建设有序推进，为临床工作保驾护航

2013年，医院加强信息化建设，在保障医院信息系统安全、高效、稳定运行的前提下，先后实现临床路径信息化，完成手术系统、中医电子病历项目，上线按摩叫号系统，HIS、Pacs和LIS系统持续改进。荣获北京地区中医、中西医结合、民族医医疗机构医疗服务信息网工作一等奖。

7. 党建工作坚持围绕中心，为医院可持续发展提供组织保障

党建方面，不断丰富内容，创新载体，举办十八大知识竞赛；由党委书记和党委委员分别进行题为《党中央在延安十三年》和《井冈星火照我行》的党课教育；举办党团员植树活动、主题党日活动等，提升党员意识，锻炼党性修养。

在党的群众路线教育实践活动中，全员参与，营造爱医院、凝心聚力谋发展，爱岗位、精益求精抓质量，爱病人、感动服务创品牌的良好氛围。在广泛征求意见阶段，背对背和面对面的方式并用，对全体班子成员和中层干部进行民主测评，测评率达100%；并通过党委和支部的专题民主生活会，严格党内生活，提升领导力量。

8. 以职工为本，提高福利待遇，丰富文化生活

工会2013年在为职工办实事、解难事上做了大量工作，继续关心职工身心健康，开展了关注女性月、亚健康干预月、感恩月、摄影月、健身月等工会主题月活动。为职工发放了园博会门票；组织盲人“听电影”活动，联系“心目影院”的专业老师讲解《中国合伙人》；在国际盲人节，为盲人职工联系办理图书借阅卡；组织261名职工参加健康体检；慰问生育及婚丧嫁娶等职工20名；与四根柏小学合作共建，为职工子女办理了入学事项；组织职工为儿科和康复科患儿捐献玩具132件。

9. 做好环境改造，强化后勤保障，确保安全生产

2013年，医院租用新业务用房，调整部分职能用房，进行手术室改造，增加理疗二区，扩大接诊能力。为了节能环保、控制成本，进行节能灯改造，节电30%。后勤工作保障中心保障重点、保障日常，紧绷安全生产这根弦，加强安全培训和演练，严格每月安全卫生大检查，危难时刻冲在一线。特别在2013年医疗纠纷多、性质恶劣的情况下，确保零伤害、零事故。

（三）存在问题

1. 科研立项面临困境，申报平台不畅通，只能申报立项不资助项目。建议残联设立盲人医疗按摩相关方向的专项基金项目，在残联系统内形成独具特色的科研主题。

2. 医院现有的医疗质量和服务水平与患者的需求之间还存在矛盾。

3. 管理还需更加精细、科学，要进一步深入探索医院管理体系，形成盲人医疗按摩机构的科学管理模式，为以后在全国推广做好准备。

二、重要条目

【王友仁基层老中医传承工作室（2013－JC－05）】 北京市中医管理局2013年基层老中医传承工作室建设项目。北京市中医管理局为加强老中医药专家学术思想的抢救、整理和挖掘工作，加快基层中医药人才培养，启动了“北京中医药薪火传承‘3＋3’工程基层老中医传承工作室建设”工作。北京按摩医院申报并获批成立了“王友仁基层老中医传承工作室”。通过三年全面建设，老专家的学术思想和临床经验得到更好的传承和共享。（王友仁，视力残疾）

图7－12－3 王友仁基层老中医传承工作室启动仪式。

【北京按摩医院《学术论文集》】 北京按摩医院为充分发挥学术论文的指导作用，启动了学术论文集汇编工作。经过数次整理、编辑、校对，共收录148篇论文，约43万字。其中发表论文135篇，内容涉及推拿、针灸、理疗、护理等各个方面，按照时间顺序，全面记载了医院不同时期的学术理论与观点，并附参考论文13篇，系统讲解了撰写医学论文、综述、经验总结等的方法、思路，为更好地撰写学术论文提供指导。

图7－12－4　北京按摩医院《学术论文集》。

【院级第四届继承工作出师答辩会】 北京按摩医院第四届知名专家经验继承工作期满，举办了出师答辩会，聘请望京医院赵勇主任、东方医院付国兵主任和北京按摩医院周小波副院长、金涛副院长组成答辩委员组。刘畅（视力残疾）、郑芳（视力残疾）、成严（视力残疾）、骆文（视力残疾）、柏晓波（视力残疾）等5名继承人汇报出师论文，回答了答辩委员会针对出师论文提出的相关问题，体现了跟师期间的所学所想，基本继承了老专家的学术思想及常见病的诊疗经验，顺利出师。

【国家自然科学基金依托单位】 北京按摩医院本着提高医院整体科研素养、培养全面发展的学术带头人、开辟科研新通道的宗旨，申报成为国家自然科学基金依托单位。国家自然科学基金项目是我国自然科学基础研究领域最高级别的科研项目，代表着自然科学基础研究的最高水平。成功申报标志着医院的科研基础得到了国家的肯定，从事基础研究的能力得到了国家的认可，具备了独立申请和承担国家自然科学基金项目的资格，也标志着医院的科研进入了一个更先进、更全面、更广阔的阶段，同时也是对医院科研工作提出的全新挑战。

【全国盲人医疗按摩培训师资库】 为了规范盲人医疗按摩培训工作，2013年从北京按摩医院、长沙市按摩医院、北京中医药大学、长春大学特教学院等13家医疗按摩机构和医学院校中精心选拔了103位盲人医疗按摩专家与优秀教师，建立了全国盲人医疗按摩培训师资库，承担解剖、针灸、按摩、骨伤科等多门课程的培训工作，为更科学地管理与使用全国高水平教师奠定了基础。

【全国盲人医疗按摩工作问卷调查】 为了更好地发挥盲人医疗按摩技术资源中心作用，提高工作效果，确保工作真正为基层单位所急需，切实解决制约我国盲人医疗按摩医院发展、业务管理、临床诊疗的关键问题，北京按摩医院于2013年第一季度，通过济南市按摩医院、南昌市按摩医院和长沙市按摩医院展开问卷调查，征集各机构管理干部和医疗专业技术人员的意见和建议，深入聆听基层呼声，为在全国盲人医疗按摩行业开展工作提供更准确依据，为以后的工作奠定了扎实的基础。

【全国盲人医疗按摩机构发展研讨会】 10月31日—11月2日，北京按摩医院在江西省南昌市举办了全国盲人医疗按摩机构发展研讨会，来自南昌、长沙、武汉、济南和青岛等多家按摩医院院长、管理干部、业务骨干与来自北京市盲人学校等盲人医疗按摩相关机构的73位专家、领导参加本次会议。会上大家共商盲人医疗按摩事业发展大计，交流研讨盲人医疗按摩技术，获得热烈反响。

【香港盲人辅导会按摩培训班】 香港盲人辅导会于1956年成立，致力于为视障人士提供眼科、职业训练、就业辅导等多种服务。2013年，香港盲人辅导会特别邀请北京按摩医院为该会举办的第十四届盲人按摩培训班选派教师。对此，医院高度重视，于2013年10月至2014年6月先后派出4名医生，承担了中医基础理论、中医诊断学、伤科和内科按摩学4门课程的授课任务，受到该班盲人学员的高度赞誉，也与香港盲人辅导会建立了密切的合作关系。

【盲人医疗按摩培训班】 2013年，北京按摩医院举办了5期盲人医疗按摩培训班，主要面向在全国盲人医疗按摩机构中工作的业务骨干，开展颈椎病、腰椎间盘突出症等临床常见病、多发病的诊疗技术提高和老专家经验技术传承培训，共有429名盲人医疗按摩工作者参加了培训。

【盲人医疗按摩人员继续医学教育培训】 按照《盲人医疗按摩管理办法》的规定，盲人医疗按摩人员要参加继续医学教育，并取得学分。此次培训班面向取得盲人医疗按摩资格的人员，主要学习《盲人医疗按摩技术操作规范》，借此规范盲人医疗按摩的诊疗行为，促进事业科学发展。2013年，北京按摩医院承担了全国全部24期盲人医疗按摩人员继续医学教育培训班的教学工作，2191位盲人参加了培训。

【全国盲人医疗按摩技术实训基地】 自2009年起，北京按摩医院作为盲人医疗按摩技术实训基地，开始接收全国各地选送的盲人医疗按摩人员到院进修学习。5年来已接待湖南、陕西、内蒙古、贵州、济南、长沙、上海、武汉、南昌9个省、自治区、市的近66名学员，教学内容涵盖医疗按摩技术及机构管理经验两个方面。其中2013年接待地方派遣的6批28名技术骨干和管理人员实训。通过实训，按摩人员得到了医疗按摩技术的规范训练并积累了医疗经验；管理人员通过对北京按摩医院的管理模式进行了解和考察，结合自身机构状况进行借鉴和学习，收到良好效果。北京按摩医院在已有经验的基础上，不断完善实训基地工作，以期更好地发挥盲人医疗按摩技术资源中心的作用，为盲人医疗按摩工作的发展贡献力量。

【国家中医药管理局“十二五”重点专科（专病）项目】 为进一步整合中医各种医疗手段，发挥中医特色疗法，提高中医临床诊疗技术，适应广大人民群众对中医药医疗保健的需求，国家中医药管理局要求建设特色和优势显著的中医重点专科。2008 年北京按摩医院成功申请成为国家中医药管理局“十一五”重点专科（专病）建设项目（推拿重点专科），2012 年顺利通过了国家中医药管理局组织的专科建设评审验收，并转为“十二五”重点专科（专病）建设单位。“十二五”期间，医院承担国家中医药管理局中医 6 个优势病种——产伤麻痹（产后臂丛神经损伤）、小儿肌性斜颈、落枕病（颈部肌肉扭伤）、慢性疲劳综合征、坐臀风（臀上皮神经炎）、胸椎错缝（胸椎后关节紊乱）——的临床验证工作，5 项中医医疗技术——器械辅助推拿技术、小儿推拿技术、脏腑推拿技术、踩跷技术、熏蒸技术——的临床验证工作。“十二五”重点专科建设对提高医院专科医疗水平和医疗质量、促进医学人才培养和学科队伍建设具有积极意义。

三、大事记

1 月，《实用按摩手册》正式出版。这是北京按摩医院在 1996 年出版《按摩手册》的基础上，结合近年来按摩领域发展的研究成果，反复讨论修改的成果。2010 年 8 月，《按摩手册》的修订工作启动，经过一年多的努力，2012 年初定稿。该手册是一部综合性、实用性很强的工具书，是中医学基本理论框架下的一本专著，主要介绍了中医学基础知识、经络腧穴、常用按摩手法、常用保健按摩方法、常见疾病的医疗按摩以及与按摩相关的常用解剖与放射基础知识等，为广大按摩爱好者、医务工作者提供了丰富的资源。

2 月 4—5 日，北京按摩医院迎接北京市医院等级评审办公室组织的专家评审，并顺利通过二级中医专科医院等级评审专家组的验收，被国家中医药管理局评为“二级甲等中医专科医院”。这是医院近 60 年发展历程中的一个崭新的里程碑。

2 月 6 日，在现任会长 Margartete Rheinhart 女士的带领下，德国联邦护理师协会一行 24 人到北京按摩医院参观交流。任蒙强主任介绍了中医推拿发展史并演示了中医推拿手法，德方介绍了护理专业发展现状和护理专业人员就业状况。

3 月，北京按摩医院召开第五届老专家经验继承工作启动会。增选齐鸿（视力残疾）主任为指导老师，遴选了 9 名继承人跟师学习。其中郭恺（视力残疾）、王大楠（视力残疾）跟师王友仁（视力残疾）；付勇（视力残疾）、姜存旺跟师赵润琛（视力残疾）；王川（视力残疾）、肖竣元跟师杨金斗（视力残疾）；陈慧英（视力残疾）、武啸远（视力残疾）跟师师瑞华（视力残疾）；洪流（视力残疾）跟师齐鸿。

4 月 10 日，医院举行第五届院级知名专家经验继承启动暨第三届出师仪式。院领导为 8 名第三届继承人颁发了出师证书及优秀继承人奖状。第五届继承工作拜师仪式同日举行。

4 月，医院二期工程项目用地获批。地址：北京市朝阳区广渠路 36 号，位于朝阳区劲松街道，南磨房路与武圣北路交叉口东南角，规划性质为综合医疗机构，占地面积 1.94 公顷。

5 月 22 日，为了加强疼痛治疗业务建设，提高疼痛治疗专业人员水平，特聘请中医科学院望京医院主任医师支满霞定期在医院出专家门诊，并负责按摩医院医师有关疼痛治疗业务培训工作。

6 月 19 日，朝鲜保护残疾人联盟代表团一行 7 人到医院参观访问。来访人员有：朝鲜残联副委员长金文哲先生，朝鲜残联国际部官员方景贤女士，朝鲜残联孤残儿童援助项目经理金英革先生，朝鲜残联残疾人艺术协会官员全景欣女士，朝鲜残联体育协会官员李金顺女士，朝鲜残联驻华办事处代表金英哲先生，朝鲜残联驻华办事处副代表金承哲先生。朝方代表对北京按摩医院的中医诊疗技术和特色给予了高度赞赏，表示朝鲜正在建设康复中心，希望派人前来进修，并派盲人来院学习。院方表示热烈欢迎。

6 月 25 日，医院完成 2014 年度北京市自然科学基金项目申报，周小波《腰骶部和腹部推拿对压力性尿失禁大鼠尿道括约肌组织形态的影响》（项目编号 7143187）获得立项。

6 月 29 日，周小波副院长随中国残联领导干部境外培训班赴美国参加“残疾人社会公共服务项目和社会保障政策培训”，培训地点为美国马萨诸塞大学达特茅斯分校。

7 月 29 日，北京按摩医院申请注册为“国家自然科学基金依托单位”，标志着医院的科研基础得到了国家的肯定，从事基础研究的能力得到了国家的认可，具备了独立申请和承担国家自然科学基金项目的资格。

7 月 30 日，北京按摩医院召开党的群众路线教育实践活动动员大会。会第四督导组领导张新龙主任、张振飞处长参加了动员会，张凯欢副书记主持会议。

8 月 1 日，首都体育学院运动科学与健康学院周军院长到北京按摩医院洽谈实习事宜，首体表达了到医院实习的强烈愿望。周小波院长表示可以进一步加强院校合作，培养优秀人才。

9 月 10 日，“三好一满意”活动专项检查领导小组在西城卫生局的带领下一行八位专家到医院检查指导“三好一满意”工作落实情况。通过检查，专家组表示，北京按摩医院“三好一满意”活动氛围浓厚，深入人心，具体措施到位，做到了服务好、质量好、医德好、群众满意，希望活动继续深化，不断提升服务水平和医疗质量管理，加强医德医风，取得更好成绩。

9 月 18 日，北京市医保中心印发《2012 年北京市基本医疗保险定点医疗机构考核奖励结果的通报》（京人社医保发〔2013〕226 号），为鼓励先进、激励定点医疗机构更好地做好医疗保险管理工作，根据2012年各定点医疗机构总额管理工作完成情况、医疗保险服务量情况、次均费用情况、拒付情况等多项指标，对定点医疗机构进行了考核评比。通过考评，共有248家定点医疗机构获得“医疗保险管理服务奖”，北京按摩医院荣获二等奖。

9月25日，医院收到《关于表彰2012年度北京地区中医医疗服务监测工作先进单位的通知》（京中医政字〔2013〕152号），北京按摩医院在2012年监测工作考核评估中荣获三等奖。

9月25日，北京按摩医院举行了第四届知名专家经验继承人出师答辩会。答辩委员组由望京医院赵勇主任、东方医院付国兵主任、北京按摩医院周小波副院长、北京按摩医院金涛副院长组成。经过表决，5名继承人顺利出师。

10月9日，北京市中医管理局印发《北京市中医管理局关于基层老中医传承工作室立项建设名单的通知》，“王友仁基层老中医传承工作室”列为2013年北京中医药“薪火传承3+3工程”基层名老中医传承工作室建设项目。10月20日上午，北京市中医管理局于怀柔举办了“北京中医服务百姓健康行”活动启动仪式，仪式上“王友仁基层老中医传承工作室”被正式授牌。

10月12日，泰国盲人协会参观访问北京按摩医院，就盲人按摩领域问题与院方交流，并对北京按摩医院充分发挥盲人特长、继承和发扬盲人医疗按摩技术给予高度评价。

图7-12-5　泰国盲人协会参观访问北京按摩医院。

10月15日，北京市中医管理局印发《北京市中医管理局关于公布北京市第一期复合型中医药学术带头人培养项目研修对象名单的通知》。金涛副院长荣膺北京市第一期复合型中医药学术带头人培养项目研修对象，将在为期两年的研修中，通过集中培训、专题沙龙、拜师游学、参观进修等多样化的研修形式，重点在深化中医经典、夯实国学基础、拓展专业视野、提升学科管理等多个方面全面强化，成为能够引领学科发展、具有融通能力和个性特征的复合型中医药学术带头人。

10月21—25日，北京按摩医院副主任医师王金涛（肢体残疾）随中国残联代表团赴韩国交流访问。

10月31日，由中国盲人按摩学会医院管理分会主办，北京按摩医院、江西省南昌市按摩医院承办的“全国盲人医疗按摩机构发展研讨会”在江西省南昌市召开。全国20余家盲人医疗按摩机构的73名代表参加了本次会议，就进一步解决和规范全国盲人医疗按摩机构中普遍存在的问题、共同促进盲人医疗按摩事业健康发展进行了充分交流。

10月31日、11月13日，北京按摩医院分别赴江西省南昌市、湖南省长沙市对来自全国的20余家盲人医疗按摩机构进行了医院等级评审工作指导。北京按摩医院解读了二级中医专科医院评审细则，介绍了迎检工作的做法及体会。作为全国盲人医疗按摩技术资源中心，北京按摩医院的此次培训对各地盲人医疗按摩医院规范管理、推动专科医院建设、顺利通过医院等级评审提供了帮助。

11月1日，中国企业文化研究会医药卫生委员会授予北京按摩医院治未病门诊部“医院科室文化建设富有特色的典型”称号。

12月24日，医院获批北京市中医药科技项目1项。名称：师氏理筋法治疗腰椎间盘突出症合并臀部筋结病变的临床研究。负责人：李兵。

12月27日，医院阳光房改造工程顺利竣工。此项工程历时4个半月，是医院为广大患者服务的一项重要举措，极大改善了患者就医环境、扩大了候诊空间，获得了患者的一致称赞。

（史晓葳供稿）

中国残联信息中心

一、政策法规文件

关于进一步加强省级残联信息化工作机构建设的通知

残联〔2013〕19号

各省、自治区、直辖市及计划单列市残联，新疆生产建设兵团残联，黑龙江农垦总局残联：

党的十八大把“信息化水平大幅提升”纳入全面建设小康社会重要目标，充分反映了在我国进入全面建成小康社会的决定性阶段，党中央已将信息化提升到国家发展战略的高度。为了进一步提高省级残联对新时期信息化工作的认识，发挥信息化在残疾人“两个体系”建设和全面建成小康社会中的重要作用，促进残联业务管理的科学创新，现就省级残联信息化工作机构和主要职能明确如下：

一、提高对新时期残疾人事业信息化工作的认识

党的十八大提出“健全残疾人社会保障和服务体系，切实保障残疾人权益”，为新时期残疾人事业的发展提供了历史性的发展机遇。残疾人事业信息化是实现国家“信息化水平大幅提升”的重要组成部分，是实现残疾人事业可持续发展和现代化管理的重要手段，是在新形势下转变政府职能、改进管理方式、降低行政成本、提高工作效率的有效途径，是广大残疾人公平获取服务信息的迫切需求。国家各项惠残政策的制定，残疾人康复、教育、就业、社会保障等业务领域工作任务的实施，科学、有效的业务监管和绩效评估，跨部门、跨领域、跨区域的业务协同和资源共享，都离不开信息化的有效支撑。残疾人事业信息化是加快推进残疾人社会保障体系和服务体系建设，进一步改善残疾人状况，促进残疾人平等参与社会生活、共享改革发展成果的必然要求。

二、进一步加强省级残联信息化工作机构建设

伴随残疾人事业的科学化、规范化、精细化管理，信息化作为残疾人事业全面发展的战略举措已经融入各项业务，支撑残疾人社会保障体系和服务体系建设，在履行“代表、服务、管理”职能方面发挥着重要作用。各省残联要进一步理顺和完善信息化工作管理职能，将信息化和统计工作纳入机关综合管理部门统筹协调、健全机构、配备必要的工作人员。

凡已经成立信息中心的省份，要根据《中共中央国务院关于分类推进事业单位改革的指导意见》（中发〔2011〕5号）精神，结合残疾人事业信息化工作实际，强化其管理职能和公益属性，争取相关部门更多政策的支持，确保信息中心划入行政编制或公益一类事业单位。尚未成立信息中心的省份，要根据新时期残疾人事业的发展需要，借助事业单位改革之机，积极争取相关部门的支持，尽快落实信息中心机构设置和人员编制，引进、配备相关工作人员。

地市级和直辖市所属区县级残联要明确信息化工作机构和职能，配备相应的专职工作人员从事信息化和统计工作。

三、强化省级残联信息化工作的职能和任务

省级残联信息化涉及残疾人事业全局、渗透所有业务领域，具有统筹协调、承上启下的管理职能，在残疾人事业发展中有着明确的职能定位：

1. 承担本省（市）残疾人信息化管理职能，制定本省（市）信息化发展规划和各项规章制度，统筹、协调、组织和推动本省（市）信息化工作的开展；

2. 负责本省（市）残疾人综合业务系统建设和管理，负责残疾人人口基础数据库省内分库建设和管理，建立与涉残职能部门的信息共享机制；

3. 承担本省（市）残联门户网站和残疾人事业信息资源建设，开展网上宣传和公共信息服务，负责基层残联网站的监督管理和业务指导；

4. 承担本省（市）残疾人事业统计工作，加强对统计调查和数据的统一管理，规范统计数据的发布审批和使用；

5. 加强残疾人事业领域的科技创新，推进信息无障碍技术示范应用；

6. 加强对信息化复合型人才的培养，承担基层残联

信息化和统计工作的业务指导和技术培训；

7. 负责省（市）残联机关电子政务环境建设，为各级残联和政府部门提供信息和数据服务。

四、建立必要的经费保障机制

各省残联应将信息化和统计工作纳入本省残疾人事业年度经费预算，并积极争取政府信息化项目专项资金支持，保障信息化和统计工作正常运行。

请各省（市）残联结合实际认真贯彻落实。

中国残疾人联合会
2013 年 2 月 21 日

关于进一步加强省级残联网站信息无障碍建设的通知

残联厅〔2013〕85 号

各省、自治区、直辖市及计划单列市残联，新疆生产建设兵团残联，黑龙江垦区残联：

近年来，国家对残疾人平等参与社会生活、共享社会物质文化成果给予高度关注和重视，在信息无障碍环境建设方面提供了法律依据、政策保障、技术标准。《中共中央国务院关于促进残疾人事业发展的意见》《中国残疾人事业“十二五”发展纲要》都明确提出要加强信息无障碍建设，推进信息无障碍技术应用，改善残疾人均等获取信息的社会环境。2012 年国务院颁布了《无障碍环境建设条例》，工业和信息化部修订了《网站设计无障碍技术要求》和《网站设计无障碍评级测试方法》两个行业技术标准，这些法规政策的出台为推进我国信息无障碍环境建设奠定了基础。我国有 8500 万残疾人，其中视力残疾 1263 万人。在互联网技术飞速发展的信息时代，视力残疾人在平等参与社会生活、享有和获取公共信息服务方面存在着很多困难和障碍。一直以来，政府主管部门积极推进信息无障碍环境建设，部分地方政府和残联依据标准率先实现了网站的无障碍，起到了良好的社会效果和示范作用。但是总体来说我国的信息无障碍环境建设还处于初级阶段，一些部门在组织开展网站无障碍建设过程中，对多种网站无障碍技术解决方案，以及方案是否符合我国信息无障碍行业标准，是否满足盲人的实际需求缺乏经验，缺乏足够的了解，影响了“十二五”信息无障碍建设任务的落实。

针对这一情况，中国残联结合群众路线教育实践活动，委托中国盲协和中国残联信息中心召开网站信息无障碍建设专题座谈会，听取盲人代表、技术专家、省级残联网站负责人意见及建议，大家一致认为网站的无障碍建设是一个持续的、日常性的工作，不能一蹴而就，要充分考虑盲人的使用需求，遵循国家网站无障碍技术标准，结合盲人使用读屏软件的习惯建设网站，积极开展技术标准的宣讲和无障碍技术的培训。

为加快推进省级残联系统网站无障碍建设，解决各地残联在推进网站无障碍建设过程中遇到的问题，近期中国残联将举办全国省级残联网站信息无障碍技术培训，对省级残联进行针对性指导。经中国残联领导同志同意，现就省级残联系统网站信息无障碍建设提出如下要求：

一、省级残联网站要遵循我国信息无障碍行业标准《网站设计无障碍技术要求》（YD/T 1761－2012）及《网站设计无障碍评级测试方法》（YD/T 1822－2012），在“十二五”期间完成全网站的无障碍建设，实现网站的可感知、可理解、可操作及可兼容性。

二、省级残联系统网站作为政府、社会服务型网站信息无障碍示范窗口，要优先关注盲人群体的无障碍浏览需求，在实现全网站无障碍建设的基础上，可同步采用网站浏览辅助工具、语音版、无障碍通道等方式，为低视力人群、老年人等提供服务。

三、网站无障碍建设要充分听取盲人的意见及建议，定期组织盲人进行监督和效果体验；中国残联将对完成全网站无障碍建设的残联系统网站进行检测评估，并纳入“残联系统网站评测指标体系”。

四、各省要将信息无障碍工作纳入信息化建设规划，积极推动政府和公共服务部门网站无障碍技术应用；积极推进有条件的市县残联开展网站信息无障碍服务，做好无障碍标准和技术的宣传培训。

中国残联办公厅
2013 年 8 月 19 日

二、工作综述

（一）残疾人人口基础数据库在惠残项目中日益显现重要作用

截至 2013 年 12 月 9 号，年度新增持证残疾人 232.3 万人，残疾人人口基础数据库累计入库人数达到 3976 万人，约占残疾人总数的 46.76%。92 万残疾人通过残疾人人口库身份验证，在危房改造、扶贫贷款、阳光家园、七彩梦、燃油补贴等中央项目中受惠，确保中央财政资金和地方财政资金切实落到残疾人身上。

已有 24 个省市以人口库为核心建设本省综合业务管理系统。比如：北京市残联依托残疾人人口基础数据库，启动北京市残疾人一卡通建设，整合残联相关业务及政府、社会惠残服务，实现残疾人乘车、游览、居家、托养、康复服务等智能化管理。

（二）残联系统政务网站服务能力不断提升

中国残联网站年度发稿量 1.6 万篇。配合全会工作，开设六代会、群众路线教育、全国助残日等网站专题。对“0—6 岁儿童残疾筛查工作规范培训班”进行网上视频直播，方便相关人员远程同步观看学习。全年网站日均访问量约 19 万，访问者约 1.2 万。自 5 月起，省、地市、县三级残联近2000名信息员通过信息报送系统报送工作动态，采用率接近85%，在质量、数量上都有明显提高。

中国残疾人服务网“百科问答”栏目累计回答3140个网友问题，涉及康复、政策等多个方面。“爱耳日”期间，针对老年听力、青年听力健康，组织同仁医院专家、听障儿童家长线上咨询。助残日期间，与工商银行开展残疾人理财微访谈和理财状况网上调查，便于企业了解残疾人需求，提升服务质量。

中国残疾人服务网与国内知名就业网站合作，拓宽网上残疾人就业岗位信息发布渠道，在与智联招聘、赶集网合作的基础上，与国内最大的分类信息网站58同城达成合作。探索互联网残疾人居家就业模式，继续与淘宝网开展“云客服”项目，有超过1000名残疾人为淘宝网提供客服服务。推出网上“残疾人就业力自测”系统，帮助残疾人在求职过程中了解自我。

各地残联网站努力提高网上服务水平。北京市残联网站开设了场景式服务，按照残疾人、企业、公众不同角色，在线办理相关业务，方便公众办事。上海市残联网站开通“重残无业生活困难补助”等在线查询服务，增加业务办理透明度。山西、安徽省残联均开通了助残志愿服务注册管理系统，公众可在线注册成为志愿者，为残疾人朋友提供多元化志愿服务。大连市残联网站开设了信息网络平台，公众可在线办事。

（三）提高统计数据质量和服务能力

完成年度快报、年报、台账以及“十二五”中期评估统计工作。发布《中国残疾人事业发展统计公报》，中国政府网、新华网、人民网、央视网等媒体进行了刊发。编辑出版《2013年度中国残疾人事业统计年鉴》。残疾人事业统计数据和报告被纳入《中国统计年鉴》等近二十种国家级统计资料，《2012年国民经济和社会发展统计公报》首次收录残疾人事业统计数据。推动29个省发布本地区统计公报，其中25个省纳入当地政府工作报告、年鉴、社会发展白皮书等重要资料。

台账制度进一步拓展，覆盖康复、教育、扶贫、组织建设等9个领域的主要业务工作，36.7%的年报数据实现了台账支撑。台账中采集了1.3万个康复、就业、扶贫等机构信息，将通过国家地理信息系统提供定位信息服务。启动台账季度通报工作，辅助业务部门加强对地方工作的指导和管理。

（四）加大推进省级残联网站信息无障碍服务能力建设力度

2013年，针对网站无障碍建设，召开征求意见座谈会，听取盲人意见。举办省级残联网站信息无障碍技术培训班，针对多种无障碍技术解决方案，以及标准、盲人实际需求等问题，进行技术指导和知识普及。发布《关于进一步加强省级残联网站信息无障碍建设的通知》，对“十二五”期间省级残联网站信息无障碍建设的任务目标进一步明确。山西、新疆残联完成网站无障碍建设，并进行了评估检测。截至2013年年底，已有9个省实现了网站信息无障碍。

（五）支持西部少数民族地区信息化建设

为新疆维吾尔自治区残联开发“儿童康复需求调查管理系统”，6月投入使用，已采集1.2万名残疾儿童康复需求信息。配合西藏自治区开展残疾人基本信息调查，开发“西藏自治区残疾人基本信息管理系统”，8月投入使用，已采集9000余名残疾人数据。开发的“内蒙古自治区残疾人基础信息调查系统”已采集89.5万名残疾人数据。这项工作为西部少数民族地区科学、规范掌握残疾人的基本情况和需求、开展服务提供了支撑。

三、重要条目

【信息化工作领导小组】为了加强对残联信息化工作的领导，结合新时期残联信息化建设实际和工作需要，中国残联对信息化工作领导小组及办公室进行了调整。中国残联党组书记、理事长鲁勇担任组长，副理事长王梅梅、党组成员相自成担任副组长，中国残联主要业务部门的负责人任成员。信息化工作领导小组下设办公室和专家咨询委员会，承担领导小组日常工作和专家咨询工作。信息化工作领导小组办公室具体事项由中国残联信息中心负责承办。

【信息化提升计划】为建立适应信息化社会的残疾人工作机制，全面提升工作质量和管理水平，中国残联办公厅印发了《关于印发中国残联信息化提升计划的通知》。残疾人事业信息化将在顶层设计、网络和信息安全、资源和协同办公、网站政务公开和宣传、信息无障碍建设、中国残疾人服务网服务模式创新、信息化保障能力等方面进行全面提升。

【残疾人统计数据纳入《国民经济和社会发展统计公报》】于2013年2月正式发布的《中华人民共和国2012年国民经济和社会发展统计公报》，纳入了残疾人统计相关数据。《国民经济和社会发展统计公报》是全面反映我国经济与社会发展年度成就的最重要的国家公报资料之一，收录了我国经济与社会发展最为核心和重要的指标数据。近年来，经过与国家统计局相关司局努力协调，残疾人事业统计数据已经纳入包括《中国统计年鉴》《中国发展报告》《中国社会统计年鉴》等在内的十几种国家级权威统计资料，成为国家和社会各界了解残疾人事业发展的重要窗口。残疾人统计数据借2012年伦敦残奥会之机纳入“公报”，填补了“公报”中残疾人事业统计数据的空白，体现了国家在经济社会发展大局中对残疾人事业的重视和关注。

【文津·阳光讲坛】由国家图书馆与中国残联共同创立，旨在通过举办知识讲座形式开展文化助残活动，将以文化类题材为主，选择残疾人普遍关注的话题，通过直观的交流，消除残疾人获取文化信息的困难，为残疾人建构时代常识、分享文化人生。

【全国省级残联统计人员培训班】8月27日，2013年全国省级残联统计人员培训班在山西举办，来自全国31个省（区、市）残联、新疆生产建设兵团残联、黑龙江农垦总局残联和山西省11个地级市残联的统计人员参加了培训。培训班总结和通报了2012年度残疾人事业统计工作的开展情况，对2013年统计工作进行了部署。中国残联康复、教就、维权、组联、计财等部门人员对2013年各业务领域的统计工作和填报要求进行了系统的讲解。针对“中国残疾人统计管理系统（网络版）”结合业务要求和地方需求进行的功能改进情况，培训班开展了软件操作上机培训和辅导。各省（区、市）残联还就“十二五”本地区残疾人事业统计工作的进展、存在问题和下一步工作举措展开经验介绍和交流。

【全国省级残联网站信息无障碍技术培训班】8月22日在太原召开，全国33个省级残联网站负责人、技术人员及技术专家等近90人参加了会议。培训班主要针对地方残联在“十二五”信息无障碍网站建设过程中，对目前多种网站无障碍技术解决方案以及方案是否符合我国信息无障碍行业标准、是否满足盲人的实际需求等问题，对省级残联网站技术人员和项目执行单位进行有针对性的技术指导和知识普及。同时，进一步明确“十二五”期间省级残联网站信息无障碍建设的任务目标。

四、大事记

1月，中国残疾人服务网“百科问答”栏目特邀专家开展为期3个月的“爱耳日”系列听力咨询问答活动，通过专家访谈、在线问答等形式解答残疾人及亲友在服务网上提出的听力求助问题。

2月21日，为加快推进残疾人“两个体系”建设和残疾人同步小康进程，发挥信息化在促进残联系统业务管理中的重要作用，提升省级残联对新时期信息化工作的认识，中国残联印发了《关于进一步加强省级残联信息化工作机构建设的通知》（残联〔2013〕19号）。

5月12日，由生命阳光心理健康指导中心主办、中国残疾人服务网爱心支持的“大爱无限——帮扶贫困残疾母亲”主题公益活动在京举行。中国残疾人服务网、首都师范大学的志愿者团队为活动提供了志愿服务，100多名来自北京各个区县的残疾朋友代表应邀参加，共同庆祝母亲节的到来。

5月19日，中国残疾人服务网与工商银行北京市分行携手共同举办“在您身边，心手相牵——残障客户体验日”活动。此次活动以关爱残障人士、共享金融服务为主题。中国残疾人服务网、北京市银监局、北京市银行业协会共同为体验日揭幕。

5月25日，由中国残联和国家图书馆联合主办的“书香中国·让知识的阳光照亮每一个人的心灵——图书馆文化助残系列活动”在国家图书馆启动。中国残联党组副书记、常务副理事长王乃坤，国家图书馆馆长周和平出席本次活动。

7月5日，中国残疾人服务网开通专区，为58同城网站招聘50名残疾工作人员。此后，双方还将在残疾人就业岗位发布、帮扶救助信息资讯等领域开展合作。招聘专区的建立，是双方在助残领域战略合作的一部分。

8月16日，中国残联信息中心、中国盲人协会在京召开网站无障碍建设工作征求意见座谈会，针对现有残联系统网站无障碍建设、网站无障碍技术和盲人感受体验、今后网站无障碍建设发展方向等进行了座谈。中国残联信息中心特聘9位盲人专家作为“中国残联系统网站无障碍服务社会监督员”，中国残联理事、中国盲人协会副主席李伟洪向盲人专家颁发了证书。

11月28日，由中国软件评测中心主办的“第十二届（2013）中国政府网站绩效评估结果发布会暨电子政务高峰论坛”在京召开。2013年，网站信息无障碍建设情况首次纳入政府网站整体绩效评估范围。依据工信部2012年颁布的《网站设计无障碍技术要求》，在5个等级标准中选取残疾人最基础的需求指标，即等级1、等级2和部分等级3共20个指标。

（傅军供稿）

第八编　统计与检测
STATISTICS AND MONITORING

2013 年中国残疾人事业发展统计公报

残联发〔2014〕29 号

2013 年中国残联第六次全国代表大会胜利召开，为在新的起点上推动创新发展提供了重要的思想和组织保障。在党中央、国务院正确领导和带领下，党政部门高度重视，残联组织辛勤工作，社会各界积极参与，广大残疾人自强不息，残疾人事业取得了新的进步。

一、康　复

2013 年，通过实施一批重点康复工程，使 746.8 万残疾人得到不同程度的康复。开展全国残疾人社区康复示范区、县培育活动，积极推进残疾人社区康复工作；做好儿童残疾预防，尤其是 0—6 岁儿童残疾筛查工作；指导加强残疾人康复服务机构建设力度；实施《全国残联系统康复人才培养规划》，加强人才队伍建设；积极推动残疾人医疗康复保障政策的出台和落实；大力宣传和普及康复知识。

在 901 个市辖区和 2014 个县（市）开展了社区康复工作，累计已建社区康复站的社区总数 21.4 万个，配备 37.9 万名社区康复协调员。

1458 个县的 1844 个医疗卫生机构陆续开展残疾儿童筛查工作，年度新诊断 0—6 岁残疾儿童 5.0 万人。

开展视力残疾康复机构总数达到 805 个，完成白内障复明手术 74.6 万例；为 29.1 万名贫困白内障患者免费施行复明手术；为 12.9 万名低视力患者配用助视器，培训低视力儿童家长 3.8 万名，有效开展家庭康复训练。对 12.0 万名盲人进行定向行走训练。

推进听力语言康复机构规范化管理，完善基层服务网络。已建设省级听力语言康复机构 32 个，基层听力语言康复机构 1014 个。年度新收训聋儿 2.0 万名，在训聋儿 3.2 万名；规范聋儿家长学校，开展家庭训练，共培训聋儿家长 3.9 万名；开展各级各类听力语言康复专业技术人员培训，共培训专业人员 6448 人；实施贫困聋儿人工耳蜗、助听器抢救性康复项目，资助 4288 名聋儿免费植入人工耳蜗，资助 4500 名聋儿免费配戴助听器；开展彩票公益金成年听力残疾人（助听器）康复项目，为 1.0 万名贫困成年听力残疾人免费验配助听器，各级康复机构共为 3.2 万名成年听力残疾人提供技术服务。

开展肢体残疾康复训练服务机构达 1927 个，其中，省级康复机构 39 个，地市级、县级康复机构 1888 个；培训各级各类肢体残疾康复人员 3.5 万人次；全国共对 35.4 万肢体残疾者实施康复训练；实施救助项目资助 3.5 万名脑瘫儿童进行机构康复训练，资助 6721 名贫困肢体残疾儿童实施矫治手术。

为麻风畸残者实施矫治手术 418 例，开展宣传普及教育，为麻风患者回归社会营造良好社会氛围。

开展智力残疾康复训练服务的机构 1471 个，其中，省级康复机构 35 个，地市级、县级康复机构 1436 个；培训各级各类智力残疾康复人员 1.6 万人次；全国共对 13.1 万名智力残疾人进行康复训练；实施救助项目资助 2.4 万名智力残疾儿童进行机构康复训练，同时培训儿童家长。

大力推广“社会化、综合性、开放式”精神病防治康复工作。在 2627 个市县开展精神病防治康复工作，对 584.0 万重性精神病患者进行综合防治康复，监护率达到 79.1%，显好率达到 66.2%，社会参与率达到 51.4%，肇事率 0.17%；解除关锁 3702 人；对 46.9 万贫困精神病患者进行医疗救助。

建立了 34 个省级孤独症儿童康复训练机构；1.7 万名孤独症儿童在各级机构进行了康复训练。

加强残疾人辅助器具服务体系建设，深入开展辅助器具供应服务，为残疾人减免费用供应辅助器具 128.3 万件，其中装配假肢 2.9 万例、矫形器 4.7 万例，验配助视器 12.5 万件。

二、教　育

2013 年，残疾人受教育权得到了更好保障，进一步提高了残疾人素质和平等参与社会的能力。

残疾人事业专项彩票公益金助学项目，为全国家庭经济困难的残疾儿童享受普惠性学前教育提供资助 1 万余人次。各地也积极多渠道争取资金支持，对 3489 名残疾儿童给予学前教育资助。

已开办特殊教育普通高中班（部）194 个，在校生 7313 人；其中聋高中 125 个，在校生 5704 人；盲高中 27 个，在校生 1609 人。残疾人中等职业学校（班）198 个，在校生 11350 人，毕业生 7772 人，其中 6200 人获得职业资格证书。全国有 7538 名残疾人被普通高等院校录取，

1388 名残疾人进入特殊教育学院学习。

截至 2013 年底，全国有未入学适龄残疾儿童少年 8.4 万人，其中视力残疾 0.5 万人，听力残疾 0.5 万人，言语残疾 0.5 万人，肢体残疾 2.6 万人，智力残疾 2.6 万人，精神残疾 0.3 万人，多重残疾 1.2 万人。

三、就　业

2013 年，残疾人就业取得新进展。城镇新就业残疾人 36.9 万，其中，集中就业残疾人 10.7 万，按比例安排残疾人就业 8.7 万，公益性岗位就业 1.5 万，个体就业及其他形式灵活就业 14.6 万，辅助性就业 1.3 万。全国城镇就业人数 445.6 万；1757.2 万农村残疾人在业，其中 1385.4 万残疾人从事农业生产劳动。

全国残疾人职业培训基地达到 5357 个，其中残联兴办 2022 个，依托社会机构兴办 3335 个，37.8 万人次城镇残疾人接受了职业培训。

盲人按摩事业稳定发展，按摩机构迅速增长。2013 年度培训盲人保健按摩人员 20111 名、盲人医疗按摩人员 5694 名；保健按摩机构达到 14704 个，医疗按摩机构达到 936 个；在专业技术职务资格评审中，分别有 334 人和 1043 人通过医疗按摩人员中级和初级职称评审。

四、社会保障

2013 年新型农村和城镇居民社会养老保险进一步扩大覆盖面，已有 401.4 万城镇残疾人参加了城镇居民社会养老保险，参保率 65.1%。在 60 岁以下的参保残疾人中有 77.9 万重度残疾人，其中 73.1 万得到了政府的参保扶助，代缴补贴比例达到 93.8%。有 56.8 万非重度残疾人也享受了全额或部分代缴的优惠政策。领取养老金待遇的人数达到 162.0 万人。

新型农村社会养老保险方面，共有 1638.3 万残疾人参加了新型农村社会养老保险，参保率 71.2%。在 60 周岁以下的参保残疾人中有重度残疾人 314.0 万，其中 302.9 万得到了政府的参保扶助，代缴补贴比例达到 96.5%。有 175.2 万非重度残疾人也享受了全额或部分代缴的优惠政策。享受养老金待遇的人数达到 628.1 万人。

城镇残疾职工参加社会保险人数达到 296.7 万，城镇残疾居民参加基本医疗保险达到 547.3 万人，城镇 264.8 万和农村 828.2 万残疾人纳入最低生活保障范围；城镇集中供养残疾人和农村五保供养残疾人分别达到 11.7 万和 65.2 万；366.2 万和 92.0 万符合条件的城乡残疾人分别享受了稳定的生活补贴和护理补贴。266.0 万城乡残疾人得到了其他救助救济。

残疾人托养服务工作规范推进，残疾人托养服务机构达到 5677 个，共为 16.0 万残疾人提供了托养服务。其中寄宿制托养服务机构 1750 个；日间照料机构 2000 个；综合性托养服务机构 1927 个。接受居家托养服务的残疾人达到 78.4 万人。

五、扶贫开发

2013 年，残疾人扶贫开发成效显著，贫困残疾人生产生活状况得到进一步改善。238.7 万贫困残疾人得到扶持，其中 120.6 万人通过扶贫开发实际脱贫；接受实用技术培训的残疾人达到 85.6 万人次。

康复扶贫贴息贷款扶持 7.9 万农村残疾人，6.4 万个单位和 40.5 万个人对贫困残疾人开展结对帮扶。残疾人扶贫基地达到 6201 个，安置 16.4 万残疾人就业，扶持带动 24.6 万残疾人。

完成 12.2 万户农村贫困残疾人危房改造，各地投入危房资金 11.5 亿元，14.4 万残疾人受益。

基层党组织助残扶贫项目帮扶 76845 名农村贫困残疾人。“万村千乡市场工程”助残扶贫项目安置 6925 名贫困残疾人就业，帮扶贫困残疾人创办 2372 个村级农村店。

六、宣传文化

2013 年，“中国梦”、“走基层”等国家重点宣传栏目推出了多篇有关残疾人内容的报道；结合“帮扶贫困残疾人”第二十三次全国助残日活动，推出扶贫工作系列深度报道《农村残疾人扶贫应该怎么办》；广泛开展典型宣传，组织媒体对全国 11 名优秀残疾人基层工作者事迹进行报道。全年中央电视台《新闻联播》播出残疾人题材报道 40 条，《朝闻天下》、《新闻直播间》等栏目播出 88 条，《人民日报》刊登相关社论、侧记和事业综述等 80 余篇。截至 2013 年底，全国共有省级残疾人专题广播节目 120 个，电视手语栏目 36 个；地市级残疾人专题广播节目 539 个，电视手语栏目 227 个。

残疾人文化生活更加丰富活跃，受到更广泛关注，参与到社会生活更深入。以落实中宣部等 11 部委《关于加强残疾人文化建设的意见》为重点，全国 26 个省（区、市）出台了加强残疾人文化的意见，136 个地市制定了实施意见；批准了全国 32 个残疾人文化体育示范市（区）和 10 个内地与澳门残疾人文化示范市（区）创建；组织第八届全国残疾人艺术汇演，全国 31 个省（区、市）和新疆兵团的 5000 余名演职员参加了声乐、器乐、舞蹈和戏剧小品四大类的比赛，少数民族节目超过 20 个，节目总数达 348 个，间接参与汇演的残疾人超过 10 万人，达历史之最；拍摄的残疾人题材电影《一生有爱》获蒙特利尔电影节优秀节目奖，联合摄制的电影《吴运铎》在俄罗斯举行的第十届尤·尼·奥泽罗夫国际军事电影节上荣获最佳视觉效果奖和最佳导演奖。

七、体　育

2013 年，残疾人体育工作以提高残疾人体育健身服务能力和残疾人体育运动水平为着力点，全面实施“自强健身工程”，不断提高竞技水平。

举办第三届残疾人健身周活动，全国 27 个省（区、市）开展了残疾人体育健身培训、比赛及体育进家庭等形式多样的活动6000多场次。全国累计培养审批524名国家级残疾人体育健身指导员。在全国27个省（区、市）命名资助90个自强健身示范点；为中西部地区配发35套健身器材，并纳入示范点统一管理；累计资助建设自强健身示范点203个。组织第七次全国特奥日活动、特奥足球比赛及家庭论坛等活动，特奥运动员达到115.9万人。

举办了18项全国单项赛事，2200名运动员参赛，涌现了一批优秀的年轻运动员。参加第二十二届世界夏季听障奥运会、第十届冬季特奥运动会等27项国际赛事交流。在第二十二届世界夏季听障奥运会上获得12金、5银、8铜，位居金牌榜第四位。组织了27批次575人次的运动员集训，残疾人体育人才队伍和组织建设不断加强。注册登记的残疾人运动员达到6800人，审批的裁判员1188人、分级员45人。国家级残疾人体育培训基地达到31所。

各地深入开展残疾人体育工作。组织省级残疾人群众体育健身活动254次，5.8万多人次参加；建设省级残疾人群众体育活动示范点达到596个；培训省级残疾人体育健身指导员达到5352人；组织省级残疾人体育比赛114次，参赛运动员达1.3万人次；省级残疾人体育训练基地已达207个。组织地市级残疾人体育活动4568次，63.6万人次参加；设立地市级残疾人群众体育活动示范点1591个；培训地市级残疾人体育健身指导员1.2万人。

八、维　权

各级残联维权组织建设得到加强，残疾人事业法律法规体系进一步完善，残疾人维权工作全面开展。

2013年，修订《残疾人保障法》地方实施办法4件；制定或修改了关于残疾人的专门法规、规章省级5件、地市级26件；制定或修改保障残疾人权益的规范性文件省级30件、地市级76件。全国县级以上人大进行《残疾人保障法》执法检查和专题调研799次；政协进行视察和专题调研746次。全国开展普法宣传教育活动6606次，105.2万人参加；举办法律培训班1670个，9.6万人参加。

截至2013年底，全国成立残疾人法律救助工作协调机构1306个，建立残疾人法律救助工作站901个，办案7905件，建立残疾人法律援助中心（工作站）3096个，办理案件2.3万件，有力地促进了法律救助和法律援助工作。

残疾人参政议政工作得到加强，各级残联协助人大代表、政协委员提出议案、建议、提案1743件，办理议案、建议、提案1464件。

无障碍建设法规、标准进一步完善。全国共出台了444个省、地市、县级无障碍建设与管理法规、规章和规范性文件；1419个市、县、区系统开展无障碍建设；全国开展无障碍建设检查3492次，无障碍培训3.6万人次；为13.6万个贫困残疾人家庭实施了无障碍改造；为65.7万残疾人发放了残疾人机动轮椅车燃油补贴。

全国各级残联共处理残疾人群众来信5.4万余件，接待残疾人群众来访32.3万人次，其中集体访1145批次、1.8万人次。

九、组织建设

2013年，30个省级残联领导班子中配备了残疾人理事长或副理事长；251个地市级残联在领导班子中配备了残疾人理事长或副理事长；1625个县级残联机关配备了残疾人干部；已建乡镇（街道）残联4.0万个，已建率达到98.0%，选聘残疾人专职委员4.6万名；已建社区（村）残协58.1万个，已建率达到92.6%，选聘残疾人专职委员53.8万名。

全国省市县乡残联实有人员已达11.1万人。各级残联共举办培训班3.2万期，培训机关干部、协会干部及残疾人专职委员76.5万人次。

全国共建立省级以下各类残疾人专门协会15410个，市级专门协会已建比例为97.6%，市辖区专门协会已建比例96.3%；县（含县级市）级专门协会已建比例为90.4%。

十、服务设施建设

残疾人服务设施建设得到全面发展。截至2013年底，全国已竣工并投入使用的各级残疾人综合服务设施2094个，总建设规模424.1万平方米，总投资119.6亿元；已竣工并投入使用的各级残疾人康复设施542个，总建设规模100.7万平方米，总投资32.7亿元；已竣工并投入使用的各级残疾人托养服务设施353个，总建设规模78.2万平方米，总投资19.6亿元。

十一、信息化建设

2013年，中国残联网站年度访问量达到6900万次，刊发各地残联稿件超过1.2万篇，内容更新总量达到1.6万条。全国33个省级残联、277个地市级残联和1307个县级残联开通网站，比2012年增加77个。33个省、291个地市、1779个县级残联实现网上信息报送与审核。首次将网站无障碍纳入中国政府网站绩效评估范围，对117家部委和省政府等网站开展无障碍专项评估。

中国残疾人服务网连续第3年开展央视龙年春晚（文字+视频）网上无障碍直播服务，访问用户超过28万人。为盲人提供图形验证码网上识别服务达127.4万人次。加强与社会专业招聘信息网站合作，提供残疾人专属就业岗位信息超过4000余个。连续组织7期淘宝网“云客服”招募超过1000人报名。

截至2013年底，全国残疾人人口基础信息数据库累计采集、收录持证和非持证残疾人4020余万人。结合全国农村贫困残疾人扶贫调查，采集农村贫困残疾人扶贫需求信息1500余万条。作为国家残疾人基础信息资源，残疾人人口基础数据库已取得明显的社会效益和经济效益。

（傅军供稿）

全国残疾人人口基础数据库主要数据简报

中国残联2008年启动建设全国残疾人人口基础数据库，结合第二代残疾人证核发工作进行持证残疾人的人口基础信息的收集与管理，并通过与公安部"全国公民身份信息服务系统"进行身份认证。

经过几年来的建设，通过残疾人证核发和开展康复需求调查、农村贫困残疾人状况摸底调查等工作，截至2013年底，全国残疾人人口基础数据库中共收集4020万残疾人数据，其中包括2811.5万持证残疾人信息和1208.5万非持证残疾人数据。按照全国残疾人口8502万计算，约占46.6%，持证残疾人证比例为33.1%。

一、人口库持证残疾人主要结构特征

持证残疾人的主要特征为：劳动年龄人口为主（16—59岁占60.2%），男性、中轻度、肢体残疾人各占到六成（分别为60.1%、62.1%和58.8%），四分之三为农业户口（75.3%），受教育程度以小学和初中为主体（70.3%）。

1. 年龄结构

人口库中2811.5万持证残疾人的年龄构成为：0—14岁78.6万人，占2.8%；其中0—6岁残疾儿童18.0万人，占0.6%；15—59岁1701.1万人，占60.5%；60岁及以上1031.8万人，占36.7%。

2. 性别结构

人口库中2811.5万持证残疾人的性别构成为：男性1689.7万人，占60.1%；女性1121.9万人，占39.9%。

3. 民 族

人口库中汉族残疾人2543.5万人，占90.5%；少数民族268.0万人，占9.5%。

4. 户口性质

人口库中农业户口的持证残疾人2115.7万人，占75.3%；非农业户口695.8万人，占24.7%。

与第六次人口普查的全国人口中50.3%居住在乡村相比，约四分之三的人口库持证残疾人仍然在农村，远远落后于全国的城镇化水平。

5. 受教育程度

人口库持证残疾人中15岁及以上文盲率为18.4%，显著低于2006年调查的整体残疾人（43.3%(1)），2010年第六次全国人口普查的4.1%高出14.4个百分点。

在人口库中的2811.5万持有二代残疾人证的残疾人中，具有大学及以上文化程度的有40.3万人，占1.4%；具有高中（含中专）文化程度的有230.4万人，占8.2%；具有初中文化程度的有837.6万人，占29.8%；具有小学文化程度的有1138.5万人，占40.5%。

二、持证残疾人主要残疾特征

1. 残疾类别构成

人口库中2811.5万持证残疾人的类别构成为：视力残疾人336.5万人，占12.0%；听力残疾人221.1万人，占7.9%；言语残疾人52.9万人，占1.9%；肢体残疾人1653.5人，占58.8%；智力残疾人230.8万人，占8.2%；精神残疾人196.2万人，占7.0%；多重残疾人120.5万人，占4.3%。

2. 残疾等级构成

人口库中2811.5万持证残疾人的残疾等级构成为：残疾一级381.5万人，占13.6%；残疾二级682.7万人，占24.3%；残疾三级779.6万人，占27.7；残疾四级967.7万人，占34.4%。

人口库低年龄段持证残疾人以一二级重度为主，特别是0—5岁年龄段，一二级重度残疾人占到70%以上，说明对于残疾程度较重的儿童，家长往往出于康复、教育、项目救助等目的会为其办理残疾人证。2008—2013年来，残疾儿童办证也呈现出明显增长，也说明近年来国家和各地区的各项残疾儿童康复、教育项目在救助残疾儿童的同时对于加强相应的办证管理和服务起到积极促进作用。残疾16—59劳动年龄段和60岁及以上老年残疾人的残疾等级构成基本一致。（见表8-2-1）

---

(1) 2006年调查残疾人的43.3%指的是15岁及以上粗文盲率。

表 8-2-1　人口库持证残疾人分类别残疾等级构成　（单位:%）

	残疾一级	残疾二级	残疾三级	残疾四级
合　　计	13.6	24.3	27.7	34.4
视力残疾人	27.7	19.4	16.7	36.2
听力残疾人	23.5	23.7	23.7	29.0
言语残疾人	46.1	23.5	15.0	15.4
肢体残疾人	5.3	20.0	31.8	42.8
智力残疾人	13.0	39.2	29.7	18.1
精神残疾人	12.1	50.5	28.2	9.2
多重残疾人	58.1	26.6	10.9	4.3

3. 主要致残原因

视力残疾　人口库 351.1 万视力残疾（含多重）的主要致残原因中，“其他”和“原因不明”占较大比例，共计 23.7%。在已明确的具体致残原因中，“白内障”排在第一位，占 13.5%，其次为“视网膜、色素膜病变”11.9% 和“遗传、先天异常或发育障碍”10.5%，“外伤”、“视神经病变”、“角膜病”和“青光眼”分别为 8.7%、8.2%、7.2% 和 6.2%，比例最小的是“中毒”，仅 0.3%。

听力残疾　在人口库 302.5 万听力残疾（含多重）的主要致残原因中，“原因不明”和“其他”所占比例最高，分别为 24.4% 和 19.2%。在已明确的具体致残原因中，“老年性耳聋”排在首位占 16.2%，其次为“遗传”10.8%，此外，“药物中毒”、“中耳炎”所占的比例也较高，分别是 7.3% 和 6.6%，比例最低的是“高胆红素血症”，仅占 0.08%。

言语残疾　在人口库 131.3 万言语残疾（含多重）的主要致残原因中，“听力障碍”为最主要因素，占 37.1%，“其他”和“原因不明”所占的比例也较高，分别占 18.3% 和 17.2%，其余各种原因所占的比例较低，均在 5% 以下。

肢体残疾　在人口库 1690.2 万肢体残疾（含多重）的主要致残原因中，“其他外伤”排在首位，占 22.2%，其次为“其他”，占 15.5%，“骨关节病”、“脑血管疾病”、“脊髓灰质炎”分别占 11.8%、11.3% 和 6.5%，“原因不明”占 8.2%，“其他先天性或发育障碍”占 4.9%，“交通事故”占 4.0%，其余各类原因所占比例均很小。

智力残疾　在人口库 252.4 万智力残疾（含多重）的主要致残原因中，“原因不明”和“其他”同样占较大比例，分别为 19.8% 和 16.5%。在已明确的具体致残原因中，“脑疾病”所占比例最高，占 31.7%，其次为“遗传”11.9%，“发育畸形”占 4.8%，其余各类原因所占的比例均很小。

精神残疾　在人口库 202.4 万精神残疾（含多重）的主要致残原因中，“精神分裂症”是最主要的原因，占 60.5%，其次为“其他”、“癫痫”和“原因不明”，分别为 8.1%、6.8% 和 5.5%，其余各种原因所占的比例较小，均在 4% 以下。

三、集中连片特困地区贫困残疾人基本状况

2014 年 1 月，中共中央办公厅、国务院办公厅印发《关于创新机制扎实推进农村扶贫开发工作的意见》，要求各地区各部门结合实际认真贯彻执行。集中连片特困地区（以下简称“片区”）是国家新一轮扶贫开发攻坚战的主战场。片区内集中生活着大量贫困残疾人，是扶贫开发工作中的难中之难、重中之重。

截至 2013 年底，农村贫困残疾人（户）信息调查系统采集到 1503.6 万贫困残疾人数据，其中片区贫困残疾人 506.0 万，占 33.7%。片区贫困残疾人中，持证残疾人 282.7 万，占 55.9%；非持证残疾人 223.4 万，占 44.1%。

表 8-2-2　片区持证残疾人与农村贫困残疾人　（单位：人）

集中连片特困地区	人口库持证残疾人	农村贫困残疾人（户）信息调查系统	
		持证贫困残疾人	非持证贫困残疾人
合计	5401161	2826505	2233801
大别山区	628856	315604	422766
大兴安岭南麓山区	175168	61107	15883
滇桂黔石漠化区	629470	414526	548329
滇西边境山区	385747	221679	41868
罗霄山区	194068	111073	28128
吕梁山区	115857	77149	16788
秦巴山区	900451	412446	369746
四省藏区	142568	49701	15633
乌蒙山区	520528	269834	137635
武陵山区	660280	377453	433581
西藏区	68026		
新疆南疆三地州	151594	71418	3562
燕山—太行山区	243883	109532	41650
六盘山地区	584665	334983	158232

根据农村贫困残疾人（户）信息调查系统采集到的数据，片区贫困残疾人呈现出以下状况特征：

1. 持证比例

片区农村贫困残疾人持证比例为 55.9%，显著低于

非片区农村贫困残疾人的73.7%，可能与片区社会保障制度和优惠政策相对不足、交通相对不便、基层组织有待健全、残疾人对办证缺乏了解等因素有关。

2. 少数民族构成

片区农村贫困残疾人中少数民族共有117.1万人，占30.2%，远高于非片区5.9%的比重。其中，贫困残疾人较多的少数民族有壮族、苗族、土家族、回族、彝族、维吾尔族。

3. 残疾状况

片区农村贫困残疾人的残疾类别和残疾等级构成与非片区没有非常明显的差异，与全国残疾人人口基础库中持证残疾人的构成也基本一致。

4. 家庭状况

90.6%的片区农村贫困残疾人家庭年人均纯收入低于国家贫困标准，显著高于非片区的78.3%。说明片区农村贫困残疾人家庭的确更加困难。

0.8%的片区农村贫困残疾人填报了其个人年工资收入，其中58.8%的个人年工资收入低于1000元，30.8%介于1001—2000元之间，仅有10.4%高于2000元。

与非片区农村贫困残疾人的收入比较：34.4%的片区农村贫困残疾人家庭为老残一体，6.5%为一户多残，61.4%为其他情况。状况构成与非片区农村贫困残疾人家庭基本一致。

5. 住房情况

96.0%的片区农村贫困残疾人有住房，与非片区一致；其中24.3%的住房为危房，接近非片区（12.5%）的两倍。

6. 致贫原因

数据显示，53.6%的片区农村贫困残疾人为因病致贫，24.7%为因缺劳力致贫，28.1%因缺资金致贫，14.4%因缺技术致贫，5.2%为因灾致贫，2.3%为因学致贫，23.2%因其他原因致贫。

7. 生活保障

片区农村贫困残疾人中，78.3%参加了新型农村社会医疗保险，96.9%了参加新型新学农村合作医疗保险，均率高于非片区农村贫困残疾人。没有参加任何养老保险和医疗保险的比例分别为19.3%和1.4%，分别低于非片区5.4和1.2个百分点。

数据显示，45.4%的片区农村贫困残疾人纳入最低生活保障，40.0%为接受亲属供养，6.9%得到政府部门提供的生活补助，2.6%享受五保供养，0.8%得到集中供养，还有16.4%没有任何形式的生活保障。

整体来看，与非片区农村贫困残疾人相比，片区农村贫困残疾人的生活保障情况基本持平并略好一点。除得到政府部门生活补助的比例低了4.3个百分点外，纳入低保和亲属供养的比例都出4—6个百分点，没有任何生活保障的比例也比非片区农村贫困残疾人低了5.5个百分点。

8. 救助扶持情况

数据显示，35.1%的农村贫困残疾人接受到生活救助；17.1%接受到医疗救助；2.9%接受了危房改造；0.3%接受了法律援助或司法救助；0.4%接受了本人就学资助；30.4%接受到其他方面的救助；各项救助扶持比例均高于非片区农村贫困残疾人；30.3%的未接受救助比例比非片区农村贫困残疾人低8.1个百分点。（傅军供稿）

中国残疾人事业“十二五”发展纲要执行简要情况统计表

（2012～2013）

指标名称		“十一五”完成/达到	“十二五”任务	“十二五”完成情况		
				累计完成/达到	2012	2013
康　复						
得到不同程度康复残疾人	（万人）	1037.9	1300	867.9	760.2	746.8
1. 社区康复						
开展社区康复服务的县、区	（个）	2507	2860	2915	2794	2915
接受社区康复服务的残疾人	（万人）	1036	—	801.3	328.8	169.0
社区康复协调员	（万人）	32.9	30	37.9	35.3	37.9

续表1

指标名称		“十一五”完成/达到	“十二五”任务	“十二五”完成情况		
				累计完成/达到	2012	2013
2. 视力残疾康复						
白内障复明手术	（万例）	423.6	328	229.9	79.6	74.6
其中：贫困患者免费手术	（万例）	127.6	—	93.5	33.4	29.1
低视力配用助视器	（万人）	17.3	50	28.2	11.7	12.9
培训低视力儿童家长	（万人）	6.5	20	8.2	3.7	3.8
盲人定向行走训练	（万人）	6.3	50	26.5	12.0	12.0
3. 听力语言残疾康复						
聋儿康复训练	（万人）	9.8	10	5.8	2.0	2.0
聋儿家长培训	（万人）	12.2	10	10.8	3.9	3.9
4. 肢体残疾康复						
肢体残疾（脑瘫）儿童机构康复训练	（万人）	7.8	3	8.3	3.0	3.5
肢体残疾人社区、家庭康复训练	（万人）	41.6	85	79.5	32.8	31.8
贫困肢体残疾儿童矫治手术	（例）	10535	12000	14253	6221	6721
麻风畸残矫治手术	（例）	8254	1000	1035	458	418
5. 智力残疾康复						
智力残疾儿童康复训练	（万人）	13.2	41.0	14.3	11.5	10.1
成年智力残疾人社区、家庭康复训练	（万人）	—	—	5.6	2.5	3.1
6. 精神病防治康复						
监护精神病人	（万人）	416.2	780	461.9	449.0	461.9
接受医疗救助的贫困精神病患者	（万人）	36.6	20	126.8	44.4	46.9
孤独症儿童康复训练机构	（个）	426	—	1108	929	1108
孤独症儿童康复训练	（人）	13743	50000	34685	11119	16656
7. 残疾人辅助器具供应服务						
辅助器具供应	（万件）	514.7	500	317.1	114.5	128.3
其中：贫困残疾人免费发放	（万件）	242.3	50	111.2	33.8	36.2
残疾人普及型假肢装配	（万例）	12.1	7	9.9	3.9	2.9
残疾人矫形器装配	（万例）	7.7	5	10.2	4.0	4.7
教　育						
1. 学前教育						
残疾人事业专项彩票公益金助学项目资助	（人）	—	51400	31028	10280	10468
其他残疾儿童学前教育助学项目资助	（人）	—		14545	4429	3489
2. 残疾人高级中等教育						
特教普通高中	（个）	99	—	194	186	194
特教普通高中在校学生	（人）	6067	—	7313	7043	7313
中等职业教育机构	（个）	147	—	198	152	198
中等职业教育在校学生	（人）	11506	—	11350	10442	11350
3. 残疾人高等教育						
高等特殊教育院校	（个）	—	—	15	20	15
普通高等院校录取残疾考生	（人）	29915	—	21917	7229	7538
高等特殊教育院校录取残疾考生	（人）	5357	—	3399	1134	1388

续表 2

指标名称		"十一五"完成/达到	"十二五"任务	"十二五"完成情况		
				累计完成/达到	2012	2013
就 业						
1. 城镇残疾人就业状况						
在业	（万人）	441.2	—	445.6	444.8	445.6
新增安排就业	（万人）	179.7	100	101.6	32.9	36.9
其中：集中就业	（万人）	53.4	—	30.6	10.2	10.7
按比例就业	（万人）	49.6	—	24.3	8.0	8.7
公益性岗位就业	（万人）	—	—	5.4	1.8	1.5
个体及其他形式就业	（万人）	76.8	—	39.4	12.3	14.6
辅助性就业	（万人）	—	—	2.0	0.7	1.3
2. 农村残疾人就业状况						
已就业	（万人）	1749.7	1800	1757.2	1770.3	1757.2
3. 残疾人职业培训						
残疾人职业培训基地	（个）	—	—	5357	5271	5357
城镇残疾人职业培训	（万人次）	137.9	180	97.6	29.9	37.8
4. 盲人按摩						
按摩人员培训						
保健按摩人员	（人）	61147	30000	50692	16514	20111
医疗按摩人员	（人）	28357	20000	14355	4925	5694
按摩机构						
医疗按摩机构	（个）	1152	—	936	848	936
保健按摩机构	（个）	11616	—	14704	12887	14704
社会保障						
1. 城镇残疾人社会保障状况						
（1）参加社会保险						
残疾职工参加社会保险	（万人）	283.2	—	296.7	280.9	296.7
参加养老保险	（万人）	198.5	—	186.9	173.4	186.9
参加医疗保险	（万人）	155.5	—	182.4	164.9	182.4
残疾居民参加城镇居民医疗保险	（万人）	355.9	—	547.3	498.6	547.3
（2）接受社会救助						
已纳入最低生活保障	（万人）	246.3	—	—	266.5	264.8
集中供养及其他救助救济	（万人次）	557.2	—	233.4	80.3	81.3
2. 农村残疾人社会保障状况						
参加新型农村社会养老保险	（万人）	487.1	—	1638.3	1333.8	1638.3
接受社会救助						
已纳入最低生活保障	（万人）	680.8	—	—	804.0	828.2
五保供养及其他救助救济	（万人次）	1704.7	—	764.1	261.6	261.6
3. 托养服务						
寄宿制托养服务机构	（个）	—	—	1750	3903	1750
日间照料托养服务机构	（个）	—	—	2000	3372	2000
综合托养服务机构	（个）	—	—	1927	—	1927
机构内托养残疾人	（万人）	33.3	—	51.2	18.7	16.0
享受居家托养服务	（万人）	43.5	—	178.6	56.0	78.4

续表 3

指标名称		"十一五"完成/达到	"十二五"任务	"十二五"完成情况		
				累计完成/达到	2012	2013
扶　贫						
1. **农村贫困残疾人状况**						
农村贫困残疾人	（万人）	1089.1	—	—	1393.7	1457.2
当地低收入残疾人	（万人）	715.4	—	—	825.6	812.8
2. **扶贫效果**						
扶持贫困残疾人	（万人次）	932.2	1000	680.4	229.9	238.7
实际脱贫	（万人次）	618.4	—	350.2	137.3	120.6
实用技术培训	（万人次）	414.3	100	264.0	86.1	85.6
3. **残疾人扶贫资金落实情况**						
中央安排康复扶贫贴息贷款	（亿元）	40.0	—	31.4	10.3	10.1
项目贷款扶持贫困残疾人	（人）	12.0	—	9.2	2.4	2.6
到户贷款扶持贫困残疾人	（人）	7.3	—	11.3	3.1	5.3
4. **残疾人扶贫基地建设**						
残疾人扶贫基地	（个）	—	—	6201	5226	6201
安置残疾人就业	（万人）	—	—	35.3	10.2	16.4
扶持带动贫困残疾人	（万户）	—	—	66.0	25.8	24.6
5. **农村贫困残疾人危房改造**						
危房改造	（万户）	49.4		34.8	13.2	12.2
受益残疾人	（万人）	68.1	—	41.7	15.7	14.4
宣传文化						
1. **宣传**						
省、市级报纸专版	（个）	418	—	1572	1543	1572
省、市级广播电台残疾人专题节目	（个）	400	—	659	506	659
省、市级电视手语栏目	（个）	523	—	263	214	263
2. **文化**						
省、市级盲文及盲人有声读物阅览室	（个）	441	—	596	479	596
残疾人文化周	（个）	—	—	2212	1782	2212
残疾人文化艺术类比赛及展览	（个）	3164	—	1399	1125	1399
体　育						
1. **残疾人群众体育健身**						
省、市级残疾人群众体育健身活动	（次）	—	—	13086	4171	4822
省、市级残疾人群众体育健身活动参加人	（万人次）	—	—	178.9	57.5	69.4
省、市级残疾人群众体育活动示范点	（个）	—	1200	2187	1391	2187
省、市级残疾人体育健身指导员	（人）	—	30000	16926	9452	16926
2. **残疾人体育比赛**						
省级残疾人体育比赛	（次）	519	—	294	80	114
参加省级残疾人体育比赛运动员	（人次）	74962	—	37868	12574	13139
省级残疾人体育训练基地	（个）	221	—	207	200	207

续表 4

指标名称		"十一五"完成/达到	"十二五"任务	"十二五"完成情况		
				累计完成/达到	2012	2013
维　权						
1. 法规体系和政策文件						
制定或修改关于残疾人的专门法规、规章	（个）	36	—	31	30	31
制定或修改保障残疾人权益的规范性文件	（个）	849	—	2120	706	543
2. 执法检查						
人大执法检查	（次）	5375	—	1747	923	799
政协视察或专题调研	（次）	5243	—	1655	810	746
3. 法律救助						
残疾人法律救助工作站	（个）	—	500	901	811	901
残疾人法律救助工作站办理的案件	（件）	—	—	18511	6453	7905
残疾人法律援助中心（工作站）	（个）	2934	—	3096	2979	3096
残疾人法律援助中心（工作站）办理的案件	（件）	19607	—	69354	24550	23498
4. 参政议政						
协助人大、政协代表提出议案、建议、提案	（件）	10580	—	5387	1771	1743
办理人大、政协交办的议案、建议、提案	（件）	7548	—	4269	1435	1464
5. 无障碍设施建设						
无障碍设施建设法规、政府令	（个）	385	—	444	438	444
贫困残疾人家庭无障碍改造	（万户）	—	8	37.9	14.1	13.6
6. 残疾人机动轮椅车燃油补贴	（万人）	—	—	163.1	55.4	65.7
7. 残疾人信访						
来信	（万件）	30.2	—	17.0	5.5	5.4
来访	（万人次）	204.2	—	101.6	34.4	32.3
组织建设						
1. 省市县乡残联实有人员	（万人）	9.9	—	11.1	12	11.1
2. 市（地）级残联						
配备残疾人领导干部的残联	（个）	227	—	251	232	251
残疾人干部	（人）	328	—	433	376	433
3. 县（市、区）级残联						
配备残疾人干部的残联	（个）	1744	—	1624	1624	1625
残疾人干部	（人）	2133	—	2221	2207	2221
4. 乡、镇、街道残联与村（社区）						
残疾人协会						
已建乡、镇、街道残联	（万个）	4.0	—	3.9	3.9	4.0
其中：已配专兼职理事长	（万人）	3.7	—	3.3	3.3	3.1
已建村（社区）残疾人协会	（万个）	60.4	—	60.7	60.7	58.1
已选聘残疾人专职委员	（万人）	55.9	70	56.7	56.7	58.4

续表 5

指标名称		"十一五"完成/达到	"十二五"任务	"十二五"完成情况		
				累计完成/达到	2012	2013
5. 省级以下各类专门协会						
盲人协会	(个)	3132	—	3110	3089	3110
聋人协会	(个)	3113	—	3097	3073	3097
肢残人协会	(个)	3168	—	3117	3113	3117
智力残疾人及亲友协会	(个)	3011	—	3001	2983	3001
精神残疾人及亲友协会	(个)	3013	—	3003	2985	3003
智力残疾人及亲友协会和精神残疾人及亲友协会合一的协会	(个)	63	—	82	78	82
残疾人服务设施建设			—			
1. 残疾人综合服务设施						
建设完成已投入使用项目	(个)	2544	—	2094	1971	2094
总建设规模	(万平米)	487.7	—	424.1	355.8	424.1
2. 残疾人康复设施						
建设完成已投入使用项目	(个)	—	—	542	231	542
总建设规模	(万平米)	—	—	100.7	67.0	100.7
3. 残疾人托养设施						
建设完成已投入使用项目	(个)	—	—	353	155	353
总建设规模	(万平米)	—	—	78.2	43.1	78.2
信息化建设						
1. 残疾人人口库综合数据	(万人)	1793.7	3000	2811.5	2527.2	2811.5
2. 信息化专业人才	(人)	869	—	5019	4948	5019
3. 省、市、县各级残联网站	(个)	1241	—	1617	1540	1617

(傅军供稿)

全国残疾人人口基础数据库主要数据

(截止时间：2013 年 12 月 31 日)

单位：人

地区	入库残疾人				
		已办理证件			
			0～14 岁	15～64 岁	65 岁及以上
全国	40200177	28115076	785544	17011318	10318214
北京	494047	458944	5085	268863	184996
天津	264079	242344	3969	165973	72402
河北	2387321	1522870	41314	910749	570807
山西	1097873	789164	20589	512164	256411
内蒙古	1138767	692535	13057	474256	205222

续表 1

地 区	入库残疾人	已办理证件	0～14 岁	15～64 岁	65 岁及以上
辽 宁	1172569	833181	14285	603525	215371
吉 林	786614	645015	12932	467037	165046
黑龙江	902964	806933	15337	604242	187354
上 海	566243	391233	1509	224329	165395
江 苏	2866083	1347603	23547	826213	497843
浙 江	1011025	1009512	18611	597946	392955
安 徽	2084382	1385813	36956	791318	557539
福 建	1100004	1046560	23586	458001	564973
江 西	1072595	885518	32248	566640	286630
山 东	2327207	1903818	50823	1094231	758764
河 南	3871485	1674670	64675	1064803	545192
湖 北	1620840	1053218	23726	706207	323285
湖 南	2274293	1141832	34792	743755	363285
广 东	1577700	1129643	50083	692629	386931
广 西	2023939	1398029	39420	562035	796574
海 南	149408	134572	6011	86698	41863
重 庆	853838	764347	22646	467688	274013
四 川	2673523	2026815	58896	1174943	792976
贵 州	1375057	822092	37128	508921	276043
云 南	1242600	1090733	42585	690407	357741
西 藏	69036	68026	6144	45592	16290
陕 西	1427167	1336749	20298	699873	616578
甘 肃	705315	617556	21802	394350	201404
青 海	146798	137894	7596	95554	34744
宁 夏	279292	219205	8564	127842	82799
新 疆	534698	441853	25355	310065	106433
新疆兵团	33507	32128	496	25190	6442
黑龙江农垦	69908	64671	1479	49279	13913

续表 2

地区	已办理证件残疾人					
	性别		残疾等级			
	男性	女性	残疾一级	残疾二级	残疾三级	残疾四级
全国	16896534	11218549	3815179	6827024	7796378	9676506
北京	260433	198511	56190	109944	122587	170223
天津	143275	99069	31039	67289	82700	61316
河北	914024	608846	184402	300988	363075	674405
山西	500233	288931	90587	186555	205549	306473
内蒙古	423591	268944	79807	162964	210047	239717
辽宁	525598	307588	105616	193396	263392	270782
吉林	402133	242882	86541	154550	205659	198265
黑龙江	510244	296691	97560	195829	255210	258336
上海	215400	175833	51350	69220	104829	165834
江苏	757632	589971	214848	397354	425003	310398
浙江	616308	393204	153747	188670	313014	354081
安徽	802896	582918	217834	620160	303607	244213
福建	580519	466040	113417	272832	244924	415387
江西	543652	341865	103973	208541	245457	327547
山东	1177360	726458	282372	478825	532663	609958
河南	1022942	651728	258406	461703	442763	511798
湖北	645873	407345	174788	283269	273210	321951
湖南	734073	407759	172510	274609	297092	397621
广东	686653	442990	206580	294702	324093	304268
广西	783249	614780	122171	229307	350780	695771
海南	79729	54843	48983	23548	32409	29632
重庆	468105	296243	95543	194035	206293	268477
四川	1229771	797043	264078	433188	575446	754103
贵州	521886	300206	86431	133770	218388	383503
云南	660525	430207	137515	204314	265201	483703
西藏	35869	32157	10470	13434	16586	27536
陕西	756374	580375	148511	257108	484922	446208
甘肃	367964	249592	97958	153760	174753	191085
青海	80830	57064	24505	50340	32718	30331
宁夏	122189	97016	28871	70336	58236	61762
新疆	267872	173983	57991	117382	136613	129869
新疆兵团	20268	11860	3956	6141	9939	12092
黑龙江农垦	39064	25607	6629	18961	19220	19861

续表 3

地 区	已办理证件残疾人				
	残疾类别				
	视力残疾人	听力残疾人	言语残疾人	肢体残疾人	智力残疾人
全 国	3365337	2211383	529320	16534708	2307855
北 京	49020	30840	2805	261184	50830
天 津	22360	15750	3538	147479	27461
河 北	140397	109660	39877	1001991	114741
山 西	82880	62085	17905	495189	70392
内蒙古	72495	63355	15971	423239	55550
辽 宁	89064	62646	8688	465005	101201
吉 林	72589	52388	11919	379574	58744
黑龙江	85462	63323	11288	505766	65657
上 海	72812	36872	4338	172673	57336
江 苏	166323	82128	9090	756166	172033
浙 江	111480	118459	16246	539812	101352
安 徽	159749	89678	29053	746478	128383
福 建	171483	166601	12620	500653	80055
江 西	99390	70471	13548	514254	70049
山 东	159934	123672	24820	1211403	167830
河 南	157332	126329	48784	1086447	140536
湖 北	138673	65094	29623	578633	86811
湖 南	144647	57279	23741	682520	85158
广 东	112823	79222	20984	604200	111556
广 西	193471	134672	22514	850694	64380
海 南	15065	4580	2634	77730	11200
重 庆	124247	43559	12712	428533	61369
四 川	303922	145115	35749	1222104	135870
贵 州	104889	45118	17642	543564	37691
云 南	147583	77783	27627	668168	59781
西 藏	11348	7137	3534	33461	2121
陕 西	167523	149518	30064	777530	69719
甘 肃	68375	46580	11050	363634	48389
青 海	17389	16681	3240	75913	10827
宁 夏	27656	21375	4213	125208	17778
新 疆	63159	36861	12096	243062	33432
新疆兵团	3539	2237	576	17681	3290
黑龙江农垦	8258	4315	831	34760	6333

续表 4

地区	已办理证件残疾人			
	残疾类别		户口性质	
	精神残疾人	多重残疾人	农业	非农业
全国	1961785	1204699	21157459	6957622
北京	46829	17436	198671	260273
天津	22754	3002	101477	140867
河北	63981	52223	1291717	231153
山西	35338	25375	640164	149000
内蒙古	35448	26477	462029	230506
辽宁	78277	28305	450253	382933
吉林	48949	20852	364758	280256
黑龙江	49762	25677	392332	414603
上海	46491	711	82474	308759
江苏	121089	40774	230737	1116866
浙江	93336	28827	826815	182697
安徽	143299	89174	1146324	239490
福建	68803	46345	857335	189225
江西	72591	45215	707123	178395
山东	132536	83623	1670254	233563
河南	67259	47983	1458893	215777
湖北	99884	54500	826036	227182
湖南	82029	66458	955471	186361
广东	137570	63288	843434	286209
广西	62050	70248	1247833	150196
海南	16619	6744	100282	34290
重庆	65973	27955	602653	161693
四川	124371	59684	1707179	319635
贵州	25366	47822	723275	98817
云南	61596	48195	962346	128386
西藏	4034	6391	62579	5447
陕西	67215	75180	1151772	184977
甘肃	30064	49464	520359	97197
青海	3556	10288	107821	30073
宁夏	13105	9870	160942	58263
新疆	29476	23769	302222	139633
新疆兵团	3973	832	546	31582
黑龙江农垦	8162	2012	1353	63318

续表 5

地区	已办理证件残疾人					
	15 及以上受教育程度					
	文盲	小学	初中	高中及中专	大学专科及以上	其他
总计	5404346	11384689	8376143	2303732	402621	243552
北京	67415	87742	169608	86013	33894	14272
天津	32457	61344	92477	42912	10834	2320
河北	186876	645371	529965	123339	18806	18513
山西	106010	279759	314362	69963	12215	6855
内蒙古	123402	236881	241960	74328	12825	3139
辽宁	96036	258928	371549	87748	15034	3891
吉林	72384	207131	259211	94398	9579	2312
黑龙江	68986	260891	347684	106712	15997	6665
上海	32876	85519	167145	78431	21886	5376
江苏	465110	424638	347066	90893	18742	1154
浙江	220296	450513	262575	48525	12382	15221
安徽	360520	614669	331295	65449	11890	1991
福建	217501	522641	218130	61859	10400	16029
江西	130716	387611	280633	66018	8087	12452
山东	363413	724526	614174	167586	21479	12639
河南	405195	527572	548788	150811	20608	21696
湖北	219372	341703	353072	119218	15740	4113
湖南	172795	479559	351962	119839	11664	6013
广东	193744	474735	320985	91426	15375	33378
广西	196760	767702	336406	70928	9089	17144
海南	29969	43038	46474	12884	1637	570
重庆	91552	405663	206807	43258	6377	10690
四川	326796	1101904	481996	97110	15653	3355
贵州	242763	353616	182358	32079	8228	3048
云南	304627	514976	204853	48964	12926	4387
西藏	38924	24989	2744	777	306	286
陕西	274369	512586	415597	112041	17478	4678
甘肃	201039	225605	133749	47445	7778	1940
青海	32169	71007	22162	9279	2677	600
宁夏	63355	82349	52078	15637	4362	1424
新疆	59506	184610	127401	49376	14276	6686
新疆兵团	1945	6996	15342	6744	887	214
黑龙江农垦	5468	17915	25535	11742	3510	501

（傅军供稿）

2013年度中国残疾人状况及小康进程监测报告

2007年中国残联、国家统计局、民政部、原卫生部、第二次全国残疾人抽样调查办公室联合下发《关于开展全国残疾人状况监测工作的通知》（残联发〔2007〕13号），建立全国残疾人状况监测系统，开展年度监测工作。2011年，中国残联、国家统计局、民政部、原卫生部联合下发了《关于开展新一轮全国残疾人状况监测工作的通知》（残联〔2011〕93号），残疾人状况监测工作继续进行。

2013年度残疾人状况监测工作涉及全国734个县（市、区）中的1464个调查小区，有效监测样本37199人。其中，成人35722人，儿童1477人；男性19443人，占52.3%，女性17756人，占47.7%，男女性别比为109.5（女性为100）；城镇9191人，占24.7%，农村28008人，占75.3%。

2013年度监测起止时间为2012年11月1日0时至2013年10月31日24时。监测的主要内容包括残疾人的生存、发展和环境状况，涉及残疾人生活、康复、教育、就业、社会保障、社区服务、无障碍环境和法律服务等方面的基本状况及变化情况。

监测结果表明，2013年度残疾人生活状况得到较大改善，特别是收入水平和康复服务的覆盖率明显提高，残疾人小康进程继续向前迈进。这反映出加快推进残疾人社会保障体系和服务体系建设的新成效和残疾人事业加快发展的新变化。

本年度监测工作得到中国残疾人福利基金会的支持。

一、2013年度中国残疾人状况监测结果

（一）残疾人家庭基本情况

1. 家庭户规模变化不大

2013年度，残疾人家庭户平均规模为3.3人，与上年度相同。其中，残疾人家庭为2人户的所占比例最高，达到29.6%，1人户家庭的比例为12.1%，3人户家庭比例为19.3%，4人户家庭比例为15.9%，5人户及以上家庭所占比例为23.1%。与上年度相比，3人及以下户的比例略有上升，4人及以上户的比例略有下降。

2. 适龄残疾人婚姻状况基本稳定

2013年度，适龄残疾人在婚率为63.7%，离婚率为2.3%，与过去四年相比，婚姻状况呈现稳定态势（见表8-5-1）。

表8-5-1 适龄残疾人的婚姻状况 （单位:%）

	2007	2008	2009	2010	2011	2012	2013
未婚	11.9	12.5	11.4	11.9	11.9	11.1	11.6
初婚有配偶	59.3	58.9	60.0	59.6	61.1	61.4	61.2
再婚有配偶	3.3	3.2	3.0	2.9	2.4	2.5	2.5
离婚	2.1	2.1	2.2	2.3	2.2	2.3	2.3
丧偶	23.4	23.2	23.3	23.3	22.3	22.7	22.4

3. 残疾儿童监护人以父母双方为主

2013年度，17岁及以下残疾儿童中父母双方为监护人的占85.4%，比上年度增加1.6个百分点，父母一方为监护人的占5.5%，比上年度减少0.5个百分点，父母以外人员为监护人的占9.1%，比上年度减少1.1个百分点。父母监护更有利于残疾儿童成长，因此需要特别关注监护人不是父母的残疾儿童成长状况（见表8-5-2）。

表8-5-2 17岁及以下残疾儿童的监护人构成 （单位:%）

	2007	2008	2009	2010	2011	2012	2013
父母双方	82.8	84.2	85.4	86.0	84.9	83.8	85.4
父亲或母亲	5.5	4.9	5.2	5.4	5.3	6.0	5.5
祖父母或外祖父母	8.2	7.8	7.3	6.7	7.0	7.7	7.1
其他亲属或其他非亲属	3.5	3.1	2.1	1.9	2.9	2.5	2.0

4. 残疾人家庭住房状况有所改善

2013年度，残疾人家庭住房状况发生改变的占全部监测家庭的3.0%，其中，有3.2%的农村残疾人家庭住房状况发生改变，2.5%的城镇残疾人家庭住房状况发生改变。城镇残疾人家庭人均住房建筑面积18.9平方米，农村残疾人家庭人均住房建筑面积23.9平方米，分别比上年度增加0.4平方米和1.3平方米。

5. 残疾人家庭人均收入明显提高

2013年度，城镇残疾人家庭人均可支配收入15851.4元，比上年度增加1800.5元；农村残疾人家庭人均纯收入7829.9元，比上年度增加858.5元。

从残疾人家庭人均收入结构看，与上年度相比，城乡残疾人家庭收入的增加主要是由于转移性收入和工薪年收入的提高（见表8-5-3、表8-5-4）。

表8-5-3 城镇残疾人家庭分项人均收入比较 （单位：元）

	2007	2008	2009	2010	2011	2012	2013
可支配收入	7356.6	8487.2	8578.1	9365.8	11757.7	14050.9	15851.4
工薪年收入	2676.0	2786.7	3086.4	3238.8	4393.0	5076.7	5725.6
经营年净收入	484.0	580.9	434.1	380.3	528.9	973.3	952.6
财产性年收入	198.9	179.1	339.7	291.9	422.4	428.2	471.8
转移性年收入	4255.5	5211.0	4978.6	5735.2	6826.3	8081.8	9287.4

表8-5-4 农村残疾人家庭分项人均收入比较 （单位：元）

	2007	2008	2009	2010	2011	2012	2013
纯收入	3101.0	3803.6	4066.1	4739.2	5998.2	6971.4	7829.9
工薪年收入	1326.7	1636.2	1689.1	2037.2	2663.6	3117.3	3637.3
经营年总收入	1615.6	2023.6	2417.8	2548.0	3117.8	2979.6	3049.0
财产性年收入	185.8	166.3	121.6	100.5	141.6	229.0	166.3
转移性年收入	582.2	734.5	724.8	890.4	1091.9	1734.8	2138.3

6. 残疾人家庭消费性支出增加

2013年度，城镇残疾人家庭人均消费性支出为9674.5元，比上年度增加了944.3元；农村残疾人家庭人均消费性支出为5788.8元，比上年度增加了585.2元。城镇和农村残疾人家庭的消费性支出与上年度相比均有增加。

2013年度，城镇残疾人家庭人均消费性支出排在前三位的依次是食品支出、医疗保健支出和居住支出，分别占48.4%、18.5%和13.1%，比上年度分别增加了439.6元、198.7元和139.9元（见表8-5-5）。

表8-5-5 城镇残疾人家庭分项人均消费性年支出 （单位：元）

	2007	2008	2009	2010	2011	2012	2013
合计	5484.4	6257.0	6206.2	6576.0	7585.2	8730.2	9674.5
食品	2400.8	2954.6	2774.4	3051.2	3706.2	4244.1	4683.7
衣着	257.4	293.1	292.4	306.1	383.7	449.2	502.7
设备用品	122.7	113.6	119.8	146.7	153.6	166.1	207.9
医疗保健	1127.2	1150.0	1241.3	1333.9	1512.7	1590.7	1789.4
交通和通信	327.0	346.3	359.9	355.1	420.4	544.2	550.1
教育和文化	390.0	374.1	352.3	335.6	328.2	420.4	455.8
居住	746.8	882.7	932.8	904.8	922.9	1127.8	1267.7
杂项商品	112.4	142.8	133.3	142.7	157.4	187.7	217.2

2013年度，农村残疾人家庭人均消费性支出排在前三位的依次是食品支出、医疗保健支出和居住支出。食品支出占支出的48.5%，比上年度增加了288.1元；医疗保健支出占支出的17.8%，比上年度增加了148.4元；居住支出占支出的16.0%，比上年度增加了66.3元（见表8-5-6）。

表8-5-6 农村残疾人家庭分项人均消费性年支出 （单位：元）

	2007	2008	2009	2010	2011	2012	2013
合计	2791.6	3225.4	3584.5	4051.5	4595.6	5203.6	5788.8
食品	1332.4	1660.2	1686.4	1918.8	2313.6	2521.6	2809.7
衣着	141.8	154.9	171.4	184.1	230.9	253.7	281.6
设备用品	40.4	47.5	54.7	69.4	75.3	74.4	75.8

续 表

	2007	2008	2009	2010	2011	2012	2013
医疗保健	465.1	449.1	551.1	602.0	771	884.4	1032.8
交通和通信	177.2	198.3	221.8	248.5	271.8	305.2	326.2
教育和文化	176.0	158.8	182.7	181.6	201.2	208.6	230.0
居住	402.2	492.0	645.6	772.2	648	860.1	926.4
杂项商品	56.6	64.6	70.7	75.0	83.9	95.4	106.4

2013 年度，城镇和农村残疾人家庭恩格尔系数分别为 48.4% 和 48.5%，与上年度相比，城镇下降了 0.2 个百分点，农村则持平（见表 8－5－7）。

表 8－5－7　残疾人家庭恩格尔系数（单位:%）

	2007	2008	2009	2010	2011	2012	2013
城镇	43.8	47.2	44.7	46.4	48.9	48.6	48.4
农村	47.7	51.5	47.0	47.4	50.3	48.5	48.5

7. 残疾人家庭移动电话和家用电器拥有比例上升

2013 年度，城镇残疾人家庭拥有固定电话的比例为 53.2%，手机或小灵通为 78.5%，彩电为 94.2%，电冰箱为 77.0%，洗衣机为 76.6%，电脑为 28.2%；农村残疾人家庭拥有固定电话的比例为 24.8%，手机或小灵通为 65.5%，彩电为 82.1%，电冰箱为 40.6%，洗衣机为 44.1%，电脑为 6.9%。城乡差距较大的为电冰箱和洗衣机的拥有比例，城镇比农村分别高 36.4 和 32.5 个百分点。

2013 年度，城镇残疾人家用电脑可以上网的比例为 91.1%，比上年度上升了 0.3 个百分点，农村残疾人家用电脑可以上网的比例为 85.2%，比上年度下降了 0.4 个百分点；城镇残疾人本人使用电脑的比例为 32.7%，比上年度上升了 2.5 个百分点，农村残疾人本人使用电脑的比例为 20.1%，比上年度上升了 0.1 个百分点。从近四年的趋势来看，城镇残疾人使用电脑的比例增加了 10.2 个百分点，但农村残疾人仅增加了 2.1 个百分点（见表 8－5－8、表 8－5－9）。

表 8－5－8　城镇残疾人家庭家用电器拥有率（单位:%）

	2007	2008	2009	2010	2011	2012	2013
固定电话	68.0	67.7	51.7	51.3	48.7	56.3	53.2
手机或小灵通	43.6	48.2	44.7	49.2	59.3	74.4	78.5
彩电	89.3	91.1	77.7	79.7	83.0	93.6	94.2
电冰箱	60.6	63.0	48.7	52.1	58.0	74.2	77.0
洗衣机	61.7	65.3	51.2	53.5	58.7	75.2	76.6
电脑	13.6	14.9	13.0	14.5	17.9	25.2	28.2
其中：							
电脑上网比例	—	—	—	84.5	89.6	90.8	91.1
残疾人使用电脑的比例	—	—	—	22.5	28.2	30.2	32.7

表 8－5－9　农村残疾人家庭家用电器拥有率（单位:%）

	2007	2008	2009	2010	2011	2012	2013
固定电话	37.7	36.9	37.0	35.7	31.1	27.8	24.8
手机或小灵通	26.1	32.5	43.1	50.0	62.2	61.6	65.5
彩电	58.6	65.0	72.4	76.2	82.2	81.1	82.1
电冰箱	11.8	13.8	16.2	20.8	31.8	34.6	40.6
洗衣机	20.3	23.7	28.2	33.0	39.7	40.5	44.1
电脑	0.9	1.4	2.1	2.9	4.8	5.9	6.9
其中：							
电脑上网比例	—	—	—	80.4	84.9	85.6	85.2
残疾人使用电脑的比例	—	—	—	18.0	18.9	20.0	20.1

8. 残疾人家庭人均生活用电量上升

2013 年度，城镇和农村残疾人家庭月人均生活用电量均有上升。其中，城镇残疾人家庭月人均生活用电量达到 39.8 度，比上年度增加 2.1 度；农村残疾人家庭月人均生活用电量达到 18.8 度，比上年度增加 2.1 度（见表 8－5－10）。

表 8－5－10 残疾人家庭月人均用电量 （单位：度）

	2007	2008	2009	2010	2011	2012	2013
城镇	26.0	28.5	25.1	26.5	31.2	37.7	39.8
农村	8.2	10.0	10.8	11.9	15.5	16.7	18.8

（二）残疾人基本情况

1. 残疾人接受康复服务比例有所提高。

自 2007 年度以来，残疾人接受过康复服务比例呈逐年上升趋势。2013 年度，至少接受过一项康复服务的比例为 58.3%，比上年度提高了 3.1 个百分点（表 8－5－11）。

表 8－5－11 全国残疾人接受过各项康复服务比例 （单位:%）

	2007	2008	2009	2010	2011	2012	2013
治疗与康复训练	9.7	10.5	10.7	13.6	13.7	20.2	23.3
辅助器具配置	4.1	5.5	5.5	8.4	9.0	14.2	16.3
心理疏导	4.2	5.9	5.2	6.7	8.3	12.8	13.9
康复知识普及	5.2	7.3	7.3	13.7	18.5	26.9	31.2
诊断和需求评估 *	—	—	—	—	14.8	11.2	12.5
居家服务、日间照料与托养 *	—	—	—	—	11.8	13.9	14.3
残疾人及亲友培训 *	—	—	—	—	3.4	6.3	6.9
随访和评估服务 *	—	—	—	—	4.9	11.4	12.1
其他康复服务 *	—	—	—	—	11.4	19.4	24.4
至少接受过一项康复服务	19.0	23.3	23.0	33.5	47.4	55.2	58.3

注：* 为 2011 年度新增的康复服务指标选项。

2013 年度，城镇残疾人至少接受过一项康复服务的比例为 64.8%，比上年度上升了 1.8 个百分点；农村残疾人接受过康复服务的比例为 56.1%，比上年度上升了 3.5 个百分点。这表明政府与社会提供康复服务的能力有所提高，残疾人受益面扩大（表 8－5－12、表 8－5－13）。

表 8－5－12 城镇残疾人接受过各项康复服务比例 （单位:%）

	2007	2008	2009	2010	2011	2012	2013
治疗与康复训练	13.8	15.5	13.0	14.1	15.6	24.5	27.1
辅助器具配置	7.6	9.1	8.4	11.5	12.3	18.4	20.7
心理疏导	6.1	10.0	6.4	7.0	8.8	15.6	16.4
康复知识普及	10.5	14.8	11.9	18.1	24.0	35.4	37.4
诊断和需求评估 *	—	—	—	—	12.4	13.7	13.6
居家服务、日间照料与托养 *	—	—	—	—	11.9	14.2	13.5
残疾人及亲友培训 *	—	—	—	—	3.0	7.2	8.3
随访和评估服务 *	—	—	—	—	4.6	10.9	13.4
其他康复服务 *	—	—	—	—	11.4	18.2	21.5
至少参加过一项康复服务	29.5	36.6	29.8	38.5	51.4	63.0	64.8

注：* 为 2011 年度新增的康复服务指标选项。

表 8－5－13　农村残疾人接受过各项康复服务比例　（单位:%）

	2007	2008	2009	2010	2011	2012	2013
治疗与康复训练	8.4	9.0	9.5	13.3	12.7	18.7	22.1
辅助器具配置	3.0	4.4	3.9	6.7	7.3	12.8	14.9
心理疏导	3.6	4.6	4.5	6.6	8.0	11.8	13.1
康复知识普及	3.6	4.9	4.7	11.4	15.7	24.1	29.1
诊断和需求评估＊	—	—	—	—	16.1	10.4	12.1
居家服务、日间照料与托养＊	—	—	—	—	11.8	13.8	14.6
残疾人及亲友培训＊	—	—	—	—	3.6	6.0	6.5
随访和评估服务＊	—	—	—	—	5.0	11.6	11.7
其他康复服务＊	—	—	—	—	11.4	19.8	25.3
至少参加过一项康复服务	15.7	19.2	19.3	30.8	45.4	52.6	56.1

注：＊为 2011 年度新增的康复服务指标选项。

2013 年度，各类残疾人在一年内接受过康复服务的比例相比上年度均有增加，其中言语残疾人、智力残疾人和精神残疾人接受康复服务的比例增加较为明显，分别比上年度增加 8.1、5.9 和 5.3 个百分点（见表 8－5－14）。

表 8－5－14　分残疾类别接受过康复服务的残疾人比例　（单位:%）

	2007	2008	2009	2010	2011	2012	2013
视力残疾	16.2	21.7	21.3	31.9	47.7	54.5	58.3
听力残疾	13.1	16.1	17.1	25.2	42.4	49.2	51.9
言语残疾	15.6	17.0	19.1	22.4	39.6	47.1	55.2
肢体残疾	22.1	25.1	24.5	35.9	48.4	57.2	60.6
智力残疾	17.0	20.0	19.5	30.3	44.5	51.4	57.3
精神残疾	32.1	42.1	41.3	55.7	64.0	72.4	77.7
多重残疾	20.1	25.9	24.1	36.0	46.8	55.0	59.2

2. 残疾儿童接受义务教育比例略有提高，残疾人受教育程度总体稳定

2013 年度，全国 6—14 岁残疾儿童接受义务教育的比例为 72.7%，比上年度提高 0.8 个百分点（见表 8－5－15）。2007 年以来，随着义务教育阶段“两免一补”等教育救助政策逐步加强并全面施行，残疾儿童接受义务教育的比例呈现上升的趋势。

表 8－5－15　6—14 岁残疾儿童接受义务教育比例　（单位:%）

	2007	2008	2009	2010	2011	2012	2013
全国	63.3	63.8	69.5	71.4	72.1	71.9	72.7

从 6—17 岁残疾儿童就读学校的类型看，2013 年度与上年度相比，就读普通小学的比例有所下降，就读普通中学的比例有所上升（见表 8－5－16）。

表 8－5－16　6—17 岁全国残疾儿童就读学校类型构成　（单位:%）

	2007	2008	2009	2010	2011	2012	2013
普通小学	73.0	72.0	74.5	73.0	68.2	61.5	59.6
普通中学	17.1	18.1	15.3	16.5	20.2	23.5	24.7
特殊教育学校	5.0	6.2	7.1	7.1	6.5	8.9	8.9
普通教育学校特教班	0.7	0.5	0.6	0.7	0.1	0.3	0.1
普通高中	2.8	2.1	2.0	1.6	2.5	3.4	4.1
中等职业学校	1.4	1.1	0.6	1.1	2.4	—	—
普通中等职业学校＊	—	—	—	—	—	2.1	2.3
残疾人中等职业学校＊	—	—	—	—	—	0.3	0.3

注：原“中等职业学校”选项从 2012 年度细分为“普通中等职业技术学校”与“残疾人中等职业技术学校”。

18岁及以上残疾人总体受教育程度不高，2013年度各类受教育程度比例与上年度基本一致（见表8－5－17）。

表8－5－17 18岁及以上残疾人的受教育程度构成 （单位:%）

	2007	2008	2009	2010	2011	2012	2013
从未上过学	42.4	42.1	41.8	40.9	37.7	36.9	36.3
小学	35.1	35.0	34.8	35.2	36.9	37.6	38.0
初中	15.8	15.9	16.5	16.7	18.0	18.2	18.4
高中	3.9	4.0	4.1	4.3	4.4	4.5	4.3
中专教育	1.5	1.5	1.5	1.5	1.4	1.3	1.4
大学专科	0.8	1.0	0.9	1.0	1.0	1.0	1.1
大学本科及以上	0.5	0.5	0.5	0.5	0.5	0.5	0.5

3. 残疾人就业比例比上年度略有波动，未就业原因及生活来源与上年度基本一致

2013年度，劳动年龄段生活能够自理的城镇残疾人就业比例为37.3%，农村为47.3%，与上年度相比，城镇基本持平，农村略有下降。

残疾人找工作的主要途径是熟人介绍，其中，城镇为66.4%，农村为75.7%。2013年度全国寻找工作的残疾人中，通过残疾人就业服务机构找工作的比例为45.6%，比上年度增加4.8个百分点，尤其是城镇增加了12.5个百分点（见表8－5－18）。

2013年度，城镇残疾人登记失业率为10.8%，比上年度的9.2%上升了1.6个百分点。

表8－5－18 残疾人找工作的途径 （单位:%）

	全国				城镇				农村			
	2010	2011	2012	2013	2010	2011	2012	2013	2010	2011	2012	2013
网络就业信息	2.0	4.8	6.9	9.1	3.3	6.4	8.5	16.0	0.9	3.3	5.4	4.2
公共就业服务机构	12.2	12.4	12.4	14.1	19.4	17.7	16.4	23.7	5.6	7.5	8.6	7.4
残疾人就业服务机构	38.1	35.7	40.8	45.6	42.2	40.0	48.6	61.1	34.3	31.7	33.3	34.9
招聘会	11.3	11.5	17.1	16.3	19.0	17.7	25.4	30.5	4.3	5.8	9.1	6.3
熟人介绍	61.7	59.1	64.2	71.9	62.6	65.9	61.6	66.4	60.9	52.9	66.7	75.7
自主创业或灵活就业	16.9	26.3	25.3	19.4	23.7	20.1	23.7	17.6	10.7	32.1	26.9	20.6
其他	33.3	29.4	24.2	31.9	19.4	25.9	22.6	21.4	45.9	32.5	25.8	39.2

2013年度，在生活能自理的18到59岁的男性和18到54岁的女性残疾人中，未就业原因中排在前三位的是：城镇依次为丧失劳动能力（占29.4%）、离退休（占20.6%）、其他原因（占20.2%）；农村依次为丧失劳动能力（占34.7%）、其他原因（占29.6%）、料理家务（占28.0%）。与上年度相比，城镇和农村未就业原因比例基本稳定（见表8－5－19、表8－5－20）。

表8－5－19 城镇残疾人未就业原因构成 （单位:%）

	2007	2008	2009	2010	2011	2012	2013
在校学生	0.8	1.3	1.0	1.0	1.1	1.5	1.4
离退休	21.2	23.1	17.1	18.0	16.7	19.4	20.6
料理家务	12.1	15.8	13.5	14.5	13.4	12.9	12.5
丧失劳动能力	20.9	19.8	28.8	27.1	29.2	26.4	29.4
毕业后未就业	3.2	2.6	2.7	2.4	2.2	2.5	1.7
因单位原因	18.6	15.6	11.2	8.8	7.2	7.0	6.4
因个人原因	9.2	7.2	7.3	7.3	7.1	6.8	7.6
承包土地被征用	1.5	0.3	0.7	0.4	0.9	0.3	0.3
其他	12.6	14.3	17.8	20.4	22.1	23.3	20.2

表8－5－20 农村残疾人未就业原因构成 （单位:%）

	2007	2008	2009	2010	2011	2012	2013
在校学生	1.0	1.3	1.5	1.5	1.2	1.0	1.3
离退休	0.6	0.8	0.3	0.3	0.5	0.8	0.9
料理家务	34.6	32.9	32.8	31.8	31.4	29.0	28.0

续 表

	2007	2008	2009	2010	2011	2012	2013
丧失劳动能力	40.8	38.1	37.3	33.6	34.9	35.4	34.7
毕业后未就业	1.0	0.9	1.2	0.9	1.0	0.7	0.6
因单位原因	0.8	0.6	0.4	0.4	0.4	0.5	0.4
因个人原因	3.7	3.3	2.7	2.9	3.8	3.9	4.1
承包土地被征用	1.3	0.9	0.3	0.8	0.5	0.4	0.4
其他	16.1	21.2	23.5	27.8	26.4	28.3	29.6

2013 年度有劳动能力未就业残疾人的生活主要来源：城镇依次为家庭其他成员供养（占41.6%）、领取基本生活费（占28.2%）、离退休金（占20.9%）；农村依次为靠家庭其他成员供养（占68.5%）、领取基本生活费（占15.3%）、其他（占14.2%）。与上年度相比，城乡残疾人领取基本生活费的比例均有所下降（见表8-5-21、表8-5-22）。

表8-5-21 城镇未就业残疾人的生活来源构成 （单位:%）

	2007	2008	2009	2010	2011	2012	2013
离退休金	21.5	23.7	17.4	18.2	16.9	19.5	20.9
领取基本生活费	36.2	31.0	31.4	35.0	32.2	31.2	28.2
家庭其他成员供养	35.3	39.6	40.5	37.6	40.0	40.4	41.6
财产性收入	0.6	0.8	1.6	1.4	1.4	1.3	1.5
保险性收入	0.3	0.0	0.2	0.1	0.1	0.1	0.2
其他	6.1	4.9	8.9	7.6	9.4	7.6	7.6

表8-5-22 农村未就业残疾人的生活来源构成 （单位:%）

	2007	2008	2009	2010	2011	2012	2013
离退休金	0.7	0.9	0.3	0.3	0.5	1.0	0.9
领取基本生活费	9.3	11.1	10.1	14.0	13.5	17.3	15.3
家庭其他成员供养	76.3	73.9	76.9	70.0	72.3	67.8	68.5
财产性收入	3.2	2.0	1.1	0.7	1.0	1.0	1.0
保险性收入	0.0	0.1	0.0	0.1	0.0	0.0	0.0
其他	10.5	11.9	11.5	15.0	12.7	13.0	14.2

4. 残疾人的社会保障状况有所改善

（1）城镇残疾人参加社会保险比例提高

2007—2013 年度，城镇残疾人参加社会保险比例不断提高。2013 年度城镇残疾人参加基本养老保险的比例为74.4%，比上年度增加了2.1个百分点，参加基本医疗保险比例增加了0.4个百分点。但2013年度仍有5.4%的城镇残疾人没有参加任何一种社会保险，应予以关注（见表8-5-23、表8-5-24、表8-5-25）。

表8-5-23 16岁及以上城镇残疾人参加社会保险情况 （单位:%）

	2007	2008	2009	2010	2011	2012	2013
至少参加了一种社会保险	42.1	62.6	64.3	76.1	80.9	94.7	94.6
参加基本养老保险	33.3	41.6	42.1	47.4	58.4	72.3	74.4
参加基本医疗保险	36.0	58.6	62.1	74.4	78.5	93.3	93.7

表8-5-24 16岁及以上城镇职工残疾人参加社会保险情况 （单位:%）

	2008	2009	2010	2011	2012	2013
至少参加了一种社会保险	70.9	92.6	95.6	97.2	98.1	97.0
参加基本养老保险	64.9	83.8	83.2	91.4	93.4	94.5
参加基本医疗保险	70.6	89.6	93.5	95.2	97.2	96.2
参加失业保险	7.9	8.9	10.0	11.8	10.8	13.3
参加工伤保险	3.9	6.1	6.5	9.1	9.0	12.1
参加生育保险	2.9	3.5	4.6	7.3	6.3	10.4

表 8－5－25 16 岁及以上城镇居民残疾人参加社会保险情况 （单位：%）

	2008	2009	2010	2011	2012	2013
至少参加了一种社会保险	46.4	63.7	75.8	87.4	90.7	91.4
参加基本养老保险	12.4	13.3	19.4	35.2	47.9	49.1
参加基本医疗保险	43.6	61.4	74.5	83.6	88.9	90.5

（2）农村残疾人参加新型农村养老保险比例有所提高

2013 年度，农村残疾人参加新型农村养老保险的比例为 84.7%，比上年度提高了 2.4 个百分点。这说明新型农村养老保险自 2009 年 8 月试点以来所覆盖的残疾人群不断扩大。

（3）农村残疾人参加新型农村合作医疗比例较为稳定

2007—2013 年度，农村残疾人中参加了新型农村合作医疗的比例不断上升，由 2007 年度的 84.4% 上升到 2013 年度的 97.1%（见表 8－5－26）。这说明，由于政府补贴政策的落实和残联的积极推动，绝大多数农村残疾人参加了“新农合”。2013 年度，参加“新农合”的残疾人中，有 93.2% 在 1 年内看过病。

表 8－5－26 农村残疾人参加新型农村合作医疗保险的比例 （单位：%）

	2007	2008	2009	2010	2011	2012	2013
全国	84.4	93.5	94.4	96.0	97.4	97.0	97.1

（4）残疾人领取最低生活保障金和救济的比例有所波动

2013 年度，城镇残疾人领取最低生活保障金的比例比上年度略有下降，农村残疾人领取比例有所上升。在获得救济（包括现金或实物）方面，城镇和农村残疾人都有不同程度的下降，其中城镇下降 0.2 个百分点，农村下降 3.9 个百分点（见表 8－5－27、表 8－5－28）。

表 8－5－27 城镇残疾人领取最低生活保障金和获得救济的比例 （单位：%）

	2007	2008	2009	2010	2011	2012	2013
领取最低生活保障金的比例	19.7	21.3	22.6	24.0	23.7	22.6	21.7
获得救济的比例	22.2	26.7	26.6	26.9	25.9	27.0	26.8

表 8－5－28 农村残疾人领取最低生活保障金和获得救济的比例 （单位：%）

	2007	2008	2009	2010	2011	2012	2013
领取最低生活保障金的比例	12.5	19.6	23.6	28.6	28.1	29.9	30.6
获得救济的比例	26.6	28.8	27.2	27.7	25.7	32.8	28.9

（5）城乡残疾人家庭的生活和医疗救助需求比例依然很高

2007—2013 年度，生活救助和医疗救助始终是城乡残疾人家庭最迫切的需求。2013 年度城镇 41.8%、农村 65.6% 的残疾人家庭有生活救助需求，城镇 52.5%、农村 59.7% 的残疾人家庭有医疗救助需求（见表 8－5－29、表 8－5－30）。

表 8－5－29 城镇残疾人家庭救助需求情况 （单位：%）

	2007	2008	2009	2010	2011	2012	2013
医疗救助	57.8	54.3	56.3	54.3	54.9	52.7	52.5
生活救助	41.4	40.6	49.5	48.7	50.3	45.2	41.8
康复救助	30.1	27.9	26.5	24.1	24.8	25.6	26.0
教育救助	10.4	10.3	7.6	7.0	5.8	7.6	7.8

表 8－5－30 农村残疾人家庭救助需求情况 （单位：%）

	2007	2008	2009	2010	2011	2012	2013
医疗救助	69.1	66.8	66.2	63.5	63.6	62.3	59.7
生活救助	60.2	61.8	65.0	66.2	66.6	68.6	65.6
康复救助	37.9	35.6	32.0	30.5	29.4	29.8	27.5
教育救助	14.7	12.7	13.9	13.2	11.3	10.2	9.3

5. 残疾人生活的社会环境有所改善

（1）残疾人接受社区服务比例有所上升，满意度与上年度持平

2013 年度，残疾人接受社区服务的比例由上年度的

43.6%上升至44.3%，其中城镇残疾人接受社区服务的比例从52.3%提高到52.6%，农村由40.7%提高到41.5%。

2013年度，全国残疾人对社区服务持非常满意或满意态度的比例与上年度持平（见表8－5－31、表8－5－32、表8－5－33）。

表8－5－31　全国残疾人对社区服务的满意度评价　（单位:%）

	2007	2008	2009	2010	2011	2012	2013
非常满意或满意	84.8	86.7	88.4	86.7	91.9	92.4	92.4
一般	15.1	13.1	11.4	13.2	8.0	7.6	7.6
不满意	0.1	0.2	0.2	0.1	0.1	0.0	0.0

表8－5－32　城镇残疾人对社区服务的满意度评价　（单位:%）

	2007	2008	2009	2010	2011	2012	2013
非常满意或满意	86.7	86.5	88.5	87.9	94.3	94.6	94.4
一般	13.2	13.5	11.5	12.0	5.7	5.4	5.6
不满意	0.1	0.0	0.2	0.1	0.0	0.0	0.0

表8－5－33　农村残疾人对社区服务的满意度评价　（单位:%）

	2007	2008	2009	2010	2011	2012	2013
非常满意或满意	83.4	86.9	88.3	85.7	90.3	91.5	91.6
一般	16.5	12.8	11.4	14.1	9.6	8.5	8.4
不满意	0.1	0.3	0.2	0.1	0.1	0.0	0.0

（2）残疾人参与社区文体活动比例较低

2013年度，全国残疾人经常参加社区文化、体育活动的比例仅为8.2%，比上年度增加了0.4个百分点。其中城镇残疾人经常参加社区文体活动的比例为10.4%，与上年度持平；农村残疾人经常参加社区文体活动的比例为7.5%，比上年度上升了0.6个百分点（见表8－5－34、表8－5－35、表8－5－36）。

表8－5－34　全国残疾人参加社区文化、体育活动情况　（单位:%）

	2007	2008	2009	2010	2011	2012	2013
经常参加	4.7	5.7	5.4	5.4	6.3	7.8	8.2
很少参加	20.1	24.5	24.5	28.3	32.4	36.5	34.9
从不参加	75.2	69.8	70.1	66.3	61.3	55.7	57.0

表8－5－35　城镇残疾人参加社区文化、体育活动情况　（单位:%）

	2007	2008	2009	2010	2011	2012	2013
经常参加	7.7	8.4	6.3	6.4	7.4	10.4	10.4
很少参加	21.1	24.7	23.7	27.5	31.5	37.5	35.8
从不参加	71.2	66.9	70.0	66.1	61.1	52.1	53.8

表8－5－36　农村残疾人参加社区文化、体育活动情况　（单位:%）

	2007	2008	2009	2010	2011	2012	2013
经常参加	3.8	4.8	4.9	4.9	5.7	6.9	7.5
很少参加	19.8	24.5	25.0	28.7	32.8	36.1	34.5
从不参加	76.4	70.7	70.1	66.4	61.5	56.9	58.0

（3）城镇残疾人对无障碍设施的满意度提高

2007—2013年度，城镇残疾人对无障碍设施和服务表示非常满意或满意的比例持续上升，2013年度满意度达到84.6%，与上年度相比，上升了3.1个百分点（见表8－5－37）。

表8－5－37　城镇残疾人对无障碍设施和服务的满意度　（单位:%）

	2007	2008	2009	2010	2011	2012	2013
非常满意或满意	48.0	62.9	66.9	69.4	77.9	81.5	84.6
一般	48.5	34.5	31.5	29.2	20.4	17.8	15.1
不满意	3.5	2.6	1.5	1.4	1.7	0.7	0.3

（4）残疾人法律服务、法律援助或司法救助服务仍需加强

2007—2013 年度，有法律服务需求的残疾人家庭比例持续下降，为残疾人提供法律服务的比例则连续上升。在接受过法律服务的残疾人家庭中，感到非常满意或满意的家庭比例有所下降，2013 年度为 87.2%，比上年度低 2.4 个百分点（见表 8－5－38）。

表 8－5－38 残疾人家庭接受法律服务情况 （单位:%）

	2007	2008	2009	2010	2011	2012	2013
接受过法律服务的比例	4.8	6.8	6.9	7.8	12.7	14.2	23.5
接受过法律服务的满意度							
非常满意和满意	84.4	85.8	86.6	90.4	93.1	89.6	87.2
一般	14.7	12.3	10.9	7.0	6.6	10.4	10.8
不满意	0.9	2.0	2.5	2.7	0.3	0.0	2.0

2013 年度，在接受过法律援助或司法救助的残疾人家庭中，持非常满意或满意态度的比例为 84.6%，较上年度下降 2 个百分点（见表 8－5－39）。

表 8－5－39 对法律援助或司法救助的满意度 （单位:%）

	2007	2008	2009	2010	2011	2012	2013
非常满意和满意	84.5	81.3	81.6	80.6	91.5	86.6	84.6
一般	15.5	18.7	15.4	14.6	8.5	13.4	15.4
不满意	0.0	0.0	2.9	4.8	0.0	0.0	0.0

二、2013 年度中国残疾人小康进程监测结果

（一）2013 年度残疾人小康进程继续向前迈进

监测显示，2013 年度残疾人小康指数[1]达 71.1%，比上年度提高 2.7 个百分点（表 9－5－40 见下页），残疾人小康进程继续向前迈进。

在监测的 17 项指标中，有 11 项指标指数有所提高，其中残疾人家庭人均可支配收入、残疾人家庭人均生活用电量、残疾人家庭人均住房使用面积、康复服务覆盖率、残疾人对无障碍环境的满意率、百户残疾人家庭家用电脑拥有量等六项指标提高较快，分别比上年度提高 7.8、5.0、3.7、3.4、3.4 和 2.8 个百分点。从指数的大小来看，农村残疾人参加新农合覆盖率基本达到小康目标，法律服务满意率、残疾人对无障碍环境的满意率、适龄残疾人在婚率、城镇残疾人基本社会保险覆盖率、百户残疾人家庭彩色电视机拥有量、残疾人家庭恩格尔系数、残疾人家庭人均住房使用面积、学龄残疾儿童接受义务教育比例、残疾人家庭人均可支配收入、百户残疾人家庭电话拥有量、康复服务覆盖率、残疾人家庭人均生活用电量等指标的指数均在 60% 以上。这些指标的指数提高说明残疾人生活得到改善，反映出一系列改善民生措施的成效。

1. 残疾人生存状况逐渐得到改善，指数达 75.7%，比上年度提高 4.8 个百分点

残疾人生存状况是整个监测指标体系中最重要的部分，直接反映残疾人的生活状况，是残疾人实现全面小康的前提，它包括残疾人的收入、消费、住房和婚姻状况等。2013 年度残疾人生存状况指数由上年度的 70.9% 上升到 75.7%，提高 4.8 个百分点。从各监测指标来看：

（1）残疾人家庭人均收入继续提高。残疾人家庭人均可支配收入是反映残疾人家庭生活水平和生活质量改善的基础和核心指标。监测显示，2013 年度残疾人家庭人均可支配收入指数由 2012 年度的 62.4% 上升到 70.3%，比上年度提高 7.9 个百分点。从绝对量上看，2013 年度，城镇残疾人家庭人均可支配收入由上年度的 14050.9 元上升到 15851.4 元，增加 1800.5 元；农村残疾人家庭人均纯收入由上年度的 6971.4 元上升到 7829.9 元，增加 858.5 元。

（2）残疾人家庭恩格尔系数与上年度基本持平。恩格尔系数是衡量居民生活质量的重要指标。一般来说，随着居民生活水平的提高，恩格尔系数呈下降的趋势。2013 年度残疾人家庭恩格尔系数为 48.5%，与上年度基本持平。其中，城镇残疾人家庭恩格尔系数为 48.4%，比上年度的 48.6% 略有下降；农村残疾人家庭恩格尔系数为 48.5%，与上年度持平。联合国粮农组织提出，恩格尔系数在 60% 以上为贫困，50%—60% 为温饱，40%—50% 为小康（总体小康），30%—40% 为富裕（全面小康），低于 30% 为最富裕（现代化）。根据这一标准，

（1） 残疾人小康指数是由 17 个单项指标指数加权获得，某一方面指数是由反映该方面的各单项指数加权获得；单项指标指数是由该指标实际值与目标值对比获得。需要说明的是，2013 年度残疾人小康指数达到 71.1%，不是指有 71.1% 的残疾人达到了小康水平，而是各项监测指标实际值与目标值对比的一个综合结果，指数越高，表明监测指标实际值越接近于目标值。残疾人小康监测就是观察从 2007 年以来残疾人小康指数变化过程。

表 8-5-40 2008—2013 年度残疾人小康进程监测结果

指标体系	单位	权重	目标值	2008 年度		2009 年度		2010 年度		2011 年度		2012 年度		2013 年度	
				实际值	实现程度（%）	实际值	实现程度（%）	实际值	实现程度（%）	实际值	实现程度（%）	实际值	实现程度（%）	实际值	实现程度（%）
一、生存状况		45			53.5		56.9		59.4		65.2		70.9		75.7
（一）收入状况		20													
1. 残疾人家庭人均可支配收入	元	20	≥15000	4972	33.1	5672	37.8	6345	42.3	7945	53.0	9364	62.4	10541	70.3
（二）消费状况		10													
2. 残疾人家庭恩格尔系数	%	5	≤40	50.4	79.3	46.2	86.6	47.0	85.1	49.8	80.3	48.5	82.5	48.5	82.5
3. 残疾人家庭人均生活用电量	千瓦小时	5	≥500	172.4	34.5	190.8	38.2	203.3	40.7	249.3	49.9	285.6	57.1	310.8	62.2
（三）居住状况		10													
4. 残疾人家庭人均住房使用面积	平方米	10	≥27	19.6	72.5	19.8	73.2	20.3	75.0	20.8	77.0	21.2	78.6	22.2	82.3
（四）婚姻状况		5													
5. 适龄残疾人在婚率	%	5	≥70	63.1	90.1	63.0	89.9	62.5	89.3	63.5	90.7	63.9	91.3	63.7	91.0
二、发展状况		35			38.7		41.7		46.1		51.3		55.3		56.6
（五）康复状况		8													
6. 康复服务覆盖率	%	8	≥90	23.3	25.9	23.0	25.6	33.5	37.2	47.4	52.7	55.2	61.3	58.3	64.8
（六）教育状况		6													
7. 学龄残疾儿童接受义务教育比例	%	6	≥95	63.8	67.1	69.5	73.2	71.4	75.2	72.1	75.9	71.9	75.7	72.7	76.5
（七）就业状况		6													
8. 城镇残疾人登记失业率	%	6	≤6	12.6	0.0	13.6	0.0	8.6	0.0	9.9	0.0	9.2	0.0	10.8	0.0
（八）社会保障		8													
9. 城镇残疾人基本社会保险覆盖率	%	4	≥95	38.8	40.8	52.1	54.8	60.9	64.1	68.5	72.1	82.8	87.2	84.1	88.5
10. 农村残疾人合作医疗覆盖率	%	4	≥95	93.5	98.4	94.4	99.4	96.0	100.0	97.4	100.0	97.0	100.0	97.1	100.0
（九）信息化水平		4													
11. 百户残疾人家庭电话拥有量	部	2	≥150	80.4	53.6	86.0	57.3	90.8	60.6	98.3	65.5	103.4	68.9	104.3	69.5
12. 百户残疾人家庭彩色电视机拥有量	台	1	≥100	71.2	71.2	74.3	74.3	77.4	77.4	82.5	82.5	85.3	85.3	86.2	86.2
13. 百户残疾人家庭家用电脑拥有量	台	1	≥60	4.6	7.7	6.0	10.0	6.9	11.5	9.2	15.4	12.4	20.7	14.1	23.5
（十）社会参与		3													
14. 社区活动参与率	%	3	≥90	30.2	33.6	29.9	33.2	33.7	37.4	38.7	43.0	44.3	49.2	43.1	47.9
三、环境状况		20			60.0		61.5		66.8		72.6		78.5		79.2
（十一）无障碍环境		7													
15. 残疾人对无障碍环境的满意率	%	7	≥90	62.9	69.9	66.8	74.3	69.4	77.1	77.9	86.6	81.5	90.6	84.6	94.0
（十二）社区服务		7													
16. 社区服务覆盖率	%	7	≥90	17.8	19.7	17.0	18.9	25.3	28.1	31.7	35.2	43.6	48.4	44.3	49.2
（十三）法律服务		6													
17. 法律服务满意率	%	6	≥90	85.8	95.3	86.6	96.2	90.4	100.0	93.1	100.0	89.6	99.6	87.2	96.9
残疾人奔小康实现程度	%	100			50.6		53.5		57.4		63.1		68.4		71.1

我国城乡残疾人家庭生活已进入总体小康。

（3）残疾人家庭电器化水平不高。居民用电量是反映居民家庭电器化普及程度的一个非常重要的指标，也是反映居民生活质量的重要指标。2013 年度，残疾人家庭人均生活用电量为 310.8 千瓦小时，比上年度增加 25.2 千瓦小时，其指数为 62.2%。2013 年度，城镇残疾人家庭每百户拥有彩电、电冰箱、洗衣机分别为 94.2 台、77.0 台、76.6 台，农村残疾人家庭分别为 82.1 台、40.6 台、44.1 台，均远低于城乡一般居民家庭水平，这说明我国城乡残疾人家庭电器化水平不高。

（4）残疾人家庭住房条件有所改善。居住水平是衡量居民生活水平高低的重要指标。2013 年度，残疾人家庭人均住房面积指数为 82.3%，比上年度提高 1.0 个百分点。从绝对量上看，2013 年度，城镇残疾人家庭人均住房面积为 18.9 平方米，比上年度的 18.5 平方米增加 0.4 平方米；农村残疾人家庭人均住房面积为 23.9 平方米，比上年度的 22.6 平方米增加 1.3 平方米。这说明我国政府将城乡残疾人优先纳入住房保障制度的各项政策措施初见成效。

（5）残疾人婚姻状况仍需关注。婚姻对于残疾人而言，不仅直接反映情感生活的丰富程度，也体现获得家庭生活和服务保障的水平。2013 年度，适龄残疾人在婚率（男 22 岁以上，女 20 岁以上）为 63.7%，从 2007—2013 年度的监测结果看，残疾人的在婚率基本维持在 63.0% 左右，远低于全社会 83.1% 左右的水平。因此，残疾人婚姻状况应受到关注。

2. 残疾人发展状况水平仍然较低，其指数为 56.6%，比上年度提高 1.3 个百分点

残疾人发展状况是整个指标体系中最能体现残疾人特殊性的部分，涵盖了残疾人工作的主要方面，它包括残疾人的康复、教育、就业、社会保障、信息化水平以及社会参与等方面的情况，与残疾人切身利益密切相关，反映了残疾人最迫切的需求。2013 年度，残疾人发展状况指数为 56.6%，比上年度提高 1.3 个百分点，但在生存状况、发展状况、环境状况三个方面中，其指数最小，显示出残疾人的社会发展水平相对滞后。

（1）残疾人康复服务覆盖率上升。2013 年度，残疾人康复服务覆盖率为 58.3%，比上年度有较大幅的提高，提高 3.1 个百分点。但要看到，目前为残疾人提供的康复服务的总体水平还不高，仍需大力推进和提高。

（2）残疾儿童接受义务教育应继续得到重视。2013 年度，学龄残疾儿童接受义务教育比例为 72.7%。近年来，虽然城乡残疾儿童接受义务教育比例均有增加，但与全国适龄儿童的义务教育平均水平相比，仍有很大差距。

（3）残疾人就业形势严峻。就业是残疾人改善生活状况、实现自强自立的主要途径。2013 年度，城镇残疾人登记失业率高达 10.8%，实际失业率不止如此，这不仅直接影响残疾人的生活状况，也制约了残疾人全面参与社会生活。

（4）残疾人参加基本社会保险明显推进。新型农村合作医疗是现阶段农村医疗保障的主要途径，与农村低保、新型农村养老保险一起构成了农民的三大社会保障支柱。农村残疾人参加新型农村合作医疗的覆盖面，在一定程度上反映他们的医疗保障水平。2013 年度农村残疾人参加新型农村合作医疗比例达 97.1%，实现了 95% 的目标。在政府和社会的帮助下，残疾人已成为新型农村合作医疗最大受益者之一。2013 年度，16 岁及以上城镇残疾人参加基本社会保险（包括基本养老保险和基本医疗保险）覆盖率为 84.1%，比上年度提高 1.3 个百分点。

（5）残疾人信息化水平逐步提高。电话、电视机、电脑是信息时代最具代表性的技术产品，同时也是文化交流和信息传播的重要载体。通过电话、电视机和电脑网络，残疾人足不出户就可以了解最新的信息，与他人交流。2013 年度，每百户残疾人家庭拥有电话（包括固定电话和移动电话）104.3 部，比上年度增加 0.9 部；彩电 86.2 台，比上年度增加 0.9 台；家用电脑 14.1 台，比上年度增加 1.7 台。总体来看，近年来残疾人信息化水平逐步提高，反映了残疾人的文化和信息交流渠道进一步拓展。

（6）残疾人社区活动参与率依然较低。社区是残疾人走出家庭、融入社会的重要场所。社区活动参与率直接反映残疾人社会参与的广度。2013 年度社区活动参与率为 43.1%，比上年度略有下降，仍有一半以上的残疾人还没有真正走出家门，融入社会。

3. 残疾人参与社会生活的环境状况继续改善，其指数达到 79.2%，比上年度提高 0.7 个百分点

残疾人参与社会的环境状况是残疾人实现同步小康重要的外部条件，主要包括残疾人事业的法制环境、残疾人参与社会的无障碍环境等，是残疾人生存、发展的环境保障。2013 年度，残疾人环境状况指数为 79.2%，比上年度提高 0.7 个百分点。从 2007—2013 年度的监测结果看，残疾人环境状况指数稳步提高，但随着残疾人生存和发展状况的改善，残疾人对社会环境，特别是服务质量的要求会越来越高。从各监测指标来看：

（1）城镇残疾人对无障碍设施的满意度提高。无障碍是残疾人平等参与社会的重要条件，残疾人是无障碍环境的主要使用者和受益者，残疾人对无障碍环境的满意率可以反映出城镇无障碍环境的水平，也反映出残疾人对无障碍设施建设的认可程度。2013 年度城镇残疾人对无障碍设施的满意度为 84.6%，比上年度提高 3.1 个百分点，体现出我国城镇无障碍设施建设的进步。

（2）残疾人接受社区服务比例有所上升，满意度较高。除了家庭以外，社区是残疾人服务的主要提供者，也是家庭照料服务的重要支持者。社区服务覆盖率直接反映残疾人社会服务水平和残疾人工作社会化水平，也反映和谐社区建设的水平。2013年度，残疾人社区服务覆盖率为44.3%，比上年度提高0.7个百分点。虽然社区服务覆盖率较低，但接受过社区服务的残疾人满意度高达92.4%。

（3）残疾人法律服务覆盖率仍较低，但满意度较高。法律服务满意度反映残疾人及其亲属感知残疾人的权益受到保障的程度，反映残疾人权益保障水平。2013年度有23.5%的残疾人接受过法律服务，在接受法律服务的残疾人中，87.2%的人表示满意，但比上年度有所下降。总体来看，残疾人法律服务的覆盖率较低，做好残疾人法律维权宣传和法律救助工作，还需进一步的努力。

（二）残疾人总体生活水平与全社会平均水平差距仍然较大

由于种种因素的影响，残疾人总体生活水平与全社会平均水平差距仍然较大，残疾人在基本生活保障、康复、教育、就业等方面还面临着许多困难。

1. 全国残疾人家庭人均可支配收入仅是全国平均水平的56.2%，差距明显

2013年度，全国残疾人家庭人均可支配收入为10541.1元，是全国居民家庭人均可支配收入的56.7%。其中，城镇残疾人家庭人均可支配收入为15851.4元，是全国城镇居民家庭人均可支配收入的58.8%；农村残疾人家庭人均纯收入为7829.9元，是全国农村居民家庭人均纯收入的88.0%。因此，提高残疾人的收入水平、缩小残疾人家庭与一般居民家庭收入差距的任务，非常迫切。

2. 残疾人家庭医疗保健支出及其占家庭消费支出比例均远高于全国平均水平，交通和通信支出大大低于一般居民家庭

2013年度，城镇残疾人家庭人均医疗保健支出为1789.4元，是全国城镇居民家庭人均医疗保健支出的1.6倍；农村残疾人家庭人均医疗保健支出为1032.8元，是全国农村居民家庭人均医疗保健支出的1.7倍。城镇残疾人家庭人均医疗保健支出占全部消费支出的比重为18.5%，比全国城镇居民平均水平高出12.3个百分点；农村残疾人家庭人均医疗保健支出占全部消费支出的比重为17.8%，比全国农村居民平均水平高出8.5个百分点。

2013年度，城镇残疾人家庭人均交通和通信支出为550.1元，相当于全国城镇居民家庭人均交通和通信支出的20.1%；农村残疾人家庭人均交通和通信支出为326.2元，相当于全国农村居民家庭人均交通和通信支出的41.0%。城镇残疾人家庭人均交通和通信支出占全部消费支出的比重为5.7%，比全国城镇居民家庭平均水平低9.5个百分点；农村残疾人家庭人均交通和通信支出占全部消费支出的比重为5.6%，比全国农村居民家庭平均水平低6.4个百分点。

3. 残疾人家庭恩格尔系数高于全国平均水平，生活质量明显落后

2013年度，残疾人家庭恩格尔系数为48.5%，比全国居民家庭恩格尔系数36.2%高出12.3个百分点。其中，城镇残疾人家庭恩格尔系数为48.4%，高出全国城镇居民家庭恩格尔系数13.4个百分点；农村残疾人家庭恩格尔系数为48.5%，高出全国农村居民家庭恩格尔系数10.8个百分点。显然，残疾人家庭生活质量明显落后于全国水平。

4. 义务教育差距较大

2013年度，学龄残疾儿童接受义务教育比例为72.7%，还有27.3%的学龄残疾儿童没有接受义务教育，而全国非残疾学龄儿童基本上都接受义务教育，二者差距较大。

5. 城镇登记失业率远高于全国水平

2013年度，城镇残疾人登记失业率为10.8%，是全国城镇登记失业率4.1%的2.5倍之多，残疾人就业难的问题还需要各级政府和社会更多的关注。

（三）加快和推进残疾人全面建成小康社会的建议

党的十八大报告提出我国已进入全面建成小康社会的决定性阶段，2013年党中央、国务院提出了努力实现残疾人与全国人民同步小康的战略要求，为了加快推进残疾人全面小康进程，建议：

1. 加大残疾人“增收减支”力度，加快推进残疾人小康进程

收入是全面小康最重要的一个指标，党的十八大提出了2020年全面建成小康社会，实现国内生产总值和城乡居民人均收入比2010年翻一番的发展目标。国务院批转的《关于深化收入分配制度改革若干意见》要求“低收入群体收入增长更快一些”。2013年度残疾人家庭人均可支配收入仅相当于全国居民家庭人均可支配收入的56.7%，全面提高残疾人社会保障和公共服务水平势在必行。其中，将农村残疾人作为重点对象优先纳入国家扶贫开发任务，加大农村贫困残疾人精准扶贫力度，增加残疾人收入；通过提高残疾人基本社会保险待遇和生活救助标准，全面实施贫困残疾人补贴救助和重度护理补贴制度，逐步建立重性精神障碍者免费服药和住院制度等特惠措施，减少残疾人生活及基本医疗康复等支出，切实缩小残疾人家庭人均收入与社会平均水平的差距。

2. 加强残疾人就业工作，提高残疾人生活水平

党的十八大提出推动实现更高质量的就业，然而残疾人的就业问题仍十分突出，2013年度残疾人登记失业率高达10.8%，远高于全国登记失业率4.05%的水平。只有千方百计开发岗位、创造就业机会，努力营造公平的就业环境，同时着力提高残疾人就业能力，才能促进残疾人稳定而高质量就业。必须狠抓《残疾人就业条例》、中央组织部等7部委《关于促进残疾人按比例就业的意见》等法规政策的落实，依法推进残疾人按比例就业；完善集中安排残疾人就业税收优惠政策，振兴残疾人集中就业；扶持残疾人自主创业、公益性岗位就业和辅助性就业；加强残疾人职业培训、就业服务和劳动监察，切实维护残疾人公平就业机会和劳动就业权益。扶持农村残疾人家庭发展生产，加快提高农村残疾人劳动收入水平。

3. 建立兜底机制，保障残疾人基本生活

着力保障贫困和重度残疾人基本生活，对重度残疾、一户多残、老残一体等特殊困难低保家庭给予重点保障，加大对丧失劳动能力、无固定生活来源的成年重度残疾人救助力度。重点保障残疾人医疗、养老等基本需求，落实重度和贫困残疾人参加城乡居民基本养老保险、城镇居民医疗保险、新型农村合作医疗制度给予残疾人的个人缴费政府补贴特惠政策，有条件的地方扩大补贴范围、提高补贴标准，将符合条件的城乡贫困残疾人纳入医疗救助范围，逐步提高救助标准和封顶线，通过医疗救助为重度残疾人解决医疗保险报销起付线以下的费用。优先保障城乡残疾人基本住房。拓展残疾人在基本生活、交通出行、文化体育等方面的社会福利。

4. 全面提升特殊教育工作，努力提高残疾人受教育水平

提高残疾人受教育水平是残疾人全面实现自身价值的基本条件。2013年度，学龄残疾儿童接受义务教育的在学比例为72.7%，仍有27.3%的学龄残疾儿童没有接受义务教育；18岁及以上残疾人受教育程度较低，未上过学和仅上过小学的比例高达74.3%。因此，政府必须进一步完善残疾人教育体系，落实《特殊教育提升计划（2014—2016年）》，对残疾儿童接受普惠性学前教育给予资助，实施义务教育攻坚，切实解决未入学适龄残疾儿童少年就学问题，推行全纳教育，逐步提高残疾人接受高中阶段教育和高等教育的比例。深化特殊教育课程教学改革，提高特殊教育教师培养质量。完善盲、聋、重度肢体等残疾类别考生参加各类考试的辅助办法。规范和推广国家通用手语和盲文。

5. 做好残疾人康复和残疾预防工作

康复是帮助残疾人恢复和补偿功能，增强生活自理和社会适应能力，平等参与社会生活的基础。2013年度，全国残疾人康复需求服务覆盖面仅为58.3%，残疾人康复服务的覆盖率仍较低，因此，围绕实现残疾人“人人享有基本康复服务”目标，将残疾人社区康复纳入城乡基层医疗卫生机构考核目标，将残疾筛查、残疾人健康管理等纳入国家基本公共卫生服务范围。继续实施国家重点康复项目，优先为贫困残疾人、重度残疾人、残疾儿童、农村及边远地区残疾人提供基本的康复服务。建立医疗机构与残疾人康复服务机构双向转诊制度和康复医师多点执业工作机制，实现分层级医疗、分阶段康复，提高残疾人康复服务的可及性和有效性。加快辅助器具业发展，建立以社会保险、政府补贴为主的综合支付制度，提供质优价廉的辅助器具。加快推进《残疾预防和残疾人康复条例》制定出台，制定实施《国家残疾预防行动计划》，做好残疾预防工作。

6. 丰富文化体育生活，促进残疾人社会参与和融入

丰富、活跃残疾人群众文化体育生活，发展残疾人特殊艺术和竞技体育，是激励残疾人自强不息的重要形式。2013年度，全国残疾人社区活动参与率仅为43.1%，还有一半以上的残疾人没有真正走出家门，融入社会。因此政府应采取有力措施，促进残疾人公共文化体育服务和社区服务水平的持续提高，组织开展群众性残疾人文化体育活动，有条件的县级以上公共图书馆普遍设立盲人阅览室（区域），配备盲文图书、有声读物和阅听设备。鼓励有条件的电视台开办手语栏目，主要新闻栏目加配手语并加配字幕，影视剧、文艺节目、网络视频和音像制品全部加配字幕。扶持盲文图书、盲人有声读物、残疾人题材图书和音像制品出版。培育残疾人文化艺术品牌。加强残疾人群众体育工作，提高残疾人竞技体育训练竞赛科学化水平。

（李耘供稿）

第九编 2013年中国残疾人事业和残疾人工作大事记

CHRONICLE OF UNDERTAKING AND WORK FOR DISABLED PERSONS IN CHINA IN 2013

1　月

1月，为深入贯彻党的十八大精神，在广大残疾人工作者及残疾人中进一步加强社会主义核心价值观学习，加强思想道德建设，由中国残联宣文部、新促会共同编纂的《思想道德建设百题系列》一书由华夏出版社出版。编者通过对古今中外有关思想道德的名人名言、经典故事和重要论述全面、系统的梳理，从热爱祖国、个人修养、社会公德、尊老爱幼、尊师重教、家庭和睦、爱心奉献、忠于职守、人际交往、自强自立等10个方面，精选了1000道题目供读者学习参考，增长道德知识，领悟道德的精髓，感悟道德的力量，提高道德意识。作为道德知识普及的大众读本，它为推进公民思想道德建设，为在全国残疾人工作者及残疾人群体中普及道德教育提供了丰富的资料。中国残联党组书记、理事长王新宪为该书题写序言中指出：高尚的道德绝不是一朝一夕就能够培养出来的，需要我们从身边的每一件小事做起，点滴养成。正所谓积跬步，以至千里；汇小溪，以成江海。只要我们能够从平凡的每一件小事做起，道德就会得到一次一次升华。

1月2—12日，2013年美国北欧滑雪赛在犹他州米德韦举行，共有来自4个国家的30名残疾运动员参加。中国派出两名队员参赛，在1.4公里自由滑雪赛中取得第三名和第四名的好成绩。

1月5日，2013年厦门国际马拉松赛在厦门市会展中心举行。中国残联副理事长贾勇、福建省残联、厦门市残联等有关单位的负责同志出席开赛仪式，贾勇和厦门市副市长黄强一起为轮椅半程马拉松赛鸣枪。厦门国际马拉松赛创办于2003年，从2010年起该项赛事增设轮椅组比赛。本次赛事有来自河北、陕西、辽宁、广州、上海、厦门、中华台北和韩国的40位选手参赛。

1月6日，全国残联就业中心主任工作会在广东省潮州市举办。中国残联副理事长贾勇出席会议并讲话。会议听取了吉林、江苏、湖南、河南等地残疾人就业服务工作经验介绍，总结了2012年全国残疾人就业服务和盲人按摩工作经验，全面部署了2013年残疾人就业服务工作。会议还组织与会人员赴潮州市新丰镇残疾人陶瓷业培训扶贫基地进行了考察。

1月7日，中国残联直属机关党委举行干部职工学习党的十八大精神主题赛诗会颁奖大会。王乃坤为获奖单位和个人颁发证书奖品并讲话。

1月8日，国家语委、中国残联2012年度重大科研项目答辩会在北京召开，标志着国家手语词汇语料库建设工作正式启动。教育部语言文字信息管理司和中国残联教育就业部相关负责人出席。

1月15日，王乃坤到河北省南皮县走访慰问，代表中国残联向沧州市残联和南皮县残联捐赠了1辆康复服务车及盲人文化用品、辅助器具、棉衣等价值100余万元的物资，并赴南皮县康复中心进行了考察。

1月25日，参加第十届世界冬季特奥运动会的中国体育代表团在京召开动员大会。中国残联副理事长、中国特奥委员会执行主席、代表团团长贾勇出席动员大会并看望了特奥运动员。

1月29日—2月5日，第十届世界冬季特奥运动会在韩国平昌举办，本次运动会共设高山滑雪、花样滑冰、雪板等7个比赛项目，期间还举办了特奥运动员健康计划、幼儿运动员计划展示项目以及特奥运动全球发展峰会、全球青少年峰会、全球家长论坛、城市接待计划等非体育项目交流活动，共有来自100多个国家和地区的3000多人参加。这是中国第六次派团参加世界冬季特奥运动会。中国代表团由106人组成，其中76名特奥运动员参加了花样滑冰、速度滑冰、地板曲棍球、越野滑雪、雪鞋走等5个项目的比赛，运动员发扬“勇敢尝试、争取胜利”的特奥精神，取得了34金、14银、26铜的优异成绩。赛事期间，中国特奥运动员还参加了融合项目体验、健康计划、明星见面会等活动，与世界各国特奥运动员共同分享了体育的快乐和特奥的精彩。中国残联副理事长、中国特奥委员会执行主席贾勇任代表团团长。

2　月

2月14—25日，2013年轮椅冰壶世锦赛在俄罗斯索契举办，共有来自10个国家和地区的50名运动员参赛。中国派出5名运动员组成的中国轮椅冰壶队参赛，经过8天12场比赛，取得第三名的好成绩。

2月22日—3月5日，2013年IPC北欧滑雪世界杯在瑞典小镇索莱夫特奥举行，共有来自18个国家的160名运动员参赛。中国派出了5名运动员参加了四大项比赛。

2月25日，中国残联人事部、直属机关党委召开联席工作会议，对2013年度人事、党建工作进行研究部署。王新宪、王乃坤出席会议并讲话。

3　月

3月3日，中国电影家协会、中国残联、宁波市委宣传部共同举办的电影《一生有爱》观摩研讨会在京召开。

3月4日，中国残联党组中心组举行第二十五次扩大学习，邀请中国人力资源和社会保障部劳动工资研究所原所长、研究员苏海南，就学习贯彻党的十八大精神和《关于深化收入分配制度改革的若干意见》做辅导报告。党组中心组成员、机关全体干部、直属单位和基金会负责人参加学习。

3月5日，中国残联、北京大学联合承担的国家社科基金重大项目《中国残疾预防对策研究》结项座谈会在北京大学召开。

3月15日，中国残联协调农业部印发《关于加强农业行业助残扶贫工作促进农村残疾人增收的通知》（农政发〔2013〕2号）。

3月18日，中国残联党组中心组举行第二十六次扩大学习，传达学习全国“两会”精神。王新宪主持学习并讲话。党组中心组成员、机关全体干部、直属单位和基金会负责人参加学习。

3月19日，孤独症儿童患病率筛查项目评估诊断人员培训班在福州开班。

3月21日，中国残联副理事长，中国残奥委员会常务副主席贾勇在中国残疾人体育运动管理中心会见来访的巴西残奥委员会副主席奥利维拉一行。中国残联体育部、国际部、体管中心有关负责同志陪同会见。巴西考察团还参观了体管中心。

3月22—23日，2013年第十五届CBDF国际标准舞“院校促进杯”公开赛暨北京轮椅舞蹈公开赛在北京地坛体育馆成功举行。本次轮椅舞蹈公开赛共有来自中国、俄罗斯、德国、韩国、日本、波兰、中国香港、中华台北共8个国家/地区的105名运动员和评审参加。中国的陈思、王帅组合获得轮椅2级拉丁舞三项比赛第三名。赛前，来自俄罗斯的评审为中国26名参赛选手进行了培训。

3月24—28日，“十二五”残疾人托养服务能力建设项目支持的分省集中培训班在江苏省泰兴市举办，对全国阳光家园示范机构及第二批阳光家园示范创建机构的有关人员进行了培训。

3月26日，中国残联副理事长、中国残奥委员会常务副主席、亚洲残奥委员会运动会委员会主席贾勇在京会见了来访的2014年韩国仁川亚残运会组委会副秘书长崔胜万一行。亚洲残奥委员会秘书长马列妮、竞赛主管李良兴以及中国残联体育部、中国残疾人体育运动管理中心负责同志陪同参加了会见。

3月26日，服务于残疾人文化创业的数字平台与台湾中华联合集团达成合作意向。平台开发建成后集文创引领、智力开发、云端创业、生活娱乐、爱心帮助为一体，满足和实现残疾人不出家门就能创业的“中国梦”。

4　月

4月，中国残联委托专业机构对中国残疾人杂志社“《中国残疾人》《盲人月刊》两刊专项业务费”项目和中国残疾人艺术团“国际、国内演出”项目开展绩效评价，评价结果为优秀。

4月2日和12月26日，中国残疾人康复人才教育基地项目和中国聋儿康复研究中心扩建项目通过公开招标，确定项目管理公司，开创了中国残联建设项目依托专业公司进行项目管理的先河。

4月6—7日，由中国人民大学残疾人事业发展研究院主办的四川省残疾人个性化服务模式创新研讨会在成都召开，北京大学、中国人民大学、浙江大学、南京大学、中山大学、四川大学、中国社会科学院等国内10多所高校的20余名哲学、社会保障、公共服务、劳动人事等领域的知名专家学者，专题研究了四川省为残疾人提供“量体裁衣”式个性化服务。

4月9—12日，全国残疾人文化建设工作会议在江苏苏州召开。王乃坤常务副理事长出席会议并讲话。

4月10日，中国残联办公厅印发《关于2013年全国残疾人组织建设“强基育人”工程有关事项的通知》（残联厅函〔2013〕50号），对实施本年度“强基育人”工程进行部署。

4月12—16日，2013年全国残疾人青少年田径锦标赛在福建省福州市举办，共有来自全国29个代表队共273名运动员参赛。参赛选手均为25周岁以下的残疾人运动员。比赛共设肢残组、轮椅组、脑瘫组、视力组四个类别150个小项。

4月13日，中国残疾人事业发展研究会召开《残疾人研究》杂志座谈会。中国残联党组成员、理事相自成出席并讲话。他指出，提高杂志的影响力，就要有所坚持：坚持为残疾人服务、为残疾人事业服务的方向不动摇；坚持用严谨科学的方法解读残疾人问题的原则，注重学以致用；坚持文章采用由专家评审的做法，确保杂志的学术质量和权威性。来自全国15家社科杂志的编辑和高校的专家学者共20人参加了座谈会。

4月17—19日，中国残联康复部尤红、韩纪斌和北京大学精神卫生研究所主任医师贾美香一行3人赴香港，会见英国剑桥大学校长Leszek Borysiewicz爵士、教授，香港中文大学校长Joseph Sung教授，并就孤独症儿童患病率筛查项目的组织实施等相关事宜达成了共识。

4月18—25日，第五届FAZZA国际轮椅篮球锦标赛在阿联酋迪拜举行。本次赛事共有土耳其、德国、伊拉克、科威特、阿曼、日本、中国、阿联酋8个国家参加，中国首次组织了23岁以下男子轮椅篮球队参加此项赛事。

4月20—22日，2013年“平方轮椅杯”全国残疾人击剑锦标赛在江苏南京举行。比赛设18个小项，参赛运动员年龄在29岁以下，共有来自四个省市的49名运动员参赛。

4月23日，中国残联直属机关团委、青联组织召开机关和直属单位团员青年座谈会。王新宪出席会议并讲话，勉励、教诲广大团员青年要树立“诚信”这一做人的最基本道德良知。

4月23日，中国残联副理事长、中国残奥委员会常务副主席贾勇，在京会见了香港残疾人奥委会暨伤残人士体育协会主席冯马洁娴女士一行。双方就发挥各自资源优势，进一步促进残疾人体育发展和共同参加国际残疾人体育事务交换了意见。中国残联体育部、国际部、中国残疾人体育运动管理中心有关负责同志参加会谈。

4月24日，中国残联下发《关于开展城乡社区残协会员实名制试点工作的通知》（残联会函〔2013〕17号），决定在部分省份开展城乡社区残协会员实名制试点工作。

5　月

5月，2000平方米的宋庄文化助残基地——中国残疾人文创人才孵化基地签约。

5—6月，中国残联委托中瑞诚会计师事务所有限公司，对中国残联2011—2012年度“十二五”中央专项彩票公益金项目执行情况进行了审计。审计结果在中国残联网站进行了公告，接受社会监督。审计认为，残疾人事业专项彩票公益金项目使用范围符合《中央专项彩票公益金支持残疾人事业项目资金管理办法》的要求；物品采购符合政府采购的有关规定，物品配发流程、地方设备补助拨款管理完善，受助信息完备。

5月1日，《中华人民共和国精神卫生法》正式实施。这是促进精神卫生事业发展、规范精神卫生服务、维护精神障碍患者合法权益的重要法律。它的颁布实施有利于提高公众心理健康水平，维护精神障碍患者合法权益，保障和促进精神卫生事业发展，构建社会主义和谐社会，开展精神卫生的公益性宣传，扩大精神卫生法的社会影响力。

5月8—9日，全国残疾人就业工作经验交流会在长沙召开。中国残联副理事长贾勇出席会议并讲话。会议邀请了人社部和民政部的同志分别就我国就业整体形势、福利企业发展状况及有关政策进行了讲解。部分省市在会上作了经验交流，与会人员还参观了湖南省残疾人劳动就业服务中心，考察了社区残疾人就业点。

5月9—10日，《中国残疾人事业年鉴》第一次特约编辑全体会议在中国残疾人体育运动管理中心召开。中国残联常务副理事长王乃坤，办公厅主任马志强、宣文部主任王涛、研究室主任陈新民等部厅主要负责同志出席并讲话。中国残联各部厅、各直属单位、基金会、各省（区、市）的特约编辑共59人参会。王乃坤宣布了中国残联党组理事会按年度编辑出版《年鉴》、在华夏出版社成立《年鉴》编辑部专门负责编辑出版工作的决定；强调了《年鉴》对残疾人事业和残疾人工作的重要意义和作用；对中国残联各部门、各单位及各地残联的领导、各位特约编辑和《年鉴》编辑部的工作提出了具体要求。陈新民介绍了前两本《年鉴》的编辑出版情况，说明了《年鉴》编辑工作制度化、常态化的必要性和意义，指出《年鉴》建立的纵横比较体系有助于体现《年鉴》的时效性和指导性，要求保证数据、资料的客观可靠，把“横向到边，纵向到底”作为《年鉴》编辑工作的指导方针。编辑部根据领导指示精神和讨论会研讨情况，修改发布了《年鉴》大纲及编辑分工、各板块编辑提纲和要求。

5月13日，第二十二届夏季听障奥运会组团参赛工作会在中国残联召开。中国残联副理事长、中国体育代表团团长贾勇出席会议并讲话。中国残联体育部、国际部、体管中心等部门负责人及有关工作人员参会。

5月13—27日，由中国残联康复部主办、广州康纳学校承办的第二期全国孤独症儿童康复学科带头人研修班在广州开班，由各省残联推荐和专家组严格遴选的60名学员参加了培训。

5月16—20日，2013年全国盲人门球锦标赛在中国残疾人体育运动管理中心举办。共有来自14个省、市、自治区的14支男队和10支女队参赛。中国残联副理事长、中国残奥委员会常务副主席贾勇出席比赛开幕式并致辞。

5月18日，展示、宣传、推广残疾人艺术的窗口“生命艺术馆”在新浪微博上线。

5月22—23日，中国残联和国家发展和改革委员会在江苏省扬州市联合召开全国残疾人康复和托养设施建设规划培训会议。会议的主要任务是贯彻落实党的十八大精神，部署推进“十二五”残疾人康复和托养设施建设规划实施工作，开展相关业务知识培训。中国残联党组副书记、常务副理事长王乃坤，国家发展改革委社会司副巡视员郝福庆出席了会议。各省（区、市）、新疆生产建设兵团和黑龙江农垦总局残联主管理事长和处长，发展改革委社会处主管处长，共100多名代表参加了会议。

5月22—24日，城乡残疾人多种形式就业工作研讨会在西安召开。

5月23—26日，2013年盲人足球亚洲锦标赛在中国残疾人体育运动管理中心举办。中国、日本、韩国三支盲人足球代表队参赛。中国队夺冠，日本队获得亚军。本届亚锦赛由国际盲人体育联合会（IBSA）批准，中国残奥委员会主办，中国残疾人体育运动管理中心承办，是中国第一次举办盲人足球单项的国际赛事，获得前两名的国家将得到下年盲人足球世锦赛的参赛资格。

5月23日—6月5日，第四期、第五期国家残疾人体育健身指导员师资培训班在北京体育大学成功举办。共有来自全国31个省（区、市）、新疆生产建设兵团和香港特别行政区的193名学员参加培训并顺利结业，其中西藏自治区首次派员参加培训。

5月25—28日，2013年全国残疾人（25岁以下）羽毛球锦标赛在广州市残疾人体育运动中心举办。共有12支代表队的运动员、教练员及工作人员150余人参加了比赛。贵州、北京、广东、重庆、河北、吉林、福建、四川、浙江分别获得团体总分前8名；5月25日，中国残联副理事长贾勇检查了赛事组织工作。

5月28日，中国残联办公厅、教育部办公厅共同印发了《2012年全国未入学适龄残疾儿童少年情况通报》（残联厅〔2013〕37号），全国调查并已实名统一录入“中国残疾人事业统计管理系统”的2012年未入学适龄残疾儿童少年有78462名。

5月31日，中国残疾人乒乓球训练基地揭牌仪式在河北正定乒乓球训练基地举行。中国残联副理事长程凯，中国残联副理事长、中国残奥委员会常务副主席贾勇，乒乓球世界冠军、人民日报社副秘书长邓亚萍出席仪式。程凯、贾勇、邓亚萍等共同为基地揭牌。贾勇代表中国残奥委员会向邓亚萍颁发“中国残奥委员会爱心大使”证书。

6 月

6月和7月，中国残联两次向国务院报告，要求在建立政府向社会组织购买服务制度中将助残服务优先纳入并先行先试。李克强总理和王勇国务委员分别就此做出重要批示，肯定了中国残联创新服务方式、开展政府购买残疾人服务试点工作的思路。

6月1—7日，2013年亚洲大洋洲残疾人排球协会二级教练员培训班在上海市残疾人体育训练中心举行。中国残联副理事长贾勇出席培训班有关活动，并同亚洲残奥委员会官员共同商讨亚洲残奥工作。本次培训班由亚洲残奥委员会、中国残奥委员会共同主办，上海市残奥委员会承办，共有来自全国15个省（区、市）及韩国、斯里兰卡的21名教练员参加了培训。

6月2—5日，2013年“晟大华健杯”全国残疾人乒乓球锦标赛（25岁以下）及全国残疾人举重锦标赛（30岁以下）在河北成功举办。其中，全国残疾人乒乓球锦标赛在正定乒乓球训练基地举行，来自21个省、市、自治区的129名运动员、工作人员参赛，共产生了18金、16银、11铜。全国残疾人举重锦标赛在河北省残疾人体育运动管理中心举行，来自19个省、市、自治区的一百余名运动员、工作人员参赛，产生了18金、13银、11铜。开赛前，中国残联副理事长、中国残奥委员会常务副主席贾勇出席了比赛领队会议并做了讲话。

6月5日，中央国家机关工委副书记李智勇到中国残联对基层党组织建设和残疾人工作进行调研。工委调研组听取了中国残联党的群众路线教育实践活动准备情况及对工委机关开展教育实践活动的意见建议，并与有关部门和直属单位负责人进行座谈交流。王新宪、王乃坤、相自成等中国残联领导同志陪同调研。

6月6日，经中国残联申请，国家发展和改革委员会下达了《残疾人康复和托养设施建设2013年中央预算内投资计划》（发改投资〔2013〕1070号），安排中央预算内投资4亿元，涉及30个省（区、市，含兵团和农垦）、68个项目。

6月9日上午，国家残疾人体质测定标准研制先期工作专家论证会在北京体育大学举行。中国残联副理事长贾勇出席会议并讲话。中国残联体育部、北京体育大学有关负责同志、我国国民体质研究、监测工作专家和残疾人体育、康复方面的专家参加了论证会。

6月15—20日，中国残联在湖北武汉召开内地与澳门残疾人特殊文化艺术研讨班，邀请5名专家结合当前国家文化政策及发展残疾人特殊文化艺术的理论问题进行了授课和研讨。

6月16—25日，中国残联教育就业部与教育部基础教育二司委托北京师范大学举办的全国第一期孤独症儿童教育高级研修班在北京举办。来自北京、天津、上海、江苏、黑龙江、福建、河南等17个省和直辖市的33名特教学校和特殊师范学院教师参加了研修班。

6月18日，第二批全国“阳光家园”示范创建考核评估验收工作部署会议在湖北省武汉市召开。承担第二批“阳光家园”示范创建任务的省份及示范创建地区有关负责同志参加会议。

6月19—30日，中国残联教育就业部与教育部基础教育二司共同在全国残疾人职业教育师资培训基地——南京特殊教育职业技术学院举办了手语理论与教学实践培训班。来自全国部分省会城市和计划单列市聋人学校教师、残联系统残疾人中等职业学校和部分高等特教学院专业教师共54人参加培训。

6月24—28日，2013年全国特奥足球比赛在天津市残疾人文艺体育指导训练中心举办。本次比赛由中国残疾人联合会、国家体育总局、中国特奥委员会主办，天津市残疾人联合会、天津市体育局、天津市特奥会承办，共有来自全国21个省、市、自治区和香港、澳门、韩国等共计24支代表队的运动员、教练员、工作人员，及健康计划项目医生、媒体记者、志愿者400余人参加，是举办全国特奥单项赛事以来，参赛规模最大、参赛运动员最多的一届比赛，比赛同时，还为190名参赛运动员提供了明亮眼睛、健康微笑、提升营养等三个项目的检查。开赛前，中国残联副理事长贾勇、天津市副市长曹小红为本次比赛开球。贾勇副理事长一行观摩了比赛及运动员健康计划检查活动。中国残联体育部、天津市滨海新区大港管委会以及天津市、区残联等有关单位负责同志出席了开球仪式等活动。

6月25日，全国残疾人就业指导员远程培训三期班开学典礼暨首期班优秀学员表彰会在清华大学举行。中国残联教育就业部主任张新龙、就业服务指导中心主任钱鹏江，清华大学继续教育学院院长高策理以及来自全国12个省市学员代表等近100人参加了典礼。

6月26日—7月1日，2013年全国残疾人（25岁以下）射箭锦标赛在浙江省残疾人体育训练指导中心成功举行，来自10个省市的81名运动员参赛，共产生11枚金牌、10枚银牌、10枚铜牌。

6月27—28日，2016年里约残奥会备战工作第一次研讨会在浙江省杭州市召开。伦敦残奥会中国体育代表团田径、乒乓球等项目领队、教练员、训练基地负责人参加了会议。参会人员就参赛形势以及任务目标、运动员选拔办法、队伍管理以及保障工作等进行了研讨，并针对备战过程中可能出现存在的问题和困难提出了解决办法。

6月28日，中国残联与住房城乡建设部共同印发《关于优先支持农村贫困残疾人家庭危房改造的通知》（建村〔2013〕103号）。

6月29—30日，由中国人民大学残疾人事业发展研究院、北京市残疾人联合会、中国康复研究中心联合主办的“残障与发展论坛（2013）：中国残疾人事业制度创新与战略规划”在中国人民大学举行。

6月30日，国务院办公厅转发了《中央综治办等部门关于加强肇事肇祸等严重精神障碍患者救治救助工作意见的通知》（国办发〔2013〕68号），明确提出了加强肇事肇祸等重性精神病患者救治救助工作。

7 月

7月2—6日，内地与澳门共同促进残疾人体育发展合作项目“2013年中西部地区残疾人健身项目培训班”在中国残疾人体育运动管理中心举办。来自中西部地区的湖南、陕西、甘肃、青海4个省份70名学员以及澳门特区的10名学员参加了培训。

7月3日，2016年里约残奥会备战工作第二次研讨会在京召开，中国残联党组成员、副理事长贾勇出席会议并讲话。体育部、体管中心负责同志和各项目业务人员参加了会议。体管中心各项目业务人员分别就相关项目的规则、分级、技术动态及国内外形势等情况进行了汇报。

7月4日，中国残联办公厅，教育部办公厅联合印发了《关于授予刘建平等201名同志“交通银行特教园丁奖”的决定》（残联厅发〔2013〕7号），授予刘建平等201名同志2013年度“交通银行特教园丁奖”。

7月8日，应台湾中华志工总会、台中市海峡两岸交流协会邀请，中国残疾人事业新闻宣传促进会秘书长宋体金率高晓笛、罗家宽、王磊、穆小玫、武威、太康、兰珍妮、蔡珍年等残疾人书画艺术家于7月8—15日赴台湾访问交流。在台交流期间，残疾人书画家共捐出32件作品参加了在台北举行的“两岸情、艺文心——两岸残障书画作品义卖”活动，进行现场义卖，共募集善款327万元台币（折合人民币70万元），当场捐赠给台北市礼贤社会福利基金会，专项用于帮助台湾有困难的残障人士。

7月11—12日，全国残疾人扶贫基地建设现场会在通辽召开。

7月15—30日，中国派出32人的代表队赴法国里昂参加了2013年残疾人田径世界锦标赛，共获得10金13银4铜，位居金牌榜第6位，奖牌榜第8位。本次世锦赛是伦敦残奥会后首次高水平的国际残疾人田径赛事，共有94个国家和地区的1073名运动员参赛，比赛竞争十分激烈。中国22名运动员共参加了45个小项的比赛，较好地完成了获取分级、锻炼队伍、积累经验的参赛任务。

7月16日，中国残联召开党的群众路线教育实践活动动员部署大会，传达学习中央党的群众路线教育实践活动工作会议精神，对中国残联开展教育实践活动进行动员部署。中国残联主席张海迪出席大会，党组书记、理事长王新宪做动员讲话，中央党的群众路线教育实践活动第18督导组组长胡振民、副组长鲍绍坤分别做了重要讲话和有关工作说明。会议由中国残联党组副书记、常务副理事长王乃坤主持。中央第18督导组全体成员，中国残联机关全体党员干部，各直属单位、基金会班子成员，中国残联系统全国党代会代表、人大代表、政协委员和近期退休的党员代表参加会议。

7月18—19日，中国残联举办党的群众路线教育实践活动集中学习班。中国残联教育实践活动督导组、办公室成员，机关副局级以上党员干部，直属单位、基金会主要负责同志80余人参加学习。王新宪做开班动员讲话。王乃坤主持开班仪式。

7月20—27日，中国残联组织全国25名特教学校教师，在澳门举办了内地与澳门残疾人工艺美术师资培训班，为澳门60多名学员培训了舞蹈、绘画、书法、串珠、剪纸和插花等6种教学技能，参加培训学员每人至少掌握了一项基本技能。

7月23日，第二十二届听障奥运会中国代表团在北京召开动员大会。中国残联副理事长、代表团团长贾勇出席大会并讲话。

7月25日，中国聋儿康复研究中心扩建项目取得国土资源部颁发的国有土地使用证；9月3日，取得国家发展和改革委员会的初步设计方案和投资概算批复，建筑面积36566平方米，投资26842万元。

7月26日，中国残联召开党的群众路线教育实践活动残疾人社会组织座谈会，听取残疾人社会组织对中国残联的意见和建议。吕世明、相自成出席座谈会。北京康纳洲孤独症家庭支援中心等15家残疾人社会组织参加座谈会。

7月26日—8月4日，第二十二届听障奥运会在保加利亚索菲亚市举行。中国组成了96人的体育代表团参加了田径、游泳、乒乓球、羽毛球、网球、篮球6个大项的比赛，共获得25枚奖牌，名列奖牌榜第五。中国残联副理事长、中国聋人体育协会执行主席贾勇担任代表团团长。本届听障奥运会设19个大项，共有来自全球96个国家和地区的近5000名运动员和工作人员参赛。俄罗斯以67金52银58铜名列奖牌榜榜首，乌克兰、韩国和白俄罗斯分列二、三、四名。

7月27日—8月1日，2013年韩国残疾人乒乓球公开赛在韩国利川举行，共有14个国家和地区的144名运动员参赛。中国派出了由30名运动员、7名工作人员组成的代表团参加了男子、女子单打和团体28个小项的比赛，获得19枚金牌、12枚银牌、7枚铜牌，位居金牌榜、奖牌榜首位。本次公开赛是伦敦残奥会后中国首次派团参加的残疾人乒乓球国际赛事，实现了锻炼队伍、积累经验的参赛目标。

7月29日，中国残联批准山西省汾阳市等10个市（区）创建内地与澳门残疾人文化建设示范市（区、县）。

7月29日—8月25日，第八届全国残疾人艺术汇演分福建、北京、湖南、甘肃等四个赛区举行，全国31个省（市、区）和新疆生产建设兵团共32支代表队共3500多名演职人员参加。

7月30日—8月1日，中国残联按照国家科技支撑计划项目管理的有关要求，组织《残疾人康复服务关键技术研发及应用示范项目》中期检查，通过检查，及时了解课题的进展情况和任务目标的完成情况，发现课题执行中的不足，为顺利完成课题任务打下了基础。

8 月

8—12月，“十二五”残疾人托养服务能力建设项目支持的分省集中培训班，分别在湖南、河北、陕西、江西、广东、天津等地举办，对近700名残疾人托养服务管理和服务人员进行了培训。

8月4—14日，2013年轮椅击剑世锦赛在匈牙利布达佩斯举行，中国派出了16人的代表队包括12名运动员组成的轮椅击剑代表队参加了10项个人项目和4项团体项目的角逐，最终取得个人项目7枚金牌和团体项目3枚金牌的好成绩，位居金牌榜首位。本次比赛共设23项，其中个人项目17项，团体项6项。共有来自世界28个国家和地区的168名男女运动员（男110人，女58人）参赛，是历届参赛国家和人数最多的一次。

8月8日，中国残联直属机关团委赴北京市怀柔区泉河街道温馨家园、怀柔区北沟村党支部，举行“坚定理想信念，走群众路线，服务基层残疾人”主题团日活动。相自成出席活动并对广大团员青年和团组织工作提出要求。机关各部门、各直属单位团组织76名团员青年参加活动。

8月10日，2013年全国盲人医疗按摩人员考试考务工作会议在黑龙江伊春召开。国家卫生计生委医政医管局、国家中医药管理局医政司有关负责同志，来自全国29个考试辖区的省级考试领导小组办公室主任，以及全国考试委员会办公室工作人员共40余人参加会议。

8月12—8月19日，2013年蒙特利尔IPC游泳世锦赛在加拿大蒙特利尔市举行。中国派出由18名运动员、3名教练员、1名领队、2名工作人员组成的代表队参加了本次比赛，取得金牌5枚、银牌10枚、铜牌9枚，奖牌总数24枚，位居金牌榜第11名，奖牌榜第8名。共有来自57个国家和地区的479名运动员参加了本次比赛。

8月14日，中国残联教育就业部、共青团团中央学校部联合印发了《关于授予刘曼等10人“交通银行残疾大学生励志奖”、方璇等26人“交通银行残疾大学生励志奖提名奖”的决定》（教就函〔2013〕19号）。

8月19日，《关于促进残疾人按比例就业的意见》出台。

8月22日，电影《一生有爱》入选蒙特利尔国际电影节，作为中国元素的代表影片在“聚焦世界电影”单元中进行专场展映。

8月23日，中国残联党的群众路线教育实践活动领导小组召开专题会议，传达学习中央领导同志关于教育实践活动的重要讲话精神，听取会督导组工作汇报，对征求意见的整改工作进行分工。中央第18督导组蒋凌云、蔡兵到会指导。

8月26日，中国残联与国务院扶贫办共同制定《关于在集中连片特困地区加强残疾人扶贫开发工作的通知》（残联发〔2013〕12号）。

8月26—30日，国际特奥东亚区高级田径教练员培训班在中国残疾人体育运动管理中心举办。本次培训由国际特奥会东亚区主办，中国残疾人体育运动管理中心承办，共有来自中国香港、澳门、台湾，韩国和中国大陆等5个国家及地区的19名特奥田径教练员参加。

9 月

9月，因2012年部门决算编报工作出色，中国残联荣获财政部决算评比二等奖，连续四年获得嘉奖。

9月4日，中德残疾人融合发展政策高级别研讨会在北京召开。

9月7—8日，2013年全国盲人医疗按摩人员考试顺利举办。全国共设有27个考区，96个综合笔试考场，1301名考生参加考试。考试期间安全保密工作良好，未发生试卷等考试材料泄密，无突发事件和违规事件，考试圆满完成。

9月9—11日，第十一届世界盲人举重锦标赛在中国残疾人体育运动管理中心举行。中国派出3名选手参赛，获得2枚金牌，位居金牌榜第四位。乌克兰、土耳其和俄罗斯分别位居前三位。本届比赛由国际盲人体育运动联合会（IBSA）举重委员会批准，中国残奥委员会主办，中国残疾人体育运动管理中心承办。这是亚洲地区首次举办盲人举重项目单项赛事。来自中国、俄罗斯、美国、加拿大、澳大利亚、乌克兰、捷克、奥地利、日本、土耳其、利比亚等11个国家的代表队、102人参加了比赛。

9月14—22日，2013年世界轮椅与肢残人运动会在荷兰斯塔茨卡纳尔举办。比赛设田径、游泳、射箭三个大项，共有来自25个国家和地区的500余名运动员参赛。中国派出了38人组成的代表团参赛，获得28金23银9铜。

9月17—19日，中国残疾人联合会第六次全国代表大会在人民大会堂召开，来自全国各地的600多名代表参加会议，中央和国家机关各部门、解放军四总部和武警部队、各人民团体、北京市的负责同志及首都各界人士代表参加开幕式。党和国家领导人习近平、李克强、俞正声、刘云山、王岐山到会祝贺，张高丽代表党中央、国务院发表了题为《在实现中国梦的伟大实践中，创造残疾人更加幸福美好的新生活》的祝词。国务委员、国务院残疾人工作委员会主任王勇，中国残联名誉主席邓朴方出席会议并讲话。中国残联主席张海迪主持开幕式，并代表中国残联第五届主席团作了题为《自强不息，团结奋斗，为残疾人兄弟姐妹创造美好生活》的报告。中华全国总工会副主席、书记处第一书记陈豪代表相关部门和中华全国台湾同胞联谊会向大会致贺词。

9 月 19—29 日，中国残联教育就业部与教育部基础教育二司共同在全国残疾人职业教育师资培训基地——北京联合大学特殊教育学院举办了盲文理论与教学实践培训班。来自全国部分省会城市和计划单列市盲人学校教师、残联系统残疾人中等职业学校和部分高等特教学院专业教师共 51 人参加培训。

9 月 22—23 日，中国残联体育部一行赴安徽省黄山市专题调研健全人运动会、残疾人运动会同城同时举办工作，并出席了黄山市第六届运动会暨第二届残疾人运动会开幕式。

9 月 22—30 日，2013 年全国盲人足球锦标赛在福建省福州市举办。共有来自 15 个省（区、市）的 135 名运动员参赛。中国残联体育部主任、中国残奥委员会秘书长赵素京出席比赛开幕式并为比赛开球。

9 月 23 日，盲人足球发展座谈会在福建省福州市召开，参加 2013 年全国盲人足球锦标赛的部分运动员、教练员和裁判员、领队参加了座谈会。与会人员就盲人足球项目的技术发展、训练方法、训练模式、教练员培训、项目推广等方面建言献策，提出了很好的意见和建议。

9 月 23 日，第六十八届联大残疾与发展高级别会议在纽约联合国总部举行。这是联合国历史上首次就残疾人问题召开高级别会议。国务院残工委副主任、中国残联主席张海迪率代表团出席会议并发言。

9 月 23 日，中国常驻联合国代表团与联合国邮局共同举办残疾与发展高级别会议纪念邮票首发式暨新闻发布会。纪念邮票以“突破残疾障碍，积极面对人生”（Break barriers，Open doors）为主题，一套 6 枚，中国残疾人艺术团的舞蹈节目“千手观音”形象位列其中。

9 月 23 日，中国残联党组书记、理事长鲁勇到中国残联就业服务指导中心调研指导工作。鲁勇指出，十八大报告提出我国要在 2020 年全面建成小康社会。残疾人群体要实现同步小康，就业是关键。就业指导中心认真贯彻落实中国残联六代会精神，采取各种措施，挖掘就业潜力，发挥残疾人就业保障金效用，扩大残疾人就业，确保残疾人群体实现同步小康。

9 月 25 日，全国残疾人岗位精英职业技能竞赛暨全国残疾人就业服务机构工作人员职业指导竞赛在沈阳开幕。本届竞赛两项共有来自全国各省（区、市）、新疆生产建设兵团、黑龙江农垦总局和计划单列市的 36 支代表队的 185 名选手以及裁判员、志愿者、工作人员共计 400 余人参加。

9 月 28 日，残疾人托养服务能力建设培训教材及服务规范论证会召开，有关领域专家和部分地方托养服务管理和服务人员参加会议，对《残疾人托养服务基础知识读本》（稿）和《残疾人托养服务基本规范》（稿）的定稿和使用提出意见和建议。

9 月 29 日，中国残联召开党的群众路线教育实践活动推进会暨中国残联“六代会”工作总结会，全面总结“六代会”筹办成绩和经验，通报表扬筹办工作先进个人，并对进一步推进中国残联党的群众路线教育实践活动做出部署。中国残联主席张海迪，党组书记、理事长鲁勇出席会议并讲话。会议由党组副书记、常务副理事长孙先德主持。中国残联党组、理事会成员，机关副处级以上干部，直属单位、基金会班子成员，“六代会”各工作组人员参加会议。

10　月

10 月，《残疾人康复机构建设标准》和《残疾人托养机构建设标准》取得国家发改委和住建部的批复，将于 2014 年 1 月 1 日起施行。这两个标准是残疾人康复、托养机构建设项目决策和建设的全国统一标准，是编制、评估和审批残疾人康复、托养机构建设项目的项目建议书、可行性研究报告的重要依据，是项目工程设计审查和监督检查的重要依据。

10—12 月，为建立健全中国残联内部控制，实现“用制度办事，用制度管人”，中国残联计财部对现行的财务制度进行修订完善，先后出台《中国残联落实“三重一大”决策制度试行办法》《中国残联财政资金项目支出绩效评价管理暂行办法》《残疾人康复托养机构设备补助管理办法》《中国残联内部审计暂行办法》《关于进一步规范资金使用审批权限的通知》《中国残联机关资产管理暂行办法》。

10 月 9—14 日，2013 年全国盲人柔道锦标赛开赛仪式在北京市盲人学校举行。比赛参赛选手为 25 周岁以下，共有来自全国 12 个代表队的 79 名运动员参赛。中国残联副理事长王梅梅出席了 10 月 11 日上午举办的开赛仪式并宣布开赛，并与北京市教委领导共同为国家残疾人体育北京市盲人学校培训基地揭牌，这是全国首个在特教学校挂牌的残疾人体育培训基地，旨在进一步推动特教学校体育活动的开展。

10 月 11 日，中国残联主席张海迪，党组书记、理事长鲁勇拜访人力资源和社会保障部部长尹蔚民，就进一步推进残疾人事业发展进行了沟通交流。张海迪代表朴方名誉主席和中国残联感谢人力资源和社会保障部长期以来对残疾人事业的高度重视和大力支持，简要介绍了中国残联第六次全国代表大会有关情况和新阶段残疾人事业任务目标，希望在残疾人社会保障、就业工作方面得到人社部进一步支持。鲁勇就共同推进残疾人同步小康、加强残疾人社会保障等方面工作提出建议。尹蔚民部长表示，人力资源和社会保障工作广涉民生，保障残疾人权益和基本生活是人力资源和社会保障部义不容辞的责任。今后将进一步加大对残疾人的倾斜和扶持力度，促进残疾人就业，构筑社会保障安全网，与中国残联共同推进残疾人事业发展。

10 月 14—18 日，中国残联和湖南省残联在株洲市举办基层残疾人组织建设专题培训班，来自湖南全省的残疾人专职委员、各地州市和县级残联理事长共 198 人参加培训。

10 月 15 日，中国残联直属机关团委、青联召开团员青年座谈会，鲁勇出席座谈会并对团员青年提出希望。相自成及机关各部门、各直属单位团员青年代表共 50 余人参加座谈会。

10 月 16 日，被忽略的价值——企业社会责任与障碍者就业国际研讨会在京召开。中国残联教育就业部副主任解宏德、就业服务指导中心副主任李强出席会议并作主旨发言，近 200 位来自政府部门、国内外企业、外国驻华商会、国内行业协会或商会、非政府组织的负责人及企业社会责任经理等参加会议。

10 月 16—24 日，2013 年国际乒联（ITTF）残疾人乒乓球亚洲锦标赛在中国残疾人体育运动管理中心举办。此次比赛由国际乒联批准，中国残奥委员会和中国乒协主办，中国残疾人体育运动管理中心承办。这是中国自 2010 年起第四次举办残疾人乒乓球国际积分赛，共有来自中国、日本、韩国、印度、泰国、印度尼西亚、科威特、黎巴嫩、约旦、澳门、香港、中华台北的运动员、教练员、领队、裁判员、技术官员等 400 余人参赛。

10 月 18 日，中国残联副理事长王梅梅出席 2013 年国际乒联（ITTF）残疾人乒乓球亚洲锦标赛欢迎仪式并致辞。

10 月 21 日，中国残联主席张海迪，党组书记、理事长鲁勇拜访了教育部袁贵仁部长、刘利民副部长，就进一步推进残疾人事业发展进行了沟通交流。

10 月 21 日，中国残联副理事长贾勇会见来访的国际聋体联主席、俄罗斯聋人协会主席瓦列里一行。双方表示希望加强中俄两国在残疾人领域，尤其是体育和文化方面的交流，共同促进两国的合作与发展。中国聋协副主席杨洋、中国残联国际部和体育部有关负责同志参加会见。

10 月 23 日，中国残联新一届党组举行第一次中心组理论学习扩大会议，邀请国家统计局统计科学研究所社会统计研究室主任吕庆喆博士做《小康监测方法与实践》专题讲座。会议由孙先德主持，党组中心组成员、机关处级以上干部、直属单位主要领导参加学习。

10 月 23—30 日，第三届亚洲青年残疾人运动会在马来西亚吉隆坡举行。本届运动会由亚洲残奥委会主办，马来西亚残奥委员会承办，设有 14 个比赛项目，共有 30 个国家和地区 740 名运动员参加，是历届亚洲青年残疾人运动会规模最大的一届。中国派出由 66 人（其中运动员 44 人）组成的代表团参加了田径、游泳、乒乓球、羽毛球、盲人门球 5 个项目的比赛，获得 25 枚金牌、8 枚银牌、5 枚铜牌，位列金牌榜第三位。比赛期间，中国代表团与亚洲残奥委员会官员、各代表团进行了友好交流。此外，受组委会邀请，中国有 7 名裁判员、分级员担任重要技术官员参与本次运动会执法和分级工作。

10 月 28 日，中国残联党组成员、副理事长程凯到中国残联就业服务指导中心调研指导残疾人就业服务工作，实地考察了就业服务指导中心的业务用房，召开座谈会听取就业服务指导中心的工作汇报。

10 月 28—11 月 3 日，2013 年全国特奥乒乓球比赛在嘉兴市残疾人奥林匹克运动管理中心体育馆举办。本次比赛由中国残疾人联合会、国家体育总局、中国特奥委员会主办，浙江省残疾人联合会、浙江省体育局、浙江省残疾人体育协会、嘉兴市残疾人联合会、嘉兴市体育局承办。共有来自全国 25 个省（区、市）共计 26 支代表队的运动员、教练员、工作人员，及裁判员、健康计划项目医生、媒体记者、志愿者等 400 余人参加，是举办全国特奥单项赛事以来，参赛单位最多的一届比赛。比赛同时，还为 148 名参赛运动员提供了明亮眼睛、健康微笑、提升营养等三个项目的检查。

10 月 29 日，中国残联举办行政事业单位内部控制规范动员部署暨培训会议。王梅梅副理事长出席并讲话，阐述了在会系统建立内部控制规范的重要意义，对会系统目前财务控制与规范的现状做了深刻分析，就会系统全面有效实施财政部发布的《行政事业单位内部控制规范（试行）》提出了明确的要求。中国残联直属预算单位分管财务领导和所有财务人员共 70 人参加了会议。财政部、审计署有关专家进行了专题培训。

10 月 29 日—11 月 5 日，2013 年全国残疾人（22 岁以下）游泳锦标赛在中国残疾人体育运动管理中心成功举办。共有来自 23 个省、自治区、直辖市的 343 人参赛，其中运动员 243 人。经过四天的激烈角逐，决出了 155 个小项的金牌，创 10 项次全国纪录，超 1 项次世界纪录。

10 月 29 日—11 月 8 日，2013 年残疾人射箭世锦赛在泰国曼谷举行。比赛共设 13 个项目，共有 33 个国家和地区的 220 名运动员参赛。中国派出 12 名运动员参加了 10 项比赛，获得 1 枚金牌、2 枚银牌，位居金牌榜第四、奖牌榜第二。

11　月

11 月 1 日，残疾人事业发展研究会一届七次理事会、八次常务理事会在山东大学召开。研究会理事、常务理事 87 人参加会议。陈新民副会长做研究会 2013 年度工作报告，宣读关于调整有关顾问和常务理事的建议，并做关于第三届中国残疾人研究优秀成果奖励的说明。研究会提出的各项议程得到与会代表的一致赞成并举手表决通过。程凯会长做总结讲话，充分肯定了研究会过去几年在科研项目研究、学术论坛交流等方面取得的成绩，希望残疾人事业发展研究会要进一步加强与国内外高等院校、科研机构的联系与沟通，共同做好残疾人事业理论与实践研究工作，推动残疾人事业不断创新发展，迈上新台阶。

11 月 1—7 日，2013 年残疾人举重亚洲锦标公开赛在马来西亚吉隆坡举办。共有 34 个国家和地区的 307 名运动员参赛。中国残疾人举重队由 20 名运动员（11 男 9 女）组成，获得金牌 15 枚（包括公开组 4 枚），19 人获得参加 2014 年世锦赛的资格。

11 月 4—9 日，2013 年国际特殊奥林匹克融合杯足球赛东亚区选拔赛开赛仪式在福州举行。中共福建省委常委陈桦出席并宣布比赛开幕，中国残联副理事长王梅梅为比赛开球，国际特奥会东亚区总裁顾抒航及中国残联体育部、福建省残联等有关负责同志陪同出席开赛仪式。本次选拔赛由国际特奥委员会东亚区主办，中国特奥委员会和福建省特奥委员会承办。比赛历时 6 天，中国、韩国、中国香港、中国澳门和中华台北队参加了比赛。中国特奥融合足球队以四战全胜的成绩夺得第一名，直接获得了参加 2014 年国际特殊奥林匹克融合杯足球赛的参赛资格。

11 月 7—11 日，2013 年全国坐式排球锦标赛在上海市残疾人体育训练中心举行，共有来自全国 9 个省市的 13 支队伍 200 余人参赛。

11 月 10—17 日，2013 年盲人门球亚太区锦标赛在中国残疾人体育运动管理中心举办，共有来自中国、伊朗、日本、澳大利亚、泰国、蒙古等 6 个国家的 6 支男队和 4 支女队参赛。中国女队和男队分获本次比赛的女子冠军和男子季军。日本女队和伊朗女队获得女子亚军和季军，伊朗男队和日本男队获得男子冠亚军。伊朗男队、日本男队和中国女队同时还获得了明年芬兰世锦赛的参赛资格。

11 月 11—17 日，中国残联和内蒙古自治区在呼和浩特市举办农村社区残疾人工作培训班，来自内蒙古自治区各盟市、旗县（市、区）的农村社区残疾人工作管理者和残疾人专职委员共 190 人参加培训。

11 月 13 日，中国残联召开党组会议，传达学习党的十八届三中全会精神。鲁勇主持会议，对中国残联学习贯彻全会精神做出部署。

11 月 14—18 日，2013 年全国残疾人体育分级培训班在长沙举办，共有来自全国 22 个省（区、市）的 73 名医师和残疾人体育工作者参加培训。

11 月 15 日，中国残联召开党员干部大会，传达学习党的十八届三中全会精神。张海迪主席传达了习近平总书记关于全面深化改革决定的说明。鲁勇传达了习近平总书记所做的工作报告和十八届三中全会公报精神。王新宪传达了习近平总书记在十八届三中全会第二次全体会议上的讲话精神。机关全体党员干部、各直属单位和基金会班子成员参加会议。

11 月 15 日，中国残联召开党组专题民主生活会情况通报会，通报党组专题民主生活会情况和中央督导组点评情况。张海迪主席，中国残联党组、理事会成员，中央第 18 督导组有关同志，机关全体干部和各直属单位、基金会班子成员参加会议。通报会还就中国残联教育实践活动下步工作做出部署。

11 月 15—21 日，2013 年全国残疾人射击锦标赛在四川省陆上运动学校举行，共有来自全国 8 个省市的 46 名运动员参赛。

11 月 19 日，儿童重大公共卫生服务项目启动会在青海省召开。

11 月 19—21 日，残疾人辅助性就业研讨会在广东省深圳市召开。会议交流了各地在扶持智力、精神和重度肢体残疾人就业方面的经验和做法，为下一步出台推动全国残疾人辅助性就业发展文件奠定了基础。北京、上海、江苏、浙江、广东、陕西，深圳、广州、成都、武汉、宁波、青岛等地残联参加。

11 月 21—24 日，2013 年度全国盲人医疗按摩人员高级职称评审工作会议在郑州召开。会议由中国盲人按摩指导中心职改办主办，河南残疾人就业服务中心承办，来自全国各地 21 名盲人医疗按摩人员参加。参评人员须参加医古文考试和论文答辩，评审合格者可获得医疗按摩高级专业技术职务任职资格证书。

11 月 22 日，中国残联党组中心组举行第二次集体学习会议，邀请国家行政学院公共管理教研室宋世明教授，就深入学习十八届三中全会决定精神做辅导报告。党组中心组成员、机关局以上干部、各直属单位和基金会主要负责同志参加学习。中央国家机关工委统战群工部马莉同志受邀参加会议。

11 月 25—28 日，全国盲文基础能力竞赛在中国盲文图书馆举行。

11 月 28 日—12 月 8 日，首届亚太区特奥运动会在澳大利亚纽卡斯尔举行。共有来自 30 个国家和地区的 2300 余名特奥运动员、教练员，3000 名志愿者，6000 余名官员、裁判员，及 20 万余名观众参与了本次运动会。中国派出由 38 名特奥运动员以及教练员、工作人员等共 53 人组成的代表团，参加了田径、游泳、乒乓球、滚球等 4 个大项的赛事。运动员发扬“勇敢尝试，争取胜利”的特奥精神，最终取得 21 枚金牌、13 枚银牌、12 枚铜牌的成绩。

11 月 30 日，国际残疾人日前夕，北京师范大学劳动力市场研究中心赖德胜教授团队编写的《2013 中国劳动力市场发展报告》发布会暨全面建成小康社会进程中的残疾人就业研讨会，在北京师范大学英东学术会堂举行。

12 月

12月1日，应新促会邀请，台湾台中市海峡两岸交流协会会长、国民党中央评委主席蔡玲兰，中华志工总会会长陈金龙等到京回访交流。

12月2日，第八届全国残疾人艺术汇演“我梦最美”汇报演出在北京世纪剧院举行。

12月2日，中国残联召开党风廉政建设工作专题座谈会。鲁勇出席会议并就加强残联系统党风廉政建设和反腐败工作提出要求。直属机关纪委委员、各直属单位主要负责人及纪委书记、纪检干部参加会议。

12月3日，中国残联党的教育实践活动领导小组召开专题会议，传达学习习近平总书记重要指示和刘云山同志重要讲话精神。孙先德主持会议并对做好教育实践活动第三个环节工作提出要求。中国残联教育实践活动领导小组成员，机关各部门、各直属单位和基金会主要负责同志参加会议。

12月9—12日，由中国残联主办、福建省残联和厦门市残联共同承办的全国残疾人专职委员培训班在厦门市举办，来自福建省各市县的基层残疾人工作者和残疾人专职委员共148人参加培训。

12月12日，2013CCTV 体坛风云人物提名奖在京揭晓，丁玉坤、何悦悦、王浩、王永海、中国特奥融合足球队获得残疾人体育精神奖提名。

12月15—27日，“十二五”残疾人托养服务能力建设项目支持的首期全国残疾人托养服务见习培训班在江苏省无锡市和泰兴市分两批轮换开展。

12月16日，韩国残疾人体育训练中心主任李明浩一行6人到中国残疾人体育运动管理中心进行了交流访问。

12月17—21日，2013年香港轮椅击剑大奖赛在中国香港举行，共有来自18个国家和地区的170名运动员及工作人员参赛。中国派出20名运动员参加本次比赛，共获得9枚金牌、6枚银牌、8枚铜牌，位居金牌榜第一位。

12月18日，由人力资源和社会保障部与中国残联共同组织开展的2014年就业援助月活动在成都正式启动。全国人大常委、中国残联副主席王乃坤，人力资源和社会保障部副部长信长星出席活动并讲话。

12月24—27日，全国残联就业中心主任2014年工作会议暨全国培训工作会议在昆明召开。会议总结了2013年残疾人就业服务和盲人按摩工作，听取了广西、江苏、云南等省（区、市）经验介绍，部署了2014年残疾人就业服务和盲人按摩主要工作。来自各省（区、市）、新疆兵团、黑龙江垦区，以及计划单列市和省会城市的残疾人就业服务机构主要负责人出席会议。

12月25—28日，长江新里程计划项目（第二期）、嘉道理慈善基金会社区康复合作项目暨 CBM 社区康复项目总结会在广州召开。

12月27日，中国残奥委员会、中国特奥委员会、中国聋人体育协会第五次全国代表大会在北京召开。中国残联主席张海迪，党组书记、理事长鲁勇，党组副书记、常务副理事长孙先德，副主席王乃坤，党组成员、副理事长王梅梅，国家体育总局党组成员、副局长冯建中等领导出席大会。

12月31日，正式印发《残疾人托养服务基本规范（试行）》。

（中国残联各部室供稿）

图书在版编目（CIP）数据

中国残疾人事业年鉴. 2014/ 中国残疾人联合会编. —北京：华夏出版社，2014. 12

ISBN 978-7-5080-8312-4

Ⅰ. ①中…　Ⅱ. ①中…　Ⅲ. ①残疾人-社会福利事业-中国-2014-年鉴　Ⅳ. ①D669. 69-54

中国版本图书馆 CIP 数据核字（2014）第 274045 号

中国残疾人事业年鉴. 2014

编　　者　中国残疾人联合会
书名题字　赵朴初
责任编辑　贾洪宝　王　敏　霍本科
装帧设计　郭　艳　殷丽云

出版发行　华夏出版社
经　　销　新 华 书 店
印　　装　北京中科印刷有限公司
版　　次　2014 年 12 月北京第 1 版　2014 年 12 月北京第 1 次印刷
开　　本　889×1194　1/16 开本
印　　张　61. 5
插　　页　4
字　　数　2268 千字
定　　价　258. 00 元

华夏出版社　社　　址：北京市东直门外香河园北里 4 号　邮　　编：100028
　　　　　　网　　址：www. hxph. com. cn　电　　话：010-64663331（转）
　　　　　　投稿邮箱：hxkwyd@ aliyun. com　互动交流：010-64672903

若发现本版图书有印装质量问题，请与我社营销中心联系调换。